Tratado de Radiologia

VOLUME 3

Obstetrícia
Mama
Musculoesquelético

Tratado de Radiologia

EDITORES

Giovanni Guido Cerri
Claudia da Costa Leite
Manoel de Souza Rocha

EDITORES ASSOCIADOS

Carlos Shimizu
Cesar Higa Nomura
Eloisa Santiago Gebrim
Flávio Spinola Castro
Leandro Tavares Lucato
Lisa Suzuki
Marcelo Bordalo Rodrigues
Maria Cristina Chammas
Nestor de Barros
Públio Cesar Cavalcante Viana
Regina Lúcia Elia Gomes
Ricardo Guerrini
Sergio Kobayashi

Manole

© Editora Manole Ltda., 2017, por meio de contrato com os Editores.

"A edição desta obra foi financiada com recursos da Editora Manole Ltda., um projeto de iniciativa da Fundação Faculdade de Medicina em conjunto e com a anuência da Faculdade de Medicina da Universidade de São Paulo – FMUSP."

Logotipos © Hospital das Clínicas – FMUSP
© Faculdade de Medicina da Universidade de São Paulo
© Instituto de Radiologia – FMUSP

Editor gestor: Walter Luiz Coutinho
Editoras: Eliane Usui e Juliana Waku
Produção editorial: Juliana Waku e Patrícia Alves Santana
Produção gráfica: Anna Yue

Capa: Daniel Justi
Imagem da capa: Sirio José Braz Cançado
Projeto gráfico: Anna Yue
Ilustrações: Sirio José Braz Cançado, HiDesign Estúdio e Alexandre Bueno
Editoração eletrônica: Luargraf Serviços Gráficos e HiDesign Estúdio

---

Dados Internacionais de Catalogação na Publicação (CIP)
(Câmara Brasileira do Livro, SP, Brasil)

Tratado de radiologia : InRad HCFMUSP, volume 3 : obstetrícia : mama : musculoesquelético / editores Giovanni Guido Cerri, Claudia da Costa Leite, Manoel de Souza Rocha. -- Barueri, SP : Manole, 2017.

Vários autores.
Vários coordenadores.
Bibliografia.
ISBN: 978-85-204-5144-1 (obra completa)
ISBN: 978-85-204-5385-8

1. Mamas 2. Obstetrícia 3. Radiografia médica 4. Radiologia médica 5. Sistema musculoesquelético I. Cerri, Giovanni Guido. II. Leite, Claudia da Costa. III. Rocha, Manoel de Souza.

17-02320
CDD-616.07572
NLM-WN 100

Índice para catálogo sistemático:
1. Radiografia médica : Radiologia : Medicina   616.07572

Todos os direitos reservados.
Nenhuma parte deste livro poderá ser reproduzida, por qualquer processo, sem a permissão expressa dos editores.
É proibida a reprodução por xerox.

A Editora Manole é filiada à ABDR – Associação Brasileira de Direitos Reprográficos.

Edição brasileira – 2017

Editora Manole Ltda.
Av. Ceci, 672 – Tamboré
06460-120 – Barueri – SP – Brasil
Tel.: (11) 4196-6000 – Fax: (11) 4196-6021
www.manole.com.br | info@manole.com.br

Impresso no Brasil | *Printed in Brazil*

Editores

Giovanni Guido Cerri
Médico Radiologista. Professor Titular da Disciplina de Radiologia da Faculdade de Medicina da Universidade de São Paulo (FMUSP).

Claudia da Costa Leite
Livre-docente pelo Departamento de Radiologia e Oncologia da Faculdade de Medicina da Universidade de São Paulo (FMUSP). Professora Associada do Departamento de Radiologia e Oncologia da FMUSP. Coordenadora do Ensino e Pesquisa do Instituto de Radiologia (InRad) do Hospital das Clínicas da FMUSP.

Manoel de Souza Rocha
Professor Associado do Departamento de Radiologia e Oncologia da Faculdade de Medicina da Universidade de São Paulo (FMUSP).

A Medicina é uma área do conhecimento em constante evolução. Os protocolos de segurança devem ser seguidos, porém novas pesquisas e testes clínicos podem merecer análises e revisões. Alterações em tratamentos medicamentosos ou decorrentes de procedimentos tornam-se necessárias e adequadas. Os leitores são aconselhados a conferir as informações sobre produtos fornecidas pelo fabricante de cada medicamento a ser administrado, verificando a dose recomendada, o modo e a duração da administração, bem como as contraindicações e os efeitos adversos. É responsabilidade do médico, com base na sua experiência e no conhecimento do paciente, determinar as dosagens e o melhor tratamento aplicável a cada situação. Os autores e os editores eximem-se da responsabilidade por quaisquer erros ou omissões ou por quaisquer consequências decorrentes da aplicação das informações presentes nesta obra.

Foram feitos todos os esforços para se conseguir a cessão dos direitos autorais das imagens aqui reproduzidas e a citação de suas fontes. Caso algum autor sinta-se prejudicado, favor entrar em contato com a editora.

Os dados sobre os colaboradores do livro foram fornecidos por eles, mas a adequação das informações às normas institucionais da Faculdade de Medicina da Universidade de São Paulo e do Hospital das Clínicas da Faculdade de Medicina da Universidade de São Paulo foi feita pela Editora Manole e pelos Editores da obra.

Editores Associados

Carlos Shimizu
Médico Radiologista do Instituto de Radiologia (InRad) do Hospital das Clínicas da Faculdade de Medicina da Universidade de São Paulo (HCFMUSP), do Instituto do Câncer do Estado de São Paulo (ICESP) e do Grupo Fleury.

Cesar Higa Nomura
Coordenador Médico de Imagem Cardiovascular do Hospital das Clínicas da Faculdade de Medicina da Universidade de São Paulo (HCFMUSP). Radiologista do Hospital Israelita Albert Einstein. Diretor do Departamento de Radiologia do Instituto do Coração (InCor) do HCFMUSP.

Eloisa Santiago Gebrim
Médica Doutora em Radiologia pela Faculdade de Medicina da Universidade de São Paulo (FMUSP). Coordenadora do Grupo de Diagnóstico por Imagem em Cabeça e Pescoço e Diretora do Serviço de Tomografia Computadorizada do Instituto de Radiologia (InRad) do Hospital das Clínicas da FMUSP. Coordenadora do Grupo de Diagnóstico por Imagem em Cabeça e Pescoço do Hospital Sírio-Libanês.

Flávio Spinola Castro
Doutor em Ciências pela Faculdade de Medicina da Universidade de São Paulo (FMUSP). Médico Assistente do Centro Especializado em Diagnóstico por Imagem (CEDIM) do Instituto de Radiologia (InRad) do Hospital das Clínicas da FMUSP. Médico do Laboratório Alta Excelência Diagnóstica de São Paulo. Médico do Hospital Pérola Byington de São Paulo e dos Hospitais Santa Cruz e Cruz Azul de São Paulo. Membro Titular do Colégio Brasileiro de Radiologia e Diagnóstico por Imagem (CBR).

Leandro Tavares Lucato
Livre-docente pelo Departamento de Radiologia e Oncologia da Faculdade de Medicina da Universidade de São Paulo (FMUSP). Coordenador do Grupo de Neurorradiologia Diagnóstica e Chefe do Setor de Ressonância Magnética do Instituto de Radiologia (InRad) do Hospital das Clínicas da FMUSP (HCFMUSP). Coordenador da Neurorradiologia do Centro de Diagnósticos Brasil (CDB).

Lisa Suzuki
Doutora em Radiologia pela Faculdade de Medicina da Universidade de São Paulo (FMUSP). Coordenadora da Radiologia do Instituto da Criança (ICr) do Hospital das Clínicas da FMUSP (HCFMUSP).

Marcelo Bordalo Rodrigues
Médico Coordenador do Serviço de Radiologia do Instituto de Ortopedia e Traumatologia (IOT) do Hospital das Clínicas da Faculdade de Medicina da Universidade de São Paulo (HCFMUSP). Médico Responsável pela Radiologia Musculoesquelética do Instituto de Radiologia (InRad) do HCFMUSP.

Maria Cristina Chammas
Médica pela Faculdade de Medicina da Santa Casa de São Paulo. Radiologista pela Faculdade de Medicina da Universidade de São Paulo (FMUSP). Titular em Radiologia e Doppler pelo Colégio Brasileiro de Radiologia e Diagnóstico por Imagem (CBR). Diretora do Setor de Ultrassonografia do Instituto de Radiologia (InRad) do Hospital das Clínicas da FMUSP. Coordenadora da Ultrassonografia do DASA.

Nestor de Barros
Professor Associado do Departamento de Radiologia e Oncologia da Faculdade de Medicina da Universidade de São Paulo (FMUSP).

Públio Cesar Cavalcante Viana
Coordenador Médico da Divisão de Radiologia Geniturinária do Instituto de Radiologia (InRad) da Faculdade de Medicina da Universidade de São Paulo (FMUSP).

Regina Lúcia Elia Gomes

Doutora em Radiologia pela Faculdade de Medicina da Universidade de São Paulo (FMUSP). Médica Supervisora da Residência Médica do Departamento de Radiologia e Diagnóstico por Imagem da FMUSP. Médica Vice-coordenadora da Residência Médica do Departamento de Imagem do Hospital Israelita Albert Einstein (HIAE). Médica Radiologista do Grupo de Cabeça e Pescoço do Instituto de Radiologia (InRad) do Hospital das Clínicas da FMUSP (HCFMUSP) e do Departamento de Imagem do HIAE. Professora da Graduação em Medicina da Faculdade Israelita de Ciências da Saúde Albert Einstein.

Ricardo Guerrini

Graduado pela Pontifícia Universidade Católica de Campinas. Especialista em Radiografia e Tomografia Computadorizada. Research *Fellow* pela Harvard University. Médico Assistente do Instituto de Radiologia (InRad) do Hospital das Clínicas da Faculdade de Medicina da Universidade de São Paulo (HCFMUSP).

Sergio Kobayashi

Especialista em Medicina Fetal pela FEBRASGO. Mestre em Obstetrícia pela Universidade Federal de São Paulo (Unifesp). Doutor em Radiologia pela Faculdade de Medicina da Universidade de São Paulo (FMUSP). Médico Assistente do Instituto de Radiologia (InRad) do Hospital das Clínicas da FMUSP (HCFMUSP). Médico Chefe de Equipe do Pronto-Socorro de Ginecologia e Obstetrícia do Hospital São Paulo da Escola Paulista de Medicina da Unifesp. Coordenador do Setor de Medicina Fetal do Hospital Sírio-Libanês. Coordenador do Grupo de Estudos de Ultrassonografia (GEUS) da Sociedade Paulista de Radiologia (SPR). Membro da Comissão de Ultrassonografia em Ginecologia e Obstetrícia da FEBRASGO. Membro da Comissão de Ultrassonografia do Colégio Brasileiro de Radiologia e Diagnóstico por Imagem (CBR). Membro da Comissão Científica do CBR. Professor Visitante da Facultad de Ciencias Médicas da Universidad Nacional de Caaguazú, Sede Coronel Oviedo, Paraguay.

Autores

Alberto Peters Bambirra
Médico Radiologista e Assistente do Instituto de Ortopedia e Traumatologia (IOT) do Hospital das Clínicas da Faculdade de Medicina da Universidade de São Paulo (HCFMUSP).

Alexandre Fligelman Kanas
Médico Graduado pela Faculdade de Medicina da Universidade de São Paulo (FMUSP). Médico-residente de Radiologia e Diagnóstico por Imagem do Instituto de Radiologia (InRad) do Hospital das Clínicas da Faculdade de Medicina da Universidade de São Paulo (HCFMUSP).

Ana Letícia Siqueira Pontes
Residência Médica na área de Ginecologia e Obstetrícia no Hospital Guilherme Álvaro, em Santos. Título de Especialista em Ginecologia e Obstetrícia pela Federação Brasileira das Associações de Ginecologia e Obstetrícia (TEGO-Febrasgo). Estágio de Especialização em Medicina Fetal na Clínica Fetus. Habilitação em Ultrassonografia na área de Ginecologia e Obstetrícia, pela Febrasgo e Colégio Brasileiro de Radiologia e Diagnóstico por Imagem (CBR). Preceptora do Estágio em Medicina Fetal na Unimef Conceptus de São Paulo. Médica Assistente da Clínica Conceptus, Unidade de Ultrassonografia e Medicina Fetal do ABC.

André de Souza Malho
Título de Especialista em Medicina Fetal pela Associação Médica Brasileira (AMB) e pela Federação Brasileira das Associações de Ginecologia e Obstetrícia (Febrasgo). Especialização em Ecocardiografia Fetal e Neuroimagem Fetal. Integrante do corpo docente da Fundação de Medicina Fetal Latino Americana (FMFLA) e Coordenador da Care Medicina Fetal – Nova Diagnóstica.

Antonio Fernandes Moron
Professor Titular do Departamento de Obstetrícia da Universidade Federal de São Paulo (Unifesp). Diretor Clínico do Centro Paulista de Medicina Fetal. Coordenador da equipe de Medicina Fetal do Hospital e Maternidade Santa Joana.

Ariel Levy
Especialista em Pediatria pelo Instituto da Criança (ICr) do Hospital das Clínicas da Faculdade de Medicina da Universidade de São Paulo (HCFMUSP).

Bárbara Helou Bresciani
Médica Radiologista do Centro de Diagnóstico por Imagens da Mama (CEDIM) do Instituto de Radiologia (InRad) do Hospital das Clínicas da Faculdade de Medicina da Universidade de São Paulo (HCFMUSP) e do Instituto do Câncer do Estado de São Paulo (ICESP) do HCFMUSP. Médica Radiologista do Grupo de Mama do Hospital Alemão Oswaldo Cruz – Grupo Fleury. Membro do Colégio Brasileiro de Radiologia e Diagnóstico por Imagem (CBR).

Bruna de Moraes Ribeiro
Residência Médica em Ginecologia e Obstetrícia pelo Hospital e Maternidade Ipiranga. Estágio em Medicina Fetal na Unimef Conceptus de São Paulo. Médica Assistente do Amparo Maternal de São Paulo.

Bruna Maria Thompson Jacinto
Residência Médica em Radiologia e Diagnóstico por Imagem na Escola Paulista de Medicina (EPM) da Universidade Federal de São Paulo (Unifesp). Especialização em Radiologia Mamária no Instituto de Radiologia (InRad) do Hospital das Clínicas da Faculdade de Medicina da Universidade de São Paulo (HCFMUSP). Médica Assistente do Centro de Diagnóstico por Imagem das Doenças da Mama (CEDIM) do InRad-HCFMUSP. Radiologista do Hospital Alemão Oswaldo Cruz e do Laboratório Fleury.

Brunna de Oliveira
Médica Graduada pela Universidade Federal de São Carlos (Ufscar), com Residência Médica em Radiologia pela Faculdade de Medicina da Universidade de São Paulo (FMUSP).

Camila C. Tavares
Médica Graduada pela Universidade Federal do Rio Grande do Norte (UFRN). Residência Médica em Radiologia pela Faculdade de Medicina da Universidade de São Paulo (FMUSP).

Carlos Shimizu
Médico Radiologista do Instituto de Radiologia (InRad) do Hospital das Clínicas da Faculdade de Medicina da Universidade de São Paulo (HCFMUSP), do Instituto do Câncer do Estado de São Paulo (ICESP) do HCFMUSP e do Grupo Fleury.

Carolina de Mello F. Bucciaroni
Residência Médica em Ginecologia e Obstetrícia pelo Hospital Municipal do Campo Limpo. Estágio em Medicina Fetal na Unimef Conceptus de São Paulo. Médico Assistente da equipe de Ultrassonografia do Amparo Maternal de São Paulo.

Cecília Lemos Debs
Doutora em Ciências pela Faculdade de Medicina da Universidade de São Paulo (FMUSP). Médica Radiologista, Especialista em Radiologia e Diagnóstico por Imagem pelo Colégio Brasileiro de Radiologia e Diagnóstico por Imagem (CBR).

Chong Ae Kim
Livre-docente. Chefe da Unidade de Genética do Instituto da Criança (ICr) do Hospital das Clínicas da Faculdade de Medicina da Universidade de São Paulo (HCFMUSP).

Clarissa Moraes Nunes
Médica Ginecologista e Obstetra pelo Instituto de Medicina Integral Prof. Fernando Figueira (IMIP), Recife. Título de Especialista em Ginecologia e Obstetrícia pela Febrasgo (TEGO). Residência médica em Medicina Fetal pelo Hospital das Clínicas da Faculdade de Medicina da Universidade de São Paulo (HCFMUSP). Médica Preceptora do Departamento de Obstetrícia, setor de Medicina Fetal do HCFMUSP.

Cristhiane Labes dos Santos
Formada em Medicina pela Universidade de Santo Amaro. Residência Médica em Ginecologia e Obstetrícia pelo Hospital do Servidor Público Municipal. Estágio de Especialização na área de Medicina Fetal pelo Centro de Estudos em Medicina Fetal – Fetus.

Cristiane Ribeiro Assis
Médica Especialista em Ginecologia e Obstetrícia pela Federação Brasileira das Associações de Ginecologia e Obstetrícia (Febrasgo). Área de atuação em Medicina Fetal pela Febrasgo/Associação Médica Brasileira (AMB). Pós-graduação em Neuroimagem Fetal pela Fundação de Medicina Fetal Latino Americana (FMFLA).

Daniel Alvarenga
Médico Radiologista Assistente do Instituto de Ortopedia e Traumatologia (IOT) do Hospital das Clínicas da Faculdade de Medicina da Universidade de São Paulo (HCFMUSP).

Daniela Gregolin Giannotti
Mestre em Ciências pelo Instituto de Estudos e Pesquisas do Hospital Sírio-Libanês. Médica Radiologista, Coordenadora do Núcleo de Diagnóstico por Imagem da Mama do Hospital Sírio-Libanês.

Débora Rocha Resende Silva Brandão
Título de Especialista em Ginecologia e Obstetrícia pela Federação Brasileira das Associações de Ginecologia e Obstetrícia (TEGO-Febrasgo). Residência Médica em Ginecologia e Obstetrícia pelo Hospital Leonor de Mendes Barros. Estágio em Medicina Fetal na Unidade de Medicina Fetal (Unimef) Conceptus de São Paulo. Médica Assistente do Estágio em Medicina Fetal da Unimef Conceptus e da Ultrassonografia do Amparo Maternal de São Paulo.

Débora Romeo Bertola
Doutora em Medicina pela Faculdade de Medicina da Universidade de São Paulo (FMUSP). Médica Assistente da Unidade de Genética do Instituto da Criança (ICr) do Hospital das Clínicas da Faculdade de Medicina da Universidade de São Paulo (HCFMUSP).

Dinah Leão Marques
Residência Médica em Ginecologia e Obstetrícia pelo Hospital Pérola Byington e Hospital e Maternidade de Interlagos. Título de Especialista em Ginecologia e Obstetrícia pela Federação Brasileira das Associações de Ginecologia e Obstetrícia (TEGO-Febrasgo). Estágio em Medicina Fetal na Unimef – Conceptus de São Paulo. Médica Assistente da Ultrassonografia do Amparo Maternal de São Paulo.

Eduardo Valente Isfer
Graduado em Medicina pela Universidade Federal do Paraná (UFPR). Residência Médica em Ginecologia e Obstetrícia pela FMUSP. Especialista na área de Medicina Fetal em Paris e em Nova Iorque. Diretor Clínico da Fetus – Centro de Diagnóstico Pré-Natal e Medicina Fetal de São Paulo. Diretor Responsável pelo Centro de Estudos Fetus. Membro Efetivo e Presidente em 2009 da International Fetal Medicine and Surgery Society (IFMSS) – 28º Annual Meeting International Fetal Medicine and Surgery Society (IFMSS). Vice-presidente da Comissão Nacional de Ultrassonografia da Federação Brasileira de Ginecologia e Obstetrícia (Febrasgo) – biênio 2017/2018. Título de Especialista em Ginecologia e Obstetrícia (TEGO) pela Associação Médica Brasileira (AMB) e pela Febrasgo. Título de Habilitação em Ultrassonografia na área de Ginecologia e Obstetrícia pela Febrasgo e pelo Colégio Brasileiro de Radiologia e Diagnóstico por Imagem (CBR). Certificado de Atuação na Área de Medicina Fetal conferido pela AMB/Febrasgo.

Elaine Cristina Soares Martins Moura
Título de Especialista em Cirurgia Pediátrica pela Associação Médica Brasileira/Associação Brasileira de Cirurgia Pediátrica (AMB/CIPE). Doutora pela Escola Paulista de Medicina (EPM) da Universidade Federal de São Paulo (Unifesp). Médica da Disciplina de Cirurgia Pediátrica do Departamento de Cirurgia e Responsável pelo Laboratório de Manometria Anorretal Pediá-

trica da EPM-Unifesp. Membro da Equipe de Medicina Fetal do Hospital Samaritano.

Eliza Justo Ducati
Médica Radiologista, Estagiária do Instituto de Ortopedia e Traumatologia (IOT) do Hospital das Clínicas da Faculdade de Medicina da Universidade de São Paulo (HCFMUSP).

Erica Endo
Médica Assistente do Centro de Diagnóstico por Imagem da Mama (CEDIM) do Instituto de Radiologia (InRad) do Hospital das Clínicas da Faculdade de Medicina da Universidade de São Paulo (HCFMUSP) e do Instituto do Câncer do Estado de São Paulo (ICESP) do HCFMUSP.

Fabio de Vilhena Diniz
Médico Neurorradiologista.

Fabrício Stewan Feltrin
Doutor em Radiologia pela Faculdade de Medicina da Universidade de São Paulo (FMUSP). Médico Neurorradiologista Assistente no Instituto de Radiologia (InRad) do Hospital das Clínicas da FMUSP (HCFMUSP).

Fernanda Machado Schleinstein
Médica Radiologista do Hospital Sírio-Libanês. Membro Titular do Colégio Brasileiro de Radiologia.

Fernando Nalesso Aguiar
Médico Assistente da Anatomia Patológica do Instituto do Câncer do Estado de São Paulo (ICESP) do Hospital das Clínicas da Faculdade de Medicina da Universidade de São Paulo (HCFMUSP).

Flávio Spinola Castro
Doutor em Ciências pela Faculdade de Medicina da Universidade de São Paulo (FMUSP). Médico Assistente do Centro Especializado em Diagnóstico por Imagem (CEDIM) do Instituto de Radiologia (InRad) do Hospital das Clínicas da FMUSP (HCFMUSP). Médico do Laboratório Alta Excelência Diagnóstica de São Paulo. Médico do Hospital Pérola Byington de São Paulo e dos Hospitais Santa Cruz e Cruz Azul de São Paulo. Membro Titular do Colégio Brasileiro de Radiologia e Diagnóstico por Imagem (CBR).

Francisco Júlio Muniz Neto
Médico Colaborador do Instituto de Radiologia (InRad) do Hospital das Clínicas da Faculdade de Medicina da Universidade de São Paulo (HCFMUSP).

Franklin Tertulino de Freitas
Médico Neurorradiologista.

Gustavo Fávaro
Doutor em Ciências pelo Instituto do Coração (InCor) do Hospital das Clínicas da Faculdade de Medicina da Universidade de São Paulo (HCFMUSP). Ecocardiografista Pediátrico e Fetal no Instituto da Criança (ICr) do HCFMUSP e nos Hospitais Sírio-Libanês, Beneficência Portuguesa, Hospital Infantil Sabará e Clínica Ecokid.

Hérbene José Figuinha Milani
Mestre em Ciências pela Universidade Federal de São Paulo. *Fellowship* em Neurologia Fetal pela Universidade de Tel-Aviv, Israel. Médico Colaborador do Setor de Medicina Fetal da Universidade Federal de São Paulo (Unifesp). Médico Fetal no Centro Paulista de Medicina Fetal e Hospital e Maternidade Santa Joana.

Heron Werner Júnior
Especialista em Ginecologia e Obstetrícia pela Federação Brasileira das Associações de Ginecologia e Obstetrícia (Febrasgo) e em Ultrassonografia em Ginecologia e Obstetrícia pela Febrasgo e Colégio Brasileiro de Radiologia e Diagnóstico por Imagem (CBR). Mestrado em Obstetrícia e Doutorado em Radiologia pela Universidade Federal do Rio de Janeiro (UFRJ). Médico na Clínica de Diagnóstico por Imagem do Grupo Delboni Auriemo Medicina Diagnóstica do Rio de Janeiro (CDPI/DASA). Médico Assistente Estrangeiro na Universidade de Paris V. Professor visitante no The Children's Hospital of Philadelphia (CHOP).

Ingrid Ramos Rocha e Silva
Médica Especialista em Medicina Fetal com certificação pelo Fetal Medicine Foundation. Graduada pela Faculdade de Medicina da Universidade de São Paulo (FMUSP). Residência Médica em Pediatria pelo Instituto da Criança (ICr) do Hospital das Clínicas da Faculdade de Medicina da Universidade de São Paulo (HCFMUSP) e em Ginecologia e Obstetrícia pelo HCFMUSP. Doutora pela FMUSP. Título de Especialista em Ginecologia e Obstetrícia pela Federação Brasileira das Associações de Ginecologia e Obstetrícia (Febrasgo). Título de Especialista em Ultrassonografia em Ginecologia e Obstetricia pela Associação Médica Brasileira (AMB), Febrasgo e Colégio Brasileiro de Radiologia e Diagnóstico por Imagem (CBR). Médica Assistente do Instituto de Radiologia (InRad-HCFMUSP).

Jailson Lopes
Médico Radiologista. Assistente do Instituto de Radiologia (InRad) do Hospital das Clínicas da Faculdade de Medicina da Universidade de São Paulo (HCFMUSP).

João Carlos Rodrigues
Médico Assistente do Instituto de Ortopedia e Traumatologia (IOT) do Hospital das Clínicas da Faculdade de Medicina da Universidade de São Paulo (HCFMUSP).

João Rafael Terneira Vicentini
Médico Radiologista, colaborador do Instituto de Ortopedia e Traumatologia (IOT) do Hospital das Clínicas da Faculdade de Medicina da Universidade de São Paulo (HCFMUSP).

Jurandir Piassi Passos
Mestre em Ciências pela Escola Paulista de Medicina (EPM) da Universidade Federal de São Paulo (Unifesp). Médico Assistente do Departamento de Obstetrícia da EPM-Unifesp.

Katia Pincerato
Médica Assistente do Departamento de Anatomia Patológica do Hospital das Clínicas da Faculdade de Medicina da Universidade de São Paulo (HCFMUSP).

Larah Geloise M. Santillo
Residência Médica em Ginecologia e Obstetrícia no Hospital Municipal Dr. Carmino Caricchio em Tatuapé, São Paulo. Título de Especialista em Ginecologia e Obstetrícia pela Federação Brasileira das Associações de Ginecologia e Obstetrícia (TEGO-Febrasgo). Estágio em Medicina Fetal na Unimef Conceptus de São Paulo. Médica Assistente da Equipe de Ultrassonografia do Amparo Maternal de São Paulo.

Lilian Maria José Albano
Doutora em Medicina pela Faculdade de Medicina da Universidade de São Paulo (FMUSP). Médica Pesquisadora da Unidade de Genética do Instituto da Criança (ICr) do Hospital das Clínicas da FMUSP (HCFMUSP).

Livia Margarida Chamusca
Membro Titular do Colégio Brasileiro de Rádiologia. Membro Titular da Federação Brasileira das Associações de Ginecologia e Obstetrícia (Febrasgo). Coordenadora do Centro de Treinamento em Diagnóstico por Imagem (INTRO), Salvador/Bahia.

Lucas Zoppi Campane
Médico Neurorradiologista.

Luciana Carmen Zattar-Ramos
Médica Radiologista do Hospital Sírio-Libanês.

Luciano Fernandes Chala
Doutor em Ciências Médicas pela Faculdade de Medicina da Universidade de São Paulo (FMUSP). Ex-assistente do Instituto de Radiologia (InRad) do Hospital das Clínicas da FMUSP (HCFMUSP). Membro da Comissão Brasileira de Mamografia. Médico Radiologista do Grupo Fleury Medicina e Saúde.

Luiz Eduardo Machado
Professor Associado da Universidade de Valência, Espanha. Doutorado em Medicina Reprodutiva pela Universidade de Valência, Espanha. Membro Titular do Colégio Brasileiro de Radiologia. Membro Titular da Federação Brasileira das Associações de Ginecologia e Obstetrícia (Febrasgo) e Membro da Comissão de Ultrassonografia e Medicina Fetal.

Marcelo Abrantes Giannotti
Doutor em Ciências pela Faculdade de Medicina da Universidade de São Paulo (FMUSP). Médico Patologista da Divisão de Anatomia Patológica do Hospital das Clínicas da FMUSP (HCFMUSP).

Marcelo Bordalo Rodrigues
Chefe do Setor de Musculoesquelético do Instituto de Radiologia (InRad) do Hospital das Clínicas da Faculdade de Medicina da Universidade de São Paulo (HCFMUSP). Diretor do Serviço de Radiologia do Instituto de Ortopedia e Traumatologia (IOT) do HCFMUSP. Médico Radiologista do Hospital Sírio-Libanês.

Marco Costenaro
Médico Assistente do Centro de Diagnóstico por Imagem da Mama (CEDIM) do Instituto de Radiologia (InRad) do Hospital das Clínicas da Faculdade de Medicina da Universidade de São Paulo (HCFMUSP) e do Instituto do Câncer do Estado de São Paulo (ICESP) do HCFMUSP.

Maria Helena Teixeira Rodrigues
Médica Colaboradora do Instituto de Radiologia (InRad) do Hospital das Clínicas da Faculdade de Medicina da Universidade de São Paulo (HCFMUSP).

Marjorye Smerecki
Formada em Medicina pela Universidade Federal de Pelotas (Ufpel). Residência Médica em Ginecologia e Obstetrícia pelo Hospital Universitário do Oeste do Paraná (HUOP). Estágio de Especialização na área de Medicina Fetal pelo Centro de Estudos em Medicina Fetal – Fetus, de São Paulo.

Maurício Kase
Médico pela Faculdade de Medicina da Universidade de São Paulo (FMUSP). Residência Médica em Radiologia e Diagnóstico por Imagem no Hospital das Clínicas da FMUSP (HCFMUSP).

Mauricio Mendes Barbosa
Doutor em Ciências pela Universidade Federal de São Paulo (Unifesp). Médico Colaborador do Setor de Medicina Fetal da Unifesp. Médico fetal do Centro Paulista de Medicina Fetal e do Hospital e Maternidade Santa Joana.

Mauricio Saito
Título de Especialista em Ginecologia e Obstetrícia, com habilitação em Ultrassonografia e em Medicina Fetal pela Federação Brasileira das Associações de Ginecologia e Obstetrícia (Febrasgo). Mestre na área de Ciências e Saúde pela Faculdade de Ciências Médicas de Santos (Unilus). Sócio Diretor Clínico e Técnico da Clínica Unimef Conceptus de São Paulo e do ABC. Responsável pela área de Cirurgia Fetal do Hospital Samaritano e do Hospital da Luz, de São Paulo. Responsável pelo Departamento de Ultrassonografia do Amparo Maternal de São Paulo. Médico Colaborador da Cirurgia Fetal da Clínica de Obstetrícia, Ginecologia e Perinatologia do Hospital Ipiranga SUS de São Paulo. Responsável pelo Setor de Medicina Fetal da Disciplina de Tocoginecologia II da Unilus, Hospital Guilherme Álvaro de São Paulo. Membro do Comitê de Bioética da OAB São Paulo de 2000 a 2004.

Mauro Mitsuru Hanaoka
Graduação pela Faculdade de Medicina de Universidade de São Paulo (FMUSP). Médico-residente do Instituto de Radiologia (InRad) do Hospital das Clínicas da FMUSP (HCFMUSP).

Nestor de Barros
Professor Associado do Departamento de Radiologia e Oncologia da Faculdade de Medicina de Universidade de São Paulo (FMUSP).

Patricia Akissue de Camargo Teixeira
Residência Médica em Radiologia e Diagnóstico por Imagem pelo Instituto de Radiologia (InRad) do Hospital das Clínicas da Faculdade de Medicina da Universidade de São Paulo (HCFMUSP). Especialização em Radiologia Mamária no InRad-HCFMUSP. Médica Radiologista do Centro Diagnóstico do Hospital Sírio-Libanês. Médica do Setor de Ressonância Magnética do Centro de Diagnósticos Brasil (CDB).

Patricia Soares de Oliveira-Szejnfeld
Especialista em Diagnóstico por Imagem pelo Colégio Brasileiro de Radiologia e Diagnóstico por Imagem (CBR). Especialista em Neurorradiologia pelo CBR. Preceptora com Residência em Diagnóstico por Imagem da FIDI/Complexo Hospitalar Mandaqui. Preceptora da Ressonância Magnética Fetal do Departamento de Diagnóstico por Imagem (DDI) da Universidade Federal de São Paulo (Unifesp). Coordenadora da Ressonância Magnética Fetal do CURA. Membro da Equipe Care de Medicina Fetal da Nova Diagnóstico.

Paula da Cunha Pinho Kraichete
Médica Neurorradiologista do Hospital Samaritano de São Paulo. Médica Assistente do Instituto de Radiologia (InRad) do Hospital das Clínicas da Faculdade de Medicina de Universidade de São Paulo (HCFMUSP).

Paula de Camargo Moraes
Graduação e Residência pela Faculdade de Medicina de Universidade de São Paulo (FMUSP). Especialização em Radiologia Mamária e Doutorado pelo Instituto de Radiologia (InRad) do Hospital das Clínicas da FMUSP (HCFMUSP). Médica Colaboradora do Centro de Mama do InRad-HCFMUSP. Médica Coordenadora do Serviço de Mama do Centro de Diagnósticos Brasil (CDB).

Paulo Victor Partezani Helito
Médico Radiologista. Médico Assistente do Instituto de Ortopedia e Traumatologia (IOT) do Hospital das Clínicas da Faculdade de Medicina da Universidade de São Paulo (FMUSP).

Pedro Daltro
Especialista em Radiologia pelo Colégio Brasileiro de Radiologia e Diagnóstico por Imagem (CBR). Doutorado em Radiologia pela Universidade Federal do Rio de Janeiro (UFRJ). Diretor Médico da Clínica Alta – Grupo Delboni Auriemo Medicina Diagnóstica (DASA) do Rio de Janeiro. Chefe do Setor de Tomografia da Clínica de Diagnóstico por Imagem (CDPI) do Grupo DASA do Rio de Janeiro. Professor Visitante no Cincinnati. Childrens' Hospital em Cincinnati, Estados Unidos; no Sick Kids em Toronto, Canadá; no Vancouver General Hospital, Canadá; no Texas Childrens' em Houston, USA, e no Hospital Vall d'Hebron em Barcelona, Espanha.

Pedro Pires Ferreira Neto
Doutor pela Universidade Estadual de Campinas (Unicamp). Professor Adjunto da Faculdade de Ciências Médicas da Universidade de Pernambuco (FCM-UPE). Coordenador do Serviço de Medicina Fetal do Centro Integrado de Saúde Amaury de Medeiros (Cisam-UPE). Professor da Faculdade de Ciências Médicas da Facisa de Campina Grande. Título de Especialista e área de atuação em Medicina Fetal pela Federação Brasileira das Associações de Ginecologia e Obstetrícia (Febrasgo). Presidente da Regional da Sociedade Brasileira de Ultrassonografia (SBUS) de Pernambuco. Diploma pela Fetal Medicine Foundation de Londres.

Rafael Burgomeister Lourenço
Médico Radiologista Assistente do Instituto de Radiologia (InRad) do Hospital das Clínicas da Faculdade de Medicina da Universidade de São Paulo (HCFMUSP).

Renata Fernandes Batista Pereira
Médica-residente de Radiologia do Hospital Sírio-Libanês.

Renata Vidal Leão
Médica Radiologista do Hospital Sírio-Libanês.

Renato Augusto Eidy Kiota Matsumoto
Médico Assistente do Centro de Diagnóstico por Imagem da Mama (CEDIM) do Instituto de Radiologia (InRad) do Hospital das Clínicas da Faculdade de Medicina da Universidade de São Paulo (HCFMUSP) e do Instituto do Câncer do Estado de São Paulo (ICESP) do HCFMUSP.

Renato Ximenes
Curador da Fundação de Medicina Fetal Latino Americana (FMFLA). Título de Especialista em Ultrassonografia Geral pelo Colégio Brasileiro de Radiologia e Diagnóstico por Imagem e Associação Médica Brasileira (CBR/AMB). Mestre em Ciências pela Escola Paulista de Medicina. Coordenador do Curso de Pós-graduação em Medicina Fetal da FMFLA. Diretor Científico do Centrus. Membro da Comissão de Ultrassonografia do CBR. Revisor de artigos da American International Medical University (AIMU) – Fetal Therapy e Prenatal Diagnosis. Membro do Advisory Board International Society of Ultrasound in Obstetrics and Gynecology (SUOG).

Roseli Mieko Yamamoto Nomura
Livre-docente em Obstetrícia pela Faculdade de Medicina da Universidade de São Paulo (FMUSP). Professora Adjunta do Departamento de Obstetrícia da Escola Paulista de Medicina (EPM) da Universidade Federal de São Paulo (Unifesp). Professora Associada do Departamento de Obstetrícia e Ginecologia da FMUSP.

Rossana Pulcineli Vieira Francisco
Professora Associada da Disciplina de Obstetrícia do Departamento de Obstetrícia e Ginecologia da Faculdade de Medicina da Universidade de São Paulo (FMUSP).

Sergio Keidi Kodaira
Doutor em Medicina, área de Radiologia, pela Faculdade de Medicina da Universidade de São Paulo (FMUSP). Membro Titular do Colégio Brasileiro de Radiologia e Diagnóstico por Imagem (CBR). Médico do Centro de Diagnósticos Brasil (CDB).

Sergio Kobayashi
Especialista em Medicina Fetal pela FEBRASGO. Mestre em Obstetrícia pela Universidade Federal de São Paulo (Unifesp). Doutor em Radiologia pela Faculdade de Medicina da Universidade de São Paulo (FMUSP). Médico Assistente do Instituto de Radiologia (InRad) do Hospital das Clínicas da FMUSP (HCFMUSP). Médico Chefe de Equipe do Pronto-Socorro de Ginecologia e Obstetrícia do Hospital São Paulo da Escola Paulista de Medicina da Unifesp. Coordenador do Setor de Medicina Fetal do Hospital Sírio-Libanês. Coordenador do Grupo de Estudos de Ultrassonografia (GEUS) da Sociedade Paulista de Radiologia (SPR). Membro da Comissão de Ultrassonografia em Ginecologia e Obstetrícia da FEBRASGO. Membro da Comissão de Ultrassonografia do Colégio Brasileiro de Radiologia e Diagnóstico por Imagem (CBR). Membro da Comissão Científica do CBR. Professor Visitante da Facultad de Ciencias Médicas da Universidad Nacional de Caaguazú, Sede Coronel Oviedo, Paraguay.

Stella Gesteira
Formada em Medicina pela Faculdade de Tecnologia e Ciências de Salvador (FTF). Especialização em Ultrassonografia Geral no Hospital São Rafael, em Salvador. Estágio de Especialização na área de Medicina Fetal pelo Centro de Estudos em Medicina Fetal – Fetus, de São Paulo.

Stéphano Raydan Ramalho Rocha
Médico graduado pela Universidade Federal do Rio Grande do Norte (UFRN). Residência Médica em Radiologia pelo Hospital Sírio-Libanês.

Su Jin Kim Hsieh
Médico Assistente do Centro de Diagnóstico por Imagem da Mama (CEDIM) do Instituto de Radiologia (InRad) do Hospital das Clínicas da Faculdade de Medicina da Universidade de São Paulo (HCFMUSP) e do Instituto do Câncer do Estado de São Paulo (ICESP) do HCFMUSP.

Taísa Davaus Gasparetto
Especialista em Radiologia pelo Colégio Brasileiro de Radiologia e Diagnóstico por Imagem (CBR). Mestre e Doutora em Radiologia pela Universidade Federal do Rio de Janeiro (UFRJ). Clínica de Diagnóstico por Imagem (CDPI) do Delboni Auriemo Medicina Diagnóstica (DASA) do Rio de Janeiro e de São Paulo.

Tatiana Barbosa Pellegrini
Título de Especialista em Ginecologia e Obstetrícia pela Federação Brasileira das Associações de Ginecologia e Obstetrícia (TEGO-Febrasgo). Estágio em Medicina Fetal na Unimef – Conceptus e em Ultrassonografia Geral e Ginecologia no Instituto Brasileiro de Controle de Câncer (IBCC). Certificado na área de Medicina Fetal pela Federação Brasileira das Associações de Ginecologia e Obstetrícia (Febrasgo). Título de Especialista em Ultrassonografia Geral pelo Colégio Brasileiro de Radiologia e Diagnóstico por Imagem (CBR). Preceptora do Estágio em Medicina Fetal na Unimef – Conceptus. Certificado na área de Medicina Fetal pela Febrasgo. Médica Assistente da Unimef – Conceptus de São Paulo.

Tatiana Cortez Romero
Graduada pela Universidade Federal do Amazonas (UFAM). Especialista em Ultrassonografia e Pesquisadora do Departamento de Radiologia e Oncologia do Instituto de Radiologia (InRad) do Hospital das Clínicas da Faculdade de Medicina da Universidade de São Paulo (HCFMUSP). Membro Titular do Colégio Brasileiro de Radiologia e Diagnóstico por Imagem (CBR).

Tatiana Tucunduva
Médica Assistente do Centro de Diagnóstico por Imagem da Mama (CEDIM) do Instituto de Radiologia (InRad) do Hospital das Clínicas da Faculdade de Medicina da Universidade de São Paulo (HCFMUSP).

Térsia Guimarães
Formada em Medicina pela Faculdade de Saúde, Ciências Humanas e Tecnológicas do Piauí (Uninovafapi). Residência Médica em Ginecologia e Obstetrícia pelo Hospital Geral Clériston Andrade (HGCA), em Feira de Santana. Estágio de Especialização na área de Medicina Fetal pelo Centro de Estudos em Medicina Fetal – Fetus, em São Paulo.

Tomie H. Ichihara
Graduada em Medicina pela Faculdade de Medicina da Universidade de São Paulo (FMUSP). Residência Médica em Radiologia e Diagnóstico por Imagem no Instituto de Radiologia (InRad) do Hospital das Clínicas da FMUSP (HCFMUSP). Realizou ano adicional de treinamento (R4) em Radiologia e Diagnóstico por Imagem no Centro de Diagnóstico por Imagem das Doenças da Mama no InRad-HCFMUSP. Médica do Setor de Ultrassonografia e do Grupo de Mama da Sociedade Beneficente Israelita Brasileira Hospital Albert Einstein e atua nos Setores de Mamografia e Ultrassonografia de Mamas do Centro de Diagnósticos Brasil (CDB).

Vera Christina Camargo de Siqueira Ferreira
Residência Médica em Radiologia e Diagnóstico por Imagem no Instituto de Radiologia (InRad) do Hospital das Clínicas da Faculdade de Medicina da Universidade de São Paulo (HCFMUSP). Especialização em Radiologia Mamária no InRad-HCFMUSP. Mestre em Medicina e Doutor em Ciências pela FMUSP. Médica Radiologista do Centro Diagnóstico do Hospital Sírio-Libanês. Médica da Equipe de Radiologia Mamária do Instituto do Câncer do Estado de São Paulo (ICESP) do HCFMUSP.

Victor Bunduki
Livre-docente e Associado da Faculdade de Medicina da Universidade de São Paulo (FMUSP). Especialista em Medicina Fetal e Ultrassonografia. Membro Permanente da IFMSS International Fetal Medicine and Surgery Society. Médico Assistente Estrangeiro na Universidade de Paris, França.

Seções do *Tratado de Radiologia*

■ Cabeça e pescoço

Editoras Associadas:
Eloisa Santiago Gebrim
Regina Lúcia Elia Gomes

■ Gastrointestinal

Editor Associado:
Manoel de Souza Rocha

■ Mama

Editores Associados:
Carlos Shimizu
Flávio Spinola Castro
Nestor de Barros

■ Musculoesquelético

Editor Associado:
Marcelo Bordalo Rodrigues

■ Neurorradiologia

Editores Associados:
Claudia da Costa Leite
Leandro Tavares Lucato

■ Obstetrícia

Editor Associado:
Sergio Kobayashi

■ Pediatria

Editora Associada:
Lisa Suzuki

■ Pulmões, coração e vasos

Editores Associados:
Cesar Higa Nomura
Ricardo Guerrini

■ Ultrassonografia

Editora Associada:
Maria Cristina Chammas

■ Uroginecologia

Editor Associado:
Públio Cesar Cavalcante Viana

Sumário

Prefácio XIX
Apresentação XXI

■ Obstetrícia

1 Biossegurança em diagnóstico por imagens nas pacientes gestantes 2
Sergio Keidi Kodaira

2 Avaliação ultrassonográfica do primeiro trimestre da gestação – até 10 semanas 5
Camila C. Tavares, Sergio Kobayashi

3 Ultrassonografia do primeiro trimestre de 11 a 14 semanas de gestação 12
Renato Ximenes, Patricia Soares de Oliveira-Szejnfeld, André de Souza Malho, Cristiane Ribeiro Assis

4 A ultrassonografia no segundo e terceiro trimestres 30
Victor Bunduki, Clarissa Moraes Nunes, Rossana Pulcineli Vieira Francisco

5 Restrição de crescimento fetal 42
Roseli Mieko Yamamoto Nomura

6 Dopplervelocimetria 51
Maurício Kase, Sergio Kobayashi

7 Perfil biofísico fetal 58
Roseli Mieko Yamamoto Nomura

8 Ultrassonografia nas cromossomopatias (11+0 a 13+6 semanas) 63
Pedro Pires Ferreira Neto, Sergio Kobayashi

9 Ultrassonografia nas infecções congênitas . 74
Brunna de Oliveira, Camila C. Tavares, Stéphano Raydan Ramalho Rocha, Sergio Kobayashi

10 Avaliação ultrassonográfica da placenta ... 79
Luiz Eduardo Machado, Fernanda Machado Schleinstein, Livia Margarida Chamusca

11 Avaliação do líquido amniótico 95
Sergio Kobayashi, Tatiana Cortez Romero

12 Avaliação dos defeitos do fechamento do tubo neural 100
Hérbene José Figuinha Milani, Antonio Fernandes Moron, Mauricio Mendes Barbosa

13 Avaliação do sistema nervoso central do feto 110
Hérbene José Figuinha Milani, Antonio Fernandes Moron, Mauricio Mendes Barbosa

14 Avaliação da face e do pescoço 125
Ingrid Ramos Rocha e Silva

15 Rastreamento das cardiopatias congênitas . 150
Gustavo Fávaro

16 Avaliação do tórax e dos pulmões 163
Heron Werner Júnior, Taísa Davaus Gasparetto, Pedro Daltro

17 Anomalias do trato digestivo 172
Mauricio Saito, Dinah Leão Marques, Sergio Kobayashi, Elaine Cristina Soares Martins Moura

18 Parede abdominal 199
Tatiana Barbosa Pellegrini, Bruna de Moraes Ribeiro, Mauricio Saito, Débora Rocha Resende Silva Brandão

19 Sistema urinário 212
Eduardo Valente Isfer, Cristhiane Labes dos Santos, Marjorye Smerecki, Stella Gesteira, Térsia Guimarães

20 Displasias esqueléticas 259
Mauricio Saito, Carolina de Mello F. Bucciaroni, Larah Geloise M. Santillo, Ana Letícia Siqueira Pontes

21 Ultrassonografia na gestação gemelar 287
Jurandir Piassi Passos

Mama

1 Métodos de imagem no diagnóstico das doenças mamárias 302
Bárbara Helou Bresciani, Flávio Spinola Castro, Renato Augusto Eidy Kiota Matsumoto, Carlos Shimizu, Nestor de Barros

2 Rastreamento do câncer de mama 312
Luciano Fernandes Chala

3 Lesões benignas da mama 330
Carlos Shimizu, Bárbara Helou Bresciani, Tomie H. Ichihara, Paula de Camargo Moraes

4 Doenças malignas 351
Su Jin Kim Hsieh, Erica Endo, Marco Costenaro, Renato Augusto Eidy Kiota Matsumoto, Katia Pincerato

5 Processos inflamatórios da mama 404
Su Jin Kim Hsieh, Erica Endo, Vera Christina Camargo de Siqueira Ferreira, Fernando Nalesso Aguiar

6 Aplicação do ACR BI-RADS® nos métodos de imagem em mama 433
Nestor de Barros, Cecília Lemos Debs, Flávio Spinola Castro, Marco Costenaro, Bruna Maria Thompson Jacinto, Tatiana Tucunduva

7 Procedimentos percutâneos em mama orientados por métodos de imagem: biópsia e localização pré-operatória 503
Nestor de Barros, Flávio Spinola Castro, Paula de Camargo Moraes, Bruna Maria Thompson Jacinto, Tomie H. Ichihara

8 Concordância anatomorradiológica, subestimação e acompanhamento 531
Bruna Maria Thompson Jacinto, Marcelo Abrantes Giannotti, Patricia Akissue de Camargo Teixeira, Renato Augusto Eidy Kiota Matsumoto, Vera Christina Camargo de Siqueira Ferreira

9 Implantes mamários e mamas operadas ... 547
Erica Endo, Vera Christina Camargo de Siqueira Ferreira, Daniela Gregolin Giannotti, Bárbara Helou Bresciani

10 Mama masculina 571
Su Jin Kim Hsieh, Tatiana Tucunduva, Marco Costenaro

Musculoesquelético

1 Doenças do membro superior – ombro, cotovelo e punho 580
Renata Vidal Leão, Luciana Carmen Zattar-Ramos, João Rafael Terneira Vicentini, Marcelo Bordalo Rodrigues

2 Diagnóstico por imagem dos membros inferiores: quadril, joelho, tornozelo e pé 625
Luciana Carmen Zattar-Ramos, Renata Vidal Leão, Paulo Victor Partezani Helito, Eliza Justo Ducati, Marcelo Bordalo Rodrigues

3 Afecções musculares 688
Marcelo Bordalo Rodrigues, João Carlos Rodrigues

4 Traumas dos membros superiores e inferiores 697
Marcelo Bordalo Rodrigues

5 Doenças inflamatórias 711
Marcelo Bordalo Rodrigues

6 Infecções ósseas e de partes moles 735
Marcelo Bordalo Rodrigues

7 Tumores ósseos e de partes moles 742
Maria Helena Teixeira Rodrigues, Marcelo Bordalo Rodrigues

8 Doenças osteometabólicas e hematológicas 767
Francisco Júlio Muniz Neto, Marcelo Bordalo Rodrigues

9 Doença degenerativa da coluna vertebral .. 790
Renata Fernandes Batista Pereira, Jailson Lopes, Alberto Peters Bambirra, Marcelo Bordalo Rodrigues

10 Trauma de coluna 817
João Carlos Rodrigues

11 Avaliação pós-operatória da coluna vertebral 844
Daniel Alvarenga, Rafael Burgomeister Lourenço, Marcelo Bordalo Rodrigues

12 Afecções da medula espinal 876
Fabrício Stewan Feltrin, Fabio de Vilhena Diniz, Paula da Cunha Pinho Kraichete, Franklin Tertulino de Freitas, Lucas Zoppi Campane

13 Displasias esqueléticas 922
Chong Ae Kim, Débora Romeo Bertola, Lilian Maria José Albano

14 Trauma não acidental 947
Alexandre Fligelman Kanas, Mauro Mitsuru Hanaoka, Ariel Levy

Índice remissivo 955

Prefácio

A Radiologia brasileira ocupa cada vez mais espaço no auxílio do diagnóstico das várias especialidades da Medicina. O estudo das radiografias, tomografias computadorizadas, ultrassonografias e ressonâncias magnéticas permite a análise mais precisa do corpo humano de várias formas e em diferentes situações.

Ao longo do tempo, houve importante aprimoramento da técnica radiológica e melhora significativa e progressiva na qualidade das imagens. Por meio do processo de inovação, os renomados autores desta obra prestam sua contribuição ao ensino da Radiologia, expondo suas vivências e conhecimentos teóricos aos médicos e aos alunos que se dedicam à área.

O *Tratado de Radiologia* é uma obra de grande perfil científico sobre os mais diversos temas da especialidade. Este magnífico tratado está baseado na experiência clínica do Departamento de Radiologia e do Instituto de Radiologia do Hospital das Clínicas da Faculdade de Medicina da Universidade de São Paulo.

A coleção, composta por três volumes, oito seções e 156 capítulos, é um valioso material para o aperfeiçoamento das técnicas de médicos e profissionais de Radiologia e Diagnóstico por Imagem e para a formação de estudantes de Medicina e residentes.

O *Tratado de Radiologia* abrange malformações congênitas, demências e envelhecimento, base do crânio, seios paranasais, doenças das vias aéreas, trauma torácico, vias biliares, transplante hepático, vias urinárias e bexiga, puberdade precoce e tardia. É preciso destacar ainda o rastreamento do câncer de mama por métodos de imagem, lesões benignas da mama, restrição do crescimento fetal, avaliação da placenta, afecções musculares, traumas dos membros superiores e inferiores.

Além desses tópicos, a obra aborda outros temas importantes relacionados à área de forma explicativa, ilustrativa e didática, constituindo, com as mais recentes diretrizes, uma referência fundamental para melhores práticas na área da Medicina.

Cumprimento o Prof. Dr. Giovanni Guido Cerri e todos os Editores, Editores Associados e Autores pela excelência do acervo científico.

Prof. Dr. José Otavio Costa Auler Junior
Diretor da Faculdade de Medicina da
Universidade de São Paulo

Apresentação

O Instituto de Radiologia (InRad) do Hospital das Clínicas da Faculdade de Medicina da Universidade de São Paulo (HCFMUSP), em parceria com a Editora Manole, tem a enorme satisfação de editar um livro de Radiologia que cobre suas diversas subespecialidades e que pode servir tanto para o especialista, como também para o médico que ingressa na especialidade.

Foi um grande desafio reunir este grupo de colaboradores, grandes nomes da Radiologia brasileira, para poder oferecer uma obra de qualidade, a mais completa possível e que representa a experiência do InRad e do HCFMUSP.

Agradeço o empenho de todos os autores, que, ao se dedicarem muito para reunir as belas imagens que ilustram este livro, ajudaram a concretizar este lançamento no Imagine'2017 – XV Congresso de Radiologia e Diagnóstico por Imagem do HCFMUSP.

Destaco o empenho da Editora Manole, que com sua qualidade editorial e extraordinária equipe aceitou o desafio de produzir obra tão complexa.

Espero que os radiologistas apreciem este trabalho e possam atualizar seus conhecimentos, contribuindo para o desenvolvimento da especialidade.

Prof. Dr. Giovanni Guido Cerri

Apresentação

Obstetrícia

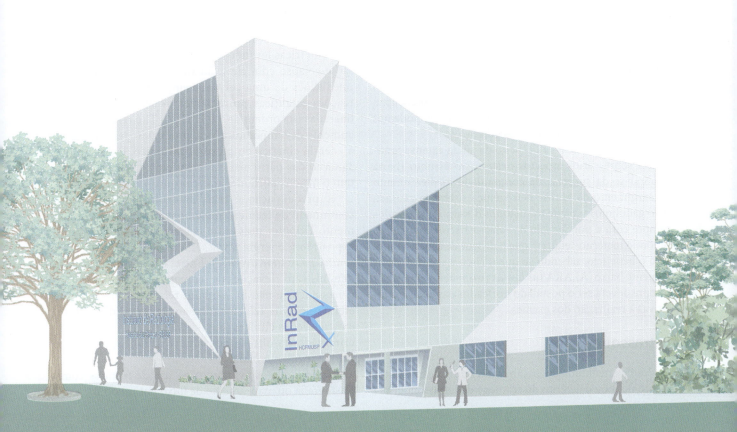

1

Biossegurança em diagnóstico por imagens nas pacientes gestantes

Sergio Keidi Kodaira

Introdução

As preocupações quanto ao uso dos métodos de diagnóstico por imagens em pacientes gestantes e lactantes constantemente surgem no dia a dia de quem indica, aplica ou se submete aos exames nestas circunstâncias. Se a experiência é enganosa, a oportunidade fugidia e o julgamento difícil, o uso cada vez mais extenso dos métodos de imagens em pacientes gestantes tanto por indicações fetais quanto maternas se expandiu enormemente e as dúvidas sempre surgem e surgirão. Doses localizadas de radiação ionizante, efeitos de campos magnéticos 30 mil vezes maiores que o do próprio planeta, pulsos de radiofrequência, ondas mecânicas de milhões de ciclos por segundo, emprego de átomos raros no universo, injeções de isótopos radiativos e até de antimatéria literalmente na veia, fenômenos térmicos exóticos – é inegável a preocupação que tudo isso pode gerar num campo de pouco mais de um século de história na medicina. Mais do que se preocupar, é melhor conhecer os limites dentro dos quais podemos realizar os procedimentos com segurança.

O consenso atual – a despeito da ainda extensa ignorância sobre vários aspectos neste vasto assunto (basta lembrar-se da surpresa da comunidade médica quanto ao surgimento da fibrose nefrogênica sistêmica causada pelo gadolínio) – é que os métodos devem ser utilizados sempre com a ponderação da relação risco/benefício ao binômio materno-fetal, em que o divisor de águas sempre será o benefício, sabendo-se que o risco é sempre relativamente baixo. ALARA (*as low as reasonably achievable*) sempre deverá ser o postulado norteador das decisões relativas à realização dos exames.

Ultrassonografia

Não há nenhuma descrição na literatura de efeitos teratogênicos ou deletérios do emprego da ultrassonografia em condições de diagnóstico médico e daí ser o método de escolha para acompanhamento e diagnóstico em obstetrícia. Simples assim.

As limitações da ultrassonografia no uso geral e obstétrico estão relacionadas ao depósito de energia térmica e ao estresse mecânico produzido pelos pulsos ultrassônicos nos tecidos, particularmente os embrionários. Atualmente, é obrigatório que todos os equipamentos apresentem na tela de exame os parâmetros de MI (*Mechanical Index*) e TI (*Thermal Index*) para todo e qualquer protocolo nos equipamentos de ultrassonografia e os protocolos obstétricos sempre têm os índices mais baixos. O MI está relacionado à capacidade do pulso de produzir efeitos mecânicos, basicamente pressóricos, de expansão e retração assimétricas (cavitação) em bolhas micrométricas levando a um potencial efeito de expansão e colapso com elevação súbita de temperatura nas imediações de uma cavidade em colapso e hipotéticas reações catalíticas provenientes de altas temperaturas liberadas (na ordem de 5.000°C). O TI é relacionado ao aumento de temperatura local produzido pela exposição à energia cinética do pulso ultrassônico. Calor produz agitação das partículas do meio: pulsos mecânicos agitam o meio e, portanto, aquecem-no.

A preocupação é mais evidente quando do uso combinado de técnicas suplementares, como o mapeamento Doppler pulsado e colorido, que aumentam a exposição à energia ultrassônica (medida em SPTA – *spatial peak time average*). Entretanto, estudos *in vitro* demonstram elevações de temperatura local não superiores a 2°C e não há nenhum relato em literatura de efeitos nocivos relacionados ao emprego do método em condições clínicas, o que não justifica o uso indiscriminado da ultrassonografia sem indicação médica clara e regulamentada.

Não há relatos associados ao uso de técnicas como elastografia ou mapeamento de fluxo por modo B.

Ressonância magnética

As principais preocupações quanto ao uso do método estão relacionadas a deposição de energia de radiofrequência (SAR), exposição a campos magnéticos estáticos de alta intensidade, campos magnéticos variáveis (gradientes), exposição a radiofrequências e alto ruído ambiente; porém não há nenhum relato de alterações teratogênicas ou deletérias no uso clínico do método.

O uso de técnicas de aquisição rápidas com o emprego de gradientes de chaveamento de campo cada vez mais intensos para aquisição de imagens fetais (fetos se mexem de maneira imprevisível e não dá para pedir que fiquem quietos!) ainda está dentro das condições consideradas seguras no uso do método.

O emprego da ressonância magnética (RM), tanto em indicações fetais quanto maternas, é definido pela relação risco/benefício, não havendo contraindicações absolutas relacionadas à gestação. Embora houvesse preocupações em relação ao emprego do método no primeiro trimestre da gestação, o American College of Radiology (ACD) liberou o uso do método nessa fase gestacional em 2007 também com atenção à relação risco/benefício.

A discussão sobre o uso dos meios de contraste com base no gadolínio está discriminada na seção específica do capítulo.

Radiografias e tomografia computadorizada

As informações que temos sobre os efeitos teratogênicos ou deletérios da exposição às radiações ionizantes são relacionadas às consequências do uso de armas nucleares, aos acidentes de radioexposição e a experimentos em animais. Cabe dizer que há dois tipos de efeitos relacionados à exposição a radiações ionizantes: os determinísticos, diretamente dependentes da dose empregada, como queimaduras, necrose e morte, e os estocásticos, aqueles que dependem tardiamente da mutação de uma única célula, cujo risco é estatístico.

Não há efetivamente relatos de alterações deletérias relacionadas ao uso de radiação ionizante em níveis diagnósticos em pacientes, salvo acidentes que devem ser evitados (obviamente). A exposição natural do feto ao longo da gestação fica em torno de 1 mGy, e os valores considerados prejudiciais na literatura são acima de 50 mGy. A suscetibilidade do concepto varia ao longo da idade gestacional: no período pré-implantação, exposições acima de 50 mGy produzem um efeito "tudo ou nada" com abortamento ou continuidade da gestação sem intercorrências. No período de organogênese, podem ocorrer graves deficiências e deformidades esqueléticas, genitais, oculares e restrição de crescimento em exposições de cerca de 200 mGy. No período fetal, no segundo trimestre, doses acima de 60 mGy ou maiores produzem alto risco de retardo mental e/ou microcefalia; e entre 16 e 25 semanas, estima-se que as doses deletérias sejam maiores – acima de 250 mGy.

Estudos de radiodiagnóstico produzem exposições fetais entre 0,001 mGy e cerca de 0,20 mGy. Estudos de tomografia computadorizada (TC) de baixa dose variam de 0,01 a 10 mGy; e estudos de alta dose como TC de pelve produzem exposições de até 50 mGy. Entretanto, o uso de protocolos de baixa dose pode reduzir a exposição fetal até 2,5 mGy, dentro dos limites atualmente considerados seguros.

Quanto ao risco estocástico, estima-se que a chance de incidência de leucemia em crianças nascidas de gestações não expostas à radiação artificial seja de cerca de 1:3.000 e a exposição a métodos de imagem diagnósticos com uso de radiação ionizante dobre a probabilidade, porém ainda com baixo risco, mas não negligenciável. Deriva disso que, se houver alternativa de adiamento do exame para o período pós-gestacional ou alternativa de outro método sem o uso de radiação ionizante, essas alternativas devem ser elencadas.

Todo serviço de diagnóstico por imagens, portanto, precisa ter acesso ao diagnóstico de gestação, em casos de dúvida, para definir estratégias de imageamento e de baixa dose quando confirmada a gestação, mas não há nenhuma contraindicação absoluta ao uso desses métodos. Entretanto, exames de tomografia por emissão de pósitrons/tomografia computadorizada (PET/CT) ainda apresentam doses de 10 a 50 mGy.

Meios de contraste

Ver dentro sem abrir é a ideia fundamental dos métodos de diagnóstico por imagens. Mas ver sem enxergar não vale nada. É inútil um método de imagem incapaz de separar o normal do anormal, o trigo do joio. Há situações, em que as propriedades físicas dos tecidos tem de ser modificadas para o diagnóstico das alterações – este é o papel dos meios de contraste.

Meios de contraste iodados para estudos baseados em radiografia apresentam riscos relacionados a reações alérgicas, alta osmolaridade e alta dose de iodo. A principal preocupação associada ao emprego desses compostos nas gestantes foca o metabolismo tireoidiano do concepto que ainda não apresenta os mecanismos regulatórios de Wolff-Chaikoff. Entretanto, os relatos de hipotireoidismo relacionados ao uso de meios de contraste iodados foram descritos no emprego em amniografias, método totalmente substituído pela ultrassonografia. Diante da suspeita de hipotireoidismo do neonato relacionado ao uso de meios de contraste iodado durante a gestação, é recomendado o controle da atividade tireoidiana do recém-nascido na primeira semana de vida pós-natal.

O uso de antissépticos à base de iodo também libera uma quantidade de iodo livre (não conjugado a macromoléculas) significativa, por isso deve ser evitado nas pacientes gestantes e lactantes.

O uso de quelatos de gadolínio como meio de contraste em RM em pacientes com insuficiência renal com instalação de fibrose nefrogênica sistêmica foi uma inesperada complicação com consequências graves, por vezes fatais, que surpreendeu a comunidade médica. Sabe-se que o gadolínio livre apresenta toxicidade e daí advém o uso em quelatos, com a experiência do uso do iodo em macromoléculas.

Estudos comprovam que tanto o iodo quanto o gadolínio ultrapassam a barreira placentária, mas em concentrações mínimas que não apresentam risco efetivo ao concepto, segundo os dados atualmente disponíveis. Portanto, seu uso é aceitável nas pacientes gestantes mesmo no primeiro trimestre, porém sempre respeitando a relação risco/benefício no binômio materno-fetal. Uma situação exemplar é o uso de meios de contraste em suspeita de tromboembolismo pulmonar em gestantes, evento não raro e de diagnóstico imprescindível para a sobrevivência materna e, consequentemente, fetal.

Quanto ao uso de meios de contraste em pacientes lactantes, a literatura documenta que a concentração do iodo e do gadolínio no leite materno é muito menor que os níveis considerados nocivos e sua absorção pelo trato gastrointestinal do lactente é extremamente baixa, não havendo necessidade de interrupção do aleitamento materno pelo uso desses compostos. Na existência de dúvidas e preocupações da paciente ou do profissional quanto a essa questão, o procedimento de armazenagem do leite materno antes do exame em quantidade suficiente para o aleitamento de um dia e interrupção do aleitamento por 24 horas após o exame com uso do leite armazenado é uma alternativa eficaz até a eliminação do gadolínio pelos rins maternos.

Um termo de consentimento esclarecido sobre os riscos tanto do método quanto do eventual uso de meios de contraste que inclua o questionamento sobre uma eventual gestação sempre deverá ser preenchido pela paciente ou seu responsável legal.

Considerações finais

- Saber é melhor que conjecturar.
- Leia a Bibliografia Sugerida (deveria ser obrigatória).
- Estude e atualize seus conhecimentos sobre a matéria. Estes conceitos estão sempre mudando.
- Prudência e termo de consentimento esclarecido não fazem mal a ninguém.

Bibliografia sugerida

1. American College of Obstetricians and Gynecologists. Guidelines for diagnostic imaging during pregnancy and lactation. Committee opinion n. 656. Obstet Gynecol. 2016;127:e75-80.
2. Tremblay E, Thérasse E, Thomassin-Naggara I, Trop I. Guidelines for use of medical imaging during pregnancy and lactation. RadioGraphics. 2012;32:897-911.

Avaliação ultrassonográfica do primeiro trimestre da gestação – até 10 semanas

Camila C. Tavares
Sergio Kobayashi

Introdução

O primeiro trimestre da gestação consiste do período entre o momento em que se confirma uma gestação viável até 13 semanas e seis dias. Por convenção, o concepto é considerado embrião até 10 semanas e, após esse período, já deve ser nominado como feto.

A sequência dos marcos ultrassonográficos para cada semana da gestação precoce segue um padrão previsível, acurado e reprodutível, com uma variação de aproximadamente meia semana do esperado (Quadro 1). Variações maiores são sinais de alerta quanto à viabilidade da gestação e devem ser investigadas.

Quadro 1 Marcos ultrassonográficos esperados no primeiro trimestre da gestação

Saco gestacional	5+0 semanas
Saco gestacional com vesícula vitelínica	5+4 semanas
Saco gestacional, vesícula vitelínica e embrião (2 mm) com atividade cardíaca (> 100 bpm)	6+0 semanas
Embrião (16 mm) com membrana amniótica, movimentos fetais e atividade cardíaca (175 bpm)	8+0 semanas

Ultrassonografia normal da gestação no primeiro trimestre

A concepção

Após 2 semanas do último período menstrual da paciente, no período fértil do ciclo, ocorre a concepção. Nas primeiras três semanas de gestação, o saco gestacional geralmente não é visível na ultrassonografia, por suas diminutas dimensões. Entretanto, a partir do local de implantação do blastocisto, visualiza-se um espessamento focal da decídua na cavidade uterina, e ao seu redor, por meio do estudo Doppler, é possível identificar um fluxo peritrofoblástico de alta velocidade (até 30 cm/s) antes mesmo da visualização do saco gestacional.

O saco gestacional

A partir de cinco semanas da gestação, já é possível visualizar o saco gestacional. Sua aparência inicial é altamente variável e alguns sinais são bastante característicos, embora possam estar ausentes em pelo menos 35% dos casos.

Pode aparecer inicialmente como uma coleção líquida com bordos arredondados, medindo entre 2-3 mm, na porção ecogênica central do útero (decídua) ou também pode estar excêntrico, em um dos lados da linha hiperecogênica que corresponde à cavidade uterina colapsada (sinal intradecidual) (Figura 1).

Apesar de a presença desses sinais indicar uma probabilidade muito maior de gestação intrauterina, eles também podem coexistir com uma gestação ectópica em até 16% dos casos (o chamado "pseudossaco gestacional"). Por isso, as regiões anexiais e os ovários devem ser obrigatoriamente avaliados.

Em um período um pouco mais tardio, quando o tamanho do saco gestacional é suficiente para deformar o contorno da cavidade uterina, pode surgir um sinal característico: o sinal do "duplo saco", quando o saco gestacional é circundado por dois anéis ecogênicos da decídua – o anel interno representa a decídua capsular e o externo, a decídua parietal.

A vesícula vitelínica

A vesícula vitelínica torna-se visível entre 5,0-5,5 semanas, sendo a estrutura mais precoce a aparecer dentro do saco gestacional em uma topografia excêntrica, confirmando a gestação intrauterina (Figura 2). Pode aparecer como duas linhas ecogênicas paralelas em estágios mais precoces. Consiste no primeiro sistema de transporte maternofetal enquanto se desenvolve a placenta.

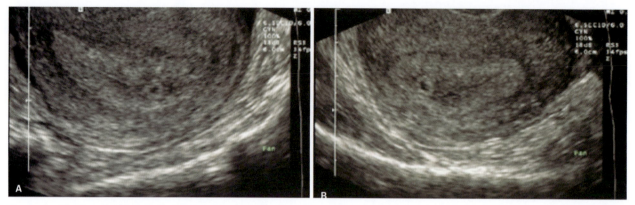

Figura 1   Sinal intradecidual. A: Corte longitudinal em útero retrovertido mostrando saco gestacional intradecidual. B: Corte transversal.

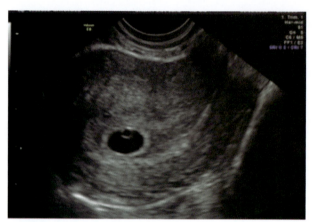

Figura 2   Vesícula vitelínica.

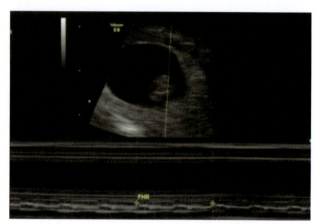

Figura 3   Avaliação da frequência cardíaca do concepto.

O embrião

Na sexta semana da gestação, quando o saco gestacional atinge cerca de 10 mm de diâmetro, é possível identificar uma pequena estrutura ecogênica na base da vesícula vitelínica, que consiste no embrião, medindo de 1 a 2 mm de comprimento cabeça-nádega (CCN). Durante a avaliação em tempo real, é possível visualizar a atividade cardíaca, que tem o limite inferior de 100 bpm nesse estágio. A medida da frequência cardíaca deve ser, sempre que possível, avaliada no modo M, considerada segura em todos os estágios da gestação, já que o Doppler oferece maior energia e potenciais efeitos biológicos no feto (Figura 3).

Entre 6,5 e 7,0 semanas, podemos observar a membrana amniótica, criando a aparência de "dupla bolha" junto à vesícula vitelínica. A velocidade de crescimento da cavidade amniótica deve ter relação linear com o CCN até a 10ª semana. Como seu crescimento tem velocidade maior que o da cavidade coriônica (mais externa), o resultado é a fusão dessas membranas por volta da 16ª semana.

A partir da 8ª semana de gestação, já é possível discernir as partes fetais com aparecimento dos brotos dos quatro membros, bem como a segmentação do sistema nervoso central, com rombencéfalo facilmente caracterizado. Nesse período iniciam-se os movimentos corpóreos do concepto.

Após 10 semanas se inicia o período fetal, havendo um desenvolvimento progressivo das estruturas anatômicas, que podem ser estudadas com mais detalhes. É a melhor época para estudar marcadores de anomalias cromossômicas como o osso nasal e a translucência nucal, bem como para detectar precocemente alterações que poderão ser confirmadas mais adiante, sobretudo no estudo morfológico entre 20 e 24 semanas.

Além disso, a ultrassonografia do primeiro trimestre, a partir do surgimento do polo embrionário, é útil para o cálculo mais acurado da idade gestacional, servindo como referência para as ultrassonografias subsequentes. O cálculo se baseia na medida do CCN, que é correlacionado com uma tabela de correspondência para a idade gestacional esperada, tendo uma variação em média de cinco dias.

É importante ressaltar que uma técnica correta é fundamental para a precisão dessa medida (Figura 4). Para isso, o concepto deve estar em uma posição neutra no plano sagital e horizontalizado; a imagem deve ser ampliada para preencher boa parte da tela; os marcadores devem ser colocados em pontos bem definidos da cabeça e da nádega e, sempre que possível, deve ser visto líquido amniótico entre o mento e o tórax do feto.

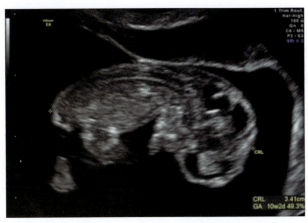

Figura 4 Sistematização técnica da medida do comprimento cabeça-nádega (CCN).

Complicações na gestação do primeiro trimestre

O sangramento vaginal é muito frequente nas primeiras semanas de gestação, estando presente em cerca de 25% dos casos, sendo em sua maioria autolimitado e causado pela implantação do concepto no endométrio.

Diante de um quadro clínico de sangramento vaginal ou dor pélvica no primeiro trimestre da gestação, a ultrassonografia transvaginal e a dosagem da fração beta da gonadotrofina coriônica (β-HCG) continuam sendo as principais ferramentas diagnósticas para a detecção precoce de complicações desse período. É importante ter uma abordagem sistemática diante desses casos, já que os erros diagnósticos não são raros e podem levar a intervenções mal indicadas, prejudicando a evolução de gestações que poderiam se desenvolver normalmente.

Os principais diagnósticos diferenciais estão resumidos na Figura 5 e basicamente incluem a gestação intrauterina viável, gestação intrauterina não viável ou de viabilidade incerta – dentro delas, o abortamento e a doença trofoblástica gestacional – e a gestação ectópica.

Gestação intrauterina de viabilidade incerta

A pergunta-chave diante de uma paciente com β-HCG positivo (maior que 1.000-2.000 mIU/mL) submetida a uma ultrassonografia transvaginal é se existe uma gestação viável. Quando a gestação não está indo de acordo com os marcos ultrassonográficos esperados para a idade gestacional na ultrassonografia e os níveis de β-HCG não

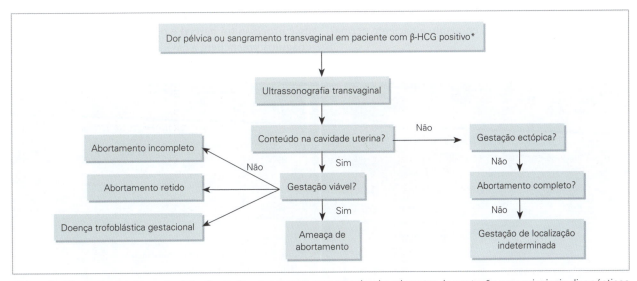

Figura 5 Fluxograma sobre a conduta diante de um sangramento no primeiro trimestre da gestação e os principais diagnósticos diferenciais que devem ser aventados.

*β-HCG > 1.000-2.000 mIU/mL.

obedecem ao padrão de dobrar a cada 48 h nas primeiras sete semanas de gestação, deve-se investigar sua viabilidade, associando uma série de critérios para minimizar os falsos-positivos (resumidos no Quadro 2). Quando há essa suspeita, a orientação é de realizar um estudo ultrassonográfico de controle entre 7 e 10 dias para confirmação diagnóstica.

Além dos elencados no Quadro 2, outros indicadores de mau prognóstico da gestação e que merecem um controle ultrassonográfico precoce são: saco gestacional pequeno para o embrião (diferença menor que 5 mm entre o diâmetro do saco e o CCN), de contornos irregulares ou com implantação baixa; vesícula vitelínica calcificada ou maior que 7 mm; âmnio vazio, sem embrião; embrião amorfo com mais de 8 semanas ou bradicárdico (< 85 bpm); alterações hidrópicas das vilosidades coriônicas e hemorragia retrocoriônica quando envolve mais que dois terços da circunferência do saco gestacional.

Há ainda dentro da gestação de viabilidade incerta o conceito da gestação de localização incerta, que serve para lembrar que quando o β-HCG for positivo (entre 2.000 e 3.000 mIU/mL) e a cavidade uterina estiver vazia com regiões anexiais normais, existem três possibilidades: gestação intrauterina muito precoce, gestação ectópica oculta e abortamento completo.

Nesses casos não se deve tomar condutas enquanto a paciente permanecer hemodinamicamente estável e puder esperar por um diagnóstico definitivo, repetindo a ultrassonografia e a dosagem de β-HCG, já que a maior parte desses casos é de gestações intrauterinas não viáveis e até 2% representam gestações intrauterinas viáveis. Já quando os níveis de β-HCG ultrapassam os 3.000 mIU/mL, aumenta muito a probabilidade de gestação ectópica, mas ainda assim a conduta conservadora até a confirmação diagnóstica é preferível, enquanto a paciente permanecer estável.

Quadro 2 Principais critérios da gestação não evolutiva

Achados definitivos	Achados suspeitos
Embrião com CCN ≥ 7 mm sem atividade cardíaca	Embrião com CCN < 7 mm sem atividade cardíaca
Ausência de embrião quando DMSG ≥ 25 mm	Ausência de embrião quando DMSG entre 16 e 24 mm
Ausência de vesícula vitelínica após 2 semanas	Ausência de embrião após 7-13 dias de surgir o SG
Ausência de embrião após 11 dias de surgir o SG com VV	Ausência de embrião após 7-10 dias de surgir o SG com VV

CCN: comprimento cabeça-nádega; DMSG: diâmetro médio do saco gestacional; SG: saco gestacional; VV: vesícula vitelínica.
Embrião (16 mm) com membrana amniótica, movimentos fetais e atividade cardíaca (175 bpm)
Fonte: Consenso da Sociedade de Radiologistas Multiespecialistas em Ultrassonografia – Conferência de primeiro trimestre precoce – Diagnóstico de aborto e exclusão de gestação intrauterina viável, outubro de 2012

Abortamento

O abortamento espontâneo ocorre quando uma gestação termina antes da 20ª semana. Cerca de 80% deles ocorrem no primeiro trimestre e têm como principais causas as anomalias genéticas, aumentando sua incidência quando a idade materna ultrapassa os 35 anos. Os abortamentos são divididos clinicamente como: retido, completo, incompleto, inevitável e ameaça de abortamento. Os achados ultrassonográficos dependem da clínica e do estágio evolutivo do processo.

Dentro dessa divisão, o abortamento retido acontece quando o colo uterino está fechado e há achados que confirmam uma gestação não evolutiva conforme detalhado anteriormente. No abortamento completo o exame ultrassonográfico é normal, pois já houve eliminação dos produtos da concepção; no abortamento incompleto esse processo foi parcial e os tecidos trofoblásticos e/ou coágulos preenchem a cavidade uterina na forma de um

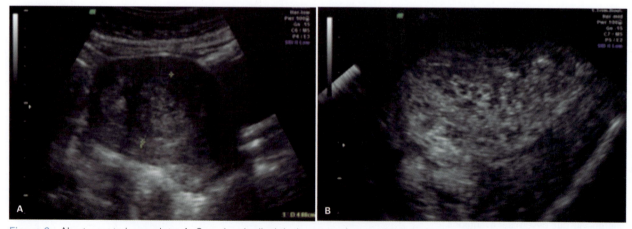

Figura 6 Abortamento incompleto. A: Corte longitudinal do útero por via transabdominal mostrando conteúdo na cavidade uterina. B: Corte longitudinal do útero por via transvaginal mostrando conteúdo na cavidade uterina em maior aumento e melhor definição de imagem.

material ecogênico heterogêneo que espessa o eco endometrial (Figura 6). O abortamento inevitável por sua vez acontece quando o colo uterino está aberto e irá ocorrer a eliminação dos produtos, sendo seu aspecto ultrassonográfico variável de acordo com a quantidade de material já eliminado, lembrando que nesses casos pode haver, inclusive, vitalidade embrionária preservada.

A ameaça de abortamento pode ter achados suspeitos de gestação não evolutiva e/ou de mau prognóstico, entre eles o hematoma retrocoriônico, que está presente em cerca de 20% dos casos. Este é considerado pequeno quando corresponde a menos de 20% da circunferência do saco gestacional e a sua maioria apresenta resolução espontânea, e grande quando esse valor ultrapassa 50% da circunferência, tendo nesses casos um prognóstico reservado com altíssima taxa de perda fetal. O hematoma retrocoriônico fica entre o córion frondoso e a decídua basal, podendo ter vários aspectos ultrassonográficos dependendo do seu estado evolutivo. Quando agudo, é isoecogênico ao córion; na fase subaguda assume aspecto hipoecoico, podendo ter septos de permeio, e quando em resolução é anecogênico, podendo ter nível líquido.

Gestação ectópica

A gestação ectópica ocorre em cerca de 2% das gestações e ainda representa a causa mais comum de morte materna no primeiro trimestre, necessitando por isso de um diagnóstico preciso para um acompanhamento adequado, muitas vezes, urgente. Na suspeita clínica, a ultrassonografia deve ser o método inicial de investigação juntamente à dosagem de β-HCG. Deve-se realizar a ultrassonografia via transabdominal para detectar massas volumosas e líquido livre na cavidade, sempre complementando com a via transvaginal, que oferece maiores detalhes.

A localização mais comum da gestação ectópica é na tuba uterina (97% dos casos), sobretudo nas porções ampular (55%) e ístmica (25%). Sob suspeita clínica, qualquer massa anexial, extraovariana e não cística, aumenta a probabilidade desse diagnóstico. Pode formar o característico anel tubário, que consiste em um halo de tecido circundando um centro hipoecogênico, bem como uma massa anexial amorfa ou complexa (Figura 7). Pode ainda se manifestar por saco gestacional com vesícula vitelínica e/ou polo embrionário na região extraovariana (diagnóstico de certeza).

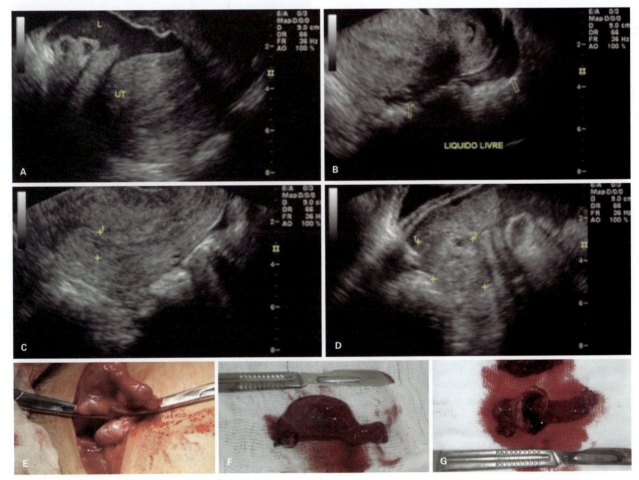

Figura 7 Gestação ectópica tubárea rota. A e B: Corte longitudinal mostrando útero vazio e grande quantidade de líquido livre na cavidade peritoneal. C: Corte longitudinal do útero mostrando endométrio decidualizado e ausência de saco gestacional na cavidade uterina. D: Massa anexial complexa e coágulos organizados. E, F e G: Peça cirúrgica de salpingectomia.

As localizações incomuns da gestação ectópica são a ovariana, onde se visualiza o saco gestacional dentro do ovário com ou sem vesícula vitelínica e/ou embrião; a intersticial, de localização superolateral alta dentro da porção ístmica da tuba até a cavidade endometrial, com pouco ou nenhum miométrio circundante; e a cervical, devendo nesse caso ser diferenciada do abortamento em curso, que se apresenta com um saco gestacional irregular.

Dentro desse contexto, quando há grande quantidade de líquido livre na cavidade, sobretudo quando de conteúdo ecogênico suspeito para hemoperitôneo, mesmo que não se tenha achados conclusivos nos anexos, deve-se considerar fortemente a hipótese de gestação ectópica rota, uma emergência obstétrica. Os achados positivos nos anexos em uma paciente com β-HCG positivo são mais confiáveis do que a cavidade uterina vazia, justamente pelo conceito de gestação de localização incerta, anteriormente detalhado.

Doença trofoblástica gestacional

A doença trofoblástica gestacional (DTG) clinicamente se manifesta como sangramento vaginal em grau variável, que pode ou não estar associado à eliminação de vesículas, sendo marcada por um útero de volume aumentado e um nível de β-HCG muito além do esperado para a idade gestacional. Consiste em um espectro de anormalidades proliferativas do tecido trofoblástico relacionadas à gestação, dentro das quais se inclui a mola hidatiforme (parcial e completa), a forma mais comum e não invasiva, correspondendo a 80% do total dos casos, e as neoplasias trofoblásticas gestacionais, divididas em coriocarcinoma, mola invasiva e tumor de sítio trofoblástico.

A mola hidatiforme apresenta graus variáveis de proliferação trofoblástica e edema do vilo. A presença de partes fetais a classifica como parcial e, nesses casos, o cariótipo pode apresentar aneuploidias, e o concepto, múltiplas anomalias congênitas e restrição de crescimento. Já quando não há concepto, a mola é considerada completa, apresentando alterações mais focais e discretas. Na ultrassonografia, a cavidade uterina é repleta de múltiplas áreas anecogênicas, variando em tamanho e formato, correspondendo às alterações hidrópicas das vilosidades coriônicas, com aspecto em "tempestade de neve" (Figura 8). Como ocorre de forma lenta, esse aspecto pode estar ausente no começo da gestação, de forma que quando uma paciente tem quadro clínico sugestivo, deve-se realizar controle ultrassonográfico para excluir essa hipótese. Nos ovários, os cistos tecaluteínicos ovarianos podem ocorrer em 25-60% dos casos pela hiperestimulação gonadotrófica, apresentando-se aumentados e com múltiplos cistos (aspecto em "bolhas de sabão").

Importantes diagnósticos diferenciais que se assemelham ao padrão ultrassonográfico da DTG são o aborto retido, que também pode cursar com alterações hidrópicas do vilo coriônico, e as malformações arteriovenosas (MAV), que, apesar de raras, devem ser lembradas pelo seu potencial risco de vida durante um eventual esvaziamento uterino. Apresentam-se como múltiplas áreas císticas ao modo-B, com um padrão em mosaico ao Doppler colorido e na análise espectral, com alta velocidade e um índice de resistividade baixo. Essas duas condições são diferenciadas da DTG a partir do nível de β-HCG menor que o espera-

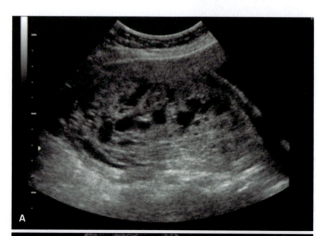

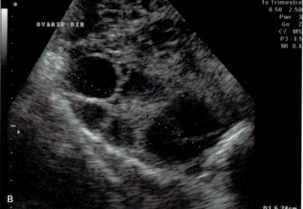

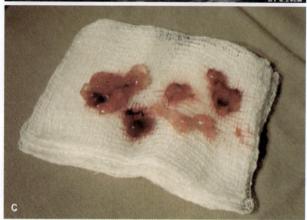

Figura 8 Mola hidatiforme completa. A: Corte longitudinal do útero mostrando a cavidade uterina. B: Corte longitudinal do ovário mostrando cistos tecaluteínicos. C: Foto demonstrando pequena amostra da degeneração hidrópica das vilosidades coriônicas.

do para a idade gestacional. Após o diagnóstico de DTG, a conduta é o esvaziamento uterino com quimioterapia, sendo realizado o acompanhamento com ultrassonografia transvaginal e monitoração dos níveis de β-HCG, já que é possível haver malignização ou recorrência da doença.

Dessa forma, as neoplasias trofoblásticas são derivadas de gestações molares em 50% dos casos, mas também podem ser derivadas de aborto em 25% ou após gestação a termo ou ectópica no restante dos casos. O coriocarcinoma não apresenta as alterações do vilo e seu aspecto ultrassonográfico é de uma massa intrauterina que pode invadir miométrio ou paramétrios. Nesse caso, a avaliação por ressonância magnética apresenta uma maior acurácia no estadiamento local, devendo-se também rastrear metástases a distância. Por sua vez, na mola invasiva acontece quando ocorre proliferação excessiva do tecido trofoblástico com invasão dos tecidos adjacentes (miométrio, paramétrio ou peritôneo), sem metástases a distância, podendo se manifestar como áreas hiperecogênicas no miométrio, com fluxo ao estudo Doppler (Figura 9). O tumor de sítio trofoblástico é o mais raro e acontece por uma transformação neoplásica do local de implantação da placenta de uma gestação a termo ou abortamento, sem achados ultrassonográficos característicos.

Considerações finais

- Diante de uma gestação de primeiro trimestre é preciso ter em mente os principais marcos ultrassonográficos esperados para cada idade gestacional a fim de aumentar a suspeição de sinais de gestação não evolutiva. Os critérios definitivos incluem: CCN ≥ 7 mm sem atividade cardíaca e diâmetro médio do saco gestacional (DMSG) ≥ 25 mm sem embrião.
- Se só houver sinais suspeitos de gestação não evolutiva, deve-se acompanhar os níveis de β-HCG e repetir a ultrassonografia em 7-10 dias.
- O β-HCG é uma ferramenta diagnóstica fundamental e comprovadamente aumenta a acurácia do exame ultrassonográfico.
- A gestação ectópica ainda representa a maior causa de mortalidade materna no primeiro trimestre da gestação e os achados positivos nos anexos são os mais confiáveis para esse diagnóstico, sendo fundamental sua avaliação em toda ultrassonografia do primeiro trimestre.

Bibliografia sugerida

1. Dighe M, Cuevas C, Moshiri M, Dubinsky T, Dogra VS. Sonography in first trimester bleeding. J Clin Ultrasound. 2008;36(6):352-66.
2. Doubilet PM. Ultrasound evaluation of the first trimester. Radiol Clin N Am. 2014;52(6):1191-9.
3. Doubilet PM, Benson CB, Bourne T, Blaivas M. Diagnostic criteria for nonviable pregnancy early in the first trimester. N Engl J Med. 2013;369(15):1443-51.
4. Paspulati RM, Bhatt S, Nour S. Sonographic evaluation of first-trimester bleeding. Radiol Clin N Am. 2004;42(2):297-314.
5. Rodgers SK, Chang C, DeBardeleben JT, Horrow MM. Normal and abnormal US findings in early first-trimester pregnancy: review of the Society of Radiologists in Ultrasound 2012 Consensus Panel Recommendations. Radiographics. 2015;35(7):2135-48.
6. Uideline L. Ultrasound evaluation of first trimester pregnancy complications. J Obstet Gynaecol Can. 2005;27(6):581-5.

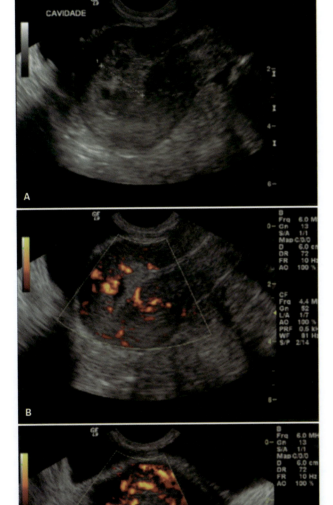

Figura 9   Mola invasiva. A: Corte longitudinal do útero demonstrando espessamento e irregularidade do eco endometrial e invasão da parede anterior do corpo uterino. B: Corte longitudinal do útero ao estudo Doppler de amplitude. C: Corte transversal do útero ao estudo Doppler de amplitude.

3

Ultrassonografia do primeiro trimestre de 11 a 14 semanas de gestação

Renato Ximenes
Patricia Soares de Oliveira-Szejnfeld
André de Souza Malho
Cristiane Ribeiro Assis

Introdução

Neste capítulo, será abordada a ultrassonografia (USG) do 1º trimestre de 11 a 14 semanas, que na última década passou a ser integrada na rotina dos exames, durante o pré-natal de todas as pacientes. Nesta oportunidade, o exame ultrassonográfico tem por objetivo fazer o rastreamento de cromossomopatias e malformações fetais, além de identificar pacientes com risco aumentado de parto prematuro e pré-eclâmpsia, sendo consenso que este exame deve ser oferecido a todas as gestantes.

Histórico e evolução do diagnóstico pré-natal

Em 1862, John Haydon Langdon Down (Figura 1), que trabalhava em um sanatório, começou a observar que muitos dos pacientes internados tinham características fenotípicas semelhantes, apresentando rosto achatado, face plana, nariz pequeno e a pele pouco elástica e aparentemente excessiva na região do pescoço. Essas alterações foram descritas por ele em seu artigo *"Observations on an ethnic classification of idiots"*, e mostrava as alterações fenotípicas que frequentemente estavam associadas a alterações significativas de desenvolvimento cognitivo.

Em 1958, o Dr. Jérôme Lejeune, estudando os cromossomos de uma criança chamada "mongoloide", descobre que a causa para tais alterações era um par extra no cromossomo 21, e publica esta descoberta em seu artigo "Human chromossomes in tissue culture", mostrando pela primeira vez a etiologia daqueles achados fenotípicos. Sendo descoberto que as alterações eram de origem cromossômica, este excesso de material ou cromossomo extra no par 21 é chamado de trissomia do 21, mais co-

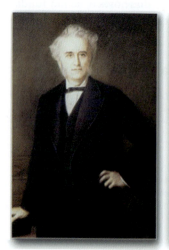   

Figura 1 Dr. John Langdon Down (1820-1896).
Cortesia: The Langdon Down Centre Trust website (http://www.langdondowncentre.org.uk).

nhecida como síndrome de Down. Em 1961, um grupo de 90 *experts* se reuniram e escreveram um artigo publicado no periódico *The Lancet*, sugerindo a mudança do nome dessa doença para síndrome de Down. Então, em 1965, após um pedido formal da República da Mongólia, a Organização Mundial da Saúde adotou a terminologia síndrome de Down.

Em 1966 Hofmann, Holländer e Weiser publicam pela primeira vez o uso da ultrassonografia em um caso de malformação fetal, seguido de uma publicação em 1968, "*Intrauterine diagnosis of hydops fetus universallis using ultrasound*", que é provavelmente o primeiro artigo publicado na literatura sobre diagnóstico de malformação fetal por ultrassonografia. Desde então, a evolução dos equipamentos de ultrassonografia e a significativa melhora na qualidade das imagens ultrassonográficas têm ampliado de forma importante a compreensão sobre o desenvolvimento normal e patológico materno-fetal.

Translucência nucal

No início da década de 1990, o professor Kypros Nicolaides relatou a associação do acúmulo de fluido na região da nuca fetal, que denominou translucência nucal (TN), com fetos portadores da trissomia do cromossomo 21 (Figura 2). Inicialmente entre 1993 e 1997, inúmeros trabalhos foram publicados mostrando a associação entre o aumento da TN e a trissomia 21. Na época, era muito comum a ideia de que este exame só servia para o rastreamento da síndrome de Down.

No Brasil ainda é comum recebermos pedidos para a realização do exame como "ultrassonografia de translucência nucal" para o diagnóstico de síndrome de Down. Em 1997, o grupo do professor Nicolaides observou, depois de revisões de seus casos, que o aumento da translucência nucal não estava somente relacionado com a trissomia 21, mas também com malformações anatômicas e, a partir de então, inicia-se a era da "ultrassonografia morfológica do 1º trimestre", em que a preocupação não era somente o rastreamento da síndrome de Down, mas também examinar a morfologia do feto, buscando malformações anatômicas e marcadores ecográficos de cromossomopatias que serão abordadas na sequência do capítulo.

Nos últimos anos tem-se adotado a terminologia "ultrassonografia de gestação inicial" para os exames realizados entre 4 semanas e 3 dias até 10 semanas e 6 dias, ou até que o comprimento cabeça-nádegas (CCN) seja < 45 mm. E o termo "ultrassonografia morfológica de 1º trimestre" quando o CCN está entre 45 e 84 mm, conforme estabelecido pelas diretrizes da Fetal Medicine Foundation, equivalente ao período entre 11-13 semanas e 6 dias.

A TN é um marcador ecográfico eficaz no rastreamento das trissomias dos cromossomos 21, 18 e 13, que pode identificar cerca de 75% das gestações acometidas pela trissomia 21. Na tentativa de melhorar a taxa de de-

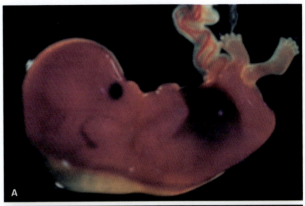
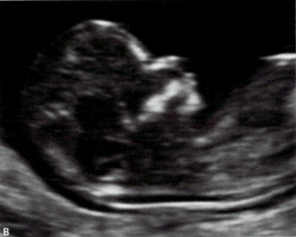

Figura 2 A: Feto com coleção subcutânea de líquido na região da nuca. B: Feto com 12 semanas com trissomia 21 demonstrando acúmulo de fluido na nuca.
Cortesia: Dra. Eva Pajkrt, Universidade de Amsterdã.

tecção iniciaram-se os estudos com avaliação das concentrações no soro materno das frações livres do β-hCG e da PAPP-A (proteína plasmática A associada à gestação), obtidas entre 11-13+6 semanas, que mostraram aumento na taxa de detecção das anomalias cromossômicas para 85-90% dos casos.

Em 2001, Cicero e colaboradores observaram que o osso nasal (ON) estava ausente em cerca de 60-70% dos fetos com trissomia do cromossomo 21. Atualmente, a associação da medida de TN, ON e a avaliação bioquímica do soro materno (β-hCG e da PAPP-A) aumenta a taxa de detecção da síndrome de Down em cerca de 95%.

Além de seu papel na avaliação do rastreamento de cromossomopatias, a medida da TN também pode contribuir para a detecção de outras anomalias cromossômicas, malformações cardíacas, displasias esqueléticas e síndromes genéticas.

A partir da 10ª semana de gestação, ocorre a conclusão da embriogênese e o ser humano em desenvolvimento no útero passa a ser denominado feto. Com a melhora significativa dos aparelhos de ultrassonografia, a realização de exames no período entre 11 e 14 semanas tem permitido o diagnóstico cada vez mais preciso de anomalias fetais.

Outros benefícios do exame ultrassonográfico nesse período incluem a confirmação da vitalidade fetal, a datação da gravidez, diagnóstico precoce de gestações múltiplas (amniocidade e corionicidade), rastreamento de pré-eclâmpsia e partos prematuros.

Fisiopatologia do aumento da translucência nucal

A fisiopatologia do aumento da translucência nucal está associada a condições heterogêneas, o que sugere a impossibilidade de apontar somente um mecanismo para o aumento de acúmulo de fluido na região da nuca (Figuras 3 e 4).

Entre os mecanismos descritos, devem-se considerar:

- Insuficiência cardíaca em associação com anomalias do coração e de grandes vasos.
- Congestão venosa de cabeça e pescoço, em decorrência de alguma constrição no corpo do feto em casos de sequência de rotura das membranas (brida) ou compressão superior do mediastino nos casos de hérnia diafragmática.
- Alteração da composição da matriz extracelular.
- Desenvolvimento do sistema linfático alterado ou retardado.
- Falha da drenagem linfática decorrente de alteração encontrada em certas doenças neuromusculares.
- Anemia fetal ou hipoproteinemia.
- Infecção fetal congênita podendo provocar anemia ou disfunção cardíaca.

Risco de alterações cromossômicas específico

Toda mulher pode gerar um feto que tenha uma anomalia cromossômica, malformação anatômica ou síndrome gênica. No exame entre 11-13+6 semanas, pode-se calcular este risco específico para cromossomopatias levando-se em consideração as idades materna e gestacional, o que chamamos risco basal ou risco *a priori* (em inglês, *background risk*). Durante o exame ultrassonográfico entre 11-13+6 semanas, avaliam-se marcadores biofísicos, como TN, ON, RT, DV e outros, que devem ser associados às idades materna e gestacional para o cálculo do risco pós-exame. Cada um destes marcadores tem riscos específicos relativos e a análise conjunta destes dados fornecerá o risco específico para cada paciente (Tabela 1).

O risco relativo (*likelihood ratio*) para uma certa medida ultrassonográfica ou bioquímica é calculado dividindo-se a porcentagem de fetos acometidos pela porcentagem de fetos normais com as mesmas medidas.

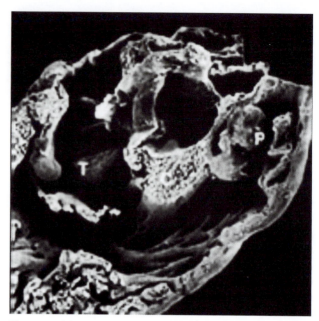

Figura 3 Microscopia eletrônica com visualização do aspecto parietal do ventrículo direito mostrando marcante displasia das válvulas pulmonar (P) e tricúspide (T) no coração de um feto de 12 semanas com trissomia 18.
Cortesia: Hyett JA, Moscoso G, Nicolaides KH. Disponível em: <http://www.centrus.com.br/DiplomaFMF/SeriesFMF/11-14weeks/chapter-03/chap03-final.htm#cardiac>.

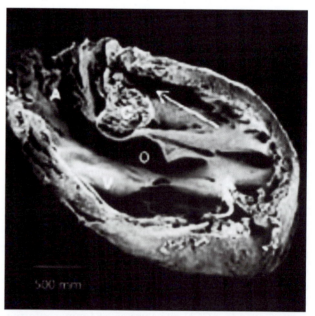

Figura 4 Microscopia eletrônica com visualização do coração mostrando os aspectos do septo no ventrículo direito, sendo identificado defeito do septo atrioventricular do tipo 1 (O). O trato de saída do ventrículo direito está parcialmente colapsado durante a análise anatomopatológica (seta).
A: ventrículo direito. Cortesia: Hyett JA, Moscoso G, Nicolaides KH. Disponível em: <http://www.centrus.com.br/DiplomaFMF/SeriesFMF/11-14weeks/chapter-03/chap03-final.htm#cardiac>

Tabela 1 Comparação da taxa de detecção (TD), para uma taxa de falso-positivos de 5%, de diferentes métodos de rastreamento da trissomia do cromossomo 21	
Método de rastreamento	TD (%)
Idade materna (IM)	30
IM e bioquímica materna entre 15-18 semanas	50-65
IM + TN entre 11-13+6 semanas	70-80
IM + TN + PAPP-A e β-hCG entre 11-13+6 semanas	85-90
IM + TN + ON entre 11-13+6 semanas	90
IM + TN + ON PAPP-A e β-hCG entre 11-13+6 semanas	95
Cell-free DNA	99

IM: idade materna; TN: translucência nucal; β-hCG: gonadotrofina coriônica humana; PAPP-A: proteína plasmática A associada à gravidez.

Efeito da idade materna e da idade gestacional sobre o risco de aneuploidias

Como observado por Langdom Down, existe um risco maior de fetos com trissomia 21 em pacientes acima de 35 anos. Entretanto, atualmente, as mulheres têm uma tendência a engravidar mais tarde, em virtude de sua maior participação no mercado de trabalho. Porém, também devemos considerar que existe um número maior de mulheres grávidas abaixo dos 35 anos e, portanto, mais fetos com trissomia 21 neste grupo.

O risco para as várias anomalias cromossômicas aumenta com o avançar da idade materna (Tabela 2). Já a taxa de letalidade diminui com o avanço da idade gestacional. Os fetos com aberrações cromossômicas têm maior risco de óbito intrauterino que os fetos normais; consequentemente, o risco dessas aberrações diminui no decorrer da gestação (Figuras 5 e 6).

A taxa de óbito fetal espontâneo (letalidade) nos fetos com a trissomia do cromossomo 21 entre a 12ª semana (quando a medida da TN é obtida) e a 40ª semana de gravidez é cerca de 30%; entre 16 semanas (quando a bioquímica materna é realizada) e 40 semanas, é de aproximadamente 20%. Nas trissomias dos cromossomos 18 e 13 e na síndrome de Turner, a taxa de óbito fetal entre 12 e 40 semanas é de cerca de 85%.

Técnica de medida da TN

Para a avaliação da TN, recomendamos a técnica descrita pela Fetal Medicine Foundation, que preconiza as seguintes condições (Figuras 7 e 8):

- A idade gestacional deve estar compreendida entre 11-13+6 semanas e o CCN deve medir entre 45-84 mm
- A via de acesso pode ser via abdominal ou transvaginal
- Um corte longitudinal na linha média deve ser obtido para mensuração da TN.
- O feto deve estar em posição neutra
- Somente a cabeça e a parte superior do tórax devem ser incluídas na imagem. A ampliação deve ser a maior possível e sempre de tal forma que cada movimento mínimo dos *calipers* de medida identifique pelo menos 0,1 mm na medida
- A espessura máxima da translucência entre a pele e o tecido celular subcutâneo que recobre a coluna cervical deve ser medida. É importante fazer a distinção entre a pele fetal e o âmnio.
- Os *calipers* de medida devem ser posicionados sobre as linhas que definem a TN, de maneira que se tornem quase invisíveis ao se fundirem com as bordas hiperecogênicas, então com o fluido.
- Durante o exame, mais de uma medida deve ser realizada e a maior delas deve ser utilizada.

Deve-se distinguir cuidadosamente a pele do feto da membrana amniótica porque, nessa fase da gestação, ambas são visualizadas como finas linhas hiperecogênicas. Recomenda-se aguardar a movimentação do feto, ou solicitar que a paciente tussa. Também pode-se realizar uma pequena movimentação do transdutor no abdome materno, estimulando assim a movimentação do feto e levando-o a se afastar da membrana amniótica.

Nos casos em que o cordão umbilical estiver ao redor da região cervical do feto (5-10% dos casos), pode-se ter a falsa impressão de que a TN está aumentada. Nesta situação, é recomendado que sejam obtidas medidas da TN cranial e caudalmente ao cordão, e, para o cálculo do risco, utiliza-se a média entre essas duas medidas.

A habilidade para obter uma medida confiável da TN depende de treinamento adequado e de adesão à técnica padronizada com a finalidade de alcançar uniformidade dos resultados obtidos por diferentes operadores (Figura 9).

Imagens inadequadas para medida da translucência nucal

Como interpretar a medida da translucência nucal?

Sabe-se que há um aumento normal da TN diretamente relacionado ao tamanho do CCN e avanço da idade gestacional (Figura 10). Assim, para que se possa interpretar valores alterados em uma medida obtida durante a realização do exame, é fundamental estabelecer a idade gestacional. Devemos considerer medida normal quando abaixo do percentil 90.

Em estudo que abrangeu 96.127 gestações, a espessura mediana e no percentil 95 da TN, correspondente ao CCN de 45 mm, foi de 1,2 mm e 2,1 mm, respectivamente. Para um CCN de 84 mm, a mediana e percentil 95 foram respectivamente 1,9 mm e 2,7 mm.

A medida da TN sempre deve ser avaliada com uma curva de normalidade, citando se a medida da TN está

Tabela 2 Risco estimado para trissomia dos cromossomos 21, 18 e 13 (1/número apresentado na tabela) em relação à idade materna e gestacional

Idade materna (anos)	Trissomia 21 Idade gestacional (semanas)				Trissomia 18 Idade gestacional (semanas)				Trissomia 13 Idade gestacional (semanas)			
	12	16	20	40	12	16	20	40	12	16	20	40
20	1,068	1,200	1,295	1,527	2,484	3,590	4,897	1,803	7,826	11,042	14,656	42,423
25	946	1,200	1,147	1,352	2,200	3,179	4,336	15,951	6,930	9,778	12,978	37,567
30	626	703	759	895	1,456	2,103	2,869	1,0554	4,585	9,778	12,978	24,856
31	543	610	658	776	1,263	1,825	2,490	9,160	3,980	5,615	7,453	21,573
32	461	518	559	659	1,072	1,549	2,114	7,775	3,378	4,766	6,326	18,311
33	383	430	464	547	891	1,287	1,755	6,458	2,806	3,959	5,254	15,209
34	312	350	378	446	725	1,047	1,429	5,256	2,284	3,222	4,277	12,380
35	249	280	302	356	580	837	1,142	4,202	1,826	2,576	3,419	9,876
36	196	220	238	280	456	659	899	3,307	1,437	2,027	2,691	7,788
37	152	171	185	218	354	512	698	2,569	1,116	1,575	2,090	6,050
38	117	131	142	167	272	393	537	1,974	858	1,210	1,606	4,650
39	89	100	108	128	208	300	409	1,505	654	922	1,224	3,544
40	68	76	82	97	157	227	310	1,139	495	698	927	2,683
41	51	57	62	73	118	171	233	858	373	526	698	2,020
42	38	43	46	55	89	128	175	644	280	395	524	1,515

Fonte: Fetal Medicine Foundation London.

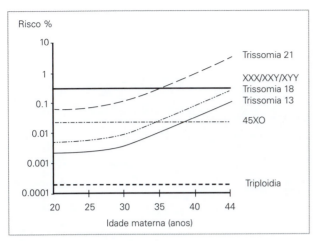

Figura 5 Risco de anomalias cromossômicas relacionado à idade materna.
Cortesia: Fetal Medicine Foundation.

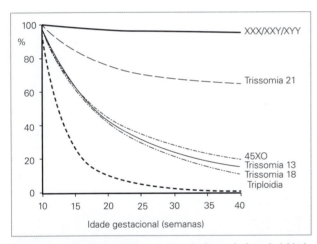

Figura 6 Risco de anomalias cromossômicas relacionado à idade gestacional (as linhas representam o risco relativo, de acordo com o risco a partir da 10ª semana de gravidez).
Cortesia: Fetal Medicine Foundation.

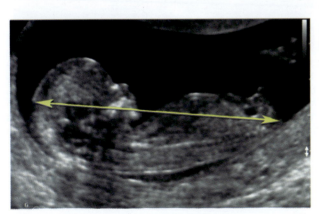

Figura 7 Medida do comprimento cabeça-nádegas.

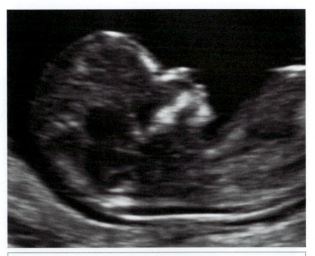

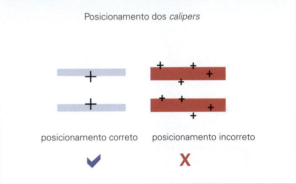

Figura 8 Imagem ideal para medida da translucência nucal e posicionamento dos *calipers* segundo a The Fetal Medicine Foundation.

dentro dos limites da normalidade ou alterada acima do percentil 95. No Brasil em 2004, Faria et al. publicaram uma curva de normalidade da medida da TN em função do CCN que recomendamos utilizar na rotina dos exames. Outra forma de avaliar a medida da TN e a mais recomendada é pela utilização de softwares que calculam o risco estatístico para trissomias 21, 13 e 18, utilizando como parâmetros idade materna, CCN, TN, osso nasal, duto venoso, regurgitação tricúspide, história prévia de feto afetado com trissomias 21, 13 e 18, raça e índice de massa corpórea, expressando, no final, um risco estimado para as trissomias 21,13 e 18. A Fetal Medicine Foundation oferece gratuitamente um software de cálculo de risco para cromossomopatias entre 11-13 semanas e 6 dias que pode ser encontrado no site http://www.fetalmedicine.org, no setor de Certificados de Competência ("*Nuchal Translucêncy Scan*") (Tabela 3).

Na Tabela 4, pode-se observar que nos casos de TN aumentada (acima do percentil 95), verifica-se um aumento significativo na associação com defeitos cromossômicos. Mesmo em casos em que o cariótipo está normal, a TN aumentada está relacionada a uma maior incidência de óbitos fetais e anomalias anatômicas. Vale ressaltar que, quando os valores da TN encontram-se entre os percentis

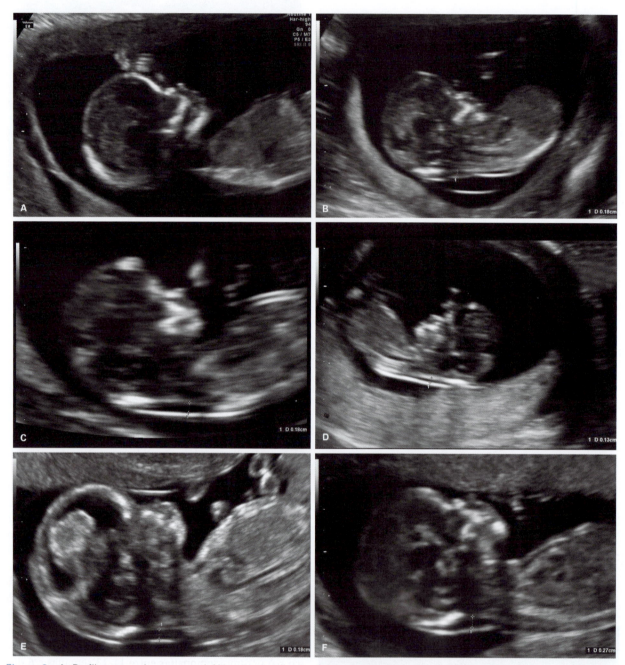

Figura 9 A: Perfil mostrando osso nasal. Não são visualizadas linhas da translucência nucal. Magnificação inapropriada visualizando-se alças intestinais. B: Magnificação inapropriada. Feto não está em posição neutra. Linhas hiperecogênicas para medida de TN com pouca definição e não totalmente paralelas ao transdutor. C: Magnificação inapropriada chegando ao abdome. Posicionamento errado dos *calipers*, não fazendo a maior medida da translucência. D: Pouca magnificação. Linhas da TN não paralelas ao transdutor. E: Feto não está em posição neutra e fora da linha sagital média. Melhorar posicionamento do feto, pois a magnificação está inadequada, visualizando-se até alças intestinais. F: Cabeça hiperestendida, queixo longe do tórax, que leva a uma medida superestimada da TN.

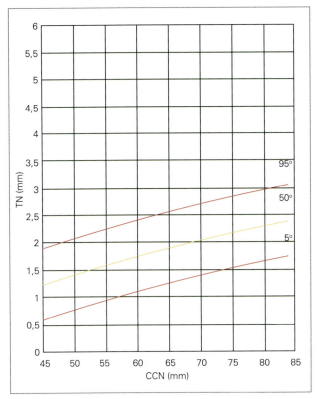

Figura 10 Gráfico da medida da translucência nucal (mm) em função do CCN (mm).
Fonte: Faria et al., 2004.

Tabela 3 Comprimento cabeça-nádegas (mm) em função da idade gestacional (semanas)

CCN (mm)	Percentil 5 (mm)	Percentil 50 (mm)	Percentil 95 (mm)
45	0,7	1,3	2,0
46	0,7	1,3	2,0
47	0,7	1,4	2,0
48	0,7	1,4	2,0
49	0,8	1,4	2,1
50	0,8	1,5	2,1
51	0,8	1,5	2,1
52	0,9	1,5	2,2
53	0,9	1,5	2,2
54	0,9	1,6	2,2
55	0,9	1,6	2,2
56	1,0	1,6	2,3
57	1,0	1,7	2,3
58	1,0	1,7	2,3
59	1,1	1,7	2,4
60	1,1	1,7	2,4
61	1,1	1,8	2,4

(continua)

Tabela 3 (continuação) Comprimento cabeça-nádegas (mm) em função da idade gestacional (semanas)

CCN (mm)	Percentil 5 (mm)	Percentil 50 (mm)	Percentil 95 (mm)
62	1,2	1,8	2,5
63	1,2	1,8	2,5
64	1,2	1,9	2,5
65	1,2	1,9	2,5
66	1,3	1,9	2,6
67	1,3	1,9	2,6
68	1,3	2,0	2,6
69	1,4	2,0	2,7
70	1,4	2,0	2,7
71	1,4	2,1	2,7
72	1,4	2,1	2,7
73	1,5	2,1	2,8
74	1,5	2,1	2,8
75	1,5	2,2	2,8
76	1,6	2,2	2,9
77	1,6	2,2	2,9
78	1,6	2,3	2,9
79	1,6	2,3	2,9
80	1,7	2,3	3,0
81	1,7	2,4	3,0
82	1,7	2,4	3,0
83	1,8	2,4	3,1
84	1,8	2,4	3,1

Fonte: Faria et al., 2004.

95 e 99 (< 3,5 mm), a chance desses fetos nascerem vivos e normais ainda é de 93%.

A espessura da TN aumenta de maneira esperada com a idade gestacional:

- Em 75-80% das trissomias 21, a TN está acima do percentil 95 na curva de normalidade.
- Nos fetos com trissomia 21, não existe relação com espessura da TN e idade materna.
- A idade materna pode ser correlacionada à medida da TN para um rastreamento mais eficaz das cromossomopatias no primeiro trimestre.

Embora a TN aumentada esteja relacionada a anomalias e morte fetal, a maioria dos fetos sobrevive e evolui bem, conforme se pode observar na Tabela 4. Após o diagnóstico de TN aumentada, o principal objetivo deve ser distinguir de forma mais rápida e eficaz entre os possíveis fetos normais e anormais. Desta forma, a condução do caso deve ser realizada de forma direcionada. Atual-

Tabela 4 Associação entre TN aumentada e resultados adversos

Translucência nucal (mm)	Defeitos cromossômicos	Cariótipo normal		Resultado pós-natal vivos e normais
		Óbito fetal	Anomalias fetais maiores	
< Percentil 95	0,2%	1,3%	1,6%	97%
Percentil 95-99	3,7%	1,3%	2,5%	93%
3,5-4,4mm	21,1%	2,7%	10%	70%
4,5-5,4 mm	33,3%	3,4%	18,5%	50%
5,5-6,4 mm	50,5%	10,1%	24,2%	30%
> 6,5 mm	64,5%	19,0%	46,2%	15%

Fonte: adaptada de Snijders et al., 1998; Souka et al., 1998, 2001; Michailidis e Economides, 2001.

mente seguimos o algoritmo da Fetal Medicine Foundation, sugerido pelo professor Nicolaides, que se baseia em três grupos definidos pelo resultado do cálculo de risco.

Se utilizarmos o critério de TN aumentada, ou seja, acima do percentil 95, discutiremos algumas possibilidades de como fazer o aconselhamento morfogenético para o casal.

Orientações que devem ser consideradas com TN abaixo de 3,5 mm (> 95 e < 99)

Quando a TN está acima do percentil 95, mas abaixo de 99, sem outros marcadores, são oferecidas algumas opções às pacientes:

- Considerar realização de procedimento invasivo – biópsia de vilo corial a partir de 12 semanas ou amniocentese a partir de 16 semanas.
- Repetir exame ecográfico com 16 semanas em associação com sorologia TORCH.
- Realizar USG morfológica com ecocardiografia fetal entre 20 e 24 semanas.

Deve-se ter em mente que, ao encontrar uma medida da TN acima do percentil 95, este feto tem maior probabilidade de ser normal e, quando se diz normal, pode-se notar que a chance de este feto apresentar defeitos cromossômicos (cariótipo anormal) é de 0,2%, e neste grupo com TN > 95 com cariótipo normal, a possibilidade de óbito fetal é de 1,3%, de malformações fetais é de 1,6%, e de nascerem vivos e normais é de 97%.

Orientações que devem ser consideradas com TN acima de 3,5 mm

Nos casos em que a TN é maior que 3,5 mm, pode-se observar que, quanto maior a medida da TN, maior a possibilidade de defeitos cromossômicos variando de 21,1 a 65%, e mesmo no grupo com TN > 3,5 mm, encontram-se muitos fetos com cariótipo normal e, nestes casos, a possibilidade de óbito fetal varia de 2,7-19%, associação com malformações fetais varia de 10-46,2% e a chance de nascerem vivos e normais tem uma queda significativa de 70 para até 15%.

A TN pode estar maior que 3,5 mm em cerca de 1% das gestações. Neste caso:

- O risco de defeitos cromossômicos é muito alto neste grupo e a primeira linha de conduta nestas gestações deverá ser oferecer o estudo do cariótipo fetal (biópsia de vilo corial) para determinar o cariótipo fetal.
- Em pacientes com história familiar de síndromes genéticas que possam ser diagnosticadas pela análise do DNA, a amostra da BVC também pode ser usada para possível diagnóstico destas síndromes gênicas.
- Um exame ecográfico (USG morfológica do 1º trimestre com ecocardiografia fetal) detalhado deve ser realizado entre 11-13 semanas de gestação à procura de defeitos maiores (marcadores ecográficos e cardiopatias) e síndromes genéticas.
- A paciente, optando ou não pelo estudo do cariótipo fetal, deve ser acompanhada com USG morfológica com ecocardiografia fetal na 16ª semana e novamente em 20 semanas de gestação.

Se nenhuma outra anomalia óbvia é detectada e a TN regredir completamente, o casal poderá ser tranquilizado e informado de que é maior a probabilidade de um bebê saudável e com desenvolvimento normal. As chances de esta criança ter uma anormalidade relevante ou um atraso do desenvolvimento neurológico não são maiores que as da população geral.

Utilizando o cálculo do risco no 1º trimestre

Quando utilizamos um programa de cálculo de risco, vamos obter um número que expressará um determinado risco estatístico. Nicolaides e colaboradores, em 2005, fizeram uma revisão de seus casos e propuseram que os resultados fossem expressos em grupos de baixo, médio e alto risco (Figuras 11 e 12).

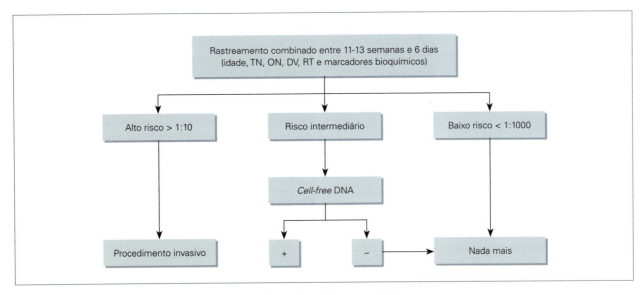

Figura 11   Algoritmo Fetal Medicine Foundation–professor Nicolaides (dez. 2016).

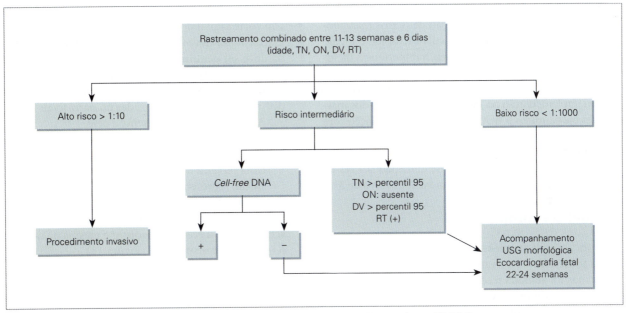

Figura 12   Algoritmo modificado proposto pela Fundação Medicina Fetal Latinoamericana (FMFLA).

- Alto risco: risco maior que 1 em 100.
- Médio risco: risco maior que 1 em 101 e menor que 1 em 1.000.
- Baixo risco: risco menor que 1 em 1.001.

Grupo de alto risco

- Este novo algoritmo da FMF-professor Nicolaides (dez. 2016) orienta que os casos de alto risco com risco estimado maior que 1 em 10 têm indicação formal de considerar procedimento invasivo (biópsia de vilo corial ou amniocentese).
- *Cell-free* DNA.

- Acompanhamento ecográfico e realizar USG morfológica + ecocardiografia fetal entre 20-24 semanas.

Grupo de risco intermediário

- Melhorar a taxa de rastreamento realizando *cell-free* DNA, lembrando que este método possui 99% de taxa de detecção e 0,1% falso-positivo. Se exame positivo, deve-se considerar procedimento invasivo. Se exame negativo, a paciente deve ser avaliada com USG morfológica + ecocardiografia fetal entre 20-24 semanas.
- Neste grupo de risco, é comum que em alguns casos algum dos marcadores ecográficos esteja alterado, sendo

este o motivo do aumento do risco. No caso de TN > percentil 95 e/ou osso nasal ausente e/ou duto venoso acima do percentil 95 e/ou regurgitação tricúspide, há indicação formal de acompanhamento ecográfico com USG morfológica + ecocardiografia fetal entre 20-24 semanas.

Grupo de baixo risco

- Em casos de risco menor que 1:1000, o acompanhamento é somente ecográfico, com USG morfológica + ecocardiografia fetal.

Sempre que possível, deve-se tentar incorporar outros marcadores, como osso nasal, regurgitação tricúspide e duto venoso, que melhoram o desempenho do rastreamento combinado, aumentando a taxa de detecção para cerca de 83% e diminuindo a taxa de falso-positivos para 2,5-3,0%.

Nos grupos de médio e baixo risco, pode-se observar que a chance de um feto apresentar cromossomopatias é de 1 em 1.001 a 1 em 1.000 para o médio risco e menor que 1 em 1.000 no grupo de baixo risco. Nestes dois grupos, existe uma tendência à incorporação de outros marcadores biofísicos, como osso nasal, válvula tricúspide e ângulo da face. Resssaltamos, mais uma vez, a importância da inclusão dos dados de raça, peso materno, altura, tabagismo, método de concepção e índice de massa corpórea (IMC).

Em implementação no Brasil, a incorporação dos marcadores bioquímicos β-hCG e PAPP-A em associação com ultrassonografia morfológica (TN, ON, RT, DV e ângulo da face) do 1º trimestre com Doppler das artérias uterinas (rastreamento combinado) pretende aumentar a taxa de detecção para cerca de 95% para um falso-positivo de 3%.

Frequência cardíaca fetal

A inclusão da frequência cardíaca fetal (FCF) no primeiro trimestre no rastreamento ecográfico entre 11-13+6 semanas foi adotada recentemente. A FCF tem um impacto pouco significativo para a detecção das trissomias 21 e 18, contudo, tem um grande impacto na detecção da trissomia 13. Em cerca de 85% dos fetos com trissomia 13, a FCF encontra-se acima do percentil 95.

Novos marcadores ecográficos ente 11-13+6 semanas

No 1º trimestre, o rastreamento "clássico" para trissomia 21 pode ser realizado com a combinação de idade materna, TN e associação com níveis séricos de β-hCG e PAPP-A no soro materno, obtendo taxas de detecção de cerca de 90% para uma taxa de falso-positivos de 5%, o que infelizmente ainda não é uma realidade em nosso país até o momento.

Nos últimos anos, o rastreamento de cromossompatias no 1º trimestre passou ser composto pela combinação de idade materna, TN, frequência cardíaca fetal, novos marcadores (osso nasal, duto venoso e regurgitação tricúspide) e/ou associação com níveis séricos de β-hCG e PAPP-A no soro materno. A incorporação dos novos marcadores aumentou a taxa de detecção para cerca de 80-95% e diminui a taxa de falso-positivos para 2,5-3,0%. Mais recentemente, o *cell-free* DNA despontou como a melhor ferramenta no rastreamento da trissomia 21, apresentando taxas de detecção de cerca de 99% para um falso-positivo de 0,1%, e neste capítulo é demonstrado como esta nova ferramenta pode ser incorporada na prática obstétrica.

Osso nasal

Protocolo da Fetal Medicine Foundation para avaliação fetal do osso nasal:

- A gravidez deve estar entre 11+0-13+6 semanas e o CCN, entre 45-84 mm.
- A magnificação da imagem deve ser suficiente para que somente a cabeça e a porção superior do tórax ocupem toda a tela.
- Um corte sagital do perfil fetal deve ser obtido.
- O transdutor deve estar paralelo ao osso nasal e a sonda deve ser gentilmente inclinada a fim de varrer de um lado ao outro o nariz fetal.
- Quando os critérios forem preenchidos, três linhas distintas devem ser visualizadas no nariz fetal:
  - A linha superior representa a pele.
  - A inferior, que é mais grossa e mais ecogênica que a pele acima, representa o osso nasal.
  - Uma terceira linha na frente do osso, porém mais apical, representa a ponta do nariz.
- O osso nasal é considerado presente quando for mais ecogênico que a pele acima dele; e é considerado ausente quando a ecogenicidade for a mesma ou quando o osso não for visualizado (Figura 13).

Duto venoso

Protocolo da Fetal Medicine Foundation para avaliação de duto venoso:

- O período gestacional deve ser de 11-13 semanas e 6 dias.
- O exame deve ser realizado durante ausência de movimento fetal.
- A ampliação da imagem deve ser tal que o tórax e o abdome fetais ocupem toda a imagem.
- Deve ser obtida uma visão sagital do ventrículo direito do tronco fetal e um mapeamento de fluxo de cor deve ser realizado para demonstrar a veia umbilical, o duto venoso e o coração fetal.
- O volume da amostra Doppler pulsado deve ser pequeno (0,5-1,0 mm), para evitar a contaminação das veias adjacentes, e deve ser colocado na área *aliasing* amarelada.
- O ângulo de insonação deve ser inferior a 30°.

- O filtro deve ser ajustado em uma frequência baixa (50-70 Hz) para que a onda a não seja obscurecida.
- A velocidade de varredura deve ser alta (2-3 cm/s) para que as formas de onda sejam espalhadas, permitindo melhor avaliação da onda a.
- Quando estes critérios são satisfeitos, é possível avaliar a onda a e determinar qualitativamente se o fluxo é positivo, ausente ou invertido.

- O duto venoso PIV é medido pela máquina após o traçado manual do contorno da forma de onda.

Protocolo da Fetal Medicine Foundation para avaliação do fluxo tricúspide:

- Feto com idade gestacional entre 11-13+6 semanas ou CCN entre 45-84 mm.

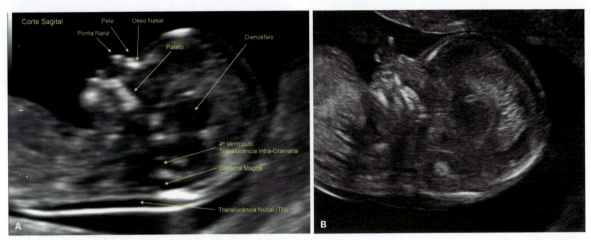

Figura 13 A: Osso nasal presente. Visualiza-se sinal "=" pele e osso nasal. B: Osso nasal ausente ou hipoplásico. Não visualização de sinal "=".

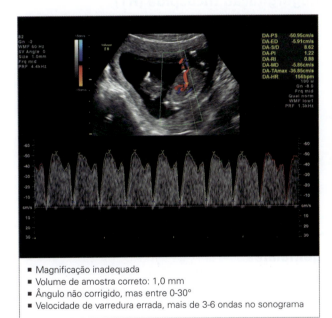

- Magnificação inadequada
- Volume de amostra correto: 1,0 mm
- Ângulo não corrigido, mas entre 0-30°
- Velocidade de varredura errada, mais de 3-6 ondas no sonograma

Figura 14 Avaliação de duto venoso e detalhes mostrando erros na obtenção de imagem e sonograma.

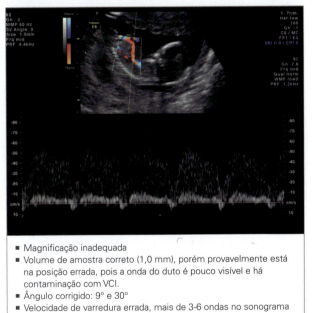

- Magnificação inadequada
- Volume de amostra correto (1,0 mm), porém provavelmente está na posição errada, pois a onda do duto é pouco visível e há contaminação com VCI.
- Ângulo corrigido: 9° e 30°
- Velocidade de varredura errada, mais de 3-6 ondas no sonograma

Figura 15 Avaliação de duto venoso e detalhes mostrando erros na obtenção de imagem e sonograma.

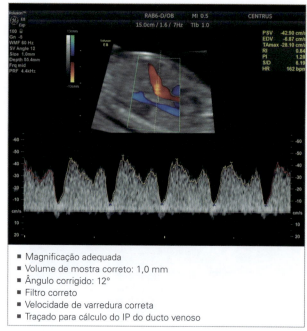

- Magnificação adequada
- Volume de mostra correto: 1,0 mm
- Ângulo corrigido: 12°
- Filtro correto
- Velocidade de varredura correta
- Traçado para cálculo do IP do ducto venoso

Figura 16   Avaliação do duto venoso e detalhes mostrando obtenção adequada da imagem, sonograma e avaliação IP do duto venoso.

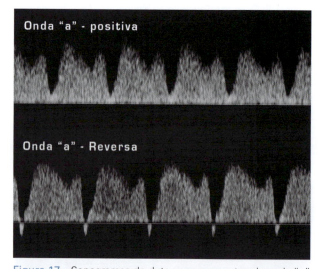

Figura 17   Sonogramas de duto venoso, mostrando onda "a" positiva e onda "a" reversa.

- Corte apical de quatro câmaras com ápice apontando para cima.
- O volume de amostra do Doppler pulsátil de 2,0 ou 3,0 mm deve ser posicionado na área da válvula tricúspide (incluindo átrio e ventrículo direito). O ângulo de insonação deve ser menor que 30° em relação à direção do fluxo e quase paralelo ao septo interventricular e fluxo (Figura 18).
- A regurgitação tricúspide é diagnosticada se o fluxo de regurgitação for encontrado em pelo menos 50% do período da sístole e sua velocidade for maior que

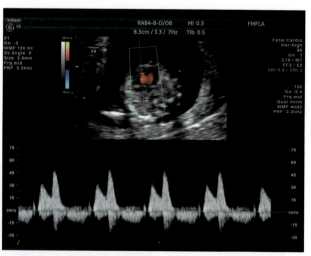

Figura 18   Fluxo tricúspide normal.

60 cm/s. É preciso lembrar que os fluxos arteriais aórtico e pulmonar neste período da gestação são < 50 cm/s.
- A válvula tricúspide pode ser insuficiente em uma ou mais das três cúspides e, portanto, o volume de amostra deve ser posicionado de forma que seja possível avaliar as três cúspides (avaliação completa).

Regurgitação tricúspide (RT)

Os estudos relatam que o estudo da RT deve ser realizado com o Doppler pulsátil, embora, no exame entre 20 e 24 semanas, a avaliação com o mapeamento com Doppler colorido seja mais eficaz na identificação dos casos de RT. Porém, no período entre 11 e 13+6 semanas, deve-se utilizar o Doppler pulsátil para avaliação de RT. Realizamos rotineiramente o mapeamento com Doppler colorido na investigação da regurgitação tricúspide, e na identificação de RT coloca-se o volume de amostra no local da regurgitação (Figura 19). A avaliação da RT com o mapeamento com Doppler colorido requer ajustes específicos nos aparelhos de ultrassonografia.

Translucência nucal nas gestações gemelares

A identificação das gestações gemelares entre 11-13+6 semanas é de extrema importância na prática obstétrica atual. Deve-se ter muito cuidado neste exame para a identificação do número de fetos, número de placentas (corionicidade) e número de cavidades amnióticas (amniocidade).

Para um rastreamento efetivo no 1º trimestre, deve-se utiizar a combinação de idade materna, idade gestacional e marcadores biofísicos, como a translucência nucal.

Nas gestações dicoriônicas/diamnióticas, cada feto é analisado cuidadosamente (anatomia e crescimento), e

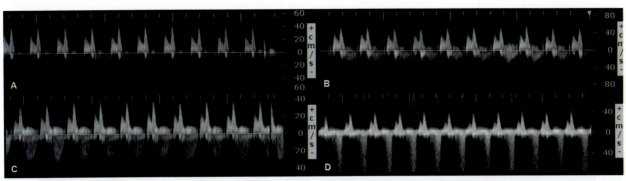

Figura 19 Padrão de avaliação do fluxo da válvula tricúspide. A: Fluxo tricúspide normal sem regurgitação durante a sístole. B: Fluxo tricúspide normal sem regurgitação tricúspide, porém com discreta contaminação; C: fluxo tricúspide normal durante a sístole com presença de jato produzido pelo fluxo pulmonar ou aórtico, porém com velocidade < 50 cm/s (não confundir com regurgitação tricúspide); D: regurgitação tricúspide com mais da metade da sístole e velocidade > 60 cm/s.

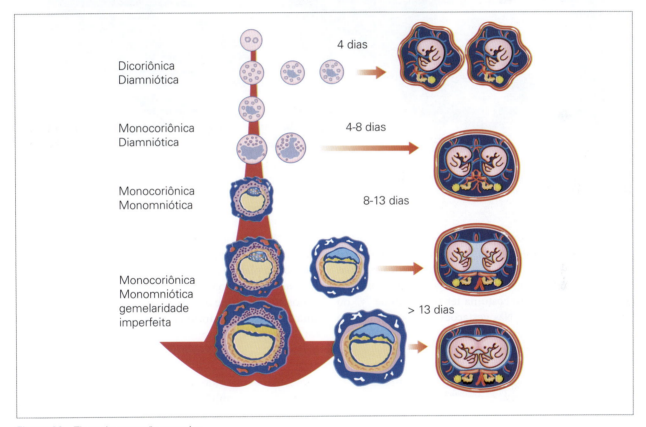

Figura 20 Tipos de gestação gemelar.
Fonte: Cortesia Prof. Dr. Philippe Jeanty - www.thefetus.net.

os riscos específicos para trissomia 21 devem ser calculados de forma individual para cada feto, baseando-se nas idades materna e gestacional. Nas gestações dicoriônicas a taxa de detecção está entre 75-80% para uma taxa de falso-positivos de 5% para cada feto ou 10% para cada gestação, e estes dados são similares aos de gestações com feto único (Figura 21).

Nas gestações monocoriônicas (sempre monozigóticas), o risco relativo materno relacionado para cromossomopatias é o mesmo que em gestações com feto único e, na grande maioria dos casos, quando existe uma alteração, os dois fetos estão afetados. A taxa de falso-positivos do rastreamento do primeiro trimestre nas gestações monocoriônicas é de cerca de 13% a cada gestação, o que é maior em comparação com os casos de dicoriônicas. Deve-se avaliar a medida da TN em ambos os fetos e quando pelo menos um deles apresentar uma TN aumentada, este achado pode estar associado a uma manifestação precoce da síndrome de transfusão feto-fetal.

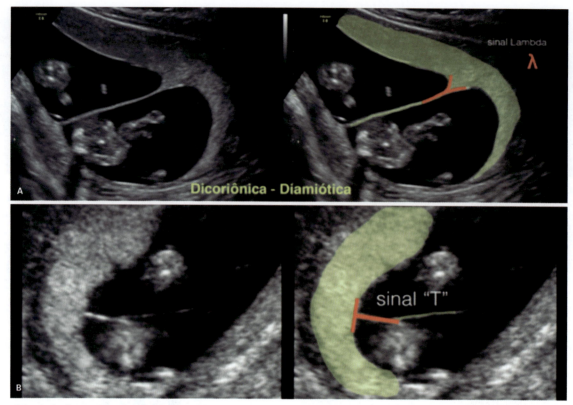

Figura 21　A: Avaliação da corionicidade e da amniocidade em gravidez múltipla no 1º trimestre, em uma gestação dicoriônica/diamniótica mostrando sinal lambda ("λ"). B: Avaliação da corionicidade e da amniocidade em gravidez múltipla no 1º trimestre, em uma gestação monocoriônica/diamniótica mostrando sinal "T".

A avaliação ultrassonográfica para a identificação de corionicidade e amniocidade é mais fácil abaixo de 14 semanas. No caso de uma gestação dicoriônica, as duas bolsas têm um "septo grosso" que em geral separa os sacos gestacionais; este septo costuma ter o aspecto de "y" ou "sinal de lambda (λ)". Nas gestações monocoriônicas, a separação entre as bolsas só é definida pela presença da membrana amniótica que forma o sinal do "T" na inserção com a placenta.

Nos casos de gestação gemelar monocoriônica, estudos sugerem que o rastreamento biofísico para trissomia 21 deve ser realizado com a média das medidas das

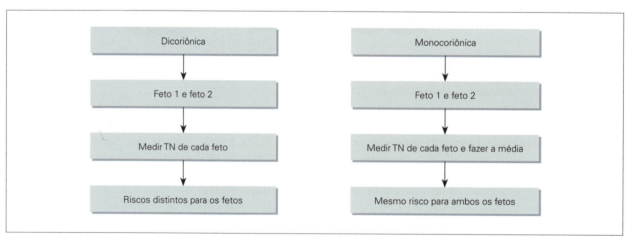

Figura 22　Algoritmo para avaliação da TN entre 11 e 13+6 semanas.

TN dos dois fetos entre 11-13+6 semanas. Deve-se ter muito cuidado no acompanhamento das gestações monocoriônicas e nos casos em que um dos fetos apresenta TN aumentada. Não se deve concluir que existem riscos discordantes para alterações cromossômicas, pois o risco deve ser calculado com a média das medidas. Nestes casos, deve-se investigar outras causas para aumento da TN.

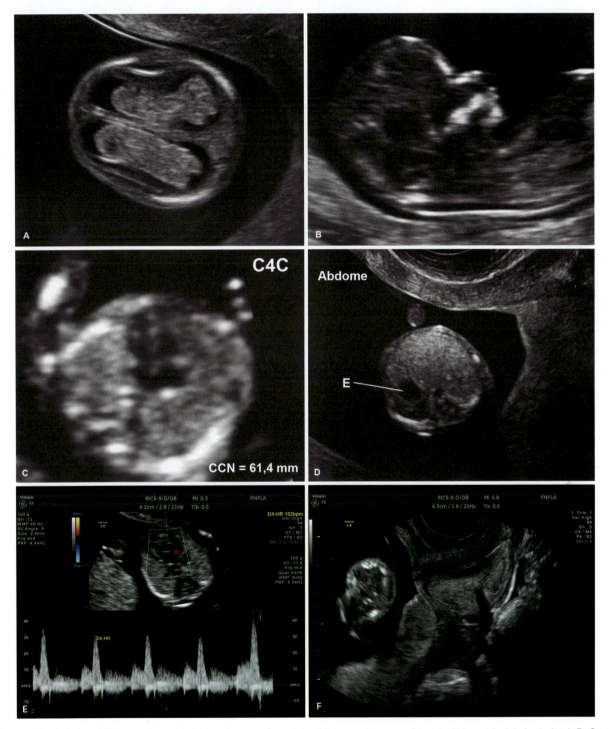

Figura 23 A: Polo cefálico com integridade da calota craniana, foice íntegra e plexos coroides simétricos (sinal de borboleta). B: Corte sagital do perfil da face. Plano adequado para avaliação de translucência nucal, osso do nariz e estruturas intracranianas. C: Tórax mostrando o coração – corte de quatro câmaras. D: Corte de circunferência abdominal com visualização de "bolha" gástrica. E: Frequência cardíaca fetal. Neste caso, dentro dos limites da normalidade – FCF = 152 bpm. F: A avaliação do colo deve ser feita obrigatoriamente por via transvaginal. Neste caso, verifica-se placenta de inserção baixa. Repetir exame entre 22-24 semanas.

(continua)

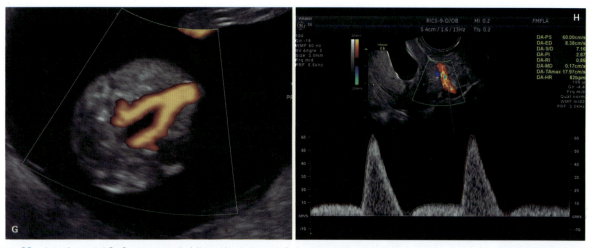

Figura 23 *(continuação)* G: Corte coronal oblíquo do abdome inferior buscando mostrar a inserção do cordão e de artérias umbilicais no trígono vesical. H: artérias uterinas com avaliação do índice de pulsatilidade (IP). Neste caso, IP acima do percentil 95. Utiliza-se software para cálculo do risco de pré-eclâmpsia.

Rotina de avaliação anatômica por USG morfológica no 1º trimestre

Tabela 5 Avaliação anatômica na ultrassonografia de 1º trimestre (11 a 13+6 semanas)

Órgão/área anatômica	Presente e/ou normal
Cabeça/estruturas intracranianas	Calota craniana: integridade e ecogenicidades Foice e plexos coroides Posição e tamanho do 3º e 4º ventrículos
Pescoço	Aparência normal Medida da translucência nucal
Face	Órbitas Osso nasal Perfil normal/mandíbula
Coluna vertebral	Vértebras (eixos longitudinal e axial) Pele intacta
Tórax	Pulmões simétricos Sem derrame ou massas
Coração	Identificação de atividade cardíaca Registro do batimento cardiofetal (bpm) Eixo cardíaco e tamanho Identificação de 4 câmaras e saída de grandes vasos
Abdome	Estômago presente no QSD Rins e bexiga
Parede abdominal	Inserção normal do cordão Integridade da parede abdominal
Extremidades	4 membros e segmentação Movimentação dos membros
Placenta	Tamanho, textura e localização em relação ao colo por via transvaginal
Cordão	3 vasos

Salomon LJ, Alfirevic Z, Bilardo CM, Chalouhi GE, Ghi T, Kagan KO, et al. ISUOG Practice Guidelines: performance of first-trimester fetal ultrasound scan. Ultrasound Obstet Gynecol. 2013;41:102-13.
Fonte: adaptada de Ximenes RL, Montenegro CAB e Rezende J. Rezende – Obstetrícia. 13. ed. Rio de Janeiro: Guanabara Koogan; 2016. Capítulo 99.

Considerações finais

A ultrassonografia morfológica do 1º trimestre, realizada entre 11-13 semanas e 6 dias ou mais, especificamente quando o CCN está entre 45-84 mm, deve ser uma avaliação anatômica minuciosa para o rastreamento de malformações e cromossomopatias. Nesta oportunidade, ressalta-se a importância do rastreamento de pré-eclâmpsia e da possível implementação de terapia para redução de mortalidade materna e fetal. Portanto, é consenso que o USG morfológica do 1º trimestre deve ser realizado em todas as gestantes.

Bibliografia sugerida

1. Brizot ML, Snijders RJ, Bersinger NA, Kuhn P, Nicolaides KH. Maternal serum pregnancy-associated plasma protein A and fetal nuchal translucency thickness for the prediction of fetal trisomies in early pregnancy. Obstet Gynecol. 1994;84(6):918-22.
2. Brizot ML, Snijders RJ, Butler J, Bersinger NA, Nicolaides KH. Maternal serum hCG and fetal nuchal translucency thickness for the prediction of fetal trisomies in the first trimester of pregnancy. Br J Obstet Gynaecol. 1995;102(2):127-32.
3. Davey DA, MacGillivray I. The classification and definition of the hypertensive disorders of pregnancy. Am J Obstet Gynecol. 1988;158:892-8.
4. Down LJ. Observations on an ethnic classification of idiot. London Hospital Reports. 1866;3:259-62.
5. Faiola S, Tsoi E, Huggon IC, Allan LD, Nicolaides KH. Likelihood ratio for trisomy 21 in fetuses with tricuspid regurgitation at the 11 to 13 + 6-week scan. Ultrasound Obstet Gynecol. 2005;26(1):22-7.
6. Hyett JA, Moscoso G, Nicolaides KH. Cardiac defects in 1st-trimester fetuses with trisomy 18. Fetal Diagn Ther. 1995;10(6):381-6.
7. Hyett JA, Moscoso G, Nicolaides KH. First-trimester nuchal translucency and cardiac septal defects in fetuses with trisomy 21. Am J Obstet Gynecol. 1995;172(5):1411-3.
8. Hyett JA, Moscoso G, Nicolaides KH. Increased nuchal translucency in trisomy 21 fetuses: relationship to narrowing of the aortic isthmus. Hum Reprod. 1995;10(11):3049-51.
9. Hollönder HHD. Die intrauterine diagnostik des hydrops fetus universalis mittels ultraschall. Zentralbl Gynakol. 1968;19:667-9.
10. Kagan KO, Wright D, Valencia C, Maiz N, Nicolaides KH. Screening for trisomies 21, 18 and 13 by maternal age, fetal nuchal translucency, fetal heart rate, free {beta}-hCG and pregnancy-associated plasma protein-A. Hum Reprod.

2008;23(9):1968-75. Disponível em: http://humrep.oxfordjournals.org/content/23/9/1968.full.pdf+html. Acesso em: 19 fev. 2017.
11. Khaw A, Kametas NA, Turan OM, Bamfo JE, Nicolaides KH. Maternal cardiac function and uterine artery Doppler at 11-14 weeks in the prediction of pre-eclampsia in nulliparous women. BJOG. 2008;115(3):369-76.
12. Lejeune J, Gautier M, Turpin R. Human chromosomes in tissue cultures. C R Hebd Seances Acad Sci. 1959;248(4):602-3.
13. Levire RJ, Lindheimer MD. First-trimester prediction of early pre-eclampsia: a possibility at last! Hypertension. 2009;53:747-8.
14. Martin AM, Bindra R, Curcio P, Cicero S, Nicolaides KH. Screening for pre-eclampsia and fetal growth restriction by uterine artery Doppler at 11-14 weeks of gestation. Ultrasound Obstet Gynecol. 2001;18:583-6.
15. Maymon R, Jauniaux E, Holmes A, Wiener YM, Dreazen E, Herman A. Nuchal translucency measurement and pregnancy outcome after assisted conception versus spontaneously conceived twins. Hum Reprod. 2001;16(9):1999-2004.
16. Michailidis GD, Economides DL. Nuchal translucency measurement and pregnancy outcome in karyotypically normal fetuses. Ultrasound Obstet Gynecol. 2001;17(2):102-5.
17. Molina F, Persico N, Borenstein M, Sonek J, Nicolaides KH. Frontomaxillary facial angle in trisomy 21 fetuses at 16-24 weeks of gestation. Ultrasound Obstet Gynecol. 2008;31(4):384-7.
18. Moore KL, Persaud IVN, Torchia MG. Embriologia clínica. 9. ed. Rio de Janeiro: Elsevier; 2012.
19. Nicolaides KH, Azar G, Byrne D, Mansur C, Marks K. Nuchal translucency: ultrasound screening for chromosomal defects in first trimester of pregnancy. BMJ. 1992;304(6831):867-9.
20. Nicolaides KH, Azar G, Snijders RJ GC. Fetal nuchal oedema: associated malformations and chromosomal defects. Fetal Diagnosis Ther. 1992;7(2):123-31.
21. Nicolaides KH, Sebire NJ, Snijders RJ, Johnson S. Down's syndrome screening in the UK. Lancet. 1996 Mar 30;347(9005):906-7.
22. Nicolaides KH, Spencer K, Avgidou K, Faiola S, Falcon O. Multicenter study of first-trimester screening for trisomy 21 in 75 821 pregnancies: results and estimation of the potential impact of individual risk-orientated two-stage first-trimester screening. Ultrasound Obstet Gynecol. 2005;25(3):221-6.
23. Norton ME, Biggio JR, Kuller JA, Blackwell SC. The role of ultrasound in women who undergo cell-free DNA screening. Am J Obstet Gynecol. 2017; pii: S0002-9378(17)30105-9. doi: 10.1016/j.ajog.2017.01.005. [Epub ahead of print].
24. Onwudiwe N, Yu CKH, Poon LCY, Spilipoulous I, Nicolaides KH. Prediction of pre-eclampsi by a combination of maternal history, uterine artery Doppler and mean arterial pressure. Ultrasound Obstet Gynecol. 2008;32:877-83.
25. Pandya PP, Altman DG, Brizot ML, Pettersen H NK. Repeatability of measurement of fetal nuchal translucency thickness. Ultrasound Obstet Gynecol. 1995;5(5):334-7.
26. Pandya PP, Brizot ML, Kuhn P, Snijders RJ NK. First-trimester fetal nuchal translucency thickness and risk for trisomies. Br J Obs Gynaecol. 1994;84(3):420-3.
27. Pandya PP, Hilbert F, Snijders RJ, Nicolaides KH. Nuchal translucency thickness and crown-rump length in twin pregnancies with chromosomally abnormal fetuses. J Ultrasound Med. 1995;14(8):565-8.
28. Pandya PP, Snijders RJ, Johnson SP, De Lourdes Brizot MNK. Screening for fetal trisomies by maternal age and fetal nuchal translucency thickness at 10 to 14 weeks of gestation. Br J Obs Gynaecol. 1995;102(12):957-62.
29. Plasencia W, Maiz N, Bonino S, Kaihura C, Nicolaides KH. Uterine artery Doppler at 11 + 0 50 13 + 6 weeks in the prediction of pre-eclampsia. Ultrasound Obstet Gynecol. 2007;30:742-9.
30. Poon LCY, Akolekar R, Lachmann R, Beta J, Nicolaides KH. Hypertensive disorders in pregnancy: screening by biophysical and biochemical markers at 11-13 weeks. Ultrasound Obstet Gynecol. 2010;35:662-70.
31. Poon LCY, Kametas NA, Maiz N, Akolekar R, Nicolaides KH. First trimester prediction of hypertensive disorders in pregnancy. Hypertension. 2009;53:812-8.
32. Poon LC, Kametas NA, Valencia C, Nicolaides KH. Mean arterial pressure at 11(+0) to 13(+6) weeks in the prediction of pre-eclampsia. Hypertension. 2008;51:1027-33.
33. Poon LCY, Staboulidou I, Maiz N, Plasencia W, Nicolaides KH. Hypertensive disorders in pregnancy: screening by uterine artery Doppler at 11-13 weeks. Ultrasound Obstet Gynecol. 2009;34:142-8.
34. Sebire NJ, D'Ercole C, Hughes K, Carvalho M, Nicolaides KH. Increased nuchal translucency thickness at 10-14 weeks of gestation as a predictor of severe twin-to-twin transfusion syndrome. Ultrasound Obs Gynecol. 1997;10(2):86-9.
35. Sebire NJ, Noble PL, Odibo A, Malligiannis P, Nicolaides KH. Single uterine entry for genetic amniocentesis in twin pregnancies. Ultrasound Obs Gynecol. 1996;7(1):26-31.
36. Sebire NJ, Snijders RJ, Hughes K, Sepulveda W, Nicolaides KH. Screening for trisomy 21 in twin pregnancies by maternal age and fetal nuchal translucency thickness at 10-14 weeks of gestation. Br J Obs Gynaecol. 1996;103(10):999-1003.
37. Sebire NJ, Souka A, Skentou H, Geerts L, Nicolaides KH. Early prediction of severe twin-to-twin transfusion syndrome. Hum Reprod. 2000;15(9):2008-10.
38. Sepulveda W, Sebire NJ, Hughes K, Odibo A, Nicolaides KH. The lambda sign at 10-14 weeks of gestation as a predictor of chorionicity in twin pregnancies. Ultrasound Obs Gynecol. 1996;7(6):421-3.
39. Sepulveda W, Sebire NJ, Nicolaides KH. The lambda sign in twin pregnancies. Ultrasound Obs Gynecol. 1996;8(6):429.
40. Snijders RJ, Noble P, Sebire N, Souka A, Nicolaides KH. UK multicentre project on assessment of risk of trisomy 21 by maternal age and fetal nuchal-translucency thickness at 10-14 weeks of gestation. Fetal Medicine Foundation First Trimester Screening Group. Lancet. 1998;352(9125):343-6.
41. Souka AP, Krampl E, Bakalis S, Heath V, Nicolaides KH. Outcome of pregnancy in chromosomally normal fetuses with increased nuchal translucency in the first trimester. Ultrasound Obstet Gynecol. 2001;18(1):9-17.
42. Souka AP, Snijders RJ, Novakov A, Soares W, Nicolaides KH. Defects and syndromes in chromosomally normal fetuses with increased nuchal translucency thickness at 10-14 weeks of gestation. Ultrasound Obstet Gynecol. 1998;11(6):391-400.
43. Spencer K, Cowans NJ, Avgidou K, Molina F, Nicolaides KH. First-trimester biochemical markers of aneuploidy and the prediction of small-for-gestational age fetuses. Ultrasound Obstet Gynecol. 2008;31(1):15-9.
44. Spencer K, Cowans NJ, Avgidou K, Nicolaides KH. First-trimester ultrasound and biochemical markers of aneuploidy and the prediction of impending fetal death. Ultrasound Obstet Gynecol. 2006;28(5):637-43.
45. Spencer K, Cowans NJ, Molina F, Kagan KO, Nicolaides KH. First-trimester ultrasound and biochemical markers of aneuploidy and the prediction of preterm or early preterm delivery. Ultrasound Obstet Gynecol. 2008;31(2):147-52.
46. Spencer K, Cowans NJ, Nicolaides KH. Low levels of maternal serum PAPP-A in the first trimester and the risk of pre-eclampsia. Prenat Diagn. 2008;28(1):7-10.
47. Spencer K, Heath V, El-Sheikhah A, Ong CY, Nicolaides KH. Ethnicity and the need for correction of biochemical and ultrasound markers of chromosomal anomalies in the first trimester: a study of Oriental, Asian and Afro-Caribbean populations. Prenat Diagn. 2005;25(5):365-9.
48. Spencer K, Kagan KO, Nicolaides KH. Screening for trisomy 21 in twin pregnancies in the first trimester: an update of the impact of chorionicity on maternal serum markers. Prenat Diagn. 2008;28(1):49-52.
49. Vandecruys H, Faiola S, Auer M, Sebire N, Nicolaides KH. Screening for trisomy 21 in monochorionic twins by measurement of fetal nuchal translucency thickness. Ultrasound Obs Gynecol. 2005;25(6):551-3.
50. Wright D, Kagan KO, Molina FS, Gazzoni A, Nicolaides KH. A mixture model of nuchal translucency thickness in screening for chromosomal defects. Ultrasound Obstet Gynecol. 2008;31(4):376-83.

4

A ultrassonografia no segundo e terceiro trimestres

Victor Bunduki
Clarissa Moraes Nunes
Rossana Pulcineli Vieira Francisco

Introdução

O exame ultrassonográfico constitui o avanço tecnológico mais significativo das últimas cinco décadas no campo do diagnóstico obstétrico, especialmente para o diagnóstico de alterações estruturais fetais e para o rastreamento de doenças cromossômicas. Sabe-se que somente uma pequena parte das gestantes com fetos malformados apresenta algum fator de risco (5-15%); assim, se houver uma política de diagnóstico de defeitos fetais e de rastreamento de aneuploidias, as ultrassonografias (USG) morfológicas deverão ser propostas a todas as gestantes.

É sempre prazeroso examinar uma gestante e tranquilizá-la sobre sua gravidez, quando tudo está normal. Porém, quando um processo patológico é identificado, o papel do ultrassonografista é procurar desvendar o máximo de informações possíveis para chegar a um diagnóstico correto, o que faz a diferença no acompanhamento da gestação e na programação perinatal.

Um resultado falso-positivo pode ocasionar ansiedade desnecessária e até mesmo iatrogenia, e um resultado falso-negativo pode gerar uma falta de conduta adequada para a programação do parto e o atendimento em neonatologia. Essas falhas podem ser minimizadas tão somente pelo treinamento e qualificação dos ultrassonografistas no diagnóstico de malformações fetais. Concomitantemente, o desenvolvimento de centros de referência capacitados para receber os casos em que há dúvida diagnóstica ou naqueles em que é preciso um acompanhamento especializado permite uma hierarquização salutar do atendimento médico ao feto e recém-nascido.

A USG nas gestações de baixo risco, cujo objetivo primário é atestar o crescimento fetal, as condições da placenta e do líquido amniótico, assim como a datação da gestação, é geralmente realizada por aqueles que se dedicam apenas ao exame obstétrico com pouca experiência no diagnóstico pré-natal de malformações. É, portanto, importante que os responsáveis por esses exames tenham formação básica dentro da especialidade e que sejam no mínimo capazes de identificar as estruturas normais e reconhecer os desvios da normalidade. Nos casos em que há suspeita de anomalia ou quando há fatores de risco para sua ocorrência, a gestante deve ser encaminhada para ultrassonografistas com experiência no diagnóstico de malformações, de preferência em centros terciários que disponham de equipe multidisciplinar em medicina fetal.

Vista essa técnica inicial abordando os aspectos básicos para a realização do exame, discute-se a USG fetal no segundo e terceiro trimestres. Se existe uma mensagem a deixar nesta breve introdução, ela consiste em deixar claro e como princípio básico que todo exame ultrassonográfico deve ser sistematizado e realizado sempre da mesma maneira e sequência por cada operador e cada um pode, ao seu gosto, encontrar a melhor sistemática e sequenciamento do exame conforme seu gosto pessoal. Este capítulo faz uma abordagem geral e descritiva da USG obstétrica morfológica, já que este tratado traz capítulos que versam sobre as diversas doenças que acometem o feto de maneira individualizada.

Avaliação da biometria e estimativa do peso fetal

Qualquer USG fetal (tanto do segundo quanto do terceiro trimestres) deve ser iniciada pela análise do crescimento e posição fetais, além das condições da placenta e líquido amniótico. A análise do crescimento fetal é ferramenta fundamental para o médico pré-natalista na tomada de decisões e no acompanhamento obstétrico. O peso fetal é estimado por meio de medidas biométricas realizadas conforme técnicas bem conhecidas e, quando os parâmetros biométricos são medidos de forma correta, permitem estimar o peso fetal de forma mais fidedigna, aceitando-se um erro de mais ou menos 10% no cálculo de peso. Sabe-se que esse erro depende da idade gestacional, com melhor correlação entre peso estimado ao ultrassom e peso real do infante quando esta estimativa estiver entre 1.000 e 2.500 gramas. Erros de 15% podem ser observados quando fetos maiores são avaliados. Fórmulas e curvas de normalidade existem para estimar o peso fetal e usam principalmente a combinação das seguintes medidas:

- Diâmetro biparietal (DBP).
- Circunferência cefálica (CC).
- Circunferência abdominal (CA).
- Comprimento do fêmur (CF).

A posição da placenta em especial no terceiro trimestre deve ser sempre relatada, tendo em vista a ocorrência de placenta prévia e suas graves consequências no final da gestação e no parto. O mesmo vale para a avaliação da quantidade de líquido amniótico.

Ultrassonografia no segundo trimestre (16 a 26 semanas)

A partir do segundo trimestre da gestação, o crescimento fetal se torna suficiente para permitir o estudo detalhado da anatomia, principalmente depois da décima oitava semana, pois as estruturas fetais estão suficientemente aparentes. De forma geral, pode-se dividir o estudo ultrassonográfico realizado nesse período como um exame obstétrico ou um exame morfológico. O primeiro tem o objetivo principal de assegurar ao médico assistente as condições gerais de vitalidade e de crescimento do feto, assim como as condições da placenta e do líquido. Já o segundo tem como objetivo principal detectar malformações por meio da avaliação sistemática e minuciosa do feto.

Avaliação da morfologia fetal

O exame morfológico de segundo trimestre deve ser considerado um teste de diagnóstico de defeitos físicos (fenótipo) e um teste de rastreamento de alterações genéticas (cariótipo), ou seja, um exame que identifica uma doença física ou detecta um fator de risco que não era previamente conhecido, por meio de um sinal marcador. Uma vez identificada qualquer alteração, a gestante deve ser encaminhada para avaliação complementar com equipe especializada em medicina feral.

As malformações congênitas têm relevante importância na mortalidade perinatal. Sua prevalência na população geral é de 2-3%, e as ditas maiores, ou seja, as que necessitam de atendimento perinatal especializado, que serão candidatas à correção cirúrgica e com potencial de deixar sequelas na infância representam 0,5-0,8%, sendo responsáveis por 20-30% das mortes perinatais.

Por este motivo, é importante que seja feito o diagnóstico das malformações durante o pré-natal, como forma de oferecer aos pais aconselhamento genético adequado, planejar a abordagem de assistência ao parto e proposta de terapêutica perinatal. Os centros terciários poderão propor terapias intrauterinas aos casos pertinentes e, sobretudo, assistência neonatal especializada ao recém-nascido malformado.

Vários fatores influenciam a taxa de detecção de malformações fetais pela USG e a padronização do exame morfológico de segundo trimestre permite sistematizar a avaliação dos diferentes acompanhamentos fetais, aumentando a sensibilidade do exame. No Quadro 1, apontam-se os principais fatores que influenciam na detecção de malformações fetais pelo exame ultrassonográfico.

A sistematização do exame

A USG morfológica de segundo trimestre é realizada por via abdominal. Nesse período, o feto pode ser avaliado em detalhes, diagnosticando-se pequenas ou grandes malformações. O exame morfológico de rotina no segundo trimestre pode ser realizado a partir de 18 semanas de gestação; entretanto, a avaliação feita entre 20 e 24 semanas parece ser mais adequada. Isso porque aguardar até pelo menos 20 semanas contribui para melhor visualização das estruturas fetais. Acredita-se que se o sistema nervoso central, a coluna, os rins e o coração fetais forem analisados com cuidado, poderão ser detectadas 80% das malformações e, seguramente, aquelas com consequências piores.

Avaliações morfológicas em outros períodos da gestação poderão ser necessárias em casos de risco ou quando o exame realizado não foi satisfatório por causa das limitações fetais e maternas, reforçando a mensagem de que a USG morfológica pode ser realizada em qualquer fase da gestação.

O exame ultrassonográfico estrutural deve respeitar uma rotina sistematizada para que se visualizem todos os segmentos fetais, além dos anexos (líquido amnióti-

Quadro 1 Fatores que influenciam a taxa de detecção de malformações fetais pela ultrassonografia
Equipamento de ultrassonografia utilizado
Treinamento do operador
Duração do exame
Tipo de malformação fetal
Idade gestacional de realização do exame
Biotipo materno

co, placenta e cordão umbilical). É ideal que os operadores escolham uma ordem de visualização dos sistemas de sua preferência, porém que seja repetida sempre da mesma maneira. Esse cuidado simples evita desordem no exame e melhora o rendimento da detecção das alterações estruturais.

Além da biometria básica para avaliar idade gestacional e estimar o peso, acrescenta-se nessa fase a medida de outras estruturas que podem ajudar no diagnóstico de malformações fetais, rastreio de cromossomopatias ou na avaliação comparativa em exames subsequentes: corno posterior do ventrículo lateral (átrio), cerebelo, cisterna magna, prega nucal, osso nasal, prega pré-nasal, falange média do quinto dedo, pelves renais, relação fêmur/pé etc. (Quadro 2).

Rastreamento de anomalias cromossômicas fetais no segundo trimestre

Os marcadores ultrassonográficos de aneuploidia fetal também podem ser buscados, em especial para pacientes que não realizaram a medida da translucência nucal no primeiro trimestre ou para aquelas que desejam um rastreamento sequencial em que os resultados conjuntos do primeiro e segundo trimestres permitem um cálculo de risco mais acurado e um menor escape de aneuploidias do que quando realizado somente o morfológico de primeiro trimestre. Assim, no segundo trimestre e até 24 semanas, espera-se uma detecção da ordem de 80% dos fetos com trissomia do cromossomo 21 com uma taxa de falsos-positivos da ordem de 6-8%, tendo então um rendimento muito semelhante ao ultrassom morfológico de primeiro trimestre quanto a esse quesito. É claro que a idade gestacional tardia constitui uma desvantagem desse exame para o rastreamento da trissomia do 21. O principal objetivo do rastreamento é a T21, já que as outras aneuploidias, como síndrome de Edwards (trissomia 18) e Patau (trissomia do 13), muito raramente passam despercebidas em razão da miríade de alterações fenotípicas e malformações que marcam estas duas últimas síndromes. Assim, pequenas alterações podem aumentar o risco de doenças genéticas.

O roteiro de rastreamento ultrassonográfico desses marcadores é realizado principalmente pela medida da nuca do feto, pela medida do nariz fetal, pela relação entre a medida do fêmur e a do pé do feto e pela detecção de algumas malformações extremamente associadas a doenças genéticas, como defeitos cardíacos, malformações de coluna, mãos e face e intestinais.

Quando essas estruturas estão alteradas no feto, não constituem malformações reais, são chamadas de "marcadores fetais para doenças cromossômicas" e podendo ser apenas o que se chama de "variação da normalidade" ou ser um sinal indireto de uma doença genética do feto. Essas estruturas estão relacionadas no Quadro 2.

Quadro 2 Marcadores de aneuploidia fetal

Malformações estruturais (cardíacas, do sistema nervoso central, intestinais, da face etc.)
Prega nucal
Relação fêmur/pé
Pielectasia
Úmero curto
Clinodactilia com hipoplasia da falange média do quinto dedo
Afastamento anormal do hálux
Prega pré-nasal
Osso nasal
Dilatação leve de ventrículos cerebrais

A análise estrutural do feto

O ultrassom morfológico compreende estudo sistemático e ordenado de cada segmento do feto com o objetivo de efetuar descrição detalhada de grande parte da anatomia fetal e dos anexos (líquido amniótico, cordão e placenta).

A USG morfológica fetal deve ser realizada de maneira sistemática, como se fosse uma perícia anatômica sobre o concepto, com o intuito de afirmar a sua normalidade estrutural ou de diagnosticar malformações. É importante que cada operador tenha a sua rotina e faça o exame sempre na mesma ordem, o que facilita o trabalho e ajuda no diagnóstico das anomalias estruturais.

A detecção de anomalias fetais permite estabelecer conduta em relação ao prosseguimento da gestação, indica eventual tratamento intrauterino, ajuda a escolher o local, a época e a via de parto, prepara a estratégia de tratamento pós-natal e orienta os pais em relação ao prognóstico e ao risco de recorrência.

Para uma detecção eficaz de malformações fetais, existe benefício em realizar USG morfológica para todas as gestantes. Sabe-se que selecionar somente as pacientes com risco reconhecido para malformações permite uma taxa de detecção de 10-15% das anomalias fetais, em decorrência do fato de 85-90% das malformações fetais ocorrerem em gestantes sem fator de risco identificável.

Quando há suspeita de anormalidade no feto ou há maior risco de sua ocorrência, impõe-se o encaminhamento para centros terciários com serviço de medicina fetal.

Uma anamnese sucinta precede o exame morfológico, evitando-se, assim, que perguntas não apropriadas sejam efetuadas durante o exame.

A confecção do laudo é etapa fundamental do exame morfológico. O texto do relatório deve conter, além dos dados de biometria fetal, uma descrição de todas as estruturas vistas, inclusive os anexos. A ausência de anormalidades fetais diagnosticáveis no exame deve ser relatada na conclusão.

As eventuais malformações devem ser descritas no corpo do relatório e devem constar na conclusão. Os diagnósticos diferenciais plausíveis devem ser aventados quando houver dúvida quanto ao diagnóstico.

As estruturas relacionadas a seguir devem ser sempre analisadas para se excluir malformação fetal.

Cabeça e pescoço

O corte transversal do polo cefálico deve mostrar estruturas da linha média: foice do cérebro, tálamo, pedúnculos cerebrais, fossa posterior. O corte mostra também o cerebelo em hemisférios cerebelares e vérmice normais e os giros do hipocampo. É possível usar maiores aumentos, e essas estruturas seguintes devem ser vistas de maneira sistemática: fossa posterior, do septo pelúcido, tálamo, pedúnculo cerebelar, foice do cérebro, região do hipocampo, fissura de Sylvius ou grande sulco cerebral, cerebelo (Figura 1). Ainda, em corte transversal do polo cefálico ligeiramente obliquado caudalmente, pode-se medir a espessura da prega nucal. Em mesmo corte, procede-se à visibilização dos hemisférios cerebelares e do vérmice cerebelar em sua totalidade (Figura 2).

Já o corte transversal obliquado lateralmente (báscula lateral) mostra o corno posterior do ventrículo lateral. O átrio ventricular é medido no local em que termina o plexo coroide e corresponde à transição do corpo com corno posterior do ventrículo lateral (Figura 3).

Um corte sagital mediano do polo cefálico deve mostrar o corpo caloso em sua porção anterior medialmente acima do do septo pelúcido (Figura 4).

Um corte transversal na base do cérebro pode ser feito e mostrar o círculo arterial (polígono de Willis), evidenciando com auxílio do Doppler ou *power* ângio a artéria cerebral média nas topografias das asas menores do esfenoide.

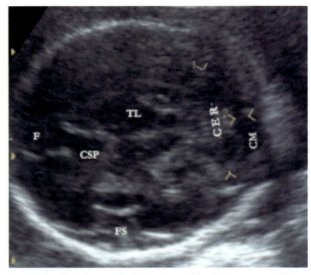

Figura 2 Corte transversal do polo cefálico ligeiramente obliquado caudalmente. Visualizam-se CSP: *cavum* do septo pelúcido; F: foice cerebral; FS: fissura Sylvius e estruturas da fossa posterior (CER: cerebelo; CM: cisterna magna) e TL: tálamo.

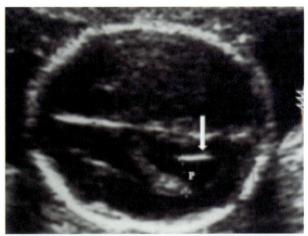

Figura 3 Corte transversal obliquado lateralmente (báscula lateral) mostra corno posterior do ventrículo lateral. P: plexo coroide.

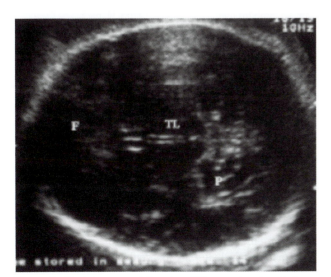

Figura 1 Corte transversal do polo cefálico mostrando estruturas da linha média: F: foice do cérebro; P: pedúnculos cerebrais; TL: tálamo.

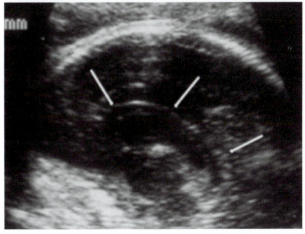

Figura 4 Corte sagital mediano do polo cefálico mostrando o corpo caloso na íntegra (setas).

Resumindo:

- Linha média em corte transversal.
- Pedúnculos cerebrais, tálamo, do septo pelúcido, foice do cérebro.
- Ventrículos laterais: paredes, dimensões, plexo coroide, largura e/ou relação VL/HC.
- Fossa posterior: hemisférios cerebelares, vérmice cerebelar, cisterna magna e quarto ventrículo.
- Corte sagital mediano.
- Corpo caloso.

Face

Um corte sagital mediano da face evidencia perfil normal. Observa-se o alinhamento normal entre a fronte e o mento (ausência de retro ou prognatismo). Usa-se o mesmo corte para a medida do osso nasal. Já o corte coronal da face fetal passa pelo mento e pela ponta do nariz e evidencia lábio superior íntegro (Figura 5). Note que esse corte, por causa da flexão fetal, pode passar transversalmente pelo tórax e o coração fetal. Já quando a boca fetal está aberta, a observação da integridade do lábio superior fica facilitada.

Observam-se também narinas fetais (Figura 7). Um corte transversal complementar permite observar a integridade do arco alveolar superior (arcada dentária) (Figura 8), este último é útil nos casos de diagnóstico de fenda palatina.

Corte coronal da face mais posterior que o dos lábios passando pelo globo ocular evidencia o cristalino fetal. No corte transverso na altura das órbitas, também podem-se observar os cristalinos e a distância entre as órbitas, de modo que é possível se fazer o diagnóstico de hipo

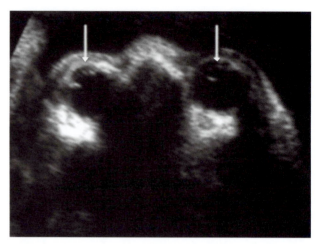

Figura 6 Corte transversal do polo cefálico, no nível das órbitas. Cristalinos observados bilateralmente (setas).

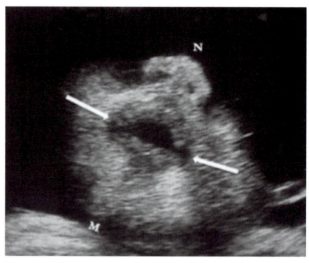

Figura 7 Corte coronal da face, com a boca fetal aberta facilitando a observação da integridade do lábio superior (setas). Observam-se também narinas fetais. M: mento; N: nariz.

ou hipertelorismo (Figura 6). Elemento complementar na análise do polo cefálico é o corte sagital para mediano tangenciando superfície lateral para observar o ouvido externo (orelha).

Resumindo:

- Perfil (corte sagital): fronte, nariz, posição dos lábios, posição da língua, palato ósseo longitudinal, posição do queixo, tamanho e posição das órbitas oculares e relação entre elas e o diâmetro biparietal.
- Corte coronal.
- Boca – integridade do lábio superior.
- Corte transversal – arcada dentária superior e palato duro.
- Posicionamento do pescoço e identificação de eventuais massas cervicais.

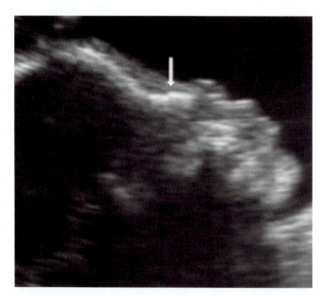

Figura 5 Corte sagital mediano da face evidenciando perfil fetal normal. Observa-se alinhamento normal entre a fronte e o mento. Osso nasal (seta).

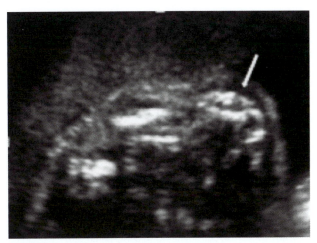

Figura 8 Corte transversal para avaliação do palato. Observa-se a integridade do arco alveolar superior (arcada dentária – seta).

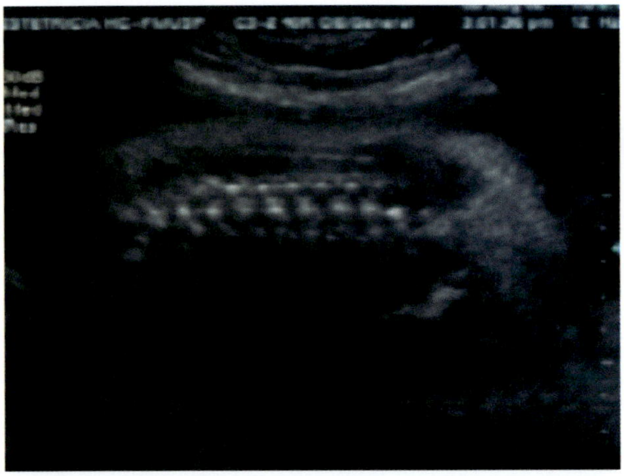

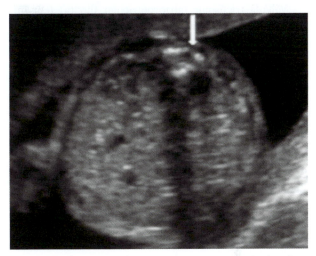

Figura 10 Corte coronal mostrando a integridade da coluna vertebral.

Coluna vertebral

O corte sagital mediano mostra aspecto normal da curvatura da coluna. Neste corte sagital mediano visualizam-se os centros de ossificação do corpo vertebral e da apófise espinhosa e, ainda, a integridade da pele imediatamente acima das apófises espinhosas (Figura 9). Os elementos visíveis da coluna neste corte são: os arcos anteriores das vértebras ou corpos vertebrais e os processos espinhosos.

Sempre se deve complementar os cortes sagitais anteriores com os cortes transversais. O corte transversal evidencia vértebra por vértebra, no sentido craniocaudal, o centro de ossificação do corpo vertebral anterior e os dois centros das lâminas laterais ou apófises transversas, que devem formar um triângulo (Figura 11). Em seguida, um corte longitudinal coronal mostrando os centros de ossificação das lâminas laterais que se alinham paralelamente deve ser obtido, e este corte é o que evidencia melhor a espinha bífida, quando evidencia afastamento lateral anormal da lâminas (Figura 10).

Figura 11 Sempre se deve complementar o estudo da coluna com o corte transversal, que evidencia vértebra por vértebra, no sentido craniocaudal, demonstrando as lâminas laterais (seta) e o corpo vertebral.

Resumindo:

- Corte sargital – integridade de toda a coluna e da pele.
- Corte coronal – integridade da coluna.
- Corte transversal – laminas laterais e o corpo vertebral.

Tórax

O que domina o estudo do tórax fetal na USG morfológica do segundo trimestre é a ecogenicidade pulmonar e a presença e integridade das cúpulas diafragmáticas. Assim, um corte sagital paramediano do tórax e do abdome fetais à esquerda mostra coração e pulmão separado do estômago pelo diafragma íntegro (Figura 15). A hérnia diafragmática esquerda é muito mais frequente que a direita, mas a integridade da cúpula diafragmática direita também deve ser obtida por corte sagital paramediano direito.

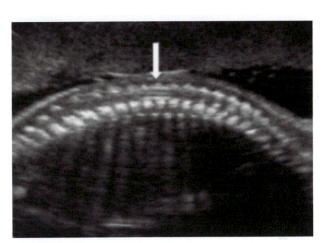

Figura 9 Corte sagital demonstrando a integridade de toda a coluna e da pele.

Resumindo:

- Vários planos de corte.
- Tamanho e forma da caixa torácica.
- Ecogenicidade e homogeneidade da textura dos pulmões.
- Integridade das cúpulas diafragmáticas.
- Localização, tamanho, forma e ecogenicidade de massas ou coleções líquidas.

Coração

O primeiro aspecto a ser visto do coração fetal é a obtenção de um corte transversal do tórax fetal, passando pelo coração e evidenciando quatro câmaras com aspecto normal com ventrículo esquerdo, ventrículo direito, átrio esquerdo e átrio direito, assim como septo interventricular íntegro e forame oval (Figura 12).

Válvula tricúspide (atrioventricular direita) tem implantação ligeiramente mais baixa (mais apical) que a mitral (válvula atrioventricular esquerda). O forame oval com sua válvula cujo *flaping* se dá no átrio esquerdo. Ainda, no corte das quatro câmaras, no plano do forame oval, pode-se evidenciar a integridade do restante do septo interatrial.

Cortes ligeiramente oblíquos do tórax a partir do de quatro câmaras evidenciam vias de saída do ventrículo esquerdo para a aorta (Figura 14) e do ventrículo direito para o tronco da artéria pulmonar. Cortes oblíquos podem, ainda, evidenciar o início do arco aórtico e seus principais ramos: tronco braquiocefálico e braquial direita. Já no corte sagital e ligeiramente oblíquo, evidencia-se a continuação do arco aórtico com a aorta torácica descendente.

Resumindo:

- Corte transversal – posição do coração e posição relativa das câmaras cardíacas.

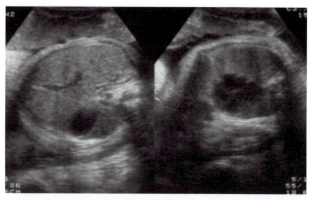

Figura 13   Cortes transversos do tórax (direita) e do abdome (esquerda), demonstrando a posição correta do coração (situssolitus), em levocardia, considerando-se como parâmetro a topografia do estômago.

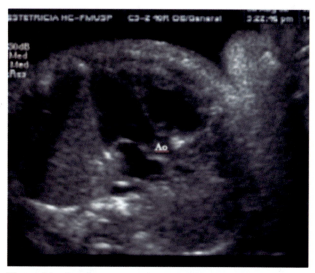

Figura 14   Corte transverso do tórax evidenciando a via de saída do ventrículo esquerdo. Ao: aorta.

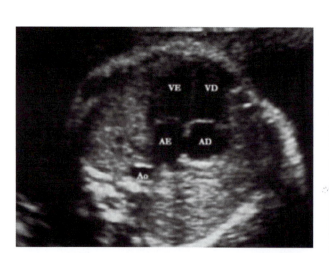

Figura 12   Corte transverso do tórax fetal passando pelo coração, evidenciando quatro câmaras com aspecto normal. AD: átrio direito; AE: átrio esquerdo; Ao: aorta; VD: ventrículo direito; VE: ventrículo esquerdo. Observa-se ainda neste corte a ecogenicidade normal nos pulmões.

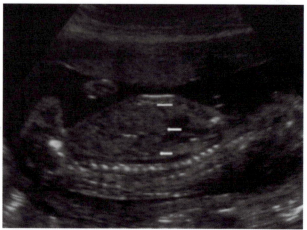

Figura 15   Corte sagital do feto demonstrando a integridade da cúpula diafragmática (setas).

- Corte de quatro câmaras: proporção entre as câmaras, septos interventricular e interatrial, válvulas e ecotextura do miocárdio.
- Corte transversal obliquado – vias de saída dos ventrículos esquerdo e direito.
- Cruzamento dos vasos da base.
- Cúpula diafragmática.

Abdome

O corte transversal estrito do abdome fetal usado para a medida da circunferência abdominal já mostra os principais pontos de reparo do abdome fetal: o estômago, a aorta em corte transversal e o trajeto intra-hepático da veia umbilical (Figura 16).

Obliquando-se o corte transversal com leve inclinação caudal da porção anterior, evidenciam-se a vesícula biliar e o estômago com sua grande e pequena curvaturas e a região pilórica.

O corte transversal do abdome fetal na altura do umbigo mostra a inserção normal do cordão umbilical. O mesmo corte, agora com a ajuda do Doppler colorido, identifica a inserção normal do cordão umbilical e a presença de duas artérias umbilicais margeando a bexiga fetal (Figura 17).

Resumindo:

- Estômago – presença da bolha gástrica, seu volume e localização.
- Fígado e vesícula biliar – localização, volume e ecogenicidade.
- Alças intestinais – calibre e ecogenicidade.
- Localização, forma, volume e ecogenicidade de coleções e massas intraperitoniais.

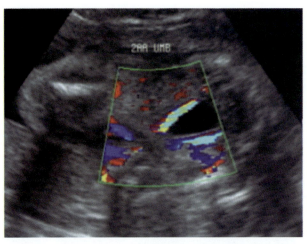

Figura 17 Corte transversal no nível da bexiga. Observam-se as duas artérias umbilicais que correm ao lado da bexiga.

- Localização, volume e conteúdo de massas da parede abdominal.
- Afirmar a normalidade da inserção fetal do cordão umbilical (em corte sagital mediano e transversal).

Rins

Um corte transversal do abdome fetal no nível das lojas renais mostra o rim direito e o rim esquerdo. Esse corte transversal é o ideal do abdome para visibilização das lojas renais (Figura 18). Notam-se então neste corte o rim esquerdo, o rim direito e aorta em corte transversal.

Com auxílio de janela Doppler ou Power Doppler, pode-se observar a aorta descendente dando origem às artérias renais fetais. Esta técnica é útil nos casos de dúvida para agenesia renal uni ou bilateral. Os cortes sagitais para medianos mostram os rins fetais com corte longitudinal (Figura 19).

Estes cortes longitudinais dos rins são úteis para caracterizar e classificar as dilatações pielocaliciais even-

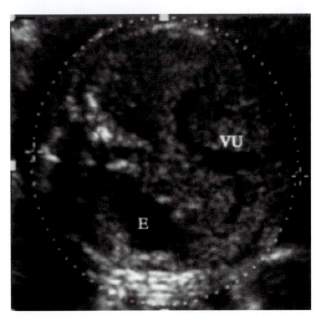

Figura 16 Corte transverso do abdome mostrando a bolha gástrica (E) e a porção intra-hepática da veia umbilical (VU). Observa-se também integridade da parede abdominal.

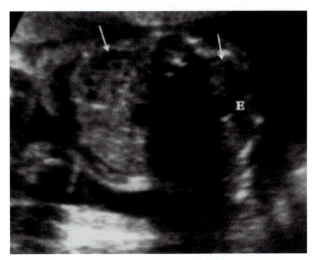

Figura 18 Corte transverso do abdome fetal no nível das lojas renais, mostrando o rim direito e o esquerdo (setas). E: estômago.

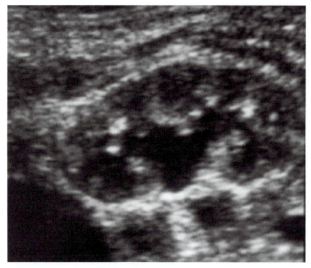

Figura 19 Corte longitudinal do rim mostrando o aspecto ecográfico normal, com a diferenciação cortiço-medular preservada.

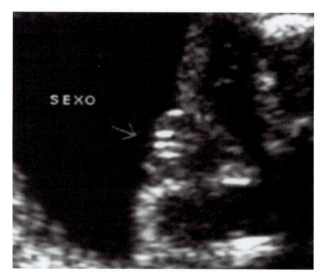

Figura 20 Corte transversal do períneo fetal mostrando genital do tipo feminino. Observam-se pequenos lábios paralelos.

tuais. As glândulas suprarrenais hipoecogênicas são bastante visíveis no feto e não devem ser confundidas com as lojas renais, em especial em idades gestacionais precoces.

Resumindo:

- Rins – localização, número, volume e ecogenicidade, presença de cistos, ectasias, pielocaliciais e ureterais.
- Bexiga – volume e espessura da parede.
- Medida da pelve renal, quando visível e sempre no sentido posteroanterior em corte transversal das lojas renais.

Genitais externos

Em etapas precoces, no mesmo momento do morfológico de primeiro trimestre, um corte longitudinal de feto pode sugerir genital masculino ou feminino, conforme o ângulo que o tubérculo genital primitivo ou apêndice genital faz com a inserção do cordão umbilical.

O corte transversal e mais tardio do períneo fetal mostra genital do tipo masculino ou feminino, observando os pequenos lábios paralelos e traço hiperecogênico que corresponde a introito vaginal. Esta tríade de imagem decide o sexo feminino a partir de 14 semanas ou mesmo antes (Figura 20). A identificação do sexo é de grande valia nas gestações gemelares e nas doenças ligadas ao sexo.

Resumindo:

- Sexo feminino: grandes e pequenos lábios, clitóris.
- Sexo masculino: bolsa escrotal, testículos, pênis (Figura 21).

Extremidades

Na avaliação dos braços e das mãos, um corte longitudinal do braço fetal mostra o úmero. Este é o corte ideal para a medida do osso. Um mesmo corte longitudinal do

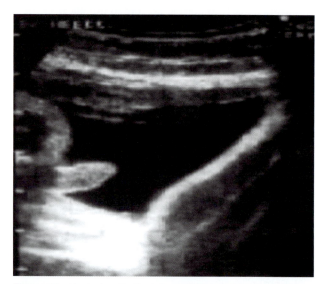

Figura 21 Corte longitudinal da genitália externa do sexo masculino.

braço fetal faz notar a inserção umeral do deltoide, o bíceps e ainda mais distalmente são vistos o rádio e a ulna. O corte longitudinal do antebraço fetal mostra o bordo ulnar livre. Esta observação praticamente afasta as polidactilias pós-axiais (Figura 23). O mesmo corte do bordo ulnar livre pode mostrar a individualização dos dedos (Figura 22). A posição de repouso da mão fetal é em semiflexão; assim, um corte tangencial à ponta dos dedos pode mostrar a posição de semiflexão ou de extensão da mão.

Na avaliação das pernas e dos pés, o corte longitudinal da coxa fetal mostra o fêmur. Este é o corte ideal para a medida do osso. Estendendo-se este corte evidencia-se o resto da perna, que pode estar a 90° com a coxa. Assim, um corte longitudinal da perna em posição coronal evidencia a presença de tíbia e fíbula (Figura 25).

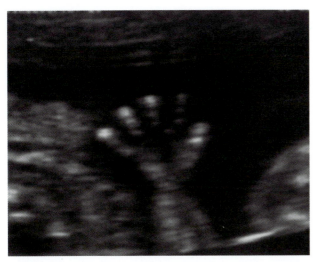

Figura 22 Corte coronal da mão permitindo contar o número de dedos.

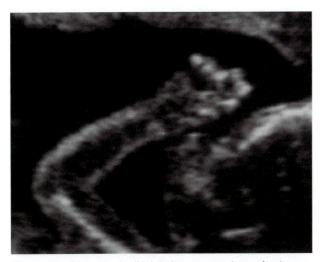

Figura 23 Corte longitudinal do braço e antebraço fetal, mostrando o bordo ulnar livre. Esta observação praticamente afasta as polidactilias pós-axiais.

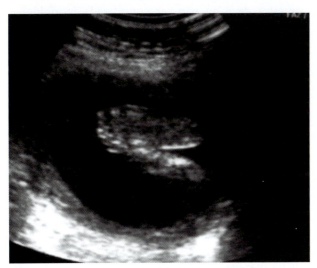

Figura 24 Corte plantar do pé fetal. A não visualização de nenhum osso longo no mesmo corte caracteriza a ausência de pé torto.

Corte plantar de pé a partir de 16 semanas pode fazer o diagnóstico de pés. Assim, a não visualização de nenhum osso longo, no mesmo corte plantar, evidencia ângulo de 90° entre o pé e a perna, o que caracteriza a ausência de pé varo-equino (Figura 24).

Resumindo:

- Comprimento dos ossos longos.
- Verificar presença de todos os ossos longos.
- Verificar se não há curvaturas anormais deles.
- Número e posição dos dedos.
- Contraturas e deformidades posturais.

Cordão umbilical

O corte transversal do cordão umbilical em meio ao líquido amniótico mostra a presença de três vasos, duas artérias umbilicais e uma veia umbilical. O corte longitudinal da veia umbilical pode mostrar artéria umbilical em corte transversal, por conta do enovelamento normal do cordão.

É preciso observar o volume, a localização da inserção, tanto placentária quanto umbilical, e a eventual alteração de ecogenicidade e a presença de massas anormais. O número de vasos e o diagnóstico de artéria umbilical única são importantes, pois há maior incidência de malformações em fetos com artéria umbilical única.

Resumindo:

- Número de vasos.
- Inserção placentária e abdominal.
- Presença de massas anormais.

Líquido amniótico

Análise do volume e ecogenicidade e homogeneidade ecográfica do líquido. O volume anormal de líquido amniótico tem maior valor quando está associado com

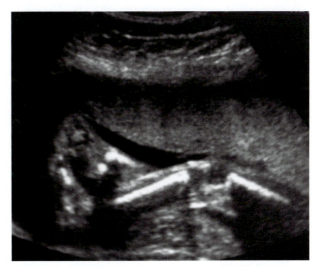

Figura 25 Corte longitudinal da perna evidenciando parte do fêmur e da tíbia. Mostra também o bom posicionamento do pé.

malformações fetais. O excesso de líquido amniótico é mais significativo do que o oligoâmnio, a parte das malformações renais, evidentemente.

Placenta e membranas

A placenta grau 0 é caracterizada pela absoluta uniformidade da sua textura e placa corial bem definida ou delineada. Já a presença de pequenas chanfraduras no bordo fetal da placenta e alguma heterogenicidade de textura caracterizam grau I placentário. Na placenta grau II, notam-se chanfraduras mais acentuadas e textura mais ecogênica e mais heterogênea com lagos venosos esparsos podendo ser observados. A placenta, por vezes, tem grau intermediário entre o I e II, mas este não é definido na classificação de Grannum. Na placenta de grau III, notam-se calcificações placentárias e presença de lagos venosos. É possível já individualizar os gomos placentários.

Resumindo:

- Localização.
- Espessura, ecogenicidade e textura.
- Presença de membranas, septações e sua relação com o feto.

Exame morfológico fetal: resumo geral

Cabeça – avaliar a integridade do crânio e sua ecogenicidade. Face fetal (perfil, osso nasal, órbitas, cristalinos, lábios e palato).

Sistema nervoso central – em corte transversal visualizam-se as estruturas da linha média (foice do cérebro, do septo pelúcido, tálamo, terceiro ventrículo virtual e pedúnculos cerebrais), fossa posterior (verme cerebelar e hemisférios cerebelares, assim como a cisterna magna), ventrículos cerebrais (cornos laterais e frontais) e, finalmente, o contorno ósseo craniano, com suas respectivas suturas. Em corte sagital, visualiza-se o corpo caloso logo acima do septo pelúcido.

Coluna – cortes sagitais, transversos e coronais identificando os processos laterais e arcos anteriores das vértebras, assim como o processo espinhoso e isto nos grupos vertebrais cervicais, torácicos, lombares e sacros.

Coração – corte das quatro cavidades simétricas, observação do ritmo cardíaco, saída e cruzamento dos vasos da base (aorta e artéria pulmonar).

Pulmões e cúpulas diafragmáticas – integridade e grau de arqueamento das cúpulas especialmente a esquerda e ecogenicidade pulmonar bilateral.

Sistema nervoso central

Abdome – bolha gástrica, inserção do cordão umbilical, fígado, vesícula biliar e aspecto das alças intestinais

Rins e bexiga – número, posição, aspecto do parênquima renal com diferenciação cortical e medular; presença e aspecto da bexiga. Neste mesmo momento, pode-se analisar o aspecto das glândulas suprarrenais fetais.

Sexo fetal – identificam-se tipo e aspecto. No sexo masculino, pode-se evidenciar meato uretral tópico, descartando-se hipospadias. No feminino, deve-se observar a proporção do clitóris em relação aos pequenos lábios, para afastar hiperplasia congênita de suprarrenais e ambiguidades genitais.

Membros superiores e inferiores – número, segmentos, forma, posição e função (mobilidade durante o exame). Especial atenção deve ser dada à posição dos pés em 90° em relação aos ossos longos da perna.

Placenta, líquido amniótico e cordão – espessura e aspecto da placenta, quantidade de líquido amniótico, presença de três vasos no cordão.

Ultrassonografia no terceiro trimestre

A ultrassonografia de rotina do terceiro trimestre pode ser realizada após 27 semanas de gestação. Nessa fase, o principal objetivo dessa avaliação é estimar o peso do feto e seu bem-estar, por meio da observação da presença de movimentos corporais e respiratórios, tônus e volume de líquido amniótico. Diante de suspeitas de alterações nos fluxos vasculares feto-placentários, como em gestantes com comorbidades hipertensivas ou em fetos com restrição do crescimento, o estudo dopplervelocimétrico da artéria umbilical, artéria cerebral média e eventualmente do ducto venoso deve ser realizado. Além disso, as estruturas orgânicas devem ser avaliadas com cuidado, pois podem apresentar alguma alteração em relação ao exame morfológico realizado no segundo trimestre, ou, ainda, podem surgir alterações classicamente consideradas de aparecimento tardio em diversos órgãos, em especial renais, cardíacas, ventriculomagalias cerebrais progressivas etc.

Este último quesito, ou seja, se a USG do terceiro trimestre deve ou não ser considerada morfológica, tem estado no centro de discussões entre os especialistas e tem consequências econômicas, já que as empresas de saúde complementar normalmente não autorizam a realização de exame morfológico fetal no terceiro trimestre.

De fato, existem sim algumas situações de alterações estruturais fetais para as quais a taxa de detecção vai aumentando conforme o progredir da gestação. Podem ser citadas como exemplos: as uropatias obstrutivas, as cardiopatias leves, as estenoses digestivas altas e baixas, a estenose de esôfago, as osteocondrodisplasias, as hidrocefalias fetais progressivas, entre outras.

A análise morfológica realizada no terceiro trimestre está sempre indicada para as gestantes que não realizaram a USG morfológica no período ideal, nos casos em que há suspeita de alguma malformação ou, ainda, para gestantes com suspeita de infecção aguda capaz de gerar algum dano fetal com o evoluir da gestação, como a toxoplamose, a rubéola e a citomegalovirose.

Vale a pena ver no terceiro trimestre os rins, o coração e o sistema nervoso central fetais. Salienta-se, porém, que esse trimestre apresenta dificuldades para a realização da USG morfológica, já que o feto apresenta-se ocupando toda a cavidade uterina e a quantidade de líquido amniótico é inferior à do segundo trimestre e, por isso, a avaliação da face, da coluna, das mãos e dos pés do feto encontra-se muito dificultada neste período, além de se tratar de período tardio para as complementações diagnósticas e para as principais condutas em medicina fetal. No Quadro 3, estão os parâmetros que devem ser avaliados no exame básico de terceiro trimestre.

Quadro 3 Parâmetros que devem ser avaliados no exame obstétrico de terceiro trimestre

Número de fetos
Atividade cardíaca fetal
Biometria fetal
Apresentação fetal
Crescimento fetal
Bem-estar fetal
Morfologia fetal
Cordão umbilical
Volume de líquido amniótico
Placenta
Útero

Bibliografia sugerida

1. Benson CB, Doubilet PM. Sonographic prediction of gestational age: accuracy of second and third trimester fetal measurements. AJR Am J Roentgenol. 1991;157(6):1275-7.
2. American College of Obstetricians and Gynecologists. ACOG Practice Bulletin n. 101: ultrasonography in pregnancy. Obstet Gynecol. 2009;113:451.
3. Benini JR, Marussi EF, Barini R, Faro C, Peralta CF. Birth-weight prediction by two- and three-dimencional ultrasoud imaging. Ultrasound Obstet Gynecol. 2010;35(4):426-33.
4. Smith M, Visootsak J. Noninvasive screening tools for Down syndrome: a review. Int J Womens Health. 2013;5:125-31.
5. Bunduki V. Zugaib M. Atlas de ultra-som fetal: normal e malformações. 2. ed. São Paulo: Atheneu; 2014.
6. Conner SN, Longman RE, Cahill AG. The role of ultrasound in the diagnosis of fetal genetic syndromes. Best Pract Res Clin Obstet Gynaecol. 2014;28(3):417-28.

5

Restrição de crescimento fetal

Roseli Mieko Yamamoto Nomura

A restrição de crescimento fetal (RCF) é uma complicação da gravidez que acomete cerca de 10% dos nascidos vivos. Em geral, é caracterizada quando o crescimento fetal está abaixo do normal, tendo em vista o potencial de crescimento normal de cada indivíduo. Pode ocorrer por várias causas e apresenta elevada morbidade e mortalidade perinatal.

Definição

Os termos RCF – crescimento intrauterino restrito (CIUR) ou restrição de crescimento intrauterino (RCIU) – e pequeno para a idade gestacional (PIG) têm sido utilizados quase como sinônimos na literatura médica, mas existem diferenças a serem ressaltadas. A definição de PIG refere-se ao recém-nascido, quando apresenta peso ao nascer inferior ao percentil 10 para determinada idade gestacional; e essa definição leva em consideração apenas o peso, não o crescimento intrauterino ou as características físicas ao nascer. A RCF (CIUR ou RCIU) é definição clínica e aplica-se aos fetos com peso estimado abaixo do percentil 10 para a idade gestacional, caracteristicamente malnutridos, com desaceleração do crescimento e índices anormais no Doppler das artérias umbilical e cerebral média fetal.

Por definição, 10% dos recém-nascidos de qualquer população estarão com o peso ao nascer abaixo do percentil 10. Aproximadamente 70% dos fetos com peso estimado abaixo do percentil 10 serão apenas constitucionalmente pequenos. É necessário fazer a distinção entre o crescimento normal e o patológico, para identificar corretamente os fetos verdadeiramente restritos.

Fisiopatologia

Na RCF, ocorrem alterações na composição corporal do feto, com redução do conteúdo de gordura, de proteínas totais, glicogênio e ácidos graxos livres; com distribuição alterada no peso entre os diversos órgãos e na proporção do corpo. Aproximadamente 20% dos fetos restritos apresentam-se simetricamente pequenos, com redução relativamente proporcional no peso dos órgãos. Cerca de 8% são assimetricamente pequenos, com o peso do cérebro fetal relativamente preservado especialmente quando comparado ao fígado e ao timo.

Na RCF assimétrica, a redução no peso cerebral decorre primariamente da diminuição das dimensões celulares, não da redução do número de neurônios. Ocorrem redução na mielinização, menor utilização de substratos metabólicos que não a glicose e alterações na síntese proteica. Esse processo resulta da centralização da circulação fetal, mecanismo adaptativo que preserva a oferta de nutrientes e oxigênio para os órgãos nobres fetais: cérebro, coração e adrenais; que ocorre principalmente a partir da segunda metade da gestação. A deprivação precoce na gravidez associa-se com crescimento lento e difuso do cérebro fetal. A circunferência abdominal é mais afetada que a circunferência cefálica, por conta principalmente da redução nas dimensões do fígado com menores depósitos de glicogênio hepático e alterações metabólicas. O fluxo sanguíneo para os pulmões pode estar reduzido, contribuindo para diminuição na produção do exsudato alveolar, componente importante na formação do líquido amniótico. A redução no fluxo renal leva à menor filtração glomerular e também contribui para a redução no volume de líquido amniótico e o oligo-hidrâmnio.

Na RCF simétrica, os fetos apresentam cérebro proporcionalmente pequeno, geralmente por causa da diminuição do número de células. Apesar de poder ser resultado de grave deprivação nutricional precoce, este tipo é mais frequentemente relacionado a doenças genéticas, infecções ou outras causas. Todos os órgãos estão proporcionalmente diminuídos, e é provável que haja algum defeito endógeno que prejudique a hiperplasia celular precoce.

Causas da RCF

A RCF pode resultar de causas maternas, fetais e placentárias (Quadro 1). O potencial genético de crescimento fetal pode ser prejudicado por diferentes processos, isolados ou associados, que podem ser investigados por história e exame clínico, associados ou não a exames subsidiários.

Fatores maternos

As doenças maternas podem estar associadas à redução do fluxo uteroplacentário e da oxigenação fetal. A hipertensão arterial é a principal causa materna, elevando em duas a três vezes a incidência de RCF. A invasão trofoblástica inapropriada, que ocorre na pré-eclâmpsia, principalmente nas formas grave e precoce, prejudica o fluxo uteroplacentário, favorece a formação de infartos e tromboses na placenta, restringindo o crescimento e a oxigenação fetais. Condições que levam à hipoxia materna crônica levam à RCF, como cardiopatias cianóticas, doenças pulmonares crônicas e residência em elevada altitude.

Os distúrbios nutricionais maternos, como a desnutrição ou os provocados por doenças disabsortivas, levam a ganho ponderal materno insuficiente e maior risco de recém-nascidos de baixo peso. A ingestão de menos de 1.500 kcal/dia traz efeitos no peso do recém-nascido. As situações clínicas mais comuns que provocam a má absorção de nutrientes incluem: doenças inflamatórias intestinais (retocolite ou enterite regional), pancreatite e cirurgias de *bypass* gástrico disabsortivas.

Quanto ao uso de drogas, destaca-se o tabagismo, que aumenta de três a quatro vezes o risco de RCF. O déficit de crescimento é proporcional ao número de cigarros consumidos por dia. O uso de álcool, cocaína e heroína notadamente associa-se à RCF, e condições socioeconômicas desfavoráveis devem contribuir também para esse desfecho. Outras drogas necessárias para terapêuticas maternas reduzem o potencial de crescimento intrauterino, mas por vezes são necessárias para o controle de doenças maternas.

Fatores fetais

As anomalias congênitas respondem por cerca de um terço dos casos de RCF. A trissomia mais comum é a trissomia 21, a síndrome de Down, que ocorre em 1,6 a cada 1.000 nascidos vivos. No termo esses recém-nascidos apresentam peso em média 350 g menor que os recém-nascidos normais e apresentam risco quatro vezes maior de terem o crescimento restrito. A segunda trissomia mais comum é a trissomia 18 (síndrome de Edwards), que ocorre em 1 a cada 6.000 a 8.000 nascidos vivos. Oitenta e quatro porcento deles apresentam crescimento restrito, e a avaliação cuidadosa vai revelar outras anomalias fetais. A trissomia 13 ocorre em 1 a cada 5.000 a 10.000 nascidos

Quadro 1 Fatores associados com a restrição de crescimento fetal

Fatores maternos
Idade materna (< 16 ou > 35 anos)
Raça negra
Residência em elevada altitude
Condições socioeconômicas precárias
Trabalho pesado ou condições inapropriadas
Fatores genéticos maternos (RCF em gestação anterior, mãe nascida com RCF)
Reprodução assistida
Abuso de substâncias (tabagismo, álcool, drogas ilícitas)
Uso de medicações (varfarina, anticonvulsivantes, antineoplásicos, antagonistas do ácido fólico, entre outros)
Desnutrição, doenças malabsortivas
Útero bicorno ou septado
Intervalo interpartal curto (< 2 anos)
Doenças maternas (hipertensão arterial, descolamento prematuro de placenta, nefropatias, cardiopatia cianótica, anemia, doença falciforme, trombofilias, doenças autoimunes, infecções, diabete com vasculopatia, pneumopatia crônica)

Fatores fetais
Anomalias cromossômicas
Malformações
Síndromes genéticas
Exposição à radiação ionizante
Infecções congênitas (TORCH, malária, sífilis, HIV, varicela-zoster, zika)
Gestação múltipla
Fatores imunológicos
Doenças metabólicas (agenesia de pâncreas, galactosemia, hipofosfatasia, ausência congênita das ilhotas de Langerhans, lipodistrofia congênita)

Fatores placentários
Inserção anormal do cordão (inserção velamentosa, inserção marginal)
Placenta prévia
Placenta bilobada
Placenta circunvalada
Tumores placentários (hemangioma)
Displasia mesenquimal
Artéria umbilical única
Síndrome da transfusão feto-fetal
Mosaicismo placentário
Gestação molar parcial
Vilite crônica de etiologia desconhecida
Vilite infecciosa
Infecção placentária (malária)

vivos; e mais de 50% apresentam RCF. Em média, pesam, ao nascer, 700 a 800 g a menos que os recém-nascidos normais. Outras anomalias cromossômicas mais raras incluem as anormalidades dos cromossomos sexuais (X ou Y extra) e a síndrome de Turner (monossomia X). Outras anomalias fetais e síndromes genéticas cursam com a RCF, tais como: defeitos abertos do tubo neural, acondroplasia, *osteogenesis imperfecta*, defeitos de parede abdominal (*gastroschisis* e onfalocele), uropatias obstrutivas, atresias intestinais, entre outras. Doenças autossômicas recessivas associadas com a RCF incluem as síndromes de: Potter, Meckel, Robert, Smith-Lemli-Opitz, Donohue, Seckel, entre outras.

As infecções congênitas respondem por 5-10% dos casos de RCF, podendo ser decorrentes das síndromes TORCH, sífilis, malária, zika, HIV, varicela, entre outras. Frequentemente, além da RCF, existem anormalidades em outros órgãos e sistemas, de acordo com o acometimento provocado por cada agente. É comum haver a placentite, que contribui para a deprivação na oferta de nutrientes e oxigênio para o feto.

A gestação múltipla associa-se a RCF e prematuridade, com aumento de 20-30% na incidência de fetos restritos, possivelmente como resultado de insuficiência placentária, síndrome de transfusão feto-fetal ou anomalias fetais associadas.

Fatores placentários

A placenta desempenha papel essencial para o crescimento e o desenvolvimento do feto. O peso placentário é menor nos casos de fetos restritos quando comparados aos com peso adequado, independentemente do peso fetal, sugerindo que o crescimento fetal adequado pode depender do peso placentário. Anormalidades na placenta relacionam-se com a RCF. O descolamento prematuro da placenta pode ocorrer a qualquer momento da gestação e, quando não ocorre a morte fetal ou o parto prematuro, ele pode cursar com a RCF. Na placenta prévia, a implantação em local desfavorável pode resultar na RCF. A ocorrência de infartos placentários reduz a área de trocas da placenta e aumenta a incidência de fetos restritos. As anormalidades do cordão umbilical ou de sua inserção na placenta, tal como a inserção velamentosa, aumentam o risco de fetos restritos. A inflamação crônica dos vilos placentários, conhecida como vilite crônica, é observada em maior frequência nas placentas de casos com RCF, na análise histológica.

Diagnóstico

O diagnóstico da RCF é inicialmente suspeitado por história clínica, presença de fatores de risco e exame físico que comprovem medidas reduzidas na mensuração da altura uterina. A ultrassonografia é o método indicado para confirmar o diagnóstico, quando há discordância entre a idade gestacional atual e as medidas de biometria fetal observadas. Portanto, é essencial que a datação da gestação seja confiável, embasada na data da última menstruação e confirmada por ultrassonografia de primeiro trimestre gestacional, que também poderá identificar causas genéticas ou congênitas.

Vários parâmetros ultrassonográficos podem ser utilizados no diagnóstico da RCF. A estimativa ultrassonográfica do peso fetal é o parâmetro mais simples para rastreamento, e a utilização de curvas customizadas pode melhorar o desempenho diagnóstico.

Estimativa do peso fetal

O peso fetal estimado (PFE) pela ultrassonografia é um método comumente utilizado para identificar fetos com crescimento restrito, quando este parâmetro é inferior ao percentil 10 para determinada idade gestacional. Exames seriados são importantes para a documentação do crescimento fetal, bem como para excluir anomalias. O diagnóstico antenatal não é muito preciso, pois o PFE é calculado com base em uma combinação de parâmetros. Equações que incorporam medidas da circunferência abdominal, diâmetro biparietal e comprimento do fêmur parecem prover medidas mais acuradas no PFE. A predição geral do peso fetal pelas fórmulas utilizadas habitualmente apresenta faixa de erro de 10-20%.

Fetos de diferentes populações apresentam padrão diverso de crescimento, que dependem das características étnicas e raciais. Mais recentemente, foi desenvolvida a curva internacional de crescimento fetal com dados obtidos a cada 5 semanas de 14 a 42 semanas gestacionais, e as medidas de biometria fetal foram obtidas para a construção das curvas e seus percentis (Projeto INTERGROWTH-21).

A sensibilidade da avaliação do PFE na predição da RCF e de resultados adversos é maior para os casos graves (PFE < percentil 3), em que a morbidade e a mortalidade perinatal são mais elevadas.

Curvas de crescimento customizadas

Múltiplas variáveis interferem no peso fetal e podem ser incorporadas em curvas customizadas e individualizadas. Essas variáveis incluem gênero fetal, paridade materna, etnicidade, altura, peso e idade maternos. Características maternas exercem maiores efeitos que as paternas. A abordagem mais apropriada é utilizar dados embasados em grandes populações que contemplem essas variáveis e que excluam fatores patológicos, como tabagismo, hipertensão, diabete e partos pré-termo. Utilizando esses dados, é possível avaliar com maior precisão qual seria o melhor peso para determinado feto e a variação esperada. O PFE seria comparado à curva customizada para cada caso. Programas são disponibilizados na internet para cálculo de percentis customizados do peso fetal (www.gestation.net).

Apesar de não haver ainda estudos randomizados e controlados, muitos estudos comparam o desempenho de curvas populacionais com as customizadas na predição de recém-nascidos PIG e resultados adversos. Em geral, o uso das curvas customizadas aumenta a identificação de fetos em risco de morte perinatal ou de morbidade neonatal, notadamente quando o PFE é inferior ao percentil 5.

Relação CC/CA

A razão entre as medidas da circunferência cefálica (CC) e da circunferência abdominal (CA) tem sido proposta como medida para avaliar fetos com padrão de restrição assimétrico. Nesses casos, a CA tem redução proporcionalmente mais acentuada, pelo comprometimento do fígado fetal, quando comparada com a CC ou o comprimento do fêmur (F). A relação CC/CA diminui linearmente ao longo da gravidez e é caracterizada como anormal quando a relação encontra-se acima de dois desvios-padrão da média para a idade gestacional. A sensibilidade, especificidade, valores preditivos positivo e negativo da relação CC/CA anormal em uma população com RCF de etiologias variadas são 36%, 90%, 67% e 72%, respectivamente. Isso demonstra maior acurácia deste parâmetro para predizer a RCF assimétrica em casos de insuficiência placentária. Entretanto, nem todos os casos com essa relação aumentada terão RCF, pois fetos macrocefálicos podem apresentar a relação CC/CA aumentada na ausência de RCF.

Relação F/CA

Esta relação utiliza elementos que relacionam o peso com o comprimento fetal na predição da RCF. A relação F/CA elevada pode indicar fetos com RCF assimétrico e é parâmetro independente da idade gestacional, na segunda metade da gestação. Entretanto, essa medida não tem acurácia para identificar a RCF simétrica. Portanto, a relação F/CA não é muito apropriada para rastreamento da RCF, mas pode ter utilidade nos casos em que existe a suspeita de RCF assimétrica.

Diâmetro cerebelar transverso

O crescimento do diâmetro cerebelar transverso (DCT) não é afetado pela RCF, podendo ser utilizado como um parâmetro independente para indicar a idade gestacional. A relação DCT/CA é constante ao longo da gestação (média 0,14; DP 0,01) e, quando a relação excede 2 desvios-padrão da média, é preditiva de RCF assimétrica. Estudo prospectivo com a relação DCT/CA na identificação da RCF em gestações de risco relata sensibilidade, especificidade, valores preditivos positivo e negativo de 71%, 77%, 79% e 68%, respectivamente.

Volume de líquido amniótico

A ultrassonografia pode ser útil para identificar o desenvolvimento do oligo-hidrâmnio nos fetos de risco ou com o diagnóstico de RCF. Esse achado resulta da redução de perfusão dos rins, levando à diminuição da diurese fetal. O oligo-hidrâmnio ocorre na maioria dos casos de RCF, mas o volume de líquido amniótico normal não exclui o diagnóstico. Existem vários métodos qualitativos ou semiquantitativos para avaliar o volume de líquido amniótico pela ultrassonografia. No Brasil, é comum o uso do índice de líquido amniótico (ILA), que categoriza como oligo-hidrâmnio quando inferior ou igual a 5,0 cm ou 50 mm. Quando utilizada a técnica do maior bolsão, o oligo-hidrâmnio é caracterizado quando o maior bolsão for inferior a 2,0 cm.

Medidas de partes moles

A RCF resulta em redução de tecido adiposo e muscular fetal; e a mensuração desses tecidos pode constituir método preditivo desse quadro. No entanto, ainda não existem dados consistentes padronizando o método, nem estabelecendo os valores de predição e a acurácia das técnicas propostas. A medida da circunferência da coxa fetal incorpora avaliação dos tecidos adiposo e muscular e, quando abaixo dos padrões de normalidade, é preditiva da RCF. Outras propostas de medidas de partes moles incluem: panturrilha, parede abdominal e diâmetro entre bochechas.

Dopplervelocimetria

A dopplervelocimetria é técnica não invasiva habitualmente utilizada para avaliar a hemodinâmica materna e fetal. A perfusão placentária adequada, de forma contínua, é essencial para que o crescimento fetal ocorra de forma apropriada. A RCF associa-se à redução no fluxo placentário, que se reflete em anormalidades na dopplervelocimetria dos vasos maternos e fetais. A avaliação de fluxo pelo Doppler é intervenção que reduz a mortalidade perinatal na RCF. O Doppler pode ser realizado em vasos arteriais e venosos; sendo a mais comumente avaliada a artéria umbilical, e no território venoso o ducto venoso fetal, muito utilizado para acompanhamento e determinação de conduta na RCF.

Artérias uterinas

A dopplervelocimetria das artérias uterinas (Figura 1) tem acurácia diagnóstica limitada na predição da RCF. A invasão trofoblástica ineficiente nos vasos uterinos do leito placentário pode provocar dilatação insuficiente das arteríolas espiraladas e não promover o necessário aumento da perfusão uteroplacentária, resultando no déficit de crescimento fetal. A morfologia da onda de velocidade de fluxo da artéria uterina é característica, com

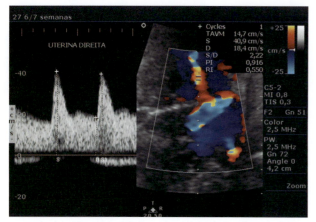

Figura 1   Dopplervelocimetria da artéria uterina direita com incisura.

fluxo continuamente positivo e elevada velocidade diastólica. Com o avanço da idade gestacional, o fluxo diastólico aumenta progressivamente. Entretanto, na falência da invasão trofoblástica adequada, ocorrem aumento da resistência vascular e redução na perfusão placentária, causando a RCF.

A relação sístole/diástole da artéria uterina em gestações normais deve ser inferior a 2,7 após a 26ª semana gestacional. Quando a velocidade diastólica não aumenta com o progredir da gestação, e caso apareça uma incisura ao final da diástole, é maior o risco de RCF. Estudos prospectivos realizados sobre o Doppler de artérias uterinas no primeiro trimestre da gestação destinam-se a verificar seu desempenho como teste de rastreamento da RCF ou pré-eclâmpsia, mas os valores preditivos para um teste anormal ainda são baixos.

Artéria umbilical

Estudos realizados sobre a dopplervelocimetria de artéria umbilical como método de rastreamento da RCF não demonstraram nenhuma utilidade do método. O desempenho do método em população de risco para RCF, quando comparado com o PFE, mostrou que a relação sístole/diástole da artéria umbilical apresenta menor sensibilidade que o PFE (55% *vs.* 76%) na predição da RCF; com maior especificidade (92% *vs.* 82%) e maior valor preditivo positivo (73% *vs.* 58%). As duas técnicas, em conjunto, aumentam o valor preditivo positivo para 77% com valor preditivo negativo de 93%.

O Doppler de artérias umbilicais mostra grande utilidade para avaliação e conduta de gestações com suspeita de RCF, pois é um método que ajuda a diferenciar os fetos expostos a processos patológicos, distinguindo-os dos constitucionalmente pequenos. A insuficiência placentária está associada a aumento da resistência ao fluxo sanguíneo no território placentário, que se reflete em redução da velocidade diastólica no fluxo da artéria umbilical e elevação dos índices dopplervelocimétricos (Figura 2). Enquanto houver certa compensação circulatória,

a velocidade diastólica apresenta-se reduzida ou ausente (diástole zero – Figura 3), mas o aparecimento de fluxo reverso (diástole reversa – Figura 4) indica claramente descompensação circulatória, em geral acompanhada de grave hipoxemia e acidemia fetal. Os fetos restritos expostos a processos patológicos são os de risco para

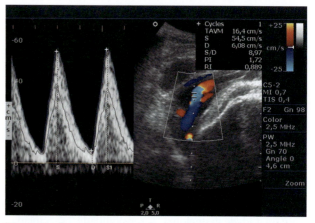

Figura 2   Dopplervelocimetria da artéria umbilical com fluxo diastólico reduzido.

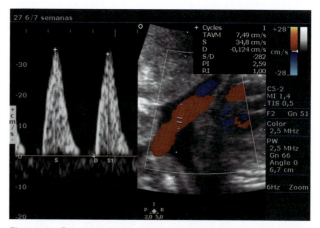

Figura 3   Dopplervelocimetria da artéria umbilical com diástole zero.

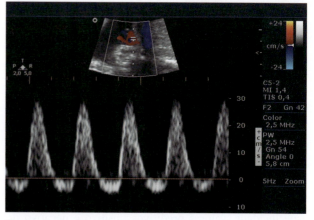

Figura 4   Dopplervelocimetria da artéria umbilical com diástole reversa.

complicações perinatais, e o Doppler de artérias umbilicais possibilita guiar o manejo dos casos e estabelecer intervenções oportunas, tais como a monitoração fetal intensiva, a corticoterapia para maturação pulmonar e o parto prematuro terapêutico, que reduzem a mortalidade perinatal.

Aorta descendente

A dopplervelocimetria da aorta fetal também não demonstra nenhuma utilidade no rastreamento e no diagnóstico da RCF, mas tem seu papel no acompanhamento dos casos com diagnóstico estabelecido. Normalmente, o fluxo na aorta tem componente diastólico mínimo, e o parâmetro utilizado na sua avaliação é o índice de pulsatilidade. Valores elevados desse índice associam-se à RCF grave e a resultados perinatais adversos, como enterocolite necrosante, padrões patológicos na monitoração da frequência cardíaca fetal e morte perinatal.

Artéria renal

A dopplervelocimetria das artérias renais também não é útil no diagnóstico inicial da RCF, mas pode colaborar para avaliação da perfusão renal nos fetos comprometidos. O índice de pulsatilidade mostra-se elevado nos fetos restritos, possivelmente indicando a redução na perfusão do órgão e antecipando a instalação do oligo-hidrâmnio.

Artérias cerebrais fetais

A dopplervelocimetria da circulação cerebral fetal também não é útil no diagnóstico da RCF, mas tem papel relevante no acompanhamento dos casos e na determinação da conduta. Nas condições de normalidade, a velocidade diastólica é baixa (Figura 5). No acompanhamento de fetos restritos, a impedância observada em fetos com crescimento normal se reduz progressivamente, promovendo maior fluxo na circulação cerebral; que se reflete em aumento da velocidade diastólica e redução do índice de pulsatilidade (Figura 6), sobretudo na artéria cerebral média fetal.

Ducto venoso

A avaliação do ducto venoso não tem nenhum papel no diagnóstico da RCF, mas é essencial no manejo dos casos de RCF grave e precoce, por ser território em que as anormalidades surgem quando há descompensação circulatória com repercussão na função miocárdica fetal. O acompanhamento de seus parâmetros, notadamente o índice de pulsatilidade para veias, ajuda na predição de acidemia e óbito fetal. O índice de pulsatilidade para veias com valor acima do limite normal (2 desvios-padrão – Figura 7) indica aumento na pressão em câmaras direitas do coração fetal e início da descompensação circulatória,

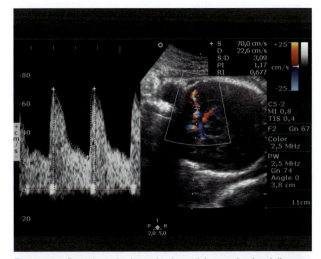

Figura 6 Dopplervelocimetria da artéria cerebral média com fluxo diastólico elevado indicando centralização.

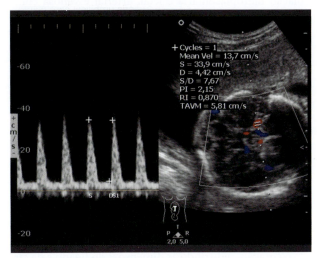

Figura 5 Dopplervelocimetria da artéria cerebral média com índice de pulsatilidade normal.

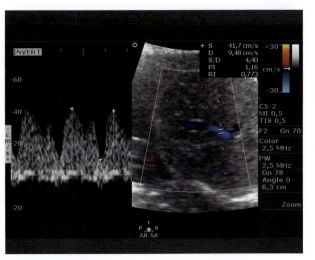

Figura 7 Dopplervelocimetria do ducto venoso com índice de pulsatilidade para veias acima dos limites de normalidade.

devendo ser indicada a resolução da gestação. Alterações de maior gravidade no Doppler do ducto venoso incluem a onda "a" ausente (Figura 8) ou reversa (Figura 9).

Conduta

Confirmado o diagnóstico da RCF, é essencial procurar esclarecer a causa e buscar distinguir o feto constitucionalmente pequeno, que tem potencial de crescimento normal, daqueles que possuem processo patológico com potencial de crescimento prejudicado e de risco para as complicações perinatais. Essa distinção nem sempre é fácil no período antenatal. Características que sugerem feto constitucionalmente pequeno incluem: PFE entre percentis 5 e 10, velocidade de crescimento normal ao longo da gestação, aspectos normais da sua fisiologia (volume de líquido amniótico normal e Doppler de artérias umbilicais normal), crescimento da CA em velocidade normal e tamanho apropriado de acordo com as características maternas (altura, peso, raça e etnicidade). Em gestações múltiplas, é igualmente importante observar o crescimento dos fetos, que é semelhante às gestações únicas até a 32ª semana, reduzindo o crescimento da CA após essa data.

Apesar de a RCF ser caracterizada quando o PFE estiver abaixo do percentil 10 para a idade gestacional, a maioria dos fetos entre os percentis 5 e 10 é constitucionalmente pequena e terá resultado perinatal normal. A redução do limite para percentil 5 baseia-se em estudo observacional prospectivo (PORTO) em que apenas 2% dos fetos com PFE entre percentis 3 e 10 apresentaram resultado perinatal adverso, enquanto 6,2% dos com peso < percentil 3 apresentaram resultado adverso, e todos os óbitos perinatais encontravam-se nesse grupo. A combinação do Doppler de artéria umbilical anormal e PFE abaixo do percentil 3 foi o fator preditor mais forte para resultado perinatal adverso: hemorragia intraventricular, leucomalacia periventricular, encefalopatia hipóxico-isquêmica, enterocolite necrosante, displasia broncopulmonar, sepse ou morte.

Para determinar a causa da RCF, é necessário atentar-se para anamnese detalhada, exame físico atento, avaliação laboratorial e métodos de imagem. A anatomia fetal deve ser detalhadamente investigada na busca de anomalias. Aproximadamente 10% dos fetos restritos acompanham-se de anomalias congênitas. É indicada a ecocardiografia fetal para assegurar que a morfologia cárdica esteja normal. Estudos genéticos podem ser indicados em casos que apresentem malformações maiores, quando a RCF é simétrica, grave (< percentil 3) e precoce (< 24 semanas). Quando houver suspeita de infecção congênita, a pesquisa laboratorial por sorologias e outros exames deve ser preconizada.

Os casos de RCF, em fetos estruturalmente e cromossomicamente normais, em geral são decorrentes de insuficiência placentária. O melhor protocolo de conduta não está plenamente estabelecido, pois as evidências são muito limitadas nos estudos randomizados. A avaliação seriada do crescimento fetal, do bem-estar fetal e da circulação uteroplacentária e fetal, arterial e venosa constitui elemento crucial para o exame fetal e a tomada de decisões. O objetivo é identificar os fetos de maior risco para óbito intrauterino ou de morbidade neonatal que justifique o parto prematuro terapêutico.

A sequência temporal das anormalidades na dopplervelocimetria pode cursar lentamente ou não nos fetos restritos ou pode ocorrer em diferentes formas. A sequência de alterações aplica-se com maior frequência nos casos de RCF diagnosticados no 2º trimestre, também denominada RCF precoce. A sequência geral de alterações no Doppler e nos parâmetros biofísicos inclui:

- Redução no fluxo da veia umbilical, que é distribuído para o fígado e o coração, com maior proporção para o coração, reduzindo as dimensões do fígado e da circunferência abdominal.

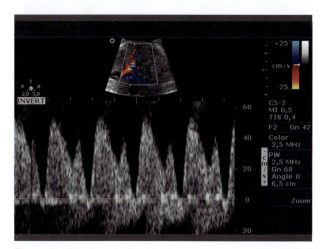

Figura 8 Dopplervelocimetria do ducto venoso com onda "a" ausente.

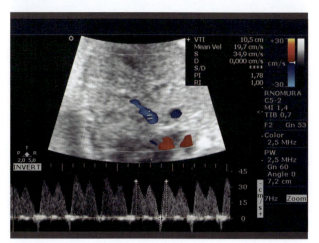

Figura 9 Dopplervelocimetria do ducto venoso com onda "a" reversa.

- Aumento da resistência no leito placentário, com elevação dos índices dopplervelocimétricos na artéria umbilical pela redução da velocidade diastólica.
- Diminuição do índice de pulsatilidade na artéria cerebral média fetal, pelo aumento do fluxo diastólico no processo de centralização da circulação fetal.
- Aumento da resistência placentária resultando em diástole zero ou reversa nas artérias umbilicais.
- Normalização ou aumento dos índices dopplervelocimétricos da artéria cerebral média fetal, por perda dos processos regulatórios da centralização.
- Deterioração do desempenho cardíaco fetal pela hipóxia crônica e aumento do índice de pulsatilidade para veias do ducto venoso, redução da velocidade na onda, onda a ausente ou reversa, pulsações podem surgir na veia umbilical; esses eventos são pré-terminais.

As alterações em parâmetros biofísicos surgem ao longo dessa sequência, com mudanças na cardiotocografia, demonstrando padrão não reativo, com redução na variabilidade da frequência cardíaca fetal, redução nos escores do perfil biofísico fetal, redução no volume de líquido amniótico, surgimento de desacelerações da frequência cardíaca fetal.

A indicação da resolução da gestação na RCF é baseada em uma combinação de fatores, que incluem: idade gestacional, dopplervelocimetria da artéria umbilical, ducto venoso, perfil biofísico fetal e piora das condições maternas. O objetivo é maximizar as chances de maturidade pulmonar fetal e crescimento, minimizando os riscos de morte intrauterina ou morbidade neonatal grave. Antes da 34ª semana, a dopplervelocimetria do ducto venoso anormal (IPV acima de 2 desvios-padrão) assinala a necessidade de intervenção precoce por descompensação cardíaca fetal, realizando-se a corticoterapia para maturação pulmonar, quando possível. Em gestações com escores normais do perfil biofísico fetal, o parto deve ser preconizado nas situações de diástole reversa, a partir da 32ª semana, ou na diástole zero, a partir da 34ª semana. Nos fetos com fluxo diastólico reduzido (índice de pulsatilidade acima do percentil 95), é necessário avaliar de forma seriada a dopplervelocimetria, para verificar se não há progressão para diástole zero, e o perfil biofísico fetal, o qual, mantendo-se com parâmetros dentro da normalidade, permite que a resolução seja programada para o termo precoce (37/38 semanas), na ausência de outros fatores que indiquem piora materna ou fetal (oligo-hidrâmnio ou piora clínica materna). Os fetos restritos com parâmetros de dopplervelocimetria normais têm a resolução programada para 39 a 40 semanas, assegurando-se até essa data a vigilância do bem-estar fetal.

Complicações

Diversas complicações maternas e fetais podem ocorrer nas gestações que cursam com RCF. Doenças maternas não diagnosticadas podem se manifestar e requerer cuidados pré-natais intensivos e frequentes. A prematuridade e a pré-eclâmpsia são complicações comuns. Fetos restritos têm menor tolerância para suportar o trabalho de parto, por isso existe aumento de partos pela cesárea. A morbidade e a mortalidade perinatais são significativamente aumentada, sobretudo nos casos com PFE abaixo do percentil 3. A relação é proporcionalmente inversa entre o peso ao nascer e a mortalidade perinatal.

A mortalidade é afetada primariamente pela etiologia da RCF e pode ser modificada pela gravidade e pela progressão dos fatores maternos e da insuficiência placentária. Com a vigilância do bem-estar fetal pelos métodos disponíveis, há melhores resultados perinatais, com adoção de intervenções como a corticoterapia de forma oportuna, melhorando a sobrevida neonatal.

Considerações finais

- Para o diagnóstico acurado da RCF, é essencial a correta datação da gestação.
- O PFE abaixo do percentil 10 assinala feto pequeno para a idade gestacional, e deve ser feito o diferencial entre RCF e feto constitucionalmente pequeno.
- A avaliação da anatomia fetal é essencial na investigação dos casos de RCF, pois na maioria dos casos de anomalias fetais há dificuldade na manutenção do crescimento fetal normal.
- A investigação de infecções congênitas deve ser realizada nos casos sugestivos de acordo com a história clínica e os achados ultrassonográficos.
- O manejo dos casos de RCF deve ser baseado na avaliação do bem-estar fetal pelo perfil biofísico e nas alterações da dopplervelocimetria da artéria umbilical e do ducto venoso.

Bibliografia sugerida

1. American College of Obstetricians and Gynecologists. ACOG Practice bulletin n. 134: fetal growth restriction. Obstet Gynecol. 2013;121(5):1122-33.
2. Araujo Júnior E, Martins WP, Nardozza LM, Pires CR, Filho SM. Reference range of fetal transverse cerebellar diameter between 18 and 24 weeks of pregnancy in a Brazilian population. J Child Neurol. 2015;30(2):250-3.
3. Bakalis S, Stoilov B, Akolekar R, Poon LC, Nicolaides KH. Prediction of small-for-gestational-age neonates: screening by uterine artery Doppler and mean arterial pressure at 30-34 weeks. Ultrasound Obstet Gynecol. 2015;45(6):707-14.
4. Baschat AA, Gembruch U, Harman CR. The sequence of changes in Doppler and biophysical parameters as severe fetal growth restriction worsens. Ultrasound Obstet Gynecol. 2001;18(6):571-7.
5. Baschat AA. Venous Doppler evaluation of the growth-restricted fetus. Clin Perinatol. 2011;38(1):103-12.
6. Campbell WA, Vintzileos AM, Rodis JF, Turner GW, Egan JF, Nardi DA. Use of the transverse cerebellar diameter/abdominal circumference ratio in pregnancies at risk for intrauterine growth retardation. J Clin Ultrasound. 1994;22(8):497-502.
7. Carberry AE, Gordon A, Bond DM, Hyett J, Raynes-Greenow CH, Jeffery HE. Customised versus population-based growth charts as a screening tool for detecting small for gestational age infants in low-risk pregnant women. Cochrane Database Syst Rev. 2014;(5):CD008549.

8. Costa VN, Nomura RM, Miyadahira S, Vieira Francisco RP, Zugaib M. Cord blood B-type natriuretic peptide levels in placental insufficiency: correlation with fetal Doppler and pH at birth. Eur J Obstet Gynecol Reprod Biol. 2013;171(2):231-4.
9. Dugoff L, Lynch AM, Cioffi-Ragan D, Hobbins JC, Schultz LK, Malone FD, et al.; FASTER Trial Research Consortium. First trimester uterine artery Doppler abnormalities predict subsequent intrauterine growth restriction. Am J Obstet Gynecol. 2005;193(3 Pt 2):1208-12.
10. Figueras F, Gardosi J. Intrauterine growth restriction: new concepts in antenatal surveillance, diagnosis, and management. Am J Obstet Gynecol. 2011;204(4):288-300.
11. Gardosi J, Figueras F, Clausson B, Francis A. The customised growth potential: an international research tool to study the epidemiology of fetal growth. Paediatr Perinat Epidemiol. 2011;25(1):2-10.
12. Lees CC, Marlow N, van Wassenaer-Leemhuis A, Arabin B, Bilardo CM, Brezinka C, et al. 2 year neurodevelopmental and intermediate perinatal outcomes in infants with very preterm fetal growth restriction (TRUFFLE): a randomised trial. Lancet. 2015;385(9983):2162-72.
13. Liao TB, Nomura RM, Liao AW, Francisco RP, Zugaib M. Fetal venous circulation in monochorionic twin pregnancies with placental insufficiency: prediction of acidemia at birth or intrauterine fetal death. Ultrasound Obstet Gynecol. 2014;43(4):426-31.
14. Maeda MF, Nomura RM, Niigaki JI, Francisco RP, Zugaib M. Influence of fetal acidemia on fetal heart rate analyzed by computerized cardiotocography in pregnancies with placental insufficiency. J Matern Fetal Neonatal Med. 2013;26(18):1820-4.
15. Mari G, Deter RL. Middle cerebral artery flow velocity waveforms in normal and small-for-gestational-age fetuses. Am J Obstet Gynecol. 1992;166(4):1262-70.
16. Ortigosa C, Nomura RM, Costa VN, Miyadahira S, Zugaib M. Fetal venous Doppler in pregnancies with placental dysfunction and correlation with pH at birth. J Matern Fetal Neonatal Med. 2012;25(12):2620-4.
17. Papageorghiou AT, Ohuma EO, Altman DG, Todros T, Cheikh Ismail L, et al. International standards for fetal growth based on serial ultrasound measurements: the Fetal Growth Longitudinal Study of the INTERGROWTH-21st Project. Lancet. 2014;384(9946):869-79.
18. Papageorghiou AT, Yu CK, Nicolaides KH. The role of uterine artery Doppler in predicting adverse pregnancy outcome. Best Pract Res Clin Obstet Gynaecol. 2004;18(3):383-96.
19. Turan OM, Turan S, Berg C, Gembruch U, Nicolaides KH, Harman CR, et al. Duration of persistent abnormal ductus venosus flow and its impact on perinatal outcome in fetal growth restriction. Ultrasound Obstet Gynecol. 2011;38(3):295-302.
20. Unterscheider J, Daly S, Geary MP, Kennelly MM, McAuliffe FM, O'Donoghue K, et al. Predictable progressive Doppler deterioration in IUGR: does it really exist? Am J Obstet Gynecol. 2013;209(6):539.e1-7.
21. Unterscheider J, Daly S, Geary MP, Kennelly MM, McAuliffe FM, O'Donoghue K, et al. Optimizing the definition of intrauterine growth restriction: the multicenter prospective PORTO Study. Am J Obstet Gynecol. 2013;208(4):290.e1-6.

6

Dopplervelocimetria

Maurício Kase
Sergio Kobayashi

Introdução

A dopplervelocimetria em Obstetrícia tem papel fundamental no acompanhamento pré-natal, principalmente nas gestações de alto risco. Fitzgerald e Drumm, em 1977, foram os primeiros pesquisadores a relatar a utilização do Doppler na circulação fetal. Desde então, a aplicação do Doppler em Obstetrícia é cada vez mais importante para o estudo do fluxo sanguíneo materno, fetal e placentário/anexial.

As principais aplicações clínicas da dopplervelocimetria são: avaliação da vitalidade fetal nas gestações de risco elevado para insuficiência placentária (hipertensão arterial crônica, doenças maternas associadas à vasculopatia, diabetes com vasculopatia, cardiopatias graves, nefropatias com proteinúria, pneumopatias graves), acompanhamento da restrição do crescimento fetal, predição de anomalias cromossômicas, predição de anemia fetal e acompanhamento da gestação gemelar.

Os principais territórios avaliados pela dopplervelocimetria obstétrica são: circulação uteroplacentária (artérias uterinas), circulação fetoplacentária (artérias umbilicais) e circulação fetal (artérias cerebrais médias e ducto venoso).

Também é importante que o ultrassonografista se preocupe com os efeitos biológicos dos feixes ultrassonográficos na realização do estudo obstétrico. Deve-se evitar expor o concepto à energia ultrassonográfica excessiva, particularmente nos estágios iniciais da gravidez. Nesses estágios, o uso do Doppler, quando clinicamente indicado, deve ser realizado com os níveis de energia mais baixos possíveis. O índice térmico (do inglês, *thermal index* – TI) deve ser ≤ 1,0 e o tempo de exposição deve ser o mais curto possível, geralmente não superior a 5 a 10 minutos.

O objetivo principal deste capítulo é trazer ao leitor informações importantes para minimizar os "erros" de mensuração e melhorar a reprodutibilidade do Doppler, assim como aumentar a sua sensibilidade e especificidade nas diversas aplicações clínicas do cuidado pré-natal.

Este capítulo é fundamentado nas diretrizes da prática do Doppler em Obstetrícia proposta pela Sociedade Internacional de Ultrassom em Obstetrícia e Ginecologia (ISUOG – International Society of Ultrasound in Obstetrics and Gynecology). O Comitê de Normas Clínicas da ISUOG resumiu as orientações práticas sobre a sistematização técnica de como realizar o exame de dopplervelocimetria obstétrica.

Principais recomendações técnicas para realização do estudo de Doppler obstétrico

É fundamental a utilização de bons equipamentos e o adequado ajuste dos parâmetros do ultrassom e Doppler.

O equipamento deve ter a função de Doppler espectral e colorido. É importante observar e ajustar a escala de velocidades (do inglês, *scale*) ou frequência de repetição de pulsos (do inglês, *pulse repetition frequency* – PRF) e a frequência do ultrassom Doppler (em MHz).

O índice mecânico (do inglês, *mechanical index* – MI) e o índice térmico (do inglês, *thermal index* – TI) também devem ser analisados. O MI e TI são índices que estimam os riscos potenciais de eventuais efeitos biológicos do feixe ultrassonográfico, que são de particular importância para estudos obstétricos, principalmente no início da gestação.

O Doppler pulsado deve gerar um envelope de velocidades máximas (do inglês, *maximum velocity envelope* – MVE), também denominado de onda de velocidade de fluxo (OVF), e mostrar toda a forma de onda espectral. O envelope é o contorno externo da onda espectral gerada a partir das variações na velocidade do fluxo sanguíneo do vaso estudado. O traçador automático ou manual do equipamento deve permitir delinear todo o contorno da onda espectral.

O software deve estimar a velocidade de pico sistólico (VPS), a velocidade diastólica final (VDF), a velocidade máxima média do MVE, e calcular os índices Doppler: índice de pulsatilidade (IP), índice de resistência (IR) e a relação da velocidade sistólica e diastólica (S/D).

Doppler espectral

Sempre que possível, o estudo Doppler deve ser realizado durante momentos de ausência de movimentos respiratórios e corpóreos fetais, e se necessário durante período de apneia materna (solicitar para a gestante "segurar a respiração" momentaneamente).

O Doppler com mapeamento a cores não é obrigatório, muito embora seja bastante útil para identificar o vaso de interesse e avaliar a direção do fluxo sanguíneo.

Para a obtenção dos dados dopplervelocimétricos, a insonação ideal ocorre quando há alinhamento completo do feixe ultrassonográfico com o vaso sanguíneo (ângulo de insonação próximo de 0°). Nessa situação há melhor obtenção das velocidades absolutas e das ondas espectrais. Pequenos desvios de angulação são aceitáveis. Quanto maior o ângulo de insonação, maiores as variações de mensuração: um ângulo de 10° corresponde a uma variação de velocidade de 2%, enquanto um ângulo de 20° corresponde a 6%. Quando a velocidade absoluta é um parâmetro clinicamente importante para o vaso estudado (p. ex., na artéria cerebral média para avaliação de anemia fetal), o cuidado com a adequação do ângulo de insonação deve ser bastante rigoroso.

Semelhante à imagem em escala de cinzas (modo B), a penetração e a resolução do estudo Doppler podem ser otimizadas, ajustando-se a frequência (MHz) do transdutor.

Quanto à amostra de volume (*gate*), é aconselhável começar com uma relativamente maior para garantir a obtenção de velocidades máximas durante todo o pulso, ou seja, uma amostra de volume que englobe praticamente todo o vaso de interesse. Se a interferência do fluxo de vasos adjacentes causar problemas na aquisição, a amostra de volume pode ser reduzida para refinar a aquisição. A fim de aumentar a qualidade do estudo Doppler espectral, após se certificar na aquisição em tempo real de que a amostra de volume está posicionada adequadamente, deve-se congelar o modo B e o mapeamento de cores. Ouvir a representação sonora do Doppler também avalia se a amostra de volume está na posição correta, auxiliando na otimização do estudo.

Por convenção, o fluxo sanguíneo que caminha em direção ao transdutor é demonstrado na cor vermelha (ondas espectrais são dispostas acima da linha de base), enquanto o fluxo que se distancia do transdutor é demonstrado na cor azul (ondas espectrais ficam abaixo da linha de base).

O ajuste do PRF deve ser realizado de acordo com o vaso em estudo. O PRF baixo permite visualização e mensuração dos fluxos de baixa velocidade; em fluxos de alta velocidade podemos encontrar *aliasing*. Sempre que possível, espectro da onda deve preencher cerca de 75% da faixa do Doppler para a sua melhor visualização, mensuração e reprodutibilidade.

A velocidade de varredura deve ser rápida o suficiente para separar as ondas sucessivas dos ciclos cardíacos fetais; se a varredura for muito lenta, não se conseguirá analisar convenientemente as velocidades diastólicas finais da OVF. A exibição ideal é cerca de quatro a seis (mas não mais do que oito a dez) ciclos cardíacos completos. Para frequências cardíacas fetais de 110-150 bpm, uma velocidade de varredura de 50-100 mm/s é mais adequada.

O filtro de parede é utilizado para diminuir o ruído proveniente da movimentação das paredes vasculares e de estruturas adjacentes. Por convenção, deve ser o mais baixo possível, de preferência abaixo de 50-60 Hz. Se for utilizado um filtro muito alto, pode-se gerar equivocadamente uma morfologia de onda sem VDF. O filtro de parede mais alto pode ser útil para se delinear melhor a OVF de vasos como a aorta e as artérias pulmonares; nesses casos, um filtro de parede mais baixo pode causar ruído nesses vasos (artefatos próximos à linha de base ou após o fechamento de válvulas cardíacas).

O ganho deve ser ajustado de modo que a onda espectral seja bem caracterizada, sem a presença de artefatos no fundo da tela.

As medidas obtidas pelo estudo Doppler devem ser reprodutíveis. Se houver discrepância evidente entre as medições, recomenda-se repetir a avaliação várias vezes para não haver dúvidas.

Doppler colorido direcional

O Doppler colorido tem maior potência total emitida do que o modo B. A resolução do Doppler colorido é maior quando a caixa de cores é menor. Deve-se ter cuidado com o MI e o TI, pois mudam de acordo com o tamanho e profundidade da caixa de cores. Aumentar o tamanho da caixa de cores aumenta o tempo de processamento do equipamento e reduz a taxa de quadros por segundo (do inglês, *frames per second* – FPS). Portanto, a caixa de cor deve ser mantida a menor possível, incluindo apenas a área de interesse.

O ângulo de insonação interfere na qualidade da imagem no Doppler colorido; portanto, deve ser ajustado, reposicionando a posição do transdutor de acordo com o vaso ou a área estudada. Assim como no modo B, a resolução e a penetração do Doppler colorido dependem do ajuste da frequência.

A escala de velocidades ou PRF deve ser ajustada adequadamente para que a representação colorida da velocidade do vaso estudado esteja correta. Quando o PRF é alto, os fluxos de baixa velocidade não serão demonstrados. Quando um PRF baixo é aplicado de modo incorreto, o *aliasing* será visibilizado (representado como cores contraditórias e direção de fluxo ambíguo).

O ganho deve ser ajustado para evitar ruídos e artefato. O filtro também deve ser ajustado para excluir ruído na região estudada.

Doppler de amplitude e Doppler de amplitude direcional

Nessa modalidade de Doppler aplicam-se os mesmos princípios fundamentais do Doppler colorido direcional. No Doppler de amplitude utiliza-se ganho mais baixo para evitar ruídos e não há *aliasing*. O ajuste de PRF muito baixo pode gerar ruídos e artefatos.

O ângulo de insonação tem menor efeito sobre os sinais de Doppler de amplitude. A mesma técnica de ajuste utilizada para o Doppler colorido direcional deve ser realizada no Doppler de amplitude.

Doppler das artérias uterinas

As artérias uterinas são ramos das artérias ilíacas internas, e dão origem às artérias arqueadas (localizam-se na região da superfície e terço externo do miométrio) que anastomosam-se com as artérias arqueadas contralaterais na região anterior e posterior do útero. As artérias arqueadas se ramificam em artérias radiais que penetram no miométrio na sua profundidade e originam as artérias basais e espiraladas, que na gestação se transformarão em artérias uteroplacentárias. Essas artérias uteroplacentárias têm função muito importante na irrigação do espaço interviloso.

O tronco da artéria uterina é facilmente localizado na junção corpo/colo (região ístmica) do útero com o auxílio do Doppler colorido, e insonamos o ramo ascendente da artéria uterina. As medidas das velocidades são geralmente realizadas próximas a essa localização, tanto na via transabdominal como transvaginal. Deve-se sempre avaliar as artérias uterinas bilateralmente.

É preciso tomar cuidado para não insonar por equívoco a artéria cervicovaginal (ramo descendente da artéria uterina) ou as artérias arqueadas. A velocidade de fluxo acima de 50 cm/s é característica para as artérias uterinas e é possível utilizar como parâmetro para diferenciá-la das artérias arqueadas.

Nas gestantes com malformações uterinas, a interpretação dos índices das artérias uterinas ainda não é bem estabelecida.

Avaliação da artéria uterina no primeiro trimestre

Via transabdominal

Inicia-se pela obtenção de um corte médio sagital do útero e procura-se o canal endocervical (melhor com a bexiga vazia). Depois, lateraliza-se o transdutor até que o plexo vascular paracervical seja localizado. Aciona-se o Doppler colorido a fim de identificar a artéria uterina que aparece como uma estrutura vascular que segue cranialmente em direção ao corpo uterino. A insonação da artéria uterina deve ser feita nesse ponto, antes da ramificação em artérias arqueadas (Figura 1). A seguir, realizamos o mesmo processo no lado contralateral.

Via transvaginal

O transdutor é posicionado no fórnice vaginal anterior e, de maneira semelhante à técnica por via transabdominal, o transdutor é deslocado lateralmente até localizarmos o plexo vascular paracervical. Depois, segue-se a mesma se a sequência da técnica for por via transabdominal.

Avaliação da artéria uterina no segundo trimestre

Via transabdominal

O transdutor é posicionado longitudinalmente no quadrante lateral inferior do abdome (fossa ilíaca) e angulado discretamente no sentido medial. Ao estudo Doppler colorido, a artéria uterina é identificada como uma estrutura vascular que cruza a artéria ilíaca externa. A amostra de volume deve ser posicionada cerca de 1 cm acima desse ponto de cruzamento (Figuras 2 e 3).

Em alguns casos, a artéria uterina se ramifica antes da intersecção com a artéria ilíaca externa. Nesse caso, a amostra de volume deve ser posicionada logo antes dessa ramificação.

A seguir, o mesmo processo é repetido para a artéria uterina contralateral.

Com o avanço da idade gestacional, o útero normalmente sofre discreta dextrorrotação fisiológica.

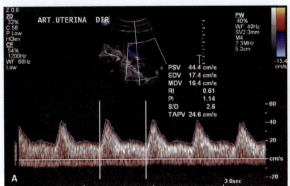 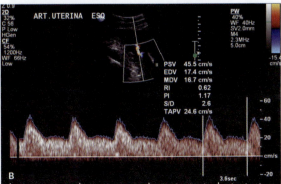

Figura 1 Artérias uterinas. A e B: Artérias uterinas direita e esquerda, por via transabdominal, normais, com 13 semanas e 2 dias.

Via transvaginal

O exame é realizado com a gestante na posição ginecológica e bexiga vazia. O transdutor é posicionado no fórnice vaginal lateral e a artéria uterina é identificada ao mapeamento com Doppler colorido no nível do orifício interno do colo uterino.

O mesmo procedimento deve ser repetido para a artéria uterina contralateral.

Doppler das artérias umbilicais

A artéria umbilical é o vaso que tem apresentado os resultados mais expressivos no diagnóstico de comprometimento fetal. Esse vaso representa principalmente a circulação placentária (no nível da circulação vilosa).

É descrito que a impedância vascular nas artérias umbilicais é mais alta na extremidade fetal do que na placentária. Assim, em situações de fluxo diastólico ausente/reverso, existe maior probabilidade de serem identificadas mais precocemente na porção proximal ao feto.

Para simplificar a técnica, as medidas devem ser feitas no segmento livre do cordão umbilical (Figura 4). Em gestações múltiplas, é melhor o estudo das artérias umbilicais junto à inserção do cordão na parede abdominal fetal para estabelecer a qual feto corresponde o cordão analisado.

Em cordões com artéria umbilical única, o diâmetro dessa artéria costuma ser maior do que quando há duas artérias e, portanto, a impedância é mais baixa.

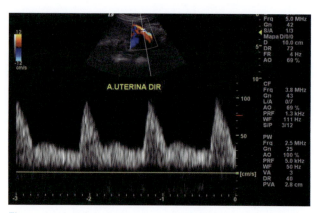

Figura 3   Artéria uterina, por via transabdominal. Presença de incisura protodiastólica, com 28 semanas e 3 dias.

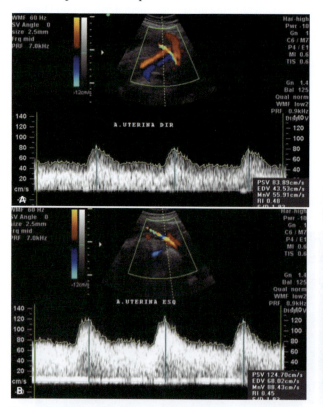

Figura 2   Artérias uterinas. A e B: Artérias uterinas direita e esquerda, por via transabdominal, normais, com 34 semanas.

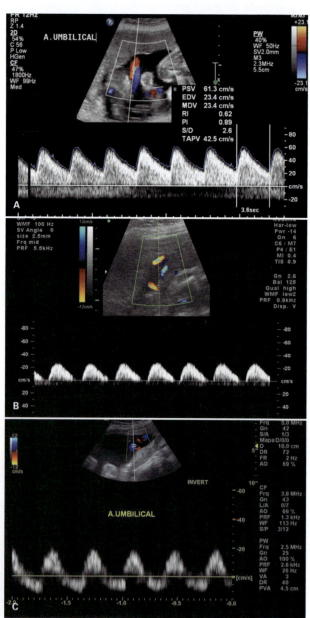

Figura 4   Artérias umbilicais. A: Normal. B: Diástole "zero". C: Diástole reversa.

Doppler das artérias cerebrais médias

A artéria cerebral média (ACM) é um vaso de fácil visualização e possibilita ângulo de insonação próximo de zero grau. Esse vaso irriga grande parte do cérebro e representa o maior ramo do polígono de Willis.

Para a localização da ACM, inicialmente procuramos obter o corte transtalâmico (no nível dos tálamos e cavum do septo pelúcido – o mesmo utilizado para medir o diâmetro biparietal) e depois deslocamos o corte caudalmente até a base do crânio, pouco acima do osso esfenoide. Nesse plano, aciona-se o Doppler colorido, no qual é possível observar o polígono de Willis (Figura 5).

A amostra de volume do Doppler espectral deve ser posicionada no terço proximal da ACM, próximo à sua origem na artéria carótida interna (Figura 6). Deve-se evitar a insonação no terço distal, pois o pico de velocidade sistólica vai diminuindo conforme se distancia da origem do vaso.

Deve-se tomar cuidado para não pressionar demais o transdutor contra a cabeça fetal, de modo a não aumentar a pressão intracraniana e falsear os resultados obtidos.

Pelo menos 3 (três) e menos do que 10 (dez) ondas espectrais consecutivas devem ser adquiridas. O ponto mais alto da onda é considerado o pico de velocidade sistólica (VPS) em cm/s.

Doppler do ducto venoso

O ducto venoso (DV) conecta a porção intra-hepática da veia umbilical com a veia cava inferior, antes de entrada no átrio direito, logo abaixo do diafragma. A insonação do DV pode ser realizada no plano mediossagital do tronco fetal ou no plano transversal oblíquo do abdome superior.

O Doppler colorido demonstra alta velocidade na porção inicial do ducto venoso (geralmente com *aliasing*), que é o local preconizado para o posicionamento da amostra de volume do Doppler pulsado (Figura 7). O estudo Doppler é preferencialmente realizado no plano sagital, pois o alinhamento com o istmo é mais bem adquirido.

O tamanho da amostra de volume deve ser adequado ao diâmetro do vaso para que não ocorra contaminação da onda nas baixas velocidades durante a fase de contração atrial. É preciso tomar cuidado também com a contaminação com os vasos adjacentes e movimentação fetal.

Índices

Os principais índices utilizados para análise das ondas espectrais das artérias são a relação S/D, o IR e o IP.

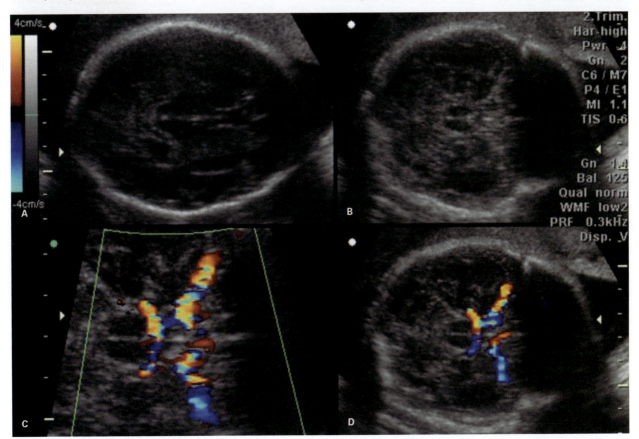

Figura 5 Artéria cerebral média. A: Corte axial, transtalâmico, do crânio fetal. B: Corte axial, no nível da base do crânio. C e D: Imagem do polígono de Willis.

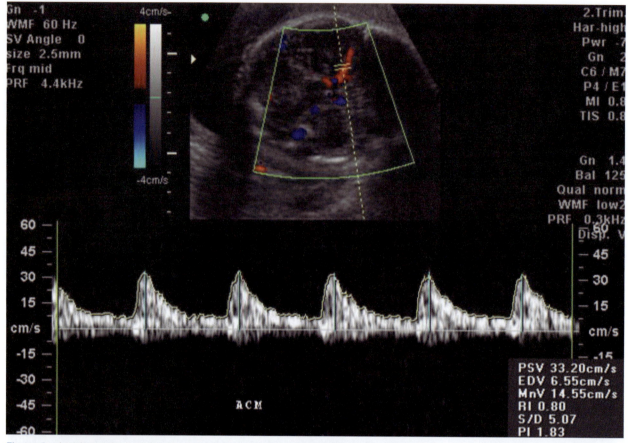

Figura 6   Artéria cerebral média. Fluxo normal em gestação de 36 semanas.

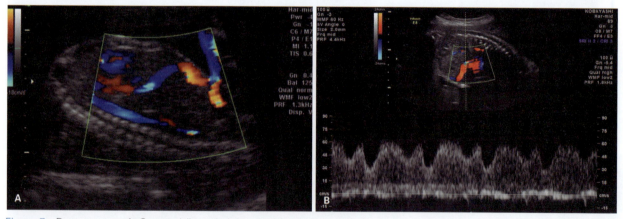

Figura 7   Ducto venoso. A: Corte médio sagital do tronco fetal demonstrando o ducto venoso com *aliasing*. B: Onda de velocidade de fluxo com padrão normal.

O IP mostra uma correlação linear com a resistência vascular. A relação S/D e o IR mostram uma relação parabólica com a resistência vascular. Quando o componente diastólico final está ausente ou inverso, o IP não se aproxima do infinito. Atualmente, o IP é o índice mais utilizado. Da mesma forma, o índice de pulsatilidade venosa (do inglês, *vein pulsatility index* – VPI) é mais comumente usado para formas de onda venosas na literatura atual. A utilização de velocidades absolutas em vez de índices semiquantitativos pode ser preferível em algumas circunstâncias específicas.

Considerações finais

Os principais cuidados técnicos para a realização do exame dopplervelocimétrico são: posicionamento materno adequado (gestante em posição confortável e evitando a síndrome de hipotensão supina); aguardar o repouso fetal; corrigir o ângulo de insonação; ajustar os filtros; ajustar a frequência; ajustar o tamanho da amostra de volume; obtenção adequada das ondas; observar os limites de biossegurança.

O Doppler obstétrico é uma ferramenta poderosa para a avaliação pré-natal, principalmente em gestações de alto risco. O rigor técnico para a realização do exame é fundamental para a adequada interpretação e conduta obstétrica.

Bibliografia sugerida

1. Acharya G, Wilsgaard T, Berntsen G, Maltau J, Kiserud T. Reference ranges for serial measurements of blood velocity and pulsatility index at the intra-abdominal portion, and fetal and placental ends of the umbilical artery. Ultrasound Obstet Gynecol. 2005;26:162-9.
2. Acharya G, Wilsgaard T, Berntsen G, Maltau J, Kiserud T. Reference ranges for serial measurements of umbilical artery Doppler indices in the second half of pregnancy. Am J Obstet Gynecol. 2005;192:937-44.
3. Aquilina J, Barnett A, Thompson O, Harrington K. Comprehensive analysis of uterine artery flow velocity waveforms for the prediction of pre-eclampsia. Ultrasound Obstet Gynecol. 2000;16:163-70.
4. Bhide A, Acharya G, Bilardo CM, Brezinka C, Cafici D, Hernandez-Andrade E, et al. ISUOG Practice Guidelines: use of Doppler ultrasonography in obstetrics. Ultrasound Obstet Gynecol. 2013;41:233-9.
5. Fitzgerald DE, Drumm JE. Non-invasive measurement of human fetal circulation using ultrasound: a new method. Br Med J. 1977;2:1450-1.
6. Gomez O, Figueras F, Fernandez S, Bennasar M, Martinez JM, Puerto B, et al. Reference ranges for uterine artery mean pulsatility index at 11-41 weeks of gestation. Ultrasound Obstet Gynecol. 2008;32:128-32.
7. Hecher K, Campbell S, Snijders R, Nicolaides K. Reference ranges for fetal venous and atrioventricular blood flow parameters. Ultrasound Obstet Gynecol. 1994;4:381-90.
8. Kessler J, Rasmussen S, Hanson M, Kiserud T. Longitudinal reference ranges for ductus venosus flow velocities and waveform indices. Ultrasound Obstet Gynecol. 2006;28:890-8.
9. Khare M, Paul S, Konje J. Variation in Doppler indices along the length of the cord from the intraabdominal to the placental insertion. Acta Obstet Gynecol Scand. 2006;85:922-8.
10. Mari G, for the collaborative group for Doppler assessment. Noninvasive diagnosis by Doppler ultrasonography of fetal anemia due to maternal red-cell alloimmunization. N Engl J Med. 2000;342:9-14.
11. Papageorghiou AT, Yu CK, Bindra R, Pandis G, Nicolaides KH. Fetal Medicine Foundation Second Trimester Screening Group. Multicenter screening for pre-eclampsia and fetal growth restriction by transvaginal uterine artery Doppler at 23 weeks of gestation. Ultrasound Obstet Gynecol. 2001;18:441-9.
12. Patterson TM, Alexander A, Szychowski JM, Owen J. Middle cerebral artery median peak systolic velocity validation: effect of measurement technique. Am J Perinatol. 2010;27:625-30.
13. Salvesen K, Lees C, Abramowicz J, Brezinka C, Ter Har G, Marsal K. ISUOG statement on the safe use of Doppler in the 11 to 13+6-week fetal ultrasound examination. Ultrasound Obstet Gynecol. 2011;37:628.
14. Sepulveda W, Peek MJ, Hassan J, Hollingsworth J. Umbilical vein to artery ratio in fetuses with single umbilical artery. Ultrasound Obstet Gynecol. 1996;8:23-6.
15. WFUMB/ISUOG Statement on the safe use of Doppler ultrasound during 11-14 week scans (or earlier in pregnancy). Ultrasound in Med & Biol. 2013;393:73.

7

Perfil biofísico fetal

Roseli Mieko Yamamoto Nomura

Introdução

A avaliação fetal no período anteparto se tornou possível, principalmente com o advento da ultrassonografia em tempo real. Apesar de a monitoração eletrônica da frequência cardíaca fetal (FCF), por meio da cardiotocografia, ter sido um dos métodos pioneiros, sua elevada taxa de falso-positivo fez que outros métodos fossem aprimorados para a avaliação do bem-estar fetal. Nesse sentido, o perfil biofísico fetal (PBF), proposto por Manning et al., foi o método que possibilitou a avaliação mais completa do bem-estar fetal.

Histórico

Em 1980, Manning et al. descreveram a técnica do PBF para avaliação do bem-estar fetal, que consistia na análise de cinco atividades biofísicas fetais: padrão da FCF, movimentos respiratórios fetais, movimentos corpóreos fetais, tônus fetal e volume de líquido amniótico. Cada parâmetro evidenciado como normal ganha pontuação de 2, e, quando anormal, 0, de forma que a somatória máxima atingível no PBF é 10. O método demonstrou ser de fácil aplicabilidade e reprodutibilidade, e passou a ser utilizado em todo o mundo.

Em 1983, Vintzileos et al. apresentaram método modificado com sistema de pontuação alternativa do PBF. Incluíram a pontuação intermediária de 1, para ser atribuída quando a atividade biofísica não atinja plenamente o critério de normalidade proposto por Manning et al., além de incluir um parâmetro adicional que seria o grau de maturação placentária; e a pontuação máxima atingível, neste método, é de 12. Entretanto, o método proposto por Manning et al., muito provavelmente por ser mais simples, foi o que mais se difundiu na prática obstétrica para a avaliação do bem-estar fetal.

Bases fisiológicas

Todas as atividades biofísicas fetais são reguladas e controladas por centros localizados no sistema nervoso central, e são sensíveis a alterações locais e sistêmicas. A presença dessas atividades, dentro dos padrões da normalidade, denota integridade dos centros reguladores, enquanto a perda de atividade biofísica normal pode significar o comprometimento fetal por hipoxemia ou hipóxia. É importante ressaltar que nem sempre a supressão dos centros regulatórios é indicativa de condição patológica, pois pode ocorrer nas situações de sono fetal, ou como reflexo da passagem de substâncias sedativas ou opiáceas para a circulação fetal, quando a gestante faz uso de determinadas drogas. Além disso, os padrões da FCF, analisada pela cardiotocografia, são influenciados pela imaturidade fetal. O equilíbrio entre o sistema nervoso autonômico simpático e parassimpático se estabelece ao longo do terceiro trimestre gestacional, atribuindo à FCF características que permitem a melhor avaliação de traçados a partir da 28ª a 30ª semana.

Os marcadores agudos da vitalidade fetal, analisados no PBF, incluem movimentos respiratórios, movimentos corpóreos, tônus e acelerações da FCF, e são agudamente afetados na hipóxia e acidemia. O volume de líquido amniótico é considerado marcador crônico e reduz-se gradualmente, em resposta à redistribuição da circulação fetal na insuficiência placentária crônica.

Na hipóxia fetal, a sequência de alterações observadas nas atividades biofísicas é inversa à instalação dessas mesmas atividades na embriogênese. É conhecida como teoria da hipóxia gradual. Segundo essa teoria, diante dos distúrbios da oxigenação fetal, a primeira atividade biofísica a se alterar é a referente à regulação da FCF, com abolição das acelerações transitórias da FCF e redução de variabilidade. Com a progressão da hipóxia, alteram-se sucessivamente os parâmetros de movimentos respiratórios, movimentos corpóreos e tônus fetal. Os centros que regulam a FCF e os movimentos respiratórios são os mais sensíveis à queda da pO_2, enquanto os centros motores são afetados nas situações de maior gravidade.

O momento do aparecimento das atividades biofísicas no desenvolvimento fetal foi estudado por Vintzleos et al. (1986). A primeira a aparecer é o tônus, controlado por um centro no córtex e subcórtex, que aparece com cerca de 8 semanas de gestação. O centro dos movimentos corpóreos fetais, nos núcleos corticais, torna-se ativo ao redor de 9 semanas. Os movimentos respiratórios são controlados por um centro na superfície ventral do quarto ventrículo, e surgem por volta de 21 semanas. A reatividade da FCF é regulada no hipotálamo posterior e medula, e torna-se estabelecido no final do segundo ou início do terceiro trimestre gestacional. A reatividade da FCF aumenta com idade gestacional até o termo.

O volume de líquido amniótico é produzido, após a 16ª semana, basicamente, pela diurese fetal e pela produção do exsudato alveolar. A produção de urina é dependente da perfusão renal, que por sua vez é influenciada pela redistribuição da circulação fetal nas condições de hipoxemia. A centralização da circulação fetal é mecanismo protetor que favorece o fluxo para os órgãos nobres, como o cérebro, coração e adrenais fetais, em detrimento do restante do organismo. Assim, progressivamente, ocorre redução na diurese e consequentemente diminuição do volume de líquido amniótico, e este é considerado marcador crônico da vitalidade fetal.

Objetivos do PBF

O objetivo primário do PBF é avaliar o bem-estar fetal com o intuito de reduzir a natimortalidade por sofrimento fetal. A detecção da hipóxia deve ocorrer precocemente, de forma que seja possível interromper a gestação a tempo de evitar danos fetais permanentes resultantes da asfixia fetal. É importante compreender que a eficácia de qualquer método de vigilância fetal para prevenir a sua morte ou dano depende da compreensão do processo que conduz ao comprometimento neurológico. É essencial compreender que não há teste ideal para todos os fetos de gestações de alto risco, mas sim os que são mais bem indicados para situações específicas. Algumas indicações clínicas comuns para a vigilância fetal no pré-natal são mostradas no Quadro 1. Antes de decidir sobre qual teste de avaliação da vitalidade fetal é o mais apropriado para determinada situação, é necessário levar em consideração o(s) processo(s) que acompanham a fisiopatologia das condições clínicas específicas.

Aspectos técnicos

O PBF combina o uso da cardiotocografia, para análise da FCF, e a avaliação pela ultrassonografia dos demais

Quadro 1 Indicações clínicas habituais para avaliação do bem-estar fetal no período pré-natal

Indicações clínicas
Restrição de crescimento fetal
Hipertensão arterial
Diabete
Perda fetal anterior
Gestação pós-data
Rotura prematura de membranas no pré-termo
Oligo-hidrâmnio
Diminuição da movimentação fetal
Colagenoses
Colestase da gravidez

parâmetros: movimentos respiratórios fetais, movimento corpóreo fetal, tônus fetal e volume de líquido amniótico.

A análise da FCF pela cardiotocografia exige o registro de pelo menos 10 minutos de traçado para sua correta interpretação. A FCF basal normal é de 110 a 160 bpm e a presença de acelerações da FCF é o melhor marcador de bem-estar fetal. A cardiotocografia é considerada normal ou reativa quando há duas ou mais acelerações (aumento na FCF > 15 bpm, com duração de pelo menos 15 segundos) em 40 minutos. Para gestações com menos de 32 semanas, os critérios de qualificação para acelerações são maiores do que 10 bpm, com duração de pelo menos 10 segundos. Para o resultado normal na FCF são atribuídos 2 pontos no PBF.

A ultrassonografia de tempo real é realizada para verificação dos movimentos respiratórios, corpóreos e tônus fetais, bem como do volume de líquido amniótico. É atribuída pontuação de 2 para cada atividade biofísica presente. É fundamental que a técnica seja adequada na realização do PBF. Para considerar como presente cada atividade biofísica, são utilizados os seguintes critérios:

- Movimentos respiratórios fetais: deve haver um episódio de movimento respiratório fetal, contínuo, com duração de pelo menos 30 segundos, em 30 minutos de observação. Esses movimentos são facilmente observados no corte longitudinal do tronco fetal, que inclua o tórax e parte superior do abdome, visualizando-se os limites do diafragma (Figura 1). Movimentos de incursão do diafragma fetal, com expansão e retração rítmica do tórax, associados a retração e expansão do abdome, caracterizam esse evento.
- Movimentos corpóreos fetais: deve haver pelo menos 1 movimento amplo ou três movimentos menores em 30 minutos de observação; são facilmente observados na região dos membros ou na observação geral do tronco fetal.

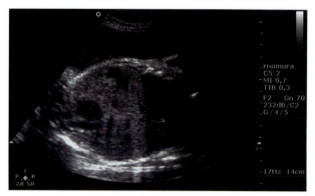

Figura 1 Imagem ultrassonográfica do tronco fetal na altura do diafragma.

- Tônus fetal: para se qualificar o tônus como presente deve haver uma rápida mudança de flexão e extensão de membros, ou, caso o feto não apresente movimentos, devem ser observadas as mãos; quando permanecem fechadas o tônus está presente, e se abertas, ausente.
- A avaliação do volume líquido amniótico deve ser realizada com o transdutor perpendicular ao chão e deve ser analisado o diâmetro vertical do maior bolsão encontrado (Figura 2), livre de cordão umbilical; e quando o diâmetro é maior que 2,0 cm, recebe pontuação de 2, e, caso contrário, pontuação 0.

A parte ultrassonográfica do PBF é considerada completa quando são observadas todas as atividades biofísicas, ou após 30 minutos de observação. A duração do exame completo nos primeiros 4 minutos é relatada em 90% das vezes e o tempo médio necessário para completar o PBF é, em geral, inferior a 10 minutos.

O PBF baseia-se no princípio de que as atividades biofísicas fetais são controladas pelos centros do sistema nervoso central que são sensíveis a diferentes graus de hipóxia. A presença das atividades indica que o centro responsável esteja intacto e não foi sujeito à deprivação de oxigênio. A ausência de uma atividade biofísica não significa necessariamente comprometimento na oxigenação fetal, pois as atividades biofísicas também são influenciadas pela periodicidade dos ciclos de sono. Além disso, medicamentos depressores maternos também podem suprimir atividades biofísicas e devem ser considerados na interpretação do exame.

Interpretação do PBF

Cada parâmetro do PBF recebe 0 ou 2 pontos, cuja somatória estabelece a pontuação máxima total de 10. A pontuação normal (≥ 8) é tranquilizadora e tem alto valor preditivo negativo, estando associada com baixa taxa de morte fetal (0,8%). No entanto, a taxa de falso-positivo do exame é elevada, principalmente à custa da interpretação da cardiotocografia, podendo chegar até 60%. A interpretação do PBF está sumarizada no Quadro 2.

Antes do termo, o PBF normal indica benefício no seguimento da gestação para dar continuidade na maturação fetal. Qualquer mudança na condição materna pode afetar essa condição. A morte fetal após resultado normal no PBF é frequentemente decorrente de eventos agudos e imprevisíveis, tais como o prolapso de cordão, hemorragia feto-materna ou descolamento abrupto de placenta.

A pontuação total do PBF 6/10 com volume de líquido amniótico normal é situação que pode representar um exame falso-positivo, mas a possibilidade de asfixia não pode ser completamente descartada. Dessa forma, é recomendada a repetição do exame em prazo de 6 a 12 horas, a depender do quadro clínico da gestante, para verificar se uma ou mais atividades biofísicas retornam ao padrão de normalidade, ou, nos casos próximos ao termo, a resolução da gestação pode ser a conduta a ser proposta.

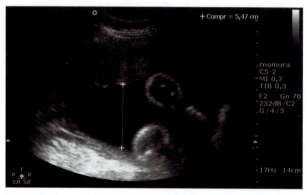

Figura 2 Imagem ultrassonográfica de bolsão de líquido amniótico com dimensões normais.

Quadro 2 Interpretação do perfil biofísico fetal (PBF) de acordo com a pontuação total

Pontuação total do PBF	Interpretação	Mortalidade perinatal
10/10 ou 8/10 (LA normal) 8/8 (sem CTG)	Baixo risco de asfixia fetal	< 1/1.000
8/10 com oligo-hidrâmnio	Provável sofrimento fetal crônico	89/1.000
6/10 (LA normal)	Possível asfixia fetal ou falso-positivo	Variável
6/10 com oligo-hidrâmnio	Provável asfixia fetal	89/1.000
4/10	Alta probabilidade de asfixia fetal	91/1.000
2/10 ou 0/10	Asfixia fetal	125/1.000 ou 600/1.000

Os parâmetros do PBF devem sempre ser interpretados no contexto dos fatores maternos e fetais associados, bem como de acordo com a idade gestacional. A hiperglicemia materna aumenta a frequência de episódios de movimentos respiratórios fetais, e a hipoglicemia os tornam mais escassos. A possibilidade de morbidade ou mortalidade neonatal deve ser considerada nas gestações longe do termo, em que as complicações da prematuridade interferem no prognóstico geral do recém-nascido. Nas gestações de termo ou próximas dessa fase, o risco de óbito fetal pelas complicações maternas agrava o prognóstico, e, estando a cérvix favorável, os riscos da continuidade da gestação devem ser considerados. A anemia materna leve não parece influenciar as atividades biofísicas fetais.

PBF e acidose fetal

Um estudo prospectivo realizado em 124 grávidas consecutivas submetidas a cesarianas, antes do início do trabalho de parto, e que foram submetidas à avaliação pelo PBF até 6 horas antes do parto, analisou a relação entre a pontuação do PBF e a acidose fetal. A medida do pH do cordão umbilical foi realizada imediatamente após o parto. Foram analisados três grupos de acordo com o resultado do PBF: ≤ 4, 6 e ≥ 8. Foi definido como acidemia fetal o valor de pH de artéria umbilical inferior a 7,20. Sensibilidade, especificidade e valores preditivos positivos e negativos do PBF anormal (pontuação < 8) para acidemia fetal foram: 90, 96, 82 e 98%, respectivamente. Todos os fetos com pontuação do PBF inferior a 4 apresentaram acidemia. O pH da artéria umbilical nos fetos com pontuação superior ou igual a 8 apresentou média de 7,28 (DP = 0,04). O estudo demonstrou agravamento da acidemia fetal em associação com pontuações mais baixas do PBF.

Impacto sobre a mortalidade perinatal

Estudos procuram mostrar o impacto do uso do PBF na mortalidade perinatal. Em estudo de 12.620 gestantes de alto risco submetidas a 26.357 exames do PBF, Manning et al. (1985) relataram que houve 93 mortes perinatais, e 24 dessas mortes foram em fetos estruturalmente normais (taxa de mortalidade perinatal corrigida de 1,9/1.000). Oito desses fetos morreram no prazo de 7 dias de um exame de PBF normal (taxa de falso-negativo corrigida de 0,634/1.000). A taxa de mortalidade neonatal não corrigida foi 3,72/1.000. Em gestantes com pontuação do PBF maior ou igual a 8, foi constatado que a mortalidade perinatal global foi de 0,652/1.000 nascimentos e nas com pontuação 0 foi de 187/1.000 nascimentos. A grande maioria dos exames de PBF (97,5%) apresentaram pontuação normal e apenas 0,76% pontuação menor ou igual a 4. Em estudo posterior, Manning et al. relatam estudo observacional que incluiu quase 45 mil exames de PBF, o risco de óbito fetal em até 7 dias após um teste normal foi 0,8/1.000 mulheres testadas, corrigido para anomalias congênitas letais e causas imprevisíveis de perda fetal. Esses estudos confirmam que nas gestantes com fetos que apresentavam atividades biofísicas normais houve redução das taxas de mortalidade perinatal e que, inversamente, os resultados perinatais pioram à medida que o resultado do PBF se torna mais baixo.

Início e frequência do teste

A idade gestacional mínima para iniciar a avaliação do PBF deve refletir o limite da viabilidade fetal a partir do qual o parto pode ser considerado. Em geral, nos centros mais desenvolvidos, esse limite encontra-se entre 24 e 26 semanas. A avaliação pelo PBF pode iniciar nesse período quando as condições clínicas sugerirem possibilidade de comprometimento do bem-estar fetal. Apesar disso, circunstâncias clínicas variadas podem indicar a realização do PBF em diversas idades gestacionais, muito frequentemente ao redor de 32 a 34 semanas.

Diante de um resultado normal do PBF (10/10 ou 8/10 com volume de líquido amniótico normal), a repetição semanal é habitualmente recomendada, quando as condições clínicas maternas forem estáveis. Entretanto, a repetição com maior frequência pode ser considerada em casos individualizados, de acordo com a gravidade da patologia materna. Qualquer sinal de deterioração da condição clínica materna pode indicar a reavaliação fetal.

PBF modificado

O PBF modificado foi desenvolvido para simplificar o exame e reduzir o tempo necessário para completar a avaliação, com foco nos componentes do exame que são mais preditivos para resultados adversos. Trata-se da avaliação da FCF pela cardiotocografia associada à análise do volume de líquido amniótico na ultrassonografia, que parece ser tão confiável quanto o PBF completo na predição do bem-estar fetal em longo prazo. A taxa de mortalidade fetal em até uma semana após o resultado normal do PBF modificado é a mesma do PBF completo, de 0,8 em mil mulheres testadas. Cerca de 90% das gestações avaliadas pelo PBF modificado vão apresentar resultado normal, e apenas uma minoria vai necessitar da avaliação completa das atividades biofísicas, com economia de tempo e recursos.

Considerações finais

O PBF é o método propedêutico de avaliação do bem-estar fetal utilizado no manejo de gestações de alto risco, nas quais existe risco de sofrimento fetal. É um método não invasivo, de fácil realização e permite avaliar sinais de comprometimento fetal. A interpretação da pontuação total do PBF tem aplicabilidade prática, mas é importante a análise dos componentes de forma individual. A identificação precoce da asfixia fetal permite que sejam realizadas intervenções oportunas para a prevenção de resultados adversos perinatais.

Bibliografia sugerida

1. Baskett TF. Gestational age and fetal biophysical assessment. Am J Obstet Gynecol. 1988;158(2):332-4.
2. Devoe LD. Antenatal fetal assessment: contraction stress test, nonstress test, vibroacoustic stimulation, amniotic fluid volume, biophysical profile, and modified biophysical profile – an overview. Semin Perinatol. 2008;32(4):247-52.
3. Kontopoulos EV, Vintzileos AM. Condition-specific antepartum fetal testing. Am J Obstet Gynecol. 2004;191(5):1546-51.
4. Lalor JG, Fawole B, Alfirevic Z, Devane D. Biophysical profile for fetal assessment in high risk pregnancies. Cochrane Database Syst Rev. 2008;(1):CD000038.
5. Manning FA, Bondaji N, Harman CR, Casiro O, Menticoglou S, Morrison I, et al. Fetal assessment based on fetal biophysical profile scoring. VIII. The incidence of cerebral palsy in tested and untested perinates. Am J Obstet Gynecol. 1998;178(4):696-706.
6. Manning FA, Morrison I, Harman CR, Lange IR, Menticoglou S. Fetal assessment based on fetal biophysical profile scoring: experience in 19,221 referred high-risk pregnancies. II. An analysis of false-negative fetal deaths. Am J Obstet Gynecol. 1987;157(4 Pt 1):880-4.
7. Manning FA, Morrison I, Lange IR, Harman CR, Chamberlain PF. Fetal assessment based on fetal biophysical profile scoring: experience in 12,620 referred high-risk pregnancies. I. Perinatal mortality by frequency and etiology. Am J Obstet Gynecol. 1985;151(3):343-50.
8. Manning FA, Platt LD, Sipos L. Antepartum fetal evaluation: development of a fetal biophysical profile. Am J Obstet Gynecol. 1980;136(6):787-95.
9. Manning FA. Antepartum fetal testing: a critical appraisal. Curr Opin Obstet Gynecol. 2009;21(4):348-52.
10. Miller DA, Rabello YA, Paul RH. The modified biophysical profile: antepartum testing in the 1990s. Am J Obstet Gynecol. 1996;174(3):812-7.
11. Nomura RM, Gordon MC, Fatobene G, Igai AM, Zugaib M. Effects of maternal anemia on computerized cardiotocography and fetal biophysical profile. Rev Bras Ginecol Obstet. 2009;31(12):615-20.
12. Nomura RM, Miyadahira S, Zugaib M. Antenatal fetal surveillance. Rev Bras Ginecol Obstet. 2009;31(10):513-26.
13. Oyelese Y, Vintzileos AM. The uses and limitations of the fetal biophysical profile. Clin Perinatol. 2011;38(1):47-64.
14. Tug N, Ayvaci H, Tarhan N, Ozmisirci E, Eren S, Karateke A. Effects of short-term maternal fasting in the third trimester of pregnancy on fetal biophysical profile and Doppler indices scores. Arch Gynecol Obstet. 2011;283(3):461-7.
15. Vintzileos AM, Campbell WA, Ingardia CJ, Nochimson DJ. The fetal biophysical profile and its predictive value. Obstet Gynecol. 1983;62(3):271-8.
16. Vintzileos AM, Gaffney SE, Salinger LM, Campbell WA, Nochimson DJ. The relationship between fetal biophysical profile and cord pH in patients undergoing cesarean section before the onset of labor. Obstet Gynecol. 1987;70(2):196-201.

8

Ultrassonografia nas cromossomopatias (11+0 a 13+6 semanas)

Pedro Pires Ferreira Neto
Sergio Kobayashi

Introdução

As malformações fetais ocorrem em 3% dos nascimentos. Em 90% das vezes, essa condição ocorre em casais considerados de baixo risco, o que enfatiza a necessidade de ampliar o leque de investigação para além da história clínica, com a utilização de métodos de rastreio associados à anamnese.

São considerados fatores de risco para malformação fetal:

- Fator idade materna e paterna: em mulheres, especialmente acima de 35 anos, relaciona-se notadamente com aumento do risco para trissomias, enquanto o risco para monossomias (Turner) e triploidias não sofre influência desse fator. Em homens, especialmente acima dos 50 anos, está associado a anomalias estruturais, desordens neurológicas e cognitivas (autismo, esquizofrenia e distúrbio bipolar); doenças gênicas como a acondroplasia, a síndrome de Marfan e a síndrome de Apert podem estar associadas.
- Gestação gemelar: aumenta o risco de anomalias fetais, especialmente nas monocoriônicas.
- História obstétrica: anomalia fetal em gestação anterior, especialmente para defeito aberto do tubo neural e para anomalias cardíacas.
- Anomalias congênitas nos pais portadores de doenças monogênicas na forma heterozigota: o risco da doença na forma recessiva é de 25%. Além disso, a doença monogênica pode decorrer de mutação sem que os pais sejam portadores.
- Doenças maternas com potencial teratogênico: mulheres que engravidam já com elevados níveis glicêmicos apresentam maior risco, especialmente da síndrome de regressão caudal e anomalias anorretais. Exige-se controle glicêmico rigoroso nas mulheres diabéticas que pretendem engravidar. Nas diabéticas apenas no período gestacional, os agravos da hiperglicemia estão relacionados a macrossomia, distocias de parto, poli-hidrâmnio e risco de morte perinatal, entre outros.
- Drogas teratogênicas: deve-se evitar o uso de antidepressivos, anticonvulsivantes, quimioterápicos, misoprostol, antibióticos (tetraciclina), antimaláricos, derivados do ácido retinoico, anticoagulantes orais, entre outros.
- Fertilização *in vitro*: não há consenso na literatura. Metanálise mostra aumento do risco relativo de 1,67 para anomalias estruturais.
- Febre materna: especialmente na fase da embriogênese, deve estar associada a maior incidência de defeitos estruturais, como defeito do tubo neural, fendas faciais e defeitos cardíacos.
- Infecções congênitas: as principais infecções que devem ser pesquisadas são toxoplasmose, rubéola, citomegalovírus, herpes, sífilis e, mais recentemente, zika vírus deve ser incluído na investigação. Na maioria dos casos a gestante apresenta-se oligossintomática, sendo feito diagnóstico de suspeita pelo achado laboratorial na rotina pré-natal.
- Drogas lícitas e ilícitas: embora o álcool seja considerado um produto lícito, seu uso crônico pode induzir a síndrome de alcoolismo fetal, causa frequente de retardo mental. As drogas ilícitas – como cocaína, heroína e maconha, entre outras – estão relacionadas a defeitos estruturais, especialmente gastrosquise e atresias intestinais.
- Exposição à radiação ionizante (Tabela 1): radiação necessária para induzir anomalias a partir de 10 a 15 rads. Radiografia de tórax 0,1 rad e tomografia abdominal 2 a 5 rads. Dessa forma, exposições ocasionais e isoladas não trariam problema estrutural para o feto. Equivalências de unidades de radiação mais utilizadas são: 100 rad = 1 gy ou 1.000 mgy.

Tabela 1 Efeito da radiação		
Efeito da radiação	Época da gestação	Dose (mGy)
Óbito do embrião	3 a 4 semanas	100 a 200
Malformação maior	4 a 8 semanas	250 a 500
CIUR	4 a 8 semanas	200 a 500
Retardo mental	> 16 semanas	> 1.500
Microcefalia	8-15 semanas	> 20.000
QI baixo	> 16 semanas	> 100

CIUR: crescimento intrauterino restrito; QI: quociente de inteligência.
Fonte: Pandey et al., 2012.

Risco de aneuploidias relacionado a idade materna e idade gestacional

Langdon Down, nos seus primeiros estudos, já relatava existir um risco maior de crianças nascidas de mulheres em idade avançada apresentarem características especiais, o que seria posteriormente caracterizado como trissomia do cromossomo 21.

A incidência de anomalias cromossômicas em torno de 1/500 gestações e a necessidade de selecionar melhor os casos de risco resultaram no desenvolvimento, nas últimas décadas, de métodos de rastreio que proporcionam uma maior detecção dessas anomalias, permitindo uma informação individual desse risco.

Na década de 1970, a idade acima de 35 anos como fator de risco para aneuploidias, especialmente trissomia do cromossomo 21, identificava apenas 30% dos casos. Na década de 1980, a idade materna associada aos achados ultrassonográficos (especialmente a translucência nucal) elevou essa taxa de detecção para 80%, além de evidenciar que a maioria dos fetos portadores de trissomias, especialmente do 21, era de mulheres com idade abaixo dos 35 anos, pelo simples fato de existirem muito mais mulheres grávidas com idade inferior aos 35 anos do que mulheres grávidas com idade igual ou acima dos 35 anos. Isso veio confirmar a necessidade de estender os métodos de rastreio para todas as gestantes, independentemente da idade.

Na maioria das alterações cromossômicas (trissomias do 21, 13 e 18), o risco aumenta em proporção com a idade materna (Tabela 2).

A idade materna não interfere no risco de triploidias, de síndrome de Turner (45, X0) e de alterações dos cromossomos sexuais (47, XXX, 47, XXXY e 47, XYY) (Figura 1A).

O risco de uma gestante ter um feto portador de aneuploidia será sempre menor à medida que avança a idade gestacional em decorrência das elevadas taxas de óbito espontâneo em fetos com alterações cromossômicas (Figura 1B).

Na década de 1990, a translucência nucal associada a outros achados ecográficos, como osso nasal, ducto venoso e refluxo tricúspide, assim como a adição de novos marcadores bioquímicos do primeiro trimestre – como β-hCG livre no soro materno e proteína plasmática associada a gravidez (PAPP-A) –, elevaram as taxas de detecção para patamares acima de 90%. A partir desses dados, uma decisão mais adequada quanto ao manejo dessas gestações pode ser adotada de acordo com o risco individual de cada gestante.

Neste capítulo, serão detalhados os principais marcadores ultrassonográficos de síndromes cromossômicas, avaliados no período de 11 a 13+6 semanas, com o comprimento crânio-nádega entre 45 e 84 mm.

Translucência nucal

No início da década de 1990, o Prof. Kypros Nicolaides (King's College London) relatou a associação do acúmulo de fluido na região da nuca fetal, chamando esse achado de translucência nucal (TN), em fetos portadores da trissomia do cromossomo 21.

A TN corresponde ao espaço anecoico (líquido) localizado entre a pele e o tecido celular subcutâneo que recobre a coluna cervical. O aumento desse espaço está associado ao aumento do risco de cromossomopatias e/ou outras morbidades fetais.

Os argumentos que tentam explicar o aumento de líquido nesse espaço são ainda questionáveis e baseiam-se em três teorias: a teoria da matriz celular mais hidrofílica nos fetos sindrômicos, aumentando o edema; a teoria linfática, na qual há um retardo de 11 semanas para 14 semanas nas conexões venolinfáticas com o seio jugular nos fetos sindrômicos, aumentando o edema nessa região; e, por último, a teoria da cardiopatia pela associação de defeitos cardíacos em feto sindrômicos.

Este método de rastreamento ultrassonográfico das trissomias dos cromossomos 21, 18 e 13 pode identificar cerca de 75% das gestações acometidas pela trissomia 21. Além do seu papel na avaliação do risco de trissomia do cromossomo 21, a medida da TN também pode contribuir para a detecção de outras anomalias cromossômicas, malformações cardíacas, displasias esqueléticas e síndromes genéticas.

São requisitos básicos para uma correta mensuração da translucência nucal (Figura 2):

- Comprimento crânio-nádega (CCN) entre 45 e 84 mm.
- Feto em posição neutra e corte sagital (diencéfalo como reparo).
- Zoom da imagem, de forma que o feto ocupe três quartos da imagem com apenas o ápice do tórax e o crânio aparecendo na tela.
- Para a mensuração, os calipers são colocados de dentro a dentro.
- Deve-se realizar várias medidas e considerar a maior delas a melhor referência.

Tabela 2 Risco estimado para trissomia dos cromossomos 21, 18 e 13 versus idade materna e gestacional (proporção 1/valor da tabela)

Idade materna (anos)	Trissomia 21 Idade gestacional (semana)				Trissomia 18 Idade gestacional (semanas)				Trissomia 13 Idade gestacional (semanas)			
	12	16	20	40	12	16	20	40	12	16	20	40
20	1.068	1.200	1.295	1.527	2.484	3.590	4.897	18.013	7.826	11.042	14.656	42.423
25	946	1.062	1.147	1.352	2.200	3.179	4.336	15.951	6.930	9.778	12.978	37.567
30	626	703	759	895	1.456	2.103	2.869	10.554	4.585	6.470	8.587	24.856
31	543	610	658	776	1.263	1.825	2.490	9.160	3.980	5.615	7.453	21.573
32	461	518	559	659	1.072	1.549	2.114	7.775	3.378	4.766	6.326	18.311
33	383	430	464	547	891	1.287	1.755	6.458	2.806	3.959	5.254	15.209
34	312	350	378	446	725	1.047	1.429	5.256	2.284	3.222	4.277	12.380
35	249	280	302	356	580	837	1.142	4.202	1.826	2.576	3.419	9.876
36	196	220	238	280	456	659	899	3.307	1.437	2.027	2.691	7.788
37	152	171	185	218	354	512	698	2.569	1.116	1.575	2.090	6.050
38	117	131	142	167	272	393	537	1.974	858	1.210	1.606	4.650
39	89	100	108	128	208	300	409	1.505	654	922	1.224	3.544
40	68	76	82	97	157	227	310	1.139	495	698	927	2.683
41	51	57	62	73	118	171	233	858	373	526	698	2.020
42	38	43	46	55	89	128	175	644	280	395	524	1.516

Fonte: Cortesia da Fetal Medicine Foundation London.

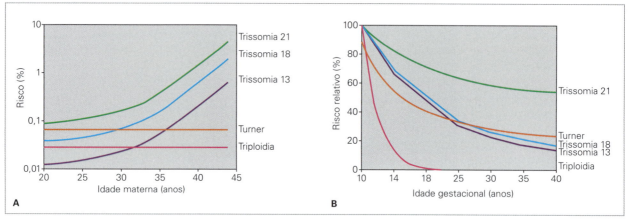

Figura 1 Alterações cromossômicas: risco de anomalias cromossômicas relacionado com a idade materna (A), risco de anomalias cromossômicas relacionado com a idade gestacional (as linhas representam o risco relativo, de acordo com o risco a partir da 10ª semana de gravidez) (B). Fonte: Fetal Medicine Foundation London.

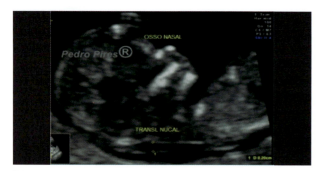

Figura 2 Mensuração da translucência nucal. Fonte: Pedro Pires.

Para interpretação da mensuração, pode-se usar um ponto de corte, em que 2,5 mm apresenta melhor sensibilidade; entretanto, recomenda-se usar o valor da TN juntamente ao CCN (Tabela 3).

De preferência, deve-se utilizar o valor da TN, os dados maternos e o CCN e colocar esses dados em um programa de cálculo de risco. Esse cálculo pode ser realizado por meio de um programa da Fetal Medicine Foundation.

No *site* www.fetalmedicine.com, pode-se ter acesso ao curso on-line e se habilitar a receber a licença para utilizar o software no cálculo do risco. Dessa forma, a avaliação do risco individual é bem mais precisa e orienta melhor o manejo da gestação quanto a empregar métodos de avaliação do cariótipo fetal.

Quando se utiliza o cálculo de risco, um número irá expressar determinada probabilidade. Nicolaides et al., em 2005, classificaram os grupos de acordo com o resultado desse cálculo em:

- Risco maior que 1 em 100 – alto risco.
- Risco maior que 1 em 101 e menor que 1 em 1.000 – médio risco.
- Risco menor que 1 em 1.001 – baixo risco.

Tabela 3 Medida da translucência nucal (mm) em função do CCN (mm)

CCN (mm)	5º percentil (mm)	50º percentil (mm)	95º percentil (mm)
45	0,7	1,3	2,0
46	0,7	1,3	2,0
47	0,7	1,4	2,0
48	0,7	1,4	2,0
49	0,8	1,4	2,1
50	0,8	1,5	2,1
51	0,8	1,5	2,1
52	0,9	1,5	2,2
53	0,9	1,5	2,2
54	0,9	1,6	2,2
55	0,9	1,6	2,2
56	1,0	1,6	2,3
57	1,0	1,7	2,3
58	1,0	1,7	2,3
59	1,1	1,7	2,4
60	1,1	1,7	2,4
61	1,1	1,8	2,4
62	1,2	1,8	2,5
63	1,2	1,8	2,5
64	1,2	1,9	2,5
65	1,2	1,9	2,5
66	1,3	1,9	2,6
67	1,3	1,9	2,6
68	1,3	2,0	2,6
69	1,4	2,0	2,7
70	1,4	2,0	2,7
71	1,4	2,1	2,7

(continua)

Tabela 3 *(continuação)* Medida da translucência nucal (mm) em função do CCN (mm)

CCN (mm)	5° percentil (mm)	50° percentil (mm)	95° percentil (mm)
72	1,4	2,1	2,7
73	1,5	2,1	2,8
74	1,5	2,1	2,8
75	1,5	2,2	2,8
76	1,6	2,2	2,9
77	1,6	2,2	2,9
78	1,6	2,3	2,9
79	1,6	2,3	2,9
80	1,7	2,3	3,0
81	1,7	2,4	3,0
82	1,7	2,4	3,0
83	1,8	2,4	3,1
84	1,8	2,4	3,1

CCN: comprimento crânio-nádega
Fonte: Faria M et al., 2004.

Segundo esse estudo, o grupo de alto risco geralmente está associado à idade materna avançada e/ou pacientes com medida da TN acima do percentil 95, sendo o cálculo do risco maior que 1 em 100. Nesse grupo, deve-se considerar o estudo citogenético (biópsia de vilo corial ou amniocentese).

A literatura nos mostra que a TN acima do percentil 95 pode estar relacionada não somente a defeitos cromossômicos, mas também a óbito fetal, anomalias anatômicas, cariótipo normal, assim como a recém-nascidos saudáveis (Tabela 4).

Translucência nucal nas gestações gemelares

No exame entre 11 e 13+6 semanas, é de grande importância a identificação do número de fetos, número de placentas (corionicidade) e o número de cavidades amnióticas (amnionicidade).

Nas gestações dicoriônicas/diamnióticas, os riscos específicos para trissomia 21 devem ser calculados de forma individual para cada feto com base na idade materna e idade gestacional, estando a taxa de detecção entre 75-80% e falso-positivo de 5% para cada feto ou 10% para cada gestação, de modo semelhante às gestações com feto único.

Nas gestações monocoriônicas, o risco relativo relacionado para cromossomopatias é o mesmo que em gestações únicas. Existindo uma alteração, os dois fetos estão afetados na maioria dos casos. Nesse período, a taxa de falso-positivo do rastreamento nas gestações monocoriônicas é de 13%, sendo maior que nas dicoriônicas. Uma TN aumentada isoladamente em um dos fetos pode ser um sinal precoce da síndrome de transfusão feto-fetal.

Nas gestações gemelares monocoriônicas, recomenda-se o rastreamento para trissomia 21 pela média das medidas das TN. Caso um dos fetos tenha a TN aumentada, não significa que sejam discordantes para alterações cromossômicas, mas deve-se investigar outras causas para aumento da TN.

A definição de corionicidade após 14 semanas torna-se mais difícil, portanto, o exame entre 11 e 13+6 semanas é o momento mais apropriado para esta definição, quando devemos observar sempre a separação entre as bolsas. Na gestação monocoriônica, essa separação apresenta-se em forma de "T" na inserção da placenta, enquanto na gestação dicoriônica as duas bolsas são separadas por um septo espesso, conferindo aspecto da letra grega lambda "λ" decorrente do pico coriônico (Figuras 3 e 4).

Frequência cardíaca fetal

Entre 11 e 13 semanas, as elevações acima do percentil 95 associam-se mais com trissomia do 13 e também com as monossomias. As frequências abaixo do percentil 5 se associam com trissomia do 18 e com as triploidias. Para trissomia do 21, as alterações são pouco significativas, sendo mais observado um discreto aumento da frequência.

Osso nasal

Os estudos iniciais do desenvolvimento normal do osso nasal durante o período pré-natal se basearam na análise macroscópica de fetos abortados, por meio de dis-

Tabela 4 Associação da TN aumentada com defeitos cromossômicos, óbitos fetais, anomalias anatômicas, fetos vivos e normais

Translucência nucal	Defeitos cromossômicos	Cariótipo normal		
		Óbito fetal	Anomalias fetais maiores	Vivos e normais
< 95° percentil	0,2%	1,3%	1,6%	97%
95°- 99° percentil	3,7%	1,3%	2,5%	93%
3,5-4,4 mm	21,1%	2,7%	10,0%	70%
5-5,4 mm	33,3%	3,4%	18,5%	50%
5,5-6,4 mm	50,5%	10,1%	24,2%	30%
≥ 6,5 mm	64,5%	19,0%	46,2%	15%

TN: Translucência nucal.
Adaptada de Snijders et al., 1998; Souka et al., 1998; 2001; Michailidis & Economides, 2001.

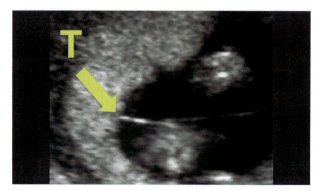

Figura 3   Monocoriônica: sinal do "T" (seta). Fonte: Pedro Pires.

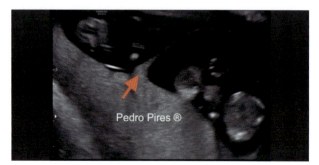

Figura 4   Dicoriônica: 2 placentas – sinal lambda (λ) (seta) ou "Y".

Tabela 5 Estudos reportando a prevalência da ausência do osso nasal durante no 1º trimestre de gestação em fetos euploides e com trissomia 21

Autor	Osso nasal ausente	
	Euploide (n) (%)	Trissomia 21 (n) (%)
Otano et al., 2002	1/175 (0,6)	3/5 (60)
Zoppi et al., 2003	7/3.463 (0,2)	19/27 (70)
Viora et al., 2003	24/1.733 (1,4)	8/10 (80)
Wong et al., 2003	1/114 (0,9)	2/3 (67)
Cicero et al., 2003	94/3788 (2,5)	48/84 (57,1)
Pettersen et al., 2004	NA	7/12 (58)
Orlandi et al., 2005	9/2.396 (0,4)	8/15 (53)
Total	171/13.104 (1,3)	276/405 (68)

secação, estudo radiológico e histologia celular. Nestes estudos constatou-se crescimento linear do osso nasal paralelamente ao aumento do comprimento cabeça-nádegas (CCN). Estes achados foram corroborados por estudos ultrassonográficos publicados posteriormente.

Cicero et al. (2001) propuseram utilizar o osso nasal (ON) como um *screening* pré-natal para cromossomopatias, mais notadamente para a trissomia do cromossomo 21 em gestações de 11 a 13+6 semanas. Os autores observaram ausência ecográfica do ON em 43 (73%) de 59 casos de trissomia 21, enquanto o ON estava ausente em apenas 3 (0,5%) de 603 fetos cromossomicamente normais. Observaram ainda ausência do osso nasal em 11 dos 20 fetos (55%) com trissomia do cromossomo 18 e em 2 de 8 fetos (25%) com síndrome de Turner.

Em uma revisão da literatura encontrou-se a prevalência média da ausência do osso nasal durante o 1º trimestre de gestação de 1,3% (171/13.104) e 68% (276/405) para os fetos euploides e com trissomia do cromossomo 21, respectivamente (Tabela 5).

Cicero et al. e Prefumo et al. observaram aumento da ausência do osso nasal em fetos cromossomicamente normais, cuja origem racial materna era afro-caribenha ou asiática, quando comparados aos de origem caucasiana.

O ON, especialmente utilizado no rastreio da trissomia do 21, tem pouca importância no rastreio das trissomias do 18 e do 13. Estudos têm demonstrado que o ON hipoplásico entre 11+0 e 13+6 semanas se associa em mais de 65% dos fetos portadores de síndrome de Down e em 1,4% dos fetos cromossomicamente normais.

Esses estudos sugeriram correções na etnia materna para o *screening* do ON fetal em populações étnicas distintas. Desse modo, na população afro-caribenha a proporção de fetos normais com ON hipoplásico é maior que na população caucasiana. Portanto, deve-se levar em consideração esses aspectos étnicos para um cálculo mais adequado do risco.

Os mesmos parâmetros de avaliação da TN são aplicados para a medida do ON quando o CCN se encontra entre 45 e 84 mm. Não há necessidade de mensuração do ON, apenas referir se está presente ou ausente. O osso nasal e a pele, especialmente quando o feixe sonoro incide em um ângulo de 45° com o perfil fetal, apresentam-se como um sinal de igualdade em que a pele do nariz apresenta uma fina ecogenicidade e o osso uma ecogenicidade mais evidente em paralelo com a da pele com aspecto em "sinal de igualdade". A idade gestacional precoce, a TN aumentada e a raça negra aumentam a probabilidade de ON ausente.

Na trissomia do 21 ocorre uma hipoplasia da face média, com um aspecto achatado do perfil de face. O osso nasal (ON) é hipoplásico e sua avaliação é feita utilizando os mesmos critérios para avaliação da TN.

Critérios para mensuração do ON:

- Comprimento crânio-nádega (CCN) entre 45 e 84 mm.
- Corte sagital que permita visibilizar apenas o crânio e a porção superior do tórax.
- A face fetal deve obrigatoriamente estar direcionada para o transdutor.
- Para a obtenção de maior reflexão acústica, o feixe acústico deve incidir em ângulo de 90° sobre o osso nasal. Assim, deve-se posicionar o plano da face fetal em ângulo de 45° ou 135° com relação ao transdutor.
- Duas linhas ecogênicas na porção proximal do nariz, uma mais delgada com menor ecogenicidade que cor-

responde à pele do nariz, e abaixo dela o osso nasal, que é mais espesso e mais ecogênico. Outra imagem linear, que corresponde à pele da extremidade do nariz, também é observada (Figura 5).
- É necessário identificar o palato e o osso nasal sem qualquer outra estrutura ecogênica entre essas duas estruturas.
- Caso não se identifique o osso nasal entre 11 e 12 semanas, deve-se repetir o exame em uma semana. O resultado do segundo exame deve ser considerado para a tomada de decisão. Isso visa reduzir a taxa de falso-positivo.

Ducto venoso

O ducto venoso (DV) direciona o fluxo da porção intra-hepática da veia umbilical para o átrio. Sua velocidade é elevada, com fluxo anterógrado, e por essa característica desemboca na veia cava inferior, formando uma coluna de sangue de elevada oxigenação, que não se mistura com a coluna de baixa oxigenação na veia cava inferior. Chega ao átrio direito, onde quase a totalidade do seu fluxo de elevada oxigenação passa através do forame oval para o átrio esquerdo, de forma que, ao chegar no ventrículo esquerdo, será impulsionado através da aorta ascendente para as coronárias e os vasos supra-aórticos, oxigenando o território cerebral.

O DV mede aproximadamente um terço da espessura da veia umbilical, e o turbilhonamento do sangue na sua porção inicial provoca um efeito *aliasing* pela mistura das cores (alto fluxo), permitindo a obtenção da análise espectral.

O espectro de onda do DV apresenta uma característica trifásica, com sístole, diástole e onda A que corresponde à contração atrial e representa adequada função cardíaca.

A observação de uma onda A ausente ou reversa é um indicativo importante de aumento de risco de anomalias cromossômicas e/ou cardiopatia e óbito fetal.

O fluxo anormal no DV pode ser encontrado em 3% dos fetos euploides, em 65% dos fetos com trissomia do cromossomo 21 e em 55% dos fetos com trissomia do cromossomo 18 e do cromossomo 13. A idade gestacional precoce, a TN aumentada e a raça negra aumentam a probabilidade de fluxo alterado.

É importante observar rigorosamente os requisitos para alcance dos critérios para obtenção do sonograma do DV (Figura 6):

- Comprimento crânio-nádega (CCN) entre 45 e 84 mm.
- Feto imóvel.
- Magnificar a imagem com o tórax e abdome ocupando a tela e um corte parassagital direito do tronco fetal.
- Mapeamento com Doppler colorido e identificação da veia umbilical, do DV e do coração fetal.
- Volume da amostra entre 0,5 e 1,0 mm posicionado na topografia do turbilhonamento do sangue (*aliasing*).
- Ângulo de insonação de até 30° com o vaso.
- Filtro de baixa frequência, entre 50 e 70 Hz e velocidade de varredura entre 2 e 3 cm/s.

Regurgitação tricúspide (RT)

Fluxo tricúspide anormal entre 11+0 e 13+6 semanas associa-se a anomalias cromossômicas e defeitos cardíacos. O pico de onda reversa com velocidade superior a 60 cm/s é considerado alterado e associa-se em 55% dos casos com fetos portadores de trissomia do cromossomo 21, em 30% dos fetos portadores de trissomia do cromossomo 18 e do cromossomo 13, sendo encontrada essa alteração em aproximadamente 1% dos fetos euploides.

A TN aumentada e a idade gestacional mais precoce elevam a probabilidade de RT. A curva de aprendizado tanto do DV quanto da RT exigem um maior treinamento e experiência.

É importante observar rigorosamente os requisitos para alcance dos critérios para obtenção do sonograma da RT (Figura 7):

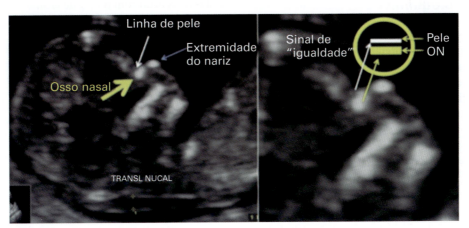

Figura 5 Osso nasal.
Fonte: Pedro Pires.

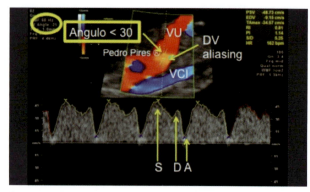

Figura 6 Ducto venoso (DV), veia umbilical (VU), veia cava inferior (VCI), sístole (S), diástole (D) e contração atrial (A).
Fonte: Pedro Pires.

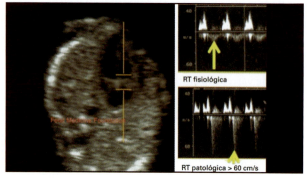

Figura 7 Regurgitação tricúspide (RT).
Fonte: Fetal Medicine Foundation London.

- Feto imóvel e CCN entre 45 e 84 mm.
- Magnificação da imagem com tórax fetal ocupando a tela em um corte de quatro câmaras apical.
- Preset de ecocardiografia fetal.
- Volume da amostra de 3 mm posicionado de forma a abranger todo o movimento valvar tricúspide.
- Ângulo de até 30° em relação ao septo interventricular.

Marcadores bioquímicos

São produtos feto-placentários circulantes no plasma materno que apresentam alterações que podem sugerir maior risco de algumas anomalias cromossômicas.

Em gestações normais, o nível sérico de β-hCG diminui com a elevação da idade gestacional, e os níveis de PAPP-A (proteína plasmática A associada à gestação) aumentam.

Observa-se um padrão característico da concentração dessas substâncias no soro materno de acordo com o tipo de cromossomopatias (Tabela 6).

A avaliação das concentrações no soro materno das frações livres do β-hCG e da PAPP-A, obtidas entre 11 e 13+6 semanas, permite a detecção de anomalias cromossômicas em 85-90% dos casos.

Tabela 6 Cromossomopatia *versus* marcadores bioquímicos do primeiro trimestre

Cromossomopatia	PAPP-A	β-hCG
Trissomia 18	Diminuído	Diminuído
Trissomia 13	Diminuído	Diminuído
Turner	Diminuído	Normal
Triploidia I e II	Diminuído	Aumentado (tipo I) Diminuído (tipo II)

Fonte: Priore, 2008.

É importante frisar que o PAPP-A deve ser avaliado preferencialmente entre 9 e 10 semanas, quando é maior a diferença entre fetos normais e trissômicos, diferentemente do que se observa com o beta-HCG que aumenta com a idade gestacional.

A associação da medida da TN e do ON com a avaliação bioquímica do soro materno (β-hCG e da PAPP-A) aumenta a taxa de detecção da síndrome de Down em cerca de 95%, ainda que os estudos demonstrem que a associação de métodos de rastreio aumenta as taxas de detecção para mais de 95% com falso-positivo de 2,5% (Tabela 7). Na impossibilidade de utilizar os métodos bioquímicos, deve-se associar, além da idade materna, idade gestacional, frequência cardíaca fetal e TN, os outros marcadores biofísicos, como ON, DV ou RT, que aumentam as taxas de detecção e reduzem o falso-positivo.

Os testes de rastreamento podem ser utilizados isoladamente, mas, quando utilizados de forma associada, melhoram as taxas de detecção, reduzindo os falsos-positivos.

Características ultrassonográficas das alterações cromossômicas no primeiro trimestre

O principal marcador para todas as alterações cromossômicas graves é a TN.

Além do aumento da TN, outras alterações são observadas de acordo com o tipo de cromossomopatia.

Tabela 7 Taxas de detecção (TD) por métodos de rastreio da trissomia do cromossomo 21

Método de rastreamento	TD (%)
Idade materna (IM)	30
IM + bioquímica materna entre 15 a 18 semanas	50-65
IM + TN entre 11 e 13+6 semanas	70-80
IM + TN + PAPP-A e β-hCG entre 11 e 13+6 semanas	85-90
IM + TN + ON entre 11 e 13+6 semanas	90
IM + TN + ON + PAPP-A e β-hCG entre 11 e 13+6 semanas	95

IM (idade materna); TN (translucência nucal); β-hCG (gonadotrofina coriônica humana); PAPP-A (proteína plasmática A).

Na trissomia do cromossomo 21, o ON pode ser hipoplásico em mais de 60-80%, apresentando DV alterado ao Doppler. Na trissomia do 18, a restrição precoce de crescimento é um dado importante, com bradicardia e, em 30% dos casos, onfalocele; podem ocorrer ON hipoplásico em mais de 50% dos casos e vasos do cordão com artéria umbilical única em 75% dos casos. Na trissomia do 13, há restrição de crescimento. É mais frequente a taquicardia e podem ocorrer alterações estruturais como holoprosencefalia, megabexiga ou onfalocele em 40% dos casos. Na síndrome de Turner, a taquicardia pode estar presente e a restrição de crescimento tem início precoce. Nos fetos triploides encontramos restrição de crescimento precoce e assimétrico, além de alterações placentárias, podendo haver bradicardia e alterações estruturais do tipo holoprosencefalia e onfalocele em 40% dos casos (Tabela 8).

Onfalocele

Ocorre em 1:400 nascidos vivos, e no primeiro trimestre da gestação ocorre em 1:1000. A incidência de alterações cromossômicas em fetos com onfalocele é de 60% no primeiro trimestre, 30% na metade da gestação e 15% nos neonatos. Esse declínio é resultado dos abortamentos e óbitos que ocorrem com a evolução da gestação. A alteração cromossômica mais associada à onfalocele é a trissomia do cromossomo 18 (Figura 8A).

Megabexiga

A bexiga fetal é visualizada em 80% dos casos na 11ª semana e deve ser visibilizada em todos os casos na 13ª semana. Nesse período, seu comprimento longitudinal deve ser igual ou menor que 6,0 mm, e quando mede igual ou acima de 7,0 mm é preciso considerar megabexiga. Estando esse diâmetro entre 7,0 mm e 15,0 mm, em 20% dos casos associa-se a cromossomopatia, especialmente trissomia do cromossomo 13 e do cromossomo 18. Nos casos sem cromossomopatia, existe possibilidade de resolução espontânea em 90% dos casos. Se o diâmetro da bexiga excede 15,0 mm, as chances de cromossomopatia são reduzidas para 10%. Nessa condição e excluindo cromossomopatia, associa-se a uropatia obstrutiva baixa, especialmente válvula de uretra posterior em fetos do sexo masculino (Figura 8B).

Holoprosencefalia

Etiologia desconhecida na maioria dos casos, tem uma incidência de 1:10.000 nascidos vivos e em alterações cromossômicas sua prevalência é de 30%, sendo mais comum as trissomias do cromossomo 13 e cromossomo 18. Pode haver anomalias da linha média da face associadas à holoprosencefalia (Figura 8C).

Hérnia diafragmática

Em cerca de 40% dos fetos com hérnia diafragmática (HD), observa-se aumento da TN. Em aproximadamente 80% destes, ocorre o óbito neonatal. Portanto, a TN aumentada nos fetos com HD é sinal de mau prognóstico, pois está associada a herniação precoce da víscera abdominal, compressão pulmonar prolongada e hipoplasia pulmonar (Figura 8D).

Restrição de crescimento

Na trissomia do cromossomo 18 e na triploidia, a restrição é acentuada, enquanto na trissomia do cromossomo 13 e na síndrome de Turner é menos evidente, e, na trissomia do cromossomo 21, pode não haver restrição.

Artéria umbilical única

Ocorre em aproximadamente 1% e associa-se a malformações estruturais e alterações cromossômicas. No primeiro trimestre, pode ser visibilizada pelo mapeamento a cores no nível da bexiga, e nesse período a artéria umbilical única associa-se a 3% de fetos cromossomicamente normais e em 80% dos fetos com trissomia do cromossomo 18. Como na trissomia do 18 outras alterações estão presentes ou surgirão a partir de 16 semanas, este achado isolado não seria necessariamente um indicativo de exame de cariótipo fetal.

Cistos de plexo coroide, foco ecogênico cardíaco e pielectasia

No primeiro trimestre da gravidez, a prevalência é, respectivamente, 2,2, 0,6 e 0,9%. Para o cálculo de risco desses marcadores, é necessário um número maior de casos para maiores conclusões.

Tabela 8 Malformações maiores *versus* risco de cromossomopatia

Marcador principal	Risco fixo		
	T21	T18	T13
Holoprosencefalia	–	–	1 de 2
Hérnia diafragmática	–	1 de 4	–
AVSD	1 de 2	–	–
Onfalocele	–	1 de 4	1 de 10
Megabexiga	–	1 de 10	1 de 10
Onfalocele e megabexiga	–	1 de 3	1 de 3
Holoprosencefalia e onfalocele/megabexiga	–	–	1 de 2
Hérnia diafragmática e onfalocele/megabexiga	–	1 de 2	–

AVSD: defeito do septo atrioventricular.
Fonte: Fetal Medicine Foundation. London.

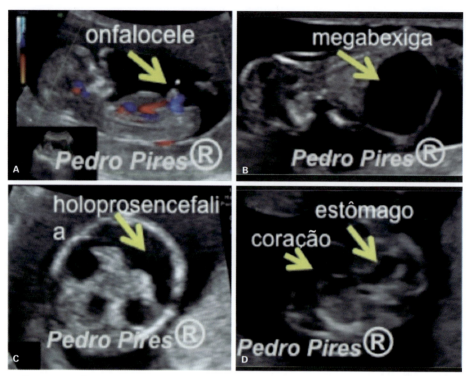

Figura 8   Aspecto ultrassonográfico de alterações: onfalocele (A), megabexiga (B), holoprosencefalia (C) e hérnia diafragmática (D).
Fonte: Pedro Pires.

Considerações finais

O rastreio combinado no primeiro trimestre, utilizando além da idade materna o CCN, os marcadores ecográficos e os marcadores bioquímicos, eleva as taxas de detecção para mais de 95%, proporcionando uma redução na taxa de falso-positivo para 3%. A utilização de múltiplos parâmetros proporciona um manejo pré-natal mais adequado com aconselhamento ao casal, permitindo intervenções mais precoces e com menos riscos para a saúde da mulher.

A pesquisa do DNA fetal em sangue materno, embora considerada ainda um método de rastreio, tem reduzido a necessidade de métodos invasivos, diminuindo as punções iatrogênicas. Sem dúvida, num futuro próximo poderá ser adotada como método de diagnóstico.

Bibliografia sugerida

1. Brizot ML, Snijders RJ, Bersinger NA, Kuhn P, Nicolaides KH. Maternal serum pregnancy-associated plasma protein A and fetal nuchal translucency thickness for the prediction of fetal trisomies in early pregnancy. Obstet Gynecol. 1994;84(6):918-22.
2. Cha SC, Amaral WN. Fatores de risco para malformações. In: Saito M, Cardoso R, Cha SC, Amaral WN, orgs. Medicina fetal: tratado de ultra-sonografia. V – Atualidades e perspectivas. Goiânia: SBSUS; 2015. p. 81-3.
3. Cicero S, Avgidou K, Rembouskos G, Kagan KO, Nicolaides KH. Nasal bone in first-trimester screening for trisomy 21. Am J Obstet Gynecol. 2006;195(1):109-14.
4. Cicero S, Curcio P, Papageorghiou A, Sonek J, Nicolaides K. Absence of nasal bone in fetuses with trisomy 21 at 11-14 weeks of gestation: an observational study. Lancet. 2001;358(9294):1665-7.
5. Cicero S, Longo D, Rembouskos G, Sacchini C, Nicolaides KH. Absent nasal bone at 11-14 weeks of gestation and chromosomal defects. Ultrasound Obstet Gynecol. 2003;22(1):31-5.
6. DeFigueiredo DB, Filippo MOL, Silva Filho ETS. Diagnóstico de cromossomopatia no primeiro trimestre de gestação. In: Melo NR, Fonseca EB, orgs. Coleção Febrasgo – Medicina fetal. Rio de Janeiro: Elsevier; 2012. p.7-22.
7. Dreier JW, Andersen AM, Berg-Beckhoff G. Systematic review and meta-analyses: fever in pregnancy and health impacts in the offspring. Pediatrics. 2014;133(3):e674-88.
8. Faria MM. Translucência nucal: elaboração e estudo comparativo da curva de normalidade com valores de corte preestabelecidos no rastreamento das anomalias cromossômicas [dissertação]. Belo Horizonte (MG): Universidade Federal de Minas Gerais; 2004.
9. Kagan KO, Cicero S, Staboulidou I, Wright D, Nicolaides KH. Fetal nasal bone in screening for trisomies 21, 18 and 13 and Turner syndrome at 11+0 e 13+6 weeks of gestation. Ultrasound Obstet Gynecol. 2009;33(3):259-64.
10. Kagan KO, Valencia C, Livanos P, Wright D, Nicolaides KH. Tricuspid regurgitation in screening for trisomies 21, 18 and 13 and Turner syndrome at 11+0 to 13+6 weeks of gestation. Ultrasound Obstet Gynecol. 2009;33(1):18-22.
11. Kagan KO, Wright D, Valencia C, Maiz N, Nicolaides KH. Screening for trisomies 21, 18 and 13 by maternal age, fetal nuchal translucency, fetal heart rate, free beta-hCG and pregnancy-associated plasma protein-A. Hum Reprod. 2008;23(9):1968-75.
12. Liao AW, Sebire NJ, Geerts L, Cicero S, Nicolaides KH. Megacystis at 10-14 weeks of gestation: chromosomal defects and outcome according to bladder length. Ultrasound Obstet Gynecol. 2003;21(4):338-41.
13. Maiz N, Valencia C, Kagan KO, Wright D, Nicolaides KH. Ductus venosus Doppler in screening for trisomies 21, 18 and 13 and Turner syndrome at 11-13 weeks of gestation. Ultrasound Obstet Gynecol. 2009;33(5):512-7.
14. Mazzoni Jr GT, Faria M, Castro MJBV, Chaves AS, Teixeira LS, Correa Jr MD, et al. Avaliação ultra-sonográfica do osso nasal fetal: evolução das medidas ao longo da gestação. Rev Bras Ginecol Obstet. 2006;28(3):151-7.

15. McAuliffe FM, Hornberger LK, Winsor S, Chitayat D, Chong K, Johnson JA. Fetal cardiac defects and increased nuchal translucency thickness: a prospective study. Am J Obstet Gynecol. 2004;191(4):1486-90.
16. Melo NR, Fonseca E. Coleção Febrasgo – Medicina Fetal. 1. ed. Brasília: Elsevier; 2012.
17. Michailidis GD, Economides DL. Nuchal translucency measurement and pregnancy outcome in karyotypically normal fetuses. Ultrasound Obstet Gynecol. 2001;17(2):102-5.
18. Molina F, Persico N, Borenstein M, Sonek J, Nicolaides KH. Frontomaxillary facial angle in trisomy 21 fetuses at 16-24 weeks of gestation. Ultrasound Obstet Gynecol. 2008;31(4):384-7.
19. Nicolaides KH, Azar G, Byrne D, Mansur C, Marks K. Fetal nuchal translucency: ultrasound screening for chromosomal defects in first trimester of pregnancy. BMJ. 1992;304(6831):867-9.
20. Nicolaides KH, De Figueiredo DBD, eds. O exame ultra-sonográfico entre 11+0-13+6 semanas. Londres: Fetal Medicine Foundation; 2004. p. 7-44.
21. Nicolaides KH, Spencer K, Avgidou K, Faiola S, Falcon O. Multicenter study of first-trimester screening for trisomy 21 in 75 821 pregnancies: results and estimation of the potential impact of individual risk-orientated two-stage first-trimester screening. Ultrasound Obstet Gynecol. 2005;25(3):221-6.
22. Nicolaides KH. First-trimester screening for chromosomal abnormalities. Semin Perinatol. 2005;29(4):190-4. Disponível em: http//www.ncbi.nlm.nih.gov/pubmed/16104667.
23. Nicolaides KH. Screening for fetal aneuploidies at 11 to 13 weeks. Prenat Diagn. 2011;31(1):7-15.
24. Pandey S, Shetty A, Hamilton M, Bhattacharya S, Maheshwari A. Obstetric and perinatal outcomes in singleton pregnancies resulting from IVF/ICSI: a systematic review and meta-analysis. Hum Reprod Update. 2012;18(5):485-503.
25. Priore G. Marcadores bioquímicos del diagnóstico prenatal. Arquivos de ginecologia e obstetrícia [Internet]. Montevideo; 2008 [acesso 2015 Sep 22];1(46):24-31. Disponível em: http://sguruguay.org/index.php/pescand/cat_view/14-archivos-de-ginecologia-y-obstetricia.
26. Orlandi F, Bilardo CM, Campogrande M, Krantz D, Hallahan T, Rossi C, et al. Measurement of nasal bone length at 11-14 weeks of pregnancy and its potential role in Down syndrome risk assessment. Ultrasound Obstet Gynecol. 2003;22:36-9.
27. Orlandi F, Rossi C, Orlandi E, Jakil MC, Hallahan TW, Macri VJ, et al. First-trimester screening for trisomy-21 using a simplified method to assess the presence or absence of the fetal nasal bone. Am J Obstet Gynecol. 2005;192:1107-11.
28. Otaño L, Aiello H, Igarzábal L, Matayoshi T, Gadow EC. Association between first trimester absence of fetal nasal bone on ultrasound and Down syndrome. Prenat Diagn. 2002;22(10):930-2.
29. Pettersen H, Mazzoni G, Faria M. Marcadores ultrassonográficos de aneuploidias no 1º e 2º trimestres: osso nasal. In: Pastore AR, ed. Ultrassonografia em ginecologia e obstetrícia. Série ultrassonografia. 2. ed. Rio de Janeiro: Revinter; 2010. p. 74-83.
30. Pettersen H, Mazzoni Junior GT, Geber S, Sampaio M, Castro MJBV, Faria M. Osso nasal em fetos com síndrome de Down durante o primeiro trimestre de gestação: série de casos. RBUS. 2004;9(2):13-5.
31. Prefumo F, Sairam S, Bhide A, Penna L, Hollis B, Thilaganathan B. Maternal ethnic origin and fetal nasal bones at 11-14 weeks of gestation. BJOG. 2004;111(2):109-12.
32. Rembouskos G, Cicero S, Longo D, Sacchini C, Nicolaides KH. Single umbilical artery at 11-14 weeks' gestation: relation to chromosomal defects. Ultrasound Obstet Gynecol. 2003;22(6):567-70.
33. Salviano LMO, Falone VE, Amaral Filho WN, Amaral WN. Marcadores bioquímicos para anomalias fetais. In: Saito M, Cardoso R, Cha SC, Amaral WN, orgs. Medicina fetal: tratado de ultra-sonografia V – Atualidades e perspectivas. Goiânia: SBSUS; 2015. p. 84-8.
34. Sandikcioglu M, Mølsted K, Kjaer I. The prenatal development of the human nasal and vomeral bones. J Craniofac Genet Dev Biol. 1994;14(2):124-34.
35. Sebire NJ, D'Ercole C, Hughes K, Carvalho M, Nicolaides KH. Increased nuchal translucency thickness at 10-14 weeks of gestation as a predictor of severe twin-to-twin transfusion syndrome. Ultrasound Obstet Gynecol. 1997;10(2):86-9.
36. Sebire NJ, Snijders RJ, Hughes K, Sepulveda W, Nicolaides KH. Screening for trisomy 21 in twin pregnancies by maternal age and fetal nuchal translucency thickness at 10-14 weeks of gestation. Br J Obstet Gynaecol. 1996;103(10):999-1003.
37. Sebire NJ, Souka A, Skentou H, Geerts L, Nicolaides KH. Early prediction of severe twin-to-twin transfusion syndrome. Hum Reprod. 2000;15(9):2008-10.
38. Sepulveda W, Sebire NJ, Hughes K, Odibo A, Nicolaides KH. The lambda sign at 10-14 weeks of gestation as a predictor of chorionicity in twin pregnancies. Ultrasound Obstet Gynecol. 1996;7(6):421-3.
39. Sepulveda W, Sebire NJ, Nicolaides KH. The lambda sign in twin pregnancies. Ultrasound Obstet Gynecol. 1996;8(6):429.
40. Snijders R, Nicolaides K. Diagnóstico de anomalias cromossômicas no primeiro trimestre da gravidez In: Nicolaides KH, DeFigueiredo DBD, eds. O exame ultra-sonográfico entre 11-13+6 semanas. Londres: Fetal Medicine Foundation; 2004. p. 7-44.
41. Snijders RJ, Noble P, Sebire N, Souka A, Nicolaides KH. UK multicentre project on assessment of risk of trisomy 21 by maternal age and fetal nuchal-translucency thickness at 10-14 weeks of gestation. Fetal Medicine Foundation First Trimester Screening Group. Lancet. 1998;352(9125):343-6.
42. Souka AP, Krampl E, Bakalis S, Heath V, Nicolaides KH. Outcome of pregnancy in chromosomally normal fetuses with increased nuchal translucency in the first trimester. Ultrasound Obstet Gynecol. 2001;18(1):9-17.
43. Souka AP, Snijders RJ, Novakov A, Soares W, Nicolaides KH. Defects and syndromes in chromosomally normal fetuses with increased nuchal translucency thickness at 10-14 weeks of gestation. Ultrasound Obstet Gynecol. 1998;11(6):391-400.
44. Spencer K, Cowans NJ, Molina F, Kagan KO, Nicolaides KH. First-trimester ultrasound and biochemical markers of aneuploidy and the prediction of preterm or early preterm delivery. Ultrasound Obstet Gynecol. 2008;31(2):147-52.
45. Spencer K, Cowans NJ, Nicolaides KH. Low levels of maternal serum PAPP-A in the first trimester and the risk of pre-eclampsia. Prenat Diagn. 2008;28(1):7-10.
46. Spencer K, Kagan KO, Nicolaides KH. Screening for trisomy 21 in twin pregnancies in the first trimester: an update of the impact of chorionicity on maternal serum markers. Prenat Diagn. 2008;28(1):49-52.
47. Spencer K, Liao AW, Skentou H, Cicero S, Nicolaides KH. Screening for triploidy by fetal nuchal translucency and maternal serum free beta-hCG and PAPP-A at 10-14 weeks of gestation. Prenat Diagn. 2000;20(6):495-9.
48. Spencer K, Ong C, Skentou H, Liao AW, Nicolaides KH. Screening for trisomy 13 by fetal nuchal translucency and maternal serum free beta-hCG and PAPP-A at 10-14 weeks of gestation. Prenat Diagn. 2000;20(5):411-6.
49. Whitlow BJ, Lazanakis ML, Kadir RA, Chatzipapas I, Economides DL. The significance of choroid plexus cysts, echogenic heart foci and renal pyelectasis in the first trimester. Ultrasound Obstet Gynecol. 1998;12(6):385-90.
50. Wiener-Megnazi Z, Auslender R, Dirnfeld M. Advanced paternal age and reproductive outcome. Asian J Androl. 2012;14(1):69-76.
51. Wong SF, Choi H, Ho LC. Nasal bone hypoplasia: is it a common finding amongst chromosomally normal fetuses of southern Chinese women? Gynecol Obstet Invest. 2003;56(2):99-101.
52. Wright D, Kagan KO, Molina FS, Gazzoni A, Nicolaides KH. A mixture model of nuchal translucency thickness in screening for chromosomal defects. Ultrasound Obstet Gynecol. 2008;31(4):376-83.
53. Vandecruys H, Faiola S, Auer M, Sebire N, Nicolaides KH. Screening for trisomy 21 in monochorionic twins by measurement of fetal nuchal translucency thickness. Ultrasound Obstet Gynecol. 2005;25(6):551-3.
54. Viora E, Masturzo B, Errante G, Sciarrone A, Bastonero S, Campogrande M. Ultrasound evaluation of fetal nasal bone at 11 to 14 weeks in a consecutive series of 1906 fetuses. Prenat Diagn. 2003;23(10):784-7.
55. Ximenes R. Marcadores ultrassonográficos de aneuploidias do 1º trimestre: translucência nucal. In: Pastore AR, ed. Ultrassonografia em ginecologia e obstetrícia. Série ultrassonografia. Rio de Janeiro: Revinter; 2010. p. 64-73.
56. Zoppi MA, Ibba RM, Axiana C, Floris M, Manca F, Monni G. Absence of fetal nasal bone and aneuploidies at first-trimester nuchal translucency screening in unselected pregnancies. Prenat Diagn. 2003;23(6):496-500.
57. Zugaib M. Obstetrícia. 2ª ed. Barueri: Manole; 2012.

9

Ultrassonografia nas infecções congênitas

Brunna de Oliveira
Camila C. Tavares
Stéphano Raydan Ramalho Rocha
Sergio Kobayashi

Introdução

As infecções congênitas na gestação são uma das principais causas de morbimortalidade fetal, sobretudo nos países subdesenvolvidos. Isso porque a transmissão transplacentária dos patógenos, mesmo quando a infecção materna é subclínica, pode levar a uma síndrome congênita grave, estando o risco e as consequências do acometimento fetal relacionados ao estado imunitário materno, às características do agente e à idade gestacional da aquisição da infecção materna. Em geral, quando são expostos precocemente, há maior proteção da barreira hematoplacentária, acontecendo com menor frequência, mas com piores consequências fetais, como morte e malformações graves. Já após 20-25 semanas, a transmissão é mais frequente, mas o acometimento fetal tende a ser inaparente ou latente.

As infecções intrauterinas tratáveis e/ou evitáveis serão ressaltadas neste capítulo, fazendo parte do mnemônico das "TORCH": toxoplasmose, outras (sífilis), rubéola, citomegalovirose e herpes. Além delas, a descoberta recente do impacto do zika vírus também merece ser lembrada. O diagnóstico dessas infecções no pré-natal é baseado na combinação de testes laboratoriais, como a reação de cadeia polimerase (PCR), específicos para cada patógeno (via líquido amniótico), na dosagem de anticorpos no soro materno que indiquem uma infecção aguda (IgG ou IgM) e em achados ultrassonográficos fetais. Apesar de a maioria dos fetos apresentar-se inicialmente sem alterações ultrassonográficas, avaliações seriadas são recomendadas em casos suspeitos.

Alguns achados inespecíficos que podem indicar o acometimento fetal são: restrição do crescimento intrauterino (RCIU), placentomegalia, alterações quantitativas do volume do líquido amniótico (oligoidrâmnio ou polidrâmnio) e hepatoesplenomegalia. Outros achados suspeitos são: hidropisia fetal, ventriculomegalia, hidrocefalia, microcefalia, calcificações intracranianas e intestino ecogênico. Diante de quaisquer desses achados, um estudo morfológico é indicado para investigação do envolvimento de outros órgãos. Quando em associação, alguns achados ultrassonográficos podem favorecer o diagnóstico de síndromes relacionadas a um agente específico (Quadro 1).

Quadro 1 Agentes etiológicos das principais infecções congênitas e seus respectivos achados ultrassonográficos ou clínicos

Agente etiológico	Principais achados clínico-ultrassonográficos
Achados gerais	RCIU, hepatoesplenomegalia, placentomegalia, alterações no líquido amniótico
Citomegalovirose	Hidrocefalia, calcificações intracranianas Surdez, retardo mental
Toxoplasmose	Hidrocefalia, microcefalia, calcificações intracranianas Coriorretinite, convulsões/retardo mental e alterações cutâneas
Rubéola	Malformações cardíacas (CIA, PCA, CIV), microcefalia, microftalmia Catarata, surdez neurossensorial e retardo mental
Sífilis	Hidropisia, ascite, calcificações intra-hepáticas Alterações cutâneas (pênfigo palmoplantar), ósseas (periostite, osteocondrite), hematológicas (anemia, trombocitopenia)
Herpes	Microcefalia/hidranencefalia, microftalmia Catarata congênita e retardo mental
Zika	Microcefalia, ventriculomegalia, calcificações cerebrais, anormalidades na fossa posterior e artrogripose

CIA: comunicação interatrial; CIV: comunicação interventricular; PCA: persistência do canal arterial; RCIU: restrição do crescimento intrauterino.

Principais infecções congênitas

Toxoplasmose

A infecção materna pelo *Toxoplasma gondii* ocorre por meio da ingestão de cistos que podem estar presentes na carne crua e pelo contato com fezes de gatos, alimentos ou solo contaminados. A incidência de infecção fetal, no entanto, depende do estágio da gestação no qual a mãe é infectada, com maiores taxas de transmissão durante o terceiro trimestre.

O risco de manifestações graves, porém, é inversamente proporcional à idade gestacional no momento da infecção materna. Dessa forma, a gravidade é maior no primeiro trimestre, podendo levar ao abortamento; no segundo trimestre, é possível observar coriorretinite, microcefalia e retardo mental. Já no terceiro trimestre pode haver linfadenopatia, hepatoesplenomegalia, lesões oculares e calcificações intracranianas, mas a maior parte dos casos são assintomáticos ou subclínicos.

A manifestação clínica da toxoplasmose sobrepõe-se à de outras infecções "TORCH". A tríade clássica (coriorretinite, hidrocefalia e calcificações intracranianas) é rara, mas ainda permanece altamente sugestiva. As manifestações mais comuns incluem: anemia, convulsões, icterícia, esplenomegalia, hepatomegalia, trombocitopenia, coriorretinite, disfunção motora e cerebelar, microcefalia, convulsões, deficiência intelectual (retardo mental) e perda auditiva neurossensorial.

A ultrassonografia tem importância fundamental no acompanhamento e na avaliação do prognóstico dos fetos portadores de toxoplasmose. As alterações observadas com maior frequência são a dilatação ventricular, comumente simétrica, podendo apresentar evolução rápida, e calcificações intracranianas múltiplas, ocorrendo nos hemisférios cerebrais, menos ecogênicas à ultrassonografia no período pré-natal, dificultando a sua detecção. O acompanhamento após o nascimento por ultrassonografia transfontanela ou tomografia computadorizada (TC) de crânio é recomendado. Alterações ultrassonográficas relacionadas à infecção sistêmica pelo toxoplasma são observadas em menor frequência, pelo tropismo do parasita pelo sistema nervoso central do feto.

Dentro delas pode-se observar polidrâmnio e espessamento placentário com ecogenicidade preservada, indicativos de infecção. Hepatomegalia e calcificações hepáticas fetais são sinais de hepatite pelo *T. gondii*. A esplenomegalia é menos frequente, mas quando existe está associada à hepatomegalia. Pode haver ainda derrame pericárdico, em pequeno número de fetos, associado a outros sinais de infecção sistêmica. O acompanhamento ultrassonográfico também avalia a eficácia do tratamento pré-natal, podendo haver regressão das alterações ultrassonográficas algumas semanas após o início da terapia pré-natal na placenta, no líquido amniótico e alterações sistêmicas fetais, permitindo a elaboração de conduta pós-natal adequada, com o objetivo de diminuir a gravidade das sequelas nessas crianças.

Citomegalovirose

A citomegalovirose em geral é uma infecção viral assintomática ou subclínica, sendo endêmica em todo o mundo. Nos países desenvolvidos, a maioria das pessoas já foi infectada até atingir a idade adulta. No entanto, em determinadas populações, a infecção por citomegalovírus (CMV) pode levar a doenças graves ou fatais, sobretudo porque pode tornar-se latente nas células, com o potencial de subsequente reativação, após uma infecção primária por fluidos corporais infectados. Dois grupos de pacientes são particularmente suscetíveis à infecção por CMV: aqueles com infecções intrauterinas e pacientes imunocomprometidos.

A infecção congênita pelo CMV é uma das mais prevalentes no mundo, sendo seu diagnóstico precoce importante por conta da eficácia do tratamento antiviral para minimizar a perda auditiva em crianças sintomáticas. A idade gestacional tem menor influência no risco de transmissão transplacentária e aproximadamente 30% das infecções maternas resultam em infecção congênita. No entanto, as consequências clínicas parecem ser piores quando a infecção ocorre no primeiro trimestre de gestação. Cerca de 7-10% dos recém-nascidos com infecção por CMV apresentam sintomas de doença de inclusão citomegálica, tais como: microcefalia, hepatoesplenomegalia, púrpura trombocitopênica, perda de audição, calcificações intracranianas, baixo peso ao nascimento, hepatite, pneumonite, anormalidades neurológicas e alterações hematológicas.

A ultrassonografia é fundamental para a avaliação fetal, com sensibilidade variável. O volume anormal do líquido amniótico (polidrâmnio ou oligoidrâmnio) é um achado frequente, assim como a placentomegalia, e pode ser acompanhado por alterações fetais como ascite ou hidropisia não imune e anomalias de múltiplos órgãos, como calcificações intracranianas, anomalias cardíacas e calcificações de órgãos parenquimatosos.

As anormalidades ecográficas intracranianas mais comuns são as calcificações intracranianas, ventriculomegalia cerebral leve, microcefalia e atrofia cerebral. As calcificações intracranianas podem aparecer como focos periventriculares ou corticais sem sombra. Calcificações lineares ou ramificadas são observadas nos gânglios basais ou tálamos. A ventriculomegalia com hemorragia intraventricular ou com hemorragia intracraniana que evolui para a porencefalia pode ser descrita por ultrassonografia e ressonância magnética (RM). Outros sinais de infecção fetal que podem ser observados são as aderências intraventriculares, pseudocistos periventriculares, alterações girais e de sulcação. A neurossonografia específica foi considerada equivalente à RM no diagnóstico de anomalias cerebrais fetais, incluindo lesões associadas ao CMV.

O exame ultrassonográfico oftalmológico fetal pode identificar uma variedade de lesões, como coriorretinite (revestimento ecogênico no corpo vítreo), catarata e microftalmia. O envolvimento cardíaco fetal na infecção por CMV pode incluir taquicardia supraventricular fetal e derrame pericárdico. O aumento da ecogenicidade do intestino tem sido bem documentado na infecção intrauterina por CMV, podendo se associar a dilatação por enterocolite viral. A resposta inflamatória intensa no fígado pode estar associada a hepatomegalia, ascite e calcificações hepáticas. Esplenomegalia pode ser observada perto do termo. As calcificações parenquimatosas podem envolver os pulmões e às vezes são associadas a focos ecogênicos intra-abdominais. A hidropisia fetal não imune parece ocorrer tardiamente na evolução dos sinais ecográficos, indicando uma infecção fetal grave.

Sífilis

A sífilis é uma doença sexualmente transmissível (DST) com uma elevada taxa de transmissão vertical, que varia de 30-100%, podendo acontecer em qualquer fase da gestação ou estágio da doença, sendo a maior probabilidade para a sífilis primária e secundária. Pode ser diagnosticada por meio de testes sorológicos não específicos como o VDRL, e específicos como o FTA-abs IgM e o ELISA, e sua transmissão via transplacentária pode ser confirmada com a identificação do *Treponema pallidum* no líquido amniótico (via amniocentese). A sífilis congênita continua sendo um problema de saúde pública, apesar de todas as políticas preventivas, de diagnóstico e tratamento precoce no pré-natal, tendo uma alta morbimortalidade perinatal, podendo evoluir com prematuridade, aborto espontâneo, natimorto e óbito perinatal.

No período pós-natal, é possível classificar em dois períodos, dos quais nos interessa o precoce, até o segundo ano de vida, sendo a maior parte dos casos inicialmente assintomática. Clinicamente o recém-nascido pode apresentar lesões cutâneas (pênfigo palmoplantar, condiloma plano, petéquias, púrpura, fissura peribucal), pseudoparalisia dos membros (decorrente das alterações ósseas), sofrimento respiratório com ou sem pneumonia, rinite serossanguinolenta, icterícia, linfadenopatia generalizada, síndrome nefrótica, convulsão e meningite, além de alterações hematológicas como a anemia, trombocitopenia, leucocitose ou leucopenia.

No estudo ultrassonográfico, muitas vezes pode-se observar a RCIU, hepatoesplenomegalia e placentomegalia; eventualmente encontramos calcificações intra-hepáticas, hidropisia fetal (pela anemia intensa), ascite, irregularidades epifisárias pela periostite/osteocondrite.

Rubéola

A rubéola é uma doença viral com evolução benigna na maioria dos casos, sendo seu principal problema quando contraída durante a gestação. A administração da vacina da rubéola reduziu bastante a incidência desse problema, ainda que seja possível a reinfecção após a vacinação. A incidência da infecção fetal chega a mais de 80% quando expostos no primeiro trimestre (onde ocorrem mais frequentemente as malformações). Nessa época, o dano da infecção aos vasos placentários pode levar a hemorragias e necrose, interferindo com a invasão trofoblástica e levando a alterações nos índices de resistividade e pulsatilidade das artérias uterinas, bem como das artérias umbilicais e cerebrais médias. Quando ocorre mais tardiamente no segundo trimestre (por volta de 20% dos casos), tende a evoluir com trombose e calcificação dos vasos das vilosidades coriônicas, levando a insuficiência placentária e, eventualmente, sinais de redistribuição hemodinâmica fetal. A transmissão transplacentária pode evoluir com RCIU (decorrente da disfunção placentária), aborto precoce ou óbito fetal, ou pode ainda resultar na síndrome da rubéola congênita. Essa síndrome resulta de uma série de anomalias como a surdez, retardo mental, anomalias cardíacas – entre elas a comunicação interatrial e/ou interventricular –, alterações oftalmológicas (como a catarata e a microftalmia), hipotonia e convulsões.

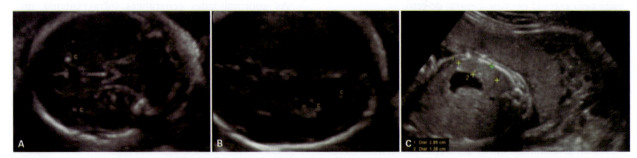

Figura 1 Cortes transversais de ultrassonografia obstétrica morfológica em uma gestação com 25 semanas e 1 dia em que se observam (A, B) calcificações periventriculares e (C) baço de dimensões aumentadas. A sorologia confirmou sorologia positiva para citomegalovírus.

Caso gentilmente cedido pela Dra. Ingrid Silva.

Portanto, no estudo ultrassonográfico é comum encontrarmos a RCIU, microcefalia e hepatoesplenomegalia. São descritos também meningocele, desordens renais, peritonite meconial e intestino hiperecogênico. Os casos mais tardios, que não são diagnosticados pela ultrassonografia pré-natal, podem evoluir com cirrose, colestase, pancreatite, diabetes e tireoidopatias.

Herpes

A infecção pelos herpes vírus simples tipo I e II é altamente prevalente na população geral e pode ser transmitida tanto intraútero quanto no período perinatal durante a passagem do recém-nascido pelo canal do parto, sobretudo quando a paciente é infectada pela primeira vez durante a gestação. A infecção materna é assintomática em 60-80% dos casos e apenas em menos de 5% dos casos ocorre a transmissão transplacentária. A infecção pelo herpes do tipo II, quando ocorre na gestação, próximo ao parto, apresenta risco de transmissão vertical de aproximadamente 30-50%, sendo menor que 1% entre gestantes com história de recorrência no termo ou que adquiriram o herpes no início da gestação. O diagnóstico é realizado por meio da sorologia, que consegue determinar se a infecção é recente ou antiga.

Os achados ultrassonográficos fetais podem incluir a RCIU, microcefalia, hidranencefalia, ventriculomegalia, microftalmia, calcificações miocárdicas e hepáticas, hepatoesplenomegalia, intestino ecogênico e flexão persistente dos membros. Após o nascimento, lesões cutâneas e cicatrizes podem estar presentes, e as principais complicações são a catarata e o retardo do desenvolvimento neuropsicomotor.

Zika

A transmissão do zika vírus (ZIKV) ocorre sobretudo por meio da picada de mosquitos infectados, de modo semelhante à transmissão do vírus da dengue, sendo uma infecção assintomática na grande maioria dos adultos e apontada recentemente como um agente potencialmente teratogênico. Dessa forma, a transmissão vertical deve ser suspeitada em toda paciente gestante com ou sem sintomatologia compatível, que habite ou tenha visitado países com circulação ativa do vírus. Ainda não se sabe se a exposição materna anterior à gestação pode ser considerada como um fator de proteção. O diagnóstico definitivo pode ser feito por meio do isolamento viral por PCR ou por meio da pesquisa de anticorpos de fase aguda (IgM) pela técnica ELISA ou de imunofluorescência nos fluidos maternos (sangue, urina) ou no líquido amniótico.

Assim como em outras infecções congênitas, nem todos os fetos infectados desenvolvem anomalias. A infecção pelo ZIKV durante a gestação está associada a abortos, restrição do crescimento intrauterino, hidropisia fetal, natimortalidade e principalmente a malformações cerebrais, entre as quais se destaca a microcefalia, achado que deve ser valorizado com parcimônia quando isolado, já que em uma pequena parcela da população pode estar presente em fetos normais. Os casos com microcefalia têm sido relacionados à infecção materna nos primeiros meses da gestação, contudo tal achado costuma se tornar evidente apenas no final do segundo trimestre. Por isso, é importante procurar por outros achados ultrassonográficos que auxiliem no reconhecimento precoce dessa condição.

No sistema nervoso central, os principais achados são a ventriculomegalia não hipertensiva e assimétrica, podendo evoluir com o avançar da idade gestacional, associada a redução do crescimento da circunferência cefálica decorrente de uma atrofia cerebral progressiva; calcificações cerebrais tênues na época do diagnóstico ultrassonográfico pré-natal (focos hiperecogênicos sem sombra acústica posterior), predominantemente na transição corticossubcortical, nos núcleos da base, no mesencéfalo, no tronco cerebral e no cerebelo; anomalias da migração neuronal como a lisencefalia, paqui/agiria, polimicrogiria, heterotopias e disgenesia do corpo caloso – em casos raros, lesões císticas destrutivas como porencefalia, esquizencefalia e hidranencefalia podem ocorrer; e anormalidades na fossa posterior (Dandy-Walker-*like*) como hipoplasia cerebelar, megacisterna magna e destruição do vermis cerebelar. Perifericamente pode haver artrogripose, que consiste na contratura congênita de duas ou mais articulações e é altamente relacionada com as anormalidades da fossa posterior, incomuns em outras infecções congênitas. As alterações placentárias, como espessamento, calcificações e insuficiência placentária, são menos específicas, mas podem estar presentes.

Deve-se ressaltar a importância da avaliação ultrassonográfica periódica durante a gestação, idealmente a cada 4-6 semanas, a partir da exposição materna ao vírus. Pelo menos um exame deve realizado entre 28-33 semanas, uma vez que, nessa idade gestacional, a correlação entre a circunferência cefálica fetal e a circunferência occipitofrontal é o parâmetro mais acurado para o diagnóstico de microcefalia; além disso, as estruturas cerebrais estão desenvolvidas o suficiente e a ossificação da calota craniana ainda não determina importante limitação à penetração do feixe sonoro, facilitando a detecção de anomalias. Uma ultrassonografia com Doppler pode ser necessária após 34 semanas para detectar problemas como restrição do crescimento intrauterino, oligoidrâmnia e óbito fetal.

Após o nascimento, a ultrassonografia transfontanela é considerada um método rápido e acessível para confirmar as alterações encefálicas já descritas e como achado adicional pode ser observado um aumento difuso da ecogenicidade da substância branca, inferindo atraso na mielinização. Entretanto, sua avaliação pode ser prejudicada em razão do fechamento precoce da fontanela anterior, que é frequente nesses pacientes. Nesse contexto, uma TC ou RM do crânio propiciam uma melhor avaliação.

É fundamental a pesquisa por malformações em outros sistemas, tendo em vista a grande associação de malformações cardíacas (patência do forame oval e/ou do ducto arterioso), assimetria de membros inferiores, oftalmopatias, alterações auditivas e genitais (hipospádia, criptorquidia, micropênis), entre outras.

Considerações finais

Juntamente com os testes laboratoriais no período pré-natal, a ultrassonografia é uma ferramenta não invasiva importante para o diagnóstico precoce das infecções congênitas, algumas das quais podem ser tratáveis durante a gestação. O acompanhamento ultrassonográfico também avalia a eficácia do tratamento, permitindo a elaboração de conduta pós-natal adequada, com o objetivo de diminuir a gravidade das sequelas nessas crianças e de certa forma preparar a equipe e os pais para possíveis evoluções adversas relacionadas à gestação. O principal desafio associado ao papel da ultrassonografia nas infecções congênitas é a escassez da literatura sobre o tema e a superposição dos achados ultrassonográficos entre elas, podendo ser inicialmente pouco específicos.

Ainda assim, a ultrassonografia continua sendo o padrão-ouro para a avaliação da morfologia fetal, podendo ser tão acurada quanto a RM fetal em mãos experientes, sendo um método acessível e de baixo custo. Durante o exame, deve-se buscar ativamente marcadores gerais como calcificações e aumento das dimensões placentárias, alterações quantitativas do líquido amniótico e alterações morfológicas e do desenvolvimento fetal, como a restrição do crescimento intrauterino, a hepatoesplenomegalia, o intestino ecogênico e alterações no sistema nervoso central como calcificações intracranianas, microcefalia e hidrocefalia para guiar uma avaliação minuciosa em busca de outras alterações morfológicas, tendo em vista o frequente envolvimento de múltiplos órgãos.

Bibliografia sugerida

1. Araujo Júnior E, Martins Santana EF, Rolo LC, Nardozza LMM, Moron AF. Prenatal diagnosis of congenital syphilis using two-and three-dimensional ultrasonography: case report. Case Reports in Infectious Diseases. 2012;2012:478436.
2. Bailão LA, Rizzi MCS, Bonilla-Musoles F, Osborne NG. Ultrasound markers of fetal infection: an update. Ultrasound Quarterly. 2000;16(4):221-33.
3. Degani S. Sonographic findings in fetal viral infections: a systematic review. Obstetrical & Gynecological Survey. 2006;61(5):329-36.
4. Neu N, Duchon J, Zachariah P. TORCH infections. Clinics in Perinatology. 2015;42(1):77-103.
5. Papageorghiou AT, Thilaganathan B, Bilardo CM, Ngu A, Malinger G, Herrera M, et al. ISUOG Interim Guidance on ultrasound for zika virus infection in pregnancy: information for healthcare professionals. Ultrasound Obstet Gynecol. 2016;47:530-2.
6. Subramanya S, Patham B, Kupesic SP. Recognizing TORCH group of infections on fetal sonography. Donald School J Ultras Obstet Gynecol. 2009;3(4):47-50.
7. Vouga M, Baud D. Imaging of congenital zika virus infection: the route to identification of prognostic factors. Prenat Diagn. 2016;36(9):799-811.

10

Avaliação ultrassonográfica da placenta

Luiz Eduardo Machado
Fernanda Machado Schleinstein
Livia Margarida Chamusca

Introdução

Órgão maternofetal de mamíferos, altamente vascularizado, sendo o principal local de transporte de oxigênio, nutrientes e resíduos fetais. Na placenta há uma porção fetal (vilosidades coriônicas, provenientes dos trofoblastos) e uma porção materna (decídua, proveniente do endométrio uterino). A placenta produz uma série de hormônios esteroides, proteicos e peptídicos (hormônios placentários).

Durante o período gestacional, o acompanhamento do desenvolvimento placentário é de vital importância e para isso conta-se com a ultrassonografia endovaginal para todo o primeiro trimestre e a via abdominal para o segundo e terceiro trimestre. Implantação e primeiro trimestre

Os aspectos do primeiro trimestre e a observação cuidadosa são importantíssimos para estabelecer o bom prognóstico na evolução da gestação. Nessa ocasião, a exploração deverá ser realizada por meio da ultrassonografia transvaginal, que permite ver e estabelecer estruturas anatômicas que são responsáveis pela implantação do ovo (córion frondoso e córion liso) (Figuras 1 e 2).

Vale lembrar que nas primeiras semanas de gestação, a implantação e principalmente o "córion frondoso" ocupam uma grande parte da cavidade, sendo muito comum acontecerem os escapes e *spots* hemorrágicos e muitas vezes hemorragias propriamente ditas. Por esse motivo, estabelecer a área de descolamento com referência à zona de implantação permite definir o prognóstico da evolução da gestação. Ou seja, se o descolamento for de córion liso, é de bom prognóstico; e se for de córion frondoso, aí teremos de estabelecer um percentual da área descolada para ter o prognóstico. Geralmente o descolamento de córion frondoso é sempre de risco para abortamento.

Observação ultrassonográfica

Mediante a ultrassonografia, a placenta pode ser reconhecida a partir da décima semana ou ainda um pouco

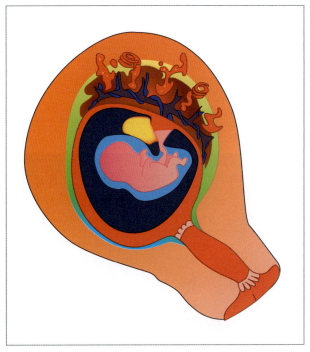

Figura 1

antes, se forem utilizados transdutores de endocavitários de alta frequência. Identifica-se inicialmente como um engrossamento do halo hiperecogênico que rodeia o saco gestacional. Até o final do primeiro trimestre pode-se avaliar em forma mais definida e identificar as seguintes estruturas:

- Placa corial: manifesta-se como uma linha ecogênica que marca a borda da placenta em contato com o líquido amniótico.
- A substância placentária ou maciço placentário.
- A placa basal, que é constituída pela interface levemente ecogênica que separa a placenta da decídua, miométrio e vasos uterinos (Figuras 3 e 4).

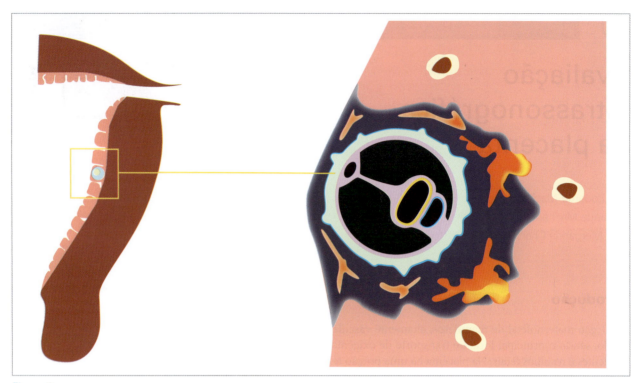

Figura 2

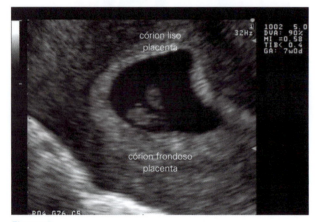

Figura 3

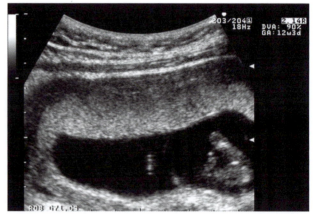

Figura 4

Tropismo

Antes de entrar em outros aspectos tanto normais como anormais da evolução ultrassonográfica da placenta, é importante introduzir o conceito de trofotropismo (tropismo do trofoblasto), que explica as diferentes situações que serão referidas adiante.

Define-se como trofotropismo a proliferação seletiva das vilosidades trofoblásticas da placenta em regiões com maior aporte de sangue endometrial com atrofia simultânea em zona de menor vascularização. Esse fenômeno permite que uma placenta mude sua posição e remodele sua forma dentro do útero com a evolução da gravidez. Este é sem dúvida um fenômeno de migração placentária, cada segmento da placenta, incluindo o local de inserção do cordão umbilical, permanece em seu local original com respeito ao endométrio subjacente. Esse fenômeno se observa com mais frequência no primeiro trimestre.

O tropismo placentário ajuda diferentes situações da placenta e do cordão e do cordão umbilical, como:

- Resolução de uma placenta prévia.
- Placenta bilobulada ou succenturiada.
- Inserção marginal e velamentosa do cordão.

- Vasa prévia.
- Procedência de cordão.

Três pontos fundamentais na avaliação com recurso da ultrassonografia são: observar local de implantação, ecotextura e implantação do cordão umbilical.

Local de implantação:

- Anterior (parede anterior do útero) (Figura 5).
- Posterior (parede posterior do útero) (Figura 6).
- Fúndica (região fúndica do útero) (Figura 7).
- Prévia parcial (implantação próxima ao orifício interno do colo, e nesse caso pode-se subdividir em baixa, marginal ou parcial).
- Prévia total (obstrução total do orifício interno do colo uterino).

De todas as implantações citadas, as que mais preocupam são a prévia parcial anterior e a prévia total. Essas placentas promovem risco de hemorragias, além do que é mais grave: risco de acretização com invasão para a parede posterior da bexiga, levando a um alto grau de risco de

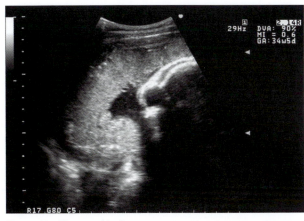

Figura 7   Placenta fúndica.

hemorragia e até mesmo risco de morte materna. Nessas situações, a ultrassonografia transvaginal pode fornecer informações mais precisas e de grande relevância, principalmente quando se associa o recurso do *color* Doppler para observar a vascularização do segmento.

Localização placentária

É norma em todo estudo ultrassonográfico informar a localização da placenta. Para tanto, basta correlacionar a posição dela com a anatomia uterina. Dessa maneira, a placenta poderá localizar-se em uma das faces principal do útero: anterior e posterior. Também pode abraçar o fundo uterino ou a parede lateral direita ou esquerda. Portanto, deve-se avaliar os diferentes setores uterinos que se encontram ocupados por placenta e informar sobre sua normal localização com relação ao orifício cervical interno, que será consignado como placenta não prévia.

Placenta prévia

A placenta prévia é responsável por um aumento da morbimortalidade maternofetal, particularmente em casos não diagnosticados. Por esse motivo, é de grande importância o diagnóstico pré-natal adequado.

Como já citado, a ultrassonografia transvaginal constitui padrão ouro no diagnóstico pré-natal de placenta prévia, pela possibilidade que ela promove em estabelecer o tipo de placenta prévia, além de permitir com mais acuidade estabelecer a relação com a parede uterina, podendo colaborar na predição do resultado do parto.

A terminologia corretamente utilizada para definir e classificar a placenta prévia é variada e confusa. A definição mais correta é toda placenta que se encontra inserida no segmento inferior e se estende até o orifício interno do colo uterino.

As variáveis existentes dependem exclusivamente da borda da placenta em relação ao OIC. Na placenta oclusiva total, o orifício do colo encontra-se totalmente enco-

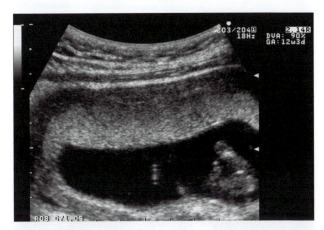

Figura 5   Placenta anterior.

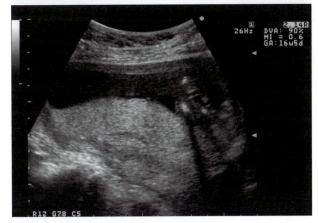

Figura 6   Placenta posterior.

berto pela placenta. Na placenta prévia parcial, o orifício do colo encontra-se parcialmente encoberto pela placenta. Na prévia marginal, a borda da placenta encontra-se na margem do orifício do colo. Na inserção baixa, a placenta está inserida no segmento inferior, não alcança o OI, mas está na vizinhança próxima (zona perigosa de Barnes).

Vale lembrar que acima de tudo tem de se contar com a boa experiência do examinador para aplicar a técnica correta com equipamentos de boa resolução no sentido de se obter resultados mais precisos (Figura 8).

Acretismo placentário

Define-se como acretismo placentário aquela condição em que se encontram vilosidades placentárias que se conectam com o miométrio sem decídua entreposta, resultando em anormal aderência entre a placenta e o útero. Essas placentas anormalmente inseridas não podem se separar corretamente da parede uterina logo após o parto, causando uma hemorragia intensa que habitualmente requer uma histerectomia de emergência. Segundo o grau de penetração, classificam-se em (Figuras 9 a 12):

- Placenta acreta (78%): a placenta contacta-se com o miométrio mas não invade.
- Placenta increta (17%): a placenta invade o miométrio.
- Placenta percreta (5%): a placenta atravessa o miométrio, atingindo o órgão vizinho (bexiga ou reto).

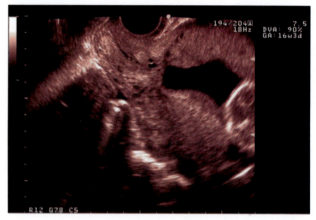

Figura 9   Imagem de prévia marginal.

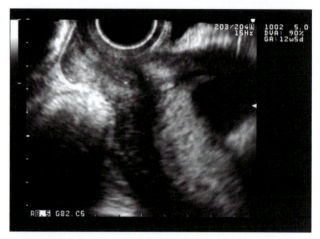

Figura 10   Imagem de prévia parcial.

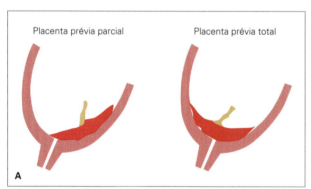

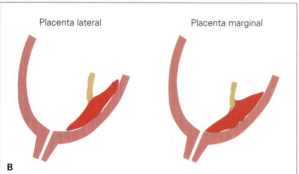

Figura 8   A: Placenta prévia parcial; B: placenta prévia total; C: placenta lateral; D: placenta marginal.

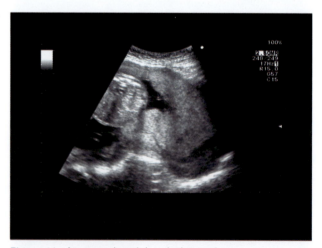

Figura 11   Imagem de prévia oclusiva total.

Estima-se sua prevalência em 1:2.500 gestações, mas alcança 5% em pacientes com placenta prévia.

Os sinais ultrassonográficos de acretismo placentário são os seguintes:

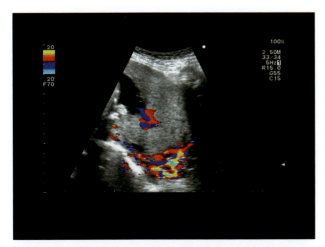

Figura 12   Imagem de prévia oclusiva total.

- Perda da zona hipoecoica retro placentária.
- Afinamento e desaparecimento da linha ecogênica que corresponde a interface entre as serosas uterina e vesical.
- Extensões focais de tecido placentário que ultrapassam a serosa, podendo penetrar na bexiga.
- Presença de espaços anecoicos que se denominam lagos ou lagunas dentro do maciço placentário, de preferência na porção de polo inferior.

O *color* Doppler é uma ferramenta que agrega muito nesse diagnóstico, mostrando a invasão vascular a interface uterossegmentar. Não é um diagnóstico fácil e muitas vezes é preciso se valer de técnicas auxiliares como a ressonância magnética, buscando aprimorar um diagnóstico da maior importância clínica (Figuras 13 e 14).

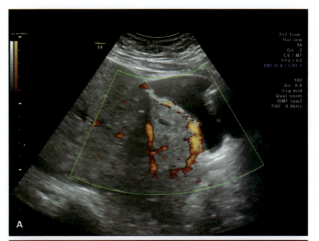
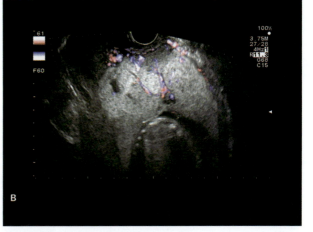

Figura 13   Invasão para o tecido vizinho.

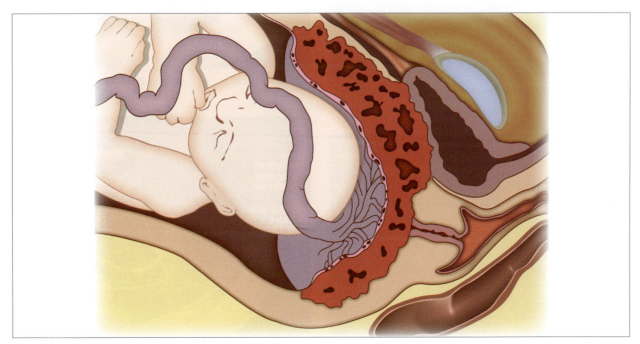

Figura 14   Resultado de uma placenta precreta que invade a bexiga.

Hematomas e descolamentos

É relativamente comum observar áreas hipoecoicas ou até mesmo anecoicas entre a área de inserção placentária e o miométrio (placa basal). Isso se dá com mais frequência no primeiro trimestre, com clínica de *spot* ou mesmo hemorragias. Nessa fase é muito importante identificar corretamente a área que apresentou descolamento para se estabelecer um prognóstico clínico de risco para a evolução da gestação.

Deve-se identificar a área mais espessa ao redor do saco gestacional como "córion frondoso" (onde será a placenta propriamente dita) e a área mais fina como "córion liso" (membrana coriônica). Se o descolamento se dá na área mais fina, é de bom prognóstico. Já na área mais espessa, córion frondoso, há prognóstico reservado e de alto risco para abortamento. Descolamentos no segundo e terceiro trimestres são mais raros, embora os riscos se mantenham na mesma proporção (Figuras 15 a 19).

Alterações da ecotextura

No início, a partir da 15ª semana, aproximadamente, observa-se uma visão do chamado maciço placentário homogêneo com um tom de cinza bem característico e isso se dá até mais ou menos a semana 30, se não houver interferência de patologia materna como hipertensão, diabetes, infecção viral etc. Por isso mesmo, a observação da textura placentária nos fala de temas importantes na saúde fetal.

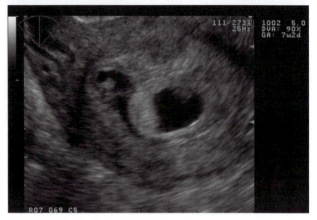

Figura 17   Descolamento de córion frondoso.

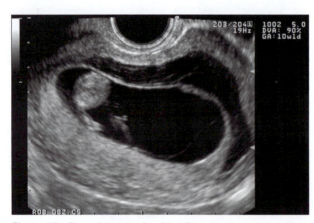

Figura 15   Descolamento de córion liso.

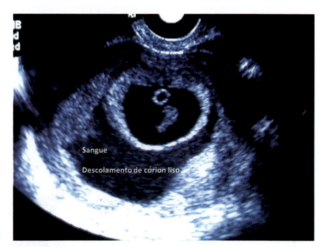

Figura 18   Grande descolamento de córion liso.

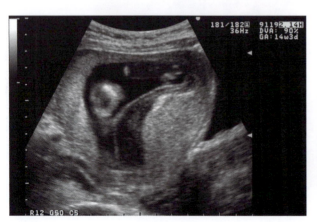

Figura 16   Descolamento de córion liso.

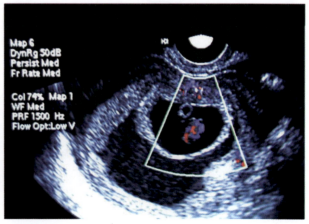

Figura 19   O Doppler mostrando embrião vivo.

Nos fins dos anos 1970, Grannum descobriu a representação ultrassonográfica do processo de maturação da placenta correlacionando com a bioquímica da maturidade pulmonar fetal e estabelecendo quatro graus distintos, observando-se placa corial, maciço placentário de placa basal

- Placenta grau 0: caracteriza-se por apresentar uma placa corial lisa, a substância placentária homogênea e a placa basal sem ecogenicicade subjacente.
- Placenta grau 1: a placa corial apresenta-se ligeiramente ondulada e observam-se pequenos pontos ecogênicos no maciço placentário e a placa basal sem modificação.
- Placenta grau 2: a placa corial apresenta-se mais ondulada com áreas marcante em forma de vírgula e maior quantidade de pontos ecogênicos na substância placentária. Na placa basal, observam-se áreas com ecos lineares paralelos a ela.
- Placenta grau 3: A placa corial mostra-se marcantemente ondulada, formando verdadeiros círculos que se projetam para o maciço placentário, atingindo a placa basal e aumentando os pontos ecogênicos, promovendo sombra acústica (Figura 20).

Normalmente, a placenta alcança grau I por volta das semanas 30 e 31, podendo manter-se até o final da gestação. Cerca de 45% das placentas chegam ao grau II por volta da semana 34/36 e cerca de 15% chegarão ao grau III.

A presença de placenta grau III não indica interrupção nem tampouco aponta sofrimento fetal. Esse trabalho restringe-se à avaliação de maturidade fetal, comparando-se com a bioquímica do líquido amniótico. Algumas patologias maternas promovem alterações na ecotextura da placenta (hipertensão, diabetes, pacientes fumantes etc.).

Atualmente, o valor dessa estadificação placentária mediante ultrassonografia é relativo. De toda maneira, em nosso meio segue sendo uma prática habitual informar o grau de maturidade placentária. Novos métodos têm sido elaborados, como ecogenicidade pulmonar fetal, para avaliar a maturidade fetal (Figuras 21 a 23.

Placenta succenturiada

Consiste em uma anomalia da morfologia placentária, na qual existe um ou vários lóbulos acessórios conectados

Quadro 1 Esquema de Granum comparando com maturidade do líquido

Maturação placentária	Placa corial	Espaço interviloso	Placa basal	Relação L/E
0	Lisa	Homogêneo		
1	Ondulada	Ecos lineares esparsos		67,7%
2	Festonada	Ecos verticais em forma de vírgula	Ecos lineares densos	87,5%
3	Denteada	Áreas anecoicas	Áreas ecogênicas confluentes	100%

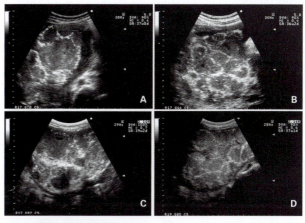

Figura 21 Placenta grau III.

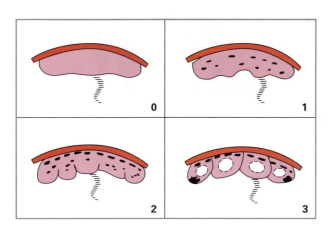

Figura 20 Desenho ilustrativo dos graus de maturidade.

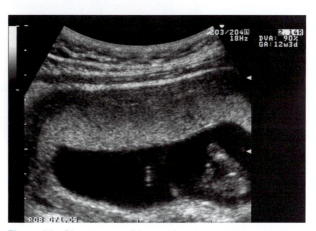

Figura 22 Placenta grau 0 homogênea.

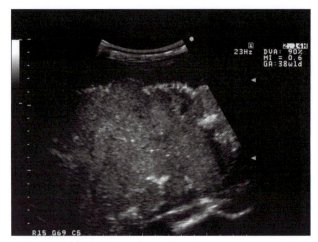
Figura 23   Placenta grau II.

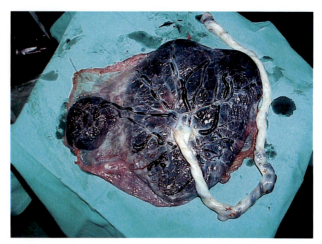
Figura 25   Placenta succenturiada (lóbulo acessório).

à porção principal da placenta mediante vasos sanguíneos. A denominação placenta bilobulada se reserva àquelas placentas succenturiadas nas quais ambas as porções de placenta são de tamanho similar. Em geral, cerca de 5% das gestações apresentam placenta succenturiada, cuja área afastada assemelha-se a um cotilédone extranumerário.

Não existem maiores repercussões clínicas sobre a paciente ou mesmo para o concepto, embora seja importantíssimo o diagnóstico precoce para advertir o obstetra no momento do parto e do delivramento. Não é muito raro um obstetra desavisado deixar parte da placenta, o que terá repercussão no pós-parto e no puerpério, tendo muitas vezes que voltar a paciente ao centro cirúrgico para remoção. Vale lembrar que o lóbulo acessório inserido sobre o orifício interno do colo se comporta como placenta prévia (Figuras 24 a 26).

Inserção anômala de cordão

Normalmente, no desenvolvimento da placenta, é como um disco redondo com a inserção do cordão umbilical na porção central. A proliferação diferencial das vilosidades por conta do trofotropismo pode dar lugar a uma placenta com um cordão de localização excêntrica. O cordão umbilical poderá então ficar na margem ou borda da placenta (inserção marginal) ou até mesmo um pouco mais distante da borda placentária, na membrana (inserção velamentosa) (Figuras 27 e 32).

A inserção marginal consiste na localização marcadamente excêntrica do cordão umbilical na borda da placenta, que em razão da semelhança denomina-se placenta em "raquete". Em uma inserção marginal ou velamentosa, ainda existe o risco de aparecer cordão umbilical no orifí-

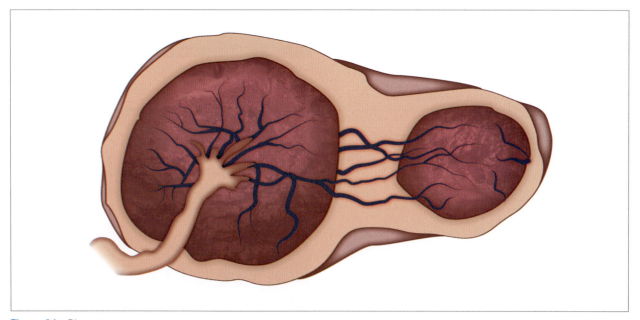
Figura 24   Placenta.

10 AVALIAÇÃO ULTRASSONOGRÁFICA DA PLACENTA 87

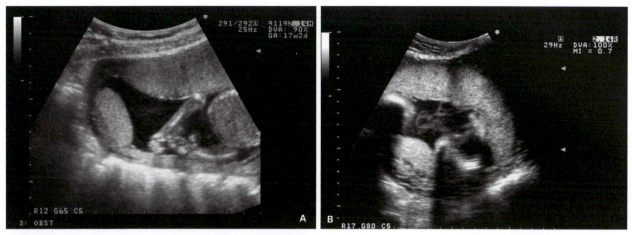

Figura 26 Ecograma mostra imagem de placenta succenturiada.

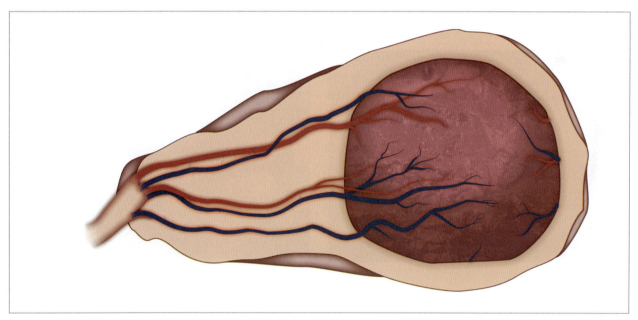

Figura 27 Inserção velamentosa de cordão.

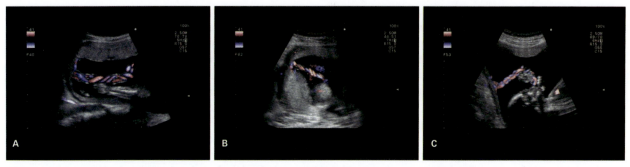

Figura 28 A inserção do cordão encontra-se na membrana e é vista na imagem na parede do útero.

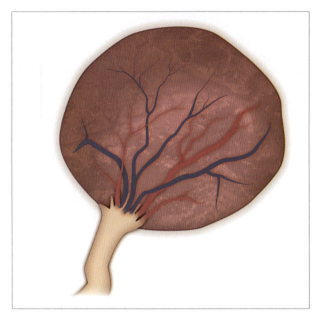

Figura 29 Placenta em raquete.

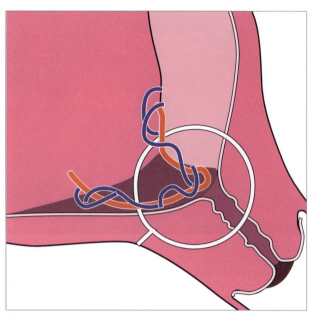

Figura 31 Desenho explicativo do vasa prévia.

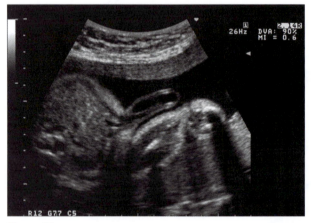

Figura 30

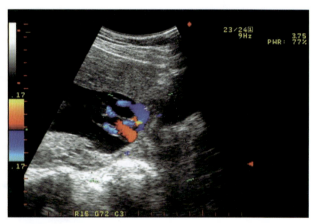

Figura 32 Ecograma mostrando presença de vasa prévia.

cio interno, mostrando-se antes da apresentação fetal. Essa ocorrência é conhecida como vasa prévia (Figura 15C).

Placenta circunvalada

Observa-se, ao redor da placenta circunvalada, um anel ecogênico que encobre parte da face fetal da placenta. Isso corresponde a uma degeneração fibrinoide das vilosidades presas entre o córion e o âmnio.

Na ultrassonografia, observa-se uma linha espessa ecogênica antes da placa corial. Essa alteração pode levar a uma restrição do crescimento fetal e até mesmo a descolamento prematuro de placenta (Figuras 33 a 35).

Corioangiomas (tumores placentários)

O corioangioma, ou hemângioma placentário, é o tumor benigno mais frequente da placenta, sendo encontrado em 0,5-1,0% das placentas examinadas no pós-parto. A incidência de corioangioma volumoso é menor, variando em 1 em 8.000 a 1 em 50.000 gestações. Esses tumores são hamartomas que têm origem como uma malformação do tecido angioblástico primitivo da placenta. Existem dois tipos histológicos principais de corioangioma: angiomatoso ou adulto formado por numerosos vasos sanguíneos e celular ou jovem composto por tecido mesenquimatoso escasso e vasos malformados.

Com a ultrassonografia bidimensional é possível identificar o corioangioma como uma massa arredondada, bem circunscrita. Mediante o auxílio do *color* Doppler pode-se ver vascularização intensa dentro do tumor, facilitando a diferenciação com outros tumores, como teratoma placentário etc.

Esses tumores podem promover parto prematuro, restrição do crescimento fetal intrauterino e algumas vezes descolamento prematuro da placenta, poli-hidrâmnio, anemia fetal, hidropsia não imune etc.

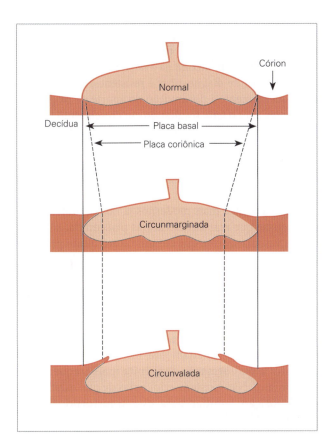

Figura 33   Esquema de placenta circunvalada.

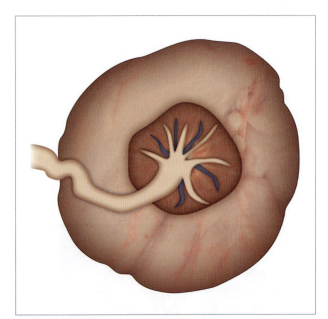

Figura 34   Esquema de placenta circunvalada.

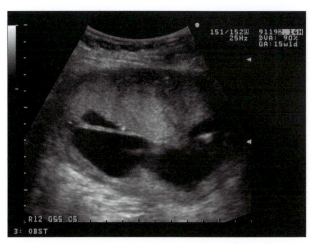

Figura 35   Ultrassonografia de placenta circunvalada.

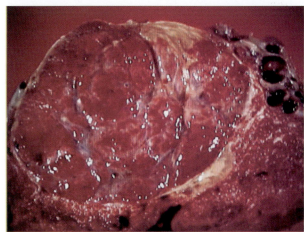

Figura 36   Visão corioangioma (anatomia patológica).

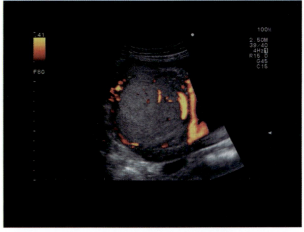

Figura 37   Visão corioangioma (ultrassonografia).

O *color* Doppler 3D permite uma visão do novelo vascular interno, auxiliando assim na predição e no prognóstico da gestação (Figuras 36 e 39).

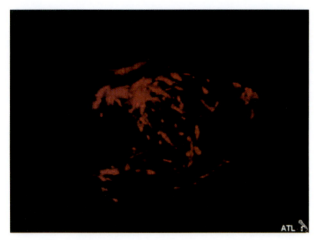

Figura 38 Visão corioangioma (mapa vascular 3D).

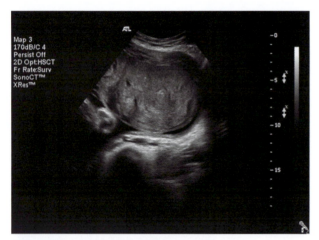

Figura 39 Tumoração placentária (corioangioma).

Avaliação do cordão umbilical

O cordão umbilical pode ser visualizado aproximadamente na oitava semana de gestação, apresentando nessa etapa um comprimento similar ao comprimento embrionário máximo. No decorrer da gestação, o cordão crescerá mantendo sempre um comprimento similar ao do feto.

O cordão umbilical contém duas artérias que transportam o sangue desde o feto até a placenta e uma veia que retorna o sangue oxigenado desde a placenta até o feto. Mediante ultrassonografia, é possível identificar os vasos do cordão, podendo-se observar as zonas de inserção na placenta e no abdome fetal.

Pode-se identificar algumas alterações como cistos, nós, circulares etc. A gelatina de Wharton mantém os vasos e protege ao mesmo tempo. Essa gelatina pode sofrer alterações quando se depara com a diabetes, estados hipertensivos, sofrimento fetal e restrição do crescimento intrauterino. Na avaliação pela ultrassonografia, é recomendável a utilização da máxima magnificação possível.

O uso da ferramenta *color* Doppler facilita a identificação dos vasos, além de fornecer uma beleza plástica. O Doppler também auxilia na avaliação do fluxo sanguíneo, que permite diagnosticar a resistência placentária e consequentemente a diminuição do aporte de oxigênio e nutrientes para o feto, resultando em crescimento intrauterino restrito e sofrimento crônico.

As vasculopatias obstrutivas, como infarto placentário, é que mais oferecem aumento da resistência, promovendo déficit de oxigênio para o feto e consequentemente sofrimento fetal crônico.

Equipamentos mais modernos já nos permitem uma visão quase que real das estruturas placentária, sobretudo sua vascularização, que em um futuro muito próximo permitirá avaliar as áreas afetadas pelas patologias obstrutivas (Figuras 40 a 43).

Artéria umbilical única

A ausência de uma artéria umbilical tem uma incidência de aproximadamente 1% dos nascimentos e constitui a malformação congênita mais frequente do ser humano. Não existem evidências de que exista uma predisposição familiar para esse transtorno. Ocorre com uma frequência quatro e cinco vezes maior em gêmeos e acompanha invariavelmente o gêmeo acárdio e a serinomelia ou síndrome de restrição caudal (Figuras 44 e 45).

Vale lembrar que existem alterações da textura placentária que não têm correlação com maturidade, embora a imagem lembre pontos ecogênicos de placenta grau I de Grannum, como nos casos de infecção viral como influenza. A maioria das viroses repercutem de alguma maneira na placenta. Algumas em formações ecogênicas punctiformes, outras em formas arredondadas anecoicas, que alguns autores chamam de lagos placentários, outras de cistos e outras de lipoma placentário. Na verdade, poucos trabalhos fizeram uma correlação correta dessas imagens com os resultados

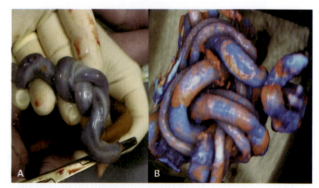

Figura 40 A: Cordão com duplo nó verdadeiro. B: Imagem gerada por equipamento de última geração, mostrando a mesma doença de A.

10 AVALIAÇÃO ULTRASSONOGRÁFICA DA PLACENTA | 91

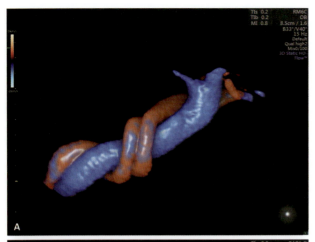

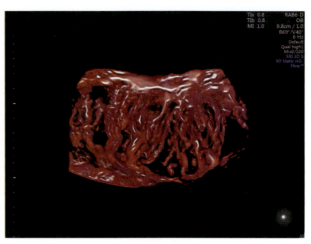

Figura 43 Visão com *power* Doppler 3D dos vasos vilositários.

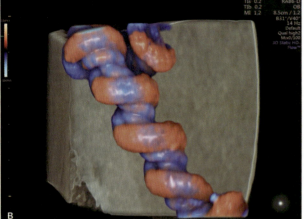

Figura 41 Visão do cordão umbilical com auxílio do Doppler, mostrando as duas artérias e a veia umbilical.

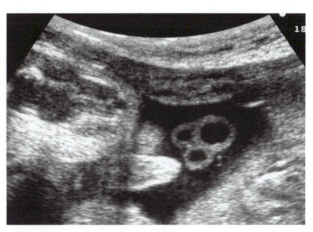

Figura 44 Corte transversal do cordão com duas artérias e uma veia.

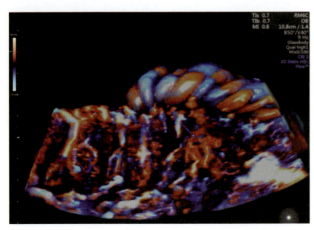

Figura 42 Visão dos vasos placentários com inserção do cordão.

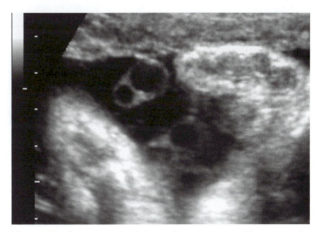

Figura 45 Corte transversal do cordão com uma artéria e uma veia.

anatomopatológicos e até mesmo histológicos. De toda forma, sabe-se que de alguma maneira houve um filtro, uma barreira protetora do concepto. Algumas dessas formações se apresentam como verdadeiros cistos regulares, aparecendo principalmente na face fetal (placa corial) da placenta. Outras situações mostram edema placentário que pode levar a um processo obstrutivo e consequentemente aumento da resistência e diminuição do aporte de nutrientes e oxigênio para o feto. Essa situação é relativamente comum na incompatibilidade pelo fator Rh, principalmente nos fetos sensibilizados. O edema se mostra como um aumento da ecogenicidade, homogeneidade e com aumento da espessura (Figuras 46 a 50).

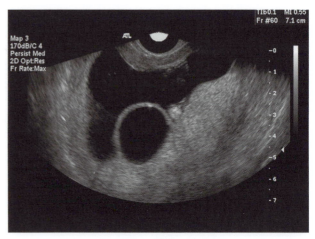

Figura 48　Cisto placentário em placa corial.

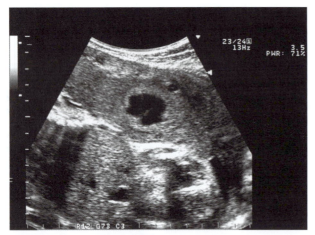

Figura 46　Cisto placentário isolado.

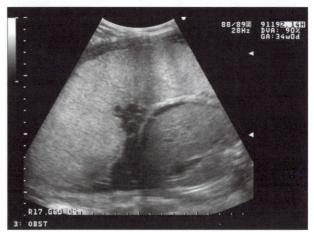

Figura 49　Edema placentário com hidropsia fetal.

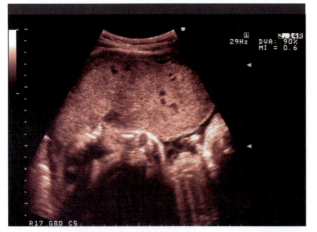

Figura 47　Múltiplos pequenos cistos de provável infecção viral.

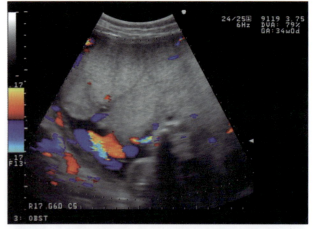

Figura 50　Edema placentário com auxílio do Doppler.

Bibliografia sugerida

1. Abu-Heija A, al-Chalabi H, El-Lloubani N. Abruptio placentae: risk factors and perinatal outcome. J Obstet Gynaecol Res. 1998;24:141-4.
2. Ananth CV, Berkowitz GS, Savitz DA, Lapinski RH. Placental abruption and adverse perinatal outcomes. JAMA. 1999;3:1646-51.
3. Andersen ES, Steinke NM. The clinical significance of asymptomatic mid-trimester low placentation diagnosed by ultrasound. Acta Obstet Gynecol Scand. 1988;67:339-41.
4. Benacerraf BR, Miller WA, Frigoletto FD Jr. Sonographic detection of fetuses with trisomies 13 and 18: accuracy and limitations. Am J Obstet Gynecol. 1988;158:404-9.
5. Bernischke K, Kaufman P. The pathology of the human placenta. New York: Springer-Verlag; 1990. p. 202-4.
6. Bernischke K, Kaufmann P. Pathology of the human placenta, 2. ed. New York: Springer-Verlag; 1990. p. 209-11.
7. Bromely B, Benacerraf BR. Solid masses on the fetal surface of the placenta: differential diagnosis and clinical outcome. J Ultrasound Med. 1994;13:883-6.
8. Chapman MG, Furness ET, Jones WR, Sheat JH. Significance of the ultrasound location of placental site in early pregnancy. Br J Obstet Gynecol. 1979;86:846-8.
9. Chen YJ, Wang PH, Liu WM, Lai CR, Shu LP, Hung JH. Placenta accreta diagnosed at 9 weeks' gestation. Ultrasound Obstet Gynecol. 2002;19:620-2.
10. Chou MM, Ho ES, Lee YH. Prenatal diagnosis of placenta previa accreta by transabdominal color Doppler ultrasound. Ultrasound Obstet Gynecol. 2000;15:28-35.
11. Clark SL, Koonings PP, Phelan JP. Placenta previa/accreta and prior cesarean section. Obstet Gynecol. 1985;66:89-92.
12. Constantine G, Anderson J, Heifetz SA. Thrombosis of the umbilical cord: analysis of 52 cases and literature review. Pediatr Pathol. 1988;8:37-54.
13. De Catte L, Burrini D, Mares C, Waterschoot T. Single umbilical artery: analysis of Doppler flow indices and arterial diameters in normal and small-for-gestational age fetuses. Ultrasound Obstet Gynecol. 1996;8:27-30.
14. Deans A, Jauniaux E. Prenatal diagnosis and outcome of subamniotic hematomas. Ultrasound Obstet Gynecol. 1998;11:319-23.
15. Destro F, Calcagnile F, Ceccarello PL, Lando M, Destro M. Placental grade and pulmonary maturity in premature fetuses. J Chin Ultrasound. 1985;13:637-9.
16. Estroff JA, Banacerraf BR. Fetal umbilical vein varix: sonographic appearance and postnatal outcome. J Ultrasound Med. 1992;11:69-73.
17. Farine D, Fox HE, Jakobson S, Timor-Tritsch IE. Vaginal ultrasound for diagnosis of placenta previa. Am J Obstet Gynecol. 1988;159:566-9.
18. Farine D, Fox HE, Jakobson S, Timor-Tritsch IE. Is it really a placenta previa? Eur J Obstet Gynecol Reprod Biol. 1989;31:103-8.
19. Finberg HJ, Williams JW. Placenta accreta: prospective sonographic diagnosis in patients with placenta previa and prior cesarean section. J Ultrasound Med. 1992;11:333-43.
20. Fowlie A. Umbilical cord pseudocyst in trisomy 18. Prenat Diagn. 1990;10:274-5.
21. Fox H. Abnormalities of placentation. In: Fox H, ed. Pathology of the placenta. Philadelphia: WB Saunders; 1997. p. 54.
22. Fox H. Placenta accreta, 1945-1969. Obstet Gynecol Surv. 1972;27:475-90.
23. Fox H. Pathology of the placenta. London: WB Saunders; 1978. p. 95.
24. Ghezzi F, Raio L, Di Naro E, Franchi M, Buttarelli M, Schneider H. First-trimester umbilical cord diameter: a novel marker of fetal aneuploidy. Ultrasound Obstet Gynecol. 2002;19:235-9.
25. Ghourab S. Third-trimester transvaginal ultrasonography in placenta previa: does the shape of the lower placental edge predict clinical outcome? Ultrasound Obstet Gynecol. 2001;18:103-8.
26. Glantz C, Purnell L. Clinical utility of sonography in the diagnosis and treatment of placental abruption. J Ultrasound Med. 2002;21:837-40.
27. Gorodeski IG, Bahari CM. The effect of placenta previa localization upon maternal and fetal-neonatal outcome. J Perinat Med. 1987;15:169-77.
28. Grannum PA, Berkowitz RL, Hobbins JC. The ultrasonic changes in the bmaturing placenta and their ralation to fetal pulmonic maturity. Am J Obstet Gynecol. 1979;15:915-22.
29. Grisaru D, Jaffa AJ, Har-Toov J, Gull I, Peyser R. Prenatal sonographic diagnosis of intermembranous abruptio placentae in a twin pregnancy. J Ultrasound Med. 1994;13:807-8.
30. Harman CR, Manning FA, Stearns E, Morrison I. The correlation of ultrasonic placental grading and fetal pulmonary maturation in five hundred sixty-three pregnancies. Am J Obstet Gynecol. 1982;143:941-3.
31. Harrington K, Cooper D, Lees C, Hecher K, Campbell S. Doppler ultrasound of the uterine arteries: the importance of bilateral notching in the prediction of pre-eclampsia, placental abruption or delivery of a small-for-gestational-age baby. Ultrasound Obstet Gynecol. 1996;7:182-8.
32. Heifetz SA. Single umbilical artery. A statiscal analysis of 237 autpsy cases and review of the literature. Perspect Pediatr Pathol. 1984;8:345-78.
33. Hill LM, DiNofrio DM, Chenevey P. Transvaginal sonographic evaluation of first-trimester placenta previa. Ultrasound Obstet Gynecol. 1995;5:301-3.
34. Iyasu S, Saftlas AK, Rowley DL, Koonin LM, Lawson HW, Atrash HK. The epidemiology of placenta previa in the United States, 1979 through 1987. Am J Obstet Gynecol. 1993;168:1424-9.
35. Jauniaux E, Demunter C, Pardou A, Elkhazen N, Rodesch F, Wilkin P. Ultrasonic study of the single umbilical artery syndrome. A series of 80 cases. J Gynecol Obstet Biol Reprod (Paris). 1989;18:341-7.
36. Jauniaux E, Donner C, Thomas C, Francotte J, Rodesch F, Avni FE. Umbilical cord pseudocyst in trisomy 18. Prenat Diagn. 1988;8:557-63.
37. Kirkinen P, Helin-Martikainen HL, Vanninen R, Partanen K. Placenta accreta: imaging by gray-scale and contrast-enhanced color Doppler sonography and magnetic resonance imaging. J Clin Ultrasound. 1998;26:90-4.
38. Kramer MS, Usher RH, Pollack R, Boyd M, Usher S. Etiologic determinants of abruption placentae. Obstet Gynecol. 1997;89:221-6.
39. Lauria MR, Smith RS, Treadwell MC, Comstock CH, Kirk JS, Lee W, et al. The use of second-trimester transvaginal sonography to predict placenta previa. Ultrasound Obstet Gynecol. 1996;8:337-40.
40. Lerner JP, Deane S, Timor-Tritsch IE. Characterization of placenta accreta using transvaginal sonography and color Doppler imaging. Ultrasound in Obstetrics Gynecology. 1995;5:198-201.
41. Levine D, Hulka CA, Ludmir J. Placenta accreta: evaluation with color Doppler US, power Doppler US, and MR imaging. Radiology. 1997;205:773-6.
42. Lilja M. Infants with single umbilical artery studied in a national registry. General epidemiological characteristics. Paediatr Perinat Epidemiol. 1991;5:27-36.
43. Mahony BS, McGahan JP, Nyberg DA, Reisner DP. Varix of the fetal intra-abdominal umbilical vein: comparison with normal. J Ultrasound Med. 1992;11:73-6.
44. Miller DA, Chollet JA, Goodwin TM. Clinical risk factors for placenta previa-placenta accreta. Am J Obstet Gynecol. 1997;177:210-4.
45. Mills JL, Graubard Bl, Klebanoff MA. Association of placenta praevia and sex ratio at birth. Br Med J. 1987;28:544.
46. Mintz MC, Kurtz AB, Arenson R, Arger PH, Coleman BG, Wapner RJ. Abruptio placentae: apparent thickening of the placenta caused by hyperechoic retro-placental clot. J Ultrasound Med. 1986;5:411-3.
47. Nyberg DA, Cyr DR, Mack LA, Wilson DA, Shuman WP. Sonographic spectrum of placental abruption. AJR. 1987;148:161-4.
48. Nyberg DA, Finberg HJ. The placenta, placental membranes, and umbilical cord. In: Nyberg DA, Mahoney BS, Pretorius DH, eds. Diagnostic ultrasound of fetal anomalies: Text and atlas. Chicago: Year Book; 1990. p. 623-675.
49. Nyberg DA, Mack LA, Benedetti TJ, Cyr DR, Schuman WP. Placental abruption and placental hemorrhage: correlation of sonographic findings with fetal outcome. Radiology. 1987;164:357-61.
50. Oppenheimer L, Holmes P, Simpson N, Dabrowski A. Diagnosis of low-lying placenta: can migration in the third trimester predict outcome? Ultrasound Obstet Gynecol. 2001;18:100-2.
51. Oppenheimer LW, Farine D, Ritchie JW, Lewinsky RM, Telford J, Fairbanks LA. What is a lowlying placenta? Am J Obstet Gynecol. 1991;165:1036-8.
52. Petrikovsky BM, Cooperman B, Kahn E, Pestrak H. Prenatal diagnosis of non-iatrogenic hematoma of the umbilical cord. J Clin Ultrasound. 1996;24:37-9.
53. Petrucha RA, Golde SH, Platt LD. The use of ultrasound in the prediction of fetal pulmonary maturity. Am J Obstet Gynecol. 1982;1944:931-4.
54. Pinette MG, Loftus-Brault K, Nardi DA, Rodis JF. Maternal smoking and accelerated placental maturation. Obstet Gynecol. 1989;73:379-82.
55. Pires P, Pastore A. Placenta. In: Pastore AR, org. Ultrassonografia e ginecologia e obstetrícia. Rio de Janeiro: Revinter; 2003. p. 103-17.
56. Qin Y, Wang CC, Lau TK, Rogers MS. Color ultrasonography: a useful technique in the identification of nuchal cord during labor. Ultrasound Obstet Gynecol. 2000;15:413-7.
57. Quinlan RW, Cruz AC, Buhi WC, Martin M. Changes in placental ultrasonic appearance. II. Pathologic significance of Gradelll placental changes. Am J Obstet Gynecol. 1982;144:471-3.
58. Rasmussen S, Irgens LM, Bergsjo P, Dalaker K. The occurrence of placental abruption in Norway 1967-1991. Acta Obstet Gynecol Scand. 1996;75:222-8.
59. Reis PM, Sander CM, Pearlman MD. Abruptio placentae after auto accidents. A case-control study. J Reprod Med. 2000;45:6-10.

60. Rizos N, Doran TA, Miskin M, Benzie RJ, Ford JA. Natural history of placenta previa ascertained by diagnostic ultrasound. Am J Obstet Gynecol. 1979;133:287-91.
61. Rodesch F, Simon P, Donner C, Jauniaux E. Oxygen measurements in endometrial and trophoblastic tissues during early pregnancy. Obstet Gynecol. 1992;80:283-5.
62. Rosati P, Guariglia L. Clinical significance of placenta previa detected at early routine transvaginal scan. J Ultrasound Med. 2000;19:581-5.
63. Sepulveda W, Aviles G, Carstens E, Corral E, Perez N. Prenatal diagnosis of solid placental masses: the value color flow imaging. Ultrasound Obstet Gynecol. 2000;16:554-8.
64. Sepulveda W, Peek MJ, Hassan J, Hollingsworth J. Umbilical vein to artery ratio in fetuses with single umbilical artery. Ultrasound Obstet Gynecol. 1996;8:23-6.
65. Sepulveda W, Pryde PG, Greb AE, Romero R, Evans MI. Prenatal diagnosis of umbilical cord pseudocyst. Ultrasound Obstet Gynecol. 1994;4:147-50.
66. Sepúlveda W, Prado S. Subamniotic hematoma: 3-D evaluation. In: Thefetus.net.
67. Shih JC, Cheng WF, Shyu MK, Lee CN, Hsieh FJ. Power Doppler evidence of placenta accreta appearing in the first trimester. Ultrasound Obstet Gynecol. 2002;19:623-5.
68. Sholl JS. Abruptio placentae: clinical management in non-acute cases. Am J Obstet Gynecol. 1987;156:40-51.
69. Smith RS, Lauria MR, Comstock CH, Treadwell MC, Kirk JS, Lee W, et al. Transvaginal ultrasonography for all placentas that appear to be low-lying or over the internal cervical os. Ultrasound Obstet Gynecol. 1997;9:22-4.
70. Taipale P, Hiilesmas V, Ylostalo P. Transvaginal ultrasonography at 18-23 weeks in predicting placenta previa at delivery. Ultrasound Obstet Gynecol. 1998;12:4222-5.
71. Thomas D, Makhoul J, Muller C. Fetal growth retardation due to massive subchorionic thrombohematoma: report of two cases. J Ultrasound Med. 1992;11:245-7.
72. Timor-Tritsch IE, Monteagudo A. Diagnosis of placenta previa by transvaginal sonography. Ann Med. 1993;25:279-83.
73. Timor-Tritsch IE, Yunis RA. Confirming the safety of transvaginal sonography in patients suspected of placenta previa. Obstet Gynecol. 1993;81:742-4.
74. To WW, Leung WC. Placenta previa and previous cesarean section. Int J Gyneacol Obstet. 1955;51:25-31.
75. Townsend RR, Laing FC. Jeffrey RB Jr. Placental abruption associated with cocaine abuse. AJR Am J Roentgenol. 1988;150:1339-40.
76. Twickler DM, Lucas MJ, Balis AB, Santos-Ramos R, Martin L, Malone S, et al. Color flow mapping for myometrial invasion in women with a prior cesarean delivery. J Matern Fetal Med. 2000;9:330-5.
77. Wexler P, Gottesfeld KR. Second trimester placenta previa. An apparently normal placentation. Obstet Gynecol. 1977;50:706-9.
78. White SP, Kofinas A. Prenatal diagnosis and management of umbilical vein varix of the intraamniotic portion of the umbilical vein. J Ultrasound Med. 1994;13:992-4.

11

Avaliação do líquido amniótico

Sergio Kobayashi
Tatiana Cortez Romero

Introdução

A avaliação adequada do volume do líquido amniótico (VLA) é fundamental, pois constitui um importante preditor do crescimento, desenvolvimento e vitalidade fetal adequada. Entretanto, é extremamente complexa essa avaliação, pois as suas características modificam-se com a idade gestacional e com a evolução da gestação.

Pode-se citar algumas contribuições da avaliação do VLA e a sua importância para o acompanhamento gestacional:

- Permite a obtenção de informações sobre o estado funcional, citogenético e integridade estrutural do concepto.
- Avaliação da vitalidade fetal.
- Avaliação das implicações clínicas e tocoginecológicas maternas.
- Melhora da acuidade ultrassonográfica.

Portanto, as alterações do VLA constituem importante marcador das condições clínicas maternas (p. ex., a presença de diabetes) e também das condições fetais. Essas alterações estão relacionadas a maior morbidade e mortalidade perinatal. O diagnóstico precoce e preciso de alterações do VLA pode possibilitar o acompanhamento, tratamento e profilaxia de eventuais complicações perinatais.

A avaliação ultrassonográfica do VLA pode ser realizada de forma subjetiva ou semiquantitativa. O estudo subjetivo depende da habilidade e experiência do ultrassonografista. Os principais métodos semiquantitativos são: a técnica da medida do maior bolsão vertical (MBV) e o índice do líquido amniótico (ILA).

Fisiologia

A cavidade amniótica inicia seu desenvolvimento no estágio de blastocisto, em torno do 7º e 8º dia do desenvolvimento. A cavidade amniótica expande-se gradativamente, e após cerca de 12 semanas ocorre obliteração gradativa da cavidade coriônica, formando a membrana amniocorial (união do âmnio ao córion).

Nas primeiras semanas de gestação, a produção do líquido amniótico (LA) se faz de modo passivo pela passagem dos fluidos através da membrana amniótica, obedecendo ao gradiente osmótico. Nessa fase inicial, a composição do LA representa basicamente um ultrafiltrado do plasma materno.

Entre a 10ª e a 20ª semana de gestação, a composição do LA assemelha-se à do plasma fetal, ocorrendo homeostasia por meio da pele fetal, que ainda não está queratinizada. Em torno da 22ª a 25ª semana finaliza-se o processo de queratinização da pele fetal, tornando-a praticamente impermeável, levando a drástica redução da participação da pele fetal na regulação do VLA.

Principalmente a partir da 20ª semana de gestação, a diurese fetal e a deglutição têm papel cada vez relevante na dinâmica do LA. Outras estruturas também são importantes na produção do LA: secreções orais, secreções do trato respiratório, superfície da face fetal da placenta e o cordão umbilical. Os pulmões contribuem com a secreção de um exsudato alveolar, cuja produção atinge cerca de 200 a 400 mL de fluido por dia, e aproximadamente metade é deglutida e a outra metade é eliminada na cavidade amniótica.

No terceiro trimestre, a diurese fetal está em torno de 620-1.200 mL diários, enquanto a deglutição fetal atinge cerca de 200-1.000 mL em 24 horas. Alguns fatores estimulam a deglutição fetal: diminuição da osmolaridade amniótica, aumento do volume amniótico e aumento da osmolaridade do plasma fetal.

Próximo ao termo da gestação, a quantidade de LA deglutido quase se iguala ao volume total de LA. A perfusão uteroplacentária influencia diretamente a regulação do volume do LA, no qual a osmolaridade do LA é menor do que a osmolaridade materna.

A regulação e o equilíbrio do volume do LA são um processo dinâmico entre a produção e a reabsorção de fluidos, envolvendo vários mecanismos interdependentes entre o concepto, a placenta, as membranas e o organismo materno. As modificações nesses mecanismos reguladores podem resultar em alterações no VLA.

Importância do líquido amniótico

As principais funções do LA são:

- Dissipar forças uterinas aplicadas sobre o feto.
- Minimizar o gasto de energia para os movimentos fetais.
- Termorregulação.
- Suporte ao crescimento fetal e uterino.
- Propriedades bacteriostáticas.
- Prevenção da compressão do cordão umbilical.
- Determinação da posição do cordão umbilical.
- Depósito de excretas fetais.
- Importante para o desenvolvimento do sistema respiratório, gastrointestinal e musculoesquelético.
- Melhora da acuidade ultrassonográfica para avaliação do embrião/feto.

A constituição do LA é bastante complexa, sendo composto por carboidratos, proteínas e peptídeos, lipídeos, lactato, piruvato, eletrólitos, enzimas e hormônios. Recentemente, outros componentes foram detectados, como: a glutamina, que é um precursor para a biossíntese dos ácidos nucleicos essenciais para todas as células, em especial aquelas de rápida replicação, como as da mucosa intestinal; a arginina, que exerce um papel fundamental no desenvolvimento fetal e placentário. A arginina é decomposta em outras substâncias que são reguladores-chave na angiogênese placentária, crescimento do trofoblasto e embriogênese. Com a progressão da gravidez, a deglutição de poliaminas sustenta a proliferação e diferenciação das células do epitélio intestinal.

O LA também tem papel significativo no sistema imune inato. Ele constitui a primeira linha de defesa contra os patógenos, além de incluir enzimas e peptídeos antimicrobianos, assim como a realização de fagocitose, e liberação de mediadores pró-inflamatórios pelos neutrófilos e macrófagos.

Modificações fisiológicas no volume do líquido amniótico durante a gestação

Há inúmeras publicações na literatura que nos fornecem curvas de referência mostrando as modificações do VLA no decorrer da gestação. O volume definido como normal depende da idade gestacional em que é avaliado.

Vários estudos buscaram determinar e quantificar os valores de normalidade do LA. Em 1972, Queenan et al. demonstraram grande variabilidade do VLA no decorrer da gestação com aumento gradativo entre a 15ª e a 20ª semana e, a partir da 20ª semana até 41ª, a sua considerável estabilidade. O VLA atingiu o pico na 33-34ª semana, reduzindo gradualmente até o termo, com um descréscimo mais rápido após a 41ª semana.

Brace e Wolf, em 1989, definiram as modificações fisiológicas do VLA durante a gestação. Eles reportaram o pico do VLA em torno da 33ª semana (média de 931 mL) com pequeno decréscimo do volume a partir desse momento até o final da gestação.

Em 1990, Moore e Cayle procuraram definir valores de normalidade para o índice do líquido amniótico (ILA) de acordo com as semanas de gestação (idade gestacional). O estudo observou que ocorre um pico do VLA na 27ª semana, depois um platô até a 33ª semana e então declínio até a 42ª semana de gestação. Eles também observaram que havia um decréscimo do ILA em cerca de 12% por semana após a 40ª semana de gestação.

Magann et al. realizaram um estudo longitudinal, a fim de determinar os valores de normalidade obtidos por meio da ultrassonografia, utilizando diferentes métodos de avaliação: ILA, medida do MBV e medida bidimensional do maior bolsão. A estimativa do VLA utilizando o ILA mostrou um aumento do LA até a 31ª semana, seguido de pequeno declínio após esta data. Quando utilizados os outros métodos, medida do MBV e medida bidimensional do maior bolsão, os resultados foram um pouco diferentes. Encontrou-se aumento do VLA até a 20ª semana, platô entre 20ª e 37ª semana e, então, decréscimo gradual até a 41ª semana.

Resumindo, ainda não estão completamente definidos os valores de corte e de normalidade do VLA. As definições de oligoidrâmnio dadas por Quennan et al., Brace e Wolf e também por Magann et al. apresentam diferenças com pontos de corte variando de 200 mL a 500 mL.

Avaliação ultrassonográfica do volume do líquido amniótico

Conforme descrito anteriormente, muitos estudos e centros de pesquisas visam estabelecer os valores referenciais de normalidade do VLA e, como consequência natural, ainda há discordâncias a respeito da melhor metodologia ultrassonográfica para avaliá-lo.

As principais técnicas ultrassonográficas semiquantitativas para quantificar o VLA (MBV e ILA) representam tentativas de aplicar um valor numérico a esses estudos. Tecnicamente, a estimativa do VLA não é fácil por conta do formato irregular da cavidade amniótica e dos movimentos corpóreos fetais. Até o momento, o ILA e o MBV são os métodos mais aceitos para avaliação do VLA em gestações únicas, e os que melhor refletem o VLA. Em estudos mais recentes, refere-se que a medida do MBV seria mais adequada para acompanhamento e decisões terapêuticas, principalmente em gestações de baixo risco, visto que o ILA tende a superestimar os diagnósticos de oligoidrâmnio e, portanto, elevar as taxas de indução de parto e dos partos operatórios, sem melhora significativa do prognóstico fetal. Entretanto, ainda é consenso geral que a avaliação do VLA e o volume efetivo por ambos os métodos são bastante próximos, mostrando que quaisquer destes, desde que realizados com rigor técnico, são eficientes e fidedignos. A avaliação subjetiva para a detecção de alterações do VLA apresenta sensibilidade tão boa quanto as técnicas semiquantitativas, desde que realizadas por profissionais treinados e qualificados.

O estudo Doppler com mapeamento em cores pode auxiliar ao evidenciar a presença de cordão umbilical nos bolsões de LA, sobretudo nos casos de oligoidrâmnio, já que apenas os bolsões livres podem ser medidos e contabilizados.

Os principais métodos ultrassonográficos de avaliação do volume do LA são:

- Método subjetivo: esse método é totalmente dependente da experiência do ultrassonografista. Até aproximadamente a 22ª semana de gestação o feto ocupa menos que a metade do volume intrauterino. Esse método dificulta o controle evolutivo em casos de acompanhamento de situações em que existe alteração do VLA. Magann et al. relata que a avaliação subjetiva antes de 24 semanas de gestação tem a mesma acurácia que os métodos semiquantitativos (maior bolsão vertical e índice do líquido amniótico) para a detecção de alterações do VLA.
- Métodos semiquantitativos:

– Técnica da medida do maior bolsão vertical (MBV): Essa técnica mede o diâmetro vertical do maior bolsão de LA, livre de cordão e partes fetais. Considera-se normal quando o MBV mede entre 20 mm e 80 mm. Ela tem a vantagem de ser simples e reprodutível, sendo provavelmente a melhor técnica para avaliação do LA em gestações múltiplas.
– Índice do líquido amniótico (ILA): descrita por Phelan et al., essa técnica utiliza a somatória das medidas do maior bolsão vertical em cada um dos quatro quadrantes do útero. A cavidade uterina é dividida subjetivamente em quatro quadrantes. A gestante deve estar em decúbito dorsal horizontal. O transdutor deve ser posicionado no plano sagital da paciente e perpendicular ao seu plano coronal (perpendicular ao solo). Deve-se tomar o cuidado de não angular o transdutor para acomodar a curvatura do útero e do abdome materno, assim como não colocar pressão no transdutor. As medidas de cada bolsão devem estar livres de alças de cordão e partes fetais. As quatro medidas são somadas e o resultado é denominado de ILA (Figura 1). De preferência, a medida do ILA deve ser realizada em momento de repouso fetal. Considera-se normal quando: ILA está entre 50 e 240; ILA está entre o P5 e P95.

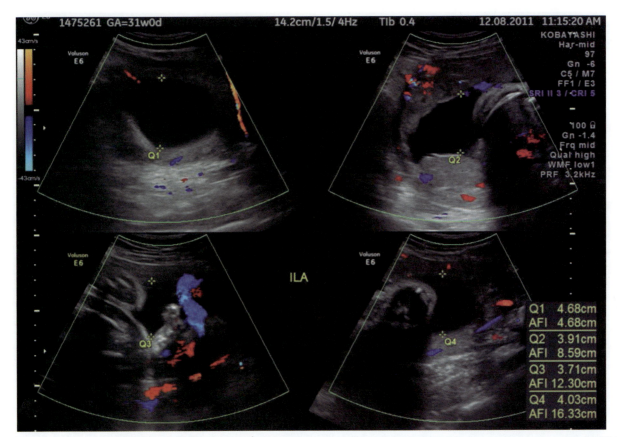

Figura 1   Líquido amniótico em quantidade normal. Índice do líquido amniótico (ILA) medindo 163 mm. Maior bolsão vertical (MBV) medindo 47 mm.

Oligoidrâmnio

Conceitua-se oligoidrâmnio como a presença de LA em quantidade reduzida para a respectiva idade gestacional. Está associado a maior morbidade e mortalidade perinatal. Considera-se oligoidrâmnio quando o MBV é menor do que 20 mm, ou o ILA está abaixo do P5 da curva de normalidade para a idade gestacional, ou menor do que 50 (Figura 2).

A incidência do oligoidrâmnio varia de 3,9-5,5% de todas as gestações, estando relacionada principalmente ao tipo de população de gestantes estudada e à qualidade do acompanhamento pré-natal.

As principais causas associadas à diminuição do VLA são:

- Causas fetais: restrição do crescimento fetal, anomalias do trato urinário do feto, cromossomopatias.
- Causas maternas: síndromes hipertensivas, síndrome antifosfolípide, doenças do colágeno, vasculopatia diabética, hipovolemia e uso de drogas.
- Causas placentárias: insuficiência placentária e síndrome do transfusor-transfundido.
- Ruptura prematura das membranas.
- Pós-datismo.
- Idiopática.

Polidrâmnio

Conceitua-se polidrâmnio ou hidrâmnio como a presença de LA em quantidade aumentada para a respectiva idade gestacional. Existe correlação entre a gravidade do polidrâmnio e o aumento no risco de mortalidade perinatal e anomalias congênitas. Considera-se polidrâmnio quando o MBV é maior do que 80 ou o ILA está acima do P90 da curva de normalidade para a idade gestacional, ou maior do que 240 (Figura 3). A incidência geral varia de 0,2-2,0%.

As principais causas associadas ao aumento do VLA são:

- Causas fetais: malformações fetais (sobretudo do sistema nervoso central, obstruções altas do trato gastrointestinal, hérnia diafragmática e cardiopatias congênitas); infecções congênitas (sífilis, toxoplasmose, rubéola, citomegalovírus e parvovírus); hidropisia fetal imune e não imune.
- Causas maternas: diabetes.
- Gestação múltipla: sobretudo na síndrome do transfusor-transfundido.
- Idiopático.

O polidrâmnio idiopático responde por aproximadamente 50-60% dos casos. Embora muitas vezes não seja

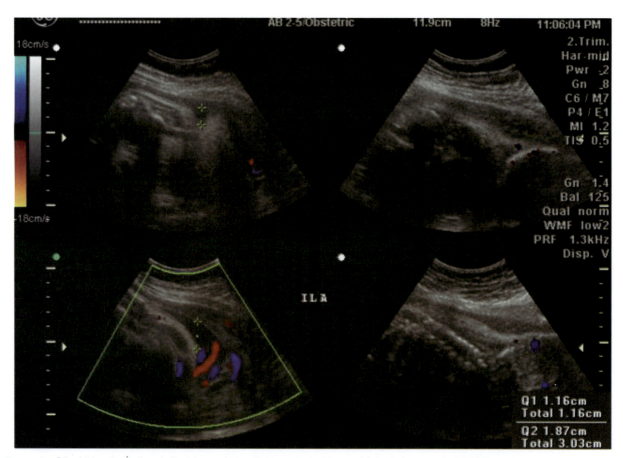

Figura 2 Oligoidrâmnio. Índice do líquido amniótico (ILA) medindo 30 mm. Maior bolsão vertical (MBV) medindo 19 mm.

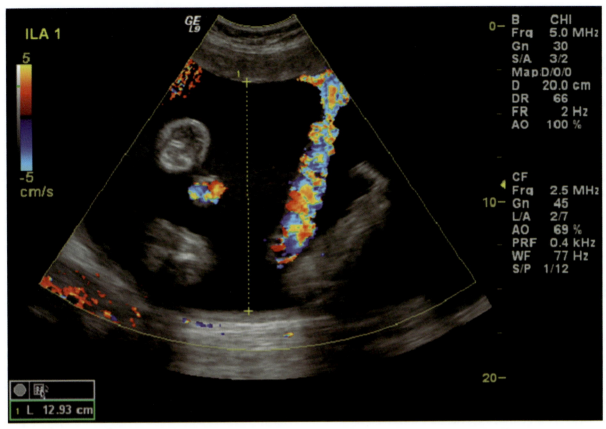

Figura 3   Polidrâmnio. Índice do líquido amniótico (ILA) medindo 361 mm. Maior bolsão vertical medindo 129 mm.

possível definir uma causa, é fundamental uma investigação cuidadosa em busca de sua etiologia.

Considerações finais

O LA é componente importante do ambiente intrauterino. Sua produção e absorção dependem de uma série de mecanismos interdependentes entre o feto e a mãe. Qualquer alteração do VLA requer cuidadosa avaliação tanto fetal quanto materna.

O valor clínico da ultrassonografia não é estimar o valor absoluto do VLA, mas identificar quais pacientes estão fora dos valores de normalidade para um acompanhamento pré-natal cuidadoso e adequado dessas gestações. Portanto, acredita-se que o estudo do VLA não deve ser restrito às gestações de risco e sim realizado meticulosamente em todas as avaliações ultrassonográficas de forma sistemática.

Bibliografia sugerida

1. Araujo E Jr., Martins WP, Pares DB, Pires CR, Filho SM. Reference range for amniotic fluid index measurements in a Brazilian population. J Perinat Med. 2014;42(4):535-9.
2. Ashraf FN, Abdelmoula YA. Amniotic fluid index versus single deepest vertical pocket: a meta-analysis of randomized controlled trials. Int J Gynecology & Obstetrics. 2009;104(3):184-8.
3. Everett FM, Doherty DA, Lutgendorf MA, Magann MI, Chauhan SP, Morrison JC. Peripartum outcomes of high-risk pregnancies complicated by oligo-and polyhydramnios: a prospective longitudinal study. J Obstet Gynaecol Res. 2010;36(2):268-77.
4. Everett FM, Sandlin AT, Ounpraseuth ST. Amniotic fluid and the clinical relevance of the sonographically estimated amniotic fluid volume oligohydramnios. J Ultrasound Med. 2011;30(11):1573-85.
5. Harman CR. Amniotic fluid abnormalities. Seminars in Perinatology. 2008;288-94.
6. Kenneth JM Jr. Toward consistent terminology: assessment and reporting of amniotic fluid volume. Seminars in Perinatology. 2013;37:370-4.
7. Kobayashi S. Avaliação ultra-sonográfica do volume do líquido amniótico. Radiol Bras [serial on the Internet]. 2005;38(6):V-VI.
8. Madi JM, Morais EN, Araújo BF, Rombaldi RL, Madi SRC, Ártico L, et al. Oligodramnia sem rotura das membranas amnióticas: resultados perinatais. Rev Bras Ginecol Obstet. 2005;27(2):75-9.
9. Morris RK, Meller CH, Tamblyn J, Malin GM, Riley RD, Kilby MD, et al. Association and prediction of amniotic fluid measurements for adverse pregnancy outcome: systematic review and meta-analysis. BJOG. 2014;121:686-99.
10. Peixoto AB, da Cunha Caldas TM, Giannecchini CV, Rolo LC, Martins WP, Araujo Júnior E. Reference values for the single deepest vertical pocket to assess the amniotic fluid volume in the second and third trimesters of pregnancy. J Perinatal Medicine. 2016;44(6):723-7.
11. Kehl S, Schelkle A, Thomas A, Puhl A, Meqdad K, Tuschy B, et al. Single deepest vertical pocket or amniotic fluid index as evaluation test for predicting adverse pregnancy outcome (SAFE trial): a multicenter, open-label, randomized controlled trial. Ultrasound Obstet Gynecol. 2016;47(6):674-9.
12. Thomas RM. Amniotic fluid dynamics reflect fetal and maternal health and disease. Obstetrics & Gynecology. 2010;116(3):759-65.
13. Thomas RM. The role of amniotic fluid assessment in evaluating fetal well-being. Clinics in Perinatology. 2011;38(1):33-46.
14. Underwood MA, Gilbert WM, Sherman MP. Amniotic fluid: not just fetal urine anymore. J Perinatol. 2005;25(5):341-8.

Avaliação dos defeitos do fechamento do tubo neural

Hérbene José Figuinha Milani
Antonio Fernandes Moron
Mauricio Mendes Barbosa

Introdução

Os defeitos do fechamento do tubo neural (DFTN) são as malformações mais frequentes do sistema nervoso central, com incidência em torno de 0,36 a 1,7/1.000 nascimentos. Englobam um grupo heterogêneo de anomalias congênitas resultantes da falha do fechamento do tubo neural em fase precoce da formação fetal. Incluem a anencefalia, a espinha bífida, a encefalocele e a iniencefalia.

A etiologia é multifatorial, decorrente de uma complexa combinação entre fatores genéticos e ambientais, entre eles: a deficiência de ácido fólico, aumento da ingestão de ácido retinoico, ação de anticonvulsivantes, como o ácido valproico, tegretol, dilantina, além do diabete melito, obesidade materna, deficiência de zinco e hipertemia.

O sistema nervoso se origina do ectoderma. O espessamento do ectoderma irá originar a placa neural e, em sequência, o sulco e o tubo neural propriamente dito. Desvios neste processo levarão aos DFTN, com espectro clínico variável, sendo os mais comuns a espinha bífida e a anencefalia (95% dos casos).

O diagnóstico dos DFTN durante o período pré-natal é feito pela ultrassonografia bidimensional. A dosagem sérica materna da alfafetoproteína (AFP) pode ser usada como método de rastreamento do DFTN, uma vez que é observado aumento dos níveis séricos de AFP em fetos com DFTN. Sua dosagem pode ser realizada de preferência entre a 16ª e 18ª semana. No entanto, em razão do uso da ultrassonografia, este método não é mais utilizado rotineiramente para o diagnóstico dos DFTN.

O risco de recidiva é de 3-5% nos casais com filho anterior com DFTN, sendo de até 15% nos casos de dois filhos anteriores afetados.

Embriologia

O ectoderma é o folheto embrionário responsável pela origem do sistema nervoso. O processo envolvido na formação do tubo neural constitui a neurulação, a qual está completa até o final da 4ª semana, quando ocorre o fechamento do neuróporo caudal.

A formação do sistema nervoso inicia-se com um espessamento específico do ectoderma, a placa neural. Sob ação indutora da notocorda e do mesoderma, a placa neural aumenta progressivamente e passa a apresentar uma depressão longitudinal chamada de sulco neural. O aprofundamento do sulco neural levará à formação da prega neural e as porções laterais formarão as cristas neurais.

Até o final da 3ª semana, as pregas neurais começam a se mover juntas e se fundem (em ambas as direções, cranial e caudal), convertendo a placa neural no tubo neural. A luz do tubo neural se torna o canal neural. As últimas porções a se fecharem serão dois orifícios: cranial (neuróporo rostral) e caudal (neuróporo caudal). Antes acreditava-se que esta fusão era uniforme, mas análises epidemiológicas de neonatos com DFTN apoiam a teoria da sequência variada com múltiplos pontos de fechamento do tubo neural (Figura 1).

O fechamento dos neuróporos coincide com o estabelecimento da circulação vascular do tubo neural. As paredes do tubo neural se espessam para formar o encéfalo e a medula espinhal. O canal neural forma o sistema ventricular do encéfalo e o canal central da medula espinhal. A neurulação está completa durante a 4ª semana. A formação do tubo neural é um processo celular e multifatorial complexo que envolve uma cascata de mecanismos moleculares e fatores extrínsecos.

Anencefalia

Anencefalia é caracterizada pela ausência da calota craniana (acrania) e do telencéfalo. É considerada uma malformação letal.

Existem três fases na formação da anencefalia: inicialmente, há o defeito do fechamento do neuróporo rostral; depois, ocorre a exteriorização do tecido cerebral para o

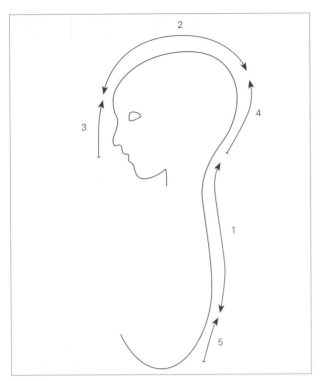

Figura 1 Sequência de fechamento da placa neural.
Fonte: Van Allen et al., 1993.

líquido amniótico (exencefalia); e, por fim, a exposição prolongada do tecido cerebral em desenvolvimento no líquido amniótico leva a sua destruição – sequência acrania-exencefalia-anencefalia.

O processo de ossificação do crânio ocorre a partir da 9ª semana de gestação. O diagnóstico precoce da anencefalia pode ser realizado pela ultrassonografia ainda no 1º trimestre, em que se observa a ausência da calota craniana (acrania) com exteriorização do tecido cerebral (exencefalia) de aspecto bilobulado, além da imagem típica do perfil alongado da fronte fetal (Figura 2).

No 2º trimestre, os aspectos característicos da anencefalia encontrados pela ultrassonografia são no corte coronal a ausência da calota craniana e órbitas proeminentes ("face de sapo"), com acurácia diagnóstica de 100% (Figura 3).

É comum a associação com outras malformações, especialmente a espinha bífida, fenda palatina, pé torto congênito e onfalocele. Polidrâmnio é achado frequente, em geral a partir do 2º trimestre.

A letalidade em todos os espectros da anencefalia é de 100% e a interrupção da gestação deve ser considerada, sendo atualmente permitida por lei no Brasil.

Iniencefalia

A iniencefalia é uma malformação letal caracterizada por anormalidades das vértebras cervicais associada a lordose excessiva da coluna cervicotorácica e defeitos abertos espinhais de graus variados. É uma malformação rara, cuja incidência varia entre 1 e 6 por 10 mil nascimentos.

Pode ser dividida em dois tipos:

- *Inincephalus clausus* (tipo fechado).
- *Inincephalus apertus* (tipo aberto) – neste tipo uma encefalocele surge através do forame magno e um defeito do osso occipital está presente.

O diagnóstico pode ser realizado pela ultrassonografia a partir da 12ª semana de gestação. Os achados ultrassonográficos são flexão dorsal fixa do polo cefálico com a coluna em lordose. Encefalocele occipital pode estar presente no tipo aberto. Outras malformações podem ser encontradas: ventriculomegalia; microcefalia; anencefalia; holoprosencefalia; hérnia diafragmática; defeitos cardíacos, faciais e da parede abdominal.

O acompanhamento ultrassonográfico não é necessário por conta do prognóstico reservado, exceto para

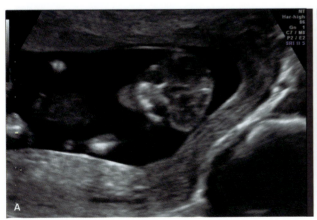
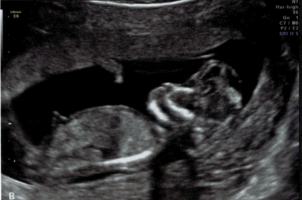

Figura 2 Ultrassonografia bidimensional de feto com 14 semanas evidenciando a ausência da calota craniana, órbitas proeminentes e exteriorização do tecido cerebral. A: Corte coronal; B: corte sagital.

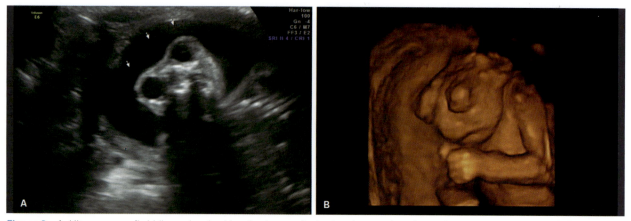

Figura 3 A: Ultrassonografia bidimensional evidenciando a ausência da calota craniana (setas brancas) e órbitas proeminentes ("face de sapo"). B: Imagem tridimensional mostrando caso de anencefalia.

avaliar o grau de ventriculomegalia e extensão cervical, elementos importantes que podem vir a dificultar a mecânica do parto.

Encefalocele

Encefalocele representa um DFTN que envolve a herniação das estruturas cerebrais por um defeito do crânio. Pode ocorrer isoladamente, ou estar relacionada a síndromes cromossômicas ou genéticas, como as trissomias 13 e 18, a síndrome da banda amniótica e a síndrome de Meckel-Gruber (síndrome com padrão autossômico recessivo, caracterizada por encefalocele occipital, rins policísticos e polidactilia). Outras malformações podem estar associadas, como a microcefalia, ventriculomegalia, malformações cardíacas. Corresponde a cerca de 5% dos DFTN.

O diagnóstico da encefalocele pode ser realizado no período pré-natal por meio da ultrassonografia já no 1º trimestre, porém, na maioria dos casos esta anomalia é identificada no 2º trimestre. Observa-se uma descontinuidade da calota craniana com herniação de meninges e/ou tecido cerebral (Figura 4). Em 75% dos casos, sua localização é na região occipital; em 13% é na região frontal; e em 12% dos casos na região parietal. A ventriculomegalia e a microcefalia ocorrem em razão da quantidade de tecido cerebral herniado.

O prognóstico depende da quantidade de tecido cerebral herniado, localização da encefalocele (geralmente apresentam melhor prognóstico as encefaloceles localizadas na região occipital) e presença de ventriculomegalia. A mortalidade atinge 40% dos casos e mais de 80% terão deficiência intelectual.

O cariótipo fetal deve ser oferecido ao casal, além do ecocardiograma e neurossonografia fetal. A via de parto irá depender das malformações associadas, localização e tamanho da encefalocele. Nos casos de bom prognóstico, a cesariana proporciona menores agravos ao tecido cerebral herniado.

Espinha bífida

A espinha bífida (EB) caracteriza-se pela formação incompleta das estruturas que protegem a medula espi-

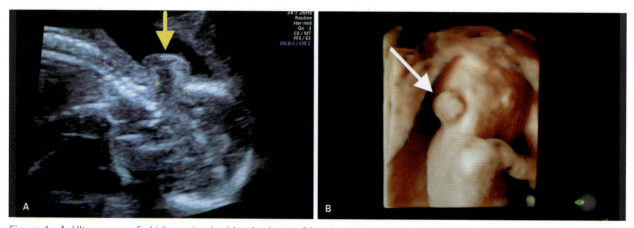

Figura 4 A: Ultrassonografia bidimensional evidenciando encefalocele occipital (seta amarela); B: imagem tridimensional mostrando encefaloce occipital (seta branca).

nhal e pelo fechamento inapropriado dos ossos da coluna. Pode apresentar formas ocultas e abertas, sendo o tipo mais comum a mielomeningocele (90% dos casos). Segundo o nível da lesão, é mais comum a EB em nível lombossacral (65-70% dos casos), e mais raramente na região cervical (3,5% dos casos). A incidência da EB é de aproximadamente 0,5 a 0,8/1.000 nascidos vivos.

Representa a anomalia do sistema nervoso central compatível com a vida mais comum, com taxa de mortalidade de cerca de 10%. No entanto, os sobreviventes apresentam altos índices de comorbidades (em torno de 65% dos casos), entre elas, as deficiências motoras dos membros inferiores e as disfunções vesical e intestinal. Além dos déficits sensoriais e motores secundários à lesão do cordão espinhal, uma das principais complicações da EB é a hidrocefalia, que acomete aproximadamente 85% dos pacientes, e ocorre por conta da herniação do tronco cerebral e cerebelo pelo forame magno resultante do disrafismo espinhal (malformação de Arnold-Chiari II). A herniação das estruturas da fossa posterior pelo forame magno também pode levar a compressão do tronco cerebral e cerebelo, implicando disfunções cerebelares, do centro respiratório e dos nervos cranianos IX e X.

O diagnóstico da EB durante o período pré-natal é feito pela ultrassonografia bidimensional, que atinge sensibilidade acima de 90%.

Para avaliação da coluna fetal, preconiza-se a varredura completa em cortes sagitais, coronais e transversais da coluna, com foco nos corpos vertebrais, no canal medular e na medula propriamente dita (Figura 5).

Nos casos de EB não se observam os arcos vertebrais posteriores. Nos cortes longitudinais, há ruptura do paralelismo entre os corpos vertebrais e o arco posterior; no corte transversal, observam-se os processos laterais das vértebras abertos em forma de V; nos cortes coronais, visualiza-se o alargamento do canal medular.

A ultrassonografia bidimensional associada à ultrassonografia tridimensional permite uma análise detalhadas das características da lesão como:

- Tipo de disrafismo:
  - Meningocele: exteriorização apenas meninges. No exame de ultrassom observa-se formação anecogênica protrusa dorsalmente e limitada por uma fina membrana (Figura 6).
  - Mielomeningocele: ocorre herniação de meninges e raízes nervosas. À ultrassonografia identifica-se formação anecoica limitada por uma fina membrana, com áreas ecogênicas no interior que correspondem às raízes nervosas (Figura 7).
  - Raquisquise: visualizam-se apenas as aberturas dos corpos vertebrais sem a identificação de saco herniário (Figura 8).

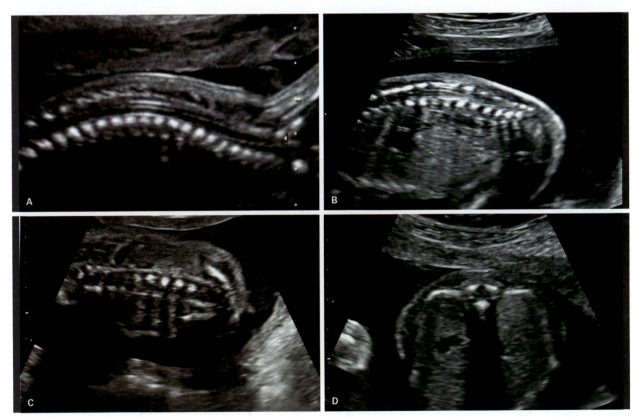

Figura 5 Avaliação da coluna. A e B: Plano sagital; C: plano coronal; D: plano axial.

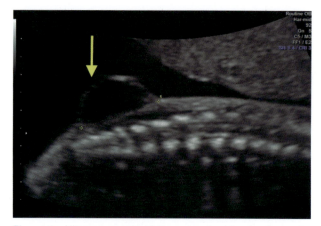

Figura 6 Ultrassonografia bidimensional evidenciando meningocele (seta amarela). Nota-se abertura da coluna na região lombossacral com exteriorização apenas de meninges.

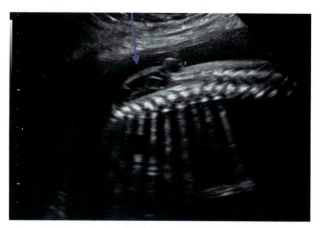

Figura 7 Ultrassonografia bidimensional evidenciando meningomielocele (seta azul): nota-se exteriorização de meninges e raízes nervosas (as imagens ecogênicas no interior do saco herniário correspondem às raízes nervosas tracionadas posteriormente).

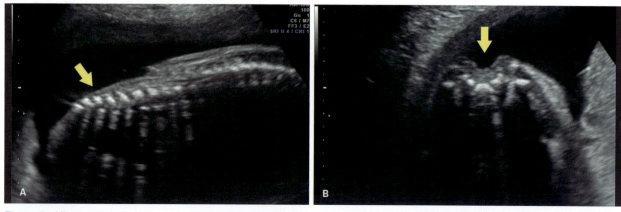

Figura 8 Ultrassonografia bidimensional evidenciando raquisquise (setas amarelas). A: Corte sagital; B: corte axial.

- Nível anatômico da lesão: para localização da altura da lesão na coluna, utilizam-se como pontos de referência: 12ª vértebra torácica (T12) no nível da última costela; 5ª vértebra lombar (L5) no nível da crista ilíaca; última vértebra calcificada corresponde a 4ª vértebra sacral (S4). Assim, contando cada vértebra é possível localizar a extensão do acometimento (Figura 9).
- Alterações da curvatura da coluna.

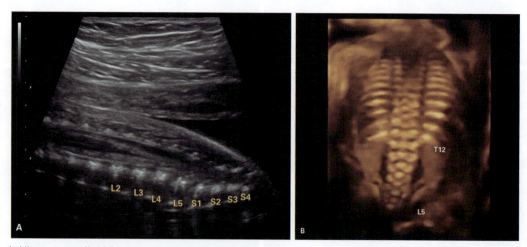

Figura 9 A: Ultrassonografia bidimensional evidenciando corte sagital da coluna com identificação dos corpos vertebrais. B: Imagem tridimensional da coluna com identificação da 12ª vértebra torácica (nível da última costela) e identificação da quinta vértebra lombar (nível da crista ilíaca).

- Malformações do canal medular associadas, como diastematomielia e seringomielia (Figura 10).
- Grau de herniação das estruturas da fossa posterior pelo forame magno: traçando-se uma linha entre a porção inferior do osso occipital e o processo odontoide da segunda vértebra cervical tem-se o plano anatômico do forame magno (linha occipito-odontoide). A partir desses pontos de referência, é possível quantificar o grau de herniação do cerebelo para o interior do canal medular (Figura 11).

Além da avaliação direta da coluna fetal, sinais cranianos do disrafismo espinhal podem ajudar no diagnóstico:

- Sinal do crânio em forma de "limão": descreve a forma do crânio no plano transverso presente em muitos fetos com espinha bífida e é caracterizado pela concavidade dos ossos frontais perto das suturas coronais em oposição à configuração convexa do crânio fetal normal (Figura 12).
- Ventriculomegalia: definida como medida do átrio do ventrículo lateral maior que 10 mm, presente em 70-90% dos fetos com EB aberta (Figura 13).
- Sinal do cerebelo "em banana": descreve os achados ultrassonográficos no plano axial (plano transcerebelar) decorrentes da herniação das estruturas da fossa posterior pelo forame magno (cerebelo arqueado e obliteração da cisterna magna) (Figura 14).

A ultrassonografia permite também inferir o grau de comprometimento dos membros inferiores em fetos com EB pela identificação da presença de pé torto e grau de trofismo dos membros inferiores (Figura 15). A movimentação dos membros inferiores intraútero pode ser seguida de paralisia após o nascimento e, portanto, não tem significado prognóstico na avaliação pré-natal.

O acompanhamento pré-natal inclui realização de cariótipo fetal e ecocardiografia fetal.

Parto deve ser realizado em centros terciários, sendo a cesárea a via de parto de escolha com o intuito de prevenir lesões do cordão espinhal, com correção imediata do disrafismo espinhal após o nascimento.

O diagnóstico da espinha bífida oculta é muito difícil pela ultrassonografia pré-natal. A maioria dos casos passa

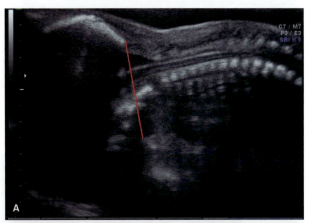
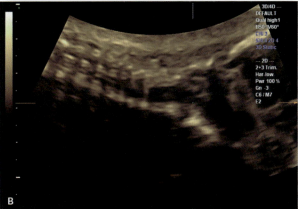

Figura 11 Imagem ultrassonográfica evidenciando a linha occipito-odontoide. A: Feto normal com cerebelo em posição anatômica. B: Feto com mielomeningocele em que se observa herniação do cerebelo pelo forame magno para o interior do canal medular.

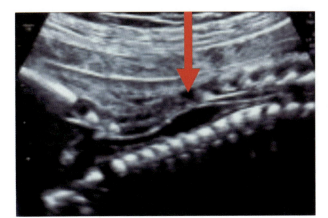

Figura 10 Ultrassonografia bidimensional evidenciando corte sagital da coluna no nível da coluna cervical com presença de seringomielia (seta vermelha).

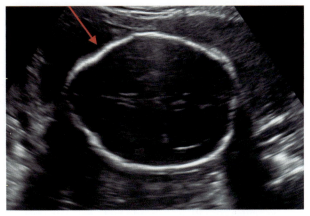

Figura 12 Ultrassonografia bidimensional evidenciando crânio em forma "de limão" (seta vermelha).

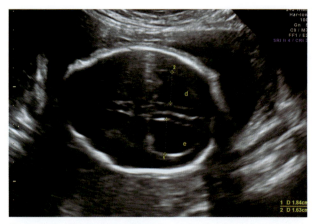

Figura 13 Ultrassonografia bidimensional evidenciando ventriculomegalia em feto com espinha bífida.

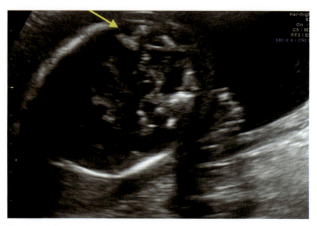

Figura 14 Ultrassonografia bidimensional evidenciando cerebelo arqueado – cerebelo "em banana" (seta amarela).

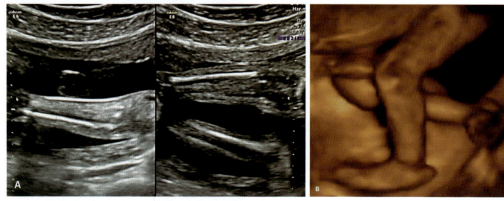

Figura 15 A: Ultrassonografia bidimensional evidenciando a perna de feto com espinha bífida. Nota-se musculatura da perna hiperecogênica compatível com hipotrofia muscular. B: Imagem tridimensional mostrando pé torto.

despercebida, pois o único sinal direto é a partição anormal da coluna, não estando presentes os sinais indiretos descritos acima para os casos de espinha bífida aberta.

Cirurgia fetal "a céu aberto" para correção da espinha bífida aberta

A espinha bífida é um defeito aberto do tubo neural de caráter não letal que apresenta várias sequelas a curto e longo prazo, acometendo os sistemas neurológico, urinário, intestinal e locomotor, determinando elevado custo pessoal, familiar e social. Apresenta grande morbidade durante o transcorrer da vida dos indivíduos acometidos, sendo as principais complicações: paraplegia, bexiga neurogênica, incontinência e infecções urinárias de repetições, insuficiência renal, incontinência anal, hidrocefalia secundária à herniação do tronco encefálico pelo forame magno (síndrome de Arnold-Chiari tipo II).

Sabe-se que o déficit neurológico e motor observado nos pacientes com EB é explicado tanto pela falha primária na formação do tubo neural como pela exposição e traumatismo prolongados do tecido nervoso no ambiente intrauterino (hipótese da segunda onda de lesão). Nesse contexto, surgiu a ideia da cirurgia fetal intraútero para correção da EB aberta ainda no período pré-natal, com o intuito de minimizar os efeitos da herniação do tronco cerebral e da exposição prolongada das raízes nervosas no líquido amniótico.

Em 1998, Adzick et al. descreveram o primeiro caso de cirurgia fetal "a céu aberto" para correção da EB fetal. A partir desse relato, dois grandes centros norte-americanos desenvolveram as técnicas para as cirurgias "a céu aberto" para correção da mielomeningocele: o Vanderbilt University Medical Center e o Children's Hospital of Philadelphia.

Os critérios de inclusão para a cirurgia fetal "a céu aberto" para correção da mielomeningocele incluem:

- Gestação única.
- Nível de lesão entre T1 e S1.
- Evidência de herniação do romboencéfalo.
- Cariótipo normal.
- Idade gestacional entre 19 e 26 semanas.
- Idade materna acima de 18 anos.

Os critérios de exclusão para a cirurgia são:

- Anomalias fetais associadas.
- Cifose grave.
- Risco de parto prematuro.
- IMC ≥ 35.
- Placenta prévia ou descolamento prematuro da placenta (DPP).
- Condição médica materna.
- Sorologia positiva: HIV, hepatite B, hepatite C.

Entretanto, em razão da grande controvérsia sobre os benefícios e riscos desse procedimento, foi realizado um rígido ensaio clínico multicêntrico nos Estados Unidos, denominado MOMS (*Management of Myelomeningocele Study*), cujo resultado evidenciou o real benefício da correção intraútero da mielomeningocele, com redução da necessidade de derivação ventrículo-peritoneal no período pós-natal (40% no grupo da cirurgia fetal e 82% no grupo controle [p < 0,001]) e melhora motora no grupo da cirurgia fetal (42% andando independente no grupo da cirurgia fetal e 21% no grupo controle). A partir dos resultados promissores do MOMS, esse procedimento deixou de ser experimental estando disponível em diversos centros norte-americanos e contando com a recomendação do American Congress of Obstetricians and Gynecologists (ACOG). Com a expectativa de um número crescente de centros terciários disponibilizarem este tipo de intervenção cirúrgica, ficou clara a necessidade de critérios mínimos para constituição desses centros para garantir os melhores resultados associados a segurança materna e fetal. O tratamento cirúrgico fetal requer o trabalho de uma equipe multidisciplinar (obstetra, especialista em medicina fetal, radiologista, cirurgiões especializados, como neurocirurgião pediátrico, geneticista, anestesista, pediatra, enfermeiro, fisioterapeuta, psicólogo, nutricionista, entre outros), em que cada profissional tem sua função, interagindo em todos os momentos do tratamento. Como já frisado, os riscos maternos não devem ser negligenciados e a equipe cirúrgica deve ter preparo adequado, utilizando técnicas eficientes e seguras para abertura e fechamento do útero, incluindo cirurgiões com habilidade para correção de anomalias em fetos com menos de 26 semanas, associado a capacidade para manter estáveis as condições hemodinâmicas maternas e fetais durante todo o procedimento. É fundamental dispor de infraestrutura hospitalar de nível terciário de alta complexidade e com recursos para tratamento intensivo materno e do recém-nascido.

No Brasil, a realização dessa cirurgia conta com o apoio da Federação Brasileira das Associações de Ginecologia e Obstetrícia (Febrasgo) que, por meio de sua comissão especializada em Medicina Fetal, emitiu a recomendação "intervenção materno-fetal para tratamento intraútero da mielomeningocele" em abril de 2013, sendo estabelecidos os critérios para sua realização: idade gestacional entre 19 e 27 semanas e 6 dias; idade materna superior ou igual a 18 anos; disrafismo espinhal com nível superior entre T1 e S1 associada a herniação do tronco cerebral; cariótipo fetal normal. A Comissão recomendou que os casos não atendidos nestes critérios fossem avaliados e discutidos em fórum multidisciplinar antes de se proceder à cirurgia.

Com base na experiência inicial no acompanhamento de seis pacientes operadas na Escola Paulista de Medicina/Universidade Federal de São Paulo (EPM/Unifesp) em 2003 (após treinamento da equipe cirúrgica pelos Professores Joseph Bruner e Noel Tulipan na Vanderbilt University), pode ser reiniciado o programa de tratamento pré-natal da mielomeningocele logo após a publicação do estudo MOMS. O protocolo da EPM/Unifesp segue as mesmas recomendações estabelecidas pelo estudo MOMS, no que se refere aos critérios de seleção de pacientes, protocolo de avaliação pré-operatório e cuidados pós-operatório, excetuando a abertura e fechamento do útero que, em razão de impedimento legal em utilizar no Brasil o grampeador uterino por não estar licenciado pela Agência Nacional de Vigilância Sanitária (Anvisa), obrigou o grupo a elaborar técnica cirúrgica alternativa para essa finalidade (Figura 16).

Durante o período de abril de 2011 a março de 2014 foram realizadas 94 cirurgias após avaliação de 136 pacientes (69,1%) com diagnóstico ultrassonográfico de mielomeningocele. Os resultados do estudo da EPM/Unifesp foram semelhantes aos obtidos no estudo MOMS publicado no *New England Journal of Medicine* (8) e do Children's Hospital of Philadelphia (12), os quais são apresentados de maneira comparativa nas Tabelas 1 e 2, ficando evidentes a reprodutibilidade e os benefícios da cirurgia fetal a céu aberto em fetos portadores de mielomeningocele.

Até o momento, já contamos com 210 cirurgias intraútero "a céu aberto" para correção de mielomeningocele fetal.

Concluindo, a cirurgia fetal a "céu aberto" da mielomeningocele reduz a necessidade de derivação e melhora a função motora do bebê com 30 meses, mas está associada a riscos maternos e fetais. Atualmente, é procedimento a ser indicado em casos previamente selecionados.

Profilaxia dos DFTN

A prevenção dos DFTN apresenta importância especial no aspecto da saúde pública preventiva em todos os países em virtude da elevada incidência e recorrência dos DFTN, além da gravidade do quadro instalado nos fetos acometidos.

O ácido fólico tem função na multiplicação celular, atuando como coenzima no metabolismo de aminoácidos, síntese de bases nitrogenadas (purinas e pirimidinas) e de ácidos nucleicos (desoxirribonucleico [DNA] e ribo-

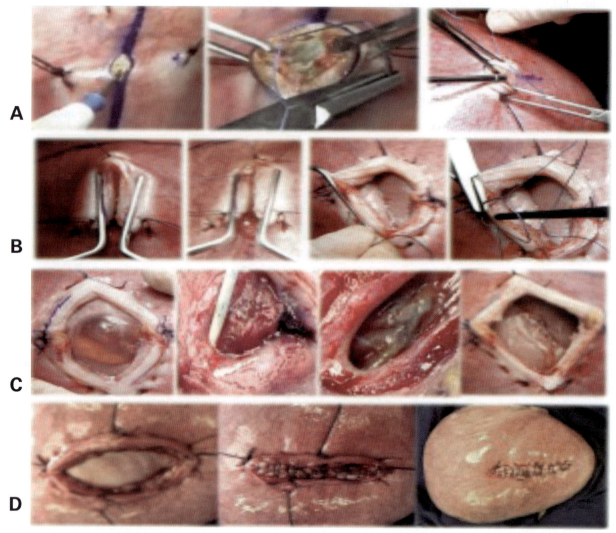

Figura 16 Nova técnica cirúrgica para cirurgia fetal "a céu aberto" para correção da mielomeningocele (MMC). A: Abertura puntiforme da parede uterina até membrana amniótica com eletrocautério e pinças de Allis, com fixação da membrana amniótica em ambos os lados. B: Posicionamento de duas pinças Debakey e abertura da parede uterina com bisturi. Sutura contínua ao redor da pinça Debakey englobando toda a incisão. C: MMC é reparada. D: Histerotomia realizada em três planos.

Tabela 1 Comparação entre MOMS, CHOP e EPM/HMSJ quanto a dados obstétricos e neonatais

	MOMS 78	CHOP 100	EPM/HMSJ 94
IG média ao nascimento	34,1	34,3	33,8
IG < 30 semanas	12,8	9,4	8,8
IG 30-34 semanas	33,3	36,4	37,3
IG > 35 semanas	53,8	54,2	53,9
Peso ao nascimento	2.383 ± 688	2.415 (501-3.636)	2.233 (680-3.200)
Deiscência da cicatriz fetal	12,8	3,6	3,3
Sem herniação do tronco cerebral	36,0	71,1	62,6
Óbito perinatal	2,6	6,1	3,2

CHOP: Children's Hospital of Philadelphia; MOMS: *Management of Myelomeningocele Study*; EPM/HMSJ: Escola Paulista de Medicina/Hospital e Maternidade Santa Joana.

Tabela 2 Comparação entre MOMS, CHOP e EPM/HMSJ quanto a complicações clínico-obstétricas

	MOMS 78	CHOP 100	EPM/HMSJ 94
Rotura prematura das membranas	46,0	32,3	31,8
Oligoâmnio	20,5	6,3	23,1
Trabalho de parto prematuro	48,7	37,5	22,0
Corioamnionite	2,6	4,0	4,4
Descolamento prematuro da placenta	6,4	2,0	1,1
Edema agudo de pulmão	6,4	2,0	4,4
Transfusão de sangue no parto	9,0	3,4	3,3
Deiscência de cicatriz uterina	10,5	8,0	8,9

CHOP: Children's Hospital of Philadelphia; MOMS: *Management of Myelomeningocele Study*; EPM/HMSJ: Escola Paulista de Medicina/Hospital e Maternidade Santa Joana.

nucleico [RNA]), influenciando diretamente na divisão celular e síntese proteica. Ensaios clínicos que testaram a eficiência do ácido fólico em prevenir os DFTN comprovaram a redução de sua incidência em mães sem risco e naquelas previamente afetadas. A suplementação de ácido fólico na dose de 4 mg/dia em mulheres com antecedente de filho com DFTN demonstrou redução do risco de recorrência em torno de 70%.

No entanto, os DFTN ocorrem em 90-95% dos casos em casais ditos de baixo risco, sem antecedentes. Isso reforça a importância da suplementação periconcepcional com ácido fólico nos 3 meses antes da concepção e no primeiro trimestre da gravidez para todas as mulheres em idade fértil que desejam engravidar, com o objetivo de prevenir a ocorrência e recorrência dos DFTN. Entre as mulheres de baixo risco para DFTN, a dose de ácido fólico recomendada é 400 μg ao dia. Para mulheres de alto risco para DFTN (gestação anterior com defeito do tubo neural; pacientes com diabete melito; pacientes em uso de medicações que interferem no metabolismo do ácido fólico, por exemplo, anticonvulsivantes; obesidade; alcoolismo), a dose do ácido fólico deve ser de 4 mg ao dia.

Como a maioria das gestações não são planejadas, é importante que toda mulher em idade reprodutiva seja orientada a ter uma dieta saudável, com alimentos ricos em ácido fólico (vegetais verdes, legumes, feijão, frutas cítricas, espinafre, brócolis, fígado etc.). Mas apenas a dieta não é suficiente para diminuir a incidência dos DFTN. Programas de fortificação de grãos e farináceos têm sido adotados como ação preventiva em saúde pública. Desde 2004, a Anvisa tornou obrigatória a fortificação das farinhas de trigo e milho com ácido fólico (0,15 mg de ácido fólico para cada 100 g de farinha). No entanto, a redução da incidência dos DFTN apenas com fortificação alimentar está em torno de 25%, longe dos 70% observados com a suplementação vitamínica. Por isso, além da dieta rica em ácido fólico e fortificação alimentar, deve ser usada a suplementação vitamínica de ácido fólico.

Bibliografia sugerida

1. Adzick NS, Sutton LN, Crombleholme TM, Flake AW. Successful fetal surgery for spina bifida. Lancet. 1998;352:1675-6.
2. Adzick NS. Fetal myelomeningocele: natural history, pathophysiology, and in-utero intervention. Semin Fetal Neonatal Med. 2010;15(1):9-14.
3. Adzick NS, Thom EA, Spong CY, Brock III JW, Burrows PK, Johnson MP, et al. A randomized trial of prenatal versus postnatal repair of myelomeningocele. N Engl J Med. 2011;364:9931004.
4. American College of Obstetricians and Gynecologists. Prenatal detection o neural tube defects. Technical bulletin n. 99; dezembro 1986.
5. Bunduki V, Requeijo MJR, Pinto FCG. Defeitos de fechamento do tubo neural. In: Zugaib M. Medicina fetal. 3. ed. São Paulo: Atheneu; 2012. p. 365-74.
6. De Sá Barreto EQ, Moron AF, Milani HJ, Hisaba WJ, Nardozza LM, Araújo Júnior E, et al. The occipitum-dens line: the purpose of a new ultrasonographic landmark in the evaluation of the relationship between the foetal posterior fossa estructures and the foramen Magnum. Childs Nerv Syst. 2015;31(5):729-33.
7. Dias MS, McLone DG. Hydrocephalus in the child with dysraphism. Neurosurg Clin N Am. 1993;4:715-26.
8. Hisaba WJ, Cavalheiro S, Almodim CG, Borges CP, de Faria TC, Araujo Júnior E, et al. Intrauterine myelomeningocele repair postnatal results and follow-up at 3.5 years of age: initial experience from a single reference service in Brazil. Childs Nerv Syst. 2012;28(3):461-7.
9. Hisaba WJ, Moron AF. Defeitos do tubo neural. In: Moron AF. Medicina fetal na prática obstétrica. 1. ed. São Paulo: Santos; 2003. p. 173-76.
10. Hunt GM. The median survival time in open spina bifida. Dev Med Child Neurol. 1997;39(8):568.
11. Kallén B, Cochi G, Knudsen LB. International study of sex ratio and twinning of neural tube defects. Teratology. 1994;50:322-31.
12. Lumley J, Watson L, Watson M, Bower C. Periconceptional supplementation with folate and/or multivitamins for preventing neural tube defects (Cochrane Review). The Cochrane Library, Issue 1. Oxford: Update Software; 2009.
13. Manning SM, Jennings R, Madsen JR. Pathophysiology, prevention and potential treatment of neural tube defects. Ment Retard Dev Disabil Res Rev. 2000;6:6-14.
14. Moldenhauer JS, Soni S, Rintoul NE, Spinner SS, Khalek N, Poyer JM, et al. Fetal myelomeningocele repair: The Post-MOMS experience at the Children's Hospital of Philadelphia. Fetal Diagn Ther. 2015;37(3):235-40.
15. Moron AF, Hisaba WJ, Milani HJF. Terapêutica fetal. In: Borges DR (org.). Atualização terapêutica. 25. ed. São Paulo: Artes Médicas; 2014. p. 563-70.
16. Noronha Neto C, Rolland AS, Moraes Filho OB, Noronha AMB. Validação do diagnostico de anomalias fetais em centro de referência. Rev Assoc Med Bras. 2009;55(5):541-6.
17. Northrup H, Volcik KA. Spine bifida and other neural tube defects. Curr Probl Pediatr. 2000;30:313-32.
18. Oaks W. Gaskill S. Symptomatic Chiari malformations in childhood. In Park T, ed. Spinal dysraphism. Boston: Blackwell; 1992. p. 104-25.
19. Shurtleff DB, Luthy DA, Nyberg DA, Benedetti TJ, Mack LA. Meningomyelocele: management in utero and post natum. Ciba Found Symp. 1994;181:270-80.
20. Van Allen et al., 1993.

13

Avaliação do sistema nervoso central do feto

Hérbene José Figuinha Milani
Antonio Fernandes Moron
Mauricio Mendes Barbosa

Introdução

As alterações congênitas do sistema nervoso central (SNC) correspondem ao segundo grupo mais frequente de anomalias que acometem o feto, atrás apenas das malformações cardíacas. A incidência gira em torno de um a dois casos por mil nascimentos, e fatores ambientais e genéticos são importantes em sua epidemiologia, comprovados por variações geográficas de sua incidência. Apresentam importância clínica, pois geralmente estão associadas a altas taxas de mortalidade e morbidade, influenciando no desenvolvimento neurocognitivo e motor dos sobreviventes, os quais poderão conviver com sequelas por toda a vida. Sendo assim, é de fundamental importância a avaliação do SNC durante o período pré-natal com o objetivo de diagnosticar possíveis alterações do seu desenvolvimento e, dessa forma, poder aconselhar adequadamente o casal sobre acompanhamento na gestação, prognóstico, possibilidades terapêuticas fetais e tratamento no período pós-natal.

A avaliação e o diagnóstico das malformações do SNC durante o período pré-natal são feitos basicamente pela ultrassonografia (USG), podendo ser realizada em qualquer idade gestacional. Inclui o estudo do cérebro e da medula espinhal. É importante saber que as estruturas do SNC apresentam embriologia e anatomia complexas, sendo um dos órgãos que mais sofrem mudanças ao longo da gestação. No primeiro trimestre, os plexos coroides ocupam quase a totalidade dos hemisférios cerebrais, já separados pela fissura inter-hemisférica. À medida que avança a gestação, o tamanho dos ventrículos laterais e dos plexos coroides diminui proporcionalmente de tamanho em relação ao cérebro. Essas mudanças estão associadas a modificações dos aspectos ultrassonográficos do SNC durante a gestação. Por essa razão, todo profissional envolvido em avaliação fetal (médico fetal, radiologista, obstetra) deve ter conhecimento do desenvolvimento do SNC e das características ultrassonográficas nas diferentes idades gestacionais com o intuito de evitar possíveis erros diagnósticos.

Algumas anormalidades já podem ser diagnosticadas no primeiro trimestre, embora representem uma minoria das malformações e geralmente sejam as mais graves (p. ex., acrania; holoprosencefalia alobar). Usualmente, a maioria dos esforços para diagnosticar as alterações do SNC ocorre durante o segundo trimestre, no exame morfológico fetal realizado entre 20 e 24 semanas. Deve-se lembrar que a avaliação do SNC normal no exame morfológico do segundo trimestre não exclui o desenvolvimento de alguma alteração ao longo da gestação, por isso é muito importante a reavaliação da morfologia cerebral ao longo de toda a gravidez.

Com o objetivo de padronizar o exame morfológico do SNC, a International Society of Ultrasound in Obstetrics & Gynecology descreveu um guia para o estudo do cérebro e da coluna do feto, que é dividido em duas categorias:

- Avaliação básica do SNC.
- Avaliação neurossonográfica.

Avaliação básica do sistema nervoso central

Corresponde à avaliação rotineiramente utilizada no exame morfológico do segundo trimestre, realizada pela via transabdominal. É a técnica utilizada para o rastreamento de malformações do SNC no segundo e no terceiro trimestres de gestação em pacientes de baixo risco, com sensibilidade de rastreamento das malformações do SNC em torno de 80%. Inclui o estudo das estruturas do crânio e da coluna fetal.

Para a avaliação básica e adequada da morfologia cerebral, três planos axiais do crânio são necessários: plano transtalâmico, plano transventricular e plano transcerebelar. As estruturas que devem ser avaliadas incluem: ventrículos laterais; plexos coroides; fissura inter-hemisférica; *cavum* do septo pelúcido; tálamos; cerebelo e cisterna magna; forma e biometria do crânio; textura do parênquima cerebral.

Plano transtalâmico

Plano utilizado para realização da biometria do crânio (diâmetro biparietal e circunferência craniana). Tem como pontos de referência os cornos frontais dos ventrículos laterais, *cavum* do septo pelúcido, tálamos e giros hipocampais (Figura 1).

Plano transventricular

Plano em que se realiza a medida do corno posterior do ventrículo lateral (átrio). Tem como pontos de referência os cornos frontais dos ventrículos laterais, *cavum* do septo pelúcido e cornos posteriores dos ventrículos laterais – átrio (Figura 2).

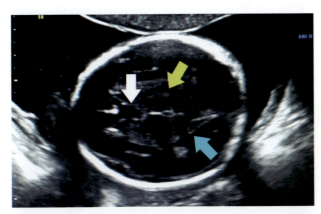

Figura 1 Corte axial no plano transtalâmico em que se identificam o *cavum* do septo pelúcido (seta branca), tálamos (seta amarela) e giro do hipocampo (seta azul).

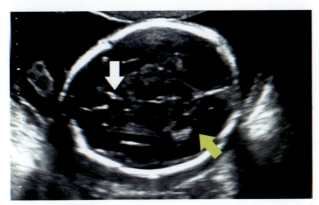

Figura 2 Corte axial no plano transventricular em que se identificam *cavum* do septo pelúcido (seta branca) e corno posterior do ventrículo lateral (seta amarela).

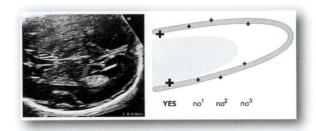

Figura 3 Medida do átrio do ventrículo lateral (corte axial – plano transventricular), com os *calipers* posicionados nas paredes internas do átrio, no nível do glomus do plexo coroide. Fonte: International Society of Ultrasound in Obstetrics & Gynecology Education Committee, 2007.

Algumas particularidades das estruturas analisadas nesse plano:

- O *cavum* do septo pelúcido deve ser visualizado na USG entre 17 e 37 semanas; a não identificação neste intervalo de idade gestacional pode ser sinal de possível anomalia: agenesia do *cavum* do septo pelúcido, holoprosencefalia, agenesia de corpo caloso, hidrocefalia acentuada, displasia do septo óptico.
- A medida do átrio do ventrículo lateral é recomendada durante a gestação, pois a sua dilatação (ventriculomegalia) é um frequente marcador de possível malformação do SNC. Sua medida deve ser realizada no nível do *glomus* do plexo coroide, perpendicular à cavidade do ventrículo, posicionando-se os *calipers* na porção interna das paredes dos ventrículos laterais (Figura 3). Essa medida é estável ao longo da gestação e considerada normal quando menor que 10 mm.

Plano transcerebelar

Tem como pontos de referência os cornos anteriores dos ventrículos laterais, *cavum* do septo pelúcido, tálamos, cerebelo e cisterna magna. É importante para avaliação das estruturas da fossa posterior (cerebelo e cisterna magna). O cerebelo aparece como uma estrutura em forma de borboleta formado por dois hemisférios unidos por uma estrutura central mais ecogênica na USG que corresponde ao vérmis cerebelar. Devem ser aferidas as medidas transversa do cerebelo e da cisterna magna (medida realizada entre o vérmis cerebelar e a parede interna do osso occipital, cujo valor normal encontra-se entre 2 e 10 mm) (Figura 4). Deve-se frisar que a cisterna magna pode conter finas septações, que não devem ser confundidas com estruturas vasculares ou malformações císticas. Outro ponto a ser considerado é que em idades gestacionais precoces (menores que 20 semanas) o vérmis cerebelar pode não cobrir completamente o 4º ventrículo, dando a falsa impressão de uma malformação vermiana. Acima de 20 semanas, esse achado pode sugerir uma malformação da fossa posterior.

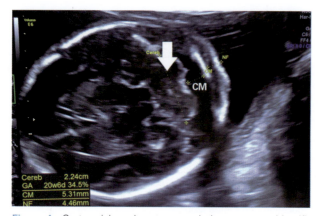

Figura 4 Corte axial no plano transcerebelar em que se identificam o cerebelo (seta branca) e a cisterna magna (CM).

Avaliação da coluna fetal

Para a avaliação da coluna fetal, preconiza-se a varredura completa em cortes sagitais, coronais e transversais da coluna, com foco nos corpos vertebrais, no canal medular e na medula propriamente dita (Figura 5).

Nos cortes axiais, a avaliação da coluna é um processo dinâmico realizado pela varredura com transdutor ao longo de toda a estrutura. As vértebras têm diferentes configurações anatômicas em seus diferentes níveis. As vértebras torácicas e lombares apresentam forma triangular, com os centros de ossificação circundando o canal medular. Já as primeiras vértebras cervicais têm formato quadrangular, e as sacrais são planas.

No plano sagital, os centros de ossificação dos corpos das vértebras e os arcos posteriores formam duas linhas paralelas que convergem no sacro. Neste plano, é avaliado também o nível do cone medular. Deve-se lembrar que a medula espinhal sofre mudanças ao longo da gestação. Até cerca de 12 semanas de gestação, a medula se estende ao longo de todo o comprimento do canal vertebral e os nervos espinhais passam pelos forames intervertebrais próximos ao seu nível de origem, formando um ângulo reto com a medula. Como a coluna vertebral e a dura-máter crescem mais rapidamente do que a medula espinhal, essa relação posicional dos nervos espinhais não persiste. A extremidade caudal da medula espinhal do feto se posiciona gradualmente em níveis relativamente mais altos. Estudos recentes identificaram o nível do cone medular fetal em topografia da quarta vértebra lombar (L4) entre 13 e 18 semanas de gestação. Entre 20 e 24 semanas, há um predomínio entre a segunda (L2) e a terceira vértebra lombar (L3) (Figura 6), chegando ao final de 40 semanas na altura da L2. A medula espinhal do neonato termina no nível da L2, com a ascensão da medula cessando nos primeiros meses de vida. No adulto, geralmente, a medula termina na borda inferior da primeira vértebra lombar (L1).

A integridade da coluna é inferida pela disposição regular dos centros de ossificação das vértebras e pela presença de pele recobrindo toda a extensão da coluna.

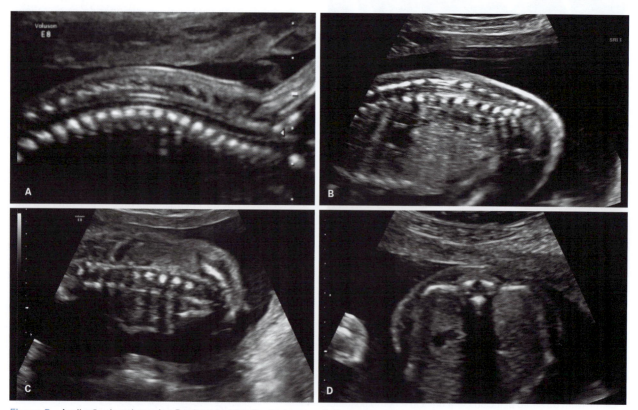

Figura 5 Avaliação da coluna. A e B: plano sagital; C: plano coronal; D: plano axial.

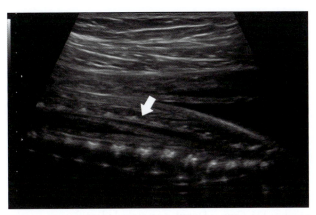

Figura 6 Corte sagital da coluna com identificação do nível do cone medular (seta branca) entre L2 e L3 em gestação de 24 semanas.

Avaliação neurossonográfica

Em razão da complexidade do desenvolvimento e das malformações do SNC, somadas às limitações da avaliação cerebral fetal rotineiramente realizada por meio de cortes axiais do cérebro (sombra acústica no hemisfério proximal ao transdutor; avaliação inadequada de estruturas da linha média, como corpo caloso e vérmis do cerebelo), surgiu o conceito de neurossonografia fetal.

A neurossonografia fetal consiste em um exame ultrassonográfico detalhado do SNC. Tem como princípio uma análise multiplanar das estruturas cerebrais, que é obtida pelo posicionamento do transdutor nas suturas e fontanelas do crânio do feto. Em fetos em apresentação cefálica, as vias transabdominal e transvaginal podem ser usadas (a via transgavinal tem a vantagem de o transdutor endovaginal operar com alta frequência, o que reflete em melhor resolução da imagem). Nos fetos em apresentação pélvica, utiliza-se a técnica transfundal, posicionando o transdutor de modo paralelo ao abdome materno. Tem mostrado ser método acurado para o diagnóstico das alterações congênitas do SNC. Está indicada para pacientes com risco de anomalias cerebrais (consaguinidade; antecedentes de malformações cerebrais ou doenças gênicas na família; infecções congênitas; uso de medicações com potencial teratogênico; exposição à radiação ou a substâncias químicas) e na suspeita diagnóstica de alguma malformação do SNC do feto no exame ultrassonográfico pré-natal de rotina. É exame que requer aparelhos ultrassonográficos de alta resolução e profundo conhecimento pelo profissional que o realiza quanto a: embriologia e anatomia do SNC; manifestações ultrassonográficas das malformações cerebrais; possíveis técnicas de terapia fetal e conhecimento da fisiopatologia e repercussões das anomalias do SNC para o correto aconselhamento dos pais quanto ao acompanhamento pré-natal e prognóstico.

O exame neurossonográfico inclui a avaliação dos planos axiais já descritos na avaliação básica do SNC, somando-se à avaliação nos planos coronal e sagital.

Para fins de padronização, uma sistemática avaliação neurossográfica inclui a visualização de quatro planos coronais e três planos sagitais.

Planos coronais

Plano transfrontal

A visualização deste plano é obtida pela fontanela anterior. As seguintes estruturas são analisadas: fissura inter-hemisférica, córtex frontal, cornos frontais dos ventrículos laterais, órbitas oculares e osso esfenoide do crânio (Figura 7).

Plano transcaudado

Identificam-se os núcleos caudados; fissura inter-hemisférica interrompida pela porção anterior do corpo caloso; *cavum* do septo pelúcido; cornos frontais dos ventrículos laterais e lateralmente a fissura de Sylvius bilateralmente (Figura 8).

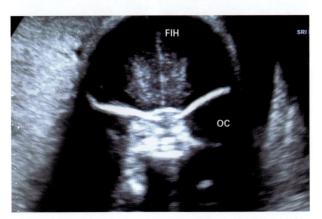

Figura 7 Corte coronal no plano transfrontal em que se identificam fissura inter-hemisférica (FIH), córtex frontal e órbitas oculares (OC).

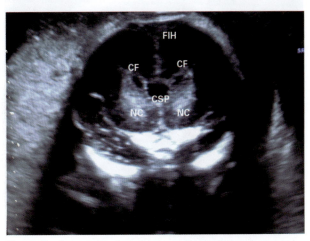

Figura 8 Corte coronal no plano transcaudado em que se identificam fissura inter-hemisférica (FIH), *cavum* do septo pelúcido (CSP), cornos frontais dos ventrículos laterais (CF) e núcleos caudados (NC).

Plano transtalâmico

Visualizam-se os tálamos; fissura inter-hemisférica interrompida pela porção anterior do corpo caloso; *cavum* do septo pelúcido; cornos frontais dos ventrículos laterais; forames de Monro; terceiro ventrículo; e, próximo à base do crânio, os vasos do polígono de Willis e quiasma óptico (Figura 9).

Plano transcerebelar

É obtido pela fontanela posterior; identificam-se os cornos occipitais dos ventrículos laterais e a fissura inter-hemisférica. Ambos os hemisférios cerebelares e vérmis são identificados neste plano, que é ideal para diferenciar os hemisférios cerebelares do vérmis, principalmente nos casos suspeitos de agenesia vermiana (Figura 10).

Planos sagitais

Três planos sagitais são usualmente estudados: o plano sagital mediano e os planos parassagitais de cada lado do cérebro.

Plano sagital mediano

Importante plano para avaliação das estruturas da linha média do cérebro. Inclui a avaliação do corpo caloso (morfologia e biometria); *cavum* do septo pelúcido; *cavum vergae*; *cavum interpositum*; tronco cerebral; vérmis cerebelar (morfologia e biometria); cisterna magna; tenda do cerebelo (Figura 11). Com o Doppler é possível identificar as artérias cerebrais anteriores, artérias pericalosas e veia de galeno.

Plano parassagital

Identificam-se todo o ventrículo lateral (*three horn view*), a parede dos ventrículos laterais, e o parênquima periventricular (Figura 12).

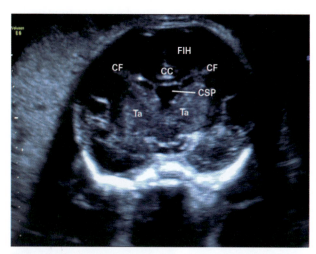

Figura 9 Corte coronal no plano transtalâmico em que se identificam fissura inter-hemisférica (FIH), *cavum* do septo pelúcido (CSP), corpo caloso (CC), cornos frontais dos ventrículos laterais (CF) e tálamos (Ta).

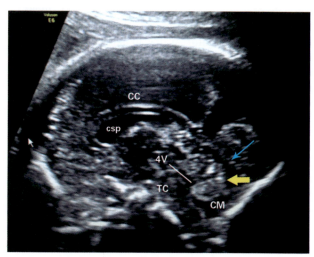

Figura 11 Corte sagital no plano sagital mediano no qual se identificam corpo caloso (CC), *cavum* do septo pelúcido (csp), vérmis do cerebelo (seta amarela), tenda do cerebelo (seta azul), quarto ventrículo (4V), cisterna magna (CM) e tronco cerebral (TC).

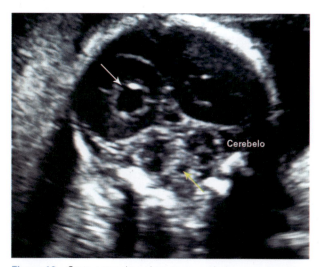

Figura 10 Corte coronal no plano transcerebelar no qual se identificam cornos posteriores dos ventrículos laterais (seta branca) e cerebelo (notar diferenciação entre os hemisférios cerebelares e vérmis na porção central mais ecogênica) – seta amarela.

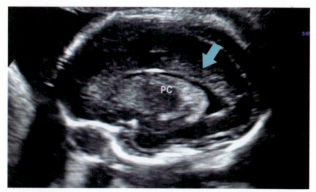

Figura 12 Corte sagital no plano parassagital no qual se identificam ventrículo lateral (*three horn view*), plexo coroide (PC) e parênquima periventricular (seta azul).

Além das estruturas citadas anteriormente, faz parte da avaliação neurossonográfica a análise detalhada do córtex cerebral e das circunvoluções cerebrais (que mudam ao logo da gestação).

Este tipo de avaliação pode ser complementado pela USG tridimensional e pela Dopplervelocimetria (Doppler bidimensional e Doppler de amplitude) com o objetivo de estudar o fluxo e a anatomia vascular do cérebro.

A avaliação da coluna faz parte do exame neurossonográfico e segue as mesmas recomendações descritas na avaliação básica do SNC.

A ressonância magnética (RM) é método diagnóstico que pode ser utilizado para complementar a avaliação do SNC em casos selecionados, apresentando acurácia diagnóstica semelhante ao exame neurossonográfico fetal.

Quadro 1	Etiologia das ventriculomegalias
Não comunicante (obstrutiva intraventricular)	
Estenose do aqueduto de Sylvius	
Estenose congênita do forame de Monro	
Malformação de Dandy-Walker	
Tumores	
Comunicante (obstrutiva extraventricular)	
Malformação de Arnold-Chiari	
Encefalocele	
Inflamação leptomeníngea	
Malformações corticais	
Ausência congênita de granulações aracnóideas	

Malformações do sistema nervoso central

Serão descritas de maneira sucinta as principais malformações do SNC e suas manifestações ultrassonográficas (exceto os defeitos do tubo neural, que serão abordados em capítulo próprio).

Ventriculomegalia

Ventriculomegalia é definida como excesso de fluido no sistema ventricular cerebral, causando dilatação dos ventrículos laterais do cérebro fetal. O termo hidrocefalia é reservado aos casos em que a dilatação ventricular é acompanhada de aumento da pressão intracraniana e, como essa medida não é possível no período gestacional, deve-se preferir o termo ventriculomegalia no diagnóstico pré-natal. Sua incidência estimada é de 0,5 a 3:1.000 nascidos vivos.

A ventriculomegalia pode resultar de um distúrbio no ciclo de produção e absorção do líquido cefalorraquidiano. Nos casos de ventriculomegalia secundária a distúrbios de absorção, ela pode ser comunicante ou não comunicante. O tipo não comunicante deve-se à obstrução do fluxo cefalorraquidiano no sistema intraventricular (p. ex., obstrução ao nível do aqueduto cerebral), ao passo que na forma "comunicante" a obstrução do fluxo é extraventricular, no nível do espaço subaracnóideo. A ventriculomegalia também pode ser decorrente da produção excessiva do líquido cefalorraquidiano, como ocorre em casos de papiloma de plexo coroide, definindo a lesão não obstrutiva. Outras malformações do SNC podem levar à ventriculomegalia, como malformações do corpo caloso, alterações do desenvolvimento cortical, insultos vasculares e infecciosos. O Quadro 1 apresenta as principais causas de ventriculomegalia.

O aumento dos ventrículos laterais na grande maioria dos casos não é uma anomalia por si só, mas o sinal de uma possível malformação do SNC. Sendo assim, é muito importante que nos casos de fetos com suspeita de ventriculomegalia seja feita uma avaliação detalhada da morfologia cerebral com o intuito de se identificar a possível etiologia da ventriculomegalia.

O diagnóstico da ventriculomegalia é feito pela USG pré-natal por meio da medida dos átrios dos ventrículos laterais, na região dos cornos posteriores, sendo esta medida realizada no plano axial (plano transventricular), com os *calipers* posicionados nas paredes internas do átrio, no nível do glomus do plexo coroide (como já descrito anteriormente na avaliação básica do SNC). Considera-se normal a medida abaixo de 10 mm, independentemente da idade gestacional. Valores entre 10 e 15 mm definem a ventriculomegalia leve (Figura 13A) e acima de 15 mm caracterizam a ventriculomegalia acentuada (Figura 13B).

O diagnóstico pré-natal da ventriculomegalia exige rastreamento ultrassonográfico de outras anomalias, que podem ocorrer em 70-80% dos casos. Cerca de 40% delas são intracranianas (microcefalia, encefalocele, agenesia de corpo caloso) e 60% são extracranianas (espinha bífida, cardíacas, renais).

O acompanhamento pré-natal inclui realização de cariótipo fetal (em 9-13% dos casos, há associação com aneuploidias), ecocardiograma fetal, neurossonografia fetal (para identificar possível causa da ventriculomegalia), pesquisa de infecções congênitas (toxoplasmose, citomegalovírus, rubéola, coxsackie B, zika vírus) e acompanhamento ultrassonográfico seriado (para avaliar grau de dilatação ventricular e biometria craniana).

O parto deve ser realizado em centro terciário. A idade gestacional do momento do parto e a via de parto irão depender da causa da ventriculomegalia, do grau de dilatação ventricular, das anomalias associadas e do tamanho da circunferência craniana.

Em geral, a taxa de mortalidade e o prognóstico do concepto com ventriculomegalia variam diretamente conforme a presença e a gravidade de anomalias extracranianas e da doença de base. Fetos com ventriculomegalia leve e isolada podem ter desenvolvimento neurocogniti-

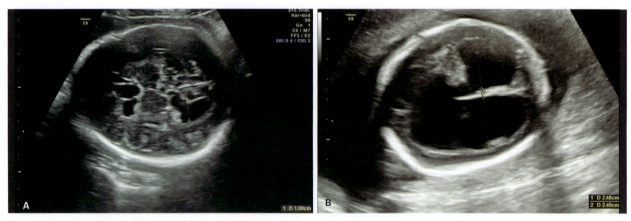

Figura 13   A: Imagem ultrassonográfica do crânio fetal (corte axial – plano transventricular) evidenciando ventriculomegalia leve. B: Imagem ultrassonográfica do crânio fetal (corte axial – plano transventricular) evidenciando ventriculomegalia acentuada.

vo normal em até 90% dos casos. Já naqueles com ventriculomegalia acentuada a taxa de retardo do desenvolvimento cognitivo pode chegar a 50%.

O tratamento obstétrico da ventriculomegalia acentuada depende da idade gestacional e da presença de outras anomalias associadas. A colocação de válvula de derivação ventriculoamniótica pode ser terapia fetal intrauterina a ser considerada em casos bem selecionados, sendo indicada em fetos com ventriculomegalia acentuada e progressiva, sem anomalias associadas, cariótipo fetal normal e idade gestacional entre 24 e 32 semanas.

É importante que o acompanhamento pré-natal dos casos de ventriculomegalia envolva uma equipe multidisciplinar, principalmente com neurocirurgião pediátrico, para a tomada de decisões relativas a indicação de terapêuticas fetais intrauterinas, acompanhamento pré-natal, momento e via de parto e acompanhamento pós-natal.

Holoprosencefalia

A holoprosencefalia é uma malformação do SNC que resulta da falha da clivagem sagital do prosencéfalo, ocasionando a formação de um ventrículo único que cruza a linha média, com graus diferentes de separação. Esse último aspecto da malformação determina a classificação morfológica em três tipos, em ordem crescente de gravidade: lobar, semilobar e alobar.

A incidência da holoprosencefalia é em torno de 1 a 1,7/10.000 nascidos vivos. Sua etiologia pode estar relacionada a diversas causas, como herança autossômica dominante ou recessiva, herança monogênica, aneuploidias (síndrome de Patau), infecções e eventos teratogênicos, como diabete materno. A recorrência dependerá essencialmente da etiologia.

O diagnóstico da holoprosencefalia é feito pela USG bidimensional. Na forma alobar, observam-se tálamos fundidos ou parcialmente fundidos, com ausência do terceiro ventrículo, ventrículo único em forma de ferradura, ausência do *cavum* do septo pelúcido, ausência do corpo caloso e fissura inter-hemisférica (Figura 14). Na forma semilobar, os achados são muito similares aos descritos para a forma alobar, porém nota-se a presença dos cornos occipitais dos ventrículos laterais bem desenvolvidos. Nas formas alobar e semilobar, o diagnóstico pode ser realizado já no primeiro trimestre e durante o curso do segundo trimestre o diagnóstico é pouco desafiador, até mesmo pela riqueza das malformações associadas, particularmente anomalias faciais como fendas, cebocefalia, ciclopia, hipotelorismo, probóscide.

Já na forma lobar o diagnóstico durante o período pré-natal é muito difícil, sendo observada a ausência do *cavum* do septo pelúcido com fusão dos cornos anteriores dos ventrículos laterais associado a ventrículos laterais cerebrais levemente alargados e dismórficos, além da ausência dos tratos olfatórios, podendo ocorrer agenesia parcial do corpo caloso (Figura 15).

As formas mais graves são quase invariavelmente letais no período neonatal; na forma mais leve (lobar), pode haver retardo mental moderado e risco de disfunção pituitária. Em caso de diagnóstico de holoprosence-

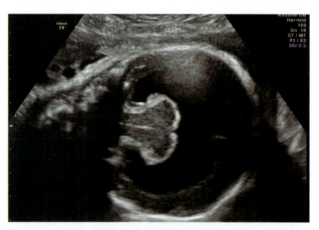

Figura 14   Imagem ultrassonográfica do crânio fetal evidenciando holoprosencefalia do tipo alobar: presença de tálamos fundidos, ausência da fissura inter-hemisférica e ventrículo único.

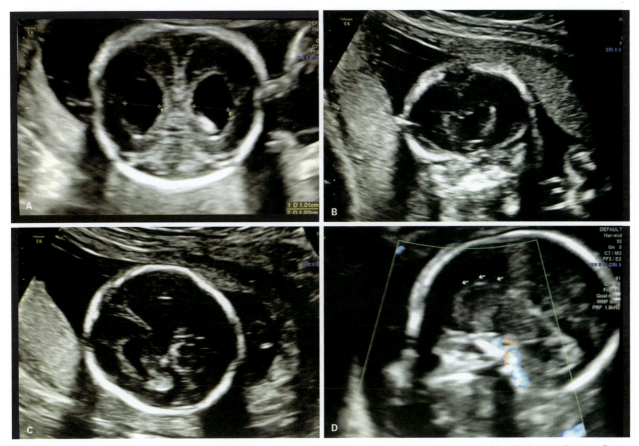

Figura 15   Imagem ultrassonográfica do crânio fetal evidenciando holoprosencefalia do tipo lobar. A: Ventriculomegalia leve; B: ausência do *cavum* do septo pelúcido com fusão dos cornos anteriores dos ventrículos laterais; C: foice inter-hemisférica descontínua com comunicação do corpo dos ventrículos laterais; D: disgenesia de corpo caloso.

falia no período pré-natal, devem ser oferecidos à gestante o estudo do cariótipo fetal, o ecocardiograma fetal e a neurossonografia fetal.

Agenesia de corpo caloso

A agenesia de corpo caloso (ACC) é uma das anomalias mais comuns do SNC e está associada a diversas malformações e síndromes genéticas. A prevalência é de aproximadamente 0,7% e corresponde de 2-3% das crianças com retardo mental. A ACC pode ser completa ou parcial. Quando alguma condição (geralmente vascular ou infecciosa) acomete o desenvolvimento do corpo caloso até a 12ª semana de gestação, ocorre agenesia completa; após esse período, os insultos habitualmente determinam ACC parcial e hipoplasia do corpo caloso.

O diagnóstico ultrassonográfico dessa condição é sempre desafiador, uma vez que os planos axiais geralmente avaliados na avaliação rotineira do SNC não conseguem avaliar adequadamente o corpo caloso, por isso é importante uma análise multiplanar do cérebro por meio da neurossonografia fetal para seu correto diagnóstico.

Sinais indiretos que levam à suspeita de ACC completa são identificados em cortes axiais do crânio fetal: ventrículos laterais em forma de lágrima associados à dilatação dos cornos posteriores (colpocefalia); ausência do *cavum* do septo pelúcido; cornos anteriores dos ventrículos laterais afastados da linha média; elevação do teto do terceiro ventrículo. A confirmação diagnóstica é feita em cortes sagitais do cérebro, não sendo identificado o corpo caloso, além de ser observada uma distribuição radial dos sulcos cerebrais mesiais e ausência das artérias pericalosas no estudo Doppler (Figura 16). Podem estar associados a cistos inter-hemisféricos, sendo esse achado também usado como suspeita para alterações.

Nos casos de ACC parcial e hipoplasia do corpo caloso, os sinais indiretos descritos acima são menos evidentes, podendo-se identificar nos planos axiais presença do *cavum* do septo pelúcido, mas que geralmente se apresenta de dimensões reduzidas e localizado posteriormente a sua topografia habitual; medida dos ventrículos laterais dentro da normalidade ou levemente dilatados. Nos cortes sagitais do cérebro fetal, identifica-se corpo caloso incompleto (agenesia parcial) ou com diâmetro anteroposterior menor que o esperado para a idade gestacional (hipoplasia) (Figura 17).

Podem estar associados a cistos inter-hemisféricos, sendo esse achado também usado como suspeita para alterações do desenvolvimento do corpo caloso.

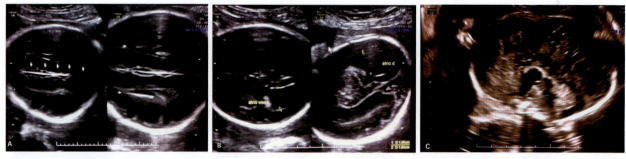

Figura 16 Imagem ultrassonográfica do crânio fetal evidenciando agenesia do corpo caloso. A: Corte axial mostrando ausência do *cavum* do septo pelúcido (setas brancas) e cornos anteriores dos ventrículos laterais afastados da linha média; B: dilatação leve dos cornos posteriores dos ventrículos laterais – colpocefalia; C: corte sagital mostrando ausência do corpo caloso.

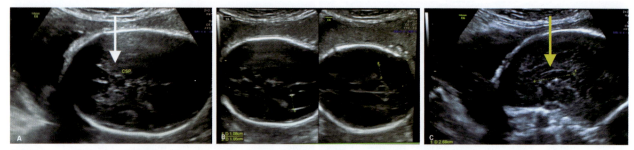

Figura 17 Imagem ultrassonográfica do crânio fetal evidenciando hipoplasia do corpo caloso. A: Corte axial mostrando *cavum* do septo pelúcido presente, porém localizado posteriormente à topografia habitual e cornos anteriores dos ventrículos laterais afastados da linha média (seta branca); B: dilatação leve dos cornos posteriores dos ventrículos laterais – colpocefalia; C: corte sagital mostrando corpo caloso fino e com diâmetro anteroposterior abaixo do esperado para a idade gestacional (seta amarela).

O acompanhamento pré-natal inclui realização de cariótipo fetal (associação com aneuploidias em aproximadamente 18% dos casos), pesquisa de infecções congênitas, ecocardiograma fetal, neurossonografia fetal e análise detalhada da morfologia sistêmica fetal para excluir possíveis anomalias associadas.

O parto deve ser realizado em centro terciário, respeitando as indicações obstétricas. O prognóstico e a recorrência irão depender das anomalias e das síndromes associadas. Em casos isolados, desenvolvimento neurocognitivo normal pode ser observado em 65-75% dos casos.

Malformações da fossa posterior

As malformações da fossa posterior podem ser classificadas em alterações císticas e não císticas.

Entre as malformações císticas, existem:

- Malformação de Dandy-Waker: caracterizada por agenesia completa ou parcial do vérmis cerebelar, dilatação cística da fossa posterior, comunicação entre o quarto ventrículo e a cisterna magna e elevação da tenda do cerebelo. A prevalência varia entre 1:25.000 e 1:35.000 nascidos vivos. Pode estar associada a outras malformações do SNC, entre elas, agenesia de corpo caloso e ventriculomegalia, anomalias cromossômicas em 50-70% dos casos (trissomias 9, 13, 18, triploidias e síndrome de Turner) e outras anomalias sistêmicas. Quando isolada, a malformação de Dandy-Walker tem recorrência entre 1-5%, mortalidade em torno de 24% e déficit cognitivo entre 40-70% dos casos. Quando esta malformação é parte de uma síndrome, a causa primária irá determinar o prognóstico (geralmente ominoso) e sua recorrência.
- Hipoplasia vermiana: caracterizada por hipoplasia do vérmis cerebelar, comunicação entre o quarto ventrículo e a cisterna magna, sem elevação da tenda do cerebelo. Descrita anteriormente como variante da Dandy-Walker. A incidência é incerta. Pode também estar associada a anomalias cromossômicas e outras malformações do SNC e sistêmicas. Quando isolada, pode ser assintomática, porém o prognóstico é muito variável.
- Cisto de Blake: caracterizado pela comunicação entre o quarto ventrículo e a cisterna magna, com vérmis normal (apenas rodado superiormente) e tenda do cerebelo em posição anatômica. A bolsa de Blake é uma estrutura normal do desenvolvimento da fossa posterior. Com a formação dos forames de Luscka e Magendie, ocorre regressão da bolsa de Blake, não se observando mais a comunicação entre o quarto ventrículo e a cisterna magna. Espera-se que esse evento ocorra até a 20ª semana de gestação. Atrasos da fenes-

tração do quarto ventrículo levam à persistência da bolsa de Blake e da comunicação entre quarto ventrículo e a cisterna magna. Os casos de cisto de Blake são geralmente isolados, muitos regridem ao longo da gestação e têm bom prognóstico, embora existam relatos de associação com aneuploidias (trissomia 21).

- Megacisterna magna: é o aumento da cisterna magna. Não se observa comunicação entre o quarto ventrículo e a cisterna magna, e demais estruturas da fossa posterior são normais. Geralmente, é achado isolado e de bom prognóstico.
- Cisto de aracnoide na fossa posterior.

Já as malformações da fossa posterior não císticas incluem: hipoplasia cerebelar, hipoplasia pontocerebelar, romboencefalossinapse e síndrome de Joubert.

O diagnóstico das malformações da fossa posterior durante a gestação é realizado pela USG. No entanto, essas anomalias são um desafio no diagnóstico pré-natal, pois, como descrito anteriormente, envolvem um grupo heterogêneo de alterações que variam desde variantes normais a anomalias graves, com prognósticos diferentes, mas que apresentam características muito similares no exame ultrassonográfico pré-natal.

Geralmente a suspeita de uma anomalia na fossa posterior se dá pela identificação na USG de uma comunicação entre o quarto ventrículo e a cisterna magna no corte axial (plano transcerebelar) do cérebro fetal (Figura 18). No entanto, esse achado pode ser observado em diferentes anomalias que acometem a fossa posterior. Para diagnóstico diferencial entre as diferentes malformações da fossa posterior, é necessária uma análise multiplanar destas estruturas pela neurossonografia fetal (principalmente pelo uso do plano sagital mediano) (Figura 19), que pode ser complementada pela RM fetal nos casos duvidosos.

A grande maioria dessas alterações está associada a aneuploidias, sendo importante no acompanhamento pré-natal a realização do cariótipo fetal, ecocardiograma fetal, exame morfológico detalhado para excluir possíveis anomalias sistêmicas associadas e pesquisa de infecções congênitas.

O parto deve ser realizado em centros terciários com equipe multidisciplinar, e a via de parto irá depender do tipo de malformação, mas geralmente segue a indicação obstétrica.

Malformações císticas do sistema nervoso central

Cisto de plexo coroide

Os cistos de plexos coroides têm incidência de aproximadamente 1% e, geralmente, são identificados no segundo trimestre de gestação. Quando isolados, não aumentam o risco para aneuploidias e tendem a desaparecer no final do segundo trimestre. Quando associados a outras malformações, o risco de associação com alterações cromossômicas aumenta, principalmente a trissomia 18.

O achado ultrassonográfico típico é de imagem anecoica uni ou bilateral no interior do plexo coroide, podendo ter formas e tamanhos variados (Figura 20).

A conduta diante do achado de um cisto de plexo coroide inclui avaliação morfológica detalhada e realização de cariótipo nos casos com anomalias associadas. Nos casos isolados, é indicado apenas acompanhamento ultrassonográfico, e a indicação do cariótipo fetal vai depender da avaliação do risco de trissomias segundo a idade materna.

Cisto de aracnoide

Os cistos de aracnoide localizam-se entre a pia-máter e a aracnoide. Geralmente, apresentam-se como lesões anecoicas ocupando a linha média (Figura 21) ou a fossa posterior. São considerados lesões benignas, e o prognóstico depende basicamente da localização e da associação com dilatação ventricular (que ocorre secundária à compressão extrínseca da lesão cística).

Porencefalia

Trata-se de cistos no interior do parênquima cerebral secundários à destruição do parênquima cerebral por eventos isquêmicos, hemorrágicos, tromboembólicos e infecciosos. Apresentam-se como imagens císticas anecoicas no interior do parênquima cerebral, podendo ser isoladas ou múltiplas, com tamanhos variados, contornos geralmente irregulares e podem ter comunicação com o sistema ventricular (Figura 22).

O prognóstico depende da localização e da extensão das lesões, sendo comum a ocorrência de convulsões, retardo mental e alterações motoras de graus variados.

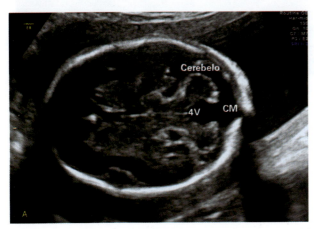

Figura 18 Imagem ultrassonográfica do crânio fetal – corte axial no plano transcerebelar. Nota-se comunicação entre o quarto ventrículo (4V) e a cisterna magna (CM).

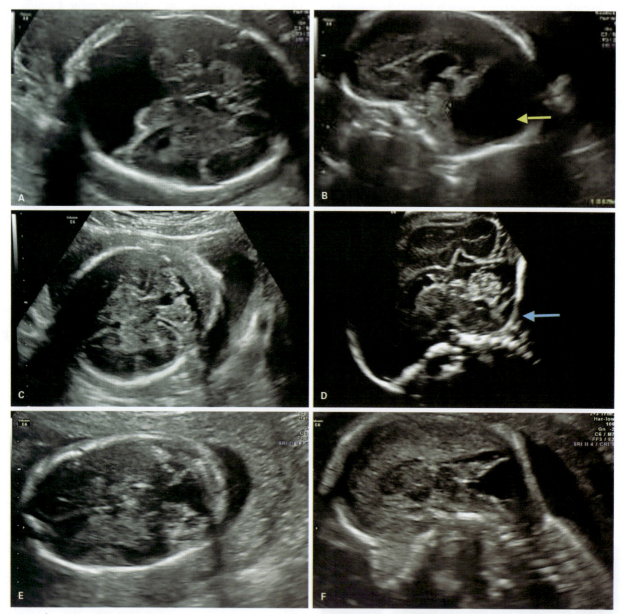

Figura 19 A e B: Malformação de Dandy-Walker. A: Corte axial mostrando dilatação cística da fossa posterior; B: corte sagital mediano evidenciando hipoplasia vermiana associada com elevação da tenda do cerebelo (seta amarela). C e D: Cisto de Blake. C: Corte axial mostrando comunicação entre o quarto ventrículo e a cisterna magna; D: corte sagital mediano mostrando vérmis normal e tenda do cerebelo em posição anatômica (seta azul). E e F: Hipoplasia vermiana. E: Corte axial mostrando comunicação entre o quarto ventrículo e a cisterna magna; F: corte sagital mediano evidenciando vérmis hipoplásico, mas com a tenda do cerebelo em posição anatômica (seta branca).

13 AVALIAÇÃO DO SISTEMA NERVOSO CENTRAL DO FETO   121

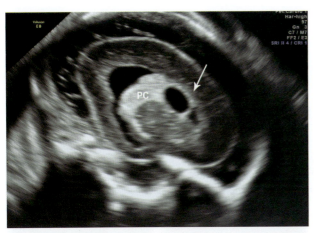

Figura 20   Ultrassom evidenciando imagem anecoica no plexo coroide (PC) que corresponde a cisto de plexo coroide (seta branca).

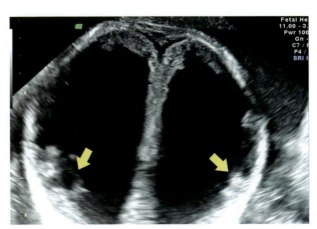

Figura 22   Ultrassom evidenciando cistos porencefálicos (setas amarelas) com comunicação com ventrículo lateral secundárias à lesão do parênquima cerebral por conta da toxoplasmose congênita.

Lesões vasculares podem ser confundidas com malformações císticas do SNC, entre elas o aneurisma da veia de Galeno. Geralmente, apresentam-se como lesões císticas, mas que apresentam fluxo no estudo Doppler (Figura 23). Outras alterações do SNC podem estar presentes,

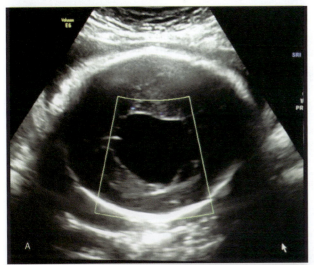

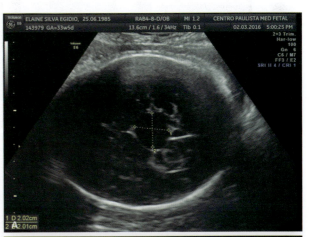

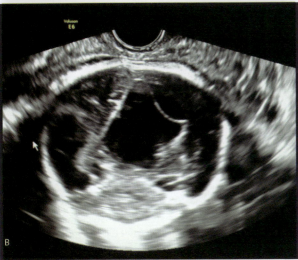

Figura 21   Ultrassom evidenciando imagem anecoica em topografia da linha média – cisto de aracnoide.

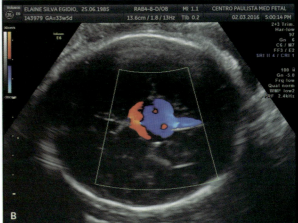

Figura 23   Imagem ultrassonográfica de aneurisma de veia de Galeno. A: Imagem cística anecoica em topografia da linha média. B: No estudo Doppler, verifica-se fluxo no interior desta imagem, sugerindo malformação vascular cerebral.

como ventriculomegalia e porencefalia, assim como a hidropsia secundária à insuficiência cardíaca decorrente do *shunt* arteriovenoso.

Malformações corticais

O diagnóstico das malformações corticais pela USG durante o período pode ser realizado, porém é muito difícil pelo fato de muitas vezes serem lesões focais, terem aparecimento tardio na gestação e incompleto conhecimento das malformações corticais e suas manifestações ultrassonográficas.

Deve-se suspeitar inicialmente pela história clínica da paciente como: antecedente familiar, exposição a teratógenos, infecções, traumas e outras malformações diagnosticadas no período pré-natal.

Existem também sinais ultrassonográficos que fazem suspeitar de uma possível malformação cortical. São eles:

- Ventriculomegalia (geralmente leve) (Figura 24).
- Paredes dos ventrículos laterais cerebrais de aspecto irregular (Figura 25).
- Córtex fino e irregular (Figura 26).
- Atraso da sulcação para a idade gestacional (Figura 27).
- Nódulos parenquimatosos (Figura 28).
- Sulcação anormal (Figura 29).
- Fendas no parênquima cerebral (esquizencefalia) (Figura 30).

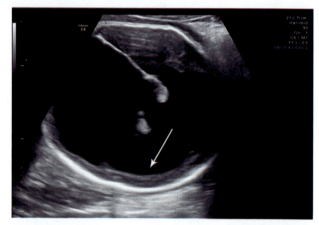

Figura 26 Imagem ultrassonográfica de adelgaçamento do parênquima cerebral (seta branca) secundário a ventriculomegalia cerebral acentuada.

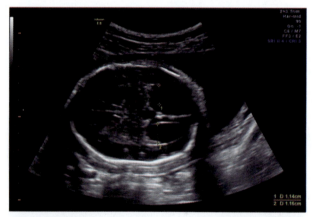

Figura 24 Imagem ultrassonográfica evidenciando ventriculomegalia cerebral leve.

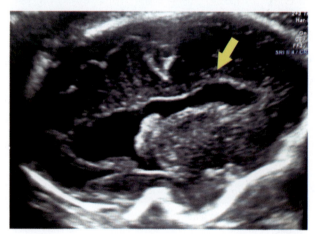

Figura 25 Imagem ultrassonográfica evidenciando irregularidade da parede ventricular.

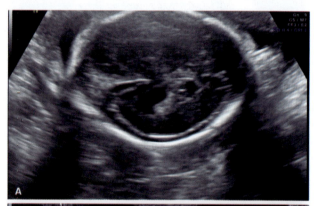

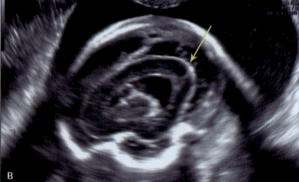

Figura 27 Ultrassom do sistema nervoso central de feto com 25 semanas com atraso da sulcação para a idade gestacional. A: Corte axial – não se observa fissura de Sylvius e fissura parieto-occipital com aumento do espaço subaracnoide. B: Corte parassagital – notam-se redução da espessura do parênquima cerebral e aumento do espaço subaracnoide (seta amarela).

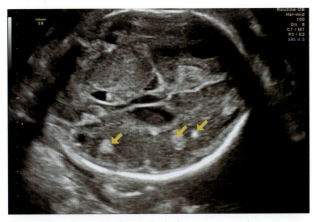

Figura 28 Ultrassom do crânio de feto com toxoplasmose congênita evidenciando nódulos parenquimatosos (setas brancas).

O desenvolvimento cortical envolve processos de proliferação, migração e organização neuronal. Assim, as malformações corticais podem ser divididas em distúrbios da proliferação (microcefalia, macrocefalia, hemimegaencefalia, esclerose tuberosa) e desordens de migração e organização neuronal (lisencefalia, heterotopias, esquizencefalia, polimicrogiria).

Tumores do sistema nervoso central

Os tumores do SNC são anomalias raras com incidência de 0,34 por 1 milhão de nascimentos. Geralmente, são supratentoriais, e o tipo mais comum é o teratoma.

O principal achado no exame ultrassonográfico pré-natal é de uma massa intracraniana com características sólidas, císticas ou mista com ou sem vascularização no estudo Doppler (Figura 31). As anomalias associadas incluem macrocrania, hidrocefalia (causada pela compressão extrínseca do tumor ou hemorrafia intracrania), hemorragia intracrania, polidrâmnio, insuficiência cardíaca e hidropsia (tumores muito vascularizados).

O diagnóstico diferencial dessas lesões são hemorragia intracraniana, cistos de aracnoide, aneurisma de veia de Galeno, leucomalácia periventricular e porencefalia.

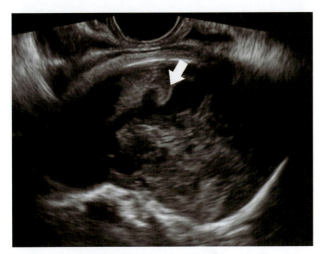

Figura 29 Imagem ultrassonográfica evidenciando sulcação anormal – paquigiria (seta branca).

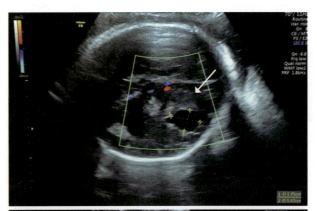

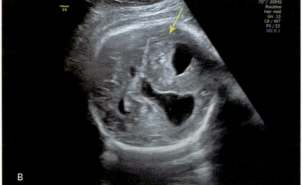

Figura 31 Ultrassom do crânio fetal evidenciando tumor cerebral. A: Corte axial mostrando imagem com componente cístico e sólido no hemisfério cerebral esquerdo (seta branca) associado à ventriculomegalia. B: Corte coronal evidenciando imagem mista no hemisfério cerebral esquerdo com desvio da linha média (seta amarela). Diagnóstico pós-natal: glioblastoma multiforme.

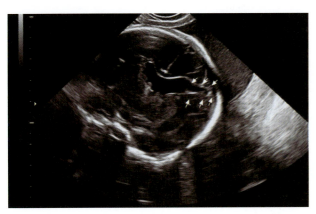

Figura 30 Corte coronal em ultrassom (plano transtalâmico) de crânio fetal evidenciando uma fenda no parênquima cerebral compatível com esquizencefalia (setas brancas).

O prognóstico geralmente é ruim e vai depender basicamente do tipo histológico do tumor.

Hemorragia intracraniana

É evento relativamente raro com incidência aproximada de 1:10.000 gestações. Fatores predisponentes incluem o trauma materno e coagulopatias fetais, como a trombocitopenia aloimune e o uso de anticoagulantes capazes de cruzar a placenta.

A localização mais comum é o interior dos ventrículos laterais, sendo o aspecto ultrassonográfico de imagem ecogênica semelhante ao plexo coroide no interior do ventrículo lateral associado a aumento da ecogenicidade das paredes dos ventrículos laterais cerebrais e, em alguns casos, dilatação ventricular de graus variados, geralmente secundária à obstrução do aqueduto cerebral (Figura 32). Hemorragias parenquimatosas podem ocorrer e comumente se apresentam na USG como massas hiperecogênicas (lembrar que o diagnóstico diferencial são as lesões tumorais), que podem evoluir para cistos porencefálicos.

O prognóstico vai depender do grau de hemorragia e da extensão da área envolvida, mas geralmente é ruim, com cerca de 50% de mortalidade perinatal e 50% de sequelas neurológicas nos sobreviventes.

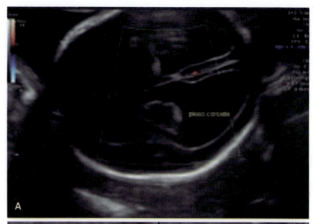
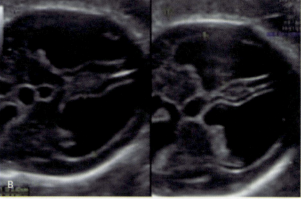

Figura 32 A: Imagem hipoecogênica no plexo coroide sugestiva de hematoma; B: ventriculomegalia associada a paredes dos ventrículos laterais cerebrais hiperecogênicas.

Bibliografia sugerida

1. Bernard JP, Moscoso G, Renier D, Ville Y. Cystic malformations of the posterior fossa. Prenat Diagn. 2001;21:1064.
2. International Society of Ultrasound in Obstetrics & Gynecology Education Committee. Sonographic examination of the fetal central nervous system: guidelines for performing the "basic examination" and the "fetal neurosonogram". Ultrasound Obstet Gynecol. 2007;29(1):109-16.
3. Malinger G, Lerman-Sagie T. Anomalies of the cerebellum. In: Timor-Tritsch IE, Monteagudo A, Pilu G, Malinger G. Ultrassonography of the prenatal brain. 3.ed. Philadelphia: McGraw-Hill; 2012. p.283-302.
4. Milani JM, Junior EA, Cavalheiro S, Oliveira OS, Hisaba WJ, Barreto ENS, et al. Fetal brain tumors: prenatal diagnosis by ultrasound and magnetic resonance imaging. World J Radiol. 2015;7(1):17-21.
5. Nyberg DA, Mahony BS, Hegge FN, Hickok D, Luthy DA, Kapur R. Enlarged cisterna magna and the Dandy-Walker malformation: factors associated with chromosome abnormalities. Obstet Gynecol. 1991;77:436.
6. Pilu G, Malinger G, Buyukkut S. Ventriculomegaly. In: Timor-Tritsch IE, Monteagudo A, Pilu G, Malinger G. Ultrassonography of the prenatal brain. 3.ed. Philadelphia: McGraw-Hill; 2012. p.171-7.
7. Pires CR, Moron AF. Malformações do sistema nervoso central. In: Moron AF. Medicina fetal na prática obstétrica. São Paulo: Santos; 2003. p.177-84.
8. Santos S, D'Antonio F, Homfray T, Rich P, Pilu G, Bhide A, et al. Counselin in fetal medicine: agenesis of the corpus callosum. Ultrasound Obstet Gynecol. 2012;40:513-21.
9. Wticzak M, Ferenc T, Wilczynski J. Pathogenesis and genetics of neural tube defects. Ginekol Pol. 2007;78(12):981-5.

14

Avaliação da face e do pescoço

Ingrid Ramos Rocha e Silva

Introdução

A avaliação da face fetal por via ultrassonográfica está cada vez mais detalhada, especialmente na última década. A melhora da resolução dos aparelhos aliada ao advento da ultrassonografia tridimensional clássica (3D) e em tempo real (4D), tem contribuído para melhor avaliação facial interna e superficial. Essa melhora na avaliação facial contribui para o raciocínio clínico em relação a aneuploidias e síndromes fetais, visto que grande parte dessas patologias apresenta alterações faciais. Sendo a face tão rica em informações, ela pode e deve ser usada como instrumento de rastreamento de malformações e aneuploidias. Detalhes que sugerem aneuploidias na face devem nortear o exame para uma acurácia maior no rastreamento. Levando-se em conta que a origem embriológica dos defeitos faciais se dá até a 8ª semana de desenvolvimento, há frequentemente a associação de defeitos faciais da linha média com outros defeitos, especialmente do sistema nervoso central. A visualização adequada da face pode ser realizada na primeira ultrassonografia morfológica fetal, entre 11 e 14 semanas, pois antes desse período não há visualização adequada pela precocidade da fase de desenvolvimento.

A face como parte do exame obstétrico de rotina é interessante para a gestante e os acompanhantes, na medida em que se pode observar diversidade da atitude fetal intrauterina na ultrassonografia tridimensional (3D) e na ultrassonografia tridimensional em tempo real (4D), como se pode visualizar na Figura 1.

Embriologia da face e do pescoço

O início da formação embriológica da face fetal se dá entre a 4ª e a 5ª semanas de gestação. Esse início se dá com a formação de arcos faríngeos originados a partir de células da crista neural se movendo para áreas que serão a cabeça e o pescoço (Figura 2). Cada arco tem uma artéria, uma barra cartilaginosa, um componente muscular e um nervo que inerva a musculatura derivada de cada arco.

Ao final da 4ª semana, quatro pares de arcos branquiais são bem definidos e visualizados na área externa do feto. O 5º e o 6º arcos são rudimentares e não podem ser vistos na superfície do embrião (Figura 2).

O 1º arco faríngeo dará origem aos processos mandibular e maxilar. O 2º arco ou arco hióideo dará origem ao osso hióideo e às regiões adjacentes do pescoço, na 6ª semana; e esse arco dará origem às orelhas e têmporas.

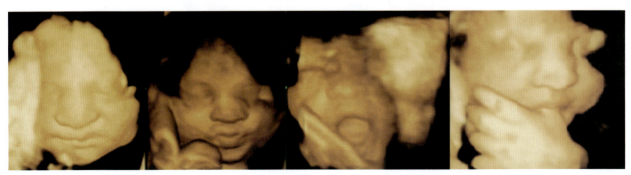

Figura 1   Ultrassonografia tridimensional. Diferentes expressões fetais observadas durante exame ultrassonográfico.

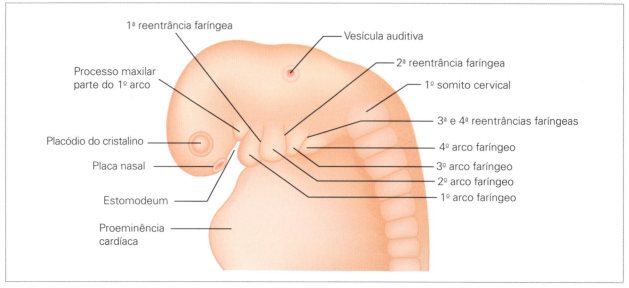

Figura 2 Aspecto do embrião entre a 4ª e 5ª semanas de desenvolvimento.

A cartilagem do 3º arco se ossifica e forma o corno e a porção inferior do osso hióideo.

As cartilagens do 4º e do 6º arcos se fundem e formam as cartilagens da laringe (Figura 3).

A partir da 5ª semana ocorre, pela proeminência frontonasal, a formação das placas nasais que evaginam lateralmente e formam as narinas e a proeminência frontonasal migra em direção ao estomodeum, originando o lábio primordial. Quando as proeminências mandibulares migram em direção ao centro do embrião, elas formarão o lábio inferior, queixo e a mandíbula. Durante a 6ª e a 7ª semanas a proeminência maxilar caminha também em direção central, formando o lábio superior e vai se fundir com a proeminência frontonasal que migra superoinferiormente, formando o palato duro. Por volta da 8ª semana teremos a formação das órbitas e das bochechas e a face se torna reconhecível (Figura 4).

Abordagem da face fetal

Após entendermos a origem embriológica da face, fica mais simples a abordagem dos planos ultrassonográficos, pois sabemos os prováveis sítios de má fusão que resultam em malformações.

A análise da face fetal depende da resolução do aparelho de ultrassonografia, experiência do examinador e posição do feto; entretanto, desde a primeira ultrassonografia morfológica, também chamada por alguns de exame da translucência nucal (Capítulo "A ultrassonografia no primeiro trimestre – de 11 a 14 semanas de gestação"), a face fetal pode ser minuciosamente analisada (Figura 5).

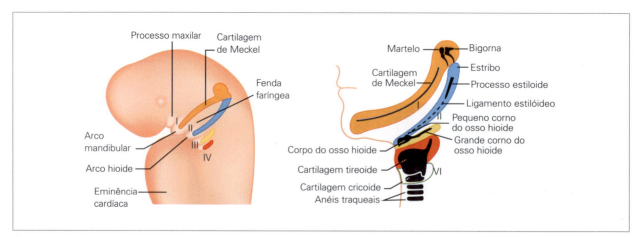

Figura 3 Vista lateral esquemática de um embrião de 4 semanas em que se ilustra em algarismos romanos a localização dos arcos branquiais na figura à esquerda. À direita, vista similar de um feto de 24 semanas ilustrando os derivados definitivos dos arcos branquiais. A cartilagem de Meckel funciona como um guia para a formação da mandíbula.

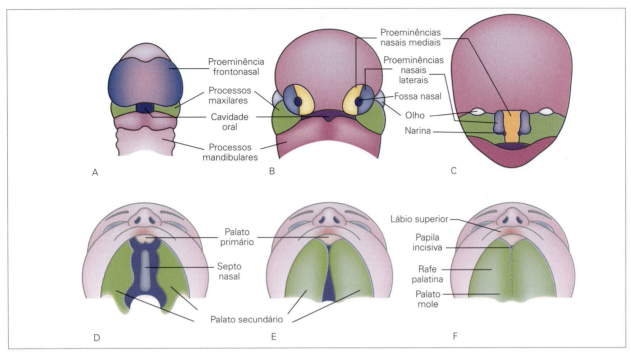

Figura 4 Fases do desenvolvimento da face fetal em visão superficial em A, B e C, correlacionadas com o desenvolvimento do palato fetal em D, E F.

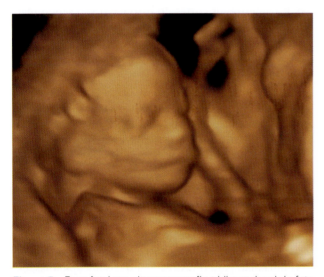

Figura 5 Face fetal em ultrassonografia tridimensional de feto de 13 semanas.

A partir do início do segundo trimestre da gestação, pode-se avaliar a face com grande acurácia, porém de forma geral essa abordagem é feita na ultrassonografia morfológica realizada entre a 20 e a 24ª semanas de gestação (Capítulo "A ultrassonografia no segundo e terceiro trimestres"). A partir do terceiro trimestre a visualização da face é rica em detalhes, especialmente na ultrassonografia tridimensional, como mostra a Figura 6, porém a posição fetal interfere na captura das imagens.

Dividiremos a face em itens que deverão ser analisados como se segue.

Avaliação das órbitas

Apesar de a identificação das órbitas ser realizada ainda no 1º trimestre de gestação, uma análise mais detalhada deve ser realizada no segundo trimestre. Subjetivamente pode-se analisar simetria, tamanho e distância das órbitas, mas existem tabelas para essas distâncias orbitárias internas e externas, bem como para o tamanho das órbitas. A análise deve ser feita com cortes coronais e axiais.

O corte axial, como mostra a Figura 7, permite a visualização das duas órbitas nas duas laterais do nariz com a medida da distância orbitária interna e externa.

Com o intuito de diminuir a subjetividade da análise das órbitas, tabelas normativas da distância orbitária externa e interna e do tamanho da órbita foram elaboradas e são dependentes da idade gestacional (Tabela 1).

Deve-se analisar também a região periorbitária em busca de anomalias e tumores, e no interior da órbita é mandatória a visualização dos cristalinos. O cristalino é uma estrutura na região anterior da órbita, observado em cortes coronais ou axiais e consiste em estruturas circulares como anéis, com fina margem hiperecogênica e interior anecogênico, como ilustra a Figura 8.

Osso nasal

A análise do osso nasal é efetivamente um tópico à parte, por ser de fundamental importância no rastreamento da síndrome de Down no primeiro trimestre de gestação. Como já discorrido no Capítulo "A ultrasso-

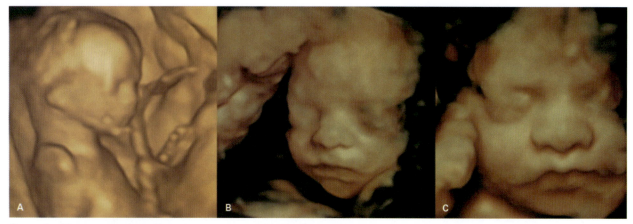

Figura 6   Ultrassonografia tridimensional mostrando fases diferentes de desenvolvimento. A: Face fetal com 13 semanas; B: face fetal com 23 semanas; C: face fetal com 33 semanas.

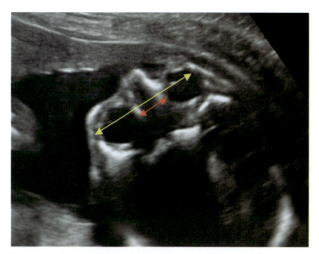

Figura 7   Corte axial das órbitas com os calipers posicionados na parede orbitária externa (seta amarela) e entre a parede orbitária interna (seta vermelha).

nografia no primeiro trimestre – de 11 a 14 semanas de gestação", a avaliação no 1º trimestre deve ser realizada em aparelho de alta resolução e obtida pela via transabdominal na grande maioria dos casos. Segundo os parâmetros preconizados pela Fetal Medicine Foundation, a medida satisfatória do osso nasal é realizada no feto com a posição neutra, em corte médio longitudinal, com transdutor posicionado paralelamente ao osso nasal (Figura 9).

A análise do osso próprio do nariz também deve ser realizada em outras fases da gestação, levando-se em conta que a ausência do osso nasal é observada em 30-40% dos fetos com síndrome de Down e 0,3-0,7% dos fetos euploides. A hipoplasia do osso nasal é observada em 50-60% dos fetos com síndrome de Down e 6-7% dos fetos euploides. Essa análise em outras fases da gestação é importante, pois em muitos casos não houve a realização do morfológico do primeiro trimestre. Foi criada uma tabela normativa correlacionando o osso nasal e a idade gestacional, como podemos observar na Tabela 2.

No 2º e 3º trimestres da gestação, como no 1º trimestre, o corte preconizado é o médio sagital; neste corte, exatamente como no 1º trimestre, ele é observado como uma linha hiperecogênica abaixo da pele. À medida que o feto vai crescendo, a medida do osso nasal vai se modificando. No 3º trimestre, os cortes do osso nasal vão sendo mais dificultosos pela posição fetal e por essa razão devem ser preferencialmente realizados no 1º e 2º trimestres.

Perfil fetal

Quando se realiza a análise do osso nasal, o perfil fetal automaticamente está sendo avaliado. Para melhor visualização do perfil fetal, o exame deve ser realizado preferencialmente em cortes mediossagitais. Nesse corte podem ser vistos: fronte, nariz, lábio superior, lábio inferior e queixo, como se observa na Figura 10A.

A análise do perfil deve começar pela curvatura da fronte, que em diversas patologias apresenta-se alterada. A partir de uma secção vertical no osso frontal e horizontal no osso maxilar pode ser realizada a medida do ângulo frontomaxilar, para o rastreamento das aneuploidias, especialmente trissomia do 21, 18 e 13. A ponte nasal deve ser avaliada, pois em casos em que há depressão mais profunda que o habitual pode haver associação a alterações cromossômicas e genéticas fetais. Para verificação do posicionamento do queixo deve-se traçar uma linha vertical a partir da pele pré-frontal até o mento.

Os parâmetros usados na análise do perfil fetal podem ser observados na Figura 10B.

Orelhas

A importância das orelhas fetais não é novidade; trabalhos realizados na década de 1980 enfatizavam que elas deveriam ser analisadas em cortes parassagitais e coronais

Tabela 1 Distâncias orbitárias externas, internas e diâmetros oculares em milímetros, e suas medidas em idade gestacional por semana, e os percentis 5°, 50° e 95°

Idade gestacional (semanas)	Distância orbitária externa			Distância orbitária interna			Diâmetro ocular		
	5° perc.	50° perc.	95° perc.	5° perc.	50° perc.	95° perc.	5° perc.	50° perc.	95° perc.
11	5	13	20	–	–	–	–	–	–
12	8	15	23	4	9	13	1	3	6
13	10	18	25	5	9	14	2	4	7
14	13	20	28	5	10	14	3	5	8
15	15	22	30	6	10	14	4	6	9
16	17	25	32	6	10	15	5	7	9
17	19	27	34	6	11	15	5	8	10
18	22	29	37	7	11	16	6	9	11
19	24	31	39	7	12	16	7	9	12
20	26	33	41	8	12	17	8	10	13
21	28	35	43	8	13	17	8	11	13
22	30	37	44	9	13	18	9	12	14
23	31	39	46	9	14	18	10	12	15
24	33	41	48	10	14	19	10	13	15
25	35	42	50	10	15	19	11	13	16
26	36	44	51	11	15	20	12	14	16
27	38	45	53	11	16	20	12	14	17
28	39	47	54	12	16	21	13	15	17
29	41	48	56	12	17	21	13	15	18
30	42	50	57	13	17	22	14	16	18
31	43	51	58	13	18	22	14	16	19
32	45	52	60	14	18	23	14	16	19
33	46	53	61	14	19	23	15	17	19
34	47	54	62	15	19	24	15	17	20
35	48	55	63	15	20	24	15	18	20
36	49	56	64	16	20	25	16	18	20
37	50	57	65	16	21	25	16	18	21
38	50	58	65	17	21	26	16	18	21
39	51	59	66	17	22	26	16	19	21
40	52	59	67	18	22	26	16	19	21

Adaptada de Romero, 1988.

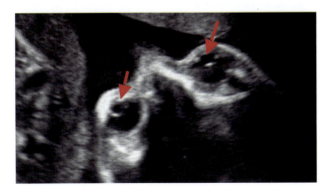

Figura 8 Visualização dos cristalinos na porção anterior das órbitas, como indicam as setas vermelhas.

na ultrassonografia bidimensional com limitações pela complexidade da orelha. A ultrassonografia tridimensional permite a reconstrução da orelha, o que facilita o reconhecimento do formato, curvatura, inserção, eixo demonstrando grande acurácia no reconhecimento de anomalias, especialmente em relação à ultrassonografia bidimensional. Essa melhora da acuidade da análise pode ser observada na Figura 11.

A importância na análise do tamanho, forma e posição das orelhas em diferentes fases gestacionais reside no fato da existência de correlação das anormalidades das orelhas com as aneuploidias. A medida da orelha deve ser realizada em seu maior eixo, como ilustra a Figura 12.

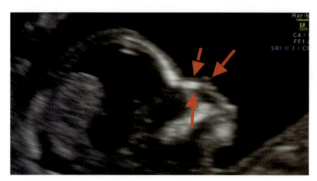

Figura 9 Na imagem do osso nasal realizada na primeira ultrassonografia morfológica fetal deve haver somente três linhas distintas. A linha superior representa a pele, e a inferior, que é mais espessa e ecogênica do que a pele sobrejacente, representa o osso nasal. Uma terceira linha, quase em continuidade com a pele, em nível mais elevado, representa a ponta do nariz.

Tabela 2 Medida do osso nasal nos percentis 2,5, 5, 50, 95 e 97,5, em relação à idade gestacional

Idade gestacional (semanas)	Comprimento do osso nasal fetal (mm) Percentil				
	2.5	5	50	95	97.5
11	1.3	1.4	2.3	3.3	3.4
12	1.7	1.8	2.8	4.2	4.3
13	2.2	2.3	3.1	4.6	4.8
14	2.2	2.5	3.8	5.3	5.7
15	2.8	3.0	4.3	5.7	6.0
16	3.2	3.4	4.7	6.2	6.2
17	3.7	4.0	5.3	6.6	6.9
18	4.0	4.3	5.7	7.0	7.3
19	4.6	5.0	6.3	7.9	8.2
20	5.0	5.2	6.7	8.3	8.6
21	5.1	5.6	7.1	9.0	9.3
22	5.6	5.8	7.5	9.3	10.2
23	6.0	6.4	7.9	9.6	9.9
24	6.6	6.8	8.3	10.0	10.3
25	6.3	6.5	8.5	10.7	10.8
26	6.8	7.4	8.9	10.9	11.3
27	7.0	7.5	9.2	11.3	11.6
28	7.2	7.6	9.8	12.1	13.4
29	7.2	7.7	9.8	11.8	12.3
30	7.3	7.9	10.0	12.6	13.2
31	7.9	8.2	10.4	12.6	13.2
32	8.1	8.6	10.5	13.6	13.7
33	8.6	8.7	10.8	12.8	13.0
34	9.0	9.1	10.9	12.8	13.5
35	7.5	8.5	11.0	14.1	15.0
36	7.3	7.8	10.8	12.8	13.6
37	8.4	8.7	11.4	14.5	15.0
38	9.2	9.3	11.7	15.7	16.6
39	9.1	9.2	10.9	14.0	14.8
40	10.3	10.4	12.1	14.5	14.7

Adaptada de Sonek JD, 2003.

Visando ao aprimoramento na detecção de aneuploidias foram elaborados normogramas que correlacionam o tamanho da orelha fetal à idade gestacional elaborada por Yeo et al. (Tabela 3).

A ultrassonografia 3D é bastante valiosa na análise da implantação da orelha. A implantação normal da orelha deve se localizar na linha orbitária, item analisado nas reconstruções tridimensionais, e quando não se encontra nessa localização pode haver correlação com aneuploidias (Figura 11B).

O formato da orelha reconstruído tridimensionalmente também deve ser analisado (Figura 11B); diversas aneuploidias, como a trissomia do 21 e síndrome de Turner, podem frequentemente cursar com anormalidades nesse quesito.

Lábio superior e palato

As alterações do lábio e do palato são as anomalias craniofaciais fetais mais comumente encontradas, com uma incidência de 1 em 690 nascidos vivos em estatística norte-americana realizada entre 2007 e 2011. As imagens ultrassonográficas obtidas em cortes coronais e axiais, preferencialmente no 2º trimestre de gestação, permitem uma boa visualização tanto do palato como do lábio superior. Os cortes coronais permitem que o tecido mole do lábio superior seja avaliado adequadamente; deve-se observar atentamente o preenchimento do espaço compreendido entre o lábio superior e as narinas, como ilustra a Figura 13.

O plano axial é de grande valia quando se enquadram o maxilar com os dentes superiores anteriores, palato duro, palato mole e a curva palatina com a sutura média com ecogenicidade característica (Figura 14).

O plano médio sagital pode também ser usado na avaliação do palato; nos planos parassagitais pode ser analisada a extensão palatina, como ilustra a Figura 15.

A inclusão da ultrassonografia tridimensional na rotina diagnóstica amplia o rastreamento de fenda labial pela acurácia do método na superfície fetal, como ilustra a Figura 16.

Língua

A língua deve ser avaliada em cortes coronais e axiais, para determinação de sua localização e seu tamanho. Em fetos normais ela deve estar no interior da boca, e se protrui em algumas ocasiões na deglutição fetal feita em tempo real (Figuras 17 e 18).

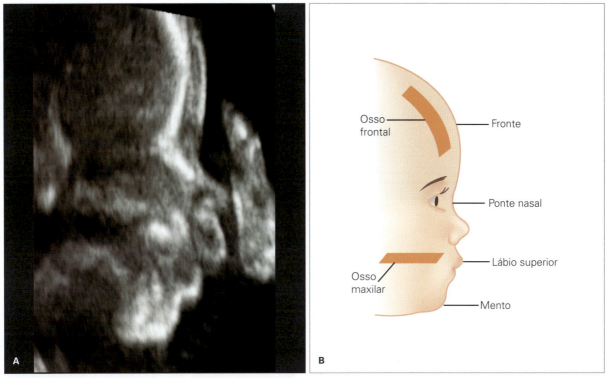

Figura 10 A: Perfil fetal normal em feto com 23 semanas de gestação. O nariz, a fronte, lábio superior e inferior e o queixo são observados nesse corte médio sagital. B: Ilustração dos parâmetros que devem ser analisados nos cortes do perfil fetal.

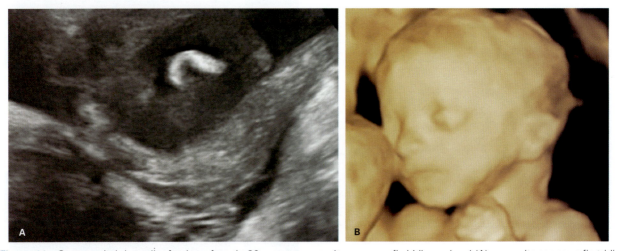

Figura 11 Corte sagital da orelha fetal em feto de 20 semanas em ultrassonografia bidimensional (A) e em ultrassonografia tridimensional (B).

Quando se analisa a língua, automaticamente o tônus bucal é avaliado: em fetos normais a língua deve permanecer no interior da boca (Figura 19); a protrusão da língua frequentemente está associada à alteração no tônus do músculo esternocleimastóideo, e por essa razão a boca nessas situações encontra-se semiaberta. Ela apresenta aumento de seu tamanho diretamente proporcional ao crescimento, como está ilustrado em Achiron et al. em trabalho publicado em 1997.

Espessura e translucência nucal

Como a translucência nucal foi amplamente discutida no Capítulo "Ultrassonografia do primeiro trimestre – de 11 a 14 semanas de gestação", apenas discorreremos sobre a técnica da medida nas diferentes fases da gestação. A translucência nucal por definição da Fetal Medicine Foundation é a aparência ultrassonográfica do acúmulo de fluido na região cervical posterior do feto no primeiro trimestre da

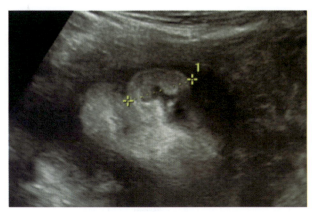

Figura 12 Corte coronal da orelha fetal com a medida realizada em seu maior eixo.

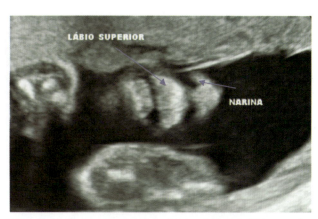

Figura 13 Corte coronal da face fetal, enfatizando lábio superior e nariz.

Tabela 3 Maior comprimento da orelha em relação à idade gestacional

Idade gestacional (semanas)	Percentil 10	Percentil 50	Percentil 90
14	6	7	9
15	7	9	10
16	9	10	11
17	10	11	13
18	11	13	14
19	13	14	15
20	14	15	17
21	15	17	18
22	16	18	20
23	17	19	21
24	19	20	22
25	20	22	24
26	21	23	25
27	22	24	26
28	23	25	27
29	24	26	29
30	25	27	30
31	26	28	31
32	27	29	32
33	27	30	33
34	28	31	34
35	29	32	35
36	30	33	36
37	30	33	36
38	31	34	37
39	31	34	38
40	32	35	38
41	32	35	39

Adaptada de Yeo, 2003.

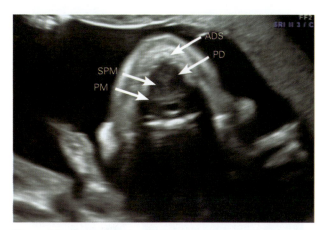

Figura 14 Corte axial do palato fetal, arcada dentária superior (ADS), palato duro (PD), palato mole (PM) e sutura palatina mediana (SPM).

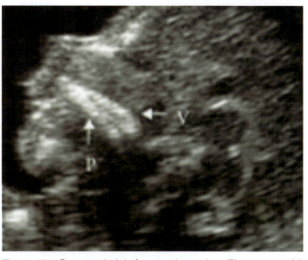

Figura 15 Corte sagital da face, onde o palato (P) e o vômer (V) aparecem como finas linhas ecogênicas.

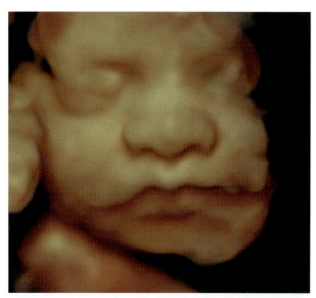

Figura 16 Corte tridimensional em HD *live*, mostrando a resolução da imagem no lábio superior.

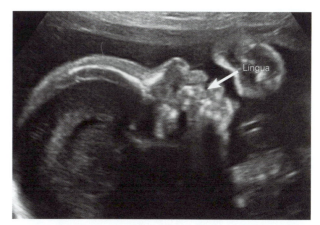

Figura 19 A língua no feto com tônus normal deve estar dentro da boca, como indicado na seta.

gravidez. Durante o segundo e terceiro trimestres de gestação, o acúmulo excessivo de fluido na região cervical posterior do feto pode ser chamado de edema nucal.

Como já discutido anteriormente, a translucência nucal é realizada com CCN mínimo de 45 mm e máximo de 84 mm, e as medidas da espessura nucal podem ser realizadas em qualquer fase da gestação.

Para medida satisfatória da TN preconizada pela Fetal Medicine Foundation em feto em posição neutra, com corte médio longitudinal, somente a cabeça e a região superior do tórax do feto devem ser incluídas na imagem, que deve ter o máximo de ampliação possível. Os calipers devem estar posicionados sobre as linhas que definem a translucência nucal, como indica a Figura 20.

Em outras fases da gestação para a medida da espessura nucal, são realizados cortes axiais no plano transcerebelar, incluindo, além dos hemisférios cerebelares, o cavum do septo pelúcido e os pedúnculos cerebrais, como mostra a Figura 21.

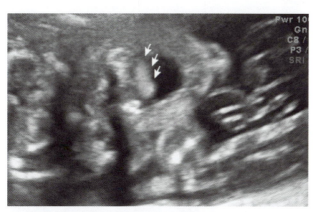

Figura 17 Língua fetal indicada pelas setas, captada entre o movimento de abertura e fechamento da boca.

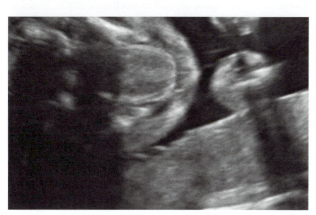

Figura 18 Corte axial da língua fetal.

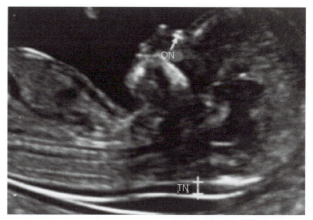

Figura 20 Corte preconizado pela Fetal Medicine Foundation para a medida da translucência nucal (TN) e do osso nasal (ON). Adaptada do *site* da Fetal Medicine Foundation.

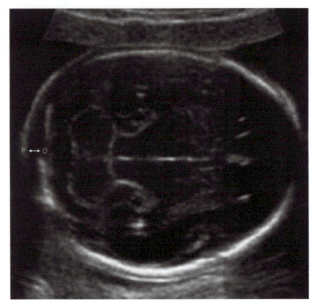

Figura 21   Medida da prega nucal no segundo trimestre de gestação, realizada do osso occipital (O) à borda da pele (P).

A discussão completa sobre este tema está nos Capítulos "Ultrassonografia do primeiro trimestre – de 11 a 14 semanas de gestação" e "Ultrassonografia do segundo e terceiro trimestre".

Pescoço

A espessura e translucência nucal não são os únicos focos de atenção do ultrassonografista em relação ao pescoço fetal. Nessa região podemos delimitar a faringe, a laringe e a traqueia (Figura 22).

Com discretas angulações do transdutor na região do pescoço, pode-se avaliar a tireoide, a artéria carótida comum e a jugular. Em inspeções mais acuradas, podemos analisar eventualmente as cordas vocais.

A coluna cervical pode ser analisada tanto em cortes sagitais como axiais.

Patologias da face e pescoço

Alterações orbitárias

Hipotelorismo

O hipotelorismo consiste na diminuição da distância entre as órbitas; tanto as distâncias interorbitárias internas quanto as externas ficam abaixo do 5º percentil esperado para a idade gestacional (Figura 23).

O hipotelorismo é resultado de uma falha no desenvolvimento embriológico precoce com um exagero nas ondas de migração nasais medialmente e inferiormente. Como essas ondas também vão formar o parênquima cerebral, haverá falha na fusão parenquimatosa e, por essa razão, a patologia mais comumente associada ao

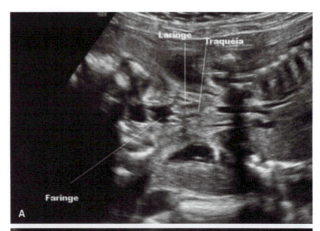
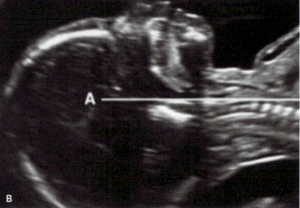

Figura 22   Corte coronal no nível do pescoço, como mostrado em A e B com indicações da laringe, faringe e traqueia.

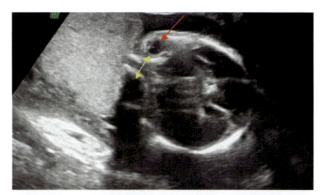

Figura 23   Hipotelorismo indicado nas setas amarelas, observado em feto com trissomia do cromossomo 13 acompanhada de microftalmia unilateral (seta vermelha).

hipotelorismo é a holoprosencefalia (Figura 24). O hipotelorismo também pode ser secundário a patologias como microcefalia, sinostose metópica e síndrome de Meckel-Gruber, além de poder estar associado a aneuploidias, especialmente a trissomia do cromossomo 13.

A holoprosencefalia, em razão de sua origem embriológica, pode vir acompanhada de outras malformações faciais associadas ao hipoterlorismo, descritas a seguir:

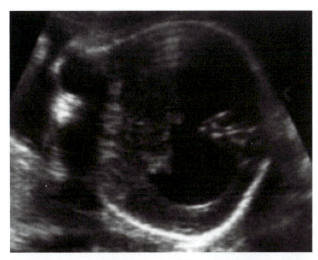

Figura 24 Feto com holoprosencefalia associada ao hipotelorismo. Adaptada de CMU Med Ed.

Cebocefalia: hipotelorismo associado a proboscide como se fosse um nariz (Figura 25).

Etmocefalia: extremo hipotelorismo com ausência do nariz e se observa uma proboscide entre as orbitas (Figura 26).

Ciclopia: em que se observa uma cavidade orbitária única acompanhada de uma proboscide em sua porção superior (Figura 27).

Hipertelorismo

O aumento das distâncias interorbitárias interna e externa caracteriza o hipertelorismo. Essas distâncias devem estar acima do percentil 95 para a idade gestacional. Ao contrário do hipotelorismo, as ondas de migração frontal não são suficientes para manutenção da distância adequada entre as órbitas (Figura 28).

Existem várias patologias associadas ao hipertelorismo, sendo as principais associações descritas no Quadro 1.

Nas síndromes da fenda mediana em que o hipertelorismo está associado a fendas mediais frontais, nasais e labiais (Figura 29) com ou sem fenda palatina, dependendo da gravidade do quadro serão necessárias intervenções cirúrgicas corretivas com prejuízo psicossocial.

Microftalmia

A designação microftalmia é usada quando a medida da circunferência orbitária fica abaixo do quinto percentil para a idade gestacional. A microftalmia pode acometer uma ou duas órbitas (Figura 30). O diagnóstico é difícil, especialmente nos casos em que o diâmetro está próximo à normalidade.

É responsável por 4% das cegueiras congênitas, podendo ser resultado de inúmeras condições, mas está comumente associada a triploidias, trissomia do 13, síndrome de Aicardi, CHARGE (coloboma ocular, atresia anal, retardo mental, anomalias de orelhas e genitais), displasia frontonasal e síndrome de Walker-Warburg.

Anoftalmia

A total ausência do globo ocular é chamada anoftalmia, que decorre de falha na formação da vesícula ótica (Figura 31). Os nervos óticos, quiasma e tratos óticos não estão presentes, por isso o diagnóstico muitas vezes é aná-

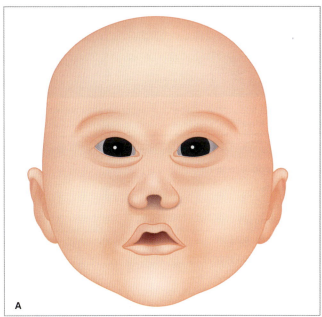
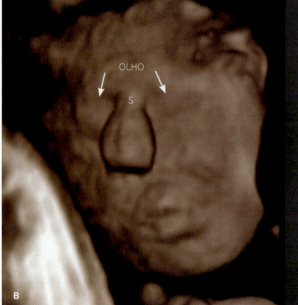

Figura 25 Cebocefalia caracterizada pela proboscide com apenas um orifício e hipotelorismo e a correspondente imagem ultrassonográfica tridimensional. Fonte: CMU Med Ed.

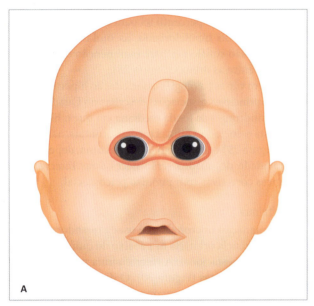 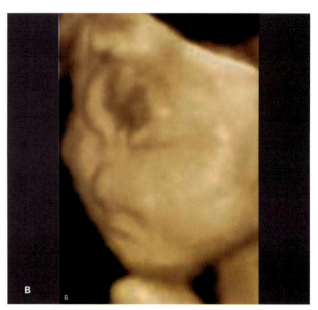

Figura 26   Etmocefalia com olhos pequenos e bem próximo caracterizando hipotelorismo extremo com microftalmia e proboscide central. À direita, imagem ultrassonográfica tridimensional correspondente, em que P é a proboscide e abaixo observam-se os olhos praticamente fundidos. Fonte: Marcos Sanchez.

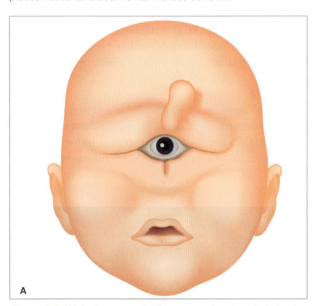 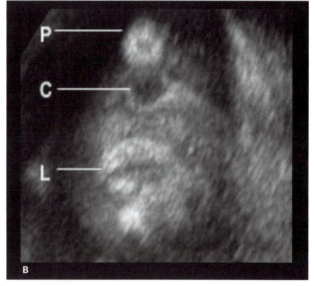

Figura 27   Ciclopia caracterizada por uma fossa orbital simples e proboscide superior. A imagem ultrassonográfica correspondente à direita mostra a proboscide (P), a órbita única (C) e o lábio (L). Fonte: CMU Med Ed.

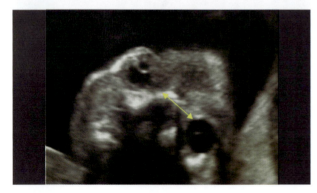

Figura 28   Corte coronal indicando a distância aumentada entre as órbitas. Fonte: Fabrice Cuillier.

Quadro 1	Anomalias associadas ao hipertelorismo
Encefalocele anterior	
Etmoidal	
Esfenoidal	
Craniostoses	
Síndrome de Apert	
Síndrome de Crouzon	
Síndrome de Carpenter	
Síndrome da fenda facial mediana	
Fenda labial com ou sem associação à fenda palatina e nasal	
Síndrome do crânio bífido oculto	
Agenesia do corpo caloso	

14 AVALIAÇÃO DA FACE E DO PESCOÇO | 137

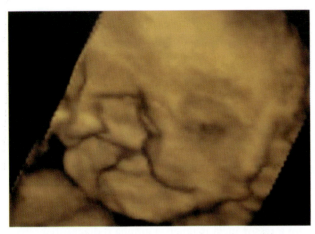

Figura 29   Fenda labiopalatina e nasal afastando os globos oculares. Fonte: Adrian Clavelli.

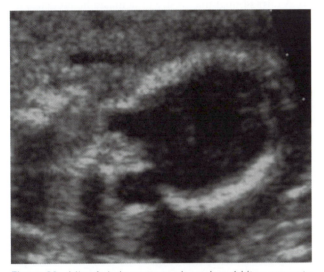

Figura 30   Microftalmia acometendo as duas órbitas, presente em feto com triploidia. Fonte: Fernando Heredia.

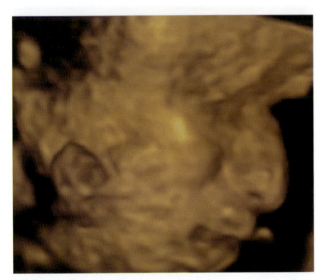

Figura 31   Ultrassonografia tridimensional mostrando a ausência de globo ocular em caso de síndrome cérebro-oculonasal. Fonte: Fabrice Cuillier.

tomo-patológico, sendo a imagem apenas um adjuvante no diagnóstico final. Ao contrário do que se imagina, a pálpebra, o tecido conjuntivo e canal lacrimal estão presentes. As principais causas são as mesmas da microftalmia, entretanto pode ocorrer secundariamente intraútero, como resultado de uma agressão tóxica ou metabólica, um distúrbio vascular ou infecção.

Catarata

A catarata consiste na opacificação das lentes oculares que causa cegueira total ou parcial. Os cristalinos na catarata aparecem como estruturas densas, hiperecogênicas uni ou bilateralmente e com margens irregulares, e como uma área opacificada no interior da órbita à ultrassonografia (Figura 32). Geralmente o diagnóstico é confirmado ao nascimento e resulta em perda de visão total ou parcial, dependendo de o quanto de opacidade a lente vai apresentar. Diante de um quadro de catarata intrauterina, a infecção fetal deve ser suspeitada, particularmente a rubéola e a toxoplasmose, entretanto a infecção por citomegalovírus, varicela zoster e por herpes simples pode resultar em catarata. Os casos de infecção geralmente cursam com outras alterações, como discutido no Capítulo "Ultrassonografia nas infecções congênitas", sendo raro o achado da catarata isolada. Causas genéticas, metabólicas e cromossômicas também podem estar associadas à catarata congênita.

Massas orbitais e periorbitais

As massas orbitais e periorbitais mais comumente encontradas são as localizadas no ducto lacrimal, e as presentes em menor frequência, são as encefaloceles, gliomas, hemangiomas e teratomas. Geralmente são achados isolados, exceto nas encefaloceles, em que há alterações estruturais no sistema nervoso central. A melhor forma de identificá-las por via ultrassonográfica é pelo corte axial das órbitas.

Dacriocistoceles

Esse é nome dado aos cistos no ducto lacrimal que são achados isolados e benignos. Durante a canalização do

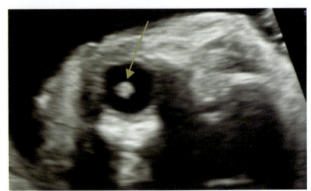

Figura 32   Seta indicando opacificação da lente ocular, com perda da região central anecoica e substituição por hiperecogenicidade central no cristalino. Fonte: Lilit Hovsepyan.

ducto lacrimal que se completa com 32 semanas de gestação, podem ocorrer fenômenos obstrutivos que resultam em formações císticas simples, que são visualizadas ultrassonograficamente após 30 semanas de gestação. São localizados na porção inferomedial da órbita (Figura 33). Tais cistos não deslocam o globo ocular, e como não apresentam vascularização, podem ser diferenciados das massas tumorais.

Cisto dermoide e hemangioma

Os cistos dermoides ou teratomas são formados pela aquisição de elementos do ectoderma no desenvolvimento ósseo e por isso elementos como pelos, cabelos e glândulas sebáceas estão presentes nesses tumores. Geralmente estão localizados no tecido subcutâneo, e têm componente sólido heterogêneo, entremeado por áreas císticas e calcificações. Está presente geralmente próximo à sutura frontozigomática, como mostra a Figura 34.

Os hemangiomas são um tumor vascular benigno composto de células endoteliais e pequenos vasos, sendo geralmente sólidos, homogêneos, tipicamente hiperecogênicos à ultrassonografia e com vascularização acentuada (Figura 35). Não têm um sítio preferencial, mas são comumente achados superolateralmente ao globo ocular, e devem ser sempre considerados juntamente aos teratomas no diagnóstico diferencial de massas periorbitárias.

Retinoblastomas

Retinoblastoma é o tumor intraocular mais comum na pediatria, sendo a idade média de detecção os 15 meses de vida. É um tumor raramente detectado na vida intrauterina. A detecção intrauterina é feita nos tumores minimamente elevados (2 a 3 mm), sendo que tal detecção se dá geralmente no terceiro trimestre e a associação com a ressonância magnética amplia o diagnóstico. Esse tumor é resultante da expansão maligna das células neuroepiteliais da retina e pode ser hereditário ou esporádico. A ultrassonografia mostra uma massa heterogênea na porção posterior do globo ocular, podendo apresentar calcificação. O diagnóstico diferencial mais comum é o teratoma, mas a ausência dos espaços císticos e a heterogeneidade podem guiar o diagnóstico.

Meningocele e encefalocele

As encefaloceles e as meningoceles são defeitos abertos do tubo neural que se caracterizam pela protrusão de meninges associadas ou não ao tecido cerebral. São defeitos raros e ocorrem geralmente na linha média occipital, sendo observados nessa localização em 75% dos casos; em 13% ocorrem na linha média frontal, independentemente da posição do globo ocular. A origem das encefaloceles e meningoceles se dá na falha na superfície do ectoderma, que resulta na separação do ectoderma e do neuroectoderma, dando origem a uma falha óssea que permite a herniação das meninges (Figura 36).

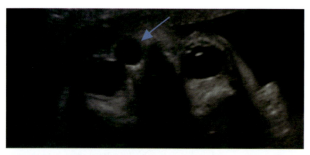

Figura 33 Seta indicando cisto na porção inferomedial da órbita, localização característica das dacriocistoceles.

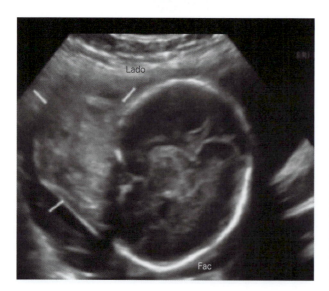

Figura 34 Feto com 22 semanas apresentando teratoma na região da sutura frontozigomática à direita, como indicam as setas.

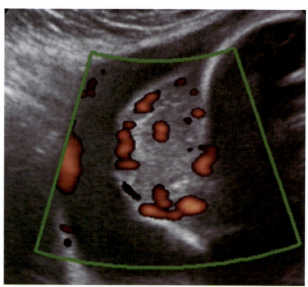

Figura 35 Aspecto do hemangioma à ultrassonografia, enfatizando seu aspecto de exuberância vascular. Fonte: Jayprakash Shah.

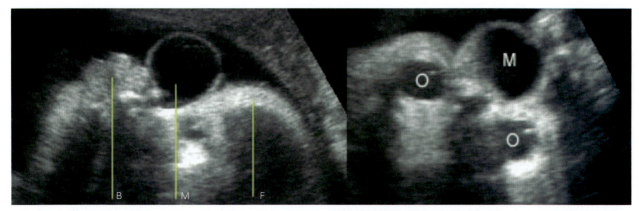

Figura 36 Herniação das meninges caracterizando meningocele occipital interorbitária em corte sagital na foto à esquerda, em que observamos a boca (B), a meningocele (M) e a fronte (F). À direita, mesma imagem em corte axial em que O são os olhos e M a meningocele. Fonte: CMU Med Ed.

Nas encefaloceles, o conteúdo herniado são meninges e tecido cerebral e nas meningoceles apenas meninges. As encefaloceles e meningoceles estão associadas a outros defeitos da linha média e à hidrocefalia. As síndromes da banda amniótica são as principais responsáveis pelas encefaloceles da linha média. As anomalias mais associadas são síndrome de Arnold-Chiari, agenesia do corpo caloso, síndrome de Dandy-Walker e Meckel-Gruber. A imagem ultrassonográfica da meningocele é preenchida por líquido fluido e a da encefalocele por tecido cerebral entremeado por áreas císticas. Muitas vezes é confundida com higroma cístico, entretanto uma descontinuidade óssea não é observada no higroma cístico (Figura 37).

Anormalidades do perfil fetal

Hipoplasia

A ausência e hipoplasia do osso nasal foi discutida no Capítulo "A ultrassonografia no primeiro trimestre – de 11 a 14 semanas de gestação", associando essas alterações às cromossomopatias e outras anormalidades (Figura 38).

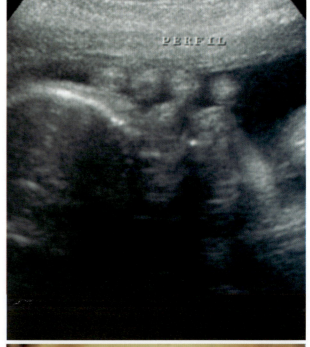

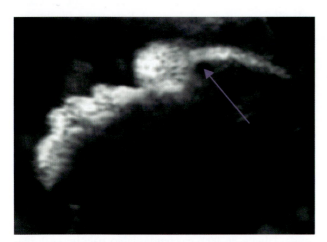

Figura 37 Encefalocele anterior mostrando nítida descontinuidade óssea indicada na seta. Fonte: CMU Med Ed.

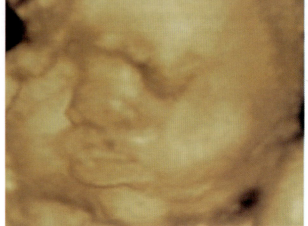

Figura 38 Hipoplasia do osso nasal em feto com síndrome de Down com 36 semanas de gestação.

Micrognatia e retrognatia

A micrognatia é uma anormalidade em que a mandíbula apresenta-se menor que o habitual. Essa alteração decorre de uma migração insuficiente de células da crista neural para o 1º arco branquial, resultando em uma mandíbula pequena. O principal diferencial é com a retrognatia, que é o queixo em posição errônea sem a redução da mandíbula. A imagem ultrassonográfica feita em cortes sagitais (Figura 39) detecta a maioria dos casos e em cortes axiais podemos diagnosticar eventuais assimetrias.

Muitas vezes temos a associação entre micrognatia e retrognatia. Elas podem ser hereditárias, esporádicas ou parte de uma síndrome. Nos fetos com micrognatia foi observada uma associação com anomalias cromossômicas, que pode variar de 25-66%, e entre as cromossomopatias as mais comuns são a trissomia do 13, 18 e 9. Algumas anormalidades na formação podem estar associadas à diminuição da mandíbula, fazendo que a língua fique em posição errônea, propiciando um erro no desenvolvimento do palato, resultando na má fusão deste, com distúrbios respiratórios associados, chamada de sequência de Robin. A micrognatia pode estar associada à disostose mandibulofacial (síndrome de Treacher-Collins) e à disostose acrofacial (síndrome de Nagerpode). As associações de lesão mandibular com a palatina e a lingual presentes na sequência de Robin e na síndrome de Nagerpode levam a alterações de deglutição e respiração.

Anormalidades da boca e língua

Fenda labial e fenda palatina

A malformação craniofacial mais comum é a fenda orofacial, que consiste na fenda labial com ou sem fenda palatina ou fenda palatina isolada (Figura 40).

As fendas causam anormalidades faciais na fisionomia e na fala. A incidência pode variar com a região geográfica e a raça e está em torno de 1 a 2 em 1.000 nascidos vivos, com acréscimo de 4% se já houver outro filho afetado. Em geral, as populações asiáticas e os nativos da América têm as mais altas taxas de prevalência, que chegam a 1 em 500 nascidos vivos, e as mais baixas taxas são observadas na população nativa da África e seus descendentes, cujas taxas de prevalência chegam a 1 em 2.500 nascidos vivos. Cerca de 70% das fendas lábio-palatinas não cursam com síndromes associadas e, quando se associam, as mais comuns são a trissomia do 13 e 18. Em raros casos de fenda lábio-palatina mediana, geralmente há a associação com holoprosencefalia (Figura 41) e outras anormalidades intracranianas. Uma falha na fusão dos processos laterais e mediais nasais e da emergência do processo maxilar resulta na fenda labial; a falha da fusão pode ter diversas gradações e em casos mais graves se estender ao palato e outras estruturas da linha média.

A fenda labial pode ser uni ou bilateral, sendo a unilateral à esquerda a forma mais comum de apresentação. A fenda palatina isolada (Figura 42) ocorre em apenas 33% do total de todas as fendas orais, e é resultante da falha na fusão das camadas palatinas, que é mais tardia à fusão dos lábios. Os casos de fenda palatina isolada estão mais comumente associados a alterações genéticas.

Fetos do sexo masculino apresentam mais fenda labial isolada e associada com fenda palatina e a fenda palatina isolada é mais comum em mulheres. A causa é multifatorial, com a confirmação do envolvimento dos genes e em muitos casos podemos ter a interação de 2 a 20 genes resultando nas fendas faciais. Há também o envolvimento dos fatores ambientais, sendo os mais importantes o uso de medicamentos anticonvulsivantes (fenitoína, valproato de sódio, topiramato), uso de corticoides, o tabagismo, o uso do álcool e a deficiência de folato. A idade materna avançada e o diabete pré e perigestacional são também fatores de risco para as fendas faciais.

O diagnóstico ultrassonográfico das fendas lábio-palatinas pode ser feito ainda no 1º trimestre de gestação, idade em que os tecidos moles podem ser identificados pela ultrassonografia abdominal. Entretanto, idealmente a confirmação diagnóstica deve ser realizada no 2º trimestre para melhor delimitação da extensão da lesão (Figura 43). Em relação ao diagnóstico pré-natal das fendas orofaciais, uma revisão da literatura realizada por Maarse em 2010 mostrou que muitos trabalhos apresentam metodologia e análise inconsistentes e que a taxa de detecção para fendas labiais com ou sem comprometimento do palato em populações de baixo risco variou de 9-100%, a de fenda palatina isolada variou de 0-22% e 0-73% para todos os tipos de fenda, e a taxa de falsos-positivos é bastante baixa. Em populações de alto risco em centros terciários de atendimento, com o uso da ultrassonografia tridimensional, as taxas de detecção chegam a 100% nas fendas labiais, 86-90% nas fendas lábio-palatinas e 0-89% nas fendas palatinas isoladas.

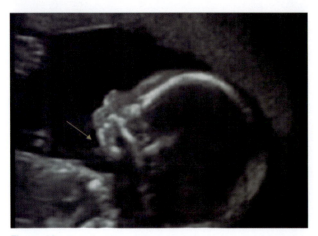

Figura 39 Feto com retração da mandíbula observada em corte sagital, como indica a seta amarela.

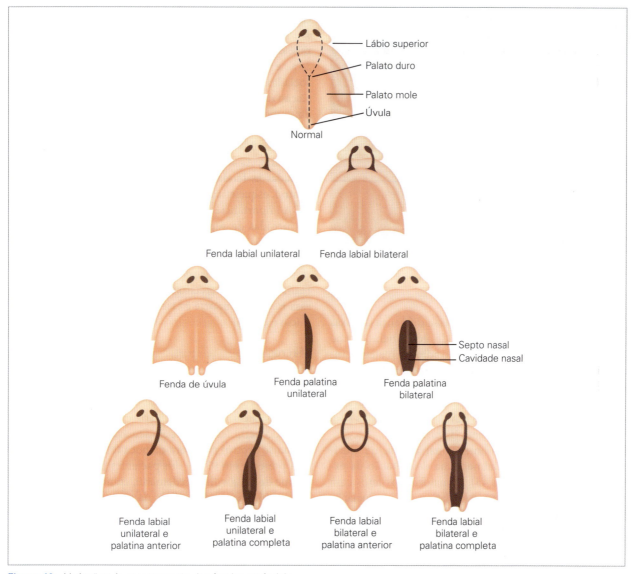

Figura 40 Variações de apresentação das fendas orofaciais.

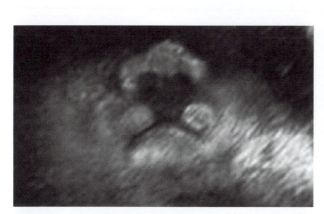

Figura 41 Fenda lábio-palatina mediana em feto com holoprosencefalia.

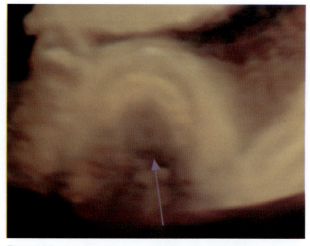

Figura 42 Fenda palatina mediana isolada em ultrassonografia tridimensional realizada com 24 semanas de gestação, em feto sem outras anomalias.

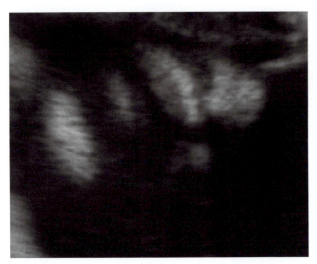

Figura 43 Corte coronal de rotina na ultrassonografia morfológica do segundo trimestre mostrando fenda labial.

casos de fendas orofaciais. Fendas palatinas isoladas apresentam 22% de associação com anormalidades estruturais, enquanto fendas lábio-palatinas têm associação de 28%, e somente 8% das fendas labiais isoladas estão associadas a anormalidades estruturais. Em relação à associação das anomalias estruturais e da localização da fenda, temos 9,8% de associação com fenda lábio-palatina unilateral, 25% de associação com fenda lábio-palatina bilateral e 100% de associação nas fendas lábio-palatinas medianas. As anomalias estruturais mais comumente associadas às fendas orofaciais são as de sistema nervoso central, esqueléticas e cardiovasculares.

A importância do diagnóstico pré-natal reside no fato de medidas de suporte poderem ser tomadas imediatamente após ao nascimento, especialmente no que diz respeito à alimentação, com o intuito de evitar problemas respiratórios. As cirurgias reparadoras geralmente são realizadas após o terceiro mês de vida e nesse ínterim, por essa razão, tal suporte é essencial, e a precocidade de seu início é crucial.

Muitos fatores podem influir nessa diferença de taxas de detecção em diferentes centros de atendimento, como a experiência do examinador, tecido adiposo materno, interposição de alças, posição fetal, líquido amniótico e ainda tipo de fenda. Um exame ultrassonográfico minucioso deve ser realizado em cortes coronais do lábio superior e nariz e cortes sagitais e axiais devem ser realizados para visualização completa do palato (Figura 44).

A ultrassonografia tridimensional auxilia na elucidação diagnóstica, especialmente na delimitação da extensão superficial (Figura 45). A maioria dos fetos com fenda labial tem envolvimento palatino, há a associação de fenda palatina com 70% das fendas labiais unilaterais e com 85% das fendas labiais bilaterais. As fendas palatinas isoladas são mais raras e observadas em 27% das fendas orofaciais. A associação das fendas lábio-palatinas com outras anormalidades estruturais é frequente, por isso é primordial uma análise estrutural detalhada diante dos

Macroglossia

Macroglossia é um aumento no tamanho da língua, que resulta na protrusão desta para fora da boca. Ela pode ser reconhecida ultrassonograficamente em cortes coronais, incluindo queixo, nariz e lábios e em cortes sagitais do perfil fetal, pois pelo seu avantajado tamanho, a língua se protrui para fora da boca fetal. A macroglossia está presente em 97,5% dos pacientes portadores da síndrome de Beckwith-Wiedemann, como demonstrado na Figura 46. Diante desse fato, na vigência de macroglossia, deve-se pesquisar sempre onfalocele, hepatomegalia e hiperplasia renal, que estão comumente presentes nessa síndrome.

Ocasionalmente podemos ter a associação de síndrome de Down com macroglossia (Figura 47).

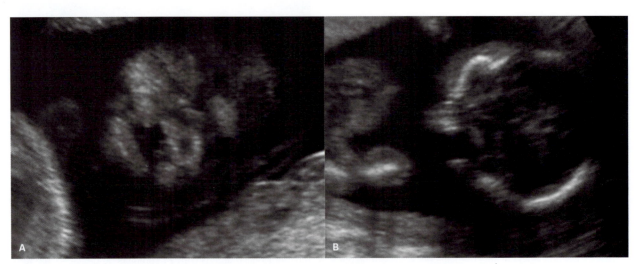

Figura 44 Corte coronal (A) e axial (B) de fenda lábio-palatina. Fonte: Marcos Velasco Sanchez.

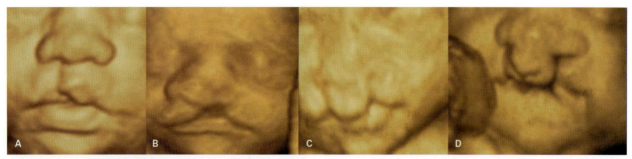

Figura 45 Ultrassonografia tridimensional da fenda labial unilateral isolada (A), fenda lábio-palatina unilateral (B), fenda labial bilateral isolada (c) e fenda lábio-palatina bilateral (D). Adaptada de Glowm.com.

Nos casos em que não há associação com outras anormalidades devemos relacioná-la ao linfangioma de língua, em que o aumento da língua se dá pela infiltração difusa que abrange preferencialmente o dorso anterior da língua. Nesse caso, a macroglossia não apresenta associação com nenhuma outra anormalidade.

Anomalias de pescoço

Aumento da translucência nucal

Esse tópico é discutido no capítulo "Ultrassonografia do primeiro trimestre – de 11 a 14 semanas de gestação", dada a elevada associação entre aumento da translucência nucal e síndrome de Down.

Aumento da espessura nucal

Este tópico foi discutido no Capítulo "A ultrassonografia no segundo e terceiro trimestres", em marcadores menores de síndrome de Down.

Higroma cístico

Higroma cístico é um cisto ou um grupo de cistos que se localiza preferencialmente no pescoço, envolvendo sua porção posterior e lateral muitas vezes bilateralmente e assimetricamente. É causado por um erro no desenvolvimento do sistema linfático fetal, levando a uma falha de drenagem. Na 5ª semana de desenvolvimento fetal, os tecidos linfáticos do embrião estão formados e os primeiros órgãos irrigados são o abdome, membros superiores, pescoço e cabeça. Esse sistema é formado por inúmeros canais onde circulam gordura e células do sistema imune.

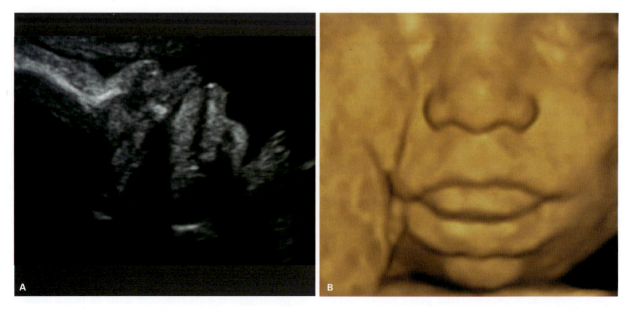

Figura 46 Macroglossia em visão bidimensional (A) e tridimensional (B) em paciente com síndrome de Beckwith-Wiedemann.

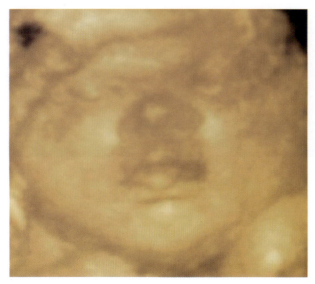

Figura 47 Feto de 36 semanas com síndrome de Down com protrusão da língua aumentada de tamanho para fora da boca.

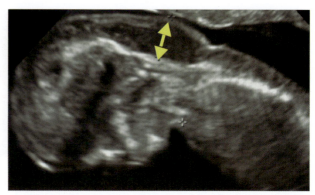

Figura 48 Feto com aumento da espessura da nuca indicado na seta, com cariótipo de síndrome de Turner. Fonte: Fabrice Cuillier.

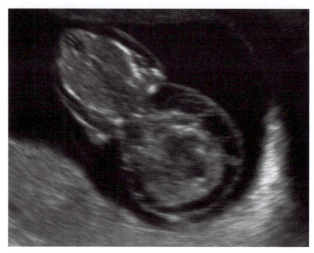

Figura 49 Feto com 11 semanas com higroma cístico, cujo cariótipo veio positivo para síndrome de Turner.

Se há qualquer alteração nessa drenagem, há um acúmulo de fluido com bloqueio parcial ou total do sistema preferencialmente nos sacos linfáticos jugulares, levando a obstrução do sistema linfático no pescoço fetal, que pode ter ou não septações. A incidência do higroma cístico no 1º trimestre é de 1/285 fetos, e corresponde a um terço dos fetos com hidropsia não imune e há estreita ligação com seu achado e aneuploidias especialmente nos higromas císticos septados. As síndromes mais comumente associadas ao higroma cístico são a síndrome de Turner, trissomia do 21,13 e 18 e as monossomias. Aproximadamente 30% dos fetos euploides que apresentam higroma cístico septado apresentam anomalias estruturais, especialmente esqueléticas e cardíacas.

A ultrassonografia de rotina precoce pode detectar o higroma cístico, no primeiro trimestre de gestação, pois o fluido acima do normal na porção posterior do pescoço já é detectável. A imagem ultrassonográfica do higroma depende da idade gestacional, podendo variar de um moderado edema (Figura 48) na porção posterior do pescoço, a um volumoso acúmulo de cistos, com hidropsia generalizada (Figura 49).

A ultrassonografia tridimensional é usada apenas para complementação diagnóstica, como mostra a Figura 50.

Nos exames laboratoriais, os pacientes com higroma cístico apresentam nível elevado de alfa-fetoproteína no sangue materno e atualmente pode-se fazer a pesquisa do DNA fetal em sangue materno para detecção das principais aneuploidias associadas ao higroma cístico, e quando esse teste não está disponível, deve-se proceder a amniocentese para verificação do cariótipo fetal, pois a prevalência de aneuploidias associadas aos higromas é acima de 50%.

Nos fetos euploides, cerca de 80% dos higromas císticos se resolvem em até 4 semanas após o diagnóstico e vão ser em sua maioria fenotipicamente normais. Nos fetos aneuploides com higromas císticos, as cromossomopatias mais comuns são a trissomia do 21 e a síndrome de Turner.

Os principais diagnósticos diferenciais são:

- Translucência nucal aumentada: o higroma cístico tende a ser uma coleção fluida maior e mais extensa que a translucência nucal aumentada, além de em muitos casos apresentar septos. Os higromas tendem a atingir a medida de 7-8 mm, enquanto as translucências aumentadas têm em torno de 3,5 a 6,4 mm em média, e estão confinadas à região nucal entre o occipício e a região cervical.
- Defeitos do tubo neural: os principais diferenciais são meningocele e encefalocele, além da tábua óssea intacta nos higromas císticos.

14 AVALIAÇÃO DA FACE E DO PESCOÇO 145

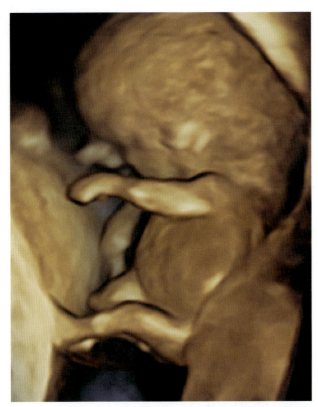

Figura 50 Feto de 11 semanas com higroma cístico com edema generalizado demonstrado em ultrassonografia tridimensional.

Atresia laríngea

Trata-se de condição muito rara em que com a laringe ocluída os fluidos pulmonares não podem ser expelidos. A análise ultrassonográfica mostra pulmão hiperecogênico, com brônquios ocupados por fluido, e os cortes do pescoço mostram a traqueia dilatada ocupada por líquido (Figura 52). Ascite fetal pode estar presente. A mortalidade nesses casos é de 100%.

Massas localizadas no pescoço

O diagnóstico diferencial das massas localizadas no pescoço inclui teratomas, higromas císticos, linfagioma, cistos branquiais, meningocele cervical, encefalocele occipital e aumento da tireoide.

Os tumores localizados no pescoço são bastante raros e podem apresentar ou não vascularização. Entre os não vascularizados, destacamos o teratoma (Figura 53), que na localização cervical é a massa localizada na porção anterior do pescoço, mais comumente encontrada na frequência de 1/20.000 a 1/40.000 nascidos vivos (Figura 53).

- Teratoma cístico: o principal diferencial é a ausência de conteúdo sólido nos higromas císticos, apenas estando presentes componentes líquidos, ao contrário dos teratomas, que costumam apresentar componentes sólidos.
- Hemangioma: os higromas císticos geralmente apresentam septação, enquanto hemangiomas não a apresentam. À dopplerfluxometria colorida observa-se um aporte vascular aumentado nos hemangiomas e uma vascularização pobre nos higromas (Figura 51).

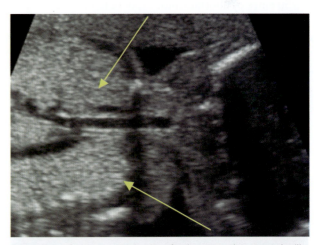

Figura 52 Corte coronal do tórax fetal mostrando a traqueia dilatada e os pulmões hiperecogênicos (setas amarelas) resultantes da atresia laríngea. Fonte: Elena Andreeva.

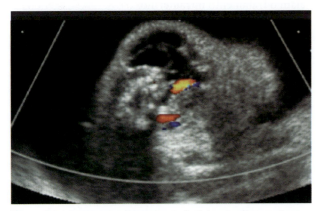

Figura 51 Aporte vascular aumentado típico dos hemangiomas, nesse caso localizado em região cervical fetal.

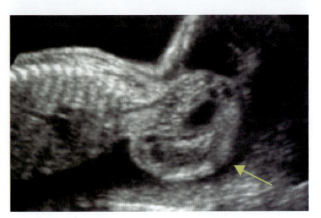

Figura 53 Teratoma cervical fetal. Observa-se que o tumor tem componentes sólidos e líquidos. Fonte: CMU Med Ed.

Epgnatus ou teratoma nasofaríngeo ocupa a segunda colocação em termos de incidência de teratomas localizados na região anterior do pescoço (Figura 54).

O teratoma, como já discorrido nas massas orbitárias, é uma massa benigna com conteúdo sólido cístico, geralmente sem vascularização, podendo apresentar algumas calcificações, e é mais comum na região cervical. O grande problema do teratoma é que o seu crescimento pode acabar obstruindo as vias aéreas. Geralmente não está associado a outras anomalias fetais, estando apenas comumente associado ao polidrâmnio.

Na região posterior do pescoço, a massa cística mais comumente encontrada é o higroma cístico, já descrito neste capítulo. As massas sólidas nessa localização são bastante raras e a mais comumente encontrada é o hemangioma (Figura 51). Hemangiomas são massas ecogênicas com focos hiperecogênicos que são pequenas calcificações, com diminutas áreas císticas e com fluxo vascular intenso à dopplerfluxometria.

Linfangiomas são malformações do sistema linfático, e sua incidência é de 1/6.000 dos nascidos vivos e 1/750 entre os abortamentos espontâneos. Localizam-se na porção inferolateral do pescoço e são frequentemente associados a aneuploidias. À ultrassonografia são pequenas imagens císticas com ou sem trabeculação agrupadas no terço inferolateral do pescoço fetal, como ilustra a Figura 55.

Os cistos branquiais são de difícil diagnóstico pelas semelhanças ultrassonográficas com as outras massas localizadas no pescoço. São muito raros e resultantes da involução incompleta do aparato branquial, a comprometem a via aérea superior. O grau de comprometimento determina o prognóstico pós-natal.

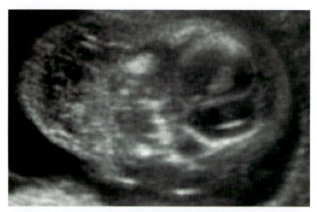

Figura 55 Massa com múltiplos pequenos cistos, localizada na porção inferolateral do pescoço, com diagnóstico pós-natal de linfangioma. Fonte: CMU Med Ed.

As meningoceles e encefaloceles já foram discutidas neste capítulo e o aumento da tireoide será nosso próximo tópico.

Tireoide aumentada

O bócio ou aumento inespecífico da tireoide é uma das massas localizadas na face anterior do pescoço e diagnosticadas pela ultrassonografia durante o pré-natal. A sua incidência é de 1/30.000 a 1/50.000 nascidos vivos. O aumento da tireoide está associado ao hipotireoidismo na maioria dos casos, sendo bastante grave, pois está associado ao retardo mental. Infelizmente nem todos os casos de hipotireoidismo congênito cursam com o bócio, não sendo diagnosticados durante o pré-natal. Somente 15% dos hipotireoidismos associam-se ao aumento inespecífico da tireoide durante a vida intrauterina. O aumento da tireoide na ultrassonografia ocorre na forma de massas homogêneas, com diminutos componentes císticos, podendo estar associadas ao polidrâmnio pela compressão do esôfago e da traqueia (Figura 56).

Dosagens de TSH podem ser realizadas no líquido amniótico ou pode ser realizada cordocentese para a dosagem do T3 e T4 livres. As dosagens hormonais norteiam o tratamento intrauterino.

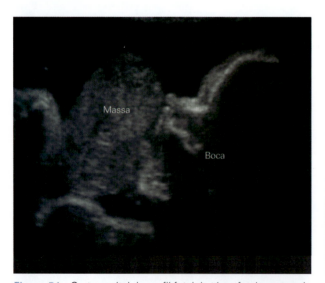

Figura 54 Corte sagital do perfil fetal do tórax fetal mostrando massa sólida saindo da boca fetal. Essa massa é o teratoma nasofaríngeo, chamado de epgnatus. Fonte: Marcos Antonio Velasco Sanchez.

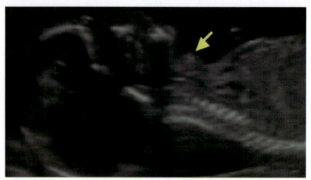

Figura 56 Aumento de tireoide fetal no segundo trimestre da gestação.

Bibliografia sugerida

1. Achiron R, Gottlieb Z, Yaron Y, Gabbay M, Gabbay U, Lipitz S, et al. The development of the fetal eye: In utero ultrasonographic measurements of the vitreous and lens. Prenat Diagn. 1995(15):155.
2. Agathokleous M, Chaveeva P, Poon LC, Kosinski P, Nicolaides KH. Meta-analysis of second-trimester markers for trisomy 21. Ultrasound Obstet Gynecol. 2013;41(3):247-61.
3. Agrawal P, Ogilvy-Stuart A, Lees C. Intrauterine diagnosis and management of congenital goitrous hypothyroidism. Ultrasound Obstet Gynecol. 2002;19:501-5.
4. Andresen C, Matias A, Merz E. Fetal face: the whole picture. Ultraschall Med. 2012;33(5):431-40.
5. Aviv RI, Miszkiel K. Orbital imaging. Part 2. Intraorbital pathology. Clin Radiol. 2005;60:288-307.
6. Awwad JT, Azar GB, Karam KS, Nicolaides KH. Ear length: a potential sonographic marker for Down syndrome. Int J Gynaecol Obstet. 1994;44(3):233-8.
7. Babcook CJ. The fetal face and neck. In: Callen PW, ed. Ultrasonography in obstetrics and gynecology. 4. ed. Philadelphia: Saunders, 2000. p. 307-15.
8. Bakrania P, Efthymiou M, Klein JC, Salt A, Bunyan DJ, Wyatt A, et al. Mutations in BMP4 cause eye, brain, and digit developmental anomalies: overlap between the BMP4 and hedgehog signaling pathways. Am J Hum Genet. 2008;82:304-19.
9. Benacerraf B. Ultrasound of fetal syndromes. Philadelphia: Elsevier; 2008. p.151.
10. Benacerraf BF, Frigoletto FD, Laboda LA. Sonographic diagnosis of Down syndrome in the second trimester. Am J Obstet Gynecol. 1985;153(1):49-52.
11. Benacerraf BR, Frigoletto FD, Greene MF. Abnormal facial features and extremities in human trisomy syndromes: prenatal ultrasound appearance. Radiology. 1986;159:243-6.
12. Birnholz J, Farrell E. Fetal ear length. Pediatrics. 1988;81:555-8.
13. Blanton SH, Cortez A, Stal S, Mulliken JB, Finnell RH, Hecht JT. Variation in IRF6 contributes to nonsyndromic cleft lip and palate. Am J Med Genet A. 2005;137A:259.
14. Brémond-Gignac D, Copin H, Elmaleh M, Milazzo S. Fetal ocular anomalies: the advantages of prenatal magnetic resonance imaging. J Fr Ophtalmol. 2010;33(5):350-4.
15. Bromley B, Benacerraf BR. Fetal micrognathia: associated anomalies and outcome. J Ultrasound Med. 1994;13:529-33.
16. Burg ML, Chai Y, Yao CA, Magee W, Figueiredo JC. Epidemiology, etiology, and treatment of isolated cleft palate. Frontiers in Physiology. 2016;7:67.
17. Burns NS, Iyer RS, Robinson AJ, Chapman T. Diagnostic imaging of fetal and pediatric orbital abnormalities. AJR Am J Roentgenol. 2013;201(6):797-808.
18. Callen PW. Ultrasonography in obstetrics and gynecology. Philadelphia: Saunders; 1994.
19. Carmichael SL, Shaw GM, Ma C, Werler MM, Rasmussen SA, Lammer EJ; National Birth Defects Prevention Study. Maternal corticosteroid use and orofacial clefts. Am J Obstet Gynecol. 2007;197:585.e1.
20. Carmichael SL, Shaw GM. Maternal corticosteroid use and risk of selected congenital anomalies. Am J Med Genet. 1999;86:242.
21. Chang C, Chang F, Yu C, Liang RI, Ko HC, Chen HY, et al. Fetal ear assessment and prenatal detection of aneuploidy by the quantitative three-dimensional ultrasonography. Ultrasound Med Biol. 2000;26:743-9.
22. Chen CP. Prenatal diagnosis, fetal surgery, recurrence risk and differential diagnosis of neural tube defects. Taiwan J of Obst Gynec. 2008;47(3):283-90.
23. Chervenak FA, Isaacson G, Blakemore KJ, Breg WR, Hobbins JC, Berkowitz RL, et al. Fetal cystic hygroma. Cause and natural history. N Engl J Med. 1983;309(14):822-5.
24. Chitkara U, Lee L, El-Sayed YY, Holbrook RH Jr, Bloch DA, Oehlert JW, et al. Ultrasonographic ear length measurement in normal second- and third-trimester fetuses. Am J Obstet Gynecol. 2000;183(1):230-4.
25. Chmait R, Pretorius D, Moore T, Hull A, James G, Nelson T, et al. Prenatal detection of associated anomalies in fetuses diagnosed with cleft lip with or without cleft palate in utero. Ultrasound Obstet Gynecol. 2006;27(2):173-6.
26. Christensen K, Fogh-Andersen P. Cleft-twin sets in Finland 1948-1987. Cleft Palate Craniofac J. 1996;33:530.
27. Chung EM, Smirniotopoulos JG, Specht CS, Schroeder JW, Cube R. From the Archives of the AFIP: pediatric orbit tumors and tumorlike lesions — nonosseous lesions of the extraocular orbit. RadioGraphics. 2007;27:1777-99.
28. Cockell A, Lees M. Prenatal diagnosis and management of orofacial clefts. Prenat Diagn. 2000;20:149.
29. Delange F. Neonatal screening for congenital hypothyroidism: results and perspectives. Horm Res. 1997;48:51-61.
30. Dixon MJ, Marazita ML, Beaty TH, Murray JC. Cleft lip and palate: synthesizing genetic and environmental influences. Nat Rev Genet. 2011;12(3):167-78.
31. Elias DL, Kawamoto HK, Wilson LF. Holoprosencephaly and midline facial anomalies. Redefining classification and management. Plast Reconstr Surg. 1991;90:951-8.
32. Gill P, Vanhook J, Fitzsimmons J, Pascoe-Mason J, Fantel A. Fetal ear measurements in the prenatal detection of trisomy 21. Prenat Diagn. 1994;14(8):739-43.
33. Goldstein I, Tamir A, Weiner Z, Jakobi P. Dimensions of the fetal facial profile in normal pregnancy. Ultrasound Obstet Gynecol. 2010;35(2):191-4.
34. Goldstein RB, LaPidus AS, Filly RA. Fetal cephaloceles: diagnosis with ultrasound. Radiology. 1992;180:803-8.
35. Gorlin RJ, Cervenka J, Pruzansky S. Facial clefting and its syndromes. Birth Defects Orig Artic Ser. 1971;7(7):3.
36. Gorospe L, Royo AN, Berrocal T, García-Raya P, Moreno P, Abelairas J. Imaging of orbital disorders in pediatric patients. Eur Radiol. 2003;13:2012-26.
37. Graesslin O, Derniaux E, Alanio E, Gaillard D, Vitry F, Quéreux C, et al. Characteristics and outcome of fetal cystic hygroma diagnosed in the first trimester. Acta Obstet Gynecol Scand. 2007;86(12):1442.
38. Grosen D, Chevrier C, Skytthe A, Bille C, Mølsted K, Sivertsen A, et al. A cohort study of recurrence patterns among more than 54,000 relatives of oral cleft cases in Denmark: support for the multifactorial threshold model of inheritance. J Med Genet. 2010;47(3):162-8.
39. Grüner C, Kollert A, Wildt L, Dörr HG, Beinder E, Lang N. Intrauterine treatment of fetal goitrous hypothyroidism controlled by determination of thyroid-stimulating hormone in fetal serum. Fetal Diagn Ther. 2001;16:47-51.
40. Hanson JW, Smith DW. U-shaped palatal defect in the Robin anomalad: developmental and clinical relevance. J Pediatr. 1975;87:30-3.
41. Hedrick MH, Ferro MM, Filly RA, Flake AW, Harrison MR, Adzick NS. Congenital high airway obstruction syndrome (CHAOS): a potential for perinatal intervention. J Pediatr Surg. 1994;29(2):271-4.
42. Hunt JA, Hobar PC. Common craniofacial anomalies: the facial dysostoses. Plast Reconstr Surg. 2002;110:1714.
43. Hunt S, Russell A, Smithson WH, Parsons L, Robertson I, Waddell R, et al. Topiramate in pregnancy: preliminary experience from the UK Epilepsy and Pregnancy Register. Neurology. 2008;71:272.
44. Jackson A, Bromley R, Morrow J, Irwin B, Clayton-Smith J. In utero exposure to valproate increases the risk of isolated cleft palate. Arch Dis Child Fetal Neonatal Ed. 2016;101:F207.
45. Jensen BL, Kreiborg S, Dahl E, Fogh-Andersen P. Cleft lip and palate in Denmark, 1976-1981: epidemiology, variability, and early somatic development. Cleft Palate J. 1988;25:258.
46. Jeon SR, Choi HM, Roh YH, Kim YH, Son GH, Nam KH, et al. Frontomaxillary facial angle measurements in euploid Korean fetuses at 11 weeks' to 13 weeks 6 days' gestation. J Ultrasound Med. 2010;29:1565-71.
47. Jimenez DF, Barone CM. Encephaloceles, meningoceles, and dermal sinuses. In: Albright AL, Pollack IF, Adelson PD (eds.). Principles and practice of pediatric neurosurgery. New York: Thieme; 1999. p. 189.
48. Johnson CY, Little J. Folate intake, markers of folate status and oral clefts: is the evidence converging? Int J Epidemiol. 2008;37:1041.
49. Johnson MP, Johnson A, Holzgreve W, Isada NB, Wapner RJ, Treadwell MC, et al. First-trimester simple hygroma: cause and outcome. Am J Obstet Gynecol. 1993;168(1 Pt 1):156.
50. Jones KL, Jones MC, Campo M. Smith's recognizable patterns of human malformations. 7. ed. Philadelphia: Elsevier; 2014.
51. Jones MC. Etiology of facial clefts: prospective evaluation of 428 patients. Cleft Palate J. 1988;25(1):16-20.
52. Kanenishi K, Hanaoka U, Noguchi J, Marumo G, Hata T. 4D ultrasound evaluation of fetal facial expressions during the latter stages of the second trimester. Int J Gynecol Obstet. 2013;121(3):257-60.
53. Kaplan MC, Coleman BG, Shaylor SD, Howell LJ, Oliver ER, Horii SC, et al. Sonographic features of rare posterior fetal neck masses of vascular origin. J Ultrasound Med. 2013;32(5):873-80.
54. Korenberg JR, Chen XN, Schipper R, Sun A, Sun Z, Gonsky R, Gerwehr S, et al. Down syndrome phenotypes: The consequences of chromosomal imbalance. Proc Natl Acad Sci USA. 1994.
55. Larsen WJ. Human embryology, 5. ed. New York: Churchill Livingstone, 2014.
56. Liberty G, Boldes R, Shen O, Shaul C, Cohen SM, Yagel S. The fetal larynx and pharynx: structure and development on two- and three-dimensional ultrasound. Ultrasound Obstet Gynecol. 2013;42(2):140-8.
57. Lim FY, Crombleholme TM, Hedrick HL, Flake AW, Johnson MP, Howell LJ, et al. Congenital high airway obstruction syndrome: natural history and management. J Pediatr Surg. 2003;38(6):940-5.

58. Lo Magno E, Ermito S, Dinatale A, Cacciatore A, Pappalardo EM, Militello M, et al. Fetal cystic lymphangioma of the neck: a case report. Journal of Prenatal Medicine. 2009;3(1):12-4.
59. Lowry RB, Johnson CY, Gagnon F, Little J. Segregation analysis of cleft lip with or without cleft palate in the First Nations (Amerindian) people of British Columbia and review of isolated cleft palate etiologies. Birth Defects Res A Clin Mol Teratol. 2009;85(6):568.
60. Maarse W, Bergé SJ, Pistorius L, van Barneveld T, Kon M, Breugem C, et al. Diagnostic accuracy of transabdominal ultrasound in detecting prenatal cleft lip and palate: a systematic review. Ultrasound Obstet Gynecol. 2010;35(4):495.
61. Mai CT, Cassell CH, Meyer RE, Isenburg J, Canfield MA, Rickard R, et al. Birth defects data from population-based birth defects surveillance programs in the United States, 2007 to 2011: highlighting orofacial clefts. Birth Defects Res A Clin Mol Teratol. 2014;100(11):895.
62. Malone FD, Ball RH, Nyberg DA, Comstock CH, Saade GR, Berkowitz RL, et al, FASTER Trial Research Consortium. First-trimester septated cystic hygroma: prevalence, natural history, and pediatric outcome. Obstet Gynecol. 2005;106(2):288.
63. Mashiach R, Vardimon D, Kaplan B, Shalev J, Meizner I. Early sonographic detection of recurrent fetal eye anomalies. Ultrasound Obstet Gynecol. 2004;24(6):640-3.
64. McGahan JP, Pilu G, Nyberg DA. Neural tube defects and the spine. In: Nyberg DA, McGahan JP, Pretorius DH, Pilu G (eds). Diagnostic imaging of fetal anomalies. Philadelphia: Lippincott Williams & Wilkins; 2003. p. 291-334.
65. McGahan JP, Pilu G, Nyberg DA. Neural tube defects and the spine. In: Diagnostic imaging of fetal anomalies. In: Nyberg DA, McGahan JP, Pretorius DH, Pilu G (eds.). Philadelphia: Lippincott Williams & Wilkins; 2003. p. 291-334.
66. McGahan JP, Pilu G, Nyberg DA. Neural tube defects and the spine. In: Nyberg DA, McGahan JP, Pretorius DH, Pilu G (eds) Diagnostic imaging of fetal anomalies. Philadelphia: Lippincott Williams & Wilkins; 2003. p.291-334.
67. McGahan MC, Ramos GA, Landry C, Wolfson T, Sowell BB, D'Agostini D, et al. Multislice display of the fetal face using 3-dimensional ultrasonography. J Ultrasound Med. 2008;27(11):1573-81.
68. Simsek M, Mendilcioglu I, Mihci E, Karagüzel G, Taskin O. Prenatal diagnosis and early treatment of fetal goitrous hypothyroidism and treatment results with two-year follow-up. J Matern Fetal Neonatal Med. 2007;20(3).
69. Mernagh JR, Mohide PT, Lappalainen RE, Fedoryshin JG. US assessment of the fetal head and neck: a state-of-the-art pictorial review. Radiographics. 1999;19.
70. Mirsky DM, Shekdar KV, Bilaniuk LT. Fetal MRI: head and neck. Magn Reson Imaging Clin N Am. 2012;20(3):605-18.
71. Molina F, Persico N, Borenstein M, Sonek J, Nicolaides KH. Frontomaxillary facial angle in trisomy 21 fetuses at 16-24 weeks of gestation. Ultrasound Obstet Gynecol. 2008;31(4):384-7.
72. Molina FS, Avgidou K, Kagan KO, Poggi S, Nicolaides KH. Cystic hygromas, nuchal edema, and nuchal translucency at 11-14 weeks of gestation. Obstet Gynecol. 2006;107(3):678.
73. Moore KL. The nervous system in the developing human, 3. ed. Philadelphia: Saunders; 1982. p. 375-412.
74. Moreno-Cid M, Rubio-Lorente A, Rodríguez MJ, Bueno-Pacheco G, Tenías JM, Román-Ortiz C, et al. Systematic review and meta-analysis of performance of second-trimester nasal bone assessment in detection of fetuses with Down syndrome. Ultrasound Obstet Gynecol. 2014;43(3):247-53.
75. Munger RG, Romitti PA, Daack-Hirsch S, Burns TL, Murray JC, Hanson J. Maternal alcohol use and risk of orofacial cleft birth defects. Teratology. 1996;54:27.
76. Murray JC. Gene/environment causes of cleft lip and/or palate. Clin Genet. 2002;61(4):248-56.
77. Nanci A. Ten Cate's oral histology development, structure, and function (Ten Cate's oral histology), 6. ed. St. Louis: Mosby; 2003.
78. Neu N, Duchon J, Zachariah P. TORCH infections. Clin Perinatol. 2015;42(1):77-103.
79. Nicolaides KH, Salvesen DR, Snijders RJ, Gosden CM. Fetal facial defects: associated malformations and chromosomal abnormalities. Fetal Diagn Ther. 1993;8:1-9.
80. Nicolaides KH. Nuchal translucency and other first-trimester sonographic markers of chromosomal abnormalities. Am J Obstet Gynecol. 2004;191(1):45-67.
81. Nicolaides KH. The 11-13+6 weeks scan. Fetal medicine foundation. London; 2004. http://www.fetalmedicine.com/synced/fmf/FMF-English.pdf.
82. Nyberg DA, McGahan JP, Pretorius DH, Pilu G. Diagnostic imaging of fetal anomalies. Philadelphia: Lippincott Williams & Wilkins; 2003.
83. Papageorgiou C, Papathanasiou K, Panidis D, Vlassis G. Prenatal dignosis of epignathus in the first half of pregnancy: a case report and review of the literature. Clin Exp Obstet Gynecol. 2000;27(1):67-8.
84. Paquette LB, Miller D, Jackson HA, Lee T, Randolph L, Murphree AL et al. In: Utero detection of retinoblastoma with fetal magnetic resonance and ultrasound: initial experience. AJP Reports. 2012;2(1):55-62.
85. Pastore AR, Cerri GG. Ultrassonografia em ginecologia e obstetrícia. 2. ed. Rio de Janeiro: Revinter; 2010. p. 312-13.
86. Perrotin F, Sembely-Taveau C, Haddad G, Lyonnais C, Lansac J, Body G. Prenatal diagnosis and early in utero management of fetal dyshormonogenetic goiter. Eur J Obstet Gynecol Reprod Biol. 2001;94:309-14.
87. Pilu G, Reece A, Romero R, Bovicelli L, Robins J. Prenatal diagnosis of craniofacial malformations with ultrasonography. Am J Obst Gyn. 1986;155(1):45-50.
88. Platt LD, Vore GR, Pretorius D. Antenatal diagnosis by 3-dimensional sonography. J Ultrasound Med. 2006;25:1423-30.
89. Pooh RK, Kurjak A. Recent advances in 3D assessment of various fetal anomalies. DSJUOG. 2009;3:1-23.
90. Ramos GA, Ylagan MV, Romine LE, D'Agostini DA, Pretorius DH. Diagnostic evaluation of the fetal face using 3-dimensional ultrasound. Ultrasound Q. 2008;24(4):215-23.
91. Rao R, Platt LD. Ultrasound screening: Status of markers and efficacy of screening for structural abnormalities. Semin Perinatol. 2016;40(1):67-78.
92. Rathé M, Rayyan M, Schoenaers J, Dormaar JT, Breuls M, Verdonck A, et al. Pierre Robin sequence: Management of respiratory and feeding complications during the first year of life in a tertiary referral centre. Int J Pediatr Otorhinolaryngol. 2015;79(8):1206-12.
93. Robson CD, Barnewolt CE. MR imaging of fetal head and neck anomalies. Neuroimaging Clin N Am. 2004;14:273-9.
94. Román-Ortiz C, Arias A. Systematic review and meta-analysis of performance of second-trimester nasal bone assessment in detection of fetuses with Down syndrome. Ultrasound Obstet Gynecol. 2014;43(3):247-53.
95. Romero R, Pilu G, Jeanty P, Ghidini A, Hobbins JC. Prenatal diagnosis of congenital anomalies. Norwalk: Appleton & Lange; 1988.
96. Rosati P, Bartolozzi F, Guariglia L. Reference values of fetal orbital measurements by transvaginal scan in early pregnancy. Prenat Diagn. 2002;22:851-5.
97. Rosati P, Guariglia L. Early transvaginal fetal orbital measurements: a screening tool for aneuploidy? J Ultrasound Med. 2003;22(11):1201-5.
98. Rotten D, Levaillant JM, Martinez H, Ducou le Pointe H, Vicaut E. The fetal mandible: a 2D and 3D sonographic approach to the diagnosis of retrognathia and micrognathia. Ultrasound Obstet Gynecol. 2002;19(2):122-30.
99. Sadler TW. Langman's medical embryology, 6. ed. Baltimore: Williams & Wilkins; 1990. p. 297-305.
100. Salim A, Wiknjosastro GH, Danukusumo D, Barnas B, Zalud I. Fetal retinoblastoma. J Ultrasound Med. 1998;17:717-20.
101. Sanhal CY, Mendilcioglu I, Ozekinci M, Yakut S, Merdun Z, Simsek M, et al. Prenatal management, pregnancy and pediatric outcomes in fetuses with septated cystic hygroma. Braz J Med Biol Res. 2014;47(9):799-803.
102. Sato M, Kanenishi K, Hanaoka U, Noguchi J, Marumo G, Hata T. 4D ultrasound study of fetal facial expressions at 20-24 weeks of gestation. Int J Gynaecol Obstet. 2014;126(3):275-9.
103. Sharma S, Sharma V, Bothra M. Frontonasal dysplasia (Median cleft face syndrome). J Neurosci Rural Pract. 2012;3(1):65-7.
104. Shah FA, Raghuram K, Suriyakumar G, Dave AN, Patel VB. Congenital teratoma of nasopharynx. Indian J Radiol Imaging. 2002;12:201-2.
105. Shaw GM, Lammer EJ. Maternal periconceptional alcohol consumption and risk for orofacial clefts. J Pediatr. 1999;134:298.
106. Shi M, Wehby GL, Murray JC. Review on genetic variants and maternal smoking in the etiology of oral clefts and other birth defects. Birth Defects Res C Embryo Today. 2008;84(1):16.
107. Shih J, Shyu M, Lee CN, Wu CH, Lin GJ, Hsieh FJ. Antenatal depiction of the fetal ear with three-dimensional ultrasonography. Obstet Gynecol. 1998;91:500-5.
108. Sivertsen A, Wilcox AJ, Skjaerven R, Vindenes HA, Abyholm F, Harville E, et al. Familial risk of oral clefts by morphological type and severity: population based cohort study of first degree relatives. BMJ. 2008;336(7641):432-4.
109. Skuladottir H, Wilcox AJ, Ma C, Lammer EJ, Rasmussen SA, Werler MM, et al. Corticosteroid use and risk of orofacial clefts. Birth Defects Res A Clin Mol Teratol. 2014;100:499.
110. Som PM, Naidich TP. Illustrated review of the embryology and development of the facial region, part 1: Early face and lateral nasal cavities. AJNR Am J Neuroradiol. 2013;34(12):2233-40.
111. Sonek J, Borenstein M, Dagklis T, Persico N, Nicolaides KH. Frontomaxillary facial angle in fetuses with trisomy 21 at 11-13 (6) weeks. Am J Obstet Gynecol. 2007;196:271.e1-271.e4.

112. Sonek JD, Mackenna D, Webb D, Croom C, Nicolaides K. Nasal bone length at gestation: Normal ranges based on 3537 fetal ultrasound measurements. Ultrasound Obst Gynec. 2003;21(2):152-5.
113. Stroustrup A, Levine D. MR imaging of the fetal skull, face and neck. In: Levine D, ed. Atlas of fetal MRI, 1. ed. Boca Raton: Taylor & Francis, 2005. p. 73-90.
114. Tonni G, Centini G, Rosignoli L. Prenatal screening for fetal face and clefting in a prospective study on low-risk population: can 3- and 4-dimensional ultrasound enhance visualization and detection rate? Oral Surg Oral Med Oral Pathol Oral Radiol Endod. 2005;100:420-6.
115. Trout T, Budorick NE, Pretorius DH, McGahan JP. Significance of orbital measurements in the fetus. J Ultrasound Med. 1994;13(12):937-43.
116. Tsai P-Y, Chang C-H, Chang FM. Prenatal imaging of the fetal branchial cleft cyst by three-dimensional ultrasound. Prenat Diagn. 2003;23:605-6.
117. Van den Elzen AP, Semmekrot BA, Bongers EM, Huygen PL, Marres HA. Diagnosis and treatment of the Pierre Robin sequence: results of a retrospective clinical study and review of the literature. Eur J Pediatr. 2001;160(1):47.
118. Viora E, Errante G, Sciarrone A, Bastonero S, Masturzo B, Martiny G, Campogrande M. Fetal nasal bone and trisomy 21 in the second trimester. Prenat Diagn. 2005;25(6):511-5.
119. Vos FI, De Jong-Pleij EA, Bakker M, Tromp E, Pajkrt E, Kagan KO, et al. Nasal bone length, prenasal thickness, prenasal thickness-to-nasal bone length ratio and prefrontal space ratio in second- and third-trimester fetuses with Down syndrome. Ultrasound Obstet Gynecol. 2015;45(2):211-6.
120. Vos FI, De Jong-Pleij EA, Ribbert LS, Tromp E, Bilardo CM. Three-dimensional ultrasound imaging and measurement of nasal bone length, prenasal thickness and frontomaxillary facial angle in normal second- and third-trimester fetuses. Ultrasound Obstet Gynecol. 2012;39(6):636-41.
121. Wang LM, Leung KY, Tang M. Prenatal evaluation of facial clefts by three-dimensional extended imaging. Prenat Diagn. 2007;27:722-9.
122. Warburg M. Congenital blindness. In: Emery AEH, Rimoin DL (eds). Principles and practice of medical genetics. Edinburgh: Churchill Livingston; 1983. p. 474-9.
123. Williams DH, Gauthier DW, Maizels M. Prenatal diagnosis of Beckwith-Wiedemann syndrome. Prenat Diagn. 2005;25:879-84.
124. Yan F, Dai SY, Akther N, Kuno A, Yanagihara T, Hata T. Four-dimensional sonographic assessment of fetal facial expression early in the third trimester. Int J Gynaecol Obstet. 2006;94(2):108-13.
125. Yeo L, Guzman ER, Ananth CV, Walters C, Day-Salvatore D, Vintzileos AM. Prenatal detection of fetal aneuploidy by sonographic ear length. J Ultrasound Med. 2003;22(6):565-76.

15 Rastreamento das cardiopatias congênitas

Gustavo Fávaro

Introdução

As cardiopatias congênitas representam a principal causa de mortalidade perinatal por doença congênita e ocorrem com prevalência populacional de cerca de 3 a 8 casos por mil nascidos vivos. Cerca de 20-30% destes recém-nascidos morrem no primeiro mês de vida, sendo de fundamental importância o diagnóstico pré-natal para a diminuição desse índice. Nesse sentido, pelo menos metade dos fetos deveriam ter o diagnóstico de cardiopatia congênita antes do nascimento; no entanto, no Brasil estima-se a taxa de diagnóstico em menos de 2%; já em países como França, Espanha e Estados Unidos, essa taxa é de cerca de 40-50%.

Dados da literatura relatam nítida associação entre alterações cardíacas e óbitos fetais variando de 0,5 até 39,5%, dependendo da idade gestacional. Estima-se que a incidência de cardiopatias congênitas em fetos seja dez vezes maior do que em recém-nascidos.

A ecodopplercardiografia fetal transabdominal é responsável pela definição da anatomia e do comportamento hemodinâmico de anomalias congênitas cardíacas, sendo realizada de forma ideal entre 20 e 30 semanas. Em gestantes de alto risco, a via transvaginal pode ser utilizada entre 12 e 17 semanas. Tal conduta tem seu principal benefício em países que autorizam a interrupção da gravidez em vista de uma cardiopatia grave.

O coração fetal, apesar de embriologicamente já estar formado por volta de 8 semanas de gestação, apresenta até o fim da gestação alterações em sua função, dimensão e estrutura. Por isso, a ecocardiografia fetal deve ser vista também como de grande utilidade na avaliação seriada, para acompanhar o caráter evolutivo, anatômico e fisiopatológico, que algumas cardiopatias podem apresentar. Suas indicações formais são: história familiar de cardiopatia congênita; doença metabólica materna (diabete, fenilcetonúria); anormalidades extracardíacas fetais; exposição a teratógenos; anomalias cromossômicas; exposição a inibidores de prostaglandinas (buprofeno, salicilatos, indometacina); arritmias fetais; rubéola congênita; hidropsia fetal não imune; doenças autoimunes maternas (lúpus eritematoso sistêmico – LES, síndrome de Sjögren); aumento da translucência nucal; síndromes familiares (Marfan, Noonan, Ellis Van Creveld); gestações múltiplas; fertilizações *in vitro*; retardo do crescimento fetal; idade materna avançada; e suspeita de cardiopatia pela ultrassonografia (USG) obstétrica.

Contudo, a grande maioria dos recém-nascidos com cardiopatia congênita não teria indicação formal para o ecocardiograma fetal, já que aproximadamente 80-90% das malformações cardíacas ocorrem em fetos sem nenhum fator de risco. Assim sendo, o rastreamento cardíaco realizado pela USG é essencial e de grande importância. O exame deve incluir a visualização das quatro câmaras cardíacas e a análise das vias de saída dos ventrículos, complementados com a identificação do plano dos três vasos (veia cava superior, aorta e artéria pulmonar) além da traqueia, resultando em melhor acurácia diagnóstica pela USG obstétrica. Entretanto, ainda assim muitas alterações podem passar despercebidas.

A análise cardíaca pela ecocardiografia fetal é sistemática e detalhada, inclui a definição do *situs* atrial, da posição cardíaca no tórax, das conexões venoatrial, atrioventricular e ventrículo-arterial. Realiza-se a avaliação anatômica e funcional das paredes miocárdicas, dos arcos ductal e aórtico, confere-se a perviabilidade do forame oval, a integridade do septo ventricular, além da análise de fluxos. Obtém-se ainda uma acurada avaliação do ritmo, com informações sobre a cronologia dos eventos mecânicos do ciclo cardíaco, os quais refletem eventos elétricos prévios. A realização da ecocardiografia fetal confere especificidade de 90-100% e sensibilidade de 85% para o diagnóstico de cardiopatias congênitas.

Os benefícios do diagnóstico da cardiopatia em vida fetal são evidentes e variam para cada tipo e apresentação da anomalia. Em casos de um cardiopata com óbito fetal deve-se proceder ao aconselhamento genético.

Em cardiopatias que se apresentam de forma ativa, ou seja, ocasionam envolvimento e deterioração da hemodinâmica fetal, pode haver necessidade de administração de drogas antiarrítmicas, de antecipação do parto ou mesmo intervenção cirúrgica fetal. São exemplos: taquiarritmias e bradicardia fetal, espectro grave de algumas cardiopatias, como anomalia de Ebstein, estenose aórtica, estenose pulmonar e, ainda, cardiopatias dependentes de comunicação interatrial, nos casos de essa comunicação ser restritiva ao fluxo.

Fetos com cardiopatias graves e compensadas durante a manutenção da circulação fetal, ou seja, cardiopatias passivas, podem ser encaminhados para centros de referência em cardiologia pediátrica e cirurgia cardíaca. Com uma adequada recepção ao recém-nascido cardiopata, é possível oferecer uma transição entre a vida fetal e pós-natal muito mais natural e limitar os fatores prejudiciais, aumentando a sobrevida e evitando a deterioração clínica, consequentemente conduta errada, atraso diagnóstico ou transferência de um cardiopata instável.

Nesse sentido, permite que a equipe multidisciplinar esteja disponível e preparada para o atendimento, e um dos maiores benefícios é possibilitar aos pais preparação logística e psicológica em vista da situação desgastante e de sofrimento a que serão expostos. São exemplos a síndrome da hipoplasia do coração esquerdo, defeito do septo atrioventricular (DSAV) e tetralogia de Fallot (T4F).

Já em casos de cardiopatias leves, o diagnóstico precoce proporciona aos pais e aos médicos envolvidos tranquilidade durante o resto da gestação, no parto e no berçário, podendo-se confirmar o diagnóstico pós-natal de forma eletiva.

Além disso, independentemente da complexidade da anomalia, o diagnóstico pré-natal permite adequado aconselhamento familiar, aprimoramento da relação médico-paciente e oferece oportunidade da família se informar, não se surpreender e preparar-se de maneira logística e psicológica.

A ecocardiografia fetal, além de definir alterações cardiovasculares, possibilita ainda a diferenciação entre cardiopatias ou variações da normalidade, como em casos de dilatação das câmaras direitas, refluxo tricúspide, derrame pericárdico e *golf ball*.

É importante ressaltar que, como a maior parte dos recém-nascidos cardiopatas são de gestações de baixo risco e consequentemente grande parte dos defeitos cardíacos congênitos não são diagnosticados antes do nascimento, os profissionais envolvidos nos cuidados à gestante e ao recém-nascido devem buscar o diagnóstico de cardiopatias estruturais e funcionais em vida fetal, tanto por meio do rastreamento pela USG obstétrica como pela ecocardiografia fetal, métodos indispensáveis e com posição de destaque na propedêutica obstétrica, com enorme impacto na sobrevida dessas crianças e na qualidade de vida delas e de suas famílias.

O adequado rastreamento pelo ultrassonografista já se mostrou como o fator diferencial para a evolução no diagnóstico pré-natal das cardiopatias congênitas (CC). O exame do coração realizado com a análise das quatro câmaras (4C), das vias de saída (VS) e plano dos três vasos e traqueia (3VT) confere sensibilidade de cerca de 70% para o diagnóstico de CC.

Apenas o plano 4C confere sensibilidade de apenas 48%, tendo muitos falso-negativos em patologias com alteração das vias de saída, como: T4F, tronco arterial comum (TAC), transposição das grandes artérias (TGA) e comunicação interventricular (CIV). Associando-se o plano 4C com o plano das VS chega-se a uma sensibilidade de diagnóstico de cerca de 56%.

Um fato que deve ser destacado para a evolução do rastreamento em CC é que muitas cardiopatias podem ser diagnosticadas por meio de sinais indiretos, sendo de fundamental importância o médico rastreador, o qual trata-se de um médico não cardiologista, se conscientizar que deve procurar sinais do que pode estar alterado e referir a paciente para o ecocardiograma fetal para o diagnóstico. Contudo, o médico rastreador com estudo e experiência pode evoluir para realizar mesmo os diagnósticos mais complexos, não obstante ter tido a oportunidade de treinamento especializado em centros de referência em cardiologia fetal, os quais são muito escassos em nosso país.

Nesse sentido, descreveremos as alterações no coração fetal, quais devem ser referidas ao ecocardiograma fetal e quais são os possíveis diagnósticos de cardiopatia para cada uma dessas alterações no rastreamento cardíaco.

Rastreamento das cardiopatias congênitas

Antes do início do rastreamento de CC deve-se ajustar o aparelho para *preset* de ecocardiograma fetal e ter já avaliada de forma adequada a posição fetal.

- Localização do coração normal: hemitórax esquerdo e do mesmo lado do estômago (Figura 1).
- Tamanho e ângulo: tamanho de cerca de um terço da área do tórax em um corte transversal e com ângulo de 45° em relação à linha média da coluna até o esterno (Figura 2).
- Ritmo do coração normal: de 100-180 batimentos por minuto (Figura 3).

Plano quatro câmaras

O plano 4C deve ser obtido com um corte transversal do tórax do feto, com uma referência de boa angulação e a visibilização de um arco costal inteiro. Deve-se colocar o ápice cardíaco junto ao ápice do setor na tela (coração "em pé").

Deve-se avaliar o tamanho dos átrios que devem ser semelhantes, bem como o dos ventrículos. Poderá ocorrer uma leve predominância das câmaras direitas em fetos normais (Figuras 4 e 5).

Figura 1   Coração em levocardia e levoposição do ápice.

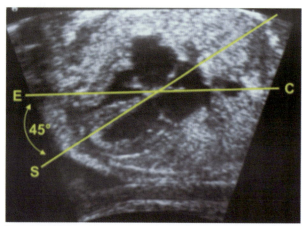

Figura 2   Coração normal e com angulação de 45° em relação à linha média.

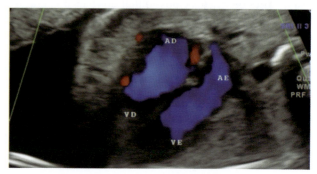

Figura 4   Coração normal com Doppler colorido.

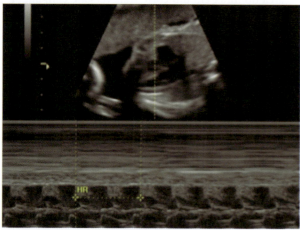

Figura 3   Ritmo cardíaco ao modo M.

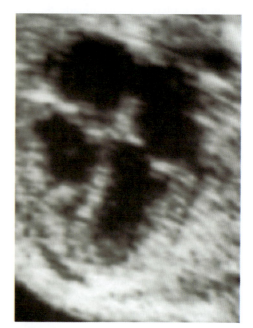

Figura 5   Coração normal ao bidimensional.

Procurando alterações no plano 4C
Quanto ao tamanho das câmaras cardíacas
- Hipóteses diagnósticas (HD) de átrio direito grande: as diversas causas de insuficiência tricúspide holossistólica (detalhadas em outro tópico), dilatação atrial direita idiopática, aneurisma de apêndice atrial direito, estenose/atresia tricúspide com comunicação interatrial restritiva (Figuras 6 e 7).
- Átrio esquerdo pequeno e "careca" (não são visibilizadas entradas das veias pulmonares): é acompanhado de predominância de câmaras direitas (Figura 8). HD: drenagem anômala total das veias pulmonares (DATVP). Há três tipos de conexão anômala:

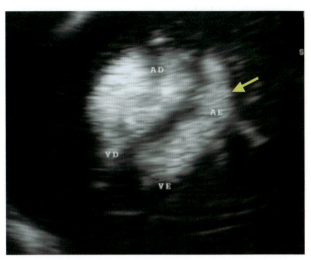

Figura 8   Coração com átrio esquerdo "careca" (seta) e dilatação de câmaras direitas.

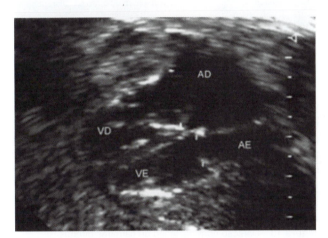

Figura 6   Coração com átrio direito aumentado.

- Supracardíaca: veias pulmonares drenam em veia inominada ou veia cava superior.
- Intracardíaca: veias pulmonares drenam em átrio direito ou seio coronário.
- Infracardíaca: veias pulmonares drenam em veias supra-hepáticas (Figura 9), veia cava inferior ou veia porta.

- Átrio esquerdo pequeno e com visibilização normal das veias pulmonares. HD: hipoplasia mitral, síndrome da hipoplasia do coração esquerdo (SHCE).
- Ventrículo direito pequeno. HD: atresia tricúspide, atresia pulmonar com septo interventricular íntegro (Figuras 10 e 11).
- Ventrículo esquerdo pequeno. HD: SHCE com diversos graus de hipoplasias das valvas mitral e aórtica até atresia de ambas valvas (Figura 12).

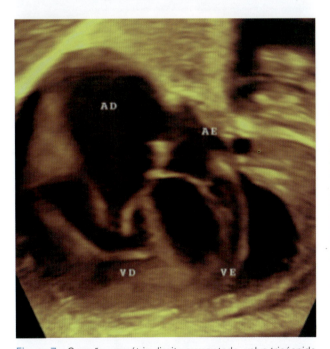

Figura 7   Coração com átrio direito aumentado, valva tricúspide displásica e derrame pericárddico.

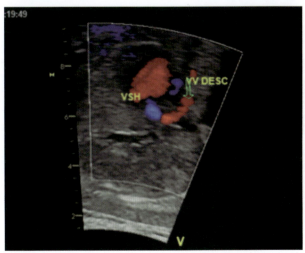

Figura 9   Veia vertical descendente drenando de forma anômala em veias supra-hepáticas.

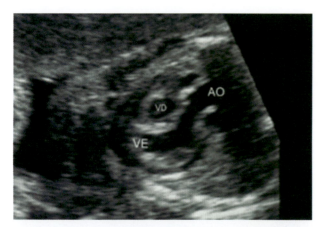

Figura 10 Hipoplasia do ventrículo direito por atresia tricúspide.

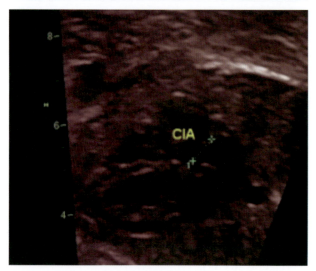

Figura 11 Hipoplasia do ventrículo direito com comunicação interatrial ampla, sem restrição ao fluxo.

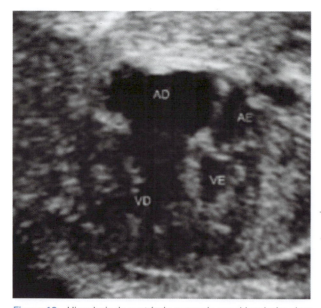

Figura 12 Hipoplasia do ventrículo esquerdo com hipoplasia valvar mitral e átrio esquerdo pequeno com veias pulmonares normais.

- Ventrículo direito grande. HD: coarctação de aorta em vida pós-natal, hipertensão pulmonar em vida pós-natal, aneurisma ventricular, restrição ductal (Figura 13).
- Ventrículo esquerdo grande. HD: estenose aórtica, aneurisma ventricular (Figura 14).

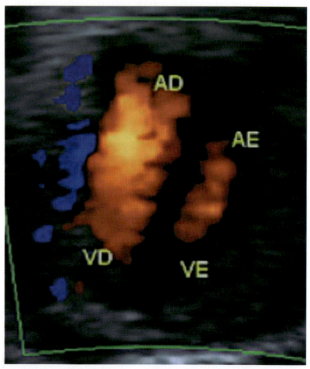

Figura 13 Coração com dilatação de câmaras direitas.

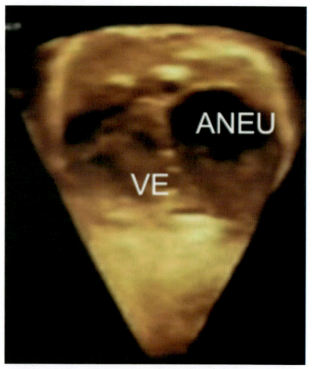

Figura 14 Grande aneurisma de ventrículo esquerdo.

Quanto a aspecto, função e formação das valvas atrioventriculares (plano 4C)

Coração normal: duas valvas atrioventriculares, finas, móveis, com a valva mitral inserida no septo atrioventricular em plano pouco superior à valva tricúspide. Fluxo diastólico sem restrição e sem insuficiência sistólica.

- Valvas atrioventriculares espessadas, displásicas e inseridas no mesmo plano valvar. HD: DSAV (Figura 15).
- Valva tricúspide, localizada à direita, com inserção mais baixa, próxima ao ápice cardíaco e com consequente aumento na distância entre a inserção valvar mitral e tricúspide em decorrência do acolamento das cúspides septal e posterior tricúspide. HD: anomalia de Ebstein (Figura 16).
- Valva atrioventricular à esquerda com inserção mais baixa e próxima ao ápice cardíaco e com aumento na distância entre a inserção das valvas atrioventriculares. HD: transposição corrigida das grandes artérias (TCGA). Trata-se de inversão ventricular, onde a valva tricúspide se encontra à esquerda e a valva mitral à direita. As artérias estarão trocadas em posição anômala e orientação em paralelo. A aorta será anterior e conectada ao ventrículo direito que se encontra à esquerda e a AP será posterior e estará conectada com o ventrículo esquerdo que se encontra à direita (Figura 17).

Quanto ao número de valvas atrioventriculares (plano 4C)

- Presença de apenas uma valva atrioventricular: valva atrioventricular única com comunicação interatrial acima do plano valvar e CIV abaixo. HD: DSAV. Deve-se observar a valva espessada e displásica. Sempre indicar ecocardiografia fetal quando observar espessamento e/ou disfunção valvar (Figura 18).
- Valva atrioventricular única à direita. HD: atresia tricúspide (mais frequente) ou atresia mitral com inversão ventricular (mais rara).
- Valva atrioventricular única à esquerda. HD: atresia mitral (mais frequente) ou atresia tricúspide com inversão ventricular (mais rara).
- Duas valvas atrioventriculares com fluxo direcionado para o mesmo ventrículo e com outro ventrículo pequeno (Figura 19). HD: dupla via de entrada de ventrículo esquerdo (DVEVE), geralmente associa-

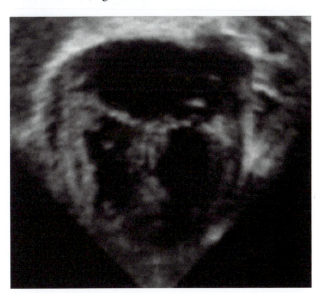

Figura 15 Defeito do septo atrioventricular com valva atrioventricular espessada e displásica.

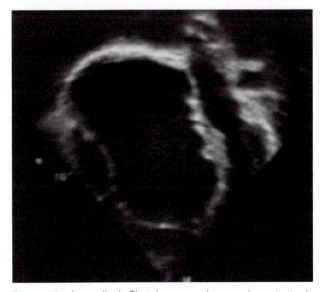

Figura 16 Anomalia de Ebstein com acolamento importante da valva tricúspide.

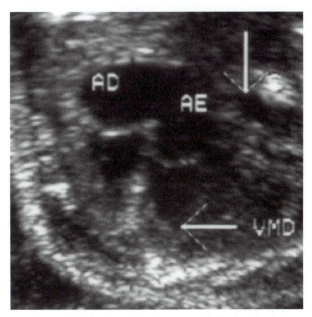

Figura 17 Ventrículo morfologicamente direito localizado à esquerda (transposição corrigida das grandes artérias). As setas indicam a aorta e o ventrículo direito à esquerda.

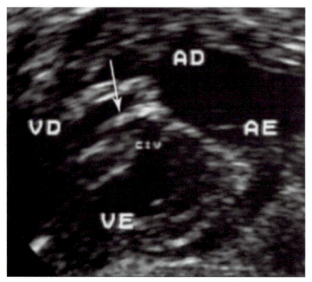

Figura 18 Defeito do septo atrioventricular (DSAV) com comunicação interatrial grande e comunicação interventricular pequena.

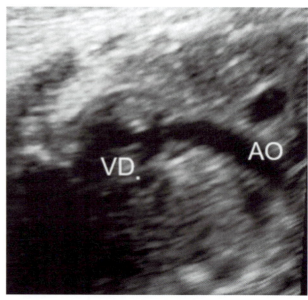

Figura 20 Ventrículo direito hipoplásico conectado com a aorta.

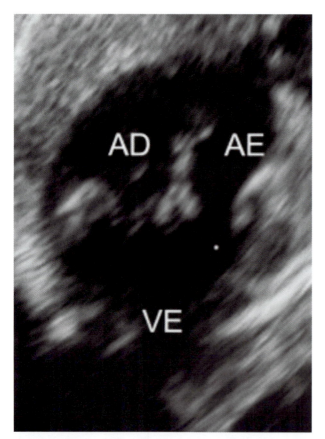

Figura 19 Duas valvas atrioventriculares conectadas a apenas um ventrículo.

da à conexão discordante dos grandes vasos, como apresentado na Figura 20 (aorta pequena saindo do ventrículo direito hipoplásico). Dupla via de entrada de ventrículo direito é patologia infrequente.

Quanto à função das valvas atrioventriculares (plano 4C)
- Insuficiência tricúspide protossistólica. HD: coração fetal normal.
- Insuficiência tricúspide holossistólica (Figuras 21 e 22). HD: anomalia de Ebstein, anemia fetal, displasia valvar tricúspide, malformação arteriovenosa cerebral, restrição ductal, estenose pulmonar, arritmia, transfusão feto-fetal, síndrome de Down.
- Insuficiência mitral. HD: estenose aórtica, malformações congênitas da valva mitral (valva "em arcada").
- Estenoses tricúspide ou mitral. HD: malformações congênitas da tricúspide ou da valva mitral (valva "em paraquedas").

Quanto à integridade do septo interventricular (plano 4C)

Para o rastreamento das comunicações interventriculares, deve-se procurar comunicações do tipo de via de entrada no plano 4C com o coração "em pé". As outras comunicações, que incluem tipos muscular, subaórtica e perimembranosa, devem ser procuradas com o coração em seu eixo longo (coração "deitado") ao bidimensional e com auxílio do Doppler colorido ou *power* Doppler.

- CIV de via de entrada, as quais estarão logo abaixo das valvas atrioventriculares e associadas ao DSAV.
- Comunicação muscular: na região média e apical do septo interventricular (Figura 23).
- Comunicação perimembranosa: é o tipo mais frequente de comunicação, que necessitará de cirurgia pós-natal. Diagnóstico falso-negativo muito comum. Pode ser visualizada no eixo longo e apical cardíaco (coração "em pé" ou "deitado"), geralmente com melhor análise sem Doppler colorido. Está localizada abaixo da valva aórtica e próxima à valva tricúspide.

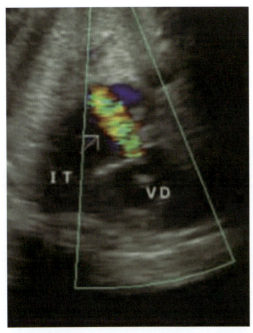

Figura 21 Insuficiência tricúspide importante ao Doppler colorido.

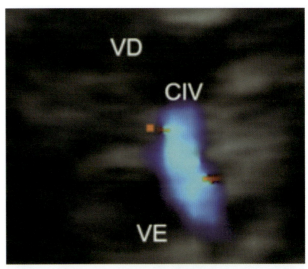

Figura 23 Pequena comunicação interventricular muscular ao Doppler colorido com o coração "deitado".

- Comunicação subaórtica, geralmente extensa e visualizada logo abaixo do plano valvar aórtico. É relacionada com outras cardiopatias, tipo T4F, TAC, atresia pulmonar ou interrupção do arco aórtico (Figura 24).

Miscelânia: tumorações

Os tumores cardíacos congênitos mais comuns são os rabdomiomas. Geralmente são massas múltiplas, de diversos tamanhos, aderidos ao endocárdio e em qualquer câmara cardíaca. Fibromas geralmente são únicos, extensos e localizados no miocárdio do septo interventricular (Figura 25).

Golf balls são pontos circulares hiperecogênicos no aparelho subvalvar das valvas atrioventriculares, em especial na valva mitral (Figura 26).

É importante destacar que qualquer tumoração deve ser referida para ecocardiograma fetal.

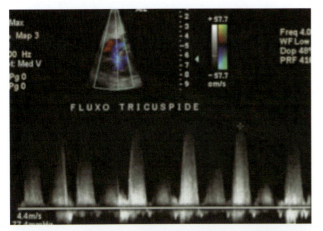

Figura 22 Insuficiência tricúspide importante ao Doppler espectral.

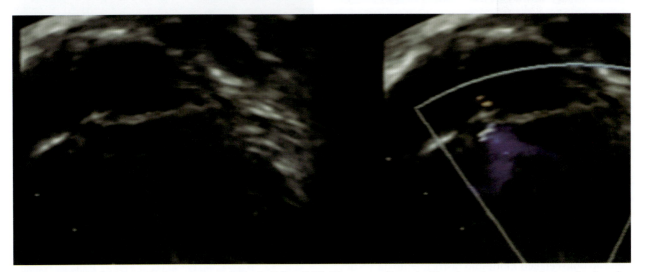

Figura 24 Comunicação subaórtica em tetralogia de Fallot (T4F). Observar o fluxo sistólico de ambos os ventrículos direcionados para a aorta.

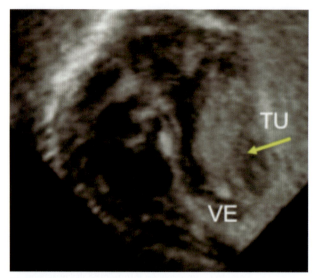

Figura 25   Tumor extenso em ventrículo esquerdo.

Quanto ao cruzamento dos grandes vasos (plano VS)
- Cruzamento perpendicular das grandes artérias e vaso posterior conectado com o ventrículo esquerdo e vaso anterior com o ventrículo direito. HD: coração normal (Figuras 27 e 28).

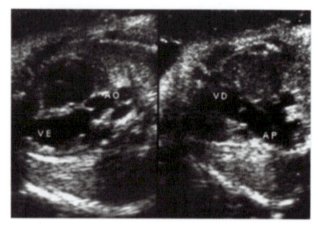

Figura 27   Visão da via de saída de ventrículo esquerdo com o coração "deitado" e após anteriorização sentido cranial, visão da via de saída do ventrículo direito. Relação de 90° entre as vias de saída.

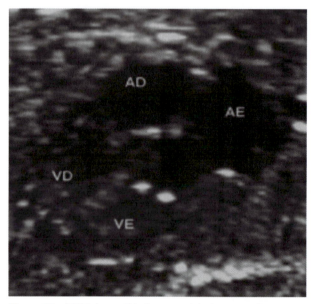

Figura 26   Múltiplos *golf balls* em ventrículo esquerdo.

Procurando alterações no plano das vias de saída

O plano das vias de saída (VS) deve ser obtido ao exame bidimensional e com Doppler colorido a partir do plano 4C anteriorizando o transdutor, ou seja, movimentando-o para a porção cefálica do feto. No coração normal, observa-se um primeiro vaso com saída do ventrículo esquerdo, com angulação de cerca de 45° entre a valva mitral e o ápice cardíaco (aorta). Seguindo o movimento de anteriorização, veremos outro vaso com angulação de 90° em relação ao primeiro (artéria pulmonar). Trata-se do cruzamento normal das artérias, as quais têm trajeto inicial perpendicular. A aorta será posterior, mais próxima ao polo pélvico, e a artéria pulmonar anterior, mais próxima ao polo cefálico. O mesmo rastreamento da VS deve ser obtido com o coração em seu eixo longo ("deitado").

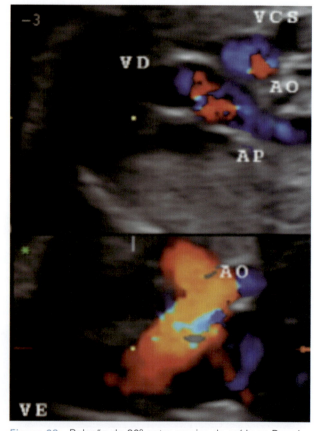

Figura 28   Relação de 90° entre as vias de saída ao Doppler colorido.

- Vasos com trajeto paralelo (a aorta será anterior e a artéria pulmonar, posterior). HD: TGA, TCGA (Figura 29).

Quanto à presença de apenas uma via de saída (plano VS)
Neste caso, há apenas três possibilidades de cardiopatias: atresia aórtica, atresia pulmonar ou TAC.

- Presença apenas da aorta. HD: atresia pulmonar, geralmente com presença de CIV subaórtica e dois ventrículos normais. Mais raramente com septo interventricular íntegro e ventrículo direito pequeno (Figura 30).
- Presença apenas da artéria pulmonar. HD: SHCE – atresia aórtica. Espectro amplo entre não existir um ventrículo esquerdo identificável e com atresia aórtica e atresia mitral até apresentações em que há valva aórtica, valva mitral e ventrículo esquerdo pequenos (Figura 31).
- Presença de um vaso comum que origina ramos pulmonares e aorta. HD: TAC, o qual muitas vezes apresenta estenose e/ou insuficiência da valva localizada na via de saída (Figura 32).

Quanto à conexão dos grandes vasos
- Vaso posterior (aorta) conectado com o ventrículo esquerdo e vaso anterior (artéria pulmonar) conectado com o ventrículo direito: HD: coração normal.

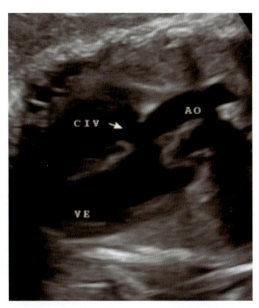

Figura 30 Atresia pulmonar com comunicação interventricular.

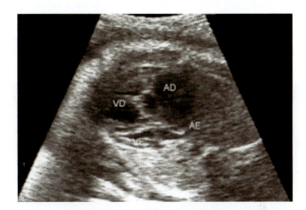

Figura 31 Síndrome da hipoplasia do coração esquerdo com hipoplasia mitral e atresia aórtica.

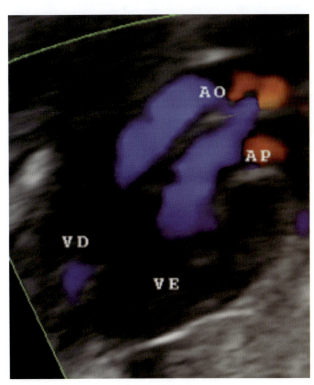

Figura 29 Vasos paralelos na transposição dos grandes vasos.

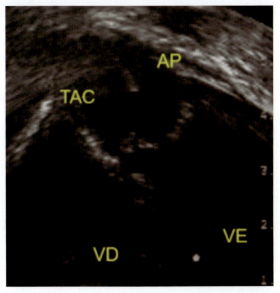

Figura 32 Tronco arterial comum com origem dos ramos pulmonares e aorta.

- Vaso posterior (pulmonar) conectado com o ventrículo esquerdo e vaso anterior (aorta) conectado com o ventrículo direito. HD: TGA, TCGA.
- Duas grandes artérias conectadas com um só ventrículo. HD: dupla via de saída de ventrículo direito (DVSVD) (Figura 33). Presença de CIV, podendo ter o cruzamento das grandes artérias ou os vasos em paralelo, comum com estenose pulmonar (artéria pulmonar pequena). Dupla via de saída de ventrículo esquerdo trata-se de patologia infrequente.

Procurando alterações no plano dos três vasos e traqueia (3VT)

Nesse plano, descrito por Yoo et al., são visualizadas a artéria pulmonar (AP), a aorta (Ao) e a veia cava superior (VCS), as quais deverão ter essa respectiva sequência do plano mais inferior para superior e proporção de tamanho de maior para menor (AP/Ao/VCS). Visualiza-se em continuidade com a artéria pulmonar o ramo pulmonar direito subindo e cruzando o plano da aorta, o canal arterial em conexão com a aorta descendente e o istmo aórtico formando imagem semelhante à letra V (Figura 34).

O plano deve ser obtido com um corte em posição mais cefálica em relação à via de saída do ventrículo direito. É um corte transversal do tórax do feto cruzando o mediastino superior. Para isso, basta mover substancialmente e cranialmente o transdutor a partir da posição do 4C ("coração em pé") ou o mesmo a partir da posição do eixo longo ("coração deitado"); neste último caso, a imagem aparecerá com uma rotação de 90° em relação à imagem clássica do plano 3VT.

Quanto ao tamanho dos vasos (plano 3VT)
- Veia cava superior grande. HD: drenagem anômala de veias pulmonares supracardíaca, isomerismo e insuficiência cardíaca direita.
- Aorta grande. HD: estenose aórtica, insuficiência aórtica congênita (rara).
- Artéria pulmonar grande. HD: agenesia de valva pulmonar (nesse caso tronco pulmonar com dilatação aneurismática secundária a estenose e insuficiência importantes), estenose pulmonar importante.
- Aorta pequena. HD: coarctação de aorta, SHCE, interrupção de arco aórtico, que é acompanhada quase sempre de uma CIV subaórtica (Figura 35).
- Artéria pulmonar pequena. HD: T4F, anomalia de Ebstein e atresia pulmonar (Figura 36).

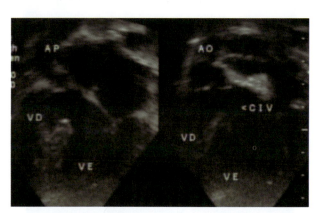

Figura 33 Dupla via de saída de ventrículo direito com plano mais pélvico com a saída da artéria pulmonar e mais cefálico com a saída da aorta, ambos os vasos conectados ao ventrículo direito.

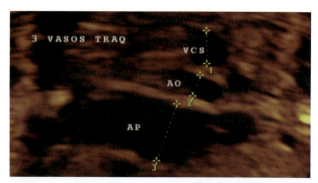

Figura 35 Plano dos três vasos e traqueia (3VT) com aorta pequena e em caso de interrupção de arco aótico.

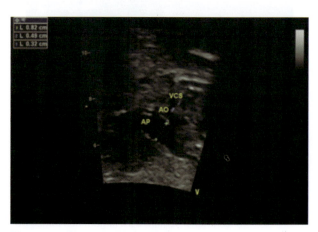

Figura 34 Plano dos três vasos e traqueia.

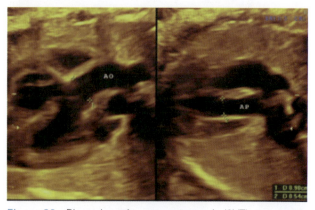

Figura 36 Plano dos três vasos e traqueia (3VT) com artéria pulmonar pequena (menor que a aorta).

Quanto à posição dos vasos
- Sinal do V. HD: coração fetal normal (Figura 37).
- Sinal do igual (=). HD: arco aórtico à direita (Figura 38).
- Sinal do 9. HD: duplo arco aórtico (anel vascular). Presença de bifurcação na aorta ascendente com surgimento de dois arcos aórticos, os quais darão origem aos seus vasos da base ipsilaterais (artérias carótida e subclávia) e geralmente um dos arcos estará interrompido após a emergência da subclávia ipsilateral e o outro continuará como aorta descendente (Figura 39).
- Presença dos três vasos habituais e um quarto vaso abaixo. HD: persistência de veia cava superior esquerda (VCSE).
- Presença de vaso com trajeto ascendente e à esquerda da traqueia em plano mais cranial ao 3VT. HD: origem anômala de artéria subclávia direita.

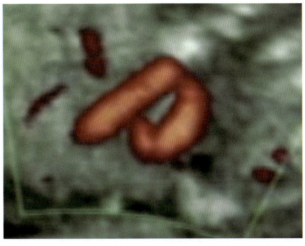

Figura 39 Duplo arco aórtico formando anel vascular ao redor da traqueia.

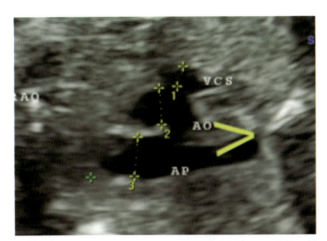

Figura 37 Plano dos três vasos e traqueia (3VT) normal (letra V deitada em amarelo demonstrando a junção entre canal arterial e istmo aórtico).

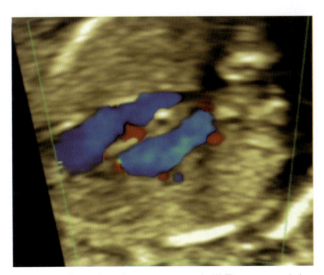

Figura 38 Plano dos três vasos e traqueia (3VT) com arco aórtico passando à direita da traqueia.

Tabela 1 Rastreamento das cardiopatias congênitas

Plano 3VT	Alteração	Cardiopatia
Tamanho anormal	Ao pequena e AP grande	Coao, Iao, SHCE
	Ao pequena e AP pequena	AP, T4F, Ebstein
	Ao grande	Eao, Iao
	AP grande	EPV, IP, agenesia VP
	VCS grande	Iso E, DATVP, ICC direita
Posição anormal	Ao anterior	TGA, TCGA, DVSVD, DVEVUE
Alinhamento anormal	Ao pouco mais anterior e com AP peq	DVS VD com EPV, T4F
	Lado a lado	TGA, DVSVD
Número de vasos anormal	Vaso arterial único	TAC, AP, atresia aórtica, SHCE
	Duas VCS	VCSE e VCSD

Ao: aorta; AP: artéria pulmonar; Coao: coarctação de aorta; DATVP: drenagem anômala total de veias pulmonares; DVEVE: dupla via de entrada de ventrículo esquerdo; DVSVD: dupla via de saída do ventrículo direito; Eao: estenose aórtica; EPV: estenose pulmonar valvar; Iao: insuficiência aórtica; ICC: insuficiência cardíaca congestiva; IP: insuficiência pulmonar; plano 3VT: plano dos três vasos e traqueia; SHCE: síndrome de hipoplasia do coração esquerdo; T4F: tetralogia de Fallot; TAC: tronco arterial comum; TCGA: transposição corrigida das grandes artérias; TGA: transposição das grandes artérias; VCSD: veia cava superior direita; VCSE: veia cava superior esquerda; VP: valva pulmonar.

Considerações finais

As possíveis alterações no rastreamento do coração fetal às quais o rastreador deve estar atento são:

- Alteração na posição, no tamanho ou no ritmo cardíacos.

- Alteração nas dimensões das cavidades cardíacas.
- Alteração no septo atrioventricular/*cruz cordis*.
- Descontinuidade no septo interventricular.
- Alteração no cruzamento das grandes artérias.
- Presença de veia ázigos e/ou ausência de veia cava inferior.
- Disfunção valvar ou miocárdica.
- Derrame pericárdico.
- Alteração na proporção, no número ou na posição dos vasos no plano 3VT.

É importante ter essa sequência durante o exame do coração fetal: não procurar uma patologia, procurar o que difere o paciente do normal, fazer o *check-list*, pensar nas hipóteses diagnósticas, obter o diagnóstico.

Todos devem ter consciência da importância do diagnóstico fetal das cardiopatias congênitas.

O ultrassonografista deve procurar a cardiopatia grave por sinais indiretos, melhorando o rastreamento, além de indicar o ecocardiograma fetal quando necessário.

Em cardiopatias congênitas quase tudo é possível, porém não devemos temer o coração.

Agradecimento: Dra. Lilian Lopes pelo ensino e oferecimento de imagens.

Bibliografia sugerida

1. Achiron R, Glaser J, Gelernter I, Hegesh J, Yagel S. Extended fetal achocardiographic examination for detecting cardiac malformation in low risk pregnancies. BMJ. 1992;304:671.
2. Allan LD, Sharland GK, Milburn A, Lockhart SM, Groves AM, Anderson RH, et al. Prospective diagnosis of 1006 consecutive cases of congenital heart disease in the fetus. J Am Coll Cardiol. 1994;23:1452-8.
3. Aragon LEP. Valor da ecocardiografia no diagnóstico de cardiopatias fetais (Tese de Mestrado). São Paulo: Escola Paulista de Medicina/Universidade Federal de São Paulo; 1996. 64p.
4. Campbell M. Incidence of cardiac malformations at birth and later, and neonatal mortality. Br Heart J. 1973;35:189-200.
5. Copel JA, Pilu G, Green J, Hobbins JC, Kleinman CS. Fetal echocardiographic screening for congenital heart disease: the importance of the four-chamber view. Am J Obstet Gynecol. 1987;157(3):648-55.
6. Hoffman JIE, Christianson R. Congenital heart disease in a cohort of 19, 502 births with long-term follow-up. Am J Cardiol. 1978;42:641-7.
7. Hoffman JIE. Incidence of congenital heart disease: II. Prenatal incidence. Pediatr Cardiol. 1995;16:155-65.
8. Lopes L. Ecocardiografia fetal. Rio de Janeiro: Revinter; 2016.
9. Rychik J, Ayres N, Cuneo B, Gotteiner N, Hornberger L, Spevak PJ. American Society of Echocardiography Guidelines and standards for performance of the fetal echocardiogram: a statement of the Pediatric Council of the American Society of Echocardiography. J Am Soc Echocardiogr. 2004;17(7).
10. Sklansky M, Tang A, Levy D, Grossfeld P, Kashani I, Shaughnessy R, et al. Maternal psychological impact of fetal echocardiography. J Am Soc Echocardiogr. 2002;15:159-66.
11. Tworetzky W, McElhinney DB, Reddy VM, Brook MM, Hanley FL, Silverman NH. Improved surgical outcome after fetal diagnosis of hypoplastic left heart syndrome. Circulation. 2001;103:1269-73.
12. Verheijen PM, Lisowski LA, Stoutenbeek P, Hitchcock JF, Brenner JI, Cope JA, et al. Prenatal diagnosis of congenital heart disease affects preoperative acidosis in the newborn patient. J Thorac Cardiovasc Surg. 2001;121:798.
13. Yoo SJ, Lee YH, Kim ES, Ryu HM, Kim MY, Choi HK, et al. Tree-vessel view of the fetal upper mediastinum: an easy means of detecting abnormalities of the ventricular outflow tracts and great arteries during obstetric screening. Ultrasound Obstet Gynecol. 1997;9(3):173-82.

16

Avaliação do tórax e dos pulmões

Heron Werner Júnior
Taísa Davaus Gasparetto
Pedro Daltro

Introdução

As malformações torácicas congênitas são raras e podem envolver o parênquima pulmonar, os brônquios e os ramos arteriais e venosos, com incidência de 30-42/100 mil. Entre as malformações, as mais comuns são as das vias aéreas e dos pulmões, a hérnia diafragmática, o sequestro pulmonar e o hidrotórax.

A avaliação por imagem do feto tem se aprimorado ao longo dos anos. É inegável o papel da ultrassonografia (USG) para essa finalidade, mas ela não é mais o único método disponível de imagem considerado seguro. O estudo por ressonância magnética (RM) veio acrescentar conhecimentos ao permitir a obtenção de imagens anatomicamente mais detalhadas, além de maior resolução de contraste das partes moles, sem sofrer interferências negativas de fatores desfavoráveis à USG, como obesidade materna, oligodramnia e posicionamento fetal inadequado (Figura 1). Por suas características de mais baixo custo, portabilidade e facilidade de acesso, além da existência de profissionais bem treinados, a USG ainda é o método inicial e em muitos casos suficiente para estudo do feto durante a gestação. Mas diante de diagnósticos mais complexos a RM tende a ocupar lugar de destaque.

Ainda que não existissem originalmente especificações precisas sobre a forma de avaliar o tórax fetal, a visualização da posição do coração, do diafragma e do abdome sempre foi capaz de fornecer, indiretamente, pistas sobre possíveis alterações torácicas. Grande evolução foi possível pelo desenvolvimento da RM mais aplicada à região. Sabe-se que um dos fatores mais importantes na definição do prognóstico de um recém-nascido é sua capacidade respiratória. A RM permitiu melhor entendimento da evolução, não só do crescimento do tecido pulmonar, mas também de sua capacidade funcional. Até o advento desse novo método, a estimativa da funcionalidade pulmonar intrauterina era feita apenas pela medida

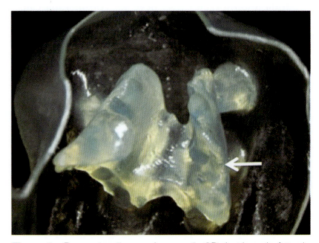

Figura 1 Reconstrução com impressão 3D do tórax de feto de 34 semanas com base em ressonância magnética.

volumétrica do tecido pulmonar por meio da USG, método que pode trazer muitas falhas na presença de grandes lesões pulmonares (que não podiam ser consideradas tecido pulmonar útil) e nas situações, muito frequentes, de dificuldade na distinção entre o tecido pulmonar e outros tecidos moles interpostos na região do tórax (como o fígado na hérnia diafragmática). Pela RM, é possível obter volumetria pulmonar mais precisa e a intensidade do brilho do tecido pulmonar pode nos trazer informação sobre a maturidade do órgão (Figura 2).

Independentemente do método de imagem utilizado, o conhecimento da embriologia das estruturas torácicas é importante na compreensão das malformações que podem ser encontradas, bem como as anomalias associadas que devem ser pesquisadas, sejam elas intratorácicas ou não. Insultos ocorrendo em diferentes períodos gestacionais levam a diferentes sítios de lesões. Para um eficaz amadurecimento do tecido pulmonar, são necessários: inervação, vascularização, líquido intrapulmonar e espaço adequado. Grandes massas podem causar hipoplasia

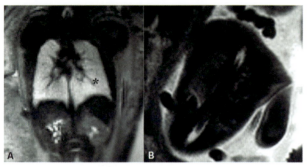

Figura 2 Tórax fetal (36 semanas) normal (A) e alterado (B). Note o aumento do sinal (*) no tórax normal (A).

pulmonar, assim como obstrução traqueal pode levar a hiperplasia dos pulmões e hidropsia fetal. Algumas alterações pulmonares podem ser detectadas por USG a partir do segundo trimestre da gestação.

Toda lesão torácica fetal deve ser considerada causa potencial de morte, mesmo que se saiba que a história natural das doenças torácicas fetais é muito variável, com algumas delas regredindo ainda no período intrauterino e outras com pior prognóstico, principalmente quando hidropsia está associada.

Considerações sobre o uso da ressonância magnética na avaliação do tórax fetal

A primeira questão a ser considerada no uso da RM é sua segurança para a gestante e o feto. Estudos realizados em animais não mostraram efeito teratogênico do método, mas aconselha-se que não seja realizado no primeiro trimestre da gestação, período crítico para a teratogênese e no qual ainda não há identificação de potenciais benefícios do uso precoce dessa técnica de imagem. A Safety Comittee of the Society of Magnetic Resonance Imaging sugere uso da RM apenas se a USG não for conclusiva. A legislação brasileira não tem nenhuma norma específica. Contudo, a posição geral é de que a RM pode ser utilizada com bom senso na gestação a partir do segundo trimestre, sem restrições quanto à indicação do exame. A injeção de meio de contraste (gadolínio intravenoso) deve ser evitada durante toda a gestação, uma vez que o meio de contraste é capaz de atravessar a barreira placentária, entrando na circulação fetal segundos após sua administração.

Para obter imagens de boa qualidade em qualquer exame de RM é essencial o uso de sequências rápidas, como HASTE (*half-fourier single shot turbo spin-echo*), FSSE (*fast single shot echo*) ou *true*-FISP (*free induction steady state precession*), que permitem aquisições em curto espaço de tempo, evitando artefatos de movimento. A duração de cada sequência está em torno de 18 segundos, sendo feitos cortes acima de 4 mm em aparelhos de 1,5 Tesla. O uso de sedativos maternos não se faz necessário na grande maioria dos exames.

Quando a região específica de interesse na RM é o tórax, não há técnica especial no que se refere à avaliação qualitativa das estruturas, sendo usado protocolo complementar apenas para medida da volumetria pulmonar nas situações necessárias. O estudo do tórax inicia-se com sequências pesadas em T2 nos planos axial, coronal e sagital, que permitem bom estudo anatômico da região e são as mais úteis para avaliação do tórax fetal. As sequências em T1 têm utilidade na avaliação do fígado e do intestino grosso nos casos de hérnia diafragmática congênita.

Estruturas cheias de líquido apresentam habitualmente baixo sinal em T1 e alto em T2. Órgãos sólidos têm sinal intermediário (p. ex., timo) e estruturas contendo gordura têm alto sinal em T1 e baixo em T2. Os pulmões têm conteúdo líquido variável e crescente ao longo da gestação, o que lhes dá característica de alto sinal em T2, com bom contraste para as estruturas mediastinais e a parede torácica. Traqueia e brônquios, também cheios de líquido amniótico, são bem identificados. Já coração e grandes vasos não são tão bem definidos e têm baixo sinal por conta de artefatos de movimento e fluxo.

Principais lesões torácicas que podem ser identificadas

Malformações congênitas

Existe um espectro de malformações do desenvolvimento que têm origem nas estruturas embrionárias derivadas do intestino anterior primitivo: cistos de duplicação, neuroentéricos, broncogênicos, sequestros, malformações adenomatoide císticas, enfisema lobar congênito.

Malformação adenomatoide cística (MAC) ou malformação congênita das vias aéreas e do pulmão

É uma lesão caracterizada por crescimento excessivo de estruturas brônquicas, em detrimento dos espaços alveolares, associado a suprimento aéreo anômalo, sendo o diagnóstico feito muitas vezes pela USG. A RM esclarece o principal diagnóstico diferencial com hérnia diafragmática congênita. As imagens da MAC geralmente têm sinal mais alto em T2 do que o restante do pulmão normal (Figura 3).

Boa parte das massas que surgem a partir do pulmão ou vias aéreas têm aspecto cístico, sendo este grupo um dos mais necessitados da complementação pela RM. Segundo os patologistas, as MAC respondem por 25% das lesões pulmonares congênitas e estudos pré-natais elevam esta incidência para 60-75% das lesões pulmonares detectadas nos fetos. A incidência chega a ser de 1 a cada 10 mil a 35 mil nascidos-vivos.

Na USG, apresenta-se como cistos anecoicos que terão sinal hiperintenso em T2 na RM. E as lesões sólidas

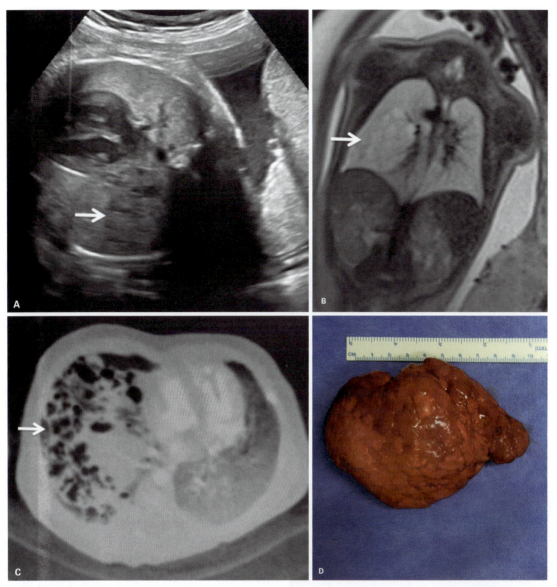

Figura 3   Malformação adenomatoide cística (35 semanas) (setas). Ultrassonografia (A); ressonância magnética fetal (B); tomografia computadorizada (C) e aspecto anatomopatológico (D).

(microcísticas) apresentarão imagem hiperecogênica homogênea na USG e com sinal hiperintenso em T2 na RM. As lesões identificadas no período gestacional, seja como massas ecogênicas que podem ter ou não componentes císticos (aspecto visto na USG), seja como lesões hiperintensas na RM, podem ter aspecto evolutivo inalterado, desaparecer ao longo da gestação ou nos primeiros anos de vida ou até mesmo crescer. Em caso de aumento significativo do volume, poderá haver associação com desvio mediastinal, hipoplasia pulmonar, alterações vasculares, hidropsia (um dos piores prognósticos) e polidramnia.

O prognóstico da MAC varia com o tamanho mais que com o tipo histológico da lesão, isso por conta do efeito de massa das lesões grandes levando à hipoplasia pulmonar, tendo a RM um papel importante nessa avaliação, auxiliando na melhor caracterização do restante do pulmão.

A classificação da MAC por USG e RM seguia a mesma utilizada na avaliação histopatológica, subdividida em cinco subgrupos, e que foi extrapolada para o uso clínico, devendo ser evitada na avaliação pré-natal. Adzick classificou a MAC em dois subgrupos de acordo com os sinais ecográficos:

- Macrocístico: cistos maiores ou iguais que 5 mm.
- Microcístico: cistos menores que 5 mm.

Sequestro pulmonar

Tecido pulmonar anômalo, sem comunicação com a árvore brônquica central e cujo suprimento vascular vem de artéria anômala sistêmica, que pode ter origem na aorta ou em um dos seus ramos. A apresentação mais comum é de massa sólida à esquerda, junto ao diafragma, visualizada pela primeira vez na USG do segundo trimestre da gestação. O sequestro pode ser da forma intralobar ou extralobar, sendo esta última a mais frequentemente diagnosticada no período pré-natal. As lesões podem involuir espontaneamente ainda na fase intrauterina, e a RM tem mostrado que, em algumas fases, a lesão pode ser virtualmente invisível à USG, mas ainda facilmente identificada pela RM (Figura 4).

Na RM, o tecido pulmonar tem alto sinal em T2 e baixo em T1, sendo difícil a identificação da vascularização anômala, o que pode ser mais facilmente feito pela USG. O diagnóstico diferencial do sequestro extralobar inclui neuroblastoma (este sendo mais visto à direita e podendo conter áreas císticas) e hemorragia adrenal.

Cisto broncogênico

É lesão cística mais comum do mediastino, tendo sua origem em uma anomalia do desenvolvimento do broto ventral respiratório a partir do intestino primitivo, o que ocorre por volta de 26-40 dias de vida embrionária. A localização mais frequente é mediastinal, junto à carina, podendo ocorrer na forma de lesões intraparenquimatosas pulmonares (geralmente lobos inferiores), pleurais ou diafragmáticas (Figura 5). A associação com outras malformações do mesmo grupo (MAC, sequestro) é habitual.

O principal diagnóstico diferencial deve ser feito com os cistos neuroentéricos, objetivo que muitas vezes só pode ser atingido com precisão por exame anatomopatológico.

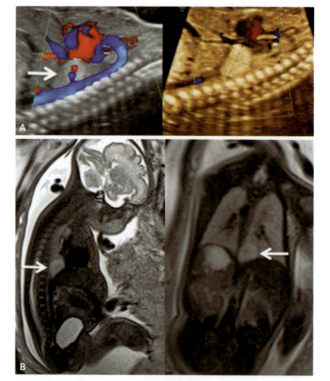

Figura 4 Sequestro pulmonar (32 semanas) (setas). Ultrassonografia (A). Note a vascularização sistêmica ao Doppler colorido. Ressonância magnética (B).

Cisto neuroentérico

Localizadas no mediastino posterior, estas lesões podem apresentar comunicação com o esôfago, o estômago e o duodeno e contêm tecidos de origem entérica e neuronal. Podem ter aspecto esférico ou tubular (Figura 6). Outras malformações, como as vertebrais, podem estar presentes.

A conduta pode ser expectante, de acordo com a clínica, pois podem ser assintomáticos ao nascimento ou apresentar pequeno desconforto respiratório. Os cistos que ficam no terço médio do esôfago são os mais envolvidos com obstrução respiratória.

Malformações arteriovenosas pulmonares

O que dá origem a este tipo de malformação é a comunicação congênita anômala entre artérias e veias pulmonares (Figura 7). O diagnóstico pós-natal pode ser retardado nas lesões menores que são assintomáticas. As maiores, no entanto, podem levar a cianose ou insuficiência cardíaca precoce pelo grande *shunt* direita-esquerda que provocam.

Linfangiectasia pulmonar congênita

Consiste na dilatação generalizada de vasos linfáticos histologicamente normais, que pode ocorrer primariamente ou ser secundária à obstrução venosa grave, como nos casos de retorno venoso anômalo pulmonar ou síndrome do coração esquerdo hipoplásico. Existe ainda frequente associação com doenças genéticas, como Noonan, Turner, Ehlers-Danlos e Down. A associação com derrame pleural uni ou bilateral é frequente (Figura 8).

Hidrotórax

Hidrotórax é o acúmulo de líquido no espaço pleural, de origem primária ou secundária (Figura 9). A forma primária é a mais comum e, neste grupo, predomina o quilotórax, causado por anomalias nos ductos linfáticos torácicos que não realizam drenagem eficaz. O quilotórax é mais comum à direita. No grupo do hidrotórax por causas secundárias, encontram-se as anomalias cromossômicas (síndromes de Down e Turner), as doenças infecciosas (citomegalovírus e toxoplasmose) ou ainda os casos de hidropsia fetal. A USG é capaz de fazer o diagnóstico, inclusive guiando o tratamento de drenagem.

Hérnia diafragmática congênita

A hérnia diafragmática congênita (HDC) consiste na falta de desenvolvimento parcial ou completa do diafragma, permitindo a migração de estruturas abdominais para o tórax, comprimindo o pulmão e atrapalhando seu desenvolvimento. Os órgãos abdominais podem se desenvolver dentro do tórax ou migrar para ele após pleno desenvolvimento.

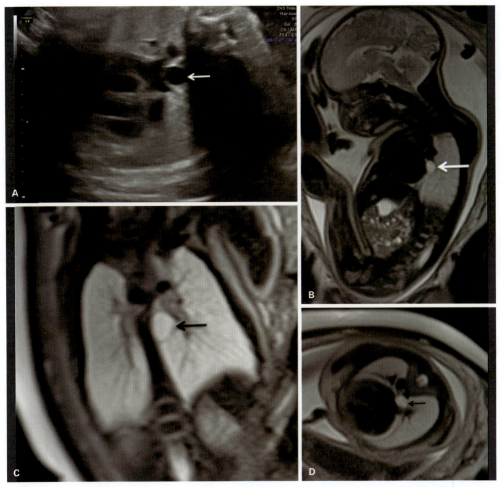

Figura 5   Cisto broncogênico (30 semanas) (setas). Ultrassonografia (A). Ressonância magnética, sagital T2 (B), coronal T2 (C) e axial T2 (D).

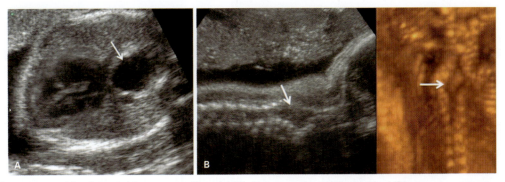

Figura 6   Cisto neuroentérico (setas). Ultrassonografia, axial (A). Note a malformação vertebral (B).

O tipo mais comum de hérnia é a posterior esquerda (Bochdaleck), e o sinal significativo para seu diagnóstico é o desvio do mediastino para a direita, acompanhado pela presença de alças de delgado na cavidade torácica (Figura 10).

O prognóstico da HDC depende do lado da herniação, da posição do fígado e da associação com outras malformações congênitas. As HDC esquerdas tendem a ter melhor prognóstico do que as direitas. Quando o fígado está abaixo do diafragma, a taxa de sobrevivência reportada é de cerca de 90%, já para os casos com o fígado herniado, localizado acima do diafragma, a taxa de sobrevivência baixa para menos de 50%. O prognóstico também é um pouco melhor nos casos em

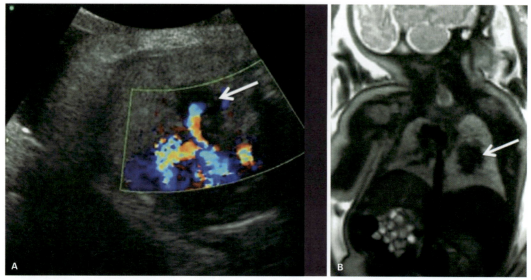

Figura 7   Malformação arteriovenosa (setas). Ultrassonografia (A). Ressonância magnética, coronal T2 (B).

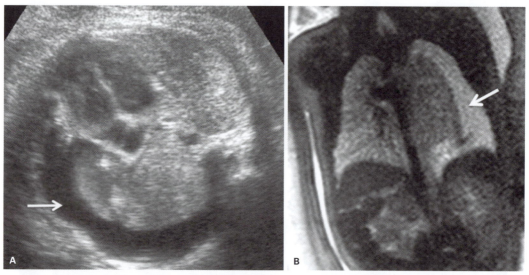

Figura 8   Linfangiectasia. Ultrassonografia (A). Ressonância magnética (B). Observe o derrame pleural (setas) e o aspecto heterogêneo do parênquima pulmonar.

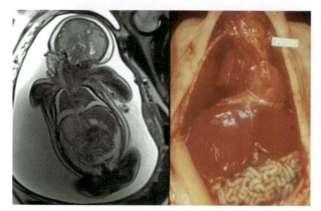

Figura 9   Hidropsia fetal. Note o hidrotórax bilateral e a hipoplasia pulmonar.

que a herniação ocorre após a 25ª semana de gestação, porque o desenvolvimento pulmonar é menos afetado, diminuindo as chances de hipoplasia pulmonar. A fisiopatologia da hipoplasia pulmonar é pouco entendida, mas sabe-se que o líquido pulmonar fetal tem importante papel no desenvolvimento do pulmão normal. Podem ser avaliadas a normalidade e a funcionalidade deste tecido pela intensidade de sinal obtida na RM na sequência pesada em T2.

Outro dado de valor prognóstico que pode ser extraído dos exames de imagem é o volume pulmonar fetal efetivo. Embora a USG 3D também seja capaz de realizar bem este tipo de medida, a RM mostrou-se fidedigna nesta avaliação, não só nos casos de HDC, mas também nas

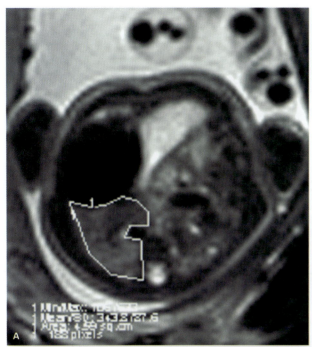
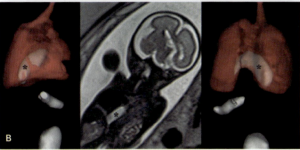

Figura 10 Hérnia diafragmática (28 semanas). Volumetria pulmonar por ressonância magnética, axial T2 (A). Reconstrução em 3D do tórax fetal por ressonância magnética (B). Observe a presença do estômago no interior do tórax (*).

grandes massas pulmonares. Uma das vantagens da RM é a distinção entre os tecidos anômalos e o parênquima pulmonar, que é mais facilmente definida pela RM do que pela USG, já que a RM é o método com melhor resolução de contraste para tecidos moles.

Tanto na USG 3D como na RM, a volumetria pulmonar é feita pela análise dos três planos ortogonais. Na RM são medidas as áreas dos cortes em cada plano e multiplicadas pela soma da espessura com o intervalo entre fatias, obtendo-se o volume total em cada um dos planos ortogonais, sendo o resultado final a média entre eles.

Os fatores mais significativos para o prognóstico nos casos de hipoplasia pulmonar são: diagnóstico precoce, coexistência de malformações associadas, anomalias cromossomiais e migração do fígado para o tórax. Com base nesses dados pode-se discutir de forma mais eficiente a conveniência de procedimentos intrauterinos, como a oclusão traqueal para estimular crescimento do parênquima pulmonar.

Atresia congênita da via aérea superior

Atresia congênita da via aérea superior é uma anomalia muito rara, com poucos casos com diagnóstico pré-natal descritos na literatura. O aspecto da imagem por US é muito semelhante ao da RM. Os pulmões mostram-se com volume muito aumentado, hiperecogênicos (com sinal hiperintenso em T2 na RM) e cúpulas diafragmáticas invertidas deslocadas na direção do abdome (Figura 11). Tal aspecto é comum a outras situações em que ocorre estenose de vias aéreas superiores, seja ela congênita ou adquirida (como na situação descrita no item anterior em que se provoca oclusão da traqueia para reversão da hipoplasia pulmonar provocada pela hérnia diafragmática). É frequente a associação com ascite e anasarca pela redução do retorno venoso. Pode haver oligodramnia, polidramnia ou o volume de líquido amniótico pode permanecer normal, dependendo das estruturas que sejam comprimidas pelo aumento do volume pulmonar.

Malformações cardíacas

A avaliação de tumores cardíacos é uma das situações em que a RM pode trazer informações diagnósticas importantes. Já para avaliação da morfologia do coração fetal, considera-se que USG seja mais interessante do que a RM, já que a última está sujeita a artefatos de movimento.

Rabdomiomas e teratomas são os tumores cardíacos fetais mais frequentes (Figura 12). Teratomas são neoplasias fetais comuns, e 10% deles são encontrados no tórax (muitos envolvendo o pericárdio e o mediastino) e abdome. A RM pode ajudar na identificação das calcificações que farão a diferenciação no diagnóstico com MAC e sequestros. Na avaliação dos rabdomiomas, pode-se complementar a investigação procurando lesões cerebrais associadas dentro dos achados da esclerose tuberosa.

Hemangiomas

Os hemangiomas podem ser cavernosos, capilares ou mistos. São tumores benignos de vasos sanguíneos com tamanho variando de puntiforme a grandes lesões avermelhadas ou azuladas, planas ou elevadas. Os hemangiomas capilares são frequentemente encontrados em face, couro cabeludo, dorso e tórax. Hemangiomas cavernosos podem causar hidropsia no período pré-natal.

Outras lesões menos comuns

O diagnóstico preciso das lesões torácicas ainda no período pré-natal é crítico pela morbidade e pela mortalidade associadas a muitas delas. Ainda que a identificação precoce continue a ser feita pela USG, a imagem produzida pela RM é mais facilmente entendida por médicos e familiares e pode contribuir para o planejamento de intervenções intrauteri-

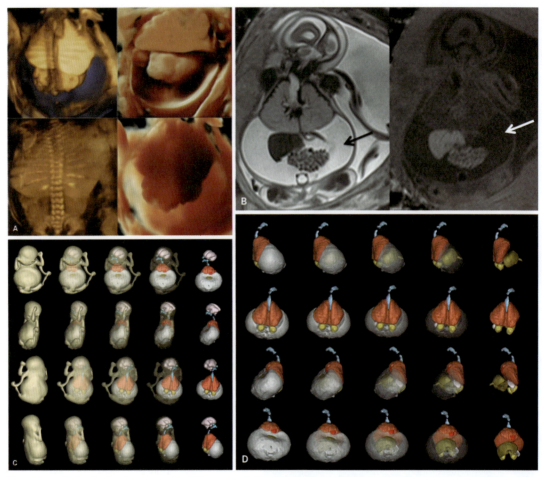

Figura 11 Atresia congênita da via aérea superior (28 semanas). Reconstrução em 3D pela ultrassonografia (A). Note o aumento do volume pulmonar e a inversão da cúpula diafragmática. Ressonância magnética, coronal T2 e T1 (B). Observe a presença de ascite (seta). Reconstrução em 3D por ressonância magnética do feto (C) e tórax (D).

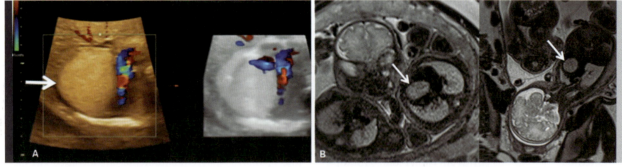

Figura 12 Rabdomioma cardíaco (32 semanas) (setas). Ultrassonografia (A). Ressonância magnética (B).

nas ou no período neonatal imediato. Casos como o de toracópagos, embora incomuns, evidenciam o fundamental papel da RM na avaliação de malformações complexas.

Considerações finais

Se houve considerável progresso no diagnóstico das doenças torácicas fetais por USG nas duas últimas décadas, também a RM do tórax evoluiu, permitindo o diagnóstico preciso de muitas malformações congênitas e lesões atípicas. Estudos sobre hérnias diafragmáticas foram o foco inicial de atenção na avaliação do tórax por RM e até hoje correspondem ao maior volume de doenças torácicas estudadas pelo método, não só pela alta prevalência da enfermidade, como por sua letalidade e possibilidade de intervenção precoce que a RM ajudou a programar.

Bibliografia sugerida

1. Adzick NS, Harrison MR, Glick PL. Fetal cystic adenomatoid malformation: prenatal diagnosis and natural history. J Pediatr Surg. 1985;20:483-8.
2. Alamo L, Gudinchet F, Meuli R. Imaging findings in fetal diaphragmatic abnormalities. Pediatr Radiol. 2015;45(13):1887-900.
3. Albanese CT, Lopoo J, Goldstein RB. Fetal liver position and perinatal outcome for congenital diaphragmatic hernia. Prenat Diagn. 1998;18:1138-42.
4. Bedoyan JK, Blackwell SC, Treadwell MC, Johnson A, Klein MD. Congenital diaphragmatic hernia: associated anomalies and antenatal diagnosis. Pediatr Surg Int. 2004;20:170-6.
5. Bulas D, Egloff AM. Fetal chest ultrasound and magnetic resonance imaging: recent advances and current clinical applications. Radiol Clin North Am. 2011;49:805-23.
6. Coakley FV, Glenn OA, Qayyum A, Barkovich AJ, Goldstein R, Filly RA. Fetal MRI: a developing technique for the developing patient. AJR Am J Roentgenol. 2004;182:243-52.
7. Daltro P, Fricke BL, Kuroki I, Domingues R, Donnelly LF. CT of congenital lung lesions in pediatric patients. AJR. 2004;183:1479-506.
8. Daltro PA, Werner H. Fetal MRI of the chest. In: Pediatric chest imaging. Lucaya J, Strife JL (eds.). Springer-Verlag Berlin Heidelberg. 2008;397-416.
9. Daltro P, Werner H, Gasparetto TD, Domingues RC, Rodrigues L, Marchiori E, et al. Congenital chest malformations: a multimodality approach with emphasis on fetal MR imaging. Radiographics. 2010;30:385-95.
10. Faul JL, Berry GJ, Colby TV, Ruoss SJ, Walter MB, Rosen GD, et al. Thoracic lymphangioma, lymphangiectasis, lymphangiomatosis, and lymphatic dysplasia syndrome. Am J Respir Crit Care Med. 2000;161:1037-46.
11. Guo Y, Luo B. The state of the art of fetal magnetic resonance imaging. Chin Med J. 2006;119:1294-9.
12. Harrison MR, Keller RL, Hawgood SB, Kitterman JA, Sandberg PL, Farmer DL, et al. A randomized trial of fetal endoscopic tracheal occlusion for severe fetal congenital diaphragmatic hernia. N Engl J Med. 2003;349(20):1916-24.
13. Hedrick HL, Crombleholme TM, Flake AW, Howell LJ, Johnson MP, Wilson RD, et al. Right congenital diaphragmatic hernia: Prenatal assessment and outcome. J Pediatr Surg. 2004;39(3):319-23.
14. Kasprian G, Balassy C, Brugger P, Prayer D. MRI of normal and pathological fetal lung development. Eur Radiol. 2006;57:261-70.
15. Kays DW. Congenital diaphragmatic hernia and neonatal lung lesions. Sur Clin N Am. 2006;86:329-52.
16. Kul S, Korkmaz HA, Cansu A, Dinc H, Ahmetoglu A, Guven S, et al. Contribution of MRI to ultrasound in the diagnosis of fetal anomalies. Reson Imaging. 2012;35(4):882-90.
17. Kuwashima S, Nishimura G, Iimura F, Kohno T, Watanabe H, Kohno A, et al. Low-intensity fetal lungs on MRI may suggest the diagnosis of pulmonary hypoplasia. Pediatr Radiol. 2001;31:669-72.
18. Leung JW, Coakley FV, Hricak H, Harrison MR, Farmer DL, Albanese CT, et al. Prenatal MR imaging of congenital diaphragmatic hernia. AJR Am J Roentgenol. 2000;174(6):1607-12.
19. Levine D, Banewolt CE, Mehta T, Trop I, Estroff J, Wong G. Fetal thoracic abnormalities: MR Imaging. Radiology. 2003;228:379-88.
20. Mahieu-Caputo D, Sonigo P, Dommergues M, Fournet JC, Thalabard JC, Abarca C, et al. Fetal lung volume measurement by magnetic resonance imaging in congenital diaphragmatic hernia. BJOG. 2001;108:863-8.
21. Matsuoka S, Takeuchi K, Yamanaka Y, Kaji Y, Sugimura K, Maruo T, et al. Comparison of magnetic resonance imaging and ultrasonography in the prenatal diagnosis of congenital thoracic abnormalities. Fetal Diagn Ther. 2003;18:447-53.
22. Mehollin-Ray AR, Cassady CI, Cass DL, Olutoye OO. Fetal MR imaging of congenital diaphragmatic hernia. Radiographics. 2012;32(4):1067-84.
23. Metkus AP, Filly RA, Stringer MD, Harrison MR, Adzick NS. Sonographic predictors of survival in fetal diaphragmatic hernia. J Pediatr Surg. 1996;31:148-51.
24. Mong A, Johnson AM, Kramer SS, Coleman BG, Hedrick HL, Kreiger P, et al. Congenital high airway obstruction syndrome: MR/US findings, effect on management, and outcome. Pediatr Radiol. 2008;38(11):1171-9.
25. Newman B. Congenital bronchopulmonary foregut malformations: concepts and controversies. Pediatr Radiol. 2006;36:773-91.
26. O'Connor SC, Rooks VJ, Smith AB. Magnetic resonance imaging of the fetal central nervous system, head, neck, and chest. Semin Ultrasound CT MR. 2012;33:86-101.
27. Okazaki T, Kohno S, Hasegawa S, Urushihara N, Yoshida A, Kawano S, et al. Congenital diaphragmatic hernia: efficacy of ultrasound examination in its management. Pediatr Surg Int. 2003;19:176-9.
28. Paek BW, Coakley FV, Yiung Lu, Filly RA, Lopoo JB, Qayyum A, et al. Congenital diaphragmatic hernia: prenatal evaluation with MR lung volumetry: preliminary experience. Radiology. 2001;220:63-7.
29. Recio Rodríguez M, Martínez de Vega V, Cano Alonso R, Carrascoso Arranz J, Martínez Ten P, Pérez Pedregosa J. MR imaging of thoracic abnormalities in the fetus. Radiographics. 2012;32(7):E305-21.
30. Ruano R, Joubin L, Sonigo P, Benachi A, Aubry MC, Thalabard JC, et al. Fetal lung volume estimated by 3-dimensional ultrasonography and magnetic resonance imaging in cases with isolated congenital diaphragmatic hernia. J Ultrasound Med. 2004;23:353-8.
31. Shellock FG, Kanal E. Policies, guidelines, and recommendations for MR imaging safety and patient management. SMRI Safety Committee. J Magn Reson Imaging. 1991;1:97-101.
32. Stocker JT, Madewell JE, Drake RM. Congenital cystic adenomatoid malformation: prenatal diagnosis and natural history. J Pediatr Surg. 1977;8:155-8.
33. Werner H, Brandão A, Daltro P. Ressonância magnética em obstetrícia e ginecologia. Rio de Janeiro: Revinter; 2003.
34. Werner H, Mirlesse V, Jacquemard F, Sonigo P, Delezoide AL, Gonzales M, et al. Prenatal diagnosis of tuberous sclerosis. Use of magnetic resonance imaging and its implications for prognosis. Prenatal Diagnosis. 1994;14:1151-4.
35. Zucker EJ, Epelman M, Newman B. Perinatal thoracic mass lesions: pre- and postnatal imaging. Semin Ultrasound CT MR. 2015;36:501-21.

17

Anomalias do trato digestivo

Mauricio Saito
Dinah Leão Marques
Sergio Kobayashi
Elaine Cristina Soares Martins Moura

Introdução

As anomalias do trato digestivo apresentam características peculiares em relação às de outros sistemas. A incidência desse grupo de anomalias detectadas durante o pré-natal varia em 0,09-1%, abrangendo aproximadamente 15% das malformações diagnosticadas intraútero. A suspeita das anomalias do trato digestivo é basicamente estabelecida pelo exame ultrassonográfico, embora algumas anomalias digestivas obstrutivas possam resultar em polidrâmnio, manifestando-se por meio do aumento da altura uterina. Apesar de algumas malformações digestivas poderem ser diagnosticadas precocemente, no final do primeiro trimestre, a maior parte é detectada no final do segundo trimestre. Várias anomalias do trato digestivo podem apresentar associação com fatores hereditários, outras estão associadas com alterações cromossômicas e, por fim, existe também a relação com o uso de medicações com potencial efeito teratogênico (Quadro 1).

Quadro 1 Risco teratogênico para anomalias do sistema digestivo

Medicamento	Anomalia
Clorodiazepóxido	Atresia duodenal
Clomifeno	Atresia de esôfago
Codeína	Estenose de piloro
Contraceptivo oral	Anomalia de traqueia
Cumarínicos	Má rotação intestinal
Dissulfirame	Fístula traqueoesofágica
Fluorouracila	Aplasia de esôfago e duodeno
Penicilamina	Estenose de piloro
Fenobarbital	Atresia ileal
Fenotiazina	Onfalocele
Talidomida	Atresia duodenal e estenose de piloro
Timetadiona	Atresia de esôfago e duodeno

Atresia de esôfago

Esta malformação pode ser definida por ausência de um segmento esofágico, de extensão variável, resultando na interrupção de sua luz. Frequentemente, está associada às fístulas entre o trato digestivo e o respiratório.

Incidência

A atresia de esôfago e sua associação com a fístula estabelecem incidência de 1:3.000 nascidos vivos. Porém, de modo isolado, apresenta frequência de 1:15.000 nascimentos. Ou seja, em cerca de 86% dos casos, as duas anomalias estão associadas.

Fisiopatogenia

O desenvolvimento da atresia está associado aos eventos embrionários que ocorrem próximo à quarta semana de gestação. A traqueia e o esôfago se desenvolvem a partir de um divertículo que surge do intestino anterior por volta do 22º dia de gestação. Ele se alonga, e próximo do 26º dia o esôfago e a traqueia estão completamente separados. Alterações desse processo resultam no desenvolvimento da atresia e da fístula. Recentemente, mutações no gene *hedgehog* (Hh) têm sido implicadas na etiologia dessas malformações.

Sob o plano anatômico, classifica-se a atresia de esôfago em cinco tipos, segundo Gross (Figura 1):

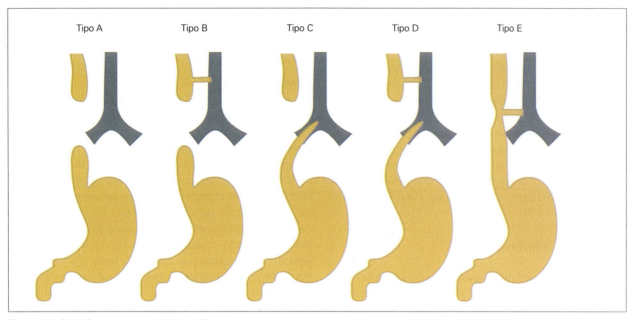

Figura 1 Classificação da atresia de esôfago.

- Tipo A: atresia isolada, sem fístula traqueoesofágica (7,7-10% dos casos).
- Tipo B: atresia com fístula traqueoesofágica proximal (1-2% dos casos).
- Tipo C: atresia com fístula traqueoesofágica distal (86-90% dos casos).
- Tipo D: atresia com dupla fístula – proximal e distal (1-5% dos casos).
- Tipo E: presença de fístula traqueoesofagiana sem atresia esofágica – fístula em "H" (menos de 1% dos casos).

Tabela 1 Incidência de anomalias associadas em caso de atresia de esôfago

Anomalias	Percentual
Cardiovascular	35%
Gastrointestinal	15%
Neurológica	5%
Genitourinária	5%
Esquelética	2%
Associação Vactrel	25%
Total	50-70%

Malformações associadas

O risco de anomalia cromossômica associada varia de 6-10% dos casos, particularmente trissomias do 21 e do 18, além de deleções de bandas 17q22-23, 13q32 e 22q11. Em cerca de 50-70% dos casos, podem ser observadas outras malformações, como: anomalias cardiovasculares, sobretudo defeito do septo atrial e septo ventricular, septo atrioventricular, anomalias genitourinárias; gastrointestinais (atresia duodenal, duplicação esofágica); musculoesquelética; anomalias faciais; síndrome de Vactrel (fístula traqueoesofágica, imperfuração anal, cardiopatia, hemivértebras, malformação renal e displasia de membros, sendo a aplasia de rádio a mais frequente.

Ultrassonografia

O esôfago pode ser visualizado desde a 13ª semana de gestação, em plano do perfil da face e pescoço como uma pequena lacuna abaixo da área cardíaca. A sua identificação depende do volume de líquido dentro da orofaringe, mais bem caracterizado durante a deglutição fetal.

Assim, o diagnóstico da atresia de esôfago é baseado na falta de identificação da bolha gástrica e da associação com polidrâmnio. Geralmente, o diagnóstico ocorre em fase avançada da gestação, após a 26ª semana. A combinação desses achados tem valor preditivo que varia de 30-70%. Muitas vezes, em um único exame, o diagnóstico não é conclusivo, necessitando do acompanhamento ultrassonográfico seriado para melhor definição. A bolha gástrica pode estar parcialmente preenchida por muco produzido por seu epitélio de revestimento ou pela passagem de líquido através da fístula. Na primeira situação, o estômago está sempre pequeno nos exames seriados. Na segunda, esses exames podem demonstrar a alternância da presença e da ausência da bolha gástrica, embora na maioria das vezes ela seja pequena ou esteja vazia. Por sua vez, o aumento da quantidade de líquido amniótico pode estar presente em aproximadamente 85% dos casos quando a atresia é isolada (sem fístula) e em apenas 32-35% dos casos quando há fístula.

O movimento de deglutição também pode ser estudado nesses casos. Embora de difícil identificação, no plano sagital do pescoço é possível observar o fundo cego do esôfago. O Doppler colorido também pode evidenciar a regurgitação, movimento em direção da cavidade oral, durante o movimento de deglutição. A ressonância magnética (RM) pode identificar mais facilmente o fundo cego em forma de bolsa. Salienta-se que nas formas em que há fístula o diagnóstico ocorre em somente 32% dos casos (Figuras 2 e 3).

Diagnóstico diferencial

Entre as situações que cursam com polidrâmnio e estômago pequeno ou de difícil identificação, incluem-se: microrretrognatismo (síndrome de Pierre Robin), compressão do esôfago (bócio, tumor pulmonar, hérnia diafragmática), imobilidade fetal (miopatia) ou distúrbio de deglutição (malformação do sistema nervoso central).

Conduta pré-natal

A conduta pré-natal depende do diagnóstico, e como visto, o controle seriado é fundamental para a maioria dos casos. Esse acompanhamento minucioso também é importante para diagnosticar as anomalias associadas. A complementação com exame ecocardiográfico visa descartar malformações cardíacas associadas. Em razão do risco elevado de cromossomopatias, também está indicada a obtenção do cariótipo. Em casos de outras associações, a conduta depende da gravidade delas. Nas formas isoladas, o parto prematuro deve ser evitado. A abordagem do colo uterino por meio do exame ultrassonográfico deve ser sistemática. O polidrâmnio deve ser tratado de forma medicamentosa, por meio da indometacina ou nas formas mais graves, com amniodrenagem. Nos casos de risco, é conveniente a prescrição de corticoterapia para a aceleração da maturidade fetal.

Atresia ou estenose de piloro

A atresia de piloro é considerada anomalia rara e se comporta como obstrução gástrica por causa da ausência do esfíncter ou atresia ou presença da membrana antral. Já a estenose de piloro consiste apenas em seu estreitamento decorrente da sua hipertrofia.

Incidência

Rara, representando menos de 1% de todas as atresias do trato gastrointestinal. Por sua vez, a estenose hipertrófica de piloro apresenta incidência de 1,5 a 4 em mil nascidos vivos, sendo menos prevalentes nas raças amarela e negra.

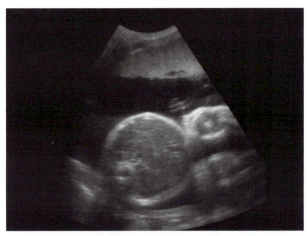

Figura 2 Plano transverso do abdome superior: bolha gástrica não identificada em feto de 22 semanas.

Fisiopatologia

A atresia ou estenose do piloro ocorre por causa da alteração da sua formação ou da membrana antral. Assim, pode ser classificada em três tipos:

- Tipo A, membrana antral ou trave pilórica.
- Tipo B, o canal pilórico em forma de cordão sólido.
- Tipo C, espaço vazio entre o estômago e o duodeno (Figura 4).

Anomalias associadas

A atresia de piloro pode estar associada com uma condição autossômica recessiva designada de epidermólise bolhosa. Assim, dados sobre antecedentes pessoais ou familiares dessa condição devem ser observados. A associação com

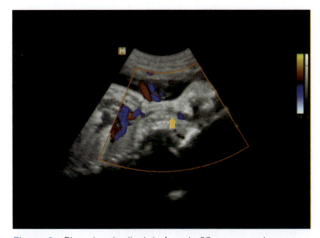

Figura 3 Plano longitudinal de feto de 28 semanas demonstra cavidade oral e faringe preenchida por líquido durante deglutição até a sua interrupção (seta amarela) em caso de atresia de esôfago.

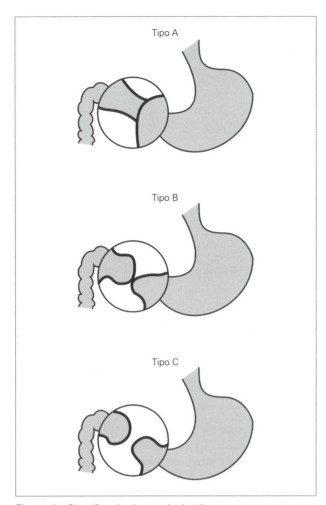

Figura 4   Classificação da atresia de piloro.

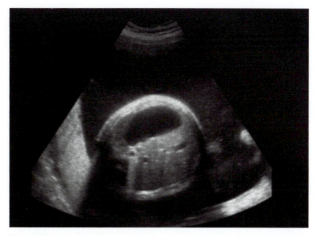

Figura 5   Atresia de piloro: plano transverso do abdome superior de feto de 24 semanas evidenciando o estômago aumentado associado ao polidrâmnio.

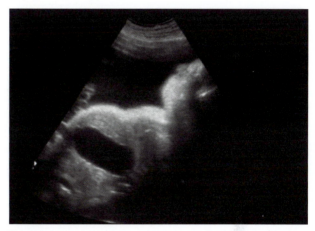

Figura 6   Plano longitudinal do feto anterior demonstra aumento do volume do estômago.

atresia e fístula traqueoesofágica, bem como anomalias genitourinárias e cardiovasculares, também foi descrita.

Ultrassonografia

O estômago pode ser identificado como uma imagem anecoica desde a 10ª semana de gestação, embora nesse período a falta da sua visualização não seja considerada patológica. Durante o segundo trimestre, o estômago é facilmente visualizado como imagem líquida, arredondada, localizada na porção superior e esquerda no abdome. As medidas que representam o volume aumentam conforme a evolução da gestação. A observação prolongada, às vezes por mais de 3 horas, não identifica variações significativas no volume desse órgão. Durante o terceiro trimestre, ocasionalmente, é possível identificar partículas ecogênicas em suspensão no interior da cavidade gástrica. Estas parecem corresponder a vérmix deglutido, além de possível modificação bioquímica do conteúdo gástrico. A identificação de ondas contráteis na região pré-pilórica não é comum. A presença dessa atividade sugere processo obstrutivo e/ou refluxo (Figuras 5 e 6).

O diagnóstico pré-natal da atresia de piloro baseia-se na presença de bolha gástrica distendida durante todo o período de exame e também em exames sucessivos, associado ao polidrâmnio, presente em 61% dos casos. Antes do terceiro trimestre, muitos casos ainda apresentam a quantidade de líquido anmniótico normal. Eventualmente, em plano longitudinal de face e pescoço, é possível identificar a regurgitação utilizando o Doppler colorido. A visualização do retorno do líquido deglutido em direção à cavidade oral pode sugerir ainda mais esse diagnóstico.

Os achados ultrassonográficos da estenose hipertrófica de piloro são semelhantes aos da atresia. Porém, na estenose, as alças intestinais com líquido podem ser identificadas, por causa da passagem do líquido amniótico deglutido.

Diagnóstico diferencial

O diagnóstico diferencial inclui situações em que o estômago fica dilatado: atresia ou estenose duodenal,

Tabela 2 Diâmetros do estômago em função da idade gestacional

Idade em semanas	Diâmetro anteroposterior	Diâmetro transverso	Diâmetro longitudinal
13-15	0,4 ± 0,1 cm	0,6 ± 0,2 cm	0,9 ± 0,3 cm
16-18	0,6 ± 0,2 cm	0,8 ± 0,2 cm	1,3 ± 0,4 cm
19-21	0,8 ± 0,2 cm	0,9 ± 0,2 cm	1,6 ± 0,5 cm
22-24	0,9 ± 0,3 cm	1,8 ± 0,3 cm	1,9 ± 0,6 cm
25-27	1,0 ± 0,5 cm	1,9 ± 0,5 cm	2,3 ± 1,0 cm
28-30	1,2 ± 0,3 cm	1,6 ± 0,4 cm	2,3 ± 0,5 cm
31-33	1,4 ± 0,3 cm	1,6 ± 0,4 cm	2,8 ± 0,8 cm
34-36	1,4 ± 0,4 cm	1,6 ± 0,4 cm	2,8 ± 0,9 cm
37-39	1,6 ± 0,4 cm	2,0 ± 0,4 cm	3,2 ± 0,9 cm

má rotação intestinal, volvo, duplicação duodenal e duplicação antral.

Conduta

O pré-natal deve ser direcionado para o rastreamento das anomalias associadas e a possibilidade de epidermólise bolhosa. Por conta do polidrâmnio, deve ser considerada a ocorrência de trabalho de parto prematuro. No momento do diagnóstico do aumento da quantidade de líquido amniótico, na terapêutica clínica com indometacina, ou mesmo nos casos refratários, a amniodrenagem deve ser considerada. Do mesmo modo, pode estar indicada a corticoterapia para aceleração da maturidade pulmonar.

Intestino

No final do primeiro trimestre, as alças intestinais são bem mais ecogênicas que o fígado e o baço. Elas ocupam a região do abdome inferior, imediatamente abaixo da inserção do cordão umbilical. A partir da 16ª semana, essa ecogenicidade apresenta redução gradual até o período de 28 semanas, em que as alças passam a ser mais facilmente visualizadas por conta do seu preenchimento por líquido amniótico, pois o volume deglutido pelo feto supera a capacidade de absorção do estômago e do duodeno. Na metade da gestação, a hiperecogenicidade do abdome é considerada marcador ultrassonográfico para cromossomopatias, embora também possam estar associados com infecções congênitas, mucoviscidose. Esse achado também é mais encontrado em processos obstrutivos e hemorrágicos. A partir da 29ª semana, a quantidade de líquido amniótico deglutido supera a capacidade de reabsorção do estômago e principalmente do duodeno, assim é possível observar as imagens líquidas revestindo as alças intestinais. Estas podem ser observadas principalmente no flanco esquerdo junto com os movimentos peristálticos. Goldstein et al. avaliaram a motricidade do intestino delgado e a classificaram em quatro estágios:

- Estágio 0: ausência de peristaltismo (antes de 29 semanas).
- Estágio 1: ondas contráteis esporádicas e breves, peristaltismo crescente, inferior a 3 segundos (29 a 31 semanas).
- Estágio 2: ondas contráteis mais dispersas, longas (superior a 3 segundos) e de intensidade moderada (31 a 35 semanas).
- Estágio 3: ondas ativas e permanentes (de 35 semanas em diante).

O cólon pode ser facilmente identificado a partir do primeiro trimestre. Dependendo da quantidade de líquido, do volume e da desidratação do mecônio, observa-se alteração da sua ecogenicidade. Goldstein et al. estabeleceram a graduação da ecogenicidade do cólon em relação à idade gestacional:

- Grau 0: cólon não visível (antes de 29 semanas).
- Grau 1: cólon hipoecogênico como a bexiga (entre 29 e 33 semanas).
- Grau 2: cólon de ecogenicidade superior à bexiga, porém inferior ao tecido hepático (entre 33 e 36 semanas).
- Grau 3: cólon de ecogenicidade semelhante ao tecido hepático (36 semanas em diante).

As alças intestinais apresentam aumento gradativo do seu diâmetro em relação à idade gestacional. A Tabela 3 fornece as medidas das alças que devem servir de referência para o diagnóstico das dilatações.

Atresia e estenose duodenal

A atresia e a estenose duodenal são decorrentes de um defeito de recanalização da luz durante o período entre a 8ª e a 9ª semanas de gestação.

Incidência

Os processos obstrutivos duodenais apresentam incidência de 1:4.000 a 1:10.000 nascimentos, representando a forma mais frequente de obstrução do intestino delgado.

Tabela 3 Diâmetro do cólon descendente e do reto em relação à idade gestacional

Semanas de gestação	Medida do cólon (mm) Média	Medida do cólon (mm) Percentil 95	Medida do reto (mm) Média	Medida do reto (mm) Percentil 95
19-20	3,52	6,26	3,64	5,82
21	3,59	6,32	3,79	5,97
22	3,69	6,41	3,96	6,13
23	3,82	6,54	4,14	6,31
24	3,98	6,70	4,34	6,52
25	4,18	6,90	4,57	6,74
26	4,43	7,15	4,82	6,99
27	4,71	7,43	5,08	7,25
28	5,04	7,75	5,38	7,55
29	5,42	8,14	5,69	7,87
30	5,84	8,57	6,04	8,21
31	6,32	9,05	6,41	8,58
32	6,86	9,58	6,80	8,98
33	7,45	10,17	7,23	9,40
34	8,10	10,82	7,68	9,85
35	8,81	11,53	8,17	10,34
36	9,59	12,31	8,68	10,85
37	10,44	13,16	9,23	11,40
38	11,35	14,08	9,81	11,98
39	12,34	15,07	10,43	12,61
40	13,40	16,15	11,08	13,26

Fisiopatologia

Por volta da sexta semana de gestação, há obliteração do lúmen gástrico por causa da proliferação epitelial. Após esse período, ocorrem a vacuolização e a recanalização. Alterações desse processo são responsáveis pelas alterações duodenais. A etiologia é desconhecida e ocorre de forma esporádica. Em alguns casos familiares, há suspeita de herança autossômica recessiva. Algumas medicações, como a talidomida, também têm sido associadas a essas anomalias. A atresia é mais comum que a estenose, correspondendo a 70% dos casos. As atresias intestinais podem ser classificadas em três tipos:

- Tipo I, forma mais comum (69% dos casos) decorrente de uma membrana da mucosa com a parede muscular intacta.
- Tipo II, forma rara, apresenta um fino cordão fibroso unindo as duas extremidades atrésicas.
- Tipo III, separação completa das duas extremidades, podendo estar associado com anomalias do trato biliar em 6% dos casos.

A estenose duodenal responde pelos outros 23% dos casos (Figura 7).

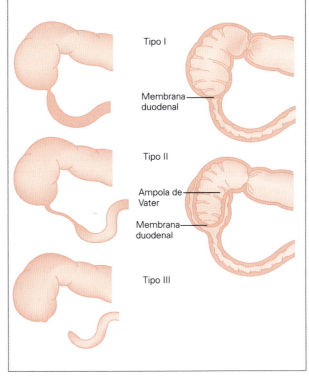

Figura 7 Classificação das atresias duodenais.

Anomalias associadas

As anomalias cromossômicas podem estar presentes em mais de 30% dos casos, principalmente a trissomia do 21. Malformações estão presentes em 45-84% dos casos. Outras malformações do trato gastrointestinal são encontradas em 20-26% dos casos abrangendo atresia de esôfago, duplicação duodenal, atresia ileal, atresia anorretal e má rotação intestinal, bem como pâncreas anular, distopia hepática e divertículo de Meckel.

As malformações cardíacas estão presentes de 17-33% dos casos, principalmente defeito do septo atrioventricular e ventricular. Alterações vertebrais também são identificadas em 37%, incluindo agenesia sacral e hemivértebra. Malformações renais podem estar presentes em 8% dos casos. E, finalmente, essa anomalia pode fazer parte da síndrome de Vactrel e da síndrome da regressão caudal.

Ultrassonografia

A imagem característica dos processos obstrutivos do duodeno é a "dupla bolha". Este achado representa o estômago repleto por líquido em sua posição habitual e o duodeno proximal também preenchido, normalmente não identificado. Embora esse sinal possa ser identificado desde o final do primeiro trimestre de gestação, geralmente o diagnóstico é tardio, por volta da 26ª a 28ª semana. Esse achado pode não ser visível após regurgitação ou logo após a passagem do líquido para o intestino delgado nos processos estenóticos. Na maioria dos casos, o processo obstrutivo situa-se abaixo da ampola de Vater (80,3%).

Em alguns casos, utilizando o plano sagital abrangendo face e pescoço, a regurgitação pode ser identificada durante a deglutição fetal. Frequentemente, nota-se a peristalse estomacal, deslocando o conteúdo líquido do seu interior para as duas direções do trânsito, fenômeno conhecido como "sinal de luta". O polidrâmnio está presente em mais de 53% dos casos.

Diagnóstico diferencial

A imagem da dupla bolha não é observada em condições normais. Portanto, nessa condição, os seguintes diagnósticos diferenciais devem ser considerados: pâncreas anular, má rotação intestinal, bandas ou bridas externas, volvo, duplicação gástrica ou duodenal e em casos de veia porta pré-duodenal (Figuras 8 a 10).

Conduta pré-natal

Por conta da elevada associação com as anomalias cromossômicas, o estudo do cariótipo é fundamental. Exames ultrassonográfico morfológico e ecocardiográfico são essenciais para a exclusão das malformações associadas. No líquido amniótico, a presença de bilirrubina, lipases e ácidos biliares indica que a obstrução está localizada abaixo da ampola de Vater. Por conta do polidrâmnio, o parto prematuro ocorre em 43% dos casos. A avaliação sistemática do colo uterino e o tratamento do polidrâmnio contribuem para a prevenção dessa condição. Nos casos de risco, a corticoterapia pode ser utilizada para aceleração da maturidade pulmonar.

Atresia jejunoileal

No intestino delgado, as atresias são responsáveis por aproximadamente 95% dos casos, muito mais frequentes que as estenoses (5%). Esses processos podem ocorrer desde o ligamento de Treitz até a valva ileocecal, sendo a porção proximal do jejuno e a porção distal do íleo os locais de obstruções mais frequentes.

Incidência

As obstruções jejunoileais correspondem às atresias de maior prevalência no trato digestivo, com variação de 1:400 a 1:3.000 nascidos vivos.

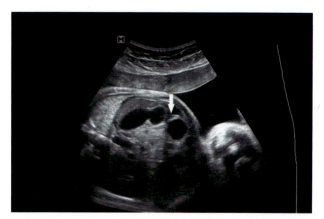

Figura 8 Plano oblíquo do abdome demonstra constrição (seta branca) no estômago associada ao polidrâmnio em caso de pâncreas anular.

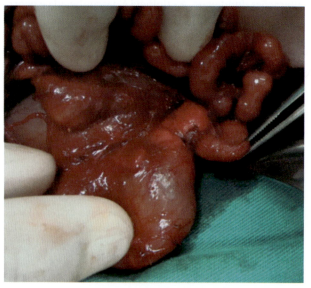

Figura 9 Pâncreas anular.

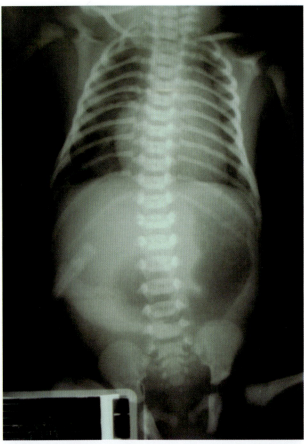

Figura 10 Radiografia de recém-nascido apresenta sinal de dupla bolha em caso de estenose duodenal.

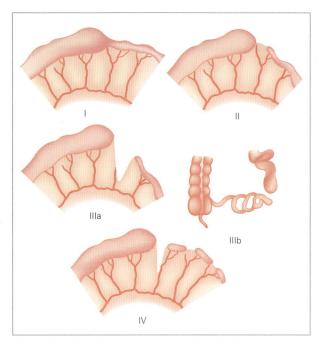

Figura 11 Classificação das atresias jejunoileais.

Fisiopatogenia

As atresias correspondem à oclusão completa do lúmen intestinal, sendo muito mais frequentes que as estenoses ou as obstruções parciais. Podem ocorrer em qualquer região do intestino delgado, porém a obstrução do jejuno proximal e a do íleo distal abrangem, respectivamente, 31 e 36% dos casos. Em cerca de 6%, o processo obstrutivo ocorre em mais de uma região. Esses processos obstrutivos parecem estar correlacionados sobretudo com acidentes vasculares resultando em isquemia e necrose das partes comprometidas. Essas alterações vasculares também estão associadas com volvo, intussuscepção, hérnia interna, estrangulamento, invaginação e constrição vascular.

A classificação inicialmente proposta em 1955 continua sendo utilizada, porém com várias modificações (Figura 11):

- Tipo I: apresenta um diafragma intraluminal em continuidade com as camadas musculares dos segmentos intestinais proximais e distais (32% dos casos).
- Tipo II: corresponde à atresia em que as duas extremidades em fundo cego estão ligadas por um cordão fibroso, com o mesentério intacto entre elas (25% dos casos). O comprimento intestinal pode estar encurtado.
- Tipo III:
  - A: extremidades em fundo cego completamente separadas, com o mesentério em forma de "U" (15% dos casos).
  - B: extenso defeito do mesentério e com a extremidade do íleo terminal apresentando a forma de uma mola, característica conhecida como "casca de maçã". Este é perfundido de modo retrógrado por artéria ileocólica única (11% dos casos). Porém, são muito frequentes em prematuros extremos, resultando em encurtamento significativo do comprimento intestinal. Pode apresentar componente hereditário.
- Tipo IV: múltiplas lesões atrésicas do intestino delgado (6-17%).

Malformações associadas

A associação com anomalias em outros sistemas é incomum (menos de 7%). Porém, as anomalias do trato gastrointestinal são observadas em mais de 45% dos casos. Incluem-se má rotação intestinal (23%), duplicação intestinal (3%), microcólon (3%) e atresia de esôfago (3%), além de volvo e gastrosquise. Entre as complicações, o íleo meconial e a peritonite meconial ocorrem em 12 e 8% dos casos, respectivamente.

Ultrassonografia

O diagnóstico das obstruções jejunoileais geralmente ocorre em fase avançada da gestação. Embora a deglutição fetal possa ser observada já a partir da décima semana, até aproximadamente a 28ª semana, a maior parte do volume deglutido é absorvida na porção inicial do duo-

Tabela 4	Anomalias associadas à atresia jejunoileal
Anomalias	Percentual
Má rotação	13%
Íleo meconial	12%
Peritonite meconial	8%
Volvo	5%
Defeito de parede abdominal	4%
Cardiopatia	3%
Trissomia do 21	1%

deno. Assim, depois desse período, as alças do intestino delgado passam a ser observadas, pois o volume deglutido termina por superar a capacidade de absorção de líquido do duodeno. Assim, o diagnóstico antes da 24ª semana é incomum, em geral sendo realizado tardiamente, a partir do terceiro trimestre. No plano abdominal fetal, podem ser observadas as imagens anecoicas ou hipoecogênicas, múltiplas, contíguas, circunscritas e dispersas. Geralmente, essas imagens apresentam movimentos peristálticos incessantes, que modificam continuamente a forma e o volume. No interior dessas imagens que correspondem às alças dilatadas, é possível identificar a transição contínua de seu conteúdo em ambos os sentidos. Esses movimentos são conhecidos como "sinal da luta". A dilatação da alça de medida superior a 7,0 mm também é considerada indicativa de obstrução. O polidrâmnio está presente em aproximadamente 25% dos casos, sobretudo quando a obstrução é na porção proximal. Nas formas estenóticas ou em casos que a obstrução é distal, por vezes a quantidade de líquido amniótico está dentro de valores considerados normais. A medida da parede superior a 3 mm, assim como diâmetro superior a 17 mm, são altamente sugestivos de obstrução jejunoileal (Figuras 12 a 16).

Diagnóstico diferencial

O diagnóstico diferencial abrange as intercorrências que resultam na dilatação de alças associadas à peristalse incluindo: íleo meconial, peritonite meconial, doença de Hirschsprung, má rotação com ou sem volvo, duplicação e hérnia intestinal. Outras situações que resultam em imagens císticas no abdome, como cisto de ovário, cisto de mesentério, cisto de uraco e hidronefrose também devem ser consideradas.

Conduta pré-natal

Embora o risco seja pequeno, a indicação do cariótipo deve ser considerada. Exame ultrassonográfico minucioso e ecocardiografia fetal são recomendados para descartar outras anomalias fetais. Se houver polidrâmnio, a terapêutica medicamentosa ou mesmo a amniodrenagem podem ser indicadas. O parto deve seguir as indicações obstétricas básicas, mas é prudente avaliar sempre o volume abdominal próximo do parto.

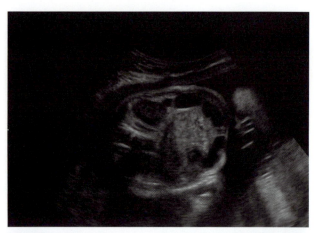

Figura 12 Plano transverso de feto de 26 semanas demonstra dilatação cística das alças intestinais.

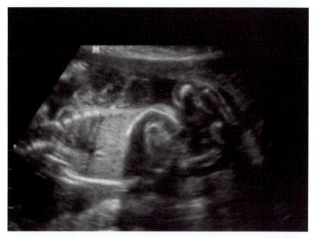

Figura 13 Plano longitudinal de feto de 24 semanas que apresenta dilatação de intestino delgado logo abaixo do fígado.

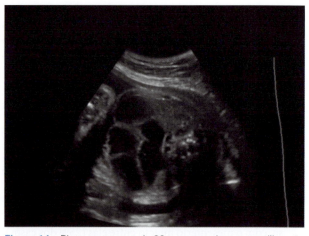

Figura 14 Plano transverso de 32 semanas demonstra dilatação de alças intestinais em atresia de jejuno.

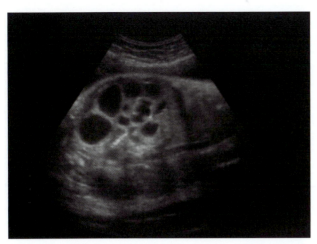

Figura 15 Plano longitudinal que demonstra múltiplas imagens císticas que representam as alças dilatadas do intestino delgado.

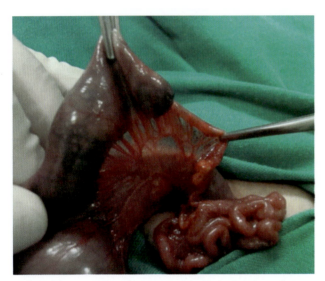

Figura 16 Imagem que demonstra atresia de jejuno durante ato operatório.

Íleo meconial

Trata-se de obstrução intestinal intraluminal proveniente de mecônio desidratado. Frequentemente, o íleo meconial constitui o quadro de mucoviscidose, também conhecida como fibrose cística do pâncreas. A fibrose cística apresenta padrão de herança autossômica recessiva. No entanto, o íleo meconial pode ter a sua manifestação de forma isolada.

Incidência

O quadro de íleo meconial pode estar presente entre 10-15% dos fetos portadores de mucoviscidose. Essa herança autossômica recessiva apresenta incidência de 1:800 a 1:2.500 nascidos vivos, com prevalência maior na população da Europa ocidental e na América do Norte. Por sua vez, constata-se que aproximadamente 25% dos casos de recém-nascidos que apresentam a imagem ultrassonográfica de íleo meconial têm o diagnóstico de mucoviscidose.

Fisiopatogenia

É provável que o mecônio comece a ser produzido precocemente, já com 12 semanas de gestação. Progressivamente, essa secreção é direcionada para o cólon, acumulando-se nessa região até o final da gestação. A alteração da função celular dos epitélios secretores que resulta na permeabilidade do cloro interfere na bomba de sódio e cloro, reduzindo a produção de líquido. Essa condição determina o espessamento da secreção de diversas mucosas. Assim, com a desidratação, o mecônio fica espesso, levando a processos obstrutivos. O gene responsável por essa condição está localizado no braço longo do cromossomo 7. Também foram descritas mutações no gene GCCY2C em determinadas famílias. Assim, diagnóstico pré-natal por biologia molecular é possível por meio da obtenção de amostra de tecidos fetais ou placentários (Figura 17).

Anomalias associadas

O íleo meconial pode fazer parte do quadro da mucoviscidose em mais de 25%. Entre as complicações decor-

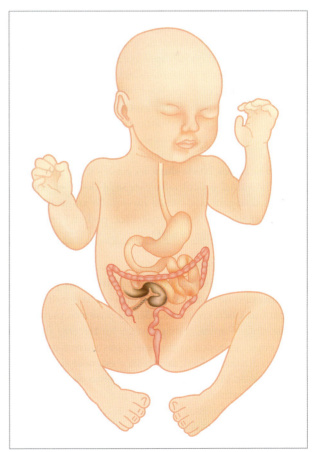

Figura 17 Íleo meconial.

rentes da rolha obstrutiva de muco incluem-se: atresias, perfurações e peritonite meconial e volvo. As alterações nos sistemas pulmonar e pancreático não podem ser observadas no período intrauterino.

Ultrassonografia

Por conta do padrão de herança recessiva, o diagnóstico do íleo meconial deve ser pesquisado em pacientes que apresentam antecedentes pessoais ou familiares de mucoviscidose. O rastreamento deve ser iniciado a partir do exame morfológico de segundo trimestre. Nesta fase, a suspeita diagnóstica geralmente é caracterizada por imagem hiperecogênica homogênea localizada em fossa ilíaca direita (segmento ileal) apresentando medida de 2,0 × 2,0 cm no interior da alça intestinal dilatada. Essa imagem deve ser visível em todos os planos. Salienta-se, porém, que esse achado pode ser encontrado em fetos normais. Assim, a confirmação do diagnóstico pode ser considerada a partir do terceiro trimestre. Neste período, o quadro ultrassonográfico reflete a rolha de mecônio desidratado geralmente localizado na fossa ilíaca direita por volta de 10 cm de extensão. O intestino delgado termina por moldar essa massa de mecônio, levando à síndrome oclusiva. A imagem no interior da alça dilatada frequentemente apresenta característica heterogênea apresentando pontos hiperecogênicos, sem atividade contrátil, localizada na parte terminal do íleo, entre 1 e 10 cm da valva ileocecal. A montante dessa imagem, a alça fica dilatada, por vezes apresentando o "sinal de luta". Geralmente, adiante do obstáculo, o cólon não apresenta mecônio. A partir da manifestação dessa imagem, os achados tornam-se mais característicos. Pode aparecer polidrâmnio, e os sinais de dilatação das alças ficam ainda mais evidentes (dilatação de múltiplas alças, volumosas e presença do "sinal de luta"). O polidrâmnio frequentemente pode ser observado. Ascite, bem como pontos de calcificações, também podem aparecer. Nessa situação, a associação com perfuração intestinal e peritonite meconial deve ser considerada. A dosagem enzimática no líquido amniótico, bem como a análise molecular específica, podem confirmar o diagnóstico (Figuras 18 a 21).

Diagnóstico diferencial

As imagens descritas no segundo trimestre podem ser consideradas normais. Atenção maior deve ser direcionada para os casos com antecedentes positivos para a mucoviscidose. Porém, o diagnóstico no terceiro trimestre deve englobar todos os processos obstrutivos que resultem em dilatação de alças: atresia e estenose do intestino delgado e do grosso, duplicação, doença de Hirschsprung, volvo, perfuração e peritonite meconial. Já em relação à imagem homogênea hiperecogênica presente no íleo, entre os diagnósticos diferenciais é possível incluir: perfuração intestinal, peritonite meconial, tumores (hemangioma, hemangioendotelioma, teratoma, neuroblastoma,

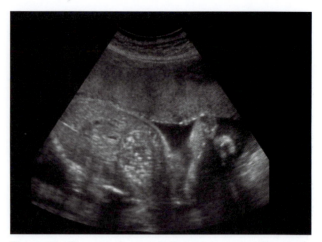

Figura 18 Plano longitudinal à direita demonstra dilatação de alça intestinal em razão do preenchimento de focos hiperecogênicos correspondendo a mecônio desidratado.

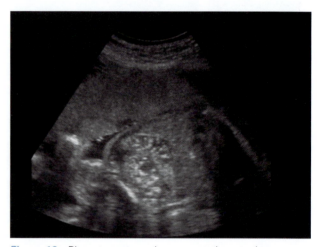

Figura 19 Plano transverso do caso anterior que demonstra a dilatação de alça preenchida por focos hiperecogênicos.

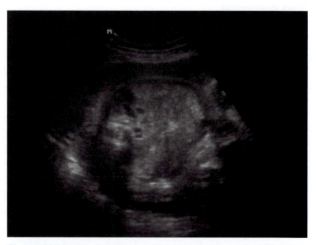

Figura 20 Plano ultrassonográfico transverso em feto de 28 semanas demonstra aumento da ecogenicidade do abdome.

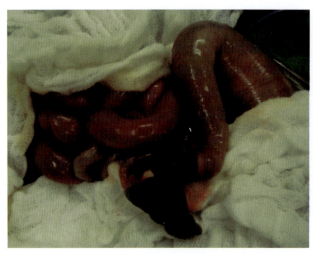

Figura 21   Imagem de íleo meconial durante ato operatório.

hepatoblastoma), hidrometrocolpos, fístulas e infecções congênitas. Nos casos suspeitos, o diagnóstico biomolecular deve ser considerado.

Conduta pré-natal

A presença de dilatação das alças intestinais requer aconselhamento genético a fim de estabelecer heredograma e considerar a possibilidade de mucoviscidose. Exame utrassonográfico direcionado visa rastrear anomalias associadas, e o controle seriado para observar possíveis complicações desse achado (perfuração e peritonite meconial). O risco de anomalia cromossômica deve ser considerado, bem como o risco de infecção congênita. O rastreamento sorológico da paciente deve ser criterioso, com atenção especial para o citomegalovírus. A análise molecular pode ser realizada com base em biópsia de vilo corial, amniocentese ou mesmo cordocentese. Independentemente do diagnóstico etiológico, o parto deve ser realizado em centro terciário para observação e eventual tratamento imediato das complicações do trato digestivo.

Peritonite meconial

A peritonite meconial é definida como processo inflamatório do peritônio de origem química e asséptica, decorrente de perfuração intestinal. Essa complicação parece ocorrer desde o final do primeiro trimestre até o final da gestação. As malformações do trato digestivo predispõem a essa intercorrência, embora procedimentos invasivos diagnósticos e terapêuticos também possam ser responsáveis. Em geral, o íleo é o segmento mais comprometido.

Incidência

A peritonite meconial apresenta incidência rara, podendo ser estimada em 1 a cada 30 mil a 35 mil nascimentos. Porém, essa intercorrência pode evoluir para óbito fetal e neonatal e, desse modo, além de alguns casos serem assintomáticos ao nascimento, sua incidência está sendo subestimada. Aproximadamente 50% das peritonites neonatais dos primeiros dias de vida apresentam etiologia meconial.

Fisiopatogenia

A peritonite meconial pode ser observada desde fases precoces da gestação. Geralmente, essa anomalia é resultado de processos obstrutivos que resultam em perfuração e consequente inflamação do peritônio. Em aproximadamente 66% dos casos é possível observar a relação com atresia intestinal, volvo e íleo meconial. Também são relatados outros processos como estenoses, duplicações digestivas, divertículo de Meckel, apêndice e hérnia inguinal que resultam em perfuração. A associação com infecção congênita, por provável processo inflamatório, pode ser considerada causa direta. Do mesmo modo, procedimentos invasivos terapêuticos, como transfusão peritoneal intrauterina e derivações, também podem levar ao quadro. As calcificações observadas nesses quadros podem representar o processo inicial de cicatrização peritoneal.

No nascimento, em relação aos achados anatomopatológicos, a peritonite meconial pode ser classificada da seguinte forma:

- Generalizada: ascite meconial ou peritonite generalizada são observadas quando a perfuração é recente. Na ascite, podem ser observados mecônio e placas de cálcio (resultantes da precipitação de sais de cálcio sob o efeito catalítico dos compostos lipídicos do mecônio). As aderências são fibrinosas.
- Localizada: peritonite meconial fibroadesiva localizada em razão das aderências densas e fibrosas. A calcificação também é fixa, enquanto a perfuração geralmente é difusa.
- Cística: pseudocistos e cistos meconiais verdadeiros (cisto gigante) são representados por uma massa cística volumosa de parede espessa, contendo mecônio. A perfuração pode ser visível com a luz intestinal comunicando-se com o cisto. Outros órgãos abdominais também podem estar comprimidos pelo cisto.

Anomalias associadas

A peritonite meconial geralmente está associada com os processos desencadeadores desse processo, principalmente o íleo meconial e outras causas de obstrução que podem evoluir para a perfuração intestinal. A relação com o íleo meconial é estreita. Observa-se que de 15-40% dos recém-nascidos portadores de mucoviscidose e íleo meconial podem apresentar o quadro de peritonite, embora essa manifestação intrauterina exiba incidência menor.

Diagnóstico pré-natal

Geralmente, o diagnóstico pré-natal é observado a partir do terceiro trimestre de gestação, embora existam relatos desde a 26ª semana de gestação. A suspeita dessa intercorrência pode ser estabelecida pela presença de massa hiperecogênica no abdome fetal. O quadro ultrassonográfico completo pode se manifestar com: ascite (54-70%), calcificações dispersas (83%), dilatações de alças (26%) e polidrâmnio (50-54%). Esses achados ultrassonográficos são dependentes da fase do processo. Em geral, o primeiro sinal consequente de um processo obstrutivo é a ascite. Ela ocorre provavelmente por conta do processo inflamatório da alça distendida, obstruída, torcida ou isquêmica e classicamente depois da perfuração. O volume da ascite pode ser moderado ou discreto, sendo comumente livre e hipoecogênica. Esse acúmulo de líquido pode regredir completamente, permanecer estável ou aumentar, porém em razão dos fatores inflamatórios ou até mesmo do extravasamento do conteúdo intestinal, torna-se progressivamente hiperecogênica. Pode haver também uma reorganização da ascite formando uma imagem semelhante a cisto (pesudocisto), achado denominado de ascite "bloqueada".

Pontos ecogênicos dispersos nas estruturas abdominais (fígado, baço e alças intestinais) ou ascite são frequentes. Apesar da sua característica ultrassonográfica, esses pontos não devem ser designados como calcificação. A utilização do termo "pontos ou focos hiperecogênicos" (opacidade radiológica) seriam mais apropriados. Eles não apresentam sombra acústica, notória nas calcificações propriamente ditas e usualmente representam o mecônio disperso no abdome após a ruptura da alça (Figuras 22 a 24).

Diagnóstico diferencial

Inicialmente, deve ser considerada a ampla variedade de achados ultrassonográficos que podem ser observados na peritonite meconial, além das próprias fases desse processo. Assim, o diagnóstico diferencial deve ser realizado com intercorrências que resultam em ascite, focos hiperecogênicos dispersos e massas tumorais.

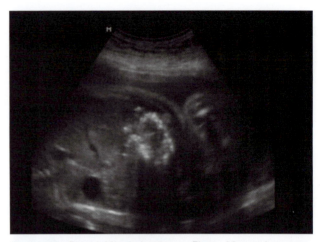

Figura 23 Plano oblíquo do caso na Figura 22 que demonstra os pontos ecogênicos e presença de líquido livre, em ascite bloqueada em caso de peritonite meconial.

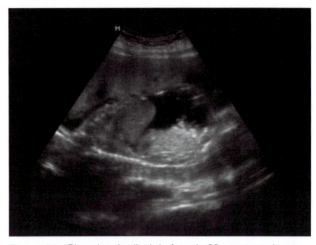

Figura 24 Plano longitudinal de feto de 30 semanas demonstra ascite e imagem heterogênea logo abaixo compatível com peritonite meconial.

A ascite pode estar presente em vários quadros relacionados à hidropisia (malformações de vários sistemas, insuficiência cardíaca, infecção congênita, anemia fetal e erros inatos do metabolismo). Ascite de forma isolada pode estar associada com doenças que inicialmente afetam a função hepática. Também pode ser observada em anomalias obstrutivas urinárias que resultam em perfuração desse sistema e o consequente extravasamento de urina para a cavidade abdominal. Salienta-se ainda que em todos esses processos a ascite pode ser transitória.

Focos hiperecogênicos dispersos, muitas vezes descritos como calcificação, podem ser encontrados na mucoviscidose, anomalias cromossômicas, infecção congênita, processos obstrutivos, em pacientes com história de sangramento, e mais comumente em gestação gemelar. A relação desses quadros com a peritonite meconial também deve ser considerada.

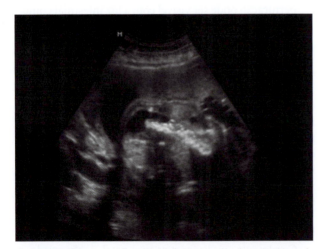

Figura 22 Plano transverso do abdome mostrando pontos ecogênicos dispersos em topografia abdominal de feto de 28 semanas.

Massas abdominais normalmente indicam a possibilidade de tumores. Eles podem se manifestar como massas abdominais hiperecogênicas ou hipoecogênicas e heterogêneas, incluindo: hemangioma, linfangioma, hepatoblastoma, neuroblastoma, teratoma, cistos dermoides e mesmo cistos simples de ovário. Nessas situações, o acompanhamento ultrassonográfico seriado pode auxiliar a elucidar o caso. Métodos complementares como ressonância magnética (RM) podem ser utilizados para confirmação de detalhamento diagnóstico.

Conduta pré-natal

Diante da suspeita ultrassonográfica, o acompanhamento seriado é importante para estabelecer a evolução do quadro. O aconselhamento genético adequado e a avaliação dos exames ultrassonográficos prévios podem ser fundamentais para o diagnóstico preciso. A avaliação do heredograma pode identificar situações para o desenvolvimento da afecção. Também deve ser analisado o rastreamento sorológico para excluir as infecções congênitas. Exame ecocardiográfico é importante para determinar processos responsáveis por insuficiência cardíaca. A análise do cariótipo fetal e da biologia molecular para o diagnóstico da mucoviscidose pode ser indicada em algumas situações.

Na presença de ascite, é recomendável a punção abdominal para análise citológica, viral, proteica e bioquímica, que podem determinar a origem do processo. A celularidade pode indicar o tipo de processo inflamatório e mesmo linhagens tumorais. Por sua vez, a determinação dos níveis proteicos indica se o líquido da ascite é transudato ou exsudato. A presença de enzimas específicas também contribui para a determinação da etiologia.

Nos casos de peritonite meconial, a mortalidade é elevada, atingindo até 50% dos casos. Relatos de casos indicam que a peritonioinfusão com soro fisiológico pode contribuir, reduzindo o processo inflamatório e diminuindo essa taxa, embora não haja restrições em relação à via de parto. Ascites volumosas podem dificultar o parto normal, alguns casos indicando o seu volume ou a medida da circunferência para avaliar o risco de distócia. Se houver agravamento do quadro, o parto prematuro pode estar indicado. Ele deve ser realizado em centros terciários, pois pode haver indicação de intervenção cirúrgica imediata do recém-nascido.

Volvo de intestino delgado

O volvo ocorre por conta de um defeito da rotação do intestino delgado durante a fase embrionária.

Incidência

Em razão da raridade, é difícil determinar a incidência do volvo. Em 48 recém-nascidos com atresia, Komuro et al. verificaram que 14 apresentaram volvo.

Fisiopatologia

As condições que favorecem a formação do volvo compreendem a falta de fixação posterior do mesentério, em particular do ângulo duodenojejuntal, com a presença de um pedículo vascular retilíneo unindo a parte inicial do jejuno à junção ileocecal. Esse posicionamento favorece que o intestino se posicione em volta da artéria mesentérica superior e desse modo se instale o volvo no intestino delgado. Se houver oclusão arterial, termina por evoluir para isquemia intestinal com necrose.

Anomalias associadas

O volvo está associado com outras anomalias do trato intestinal.

Ultrassonografia

O volvo pode apresentar vários aspectos ultrassonográficos relacionados com a sua evolução. A forma inicial se apresenta como dilatação de alça acentuada. Com a formação do volvo, a imagem adquire aparência de uma massa cística contendo membranas e nível líquido. E finalmente, com a necrose, podem ocorrer a perfuração e a ascite (peritonite meconial), bem como a formação de pseudocistos como resultado da dissolução das alças comprometidas. Em alguns casos, a extensão da alça comprometida é grande e, desse modo, ocorre significativa perda sanguínea e proteica, que resulta no desenvolvimento de hidropisia fetal (Figuras 25 a 27).

Conduta pré-natal

O diagnóstico de volvo intrauterino é raro. As complicações podem ser observadas, porém a conduta não está determinada. A evolução para a formação de pseudocistos ou peritonite meconial é frequente. Desse modo, a abordagem depende da idade gestacional e do volume abdominal. Se a idade gestacional for precoce, a conduta expectante parece ser mais conveniente. Se

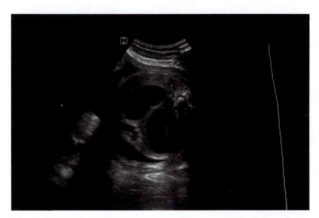

Figura 25 Plano transverso do abdome que mostra dilatação de alça compatível com volvo.

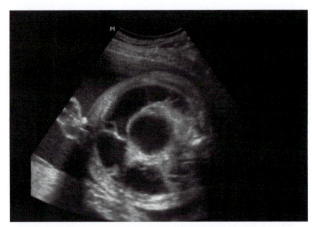

Figura 26 Feto de 34 semanas com imagem cística central e presença de septos, formando pseudocistos no interior da ascite.

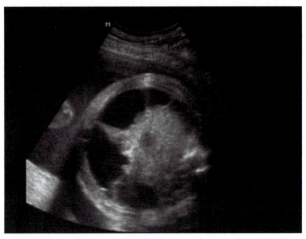

Figura 27 Plano transverso do caso anterior, um pouco mais inferior demonstra a presença de ascite e os pseudocistos.

houver ascite, a punção diagnóstica (celularidade, bioquímico) e a peritonioinfusão com líquido amniótico parecem melhorar o prognóstico. Se o quadro evoluir para hidropisia ou se a idade gestacional for apropriada para a resolução, a intervenção está indicada. Não há restrições em relação à via de parto. Porém, se o volume abdominal estiver muito aumentado, é aconselhável o parto operatório. Em razão da necessidade da intervenção cirúrgica imediata a fim de evitar a isquemia intestinal, é recomendável que o parto seja realizado em centro terciário.

Intestino grosso

Atresia de cólon

As obstruções do cólon correspondem a pouco mais de 15% das atresias intestinais.

Incidência

Essas anomalias apresentam incidência variável de 1:4.000 a 1:20.000 nascimentos. A inclusão de outras anomalias, como a doença de Hirschsprung, reflete essa diferença.

Fisiopatologia

O processo que resulta na atresia de cólon parece ser o mesmo, ou seja, alterações vasculares que acometem o jejuno e íleo. A maior parte das obstruções do cólon ocorre na flexura esplênica, associada à ausência de segmento significativa e microcólon distal. As variações anatômicas são semelhantes às do intestino delgado, porém as formas múltiplas são infrequentes. Em outras regiões do cólon, as obstruções estão mais relacionadas com má rotação intestinal, volvo, hérnia interna, compressão por cisto de colédoco, obstáculos intrínsecos ou mesmo decorrentes de gastrosquise. As raras obstruções múltiplas estão relacionadas aos distúrbios da morfogênese intestinal, infecção congênita por varicela e casos familiares.

Alguns casos apresentam ocorrência familiar, com padrão de herança autossômica dominante com penetrância baixa ou ligado ao X. Há suspeitas na alteração da função do receptor 2B do fator de crescimento de fibroblastos.

Anomalias associadas

As anomalias associadas são infrequentes. Mesmo assim, podem ser observadas atresia jejuno ileal, gastrosquise, onfalocele, fístula vesicointestinais, doença de Hirschsprung, anomalias oculares e esqueléticas (sindactilia, polidactilia, ausência de rádio e pé torto).

Ultrassonografia

As imagens ultrassonográficas da obstrução do cólon não são características e podem ser indistinguíveis de outras formas de obstrução intestinal. As imagens consistem em dilatações por líquido das alças e "sinal de luta". A posição das alças mais inferior na pelve, nas bordas laterais, presença de haustrações na sua parede e imagem líquida com aparência heterogênea no interior da alça são mais sugestivas da obstrução do cólon. Nas formas de obstrução mais distais, é possível identificar a porção final do reto dilatada. Porém, esses achados são infrequentes. A maior parte do líquido deglutido é absorvida no intestino delgado, assim o polidrâmnio não é comum. Pode haver perfuração da alça, resultando em peritonite meconial (Figura 28).

Diagnóstico diferencial

Pelas imagens ultrassonográficas não características, as obstruções do intestino delgado devem ser consideradas no diagnóstico diferencial, assim como outras formas de processo do sistema digestivo, como a doença de Hirschsprung.

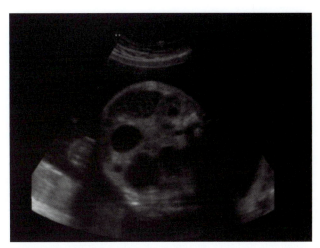

Figura 28   Plano transverso de abdome inferior de feto de 34 semanas demonstra dilatação de alça por conta do preenchimento hiperecogênico de alça intestinal e imagens císticas secundárias à atresia de cólon.

Conduta pré-natal

A anamnese direcionada pode identificar padrões de herança não diagnosticados. O risco de cromossomopatia é baixo. O exame ultrassonográfico, com atenção à parte esquelética, e a ecocardiografia são indicados em razão das anomalias associadas. Essa condição não interfere na via de parto, embora em alguns casos, em decorrência da dilatação acentuada, a medida da circunferência abdominal pode ser relevante. Como em alguns casos há indicação de cirurgia imediata, é recomendável que o parto seja programado em centro terciário.

Atresia anorretal (ânus imperfurado)

A atresia anorretal resulta da alteração do mecanismo normal da migração da formação primitiva (septo urorretal) que separa a formação embrionária urogenital e retal, após a perfuração da placa anal. Essa migração inadequada resulta no mau posicionamento do ânus e reto. Por conta da origem embriológica em comum, é frequente a presença de fístulas entre o trato urinário e a porção final do intestino.

Incidência

As anomalias da porção final do intestino apresentam incidência variável de 1:500 a 1:5.000 nascidos vivos. Há predominância no sexo masculino, variando em 55-65% dos casos.

Fisiopatogenia

As anomalias anorretais têm como base embriológica o retardo do desenvolvimento do septo urorretal em direção à membrana cloacal que ocorre entre a quarta e a sexta semanas. Esse septo tem por função separar o seio urogenital anterior do canal intestinal posterior. O mesoderma originário desse septo é composto de uma prega mediana (Tournex) e duas laterais (Rathke). Essas pregas se dirigem ao septo para completar a separação entre os tratos urinário e retal, contribuindo para a perfuração anal. Alterações desse processo estão associadas às fístulas entre os sistemas urinário e intestinal, além das malformações do intestino da porção final do intestino.

As anomalias anorretais podem ser classificadas em duas formas:

- Tipo I ou baixa (60%), designada de atresia anal verdadeira (60% dos casos), manifesta-se por ausência do orifício anal. O reto e o esfíncter externo estão preservados, e a região perineal está bem desenvolvida. Não se observam anomalias das vias urinárias ou da porção sacral da coluna. Porém, podem ser observadas as fístulas perineais ou vulvares.
- Tipo II, ou alta ou atresia anorretal (40% dos casos), as alterações estão presentes acima do diafragma pélvico. Representado por ausência do orifício anal, reto e esfíncter interno. Podem ser observadas a fístula retouretral no feto masculino e a fístula retovaginal no sexo feminino.

Malformações associadas

Mais de 50% dos casos apresentam anomalias associadas, entre as quais: coluna vertebral ou esqueléticas (50%), anomalias genitourinárias (58%), fístula traqueoesofágica (10%) e cardíacas (5%). Por conta do processo embrionário comum, a presença de fístulas é constante e verificam-se também agenesia renal bilateral, displasia renal e rim em ferradura. Salienta-se que as anomalias anorretais podem fazer parte da síndrome de Vactrel.

Diagnóstico pré-natal

As anomalias anorretais apresentam baixa taxa de detecção. Os achados ultrassonográficos são variáveis, por algumas vezes até ausentes. Em séries de número expressivo dessa anomalia, o diagnóstico foi feito entre 11-15,9%. No exame de ultrassom, o ânus aparece como ponto ecogênico no plano transverso inferior à genitália. Em casos de imperfuração anal, esse ponto não é observado. Além disso, os achados ultrassonográficos das anomalias anorretais são variáveis. Raramente, o único achado ultrassonográfico é representado pelo aumento do peristaltismo. Apesar de relatos desse diagnóstico no final do primeiro trimestre, a manifestação dessa alteração invariavelmente está presente a partir da 32ª à 34ª semana. O sinal mais evidente dessa anomalia consiste na presença de imagem líquida constante revestindo a alça intestinal, assim apresentando formato ovoide, posicionada posteriormente à bexiga. Uma imagem septada central pode ser observada e corresponde à união entre as partes embrionárias das duas alças intestinais. Essa imagem líquida costuma apresentar pontos ecogênicos que representam o mecônio. Se a dilatação for extensa, é possível reconhecer pequenos entalhes na parede da alça intestinal, que representam as haustrações. Assim, em razão da dificuldade diagnóstica, atenção deve ser direcionada às várias anomalias que cursam com essa malformação, como a síndrome de Vactrel e a síndrome de regressão caudal. Quando houver fístulas urinárias, as imagens císticas podem ficar mais ecogênicas e apresentar pontos hiperecogênicos que representam o mecônio, que em contato com a urina muda de características ecográficas, tornando-se mais ecogênico, muito semelhante à calcificação (Figuras 29 a 32).

Diagnóstico diferencial

É óbvio que o diagnóstico diferencial principal deve englobar as outras anomalias obstrutivas do trato intestinal, principalmente as do cólon. Também devem ser

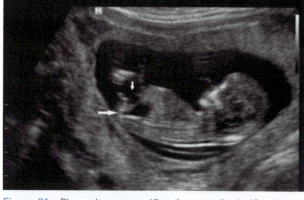

Figura 31 Plano ultrassonográfico de gestação de 12 semanas assinala com a seta maior a dilatação da porção final do intestino decorrente de fístula retouretral secundária à atresia do cólon. A seta menor assinala a bexiga deslocada anteriormente.

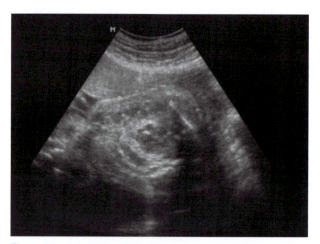

Figura 29 Plano oblíquo de feto de 34 semanas demonstra espessamento da parede das alças, com o seu conteúdo apresentando vários pontos ecogênicos dispersos (mecônio).

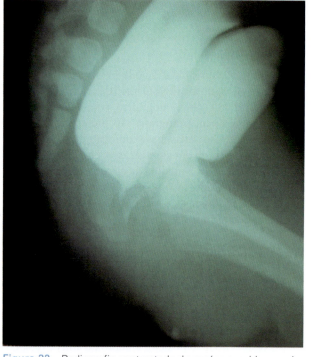

Figura 32 Radiografia contrastada de recém-nascido que demonstra a fístula retouretral.

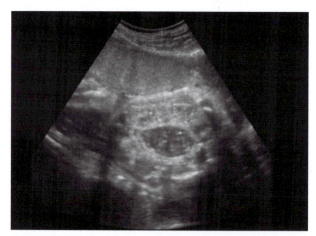

Figura 30 Plano transverso do caso da Figura 29 que demonstra a porção final da alça dilatada ocupada por múltiplos pontos ecogênicos por conta da atresia anorretal.

incluídos: doença de Hirschsprung, hidrometrocolpos, cisto de ovário, uropatias obstrutivas e cisto de uraco (Figura 33).

Conduta pré-natal

Por conta da associação com diversas síndromes e anomalias cromossômicas, a anamnese direcionada pode identificar caráter hereditário ou fatores de risco. O cariótipo fetal deve ser indicado pelo risco de anomalias cromossômicas. O exame ultrassonográfico detalhado do sistema gastrointestinal e urinário visa complementar

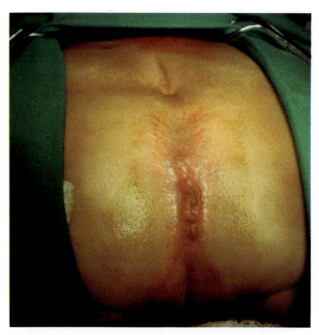

Figura 33 Recém-nascido portador de ânus imperfurado.

o diagnóstico. Não há necessidade de modificar a via de parto nem de antecipação. Por conta dos cuidados neonatais e da possibilidade de intervenção cirúrgica imediata, recomenda-se o parto em centro terciário.

Doença de Hirschsprung (DH) ou megacólon

A DH ocorre por conta da ausência dos gânglios mioentéricos intramurais parassimpáticos na porção final do intestino, em geral no nível do reto e do sigmoide. Esse comprometimento neurogênico resulta na alteração funcional da alça, levando a sua oclusão e dilatação.

Incidência

A incidência da DH varia de 1:5.000 a 1:20.000 nascidos vivos. Essa anomalia é responsável por aproximadamente 30% dos processos obstrutivos intestinais. O sexo masculino é cerca de 2 a 4 vezes mais comprometido.

Fisiopatologia

O processo da inervação do tubo digestivo se inicia a partir da quinta semana de gestação e é originário da extremidade anterior da crista neural. Os neuroblastos dessa região migram e colonizam o intestino anterior, depois eles continuam a sua migração na sua parede muscular em direção caudal, atingindo o reto por volta da 12ª semana. Na DH, os plexos de Auerbach (entre a camada muscular circular e longitudinal) e os de Meissner (submucosa) estão ausentes no reto e sigmoide e em alguns casos também no cólon proximal e no íleo terminal. Invariavelmente, o limite inferior dessa anomalia se situa no esfíncter interno do ânus, já que o esfíncter externo apresenta inervação extrínseca. Essa ausência congênita dos gânglios mioentéricos parassimpáticos interfere no processo funcional do intestino. Desse modo, evidencia-se aumento da sensibilidade do músculo liso, fazendo-o contrair permanentemente. A montante do segmento desprovido dos gânglios, notam-se oclusão funcional e dilatação do intestino normal. A forma mais comum (80% dos casos) compromete também o reto e o sigmoide. A DH é esporádica na maior parte dos casos, porém em 3-7% dos casos pode ser encontrado fator hereditário, considerando em alguns, a possibilidade de padrão de herança autossômica dominante, com penetrância variável. E próximo de 2%, há relação com anomalias cromossômicas, particularmente a trissomia do 21.

Malformações associadas

A DH tem sido associada com outros tumores neurais, como neuroblastomas e feocromocitomas. Isso indica provável desordem embrionária do desenvolvimento da crista neural e da migração dos neuroblastos. Também podem estar associadas síndrome acrocalosal e hidrocefalia. Outras anomalias do trato gastrointestinal também podem ser observadas, como: gastrosquise, atresia de cólon e ânus imperfurado.

Diagnóstico pré-natal

Por comprometer a porção final do intestino, o diagnóstico, quando realizado intraútero, geralmente é tardio, a partir de 32 a 34 semanas. A imagem ultrassonográfica pode ser idêntica a dos outros processos obstrutivos. Eventualmente, a presença de caso índex pode favorecer a possibilidade desse diagnóstico. A imagem ultrassonográfica mais presente consiste nas dilatações múltiplas das alças do intestino delgado associado ao polidrâmnio. A análise enzimática ou bioquímica do líquido amniótico não apresenta resultados elucidativos. O diagnóstico só é realizado após o nascimento com base na biópsia de tecido muscular da porção final do íleo e do sigmoide.

Diagnóstico diferencial

O diagnóstico da DH deve abranger as doenças obstrutivas intestinais, sobretudo a atresia de cólon e a anomalia anorretal.

Conduta pré-natal

A obtenção do heredograma, com base no aconselhamento genético, pode identificar casos hereditários. Em decorrência da associação com anomalias cromossômicas, a análise do cariótipo fetal pode ser recomendada. O controle seriado desses casos tem como objetivo rastrear eventuais complicações, como: enterocolite, perfuração intestinal e volvo. Se houver sinais de complicações, o parto pode ser antecipado. Nesses casos, a via de parto não deve sofrer interferência dessa doença, porém, se houver aumento significativo do volume abdominal pelas alças dilatadas ou por ascite, o parto cesáreo pode ser considerado.

Duplicação digestiva

Definição

Essa afecção apresenta como característica a duplicação de parte ou partes do trato digestivo, podendo ser cística ou tubular em decorrência da sua forma.

Incidência

O diagnóstico ultrassonográfico da duplicação digestiva é pouco relatado. Isso provavelmente ocorre pela falta de especificidade das imagens e também por não interferir na evolução da gestação. A frequência da duplicação é dependente da localização.

Fisiopatologia

A duplicação pode ocorrer em todo o sistema digestivo, desde a língua até o ânus, e pode ser classificada de acordo com a anatomia em:

- Forma cística – consiste em massa arredondada, cística, sem sinais de atividade contrátil, de tamanho variável, em geral localizada em qualquer região do abdome. Essa forma é mais frequente (94%) e raramente apresenta comunicação com a luz do trato digestivo normal. Porém, quando há comunicação, no interior da imagem cística podem ser observadas a atividade contrátil e as finas partículas ecogênicas.
- Forma tubular – a forma tubular também pode apresentar diversos tamanhos e, diferentemente da cística, muitas vezes apresenta comunicação com a luz do aparelho digestivo por sua extremidade distal. A aparência do seu conteúdo é variável, e usualmente pode ser observada a atividade contrátil.

Diagnóstico pré-natal

Por represar o seu conteúdo líquido, as formas císticas são comumente diagnosticadas no período intrauterino. De outro modo, as formas tubulares, por apresentar comunicação com a luz intestinal, no ultrassom geralmente aparentam a alça intestinal normal (Figura 34).

Ambas as formas podem apresentar imagens múltiplas, por vezes com comunicação entre si. Ocasionalmente, pode haver acúmulo de secreções ou mesmo quadros hemorrágicos, tornando o seu interior mais heterogêneo e ecogênico. Características mais específicas são dependentes da sua localização:

- Esôfago: representam 15-17%, e 60% se situam na porção inferior, sem repercussão clínica. Frequentemente, a imagem fica localizada no mediastino. Diagnóstico diferencial com cisto broncogênico e pericárdico.

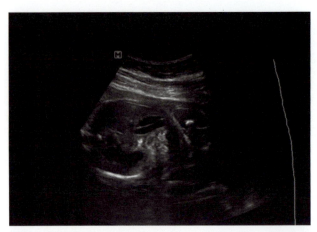

Figura 34 Plano transverso do abdome evidencia estômago e duas imagens anecoicas alongadas compatíveis com duplicação de vesícula biliar.

- Estômago: infrequente, representam de 5-7% dos casos. Manifesta-se como imagem cística na parte superior do abdome fetal, geralmente mais próximo da grande curvatura do estômago. Diagnóstico diferencial deve ser com estenose duodenal, cisto de mesentério e cisto de colédoco (Figura 35).
- Duodeno: raro, a diferenciação com a atresia duodenal é difícil. Há associação com polidrâmnio. Diagnóstico diferencial como qualquer imagem cística no abdome, e em particular deve abranger a duplicação do delgado (Figura 36).
- Intestino delgado: representam 30% dos casos, situam-se mais frequentemente no íleo. Em particular, apresenta característica móvel, ou seja, a sua localização é variável no decorrer de exames subsequentes. Diagnóstico diferencial deve ser realizado com cisto de mesentério, cisto renal e cisto de ovário. Quando apresenta imagens císticas múltiplas, devem ser considerados a atresia intestinal e o linfangioma.
- Cólon e reto: representam 15% dos casos, apresentando as mesmas características do intestino delgado e os mesmos diagnósticos diferenciais.

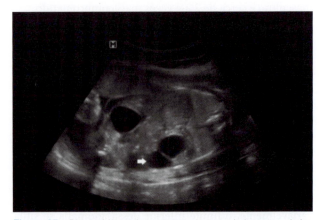

Figura 35 Plano oblíquo demonstra presença de imagem cística abaixo do estômago compatível com duplicação gástrica.

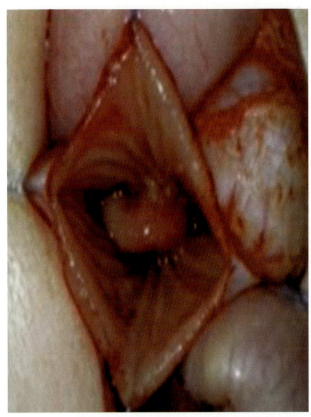

Figura 36 Imagem intraoperatória de caso de duplicação duodenal.

Anomalias associadas

A forma tubular se acompanha frequentemente de malformações genitourinárias ou de imperfuração anal ou ectopia anal. Logo, seu prognóstico é mais reservado.

Conduta

Na suspeita da duplicação digestiva, a abordagem é expectante. As imagens císticas apresentam vários diagnósticos diferenciais. A punção não é recomendada pelo risco de peritonite meconial. O acompanhamento ultrassonográfico seriado tem como objetivo diagnosticar as complicações relacionadas ao cisto, incluindo: obstrução parcial ou total do tubo digestivo (aspecto tumoral do cisto pelo acúmulo de secreções), hemorragia digestiva (pela ulceração da mucosa do cisto), perfuração com peritonite meconial e/ou formação de fístulas.

Fígado

O diagnóstico de anomalias hepáticas e das vias biliares é infrequente no pré-natal, embora elas sejam logo observadas no período neonatal. A formação desse sistema se inicia a partir de um divertículo que aparece na parede ventral e lateral direita do intestino primitivo. Esse divertículo denso apresenta crescimento rápido do parênquima e se divide em dois brotos. A parte cranial, também chamada de hepática, origina o fígado e os canais hepáticos, enquanto a parte caudal, designada de cística, forma a vesícula biliar e seus canais. Na junção entre essas duas partes e o duodeno em desenvolvimento, surge o canal do colédoco.

Os tumores hepáticos são relativamente raros, representando aproximadamente 6% dos tumores da primeira infância. Entre os malignos, incluem-se: hepatoblastoma e carcinoma hepatocelular. Os benignos mais frequentes podem ser: adenomas, linfangiomas, hamartomas e os tumores vasculares (hemangioendotelioma, hemangioma cavernoso e hamartoma mesenquimatoso). Neuroblastos também podem infiltrar o fígado e manifestar imagem semelhante aos tumores primários (Figuras 37 a 39).

- Os cistos hepáticos também são raros, podendo ser divididos em dois tipos:
  - Cisto isolado: único, geralmente localizado na linha do canal hepático. No exame ultrassonográfico, esse cisto apresenta em seu interior imagem anecoica, embora às vezes o aspecto possa ser um

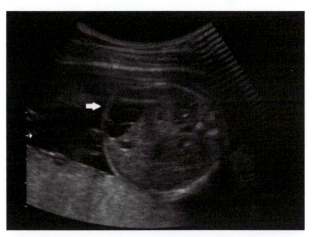

Figura 37 Plano transverso do abdome que demonstra imagem anecoica trabecular localizada em porção anterior do fígado (seta branca) compatível com linfangioma.

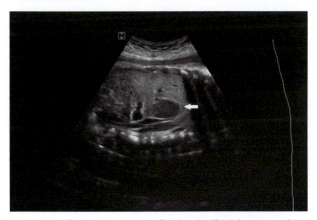

Figura 38 Plano ultrassonográfico longitudinal demonstra imagem hipoecoica arredondada compatível com adenoma.

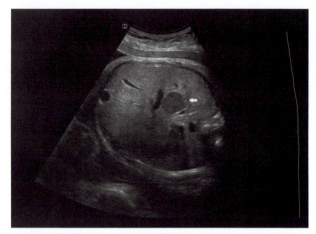
Figura 39 Plano ultrassonográfico transverso do caso anterior demonstra imagem hipoecoica arredondada (seta branca).

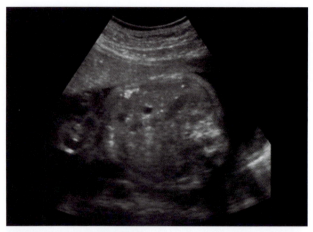
Figura 40 Plano transverso de abdome de 24 semanas demonstra presença de múltiplos focos ecogênicos dispersos em caso de infecção por citomegalovírus.

pouco mais ecogênico por conta da secreção mucosa. Pode apresentar medida de até 10 cm. Entre os diagnósticos diferenciais, devem ser considerados: cisto de colédoco, duplicação digestiva, cisto de mesentério, hemangioma e até cisto de ovário.
- Cistos parasitários: geralmente, eles são pequenos e múltiplos, tendo como etiologia principal infecção congênita por toxoplasmose.

As calcificações hepáticas consistem em imagens ecogênicas dispersas no parênquima hepático. Esses achados podem ser observados em casos de restrição de crescimento intrauterino, anomalias cromossômicas e infecções congênitas (toxoplasmose, citomegalovírus, sífilis e varicela). Nas duas primeiras situações, essa imagem parece estar associada com processo de apoptose celular. Já na infecção congênita, esse fenômeno está vinculado à reação inflamatória diante do agente infeccioso (Figura 40).

O aumento do volume hepático pode ser observado indiretamente pelo desvio da veia umbilical para o lado esquerdo no seu trajeto intra-hepático. Também estão disponíveis tabelas que utilizam os diâmetros para o estabelecimento de seu volume. Várias intercorrências fetais resultam em hepatomegalia, entre elas: insuficiência cardíaca, infecção congênita (toxoplasmose, sífilis, citomegalovírus, parvovirose e rubéola), desordens metabólicas e isoimunização Rh. Fetos macrossômicos também podem apresentar aumento do seu volume. De outra forma, o fígado pode estar reduzido em fetos pequenos para a idade gestacional (restrição de crescimento, anomalias cromossômicas e infecção congênita, principalmente processos virais muito precoces).

As anomalias vasculares do sistema umbilico-porto-mesentérico consistem principalmente em dilatação varicosa, agenesia ou anastomoses vasculares (artéria umbilical única, agenesia do ducto venoso, anastomose umbilico-mesentérico-cava, dilatação aneurismática da veia umbilical e persistência da veia umbilical direita). Dependendo do tipo, pode haver alteração hemodinâmica fetal com a evolução para hidropisia fetal. Em algumas situações, a circulação hemodinâmica pode estar equilibrada no período intrauterino, porém, após o nascimento por conta do fechamento das comunicações circulatórias fetais, podem ocorrer insuficiência cardíaca e hipertensão pulmonar.

Vias biliares

Cisto de colédoco

Trata-se de cisto único (ou eventualmente múltiplos) localizado no trajeto do ducto biliar.

Incidência

Rara, estimada em aproximadamente 1:2.000.000 de nascidos vivos. Apresenta prevalência maior no sexo feminino. Nos orientais, particularmente no Japão, a incidência pode atingir 0,1%.

Etiopatogenia

O processo do desenvolvimento do cisto ainda não está esclarecido. Não foi comprovado seu caráter hereditário. Nas formas consideradas altas, presentes no início da gestação, é provável que a formação do cisto ocorra em razão do aumento do crescimento das células embrionárias. De outro modo, nas formas de aparecimento tardio, elas parecem estar relacionadas com anomalias da junção dos canais biliares e pancreáticos. A localização do cisto de colédoco pode ser classificada da seguinte forma:

- Tipo I – dilatação cística da via biliar principal, correspondendo a 86% dos casos.
- Tipo II – divertículo do colédoco.
- Tipo III – coledococele.
- Tipo IV – cistos múltiplos infra e/ou extra-hepáticos (doença de Caroli).

Diagnóstico pré-natal

O cisto de colédoco é caracterizado por imagem cística, geralmente posicionada no hipocôndrio direito, junto ao hilo hepático. Esse cisto pode ser septado ou apresentar ecos difusos. Essa imagem pode se prolongar através dos canais, projetando-se para o interior do parênquima hepático. A identificação ultrassonográfica de uma comunicação com as vias biliares estabelece o diagnóstico. A idade gestacional de aparecimento é variável. Alguns casos estão presentes desde a 20ª semana, embora o diagnóstico geralmente seja em idade gestacional mais avançada (Figura 41).[12]

Geralmente, não há comprometimento de outros órgãos. O estômago apresenta volume normal, posicionando-se em sua topografia habitual (hipocôndrio esquerdo). O rim e o baço não apresentam continuidade com o cisto. A vesícula biliar apresenta-se comprimida, com volume reduzido, por vezes de difícil identificação.

Diagnóstico diferencial

Inicialmente, o diagnóstico diferencial deve ser realizado principalmente com cistos do trato intestinal e duplicações, além da atresia duodenal.

Conduta pré-natal

O diagnóstico intrauterino é importante, pois diante do processo obstrutivo pode ocorrer o quadro caracterizado pela tríade: icterícia, massa sub-hepática e dor. A abordagem cirúrgica programada evita esses sintomas.

Atresia de vias biliares

A ausência das vias biliares extra-hepática é designada de atresia. Esta pode ser completa, na maioria dos casos, ou parcial. Invariavelmente, há associação com anomalias hepáticas.

Incidência

A incidência da atresia de vias biliares varia de 1:8.000-14.000 nascidos vivos.

Fisiopatologia

O processo é desconhecido. Alterações da embriogênese podem ser responsáveis por aproximadamente 15% dos casos. Não há evidência de fatores teratogênicos, assim como fatores hereditários. Achados histológicos sugerem possível correlação viral.

Ultrassonografia

A avaliação da vesícula biliar deve fazer parte de todo o exame ultrassonográfico rotineiro. O plano transverso do abdome fetal reconhece por imediato estrutura oblonga e anecoica junto ao fígado. O volume da vesícula pode apresentar variação de um exame para o outro e mesmo durante o período do exame (geralmente por conta do seu esvaziamento). A falta de identificação dessa estrutura sugere esse diagnóstico. Salienta-se que, eventualmente, a vesicular biliar possa estar vazia. A prorrogação do período do exame pode esclarecer esses casos. Da mesma forma, a avaliação seriada, não identificando a estrutura, confirma o diagnóstico. Mesmo com a vesícula vazia, ela pode ser reconhecida por sua parede fina, semelhante a um vaso. O Doppler colorido, não identificando fluxo no seu interior, pode confirmar a sua estrutura (Figura 42).

Anomalias associadas

Há associação com outros processos obstrutivos do trato digestivo, além da síndrome de polisplenia. Também pode ser encontrado na trissomia do 18.

Conduta

O diagnóstico intrauterino é importante para as medidas preventivas para colestase e insuficiência hepática. A abordagem terapêutica cirúrgica consiste no tratamento definitivo.

Litíase biliar

Trata-se da identificação de pequenos cálculos no interior da vesícula biliar.

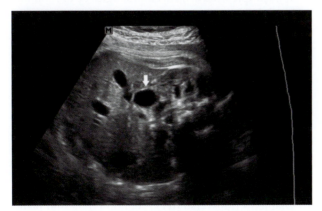

Figura 41 Plano transverso do abdome fetal discretamente inclinado que demonstra vesícula biliar. A seta branca assinala imagem cística adjacente compatível com cisto de colédoco.

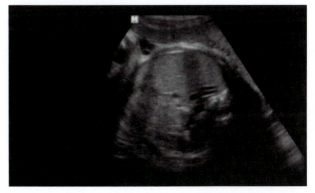

Figura 42 Plano transverso do abdome de feto de 30 semanas não identifica vesícula biliar. O controle ultrassonográfico realizado após 1 semana também não identificou a estrutura em caso de agenesia de vias biliares.

Incidência

A coledocolitíase fetal apresenta incidência de 0,42%, apresentando prevalência um pouco maior no sexo masculino.

Fisiopatologia

A litíase biliar pode estar associada à redução da circulação êntero-hepática dos sais biliares, que resulta na diminuição da absorção deles no íleo. Desse modo, a bile fica mais saturada de colesterol, o que predispõe à formação dos cálculos. Há algumas associações com a formação desses cálculos: anemia hemolítica, processos inflamatórios intestinais, pancreatite e doença fibrocística.

Diagnóstico pré-natal

A vesícula biliar pode ser observada a partir da 12ª semana de gestação. Ela normalmente apresenta no seu interior conteúdo anecoico. Este conteúdo também pode apresentar características um pouco mais densas, com depósito mais ecogênico. Geralmente, o cálculo biliar apresenta-se como uma formação hiperecogênica, por vezes demonstrando sombra acústica. A observação desses cálculos frequentemente ocorre a partir do sétimo mês de gestação (Figuras 43 e 44).

A coledocolitíase pode se manifestar de três formas diferentes:

- Cálculo hiperecogênico, único ou múltiplo, apresentando sombra acústica.
- Líquido apresentando características ecogênicas (densa), conhecido como barro biliar.
- Vesícula preenchida por formações densas, porém sem sombra acústica.

Anomalias associadas

O risco de anomalia cromossômica descrito pode atingir até 22%. Entre as anomalias associadas, podem ser observadas: mucoviscidose, atresia ou estenose duodenal. Na gestante, ainda podem ser observados: incompatibilidade ABO, esferocitose, talassemia, diabete materno ou mesmo antecedentes familiares.

Conduta pré-natal

A manifestação dessas imagens durante o pré-natal não costuma alterar a abordagem ultrassonográfica. Apesar de a avaliação do recém-nascido confirmar os achados, não há descrição de complicações no período neonatal. A resolução espontânea é quase invariável, geralmente após 1 mês de vida. A avaliação ultrassonográfica deve ser criteriosa para descartar outras malformações, bem como complicações raras. A pesquisa do cariótipo deve ser indicada. O risco de anomalia cromossômica parece atingir níveis de até 22%, sobretudo se houver outras malformações associadas.

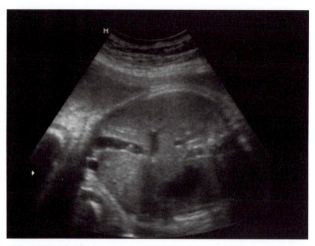

Figura 43 Plano transverso de feto de 30 semanas demonstra múltiplas imagens ecogênicas localizadas em vesícula biliar compatível com coledocolitíase.

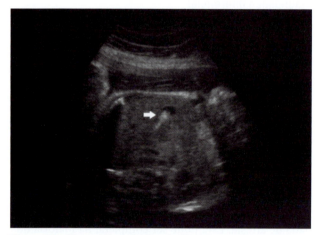

Figura 44 Plano oblíquo de feto de 30 semanas demonstra vesícula biliar preenchida por imagem ecogênica densa (seta branca) compatível com barro biliar.

Baço

O baço apresenta origem embriológica de um conjunto de células mesenquimatosas reticulares do mesentério dorsal do estômago, presentes entre a sexta e a sétima semanas de gestação. No exame ultrassonográfico, esse órgão apresenta-se em forma de vírgula situado no hipocôndrio direito, posterior e inferiormente ao estômago. Geralmente, é discretamente menos ecogênico que o fígado. A medida do volume do baço pode ser obtida com bases no seguintes diâmetros:

- Diâmetro longitudinal (dL) – medido no corte transverso, vindo da parte do baço mais próxima à parede abdominal anterior, até a sua porção mais próxima à coluna.
- Diâmetro transverso (dT) – obtido no mesmo plano anterior, perpendicular ao diâmetro longitudinal.
- Diâmetro vertical (dV) – medido no corte coronal.

O volume esplênico é estimado pela fórmula:

Volume esplênico = 0,5233 × dL × dT × dV

Enquanto o perímetro pode ser calculado assim: perímetro esplênico = (dL + dT) × 1,57.

Esplenomegalia

Além da experiência do examinador, a esplenomegalia pode ser suspeitada no exame ultrassonográfico pelo desvio central do estômago. O diagnóstico deve ser considerado quando as medidas do baço estiverem acima do percentil 95 para a idade gestacional. A referência pode ser considerada tanto pelo volume quanto pelo perímetro. É provável que este último apresente melhor correlação com o diagnóstico.

Fisiopatogenia

As esplenomegalias podem ocorrer por uma série de intercorrências, entre as quais incluem-se: hidropsia fetal imune, hidropsia fetal não imune, infecção congênita (citomegalovírus, toxoplasmose, rubéola, parvovirose e sífilis), doenças metabólicas (doença de Gaucher, síndrome de Nieman-Pick) e outras desordens sanguíneas, como a leucemia.

Diagnóstico ultrassonográfico

O aumento do baço pode ser evidenciado diretamente por meio de medidas do seu volume, obtendo os planos longitudinal, transverso e anteroposterior, quando acima do percentil 90; ou de forma indireta, observando-se o deslocamento central do estômago (Figura 45).

Conduta pré-natal

No exame, a esplenomegalia isolada não é frequente. Faz parte de um quadro ultrassonográfico com as suspeitas diagnósticas já estabelecidas. Assim, a conduta depende da etiologia em questão. Quando a etiologia não é determinada, a pesquisa fetal deve ser considerada. A análise hematimétrica e bioquímica do sangue fetal obtido por cordocentese pode direcionar para a causa do caso.

Cisto esplênico

Os cistos esplênicos podem apresentar duas etiologias distintas. São considerados primários ou "verdadeiros" quando a sua parede é revestida por tecidos primários do próprio órgão (p. ex., cisto simples, dermoide, hemangioma e linfangioma). Os cistos secundários ou "falsos" se formam de processos inflamatórios ou traumáticos, sendo preenchidos por material seroso ou hemorrágico com a parede formada por material fibroso (Figuras 46 a 47).

A comprovação da origem de cistos próximos do baço não é fácil por conta de sua estreita relação com os órgãos adjacentes. Ou seja, a origem deve ser diferenciada de cistos de outros órgãos e mesmo das duplicações intestinais. A conduta é expectante. E a comprovação deve ser realizada após o nascimento.

Síndrome da asplenia-polisplenia

As síndromes que compõem a ausência ou a presença de múltiplos baços pertencem a um grupo de malformações designadas de isomerismo. Teoricamente, no isomerismo direito, pode ser observada a configuração cardíaca com ambos os lados do coração com características de átrio e ventrículo direitos. No abdome, o fígado está aumentado e o baço ausente. Assim, a síndrome de asplenia apresenta cardiopatia grave, *situs inversus* e ausência do baço (asplenia), também conhecida como síndrome de Ivemark. Geralmente, essa alteração cardíaca complexa interfere no sistema de condução, resultando em bradicardia por bloqueio atrioventricular. A asplenia também pode ser observada na síndrome de Kartagener.

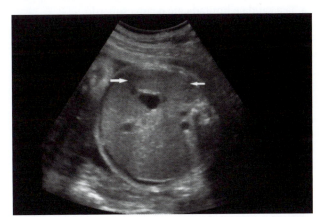

Figura 45 Plano transverso de feto de 32 semanas demonstra discreta ascite fetal e deslocamento central do estômago em razão da esplenomegalia (limites do baço assinalados por setas brancas).

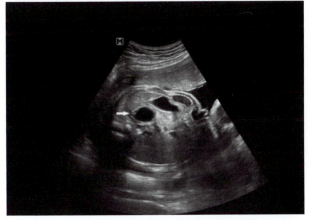

Figura 46 Plano transverso de feto de 34 semanas. A seta branca indica cisto esplênico com deslocamento lateral do estômago.

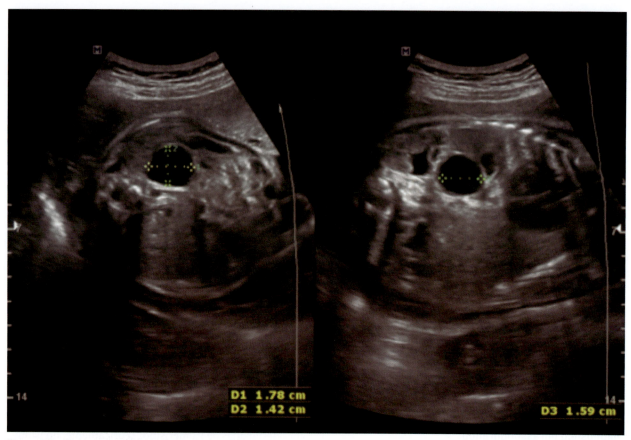

Figura 47   Plano transverso estabelece as medidas do cisto esplênico e sua correlação com o rim direito do caso da Figura 46.

A poliesplenia está associada com o isomerismo esquerdo. Assim, nesses casos, os átrios e os ventrículos apresentam morfologia esquerda. O tecido esplênico pode ser substituído por nódulos pequenos no polo superior do estômago ou mesmo no mesogastro. As alterações descritas incluem: fígado centralizado, atresia de vias biliares extra-hepática, má rotação intestinal e posicionamento ambíguo do pulmão esquerdo. Da mesma forma que na asplenia, é comum a bradicardia em razão do bloqueio atrioventricular.

Situs inversus

A alteração do posicionamento das vísceras pode estar relacionada às diversas anomalias do trato digestivo, renais e esqueléticas. Mas a associação mais comum ocorre com as cardiopatias, abrangendo aproximadamente 40% dos casos. Exame ecográfico especializado deve ser indicado para descartar essa associação. A conduta está vinculada à presença de anomalias associadas.

Pâncreas

O pâncreas é originário de dois brotos provenientes do endoderma ventral e dorsal do duodeno que aparecem entre a quarta e a quinta semanas de gestação. No exame ultrassonográfico, sua identificação é possível desde a 20ª semana em mais de 80% dos casos, principalmente quando o estômago estiver repleto. Ele se apresenta como imagem irregular ecogênica, projetando-se para o estômago e o fígado. A vascularização da porção superior do abdome, através da artéria hepática, auxilia na sua identificação. A cabeça do pâncreas está posicionada ao redor da artéria hepática, e o corpo, ao longo da artéria esplênica. Já a cauda é limitada até o rim esquerdo.

As doenças identificadas no pâncreas são raras. O pâncreas anular apresenta repercussão no piloro, resultando em aumento do volume do estômago e eventualmente no sinal da dupla bolha. Já o cisto pancreático faz parte do diagnóstico diferencial dos cistos abdominais e das duplicações intestinais.

Cistos abdominais

Os cistos abdominais podem apresentar diversas origens e estar presentes em qualquer estrutura ou órgão abdominal. Na maior parte das vezes, não é possível precisar a origem do cisto. Embora a análise bioquímica, celular e hormonal do cisto possa fornecer a causa, as indicações de punção do cisto ficam muito restritas por conta do risco de peritonite meconial e do próprio procedimento. Geralmente, ele pode ser indicado na vigência de complicações relacionadas ao cisto, como: compressão de outros órgãos, hemorragia, sinais inflamatórios ou volume muito acentuado.

Cisto de mesentério

Os cistos de mesentério apresentam origem do próprio sistema linfático, assim sendo considerados linfangiomas. Geralmente, a imagem cística é anecoica, muitas vezes septada e de tamanho e localização variados, embora seja mais comum na região do íleo. Desse modo, é difícil de diferenciar de outros cistos abdominais. A imagem mais sugestiva ocorre quando apresenta o mesmo aspecto do linfangioma.

Cisto do canal onfalomesentérico

O canal onfalomesentérico consiste em estrutura embrionária que conecta o cordão umbilical ao mesentério. Assim como os cistos de cordão, podem estar presentes desde o final do primeiro trimestre, embora o diagnóstico seja mais frequente a partir da segunda metade da gestação. O controle ultrassonográfico seriado é suficiente para rastrear as mesmas complicações observadas em outros cistos.

Cisto de úraco

O úraco consiste em uma estrutura embrionária fibromuscular em forma de conduto que se estende da parte superior da bexiga ao cordão umbilical. Essa estrutura é obliterada no fim do período embrionário. Geralmente, o atraso na obliteração desse canal resulta na formação do cisto. Nota-se também que anomalias obstrutivas que cursam com o aumento da pressão do sistema urinário podem contribuir para o seu desenvolvimento. A incidência é rara, com predominância do sexo masculino. No exame ultrassonográfico, esse cisto pode ser observado anteriormente à bexiga. O acompanhamento do enchimento e do esvaziamento vesical permite diferenciá-lo de dilatações do sistema urinário. O acompanhamento ultrassonográfico é suficiente até a exérese do cisto, que é realizada após o nascimento.

Cisto de cordão umbilical

Cistos de cordão podem ocorrer durante todo o trajeto, desde a sua inserção na placenta até a proximidade do abdome, sendo essa ocorrência a mais comum. Esses cistos podem representar diversas intercorrências: cisto de alantoide, hemangioma, degeneração mucoide, hematoma e ectasia da veia umbilical, além de envelopamentos da membrana amniótica resultando em pseudocistos. Na USG, o cisto de cordão umbilical geralmente apresenta-se como imagem cística, próximo da inserção abdominal, de tamanhos variados. Deve-se considerar a possibilidade de onfalocele e hérnia umbilical quando muito próximo da parede abdominal. Há associação com anomalias cromossômicas, principalmente quando houver outras malformações associadas. Em relação às malformações, devem ser consideradas as anomalias de parede abdominal e as cardíacas.

Bibliografia sugerida

1. Achiron R, Hegesh J, Yagel S, Lipitz S, Cohen SB, Rotstein Z. Abnormalities of the fetal central veins and umbilico-portal system: prenatal ultrasonographic diagnosis and proposed classification. Ultrasound Obstet Gynecol. 2000;16(6):539-48.
2. Basaran UN, Inan M, Gucer F, Yardim T, Pul M. Prenatally closed gastroschisis with midgut atresia. Pediatr Surg Int. 2002;18:550-2.
3. Bashiri A, Burstein E, Hershkowitz R, Maor E, Landau D, Mazor M. Fetal echogenic bowel at 17 weeks' gestational age as the early and only sign of a very long segment of Hirschsprung disease. J Ultrasound Med. 2008;27(7):1125-6.
4. Berg C, Geipel A, Smrcek J, Krapp M, Germer U, Kohl T, et al. Prenatal diagnosis of cardiosplenic syndromes: a 10-year experience. Ultrasound Obstet Gynecol. 2003;22(5):451-9.
5. Bianchi DW, Crombleholme TM, D'Alton ME, Malone FD. Esophageal atresia and trachesophageal fístula. 2. ed. In: Bianchi DW, Crombleholme TM, D'Alton ME, Malone FD. Fetology: diagnosis and management of the fetal patient. New York: McGraw Hill; 2010, p. 306-12.
6. Bianchi DW, Crombleholme TM, D'Alton ME, Malone FD. Jejunoileal atresia and stenosis. In: Bianchi DW, Crombleholme TM, D'Alton ME, Malone FD. Fetology: diagnosis and management of the fetal patient. New York: McGraw Hill; 2010 2.ed., p. 501-7.
7. Boog G, Chabaud JJ, Warnon K. Malformations digestives. In: Cillet JY, Boog G, Dumez Y, Nisand L, Vallet C. Echographie dês malformations foetales. Paris: Vigot; 1990. p. 145-84.
8. Bowie JD, Clair MR. Fetal swallowing and regurgitation: normal and abnornial activity. Radiology. 1982;144:877-8.
9. Brantberg A, Blaas HGK, Haugen SE, Isaksen CV, Eik-Nes SH. Imperforate anus: a relatively common anomaly rarely diagnosed prenatally. Ultrasound Obstet Gynecol. 2006;28:904-10.
10. Carlyle BE, Borowitz DS, Glick PL. A review of pathophysiology and management of fetuses and neonates with meconium ileus for the pediatric surgeon. J Pediatr Surg. 2012;47(4):772-81.
11. Carvalho E, Ivantes CAP, Bezerra JA. Atresia de vias biliares extra-hepáticas: conhecimentos atuais e perspectivas. Jornal de Pediatria. 2007;83(2):105-20.
12. Casaccia G, Bilancioni E, Nahom A, Trucchi A, Aite L, Marcellini M, et al. Cystic anomalies of biliary tree in the fetus: is it possible to make a more specific prenatal diagnosis? J Pediatr Surg. 2002;37(8):1191-4.
13. Cassacia G, Catalano OA, Bagolan P. Congenital gastrointestinal anomalies in anorectal malformations: what relationship and management. Neo and Ped Surg. 2009;49(2):93-6.
14. Catania VD, Briganti V, Di Giacomo V, Miele V, Signore F, de Waure C, et al. Fetal intra-abdominal cysts: accuracy and predictive value of prenatal ultrasound. J Matern Fetal Neonatal Med. 2016;29(10):1691-9.
15. Colin CMM. Congenital gastric outlet obstruction. Pediatr Surg. 1989;24:1241-6.
16. Cuschieri A; EUROCAT Working Group. Descriptive epidemiology of isolated anal anomalies: a survey of 4.6 million birth in Europe. Am J Med Genet. 2001;103:207-15.
17. Draus JM Jr, Maxfield CM, Bond SJ. Hirschsprung's disease in an infant with colonic atresia and normal fixation of the distal cólon. J Pediatr Surg. 2007;42:5-8.
18. Fairbanks TJ, Kanard RC, De Langhe SP, Sala FG, Del Moral PM, Warburton D, et al. A genetic mechanism for cecal atresia: the role of the Fgf10 signaling pathway. J Surg Rés. 2004;120:201-9.
19. Forrester MB, Merz RD. Population-based study of small intestinal atresia and stenosis, Hawaii, 1986-2000. Public Health. 2004;118:434-8.
20. Goldstein L, Lockwood C, Hobbins JC. Ultrasound assessment of fetal intestinal development in the evaluation of gestational age. Obstet Gynecol. 1987;70:682-6.
21. Goldstein L, Reece A, Yarkoni IS, Wan M, Green JLJ, Hobbins JC. Growth of the fetal stomach in normal pregnancies. Obstet Gynecol. 1987;70:641-4.

22. Grani GA, McAleer JSA. Incidence of infantil hypertrophic pyloric stenosis. Lancet. 1996;1:1177-9.
23. Gross RE. The surgery of infancy and childhood. Philadelphia: WB Saunders; 1953.
24. Ibanez M, Boix-Ochoa J, RocaJL, Ruiz H. Meconial peritonitis; conclusion based on 53 cases. Cir Pediatrics. 1990;3(2):80-2.
25. Isfer EV, Sanchez RC, Silva MM. Aparelho digestivo e parede abdominal. In: Isfer EV, Sanchez RC, Saito M. Medicina fetal. Diagnóstico pré-natal e conduta. Rio de Janeiro: Revinter; 1996. p. 118-63.
26. Jakobson-Selton A, Weissamann-Brenner A, Achiron R, Kuint J, Gindes L. Retrospective analysis of prenatal ultrasound of children with Hirschsprung disease. Pren Diagn. 2015;36(7):699-702.
27. Kahn E. Biliary atresia revisited. Pediatr Dev Pathol. 2004;7(2):109-24.
28. Komuro H, Hori T, Amagai T, Hirai M, Yotsumoto K, Urita Y, et al. The etiologic role of intrauterine volvulus and intussusception in jejunoileal atresia. J Pediatr Surg. 2004;39:1812.
29. Lees C, Howie S, Sartor RB, Satsangi J. The hedgehog signalling pathway in the gastrointestinal tract; implications of development, homeostasis, and disease. Gastroenterology. 2005;129(5):1696-710.
30. Lepinard C, Descamps P, Meneguzzi G, Blanchet-Bardon C, Germain DP, Larget-Piet L, et al. Prenatal diagnosis of pyloric atresia-junctional epidermolysis bullosa syndrome in a fetus not known to be at risk. Prenat Diagn. 2000;20:70-5.
31. Marchitelli G, Stirnemann J, Acanfora MM, Rousseau V, Salomon LJ, Ville Y. Prenatal diagnosis of intra-abdominal cystic lesions by fetal ultrasonography: diagnostic agreement between prenatal and postnatal diagnosis. Prenat Diagn. 2015;35(9):848-52.
32. Matar M, Ayoubi JM, Picone O. Prenatal diagnosis of gallbladder abnormalities: a review. J Gynecol Obstet Biol Reprod (Paris). 2014;43(8):581-6.
33. Nakakimura S, Sasaki F, Okada T, Arisue A, Cho K, Yoshino M, et al. Hirschsprung's disease, acrocallosal syndrome, and congenital hydrocephalus: report of 2 patients and literature review. J Pediatr Surg. 2008;43(5):E13-7.
34. Nihoul-Fekete C. Anomalies congenitales digestives: anatomopathologie macroscopique et classification. In: Freza J, Briard MI, Pelerin D, Nihoul-Fekete C, Henrion R, Dumez Y. VII Seminarie de diagnostique antenatal des malformations 5-15, Paris, 17 novembre 1988.
35. Pretorius DH, Drose JÁ, Dennis MA, Manchester DK, Manco-Johnson ML. Tracheoesophageal fistula in útero. Ultrasound Med. 1987;6:509-13.
36. Rescorla FJ, Grosfeld JL. Intestinal atresia and stenosis: analysis of survival in 120 cases. Surgery. 1985;98:668-75.
37. Saito M, SouzaFL, Pellegrini TB, Saito M. Tratamento intraútero por peritonioinfusão de 3 casos de peritonite meconial. Publicado nos Anais do XVII Congresso Brasileiro de Ultrassonografia – SBUS realizado em São Paulo/SP.
38. Saleh N, Geipel A, Gembruch U, Heep A, Heydweiller A, Bartmann P, et al. Prenatal diagnosis and postnatal management of meconium peritonitis. J Perinat Med. 2009;37(5):535-8.
39. Salomon LJ, Baumann C, Delezoide AL, Oury JF, Pariente D, Sebag G, et al. Abnormal abdominal situs: what and how should we look for? Prenat Diagn. 2006;26(3):282-5.
40. Schmitz R, Heinig J, Klockenbusch W, Kiesel L, Steinhard J. Antenatal diagnosis of a giant fetal hepatic hemangioma and treatment with maternal corticosteroid. Ultraschall Med. 2009;30(3):223-6.
41. Simchen MJ, Toi A, Bona M, Alkazaleh F, Ryan G, Chitayat D. Fetal hepatic calcifications: prenatal diagnosis and outcome. Am J Obstet Gynecol. 2002;187(6):1617-22.
42. Sergent F, Marret S, Verspyck E, Liard A, Labadie G, Marpeau L. Management of meconium peritonitis: a remarkable case of idiopathic meconium peritonitis diagnosed antenatally. J Gynecol Obstet Biol Reprod (Paris). 2003;32(6):575-81.
43. Skandalakis JE, Gray SW, Ricketts R, et al. The small intestines. In: Skandalakis JE, Gray SW, eds. Embryology for surgeons. 2.ed. Baltimore: Williams & Wilkins; 1994. p. 184-241.
44. Smith A, Bulman DE, Goldsmith C, Bareke E; FORGE Canada Consortium, Majewski J, Boycott KM, Nikkel SM. Meconium ileus in a Lebanese family secondary to mutations in the GUCY2C gene. Eur J Hum Genet. 2015;23(7):990-2.
45. Stringer MD, McKenna KM, Goldstein RB, Filly RA, Adzick NS, Harrison MR. Prenatal diagnosis of esophageal atresia. Journal of Ped Surg. 1995;30(9):1258-63.
46. Takacs ZF, Meier CM, Solomayer EF, Gortner L, Meyberg-Solomayer G. Prenatal diagnosis and management of an intestinal volvulus with meconium ileus and peritonitis. Arch Gynecol Obstet. 2014;290(2):385-7.
47. Teunissen J, Dams A, Bruneel E. Prenatal detection of an enteric duplication cyst. Acta Chir Belg. 2013;113(5):355-6.
48. Thakkar HS, Bradshaw C, Impey L, Lakhoo K. Post-natal outcomes of antenatally diagnosed intra-abdominal cysts: a 22-year single-institution series. Pediatr Surg Int. 2015 Feb;31(2):187-90.
49. Touloukian RJ. Diagnosis and treatment of jejunoileal atresia. World J Surg. 1993;17:310-319.
50. Weinberg B, Diakoumakis EE. Three complex cases of foregut atresia: Prenatal sonographic diagnosis with radiographic correlation. J Clin Ultrasound. 1985;2:481-484.
51. You JH, Lv GR, Liu XL, He SZ. Reference ranges of fetal spleen biometric parameters and volume assessed by three-dimensional ultrasound and their applicability in spleen malformations. Prenat Diagn. 2014;34(12):1189-97.

Parede abdominal

Tatiana Barbosa Pellegrini
Bruna de Moraes Ribeiro
Mauricio Saito
Débora Rocha Resende Silva Brandão

Introdução

Embora a delimitação anatômica da cavidade abdominal englobe suas porções anterior, posterior, superior, inferior e laterais, as designadas anomalias da parede abdominal consistem nas alterações da parede anterior e superior. Assim, os defeitos da parede abdominal incluem as seguintes anomalias: hérnia diafragmática, gastrosquise, onfalocele, complexo de parede abdominal-membros (incluindo a sequência do cordão curto), *ectopia cordis* (incluindo pentalogia de Cantrell), extrofia da cloaca e extrofia da bexiga. Em razão das diferentes etiologias, malformações associadas e prognóstico diverso, o diagnóstico preciso dessas intercorrências é fundamental para o estabelecimento da conduta mais apropriada. Em algumas dessas malformações, o risco de cromossomopatia é elevado e, assim, um resultado alterado pode fechar o prognóstico. Do mesmo modo, nos casos de genitália ambígua, comum nas extrofias, a determinação do sexo fetal também é importante. Algumas dessas anomalias podem apresentar aumento da quantidade de líquido amniótico e, consequentemente, risco de parto prematuro. Nessa situação, o acompanhamento seriado visa a diagnosticar e tratar precocemente o polidrâmnio. E, finalmente, algumas dessas doenças podem ser beneficiadas por procedimentos invasivos, como a amnioinfusão, para os casos de gastrosquise e mesmo a cirurgia intrauterina por fetoscopia para a hérnia diafragmática com o intuito de evitar a hipoplasia pulmonar.

Hérnia diafragmática

Trata-se de um grupo de defeitos do diafragma que resulta no deslocamento do conteúdo abdominal para a cavidade torácica. A forma mais frequente é a hérnia diafragmática de Bochdalek, posterolateral geralmente do lado esquerdo (85-90% dos casos), embora possa ocorrer também do lado direito. Em razão do desvio do mediastino, o polidrâmnio e a insuficiência cardíaca são frequentes. Do mesmo modo, a compressão sobre os pulmões pode resultar em hipoplasia, que termina por determinar o prognóstico dessa malformação.

Incidência

A hérnia diafragmática apresenta incidência de 1:2.200 a 1:5 mil nascimentos. Há prevalência do sexo masculino em 2:1.

Fisiopatogenia

A hérnia diafragmática resulta da falha do fechamento do conduto pleuroperitoneal, que é obliterado por volta da 10ª semana. Esse processo ocorre juntamente aos movimentos de rotação que acoplam o intestino no interior da cavidade abdominal. A falha de coordenação desses eventos poderia resultar nessa intercorrência. A tradicional ideia de que o diafragma se desenvolve a partir da fusão do septo transverso, mesentério esofágico, prega pleuroperitoneal e o crescimento da musculatura da parede lateral tem sido questionada. Teoria recente sugere que o diafragma não muscular se desenvolve primeiro e que a sua musculatura é derivada de tecido que migra através da prega pleuroperitoneal (Figura 1 e Tabela 1).

Anomalias associadas

Aproximadamente 60% dos casos apresentam-se de forma isolada. O restante está associado a síndromes ou outras anomalias cardíacas (20%), do sistema nervoso central (30%), além de renais e vertebrais. Entre as anomalias cromossômicas, o risco é significativo, principalmente de trissomia do 18 e 21. Outras síndromes gênicas também podem estar presentes (Quadro 1).

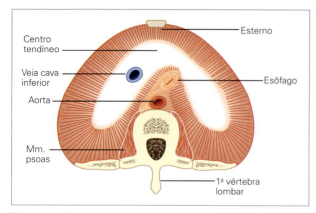

Figura 1   Visão transversa do diafragma.

Tabela 1	Classificação da hérnia diafragmática
Tipo	Prevalência
Hérnia de Bochdalek	75-90%
Hérnia de Morgani	7%
Eventração do diafragma	10%
Agenesia de diafragma	
Hérnia de hiato	4%

Diagnóstico ultrassonográfico

Em geral, o período de aparecimento dos achados ultrassonográficos ocorre a partir da 20ª semana, quando, por conta do aumento da deglutição fetal, a pressão abdominal supera a torácica, fazendo que as alças ocupem o espaço torácico, embora relatos de casos citem esse diagnóstico já a partir do final do primeiro trimestre. O volume das vísceras herniadas (intestino delgado, cólon, baço, fígado em parte ou no todo) depende do diâmetro do orifício. A suspeita diagnóstica ocorre quando são observados desvio do mediastino, alteração da topografia do abdome superior e polidrâmnio (tríade ultrassonográfica).

Quando a hérnia estiver localizada do lado esquerdo, geralmente observam-se: desvio do coração para a direita; presença de imagens líquidas no tórax, correspondendo ao estômago e alças intestinais; imagem gástrica situada no mesmo plano transversal que o coração. Com frequência, o estômago corresponde à imagem líquida mais volumosa, enquanto as menores provavelmente são as alças; no nível abdominal, observam-se ausência total ou parcial das imagens habituais correspondentes às vísceras; redução do diâmetro abdominal transverso; presença de imagens ecogênicas correspondendo ao baço ou à massa hepática, frequentemente difíceis de serem diferenciados da arquitetura pulmonar comprimida.

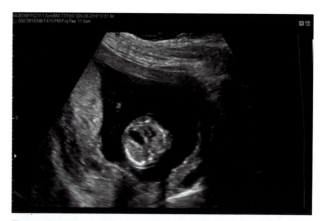

Figura 2   Plano de quatro câmaras de feto de 13 semanas demonstra imagem anecoica, estômago, deslocando o coração para o lado direito.

Quadro 1	Desordens gênicas associadas à hérnia diafragmática			
Síndrome	Padrão de herança	Gene	Localização	Achados ultrassonográficos
Cornélia de Lange	AD ligada ao X	NIPBL Smcl	5p13.1 Xp11.2	Restrição de crescimento Anomalias de membros
Displasia craniofrontonasal	Ligada ao X	EFNB1	Xq12	Craniossinostose Hipertelorismo
Donai-Barrow	AR	LRP2	2q24.3-2q31.1	Agenesia do corpo caloso Hipertelorismo
Fryns	Desconhecida AR			Anomalias do sistema nervoso central, cardíacas e renais
Matthew-Wood	AR	STRA6	15q24.1	Micro ou anoftalmia, anomalias cardíacas e renais
Defeito de segmentação vertebral múltipla	AR	DLL3	19q13	Hemivértebra, vértebra fusionada, costelas
Simpson-Golabi-Behmel	Ligado ao X	GPC3	Xq26	Macrossomia, anomalias de membros e renais
Denys Drach, Frasier, Meacham	AD	WT1	11p13	Genitália ambígua, criptoftalmo e anomalias renais

AD: herança autossômica dominante; AR: herança autossômica recessiva.
Modificada de Bianchi et al., 2010.

Quanto à hérnia do lado direito, o diagnóstico pré-natal é mais difícil. É possível evidenciar a ascensão do fígado por meio do desvio da veia porta direita e das veias supra-hepáticas em direção ao tórax, bem como identificar a vesícula biliar no interior da caixa torácica.

O defeito da cúpula também pode ser estabelecido pelo ultrassom, principalmente pelos movimentos do estômago ou das alças intestinais, por ocasião dos movimentos respiratórios fetais. Nas formas mais graves, o movimento do fígado no tórax durante a respiração fetal fica evidente, principalmente no final da gravidez.

Conduta

Em razão das anomalias associadas, a avaliação ultrassonográfica deve ser criteriosa, bem como o exame ecocardiográfico para excluir eventuais cardiopatias. Do mesmo modo, por conta da elevada associação com anomalias cromossômicas, a análise cariotípica deve ser realizada. A presença de polidrâmnio constitui o sinal mais precoce de prognóstico ruim. Em geral, ele antecede as alterações do Doppler e a hidropisia fetal.

A hérnia diafragmática apresenta prognóstico grave e imprevisível mesmo quando isolada (75% de mortalidade). A determinação dele depende de alguns fatores pré-natais que nem sempre são identificados durante o acompanhamento ultrassonográfico.

- Grau de hipoplasia pulmonar, o qual depende do volume das vísceras herniadas e da duração da compressão (massa hepática).
- Idade gestacional em que as alças ocupam o espaço intratorácico: pelo fato do diagnóstico tardio, na segunda metade da gestação, não é possível estabelecer o momento da herniação.
- Conteúdo da hérnia: entre as estruturas digestivas herniadas, o estômago é o órgão mais precoce e o mais fácil de ser visualizado no interior do tórax. No terceiro trimestre, a porção herniada do estômago pode apresentar variação de imagem nos diversos exames sucessivos, ilustrando o caráter dinâmico dessa malformação durante a gestação. A herniação do lado di-

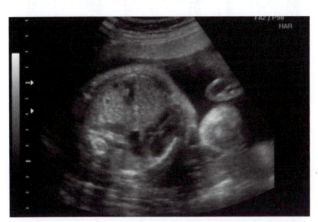

Figura 3 Plano transverso do tórax demonstra desvio lateral direito do coração. A imagem anecoica entre a coluna e o coração é o estômago herniado.

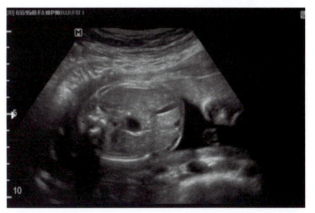

Figura 5 Plano transverso do abdome superior de feto de 24 semanas demonstra o estômago localizado no centro, adiante da aorta e da veia cava inferior em caso de hérnia de hiato.

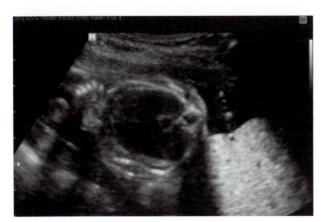

Figura 4 Plano transverso do tórax mostra desvio cardíaco para o lado esquerdo por conta do deslocamento do fígado.

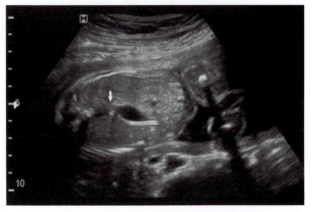

Figura 6 Plano oblíquo do caso anterior demonstra o estômago deslocada centralmente com sua porção superior junto ao diafragma.

reito, englobando o fígado, por conta do seu volume, geralmente apresenta prognóstico pior.

O tipo e a localização da hérnia parecem influenciar pouco o prognóstico. No entanto, os casos de hérnia bilateral são geralmente de péssimo prognóstico.

Nos casos de hérnia diafragmática congênita, recomendam-se as medidas da imagem pulmonar em plano transversal torácico junto ao plano de quatro câmaras. A alteração da relação entre pulmão e o polo cefálico determinada pela equação: medida do diâmetro transverso vezes o diâmetro anteroposterior do pulmão dividida pela circunferência cefálica está associada com a hipoplasia pulmonar, conferindo evolução ruim para o caso (Figura 7).

Diante do risco de hipoplasia pulmonar, a abordagem atual recomenda a fetoscopia para a realização do PLUG (*plug lung until growth*), que consiste na passagem de balão intratraqueal com o intuito de obstruir o líquido produzido pelo pulmão. Desse modo, esse líquido represado aumenta a pressão intra-alveolar, possibilitando o desenvolvimento pulmonar. Resultados iniciais têm sido bastante favoráveis.

Gastrosquise

A gastrosquise é um defeito congênito de fechamento da parede abdominal anterior, caracterizado pela herniação dos órgãos abdominais por meio dessa solução de continuidade, em geral localizada à direita da inserção do cordão umbilical. Diferentemente da onfalocele, os órgãos não ficam recobertos pela membrana peritoneal. A gastrosquise pode ser classificada em simples quando isolada, ou complexa, quando associada com outras malformações, como atresia intestinal, perfurações, estenoses ou volvos.

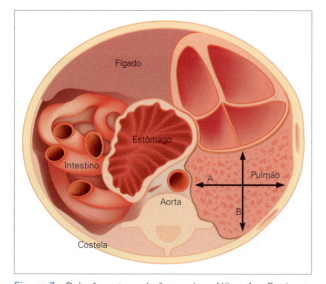

Figura 7 Relação entre pulmão e polo cefálico. A × B: circunferência cefálica.

Incidência

A sua prevalência é de cerca de 1,0 a 1,6/10 mil nascidos vivos.

Etiopatogenia

A gastrosquise é uma anomalia de causa geralmente multifatorial. O cariótipo também costuma ser normal. Alguns agentes teratogênicos podem estar associados como: tabaco, álcool, cocaína e ibuprofeno. Alguns fatores epidemiológicos são citados como fatores de risco para a gastrosquise, como idade materna precoce, pequeno intervalo de tempo entre a menarca e a primeira gravidez, baixo nível socioeconômico e baixa escolaridade materna, fatores epigenéticos e ambientais.

Algumas hipóteses foram consideradas para o desenvolvimento da gastrosquise:

- Diferenciação anormal da somatopleura, em razão da deficiência em mesênquima embrionário.
- Oclusão da artéria onfalomesentérica (AOM) direita, com infarto secundado da porção paraumbilical direita da parede abdominal e consequente exteriorização das vísceras.
- Degeneração precoce da veia umbilical direita e comprometimento da região da parede umbilical próxima.

Anomalias associadas

Na gastrosquise, as malformações podem estar associadas em 5-20%, principalmente as formações do trato gastrointestinal (má rotação, atresias e estenoses intestinais), uropatias obstrutivas, ventriculomegalia, cardiopatia e anomalias esqueléticas. A associação com cromossomopatias é incomum, sendo relatada em cerca de 0,2%. A restrição de crescimento intrauterino é frequente. É provável que o processo inflamatório na alça reduza o aporte nutricional determinado pela deglutição.

Ultrassonografia

O diagnóstico da gastrosquise é possível desde a 12ª semana de gestação nos casos mais graves. Observa-se um defeito paraumbilical, que envolve todas as camadas da parede abdominal, com evisceração sobretudo do intestino delgado, ficando expostas no líquido amniótico, sem membrana limitante. Outros órgãos também podem ficar eviscerados, como: intestino grosso, estômago, fígado e porções do sistema genitourinário. O cordão umbilical está inserido normalmente na parede abdominal, pois quase sempre a gastrosquise ocorre do lado direito. Raramente, o fígado fica exteriorizado e, na eventual situação, a síndrome de Body-Stalk deve ser descartada.

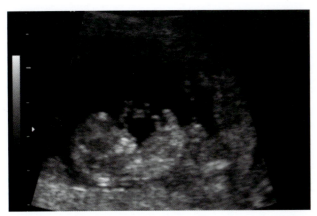

Figura 8 Plano longitudinal de feto de 12 semanas demonstra imagem ecogênica localizada de modo adjacente à parede abdominal à direita em caso de gastrosquise. No plano transverso, os diâmetros da imagem adjacente superavam os do abdome.

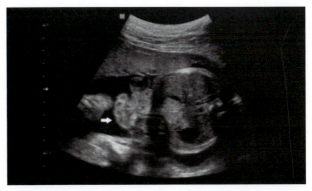

Figura 9 Plano transverso demonstra alças intestinais livres na cavidade abdominal do lado direito em caso de gastrosquise.

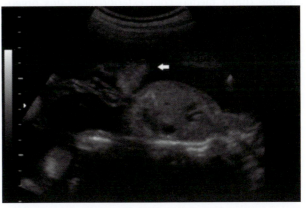

Figura 10 Plano longitudinal de gestação de 18 semanas demonstra inserção do cordão umbilical normal e alças livres (seta branca), em caso de gastrosquise.

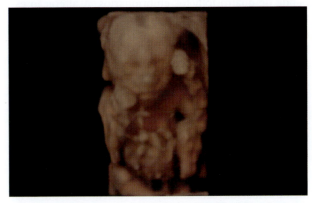

Figura 11 Gestação de 14 semanas. Imagem 3D real mostra alças intestinais livres em caso de gastrosquise.

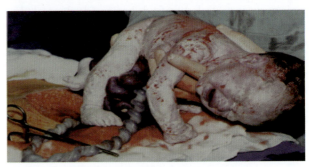

Figura 12 Recém-nascido portador de gastrosquise.

É importante também a avaliação da bexiga urinária fetal para o diagnóstico diferencial com extrofia vesical. Na presença de extrofia vesical, deve-se atentar também para o diagnóstico de extrofia de cloaca, pois trata-se de uma malformação complexa cujo prognóstico e aconselhamento genético são bem diferentes da gastrosquise isolada.

O diagnóstico da gastroquise é relativamente fácil. Porém, a principal complicação dessa anomalia, o sofrimento de alça, é difícil de ser estabelecido, apesar de alguns sinais indicativos. Entre eles, é preciso pesquisar:

- Aspecto "congelado" ou "coalhado" das alças (sem peristaltismo).
- Aumento do calibre das alças e espessura de sua parede.
- Presença de "sinal da luta", indicando obstrução e peristaltismo aumentado para transpassar essa intercorrência.
- Hiperecogenicidade das alças, podendo traduzir uma peritonite química.
- Presença de diversos ecos em suspensão no líquido amniótico, de origem meconial, consequentes a perfuração digestiva.

O Doppler colorido, demonstrando a inserção normal do cordão umbilical, o 3D e o 3D em tempo real (4D), pode ressaltar a documentação do exame.

Conduta

A associação com cromossomopatias é rara, sendo sua prevalência descrita menor do que 0,2%. Geralmente ocorre quando associadas às outras malformações. Estudos recentes mostram que a sobrevida na gastrosquise é de aproximadamente 95%. Entretanto, a morbidade relacionada às complicações intestinais é relevante, pois o contato das alças com o líquido amniótico de pH ácido pode resultar em serosite grave. Como o prognóstico está relacionado à extensão do comprometimento da alça, é recomendado o acompanhamento ultrassonográfico seriado. Em casos de oligoâmnio e em casos de suspeita de dilatação de alça (maior que 20 mm de diâmetro), a amnioinfusão, ou mesmo, dependendo da idade gestacional, o parto pode ser indicado. A amnioinfusão neutralizando o pH ou diluindo o mecônio pode ser útil nessas situações. A presença de mecônio pode ser um sinal de sofrimento de alça.

Onfalocele

A onfalocele, também denominada de exônfalo, é definida como defeito congênito da parede anterior do abdome (linha média) com exteriorização dos órgãos abdominais, através do anel umbilical aberto na base do cordão umbilical. Os órgãos herniados são recobertos por uma membrana trilaminar. A membrana que recobre internamente o saco herniário consiste no peritônio, externamente é recoberto pelo âmnio, e a geleia de Wharton entre essas duas camadas.

Incidência

A sua prevalência é de aproximadamente 1,5 a 2,5/10 mil nascidos vivos.

Fisiopatogenia

O desenvolvimento da parede abdominal do feto depende de quatro folhetos embrionários. A alteração estrutural dos folhetos laterais resulta nessa anomalia. A onfalocele muitas vezes está associada a outras anomalias estruturais e defeitos cromossômicos, geralmente de ocorrência esporádica. Entre as anomalias cromossômicas mais frequentemente associadas, existem as trissomias dos cromossomos 18, 13 e 21 e a triploidia 69,XXX.

Anomalias associadas

Na onfalocele, as malformações podem estar associadas em cerca de 40-80%. As anomalias mais frequentemente associadas são: cardiopatias (defeito do septo atrial e ventricular, tetralogia de Fallot), hérnia diafragmática, defeitos de fechamento do tubo neural, anomalias do sistema nervoso central, extrofia da bexiga e da cloaca, holoprosencefalia, fenda facial e síndrome de Beckwith-Wiedemann, além de polidrâmnio (Quadro 2).

As cromossomopatias podem estar presentes em aproximadamente 8-67%, sobretudo as trissomias dos cromossomos 18, 13 e 21.

Ultrassonografia

O diagnóstico ultrassonográfico da onfalocele somente pode ser definido a partir da 12ª semana de gestação, quan-

Quadro 2	Síndromes associadas com onfalocele
Síndrome de Beckwith-Wiedemann	
Extrofia cloacal	
Fibrocondrogênese	
Síndrome da fenda palatina-onfalocele letal	
Síndrome de Marshall-Smith	
Síndrome de Meckel Gruber	
Triploidia	
Trissomia do 13	
Trissomia do 18	

do a hérnia fisiológica do intestino geralmente desaparece. Porém, o diagnóstico da onfalocele volumosa já pode ser sugerido nesse período, quando a medida do diâmetro da alça herniada estiver acima de 10 mm. Por sua vez, a onfalocele menor pode passar despercebida nesse período. Nessa situação, com a evolução da gestação, o aumento da pressão abdominal provoca a protrusão das alças para a cavidade amniótica em fase mais avançada.

Na onfalocele, diferentemente da gastrosquise, observa-se um defeito na linha média do abdome, na base do cordão umbilical e a presença de uma massa herniada recoberta por membrana adjacente ao defeito. Essa membrana corresponde ao peritônio parietal, à geleia de Wharton e ao âmnio. O cordão umbilical mostra-se inserido no saco herniado e não na parede abdominal, como na gastrosquise. A veia umbilical pode ser individualizada no interior da massa herniada e seguida até à junção com a veia porta esquerda. A onfalocele geralmente contém alças intestinais, mas pode conter também o estômago, o fígado e outros órgãos. O tamanho da onfalocele é variável, porém a associação com aneuploidias é maior nas onfaloceles pequenas, contendo apenas omento ou intestino.

Assim como na gastrosquise, o Doppler colorido enfatizando a inserção do cordão umbilical na massa exteriorizada, o 3D e o 3D em tempo real (4D) pode documentar melhor o exame.

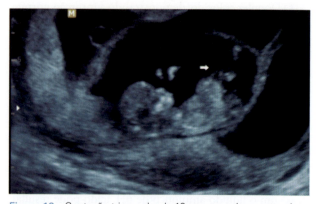

Figura 13 Gestação trigemelar de 12 semanas demonstra plano longitudinal de feto portador de onfalocele (seta branca).

Conduta

Por conta do elevado risco de anomalia cromossômica, o estudo do cariótipo fetal está indicado. Embora não haja indicação formal para o parto operatório, ele é realizado na maioria dos serviços em razão das possíveis

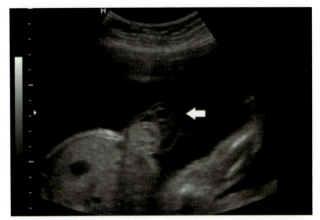

Figura 14 Plano transverso do abdome demonstra imagem adjacente ao abdome anterior recoberta por membrana. O cordão apresenta inserção nessa imagem.

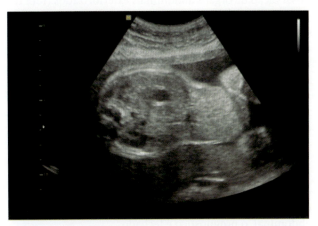

Figura 15 Plano transverso demonstra solução de continuidade grande em caso de onfalocele gigante.

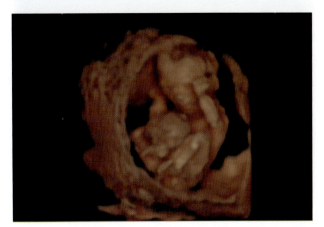

Figura 16 Imagem tridimensional demonstra inserção do cordão umbilical na massa adjacente ao abdome anterior.

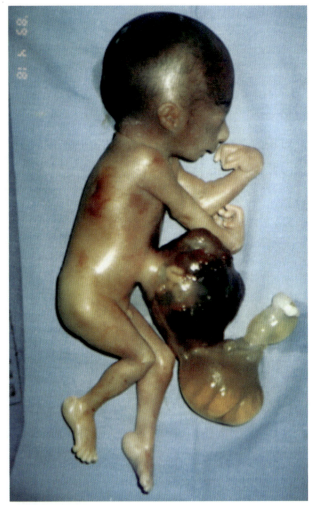

Figura 17 Onfalocele em síndrome de Edwards.

intercorrências neonatais. O nascimento em centro de referência permite o acompanhamento imediato com o cirurgião pediátrico, muitas vezes realizando a correção definitiva em seguida. Com frequência, nas onfaloceles médias, as alças têm de ser protegidas com uma bolsa de silicone ou vinil até a formação da pele necessária para a correção definitiva.

As onfaloceles volumosas apresentam prognóstico ruim. A extensão da lesão impede a reconstrução cirúrgica da parede abdominal anterior. Diante da associação com outras anomalias, o risco de óbito aproxima-se de 80%, e de 100% quando há malformações cardíacas.

Hérnia umbilical

A hérnia umbilical consiste em pequeno defeito de parede abdominal, geralmente inferior a 4 cm de diâmetro e detectada após o nascimento. Pode apresentar porção pequena do saco peritoneal e, por vezes, uma pequena alça intestinal. Porém, reveste-se superficialmente por tecido subcutâneo e pele.

Incidência

Apresenta alta prevalência de aproximadamente 21%, embora ocorra o fechamento espontâneo na grande maioria dos casos.

Fisiopatologia

O orifício herniário provém de um defeito de fechamento da parede abdominal, entre a 8ª e a 10ª semanas. A frequência dessa anomalia é de 10% na raça branca e de 40-90% na raça negra.

Diagnóstico ultrassonográfico

Quase sempre o diagnóstico acontece no período pós-natal, quando aumenta a pressão abdominal.

Diagnóstico diferencial

O diagnóstico diferencial pode ser difícil com o cisto alantoide de cordão umbilical ou com os defeitos de fechamento da parede abdominal quando a hérnia é pequena.

Conduta

A hérnia umbilical geralmente é assintomática. As complicações são raríssimas. Em aproximadamente 90% dos casos, o fechamento é espontâneo. Após o nascimento, por conta de seu pequeno volume, pode se apresentar sob a forma de um cordão umbilical anormalmente largo no nível de sua inserção abdominal ou como uma curvatura da parede abdominal no nível da inserção funicular. O tratamento cirúrgico deve ser postergado até os 3 anos nas hérnias com anel herniário menor que 2 cm. Nos casos com anel grande, o fechamento espontâneo não ocorre, podendo ser indicada a correção mais precoce.

Síndrome de Body-Stalk

É uma síndrome caracterizada por apresentar ausência ou diminuição excessiva do comprimento do cordão umbilical associada a defeito na parede abdominal extenso, também é conhecida por síndrome do cordão umbilical curto.

Prevalência

Ocorre em aproximadamente 1:14.273 nascidos vivos.

Etiopatogenia

A síndrome de Body-Stalk provavelmente está relacionada com isquemia e necrose durante a formação do cordão umbilical, favorecendo aderência do âmnio e persistência do celoma extraembrionário (cavidade coriônica) e falha no fechamento do celoma intraembrionário (cavidade peritonial). Além dela, também pode ser causada por obstrução mecânica secundária à brida (banda) amniótica ou anormalidade no desenvolvimento do disco celular germinativo. Existe relato na literatura sobre o uso excessivo de cocaína promovendo a falta do anel umbilical e do funículo no processo de formação da parede abdominal.

Anomalias associadas

Múltiplas anomalias podem estar presentes: escoliose; brida amniótica; toracoabdominosquise; anomalias de membros e extremidades; exencefalia; espinha bífida; encefalocele; fenda labiopalatina; ausência de diafragma; displasia torácica; malformações intestinais; extrofia cloacal; hipoplasia renal; malformações genitais.

Ultrassonografia

Há diversos relatos desse diagnóstico no final do primeiro trimestre em razão dos achados ultrassonográficos exuberantes dessa anomalia. O diagnóstico é baseado na observação de órgãos abdominais exteriorizados (fora da cavidade), com extenso defeito da parede abdominal fetal, envolvidos pelo âmnio e pela placenta; o cordão umbilical é curto ou ausente; o feto encontra-se acoplado à placenta e à parede uterina. A ultrassonografia (USG) 3D e 3D em tempo real tem sido utilizada para documentar essa intercorrência.

Conduta

O risco de anomalia cromossômica é baixo, não sendo necessária a pesquisa do cariótipo fetal. Embora haja um caso de recorrência na literatura. Por conta da associação de anomalias fetais e principalmente ausência de parede abdominal, o prognóstico é fechado.

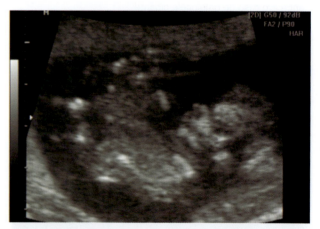

Figura 18 Plano longitudinal de gestação de 12 semanas mostra solução de continuidade em parede abdominal com massa adjacente anterior volumosa junto à placenta.

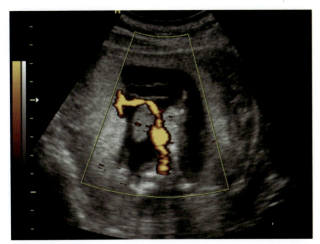

Figura 19 Plano longitudinal de gestação de 12 semanas utiliza Doppler de potência para identificar cordão umbilical curto. Solução de continuidade de parede abdominal com massa adjacente anterior junto à placenta em caso de síndrome de Body-Stalk.

Anomalias associadas

Pode estar associada a: onfalocele (75%); macroglossia (97%); gigantismo (32%); hepatoesplenomegalia (32%); nefromegalia (23%); cardiopatias (15%).

Ultrassonografia

O diagnóstico ultrassonográfico clássico demonstra presença de onfalocele volumosa, macroglossia e visceromegalias, principalmente a hepatoesplenomegalia e em alguns casos a nefromegalia.

Conduta

O exame ultrassonográfico deve ser criterioso para determinar o diagnóstico com precisão. Em alguns casos, o diagnóstico pode ser confirmado pelo cariótipo fetal ou

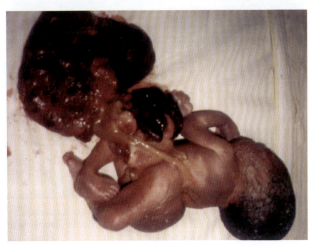

Figura 20 Síndrome de Body-Stalk.

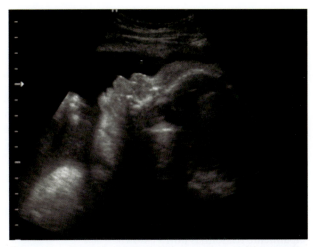

Figura 21 Plano longitudinal da face de feto de 32 semanas, com duplo contorno de face e língua posicionada entre os lábios em caso de síndrome de Beckwith-Wiedemann.

Síndrome de Beckwith-Wiedemann

É uma síndrome caracterizada por onfalocele, macroglossia, visceromegalia e gigantismo.

Incidência

Ocorre em cerca de 5-10% das onfaloceles.

Etiopatogenia

Apresenta-se de forma esporádica em aproximadamente 85% com padrão de herança autossômica dominante de transmissão variável. Essa síndrome ocorre por conta da disfunção endócrina placentária, levando a elevação dos níveis de hormônio do crescimento e fatores de crescimento insulina-símile.

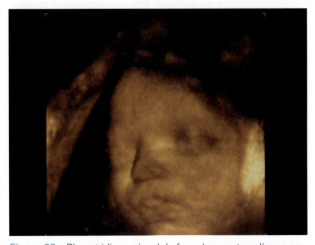

Figura 22 Plano tridimensional de face demonstra a língua protrusa posicionada entre os lábios.

pela análise molecular. A correção cirúrgica do defeito de parede abdominal consiste no primeiro passo para a sobrevida. A hipoglicemia deve ser constantemente monitorizada. Eventualmente, é feita a entubação endotraqueal logo após o nascimento por causa do tamanho da língua. Assim, por vezes, sendo indicada a glossectomia parcial posteriormente.

Pentalogia de Cantrell

É uma malformação fetal que apresenta cinco características comuns: defeitos na parede abdominal epigástrica, esterno, diafragma, pericárdio e malformação cardíaca, podendo acometer outras partes do feto, como face e crânio.

Incidência

Muito rara: a incidência é estimada em aproximadamente 1:65 mil a 1:200 mil nascimentos.

Etiopatogenia

Decorrente da falha na migração ventromedial das células mesodérmicas pareadas, resultando em detrimento do septo transverso que origina o diafragma.

Anomalias associadas

Geralmente, as alterações associadas são as da linha média ventral, como: onfalocele; malformações cardíacas, fenda labial e palatina, exencefalia e sirenomelia. Também são relatados cifoescoliose, polidactilia, microftalmia e baixa implantação de orelhas, além de ascite. A ocorrência de anomalia cromossômica também é relatada, principalmente trissomias do 13 e do 18.

Diagnóstico ultrassonográfico

A pentalogia de Cantrell tem o diagnóstico relatado desde o final do primeiro trimestre. O achado ultrassonográfico indicativo é a onfalocele epigástrica, que junto ao defeito do esterno e à malformação cardíaca praticamente estabelece o diagnóstico. Em razão do deslocamento do mediastino, as alterações cardíacas não são fáceis de serem diagnosticadas. Do mesmo modo, por meio do exame ultrassonográfico, o defeito do pericárdio e da porção anterior do diafragma é difícil de ser visualizado. Quanto ao volume, podem ser encontradas onfaloceles volumosas com exteriorização de quase todos os órgãos abdominais, bem como anomalias menores com somente exteriorização parcial das alças. Entre as alterações cardíacas, podem-se observar defeito do septo ventricular, defeito do septo atrial, estenose pulmonar, tetralogia de Fallot, anomalia de retorno venoso da cava, atresia de tricúspide, tronco arterioso e anomalia de retorno venoso pulmonar.

Tabela 2 Anomalias cardíacas na pentalogia de Cantrell

Malformação	Percentual
Defeito do septo ventricular	37,5%
Defeito do septo atrial	20,0%
Estenose pulmonar	12,5%
Tetralogia de Fallot	7,5%
Divertículo de ventrículo esquerdo	7,5%
Retorno venoso anômalo (veia cava)	7,5%
Atresia da tricúspide	2,3%
Tronco arterioso	2,3%
Retorno venoso anômalo (veia pulmonar)	2,3%

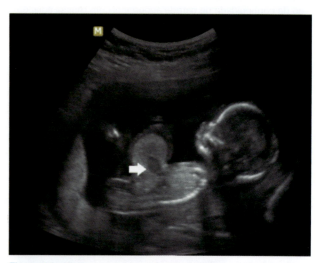

Figura 23 Plano longitudinal de feto de 12 semanas demonstra onfalocele epigástrica associada ao deslocamento anterior e inferior do coração (*ectopia cordis*).

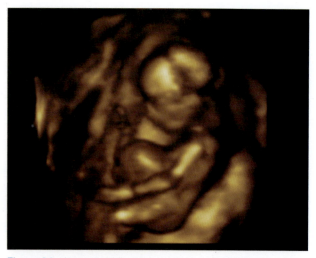

Figura 24 Imagem tridimensional do caso anterior mostra onfalocele epigástrica em caso de pentalogia de Cantrell.

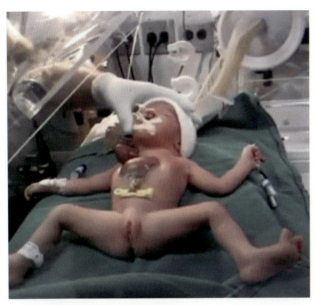

Figura 25   Recém-nascido com pentalogia de Cantrell.

Conduta

A avaliação ultrassonográfica deve estabelecer as estruturas exteriorizadas e o grau de comprometimento. A ecocardiografia está indicada para definir o tipo de malformação cardíaca. Por conta da associação com anomalias cromossômicas, indica-se a pesquisa do cariótipo. O parto deve ser conduzido em centro terciário. O prognóstico depende da extensão da lesão, da cardiopatia e da associação com outras anomalias fetais ou cromossômicas.

Extrofia vesical e cloacal

A extrofia vesical representa um defeito no desenvolvimento abdominal anterior em sua porção caudal associada à ausência da parede vesical anterior e à exposição da parede vesical posterior. A extrofia cloacal se manifesta como uma alteração mais complexa com envolvimento do trato urinário e intestinal consequente ao desenvolvimento inadequado do septo urorretal.

Prevalência

É bastante rara. A extrofia vesical apresenta incidência de 1:40 mil a 1:50 mil nascidos, enquanto na extrofia cloacal a incidência é de 1:200 mil.

Etiopatogenia

A extrofia vesical ocorre em razão da falta de migração das células mesenquimais entre o ectoderma e a cloaca que resulta na deficiência dos músculos oblíquo e transverso abdominal e ausência dos músculos retais. Assim, a parede anterior exposta se rompe, permitindo a comunicação entre o meio externo e a mucosa da bexiga. Já a extrofia cloacal ocorre por causa da anomalia do desenvolvimento do septo urorretal. Ele divide a cloaca em duas partes: reto e porção cranial do canal anal (dorsal) e seio ventral (ventral). Assim, ela se apresenta com exteriorização da bexiga, do intestino médio ou grosso, atresia anal, hipoplasia do colón, onfalocele e malformação de genitália.

Geralmente, tem ocorrência esporádica. O risco de recorrência estimado é de cerca de 1% na extrofia vesical. Na extrofia cloacal, a herança familiar quase não tem importância, já que os indivíduos acometidos dificilmente conseguem se reproduzir.

Anomalias associadas

O diagnóstico de malformações associadas na extrofia vesical é raro, eventualmente é possível encontrar anomalias genitais. A presença de outras anomalias associadas na extrofia cloacal é mais prevalente como: onfalocele; anomalias esqueléticas; anomalias urinárias; anomalias cardiovasculares; anomalias gastrointestinais.

Ultrassonografia

Os principais achados ultrassonográficos na extrofia vesical são: presença de massa ovoide, ecogênica e ausência de imagem da bexiga; ausência da parede anterior da bexiga; presença de região escrotal junto à massa, associado a micropênis; suspeitar de extrofia vesical sempre que não for visibilizada a bexiga na presença de loja renal normal e líquido amniótico em quantidade adequada.

Os principais achados ultrassonográficos na extrofia cloacal são: presença de defeito da parede anterior do abdome (infraumbilical), apresentando duas hemibexigas situadas de cada lado da placa intestinal mediana exteriorizada; a presença de ascite é frequente.

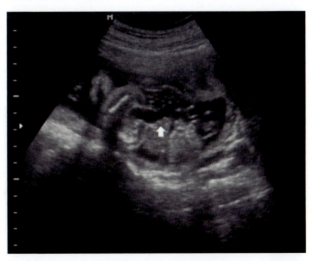

Figura 26   Plano transverso sob a pelve identifica imagem anecoica (seta branca) exteriorizada da pelve em caso de extrofia vesical (íntegra).

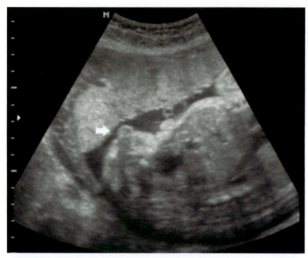

Figura 27 Plano longitudinal mediano da pelve. Seta branca assinala genitália ambígua. É possível identificar imagem compatível com alça exteriorizada abaixo da inserção do cordão umbilical e bexiga dismórfica (imagem anecoica).

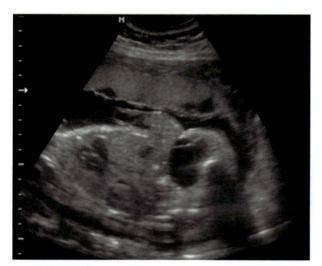

Figura 28 Plano longitudinal de gestação de 25 semanas. Nota-se solução de continuidade em parede abdominal inferior com exteriorização de conteúdo abdominal. Em topografia vesical, verifica-se presença de imagem cística septada. Não foi possível identificar a genitália externa desse caso de extrofia cloacal.

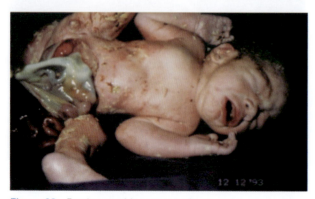

Figura 29 Recém-nascido com extrofia cloacal.

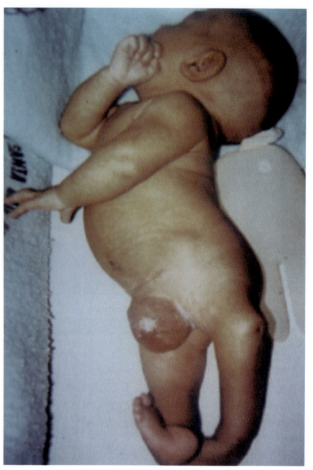

Figura 30 Recém-nascido com extrofia vesical.

Conduta

No defeito de parede abdominal inferior, o exame ultrassonográfico deve ser criterioso. A associação com outras anomalias deve ser descartada. A análise do cariótipo fetal deve ser indicada na extrofia vesical, embora a associação com anomalia cromossômica seja baixa. Em particular na cloacal, a determinação do sexo fetal é importante para o aconselhamento genético. As principais consequências da extrofia vesical são: incontinência urinária (ambos os sexos), presença de anomalia na parede abdominal e problemas estéticos para a genitália masculina. A fertilidade encontra-se diminuída para os dois sexos, porém a gravidez pode ser possível. Especificamente para a extrofia cloacal, o prognóstico é pior. A taxa de mortalidade é de 55%, em razão das anomalias associadas e do número de intervenções cirúrgicas necessárias. Muitas vezes, a reconstrução da genitália masculina é inviável. Desse modo, opta-se pela gonadectomia.

Bibliografia sugerida

1. Akinkuotu AC, Sheikh F, Olutoye OO, Lee TC, Fernandes CJ, Welty SE, et al. Giant omphaloceles: surgical management and perinatal outcomes. J Surg Res. 2015;198(2):388-92.

2. Bianchi DW, Crombleholme TM, D'Alton M, Malone FD. Thorax section D. In: Fetology: diagnosis and management of the fetal patient. New York: McGraw-Hill; 2010. p. 255-312.
3. Bianchi DW, Crombleholme TM, D'Alton M, Malone FD. Abdominal wall defects section F. In: Fetology: diagnosis and management of the fetal patient. New York: McGraw-Hill; 2010. p. 411-54.
4. Bischoff A, Calvo-Garcia MA, Baregamian N, Levitt MA, Lim FY, Hall J, et al. Prenatal counseling for cloaca and cloacal exstrophy-challenges faced by pediatric surgeons. Pediatr Surg Int. 2012;28(8):781-8.
5. Davis RP, Treadwell MC, Drongowski RA, Teitelbaum DH, Mychaliska GB. Risk stratification in gastroschisis: can prenatal evaluation or early postnatal factors predict outcome? Pediatr Surg Int. 2009;25(4):319-25.
6. Ekin A, Gezer C, Taner CE, Ozeren M, Avci ME, Ciftci S, et al. Fetal abdominal wall defects: six years experience at a tertiary center. Clin Exp Obstet Gynecol. 2015;42(3):327-30.
7. Christison-Lagay ER, Kelleher CM, Langer JC. Neonatal abdominal wall defects. Semin Fetal Neonatal Med. 2011;16:164-72.
8. Ford WD. Diaphragmatic hernia. In: Fisk NM, Moise Jr. KJ. Fetal therapy. Invasive and transplacental. Edinburg: Cambridge University Press; 1997. p. 287-302.
9. Gamban P, Midrio P. Abdominal wall defects: prenatal diagnosis, new born management, and long-termoutcomes. Semin Pediatr Surg. 2014;23:283-90.
10. Haroon A, Memon AA, Ali R. Omphalocoele, ten years experience at a tertiary care hospital. J Pak Med Assoc. 2012;62(12):1349-51.
11. Horton AL, Powell MS, Wolfe HM. Intrauterine growth patterns in fetal gastroschisis. Am J Perinatol. 2010;27(3):211-7.
12. Jani J, Keller RL, Benachi A, Nicolaides KH, Favre R, Gratacos E, et al.; Antenatal-CDH-Registry Group. Prenatal prediction of survival in isolated left-sided diaphragmatic hernia. Ultrasound Obstet Gynecol. 2006;27(1):18-22.
13. Jani JC, Nicolaides KH, Gratacós E, Valencia CM, Doné E, Martinez JM, et al. Severe diaphragmatic hernia treated by fetal endoscopic tracheal occlusion. Ultrasound Obstet Gynecol. 2009;34(3):304-10.
14. Jani J, Peralta CF, Van Schoubroeck D, Deprest J, Nicolaides KH. Relationship between lung-to-head ratio and lung volume in normal fetuses and fetuses with diaphragmatic hernia. Ultrasound Obstet Gynecol. 2006;27(5):545-50.
15. Jnah AJ, Newberry DM, England A. Pentalogy of Cantrell: case report with review of the literature. Adv Neonatal Care. 2015;15(4):261-8.
16. Kagan KO, Berg C, Dufke A, Geipel A, Hoopmann M, Abele H. Novel fetal and maternal sonographic findings in confirmed cases of Beckwith-Wiedemann syndrome. Prenat Diagn. 2015;35(4):394-9.
17. Khoc G, Courtier JL, Kim JS, Miniati DN; Mackenzie. Intra-abdominal inverted umbilical cord in gastroschisis: a unique ultrasound finding. Pediatr Radiol. 2014;44(1):109-11.
18. Knox E, Lissauer D, Khan K, Kilby M. Prenatal detection of pulmonary hypoplasia in fetuses with congenital diaphragmatic hernia: a systematic review and meta-analysis of diagnostic studies. J Matern Fetal Neonatal Med. 2010;23(7):579-88.
19. Kobayashi S, Hashimoto DT, Saito M, Bracho CRR. Parede abdominal. In: Saito M, Cardoso R, Cha SC, Amaral WN. Tratado de ultrassonografia. V – Medicina fetal – atualidades e perspectivas SBUS. Goiânia: Versailhes; 2015. p. 300-10.
20. Lee HY, Shim JY, Won HS, Lee PR, Kim A. Changes in intestinal waste products during the antenatal management of gastroschisis by serial amniotic fluid exchange and infusion. Fetal Diagn Ther. 2008;24(4):448-51.
21. Mallmann MR, Reutter H, Müller A, Boemers TM, Geipel A, Berg C, et al. See comment in PubMed Commons below Prenatal diagnosis of covered cloacal exstrophy. Fetal Diagn Ther. 2014;36(4):333-6.
22. Martins CF, Serras I, Santos AV, Costa Braga A. Pentalogy of Cantrell: the complete spectrum. BMJ Case Rep. 2014;2014.
23. Moore KL, Persaud TVN. Embriologia clínica. 8. ed. São Paulo: Elsevier; 2008. p. 329-31.
24. Nichol PF, Hayman A, Pryde PG, Go LL, Lund DP. Meconium staining of amniotic fluid correlates with intestinal peel formation in gastroschisis. Pediatr Surg Int. 2004;20(3):211-4.
25. Nick AM, Bruner JP, Moses R, Yang EY, Scott TA. Second-trimester intra-abdominal bowel dilation in fetuses with gastroschisis predicts neonatal bowel atresia. Ultrasound Obstet Gynecol. 2006;28(6):821-5.
26. Payne NR, Pfleghaar K, Assel B, Johnson A, Rich RH. Predicting the outcome of newborns with gastroschisis. J Pediatr Surg. 2009;44(5):918-23.
27. Porrero JL, Cano-Valderrama O, Marcos A, Bonachia O, Ramos B, Alcaide B, et al. Umbilical hernia repair: analysis after 934 procedures. Am Surg. 2015;81(9):899-903.
28. Prefumo F, Izzi C. Fetal abdominal wall defects. Best Pract Res Clin Obstet Gynaecol. 2014;28:391-402.
29. Saito M, Amaral WN. Cirurgia fetal minimamente invasiva. In: Saito M, Cardoso R, Cha SC, Amaral WN. Tratado de ultrassonografia. V – Medicina fetal – atualidades e perspectivas SBUS. Goiânia: Versailhes; 2015. p. 521-30.

19

Sistema urinário

Eduardo Valente Isfer
Cristhiane Labes dos Santos
Marjorye Smerecki
Stella Gesteira
Térsia Guimarães

Introdução

As anomalias do trato urinário fetal representam um importante grupo de doenças que são passíveis de diagnóstico durante o período pré-natal. O primeiro diagnóstico ultrassonográfico intrauterino referia-se a rins policísticos, tendo sido realizado por Garret et al. em 1970. A incidência das patologias urinárias é estimada ao redor de 1:1.000 casos ao nascimento, e de 0,3-0,7% no nível intrauterino.

O período ideal para o estudo ultrassonográfico do parênquima renal do concepto é próximo ao fim do segundo trimestre, porém boa parte das anomalias renais já pode ser detectada mais precocemente. Deve-se enfatizar que a adequada identificação dos polos renais fetais pode ser realizada, acima de 90% das gestações, no fim do primeiro trimestre e início do segundo trimestre, em particular ao redor da 16ª e 17ª semana. Diante dessa realidade, o operador habilitado (ultrassonografista e o especialista em medicina fetal) já deve programar sua primeira avaliação por ocasião do 1º trimestre, mais especificamente entre a 11ª a 13ª semana de gestação, pois nesse período já é possível rastrear os fetos de risco que poderão evoluir com anomalias urinárias, em particular as uropatias obstrutivas baixas por meio da presença de megabexiga. Além disso, sabe-se também que a translucência nucal (TN) alterada também é importante marcador de risco fetal para o desenvolvimento de anomalias urinárias (além das cardíacas e esqueléticas).

Diante da suspeita desse tipo de anomalia em exame de ultrassonografia (USG) de rotina, o pré-natalista deve encaminhar a paciente a um centro de referência, para que ela seja submetida, inicialmente a uma USG de 3º nível. Esse exame tem por finalidade confirmar e/ou retificar o diagnóstico preliminar, classificar a patologia em questão, além de excluir outras anomalias que possam vir associadas. A obtenção do cariótipo fetal também se faz necessária, pois as aberrações cromossômicas podem estar presentes em aproximadamente 12% desses casos. Essas avaliações são fundamentais para o adequado acompanhamento da gestação.

Em razão do conhecimento adquirido da fisiologia e da embriologia do sistema urinário, sobretudo nesses últimos dez anos, a USG tem se tornado o elemento-chave para a completa avaliação de cada caso, tanto do ponto de vista diagnóstico, quanto prognóstico. No entanto, vale frisar que nos dias atuais tanto a USG-3D quanto o *color* Doppler (incluindo o *power angio* Doppler), mas principalmente a ressonância magnética (RM) têm proporcionado uma complementação diagnóstica de suma importância em determinados casos, em particular para os rins multicísticos, rins policísticos, uropatias obstrutivas e sobretudo nos tumores que envolvem toda a loja renal e adjacências (p. ex., nefroblastomas, nefroma mesoblástico congênito, tumor de Wilms e outros).

Identificação da gestação de alto risco

Diferentemente de outras anomalias, as patologias renais dificilmente estão relacionadas a fatores extrínsecos, tais como agentes teratogênicos ou infecciosos. Os antecedentes pessoais e familiares consistem em um dos únicos fatores de risco, pois a maioria das anomalias urinárias apresenta etiologia multifatorial, em que o risco de recidiva torna-se difícil de ser estimado (pois se trata de casos esporádicos).

Antecedentes

O risco de recorrência da patologia renal está associado diretamente a sua etiologia. Anomalias como agenesia renal unilateral ou bilateral, em geral, estão associadas a fatores múltiplos. Entretanto, em alguns casos, por causa da alta incidência de recorrência em uma mesma família, sugere-se a presença de fatores genéticos. Um exemplo deste é a doença policística (rins policísticos), a qual está associada à herança autossômica recessiva (AR) para o rim policístico do tipo infantil e dominante (AD) para o tipo adulto. Portanto, o risco de recorrência, quando o casal apresenta um filho afetado, passa a ser de 25% para o primeiro e 50% para o segundo tipo.

Já as dilatações do sistema urinário aparecem muitas vezes de forma esporádica. Porém, por conta de relatos de casos em parentes e em gestações gemelares, o caráter familial tem sido aventado.

A realização do rastreamento para o diabetes materno também é importante. Relata-se risco aumentado desse tipo de anomalia em até cinco vezes nos casos de gestantes sem controle glicêmico adequado.

Apesar deos antecedentes pessoais ou familiares terem importância nas doenças policísticas, verifica-se que para os outros tipos de anomalias renais a maioria dos casos não pertence a nenhum grupo de risco.

Agentes teratogênicos

Entre os medicamentos, citam-se o inalapril e o captopril, por serem inibidores da enzima de conversão da angiotensina, que podem perturbar gravemente a função renal fetal. Provavelmente, isso ocorre pelo fato de essas drogas interferirem no sistema renina-angiotensina e no metabolismo das bradicininas e prostaglandinas.

Salienta-se, também, que a trimetadiona e o álcool possam exercer, potencialmente, efeito teratogênico sobre o desenvolvimento renal intraútero. A combinação de estrogênio e progesterona tem sido também implicada em efeitos deletérios ao rim fetal, quando administrados em alta dose para finalidades abortivas.

A administração de indometacina à gestante para o tratamento de trabalho de parto prematuro (TPP) pode interferir na nefrogênese, acometendo de maneira, ainda duvidosa, a função renal do feto. A insuficiência renal, logo após o nascimento, tem sido descrita em recém-nascidos (RN), cujas mães foram submetidas a esse medicamento durante a gestação.

Sinais maternos

Do ponto de vista clínico, as uropatias fetais não repercutem sobre o bem-estar materno. Por outro lado, dependendo do tipo de anomalia, pode-se verificar a presença de restrição de crescimento intrauterino (RCIU) e oligoâmnia. Nessa situação, a paciente pode referir diminuição da movimentação fetal, consequente à redução da quantidade de líquido amniótico (LA). De modo inverso, o aumento do volume abdominal materno por causa da polidrâmnia também pode ser observado. A presença de malformações associadas ou casos de tumores císticos de volume importante podem resultar em obstrução do sistema digestivo, levando à redução da deglutição com consequente aumento do volume de LA. Outro exemplo seria a síndrome de megabexiga-microcólon-hipoperistaltismo (SMMH), que também pode se manifestar com polidrâmnia.

Dosagens maternas

Outra razão para suspeitar de malformação ou alteração da função urinária é a elevação da alfafetoproteína (AFP). Essa proteína fetal apresenta peso molecular de 69.000 daltons e estrutura similar à albumina. Inicialmente, a AFP é sintetizada pelo alantoide e, posteriormente, com a evolução da gestação, passa também a ser produzida pelo fígado fetal. Durante o segundo trimestre da gestação, a AFP é encontrada no LA por causa da filtração renal, por intermédio da urina fetal. Essa proteína atinge a circulação materna tanto por via transamniótica como transplacentária. Ao redor da 16ª semana de gestação, encontra-se uma proporção entre AFP no soro materno e soro fetal de 1:50.000, porém a concentração plasmática da AFP no soro fetal atinge pico de 300 mg/dL ao redor da 12ª semana de gravidez, diminuindo a seguir.

Originalmente, a mensuração da AFP foi proposta como marcador sorológico de defeitos do tubo neural; entretanto, elevações em seus níveis têm sido associadas consistentemente com anomalias do trato urinário, incluindo uropatias obstrutivas, agenesias e displasias renais. As alterações da filtração glomerular fetal interferem diretamente no metabolismo dessa proteína, diminuindo sua excreção no LA e aumentando, por sua vez, sua concentração no soro fetal. Esse aumento favorece, em razão do gradiente de concentração, as trocas entre os compartimentos sanguíneos materno e fetal, através da placenta.

Ultrassonografia de rotina

A análise da morfologia fetal na USG torna-se, com frequência, tecnicamente difícil de ser realizada por causa da própria característica da patologia renal. Entre os fatores que contribuem para tal situação, destacam-se:

- LA diminuído: impede a boa avaliação ultrassonográfica, por causa da ausência da janela acústica.
- Glândulas adrenais: em geral, são facilmente reconhecidas após a 30ª semana. Apresentam metade do volume renal e, na presença de patologias renais, podem ser confundidas com os rins.
- Posição fetal: muitas vezes impede a identificação adequada das estruturas renais, além do fato de haver dificuldade de mobilização do feto (consequente à falta de LA).

Dessa forma, os principais aspectos da USG que auxiliam na interpretação das anomalias do sistema urinário são alterações da quantidade de líquido amniótico e outros achados ultrassonográficos.

Alterações da quantidade de líquido amniótico

A quantidade de LA está intimamente relacionada com a produção urinária do feto, e o rim inicia sua produção aproximadamente na 10ª semana de gestação. A partir dessa fase, a contribuição da diurese fetal para a quantidade total de LA aumenta progressivamente até atingir o limite máximo da sua produção na 34ª semana. Em geral, o rim passa a ser o principal responsável pela formação do volume do LA a partir da 17ª semana, quando passa a contribuir com cerca de dois terços desse volume. Antes desse período, o LA é formado sobretudo pela exsudação de líquido proveniente das membranas corioamnióticas e epiderme fetal. Esta última contribui para a formação de LA até ao redor da 20ª/22ª semana, pois a partir dessa época ocorre a queratinização da pele fetal. Antes dessa idade gestacional a pele permite o livre intercâmbio entre o soro fetal e a cavidade amniótica, sendo, portanto, permeável a água (Figura 1A-D).

Produção e reabsorção

A diurese fetal aumenta rapidamente durante o período pré-natal, apresentando na 30ª semana volume de aproximadamente $9,6 \pm 0,9$ mL/h e $27,3 \pm 2,3$ mL/h no feto de termo. Esse aumento da diurese deve-se à elevação rápida da filtração glomerular, da pressão de ultrafiltração, do aumento da superfície capilar e do transporte no nível dos túbulos. O desenvolvimento e o aumento do número de néfrons (nefrogênese) ocorre até a 36ª semana e também contribui, em menor importância, para a elevação da diurese até essa fase.

A compreensão do processo da produção urinária permite constatar que as modificações de volume do LA, consequentes às patologias renais, geralmente se manifestam a partir da 15ª e 16ª semana, e estão diretamente relacionadas à produção renal fetal. As alterações de líquido decorrentes de patologias renais, antes dessa fase, são de difícil constatação, porém, quando presentes, deve-se pesquisar também outras causas.

As patologias renais do feto são responsáveis por cerca de 25-38,6% dos casos de oligoâmnia encontrada na gestação. Nestes, a diminuição do LA é causada por alteração da função renal, consequente a uma deficiente produção urinária (agenesia renal bilateral, rins policísticos, rins multicísticos e rins displásicos), ou seja, pela retenção da urina por conta de um processo obstrutivo (uropatias obstrutivas).

A idade gestacional na qual se identifica a oligoâmnia é essencial para o seu diagnóstico etiológico. Antes da 17ª semana, as patologias renais dificilmente comportam repercussão ultrassonográfica, pois, como já foi exposto, o sistema urinário fetal não é ainda o principal responsável pela produção de LA. Desse modo, a equipe médica deve investigar causas de origem materna (colagenoses) ou gestacionais (amniorrexe prematura). Após essa fase (17ª semana), a diminuição de LA sugere anomalia genitourinária fetal. O diagnóstico dessas malformações muitas

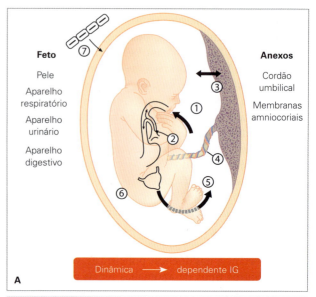

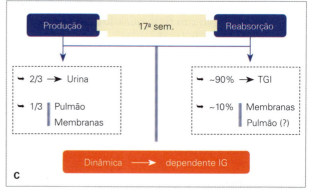

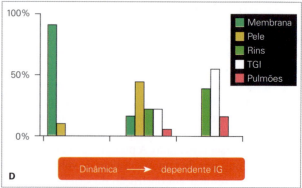

Figura 1 Fisiologia do líquido amniótico.

vezes ocorre por volta da 28ª semana, nas quais alterações clínicas e ultrassonográficas da oligoâmnia tornam-se evidentes. Por último, a diminuição tardia de LA (terceiro trimestre) dificilmente está associada a patologias renais. Esses casos, em geral, estão associados a insuficiência placentária ou a amniorrexe prematura.

Outros achados ultrassonográficos
Restrição de crescimento intrauterino precoce

As patologias urinárias fetais, principalmente quando associadas à anomalia cromossômica, podem vir vinculadas à RCIU. Ou podem também ocorrer nos casos de agenesia renal bilateral ou síndromes complexas.

Ascite fetal

A presença de líquido na cavidade peritoneal está muitas vezes relacionada à hidropisia fetal. Entretanto, naqueles casos em que a ascite não está associada à hidropsia e nota-se hidronefrose bilateral, deve-se investigar solução de continuidade das vias urinárias, pois quando ocorre ruptura de alguma região do trato urinário dilatado (frequentemente bexiga), essa patologia pode se manifestar dessa forma (ascite urinosa).

Alteração do tamanho da circunferência abdominal

O aumento do volume abdominal nos casos de patologias renais pode ser observado em determinadas situações, tais como: hidronefrose importante, tumores, rins policísticos e ascite. A relação entre a circunferência renal e a circunferência abdominal apresenta curva padrão constante durante a gestação; logo, o aumento dessa relação pode também sugerir anomalias renais.

A diminuição da circunferência abdominal pode ocorrer sobretudo nos casos de agenesia e displasia renal. Nesses casos, o fator mecânico, consequente à compressão do abdome fetal pelo útero materno, decorrente da oligoâmnia, também contribui para a diminuição do volume abdominal.

Alteração da arquitetura normal da cavidade abdominal

A presença de massas císticas ou tumores renais, quando volumosos, pode alterar a arquitetura normal do abdome, inclusive com repercussão no funcionamento do(s) órgão(s) adjacente(s). Em alguns casos de uropatias volumosas, só após o esvaziamento da estrutura cística, através de punção e/ou drenagem, pode-se obter a correta identificação tanto do órgão acometido, como das outras estruturas. Da mesma forma, muitas vezes os rins policísticos, em razão do seu grande volume, dificultam a visualização e identificação de outros órgãos abdominais.

Embriologia

O sistema urinário serve de base para o desenvolvimento genital e gonadal. A base do desenvolvimento para a adequada formação desses dois sistemas reside na junção adequada do mesoderma intermediário com a cloaca primitiva. Por volta da terceira semana do desenvolvimento intrauterino, o mesoblasto embrionário se diferencia em três partes distintas (Quadro 1) (Figura 2A).

Quadro 1 Fases embrionárias do desenvolvimento renal

Parte cranial	Pronefro
Parte intermediária	Mesonefro
Parte caudal	Metanefro

O pronefro aparece por volta do 22º dia e se degenera ao redor da 5ª a 7ª semana (amenorreia). Este não apresenta função excretora, porém após sua degeneração parcial, permanece uma estrutura que se alonga até a cloaca, a qual serve de base para a formação do mesonefro.

O mesonefro surge antes da degeneração parcial do pronefro. Trata-se de estrutura que possui sistema de ductos e túbulos muito mais desenvolvidos que o anterior. Próximo da 6ª semana cada mesonefro pode funcionar como um rim intermediário até que os rins permanentes (metanefros) assumam essa função. Próximo ao final do período embrionário, o mesonefro se degenera e desaparece, com exceção de seus canais e de alguns túbulos. Estes, posteriormente, resultam nos canais deferentes e epidídimos no homem, ou constituem os resquícios embrionários conhecidos como paraovário na mulher.

Quanto ao metanefro, este se desenvolve por meio de dois elementos distintos (Quadro 2) (Figura 2B):

Quadro 2 Embriologia funcional do sistema urinário

Blastema nefrogênico (sistema secretor)	Glomérulos
	Túbulo proximal
	Túbulo distal
	Alça de Henle
Botão ureteral (sistema coletor)	Túbulos coletores
	Cálices (pelve)
	Bacinetes
	Ureter

1. Blastema nefrogênico: tecido que envolve o botão (broto) ureteral formado pela parte caudal do cordão nefrogênico. Este é derivado do mesoderma e origina os elementos secretores.
2. Botão ou broto ureteral: projeção que se forma por volta da 6ª semana na face posterior do canal mesonefrênico, iniciando sua separação de modo progressivo no início da 9ª semana. Após essa separação, o broto ureteral, situado paralelamente ao cordão nefrogênico, cresce e se une ao blastema nefrogênico. O broto ureteral origina os túbulos coletores, cálices, bacinetes e ureter.

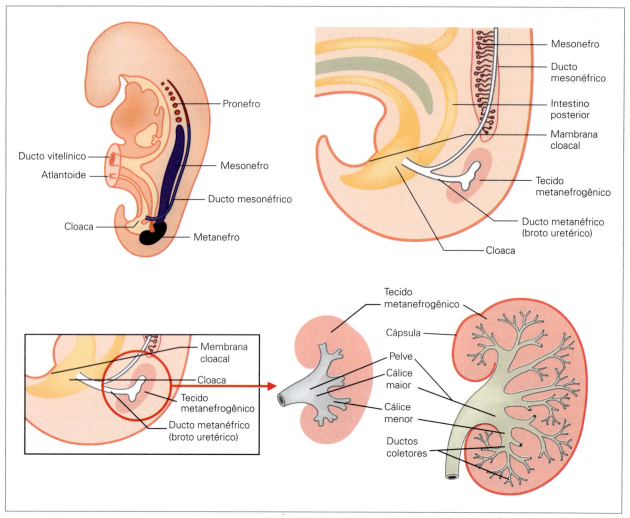

Figura 2   Embriologia do trato urinário.

O local de aparecimento do botão ureteral dentro do canal mesonefrótico determina a localização dos ureteres dentro do trato urogenital. O surgimento desse botão acima de sua posição habitual determina a abertura do orifício ureteral no nível do colo vesical, uretra ou vesículas seminais. Por outro lado, o aparecimento deste, abaixo de sua localização normal, implica a abertura de um orifício ectópico dentro de um trajeto intramural curto, o qual pode favorecer refluxo vesicoureteral. Essas alterações embriológicas podem resultar também no aparecimento da ureterocele.

O local de "contato" (união) entre o broto ureteral e o blastema nefrogênico é fundamental para o desenvolvimento do parênquima renal. A falha dessa fusão dificulta o desenvolvimento desse parênquima, podendo originar uma displasia ou até mesmo agenesia renal.

O desenvolvimento dos néfrons inicia-se a partir da 3ª semana indo até ao redor da 36ª semana. Entretanto, sua função fisiológica (formação de urina) pode ser constatada apenas a partir da 9ª semana de gestação. A embriogênese do néfron é dividida em três fases distintas. Apesar de esse desenvolvimento realizar-se de modo uniforme, pode-se verificar diferentes estágios de maturação em locais diferentes do córtex renal, ou seja, a nefrogênese evolui de maneira centrífuga, e em um corte histológico pode-se encontrar várias fases de desenvolvimento. Sendo assim, muitas vezes a maturação do néfron encontra-se em fase mais adiantada na região próxima à junção corticomedular, em contraste com aquela em torno da cápsula renal, que é mais imatura.

O canal ureteral está obstruído, fisiologicamente, até a 11ª a 12ª semana, por uma membrana formada por duas camadas celulares: ureteral e vesical. Nesse período, a urina começa a ser produzida. O acúmulo urinário auxilia na abertura do ureter, e no nível do futuro bacinete a pressão da urina produzida contribui para o adelgaçamento dessa membrana. Em resumo, o rim definitivo começa a se desenvolver por volta da 7ª semana, porém sua produção urinária se inicia aproximadamente 2 semanas mais tarde, por volta da 9ª semana. A partir de então, a formação de urina é contínua durante a vida fetal.

No final do 2º mês da gestação, o rim modifica sua posição. A migração inicia-se por volta da 7ª e 11ª semana. Nessa fase, os rins estão situados na região pélvica. Esse processo é contínuo e deve-se, sobretudo, ao crescimento dos segmentos sacrais e lombares, além da diminuição da curvatura lombar. A rotação do hilo (inicialmente na porção sagital) ocorre durante essa migração, situando-o em sua posição normal (interna).

Entre a 4ª e a 6ª semanas de gestação, a cloaca primitiva é dividida pelo septo urorretal em dois compartimentos, anterior e posterior. O septo urorretal forma-se entre o alantoide e o intestino posterior e se desenvolve em direção à membrana cloacal, fundindo-se com ela. No local de fusão, esta origina o corpo perineal no sexo feminino e o centro tendíneo do períneo no sexo masculino. O compartimento anterior forma o canal anorretal e o posterior o seio urogenital posterior, os quais constituirão, futuramente, a bexiga urinária, o ligamento umbilical mediano e o seio urogenital. As alterações desse desenvolvimento resultam nas anomalias da cloaca (Figura 2B-C).

Quanto à produção urinária propriamente dita, esta inicia-se por volta da 12ª semana. Nessa fase, por causa da imaturidade dos sistemas de excreção e absorção, praticamente não há diferença entre a concentração dos eletrólitos encontrados na urina e LA com aqueles do soro fetal. Com a evolução da gestação e, consequentemente, maturação funcional de ambos os sistemas, ocorre modificação da concentração desses eletrólitos (Quadro 3).

Ultrassonografia do sistema urinário fetal

Apesar da possibilidade de identificar as lojas renais já a partir de 9 semanas e meia, considera-se como viável a visualização dos rins fetais na USG, no nível da região lombar, apenas por volta da 12ª a 14ª semana, tanto em corte parassagital ou transverso. Entretanto, a análise completa de sua estrutura só é possível ao redor da 20ª semana (90% dos casos).

Essa variação, na idade gestacional, da identificação dos rins pode ser explicada pelas suas próprias características ultrassonográficas. Os rins apresentam, até a 26ª semana, forma esférica e ecogenicidade semelhantes às dos outros órgãos intra-abdominais, o que pode dificultar o exame. Além disso, alguns aspectos técnicos também contribuem de modo significativo para a acuracidade do exame, tais como: a resolução da imagem do aparelho de USG, o tipo de sonda utilizada (abdominal ou vaginal) e a experiência do examinador.

Para se obter uma avaliação satisfatória das lojas renais na USG, torna-se necessária a visualização em pelo menos dois planos. Utilizam-se os cortes longitudinais (parassagitais) e os transversos. A avaliação renal deve compreender os seguintes aspectos:

- Situação anatômica (intraabdominal).
- Regularidade de seu contorno.
- Ecogenicidade.
- Volume (medidas).
- Estruturas anatômicas (bacinetes, cálices e pirâmides).
- Identificação de anomalias parenquimatosas.

As relações dos rins com outros órgãos abdominais são importantes para a avaliação da arquitetura abdominal. Superiormente aos rins, localizam-se as glândulas suprarrenais. Elas devem ser diferenciadas para que não haja equívoco na mensuração do comprimento renal. Além disso, em muitos casos de suspeita de agenesia renal ou displasia renal, essa glândula pode, por conta de sua localização, ocupar e mimetizar a forma renal, tornando, muitas vezes, difícil o diagnóstico diferencial.

No plano parassagital, superiormente ao rim direito, localiza-se o fígado. Esse órgão ocupa em torno de dois terços do abdome superior, apresentando ecotextura levemente mais ecogênica que o restante do abdome. Superiormente ao rim esquerdo, nota-se imagem cística anecoica (líquida), de forma arredondada que representa o estômago. A localização do estômago, assim como o corte transverso da aorta abdominal, é de grande auxílio para diferenciação entre rim direito e esquerdo. O baço localiza-se acima do rim esquerdo e posterior ao estômago, sendo identificado em corte transversal como uma imagem triangular homogênea e levemente ecogênica.

Quadro 3 Evolução biométrica e funcional do aparelho renal fetal

IG	Nefrogênese	Embriogênese	Função
8 a 11 semanas	Início	Cálices e miogênese do ureter	10ª semana
14 semanas	150.000 n	Bacinete	Esfíncter liso
22 semanas	350.000 n	Miogênese pericalicial	Esfíncter estriado 3 mL/h
26 semanas	650.000 n	Miogênese ureteral	5 mL/h
30 semanas	760.000 n	–	9 mL/h
35 semanas	820.000 n	–	16 mL/h
40 semanas	Completa	–	26 mL/h

Fonte: Gonzales, 1985.
IG: idade gestacional; n: número de néfrons.

No plano parassagital, o rim apresenta forma elíptica característica, semelhante a um grão de feijão, localizado em região paravertebral. No corte transversal, apresenta forma circular, sendo identificados ambos os rins no mesmo plano de secção junto aos centros de ossificação das vértebras lombares. A cápsula renal que recobre perifericamente os rins é visualizada como uma membrana hiperecogênica de espessura menor que 1 mm. Com a evolução da gestação, ocorre depósito de gordura retroperitoneal ecogênica, que circunda perifericamente ambos os rins. Essa deposição permite a identificação clara da região periférica e, também, do seio renal central.

Os rins crescem durante a evolução da gestação. A associação do crescimento renal com a idade gestacional tem sido relacionada com sua circunferência, volume, espessura e comprimento. Em paralelo, a utilização complementar da RM também tem permitido à medicina fetal não só uma melhor definição diagnóstica, mas também prognóstica para os casos patológicos. Entre as medidas utilizadas na avaliação renal, deve-se incluir:

- Comprimento renal (plano longitudinal e coronal) (Figura 3A-C).
- Relação da circunferência renal com a circunferência abdominal (Figura 4) (Quadro 4).

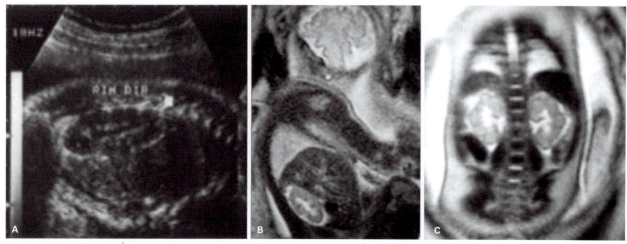

Figura 3 A: Ultrassonografia – comprimento renal fetal (corte longitudinal). B: Ressonância magnética (T2) – rim fetal (corte longitudinal). C: Ressonância magnética (T2) – rim fetal (corte coronal).
Cortesia do Dr. Heron Werner.

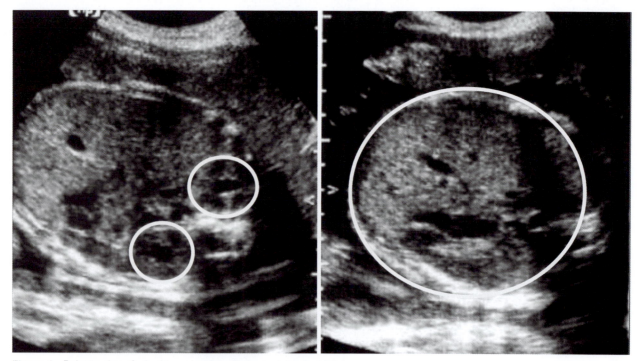

Figura 4 Relação circunferência renal e circunferência abdominal fetal.

- Espessura do parênquima renal (Figura 5).
- Medida da dilatação piélica ou pielocalicial (Figura 6).

A relação da circunferência renal com a circunferência abdominal permanece constante com o avanço da idade gestacional, mantendo-se em torno de 0,27 a 0,30. Esses parâmetros são importantes para o diagnóstico e evolução de hidronefrose, patologias císticas, tumores renais e RCIU (Quadro 4).

O parênquima renal deve ser medido principalmente nos casos associados à dilatação piélica ou pielocalicial (hidronefrose). A constatação do parênquima medindo menos que 3 mm em sua espessura sugere comprometimento da função renal.

O parênquima renal apresenta ecotextura levemente homogênea e hipoecoica. Em seu interior, pode-se identificar as pirâmides renais. Estas apresentam-se como imagem hipoecoica enfileiradas anterior e posteriormente, com configuração e orientação direcionadas para os cálices localizados em torno do hilo renal. Essas característi-

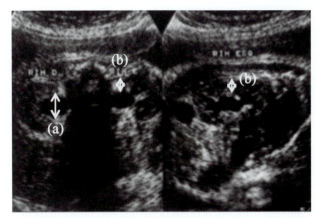

Figura 6   Medida da dilatação piélica (corte transverso e longitudinal). a: Dilatação piélica; b: Parênquima renal.

cas permitem a identificação e a distinção das pirâmides, com os cistos de parênquimas renais. Na gestação de termo, o parênquima renal mede aproximadamente de 8 a 10 mm (Figuras 5 e 6).

As estruturas medianas renais formam um sistema fortemente ecogênico. Essa imagem deve-se à multiplicação de interfaces dentro do hilo renal, onde na maioria das vezes, isoladamente, esses elementos não são distinguíveis na USG. A perda da tensão nas cavidades excretoras no interior do hilo renal favorece o aparecimento dos bacinetes. Estes são representados por pequenos lagos de líquido, formando imagem anecoide de contorno regular, fino e alongado no corte axial.

Os cálices são estruturas menores que se dividem em torno dos bacinetes. Essas duas estruturas, quando apresentam aspectos arredondados, traduzem aumento da tensão intracavitária, podendo sugerir início de hidronefrose.

Em corte transversal, os rins apresentam forma arredondada, localizados adjacente e lateralmente à coluna vertebral. Nesse corte, os rins e a coluna adquirem um aspecto de "óculos" ou de "olhos de coruja" (Figura 5). Os rins devem ser avaliados em toda a sua extensão, para o estudo das mesmas estruturas anatômicas visualizadas no plano longitudinal. Entre as medidas que devem ser realizadas nesse corte, estão (Figura 6):

- Diâmetro anteroposterior da pelve renal.
- Relação entre o diâmetro anteroposterior da pelve renal (dilatação pielocalicial) e o diâmetro anteroposterior do rim.

Particular atenção deve ser dada à avaliação do diâmetro anteroposterior da dilatação pielocalicial. Essa medida é importante para o diagnóstico da hidronefrose. Considera-se fisiológica quando essa medida for menor que 5 mm. Na presença de dilatações de 5 a 9 mm, nesse plano, na ausência de cálices arredondados, provavelmente trata-se, também, de aspecto fisiológico, e, ra-

Quadro 4	Relação entre a circunferência renal e circunferência abdominal		
Idade gestacional (semanas)	Relação (%)	Percentil 5º	Percentil 95º
< 17ª	28	24	32
17-20ª	30	24	36
21-25ª	30	26	34
26-30ª	29	24	33
31-35ª	28	22	34
36-40ª	27	19	35

Fonte: Jeanty et al., 1983.

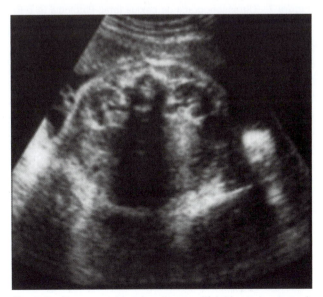

Figura 5   Espessura do parênquima renal fetal (corte transverso).

ramente, evolui para hidronefrose. No entanto, quando essa medida encontra-se maior que 10 mm, em geral a conformação calicial está arredondada, configurando a hidronefrose (Figura 6).

A relação entre o diâmetro anteroposterior da pelve renal e a dilatação pielocalicial também tem sido utilizada para a avaliação da hidronefrose. Considera-se esta como normal, quando essa relação for menor que 50%. Quando esta for maior que 50%, é sugestivo de uropatia obstrutiva.

Normalmente, o ureter não é visualizado em toda a sua extensão na USG, exceto em sua porção pélvica, próxima aos rins. A identificação do ureter é muitas vezes patológica. Esta ocorre em razão do represamento da urina consequente a processos obstrutivos, abaixo da junção ureteropélvica. Na USG, a imagem do ureter dilatado assemelha-se a formas císticas tortuosas (tipo "salsicha") e apresentando conteúdo anecoico (líquido). Dificilmente pode-se observar contrações no ureter. O sinal sugestivo para a identificação de ureter dilatado é a presença de contato dessa imagem com a coluna vertebral. O diagnóstico diferencial dessa imagem deve ser realizado com alças intestinais dilatadas que, caracteristicamente, apresentam haustrações e também, em alguns casos, com o músculo psoas que pode mimetizar a sua forma. No entanto, para este último, o seu posicionamento e forma triangular o identificam.

A bexiga normalmente pode ser visualizada a partir da 10ª semana, quando se inicia a produção urinária. A parede vesical é bastante delgada, na maioria das vezes, não individualizada. De localização pélvica e centrada, sua forma costuma ser ovalada. As mudanças de suas dimensões, consequente ao esvaziamento vesical, podem diferenciá-la de outras estruturas císticas intrapélvicas (Figura 7).

Considera-se normal a medida da parede vesical até 3 mm de espessura. Nota-se que o feto normalmente enche e esvazia a bexiga a cada 30 a 45 minutos, e o volume médio no concepto de termo é de aproximadamente 40 mL. A produção urinária aumenta com a idade gestacional. Na 32ª semana de gestação a produção média por hora é de 12,2 mL/hora e no termo essa produção atinge 28 mL/hora.

Para o cálculo da produção urinária, Campbell e Wladimiroff obtiveram a seguinte fórmula para determinação do volume vesical:

$$\text{Volume vesical} = 4/3 \times \text{PI} \times \text{diâmetro a}/2 \times \text{diâmetro b}/2 \times \text{diâmetro c}/2.$$

Em que: PI = 3,14

a = medida em corte longitudinal do fundo vesical ao colo.
b = medida em corte longitudinal do máximo diâmetro anteroposterior vesical.
c = medida em corte transversal do diâmetro transverso máximo vesical.

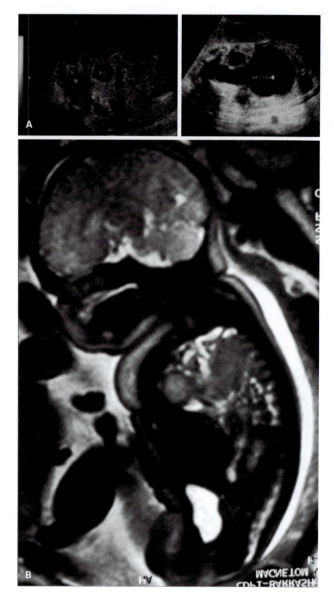

Figura 7 Ultrassonografia de bexiga fetal. Patologia (A e B): válvula de uretra posterior. A: espessura da parede vesical. B: Conformação. C: Ressonância magnética (T2) - bexiga fetal (corte longitudinal). Cortesia do Dr. Heron Werner.

Essa mensuração da produção urinária foi baseada na variação do volume urinário, a qual foi obtida utilizando, em média, intervalos de 15 a 30 minutos. Já Rabinowitz et al., analisando a variação do volume vesical, a cada 5 minutos, verificaram que a produção urinária fetal foi em média duas vezes maior que o valor estimado por outros autores.

Pelo que foi exposto acima, recomenda-se que o acompanhamento ultrassonográfico do exame urinário deve ser monitorizado pelo menos durante 30 minutos, pois em geral relata-se esvaziamento vesical a cada 30 a 155 minutos.

A diurese fetal pode ser comprovada em dois tempos pela USG. O primeiro consiste na diminuição progressiva do volume vesical. Porém o segundo trata-se da própria visualização do "turbilhonamento" formado pela ejeção da urina para a cavidade amniótica. A constatação da micção é importante para o diagnóstico das uropatias obstrutivas. O esvaziamento vesical isolado não ratifica a diurese, pois em caso de refluxo vesicoureteral associado a hidroureter esse esvaziamento pode ocorrer às custas do enchimento ureteral (Figura 7A-B).

As alterações e a evolução do sistema genitourinário, já descritos, não devem ser observados isoladamente. A USG deve também ser direcionado para a identificação da quantidade de LA. Sabe-se que a urina contribui para o volume de LA, a partir da 12ª semana, sendo o principal contribuinte desse líquido a partir da segunda metade da gestação. Por volta da 17ª semana, a urina é responsável por aproximadamente dois terços da quantidade de LA, e o restante é produzido no nível das membranas corioamnióticas e pela secreção pulmonar fetal. Desse modo, a oligoâmnia consequente às causas renais em geral se manifesta a partir da segunda metade da gravidez.

Patologias do trato urinário fetal

No que tange às patologias do trato urinário no concepto, propriamente ditas, gostaríamos aqui de enaltecer uma divisão adotada em nosso Serviço, a qual tem por objetivo simplificar e otimizar o raciocínio clínico do ultrassonografista e/ou especialista em Medicina Fetal. Para tanto, dividimos esse "*pool*" de patologias urinárias em dois grupos, a saber:

- Grupo I: refere-se àquele grupo de anomalias urinárias decorrente de um distúrbio ocasionado no momento da gênese do trato urinário (com consequente prejuízo no nível do blastema nefrogênico e/ou broto ureteral) ou até mesmo à *posteriori* (na evolução da histogênese). Em síntese, são patologias decorrentes de distúrbio na formação e desenvolvimento do parênquima (córtex) renal fetal. Entre as principais, destacam-se: as agenesias renais (uni e bilateral), os rins policísticos (tipo infantil e adulto), os rins multicísticos, os rins ectópicos, os rins "em ferradura" e outras.
- Grupo II: refere-se àquele grupo de anomalias urinárias em que, até segunda instância, a formação e formatação do trato urinário se completou "adequadamente", porém evoluiu com algum processo obstrutivo, o qual pode ocorrer desde a região da pelve renal até a uretra, denominadas de uropatias obstrutivas. Nesse grupo, subdividem-se as patologias de acordo com o nível anatômico da obstrução, a saber:
  - obstrução alta: ocorre no nível da região da junção pieloureteral;
  - obstrução média: ocorre no nível da junção ureterovesical;
  - obstrução baixa: ocorre comumente no nível da uretra.

Enfim, utilizaremos essa nossa divisão de grupos para descrever abaixo as principais patologias urinárias que podem acometer o feto durante sua evolução no período pré-natal.

Grupo I – patologias urinárias que envolvem a formação e desenvolvimento do parênquima renal (córtex)

Agenesia renal bilateral
Definição

A agenesia renal bilateral consiste na ausência congênita de ambos os rins, sendo descrita pela primeira vez, em 1671, por Wolfstrigel. No entanto, foi Potter que associou e descreveu toda a complexidade dessa patologia, enquadrando-a como síndrome.

Incidência

Desde 1965, estimava-se que a incidência da agenesia renal bilateral era de 1 para cada 4.800 nascimentos, porém essa prevalência aumentou de modo significativo, provavelmente pela aplicação rotineira e melhor acurácia da USG no pré-natal. Atualmente, rotula-se que essa incidência varie de 3 a 4/1.000 nascimentos.

Etiopatogenia

A agenesia renal bilateral ocorre por conta de uma interrupção embriológica de formação entre o pronefro e o metanefro, além de anormalidades do broto ureteral e do blastema nefrogênico. Desde 1969, Dubois divide esquematicamente as possíveis alterações embriológicas que podem resultar nessa anomalia:

- Crescimento normal do broto ureteral, com anormalidade na diferenciação do blastema nefrogênico.
- Interrupção do crescimento do broto ureteral, terminando em fundo "cego", sem atingir o blastema nefrogênico.
- Anormalidade de desenvolvimento, tanto do blastema nefrogênico quanto do broto ureteral.
- Ausência de desenvolvimento do ducto de Wolf.

A agenesia renal bilateral pode se manifestar isoladamente ou associada a outras anomalias, ou ainda, pode estar presente em várias síndromes. Quando encontrada de forma isolada, parece apresentar etiologia multifatorial. Por outro lado, por conta de sua alta taxa de recorrência (recidiva familiar), alguns casos parecem ter como fator etiológico a herança autossômica recessiva (AR). Entretanto, pelo fato de serem descritas gestações gemelares monozigóticas com a presença da agenesia renal bilateral em apenas um dos fetos, hipotetiza-se que a penetrância dessa desordem deva ser baixa.

Quando associado com outras malformações, várias síndromes etiológicas têm sido relacionadas. Descrevem-se as seguintes associações:

- Desordens cromossômicas: relacionam-se à presença do cromossomo 22, à síndrome de "*cat eyes*" e à síndrome do cromossomo 4p. Nicolaides et al. relatam em 24 casos de agenesia renal unilateral incidência de 13% de anomalias cromossômicas. Nesses casos, quando a malformação apresentava-se isolada (19 casos) ou associada a outras anomalias (5 casos), a incidência de aberrações cromossômicas foi de 5-40%, respectivamente.
- Herança autossômica: síndrome de Fraser, síndrome cérebro-óculo-facial esquelética e síndrome acrorrenal mandibular constituem as AR, e entre as autossômicas dominantes (AD), incluem-se a síndrome de braquio-otorrenal e a anomalias müllerianas.

O risco de recorrência da agenesia renal bilateral depende diretamente da forma como se manifesta. Quando esta se apresenta isolada, o risco de um casal ter outro filho afetado varia de 2-3%. No entanto, esse risco aumenta ainda mais se um dos pais apresenta agenesia renal unilateral.

Do mesmo modo, se a agenesia renal bilateral estiver associada a outras anomalias fetais, ou a anomalias sindrômicas, esse risco aumenta para 12,5%. Nos casos de herança AR e AD, esse risco é de 25-50%, respectivamente.

Malformações associadas

As malformações associadas podem ser divididas em dois grupos, conforme o órgão acometido. As malformações adjacentes são aquelas que ocorrem dentro do sistema genitourinário. Esse tipo de associação pode estar presente em 56-66% dos casos.

As malformações não adjacentes são as que atingem órgãos não relacionados ao sistema urogenital. Na agenesia renal bilateral verifica-se esse tipo de anomalia em 33-44% dos casos.

Por causa da oligoâmnia acentuada, é comum a presença da síndrome de Potter. Essa síndrome é causada pelas alterações decorrentes da falta de espaço (por conta da ausência de LA) para o crescimento fetal. Entre os sistemas atingidos, incluem-se sobretudo o esquelético e o pulmonar. A face de Potter é caracterizada pelo achatamento nasal (forma de "bico de papagaio"), proeminência e achatamento das bochechas, prolongamento da prega ocular, orelhas de implantação baixa comprimidas sobre a cabeça, em geral disformes com alargamento do lobo auricular, retrognatia, encurtamento e espessamento do pescoço. Em geral, os membros são curtos e tortos, as articulações apresentam excessiva flexão sobre a bacia e os joelhos, além da presença ocasional da sirinomielia.

A hipoplasia pulmonar ocorre quase que invariavelmente, e é também decorrente da oligoâmnia. O LA apresenta duplo efeito (protetor e mecânico):

- Impedindo a compressão da parede uterina sobre o tórax;
- Estabelece equilíbrio necessário entre a pressão intratorácica (pulmonar) e a pressão externa (uterina), o que permite o desenvolvimento dos alvéolos e vasos terminais do pulmão.

A caixa torácica apresentando forma de sino é altamente sugestiva da hipoplasia. Além dessas modificações mecânicas, relata-se que o sistema urinário é importante produtor de prolina, a qual serve como matéria-prima para a formação cartilaginosa da árvore brônquica. Hipotetiza-se também que o sistema renal produza outras substâncias que poderiam influenciar (induzir) no próprio desenvolvimento do sistema pulmonar.

A presença de outras anomalias, que não são decorrentes da oligoâmnia, é dividida conforme o sistema acometido. A associação com as anomalias do sistema nervoso atinge ao redor de 11%, incluindo-se hidrocefalia, microcefalia, meningomielocele, encefalocele, holoprosencefalia e inencefalia. O sistema cardiovascular pode estar alterado em 14%, sendo a tetralogia de Fallot, o defeito do septo ventricular (CIV), o defeito do septo atrial (CIA), a hipoplasia do ventrículo esquerdo, a coarctação da aorta, a dextrocardia, o ventrículo único, a transposição dos grandes vasos (TGV), a atresia de tricúspide e a hiplopasia da aorta as anomalias mais frequentemente encontradas.

As malformações gastrointestinais estão presentes em 19% dos casos, incluindo atresia duodenal, ânus imperfurado, fístula traqueoesofágica, má-rotação, agenesia de estômago ou onfalocele. Entre as anomalias esqueléticas, encontra-se a anomalias de regressão caudal e as próprias deformidades dos membros, conforme já descrito.

Outras anomalias que podem também ser encontradas são: microftalmia, artéria umbilical única e âmnio nodoso.

A presença de RCIU acomete 47% dos casos, e a maioria dos fetos apresentam deformidades.

Entre as anomalias adjacentes, verifica-se alta frequência de alterações do desenvolvimento de todo o sistema urinário (ureter e bexiga), decorrentes da própria alteração embriológica. Quanto ao sistema genital, no feto masculino as anomalias mais frequentes são as hidroceles. As anomalias de pênis são raras. Apesar de essa patologia ser menos frequente no sexo feminino, as anomalias do sistema genital nesse sexo são mais constantes. Os ovários são muitas vezes hipoplásicos e rudimentares, assim como o útero e a vagina.

Diagnóstico pré-natal

O principal sinal ultrassonográfico para o diagnóstico da agenesia renal bilateral é a oligoâmnia. Entretanto, apesar de precoce, frequentemente esse sinal só se manifesta a partir da 19ª/20ª semana, pois como já visto anteriormente, é a partir da 17ª semana que os rins passam a ser os principais responsáveis pela formação de LA. Embora incomum, em alguns casos já se constata a oligoâmnia no final do primeiro trimestre. Controversamente, pode-se observar em raros casos que a quantidade de LA está dentro dos parâmetros de normalidade. Esta, quando observada, deve-se às anomalias associadas, tais como digestivas (atresia de esôfago e obstruções intestinais) e pulmonares (cisto adenomatoso de pulmão).

A partir da 20ª semana, nos casos suspeitos, a identificação das lojas renais é dificultada tanto pela oligoâmnia, quanto pela posição fetal. Além disso, a glândula suprarrenal, pela sua localização, pode também mimetizar a forma renal preenchendo a loja vazia. A hipertrofia dessa glândula associada à agenesia renal tem sido aventada, porém Jeanty et al. não encontraram esse achado no estudo anatomopatológico desses casos. Na USG, a perda da arquitetura normal renal e, principalmente, a ausência da pelve renal auxiliam no diagnóstico diferencial (Figuras 7 e 8).

A bexiga normalmente já é visualizada na pelve renal por volta da 13ª semana. Sua presença é detectada por conta da urina. Pelo fato da bexiga esvaziar-se pelo menos uma vez por hora, recomenda-se, para melhor avaliação, exames seriados a cada 30 minutos. A visualização da bexiga afasta, definitivamente, a agenesia renal bilateral. Bronshtein et al., realizando USG vaginal, verificaram que a bexiga fetal pode ser visualizada em alguns casos já na 11ª semana, e em 100% dos casos na 13ª semana. Assim, quando visualizada a bexiga nessa fase, excluía-se essa patologia. Porém, a sua ausência esteve associada à agenesia renal e a outras patologias renais em que havia comprometimento da função renal.

Em alguns casos, por causa da oligoâmnia, a visualização vesical pode estar prejudicada. Para atestar esses casos, desde 1975 Wladimiroff recomendava a administração de diuréticos (furosemida) na dose de 20 a 60 mg, por via endovenosa (EV), à gestante e, logo após, o acompanhamento por meio da USG por pelo menos 2 horas. O efeito do diurético administrado ocorria, em geral, por volta de 15 a 45 minutos. No entanto, apesar do preenchimento vesical (produção urinária), afastar o diagnóstico de agenesia renal bilateral, a ausência deste, não comprovava efetivamente o diagnóstico dessa anomalia, pois patologias renais, que resultam em falência renal, e alguns casos de RCIU também podem apresentar resultado negativo.

Para melhorar a eficácia da USG, comprometida pela ausência de LA, pode-se realizar a amnioinfusão abdominal com soro fisiológico ou ringer lactato aquecido. Desse modo, cria-se a janela acústica, permitindo melhores condições para a realização do exame. Outra alternativa de propedêutica que pode ser utilizada é a infusão peritoneal na qual, através da punção abdominal fetal, injeta-se soro fisiológico na sua cavidade peritoneal, criando uma "ascite fetal" para visualização direta das lojas renais. No entanto, um artifício extremamente útil para se confirmar a ausência das lojas renais do concepto, na vigência do quadro ultrassonográfico já descrito, é a utilização do *color* Doppler, ou melhor, do *power angio* Doppler no nível da artéria aorta abdominal (um pouco antes da sua bifurcação para as ilíacas) com o objetivo de se identificar as artérias renais. Diante da impossibilidade de identificá-las, pode-se aventar com boa margem de segurança o diagnóstico pré-natal ultrassonográfico de agenesia renal bilateral (Figura 9).

Já a ressonância magnética (RM) tem cada vez mais sido utilizada no auxílio diagnóstico das patologias urinárias, em particular na confirmação diagnóstica dos rins multicísticos e na avaliação funcional do comprometimento do parênquima renal nas uropatias obstrutivas. Entretanto, vale frisar que nos dias de hoje, com a qualidade das imagens obtidas pelos modernos aparelhos de ultrassonografia somados ao *color* Doppler e ao *power angio* Doppler, todos esses recursos adicionais (amnioinfusão e RM) só são requeridos em situações muito específicas. Ou seja, com os aparelhos de USG atuais e com operador experiente consegue-se tranquilamente definir o diagnóstico de agenesia renal uni ou bilateral.

Diagnóstico diferencial

O diagnóstico diferencial deve ser realizado principalmente com as patologias que resultam em oligoâmnia e ausência vesical. As patologias renais que levam à falência renal, como rim diplásico ou multicístico, devem ser excluídas.

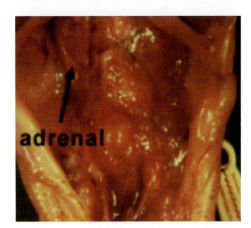

Figura 8 Agenesia renal bilateral – anatomopatológico.

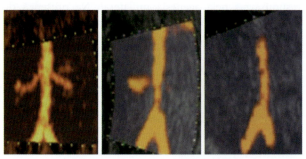

Figura 9 Agenesia renal. A: Normal; B: unilateral; C: bilateral.

Em estágios mais avançados da gestação e na presença de insuficiência placentária, a própria oligoâmnia pode dificultar o diagnóstico. Porém, a visualização da bexiga e a presença de LA podem excluir essa possibilidade.

Conduta

O prognóstico da agenesia renal bilateral é reservado, conduzindo invariavelmente a óbito neonatal, seja pela ausência dos rins ou pela hipoplasia pulmonar. Após o nascimento, quase a totalidade vai a óbito entre as primeiras 48 horas por causa da insuficiência respiratória. Os sobreviventes suportam até o aparecimento dos primeiros sinais de insuficiência renal. Salienta-se, ainda, que um considerável número de casos vão a óbito intraútero, porém não se sabe ao certo a etiologia desses óbitos. Além disso, cerca de 24-40% dos casos o parto é prematuro.

Recomenda-se a realização do cariótipo fetal, principalmente se presente outras anomalias associadas. Diante da certeza e/ou confirmação do diagnóstico, todas as atenções devem ser voltadas à gestante, pois se trata de uma anomalia fetal letal. Em países em que a lei vigente permite, a interrupção médica da gestação (IMG) deve ser oferecida ao casal.

Após o parto e o óbito neonatal, recomenda-se o exame anatomopatológico detalhado. Todos os dados coletados pelos diversos especialistas que constituem a equipe de Medicina Fetal devem ser fornecidos ao geneticista da equipe para que este possa analisar o caso em questão, e informar ao casal qual o risco provável de gerar outra criança com essa mesma anomalia.

Agenesia renal unilateral
Definição

Consiste na ausência congênita de um dos rins.

Incidência

A agenesia renal unilateral é encontrada em 1 para cada 1.000 autópsias, ocorrendo mais frequentemente do lado esquerdo. Há uma predominância de 1,8:1 para o sexo masculino.

Etiopatogenia

As mesmas anomalias de desenvolvimento embrionário que resultam na agenesia renal bilateral são também responsáveis pela agenesia unilateral. Na presença de malformações associadas, observa-se risco de aproximadamente 33% de aberração cromossômica.

Malformações associadas

Na presença de outras malformações associadas é comum, em particular, o rim multicístico contralateral.

As alterações do desenvolvimento das estruturas do ducto mesonéfrico, no homem, resultam na ausência ou malformação do vaso deferente, vesícula seminal e ducto ejaculatório. Na mulher, as alterações do ducto de Müller resultam em anormalidades uterinas e de trompas. Essas anormalidades ocorrem mais frequentemente no sexo feminino (25-50%). No sexo masculino, atinge em torno de 15%. De modo inverso, observa-se que em 43% dos fetos femininos que apresentam anormalidades uterinas ou tubárias verifica-se a agenesia renal unilateral.

Outros sistemas que também podem ser atingidos são: cardiovascular (30%), gastrointestinal (25%) e musculoesquelético (14%).

Diagnóstico pré-natal

O diagnóstico intrauterino da agenesia renal unilateral não é frequente, pois, na maioria das vezes, não existem as manifestações ultrassonográficas encontradas na agenesia renal bilateral.

A não visualização, em pelve renal, de imagem compatível com a morfologia renal sugere o diagnóstico. Se a agenesia renal é à esquerda, em geral, a área renal fica preenchida pelas alças intestinais facilmente diferenciadas ao exame. Se à direita, a pelve renal comumente passa a ser ocupada pelo fígado (Figuras 10 e 11).

Como citado para a agenesia renal bilateral, aqui também o *power angio* Doppler tem sido de grande auxílio para confirmar a agenesia renal unilateral, em que se observa a ausência unilateral da artéria renal ipsilateral (Figura 9).

Diagnóstico diferencial

A ausência de imagem renal em sua localização habitual não afasta a presença de rim ectópico ou rim pélvico.

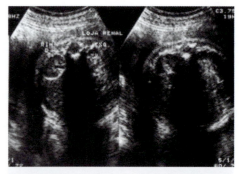

Figura 10   Agenesia renal unilateral (corte transverso).

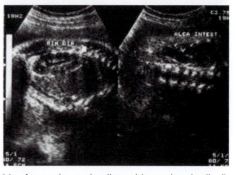

Figura 11   Agenesia renal unilateral (corte longitudinal)

A avaliação ultrassonográfica do rim contralateral e da topografia abdominal deve ser realizada para confirmar a exclusão dessas anomalias.

Conduta

O rim contralateral presente compensa a ausência do outro. Em geral, verifica-se hipertrofia "funcional compensatória" do rim presente. A comprovação diagnóstica definitiva é realizada no período neonatal pela USG.

Rim ectópico

Definição

Considera-se como rim ectópico o rim fora de sua posição habitual. Este, pode estar localizado na região pélvica, ilíaca, abdominal, torácica ou na região contralateral.

Incidência

O rim ectópico é encontrado em 1 em cada 500 autópsias. Acomete igualmente ambos os sexos e é ligeiramente mais comum no lado esquerdo. O rim ectópico bilateral ocorre mais raramente, podendo ocorrer em 10% dos casos de ectopia renal.

Etiopatogenia

Ao final da 5ª semana, o botão ureteral está envolto pelo blastema nefrogênico, que localiza-se opostamente aos sômitos sacrais. Como ocorre a retificação da coluna vertebral e o alongamento do embrião, o metanefro em desenvolvimento, inicialmente, ascende da pelve e após essa fase ocorre sua rotação medial.

O processo de migração e rotação está completo ao final da 8ª semana. Qualquer alteração nesse processo pode intervir na situação final dos rins (Figura 12).

Malformações associadas

A associação com outras malformações, adjacentes ou não, está diretamente relacionada com o tipo de rim ectópico. O rim ectópico caudal (localização mais caudal que a habitual) está associado com agenesia renal unilateral e/ou anomalias genitais em torno de 15-45%. Evoca-se possível etiologia teratogênica, a qual afeta o botão ureteral ou o blastema nefrogênico.

A ectopia bilateral pode ser encontrada em pequeno número de casos. A presença de anomalias de outros órgãos, cardíacas e esqueléticas, também tem sido relatada. O rim ectópico cefálico é aquele de posição mais cranial que a habitual. Em geral ocorre com fetos que apresentam onfalocele. Se o fígado é herniado em direção ao saco da onfalocele, o rim continua a ascender e estaciona no nível do diafragma, próximo à 10ª vértebra torácica.

Diagnóstico pré-natal

O diagnóstico pré-natal desse tipo de anomalia não é frequente, em razão do fato de as anomalias de posição não estarem associadas, na maioria das vezes, a outros tipos de alteração estrutural. O diagnóstico pode ser realizado pela ausência da imagem renal dentro de sua localização habitual.

Classificam-se, conforme a sua localização, os seguintes tipos de rins ectópicos:

Rim pélvico: localizado frontalmente ao sacro e abaixo do nível da bifurcação da aorta (Figura 13).

- Rim lombar: localiza-se no nível do promontório sacral na fossa ilíaca, anteriormente aos vasos ilíacos. Essas duas primeiras localizações ocorrem por causa da deficiência de alongamento do botão ureteral.
- Rim abdominal: quando localizado entre o diafragma e a crista ilíaca, adjacente à segunda vértebra lombar. Nesses primeiros tipos, muitas vezes o rim se apresenta menor que o tamanho habitual e com sua forma alterada. Além disso, a pelve renal geralmente adquire posição anterior por conta de alterações do movimento de rotação. O ureter é curto e comumente tortuoso.

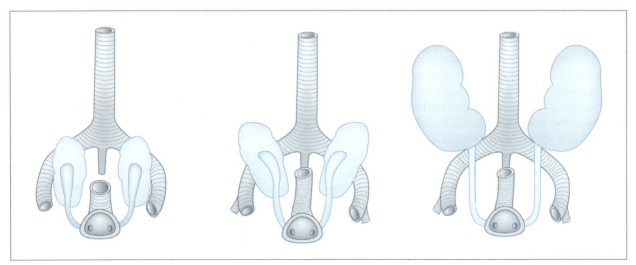

Figura 12   Migração normal do rim durante a embriogênese.

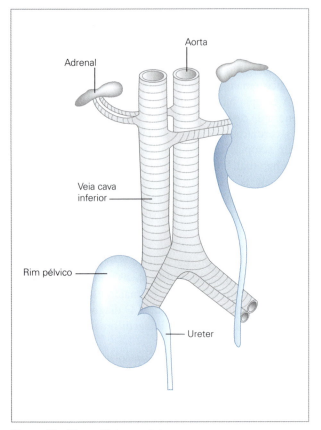

Figura 13   Rim ectópico – pélvico.

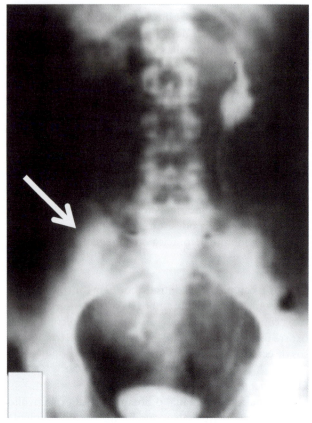

Figura 14   Rim ectópico – pélvico. Aspecto urográfico.

Alterações da configuração vascular também podem estar presentes.

- Rim torácico: trata-se de forma muito rara de ectopia renal. Provavelmente ocorre em razão do retardo do fechamento do diafragma permitindo, assim, a subida do rim. Alternativamente, o rim pode realizar essa movimentação em uma taxa acelerada, alcançando a parede diafragmática antes de seu fechamento habitual. Apesar de localizado superiormente ao rim, as glândulas suprarrenais não parecem ascender conjuntamente.
- Rim cruzado: refere-se ao rim ectópico que está localizado do lado oposto. Alguns podem estar fundidos. Em geral, o rim oposto costuma estar normalmente posicionado e o rim ectópico, inferior e oblíquo a sua posição habitual. O rim ectópico pode apresentar modificações em seu padrão manifestando-se em forma de S, E, L ou discoide. Os ureteres costumam estar em sua posição habitual. Ocasionalmente, o rim ectópico por causa da modificação postural da pelve, pode sofrer obstrução levando à hidronefrose.

Conduta

O diagnóstico dessas anomalias não é frequente intraútero (Figura 14). Deve-se descartar a presença de outras anomalias associadas, bem como é recomendável a realização do cariótipo fetal (principalmente se estiver associada a outras anomalias).

O prognóstico perinatal, na ausência de outras malformações, é satisfatório. A intervenção cirúrgica está diretamente associada a possíveis complicações, consequentes à essa anomalia.

Rim em ferradura

Definição

Refere-se à fusão de um dos polos renais, superior ou inferior, produzindo estrutura contínua em forma de ferradura. Essas duas massas distintas de rins podem estar unidas por planos parenquimatosos ou até mesmo por um istmo fibroso, os quais atravessam o plano vertical do corpo (Figura 15).

Incidência

Relativamente comum, é verificada em torno de 1/400 a 1/1.000 autópsias. Atinge mais frequentemente o sexo masculino do que o feminino na proporção de 2:1.

Etiopatogenia

Essa anomalia ocorre possivelmente entre a 4ª e a 6ª semanas de gestação, após o botão ureteral ter entrado

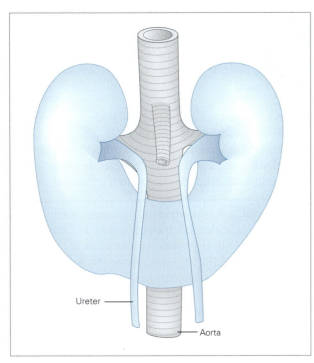

Figura 15   Rim em ferradura.

em contato com o blastema nefrogênico. Nessa fase, anteriormente à retificação da coluna e à rotação medial, sua situação anatômica favorece a fusão dos rins.

O rim em ferradura tem sido relatado em gestações gemelares e entre membros da mesma família. Por causa da raridade dos poucos casos descritos e da relativa frequência dessa anomalia na mesma família, questiona-se a predisposição genética. Discute-se, também, se esses resultados não seriam consequência de um tipo de expressão genética de baixa penetrância.

A associação com anomalia cromossômica é comum, podendo estar presente em 20% dos casos de trissomia do 18 e em 60% dos casos da síndrome de Turner.

Malformações associadas

As anomalias associadas podem estar presentes em um terço dos casos. Os sistemas mais comumente acometidos são: esquelético, cardiovascular e sistema nervoso central. Além destes, por causa da origem embriológica, anomalias anorretais e do sistema genital também são frequentes.

Entre as anomalias adjacentes, verificam-se: duplicação ureterovesical (10%), refluxo ureterovesical (50%) e, menos frequentemente, rim multicístico e rim policístico do tipo adulto.

Diagnóstico pré-natal

O diagnóstico pré-natal desse tipo de anomalia não é comum pelo fato de essa patologia não apresentar repercussões ultrassonográficas.

Na USG, nota-se o polo inferior dos rins disposto anteriormente, atravessando a linha média. A presença de outras malformações renais deve ser pesquisada, sendo estas comumente a causa da suspeita diagnóstica.

Conduta

Por causa da associação com anomalias cromossômicas, a realização do cariótipo fetal está indicada. A USG detalhada na pesquisa de outras malformações associadas também é essencial.

A conduta pré-natal depende diretamente desses resultados. Quando isolado e na ausência de manifestação clínica, a conduta deve ser expectante. Na vigência de outras anomalias, estas é que ditam a conduta a ser estabelecida.

O acompanhamento neonatal desses casos deve atentar ao sistema urinário, por causa da alta incidência de infecções urinárias e cálculos renais.

Doença renal cística

Esse termo é reservado à descrição morfológica de uma série de patologias renais que apresentam desde cistos solitários até várias formas de rins multicísticos ou policísticos. A USG, com especial atenção aos rins e fígado, dados clínicos, história familiar e a presença de outras anomalias associadas são essenciais para a obtenção do diagnóstico final.

O cisto é definido como saco ou cavidade fechada por tecido epitelial linear, podendo conter material líquido ou semissólido. Dependendo da anomalia renal, o cisto pode ter a configuração de túbulos coletores ectásicos em continuidade com o néfron ou aspecto sacular ou fusiforme (divertículo). O cisto é delimitado por camadas de células epiteliais, podendo adquirir o aspecto macro ou microscópico e comunicar-se com o glomérulo, ducto coletor ou cálices. Em alguns casos, o cisto pode acompanhar elementos que evidenciem a displasia, enquanto em outros, estes não são tão evidentes.

Várias etiologias têm sido relacionadas para a patogênese da doença cística:

- Falência entre a união do ducto primitivo coletor e os néfrons.
- Falência na involução da primeira geração dos néfrons.
- Obstrução do fluxo urinário no nível da pelve, ureter ou bexiga.
- Obstrução intratubular.
- Anomalias dos túbulos para a sustentação dos tecidos.
- Ingestão materna de corticosteroides.

A classificação do tipo de rim cístico é baseada na característica renal evidenciada na USG. Entre estas, devem-se incluir:

- Forma e contorno renal.
- Tamanho renal.

- Simetria.
- Aspecto e ecogenicidade do parênquima.
- Número, localização e diâmetro do(s) cisto(s).

A displasia é definida como diferenciação anormal metanefrética (diagnóstico histológico). Esta pode ser difusa, segmentar ou focal, podendo apresentar cistos de vários tamanhos.

A configuração histológica com a presença de ductos primitivos e restos de cartilagem metaplástica evidencia o diagnóstico. Esses ductos em geral se situam na área medular ou, menos frequente, em raios medulares. Ao seu redor, notam-se áreas concêntricas de tecido conectivo, contendo ocasionalmente células musculares e colágeno (ausência de elastina). Além disso, a verificação de outras malformações associadas, assim como a individualização vesical e avaliação da quantidade de líquido, fazem parte integrante da USG.

A complexidade da patologia e as mais variadas terminologias adotadas para esse tipo de anomalia impedem e dificultam a comparação de resultados obtidos diante desse quadro. Entretanto, baseado na etiologia e no aspecto ultrassonográfico da doença, adota-se a classificação proposta por Osathanondh e Potter.

Rins policísticos

Essa terminologia deve ser empregada para duas entidades patológicas de caráter hereditário com substrato genético. A primeira, rim policístico do tipo infantil tem etiologia AR, enquanto o tipo adulto é AD. Estas devem ser diferenciadas do rim multicístico e não devem ser utilizadas, genericamente, para descrever rins que apresentem múltiplos cistos.

Rim policístico tipo infantil

Definição

Rim policístico infantil, ou doença de Potter tipo I ou doença policística hepatorrenal é uma anomalia de etiologia AR, localizada nos túbulos coletores e que acomete ambos os rins, podendo atingir também o fígado.

Incidência

Trata-se da mais frequente das doenças policísticas renais. Potter (1972) relatava incidência de 2 para cada 110.000 nascimentos. No entanto, atualmente estima-se sua incidência em 1:20.000 a 1:60.000 de RN vivos. Pelo fato de ser de herança AR, o risco de recorrência é de 25%.

Etiopatogenia

Refere-se à doença AR que ocorre consequente a um defeito primário dos túbulos coletores. Com excecção destes, o desenvolvimento dos néfrons é normal, com cálices e pirâmides preservados. Por conta dessas alterações, suspeita-se que a alteração ocorra por volta da segunda metade da gestação não sendo, portanto, alteração do botão ureteral ou do blastema nefrogênico.

Como a época de manifestação dessa patologia é muito variável, pode-se classificá-la, sucintamente, em quatro formas a saber:

- Perinatal: na qual a falência renal pode ocorrer intraútero ou mesmo ao nascimento.
- Neonatal: aparecendo durante o primeiro mês de vida.
- Infantil: que surge dos 3 aos 6 meses de idade.
- Juvenil: com início do quadro de 1 a 5 anos de idade.

Em geral, a forma perinatal apresenta mais de 90% dos túbulos afetados, contrastando com as formas neonatal e infantil que demonstram acometimento destes em cerca de 60% e 35%, respectivamente. Na forma juvenil, os túbulos alterados não ultrapassam 10%.

Malformações associadas

A associação com outras malformações não é comum. Entretanto, ocorre frequentemente comprometimento hepático, o qual apresenta alteração dos ductos biliares que se tornam dilatados e alongados, resultando posteriormente em fibrose periportal e hipertensão portal.

O rim policístico pode ser encontrado em associação com outras síndromes como a Síndrome de Meckel-Gruber, manifestando-se com encefalocele, fenda labial e/ou palatina e polidactilia. Outras síndromes encontradas são a de Jeune (displasia torácica) e a de Pelleugger (polidactilia, encurtamento de membros e esclerose tuberosa).

Outras patologias que podem ser aventadas são: doença glomerulocística e síndrome de Bardet-Biedl.

Diagnóstico pré-natal

O diagnóstico pré-natal somente é realizado quando se trata da forma perinatal, e mesmo nessa situação o diagnóstico é muitas vezes difícil, pois o acometimento pode se iniciar no final da gravidez. Essa diferença de padrão na manifestação da patologia deve-se a sua etiologia, ou seja, o botão ureteral forma-se normalmente, e o acometimento dos ductos coletores ocorre após o seu desenvolvimento normal.

O diagnóstico ultrassonográfico é baseado no aumento bilateral de ambos os rins em todos os sentidos, com preservação de seu contorno. Em alguns casos, o auxílio diagnóstico é realizado com o aumento da relação CR/CA, que pode atingir 0,4 a 0,5. Esse acometimento geralmente é simétrico, mantendo a forma e o contorno originais (Figura 16).

O parênquima renal adquire imagem característica de "favo de mel" com presença de pequenos cistos, que variam de 1 a 3 mm de tamanho. Em alguns casos, os rins podem preencher toda a cavidade abdominal, desviando e modificando a sua arquitetura (Figuras 16 a 18).

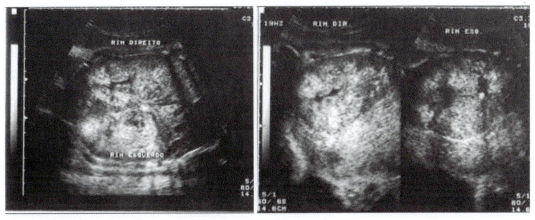

Figura 16   Rim policístico tipo infantil (Potter tipo I) – (ultrassonografia).

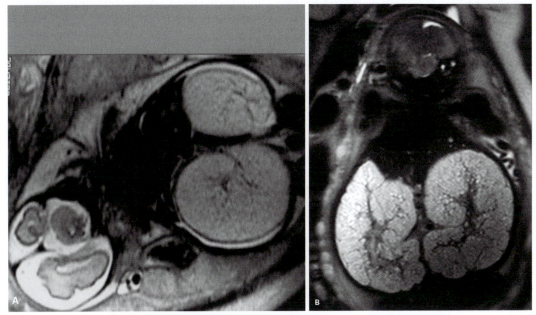

Figura 17   Rim policístico tipo infantil (Potter tipo I) – (ressonância magnética). Cortesia do Dr. Heron Werner.

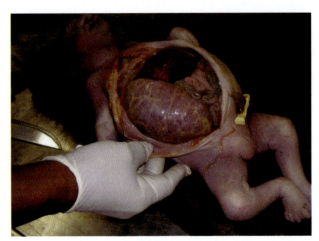

Figura 18   Rim policístico tipo infantil (Potter tipo I) – (anatomopatológico). Cortesia do Dr. Heron Werner.

Ao final do primeiro e início do segundo trimestre, bexiga e LA podem ser visualizados. Esses sinais, entretanto, não refletem a funcionalidade renal. Em alguns casos, a oligoâmnia já está presente precocemente (desde a 16ª a 20ª semana) como resultado da diminuição da produção urinária. Esta leva à hipoplasia pulmonar com diminuição do tamanho da caixa torácica e não visualização da bexiga.

Entretanto, existem casos em que apesar da manifestação ocorrer precocemente (forma perinatal), a quantidade de LA está dentro dos valores normais.

Diagnóstico diferencial

O diagnóstico diferencial com rim policístico do tipo adulto se impõe. Apesar de a imagem poder ser semelhante nos dois tipos, na doença policística renal do tipo adulto, o aumento do volume renal é incomum. Os antecedentes familiares, pelo tipo de herança autossômica ser diferente, são essenciais na confirmação diagnóstica desses casos.

Conduta

A investigação pré-natal precoce é fundamental nos casos com antecedentes familiares positivos. O prognóstico varia conforme a época de aparecimento.

Na forma perinatal, muitas vezes se verifica progressão do tamanho renal associado ao aumento da ecogenicidade do parênquima renal, diminuição da quantidade de LA e, por fim, deterioração de sua função. O RN frequentemente apresenta oligúria ao nascimento, e a maioria culmina em óbito logo após. Apesar do quadro renal, a mortalidade tem como causa principal a insuficiência respiratória, causada pela hipoplasia pulmonar ou por suas complicações, as quais se devem às manobras para a ressuscitação, tais como enfisema pulmonar, pneumomediastino e pneumotórax (Figura 18).

Na forma neonatal, em geral o envolvimento atinge 60% do parênquima renal com leve fibrose hepática. O acompanhamento USG tanto do parênquima renal quanto do hepático é fundamental no acompanhamento desses casos.

Na forma infantil, o comprometimento hepático é moderado, com acometimento de 20-35% do parênquima renal. Esses casos geralmente progridem para insuficiência renal, hipertensão arterial e hipertensão portal. A forma juvenil tem evolução semelhante à infantil, entretanto o rim é menos comprometido. O prognóstico está diretamente relacionado com a época de aparecimento dos sintomas.

A variabilidade do tipo de manifestação é, possivelmente, explicada pelo alelismo múltiplo. Nos casos em que o acometimento intraútero manifestou-se tardiamente e a USG mostra-se favorável (presença de LA), a conduta expectante pode ser discutida. Em geral, esses RN não apresentam hipoplasia pulmonar ou insuficiência renal de imediato. A punção renal para avaliação da sua função infelizmente não apresenta valor, pois a evolução para a insuficiência renal é inevitável. O transplante renal é única alternativa terapêutica após o parto.

A ausência da alteração ultrassonográfica dos rins após o nascimento não exclui a patologia por conta das outras formas de manifestação mais tardia. O controle ultrassonográfico seriado, tanto dos rins quanto do fígado, deve ser realizado pelo menos semestralmente. Nota-se, ainda, que o comprometimento hepático manifesta-se mais frequentemente nas formas tardias da doença.

Rim policístico tipo adulto
Definição

Conhecido também como doença policística renal e síndrome de Potter tipo III, trata-se de doença AD caracterizada pela presença de cistos de vários tamanhos, consequente à dilatação dos túbulos coletores e outros segmentos do néfron.

Em geral, essa doença se manifesta durante a quarta década, entretanto, quando presente durante a vida fetal pode evoluir rapidamente para falência renal.

Incidência

Ao redor de 1/1.000 pessoas são portadoras do gene mutante. O rim policístico do tipo adulto é uma das desordens genéticas mais comum e a terceira maior causa de falência renal. O risco de recorrência é de 50%, devendo-se realizar USG nos pais para auxiliar o diagnóstico.

A penetrância do gene é de quase 100% até a idade de 80 anos, e dentro de uma mesma família o início da manifestação do quadro pode ser muito variável. A manifestação clínica muitas vezes surge entre 19 e 35 anos, com desvio padrão de mais ou menos 4 anos. Nota-se ainda que em 95% dos casos, a idade de manifestação da patologia dentro de uma mesma família não ultrapassa a diferença de 16 anos entre os filhos e seus genitores.

A manifestação intrauterina é rara e o resultado perinatal variável.

Etiopatogenia

Trata-se de doença AD, cujo *locus* está localizado no cromossomo 16. Apesar de em alguns casos não ter sido encontrado relação da patologia com a alteração nesse cromossomo, o defeito parece ocorrer no nível da ampola, entre a parte distal e o botão ureteral. Como esse envolvimento não ocorre sincronicamente, existe concomitantemente vários estágios de comprometimento renal, além de partes não afetadas. Essa variedade parece estar relacionada com a expressividade do gene.

A demonstração microscópica em fetos de gestação de 12 semanas, diagnosticado por meio de pesquisas genéticas, demonstra que as alterações decorrentes do rim policístico do tipo adulto podem iniciar-se precocemente, atingindo os primeiros néfrons funcionantes.

Malformações associadas

A associação com cistos em outros órgãos tem sido descrita (fígado, pâncreas, tireoide, baço, pulmões, ovários, epidídimo e útero). O fígado costuma apresentar a maior frequência desses cistos, estando acometido em mais de 50% das pacientes. Entretanto, diferentemente do tipo infantil, a fibrose hepática é incomum. Os cistos presentes nos outros órgãos raramente demonstram significado clínico.

Aneurismas do polígono de Willis podem ocorrer em 10-45% dos pacientes. O acidente vascular cerebral pode estar presente em torno de 6% dos casos.

Diagnóstico pré-natal

O diagnóstico ultrassonográfico da doença policística renal tipo adulto deve ser pesquisado em casos de antecedentes positivos para a doença. A ausência da manifestação intrauterina não exclui esse diagnóstico. Em geral, o acometimento é bilateral com o tamanho renal, podendo estar aumentado, normal ou diminuído. O parênquima renal não costuma ser acometido de maneira uniforme, portanto, dependendo da fase do diagnóstico, pode-se encontrar além de parênquima normal, vários estágios de comprometimento. Os cistos podem se apresentar de vários tamanhos, desde milímetros até centímetros. A quantidade de LA depende do comprometimento da função renal, podendo estar normal ou diminuída (Figuras 19-20).

Apesar de essa patologia já ter sido descrita com 23 semanas de gestação, o seu quadro, quando de aparecimento precoce, costuma se manifestar ao redor da 30ª a 36ª semana. A pesquisa da patologia nos pais, por meio da USG, é importante auxílio para o diagnóstico.

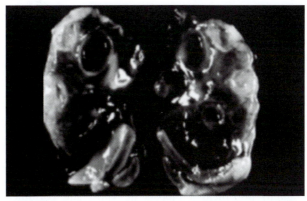

Figura 20 Rim policístico tipo adulto (Potter tipo III) – anatomopatológico.

Diagnóstico diferencial

O diagnóstico diferencial deve ser realizado com o rim policístico do tipo infantil e com tumores de apresentação cística (nefroblastoma bilateral). A diferenciação entre o rim policístico infantil e adulto é recomendada, pois ambos, separadamente, podem apresentar grande variabilidade na época de manifestação. A avaliação ultrassonográfica, os dados clínicos e o estudo familiar são indispensáveis para o diagnóstico diferencial. Além disso, o exame hepático também é importante, pois em muitos casos esse diagnóstico pode ser confirmado apenas pelo aspecto histológico do fígado.

Na USG, os rins do tipo policístico infantil geralmente não apresentam cistos maiores que 3 mm, além da imagem se apresentar homogênea. Porém, em alguns casos, o próprio parênquima renal aumentado pode comprimir a pelve renal, desencadeando dilatações e fornecendo imagem semelhante ao rim policístico do tipo adulto.

O exame histopatológico mostra que o rim policístico do tipo adulto apresenta cistos epiteliais variáveis associados a cistos glomerulares. No rim policístico infantil é incomum a presença de cistos hepáticos ou em outra localização. O fígado desses casos apresenta vários graus de proliferação do ducto biliar, além de dilatação e ramificação anormal. Além disso, pode-se observar estágios diferentes de fibrose periportal.

Após o nascimento, a tomografia constitui importante meio propedêutico para o diagnóstico diferencial. O rim policístico do tipo infantil apresenta dilatação dos túbulos coletores e acentuação da ecogenicidade tanto do parênquima renal, como do contraste da região cortical. Entretanto, no rim policístico do tipo adulto, notam-se cistos macroscópicos.

O diagnóstico diferencial com o nefroblastoma bilateral cístico é difícil. A pesquisa do rim policístico tipo adulto nos pais pode auxiliar no diagnóstico diferencial. Por fim, a análise cromossômica por meio da biologia molecular também pode possibilitar o diagnóstico, como já citado.

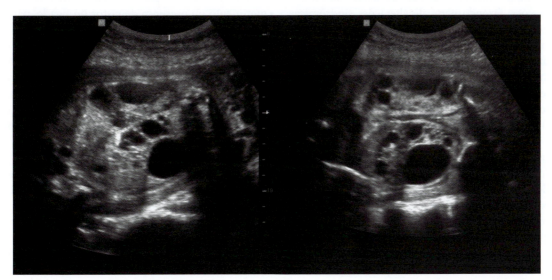

Figura 19 Rim policístico tipo adulto (Potter tipo III) – ultrassonografia.

Conduta

Pelo fato do início das manifestações clínicas dessa patologia ocorrer ao redor dos 35 anos, o controle por meio da USG seriada nos pacientes que descendem de pais ou irmãos com antecedentes positivos deve ser realizado periodicamente. Nos casos de manifestação precoce, o prognóstico é reservado (Figura 20). Apesar de alguns RN falecerem por insuficiência renal, outros sobrevivem até a infância ou até mesmo a idade adulta, inclusive com estabilização da função renal.

Atualmente, o diagnóstico pode ser realizado já intraútero por meio a biópsia de vilosidade coriônica (BVC) por meio do estudo do DNA marcado no *locus* do cromossomo 16 (biologia molecular). Nos casos em que ocorre manifestação pré-natal, deve-se avaliar o grau de acometimento renal para se estabelecer a conduta. Já naqueles em que a manifestação clínica não é ainda grave, pode-se optar pela conduta expectante, pois é possível a estabilização do quadro renal até a infância ou mesmo idade adulta. Entretanto, se a função renal estiver muito comprometida, o prognóstico torna-se reservado.

Doença renal multicística
Definição

A doença renal multicística, ou doença de Potter tipo II ou rim displásico multicístico, corresponde à doença renal congênita mais frequentemente diagnosticada durante o pré-natal. Essa patologia é caracterizada pela presença de lesões císticas renais que acometem primariamente os túbulos renais.

Incidência

A doença renal multicística acomete ao redor de 1/10.000 RN, apresentando prevalência maior para o sexo masculino, com relação de 2:1.

O risco de recorrência, quando presente de forma isolada, é incomum. Entretanto, quando associado com outras malformações, fazendo parte de alterações sindrômicas, esse risco aumenta conforme sua etiologia. Quando o acometimento é unilateral, estima-se que o risco seja de 2%.

Relata-se que a incidência dessa patologia é quatro vezes maior em gestantes diabéticas, cujo perfil glicêmico não esteja controlado. O risco de recorrência depois de um caso afetado parece ser menor que 10%, sugerindo caráter multifatorial.

Etiopatogenia

A doença renal multicística geralmente se manifesta de modo esporádico. A ocorrência familial é rara. Tem sido descrito sua associação com diabete melito materna. Essa anomalia renal pode fazer parte de quadros sindrômicos que incluem herança AR, AD e desordens cromossômicas. A incidência de anomalia cromossômica em 175 casos de rim multicístico encontrada por Nicolaides et al. foi de 13% (Quadro 5).

Quadro 5 Rim multicístico e anomalias cromossômicas

Rim multicístico	Número de casos	Anomalias cromossômicas	(%)
Bilateral (total)	109	13	(12%)
isolado	79	3	(4%)
associado*	30	10	(33%)
Unilateral (total)	64	8	(13%)
isolado	48	1	(2%)
associado*	16	7	(44%)

* Presença de outras malformações associadas.
Fonte: Nicolaides et al., 1992.

A formação desses cistos parece ocorrer consequente à inibição do crescimento ampular iniciado precocemente na gestação, levando à diminuição da divisão dos túbulos coletores. Essas alterações resultam em desenvolvimento anormal do blastema nefrogênico e, consequentemente, na falência da indução e maturação dos néfrons.

A sua associação com uropatia obstrutiva precoce é questionada. Potter classifica, conforme o tamanho dos rins, em tipo II (normal ou pequeno) e tipo IIA (aumentado), podendo manifestar comprometimento renal unilateral, bilateral ou segmentar.

Em neonatos, essa patologia tem sido relacionada com diferentes graus de obstrução do trato urinário. Entretanto, pode-se observar casos em que o rim está inteiramente acometido (displásico), porém com seus respectivos ureteres preservados (normais), caracterizando o comprometimento exclusivo do parênquima renal, ou seja, sem associação com obstrução do trato urinário.

Malformações associadas

Na ausência ou diminuição de LA, a sequência de Potter pode ocorrer. Diferentemente das síndromes de Potter tipo I e III, a patologia não se manifesta com acometimento ou presença de cistos no fígado, pâncreas ou parênquima de outros órgãos.

Quando o acometimento for bilateral, pode estar associado com malformações cardiovasculares, anomalias do sistema nervoso central (anencefalia, hidrocefalia, inencefalia, espinha bífida, meningomielocele), hérnia diafragmática, fenda palatina, microftalmia, estenose duodenal, ânus imperfurado, fístula traqueoesofágica e ausência bilateral de rádio e ulna.

O acometimento unilateral (mais frequente do lado esquerdo) comumente se associa à hidronefrose no rim oposto, decorrente de estenose da junção pielocalicial ou vesicoureteral. Além disso, pode-se observar agenesia renal em 10% dos casos, além de outras anomalias, tais como: hidrocefalia, anencefalia, espinha bífida, meningomielocele, atresia de esôfago, ânus imperfurado, estenose duodenal, defeito do septo ventricular, pé torto congênito, equinovarus, divertículo vesical e úraco patente.

Como visto anteriormente, a presença de cromossomopatia também pode ocorrer.

Diagnóstico pré-natal

O acometimento, como já citado, pode ser uni ou bilateral, sendo o primeiro tipo o mais comum. Na USG, o rim apresenta múltiplos cistos, os quais não se comunicam, de tamanhos variáveis, desde poucos milímetros até vários centímetros (5 a 6), com pouca ou nenhuma imagem de parênquima normal. Esses cistos em geral estão situados perifericamente.

O rim acometido, na maioria das vezes, apresenta-se de tamanho aumentado, podendo ocupar grande parte da cavidade abdominal. A forma renal pode estar preservada ou não, dependendo da época em que ocorreu a alteração do desenvolvimento. Quando essa alteração ocorre precocemente (entre 8ª a 11ª semana), o rim perde seu contorno modificando a sua forma conforme a compressão pelos cistos (visualização de 10 a 20 cistos não comunicantes). A pelve e os cálices renais são extremamente atrésicos e pequenos. Enfim, a forma renal depende do início do acometimento, tempo de duração da obstrução.

Stuck et al. propõem o seguinte critério USG para o diagnóstico do rim multicístico (Figuras 21 a 23):

- Cistos de diferentes tamanhos.
- Presença de septo fibrótico entre os cistos.
- Cisto maior de localização não central.

Quando o acometimento é unilateral, ao redor de 20-45% dos casos o rim contralateral está acometido com outras anomalias. Entre estas, encontram-se a agenesia renal, obstrução da junção ureteropélvica e obstrução da junção ureterovesical. Entretanto, é comum encontrar pequena dilatação pielocalicial "compensatória" no rim contralateral.

Outros achados ultrassonográficos dependem do acometimento unilateral ou bilateral dos rins, ou da associação com outras anomalias renais. De modo geral, se apenas um rim está acometido, a quantidade de LA é normal. Quando o acometimento é bilateral, a presença de oligoâmnia confere o prognóstico reservado, além de desencadear a sequência de Potter. A associação com o RCIU

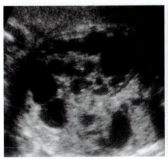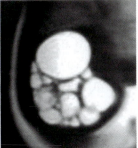

Figura 21 Rim multicístico (Potter tipo II) – ultrassonografia e ressonância magnética. Cortesia do Dr. Heron Werner.

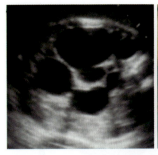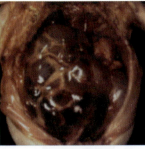

Figura 22 Rim multicístico (Potter tipo II) – ultrassonografia e anatomopatológico. Cortesia do Dr. Heron Werner.

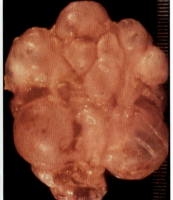

Figura 23 Rim multicístico (Potter tipo II) – ressonância magnética e anatomopatológico. Cortesia do Dr. Heron Werner.

é frequente, sendo comum nesses casos a diminuição dos movimentos fetais. Paradoxalmente, a polidrâmnia pode estar presente em alguns casos, por causa da própria compressão dos rins aumentados sobre o trato gastrointestinal.

A visualização da bexiga depende da funcionalidade de pelo menos um dos rins.

Diagnóstico diferencial

O diagnóstico diferencial deve ser realizado principalmente com os casos de hidronefrose. A diferenciação desses dois tipos de patologia é importante, pois constituem a causa mais comum de massa abdominal neonatal, além de suas condutas poderem ser muito divergentes.

O rim multicístico, dependendo da época da alteração do desenvolvimento, pode assumir variadas formas. Por outro lado, a hidronefrose apresenta parênquima renal visível, lesões císticas não esféricas com continuidade com a pelve renal e dilatação ureteral (Figura 24A-C) (Quadro 6).

Conduta

O prognóstico para a doença multicística renal depende da bilateralidade da lesão e da presença de outras malformações associadas. Nos casos em que o acometimento é bilateral, o prognóstico é reservado, pois a insuficiência renal já se estabelece intraútero e a associação com a hipoplasia pulmonar é frequente.

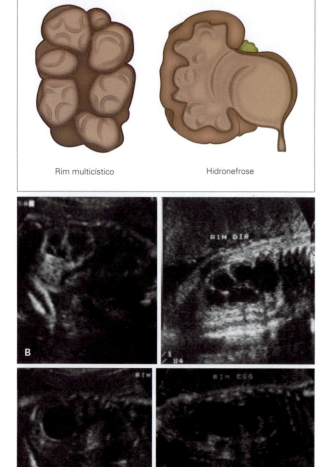

Figura 24 Rim multicístico (Potter tipo II) – diagnóstico diferencial. Rim multicístico e hidronefrose.

Quando o acometimento é unilateral, a conduta depende do rim contralateral. Este, se normal, assume a função renal devendo somente ser monitorizado por meio de USG. Entretanto, se o rim oposto for também patológico, o prognóstico da gestação depende da sua funcionalidade.

Independentemente se uni, ou bilateral, o cariótipo fetal deve ser sempre realizado para descartar anomalias cromossômicas. A conduta obstétrica deve ser baseada no grau de acometimento da função renal, identificando o estado de funcionalidade do rim contralateral. Na presença de falência renal global, em países em que a lei vigente permite, pode-se indicar a resolução do parto por indução. Para os casos no qual rim oposto não mostra nenhuma alteração, opta-se por conduta expectante e controle de USG seriado.

Síndromes associadas com doença renal cística

A presença de rins com displasia cística fazendo parte de complexos sindrômicos deve ser sempre lembrada como mostra o Quadro 7.

Entre estas, a síndrome de Meckel-Gruber é a mais frequente. Porém, a incidência de anomalias cromossô-

Quadro 6 Diferenciação ultrassonográfica entre rim multicístico e hidronefrose

Rim multicístico
Cistos de diferentes tamanhos e formas, localizados preferencialmente na periferia renal
Ausência de conexão entre os cistos
Ausência de identificação da pelve renal
Ausência de parênquima renal normal circundando os cistos
Presença de hipercogenicidade no contorno cístico

Rim hidronefrótico
Parênquima normal circundando o componente cístico
Distinção de pequenos cálices
Dilatação cística de tamanho uniforme, com confluência em direção à pelve renal
Visualização da dilatação pelve-ureteral

Fonte: Seeds et al., 1986.

Quadro 7 Síndromes complexas de caráter hereditário associado a rim cístico

Distrofia torácica asfixiante (síndrome de Jeune)	AR
Síndrome bronquio-otorrenal	AD
Diferentes desordens cromossômicas	–
Síndrome de Di George	Variável
Síndrome Ehler-Danlos	Variável
Síndrome de Fryns	AR
Síndrome de von Hippel-Lindau	AD
Síndrome do hamartoma hipotalâmico	S.H.
Síndrome de Ivemark	AR, M.F.
Síndrome de Kaufman-McKusick	AR
Síndrome de Laurence-Moon-Bardet-Briedl	AR
Síndromes lisencefálicas	Variável
Síndrome de Meckel	AR
Síndrome orofacial-digital I	Ligada X
Síndrome de Prune-Belly	Variável
Síndrome de displasias retinorrenais	AR
Síndrome de Roberts	AR
Síndrome da costela curta – polidactilia	AR
Síndrome de Smith-Lemli-Opitz	AR
Esclerose tuberosa	AD
Associação de VATER	Variável
Síndrome de Wiedemann-Beekwith	MF, AD
Síndrome de Zellweger	AR

AD: autossômica dominante; AR: autossômica recessiva; Ligada X: herança ligada ao X; SH: sem herança; MF: herança multifatorial.
Fonte: Zerres, 1987.

micas também é frequente, sendo comum a presença da trissomia 13 e 18 e, menos frequentemente, do cromossoma 8, 10, 11 e 19.

O diagnóstico da síndrome pode ser obtido por meio da USG de 3º nível, do cariótipo fetal e/ou do estudo anatomopatológico. Este é essencial para o futuro aconselhamento genético do casal. Dependendo do caso, a obtenção do cariótipo fetal pode se tornar difícil por causa da oligoâmnia.

Grupo II – uropatias obstrutivas

Displasia renal
Definição

Trata-se de uma entidade histológica designada a refletir a alteração da função renal, a qual pode estar presente em vários tipos de uropatias. Esse termo é reservado para as anormalidades da morfogênese, da diferenciação ou da organização estrutural do rim. Distingue-se da hipoplasia, apesar de que ambas podem ocorrer simultaneamente, pela primeira estar relacionada à diminuição da massa renal, enquanto a segunda se refere à alteração de desenvolvimento do parênquima renal. Portanto, a displasia renal não é considerada uma malformação, mas, sim, trata-se de um grupo heterogêneo de anormalidades que é caracterizado pelo desenvolvimento anormal do seu parênquima.

Etiopatogenia

A displasia renal está comumente associada à obstrução do trato urinário; entretanto, esta não é obrigatoriamente necessária. A presença de anomalias no ureter, bexiga ou uretra está presente em cerca de 90% dos casos. A displasia unilateral está muitas vezes associada com obstrução do mesmo lado. Já a displasia bilateral, está relacionada com obstruções mais baixas (uretra).

As displasias segmentares são aquelas que vêm associadas com alterações obstrutivas do mesmo segmento. Já a displasia que acompanha a mielomeningocele tem sido atribuída à disfunção causada pela bexiga neurogênica.

A displasia renal também pode ocorrer em síndromes hereditárias que apresentam múltiplas malformações sem a presença da uropatia obstrutiva. Além disso, essa patologia, quando associada com obstrução no nível uretral, muitas vezes se apresenta de forma assimétrica e sem relação direta com o grau de refluxo, ou a gravidade da obstrução.

Diagnóstico pré-natal

Na USG, o rim pode se apresentar aumentado, normal ou diminuído de volume e sua forma preservada ou não. O parênquima pode apresentar características císticas ou sólidas. Histologicamente, os defeitos podem acometer o córtex, a medula ou ambos, atingindo o rim focalmente ou difusamente. No caso das uropatias obstrutivas, a imagem ultrassonográfica que sugere este quadro está citada no Quadro 8.

O diagnóstico pode ainda ser evocado pela apreciação da função renal, a qual seria baseada na presença da pro-

Quadro 8 Sinais de displasia renal nas uropatias obstrutivas

Espessura do parênquima renal menor que 3 mm
Hiperecogenicidade do parênquima renal
Presença de cistos dentro do parênquima renal
Ausência de produção urinária

dução urinária e na função renal fetal, por meio da análise bioquímica urinária.

Conduta

Depende do rim contralateral. O rim acometido, uma vez apresentando deterioração da função renal, não existe reversabilidade do quadro.

Uropatias obstrutivas (propriamente ditas)

As uropatias obstrutivas estão entre as anomalias congênitas mais frequentemente diagnosticadas durante o pré-natal.

Apresentam incidência ao redor de 17% das malformações diagnosticadas intraútero, podendo se manifestar na USG de diversas maneiras. Essa variedade deve-se à própria entidade clínica (Quadro 9).

Quadro 9 Critérios de avaliação na uropatia obstrutiva

Nível de Obstrução (Figura 25)	Alta	Junção ureteropélvica
	Média	Junção vesicoureteral
	Baixa	Junção vesicoureteral
Grau de obstrução	Parcial	
	Total	
Forma de acometimento	Unilateral	
	Bilateral	
Função renal	Presente	
	Ausente	

O risco global de anomalia cromossômica tem variado de 2-33%, estando este diretamente relacionado no nível da obstrução. Em geral, quanto mais baixa a obstrução maior é o risco de cromossomopatia. Em relação ao sexo, observa-se prevalência maior para o sexo feminino, apesar de menos frequentemente acometido. No entanto, o fator preponderante é a presença de outras malformações associadas (Quadro 10).

Avaliação da função renal fetal

A avaliação bioquímica das uropatias obstrutivas está indicada quando o controle ultrassonográfico dos rins apresenta evolução para hidronefrose grave, bem como a probabilidade da terapêutica cirúrgica, por meio da derivação percutânea uroamniótica ou à laser (ablação), pode ser discutida a partir dos resultados bioquímicos.

Para tanto, pode-se dividir os parâmetros bioquímicos em três grupos, conforme a sua eficácia na predicção da função renal fetal (Quadro 11). Os valores considera-

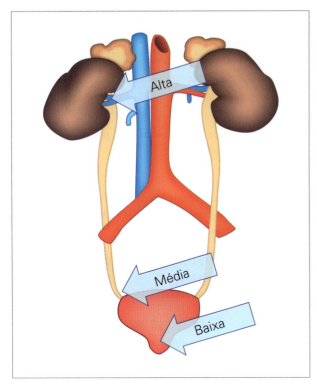

Figura 25 Uropatias obstrutivas – nível anatômico da obstrução.

dos normais para cada parâmetro estão relacionados no Quadro 12.

Comparando os valores entre os rins normais, displásicos e os que desenvolveram insuficiência renal crônica no pós-natal, Dumez et al. (1989) se referem a valores distintos (Quadro 13).

De maneira prática, deve-se utilizar para a interpretação dos dados bioquímicos, a associação dos achados na USG com a dosagem urinária do sódio, cloro, cálcio osmolaridade e a beta-2-microglobulina por serem mais sensíveis e mais específicos (Quadro 14).

As uropatias obstrutivas com suas respectivas funções bioquímicas preservadas, em geral apresentam bom prognóstico pelo menos até o período neonatal. Alguns relatos mostram resultados discordantes. Entretanto, essa discrepância deve-se, provavelmente, às variações próprias desses níveis bioquímicos, conforme a idade gestacional.

Nos casos em que o resultado bioquímico sugere displasia renal, o resultado perinatal tem sido péssimo, observando-se, logo após o nascimento, insuficiência renal. Nos casos de bom prognóstico, a beta-2-microglobulina tem sido avaliada para predizer a insuficiência renal crônica, ou seja, de manifestação mais tardia. A utilização desse parâmetro serve para a seleção dos casos candidatos à derivação intrauterina, cujo intuito é de preservar a função renal. Postula-se que a diminuição da pressão intraparenquimatosa (exercida pela urina represada) pode preservar ou diminuir o grau de displasia renal.

Müller et al. relatam que entre os vários parâmetros bioquímicos analisados (sódio, cloro, cálcio, potássio, fósforo, amônia, ureia, creatinina, glicose e proteína), aquele que apresentou melhor resultado na predicção da

Quadro 10 Uropatias obstrutivas e anomalias fetais

N° casos	Malformação associada	Anomalia cromossômica	
Alta	30	7 (23%)	1 (3,3%)
Média	81	7 (8,6%)	13 (16%)
Baixa	75	15 (29%)	7 (10%)

Fonte: Dumez et al., 1987.

Quadro 11 Parâmetros bioquímicos urinários e função renal fetal

Grupo 1	Grupo 2	Grupo 3
Sem valor	Displasia	Insuficiência renal
Ácido úrico	Creatinina	Ureia
pH	Proteína	β2-Mg
Potássio	Sódio	Amônia
	Cloro	
	Osmolaridade	
	Glicose	
	Cálcio	
	Fósforo	

β2-Mg: beta-2-microglobulina.
Fonte: Müller et al., 1993.

Quadro 12 Parâmetros bioquímicos urinários do feto

Parâmetros bioquímicos	Valores	
Ureia (mM/L)	10,5	(+/−2,5)
Amônia (micro M/L)	727	(+/−38,0)
Creatinina (mM/L)	238	(+/−60,0)
β2-Mg (mM/L)	0,56	(+/−0,5)
Proteínas totais (g/L)	0,02	(+/−0,05)
Sódio (mEq/L)	51	(+/−10,0)
Cloro (mEq/L)	49	(+/−7,0)
Potássio (mEq/L)	3,7	(+/−0,9)
Osmolaridade (mOsm/L)	105	(+/−16,0)
Glicose (mM/L)	0,13	(+/−0,15)
Cálcio (mM/L)	0,62	(+/−0,32)
Fósforo (mM/L)	0,16	(+/−0,16)
Ácido úrico (mM/L)	495	(+/−0,5)
Ph	7,1	(+/−0,9)

β2-Mg: beta-2-microglobulina.
Fonte: Dumez et al., 1989.

Quadro 13	Resultados bioquímicos da urina fetal normal e patológica					
Parâmetros	Grupos					
	Displásico		Insuficiência renal		Normal	
Ureia (nM/L)	4,38	(0,98)	7,06	(2,30)	10,5	(2,5)
β2-Mg (mG/L)	17,9	(5,63)	3,6	(3,6)	0,77	(1,0)
Amônia (mM/L)	114	(32)	476	(179)	727	(3,8)
Creatinina (M/L)	101	(32)	192	(48)	238	(60)
Proteína (G/L)	1,90	(1,6)	0,04	(0,05)	0,00	
Sódio (mEq/L)	129	(9,5)	53	(7,7)	49	(8,6)
Cloro (mEq/L)	106	(5)	52	(8)	49	(7)
Osmolar (mOsm/L)	262	(19)	102	(21)	105	(16)
Glicose (mM/L)	4,34	(1,9)	0,39	(0,65)	0,13	(0,15)
Cálcio (mM/L)	2,27	(0,27)	0,97	(0,66)	0,72	(0,44)
Fósforo (mM/L)	2,0	(0,25)	0,19	(0,31)	0,16	(0,16)
Ácido úrico (mM/L)	429	(140)	440	(150)	495	(105)
pH	7,7	(0,2)	7,4	(0,5)	7,1	(0,5)
Potássio (mEq/L)	3,8	(1,1)	2,7	(1,2)	3,7	(0,9)

β2-Mg: beta-2-microglobulina; osmolar: osmolaridade.
Fonte: Dumez et al., 1989.

Quadro 14	Avaliação da função renal fetal	
Parâmetros	Prognóstico bom	Prognóstico ruim
Quantidade de LA	Normal ou pouco diminuído	Oligoamnia
Parênquima renal	Normal	Hiperecogênico
		Presença de cistos
Sódio (meq/mL)	< 100	> 100
Cloro (meq/mL)	< 90	> 90
Osmolaridade (mosm)	< 210	> 210
Diurese (mL/h)	> 2	< 2

LA: líquido amniótico.
Fonte: Glick et al., 1985.

creatininemia (valor abaixo de 50 micromol/L) durante o segundo ano de vida foi a beta-2-microglobulina, cuja sensibilidade e especificidade foram de 83 e 80%, respectivamente. Entretanto, esses resultados são ainda muito precoces, pois sabe-se que nem mesmo a creatinina sérica menor que 70 micromol/L pode predizer ou garantir uma boa função renal nos próximos 1 a 6 anos.

Conduta

Nos fetos que apresentam boa função renal e LA normal, recomenda-se apenas o acompanhamento ultrassonográfico seriado (a cada 2 semanas). Se o quadro urinário permanecer estável durante a evolução da gestação, o parto pode ser programado para o termo. Por outro lado, se ocorrer piora do quadro ou se a hidronefrose for moderada/acentuada, mesmo permanecendo estável, preconiza-se, em geral, a antecipação do parto para o alívio da pressão intraurinária após o nascimento.

Quando presente a oligoâmnia, a hipoplasia pulmonar deve ser investigada. A duração e o início da oligoâmnia é fundamental para o desenvolvimento dessa patologia. Baseado em observações clínicas e experimentais, o desenvolvimento pulmonar fetal necessita de nível crítico mínimo de LA. A ausência de líquido em gestação avançada sugere falha no desenvolvimento pulmonar.

Nos casos em que se comprova a existência de displasia renal, a conduta deve ser a expectante, dirigindo-se todas as atenções médicas apenas para a gestante.

A derivação uroamniótica e, mais recentemente, a ablação à laser (nos casos de válvula de uretra posterior) podem estar indicadas nos casos diagnosticados precocemente com duas finalidades. A primeira é a reposição do LA para permitir o desenvolvimento pulmonar. A outra é a de evitar a deterioração da função renal pelo aumento da pressão pielocalicial (Figura 26A-C).

No entanto, as condições de aplicabilidade desse tipo de cirurgia fetal deve compreender os seguintes critérios:

- Identificação precoce.
- Diagnóstico correto ultrassonográfico.
- Ausência de outras malformações.
- Ausência de aberração cromossômica.
- Urina hipotônica.
- Quantidade de LA suficiente para evitar a hipoplasia pulmonar.

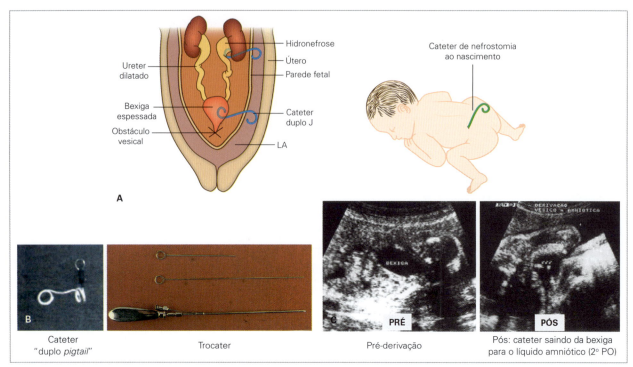

Figura 26 A: Derivação uroamiótica (vesical e pélvica). B: Derivação uroamiótica (material). C: Derivação vesicoamiótica (ultrassonografia).

Pelo fato da urina fetal tornar-se o principal responsável pela constituição do LA a partir da 17ª semana, até essa idade gestacional, a oligoâmnia grave não é comum. Entretanto, depois dessa fase, a gravidade e a duração (tempo de evolução até o diagnóstico) são essenciais para o sucesso da conduta pré-natal.

Estudos experimentais têm demonstrado que a derivação uroamniótica pode reverter o desenvolvimento da hipoplasia pulmonar. Porém, salienta-se a importância da idade gestacional e o tempo de duração da oligoâmnia entre os critérios de seleção para a obtenção desse sucesso terapêutico.

Já a funcionalidade da derivação no que concerne à função renal é polêmica. Apesar de experimentalmente o resultado parecer bastante satisfatório, no feto humano, esse resultado não tem se correlacionado com o esperado. Acredita-se que isso se deva à própria fisiopatologia que resulta no rim displásico. O encontro de dois tipos histológicos diferentes de displasia, rim multicístico (tipo II) e rim displásico característico (tipo IV), emerge dúvidas quanto à etiologia e à aplicabilidade da cirurgia (Figura 26C).

Apesar de a pressão intravesical estar aumentada na grande maioria dos casos, esta não reflete o grau de comprometimento da função renal. Entretanto, em razão do fato de se encontrar elevados níveis pressóricos intraurinários em rins displásicos, postula-se sobre a possibilidade da displasia ser decorrente do aumento dessa pressão.

A correção da hidronefrose "criada" experimentalmente em ovelhas tem apresentado resultados otimistas. No entanto, essa hidronefrose, e mesmo em outros tipos de animais, não apresenta as mesmas características que as encontradas em fetos humanos. Além disso, relata-se que 75% dos rins que apresentam obstrução, funcionam adequadamente apenas com a correção pós-natal. Somando-se a esses dados, verifica-se que não existe correlação entre a função renal neonatal e o intervalo da descompressão da pressão urinária. Por outro lado, os resultados encontrados em casos que foram submetidos à derivação pós-natal comprovam, mesmo naqueles que apresentavam boa função renal, alta incidência de desenvolvimento de insuficiência renal após 9 anos da derivação.

A diferença entre os resultados experimentais (ovelhas) e de fetos humanos são delineadas abaixo:

- O desenvolvimento do sistema renal do feto de ovelha é diferente do feto humano.
- Tempo de evolução do aumento da pressão intraurinária é diferente.
- A época (idade gestacional) na qual é realizada o procedimento com intuito de evitar a progressão da patologia difere entre ambos.
- Mecanismo fisiopatológico diferente. A presença da hidronefrose pode ocorrer indiferentemente do quadro de displasia renal.

Os casos graves associando hidronefrose acentuada e oligoâmnia podem se beneficiar, por vezes, com a derivação uroamniótica, quando não há ainda maturidade pulmonar fetal. Entretanto, havendo maturidade fetal, a antecipação do parto com a correção pós-natal é a conduta mais adequada.

Obstrução da junção ureteropélvica (OJUP)
Definição

Trata-se de obstrução urinária localizada entre a pelve renal e o ureter. Constitui a desordem renal mais diagnosticada intraútero, correspondendo a 20-50% dessas anomalias (Figura 27).

Incidência

Apesar de frequente, a sua incidência é desconhecida. Verifica-se prevalência de duas a cinco vezes maior no sexo masculino.

Etiopatogenia

A OJUP parece ser decorrente de um fenômeno esporádico. Entretanto, por conta de alguns casos familiares descritos, aventa-se para uma possível herança AD de penetrância variável. Incluem-se nesta, tanto a OJUP de manifestação unilateral quanto bilateral.

A anomalia cromossômica tem sido relacionada com os casos de OJUP. Porém, a presença desta está relacionada à gravidade da obstrução, ao sexo fetal (mais frequente no sexo feminino) e principalmente, se presente outras malformações fetais.

A junção ureteropélvica contribui para a formação e propulsão do "bolo urinário", sendo a hidronefrose muitas vezes causada pelo estreitamento dessa junção. A avaliação estrutural (histológica) demonstra que o ureter é composto de duas camadas musculares. A primeira em sentido longitudinal e a segunda, circular. Estas desempenham papel essencial na propulsão da urina. A restrição do desenvolvimento, por causa da compressão vascular na região da junção ureteropélvica, tem sido também sugerida. Além disso, nota-se, também, que durante o desenvolvimento o ureter atravessa uma fase sólida com posterior recanalização. A falha desta última, na região proximal, pode resultar em alterações funcionais da JUP.

Várias outras alterações anatômicas nesse local podem também ser responsabilizadas pela obstrução. A presença de fibrose, bandas, válvulas ureterais, vasos aberrantes, inserção anormal do ureter e alteração da forma da saída ureteral têm sido descritas. Entretanto, essas alterações anatômicas são verificadas em apenas pequena porcentagem dos casos. Portanto, na maioria das vezes, a etiologia dessa anomalia está associada à disfunção decorrente das modificações estruturais nas camadas musculares do ureter.

Malformações associadas

Anomalias associadas não adjacentes ao trato urinário estão presentes em 19% dos casos. A OJUP tem sido associada com doença de Hirchsprung, anomalias cardiovasculares, defeitos do tubo neural, sinostose sagital, hipoplasia mandibular, atresia de esôfago com fístula traqueoesofágica distal, ânus imperfurado, sindactilia, luxação congênita do quadril, síndrome adrenogenital e síndrome de Noonan.

A incidência de anomalias adjacentes pode atingir até 50% dos casos, e a OJUP pode ser bilateral em torno de 10-40% dos casos. Quando o acometimento for unilateral, a OJUP pode estar associada com rim multicístico, agenesia renal unilateral (5%) e graus menores de refluxo vesicoureteral (40%).

Outras anomalias, tais como displasia multicística, duplicação do sistema coletor, rim ectópico e rim em ferradura já foram relatadas.

Diagnóstico pré-natal

A evolução da hidronefrose causada pela OJUP pode se manifestar por meio de:

- Dilatação dos bacinetes (pelve): durante o segundo trimestre, o bacinete não deve ultrapassar a medida de 5 mm e no último trimestre deve ser menor que 10 mm. No caso de estase piélica, primeiramente se verifica acúmulo de líquido (urina) produzido pelo parênquima renal, tornando essa região facilmente visível, tanto no corte transversal quanto no longitudinal, denominada também de pieloectasia ou dilatação piélica quando ainda não apresenta conotação patológica (Figura 28A-B). Entretanto, é no plano transverso que se verifica melhor essas alterações. Na USG, nota-se presença de lacuna líquida localizada centralmente, envolta por parênquima renal. Porém, quando esta progride de modo desfavorável, observa-se sua evolução para grau patológico caracterizando a hidronefrose (Figura 29).

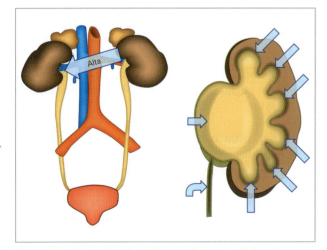

Figura 27 Uropatias obstrutivas – obstrução da junção ureteropélvica (OJUP).

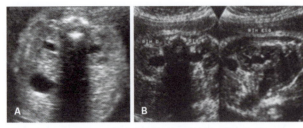

Figura 28 Uropatias obstrutivas – obstrução da junção uretero-pélvica (OJUP). Pieloectasia ou dilatação piélica.

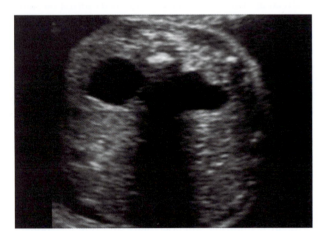

Figura 29 Uropatias obstrutivas – obstrução da junção uretero-pélvica (OJUP). Hidronefrose.

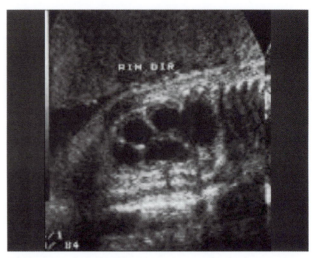

Figura 30 Uropatias obstrutivas – obstrução da junção uretero-pélvica (OJUP). Dilatação pielocalicial – hidronefrose.

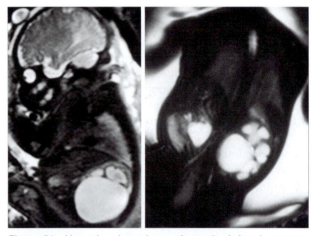

Figura 31 Uropatias obstrutivas – obstrução da junção uretero-pélvica (OJUP). Dilatação pielocalicial – hidronefrose.

- Dilatação dos cálices: o aumento da pressão dentro do sistema pielocalicial se traduz por dilatação dos cálices. Essa dilatação pode ocorrer de maneira generalizada (acometendo todos os cálices) ou de forma localizada. Nesse último, acomete mais frequentemente os cálices superiores. Na USG, os cálices apresentam forma esférica, situados lado a lado ao redor do hilo renal, com sua concavidade voltada para as pirâmides renais. A dilatação destes é traduzida pelo acúmulo urinário e alteração da direção dessa concavidade (Figuras 30 e 31).

A dilatação calicial não é necessariamente proporcional ao bacinete; logo, pode-se verificar dilatação de um, sem o comprometimento do outro. O diagnóstico da OJUP consiste na demonstração da dilatação da pelve renal, sem modificação do ureter ou da conformação vesical. Desse modo, para o diagnóstico ultrassonográfico da dilatação pielocalicial, utiliza-se os seguintes parâmetros:

- Mensuração do diâmetro anteroposterior da pelve renal: considera-se normal quando essa medida for menor que 5 mm. Quando esse diâmetro for maior que 10 mm, considera-se como dilatado (hidronefrose), e se a medida estiver entre 5 e 10 mm, recomenda-se o controle seriado (Figuras 30 e 31).

- A relação entre o máximo diâmetro transverso da pelve e o máximo diâmetro renal (DP/DR): quando essa relação for maior que 50%, sugere-se dilatação da pelve.
- A alteração da forma renal: com acentuação da pelve, infundíbulo e cálice, também é sugestiva da dilatação, mesmo quando a relação DP/DR for normal (Figuras 30 e 31).

Vale ressaltar que, em alguns casos, a dilatação da pelve renal diagnosticada durante o pré-natal, desaparece após o nascimento. O volume hídrico materno também pode levar à dilatação piélica momentânea. Nesses casos, sugere-se novo controle ultrassonográfico após 12 horas de restrição hídrica.

A OJUP pode ser bilateral em cerca de 10-40% dos casos. Nessa situação, muitas vezes o acometimento renal é assimétrico, ou seja, em um dos rins a gravidade é menor.

O ureter só é inteiramente visualizado quando está dilatado. Em raros casos, a pelve e o infundíbulo renal podem estar estenosados, e só os cálices renais estão dilatados. Em casos de obstrução grave, a dilatação pélvica pode alterar o contorno renal, produzindo imagem cística que pode ocupar quase toda a cavidade abdominal. A pressão exercida pelo volume urinário sobre o parênquima renal pode resultar em alteração de sua funcionalidade. Em algumas situações, essa pressão leva à ruptura do parênquima, originando imagem conhecida como urinoma. Este representa a urina represada entre a cápsula e o parênquima renal. Os urinomas podem ser causados por obstruções ureterais de início gradual ou mesmo abrupto. Com o aumento da pressão e o rompimento do parênquima renal, forma-se uma cavidade fibroelástica, por causa da infiltração urinária. Desse modo, o urinoma caracteriza-se, na USG, por uma imagem cística elíptica, orientada inferior e medialmente, localizada perifericamente ao rim hidronefrótico.

Quando a ruptura é total (parênquima e cápsula renal), ocorre a formação de ascite urinosa. Em geral, esses quadros representam formas graves com grave comprometimento da funcionalidade do parênquima renal, além de alterações nas alças intestinais em razão do contato com a urina.

A USG do sistema urinário fetal está relacionada a sua funcionalidade; logo, o aspecto do parênquima renal fornece dados fundamentais para a conduta a ser estabelecida (Quadro 15).

Quadro 15 Critérios ultrassonográficos para identificação da displasia renal na uropatia obstrutiva

	Sensibilidade	Especificidade
Cistos renais	44%	100%
Hiperecogenicidade do parênquima	73%	80%
Hidronefrose	41%	73%

Fonte: Mahoney et al., 1984.

O volume de LA na maioria dos casos está dentro dos padrões normais, denotando geralmente função renal normal, pelo menos do rim contralateral. Entretanto, essa normalidade pode também estar vinculada a obstruções parciais. Por outro lado, quando o volume de LA está diminuído, deve-se de imediato pesquisar o rim contralateral e a bexiga. A ausência da imagem vesical pode significar obstrução total do rim hidronefrótico e comprometimento funcional do rim oposto.

A polidrâmnia pode estar presente em cerca de 25% dos casos de OJUP. Esse aumento de LA pode ser decorrente da associação da OJUP com outras anomalias fetais (hérnia diafragmática, insuficiência cardíaca e atresia gastrointestinal) ou consequente à própria compressão do trato digestivo pela hidronefrose. Relata-se ainda como possível causa a incapacidade de concentração urinária do rim acometido pela OJUP, resultando em aumento da produção "urinária" associado à obstrução parcial. A produção compensatória do rim contralateral também tem sido implicada como fator colaborador em casos de polidrâmnia discreta.

A utilização da USG vaginal tem sido útil no diagnóstico precoce da OJUP. Entre a 10ª e 16ª semana de gestação, pode-se considerar como hidronefrose quando a dilatação piélica for superior a 3 mm.

Diagnóstico diferencial

O diagnóstico diferencial depende do grau de obstrução e da dilatação da OJUP. As hidronefroses leves e moderadas, em geral, não comportam dificuldades para o diagnóstico. Nesses casos, o principal diagnóstico diferencial deve ser realizado com rim multicístico (Figura 24A-C).

O urinoma perinefrético, secundária à ruptura da pelve renal, apresenta-se localizado perifericamente ao rim. Entretanto, em muitos casos a imagem torna-se duvidosa por conta de sua localização.

A hidronefrose volumosa muitas vezes ocupa toda a cavidade abdominal, impedindo e dificultando a identificação estrutural da cavidade abdominal. O esvaziamento dessa massa cística, por meio da punção, deve ser realizado para permitir a conclusão diagnóstica.

Conduta

A conduta para a OJUP varia de acordo com o grau de obstrução, bilateralidade da lesão, idade gestacional quantidade de LA e a presença de outras anomalias ou aberração cromossômica. Desse modo, diante do diagnóstico de OJUP, a avaliação morfológica de cada caso deve ser realizada sistematicamente, enfocando tanto a pesquisa de outras malformações como a gravidade do acometimento da função renal. O cariótipo está também indicado.

Apesar da dilatação de 10 mm ser considerada patológica (diâmetro anteroposterior), existem relatos na literatura que reportam casos que não necessitaram de intervenção cirúrgica. Apenas quando a dilatação pielocalicial foi maior que 15 mm, houve necessidade da cirurgia. Em casos de hidronefrose leve, dilatação entre 10 e 15 mm, relata-se que cerca de 3-20% resolvem-se espontaneamente sem necessidade de tratamento cirúrgico (Figura 32A-B).

Em síntese, suspeita-se de "hidronefrose funcional" na USG quando (Figura 28A-B):

- Há ausência de dilatação calicial e de imagem compatível com displasia.
- Não ocorre o aumento do grau da dilatação durante a evolução da gestação.
- Há dilatação discreta bilateral ou o rim esquerdo é o acometido.
- Quantidade de LA está normal ou mesmo aumentada.

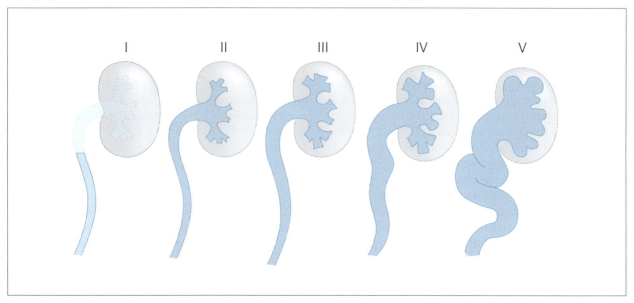

Figura 32   Uropatias obstrutivas – obstrução da junção ureteropélvica (OJUP).

A etiologia dessa dilatação é desconhecida. Nos casos em que existe alteração funcional do rim contralateral, provavelmente esta é compensatória. Pode-se observar também "hidronefrose funcional" em fetos de peso acima do percentil 75 ou em situações em que se verifica uma polidrâmnia (ILA acima de 18).

A OJUP unilateral, sem o comprometimento das estruturas adjacentes e com a presença de LA em quantidade normal, não necessita de intervenção diagnóstica ou cirúrgica. Para esses casos, recomenda-se apenas controle ultrassonográfico periódico da obstrução (mensal). Entretanto, quando a hidronefrose torna-se muito volumosa, pode interferir no funcionamento de outros órgãos. Cita-se como exemplo a compressão sobre o trato digestivo, com consequente polidrâmnia. Nesses casos, recomenda-se a punção esvaziadora.

Próximo ao trabalho de parto, se a OJUP for volumosa, deve-se também esvaziá-la por meio de punção/drenagem para evitar a ruptura renal. O aumento da pressão intra-abdominal sobre o rim dilatado, causado pelas contrações uterinas, favorece essa complicação. Além disso, o aumento do volume abdominal pode resultar em distócia fetopélvica, dificultando tanto parto por via vaginal quanto o parto cesáreo.

Quando bilateral a OJUP, na maioria das vezes, pelo menos um dos rins permanece com sua função normal. Nesses casos, o controle ultrassonográfico da morfologia renal, da quantidade de LA e a visualização da bexiga devem ser realizados pelo menos a cada 2 semanas. O LA normal sugere desenvolvimento pulmonar adequado. A avaliação bioquímica desses casos está indicada quando o controle ultrassonográfico dos rins apresenta evolução para hidronefrose grave. A terapêutica cirúrgica, por meio da derivação percutânea uroamniótica, pode ser discutida a partir dos resultados bioquímicos.

A ausência de LA confere prognóstico reservado ao concepto. Em geral, esses casos apresentam grau grave de obstrução, cujo aparecimento é precoce e podem, até mesmo, manifestar sinais de displasia renal. Além disso, como a presença de LA está diretamente relacionada ao desenvolvimento pulmonar, existe o risco de hipoplasia pulmonar.

Por ocasião de comprometimento bilateral significativo, a punção para o estudo bioquímico deve ser realizado no rim aparentemente menos comprometido, pois este reflete melhor o estado atual da função renal do concepto. O resultado desse estudo é que determina a conduta a ser estabelecida. O comprometimento grave com deterioração da função renal deve conduzir o obstetra a oferecer a conduta conservadora. Já os casos que manifestam comprometimento parcial da função renal (mas sem displasia), quando a idade gestacional for superior a 32 semanas, devem ser conduzidos para parto prematuro terapêutico ou para derivação uroamniótica, se esta for menor que 32 semanas.

Na maioria dos casos de OJUP, a conduta pós-natal pode ser expectante. Em alguns casos, em geral observa-se o desaparecimento da hidronefrose já nas primeiras 48 horas, enquanto outros necessitam ser avaliados novamente após 5 dias. A indicação cirúrgica da correção da OJUP deve ser indicada de acordo com a funcionalidade renal.

A reconstrução cirúrgica imediata parece não apresentar resultados melhores que a reconstrução em fase mais tardia. As provas de função renal e o controle ultrassonográfico indicam a época ideal, se necessária, da intervenção cirúrgica (pieloplastia). Relata-se que aproximadamente apenas 10% das OJUP são submetidas a esse procedimento. Como complicação da OJUP não tratada, cita-se a nefrocalculose e a infecção urinária de repetição, por causa da estase urinária. A hipertensão arterial, resultante da alteração da produção da renina, também pode ocorrer.

Megaureter

A dilatação ureteral, sem dilatação vesical, representa as uropatias obstrutivas médias. Na USG, essas anomalias podem estar associadas, dependendo da gravidade da obstrução, à dilatação pielocalicial.

O megaureter pode ser causado pelas seguintes anomalias: estenose da junção vesicoureteral, refluxo vesicoureteral, megaureter primário ou por conta de obstruções baixas (Quadro 16).

Quadro 16	Classificação internacional de megaureter	
	Primário	Secundário
Obstrução	Obstrução ureteral intrínseca	Lesões extrínsecas (compressão)
Refluxo	Refluxo funcional	Obstrução vesical e bexiga neurogênica
sem obstrução; sem refluxo	Dilatação ureteral idiopática	Diabetes insipidus e infecção

Fonte: King e Levitt, 1989.

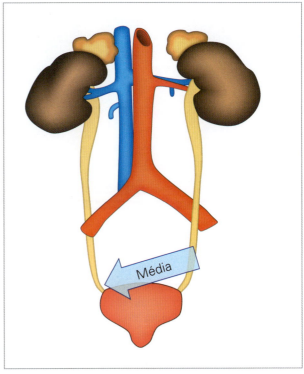

Figura 33   Uropatias obstrutivas – obstrução da junção ureterovesical (OJUV).

Obstrução da junção ureterovesical (OJUV)
Definição

A obstrução da junção ureterovesical (OJUV) consiste na obstrução terminal do ureter dentro da porção justa e/ou intravesical (Figura 33).

Incidência

Consiste na anomalia do aparelho urinário mais comum no ser humano, podendo estar presente em até 4% da população. Trata-se da segunda maior causa de uropatia obstrutiva no RN e no feto, ocorrendo em 23% dos casos de hidronefrose.

Da mesma forma que a OJUP, também existe predominância para o sexo masculino (ao redor de 3,5 a 5 vezes).

Etiopatogenia

A OJUV pode ser decorrente da estenose das válvulas ureterais, fibrose ou musculatura anormal de um segmento ureteral próximo à junção intravesical. Esse tipo de obstrução também parece se tratar de fenômeno esporádico; entretanto, existem alguns casos familiares que sugerem herança AR.

A presença da duplicação ureteral é frequente. Esta ocorre por causa da duplicação do sistema coletor (ureter), conduzindo à formação de ureter ectópico ou ure-

terocele, provavelmente, por divisão anômala do botão ureteral. Esse ureter anômalo em geral emerge do polo superior do rim; logo, essa região tende a se tornar dilatada, contrastando com o polo inferior que se apresenta normal (Figura 34).

O diabete melito tem sido relacionado com a presença de duplicação ureteral, cuja incidência chega a ser 23 vezes maior que aquela observada nos conceptos de gestantes normais.

Malformações associadas

As anomalias fetais que podem estar associadas são as mesmas encontradas na OJUP.

Em 16% dos casos o rim contralateral pode também apresentar, da mesma forma, rim displásico, multicístico, em ferradura ou agenesia renal. Já a ureterocele pode ser bilateral em 15-25% dos casos.

Diagnóstico pré-natal

A partir de estudo anatomopatológico, tem-se estimado que o ureter mede aproximadamente 1,5 mm de diâmetro ao redor da 30ª semana. Entretanto, em razão do seu tônus, raramente é visibilizado durante a USG.

Dependendo do grau da gravidade da dilatação, o ureter pode apresentar as seguintes características, na USG:

- Aspecto cilíndrico e retilíneo: verifica-se lacuna líquida alongada, fina, medindo em torno de 0,5 cm de

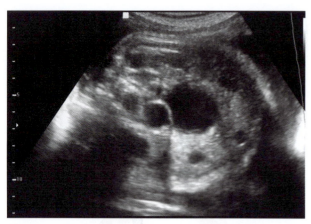

Figura 34 Obstrução da junção ureterovesical (OJUV) – ureterocele.

ca de 1,0 cm de diâmetro. A origem ureteral é nítida, entretanto, não é possível vizibilizá-lo em toda a sua extensão (longitudinal) por conta de sua sinuosidade.
- Forma "major": o ureter torna-se mais longo e dilatado, ocupando grande parte do abdome. Na USG, verifica-se imagens císticas volumosas, anecoides medindo de 1,0 a 2,0 cm de diâmetro. Pode ocupar toda a cavidade abdominal, inclusive ultrapassando a coluna vertebral anteriormente.

O comprometimento pode ser bilateral em 15-25% dos casos. Em geral o rim esquerdo é o mais acometido.

Na presença de hidronefrose assimétrica, evoca-se a possibilidade de duplicação ureteral. Nesses casos, muitas vezes se verifica a dilatação do polo superior do rim com preservação do polo inferior. Ou seja, na presença de dilatação do polo superior do rim, deve-se pesquisar atentamente a lacuna no nível intravesical, o qual confirma a associação com a ureterocele. Porém, em alguns casos, pode-se verificar, apesar da duplicação ureteral, a dilatação em ambos os polos. O superior, por causa da ureterocele e o inferior em razão do refluxo vesicoureteral (Figura 36A-B).

diâmetro que se une ao bacinete e que, dependendo da extensão, pode ser visualizada inserindo-se posteriormente à bexiga (Figura 35).
- Aspecto em cascata: trata-se de forma mais avançada da dilatação. O ureter apresenta-se de forma alongada e tortuosa (forma de cordão), em geral medindo cer-

Em algumas situações, consegue-se evidenciar atividade contrátil do ureter dilatado. A bexiga é normalmente visibilizada e a quantidade de líquido é normal, mesmo nos casos em que o acometimento é bilateral.

Diagnóstico diferencial

O ureter dilatado deve ser diferenciado das alças intestinais. Essa diferenciação pode ser obtida pela sua localização, inserção dentro da pelve renal, conteúdo cístico (líquido) e ausência de haustrações.

Na presença da dilatação ureteral e hidronefrose, diagnóstico diferencial com refluxo vesicoureteral deve ser considerado. Entretanto, a associação das duas entidades é muito comum, principalmente quando o acometimento é bilateral, em que o diagnóstico diferencial

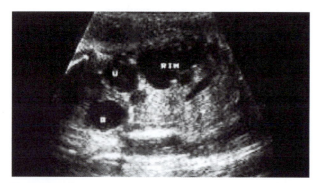

Figura 35 Obstrução da junção ureterovesical (OJUV) – megaureter. B: bexiga; U: ureter.

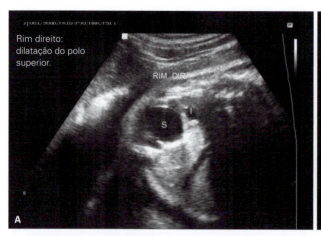
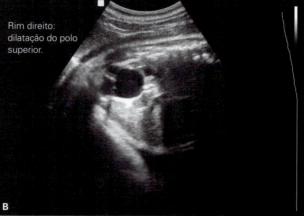

Figura 36 Obstrução da junção ureterovesical (OJUV) – duplicação ureteral.
S: polo superior do rim direito; I: polo inferior do rim direito.

é difícil mesmo após o nascimento. Em geral, na OJUV, o ureter apresenta-se maior, além do fato de às vezes se verificar atividade peristáltica no ureter dilatado.

Ainda em relação à hidronefrose, deve-se também considerar o diagnóstico diferencial com a obstrução uretral e a síndrome megabexiga-microcólon-hipoperistaltismo intestinal (SMMH). No primeiro, a presença da bexiga dilatada e LA em quantidade diminuída fornece o diagnóstico. Quanto ao segundo, é comum a observação de polidrâmnia, além de acometer mais frequentemente o sexo feminino.

A dilatação do polo superior do rim deve ser diferenciado, apesar de raramente, da hemorragia ou cistos da glândula suprarrenal.

Conduta

O prognóstico em geral é satisfatório. A quantidade de LA normal e a visualização vesical indicam muitas vezes função renal normal. Nessa situação, recomenda-se a conduta expectante com acompanhamento ultrassonográfico seriado (quinzenal).

Por causa da possibilidade da sua associação com anomalias cromossômicas, o cariótipo fetal é recomendado antes de definir a conduta pré-natal.

Excepcionalmente, como na OJUP, o aumento do volume abdominal pode funcionar como tumor prévio, necessitando do esvaziamento por punção. No pós-natal, a reconstrução cirúrgica do ureter depende da presença de complicações. No entanto, a função renal deve ser monitorizada periodicamente, assim como o controle ultrassonográfico. Da mesma forma que nas outras patologias obstrutivas, deve-se atentar para a presença de infecção urinária de repetição e nefrocalculose.

Ureterocele
Definição

Consiste na dilatação cística do ureter terminal em razão do seu posicionamento anômalo. Essa terminação pode ser simples ou ectópica. Na ureterocele simples, a parte terminal do ureter está posicionada adequadamente, projetando-se para o interior da bexiga. Na terminação ectópica, o orifício ureteral termina em posição anômala (Figuras 34 e 37).

Incidência

A incidência é desconhecida, entretanto, no nível neonatal representa a terceira causa mais comum de hidronefrose. Em relação às autópsias, observa-se incidência de 1:500 a 1:4.000. Essa patologia apresenta prevalência de 3 a 4 vezes mais para o sexo masculino.

Etiopatogenia

Provavelmente, a ureterocele se manifesta de forma esporádica, porém casos entre parentes e gêmeos não dizigóticos têm sido relatados.

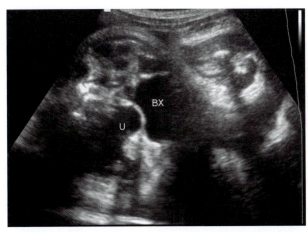

Figura 37 Obstrução da junção ureterovesical (OJUV) – ureterocele. BX: bexiga; U: Ureter.

A causa da ureterocele é desconhecida. Entretanto, relata-se possível atraso da absorção do desenvolvimento ureteral dentro do sinus urogenital, ou mesmo em razão do atraso do desenvolvimento muscular da porção terminal do ureter.

Ao exame histológico, pode-se verificar estenose ureteral, aplasia ureteral, formações de sifões, válvulas ureterais, vasos acessórios, compressão extrínseca (tumores), ureterocele ou formações diverticulares.

Malformações associadas

A patologia pode se manifestar bilateralmente ao redor de 10-15%. A associação com outras anomalias renais é frequente. Entre estas, destacam-se a ectopia cruzada e os rins displásicos. Anomalias testiculares e cardíacas também podem ser encontradas.

Diagnóstico pré-natal

Muitas vezes, o lado esquerdo é mais acometido. A ureterocele nem sempre causa obstrução. Em geral, aparece como imagem cística, dilatada, de 1 a 2 cm de diâmetro, projetando-se no interior da bexiga, associada com dilatação ureteral e/ou hidronefrose. A sua visualização intravesical só é possível quando a bexiga fetal está repleta.

A ureterocele comumente está associada à duplicação ureteral, acometendo preferencialmente o polo superior renal. Em geral, a ureterocele ectópica tende a ser mais volumosa que a simples, com dilatação proximal em vários graus. Algumas vezes, esta primeira, se volumosa, pode obstruir tanto o ureter ipsilateral quanto o contralateral (Figuras 34 e 37).

A ureterocele simples é menos comum; entretanto, aparece com frequência bem maior no sexo masculino.

Conduta

O controle ultrassonográfico deve ser realizado a cada duas semanas. Em geral, o prognóstico é satisfatório. A punção renal para avaliação bioquímica da função renal fetal só está indicada em lesões bilaterais e na suspeita do comprometimento do parênquima renal.

A conduta expectante com parto ao termo está indicada na maioria dos casos. O parto prematuro terapêutico só deve ser indicado na suspeita de deterioração da função renal.

Em relação à avaliação pós-natal, recomenda-se o controle ultrassonográfico seriado. Quando presente de forma isolada, a necessidade de correção cirúrgica é rara. Porém, deve-se salientar que existe o risco de infecção urinária de repetição e de litíase renal, logo, recomenda-se a monitorização da criança durante o seu crescimento.

Refluxo vesicoureteral (RVU)
Definição

Trata-se de anomalia congênita do trato urinário consequente à alteração do desenvolvimento do orifício ureteral distal. Este termina por localizar-se em posição anômala, mais alta e lateral que a habitual. Além disso, o trígono muitas vezes também é acometido, tornando-se hipodesenvolvido. Essas modificações anatômicas resultam em deficiência do comprimento do canal submucoso que atravessa a parede vesical.

O resultado funcional é o retorno do "bolo urinário" em direção ao ureter.

Incidência

A incidência é desconhecida. O risco de recorrência depende da etiologia. Relata-se que o RVU assintomático chega a atingir cerca de 26-34% dos familiares dos pacientes que relatam o refluxo.

Etiopatogenia

A maioria dos casos parece tratar-se de fenômeno esporádico; entretanto, alguns autores relatam a possibilidade de herança AD e herança ligada ao sexo em algumas famílias. A patologia é rara em crianças da raça negra.

Durante o desenvolvimento embriológico, o botão ureteral surge mais caudamente que o normal. Essa alteração resulta em precursor do trígono vesical mais curto. Por conta disso, o ducto é absorvido mais precocemente resultando em período de migração mais longo. Essas modificações resultam na anomalia de posição do ducto.

Malformações associadas

A associação com anomalias renais é frequente, em particular, com duplicação ureteral e ureterocele. Além disso, o rim oposto pode também estar comprometido com essas formas assim como outras formas, tais como agenesia renal e rim multicístico.

Diagnóstico pré-natal

A dilatação ureteral e a hidronefrose fornecem a suspeita diagnóstica intraútero, podendo o refluxo ser uni ou bilateral.

Infelizmente, esse mesmo quadro ultrassonográfico também pode estar presente na OJUV, tornando o seu diagnóstico diferencial extremamente difícil. Para fornecer uma hipótese diagnóstica mais precisa de qual patologia se trata, recomenda-se que se obtenha um corte ultrassonográfico (longitudinal ou parassagital) que visibilize simultaneamente o(s) rim(ns) e a bexiga e aguarde o momento da micção fetal. No transcorrer desse ato, se a anomalia se refere ao RVU, deve-se observar um discreto aumento da dilatação pielocalicial (hidronefrose) ao mesmo tempo em que ocorre o esvaziamento vesical, podendo vir associado ou não à contração ureteral. Por outro lado, quando se trata de OJUV não se observa qualquer alteração no nível da pelve renal por ocasião da micção fetal, nem mesmo no nível ureteral. Outro recurso seria utilizar o *color* Doppler, o qual evidenciará a presença de fluxo ureteral por ocasião da micção fetal.

Quando existe duplicação total ureteral, muitas vezes o polo mais atingido é o superior. Em geral, a hidronefrose costuma ser leve ou moderada, porém em alguns casos pode-se observar formas mais graves. O LA em quantidade normal e a presença de esvaziamento vesical indicam prognóstico satisfatório (função renal preservada).

Conduta

O bom prognóstico da patologia verificado pela presença de LA e a formação vesical indicam conduta expectante. Nessa situação, a hidronefrose em geral é leve ou moderada, e a progressão para casos graves não costumam ocorrer. No entanto, essa hidronefrose pode, por vezes, comprometer a função renal do concepto.

Os casos que apresentam graus menos graves de refluxo têm a sua resolução espontânea relatada em quase 50% dos casos após o nascimento. Concomitantemente, é comum ocorrer também resolução espontânea da dilatação ureteral e da hidronefrose. Com o crescimento do RN, a mucosa ureteral torna-se mais alongada e o canal submucoso aumenta em seu diâmetro.

Válvula de uretra posterior (VUP)
Definição

Refere-se à obstrução das vias urinárias por conta da formação de membrana diafragmática na junção bulbomembranosa uretral (Figura 38).

A classificação da VUP foi proposta por Young et al. (Figura 39), de acordo com a disposição anatômica:

1. Inframontanal (tipo I): mais frequente, está na parede lateral da uretra, ou seja, persistência da réplica uretrovaginal (95% dos casos);
2. Supramontanal (tipo II): passa próximo ao colo vesical, onde se divide em forma de dedos, não provocando obstrução;
3. Diafragmática (tipo III): mais rara, possui uma pequena perfuração e são distais ao verumontanum, ou

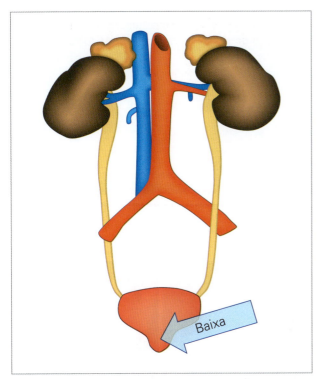

Figura 38 Uropatias obstrutivas – válvula de uretra posterior (VUP).

do trato urinário fetal com uma incidência de 2,2 casos em 10.000 nascimentos. A válvula de uretra posterior foi identificada em 64% dos casos (1,4:10.000 nascimentos), a atresia uretral em 39% dos casos (0,7:10.000 nascimentos) e a síndrome de Prune-Belly em 4% dos casos. Porém, não foi possível identificar a causa de obstrução do trato urinário fetal em 4% dos casos.

Como já citado, a VUP acomete quase que exclusivamente os fetos do sexo masculino, porém quando encontrada nas mulheres, deve-se investigar a presença de síndrome da regressão caudal, atresia da uretra e megabexiga-microcólon-hipoperistaltismo intestinal.

A VUP representa 5% das malformações renais diagnosticadas no período antenatal.

Etiopatogenia

A maioria dos casos de VUP apresenta caráter multifatorial. Entretanto, pode estar presente em irmãos e gêmeos sugerindo possível base genética.

Essa patologia apresenta associação importante com aberração cromossômica (Quadro 17). Entre estas, destacam-se a trissomia 18 e 13, del 2q, 69XXY e 45XO.

Malformação associada

As anomalias associadas adjacentes dependem da gravidade da obstrução. Pode-se verificar megabexiga,

seja, ocorre reabsorção incompleta da membrana urogenital (5% dos casos).

A obstrução pode ainda ser causada por atresia ou constrição uretral.

Incidência

A estenose da VUP é uma malformação quase que exclusiva do sexo masculino. A verdadeira incidência dessa anomalia é desconhecida, porém estima-se uma incidência de aproximadamente um caso em 5.000 até 1 caso em 8.000 nascido vivos.

Entre 1984 e 1997, em um estudo populacional na Inglaterra, foram registrados 113 casos de obstruções baixas

Quadro 17	Obstrução urinária e anomalias cromossômicas		
Obstrução		Número de casos	Anomalias cromossômicas
Alta	Total	67	6 (9%)
	Isolada	46	0 (0%)
	Associada	21	6 (29%)
Baixa	Total	156	22 (14%)
	Isolada	114	8 (7%)
	Associada	42	14 (33%)
Fonte: Nicolaides et al., 1992.			

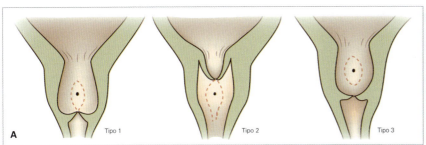 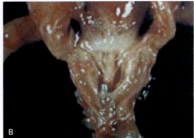

Figura 39 A: Uropatias obstrutivas – válvula de uretra posterior (VUP). B: Válvula de uretra posterior – anatomopatológico.

megaureter, hidronefrose, divertículo parauretral e dilatação proximal da uretra. Ainda em relação ao trato urinário, pode-se encontrar duplicação uretral, criptorquidia e hipospádia.

Entre as anomalias associadas não adjacentes, pode-se encontrar, principalmente hipoplasia traqueal, hérnia diafragmática, persistência do ducto arterioso, anomalia pulmonar de drenagem, defeito do septo interatrial, estenose mitral, escolioses, microcólon, anormalidades esqueléticas, ânus imperfurado e higroma cístico.

Diagnóstico pré-natal

A imagem ultrassonográfica da bexiga apresenta, em geral, forma ovalada, estando localizada centralmente à pelve fetal. Na USG, a suspeita da dilatação vesical pode ser constatada por:

- Forma arredondada: centralizada, pode ser o primeiro indício de obstrução vesical (Figura 40).
- Forma em "pera" ou em "raquete" ou "*keyhole* ou em fechadura": a conformação da uretra por meio do seu abaulamento e angulação, associado à visibilização vesical, conduz a essa forma (Figuras 41-43).
- Espessamento da parede vesical: considera-se como normal a espessura de até 2 mm da parede vesical. O espessamento desta, em alguns casos, pode atingir até 12 mm (Figuras 7A e Figura 44).
- Afilamento vesical: a bexiga pode atingir grandes volumes com a sua parede se manifestando como delicada linha hiperestendida (Figuras 41 e 42).

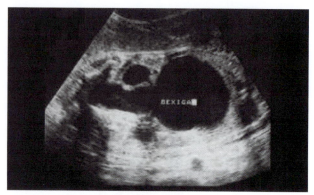

Figura 42 Válvula de uretra posterior – megabexiga "em raquete" ou "keyhole".

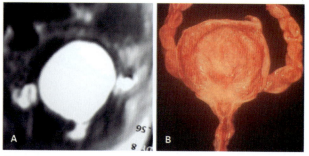

Figura 43 Válvula de uretra posterior – megabexiga "em raquete" ou "keyhole". A: Ressonância magnética; B: anatomopatológico. Cortesia do Dr. Heron Werner.

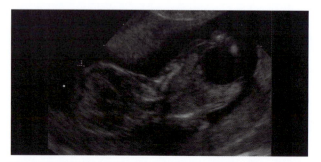

Figura 40 Válvula de uretra posterior – megabexiga.

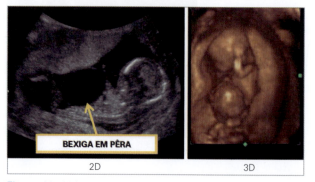

Figura 41 Válvula de uretra posterior – megabexiga "em pera".

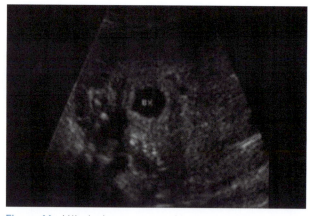

Figura 44 Válvula de uretra posterior – espessamento vesical.

O primeiro rastreio já ocorre no primeiro trimestre, juntamente à realização da TN. Nessa idade gestacional já é possível identificar adequadamente a bexiga, bem como mensurá-la em seu meio diâmetro (longitudinal). Por outro lado, quando se observa uma imagem anecoica, bem delimitada, de aspecto cístico e que esteja ocupando aproximadamente 30-50% ou mais da área abdominal, trata-se na imensa maioria das vezes de importante dilatação vesical ou megabexiga (Figura 40), a qual pode refletir desde uma simples acinesia vesical (por causa da imaturidade neurológica) até marcador cromossômico e/ou uropatia obstrutiva baixa. Dentro desse contexto, a mensuração do maior diâmetro vesical é o principal marcador do risco fetal em questão, a pontuar (Figuras 45-46):

- Se diâmetro vesical for até 7 mm: trata-se possivelmente de imaturidade neurológica fetal (a/discinesia vesical), ou seja, ainda dentro da evolução fisiológica do concepto.
- Se diâmetro vesical for maior que 7 mm, mas inferior a 14 mm: refere-se sobretudo a marcador de risco cromossômico, em particular para as trissomias 13 e 18 (aumentando ao redor de 20% o risco individual desse concepto). Por outro lado, caso o cariótipo se mostre normal, observa-se que em mais de 90% desses casos há regressão da megabexiga. Porém, o restante (aproximadamente 10%) pode evoluir com VUP (Figura 40).
- Se diâmetro vesical for maior que 14 mm: refere-se a grave marcador de risco fetal tanto para cromossomopatia quanto para VUP. Em relação às cromossomopatias, observa-se um aumento em mais de seis vezes para as trissomias 13 e 18 (apresentando uma sensibilidade diagnóstica ao redor de 75% quando se associa a IM mais TN mais a megabexiga). Por outro lado, caso o cariótipo se apresente norma, tem-se observado que praticamente 100% desses casos evoluem com uropatia obstrutiva baixa, em particular a VUP (Figura 41).

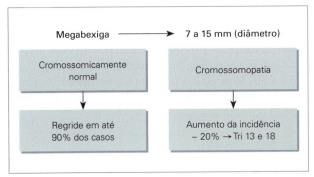

Figura 45 Megabexiga no 1º trimestre – avaliação de risco fetal.
Tri: trissomia.

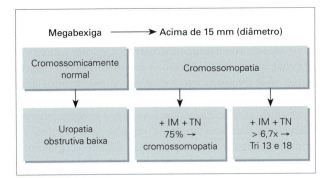

Figura 46 Megabexiga no 1º trimestre – avaliação de risco fetal.
IM: idade materna; TN: translucência nucal; Tri: trissomia.

O grau de hidronefrose é variável, sendo proporcional ao grau de obstrução e à produção urinária. Se esta for completa, existe grande possibilidade de ocorrer displasia renal (síndrome de Potter IV), com os rins apresentando aumento de sua ecogenicidade com formação ou não de cistos. Os ureteres, por causa da retenção urinária, apresentam-se muitas vezes dilatados e tortuosos (hidroureter ou megaureter).

Já no segundo trimestre, o diagnóstico da VUP é baseado na presença de hidronefrose, hidroureter bilateral e distensão da parede vesical. A verificação da uretra proximal dilatada, imagem em forma de pera (ou raquete) contínua com a bexiga que se projeta em direção ao períneo, é característica. Entretanto, a visibilização dessa imagem nem sempre é possível (Figuras 41 e 42).

A parede vesical, como já referido, apresenta-se geralmente espessada por causa da pressão exercida pela urina represada. Quando a medida da parede vesical supera 2 mm, deve-se suspeitar da obstrução uretral, e essa medida pode atingir até 10 a 15 mm, quando existe a obstrução e não há dilatação da bexiga (Figura 44). Inversamente, em alguns casos, o aumento da pressão urinária sobre a parede vesical pode conduzir a não visualização desta. Paralelamente a esses achados, pode ocorrer a ruptura do sistema coletor, resultando em urinoma perinefrético ou ascite urinária.

A oligoâmnia está presente ao redor de 50-70% dos casos, indicando obstrução grave. Nesses casos, o prognóstico torna-se reservado, por causa da associação com hipoplasia pulmonar. Porém nas situações em que se verifica polidrâmnia, deve-se considerar a hipótese de síndrome do megabexiga-microcólon-hipoperistaltismo (SMMH).

Diagnóstico diferencial

A presença de "megabexiga" (dilatação vesical importante) deve ser diferenciada de cisto mesentérico, estenose ileal septada, estenose duodenal, cisto de ovário, tumor cístico renal, teratoma e malformações da cloaca. Essa dilatação vesical não é necessariamente causada por obstrução uretral. Esta pode ser causada também por bexiga neurogênica, pseudossíndrome de Prune-Belly ou SMMH.

Conduta

Basicamente, pode-se dizer que o prognóstico da VUP está na dependência do início da sua manifestação e do grau de obstrução. O cariótipo fetal deve ser realizado por causa da associação com anomalias cromossômicas, principalmente com as trissomias do 13 e 18.

A presença de LA em quantidade normal é, a princípio, fator favorável. Ao contrário, a oligoâmnia, dependendo da fase em que ocorra, pode resultar em hipoplasia pulmonar, tanto pela diminuição de LA quanto pela compressão abdominal sobre o diafragma pela própria hidronefrose. A hidronefrose, dependendo do grau, pode levar à destruição do parênquima renal. Sendo assim, diante de um quadro ultrassonográfico fetal suspeito de VUP, recomenda-se:

- USG de 3º nível para confirmar e/ou retificar o diagnóstico de VUP, bem como avaliar a gravidade do caso (incluindo a pesquisa de outras anomalias que possam estar associadas).
- Realizar o cariótipo fetal (LA ou cordocentese).
- Realizar punção renal (rim menos acometido) para avaliar a função renal fetal, quando a gravidade do caso assim necessitar.
- Aplicar a terapêutica apropriada de acordo com o resultado da bioquímica urinária (cirurgia fetal percutânea – derivação uroamniótica ou ablação à laser).

O parto deve ser programado e o berçário preparado para receber o RN. A conduta deve ser orientada de acordo com a idade gestacional do comprometimento. A cirurgia neonatal realizada precocemente parece apresentar melhores resultados.

Por fim, vale salientar que os casos de ascite urinosa ou de grau grave de hidronefrose são de péssimo prognóstico, associando-se, inclusive, com complicações digestivas.

Síndrome de Prune-Belly

Definição

A síndrome de Prune-Belly consiste na ausência, deficiência ou hipoplasia congênita da musculatura da parede abdominal associada à dilatação e hipotonicidade vesical, tortuosidade dos ureteres e criptorquidia bilateral. Também é conhecida como síndrome de Eagle-Barret. Formas intermediárias, de acometimento mais discreto, também têm sido descrito.

A síndrome de Prune-Belly é causada por causa da distensão abdominal, com consequente hipotrofia da musculatura abdominal (decorrente da hidronefrose). Portanto, outras patologias que levem à distensão da parede abdominal podem desencadear as mesmas características dessa síndrome.

Incidência

A incidência varia de 1/35.000 a 1/50.000 nascidos vivos. A patologia incide principalmente no sexo masculino.

Em fetos do sexo feminino, essa síndrome apresenta formas menos graves. Para esses casos, os critérios diagnósticos incluem somente flacidez da parede abdominal, hidronefrose e dilatação vesical.

Etiopatogenia

Várias teorias têm sido divulgadas para explicar a formação da síndrome de Prune-Belly. As alterações do desenvolvimento do mesoderma, resultando no desenvolvimento anormal do trato urinário e da parede abdominal, foram as primeiras propostas inicialmente.

A teoria do "fator mecânico" é baseada na observação de que não somente a patologia obstrutiva urinária pode desencadear a formação dessa síndrome. De acordo com essa teoria, a retenção urinária causa distensão maciça da bexiga e do ureter, resultando em aumento do volume e distensão importante sobre a parede abdominal. Essa pressão resulta em atrofia da musculatura abdominal. A criptorquidia ocorre por causa da distensão do sistema urinário e ao aumento do volume abdominal, aos quais impedem a descida dos testículos.

Relata-se, no entanto, que em alguns casos apesar de se observar distensão abdominal significativa por causa da VUP, não manifestam essa síndrome.

Acredita-se que seja possível alguma predisposição genética, porém esse fator não está ainda estabelecido. O risco de recorrência deve ser sempre considerado. Relatam-se casos de gestações gemelares dizigóticas e de parentes afetados.

As trissomias 13 e 18 e síndrome de Turner podem também estar associadas a essa síndrome.

Malformações associadas

Apesar dos rins poderem estar normais, as duas anomalias muitas vezes associadas são a hidronefrose e a displasia renal. Entre as malformações associadas não adjacentes ao trato urinário, encontram-se as cardíacas, presentes em 10% dos casos. Nesse grupo, destacam-se os defeitos do septo ventricular, defeitos do septo atrial e tetralogia de Fallot. Alterações de rotação intestinal, por causa da distensão precoce urinária, podem estar presentes. Outras anomalias como ânus imperfurado, gastrosquise e torção esplênica podem também ser encontradas.

As modificações decorrentes da oligoâmnia (sequência de Potter) muitas vezes estão presentes.

Diagnóstico pré-natal

O diagnóstico da síndrome de Prune-Belly deve ser evocado quando diante da presença da tríade descrita anteriormente.

O exame ultrassonográfico demonstra dilatação vesical acentuada, com sua respectiva parede adelgaçada. Os ureteres apresentam-se, com frequência, comprometidos (tortuosos). O abdome fetal apresenta-se distendido com hipotonia da sua parede muscular, notando-se muitas vezes abaulamento dos flancos. O acometimento da musculatura pode ser assimétrico, atingindo apenas um dos lados do abdome. A mensuração da circunferência abdominal é difícil de ser realizada. Uma manobra simples para verificar-se a flacidez (hipotonia) da parede abdominal do concepto, é realizar uma percussão sobre o abdome materno (manualmente ou com o transdutor) e observar na imagem ultrassonográfica a mesma percussão na parede abdominal do feto (com depressão desta) (Figura 47).

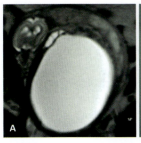

Figura 47   Síndrome de Prune-Belly. A: Ressonância magnética; B: recém-nato. Cortesia do Dr. Heron Werner.

A constatação de oligoâmnia depende do grau de obstrução. Em geral, quando presente, confere prognóstico reservado, por causa da hipoplasia pulmonar.

A avaliação da bolsa escrotal demonstra a ausência dos testículos, caracterizando a criptorquidia. Entretanto, verifica-se que normalmente os testículos situam-se na bolsa em 62% dos casos na 30ª semana em 93% na 32ª semana.

Como referido anteriormente, os rins podem apresentar hidronefrose e, até mesmo, displasia em alguns casos.

Conduta

Diante da suspeita diagnóstica de síndrome de Prune-Belly, recomenda-se a pesquisa de outras anomalias (em particular as cardíacas) e a realização do cariótipo fetal. A punção de um dos rins tem por finalidade avaliar a função renal.

Woodard e Trulock relatam o prognóstico conforme os seguintes critérios clínicos descritos abaixo no Quadro 18.

A categoria I apresenta prognóstico reservado. Entre as complicações, verifica-se óbito fetal e parto prematuro. Os RN muitas vezes desenvolvem hipoplasia pulmonar grave e/ou displasia renal.

Os pacientes da categoria II apresentam potencial de sobrevida, porém são dependentes das complicações renais e pulmonares. A maioria desses RN consegue esvaziar a bexiga, porém com dificuldade. Esses RN devem ser encaminhados para os centros de terapia intensiva. A função renal deve ser monitorizada, pois o desenvolvimento de insuficiência renal é frequente.

A categoria III é a que apresenta melhores resultados. Há consenso que a maioria desses RN necessite de reconstrução cirúrgica, podendo, mesmo assim, apresentar deterioração da função renal.

Independentemente da categoria, a avaliação pós-natal por cirurgião especializado deve ser realizada imediatamente. Em alguns casos, aventa-se que o atraso da correção cirúrgica possa piorar o prognóstico. Além disso, o hipodesenvolvimento abdominal favorece o aparecimento de hérnias e diminui a pressão abdominal, alterando o desenvolvimento do diafragma. Essas alterações associadas ao comprometimento do reflexo da tosse (mecanismo de defesa) favorecem o aparecimento de intercorrências respiratórias. A criptorquidia está associada à esterilidade masculina, por causa da alteração da espermatogênese. Entretanto, a produção hormonal masculina é comumente normal. A formação de *testis* apresenta risco de malignização.

Síndrome megabexiga-microcólon-hipoperistaltismo intestinal (SMMH)

Definição

Conhecida também como miopatia visceral, a SMMH consiste na associação de distensão vesical não obstrutiva, dilatação do intestino delgado e microcólon.

Incidência

A síndrome foi descrita pela primeira vez em 1973, sendo rara a sua incidência. O acometimento ocorre preferencialmente no sexo feminino.

Etiopatogenia

Os casos são, em geral, esporádicos. Entretanto, quando presente no sexo feminino, alguns casos familiares têm sido descritos.

Diagnóstico pré-natal

Diante da presença de um quadro ultrassonográfico sugestivo de uropatia obstrutiva baixa, particularmente de dilatação vesical e a quantidade de LA normal ou aumentada e em fetos femininos, deve-se pesquisar a SMMH. Embora não comum, pode ocorrer concomitantemente hidronefrose.

A dilatação das alças intestinais, muitas vezes, só pode ser observada no período neonatal. A visualização da ecogenecidade da alça intestinal associada a sua mensuração deve ser avaliada nos casos suspeitos

O diagnóstico diferencial deve ser realizado com a doença de Hirschprung. Quando comparada à SMMH, essa afecção apresenta número normal ou mesmo au-

Quadro 18 Prognóstico da síndrome de Prune-Belly segundo critérios clínicos	
Categoria	Características
I	Oligoâmnia, hipoplasia pulmonar ou hidrotórax
	Obstrução uretral, úraco patente e anormalidades de membros
II	Características externas semelhantes à da síndrome de Potter, em grau mais leve. Displasia discreta ou unilateral. Pode desenvolver infecção urinária ou azotemia gradual
III	Característica externa leve ou incompleta
	Uropatia menos grave e função renal estável

Fonte: Woodard e Trucock, 1993.

mentado de células ganglionares maduras. Na USG, na SMMH, o colo descendente e sigmoide, muitas vezes, apresentam dilatação menor.

Conduta

O prognóstico da SMMH tem sido desalentador. A maioria dos casos evoluem para o óbito no pré-operatório ou após, por causa das suas complicações (septicemia), cujas causas incluem a disfunção intestinal e a insuficiência renal. Sendo assim, recomenda-se a correção cirúrgica imediata, apesar do péssimo prognóstico.

Não parece haver necessidade de antecipação do parto, pois esse fato não melhora o prognóstico.

Nefroma mesoblástico congênito

Definição

O nefroma mesoblástico congênito é um tumor renal de ocorrência rara no período neonatal, também conhecido como hamartoma leiomiomatoso ou hamartoma mesenquimatoso fetal.

Trata-se de tumor sólido unilateral que pode pesar entre 35 a 450 g. Macroscopicamente, aparece como uma massa semelhante ao leiomioma uterino, porém pode apresentar pseudocistos decorrentes de processos hemorrágicos ou necróticos.

Incidência

Apesar de raro, é o tumor renal mais comum no período neonatal, acometendo mais muitas vezes o sexo masculino.

Anomalias associadas

Relata-se que ao redor de 14% dos casos possam vir associados a outras malformações. Entre estas, encontram-se a polidactilia, malformações gastrointestinais, hidrocefalia e anomalias do aparelho genitourinário.

Diagnóstico pré-natal

Na USG, a imagem sugestiva dessa patologia mostra presença de massa unilateral sólida em um dos quadrantes superiores. Em geral, esse tumor apresenta-se como massa hiperecogênica delimitada, envolvendo o rim como uma cápsula. Áreas císticas de degeneração podem ser encontradas. O rim adjacente costuma ser normal.

A polidrâmnia é frequente. Esta pode ser decorrente da compressão causada pelo tumor sobre o trato digestivo. Porém, em razão de alguns casos esse tumor manifestar-se em pequeno volume, questiona-se a etiologia exata dessa alteração de LA.

Diagnóstico diferencial

O diagnóstico diferencial com tumor de Wilms é muitas vezes difícil, mesmo no período neonatal. No exame histológico, diferencia-se do tumor de Wilms pelo fato do mesoblastema renal ser de origem mesenquimatosa, enquanto o primeiro é de origem epitelial. Outros tumores como os teratomas renais e tumores da glândula adrenal também devem ser considerados.

A diferenciação com focos de displasia renal, por conta de sua hiperecogenicidade, é outro aspecto a ser ponderado. A presença de dilatação pélvica nos casos de displasia pode facilitar essa diferenciação. No rim policístico do tipo infantil o acometimento é bilateral, com preservação da forma renal. Já nos tumores da adrenal, a visualização e a identificação dos rins permitem o diagnóstico diferencial.

Conduta

O nefroma mesoblástico congênito está associado com trabalho de parto prematuro e amniorrexe, logo, o obstetra deve estar atento para essas intercorrências.

A conduta preconizada é a expectante, pois, em geral, quando a tumoração é diagnosticada no período antenatal ou durante os três primeiros meses de vida, muitas vezes apresenta caráter benigno.

No período pós-natal, recomenda-se a exérese imediata do tumor, sobretudo para finalidade diagnóstica. A maioria dos casos diagnosticados e tratados precocemente apresentam evolução satisfatória.

Nefroblastomatose

Definição

Trata-se de uma entidade que consiste da presença de restos difusos ou discretos do blastema renal nefrogênico. Pode ser caracterizada quando visualizada após a 36ª semana.

Acredita-se, ao exame histológico, que esse tipo de patologia seja precursora do tumor de Wilms.

Incidência

Rara (desconhecida).

Etiopatogenia

Está associada à falha de absorção do resto embrionário do blastema nefrogênico.

Anomalias associadas

A nefroblastomatose pode estar associada à síndrome de Perlman que tem caráter familial e apresenta ascite, polidrâmnia e hepatomegalia.

Diagnóstico pré-natal

No exame USG, ambos os rins apresentam-se aumentados, tornando-se ainda mais proeminentes quando se aproxima do termo. Nota-se também presença de calcificações, podendo, em alguns casos, a ecogenicidade do parênquima renal apresentar-se aumentada. A presença dessas calcificações nos rins é fortemente sugestiva de nefroblastomatose.

Diagnóstico diferencial

O diagnóstico diferencial deve ser realizado com qualquer tumor renal. A doença multicística e a hidronefrose apresentam imagens bastante distintas, oferecendo pouca dúvida diagnóstica. Em relação ao nefroma mesoblástico, este apresenta acometimento unilateral.

Conduta

Diante da suspeita diagnóstica de nefroblastomatose, recomenda-se a monitorização do crescimento tumoral, a qual deve ser feita pela USG seriada. A confirmação diagnóstica só pode ser realizada por meio do exame histopatológico da tumoração; logo, pode-se questionar sobre a validade da indicação de uma biópsia renal fetal.

Após o parto, o controle ultrassonográfico é recomendável. A exérese do tumor deve ser indicada para a confirmação do diagnóstico e prevenção do tumor de Wilms.

Tumor de Wilms

Definição

Conhecido também como nefroblastoma. Refere-se a um tumor de origem epitelial.

Incidência

A incidência precisa desse tipo de tumor é desconhecida (esporádica). Acredita-se que até a idade de 15 anos, a incidência do tumor de Wilms atinja 7,8 para cada 1.000.000 de crianças, anualmente. O aparecimento desse tipo de tumor no período neonatal não é comum. O tumor de Wilms parece acometer ambos os sexos com igual frequência.

Etiopatogenia

Apesar do fato desse tumor manifestar-se esporadicamente, tem-se verificado que, quando presente bilateralmente, pode estar ligado à herança AD com penetrância variável. Entretanto, o acometimento é unilateral em 95% dos casos.

O risco de recidiva é menor que 1% quando o tumor é unilateral. Se bilateral, esse risco varia de 1-2%. No caso de um dos pais ser portador do tumor, o risco de acometimento da prole é de 5 e 32%, quando for unilateral e bilateral, respectivamente. Esse tipo de tumor parece resultar da diferenciação anormal de blastema nefrogênico.

Malformações associadas

Em alguns casos, o tumor de Wilms pode vir associado a algumas síndromes, inclusive de ordem cromossômica. Entre essas anomalias de cariótipo, encontram-se a trissomia do 18, a síndrome de Turner e a deleção de 11p13.

A associação com outras anomalias ocorre ao redor de 13,7% dos casos. As anomalias adjacentes ao sistema genitourinário são responsáveis por 28% das anomalias associadas e são encontradas em 3,9% dos casos. Quando o acometimento do rim é bilateral, a presença de anomalias associadas é doze vezes mais frequente. Entre essas anomalias, destacam-se: criptorquidia, hipospadia, duplicação do sistema coletor, rim fusionado e genitália ambígua.

Diagnóstico pré-natal

O diagnóstico do tumor de Wilms no nível pré-natal ainda não foi descrito. Entretanto, esse tumor, na USG, apresenta-se como massa sólida, hiperecogênica e multifocal. Além disso, o crescimento do tumor pode apresentar características exofíticas ou endofíticas.

Diagnóstico diferencial

O principal diagnóstico diferencial a ser realizado é com o nefroblastoma congênito. Como referido anteriormente, em alguns casos essa diferenciação só é possível durante a cirurgia. O tumor de Wilms é raro no período neonatal, portanto, diante da presença de imagem sugestiva de tumoração renal durante o pré-natal, deve-se aventar como primeira hipótese diagnóstica o nefroblastoma congênito.

Conduta

Apesar do diagnóstico antenatal não ter sido ainda relatado, recomenda-se que diante de qualquer tumoração renal seja realizado um exame minucioso do rim contralateral, em razão do risco de acometimento bilateral.

Após o nascimento, deve-se detalhar o grau de comprometimento e de infiltração do tumor, sendo a nefrectomia o tratamento indicado. A evolução de cada caso depende do tipo histológico e do grau de acometimento.

Na maioria dos casos, o tratamento é considerado completo após a remoção cirúrgica total do tumor. Metástases não são frequentes e a rádio ou quimioterapia estão contraindicadas, visto que os casos fatais dessa patologia foram decorrentes desse tipo de tratamento.

Glândula adrenal

A glândula adrenal apresenta duas camadas com funções endócrinas distintas: cortical e medular. A primeira é derivada do mesoderma, sendo o principal contribuinte pelo volume da glândula. A segunda é de origem epitelial.

Durante a vida intrauterina, a relação entre o volume da glândula e do corpo fetal apresenta-se de 10 a 20 vezes maior que no adulto. Após o nascimento, essa relação diminui progressivamente.

A glândula adrenal pode ser identificada pela USG a partir de 9 semanas e meia. No entanto, pela via endovaginal a sua visibilização tem sido possível entre a 12ª a 17ª semana, em quase todos os casos.

Durante a gestação, a glândula adrenal aparece como estrutura bilateral, localizada imediatamente acima dos rins. Em geral, manifesta-se como estrutura hipoecogênica, demonstrando em seu interior linha hiperecogênica central, a qual aumenta conforme a evolução da gestação.

Para a sua identificação, pode-se utilizar os grandes vasos como referência. A veia cava inferior está localizada centralmente na parte anterior da glândula adrenal direita e a aorta, próxima da esquerda. A medida da glândula adrenal, por meio da USG endovaginal, demonstra crescimento linear entre a 12ª e a 17ª semana (Quadro 19). A partir da 20ª semana, o aumento da glândula apresenta redução proporcional ao crescimento renal (Quadro 20) (Figura 8-25).

Alterações do crescimento da glândula adrenal têm sido verificadas em patologias do sistema nervoso central (SNC). Isso se deve, provavelmente, à sua origem embriológica, a qual é a mesma do SNC, o ectoderma. Além disso, relata-se que o desenvolvimento dessa glândula é dependente da produção do hormônio adrenocorticotrópico (ACTH) produzido no SNC. Em fetos anencéfalos, verifica-se que o volume da glândula adrenal é significativamente menor. Da mesma forma, a relação entre o volume da glândula adrenal e o abdominal está alterado. Além disso, verifica-se que em fetos com RCIU, as medidas da glândula apresentavam desvio padrão significativamente diferente.

Nota-se que gestantes tratadas com corticoides para a hiperplasia adrenal congênita, apresentavam volume glandular menor que o esperado. Isso se deve ao bloqueio à produção do hormônio ACTH. Entre as tumorações descritas durante o período neonatal, incluem-se as massas císticas neonatais (Quadro 21).

Quadro 19 Comprimento da glândula adrenal entre 12 e 17 semanas

Idade gestacional (semanas)	Glândula adrenal Comprimento (milímetros)	
	Esquerda	Direita
13ª	2,4 +/- 1,4	2,5 +/- 1,4
14ª	2,8 +/- 1,4	3,0 +/- 1,4
15ª	3,2 +/- 1,4	3,5 +/- 1,4
16ª	3,5 +/- 1,4	4,0 +/- 1,4
17ª	4,0 +/- 1,4	4,5 +/- 1,4

Fonte: Bronshtein et al., 1993.

Quadro 20 Tamanho da glândula adrenal

Idade gestacional (semanas)	Diâmetro em mm	
	Transverso	Longitudinal
20-25	3 (2-5)	10 (7-12)
26-30	5 (2-8)	13 (12-17)
31-35	5 (3-7)	16 (14-18)
36-40	4 (4-9)	19 (16-24)

Fonte: Jeanty et al., 1984.

Quadro 21 Massas císticas neonatais

Neuroblastoma *in situ*
Neuroblastoma
Cistos hemorrágicos
Linfangioma cístico
Cistos de retenção
Cistoadenoma

Durante a gestação, deve-se diferenciar entre os diversos cistos, aqueles de caráter benigno e o neuroblastoma congênito de adrenal. Os cistos benignos só necessitam de acompanhamento ultrassonográfico, e alguns destes podem regredir espontaneamente. A necessidade de exérese depende da característica ultrassonográfica deles.

Neuroblastoma congênito de adrenal
Definição

Conhecido também como adrenoblastoma, o neuroblastoma da adrenal congênito é o tumor abdominal mais frequente encontrado no período neonatal, sendo responsável por cerca de 12,3% de todos os tumores perinatais.

Incidência

A incidência do neuroblastoma congênito de adrenal varia de 1 para 7.100 a 10.000 nascidos vivos. Em relação à autópsia em crianças de até 3 meses de idade, observou-se que a incidência do neuroblastoma *in situ* estava presente em 1 a cada 200 a 250 casos. Essa incidência chega a ser 40 vezes maior que aquela com manifestação clínica. Nota-se ainda que esse tipo de tumor apresenta alta taxa de regressão espontânea.

Etiopatogenia

Essa anomalia ocorre por causa da falta de maturação do neuroblasto. A associação com anomalias cromossômicas tem sido sugerida. O risco de recorrência parece ser maior quando o comprometimento é bilateral. Desse modo, acredita-se que 20% dos casos de neuroblastoma apresentam componente hereditário.

Malformações associadas

A associação com anomalias foi somente verificada nos casos em que o neuroblastoma era do tipo *in situ*. No entanto, crianças portadoras de neuroblastoma congênito de adrenal com manifestação clínica não apresentaram maior incidência de outros tipos de anomalias.

Diagnóstico pré-natal

O diagnóstico pré-natal dessa afecção tem sido relatado no terceiro trimestre. O tumor aparece como uma massa cística e/ou sólida na parte superior ao rim. Calcificações podem estar presentes. Entretanto, o aspecto ultrassonográfico pode variar consideravelmente. O acometimento é quase sempre unilateral.

A identificação e localização precisas da glândula suprarrenal tornam difícil o diagnóstico, e o tumor pode desviar o rim de seu eixo normal, ou mesmo modificar a direção da veia cava inferior, quando presente no lado direito. A visibilização da massa separada do parênquima renal auxilia o diagnóstico. Entretanto, nem sempre isto é possível; logo em alguns pacientes, o neuroblastoma pode levar à formação de hidropisia. Em determinadas situações, essa massa tumoral não é reconhecida, e o diagnóstico só é realizado por conta da investigação diagnóstica de tumor metastático, e em outros casos só foi diagnosticada a metástase.

Cerca de 75-90% desses tumores produzem catecolaminas. Por causa da passagem transplacentária dessas catecolaminas, pode-se observar manifestação de sinais e sintomas (náusea, vômitos, nervosismo, cefaleias e hipertensão) na gestante. A combinação de sintomas maternos, dosagem elevada das catecolaminas e massa fetal na USG é altamente sugestiva de adrenoblastoma. O excesso de catecolaminas pode ser detectado pela dosagem de ácido vanilmandélico e homovalínico na urina materna de 24 horas.

O crescimento rápido desse tumor, por meio do controle ultrassonográfico, sugere esse diagnóstico. Em alguns casos, o crescimento tumoral chega a duplicar no período de duas semanas.

Diagnóstico diferencial

O diagnóstico diferencial inclui tumor de Wilms, nefroma mesoblástico, rim multicístico, alterações hepáticas (hamartoma ou hemangioma) e teratoma retroperitoneal.

A USG desse tipo de doença pode ser muito semelhante aos tumores renais. Entretanto, a velocidade de crescimento rápido do neuroblastoma congênito indica esse diagnóstico. Porém, a grande parte dos casos termina por ser identificado apenas após o nascimento.

Conduta

O acompanhamento ultrassonográfico do tumor deve ser monitorizado em razão do seu crescimento rápido. A época e o tipo de parto dependem do tamanho e da velocidade de crescimento do tumor.

Hemoperitôneo tem sido descrito tanto em parto traumático ou atraumático. A presença de metástases, principalmente hepáticas, deve ser avaliada. Tanto o tumor quanto as metástases podem funcionar como distocia de partes fetais, indicando o parto operatório.

Considerações finais

As malformações do trato urinário fetal estão entre as principais, representando em média 29% das anomalias que acometem o concepto intraútero, representando um importante grupo de patologias que são passíveis de diagnóstico durante o período pré-natal.

Apesar do período ideal para o estudo ultrassonográfico do sistema renal do concepto ser próximo ao fim do segundo trimestre, sabe-se que atualmente boa parte das anomalias renais já podem ser rastreadas mais precocemente. Sendo assim, por ocasião da USG morfológica do 1º trimestre (idealmente entre a 11ª a 13ª semana), recomenda-se que além da TN se dê atenção também à bexiga e lojas renais (incluindo aqui o *color* Doppler para identificação das artérias renais e umbilicais).

Diante da suspeita de anomalia urinária ao exame ultrassonográfico de rotina, recomenda-se que o pré-natalista encaminhe a paciente a um centro de referência em medicina fetal. Nesse serviço, a paciente será reavaliada (USG de 3º nível), cuja objetivo príncipe é confirmar e/ou retificar o diagnóstico prévio, classificar a patologia em questão (além de excluir outras anomalias associadas) e já aferir um prognóstico preliminar. Além disso, caberá ao especialista definir em qual grupo de patologia urinária esse concepto se encontra (grupo I: patologias que comprometem a formação e/ou desenvolvimento do parênquima renal ou grupo II: as uropatias obstrutivas), bem como orientar o casal se haverá necessidade ou não de exames fetais complementares não invasivos (RM, USG-3D, *color* Doppler) e/ou invasivos (amniocentese, cordocentese, punção renal ou vesical entre outros) (Figura 48).

Com esses dados em mãos, a equipe de medicina fetal, juntamente com sua equipe multidisciplinar, não só poderá definir o diagnóstico e prognóstico do caso em questão, como também deverá orientar o casal quanto a conduta a ser adotada (em nível pré-natal e obstétrica) (Figura 48).

De maneira sintetizada, para aqueles casos em que o feto apresenta boa função renal e LA normal, recomenda-se apenas o acompanhamento ultrassonográfico seriado (a cada 2 semanas). Se o quadro urinário permanecer estável durante a evolução da gestação, o parto pode ser programado para o termo. No entanto, se a hidronefrose for moderada/acentuada, mesmo que permaneça estável, preconiza-se, em geral, a antecipação do parto para o alí-

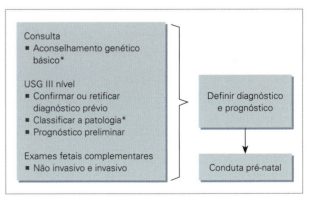

Figura 48 Centro de referência em medicina fetal.

vio da pressão intraurinária após o nascimento. Por outro lado, se ocorrer piora do quadro, a conduta deverá ser personalizada em função da patologia em questão. É nesse cenário que se impõe a divisão em grupos de acordo com a etiopagenia da patologia urinária, como realizamos em nosso Serviço e sugerimos neste capítulo. As Figuras 49 e 50 mostram de modo esquemático a conduta a ser adota de acordo com o grupo de anomalias.

Sendo assim, pode-se dizer que quando a patologia urinária se enquadra no grupo I, deve-se realizar uma anamnese detalhada buscando possível fator hereditário (p. ex., rins policísticos), bem como descartar outras anomalias associadas pois em alguns casos o quadro renal pode fazer parte de alguma síndrome (p. ex., síndrome de Meckel-Gruber). Além disso, na maioria dos casos a realização do cariótipo fetal também será importante, pois muitas dessas anomalias são decorrentes de distúrbio da embriogênese (p. ex., rins multicísticos, rim em ferradura). Porém, em sendo isolada a patologia urinária, o prognóstico final reside se ela é uni ou bilateral, ou seja, em raros casos haverá necessidade da avaliação da função renal fetal por meio da bioquímica urinária. Pois se for bilateral o prognóstico é reservado (sem função renal) ou letal. Se unilateral, prognóstico excelente (vida normal).

Já para o grupo II, a avaliação final do prognóstico estará na dependência de diversos fatores, entre eles: idade gestacional do diagnóstico ultrassonográfico, nível da obstrução (alta, média ou baixa), do "status" do desenvolvimento, presença ou não de outras anomalias e do cariótipo fetal. Porém, todos esses fatores terão importância apenas se o comprometimento obstrutivo tiver repercussão renal bilateral, pois se for unilateral o prognóstico final também é excelente (como referido para o grupo I).

Em referência ao grupo II, as uropatias obstrutivas, nos casos em que se comprova a existência de displasia renal, a conduta deve ser a expectante, dirigindo-se todas as atenções médicas apenas para a gestante.

Quanto à derivação uroamniótica, apesar da polêmica nos dias atuais, esta pode estar indicada naqueles casos diagnosticados precocemente com duas finalidades. A primeira é a reposição do LA para permitir o desenvolvimento pulmonar. A outra é a de evitar a deterioração da função renal pelo aumento da pressão pielocalicial. No entanto, as condições de aplicabilidade desse tipo de cirurgia fetal deve compreender os seguintes critérios:

- Identificação precoce.
- Diagnóstico ultrassonográfico correto.
- Ausência de outras malformações.
- Ausência de aberração cromossômica.
- Urina hipotônica.
- Quantidade de LA suficiente para evitar a hipoplasia pulmonar.

Pelo fato da urina fetal tornar-se o principal responsável pela constituição do LA a partir da 17ª semana, até essa idade gestacional, a oligoâmnia grave não é comum. Entretanto, depois dessa fase, a gravidade e a duração (tempo de evolução até o diagnóstico) são essenciais para o sucesso da conduta pré-natal.

Estudos experimentais têm demonstrado que a derivação uroamniótica pode reverter o desenvolvimento da hipoplasia pulmonar. Porém, salienta-se a importância da idade gestacional e o tempo de duração da oligoâmnia entre os critérios de seleção para a obtenção desse sucesso terapêutico.

Já a funcionalidade da derivação no que concerne à função renal é polêmica. Apesar de experimentalmente o resultado parecer bastante satisfatório, no feto humano, esse resultado não tem se correlacionado com o esperado. Acredita-se que isso se deva à própria fisiopatologia que resulta no rim displásico. O encontro de dois tipos histológicos diferentes de displasia, rim multicístico (tipo II) e rim displásico característico (tipo IV), emerge dúvidas quanto à etiologia e à aplicabilidade da cirurgia.

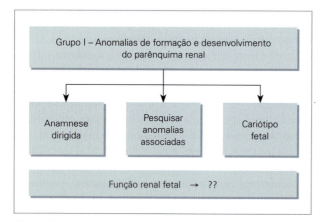

Figura 49 Centro de referência em medicina fetal.

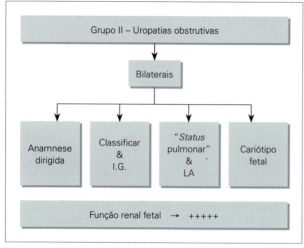

Figura 50 Centro de referência em medicina fetal

Apesar da pressão intravesical estar aumentada na grande maioria dos casos, esta não reflete o grau de comprometimento da função renal. Entretanto, em razão do fato de se encontrar elevados níveis pressóricos intraurinários em rins displásicos, postula-se sobre a possibilidade da displasia ser decorrente do aumento dessa pressão.

A correção da hidronefrose "criada" experimentalmente em ovelhas tem apresentado resultados otimistas. No entanto, essa hidronefrose, e mesmo em outros tipos de animais, não apresenta as mesmas características que as encontradas em fetos humanos. Além disso, relata-se que 75% dos rins que apresentam obstrução, funcionam adequadamente apenas com a correção pós-natal. Somando-se a esses dados, verifica-se que não existe correlação entre a função renal neonatal e o intervalo da descompressão da pressão urinária. Por outro lado, os resultados encontrados em casos que foram submetidos à derivação pós-natal comprovam, mesmo naqueles que apresentavam boa função renal, alta incidência de desenvolvimento de insuficiência renal após 9 anos da derivação.

A diferença entre os resultados experimentais (ovelhas) e de fetos humanos são delineadas a seguir:

- O desenvolvimento do sistema renal do feto de ovelha é diferente do feto humano.
- Tempo de evolução do aumento da pressão intraurinária é diferente.
- A época (idade gestacional) na qual é realizada o procedimento com intuito de evitar a progressão da patologia difere entre ambos.
- Mecanismo fisiopatológico diferente. A presença da hidronefrose pode ocorrer indiferentemente do quadro de displasia renal.

Enfim, para aqueles casos graves em que há associação de hidronefrose acentuada e oligoâmnia, pode haver benefício, por vezes, com a derivação uroamniótica, particularmente quando não há ainda maturidade pulmonar fetal. Entretanto, havendo maturidade fetal, a antecipação do parto com a correção pós-natal é a conduta mais adequada.

Bibliografia sugerida

1. Adzick NS, Harrison MR. The development pathophysiology of surgical disease. Seminars in Pediatric Surgery. 1993;2:92-102.
2. Araujo MMV, Vendas TSCV, Diamantino EMV, et al. Embriologia do sistema urogenital. Femina. 1991;19:636-44.
3. Aubry JP, Aubry M.C. Echographie des reins foetaux. 6eme Seminaire de diagnostic antenatal des malformations. Octobre de 1987. p. 1320.
4. Avni EF, Maugey-Laulon B, et al. Trato genitourinário fetal. In: Callen PW. Ultrassonografia em ginecologia e obstetrícia. 5. ed. Rio de Janeiro: Elsevier; 2009. p. 640675.
5. Bois E. Congenital urinary tract malformations: epidemiologic and genetic aspects. Clin Genet. 1975;3:37-47.
6. Bronshtein M, Tzidony D, Dimant M, Hajos J, Jaeger M, Blumenfeld Z. Transvaginal ultrasonographic measurements of the fetal adrenal glands at 12 to 17 weeks. Am J Obstet Gynecol. 1993;169:1205-10.
7. Bronshtein M, Yoffe N, Brandes JM, Blumenfeld Z. First and early secondtrimester diagnosis of fetal urinary tract anomalies using transvaginal sonography. Pren Diagn. 1990;10:65366.
8. Campbell S, Wladimiroff JW, Dewhurst CV. The antenatal measurement of fetal urine production. Br Commonw J Obstet Gynecol. 1973;80:6806.
9. Cristofari PJ, Lacombe GM, Vallette C. Apareil urogénital. In: Gillet JY, Boog G, Dumez Y, Nisand I, Vallette C. Echographie des malformations foetales. Paris – France: Vigot; 1990. p. 185240.
10. Dumez Y, Aubry MC, Aubry JP, Guilbaud O. Le diagnostic antenatal des uropathies obsttructives: Le point de vue de l'obstetricien. 6eme Seminaire de diagnostic antenatal des malformations. Jeudi, 29 octobre 1987. p. 4752.
11. Dumez Y, Dommergues M. Oligoamnios: techniques d'explorations – conduite a tenir. In: 4eme Journe Nationale de l'Societe Française de Foetopathogie; 1988. p. 26-27.
12. Dumez Y, Muller F, Guibaud O, Dommergues M. Actualité dans la prise en charge prénatale des uropathies obstructives. In: Lewin F, Francoual C, Bargy F. Diagnostic et prise en charge des affections foetales. Paris: Diffusion Vigot; 1989. p. 26978.
13. Elder JS, O'Grady JP, Ashmead G, Duckett JW, Philipson E. Evaluation of fetal renal function: unreability of fetal urinary electrolytes. J Urol. 1990;144:5748.
14. Fine C, Doubilet PM. Sonography of fetal genitourinary anomalies. In: The principles and practice of ultrasonography in obstetrics and gynecology. 4. ed. Philadelphia: PrenticeHall; 1991. p. 251276.
15. Garret WJ, Grunwald G, Robinson DE. Prenatal diagnosis of fetal polycystic kidney by ultrasound. Aust NZJ Obstet Gynaecol. 1970;10:7.
16. Glick PL, Harrison MR, Golbus MS, Adzick NS, Filly RA, Callen PW, et al. Management of the fetus with congenital hydronephrosis II: Prognostic criteria and selection for the treatment. J Pediatric Surg. 1985;20(4):376-87.
17. Gonzales J. Relation structure et fonction dans le development de l'appareil urinaire du foetus. J Urol (Paris). 1985;91:108-17.
18. Grannum PA. The genitourinary tract. In: Nyberg DA, Mahony BS, Petrorius DH. Diagnostic ultrasound of fetal anomalies. Chicago: Year Book; 1990. p. 43391.
19. Grignon A, Filion R, Filiatrault D, Robitaille P, Homsy Y, Boutin H, et al. Urinary tract dilatation in utero: classification and clinical applications. Radiology. 1986;160:64552.
20. Gubler MC, Mounier F. Developpement embryofetal du rein. 6eme Seminaire de diagnostic antenatal des malformations. Octobre, 1987. p. 57.
21. Guignard JP. Rein foetal et liquide amniotique. In: 4eme Journe Nationale de l'Societé Française de Foetopathologie. 1988. p. 1011.
22. Haga E, Saito M, Pontes ALS, Pinheiro D.A. Sistema urinário. In: Saito M, Cardoso R, Cha SC, Amaral WN. Tratado de ultrassonografia V – medicina fetal: atualidades e perspectivas. Gráfica Art3. 2015. p. 322-37.
23. Harrison MR, Filly RA. The fetus with obstructive uropathy: pathophysiology, natural history selection, and treatment. In: The unborn patient. Harrinson MR, Golbus MS, Filly RA. 2. ed. Philadelphia: WB Saunders; 1991. p. 32893.
24. Herion R, Dumez Y, Aubry JP, Aubry MC. Diagnostic prenatal et medicine foetal. ParisFrance: Manson; 1987.
25. Isfer EV, Sanchez RC, Saito M, Moron AF, Abrahão AR, Hashimoto EM. Manual de medicina fetal: aspectos básicos. São Paulo: Dag. Gráfica; 1993. p. 30-36.
26. Jeanty P, Chervenack F, Granumm P. Normal ultrasonic size and characteristics of the fetal adrenal glands. Pren Diagn. 1984;4:21-24.
27. Jeanty P, Romero R, Kepple DRT, Stoney D, Coggins T, Fleischer AC. Prenatal diagnosis in unilateral empty fossa. J Ultrasound Med. 1990;9:651-4.
28. King LR, Levitt SB. Vesicoureteral reflux, megaureter, and ureteral reimplantation. In: Walsh PC, Gittes RI, Perlmutter AD, Stamey TA. Campbell S urology. Philadelphia: WB Saunders; 1989. p. 2031-87.
29. Kurjak A, Kirkinen P, Latin V, Ivankovic D. Ultrasonic assessment of fetal kidney function in normal and complicated pregnancies. Am J Obstet Gynecol. 1981;141:26670.
30. Langman J. Embriologia médica. 4. ed. São Paulo: Atheneu; 1985. p. 22556.
31. Mahoney BS, Filly RA, Callen PW, Hricak H, Golbus MS, Harrison MR. Fetal renal dysplasia: sonographic evaluation radiology. Radiology. 1984;152:143.
32. Manning FA. International Fetal Surgery Registry: annual report. Second Annual Meeting of Fetal Medicine and Surgery Society; 1985.
33. Martinez JM, Masoller N, Devlieger R, Passchyn E, Gómez O, Rodo J, et al. Laser ablation of posterior urethral valves by fetal cystoscopy. Fetal Diagn Ther. 2015;37:267-73.
34. Matsell DG, Yu S, Morrison SJ. Antenatal determinants of long-term kidney outcome in boys with posterior urethral valves. Fetal Diagn Ther. 2016;39:214-21.

35. Migliorelli E, Martinez JM, Gómez O, Bennasar M, Crispi F, Garcia L, et al. Successful fetoscopic surgery to release a complete obstruction of the urethral meatus in a case of congenital megalourethra. 2015;38:77-80.
36. Morganti VJ, Anderson NG. Simple adrenal cysts in fetus, resolving spontaneously in neonate. J Ultrasound Med. 1991;10:5214.
37. Muller F, Dommergues M, Mandelbrot L, Aubry M-C, Nihoul-Fekete C, Dumez Y. Fetal urinary biochemstry predicts post-natal renal function in children with bilateral obstructive uropathies. Obstet Gynecol. 1993;82:813-20.
38. Nicolaides KH, Cheng HH, Abbas A, Snijders RJM, Gosden C. Fetal renal defects: associated malformations and chromosomal defects. Fetal Diagn Ther. 1992;7:111.
39. Nicolini U, Ferrazi E, Kustermann A. Perinatal management of fetal hydronephrosis with normal bladder. J Perinat Med. 1987;15:5360.
40. Nicolini U, Santolaya J, Hubinont C, Fisk N, Maxwell D, Rodeck C. Visualization of fetal intraabdominal organs in second trimester severe oligohydramnios by intraperitoneal infusion. Pren Diagn. 1989;9:191-4.
41. Niermeijer MF. Prenatal evaluation and outcome of fetal obstructive uropathies. Pren Diagn. 1988;8:93-102.
42. Osathanondh V, Potter EL. Pathogenesis of polycystic kidneys. Arch Pathol. 1964;77:459-512.
43. Parkhouse HF, Barrat TM. Dillon MJ. Longterm outcome of boys with posterior urethral valves. Br J Urol. 1998;62:59-62.
44. Pastore AR, Pastore D, Cerri GG. Malformações do trato urinário fetal. In: Pastore AR, Cerri GG. Ultrassonografia em ginecologia e obstetrícia. 2. ed. Rio de Janeiro: Revinter; 2010. p.363-85.
45. Petrikovsky BM, Deborah AN, Rodis JF, Hoegsberg B. Elevated maternal serum alphafetoprotein and mild fetal uropathy. Obstet Gynecol. 1991;78:2625.
46. Potter EL. Facial characteristics of infants with bilateral renal agenesis. Am J Obstet Gynecol. 1946;41:85560.
47. Potter EL. Normal and abnormal development of the kidney. Chicago: Year Book; 1972. p. 3-24.
48. Potter EL. Type I cystic kidney: tubular gigantism. In: normal and abnormal development of the kidney. Chicago: Year Book; 1972. p. 141-53.
49. Rabinowitz R, Peters MT, Vyas S, Campbell S, Nicolaides KH. Measurement of fetal urine production in normal pregnancy by realtime ultrasonography. Am J Obstet Gynecol. 1989;161:1264-6.
50. Romero R, Pilu G, Jeanty P, Ghidini A, Hobbins JC. Prenatal diagnosis. Connecticut: Appleton & Lange; 1989. 1990. p. 253-300.
51. Saito M, Cabral ACV, Isfer EV. Sistema urogenital. In: Isfer EV, Sanchez RC, Saito M. Medicina fetal: diagnóstico pré-natal e conduta. Rio de Janeiro: Revinter; 1996. p. 164206.
52. Schulman CC. L'association des malformations renales et ureterales; une hypotese embryogenique. J Urol Nephrol. 1976;82:3749.
53. Sherer DM, Cullen JBH, Thompson HO, Metlay LA, Woods JR. Prenatal sonographic findings associated with a fetal horseshoe kidney. J Ultrasound Med. 1990;9:4779.
54. Sousa J, Upadhyay V, Stone P. Megacystis microcolon intestinal hypoperistalsis syndrome: case reports and discussion of literature. Fetal Diagn Ther. 2016;39:152-7.
55. Stuck KJ, Koff SA, Silver TM. Ultrasonografic features of multicystic kidney: extended diagnostic criteria. Radiology. 1982;143:217-21.
56. Verburg B, Fink AM, Reidy K, Palma-Dias R. The contribution of MRI after fetal anomalies have been diagnosed by ultrasound: correlation with posnatal outcomes. Fetal Diagn Ther. 2015;38:186-94.
57. Vintzileos AM, Campbell WA, Rodis JF, Nochimson DJ, Pinette MG, Petrikovsky BM. Comparison of six diferent ultrasonographic methods for predicting lethal fetal pulmonary hypoplasia. Am J Obstet Gynecol. 1989;161:60612.
58. Viscarello RR, DeGennaro NJ, Recee EA. The fetus of diabetic mothers. In: Lin C, Verp MS, Sabbagha RE. The high risk fetus. New York: SpringerVerlab; 1993. p. 396-427.
59. Weiner C, Williamson R, Bonsib SM, Eremberg A, Pringle KC, Smith W, et al. In utero bladder diversion – Problems with patients selection. Fetal Ther. 1986;1:196-202.
60. Wladimiroff JW, Campbell S. Fetal urine production rates in normal and complicated pregnancy. Lancet. 1974;1:151-3.
61. Wladimiroff JW. Effect of furosemide on fetal urine production. Br J Obstet Gynecol. 1975;82:221-4.
62. Woodard JR, Trulock TS. Prune-Belly syndrome. In: Walsh PC, Gittes RI, Perlmutter AD, Stamey TA. Campbell S. Urology. Philadelphia: WB Saunders; p. 215977.
63. Zerres K. Genetics of cystic diseases. Criteria for classification and genetic counselling. Pediatr Nephrol. 1987;1:397-404.

20

Displasias esqueléticas

Mauricio Saito
Carolina de Mello F. Bucciaroni
Larah Geloise M. Santillo
Ana Letícia Siqueira Pontes

Introdução

As anomalias esqueléticas constituem um grupo muito heterogêneo de alterações, com várias formas de manifestação clínica, diversas etiologias, malformações associadas e relacionadas a um grupo grande de síndromes, fazendo com que, na maioria dos casos, o diagnóstico preciso seja postergado para depois do nascimento. Muitas vezes, são necessários o acompanhamento ultrassonográfico seriado, a radiografia e a ressonância magnética (RM), além de exames bioquímicos ou de sondas de DNA específicas. A prevalência dessas anomalias é variável, pois depende da abrangência dos casos estabelecidos pela definição de cada serviço, embora seja estimada em aproximadamente 2,4 para cada 10.000 nascimentos. Por conta da limitação do crescimento das costelas e consequentemente da caixa torácica, a hipoplasia pulmonar é achado bastante comum. Desse modo, a displasia esquelética é classificada em letal e não letal. Em estudo populacional com amostra razoável, dos casos diagnosticados com displasia, 23% dos infantes nasceram bem e 32% foram a óbito durante a 1ª semana de vida. As quatro displasias esqueléticas mais frequentes foram displasia tanatofórica, acondroplasia, osteogênese imperfeita e acondrogênese. A displasia tanatofórica e a acondrogênese constituíram 62% de todas as displasias esqueléticas letais. A displasia esquelética não letal mais comum foi a acondroplasia. Outro estudo populacional demonstrou prevalência de 1/10.000 nascimentos, e as anomalias mais diagnosticadas foram: a displasia tanatofórica (1/42.000), osteogênese imperfeita (1/56.000), acondroplasia rizomélica punctata (1/84.000), síndrome camptomélica (1/112.000) e acondrogênese (1/112.000).

Classificação das displasias esqueléticas

A nomenclatura para a classificação das displasias esqueléticas é complicada pela falta de uniformidade para se definir os critérios necessários para determinado diagnóstico. Além disso, algumas doenças possuem mais de uma nomenclatura, por exemplo, a síndrome de Ellis-Van Creveld também é conhecida como displasia de Larsen. Outras nomenclaturas definem a doença por meio da manifestação mais característica: doença diastrófica (alterada) ou metatrófica (mutável). Finalmente, algumas anomalias são denominadas por um termo que presume a patogênese da doença (p. ex., osteogênese imperfeita, acondrogênese). Assim, a dificuldade em classificar as displasias esqueléticas decorre da falta de conhecimento da patogênese de cada uma delas, pois, apesar da metodologia genética, o diagnóstico pode ser determinado por achados puramente descritivos, de natureza clínica ou radiológica. Em Paris, no ano de 1977, ocorreu a primeira tentativa de uniformizar a classificação e em 2000 foi proposta nova nomenclatura. O sistema subdivide as doenças em três diferentes grupos: osteocondrodisplasias – anomalias de crescimento ou desenvolvimento da cartilagem e/ou ósseo –, desenvolvimento desordenado dos componentes cartilaginosos e fibrose do esqueleto e, por fim, osteólise idiopática. As osteocondrodisplasias são reconhecíveis durante o pré-natal e ao nascimento, sendo as demais pouco descritas. Apesar de mais de 200 displasias esqueléticas relatadas, o número de casos diagnosticados intraútero por meio do ultrassom pré-natal ainda é considerado baixo, pois em muitos casos, a manifestação só é evidente após o nascimento. A estatura pequena é o achado característico da maioria dessas doenças.

Abordagem diante do diagnóstico da displasia esquelética

No serviço de medicina fetal ou no aconselhamento genético, as pacientes são encaminhadas de duas formas. Inicialmente, por apresentar antecedentes pessoais ou familiares de displasia esquelética ou em razão da suspeita diagnóstica decorrente de exame ultrassonográfico. Na primeira situação, se houver estudo adequado do caso índex, o aconselhamento genético pode ser mais fácil, embora comumente esse diagnóstico não seja realizado com precisão, tornando o aconselhamento meramente especulativo. Salienta-se ainda que por causa das múltiplas possibilidades, alguns casos, mesmo que investigados incisivamente, não apresentam diagnóstico final.

Em relação ao exame ultrassonográfico, a suspeita de displasia esquelética costuma ocorrer por conta do encurtamento dos ossos longos, embora outros achados possam eventualmente ser mais chamativos. Nessa situação, a anamnese direcionada, identificando um ou mais casos índex, consiste na primeira etapa. Todos os exames anteriores devem ser analisados a fim de se estabelecer o período inicial de aparecimento do comprometimento. E, finalmente, o exame deve abranger todos os ossos fetais. Salienta-se que há dificuldade na obtenção de informação confiável sobre a mineralização esquelética e o envolvimento de outros sistemas (p. ex., a pele). Em geral, os achados ultrassonográficos indicam claramente o diagnóstico de uma displasia esquelética; entretanto, como já citado, a diferenciação entre as várias entidades é muito mais difícil, particularmente nos casos em que não há história familiar. A dificuldade diagnóstica vem da complexidade de achados e do grande número de condições a serem consideradas no diagnóstico diferencial. E, finalmente, nos dias atuais, aproximadamente 70% das displasias esqueléticas apresentam mutação conhecida e, em muitas delas, a técnica pode ser oferecida durante o diagnóstico pré-natal.

Diagnóstico ultrassonográfico

Avaliação do crânio e da face fetal

Diversas displasias esqueléticas estão associadas a defeitos da ossificação membranosa, afetando dessa forma os ossos do crânio. Aumento das dimensões da calota craniana é um achado comum em decorrência da alteração frequente da redução da mineralização óssea. Em alguns casos, o sistema ventricular pode apresentar desde aumento discreto por conta da redução da pressão normalmente exercida pela calota craniana, até mesmo hidrocefalia por processos obstrutivos na cisterna magna como observado nos casos de acondroplasia. De forma semelhante, a redução do depósito de cálcio pode tornar a calota craniana menos ecogênica e eventualmente diminuir a resistência, de modo que esta pode alterar a sua forma com a pressão exercida pelo transdutor ultrassonográfico durante o exame, como ocorre nos casos de osteogênese imperfeita. A alteração da forma craniana também pode ser observada nas anomalias cromossômicas, como a forma de morango na trissomia do 18. Do mesmo modo, a calota em forma de limão é observada na segunda metade da gestação nos casos de meningomielocele. O formato da calota em trevo é comum na displasia tanatofórica. A craniossinostose que ocorre em razão do fechamento precoce das suturas dos ossos do crânio evidencia ao exame ultrassonográfico a acentuada angulação nessa região.

A face também deve ser analisada com critério. As órbitas devem ser medidas para excluir hipotelorismo e hipertelorismo. Alterações das medidas do osso nasal podem estar associadas aos processos sindrômicos. Outros

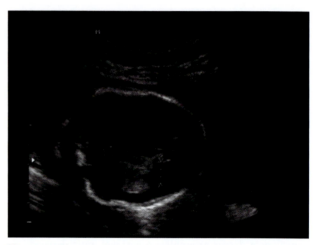

Figura 1 Plano transverso de polo cefálico em gestação de 24 semanas que demonstra acentuação do ângulo entre as linhas de sutura em caso de craniossinostose.

Quadro 1 Anomalias da calota craniana e displasias esqueléticas e síndromes

Formato do polo cefálico	Anomalias
Cabeça larga	Acondroplasia Acondrogênese Displasia tanatofórica Osteogênese imperfeita Displasia cleidocranial Hipofosfatasia Displasia camptomélica Síndrome polidactilia e arcos costais reduzidos tipo III Displasia mesomélica de Robinow Síndrome otopalatodigital
Crânio em trevo (4 folhas)	Displasia tanatofórica tipo II Displasia camptomélica
Craniossinostoses	Síndrome de Apert Síndrome de Carpenter Hipofosfatasia
Crânio em forma de morango	Trissomia do 18
Crânio em forma de limão	Meningomielocele

Modificado de Pilu. et al., 2005.

achados que devem ser pesquisados abrangem: micrognatia, lábio superior pequeno, alteração no formato da orelha e bossa frontal (Quadro 2).

Quadro 2	Anomalias faciais e displasias esqueléticas
Achado ultrassonográfico	Displasia esquelética
Hipertelorismo	Síndrome otopalatodigital Artrogripose múltipla congênita Síndrome de Larsen Síndrome de Roberts Displasia cleidocranial Acondroplasia Displasia camptomélica Síndrome de Coffin Síndrome Klippel-Feil Síndrome de Apert Deformidade de Sprengel Displasia mesomélica Síndrome de Holt-Oran
Catarata congênita	Condrodisplasia puntacta
Fenda palatina	Displasia torácica asfixiante Displasia diastrófica Displasia de Kniest Síndrome espondiloepifisária Displasia camptomélica Síndrome de Jarcho-Levin Displasia condroectodérmica Síndrome polidactilia e arcos costais reduzidos tipo II Displasia metatrófica Displasia dissegmentar Síndrome otopalatodigital tipo II Síndrome de Roberts
Micrognatia	Displasia camptomélica Displasia diastrófica Síndrome otopalatofalangiana Acondrogênese Displasia mesomélica Artrogripose múltipla congênita Disostose acrofacial Nager Hipogênese oromandibular Atelosteogênese

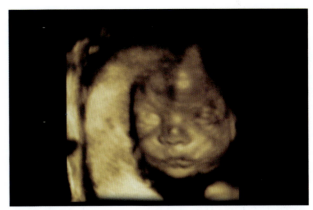

Figura 3 Imagem 3D do caso anterior que ilustra a condição.

Avaliação da coluna fetal

As alterações da coluna vertebral podem fazer parte de diversas displasias esqueléticas. Nessa situação, a anormalidade mais comumente observada na coluna espinhal é a platispondilia, que consiste em vértebras planas. Ao exame ultrassonográfico, o plano longitudinal demonstra a retificação dos corpos vertebrais. A avaliação do espaço intervertebral e a altura do corpo vertebral também pode ser utilizada para esse diagnóstico. Por meio dessa análise é possível a identificação de casos de platispondilia moderada na displasia tanatofórica e na acondroplasia já na segunda metade da gestação. A hemivértebra também pode ser diagnosticada por meio da redução da ecogenicidade dos corpos vertebrais. O encurtamento vertebral pode fazer parte de diversas síndromes, como a anomalia de Body-Stalk, bem como a cifose e escoliose, que podem fazer parte de vários quadros de displasias esqueléticas.

Avaliação do tórax

A hipoplasia pulmonar constitui a principal consequência das displasias esqueléticas. Esse diagnóstico não é fácil. As dimensões do tórax podem ser avaliadas por

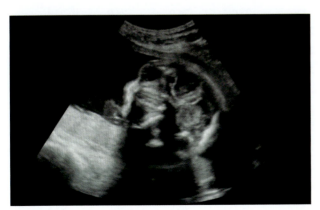

Figura 2 Em feto de 24 semanas, plano transverso mostra afastamento das órbitas em caso de hipertelorismo.

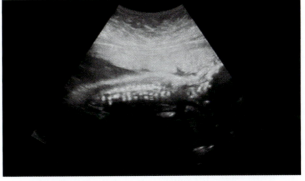

Figura 4 Plano longitudinal da coluna demonstra padrão "salpicado" dos corpos vertebrais em gestação de 26 semanas com hemivértebra.

meio da medida da circunferência torácica no nível do plano de quatro câmaras do coração. A circunferência torácica pode ser medida ou calculada usando a fórmula: circunferência torácica = (diâmetro anteroposterior + diâmetro transverso) × 1,57 ou utilizando ferramenta que estabelece circunferências ou elipses para a delimitação do tórax. Em muitos casos de displasias esqueléticas, a restrição torácica está associada às alterações do tecido mole. Desse modo, os normogramas nas Tabelas 1 e 2 são baseados em medidas obtidas posicionando os *calipers* no gradeado costal, excluindo o tecido mole.

A relação entre as medidas do tórax e outras estruturas fetais é dependente da idade gestacional. A relação da circunferência torácica para a abdominal e a relação da circunferência do tórax para o polo cefálico (valor nominal: 0,56-1,04) permite avaliação das dimensões torácicas transversas. Outra abordagem utiliza a relação entre a circunferência cardíaca e a circunferência torácica. Após

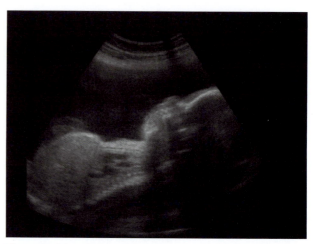

Figura 5 Plano longitudinal de feto de 24 semanas demonstra estreitamento excessivo do tórax, "sinal do sino", em caso de displasia tanatofórica.

Tabela 1 Medida da circunferência torácica (cm) e os percentis

IG (sem.)	Percentil preditivo								
	2,5	5	10	25	50	75	90	95	97,5
16	5,9	6,4	7,0	8,0	9,1	10,3	11,3	11,9	12,4
17	6,8	7,3	7,9	8,9	10,9	11,2	12,2	12,8	13,3
18	7,7	8,2	8,8	9,8	11,0	12,1	13,1	13,7	14,2
19	8,6	9,1	9,7	10,7	11,9	13,0	14,0	14,6	15,1
20	9,5	10,0	10,6	11,7	12,8	13,9	15,0	15,5	16,0
21	10,4	11,0	11,6	12,6	13,7	14,8	15,8	16,4	16,9
22	11,2	11,9	12,5	13,5	14,6	15,7	16,7	17,3	17,8
23	12,2	12,8	13,4	14,4	15,5	16,6	17,6	18,2	18,8
24	13,2	13,7	14,3	15,3	16,4	17,5	18,5	19,1	19,7
25	14,1	14,6	15,2	16,2	17,3	18,4	19,4	20,0	20,6
26	15,0	15,5	16,1	17,1	18,2	19,3	20,3	21,0	21,5
27	15,9	16,4	17,0	18,0	19,1	20,2	21,3	21,9	22,4
28	16,8	17,3	17,9	18,8	20,0	21,2	22,2	22,8	23,3
29	17,7	18,2	18,8	19,8	21,0	22,1	23,1	23,7	24,2
30	18,6	19,1	19,7	20,7	21,9	23,0	24,0	24,6	25,1
31	19,5	20,0	20,6	21,6	22,8	23,9	24,9	25,5	26,0
32	20,4	20,9	21,5	22,6	23,7	24,8	25,8	26,4	26,9
33	21,3	21,8	22,5	23,5	24,6	25,7	26,7	27,3	27,8
34	22,2	22,8	23,4	24,4	25,5	26,6	27,6	28,2	28,7
35	23,4	23,7	24,3	25,3	26,4	27,5	28,5	29,1	29,6
36	24,0	24,6	25,2	26,2	27,3	28,4	29,4	30,0	30,6
37	24,9	25,5	26,1	27,1	28,2	29,3	30,3	30,9	31,5
38	25,9	26,4	27,0	28,0	29,1	30,2	31,2	31,9	32,4
39	26,8	27,3	27,9	28,9	30,0	31,1	32,2	32,8	33,3
40	27,7	28,2	28,8	29,8	30,9	32,1	33,1	33,7	34,2

IG: idade getacional; sem: semanas.

Tabela 2 Medida do comprimento do tórax (cm) e os percentis

IG (sem.)	Percentil preditivo								
	2,5	5	10	25	50	75	90	95	97,5
16	0,9	1,1	1,3	1,6	2,0	2,4	2,8	3,1	3,2
17	1,1	1,3	1,5	1,8	2,2	2,6	3,0	3,2	3,4
18	1,3	1,4	1,7	2,0	2,4	2,8	3,2	3,4	3,6
19	1,4	1,6	1,8	2,2	2,6	3,0	3,4	3,6	3,8
20	1,6	1,8	2,0	2,4	2,8	3,2	3,6	3,8	4,0
21	1,8	2,0	2,2	2,6	3,0	3,4	3,7	4,0	4,1
22	2,0	2,2	2,4	2,8	3,2	3,6	3,9	4,1	4,3
23	2,2	2,4	2,6	3,0	3,4	3,8	4,1	4,3	4,5
24	2,4	2,6	2,8	3,1	3,5	3,9	4,3	4,5	4,7
25	2,6	2,8	3,0	3,3	3,7	4,1	4,5	4,7	4,9
26	2,8	2,9	3,2	3,5	3,9	4,3	4,7	4,9	5,1
27	2,9	3,1	3,3	3,7	4,1	4,5	4,9	5,1	5,3
28	3,1	3,3	3,5	3,9	4,3	4,7	5,0	5,4	5,4
29	3,3	3,5	3,7	4,1	4,5	4,9	5,2	5,5	5,6
30	3,5	3,7	3,9	4,3	4,7	5,1	5,4	5,6	5,8
31	3,7	3,9	4,1	4,5	4,9	5,3	5,6	5,8	6,0
32	3,9	4,1	4,3	4,6	5,0	5,4	5,8	6,0	6,2
33	4,1	4,3	4,5	4,8	5,2	5,6	6,0	6,2	6,4
34	4,2	4,4	4,7	5,0	5,4	5,8	6,2	6,4	6,6
35	4,4	4,6	4,8	5,2	5,6	6,0	6,4	6,6	6,8
36	4,6	4,8	5,0	5,4	5,8	6,2	6,5	6,8	7,0
37	4,8	5,0	5,2	5,6	6,0	6,4	6,7	7,0	7,1
38	5,0	5,2	5,4	5,8	6,2	6,5	6,9	7,1	7,3
39	5,2	5,4	5,6	6,0	6,4	6,7	7,1	7,3	7,5
40	5,4	5,6	5,8	6,1	6,5	6,9	7,3	7,5	7,7

IG: idade gestacional; sem: semanas.

comparação entre as diversas técnicas, a medida da circunferência torácica com menos de 2 desvios-padrão (DP) em fetos com medidas anormais dos ossos longos é um forte indicativo de displasia esquelética com restrição torácica. O Quadro 3 relata as principais alterações do tórax e as displasias esqueléticas.

Avaliação dos ossos longos

Em todo exame ultrassonográfico morfológico é recomendável a avaliação dos ossos de todos os membros. As anomalias esqueléticas podem se manifestar de forma isolada, comprometendo um único osso. Assim, mesmo a documentação ultrassonográfica de um comprimento femoral diminuído isoladamente pode ser um precursor de displasia esquelética e deve promover uma investigação cuidadosa de toda a anatomia fetal. Então, a partir da obtenção das medidas dos ossos longos dos membros, normogramas estão disponíveis utilizando cada uma como uma variável independente em relação à idade fetal estimada. Para o uso adequado desses normogramas, o avaliador deve conhecer detalhadamente a idade gestacional do feto. Desse modo, as pacientes com risco de displasias esqueléticas devem ser aconselhadas a procurar a consulta pré-natal precocemente para avaliar todos os indicadores clínicos da idade gestacional. As Tabelas 3 e 4 apresentam normogramas para a avaliação da biometria de membros das extremidades superiores e inferiores. Para as pacientes que apresentam idade gestacional incerta, podem ser utilizadas comparações entre as dimensões dos membros e o perímetro cefálico. Outros autores têm empregado o diâmetro biparietal para esse propósito, porém, há limitação dessa abordagem, pois em muitos casos de displasias as dimensões da calota craniana estão alteradas pelo processo. É recomendável a utilização do desvio-padrão para essas condições, pois este apresenta maior correlação com o diagnóstico e o prognóstico. Uma medida situada próxima de 2 DP a partir da média pode ser considerada normal.

Quadro 3 Displasias esqueléticas associadas às dimensões torácicas reduzidas

Tipo	Displasia esquelética
Tórax longo e estreitado	Displasia torácica asfixiante (Jeune)
	Displasia condroectodérmica (Ellis-Van Creveld)
	Displasia metatrófica
	Fibrocondrogênese
	Atelosteogênese
	Displasia camptomélica
	Síndrome de Jarcho-Levin
	Hiposfosfatasia
	Displasia dissegmentar
	Displasia cleidocranial
Tórax curto	Osteogênese imperfeita (tipo II)
	Displasia de Kniest (displasia metatrófica tipo I)
	Síndrome de Pena-Shokier
Tórax hipoplásico	Acondrogênese
	Síndrome polidactilia e costelas curtas (tipos I e II)
	Displasia tanatofórica
	Síndrome cérebro-costo-mandibular
	Acondroplasia homozigótica
	Síndrome Melnick-Needles (osteodisplasia)
	Fibrocondrogênese
	Síndrome otopalatodigital tipo II

Um valor abaixo de 4 DP é quase sempre indicativo de uma anormalidade esquelética se uma restrição de crescimento intraútero grave puder ser desconsiderada.

Medidas entre –2 e –4 DP são alarmantes, ou seja, não indicam necessariamente uma doença esquelética, mas requerem uma avaliação cuidadosa. O encurtamento ósseo pode envolver todo o membro (micromelia), o segmento proximal (rizomelia), o segmento médio (mesomelia) ou o segmento distal (acromelia). O diagnóstico de rizomelia ou mesomelia necessita da comparação das dimensões dos segmentos das pernas e dos antebraços com as da coxa e do braço, respectivamente. O Quadro 4 apresenta displasias esqueléticas caracterizadas por rizomelia, mesomelia, acromelia e micromelia.

A maioria dos fetos com acondroplasia tem medidas que estão no intervalo de –2 e –4 DP no segundo trimestre. Por sua vez, na restrição de crescimento intraútero, o comprometimento da medida óssea pode ser muito mais grave que na displasia tanatofórica e na acondrogênese. Nessa situação podem ser observadas medidas abaixo de 4 DP no final do segundo trimestre. Nas formas assimétricas, as medidas do polo cefálico estão preservadas, com redução

Tabela 3 Medida do comprimento dos ossos dos membros inferiores

Semanas	Fêmur			Tíbia			Fíbula		
	5%	50%	95%	5%	50%	95%	5%	50%	95%
12 sem	4	8	13	–	7	–	–	6	–
13 sem	6	11	16	–	10	–	–	9	–
14 sem	9	14	18	7	12	17	6	12	19
15 sem	12	17	21	9	13	20	9	15	21
16 sem	15	20	24	12	15	22	12	18	23
17 sem	18	23	27	15	17	25	13	21	28
18 sem	21	25	30	17	20	27	15	23	31
19 sem	24	28	33	20	22	30	19	26	33
20 sem	26	31	36	22	25	33	21	28	36
21 sem	29	34	38	25	27	35	24	31	37
22 sem	32	36	41	27	30	38	27	33	39
23 sem	35	39	44	30	32	40	28	35	42
24 sem	37	42	46	32	35	41	29	37	45
25 sem	40	44	49	34	37	45	34	40	46
26 sem	42	47	51	37	40	47	36	42	47
27 sem	45	49	54	39	42	49	37	44	50
28 sem	47	52	56	41	44	51	41	45	53
29 sem	50	54	59	43	46	53	42	47	54
30 sem	52	56	61	45	48	55	43	49	56
31 sem	54	59	63	47	50	57	43	51	59
32 sem	56	61	65	48	52	59	45	52	60

(continua)

Tabela 3 Medida do comprimento dos ossos dos membros inferiores *(continuação)*

Semanas	Fêmur 5%	Fêmur 50%	Fêmur 95%	Tíbia 5%	Tíbia 50%	Tíbia 95%	Fíbula 5%	Fíbula 50%	Fíbula 95%
33 sem	58	63	67	50	54	60	46	54	61
34 sem	60	65	69	52	55	62	48	55	62
35 sem	62	67	71	53	57	64	51	57	63
36 sem	64	68	73	55	58	65	52	58	63
37 sem	65	70	74	56	60	67	54	59	64
38 sem	67	71	76	58	63	68	55	61	65
39 sem	68	73	77	59	64	69	56	62	66
40 sem	70	74	79	61	66	71	59	63	67

Tabela 4 Medida do comprimento dos ossos dos membros superiores

Semanas	Úmero 5%	Úmero 50%	Úmero 95%	Ulna 5%	Ulna 50%	Ulna 95%	Rádio 5%	Rádio 50%	Rádio 95%
12 sem	–	9	–	–	7	–	–	7	–
13 sem	6	11	16	5	10	15	6	10	14
14 sem	9	14	19	8	13	18	8	13	17
15 sem	12	17	22	11	16	21	11	15	20
16 sem	15	20	25	13	18	23	13	18	22
17 sem	18	22	27	16	21	26	14	20	26
18 sem	20	25	30	19	24	29	15	22	29
19 sem	23	28	33	21	26	31	17	24	32
20 sem	25	30	35	24	29	34	19	27	33
21 sem	28	33	38	26	31	36	23	29	34
22 sem	30	35	40	28	33	38	26	31	38
23 sem	33	38	42	31	36	41	28	32	40
24 sem	35	40	45	33	38	43	29	34	41
25 sem	37	42	47	35	40	45	30	36	42
26 sem	39	44	49	37	42	47	31	37	43
27 sem	41	46	51	39	45	49	32	39	44
28 sem	43	48	53	41	46	51	33	40	45
29 sem	45	50	55	43	48	53	34	42	46
30 sem	47	51	56	44	49	54	35	43	47
31 sem	48	53	58	46	51	56	36	44	48
32 sem	50	55	60	48	53	58	37	45	49
33 sem	51	56	61	49	54	59	38	46	50
34 sem	53	58	63	51	56	61	39	47	51
35 sem	54	59	64	52	57	62	40	48	52
36 sem	56	61	65	53	58	63	41	48	53
37 sem	57	62	67	55	60	65	43	49	53
38 sem	59	64	68	56	61	66	44	49	54
39 sem	60	65	70	57	62	67	45	50	55
40 sem	61	66	71	58	63	68	46	50	56

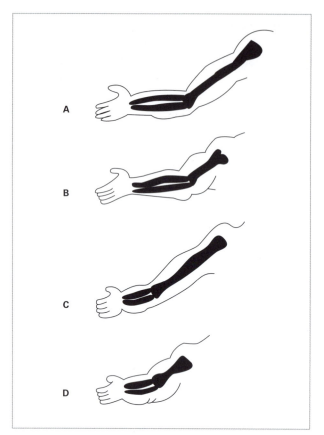

Figura 6 Nomenclatura do comprometimento dos ossos longos. A: comprimento normal; B: rizomelia; C: mesomelia; D: acromelia.

Quadro 4	Displasias esqueléticas caracterizadas por alteração do comprimento do membro
Alteração do comprimento	Tipo
Rizomelia	Displasia tanatofórica
	Atelosteogênese
	Condrodisplasia puntacta (tipo rizomélica)
	Fêmur curto congênito
	Acondroplasia
	Hipocondroplasia
Mesomelia	Displasia mesomélica
	Tipo Langer
	Tipo Reinhardt
	Robinow
	Síndrome Ellis-Van Creveld (displasia condroectodérmica)
Acromelia	Síndrome Ellis-Van Creveld (displasia condroectodérmica)
Micromelia	Acondrogênese
	Atelosteogênese
	Síndrome costela curta e polidactilia
	Displasia diastrófica
	Fibrocondrogênese
	Osteogênese imperfeita tipo II
	Displasia de Kniest
	Displasia dissegmental
	Síndrome de Roberts

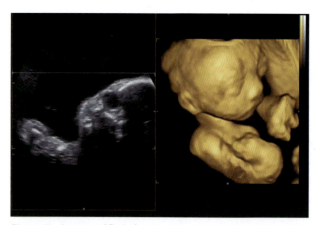

Figura 7 Imagem 3D de feto de 28 semanas demonstra encurtamento acentuado do antebraço e inserção anômala da mão.

das medidas do abdome e dos ossos longos. Já na restrição de crescimento simétrica, a relação entre as medidas do polo cefálico, do abdome, do tórax e dos ossos longos estão preservadas. De outro modo, nas displasias esqueléticas, geralmente as medidas do polo cefálico estão aumentadas e as do tórax reduzidas, e desse modo as relações que envolvem essas medidas alteradas. Ainda, o Doppler pode elucidar essa situação, pois nas displasias esqueléticas os traçados do Doppler do cordão umbilical e artérias uterinas estão dentro de valores normais para a idade gestacional, enquanto na restrição é observado aumento de resistência da artéria umbilical e também de outros vasos.

Além do comprimento ósseo, a avaliação dos casos com displasia deve ser direcionada para estabelecer o grau de mineralização. Este é baseado na ecogenicidade óssea bem como na sombra acústica. O grau de curvatura dos ossos longos também deve ser examinado. Não há parâmetros objetivos para esse diagnóstico. A experiência clínica do examinador consiste no único meio de estabelecer o limite entre o normal e o anormal. A camptomelia (curvatura excessiva) é característica de certas doenças (p. ex., displasia camptomélica). E, por fim, deve-se considerar a possibilidade de fraturas. Estas podem ser detectadas em algumas condições (p. ex., osteogênese imperfeita). As fraturas podem ser extremamente sutis ou podem levar a angulação ou mesmo a separação dos segmentos do osso comprometido.

Avaliação das mãos e dos pés

A avaliação das extremidades deve abranger o tamanho das mãos e dos pés, bem como o número e as características de cada um dos dedos. Essa avaliação deve ser realizada desde o final do primeiro trimestre, embora a análise mais completa seja esperada para o segundo morfológico, entre 18 e 22 semanas. Várias displasias esqueléticas apresentam alterações nas mãos e nos pés. Essas alterações podem comprometer apenas uma, mais de uma ou todas as extremidades. A ausência da mão é denominada amelia e a ausência do

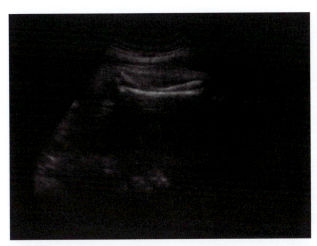

Figura 8　Plano longitudinal da perna demonstra curvatura acentuada da fíbula.

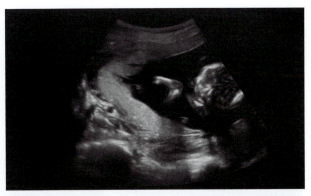

Figura 10　Plano longitudinal da perna demonstra ausência do pé em caso de apodia.

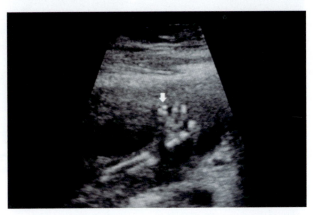

Figura 11　Plano palmar demonstra a união entre o quarto e o quinto dedo em caso de sindactilia.

pé de apodia. A alteração da mão ou do pé na sua articulação pode resultar em mão em garra, inserção anômala (mão torta) e pé torto congênito, com as mais variadas formas de inserção. A ausência de dedos é designada de adactilia. A polidactilia refere-se à presença de mais de cinco dígitos. Esta é classificada como pré-axial se os dedos extranumerários estiverem localizados no lado radial ou tibial e pós-axial, se estiverem localizados no lado ulnar ou fibular. A sindactilia se refere a uma fusão de tecido mole ou óssea dos dedos adjacentes. A clinodactilia consiste no desvio dos dedos, geralmente resultando em sobreposição entre eles. Salienta-se que esses achados podem estar presentes em anomalias cromossômicas. Para essa condição, a hipoplasia de falange média do quinto dedo da mão e o afastamento do hálux observado no segundo trimestre podem ser característicos.

O Quadro 5 mostra as doenças associadas às deformidades de pés e mãos. A desproporção entre mãos e pés e outras partes dos membros também pode ser sinal de displasia esquelética. A relação entre o comprimento do fêmur/comprimento do pé é quase sempre constante da 14ª à 40ª semanas. A média é próxima de 0,99 (DP = 0,06). Uma relação abaixo de 0,87 deve ser considerada anormal. Embora estudos iniciais indiquem que fetos

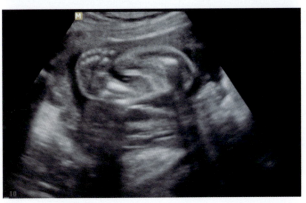

Figura 12　Plano ultrassonográfico indica inserção anômala do pé associada à polidactilia.

com displasias esqueléticas apresentem redução dessa relação, esses achados ainda devem ser confirmados. Como no caso de outros parâmetros biométricos dos membros, desvios grandes a partir do limite inferior da normalidade parecem ser significativos.

Avaliação dos movimentos fetais

A sensibilidade da movimentação fetal está reduzida na maioria das displasias esqueléticas. Isso pode ocorrer

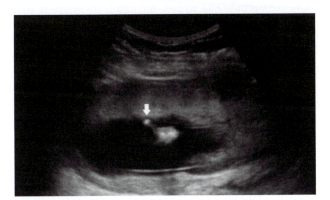

Figura 9　Seta branca assinala coto em antebraço em caso de amelia.

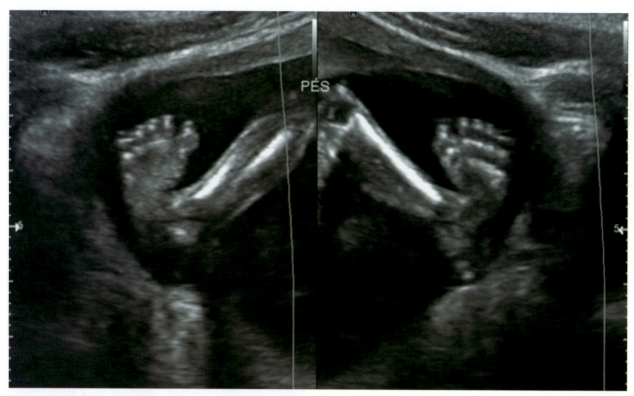

Figura 13   Plano plantar de feto portador de síndrome de Down demonstra o afastamento do hálux em gestação de 19 semanas.

Quadro 5	Alteração dos dígitos e displasia esquelética
Alteração dos dígitos	**Displasias esqueléticas**
Polidactilia pós-axial	Displasia condroectodérmica Síndrome da costela curta e polidactilia (tipos I e II) Displasia torácica asfixiante Síndrome otopalatodigital Displasia mesomélica tipo Werner (ausência de polegar)
Polidactilia pré-axial	Displasia condroectodérmica Síndrome da costela curta e polidactilia Síndrome de Carpenter
Sindactilia	Síndrome de Poland Acrocefalossindactilia Síndrome de Carpenter Síndrome de Apert Síndrome otopalatodigital tipo II Displasia mesomélica tipo Wermer Síndrome TAR Síndrome de Jarcho-Levin
Braquidactilia	Displasia mesomélica, tipo Robinow Síndrome otopalatodigital
Polegar "de carona"	Displasia diastrófica
Pé torto	Displasia diastrófica Osteogênese imperfeita Displasia de Kniest Displasia espondiloepifisária

por conta do encurtamento dos membros, redução da força muscular e polidrâmnio. Em algumas intercorrências, como na artrogripose, essa redução é ainda mais evidente. O enrijecimento muscular é evidenciado pela posição viciosa. A redução de movimentos também pode estar presente em anomalias cromossômicas, restrição de crescimento, tanto na presença quanto na ausência de sofrimento fetal, e em síndromes como na aquinesia.

Diagnóstico complementar

Durante o pré-natal, as displasias esqueléticas podem ser avaliadas a partir de imagens complementares pela radiografia e pela RM. Os ossos são mais bem avaliados pela radiografia, não só pela qualidade de imagem, mas também por já haver critérios específicos bem definidos para o diagnóstico das displasias. A RM é cada vez mais utilizada no diagnóstico pré-natal e também pode fornecer dados valiosos. A propedêutica invasiva para obtenção de amostra placentária, líquido amniótico ou sangue fetal pode ser indicada na maioria das situações para obtenção do cariótipo fetal, pois várias displasias esqueléticas podem apresentar evolução semelhante às anomalias cromossômicas. Estudo bioquímico pode ser útil em raras situações (p. ex., hipofosfatasia). Já a análise do DNA e a avaliação da atividade enzimática podem ser consideradas nos casos em que o genótipo indique uma doença metabólica como a mucopolissacaridose.

Atualmente, várias displasias esqueléticas têm a sua sequência genômica conhecida ou sendo estudada. Assim, a análise do DNA já faz parte da rotina do diagnóstico de displasia esquelética.

Avaliação do prognóstico

Várias displasias ocasionalmente estão vinculadas a um prognóstico muito ruim. Outras, por sua vez, podem determinar situações debilitantes e incapacitantes. A partir dessa hipótese, o aconselhamento genético deve ser extremamente criterioso, pois muitas vezes é impossível identificar o diagnóstico exato de uma anomalia esquelética encontrada no feto, apesar de alguns achados permitirem estabelecê-lo com uma precisão razoável. Em geral, as restrições graves do tórax, desmineralização grosseira (fratura dos ossos longos, extremidade arredondada), além de anomalias cerebrais e/ou anomalias viscerais, estão associadas a um péssimo prognóstico.

Diagnóstico neonatal

Apesar de todos os esforços para estabelecer um diagnóstico pré-natal preciso, é necessário um estudo minucioso do recém-nascido em todos os casos para confirmar ou ratificar essa hipótese. A avaliação deve incluir exame físico detalhado realizado por um geneticista ou um indivíduo com experiência no campo das displasias esqueléticas e, em seguida, radiografias do esqueleto, anterior, posterior, lateral e planos de Towne para avaliação do crânio e anteroposterior da coluna espinhal, além de cada um dos membros, incluindo mãos e pés, separadamente. O exame radiográfico do esqueleto realizado de modo adequado permite o diagnóstico correto na maioria dos casos, já que a classificação das displasias esqueléticas está baseada nos achados radiológicos. Nas displasias esqueléticas letais, o exame histológico do tecido ósseo e cartilaginoso deve ser incluído, pois essa informação auxilia na obtenção de um diagnóstico específico.

Osteocondrodisplasias

Um número crescente de displasias esqueléticas tem sido diagnosticado intraútero. Muitas vezes, o diagnóstico da displasia esquelética é adiado para depois do nascimento e, em certos casos, pode ser ainda mais tardio. Porém, alguns achados ultrassonográficos podem ser bem sugestivos. Essa abordagem inclui as anomalias mais frequentes e relevantes no diagnóstico pré-natal.

Displasia tanatofórica, fibrocondrogênese, atelosteogênese

A displasia tanatofórica é a anomalia letal de maior prevalência no período fetal e neonatal. Essa displasia

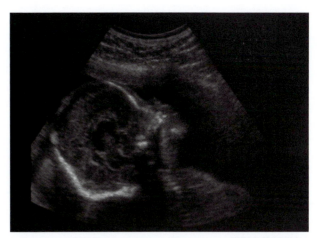

Figura 14 Plano sagital de gestação de 24 semanas demonstra alteração do formato da calota craniana associada ao estreitamento acentuado do tórax em feto com displasia tanatofórica.

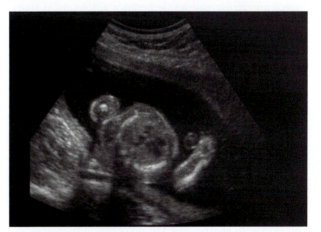

Figura 15 Plano transverso do tórax demonstrando seu estreitamento associado ao encurtamento acentuado do úmero.

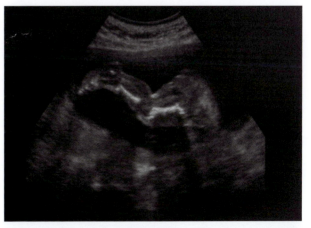

Figura 16 Plano longitudinal do fêmur demonstra o encurtamento e a forma de telefone do fêmur do mesmo caso.

ocorre por conta da alteração da ossificação endocondral, sendo caracterizada pela rizomelia extrema, comprimento normal do tronco, porém estreitado, e um crânio longo com a fronte proeminente. Atualmente, é possível a diferenciação da displasia em tanatofórica tipo I, tipo II e variantes menos comuns (San Diego, Torrance e Lutore). O tipo I é caracterizado por uma pequena curvatura femoral ("em telefone") e raramente está associado ao crânio em forma de trevo. O tipo II apresenta fêmur reto, ossos alargados e está quase sempre associado com o crânio em forma de trevo (Figura 17).

Incidência

Ocorre em 0,24 a 0,69/10.000 nascimentos. Em aproximadamente 14% desses casos, o crânio apresenta forma de trevo de quatro folhas, decorrente de uma sinostose plana precoce.

Fisiopatogenia

A maioria dos casos do tipo I é esporádica e provavelmente ocorre por causa da mutação nova. O tipo II parece apresentar padrão de herança autossômico recessivo. O diagnóstico diferencial entre os dois depende dos achados radiográficos e histológicos. Mutações distintas são responsáveis por cada uma dessas displasias. Na displasia tanatofórica tipo I frequentemente são observadas três formas de mutação (R248C, Y373C e S249C) presentes em aproximadamente 90% dos casos. No tipo II, quase todos os casos apresentam uma única forma de mutação (K650E).

Diagnóstico ultrassonográfico

O diagnóstico ultrassonográfico é descrito desde a 14ª semana de gestação. Os achados pré-natais dependem do tipo específico. No tipo I, nota-se um fêmur alargado de comprimento abaixo de 4 DP no segundo trimestre, em associação com hipoplasia torácica e grave platispondilia. A associação do crânio com a forma de trevo e a micromelia é específica na displasia tanatofórica tipo II. O crânio em trevo de quatro folhas pode ser o resultado de:

- Fechamento prematuro das suturas coronal e lambdoide.
- Desenvolvimento defeituoso na base do crânio com sinostoses secundárias.
- Alteração do desenvolvimento primário do crânio, resultando em deformidade secundária. A fronte é proeminente, podendo estar presente nariz em sela e hipertelorismo.

Diagnóstico diferencial

O diagnóstico diferencial mais frequente ocorre com a acondrogênese. Esta usualmente apresenta grau de comprometimento mais grave em relação ao comprimento ósseo, ecogenicidade menor da coluna e encurtamento e estreitamento do tórax. Também, a fibrocondrogênese e a atelosteogênese podem apresentar características clínicas semelhantes às da displasia tanatofórica. O diagnóstico diferencial entre essas doenças intraútero é extremamente difícil.

A fibrocondrogênese apresenta incidência de 1 a 3 para 10.000 nascimentos. Trata-se de condrodisplasia letal de herança autossômica recessiva e caracterizada por rizomelia com aumento significativo da distância metafisária e fissura dos corpos vertebrais. Essa alteração da distância metafisária não está presente na displasia tanatofórica.

Atelosteogênese também consiste em condrodisplasia rara e letal caracterizada por micromelia grave (com hipoplasia dos segmentos distais do úmero e fêmur), ossos longos encurvados e deslocamento no nível do cotovelo e joelho. Deformidades como pé torto congênito também podem estar presentes, além de anomalias espinhais, incluindo um grupo heterogêneo de doenças, com sobreposição de características fenotípicas. Existem três subtipos descritos, baseados nos achados radiológicos e fisiopatológicos. Os tipos I e II estão relacionados com o gene filamina B (FNLB) e o tipo III é ligado ao gene DTDTS (*diastrofic dysplasia sulfate transporter*).

Outra displasia esquelética que pode estar associada com o crânio em trevo de quatro folhas é a síndrome camptomélica.

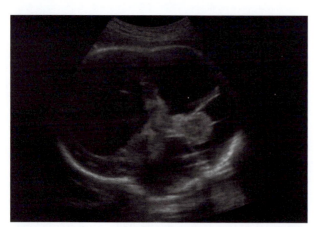

Figura 17 Plano transverso do polo cefálico de feto de 30 semanas demonstra a forma de trevo de quatro folhas.

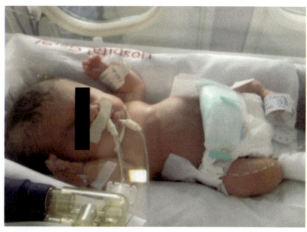

Figura 18 Recém-nascido com displasia tanatofórica tipo I.

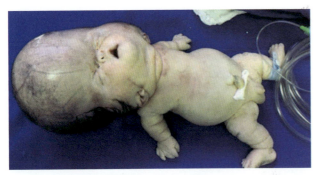

Figura 19   Óbito neonatal de displasia tanatofórica tipo II.

Prognóstico

A displasia tanatofórica é uma doença uniformemente letal. O diagnóstico pré-natal foi documentado em diversas ocasiões.

Acondrogênese

A acondrogênese, ou anosteogênese, é uma condrodistrofia, caracterizada por micromelia extrema, tronco estreito e curto e macrocrania.

Incidência

A prevalência é de 0,09-0,23/10.000 nascimentos.

Fisiopatogenia

A classificação tradicional subdivide essa doença em dois tipos. A forma mais grave, ou tipo I (Parenti-Fraccaro), é caracterizada pela falta completa ou parcial de ossificação do polo cefálico e da coluna espinhal, encurtamento importante dos ossos longos e múltiplas fraturas de costelas. O tipo II (Langer-Saldino) é caracterizado por um grau variável de calcificação do crânio e coluna espinhal e pela ausência das fraturas costais. O tipo I foi dividido em dois subtipos: tipo IA (Houston Harris) e o tipo IB (Fraccaro). Assim, o tipo IA é caracterizado por micromelia, redução da calcificação dos corpos vertebrais, costelas curtas e fraturas, além da redução da mineralização da calota craniana. O tipo IB apresenta padrão autossômico recessivo e é resultado da mutação do gene DTDS, provavelmente semelhante ao tipo IA. Por sua vez, o tipo II é causado pela mutação do gene COL2A1 (mutação nova autossômica dominante).

A hipocondrogênese foi considerada uma doença separada da acondrogênese. Entretanto, evidências recentes sugerem que a hipocondrogênese e a acondrogênese tipo II são fenotipicamente variantes da mesma doença.

Diagnóstico ultrassonográfico

O diagnóstico pré-natal é descrito desde o final do primeiro trimestre. Este deve ser suspeitado com base na micromelia, ausência de ossificação vertebral e cabeça alargada com graus variáveis de calcificação da calota craniana. O polidrâmnio e a hidropsia estão associados à acondrogênese. Entretanto, o exame ultrassonográfico dos fetos comprometidos não demonstra acúmulo de líquido nas cavidades corpóreas. A aparência hidrópica desses fetos e neonatos é atribuída provavelmente à massa de tecido mole redundante, além do limite da "moldura" esquelética. O acúmulo de tecido mole nos braços curtos é considerado sinal mais característico.

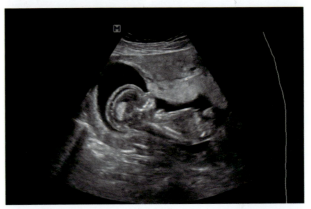

Figura 20   Plano longitudinal de feto de 13 semanas e 5 dias com redução da ecogenicidade óssea em caso de acondrogênese.

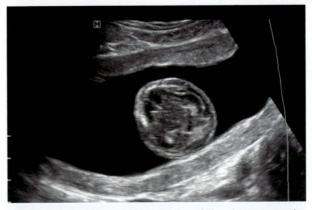

Figura 21   Plano transverso do polo cefálico do caso anterior demonstra a redução da ecogenicidade óssea.

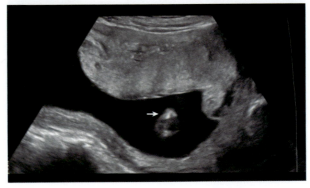

Figura 22   Seta branca assinala fêmur acentuadamente curto do caso anterior.

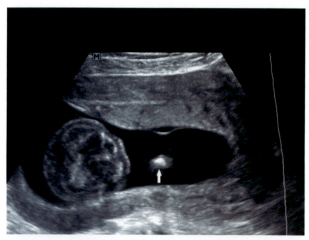

Figura 23 Seta branca assinala o úmero acentuadamente curto do caso anterior.

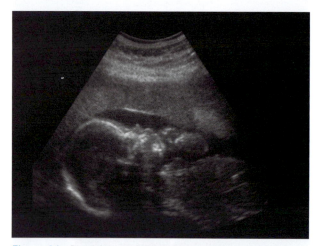

Figura 24 Plano longitudinal de 24 semanas demonstra polo cefálico com fronte proeminente e tórax curto e estreito. Todos os membros estavam gravemente encurtados.

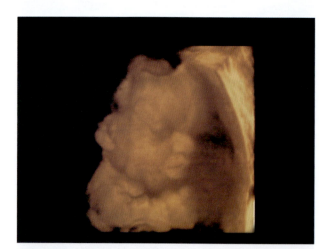

Figura 25 Imagem 3D de face demonstra fronte proeminente e microcefalia grave de gestação de 28 semanas de feto com acondrogênese.

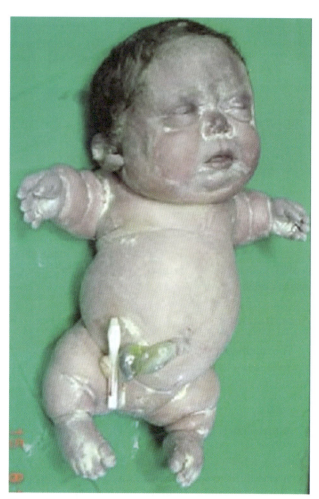

Figura 26 Recém-nascido portador de acondrogênese.

Diagnóstico diferencial

Abrange principalmente a displasia tanatofórica, que geralmente apresenta ossificação maior, e a osteogênese imperfeita, que manifesta polo cefálico compressível e fratura dos ossos dos membros.

Prognóstico

Trata-se de anomalia letal no período antenatal ou neonatal.

Acondroplasia

A acondroplasia heterozigótica é a displasia esquelética não letal mais comum. É caracterizada por nanismo rizomélico, membros curvos, lordose em coluna espinhal e polo cefálico alargado.

Incidência

A acondroplasia apresenta prevalência de 1/66.000. A idade paterna avançada é um fator de risco para essa intercorrência.

Fisiopatogenia

A acondroplasia apresenta padrão de herança autossômico dominante, embora 80% dos casos ocorram por conta da mutação nova. O gene responsável está localizado na porção distal do cromossomo 4p, resultando em mutação que afeta o receptor do fator de crescimento do colágeno, FGFT3. Essa desordem genética ocorre como resultado da alteração do crescimento da cartilagem, seguida de uma ossificação endocondral anormal, que é responsável pelo encurtamento dos ossos longos. Os ossos das mãos e dos pés são pequenos (braquidactilia). Cabeça grande, ponte nasal achatada, bossa frontal e mandíbula longa são características frequentes. Nos casos de homozigose, a condição é letal. O comprometimento do crescimento dos membros é ainda mais evidente. Em razão do envolvimento das costelas, o gradeado torácico é pequeno e, assim, a hipoplasia torácica é uma constante.

Diagnóstico ultrassonográfico

O diagnóstico pré-natal de acondroplasia heterozigótica por meio da ultrassonografia é descrito em vários períodos gestacionais, mais precocemente a partir de 24 semanas. Contudo, a maioria dos casos relatados foi identificada no 3º trimestre. Nessa fase, os membros já apresentam encurtamento significativo, bem como alterações evidentes das mãos e dos pés. As dimensões do polo cefálico e as características faciais terminam por definir esse diagnóstico. Por sua vez, no segundo trimestre, o comprimento do fêmur comumente encontra-se menor do que 2 ou 3 DP da média. Esses achados ainda representam um desafio diagnóstico. A desproporção entre os ossos longos e os tamanhos da cabeça e do pé aumenta a suspeita e outros sinais, como bossa frontal, ponte nasal achatada e mãos em "tridente", podem sugerir ainda mais. Em gestação mais precoce, permanece incerto quando esses achados podem ser demonstrados. Diferentemente da maioria dos outros genes, a mutação de FGFT3 relatada para acondroplasia é muito específica. A análise de DNA tem sido utilizada para o diagnóstico precoce antenatal de acondroplasia homozigótica. Em um caso que apresentava achados ultrassonográficos dúbios com 22 semanas de gestação, o diagnóstico de acondroplasia homozigótica foi concluído por meio da análise do DNA do sangue fetal obtido pela cordocentese.

Diagnóstico diferencial

Por conta do período de aparecimento, em muitos casos, a restrição de crescimento intraútero deve ser considerada. A redução da quantidade de líquido amniótico e a relação entre o comprimento dos ossos com as medidas do polo cefálico e do abdome podem facilitar essa diferenciação. Também, o Doppler da artéria umbilical alterado indica casos de restrição de crescimento por insuficiência placentária. O acompanhamento evolutivo ao mostrar o comprometimento progressivo do crescimento dos ossos pode ser elucidativo. Outras displasias esqueléticas menos graves também podem dificultar o diagnóstico diferencial.

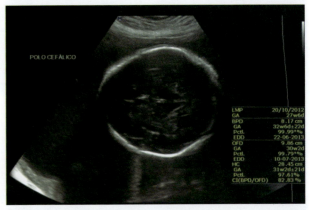

Figura 27 Plano transverso do polo cefálico de gestação de 27 semanas indica diâmetro biparietal de 32 semanas em feto com acondroplasia.

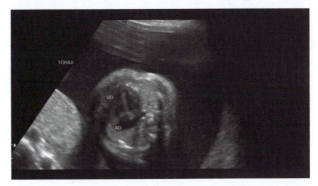

Figura 28 Nesse plano transverso de quatro câmaras pode ser observada redução dos diâmetros torácicos do caso anterior. AD: átrio direito; AE: átrio esquerdo; VD: ventrículo direito; VE: ventrículo esquerdo.

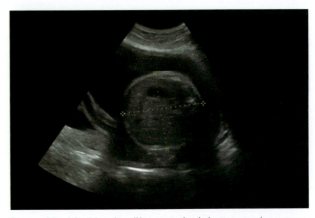

Figura 29 Medidas dos diâmetros do abdome superior compatíveis com a idade gestacional do mesmo caso de acondroplasia.

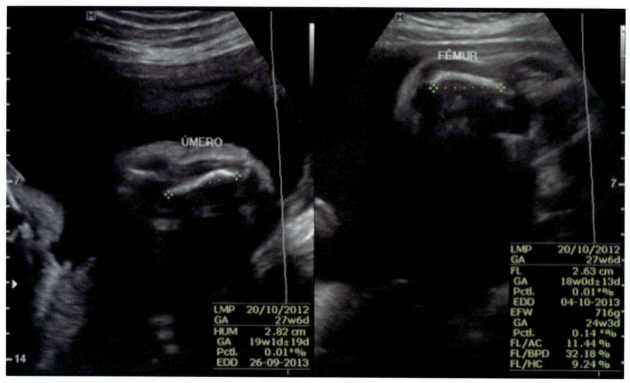

Figura 30 Plano longitudinal do fêmur e úmero demonstra o encurvamento e o encurtamento (abaixo do percentil 1) do mesmo caso de acondroplasia.

Prognóstico

A sobrevida é preservada, bem como o desenvolvimento intelectual. Porém, há de considerar a associação com hidrocefalia obstrutiva por conta da compressão do forame magno.

Osteogênese imperfeita e hipofosfatasia

A osteogênese imperfeita é um grupo heterogêneo de doenças do colágeno caracterizado por tendência excessiva de fraturas. Tanto a osteogênese imperfeita quanto a hipofosfatasia são caracterizadas por desmineralização esquelética significativa.

Incidência

A osteogênese imperfeita apresenta prevalência de 0,18 para 10.000 nascimentos.

Fisiopatologia

Recentemente, a classificação tradicional proposta por Sillence foi modificada, dividindo a osteogênese imperfeita em sete grupos. A maior parte dos casos diagnosticados durante o pré-natal é do tipo II e III, observando-se ainda que apenas 10% dos casos do tipo I apresentam fraturas intraútero. A maior parte dos indivíduos afetados são heterozigotos para a mutação do gene COL1A 1 ou COL1A2. Até o momento, as formas diagnosticadas intraútero englobam os tipos I, II, III e IV, apresentando todas padrão de transmissão autossômico dominante. O tipo V apresenta padrão de transmissão igual aos outros, enquanto no VI o padrão é desconhecido e no VII, recessivo.

Diagnóstico ultrassonográfico

Geralmente, as formas graves de osteogênese imperfeita são as diagnosticadas intraútero. O tipo II é a forma mais grave, sendo descrita desde o final do primeiro trimestre da gestação. O tipo III pode ser diagnosticado a partir de 18 semanas e as formas IV e I podem ser diagnosticadas intraútero a partir de 20 semanas de gestação, embora sejam infrequentes. Os outros tipos ainda não foram relatados na fase pré-natal. Nos tipos mais graves, o polo cefálico é deformado (depressível) com a pressão do transdutor ultrassonográfico em razão da baixa calcificação. Os ossos longos são curtos, apresentando múltiplas fraturas e as suas extremidades, arredondadas. Por sua vez, as menos graves apresentam número reduzido de fraturas ou deformidade dos ossos longos. Em alguns casos de osteogênese imperfeita, o único achado verificado durante o pré-natal foi o encurvamento dos ossos longos, semelhante à displasia camptomélica.

Diagnóstico diferencial

O diagnóstico diferencial principal inclui a hipofosfatasia. Esta apresenta padrão de herança autossômico

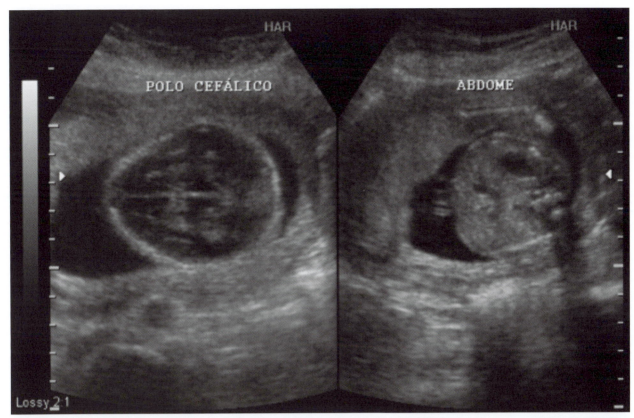

Figura 31　Correlação entre o plano transverso do polo cefálico e o abdome em gestação de 20 semanas.

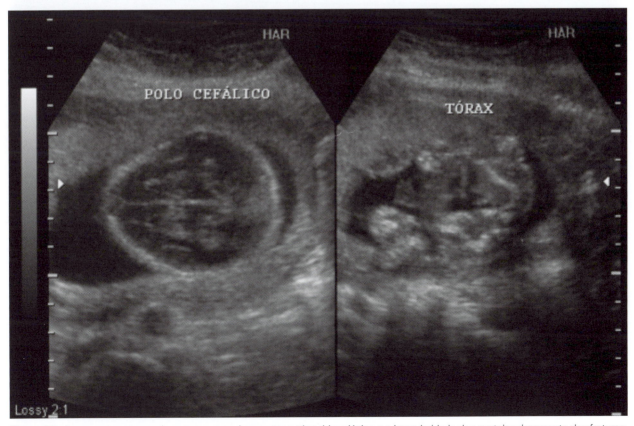

Figura 32　Imagem transversa do mesmo caso demonstra o tórax hipoplásico e a irregularidade das costelas decorrente das fraturas.

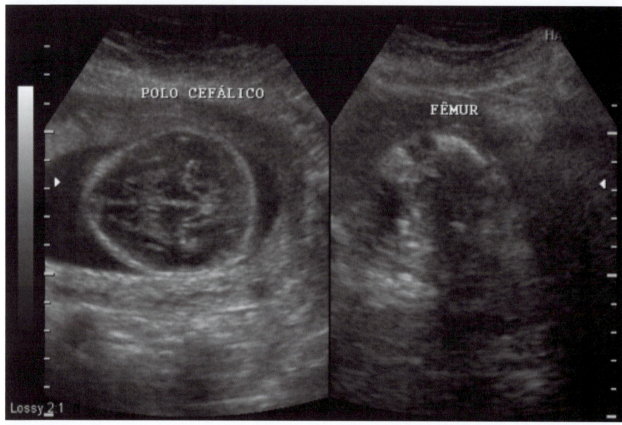

Figura 33   Plano do mesmo caso demonstra o encurtamento e encurvamento do fêmur por causa da fratura em caso de osteogênese imperfeita tipo II.

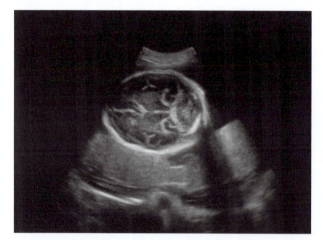

Figura 34   Plano transverso do polo cefálico de gestação de 28 semanas mostra a redução da ecogenicidade da calota craniana, com visão mais "clara" das estruturas cerebrais em razão da osteogênese imperfeita.

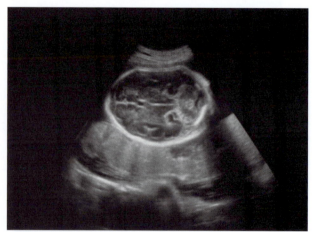

Figura 35   Plano transverso do mesmo caso demonstra a calota craniana deformada pela própria pressão do transdutor.

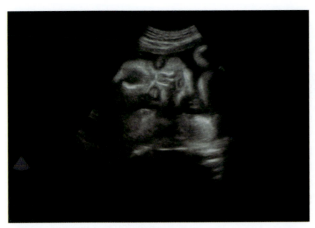

Figura 36 Plano frontal da face demonstra a redução da ecogenicidade óssea, resultando em afastamento das órbitas e dos ossos nasais do mesmo caso anterior.

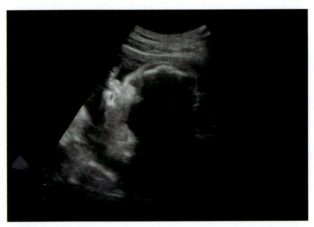

Figura 37 Plano longitudinal do fêmur demonstra a fratura em pelo menos três pontos.

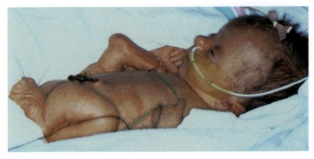

Figura 38 Recém-nascido com osteogênese imperfeita tipo II.

recessivo e é caracterizada por desmineralização dos ossos e baixas doses de fosfatase alcalina no soro e outros tecidos. O *locus* dessa anomalia foi mapeado na região 1p34-36. Há quatro formas clínicas da doença. A forma neonatal (também conhecida como congênita ou letal) está associada a morte neonatal precoce ou óbito intrauterino. O diagnóstico pré-natal dessa condição é sugerido pela ultrassonografia e confirmado por meio da análise da fostatase alcalina em tecido obtido por meio de amostra da biópsia de vilosidade coriônica. A variedade congênita é uniformemente letal. A acondrogênese e a displasia camptomélica também devem ser consideradas.

Prognóstico

A osteogênese imperfeita tipo II, mais grave, evolui para óbito neonatal por conta de múltiplas fraturas e insuficiência respiratória. O tipo III depende do período de manifestação e da gravidade; assim, os casos de manifestação precoce com comprometimento do gradeado torácico apresentam evolução semelhante ao tipo II. Os casos de manifestação mais tardia podem apresentar maior sobrevida. Porém, fraturas, encurtamento e encurvamento dos ossos, alterações do crescimento, esclera azul e deficiência auditiva estão presentes em idade mais avançada.

Displasias esqueléticas caracterizadas por hipoplasia do tórax

Constituem as displasias esqueléticas que envolvem o gradeado e os arcos costais. A redução das dimensões torácicas restringe o crescimento pulmonar, resultando em hipoplasia. Essa consequência é a principal causa de morte nas displasias esqueléticas letais. Há um grupo específico de displasias em que a hipoplasia pulmonar é uma característica comum. Ele inclui a displasia asfixiante torácica, a síndrome de Ellis-Van Creveld e a síndrome das costelas curtas e polidactilia.

Displasia torácica asfixiante

Também conhecida como síndrome de Jeune, é caracterizada por tórax estreito, em forma de sino, arcos costais reduzidos e retificados. Os ossos longos são normais, porém discretamente encurtados.

Incidência

Rara; a prevalência é de 0,14 para 10.000 nascimentos.

Fisiopatologia

Padrão de transmissão por herança autossômica recessiva.

Diagnóstico ultrassonográfico

É possível diagnosticar essa condição antes da viabilidade em gestações de risco. Os achados ultrassonográficos indicativos abrangem estreitamento torácico, em forma de sino, arcos costais reduzidos e costelas curtas e retificadas. Os ossos apresentam formato normal, embora um pouco encurtados. A polidactilia e/ou fenda palatina podem estar associadas.

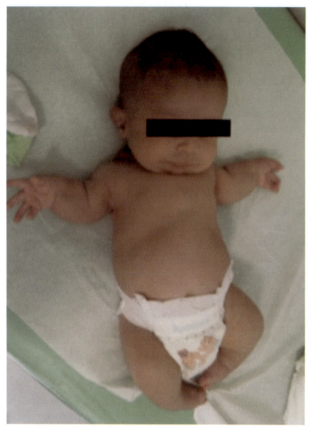

Figura 39 Recém-nascido após correção cirúrgica de fenda labial portador da síndrome de Jeune.

Prognóstico

A doença nem sempre é letal; sobreviventes de longo prazo foram relatados.

Displasia condroectodérmica (síndrome de Ellis-Van Creveld)

A displasia condroectodérmica, também referida como síndrome de Ellis-Van Creveld, é uma condição autossômica recessiva caracterizada por acromelia e encurtamento mesomélico dos membros, polidactilia pós-axial, tórax pequeno, displasia ectodérmica e, em muitos casos, defeitos congênitos cardíacos.

Incidência

Desconhecida.

Fisiopatologia

Padrão de herança autossômico recessivo. Até o presente momento foi identificada mutação nova no gene EVC2.

Diagnóstico ultrassonográfico

No final de 1970, a displasia condroectodérmica era diagnosticada no pré-natal por meio da associação de ultrassom e fetoscopia, para a visualização da polidactilia. Atualmente, a polidactilia pode ser diagnosticada desde a 12ª semana de gestação. Para o diagnóstico dessa displasia, os achados típicos incluem tórax reduzido, encurtamento dos ossos longos, predominando membros superiores e pernas e polidactilia. Cardiopatias congênitas (mais frequentemente átrio único ou grande defeito do septo atrial) são encontradas em 60% dos casos. Na ausência de uma história familiar positiva, a distinção dessa patologia de outras displasias esqueléticas com restrição torácica e polidactilia é bastante difícil.

Síndrome da costela curta e polidactilia

A síndrome da costela curta e polidactilia abrange um grupo de doenças letais caracterizado por membros encurtados, constrição do tórax e polidactilia pós-axial. Frequentemente são encontradas anomalias associadas, incluindo cardiopatia congênita, rins policísticos e atresia intestinal.

Incidência

É extremamente rara na população geral, porém pode representar até 4% das displasias esqueléticas diagnosticadas durante o pré-natal.

Fisiopatologia

Quatro tipos diferentes foram identificados. O tipo I (Saldino-Noonan) apresenta encurtamento da metáfise (padrão de herança autossômico recessivo); tipo II (Majewski) apresenta fenda labiopalatina e tíbia desproporcionalmente encurtada (padrão de herança autossômico recessivo); tipo III (Naumofi) apresenta metáfises alargadas com esporão; tipo IV (Bemer-Langer) é caracterizado por fenda labial mediana, tórax pequeno com arcos costais extremamente reduzidos, abdome protuberante com hérnia umbilical e genitália ambígua e alguns indivíduos 46, XY. Foi identificada mutação no gene DYNCH2H1 para essa condição.

Diagnóstico ultrassonográfico

O diagnóstico pré-natal já foi descrito para os quatro tipos. Este é relatado desde o final do primeiro trimestre de gestação, embora frequentemente o diagnóstico seja realizado a partir da 20ª semana. Em geral, os ossos são curtos, o tórax de volume pequeno e ocorre polidactilia.

Diagnóstico diferencial

Devem ser consideradas todas as alterações que resultam em redução grave do gradeado torácico. Em razão da polidactilia, algumas anomalias cromossômicas, em particular a trissomia do 18 e 13, devem ser consideradas, do mesmo modo a síndrome de Meckel-Gruber.

Prognóstico

É invariavelmente letal.

Displasia camptomélica

A displasia camptomélica é caracterizada pelo encurvamento dos ossos longos das extremidades inferiores, escápula hipoplásica e diversas anomalias associadas, como hidrocefalia, fenda palatina, micrognatia, hidronefrose e cardiopatias.

Incidência
A síndrome camptomélica apresenta prevalência de 0,05/10.000 nascimentos.

Fisiopatologia
Trata-se de herança autossômica dominante, podendo estar relacionada com mutações no gene SOX9. Também foram descritos rearranjos aparentemente equilibrados na região 17q12-25.

Diagnóstico ultrassonográfico
O diagnóstico ultrassonográfico é descrito desde a 17ª semana de gestação. A característica mais importante é o encurvamento do fêmur e da tíbia, enquanto outros ossos apresentam comprimento normal. O tórax é estreitado e pode apresentar-se em forma de sino; as vértebras são hipoplásicas. Os diagnósticos diferenciais incluem: osteogênese imperfeita, displasia tanatofórica e hipofosfatasia.

Prognóstico
A condição frequentemente é letal, embora alguns sobreviventes tenham sido relatados. Estes podem apresentar atraso de desenvolvimento intelectual ou retardo mental.

Displasia diastrófica

A displasia diastrófica é caracterizada por micromelia, pé torto, deformidades nas mãos e múltiplas contraturas em flexão e escoliose.

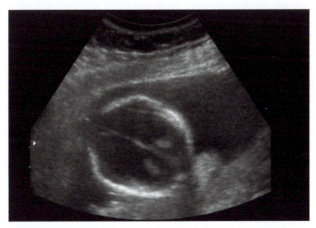

Figura 40 Plano transverso do polo cefálico apresenta dilatação dos ventrículos cerebrais (hidrocefalia) em feto portador de displasia camptomélica.

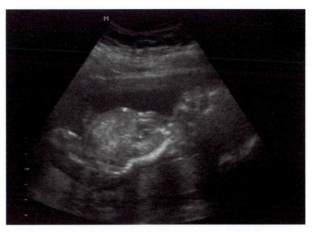

Figura 41 Plano longitudinal do tórax e abdome do caso anterior demonstra estreitamento do tórax.

Incidência
Muito rara, de aproximadamente 1:100.000 nascidos vivos.

Fisiopatologia
Essa doença apresenta traços de herança autossômica recessiva, causada por mutação homozigótica do gene DTDTS. A displasia é uma doença generalizada da cartilagem, com processo destrutivo da matriz cartilaginosa seguida de formação de tecido cicatricial fibroso e de ossificação.

Diagnóstico ultrassonográfico
O diagnóstico pré-natal da displasia diastrófica foi realizado em pacientes de risco com base na redução grave e no encurvamento de todos os ossos longos. Essa doença apresenta um amplo espectro e alguns casos não são diagnosticáveis intraútero. Por conta da variabilidade fenotípica, o diagnóstico pode ser difícil mesmo ao nascimento, e em casos moderados o diagnóstico é tardio. As características clínicas incluem micromelia tipo rizomelia, contraturas, deformidades nas mãos em posição de abdução dos dedos ("dedos em carona") e talos equinovaros graves. A cabeça é normal, mas a micrognatia e a fenda palatina podem estar presentes. O processo tardio é responsável pelas contraturas.

Prognóstico
Nos raros casos descritos, durante o período neonatal a mortalidade é alta, geralmente causada por obstrução nas vias aéreas. Dos sobreviventes, o adulto apresenta altura baixa, menor que 1,20 m, apresentando deformidade de coluna. Porém, o desenvolvimento intelectual é normal.

Deficiência de membros ou amputação congênita

As deficiências de membros ou amputação congênita englobam os casos em que a única anomalia identificável é a ausência de uma extremidade ou de um segmento de uma extremidade.

Incidência

A incidência da deformidade congênita do membro reduzido é de aproximadamente 0,49:10.000 nascimentos. Foi estimado que 51% desses defeitos de membros reduzidos são simples deficiências que reduzem transversalmente o membro superior ou a mão, apresentando-se de forma isolada. O restante é constituído por reduções deficientes múltiplas, com uma incidência aproximada de 23% de anomalias dos órgãos internos e das estruturas craniofaciais.

Fisiopatologia

As deficiências dos membros podem ser isoladas ou podem fazer parte de uma síndrome específica. Uma deficiência de membro único da extremidade superior (p. ex., um segmento distal do braço) geralmente é uma anomalia isolada. Ao contrário, uma amputação congênita da perna costuma ocorrer dentro de um contexto sindrômico, como uma amputação ou redução de todos os membros. A amputação isolada de uma extremidade pode ser em decorrência da síndrome da banda amniótica, exposição a uma ação teratogênica ou acidente vascular. Na maioria dos casos, a anomalia é esporádica e o risco de recorrência é desprezível. Entretanto, a recorrência das deficiências dos membros superiores isolada foi relatada.

Anomalias associadas

A síndrome de Moebius consiste em anomalias faciais atribuídas à paralisia do 6º e 7º nervos cranianos. Estima-se que a incidência seja de 1:10.000 nascidos vivos com distribuição igual para ambos os sexos. Atualmente existem estudos que descrevem a presença de mutações em dois genes PLXD1 e REV3L em pacientes com a síndrome. Esses genes participam da formação dos núcleos motores faciais. A mobilidade prejudicada da mandíbula leva à micrognatia. Ptose palpebral também é uma característica comum. Essa desordem geralmente é esporádica. Raros casos de formas familiais foram relatados. A relação entre o uso de misoprostol com finalidade abortiva e essa síndrome também foi descrita.

- Síndrome de Hanhart – aglossia-adactilia (também conhecida como síndrome de aglossia-adactilia, anquilose glossopalatina e ainda tirosinemia tipo II): consiste em uma amputação transversal dos membros e malformações da boca (incluindo micrognatia, anquilose ou resquício da língua, palato duro, assoalho da boca ou dos lábios ou anquilose glossopalatina). Dados epidemiológicos mostram uma prevalência de 1:500.000 nascimentos. Alterações que ocorrem entre a 4ª e a 8ª semana de embriogênese condicionam as malformações que caracterizam essa síndrome. O padrão de herança é autossômico recessivo causado por mutação no gene TAT, associada a altos níveis séricos de tirosina por conta da deficiência da enzima tirosina aminotransferase. O espectro de anomalias das extremidades é bem variável, desde a ausência de dígitos até deficiências graves de todos os quatro membros. O prognóstico está diretamente ligado com a gravidade das malformações. Em casos passíveis de tratamento, a restrição dietética de tirosina e fenilalanina apresenta bom resultado. A inteligência é geralmente normal.

Membros reduzidos em geral acometem membros superiores, variando desde deficiência transversal até a ausência de dígitos. Entre as anomalias associadas estão incluídas:

- A síndrome de Child (hemidisplasia congênita com eritrodermia ictiosiforme e membros defeituosos) é caracterizada pela demarcação de lesões de pele restritas a um lado da linha média. A presença de defeito unilateral dos ossos longos é uma característica importante da síndrome. Essa deficiência dos membros pode variar desde hipoplasia das falanges ou dos metacarpos até a ausência completa de uma extremidade. A calota craniana, a escápula e os arcos costais podem estar envolvidos. Essa síndrome afeta predominantemente o sexo feminino (taxa de 19:1). A incidência é desconhecida. É causada por herança ligada ao X por conta da mutação no gene NSDHL, localizado no *locus* 28 do braço curto do cromossomo X, que codifica a proteína 3-βhidroxiesteroide desidrogenase, envolvida na síntese do colesterol. O prognóstico depende das várias anomalias que podem estar associadas.
- A síndrome de Zellweger e a embriopatia de varfarina podem apresentar sinais clínicos semelhantes, além de anomalias viscerais que incluem: defeitos esqueléticos, cardiopatia congênita, hidronefrose unilateral, megaureter, agenesia renal unilateral, agenesia da tuba de Falópio, ovários, adrenais e tireoide. Trata-se de doença autossômica recessiva causada por mutações dos genes PEX, implicados na formação dos peroxíssomos. A maior parte dos indivíduos afetados morre antes de 1 ano de idade.
- A síndrome de Du Pan (complexo aplasia-fíbula braquidactilia) consiste em condição extremamente rara, caracterizada por agenesia bilateral da fíbula com alterações das falanges proximais e dos metacarpos. Os defeitos de redução do membro podem envolver as extremidades inferiores.
- A síndrome da fusão esplenogonadal é caracterizada pelos defeitos de membros reduzidos e fusão esplenogonadal. É provável que ocorra alguma sobreposição entre essa síndrome e a síndrome aglossia – adactilia (Hanhart). A maioria dos casos relatados atinge o sexo masculino. Tipicamente, após a cirurgia pode ser observada massa testicular associada a baço ectópico.

- A síndrome de Adams-Oliver é uma doença caracterizada pela associação de membros reduzidos e defeitos cranianos (aplasia cutânea e deficiência de ossificação da calota craniana). A incidência descrita em estudos é de 1:10.000 nascidos vivos. Apresenta padrão de herança autossômico dominante relacionado aos genes ARHGAP31, DLL4, NOTCH1 ou RBPJ. Existem relatos em estudos da forma menos frequente, de herança autossômica recessiva, em que os genes envolvidos são: DOCK6 ou EOGT. O prognóstico depende da forma e da extensão do acometimento, pois pode haver risco de infecções secundárias, hemorragias e trombose em lesões cutâneas extensas. Pode ainda estar associada à osteogênese imperfeita.

Focomelia é definida como ausência de partes dos braços e das pernas, porém com a presença de mãos e pés normais ou alterados. Frequentemente, as extremidades se parecem com a da foca. Além da associação com o uso da talidomida pela gestante, devem ser consideradas as seguintes síndromes:

- Síndrome de Roberts: é uma doença autossômica recessiva, causada pela mutação do gene ESCO2 que codifica uma enzima acetiltransferase. Essa intercorrência é caracterizada pela associação de tetrafocomelia e defeitos de fenda faciais ou hipoplasia da asa do nariz. O hipertelorismo pode estar presente. As extremidades superiores geralmente encontram-se mais afetadas que as inferiores. A coluna espinhal não está envolvida. Foi observado polidrâmnio e outras anomalias associadas que incluem rim em ferradura, hidrocefalia, encefalocele e espinha bífida.
- Síndrome de Grebe: é uma condição descrita por meio das tribos de índios consanguíneos no Brasil. É uma doença autossômica recessiva em que o gene envolvido é o CDMP1, participante da formação da cartilagem. Já foram descritas por volta de 34 mutações envolvendo o gene CDMP1. Essa anomalia é caracterizada por hipomelia marcada dos membros superiores e inferiores aumentando em gravidade a partir do segmento proximal ao distal. Em contraste, na síndrome de Roberts, os membros inferiores estão mais afetados do que os superiores. O acometimento craniofacial e do esqueleto axial é mínimo e não há prejuízo nas funções cognitivas, o que representa prognóstico bom.
- Síndrome TAR: é uma doença autossômica recessiva caracterizada por trombocitopenia (total de plaquetas menor que 100.000/mm^3) e ausência bilateral do rádio. O mecanismo genético envolvido consiste em deleção na região 200kb da banda do cromossomo 1q21.1. Essa deleção envolve múltiplos genes incluindo o gene RBM8A. Os dedos e metacarpos estão presentes. A ulna e o úmero podem estar ausentes e ainda pode haver inserção anômala das mãos. A cardiopatia congênita está presente em 33% dos casos (tetralogia de Fallot e defeitos septais). Para casais com risco genético, a demonstração ultrassonográfica do defeito do membro associada à baixa concentração de plaquetas fetais, obtida pela cordocentese, é suficiente para um diagnóstico específico. Nesses casos, o parto cesáreo é recomendado por conta do risco de hemorragia intracraniana.
- Deficiência focal do fêmur proximal ou fêmur curto congênito: consiste em uma grande variedade de anomalias congênitas do desenvolvimento do fêmur. A incidência é rara, com predominância do sexo feminino (3:2), podendo estar associada a mais de 25 síndromes.

A doença foi classificada em cinco grupos:

- Tipo I, hipoplasia simples do fêmur.
- Tipo II, fêmur curto com haste angulada.
- Tipo III, fêmur curto com coxa vara (a mais comum).
- Tipo IV, ausência ou defeito do fêmur proximal.
- Tipo V, ausência ou fêmur rudimentar.

Um ou ambos os fêmures podem ser afetados. O fêmur direito está mais frequentemente envolvido. As anomalias dos membros superiores também podem estar associadas e não excluem o diagnóstico. A síndrome da deficiência do fêmur proximal pode manifestar hérnias inguinal ou umbilical. Se ambos os fêmures estiverem afetados, é importante examinar a face cuidadosamente. A doença pode incluir hipoplasia femoral e síndrome facial incomum. Essa síndrome consiste em hipoplasia femoral unilateral e defeitos faciais, incluindo encurtamento de nariz, com a extremidade larga, filtro longo, micrognatia e fenda palatina. Alterações dos ossos longos podem se estender para outros segmentos da extremidade inferior (ausência de fíbula) e também para a extremidade superior. A síndrome é esporádica e tem sido associada com diabete melito materno. Uma

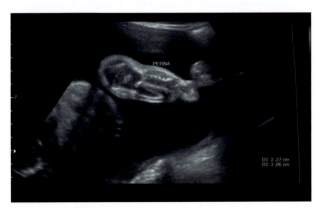

Figura 42 Plano longitudinal da perna de feto de 22 semanas demonstra encurtamento da tíbia e fíbula associado à apodia.

forma familial foi descrita. Se o defeito for unilateral, pode corresponder ao complexo fêmur-fíbula-ulna ou fêmur-tíbia-rádio. Essas duas síndromes apresentam diferentes implicações para o aconselhamento genético. A primeira é esporádica, enquanto a última apresenta um componente genético importante.

- Síndrome de mão e pé "fendidos": refere-se a um grupo de doenças caracterizadas pela separação de mãos e pés em duas partes. Outros termos incluem deformidade de "pata" de lagosta, ectrodactilia e dedos abortados. Essas condições são classificadas em formas típicas e atípicas. A primeira forma consiste na ausência de ambos os ossos, dos dedos e dos metacarpos, resultando na forma de "V" profundo. Assim, é observado defeito central que divide claramente a mão em uma parte ulnar e outra radial. Isso ocorre em 1:40.000 nascidos vivos e apresenta uma tendência familial (geralmente herdada em padrão autossômico dominante). A forma atípica é caracterizada por uma fenda mais larga formada por um defeito nos dedos médios e metacarpos. Como consequência, a fenda assume aspecto de "U", com apenas um dedo pequeno remanescente. Ocorre em 1:150.000 nascidos vivos. Foi proposto um sistema complexo para classificação dessas doenças com base na distribuição dos dedos remanescentes. Entretanto, esse sistema não é útil no diagnóstico diferencial e na classificação das síndromes. A deformidade das mãos e dos pés fendidos pode ocorrer como uma anomalia isolada ou fazendo parte de uma síndrome mais complexa. Os tipos sindrômicos são mais frequentemente encontrados. Diversas síndromes estão associadas com a deformidade de mãos e pés fendidos e ausência dos ossos longos. Entre estas incluem-se duas condições em que há mão fendida e aplasia da tíbia, ou pé fendido com aplasia da ulna. Entretanto, as anomalias esqueléticas não estão limitadas a esses ossos. A clavícula, o fêmur e a fíbula também podem ser afetados. O padrão de herança dessas doenças não está claramente determinado. Foram considerados padrão autossômico dominante, recessivo e recessivo ligado ao X.
- Síndrome displásica ectrodactilia-ectodérmica com fenda palatina ou labial: geralmente acomete as quatro extremidades, com gravidade maior nas mãos. O espectro dos defeitos ectodérmicos é amplo, incluindo pele seca, cabelos esparsos e defeitos dentários. Defeitos no ducto lacrimal levam à ausência de secreções lacrimais, conjuntivite queratosa crônica e grave perda da acuidade visual. A fenda labial geralmente é bilateral. Uropatia obstrutiva também pode estar presente. O padrão de herança é autossômico dominante. A inteligência geralmente está preservada.
- Síndrome de Karsch-Neugebauer (mão/pé fendido com nistagmo congênito), síndrome acrorrenal e

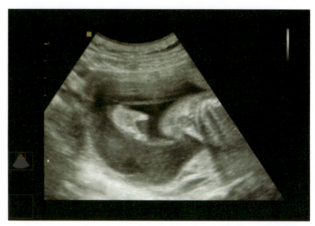

Figura 43 Plano ultrassonográfico plantar demonstra a presença de dois dígitos e a fenda mediana extensa no pé de feto de 24 semanas.

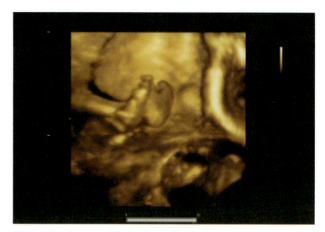

Figura 44 Imagem 3D da planta do pé, do mesmo caso anterior.

disostose mandíbulo-facial (síndrome de Fontaine): abrangem um conjunto de anomalias que envolvem associação de deformidades das mãos e dos pés fendidos com outras anomalias. Tal entidade inclui pé fendido com dedo trifalangiano, pé fendido e mão com polidactilia central. O padrão de herança é autossômico dominante, relacionado à mutação dos genes DLX5 e DLX6 presentes no cromossomo 7. Porém, atualmente há descrição de outros cinco *locus* considerados responsáveis pelo desenvolvimento da anomalia (SHFM1 em 7q21.3, SHFM2 em Xq26, SHFM3 em 10q24, SHFM3 em 3q27 e SHFM3 em 2q31).
- Deformidades das mãos: são classificadas em duas categorias principais: radial e ulnar. A deformidade da mão radial inclui um largo espectro de doenças que abrangem ausência e/ou hipoplasia do dedo, 1º metacarpo fino e ausência do rádio. A deformidade da mão ulnar é muito menos frequente que a radial e varia desde desvios moderados da mão para este mesmo lado até a completa ausência da ulna. Enquanto a mão anômala radial está frequentemente associada às

síndromes, a ulnar geralmente é um achado isolado. O diagnóstico da deformidade da mão indica exame criterioso do feto para delinear as anomalias associadas que possam sugerir uma síndrome. Recomenda-se análise de amostras do sangue e ecocardiografia fetal. É importante o hemograma completo, incluindo plaquetas, para estabelecer o diagnóstico de pancitopenia de Fanconi, síndrome TAR e síndrome Aase. O cariótipo fetal está indicado por causa da associação com diversas anomalias cromossômicas (p. ex., trissomia do 18, 21 ou outras aberrações estruturais).

A inserção anômala da mão em direção radial foi relatada em associação com diversas anomalias cromossômicas, incluindo trissomia do 18 e 21, deleção do braço longo do 13 e cromossomo em anel. Por sua vez, a inserção anômala em direção ulnar geralmente ocorre isoladamente. A cardiopatia congênita é uma característica importante da síndrome de Holt-Oram e da síndrome de Lewis, e pode estar presente em alguns casos de síndrome TAR. A inserção anômala em direção radial pode se apresentar com outras malformações. A ampla variação de achados ultrassonográficos pode não representar uma descrição de síndrome reconhecível ou uma previamente descrita. Entre as conhecidas estão:

- Anemia de Fanconi (pancitopenia) é uma doença autossômica recessiva com associação entre falência da medula óssea (anemia, leucopenia e trombocitopenia) e anomalias esqueléticas, incluindo mão anômala radial (ausência dos dedos, hipoplasia radial), além de elevada frequência de deleção cromossômica (demonstrada nas células do líquido amniótico ou linfocitose fetal após incubação com diepoxibutano). Pode estar associada ao deslocamento do quadril e escoliose, além de anomalias cardíacas, pulmonares e gastrointestinais. A restrição de crescimento intraútero é comum.
- Síndrome Aase é uma condição autossômica recessiva caracterizada por anemia congênita e mão torta radial com dedo tetrafalangiano e rádio com hipoplasia distal. As cardiopatias (defeito do septo ventricular) podem estar presentes.
- Síndrome TAR descrita acima.
- Outras doenças associadas com três tetrafalangianos incluem a síndrome de Holt-Oram e a síndrome de Nager.
- Síndrome de Holt-Oram é uma doença autossômica dominante por conta da mutação do gene TBX5, 601, 620 e TBX3 localizado no *locus* 12q24. Essa síndrome é caracterizada por uma cardiopatia congênita (principalmente defeito do septo atrial, tipo *secundum* e defeito do septo ventricular) e aplasia ou hipoplasia do rádio. Defeitos dos membros são frequentemente assimétricos. Não há correlação entre a gravidade dos defeitos dos membros e a cardiopatia. Outras anomalias incluem hipertelorismo e defeitos vertebrais. A mortalidade por cardiopatias complexas na síndrome de Holt-Oram no primeiro ano era descrita em cerca de 30% e está atualmente reduzida em razão do tratamento cirúrgico que permite sobrevivência em melhores condições clínicas com prognóstico bom em médio e longo prazo.
- Anomalias craniofaciais e a deformidade da mão torta radial formam um grupo diferente de síndromes. Essas síndromes são esporádicas e possuem características comuns que fazem com que o diagnóstico diferencial no pré-natal seja difícil. A anomalia craniofacial mais comum é a fenda labial e palatina. Um estudo com 3.225 casos com fenda orofacial mostrou uma associação de 2,8% com deformidades dos membros superiores.
- Escoliose congênita pode estar associada com as seguintes síndromes: associação de VATER, alguns casos de síndrome de Goldenhar e síndrome de Klippel-Feil. A associação de VATER inclui segmentação vertebral (70%), atresia anal (80%), fístula traqueoesofágica (70%), atresia esofagiana e defeitos radiais e renais (65-53%, respectivamente). Outras anomalias, incluindo artéria umbilical única (35%) e cardiopatia congênita, ocorrem aproximadamente em 50% dos pacientes. A associação de VATER ocorre esporadicamente. A síndrome de Goldenhar é uma doença caracterizada pela alteração da morfogênese dos 1º e 2º arcos branquiais (microtia e hipoplasia do malar, maxilar e/ou região mandibular) e também pode estar associada à mão torta radial.
- Polidactilia: é a presença de um dedo adicional. O dedo extranumerário pode apresentar variação desde um apêndice carnoso até um dedo completo com controle da flexão e extensão. A polidactilia pode ser classificada como pós-axial (a forma mais comum), pré-axial e central. A polidactilia pós-axial ocorre no lado ulnar da mão e no lado fibular do pé. A polidactilia pré-axial está presente no lado radial da mão e no lado tibial do pé. A forma pós-axial apresenta incidência nos caucasianos de aproximadamente 1 em 3.000, sendo 10 vezes mais frequente nos negros. A forma pré-axial é menos comum, ocorrendo em aproximadamente 0,15 em 1.000. A polidactilia pode fazer parte de mais de 100 síndromes descritas, incluindo displasias esqueléticas e anomalias cromossômicas.

A maioria manifesta-se como condições isoladas, apresentando um padrão de herança autossômico dominante. Algumas delas fazem parte de uma síndrome, geralmente autossômica recessiva. A polidactilia pré-axial, em especial com dedos tetrafalangianos, manifesta-se fazendo parte de uma síndrome multissistêmica. A polidactilia central consiste em um dedo extranumerário que

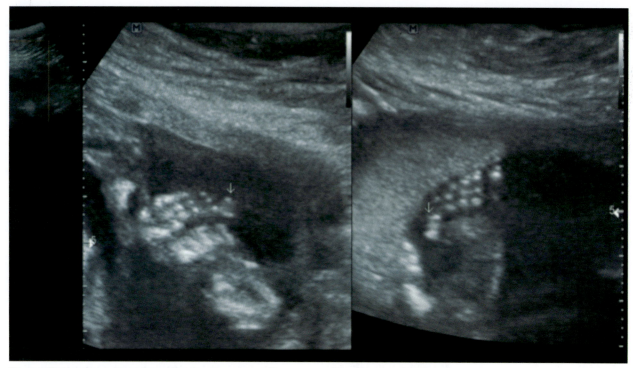

Figura 45 Imagem ultrassonográfica do plano plantar demonstra polidactilia pós-axial bilateral.

geralmente está escondido entre o dedo médio e o anular. É frequentemente bilateral e é herdado por meio de um padrão autossômico. Pode estar associado com outras malformações de pés e mãos.

Prognóstico

As formas isoladas apresentam bom prognóstico e as associadas dependem da síndrome presente.

Artrogripose

O termo artrogripose múltipla congênita (AMC) refere-se a múltiplas contraturas articulares presentes ao nascimento. O movimento fetal normal é importante para o desenvolvimento das articulações. A limitação da movimentação articular intraútero leva ao desenvolvimento de contraturas e artrogripose.

Incidência

A condição está presente em 0,03% dos nascidos vivos.

Fisiopatologia

A AMC não é uma doença específica, mas representa um achado que pode estar presente em mais de 120 síndromes (autossômica recessiva, dominante, ligada ao X, anomalias cromossômicas, infecções congênitas, bem como hipertermia materna). Alterações neurológicas, musculares, do tecido conectivo, esquelético ou acomodação intrauterina (em razão do oligoâmnio) podem levar a uma disfunção fetal da movimentação e AMC. É provável que a causa mais comum de AMC seja neurogênica, seguida de desordem miopática.

Diagnóstico ultrassonográfico

Os achados principais constituem ausência de movimentação fetal no exame em tempo real e graves deformidades de flexão. Polidrâmnio, restrição torácica e retromicrognatia são achados frequentes. O comprometimento geralmente é simétrico. Na maioria dos casos de AMC, todos os quatro membros estão envolvidos, seguidos de deformidades das extremidades inferiores apenas, ou envolvimento bimélico. A gravidade das deformidades aumenta distalmente nos membros envolvidos, sendo mãos e pés tipicamente os mais deformados.

Anomalias associadas

Há muitas anomalias congênitas associadas à AMC. As mais frequentes são micrognatia, fenda palatina, síndrome de Klippel-Feil, meningomielocele e cardiopatia congênita. Dez por cento dos pacientes com AMC apresentam alterações de sistema nervoso central associadas.

Prognóstico

É dependente da síndrome associada, podendo resultar em limitação discreta da movimentação ou até memo em anomalias letais.

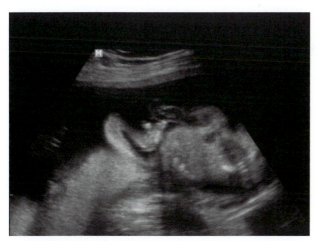

Figura 46 Corte ultrassográfico demonstra o plano invertido do cotovelo em feto com artrogripose.

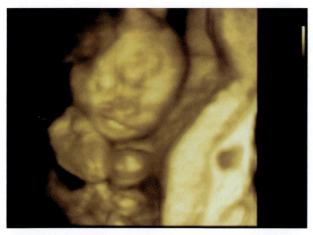

Figura 47 Plano 3D do caso anterior mostra a posição viciosa do antebraço invertido.

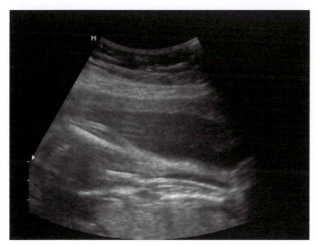

Figura 48 Plano ultrassonográfico das pernas demonstra a posição viciosa dos membros inferiores. Durante toda a gestação não foi observada flexão desses membros em caso de artrogripose.

Bibliografia sugerida

1. Balear I, Bieber FR. Sonographic and radiologic findings in camptomelic dysplasia. AJR. 1983;141:481.
2. Banker BQ. Neuropathologic aspects of arthrogryposis multiplex congênita. Clin Orthop. 1985;194:30-4.
3. Baraitser M, Winter RM. Atlas de síndromes de malformação congênita. São Paulo: Manole; 1998. p. 95-110.
4. Bonafe L, Cormier-Daire V, Hall C, Lachman R, Mortier G, Mundlos S, et al.; Nosology and classification of genetic skeletal disorders: 2015 revision. Am J Med Genet A. 2015;167A(12):2869-92.
5. Bonafede RP, Beighton P. Autosomal dominant inheritance of scalp defects with extrodactyly. Am J Med Genet. 1979;3:35-41.
6. Borochowitz Z, Ornoy A, Lachman R, Rimoin DL. Achondrogenesis II hypochondrogenesis; variability versus heterogeneity. Am J Med Genet. 1986;24:273-88.
7. Brons JTJ, van Geijn HP, Wladimiroff JW. Prenatal ultrasonographic diagnosis of the Holt-Oram syndrome. Prenat Diagn. 1988;8:175-81.
8. Brous JTJ, van der Harten J, Wladimiroff JW, van Geijn HP, Dijkstra PF, Exalto N, et al. The prenatal ultrasonographic diagnosis of osteogenesis imperfecta. Am J Obstet Gynecol. 1998;159:176-81.
9. Byers PH, Krakow D, Nunes ME, Pepin M. American College of Medical Genetics evaluation of suspect osteogenesis imperfect. Genetic Medical. 2006;8:383-8.
10. Campbell J, Henderson A, Campbell S. The fetal femur/foot length ratio: a new parameter to assess dysplastic limb reduction. Obstet Gynecol. 1989;72:181-9.
11. Chan KM, Lamb DW. Triphalangeal thumb and five-fingered hand. Hand. 1983;15:329-34.
12. Chen LS, Shi SJ, Zou PS, Ma M, Chen XH, Cao DH. Identification of novel DYNC2H1 mutations associated with short rib-polydactyly syndrome type III using next-generation panel sequencing. Genet Mol Res. 2016;15(2).
13. Chitkara U, Rosenberg J, Chervenak FA, Berkowitz GS, Levine R, Fagerstrom RM, et al. Prenatal sonographic assessment of the fetal thorax: normal values. Am J Obstet Gynecol. 1987;156:1069-74.
14. Claus GH, Newman CGH. The thalidomide syndrome: risks of exposure and spectrum of malformations. Teratology. 1986;13:555-73.
15. Connor JM, Connor RA, Sweet EM, Gibson AA, Patrick WJ, McNay MB, et al. Lethal neonatal chondrodysplasias in the West of Scotland 1970-1983 with a description of a thanatophoric, dysplasia-like, autosomal recessive disorder, Glasgow variant. Am J Med Genet. 1985;22:243-53.
16. Cordone M, Lituânia M, Bocchino G, Passamontí U, Toma P, Camera G. Utrasonographic features in a case of heterozygous achondroplasia at 25 weeks' gestation. Prenat Diagn. 1993;13:395-401.
17. Das BB, Nagaraj A, Fayemi A, Rajegowda BK, Giampietro PF. Fetal thoracic measurements in prenatal diagnosis of Jeune syndrome. Indian J Pediatr. 2002;69(1):101-3.
18. Doğer E, Köpük SY, Cakıroğlu Y, Cakır O, Yücesoy G. Unilateral isolated proximal femoral focal deficiency. Case Rep Obstet Gynecol. 2013; 2013:637904.
19. Donnenfeld AE, Wiseman B, Lavi E, Weiner S. Prenatal diagnosis of thrombocytopenia absent radius syndrome by ultrasound and cordocentesis. Prenat Diagn. 1990;10:29-35.
20. Eleftheriades M, Iavazzo C, Manolakos E, Hassiakos D, Botsis D, Petersen M, et al. Recurrent short rib polydactyly syndrome. J Obstet Gynaecol. 2013;33(1):14-6.
21. Farrington-Rock C, Firestein MH, Bicknell LS, Superti-Furga A, Bacino CA, Cormier-Daire V, et al. Mutations in two regions of FLNB result in atelosteogenesis I and III. Hum Mutat. 2006;27(7):705-10.
22. Gausewitz SH, Meais RA, Setocuchi Y. Severe limb deficiency in Polancs syndrome. Clin Orthop. 1984;185:9-13.
23. Glanz A, Fraser FC. Spectrum of anomalies in Fanconi anaemia. J Med Genet. 1982;19:412-6.
24. Goldberg JD, Chervenak FA, Lipman RA, Berkowitz RL. Antenatal sonographic diagnosis of arthrogryposis multiplex congenita. Prenat Diagn. 1986;6:45-9.
25. Gollop TR, Eigier A. Brief clinical report: prenatal ultrasound diagnosis of diastrophic dysplasia at 16 weeks. Am J Med Genet. 1987;27:321-4.
26. Gonçalves LF, Espinoza J, Mazor M, Romero R. Newer imaging modalities in the prenatal diagnosis of skeletal dysplasias. Ultrasound Obstet Gynecol. 2004;24(2):115-20.
27. Goncalvez L, Jeanty P. Fetal biometry of skeletal dysplasias: a multicentric study. J Utrasound Med. 1994;13:977-85.

28. Gonçalves LF, Kusanovic JP, Gotsch F, Espinoza J, Romero R. The fetal musculoskeletal system. In: Callen PW. Ultrasonography in obstetrics and gynecology. 5th edition. Philadelphia: Saunders Elsevier; 2008. p. 419-92.
29. Graham M. Congenital short femur: prenatal sonographic diagnosis. J Ultrasound Med. 1985;4:361-5.
30. Hageman G, Willemse J. Arthrogryposis multiplexa congenita: review with comments. Neuroped. 1983;14:6-10.
31. Halal F, Homsy M, Perreault G. Acro-renal-ocular syndrome: autosomal dominant thumb hypoplasia, renal ectopia, and eye defect. Am J Med Genet. 1984;17:753-62.
32. Hao XY, Fan CN, He YH, Liu JL, Ge SP. Prenatal diagnosis of Ellis-Van Creveld syndrome by targeted sequencing. Chin Med J (Engl). 2016;129(15):1882-3.
33. Happle R, Koch H, Lenz W. The CHILD syndrome: congenital hemidysplasia with ichthyosiform erthyroderma and limb defects. Eur J Pediatr. 1980;134:27-31.
34. Hatzaki A, Sifakis S, Apostolopoulou D, Bouzarelou D, Konstantinidou A, Kappou D, et al. FGFR3 related skeletal dysplasias diagnosed prenatally by ultrasonography and molecular analysis: presentation of 17 cases. Am J Med Genet A. 2011;155A(10):2426-35.
35. Heinrich T, Nanda I, Rehn M, Zollner U, Ernestus K, Wirth C, et al. Co-occurence of reciprocal translocation and COL2A1 mutation in a fetus with severe skeletal dysplasia: implications for genetic counseling. Cytogenet Genome Res. 2015;145(1):25-8.
36. Honório JC, Bruns RF, Gründtner LF, Raskin S, Ferrari LP, Araujo Júnior E, et al. Diastrophic dysplasia: prenatal diagnosis and review of the literature. Sao Paulo Med J. 2013;131(2):127-32.
37. International Working Group on Constitutional Diseases of Boné. International classification of osteochondrodysplasias. Eur J Pediatr. 1992; 151:407-15.
38. Langer LO, Yang SS, Hall JG, Sommer A, Kottamasu SR, Golabi M, et al. N. Thanatophoric dysplasia and cloverleaf skull. Am J Med Genet Suppl. 1987;3:167-79.
39. Machado LE, Bonilla-Musoles F, Raga F, Bonilla F Jr, Machado F, Osborne NG. Thanatophoric dysplasia: ultrasound diagnosis. Ultrasound Q. 2001;17(4):235-43.
40. Mahoney MJ. Hobbins JC. Prenatal diagnosis of chondroectodermal dysplasia (Ellis-Van Creveld syndrome) with fetoscopy and ultrasound. N Engl J Med. 1977;297:258-9.
41. Marid BOD, Creizel A, Lenz W. Incidence at birth of different types of limb reduction abnormalities in Hungary, 1975-1977. Hum Genet. 1983;65:27-32.
42. Marshall CJ, Arundel P, Mushtaq T, Offiah AC, Pollitt RC, Bishop NJ, et al. Diagnostic conundrums in antenatal presentation of a skeletal dysplasia with description of a heterozygous C-propeptide mutation in COL1A1 associated with a severe presentation of osteogenesis imperfecta. Am J Med Genet A. 2016;23:34-6.
43. Mattos EP, Sanseverino MT, Magalhães JA, Leite JC, Félix TM, Todeschini LA, et al. Clinical and molecular characterization of a Brazilian cohort of campomelic dysplasia patients, and identification of seven new SOX9 mutations. Genet Mol Biol. 2015;38(1):14-20.
44. Miura T, Suzuki M. Clinical differences between typical and atypical cleft hand. J Hand Surg. 1984;9:311.
45. Orhant L, Anselem O, Fradin M, Becker PH, Beugnet C, Deburgrave N, et al. Droplet digital PCR combined with minisequencing, a new approach to analyze fetal DNA from maternal blood: application to the non-invasive prenatal diagnosis of achondroplasia. Prenat Diagn. 2016;36(5):397-406.
46. Papageorghiou AT, Fratelli N, Leslie K, Bhide A, Thilaganathan B. Outcome of fetuses with antenatally diagnosed short femur. Ultrasound Obstet Gynecol. 2008;31(5):507-11.
47. Pauli RM, Greenlaw A. Limb deficiency and splenogonadal fusion. Am J Med Genet. 1982;13:81-5.
48. Picciolini O, Porro M, Cattaneo E, Castelletti S, Masera G, Mosca F, et al. Moebius syndrome: clinical features, diagnosis, management and early intervention. Ital J Pediatr. 2016;42(1):56.
49. Pilarski RT, Pauli RM, Engber WD. Hand-reduction malformations: genetic and syndrome analysis. J Pediatr. 1985;5:274-7.
50. Pilu G, Romero R, Jeanty P. Anomalias esqueléticas. In: Rodeck C, Whittle MJ. Medicina fetal. Fundamentos e prática clínica. Rio de Janeiro: Revinter; 2005. p. 715-36.
51. Pires P, Telles J. Displasia esquelética. In. Saito M, Cardoso R, Cha SC, Amaral WN. Tratado ultrassonografia V – Medicina fetal. Atualidades e perspectivas. Sociedade Brasileira de Ultrassonografia. 2015. p. 338-49.
52. Rauch F, Glorieux FH. Osteogenesis imperfecta. Lancet. 2004;363:1377-85.
53. Romeo G, Zonana J, Lachman RS, Opitz JM, Scott CI Jr, Spranger JW, et al. Grebe chondrodysplasia and similar forms of severe short-limbed dwarfism. Birth Defects. 1977;13:109-15.
54. Rousseau F, Bonaventure J, Legeai-Mallet L, Pelet A, Rozet JM, Maroteaux P, et al. Mutations in the gene encoding fibroblast growth factor receptor-3 in achondroplasia. Nature. 1994;37:252-4.
55. Sahinoglu Z, Uludogan M, Gurbuz A, Karateke A. Prenatal diagnosis of thanatophoric dysplasia in the second trimester: ultrasonography and other diagnostic modalities. Arch Gynecol Obstet. 2003;269(1):57-61.
56. Sanders RC, Greyson-Fleg RT, Hogge WA, Blakemore KJ, McGowan KD, Isbistr S. Osteogenesis imperfecta and campomelic dysplasia: difficulties in prenatal diagnosis. Ultrasound Med. 1994;13:691-700.
57. Sharony R, Browne C, Lachman RS, RiomoinDL. Prenatal diagnosis of the skeletal dysplasias. Am J Obstet Gynecol. 1993;169:668-75.
58. Sillence DO, Senn A, Danks DM. Genetic heterogeneity in osteogenesis imperfect. J Med Genet. 1979;16:101-16.
59. Swanson AB, Tada K, Yonenubo K. Ulnar ray deficiency: its various manifestations. J Hand Surg. 1984;9A:658-64.
60. Tada K, Yonenobu K, Swanson AB. Congenital central ray deficiency in the hand – a survey of 59 cases and subclassification. J Hand Surg. 1981;6:434-40.
61. Thompson GH, Bilenker RM. Comprehensive management of arthrogryposis multiplex congenita. Clin Orthop. 1985;194:6-14.
62. Toru HS, Nur BG, Sanhal CY, Mihci E, Mendilcioğlu İ, Yilmaz E, et al. Perinatal diagnostic approach to fetal skeletal dysplasias: six years experience of a tertiary center. Fetal Pediatr Pathol. 2015;34(5):287-306.
63. Tunobileck E, Yalcin C, Atasu M. Aglossia-adactylia syndrome (special emphasis on the inheritance pattern). Clin Genet. 1977;11:421-5.
64. Unger S, Lausch E, Stanzial F, Gillessen-Kaesbach G, Stefanova I, Di Stefano CM, et al. Fetal akinesia in metatropic dysplasia: the combined phenotype of chondrodysplasia and neuropathy? Am J Med Genet A. 2011; 155A(11):2860-4.
65. van der Harten H, Brous JTJ, Dijkstra PF. Achondrogenesis, hypochondrogenesis, the spectrum of chondrogenesis imperfecta: a radiologic, ultrasonographic and histopathologic study of 23 cases. Pediatr Pathol 1988;8:571-97.
66. Waldenmaier C, Aldenhoff P, Klemm T. The Roberts' syndrome. Hum Genet. 1978;40:345-51.
67. Wladimiroff JW, Niermeijer MF, Laar J, Jahoda M, Stewart PA. Prenatal diagnosis of skeletal dysplasia by real-time ultrasound. Obstet Gynecol. 1984;63:360-6.
68. Wladimirof JW, Niermeijer MF, Van der Harken JU, Stewart PA, Versteegh FG, Blom W, et al. Early prenatal diagnosis of congenital hypophosphatasia: case report. Prenat Diagn. 1985;5:47-52.
69. Weiner CP, Williamson RA, Bonsib SM. Sonographic diagnosis of cloverleaf skull and thanatophoric dysplasia in the second trimester. J Clin Ultrasound. 1986;14:463-5.
70. Zankl A, Mornet E, Wong S. Specific ultrasonographic features of perinatal lethal hypophosphatasia. Am J Med Genet A. 2008;146A(9):1200-4.

21

Ultrassonografia na gestação gemelar

Jurandir Piassi Passos

Introdução

Cada vez mais, a ultrassonografia assume um papel importante na avaliação pré-natal do bem-estar fetal e de seu desenvolvimento, especialmente em gestações nas quais os índices de complicações são mais frequentes, como nas gemelares. As gestações gemelares, apesar de representarem apenas 3% dos nascidos vivos, são responsáveis por cerca de 15% da mortalidade perinatal, índices estes relacionados à corionicidade e amnionicidade dessas gestações.

Além da avaliação do bem-estar fetal, a ultrassonografia nas gestações gemelares permite a avaliação de sua zigosidade, o diagnóstico precoce de anomalias, a avaliação do crescimento fetal (em especial na detecção de gêmeos discordantes), o controle intraparto e algumas complicações inerentes às gestações múltiplas.

Algumas dessas complicações estão intimamente ligadas em parte à zigosidade, o que torna importante sua determinação o mais cedo possível (Tabela 1).

Vale ressaltar que na população em geral as gestações dizigóticas são as de ocorrência mais comum, enquanto as monozigóticas, além de serem mais raras, apresentam uma incidência constante na população, não sofrendo a influência de fatores externos como as dizigóticas.

Avaliação da zigozidade e corionicidade

Gestações gemelares normalmente resultam da fertilização de mais de um oócito, ocasionando gestação dizigótica e fetos não idênticos, chamados também de gêmeos fraternos.

Os gêmeos univitelínicos provêm de um ovo único que sofre uma divisão durante as 2 semanas iniciais de embriogênese. Se esta divisão acontece até o 4º dia após a fertilização, teremos a ocorrência de uma gestação dicoriônica, diamniótica, a qual representa 18-36% dos gêmeos monozigóticos. Gestação monocoriônica e diamniótica é o tipo mais comum e representa 70%, decorrente de divisões entre o 4º e o 8º dia pós-concepção. Gestações monocoriônicas e monoamnióticas representam de 2-4% e decorrem de divisões entre o 8º e 12º dia. Os gêmeos unidos que representam 2,5% das gestações monozigóticas ocorrem por conta de divisões tardias, normalmente após o 13º dia de concepção.

A avaliação ultrassonográfica é a única forma de se determinar a zigosidade antes do nascimento. A identificação de dois sacos gestacionais separados evidencia a ocorrência de gestação dicoriônica e diamniótica. Porém, nem sempre as duas placentas estão totalmente separadas. No ponto de união entre elas, pode ocorrer o chamado sinal do "lamb-

Tabela 1 Comparação da frequência de complicações fetais em gestações			
Complicação	Feto único	Dicoriônica	Monocoriônica
Aborto entre 11-23 semanas	1%	2%	10%
Morte perinatal	0,5%	1,5%	3%
RCIU	5%	20%	30%
Parto pré-termo (< 32 s)	1%	5%	10%
Malformações	1%	1%	4%

RCIU: restrição de crescimento intrauterino.
Adaptada de Cohen et al., 2010.

da", que consiste na união dos dois âmnios e dois córions de cada saco gestacional, permitindo ao ultrassonografista determinar a dicorionicidade da gestação. Este sinal, também denominado *twin peak sign*, foi descrito por Finberg em 1992 e apresenta uma espessura acima de 2 mm. Quando há ocorrência de gestação monocoriônica, diamniótica, nota-se na inserção placentária a presença de apenas duas membranas amnióticas, tornando essa união mais delgada – normalmente com espessura abaixo de 2 mm – evidenciando o chamado sinal da "lambda" (Figura 1).

Trabalhos evidenciam que o sinal da "lambda" pode ser identificado com acurácia em 99% das gestações gemelares, principalmente se realizada até a 14ª semana de gestação (Figuras 2 e 3).

Outra forma de se confirmar a corionicidade é por meio da determinação dos sexos fetais. Se forem de sexos diferentes, com certeza teremos uma gestação dicoriôni-

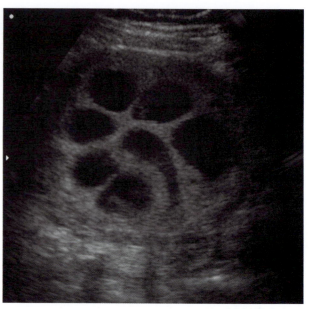

Figura 3   Gestação múltipla pós-indução de ovulação.

ca e diamniótica. É estimado que 35% das gestações gemelares apresentem sexo discordante.

Determinação da idade gestacional

Como nas gestações únicas, a estimativa da idade gestacional nas gestações gemelares é muito importante para o acompanhamento delas, pois a avaliação do crescimento fetal, a data provável do parto, além das avaliações de rotina, dependem de uma datação adequada.

A melhor época para essa determinação é o primeiro trimestre, em que o comprimento craniocaudal (CCN) é o parâmetro mais adequado para essa função. Porém, não é incomum encontrarmos diferenças entre as medidas de CCN. Pesquisas mostram que a medida menor do feto é que deve ser considerada no momento de se determinar a idade gestacional nos gemelares.

Importância da avaliação da translucência nucal

Além da determinação da corionicidade e da idade gestacional, a avaliação no primeiro trimestre gestacional deve ter o intuito de averiguar outras complicações inerentes às gestações gemelares, que têm a maior incidência de malformações e a possibilidade de se predizer a ocorrência da síndrome da transfusão feto-fetal (STFF) por meio da análise da translucência nucal.

Sabe-se que as gestações gemelares apresentam uma incidência maior de malformações do que as gestações únicas, com incidência variando entre 7,3-9,4%, contra 2,4%. Ademais, a presença de translucência nucal acima do percentil 95 em um dos fetos em uma gestação monocoriônica apresenta um valor preditivo positivo

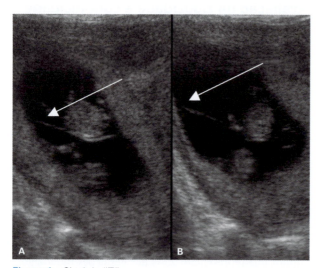

Figura 1   Sinal do "T".

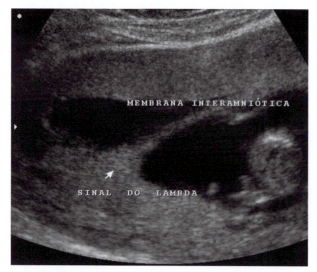

Figura 2   Sinal do "lambda".

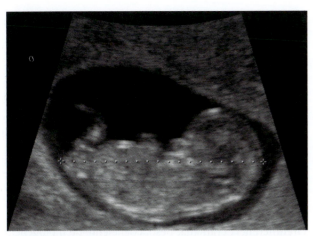

Figura 4 Medida do comprimento craniocaudal em feto de 11 semanas.

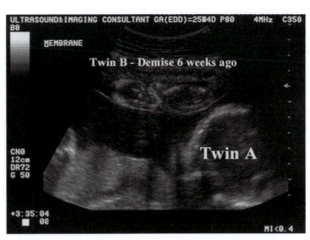

Figura 7 *Vanishing twin* evoluindo para feto papiráceo.
Fonte: Fetalultrasound.com.

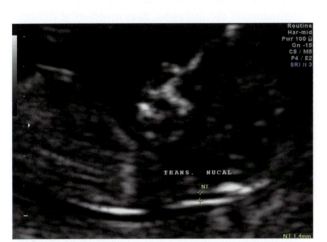

Figura 5 Medida da translucência nucal.

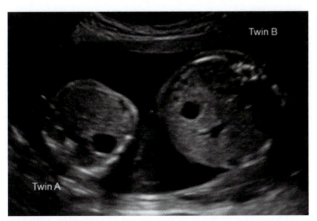

Figura 6 Fetos com crescimentos discordantes evidenciados pela diferença das circunferências abdominais.
Adaptada de Simpson, 2013.

de 38% para a ocorrência da STFF e um valor preditivo negativo de 91%.

A presença de translucência nucal aumentada reforça a necessidade da avaliação do cariótipo fetal, o qual é realizado de maneira mais adequada por meio da amniocentese em gestações monocoriônicas e diamnióticas.

As principais anomalias encontradas nas gestações gemelares são cardiovasculares e gastrointestinais, seguidas pelas anomalias do sistema nervoso central e musculoesqueléticas. Gestações monozigóticas têm incidência maior de malformações do que as dizigóticas: 16% tanto para anomalias maiores quanto menores. Caso a malformação seja notada em um dos gêmeos, o outro poderá apresentar a mesma malformação em uma porcentagem que varia de 5-50%.

Anomalias cromossômicas são mais comuns em gestações gemelares, sendo seu risco calculado como 5/3 vezes maior do que as com feto único.

Toda essa ocorrência faz com que as avaliações ultrassonográficas de gestações múltiplas sejam realizadas de preferência em centros terciários.

Avaliação do crescimento fetal

Após a realização das ultrassonografias iniciais para determinação da zigozidade e da ultrassonografia morfológica para avaliação de anomalias fetais, faz-se necessário o acompanhamento das gestações múltiplas a fim de se checar o desenvolvimento fetal.

A prematuridade, com peso ao nascimento abaixo do percentil 10, é uma das causas mais comuns de complicações das gestações gemelares e que aumentam a mortalidade perinatal. Enquanto o risco de restrição do crescimento fetal intraútero nas gestações únicas gira em torno de 7-10%, o risco é elevado a 47% nas gemelares. A restrição do crescimento intrauterino (RCIU) está associada a um risco 2,5 vezes maior de mortalidade perinatal. A

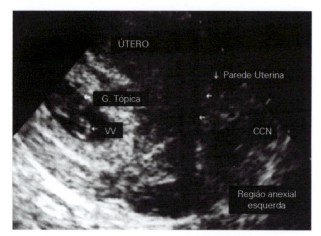

Figura 8 Gestação heterotópica. CCN: comprimento craniocaudal.

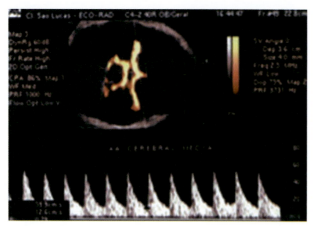

Figura 9 Aumento da velocidade do pico sistólico da artéria cerebral média evidenciando anemia fetal.

avaliação do crescimento fetal em gestações gemelares é igual a de gestações únicas entre a 24ª e a 35ª semana gestacional. Após a 36ª semana, a diferença de ganho de peso se torna evidente entre esses dois grupos (Tabela 5).

Avaliação do líquido amniótico

O método mais utilizado para avaliação das alterações de volume do líquido amniótico é a determinação do maior bolsão vertical para cada cavidade amniótica, sendo considerado normal se essa medida estiver entre 20 e 80 mm. Valores abaixo de 20 mm determinariam a ocorrência de oligo-hidrâmnia e valores acima de 80 mm, poli-hidrâmnia.

Dois trabalhos da literatura relatam a curva de normalidade para o volume de líquido amniótico em gestações gemelares. Segundo Magann, ao contrário das gestações únicas, é possível a coexistência de normo-hidrâmnia e oligo-hidrâmnia em uma gestação gemelar, e valores de ILA abaixo do percentil 5 não significam pior prognóstico perinatal Hendrix.

As curvas de normalidade do ILA para os fetos A e B de uma gestação gemelar normal estão relacionadas nas Tabelas 2 e 3.

Crescimento discordante

Outra razão para a realização seriada de ultrassonografia em gestações gemelares é o controle da curva de crescimento fetal, já que a presença de um crescimento discordante em que a taxa de discordância é igual ou superior a 25% leva a um aumento do risco de morte de um dos fetos e a um aumento de 2,5% na mortalidade perinatal. Min et al. e Melamed et al. relatam uma diferença de circunferência craniana, peso, coeficiente de inteligência em avaliação realizada em média 8 anos após o nascimento. Apesar disso, continua incerto qual seria a melhor maneira de se determinar tal discordância.

Atualmente são utilizadas duas maneiras: a circunferência abdominal (CA) e o peso fetal estimado. Há controvérsia quando a diferença da CA é de 20 mm ou mais, ou se o peso fetal está discordante em pelo menos 20%. Esses valores sofrem críticas na literatura, visto que sua determinação apresenta variação inter e intraobservador, o que torna necessário um acompanhamento seriado da gestação para tal conclusão e o crescimento discordante nunca deve ser o fator isolado e de indicação da interrupção de uma gestação.

Complicações inerentes às gestações gemelares

Algumas complicações apresentadas pelas gestações gemelares são de ocorrência restrita a estas. Dentre as quais destacam-se:

Reabsorção fetal espontânea

A presença de dois sacos gestacionais no início da gravidez e a subsequente reabsorção de um dos sacos gestacionais é conhecida como a síndrome do *vanishing twin*. A incidência varia entre 13-78% dentre todas as gestações. Mais de 21% das gestações gemelares apresentam complicações como abortamento ou o *vanishing twin*. Felizmente, este achado no início da gravidez está relacionado a um bom prognóstico para o gêmeo remanescente, com riscos de complicações equivalentes a gestações únicas, porém não sendo impossível a ocorrência de sequelas neurológicas ou mesmo óbito do segundo gemelar nesses casos.

Após o primeiro trimestre, a taxa esperada de óbito intrauterino cai para cerca de 5% das gestações, sendo 3 a 4 vezes mais frequentes nas gestações monocorônicas quando comparadas às dicoriônicas.

Quando o óbito fetal ocorre no 2º trimestre, resultará no chamado feto papiráceo por conta da compressão pela bolsa amniótica em expansão do feto remanescente. Du-

Tabela 2   Índice do líquido amniótico para o gêmeo A em gestações gemelares normais

Gestação (semanas)	Percentil 2,5	5	10	50	90	95	97
14-16	83,2	85,2	87,5	103,0	128,1	148,5	153,8
17-19	85,1	92,4	94,7	124,0	158,6	170,7	176,0
20-22	81,9	89,9	99,8	134,0	183,9	198,6	215,7
23-25	89,7	95,5	110,5	150,0	182,6	191,3	211,0
26-28	91,3	104,4	110,0	149,0	205,0	229,3	236,4
29-31	85,1	91,5	101,0	139,0	189,0	194,5	202,1
32-34	70,5	97,0	106,0	140,0	190,0	200,0	216,0
35-37	71,5	85,0	92,0	132,0	185,0	219,0	265,0
38-40	92,0	92,0	96,0	131,0	190,0	191,0	191,0
TOTAL	85,2	92,0	97,0	131,0	180,0	193,0	205,0

Todas as medidas em milímetros. Adaptada de Hill et al., 2000.

Tabela 3   Índice de líquido amniótico para o gêmeo B em gestações gemelares normais

Gestação (semanas)	Percentil 2,5	5	10	50	90	95	97,5
14-16	81,2	83,0	84,0	100,5	133,1	139,7	141,0
17-19	89,0	90,4	92,0	120,0	150,6	163,0	173,6
20-22	75,2	87,1	108,2	139,5	178,6	188,3	192,5
23-25	83,2	84,0	92,2	152,0	177,9	182,6	198,9
26-28	98,6	110,8	112,8	151,0	215,0	224,6	234,4
29-31	85,3	91,3	108,0	150,0	195,0	215,8	257,1
32-34	87,0	98,0	106,0	144,0	187,0	200,0	223,5
35-37	68,5	85,0	90,0	133,0	186,0	197,0	217,0
38-40	81,0	81,0	81,0	123,0	193,0	195,0	195,0
TOTAL	84,0	89,0	93,9	133,0	180,0	196,6	212,8

Todas as medidas em milímetros. Adaptada de Hill et al., 2000.

clos et al. relataram a ocorrência de 5,8% de morte fetal de um dos gêmeos no fim do 2º trimestre ou no 3º. Tais perdas não estariam relacionadas com aumento do risco de coagulopatias no feto remanescente, morbidade materna, embolia trofoblástica ou RCIU; contudo, o feto remanescente permaneceu maior tempo internado em unidades de terapia intensiva. Já a morte de um dos fetos, nas gestações monocoriônicas, estaria relacionada a aumento de risco para parto pré-termo (68%), sequelas neurológicas (18%) ou mesmo óbito do feto remanescente (12%).

Gestações combinadas (heterotópicas)

A possibilidade da ocorrência de gestação ectópica e gestação intrauterina tem sido reportada em torno de 1:30.000. Atualmente, com o aumento do número de gestações gemelares, em razão das técnicas de reprodução assistida, este é calculado em torno de 1:4.000 a 10.000 gestações.

Menos de 10% das gestações combinadas são diagnosticadas nas primeiras avaliações. O diagnóstico deve ser suspeitado quando ocorre sintomas de gravidez ectópica em uma gestação tópica. Os achados ultrassonográficos não são específicos, sendo realizados quando se detecta o saco gestacional em região extrauterina. É muito importante que o examinador avalie de forma cuidadosa as regiões anexiais e de fundo de saco de Douglas durante a avaliação de uma gestação típica advinda de um tratamento de reprodução assistida, a fim de afastar essa possibilidade de complicação.

Síndrome da transfusão feto-fetal (STFF)

A STFF é uma das mais importantes intercorrências das gestações monozigóticas, sendo caracterizada por um fluxo não balanceado de sangue entre os gêmeos por meio de anastomoses vasculares placentárias. Esse desequilíbrio entre as circulações faz com que um dos fetos tenha seu sangue direcionado para o outro feto e, sendo assim, denominado de feto doador e o outro de receptor.

O feto doador se caracteriza então por um quadro de hipovolemia e oligo-hidrâmnia e o receptor por hipervolemia e poli-hidrâmnia.

A STFF ocorre em aproximadamente 15% (variando de 5-38%) das gestações monocoriônicas, com mortalidade perinatal acima de 70%.

Aproximadamente 90% das placentas monocoriônicas contêm anastomoses vasculares entre as circulações fetais, porém com pouca influência sobre o desenvolvimento fetal. No entanto, em uma pequena porcentagem de gravidez monocoriônica, estas anastomoses são responsáveis por importantes alterações no desenvolvimento fetal. Apesar de haver muitas teorias que tentam explicar os mecanismos fisiopatológicos desta síndrome, ela ainda permanece desconhecida.

O diagnóstico da STFF é um outro ponto controverso. Classicamente é descrita uma discordância de peso entre os gêmeos de pelo menos 20%, uma diferença na concentração de hemoglobina acima de 5 mg/mL entre eles, além da presença da sequência poli-hidrâmnio-oligo-hidrâmnio. Outros critérios, baseados em achados ultrassonográficos e dopplervelocimétricos, como a razão entre o pico sistólico e diastólico, têm sido propostos para o diagnóstico pré-natal desta síndrome.

A evolução do quadro de STFF pode levar a quadro de restrição do crescimento do feto doador, alterações de seus padrões dopplervelocimétricos, com presença do aumento de resistência ao fluxo pela artéria umbilical e consequente processo de centralização hemodinâmica fetal. Além disso, a acentuada diminuição do volume de líquido amniótico pode levar ao quadro denominado de *stuck-twin*, caracterizado pelo feto doador ficar praticamente "enluvado" pela membrana interamniótica. Já no feto receptor, observa-se organomegalia, policitemia e hidropsia. Alterações do fluxo pelo ducto venoso ou pela válvula tricúspide do feto receptor estão associadas a disfunções cardíacas pós-natais.

A STFF foi classificada por Quintero em cinco grupos (Quadro 1), e, quanto maior o estágio da gestação no momento do diagnóstico, maiores serão os riscos para sequelas neurológicas e mortalidade fetal.

Uma vez confirmado o diagnóstico de STFF, o tratamento deve ser realizado o mais rápido possível, tentando-se assim evitar os efeitos deletérios dessa síndrome sobre os conceptos.

Existem muitos tipos de tratamentos descritos, desde clínicos, como o uso da indometacina e digoxina, aos invasivos: amniocentese de repetição, feticídeo seletivo, septostomia e a fotocoagulação de vasos placentários por *laser*.

Sequência anemia-policitemia em gemelares monocoriônicos (TAPS)

A sequência TAPS acomete aproximadamente 5% das gestações gemelares monocoriônicas e, por conta do seu

Quadro 1 Classificação de Quintero para STFF

Estádio	Achados ultrassonográficos
I	Valores discrepantes do volume de líquido amniótico com oligoâmnio em uma das bolsas amnióticas (maior bolsão < 20 mm) e poli-hidrâmnio na outra (maior bolsão > 80 mm). A bexiga do feto doador é visível e a avaliação por Doppler está normal
II	A bexiga do doador não é visível, mas o Doppler está normal
III	Avaliação Doppler está alterada, com diástole zero ou reversa na artéria umbilical, batimento no fluxo da veia umbilical e alteração do ducto venoso no feto doador
IV	Presença de hidropsia fetal no receptor
V	Morte de um dos gêmeos

STFF: síndrome da transfusão feto-fetal.
Fonte: Quintero et al., 2002.

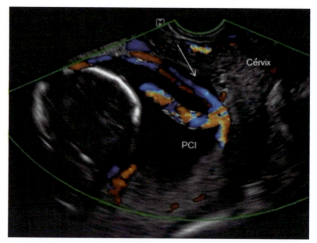

Figura 10 Inserção velamentosa do cordão umbilical.

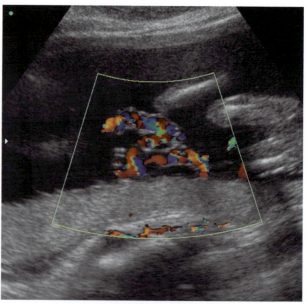

Figura 11 Entrelaçamento de cordões.

menor risco de complicações e de achados ultrassonográficos importantes, o diagnóstico muitas vezes é realizado no pós-nascimento.

A TAPS pode ser espontânea, quando o número de anastomoses desbalanceadas entre as circulações fetais não é alto ou pode ocorrer após tratamentos de laserterapia para a STFF, quando nem todas as anastomoses foram realmente coaguladas e uma pequena quantidade de sangue continua a fluir do doador para o receptor.

Suspeita-se da sequência TAPS quando o pico sistólico da artéria cerebral média de um dos fetos encontra-se acima de 1,5 MoM, enquanto o do outro encontra-se abaixo de 0,8 MoM, ou quando há uma diferença da quantidade de líquido amniótico entre as bolsas amnióticas, sem uma causa aparente. Não é encontrado divergência de pesos de forma significativa entre os fetos nessa intercorrência gestacional.

O tratamento é muito controverso, sendo indicado desde a interrupção da gestação, dependendo da idade gestacional no momento do diagnóstico, como também a transfusão intrauterina para o feto anêmico, a realização de nova laserterapia para interrupção total das anastomoses anômalas ou apenas a observação e avaliação seriada do bem-estar fetal.

Divisão placentária não igualitária interfetal levando a discordância do desenvolvimento fetal ou restrição do crescimento intrauterino (RCIU) seletivo

Embora a ocorrência de crescimento fetal discordante nas gestações gemelares monocoriônicas ocorra em cerca de 15-25% destas, quando comparamos as gestações monocoriônicas com crescimento fetal concordantes com as não concordantes, observa-se a maior frequência da inserção velamentosa ou marginal do cordão umbilical, bem como a divisão não igualitária da área placentária para cada feto.

Esse crescimento discordante, representado pela presença de RCIU seletivo, é classificado em três grupos dependentes dos achados dopplervelocimétricos:

- Tipo 1: apresenta fluxo normal na artéria umbilical.
- Tipo 2: apresenta-se de forma persistente com diástole em zero ou reversa.
- Tipo 3: quando a diástole zero ou reversa ocorrem de forma intermitente.

Essa discordância de crescimento pode ocorrer em qualquer idade gestacional, sendo necessária a avaliação rotineira para a determinação de sua ocorrência, bem como a tentativa de avaliação das inserções dos cordões umbilicais junto à massa placentária.

Quanto mais precoce for diagnosticada essa discordância de crescimento, maior a probabilidade de complicações, principalmente se associada a alterações de fluxo pela artéria umbilical, chegando a um risco de 15-20% de morte intrauterina.

Gestação monocoriônica e monoamniótica

A gestação monocoriônica-monoamniótica ocorre em cerca de 1-2% das gestações monocoriônicas.

O diagnóstico é realizado normalmente durante a avaliação ultrassonográfica do 1º trimestre, quando a membrana interamniótica não é visibilizada e caracterizada, portanto, cavidade amniótica única. Como abordado no início deste capítulo, essas gestações ocorrem quando a divisão do ovo se dá por volta do 8º dia da concepção.

Indiscutivelmente é a forma com maior risco de perda fetal entre todas as gemelares, atingindo cerca de 30-60% de óbito perinatal, além de estarem associadas a maiores riscos de anomalias congênitas (20-25%) e RCIU.

A ocorrência de STFF é rara e atinge cerca de 5% dessas gestações.

O grande risco de óbito intrauterino está relacionado ao entrelaçamento dos cordões umbilicais e mais de 60% dessas perdas ocorrem após a 32ª semana de gestação.

A fim de se evitar o entrelaçamento ou diminuir o risco de que a torção prejudique a circulação pelo cordão umbilical já entrelaçado, alguns centros vêm preconizando a amniodrenagem ou utilização de drogas que levam à diminuição da produção do líquido amniótico, como medicamentos inibidores da prostaglandina sintetase, a fim de que a mobilidade fetal seja menor e o risco de complicações inerentes ao entrelaçamento dos cordões diminua.

Esses mesmos centros sugerem que as gestações monocoriônicas-monoamnióticas sejam interrompidas na 32ª semana de gestação, após a utilização de corticoides e medidas neuroprotetoras fetais (p. ex., sulfato de magnésio), a fim de diminuir o risco de óbito intrauterino, sendo o parto cesáreo o mais indicado para os fetos viáveis.

Gêmeos unidos

Os gêmeos unidos ocorrem quando a divisão do ovo se dá após o 13º dia (Figura 12). Por definição estão associados com gestações monozigóticas, com forte tendência à "monoaminiocidade". O diagnóstico é suspeitado quando por meio da análise ultrassonográfica os fetos permanecem sempre em uma variedade de posições em relação ao outro, com dificuldade de se identificar o contorno corporal de cada feto e a ocorrência de posições peculiares com hiperextensão da coluna, e entrelaçamento de membros. A forma mais comum de ligação é pelo tórax (toracópagos). As menos comuns são as abdominais (onfalópagos), posterior (piópagos), cefálicos (craniópagos) ou caudal (isquiópagos). Quando a duplicação é menos completa, a ligação se dá

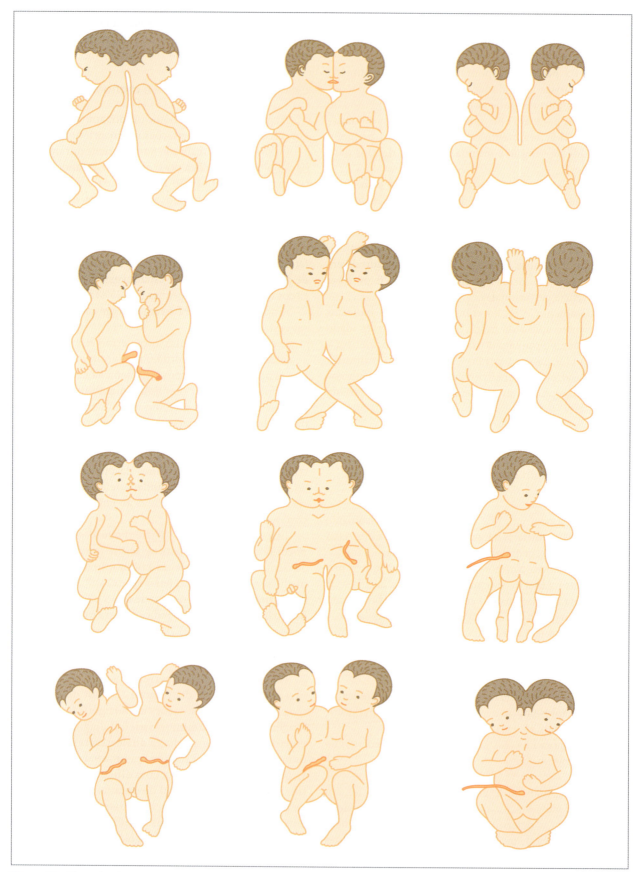

Figura 12 Tipos de gêmeos unidos.
Fonte: http://rede.novaescolaclube.org.br.

de forma lateral. Sua incidência é calculada em torno de 1:50.000 a 100.000 gestações, com taxa de mortalidade de 70-75%.

Gêmeo acárdico

A síndrome da perfusão gemelar reversa (TRAP), ou gêmeo acárdico, é a forma mais comum de duplicação assimétrica, com uma incidência de 1% das gestações monozigóticas ou 1:35.000 partos com mais de 50% de mortalidade. É o resultado da disrupção da organogênese decorrente de anastomose arterial placentária no período embrionário precoce. Este tipo de gemelaridade ocorre quando a junção entre os gêmeos se dá na circulação coriônica. Há uma alteração na circulação fetal com mudanças essenciais para o desenvolvimento cardíaco normal. O feto acárdico sobrevive por causa das anastomoses vasculares. O baixo fluxo arterial que chega ao feto acárdico, com consequente hipóxia, leva à reabsorção de áreas teciduais, permanecendo com mais frequência apenas a parte caudal do feto. As anastomoses entre as duas circulações leva a um quadro de falência cardíaca do feto normal. Avaliação dopplervelocimétrica mostra o fluxo reverso arterial e venoso umbilical no gêmeo acárdico. Os tratamentos propostos para esse tipo de anomalia incluem a clipagem do cordão do acárdico, a aplicação de materiais que levam à embolização de sua circulação e a cesárea com retirada do feto acárdico.

Gestação molar

A neoplasia trofoblástica gestacional tem uma taxa de ocorrência de 1:1.000 gestações para a mola completa e de 3:100 gestações de molas parciais. Já a gestação molar, associada a uma gestação normal, ocorre em 1:22.000 a 1:100.000 gestações.

A mola parcial tem origem placentária e não é considerada parte de gestação gemelar. O feto apresenta frequentemente cariótipo anormal, geralmente triploidia, e o potencial de malignização é baixo.

Mola completa ocorre em gestações gemelares dizigóticas em que um dos fetos é normal e o outro se transforma em gestação molar. A ultrassonografia pode mostrar a mola como sendo uma discreta imagem ecogênica separada da placenta normal do feto normal. O potencial de malignização destas é semelhante ao da mola hidatiforme única.

Uma forma de confirmar o diagnóstico é por meio de análise do cariótipo do feto, o qual deve ser normal, mas não afasta totalmente a possibilidade de mola parcial, pois há relatos na literatura de mola parcial com feto cromossomicamente normal. O método de certeza é o diagnóstico citogenético para checagem da origem apenas paterna dos cromossomos. Se não estiver disponível, apenas a avaliação pós-nascimento é que vai determinar o diagnóstico de certeza e diferenciar entre uma mola parcial ou a ocorrência de gestação gemelar com gestação molar associada.

O manuseio da gestação gemelar com mola associada é difícil, uma vez que pode ser seguida de diversas complicações, entre elas, sangramento vaginal, hipertireoidismo, hiperemese gravídica, parto pré-termo, pré-eclâmpsia grave (complicação mais comum [30%]), cisto teca-luteínico (23%), doença tromboembólica com acometimento pulmonar, doença trofoblástica gestacional persistente em 30% dos casos e metástases (22%). Essas complicações, principalmente as relacionadas com a característica tumoral da doença, colocam em discussão a viabilidade de se manter a gestação ou de interrompê-la assim que é realizado o diagnóstico. Entretanto, alguns estudos mostram que 40% dessas gestações resultam em feto viável e normal, como está detalhado na Tabela 4.

Avaliação do colo uterino na gestação gemelar

Em razão do maior risco de parto prematuro nas gestações gemelares, vários trabalhos têm sido relatados a fim de se propor qual a melhor época e o comprimento ideal do colo uterino nessas gestações.

A maior parte dos autores concordam que, em comparação às gestações únicas, os colos uterinos nas gestações múltiplas são menores quando comparados ao de feto único na mesma idade gestacional. Enquanto nas gestações únicas é aceitável um comprimento de colo uterino por volta de 25 mm entre a 22ª e a 24ª semana de gestação, Imseis et al. e Crane et al. verificaram que uma única medida entre a 24ª e a 26ª semana de gestação e com colo medindo pelo menos 35 mm teria 97% de valor preditivo para parto no termo em gestações gemelares.

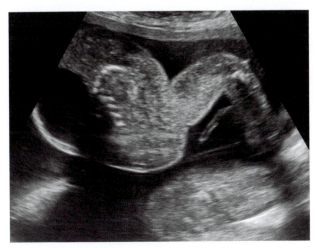

Figura 13   Feto acárdico.

Tabela 4	Resultados de estudos sobre gestação gemelar					
Estudo	N	Idade gestacional	n	Feto vivo	Pré-eclâmpsia	TGP
Shahabi et al.	2	39	1	1	–	1
Block e Merrill	2	35/36	0	2	–	1
Miller et al.	4	38	3	1	–	3
Steller et al.	8	31	7	1	2	5
Jinno et al.	1	31	0	0	–	1
Bristow et al.	1	28	0	1	–	–
Anderson et al.	1	36	0	1	–	1
Chen	1	38	0	1	–	1
Fishman et al.	7	26/34	5	2	–	4
Ishii et al.	6	39/40	4	2	–	1
Montes et al.	1	28	0	1	–	–
Abbi et al.	1	37	0	1	–	–
Amr et al.	1	30	0	0	–	–
Bruchim et al.	2	26/41	0	2	1	1
Matsui et al.	18	35/38/40	15	3	5	9
Sebire et al.	77	–	57	20	2	15
Makrydimas et al.	1	36	0	1	–	–
Wax et al.	1	36	0	1	–	–
Moini e Riazi	1	36	0	1	–	–
Bovicelli et al.	1	32	0	0	–	–
Vaisbuch et al.	2	16/26	1	1	2	–
Marcolles et al.	4	14/32/38	2	2	–	1
Hyodo et al.	1	28	0	1	–	–
Lambert et al.	2	23/28	0	2	–	1
Hamanoue et al.	1	33	0	1	–	–
Klatt et al.	1	31	0	1	–	–
Niemann et al.	8	28	7	1	–	–
Piura et al.	1	28	0	1	–	–
Dolapcioglu et al.	2	29	1	1	1	–
Total	159	–	103	56	13	47

N: número de casos de gestação gemelar; n: número de casos de gestações finalizadas; TGP: doença trofoblástica gestacional persistente.
Adaptada de Yela et al., 2011.

Avaliação na sala de parto

A avaliação ultrassonográfica da gestação gemelar na sala de parto visa à determinação das apresentações fetais a fim de se excluir a possibilidade de distocias de apresentação ou choque fetal, a determinação dos pesos fetais, do bem-estar fetal por meio da análise da dopplervelocimetria e do perfil biofísico fetal.

Com relação ao peso, trabalhos evidenciam que os fetos de gestações gemelares têm uma alta taxa de mortalidade quando comparados a fetos de gestações únicas quando apresentam pesos abaixo de 1.250 g, mortalidade menor a estes quando o peso varia entre 1.250 g e 2.500 g, e há um aumento importante da mortalidade quando excedem 3.000 g, atingindo uma taxa de mortalidade perinatal cerca de 70% maior do que as gestações únicas. Outro dado importante é que na assistência ao parto, os riscos de complicações para o segundo gemelar é menor quando seu peso calculado pelo ultrassom excede 2.000 g.

Tabela 5   Percentis de peso de gestações gemelares pela sua corionicidade

Semana	N.	Nascido (%)	Peso do feto (g) Média	Peso do feto (g) Desvio-padrão	5ª	10ª	25ª	50ª	75ª	90ª	95ª
Monocoriônico											
20	289	0	308	134	96	134	221	307	374	479	590
22	288	0	478	144	255	298	377	471	553	669	769
24	285	0	677	156	439	486	569	666	763	892	978
26	286	0	901	180	631	675	786	884	998	1.128	1.254
28	293	3	1.137	223	787	867	1.012	1.127	1.260	1.436	1.558
30	282	11	1.406	247	1.021	1.103	1.264	1.391	1.544	1.732	1.839
32	252	19	1.701	284	1.265	1.362	1534	1.688	1.865	2.086	2.216
34	205	46	2.005	318	1.523	1.616	1.822	2.003	2.180	2.429	2.549
36	110	59	2.268	315	1.762	1.883	2.088	2.286	2.452	2.677	2.806
38	45	87	2.626	367	2.058	2.215	2.352	2.650	2.861	3.068	3.296
40	6	100	2.847	320	2.440	2.440	2.572	2.821	3.199	3.229	3.229
Dicoriônico											
20	1.127	0	324	133	115	164	243	315	394	493	577
22	1.129	0	494	141	280	322	402	482	570	678	760
24	1.126	0	687	152	457	504	582	678	777	888	966
26	1.128	0	908	172	641	695	790	897	1.013	1.133	1.221
28	1.130	3	1.151	200	838	903	1.013	1.143	1.276	1.414	1.507
30	1.099	4	1.420	236	1.036	1.130	1.257	1.410	1.577	1.726	1.831
32	1.054	9	1.717	277	1.253	1.386	1.532	1.708	1.906	2.066	2.176
34	955	28	2.028	323	1.501	1.643	1.811	2.020	2.247	2.430	2.549
36	682	62	2.378	367	1.795	1.930	2.132	2.359	2.619	2.847	2.987
38	260	85	2.653	404	2.012	2.106	2.401	2.640	2.901	3.155	3.362
40	40	100	2.883	440	2.298	2.328	2.541	2.859	3.121	3.470	3.697

Tabela 6   Percentis de pesos de gemelares e por sexo

Semana	N.	Nascido (%)	Peso do feto (g) Média	Peso do feto (g) Desvio-padrão	5ª	10ª	25ª	50ª	75ª	90ª	95ª
Ambos os sexos											
20	1.627	0	320	132	113	157	238	313	390	486	579
22	1.630	0	491	142	275	318	397	482	567	670	761
24	1.622	0	687	152	454	500	583	678	776	888	967
26	1.625	0	909	173	641	691	791	897	1.014	1.133	1.223
28	1.636	3	1.152	204	836	898	1.015	1.144	1.280	1.419	1.520
30	1.592	5	1.424	238	1.045	1.130	1.265	1.412	1.578	1.732	1.833
32	1.517	11	1.721	278	1.264	1.382	1.540	1.711	1.906	2.078	2.182
34	1.343	31	2.037	323	1.512	1.650	1.825	2.030	2.252	2.444	2.564
36	931	61	2.375	360	1.791	1.930	2.132	2.363	2.613	2.831	2.984
38	357	87	2.659	398	2.019	2.154	2.405	2.657	2.893	3.160	3.363
40	46	100	2.854	395	2.319	2.333	2.550	2.847	3.114	3.420	3.470

(continua)

Tabela 6 *(continuação)* Percentis de pesos de gemelares e por sexo

Semana	N.	Nascido (%)	Peso do feto (g) Média	Desvio-padrão	Percentil 5ª	10ª	25ª	50ª	75ª	90ª	95ª
Feminino											
20	783	0	312	127	114	155	234	304	382	472	546
22	783	0	480	136	277	306	389	472	557	657	719
24	781	0	673	150	452	489	570	664	762	860	949
26	783	0	890	172	376	631	772	882	995	1.116	1.188
28	789	3	1.131	204	811	879	1.001	1.123	1.257	1.398	1.484
30	767	4	1.397	237	1.018	1.093	1.239	1.387	1.556	1.707	1.796
32	734	10	1.691	272	1.253	1.335	1.504	1.681	1.868	2.050	2.149
34	659	30	2.001	317	1.489	1.593	1.792	2.001	2.209	2.408	2.539
36	460	58	2.329	351	1.755	1.882	2.088	2.316	2.557	2.788	2.890
38	191	89	2.621	392	1.973	2.079	2.352	2.616	2.868	3.101	3.359
40	21	100	2.823	392	2.319	2.345	2.531	2.779	3.128	3.300	3.390
Masculino											
20	844	0	328	137	112	159	241	320	399	497	593
22	847	0	502	146	275	325	404	494	577	696	776
24	841	0	700	153	465	517	594	688	791	906	978
26	842	0	927	173	656	714	811	911	1.029	1.167	1.240
28	847	2	1.172	203	853	925	1.041	1.160	1.296	1.435	1.555
30	825	5	1.448	236	1.081	1.165	1.285	1.433	1.596	1.758	1.866
32	783	13	1.751	280	1.308	1.419	1.562	1.737	1.925	2.098	2.225
34	684	31	2.071	325	1.576	1.680	1.848	2.053	2.286	2.481	2.610
36	471	65	2.421	364	1.884	1.980	2.163	2.404	2.656	2.891	3.011
38	166	85	2.702	400	2.060	2.224	2.452	2.700	2.988	3.207	3.406
40	25	100	2.881	404	2.322	2.333	2.631	2.850	3.002	3.470	3.470

Bibliografia sugerida

1. Alhamdan D, Bora S, Condous G. Diagnosing twins in early pregnancy. Best Pract Res Clin Obstet Gynaecol. 2009;23:453-461.
2. Chaudhuri K, Su LL, Wong PC, Chan YH, Choolani MA, Chia D, et al. Determination of gestational age in twin pregnancy: which fetal crown-rump length should be used? J Obstet Gynaecol Res. 2013;39(4):761-5.
3. Cheng PJ, Huang SY, Shaw SW, Hsiao CH, Kao CC, Chueh HY, et al. Difference in nuchal translucency between monozygotic and dizygotic spontaneously conceived twins. Prenat Diagn. 2010;30:247-50.
4. Cohen K, Rathod M, Ferriman E. Twin pregnancy. Obstet Gynaecol Reprod Med. 2010;20(9):259-64.
5. Crane JM, Van den Hof M, Armson BA, Liston R. Transvaginal ultrasound in the prediction of preterm delivery: singleton and twin gestations. Obstet Gynecol. 1997;90(3):357-63.
6. Duclos C, Labrecque AA, Codsi E, Wavrant S. Twin pregnancy following single fetal death: prognosis of the surviving twin. Am J Obstet Gynecol. 2016;214(1):S230.
7. Fisk NM, Duncombe GJ, Sullivan MH. The basic and clinical science of twin to twin transfusion syndrome. Placenta. 2009;30:379-90.
8. Gordon MC, McKenna DS, Stewart TL, Howard BC, Foster KF, Higby K, et al. Transvaginal cervical length scans to prevent prematurity in twins: a randomized controlled trial. Am J Obstet Gynecol. 2016;214(2):277.e1-7.
9. Hanafy A, Peterson CM. Twin-reversed arterial perfusion (TRAP) sequence: case reports and review of literature. Aust N Z J Obstet Gynaecol. 1997;37:187-91.
10. Hendrix NW, Chauhan SP. Sonographic examination of twins. From first trimester to delivery of second fetus. Obstet Gynecol Clin North Am. 1998;25(3):609-21.
11. Hill LM. Abnormalities of amniotica fluid. In: Nyberg DA, Mahony BS, Pretorius DH, eds. Diagnostic ultrasound of fetal anomalies: text and atlas. S. Louis: Mosby; 1990.
12. Imseis HM, Albert TA, Iams JD. Identifying twin gestations at low risk for preterm birth with a transvaginal ultrasonographic cervical measurement at 24 to 26 weeks gestation. Am J Obstet Gynecol. 1997;177(5):1149-55.
13. Ippolito DL, Bergstrom JE, Lutgendorf MA, Flood-Nichols SK, Magann EF. A systematic review of amniotic fluid assessments in twin pregnancies. J Ultrasound Med. 2014;33(8):1353-64.
14. Klam SL, Rinfret D, Leduc L. Prediction of growth discordance in twins with the use of abdominal circumference ratios. Am J Obstet Gynecol. 2005;192:247-51.
15. Lee YM, Cleary-Goldman J, Thanker HM, Simpson LL. Antenatal sonographic prediction of twin chorionicity. Am J Obstet Gynecol. 2006;195:863-7.
16. Lee YM. Delivery of twins. Semin Perinatol. 2012;36:195-200.
17. Lopriore E, Pasman SA, Klumper FJ, Middeldorp JM, Walther FJ, Oepkes D. Placental characteristics in growth-discordant monochorionic twins: a matched case-control study. Placenta. 2012;33:171-4.
18. Mahalingam S, Dighe M. Imaging concerns unique to twin pregnancy. Curr Probl Diagn Radiol. 2014;43(6):317-30.
19. Melamed N, Okby R, Freeman H, Rosen H, Nevo O, Barrett J. Fetal growth pattern in twin pregnancies. J Obstet Gynecol. 2016; 214(1):S301.
20. Min SJ, Luke B, Min L, Misiunas R, Nugent C, Van de Ven C, et al. Birth weight references for twins. Am J Obstet Gynecol. 2000;182(5).

21. Morin L, Lim K. Ultrasound in twin pregnancies. J Obstet Gynaecol Can. 2011;33:643-56.
22. Mutchinick OM, Luna-Munoz L, Amar E, Bakker MK, Clementi M, Cocchi G, et al. Conjoined twins: a worldwide collaborative epidemiological study of the International Clearinghouse for Birth Defects Surveillance and Research. Am J Med Genet. 2011;157:274-87.
23. Nassar AH, Usta IM, Khalil AM, Aswad NA, Seoud MA. Neonatal outcome of growth discordant twin gestations. J Perinat Med. 2003;31(4):330-6.
24. Pharoah POD, Adi Y. Consequences of in-utero death in a twin pregnancy. Lancet 2000;355:1597-602.
25. Pizzato FB, Juliano HV, Fialho JC, Lino TH, Couri BM, Zorrón R. Videocirurgia na prenhez ectópica rota com prenhez tópica concomitante. Rev Bras Videocir. 2004;2(3):148-51.
26. Quintero RA, Morales WJ, Allen MH, Bornick PW, Kruger M. Staging of twintwin transfusion syndrome. Obstet Gynecol. 2002;100:1257-65.
27. Rode ME. Sonographic considerations with multiple gestation. *Semin Roentgenol.* 1999;34(1):29-34.
28. Rossi C, D'Addario V. Survival outcomes of twin-twin transfusion syndrome in stage I: a systemic review of the literature. Am J Perinatol. 2013;30:5-10.
29. Royal College of Obstetricians and Gynaecologists. Management of monochorionic twin pregnancy. RCOG Green-top guideline n. 51. London: Royal College of Obstetricians and Gynaecologists; 2008.
30. Salomon LJ, Cavicchioni O, Bernard JP, Duyme M, Ville Y. Growth discrepancy in twins in the first trimester of pregnancy. Ultrasound Obstet Gynecol. 2005;26:512-6.
31. Sebire NJ, Snijders RJ, Hughes K, Sepulveda W, Nicolaides KH. Screening for trisomy 21 in twin pregnancies by maternal age and fetal translucency at 10-14 weeks of gestation. Br J Obstet Gynaecol. 1996;103:999-1003.
32. Senat MV, Deprest J, Boulvain M, Pauper A, Winer N, Ville Y. Endoscopic laser surgery versus serial amnioreduction for severe twin-to-twin transfusion syndrome. N Engl J Med 2004;351:136e44.
33. Simpson LL, Malone FD, Bianchi DW, Ball RH, Nyberg DA, Comstock CH, et al. Nuchal translucency and the risk of congenital heart disease. Obstet Gynecol. 2007;109:376-383.
34. Slaghekke F, Kist WJ, Oepkes D, Pasman SA, Middeldorp JM, Klumper FJ, et al. Twin anemia-polycythemia sequence: diagnostic criteria, classification, perinatal management and outcome. Fetal Diagn Ther. 2010;27:181-90.
35. Smith GC, Pell JP, Dobbie R. Birth order, gestational age, and risk of delivery related perinatal death in twins: retrospective cohort study. BMJ. 2002;325:1004-6.
36. Society for Maternal-Fetal Medicine; Simpson LL. Twin-twin transfusion syndrome. Am J Obstet Gynecol. 2013;208:3-18.
37. Vaisbuch E, Ben-Arie A, Dgani R, Perlman S, Sokolovsky N, Hagay Z. Twin pregnancy consisting of a complete hydatidiform mole and co--existent fetus: report of two cases and review of literature. Gynecol Oncol. 2005;98:19-23.
38. Yela DA, Pinheiro A, Pinto JPL, Andrade L. Gestação gemelar de mola hidatiforme completa com feto vivo. J Bras Patol Med Lab. 2011;47(2).
39. Yela DA, Pinheiro A, Pinto JPL, Andrade L. Gestação gemelar de mola hidatiforme completa com feto vivo. J Bras Patol Med Lab. 2011;47(2):165-70.
40. Emery SP, Canavan TP, Young OM, Hill LM. Longitudinal assessment of amniotic fluid volume in monoamniotic twin gestations. Prenat Diagn. 2013;33(13):1253-5.

Mama

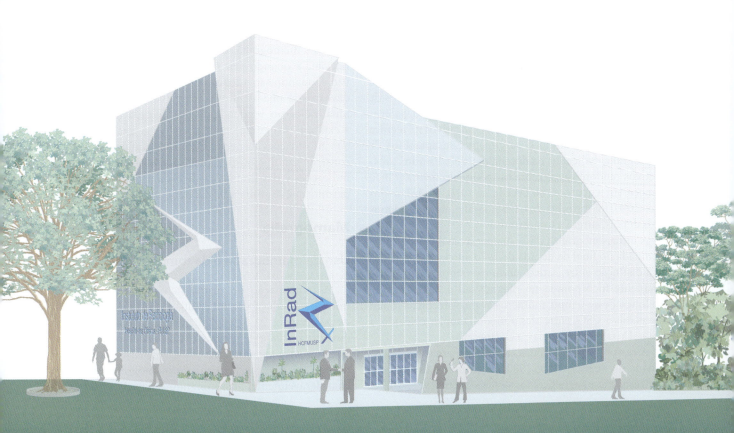

Métodos de imagem no diagnóstico das doenças mamárias

Bárbara Helou Bresciani
Flávio Spinola Castro
Renato Augusto Eidy Kiota Matsumoto
Carlos Shimizu
Nestor de Barros

Introdução

Em 1913, um cirurgião chamado Albert Salomon reportou os resultados obtidos com a radiografia de espécimes de mastectomia, demonstrando o aspecto dos diversos nódulos mamários e sua correlação anatomopatológica, e constatou ser possível diferenciar o aspecto radiológico de carcinomas infiltrativos e circunscritos. Com base nessas descobertas, diversos grupos iniciaram suas investigações a respeito de possíveis técnicas para radiografia *in vivo* das mamas. Nos anos 1940, os exames de mamografia eram realizados com tubos de raios X de uso geral, não dedicados, com pequena ou nenhuma compressão, e as imagens eram capturadas em filmes de exposição direta, similar a radiografias de tórax, com a obtenção de imagens bastante diferentes das imagens de mamografia obtidas nos dias atuais. Ao longo das décadas subsequentes, houve avanços significativos na técnica mamográfica, incluindo o surgimento de aparelhos de mamografia dedicados na década de 1960. Estudos prospectivos randomizados sobre rastreamento mamográfico começaram a aparecer na década de 1970. No início dos anos 2000, foi introduzida a mamografia digital e, alguns anos depois, surgiu a tomossíntese.

A ultrassonografia (USG) mamária em modo B foi introduzida no final da década de 1970, inicialmente voltada à distinção entre cistos e nódulos sólidos; foi progressivamente incorporada no diagnóstico e rastreamento. Ao longo desse tempo, inúmeros avanços técnicos foram agregados à USG, entre eles o modo Doppler colorido, a USG 3D (tridimensional) e a elastografia.

A ressonância magnética (RM) das mamas foi desenvolvida no final dos anos 1980, e o primeiro exame com contraste paramagnético foi realizado em 1986. Fabricantes norte-americanos e europeus forneciam diferentes tipos de bobinas de superfície, de forma que no início da década de 1990 havia técnicas de exame distintas, buscando estabelecer a melhor forma de estadiamento e detecção do câncer de mama por RM. Posteriormente, ficou estabelecida a importância do estudo dinâmico das lesões mamárias, e novas perspectivas vêm surgindo com a realização de protocolos abreviados para rastreamento e com o estudo das técnicas de difusão e espectroscopia.

Outros métodos de imagem da mama ainda bastante recentes estão disponíveis no mercado e serão citados mais adiante, entretanto os métodos atualmente consagrados – mamografia, USG e RM – ganham ainda maior relevância quando seu máximo potencial é explorado, isto é, quando são adequadamente correlacionados. Não deve existir uma hierarquia entre esses métodos, mas sim uma indicação adequada do uso de cada um, de forma a explorar sua complementariedade. A análise conjunta das informações fornecidas por cada um permite que se construa um diagnóstico preciso, e o conhecimento das indicações e das limitações de cada um desses métodos permite que se atinja uma excelente acurácia diagnóstica.

Mamografia

Uso da mamografia e da tomossíntese

A implantação do rastreamento mamográfico permitiu uma redução na mortalidade por câncer de mama de pelo menos 22-34%. A mamografia representa a ferramenta inicial e de melhor custo-benefício na detecção assintomática de um carcinoma mamário. Durante as últimas décadas, as imagens de mamografia evoluíram consideravelmente, possibilitando maior detecção de alterações sutis e microcalcificações. Esse fato contribuiu para o diagnóstico de carcinomas em estágio precoce e, consequentemente, menor mortalidade e melhor prognóstico do câncer de mama. Esses dados serão mais bem pormenorizados em outro capítulo, dedicado ao rastreamento do câncer de mama.

Apesar da inquestionável importância da mamografia na detecção do câncer de mama, há estudos que relatam a não detecção de até 20-30% de lesões malignas por esse método. A menor sensibilidade da mamografia ocorre em um grupo específico de pacientes com mamas densas, isto é, com maior porcentagem de parênquima fibroglandular em relação ao tecido adiposo, o que resulta em sobreposição tecidual e obscurece lesões. A sobreposição tecidual pode acarretar tanto a formação de pseudolesões e uma maior taxa de reconvocação de pacientes (falso-positivo), como a não caracterização de uma alteração suspeita quando esta está presente (falso-negativo).

A reconvocação para realização de imagens adicionais determina aumento nos custos do exame e efeitos psicológicos nas pacientes, por vezes considerados desnecessários, uma vez que, na maior parte das vezes, essa avaliação adicional não resulta no diagnóstico de um carcinoma. A taxa de reconvocações máxima recomendada pelo American College of Radiology (ACR) é de até 10%.

A tomossíntese tem como principal objetivo reduzir a sobreposição tecidual inerente à mamografia. O equipamento permite a realização da mamografia e da tomossíntese em sequência, com a mesma compressão da mama. Na tomossíntese, são adquiridas múltiplas imagens de menor dose, com angulações diferentes da ampola de raios X, que são posteriormente reconstruídas e analisadas.

A tomossíntese vem sendo implementada no Brasil e no mundo, e estudos preliminares apontam um aumento na detecção de câncer em torno de 7%, com potencial redução na taxa de reconvocações. Isso refletiria em uma redução nos falsos-positivos, responsáveis por efeitos adversos do rastreamento, como a ansiedade gerada para as pacientes. A associação da tomossíntese à mamografia reduz a necessidade de incidências complementares para a adequada caracterização de uma lesão, ou mesmo para descartar a presença de uma lesão. Assimetrias e distorções arquiteturais são mais facilmente avaliadas, assim como nódulos obscurecidos em meio ao parênquima denso. Entretanto, é preciso cautela na avaliação de microcalcificações, já que muitas vezes a avaliação da disposição espacial das calcificações é limitada, pois um único grupamento de calcificações pode ser caracterizado parcialmente em diferentes cortes/imagens da tomossíntese.

Além do maior custo do equipamento, a principal contrapartida à adoção indiscriminada da tomossíntese é o aumento na dose de radiação do exame. Estudos mostram que a dose de radiação praticamente dobra ao se associar a tomossíntese à mamografia digital. Entretanto, de forma a contornar esse problema, os fabricantes vêm desenvolvendo e aprimorando *softwares* para reconstrução que produzem uma incidência "sintetizada" similar à mamografia, que deve ser associada à interpretação das imagens de tomossíntese e deve permitir que a aquisição da mamografia digital não seja rotineiramente necessária. Apesar de o uso das incidências sintetizadas a partir da tomossíntese em conjunto com ela ter sido aprovado pelo órgão norte-americano Food and Drug Administration (FDA) em 2013, ainda não há estudos clínicos concluídos comparando o desempenho diagnóstico dessas imagens em relação às imagens de mamografia digital.

Outras limitações à ampla adoção da tomossíntese no Brasil são a remuneração do exame estritamente particular, já que atualmente não consta nas tabelas dos planos de saúde suplementar ou do Sistema Único de Saúde (SUS), e o maior tempo necessário para laudo, cerca do dobro do tempo utilizado para laudo de mamografia nos estudos publicados até o momento (Figura 1).

Bases físicas

As bases físicas da produção da imagem mamográfica são semelhantes às das radiografias comuns, com algumas peculiaridades.

Na produção dos raios X, o cátodo (polo negativo) da ampola emite um feixe de elétrons, que é acelerado por uma diferença de voltagem (entre 25-35 kV) e é direcionado para um ânodo rotatório (polo positivo) até os elétrons se chocarem com o ponto focal. Comumente, o alvo é feito de molibdênio ou ródio para produzir um feixe de raios X característico entre 17-23 keV e deve ser pequeno – entre 0,3-0,4 mm –, sendo menor para as incidências magnificadas complementares, para fornecer uma resolução adequada da imagem. Os raios X característicos do ródio têm maior energia e penetração que os produzidos pelo molibdênio. É dissipada em forma de calor 99% da energia dos elétrons, enquanto apenas 1% é convertida na produção de fótons.

Filtros são utilizados para atenuar seletivamente o espectro do feixe de raios X e são feitos de molibdênio, ródio, alumínio ou prata. Fótons de alta energia diminuem o contraste, e fótons de baixa energia não penetram na mama de forma adequada. O kVp é variável e pode ser alterado conforme a espessura da mama. Utilizam-se valores mais altos de kVp para mamas com espessura maior e menores para mamas menos espessas.

A grade é outro importante componente para a formação da imagem de mamografia, porque reduz a radiação espalhada e consequentemente melhora o contraste da imagem. Quanto maior a espessura da mama, maior a radiação espalhada. As grades são comumente feitas de fibra de carbono e apresentam uma razão entre a radiação

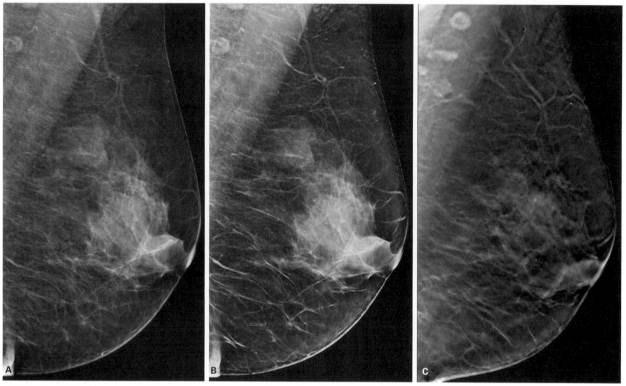

Figura 1 Incidências da mama esquerda de uma paciente submetida a rastreamento adquiridas em uma mesma compressão: mamografia bidimensional (2D), mamografia 2D sintetizada e uma das múltiplas imagens que compõem a tomossíntese.

incidente e a transmitida pela grade (fator Bucky) de 2. Os raios X que ultrapassam as grades atingem o receptor de imagem e são absorvidos como imagem latente nos dispositivos de armazenamento.

Atualmente, a grande maioria dos exames de imagem apresenta um aparato digital em vez de utilizar filmes revelados. Os detectores encontrados nos equipamentos digitais são mais eficientes que na mamografia convencional na absorção dos raios X, determinando melhor qualidade da imagem, com menor ruído, e utilizando menor dose de radiação. As vantagens da mamografia digital consistem em menor taxa de reconvocação, maior detecção de carcinomas mamários, menor taxa de falsos-negativos, melhor acurácia do exame e menores custos de processamento e produção de filmes.

A dose de radiação utilizada para realização da mamografia deve ser otimizada para minimizar seus efeitos sobre o tecido mamário. Um método para se avaliar a adequação da dose de radiação nos exames de mama é a dose glandular média (DGM). Este parâmetro faz parte dos testes de controle de qualidade da mamografia, consistindo na mensuração da exposição recebida por um *phantom* representando uma mama padrão composta por 50% de tecido fibroglandular e 50% de tecido adiposo e com uma espessura de 4,2 cm. O valor obtido é utilizado para representar a dose de radiação que seria recebida por uma paciente durante o exame mamográfico.

Técnica mamográfica

Como em todo exame de imagem, particularmente nos exames de mama, a adequada realização e interpretação do exame se inicia com a coleta abrangente de dados clínicos, incluindo antecedentes pessoais e familiares, biópsias e cirurgias prévias, além de medicamentos em uso. É fundamental também a informação a respeito de eventual queixa ou alteração clínica existente ou que motiva o exame.

O posicionamento mamográfico é de importância crucial e deve seguir as diretrizes preconizadas pelo Programa de Certificação de Qualidade em Mamografia do Colégio Brasileiro de Radiologia, disponíveis na Normativa publicada por esse órgão. O posicionamento mamográfico inadequado pode acarretar uma redução na sensibilidade mamográfica de 85-90% para 66%.

As incidências mamográficas básicas rotineiramente realizadas são a craniocaudal e a mediolateral oblíqua. Em determinadas situações, podem ser necessárias incidências complementares, como compressão localizada, magnificação focal (fundamentais na avaliação de calcificações), incidências em perfil absoluto, incidência craniocaudal exagerada, clivagem, tangencial (que demonstra lesões em topografia cutânea), incidências roladas, cauda axilar e ainda manobras de Eklund quando há implantes.

A seguir, estão listados alguns critérios resumidos para avaliação da qualidade das imagens mamográficas:

- Presença de identificação do paciente, da data do exame, da lateralidade.
- Imagens simétricas.
- Ausência de dobras cutâneas.
- Ausência de artefatos de movimento.
- Papila vista em perfil.
- Prega inframamária aberta.
- A medida do comprimento de uma linha imaginária perpendicular entre a papila e o músculo peitoral deve variar no máximo 1 cm entre as incidências craniocaudal e mediolateral oblíqua.
- O músculo peitoral deve ser visto em cerca de 30% dos exames na incidência craniocaudal; na incidência mediolateral oblíqua, ele deve ser visto sempre, no mínimo, até a altura da papila.
- A gordura retromamária deve ser vista em todos os exames, em ambas as incidências, demonstrando que toda a parte glandular da mama foi radiografada.

Ultrassonografia

Uso da ultrassonografia

A USG mamária apresenta diversas aplicações, destacando-se o rastreamento do câncer de mama e a avaliação de queixas clínicas ou de anormalidades vistas na mamografia ou na RM das mamas.

A USG pode ser usada como um método suplementar à mamografia no rastreamento de pacientes acima de 40 anos, especialmente naquelas com mamas densas, em que a sensibilidade da mamografia é menor, aumentando sobretudo o diagnóstico de pequenos tumores invasivos ocultos na mamografia e com linfonodos negativos. Por outro lado, a USG tem valor limitado na detecção de pequenos grupamentos de calcificações sem um nódulo associado e apresenta valor preditivo positivo baixo das biópsias realizadas, menor que 12%. Dessa forma, seu uso é muitas vezes associado a biópsias provavelmente desnecessárias e a ansiedade das pacientes, um sério efeito colateral do rastreamento que precisa ser constantemente monitorado e levado em conta.

Pacientes com risco aumentado para câncer de mama se beneficiam de esquemas de rastreamento individualizados, muitas vezes combinando o uso de mamografia, USG e RM em intervalos diferenciados, e podem eventualmente iniciar o rastreamento em faixa etária mais precoce. No cenário de pacientes com risco aumentado para câncer de mama e impossibilidade de realizar a RM, a USG é uma alternativa, particularmente em mamas densas.

Uma das aplicações mais importantes da USG mamária é a avaliação complementar direcionada de lesões detectadas na mamografia e na RM das mamas, algumas vezes determinando a classificação final pelo ACR BI-RADS® das lesões, outras vezes indicando a viabilidade de controle ultrassonográfico ou de biópsia percutânea orientada por USG. A USG dirigida para achado(s) de RM é chamada de USG *second-look* e costuma permitir correlacionar e valorizar alterações sutis na USG; em geral, essas alterações não seriam detectadas em uma USG de rotina, e essa correlação traz algumas vantagens, entre elas uma melhor caracterização da lesão vista na RM, auxiliando na definição de sua conduta; permite também eventual controle ultrassonográfico de uma lesão detectada na RM; e, por fim, possibilita a realização de eventual biópsia percutânea orientada por USG de um achado suspeito na RM.

Em pacientes abaixo de 40 anos que ainda não iniciaram o rastreamento mamográfico e em pacientes gestantes, a USG é o método de escolha para avaliação de queixa clínica, por não usar radiação ionizante nem contraste endovenoso, sendo assim o exame mais inócuo disponível e na maior parte das vezes completo e suficiente. Entretanto, é importante ressaltar que, em caso de alteração clínica suspeita e USG sem alterações, é imprescindível complementar a avaliação diagnóstica com mamografia, já que a alteração clínica pode ser resultante por exemplo de calcificações suspeitas ou distorção arquitetural sutil, frequentemente não visíveis na USG. Pacientes acima de 40 anos com queixa clínica devem sempre ser submetidas à mamografia e devem ser submetidas também à USG, especialmente quando a mamografia resultar negativa ou apresentar achados indeterminados, que necessitem de complementação ultrassonográfica, ou ainda achados que não justifiquem a queixa clínica que motivou o exame.

A USG mamária é útil na avaliação de alterações palpáveis em todas as faixas etárias e se beneficia da peculiaridade de permitir o exame físico concomitante. Isso garante uma correlação apropriada dos achados de imagem com a alteração palpável que motiva o exame, além de permitir avaliar qual o grau de suspeição do achado clínico, o que é relevante, pois raramente alguns tumores de mama podem se apresentar com achados de imagem frustros e sutis, enquanto o exame físico é exuberante e direciona a valorizar tais alterações discretas na imagem.

A USG tem ainda importante papel no estadiamento de pacientes com câncer de mama, notadamente das vias de drenagem linfática das mamas (cadeias torácicas internas, axilares, infra e supraclaviculares), dado que é o método de imagem de escolha para avaliação de alterações morfológicas em linfonodos. Além disso, a USG é útil no controle evolutivo de tumores em quimioterapia neoadjuvante que sejam visíveis por esse método, por ser menos invasivo que a RM e por também permitir a avaliação tridimensional e reprodutível do maior eixo da lesão.

Por último, sempre que possível, a USG é o método de escolha para orientar procedimentos intervencionistas nas mamas, por permitir a visualização das lesões em tempo real durante o procedimento, por não envolver o uso de radiação ionizante nem de contraste endovenoso e por ser mais confortável para a paciente.

Técnica de exame

Os aparelhos médicos de USG emitem e recebem ondas de ultrassom, que são geradas pelos cristais piezoelétricos nos transdutores dos aparelhos. De acordo com a impedância acústica dos diferentes tecidos corporais, que varia com a sua densidade, são geradas imagens em escala de cinza, formando as imagens básicas em modo B (*brightness mode*). Diversos ajustes permitem controlar a qualidade das ondas de ultrassom e, assim, adequar as imagens obtidas e reduzir artefatos de acordo com as estruturas analisadas.

O emprego de técnica de exame adequada e a sua correta documentação garantem a reprodutibilidade do método. Para o exame das mamas, a paciente deve estar posicionada em decúbito dorsal com os braços erguidos junto à cabeça e sem avental. A varredura ultrassonográfica de rastreamento deve ser realizada lentamente e em duas orientações distintas, sobrepondo parte das regiões analisadas a cada passagem do transdutor, de forma a garantir a detecção de lesões pequenas. Devem-se incluir particularmente as regiões periféricas das mamas (nas linhas axilares, regiões paraesternais e infraclaviculares, sulcos inframamários), de avaliação limitada pela mamografia, dado que pode haver lesões mamárias nessas topografias (Figura 2).

No que diz respeito ao equipamento, o exame ultrassonográfico das mamas deve ser realizado com transdutores lineares de alta frequência (12-5 MHz). A frequência deve ser ajustada ao longo do exame, levando-se em conta que uma maior frequência aumenta a resolução espacial em detrimento de menor penetração por causa da atenuação do feixe ultrassonográfico. Outros parâmetros, como profundidade, ganho e zona focal – posição e número de focos –, também devem ser constantemente ajustados ao longo da varredura ultrassonográfica, de modo a otimizar a caracterização das lesões e garantir que toda a espessura da mama seja adequadamente examinada.

O recurso de imagem harmônica permite que ecos de reverberação superficial de baixa frequência sejam reduzidos, o que elimina por exemplo ecos internos artefatuais vistos em fluidos, resultando em melhor caracterização de lesões císticas. Esse recurso também aumenta o contraste, o que torna a imagem inapropriada para a varredura ultrassonográfica de rastreamento da mama, mas auxilia significativamente na caracterização de lesões sólidas sutis.

O recurso de imagem composta está disponível em transdutores eletrônicos e consiste na aquisição de múltiplas imagens a partir de ângulos variados dentro do plano de insonação. Isso reduz ecos artefatuais como reforço e sombra acústica posterior, portanto esse recurso deve ser utilizado com cautela. Por outro lado, esse recurso aumenta a resolução de contraste, de forma que a alteração do tecido adjacente a uma lesão é mais bem caracterizada (Figura 3).

O modo Doppler usado na USG se baseia no princípio físico do efeito Doppler, que consiste na variação de frequência das ondas sonoras emitidas e recebidas ao encontrar partículas em movimento, no caso as partículas e células em movimento no interior dos vasos sanguíneos. Apesar da ausência ou presença de vascularização no mapeamento Doppler em uma lesão mamária não ser preditiva de benignidade ou malignidade, o uso desse recurso pode revelar por exemplo vasos irregulares e ramificantes no interior de um nódulo suspeito, assim como pode demonstrar um hilo vascular preservado e típico em um pequeno nódulo sugestivo de linfonodo intramamário. Outro ponto importante a ser levado em conta é que, com ajuste adequado dos parâmetros, descartando-se as eventuais imagens artefatuais do mapeamento Doppler, uma lesão que apresentar vascularização no Doppler é necessariamente sólida ou tem componente sólido. Apesar de eventualmente algumas lesões sólidas não apresentarem vascularização no Doppler, lesões císticas nunca devem apresentar vascularização, a menos que exista um componente sólido oculto. Esse recurso é relevante principalmente na diferenciação entre lesão complexa (sólido-cística, eventualmente suspeita) e lesão cística com conteúdo espesso.

A elastografia é uma técnica aplicada à USG convencional que fornece informações complementares à mamografia e na USG, permitindo uma avaliação não invasiva do grau de rigidez de uma lesão. Sua aplicação baseia-se no princípio de que as lesões malignas são geralmente mais duras, enquanto as benignas são em geral mais macias. Na elastografia, é quantificado o grau de deformação de um tecido ao ser submetido a uma dada força de compressão. Resultados iniciais de ensaios clínicos mostram que o uso da elastografia auxilia na diferenciação entre lesões mamárias benignas e malignas na USG, inclusive entre cistos com conteúdo espesso e nódulos complexos, eventualmente reduzindo o número de biópsias de lesões benignas e melhorando a especificidade do método. Entretanto, são necessários treinamento adequado e conhecimento técnico para

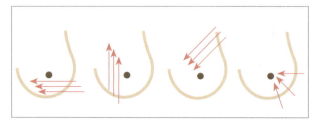

Figura 2 Esquemas de orientações possíveis de varredura ultrassonográfica: transversal, longitudinal, oblíqua e radial.

1 MÉTODOS DE IMAGEM NO DIAGNÓSTICO DAS DOENÇAS MAMÁRIAS   307

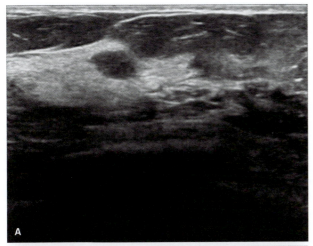

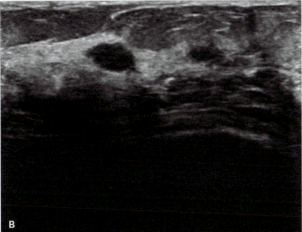

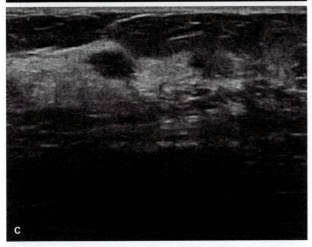

Figura 3 Imagens de ultrassonografia com nódulo caracterizado em modo B simples (A) e utilizando recursos de harmônica (B) e de imagem composta (C).

USG. A variação inter e intraobservador é alta em razão de diferenças no grau e método de compressão, que afetam o elastograma obtido, especialmente no método *strain*, em que o operador deve aplicar leve compressão no transdutor, de acordo com um indicador de qualidade sinalizado pelo aparelho. O método *shear-wave* parece ser menos operador-dependente e mais reprodutível, já que o efeito da compressão parte do transdutor, que deve permanecer estático. Não existe atualmente nenhuma padronização da codificação de cores obtida, que varia de acordo a preferência do fabricante e/ou operador. Além disso, a avaliação do grau de dureza de lesões mais profundas que 2 cm é prejudicada (Figura 4).

Atualmente, a elastografia ainda tem aplicação limitada na prática clínica diária, seja pela menor disponibilidade do equipamento, seja pela pouca uniformidade da técnica e padronização dos aparelhos ou pela ainda restrita familiaridade das equipes médicas com a técnica; é importante sobretudo ressaltar que seu uso é indissociável dos aspectos ultrassonográficos morfológicos e mamográficos já padronizados pelo ACR BI-RADS®, isto é, o aspecto morfológico suspeito de uma lesão é soberano na indicação de biópsia, independentemente da elastografia, já que existem lesões malignas macias e lesões benignas duras.

Atualmente, existem no mercado equipamentos de USG automatizada das mamas, desenvolvidos como alternativa à USG tradicional realizada pelo médico. Esses equipamentos podem ser operados por profissionais não médicos e permitem a obtenção de um número imenso de imagens sobrepostas e nos três planos (axial, sagital e coronal), com possibilidade de reconstrução tridimensional, que posteriormente são analisadas pelo médico radiologista. As vantagens desses equipamentos consistem em um exame menos operador-dependente, otimização do tempo e assim da eficiência do médico radiologista, e alta reprodutibilidade, facilitando assim seu uso no controle de lesões. Há estudos na literatura que reportam uma taxa de detecção adicional de câncer por esse método de 3,6 por 1.000 mulheres rastreadas, comparável àquela obtida pelo método tradicional, realizado por médico. Existem, entretanto, algumas desvantagens no uso desse tipo de equipamento para realização das USG de

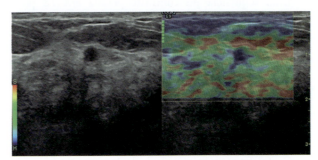

Figura 4 Imagem de ultrassonografia com elastografia demonstrando nódulo mais rígido em relação ao parênquima mamário adjacente.

realização da elastografia e interpretação correta dos resultados. Os aparelhos de USG mais modernos contam com um dos dois métodos de elastografia disponíveis: *strain* ou *shear-wave*; cada um tem suas particularidades, vantagens e limitações, e a aplicação desses métodos varia entre os diferentes fabricantes de aparelhos de mama, entre as quais a limitação em realizar uma varredura apropriada da mama por completo, particularmente das regiões mais profundas em mamas grandes; o grande tempo necessário para a análise por parte do radiologista da imensa quantidade de imagens geradas pelo equipamento e a necessidade de reconvocação de pacientes para um novo exame ultrassonográfico quando os achados são indeterminados.

Ressonância magnética

Técnica de exame

O uso do meio de contraste paramagnético endovenoso na RM para detecção e diagnóstico do câncer de mama determinou um aumento significativo na sensibilidade do exame. Estudos realizados com mulheres com alto risco demonstraram que a RM contrastada tem sensibilidade entre 71 e 100% para detecção de câncer. A especificidade, entretanto, varia entre 37 e 99%, de acordo com as técnicas e os critérios utilizados para detecção.

O desenvolvimento de modernos sistemas de gradiente e técnicas de sequências de pulso resultou em um aumento da resolução temporal da RM de mamas. Isso permitiu combinar, em um mesmo exame, duas abordagens distintas na avaliação de lesões suspeitas: a avaliação morfológica, a partir de uma alta resolução espacial, e a avaliação cinética/dinâmica, com a obtenção de múltiplas sequências pós-contraste.

Hendrick descreveu dez pré-requisitos para maximizar a sensibilidade e a especificidade da RM de mamas contrastada:

- Campo magnético de alta força e de alta homogeneidade (idealmente 1,5 Tesla); isso viabiliza maior relação sinal-ruído, que permite a obtenção de maior resolução espacial em um tempo de aquisição menor.
- Aquisição bilateral em decúbito ventral utilizando bobina mamária bilateral e imobilização das mamas; a aquisição bilateral permite avaliação da simetria dos achados, avaliação da mama contralateral em casos de câncer e ainda a redução de artefatos.
- Uma sequência pré-contraste pesada em T2 para identificação de cistos.
- Uma sequência de pulso gradiente *echo* pesada em T1 volumétrica para aquisição pós-contraste; as imagens volumétricas têm vantagem na relação sinal-ruído, resultando em melhor resolução espacial.
- Boa supressão de gordura em ambas as mamas; de forma a minimizar artefatos, permitir a detecção de pequenos realces e evitar que sejam simulados realces inexistentes.
- Cortes finos, com espessura de 3 mm ou menos, de forma que o exame tenha sensibilidade para lesões pequenas.
- Tamanho do pixel menor que 1 mm em cada eixo; isso permite melhor visualização de detalhes finos, como definição de margens de uma lesão ou visualização de finas espículas.
- Seleção adequada da direção da codificação de fase, de forma a minimizar artefatos (a melhor direção depende do plano de aquisição da sequência, para que artefatos de movimento – respiratório, cardíaco – não se propaguem por meio da imagem no mesmo plano).
- Administração de volume adequado do meio de contraste paramagnético (0,1 a 0,2 mmol/kg), seguido de *flush* de 20 mL de solução salina.
- Tempo total de aquisição volumétrica para as duas mamas menor que 2 minutos. Essa resolução temporal necessária para a RM de mamas é determinada pelo tempo de captação e passagem do meio contraste pelo tecido. O pico de realce pelo meio de contraste de lesões malignas se dá tipicamente entre 90 e 180 segundos após a injeção. Dessa forma, 2 minutos ou menos é a resolução temporal necessária para a avaliação acurada da dinâmica de uma lesão.

Além dos fatores já mencionados, o uso de técnicas de pós-processamento, como a reconstrução com projeção de máxima intensidade (MIP – *maximal intensity projection*) das imagens volumétricas pós-contraste mostrando as regiões de maior sinal nas mamas, e as curvas de realce *vs.* tempo das imagens dinâmicas pós-contraste mostrando o comportamento temporal do realce nas lesões, fornecem informações adicionais e otimizam a interpretação da RM de mamas (Figura 5).

Diversas técnicas vêm sendo investigadas com o intuito de aprimorar a especificidade da RM de mamas, entre as quais difusão, perfusão, mensuração do pico de colina

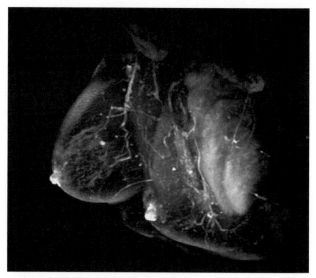

Figura 5 Reconstrução com projeção de máxima intensidade (MIP) de sequência T1 pós-contraste de ressonância magnética das mamas.

na espectroscopia de prótons e espectroscopia. Acredita-se ainda que essas técnicas possam auxiliar na classificação da biologia tumoral e predizer seu comportamento.

Uso da RM

Uma comum indicação da RM de mamas na prática clínica é a conhecida "solução de problemas", em casos de dúvida diagnóstica ou de conduta ainda controversa. Em alguns desses casos, o benefício do uso da RM advém principalmente de seu alto valor preditivo negativo. Existem estudos recentes demonstrando baixa taxa de *upgrade* de lesões suspeitas não calcificadas caracterizadas na mamografia (nódulos, assimetrias, distorções arquiteturais) negativas na RM e posteriormente submetidas a biópsia, cirurgia e/ou acompanhamento. Por esse motivo, em casos selecionados, a realização de uma RM pré-biópsia pode auxiliar na definição da conduta pós-biópsia.

São raros os casos em que a mamografia e a USG associadas ao exame físico são incapazes de descartar malignidade, entretanto a RM pode auxiliar na caracterização de lesões duvidosas, particularmente quando não há possibilidade de realização de biópsia. A RM não deve substituir a avaliação mamográfica e ultrassonográfica na avaliação de alterações mamárias, sejam estas sintomáticas ou caracterizadas na mamografia de rastreamento.

Em alguns casos, a RM constitui parte da rotina de rastreamento, especialmente em mulheres com alto risco para câncer de mama. Há de forma geral uma tendência ao uso da RM em pacientes com mamas densas, mais propensas a falsos-negativos na mamografia, e existe uma perspectiva de maior uso da RM para rastreamento com os novos protocolos abreviados em estudo. A realização de um exame com protocolo abreviado possibilitaria o benefício da alta sensibilidade da RM em casos eventualmente falsos-negativos na mamografia, e o benefício do alto valor preditivo negativo da RM em casos eventualmente falsos-positivos na mamografia, enquanto reduziria o custo do exame e propiciaria maior conforto para a paciente.

Em outros casos, com diagnóstico de câncer, a RM pode ser utilizada para estadiamento locorregional e avaliação da mama contralateral. Estudos mostram acurácia superior da RM em relação à mamografia e à USG na determinação da extensão da doença, independentemente de tipo tumoral, tamanho tumoral, densidade mamária ou idade da paciente. Há estudos que contestam o uso da RM no estadiamento, argumentando que não se demonstrou redução de taxas de recorrência e de reoperações com seu uso; entretanto, sabe-se que existem muitas outras variáveis de difícil controle que impactam esses resultados, enviesando seriamente essa análise.

A RM é amplamente empregada para monitorar a resposta terapêutica em casos submetidos à quimioterapia neoadjuvante. A quimioterapia realizada antes do tratamento cirúrgico teve início há cerca de duas décadas, como alternativa terapêutica para pacientes com doença avançada; posteriormente, passou a ser empregada também nos casos operáveis. A RM realizada ao longo desse tratamento permite que se avalie se houve alguma resposta tumoral e se esta foi suficiente, permitindo adequar o esquema quimioterápico de forma individualizada, não apenas para se obter a melhor resposta, mas também para melhor avaliação prognóstica (Figura 6).

A RM de mamas desempenha papel importante na pesquisa de carcinoma oculto mamário e na pesquisa de recorrência, quando existe essa suspeita e os achados clínicos, mamográficos e ultrassonográficos são inconclusivos.

Correlação entre os métodos de imagem

Os métodos de imagem da mama são complementares entre si na avaliação das lesões. Por exemplo, há lesões que caracteristicamente apresentam aspecto suspeito na USG, porém definitivamente benigno na mamografia, conferindo diagnóstico final de benignidade, como é o caso da esteatonecrose. Algumas precauções são fundamentais para que a correlação entre os métodos seja adequada.

Primeiro, é necessário conhecer de forma aprofundada as indicações corretas de cada modalidade de imagem no diagnóstico das doenças mamárias listada anteriormente neste capítulo. Em segundo lugar, deve-se conhecer as doenças mamárias, sua evolução usual e suas características de imagem, abordadas nos capítulos desta

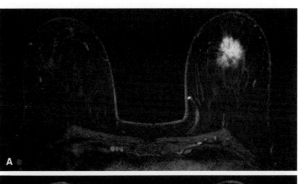
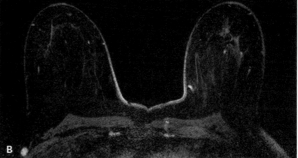

Figura 6 Ressonância magnética das mamas (sequência T1 com saturação de gordura pós-contraste) pré-quimioterapia neoadjuvante evidenciando nódulo irregular na mama esquerda (A) e pós-quimioterapia neoadjuvante demonstrando resposta ao tratamento (B).

seção. Em terceiro lugar, saber presumir adequadamente a correspondência entre as lesões, isto é, conhecer as particularidades de posicionamento de cada método, de forma a confirmar a real correspondência entre os achados, apesar das eventuais diferenças de localização entre os exames.

Perspectivas futuras

A aplicação de outros métodos de imagem das mamas vem sendo discutida e estudada. Um exemplo é a tomografia por emissão de pósitrons associada à RM das mamas (PET/RM), que fornece os dados fisiológicos do PET em associação às informações morfológicas e funcionais providas pela RM. Esse método é bastante promissor à medida que se desenvolvem novos radiofármacos, com o potencial de multiplicar as informações disponíveis a respeito do comportamento biológico dos tumores de mama.

A mamografia por emissão de pósitrons e a imagem molecular da mama são métodos que empregam radiofármacos e detectores específicos para as mamas, com compressão menor que a da mamografia, obtendo-se informações funcionais porém não morfológicas das lesões. Estudos preliminares mostram sensibilidade comparável à da RM, com custo menor. Entretanto, esses métodos envolvem a injeção de radiofármaco e longo tempo de aquisição das imagens, e sua principal limitação é o potencial número de falsos-positivos. Isso porque muitas lesões benignas apresentam captação, devendo-se sempre associar sua análise às imagens morfológicas da mamografia, por exemplo.

A mamografia com contraste iodado endovenoso é um método que vem sendo lentamente introduzido na prática clínica fora do Brasil, com resultados iniciais comparáveis aos da RM na detecção e avaliação da extensão do câncer de mama. Tendo em vista que a RM é um método caro e pouco disponível, a mamografia com contraste é um método com potencial de crescimento, especialmente para pacientes com contraindicações à realização de RM.

Anatomia

As mamas estão presentes tanto nos homens quanto nas mulheres, porém normalmente apenas nestas ocorre o estímulo hormonal para seu desenvolvimento completo. As glândulas mamárias – que são glândulas sudoríparas modificadas – estão localizadas sobre as fáscias dos músculos peitorais e do serrátil anterior e se fixam superficialmente à derme através dos ligamentos de Cooper.

A extensão do tecido mamário geralmente é limitada medialmente pela borda lateral do esterno, lateralmente pela linha axilar média, superiormente pela clavícula e inferiormente pela oitava costela. Existe também uma porção de tecido glandular em direção ao prolongamento axilar, conhecida como cauda de Spence.

O complexo areolopapilar é constituído por aréola e papila, que habitualmente se localiza no centro da mama, podendo-se observar na papila os pequenos orifícios dos ductos lactíferos. Cada ducto lactífero se desenvolve, formando vários lóbulos. O lóbulo é o segmento terminal do sistema ductal, consistindo em múltiplos ácinos circundados por tecido conjuntivo especializado. O ducto terminal e o lóbulo formam uma entidade importante na histologia da mama: a unidade ductolobular terminal (UDLT), local em que se originam diversas doenças mamárias.

A mama é dividida anatomicamente em seis principais regiões: os quatro quadrantes (superolateral, inferolateral, inferomedial, superomedial), a região retroareolar e o prolongamento axilar.

O maior suprimento arterial da mama provém das artérias torácicas lateral e toracoacromial, ramos da artéria axilar. Da artéria torácica interna saem ramos mamários mediais de ramos perfurantes e ramos intercostais anteriores. Há ainda irrigação por parte de artérias intercostais posteriores, ramos da aorta torácica no segundo, terceiro e quarto espaços intercostais.

A drenagem venosa da mama ocorre predominantemente pela veia axilar e, em menor volume, pela veia torácica interna.

A drenagem linfática segue um trajeto desde a papila, aréola e lóbulos para o plexo linfático subareolar. A partir daí a drenagem preferencial varia de acordo com a região da mama:

- Quadrantes laterais: a grande parte da linfa drena para os linfonodos axilares, principalmente para os linfonodos peitorais ou anteriores. Após atingir os linfonodos axilares, a linfa segue para os linfonodos claviculares e depois para o tronco subclávio.
- Quadrantes mediais: drena para os linfonodos paraesternais ou para a mama contralateral e depois para o tronco broncomediastinal.
- Quadrantes inferiores: há drenagem para os linfonodos abdominais (subdiafragmáticos e frênicos inferiores).

A inervação da mama ocorre através dos ramos cutâneos anteriores e laterais dos nervos intercostais no quarto, quinto e sexto espaços. Esses ramos atravessam a fáscia muscular do peitoral maior para chegar até a pele.

Bibliografia sugerida

1. Boote EJ. AAPM/RSNA physics tutorial for residents: topics in US. RadioGraphics. 2003;23(5):1315-27.
2. D'Orsi CJ, Sickles EA, Mendelson EB, Morris EA, et al. ACR BI-RADS® Atlas, breast imaging reporting and data system. Reston: American College of Radiology; 2013.
3. Fallenberg E, Dromain C, Diekmann F, Engelken F, Krohn M, Singh J, et al. Contrast-enhanced spectral mammography versus MRI: initial results in the detection of breast cancer and assessment of tumour size. Eur Radiol. 2013;24(1):256-64.
4. Goddi A, Bonardi M, Alessi S. Breast elastography: a literature review. J Ultrasound. 2013;15(3):192-8.

5. Gold RH, Bassett LW, Widoff BE. Highlights from the history of mammography. RadioGraphics. 1990;10(6):1111-31.
6. Hendrick ER. Breast MRI: using physics to maximize its sensitivity and specificity to breast cancer. AAPM meeting annals; 2004.
7. Hooley RJ, Scoutt LM, Philpotts LE. Breast ultrasonography: state of the art. Radiology. 2013;268(3):642-59.
8. Kuhl CK. The changing world of breast cancer. Investigative Radiology. 2015;50(9):615-28.
9. O'Connor M, Rhodes D, Hruska C. Molecular breast imaging. Expert Rev Anticancer Ther. 2009;9(8):1073-80.
10. Ricci P, Maggini E, Mancuso E, Lodise P, Cantisani V, Catalano C. Clinical application of breast elastography: state of the art. Eur J Radiol. 2014;83(3):429-37.
11. Skaane P, Bandos AI, Eben EB, Jebsen IN, Krager M, Haakenaasen U, et al. Two-view digital breast tomosynthesis screening with synthetically reconstructed projection images: comparison with digital breast tomosynthesis with full-field digital mammographic images. Radiology. 2014;271(3):655-63.

2

Rastreamento do câncer de mama

Luciano Fernandes Chala

Introdução

O câncer de mama é o câncer mais comum em mulheres no Brasil e no mundo. Ele representa cerca de 20-25% dos cânceres em mulheres, quando os cânceres de pele do tipo não melanoma são excluídos. No Brasil, o Instituto Nacional do Câncer (INCA) estimou para 2016 cerca de 58 mil novos casos da doença (56 casos/100 mil mulheres). Ele também é a causa mais frequente de morte por câncer em mulheres. No Brasil, em 2013, de acordo com o sistema de informação de mortalidade, 14,2 mil mulheres morreram em decorrência da doença. A partir da década de 1970, foi observada uma progressiva redução na mortalidade pelo câncer de mama, sobretudo em países desenvolvidos. Isso tem sido atribuído aos programas de rastreamento mamográfico com a detecção precoce da doença e aos avanços terapêuticos, sobretudo nos tratamentos adjuvantes. A mortalidade é maior em países em desenvolvimento, como o Brasil, e isso é atribuído à menor capacidade do sistema de saúde em prover o diagnóstico precoce e o tratamento apropriado da doença.

O rastreamento mamográfico com a detecção precoce é considerado um dos pilares na redução da mortalidade pelo câncer de mama desde a publicação dos primeiros estudos prospectivos, controlados e randômicos e foi, progressivamente, adotado por diversos países. No entanto, sobretudo nos últimos anos, ele vem sendo motivo de intenso debate com a publicação de recomendações divergentes, que têm produzido confusão entre médicos e, mais importante, entre as mulheres. Neste capítulo, procura-se entender os efeitos do rastreamento mamográfico do câncer de mama na população geral e compreender as razões das divergências. Também será abordado o rastreamento do câncer de mama em um grupo especialmente importante, constituído pelas mulheres com alto risco para a doença.

Rastreamento na população geral

O rastreamento do câncer de mama na população geral é baseado na realização periódica da mamografia em mulheres assintomáticas, visando a sua detecção precoce com o objetivo principal de reduzir a mortalidade pela doença. Outros potenciais benefícios relacionados são: menor probabilidade de mastectomia, menor chance de quimioterapia, aumento na sobrevida e a segurança produzida por exames normais. No entanto, o rastreamento do câncer de mama também se associa a efeitos adversos, dos quais os principais são o *overdiagnosis* (sobrediagnóstico) e os resultados falsos-positivos. Outro efeito adverso que deve ser considerado são os potenciais efeitos da exposição frequente à radiação ionizante.

O equilíbrio entre os benefícios na redução da mortalidade e os efeitos adversos tem sido utilizado de maneira crescente nas decisões e nas orientações relacionadas ao rastreamento mamográfico do câncer de mama, e divergências em relação ao equilíbrio ideal estão na origem das controvérsias em relação ao melhor protocolo de rastreio. Como será visto adiante, a idade de início e término, assim como a periodicidade do rastreamento, influenciam a magnitude do benefício na redução da mortalidade e dos efeitos adversos.

Estabelecer o melhor equilíbrio entre os benefícios na mortalidade e os efeitos adversos não é uma tarefa fácil, pois há divergências em relação à própria quantificação e magnitude de cada um deles. Além disso, diferentes indivíduos e sociedades valorizam os mesmos benefícios e efeitos adversos de modo distinto e isso afeta suas escolhas. Diante desse cenário, informações adequadas são fundamentais. A seguir, são discutidos o impacto do rastreamento mamográfico na mortalidade pelo câncer de mama, seus efeitos adversos e as principais controvérsias.

Impacto na mortalidade do câncer de mama

O principal benefício do rastreamento mamográfico é sua associação com a redução na mortalidade pelo câncer de mama em mulheres com idades entre 40 e 74 anos. Foram realizados onze estudos prospectivos, controlados e randômicos para avaliar o efeito do rastreamento mamográfico na mortalidade do câncer de mama, que incluíram cerca de 600 mil mulheres e variaram em relação ao recrutamento, à randomização, aos protocolos de rastreamento, aos grupos-controles e ao tamanho. Com exceção dos dois estudos realizados no Canadá (*Canadian National Breast Cancer Screening 1* e *2*), os demais mostraram redução no risco relativo de morrer pelo câncer de mama em mulheres que realizaram o rastreamento mamográfico em relação àquelas que não realizaram. Individualmente, o estudo que mostrou maior redução no risco relativo de morte por câncer de mama associado ao rastreamento mamográfico foi o *Swedish Two-County Trial*; no acompanhamento de 29 anos, a redução na mortalidade no grupo submetido ao rastreamento mamográfico era de 31%. Diversas metanálises com dados desses estudos foram realizadas. Na metanálise feita pelo *Independent UK Panel*, a redução na mortalidade pelo câncer de mama foi estimada em 20%. A metanálise conduzida pela Canadian Task Force mostrou redução na mortalidade de 18% e a feita pela Cochrane, de 19%.

A magnitude da redução na mortalidade pelo câncer de mama observada nos estudos prospectivos, controlados e randômicos tem sido questionada nos últimos anos por alguns investigadores. Eles argumentam que a maioria desses estudos foi realizada nas décadas de 1960, 1970 e 1980 e seus resultados não expressariam os avanços terapêuticos que ocorreram desde então, os quais reduziriam as vantagens da detecção precoce; especulam que algumas mulheres que morreram por câncer de mama no grupo não rastreado, hoje, iriam sobreviver. Concluem que esses avanços terapêuticos tornaram o rastreamento mamográfico com a detecção precoce do câncer de mama menos relevante. No entanto, de acordo com a American Cancer Society existe pouca evidência científica para sustentar essa especulação e tanto a detecção precoce quanto a moderna terapia têm importante papel na redução da mortalidade pelo câncer de mama. Por outro lado, deve-se enfatizar que as estimativas nos estudos realizados nas décadas de 1970, 1980 e 1990 também não expressam os avanços tecnológicos na mamografia e a potencial detecção de maior número de cânceres curáveis do que no passado.

A realização de novos estudos prospectivos, controlados e randômicos para avaliar os efeitos dos avanços na tecnologia mamográfica e no tratamento do câncer de mama no desempenho do rastreamento mamográfico enfrenta enormes barreiras, que tornam muito difícil sua realização. Em virtude disso, utilizam-se estudos observacionais para se estimar o potencial impacto da moderna mamografia e dos avanços terapêuticos na mortalidade pelo câncer de mama. O Euroscreen Working Group realizou uma revisão sistemática dos estudos observacionais baseados nos programas de rastreamento em curso na Europa e no Reino Unido, em mulheres com idades entre 50 e 69 anos e verificou que a redução no risco relativo de morte por câncer de mama relacionado ao rastreamento mamográfico variou de 25-48%.

A redução do risco relativo de morte por câncer de mama não se distribuiu de maneira homogênea nas diferentes faixas etárias. Recentemente, Nelson et al. realizaram nova metanálise dos estudos prospectivos, controlados e randômicos, para atualizar as evidências da *US Preventives Services Task Force*, e a redução no risco relativo de morte por câncer de mama associada ao rastreamento mamográfico foi estimada em 8% para mulheres com idades entre 39 e 49 anos, em 14% para aquelas com idades entre 50 e 59 anos, em 33% nas mulheres com idades entre 60 e 69 anos e em 20% para mulheres com idades entre 70 e 74 anos.

Diante da polêmica envolvendo o rastreamento mamográfico em mulheres com idades entre 40 e 49 anos, como será visto adiante, alguns estudos avaliaram o impacto do rastreamento mamográfico especificamente nessa faixa etária. O *Age Trial*, estudo prospectivo, controlado e randômico, realizado no Reino Unido, mostrou redução de 25% no risco relativo de morte por câncer de mama nos primeiros 10 anos de rastreamento, em mulheres com idades entre 39 e 49 anos. Hellquist et al. realizaram um estudo observacional que comparou a mortalidade pelo câncer de mama em mulheres suecas que viviam em condados que convidavam aquelas com idades entre 40 e 49 anos para o rastreamento mamográfico com aquelas que viviam em condados que não convidavam mulheres nessa faixa etária para o rastreamento mamográfico. Após 16 anos de acompanhamento, os pesquisadores observaram redução de 29% na mortalidade associada ao rastreamento mamográfico, após ajuste para não comparecimento. Em mulheres com idades entre 40 e 44 anos, foi observada a redução na mortalidade de 18% e, entre 45 e 49 anos, de 32%.

Em suma, a qualidade da evidência de que o rastreamento mamográfico está associado à redução no risco relativo de morte pelo câncer de mama em mulheres com idades entre 40 e 74 anos é considerada elevada e foi observada em diversos estudos com diferentes desenhos, incluindo estudos randômicos e observacionais. Por outro lado, a magnitude das estimativas do impacto do rastreamento mamográfico no risco absoluto de morte por câncer de mama é considerada incerta e necessita de mais estudos, por isso as estimativas atuais devem ser vistas com cautela. No entanto, elas têm sido utilizadas de modo crescente no debate a respeito do benefício do rastreamento mamográfico na redução da mortalidade pelo câncer de mama.

A redução do risco absoluto indica quantas mortes por câncer de mama seriam evitadas em um grupo de mulheres em um determinado período de tempo em razão do rastreamento mamográfico. Os indicadores mais utilizados têm sido o número necessário de mulheres convidadas (*number need to invite* – NNI) ou rastreadas (*number need to screening* – NNS) para se evitar a morte pela doença em um determinado período de tempo.

O cálculo da magnitude do benefício na redução no risco absoluto de morte relacionado ao rastreamento mamográfico é fortemente influenciado pelas premissas assumidas, tais como o impacto no risco relativo de morrer pela doença, a duração do acompanhamento, a adesão ao rastreamento, o risco de morte subjacente na população estudada e o indicador avaliado (NNI ou NNS). Isso explica, como será visto, as acentuadas disparidades nas estimativas disponíveis.

A importância do tempo de acompanhamento foi aferida no estudo *Swedish Two County Trial*. Os investigadores observaram que 922 mulheres com idades entre 40 e 74 anos teriam de ser rastreadas 2 a 3 vezes, em 7 anos, para se evitar uma morte se o tempo de acompanhamento for de 10 anos; esse número seria de 464 mulheres, se o tempo de acompanhamento for de 20 anos e de 414 mulheres se o tempo de acompanhamento for de 29 anos. Recentemente, a American Cancer Society verificou o impacto da idade e da redução no risco relativo de morte no benefício absoluto do rastreamento mamográfico bienal ao longo de um período de 15 anos com 65% de comparecimento. Considerando a redução no risco relativo de morte por câncer de mama atribuído ao rastreamento mamográfico de 10%, 15%, 20% e 40%, o NNS para mulheres com idades entre 40 e 49 anos seria, respectivamente, de 3.806, 2.449, 1.770 e 753 mulheres, para mulheres com idades entre 50 e 59 anos seria, respectivamente, de 2.336, 1.503, 1.087 e 462 e para mulheres com idades entre 60 e 69 anos de, respectivamente, 1.796, 1.156, 835 e 355.

Na revisão sistemática para atualizar as evidências da *US Preventive Services Task Force*, Nelson et al. também avaliaram o impacto do rastreamento na redução do risco absoluto de morte por câncer de mama. Foi estimado o número de mortes evitadas a cada 10 mil mulheres submetidas ao rastreamento mamográfico periódico durante 10 anos. O número foi maior em mulheres com idades entre 60 e 69, sendo estimado que 21 mortes seriam evitadas. O benefício foi menor em mulheres mais jovens. O número de mortes evitadas em mulheres com idades entre 40 e 49 anos e 50 e 59 anos foi estimado, respectivamente, em 3 e 8. Para mulheres com idades entre 70 e 74 anos, o número de mortes evitadas foi calculado em 13. No grupo formado pela combinação de mulheres com idades entre 50 e 69 anos, o número de mortes evitadas foi estimado em 13.

Efeitos adversos

Overdiagnosis

Refere-se à detecção, no rastreamento, de um carcinoma invasivo ou *in situ*, que não iria causar a morte da paciente ou se tornar sintomático durante sua vida. É considerado o principal efeito adverso do rastreamento mamográfico do câncer de mama, pois resulta em tratamentos sem quaisquer benefícios (*overtreatment*). Ele pode ocorrer quando o câncer diagnosticado não é progressivo ou apresenta evolução lenta e a paciente morre por outras causas. Alguns investigadores também aceitam a hipótese de que alguns cânceres poderiam, inclusive, regredir sem nenhum tratamento.

A qualidade da evidência de que há *overdiagnosis* no rastreamento mamográfico é considerada elevada e indica que ele ocorre em todas as faixas etárias. No entanto, a quantificação de sua magnitude é considerada um grande desafio e motivo de fortes divergências. A American Cancer Society, na revisão de suas orientações para o rastreamento do câncer de mama publicada no final de 2015, considerou baixa a qualidade das evidências científicas sobre a magnitude do *overdiagnosis*.

Os dados científicos disponíveis não permitem determinar com exatidão que proporção dos cânceres atualmente identificados no rastreamento mamográfico corresponde a *overdiagnosis*, e as estimativas variam bastante, dependendo da fonte dos dados e do método de cálculo utilizado. Independentemente do desenho do estudo, quase todas as estimativas requerem suposições que não são verificáveis ou o uso de métodos que apresentam vieses. O *Independent UK Panel* calculou o *overdiagnosis* entre 5-25%. Recentemente, a *US Preventive Services Task Force* estimou a taxa de *overdiagnosis* entre 11-19%. Puliti et al. analisaram treze estudos com dezesseis estimativas de *overdiagnosis* em sete países europeus (Holanda, Itália, Noruega, Suécia, Dinamarca, Reino Unido e Espanha), e a estimativa bruta variou de 0-54%. Após ajustes para risco de câncer de mama e *lead time bias*, o *overdiagnosis* foi estimado entre 1-10%. Mandelblatt et al. utilizaram a média das estimativas de seis modelos de simulação desenvolvido pelo *Cancer Intervention and Surveillance Modeling Network* (CISNET) para estimar o *overdiagnosis* em oito estratégias de rastreamento. A taxa de *overdiagnosis* foi maior com o intervalo anual do que com o bienal e com início do rastreamento antes dos 50 anos do que após os 50 anos.

Além das questões relacionadas à sua quantificação, outro aspecto muito importante em relação ao *overdiagnosis* é que não é possível, no momento do diagnóstico, estabelecer se o câncer identificado corresponde ou não a um *overdiagnosis*. Por essa razão, ele é considerado mais um conceito epidemiológico do que um conhecimento atualmente empregável na prática clínica. Os cânceres com maior probabilidade de corresponderem a *overdiagnosis* incluem os carcinomas ductais *in situ*, pequenos carcinomas invasivos localizados e tumores detectados em mulheres com expectativa de vida reduzida em função da idade avançada ou, independentemente da idade, por serem portadoras de outras doenças graves. A grande consequência do *overdiagnosis* é o sobretratamento. Dessa forma, identificar mulheres com câncer de mama que não necessitam de tratamentos agressivos é de extremo valor. Isso envolve identificar e tratar os cânceres de mama em função do seu comportamento biológico e entender que alguns cânceres são indolentes e podem até regredir e outros, mais agressivos, estão na frente das atuais possibilidades diagnósticas e terapêuticas.

Falsos-positivos

Resultados falsos-positivos são frequentes no rastreamento mamográfico do câncer de mama, e a consequência mais comum é a reconvocação da mulher para estudos adicionais com métodos de imagem, em geral, incidências mamográficas complementares ou a USG. Entretanto, uma parte dessas mulheres será encaminhada para a biópsia, cujo resultado será benigno.

Em um estudo observacional baseado em dados do *Breast Cancer Surveillance Consortium*, Hubbard et al. estimaram que após 10 anos de rastreamento a probabilidade acumulativa de resultados falsos-positivos variou de 42-61% e de achado falso-positivo que resulte em biópsia, de 5-9%, dependendo da idade de início e do intervalo do rastreamento. Em outro estudo observacional baseado em dados do *Breast Cancer Surveillance Consortium* (BCSC), Nelson et al. avaliaram a probabilidade de falsos-positivos em uma rodada de rastreamento com a mamografia digital. Verificaram que resultados falsos-positivos foram comuns em todas as faixas etárias. A taxa mais alta foi observada em mulheres com idades entre 40 e 49 anos (121 casos a cada mil mulheres) com redução gradativa nas demais faixas etárias. A qualidade da evidência científica de que os resultados falsos-positivos são mais comuns com rastreios mais frequentes é considerada elevada. As estimativas quantitativas do risco de falso-positivo são variadas e dependem de uma série de fatores. Dessa forma, a generalização das estimativas disponíveis deve ser feita com cautela.

Em termos absolutos, a probabilidade de uma mulher experimentar os efeitos de um resultado falso-positivo é maior do que o benefício na mortalidade e a chance de um *overdiagnosis*. Por essa razão, os achados falsos-positivos são efeitos adversos do rastreamento que o radiologista enfrenta em sua rotina. O esclarecimento de um achado falso-positivo é causa de ansiedade, eventuais morbidades e custos financeiros. Algumas variáveis, além da idade, parecem estar associadas com aumento na probabilidade de resultados falsos-positivos que resultem em biópsia: primeira mamografia, mamas densas, uso da mamografia digital, intervalo maior entre as mamografias e ausência de mamografias anteriores para comparação. Isso indica oportunidades para reduzir os efeitos adversos associados com resultados falsos-positivos.

Exposição à radiação ionizante

A dose de radiação ionizante utilizada em uma mamografia é extremamente baixa. No entanto, o uso repetitivo da mamografia no rastreamento do câncer de mama resulta em preocupações quanto ao risco de cânceres de mama induzidos pela radiação. Nenhum estudo mensurou diretamente a associação entre a exposição à radiação mamográfica, a incidência de câncer de mama e a morte decorrente da doença. Estima-se, entretanto, que a incidência de câncer de mama induzido pela radiação e as mortes associadas sejam extremamente baixas em relação ao número de mortes por câncer evitadas.

Miglioretti et al. realizaram o melhor estudo disponível até o momento sobre as estimativas de câncer de mama induzido pela radiação e a mortalidade associada. Eles utilizaram dois modelos de simulação (*MiSCAN – Fadia and Radiation Exposure Model*) para estimar a exposição à radiação e a incidência e mortalidade do câncer de mama induzido pela radiação mamográfica. Verificaram que a maior parte da exposição à radiação ionizante foi resultado do exame de rastreamento. Os exames diagnósticos foram responsáveis por apenas 10% da dose média anual. No entanto, eles representaram 24% da dose recebida por mulheres expostas às maiores doses de radiação. Foi estimado que no rastreamento bienal, entre 50 e 74 anos, para cada morte por câncer de mama induzido pela radiação, 140 mortes por câncer de mama foram evitadas (68 a 289 dependendo da dose de radiação). No rastreamento anual, entre 40 e 74 anos, essas relações foram menores, para cada morte por câncer de mama induzido pela radiação, 59 mortes por câncer de mama foram evitadas (30 a 117 da dose de radiação).

Os fatores que se associam a aumento nas doses de radiação incluem mamas espessas, mamas grandes, que requerem mais incidências, mamas densas e presença de achados falsos-positivos. Incidências adicionais para avaliar achados falsos-positivos representaram cerca de um quarto da dose de radiação em mulheres que receberam as maiores doses de radiação comparada com apenas 10% da dose recebida pela paciente que recebeu dose de radiação média.

A grande limitação de projeções baseadas em modelos de simulação como as descritas é que são necessárias algumas suposições e os resultados podem se modificar significativamente de acordo com essas suposições. Por essa razão, os valores acima estimados devem ser vistos com extrema cautela. No entanto, eles demonstram com clareza a necessidade de medidas que minimizem a exposição das mulheres a doses de radiação desnecessárias, por exemplo, reduzir a dose de radiação por incidência mamográfica e a taxa de falsos-positivos, evitar incidências mamográficas adicionais que não sejam essenciais, tais como avaliar nódulos com a USG e utilizar detectores grandes para avaliar mamas grandes.

Controvérsias

Não há questionamento em relação à realização do rastreamento mamográfico, mas há intensa controvérsia em relação à idade de início e término e à periodicidade.

Início do rastreamento

A discussão sobre o balanço entre o benefício na redução da mortalidade e os efeitos adversos do rastreamento mamográfico em mulheres com idades entre 40 e 49 anos, em relação àquelas com 50 anos ou mais, tem dominado o moderno debate sobre o rastreamento do câncer de mama. Historicamente, o rastreamento mamográfico na população geral é iniciado aos 40 anos de idade basicamente em razão do fato de a maioria dos estudos prospectivos, controlados e randômicos terem incluído mulheres com idades entre 40 e 49 anos e demonstrado redução no risco relativo de morte por câncer de mama nessa faixa etária, o que foi confirmado em estudos observacionais conforme previamente descrito. A qualidade da evidência de que o rastreamento mamográfico reduz o risco relativo de morte por câncer de mama em mulheres com idades entre 40 e 49 anos é considerada alta.

Aqueles que defendem o rastreamento mamográfico a partir dos 40 anos ressaltam que seus efeitos na redução do risco relativo de morte por câncer de mama superam a magnitude de quaisquer efeitos adversos. No entanto, muitos investigadores e organizações médicas reinvidicam que os efeitos adversos devem ser considerados e alegam que o balanço entre os benefícios na redução da mortalidade e os efeitos adversos é pouco favorável em mulheres com idades entre 40 e 49 anos. Nessa faixa etária, a redução no risco relativo de morte por câncer de mama é menor e o número necessário de mulheres rastreadas para se evitar uma morte é maior. Além disso, a taxa de falsos-positivos, o risco de *overdiagnosis* e de câncer induzido pela radiação é maior, pois estão relacionados ao número de rastreios. Os estudos são uniformes em mostrar que a probabilidade do rastreamento mamográfico evitar uma morte por câncer de mama aumenta com a idade. Por outro lado, os efeitos adversos do rastreamento mamográfico permanecem estáveis ou diminuem com a idade. Assim, o balanço entre o benefício e os efeitos adversos melhora com o envelhecimento.

A maioria das organizações médicas não faz recomendações contra o rastreamento mamográfico em mulheres com idades entre 40 e 49 anos, mas orienta que elas devem ser informadas dos benefícios e dos efeitos adversos antes de se prosseguir com o rastreamento nessa faixa etária. Por outro lado, as organizações médicas que defendem o rastreamento mamográfico a partir dos 40 anos receiam que essas recomendações possam reduzir a adesão ao rastreamento de mulheres nessa faixa etária ou serem utilizadas por organizações públicas e privadas como motivo para restringir o acesso dessas mulheres ao rastreamento.

O benefício na redução do risco relativo por morte pelo câncer de mama, associado ao rastreamento mamográfico, provavelmente aumenta de modo gradativo e não de forma abrupta em qualquer idade específica. A American Cancer Society recentemente avaliou as mulheres a cada 5 anos de incremento na faixa etária e observou que o risco absoluto de câncer de mama em 5 anos em mulheres com idades entre 45 e 49 anos e entre 50 e 54 anos foi similar (0,9-1,1%) e maior do que aquelas entre 40 e 44 anos (0,6%). A proporção de todos os cânceres de mama incidente foi similar nas faixas etárias de 45 a 49 anos e 50 a 54 anos (10-12%) comparado ao observado entre 40 e 44 anos (6%). Ou seja, há similaridades na carga da doença em mulheres entre 45 e 49 anos e 50 e 54 anos e diferenças entre essas e aquelas entre 40 e 44 anos. A separação das faixas etárias por incrementos de 10 anos, como usual, e, não 5 anos, pode obscurecer essas similaridades e diferenças.

Término do rastreamento

Quando encerrar o rastreamento do câncer de mama é outro motivo de divergência. Os estudos prospectivos, controlados e randômicos não incluíram mulheres acima de 74 anos e, portanto, não há dados diretos sobre o rastreamento em mulheres com 75 anos ou mais, e os dados para mulheres com idades entre 70 e 74 são escassos e restritos a alguns poucos estudos. No entanto, esse tema desperta debate, pois a expectativa de vida das mulheres tem aumentado, a incidência do câncer de mama continua a crescer até a faixa etária dos 75 a 79 anos e 26% das mortes por câncer de mama ocorrem em mulheres com diagnóstico da doença após os 74 anos. Outro fator que estimula o rastreamento mamográfico em mulheres com mais do que 70 anos é o aumento da sensibilidade e da especificidade da mamografia com o envelhecimento. Esses dados indicam uma possível oportunidade para se reduzir a mortalidade pelo câncer de mama nessa faixa etária. Por outro lado, a expectativa de vida reduzida em mulheres idosas diminui a probabilidade do benefício do rastreamento mamográfico em algumas delas.

Considerando-se todos esses fatores, muitas organizações médicas não estabelecem limite de idade acima da qual o rastreamento mamográfico deva ser suspenso e recomendam a individualização da decisão que deve ser discutida com a mulher. Em termos gerais, orienta-

-se a contemplar a suspensão do rastreamento mamográfico quando a mulher apresentar expectativa de vida menor do que 5 a 10 anos em decorrência da idade muito avançada ou da presença de comorbidades graves ou quando ela apresentar comorbidades que impossibilitam quaisquer formas de tratamento efetivo da doença. A maioria dos programas de rastreamento populacionais, entretanto, encerra o rastreio aos 69 anos, e alguns aos 74 anos.

Intervalo de rastreamento

Uma vez que a decisão de iniciar o rastreamento é tomada, a próxima escolha é a periodicidade do rastreio. Não há evidências diretas comparando o efeito na mortalidade pelo câncer de mama de acordo com diferentes intervalos de rastreamento. Nenhum estudo prospectivo, controlado e randômico foi desenhado para comparar diferentes intervalos e a periodicidade do rastreio variou bastante entre eles (12 a 33 meses). Dessa forma, esta relação tem sido obtida por meio de evidências indiretas que incluem metanálises, modelos matemáticos, estudos observacionais e modelos de microssimulação e a qualidade das evidências científicas sobre o impacto do intervalo de rastreio na redução da mortalidade associada ao rastreamento mamográfico é considerada baixa.

Em uma metanálise dos estudos prospectivos, controlados e randômicos comparando mulheres com menos de 50 anos e entre 50 e 69 anos e intervalos de rastreamento menores do que 24 meses e de 24 meses ou mais, Fitzpatrick-Lewis et al. mostraram que para mulheres com 50 a 69 anos o benefício do rastreamento não estava relacionado ao intervalo. A redução na mortalidade foi similar para intervalos menores e maiores do que 24 meses. No entanto, em mulheres com menos de 50 anos, uma redução significativa na mortalidade foi observada unicamente com intervalos menores do que 24 meses, enquanto nenhum benefício foi observado com intervalos de 24 meses ou mais. Miglioretti et al. avaliaram a associação entre diferentes intervalos de rastreamento e as características tumorais. Verificaram que as características tumorais mais favoráveis estavam associadas com intervalo de rastreio mais curto em mulheres com idades entre 40 e 49 anos, mas não entre aquelas com mais do que 50 anos, embora a diferença não tenha sido estatisticamente significativa.

Mandelblatt et al. utilizaram a média das estimativas de seis modelos de simulação desenvolvidos pelo *Cancer Intervention and Surveillance Modeling Network (CISNET)* para avaliar oito estratégias de rastreamento. Verificaram que o intervalo anual resultou em maior redução no risco relativo de morte por câncer de mama do que o intervalo bienal em todas as faixas etárias analisadas: 40 a 74 anos (38% *vs.* 30%), 45 a 74 anos (36% *vs.* 27%) e 50 a 74 anos (33% *vs.* 26%). As estratégias de rastreamento com intervalo bienal retiveram 79-81% da redução na mortalidade obtida com o intervalo anual, dependendo da idade de início do rastreamento. Nesse estudo, todos os modelos de simulação projetaram mais efeitos adversos (resultados mamográficos falsos-positivos, biópsias com resultado benigno e *overdiagnosis*) com o intervalo anual do que com o intervalo bienal.

Em suma, o rastreamento mamográfico com intervalo anual assegura maior redução na mortalidade pelo câncer de mama, especialmente em mulheres jovens. Por outro lado, ele se associa a maior número de efeitos adversos. Os defensores do rastreamento com intervalo anual enfatizam seus benefícios na redução da mortalidade. Por outro lado, os defensores do rastreamento com intervalo bienal defendem o melhor equilíbrio entre o benefício na redução na mortalidade e os efeitos adversos. Não é coincidência que os defensores do rastreamento com início aos 40 anos são os mesmos que defendem o rastreamento anual e aqueles que propõem o início do rastreamento aos 50 anos são os mesmos que defendem o rastreamento com periodicidade bienal.

Recomendações

Aqui, serão descritas as recomendações das principais organizações médicas no Brasil e no mundo para o rastreamento mamográfico do câncer de mama e o protocolo utilizado em diversos programas de rastreamento populacional.

Colégio Brasileiro de Radiologia, Sociedade Brasileira de Mastologia e Federação Brasileira de Ginecologia e Obstetrícia

Em 2012, o Colégio Brasileiro de Radiologia (CBR), a Sociedade Brasileira de Mastologia (SBM) e a Federação Brasileira de Ginecologia e Obstetrícia (FEBRASGO) publicaram suas recomendações para o rastreamento do câncer de mama na população geral, conforme descrito a seguir:

- ≤ 39 anos: rastreamento mamográfico não é recomendado.
- 40 a 69 anos: recomenda-se o rastreamento mamográfico anual.
- ≥ 70 anos: recomenda-se que o rastreamento mamográfico deva ser individualizado e sugere-se sua realização com periodicidade anual para mulheres com expectativa de vida acima de 7 anos e que possam ser submetidas a investigação diagnóstica e tratamento após a identificação do câncer de mama.

Estas recomendações foram revisadas em 2016.

Instituto Nacional do Câncer (INCA)

As recomendações do INCA para o rastreamento de mama foram atualizadas em 2015 e orientam o rastreamento mamográfico a cada 2 anos apenas para mulheres com idades entre 50 e 69 anos:

US Preventive Services Task Force (USPSTF)

A USPSTF atualizou suas recomendações para o rastreamento do câncer de mama no início de 2016. As recomendações atuais da USPSTF são as seguintes:

- ≤ 39 anos: rastreamento mamográfico não é recomendado.
- 40 a 49 anos: a decisão de iniciar o rastreamento nessa faixa etária deve ser individualizada e a recomendação foi classificada como grau C, o que significa que a USPSTF recomenda o oferecimento seletivo do rastreamento mamográfico para pacientes selecionadas com base no julgamento médico e nas preferências individuais. O rastreamento mamográfico pode reduzir o risco de morte por câncer de mama nessa faixa, mas o número de mortes evitadas é menor do que nas pacientes mais velhas e o número de resultados falsos-positivos e de biópsias com resultado benigno é maior. Mulheres que valorizam mais os benefícios do que os potenciais efeitos adversos podem escolher iniciar o rastreamento bienal antes dos 50 anos.
- 50 a 74 anos: realizar rastreamento mamográfico bienal.
- ≥ 75 anos: concluíram que a evidência atual é insuficiente para avaliar o balanço entre benefícios e efeitos adversos do rastreamento mamográfico nessa faixa etária. Sugerem que se o serviço for oferecido as pacientes devem entender que há incerteza em relação ao balanço entre benefício e risco.

American Cancer Society

A American Cancer Society revisou no final de 2015 suas recomendações para o rastreamento do câncer de mama na população geral. Da mesma forma que a USPSTF, além dos benefícios na mortalidade, foram introduzidos no processo de decisão os efeitos adversos e suas recomendações foram classificadas em fortes e qualificadas. A recomendação forte implica que há consenso de que os benefícios do rastreamento superam os efeitos indesejados. Do ponto de vista médico, uma recomendação forte significa que a maioria dos indivíduos deveria receber a ação recomendada. Do ponto de vista das pacientes, implica que a maioria das mulheres nessa situação iria desejar a ação recomendada e apenas uma menor proporção não iria aderir.

A recomendação qualificada indica que há claras evidências em relação aos benefícios, mas existem incertezas em relação ao balanço entre eles e efeitos adversos, ou sobre os valores e preferências das pacientes, os quais poderiam levar a diferentes decisões. Do ponto de vista do médico, uma recomendação qualificada significa que o clínico deve reconhecer que diferentes escolhas serão apropriadas para diferentes pacientes e ele deve ajudar cada mulher a escolher uma conduta que seja consistente com seus valores e preferências. Do ponto de vista das pacientes, uma recomendação qualificada implica que a maioria das mulheres nessa situação escolherá a ação recomendada, mas muitas não. Esse novo processo de decisão resultou em modificações em relação às recomendações anteriores, feitas em 2003, que orientavam a realizar a mamografia anual para todas as mulheres com 40 anos ou mais. A seguir, são apresentadas as recomendações atuais:

- ≤ 39 anos: rastreamento mamográfico não é recomendado.
- 40 a 44 anos: as mulheres devem ter a oportunidade de começar o rastreamento mamográfico anual, e essa recomendação foi classificada como qualificada.
- 45 a 54 anos: as mulheres devem iniciar o rastreamento mamográfico, e essa recomendação foi classificada como forte. Em relação ao intervalo, a orientação é que ele deva ser anual, e essa recomendação foi classificada como qualificada.
- 55 a 74 anos: recomenda-se manter rastreamento mamográfico, mas alterar o intervalo para bienal, embora oriente que a mulher deva ter a oportunidade de continuar o rastreamento com intervalo anual, se desejar. Essa recomendação foi classificada como qualificada.
- ≥ 75 anos: as mulheres devem continuar o rastreamento mamográfico enquanto sua saúde geral for boa e a expectativa de vida for ≥ 10 anos. O protocolo de rastreamento sugerido é o mesmo recomendado para mulheres com idades entre 55 e 74 anos.

American College of Radiology (ACR) e Society of Breast Imaging (SBI)

As orientações do ACR e da SBI em relação ao rastreamento do câncer de mama na população geral foram publicadas em 2010 e indicam o rastreamento mamográfico anual para mulheres com 40 anos ou mais de idade. Em relação ao término do rastreamento, orientam que mulheres com expectativa de vida de menos do que 7 anos ou que não possam ser tratadas de um câncer de mama detectado no rastreamento, com base na idade ou em comorbidades, devem interromper o rastreamento.

American Congress of Obstetricians and Gynecologists (ACOG)

O ACOG recomenda que todas as mulheres da população geral com 40 anos ou mais realizem o rastreamento mamográfico anual. As recomendações da ACOG foram revisadas no início de 2016.

Canadian Task Force on Preventive Health Care

A última revisão das orientações para o rastreamento do câncer de mama na população geral foi publicada em 2011 e recomenda o rastreamento mamográfico a cada 2 ou 3 anos para mulheres com idades entre 50 e 74 anos.

Programas de rastreamento populacional organizados

A maioria dos programas organizados do rastreamento do câncer de mama recomenda a realização da mamografia a cada 2 anos, entre 50 e 69 anos. Alguns iniciam aos 40 ou 45 anos, têm periodicidade anual e/ou são encerrados aos 74 anos.

Rastreamento na população de alto risco

Definição

A definição de alto risco para câncer de mama é variável e, em geral, baseada no risco vitalício de desenvolver a doença. O National Institute for Health and Care Excelence (NICE) no Reino Unido classifica como de alto risco a mulher cujo risco vitalício for ≥ 30% e como de risco moderado se ele for > 17% e < 30%. A American Cancer Society, por outro lado, usa limiares menores para definir uma mulher como de alto risco. De acordo com os seus critérios, uma mulher será classificada como de alto risco se o risco vitalício for ≥ 20% e, como de risco moderado, se ele for ≥ 15% e < 20%.

Utilizam-se neste capítulo os critérios da American Cancer Society e, de acordo com eles, são classificadas como de alto risco: mulheres com risco vitalício maior do que 20-25%, estimado por um dos modelos matemáticos baseados no risco familiar, mulheres com mutações ou não testadas, mas com familiares de primeiro grau com mutações nos genes BRCA 1 ou BRCA 2, mulheres que foram submetidas à irradiação torácica e mulheres portadoras ou não testadas, mas com familiares de 1º grau com síndromes de Cowden, Bannayan-Riley-Ruvalcaba e Li Fraumeni. As mulheres são classificadas como de risco intermediário se o risco vitalício for de 15-20%, de acordo com modelos matemáticos baseados no risco familiar, se apresentarem o diagnóstico de neoplasia lobular ou hiperplasia ductal atípica, antecedente pessoal de câncer de mama ou tecido mamário denso.

Quando uma mulher é classificada como de alto risco, três condutas clínicas podem ser propostas: intensificação da vigilância clínica e do rastreamento com métodos de diagnóstico por imagem, cirurgia redutora de risco (mastectomia bilateral) e quimioprevenção. A intensificação do rastreamento com métodos de diagnóstico imagem, via de regra, inclui três alterações em relação ao rastreamento na população geral de mulheres. A primeira alteração é a antecipação do início do rastreamento, pois os tumores nessas mulheres tendem a se desenvolver mais precocemente. A segunda mudança é a incorporação da ressonância magnética (RM) ou da ultrassonografia (USG) como métodos complementares, por conta das limitações da mamografia. A terceira modificação é na periodicidade, com a realização obrigatória de exames anuais, em razão do menor tempo de duplicação tumoral.

Nos últimos anos, novas evidências científicas têm reforçado que as características dos tumores e o desempenho relativo dos métodos de diagnóstico imagem diferem de acordo com a causa do alto risco, o que pode ter impacto nos protocolos de rastreamento. A seguir, são descritas as propostas de rastreamento para mulheres classificadas como de alto risco e, além disso, para aquelas classificadas como de risco intermediário, de acordo com os critérios da American Cancer Society.

Risco hereditário

Estima-se que entre 5-25% dos cânceres de mama são secundários a mutações genéticas deletérias que podem ser herdadas. Uma série de síndromes associadas a mutações em genes específicos com graus variados de penetrância e aumento no risco para câncer de mama já foi identificada (Tabela 1).

BRCA 1 e BRCA 2

Mutações deletérias nos genes BRCA 1 ou BRCA 2 são responsáveis por cerca de 15% dos cânceres de mama familiares. Essas mutações são de alta penetrância e aumentam significativamente o risco de desenvolver câncer de mama e ovário ao longo da vida. Em relação ao câncer de mama, o risco cumulativo de desenvolvê-lo até os 70 anos de idade é de 57% nas mutações no gene BRCA 1 e de 49% nas mutações no gene BRCA 2.

O câncer de mama associado a mutações nos genes BRCA 1 e BRCA 2 se caracteriza por ocorrer mais precocemente do que na população geral. A média da idade no diagnóstico é de 42 anos (BRCA 1) e de 47 anos (BRCA 2). Cerca de 58% dos cânceres de mama nas portadoras de mutação no gene BRCA 1 ocorrem antes dos 40 anos de idade; nas portadoras de mutação no gene BRCA 2, em torno de 50% dos cânceres de mama são detectados antes dos 40 anos de idade.

Mutações no gene BRCA 1 e, principalmente, no BRCA 2 também aumentam significativamente o risco de câncer de mama em homens. O risco cumulativo de um homem desenvolver câncer de mama até os 70 anos na população geral é de 0,07%, nos portadores de mutações no gene BRCA 1 é de 1,8% e nos portadores de mutações no gene BRCA 2 é de 6,8%. Estima-se que aproximadamente 8% dos cânceres de mama masculinos estejam relacionados a mutações no gene BRCA 2.

Tabela 1 Principais mutações genéticas e síndromes associadas ao câncer de mama e estimativas do risco vitalício de desenvolver a doença até 70 anos de idade

Gene afetado	Cromossomo	Síndrome	Risco vitalício até 70 anos
PTEN	10	Cowden, Bannayan-Riley-Ruvalcaba, Proteus e Proteus-símile	25-50%
STK11	19	Peutz-Jeghers	32-54%
TWIST1	17	Saethre-Chotzen	–
CDH1	16	Câncer gástrico difuso hereditário	39-52%
TP53	17	Li Fraumeni	60-80%
ATM	11	Ataxia – telangiectasia	23%
BRIP1	17	Anemia de Fanconi J	13%
PALB2	16	Anemia de Fanconi N	13-24%
RAD51C	17	Anemia de Fanconi-símile	–
CHEK2	22	–	15%
BRCA1	17	Síndrome de câncer de mama e ovário hereditária	57%
BRCA2	13	Síndrome de câncer de mama e ovário hereditária	49%

Existe a possibilidade de não se identificar uma mutação que ainda não foi determinada na família. Por essa razão, abordam-se aqui mulheres com risco vitalício ≥ 20%, calculado por modelos matemáticos baseados na história familiar, que inclui a maioria das mulheres com história familiar fortemente sugestiva de câncer hereditário e teste genético negativo.

Rastreamento

Em mulheres portadoras de mutação nos genes BRCA 1 ou BRCA 2 ou em mulheres não testadas, mas com familiares de 1º grau com mutação nesses genes, deve-se antecipar o início da mamografia, incluir a RM e realizar os exames com periodicidade anual. Como será visto adiante, é possível considerar que, nas mulheres com mutação no gene BRCA 1, a RM seja o principal método de rastreamento e a mamografia a técnica complementar.

Recomenda-se que o rastreamento mamográfico anual seja iniciado aos 30 anos de idade. Se a mulher ou seus médicos desejam iniciá-lo antes, não se recomenda começá-lo antes dos 25 anos de idade. No entanto, a sensibilidade da mamografia nas mulheres com mutação nos genes BRCA, sobretudo no gene BRCA 1, é singularmente baixa. Estima-se que a sensibilidade da mamografia em mulheres com mutação nos genes BRCA seja de 55%, sendo menor quando a mutação ocorre no gene BRCA 1 (41%) do que no BRCA 2 (62%). Como consequência, o rastreamento mamográfico isolado em mulheres com mutações nos genes BRCA se associa a maior número de cânceres de intervalo, menor número de cânceres diagnosticados com menos de 1 cm e maior número de mulheres com envolvimento de linfonodos axilares no momento do diagnóstico quando comparado com a população geral de mulheres e também com mulheres com menos de 50 anos de idade sem mutação nesses genes.

As causas da menor sensibilidade da mamografia nessas mulheres incluem o maior número de mulheres jovens com mamas densas no rastreamento e, principalmente, o fenótipo tumoral. Os cânceres que se desenvolvem em mulheres com mutação nos genes BRCA são diferentes dos cânceres esporádicos que ocorrem na população geral. Entrementes, também há diferenças entre os cânceres que se desenvolvem nas portadoras de mutação no gene BRCA 1 em relação aos que ocorrem nas mulheres com mutação no gene BRCA 2; estes últimos são mais parecidos com os cânceres esporádicos na população geral. Isso explica por que a sensibilidade da mamografia também difere entre as portadoras de mutação nos genes BRCA 1 e BRCA 2 e, como será visto adiante, o valor complementar da RM será maior nas primeiras.

Os cânceres associados à mutação no gene BRCA 1 se caracterizam por:

- Maior prevalência de cânceres com achados medulares.
- Baixa prevalência de carcinoma ductal *in situ*.
- Maior grau histológico (77% dos carcinomas invasivos apresentando grau histológico III).
- Maior número de tumores com Ki67 elevado.
- Elevada prevalência de tumores triplos-negativos que representam até 69% dos cânceres invasivos associados a mutações no gene BRCA 1; estima-se que 15% das mulheres com tumores triplos-negativos apresentem mutação no BRCA 1.
- Predomínio do subtipo molecular basal.

Como mencionado, os cânceres associados à mutação no gene BRCA 2 apresentam mais semelhanças do que diferenças em relação aos cânceres esporádicos na população geral. As semelhanças incluem a distribuição similar quanto aos subtipos histológicos e moleculares e em relação à expressão de receptores de estrógeno e progesterona. O subtipo molecular dominante é o luminal, e os tumores triplos-negativos representam cerca de 16% dos casos. As principais diferenças em relação aos cânceres esporádicos incluem maior grau histológico com até 50% dos carcinomas invasivos apresentando grau histológico III e a menor expressão do HER2, que ocorre em apenas 13% dos casos.

Essas diferenças em relação ao fenótipo são relevantes, pois repercutem na manifestação desses tumores na mamografia e no seu desempenho no rastreamento dessas mulheres. Os cânceres associados à mutação no gene BRCA 1 são menos favoráveis para detecção mamográfica, já que tendem a apresentar crescimento mais rápido, menor frequência de calcificações e maior prevalência de lesões com aspecto que simulam lesões benignas. Os tumores associados à mutação no BRCA 2 tendem a ter um crescimento mais lento e são mais parecidos com os tumores esporádicos. Isso os torna mais favoráveis a detecção mamográfica.

O rastreamento mamográfico em mulheres com risco vitalício ≥ 20%, calculado por modelos matemáticos baseados na história familiar, que inclui a maioria das mulheres com história familiar fortemente sugestiva de câncer hereditário e teste genético negativo, também deve ser modificado. Recomenda-se o início do rastreamento mamográfico anual aos 30 anos de idade ou 10 anos antes da idade da familiar mais jovem afetada; sugere-se escolher o que for mais tarde e não iniciar antes dos 25 anos de idade. No entanto, novamente, a sensibilidade da mamografia nessas mulheres foi inferior à da população geral e próxima da observada nas mulheres com mutações no gene BRCA 1, sendo estimada em 46%.

As limitações do rastreamento mamográfico nesse grupo de mulheres motivaram estudos sobre o impacto do uso da RM e da USG como métodos complementares. Esses estudos mostraram que o uso adicional tanto da USG quanto da RM associou-se à detecção de significativo número de tumores adicionais, mas com enorme superioridade da RM. Uma revisão dos estudos realizados até 2009 mostrou que a sensibilidade da mamografia e da USG, isoladas foi, respectivamente, de 36-40%, e, quando associadas, de 55%. Ou seja, o uso da USG como método suplementar aumenta o número de tumores detectados em relação ao uso isolado da mamografia, mas, mesmo assim, quase metade dos tumores nessas mulheres não seriam identificados pela associação desses dois métodos de diagnóstico por imagem. Por outro lado, a sensibilidade da RM isolada foi de 81% e, quando combinada com a mamografia, de 93%. A RM permitiu a identificação de tumores adicionais, não identificados pela mamografia e/ou USG, em 1-5% das mulheres rastreadas. Estudos mais recentes confirmaram esses achados. Khul et al., em 2010, publicaram o resultado do estudo EVA. Mostraram que a sensibilidade da mamografia e da USG isoladas foi de 33-37%, respectivamente, e de 48%, quando combinadas. A RM isolada mostrou sensibilidade de 93% e, combinada com a mamografia, de 100%. Riedl et al., em 2015, relataram sensibilidade geral para mamografia e USG isoladas de 38% e de 50% quando combinadas. A RM isolada mostrou sensibilidade de 90% e, combinada com a mamografia, de 93%.

Por fim, esses estudos também evidenciaram que quando a RM é utilizada como método suplementar à mamografia, o uso adicional da USG não implicou a detecção de tumores adicionais. Por essa razão, a RM é o método suplementar de escolha no rastreamento dessas mulheres, e a USG deve ser utilizada apenas se a RM, por quaisquer razões, não puder ser realizada.

Baseado no resultado desses estudos, recomenda-se que portadoras de mutação nos genes BRCA 1 ou 2, mulheres não testadas mas com familiares de 1º grau com mutação nos genes BRCA 1 ou 2 e mulheres com risco vitalício maior do que 20% realizem a RM anual a partir dos 30 anos em associação com a mamografia. Na prática clínica, a maioria das indicações para rastreamento do câncer de mama com rastreamento magnética será feita para mulheres, sem mutação genética confirmada, mas com risco vitalício para câncer de mama > 20-25%, estimado por modelos de avaliação de risco que incluem o BRCAPRO, o Gail, o Tyrer-Cuzick (IBIS) e o Claus. A American Cancer Society recomenda o uso do BRCAPRO, Claus ou Tyrer-Cuzik para determinar a elegibilidade da mulher para a RM como método adjunto da mamografia e alerta contra o uso de modelos que incluem dados limitados da história familiar como o Claus.

Nos últimos anos, questionamentos e dados adicionais a respeito do rastreamento nessas mulheres com a mamografia e a RM têm surgido e têm o potencial de contribuir para o refinamento futuro do rastreamento do câncer de mama em mulheres com risco de câncer de mama hereditário. Alguns estudos têm demonstrado que o valor relativo da mamografia e da RM difere de acordo com a causa da suscetibilidade genética.

Rijnsburger et al. estimaram a sensibilidade da mamografia e da RM em mulheres com mutações nos genes BRCA 1 e 2 e verificaram que a diferença entre a sensibilidade da mamografia e da RM nas portadoras de mutação no gene BRCA 1 foi significativamente maior do que naquelas com mutação no gene BRCA 2, indicando que o benefício do uso da RM é mais relevante nas portadoras de mutação no gene BRCA 1. A sensibilidade da mamografia e da RM foi, respectivamente, de 41-67% nas mulheres com mutação no BRCA 1 e de 62-69% naquelas com mutação no BRCA 2.

A sensibilidade especialmente baixa da mamografia, a significativa diferença entre a sensibilidade da mamografia e a da ressonância e o suposto maior risco de câncer induzido pela radiação têm levado ao questionamento sobre o uso da mamografia em mulheres com mutação no gene BRCA 1, especificamente naquelas com menos do que 40 anos. Não há estudos que avaliem adequadamente essa questão, mas alguns indícios apontam para um valor adicional baixo relacionado ao uso da mamografia nessas mulheres, especialmente nas mais jovens. Em um deles, o valor adicional da mamografia em mulheres com mutação no BRCA 1 quando a RM é empregada foi estimado em 2% e apenas em mulheres acima dos 40 anos. É possível dizer com um grau de certeza bastante razoável que em mulheres com mutação no gene BRCA 1 a mamografia é o método suplementar da RM e não o inverso. No entanto, deve-se ter cautela em suprimir a mamografia em mulheres jovens portadoras de mutação no gene BRCA 1, pois as evidências científicas disponíveis não permitem estabelecer se essa conduta é segura. No momento, recomenda-se a manutenção do rastreamento mamográfico nessas mulheres, como previamente descrito.

Por fim, não há estudos prospectivos, controlados e randômicos que avaliem o impacto do uso adicional da RM na mortalidade pela doença nessas mulheres. No entanto, há um conjunto de evidências que sugere que isso seja muito provável. Os carcinomas identificados exclusivamente pela RM apresentam características favoráveis com a maioria, sendo identificadas em estádio precoce. Relata-se que entre 50-77% corresponderam a carcinoma ductal *in situ* ou a carcinomas invasivos menores do que 1 cm e que 80-100% não apresentavam comprometimento de linfonodos axilares no momento do diagnóstico. Além disso, o uso adicional da RM associou-se à redução no número de cânceres de intervalo. A taxa média de cânceres de intervalo descrita nos estudos em que a RM suplementar foi utilizada é menor do que 10% e, em alguns deles, foi próxima de zero.

Problemas da ressonância magnética

Embora tenha sido demonstrado que a RM possa detectar cânceres assintomáticos e ocultos na mamografia e na USG, seu uso tem alguns inconvenientes. Apesar de ter elevada sensibilidade, a especificidade da RM é moderada. Assim, seu uso como método suplementar resulta em maior número de falsos-positivos e, consequentemente, de exames adicionais, recomendações para acompanhamento e biópsias. Em países como o Brasil, o acesso limitado à biópsia por RM amplifica o problema dos falsos-positivos e reduz o uso do método. Os estudos atuais mostram que a especificidade da RM apresenta significativa melhora nas rodadas subsequentes de rastreamento. Além disso, o custo do exame é outra barreira e limita significativamente a ampla adoção do rastreamento de mulheres com alto risco com a RM em países de baixa ou moderada renda como o Brasil, onde ele fica restrito às classes de maior renda.

Outras síndromes genéticas

As demais síndromes genéticas que aumentam o risco para câncer de mama são raras, e não há estudos específicos em relação ao rastreamento do câncer de mama nas mulheres portadoras. Atualmente, há recomendações para rastreamento de mulheres portadoras ou não testadas, mas com familiares de 1º grau com síndrome de Cowden, Bannayan-Riley-Ruvalcaba e Li Fraumeni. Sugere-se que essas mulheres realizem a mamografia e a RM anual a partir dos 30 anos, de modo similar ao recomendado para mulheres com mutação nos genes BRCA 1 ou 2.

Irradiação torácica

Mulheres submetidas à irradiação torácica apresentam risco cumulativo de desenvolver o câncer de mama ao longo da vida comparável ao risco observado em mulheres com mutação nos genes BRCA. Dados do *Childhood Cancer Survivor Study* mostraram que o risco cumulativo de desenvolver câncer de mama até os 50 anos de idade é de 35% em mulheres submetidas à irradiação torácica para tratamento de linfoma de Hodgkin (causa mais comum) e de 30% quando a irradiação torácica foi realizada por outras razões. O excesso de cânceres é maior nas mulheres cuja irradiação torácica foi realizada antes dos 30 anos de idade. Uma revisão sistemática da literatura conduzida pelo Children's Oncology Group avaliou 7 mil mulheres submetidas à irradiação torácica antes dos 30 anos de idade com doses moderada ou alta de radiação. Essa revisão sistemática mostrou uma razão de incidência padronizada entre 13,3 e 55,5 e um excesso de risco absoluto de 18,6 a 79 casos a cada 10 mil mulheres/ano.

O risco para o desenvolvimento do câncer de mama começa a aumentar precocemente após a irradiação torácica, frequentemente realizada na adolescência e no adulto-jovem, e continua a crescer com a idade. O tempo médio de latência, entre a irradiação e o aparecimento do câncer, é de 18 anos. Por essas razões, os cânceres de mama relacionados à irradiação torácica se caracterizam por ocorrerem mais precocemente do que na população geral. A mediana da idade no diagnóstico do câncer de mama é de 35 anos nas mulheres irradiadas com menos de 20 anos de idade e de 40 a 45 anos quando incluídas mulheres irradiadas antes ou depois dos 20 anos. Algumas características dos cânceres de mama associados à irradiação torácica diferem do encontrado na população geral. Eles são mais frequentemente bilaterais e predominam nos quadrantes inferolateral e, principalmente, superolateral.

Rastreamento

Os estudos atuais mostram que a mamografia e a RM se complementam no rastreamento do câncer de mama em mulheres com alto risco por conta da irradiação torácica. Nessas mulheres, a RM não é mais sensível do que a mamografia, como ocorre nas mulheres com alto risco hereditário. Ng et al. relataram que a sensibilidade da mamografia e da RM isoladas foi respectivamente de 68% e 67% nessas mulheres. No entanto, quando combinadas, a sensibilidade foi elevada para 94%. Nesse estudo, o uso da RM permitiu a detecção de 5 cânceres ocultos na mamografia. Em outro estudo, Sung et al. relataram resultados similares e concluíram que a mamografia foi mais efetiva na identificação de carcinomas ductais *in situ* e a RM, na detecção precoce de cânceres invasivos.

O desempenho da mamografia e da RM nessas mulheres reflete o perfil do câncer de mama que as acomete. Eles não apresentam diferenças significativas, em relação à população geral, quanto à distribuição dos tipos histológicos, da frequência de receptores hormonais positivos, de invasão linfática e de envolvimento dos linfonodos axilares no momento do diagnóstico. Existem algumas similaridades entre os cânceres de mama relacionados à irradiação torácica e à mutação no gene BRCA 2, que incluem elevada prevalência de carcinoma ductal *in situ*, predomínio de tumores com receptores de estrógeno positivo e grau histológico baixo ou intermediário. Essas características se refletem em tumores com evolução mais lenta e com calcificações que favorecem a detecção mamográfica e reduzem o número de cânceres de intervalo.

Atualmente, há consenso de que mulheres que foram submetidas à irradiação torácica com 30 anos ou menos de idade devem ser rastreadas com a mamografia e a RM anuais com início 8 anos após o término da radioterapia, mas não antes dos 25 anos de idade. A RM é o método suplementar de escolha no rastreamento dessas mulheres, e a USG deve ser utilizada apenas se a RM, por quaisquer razões, não puder ser realizada.

Alguns manifestam receio pelo uso da mamografia nessas mulheres, sobretudo nas mais jovens, em razão da radiação ionizante utilizada no exame. Esse receio não parece justificável, pois a dose da radiação ionizante adicional associada ao uso de mamografias anuais entre 25 anos e 40 anos representaria apenas 0,3% de uma irradiação terapêutica com dose de 20 Gy. Assim, é improvável que essa pequena dose de radiação ionizante produza algum risco adicional significativo de câncer de mama nessas mulheres.

Hiperplasia ductal atípica e neoplasia lobular

A hiperplasia ductal atípica e as neoplasias lobulares (hiperplasia lobular atípica e carcinoma lobular *in situ*) são tanto lesões precursoras como fatores de risco para o desenvolvimento futuro de câncer de mama. A identificação dessas lesões tem se tornado mais frequente por conta da disseminação do rastreamento mamográfico e da introdução da mamografia digital.

Recentemente, a avaliação dos dados de duas coortes de doenças mamárias benignas (*Mayo Clinic Benign Disease Cohort* e *Nashville Breast Disease Cohort*) mostrou que em mulheres com o diagnóstico de hiperplasia lobular atípica ou ductal atípica o risco relativo para desenvolver câncer de mama é quatro vezes maior e o risco cumulativo para desenvolver a doença até 25 anos depois do diagnóstico é de 29%. Esses riscos são maiores em mulheres com o diagnóstico de carcinoma lobular *in situ*, nas quais o risco relativo para câncer de mama é 8 a 10 vezes maior e o risco cumulativo para desenvolver a doença até 10 anos, 20 anos e 35 anos depois do diagnóstico é de respectivamente 13%, 26% e 35%. Nas participantes do *Canadian National Breast Screening Study*, verificou-se que o risco de desenvolver carcinoma invasivo em 5 anos e 20 anos foi, respectivamente, 11% e 21%, após o diagnóstico de carcinoma ductal *in situ*, e de 6% e 19% após o diagnóstico de carcinoma lobular *in situ*.

Na *Mayo Clinic Benign Disease Cohort*, foi observado que o tempo médio entre o diagnóstico da hiperplasia ductal atípica e o desenvolvimento do câncer de mama situa-se entre 10 anos e 11 anos. Constataram também que 81% dos cânceres em mulheres com hiperplasias atípicas foram invasivos, 67% apresentaram grau histológico moderado ou alto e 75% não tinham envolvimento de linfonodos axilares no momento do diagnóstico.

Rastreamento

Considerando o risco cumulativo para câncer de mama em mulheres com o diagnóstico de hiperplasia ductal atípica ou de neoplasias lobulares, muitos argumentam que essas mulheres deveriam ser classificadas e rastreadas como de alto risco e não como de moderado risco, como proposto pela American Cancer Society nas suas orientações para o rastreamento do câncer de mama com RM. Por essa razão e, pela escassez de estudos, as recomendações sobre o rastreamento do câncer de mama nessas mulheres é motivo de discussão e variações.

Há consenso de que essas mulheres devem iniciar o rastreamento mamográfico anual logo após o diagnóstico, e os poucos estudos disponíveis mostram que a sensibilidade da mamografia para identificar cânceres nas mulheres com o diagnóstico de hiperplasia ductal atípica ou de neoplasias lobulares é similar à observada na população geral. O maior debate se concentra na realização ou não da RM. Nos estudos realizados até o momento, a taxa de detecção incremental de câncer de mama pela RM nas mulheres com diagnóstico de carcinoma lobular *in situ* variou de 3,8-4,5%. Apenas um estudo incluiu mulheres com diagnóstico de hiperplasia lobular ou ductal atípica e não houve detecção adicional de tumores com a RM. O aspecto crítico desses estudos foi o grande número de falsos-positivos.

As recomendações em relação ao uso da RM no rastreamento do câncer de mama em mulheres com o diagnóstico de hiperplasia lobular atípica ou de neoplasias lobulares são mais variáveis do que nos grupos de mulheres com alto risco anteriormente descritos. O CBR, a SBM e a FEBRASGO recomendam, no seu consenso, a realização da RM anual, a partir do diagnóstico, mas não antes dos 30 anos de idade. A American Cancer Society e a Society of Breast Imaging ressaltam que não há evidências para recomendar ou contraindicar a RM e que a decisão deve ser individualizada. No entanto, é crescente o número de defensores do uso da RM no rastreamento dessas mulheres. Se a RM, por quaisquer razões, não for utilizada, muitos sugerem considerar o uso da USG suplementar.

História pessoal de câncer de mama

Mulheres com antecedente pessoal de câncer de mama apresentam maior risco de desenvolver um segundo câncer, que pode ocorrer na mama tratada ou contralateral. Esse segundo câncer pode corresponder a uma recidiva do primeiro tumor ou a um novo tumor. Estima-se que ocorram entre 5,4 e 6,6 casos de segundo câncer de mama a cada mil mulheres/ano com história pessoal do câncer de mama.

Rastreamento

Há consenso de que a detecção precoce do segundo câncer em mulheres com antecedente pessoal de câncer de mama melhora o prognóstico. Em mulheres tratadas com cirurgia conservadora, a sobrevida a um segundo câncer assintomático é significativamente melhor do que a sobrevida a um segundo câncer sintomático. Assim, recomenda-se a realização do rastreamento mamográfico anual em mulheres com antecedente pessoal de câncer de mama após o diagnóstico.

Recentemente, Houssami et al. compararam o desempenho da mamografia em mulheres com antecedente pessoal de câncer de mama inicial, como único fator de risco, com o desempenho da mamografia em uma coorte de mulheres sem antecedente pessoal de câncer de mama. Verificaram que a sensibilidade geral do rastreamento mamográfico foi menor nas mulheres com história pessoal de câncer de mama do que naquelas sem antecedentes (65,4% *versus* 76,5%), confirmando estudos prévios que já indicavam que o desempenho da mamografia para a detecção do segundo câncer, especialmente na mama submetida ao tratamento conservador, é inferior ao observado na população geral. Essa diferença de sensibilidade da mamografia em mulheres com e sem antecedente pessoal de câncer de mama decorre fundamentalmente das diferenças de sensibilidade na detecção do carcinoma invasivo, estimada, respectivamente, em 61-76%. Isso tem sido atribuído principalmente às modificações induzidas pelo tratamento conservador como o aumento na densidade mamária e a distorção arquitetural fibrocicatricial que podem dificultar a identificação de recidivas ou novos tumores que se manifestam como nódulos, a exemplo da maioria dos carcinomas invasivos. Por outro lado, a sensibilidade da mamografia para detecção do carcinoma ductal *in situ* no estudo de Houssami et al. foi similar para mulheres com e sem antecedente pessoal de câncer de mama e estimada em cerca de 80%. Isso reforça que a mamografia desempenha um papel relevante na identificação de segundo câncer que se manifesta com calcificações e, assim, de carcinomas ductais *in situ*. A maioria dos cânceres identificados pela mamografia em mulheres com antecedente pessoal de câncer de mama foi carcinoma ductal *in situ* ou carcinoma invasivo no estádio I.

Houssami et al. também constataram que os cânceres de intervalo foram 2,6 vezes mais frequentes em mulheres com antecedente pessoal de câncer de mama do que naquelas sem. Eles representaram 35% dos cânceres na coorte de mulheres com história pessoal de câncer de mama e 23,5% dos cânceres na coorte de mulheres sem antecedente pessoal de câncer de mama. A menor sensibilidade geral e a maior taxa de cânceres de intervalo nas mulheres com história pessoal de câncer de mama ocorreram apesar do maior número de incidências mamográficas adicionais, de indicações de USG, de biópsias e cirurgias.

Os dados do estudo de Houssami et al. apoiam a orientação de se realizar o rastreamento mamográfico anual em mulheres com antecedente pessoal de câncer de mama a partir do diagnóstico da doença inicial, pois, apesar de menores sensibilidade e especificidade, ele foi eficiente em detectar um significativo número de cânceres em estádio precoce.

No entanto, o maior risco de desenvolver um segundo câncer, a menor sensibilidade mamográfica e o maior número de casos de cânceres de intervalo têm estimulado o interesse no uso de métodos de imagem complementares à mamografia no rastreamento dessas mulheres. O principal método de diagnóstico por imagem suplementar estudado tem sido a RM.

Em 2007, a American Cancer Society considerou os dados científicos disponíveis insuficientes para se fazer recomendações a favor ou contra o uso do rastreamento suplementar com a RM nessas mulheres e estabeleceu que seu uso deveria ser individualizado. Ela também classificou as mulheres com antecedente pessoal de câncer de mama como de moderado risco para câncer de mama. Desde então, novos estudos foram publicados e a quantidade de dados científicos disponíveis aumentou. Em um desses estudos, foi estimado que o risco vitalício para o desenvolvimento do segundo câncer, em mulheres cujo primeiro tumor foi submetido ao tratamento conservador, foi superior a 20-25%, limiar considerado pela American Cancer Society para classificar a mulher como de alto risco e indicar o rastreamento complementar com a RM.

Além disso, estudos avaliando o resultado do uso da RM como método complementar à mamografia em mulheres com antecedente pessoal de câncer de mama foram publicados. O primeiro deles foi publicado em 2010 por Brennan et al., no qual o rastreamento com a RM resultou na detecção de cânceres em 12% das mulheres, dos quais 60% foram classificados como mínimos (carcinoma ductal *in situ* ou carcinoma invasivo, menor do que 1 cm e sem envolvimento de linfonodos axilares); 10 dos 17 cânceres na coorte estudada foram detectados apenas na RM.

Em 2014, Gweon et al. realizaram um estudo retrospectivo para investigar os resultados da primeira rodada de rastreamento com a RM em 607 mulheres submetidas ao tratamento conservador do câncer de mama e com mamografia e a USG negativas, cujo único fator de risco era a história pessoal de câncer de mama. Foram identificados 11 cânceres pela RM, que corresponderam a carcinoma ductal *in situ* ou a carcinoma invasivo T1 sem envolvimento de linfonodos axilares. A taxa de detecção foi de 18 cânceres a cada mil mulheres, que é comparável à taxa de detecção observada em mulheres com mutação nos genes BRCA. Apenas um segundo câncer não foi identificado pela RM. A sensibilidade e a especificidade da RM foram, respectivamente, de 92% e 82% e o valor preditivo das biópsias indicadas para achados na RM foi de 43%.

Em 2015, Giess et al. buscaram determinar a taxa de detecção de câncer de mama no rastreamento suplementar como RM em 691 mulheres, cujo único fator de risco era a história pessoal de câncer de mama tratada com cirurgia conservadora ou mastectomia. Foram identificados 12 cânceres pela RM, resultando em uma taxa de detecção de 10 cânceres a cada mil exames. Dez cânceres foram identificados exclusivamente pela RM, ou seja, 1,4% das mulheres tiveram seus cânceres visualizados apenas com a RM. A sensibilidade e a especificidade da RM foram, respectivamente, de 100% e 90% e o valor preditivo das biópsias indicadas para achados na RM foi de 18%.

Não há evidências disponíveis se o rastreamento adicional com a RM melhora ou não os desfechos clínicos mais importantes e, por essa razão, não há consenso em relação ao seu uso no rastreamento de mulheres com antecedente pessoal de câncer de mama. No entanto, essas mulheres correspondem a um grupo heterogêneo em relação ao risco de desenvolver um segundo câncer e à eficiência da mamografia. Alguns argumentam a favor do seu uso, pelo menos, em mulheres com maior risco de um segundo tumor, maior risco de câncer de intervalo e/ou com fatores que se associam a um desempenho particularmente ruim da mamografia. Identificar essas mulheres pode contribuir para um uso mais racional e individualizado do rastreamento suplementar com métodos de imagem. Alguns grupos de mulheres preenchem um ou mais dos critérios acima expostos e incluem mulheres cujo tumor inicial foi tratado com cirurgia conservadora, sem radioterapia, mulheres com menos de 40 a 50 anos de idade no diagnóstico do primeiro câncer e mulheres com mamas densas.

Atualmente, o CBR, a SBM e a FEBRASGO recomendam a realização anual da mamografia a partir do diagnóstico, mas não antes dos 25 anos, complementada pela realização anual da RM, a partir do diagnóstico, mas não antes dos 30 anos. Se a RM, por quaisquer razões, não for utilizada, muitos sugerem considerar o uso da USG suplementar.

Mamas densas

A densidade mamária reflete a quantidade e a distribuição do tecido fibroglandular mamário e é um dos principais fatores determinantes da sensibilidade e da especificidade da mamografia. Carney et al. mostraram que a sensibilidade da mamografia é reduzida de 87%, em mamas quase inteiramente adiposas, para 63%, em mamas extremamente densas. A especificidade, por sua vez, é reduzida de 96% para 90%. Alguns outros estudos relataram sensibilidade mamográfica inferior a 50% em mamas densas. Portanto, mulheres com mamas densas apresentam maior risco de resultados falso-negativo e falso-positivo na mamografia.

Mais recentemente, o tecido mamário denso se consolidou como um fator de risco independente para câncer de mama. Boyd et al. verificaram que mulheres com tecido mamário denso constituindo mais do que 75% da mama apresentaram 4,7 vezes mais chances de desenvolver o câncer de mama do que mulheres com tecido denso ocupando menos do que 10% das mamas. Gierarch et al., analisaram dados do *Breast Cancer Surveillance Consortium* (BCSC) e constataram que mulheres com mamas heterogênea ou extremamente densas apresentaram aumento no risco relativo para desenvolver câncer de mama estimado em 1,23 em mulheres com idades entre 40 e 49 anos, em 1,29 em mulheres com idades entre 50 e 64 anos e em 1,30 em mulheres com idades entre 65 e 74 anos.

Esse grupo de mulheres tem importância adicional em razão da elevada prevalência de mamas densas. A proporção de mamas densas é maior em mulheres jovens e diminui com o aumento da idade. Outros fatores associados à maior densidade mamária incluem uso de reposição hormonal, baixo índice de massa corpórea e origem asiática.

A associação entre tecido mamário denso com a redução na sensibilidade mamográfica e o aumento no risco para câncer de mama tem estimulado propostas que recomendam o rastreamento suplementar com métodos de imagem, visando melhorar a taxa de detecção precoce nessas mulheres.

Uma das maiores limitações no uso clínico da densidade mamária como fator de risco para câncer de mama, assim como para a decisão informada a respeito do uso de métodos de diagnóstico complementares no rastreamento, é a variabilidade na sua classificação. A escala de densidade mamária mais utilizada é a do American College of Radiology's Breast Imaging Reporting and Data System (ACR BI-RADS®), que propõe classificá-la em quatro categorias: mamas quase inteiramente adiposas (categoria A), mamas com áreas de densidades fibroglandulares esparsas (categoria B), mamas heterogeneamente densas (categoria C) e mamas extremamente densas (categoria D).

Melnikow et al. realizaram uma revisão sistemática das evidências atuais em relação à reprodutibilidade da classificação de densidade mamária utilizando os critérios propostos pelo ACR BI-RADS®. Verificaram que em mamografias laudadas pelo mesmo radiologista a classificação da densidade mamária na segunda mamografia foi diferente da feita para a primeira mamografia em 23% das mulheres. Esse número aumentou para 32% quando a primeira e a segunda mamografia foram laudadas por radiologistas diferentes. Quando a análise foi restrita a duas categorias de densidade, mamas não densas (categorias A e B) e mamas densas (categorias C e D), observaram que a segunda mamografia foi classificada em uma categoria diferente da primeira mamografia entre 13-19% das mulheres. Nas mamografias inicialmente classificadas como densas, 19-22% foram reclassificadas como não densas na mamografia subsequente. O mesmo ocorreu para mamografias inicialmente classificadas como não densas, as quais foram reclassificadas como densas na mamografia subsequente em 10-16% das mulheres. A maioria das reclassificações ocorreu em mamas inicialmente classificadas com áreas de densidades fibroglandulares esparsas (categoria B) e, subsequentemente, reclassificadas como heterogeneamente densas (categoria C) e vice-versa. As limitações na reprodutibilidade da classificação da densidade mamária proposta pelo ACR BI-RADS® têm sido o maior condutor de pesquisas buscando outros métodos para classificar a densidade mamária, que incluem: estimativas volumétricas automatizadas, avaliações ultrassonográficas e métodos auxiliados por computador.

Rastreamento

Nenhuma sociedade médica recomenda explicitamente o uso de métodos de diagnóstico por imagem suplementares no rastreamento de mulheres com mamas densas, sem outros fatores de risco para câncer de mama. O American College of Radiology e a Society of Breast Imaging consideram que a adição da USG como método de rastreamento suplementar nessas mulheres pode ser útil para a detecção adicional de câncer de mama. O American College of Obstetricians and Gynecologists não recomenda o uso de métodos suplementares ou alternativos ao rastreamento mamográfico em mulheres com mamas densas, sem outros fatores de risco para câncer de mama. Nas suas orientações para o uso da RM no rastreamento do câncer de mama em mulheres de alto risco, publicadas em 2007, a American Cancer Society classificou mulheres com mamas densas como de risco intermediário para câncer de mama e estabeleceu que não há dados favoráveis ou contrários ao uso da RM como método suplementar nessas mulheres. Recomendaram que a decisão deve ser individualizada.

Em suas recomendações publicadas no início de 2016, a USPSTF considerou que as evidências quanto ao potencial benefício relacionado ao uso de métodos suplementares ao rastreamento mamográfico em mulheres com mamas densas são limitadas e que não é possível estabelecer os benefícios para a saúde da mulher associados à incorporação do rastreamento suplementar. A USPSTF concluiu que a evidência disponível é insuficiente para avaliar o balanço entre os benefícios e os efeitos adversos relacionados ao uso da USG, da RM, da tomossíntese ou de quaisquer outros métodos em mulheres com mamas densas e mamografia negativa e assim não fez nenhuma recomendação.

No Brasil, o CBR, a SBM e a FEBRASGO, em suas recomendações publicadas em 2010, orientaram que a USG pode ser considerada em mulheres com mamas densas como método adjunto da mamografia. Essa recomendação foi classificada na categoria 2A, ou seja, baseada em evidências científicas razoáveis com consenso uniforme entre o CBR, a SBM e a FEBRASGO e vigoroso apoio para essa recomendação. Nenhum programa de rastreamento populacional utiliza métodos de imagem suplementares ao rastreamento mamográfico em mulheres com mamas densas.

O método de diagnóstico por imagem mais avaliado para o rastreamento suplementar em mulheres com mamas densas é a USG. Uma série de estudos mostrou que a USG é capaz de identificar cânceres de mama assintomáticos, ocultos na mamografia, em mulheres com mamas densas. A taxa de detecção nesses estudos variou de 2,3 a 4,6 casos a cada mil mulheres rastreadas, e esses cânceres representaram de 15-34% dos cânceres identificados nessas mulheres. Berg et al. realizaram um estudo multicêntrico, coordenado pelo American College of Radiology e denominado *ACRIN 6666*, e verificaram que a USG permitiu a detecção adicional de 4,4 casos de câncer de mama a cada mil mulheres rastreadas.

Alguns estudos utilizaram a USG automatizada da mama no rastreamento suplementar do câncer de mama em mulheres com mamas densas. Kelly et al. publicaram o primeiro deles e relataram sensibilidade de 68% e identificação de 3,6 casos de cânceres adicionais a cada mil mulheres rastreadas. Brem et al. mais recentemente relataram identificação de 1,9 casos de cânceres adicionais a cada mil mulheres rastreadas, utilizando a USG automatizada da mama.

Os cânceres identificados exclusivamente pela USG se caracterizaram por serem pequenos (0,9 cm a 1,1 cm), majoritariamente carcinomas invasivos (81-100%) e sem acometimento de linfonodos axilares no momento do diagnóstico (86-100%). Esses estudos também demonstraram importantes limitações da USG. A primeira delas é a baixa taxa de detecção do carcinoma ductal *in situ*. Em média, apenas 6% dos cânceres adicionais identificados pela USG, tratava-se de carcinoma ductal *in situ*. No estudo *ACRIN 6666*, 83% dos carcinomas ductais *in situ* foram detectados exclusivamente pela mamografia.

A segunda delas corresponde ao elevado número de resultados falsos-positivos, considerado o mais importante efeito adverso do rastreamento ultrassonográfico do câncer de mama. A biópsia decorrente de achados ultrassonográficos suspeitos foi indicada entre 1-13% das mulheres rastreadas. No estudo de Corsetti et al., 6% das mulheres rastreadas foram recomendadas para a biópsia em razão de achados suspeitos na USG. Além disso, o valor preditivo positivo das biópsias realizadas foi particularmente baixo (2-14%), sobretudo quando comparado com a mamografia.

Melnikow et al. realizaram uma revisão sistemática da literatura e identificaram três estudos que relataram a sensibilidade da RM em mulheres com mamas densas, sem outros fatores de risco para câncer de mama e mamografia negativa. Verificaram que a sensibilidade da RM variou de 75-100%, a especificidade de 78-93%, o valor preditivo positivo de 3-33% e o valor preditivo negativo de 99-100%. A taxa de detecção adicional de câncer de mama variou de 3,5 a 28,6 casos/1.000 exames.

Não há estudos que avaliem o impacto dos métodos suplementares em desfechos clínicos relevantes como a mortalidade, assim como em outros efeitos adversos, além dos resultados falsos-positivos, por exemplo, sobre o *overdiagnosis*. Em suma, em mulheres com mamas densas e mamografia negativa, a USG ou a RM vão detectar cânceres adicionais, mas também resultarão em elevado número de falsos-positivos. A maioria dos cânceres detectados corresponde a pequenos carcinomas invasivos localizados.

O aumento da detecção de cânceres não permite concluir que o uso de métodos suplementares reduz a morbidade relacionada ao tratamento, a mortalidade pelo câncer de mama ou melhore a qualidade de vida da mulher. Embora os métodos complementares possam detectar mais tumores, esses cânceres podem cair em uma de três categorias: 1) tumores em que a detecção precoce melhorará os desfechos clínicos; 2) cânceres que terão o mesmo desfecho clínico, caso fossem detectados mais tarde; e 3) aqueles que correspondem a *overdiagnosis* e não vão resultar em problemas de saúde durante o tempo de vida da mulher, mas sua detecção pode causar danos relacionados ao tratamento desnecessário. Os dados existentes não permitem concluir qual proporção dos cânceres detectados cai em cada categoria.

As evidências disponíveis na literatura justificam a ausência de recomendações mais explícitas em relação ao uso de métodos suplementares ao rastreamento mamográfico em mulheres com mamas densas, conforme acima relatado. No entanto, no Brasil, é rotineira a solicitação da mamografia e da USG no rastreamento de mulheres com mamas densas.

Considerações finais

Como verificado ao longo deste capítulo, rastreamento do câncer de mama na população geral e nas mulheres com alto risco para doença é um tópico complexo que produz divergências. Muitas lacunas precisam ser preenchidas. Contudo, a detecção precoce do câncer de mama, seguida do melhor tratamento disponível, continua a ser a melhor alternativa para reduzir a mortalidade pela doença. Nenhum outro caminho é tão seguro quanto esse. Por outro lado, os efeitos adversos do rastreamento do câncer de mama devem ser conhecidos, valorizados e reduzidos. E é nesse ponto que se concentram as maiores divergências. Como fazer isso? Na opinião do autor, o melhor caminho é o de educação continuada, controle de qualidade, desenvolvimento de estratégias mais personalizadas e eficientes de rastreamento e, principalmente, mais pesquisas para se entender a história natural do câncer de mama, sobretudo do carcinoma ductal *in situ* e aprimorar seu tratamento. O caminho proposto de restringir o rastreamento é o menos indicado, pois compromete seu maior benefício, que é a redução na mortalidade pelo câncer de mama.

Bibliografia sugerida

1. Allen SD, Wallis MG, Cooke R, Swerdlow AJ. Radiologic features of breast cancer after mantle radiation therapy for Hodgkin disease: a study of 230 cases. Radiology. 2014;272(1):73-8.
2. Bailey SL, Sigal BM, Plevritis SK. A simulation model investigating the impact of tumor volume doubling time and mammographic tumor detectability on screening outcomes in women aged 40-49 years. J Natl Cancer Inst. 2010;102(16):1263-71.
3. Berg WA. Tailored supplemental screening for breast cancer: what now and what next? AJR Am J Roentgenol. 2009;192(2):390-9.
4. Berg WA, Blume JD, Cormack JB, Mendelson EB, Lehrer D, Böhm-Vélez M, et al.; ACRIN 6666 Investigators. Combined screening with ultrasound and mammography vs mammography alone in women at elevated risk of breast cancer. JAMA. 2008;299(18):2151-63.
5. Berg WA. Rationale for a trial of screening breast ultrasound: American College of Radiology Imaging Network (ACRIN) 6666. AJR Am J Roentgenol. 2003;180(5):1225-8.
6. Berry DA, Cronin KA, Plevritis SK, Fryback DG, Clarke L, Zelen M, et al.; Cancer Intervention and Surveillance Modeling Network (CISNET) Collaborators. Effect of screening and adjuvant therapy on mortality from breast cancer. N Engl J Med. 2005;353(17):1784-92.
7. Boyd NF, Guo H, Martin LJ, Sun L, Stone J, Fishell E, et al. Mammographic density and the risk and detection of breast cancer. N Engl J Med. 2007;356(3):227-36.

8. Brem RF, Tabár L, Duffy SW, Inciardi MF, Guingrich JA, Hashimoto BE, et al. Assessing improvement in detection of breast cancer with three-dimensional automated breast US in women with dense breast tissue: the SomoInsight Study. Radiology. 2015;274(3):663-73.
9. Brennan S, Liberman L, Dershaw DD, Morris E. Breast MRI screening of women with a personal history of breast cancer. AJR Am J Roentgenol. 2010 Aug;195(2):510-6.
10. Bretthauer M, Kalager M. Principles, effectiveness and caveats in screening for cancer. Br J Surg. 2013 Jan;100(1):55-65.
11. Broeders M, Moss S, Nyström L, Njor S, Jonsson H, Paap E, et al.; EUROSCREEN Working Group. The impact of mammographic screening on breast cancer mortality in Europe: a review of observational studies. J Med Screen. 2012;19 Suppl 1:14-25.
12. Carney PA, Miglioretti DL, Yankaskas BC, Kerlikowske K, Rosenberg R, Rutter CM, et al. Individual and combined effects of age, breast density, and hormone replacement therapy use on the accuracy of screening mammography. Ann Intern Med. 2003;138(3):168-75.
13. Chiarelli AM, Prummel MV, Muradali D, Majpruz V, Horgan M, Carroll JC, et al. Effectiveness of screening with annual magnetic resonance imaging and mammography: results of the initial screen from the Ontario high risk breast screening program. J Clin Oncol. 2014;32(21):2224-30.
14. Corsetti V, Houssami N, Ferrari A, Ghirardi M, Bellarosa S, Angelini O, et al. Breast screening with ultrasound in women with mammography-negative dense breasts: evidence on incremental cancer detection and false positives, and associated cost. Eur J Cancer. 2008;44(4):539-44.
15. Couch FJ, Nathanson KL, Offit K. Two decades after BRCA: setting paradigms in personalized cancer care and prevention. Science. 2014;343(6178):1466-70.
16. Degnim AC, King TA. Surgical management of high-risk breast lesions. Surg Clin North Am. 2013;93(2):329-40.
17. Elkin EB, Klem ML, Gonzales AM, Ishill NM, Hodgson D, Ng AK, et al. Characteristics and outcomes of breast cancer in women with and without a history of radiation for Hodgkin's lymphoma: a multi-institutional, matched cohort study. J Clin Oncol. 2011;29(18):2466-73.
18. Friedlander LC, Roth SO, Gavenonis SC. Results of MR imaging screening for breast cancer in high-risk patients with lobular carcinoma in situ. Radiology. 2011;261(2):421-7.
19. Gierach GL, Ichikawa L, Kerlikowske K, Brinton LA, Farhat GN, Vacek PM, et al. Relationship between mammographic density and breast cancer death in the Breast Cancer Surveillance Consortium. J Natl Cancer Inst. 2012;104(16):1218-27.
20. Giess CS, Poole PS, Chikarmane SA, Sippo DA, Birdwell RL. Screening breast MRI in patients previously treated for breast cancer. Diagnostic tield for cancer and abnormal interpretation rate. Acad Radiol. 2015;22(11):1331-7.
21. Gweon HM, Cho N, Han W, Yi A, Moon HG, Noh DY, et al. Breast MR imaging screening in women with a history of breast conservation therapy. Radiology. 2014;272(2):366-73.
22. Hartmann LC, Radisky DC, Frost MH, Santen RJ, Vierkant RA, Benetti LL, et al. Understanding the premalignant potential of atypical hyperplasia through its natural history: a longitudinal cohort study. Cancer Prev Res (Phila). 2014;7(2):211-7.
23. Hartmann LC, Degnim AC, Santen RJ, Dupont WD, Ghosh K. Atypical hyperplasia of the breast-risk assessment and management options. N Engl J Med. 2015;372(1):78-89.
24. Heijnsdijk EA, Warner E, Gilbert FJ, Tilanus-Linthorst MM, Evans G, Causer PA, et al. Differences in natural history between breast cancers in BRCA1 and BRCA2 mutation carriers and effects of MRI screening-MRISC, MARIBS, and Canadian studies combined. Cancer Epidemiol Biomarkers Prev. 2012;21(9):1458-68.
25. Hellquist BN, Duffy SW, Abdsaleh S, Björneld L, Bordás P, Tabár L, et al. Effectiveness of population-based service screening with mammography for women ages 40 to 49 years: evaluation of the Swedish Mammography Screening in Young Women (SCRY) cohort. Cancer. 2011;117(4):714-22.
26. Henderson TO, Amsterdam A, Bhatia S, Hudson MM, Meadows AT, Neglia JP, et al. Systematic review: surveillance for breast cancer in women treated with chest radiation for childhood, adolescent, or young adult cancer. Ann Intern Med. 2010;152(7):444-55; W144-54.
27. Houssami N, Abraham LA, Kerlikowske K, Buist DS, Irwig L, Lee J, et al. Risk factors for second screen-detected or interval breast cancers in women with a personal history of breast cancer participating in mammography screening. Cancer Epidemiol Biomarkers Prev. 2013;22(5):946-61.
28. Houssami N, Ciatto S, Martinelli F, Bonardi R, Duffy SW. Early detection of second breast cancers improves prognosis in breast cancer survivors. Ann Oncol. 2009;20(9):1505-10.
29. Houssami N, Abraham LA, Onega T, Collins LC, Sprague BL, Hill DA, et al. Accuracy of screening mammography in women with a history of lobular carcinoma in situ or atypical hyperplasia of the breast. Breast Cancer Res Treat. 2014;145(3):765-73.
30. Houssami N, Abraham LA, Miglioretti DL, Sickles EA, Kerlikowske K, Buist DS, et al. Accuracy and outcomes of screening mammography in women with a personal history of early-stage breast cancer. JAMA. 2011;305(8):790-9.
31. Hubbard RA, Kerlikowske K, Flowers CI, Yankaskas BC, Zhu W, Miglioretti DL. Cumulative probability of false-positive recall or biopsy recommendation after 10 years of screening mammography: a cohort study. Ann Intern Med. 2011;155(8):481-92.
32. Kelly KM, Dean J, Comulada WS, Lee SJ. Breast cancer detection using automated whole breast ultrasound and mammography in radiographically dense breasts. Eur Radiol. 2010;20(3):734-42.
33. Kerlikowske K, Zhu W, Hubbard RA, Geller B, Dittus K, Braithwaite D, et al.; Breast Cancer Surveillance Consortium. Outcomes of screening mammography by frequency, breast density, and postmenopausal hormone therapy. JAMA Intern Med. 2013;173(9):807-16.
34. Kuhl C, Weigel S, Schrading S, Arand B, Bieling H, König R, et al. Prospective multicenter cohort study to refine management recommendations for women at elevated familial risk of breast cancer: the EVA trial. J Clin Oncol. 2010;28(9):1450-7.
35. Lee CH, Dershaw DD, Kopans D, Evans P, Monsees B, Monticciolo D, et al. Breast cancer screening with imaging: recommendations from the Society of Breast Imaging and the ACR on the use of mammography, breast MRI, breast ultrasound, and other technologies for the detection of clinically occult breast cancer. J Am Coll Radiol. 2010;7(1):18-27.
36. Mandelblatt JS, Stout NK, Schechter CB, van den Broek JJ, Miglioretti DL, Krapcho M, et al. Collaborative modeling of the benefits and harms associated with different U.S. breast cancer screening strategies. Ann Intern Med. 2016;164(4):215-25.
37. Marmot MG, Altman DG, Cameron DA, Dewar JA, Thompson SG, Wilcox M. The benefits and harms of breast cancer screening: an independent review. Br J Cancer. 2013;108(11):2205-40.
38. Mavaddat N, Barrowdale D, Andrulis IL, Domchek SM, Eccles D, Nevanlinna H, et al. Pathology of breast and ovarian cancers among BRCA1 and BRCA2 mutation carriers: results from the Consortium of Investigators of Modifiers of BRCA1/2 (CIMBA). Cancer Epidemiol Biomarkers Prev. 2012;21(1):134-47.
39. Melnikow J, Fenton JJ, Whitlock EP, Miglioretti DL, Weyrich MS, Thompson JH, et al. Supplemental screening for breast cancer in women with dense breasts: a systematic review for the U.S. Preventive Services Task Force. Ann Intern Med. 2016;164(4):268-78.
40. Miglioretti DL, Lange J, van den Broek JJ, Lee CI, van Ravesteyn NT, Ritley D, et al. Radiation-induced breast cancer incidence and mortality from digital mammography screening: a modeling study. Ann Intern Med. 2016;164(4):205-14.
41. Morrow M, Schnitt SJ, Norton L. Current management of lesions associated with an increased risk of breast cancer. Nat Rev Clin Oncol. 2015;12(4):227-38.
42. Moskowitz CS, Chou JF, Wolden SL, Bernstein JL, Malhotra J, Novetsky Friedman D, et al. Breast cancer after chest radiation therapy for childhood cancer. J Clin Oncol. 2014;32(21):2217-23.
43. Moss SM, Wale C, Smith R, Evans A, Cuckle H, Duffy SW. Effect of mammographic screening from age 40 years on breast cancer mortality in the UK Age trial at 17 years' follow-up: a randomised controlled trial. Lancet Oncol. 2015;16(9):1123-32.
44. Mulder RL, Kremer LC, Hudson MM, Bhatia S, Landier W, Levitt G, et al.; International Late Effects of Childhood Cancer Guideline Harmonization Group. Recommendations for breast cancer surveillance for female survivors of childhood, adolescent, and young adult cancer given chest radiation: a report from the International Late Effects of Childhood Cancer Guideline Harmonization Group. Lancet Oncol. 2013;14(13):e621-9.
45. Myers ER, Moorman P, Gierisch JM, Havrilesky LJ, Grimm LJ, Ghate S, et al. Benefits and harms of breast cancer screening: a systematic review. JAMA. 2015;314(15):1615-34.
46. Nelson HD, Fu R, Cantor A, Pappas M, Daeges M, Humphrey L. Effectiveness of breast cancer screening: systematic review and meta-analysis to update the 2009 U.S. Preventive Services Task Force Recommendation. Ann Intern Med. 2016;164(4):244-55.
47. Nelson HD, Pappas M, Cantor A, Griffin J, Daeges M, Humphrey L. Harms of breast cancer screening: systematic review to update the 2009 U.S. Preventive Services Task Force Recommendation. Ann Intern Med. 2016;164(4):256-67.
48. Ng AK, Garber JE, Diller LR, Birdwell RL, Feng Y, Neuberg DS, et al. Prospective study of the efficacy of breast magnetic resonance imaging and

mammographic screening in survivors of Hodgkin lymphoma. J Clin Oncol. 2013;31(18):2282-8.
49. Nothacker M, Duda V, Hahn M, Warm M, Degenhardt F, Madjar H, et al. Early detection of breast cancer: benefits and risks of supplemental breast ultrasound in asymptomatic women with mammographically dense breast tissue. A systematic review. BMC Cancer. 2009;9:335.
50. Oeffinger KC, Fontham ET, Etzioni R, Herzig A, Michaelson JS, Shih YC, et al.; American Cancer Society. Breast cancer screening for women at average risk: 2015 guideline update from the American Cancer Society. JAMA. 2015;314(15):1599-614.
51. Port ER, Park A, Borgen PI, Morris E, Montgomery LL. Results of MRI screening for breast cancer in high-risk patients with LCIS and atypical hyperplasia. Ann Surg Oncol. 2007;14(3):1051-7.
52. Puliti D, Duffy SW, Miccinesi G, de Koning H, Lynge E, Zappa M, et al.; EUROSCREEN Working Group. Overdiagnosis in mammographic screening for breast cancer in Europe: a literature review. J Med Screen. 2012;19(Suppl 1):42-56.
53. Punglia RS, Hassett MJ. Using lifetime risk estimates to recommend magnetic resonance imaging screening for breast cancer survivors. J Clin Oncol. 2010;28(27):4108-10.
54. Riedl CC, Luft N, Bernhart C, Weber M, Bernathova M, Tea MK, et al. Triple-modality screening trial for familial breast cancer underlines the importance of magnetic resonance imaging and questions the role of mammography and ultrasound regardless of patient mutation status, age, and breast density. J Clin Oncol. 2015;33(10):1128-35.
55. Rijnsburger AJ, Obdeijn IM, Kaas R, Tilanus-Linthorst MM, Boetes C, Loo CE, et al. BRCA1-associated breast cancers present differently from BRCA2-associated and familial cases: long-term follow-up of the Dutch MRISC Screening Study. J Clin Oncol. 2010;28(36):5265-73.
56. Robson M, Offit K. Clinical practice. Management of an inherited predisposition to breast cancer. N Engl J Med. 2007;357(2):154-62.
57. Saslow D, Boetes C, Burke W, Harms S, Leach MO, Lehman CD, et al.; American Cancer Society Breast Cancer Advisory Group. American Cancer Society guidelines for breast screening with MRI as an adjunct to mammography. CA Cancer J Clin. 2007;57(2):75-89.
58. Siu AL; U.S. Preventive Services Task Force. Screening for Breast Cancer: U.S. Preventive Services Task Force Recommendation Statement. Ann Intern Med. 2016;164(4):279-96.
59. Sung JS, Lee CH, Morris EA, Oeffinger KC, Dershaw DD. Screening breast MR imaging in women with a history of chest irradiation. Radiology. 2011;259(1):65-71.
60. Sung JS, Malak SF, Bajaj P, Alis R, Dershaw DD, Morris EA. Screening breast MR imaging in women with a history of lobular carcinoma in situ. Radiology. 2011;261(2):414-20.
61. Tabár L, Vitak B, Chen TH, Yen AM, Cohen A, Tot T, et al. Swedish two-county trial: impact of mammographic screening on breast cancer mortality during 3 decades. Radiology. 2011;260(3):658-63.
62. Torre LA, Bray F, Siegel RL, Ferlay J, Lortet-Tieulent J, Jemal A. Global cancer statistics, 2012. CA Cancer J Clin. 2015;65(2):87-108.
63. Travis LB, Hill D, Dores GM, Gospodarowicz M, van Leeuwen FE, Holowaty E, et al. Cumulative absolute breast cancer risk for young women treated for Hodgkin lymphoma. J Natl Cancer Inst. 2005;97(19):1428-37.
64. Urban LABD, Schaefer MB, Duarte DL, Santos RP, Maranhão NMA, Kefalas AL, et al. Recomendações do Colégio Brasileiro de Radiologia e Diagnóstico por Imagem, da Sociedade Brasileira de Mastologia e da Federação Brasileira das Associações de Ginecologia e Obstetrícia para rastreamento do câncer de mama por métodos de imagem. Radiol Bras. 2012;45(6):334-9.
65. Walter LC, Schonberg MA. Screening mammography in older women: a review. JAMA. 2014;311(13):1336-47.
66. Welch HG, Black WC. Overdiagnosis in cancer. J Natl Cancer Inst. 2010;102(9):605-13.
67. Youlden DR, Cramb SM, Dunn NA, Muller JM, Pyke CM, Baade PD. The descriptive epidemiology of female breast cancer: an international comparison of screening, incidence, survival and mortality. Cancer Epidemiol. 2012;36(3):237-48.

3

Lesões benignas da mama

Carlos Shimizu
Bárbara Helou Bresciani
Tomie H. Ichihara
Paula de Camargo Moraes

Introdução

Este capítulo aborda o grupo de lesões mais frequentes das doenças mamárias que se apresentam de diversas formas nos métodos de imagem, e a maioria delas está relacionada ao estímulo hormonal e ocorre com maior frequência no período pré-menopausa.

Como o foco da especialidade mamária está na detecção e diagnóstico do câncer de mama, pouco se aborda sobre as lesões benignas. A importância de conhecer as lesões desse grupo está em saber diferenciá-las de lesões malignas, a fim de se evitar exames complementares e biópsias desnecessárias. A maioria das lesões desse grupo não está associada a aumento do risco de se desenvolver câncer de mama subsequente, como ocorre nas lesões de alto risco, discutidas em um capítulo à parte.

Serão abordadas as seguintes lesões benignas da mama: cistos, lesões fibroepiteliais, hiperplasia pseudoangiomatosa do estroma, adenoses, lesões com componente gorduroso e lesões benignas do ciclo gravídico-lactacional. Faz-se exceção no grupo de cisto mamário, no qual será discutido uma lesão não benigna: o cisto complexo. Optou-se pela inserção dele neste capítulo por ser mais didático discuti-lo em conjunto com outros cistos.

Cistos mamários

Cistos mamários são comuns e se originam da dilatação dos ductos lactíferos ou ácinos e ocorrem com mais frequência na terceira e na quarta décadas de vida. Tendem a ser bilaterais e a se reduzir no período pós-menopausa, e a história natural é a regressão espontânea na maior parte dos casos, processo este que pode levar mais do que um ano.

Acredita-se que o desenvolvimento dos cistos esteja relacionado ao ciclo hormonal do estrógeno e da progesterona. O aparecimento de cistos no pós-menopausa, salvo se a paciente estiver em terapia de reposição hormonal, deve ser avaliado de forma criteriosa e investigado, se necessário.

Neste capítulo, serão abordados os seguintes tipos de cistos: cisto simples, cisto complicado, microcistos agrupados e cisto complexo.

Cisto simples

Constituem uma das lesões mais frequentes na mama, podem ser isolados ou múltiplos e habitualmente são mais proeminentes na fase pré-menstrual. Apresentam paredes finas, e o conteúdo é constituído por um líquido seroso.

Na mamografia mostram-se como nódulos circunscritos ou obscurecidos pelo tecido fibroglandular adjacente. Eventualmente a parede do cisto simples pode apresentar uma fina calcificação. Calcificações em "leite de cálcio" são achados frequentes no interior dos cistos e representam um achado tipicamente benigno constituído por conteúdo cálcico precipitado intracístico, sendo importante diferenciá-las de calcificações suspeitas utilizando-se de incidências mamográficas magnificadas em craniocaudal e em perfil 90°. As calcificações em "leite de cálcio" intracísticas são classicamente diagnosticadas por meio da mudança de morfologia nessas duas incidências, sendo redondas ou amorfas na craniocaudal e linear ou em "meia lua" no perfil absoluto. Na maioria das vezes não é possível fazer o diagnóstico de cisto na mamografia, fazendo-se necessária a complementação com a ultrassonografia (USG), exceto nos casos em que há a calcificação em "leite de cálcio" no interior do nódulo.

A USG é o melhor método de imagem para caracterização e avaliação de cistos. Consegue caracterizar cistos a partir de 2 a 3 mm, dependendo da profundidade em que se encontra na mama, utilizando-se transdutores de alta frequência (> 10 Mhz). Os cistos simples possuem paredes finas com contorno interno liso e conteúdo anecogênico associado a reforço acústico posterior. Septos finos (< 0,5 mm) podem estar presentes nos cistos simples. Mesmo na presença de septos finos, a categoria do ACR BI-RADS® permanece 2 (benigno).

Na ressonância magnética (RM) das mamas apresentam-se com alto sinal em T2, baixo sinal em T1 e ausência de realce nas fases pós-contraste.

A minoria dos cistos simples aumenta de dimensões de forma significativa e cursa com alteração palpável dolorosa. Nesse caso, a citopunção de alívio está indicada e o líquido obtido frequentemente possui uma coloração amarelo claro ou verde escuro. Cistos simples palpáveis e sintomáticos permanecem na categoria 2 do ACR BI-RADS®, apesar de a recomendação contemplar a citopunção de alívio. O envio do líquido obtido na punção de um cisto simples para a análise citológica não é obrigatório. Em alguns serviços, o material obtido é enviado no caso de haver componente hemorrágico, cisto em pacientes em pós-menopausa e cistos recidivantes (Figura 1).

Cisto complicado

É semelhante ao cisto simples, porém seu conteúdo não é anecogênico e sim hipoecogênico, denotando um conteúdo espesso, que pode ser proteináceo, hemorrágico ou purulento. Em geral, esses cistos fazem parte do espectro de alteração cística da mama e frequentemente são acompanhados de cistos simples.

Cistos complicados representam, na maioria absoluta dos casos, lesões benignas. Em uma compilação de seis estudos, a taxa de malignidade de cistos complicados foi de 0,23%. No estudo ACRIN 6666, a taxa de malignidade foi de 0,42% e, nesse estudo, cisto complicado no contexto de múltiplos cistos foram classificados como ACR BI-RADS® categoria 2; cisto complicado único identificado no primeiro exame ultrassonográfico foi classificado como ACR BI-RADS® categoria 3, e cisto complicado único e novo em relação ao exame pregresso, como categoria 4A.

O aspecto mamográfico é semelhante ao dos cistos simples e também pode apresentar calcificações em "leite de cálcio" intracístico. O conteúdo hiperproteico ou hemorrágico pode aumentar a densidade do cisto na mamografia, porém isso é difícil de ser observado na prática diária.

Na USG apresentam-se com morfologia oval ou redonda e conteúdo hipoecogênico. Em alguns casos, podem ser observados os debris de forma individual, manifestando-se como pequenos pontos hiperecogênicos no interior deles

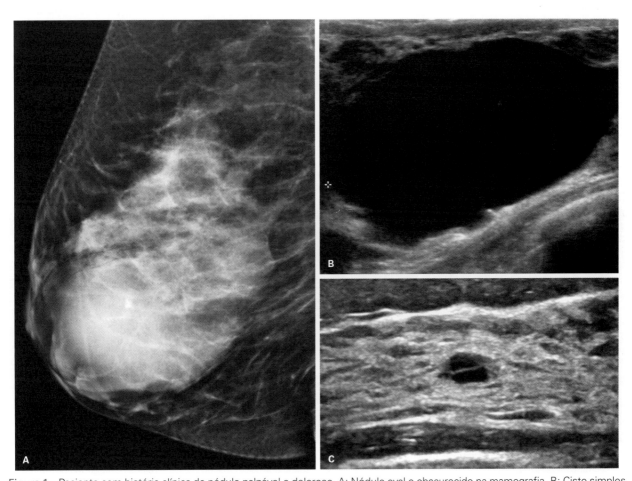

Figura 1 Paciente com história clínica de nódulo palpável e doloroso. A: Nódulo oval e obscurecido na mamografia. B: Cisto simples na ultrassonografia. Esse caso foi classificado como categoria 2 do ACR BI-RADS®, e foi recomendada a citopunção de alívio. C: Cisto com septo fino (< 0,5 mm) na ultrassonografia. Esse cisto pode ser classificado como categoria 2 do ACR BI-RADS®.

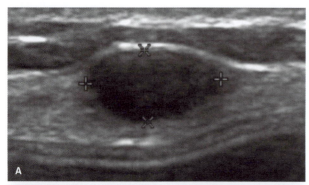
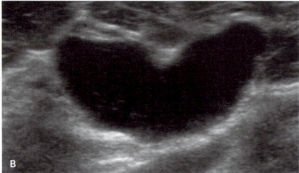

Figura 2   Dois exemplos de cistos complicados. A: Cisto com conteúdo hipoecogênico. B: Cisto com debris em suspensão. Ambos os cistos são compatíveis com conteúdo espesso.

e, em outros casos, pode haver um nível líquido denotando componentes diferentes no interior do cisto. Nesses casos, é possível observar a movimentação do conteúdo com a mudança de decúbito da paciente, o que pode ser útil para diferenciar conteúdo sólido de líquido. O principal desafio é diferenciar cisto espesso de nódulo sólido circunscrito, principalmente nas lesões menores e em posição profunda na mama. Quando há essa dúvida, a categoria 3 do ACR BI-RADS® pode ser utilizada com o controle em 6 meses, desde que o achado não seja novo ou tenha aumentado de dimensões. O recurso de harmônica e o Doppler colorido podem ser úteis para diferenciar a lesão sólida da cística e estão sempre indicados. A elastossonografia é um recurso novo que também pode ser útil para essas situações, porém ainda não é empregada de forma rotineira na prática diária para mudanças de condutas, principalmente em razão da falta de validação e uniformização dos padrões dos diferentes métodos e equipamentos.

Na RM, o aspecto é semelhante ao do cisto simples, com a diferença do sinal nas sequências ponderadas em T1, que podem mostrar hipersinal nos casos de conteúdo hemorrágico ou hiperproteico.

Microcistos agrupados

Essa lesão representa a dilatação da unidade lóbulo ducto terminal e faz parte do espectro de lesões císticas da mama. Nas pacientes com múltiplos cistos é comum se encontrar cistos simples, cistos complicados e microcistos agrupados. Por esse motivo ocorre na mesma faixa de distribuição etária dos demais cistos, sendo mais comuns no período pré-menopausa e raros no pós-menopausa.

A maioria absoluta é benigna. Em compilação de quatro estudos, totalizando 112 lesões classificadas como microcistos agrupados, não foi identificada nenhuma lesão maligna. No estudo ACRIN 6666, foi identificado um carcinoma (0,8%) em meio a 123 microcistos agrupados na segunda rodada do rastreamento ultrassonográfico e o diagnóstico foi de carcinoma lobular invasivo. A própria autora destaca que o carcinoma diagnosticado pode não corresponder à lesão anteriormente classificada como microcisto agrupado.

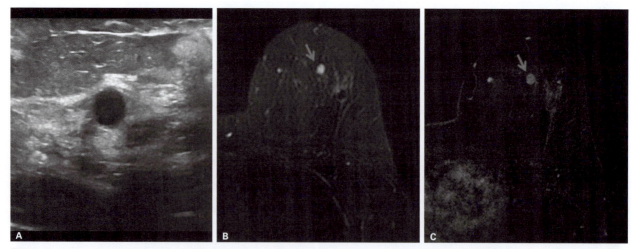

Figura 3   A: Essa lesão foi considerada inicialmente um cisto complicado com conteúdo espesso, porém na ressonância realizada logo após a ultrassonografia foi constatado que se tratava de um nódulo sólido com alto sinal em T2 (B) e realce homogêneo na subtração (C). Por conta da morfologia redonda foi optado pela investigação desse nódulo, e a biópsia por agulha grossa mostrou metástase de carcinoma de adrenal. Esse caso ilustra que alguns carcinomas (metástases para mama, mucinoso e triplos negativos basaloides) podem apresentar morfologia arredondada e conteúdo hipoecogênico homogêneo, simulando lesões císticas.

Na mamografia se manifestam como nódulos ovais e circunscritos com lobulações.

A USG é o método de escolha para avaliação e diagnóstico dos microcistos agrupados. Manifestam-se por múltiplos pequenos cistos com até 3 mm e septos finos com até 0,5 mm. O principal diagnóstico diferencial se faz com cistos complexos e, nessa situação, o recurso da harmônica e do Doppler colorido é fundamental. Microcistos agrupados têm conteúdo anecogênico e não apresentam fluxo ao Doppler colorido. Quando forem preenchidos os critérios de microcistos agrupados, como já descrito, a categoria ACR BI-RADS® é 2. Para os casos em que houver dificuldade em se avaliar o conteúdo, como nas lesões profundas e pequenas, recomenda-se o uso da categoria 3 do ACR BI-RADS® e controle em 6,12 e 24 meses. Para pacientes no pós-menopausa sem terapia de reposição, uma lesão nova caracterizada como microcistos agrupados deve ser avaliada com cautela e nesse caso pode ser utilizada a categoria 3 do ACR BI-RADS® e controle em 6,12 e 24 meses.

Na RM mostram alto sinal em T2 e em alguns casos é possível detectar os finos septos que não realçam.

Cisto complexo

Correspondem às lesões sólido-císticas com componente sólido intracístico, septos espessos (≥ 0,5 mm) ou nódulos sólidos com áreas císticas. Na edição de 2013 do Atlas do ACR BI-RADS®, os cistos complexos receberam uma nova denominação, a de nódulo complexo sólido-cístico.

Nesse grupo de lesão a taxa de malignidade é alta, atingindo até 36% das lesões. Os diagnósticos de carcinoma nesse grupo de lesões incluem carcinoma ductal invasivo e carcinoma papilífero.

Na mamografia manifestam-se como nódulos ovais e lobulados que podem apresentar margens indistintas e calcificações de permeio.

Assim como nos outros casos de cistos, a USG desempenha um papel fundamental na caracterização e avaliação dos cistos complexos. Os critérios ultrassonográficos para classificar uma lesão como cisto complexo incluem: parede do cisto espessada (≥ 0,5 mm), septos espessos (≥ 0,5 mm) e componente intracístico sólido. Se uma ou mais dessas características estiverem presentes, o cisto deve ser classificado como complexo e a biópsia é recomendada. A categoria do ACR BI-RADS® deve ser 4. O diagnóstico diferencial se faz com os cistos de natureza inflamatória, principalmente os com extravasamento do conteúdo líquido para o parênquima adjacente e que cursam com processo inflamatório ao redor. Nesses casos a individualização da inflamação tecidual adjacente da parede do cisto pode ser difícil, passando a falsa impressão de espessamento parietal, sendo necessária a biópsia em algumas situações. Esteatonecrose deve entrar no diagnóstico diferencial de cistos complexos, pois frequentemente se apresentam dessa forma na USG e nessas situações é imprescindível a correlação com a mamografia, na qual pode ser visualizada o componente oleoso da lesão.

Na RM é possível identificar o realce das paredes espessas, dos septos ou do componente sólido intracístico.

O método de biópsia deve ser escolhido com cuidado. A punção aspirativa com agulha fina (PAAF) não é eficaz nessa situação. A biópsia por agulha grossa coaxial pode ser realizada nas lesões maiores e a amostragem deve ser direcionada para o componente sólido da lesão. Sempre que houver redução das dimensões do cisto complexo por extravasamento do líquido a ponto de dificultar a identificação da lesão, um clipe deve ser posicionado no leito da biópsia. Para lesões pequenas (menores do que 0,5-1,0 cm), recomenda-se o uso da biópsia assistida a vácuo com clipagem do leito da biópsia.

Alterações fibroepiteliais

Fibroadenoma e suas variantes

Fibroadenomas são tumores sólidos benignos que se desenvolvem na unidade ducto lobular terminal por conta

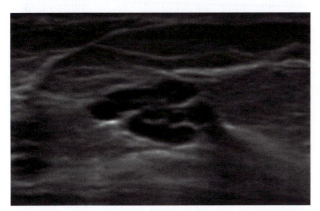

Figura 4 Exemplo de microcistos agrupados. Múltiplos pequenos cistos menores do que 3 mm e paredes finas (< 0,5 mm).

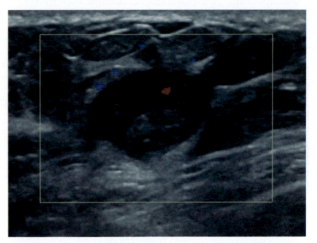

Figura 5 Cisto complexo. Nesse caso, o uso do Doppler auxiliou a caracterização do conteúdo como sólido.

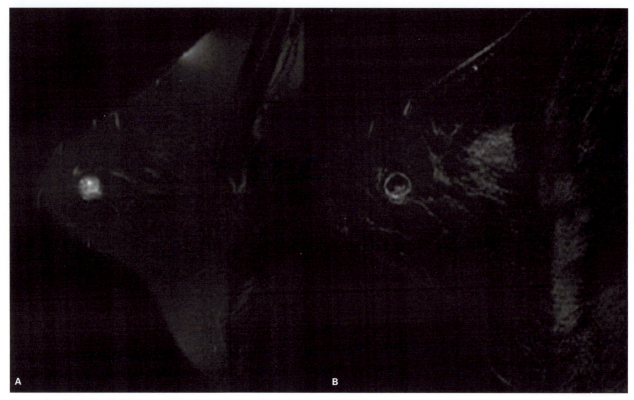

Figura 6 Cisto complexo na ressonância magnética. A. Alto sinal em T2. B. Subtração mostrando realce da parede e de componente sólido no interior do cisto complexo.

de uma proliferação incoordenada dos componentes estromal e epitelial, envolvendo parte dos tecidos adjacentes, presumivelmente por causa da estimulação estrogênica. Dessa forma, a estrutura interna dos fibroadenomas é composta de elementos estromais e epiteliais. O elemento estromal pode sofrer degeneração mixoide, como esclerose, hialinização e calcificação, enquanto o elemento epitelial pode apresentar todos os aspectos proliferativos e não proliferativos possíveis do parênquima mamário, como metaplasia apócrina, hiperplasia ductal, adenose esclerosante e adenose florida. Fibroadenomas caracterizados por metaplasia apócrina, hiperplasia ductal, adenose esclerosante e cistos são definidos como "complexos".

Os picos de incidência dos fibroadenomas são a terceira e a quinta décadas de vida, mas podem ocorrer também na pós-menopausa em decorrência do uso de terapia de reposição hormonal. Podem crescer rapidamente, mas usualmente atingem até 2-3 cm. Fibroadenomas gigantes e juvenis são exceções, podendo atingir até 6-10 cm; apresentam alta celularidade do componente estromal e fazem diagnóstico diferencial com tumor *Phyllodes* benigno. Podem ser múltiplos e bilaterais em cerca de 20-25% das pacientes. Por outro lado, os variantes de fibroadenoma com hiperplasia epitelial evidente e muito pouco componente estromal incluem adenomas tubulares e adenomas lactacionais. Estes ocorrem particularmente durante a amamentação e no terceiro trimestre de gestação e podem ser grandes. Os adenomas lactacionais são esparsos pelo parênquima difusamente alterado por causa da lactação, sendo assim, apenas raramente, um contorno bem delimitado é identificado. Durante a gravidez e a amamentação, os fibroadenomas podem se tornar um pouco irregulares em razão de infartos, sendo mais difícil sua distinção de carcinomas. Por outro lado, é raríssimo o desenvolvimento de carcinoma no interior de um fibroadenoma; isso ocorre em apenas um a cada 1.000 casos, sendo mais comum nos fibroadenomas complexos, e nesses casos se trata predominantemente de carcinomas *in situ*.

Nos exames de imagem (mamografia, USG e RM), os fibroadenomas se manifestam como nódulos ovais e circunscritos, podendo também apresentar contorno obscurecido na mamografia, especialmente em mamas densas. Na mamografia, alguns nódulos circunscritos ou obscurecidos apresentam calcificações distróficas típicas, que asseguram o diagnóstico de fibroadenoma, achado benigno, dispensando qualquer avaliação adicional (Figura 7). Pequenos fibroadenomas podem não ter expressão mamográfica em mamas densas, sendo mais comumente caracterizados na USG. Na USG, são usualmente nódulos homogêneos e hipo ou isoecogênicos, não apresentam sombra nem reforço acústico posterior e podem apresentar discreta sombra acústica apenas nas extremidades do nódulo (Figura 8). Na RM, os fibroadenomas tipicamente apresentam septos internos de menor realce. Alguns fibroadenomas não apresentam nenhum realce pós-contraste na RM.

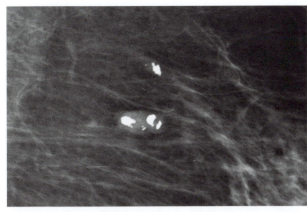

Figura 7 Mamografia evidenciando dois nódulos isodensos, ovais e circunscritos associados a calcificações grosseiras, típicas de fibroadenomas.

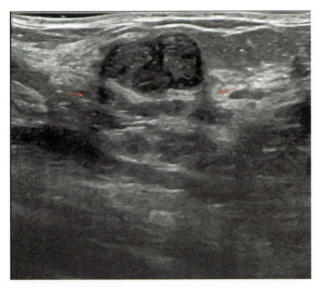

Figura 8 Ultrassonografia evidenciando nódulo circunscrito com sombra acústica nas laterais (setas), aspecto comumente observado em fibroadenomas.

Alguns fibroadenomas complexos se apresentam como nódulos com microcalcificações na mamografia (associadas à hiperplasia ductal) ou com áreas císticas na USG (pela metaplasia apócrina), aspectos que demandam correlação histológica, já que se sobrepõem ao aspecto de imagem de alguns carcinomas.

Alteração fibroadenomatoide

É uma alteração benigna caracterizada por uma proliferação microfocal do estroma fibroso contendo elementos epiteliais hiperplásticos semelhantes àqueles observados em fibroadenomas. Entretanto, não é caracterizada lesão nodular bem definida nem cápsula aparente. Pode ser um processo localizado ou difuso na histologia e frequentemente acompanha ductos dilatados, hiperplasia epitelial, adenose e calcificações.

Em geral se apresenta como calcificações suspeitas agrupadas na mamografia (Figura 9).

A alteração fibroadenomatoide é um resultado benigno relativamente comum em biópsias percutâneas de calcificações agrupadas suspeitas, porém seu significado histológico é pouco conhecido entre os médicos que realizam as biópsias.

Tumor *Phyllodes*

Os tumores *Phyllodes* são raros e representam 2-3% das lesões fibroepiteliais, com dois picos de incidência, um na idade perimenopausal e outro antes dos 20 anos de idade. Histologicamente, há um marcado crescimento intraductal do estroma intralobular formando as projeções filiformes patognomônicas dessa lesão, a que o nome *Phyllodes* se refere, originado do grego *phyllos*, que significa "folha". Em meio a essas células estromais hiperplásticas, são observados espaços pseudocísticos em forma de fenda distorcidos. Os tumores *Phyllodes* são classificados em benignos, *borderline* ou malignos, de acordo com o número de mitoses, tipo de celularidade e atipia nuclear. Tumores *Phyllodes* malignos podem raramente cursar com metástases hematogênicas a distância, sem envolvimento de linfonodos regionais. A recorrência local pode ocorrer em tumores *Phyllodes*, devendo ser prevenida por ressecção ampla e com margens livres e monitorada com exames de imagem, como a USG, especialmente nos primeiros 2 anos após a cirurgia.

Nos exames de imagem, comumente se apresentam como nódulos ovais e circunscritos ou obscurecidos. Os tumores *Phyllodes* malignos podem apresentar margens infiltrativas, não circunscritas, entretanto podem também ser circunscritos (Figura 10).

Tumores *Phyllodes* são muito similares em seus aspectos de imagem e também histológicos a fibroadenomas intracanaliculares, e há risco de subestimação histológica quando a quantidade de material amostrado é limitada,

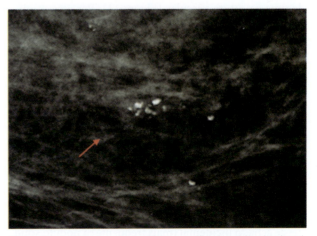

Figura 9 Incidência mamográfica magnificada evidenciando calcificações grosseiras e heterogêneas agrupadas.

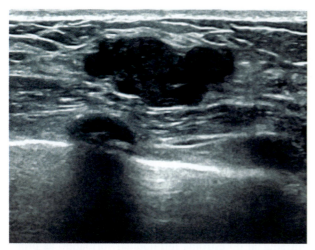

Figura 10 Ultrassonografia demonstrando nódulo hipoecogênico, oval, com margens parcialmente circunscritas, posteriormente submetido à biópsia percutânea com resultado anatomopatológico de tumor *Phyllodes*.

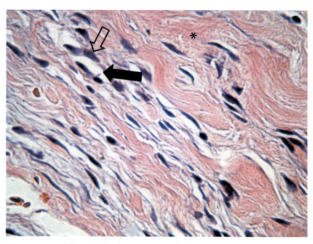

Figura 11 Histologia de um caso de hiperplasia pseudoangiomatosa do estroma (PASH). Estroma fibroso hialinizado (*). Miofibroblasto (seta sem preenchimento) revestido por um espaço pseudovascular (seta preta).

como em punções por agulha fina ou mesmo em biópsias com agulha grossa. Nesses casos, o diagnóstico deve ser considerado quando os nódulos são maiores que 3 cm ou têm crescimento rápido. Além disso, a diferenciação entre tumor *Phyllodes* benigno e maligno é desafiadora por causa da heterogeneidade dessas lesões, isto é, as características histológicas variam de acordo com a região do nódulo examinada.

Hiperplasia pseudoangiomatosa do estroma

Hiperplasia pseudoangiomatosa do estroma também conhecida como PASH (*pseudoangiomatous stromal hyperplasia*) constitui uma alteração proliferativa do estroma mamário, incluindo fibroblastos e miofibroblastos. O termo pseudoangiomatoso advém dos espaços anastomosantes em forma de fenda revestidos internamente por miofibroblastos em seu interior, simulando o endotélio de uma estrutura vascular (Figura 11). Por esse motivo, um dos principais diagnósticos diferenciais de PASH é o angiossarcoma de baixo grau. Em geral é possível fazer o diagnóstico diferencial no estudo anatomopatológico, porém se houver dúvidas a imuno-histoquímica pode ser utlizada, analisando-se marcadores de miofibroblastos, como vimentina e CD34.

Sua etiologia é desconhecida, e uma das hipóteses é a resposta proliferativa exacerbada dos miofibroblastos aos hormônios estrógeno e progesterona. Pode estar presente em qualquer idade, sendo mais frequente no período pré-menopausa. Homens com ginecomastia também podem apresentar PASH.

A apresentação da PASH é bastante diversa, variando desde achado incidental (mais frequente) a nódulo sólido (raro). Em uma série consecutiva de 200 espécimes mamários provenientes de autópsia, 23% continham focos microscópicos de PASH.

Os achados de imagem estão associados à forma nodular da PASH. Na mamografia pode se apresentar como assimetria focal ou nódulos circunscritos, em geral sem calcificações associadas (Figura 12).

Na USG manifesta-se como nódulo oval, circunscrito e hipoecogênico com maior eixo paralelo à pele, aspecto semelhante ao do fibroadenoma (Figura 13).

Poucos casos foram descritos na literatura na RM, e as apresentações foram de nódulos circunscritos e realce não nodular.

O prognóstico é bom, e recorrências variam de 5-22% dos casos, sendo uma das causas a ressecção incompleta da lesão. Após o diagnóstico de PASH em uma biópsia percutânea da mama, recomenda-se o controle evolutivo em vez da ampliação cirúrgica por se tratar de uma lesão benigna sem potencial maligno.

Adenose

Adenose é uma lesão proliferativa com origem na unidade ducto-lobular terminal. O termo adenose é empregado quando há uma proliferação de estruturas ductais e estromais com aumento tanto no número de ácinos por lóbulo quanto na quantidade dos componentes glandulares, mantendo o padrão centrado no lóbulo.

A adenose tem um curso subclínico e ganha importância quando se manifesta como calcificações ou mais raramente como nódulos. Na forma nodular, ela pode se apresentar com margens indistintas, simulando um nódulo suspeito ou com margens circunscritas semelhantes as de um fibroadenoma e raramente ultrapassa 2 cm. Frequentemente, pode ser encontrada em conjunto com as alterações fibrocísticas.

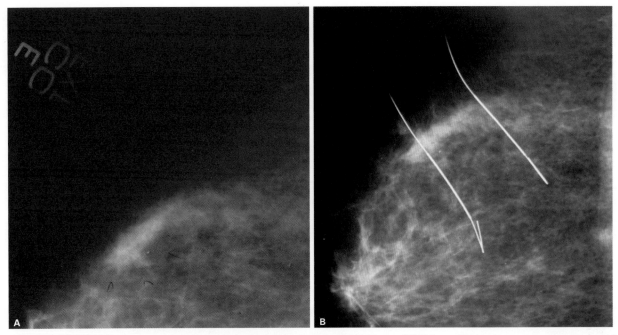

Figura 12 Mamografia de um caso de hiperplasia pseudoangiomatosa do estroma (PASH) manifestando-se como uma assimetria focal nova. A: incidência craniocaudal. B: agulhamento pré-cirúrgico delimitando a assimetria focal.

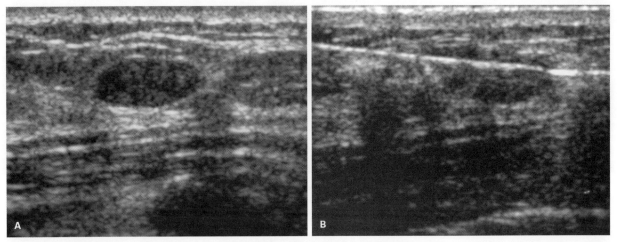

Figura 13 A: Nódulo oval circunscrito, hipoecogênico e paralelo à pele na ultrassonografia. B: Biópsia por agulha grossa orientada por ultrassonografia do nódulo e com resultado histopatológico de hiperplasia pseudoangiomatosa do estroma (PASH).

A adenose por ser classificada como simples, florida, tubular, esclerosante e microglandular, e estas duas últimas merecem destaque na prática clínica.

Adenose esclerosante

Ocorre mais comumente nas mulheres em idade reprodutiva, representando geralmente um achado incidental em até 25% das biópsias percutâneas, manifestando-se como focos microscópicos dispersos. Entretanto, em raros casos, pode se manifestar nos exames de imagem como nódulo (*adenosis tumor* ou adenose nodular) (Figura 14).

Há ainda associação com lesões proliferativas como papilomas e alterações apócrinas. Nesse sentido a adenose esclerosante também pode ser encontrada em espécimes de biópsia percutânea por calcificações suspeitas (Figuras 15A e 2B) ou distorções arquiteturais (Figuras 16A e 3B).

Histologicamente, a proliferação é mais compacta quando comparada com a adenose simples, com duas vezes mais ácinos por ducto terminal e tecido conectivo denso. Os ácinos centrais encontram-se comprimidos e distorcidos, enquanto os mais periféricos normalmente estão dilatados. Embora o aspecto possa lembrar o do carcinoma invasivo, especialmente do tipo tubular, tanto o padrão centrado no lóbulo, como a presença de camadas mioepiteliais e membrana basal preservadas, permitem o diagnóstico diferencial. Em casos de dúvida, o uso de marcadores de células mioepiteliais na imuno-histo-

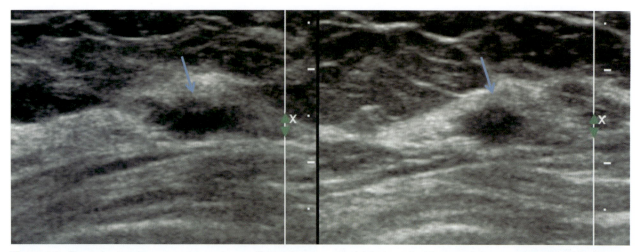

Figura 14 Exemplo de adenose esclerosante manifestando-se como nódulo irregular hipoecogênico com margens indistintas na ultrassonografia.

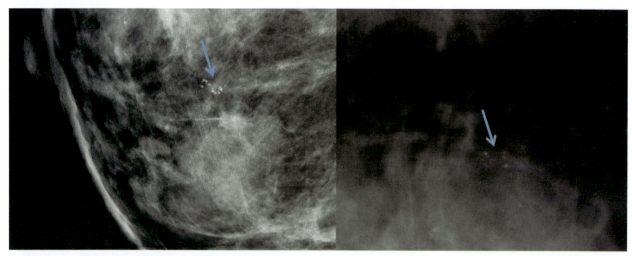

Figura 15 A: Calcificações pleomórficas agrupadas. B: Calcificações amorfas agrupadas. Ambos os casos foram submetidos à biópsia percutânea assistida a vácuo com resultado de adenose esclerosante.

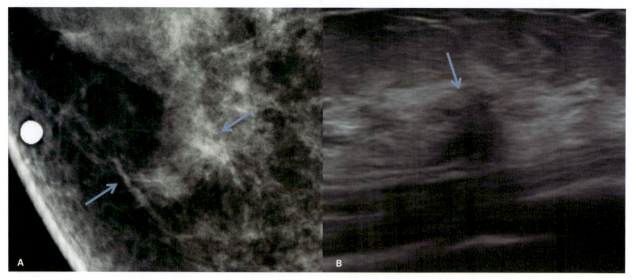

Figura 16 Exemplo de adenose esclerosante manifestando-se como distorção arquitetural na mamografia (A) e na ultrassonografia (B).

química pode ser utilizado para se estabelecer o diagnóstico de adenose esclerosante com segurança.

A associação entre adenose esclerosante e aumento do risco para se desenvolver câncer de mama ainda é incerta. Há estudos que mostram aumento no risco em até duas vezes e outros estudos que não confirmaram essa relação.

Adenose microglandular

A faixa etária mais comum desse tipo de adenose é ao redor dos 50 anos. Ocorre proliferação difusa de pequenas estruturas acinares arredondadas com lúmen aberto e camada única de células cuboides, em distribuição randômica no tecido adiposo ou fibroso.

Uma das principais características da adenose microglandular é a ausência de células mioepiteliais ao contrário da adenose simples e esclerosante em que elas são abundantes.

Os focos de adenose microglandular podem ser microscópicos, sem representação evidente nos exames de imagem ou alcançar alguns centímetros, apresentando-se como nódulos endurecidos e indistintos.

Nos últimos anos, a adenose microglandular vem ganhando importância por conta de estudos moleculares mostrando semelhanças das alterações genéticas dessas lesões com os carcinomas triplos negativos da mama, levantando-se a hipótese de serem precursores não obrigatórios desse subtipo de carcinoma, principalmente em se tratando da adenose microglandular atípica.

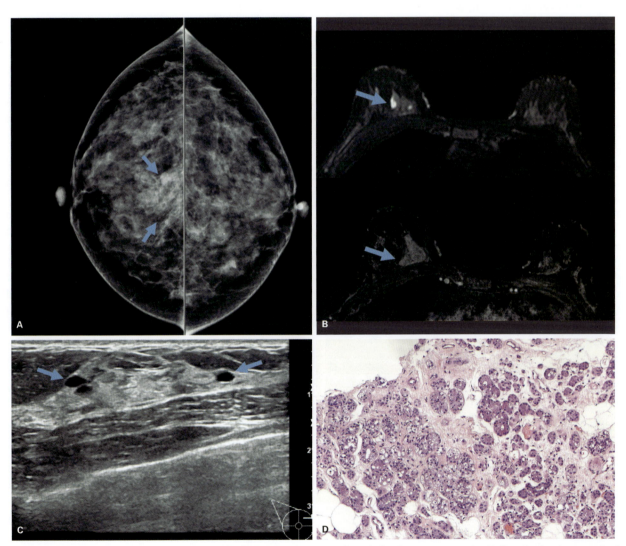

Figura 17　A: Incidência craniocaudal na mamografia mostrando uma assimetria focal no terço posterior. B: Sequências de ressonância magnética demonstrando cistos nos limites medial e lateral da lesão em T2 e o realce da lesão na subtração com aspecto morfológico "triangular" semelhante à mamografia. C: Na ultrassonografia, a lesão apresenta aspecto de tecido fibroglandular normal. A correlação foi possível em razão da presença dos cistos nos limites medial e lateral da lesão. D: Corte histológico, no qual se observam múltiplas estruturas glandulares pequenas difusamente distribuídas. O resultado dessa biópsia foi de adenose microglandular atípica também confirmada na peça cirúrgica.

Lesões com componente gorduroso

Lipoma

Lipomas são tumores benignos, normalmente solitários, compostos por adipócitos maduros.

No exame físico, geralmente são nódulos circunscritos e amolecidos. Podem não ser caracterizados na mamografia e na USG, especialmente nas mamas volumosas e lipossubstituídas. Nos casos caracterizados na mamografia, apresentam-se como nódulos radiotransparentes e bem delimitados por uma fina cápsula (Figura 18).

Na USG podem ser desde hipoecogênicos até hiperecogênicos (Figura 19), representando um verdadeiro desafio quando têm ecogenicidade idêntica à gordura adjacente.

Cuidado adicional deve ser tomado no caso de procedimentos percutâneos para diagnóstico, já que espera-se encontrar apenas adipócitos, sem tecido mamário. No entanto, do ponto de vista anatomopatológico, essa é a definição de um material insuficiente em uma biópsia de mama. Portanto, a hipótese de lipoma deve estar claramente documentada na descrição da lesão para o patologista para que o material não seja considerado inadequado.

Está indicada a exérese cirúrgica caso haja rápido crescimento.

Hamartoma

Também chamados de fibroadenolipomas, lipofibromas e adenolipomas, hamartomas são tumores benignos

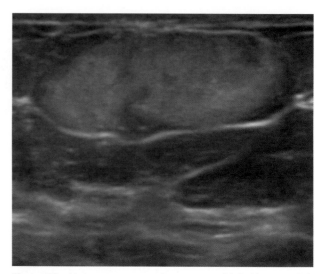

Figura 19 Lipoma apresentando-se como nódulo hiperecogênico oval e circunscrito na ultrassonografia.

incomuns compostos por quantidades variáveis de tecidos glandular, adiposo e fibroso.

Apresentam-se clinicamente como massa indolor, discreta e circunscrita, móvel, sendo mais provavelmente resultado de uma alteração de desenvolvimento do que um processo tumoral verdadeiro.

Na mamografia é possível visualizar nódulo compressível com gordura radiolucente e tecido conjuntivo denso, além de fina pseudocápsula (na verdade, representa o deslocamento do tecido fibroglandular adjacente).

Na USG mais comumente é um nódulo hipoecogênico e circunscrito com traves hiperecogênicas de permeio. No entanto, até 20% dos hamartomas podem ser isoecogênicos, cuja identificação é mais trabalhosa (Figura 20).

Na macroscopia, é circunscrito enquanto histologicamente tem a mesma aparência de uma mama normal com conteúdo adiposos em disposição nodular e estroma fibrótico na periferia. Histologicamente é composto por tecido glandular com arranjo lobular proeminente, estroma fibroso, gordura e, ocasionalmente, alterações fibrocísticas associadas; em proporções variadas.

Deve ser estudado no diferencial dos tumores bifásicos da mama.

Linfonodo intramamário

Embora seja uma lesão cirúrgica, histológica e radiologicamente conhecida, não recebeu muita atenção na literatura médica até alguns anos atrás.

Definidos como linfonodos completamente envoltos em tecido glandular, sua incidência é controversa, variando entre 0,7-48% nos diversos estudos.

Embora possam ser encontrados em qualquer parte das mamas (comprovadamente demonstrado por estudos com mamas de cadáver e ainda em peças de mastectomia), são mais comumente caracterizados nos quadrantes

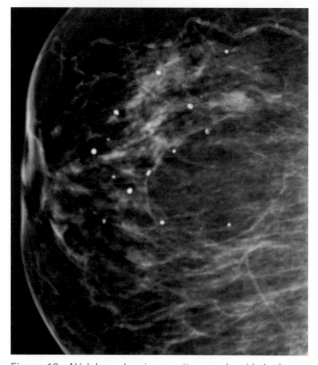

Figura 18 Nódulo oval e circunscrito com densidade de gordura – lipoma.

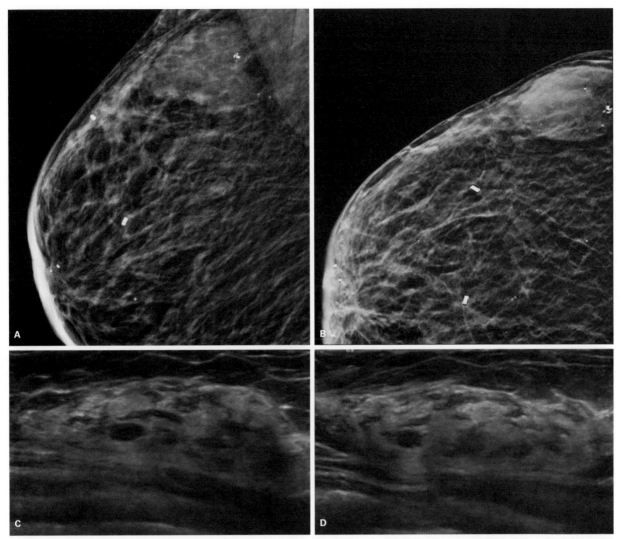

Figura 20 Apresentações de hamartoma na mamografia e na ultrassonografia. A e B: Nódulo com densidade mista. C e D: Nódulo com ecogenicidade heterogênea (áreas hiperecogênica e hipoecogênica entremeadas).

superiores e laterais, estando presentes em cerca de 5% das mamografias.

Apresentam-se como nódulos ovais ou redondos, circunscritos, com endentação central radiolucente, relacionados a vasos sanguíneos e medindo, em média, até 1,5 cm (Figura 21A).

A USG é considerada padrão-ouro para avaliação linfonodal, caracterizando nódulos ovais ou redondos, reniformes, circunscritos, com cortical fina iso ou hipoecogênica e hilo gorduroso hiperecogênico volumoso (Figura 21B).

Esteatonecrose

Trata-se de um processo inflamatório benigno não supurativo do tecido adiposo, sendo secundário a traumas ou qualquer lesão que provoque degeneração necrótica (ectasia de ductos ou formações císticas de grandes dimensões, por exemplo), mas mais comumente está associada à manipulação cirúrgica prévia e/ou à radioterapia.

Apresenta-se clinicamente como massa indolor ou espessamento, podendo estar ou não associada à retração da pele; por vezes, pode apresentar endurecimento e adesão a planos profundos. Na macroscopia o aspecto é de gordura endurecida e hemorrágica se a lesão for recente; com o tempo, torna-se amarelada e mais bem delimitada.

Na microscopia notam-se rompimento dos adipócitos, hemorragia e influxo de histiócitos. Progride então para a formação de histiócitos multinucleados com deposição de hemossiderina e calcificação. Há infiltrado inflamatório variado nessa fase. Ocorre então fibrose na periferia, e a lesão se torna demarcada em uma área de necrose gordurosa e debris celulares. Em fases tardias, os componentes inflamatórios são substituídos por fibrose.

Achados de imagem nem sempre são suficientes para se estabelecer a distinção entre esteatonecrose e lesões malignas. No entanto, pode ter apresentação típica como cistos oleosos e calcificações distróficas grosseiras na mamografia ou cistos com debris a complexos na USG (Fi-

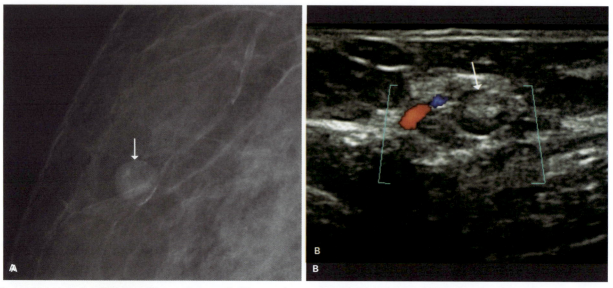

Figura 21 Linfonodo intramamário na mamografia (A) e na ultrassonografia (B). Nota-se o vaso sanguíneo adjacente a ele.

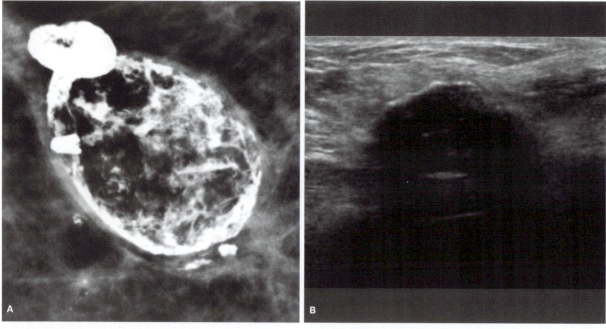

Figura 22 Esteatonecrose. A: Na mamografia manifesta-se comumente como calcificação grosseira com áreas radiolucentes internas. B: O aspecto na ultrassonografia se assemelha ao de um cisto complexo, por esse motivo a correlação com a mamografia é fundamental.

gura 22). Caso apresente-se como calcificações suspeitas, nódulo irregular ou indistinto (que pode realçar na RM), está indicada a biópsia para investigação diagnóstica.

Lesões benignas do ciclo gravídico-lactacional

As alterações que acometem a mama gravídica e puerperal são, na sua maioria dos casos, as mesmas observadas em mulheres não grávidas. A mama também pode ser acometida por uma série de lesões específicas, incluindo alterações fisiológicas, processos inflamatórios e infecciosos e tumores benignos e malignos.

Diante do escopo deste capítulo, abordam-se apenas as lesões benignas, que compreendem aproximadamente 80% de todos os processos que acometem a mama durante esse período.

Alterações fisiológicas

A combinação de estrógeno, progesterona e prolactina é a principal responsável pelas alterações fisiológicas que ocorrem nas mamas durante a gravidez e a lactação. O aumento dos níveis de estrógeno, que ocorre a partir do primeiro trimestre e se estende por toda a gestação, acarreta proliferação e arborização do sistema ductal, ramificação ductular, involução do estroma fibrogorduroso e aumento da vascularização mamária.

A progesterona age sinergicamente ao estrógeno, estimulando o desenvolvimento ductal e lobular e também é responsável pelo desenvolvimento da capacidade secretória das células, fundamental para a produção de leite.

Apesar da ação do estrógeno e da progesterona na preparação da mama para a lactação, eles inibem a produção de leite. Portanto, o leite só começa a ser realmente produzido após o parto, quando a prolactina atua na mama sem a ação inibitória do estrógeno e progesterona placentários.

A produção de prolactina pela hipófise também aumenta durante a gestação, mas retorna aos níveis basais no pós-parto. A produção de leite induzida pela prolactina no pós-parto é dada pela estimulação do complexo areolopapilar pela amamentação.

A ação hormonal se traduz histologicamente por meio do aumento progressivo dos lóbulos, com distensão luminal, sobretudo no segundo e terceiro trimestres da gestação e na amamentação (Figura 23). A mama retorna ao estado pré-gravídico aproximadamente 3 meses após o término da amamentação.

Em última análise, as mudanças fisiológicas acarretam aumento do volume das mamas, aumento do teor de água delas, com nodularidade palpável, firmeza e aumento da densidade do parênquima, que tornam mais difícil a avaliação clínica e radiológica das mamas. Portanto, o sucesso da interpretação dos exames dessas pacientes depende da compreensão das alterações fisiológicas esperadas e do conhecimento dos principais processos que acometem a mama durante esse período.

Avaliação por imagem

Em razão da faixa etária das mulheres e das questões relacionadas à exposição à radiação, não se costuma indicar rastreamento mamográfico nesse período. Diante disso, os exames realizados são diagnósticos, relacionados a alguma queixa clínica.

A sensibilidade da mamografia é reduzida no período gestacional e lactacional em razão do aumento da densidade mamária observada nesse período (Figura 24). Em relação a exposição à radiação, pode-se dizer que doses inferiores a 50 mGy têm risco não carcinogênico, que inclui abortamento e malformação, desprezível. O exame mamográfico com duas incidências fornece dose fetal de 0,001 a 0,01 mGy. Ou seja, a mamografia pode ser usada como ferramenta diagnóstica, desde que clinicamente necessária, durante a gestação. E para fornecer maior proteção ao feto, recomenda-se que o exame seja realizado com proteção abdominal por avental de chumbo.

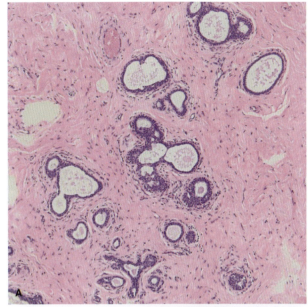
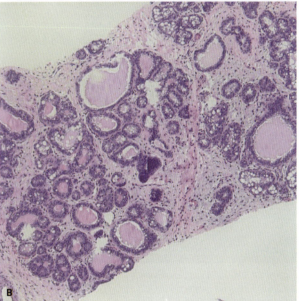

Figura 23 Tecido mamário em mulher não grávida mostrando lóbulos com estroma denso (A). Durante a gravidez, os lóbulos proliferam, as luzes ductais se distendem por conta da presença de secreção eosinofílica e as células epiteliais apresentam vacúolos citoplasmáticos (B).

Já a USG é o método de escolha para avaliação mamária, permitindo o diagnóstico e o tratamento em algumas situações.

O crescimento lobular se reflete em aumento de tecido e mudança da ecogenicidade da mama na USG. No último trimestre, é possível ver aumento e dilatação de estruturas tubulares que representam ductos preenchidos por colostro (Figura 25). O colostro difere do leite por não conter gordura e, portanto, aparece hipoecogênico ao ultrassom. Durante a lactação, o tecido mamário aparece ecogênico por causa da combinação de aumento glandu-

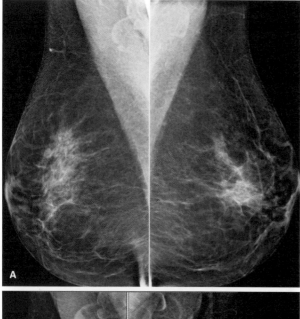

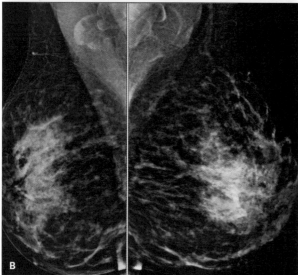

Figura 24 Incidências mediolaterais oblíquas (MLO) da mesma paciente antes da gestação (A) e durante a lactação (B) demonstrando aumento da densidade mamária.

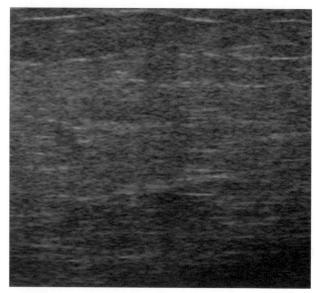

Figura 25 Ultrassonografia realizada durante a gestação demonstrando tecido mamário difusamente hipoecogênico em razão do ingurgitamento por leite.

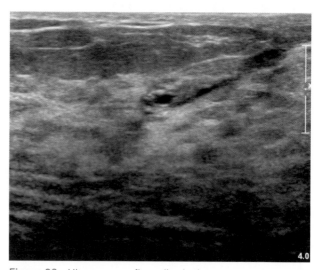

Figura 26 Ultrassonografia realizada durante a amamentação demonstrando ductos evidentes e tecido difusamente hiperecogênico.

lar e presença de leite rico em gordura (Figura 26). Existe aumento associado da vascularização mamária durante a gravidez e lactação.

A RM pode ser usada durante a gestação, independentemente da idade gestacional, sempre que o resultado do exame for afetar o manejo da paciente, quando ela não puder esperar o término da gestação para realizar o exame ou quando não existirem outras alternativas para o diagnóstico. O mesmo raciocínio vale para injeção de contraste paramagnético em pacientes gestantes.

No caso de pacientes lactantes, não existe contraindicação para a realização de RM e injeção de gadolínio. A paciente pode continuar a amamentação sem restrição. Contudo, se a mínima excreção de gadolínio no leite for uma grande preocupação para a mãe, a amamentação poderá ser suspensa por até 12 horas após a realização do exame.

Exames de RM realizados durante a lactação também refletem as alterações fisiológicas com aumento do sinal em T2 do tecido, decorrente da maior hidratação dele. Nota-se também aumento do realce de fundo do tecido fibroglandular em razão da maior vascularização mamária observada nesse período (Figura 27).

Por conta disso, a RM deve ser evitada durante a gestação e usada com cautela na lactação. Isso porque durante a amamentação existe muito realce de fundo do parênquima, diminuindo a sensibilidade do método. Já as sequências ponderadas T2 podem ser de grande valia,

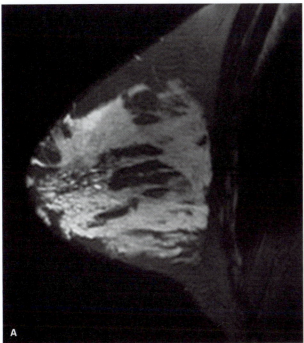

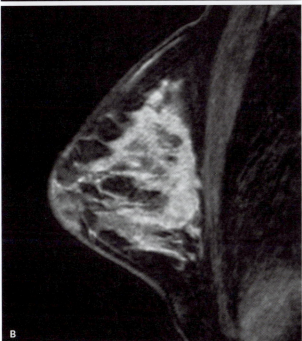

Figura 27 Ressonância magnética realizada durante a amamentação demonstrando tecido mamário com alto sinal em T2 (A) e acentuado realce pós-contraste (B).

pois o tecido normal hidratado apresenta marcador alto sinal em T2, o que não ocorre nos tumores, aumentando o contraste entre os tecidos normal e alterado.

Como anteriormente descrito, várias alterações celulares ocorrem normalmente durante a gravidez e a lactação. Algumas alterações são tão intensas que podem causar falsos-positivos em exames citológicos. Portanto, avaliação histológica com biópsia de fragmentos é preferível durante esse período, ficando as punções mais restritas à drenagem de abscessos.

Alguns cuidados precisam ser tomados durante as biópsias em mamas gravídicas e puerperais, pois em razão do aumento da vascularização o risco de sangramento é maior, como também é maior o risco de infecção por conta da dilatação ductal e da produção de leite. Além disso, também existe o risco de formação de fístula láctea, sendo o risco maior quanto mais calibrosa for a agulha e mais profunda for a lesão.

Fluxo papilar hemorrágico

Fluxo papilar hemorrágico pode ocasionalmente ocorrer durante a gestação, em especial no terceiro trimestre. É invariavelmente benigno e é provável que decorra de pequenos traumas, muitas vezes imperceptíveis, em mama com maior vascularização. Não é surpreendente que sangue oculto tenha sido demonstrado em até 20% das pacientes com fluxo papilar não hemorrágico durante a gestação e em 15% das mulheres amamentando.

Em casos de fluxo hemorrágico espontâneo, unilateral e ausência de alterações clínicas, deve-se realizar exame ultrassonográfico para procurar por nódulos e lesões intraductais. Convém ressaltar que esse tipo de sintoma sem achados associados nos exames ultrassonográfico e clínico raramente se deve a carcinoma associado à gestação.

Fibroadenoma

O tumor benigno mais frequentemente encontrado na mama feminina é o fibroadenoma, inclusive durante a gravidez e lactação. Os nódulos provavelmente já existiam e se tornaram clinicamente evidentes durante a gravidez e lactação por conta do estímulo hormonal. Apresentam-se nos exames de imagem exatamente da mesma maneira que na mama não gravídica, como nódulos ovais e circunscritos e podem ser seguramente seguidos.

Eventualmente, o rápido crescimento dos fibroadenomas pode suplantar o influxo sanguíneo, ocasionando infarto dele e os tornando dolorosos à palpação. Na USG é possível notar áreas císticas no interior do nódulo, o que torna sua aparência complexa e indicativa de biópsia (Figura 28).

Outras indicações de biópsia para nódulos com aspecto provavelmente benigno diagnosticados durante a gravidez incluem: nódulo comprovadamente novo e crescimento superior a 20% nos controles evolutivos.

Adenoma lactacional

Classicamente aparecem no terceiro trimestre da gestação ou durante a lactação. Na USG apresentam aspecto semelhante aos fibroadenomas e também podem sofrer infartos e serem múltiplos e bilaterais (Figura 29). Mas,

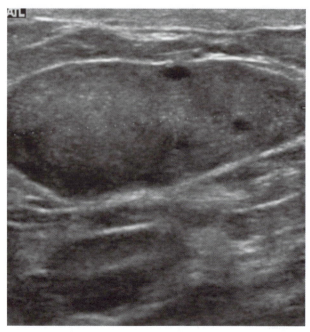

Figura 28 Ultrassonografia para avaliação de queixa palpável em mulher no segundo trimestre da gestação evidenciou nódulo oval, circunscrito, complexo, com áreas císticas no seu interior. Biópsia de fragmento revelou tratar-se de fibroadenoma.

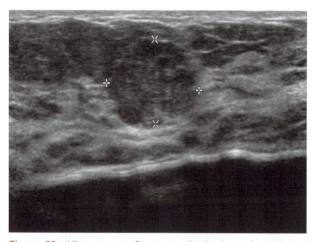

Figura 29 Ultrassonografia para avaliação de queixa palpável em mulher no terceiro trimestre da gestação evidenciou nódulo redondo, microlobulado, com área cística interna. Biópsia de fragmento revelou tratar-se de adenoma lactacional.

ao contrário dos fibroadenomas, o adenoma lactacional tende a regredir com o término da lactação. Histologicamente também difere dos fibroadenomas por apresentar predomínio de elementos epiteliais com pouquíssimo estroma.

Galactoceles

Apesar de mais frequentemente observadas no término da lactação, podem aparecer durante a amamentação e no terceiro trimestre da gestação. Decorrem de obstrução ductal e acúmulo de leite nos ductos terminais.

O aspecto nos exames de imagem depende da quantidade de gordura e material proteináceo presentes e da idade e viscosidade do líquido. Na USG, podem ser redondas ou ovais, císticas, hipo ou hiperecogênicas (Figura 30). Conforme a lesão envelhece, seu aspecto se torna mais ecogênico, podendo formar nível líquido-gordura. Quando pertinente, a mamografia pode ajudar na demonstração do aspecto tipicamente benigno das galactoceles, que invariavelmente apresentam gordura no seu interior (Figuras 31 e 32).

A maioria das galactoceles regride espontaneamente, não necessitando de maiores intervenções.

Mastite puerperal

Mastites, com ou sem formação de abscesso, são comumente vistas durante a lactação. Decorrem da disseminação retrógrada de patógenos a partir da boca e do nariz do recém-nascido, através da papila rachada pela amamentação, em mama com leite represado.

Normalmente ocorrem nas primeiras 6 semanas pós-parto e se devem a infecção por *Staphylococcus* ou *Streptococcus*. As infecções por *Staphylococcus* tendem a ser mais localizadas, muitas vezes culminando com abscesso, apesar da antibioticoterapia. Já as infecções por *Streptococcus* tendem a ser mais difusas, com abscesso em casos avançados (Figura 33).

A USG é ferramenta útil para o diagnóstico e tratamento das mastites, possibilitando a drenagem nos casos de formação de abscessos (Figura 34). Se o abscesso persistir ou recorrer, nova punção poderá ser realizada. O tratamento também inclui antibioticoterapia, analgesia e manutenção do aleitamento, pois este ajuda na redução da estase láctea.

Acompanhamento clínico até resolução completa do processo é recomendado em todos os casos de mastite. Em casos refratários ou com evolução atípica, deve-se considerar a realização de mamografia, além da USG,

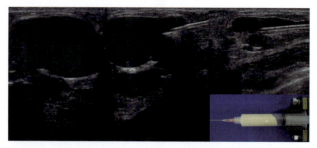

Figura 30 Galactocele caracterizada na ultrassonografia como cisto com ecos em suspensão (cisto complicado). A punção demonstrou saída de leite viscoso.

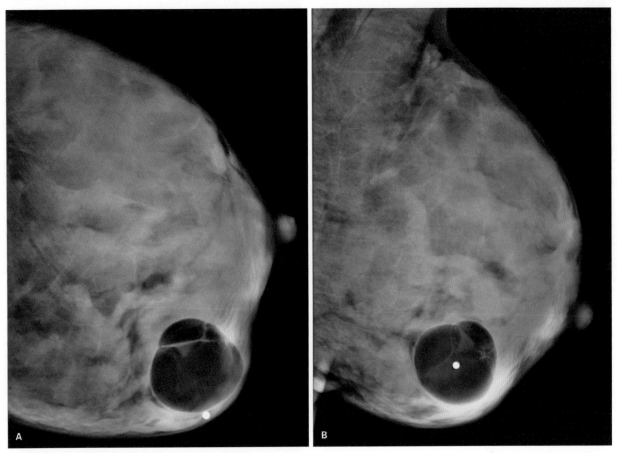

Figura 31   Galactocele caracterizada na mamografia como nódulo circunscrito, com densidade de gordura, aspecto semelhante ao lipoma.

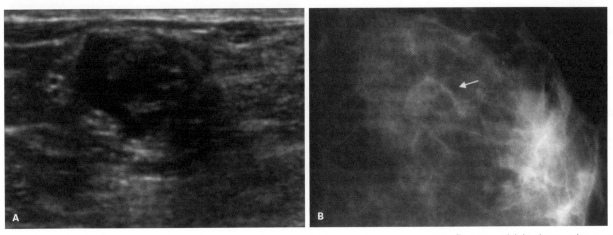

Figura 32   Galactocele caracterizada na ultrassonografia como nódulo complexo e na mamografia como nódulo circunscrito, com densidade mista, aspecto semelhante ao fibroadenolipoma.

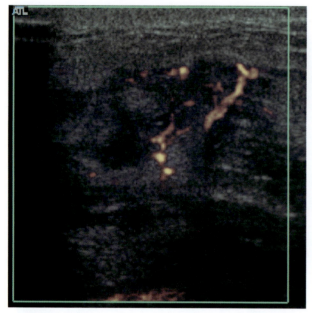

Figura 33 Lactante com sinais flogísticos na mama direta. Ultrassonografia demonstrando nódulo irregular, indistinto, hipoecogênico, com aumento da vascularização no Doppler colorido. Tal achado é sugestivo de mastite sem abscesso. Controle após antibioticoterapia demonstrou resolução completa do processo.

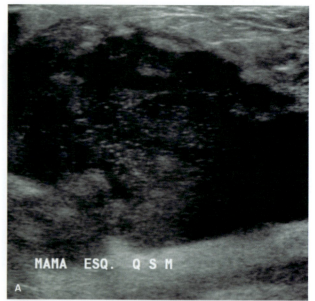
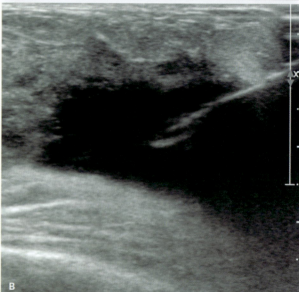

Figura 34 Lactente com dor e sinais flogísticos na mama esquerda. Ultrassonografia demonstrou imagem cística com ecos em suspensão no seu interior, característicos de abscesso (A). Realizada a aspiração guiada por ultrassonografia usando Jelco de 16 gauge (B). Paciente também tratada com antibioticoterapia.

para melhor avaliação do processo, com indicação de biópsia de fragmentos nos casos pertinentes.

Mastite granulomatosa

Processo raro que costuma acometer as mamas até 5 anos após gravidez e lactação. Etiologia desconhecida, mas corinebactéria foi isolada em até 75% dos casos. O diagnóstico é de exclusão, após a demonstração histológica de inflamação granulomatosa não caseante e não vasculítica e sem associação com tuberculose ou infecção fúngica.

O aspecto mamográfico pode variar de normal até nódulos espiculados, que geralmente poupam a região retroareolar (Figura 35). O aspecto típico na USG é de lesão tubular hipoecogênica única ou confluente, que pode estar associada à lesão nodular (Figura 36).

O tratamento requer administração de corticoide e antibiótico quando corinebactéria for isolada.

Considerações finais

A maioria dos exames mamários realizados em mulheres grávidas ou lactantes tem resultado benigno. Entretanto, todas as lesões palpadas por mais de 2 semanas em mulheres grávidas ou amamentando devem ser avaliadas por meio de USG.

O conhecimento das alterações fisiológicas e benignas comumente presentes na gestação e lactação ajuda no diagnóstico e na diferenciação do carcinoma associado à gestação (Figura 37).

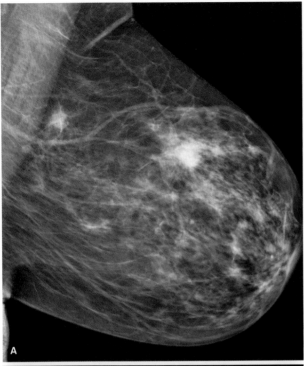
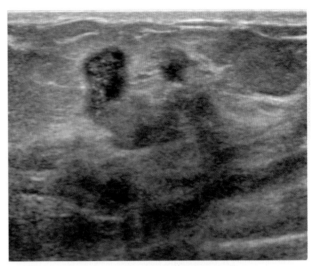

Figura 36 Mastite granulomatosa caracterizada na ultrassonografia, como imagens tubulares confluentes.

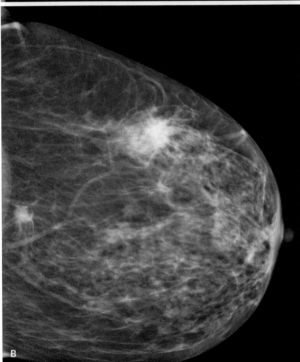

Figura 35 Mastite granulomatosa caracterizada na mamografia, como nódulos irregulares e espiculados, excêntricos à papila.

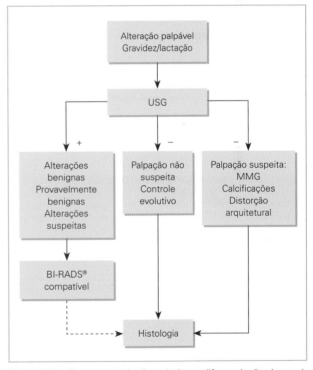

Figura 37 Fluxograma de diagnóstico e diferenciação do carcinoma associado à gestação.
MMG: mamografia; USG: ultrassonografia.

Bibliografia sugerida

Cistos mamários

1. Berg WA, Blume JD, Cormack JB, Mendelson EB, Lehrer D, Böhm-Vélez M, et al. Combined screening with ultrasound and mammography vs mammography alone in men at elevated risk of breast cancer. JAMA. 2008;299:2151-63.
2. Berg WA, Campassi CI, Ioffe OB. Cystic lesions of the breast: sonographic-pathologic correlation. Radiology. 2003;227:183.
3. Berg WA, Sechtin AG, Marques H, Zhang Z. Cystic breast masses and the ACRIN 6666 experience. Radiol Clin North Am. 2010;48:931-87.
4. Berg WA. Sonographically depicted breast clustered microcysts: is follow-up appropriate? Am J Roentgenology. 2005;185:952-9.
5. Conde DM, de Sousa ÉP, de Sousa JA, Ferreira RB. Doctor, I am 81 years old and have been diagnosed with various breast cysts. Should I be concerned? Breast J. 2013;19:558-9.
6. Doshi DJ, March DE, Crisi GM, Coughlin BF. Complex cystic breast masses: diagnostic approach and imaging-pathologic correlation. Radiographics. 2007;27(Suppl 1):S53-64.
7. Ojeda-Fournier H. Differentiating simple cysts, complicated cysts, complex masses, and other cystic lesions of the breast by imaging. Contempor Diag Radiol. 2011;34:8.
8. Rinaldi P, Ierardi C, Costantini M, Magno S, Giuliani M, Belli P, et al. Cystic breast lesions: sonographic findings and clinical management. J Ultrasound Med. 2010;29:1617-26.
9. Sanders LM, Lacz NL, Lara J. 16 Year experience with aspiration of non-complex breast cysts: cytology results with focus on positive cases. Breast J. 2012;18:443-52.

Alterações fibroepiteliais

10. Kamal M, Evans AJ, Denley H, Pinder SE, Ellis IO. Fibroadenomatoid hyperplasia: a cause of suspicious microcalcification on mammographic screening. Am J Roentgenol. 1998;171(5):1331-4.
11. Masciadri N, Ferranti C. Benign breast lesions: ultrasound. J Ultrasound. 2011;14(2):55-65.
12. Tan BY, Acs G, Apple SK, Badve S, Bleiweiss IJ, Brogi E, et al. Phyllodes tumours of the breast: a consensus review. Histopathology. 2015;68(1):5-21.

Hiperplasia pseudoangiomatosa do estroma

13. Ibrahim RE, Sciotto CG, Weidner N. Pseudoangiomatous hyperplasia of mammary stroma. Some observations regarding its clinicopathologic spectrum. Cancer. 1989;63:1154-60.
14. Jones KN, Glazebrook KN, Reynolds C. Pseudoangiomatous stromal hyperplasia: imaging findings with pathologic and clinical correlation. Am J Roentgenol. 2010;195:1036-42.
15. Raj SD, Sahani VG, Adrada BE, Scoggins ME, Albarracin CT, Woodtichartpreecha P, et al. Pseudoangiomatous stromal hyperplasia of the breast: multimodality review with pathologic correlation. Curr Probl Diagn Radiol. 2016.
16. Vuitch MF, Rosen PP, Erlandson RA. Pseudoangiomatous hyperplasia of mammary stroma. Hum Pathol. 1986;17:185-91.

Adenose

17. Ayyappan A, Crystal P, Torabi A, Foley B, Fornage B. Imaging of fat-containing lesions of the breast: A pictorial essay. J Clin Ultrasound. 2013;41(7):424-33.
18. Berna JD, Nieves FJ, Romero T, Arcas I. A multimodality approach to the diagnosis of breast hamartomas with atypical mammographic appearance. Breast J. 2001;7:2-7.
19. Chao TC, Chao HH, Chen MF. Sonographic features of breast hamartomas. J Ultrasound Med. 2007;26:447-52.
20. Connolly JL, Schnitt SJ. Benign breast disease: resolved and unresolved issues. Cancer. 1993;71:1187-9.
21. Gatti G, Mazzarol G, Simsek S, Viale G. Breast hamartoma: a case report. Breast Cancer Res Treat. 2005;89:145-7.
22. Guray M, Sahin AA. Benign breast diseases: classification, diagnosis, and management. Oncologist. 2006;11(5):435-49.
23. Hartmann LC, Sellers TA, Frost MH, Lingle WL, Degnim AC, Ghosh K, et al. Benign breast disease and the risk of breast cancer. N Engl J Med. 2005;353:229-37.
24. Herbert M, Sandbank J, Liokumovich P, Yanai O, Pappo I, Karni T, et al. Breast hamartomas: clinico-pathological and immunohistochemical studies of 24 cases. Histopathology. 2002;41:30-4.
25. Jellici E, Minniti S, Malagò R, Fantò C, Pozzi Mucelli R. Focal breast lesions with benign appearances. Review of eight breast cancers with initial features of intramammary lymph node. Radiol Med. 2006;111(8):1078-86.
26. Kempf A, Lane K. Unusual benign breast lesions. Seminars in Breast Disease. 2007;10(3):110-4.
27. Kinoshita T, Yashiro N, Yoshigi J, Ihara N, Narita M. Fat necrosis of breast: a potential pitfall in breast MRI. Clin Imaging. 2002;26:250-3.
28. Kirova Y, Feuilhade F, Le Bourgeois J. Breast lipoma. Breast Journal. 2002;8(2):117-8.
29. Lakhani S. WHO classification of tumours of the breast. Lyon: International Agency for Research on Cancer; 2012.
30. Langg C, Eriksen B, Hoffmann J. Lipoma of the breast: a diagnostic dilemma. The Breast. 2004;13(5):408-11.
31. Pui MH, Movson IJ. Fatty tissue breast lesions. Clin Imaging. 2003;27(3):150-5.
32. Meroni S, Moscovici O, Menna S, Renne G, Sosnovskikh I, Rossi V, et al. Ultrasound challenge: secondary breast angiosarcoma mimicking lipoma. Breast J. 2013;19(4):437-8.
33. Murat A, Ozdemir H, Yildirim H, Poyraz A, Ozercan R. Hamartoma of the breast. Australasian Radiology. 2007;51:B37-9.
34. Ramírez-Montaño L, Vargas-Tellez E, Dajer-Fadel W, Espinosa Maceda S. Giant lipoma of the breast. Arch Plast Surg. 2013;40(3):244.
35. Santen RJ, Mansel R. Benign breast disorders. N Engl J Med. 2005;353(3):275-85.
36. Troupis T, Michalinos A, Skandalakis P. Intramammary lymph nodes: a question seeking for an answer or an answer seeking for a question? The Breast. 2012;21(5):615-20.
37. Tse GMK, Law BKB, Ma TKF, Chan AB, Pang LM, Chu WC, et al. Hamartoma of the breast: a clinico-pathological review. J Clin Pathol. 2002;55:951-4.
38. Wahner-Roedler D, Sebo T, Gisvold J. Hamartomas of the breast: clinical, radiologic, and pathologic manifestations. Breast J. 2001;7(2):101-5.
39. Wang J, Costantino J, Tan-Chiu E, Wickerham D, Paik S, Wolmark N. Lower-category benign breast disease and the risk of invasive breast cancer. Obstetrical & Gynecological Survey. 2004;59(8):590-2.
40. Visscher DW, Nassar A, Degnim AC, Frost MH, Vierkant RA, Frank RD, et al. Sclerosing adenosis and risk of breast cancer. Breast Cancer Res Treat. 2014;144:205-12.
41. Wen YH, Weigelt B, Reis-Filho JS. Microglandular adenosis: a non-obligate precursor of triple-negative breast cancer? Histol Histopathol. 2013;28:1099-108.

Lesões benignas do ciclo gravídico-lactacional

42. Vashi R, Hooley R, Butler R, Geisel J, Philpotts L. Breast imaging of the pregnant and lactating patient: physiologic changes and common benign entities. AJR Am J Roentgenol. 2013;200(2):329-36.
43. Tirada N, Dreizin D, Khati NS, Akin EA, Zeman RK. Imaging Pregnant and Lactating Patients. Radiographics. 2015;35(6):1751-65.
44. Sabate JM, Clotet M, Torrubia S, Gomez A, Gerrero R, de las Heras P, et al. Radiologic evaluation of breast disorders related to pregnancy and lactation. Radiographics. 2007;27 Suppl 1:S101-24.

4

Doenças malignas

Su Jin Kim Hsieh
Erica Endo
Marco Costenaro
Renato Augusto Eidy Kiota Matsumoto
Katia Pincerato

Introdução

O câncer de mama é uma doença bastante heterogênea, compreendendo inúmeros subtipos histológicos. Não só a nossa compreensão da doença têm evoluído, mas também seus dados epidemiológicos, condutas e tratamento têm se alterado ao longo do tempo.

As sociedades americanas relacionadas ao câncer de mama têm acompanhado nos últimos 15 anos o comportamento e a incidência dessa doença na América do Norte. Desses relatórios, constata-se que houve uma redução consistente da mortalidade decorrente dessa doença desde 1998, com aumento real da incidência entre mulheres negras não hispânicas e asiáticas. No Brasil, por outro lado, constatou-se um aumento de cerca de 16,7% da taxa de mortalidade decorrente do câncer de mama entre 2009 e 2010 pelos dados do Instituto Brasileiro de Geografia e Estatística (IBGE), divulgado em 2013, provavelmente refletindo defasagens na oferta de tratamento adequado e da desigualdade dos programas de rastreamento.

Houve também evolução no campo do conhecimento do câncer de mama. Há evidências de dois tipos de câncer de mama na população estudada, um tipo hormônio-dependente com pico em torno dos 50 anos e outro tipo, hormônio-independente com pico em idade mais avançada, em torno dos 60 anos. Tais tipos tumorais são etiologicamente diferentes, tendo sido confirmados por estudos de expressão gênica que ainda os subdividem em quatro subtipos moleculares, de acordo com a expressão de receptores hormonais e/ou com a célula epitelial de origem: dois tipos tumorais receptores positivos (luminais A e B) e dois tipos receptores negativos (o receptor do fator de crescimento humano neu – HER 2 enriquecido e triplo-negativos/basal-símile). O perfil de expressão gênica passou a ser incorporado na rotina somente recentemente em vários serviços.

Os carcinomas luminais são os subtipos mais frequentes, correspondendo a cerca de 60-70% dos carcinomas mamários invasivos sem outras especificações (CMI-SOE). Os subtipos HER-2 e basal-símile representam, respectivamente, 15-20% e 10-15% dos carcinomas invasivos.

Tipos de câncer de mama

A maioria dos carcinomas mamários origina-se na unidade dúctulo lobular terminal. Quando restritos à membrana basal dessas unidades, são denominados carcinomas *in situ*; quando há a invasão dessa membrana, são denominados carcinomas invasivos.

Carcinomas invasivos

Carcinoma mamário invasivo sem outras especificações (CMI-SOE)

Antigamente denominado carcinoma ductal invasivo, é o tipo histológico mais comum de câncer de mama, correspondendo com os carcinomas ductais *in situ* em cerca de 85% dos carcinomas de mama. O diagnóstico baseia-se na exclusão de achados característicos dos demais subtipos histológicos do carcinoma mamário, que não podem ocorrer em mais de 50% da área tumoral. São graduados de acordo com o seu nível de diferenciação, nuclear e histológica, sendo especialmente importantes para os tumores em estádio I. O prognóstico dos tumores com linfonodos comprometidos é determinado pelo número de linfonodos comprometidos e não pelas características tumorais. Outro indicador de prognóstico ruim é a presença de embolização vascular e/ou linfática.

O aspecto de imagem dos carcinomas invasivos costuma ser inespecífico, havendo sobreposição de muitas características de imagem. A seguir serão descritos os principais achados dos carcinomas mamários invasivos (CMI-SOE), que constituem a grande maioria dos carcinomas invasivos encontrados no dia a dia e, em seguida, serão apresentadas as principais características peculiares dos subtipos específicos.

O aspecto dos CMI-SOE nos métodos de diagnóstico por imagem varia consideravelmente de acordo com o padrão de crescimento.

Na mamografia, a apresentação mais frequente é como nódulos com morfologia irregular e margens não circunscritas, em geral espiculadas (Figura 1) ou indistintas (Figura 2); menos frequentemente as margens são microlobuladas ou mesmo circunscritas e a forma oval ou redonda (Figura 3). A densidade é variável, mas a maioria é hiperdensa ou isodensa (Figuras 4 e 5).

Apenas 30-40% dos CMI-SOE apresentam calcificações, normalmente intraductais. A morfologia dessas calcificações é variável, mas são frequentemente suspeitas (Figura 6A). Lesões com necrose podem apresentar calcificações maiores, não ductais e com aspecto de calcificações distróficas (Figura 6B). Esses tumores por vezes são associados a componente intraductal extenso que pode se manifestar como calcificações que se estendem para além do nódulo em proporções variadas (Figura 7).

Distorções arquiteturais podem estar associadas aos nódulos, porém em mamas muito densas elas podem ser o único achado de imagem (Figura 8). Às vezes, o achado de distorção arquitetural é sutil e pode se manifestar como retração na transição da gordura com o parênquima, conhecido como o sinal da tenda (Figura 9).

Menos frequentemente, os CMI-SOE manifestam-se na mamografia somente como calcificações, sem alterações de densidade, ou como uma assimetria, focal ou

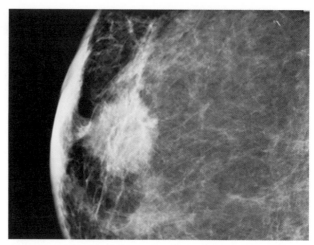

Figura 2   Carcinoma ductal invasivo denso, com forma oval e margens indistintas, próximo à papila.

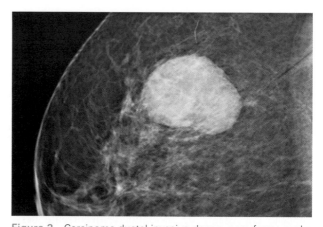

Figura 3   Carcinoma ductal invasivo denso, com forma oval e margens circunscritas.

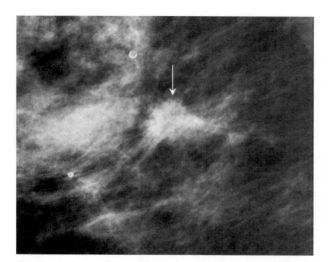

Figura 1   Carcinoma ductal invasivo denso, com forma irregular e margens espiculadas (seta).

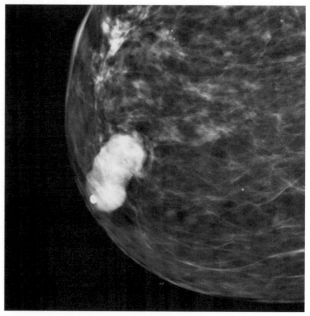

Figura 4   Carcinoma ductal invasivo com forma lobulada, margens circunscritas, denso.

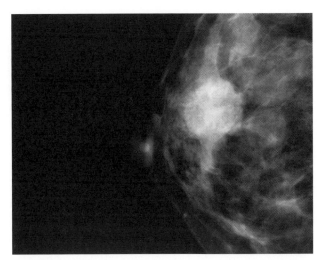

Figura 5 Carcinoma mucinoso com forma oval, margens indistintas, pouco denso, associado a calcificações puntiformes e amorfas.

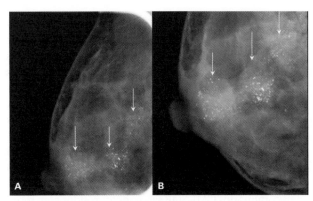

Figura 7 Carcinoma ductal invasivo associado a carcinoma ductal *in situ*. O nódulo é mal delimitado, com calcificações pleomórficas estendendo-se para além dos limites do nódulo (setas).

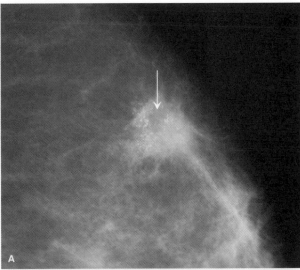

Figura 6 Carcinomas ductais invasivos com formas irregulares, margens espiculadas, associados a calcificações pleomórficas (setas finas) e calcificações grosseiras (setas grossas).

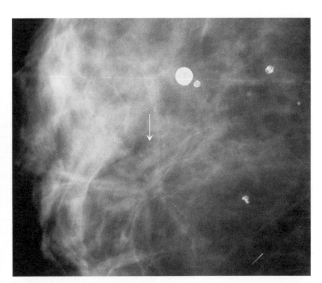

Figura 8 Distorção arquitetural (seta).

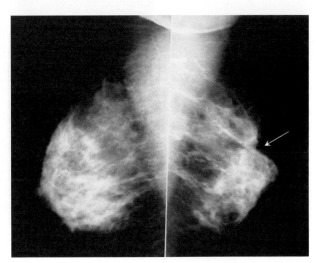

Figura 9 Sinal da tenda (seta).

global (Figura 10). Quando se manifestam somente como calcificações, estas podem ser amorfas, pleomórficas ou lineares e ter distribuição agrupada, linear, segmentar ou regional. As calcificações, no entanto, geralmente representam componente ductal *in situ* associado (Figura 11). Achados associados podem ser observados na mamografia, como: espessamento e retração da pele e do complexo areolopapilar por contiguidade (Figura 12), espessamento do trabeculado mamário, lesões metastáticas para linfonodos axilares ou pele (Figura 13).

Na ultrassonografia (USG), os aspectos de imagem mais comuns dos CMI-SOE são nódulos sólidos com morfologia irregular e margens não circunscritas, que podem ser indistintas, microlobuladas, anguladas ou espiculadas (Figura 14). Raramente as margens são circunscritas e a forma oval ou redonda. Em relação à orientação especial, a maioria é paralela, mas nódulos verticais não são raros. Quanto aos efeitos acústicos posteriores, a maioria apresenta reforço ou ecos posteriores inalterados; ao contrário do senso comum, sombra acústica posterior, sobretudo intensa, não é o mais frequente (Figuras 14 e 15).

Alguns CMI-SOE podem ainda apresentar um halo ecogênico ao redor do nódulo, representando infiltração do tumor em tecidos adjacentes (Figura 16).

Em relação à ecogenicidade, a maioria é hipoecogênica. Nódulos hiperecogênicos podem ocorrer, sendo relatados esporadicamente na literatura (Figura 17). Quando o tumor é cavitado, com tecido necrótico – liquefeito – no seu interior, o aspecto ultrassonográfico é de um nódulo com ecogenicidade complexa. Se a cavitação for extensa e envolver a maior parte da lesão, ela pode simular uma coleção (Figura 18).

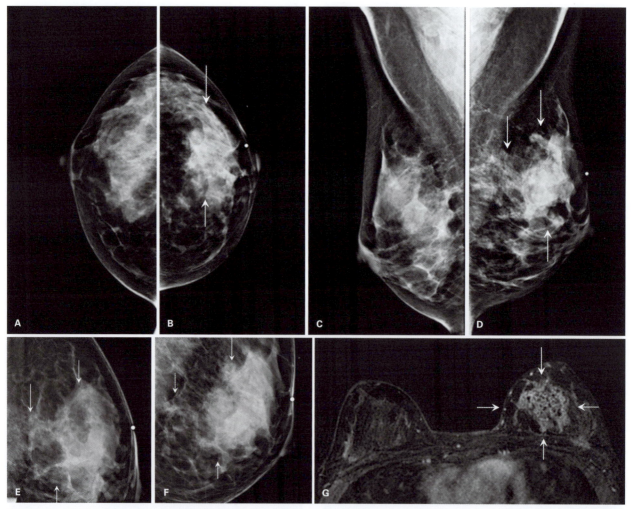

Figura 10 Mamografias em incidências craniocaudal (A, B) e mediolateral oblíqua (C, D) demonstrando discreta assimetria focal e tênue distorção arquitetural no quadrante superolateral esquerdo (setas). Carcinoma ductal invasivo. E, F, G: Mamografias magnificadas em incidências craniocaudal (E) e mediolateral oblíqua (F) demonstrando discreta assimetria focal e tênue distorção arquitetural no quadrante superolateral esquerdo (setas). Imagem de ressonância magnética com subtração (G) demonstra extenso realce regional heterogêneo.

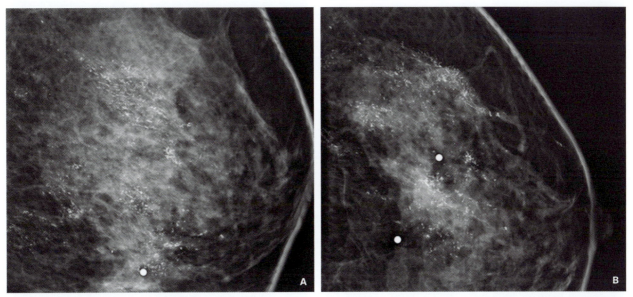

Figura 11 Mamografias magnificadas em incidências em perfil (A) e craniocaudal (B) demonstrando calcificações pleomórficas em distribuição regional. Carcinoma ductal invasivo associado a carcinoma ductal *in situ*.

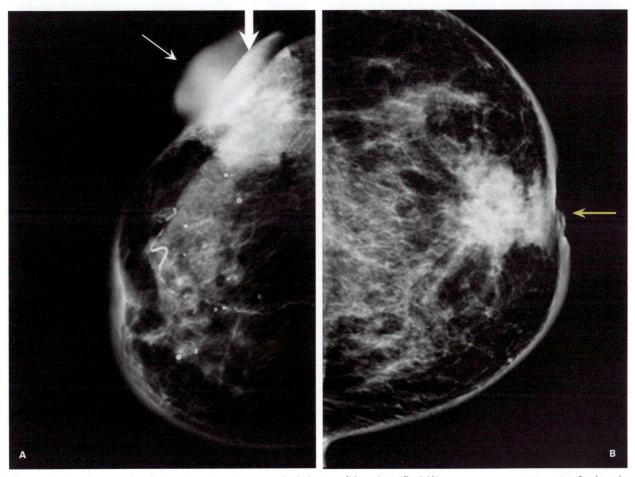

Figura 12 Carcinomas ductais invasivos irregulares, espiculados, exofíticos (seta fina) (A), com espessamento e retração de pele (seta grossa) (A) e espessamento e retração do complexo areolopapilar (seta amarela) (B).

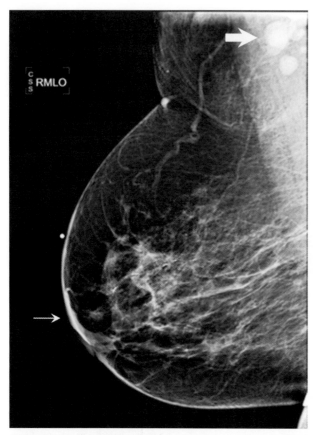

Figura 13 Metástase de carcinoma de mama na pele (seta fina) e em linfonodos na axila (seta grossa).

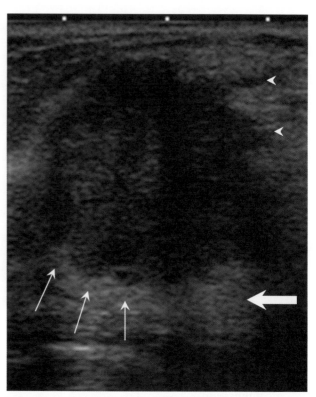

Figura 15 Carcinoma ductal invasivo. Ultrassonografia com nódulo sólido, de forma oval, margens microlobuladas (setas finas) e anguladas (pontas de setas), hipoecogênico, com reforço acústico posterior (seta grossa).

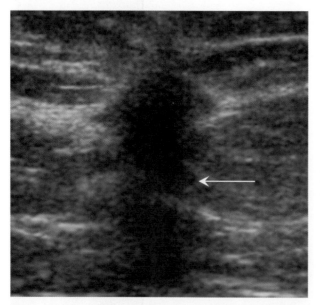

Figura 14 Carcinoma ductal invasivo. Ultrassonografia com nódulo sólido, de forma irregular, margens espiculadas, hipoecogênico, com altura maior que a largura e com sombra acústica posterior (seta).

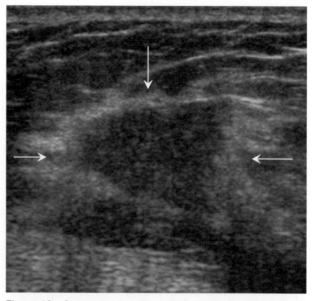

Figura 16 Carcinoma ductal invasivo. Ultrassonografia com nódulo sólido, de forma irregular, margens anguladas, hipoecogênico, com halo ecogênico ao seu redor (setas).

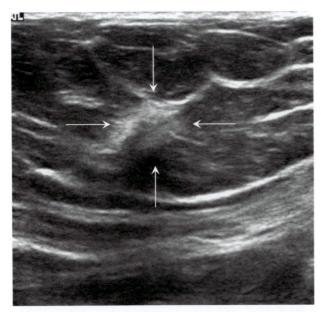

Figura 17 Carcinoma ductal invasivo. Ultrassonografia com nódulo sólido, irregular, espiculado, hiperecogênico (setas).

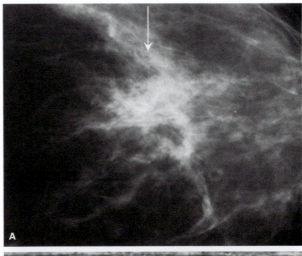

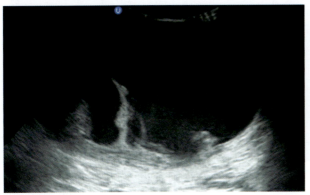

Figura 18 Carcinoma invasivo com cavitação extensa.

Figura 19 Carcinoma ductal invasivo. Distorção arquitetural na mamografia (seta) (A). Ultrassonografia com área de distorção sutil, hipoecogênica (seta) (B).

Distorção arquitetural pode ocorrer (Figura 19) e calcificações no interior dos nódulos e nos tecidos adjacentes podem ser caracterizadas como pontos hiperecogênicos (Figuras 20 e 21). Calcificações maiores são mais facilmente detectadas na USG, mas em geral não é possível maior detalhamento morfológico delas, estando o método limitado apenas à detecção ou não de sua presença.

A vascularização pode estar ou não aumentada no interior dos nódulos ou em suas adjacências. O aspecto ao estudo colorido fluxométrico na USG (*color* Doppler) vai depender basicamente do grau de vascularização que o carcinoma apresenta (Figura 22). Achados associados podem ser observados na USG, como: espessamento e retração da pele, do complexo areolopapilar e dos ligamentos de Cooper, sinais de edema parenquimatoso (Figura 23) e linfonodos regionais com espessamento cortical (Figura 24).

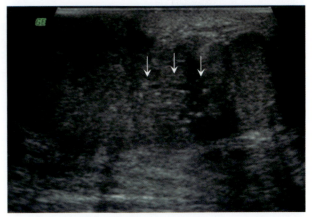

Figura 20 Ultrassonografia de carcinoma ductal invasivo com calcificações no seu interior (setas).

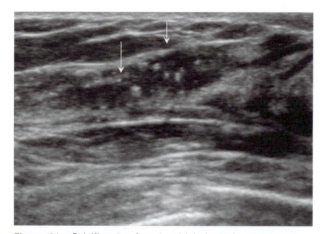

Figura 21 Calcificações fora de nódulo (setas).

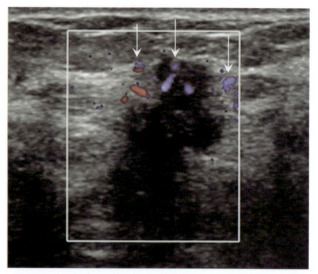

Figura 22 Nódulo sólido irregular indistinto, hipoecogênico com vascularização evidente ao *color* Doppler dentro e fora do nódulo (setas).

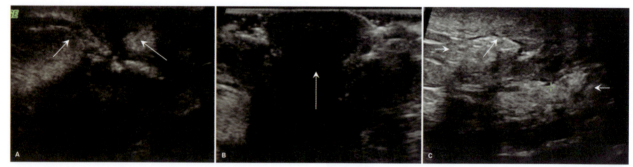

Figura 23 A: Espessamento e retração de pele (setas). B: retração do complexo areolo papilar (seta). C: edema parenquimatoso (pontas de setas).

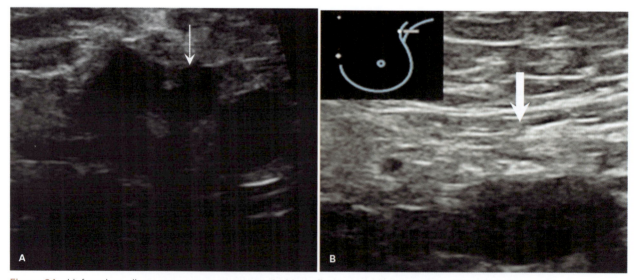

Figura 24 Linfonodos axilares com espessamento cortical (seta fina) e com hilo totalmente obliterado (seta grossa).

A ressonância magnética (RM) tem grande resolução de contraste e permite uma boa diferenciação entre os tecidos. Porém, apenas essas características mostraram-se insuficientes para a detecção do câncer de mama, sendo necessário o uso de contraste paramagnético endovenoso para identificar e caracterizar as lesões mamárias. As lesões malignas tendem a apresentar realce rápido e intenso pelo meio de contraste endovenoso, que está relacionado à neoangiogênese com formação/recrutamento de vasos anômalos que apresentam aumento da permeabilidade, desvios arteriovenosos e menor controle dos mecanismos fisiológicos e às características do interstício tumoral.

Os CMI-SOE manifestam-se na RM mais frequentemente como nódulos de forma irregular, margens irregulares ou espiculadas, realce interno heterogêneo e com características cinéticas de realce rápido e intenso na fase precoce e perda de sinal na fase tardia (*washout*) (Figura 25). A RM permite estabelecer com boa acurácia o comprometimento da pele, do complexo areolopapilar, da musculatura peitoral, da parede torácica e das regiões axilares (Figura 26). Menos frequentemente, os CMI-SOE manifestam-se com realces não nodulares com distribuição linear, segmentar ou regional ou padrão interno heterogêneo ou *clumped* (agrupado) (Figura 27) ou *clustered ring* (Figura 28). Dependendo do tamanho do tumor, é possível que o carcinoma ductal invasivo seja representado como um foco de realce (Figura 29).

Apesar de a presença de contraste ser imprescindível para a detecção dos carcinomas mamários, eles podem ser aparentes em outras sequências de imagem, como nas sequências pesadas em T2 ou mesmo nas sequências em T1 pré-contraste (Figura 30). Porém, a caracterização dos tumores é certamente melhor após a injeção de contraste paramagnético endovenoso. Geralmente nessas fases em T1 pré-contraste os carcinomas ou não são aparentes ou possuem baixo sinal, exceto quando há presença de focos hemorrágicos, apresentando-se então com hipersinal. Nas imagens em T2, os carcinomas podem apresentar-se de forma variada, desde não detectáveis com iso, hipo ou hipersinal. Trabalhos mais antigos relatavam menor probabilidade de malignidade quando havia hipersinal do nódulo em T2, porém atualmente sabe-se que essa informação não apresenta boa especificidade, uma vez que carcinomas mucinosos podem apresentar-se com frequência dessa forma, além de carcinomas ductais com necrose e cavitação em seu interior (Figura 31).

Aspectos de imagem nos tumores triplo-negativos e *basal like*

Os carcinomas triplo-negativos notabilizam-se por se manifestar predominantemente como nódulos, com elevada prevalência de nódulos com morfologia redonda ou oval (até 60%) e margens circunscritas (até 32%) (Figura 32A a C). Eles apresentam, menos frequentemente, calcificações ou margens espiculadas quando comparados aos outros subtipos tumorais. Na USG é elevada a frequência de nódulos com reforço acústico e cavitações no interior dos nódulos bem demonstrada em imagens de RM (Figura 32D a G).

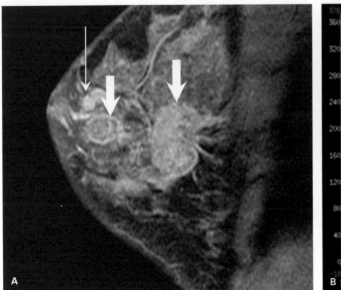
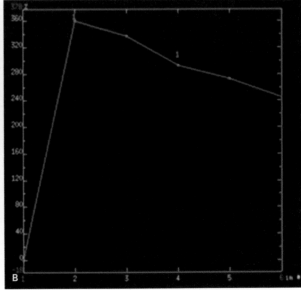

Figura 25   Carcinoma ductal invasivo multifocal. A: ressonância magnética em corte sagital pesado em T1 pós-contraste e supressão de gordura. Nódulos lobulados com margens espiculadas ou indistintas e realce heterogêneo (seta fina) e anelar (setas grossas). B: curva de intensidade de sinal *versus* tempo do nódulo maior, com padrão em *washout*.

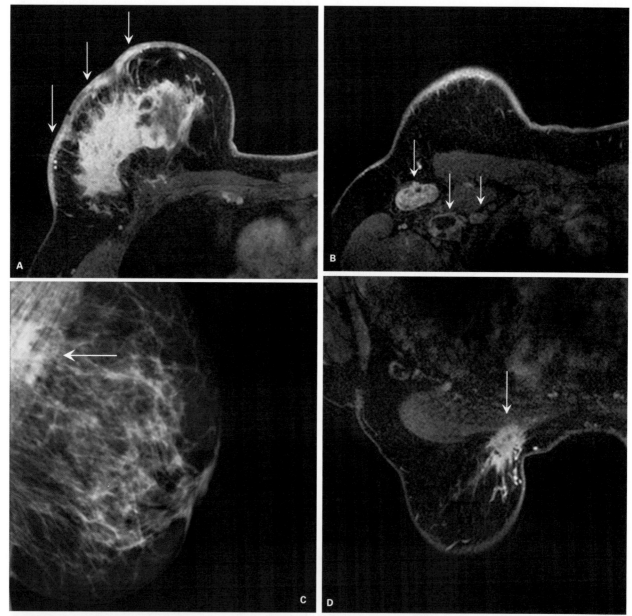

Figura 26 Carcinoma ductal invasivo. Imagens de ressonância magnética (RM) em cortes axiais pós-injeção de contraste e com supressão de gordura. Massa com forma e margens irregulares, realce heterogêneo, espessamento de pele e mamilo, com realce deles (setas) (A) e linfonodomegalia com perda do padrão habitual na axila em níveis I e II (setas) (B). C e D: Carcinoma ductal invasivo. Mamografia em mediolateral oblíqua (C) demonstrando nódulo irregular indistinto posterior. Imagem de RM em corte axial pós-injeção de contraste e com supressão de gordura (D), demonstrando nódulo irregular espiculado invadindo musculatura peitoral (setas).

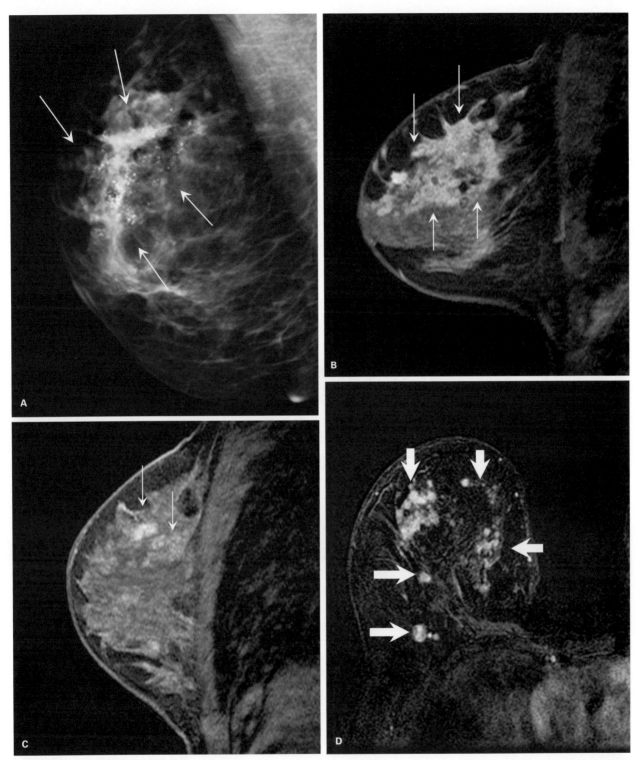

Figura 27 Carcinoma ductal invasivo associado a carcinoma ductal *in situ*. Mamografia em mediolateral oblíqua (A) demonstrando calcificações pleomórficas. Imagem de ressonância magnética (RM) em cortes sagital pós-injeção de contraste e com supressão de gordura (B) demonstrando realce segmentar heterogêneo (setas). C, D: Carcinoma ductal invasivo. Imagens de RM em corte sagital pós-injeção de contraste e com supressão de gordura (C) e corte axial em subtração (D) demonstrando realce focal *clumped* (setas finas) e realce *clumped* em múltiplas regiões (setas grossas).

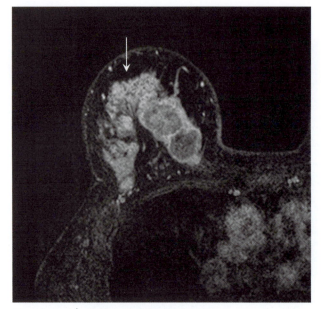

Figura 28 Área de realce regional em padrão *clustered ring* (seta), em meio a nódulos irregulares.

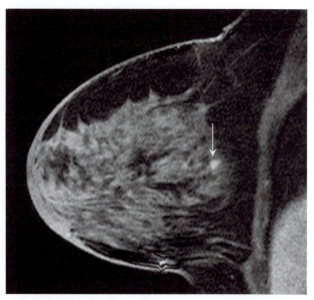

Figura 29 Ressonância magnética em corte sagital pesado em T1 pós-contraste e supressão de gordura. Carcinoma ductal invasivo representado como foco de realce (seta).

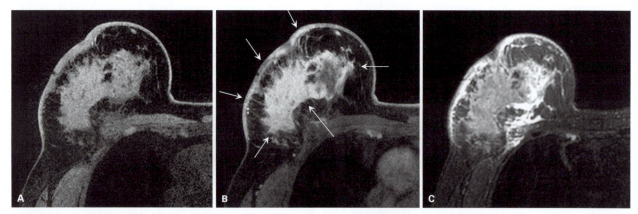

Figura 30 Imagens de ressonância magnética em cortes axiais com supressão de gordura pesada em T1 (a), após injeção de contraste (B) e pesada em T2 (C). Carcinoma ductal invasivo, já aparente em T2 e em T1 pré-contraste, porém de limites mais precisos com o contraste (setas).

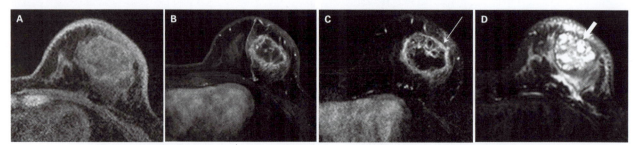

Figura 31 Imagens de ressonânia magnética em cortes axiais com supressão de gordura pesada em T1 (A), após injeção de contraste (B), subtração (C) e pesada em T2 (D). Carcinoma ductal invasivo, com hipersinal em T2 no seu interior, sem realce correspondente, indicando necrose (setas).

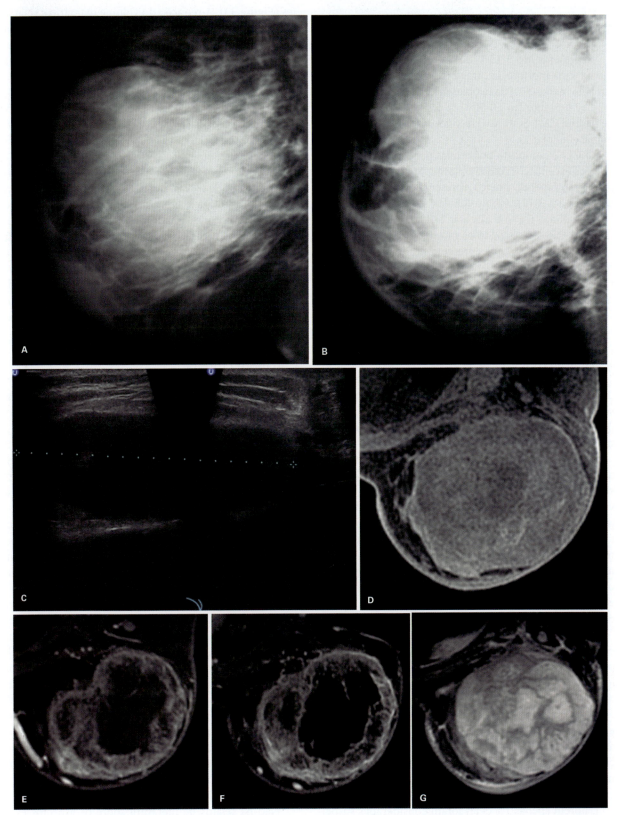

Figura 32 Mamografias em incidência mediolateral oblíqua (A), craniocaudal (B) e ultrassonografia (C). Nódulo oval, circunscrito, hipoecogênico. Carcinoma ductal invasivo, triplo-negativo. D a G: Imagens de ressonância magnética em cortes axiais com supressão de gordura pesada em T1 (D), após injeção de contraste (E), subtração (F) e pesada em T2 (G). Carcinoma ductal invasivo do tipo triplo-negativo.

Os demais subtipos tumorais são descritos a seguir.

Carcinoma lobular invasivo (CLI)

Representa de 5-15% dos carcinomas invasivos da mama, cuja morfologia característica deve estar presente em pelo menos 90% da neoplasia. Lesões com morfologia lobular presente em 50-90% da lesão, associada a áreas de padrão CMI-SOE, são classificadas como tumor misto ductal e lobular.

O CLI é composto por células pequenas, não coesas, núcleos excêntricos com citoplasma vacuolizado, às vezes formando "anel de sinete". Apresenta as variantes clássica (30% dos CLI), túbulo-lobular (13,5%), pleomórfica (10%), sólida (6,4%) e alveolar (4,1%), e em quase metade dos casos esses padrões morfológicos coexistem. A variante clássica é a que apresenta infiltração de células neoplásicas em "fila indiana", que determina aspectos característicos em imagem. É frequente a concomitância com neoplasia lobular (66% dos casos), pode haver associação com carcinoma ductal in situ (14% dos casos).

Dos subtipos moleculares predomina o perfil luminal, porém o CLI pleomórfico apresenta padrões moleculares apócrino ou HER-2.

A incidência de tumor síncrono bilateral tem sido descrita em 6-30% e tumor síncrono contralateral subsequente em 10%. Muitas vezes é multicêntrico, porém pode ser tratado conservadoramente caso se consiga margens livres.

Em relação à evolução clínica e ao prognóstico, não há diferenças entre os carcinomas lobulares e o CMI-SOE, com exceção da variante pleomórfica, que é mais agressiva. O comprometimento axilar está presente no diagnóstico em cerca de 32-43% das pacientes, enquanto metástase a distância ocorre em 8% das pacientes. O padrão de metástase do CLI é distinto do CMI-SOE, sendo mais comum a disseminação hematogênica com predileção para ovários, útero, trato gastrointestinal, serosa de cavidades e meninges, enquanto o CMI-SOE acomete mais pulmão e cérebro.

Em razão de seu padrão de crescimento com infiltração em fila indiana, principalmente na variante clássica, produz pouca reação desmoplásica, com menor prevalência de calcificações e neoangiogênese dificultando sua detecção nos métodos de imagem.

Não são descritas apresentações mamográficas específicas para o CLI, porém há uma frequência maior de assimetria focal, assimetria focal em progressão, distorção arquitetural, lesões vistas em apenas uma incidência mamográfica, lesões de baixa densidade e lesões sem calcificações. Calcificações ocorrem em 1-10% dos casos de CLI, porém apenas 1% delas foram consideradas suspeitas. Algumas vezes ocorre alteração clínica, como endurecimento e perda da elasticidade da mama ou redução das suas dimensões, sem modificações mamográficas evidentes (Figura 33). A redução do volume mamário é relatada em 17% dos casos e, muitas vezes, é identificada inicialmente pela mamografia. As dificuldades na detecção explicam a elevada taxa de falsos-negativos na mamografia para o CLI, estimada em torno de 16-53%.

Na USG, assim como os CMI-SOE, apresentam-se como nódulos irregulares e espiculados, hipoecogênicos com sombra acústica posterior (Figura 34). Algumas vezes manifestam-se como áreas de heterogeneidade do parênquima, frequentemente associadas à sombra acústica posterior, sem presença de nódulo e distorções arquiteturais.

Na RM podem se manifestar como realces nodulares únicos ou múltiplos, com forma e margens irregulares, realce heterogêneo e padrão cinético em platô ou em *washout*. Podem se manifestar como realces não nodulares com distribuição e/ou padrão interno de realce suspeito com maior frequência que os CMI-SOE. (Figuras 35 e 36A a D). Como a posição para realização da RM das mamas é em decúbito ventral, com as mamas pendentes, é fácil observar a redução de volume e a perda da elasticidade mamária, quando presentes (Figura 36E).

Carcinoma tubular

Corresponde a 0,8-2,3% dos carcinomas invasivos. Morfologicamente, é constituído por túbulos angulados, revestidos por uma única camada de células epiteliais. O estroma tumoral é bastante desmoplásico, produzindo aspecto estrelado da lesão. A associação com carcinoma ductal *in situ* é encontrada em quase 50% dos casos. Em uma pequena porcentagem há associação com neoplasia lobular e atipia epitelial plana (10%). O carcinoma tubular geralmente é do tipo luminal, com bom prognóstico. A taxa de comprometimento de linfonodos regionais é pequena (12-19%). Mesmo com o envolvimento de linfonodos regionais, a sobrevida em 10 anos e a sobrevida global são boas, estimadas entre 80-100%.

A apresentação clássica do carcinoma tubular na avaliação mamográfica é de nódulo com margens espiculadas, descritos em até 95% dos casos (Figura 37A e B). Algumas vezes as espículas são longas e maiores do que o nódulo. Outras formas menos frequentes de apresentação são a distorção arquitetural e assimetria focal (Figura 37C a F). Em geral, a lesão é pequena (< 1 cm). A presença de calcificações é descrita em até 24% (Figura 37G e H), mas é incomum eles se manifestarem apenas como calcificações.

As formas mais comuns de apresentação na USG são nódulos irregulares ou ovais e não circunscritos, em geral espiculados ou mal definidos (Figura 37I e J). Frequentemente apresentam orientação vertical e sombra acústica.

Não há relatos de literatura sobre os aspectos específicos na RM dos carcinomas tubulares, que podem se parecer como um CMI-SOE (Figura 37K e L).

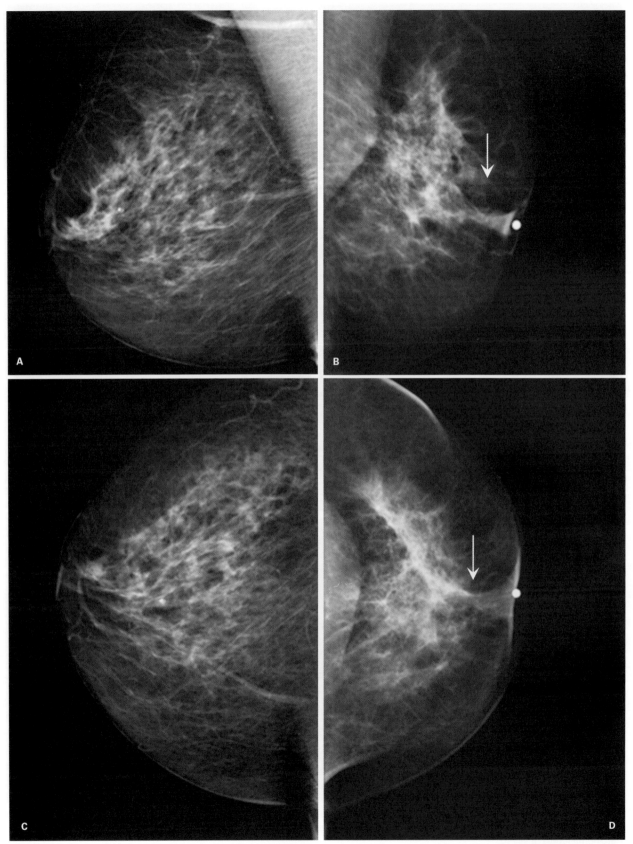

Figura 33 Mamografias em incidências mediolateral oblíqua (A, B) e craniocaudal (C, D). Assimetria de volume mamário, estando reduzido à esquerda, com retração do mamilo (setas). Carcinoma lobular invasivo associado a carcinoma lobular *in situ*.

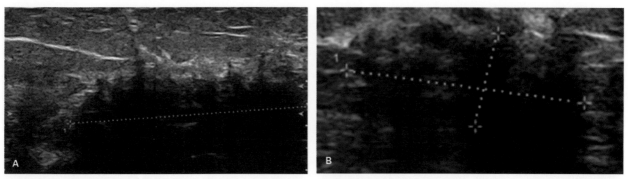

Figura 34 Ultrassonografia demonstrando nódulos sólidos irregulares e espiculados, hipoecogênicos e com sombra acústica posterior. Carcinoma lobular invasivo.

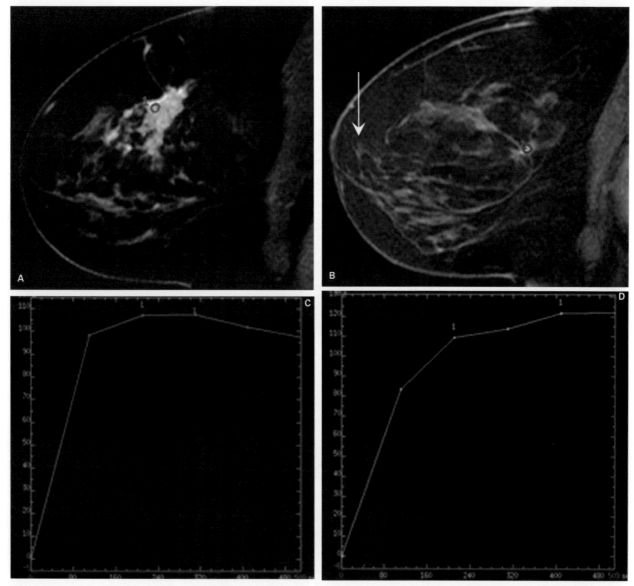

Figura 35 Imagens de ressonância magnética em cortes sagitais pesada em T1 após injeção de contraste e supressão de gordura (A, B) e curvas de sinal *versus* tempo (C, D). Áreas de realces focais heteogêneas (setas) com padrão cinético em platô e persistente. Carcinoma lobular invasivo.

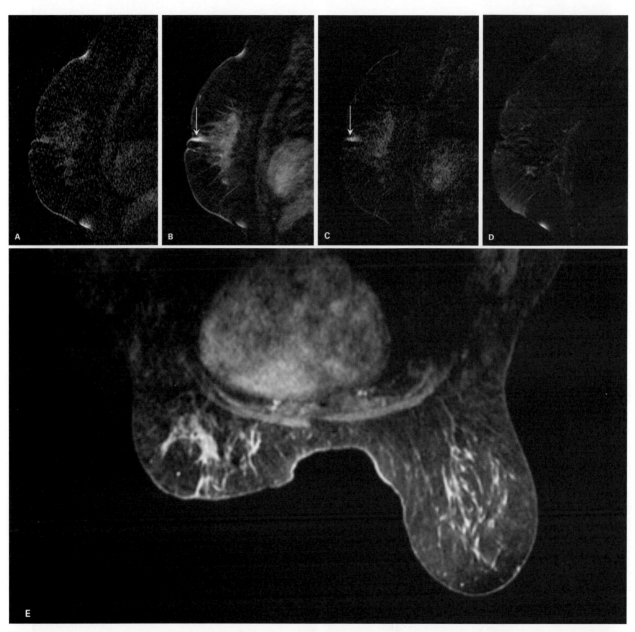

Figura 36 Imagens de ressonância magnética (RM) em cortes sagitais com supressão de gordura pesada em T1 pré-contraste (A), após injeção de contraste (B), subtração (C) e pesada em T2 com supressão de gordura (D). Realce linear na região subareolar (setas). O restante do tumor não apresentou realce significativo. Carcinoma lobular invasivo associado a carcinoma lobular *in situ*. E: Imagem de RM em corte axial com supressão de gordura pesada em T1 pós-contraste (E). Observar a assimetria de volume, extremamente reduzida à esquerda (seta). Carcinoma lobular invasivo associado a carcinoma lobular *in situ*.

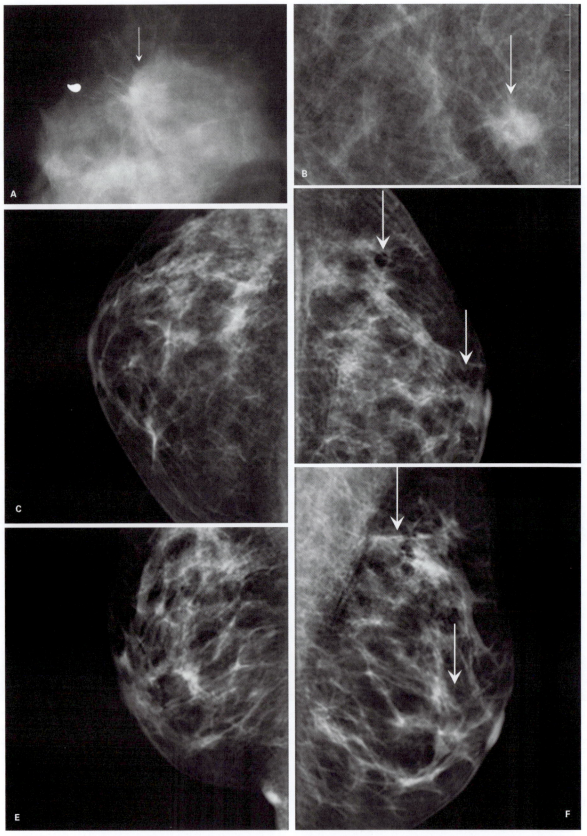

Figura 37 *(continuação)* Mamografias em incidências com compressões localizadas demonstrando nódulos densos, irregulares espiculados (setas). Carcinomas tubulares invasivos. Mamografias em incidências mediolateral oblíqua (A e B) e craniocaudal (C e D). Assimetria focal na mama esquerda (setas). Carcinoma tubular invasivo. G e H: Mamografias magnificadas em perfil (E) e craniocaudal (F).

(continua)

4 DOENÇAS MALIGNAS 369

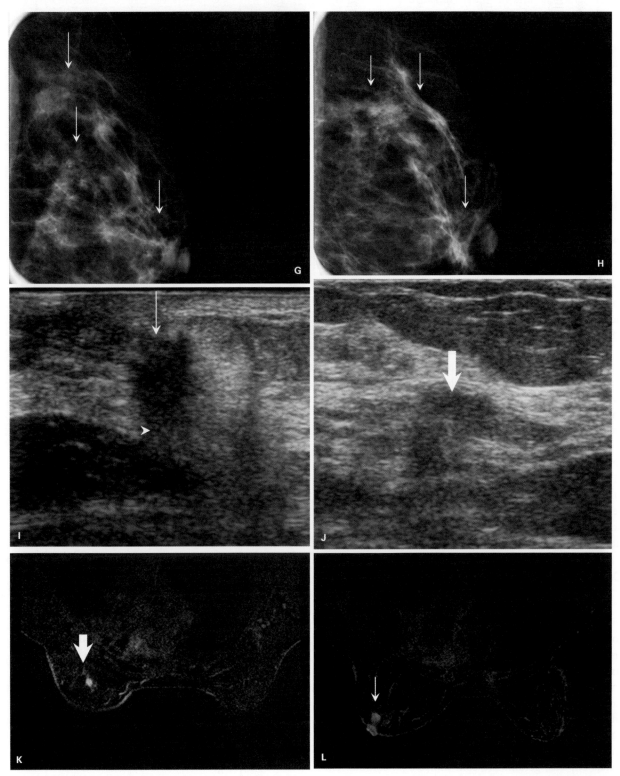

Figura 37 *(continuação)* Assimetria focal associada a calcificações amorfas (setas). Carcinoma tubular invasivo. I e J: Ultrassonografia demonstrando nódulos irregular espiculado, hipoecogênico retroareolar (seta fina), associado a sombra acústica posterior (ponta de seta) e nódulo irregular mal definido, hipoecogênico (seta grossa). Carcinoma tubular invasivo. K e L: Imagens de ressonância magnética em cortes axiais em subtração demonstrando nódulos irregulares na junção dos quadrantes superiores (seta grossa) e nódulo irregular espiculado na região retroareolar, em contato com o mamilo (seta fina). Carcinoma tubular invasivo.

Carcinoma medular

A incidência varia de 3-7%. Acomete mulheres na meia-idade, mas cerca de 45% dos casos ocorrem em mulheres com menos de 50 anos, muitos relacionados à mutação do gene *BRCA1*. Histologicamente define-se pela presença de crescimento epitelial de padrão sincicial em mais de 75% da neoplasia, com margens histológicas circunscritas e acentuado pleomorfismo nuclear. Classicamente, os carcinomas medulares são do tipo molecular triplo-negativo. Todavia, uma pequena porcentagem de casos pode expressar receptores hormonais e/ou HER-2. A mutação do p53 é um achado frequente. Esses carcinomas são classificados como subtipo molecular basal-símile. A expressão do antígeno Ki-67 (marcador de proliferação celular) é bastante alta, indicando alta taxa de proliferação celular tumoral.

Apesar da classificação molecular no grupo basal-símile, os carcinomas medulares têm prognóstico melhor quando comparados com CMI-SOE, considerando tamanho e estadiamento. O comprometimento de linfonodos regionais é infrequente. Os casos agressivos desenvolvem recorrência e metástases precoces (nos primeiros 5 anos após o diagnóstico), independentemente do comprometimento axilar. Os sítios preferencialmente acometidos são pulmão e cérebro.

A principal característica dos carcinomas medulares na mamografia e na USG é o fato de um número significativo se manifestar como nódulos ovais e circunscritos, podendo simular um fibroadenoma. A maioria, entretanto, apresenta margem mal definida na mamografia e na USG. Calcificações não são comuns.

Na RM apresentam-se, mais frequentemente, como realces nodulares com forma oval ou lobulada, margem circunscrita (até 85% dos casos) e realce anelar. Os carcinomas atípicos podem apresentar forma e margem irregulares (Figura 38). O padrão cinético é de um realce com fase inicial rápida e padrão em platô ou em *washout* na fase tardia.

Carcinoma papilífero

Representa de 0,5-2% dos carcinomas invasivos da mama. Acomete mulheres na pós-menopausa. Clinicamente se caracteriza como massa palpável na região central da mama, às vezes associada a fluxo papilar. Constitui um grupo de lesões com características clínicas, perfil imuno-histoquímico e molecular homogêneos, do qual fazem parte o carcinoma papilífero intracístico, carcinoma papilífero sólido e o carcinoma papilífero invasivo. O carcinoma papilífero invasivo se caracteriza histologicamente por formações papilares revestidas por células epiteliais atípicas, geralmente com morfologia colunar, em camada única ou estratificada, pleomorfismo nuclear e ausência de células mioepiteliais. A metaplasia apócrina é achado frequente (65%), assim como a associação com carcinoma ductal *in situ* (80%).

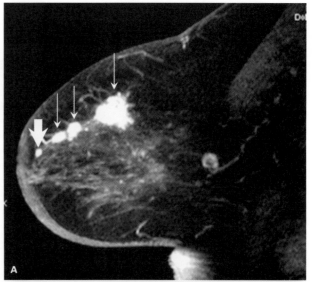
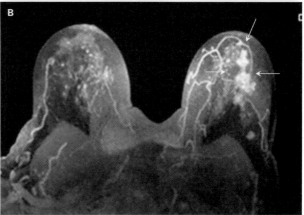

Figura 38 Imagens de ressonância magnética com reconstruções multiplanares em sagital (A) e em tridimensional (B). Carcinoma medular invasivo caracterizado como nódulos ovais irregulares com realce heterogêneo (setas finas) e nódulo oval, regular com realce heterogêneo (seta grossa).

O carcinoma papilífero intracístico se apresenta como nódulo (único ou múltiplo) bem delimitado por fina camada de tecido fibroso. Esses nódulos são preenchidos por uma rede de projeções papilíferas, revestidas por epitélio colunar atípico em camada única, ou estratificado, formando arranjos cribriformes ou sólidos. Com frequência são identificadas áreas de diferenciação mucinosa e neuroendócrina.

O diagnóstico diferencial inclui as lesões papilíferas benignas, papilomas atípicos, carcinoma ductal *in situ* papilífero, carcinoma papilífero metastático e carcinoma com degeneração cística.

Além da ausência de células mioepiteliais, são característicos desse grupo a alta expressão de receptores hormonais, ausência de superexpressão do HER-2 e baixos índices de proliferação celular (Ki-67 < 10% em 81% dos casos). Os carcinomas desse grupo pertencem ao subtipo molecular luminal. Apresentam prognóstico favorável quando comparado a outros carcinomas especiais, como o tubular e o mucinoso. A frequência de invasão angiolinfática e o comprometimento de linfonodos axilares podem chegar a um terço dos casos. Todavia, a sobrevida global em 10 anos é de 82% em algumas séries. O carcinoma intracístico apresenta taxas de sobrevida em 10 anos de 95%.

O aspecto típico na mamografia é de nódulo circunscrito, oval, redondo ou lobulado, iso ou hiperdenso (Figuras 39A e 40), frequentemente de localização subareolar ou central. Raramente associam-se a calcificações (Figura 41). Na USG podem se apresentar como nódulos sólidos (Figuras 39B e 46), nódulos com componentes sólidos e císticos em proporções variadas (Figuras 43 e 44A) e nódulos intraductais. Esses nódulos, em geral, são redondos ou ovais e circunscritos. Na RM apresentam intenso realce pelo meio de contraste endovenoso (Figuras 39C, 44B e C, 45 e 46A e B). Quando associado a carcinoma ductal *in situ* pode apresentar calcificações na mamografia e realces ductais na RM.

Carcinoma micropapilar invasivo

Esses tumores correspondem a 1,2-2,3% dos carcinomas mamários, com comportamento biológico mais agressivo e maior comprometimento de linfonodos regionais (axilares e supraclaviculares), que podem chegar a 95% dos casos. Esse tipo de tumor se caracteriza por agrupamentos celulares constituídos por células cuboides ou colunares, desprovidos de eixo conjuntivo-vascular, circundados por espaço artefactual, decorrente do processamento histológico do tecido. A associação com o carcinoma ductal *in situ* é bastante alta (80%). Focos de diferenciação mucinosa e neuroendócrina podem estar associados. A invasão vascular linfática é um achado frequente (cerca de 75% dos casos) e, quando presente, aumenta muito a probabilidade de comprometimento metastático de linfonodos. Do ponto de vista molecular, o carcinoma micropapilar invasivo se agrupa no subtipo luminal A, com imunoexpressão alta para estrogênio (90%) e para progesterona (85%). Entre os tumores luminais, possui o pior prognóstico, com comprometimento vascular linfático mais frequente, que aumenta a probabilidade de metástases para linfonodos regionais.

Os aspectos de imagem são altamente sugestivos de malignidade. Na mamografia, apresentam-se como nódulos densos, irregulares, com margens indistintas ou espiculadas associadas a calcificações. Estão descritos: nódulo com calcificações (45%), apenas nódulo (24%), apenas calcificações (17%), assimetria focal (3%), assimetria focal e distorção arquitetural (3%). As calcificações foram descritas como pleomórficas em 57%, de distribuição agrupada em 63% e representam carcinoma ductal *in situ* associado. Na USG apresentam-se geralmente como nódulos sólidos irregulares com margens indistintas. Na RM, em geral, são descritos como realces

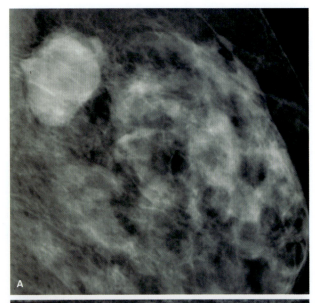

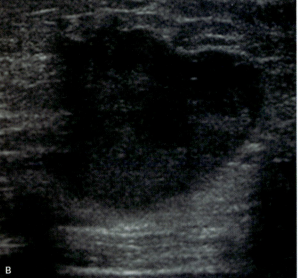

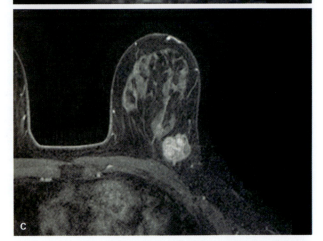

Figura 39 Mamografia com nódulo oval, circunscrito (A), ultrassonografia com nódulo oval, circunscrita, hipoecogênica (C) e ressonância magnética em corte axial em T1 pós-contraste e supressão de gordura com nódulo oval, regular com realce heterogêneo (D). Carcinoma papilífero invasivo.

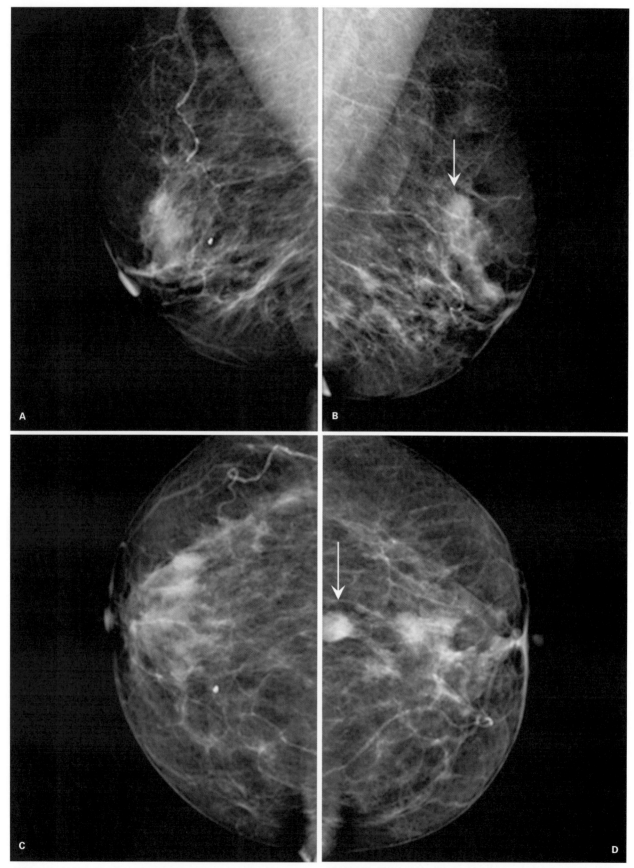

Figura 40 Mamografias em incidências mediolateral oblíqua (A, B) e craniocaudal (C, D). Nódulo oval, circunscrito, denso (setas). Carcinoma papilífero intracístico.

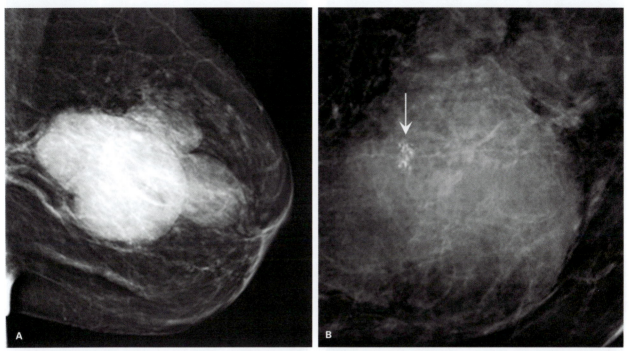

Figura 41 Mamografia demonstrando nódulo lobulado, circunscrito, denso (A). Magnificação demonstrando calcificações amorfas no interior do nódulo (seta) (B).

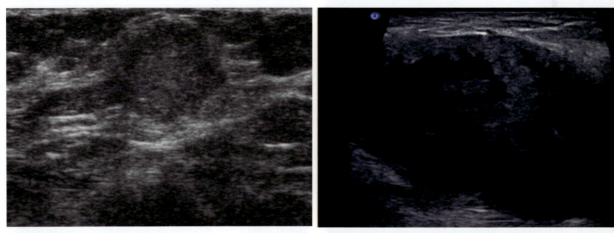

Figura 42 Ultrassonografia demonstrando nódulo oval, circunscrito, hipoecogênico. Carcinoma papilífero intracístico.

Figura 43 Ultrassonografia demonstrando nódulo oval, circunscrito, complexo. Carcinoma papilífero intracístico.

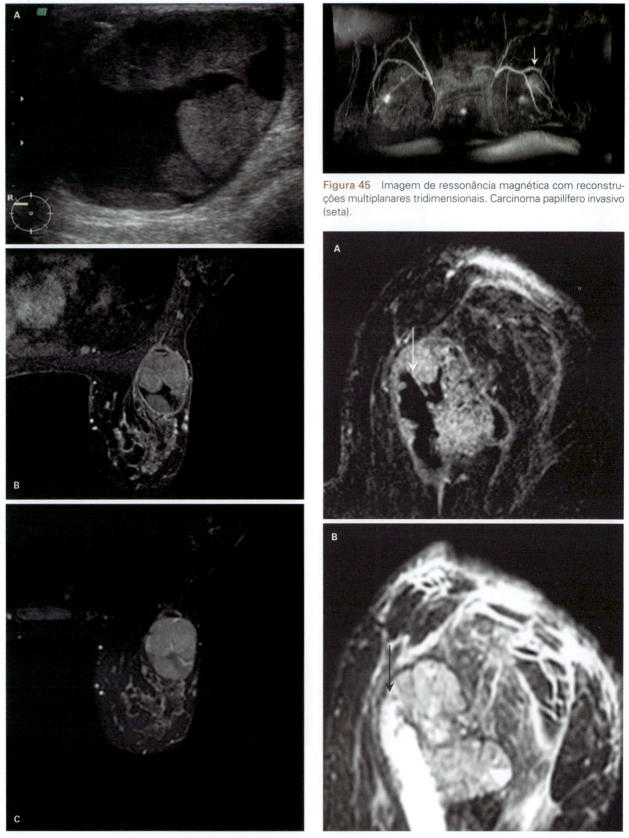

Figura 44 Ultrassonografia com nódulo oval complexo (A). Ressonância magnética em corte axial em subtração (B) e pesado em T2 com supressão de gordura (C) demonstrando nódulo oval com realce heterogêneo. Carcinoma papilífero intracístico.

Figura 45 Imagem de ressonância magnética com reconstruções multiplanares tridimensionais. Carcinoma papilífero invasivo (seta).

Figura 46 A, B. Ressonância magnética em corte axial em subtração (A) e pesado em T2 com supressão de gordura (B) demonstrando nódulo oval, regular com realce heterogêneo e áreas císticas (setas). Carcinoma papilífero intracístico.

nodulares multifocais e irregulares, com margens espiculadas ou como realces não nodulares do tipo *clumped* ou difuso. Os padrões cinéticos são de curva em *washout* ou em platô.

Carcinoma metaplásico

Representa aproximadamente 1% dos carcinomas invasivos. É parte de um grupo heterogêneo de lesões que compreende tumores com diferenciação escamosa maligna, neoplasias com morfologia fusocelular e lesões com componentes mesenquimais. Esses três elementos podem aparecer isoladamente, em combinação ou mesmo com CMI-SOE. Clinicamente manifestam-se como massas palpáveis de crescimento rápido, geralmente maiores que os outros tumores de tipo especial.

O subtipo fusocelular é o mais frequente (70% dos carcinomas metaplásicos), caracterizando-se por células fusiformes, com moderado pleomorfismo celular em meio a estroma colagenizado ou mixoide, geralmente associado a carcinoma de células escamosas, CMI-SOE ou CDIS. O comprometimento de linfonodos axilares nesse subtipo é baixo.

O subtipo escamoso em geral é acompanhado por componente fusocelular em pequena quantidade (< 25% da lesão). O comprometimento axilar é mais significativo do que no subtipo fusocelular, ocorrendo até a 50% dos casos.

O subtipo de carcinoma metaplásico com elementos mesenquimais se apresenta também como lesão circunscrita. O componente epitelial da neoplasia é, em geral, CMI-SOE de alto grau. Os elementos mesenquimais malignos mais comuns são condrossarcoma e/ou osteossarcoma, mas podem ocorrer também leiomiossarcoma, rabdomiossarcoma, lipossarcoma e fibrossarcoma. O diagnóstico diferencial com sarcomas puros da mama depende de extensa representação histológica da lesão. O comprometimento axilar ocorre em cerca de 20% dos casos, podendo ser representado pelo componente sarcomatoso e/ou carcinomatoso.

O carcinoma metaplásico apresenta, em geral, pior prognóstico do que o CMI-SOE. Os carcinomas metaplásicos são triplo-negativos, classificados no subgrupo basal-símile. O carcinoma metaplásico apresenta, em geral, pior prognóstico do que o CMI-SOE.

Na mamografia manifestam-se mais frequentemente como nódulos com morfologia redonda, oval ou lobulada (84% *versus* 26% dos CMI-SOE) e elevada prevalência de margens circunscritas (15% *versus* 1% dos CMI-SOE), apesar de poder apresentar forma irregular e margens indistintas. Por outro lado, a presença de calcificações é menos comum do que nos CMI-SOE (25% *versus* 51%). Quando presentes, elas são lineares ou pleomórficas. Não há relato de associação com distorções arquiteturais e pode haver apresentação por assimetrias focais (Figura 47A a E).

Na USG manifestam-se como nódulos e a exemplo da mamografia a prevalência de margens circunscritas é maior do que nos CMI-SOE. Podem apresentar margem mal definida ou angulada, forma irregular, sombra acústica posterior ou reforço posterior. Nódulos com ecogenicidade complexa (sólido-cístico) e com elevada vascularização no modo Doppler em cores são relativamente comuns. Pode apresentar-se apenas como uma área de sombra acústica (Figura 47F).

Apesar de os dados de literatura envolvendo mamografia e USG relatarem grande frequência de nódulos circunscritos, nos poucos trabalhos específicos de RM foram descritos nódulos irregulares e espiculados, com padrão de realce anelar (72%) ou homogêneo (27%) (Figura 47G-L), com predominância de padrão cinético em platô (45%). O sinal em T2 é variável, com predominância de padrão moteado, alternando hipo e hipersinal (75%) em relação ao tecido fibroglandular. Pode haver sinal elevado nas sequências pesadas em T2 (Figura 47J), podendo ser decorrente de necrose no interior do tumor.

Carcinoma escamoso

Representa 0,1-3,6% dos cânceres de mama e definido como uma neoplasia constituída em pelo menos 90% por carcinoma escamoso queratinizado, com mínimo componente fusocelular e ausência de componente de adenocarcinoma. É importante diferenciá-los dos carcinomas metaplásicos com diferenciação escamosa, nos quais o componente principal é fusocelular e se identifica componente glandular. É frequente também a cavitação cística no centro das lesões, contendo queratina fragmentada e debris celulares. Tais cavitações são identificadas pelos exames de imagem e podem auxiliar no diagnóstico. Essas lesões parecem se originar do epitélio escamoso metaplásico da mama. Este é decorrente de uma série de alterações que incluem cistos, lesões fibroepiteliais (fibroadenomas e papilomas), hiperplasias intraductais e esteatonecrose decorrente de procedimento invasivo prévio, trauma ou inflamação.

Os carcinomas escamosos são agressivos. As taxas de sobrevida são de 63% em cinco anos. Apesar da agressividade, apresenta baixa incidência de metástase axilar (10-30%) quando comparados aos CMI-SOE. Há relatos de metástases a distância em cerca de 30-33%. A recorrência locorregional é frequente. Esses tumores não expressam RE e RP, mas expressam EGFR (*epidermal growth factor receptor*).

Em geral, são tumores cavitados que se manifestam como nódulos ovais e circunscritos, podendo ser irregulares e espiculados na mamografia (Figura 48A) e complexos (sólido-císticos) na USG.

Apresentam-se como lesões cavitadas com hipersinal em T2 no seu interior e intenso realce das suas paredes e dos tecidos adjacentes, com padrão cinético em *washout* (Figura 48B).

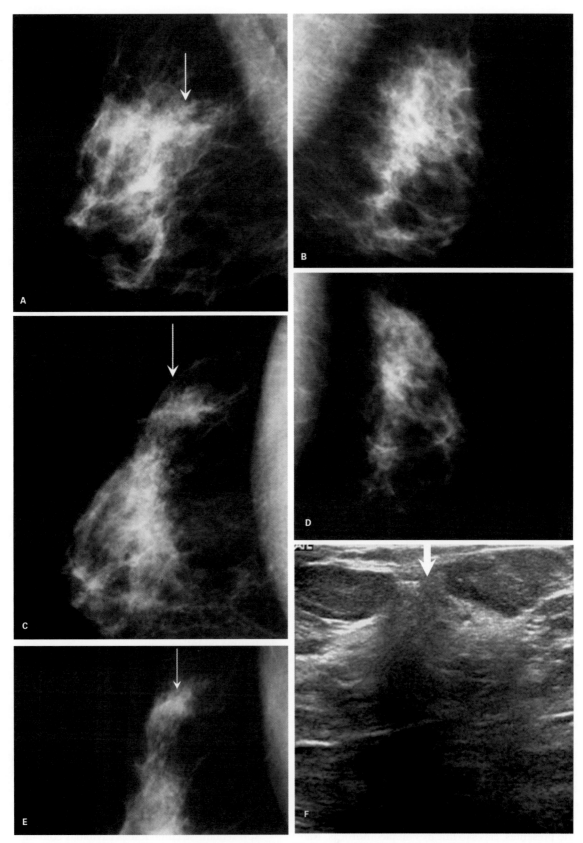

Figura 47 Mamografias em incidências mediolateral oblíqua (A e B) e craniocaudal (C e D). Assimetria focal na mama direita (setas). Carcinoma metaplásico tipo adenoescamoso. E e F: Mamografia demonstrando a assimetria focal (seta fina) (E). Ultrassonografia demonstrando área nodular mal delimitada, hipecogênica, com sombra acústica posterior (seta grossa) (F).

(continua)

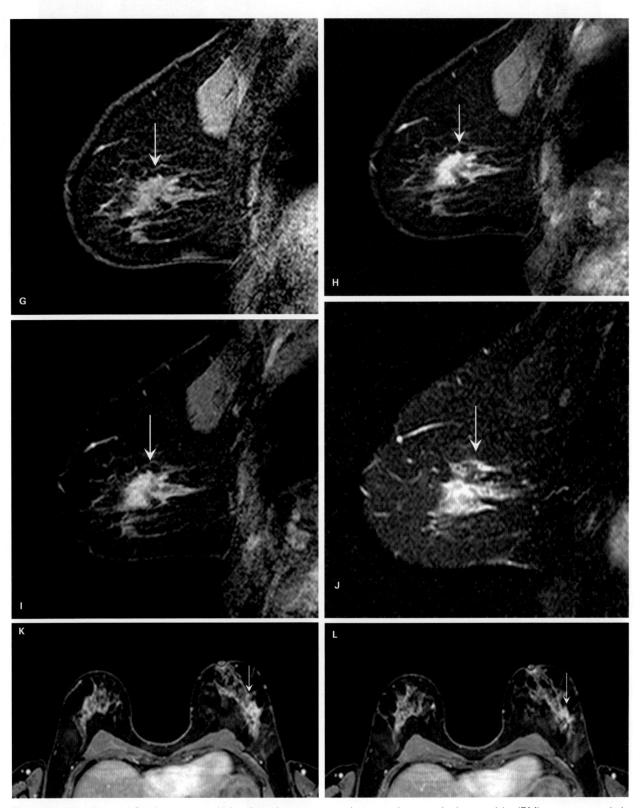

Figura 47 *(continuação)* Carcinoma metaplásico tipo adenoescamoso. Imagens de ressonância magnética (RM) em cortes sagitais com supressão de gordura pesada em T1 pré-contraste (G), após injeção de contraste (H), subtração (I) e pesada em T2 (J). Nódulo irregular com realce heterogêneo (setas). Carcinoma metaplásico tipo adenoescamoso. K e L: Imagens de RM em cortes axiais com supressão de gordura pesada em T1 após injeção de contraste. Nódulo irregular com realce heterogêneo (setas). Carcinoma metaplásico do tipo adenoescamoso.

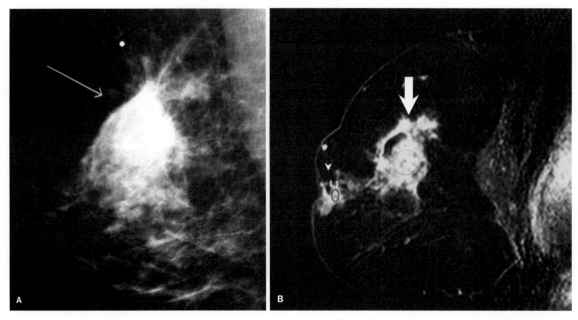

Figura 48 Mamografia com nódulo irregular espiculado, denso (seta) (A). Ressonância magnética em corte sagital com subtração (B) demonstrando nódulo irregular espiculado (seta grossa) e realce focal heterogêneo subareolar (ponta de seta). Carcinoma ductal invasivo com diferenciação escamosa.

Carcinoma mucinoso

Representa 0,8-6% dos cânceres mamários. Ele é definido quando mais de 90% da lesão apresenta morfologia mucinosa. Nas situações em que a morfologia específica corresponde entre 50-90% da lesão, ele deve ser chamado de carcinoma misto ductal e mucinoso. Acomete em geral mulheres na menopausa.

Do ponto de vista histológico, há dois subtipos de carcinomas mucinosos: tipo A, que se caracteriza por celularidade epitelial extremamente baixa, com abundante mucina extracelular, também chamado de carcinoma coloide e tipo B, que apresenta maior celularidade epitelial em relação à mucina extracelular. Ambos os subtipos são compostos por células pequenas ou médias, com citoplasma eosinofílico, granuloso, grau nuclear baixo ou intermediário e que por vezes apresentam mucina intracitoplasmática. Dada a sua apresentação, o diagnóstico diferencial deve ser feito com as lesões do tipo mucocele. É de padrão luminal, com excelente prognóstico. O comprometimento de linfonodos axilares é baixo, cerca de 14%, correlacionando-se diretamente com o tamanho da lesão. A sobrevida em cinco anos varia de 80-95%.

Na mamografia apresentam-se frequentemente como nódulos ovais ou lobulados com margem circunscrita ou microlobulada, raramente indistinto (Figura 49) e baixa densidade, por conta da presença de mucina, ou densos em casos de carcinomas hipercelulares. A presença de calcificações não é comum, sendo descrita em 5-13% dos casos (Figura 50).

Na USG apresentam-se como nódulos sólidos ou complexos (sólido – cístico) com margem circunscrita (Figuras 51 e 52) ou microlobulada. Algumas vezes podem ser discretamente hiperecogênicos (Figura 53) e outras bas-

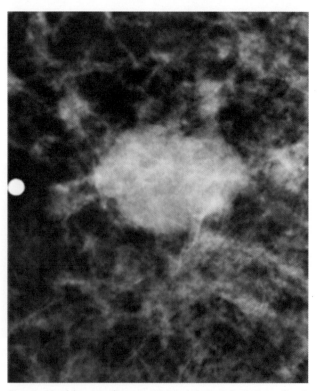

Figura 49 Mamografia com nódulo lobulado indistinto. Carcinoma mucinoso.

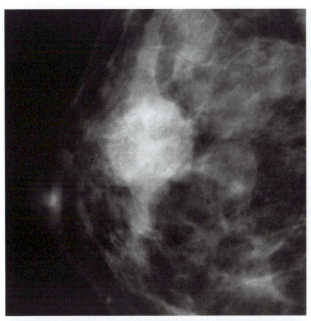

Figura 50 Mamografia com nódulo oval, indistinto associado a tênues calcificações amorfas. Carcinoma mucinoso.

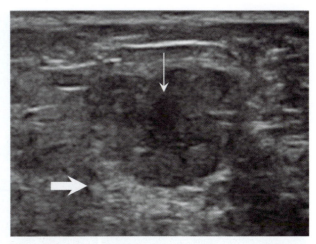

Figura 52 Ultrassonografia demonstrando nódulo sólido com área cística interna (seta) e reforço acústico posterior (seta grossa). Carcinoma mucinoso.

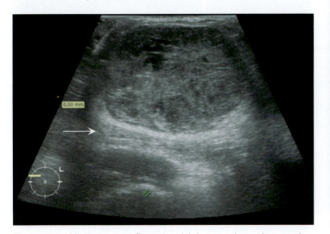

Figura 51 Ultrassonografia com nódulo complexo circunscrito, com reforço acústico posterior (seta). Carcinoma mucinoso.

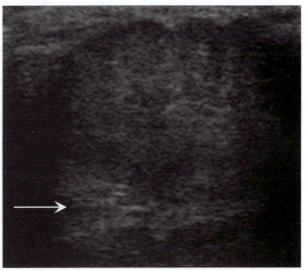

Figura 53 Ultrassonografia demonstrando nódulo sólido oval, circunscrito, hiperecogênico, com reforço acústico posterior (seta). Carcinoma mucinoso.

tante hipoecogênicos, podendo simular um cisto. A presença de reforço acústico posterior é frequente (Figuras 51 a 53) e sombra acústica posterior é incomum.

Na RM, os carcinomas mucinosos de baixa celularidade apresentam-se geralmente como nódulos ovais ou redondos com margens circunscritas, hipossinal ou isossinal em T1 e hipersinal em T2 (Figuras 54C e 55B e C). Após a administração do meio de contraste, tipicamente apresentam um realce lento e progressivo, muitas vezes predominando na periferia. É comum o realce ser muito discreto e de difícil percepção nos primeiros 2 minutos após sua administração.

À medida que aumenta a celularidade do tumor, sobretudo nos carcinomas mistos, ductal e mucinoso, as características na RM se modificam, com aumento na prevalência de nódulos com forma e margens irregulares, realce mais precoce, intenso e heterogêneo, realce periférico (Figuras 54A e B e 55A) e curvas cinéticas variáveis. O padrão de curva é bastante inespecífico, podendo ser encontrados todos os tipos.

Carcinoma apócrino

A incidência é estimada em 0,3-4% dos cânceres da mama. Do ponto de vista morfológico, caracteriza-se por células grandes, com citoplasma amplo, eosinofílico, granular e intenso pleomorfismo nuclear, padrão esse que deve estar presente em mais de 90% da neoplasia. Do ponto de vista molecular, esse grupo de neoplasias se subclassifica em dois grupos: luminal e apócrino molecular, com ausência de expressão de receptores de estrogênio e progesterona, com expressão alta de receptor de androgênio. A superexpressão do HER-2 está evidente em até 44% dos casos. Possui taxa de sobrevida e de sobrevida global

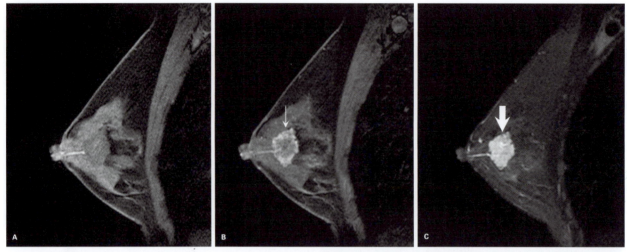

Figura 54 Imagens de ressonância magnética em cortes sagitais com supressão de gordura pesada em T1 pré-contraste (A), após injeção de contraste (B) e pesada em T2 (C). Nódulo lobulado, regular, com realce periférico (seta fina) e hipersinal em T2 (seta grossa). Carcinoma mucinoso.

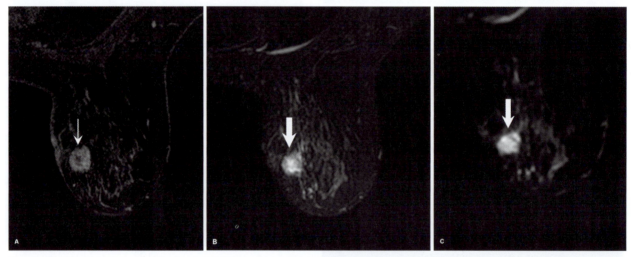

Figura 55 Imagens de ressonância magnética em cortes axiais em subtração (A), pesada em T2 (B) e difusão (C) demonstrando nódulo lobulado, regular, com realce periférico (seta fina) e hipersinal em T2 e difusão (setas grossas). Carcinoma mucinoso.

similar aos CMI-SOE. Todavia, a identificação correta desse grupo é importante pela possível terapêutica alvo com antiandrogênios.

Pela mamografia não se distinguem dos CMI-SOE, com predominância de nódulos espiculados, calcificações suspeitas ou combinações delas. Há aparente predominância de calcificações na forma de apresentação. Os poucos trabalhos que descrevem os aspectos de imagem desse tipo específico de tumor limitam-se à mamografia, não devendo haver aspectos diferenciáveis dos CMI-SOE nos outros métodos de imagem (Figura 56).

Carcinoma adenoide cístico

Representa aproximadamente 0,1% dos carcinomas invasivos, acometendo majoritariamente mulheres na pós-menopausa. Morfologicamente, é semelhante ao carcinoma adenoide cístico das glândulas salivares, sendo constituído por duas populações celulares distintas (componente adenoide), estroma e elementos da membrana basal (componente pseudoglandular). Há associação desse carcinoma com adenose microglandular atípica. Alguns autores demonstraram que essa lesão constitui na verdade um precursor do carcinoma adenoide cístico. Devem ser considerados no diagnóstico diferencial a esferulose colagênica e carcinoma invasivo cribriforme.

O prognóstico dessas lesões é bastante favorável, com sobrevida livre de doença e global em cinco anos, correspondendo, respectivamente, a 100 e 85%. O comprometimento de linfonodos regionais e metástases à distância também é pouco frequente, este último em cerca de 7%, mas que pode ocorrer independentemente de haver comprometimento de linfonodos regionais. Esses carcinomas não expressam receptores de estrogênio e de progestero-

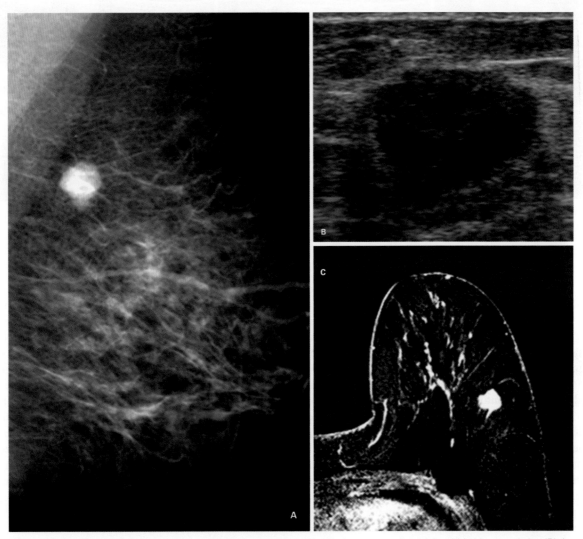

Figura 56 Mamografia com nódulo lobulado indistinto (A), ultrassonografia demonstrando nódulo sólido hipoecogênico (B), imagem de ressonância magnética em cortes axial em subtração (C) demonstrando nódulo lobulado, irregular, com realce homogêneo (C). Carcinoma ductal invasivo de padrão apócrino.

na, tampouco o oncogene HER-2. Do ponto de vista molecular, os carcinomas adenoide císticos se enquadram no subtipo intrínseco basal-símile.

Na mamografia apresentam-se como nódulos ou assimetrias focais. Os nódulos podem ser irregulares ou lobulados, com margens mal definidas ou microlobuladas. Nódulos com margens circunscritas (Figura 57A), assim como distorções arquiteturais, têm sido descritas. Não há descrição de calcificações associadas com esse tipo de tumor.

Na USG apresentam-se como nódulos irregulares com margens mal definidas, anguladas ou microlobuladas, podendo ser circunscritos, hipoecogênicos, complexos, com vascularização ao *color* Doppler e orientação paralela, sem halo ecogênico ou sombra acústica posterior (Figura 57B e C).

Na RM apresentam-se como nódulos ovais ou irregulares, com margens irregulares ou espiculadas. O realce é rápido, heterogêneo, com padrão cinético variável. Nas sequências pesadas em T2, observa-se iso ou hipersinal. Quando há hemorragia no interior do nódulo, pode-se observar sinal aumentado em sequência pesada em T1 pré-contraste.

Outros tipos especiais de carcinomas invasivos

Doença de Paget

Corresponde a 0,5-5% dos carcinomas mamários. Incide principalmente em mulheres na pós-menopausa, entre 50 e 60 anos. Caracteriza-se por acometer a papila mamária, sendo definida pela presença de células epite-

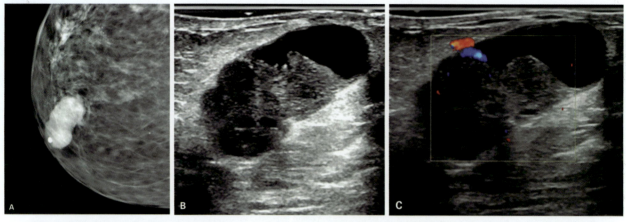

Figura 57 Mamografia com nódulo lobulado circunscrito (A), ultrassonografia demonstrando nódulo complexo circunscrito (B), com vascularização (C). Carcinoma adenoide cístico triplo-negativo.

liais neoplásicas entre as células escamosas do epitélio da papila (células de Paget). As células epiteliais neoplásicas podem formar aglomerados epiteliais na camada basal do epitélio ou apresentar-se como células isoladas que atingem até os estratos mais superficiais. No parênquima mamário é altíssima a prevalência de carcinomas associados, tanto *in situ* quanto invasivo que são, em geral, de alto grau. Do ponto de vista clínico, manifesta-se com prurido e queimação na papila e na aréola. O exame físico pode ser normal ou a paciente pode apresentar eritema, lesões eczematosas exsudativas, fissuras e ulcerações. Clinicamente devem ser consideradas no diagnóstico diferencial lesões cutâneas (dermatite de contato, escabiose e psoríase); lesões benignas que envolvem a papila mamária (papiloma intraductal benigno, adenoma do mamilo, leiomioma do mamilo) e neoplasias da pele (doença de Bowen, carcinoma espinocelular, carcinoma de células claras e melanoma).

Em termos de marcadores prognósticos, as células neoplásicas têm elevada prevalência de superexpressão de HER-2 (> 90%) e raramente expressam RE e RP.

O prognóstico da doença de Paget, assim como a definição da terapia mais adequada, são determinados pelas características do carcinoma associado.

A mamografia é normal em cerca de 50% dos casos. Quando há modificações mamográficas ou ultrassonográficas, podem ser identificados os sinais do carcinoma associado no parênquima mamário e/ou alterações subareolares ou no complexo areolopapilar, como como assimetrias focais, retração ou espessamento, nódulos ou calcificações (Figura 58A a F). Em casos de mamografia negativa, a RM pode detectar alteração em 50% dos casos. Os achados incluem espessamento e realce assimétrico do complexo areolopapilar e realces parenquimatosos suspeitos (Figura 58G e H).

Carcinoma inflamatório

Corresponde a cerca de 1-5% dos carcinomas invasivos mamários, distintos dos carcinomas localmente avançados com comprometimento de pele por contiguidade. Seu comportamento biológico é agressivo, com surgimento rápido dos sinais e sintomas. A lesão geralmente se apresenta como aumento difuso do volume mamário, sem massa palpável, associado a edema e eritema da pele, com aspecto em casca de laranja (*peau d'orange*), que pode progredir rapidamente em extensão e intensidade. Esse aspecto da pele é decorrente da embolização de células tumorais para os linfáticos na derme. Embora patognomônico, as células tumorais estão ausentes em até 25% das biópsias de pele. Por essa razão, o diagnóstico de carcinoma inflamatório é essencialmente clínico.

Existem duas formas de carcinoma inflamatório, o primário, que se desenvolve em tecido mamário sem neoplasia prévia, e o secundário, que se apresenta em pacientes com história prévia de carcinoma não inflamatório ou na pele da parede torácica de pacientes submetidas a mastectomia por carcinoma não inflamatório. Nesta última, os sinais clínicos podem ser erupção difusa na parede torácica ou nódulos que ulceram rapidamente.

Os diagnósticos diferenciais incluem processos benignos (mastites e abscessos), neoplasias (linfomas, leucemias, melanoma, angiossarcomas e carcinomas pouco diferenciados metastáticos na mama) e, ainda, dermatite actínica.

Mais de 50% dessas neoplasias não expressam RE e cerca de 33% dos casos são considerados triplo-negativos (RE/RP e HER-2 negativos). O comprometimento de linfonodos regionais, axilares e/ou supraclaviculares está presente em 55-85% dos casos. A sobrevida é de cerca de 35-40% menor do que nos demais carcinomas. Os relatos na literatura mostram que a sobrevida global é inferior a quatro anos.

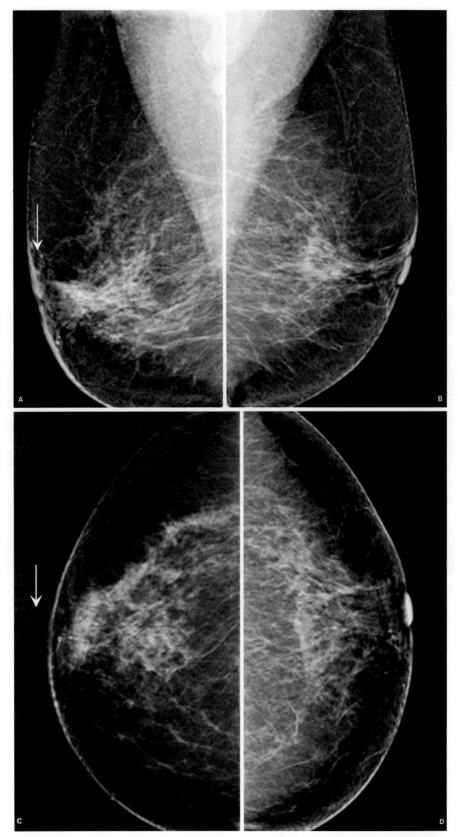

Figura 58 Paciente com lesão ulcerada abrangendo mamilo e aréola direitos, friável, sem nodulações palpáveis. Mamografia com espessamento do complexo areolopapilar e calcificações subjacentes (setas). Doença de Paget. Mamografias em incidências mediolateral oblíqua (A e B) e craniocaudal (C e D).

(continua)

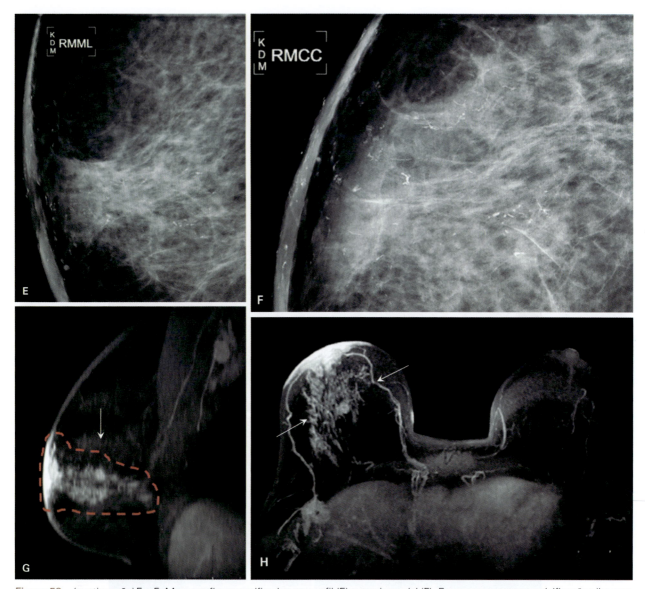

Figura 58 *(continuação)* E e F: Mamografias magnificadas em perfil (E) e craniocaudal (F). Espessamento com calcificações lineares na pele e região retroareolar. Doença de Paget. G e H: Imagens de ressonância magnética com reconstruções multiplanares em 3D (G) e em 3D (H). Espessamento e realce de pele e realce segmentar heterogêneo (setas). Doença de Paget.

Na mamografia, manifesta-se com espessamento cutâneo e trabecular e aumento na densidade mamária (Figura 59A e B). Na USG apresenta-se com espessamento cutâneo, com ou sem nódulos hipoecogênicos na derme e hiperecogenicidade difusa do parênquima mamário, algumas vezes com líquido intersticial. Não é possível diferenciar da mastite sem o uso das informações clínicas, na maioria dos casos. No carcinoma inflamatório secundário, pode-se identificar o tumor parenquimatoso (Figura 59C a E). A RM parece mais específica do que a mamografia e a USG no diagnóstico do carcinoma inflamatório. Podem ser observados: espessamento e realce difuso da pele, modificações no complexo areolopapilar, lesões parenquimatosas, sinais de edema parenquimatoso e no músculo peitoral maior e proeminência de vasos mamários (Figura 59F a I).

Neoplasias mesenquimais

Tumor *Phyllodes*

Corresponde a menos de 1% de todos os tumores mamários, manifestando-se geralmente como nódulos bem delimitados com crescimento rápido. Caracterizam-se por serem lesões fibroepiteliais com acentuado crescimento estromal e sua subclassificação como tumor *Phyl-*

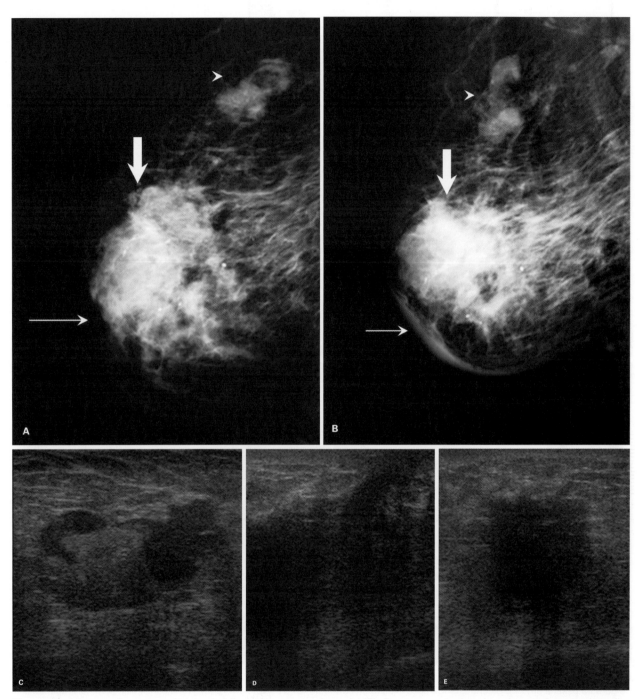

Figura 59 Mamografias em mediolateral oblíqua (A) e em craniocaudal (B). Espessamento de pele e do complexo areolopapilar (setas finas), nódulo irregular espiculado (setas grossas) e linfonodomegalia axilar (pontas de setas). Carcinoma inflamatório. C a E: Ultrassonografia demonstrando vários nódulos sólidos, irregulares com margens indistintas ou espiculadas.

(continua)

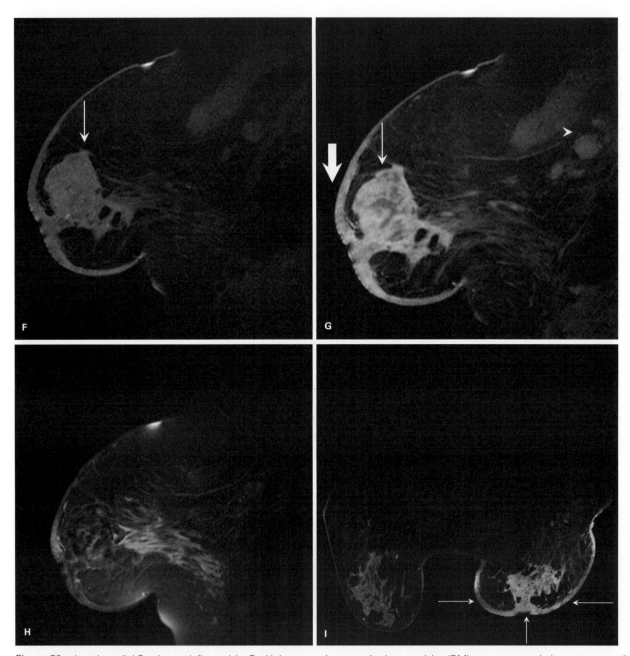

Figura 59 *(continuação)* Carcinoma inflamatório. F a H: Imagens de ressonância magnética (RM) em cortes sagitais com supressão de gordura pesada em T1 pré-contraste (C), após injeção de contraste (D) e pesada em T2 (E). Nódulo irregular, com heterogêneo em contato com o complexo areolopapilar (seta fina); observe o espessamento e realce da pele (seta grossa) e linfonodomegalia axilar (ponta de seta). Carcinoma inflamatório. I. Imagem de RM em corte axial com supressão de gordura pesada em T1 após injeção de contraste. Observe a assimetria de volume mamário e espessamento de pele difuso (setas). Carcinoma inflamatório.

lodes histologicamente benigno, *borderline* ou maligno depende de fatores como celularidade estromal, intensidade de atipias citológicas nas células estromais, limites da lesão com o tecido mamário circunjacente, contagem mitótica e se há predomínio do estroma sobre o epitélio. Portanto, a extensa representação histológica é importante para o diagnóstico definitivo, incluindo o diagnóstico diferencial com lesões que podem simular o tumor *Phyllodes*, como fibroadenoma celular, carcinomas metaplásicos e sarcomas puros.

Cerca de 60% representam lesões benignas e apenas 20% correspondem a lesões malignas. A sobrevida é determinada pelo desenvolvimento de metástases a distância. Estas ocorrem principalmente na variante maligna e, mais raramente, nos tumores *borderline*. As metástases acometem pulmão, pleura e ossos e são constituídas apenas pelo componente estromal.

Caracteristicamente apresentam recidiva local, estimada em 20-60%, maior na variante maligna. Um dos fatores primordiais para prevenção da recorrência local é exerese cirúrgica extensa, com margens amplas (pelo menos 10 mm).

Na mamografia apresentam-se nódulos redondos, ovais ou lobulados com margens geralmente circunscritas, podendo ser mal definidas. Podem atingir grandes dimensões. O aspecto é similar ao observado nos fibroadenomas e não é possível diferenciar as variantes benignas, malignas e *borderline* no aspecto mamográfico (Figura 60A a H).

Na USG manifestam-se como nódulos sólidos, hipoecogênicos, ovais ou redondos, circunscritos ou mal definidos, hipoecogênicos, sem atenuação de ecos posteriores. É frequente a presença de áreas císticas no seu interior. Não é possível diferenciar as variantes benignas, malignas e *borderline* com base no aspecto ultrassonográfico (Figura 61A e B).

Na RM apresentam-se como nódulos ovais, redondos ou lobulados com margens circunscritas e realce rápido e heterogêneo. Nódulos com margens irregulares também já foram descritos (Figura 61C a J). Os nódulos apresentam hipossinal em T1, hipo ou hipersinal em T2 (Figura 61C a G) e alto sinal dos tecidos ao redor deles. O padrão cinético é variável, havendo maior frequência de curvas do tipo persistente entre os tumores *Phyllodes* benignos e de curvas tipo *washout* entre os tumores *Phyllodes* malignos. Tumores maiores podem apresentar cistos, septações e hemorragia no interior dos nódulos.

Não há critérios para distingui-los de fibroadenomas, porém acredita-se que alguns aspectos na RM possam estar relacionados ao subtipo do tumor *Phyllodes*. A presença de alterações císticas com paredes irregulares (Figura 61C a F) e com intensidade de sinal em T2 menor ou igual a uma quantidade equivalente de tecido fibroglandular e baixo ADC (*apparent diffusion coefficient*) está correlacionada significativamente com tumores *Phyllodes* malignos. O hipersinal em T1 (Figura 61D) corresponde a hemorragia, área cística com paredes irregulars, necrose no interior do nódulo (Figura 61C a F) e ADC baixo a hipercelularidade estromal.

Angiossarcomas

Correspondem a cerca de 0,1% das lesões malignas da mama. Eles são subdivididos em dois grandes grupos: primários ou associados à radiação torácica prévia. A incidência deste último subtipo vem aumentando nos últimos anos em decorrência do grande número de cirurgias conservadoras para o tratamento do câncer de mama. O tempo entre a radioterapia e o aparecimento da neoplasia é em média de cinco anos, podendo chegar a 20 anos. Os angiossarcomas primários ocorrem em mulheres mais jovens (< 40 anos) e manifestam-se, em geral, com aumento global no volume de uma mama ou ambas. Os angiossarcomas associados à radiação prévia ocorrem geralmente em mulheres na sétima década na forma de nódulo, placa ou pápula eritematosa na pele, múltiplas ou isoladas. Como nos angiossarcomas primários, as lesões podem ser bastante extensas.

Macroscopicamente, o angiossarcoma primário é uma massa infiltrativa, hemorrágica, não encapsulada, crescendo no parênquima mamário, com eventuais áreas de necrose. Já as neoplasias associadas à radiação apresentam-se como lesão infiltrativa, hemorrágica que acomete pele e subcutâneo. Do ponto de vista histológico, as duas formas apresentam-se como os angiossarcomas de outros sítios. São graduados segundo a presença de canais vasculares bem formados. O curso clínico é bastante agressivo, independentemente do grau de diferenciação da lesão. Nas lesões primárias, a recorrência local e a distância ocorrem em 25-60%, respectivamente. A mortalidade em cinco anos chega a 50% dos casos. Nos angiossarcomas associados a radiação prévia, o prognóstico é ainda pior, com 60% de mortalidade em cinco anos.

Síndrome de Stewart-Treves

É um angiossarcoma do membro superior ipsilateral ao tumor de mama pregresso, em decorrência da presença de linfedema crônico pós-mastectomia. Ocorre em média 10 anos pós-mastectomia e clinicamente tem aspecto de pequenos hematomas. Histologicamente é o mesmo tipo de tumor que surge de novo na mama e pós-irradiação. O tratamento é amputação, com taxa de sobrevida em 5 anos de 10%.

O aspecto mamográfico não é específico. São descritos nódulos ovais, mal definidos ou circunscritos, em geral não calcificados e assimetrias focais. A presença de gordura no interior das lesões foi descrita em algumas séries, e nesses casos devem-se considerar, no diagnóstico diferencial por imagens, os hemangiomas e angiolipomas.

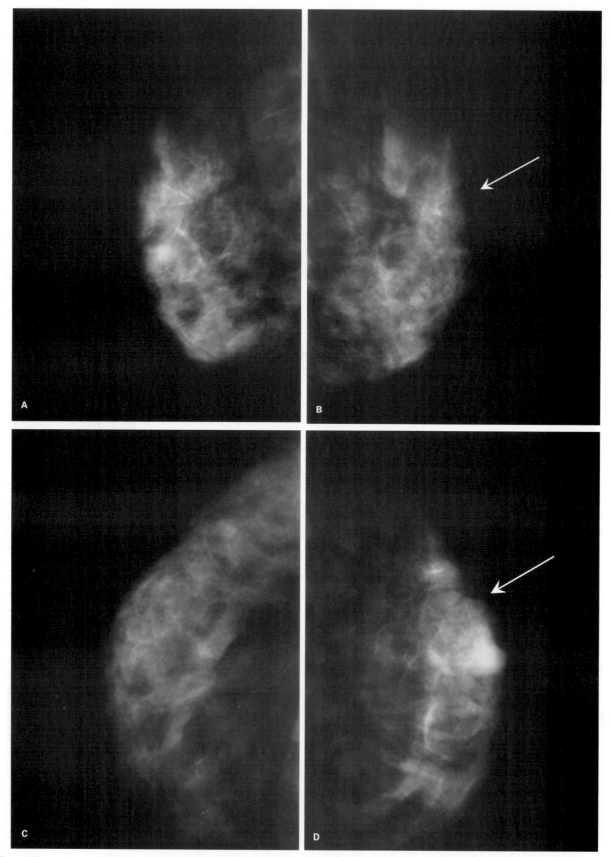

Figura 60   Mamografias em mediolateral oblíqua (A e B) e craniocaudal (C, D).

(continua)

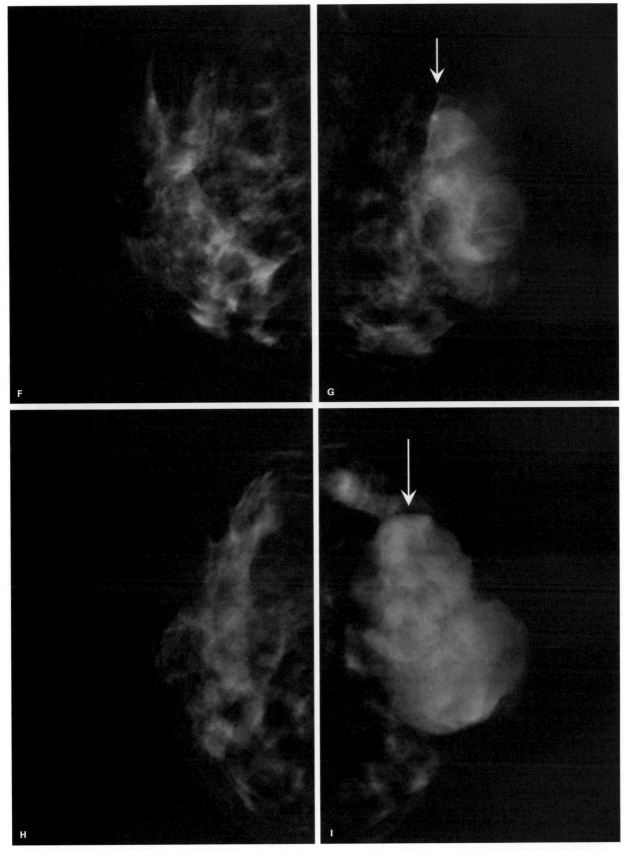

Figura 60 *(continuação)* Nódulo lobulado obscurecido na mama esquerda (setas). Mamografias em mediolateral oblíqua (F e G) e em craniocaudal (H e I). Controle em 6 meses demonstrando aumento das dimensões do nódulo (setas). Tumor *Phyllodes* maligno.

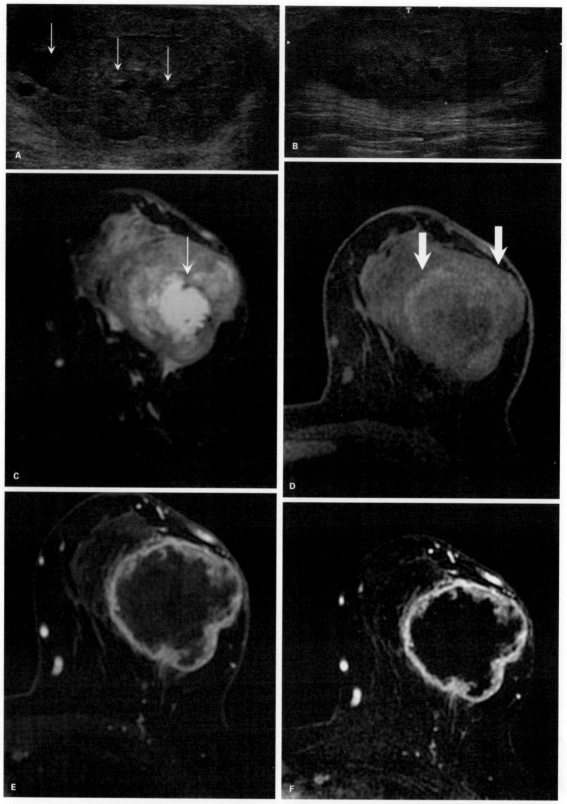

Figura 61 A: Ultrassonografia (USG) demonstrando nódulo sólido, oval, circunscrito, hipoecogênico, com pequenas áreas císticas (setas). Nódulo biopsiado com resultado de lesão fibroepitelial sem atipias, sugerido controle em curto prazo. B: USG demonstrando aumento das dimensões do nódulo. Nova biópsia revela ser tumor *Phyllodes* maligno. C a F: Imagens de ressonância magnética (RM) em cortes axiais com supressão de gordura pesada em T2 (C), T1 pré-contraste (D), após injeção de contraste (E), subtração (F). Nódulo lobulado, de margens irregulares, porção interna cavitada – cística (seta), áreas de hipersinal em T1 pré-contraste (setas grossas) e realce periférico (E, F).

(continua)

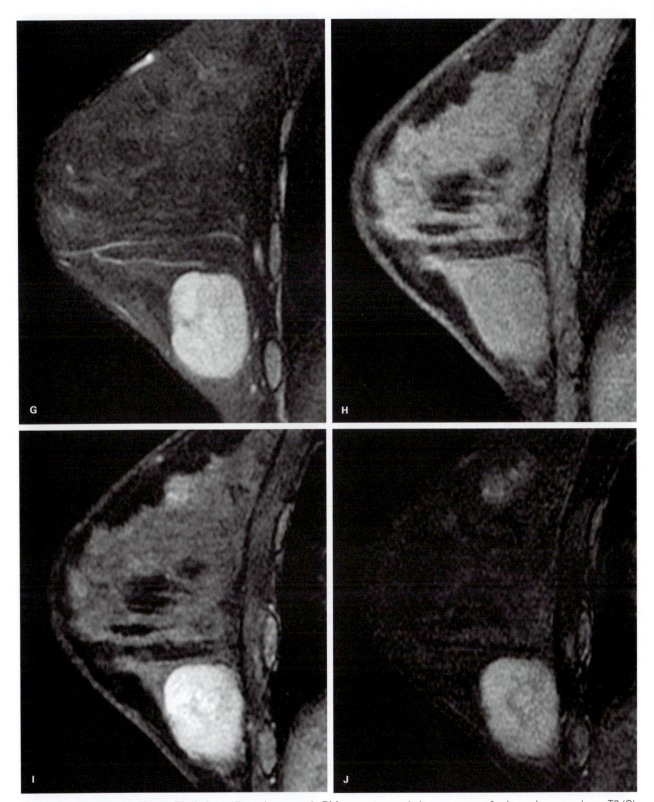

Figura 61 *(continuação)* Tumor *Phyllodes* maligno. Imagens de RM em cortes sagitais com supressão de gordura pesada em T2 (G), T1 pré-contraste (H), após injeção de contraste (I), subtração (J). Nódulo lobulado, de margens regulares e realce heterogêneo (I, J). Tumor *Phyllodes* maligno.

Na USG manifestam-se como nódulos sólidos únicos ou múltiplos, altamente vascularizados, circunscritos ou mal definidos, algumas vezes hiperecogênicos. Alterações difusas e heterogêneas da ecogenicidade parenquimatosa, sem a delimitação clara de um nódulo, são descritas em 33% dos casos. Massas hiperecogênicas e mal definidas também já foram relatadas.

Na RM apresentam-se como nódulos lobulados, com hipossinal heterogêneo em T1 e hipersinal heterogêneo em T2 e realce rápido e heterogêneo com padrão de curva em platô ou em *washout*. Áreas de hipersinal em T1 refletem áreas de hemorragia no interior do nódulo. Cavidades císticas, representando lagos venosos, também são comuns. Do ponto de vista imaginológico, é interessante ressaltar o diferencial com lesões vasculares benignas como o hemangioma, que, apesar de vasculares, apresentam fluxo lento no interior, que aparenta não ter realce na RM (Figura 62).

Osteossarcoma

O osteossarcoma primário da mama é uma neoplasia extremamente rara, cujo diagnóstico depende necessariamente da exclusão de componente osteossarcomatoso de outras neoplasias, como carcinoma pouco diferenciado com células osteoclásticas, carcinoma metaplásico ou tumor *Phyllodes* maligno. Portanto, a representação histológica extensa é condição essencial para o diagnóstico. Apesar da raridade, o osteossarcoma é o segundo sarcoma mais frequente da mama, sucedido apenas pelo angiossarcoma. Os demais sarcomas têm frequência extremamente baixa, limitando-se a alguns relatos.

Também podem ser subdivididos em primários (ou espontâneos) e decorrentes de radiação prévia. Apresentam-se como massas palpáveis, bem delimitadas, frequentemente associadas a hemorragia e necrose. Os achados histológicos são semelhantes ao osteossarcoma de outros sítios e caracterizados pela proliferação de células fusiformes de alto grau, intensamente pleomórfico, altamente proliferativo em meio à matriz óssea.

Em geral, os sarcomas têm pior prognóstico que os CMI-SOE. A extensão da cirurgia é fator prognóstico importante, devendo sempre obter margens amplas.

Os achados do osteossarcoma mamário provêm de alguns relatos de casos. São descritos grandes nódulos ovais e circunscritos com calcificações densas (Figura 63A), algumas vezes periféricas. Na USG são descritos nódulos complexos, com áreas císticas e sólidas, associadas a grandes calcificações no interior até alterações de textura (Figura 63B). Na RM são descritos nódulos circunscritos com sinal heterogêneo em T2 com áreas de hipersinal representando necrose e hemorragia e de hipossinal representando áreas de formação de osso. O realce é rápido, heterogêneo e do tipo *washout*.

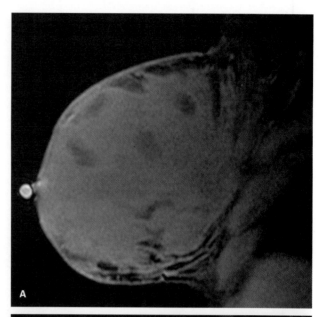
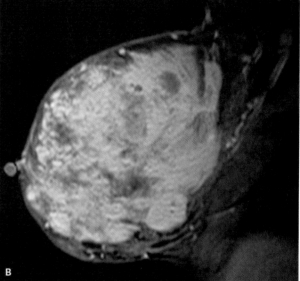
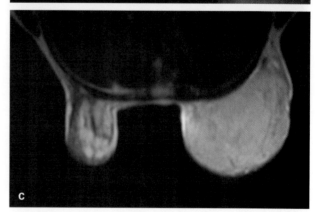

Figura 62 Imagens de ressonância magnética em cortes sagitais com supressão de gordura pesada em T1 pré-contraste (A) e após injeção de contraste (B e C). Aumento do volume da mama direita, com realce intenso, difuso e heterogêneo. Angiossarcoma.

o mais frequente é o linfoma B difuso de grandes células, seguido pelo linfoma de Burkitt. Técnicas diagnósticas auxiliares, como imunofenotipagem, análise citométrica e pesquisa de anormalidades cariotípicas, são importantes para o diagnóstico final.

Assim como as doenças linfoproliferativas de outros sítios, o tratamento e o prognóstico são determinados pelos achados histológicos, classificação imunofenotípica e pesquisa de translocações.

A apresentação das neoplasias hematológicas mamárias nos métodos de diagnóstico por imagem é inespecífica e existem mais descrições sobre as manifestações dos linfomas do que das leucemias. Na mamografia, essas lesões podem manifestar-se como nódulos, assimetria focal ou global. Algumas vezes não há alterações perceptíveis pela mamografia. Os nódulos, em geral, são únicos, lobulados e mal definidos (Figura 64A). Menos frequentemente, apresentam outros tipos de morfologia ou margens (Figura 64C e D). Pode haver espessamento e edema de pele adjacente. Na USG, a apresentação mais comum é como nódulo, observada em 90% dos casos. Nos demais casos são descritas modificações difusas na arquitetura mamária. Os nódulos, na sua maioria, são descritos como sólidos, acentuadamente hipoecogênicos, irregulares ou lobulados, com margens mal definidas e hipervascularizados (Figuras 64B, 65 e 66C). Na RM, a apresentação como nódulos é a mais frequente e eles se caracterizam por apresentarem realce intenso e heterogêneo (Figura 66A e B) com padrão cinético do tipo *washout*.

Metástases mamárias de tumores não mamários

O envolvimento secundário da mama por tumores em sítio extramamário é raro e representa apenas 0,5% das neoplasias malignas mamárias. O padrão morfológico da infiltração secundária do tecido mamário não é conclusivo de metástase. Em geral, as lesões têm crescimento expansivo, preservando, em alguns casos, as estruturas glandulares locais. Em algumas situações, a morfologia do tipo histológico da neoplasia é a mesma em diferentes sítios, o que dificulta a diferenciação entre tumor primário ou metástase. São exemplos o carcinoma de grandes células, o mucinoso, o mucoepidermoide, o carcinoma de células claras e o melanoma. Os sítios primários e tipos histológicos mais comuns, em frequência decrescente, são: carcinoma de pulmão (sendo o subtipo de pequenas células o mais frequente), melanoma, carcinoide de estômago e cólon e carcinoma de células claras renais.

O prognóstico das lesões secundárias na mama é ruim, com sobrevida inferior a um ano a partir do diagnóstico, em geral.

As metástases mamárias podem se apresentar como nódulos, em geral arredondados ou ovais e circunscritos.

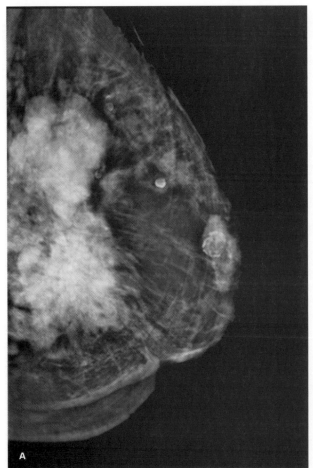
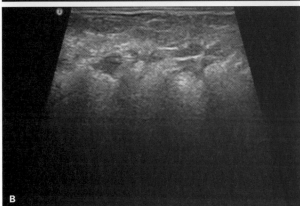

Figura 63 Mamografia demonstrando nódulo lobulado, indistinto/espiculado, densa (A) ultrassonografia com áreas de hiperecogenicidade de sombra acústica (B). Lipossarcoma.

Tumores linfoides e hematopoiéticos

Na grande maioria dos casos o envolvimento mamário é secundário em mulheres que apresentam doença sistêmica. Neoplasias hematológicas primárias da mama são raras e representam menos do que 0,5% das neoplasias malignas mamárias. As mais comuns são o linfoma (não Hodgkin) e as leucemias. Entre os linfomas não Hodgkin,

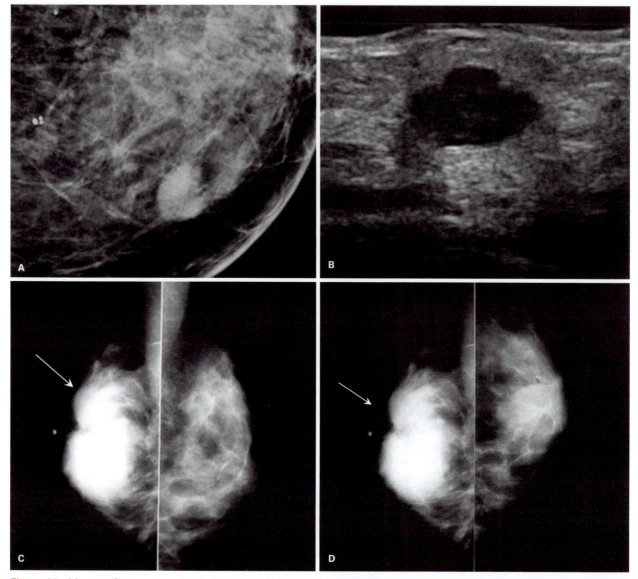

Figura 64 Mamografia com compressão localizada apresentando nódulo lobulado, mal definido, denso (A) e ultrassonografia demonstrando nódulo oval, com lobulações, mal definido, hipoecogênico (B). Linfoma difuso de grandes células B. C e D: Mamografias em mediolateral oblíqua (A) e em craniocaudal (B). Nódulo lobulado obscurecido, denso (setas). Sarcoma mieloide.

Também têm sido descritas como assimetrias focais ou globais. As lesões, na maioria das vezes, são únicas, mas menos frequentemente podem ser múltiplas e bilaterais. Raramente as metástases mamárias apresentam calcificações ou são espiculadas. As exceções ocorrem nas metástases de carcinoma de ovário e de carcinoma medular da tireoide, que podem apresentar calcificações (Figuras 67, 68 e 69).

Carcinoma em mama masculina

O carcinoma da mama masculina é muito menos frequente que o de mama feminino, correspondendo a menos de 1% dos carcinomas em homens e 0,7% dos carcinomas mamários.

A princípio, qualquer nódulo sólido complexo na mama masculina deve ser considerado suspeito. O aspecto do câncer de mama masculino na mamografia, na USG e na RM não difere do observado no câncer na mama feminina. No entanto, em homens, o envolvimento cutâneo ou do complexo areolopapilar tende a ser mais precoce, por conta do menor volume da mama masculina. A presença de calcificações é rara. Ver capítulo específico.

Dermatofibrossarcoma

É um tumor raro de partes moles que se origina na derme e invade o tecido subcutâneo. Constitui cerca de 6% de todos os sarcomas de partes moles. É um tumor maligno de grau baixo a intermediário, com alta propen-

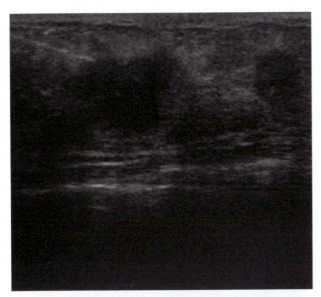

Figura 65 Ultrassonografia demonstrando áreas de sombra acústica e imagens nodulares mal definidas confluentes. Sarcoma mieloide.

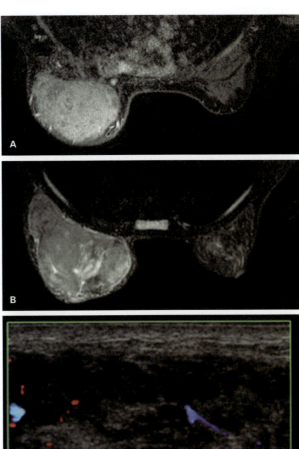

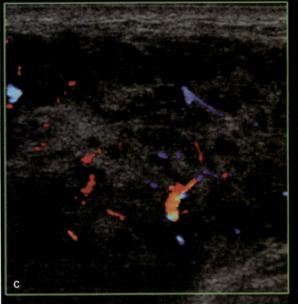

Figura 66 Imagens de ressonância magnética em cortes axiais com supressão de gordura pesada em T1 pós-contraste (A), T2 (B) e ultrassonografia (C). Aumento do volume da mama esquerda, com realce intenso, difuso e heterogêneo (A), bastante vascularizado (C). Linfoma difuso de grandes células B.

são a invasão local e altas taxas de recorrência, especialmente se não houver margens de ressecção livres. Metástases são raras. Geralmente acomete tronco, seguido de extremidades, cabeça e pescoço. Também são chamados de tumores de células fusiformes.

Na mamografia manifestam-se como nódulos que são circunscritos ou com pequenas porções microlobuladas ou espiculadas, densos e sem calcificações associadas. Na USG, encontram-se nódulos aderidos ou não à pele, ovais ou lobulados, circunscritos ou com pequenas partes microlobuladas. A RM mostra uma massa com base na pele, de bordas afiladas (sinal da garra), margens regulares, isossinal em T1, hipersinal em T2, com realce intenso e homogêneo após a injeção de contraste paramagnético endovenoso.

Carcinoma ductal *in situ*

O carcinoma ductal *in situ* (CDIS) corresponde a um grupo heterogêneo de lesões proliferativas de células epiteliais com atipia citológica confinada à unidade ducto-lobular terminal (UDLT), sem apresentar extensão além da membrana basal. Sua frequência aumentou com a introdução dos programas de rastreamento mamográfico e a evolução tecnológica dos métodos de imagem direcionados para o estudo das mamas. Após o advento dos programas de rastreamento, a detecção do CDIS saltou de 3% para 25% nos Estados Unidos.

Muitas vezes considerada uma lesão precursora de carcinoma invasivo, o CDIS apresenta os mesmos fatores de risco que o seu correspondente invasor. Menarca precoce, menopausa tardia, nuliparidade, antecedente familiar e maior índice de massa corpórea (IMC) são classicamente descritos como eventos que determinam uma maior probabilidade de ocorrer um carcinoma mamário, tanto *in situ* quanto invasivo.

Histologicamente, o CDIS pode ser classificado de diversas formas, não havendo uma classificação universalmente aceita. Classicamente, os carcinomas ductais *in situ* são divididos de acordo com as características arquiteturais e o padrão de crescimento. Dessa forma, cinco tipos são descritos: cribriforme, micropapilífero, papilífero, sólido e com comedonecrose. Um sistema de classificação do CDIS mais recentemente empregado é a divisão em graus nucleares. O carcinoma ductal *in situ* de baixo grau apresenta células uniformes, com núcleos pequenos e um leve aumento na relação núcleo/citoplasma. Não é frequente encontrar necrose nesse subtipo de CDIS. Já o CDIS de alto grau caracteriza-se por células com núcleos grandes e pleomórficos, com numerosas mitoses. A presença de necrose é mais frequentemente encontrada.

O estudo imuno-histoquímico dos carcinomas ductais *in situ* apresenta características diferentes a depender do seu grau histológico. CDIS de baixo grau costuma apresentar positividade para os receptores hormonais (estrógeno e progesterona), com baixo Ki67 indicando baixa taxa de proliferação, e ausência de hiperexpressão da proteína HER2. Por outro lado, o CDIS de alto grau apresenta positividade variável aos receptores hormonais, com alto Ki67 e amplificação do gene da proteína HER2.

Clinicamente, o CDIS é comumente assintomático, manifestando-se em 80% dos casos como calcificações e 20% como massas com ou sem calcificações à mamografia. Pode ainda ser encontrado em associação com descarga papilar ou massa palpável em 10-20% das pacientes, sendo mais comuns nos casos não calcificados.

O primeiro método de imagem no fluxograma diagnóstico de lesões mamárias é a mamografia, que apresenta sensibilidade de 80% para a detecção do CDIS. Os principais achados de imagem encontrados na mamografia são calcificações, que geralmente são lineares, amorfas ou pleomórficas finas, com distribuição agrupada, segmentar ou linear (Figura 70, 71A a C, 72, 73A e B). Distorção arquitetural e massas não calcificadas também podem ser encontradas em associação com o CDIS. A ocorrência das calcificações é consequência de dois mecanismos principais: a secreção intraluminal das células epiteliais neoplásicas e necrose tumoral. Desses mecanismos há uma associação entre o grau histológico do carcinoma ductal *in situ* e a morfologia das calcificações, sendo mais frequentemente encontradas calcificações lineares ramificadas em associação com o carcinoma de alto grau e calcificações amorfas correspondendo ao carcinoma de baixo grau.

A USG não é um método muito sensível para a detecção do CDIS, cuja sensibilidade reportada é de 50%. Geralmente identifica-se em pacientes com alteração palpável, apresentando massas hipoecogênicas com margens microlobuladas ou indistintas, com ou sem calcificações (Figura 73C, 74). Há ocasionalmente a presença de um aspecto pseudomicrocístico, representando a distensão das porções lobulares da UDLT. Histologicamente, as lesões encontradas apenas à USG tendem a apresentar menor grau histológico.

A RM apresenta alta sensibilidade para a detecção do CDIS, entre 77-96%. O principal achado é o de um real-

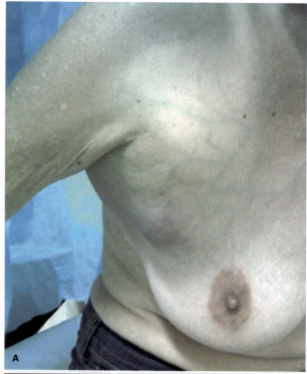
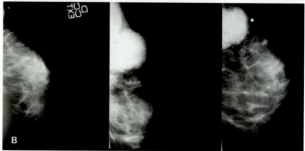
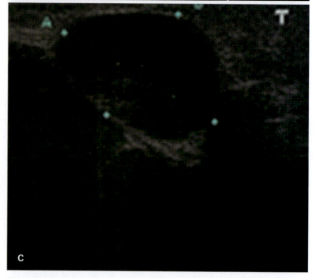

Figura 67 Paciente com nódulo palpável em prolongamento axilar (A). Mamografias (B) demonstrando nódulo lobulado, circunscrito, denso e ultrassonografia (C) demonstrando natureza sólida. Metástase de melanoma.

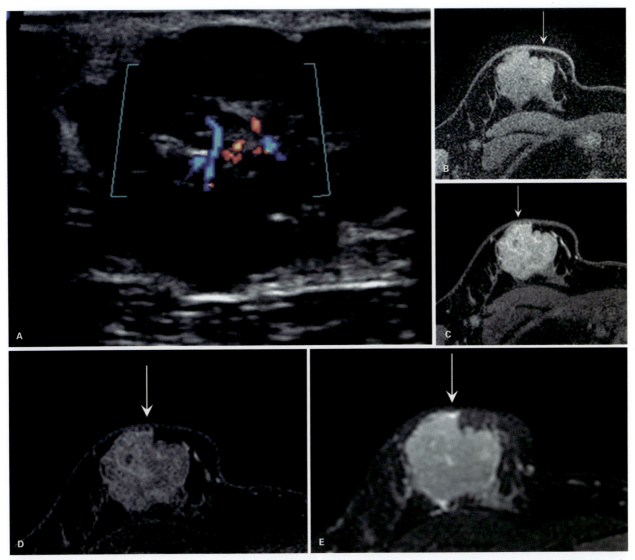

Figura 68 A: Ultrassonografia demonstrando nódulo lobulado, circunscrito, hipoecogênico, bastante vascularizado. Metástase de melanoma. B a E: Imagens de ressonância magnética em cortes axiais com supressão de gordura pesada em T1 pré-contraste (B), após injeção de contraste (C), subtração (D) e pesada em T2 (E). Nódulo lobulado com margens regulares e realce heterogêneo (setas). Metástase de melanoma.

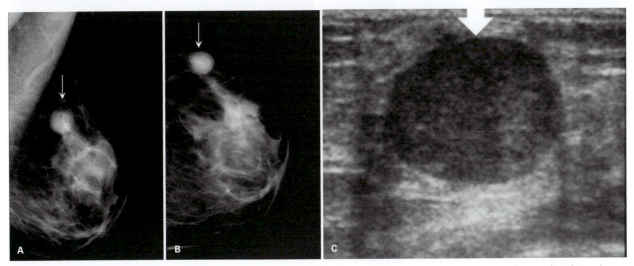

Figura 69 Mamografias mediolateral oblíqua (A) e em craniocaudal (B) e ultrassonografia (C). Nódulo oval, circunscrito, denso (setas finas), sólido à ultrassonografia (seta grossa). Carcinoma renal papilífero metastático.

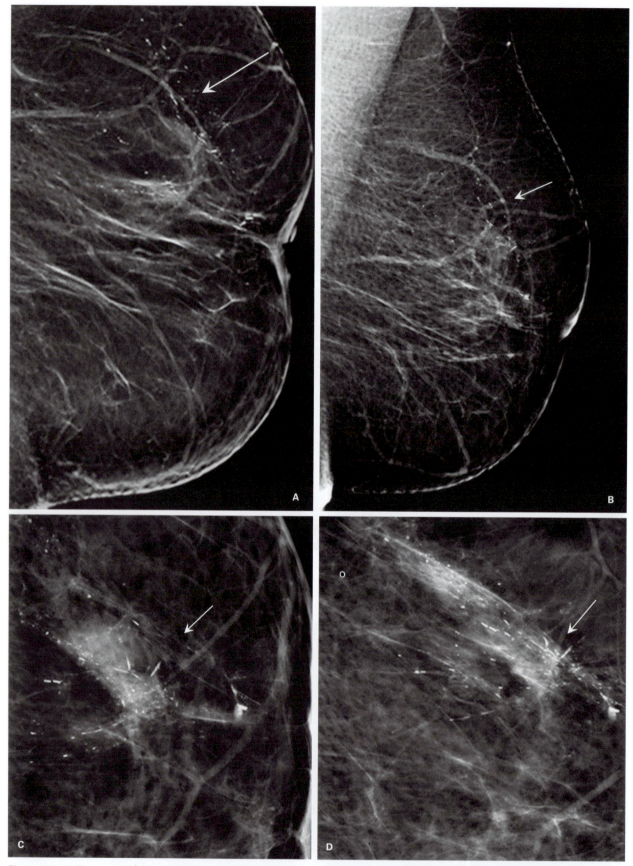

Figura 70 A, B. Incidências mamográficas craniocaudal (CC) e mediolateral oblíqua (MLO) demonstrando calcificações pleomórficas e lineares (setas) de distribuição segmentar no quadrante superolateral da mama esquerda. C e D: Incidências complementares (magnificação) detalhando melhor essas calcificações (setas). Diagnóstico histológico: carcinoma ductal in situ (CDIS).

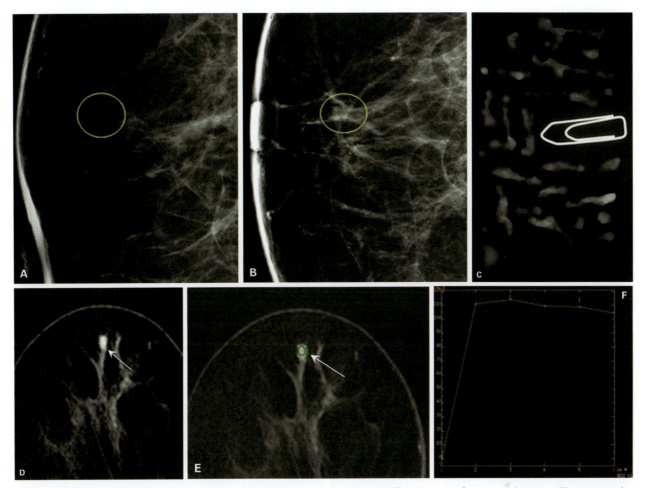

Figura 71 A e B: Incidências mamográficas magnificadas demonstrando calcificações amorfas agrupadas na região retroareolar da mama direita. C: Radiografia de fragmentos da biópsia percutânea dessas calcificações demonstrando a adequada amostragem do procedimento. Resultado anatomopatológico: carcinoma ductal *in situ* (CDIS). D e E: Ressonância magnética ponderada em T1 demonstrando um realce linear retroareolar da mama direita (seta), em correspondência com as calcificações agrupadas (A e B). F: Análise cinética do realce linear apresentando uma curva em platô.

ce do tipo não massa com padrão de realce interno do tipo *clumped*, distribuição linear ou segmentar (Figura 71, 72C, 73D, 75 A e B, 76) e cinética variável, apresentando tanto curvas persistentes quanto em platô. Recentemente foi incorporada ao BI-RADS® a descrição de *clustered ring enhancement*, representando o realce do estroma periductal, como alteração suspeita (Figura 77).

A biópsia percutânea é o método de escolha para o seu diagnóstico, devendo-se oferecer ao patologista a melhor amostragem possível para que possam ser excluídos quaisquer focos de microinvasão ou invasão. Cerca de 10% dos CDIS diagnosticados nas biópsias percutâneas assistidas a vácuo apresentam componente invasivo na peça cirúrgica. Essa taxa apresenta valores ainda mais elevados quando o procedimento é realizado por meio da *core biopsy*, com frequência de *upgrade* de aproximadamente 35%. Essa subestimação histológica não determina profundas alterações na terapêutica cirúrgica, visto que a excisão com margens negativas é realizada em ambos os cenários. A diferença reside na avaliação da axila ipsilateral, recomendando-se a execução da biópsia do linfonodo sentinela quando a possibilidade de *upgrade* histológico for elevada.

Os principais diagnósticos diferenciais do CDIS compreendem os carcinomas invasivos e microinvasivos, a hiperplasia ductal atípica, a neoplasia lobular (carcinoma lobular *in situ* e hiperplasia lobular atípica), alterações de células colunares, adenose esclerosante, esteatonecrose e o fibroadenoma.

O tratamento do CDIS é composto principalmente por uma intervenção cirúrgica com margens negativas. A escolha da técnica cirúrgica é determinada pela extensão do carcinoma, multicentricidade e aspectos relacionados à estética da reconstrução mamária. A terapia adjuvante compreende o tamoxifeno para casos com receptores hormonais positivos, ou inibidores da aromatase em pacientes na pós-menopausa. A hormonioterapia reduz a taxa de recorrência em 50% dos casos, assim como a radioterapia. A

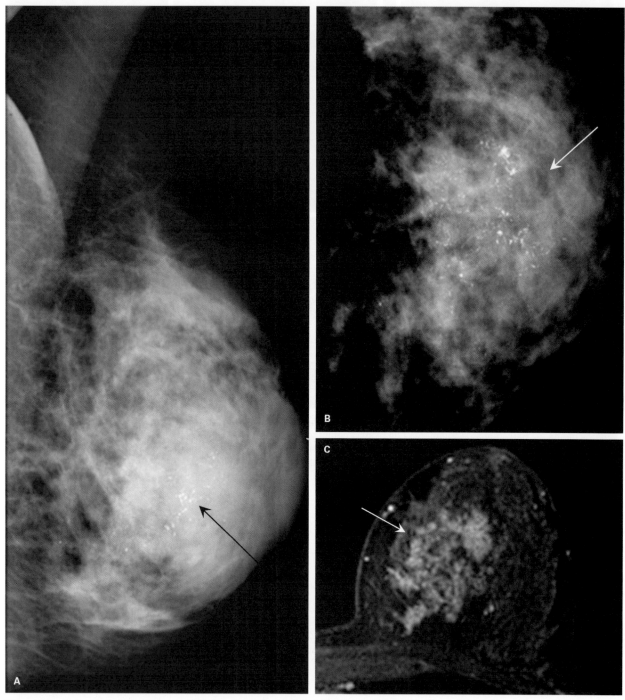

Figura 72 A, B: Incidências mamográficas mediolateral oblíqua (MLO) (A) e em craniocaudal (CC) (B) apresentando calcificações pleomórficas em distribuição segmentar (setas) na região central da mama esquerda. Diagnóstico histológico: carcinoma ductal *in situ* (CDIS). C: Sequência T1W axial de ressonância magnética da mama esquerda correlacionando o achado mamográfico de A e B. Observa-se um realce não massa do tipo *clumped* com distribuição segmentar (seta). Diagnóstico histológico: carcinoma ductal *in situ* (CDIS).

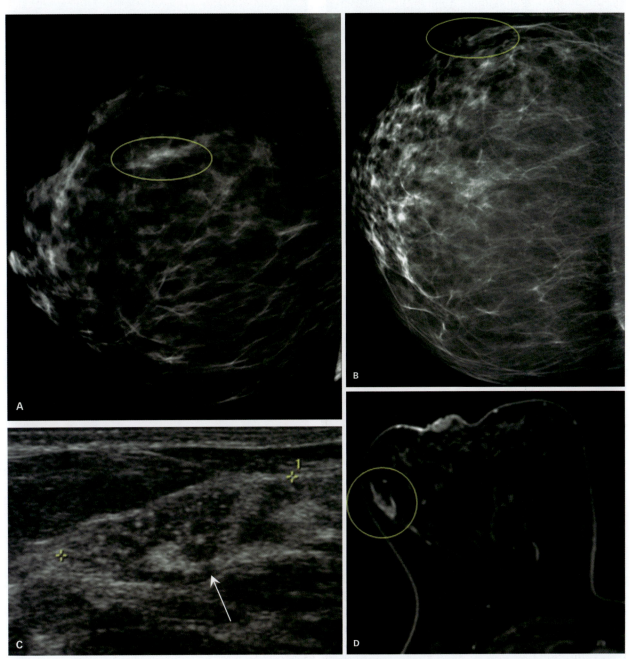

Figura 73 A, B: Incidências mamográficas mediolateral oblíqua (MLO) e craniocaudal (CC) demonstrando calcificações amorfas agrupadas no quadrante superolateral da mama direita. C: Ultrassonografia (USG) apresentando alteração textural hipoecogênica (seta), com alguns pontos ecogênicos no seu interior (calcificações), correspondendo a alteração vista na mamografia. D: Ressonância magnética ponderada em T1 apresentando um realce linear no quadrante superolateral da mama direita, correspondendo aos achados da mamografia e da USG. Biópsia percutânea foi realizada, com diagnóstico de carcinoma ductal in situ (CDIS).

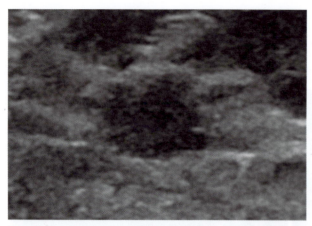

Figura 74 Ultrassonografia de nódulo irregular, de margens indistintas, hipoecogênico, com maior eixo paralelo à pele. Diagnóstico anatomopatológico: carcinoma ductal *in situ* (CDIS).

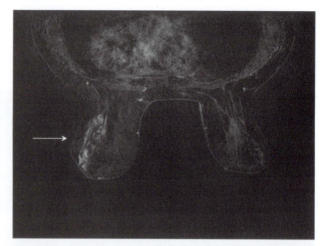

Figura 76 Ressonância magnética em corte axial em subtração apresentando realce segmentar do tipo *clumped* (seta).

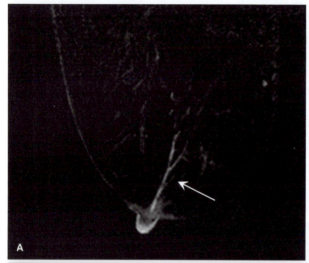

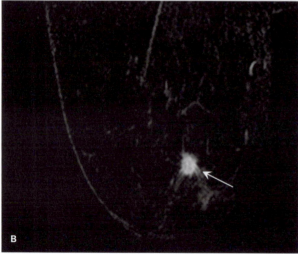

Figura 75 Ressonância magnética da mama direita em sequência T1 com subtração. Observa-se realce linear (seta) na região retroareolar, em direção à papila. Biópsia guiada por ressonância magnética demonstrou tratar-se de um carcinoma ductal *in situ* (CDIS). B: A mesma paciente apresentava um nódulo irregular (seta) superomedialmente que já havia sido biopsiado, com diagnóstico de carcinoma ductal invasivo (CDI).

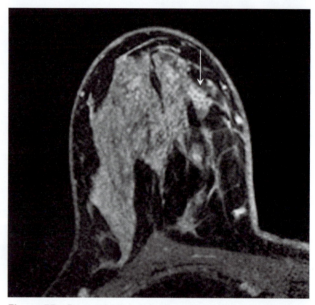

Figura 77 Ressonância magnética em corte axial pesada em T1 com supressão de gordura apresentando realce focal do tipo *clustered ring* (seta).

sobrevida em 20 anos, quando corretamente tratado, atinge 95%. A avaliação da axila ipsilateral ao CDIS é realizada clinicamente e por meio da USG. A biópsia do linfonodo sentinela é recomendada quando a mastectomia for realizada, quando houver um CDIS de alto grau com extensão maior de 2,5 cm, ou quando a possibilidade de um componente invasivo for considerada.

Bibliografia sugerida

1. Adrada B, Arriba E, Gilcrease M, Yang WT. Invasive micropapillary carcinoma of the breast: mammographic, sonographic, and MRI features. AJR. 2009;193:W58-63.
2. Ashken L, Ives C, Kim B, Potter S, Rattay T, Remoundos D, et al. Variation in the management of ductal carcinoma in situ in the UK: results of the Mammary Fold National Practice Survey. Eur J Surg Oncol. 2016;pii :S0748-7983(16):30175-5.

3. Bahl M, Baker JA, Kinsey EN, Ghate SV. Architectural distortion on mammography: correlation with pathologic outcomes and predictors of malignancy. Am J Roentgenol. 2015;205:1339-45.
4. Barreau B, de Mascarel I, Feuga C, MacGrogan G, Dilhuydy MH, Picot V, et al. Mammography of ductal carcinoma in situ of the breast: review of 909 cases with radiographic-pathologic correlations. Eur J Radiol. 2005;54(1):55-61.
5. Brem RF, Ioffe M, Rapelyea JR, Yost KG, Weigert JM, Bertrand ML, et al. Invasive lobular carcinoma: detection with mammography, sonography, MRI, and breast- specific gamma imaging. AJR. 2009;192:379-83.
6. Brennan ME, Turner RM, Ciatto S, Marinovich ML, French JR, Macaskill P, et al. Ductal carcinoma in situ at core-needle biopsy: meta-analysis of underestimation and predictors of invasive breast cancer. Radiology. 2011;260(1):119-28.
7. Chadashvili T, Ghosh E, Fein-Zachary V, Mehta TS, Venkataraman S, Dialani V, et al. Non-mass enhancement on breast MRI: review of patterns with radiologic-pathologic correlation and discussion of management. Am J Roentgenol. 2015;204:219-27.
8. DeSantis CE, Fedewa SA, Goding Sauer A, Kramer JL, Smith RA, Jemal A. Breast cancer statistics, 2015: convergence of incidence rates between black and white women. CA Cancer J Clin. 2016;66:31-42.
9. Renz DM, Baltzer PAT, Böttcher J, Thaher F, Gajda M, Camara O, et al. Magnetic resonance imaging of inflammatory breast carcinoma and acute mastitis. A comparative study. Eur Radiol. 2008;18:2370-80.
10. Dogan BA, Gonzalez-Ângulo AM, Gilcrease M, Dryden MJ, Yang WT. Multimodality imaging of triple receptor-negative tumors with mammography, ultrasound, and MRI. AJR. 2010;194:1160-6.
11. Echevarria JJ, Lopez-ruiz JA, Martin D, Imaz I, Martin M. Imaging differences in metaplastic and invasive ductal carcinomas of the breas. AJR Am J Roentgenol. 2007;189:1288-93.
12. Echevarria JJ, Lopez-Ruiz JA, Martin D, Imaz I, Martin M. Usefulness of MRI in detecting occult breast cancer associated with Paget's disease of the nipple-areolar complex. Br J Radiol. 2004;77:1036-9.
13. Gilles R, Lesnik A, Guinebretière JM, Tardivon A, Masselot J, Contesso G, et al. Apocrine carcinoma: clinical and mammographic features. Radiology. 1994;190:495-7.
14. Glazebrook KN, Magut MJ, Reynolds C. Angiosarcoma of the breast. AJR. 2008;190:533-538.
15. Glazebrook KN, Reynolds C, Smith RL, Gimenez EI, Boughey JC. Adenoid cystic carcinoma of the breast. AJR. 2010;194:1391-6.
16. Goodwin A, Parker S, Ghersi D, Wilcken N. Post-operative radiotherapy for ductal carcinoma in situ of the breast. Cochrane Database of Systematic Reviews. 2013;(11):CD000563.
17. Greenwood HI, Heller SL, Kim S, Sigmund EE, Shaylor SD, Moy L. Ductal carcinoma in situ of the breast: review of MR imaging features. RadioGraphics. 2013;33:1569-88.
18. Harvey JA. Unusual breast cancers: useful clues to expanding the differential diagnosis. Radiology. 2007;242:683-94.
19. Kohler BA, Sherman RL, Howlader N, Jemal A, Ryerson AB, Henry KA, et al. Annual report to the Nation on the Status of Cancer, 1975-2011, featuring incidence of breast cancer subtypes by race/ethnicity, poverty, and state. JNCI J Natl Cancer Inst. 2015;107(6):djv048.
20. Lane DL, Le-Petross HTL, Abruzzo LV, Homer A, Macapinlac HA. Breast lymphoma: imaging findings of 32 tumors in 27 patients. Radiology. 2007;245(3):692-702.
21. Liberman L, Feng TL, Susnik B. Case 35: intracystic papillary carcinoma with invasion. Radiology. 2001;219(3):781-4.
22. Liberman L, Trenta L, Samli B, Morris EA, Abramson A, Dershaw DD. Overdiagnosis of medullary carcinoma: a mammographic-pathologic correlative study. Radiology. 1996;201:443-6.
23. Miller ME, Kyrillos A, Yao K, Kantor O, Tseng J, Winchester DJ, et al. Utilization of axillary surgery for patients with ductal carcinoma in situ: a report from the National Cancer Database. Ann Surg Oncol. 2016.
24. Mitchell KB, Kuerer H. Ductal carcinoma in situ: treatment update and current trends. Curr Oncol Rep. 2015;17(11):48.
25. Mun HS, Shin HJ, Kim HH, Cha JH, Kim H. Screening-detected calcified and non-calcified ductal carcinoma in situ: differences in the imaging and histopathological features. Clin Radiol. 2013;68(1):e27-35.
26. Park SY, et al. Panels of immunohistochemical markers help determine primary sites of metastatic adenocarcinoma. Arch Pathol Lab Med. 2007;131(10):1561-7.
27. Robertson FM, Bondy M, Yang W, Yamauchi H, Wiggins S, Kamrudin S, et al. Inflammatory breast cancer: the disease, the biology, the treatment. CA Cancer J Clin. 2010;60(6):351-75.
28. Scoggins ME, Fox PS, Kuerer HM, Rauch GM, Benveniste AP, Park YM, et al. Correlation between sonographic findings and clinicopathologic and biologic features of pure ductal carcinoma in situ in 691 patients. Am J Roentgenol. 2015;204:878-88.
29. Sheppard DG, Whitman GJ, Huynh PT, Sahin AA, Bruno D, Fornage BD, et al. Tubular carcinoma of the breast: mammographic and sonographic features. AJR. 2000;174:253-7.
30. Instituto Brasileiro de Geografia e Estatística. Síntese de Indicadores Sociais.. 2013. http://seriesestatisticas.ibge.gov.br/series.aspx?vcodigo=MS28.
31. Tozaki M, Igarashi T, Fukuda K. Breast MRI using the VIBE sequence: clustered ring enhancement in the differential diagnosis of lesions showing non-masslike enhancement. Am J Roentgenol. 2006;187:313-21.
32. Valentin MD, da Silva SD, Privat M, Alaoui-Jamali M, Bignon YJ. Molecular insights on basal-like breast cancer. Breast Cancer Res Treat. 2012;134(1):21-30.
33. Wang LC, Sullivan M, Du H, Feldman MI, Mendelson EB. US appearance of ductal carcinoma in situ. Radiographics. 2013;33:213-28.
34. Weigelt B, Horlings HM, Kreike B, Hayes MM, Hauptmann M, Wessels LF, et al. Refinement of breast cancer classification by molecular characterization of histological special types. J Pathol. 2008;216(2):141-50.
35. Wilson TE, Helvie MA, Oberman HA, Joynt LK. Pure and mixed mucinous carcinoma of the breast: pathologic basis for differences in mammographic appearance. AJR. 1995;285-9.
36. Wynveen CA, Nehhozina T, Akram M, Hassan M, Norton L, Van Zee KJ, et al. Intracystic papillary carcinoma of the breast: An in situ or invasive tumor? Results of immunohistochemical analysis and clinical follow-up. Am J Surg Pathol. 2011;35(1):1-14.
37. Yamada T, Mori N, Watanabe M, Kimijima I, Okumoto T, Seiji K, et al. Radiologic-pathologic correlation of ductal carcinoma in situ. Radiographics. 2010;30:1183-98.
38. Yang WT, Hennessy B, Broglio K, Mills C, Sneige N, Davis WG, et al. Imaging differences in metaplastic and invasive ductal carcinomas of the breast. AJR. 2007;189:1288-93.

5

Processos inflamatórios da mama

Su Jin Kim Hsieh
Erica Endo
Vera Christina Camargo de Siqueira Ferreira
Fernando Nalesso Aguiar

Introdução

Mastites são caracterizadas pela presença de processo inflamatório na mama e podem ser agudas ou crônicas. As manifestações clínicas das mastites são variáveis e dependentes da etiologia. Em geral, consistem nos sinais flogísticos tradicionais (dor, hiperemia, edema e calor local) e, em alguns casos, podem ocorrer galactorreia, nódulos, formação de abscessos e fístulas. Em algumas ocasiões, a apresentação clínica das mastites pode simular manifestações do câncer de mama e o diagnóstico diferencial deve ser realizado. Existem vários tipos de mastites descritas na literatura médica e, neste capítulo, serão apresentados os principais.

Mastite infecciosa aguda

Ocorre em mulheres não lactantes de qualquer idade e caracteriza-se por início abrupto com rápida evolução. Os achados clínicos incluem os sinais flogísticos locais tradicionais e febre, podendo evoluir com a formação de abscessos, coleções e fístulas cutâneas. Em geral, apresentam boa resposta à antibioticoterapia e os sinais flogísticos regridem em alguns dias de tratamento. Por outro lado, quando há formação de abscessos ou coleções, a drenagem frequentemente é necessária para resolução da mastite. Tradicionalmente, a drenagem é cirúrgica, porém recentemente drenagem com orientação ultrassonográfica tem sido relatada com sucesso. O material obtido pode ser enviado para cultura, pesquisa de agentes específicos e melhor escolha do tratamento medicamentoso, sobretudo quando não há melhora clínica com a antibioticoterapia inicial. A frequência de culturas estéreis, no entanto, pode chegar a até 45% dos casos, possivelmente em razão do uso prévio de antibióticos. A bactéria mais comum é *Staphylococcus aureus*. Outras bactérias encontradas em culturas são *Proteus mirabilis*, *Escherichia coli*, *Streptococcus* e bacteroides.

O papel dos métodos de diagnóstico por imagem nas mulheres com mastites infecciosas agudas inclui a pesquisa de coleções, o diagnóstico diferencial com câncer de mama e a orientação de eventuais intervenções (biópsias, drenagens e aspirações). O método escolhido para avaliação inicial é a ultrassonografia (USG). A mamografia é muito desconfortável nessa situação clínica e, junto à ressonância magnética (RM), seu uso deve ser individualizado, sendo especialmente importante quando a possibilidade de câncer de mama não é excluída no exame clínico e na USG inicial.

Aspecto nos métodos de diagnóstico por imagem

As manifestações das mastites infecciosas agudas nos métodos de diagnóstico por imagem são dominadas pelo edema cutâneo e parenquimatoso no local no processo inflamatório. Quando presentes, coleções e trajetos fistulosos podem ser observados.

- Mamografia: observa-se espessamento cutâneo e trabecular, difuso ou localizado, dependendo da extensão da doença e, por conseguinte, pode haver assimetria focal ou global na mamografia (Figura 1). Coleções e abscessos são visualizados como nódulos mal definidos ou circunscritos (Figura 2). A mamografia é menos sensível e específica para identificar coleções do que a USG (Figura 3).
- USG: observam-se espessamento cutâneo, aumento da ecogenicidade do parênquima mamário (Figura 4), algumas vezes com perda da delimitação anatômica, e, eventualmente, líquido intersticial. O modo Doppler em cores pode demonstrar aumento da vascularização no local. A USG é o melhor método para identificar coleções nessas mulheres. As coleções podem ser únicas ou múltiplas e confluentes (Figura 5),

5 PROCESSOS INFLAMATÓRIOS DA MAMA   405

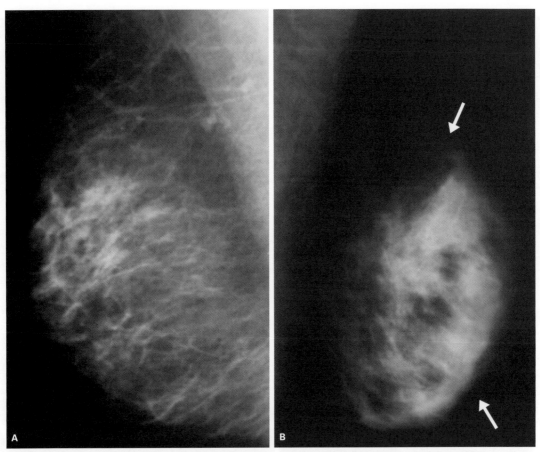

Figura 1   Mamografia em incidências médios-laterais oblíquas demonstrando assimetria global na mama esquerda (setas). Edema inflamatório.

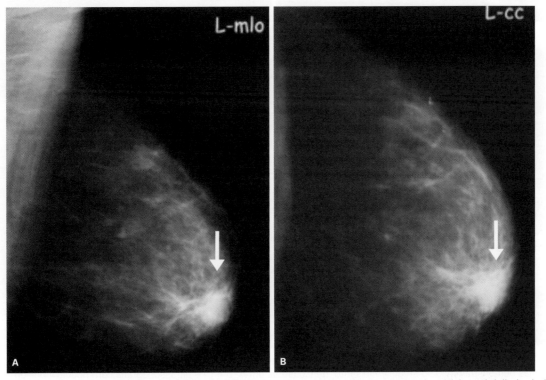

Figura 2   Mamografia em incidências médios-laterais oblíqua (A) e craniocaudal (B) demonstrando nódulo mal delimitado (setas). Coleção.

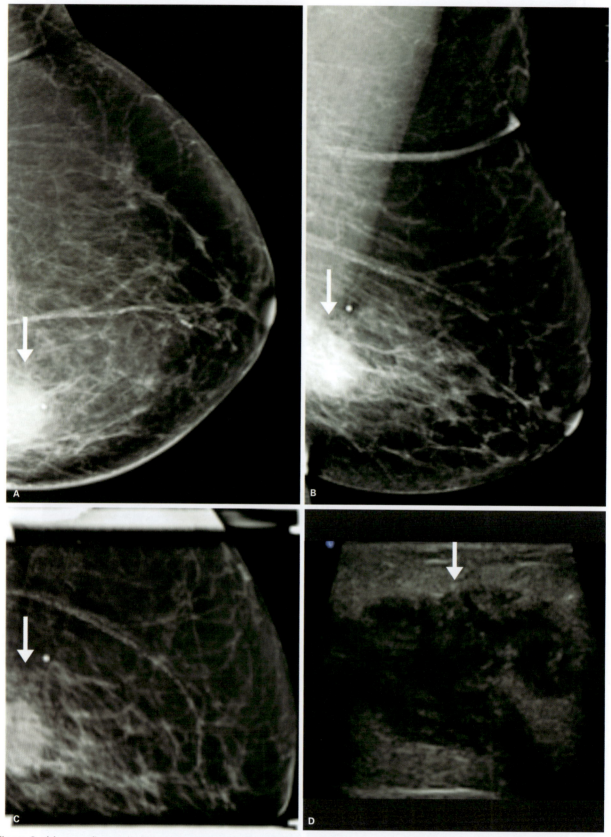

Figura 3 Mamografias em incidências craniocaudal (A) e médio-lateral oblíqua (B), com compressão localizada (C) e ultrassonografia. Mamografias demonstram nódulo irregular indistinto, denso (setas em A, B e C) e ultrassonografia com nódulo lobulado, indistinto, hipoecogênico (seta em D). Mastite crônica com formação de abscesso.

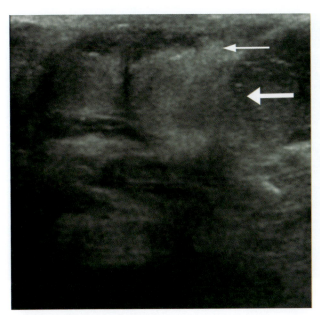

Figura 4 Ultrassonografia apresentando espessamento de pele, coleção subcutânea (seta fina) e aumento da ecogenicidade do parênquima (seta grossa). Mastite.

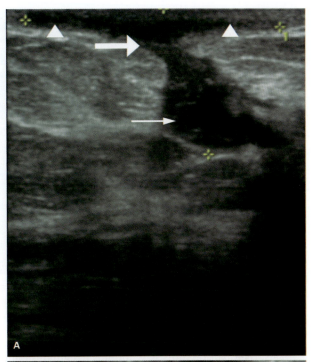

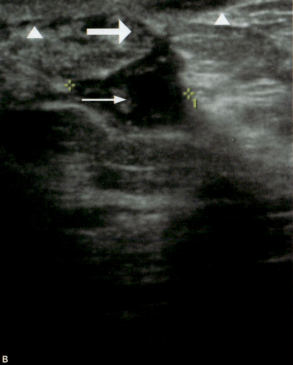

Figura 6 Ultrassonografia demonstrando coleção com paredes espessas e conteúdo líquido, espesso (setas finas) e trajeto fistuloso (setas grossas) em contato com a pele, que se encontra espessada (cabeças de setas).

apresentar paredes finas e regulares ou espessas e irregulares e terem conteúdo com septações e debris. Trajetos fistulosos podem ser identificados como estruturas tubulares que apresentam solução de continuidade com a pele (Figura 6). A presença de linfonodos com espessamento cortical, nas regiões axilares, não é rara (Figura 7).

- RM: observam-se edema e alterações inflamatórias, como um infiltrado com hipersinal em sequências pesadas em T2 ou STIR, cujo correspondente pode ou não apresentar realce nas sequências pesadas em T1 após a injeção de contraste paramagnético. Trajetos fistulosos, coleções e abscessos podem ser iden-

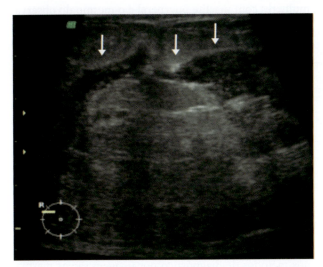

Figura 5 Ultrassonografia demonstrando coleções confluentes (setas).

tificados, assim como linfonodomegalias. Nódulos com realces periféricos podem ser observados, representando coleções e abscessos com realce de suas paredes, sendo frequentemente múltiplos (Figuras 8 a 10). Outros tipos de realces encontrados com fre-

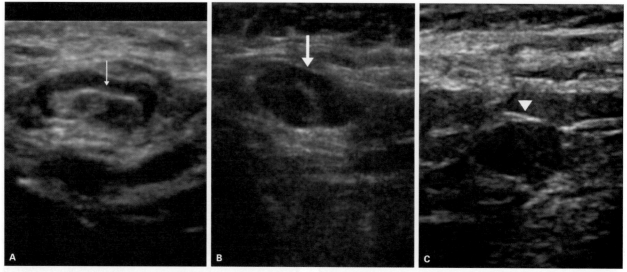

Figura 7 Ultrassonografia de linfonodo axilar (A) com presença de hilo gorduroso, de aspecto habitual (seta fina); (B) com cortical espessada (seta grossa), reacional; (C) totalmente obliterado, sem hilo gorduroso (cabeça de seta), reacional.

quência são os realces não nodulares, geralmente focais, regionais ou difusos, e nódulos irregulares com realce heterogêneo (Figura 11). É incomum a RM ser necessária para avaliar mulheres com mastites infecciosas agudas.

Diagnóstico diferencial com carcinoma inflamatório

Na maioria das vezes, o diagnóstico diferencial entre carcinoma inflamatório e mastites infecciosas agudas é possível pela apresentação clínica. Nos carcinomas inflamatórios, o espessamento cutâneo é pronunciado e irregular, com a pele apresentando aspecto de casca de laranja (peau d'orange). Por outro lado, nas mastites, ele é uniforme e mais liso. No entanto, em alguns casos, a diferenciação pode ser muito difícil, especialmente nos casos de carcinoma inflamatório em que predominam as alterações inflamatórias, sem uma lesão mamária evidente. Por essa razão, quando as alterações inflamatórias não melhoram com antibióticos, a biópsia cutânea deve ser contemplada.

Alguns estudos utilizando a RM mostraram que as mastites agudas são mais frequentemente subareolares (Figura 12), enquanto os carcinomas inflamatórios tendem a estar localizados na região central ou posterior. A presença de uma lesão parenquimatosa suspeita (Figura 13) e o acometimento de planos posteriores, como a musculatura peitoral, sugerem carcinoma inflamatório. Esses estudos evidenciaram ainda que o espessamento de pele é mais comum nos carcinomas inflamatórios do que nas mastites, sendo encontrado em 22-67% das mastites e em 68-100% dos carcinomas. Por outro lado, a identificação de um abscesso é mais indicativa de mastite do que de tumor, pois a presença de abscesso no carcinoma inflamatório é incomum (Figura 14). A diferenciação entre coleções e abscessos e tumores com extensa necrose central é importante. No primeiro, o realce periférico é fino e regular e, no segundo, ele é espesso e irregular (Figura 15).

Mastite puerperal

Trata-se de uma mastite infecciosa bacteriana aguda com a particularidade de ocorrer durante a lactação, em geral 2 a 3 semanas após o seu início. O agente etiológico mais comum é o *Staphylococcus aureus*. A porta de entrada são fissuras relacionadas à amamentação e a estase de leite nos ductos e lóbulos é um fator predisponente. Caso não tratada, pode evoluir para abscessos e fístulas. Também podem ocorrer infartos mamários e galactoceles. O papel dos métodos de diagnóstico por imagem nas mulheres com mastite puerperal é o mesmo do observado nas mastites infecciosas agudas, ou seja, a pesquisa de coleções, o diagnóstico diferencial com câncer de mama e a orientação de eventuais intervenções (biópsias, drenagens e aspirações). O método inicial escolhido para avaliação também é a USG. A mamografia é muito desconfortável nessa situação clínica e, junto à RM, seu uso deve ser individualizado, sendo especialmente importante quando a possibilidade de câncer de mama não é excluída no exame clínico e na USG inicial. O desempenho da mamografia e da RM também é prejudicado pelas modificações lactacionais.

Aspecto nos métodos de diagnóstico por imagem

As manifestações induzidas pela mastite puerperal nos métodos de diagnóstico por imagem são as mesmas produzidas pelas mastites infecciosas agudas. A diferen-

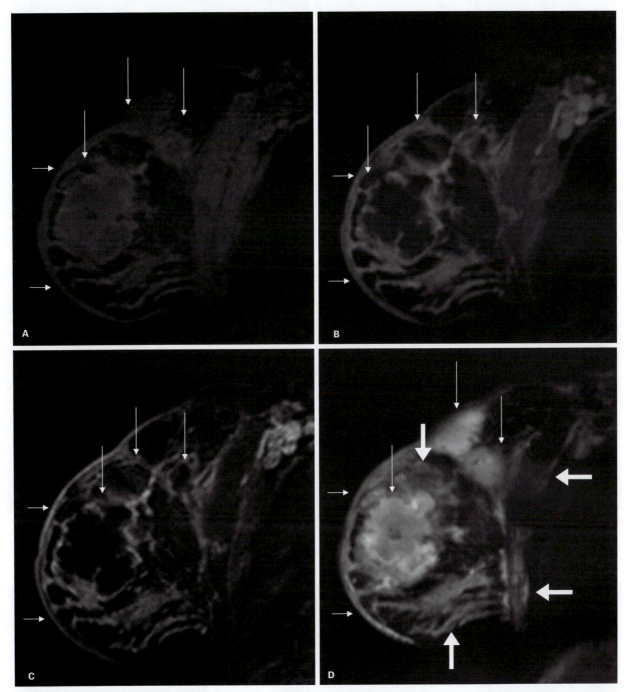

Figura 8 Imagens sagitais de ressonância magnética com supressão de gordura. (A) Pesada em T1 pré-injeção de contraste paramagnético intravenoso; (B) pesada em T1 pós-injeção de contraste paramagnético intravenoso; (C) subtração; (D) pesada em T2. Coleções com paredes irregulares (setas longas), espessamento de pele difuso com realce pós-contraste (setas curtas) e alterações inflamatórias traduzidas por hipersinal em T2 difusas pelo parênquima e em musculatura peitoral (setas grossas).

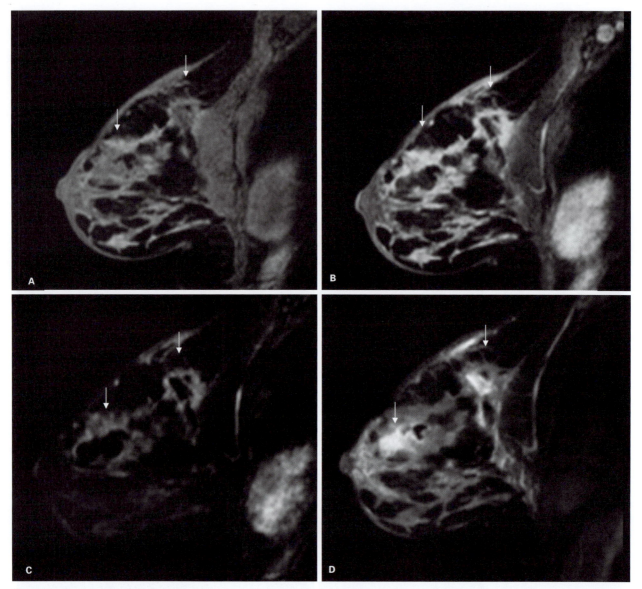

Figura 9 Imagens sagitais de ressonância magnética com supressão de gordura. (A) Pesada em T1 pré-injeção de contraste paramagnético intravenoso; (B) pesada em T1 pós-injeção de contraste paramagnético intravenoso; (C) subtração; (D) pesada em T2. Pós-tratamento com antibiótico e drenagens demonstrando redução das alterações inflamatórias e coleções (setas).

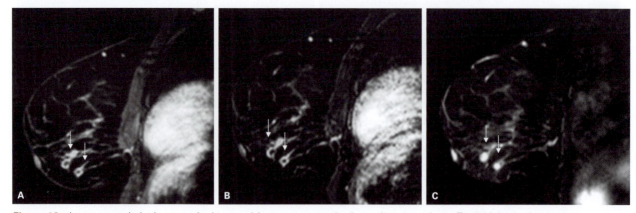

Figura 10 Imagens sagitais de ressonância magnética com supressão de gordura, pesada em T1 pré-injeção de contraste paramagnético intravenoso (A), subtração (B) e pesada em T2 (C). Paciente com mastite crônica apresentando pequenas coleções (setas) com hipersinal em T2 e realce fino e periférico pós-injeção de contraste paramagnético.

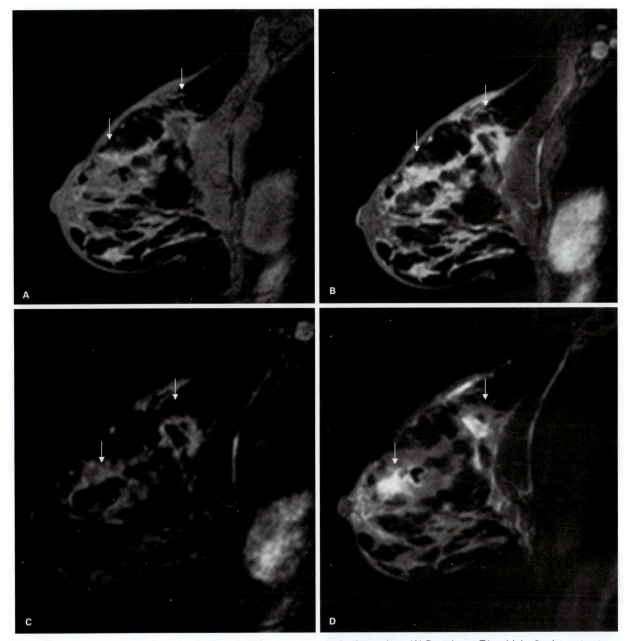

Figura 11 Imagens sagitais de ressonância magnética com supressão de gordura. (A) Pesada em T1 pré-injeção de contraste paramagnético intravenoso; (B) pesada em T1 pós-injeção de contraste paramagnético intravenoso; (C) subtração; (D) pesada em T2. Pós-tratamento com antibiótico e drenagens demonstrando redução das alterações inflamatórias e coleções (setas).

ça, na mastite puerperal, é que também são observadas as modificações próprias da lactação.

Mastite periductal/mastite plasmocitária/ectasia ductal

Os conceitos clínica e etiologia se sobrepõem. Em alguns textos, a ectasia ductal é considerada sinônimo de mastite de células plasmocitárias, também chamada de "comedomastite" e granuloma de colesterol. Alguns consideram a mastite periductal uma evolução de ectasia ductal. Como não há unanimidade, elas serão apresentadas separadamente a seguir.

Mastite periductal

Refere-se a um processo inflamatório que ocorre ao redor dos ductos. Sua etiologia é controversa, porém acredita-se que inicie com uma dilatação ductal seguida de lesões na parede, com extravasamento de conteúdo

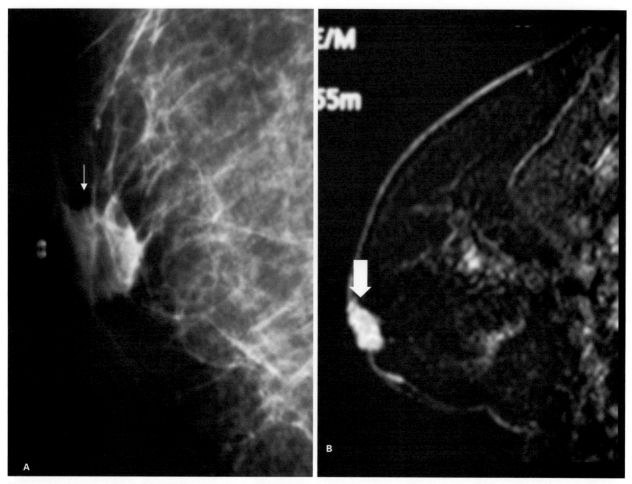

Figura 12 Compressão localizada (A) e subtrações de ressonância magnética (B) demonstram nódulo oval, indistinto (seta fina), com realce heterogêneo na ressonância (seta grossa). Mastite aguda com formação de abscesso em organização inicial.

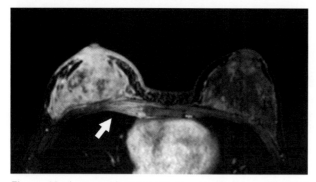

Figura 13 Imagem de ressonância magnética em corte axial com supressão de gordura, pesada em T1 pós-injeção de contraste paramagnético intravenoso, apresentando aumento volumétrico da mama direita com espessamento de pele e realce difuso assimétrico com extensão de realce à parede torácica (seta). Carcinoma inflamatório.

lipídico intraductal e consequente processo inflamatório reacional periductal. O tabagismo é um fator predisponente, e acredita-se que a colonização por bactérias possa estar relacionada à sua gênese.

Aspecto nos métodos de diagnóstico por imagem

- Mamografia: na fase aguda, pode manifestar-se como aumento da densidade local e assimetria focal e nas fases crônicas, como calcificações em bastão, frequentemente bilateral.
- USG: manifesta-se como ductos distendidos com paredes espessas e modificações da ecogenicidade periductal, muitas vezes discretas (Figuras 16 e 17).
- RM: observam-se ductos distendidos com hipersinal em T1 (alto conteúdo proteico), sem realce no interior. Pode haver realce nos tecidos adjacentes e realces nodulares (Figuras 18 e 19).

Mastite plasmocitária

É uma forma acentuada de mastite periductal, com extensa reação plasmocitária à secreção contida nos ductos. Acomete mulheres jovens e está relacionada à gestação, com início dos sintomas ocorrendo com intervalo médio de 4 anos após a amamentação. O tabagismo é um fator predisponente. Manifesta-se com sinais

5 PROCESSOS INFLAMATÓRIOS DA MAMA 413

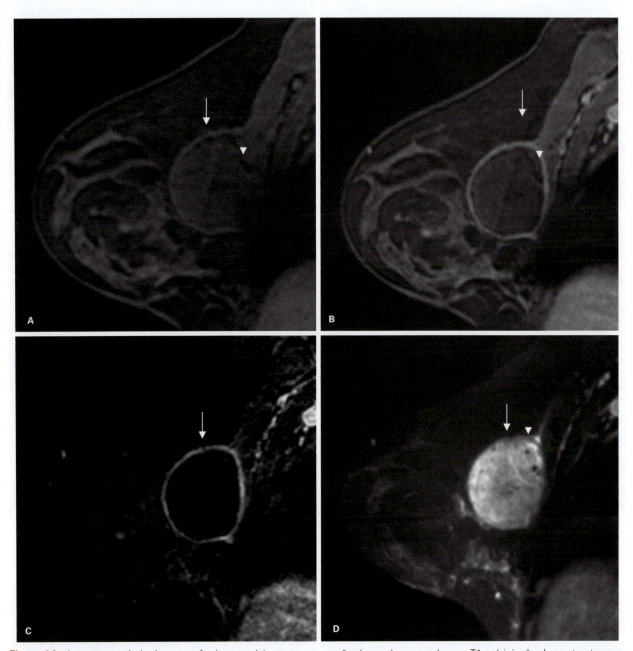

Figura 14 Imagens sagitais de ressonância magnética com supressão de gordura pesadas em T1 pré-injeção de contraste paramagnético intravenoso (A), pós-injeção de contraste (B), subtração (C) e pesada em T2 (C). Paciente com mamoplastia há 3 meses, evoluindo com saída de material leitoso por pertuito na pele. Abscesso caracterizado por hipersinal heterogêneo em T2 e realce fino e periférico pós-injeção de contraste paramagnético (setas). Presença de ar no interior do abscesso caracterizada por áreas de ausência de sinal (cabeças de setas).

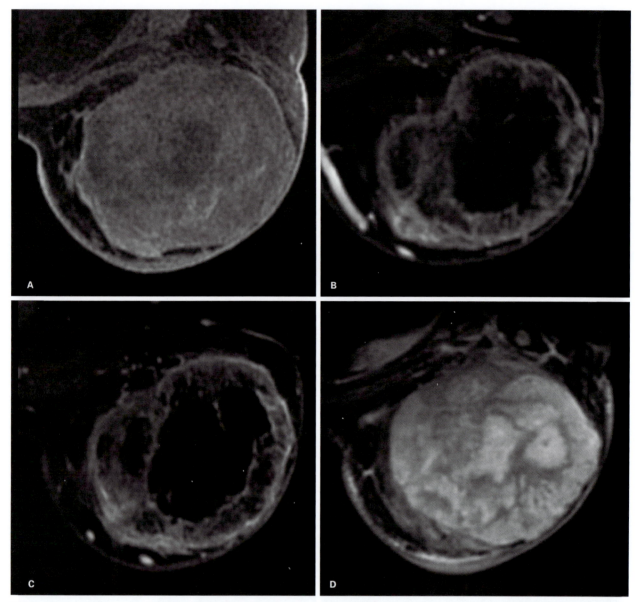

Figura 15 Imagens de ressonância magnética em cortes axiais com supressão de gordura pesada em T1 (A), após injeção de contraste (B), subtração (C) e pesada em T2 (D). Carcinoma ductal invasivo do tipo triplo negativo com realce anelar espesso e irregular.

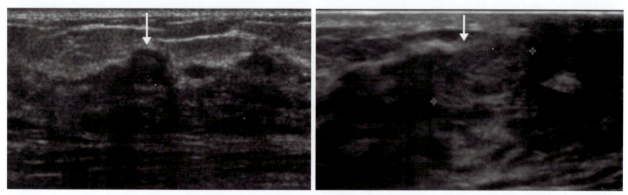

Figura 16 Ultrassonografia de paciente com alteração palpável na mama esquerda, demonstrando área nodular hipoecogênica, mal delimitada em correspondência com a alteração clínica (setas). Mastite periductal crônica.

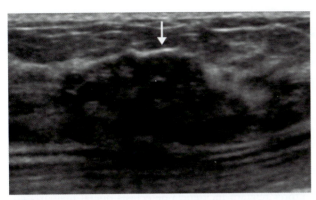

Figura 17 Ultrassonografia apresentando nódulo oval, de contornos indistintos, hipoecogênico (seta). Mastite periductal crônica. Evolução após 2 meses pós-antibioticoterapia.

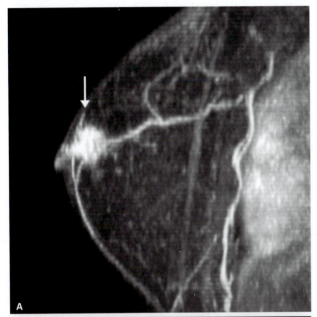

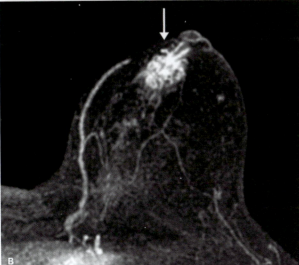

Figura 18 A, B: Imagens com reconstrução em projeção multiplanar (MIP) nos planos sagital (A) e axial (B), demonstrando realce focal heterogêneo subareolar (setas). Biópsia por agulha grossa revelou ser mastite.

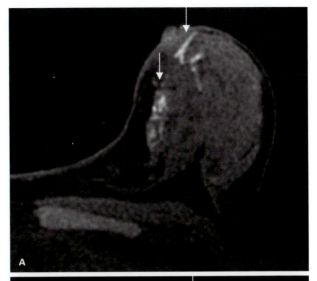

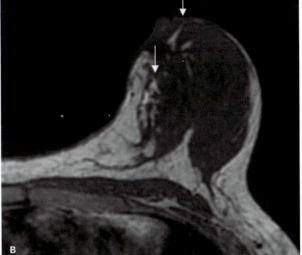

Figura 19 A, B: Imagens de ressonância magnética em cortes axiais, pesadas em T1 com supressão de gordura (A) e pesada em T1 sem supressão de gordura (B). Presença de ductos com hipersinal em T1 com e sem supressão de gordura demonstrando conteúdo proteico ou hemorrágico (setas). Setorectomia revelou mastite crônica com ectasia ductal (mastite periductal).

flogísticos, fluxo papilar, nódulos palpáveis, frequentemente subareolares ou periféricos. Pode evoluir com retração papilar, ulcerações cutâneas e formação de fístulas. Por essa razão, o tratamento escolhido muitas vezes é a excisão cirúrgica.

Na avaliação anatomopatológica, observa-se, na macroscopia, tecido endurecido, mal-delimitado, com secreção cremosa, podendo haver cistos e área puntiformes amarelo/douradas, simulando comedonecrose. Na microscopia, há intenso infiltrado plasmocitário difuso ao redor de ductos e lóbulos. Pode haver reação histiocitária e até mesmo granulomatosa no epitélio descamado e/ou na secreção nos ductos, além de linfócitos e neutrófilos, sempre em menor número que os plasmócitos. O epitélio dos ductos é hiperplásico.

Aspecto nos métodos de diagnóstico por imagem

Na fase aguda, as manifestações nos métodos de diagnóstico por imagem são dominadas pelos sinais relacionados ao processo inflamatório agudo, conforme descritos para mastite infecciosa aguda, e podem ser observadas as modificações descritas na mastite periductal. A extensão dos sinais inflamatórios, via de regra, é menor do que a observada na mastite infecciosa aguda. Pode evoluir com a formação de coleções, fístulas e nódulos não circunscritos, que, algumas vezes, requerem a biópsia percutânea para descartar a possibilidade de câncer de mama. Como na mastite periductal, mulheres com antecedentes de mastite plasmocitária podem apresentar, na mamografia, calcificações em bastão e retração papilar (Figura 20).

Ectasia ductal mamária

É uma condição inflamatória dos ductos centrais, que acomete mulheres na perimenopausa e na pós-menopausa. No início, pode ser assintomática, porém pode evoluir e apresentar sintomas uni ou bilaterais com presença de fluxo papilar não hemorrágico, espontâneo e intermitente, geralmente de cor clara, amarelada, esverdeada, marrom ou pastosa, podendo também ser hemorrágica. Eventualmente, os ductos subareolares podem ser palpáveis, apresentando massa subareolar dolorosa. Pode haver, em casos mais avançados, retração papilar e fístulas. O tabagismo é um fator predisponente para a ectasia ductal mamária e formação de fístulas por conta da alteração induzida na flora bacteriana dos ductos mamários. A paridade e a lactação não parecem ser fatores predisponentes. Alguns autores relatam incidência de ectasia ductal mamária em decorrência de estados de hiperprolactinemia.

Há duas teorias sobre a causa da ectasia ductal: dilatação provocada por involução e atrofia glandular em mulheres pós-menopausa levando a estase de secreção e consequente extravasamento do conteúdo gerando inflamação periductal. A outra possibilidade seria inflamação periductal inicial, levando a esclerose ductal, obliteração e ectasia. A avaliação anatomopatológica mostra segmento mamário com ductos dilatados contendo secreção pastosa, granular, normalmente esbranquiçada, creme ou marrom. As paredes podem estar espessadas, e calcificações podem ser visualizadas. A microscopia revela conteúdo nos ductos mamários constituído por material proteináceo, amorfo, eosinofílico, normalmente associado a células xantomatosas (macrófagos) e células epiteliais ductais descamadas. As células xantomatosas podem estar presentes em meio ao epitélio. Os ocrócitos são células características da ectasia ductal – macrófagos contendo pigmento ceroide e localizadas na camada epitelial-mioepitelial, no tecido periductal ou no lúmen ductal. Pode-se encontrar também metaplasia escamosa do epitélio de revestimento ductal. Outra alteração proeminente na ectasia ductal é a reação inflamatória, tanto na parede quanto no tecido periductal, com predomínio de linfócitos, podendo haver extravasamento do material luminal ductal e subsequente aumento da reação periductal, com formação de abscesso. Uma possível complicação tardia é a formação de granulomas de colesterol, caracterizados por cristais de colesterol circundados por histiócitos e células gigantes. Também, tardiamente, há diminuição do infiltrado inflamatório e predomínio de tecido fibroso hialino e elastótico periductal.

Aspecto nos métodos de diagnóstico por imagem

O achado dominante, na mamografia e na USG, é a ectasia ductal, que pode ser múltipla e bilateral ou assimétrica focal retroareolar (Figura 21). Na RM, esses ductos podem apresentar conteúdo rico em proteínas traduzidas por alto sinal em T1 pré-contraste (Figura 22). Pequenas coleções podem ser visualizadas em alguns casos. Os achados da ectasia ductal e da mastite periductal se sobrepõem e normalmente não é possível diferenciá-las nos métodos de diagnóstico por imagem.

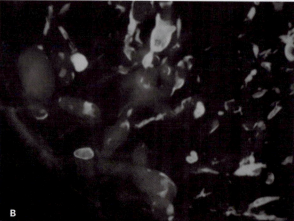

Figura 20 Mamografias demonstrando calcificações em bastonete, intra e extraductais. Mastite secretória ou de células plasmocitárias pregressa.

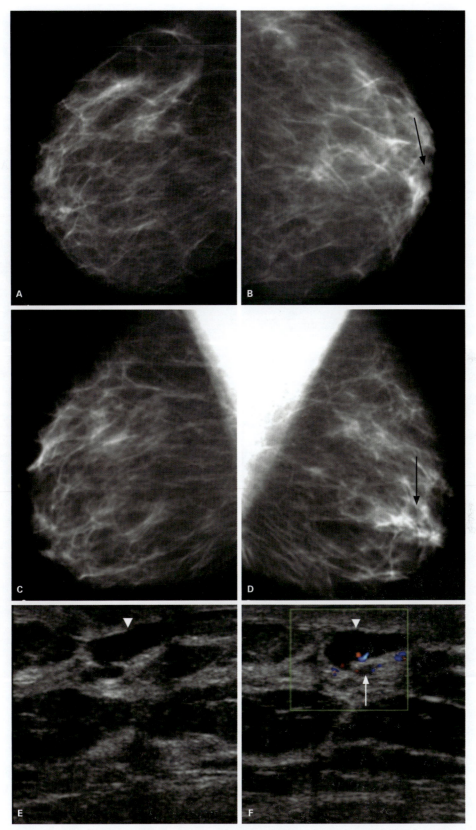

Figura 21 Mamografias em incidências craniocaudais (A, B) e médios-laterais oblíquas (C, D) demonstrando assimetria focal na região retroareolar da mama esquerda (setas). Paciente com fluxo papilar hemorrágico uniductal há 3 meses. E, F: Ultrassonografia demonstra ectasia ductal com vegetação sólida em seu interior (cabeças de setas) e fluxo no mapeamento com Doppler colorido (seta em F). Biópsia percutânea revelou parênquima mamário com ectasias ductais, fibrose estromal e mastite crônica com reação gigantocelular do tipo corpo estranho em lóbulo mamário.

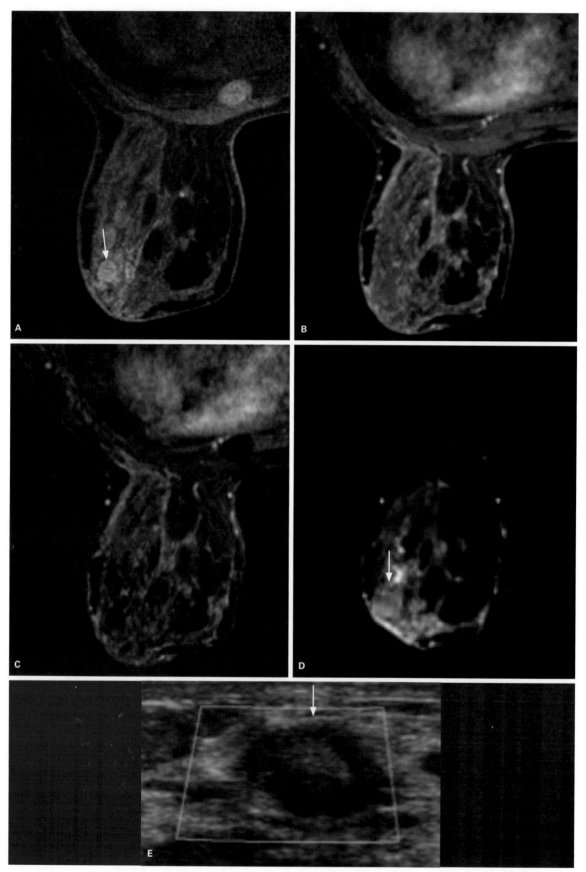

Figura 22 Imagens de ressonância magnética em cortes axiais com supressão de gordura pesada em T1 pré-contraste (A), pesada em T1 pós-contraste (B), subtração (C), pesada em T2 (D) e ultrassom (E) demonstram ducto ectasiado com conteúdo espesso (setas).

Mastite granulomatosa idiopática (mastite lobular granulomatosa)

As mastites granulomatosas são entidades benignas raras e são classificadas como idiopáticas quando nenhum fator etiológico é encontrado. Por outro lado, como será discutido adiante, algumas mastites granulomatosas podem ter sua etiologia determinada e são denominadas de acordo com ela como mastite tuberculosa, fúngica, sarcoidose, mastites por corpo estranho ou parasitária.

A mastite granulomatosa idiopática predomina na terceira ou quarta décadas de vida, sobretudo após a gestação, e a sua etiopatogenia é controversa. Há teorias que a associam a amamentação ao uso de contraceptivos orais ou a uma origem autoimune. Também existe associação com doenças autoimunes como eritema nodoso, alveolite linfocítica, sarcoidose, granulomatose de Wegener, arterite de células gigantes ou poliarterite nodosa.

Do ponto de vista clínico, pode manifestar-se com dor, sinais inflamatórios, nódulos ou espessamentos palpáveis, fluxo papilar, ulcerações cutâneas, fístulas e abscessos. Na maioria dos casos, a localização é periférica e unilateral, mas pode ser difusa ou subareolar e bilateral. O diagnóstico é de exclusão. A biópsia percutânea de fragmentos permite o diagnóstico de mastite granulomatosa em 96% dos casos, e a subsequente eliminação de etiologias específicas classifica-se como idiopática. A terapia mais adequada é motivo de discussão e envolve a excisão cirúrgica e/ou corticoterapia. O uso de anti-inflamatórios não hormonais, colchicina, metotrexato e antibióticos pode ser considerado. A recorrência da doença ocorre em até 50% dos casos e, em casos extremos, tem sido descrito o uso da mastectomia para controlá-la.

O estudo anatomopatológico mostra massa firme, endurecida, mal-delimitada, branco-acinzentada. Na microscopia, observa-se processo inflamatório granulomatoso centrado nos lóbulos, distorcendo-os. Os granulomas apresentam histiócitos epitelioides, células gigantes de Langhans, além de plasmócitos, linfócitos e, ocasionalmente, eosinófilos. Com a progressão, há confluência dos granulomas, camuflando a lobulocentricidade do processo. Também ocorrem fibrose, formação de abscesso e esteatonecrose. Não há vasculite.

Aspecto nos métodos de diagnóstico por imagem

Na mamografia, a apresentação mais comum é como assimetria focal (44%). Outras formas de apresentação incluem: nódulos lobulados, irregulares (16%) (Figura 23) e aumento difuso de densidade mamária (7%). A presença de linfonodomegalias e espessamento cutâneo pode ser observada na mamografia, respectivamente, em 18 e 7% dos casos.

Na USG, podem apresentar-se como nódulos irregulares (Figura 24), com ou sem extensões tubulares (92%), distorção arquitetural com sombra acústica posterior (7%). Estão associadas a espessamento cutâneo (52%), linfonodomegalias (28%) e fístulas. Na RM, são descritas áreas de realce heterogêneos com margens, desde espiculadas a circunscritas, realces focais homogêneos e realces segmentares heterogêneos associados a múltiplos realces anelares (Figura 25).

Sarcoidose

O envolvimento da mama na sarcoidose sistêmica é raro, e a sarcoidose primária da mama é extremamente

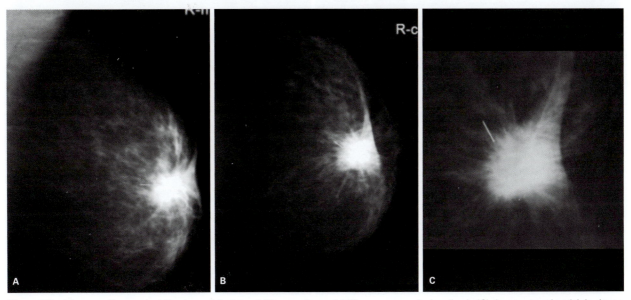

Figura 23   Mamografias em incidências médio-lateral (A) e craniocaudal (B) e compressão localizada (C) demonstrando nódulo denso irregular, espiculado na região retroareolar, promovendo retração do mamilo. Mastite granulomatosa idiopática.

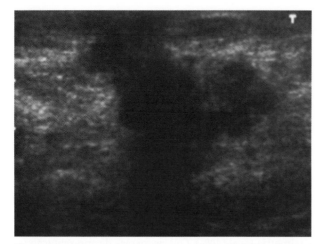

Figura 24 Ultrassonografia demonstrando nódulo irregular mal definido na região subareolar, com extensão ao mamilo. Mastite granulomatosa idiopática.

rara. A sarcoidose mamária geralmente é acompanhada por linfonodomegalias e acomete mulheres jovens (20-30 anos), e o diagnóstico diferencial com câncer de mama deve ser realizado, o que, em geral, requer a biópsia. O estudo anatomopatológico mostra área firme, endurecida, pardo-clara, com bordas bem definidas ou indistintas.

Não há calcificações ou necrose. Na microscopia, notam-se granulomas epitelioides com formação de nódulos, entremeando ductos e lóbulos. Há presença de células gigantes multinucleadas de Langhans e ausência de necrose, calcificações e esteatonecrose. Notam-se, também, fibrose e reação linfoplasmocitária em graus variáveis. Deve-se excluir tuberculose por meio de métodos histoquímicos, por exemplo.

Há poucos relatos do aspecto da sarcoidose mamária nos métodos de diagnóstico por imagem. Nesses relatos, ela simula o câncer de mama.

Granulomatose de Wegener

A doença é caracterizada por vasculite necrotizante afetando o sistema respiratório, acompanhada de glomerulonefrite. Raramente, outros órgãos são envolvidos, como pele, articulações e vísceras. O primeiro caso de granulomatose de Wegener envolvendo a mama foi descrito em 1969 por Elsner e Harper. A faixa etária é de 40 a 69 anos de idade, na maioria unilateral, porém podendo ser bilateral. O acometimento mamário pode anteceder os sintomas sistêmicos, mas, na maioria dos casos, são concomitantes ou aparecem logo após o surgimento da

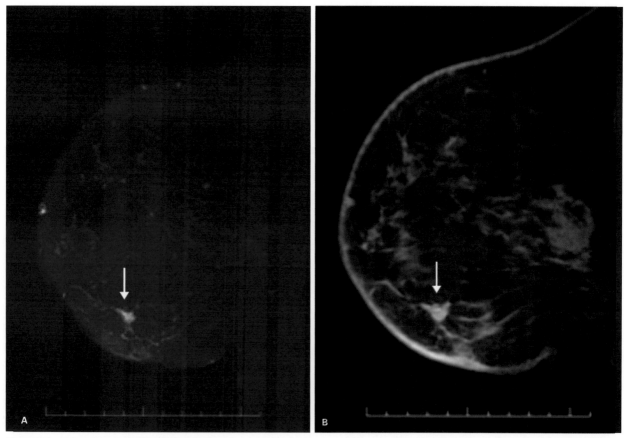

Figura 25 Imagens de ressonância magnética em cortes sagitais com supressão de gordura pesada em T2 (A) e T1 pré-contraste (B).

(continua)

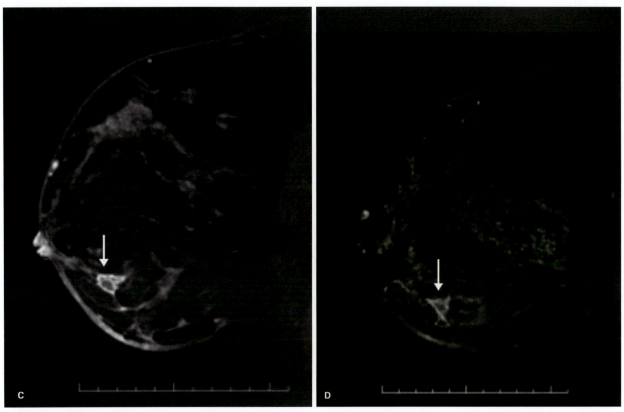

Figura 25 *(continuação)* Pesada em T1 pós-contraste (C), subtração (D) demonstrando nódulo irregular, espiculado com realce periférico (setas). Mastite granulomatosa idiopática.

lesão mamária. O acometimento mamário pode ser tardio em até 6 anos após o início dos sintomas sistêmicos. As manifestações clínicas podem mimetizar o carcinoma de mama, até mesmo um carcinoma inflamatório. A biópsia cirúrgica pode ser necessária para demonstrar a vasculite necrotizante que afeta artérias e veias e caracteriza a doença. O estudo anatomopatológico mostra achados inespecíficos na macroscopia, com a formação de uma massa mal-delimitada, firme, com possíveis áreas de necrose. Na microscopia, o achado característico é a vasculite necrotizante acometendo artérias e veias. Pode estar obscurecida pela presença de esteatonecrose.

Há poucos relatos na literatura sobre o aspecto da granulomatose de Wegener na mama nos métodos de diagnóstico por imagem. Na mamografia, foi descrita como um nódulo denso, podendo ter margens irregulares.

Tuberculose

A tuberculose mamária é rara e acomete mulheres em qualquer faixa etária, sendo mais comuns na pré-menopausa e na lactação. A apresentação clínica é variável, mas em geral manifesta-se como nódulo endurecido e doloroso, que pode aderir à pele, ao músculo peitoral maior ou à parede torácica. A lesão pode ser única ou, menos frequentemente, múltipla. Outras formas de apresentação clínica incluem a presença de fluxo papilar, a formação de abscesso, com ou sem fístulas, ulcerações de pele, o endurecimento da mama e o aspecto *peau d'orange*, especialmente quando há tuberculose linfonodal axilar extensa. A duração dos sintomas pode variar de alguns meses a vários anos. A tuberculose mamária unilateral é mais comum, mas o envolvimento de ambas as mamas é relatado em até 30% dos casos.

A mastite tuberculosa pode ser primária, porém o mais frequente é que o acometimento seja secundário. A disseminação para a mama pode ser via linfática, por contiguidade, via hematogênica, via inoculação direta ou infecção ductal. A principal teoria é de que a disseminação para a mama seja via linfática a partir dos pulmões e envolve os plexos traqueobrônquico, paratraqueal, mediastinais e mamárias internas. A disseminação por contiguidade seria secundária ao acometimento de estruturas da parede torácica e pleura. Um exemplo de inoculação direta seria via papilar, particularmente dilatada durante a lactação, podendo ser responsável pelas mastites tuberculosas associadas à gestação. O acometimento ganglionar axilar é encontrado em 50-75% dos casos de mastite tuberculosa.

A classificação da tuberculose mamária tem se modificado ao longo dos anos, porém classicamente é dividida em cinco diferentes tipos: a forma nodular, a disseminada ou confluente, a esclerosante, a obliterante e a aguda miliária. A forma nodular caseosa se apresenta como um nódulo circunscrito, não calcificado e indolor que cresce lentamente, podendo ser confundido com um fibroadenoma e que progride invadindo a pele, podendo ulcerar, formar fístulas e se tornar dolorosa, confundindo-se com carcinoma. A tuberculose mamária disseminada é caracterizada por múltiplos focos na mama, formando abscessos com fístulas. A pele torna-se espessada, podendo haver formação de úlceras dolorosas e endurecimento da mama, com sinais inflamatórios.

A forma esclerosante geralmente acomete mulheres idosas e caracteriza-se pelo predomínio da fibrose sobre a formação de nódulos caseosos. Observa-se uma massa indolor, de crescimento lento, com retração do mamilo. Geralmente, toda a mama torna-se endurecida em razão da fibrose. A forma obliterante é caracterizada pela infecção ductal produzindo uma proliferação de epitélio de revestimento e fibrose periductal, ocluindo os ductos e produzindo formações císticas. A forma miliar aguda é parte de tuberculose miliar generalizada. Os tipos esclerosante, obliterante e miliar têm mais valor histórico, e atualmente as tuberculoses mamárias podem ser reclassificadas como nodular, disseminada e variedades de abscessos.

O diagnóstico da mastite tuberculosa requer, em geral, a biópsia cirúrgica. O bacilo não é isolado na maioria dos casos, e o diagnóstico final envolve exclusão de outras causas de mastites granulomatosas. A maioria das pacientes é tratada com esquemas de drogas antituberculosas, mas em alguns casos a ressecção cirúrgica e, até mesmo, a mastectomia podem ser necessárias.

A avaliação anatomopatológica macroscópica mostra tecido nodular, endurecido, pálido ou acinzentado, associado a focos esbranquiçados de necrose caseosa. Pode haver confluência dos nódulos com formação de cavitação central. A microscopia mostra lesões granulomatosas com necrose caseosa. Há maior tendência de essas lesões estarem associadas aos ductos em vez dos lóbulos. Com o tempo, há aumento progressivo da fibrose. Os bacilos não são habitualmente visualizados histologicamente por isso recomenda-se o uso de marcadores histoquímicos (p. ex., coloração de Ziehl-Neelsen).

Aspecto nos métodos de diagnóstico por imagem

Dependem do tipo de acometimento da tuberculose mamária. Nas formas nodulares, predominam os nódulos que podem ser densos, circunscritos ou não na mamografia. Calcificações em granulomas residuais ocorrem em cerca de 30% dos casos. Nas formas disseminadas, pode haver aumento na densidade mamária, espessamento de pele e nódulos maldefinidos. Na USG, além de nódulos sólidos que podem ser circunscritos ou não (Figura 26), podem ser identificados ductos ectasiados com conteúdo heterogêneo, trajetos fistulosos, espessamento de pele, além de aumento da ecogenicidade decorrente de processo inflamatório. Na RM, são descritos os abscessos que se apresentam como nódulos com hipersinal em T2 e realces periféricos após a injeção de contraste paramagnético intravenoso. Os trajetos fistulosos podem ser identificados. A presença de linfonodomegalias axilares é comum em todos os métodos de imagem.

Mastites relacionadas a silicone e parafina

A prática de injeção de silicone livre, parafina e ceras com finalidade estética foi logo abandonada em razão de resultados ruins e complicações. Tais substâncias provocam reação de corpo estranho e causam modificações inflamatórias nas mamas.

Na injeção de parafina, o período de latência, entre a injeção e a detecção de alterações, variou de 2 anos a várias décadas. São descritos nódulos palpáveis endurecidos, infiltração da pele, ulcerações, fístulas e fluxo papilar de parafina. Parafinomas são complicações tardias.

Na injeção de silicone, observa-se mastite difusa e/ou formação de nódulos, denominados granulomas de silicone. Pode haver endurecimento da pele, formação de fístulas, deformidades e endurecimento mamários. A reação decorrente da mastite por silicone dificulta o diagnóstico precoce do câncer de mama no exame físico ou com métodos de diagnóstico por imagem. Para controle local do processo e restauração do aspecto cosmético das mamas, podem ser necessárias cirurgias grandes, até mesmo mastectomias. O resultado é comprometido quando há infiltração cutânea.

Aspecto nos métodos de diagnóstico por imagem

- Mamografia: na injeção de parafina, são descritos múltiplos nódulos circunscritos ou obscurecidos, distorção arquitetural, calcificações distróficas ou periféricas e linfonodomegalia axilar. Na injeção de silicone, observam-se desde aumento de densidade, difuso ou localizado, até nódulos densos que podem ter margens circunscritas, com ou sem calcificações periféricas, ou nódulos com margens obscurecidas, indistintas ou mesmo espiculadas (Figura 27). Calcificações são menos frequentes, geralmente irregulares e grosseiras, porém podem ser eventualmente finas.
- USG: na injeção de parafina, observam-se múltiplas formações císticas com debris, simulando nódulos complexos, nódulos com sombra acústica posterior ou com aspecto em tempestade de neve. Podem envolver a pele, a tela subcutânea e o músculo peitoral maior. Na injeção de silicone, observam-se aumento da ecogenicidade, áreas com aspecto em tempestade de neve e áreas de sombra acústica posterior limitando a visibilidade de planos profundos. Os siliconomas

5 PROCESSOS INFLAMATÓRIOS DA MAMA **423**

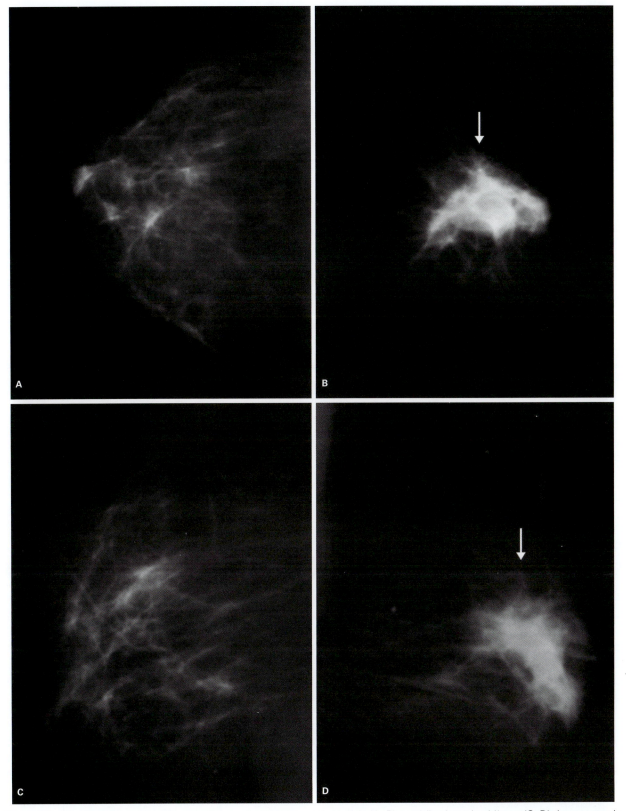

Figura 26 Mastite tuberculosa. Mamografias em incidências craniocaudais (A, B) e médios-laterais oblíquas (C, D) demonstrando nódulo denso, irregular e indistinto na região retroareolar da mama esquerda (setas).

(continua)

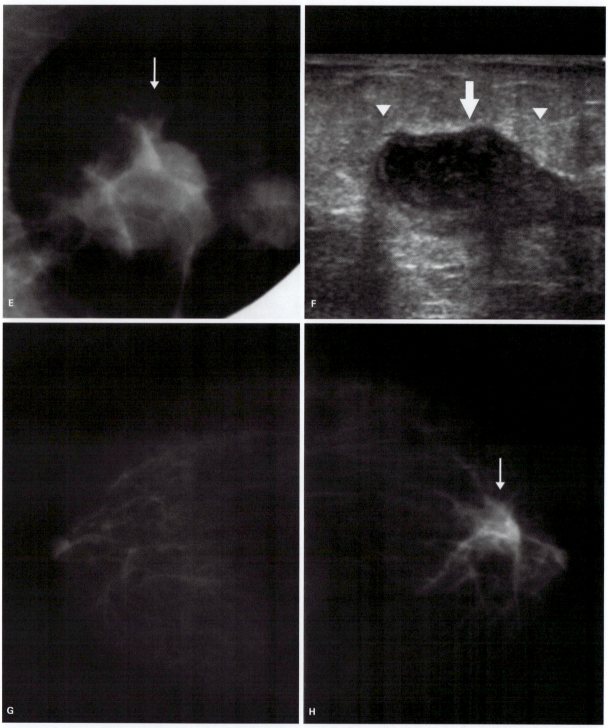

Figura 26 *(continuação)* Mamografias com compressão localizada (E) e ultrassonografia (F) demonstrando nódulo irregular indistinto (seta) e nódulo complexo circunscrito (seta grossa) com reação inflamatória adjacente (cabeças de setas). Mamografias em incidências craniocaudais (G, H).

(continua)

5 PROCESSOS INFLAMATÓRIOS DA MAMA 425

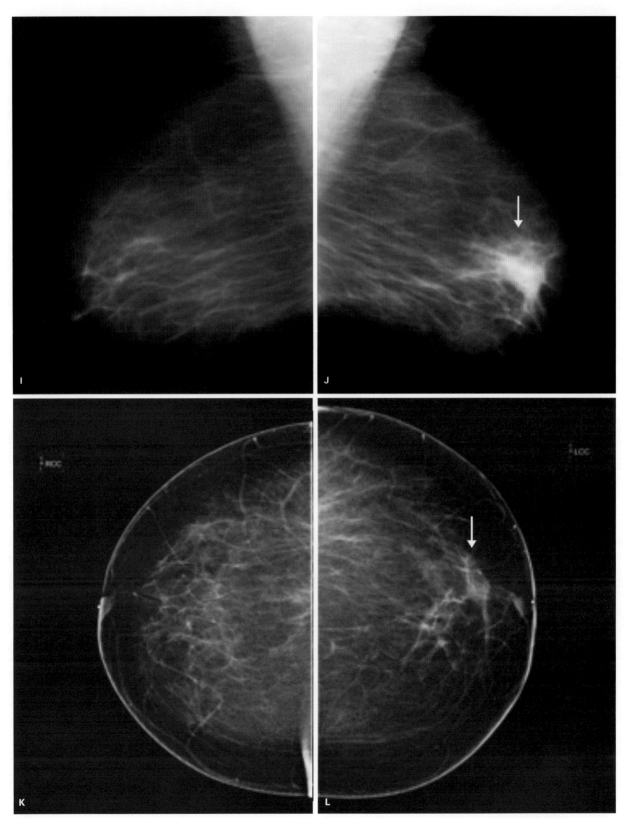

Figura 26 *(continuação)* Médios-laterais oblíquas (I, J) demonstrando redução das dimensões do nódulo após tratamento com esquema tríplice (rifampicina + isoniazida + pirazinamida) durante 6 meses (seta). Mamografias em incidências craniocaudais (K, L).

(continua)

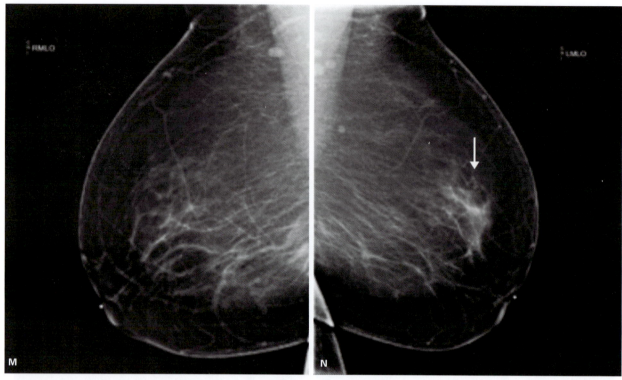

Figura 26 *(continuação)* Médios-laterais oblíquas (M, N) demonstrando redução da lesão após 2 anos de evolução pós-tratamento (seta).

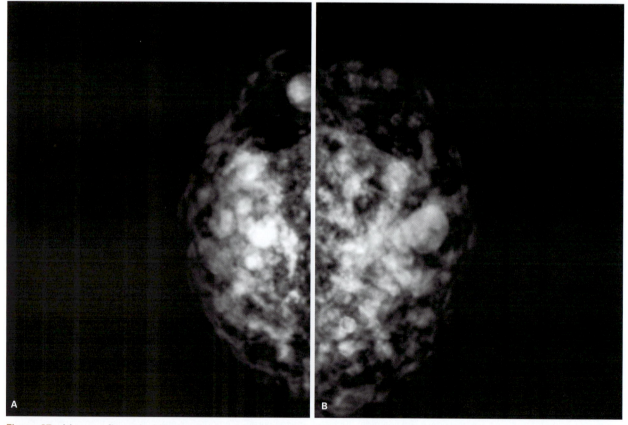

Figura 27 Mamografia em incidência craniocaudal (A, B) e em incidência médio-lateral oblíqua (C, D).

(continua)

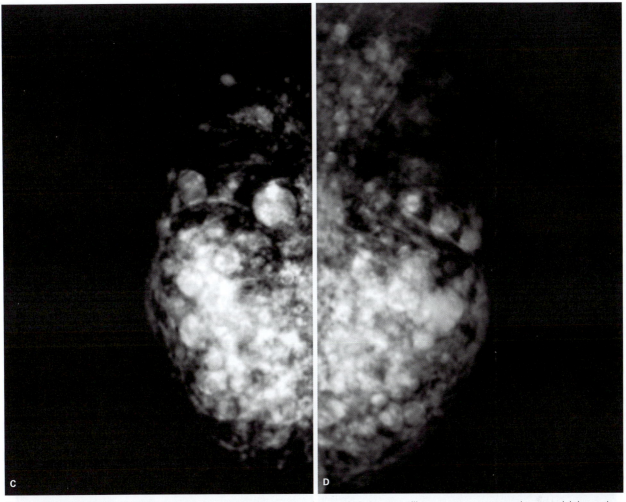

Figura 27 *(continuação)* Paciente com injeções de silicone livre formando inúmeros siliconomas, representados por nódulos redondos, circunscritos e de alta densidade.

são observados como formações císticas, com conteúdo anecogênico ou com conteúdo de aspecto espesso (Figura 28).

- RM: na injeção de parafina, os parafinomas apresentam dois componentes, um fibroso que apresenta baixo sinal em T1 e T2, e um líquido, que apresenta hipossinal em T1 e T2. Diferentes intensidades de sinal, no entanto, foram descritas com parafinomas apresentando hipossinal em T1 e hipersinal em T2, provavelmente refletindo alterações no estado da parafina decorrentes do tempo de injeção: quanto mais recente, mais fluido. Na injeção de silicone, o material infiltrado possui hipersinal em T2 e STIR, baixo sinal em T1, costuma não realçar após a injeção de contraste paramagnético intravenoso e os granulomas de silicone aparecem como formações císticas de paredes regulares com hipersinal em T2 e STIR, baixo sinal em T1 e sem realces após contraste. Eventualmente, podem ocorrer áreas de realces focais, regionais ou difusos heterogêneos dependendo do grau de processo inflamatório (Figura 29).

Pseudotumor inflamatório

Também conhecido como tumor miofibroblástico inflamatório e granuloma de células plasmáticas. É uma condição rara e benigna. São mais comuns nos pulmões, podendo ocorrer em outros órgãos, incluindo as mamas. A patogênese é desconhecida. Especula-se que surjam em decorrência de uma resposta inflamatória aberrante a citoqueratinas locais ou de que seja uma neoplasia verdadeira em vez de uma reação inflamatória. Apesar de benignos, há relatos de invasão vascular, recorrência local e mesmo metástases. Podem ser únicos ou múltiplos.

Clinicamente, aparecem como um nódulo mamário endurecido e indolor, geralmente aderido à pele, podendo haver retração cutânea local e ulceração. O tratamento de escolha é a excisão cirúrgica, e o diagnóstico pode ser feito por biópsia percutânea de fragmentos.

No estudo anatomopatológico, são descritos três componentes histológicos: mixoide, vascular e áreas inflamatórias, lembrando uma fasceíte nodular, células fusiformes com células inflamatórias (linfócitos, células

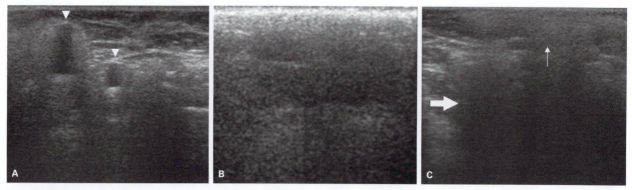

Figura 28 Ultrassonografia demonstrando silicone livre. Siliconomas (cabeças de setas) e aspecto de tempestade de neve ao redor (A). Aspecto de tempestade de neve (B). Pele espessada e hiperecogênica denotando silicone infiltrado na derme (seta fina) e aspecto de sombra acústica intraparenquimatosa (seta grossa) (C).

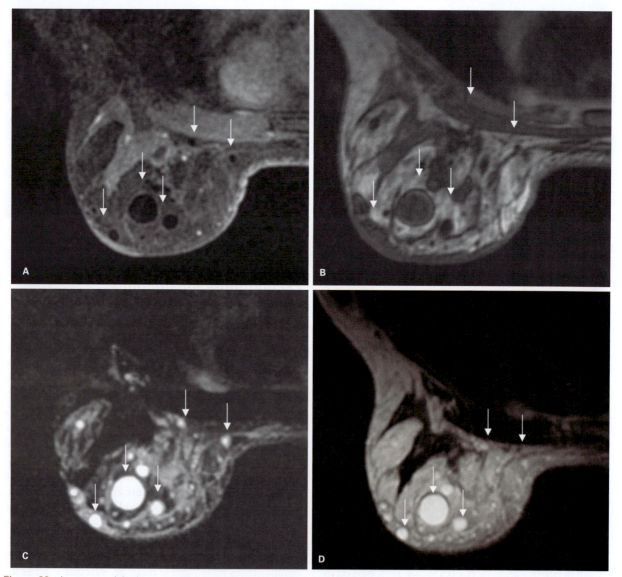

Figura 29 Imagens axiais de ressonância magnética, pesada em T1 com supressão de gordura (A), pesada em T1 (B), em T2 com supressão de gordura (C) e em T2 (D). Paciente com injeções de silicone livre formando inúmeros siliconomas, representados por vários nódulos redondos, regulares com hipossinal em T1 com supressão de gordura (A), isossinal em T1 (B) e hipersinal em T2 (setas).

plasmáticas e eosinófilos) como um histiocitoma fibroso e placas de colágeno denso simulando desmoide ou cicatriz. A apresentação descrita nos métodos de imagem consiste em nódulo circunscrito, às vezes mal definido ou até espiculado, sem calcificações na mamografia. Na USG são descritos nódulos mal definidos ou área de sombra acústica sem evidência de nódulo, além de aumento de vascularização periférica no modo Doppler em cores.

Colagenoses

O acometimento da mama nas colagenoses é raro. Faz parte da doença sistêmica e caracteriza-se pelo envolvimento cutâneo e subcutâneo. Tem sido descrito em esclerodermia, dermatopolimiosite, lúpus eritemoso sistêmico, doença de Weber-Christian e angiopaniculite granulomatosa. Nas paniculites, é esperado que haja involução espontânea.

Na mamografia, são descritas assimetrias focais e calcificações distróficas (Figura 30). Na USG, têm sido observadas áreas hiperecogênicas ou hipoecogênicas mal definidas e heterogêneas, com sombra acústica. Na RM, são relatadas áreas irregulares heterogêneas de hipersinal em T2, baixo sinal em T1 e realce regional, com curva cinética persistente.

Mastopatia diabética

A ocorrência de tumores fibrosos decorrentes de proliferação estromal em pacientes com diabete melito (DM) foi descrita pela primeira vez em 1984 e denominada mastopatia diabética. Acredita-se que a patogênese esteja relacionada à reação autoimune ao acúmulo de matriz induzida pela hiperglicemia. As alterações parecem ser específicas para o diabete insulino-dependente, apesar de haver relatos de casos no DM tipo II e não relacionados ao diabetes, mas ao hipotireoidismo e ao lúpus eritematoso sistêmico. O intervalo médio entre o diagnóstico do diabete e o surgimento das lesões mamárias é de 20 anos. Lesões bilaterais são encontradas em 45% dos casos, e a

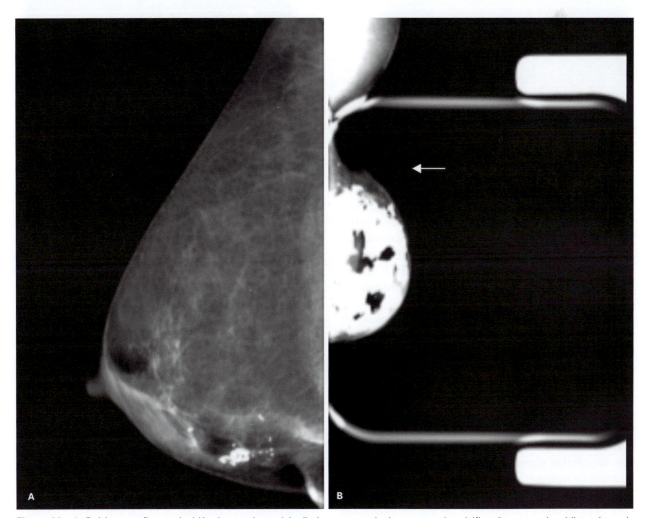

Figura 30 A, B: Mamografias em incidências craniocaudais direita e esquerda demonstrando calcificações grosseiras bilaterais, mais proeminentes na mama esquerda, que se apresenta também reduzida em tamanho (seta).

(continua)

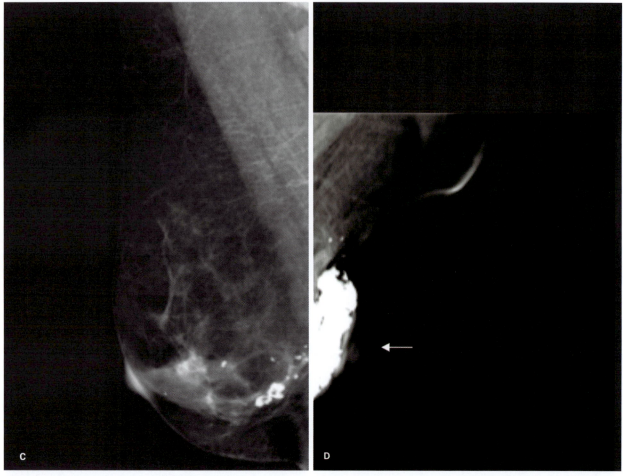

Figura 30 *(continuação)* C, D: Mamografias em incidências médio-laterais oblíquas direita e esquerda demonstrando calcificações grosseiras bilaterais, mais proeminentes na mama esquerda, que se apresenta também reduzida em tamanho (seta).

maioria das pacientes apresenta complicações decorrentes do diabete, como retinopatias graves e neuropatias. As manifestações clínicas da mastopatia diabética incluem nódulos pouco móveis, unilaterais ou bilaterais. A mastopatia diabética parece ser autolimitada, e existem relatos de regressão ou desaparecimento espontâneo das lesões.

No estudo anatomopatológico macroscópico, observa-se nódulo endurecido e mal definido, branco-acinzentado, sem formar uma tumoração delimitada. Microscopicamente, a mastopatia diabética é caracterizada por infiltrado linfocitário e lobulocêntrico, podendo estar também ao redor de vasos. Há migração de linfócitos para a camada epitelial dos ductos. O estroma é colagenizado com características de queloides e aumento de fibroblastos estromais. Normalmente, não há células gigantes multinucleadas, plasmócitos ou áreas de necrose.

Na mamografia, são descritas assimetrias focais (Figura 31) e nódulos circunscritos ou mal definidos. Geralmente, não há calcificações ou espiculações. Na USG, são relatados nódulos acentuadamente hipoecogênicos, microlobulados e com forte sombra acústica posterior (Figura 32). Na RM, há descrições de nódulos irregulares com hipossinal em T1, T2 e STIR, com realce heterogêneo e padrão cinético progressivo e, eventualmente, sem realces anômalos (Figura 33).

Gigantomastia inflamatória

Em anos recentes, têm sido observados casos de hipertrofia inflamatória das mamas. São pacientes jovens com aumento exuberante e súbito do volume das mamas associado a alterações inflamatórias, por vezes de tal intensidade que promovem sofrimento cutâneo, com necrose da pele (Figura 34A). É uma doença rara e aparentemente associada a alterações autoimunes e eventos com grandes alterações hormonais, como puberdade ou gestação, podendo ser idiopática. Na maioria dos casos relatados, apresentavam-se doenças autoimunes associadas, como artrite crônica, tireoidite de Hashimoto, psoríase ou miastenia gravis. O tratamento de escolha é terapia anti-hormonal, associada a cirurgia redutora ou mesmo mastectomia.

5 PROCESSOS INFLAMATÓRIOS DA MAMA 431

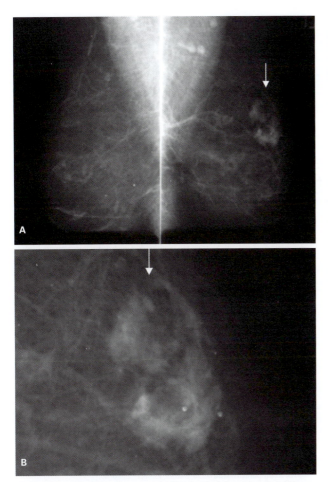

Figura 31 Mamografias em incidências médios-laterais oblíquas (A) e compressão localizada (B) demonstrando assimetria focal (setas). Mastopatia diabética.

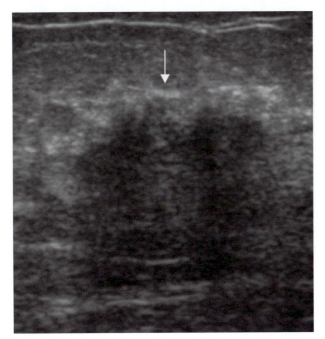

Figura 32 Ultrassonografia demonstrando nódulo irregular de contornos indistintos e hipoecogênico (seta). Mastopatia diabética.

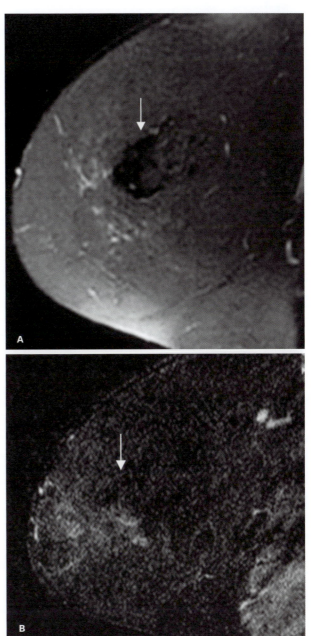

Figura 33 Imagens de ressonância magnética em cortes sagitais com supressão de gordura pesada em T2 (A) e subtração (B) demonstrando nódulo com forma e margens irregulares, hipossinal em T2 (A) sem realces anômalos (setas). Mastopatia diabética.

As mamas cirurgicamente retiradas apresentavam pesos que variavam de 570 a 4.200 g (com média de 2.281 g), sem lesão focal macroscopicamente, com pele espessada e alterações pseudoverrucosas. Histologicamente, as mamas apresentavam um estroma denso e extenso, com fibrose maior em áreas interlobulares do que nos lóbulos, que se encontravam atrofiados, e escasso tecido adiposo. Em meio à fibrose, são observados espaços em fenda, similares aos descritos na hiperplasia estromal pseudoangiomatosa e infiltrado perilobular linfocítico.

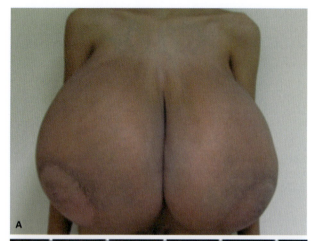
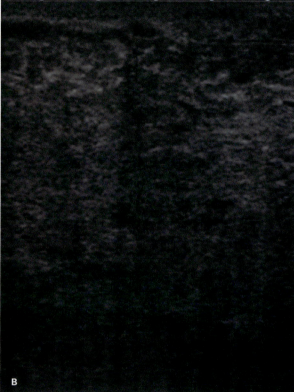

Figura 34 A: Paciente de 12 anos de idade com aumento progressivo das mamas. B: Ultrassonografia demonstrando o parênquima hiperecogênico difuso, com ausência de gordura. Gigantomastia inflamatória.

Na mamografia, observa-se aumento de densidade, sem massas ou calcificações. Na USG, o tecido é hiperecogênico e homogêneo, com ausência de gordura intraglandular (Figura 34B). Na RM, o tecido mamário demonstrou hipersinal nas sequências pesadas em T2, com ausência de tecido adiposo e realce difuso e heterogêneo, com curva cinética progressiva após a injeção de contraste paramagnético intravenoso.

Bibliografia sugerida

1. Chala LF, de Barros N, Moraes PC, Endo E, Kim SJ, Pincerato KM, et al. Fat necrosis of the breast: mammographic, sonographic, computed tomography, and magnetic resonance imaging findings. Curr Probl Diagn Radiol. 2004;33:106-26.
2. Cheng L, Reddy V, Solmos G, Watkins L, Cimbaluk D, Bitterman P, et al. Mastitis, a radiographic, clinical, and histopathologic review. The Breast Journal. 2015;21(4):403-9.
3. Erguvan-Dogan B, Yang WT. Direct injection of paraffin into the breast: mammographic, sonographic, and MRI features of early complications. AJR. 2006;186:888-94.
4. Haj M, Weiss M, Norman Loberant N, Cohen I. Inflammatory pseudotumor of the breast: case report and literature review. The Breast Journal. 2003;9(5):423-5.
5. Larsen LJH, Banafsheh Peyvandi B, Klipfel N, Grant E, Geeta Iyengar G. Granulomatous lobular mastitis: imaging, diagnosis, and treatment. AJR. 2009;193:574-81.
6. Liu H, Peng W. Morphological manifestations of nonpuerperal mastitis on magnetic resonance imaging. JMRI. 2011;33:1369-74.
7. Pinho MC, Souza F, Endo E, Chala LF, Carvalho FM, de Barros N. Nonnecrotizing systemic granulomatous panniculitis involving the breast: imaging correlation of a breast cancer Mimicker. AJR. 2007;188:1573-6.
8. Renz DM, Baltzer PAT, Böttcher J, Thaher F, Gajda M, Camara O, et al. Magnetic resonance imaging of inflammatory breast carcinoma and acute mastitis: a comparative study. Eur Radiol. 2008;18:2370-80.
9. Sakr AA, Fawzy RK, Fadaly G, Baky MA. Breast tuberculosis: diagnosis, clinical features & management. European J Radiol. 2004;51:54-60.
10. Sakuhara Y, Shinozaki T, Hozumi Y, Ogura S, Omoto K, Furuse M. MR imaging of diabetic mastopathy. AJR. 2002;179:1201-3.
11. Touraine P, Youssef N, Alyanakian MA, Lechat X, Balleyguier C, Duflos C, et al. Breast inflammatory gigantomastia in a context of immune-mediated diseases. J Clin Endocrinol Metab. 2005;90(9):5287-94.

Aplicação do ACR BI-RADS® nos métodos de imagem em mama

Nestor de Barros
Cecília Lemos Debs
Flávio Spinola Castro
Marco Costenaro
Bruna Maria Thompson Jacinto
Tatiana Tucunduva

ACR BI-RADS® para mamografia

Introdução

O BI-RADS® (Breast Imaging Report and Data System®) é um sistema de laudos, criado primariamente com o intuito de padronizar os laudos mamográficos e arquivos de dados, elaborado pelo American College of Radiology (ACR), com a cooperação da American Medical Association, National Cancer Institute, Centers for Disease Control and Prevention, US Food and Drug Administration (FDA), American College of Surgeons e College of American Pathologists. Após a sua criação inicial em 1993, mais quatro edições foram criadas em 1995, 1998, 2003 e 2013.

No Brasil, houve grande incorporação do sistema e a adesão se mostra presente na prática clínica por grande espectro de profissionais que trabalham com patologia e diagnóstico das doenças mamárias, sendo incentivado e apoiado pelo Colégio Brasileiro de Radiologia (CBR), Sociedade Brasileira de Mastologia (SBM) e Federação Brasileira de Ginecologia e Obstetrícia (Febrasgo). Isso se justifica pelo fato de o sistema permitir uma comunicação mais precisa entre os diversos profissionais da área de saúde, além da avaliação consistente e racional dos achados de imagem. Ele também facilita o treinamento de residentes de especialidades que incluam imagem mamária, auxiliando no melhor desempenho e na redução da variabilidade nas interpretações.

Entre as várias contribuições desde sua criação, é possível citar as listadas a seguir, sendo as duas primeiras mais importantes do ponto de vista prático:

- Padronização dos achados de imagem, de maneira que o produto final, ou seja, o laudo, seja elaborado de maneira clara, objetiva, reprodutível e inteligível, utilizando o léxico proposto pelo BI-RADS®.
- Fornecimento de uma categoria final com um risco de malignidade associada e conduta sugerida.
- Instrumentos para auditorias das clínicas de diagnóstico, por auditoria médica e monitoramento de resultados, fornecendo revisão e dados importantes de garantia de qualidade para a melhora do atendimento às pacientes.
- Guia de controle de qualidade dos laudos mamários.
- Linguagem universal para elaboração e execução de trabalhos científicos.

O BI-RADS® é chamado de sistema por conter vários componentes importantes, incluindo o léxico de imagem da mama com critérios para descrever os achados, descrição de uma estrutura de relatório recomendado, categorias de avaliação final e forma de acompanhamento, ou seja, conclusão e recomendações, com estrutura para coleta de dados e auditoria.

Categorias do BI-RADS®

O BI-RADS® é dividido em uma categoria incompleta (categoria 0) e seis categorias finais (categorias 1 a 6). Sempre a categoria final deve ser baseada no achado de imagem mais suspeito. Se a categoria for 0, requer avaliação adicional com complementos mamográficos, exames anteriores, ultrassonografia (USG) ou ressonância magnética (RM), chegando posteriormente numa categoria final. As categorias 1 e 2 são benignas, a 3 provavelmente benigna, a 6 com diagnóstico anatomopatológico já confirmatório para doença maligna e as categorias 4 e 5 suspeitas para malignidade.

Léxico de imagens: nesta seção, são padronizados os termos descritivos a serem utilizados no laudo mamográfico. Assim, os achados devem ser descritos de acordo com o léxico, que constitui uma espécie de regulamentação dos termos a serem utilizados para cada tipo de lesão.

Critérios de avaliação e definição dos achados

- Nódulos.
- Calcificações.
- Distorção arquitetural.
- Outras alterações:
  - Ducto dilatado solitário.
  - Linfonodos intramamários.
  - Assimetrias.
  - Achados associados.

Nódulo

É uma lesão tridimensional com bordas convexas, em geral evidente em pelo menos duas projeções ortogonais.

Os nódulos são avaliados pela densidade, forma e margem, descritas a seguir de forma crescente de suspeita de malignidade.

Forma

É a morfologia do nódulo (Figura 1).

- Redonda: a forma é esférica, circular, com formato globoso (Figura 2).
- Oval: a forma é elíptica e pode contemplar duas a três lobulações (Figura 3).
- Irregular: a forma não pode ser enquadrada em nenhuma das outras, ou seja, não é redonda nem oval. Quando descrita na mamografia, implica um achado suspeito (Figura 4).

Margem ou contorno

Define as bordas da lesão. Modificadora da forma do nódulo, é importante para predizer se um nódulo é benigno ou maligno (Figura 5).

- Circunscrita (historicamente, bem definida ou nitidamente definida): quando a margem do nódulo é pelo menos 75% bem definida, o restante pode ser obscurecido pelo tecido mamário. Para um nódulo ser circunscrito, deve haver uma transição abrupta entre a lesão e o tecido mamário circundante, não havendo qualquer modificador que sugira eventual infiltração.

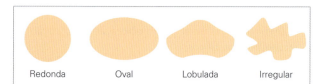

Figura 1   Formas do nódulo: redonda, oval (que inclui a forma descrita como lobulada) e irregular.

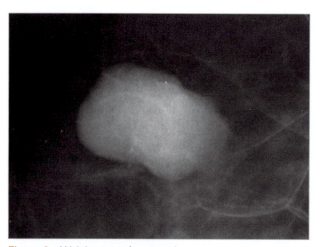

Figura 3   Nódulo com a forma oval.

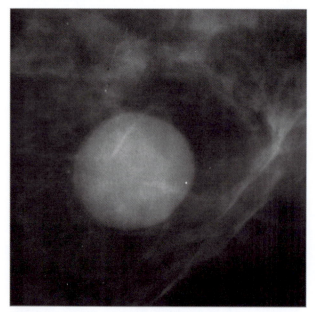

Figura 2   Nódulo com forma redonda.

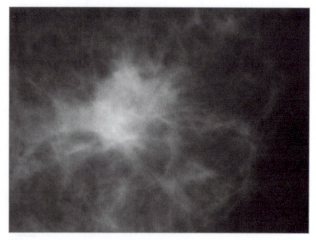

Figura 4   Nódulo com a forma irregular.

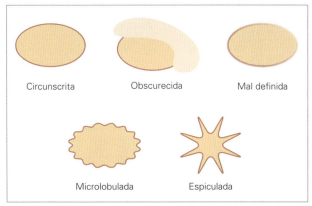

Figura 5   Margens do nódulo: circunscrita, obscurecida, mal definida, microlobulada e espiculada.

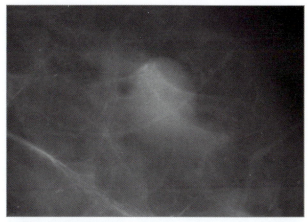

Figura 7   Nódulo com a margem ou contorno obscurecido.

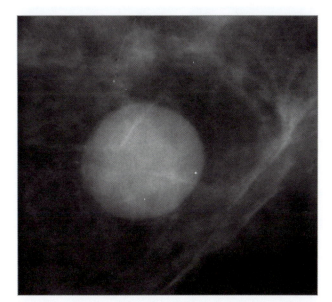

Figura 6   Nódulo com margem ou contorno circunscrito.

Um nódulo em que qualquer porção da sua margem seja indistinta, microlobulada ou espiculada deve ser classificado com base nesses últimos achados (a margem mais suspeita) (Figura 6).

- Obscurecida: esse termo deve ser utilizado quando parte do nódulo é circunscrita, porém está obscurecida pelo parênquima mamário adjacente em mais de 25% do contorno, não sendo possível caracterizar o contorno local. Sempre que essa margem for caracterizada como circunscrita na USG, seu nível de suspeição é diminuído. Essa afirmação não é válida para as demais margens, em que sempre o aspecto mais suspeito deve ser considerado. Outra observação interessante é que não se admite citar no laudo que um nódulo é parcialmente circunscrito ou parcialmente obscurecido, mesmo na vigência de parte do contorno obscurecido. É importante não cometer o erro de utilizar esses termos, no campo de categorização ou para informar se o nódulo é circunscrito ou obscurecido (Figura 7).
- Microlobulada: essa margem é caracterizada por ter pequenas ondulações circulares. Na mamografia, o uso desse descritor implica um achado suspeito (Figuras 8 e 9).
- Indistinta (descrita na versão anterior também como mal definida): não há uma clara definição de parte ou de toda a margem com o tecido adjacente. A má definição da margem ou de qualquer porção do contorno da margem aumenta a probabilidade de haver infiltração tumoral ou inflamatória (Figura 10). Cuidado especial deve ser dedicado para não confundir essa margem com a obscurecida.
- Espiculada: é caracterizada pela presença de linhas que se irradiam a partir da margem do nódulo. Esse descritor gealmente indica um achado suspeito (Figuras 11 e 12).

Densidade

É usada para definir a atenuação de raios X da lesão em relação à atenuação esperada de um volume igual de tecido mamário fibroglandular. Dessa forma, a comparação deve ser feita sempre com o tecido fibroglandular, mesmo que presente em menor quantidade e nunca com o tecido adiposo. Apesar de a grande maioria das lesões malignas serem de igual ou alta densidade, esses aspectos são inespecíficos para malignidade.

- Alta densidade: com o centro ou o todo mais denso que o tecido fibroglandular (Figura 13).
- Densidade igual (historicamente, "isodenso"): densidade semelhante à do tecido fibroglandular (Figura 14).
- Baixa densidade: menos denso que o tecido fibroglandular, porém não radiolucente. É raro que um câncer de mama tenha baixa densidade, embora seja possível.
- Conteúdo adiposo: inclui as lesões que contêm tecido adiposo, sendo sugestivas de benignidade (Figura

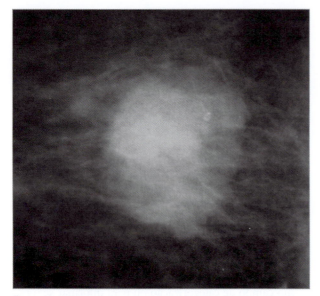

Figura 8 Nódulo com as margens microlobuladas.

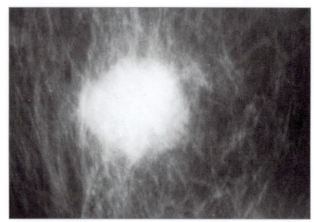

Figura 10 Nódulo com as margens indistintas.

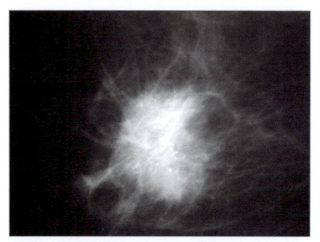

Figura 11 Nódulo com as margens espiculadas.

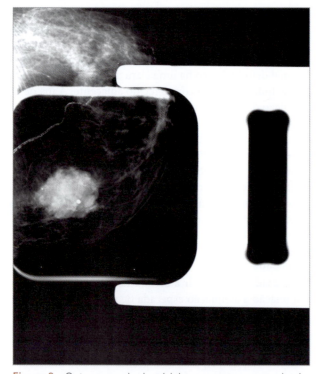

Figura 9 Outro exemplo de nódulo com as margens microlobuladas.

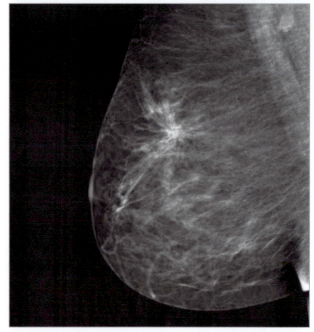

Figura 12 Outro exemplo de nódulo espiculado, localizado na figura no terço médio da projeção dos quadrantes superiores.

15), como cisto oleoso por necrose asséptica (trauma cirúrgico ou não) (Figura 16), lipoma (Figura 17) e galactocele (pós-amamentação).
- Mista: são lesões, como o nome diz, com densidade mista. Um exemplo clássico é o hamartoma ou fibroadenolipoma, que pode se apresentar como nódulo circunscrito, com pseudocápsula decorrente de compressão do tecido mamário circunjacente e densidade mista decorrente da presença de tecido

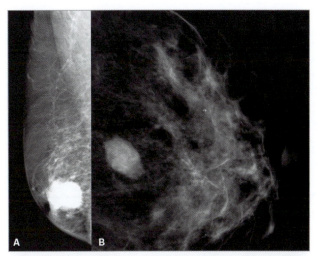

Figura 13   A: Nódulo de alta densidade. B: Outro exemplo de nódulo de alta densidade.

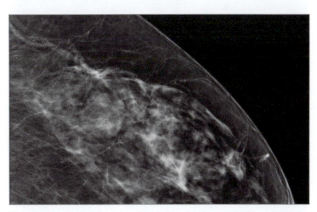

Figura 14   Nódulo de densidade igual à do tecido fibroglandular (isodenso).

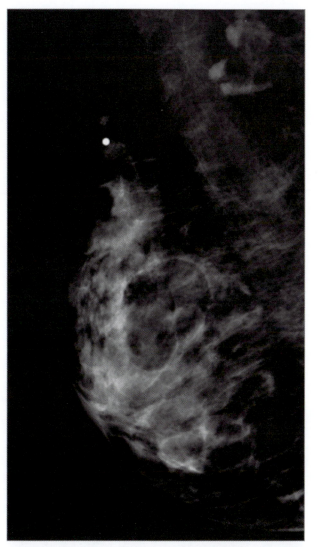

Figura 15   Nódulo benigno com conteúdo adiposo.

adiposo, glandular e fibroso em diferentes proporções (Figura 18). Nesse grupo se incluem as lesões que são quase invariavelmente benignas.

Calcificações

As calcificações benignas são geralmente grandes, grosseiras, redondas e facilmente identificáveis. As calcificações associadas à malignidade e, muitas vezes, também as benignas são geralmente pequenas, necessitando de radiografias adicionais magnificadas ou uso de lente ou magnificação digital para o correto estudo quanto a morfologia e distribuição (Figura 19).

Distribuição

É usada para descrever o arranjo espacial das calcificações na mama. Vários grupos semelhantes podem ser descritos no relatório, sempre citando se há semelhança na morfologia e distribuição. Em conjunto com a morfologia das calcificações, esse critério é muito importante para a indicação e realização de uma biópsia.

- Difusa: calcificações que são distribuídas aleatoriamente ao longo da mama. Calcificações puntiformes e amorfas nessa distribuição são frequentemente benignas e bilaterais (Figura 20).
- Regional: são calcificações dispersas em um grande volume (> 2 cm^3) de tecido mamário que não correspondem a uma distribuição ductal. Uma vez que essa distribuição pode envolver a maior parte de um quadrante ou mais de um quadrante, a associação com câncer de mama é menos provável. No entanto, a avaliação deve incluir a forma e a distribuição das calcificações na área relatada (Figura 21).
- Agrupada: quando pelo menos cinco calcificações estão agrupadas com menos de 1 cm entre si ou quando um padrão definível é identificado. O limite superior para o uso desse termo descritivo é quando um número maior de calcificações está agrupado com até 2 cm entre si (Figura 22).

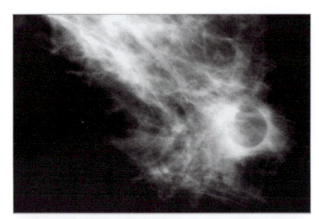

Figura 16 Nódulo com conteúdo adiposo, correspondendo a cisto oleoso em leito cirúrgico.

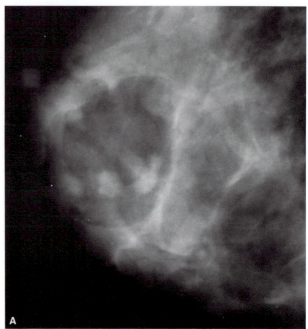

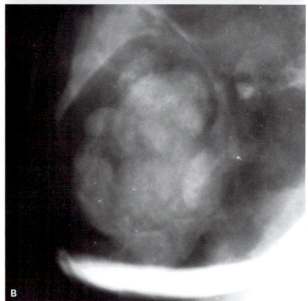

Figura 18 A: Lesão com densidade mista. B: Compressão localizada da mesma lesão, agora mais bem caracterizada como um hamartoma ou fibroadenolipoma.

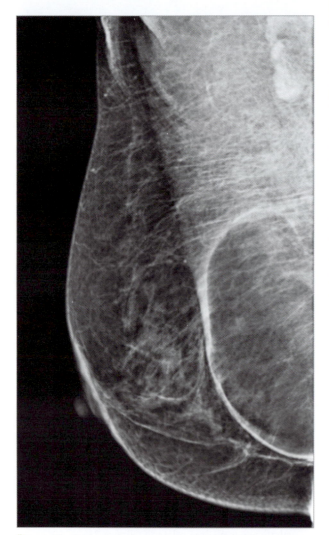

Figura 17 Nódulo intramuscular com conteúdo adiposo, correspondendo a lipoma intramuscular.

- Linear: calcificações dispostas em uma linha/"fila indiana", sugerindo que estão depositadas em um ducto (Figuras 23 e 24).

- Segmentar: são calcificações preocupantes, pois sugerem depósitos em um(ns) ducto(s) e seus ramos com disseminação em direção à papila, podendo ter a disposição linear ou forma lobular ou triangular com ápice orientado para a papila, levantando a possibilidade de um câncer de mama mais extenso ou multifocal no lobo ou em um segmento da mama (Figura 25). A distribuição segmentar pode elevar a suspeição de calcificações puntiformes ou amorfas (Figura 26).

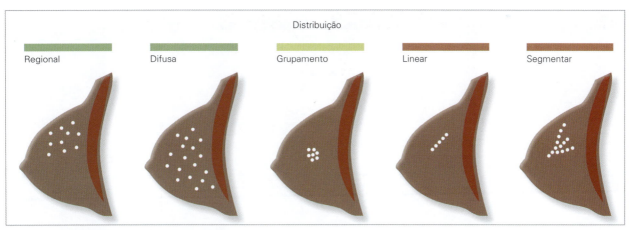

Figura 19   Distribuição das calcificações na mama.

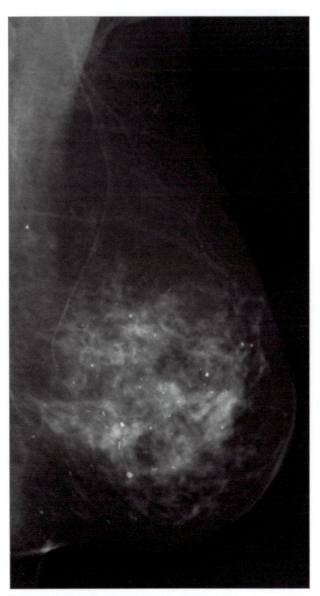

Figura 20   Calcificações difusas benignas.

Morfologia

Aspecto benigno: calcificações benignas

- Calcificações cutâneas: geralmente vão ter aspecto característico, com o centro radiotransparente. São mais comumente vistas ao longo da prega inframamária, axila e aréola. Muitas vezes, pelas suas reduzidas dimensões, podem simular calcificações suspeitas, sendo necessária a caracterização das mesmas como cutâneas por radiografias magnificadas tangentes à pele (Figura 27), porém quando com o aspecto acima descrito, podemos afirmar que são de pele (Figura 28).
- Calcificações vasculares: geralmente são paralelas e lineares, associadas claramente a estruturas tubulares (artérias) (Figura 29). Quando incipientes podem ser confundidas com outros tipos de calcificações, simulando calcificações malignas, porém sua natureza vascular pode ser confirmada observando calcificações na topografia do vaso, visibilizadas em duas projeções magnificadas (Figura 30).
- Calcificações grosseiras ou "semelhantes a pipoca": classicamente maiores que 2 a 3 mm de diâmetro, são típicas de fibroadenomas parcialmente calcificados (Figuras 31 e 32).
- Calcificações grandes, semelhantes a "bastonetes": são calcificações intraductais e periductais, geralmente difusas e bilaterais, com mais de 1 mm de diâmetro, lineares, com distribuição ductal e orientação para a papila, ocasionalmente com ramificação, podendo ter o centro radiolucente, se periductais (Figura 33). Podem estar associadas a mastite de células plasmocitárias. Diferenciam-se das calcificações lineares suspeitas pela alta densidade e uniformidade cálcica e por serem mais espessas com contornos nítidos (Figuras 34 e 35).
- Calcificações anelares: são incluídas aqui as calcificações descritas como em "casca de ovo" ou "com o centro radiotransparente" na versão anterior do

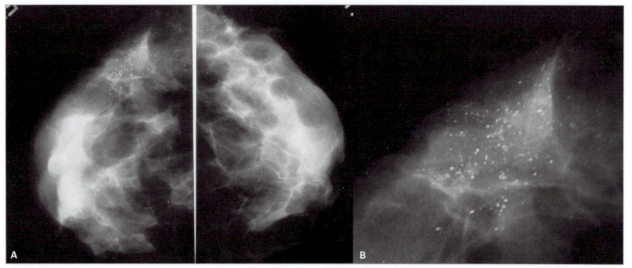

Figura 21 A: Calcificações de distribuição regional na projeção dos quadrantes laterais da mama direita. B: Calcificações de distribuição regional na mama direita mais bem caracterizadas após incidência adicional com magnficação.

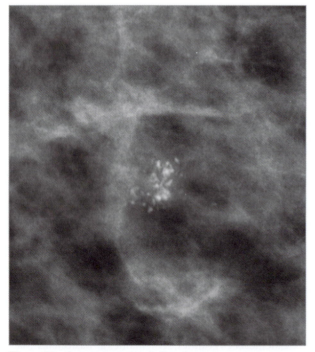

Figura 22 Grupamento de calcificações.

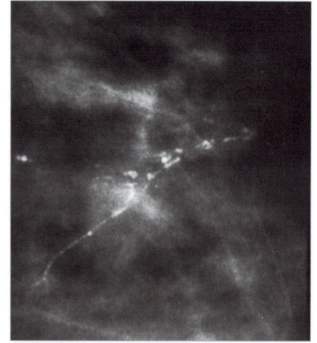

Figura 23 Calcificações de distribuição linear.

BI-RADS®, que são aquelas que variam de menos de 1 mm a maior que 1 cm, sendo pequenas. São calcificações redondas ou ovais, com a superfície lisa e centro radiotransparente (Figura 36). Também são incluídas aqui as calcificações periféricas em anel, que são aquelas finas, com menos de 1 mm de espessura que se apresentam como cálcio na superfície de uma esfera. A parede que é criada é mais grossa, ficando com o aspecto de anel ou de "calcificações em casca de ovo" (Figura 37). Calcificação da parede de cistos simples ou oleosos (Figura 38), necrose gordurosa e de paredes de fibroadenoma são os exemplos mais comuns, sendo esta última citada geralmente mais espessa.

- Calcificação em "leite de cálcio": é a manifestação de calcificações sedimentadas dentro de micro e macrocistos. A característica mais importante dessas calcificações é a mudança na forma das partículas calcificadas nas diferentes projeções mamográficas (Figura 39). Na incidência em craniocaudal são muitas vezes menos evidentes e aparecem como calcificações

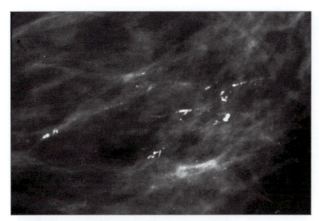

Figura 24 Calcificações de distribuição linear.

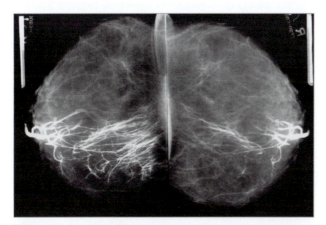

Figura 25 Ductografia exemplificando o que seria uma distribuição segmentar. Observar os ductos em direção às papilas.

amorfas, às vezes redondas, enquanto na incidência em perfil absoluto em 90° ou mediolateral oblíqua são mais claramente definidas como semilunares, em forma de crescente, "xícara de chá", côncavas ou lineares, definindo a natureza intracística dessas calcificações (Figuras 40 e 41). Sempre é importante certificar-se no momento da interpretação de que está analisando o mesmo grupamento, para evitar eventuais erros de interpretação, avaliando-as sempre em diferentes projeções e magnificando as projeções quando necessário.

- Calcificações de fios de sutura: são tipicamente lineares ou tubulares com os nós da sutura frequentemente visíveis. Para haver depósito de cálcio no material de sutura, deve haver obviamente o histórico de cirurgia prévia e quase invariavelmente estão associadas a radioterapia (Figuras 42 e 43).
- Calcificações distróficas: podem estar associadas ao histórico de trauma, radioterapia ou cirurgia. São grosseiras, irregulares, geralmente maiores do que 0,5 mm de diâmetro, podendo ter o centro radiolucente (Figura 44). Quando relacionadas a mamoplastia, em geral estarão localizadas simetricamente nos locais das incisões (Figuras 45).
- Calcificações redondas: podem ser de variados tamanhos, quando menores de 0,5 mm são chamadas de puntiformes (Figuras 46 e 47). Para serem classificadas como tipicamente benignas, a distribuição das calcificações puntiformes deverá ser avaliada com bastante critério, não enquadrando nesse grupo as calcificações de distribuição segmentar ou linear suspeitas, que po-

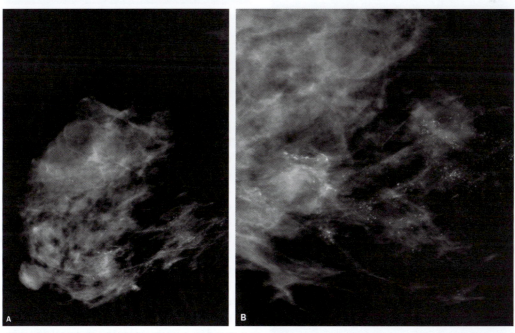

Figura 26 A: Calcificações de distribuição segmentar. B: Calcificações de distribuição segmentar mais bem caracterizadas após incidência adicional com magnificação.

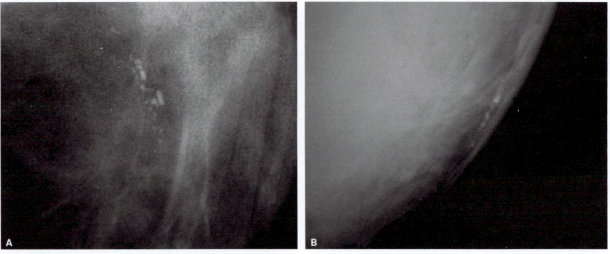

Figura 27   A: Calcificações sugestivas de cutâneas. B: Confirmadas como cutâneas com radiografia magnificada tangente à pele.

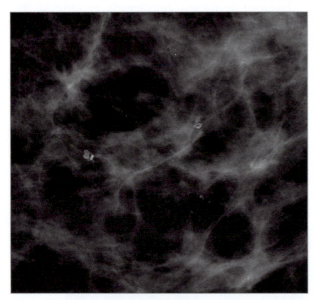

Figura 28   Calcificações cutâneas com o centro radiotransparente.

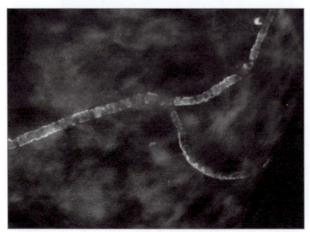

Figura 29   Calcificações vasculares exuberantes.

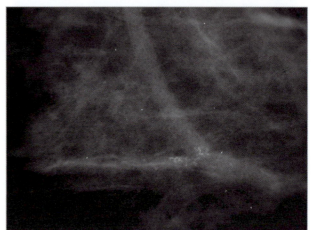

Figura 30   Calcificações vasculares incipientes.

derão necessitar de uma biópsia para melhor avaliação ou acompanhamento mamográfico em seis meses. O achado de um grupamento isolado de calcificações puntiformes muitas vezes pode justificar estreita vigilância ou mesmo biópsia, se novas, ipsilaterais a um câncer ou em pacientes com alto risco familiar para câncer de mama. Se difusas ou esparsas, serão tipicamente benignas. Dessa forma, a avaliação das calcificações puntiformes deve ser conjunta com a sua distribuição espacial, sendo enquadradas na categoria BI-RADS® 2 quando difusas ou regionais, na categoria 3 quando agrupadas e nas categorias 4 quando de distribuição segmentar ou linear. Calcificações redondas tipicamente benignas (Figura 48) mantêm a classificação a despeito de sua distribuição, sendo na maioria das vezes múltiplas esparsas ou isoladas, com margens nítidas; a única exceção são as calcificações puntiformes quando tiverem distribuição segmentar ou linear.

Figura 33   Calcificações secretórias.

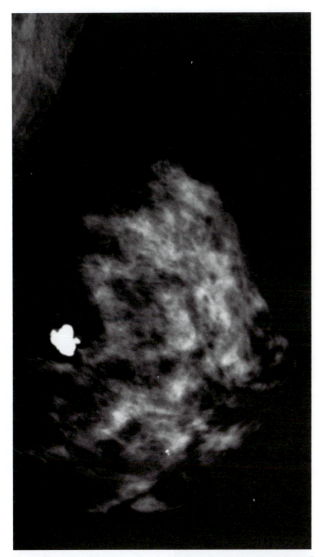

Figura 31   Calcificação grosseira benigna "semelhante a pipoca".

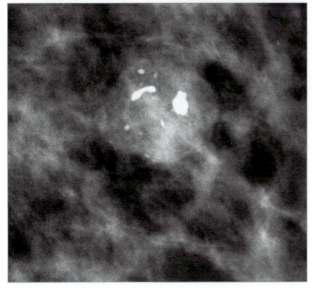

Figura 32   Calcificação grosseira em um nódulo (fibroadenoma).

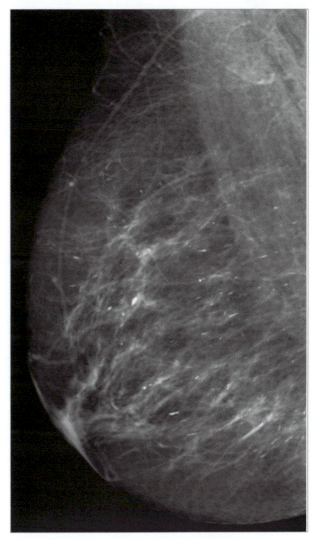

Figura 34   Calcificações secretórias "em palito".

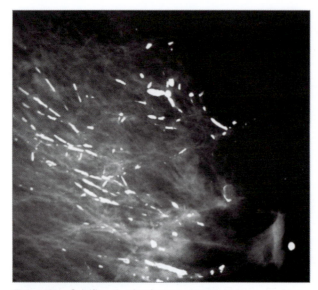

Figura 35 Calcificações benignas secretórias.

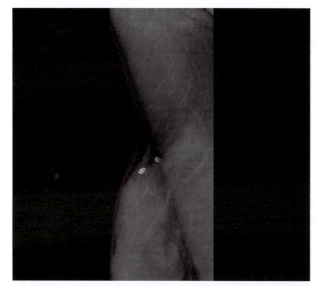

Figura 36 Calcificações benignas com o centro radiotransparente.

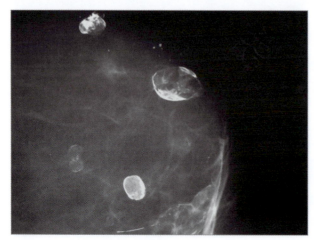

Figura 37 Calcificações em paredes de cistos.

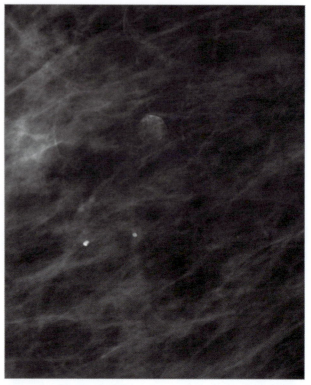

Figura 38 Outro exemplo de calcificação em parede de cisto.

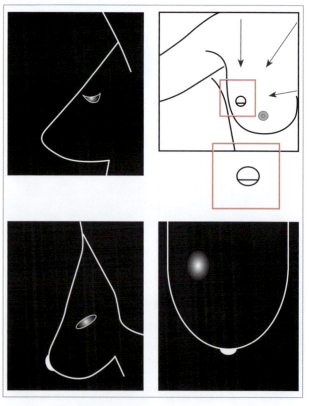

Figura 39 Representação das formas de apresentação das calcificações em "leite de cálcio" nas diferentes incidências.

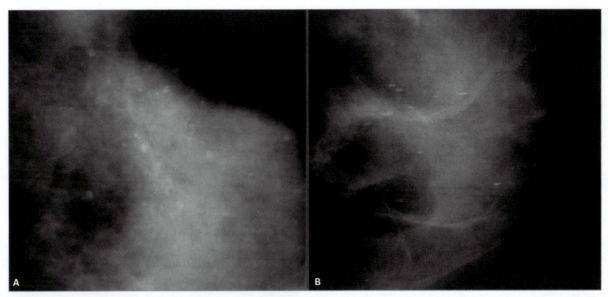

Figura 40 Calcificações observadas na incidência craniocaudal (A) e em perfil (B), com formas diferentes, com aspecto em "leite de cálcio".

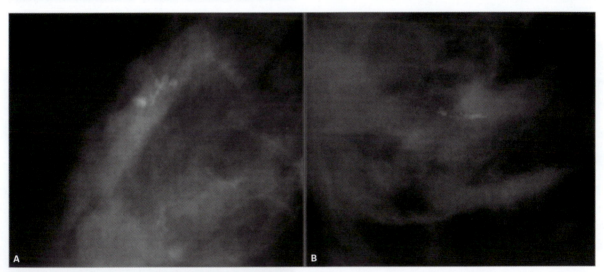

Figura 41 Calcificações em "leite de cálcio" observadas nas incidências craniocaudal (A) e em perfil (B).

Calcificações de morfologia suspeita

- Calcificações amorfas: estas são calcificações que justificam a realização de uma biópsia quando sua distribuição é linear, segmentar ou mesmo agrupada. Por conta de suas reduzidas dimensões, uma caracterização mais específica da morfologia não pode ser determinada, sendo comparada a "grãos de areia". Quando difusas e bilaterais, geralmente são benignas. O valor preditivo positivo (VPP) para malignidade dessas calcificações é de aproximadamente 20%. Podem corresponder a calcificações de secreção de vacúolos de tumores ou de doenças benignas, razão pela qual são consideradas calcificações de suspeita intermediária com o risco variando entre 20 e 80% ou categoria 4B (VPP > 10% e ≤ 50%) (Figuras 49 e 50).

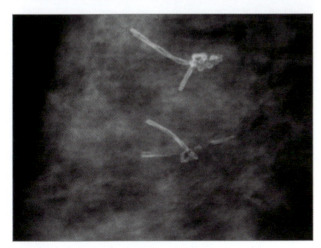

Figura 42 Calcificação em fios de sutura.

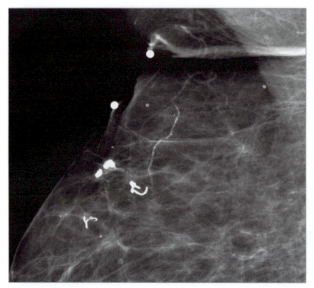

Figura 43 Calcificação em fios de sutura em leito cirúrgico delimitado por reparos radiopacos. Notam-se calcificações grosseiras e vasculares associadas.

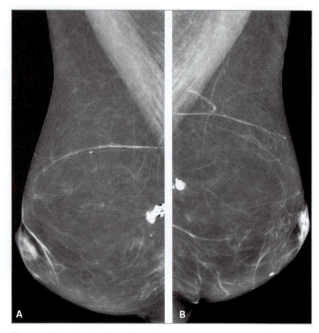

Figura 45 A e B: Calcificações grosseiras na região central posterior, decorrentes de cirurgia prévia (mamoplastia redutora).

Figura 44 Calcificações distróficas associadas a manipulação cirúrgica. Observe os fios de sutura calcificados.

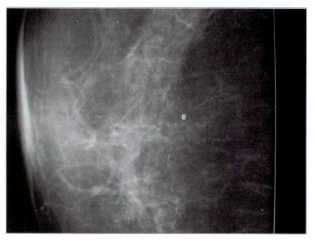

Figura 46 Calcificações puntiformes difusas.

- Calcificações heterogêneas grosseiras: calcificações de tamanho e forma variável, que medem entre 0,5 mm e 1,0 mm, mas menores do que as calcificações distróficas. Seu VPP para malignidade é menor do 15% e devem ser classificadas na categoria 4B (VPP > 10% ≤ 50%). Geralmente estão associadas a outras calcificações com formas suspeitas, como as amorfas e pleomórficas. Seu grau de suspeição vai aumentar conforme sua distribuição. Se presentes como múltiplos grupamentos bilaterais, um acompanhamento mamográfico semestral, com uma consequente classificação na categoria BI-RADS® 3, dependendo do contexto, poderá ser considerado (Figuras 51 e 52).
- Calcificações pleomórficas finas: são geralmente mais evidentes que as amorfas. Também chamadas de heterogêneas ou granulares, elas variam de tamanho e forma, sendo geralmente uma diferente da outra e menores que 0,5 mm de diâmetro, com alta probabilidade de malignidade. Podem traduzir uma necrose não moldada ou calcificação grosseira de secreção, podendo ser classificadas como categoria BI-RADS® 4B (VPP > 10% ≤ 50%), tendo VPP para malignidade de 29% (Figuras 53 a 55).
- Calcificações lineares finas ou lineares finas ramificadas: são calcificações finas, lineares ou curvilíneas irregulares, que podem ser de distribuição descontínua menor que 0,5 mm de largura. Sua aparência sugere o preenchimento do lúmen de um ducto envolvido de forma irregular pelo câncer de mama (Figura 56), com

Figura 47   Calcificações puntiformes.

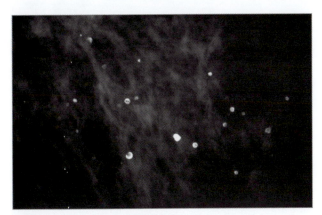

Figura 48   Calcificações redondas.

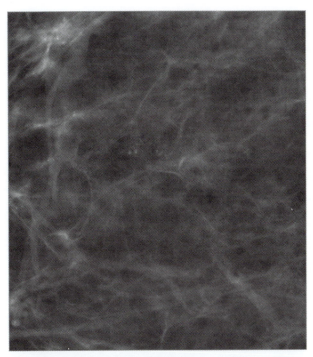

Figura 49   Grupamentos de calcificações amorfas.

Figura 50   Grupamento de calcificações amorfas.

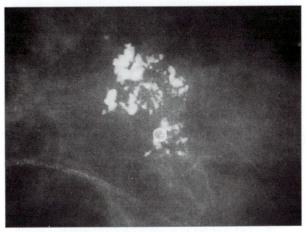

Figura 51   Calcificações heterogêneas grosseiras.

comedonecrose e calcificação de material necrótico lembrando padrão intraductal, com parte do material necrótico calcificada e parte não calcificada. São calcificações com formas e tamanhos variados, lembrando as letras do alfabeto V, Y e W, geralmente classificadas na categoria 4C (VPP > 50% a < 95%), com VPP para malignidade de 70% (Figuras 57 a 59). Esse conceito pode ser confundido no caso das calcificações lineares com distribuição segmentar ou mesmo redondas com distribuição linear.

O aumento numérico e alteração da forma das calcificações em relação ao exame anterior sempre será suspeito, dependendo da distribuição. Os exames mamográficos anteriores sempre serão fundamentais para detecção precoce de alterações, muitas vezes aumentando a sensibilidade diagnóstica do método.

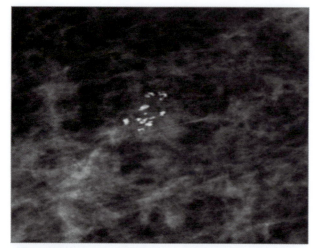

Figura 52 Calcificações heterogêneas grosseiras.

Figura 54 Múltiplos grupamentos de calcificações pleomórficas.

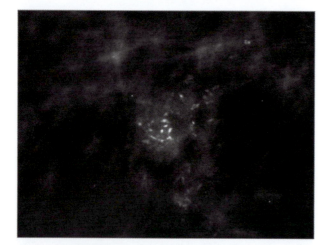

Figura 53 Calcificações finas e pleomórficas com área de maior densidade de fundo, suspeitas.

Distorção arquitetural

É quando a arquitetura normal é distorcida, sem nódulo visível, observando finas linhas ou espículas irradiando de um ponto focal e com retração ou distorção da borda do parênquima adjacente. A distorção arquitetural também pode ser associada a uma massa, assimetria ou calcificações, decorrentes de fibrose e reação desmoplásica tumoral. O "sinal da tenda" (Figura 60), que é uma retração focal da borda do parênquima, pode ser observado, sendo necessárias manobras para confirmação da distorção. Na ausência de história adequada de trauma ou cirurgia, a distorção arquitetural é sempre suspeita, sendo apropriado o acompanhamento com estudo anatomopatológico. Dessa forma ou a lesão será benigna relacionada claramente a procedimento cirúrgico prévio ou, caso contrário, deverá ser biopsiada e classificada na categoria BI-RADS® 4C ou 5 (Figuras 61 e 62).

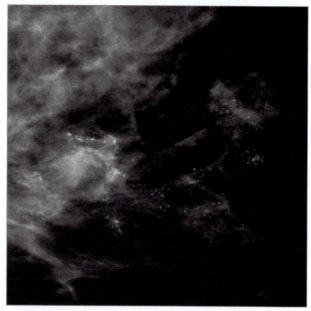

Figura 55 Calcificações finas e pleomórficas de distribuição segmentar.

Outras alterações

- Ducto dilatado solitário: uma estrutura tubular ou ramificada densa subpapilar que provavelmente repre-

Figura 56 Desenho mostrando a formação e distribuição das calcificações no sistema ductolobular terminal.

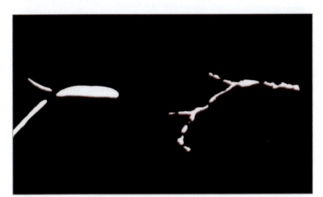

Figura 57 Calcificações lineares finas sem e com ramificação, preenchendo o lúmen ductal de forma irregular.

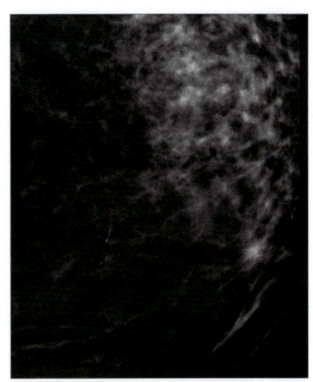

Figura 58 Calcificações lineares finas discretas.

Figura 59 Calcificações finas lineares com ramificação.

senta um ducto dilatado ou de outra forma alargado (Figura 63). Apesar de raro, mesmo se não associado a outros achados clínicos ou de suspeita mamográfica, foi descrito como associado a carcinoma ductal *in situ* (CDIS) não calcificado, justificando a classificação como categoria BI-RADS® 4A pela probabilidade maior do que 2% de malignidade.

- Linfonodos intramamários: são tipicamente riniformes ou multilobulados, com área radiolucente interna, representando o hilo com presença de tecido adiposo. Medem geralmente até 1 cm, podendo ser maiores. Podem ser múltiplos e geralmente estão localizados nas porções lateral e superior da mama, embora possam ocorrer em qualquer parte da mama (Figuras 64 e 65). Quando localizados medialmente, maior atenção será necessária.

Assimetrias

São divididas em assimetria pura ou simplesmente assimetria, assimetria focal, assimetria global ou assimetria em desenvolvimento. As assimetrias mamárias, independentemente de qual for, podem representar superposição de tecido, tecido mamário assimétrico ou outras lesões (Figura 66), porém a atenção deve ser sempre dirigida para identificar novas lesões.

- Assimetria: achado benigno com densidade de partes moles e com gordura entremeada, identificada em apenas uma incidência, sem correspondência na

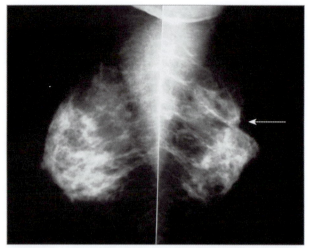

Figura 60 Sinal da tenda na projeção dos quadrantes superiores da mama esquerda (seta).

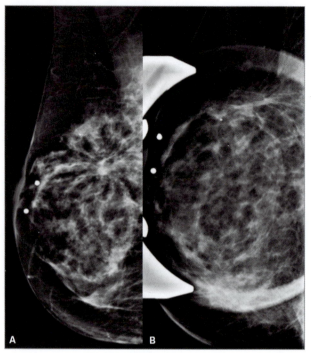

Figura 62 A: Distorção arquitetural no terço posterior da projeção dos quadrantes superiores da mama direita. B: Compressão localizada.

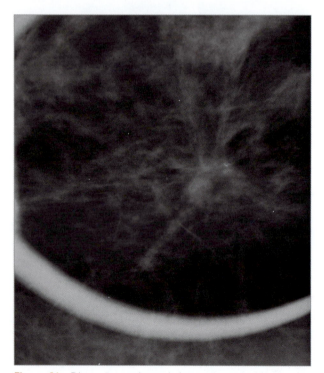

Figura 61 Distorção arquitetural observada em incidência com magnificação.

mama contralateral e não palpável. Pode representar uma lesão real que não é vista na outra incidência porque está fora do FOV (*field of view*) ou está obscurecida por tecido na outra incidência em até 20% dos casos. Os demais casos, por volta de 80%, podem representar imagem formada por sobreposição tecidual, porém o diagnóstico de superposição de imagens ou parênquima assimétrico é de exclusão das outras lesões. Incidências ou complementos mamográficos devem ser realizados até que se tenha segurança para afirmar que a assimetria trata-se de sobreposição de tecido.

- Assimetria global: pode representar uma variante normal de distribuição do parênquima mamário, envolvendo toda a mama ou uma grande porção da mama (pelo menos um quadrante ou maior que 5 cm), sem área correspondente observada na mama contralateral. Pode estar relacionada a influência hormonal (terapia de reposição hormonal), cirurgia ou distúrbio hidroeletrolítico. Não há distorção arquitetural, calcificações ou outros achados suspeitos associados. Pode ser significativa quando associada a alterações clínicas e palpáveis, como casos de carcinoma inflamatório. Dessa forma, a assimetria global só será suspeita se associada a sintomas clínicos, já que pelas suas dimensões um carcinoma de mama dificilmente teria tamanha extensão sem nenhuma alteração clínica associada (Figuras 67 e 68). Uma assimetria global será classificada na categoria BI-RADS® 2 ou 5 (Figura 69).
- Assimetria focal: é uma lesão de localização tridimensional, vista em duas incidências, com dimensões e profundidade comparáveis, sem as margens convexas, ocupando uma área menor que um quadrante, entremeada por gordura. Representa uma região com densidade similar à do parênquima mamário, sem correspondência na mama contralateral, detectada no estudo comparativo entre as mesmas regiões das mamas. Se evidente medial e inferior, é muito suspeita.

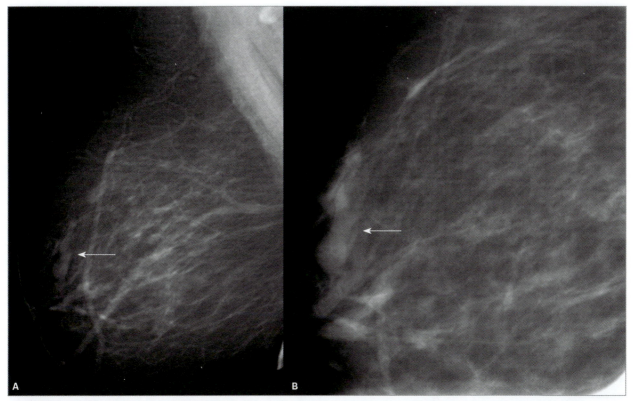

Figura 63   Compressão focal – ducto dilatado (setas).

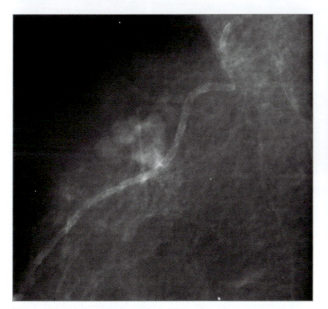

Figura 64   Linfonodos intramamários adjacentes a estrutura vascular parcialmente calcificada.

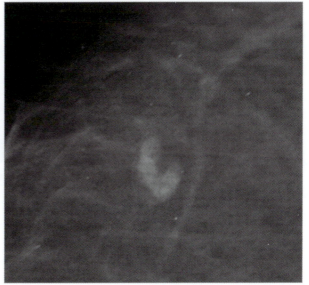

Figura 65   Linfonodo intramamário com hilo gorduroso evidente, adjacente a estrutura vascular.

Difere da assimetria global pelo tamanho da área envolvida, menor que um quadrante, e difere do nódulo por não ter as bordas externas convexas. Incidente em aproximadamente 1,5% das mamografias de rastreamento. Pode representar uma ilha de tecido mamário normal, particularmente quando há intercaladas áreas de tecido adiposo, porém até 3% dos casos de câncer não palpáveis se apresentam como assimetrias focais, principalmente os carcinomas lobulares, e 1% das assimetrias focais são casos de câncer. Se não palpável, o mais apropriado após as incidências mamográficas necessárias é a realização de outro método de diag-

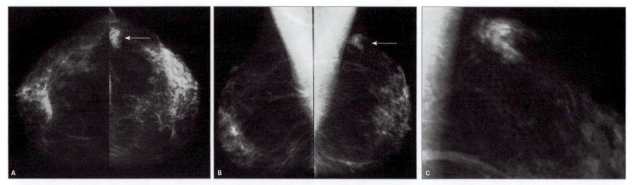

Figura 66 A: Assimetria no terço posterior do quadrante superolateral da mama esquerda (seta). B: Assimetria no terço posterior do quadrante superolateral da mama esquerda. C: Compressão localizada da assimetria na mama esquerda.

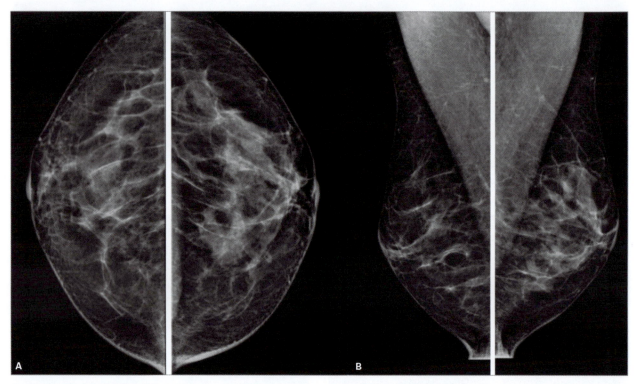

Figura 67 A: Assimetria global da mama esquerda, sem sintomas associados. B: Assimetria global da mama esquerda, sem sintomas associados.

nóstico por imagem (USG e RM) e se nada mais suspeito for diagnosticado a lesão é caracterizada como provavelmente benigna. É pertinente o controle radiográfico em seis meses, pelo eventual risco de estar diante de um carcinoma lobular que em fase inicial se manifesta frequentemente como assimetria focal (Figuras 70 a 72).

- Assimetria em desenvolvimento: esse termo foi incluído na última edição do BI-RADS® e merece destaque pelo risco de malignidade associada, variando de 13-27%. Trata-se de uma assimetria focal nova ou mais densa ou maior que a do exame anterior. A incidência é de aproximadamente 1% das mamografias de rastreamento e pode representar casos de carcinomas invasivos associados ou não ao componente *in situ*. É extremamente importante nesses casos afastar a sobreposição tecidual, assimetria em razão das diferentes técnicas, posicionamento mamográfico, equipamentos diferentes, perda de peso, cirurgia, infecção ou trauma no local e terapia de reposição hormonal, que algumas vezes quando interrompida pode amenizar a área de assimetria. A correlação com ultrassom também é fundamental, pois muitas vezes a assimetria em desenvolvimento pode demonstrar-se como lesão benigna, como um cisto simples visto na avaliação ultrassonográfica adicional.

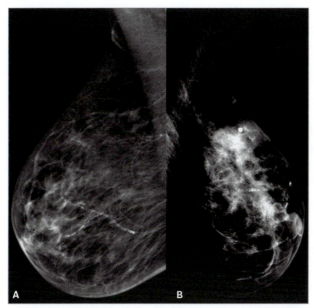

Figura 68 Assimetria global da mama esquerda. Carcinoma ductal invasivo palpável.

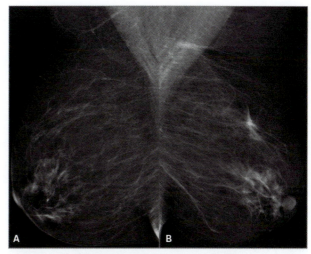

Figura 70 Assimetria focal no quadrante superolateral da mama esquerda.

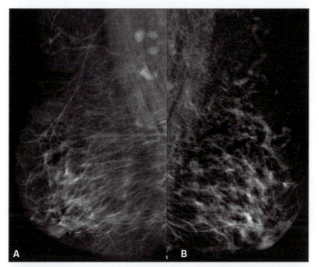

Figura 69 Assimetria global esquerda, com aumento do trabeculado – histórico de fístula arteriovenosa desse lado.

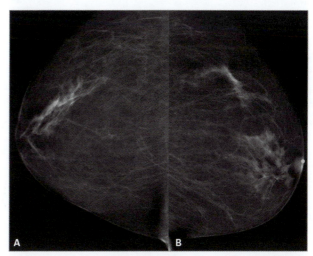

Figura 71 Assimetria focal no quadrante superolateral da mama esquerda.

A comparação com filmes dos exames anteriores é fundamental para avaliação das assimetrias, principalmente nos casos de assimetrias em desenvolvimento, assim como o nome já traduz a ideia. Essa lesão deverá ser enquadrada ou na categoria benigna, caso seja relacionada a algum dos detalhes descritos, ou caso contrário deverá ser biopsiada pelo seu alto valor preditivo positivo, apesar de pouco frequente (Figuras 73 e 74).

Achados associados

Podem estar presentes sem nenhuma anormalidade associada ou concomitantemente com outros achados. São eles:

- Retração cutânea: pode ser decorrente de manipulação cirúrgica (Figuras 75 e 76) ou estar associada a achado mamário suspeito (Figuras 77 e 78).
- Retração papilar: pode ser unilateral (Figuras 79 e 80) ou bilateral (Figuras 81 e 82). Quando bilateral e sem nenhum outro achado suspeito associado, a possibilidade de alteração suspeita é remota e deve-se pensar em padrão constitucional.

Figura 72 Assimetria focal do quadrante superolateral da mama esquerda que persiste na incidência com compressão localizada.

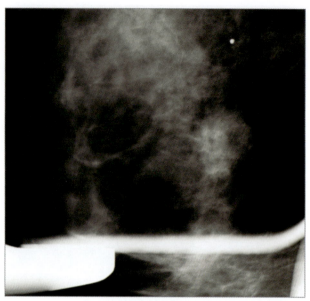

Figura 74 Melhor caracterização da área de assimetria em desenvolvimento na incidência com compressão localizada.

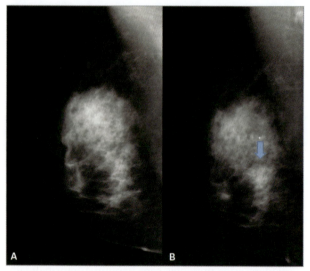

Figura 73 Desenvolvimento de nova área de assimetria focal no terço posterior da região central da mama direita, comparando exames de anos distintos (seta).

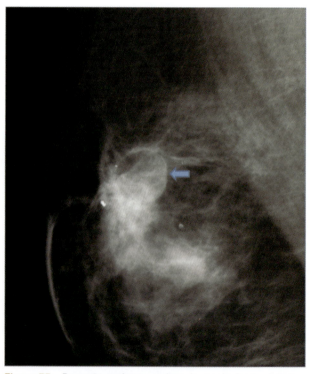

Figura 75 Retração cutânea em área de manipulação cirúrgica. Observe cisto oleoso associado (seta).

- Espessamento cutâneo: geralmente quando maior do que 2 mm, pode ser focal ou difusa, uni ou bilateral. Um espessamento unilateral será um achado esperado em paciente submetida a quimioterapia. Quando difuso, na maioria das vezes estará associado a doenças sistêmicas como falência cardíaca ou renal; exceção a essa regra são os casos de carcinoma inflamatório e obstrução linfática, decorrente de tumor (Figuras 83 a 85).

- Espessamento trabecular: é o espessamento dos septos fibrosos da mama. São causas frequentes a insuficiência cardíaca, radioterapia e carcinoma inflamatório (Figuras 86 e 87).
- Lesões cutâneas: podem ser confundidas com lesões intramamárias, dessa forma se projetando dentro da

6 APLICAÇÃO DO ACR BI-RADS® NOS MÉTODOS DE IMAGEM EM MAMA   455

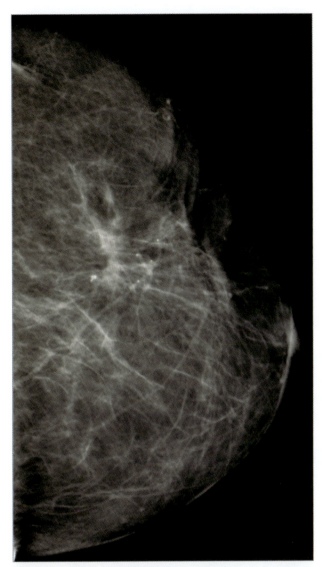

Figura 76   Retração cutânea pós-cirúrgica.

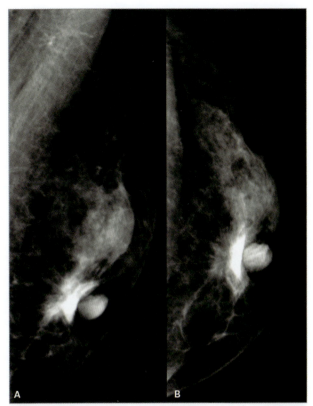

Figura 77   Retração da pele e papila decorrente de nódulo suspeito subpapilar.

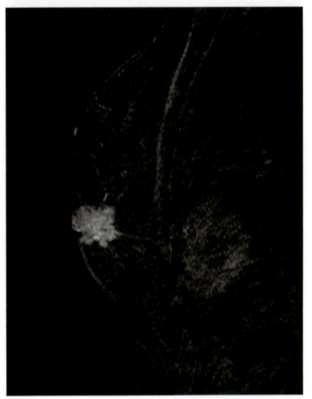

Figura 78   Retração da pele e papila decorrente de nódulo suspeito subpapilar. Representação pela ressonância magnética da lesão.

mama. É importante sempre solicitar que a paciente marque no questionário se há presença delas e orientar a técnica a colocar um reparo radiopaco sobre qualquer lesão cutânea, incluindo cicatriz cirúrgica, para evitar possíveis erros diagnósticos como a confusão de lesões cutâneas com nódulos verdadeiros (Figuras 88 e 89). São exemplos verrugas, cistos de inclusão e cistos sebáceos (Figuras 90 a 93).

- Adenopatia axilar: quando maior que 2,0 cm, aumento da densidade, sem hilo gorduroso evidente, com presença de calcificações (Figura 94) e forma globosa (Figura 95), a atenção deve ser imediata, sendo necessária correlação clínica ou avaliação adicional. Na ausência de uma causa infecciosa ou inflamatória conhecida, uma adenopatia axilar unilateral isolada deve sempre ser suspeita, classificada como categoria 4, pois pode sugerir um carcinoma oculto de mama ou mais remotamente linfoma ou até mesmo metás-

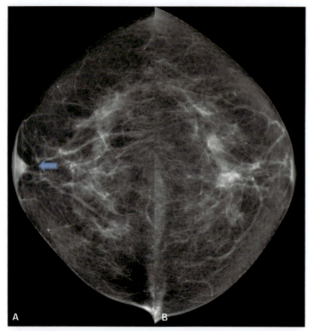

Figura 79 Retração papilar unilateral direita (seta), representada pela mamografia (craniocaudal).

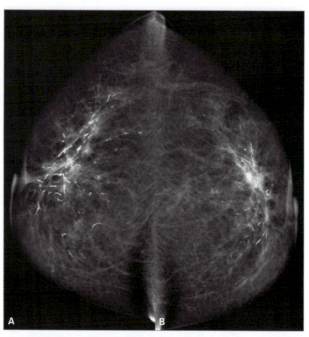

Figura 81 Retração papilar bilateral (craniocaudal).

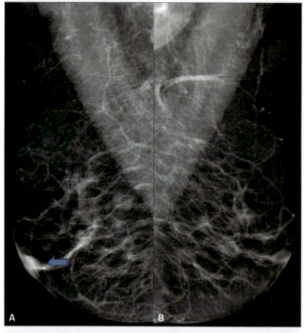

Figura 80 Retração papilar unilateral direita (seta), representada pela mamografia (mediolateral oblíqua).

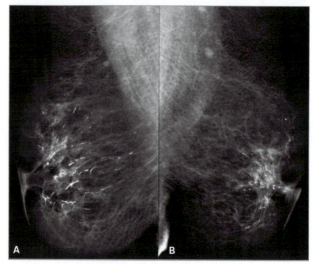

Figura 82 Retração papilar bilateral (mediolateral oblíqua).

tase de melanoma ou câncer de ovário. Nesses casos sempre será necessária a avaliação adicional com outros métodos para verificar se a adenopatia é realmente unilateral, além da necessidade de excluir clinicamente condições benignas como mastite ou abscesso e infecção cutânea da mama. Quando bilateral, na maioria das vezes é benigna, sendo frequentemente associada a condições reacionais ou infecciosas, como sarcoidose, psoríase, lúpus eritematoso sistêmico. Pacientes com diagnóstico de linfoma ou leucemia também podem culminar com adenopatia axilar bilateral.

Sistema de laudo
Categoria 0

Designa exame incompleto, categoria usada após rastreamento mamográfico. Serão enquadrados nessa categoria exames em que a conclusão diagnóstica não foi possível pelos seguintes motivos:

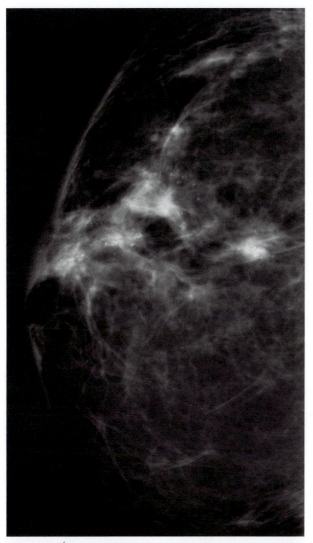

Figura 83   Área de espessamento cutâneo focal adjacente a área suspeita de malignidade caracterizada por calcificações pleomórficas e retração cutânea.

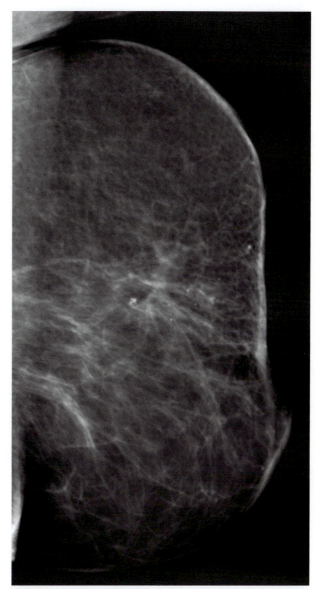

Figura 84   Área de espessamento dos quadrantes superiores da mama esquerda, decorrente de radioterapia em paciente tratada com cirurgia conservadora da mama.

- Necessidade de incidências mamográficas adicionais, como magnificações em caso de calcificações em que a morfologia e distribuição não foram bem caracterizadas ou compressões localizadas para estudo de margens de nódulos. Ressalvamos que sempre que possível essas incidências devem ser feitas no mesmo momento em que é feita a mamografia, na maioria das vezes de rastreamento. Essa categoria deve ser expressa, quando por algum motivo essas incidências não puderam ser feitas num primeiro momento. Como categoria temporária, assim que a paciente retornar para realizar a(s) incidência(s) solicitada(s), deve ser classificada em nova categoria.
- Necessidade de avaliação adicional por outros métodos de diagnóstico por imagem, como mais comumente a USG e, mais remotamente, a RM (Figura 96). Nesse caso, é possível citar como exemplo comum pacientes com nódulos necessitando de estudo ultrassonográfico adicional para caracterização da natureza sólida ou cística da alteração observada. Nesses casos também, assim que o estudo adicional for realizado, nova categoria BI-RADS® deverá ser expressa com base nos achados e correlação entre os métodos. Se uma área de assimetria focal for observada e a complementação ultrassonográfica for negativa, a principal hipótese de parênquima assimétrico é levantada, porém a categoria final é 3, por essa ser uma forma comum do carcinoma lobular invasivo que pode invadir o parênquima sem causar massa ou alteração palpável, manifestando-se como área sutil de assimetria.

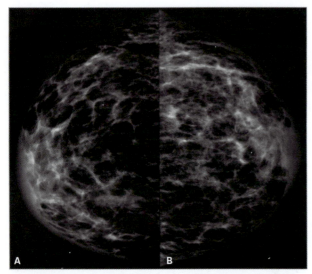

Figura 85 Edema cutâneo extenso e bilateral em paciente em anasarca.

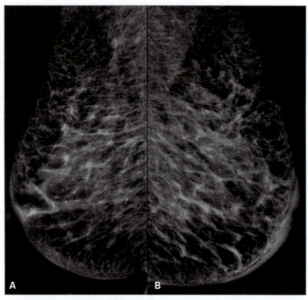

Figuras 87 Aumento do trabeculado mamário, mais exuberante à esquerda.

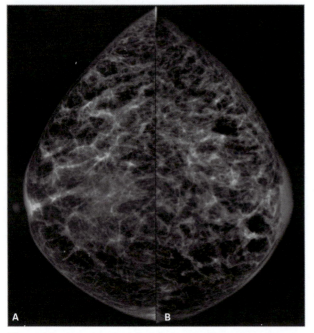

Figura 86 Aumento do trabeculado mamário, mais exuberante à esquerda.

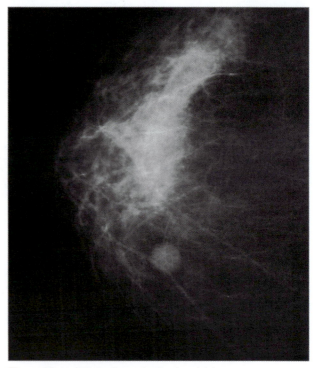

Figura 88 Lesão cutânea simulando nódulo.

- Necessidade de exames anteriores para comparação, quando esses exames forem fundamentais para a avaliação específica de algum achado que justifique a solicitação. Não se enquadram nessa situação exames de rastreamento negativos para malignidade BI-RADS® 1 ou 2. Citamos, como exemplos, a avaliação evolutiva de um achado específico em que é conhecido que a paciente tem exames anteriores, mas por algum motivo não pôde trazê-los para comparação ou mesmo exames de avaliação pós-cirúrgica ou pós-biópsia percutânea por algum método de diagnóstico por imagem, em que o resultado anatomopatológico e eventuais filmes do procedimento não estão disponíveis para análise e correlação.

Não se pode incluir nessa categoria: mamas densas. Sempre que um exame for classificado nessa categoria, o motivo deve estar claramente explicado e descrito no laudo.

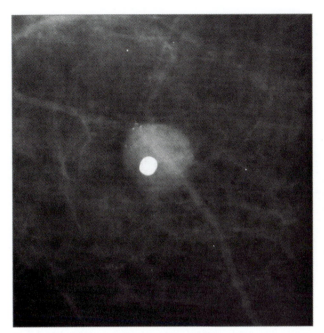

Figura 89 Reparo radiopaco sobre lesão cutânea simulando nódulo.

Categorias finais

- Categoria 1: exame negativo para malignidade. As mamas são simétricas, sem nódulos, calcificações ou qualquer outro achado.
- Categoria 2: achados benignos. Como a categoria 1, é um exame negativo para malignidade, porém com achados indubitavelmente benignos que podem ser relatados, como: lesões cutâneas, alteração da arquitetura mamária claramente relacionada a cirurgia prévia, implantes mamários, calcificações vasculares, todas as calcificações tipicamente benignas como as secretórias múltiplas ou relacionadas a fibroadenomas, linfonodos intramamários, lesões com densidade de gordura como cistos oleosos e lipomas. Salientamos que qualquer nódulo sólido calcificado será enquadrado ou nessa categoria, como nódulo com calcificações grosseiras e tipo "em pipoca" sugestivas de fibroadenoma, ou caso contrário na categoria 4, geralmente com calcificações puntiformes e de baixa densidade. Outras lesões incluem assimetria global sem sinais clínicos associados e lesões com características de densidade mista, como hamartoma, que tem características benignas que podem ser relatadas com segurança. As calcificações difusas similares, puntiformes e amorfas, quando bilaterais e sem nenhuma área com calcificações diferentes, também poderão ser incluídas nessa categoria (Figuras 97 a 101).
- Categoria 3: as lesões serão enquadradas nessa categoria de acordo com o seu potencial de malignidade, sendo sempre implicada uma sugestão de conduta médica de acordo com esse potencial. Essa categoria foi introduzida no início dos anos 1990 para reduzir

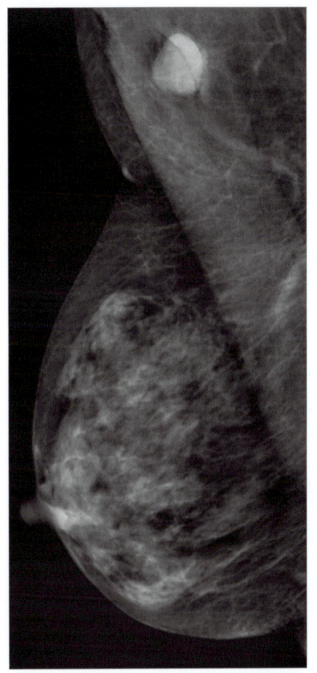

Figura 90 Cisto epidérmico (esvaziado após punção) simulando linfonodo axilar denso.

o número de biópsias com resultados benignos, mantendo elevada a detecção precoce do câncer de mama, pelo melhor custo-benefício do rastreio mamográfico. O conceito de seguir uma lesão provavelmente benigna foi criado antes do advento da biópsia percutânea, quando a biópsia necessariamente era cirúrgica. A justificativa para essa categoria que sugere acompanhamento mamográfico na era do advento da biópsia percutânea com custo e morbidade menores do que uma cirurgia está nos dados que mostram que os cus-

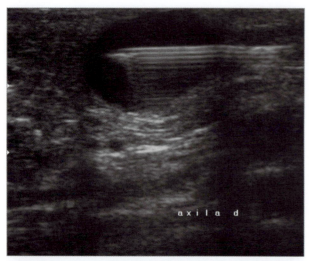

Figura 91 Imagem ultrassonográfica de cisto epidérmico (esvaziado após punção) simulando linfonodo axilar denso na mamografia.

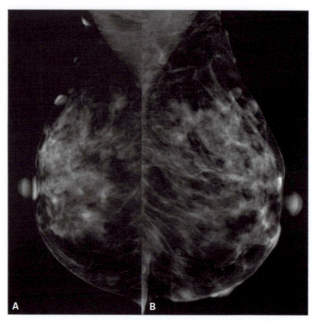

Figura 93 A e B: Paciente com neurofibromatose tipo 1. Observamos múltiplas lesões cutâneas bilaterais, podendo simular nódulos.

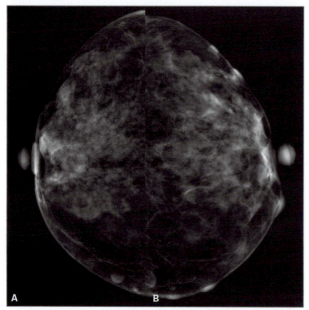

Figura 92 A e B: Paciente com neurofibromatose tipo 1. Observamos múltiplas lesões cutâneas bilaterais, podendo simular nódulos.

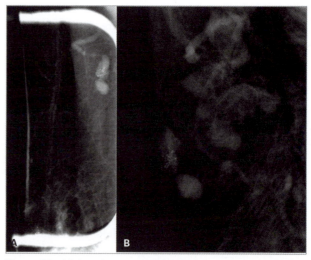

Figura 94 Linfonodo com calcificações pleomórficas internas, semelhante ao tumor de base na mama.

tos, a morbidade e o estresse das pacientes, quando bem orientadas, são menores com o acompanhamento mamográfico do que com a biópsia. É importante deixar claro que essa não é uma categoria com expectativa indeterminada para malignidade e sim reservada para achados com baixa probabilidade de malignidade (até 2%), com probabilidade ainda menor para nódulos. O acompanhamento é considerado como alternativa segura em vez de biópsia, pois esse acompanhamento detectaria alterações nas lesões malignas corretamente classificadas, identificando câncer no acompanhamento que não alteraria seu estágio inicial e ainda manteria prognóstico favorável. O uso da mamografia para esse controle é baseado em dados científicos robustos e reproduzidos em vários estudos que mostram que o acompanhamento mamográfico seria medida segura nas pacientes com eventual câncer detectado, pois não haveria mudança do estadiamento inicial. Nos estudos nos quais foram definidas as lesões classificadas como provavelmente benigna, os critérios somente foram definidos após a avaliação completa da lesão. Essa avaliação é importante para excluir que lesões benignas ou suspeitas não sejam classificadas de modo equivocado como provavelmente benignas.

6 APLICAÇÃO DO ACR BI-RADS® NOS MÉTODOS DE IMAGEM EM MAMA   **461**

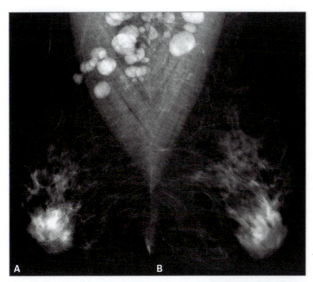

Figura 95   Paciente com lúpus eritematoso sistêmico. Observamos linfonodos densos e globosos bilaterais.

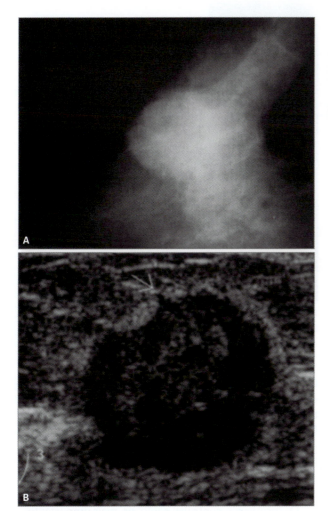

Figura 96   Nódulo isodenso, oval e obscurecido (A). Mesmo nódulo, aqui caracterizado como sólido no complemento ultrassonográfico (B).

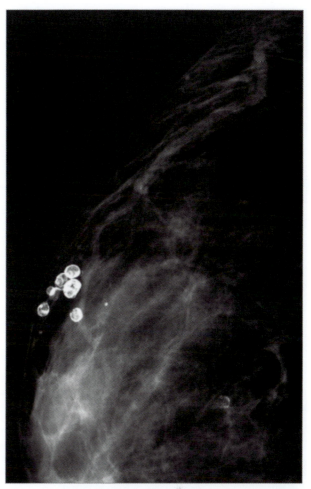

Figura 97   Calcificações benignas – categoria 2.

Enfatizamos que essa não é uma categoria usada na mamografia de rastreamento, uma vez que o radiologista prefere o acompanhamento em curto prazo para se certificar da estabilidade do achado em questão.

O achado geralmente é visto em mamografia sem exames anteriores para comparação, porém só deve ser enquadrado nessa categoria quando esses exames, apesar de solicitados, por algum motivo não foram acessíveis no momento da análise para a identificação retrospectiva ou de lesão nova. Só serão classificados nessa categoria exames em que todas as incidências necessárias já foram realizadas para a caracterização segura do achado, incluindo compressões ou magnificações, sempre sendo interessante realizar esta última em perfil no caso de calcificações. Seria também interessante e de certa forma necessário que a USG dirigida ou mesmo adicional fosse realizada para melhor caracterização das lesões, tendo papel especificamente importante em nódulos e assimetria focais, que poderiam ter um "*downgrade*" de categoria baseado na correlação entre os métodos ou "*upgrade*", por identificação de lesões suspeitas. Como exemplo, cita-se uma lesão nova, não vista nos exames anteriores em que a

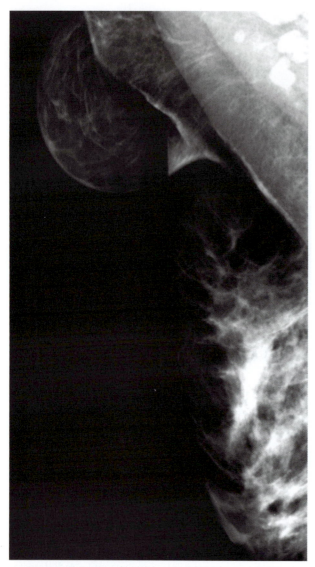

Figura 98 Tecido fibroglandular acessório no prolongamento axilar – categoria 2.

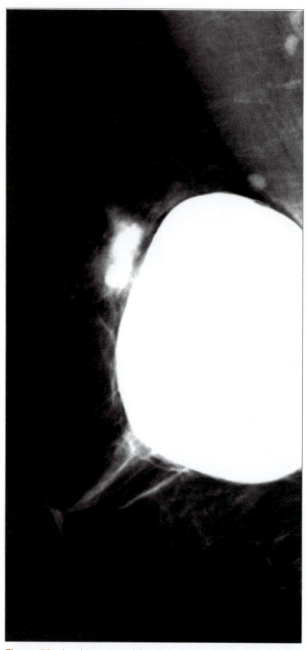

Figura 99 Implante mamário com rotura extracapsular – categoria 2.

USG demonstra lesão cística, caso em que haveria um "*downgrade*" e no exemplo demonstra um nódulo sólido irregular, caso em que haverá um "*upgrade*" e o acompanhamento pela mamografia não será mais justificado.

Dessa forma, será necessário e muito importante o uso de critérios específicos e bem definidos na avaliação do BI-RADS® 3, como estudo ultrassonográfico, compressão e magnificação para nódulos e microcalcificações e comparação com exames prévios, importantes na identificação retrospectiva ou nova de uma lesão.

Apesar de uma lesão palpável não ser incluída classicamente nessa categoria, alguns estudos mostram que nódulos palpáveis com características clínicas, mamográficas e ultrassonográficas benignas apresentam a mesma probabilidade de malignidade das lesões não palpáveis, sendo o controle de nódulos palpáveis com características benignas uma opção a ser considerada.

O acompanhamento deve ser feito inicialmente de forma semestral, incluindo nesse exame somente a mama em que a alteração foi observada, posteriormente semestral, incluindo as duas mamas, e depois anualmente conforme a rotina, podendo ser classificada em tal categoria por 2 a 3 anos após o exame inicial. Nesse período, se a lesão aumentar de dimensões ou mudar para morfologia ou forma suspeita, uma nova categoria deve ser expressa, havendo um "*upgrade*" da lesão para categoria 4 ou 5.

Os primeiros controles serão os mais importantes, pois irão detectar os possíveis casos de câncer de crescimento rápido. A benignidade será estabelecida após 2

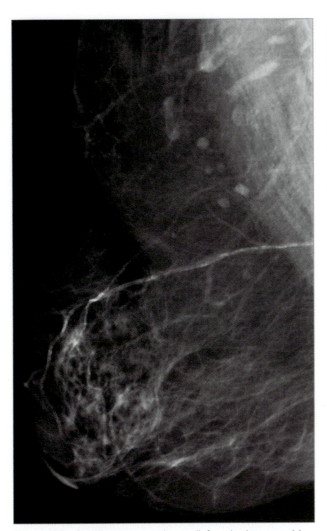

Figura 100 Calcificações vasculares e linfonodos intramamários, achados benignos – categoria 2.

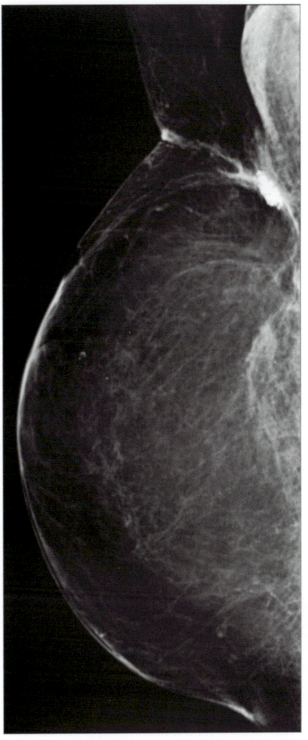

Figura 101 Mastectomia com reconstrução com retalho miocutâneo e área de esteatonecrose calcificada – categoria 2.

a 3 anos de acompanhamento sem alteração, porém o sucesso da classificação provavelmente benigna depende da execução correta da avaliação, da recomendação de acompanhamento e da adesão da paciente ao acompanhamento. Uma situação peculiar é daquelas pacientes que desejam fazer a biópsia percutânea de determinada lesão classificada como provavelmente benigna. Nesses casos, o médico poderá classificá-la nessa categoria, porém recomendará a biópsia explicando os motivos envolvidos em sua recomendação no laudo mamográfico.

Lembramos que em pacientes idosas, o limiar para realização de biópsia pode ser menor e o procedimento pode ser recomendado mesmo na presença de lesões com características provavelmente benignas.

Serão incluídas nessa categoria provavelmente benigna:
- Nódulo circunscrito com forma não irregular, não calcificado e sem gordura (Figura 102). Sempre que tal achado for caracterizado como sólido à USG a categoria será mantida, porém se cístico a correlação entre os métodos deverá ser feita e nova categoria BI-RADS® 2 é expressa. Quando múltiplos nódulos com essas características forem vistos na mamografia, independentemente da propedêutica conjunta com a USG, alguns autores

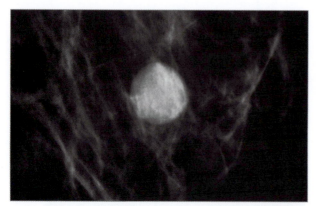

Figura 102   Nódulo isodenso, oval, circunscrito, não calcificado.

consideram diretamente a categoria 3, relatando que quanto menores as dimensões dos nódulos, mais fácil aplicar a regra.
- Assimetria focal sem achados associados, como distorção arquitetural e calcificações, e sem palpação positiva, com USG negativa. Incluem nessa categoria as assimetrias que já foram estudadas e não caracterizadas como tecido mamário (categoria BI-RADS® 2), ou se for um nódulo circunscrito sólido, não irregular ou sem expressão ao método será mantida a categoria 3, ou ainda, se tratar-se de nódulo suspeito, deverá ser biopsiado, sendo então reclassificada como categoria 4. Também não são incluídas nessa categoria as assimetrias focais associadas a distorção arquitetural ou calcificações, que deverão ser biopsiadas. Quando for feita a comparação com exames anteriores e a lesão estiver inalterada há pelo menos dois anos, a categoria 2 deve ser expressa.
- Nódulo sólido com margens obscurecidas na mamografia e com margens circunscritas e formas benignas (redonda, oval) no ultrassom. Vale lembrar novamente que o "*downgrade*" do ultrassom só vale para nódulo com margens obscurecidas na mamografia. Os nódulos com margens microlobuladas, indistintos ou espiculados continuam como categorias BI-RADS® 4 ou 5, mesmo com margens circunscritas e características benignas ao ultrassom. Esse mesmo raciocínio vale para a RM, ou seja, mesmo que a lesão tenha um aspecto benigno por esse método, sempre deve ser considerado o aspecto mais agressivo observado, principalmente na mamografia.
- Grupamento de calcificações redondas ou puntiformes (monomórficas) menores que 0,5 cm sem maior densidade do tecido adjacente, com a morfologia adequadamente estudada após a realização de incidências magnificadas. Nessa categoria não se enquadram calcificações com distribuição linear ou segmentar (Figura 103).

Figura 103   Grupamento de calcificações redondas na mamografia.

- Múltiplos grupamentos de calcificações grosseiras e heterogêneas nas mamas.
- Após biópsias percutâneas satisfatórias de microcalcificações ou nódulos BI-RADS® 4A e 4B com resultado benigno e aspectos concordantes na radiografia e ultrassom, podem ter reclassificação da lesão como BI-RADS® 3 com orientação de acompanhamento. Isso não é aplicável em lesões muito suspeitas (categoria 4C e 5), biópsias não concordantes ou com resultado benigno, que seriam classificadas portanto nesse último caso como categoria 2. A classificação BI-RADS® 3 poderá ser aceita após biópsia satisfatória em casos de calcificações amorfas ou resultados benignos como fibroadenoma, hiperplasia pseudoangiomatosa do estroma (PASH), fibrose/fibroesclerose. Também poderão ser enquadrados nessa categoria casos em que a paciente foi submetida a cirurgia conservadora com margens cirúrgicas negativas. Eventualmente, calcificações amorfas associadas a cisto oleoso em leito cirúrgico sugestivas, mas não típicas de necrose gordurosa, poderão também ser enquadradas nessa categoria (Algoritmo 1).

Apesar de tudo que foi discutido previamente, quais são as situações em que a biópsia é indicada apesar da categoria 3?

Eventualmente lesões dessa categoria poderiam ser biopsiadas desde que não haja contraindicação, havendo uma dissociação entre a classificação e sugestão de conduta em situações especiais. São exemplos comuns pa-

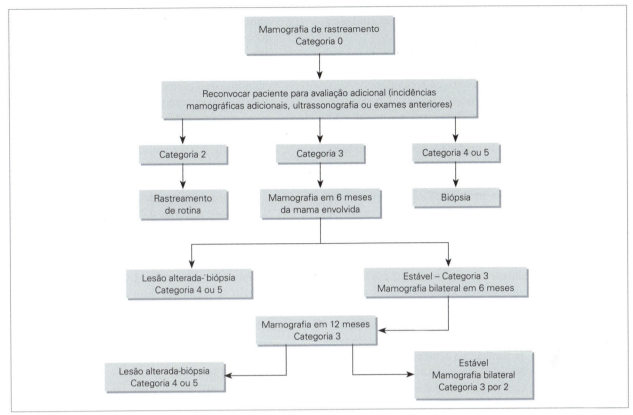

Algoritmo 1 Modelo esquemático demonstrando a forma de acompanhamento de lesões categoria 3. Pacientes que não estão na faixa etária de rastreamento mamográfico, podem ser acompanhadas por ultrassonografia das mamas quando a lesão for evidente por esse método.

cientes com vontade de realizar a biópsia em virtude da angústia de acompanhar uma lesão ou casos em que há correlação com o histórico pessoal/familiar dela, o que não mudaria a paciente de categoria num primeiro instante, já que o que deve ser considerado para a classificação seria inicialmente os achados de imagem.

É importante frisar que qualquer lesão nova, crescimento ou alteração de nódulos, aumento do número ou novas formas de calcificações ou calcificações com efeito de massa associado terão "*upgrade*" de categoria.

Devemos ter cuidado especial e muita cautela para não incluir nessa categoria pacientes que apresentam lesões que se enquadram nessa categoria, porém têm histórico familiar ou pessoal positivo para câncer de mama ou biópsia prévia com lesões marcadoras de risco (p. ex., carcinoma lobular *in situ*) ou precursoras (p. ex., atipias). Dessa forma, na dúvida, sempre favoreça a paciente investigando a lesão e não alterando, dessa forma, possível futuro planejamento cirúrgico de diagnóstico de câncer de mama.

Uma outra situação em que lesões classificadas nessa categoria poderiam ser biopsiadas, seria em pacientes que serão submetidas a cirurgia estética das mamas ou abdominal, pois eventual erro diagnóstico dificultaria futuramente eventual reconstrução da mama com retalho muscular abdominal em paciente submetida a plástica abdominal. Além disso, um diagnóstico precoce de lesão maligna evitaria nova intervenção cirúrgica em pacientes submetidas a mamoplastia ou a inserção de implantes mamários.

Se eventualmente houver um desejo do médico ou da paciente, dificuldade de compreensão ou locomoção, gravidez presente ou planejada, terapia de reposição hormonal, transplante futuro, síndrome da imunodeficiência adquirida, lesões enquadradas nessa categoria também deverão ser biopsiadas.

Dados importantes:
- Avaliação provavelmente benigna é transitória, com comparação com exames anteriores no acompanhamento.
- Assim, durante o acompanhamento é essencial o acesso aos exames anteriores para comparação.
- Também é fundamental que os exames sejam comparáveis, o que tem sido crítico na RM e, sobretudo, na USG.
- A adesão das pacientes ao acompanhamento é limitada e tem se mostrado muito variada e com declínio ao longo do tempo.

Desse modo, sempre que colocarmos um exame de uma paciente nessa categoria devemos nos perguntar:

- Como o próximo exame vai alterar os cuidados com a paciente?
- Os resultados do próximo exame beneficiarão a paciente? Afinal, se não houver benefício para a paciente o próximo exame não terá valor.

- Categoria 4: são incluídos nessa categoria achados suspeitos ou provavelmente malignos em que a avaliação citológica ou anatomopatológica deve ser considerada, ou seja, uma punção aspirativa por agulha ou uma biópsia percutânea de fragmento ou mesmo biópsia cirúrgica. São lesões que não têm a aparência clássica de malignidade, porém teriam maior probabilidade de malignidade do que aquelas enquadradas na categoria 3. Lembramos que aproximadamente 30% dos carcinomas não palpáveis são identificadas como lesões que se enquadram na categoria 4. Por conta da ampla variação na possibilidade de ser câncer de 2 a 90%, essa categoria foi subdividida em categorias finais 4A, 4B, 4C, visando principalmente ao entendimento do resultado da biópsia e sugestão de conduta. Apesar de não ser de uso obrigatório, a iniciativa da divisão interna da categoria, além de auxiliar no acompanhamento pós-biópsia, é útil para a comunicação entre os patologistas, definindo o nível de suspeita das lesões submetidas a biópsia percutânea. Isso encoraja e ajuda patologistas a fazer diagnósticos histológicos mais precisos, incentivando a correlação entre a imagem e a patologia. Tal divisão, apesar de não ser obrigatória, é incentivada por possibilitar a clareza de comunicação entre patologistas e radiologistas, o que pode promover a detecção de erros de amostragem possíveis em biópsias percutâneas e evitar eventuais atrasos na detecção do câncer na demora de solicitação da biópsia excisional.

Destacam-se como alterações incluídas nessa categoria na quinta edição do BI-RADS® 4 as assimetrias em desenvolvimento e casos em que existem linfonodos alterados, sem lesão mamária suspeita, podendo inferir carcinoma oculto em alguns casos. No caso das assimetrias em desenvolvimento, podemos incluir as pacientes em que foram excluídas história de trauma, infecção ou terapia de reposição hormonal, após comparação com exames anteriores. Nesses casos, muitas vezes a USG poderá ajudar a definir melhor a conduta quando houver correlação, porém se negativa a lesão não deve ser negligenciada, pois Sickles demonstrou que 23,8% das assimetrias em desenvolvimento "malignas" não tiveram correlação com a USG. Dessa forma, o valor preditivo positivo das assimetrias em desenvolvimento seria suficiente para justificar uma biópsia guiada por estereotaxia, mesmo com a USG negativa.

- Categoria 4A: lesões com baixa suspeição de malignidade, mas que precisam de estudo adicional citológico ou anatomopatológico para confirmação. O valor preditivo positivo é de aproximadamente 6%. Um resultado patológico negativo pode ser esperado e o acompanhamento mamográfico semestral, após o resultado benigno, é apropriado para a mama em questão. Lesões palpáveis que seriam enquadradas morfologicamente como BI-RADS® 3 podem ser incluídas nessa categoria, citando como exemplo um nódulo sólido circunscrito e palpável, um provável abscesso ou um cisto com conteúdo espesso palpável.
- Categoria 4B: lesões com suspeição intermediária para malignidade, na qual uma biópsia com resultado benigno desde que bem executada, com acompanhamento semestral posterior seria aceitável. O acompanhamento com resultado benigno nesses casos depende da correlação entre a radiologia e patologia. Por exemplo, calcificações amorfas, pleomórficas ou um nódulo com margens indistintas e com diagnóstico de necrose gordurosa ou fibroadenoma seriam aceitáveis, porém um resultado de papiloma seria aceitável, necessitando de uma biópsia excisional. Calcificações grosseiras heterogêneas ou grosseiras associadas com amorfas ou pleomórficas também são exemplos. O valor preditivo positivo é de aproximadamente 35% (Figuras 104 a 107).
- Categoria 4C: lesões com maior risco de malignidade, porém sem o aspecto clássico. Essa categoria encoraja os patologistas a realizar avaliação adicional de biópsias com diagnóstico de benignidade. Incluem nessa categoria nódulo sólido, irregular, mal definido, novo grupamento de calcificações finas pleomórficas ou distorção arquitetural. O valor preditivo positivo é de aproximadamente 53% (Figuras 108 a 110).

- Categoria 5: lesões com alta probabilidade de malignidade, variando de 80-97%. Essa categoria deve ser reservada para achados considerados clássicos para câncer de mama. Quando uma lesão dessa categoria é submetida a biópsia de fragmento com resultado benigno, a biópsia cirúrgica deve ser sempre conside-

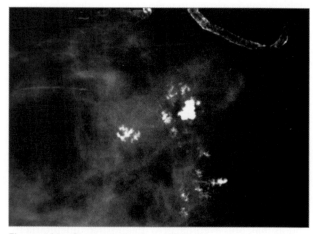

Figura 104 Grupamentos de calcificações grosseiras e heterogêneas – categoria 4B.

6 APLICAÇÃO DO ACR BI-RADS® NOS MÉTODOS DE IMAGEM EM MAMA   467

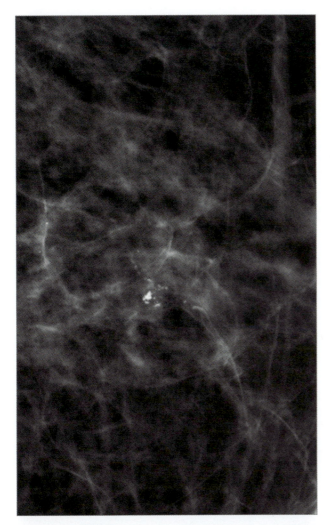

Figura 105   Grupamento de calcificações grosseiras associadas a amorfas – categoria 4B.

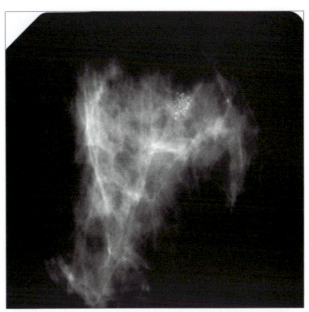

Figura 107   Grupamento de calcificações amorfas – categoria 4B.

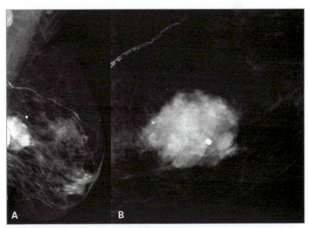

Figura 108   A e B (localizada): Nódulo hiperdenso, lobulado, indistinto, palpável – categoria 4C.

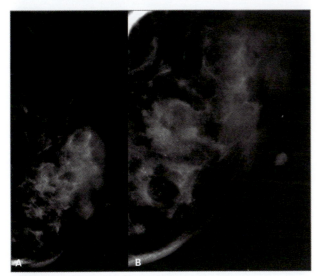

Figura 106   Imagem magnificada – calcificações amorfas de distribuição regional associadas a duvidoso nódulo – categoria 4B.

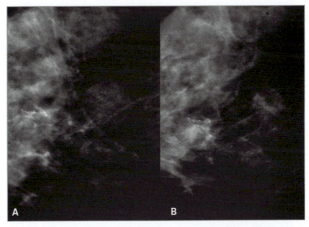

Figura 109   A e B: Calcificações finas pleomórficas de distribuição segmentar – categoria 4C.

Figura 110 Calcificações finas pleomórficas.

rada posteriormente. Achados que devem ser biopsiados e que não são clássicos para malignidade devem ser classificados na categoria 4. Como são lesões quase certamente malignas, conduta imediata deve ser tomada. São exemplos nódulo hiperdenso, irregular e espiculado associado ou não a calcificações pleomórficas ou calcificações finas lineares com distribuição segmentar ou linear. Também são incluídos nessa nessa categoria casos de distorção arquitetural ou assimetria global com alterações clínicas associadas e com representação nos demais métodos de diagnóstico por imagem (Figuras 111 a 119).

- Categoria 6: achados malignos confirmados por biópsia percutânea, porém em que o tratamento não foi iniciado, seja cirúrgico, por quimioterapia ou radioterapia. Essa categoria deve ser excluída das auditorias, pois poderia simular taxa de aumento de detecção do câncer de mama.

Ressalvamos que a categoria final deve sempre ser baseada na conduta mais imediata. Dessa forma, se uma lesão suspeita for detectada na mama contralateral àquela classificada como categoria 6, uma nova categoria deve ser expressa baseada nesse novo achado que requer conduta imediata, sendo então reclassificada como categoria 4, 5 ou eventualmente até 3. Se a paciente foi submetida a cirurgia sem evidência de tumor residual e com margens livres, deve ser enquadrada na categoria 2 ou 3. Da mesma forma, se submetida a cirurgia, porém com calcificações suspeitas, nova categoria deve ser expressa baseada nesses achados.

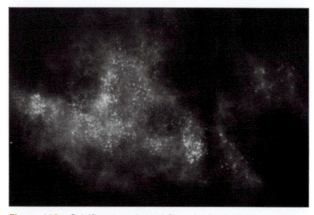

Figura 112 Calcificações pleomórficas de distribuição segmentar.

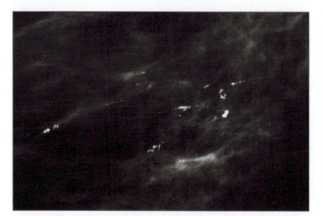

Figura 111 Calcificações finas lineares de distribuição segmentar (categoria 5).

Figura 113 Calcificações pleomórficas de distribuição regional e segmentar – categoria 5.

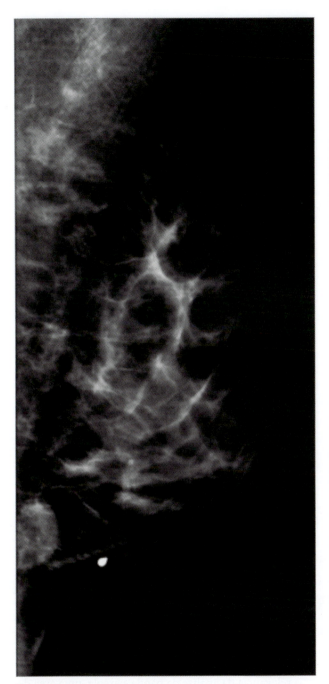

Figura 114   Nódulo hiperdenso, oval, espiculado, associado a calcificações amorfas e palpável – categoria 5.

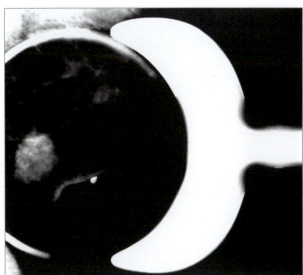

Figura 115   Compressão localizada de nódulo hiperdenso, oval, espiculado, associado a calcificações amorfas e palpável – categoria 5.

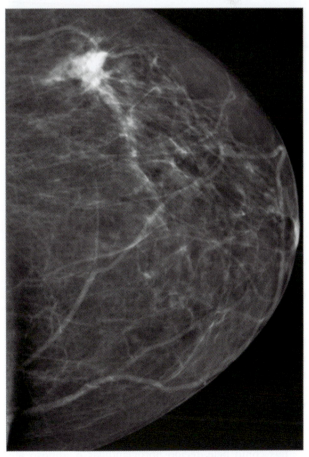

Figura 116   Nódulo hiperdenso, irregular, espiculado – categoria 5.

ACR BI-RADS® para ultrassonografia

A terminologia utilizada para descrever os achados de USG de mama muda continuamente e a diversidade dessa terminologia pode causar confusão. Os novos descritores e definições no léxico de ultrassonografia visam assegurar laudos concisos, claros e padronizados. Os termos utilizados propiciam uma categorização completa e baseada em evidências, entretanto, em razão da constante evolução, novas modificações podem vir a ser necessárias.

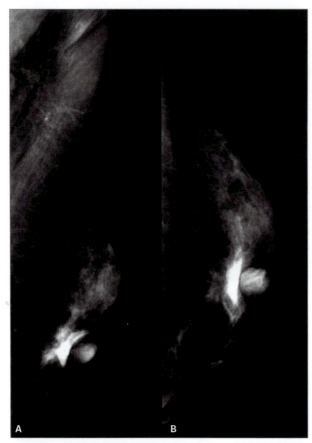

Figura 117 Nódulo hiperdenso, irregular, espiculado, determinando retração papilar – categoria 5.

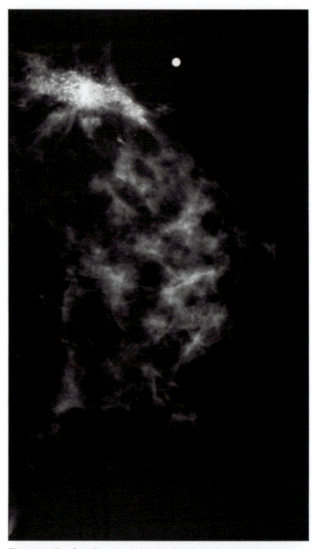

Figura 118 Calcificações pleomórficas de distribuição segmentar, associada a área de maior densidade – categoria 5.

Divisão dos capítulos

Em relação à versão de 2003 do BIRADS® de USG, composta por três seções, léxico, relatório e anexo, a nova versão inclui ainda um capítulo sobre considerações gerais e orientações para conduta. Em seguida abordaremos de forma sucinta cada uma dessas seções.

Considerações gerais

As considerações gerais envolvem noções sobre anatomia mamária, qualidade da imagem, identificação e medida das lesões mamárias e documentação da USG mamária.

- Anatomia da mama: além de uma descrição breve da anatomia da mama no ultrassom, mostrando o aspecto sonográfico das camadas que a compõem, tais como pele, tecido fibroglandular e adiposo até o músculo peitoral (Figura 120), esse tópico ressalta a importância da análise da axila e conhecimento do aspecto sonográfico habitual dos linfonodos, que apresentam hilo gorduroso ecogênico e córtex hipoecogênico ou anecogênico, com espessura variável, lembrando que a simetria bilateral de tamanho, forma e número dos linfonodos pode ajudar a distinguir entre normalidade e anormalidade. Além disso, ressalta a relevância da análise da papila e aréola, uma área de difícil avaliação à USG por conta da sombra acústica posterior causada pela papila, podendo obscurecer lesões nessa topografia (Figura 121).

  Por último, esta seção levanta o tópico da análise da mama masculina ao ultrassom, destacadamente a análise da ginecomastia (Figura 122).

- Qualidade da imagem: o valor do ultrassom para detecção e diagnóstico depende da qualidade da imagem. Assim, esta última revisão do ACR BI-RADS® inseriu considerações importantes para se obter uma boa qualidade de imagem ultrassonográfica, tais como a necessidade de se realizar USG mamária com transdutores de alta frequência (12-18 MHz), que per-

6 APLICAÇÃO DO ACR BI-RADS® NOS MÉTODOS DE IMAGEM EM MAMA | 471

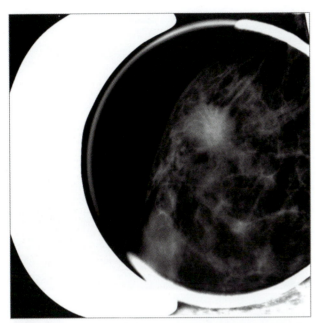

Figura 119   Compressão localizada do nódulo isodenso, irregular, espiculado no quadrante superior e lateral da mama direita.

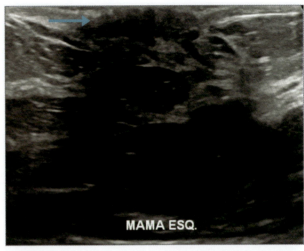

Figura 121   Anatomia da mama. Região retropapilar, com papila (seta) e ductos terminais convergindo para ela.

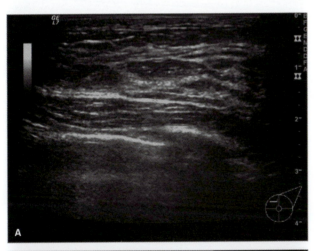

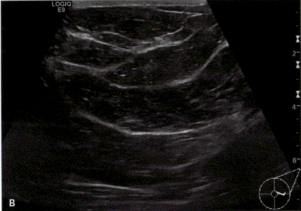

Figura 120   A e B: Esquema anatômico ultrassonográfico normal da mama (aquisição em modo trapezoidal), desde a pele até planos profundos (fáscia e músculo peitoral).

mitem melhor caracterização das lesões, a utilização de um campo de visão (FOV) adequado (Figura 123), que permita a análise de todas as camadas da mama, da pele ao músculo peitoral, evitando imagens com muita aproximação ou muito profundas, principalmente ao documentar uma lesão, para que não sejam perdidas as referências do tecido mamário adjacente.

Existem ainda alguns recursos nos aparelhos de ultrassom que auxiliam na melhora da qualidade da imagem, os quais devem ser dominados tecnicamente pelo ultrassonografista, que pode lançar mão desses avanços tecnológicos durante o exame para melhorar seu desempenho diagnóstico. São eles: ajuste da zona focal, que deve ser posicionada na área de interesse e melhora a resolução do tecido retratado dentro daquela zona (Figura 124); o ganho, que deve ser estabelecido de forma que o parênquima normal varie em ecogenicidade usando a maior parte da escala de cinza. A referência para ajuste da escala de cinza é que os lóbulos de gordura subcutânea apareçam em um tom médio de cinza, nunca preto (Figura 125); e por último a imagem composta, onde a imagem final, única, é resultante de diversas imagens ultrassonográficas obtidas em ângulos de insonação ligeiramente diferentes. A composição espacial reduz a ocorrência de ruídos e melhora a resolução no centro da imagem, permitindo, por exemplo, melhor avaliação das margens de um nódulo (Figura 126).

- Identificação e medidas: a identificação deve conter os dados do serviço, data do exame, identificação completa da paciente (nome/data de nascimento), lateralidade da mama, localização anatômica utilizando a "face do relógio", orientação do transdutor e distância da papila (Figura 127).

Em relação às medidas, deve-se procurar o eixo mais longo da lesão e então obter uma imagem ortogonal com uma medida no plano que não está pre-

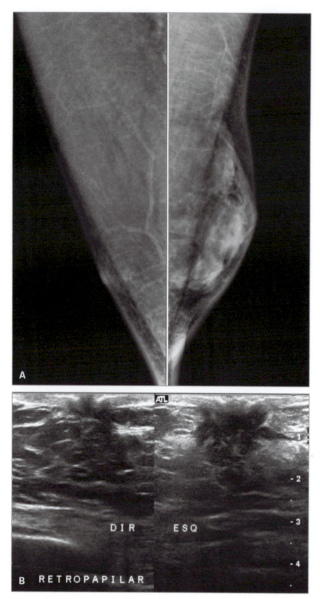

Figura 122 A: Ginecomastia unilateral esquerda (mamografia). B: Ginecomastia (ultrassonografia).

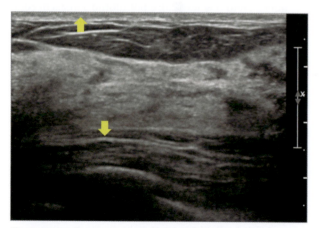

Figura 123 Campo de visão (FOV) demonstrando área de interesse desde a pele até a fáscia do músculo peitoral (setas).

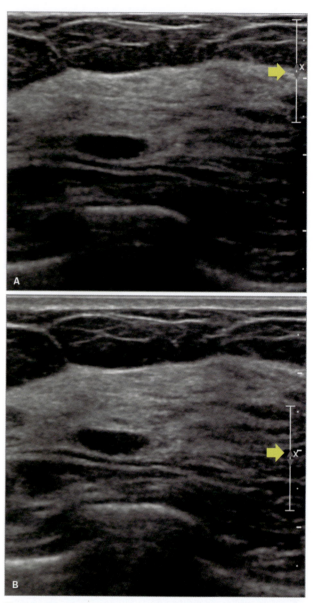

Figura 124 A: Zona focal fora da área de interesse. B: Ajuste da zona focal na área de interesse com melhora da resolução da imagem.

sente na imagem inicial (Figura 128). No caso de lesões complexas sólido-císticas ou lesões sólidas, uma imagem adquirida com Doppler em cores ou *power Doppler* é também desejável. Deve-se registrar as medidas aproximadas em milímetros ou centímetros e, quando possível, fazer três medições da lesão. Um aumento de 20% ou mais (em doze meses) no maior eixo da lesão é considerado significativo, enquanto um aumento de 1-2 mm no tamanho da lesão pode estar relacionado a diferenças técnicas entre os exames.

- Documentação: quando há múltiplos cistos, imagens representativas são suficientes e basta medir o maior em cada mama no seu maior eixo. Caso o cisto represente uma anormalidade mamográfica ou corres-

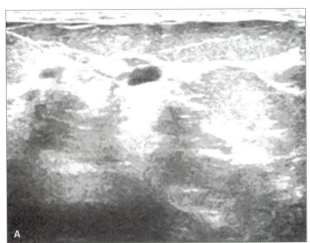

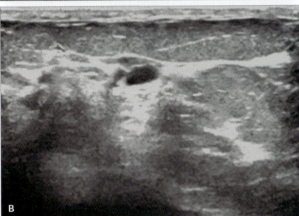

Figura 125 A: Ganho inadequado, muito acentuado, limitando a análise da lesão. B: Ganho adequado, com lóbulos de gordura em tom médio de cinza.

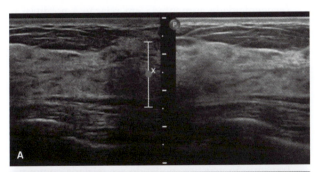

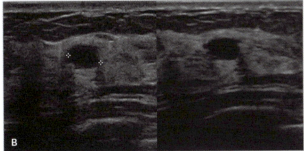

Figura 126 A: Melhora da resolução da imagem com redução do ruído na imagem composta. B: Aumento da nitidez na imagem composta, permitindo melhor avaliação das margens da lesão.

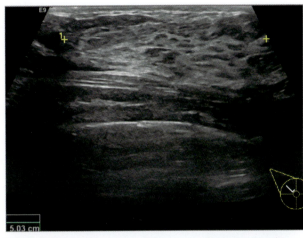

Figura 127 Distância do nódulo até a papila documentada.

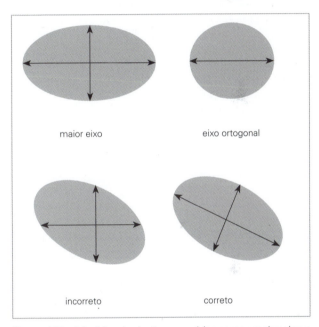

Figura 128 Medidas das lesões mamárias no seu maior eixo e no eixo ortogonal.

ponda a uma queixa palpável ou dolorosa, ele deve ser documentado, mensurado e referido no relatório final. A mesma orientação é válida para linfonodos intramamários de aspecto preservado.

Léxico

A nova versão do léxico do ACR BI-RADS® de USG é composta por:

- Composição da mama.
- Nódulos.
- Calcificações.
- Achados associados.
- Casos especiais.

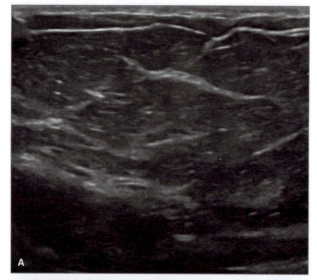
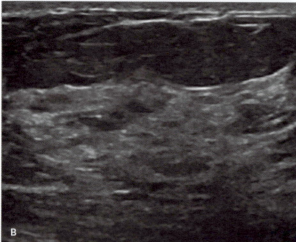
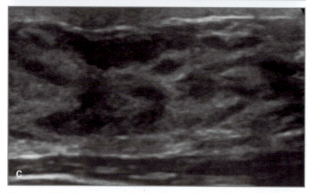

Figura 129 Ecotextura de fundo. A: Homogênea adiposa; B: homogênea fibroglandular; C: ecotextura de fundo heterogênea.

Houve uma pequena alteração em relação à versão anterior, inserindo-se o item vascularização, anteriormente uma categoria, em achados associados. Também na categoria achados associados, foi inserida a descrição do tecido adjacente, que anteriormente estava contemplada nos descritores para nódulo.

Composição da mama

Essa categoria está dividida em três tipos: ecotextura de fundo homogênea adiposa, homogênea fibroglandular e ecotextura de fundo heterogênea (Figura 129).

A ecotextura de fundo heterogênea pode ser focal ou difusa e ocasionalmente afetar a sensibilidade da USG mamária para detecção de lesões.

Nódulos

O nódulo é tridimensional e, portanto, ocupa espaço. Ele deve ser caracterizado quanto a:

- Forma: oval (inclui duas a três ondulações, ou macrolobulada), redonda ou irregular (nem redondo nem oval em sua forma) (Figura 130).
- Orientação: definida tomando como referência a linha da pele, podendo ser paralela (maioria dos nódulos benignos) e não paralela (Figura 131).
- Margem: ou borda da lesão, podendo ser definida como circunscrita (margem nitidamente definida) e não circunscrita (quando qualquer porção da margem for não circunscrita). Entre as características de margem não circunscrita, a margem pode ser definida como indistinta (não há definição clara entre a margem e o tecido circunjacente), angulada (margem possui cantos acentuados, formando ângulos agudos), microlobulada (caracterizada por pequenas ondulações), espiculada (frequentemente é sinal de malignidade) (Figura 132).
- Padrão de ecogenicidade: a ecogenicidade na maioria dos nódulos é hipoecoica em relação à gordura mamária, sejam eles benignos ou malignos. Podem ser anecoicos (p. ex., cistos simples), hiperecoicos (ecogenicidade aumentada em relação à gordura; p. ex., lipoma), complexo sólido-cístico (contém tanto componentes anecoicos, císticos ou líquidos, quanto ecogênicos, sólidos), hipoecoicos (definidos em relação à gordura subcutânea), isoecoicos (mesma ecogenicidade da gordura, difícil caracterização na USG) e heterogêneos (mistura de padrões ecogênicos dentro de um nódulo) (Figura 133).
- Característica acústica posterior: representa as características de atenuação de um nódulo com relação à sua transmissão acústica, podendo ser relatada como: nenhuma característica, ou seja, sem sombra ou reforço posterior, reforço acústico, aparece como uma coluna ecogênica posterior à lesão, sombra acústica posterior, quando há atenuação da transmissão acústica, a área posterior central à lesão aparece mais escura; a sombra é associada com fibrose, com ou sem um carcinoma subjacente e padrão combinado, mistura de padrões de reforço e sombra posterior, comum em lesões em desenvolvimento (p. ex., seroma pós-cirúrgico) (Figura 134).
- A forma e a margem são as características mais relevantes entre os descritores de nódulos, por serem importantes preditores de malignidade e benignidade.

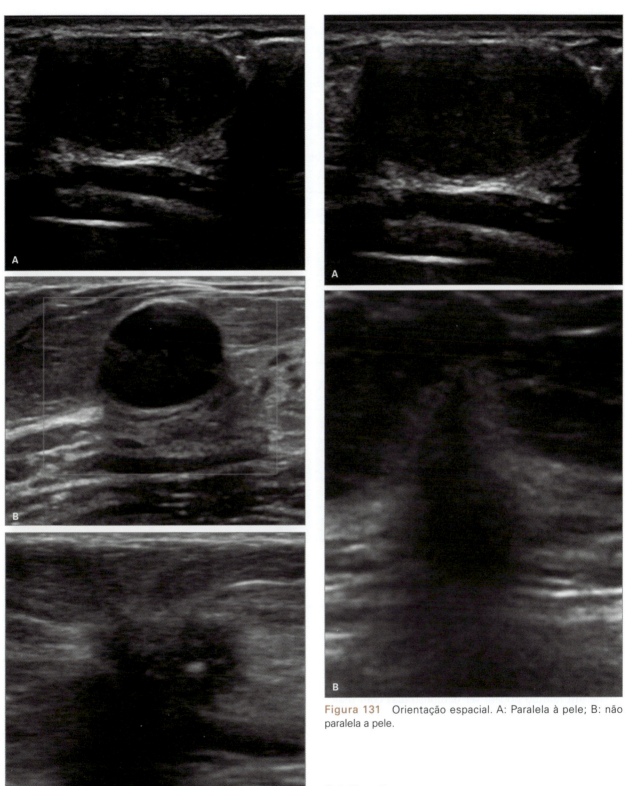

Figura 130 Forma do nódulo. A: Oval; B: redonda; C: irregular.

Figura 131 Orientação espacial. A: Paralela à pele; B: não paralela a pele.

Calcificações

A caracterização das calcificações ao ultrassom é infinitamente inferior à mamografia, mas elas podem eventualmente ser reconhecidas como focos hiperecogênicos. É bastante difícil identificá-las, e a probabilidade é maior quando o grupamento é extenso (> 1,0 cm) e as calcificações são densas (grosseiras heterogênas/pleomórficas). O benefício

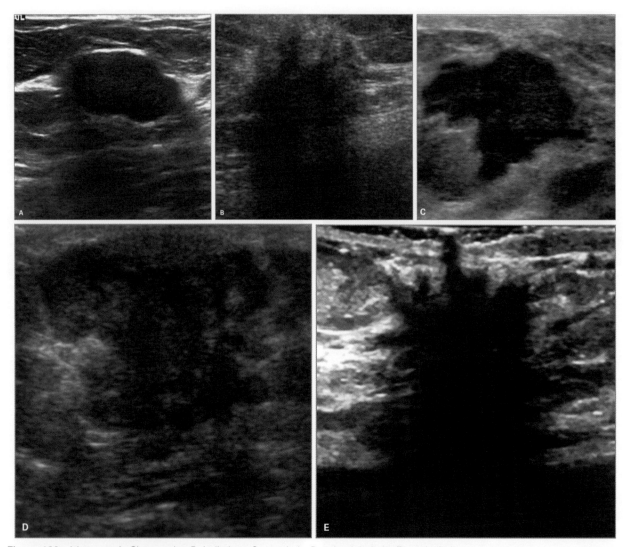

Figura 132 Margens. A: Circunscrita; B: indistinta; C: angulada; D: microlobulada; E: espiculada.

de se caracterizar certos grupamentos ao ultrassom é permitir que a biópsia seja orientada por esse método, quando há alguma limitação na orientação por mamografia. Os descritores estão divididos conforme segue:

- Calcificações em um nódulo: calcificações no interior de um nódulo podem ser demonstradas com maior facilidade se o mesmo for hipoecoico, não sendo possível determinar a morfologia das calcificações ao ultrassom (Figura 135).
- Calcificações fora de um nódulo: são mais difíceis de serem caracterizadas ao ultrassom. Quando visualizadas podem ser biopsiadas por esse método, conforme supracitado, lembrando que se deve radiografar os fragmentos para confirmar a presença de calcificações (Figura 136).
- Calcificações intraductais: focos ecogênicos caracterizados no interior dos ductos mamários (Figura 137).

Achados associados

Entre os descritores de achados associados, quatro deles foram mantidos em relação à versão anterior do ACR BI-RADS®: distorção arquitetural, alteração de ductos, alterações cutâneas e edema. Nesta nova versão, acrescentaram-se nesse tópico a vascularização e avaliação da elasticidade.

- Distorção arquitetural: pode se manifestar como compressão do tecido ao redor do nódulo, obliteração dos tecidos adjacentes pela infiltração da lesão, espessamento dos ligamentos de Cooper e halo ecogênico (Figura 138).
- Alterações de ductos: dilatação cística, irregularidades no calibre ou nas ramificações, extensão de um ducto em direção a um nódulo maligno e presença de nódulo ou conteúdo no interior do ducto (Figura 139).
- Alterações cutâneas: espessamento focal ou difuso (> 2 mm) e retração (Figura 140).

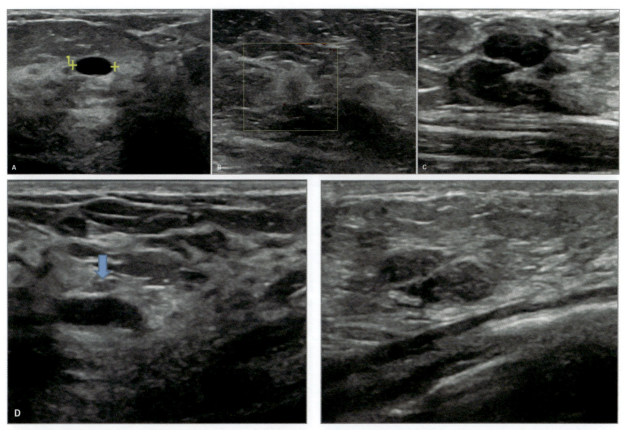

Figura 133   Padrão de ecogenicidade. A: Anecoico; B: hiperecoico; C: hipoecoico; D: isoecoico (seta); E: padrão heterogêneo.

- Edema: caracterizado por aumento da ecogenicidade do tecido circunjacente e aspecto reticulado. Associado a CA inflamatório, mastites e doenças sistêmicas (Figura 141).
- Vascularização: nenhum padrão vascular é específico de um diagnóstico particular, podendo ser mais pronunciada em lesões benignas (processos inflamatórios) que em lesões malignas. Também é uma característica dependente de fatores técnicos, sendo classificada como:
    - Ausente: cistos são as lesões avasculares mais comuns. Importante não aplicar uma compressão vigorosa quando avaliar a vascularização, para não ocluir pequenos vasos (Figura 142).
    - Vascularização interna: presença de vascularização dentro do nódulo (nesse caso, padrões anormais de fluxo também podem ser observados no tecido mamário) (Figura 143).
    - Vascularização periférica: presença de vasos sanguíneos marginais, circundando parte ou todo o nódulo (Figura 144).
- Elasticidade: o endurecimento de um nódulo pode ser considerado junto às suas características morfológicas. Espera-se que tumores sejam duros e lesões benignas sejam moles, entretanto essas características se sobrepõem. A FDA aprovou m/s e kPa como unidades de medida do endurecimento de uma lesão para elastografia com onda de corte. Este tópico ainda é alvo de muitas pesquisas e precisa ser mais bem padronizado. A avaliação da elasticidade não deve se sobrepor aos critérios morfológicos, melhores preditores de malignidade. A escala de cores deve ser padronizada em cada aparelho para a estabelecer a "dureza" da lesão. A elasticidade pode ser classificada em: macia, intermediária e dura (Figura 145).

Casos especiais

São aqueles que apresentam um diagnóstico ou achado singular.

- Cisto simples: circunscrito, redondo ou ovoide, anecoico e com reforço posterior, tipicamente benigno (Figura 146).
- Microcistos agrupados: agrupamentos de cistos anecoicos, medindo < 2-3 mm, entremeados com finas septações (< 0,5 mm) e sem componente sólido. Diagnósticos histológicos incluem alteração fibrocística e metaplasia apócrina (Figura 147).
- Cisto complicado: contém debris homogêneos, sem componente sólido e com parede imperceptível. Na

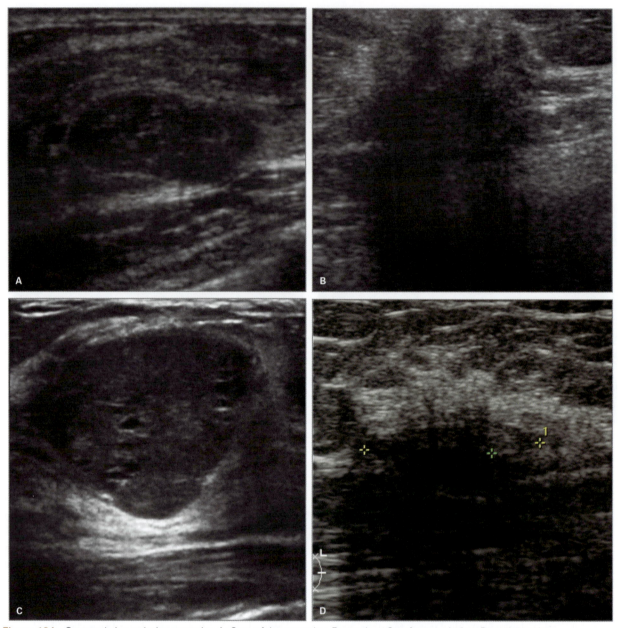

Figura 134 Característica acústica posterior. A: Sem efeito posterior; B: sombra; C: reforço acústico; D: padrão misto.

presença de componente sólido a lesão deve ser descrita como nódulo complexo sólido-cístico (Figura 148).
- Nódulo na pele ou sobre a pele: é importante reconhecer a interface entre a pele e o parênquima e estabelecer que o nódulo esteja pelo menos parcialmente dentro das duas finas faixas ecogênicas da pele. Por exemplo, cisto sebáceo, cisto de inclusão epidérmica, nevos etc. (Figura 149).
- Corpo estranho, incluindo implantes: a história é fundamental para estabelecer a presença e a natureza do corpo estranho dentro da paciente. Incluem clipes, válvulas de cateteres, fios, metal etc. A presença de silicone no parênquima mamário tem a típica aparência de "tempestade de neve" (Figura 150).
- Linfonodo intramamário: são nódulos circunscritos, reniformes e contêm gordura hilar. São mais frequentes no quadrante superolateral e tipicamente benignos (Figura 151).
- Linfonodo axilar: ao se avaliar um linfonodo axilar por meio da USG, deve-se estar atento às seguintes características: tamanho, forma (oval, redondo ou irregular), espessamento cortical (uniforme/concêntrico e focal), margem (circunscrito e não circunscrito) e compressão/deslocamento hilar. É importante salien-

6 APLICAÇÃO DO ACR BI-RADS® NOS MÉTODOS DE IMAGEM EM MAMA   479

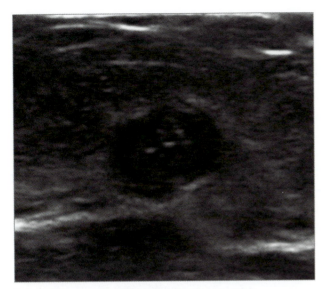

Figura 135   Calcificações no interior de um nódulo.

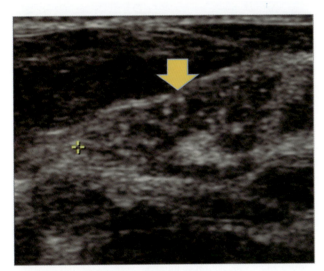

Figura 136   Calcificações fora de nódulo.

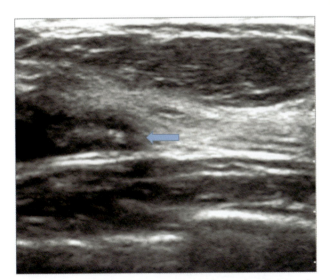

Figura 137   Calcificações no interior de ductos (seta).

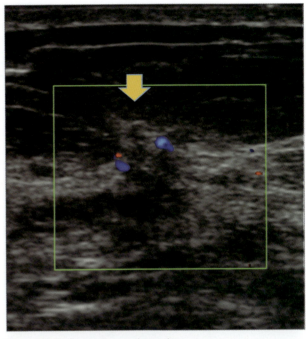

Figura 138   Distorção arquitetural.

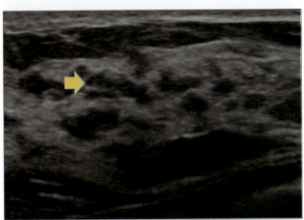

Figura 139   Alterações de ductos.

tar que o tamanho não é uma característica preditiva de malignidade, pois pequenos linfonodos podem estar comprometidos, enquanto grandes linfonodos com morfologia preservada são achados normais. Em razão da variabilidade individual no tamanho e número de linfonodos axilares, a avaliação da simetria pode ser útil. As principais características preditivas de malignidade são espessamento cortical focal e compressão/obliteração do hilo gorduroso (Figura 152).

- Anomalias vasculares: são exemplos as malformações arteriovenosas, pseudoaneurismas decorrentes de biópsias percutâneas e doença de Mondor (trombose da veia torácica lateral superficial), autolimitada e não necessita de anticoagulação (Figura 153).

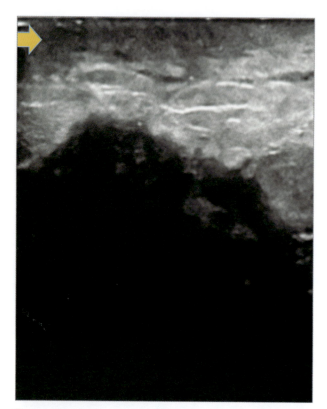

Figura 140   Espessamento cutâneo.

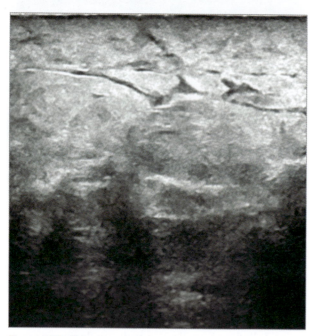

Figura 141   Edema.

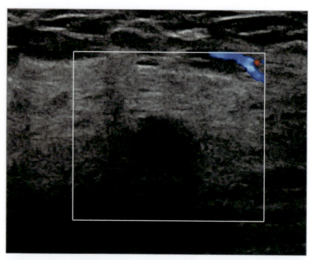

Figura 142   Vascularização ausente.

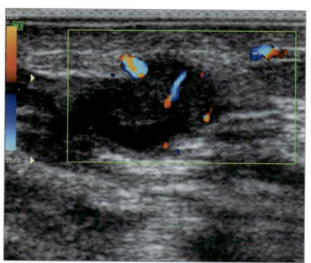

Figura 143   Vascularização interna.

- Coleções líquidas pós-cirúrgicas: o único achado pós-cirúrgico tipicamente benigno é o seroma pós--operatório (completamente cístico, eventualmente espesso com debris em razão da presença de sangue) (Figura 154).

- Necrose gordurosa: a necrose gordurosa é avaliada com melhor precisão pela mamografia, portanto, ao avaliar no ultrassom uma paciente com antecedente de cirurgia/biópsia ou trauma, caso a suspeita seja de necrose gordurosa (cisto oleoso único ou múltiplo, calcificado ou não), o próximo passo antes de realizar a avaliação final deve ser a correlação com um exame mamográfico simultâneo, que provavelmente justificará uma avaliação benigna (categoria 2) que não pode ser feita à USG (Figura 155).

Sistema de laudos

O laudo ultrassonográfico deve ser conciso e organizado, de preferência seguindo uma estrutura. O sistema de laudos está subdividido em:

6 APLICAÇÃO DO ACR BI-RADS® NOS MÉTODOS DE IMAGEM EM MAMA   481

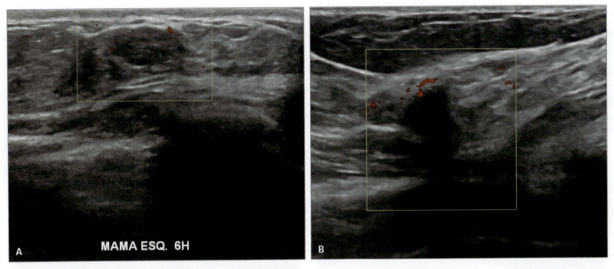

Figura 144   Vasos na periferia do nódulo.

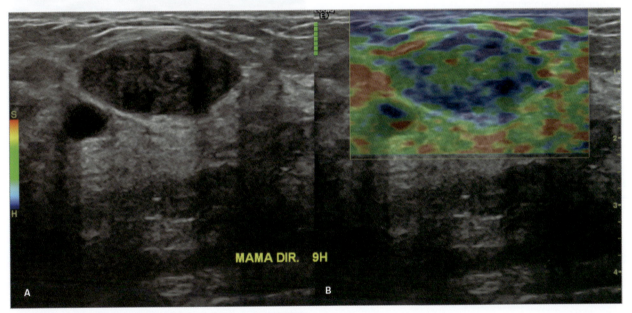

Figura 145   Elasticidade padronizada em macia, intermediária e dura.

- Organização do laudo.
- Categorias de avaliação.
- Redação do laudo.

Organização do laudo

Deve-se seguir uma estrutura de organização do relatório que inclua a indicação do exame, brevemente relatada no início do laudo; declaração de abrangência e técnica do exame ultrassonográfico de mama (relatar se trata-se um exame direcionado para um achado específico ou se para rastreamento e se inclui avaliação com Doppler, elastografia etc.); descrição sucinta da composição geral da mama (apenas em exames de rastreamento); descrição objetiva de quaisquer achados importantes (deve ser feita em ordem de relevância, usando a terminologia do léxico; somente informações positivas pertinentes devem ser descritas). Os achados tipicamente benignos podem (categoria 2) ou não (categoria 1) ser relatados; nódulos devem ser relatados com as três dimensões, de preferência, e as imagens devem ser registradas com e sem os cursores de medidas, já que a margem da lesão é uma das características mais importante para predizer malignidade e deve ser bem caracterizada e documentada nas imagens, principalmente para diminutos nódulos. Já a localização da lesão deve ser reprodutível e consistente, devendo-se utilizar a "face do relógio" e distância da pele e da papila. Deve-se relatar comparação com exames anteriores, incluindo correlação com achados físicos, mamográficos ou

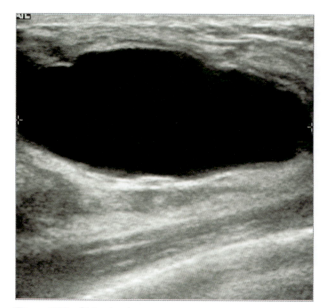
Figura 146 Cisto simples.

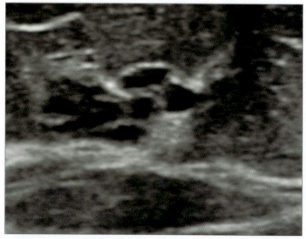
Figura 147 Microcistos agrupados.

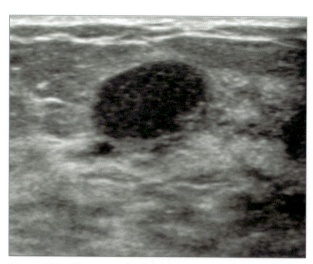
Figura 148 Cisto complicado/espesso.

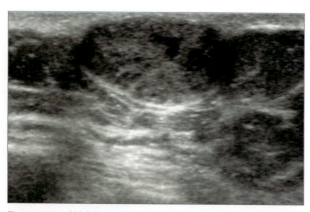
Figura 149 Nódulo cutâneo.

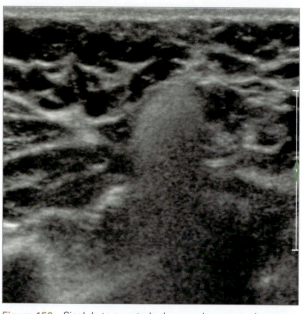
Figura 150 Sinal da tempestade de neve decorrente da presença de silicone em linfonodo axilar.

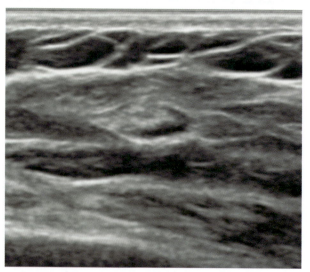
Figura 151 Linfonodo intramamário.

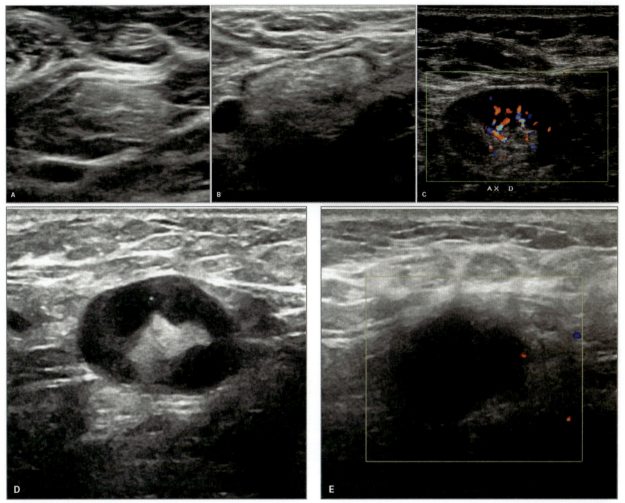

Figura 152 Linfonodo axilar. A: Hilo lipossubstituído, linfonodo normal; B: cortical fina e simétrica, linfonodo normal; C: espessamento cortical simétrico, linfonodo anormal (paciente lúpica); D: espessamento cortical assimétrico decorrente de infiltração por carcinoma mamário; E: obliteração do hilo gorduroso por metástase de carcinoma mamário.

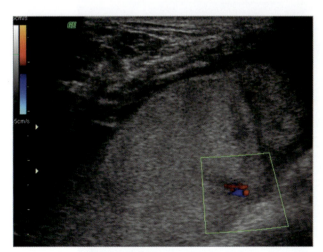

Figura 153 Anomalias vasculares – pseudoaneurisma decorrente de biópsia a vácuo.

de RM. Caso seja determinado que um achado ultrassonográfico corresponde a uma anormalidade palpável ou a um achado de mamografia ou RM, isso deve ser declarado explicitamente no laudo de ultrassom, assim como se o achado ultrassonográfico for novo ou não houver nenhum correlato. Nos casos de controle de um achado, o laudo deve descrever quaisquer alterações observadas. É preferível que laudos compostos, quando mais de um tipo de exame é realizado no mesmo dia, sejam relatados em conjunto, com recomendação de conduta para os exames combinados.

Em geral, quando as avaliações de dois exames diferem, a avaliação geral (e as recomendações de condutas concordante) deve refletir a mais suspeita para malignidade das avaliações individuais.

Exceções a essa regra ocorrem quando as características de um achado tipicamente benigno de um determinado achado de imagem em um exame substituem as características menos especificamente benignas de

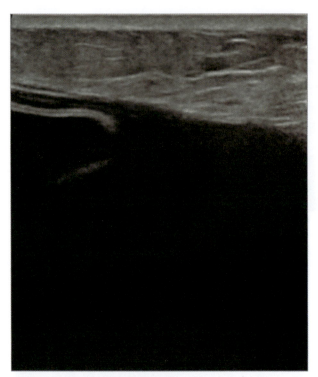

Figura 154   Seroma pós-operatório.

outro exame (p. ex., nódulo obscurecido na mamografia caracterizado como cisto simples no ultrassom).

Avaliação (descrever de maneira sucinta os achados pertinentes do ultrassom, incluindo a categoria BI-RADS®, caso o ultrassom esteja integrado à mamografia a avaliação combinada final deverá refletir a probabilidade mais alta de malignidade nos dois exames); conduta (a recomendação de conduta deve ser incluída em todos os laudos e recomendações claras devem ser feitas quanto ao próximo curso em ação.

Categorias de avaliação

- Categoria 0: incompleta: requer avaliação por imagem adicional e/ou imagens anteriores para comparação. Pode ser utilizada quando não há disponibilidade de realizar uma mamografia diagnóstica simultânea ou quando os exames anteriores estão indisponíveis, porém são de extrema importância para definir a avaliação final.
- Categoria 1: negativa. O exame é normal.
- Categoria 2: esta é uma avaliação "normal", mas aqui o radiologista pode descrever os achados benignos. Caso opte por não descrever os achados benignos, deve optar pela categoria 1.
- Categoria 3: achado provavelmente benigno. A categoria 3 não é uma categoria indeterminada, mas reservada para achados de imagem específicos conhecidos por ter entre 0-2% de probabilidade de malignidade. Os achados de imagem que estão incluídos na categoria 3 do ultrassom são: nódulo sólido circunscrito, oval e paralelo, cisto complicado e microcistos agrupados isolados. Outros achados ultrassonográficos podem eventualmente ser classificados como categoria 3 apenas se o radiologista tiver experiência pessoal para justificar essa conduta expectante. O controle para a categoria 3 pode ser de 2 ou 3 anos, a depender da preferência da instituição (6m-6m-12m-12m). Seguem lesões que podem entrar nessa categoria:
  - Nódulo sólido, circunscrito, oval e paralelo: em sua maioria representa fibroadenomas, com probabilidade ≤ 2% de malignidade, entretanto, dados

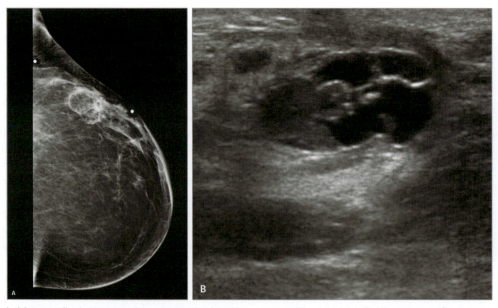

Figura 155   A: Mamografia demonstrando presença de cisto oleoso em região cicatricial. B: Ultrassonografia demonstrando nódulo complexo (correlação com mamografia permite diagnóstico).

da literatura sobre esses nódulos são consistentes para mulheres < 40 anos, que compreendem a maioria dos casos estudados. Se, no intervalo de acompanhamento, houver redução do tamanho de um nódulo classificado como provavelmente benigno, tal nódulo deve ser avaliado como benigno (categoria 2). Um aumento no diâmetro de > 20% em 6 meses ou outra alteração suspeita deve levar a uma classificação suspeita (categoria 4) com recomendação de biópsia.

- Múltiplos nódulos provavelmente benignos: este é um tópico especial que merece detalhamento e discussão. A definição de múltiplos nódulos compreende pelo menos três nódulos, pelo menos 1 em cada mama. Nesta nova versão do BI-RADS® consta que a categoria 2 pode ser aplicada para a paciente que possui múltiplos nódulos, todos com características provavelmente benignas. Esse conceito foi consolidado para a mamografia há algum tempo, baseado em um artigo publicado na revista científica *American Journal of Roentgenology*, entretanto, por ser a USG um exame operador-dependente, de difícil comparação, a categoria 2 para essas pacientes no ultrassom ainda não era aceita. Em 2013 foi publicado um artigo multicêntrico na revista *Radiology*, sobre múltiplos nódulos circunscritos bilaterais na USG, mostrando taxa de malignidade de 0% para essas pacientes e sugerindo controle anual para essas pacientes. Com base principalmente nesse estudo, a nova versão do BI-RADS® de USG considera adequada a categoria 2 para esse grupo de pacientes, por conta da baixíssima taxa de malignidade. Entretanto, consideramos que seriam necessários mais estudos e maior embasamento científico para justificar a categoria 2, sendo assim, consideramos prudente adotar a categoria 3 para as pacientes com esse quadro ultrassonográfico, com acompanhamento individual dos nódulos à USG.
- Cisto complicado, isolado, com ecos uniformes, de baixa ecogenicidade. A probabilidade de malignidade para um cisto complicado isolado é de 0-2% e, portanto, apropriada para a classificação 3 ao ultrassom. Quando múltiplos e bilaterais, podem ser classificados como categoria 2.
- Microcistos agrupados: podem ser categorizados como benignos quando claramente são compostos por cistos simples. O acompanhamento por imagem é apropriado quando são pequenos ou profundos, ou seja, quando a acurácia diagnóstica está reduzida. O número pequeno de casos estudados limita a precisão na estimativa da probabilidade de malignidade em ≤ 2%.
- Necrose gordurosa: pode ser caracterizada na USG como nódulo hiperecoico com componentes centrais hipoecoicos e anecoicos, além de edema circundante. A caracterização desse achado como provavelmente benigno (categoria 3) depende da experiência do especialista, já que há pouco embasamento de literatura. Entretanto, a correlação com a mamografia faz-se necessária, uma vez que a necrose gordurosa geralmente apresenta características mamográficas de achado tipicamente benigno (p. ex., cisto oleoso), podendo-se categorizar a lesão ao ultrassom como categoria 2 após correlação dos métodos.
- A sombra acústica posterior vista em duas incidências deve ser cuidadosamente avaliada a fim de que não se perca um nódulo associado. A categoria 3 nesse caso seria baseada apenas na experiência do radiologista, já que não há dados na literatura embasando tal achado. Caso haja dúvida, é conveniente categorizar como achado suspeito (categoria 4).
- Distorção arquitetural julgada como decorrente de cicatriz pós-cirúrgica. Nesse contexto, a história clínica da paciente é fundamental e ao ultrassom pode-se observar a pele focalmente espessada no local da incisão. Nesse caso também, a decisão de categorizar a alteração como categoria 3 seria baseada somente na experiência do especialista.

Em resumo, entre os seis achados ultrassonográficos específicos propostos como sendo apropriados para a classificação como categoria 3 ao ultrassom, há fortes evidências sustentando os dois primeiros (nódulo circunscrito, oval, sólido e paralelo e cisto complicado), evidências não tão fortes sustentando o terceiro (microcistos agrupados), e apenas a opinião de especialistas sustentando o restante. Cada radiologista deve ser cauteloso quanto a adotar uma abordagem interpretativa recomendando acompanhamento por imagem com base apenas na opinião de especialistas. Como alternativa, deve-se esperar pela publicação de dados mais consistentes.

- Categoria 4: achado suspeito. Recomendada para achados que não têm aparência clássica de malignidade, mas são suficientemente suspeitos para justificar uma recomendação de biópsia. A probabilidade de malignidade para essa categoria é bastante ampla, de 2-95%.
- Categoria 5: achado altamente sugestivo de malignidade. A probabilidade de malignidade é ≥ 95%. Identifica lesões para as quais qualquer diagnóstico tecidual percutâneo não maligno seja considerado discordante. A recomendação para essa categoria é de realizar biópsia na ausência de contraindicação clínica.
- Categoria 6: malignidade comprovada por biópsia. Reservada para exames realizados após a comprovação de malignidade por biópsia, em que não há anor-

malidade que possa necessitar de avaliação adicional, exceto o câncer conhecido.

Redação do laudo

O laudo deve ser sucinto, utilizando a terminologia do léxico mais recente. Recomenda-se que quaisquer discussões verbais entre o radiologista e o médico solicitante ou a paciente sejam documentadas no laudo original ou em um adendo ao laudo.

ACR BI-RADS® para ressonância magnética

A ressonância magnética (RM) das mamas é o método mais sensível para o diagnóstico de câncer de mama e o seu uso tem apresentando um crescimento constante nos últimos anos.

Seguindo padronização semelhante da mamografia, o Colégio Americano de Radiologia lançou em 2003 a primeira edição do sistema BI-RADS® para RM e, em 2013, a segunda edição com várias mudanças para acompanhar a evolução tecnológica e o acúmulo do conhecimento na interpretação do método.

A RM das mamas se diferencia da mamografia e da USG por utilizar o meio de contraste endovenoso de gadolínio, o que confere um caráter funcional desse método ao analisar o comportamento da microvasculatura do tecido e das lesões mamárias, ao passo que os primeiros métodos se baseiam na análise da anatomia morfológica macroscópica. Por esse motivo novos descritores, diferentes dos habituais encontrados na mamografia e USG foram criados e padronizados, tais como os realces de fundo do parênquima, os realces não nodulares e a curva dinâmica de realce das lesões mamárias.

Por ser um método relativamente novo na prática diária, a RM ainda está em constante evolução e mudanças periódicas no que se refere aos descritores do ACR BI-RADS® devem ocorrer de tempo em tempo. Assim como o ACR BI-RADS® mamográfico e ultrassonográfico, o ACR BI-RADS® para RM deve ser entendido como algo dinâmico e não estático, servindo como um guia para interpretar, descrever e conduzir os casos. Nem sempre encontraremos todas as respostas para as diversas situações no ACR BI-RADS® e nesse contexto o radiologista deverá lançar mão de sua experiência pessoal e individualizar a resolução dos problemas de cada caso.

O ACR BI-RADS® para RM é dividido em cinco seções: I – Informação clínica e parâmetros de aquisição; II – Léxico de RM de mama; III – Sistema de laudo; IV – Avaliação de implantes; V – Guia.

Na seção I – Informação clínica e parâmetros de aquisição devem ser informados uma história clínica sucinta e os parâmetros de aquisição. A RM é um exame solicitado em muitas ocasiões para responder às dúvidas provenientes de outros métodos de imagem, para avaliação de sintomas clínicos como fluxo papilar ou pacientes em estadiamento de câncer de mama, entre outras. Dado o caráter "resolutivo" da RM, ilustra-se a importância das informações adicionais tais como história clínica, dados de exames anteriores (mamografia, USG e RM) e resultados de biópsias para que o leitor do exame possa responder aos questionamentos pertinentes ao caso.

A seção II – Léxico de RM de mama – representa a parte mais longa e importante do ACR BI-RADS®. Esta seção contém os descritores do ACR BI-RADS® relacionados ao tecido fibroglandular, achados do exame e implantes mamários que constituem as principais ferramentas na elaboração de um laudo de RM.

Léxico de imagem da mama – RM

Quantidade de tecido fibroglandular (TFG)

O tecido fibroglandular é avaliado na imagem ponderada em T1, com ou sem saturação de gordura:

- Predominantemente adiposo (Figura 156).
- Tecido fibroglandular esparso (Figura 157).
- Heterogeneamente fibroglandular (Figura 158).
- Extremamente fibroglandular (Figura 159).

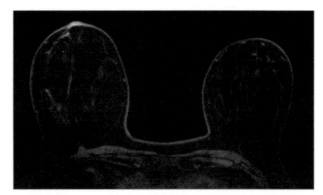

Figura 156 Quantidade de tecido fibroglandular: predominantemente adiposo. Imagem ponderada em T1, com supressão de gordura.

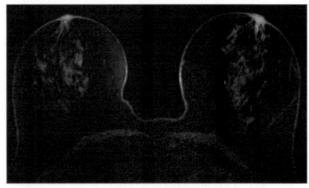

Figura 157 Quantidade de tecido fibroglandular: tecido fibroglandular esparso. Imagem ponderada em T1, com supressão de gordura.

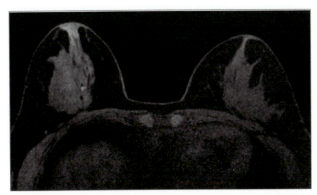

Figura 158 Quantidade de tecido fibroglandular: heterogeneamente fibroglandular. Imagem ponderada em T1, com supressão de gordura.

Figura 160 RFP de nível mínimo. Após subtração. Imagem pós-contraste, ponderada em T1, com supressão de gordura.

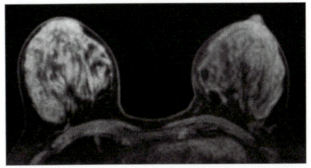

Figura 159 Quantidade de tecido fibroglandular: extremamente fibroglandular. Imagem ponderada em T1, com supressão de gordura.

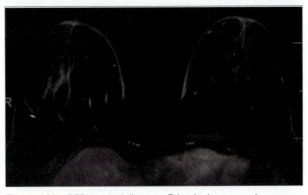

Figura 161 RFP de nível discreto. Primeira imagem pós-contraste, ponderada em T1, com supressão de gordura.

Realce de fundo do parênquima (RFP)

Quando o exame de RM é realizado com contraste intravenoso, o parênquima mamário pode apresentar realce pelo contraste. O RFP pode ser descrito como mínimo, discreto, moderado ou acentuado. O RFP refere-se ao realce normal do tecido fibroglandular da paciente e sua avaliação ocorre na primeira imagem adquirida após a injeção do contraste.

Nível
- Mínimo (Figura 160).
- Discreto (Figura 161).
- Moderado (Figura 162).
- Acentuado (Figura 163).

Simétrico ou assimétrico
- Simétrico (Figura 164): o termo simétrico implica realce em ambas as mamas. Padrões de imagem em espelho de RFP simétrico provavelmente estão relacionados ao suprimento vascular da mama. Por exemplo, realce precoce preferencial pode ocorrer nos quadrantes superolaterais e ao longo da região inferior da mama.
- Assimétrico (Figura 165): realce assimétrico em uma mama em relação a outra, o que pode ser visto após

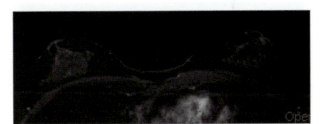

Figura 162 RFP de nível moderado. Imagem pós-contraste, ponderada em T1, com supressão de gordura.

Figura 163 RFP de nível acentuado. Imagem pós-contraste, ponderada em T1, com supressão de gordura.

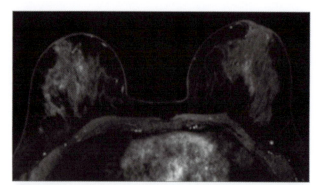

Figura 164 Simétrico ou assimétrico: simétrico. RFP moderado. Imagem pós-contraste, ponderada em T1, com supressão de gordura.

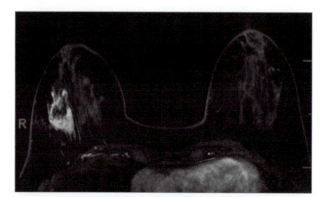

Figura 165 Simétrico ou assimétrico: assimétrico. Mastite na mama direita causando aumento de realce. Imagem pós-contraste, ponderada em T1, com supressão de gordura.

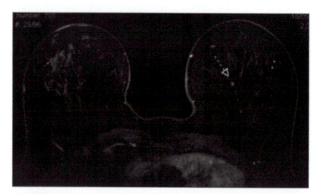

Figura 166 Foco (seta). Primeira imagem pós-contraste, ponderada em T1, com supressão de gordura. Estável em relação aos exames anteriores. Nenhuma patologia.

radioterapia ou em processo inflamatório/infeccioso. O realce assimétrico deve ser cuidadosamente avaliado, já que pode representar carcinoma.

Foco

Na quarta edição, massa e foco eram diferenciados pelo tamanho. Achado menor que 5 mm era denominado foco, e maior que 5 mm, nódulo. Na quinta edição, o critério não é o tamanho, mas a morfologia. O que caracteriza nódulo é a presença de forma e margens.

Foco é um ponto de realce que é tão pequeno que não poderia ser caracterizado de outro modo (Figura 166); sua forma e margem não podem ser vistas de forma clara o suficiente para serem descritas, não representa claramente uma lesão que ocupa espaço. Em geral, focos medem poucos milímetros; entretanto, a aplicação de um critério de tamanho é desencorajado, já que câncer < 5 mm pode ser identificado na RM.

Múltiplos focos separados por tecido fibroglandular normal ou gordura em geral representam um padrão de RFP.

As seguintes características tornam um foco provavelmente benigno:

- Alto sinal nas imagens ponderadas em T2.
- Hilo gorduroso.
- Curva cinética persistente.
- Estável em relação ao exame anterior.

As seguintes características tornam um foco suspeito:

- Não tem alto sinal nas imagens ponderadas em T2.
- Sem hilo gorduroso.
- Curva cinética do tipo *washout*.
- Aumento de tamanho ou novo em relação ao exame anterior.

Nódulos

Nódulo é tridimensional e ocupa espaço. Apresenta contorno convexo. Os descritores foram reduzidos a oval, redondo e irregular, como nos descritores mamográficos e ultrassonográficos. As margens são descritas como circunscritas ou não circunscritas. Padrão interno de realce eliminou os termos realce central e realce dos septos internos.

Forma
- Oval (inclui lobulado): O termo oval descreve um nódulo elíptico ou em forma de ovo (pode incluir duas ou três lobulações) (Figura 167).
- Redonda: O termo "redonda" descreve um nódulo esférico, em forma circular ou globular (Figura 168).

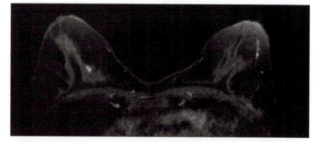

Figura 167 Forma: oval. Nódulo apresentando realce homogêneo. Primeira imagem pós-contraste, ponderada em T1, com supressão de gordura. Patologia: fibroadenoma.

- Irregular: A forma de lesão não é redonda nem oval. Na RM, o uso desse descritor geralmente implica um achado suspeito (Figura 169).

Margem

A margem é a borda da lesão. Os descritores de margem, assim como os descritores de forma, são importantes preditores de benignidade ou malignidade de um nódulo. O descritor para margem modifica a forma do nódulo e caracteriza sua borda com o tecido mamário circunjacente. A margem pode ser descrita como circunscrita ou não circunscrita.

- Circunscrita (Figura 170). A margem é nitidamente demarcada com uma transição abrupta entre a lesão e o tecido circundante. Na RM, toda a margem deve estar bem definida para qualificar um nódulo como "circunscrito". Um nódulo que apresenta alguma porção da margem não circunscrita deve ser classificado como não circunscrito (achado mais suspeito).
- Não circunscrita:
  - Irregular (Figura 171). A margem é composta de bordas não circunscritas, mas não espiculadas. O uso desse descritor implica achado suspeito.
  - Espiculada (Figura 172). A margem é caracterizada por linhas irradiadas estendendo-se da margem do nódulo. O uso desse descritor implica achado altamente suspeito.

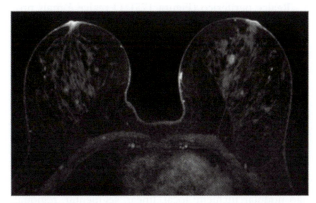

Figura 170 Margem: circunscrita. Nódulo oval, circunscrito, com realce interno homogêneo na mama esquerda. Primeira imagem pós-contraste, ponderada em T1, com supressão de gordura. Patologia: FA.

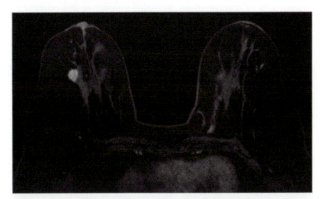

Figura 168 Forma: redonda. Nódulo não circunscrito (seta) com realce homogêneo. Primeira imagem pós-contraste, ponderada em T1, com supressão de gordura. Patologia: carcinoma ductal invasivo.

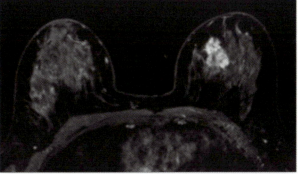

Figura 171 Margem: não circunscrita, irregular. Nódulo irregular, com margem irregular e realce interno homogêneo. Primeira imagem pós-contraste, ponderada em T1, com supressão de gordura. Patologia: carcinoma ductal invasivo.

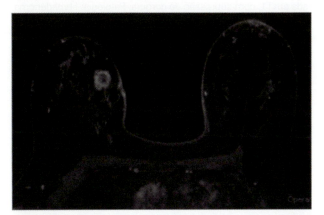

Figura 169 Forma: irregular. Nódulo não circunscrito com realce interno heterogêneo. Primeira imagem pós-contraste, ponderada em T1, com supressão de gordura. Patologia: carcinoma ductal invasivo.

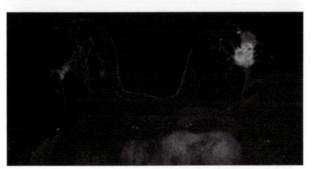

Figura 172 Margem: não circunscrita, espiculada. Nódulo irregular com margem espiculada e realce interno heterogêneo. Primeira imagem pós-contraste, ponderada em T1, com supressão de gordura. Patologia: carcinoma ductal invasivo.

Características de realce interno

Realce interno descreve o padrão de realce dentro da estrutura anormalmente realçada:

- Homogêneo (Figura 173). Há um realce confluente, uniforme no nódulo.
- Heterogêneo (Figura 174). Há um realce não uniforme, com intensidade de sinal variável.
- Realce periférico (Figura 175). O realce é mais pronunciado na periferia do nódulo.
- Septações internas escuras (Figura 176). Consistem em linhas escuras, que não realçam, dentro de um nódulo. Septações internas escuras que não realçam são sugestivas de fibroadenomas, se as demais características morfológicas e cinéticas também indicarem benignidade.

Realce não nodular (RNN)

Realce não nodular é usado para descrever uma área que não é nem nódulo nem foco. As categorias de realce não nodular incluem: focal, linear, segmentar, regional, múltiplas regiões e difuso. O termo realce ductal foi eliminado.

O padrão interno de realce inclui homogêneo, heterogêneo, agrupado e agrupado em anel. Os termos dendrítico e *stippled* foram eliminados.

Distribuição

Focal (Figura 177)

O termo "focal" descreve uma área confinada em que o realce interno pode ser caracterizado como um realce sem efeito de nódulo. Parte da definição de realce focal

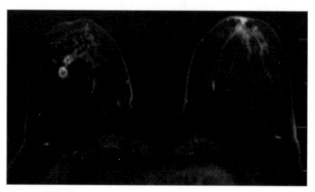

Figura 175 Características de realce interno: realce periférico. Nódulo redondo, irregular, com realce periférico. Primeira imagem pós-contraste, ponderada em T1, com supressão de gordura. Patologia: carcinoma ductal invasivo.

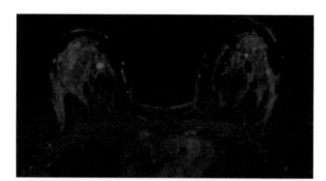

Figura 173 Características de realce interno: homogêneo. Nódulo oval, circunscrito, homogêneo. Primeira imagem pós-contraste, ponderada em T1, com supressão de gordura. Patologia: fibroadenoma.

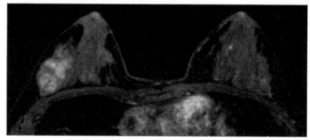

Figura 176 Características de realce interno: septações internas escuras. Nódulo oval, circunscrito, com realce homogêneo e septações internas escuras. Primeira imagem pós-contraste, ponderada em T1, com supressão de gordura. Patologia: fibroadenoma.

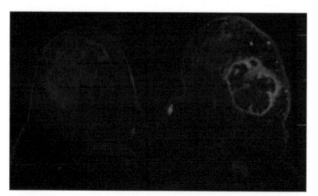

Figura 174 Características de realce interno: heterogêneo. Nódulo não circunscrito, com realce interno heterogêneo. Primeira imagem pós-contraste, ponderada em T1, com supressão de gordura. Patologia: carcinoma ductal invasivo.

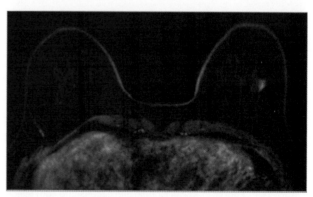

Figura 177 Distribuição: focal. Realce não nodular focal. Primeira imagem pós-contraste, ponderada em T1, com supressão de gordura. Patologia: alteração fibroadenomatoide.

é que ele ocupa uma área menor do que o volume de um quadrante da mama e apresenta gordura ou tecido glandular normal entremeado entre os componentes anormalmente realçados.

Linear (Figura 178)

"Linear" descreve o realce disposto em linha ou em uma linha ramificada. Essa distribuição pode elevar a suspeita de malignidade porque sugere realce dentro ou em volta de um ducto.

Segmentar (Figura 179)

O termo "segmentar" descreve um realce triangular ou em forma de cone com o ápice na papila. A distribuição segmentar é suspeita, pois sugere realce dentro e em torno de um ducto ou ductos e seus ramos, elevando a possibilidade de câncer de mama extenso ou multifocal em um lobo ou segmento da mama.

Regional (Figura 180)

O termo "regional" descreve o realce que compreende mais do que um único sistema ductal. Esse descritor é usado para o realce que ocupa uma grande porção do tecido mamário, tomando pelo menos um quadrante.

Múltiplas regiões (Figura 181)

"Múltiplas regiões" descreve o realce em pelo menos dois grandes volumes de tecido, não se conformando a uma distribuição ductal e separados por tecido normal; envolve muitas áreas de realce geográfico, com aparência fragmentada.

Difuso (Figura 182)

O termo "difuso" descreve realce distribuído aleatoriamente em toda a mama.

Figura 179 Distribuição: segmentar. Realce não nodular segmentar. Primeira imagem pós-contraste, ponderada em T1, com supressão de gordura. Patologia: carcinoma ductal *in situ*.

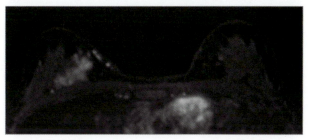

Figura 180 Distribuição: regional. Realce não nodular regional. Imagem axial pós-contraste, ponderada em T1, com supressão de gordura. Patologia: carcinoma invasivo e ductal *in situ*.

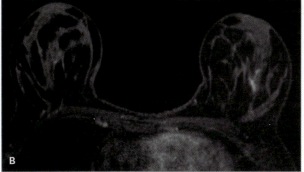

Figura 178 A e B: Distribuição: linear. Realce não nodular linear e linear ramificado. Primeira imagem pós-contraste, ponderada em T1, com supressão de gordura. Patologia: carcinoma ductal *in situ*.

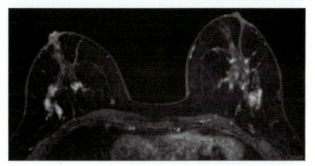

Figura 181 Distribuição: múltiplas regiões. Realce não nodular em múltiplas regiões. Primeira imagem pós-contraste, ponderada em T1, com supressão de gordura. Patologia: carcinoma lobular invasivo.

Padrões de realce interno
- Homogêneo (Figura 183): descreve um realce confluente e uniforme.
- Heterogêneo (Figura 184): descreve um realce não uniforme e com padrão aleatório, separado por áreas normais de parênquima mamário ou gordura.
- Agrupado (Figura 185): descreve um realce com áreas confluentes; esse padrão pode assemelhar-se a cachos de uvas, se em uma área focal, ou a contas ou um cordão de pérolas, se em linha. O uso desse descritor implica suspeição e necessidade de biópsia.
- Agrupados em anel (Figura 186): descreve anéis finos de realce agrupados em torno dos ductos. O realce em estroma periductal, mais claramente visível em imagens de alta resolução, implica um achado suspeito.

Linfonodo intramamário

Linfonodos intramamários são comumente encontrados nos exames de imagem da mama. São classicamente descritos como pequenos, riniformes circunscritos com hilo gorduroso. Apresentam realce homogêneo, normalmente com curva cinética *washout*.

A localização mais comum é no quadrante superolateral da mama, próximo a uma veia. Em alguns casos a correlação com mamografia e/ou USG pode auxiliar na definição diagnóstica (Figuras 187 e 188).

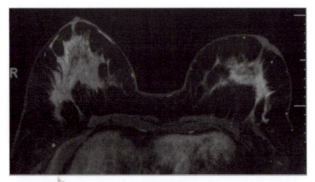

Figura 182 Distribuição: difuso. Realce não nodular. Primeira imagem pós-contraste, ponderada em T1, com supressão de gordura. Patologia: carcinoma ductal invasivo.

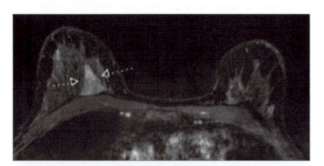

Figura 183 Padrões de realce interno: homogêneo. Realce não nodular homogêneo (*setas*). Primeira imagem pós-contraste, ponderada em T1, com supressão de gordura. Patologia: adenose microglandular atípica associada a carcinoma ductal invasivo.

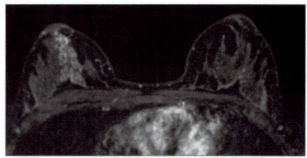

Figura 185 Padrões de realce interno: agrupado. Realce não nodular, linear agrupado. Primeira imagem pós-contraste, ponderada em T1, com supressão de gordura. Patologia: carcinoma ductal *in situ*.

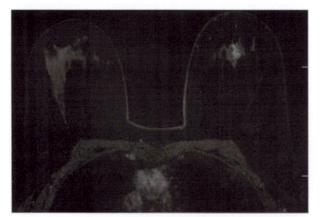

Figura 184 Padrões de realce interno: heterogêneo. Realce não nodular heterogêneo. Primeira imagem pós-contraste, ponderada em T1, com supressão de gordura. Patologia: carcinoma ductal *in situ*.

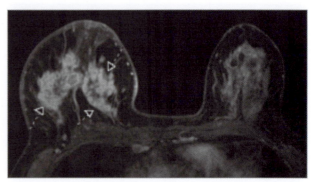

Figura 186 Padrões de realce interno: agrupado em anel. Realce não nodular, agrupado em anel (setas) na mama direita. Primeira imagem pós-contraste, ponderada em T1. Patologia: CDI associado a CDIS extenso.

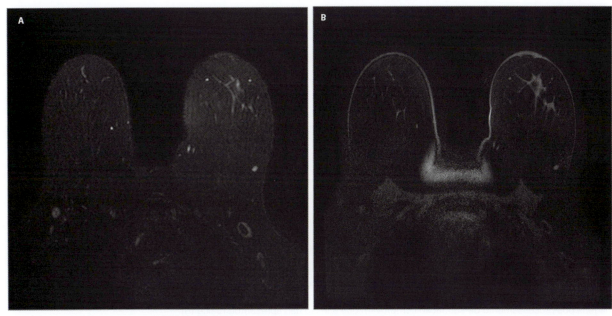

Figura 187 Imagens de ressonância magnética ponderadas em T2 demonstram pequeno nódulo no quadrante superolateral da mama direita (A), com realce *washout* ao meio de contraste (B).

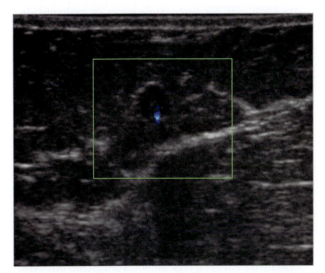

Figura 188 Realizada ultrassonografia dirigida para o achado, comprovando tratar-se de linfonodo intramamário.

Lesão de pele

São lesões benignas encontradas nos exames de mama, quando não correlacionadas com extensão do câncer de mama (invasão cutânea). Dentre as lesões podem ser nevus, queloides ou cistos sebáceos, por exemplo. Essas lesões podem apresentar realce ao meio de contraste.

Lesões sem realce

As lesões sem realces abrangem diversos achados, e são muitas vezes mais bem caracterizadas nas sequências pré-contraste, confirmadas na subtração.

Nessas lesões fazem parte os ductos com conteúdo gorduroso e ductos com conteúdo hiperproteico.

Os cistos são normalmente nódulos circunscritos, redondos ou ovais e são caracterizados por serem preenchidos com líquido e uma parede não perceptível. São geralmente brilhantes em imagens ponderadas em T2.

Os nódulos sem realce são lesões benignas, diagnosticadas em sequências pré-contraste e se diferenciam dos cistos por não apresentarem fluido (lesões sólidas) (Figura 189).

Outras lesões que não apresentam realce são as coleções pós-cirúrgicas ou pós-biópsia, alterações actínicas e distorções arquiteturais, além de artefatos de suscetibilidade magnética decorrente de clipes metálicos cirúrgicos ou de localização pós-biópsia (Figura 190).

Achados associados

Entre as diversas indicações da RM de mamas, há a investigação adicional para achados de mamografia e USG, como resolvedora de problemas ou ainda para o estadiamento locorregional e da mama contralateral em pacientes com diagnóstico por carcinomas mamários. Para ambos os casos a identificação dos achados associados aumenta o grau de suspeição da lesão ou ainda determina a provável extensão da doença. Nesses casos, os descritores de achados associados seriam utilizados em conjunto com algum realce anormal (p. ex., nódulo ou realce não nodular). Ainda assim, os achados associados podem ser utilizados como descritores isolados na ausência de achados suspeitos.

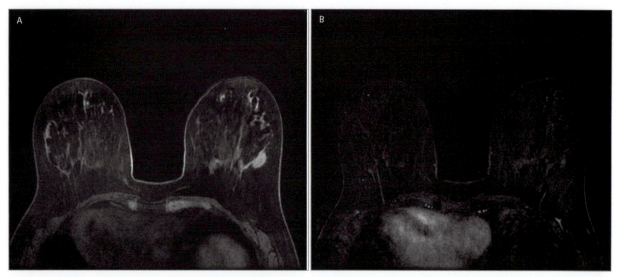

Figura 189 Ressonância magnética T1 pré-contraste evidencia nódulo oval e circunscrito no quadrante superolateral da mama direita, sem realce ao meio de contraste (A), previamente biopsiado com resultado estabelecido de benignidade (diagnóstico: atrofia lobular). Imagens pós-processamento de subtração comprovam que a lesão não apresentou realce (B).

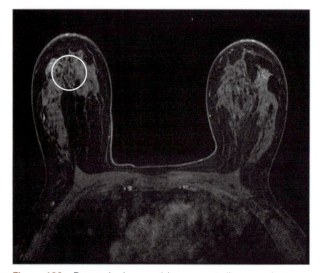

Figura 190 Ressonância magnética para estadiamento da mama esquerda, demonstrou distorção arquitetural no terço médio da região central da mama direita (círculo), que não apresentou realce ao meio de contraste. Diagnóstico: adenose esclerosante.

Lembrando que, quanto à função oncológica da ressonância de mamas, a determinação da extensão da lesão possui um papel fundamental na definição da opção do tratamento. A presença de margens comprometidas na ressecção cirúrgica do tumor apresenta-se como fator de risco para recidiva tumoral. A ressonância de mamas possui melhor acurácia na determinação da localização tumoral do que a mamografia ou a USG, incluindo o tamanho, extensão da lesão, assim como multifocalidade, multicentricidade e doença contralateral.

- Retração de papila: a retração ocorre quando a papila é puxada para a parte interna da mama. Não se deve confundir com inversão da papila, que frequentemente é bilateral. Na ausência de sinais de malignidade e quando presente há longa data, a retração da papila não é um sinal de malignidade. Porém, se for um achado novo, o grau de suspeição para malignidade aumenta (Figura 191).
- Invasão da papila: o tumor pode atingir diretamente a papila e é contíguo com a papila (Figura 192).
- Retração da pele: a pele está repuxada. Normalmente há proximidade com o tumor. Porém, existem casos em que a retração cutânea é decorrente de manipulação cirúrgica pregressa (Figura 193).
- Espessamento cutâneo: o espessamento da pele pode ser focal ou difuso, e é definido como maior que 2 mm de espessura. Normalmente decorrente da congestão linfática do acometimento da adenopatia axilar. Quando não há realce associado, o espessamento cutâneo é em geral relacionado a alterações pós-cirúrgicas ou actínicas (Figuras 194 e 195).
- Invasão cutânea: há realce anômalo da pele, pode ser por invasão direta ou por carcinoma inflamatório. Quando há invasão direta, a pele se realça no local da invasão do tumor. No carcinoma inflamatório o realce anômalo da pele pode ser difuso ou focal, dependendo da extensão da invasão da rede linfática cutânea (Figura 196).
- Linfonodopatias axilares: a perda do hilo gorduroso e o realce heterogêneo são achados suspeitos, principalmente se forem novos. Uma revisão na história médica do paciente pode elucidar a causa da adenomegalia axilar, evitando o prosseguimento de investigações adicionais. A margem do linfonodo que não for circunscrita indica extensão extranodal (Figuras 197 e 198).

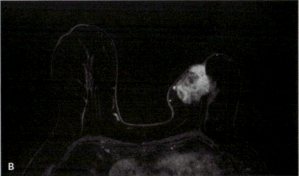

Figura 191 Ressonância magnética de estadiamento locorregional e da mama contralateral demonstrando retração da papila por lesões localizadas nas regiões retroareolares, imagens axiais em T1 com saturação de gordura pós-contraste; no primeiro caso há discreta retração da papila (A) e no segundo há, além da retração a papila, retração da pele e perda da elasticidade habitual da mama (B).

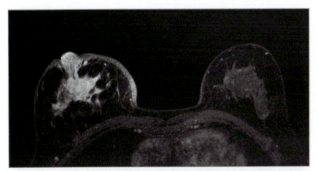
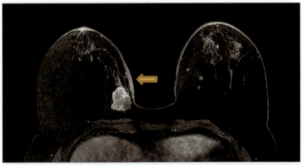

Figura 192 Sequência axial T1 pós-contraste em exame de estadiamento locorregional demonstra doença infiltrando contíguo à papila, determinando espessamento e realce anômalo, inferindo acometimento papilar.

Figura 194 Axial T1 pós-contraste demonstra lesão com diagnóstico estabelecido determinando espessamento cutâneo focal (seta).

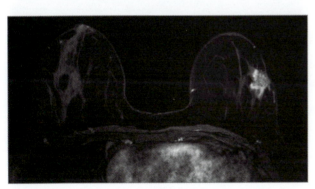
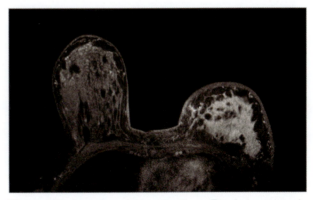

Figura 193 Axial T1 pós-contraste com discretos sinais de retração cutânea determinada por nódulo irregular próximo à superfície cutânea da mama esquerda.

Figura 195 Imagem axial ponderada em T1 pós-contraste de paciente com diagnóstico de carcinoma inflamatório na mama esquerda. Observe o acentuado espessamento difuso e realce não nodular, além de alteração morfológica da mama.

- Invasão do músculo peitoral: há o realce anormal que se estende para o músculo peitoral (Figuras 199 e 200).
- Invasão da parede torácica: realce anormal que se estende para costelas ou espaço intercostal (posterior aos músculos peitorais). Há invasão da parede torácica com extensão além dos arcos costais e dos espaços intercostais, há acometimento do espaço pericárdico (Figuras 201 e 202).
- Distorção arquitetural: quando utilizada como achado associado, a distorção arquitetural deve ser usada em conjunto com outro achado para indicar que o parênquima mamário está distorcido ou retraído (Figuras 203 e 204).

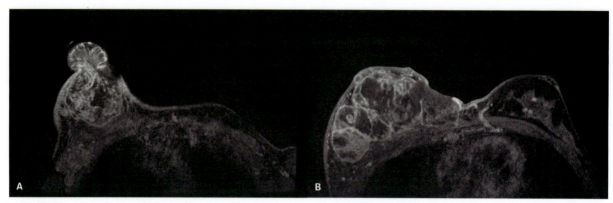

Figura 196 Dois casos de acometimento cutâneo causados por invasão direta da pele, imagens axiais ponderadas em T1 pós-contraste mostram lesão exofítica (A) e múltiplos nódulos cutâneos (B).

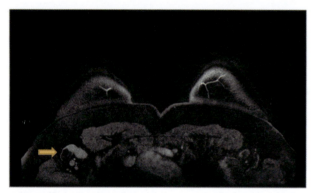

Figura 197 Imagem axial em T1 pós-contraste mostrando linfonodo com cortical espessada e hilo gorduroso parcialmente obliterado (seta).

Lesão que contém gordura

- Linfonodos normais: os linfonodos podem ser axilares ou intramamários. Quando de aspecto usual apresentam hilo gorduroso e fina cortical. Esses achados podem ser mais bem avaliados em sequências em que a gordura apresenta alto sinal em T1 ou em sequências com subtração de gordura. É importante notar que nas imagens pós-contraste, a cortical apresenta avidez pelo contraste, podendo repercutir em curva *washout*. Deve-se lembrar que linfonodos intramamários habitualmente apresentam alto sinal em T2.
- Linfonodos anormais: quando há acometimento do linfonodo por doença metastática, há o espessamento focal da cortical, obliteração do hilo gorduroso e consequentemente o linfonodo se apresenta globoso, com perda total do hilo. Por fim, o linfonodo perde o padrão circunscrito, podendo ficar indistinto ou até espiculado.
- Esteatonecrose: achado comum nas pacientes com antecedente de procedimento cirúrgico na mama, seja estético ou terapêutico. A presença de conteúdo gorduroso no interior da lesão, determinada nas sequências em T1 ou com subtração de gordura, define

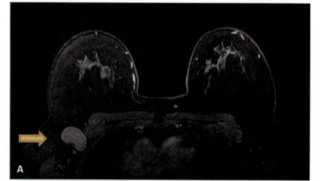

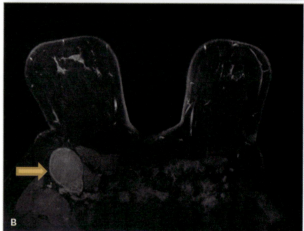

Figuras 198 Imagens axiais T1 pós-contraste mostram linfonodo globoso e hilo obliterado (setas).

o diagnóstico. A esteatonecrose pode apresentar padrões de realce adjacentes, decorrentes de processo inflamatório/cicatricial, por vezes de difícil diferenciação de lesões suspeitas ou de recidivas tumorais.
- Hamartomas: assim como na esteatonecrose, a presença de gordura no interior da lesão define o diagnóstico (Figuras 205 e 206).

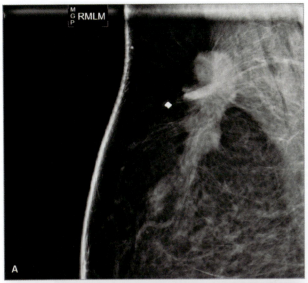

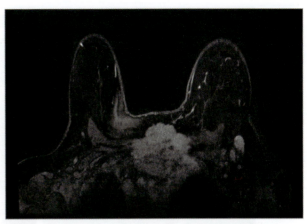

Figura 201 Axial T1 pós-contraste de carcinoma papilífero da mama determinando invasão contígua da parede torácica, até a gordura pericárdica.

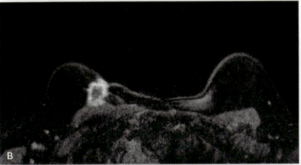

Figura 199 Mamografia com compressão localizada em perfil da mama direita com nódulo espiculado, palpável, determinando retração da pele e do músculo peitoral. Estudo complementar com ressonância magnética das mamas, axial T1 pós-contraste, demonstra sinais de acometimento cutâneo e invasão do músculo peitoral.

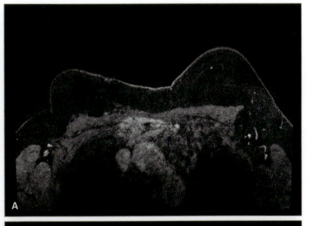

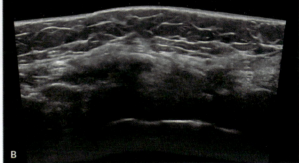

Figura 202 Axial T1 pós-contraste de recidiva tumoral em paciente com antecedente de tratamento conservador de mama direita, associado a quimioterapia e radioterapia, demonstra irregularidades da parede torácica e tênue realce anômalo (A), mais bem caracterizado ao estudo ultrassonográfico direcionado (B).

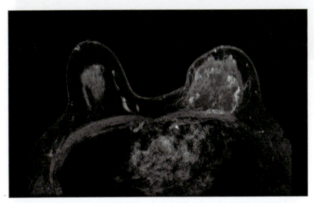

Figura 200 Axial em T1 pós-contraste, volumoso nódulo determina realce anômalo da fáscia do músculo peitoral e perda dos planos de clivagem.

- Coleção pós-operatória/hematoma com gordura: achado comum nas pacientes com antecedente de procedimento cirúrgico nas mamas, ou eventualmente pós-biópsia. Eventualmente o nível líquido- -líquido pode auxiliar no diagnóstico de hematoma com gordura. Deve-se lembrar que a paciente realizará o exame em decúbito ventral, podendo gerar confusão, já que a gordura que fica no sobrenadante

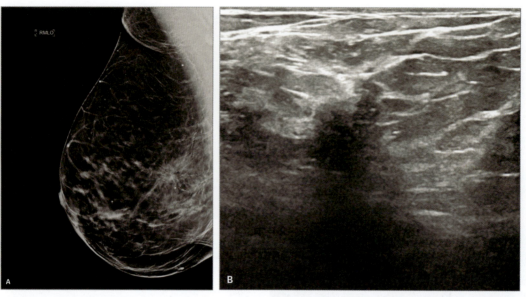

Figura 203 Projeção mamográfica 2D sintetizada em MLO com distorção arquitetural (A), também caracterizada à ultrassonografia (B).

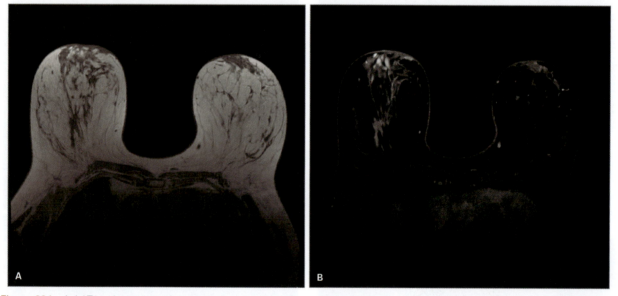

Figura 204 Axial T1 pré-contraste demonstra área de distorção arquitetural (A), com mínimo realce ao meio de contraste (B).

pode estar equivocadamente abaixo do hematoma (Figura 207).

Localização da lesão

Como nos demais métodos previamente discutidos, a mama pode ser vista como uma face de um relógio, com o paciente de frente ao observador. Nessa opção, recomenda-se localização da lesão pelo ponteiro do relógio, ou pode ser usada como quadrante. A associação do quadrante junto como o ponteiro do relógio é recomendada para diminuir a chance de erro por lateralidade das mamas. A profundidade da lesão deve ser caracterizada nos terços da mama anterior, médio ou posterior. Principalmente para as lesões malignas, a localização também deve incluir distância da papila, pele e parede torácica. Deve-se notar que se utiliza região retroareolar imediatamente posterior à papila.

Curva cinética

Após a injeção do meio de contraste, as características de realces podem ser relatadas. As curvas podem ser realizadas manualmente, com auxílio de ROI, em cada uma das sequências pós-contraste ou, de preferência, por mapas coloridos (baseado na análise de curvas *pixel* por *pixel*). Na curva cinética deve ser valorizado o achado mais suspeito, por conta da heterogeneidade do realce das lesões da mama.

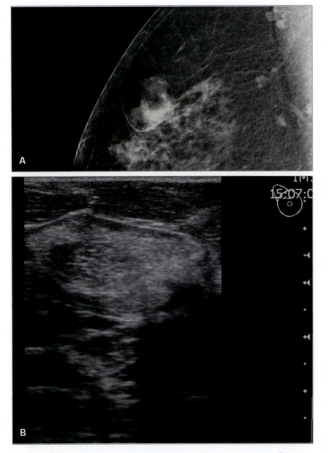

Figura 205 Lesão caracterizada à incidência; mamografia com compressão localizada CC da mama direita, com conteúdo gorduroso em seu interior (A), também visualizada à ultrassonografia com conteúdo heterogêneo, e áreas hiperecogênicas de permeio, sugestivas de conteúdo gorduroso (B).

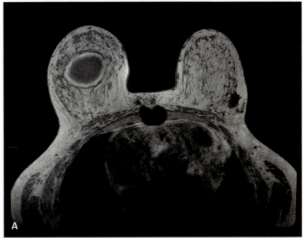

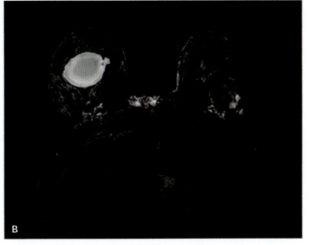

Figura 207 Axial T1 (A) e T2 (B) com saturação de gordura, demonstrando volumosa coleção hemática pós-biópsia.

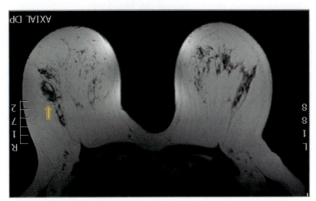

Figura 206 Imagem axial ponderada em T1 demonstra nódulo com conteúdo gorduroso (seta).

- Fase inicial: refere-se aos primeiros 2 minutos pós-contraste, quando a curva começa a modificar-se; pode ser descrita como lenta (aumento < 50%), média (50-100%) e rápida (> 100%).
- Fase tardia: refere-se ao padrão de contraste após os 2 minutos iniciais, sendo classificada em persistente (aumento contínuo > 10% do sinal) (Figura 208), platô (intensidade de sinal não muda com o tempo) (Figura 209) e *washout* clareamento (queda > 10% após seu ápice – indica achado suspeito) (Figura 210).

Implantes mamários

Os implantes mamários devem ser descritos conforme o material do implante (salino, silicone ou outros), além do tipo de lúmen (único ou duplo). Também deve ser descrita a localização do implante (retroglandular ou retropeitoral). Os contornos do implante podem ser regulares ou podem apresentar abaulamentos focais.

Entre os achados intracapsulares, existem as pregas radiais, que não representam rotura, simplesmente uma dobra do elastômero. Esse achado, à USG, pode se confundir com rotura. Nas sequências de RM são facilmente caracterizados por apresentarem conteúdo com sinais diferentes dentro do implante e fora do implante, por exemplo, água fora e silicone dentro.

Já os sinais que sugerem roturas intracapsulares são as linhas subcapsulares e sinal do buraco de fechadura/sinal

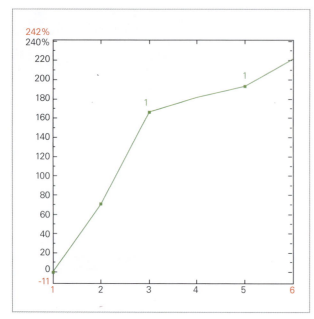

Figura 208   Curva cinética progressiva (tipo I).

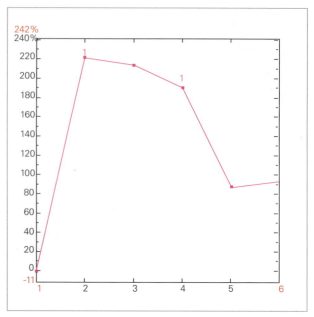

Figura 210   Curva cinética em *washout* (tipo III)

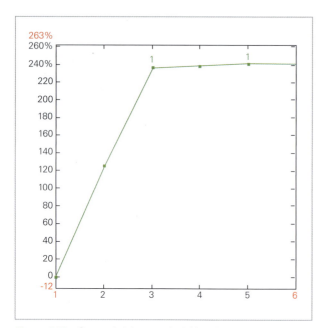

Figura 209   Curva cinética em platô (tipo II).

da lágrima, que representam roturas incipientes do silicone, além do clássico "Linguine", representando o colapso do elastômero.

Entre os sinais de roturas extracapsulares, há o silicone livre no parênquima mamário, facilmente representado em sequências que realçam o silicone, como a IR. Também há a presença do silicone no interior do hilo dos linfonodos, principalmente axilares. Os achados que representam roturas do silicone devem ser correlacionados com roturas pregressas em pacientes que já se submeteram a troca do implante, podendo os achados serem correlacionados ao implante pregresso e não ao atual.

Os implantes também podem apresentar gotículas de água no interior do implante, além de coleções fluidas peri-implante.

Na seção III – Sistema de laudos é abordada a elaboração do laudo de RM de mamas. O ACR BI-RADS® sugere uma estruturação e a alocação do conteúdo no interior de um laudo, da mesma forma como ocorre na mamografia e USG.

Organização do sistema de laudos

O ACR BI-RADS® sugere a estruturação do laudo de RM da seguinte forma:

- Indicação do exame: história clínica sucinta relevante ao exame.
- Descrição da técnica do exame: tipos de sequência utilizadas, uso do contraste endovenoso, exame direcionado para avaliação de implantes.
- Descrição da composição e quantificação do realce do tecido fibroglandular.
- Descrição dos achados importantes nas mamas e axilas.
- Comparação com exames prévios.
- Conclusão baseada nos principais achados com a respectiva categoria do ACR BI-RADS®.
- Recomendação.

As categorias seguem o mesmo padrão da mamografia e ultrassonografia (Quadro 1).

No Quadro 2 apresentamos um exemplo de modelo de estrutura de laudo para RM de mamas.

Quadro 1

Categoria de avaliação	Conduta	Probabilidade de câncer
0	Recomendados exames de imagens adicionais: mamografia ou ultrassom direcionado	Não aplicável
1	RM de mama de rotina para rastreamento se risco acumulado ao longo da vida ≥ 20%	0%
2	RM de mama de rotina para rastreamento se risco acumulado ao longo da vida ≥ 20%	0%
3	Controle em curto prazo (6 meses)	Entre 0 e 2%
4 (*)	Biópsia	Entre 2 e 95%
5	Biópsia	≥ 95%
6	Excisão cirúrgica quando clinicamente apropriado	Não aplicável

* Para RM de mamas, o BI-RADS® 4 não é subclassificado em 4A, 4B ou 4C

Quadro 2 Ressonância magnética das mamas

Indicação

Estadiamento locorregional de câncer de mama. Biópsia por agulha grossa por ultrassonografia com resultado de carcinoma ductal invasivo na mama direita. Data da última menstruação: dd/mm/aa

Técnica de exame

Cortes axiais e sagitais nas sequências T2 FSE com supressão de gordura e T1 3D FSPGR com supressão de gordura em estudo dinâmico antes e após a administração de contraste paramagnético por via endovenosa no aparelho de 1,5T

Para protocolos puros de implantes mamários: cortes axiais e sagitais nas sequências T2 FSE e STIR, com e sem supressão de gordura e água sem a administração de contraste paramagnético por via endovenosa no aparelho de 1,5T

Achados

Mamas constituídas por tecido fibroglandular heterogêneo com moderado realce simétrico pós-contraste

Nódulo irregular e espiculado no quadrante superolateral da mama direita (10h) medindo 1,5 cm, distando 3,0 cm da papila, 5,0 cm do músculo peitoral maior e 2,0 cm da pele lateral, já biopsiado em dd/mm/aa com resultado de carcinoma ductal invasivo

Não se observam alterações significativas na mama contralateral

Linfonodos axilares de aspecto habitual

Cadeias mamárias internas sem sinais de linfonodomegalias

Exame correlacionado com mamografia, ultrassonografia e resultado de biópsia prévia

Conclusão

Nódulo na mama direita com diagnóstico estabelecido de carcinoma ductal invasivo

Categoria do ACR BI-RADS®: 6

Recomendação: tratamento apropriado

A seção IV aborda a avaliação de implantes. Nesta última edição do ACR BI-RADS® para RM foram incluídos descritores para implantes mamários, embora a RM para avaliação de implantes mamários já fizesse parte dos exames de mama. O principal objetivo deste tópico no ACR BI-RADS® é padronizar a descrição de tipos de implantes, localização e sinais de roturas, abordados em capítulo à parte neste livro. Algo importante a ressaltar é que não se deve utilizar a categorização do ACR BI-RADS® nos exames realizados sem contraste e exclusivamente para a avaliação de implantes mamários, uma vez que o parênquima mamário não foi avaliado em razão da ausência do contraste endovenoso.

A seção V – Guia – representa a parte dinâmica do ACR BI-RADS® em que são relatadas e explicadas as mudanças em relação à edição pregressa, como a eliminação do termo lobulado para descrição de nódulos que foi incorporado na morfologia oval por questão de simplificação e alinhamento com os descritores da mamografia e USG. O descritor ductal foi eliminado e incorporado ao termo linear, uma vez que realce ductal é linear do ponto de vista morfológico.

Bibliografia sugerida

1. Berg WA, Blume JD, Cormack JB, Mendelson EB, Madsen EL. Lesion detection and characterization in a breast US phantom: results of the ACRIN 6666 Investigators. Radiology. 2006;239:693-702.
2. Berg WA, Sechtin AG, Marques H, Zhang Z. Cystic breast lesions and the ACRIN 6666 experience. Radiol Clin North Am. 2010;48:931-87.
3. D'Orsi CJ, Sickles EA, Mendelson EB, Morris EA, et al. ACR BI-RADS Atlas, breast imaging reporting and data system. Reston: American College of Radiology; 2013.
4. Eby PR, DeMartini WB, Gutierrez RL, Lehman CD. Probably benign lesions detected on breast MR imaging. Magn Reson Imaging Clin N Am. 2010;18:309-21.
5. Graf O, Helbich TH, Hopf G, Graf C, Sickles EA. Probably benign breast masses at US: Is a follow-up an acceptable alternative to biopsy? Radiology. 2007;244:87-93.
6. Kriege M, Brekelmans CTM, Boetes C, Besnard PE, Zonderland HM, Obdeijn IM, et al. Efficacy of MRI and mammography for breast-cancer screening in women with a familial or genetic predisposition. N Engl J Med. 2004;351:427-37.
7. Leung JW, Sickles EA. Developing asymmetry identified on mammography: correlation with imaging outcome and pathologic findings. Am J Roentgenol. 2007;188(3):667-75.
8. Mahoney MC, Gatsonis C, Hanna L, DeMartini WB, Lehman CD. Positive predictive value of BI-RADS MR imaging. Radiology. 2012;264:51-8.
9. Rocha DC, Bauab SP. Atlas de imagem da mama: correlação mamografia/ultra-sonografia, incluindo ressonância magnética e BI-RADS®. 2nd. ed. Rio de Janeiro: Revinter; 2004.
10. Chang CB, Lvoff NM, Leung JW, Brenner RJ, Joe BN, Tso HH, et al. Solitary dilated duct identified at mammography: outcome analysis. AJR Am J Roentgenol. 2010;194(2):378-82.
11. Sickles EA. Finding at mammographic screening on only one standard projection: outcome analysis. Radiology. 1998;208(2):471-5.
12. Sickles EA. Probably benign breast lesions: when should follow-up be recommended and what is the optimal follow-up protocol? Radiology. 1999,213:11-14.
13. Warner E, Plewes DB, Hill KA, Causer PA, Zubovits JT, Jong RA, et al. Surveillance of BRCA 1 and BRCA 2 mutation carriers with magnetic resonance imaging, ultrasound, mammography, and clinical breast examination. JAMA. 2004;292:1317-25.
14. Youk JH, Kim EK, Ko KH, Kim MJ. Asymmetric mammographic findings based on the fourth edition of BI-RADS: types, evaluation, and management. Radiographics. 2009;29(1):e 33.

7

Procedimentos percutâneos em mama orientados por métodos de imagem: biópsia e localização pré-operatória

Nestor de Barros
Flávio Spinola Castro
Paula de Camargo Moraes
Bruna Maria Thompson Jacinto
Tomie H. Ichihara

Biópsia percutânea

Biópsias percutâneas guiadas por imagem estão sendo cada vez mais utilizadas na prática clínica para o diagnóstico histológico das lesões mamárias. As biópsias percutâneas são mais rápidas, menos invasivas e mais baratas que as biópsias cirúrgicas. Removem menos tecido, resultando em recuperação mais rápida e praticamente nenhuma deformidade ou cicatriz em mamografias subsequentes. A biópsia percutânea também pode evitar a necessidade de cirurgia em mulheres com lesões benignas e facilita o planejamento do tratamento em mulheres com diagnóstico maligno.

Tipos de biópsia

Punção aspirativa por agulha fina

A punção aspirativa por agulha fina (PAAF) consiste na introdução de agulhas finas (18, 20 ou 22 G) no interior da lesão-alvo com o objetivo de obter células que serão utilizadas para determinar o seu diagnóstico citológico (Figura 1). Essa técnica de biópsia é simples, rápida, de baixo custo, não traumática, bem tolerada pelas pacientes e virtualmente sem complicações. Além disso, a interpretação e o diagnóstico podem ser feitos imediatamente pelo citopatologista.

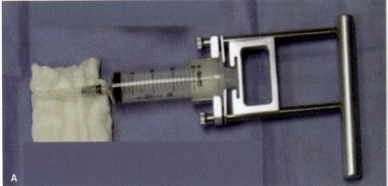 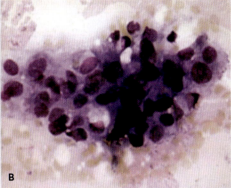

Figura 1 Punção aspirativa por agulha fina: a agulha é conectada a uma seringa plástica de 20 mL para obter suficiente sucção, que é fundamental para o adequado desempenho da punção (A). Pode-se ou não utilizar citoaspiradores. Após a obtenção da amostra, o material pode ser espalhado sobre lâminas ou fixado em álcool para posterior análise citológica (B).

A PAAF é realizada apenas sob orientação ultrassonográfica, em razão dos tipos de lesões-alvo para as quais ela frequentemente está indicada: cistos, coleções, nódulos provavelmente benignos e linfonodos axilares (Figura 2). O sucesso do procedimento depende da habilidade do médico que realiza a punção e da análise do material obtido por patologistas treinados em citologia mamária. Assim, não surpreendem as altas taxas de falso-negativo e material insuficiente descritas na literatura para essa técnica (até 35%), um importante ponto fraco desse método.

Outra desvantagem da punção aspirativa é que habitualmente a avaliação citológica permite apenas o diagnóstico de malignidade, não possibilitando determinar se a lesão é ou não invasiva e não permitindo a avaliação consistente das características imuno-histoquímicas do câncer de mama (Figura 3). Por essas razões, as biópsias de fragmentos, próximo tópico, substituíram grande parte das indicações da punção aspirativa por agulha fina.

Biópsia percutânea de fragmentos

As limitações da PAAF e da análise citológica estimularam o desenvolvimento da biópsia percutânea de fragmentos, que utiliza agulhas de maior calibre e permite a obtenção de fragmentos teciduais da lesão-alvo e sua análise histológica.

As biópsias de fragmentos apresentam importantes vantagens: não requerem nenhum treinamento especial do patologista, visto que a análise histológica é similar à realizada nos espécimes cirúrgicos. Também permitem diagnósticos histológicos específicos, incluindo determinar se a lesão maligna é invasiva e possibilitando a análise imuno-histoquímica no material. Por outro lado, são procedimentos mais caros e invasivos e requerem cuidados mais rigorosos nas fases pré e pós-biópsia.

Existem dois tipos de biópsias de fragmentos na mama. A primeira geração é representada pelas biópsias de fragmentos com dispositivo de disparo e a segunda geração pelas biópsias de fragmentos com dispositivo a vácuo.

Biópsia de fragmentos com dispositivo de disparo

A biópsia de fragmentos com dispositivo de disparo foi descrita por Parker et al. no início dos anos 1990 e apresenta vários sinônimos no Brasil, a saber: *core-biopsy*, biópsia com agulha grossa e Tru-Cut. Neste capítulo, será chamada de biópsia com agulha grossa.

A biópsia com agulha grossa é realizada com um dispositivo de disparo que possui molas propulsoras e agulhas com dois componentes, um interno que é perfurante e apresenta uma chanfradura distal que coleta o fragmento e um externo cortante. Quando é realizado o disparo, o componente interno avança e é seguido pelo componente externo cortante.

Uma das características desse tipo de biópsia é a necessidade de múltiplas inserções da agulha, visto que após a obtenção de cada fragmento a agulha deve ser retirada para remoção da amostra e preparo de um novo disparo.

O calibre das agulhas utilizadas na biópsia com agulha grossa varia de 12 a 18 G e o dispositivo de disparo pode ser automático ou semiautomático (Figura 4). O que diferencia esses dois tipos de dispositivos é que no primeiro os dois componentes da agulha são disparados simultaneamente e, no segundo, primeiro o componente interno é avançado manualmente e, após se assegurar da sua posição correta, é disparado o componente externo cortante.

Na prática clínica, dispositivos de disparo automático e agulhas de 14 G são os mais utilizados. Os dispositivos semiautomáticos são úteis em lesões pequenas ou que estejam em localizações difíceis, como próximas da pele (Figura 5), da papila, de implantes, de vasos calibrosos, do músculo peitoral ou na axila. Essa agulha permite controle do seu avanço, com menor risco de lesões em estruturas vizinhas. Já o disparo rápido dos dispositivos automáticos auxilia na penetração adequada e amostragem de lesões rígidas ou móveis.

As desvantagens da biópsia com agulha grossa estão relacionadas à necessidade de múltiplas inserções e disparos, que limitam seu uso para o diagnóstico de pequenos nódulos e focos de calcificações. Além disso, associa-se a taxas significativas de subestimação em determinadas lesões como a hiperplasia ductal atípica. Isso estimulou o desenvolvimento da biópsia de fragmentos com dispositivo a vácuo.

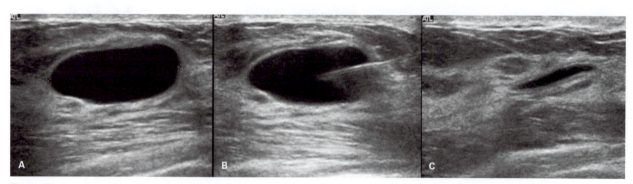

Figura 2 Punção aspirativa por agulha fina de cisto simples (A). Note a adequada posição da agulha no interior da lesão (B) e o esvaziamento do cisto ao término do procedimento (C).

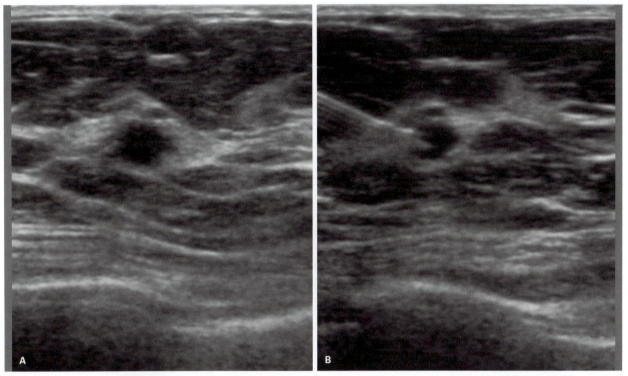

Figura 3 Limitações da punção aspirativa por agulha fina (PAAF): pequeno nódulo sólido, hipoecogênico e irregular, ACR BI-RADS® 4 (A), submetido à PAAF com diagnóstico sugestivo de malignidade (B). Não foi possível precisar a natureza invasiva ou *in situ* dela.

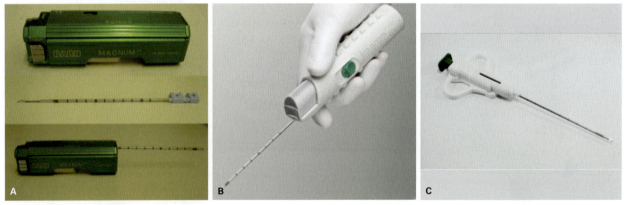

Figura 4 Agulha de biópsia de fragmentos com dispositivo de disparo automático (Bard® Magnum®) – dispositivo reutilizável com agulha descartável (A). Agulha de biópsia de fragmentos com dispositivo de disparo automático (Bard® Max-Core®) – inteiramente descartável (B). Agulha de biópsia de fragmentos com dispositivo de disparo semiautomático (Medax® Velox) – inteiramente descartável (C).

Biópsia de fragmentos com dispositivo a vácuo

A biópsia de fragmentos com dispositivo a vácuo, também chamada de mamotomia, foi introduzida em 1995 e representou um importante avanço, sobretudo para a biópsia percutânea de calcificações e pequenos nódulos. Ela utiliza um circuito fechado, produtor de vácuo, e permite acoplar agulhas com calibre de 8 a 12 G (Figura 6).

Sua maior vantagem reside na obtenção de fragmentos significativamente maiores do que a biópsia com dispositivo automático, reduzindo as taxas de subestimação e rebiópsia e permitindo melhor concordância anatomorradiológica. Além disso, ela é realizada com inserção única da agulha, os fragmentos são obtidos de maneira contínua e é menos suscetível a pequenos erros de localização.

A grande desvantagem desse tipo de biópsia é o seu alto custo, que embora seja menor do que o de uma biópsia cirúrgica, é significativamente maior do que o da PAAF e da biópsia por agulha grossa.

Na biópsia a vácuo, a agulha é posicionada junto à borda ou no interior da lesão, de maneira que o mate-

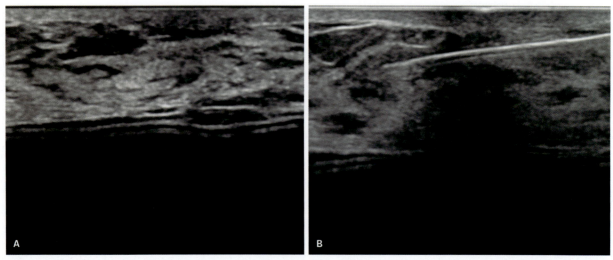

Figura 5 Nódulo sólido, hipoecogênico, irregular, adjacente à pele (A). ACR BI-RADS® 4, submetido à biópsia com dispositivo semiautomático e diagnóstico de lesão esclerosante complexa (B).

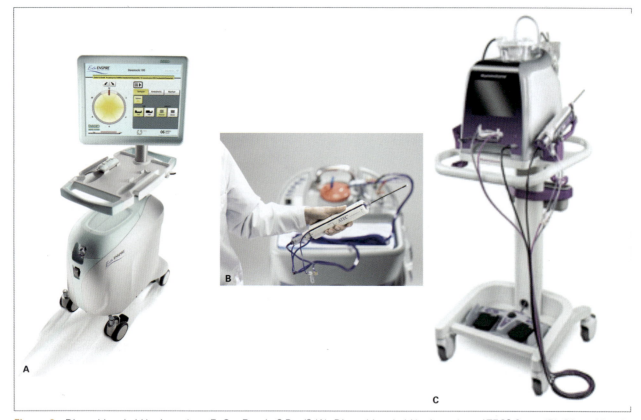

Figura 6 Dispositivo de biópsia a vácuo EnCor Enspire® Bard® (A). Dispositivo de biópsia a vácuo ATEC® Suros (B). Dispositivo de biópsia a vácuo Mammotome Revolve® Devicor® (C).

rial possa ser coletado pela janela de abertura da agulha (Figura 7). Esta janela de abertura apresenta tamanhos variados, de 12 a 20 mm, de acordo com o tipo da agulha. Agulhas com janela pequena podem ajudar na biópsia de mamas de pequena espessura ou em lesões próximas a pele ou papila, sobretudo nos procedimentos orientados por estereotaxia.

Após o correto posicionamento da agulha, abre-se a janela de biópsia e se inicia a coleta dos fragmentos. Por meio da sucção promovida pelo vácuo, a lesão é fixada dentro da janela e os cortes são efetuados com a parte externa da agulha.

A probabilidade de se remover toda a lesão visível radiologicamente na biópsia de fragmentos com dispositivo

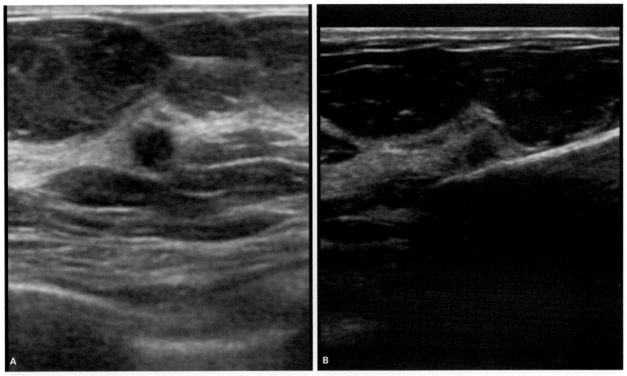

Figura 7 Pequeno nódulo sólido, hipoecogênico e irregular, ACR BI-RADS® 4, submetido à biópsia a vácuo, posicionando a agulha imediatamente inferior à borda da lesão, dentro da janela de abertura (diagnóstico de carcinoma ductal invasivo – CDI).

a vácuo, sobretudo as pequenas, é alta. Isso torna necessário a marcação do local de biópsia com clipes. Eles permitem a localização da área biopsiada para eventual cirurgia ou controle evolutivo por imagem. Deve-se ressaltar, entretanto, que a biópsia de fragmentos com dispositivo a vácuo é um procedimento diagnóstico e não terapêutico, e a remoção completa da imagem radiológica não implica remoção de toda a lesão histológica.

A maioria dos marcadores pós-biópsia disponíveis são visíveis pela mamografia (Figura 8) e promovem discreto artefato de suscetibilidade magnética na ressonância (Figura 9), não constituindo contraindicação para realização dela. Os clipes podem eventualmente ser identificados à ultrassonografia (Figura 10).

Métodos de orientação

Atualmente é possível realizar biópsias percutâneas orientadas por estereotaxia (mamografia), ultrassonografia e ressonância magnética (RM). O principal crité-

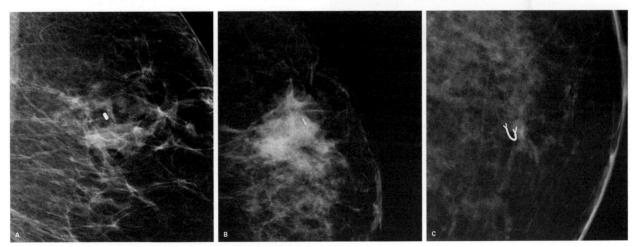

Figura 8 Aspecto mamográfico de vários clipes de biópsia a vácuo.

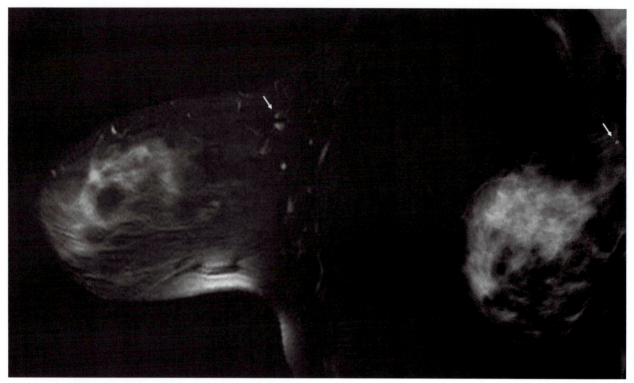

Figura 9   Artefato de suscetibilidade magnética relacionado ao clipe de marcação pós-biópsia (seta) na ressonância magnética.

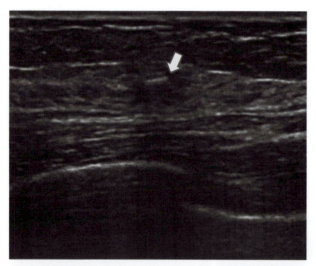

Figura 10   Aspecto ultrassonográfico de clipe de biópsia a vácuo (seta). Nem sempre é possível identificá-lo por este método.

rio para escolha do método de orientação é a adequada visualização da lesão-alvo. Quando a lesão for visível em mais de um método de imagem, a escolha é feita sempre utilizando a seguinte ordem: ultrassonografia, estereotaxia e RM.

Estereotaxia

A biópsia percutânea orientada por estereotaxia está reservada para lesões visualizadas pela mamografia e sem expressão ou de difícil identificação pela ultrassonografia. Isso ocorre com calcificações, assimetrias focais, distorções arquiteturais e, raramente, com nódulos. Existe uma preferência pelo uso das agulhas a vácuo em razão da maior quantidade de tecido retirado, que reduz o risco de subestimação, e por causa da possibilidade de aspiração de possíveis sangramentos, evitando desvio do alvo.

O exame pode ser realizado em unidades estereotáxicas acopladas ao mamógrafo, com a paciente sentada ou em decúbito lateral (Figura 11), ou em mesas dedicadas, com a paciente em decúbito ventral (Figura 12). A principal vantagem da unidade acoplada ao mamógrafo é a possibilidade de realizar exames mamográficos ao término do procedimento, aproveitando o aparelho em tempo integral. Já a principal desvantagem é o posicionamento da paciente, que permite visão direta do procedimento, aumentando as taxas de reação vasovagal. As vantagens da mesa dedicada incluem o isolamento da paciente e maior área de trabalho e as desvantagens incluem custo e resolução espacial inferior.

Em qualquer uma das situações, a mama permanece comprimida durante todo o procedimento, utilizando-se compressor vazado, que permite a introdução da agulha através da sua abertura. Qualquer via de acesso mamária pode ser utilizada, dando-se preferência àquela em que o trajeto da pele até a lesão seja mais curto ou o que permite a melhor visualização da lesão.

Figura 11 Aparelho de estereotaxia acoplado ao mamográfo (A) e as imagens anguladas para localização tridimencional (B).

Como realizar o procedimento

Realiza-se, inicialmente, uma exposição com o tubo de raio X sem angulação, denominada "*scout*". Essa exposição é destinada a localizar a lesão nos planos horizontal e vertical (X e Y) e centralizar a lesão na janela de biópsia. Com a lesão corretamente centralizada realizam-se exposições anguladas, normalmente com +15º e −15º a partir da radiografia inicial. Com base no par de imagens anguladas e cálculos de trigonometria (realizados por meio do computador do aparelho), obtemos a coordenada no eixo da profundidade (Z). O princípio da estereotaxia reside, justamente, na localização da lesão com base na sua aparente mudança de posição nas duas imagens anguladas (estereotáticas).

As coordenadas X, Y e Z são enviadas ao aparelho e realiza-se assepsia da pele, anestesia local e pequena incisão cutânea com bisturi no local onde a agulha será introduzida. Após a introdução da agulha realiza-se novo par de imagens, com a agulha em posição pré-disparo, para determinar sua localização em relação ao alvo. Caso seja necessário, correções podem ser feitas. Após o disparo da agulha são realizadas incidências estereotáxicas pós-disparo (Figura 13). Essas incidências demonstram o posicionamento final da agulha e nos guiam para realização dos cortes.

Nas biópsias de calcificações é imprescindível radiografar os fragmentos e constatar a presença de calcificações neles (Figura 14). Essa radiografia pode ser feita no mamógrafo, com incidências ampliadas. Outra forma que pode ser útil para constatar a retirada do material é por meio de incidências pós-biopsia da mama, no próprio aparelho

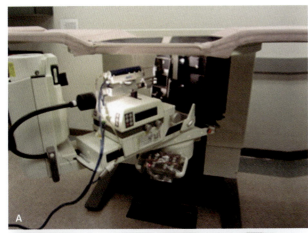
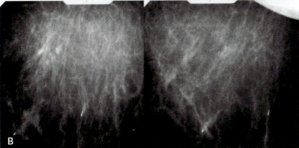

Figura 12 Mesa de biópsia estereotáxica (A) e as imagens anguladas para localização tridimencional (B).

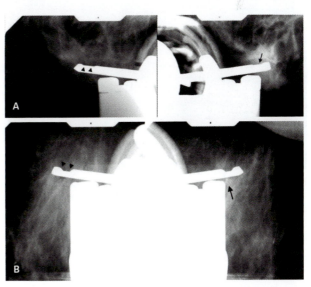

Figura 13 A: Pós-disparo – incidências anguladas realizadas após o disparo da agulha permitem avaliar a posição da janela (cabeça de seta) em relação à lesão (seta) e orientar a direção dos cortes. B: Pós-disparo – incidências anguladas realizadas após o disparo da agulha permitem avaliar a posição da janela (cabeça de seta) em relação à lesão (seta) e orientar a direção dos cortes.

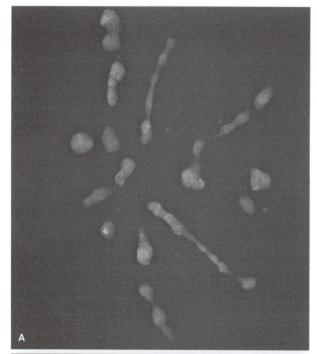

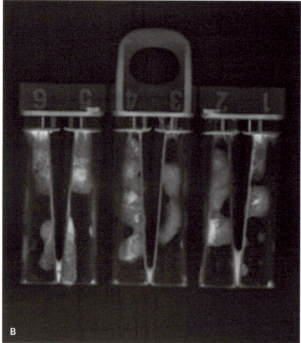

Figura 14 Nos casos de biópsia de calcificações, deve-se sempre realizar a radiografia dos fragmentos para comprovar a retirada delas.

Fatores técnicos que podem afetar a biópsia estereotáxica

As limitações da orientação estereotáxica incluem o acesso às lesões posteriores ou no prolongamento axilar, lesões muito próximas da pele ou em mamas de pequena espessura. Outro aspecto que pode dificultar a realização do procedimento é a necessidade da paciente de permanecer imóvel durante ele, pois a visualização da agulha não é em tempo real. Também existem lesões que podem não ser detectadas na mesa dedicada, por conta de sua menor resolução espacial, quando comparada com a mamografia digital. A seguir, citamos algumas dificuldades e sugestões para lidar com o problema.

Dificuldade para posicionar o alvo

Pequenas lesões em mamas grandes, áreas de assimetria focal ou distorção arquitetural podem ser difíceis de posicionar, de forma confiável, dentro do campo de visão da unidade estereotáxica. O adequado posicionamento pode ser facilitado por meio da marcação da pele sobre a lesão utilizando a grade alfanumérica no aparelho de mamografia antes da realização do procedimento. Isso normalmente torna possível identificar a lesão para a realização da biópsia (Figura 15).

Calcificações sutis

Utilizar a grade alfanumérica, como descrito acima, pode ser útil. Pode-se também aumentar o kV para melhorar a relação sinal-ruído ou usar outros achados, como calcificações benignas, adjacentes à lesão como referência para a localização da área a ser biopsiada.

Mamas com pequena espessura

Várias técnicas podem ser utilizadas para realizar a biópsia nesta situação:

- Usar braço de biópsia com acesso lateral.
- Diminuir o tamanho da janela e/ou reduzir o avanço da agulha.
- Colocar algum dispositivo vazado posteriormente à mama para aumentar artificialmente a sua espessura e evitar que a agulha perfure a pele e atinja o detector (Figura 16).

Acesso às lesões posteriores

Esse problema ocorre sobretudo nas mesas dedicadas. Nesses casos, deve-se preferir o acesso em MLO ou perfil, retirar o acolchoamento da mesa (Figura 17) e passar o braço junto à mama através da abertura na mesa (Figura 18).

Ultrassonografia

A ultrassonografia é o método de escolha para orientar uma biópsia percutânea sempre que a lesão-alvo seja claramente identificada por esse método. As principais vantagens são: ampla disponibilidade de aparelhos; melhor posicionamento e conforto da paciente durante a biópsia. É o

de estereotaxia e comparar com as incidências pré-biópsia. Caso necessário, pode-se voltar a agulha para a posição inicial e retirar mais fragmentos, caso ainda exista lesão no local. Na biópsia assistida a vácuo, após a retirada dos fragmentos, deve-se realizar sucção de resíduos de sangue, ar ou anestésico que prejudiquem a visualização de lesão residual e introduzir o clipe de marcação.

Figura 15 Antes de a paciente ser posicionada no aparelho de estereotaxia, obtém-se uma imagem mamográfica utilizando a grade alfanumérica. Nessa incidência, reproduzimos a via de acesso escolhida para a biópsia. Depois que a imagem for obtida e a lesão identificada, a sua posição é marcada sobre a pele. A marca na pele é colocada o mais próximo possível do centro do compressor fenestrado da unidade de estereotaxia.

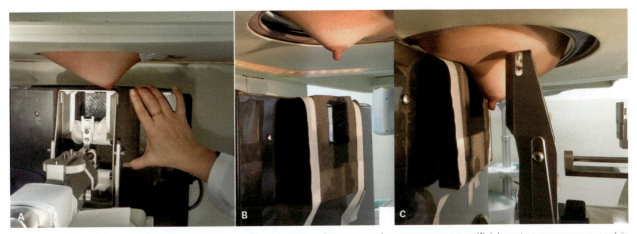

Figura 16 Dispositivos vazados como espuma, acrílico e isopor podem ser usados para aumentar artificialmente a espessura mamária e permitir que o procedimento possa ser realizado.

Figura 17 A retirada do material de acolchoamento da mesa de biópsia pode nos ajudar no posicionamento de lesões posteriores.

Figura 18 O posicionamento do braço no interior do orifício da mesa, junto à mama, também pode ajudar no posicionamento de lesões posteriores.

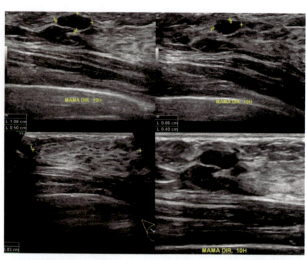

Figura 19 Exemplo de documentação completa da lesão pré-biópsia com medidas, distância da pele e da papila.

único método com visualização em tempo real do procedimento, não utilizando radiação ionizante como a estereotaxia e contraste como a RM. Proporciona maior rapidez e consequente diminuição de custos em relação aos outros métodos. Além disso, possibilita o procedimento em todos os locais da mama, independentemente do seu tamanho e da localização das lesões, seja no prolongamento axilar, próximo da pele, da papila ou da parede torácica, locais de difícil realização pela estereotaxia e RM. A visualização em tempo real da agulha no interior da lesão facilita a amostragem de múltiplas regiões da lesão.

Nas biópsias orientadas pela ultrassonografia, inicialmente se realiza um exame ultrassonográfico direcionado para a lesão-alvo, visando identificá-la e documentá-la de maneira completa com medidas e distâncias da pele e papila (Figura 19). Além disso, essa avaliação permite estabelecer qual a melhor forma de abordar a lesão, considerando-se sua localização (quadrante e profundidade) e o tipo de parênquima mamário no trajeto da agulha (Figura 20). Em alguns aparelhos podemos alterar as especificações como aumento no número de zonas focais para melhor evidenciar a agulha. A utilização do mapeamento com o modo Doppler em cores pode ajudar a evitar vasos no trajeto da biópsia, mudando sua abordagem (Figura 21).

Normalmente usamos a técnica conhecida como mão livre (*free-hand technique*), manipulando a agulha com uma mão e segurando o transdutor com a outra (Figura 22). Nesses casos, preferencialmente a mão dominante deve manipular a agulha e a outra mão o transdutor, porém algumas pessoas preferem o contrário. O procedimento também pode ser realizado com duas pessoas, uma com o transdutor, guiando a pessoa que realizará o procedimento. O feixe sonoro do transdutor linear deve sempre estar no mesmo plano da agulha. Para isso, a introdução da agulha é feita ao lado da extremidade do transdutor (Figura 23).

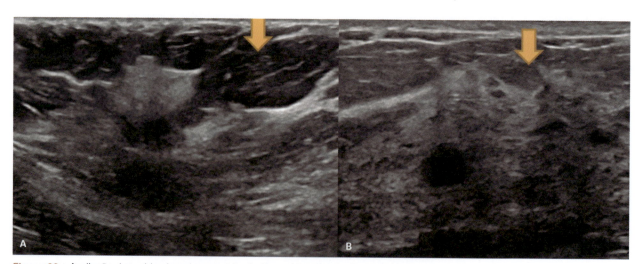

Figura 20 Avaliação do tecido circunjacente à lesão (A: tecido adiposo; B: tecido fibroglandular).

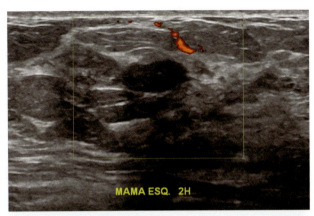

Figura 21 Avaliação com mapeamento colorido identificando vasos no trajeto da biópsia.

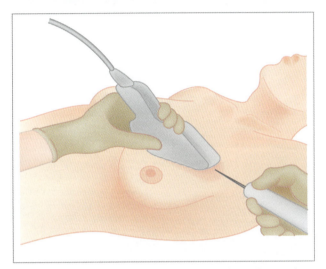

Figura 22 Esquema da técnica de mão livre (relação do transdutor com a entrada da agulha de modo paralelo ao eixo de insonação).

Figura 23 Esquema da agulha com introdução ao lado do transdutor e relação com o nódulo.

O paciente usualmente fica em decúbito dorsal com o membro superior ipsilateral à mama a ser biopsiada atrás da cabeça. Mudança de decúbito pode ser útil em lesões nos quadrantes laterais ou em mamas grandes. Antes do procedimento é realizada a assepsia da pele e a anestesia local. O anestésico pode ajudar na visualização da lesão, separando-a do tecido fibroglandular adjacente (Figura 24).

Na PAAF, a introdução da agulha deve ser imediatamente ao lado do transdutor, pois como as agulhas são menores e, por vezes em lesões mais profundas, a distância até a pele é grande. Nas biópsias com agulha grossa (BAG) ou biópsia assistida por vácuo (BAV) uma pequena incisão de 2-3 mm na pele é realizada com uma lâmina de bisturi. Essa incisão deve estar 1,0 ou 1,5 cm distante do transdutor para possibilitar a introdução e o manejo da agulha no mesmo eixo do transdutor, além de possibilitar disparo e avanço da agulha paralela à pele, evitando atingir planos profundos. Como as agulhas são maiores (normalmente de 10 cm) não há necessidade de se preocupar com profundidade. Em geral, busca-se a menor distância entre a pele e a lesão-alvo, com a agulha o mais paralelo possível da pele, principalmente nas biópsias de fragmento, por conta do avanço da agulha no momento do disparo.

Os procedimentos guiados pela ultrassonografia devem ser documentados de maneira completa. Na PAAF com a agulha dentro da lesão (Figura 25) e nas biópsias de fragmento com imagem da agulha em pré-disparo (Figura 26), e pós-disparo, dentro da lesão, primeiro no eixo longitudinal e depois no seu eixo transversal para demonstrar tecnicamente a efetividade do procedimento (Figura 27).

A ultrassonografia não pode ser utilizada para orientar um procedimento quando a lesão não é visualizada de maneira segura pelo método. Isso acontece na maioria dos casos de calcificações agrupadas suspeitas e distorções arquiteturais. Desse modo, o método deve ser escolhido para guiar intervenções percutâneas na maior parte dos nódulos sólidos e cistos. Porém, algumas calcificações são possíveis de serem realizadas por meio da ultrassonografia, de preferência com biópsia de fragmentos assistida a vácuo. Normalmente, em casos de mamas com pouca espessura para estereotaxia ou em focos maiores de calcificações, a tentativa de identificação pela ultrassonografia pode e deve ser realizada. Para um procedimento com boa acurácia nesses casos é obrigatório que essas lesões devem ser claramente identificadas na ultrassonografia prévia (Figura 28). Além da documentação normal do procedimento, os fragmentos obtidos devem ser radiografados, demonstrando a presença de calcificações (Figura 29).

Ressonância magnética

Algumas lesões suspeitas detectadas na RM podem ser identificadas por meio de ultrassonografia ou ma-

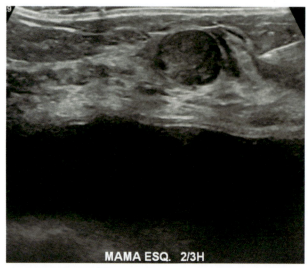

Figura 24 Esquema da agulha com introdução ao lado do transdutor e relação com o nódulo.

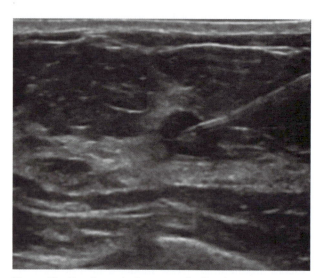

Figura 25 Punção aspirativa por agulha fina demonstrando agulha dentro da lesão.

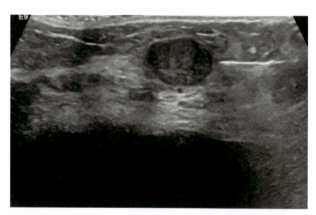

Figura 26 Biópsia de fragmento com agulha em pré-disparo.

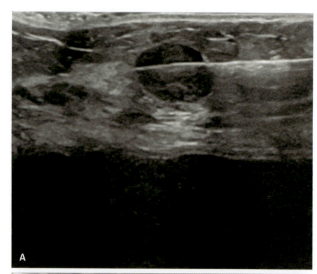

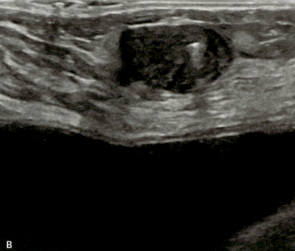

Figura 27 Biópsia de fragmento com agulha em pós-disparo dentro da lesão (A: longitudinal; B: transversal).

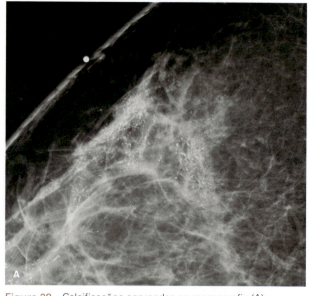

Figura 28 Calcificações agrupadas na mamografia (A).

(continua)

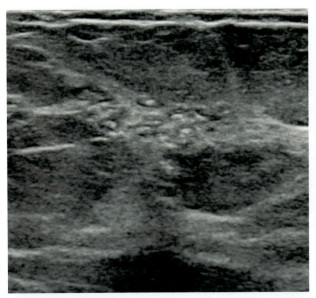

Figura 28   *(continuação)* E as mesmas representadas na ultrassonografia (B).

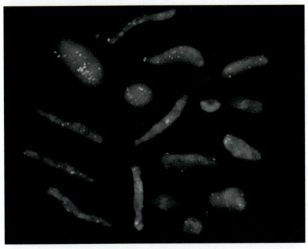

Figura 29   Radiografia dos fragmentos (pós-biópsia) demonstrando calcificações em alguns deles (representação satisfatória).

mografia (com ou sem tomossíntese) e terem sua biópsia orientada por meio desses métodos. Convém lembrar que lesões com correlação ultrassonográfica possuem maior chance de serem malignas. No entanto, a ausência de correlação não invalida a necessidade de biópsia, que deverá ser orientada por meio de RM. Inclusive, a utilidade da RM como ferramenta de detecção e diagnóstico repousa no fato de se poder realizar biópsia em lesões suspeitas identificadas somente por esse método.

A biópsia por RM impõe inúmeros desafios, entre eles podemos citar o fato de o exame ser realizado em posição prona, o que facilita o acesso da região lateral da mama, mas dificulta o acesso medial. Em aparelhos fechados, a paciente deve ser removida do magneto para realizar a biópsia. A conspicuidade da lesão diminui com o passar do tempo, pois o contraste da lesão diminui, enquanto o realce do tecido aumenta. A confirmação da retirada do material é difícil, pois os fragmentos não realçam *ex-vivo*. Apesar de tudo, as biópsias por RM são factíveis, com sucesso técnico reportado entre 98-100%.

Punção por agulha fina, semelhante ao que acontece na estereotaxia, tem uso limitado em razão das altas taxas de material insuficiente. Apesar de a biópsia de fragmentos com pistola automática poder ser usada, os dispositivos a vácuo são os mais indicados para RM. As agulhas a vácuo são mais rápidas, permitem a retirada de mais material, de forma concêntrica e com única inserção da agulha, e também diminuem a chance de subestimação.

Como realizar o procedimento

Reavaliar as imagens da RM antes do procedimento para reconhecer o aspecto da lesão-alvo e sua localização, definindo dessa maneira a mama a ser biopsiada, o quadrante e a via de acesso (lateral ou medial) a ser utilizada.

A paciente é posicionada no magneto, utilizando bobina dedicada, com a mama que será submetida a biópsia comprimida com a grade de localização. Lembre-se de posicionar primeiro a porção da mama junto à bobina e depois ajustar a grade. A compressão deve ser suficiente para imobilizar a mama e causar identação da grade sobre a pele, mas não pode ser excessiva a ponto de diminuir a vascularização mamária. Uma cápsula de vitamina E deve ser posicionada sobre a pele na localização esperada da lesão ou no centro da grade.

Após a sequência localizadora, realizar aquisição tridimensional, ponderada em T1, no plano sagital, com saturação de gordura, incluindo a pele e a grade para referência. Essa sequência inicial serve para confirmar a localização e checar a saturação da gordura. Após a injeção intravenosa de contraste (0,1 mmol/kg), deve-se realizar nova aquisição sagital. Ela poderá ser repetida até a identificação da lesão.

As imagens devem ser revistas na estação de trabalho do aparelho e um cursor deve ser posicionado sobre a lesão, cuja posição deve ser avaliada em relação à cápsula de vitamina E e a identações da grade sobre a pele para determinar nossa janela de acesso (eixos X e Y). A profundidade deve ser calculada por meio do número de cortes entre a pele e a lesão, multiplicada pela espessura de corte (eixo Z).

Depois do cálculo, a paciente deve ser removida do magneto, com a mama ainda imobilizada pela grade e realizar assepsia, anestesia local e pique na pele com lâmina de bisturi para introdução do material de biópsia.

O introdutor é um guia coaxial de plástico através do qual o estilete é introduzido para abrir caminho para a agulha (Figura 30). Deve-se retirar o estilete e substituir pelo obturador para ajudar na confirmação da localização em nova sequência sagital (Figura 31).

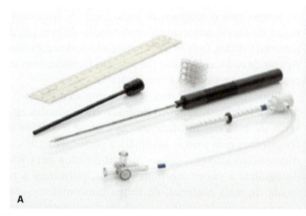 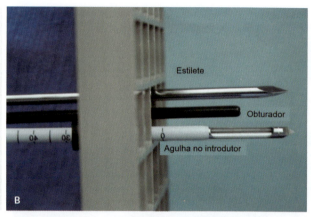

Figura 30 Material usado na biópsia por ressonância magnética (A) e seu posicionamento através da grade (B).

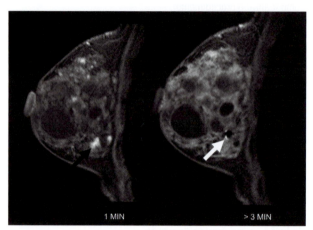

Figura 31 Sequência sagital T1 pós-contraste com saturação de gordura demonstra a lesão a ser biopsiada (seta preta). A sequência mais tardia demonstra o artefato de suscetibilidade magnética relacionado ao obturador (seta branca) no local certo. Note a redução do realce da lesão, associada a aumento do realce de fundo do parênquima.

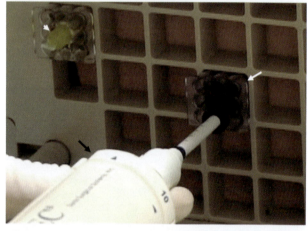

Figura 32 Foto da biópsia por ressonância magnética, demonstrando a agulha (seta preta), a grade para sua inserção (seta branca), e a cápsula de vitamina E (cabeça de seta).

Após confirmação da posição, a paciente deve ser novamente retirada do magneto e o obturador substituído pela agulha de biópsia para coleta do material (Figura 32). Ao término da coleta, retirar a agulha e introduzir novamente o obturador para novas imagens. Nessa sequência, avaliar hematoma pós-biópsia em relação à localização esperada e procurar sinais de realce residual. Se tudo estiver de acordo com o esperado, é preciso posicionar o clipe de marcação. Mamografias nas incidências craniocaudal e perfil devem ser realizadas antes do curativo compressivo.

Indicações

A biópsia percutânea está indicada para quaisquer lesões mamárias suspeitas (categoria 4 ou 5 pelo ACR BI-RADS®) identificadas pelos métodos de imagem ou pelo exame físico. A prioridade na escolha do tipo de biópsia é a capacidade dela de permitir uma boa amostragem da lesão, com menor custo e morbidade para a paciente.

A seguir serão descritas as melhores opções de biópsia percutânea, de acordo com o tipo de lesão. Lesões benignas, tais como cistos e coleções, e lesões provavelmente benignas (categoria 3 pelo ACR BI-RADS®) serão incluídas nesta seção, pois eventualmente são encaminhadas para obtenção de material (Figuras 33 e 34).

- Nódulos sólidos: geralmente são visualizados na ultrassonografia, principal método de orientação para esse tipo de lesão. O diagnóstico dos nódulos pode ser estabelecido pela PAAF, biópsia com agulha grossa com pistola ou biópsia assistida a vácuo, a depender de cada situação, conforme abaixo descritas:
  - Nódulos sólidos altamente suspeitos para malignidade (categoria 4C ou 5 pelo ACR BI-RADS®): a biópsia de fragmentos é a técnica preferida para realizar o diagnóstico desses nódulos, pois permite estabelecer se a lesão é ou não maligna, se ela é ou não invasiva, além de sua avaliação imuno-histoquímica (Figura 35). O tamanho da lesão ditará a escolha entre biópsia com agulha grossa com pisto-

7 PROCEDIMENTOS PERCUTÂNEOS EM MAMA ORIENTADOS POR MÉTODOS DE IMAGEM: BIÓPSIA E LOCALIZAÇÃO PRÉ-OPERATÓRIA 517

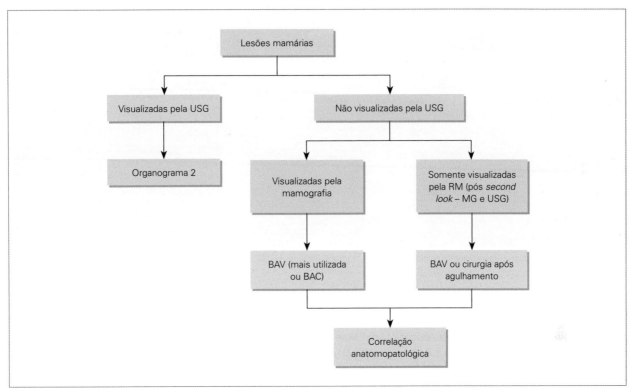

Figura 33 Organograma 1. BAC: biópsia por agulha cortante; BAV: biópsia assistida por vácuo; RM: ressonância magnética; USG: ultrassonografia.

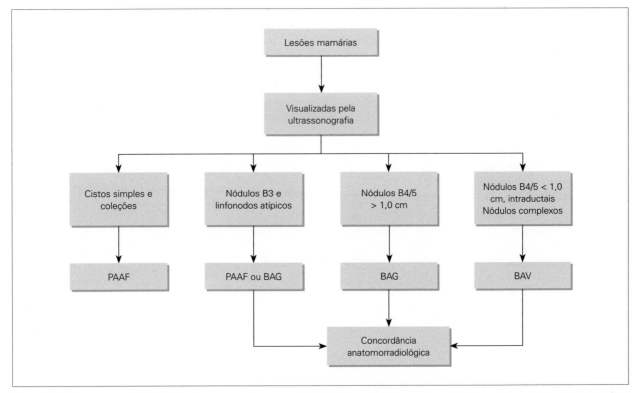

Figura 34 Organograma 2. BAG: biópsias com agulha grossa; BAV: biópsia assistida por vácuo; PAAF: punção aspirativa por agulha fina.

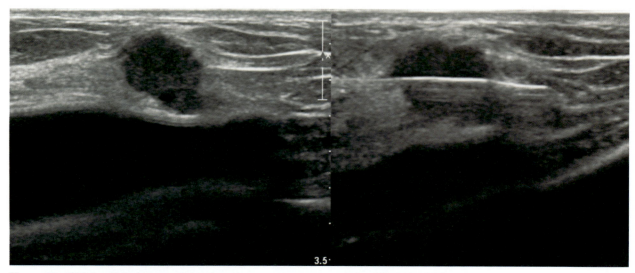

Figura 35 Nódulo sólido, hipoecogênico, irregular, com margens anguladas ACR BI-RADS® 4, submetido a biópsia de fragmentos com resultado de carcinoma ductal invasivo (CDI).

la automática/semiautomática ou assistida a vácuo. A biópsia com pistola é escolhida para todas as lesões com diâmetro superior a 1,0 cm e grande parte daquelas entre 0,5 e 1,0 cm e a biópsia a vácuo, em geral, para lesões menores do que 0,5 cm.

- Nódulos sólidos suspeitos (categoria 4A ou 4B pelo ACR BI-RADS®): tanto as biópsias de fragmentos quanto a PAAF são aceitáveis, e a escolha do tipo de biópsia deve considerar a necessidade de um diagnóstico específico e o tamanho da lesão, sendo a biópsia com agulha grossa com pistola automática/semiautomática a mais utilizada.

- Nódulo provavelmente benigno (categoria 3 pelo ACR BI-RADS®): tanto as biópsias de fragmentos quanto a PAAF são aceitáveis nesse tipo de lesão (Figura 36). No entanto, como a possibilidade de malignidade dessas lesões é extremamente baixa, a PAAF, em nossa opinião, é a técnica preferida. A escolha da PAAF pressupõe que o patologista que examinará a amostra tenha experiência em citologia, caso contrário, a biópsia de fragmento será mais segura. Neste tópico é relevante ressaltar situações nas quais se deve considerar realizar biópsia em uma lesão com características prova-

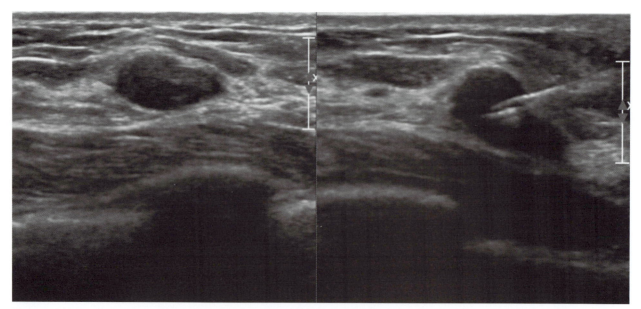

Figura 36 Nódulo sólido, hipoecogênico, oval e circunscrito ACR BI-RADS® 3, submetido à punção aspirativa por agulha fina com resultado de fibroadenoma.

velmente benignas. São elas: crescimento significativo do nódulo quando comparado a exames anteriores (aumento superior a 20% do volume); lesão clinicamente suspeita; caso a paciente esteja muito ansiosa e não tolere o controle proposto; pacientes do sexo masculino; pacientes de alto risco; em mulheres com mais de 40 anos; mulheres em planejamento de gestação; mamoplastia, abdominoplastia ou colocação de implantes mamários ou quando a paciente tem difícil acesso ao acompanhamento.

- Nódulos intraductais e nódulos complexos (sólido-cístico): quando a biópsia percutânea é realizada, a técnica de escolha é a biópsia de fragmentos e o método de orientação, a ultrassonografia. A escolha do tipo de biópsia de fragmentos dependerá do tamanho da área sólida da lesão. Sempre que possível, a biópsia de fragmentos a vácuo é recomendada, pela possibilidade de maior amostragem da lesão (Figura 37).

- Calcificações suspeitas: a biópsia de fragmentos a vácuo orientada pela estereotaxia é o método preferido para a biópsia percutânea de quaisquer calcificações suspeitas. Excepcionalmente, focos de calcificações extensos, altamente suspeitos e/ou palpáveis, podem ser visíveis pela ultrassonografia e a biópsia ser orientada por esse método de imagem.

- Distorções arquiteturais: são lesões identificadas pela mamografia e de difícil percepção. O método de escolha é a biópsia de fragmentos com dispositivo a vácuo, pois permite maior amostragem da lesão (Figura 38). Preferencialmente, a biópsia é orientada pela estereotaxia, e excepcionalmente a ultrassonografia permite adequada caracterização da lesão, podendo ser utilizada como método de orientação da biópsia a vácuo.

- Assimetrias: o método de escolha é a biópsia de fragmentos com dispositivo a vácuo orientada pela estereotaxia. Caso a assimetria tenha uma representação clara na ultrassonografia, este método pode orientar a biópsia. A depender de cada lesão, a biópsia por agulha grossa pode ser empregada.

- Linfonodos axilares alterados: a PAAF orientada pela ultrassonografia é o método de escolha para estabelecer a natureza benigna ou maligna de linfonodos axilares alterados (Figura 39), sobretudo em mulheres com câncer de mama. A biópsia de fragmentos pode ser o método de escolha, quando há suspeita de linfonodopatia de origem desconhecida, eventualmente por provável etiologia sistêmica.

- Cistos simples ou inflamatórios: são lesões benignas e não necessitam de aspiração para estabelecer sua natureza. Entretanto, algumas vezes são volumosos, palpáveis e dolorosos ou a punção é realizada por desejo da paciente ou seu médico. A PAAF orientada pela ultrassonografia é o método de escolha.

- Coleções: a PAAF orientada pela ultrassonografia é a técnica escolhida para o esvaziamento de coleções (he-

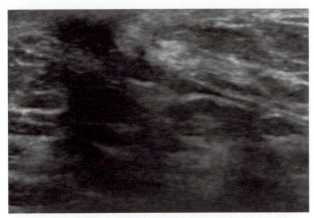

Figura 37 Nódulo intraductal em contiguidade com a papila, submetido a biópsia a vácuo com diagnóstico de papiloma.

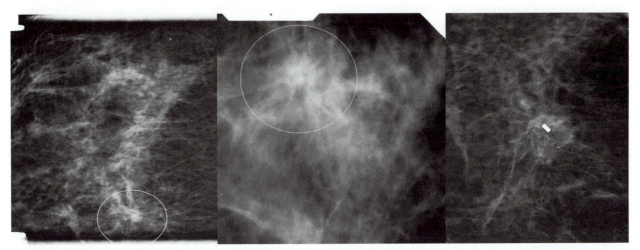

Figura 38 Distorção arquitetural sutil caracterizada na mamografia, bem identificada na estereotaxia e submetida a biópsia a vácuo com diagnóstico de carcinoma ductal invasivo (CDI), destacando-se clipe pós-biópsia bem localizado na topografia da lesão.

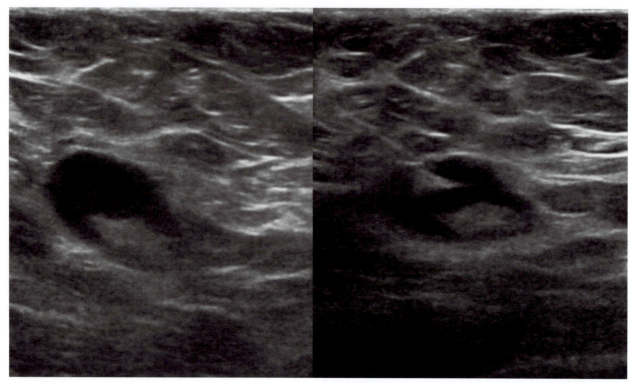

Figura 39 Paciente com diagnóstico de carcinoma lobular invasivo, apresentando linfonodo com espessamento assimétrico da cortical ipsilateral, submetido à PAAF com diagnóstico de carcinoma metastático.

matomas, seromas ou abscessos) ou para o diagnóstico do agente etiológico/antibiograma nos abscessos.
- Realces suspeitos visualizados somente pela RM: biópsia com dispositivo a vácuo, orientada pela RM.

Contraindicações

A biópsia percutânea mamária é considerada um procedimento bastante seguro e contraindicações são raras.

Deve-se ter cautela na realização do procedimento em mulheres com coagulopatias ou em uso de anticoagulantes. Nessas situações, recomenda-se verificar com o médico da paciente a possibilidade de medidas para corrigir a coagulopatia ou a suspensão do anticoagulante. O radiologista deve evitar suspender unilateralmente a medicação, sem consultar o médico responsável pela prescrição do medicamento, por conta dos eventuais riscos que essa suspensão poderá acarretar à paciente.

Não há uma regra universal quanto à suspensão dos anticoagulantes e o tempo necessário para a normalização da coagulação. Isso depende do tipo de droga e do contexto clínico.

Em algumas situações, não é possível a suspensão do anticoagulante ou a correção da coagulopatia. Quando isso ocorrer e a lesão mamária for suspeita, os autores deste capítulo recomendam a realização da biópsia mais adequada, após esclarecimentos para a paciente. Isso porque o benefício justifica os eventuais riscos de sangramento. Dessa forma, consideramos o uso de anticoagulantes ou coagulopatias uma contraindicação relativa à biópsia mamária.

Caso a paciente relate alergia a anestésicos locais, a realização das biópsias de fragmentos é impossibilitada em razão da dor. Nesse caso, é possível realizar a PAAF.

Não há contraindicação em relação a pacientes gestantes, salvo em biópsias orientadas por estereotaxia, por conta da utilização de raio X.

Em mulheres com valvas artificiais cardíacas deve-se consultar o médico solicitante quanto à necessidade de antibioticoterapia profilática.

Quando a biópsia for orientada pela RM, devemos estar atentos às contraindicações deste método de imagem, como: alergia ao meio de contraste, uso de marca-passo cardíaco, insuficiência renal, entre outras. Vale lembrar a contraindicação relativa em pacientes gestantes.

Pós-biópsia

Cuidados e recomendações

Para a punção aspirativa por agulha fina, caso não haja intercorrências durante o procedimento, a paciente está liberada para suas atividades de rotina, devendo evitar atividade física intensa por 12 horas após a punção.

Nas pacientes submetidas a biópsia de fragmentos, realiza-se compressão local por 5-20 minutos, visando reduzir o risco de formação de hematoma e se faz curativo compressivo. A faixa compressiva na mama pode ser retirada no dia subsequente. Recomenda-se, ainda, evitar atividade física ou carregar peso com o braço ipsilateral à biópsia nos primeiros 5-7 dias após o procedimento.

Possíveis complicações

Complicações após biópsias percutâneas são incomuns e as principais descritas incluem: reação vasovagal, dor local excessiva, hematoma, infecção, migração do clipe e, muito raramente, pseudoaneurismas. Complicações são mais comuns nas biópsias de fragmentos do que nas punções por agulha fina.

A reação vasovagal comumente ocorre durante ou após o procedimento, manifestando-se com náusea, tontura e sudorese fria e, geralmente, está relacionada a ansiedade e desconforto. Acalmar a paciente e colocá-la em Trendelemburg frequentemente solucionam o problema.

A dor local excessiva após o procedimento é incomum e, em geral, prevenida com os cuidados pós-biópsia (repouso, compressão local e gelo) e minimizada com o uso de analgésicos comuns. Equimoses mamárias após biópsias são comuns e são minimizadas com os cuidados locais pós-biópsia. Hematomas que requerem cuidados, sobretudo drenagem cirúrgica, são raros (Figura 40).

Pseudoaneurismas pós-biópsias mamárias são raros e manifestam-se como aumento do volume mamário ou nódulo, algumas vezes pulsátil, por conta da formação de uma coleção alimentada ativamente por um vaso lacerado durante a biópsia (Figura 41). A conduta nesses casos é compressão vigorosa até a interrupção do sangramento ativo.

Infecções pós-biópsias percutâneas mamárias também são raras; se houver sinais sugestivos de infecção pós-biópsia, deve-se rapidamente iniciar antibioticoterapia apropriada para evitar sua progressão. Nos questionários de orientação pós-biópsia, é obrigatória a colocação dos potenciais sinais de infecção para alertar a paciente.

O uso de dispositivos a vácuo frequentemente resulta na retirada completa de pequenas lesões. Sempre que isso ocorre, clipes de marcação são colocados no local da biópsia para localizar o local biopsiado, caso cirurgia subsequente seja necessária. Ao término do procedimento, incidências craniocaudal e perfil devem ser realizadas para documentar a posição adequada do clipe ou sua migração, que ocorre mais frequentemente no eixo de introdução da agulha (Figura 42). Migrações tardias do clipe podem ocorrer, mas são mais raras.

Nos casos em que a ampliação cirúrgica pós-biópsia se faz necessária, é essencial que a relação da posição do clipe quanto ao sítio da biópsia seja estabelecida para adequada remoção da área biopsiada.

O deslocamento do clipe pode ser secundário a múltiplas causas, entre elas:

- Efeito sanfona: o deslocamento ocorre no trajeto da agulha após descompressão da mama em biópsia orientada por estereotaxia, geralmente em mamas

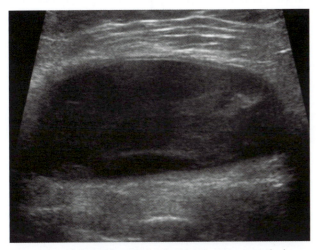

Figura 40 Coleção ecogênica heterogênea, compatível com hematoma no leito da biópsia.

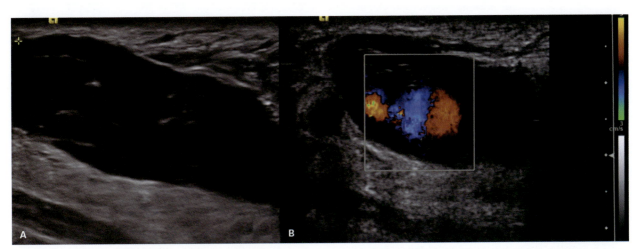

Figura 41 Coleção ecogênica heterogênea, compatível com hematoma no leito da biópsia (A). Nestas situações é sempre interessante avaliar a região com Doppler colorido, que neste caso demonstrou o aspecto "*yin/yang*" sugestivo de pseudoaneurisma (B).

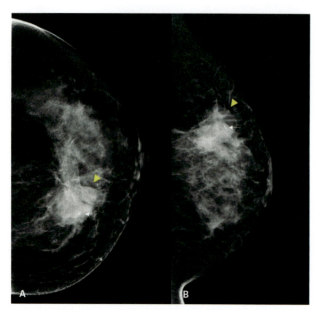

Figura 42 Incidências monográficas pós-biópsia (A, B) demonstraram deslocamento do clipe (seta) em relação à posição original da lesão (cabeça de seta) por hematoma.

adiposas, e caracterizado no plano ortogonal ao plano de compressão da mama.
- Formação de um hematoma.
- Quimioterapia neoadjuvante, quando há rearranjo do parênquima por conta da redução do tumor.
- Mamoplastia redutora.

Interpretação do resultado da biópsia (correlação anatorradiológica)

Avaliação de concordância pós-biópsia envolve a comparação do aspecto de imagem da lesão com o resultado histológico obtido. Em casos de discordância, nova amostragem percutânea ou biópsia excisional devem ser consideradas. Nos casos de resultados benignos concordantes, as pacientes devem realizar controle por imagem. E nos casos de resultado maligno, lesões de risco ou potencialmente subestimáveis, remoção cirúrgica deve ser planejada (Figura 43).

Marcação pré-operatória

Dados da literatura demonstram que programas de rastreamento mamográfico associados a maior sensibilidade dos exames de mamografia promoveram o diagnóstico de alterações menores e não palpáveis. Tais lesões representam mais da metade dos carcinomas recém-diagnosticados e mais de um terço das cirurgias oncológicas das mamas.

Este é justamente o principal grupo com indicação de localização pré-operatória: pacientes com carcinomas não palpáveis e candidatas a cirurgia conservadora. Há ainda lesões que, após biópsia percutânea, têm resultado anatomopatológico discordante dos achados de imagem ou cujo resultado anatomopatológico pode estar associado a carcinoma não representado na amostra percutânea, ambos, portanto, com indicação de ampliação cirúrgica.

O método de imagem que guiará a localização pré-operatória será aquele que, ao diagnóstico, mais bem caracterizou a lesão. No caso de nódulos, normalmente a ultrassonografia é o método de escolha. Alguns clipes, a depender de sua profundidade, do tecido adjacente e do tipo de clipe utilizado (tamanho, forma, presença de polímero), também podem ser facilmente visualizados na ultrassonografia.

Porém, se houver dúvida, deve-se optar por realizar a marcação do clipe guiada por mamografia ou estereotaxia. As distorções arquiteturais e as assimetrias podem ser caracterizadas na ultrassonografia, mas certamente

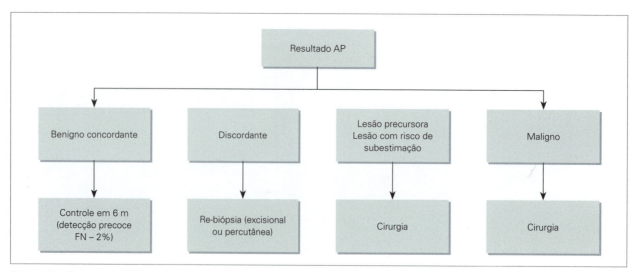

Figura 43 Organograma 3.

serão visualizadas na mamografia. Para as calcificações, a mamografia ou estereotaxia são os métodos de escolha. Dessa forma, em qualquer um dos casos, a escolha do método de imagem dependerá exclusivamente da capacidade deste em caracterizar a lesão; optando-se, geralmente, pelo mesmo método utilizado na biópsia percutânea prévia. Daí, pode-se concluir que o método escolhido para orientar a localização pré-operatória não tem relação alguma com o tipo de marcação pré-operatória (fio ou radiofármaco) a ser realizada, mas sim com o tipo de lesão.

O primeiro tipo de marcação pré-operatória amplamente difundido foi a localização por fio, comumente traduzido como agulhamento. Esse procedimento utiliza um fio com gancho que corre por dentro de uma agulha.

A partir da segunda metade da década de 1990, com a ampliação da biópsia do linfonodo sentinela como alternativa ao esvaziamento axilar, procedimentos radioguiados ganharam destaque. Neles, a injeção de radiofármaco é capaz de localizar: 1) tanto o referido linfonodo sentinela como a própria lesão primária da mama (*occult breast lesion localization plus sentinel node biopsy* – SNOLL); ou ainda, 2) apenas a lesão mamária (*radioguided occult lesion localization* – ROLL). Um método ainda mais recentemente desenvolvido para localização pré-operatória é a localização por semente radioativa, cuja grande vantagem de aplicação é logística.

Qualquer localização pré-operatória de calcificações ou clipes requer radiografia da peça cirúrgica para documentar a ressecção correta e completa da lesão, demonstrando a presença deles na peça ou ainda que as bordas da peça estão livres de calcificações suspeitas (Figura 44).

Por motivos didáticos, abordaremos cada um dos tipos de marcação em tópicos separados.

Agulhamento

Esse tipo de localização pré-operatória utiliza fios com ganchos que deslizam no interior de agulhas. Os fios podem ser de vários modelos, com um ou dois ganchos reposicionáveis ou com porção espessa (Figura 45). A escolha do tipo de fio deve considerar principalmente a consistência da mama: mamas mais adiposas se beneficiam de fios com duplo gancho que promovem ancoragem de melhor fixação.

O fio mais utilizado em nosso meio é o fio de Kopans modificado (Figura 46), com apenas um gancho e não reposicionável. As marcações pré-operatórias com fios podem ser feitas em unidades que não contêm departamento de medicina nuclear, sendo, pelo mesmo motivo, o tipo de marcação mais usado em pacientes gestantes com câncer de mama. No entanto, as pacientes descrevem os agulhamentos como mais dolorosos do que a marcação por radiofármacos e a presença de

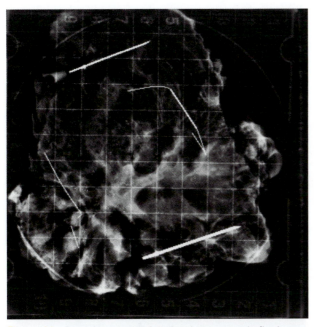

Figura 44 Peça de exérese cirúrgica demonstrando fio de marcação pré-operatória e calcificações.

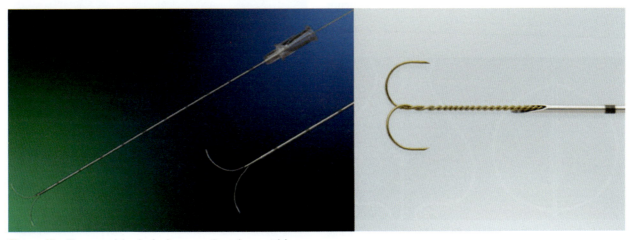

Figura 45 Fios reposicionáveis de marcação pré-operatória.

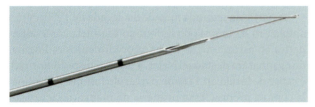

Figura 46 Fio tipo Kopans, mais utilizado em nosso meio.

estrutura externa aumenta o risco de deslocamentos durante o transporte. Ainda apresenta como desvantagens o mínimo risco de pneumotórax e a possibilidade de secção do fio durante a cirurgia, inviabilizando a ressecção adequada.

A técnica para agulhamento varia de acordo com o método de imagem escolhido para guiar o procedimento.

Mamografia

Idealmente, as pacientes devem ser posicionadas sentadas, o mais confortável possível. Utiliza-se compressor fenestrado com marcação alfanumérica em suas bordas, posicionando a lesão de interesse centralizada nesta fenestra. A compressão deve ser a mínima necessária para manter a mama firme e sem causar dor.

Antes de iniciar o procedimento, sugere-se testar a resistência da agulha ao deslizamento do fio no seu interior para que o operador esteja familiarizado ao ancorar o fio na mama.

Ao final do procedimento, o fio deverá ter percorrido a menor distância possível no interior da mama. Para tanto, se uma lesão está mais próxima da pele na incidência craniocaudal, a paciente deverá ser inicialmente posicionada em perfil (com o compressor fenestrado na pele mais próxima da lesão). Ou seja, em um exemplo prático: essas calcificações (Figura 47) estão localizadas no quadrante superolateral da mama esquerda. Claramente, são mais "laterais" que superiores, ou seja, estão mais próximas da pele do aspecto lateral da mama. Dessa forma, o menor percurso do fio no interior da mama se dará inserindo a agulha por via lateral. Para tanto, a mama deverá ser posicionada em perfil lateromedial, ou seja, com o compressor fenestrado em contato com a pele lateral da mama.

Nesse outro exemplo (Figura 48), as calcificações estão no quadrante superomedial da mama esquerda, mais "superiores" do que mediais. Do mesmo modo, o menor trajeto da agulha dentro da mama será através da pele superior. Por isso, a paciente deverá ser posicionada em craniocaudal com o compressor fenestrado, portanto, em contato com a pele superior.

A seguir, realiza-se a assepsia local e, após traçar a posição alfanumérica exata da lesão, é feita a anestesia local nessa posição. A agulha deverá ser inserida nesse local, perpendicularmente ao plano do compressor. O feixe de luz da unidade mamográfica é útil para auxiliar a guiar o procedimento, de forma que a sombra formada pelo acrílico da agulha deve estar perfeitamente sobreposta sob o ponto de entrada, ajustando-se quando necessário (Figura 49).

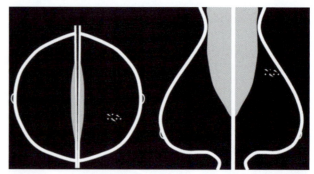

Figura 48 Representação gráfica de calcificações no quadrante superomedial da mama esquerda.

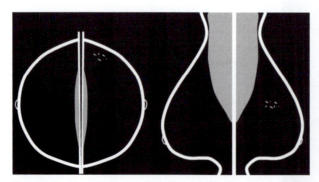

Figura 47 Representação gráfica de calcificações no quadrante superolateral da mama esquerda.

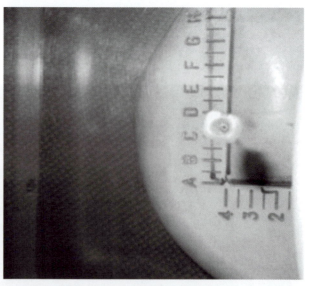

Figura 49 Marcação pré-operatória com fio utilizando compressor fenestrado alfanumérico. Nota-se a inserção da agulha perpendicular à pele, usando a sua sombra para adequada orientação.

O sistema deve ser introduzido o mais profundamente possível, pois é mais fácil ajustar a profundidade da agulha tracionando-a. Uma nova incidência ainda nessa posição confirma a correta inserção da agulha na mama (sem dobras ou desvios) superposta à lesão.

A compressão então é aliviada com muito cuidado para que a agulha não seja deslocada (deve-se manter uma leve pressão na agulha em direção à mama para prevenir seu recuo). O compressor fenestrado é trocado por um habitual e a paciente é reposicionada na incidência ortogonal.

Uma nova imagem é adquirida, comprovando que a agulha está passando por meio da lesão. Mede-se a distância da ponta da agulha à borda da lesão que corresponde, na verdade, à distância que a agulha deverá ser tracionada. Pode-se utilizar como guia tanto o sistema de marcação em centímetros na agulha como uma régua descartável e estéril que acompanha alguns fios.

Adquire-se uma nova imagem comprovando a localização ideal do sistema e procede-se a ancoragem do fio: tracionar a agulha com uma mão enquanto o fio é mantido fixo pela outra mão, o que resulta num movimento relativo entre fio e agulha. Um dos erros mais frequentes consiste em aprofundar o fio enquanto a agulha é tracionada, o que desloca a lesão da porção espessa da agulha e dificulta o ato cirúrgico.

Essa incidência com o fio ancorado é usada para guiar o cirurgião, por meio das seguintes medidas:

Distância da lesão ao aspecto mais superficial da porção espessa do fio, ou seja, aquele que o cirurgião avista em primeiro lugar ao dissecar ao redor do fio.

- Distância da ponta do gancho à lesão.
- Distância da lesão à pele.
- Distância total do fio no interior da mama.

Em algumas situações, mais de uma lesão deve ser marcada ao mesmo tempo ou deve ser demarcada uma área (p. ex., calcificações em distribuição regional), necessitando, portanto, do uso de mais de um fio. Idealmente os fios devem ser inseridos na mesma direção para que o procedimento seja o mais breve possível, minimizando a manipulação e um possível deslocamento dos fios já ancorados.

Estereotaxia

Embora o agulhamento de lesões seja possível por estereotaxia, a documentação da profundidade do fio neste sistema é menos confiável. Além disso, os relatos de deslocamento, principalmente pelo efeito acordeão, são mais numerosos nesse sistema, sendo preferível, sempre que possível, a utilização do mamógrafo.

Ultrassonografia

Caso a lesão seja caracterizada por ultrassonografia, o procedimento é ainda mais fácil e rápido. Após assepsia da pele, localiza-se a lesão e realiza-se anestesia local superficial a uma distância que permita uma angulação tal que a inserção da agulha esteja adequada à profundidade da lesão.

A agulha então é inserida através da lesão, ultrapassando-a em aproximadamente 1,0 cm (Figura 50). O fio é empurrado até que o gancho seja visualizado, podendo ser testada sua ancoragem.

Documenta-se esse momento em dois planos ortogonais (Figura 51). A agulha é retirada lentamente. Se possível, documentar toda a extensão do fio no interior da mama em uma foto (Figura 52).

Mesmo que a lesão não seja caracterizada na mamografia, sugere-se realizar duas incidências mamográficas ortogonais com marcadores radiopacos no local de inserção do fio na pele. Tais imagens são úteis no planejamento cirúrgico.

Ressonância magnética das mamas

Embora alguns nódulos e realces não nodulares sejam caracterizados apenas por RM, geralmente no caso de marcação pré-operatória o referido achado já foi submetido à biópsia com uso de marcador radiopaco, permitindo que a marcação seja realizada por outro método. No entanto, eventualmente pode ocorrer migração significativa do marcador pós-biópsia, necessitando de marcação pré-operatória guiada por RM. Algumas lesões, embora com características benignas, por estarem próximas a um carcinoma conhecido, são abordadas no mesmo ato operatório e podem precisar de marcação guiada por RM.

Há agulhas específicas disponíveis no mercado e seguras para uso na RM.

A montagem do equipamento é a mesma utilizada na biópsia guiada por RM: paciente posicionada em decúbito ventral, com bobina dedicada; realiza-se a assepsia da pele. Coloca-se a grade fenestrada de forma que a mama fique firme no interior da bobina e adiciona-se o marcador em uma das fenestras.

São adquiridas imagens para verificar o posicionamento e estima-se a localização da lesão comparando

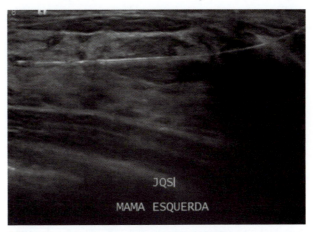

Figura 50 Inserção da agulha através da lesão.

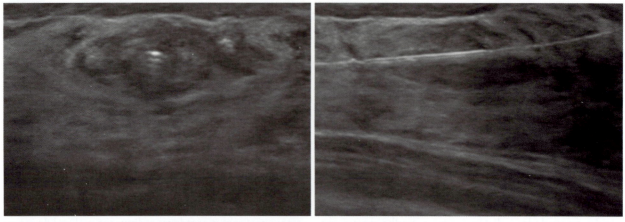

Figura 51 Documentação do posicionamento da agulha em dois planos ortogonais.

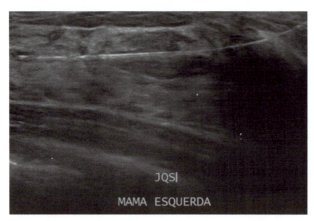

Figura 52 A agulha é retirada e o fio permanece demarcando a lesão.

com a RM prévia. O contraste então é injetado, caracteriza-se a lesão a ser agulhada, localizando qual fenestra da grade será utilizada e a profundidade que a agulha deverá ser introduzida. Nesta fenestra é realizada a anestesia superficial e coloca-se o guia para o fio. A agulha é introduzida até a profundidade calculada e novas imagens são adquiridas para comprovar a correta localização.

Somente então o fio é ancorado, com um movimento relativo entre fio e agulha, mantendo o fio no mesmo local e retirando gentilmente a agulha.

As últimas imagens são adquiridas, confirmando a localização do fio através da lesão de interesse.

Mesmo que a lesão não seja caracterizada na mamografia, sugere-se realizar duas incidências mamográficas ortogonais com marcadores radiopacos no local de inserção do fio na pele, pois as imagens são úteis no planejamento cirúrgico.

Marcação por radiofármaco – ROLL e SNOLL

A técnica de marcação com agente radioativo foi desenvolvida na segunda metade da década de 1990 como alternativa às marcações com fios. Embora também utilizem agulhas, a localização radioguiada de lesão (ROLL) e a *localização* radioguiada de linfonodo *sentinela* (SNOLL), em vez de introduzir um fio, utilizam uma solução de radiofármaco a ser injetada no interior ou adjacente à lesão.

Diversos artigos da literatura comprovaram que a marcação com radiofármaco e o agulhamento têm taxas de sucesso semelhantes. No entanto, pacientes referem menos desconforto e melhores resultados estéticos com o uso de radiofármacos, sendo também esse o método preferido por radiologistas e cirurgiões. Afinal, o tempo para a localização e ressecção cirúrgica é menor com o uso de radiofármacos.

A técnica varia de acordo com o método de imagem escolhido para guiar o procedimento, como será visto a seguir.

Mamografia

Do mesmo modo que o agulhamento, utiliza-se um compressor fenestrado alfanumérico e o planejamento deve considerar o menor percurso possível da agulha dentro da mama. Nesse sentido, a paciente é posicionada com o compressor fenestrado em contato com a pele mais próxima da lesão a ser marcada.

Realiza-se a assepsia local e, após traçar a posição exata da lesão, é feita a anestesia local nessa posição. A agulha deverá ser inserida neste local, formando um ângulo de 90º em relação à pele, com cuidado para que a sombra formada pelo acrílico da agulha esteja exatamente na projeção da lesão, ajustando-se quando necessário. A agulha será introduzida o mais profundamente possível. Uma nova incidência ainda nessa posição confirma o posicionamento correto da agulha.

A compressão então é aliviada enquanto se mantém uma leve pressão na agulha em direção à mama para prevenir seu recuo. O compressor fenestrado é trocado por um habitual e a paciente é reposicionada na incidência ortogonal.

Uma nova imagem é adquirida, comprovando que a agulha está passando através da lesão. A distância da ponta da agulha à borda da lesão corresponde à distância que a agulha deverá ser tracionada.

Após a tração, nova imagem servirá para fornecer as medidas da distância da ponta da agulha à pele. A seringa contendo o radiofármaco pode então ser cuidadosamente acoplada à agulha. A compressão deve ser aliviada para que o radiofármaco possa ser injetado sem riscos de refluir, mas mantendo o posicionamento da agulha.

Após a injeção, toda a compressão é aliviada, a agulha pode ser retirada e descartada com a seringa no local adequado para rejeitos radioativos.

Estereotaxia

Diferentemente do agulhamento, o sistema de estereotaxia pode ser usado de maneira segura nas marcações que utilizam radiofármaco.

A paciente é posicionada com o compressor fenestrado em contato com a pele mais próxima da lesão mamária, visando ao menor trajeto da agulha no interior da mama.

Após centralização da lesão no modo *scout* (0º), um par de imagens (+15º e −15º) é adquirido, permitindo a marcação da lesão-alvo no monitor e o cálculo das coordenadas x, y e z, que serão transferidas para o aparelho.

Conferida a transferência correta, realiza-se a assepsia da pele, posiciona-se o guia de agulhas finas e o sistema é levado até a posição-alvo. A anestesia local superficial é realizada e a agulha é cuidadosamente introduzida na mama até atingir a profundidade (z) necessária. Esta profundidade z deverá constar no relatório como a distância da lesão à pele. Um novo par de imagens é adquirido, confirmando o correto posicionamento da agulha (Figura 53).

A seringa contendo o radiofármaco pode então ser acoplada e, após um leve alívio na compressão, o radiofármaco é injetado.

Completada a injeção, retira-se a agulha e a seringa, que deverão ser descartadas em local adequado a rejeitos radioativos.

Ultrassonografia

A marcação pré-operatória utilizando radiofármacos guiada por ultrassonografia é provavelmente o procedimento mais simples entre todos os abordados neste capítulo. Muito mais confortável que os demais, permite o posicionamento da paciente em decúbito dorsal horizon-

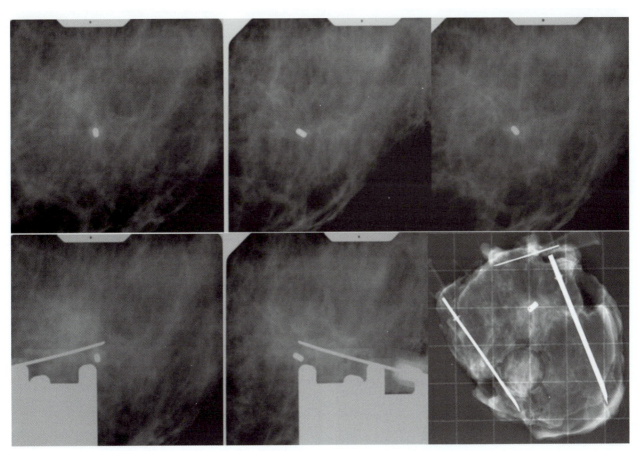

Figura 53 Marcação pré-operatória (ROLL) de clipe orientada por estereotaxia, com injeção do radiofármaco junto à margem posterior (peitoral) do clipe. A radiografia da peça cirúrgica demonstrou o clipe no seu interior.

tal e ainda o acompanhamento em tempo real de todo o procedimento.

Após assepsia local, a lesão a ser marcada deve ser caracterizada e documentada. É útil também medir a distância da lesão à pele, que facilita tanto a escolha da agulha a ser usada como também servirá para o relatório futuro.

Escolhido o local de inserção da agulha na pele, realiza-se anestesia local superficial e se introduz a agulha escolhida.

Note que para a localização da lesão e pesquisa de linfonodo sentinela em conjunto (SNOLL), a injeção deve ser feita próxima à lesão (há relatos de preferência pelo aspecto lateral da lesão, que facilitaria sua drenagem para o sistema linfático axilar), enquanto na localização da lesão exclusivamente (ROLL) a injeção do radiofármaco pode ser feita no interior da lesão.

Uma vez posicionada a agulha, a seringa contendo o radiofármaco pode ser acoplada, tomando-se o cuidado de deixar uma pequena quantidade de ar no interior da seringa. Nesse ponto, é fundamental que toda a pressão do conjunto transdutor e mão seja retirada. O radiofármaco é injetado e documenta-se a correta injeção por meio dos artefatos de gás que aparecerão na imagem (relacionados ao ar deixado no interior da seringa) (Figura 54).

Localização com semente radioativa

O agulhamento foi a técnica de localização pré-operatória mais utilizada por muitos anos. Posteriormente, tornou-se bastante comum o uso de radiofármacos. Ambas as técnicas devem ser realizadas no mesmo dia que a cirurgia, limitando o uso de horários de agendamento tanto no centro cirúrgico quanto na radiologia. Além disso, no agulhamento, deslocamentos durante o transporte, bem como dobras e fraturas do fio, são complicações possíveis e exigem cuidado extra. Em alguns casos, o local de inserção do fio na pele deve considerar a preferência do cirurgião, sendo incluído na via de acesso cirúrgico.

A localização por semente radioativa pode ser realizada (a depender da regulamentação local) até 5 dias antes da cirurgia, permitindo que os bloqueios de agendamento nos dias cirúrgicos sejam retirados, podendo melhorar em até 34% o uso de horários na radiologia, além de tornar o agendamento do centro cirúrgico mais flexível (a imposição de agendar para os primeiros horários pacientes com lesões palpáveis deixa de existir).

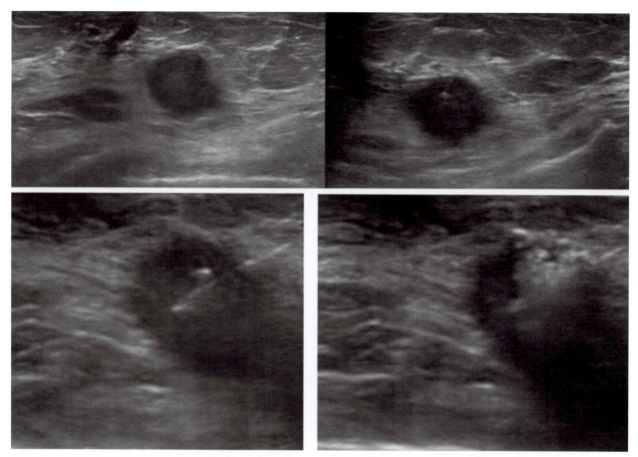

Figura 54 Marcação pré-operatória (ROLL) guiada por ultrassonografia, com injeção do radiofármaco no interior da lesão.

Além das vantagens logísticas, quando realizada a marcação com sementes, não há estruturas externas (em oposição ao uso do fio), o que praticamente elimina as chances de deslocamentos durante transporte e ainda aumenta a satisfação da paciente, sendo relatado como procedimento menos doloroso. No entanto, a necessidade de treinamento específico e estabelecimento de um novo fluxo interdepartamental (envolvendo almoxarifado, radiologia, centro cirúrgico e patologia) podem ser citados como desvantagens. Por fim, é importante salientar que uma "semente" implantada será, necessariamente, retirada por meio de cirurgia e não há possibilidade de ajustes após a sua colocação na mama.

As sementes são estruturas de titânio que medem 4,5 × 0,8 mm, contêm 10,7 MBq de 125I e emitem fótons de 27 keV, podendo ser identificadas de forma independente do 99Tc (emite 140 keV) usado, por exemplo, para localização de linfonodo sentinela. A dose de radiação é segura para o público em geral, incluindo gestantes e crianças, mas devem ser armazenadas de acordo com as normativas de segurança estabelecidas pelas agências reguladoras de radiação.

Quando do procedimento, as sementes são transportadas em estojos de chumbo e antes de iniciar a marcação a presença de radiação nas sementes deve ser testada com um contador Geiger. Após a implantação, deve-se confirmar a presença de radiação na mama com o contador Geiger e, posteriormente, reconfirmar a correta alocação com duas incidências mamográficas ortogonais.

Pela necessidade de confirmar a presença de radiação após a locação e pela impossibilidade de um contador Geiger simples diferenciar o pico de 125 I do de 99 Tc, a marcação pré-operatória com sementes deve preceder à injeção de radiofármaco para pesquisa de linfonodo sentinela.

Uma documentação contendo o número de sementes utilizadas, número de série de cada uma delas, data, local e assinatura do radiologista responsável deve acompanhar a paciente em todo o processo. Após a ressecção cirúrgica, o mastologista responsável também confere as informações e assina. Por fim, o patologista responsável pela peça realiza a última conferência e assina a mesma documentação.

Existem dois tipos de sementes para marcação pré-operatória: *self-loaded seeds* e *pre-loaded seeds*. No primeiro, a semente vem armazenada em um frasco de vidro, já estéril e deve ser colocada manualmente em agulhas coaxais. A ponta da agulha deve ser ocluída com uma quantidade adequada de cera de osso (quando em excesso pode impedir a correta alocação da semente; mas se em pouca quantidade, a semente pode ser depositada antes de atingir o local adequado). Outro cuidado adicional: as sementes podem aderir ao frasco de vidro durante a esterilização e, ao tentar retirar a semente aderida, o invólucro de titânio pode ser danificado.

Nas *pre-loaded seeds*, uma agulha estéril já está carregada com a semente e vem munida de trava plástica que impede a deposição precoce. Embora existam vários tamanhos de agulhas já carregadas, o armazenamento de todos os tamanhos pode ser difícil, pois há prazo de validade para a esterilização. Dessa forma, é importante que o radiologista saiba trabalhar com os dois tipos.

Embora a técnica de marcação com sementes seja muito semelhante às demais, destacam-se alguns cuidados específicos:

- Marcação no mamógrafo em posição caudocranial: a gravidade pode deslocar o estilete e, consequentemente, a semente, dificultando a marcação.
- Clipes com polímero ou áreas com coleções/hematomas: tanto o material ao redor do clipe com polímero quanto coleções ou hematomas, por serem escorregadios, podem levar à extrusão do clipe em conjunto com a semente durante a cirurgia.

A deposição inadvertida é mais comum quando usada como *self-loaded seeds*, podendo estar relacionada ao uso de pouca cera de osso na oclusão da agulha coaxial. Nas lesões centrais em mamas muito grandes, o tamanho da agulha deve ser cuidadosamente adequado para evitar a deposição inadvertida. No caso de marcações guiadas por estereotaxia ou mamografia, é preciso ter cuidado especial a fim de que apenas a compressão necessária seja usada para manter a mama firme, evitando o efeito acordeão.

Locais difíceis: nas lesões muito posteriores ou muito mediais, ou ainda no caso de marcações de linfonodos axilares, pode ser difícil comprovar a correta deposição da semente nas incidências mamográficas pós-procedimento. Nesse sentido, o uso do contador Geiger é um aliado para comprovar a colocação da semente.

No intraoperatório, o cirurgião localiza a semente com um gamma probe e escolhe o melhor local de incisão (sem precisar considerar o local de inserção na pele), retirando a peça cirúrgica com cuidado para evitar a extrusão da semente. A cânula de sucção usada em cirurgias com RSL também deve estar protegida com um filtro para que, caso haja uma extrusão eventual, a semente possa ser recuperada.

Uma radiografia da peça confirma a retirada da semente e o conjunto segue para a patologia, que também utiliza um gamma probe para retirar a semente (antes ou após a fixação da peça, mas sempre antes dos cortes, para evitar o dano ao invólucro de titânio). A semente então é novamente colocada em um estojo de chumbo e segue para armazenamento adequado. O número de sementes retiradas deve ser sempre igual ao número de sementes colocadas.

Bibliografia sugerida

1. Carr JJ, Hemler PF, Halford PW, Freimanis RI, Choplin RH, Chen MY. Stereotatic localization of breast lesions: how it works and methods to improve accuracy. Radiographics. 2001;21:463-73.
2. Dershaw D. Interventional breast procedures. New York: Churchill Livingstone; 1996.
3. Esserman LE, Cura MA, DaCosta D. Recognizing pitfalls in early and late migration of clip markers after imaging-guided directional vacuum-assisted biopsy. Radiographics. 2004;24:147-56.
4. Fishman JE, Milikowski C, Ramsinghani R, Velasquez MV, Aviram G. US-guided core-needle niopsy of the breast: how many specimens are necessary? Radiology. 2003;226:779-82.
5. Goudreau S, Joseph J, Seiler S. Preoperative radioactive seed localization for nonpalpable Breast lesions: technique, pitfalls, and solutions. Radiographics. 2015;35(5):1319-34.
6. Liberman L. Percutaneous imaging-guided core breast biopsy: state of the art at the millennium. AJR Am J Roentgenol. 2000;174(5):1191-9.
7. Mahoney MC, Newell MS. Breast intervention: how I do it. Radiology. 2013;268(1):12-24.
8. Sajid M, Parampalli U, Haider Z, Bonomi R. Comparison of radioguided occult lesion localization (ROLL) and wire localization for non-palpable breast cancers: a meta-analysis. Journal of Surgical Oncology. 2011;105(8):852-8.

8

Concordância anatomorradiológica, subestimação e acompanhamento

Bruna Maria Thompson Jacinto
Marcelo Abrantes Giannotti
Patricia Akissue de Camargo Teixeira
Renato Augusto Eidy Kiota Matsumoto
Vera Christina Camargo de Siqueira Ferreira

Introdução

O desenvolvimento econômico e tecnológico do Brasil nos últimos anos tem possibilitado maior acesso da população aos serviços de saúde, aumentando, assim, o número de mulheres que realizam rastreamento mamográfico. Consequentemente, há, também, um aumento no número de diagnóstico de lesões subclínicas que necessitam de investigação por meio de biópsia. Essa biópsia pode ser cirúrgica ou percutânea.

A biópsia percutânea para o diagnóstico de lesões mamárias é um método menos invasivo, mais barato e com acurácia semelhante à biópsia cirúrgica. Por oferecer outras vantagens, como redução no número de cirurgias desnecessárias, redução nas taxas de complicação e melhor capacidade de escolha terapêutica, é o método diagnóstico preferido na investigação da quase totalidade das lesões mamárias.

A principal desvantagem das biópsias percutâneas é a possível subestimação de lesões malignas, seja por inadequada representação ou por particularidades anatomopatológicas de certas lesões que serão abordadas a seguir.

Além de todos os cuidados na realização da biópsia, seja na indicação ou na técnica para obtenção de material, é de extrema importância que seja realizada uma análise de consistência dos resultados, com correlação dos achados de imagem e do diagnóstico anatomopatológico. Essa é a etapa pós-biópsia. A concordância anatomorradiológica é fator decisivo para a adequada conduta terapêutica, tanto nas biópsias cirúrgicas quanto nas biópsias percutâneas.

Correlação anatomorradiológica: conceito e abordagem

A correlação anatomorradiológica é essencial e faz parte do relatório final do procedimento realizado. Consiste em avaliar se o resultado citológico ou histológico obtido na biópsia explica ou não o achado de imagem que gerou o procedimento, principalmente nos casos de resultado benigno.

Cabe ao radiologista que realizou a biópsia detalhar em seu relatório as características e localização da lesão amostrada, de que maneira realizou o procedimento (orientação e dispositivo), se a amostragem foi adequada e, por fim, avaliar se o resultado citológico/anatomopatológico explica ou não os achados radiológicos.

Para que a correlação anatomorradiológica seja realizada de maneira adequada é necessário que todos os passos, desde a identificação da lesão até o envio do material à patologia, sejam realizados da maneira correta.

Inicialmente, o procedimento deve estar bem indicado, ou seja, a lesão a ser biopsiada requer um esclarecimento diagnóstico aprofundado e foi categorizada como ACR BI-RADS® 4 ou 5, excepcionalmente serão biopsiadas lesões na categoria 3. O método escolhido para orientar o procedimento, seja ele mamografia, ultrassonografia ou ressonância magnética (RM), deve permitir boa visualização da lesão e a escolha do dispositivo de biópsia (agulha fina ou de fragmentos) garantir que seja retirado material suficiente para análise do cito/patologista. A escolha do método de orientação do procedimento deve levar em conta três fatores importantes: boa amostragem da lesão, menor custo e morbidade para a paciente.

O material amostrado deve ser corretamente acondicionado em meio adequado, sempre conferindo a quantidade de amostras e a identificação correta da paciente e da lesão estudada (localização/lateralidade). O material seguirá para o laboratório juntamente ao pedido de análise do material, que deve conter todas as informações importantes para auxiliar o cito/patologista na realização do diagnóstico, como características radiológicas da lesão (incluindo a categoria ACR BI-RADS®), antecedentes relevantes dos pacientes e possíveis hipóteses diagnósticas.

Uma vez encaminhado, o material seguirá para análise do cito/patologista. Essas amostras serão adequadamente processadas de acordo com a metodologia do laboratório e analisadas pelo citologista ou patologista com experiência em lesões mamárias.

A comunicação entre radiologista e patologista é fundamental para que a correlação anatomorradiológica ocorra adequadamente.

Os achados citológicos/anatomopatológicos podem ou não explicar os achados radiológicos, quando se realiza a correlação entre esses dados. Dessa correlação, surgem os conceitos de discordância e concordância anatomorradiológica.

Concordância e discordância anatomorradiológica

A concordância anatomorradiológica ocorre quando os achados cito/histológicos de um procedimento percutâneo explicam as características radiológicas da lesão-alvo biopsiada. Esse é o encerramento desejado para qualquer procedimento realizado.

Entretanto, eventualmente, ao realizar a correlação, deparamo-nos com um resultado citológico/anatomopatológico que não explica as características de imagem daquela lesão, a chamada discordância anatomorradiológica. A partir desse momento, é fundamental realizar uma revisão de todo o processo para entender se houve alguma falha durante a aquisição do material ou na análise dos dados.

Entre os fatores radiológicos que podem levar à discordância anatomorradiológica, o que merece maior destaque é o erro de amostragem. As principais causas relacionadas ao erro de amostragem são:

- Lesão-alvo sutil: distorções arquiteturais, calcificações amorfas tênues, alterações texturais ao ultrassom são exemplos de alvos difíceis de visualizar e amostrar por conta de sua conspicuidade e requerem bastante atenção e destreza do profissional que está realizando o procedimento, com um potencial alto de não serem adequadamente amostradas (Figura 1).
- Fator confusional: multiplicidade de lesões na mesma mama pode levar à amostragem da lesão incorreta, principalmente em biópsia estereotáxica de grupamento de calcificações em pacientes que apresentam vários grupamentos no mesmo quadrante.
- Intercorrência: pode ocorrer obscurecimento da lesão e dificuldade de amostragem desta após a injeção de anestésico e se houver sangramento/formação de hematoma considerável.
- Escolha incorreta do método de orientação/dispositivo de biópsia: cada lesão, a depender de sua morfologia, dimensão e localização, deve ser amostrada pelo método de imagem que melhor a caracteriza, assim como por meio de dispositivo que permita a obtenção de uma amostra satisfatória. A escolha incorreta do método/dispositivo pode levar a erro de amostragem.

É de suma importância, ao realizar a correlação anatomorradiológica para avaliar concordância e discordância, lembrar que alguns tumores malignos podem apresentar aparência radiológica semelhante à de lesões benignas, como os carcinomas invasivos triplos-negativos, mucinosos, medulares, papilíferos e metástases. Assim como algumas lesões benignas podem apresentar aspecto radiológico bastante suspeito para neoplasia, como mastites, esteatonecrose, adenose esclerosante e mastopatia diabética (Figura 2). Portanto, ao se deparar com uma possível discordância anatomorradiológica, deve-se realizar uma retrospectiva completa de todos os passos do procedimento, passando pela indicação e metodologia adequada para coleta do material, boa amostragem, envio correto ao laboratório com as informações pertinentes ao patologista, revisão das características de imagem para avaliar se poderiam explicar o achado histológico e, por fim, a comunicação com o patologista. Somente após toda essa análise deve-se chegar à conclusão sobre se houve discordância anatomorradiológica e suas razões (Figura 3).

A partir dessa constatação e identificando em que etapa ocorreu possível falha que justifique a discordância, é importante reconhecer e corrigir o erro, nunca negligenciar, pois isso acarretará grande prejuízo para a paciente (Figura 4). É recomendável entrar em contato com o médico responsável pela paciente para discussão do caso e decisão do próximo passo a ser tomado, podendo ser optado por nova biópsia, controle ou até mesmo intervenção cirúrgica.

Conceito de subestimação histológica

A subestimação histológica ocorre quando o resultado anatomopatológico do procedimento percutâneo apresenta diagnóstico benigno e a excisão cirúrgica subsequente mostra tratar-se de uma lesão maligna. Em outras palavras, corresponde à possibilidade de que o material amostrado durante a biópsia seja parcialmente representativo da lesão-alvo, e uma alteração de maior gravidade possa ser encontrada em uma análise cirúrgica posterior.

O conceito de subestimação histológica está mais relacionado a características intrínsecas da lesão-alvo do que a falha na obtenção/análise do material. Isso ocorre porque as lesões chamadas subestimáveis: apresentam critérios diagnósticos quantitativos, que podem ser impactados pela topografia ou quantidade de material amostrada; ou apresentam aspecto histológico heterogê-

8 CONCORDÂNCIA ANATOMORRADIOLÓGICA, SUBESTIMAÇÃO E ACOMPANHAMENTO 533

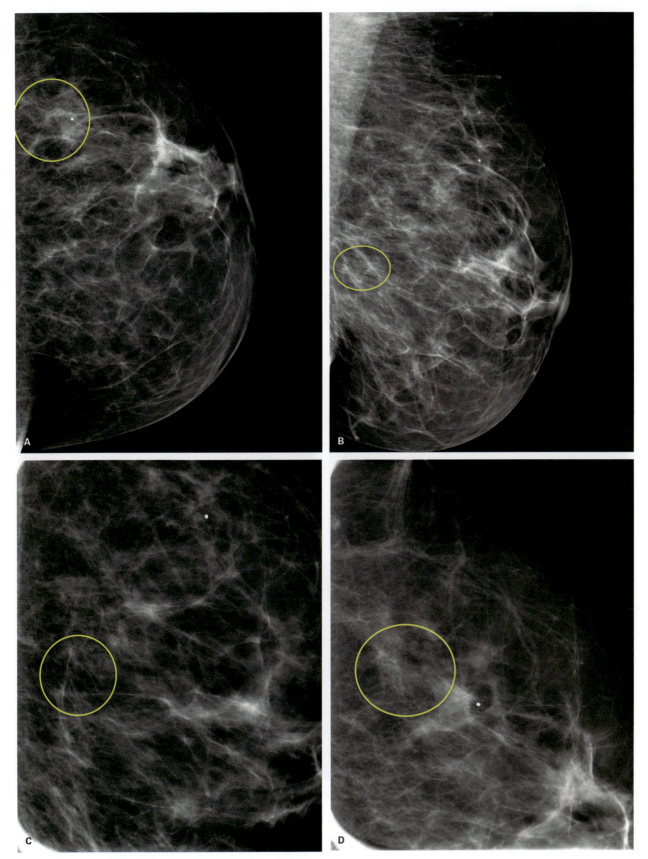

Figura 1 A, B: Incidências mamográficas craniocaudal (CC) e mediolateral oblíqua (MLO) evidenciando um tênue grupamento de calcificações amorfas na união dos quadrantes laterais da mama esquerda. Magnificação em perfil (C) e em CC (D) da mama esquerda, com melhor detalhamento do grupamento de calcificações.

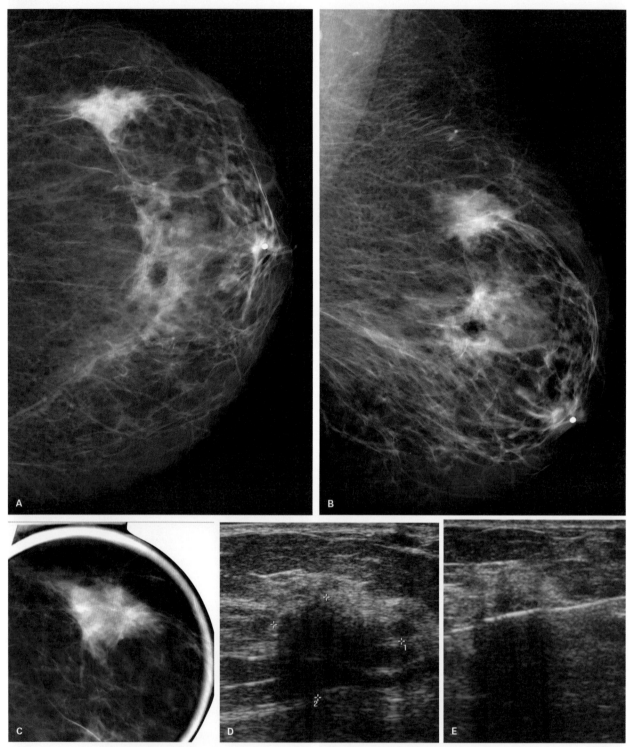

Figura 2 A-C: Nódulo irregular e hiperdenso na mamografia (inclusive incidência localizada), suspeito para malignidade, adequadamente caracterizado à ultrassonografia (D) e submetido à biópsia percutânea de fragmentos com boa amostragem da lesão (E). O resultado foi de mastopatia diabética, considerado concordante por conta do antecedente de diabetes da paciente em questão. É importante conhecer a apresentação radiológica das lesões benignas que simulam malignidade na imagem, assim como os antecedentes da paciente, para não interpretar a correlação anatomorradiológica de maneira equivocada.

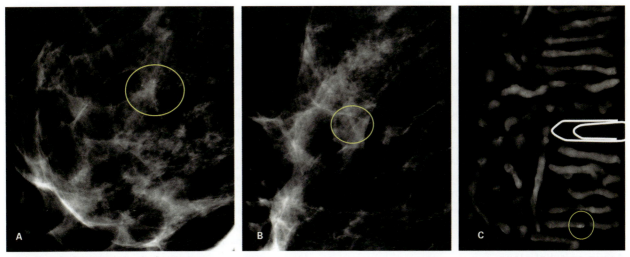

Figura 3 A, B: Incidências mamográficas complementares com magnificação da mama direita, apresentando calcificações amorfas agrupadas no quadrante superolateral da mama direita. C: Realizada biópsia percutânea desse foco de calcificações, com amostragem adequada confirmada nessa radiografia de fragmentos.

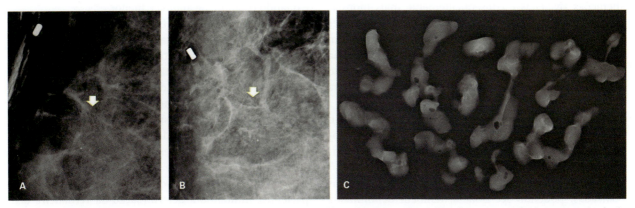

Figura 4 Calcificações puntiformes e amorfas agrupadas submetidas a biopsia a vácuo. Nos fragmentos observa-se ausência de microcalcificações e o clipe está distante da lesão-alvo. Ocorreu um erro de amostragem e o resultado anatomopatológico de alteração de células colunares com microcalcificações intraluminais foi considerado discordante. A paciente foi encaminhada para nova amostragem da lesão.

neo e complexo, de difícil definição diagnóstica quando se analisam apenas alguns fragmentos da lesão.

A taxa de subestimação histológica é variável e depende de alguns fatores como o calibre da agulha, método de imagem que orienta o procedimento, porcentagem da lesão retirada para análise, valor pré-teste da biópsia percutânea e experiência do radiologista e do patologista envolvidos no procedimento.

Discordância *vs.* subestimação

Diferenciar os conceitos de discordância anatomorradiológica e subestimação histológica é de extrema relevância para a conduta clínica. Muitas vezes esses termos são utilizados erroneamente como sinônimos.

A discordância anatomorradiológica está frequentemente relacionada à falha de algum passo do procedimento ou da análise do material. Já a subestimação histológica está menos relacionada a erros durante o procedimento e mais associada às características intrínsecas da lesão biopsiada.

Quando há discordância anatomorradiológica, identificando-se o passo que pode ter sido falho durante o procedimento/análise do material, é possível fazer a correção realizando uma nova biópsia ou reavaliando o que já foi amostrado.

Já para as situações com subestimação histológica, pode-se realizar uma amostragem mais ampla por meio de outro dispositivo ou prosseguir para ampliação cirúrgica da lesão, a depender de cada caso.

Lesões subestimáveis: definição e conduta

Existem algumas lesões que se enquadram na categoria de lesões subestimáveis, pelos motivos supracitados. Ou apresentam critérios diagnósticos quantitativos (a quantidade de material amostrado impacta o diagnóstico) ou por representarem lesões histologicamente heterogêneas (necessitam que seja retirada maior amostra ou toda a lesão para definição do diagnóstico histológico).

Essas lesões podem estar associadas a carcinoma, ou apresentar potencial de transformação em lesão maligna.

A seguir são apresentadas as definições e condutas para as principais lesões mamárias subestimáveis:

Atipia epitelial plana

Com a maior aceitação e emprego dos programas de rastreamento mamográfico associados a melhora tecnológica da mamografia, houve uma maior detecção de alterações suspeitas e consequentemente mais biópsias percutâneas foram realizadas. A partir desse fato, lesões antes descritas apenas raramente são encontradas com maior frequência nos dias de hoje. Entre elas, está a atipia epitelial plana (AEP), que é atualmente considerada tanto uma lesão de alto risco como uma alteração precursora de um carcinoma.

O risco de carcinoma com a AEP é menor do que o encontrado com as principais alterações vistas nesse subgrupo de lesões com potencial subestimação, como a hiperplasia ductal atípica (HDA) e a neoplasia lobular.

É encontrada em 2-8% das biópsias percutâneas realizadas, podendo ser isolada, também denominada atipia epitelial plana pura, ou associada a HDA, neoplasia lobular, carcinoma ductal *in situ* ou carcinoma tubular invasivo.

Na literatura internacional a atipia epitelial plana apresenta diversos sinônimos, como: alteração de células colunares com atipia, hiperplasia de células colunares com atipia, lóbulos císticos atípicos, *clinging* carcinoma, neoplasia intraepitelial ductal 1a (DIN1a) e alteração de células colunares com proeminentes apical *snouts* e secreções com atipias (CAPSS).

A atipia epitelial plana consiste na dilatação das unidades ductolobulares terminais nas quais as células epiteliais nativas são substituídas por uma ou mais camadas de células epiteliais cuboidais ou colunares que apresentam atipia citológica de baixo grau, semelhante à encontrada no carcinoma ductal *in situ*. As células mioepiteliais estão frequentemente atenuadas. À imuno-histoquímica, a AEP expressa citoqueratinas de baixo peso molecular, como a CK8, a CK18 e a CK19, bem como receptores de estrógeno e progesterona difusa e intensamente. As células de AEP também apresentam uma baixa taxa de proliferação (Ki67).

A manifestação radiológica mais comum da AEP é representada por calcificações agrupadas. A morfologia dessas calcificações é variável, sendo frequentemente amorfas (Figura 5) ou pleomórficas.

À ultrassonografia, a AEP não é comumente encontrada, sendo muitas vezes diagnosticada como um achado incidental. Na RM, seus achados são inespecíficos, sendo encontrada raramente, manifestando-se como um realce do tipo não massa.

A sua importância clínica reside no fato de apresentar lesões malignas associadas (carcinoma ductal *in situ* – CDIS, carcinoma ductal invasivo – CDI e carcinoma tubular) na análise cirúrgica subsequente. A taxa de subestimação da atipia epitelial plana é variável, sendo encontrada na literatura entre 0 e 30% (Figura 6). Essa taxa apresenta diversas variáveis, sendo menor com agulhas mais calibrosas, com dispositivos assistidos a vácuo, quando envolvem calcificações amorfas retiradas por completo na biópsia percutânea, sendo mais elevadas quando o procedimento não retira todas as calcificações e quando o calibre da agulha é menor.

Atualmente, a conduta frente ao diagnóstico da atipia epitelial plana é controversa, sendo mais frequentemente recomendada a excisão cirúrgica subsequente à biópsia percutânea, em razão da taxa de subestimação histológica ser maior que a considerada para uma conduta expectante. Entretanto, a conduta conservadora também é adotada por parte dos mastologistas, sendo considerada aceitável, sobretudo quando se retira completamente o grupamento de calcificações em questão.

Os estudos atualmente disponíveis são constituídos por trabalhos retrospectivos com pequeno número de pacientes, limitando a determinação da verdadeira taxa de subestimação existente para a AEP e consequentemente sua conduta clínica.

Hiperplasia ductal atípica

A hiperplasia ductal atípica (HDA) é definida como proliferação intraductal epitelial que apresenta alguns, mas não todos, aspectos necessários para o diagnóstico de CDIS de baixo grau nuclear.

Ela é encontrada em 2-11% das biópsias percutâneas mamárias realizadas em achados de imagem suspeitos. As características histopatológicas da HDA são de uma lesão proliferativa com características citológicas de carcinoma ductal *in situ*, mas com arquitetura de hiperplasia ductal usual ou de uma lesão com atipias citoarquiteturais de carcinoma ductal *in situ* de baixo grau, porém com comprometimento apenas parcial da unidade ductolobular, sem exceder 2 mm no diâmetro total.

Como a distinção entre carcinoma ductal *in situ* e HDA tem um componente quantitativo, pode não ser possível fazer um diagnóstico definitivo de carcinoma

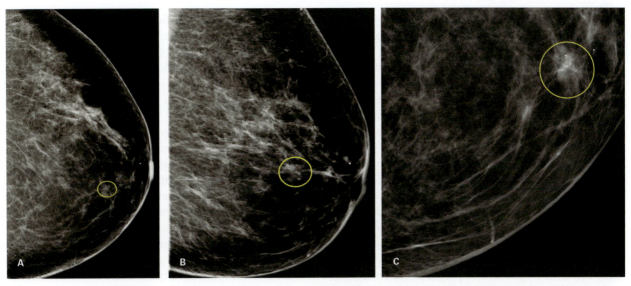

Figura 5 A, B: Incidências mamográficas craniocaudal (CC) e mediolateral oblíqua (MLO) evidenciando um grupamento de calcificações amorfas na região retroareolar da mama esquerda. C: Magnificação em CC da região retroareolar com melhor detalhamento das calcificações amorfas agrupadas. Realizada biópsia percutânea dessas calcificações, com diagnóstico de atipia epitelial plana.

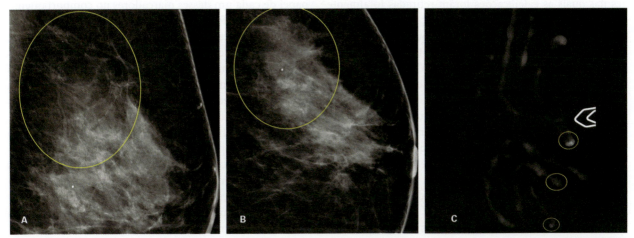

Figura 6 A, B: Incidências mamográficas em perfil e craniocauldal (CC) evidenciando grupamentos de cacificações amorfas no quadrante superolateral da mama esquerda. C: Realizada biópsia percutânea dessas calcificações, cuja amostragem foi confirmada pela radiografia de fragmentos. A paciente foi submetida a excisão cirúrgica dessa região, com diagnóstico de carcinoma ductal *in situ* na análise anatomopatológica da peça cirúrgica, exemplificando um caso de subestimação histológica.

ductal *in situ* em uma amostra de biópsia percutânea, por conta da limitada quantidade de material analisado.

A maioria das hiperplasias ductais atípicas apresentam-se radiologicamente como calcificações. Os achados radiológicos no estudo realizado por Ancona et al. com 177 pacientes que tiveram diagnóstico de HDA em biópsias percutâneas assistidas a vácuo foram: 86% microcalcificações agrupadas, 3% opacidades com microcalcificações, 7% opacidades sem microcalcificações, 4% distorções do parênquima (sendo 62% com microcalcificações).

Portanto, as biópsias percutâneas que resultam em diagnóstico de HDA geralmente são realizadas por meio da estereotaxia. Estudos mostram taxas de subestimação de HDA de 44% para biópsias estereotáxicas por agulha grossa realizadas com agulhas de 14 gauge, 24% para biópsias estereotáxicas por agulha grossa assistidas a vácuo realizadas com agulhas de 14 gauge e de 19% para biópsias estereotáxicas por agulha grossa assistidas a vácuo realizadas com agulhas de 11 gauge.

As taxas de subestimação para biópsias guiadas por ultrassonografia são ainda maiores, variando entre 20-56% para biópsias realizadas com agulhas de 14 gauge e 11-27% para biópsias assistidas a vácuo realizadas com agulhas de 11 gauge. Ao se analisar essas taxas de subestimação, deve-se considerar que os trabalhos envolvem diversos tipos de lesão e isso também influencia nas taxas de subestimação.

Apesar de as taxas de subestimação serem distintas para agulhas de diferentes gauges, estudos demonstraram que agulhas com gauge menor não diminuem a taxa de subestimação da HDA. Eby et al. também demonstraram que a frequência do diagnóstico de HDA não é estatisticamente diferente quando são utilizadas agulhas de 9 ou 11 gauges. Já a biópsia assistida a vácuo demonstrou, em diversos estudos, diminuição das taxas de subestimação quando comparada com a biópsia por agulha grossa.

Outro fator importante em relação à taxa de subestimação é o número de fragmentos amostrados numa lesão. No entanto, sabe-se que a precisão do alvo (lesão), com a correta amostragem, é mais importante que o número maior de fragmentos. A proporção da lesão amostrada também influencia.

Estudos têm sido realizados para se tentar definir um subgrupo de pacientes com HDA no qual a cirurgia de ampliação poderia ser evitada. Alguns autores acreditam que pacientes com menos de três focos de HDA e pacientes nas quais as calcificações foram retiradas totalmente na biópsia percutânea poderiam ser acompanhadas. Entretanto, Kohr et al. demonstraram que mesmo nessas condições a taxa de subestimação é de 12%, ou seja, muito alta para se evitar a biópsia cirúrgica.

Ferreira, em tese de doutorado, identificou que as calcificações amorfas diagnosticadas pela mamografia digital apresentam maior correlação com lesões precursoras que com lesões malignas, inferindo que, nesses casos, esse diagnóstico possa representar o diagnóstico definitivo e não necessariamente subestimação. No entanto, quando nos referimos à HDA, como existem os casos de diagnóstico *borderline*, é prudente a ampliação cirúrgica.

Na atualidade, com base nas taxas de subestimação para CDIS, a recomendação mais usual é a ampliação cirúrgica para os casos de diagnóstico de HDA em biópsia percutânea.

Carcinoma ductal *in situ* (CDIS)

Após os anos 1970, houve um aumento na prevalência de carcinomas ductais *in situ*, provavelmente em razão do início do rastreamento mamográfico. Nos Estados Unidos, a incidência passou de 2,4 para 27,7 por 100.000 mulheres entre 1981 e 2001. A faixa etária mais acometida está entre 50-64 anos.

O carcinoma ductal *in situ* é definido como a proliferação de células epiteliais ductais malignas, sem invasão da membrana basal e representa aproximadamente 20% das malignidades da mama, e cerca de 30-50% evoluem para carcinomas invasivos, por esse motivo ele é considerado uma lesão subestimável.

Existem duas classificações histológicas para o CDIS: uma antiga, porém bastante conhecida, baseada no padrão arquitetural do tumor, subdividida em cribriforme, micropapilar, sólido e comedo; outra atual, mais simples e reprodutível (classificação de Van Nuys), que leva em conta o alto grau nuclear e a presença ou não de necrose.

Estudos mostram que o CDIS pode fazer parte de um espectro de transformações celulares que vão desde a atipia epitelial plana, passando pela HDA e se transformando em CDIS, geralmente após longo período de latência, ou não passam por essas etapas, surgem como CDIS de comportamento mais agressivo e rapidamente sofrem transformação para carcinoma invasivo de alto grau. Estudos recentes mostram que esses carcinomas ductais *in situ* agressivos apresentam células precursoras de invasão desde o seu surgimento e que o microambiente estromal tem grande impacto no favorecimento da transformação para carcinoma invasivo.

O perfil molecular do CDIS é semelhante ao do CI, com base nos quatro subtipos: luminal A, luminal B, HER2 e basal. Ainda não há muitos estudos avaliando o papel de cada um desses marcadores no comportamento do CDIS, e a informação mais relevante e embasada pela literatura é baseada no estudo dos receptores hormonais. Carcinomas ductais *in situ* com receptores hormonais positivos geralmente apresentam grau mais baixo e as pacientes podem se beneficiar da terapia hormonal, já os CDIS com receptores negativos apresentam grau mais alto e maiores taxas de recorrência e invasão.

A mamografia, por ser o exame de rastreamento, é o método mais importante no diagnóstico do CDIS. Os achados mamográficos mais comuns são microcalcificações agrupadas ou em distribuição segmentar, podendo ser pleomórficas, lineares, amorfas ou puntiformes. Menos comumente o CDIS aparece como uma massa não calcificada na mamografia. Aproximadamente 10% dos carcinomas ductais *in situ* se manifestam como massa e entre 7-13% como distorção arquitetural, sendo a maioria destes de baixo grau.

Como nem todos os carcinomas ductais *in situ* calcificam, a sensibilidade da mamografia varia entre 27-80%. A extensão da doença pode ser subestimada na mamografia por conta da calcificação incompleta da lesão, o que pode levar à necessidade de nova cirurgia ou de mastectomia para se garantir margens negativas. As lesões de mais alto grau são as que mais calcificam.

Por causa da limitação da mamografia em caracterizar as porções não calcificadas no CDIS, a RM vem ocupando papel cada vez mais relevante na avaliação da extensão da lesão. Antigamente, acreditava-se no bom desempenho da RM de mamas apenas para carcinomas invasivos e CDIS de alto grau, com a evolução da qualidade da imagem de RM. Atualmente, trata-se do método mais sensível para avaliar extensão da lesão, superior à mamografia, mesmo em tumores de baixo grau.

É fundamental avaliar com precisão a extensão do CDIS, pois cerca de 8-33% são lesões multicêntricas e quanto maior o tamanho da lesão, maior a chance de multicentricidade. Carcinomas ductais *in situ* maiores que 2,5 cm são multicêntricos em até 47% dos casos. Além disso, sabe-se que quanto mais extensa a lesão, maior o risco de carcinoma invasivo associado. Outros fatores associados ao risco de componente invasivo no CDIS são: presença de nódulo ou realce tipo massa na RM, invasão do complexo areolopapilar, realce anelar na RM e HER2 positivo. Estima-se que aproximadamente 43% das pacientes com diagnóstico de CDIS apresentam componente invasivo no momento da cirurgia. Não há controvérsias em relação ao manejo do CDIS, sendo consenso que a conduta é a excisão cirúrgica da lesão e posterior radioterapia, quando necessário.

Hiperplasia lobular atípica e carcinoma lobular *in situ* (clássico e pleomorfo)

A hiperplasia lobular atípica e o carcinoma lobular *in situ* clássico são lesões caracterizadas histologicamente pela proliferação de células pequenas, pouco coesas, com perda da expressão membranosa da e-caderina/catenina e com discreta ou ausente distorção da arquitetura da unidade lobular terminal (Figura 7). Portanto, não apresentam sinais clássicos clínicos ou radiológicos sendo, geralmente, achado incidental na biópsia percutânea. Sua verdadeira incidência é desconhecida. Em um estudo retrospectivo com 6.081 pacientes, Foster et al. encontraram uma incidência de 0,58%.

Existem, porém, variantes do carcinoma lobular *in situ* com pleomorfismo nuclear, comedonecrose e acentuada distensão acinar. Essas variantes, que costumam ser denominadas carcinoma lobular *in situ* pleomorfo, estão mais frequentemente associadas a alterações de imagem e devem ser consideradas em separado.

O carcinoma lobular *in situ* acontece em pacientes com média de idade de 45 anos, sendo cerca de 15 anos mais cedo que a média de idade de ocorrência dos carcinomas invasivos. É frequentemente multicêntrico (até 85% dos casos) e bilateral em 30-67% das pacientes.

Quando presentes, os achados mamográficos mais comuns, em ordem decrescente, são: microcalcificações suspeitas, nódulos com microcalcificações, nódulos sem microcalcificações e distorção arquitetural.

A conduta nos casos de hiperplasia lobular atípica ou de carcinoma lobular *in situ* clássico ainda é controversa. Alguns autores acreditam que em casos de neoplasia lobular pura, sem características de carcinoma lobular *in situ* pleomorfo e sem achados radiológicos, pode-se optar por acompanhamento clínico e radiológico.

Estudos sobre as taxas de *upgrade* após o diagnóstico de carcinoma lobular *in situ* variam bastante e chegam a 67%. Porém, estudos mais recentes mostram taxas de *upgrade* inferiores a 2%, como o realizado por Atkins et al. que estudou 50 pacientes com diagnóstico de hiperplasia lobular atípica e carcinoma lobular *in situ* em biópsias percutâneas por agulha grossa (*core biopsy*) e obteve 0% de upgrade nas pacientes em que a correlação anatomopatológica foi considerada concordante. Portanto, nos casos com diagnóstico de hiperplasia lobular atípica ou carcinoma lobular *in situ* clássico diagnosticados incidentalmente, ou seja, não responsáveis pelos achados de imagem e sem associação com outra lesão de alto risco, pode-se considerar conduta conservadora. Nos casos de carcinoma lobular *in situ* pleomorfo, utiliza-se a conduta da ampliação cirúrgica, semelhante à adotada para os carcinomas ductais *in situ*. Nos casos de neoplasias lobulares in situ associadas a alterações radiológicas, a conduta permanece controversa e esses casos devem ser discutidos individualmente.

Papiloma

O papiloma benigno é uma lesão histológica heterogênea e complexa, faz parte do espectro de lesões papilíferas, que inclui o papiloma com atipia/CDIS e o carcinoma papilífero. Critérios subjetivos de avaliação, amostra limitada e erros de amostragem podem levar à subestimação histológica dessa lesão.

Sabe-se que os papilomas benignos aumentam em até duas vezes o risco de câncer de mama; quando associados a atipia, esse risco é de cinco a sete vezes maior.

Do ponto de vista histológico, o papiloma constitui proliferação epitelial intraductal arborescente composta por um eixo fibrovascular que está fixo à parede ductal, coberta por uma camada contínua de células epiteliais e mioepiteliais. Os marcadores imuno-histoquímicos auxiliam na diferenciação do tipo de lesão

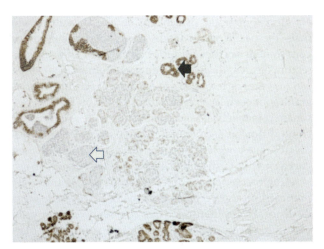

Figura 7 Seta preta mostrando ácino normal com luz pérvia e epitélio positivo para e-caderina. Seta branca apontando para ácino acometido por carcinoma lobular *in situ*, apresentando-se preenchido por células epiteliais e-caderina negativas.

papilífera. Os mais utilizados são os marcadores de células mioepiteliais (p63, calponina e CD10), positivos em papilomas benignos e as citoqueratinas basais (CK 5/6 e CK34βE12), as quais avaliam a porção de hiperplasia epitelial que compõe a lesão papilífera, positivas em papilomas sem atipias.

A lesão radiológica que mais comumente representa o papiloma é o nódulo intraductal com fluxo ao Doppler; entretanto, ele também pode se apresentar sob a forma de calcificações agrupadas.

Por representar uma lesão com potencial de subestimação, muito se discute acerca de qual é o melhor método de amostragem de um possível papiloma, se a biópsia percutânea de fragmentos (*core-biopsy*) ou biópsia de fragmentos a vácuo.

Diversos artigos mostram que os fragmentos obtidos na *core-biopsy* são pequenos e fragmentados, portanto inadequados para avaliação de lesões papilíferas. Além disso, uma amostra limitada nesse tipo de lesão pode não representar a área histológica mais relevante, já que a HDA e o carcinoma ductal *in situ*, quando associados ao papiloma, representam < 25% da lesão.

Portanto, é consenso na literatura que o melhor método para amostrar um possível papiloma é a biópsia de fragmentos a vácuo. A amostragem a vácuo e a utilização de agulha calibrosa (8-11 G) reduzem significativamente o risco de subestimação histológica desse tipo de lesão, principalmente quando se consegue retirar toda a lesão radiologicamente visível.

A conduta para lesões com diagnóstico de papiloma benigno ainda é bastante controversa, justamente pela possibilidade de subestimação histológica. Anteriormente ao advento da biópsia percutânea a vácuo e possibilidade de excisar a lesão por meio de uma biópsia percutânea, os papilomas eram submetidos à excisão cirúrgica.

Atualmente, o acompanhamento para uma lesão com diagnóstico de papiloma benigno submetida a biópsia a vácuo com agulha calibrosa, com retirada de toda a lesão radiologicamente visível e concordância anatomorradiológica, tornou-se uma conduta bastante praticada e embasada por inúmeros artigos, por conta das baixas taxas de *upgrade* dessas lesões na excisão cirúrgica, em torno de 3%. Essa conduta não se aplica aos papilomas com atipia na biópsia percutânea, os quais devem ser excisados cirurgicamente, pois apresentam subestimação de aproximadamente 30%.

A literatura é bastante escassa quando se aborda a taxa de subestimação de papilomas retirados parcialmente na biópsia percutânea. Alguns artigos citam uma taxa de remoção incompleta dos papilomas na ultrassonografia de cerca de 16% e Youk et al. relatam excisão incompleta em cerca de 10% das lesões, sem *upgrade* em 2 anos de acompanhamento.

Os principais fatores relacionados ao *upgrade* de um papiloma benigno na biópsia percutânea são: presença de calcificações na lesão radiológica (taxa de *upgrade* de aproximadamente 10%) e discordância anatomorradiológica. Quando essas situações estão contempladas, a excisão cirúrgica está indicada.

Outras condições são relacionadas à maior possibilidade de subestimação histológica de um papiloma benigno, como pacientes com idade > 50 anos, distância > 3,0 cm da papila, fator de risco associado, fluxo papilar sanguinolento e lesão > 1,0 cm. Entretanto, não estão embasadas na literatura até o presente momento.

Papilomas são lesões heterogêneas à histologia e representam um desafio diagnóstico por causa da possibilidade de subestimação histológica. Tanto acompanhamento quanto excisão cirúrgica são condutas adequadas, a depender de cada caso, cabendo ao radiologista dialogar com patologista e cirurgião para melhor decisão terapêutica em cada caso.

Cicatriz radiada/lesão esclerosante complexa

A cicatriz radiada é uma lesão esclerosante benigna da mama, sendo comum o seu achado incidental em espécimes cirúrgicos. Ela é caracterizada por um centro fibroelástico, com ductos e lóbulos distribuídos de forma radial, configurando sua aparência estrelada. Geralmente está associada a alterações benignas como cistos, hiperplasia ductal usual, adenose esclerosante e papilomas. O termo cicatriz radiada é usado para lesões pequenas (até 10 mm na histologia), com configuração estrelada e o termo lesão esclerosante complexa é usado em lesões maiores (> 10 mm), com características mais complexas.

O achado mamográfico mais clássico da cicatriz radiada é uma área de distorção arquitetural com longas espículas finas com distribuição radial, com centro radiolucente que corresponde ao centro fibroelástico, criando a aparência de *black star* (Figura 8). Outros achados, como microcalcificações e nódulos, são mais raros. Na ultrassonografia, os achados da cicatriz radiada são mais inespecíficos, podendo corresponder a nódulos com sombra acústica posterior ou apenas a alterações da textura ou áreas de distorção do parênquima (Figura 9A). Muitas vezes as lesões só são encontradas na ultrassonografia após correlação com a mamografia ou RM. Na ressonância magnética, a cicatriz radiada pode se apresentar como distorção arquitetural, nódulo ou realces não nodulares, que podem apresentar realce inicial rápido com curva cinética tardia em platô ou *washout* (Figura 9B).

Atualmente, com a introdução da tomossíntese na prática clínica, percebe-se uma maior detecção de áreas de distorção arquitetural, o que vem sendo comprovado em estudos recentes. A tomossíntese mamária é mais sensível na detecção desse tipo de lesão. Consequentemente, o diagnóstico de cicatriz radiada em biópsias percutâneas poderá aumentar, principalmente após a introdução da biópsia orientada por tomossíntese.

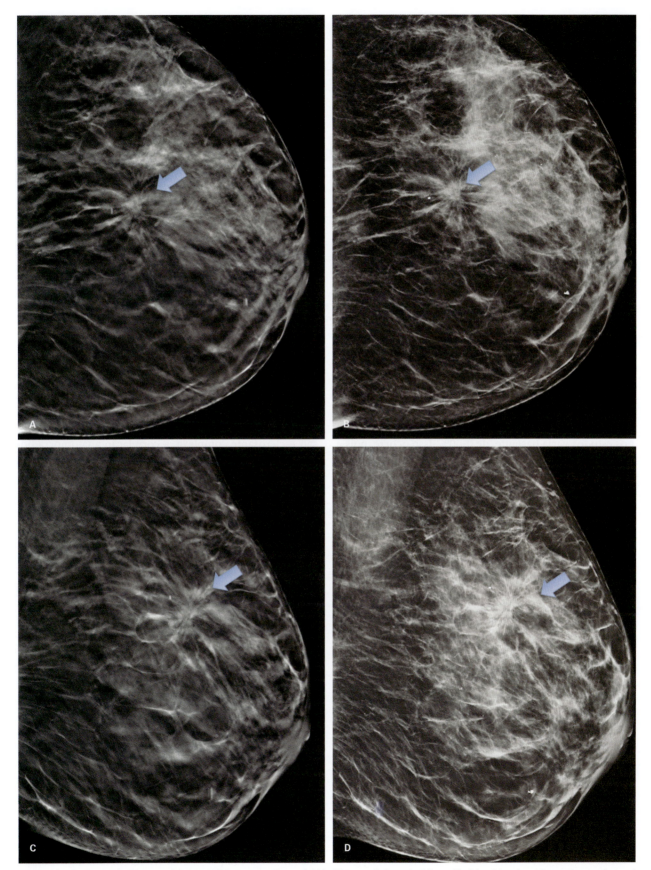

Figura 8 Paciente de 52 anos. Mamografias em craniocaudal (A, B) e mediolateral oblíqua (C, D) evidenciam distorção arquitetural na junção dos quadrantes superiores da mama esquerda (A, C: tomossíntese; B, D: 2D sintetizada).

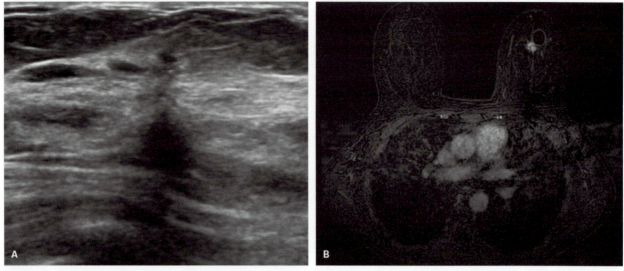

Figura 9 A: Na ultrassonografia caracteriza-se nódulo irregular, hipoecogênico, com margens indistintas, apresentando sombra acústica posterior. B: Ressonância magnética, imagem de subtração, evidencia-se nódulo com morfologia e margens irregulares. Realizada biópsia assistida a vácuo com orientação pela ultrassonografia que teve como diagnóstico cicatriz radiada (0,51 cm) sem sinais de malignidade.

Muitos estudos descrevem a associação da cicatriz radiada com carcinoma ductal *in situ* ou até carcinomas invasivos, e a taxa de upgrade para malignidade nos estudos varia bastante, de 0-40%. Isso ocorre, pois a maioria dos estudos tem populações pequenas e mistura diagnóstico de cicatriz radiada sem e com atipias. A cicatriz radiada, em razão de seu aspecto espiculado nos exames de imagem, sugere malignidade, sendo necessária uma boa correlação anatomorradiológica e clínica após o diagnóstico de cicatriz radiada em biópsias percutâneas (Figura 10).

A conduta após o diagnóstico de cicatriz radiada em biópsias percutâneas ainda é bastante controversa. Atualmente, com o uso da biópsia assistida a vácuo, que permite a aquisição de muitos fragmentos e, em muitos casos, a ressecção completa da lesão, a ampliação cirúrgica nos casos de cicatriz radiada sem atipia está sendo questionada. Alguns autores sugerem que, em casos de cicatriz radiada sem atipia, diagnosticada em biópsias assistidas a vácuo, com mais de 12 amostras e nas quais houve uma concordância anatomorradiológica seria possível um acompanhamento clínico e radiológico. Por esse motivo, sempre que possível deve-se utilizar a biópsia assistida a vácuo nos casos de distorções arquiteturais, amostrando toda a região, inclusive a periferia das espículas, pois nos casos de cicatriz radiada é mais comum encontrar malignidade na periferia da lesão.

A biópsia cirúrgica estaria indicada nos casos de cicatriz radiada associados a atipia ou carcinoma lobular *in situ*, nos casos de discordância anatomorradiológica, quando houve alguma intercorrência durante o procedimento que limitou a aquisição dos fragmentos, se a lesão for palpável ou quando a lesão se apresenta como nódulo na ultrassonografia ou RM.

Após a biópsia com resultado de cicatriz radiada/lesão esclerosante complexa, a correlação anatomorradiológica é fundamental para se definir a melhor opção para a paciente, caso a caso, podendo corresponder a conduta conservadora ou cirúrgica.

Lesão fibroepitelial hipercelular/tumor *phyllodes*

O tumor filoide ou *phyllodes* é uma neoplasia fibroepitelial que corresponde a 1% das neoplasias primárias da mama e a 2,5% de todos os tumores fibroepiteliais. A faixa etária média de acometimento é dos 35 aos 55 anos, geralmente 15 a 20 anos após o pico de incidência do fibroadenoma. Na histologia, apesar de muitas vezes ser difícil diferenciá-lo do fibroadenoma, o aspecto característico do tumor *phyllodes* é a arquitetura semelhante a uma folha e o aumento da celularidade do estroma.

Clinicamente, o achado clássico do tumor *phyllodes* é se apresentar como nódulo palpável, de grandes dimensões e com crescimento rápido. Porém, com aumento dos programas de rastreamento, esse tipo de tumor tem sido diagnosticado incidentalmente nos exames de imagem, com menores dimensões.

Os tumores *phyllodes* são classificados em benignos, *borderline* ou malignos, de acordo com as suas características histológicas, como grau de hipercelularidade estromal, mitoses e atipia celular. A maioria é benigna, mas o risco de recorrência é comum. Estudos mostram que as taxas de recorrência, quando a ressecção é feita com mar-

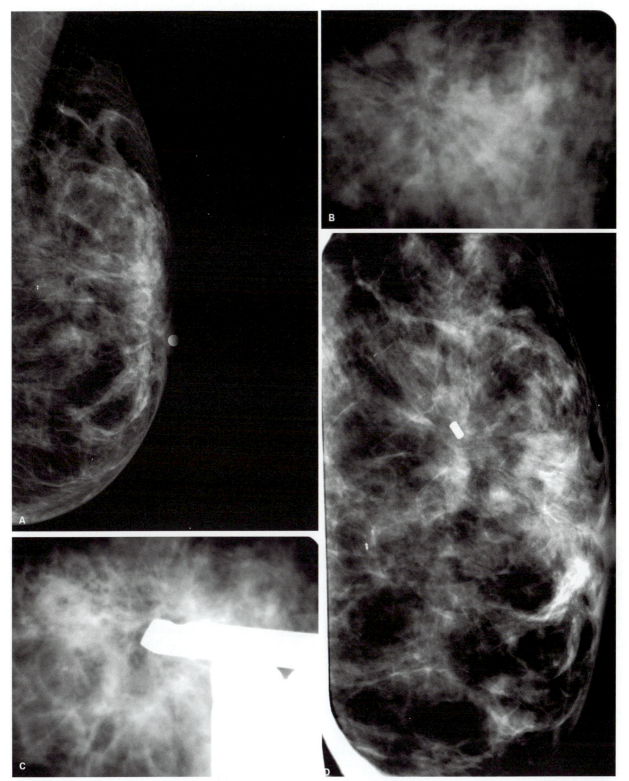

Figura 10 Distorção arquitetural vista na mamografia e submetida a biópsia a vácuo orientada por estereotaxia. É possível perceber a perfeita caracterização da lesão-alvo no momento da biópsia, apesar de representar uma lesão sutil. A lesão foi adequadamente amostrada e o clipe está bem locado. O resultado histológico foi de lesão esclerosante complexa, considerado concordante com os achados radiológicos e representando uma lesão subestimável.

gens de 1 cm, são de 8% para benignos, 29% para *borderline* e 36% para malignos. As recorrências geralmente se desenvolvem dentro de 2 a 3 anos e tumores recorrentes podem apresentar progressão no grau.

Na mamografia, o tumor *phyllodes* geralmente se apresenta como um nódulo redondo ou oval, hiperdenso e com margens circunscritas. As calcificações são raras e quando ocorrem são grosseiras, semelhantes às dos fibroadenomas. O achado mais frequente na ultrassonografia é de nódulo oval, hipoecogênico, circunscrito, bem vascularizado ao estudo Doppler, podendo conter áreas císticas (Figura 11). Na RM, os achados do tumor *phyllodes*, como nos outros métodos, superpõem-se ao fibroadenoma, sendo comum o achado de nódulo circunscrito com hipersinal na sequência T2 (Figura 12). Os exames de imagem são incapazes de ajudar na diferenciação entre tumores *phyllodes* benignos, *borderline* ou malignos.

O tumor *phyllodes* não é apenas um desafio para os radiologistas em decorrência da sua semelhança com o fibroadenoma nos exames de imagem, mas também é instigante para os patologistas, sendo muitas vezes difícil a diferenciação entre tumores *phyllodes* e fibroadenomas hipercelulares nas amostras de biópsias percutâneas. Isso ocorre por conta da histologia complexa de algumas lesões fibroepiteliais, sendo eventualmente necessária a peça completa para definição diagnóstica. Outros diagnósticos diferenciais são o carcinoma metaplásico e o sarcoma primário da mama.

A conduta após o diagnóstico de tumores *phyllodes* é sempre a excisão cirúrgica, devendo ser realizada de

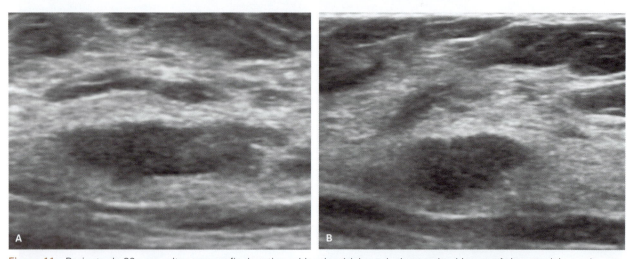

Figura 11 Paciente de 32 anos, ultrassonografia de rotina evidencia nódulo oval, circunscrito, hipoecogênico, paralelo a pele, sem efeito acústico posterior, medindo 1,5 × 0,5 cm. A principal hipótese diagnóstica é de um fibroadenoma.

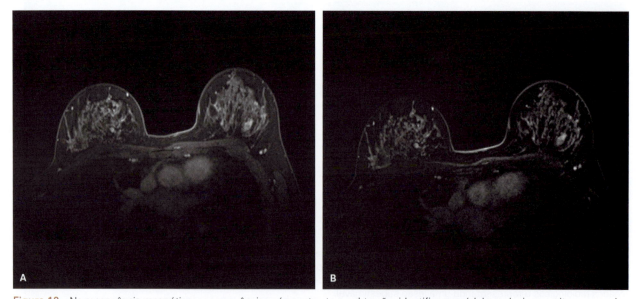

Figura 12 Na ressonância magnética, nas sequências pós-contraste e subtração, identifica-se nódulo oval, circunscrito, com realce heterogêneo e persistente, localizado no terço posterior do quadrante superolateral da mama esquerda.

preferência com margens de pelo menos 1 cm. Estudos sugerem que o acompanhamento após a excisão cirúrgica de tumores filoides *borderline* ou malignos deve ser feito a cada 6 meses por 24 a 36 meses, com avaliação clínica e ultrassonográfica do quadrante que teve o tumor ressecado. Caso não seja possível fechar o diagnóstico entre fibroadenoma e tumor filoide na biópsia percutânea, os patologistas se referem ao tumor como lesão fibroepitelial hipercelular, podendo corresponder a fibroadenoma ou *phyllodes*, ficando a critério do mastologista a conduta conservadora ou a exérese cirúrgica.

Lesões tipo mucocele (mucocele-*like*)

São lesões da mama compostas por cistos ou ductos contendo mucina, alguns dos quais se rompem e liberam mucina no estroma adjacente (Figura 13). A classificação das lesões tipo mucocele depende do padrão de crescimento epitelial, que pode incluir hiperplasia ductal com ou sem atipias e carcinoma intraductal.

O aumento no número de mamografias de rastreamento resultou em uma maior detecção de lesões tipo mucocele que podem ser assintomáticas, se apresentarem como uma massa palpável ou serem um achado incidental em biópsias percutâneas. A maioria dessas lesões se apresenta como calcificações de aspecto indeterminado à mamografia. Na ultrassonografia, as lesões tipo mucocele podem se apresentar como nódulos hipoecogênicos, ovais ou lobulados, que podem estar associados a calcificações ou como cistos complexos, cistos com septações internas ou microcistos agrupados.

Alguns autores defendem que lesões tipo mucocele com resultados de biópsia benignos, que tiveram a lesão radiológica completamente ressecada em biópsias assistidas a vácuo, podem ser acompanhadas por apresentarem taxas de *upgrade* inferiores a 1%.

Kim et al. concluíram no seu estudo que as lesões tipo mucocele associadas a malignidade se apresentaram na ultrassonografia como microcistos agrupados, cistos com septações espessas ou nódulos complexos, todos esses achados correspondendo, na mamografia, a microcalcificações.

Portanto, as lesões tipo mucocele diagnosticadas incidentalmente ou por apresentarem calcificações associadas, sem outros achados de imagem suspeitos de malignidade (distorções do parênquima, cistos septados/agrupados ou nódulos), quando bem amostradas por biópsia a vácuo e sem associação com proliferações epiteliais atípicas na histologia, podem ser acompanhadas de modo conservador.

As demais lesões mucocele-*like* diagnosticadas por meio de biópsias percutâneas devem ser ressecadas cirurgicamente, em razão das altas taxas de associação com HDA, carcinoma ductal *in situ* e carcinoma mucinoso. É importante ressaltar que todas as condutas aqui discutidas para as lesões subestimáveis estão em constante discussão e mudança na literatura.

Relatório do procedimento: descrição do método, correlação AR e recomendação de conduta

Após a realização dos procedimentos percutâneos, uma parte de extrema relevância é a confecção do relatório radiológico. Didaticamente pode-se dividir o laudo em cinco partes principais:

- Características de imagem e localização da lesão-alvo.
- Descrição do método de realização do procedimento, incluindo posicionamento do clipe.
- Resultado anatomopatológico.
- Correlação entre esse resultado e a imagem radiológica.
- Recomendação da conduta.
- Revendo cada segmento, os principais pontos a serem abordados devem ser:

Na descrição da biópsia realizada deve-se incluir inicialmente o aspecto de imagem da lesão-alvo. Nessa parte, é recomendado fornecer o maior número de características radiológicas para que a conduta terapêutica seja direcionada para a lesão correta, bem como para que esse procedimento possa ser reprodutível em uma eventual necessidade de abordá-la novamente. Em seguida, devemos descrever o método utilizado para orientar o procedimento, ou seja, se foi pela mamografia (estereotaxia), pela ultrassonografia ou a RM. Ainda dentro dessa seção, é oportuno colocar o calibre da agulha utilizada, quantos fragmentos foram retirados e o tamanho da lesão residual, quando houver.

Embora nem sempre incluído no relatório radiológico, também se recomenda colocar o resultado anatomopatológico no corpo do texto para facilitar a correlação anatomorradiológica e para que o laudo fique mais com-

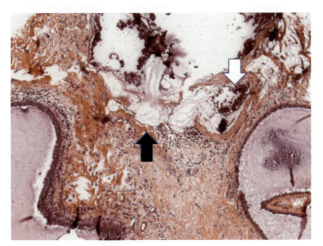

Figura 13 Lesão tipo mucocele. Seta preta em região de extravasamento de muco, sem revestimento epitelial. Seta branca apontando para foco de calcificação basofílica.

pleto. Nesse aspecto, sugere-se incluir as características imuno-histoquímicas encontradas nas lesões malignas para fornecer informações que possam direcionar o tipo de tratamento neoadjuvante e adjuvante.

A correlação entre o resultado anatomopatológico e a imagem radiológica é a parte mais importante de um relatório de procedimento percutâneo mamário. A partir dessa correlação, descreve-se a recomendação para o médico que recebe o resultado do exame. Deve-se explicitar se os achados são concordantes ou discordantes.

Por fim, a recomendação para os médicos ginecologistas ou mastologistas baseia-se na correlação realizada anteriormente. Quando há discordância dos achados, pode ser necessário que se realize um novo procedimento. Já quando há concordância entre os achados de imagem e o resultado anatomopatológico, devemos considerar alguns pontos: lesões malignas devem ser recomendadas a tratamento adequado; lesões benignas devem ser acompanhadas em 6 meses com exames de imagens. Já para as lesões subestimáveis em que não há consenso estabelecido, seria recomendável discussão do caso com patologista e mastologista responsáveis pela paciente e decisão conjunta da conduta, seja ela conservadora ou cirúrgica. Nos casos em que não é possível esse contato, pode-se optar por deixar a conduta a critério clínico, cabendo ao mastologista a decisão terapêutica, baseada na análise dos riscos da paciente.

Checagem final do procedimento

Para concluir o procedimento de biópsia devemos checar se todos os passos foram realizados adequadamente. Uma maneira prática é termos em mente estas sete perguntas. Se tudo tiver ocorrido da maneira correta, estaremos aptos a responder "sim" a todas elas:

- Indiquei corretamente a biópsia?
- Realizei o procedimento indicado?
- Biopsiei o que eu queria?
- A biópsia foi satisfatória (microcalcificações e/ou nódulo)?
- O resultado anatomopatológico é concordante ou não?
- Fiz controle adequado após resultado?
- Encaminhei a paciente corretamente?

Bibliografia sugerida

1. Ancona A, Capodieci M, Galiano A, Mangieri F, Lorusso V, Gatta G. Vacuum-assisted biopsy diagnosis of atypical ductal hyperplasia and patient management. Radiol Med. 2011;116(2):276-91.
2. Atkins KA, Cohen MA, Nicholson B, Rao S. Atypical lobular hyperplasia and lobular carcinoma in situ at core breast biopsy: use of careful radiologic-pathologic correlation to recommend excision or observation. Radiology. 2013;269(2):340-7.
3. Berry JS, Trappey AF, Vreeland TJ, Pattyn AR, Clifton GT, Berry EA, et al. Analysis of clinical and pathologic factors of pure, flat epithelial atypia on core needle biopsy to aid in the decision of excision or observation. J Cancer. 2016;7(1):1-6.
4. Bianchi S, Giannotti E, Vanzi E, Marziali M, Abdulcadir D, Boeri C, et al. Radial scar without associated atypical epithelial proliferation on image-guided 14-gauge needle core biopsy: analysis of 49 cases from a single-centre and review of the literature. Breast. 2012;21(2):159-64.
5. Brenner RJ, Jackman RJ, Parker SH, Evans WP, Philpotts L, Deutch BM, et al. Percutaneous core needle biopsy of radial scars of the breast: when is excision necessary? Am J Roentgenol. 2002;179(5):1179-84.
6. Calhoun BC, Collins LC. Recommendations for excision following core needle biopsy of the breast: A contemporary evaluation of the literature. Histopathology. 2016;68(1):138-51.
7. Chadashvili T, Ghosh E, Fein-Zachary V, Mehta TS, Venkataraman S, Dialani V, et al. Nonmass enhancement on breast MRI: Review of patterns with radiologie-pathologie correlation and discussion of management. Am J Roentgenol. 2015;204(1):219-27.
8. Cheah AL, Billings SD, Rowe JJ. Mesenchymal tumours of the breast and their mimics: a review with approach to diagnosis. Pathology. 2016;1-19.
9. Dialani V, Venkataraman S, Frieling G, Schnitt SJ, Mehta TS. Does isolated flat epithelial atypia on vacuum-assisted breast core biopsy require surgical excision? Breast J. 2014;20(6):606-14.
10. Eby PR, Ochsner JE, DeMartini WB, Allison KH, Peacock S, Lehman CD. Frequency and upgrade rates of atypical ductal hyperplasia diagnosed at stereotactic vacuum-assisted breast biopsy: 9-versus 11-gauge. AJR Am J Roentgenol. 2009;192(1):229-34.
11. Fu CY, Chen TW, Hong ZJ, Chan DC, Young CY, Chen CJ, et al. Papillary breast lesions diagnosed by core biopsy require complete excision. Eur J Surg Oncol. 2012;38(11):1029-35.
12. Kamitani T, Matsuo Y, Yabuuchi H, Fujita N, Nagao M, Kawanami S, et al. Differentiation between benign phyllodes tumors and fibroadenomas of the breast on MR imaging. Eur J Radiol. 2014;83(8):1344-9.
13. Kim EMH, Hankins A, Cassity J, McDonald D, White B, Rowberry R, et al. Isolated radial scar diagnosis by core-needle biopsy: is surgical excision necessary? Springerplus. 2016;5(1):398.
14. Kohr JR, Eby PR, Allison KH, DeMartini WB, Gutierrez RL, Peacock S, et al. Risk of upgrade of atypical ductal hyperplasia after stereotactic breast biopsy: effects of number of foci and complete removal of calcifications. Radiology. 2010;255(3):723-30.
15. Krishnamurthy S, Bevers T, Kuerer H, Yang WT. Multidisciplinary considerations in the management of high-risk breast lesions. AJR Am J Roentgenol. 2012;198(2):W132-40.
16. Lang K, Nergarden M, Andersson I, Rosso A, Zackrisson S. False positives in breast cancer screening with one-view breast tomosynthesis: an analysis of findings leading to recall, work-up and biopsy rates in the Malmo Breast Tomosynthesis Screening Trial. Eur Radiol. European Radiology. 2016;1-9.
17. Matrai C, D'Alfonso TM, Pharmer L, Drotman MB, Simmons RM, Shin SJ. Advocating nonsurgical management of patients with small, incidental radial scars at the time of needle core biopsy: a study of 77 cases. Arch Pathol Lab Med. 2015;139(9):1137-42.
18. Maxwell AJ, Mataka G, Pearson J M. Benign papilloma diagnosed on image-guided 14G core biopsy of the breast: effect of lesion type on likelihood of malignancy at excision. Clinical Radiology. 2013;68:383-7.
19. McCarthy E, Kavanagh J, O'Donoghue Y, McCormack E, D'Arcy C, O'Keeffe SA. Phyllodes tumours of the breast: Radiological presentation, management and followup. Br J Radiol. 2014;87(1044).
20. Neal L, Sandhu N P, Hieken T, Glazebrook K, Mac Bride M, Dilaveri C A, et al. Diagnosis and management of benign, atypical and indeterminate breast lesions detected on core needle biopsy. Mayo Clin Proc. 2014;89(4):536-47.
21. Piubello Q, Parisi A, Eccher A, Barbazeni G, Franchini F, Iannucci A. Flat epithelial atypia on core needle biopsy: which is the right management? Am J Surg Pathol. 2009;33(7):1078-84.
22. Rajan S, Wason A-M, Carder PJ. Conservative management of screen-detected radial scars: role of mammotome excision. J Clin Pathol. 2011;64(1):65-8.
23. Said SM, Visscher DW, Nassar A, Frank RD, Vierkant RA, Frost MH, et al. Flat epithelial atypia and risk of breast cancer: A Mayo cohort study. Cancer. 2015;121(10):1548-55.
24. Stuart K, Houssami N, Taylor R, Hayen A, Boyages J. Long-term outcomes of ductal carcinoma in situ of the breast: a systematic review, meta-analysis and meta-regression analysis. BMC Cancer. 2015(15):890.
25. Tan H, Zhang S, Liu H, Peng W, Li R, Gu Y, et al. Imaging findings in phyllodes tumors of the breast. Eur J Radiol. 2012;81(1):e62-9.
26. Thompson E, Taube J, Elwood H, Sharma R, Meeker A, Warzecha HN, et al. The imune microenvironment of breast ductal carcinoma in situ. Modern Pathology. 2016(29);249-58.
27. Villa A, Chiesa F, Massa T, Friedman D, Canavese G, Baccini P, et al. Flat epithelial atypia: comparison between 9-gauge and 11-gauge devices. Clin Breast Cancer. 2013;13(6):450-4.
28. Youk JH, Kim MJ, Son EJ, Kwak JY, Kim EK. US-guided vacuum-assisted percutaneous excision for management of benign papilloma without atypia diagnosed at US-guided 14-gauge core needle biopsy. Ann Surg Oncol. 2012;19(3):922-8.

9

Implantes mamários e mamas operadas

Erica Endo
Vera Christina Camargo de Siqueira Ferreira
Daniela Gregolin Giannotti
Bárbara Helou Bresciani

Introdução

A familiaridade com as alterações de imagem, nas suas diversas modalidades, que podem ocorrer após a cirurgia das mamas, tem fundamental importância na prática clínica, não apenas em função da possibilidade de sobreposição de aspectos das alterações cicatriciais com o câncer de mama, mas também para o reconhecimento e abordagem de complicações relacionadas aos procedimentos cirúrgicos. Nesse sentido se faz necessário o conhecimento das diferentes possibilidades cirúrgicas, tanto com fins estéticos como para a colocação de implantes ou para redução das mamas, como as cirurgias realizadas para diagnóstico, prevenção ou tratamento do câncer de mama.

Este capítulo tem como objetivo discutir de maneira prática os conhecimentos básicos necessários para essas principais situações, critérios de interpretação, limitações dos métodos de imagem e as particularidades de cada caso.

Tipos de implantes

Existe uma grande diversidade de implantes mamários, com características que variam não apenas em relação ao volume, mas também em relação à forma, ao número de lumens, ao conteúdo, à superfície, à presença de válvula e tipo de selo de fechamento. Essas variáveis determinam diferentes aspectos de apresentação em cada um dos métodos de imagem.

Quanto à forma, o implante pode ser redondo ou anatômico (em forma de gota), com o polo superior mais estreito e o polo inferior mais largo, proporcionando um aspecto mais natural da mama. O implante redondo é o mais observado em nosso meio (Figura 1).

O lúmen pode ser único, duplo ou triplo. Em algumas situações, há a possibilidade de a paciente se apresentar com dois implantes sobrepostos na mesma mama, e apesar de não haver limitações do ponto de vista técnico, tal

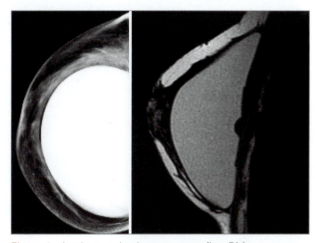

Figura 1   Implante redondo na mamografia e RM.

prática não é recomendada, pois poderia acarretar complicações locais significativas, como deslocamentos, rotação e instabilidade da reconstrução.

Os implantes de mama podem ser preenchidos com silicone ou com soro fisiológico. Nos implantes com mais de um lúmen, há uma combinação variável desses materiais, sendo o mais convencional o preenchimento do lúmen externo com silicone e do lúmen interno com soro fisiológico.

Na mamografia, o silicone e o soro fisiológico apresentam diferentes densidades, sendo possível afirmar qual o tipo de preenchimento do implante (Figura 2A e B). Porém, nem sempre é possível na mamografia identificar o número de lumens.

Nos implantes com múltiplos lumens, é fundamental o reconhecimento de cada um deles para evitar erros de interpretação.

Na mamografia digital é possível perceber a diferença da densidade do silicone no lúmen externo e da solução salina no lúmen interno com o manejo da imagem na estação de trabalho. Na ultrassonografia (Figura 2D), não é incomum que o lúmen externo seja confundido com coleções e a luz interna com rotura, em especial quando a expansão do lúmen interno for parcial. A ressonância magnética (RM) é o melhor método para avaliação das características internas dos implantes. A obtenção de sequências com diferentes características possibilita a separação dos diferentes lumens por meio da supressão ou do realce seletivo do silicone, da água e da gordura (Figura 2E).

Implantes de silicone

A partir da década de 1980 os implantes mamários apresentaram verdadeira evolução na sua constituição e estrutura em resposta às insatisfações e às complicações relacionadas aos implantes pregressos.

Os implantes de primeira geração eram densos e rígidos, conferindo aspecto pouco natural. Os de segunda geração tinham elastômero mais delgado, que continha gel de silicone menos coeso, resultando em um aspecto mais natural, porém com complicações significativas

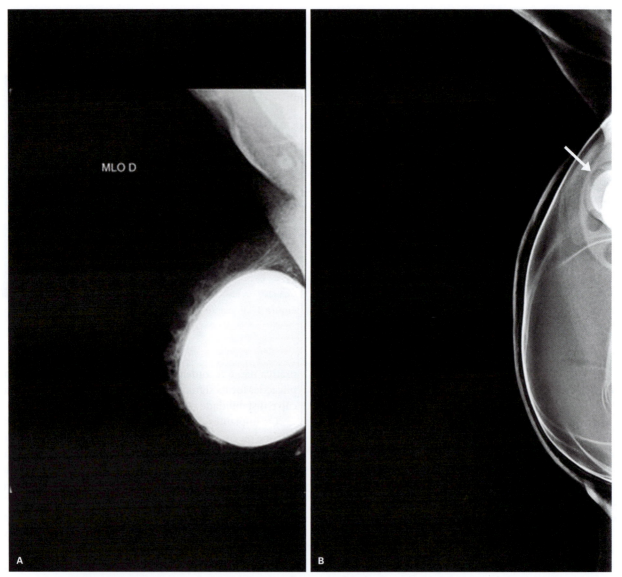

Figura 2   A: Implante preenchido por silicone. Mamografia digital, incidência mediolateral oblíqua. B: Mamografia digital na incidência mediolateral oblíqua evidenciando expansor caracterizado por implante de solução salina, com válvula de metal (seta). Notar a diferença de densidade entre o implante de silicone (A) e o expansor salino (B).

(continua)

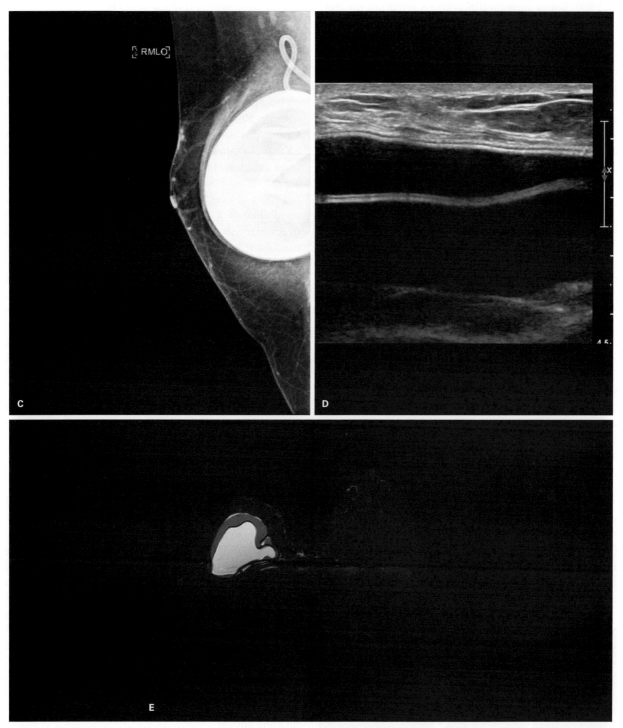

Figura 2 *(continuação)* C: Implante expansor de duplo lúmen convencional, com válvula remota sem metal e com repleção parcial. Mamografia digital, incidência mediolateral oblíqua. D: Ultrassonografia de implante de duplo lúmen. Não se deve confundir o lúmen externo com coleção ou a divisão dos lumens como rotura. E: Ressonância magnética (RM) das mamas. Implante de duplo lúmen. Sequência T2 com supressão do silicone e da gordura. O lúmen externo (*) é preenchido por silicone (baixo sinal devido a supressão) e o interno (**), por solução salina (alto sinal).

quando ocorria a ruptura da cápsula. A partir da década de 1980, houve uma modificação na estrutura do elastômero, que passou a ter múltiplas camadas, e alguns passaram a ter superfície texturizada. Houve também modificação do gel de preenchimento, que passou a ser mais coeso. Essas modificações deram origem aos implantes denominados *form-stable*, ou seja, implantes de forma estável (Figura 3), constituídos por gel de alta coesividade envolto por elastômero com múltiplas camadas, resultando em maior estabilidade com menor distorção de sua superfície, garantindo dessa forma a menor incidência de ondulamentos.

Outros tipos de implantes mamários

Implantes de solução salina

Os implantes de solução salina têm revestimento de silicone e são preenchidos com soro fisiológico. Estudos mostraram que os implantes de solução salina são seguros e efetivos, com uma alta incidência de satisfação pelas pacientes. Podem variar quanto à superfície (texturizado ou liso), volume, espessura da cápsula e morfologia (redondo ou anatômico).

A maioria dos implantes salinos apresenta lúmen único e são preenchidos no momento da cirurgia através de válvulas, que podem ser visualizadas em todos os métodos de imagem. Elas podem estar localizadas anteriormente ao implante (Figura 4A), ou ter posicionamento remoto ao mesmo (Figura 4B), geralmente na parede inferolateral do tórax. Os relatos de complicações incluem irregularidades de superfície e ondulações, contratura capsular, hematoma, infecção e rotura. Apesar de existir um potencial maior de rotura com vazamento do soro fisiológico, esse é rapidamente reabsorvido, não resultando em complicações significativas. O diagnóstico geralmente é clínico e os exames complementares de imagem não são necessários. Essas válvulas podem ter características diferentes e devem ser reconhecidas para evitar erros de diagnóstico, especialmente na ultrassonografia (Figura 4C e D).

Expansores

Implantes de duplo lúmen utilizados em reconstrução de mama são chamados de implantes expansores definitivos. Os expansores podem conter apenas solução salina ou uma combinação de lumens com solução salina e com silicone. Nesses expansores definitivos de duplo lúmen, o arranjo dos lumens com o silicone no lúmen mais externo e a solução salina no interno é o mais observado e muitas vezes referido como convencional. O preenchimento do lúmen salino é feito gradualmente, com solução salina, por meio de injeção transcutânea através de uma válvula, possibilitando a distensão progressiva dos tecidos (sem a necessidade de trocas sucessivas de implantes), com controle do volume de acordo com o tempo de elasticidade da pele de cada paciente. Em razão do alto custo, cerca do dobro dos implantes convencionais, não é utilizado de maneira mais ampla na cirurgia estética usual.

Assim como os demais implantes, os expansores também estão sujeitos a complicações, sendo as mais comuns: a contratura capsular, a rotação do implante e da válvula, a deiscência e a infecção. O tabagismo e a radioterapia são citados como fatores de risco associados a infecção e deiscência da ferida.

Vale salientar que expansores com válvula de metal (Figura 2D) ou com componente magnético não podem realizar ressonância por conta da possibilidade de deslocamento da válvula.

Implantes de hidrogel

Hidrogel é um polímero natural ou sintético que pode preencher os implantes.

Em razão dos diversos relatos de complicações e poucos estudos certificando sua segurança biológica, esses implantes foram retirados do mercado no ano 2000. Não existe nenhuma recomendação para a troca desses implantes na ausência de suspeita clínica.

Na ultrassonografia, o hidrogel é anecogênico e indistinguível do silicone.

Na ressonância magnética é similar ao implante de solução salina e a maior diferença é a falta da válvula.

O achado mais comum de rotura é o líquido ao redor do implante.

Silicone líquido

O silicone líquido injetado diretamente nas mamas foi amplamente utilizado na década de 1960. Hoje está proscrito por conta dos riscos inerentes ao procedimento, migração do silicone para outros órgãos, além do prejuízo local das mamas.

O silicone livre provoca reação inflamatória importante no tecido mamário, evoluindo com acentuada fibrose e distorção, dificultando muito a identificação de patologias

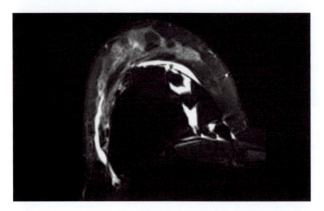

Figura 3 Implante com gel de alta coesividade. Nestes casos, não ocorre o sinal do "linguine" e sim a fragmentação do gel de silicone.

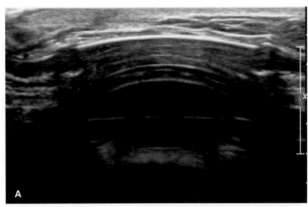 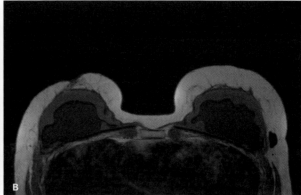

Figura 4 A: Ultrassonografia. Imagem de um tipo de válvula, localizada anteriormente ao implante (setas). Observe a simetria dos contornos, frequente nesse achado, e que facilita a sua caracterização. B: Ressonância magnética com implante remoto (seta).

mamárias na mamografia (Figura 5A) e na ultrassonografia (Figura 5B). Na ultrassonografia, o aspecto de "tempestade de neve" limita a visibilização dos tecidos posteriores a ele.

Os siliconomas, como são chamados os nódulos de silicone livre, podem apresentar aumento da captação da fluorodeoxiglicose (FDG) no exame de PET-CT, e apresentar realce pelo gadolínio na RM em razão do processo inflamatório associado a eles. Na ressonância, a realização de sequências específicas auxilia na diferenciação entre silicone injetado e outras alterações mamárias, como cistos ou até mesmo nódulos neoplásicos (Figura 6A).

Injeção de hidrogel de poliacrilamida

A injeção de hidrogel de poliacrilamida (PAAG) foi desenvolvida em 1980 como uma técnica minimamente invasiva para o aumento das mamas. Ela tem sido utilizada em muitas mulheres e é amplamente aplicada em mais de 30 países, na Europa, Canadá, Estados Unidos, Nova Zelândia, Austrália, América do Sul e Ásia.

Inicialmente a injeção de PAAG foi considerada segura, dado que não causava fibrose grave, dor nem contratura capsular. Com o tempo, as complicações começaram a ser relatadas e incluem degeneração hialina e necrose das fibras musculares, hiperplasia das fibras musculares adjacentes, inflamação, reação granulomatosa, escleroma, *ectopectoralis*, migração do PAAG, assimetria das mamas, alterações *plasticina-like* nas mamas, dor, infecção, ulceração, extravasamento de leite e formação de glândulas mamárias lactíferas, que, junto à infecção pós-operatória, representam as complicações mais comuns e graves.

Quando o PAAG cai na circulação sanguínea, pode causar embolia e hipertensão portal. Outros efeitos adversos incluem edema, eritema transitório, eritema equimose e dor.

Além disso, o hidrogel de poliacrilamida é neurotóxico e teratogênico.

O tratamento inadequado das complicações geralmente causa novo dano aos tecidos, sangramento ou infecção.

A produção de PAAG foi proibida, assim como a aplicação clínica em cirurgias plásticas, mas não é incomum deparar-se com complicações decorrentes de PAAG na prática clínica.

A remoção completa desse material é difícil e pode causar diversos efeitos colaterais.

Injeção de gordura autóloga

Geralmente é utilizada em cirurgias reconstrutoras, em combinação com o retalho cutâneo, ou em cirurgias para aumento das mamas, em associação com implantes de silicone, a fim de modelar áreas de deflação, como no terço superior da mama ou diminuir as irregularidades de contorno. A técnica consiste em fazer a lipoaspiração de um local onde haja maior depósito de gordura, comumente nas nádegas ou na parte inferior do abdome. A gordura retirada é tratada em uma solução de insulina e injetada na mama com ou sem orientação de método de imagem.

Essa gordura pode provocar reações inflamatórias locais, evoluindo com esteatonecrose e aparecimento de calcificações, que podem ter aspecto incaracterístico e eventualmente suscitar dúvidas diagnósticas no exame de mamografia, sendo importante nessas situações a correlação com a história clínica, e especialmente no caso de cirurgias terapêuticas, a avaliação em conjunto com os exames pré-operatórios, observando-se as características de imagem do tumor operado, e também com o estudo histológico das margens cirúrgicas da peça operatória.

A necrose gordurosa é uma complicação frequente no aumento das mamas com gordura autóloga, resultante da gordura injetada não vascularizada. Há relação entre a extensão e o estágio de necrose gordurosa e as alterações observadas nos exames de imagem.

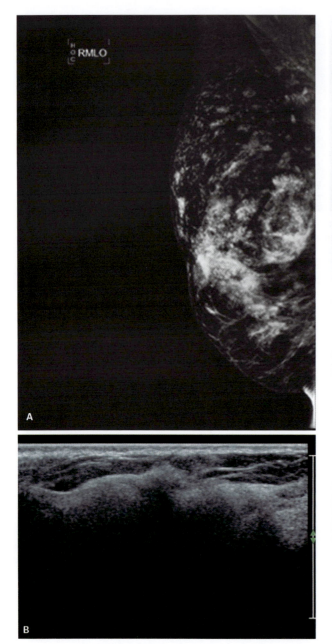

Figura 5 A: Mamografia demonstrando silicone livre, reduzindo a sensibilidade do exame. B: Ultrassonografia demonstrando silicone livre, reduzindo a sensibilidade do exame.

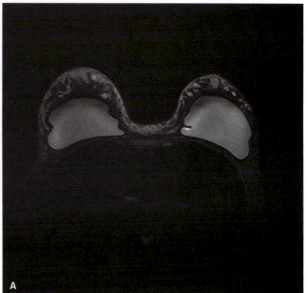

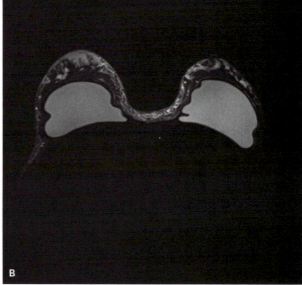

Figura 6 A Ressonância magnética (RM) das mamas. Plano axial. Sequência STIR, demonstrando o aumento difuso de hidratação da pele e do subcutâneo. B: RM das mamas. Plano axial. Sequência STIR com supressão do sinal da água, demonstrando os siliconomas e a infiltração difusa do tecido subcutâneo por silicone livre. O sinal dos siliconomas coincide com o do implante.

As alterações mamográficas incluem calcificações que podem ser mais tênues e amorfas, geralmente nos estágios iniciais, evoluindo para calcificações de aspecto mais grosseiro e heterogêneo, ou para a apresentação mais típica de calcificação regular periférica delimitando área lucente central – aspecto em "casca de ovo". Essas calcificações podem estar associadas à área de distorção arquitetural resultante da manipulação cirúrgica, que nas fases mais precoces podem se apresentar densas na mamografia. Com o passar do tempo, essa densidade vai se atenuando, e a área cicatricial assume seu aspecto mais característico de distorção arquitetural permeada por áreas nodulares radiolucentes, sem ou com calcificações associadas.

Os achados ultrassonográficos da áreas de injeção de gordura são variáveis, aparecendo mais frequentemente como cistos simples ou complicados ou cistos com calcificações.

A aparência na RM também depende da fase da necrose de gordura, quantidade de fibrose e grau de alteração inflamatória no parênquima mamário.

Outras complicações dessa técnica de aumento das mamas foram relatadas, incluindo edema, hematoma, infecção, formação de granulomas, formação cística, fibrose e reabsorção de gordura.

As opções de tratamento para pacientes que apresentam sintomas após a injeção de gordura autóloga incluem o manejo da dor ou excisão cirúrgica da gordura transplantada.

Injeção de complexo polivitamínico (vitaminas A, D e E) em veículo oleoso (ADE)

O medicamento veterinário que contém vitaminas A, D e E em veículo oleoso (Monovin-E®, ADE®, ADEThor®) tem sido utilizado com maior frequência desde a década de 1990 e atualmente é considerado um caso de saúde pública em razão da possibilidade de danos agudos e fatais, bem como de danos crônicos, como mutilações e deformidades.

É utilizado em geral por homens, praticantes de musculação competitiva/não competitiva, via intramuscular, com o intuito de aumentar o volume da massa muscular em determinadas áreas, não havendo hipertrofia muscular ou qualquer evento adaptativo fisiológico e o volume injetado ocupa um espaço no local da aplicação, dentro do ventre muscular ou no tecido subcutâneo adjacente.

O polivitamínico causa uma fase inflamatória inicial, que ocorre até 6 meses após injeção, seguida de fase de latência, constituída por reação inflamatória aguda, reação alérgica e vasculite, podendo durar meses ou décadas.

A fase final é crônica e tardia, composta da resposta macrofágica que aumenta o volume das mamas, causando uma inflamação granulomatosa crônica.

Localização dos implantes

Os implantes podem ser posicionados atrás da glândula (localização subglandular, pré-peitoral ou retroglandular) ou atrás do músculo peitoral (localização submuscular, retromuscular ou retropeitoral), sendo a localização subglandular mais comum (Figura 7).

Atualmente há a possibilidade do plano retrofascial ou subfascial, onde o implante é colocado abaixo da fáscia do músculo peitoral maior, porém em posição pré-muscular. Nessa situação, eliminam-se os inconvenientes de uma cirurgia mais ampla (retromuscular) e associa-se a possibilidade de maior cobertura do implante.

O implante retropeitoral pode ser posicionado entre os peitorais (Figura 7D) ou atrás do peitoral menor. Podem ser total ou parcialmente cobertos pelo músculo peitoral maior e é muitas vezes utilizado na reconstrução de mama, em mamas muito pequenas, em ou pacientes que apresentam quadros graves de hipomastia e baixa porcentagem de gordura corporal. Nessa situação, a posição retropeitoral pode alcançar resultados mais naturais e com menor visibilidade do implante, porém pode apresentar maior risco de rotura. O implante nessa posição causa menos limitações para avaliação do parênquima mamário no exame mamográfico. Com o passar dos anos, ocorre uma atrofia da musculatura peitoral, mas raramente ocorrem roturas musculares.

O posicionamento do implante é mais bem avaliado na mamografia na incidência mediolateral oblíqua e na ressonância magnética nos cortes sagitais em T2 sem saturação de gordura. Na ultrassonografia sua localização pode ser mais bem avaliada nos bordos mediais e laterais do implante (Figura 7C).

Elastômero (invólucro)

A espessura do elastômero varia com a geração do implante. Atualmente, o elastômero é grosso e fácil de reconhecer, apresentando mais de uma camada.

O elastômero pode ser liso ou texturizado, mas muitas vezes apresenta grandes pregas e dobras radiais, decorrentes da acomodação do elastômero junto ao tecido mamário adjacente. As pregas radiais podem ser únicas ou múltiplas, longas, situadas em qualquer lugar do implante com diferentes morfologias, espessuras e extensão e não devem ser confundidas com roturas. Como regra geral, o elastômero não é identificado na mamografia, explicando a baixa sensibilidade desse método para identificar roturas intracapsulares. No entanto, o elastômero é bem visualizado na ultrassonografia e na RM.

Na ultrassonografia, as pregas radiais podem ser confundidas com rotura, principalmente quando o estudo for realizado por operadores menos experientes e, mesmo quando realizado por especialistas, a diferenciação com rotura pode ser difícil. Nesses casos, a RM pode ser indicada, porém mesmo nesse exame as diferenças podem ser sutis, como pode ser observado na Figura 8.

Cápsula fibrosa

Após a colocação do implante, uma cápsula de tecido fibroso é formada ao seu redor em decorrência do processo inflamatório local (tipo corpo estranho). Quando normal, em geral não é vista nos métodos de imagem, embora algumas vezes a cápsula normal possa ser vista na ultrassonografia ou na RM.

Logo após a colocação do implante, a cápsula normal pode apresentar realce na RM. Em alguns casos, o espessamento da cápsula fibrosa também pode ser identificado.

Calcificações da cápsula fibrosa são frequentes, especialmente em implantes mais antigos, e podem ser identificadas nas suas fases iniciais na mamografia digital (DR) e na mamografia com tomossíntese (Figura 9A). Podem ser identificadas na ultrassonografia como pontos ecogênicos (Figura 9B). Quando grosseiras e extensas, podem

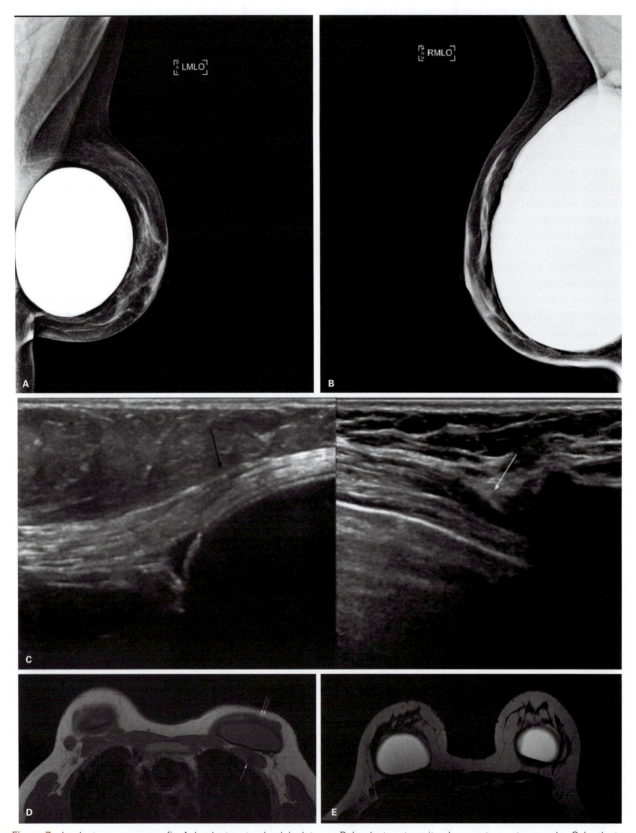

Figura 7 Implantes na mamografia. A: Implante retroglandular íntegro. B: Implante retropeitoral com rotura extracapsular. C: Implantes na ultrassonografia. Implante à esquerda (seta preta) retropeitoral e à direita (seta branca) retroglandular. D: Implantes na ressonância. Implante retropeitoral (seta dupla no peitoral maior e seta simples no peitoral menor). O peitoral maior define a posição do implante. E: Implantes na ressonância. Topografia retroglandular.

prejudicar a avaliação ultrassonográfica do interior do implante por conta da sombra acústica.

Avaliação da integridade dos implantes pelos diferentes métodos de imagem

Os implantes mamários podem ser avaliados na mamografia, na ultrassonografia e na RM, sendo a ressonância magnética o método de melhor acurácia na avaliação da sua integridade. A mamografia apresenta limitações para a avaliação de roturas intracapsulares, e também para identificação de roturas extracapsulares pequenas ou posteriores.

Mamografia

Os implantes mamários atualmente utilizados não aumentam o risco para câncer de mama. Alguns tipos de implantes aumentam o risco de linfoma anaplásico de grandes células, uma entidade rara e ainda parcialmente compreendida. A presença de implantes não impede a realização de biópsias percutâneas orientadas pelos métodos de imagem, e as características dos tumores encontrados nessas pacientes são similares àquelas observadas em pacientes sem implantes; no entanto, os implantes prejudicam a avaliação de parte do tecido mamário, podendo reduzir a sensibilidade mamográfica. Não há estudos que comprovem que o uso da ultrassonografia ou da RM para rastreamento em mulheres com implantes produza algum benefício na mortalidade e esses métodos não devem substituir a mamografia.

Pacientes com implantes mamários devem realizar mamografia para rastreamento do câncer de mama com os mesmos critérios das pacientes sem implantes, porém as incidências básicas de rotina craniocaudal (Figura 10A) e mediolateral oblíqua devem ser complementadas com a manobra de Eklund para melhor avaliação do parênquima mamário. A manobra de Eklund (Figura 10B) consiste em realizar incidências com deslocamento posterior do implante.

Na avaliação da integridade dos implantes mamários, a mamografia é considerada o método menos sensível para a detecção de rotura intracapsular, porém a alta densidade do silicone permite a identificação de silicone livre

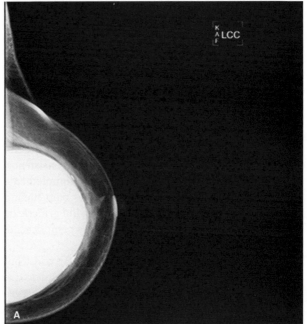
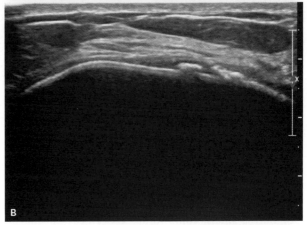

Figura 9 A: Incidência craniocaudal esquerda com implante apresentando calcificações da cápsula fibrosa. B: Calcificações da cápsula fibrosa podem ser identificadas na ultrassonografia como focos hiperecogênicos associados a espessamento do elastômero.

Figura 8 Ressonância magnética demonstrando a diferença entre pregas radiais no implante à esquerda, caracterizada por linhas de hipossinal à esquerda e rotura intracapsular do implante direito, com linhas de hipossinal finas onde se observa silicone dentro e fora do espaço delimitado por essas linhas.

nos tecidos adjacentes e anteriores ao implante, sugerindo rotura extracapsular.

No relatório da mamografia, ao radiologista, cabe referir a localização do implante em relação à musculatura peitoral, avaliar seu contorno e a presença ou não de silicone livre extracapsular.

Nos implantes com solução salina, é possível identificar na mamografia uma imagem menos densa do que em relação ao implante de silicone, e, em geral, identifica-se uma válvula. Quando ocorre a rotura do implante salino de lúmen único, há deflação do implante, com rápida redução do volume mamário e reabsorção da solução salina.

Nos implantes de duplo lúmen, quando há ruptura do lúmen interno, há um colapso total da cápsula e a solução salina se mistura com o silicone exterior, formando a imagem de água e óleo, que também pode ser identificada na RM. Quando ocorre a ruptura do lúmen de silicone, ela se assemelha à ruptura dos implantes de silicone com lúmen único, com colapso variável do lúmen externo e manutenção da morfologia do lúmen salino (Figura 10C e D).

Ultrassonografia

A ultrassonografia é o exame mais barato, menos invasivo e mais confortável para as pacientes, sobretudo as pacientes magras e com prótese de consistência amolecida. Ela pode ser utilizada como complemento mamográfico nas mulheres com implantes para melhor caracterização de lesões, para avaliação da integridade do implante, e para identificação de eventuais complicações pós-cirúrgicas.

O implante tem habitualmente forma oval, com conteúdo anecoico, delimitado por três linhas ecogênicas que correspondem à cápsula fibrosa (mais externa), ao elastômero e à interface entre o silicone e o elastômero (mais interna) (Figura 11A).

É possível fazer a distinção entre o implante de solução salina e o de silicone. Embora os dois apresentem-se anecoides, a diferenciação se dá na velocidade de transmissão do som, sendo mais lenta no gel de silicone, que cria um artefato chamado de artefato em degrau (*step-off*). No implante de solução salina esse artefato não é observado.

A detecção à ultrassonografia de pequenas roturas do implante nem sempre é possível.

Por vezes se pode surpreender uma área focal de descontinuidade do elastômero, em especial nos implantes *form-stable* (Figura 11B).

A rotura intracapsular também pode ser sugerida por outros sinais, como linhas ecogênicas ou curvilíneas por vezes paralelas ao elastômero, atravessando o interior do implante, comumente chamado de sinal da escada (*stepladder*) ou ainda com o sinal da onda (*wave sign*) (Figura 11C).

É preciso cuidado na avaliação dos implantes de duplo lúmen, porque podem ser erroneamente interpretados como rotos por operadores menos avisados, especialmente se o interior do lúmen não estiver totalmente inflado.

A rotura extracapsular é menos comum e é definida como rotura tanto da cápsula do implante como da cápsula fibrosa, com saída de silicone para os tecidos adjacentes. Nesses casos, o silicone pode migrar para o parênquima mamário, linfonodos e raramente para dentro dos ductos. Há ainda relato de caso de migração do silicone para o fígado. Em geral, as roturas são percebidas pela análise dos 2 cm anteriores do implante e a ultrassonografia é o método mais sensível na detecção de silicone em partes moles, especialmente em linfonodos axilares, pois pode detectar pequenas quantidades de silicone livre, ecogênico, entremeado com o tecido circunjacente, formando "sombra suja" posterior, com a imagem típica de tempestade de neve (*snowstorm*) (Figura 12).

A presença de silicone extracapsular não é sinal patognomônico de rotura. Deve ser sempre considerada a possibilidade de ele corresponder a silicone residual após troca de implante antigo, a injeção de silicone livre ou até mesmo de fluido de silicone que extravasa pela cápsula porosa do implante (*bleeding*), sem necessariamente haver rotura. Desse modo, é fundamental questionar a paciente durante o exame sobre troca de implantes ou injeção de silicone livre.

Não se deve confundir o gel de silicone com o fluido de silicone, pois o extravasamento do gel de silicone só acontece após as roturas. Por essa razão, é importante checar não só a história da paciente, mas também a presença de sinais de rotura do implante atual.

Na avaliação do silicone livre é importante apontar para o cirurgião plástico a sua distribuição nas partes moles, a relação com estruturas sensitivas (plexo braquial), a quantidade, se está na forma de gel de silicone ou granuloma e a relação com a cápsula fibrosa (contínua *versus* descontínua).

A forma de granuloma de silicone é a mais comum. Em geral é hiperecogênico, com forte sombra acústica posterior (sinal da "tempestade de neve"), estando a intensidade dos fenômenos acústicos relacionada com a quantidade de silicone, variando de discreto a acentuado e podendo limitar a avaliação dos tecidos adjacentes.

O cisto de gel de silicone demonstra o acúmulo de silicone delimitado por uma fina cápsula, podendo ser anecoide, ecogênico ou com reverberação.

O padrão de extravasamento do silicone extracapsular, em implantes rotos, é em geral contíguo ao implante, se dissemina no compartimento de origem e pode envolver outros compartimentos (subglandular ou submuscular; intraparenquimatoso, intramuscular, axilar).

Algumas peculiaridades desfavorecem o uso da ultrassonografia na avaliação dos implantes mamários, en-

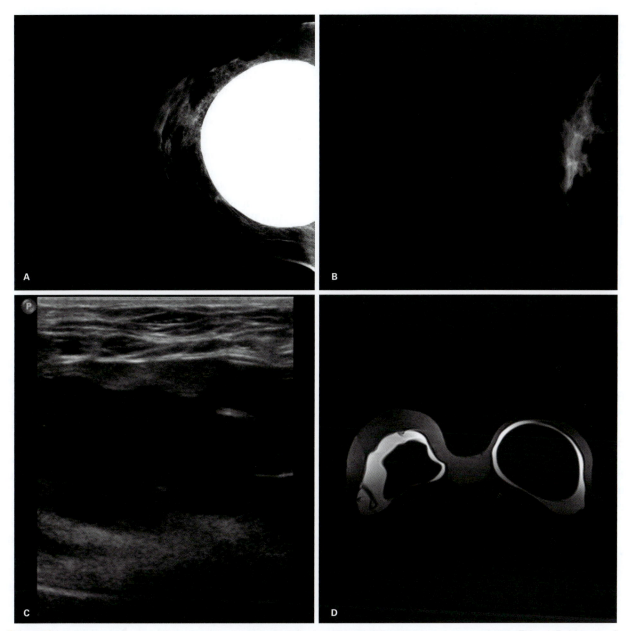

Figura 10 A: Mamografia de paciente com implante, na incidência craniocaudal, realizada sem a manobra de Eklund. B: Mamografia de paciente com implante, na incidência craniocaudal, realizada com a manobra de Eklund. C: Ultrassonografia. D: Ressonância magnética demonstrando ruptura de implante de duplo lúmen.

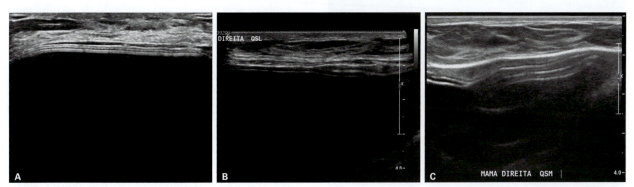

Figura 11 A: Ultrassonografia demonstrando implante de silicone íntegro e as três linhas que representam a cápsula fibrosa (mais externa), o elastômero e a interface entre o elastômero e o silicone (mais interna). B: Implante com área focal de rotura à ultrassonografia. C: Sinal da escada (stepladder) na ultrassonografia, caracterizado por linhas hiperecogênicas, paralelas abaixo da cápsula fibrosa.

tre elas o fato de ser um método operador-dependente, a dificuldade de avaliação do parênquima na presença de calcificações da cápsula fibrosa e de silicone extracapsular, a limitação à avaliação dos tecidos posteriores ao implante e o uso de transdutores pequenos em pacientes com mamas grandes. Porém, caso não haja suspeita de rotura, o controle dos implantes por esse método deve ser considerado.

Apesar dessas limitações, a ultrassonografia é o exame de escolha na avaliação inicial para identificação de coleções e hematomas e para a orientação de punções.

Tomografia computadorizada

Embora a tomografia computadorizada (TC) possa identificar roturas avançadas, apresenta menor sensibilidade e especificidade do que a RM e a ultrassonografia na avaliação dos implantes, não justificando a exposição à radiação ionizante para realização do exame.

Em geral, as roturas dos implantes identificados pela TC são achados incidentais em exames realizados com o objetivo de avaliar estruturas torácicas extramamárias.

Ressonância magnética

Os dois motivos principais para se realizar RM de mamas depois da colocação de implantes mamários são: avaliação da integridade dos implantes e rastreamento. Falaremos apenas sobre a avaliação da integridade dos implantes, já que o papel da RM no rastreamento do câncer de mama será mais bem abordado em outro capítulo.

Considerações sobre a realização do exame:

- Deve-se realizar o estudo em aparelho de alto campo (1,5 ou 3T), com bobina dedicada para as mamas, obtendo-se assim uma melhor resolução para diferenciação da gordura, do líquido e do silicone.

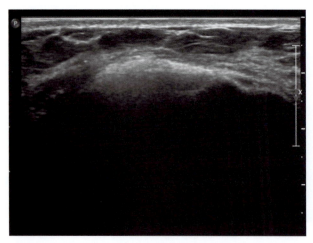

Figura 12 Silicone livre caracterizado pela imagem hiperecogênica e forte sombra acústica posterior na ultrassonografia.

- A avaliação da integridade dos implantes mamários não requer a injeção endovenosa do meio de contraste, sendo realizadas sequências específicas que permitem avaliar a estrutura interna do implante e a presença de silicone livre.
- Caso a paciente possua implante expansor de duplo lúmen, deve-se ter o cuidado de verificar se ele é compatível com o campo magnético. Algumas válvulas possuem um ímã, que pode ser desmagnetizado se colocado no campo magnético ou, se contiverem metal, pode se deslocar.
- As sequências específicas para avaliação do silicone são o T2 com supressão de gordura, T2 com supressão do silicone e o STIR com supressão de água. Na RM, os sinais do silicone e do soro fisiológico irão variar de acordo com a sequência utilizada.
- As sequências sagitais contribuem na avaliação da localização dos implantes, e a aquisição de sequências multiplanares auxilia no eventual diagnóstico de roturas.

A RM é o método de imagem mais sensível para a avaliação de roturas, por ser capaz de detectar roturas com mínimo ou nenhum colapso do implante. É também melhor para determinar o tipo e o conteúdo dos implantes e é o método de escolha para avaliar implantes com múltiplos lumens.

Nos estágios mais precoces de rotura, pequenas quantidades de gel de silicone podem ser identificados fora do implante, envolvido dentro das pregas do invólucro.

Nessa fase identificamos na RM os sinais da lágrima, do buraco da fechadura, das linhas subcapsulares ou o sinal da onda, que indicam rotura sem colapso ou com mínimo colapso do implante (Figura 13).

Com a progressão da rotura, é possível ver o colapso do invólucro com suas pregas, formando múltiplas imagens curvilíneas lineares hipointensas, dentro do gel de silicone, que apresenta alto sinal em T2, contido pela cápsula fibrosa, chamado de sinal do linguini, que é o sinal mais confiável de rotura intracapsular na RM (Figura 14).

Embora seja considerado o método de escolha para avaliação dos implantes mamários, existem limitações na avaliação dos implantes pela RM. Essas dificuldades podem ter diversas causas, podendo estar relacionadas aos implantes, à paciente ou ao aparelho, como o implante de duplo lúmen sem preenchimento de solução salina, que pode simular um implante de lúmen único de gel de silicone, artefatos de moção, artefatos de suscetibilidade, tamanho da paciente, claustrofobia, falha na supressão de água ou mesmo artefatos do aparelho (da bobina, do cabo ou do magneto).

Na avaliação dos implantes, se não houver sinais inequívocos de rotura, o exame deve ser considerado indeterminado. Isso porque a falha em determinar uma rotura precoce tem menor repercussão do que um falso-positivo, pois a presença de rotura não implica troca obrigatória do implante, mas é o fator mais importante para que o médico e a paciente tomem essa decisão. Além disso, não se sabe quantas roturas sem colapso evoluem para colapsadas ou quantas roturas intracapsulares evoluem para extracapsulares.

Nos casos em que o exame tenha sido realizado apenas para avaliar a integridade do implante, é importante escrever que o contraste endovenoso não foi injetado, impossibilitando a identificação de lesões mamárias, não se aplicando portanto nesses casos a classificação ACR BI-RADS®, tendo em vista que seu uso está relacionado com a probabilidade de malignidade dos achados.

Complicações exclusivas dos implantes

Complicações após a colocação de implantes ocorrem em até 36% dos pacientes. Podem variar de eventos menores adversos (p. ex., cicatrização retardada) a complicações que necessitam de intervenção cirúrgica (p. ex., contratura capsular grave).

Contratura capsular

A contratura capsular nada mais é do que a formação de uma cápsula fibrosa espessa e endurecida ao redor dos implantes, contraindo o implante, promovendo a sua deformidade e provocando dores.

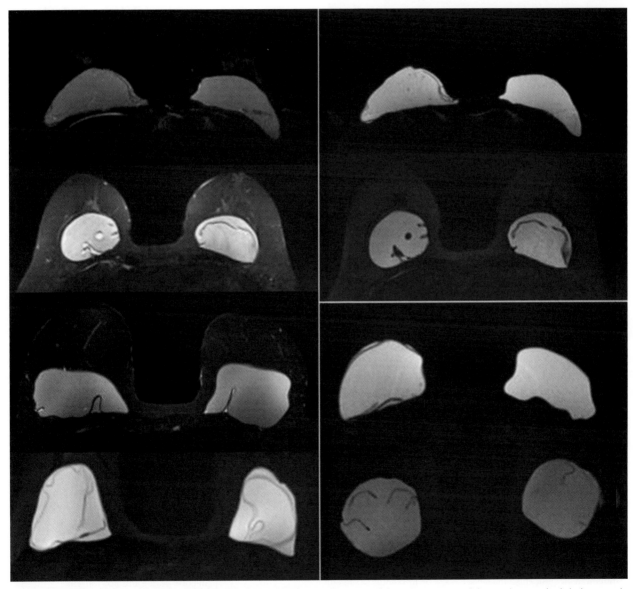

Figura 13   Ressonância magnética evidenciando sinais de rotura intracapsular, sem ou com mínimo colapso, sinal do buraco da fechadura ou lágrima invertida, sinal da onda e sinal das linhas paralelas.

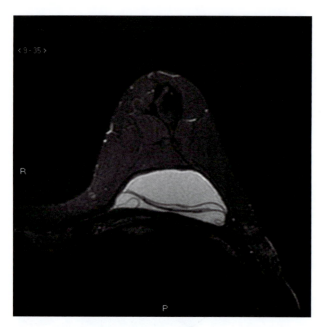

Figura 14 Ressonância magnética com sinal do linguini.

É a complicação mais comum após a colocação dos implantes, com incidência estimada de cerca de 20%. A literatura, no entanto, relatou uma incidência falsamente elevada de contratura capsular, em razão da mistura de pacientes submetidas a colocação de implantes exclusivamente para fins estéticos com as pacientes que realizavam esse procedimento para fins de reconstrução.

Sabe-se que a contratura capsular é diretamente relacionada ao tipo de cirurgia (estética ou reconstrução), ocorrendo mais frequentemente em reconstruções, em pacientes submetidas a radioterapia local, e a contratura depende também do tempo pós-implantação e da qualidade do material utilizado.

O diagnóstico é baseado nos achados clínicos e é graduado de acordo com a escala de Baker.

A presença de contratura capsular limita a realização de mamografias e exames de ultrassonografia e é uma complicação de diagnóstico clínico; entretanto, os exames de imagem podem mostrar alterações na morfologia do implante (aumento do diâmetro anteroposterior), número excessivo de pregas radiais e ondulações, seroma e espessamento da cápsula fibrosa. Esses achados são sinais indiretos e mais bem avaliados nos exames de ultrassonografia e RM (Figuras 15 e 16).

O tratamento nos casos graves é a retirada cirúrgica dos implantes.

Rotação do implante

A maioria dos implantes apresenta na sua porção posterior uma pastilha de fechamento que fica habitualmente junto à parede torácica (Figura 17). Essa pastilha se apresenta como uma área mais espessa e com hipossinal em relação ao restante do elastômero. Pode-se suspeitar de rotação do implante, quando essa pastilha não estiver simétrica ou posicionada de forma habitual junto à parede torácica. Esse aspecto também pode ser identificado também na ultrassonografia.

A rotação do implante não é incomum e pode ser notada pela deformidade das mamas. A rotação não é um problema nos implantes redondos, que são simétricos na sua forma, porém quando implantes anatômicos (em gota) rodam, a forma da mama pode se alterar por causa da assimetria de sua estrutura. A contratura capsular e grandes seromas aumentam o risco da rotação dos implantes, sendo essa taxa de complicação de cerca de 14%.

A rotação dos implantes anatômicos em geral é notada pelo exame físico e não há necessidade de estudo adicional de imagem. Entretanto, em alguns casos difíceis, os cirurgiões plásticos precisam de uma confirmação diagnóstica ou eventualmente podem ser achados incidentais em rotações assintomáticas dos implantes redondos.

A RM é o método de imagem utilizado para avaliar a presença ou ausência de rotação.

Os implantes podem rodar nas três dimensões: rodar como uma panqueca (no eixo x); rodar como *barn door* (no eixo y); ou como *pin like a pinwheel* (no eixo z).

Deve-se ressaltar também que os implantes com solução salina apresentam uma válvula infusora com localização anterior.

Roturas dos implantes

A rotura dos implantes é a grande razão para sua remoção, embora não se saiba ao certo as implicações clínicas desse fato.

A grande maioria das roturas é assintomática e quando apresentam queixas são inespecíficas, como assimetria das mamas ou dor.

As roturas são classificadas de acordo com a integridade da cápsula fibrosa, podendo ser intra ou extracapsulares, sendo a intracapsular mais frequente.

Na rotura intracapsular há rotura (com ou sem colapso) do elastômero, porém com preservação da cápsula fibrosa. Na rotura extracapsular há extravasamento do silicone gel para o parênquima mamário.

Quadro 1 Como escolher o melhor método de imagem para avaliação dos implantes – sugestões de análise		
Implantes de solução salina	Implantes de silicone	Silicone com múltiplos lumens
Mamografia	Ultrassonografia	Ressonância magnética

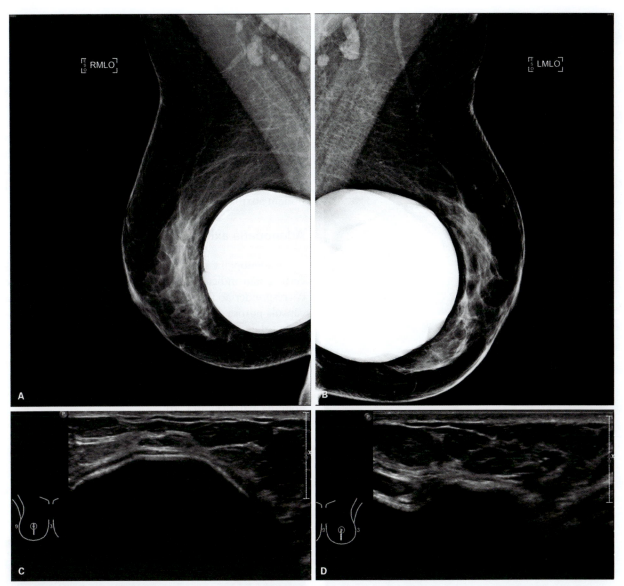

Figura 15 A e B: Mamografia bilateral, observando-se sinais indiretos de contratura capsular na mama direita. Implante mamário à esquerda de aspecto habitual. C e D: Sinais indiretos de contratura capsular à direita na mesma paciente, à ultrassonografia.

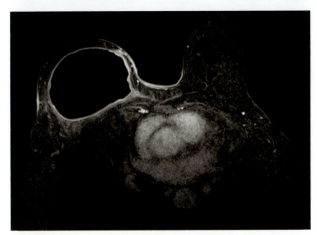

Figura 16 Sinais indiretos de contratura capsular da ressonância magnética.

Apesar da ampla utilização de implantes mamários de silicone, a prevalência de rotura do implante não é conhecida, mas sabe-se que é diretamente proporcional ao tempo de implante (fator de risco mais importante), marca do fabricante, inversamente proporcional à espessura do elastômero e à localização posterior (retropeitoral).

Inúmeros casos descrevendo tanto ruptura do implante como migração do gel além da cápsula têm sido relatados na literatura.

Diversas técnicas de imagem permitem a avaliação da integridade dos implantes mamários, mas sua eficácia, custo e acessibilidade variam de acordo com o método de imagem escolhido.

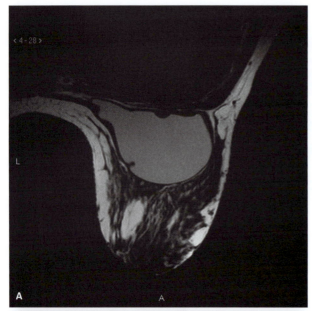

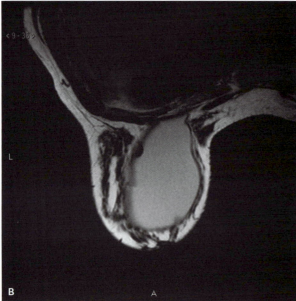

Figura 17 Ressonância magnética das mamas no plano axial: pastilha de fechamento em posição posterior habitual (A) e pastilha de fechamento rodada lateralmente (B).

A ultrassonografia e a RM são exames complementares e preferenciais para avaliação dos implantes porque oferecem informações mais acuradas do elastômero.

Os implantes atuais de gel coeso podem representar um desafio na detecção das roturas intracapsulares, visto que não se observa o colapso do elastômero em razão da maior viscosidade do gel. Nesses casos são encontrados sinais sugestivos de quebra do elastômero (áreas de descontinuidade do elastômero) e fraturas do silicone (áreas de descontinuidade do silicone) (Figura 18).

A sensibilidade de cada método vai depender do grau de colapso do elastômero.

Herniações

O contorno dos implantes pode ser muito ondulado ou apresentar pequenas ondulações focais (< 2 cm) e isso não significa que o implante esteja roto, pois podem ser as impressões musculares.

As herniações podem ocorrer com implante íntegro ou roto. O que vai caracterizar a herniação com ou sem rotura é a extrusão de gel de silicone, porém a neocápsula se forma em ambas as situações (Figura 19). Em geral, são achados mamográficos. A ultrassonografia e a RM podem auxiliar no diagnóstico diferencial.

Adenopatia axilar por silicone

A adenopatia axilar por silicone é de significado incerto e não indica necessariamente a rotura, pois pode corresponder ao fluido de silicone que extravasa além da cápsula porosa do implante íntegro e não necessariamente do gel de silicone que extravasa nas roturas capsulares.

Em geral, os linfonodos apresentam dimensões normais, são ovoides ou redondos, bem definidos, total ou parcialmente hiperecogênicos com sombra tipo "tempestade de neve". São diferenciados dos granulomas pela topografia axilar (Figura 20).

Associação com outras doenças

Possíveis associações entre os implantes mamários de silicone e o câncer ou doenças do tecido conjuntivo têm sido estudadas extensivamente.

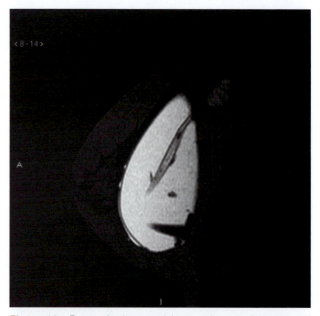

Figura 18 Ressonância magnética no plano sagital, com gel coeso apresentando quebra do elastômero, sem colapso do mesmo. Como achado adicional, há infiltração de linfonodo axilar pelo silicone.

Em 2011, a Food and Drug Administration, dos Estados Unidos, alertou a população sobre a possível associação entre linfoma anaplásico de grandes células (ALCL) e diferentes tipos de implantes mamários.

É um linfoma de células T muito raro, do tipo não Hodgkin, tem origem multifatorial, apresentando-se adjacente aos implantes mamários e tem sido descrito na literatura sobretudo sob a forma de relatos de casos.

Geralmente ocorre entre 11 e 15 anos após a colocação dos implantes, com uma idade média de 63 anos. Entre os 173 casos relatados no mundo até março de 2015, 80% estavam associados com implantes macrotexturizados.

Embora estudos recentes sugiram essa associação, o risco de desenvolver o câncer de mama ainda é considerado o mesmo para as mulheres com e sem implantes; portanto, as diretrizes e recomendações são as mesmas para esses dois grupos. Essas diretrizes serão discutidas com maior profundidade no capítulo de rastreamento.

Rastreamento e biópsias percutâneas

A FDA recomenda que se realize a RM das mamas apenas para avaliar a integridade dos implantes depois de 3 anos após a sua colocação e a cada 2 anos para avaliar roturas silenciosas, porém essa prática não é adotada no Brasil.

Quanto aos procedimentos invasivos da mama, a avaliação do risco potencial de danificar o implante deve ser feita com cautela, mas em geral as biópsias percutâneas

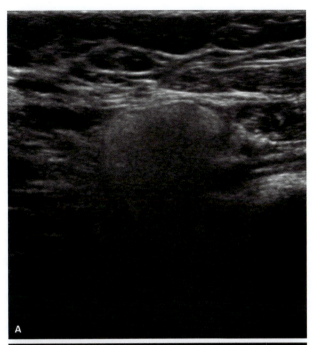

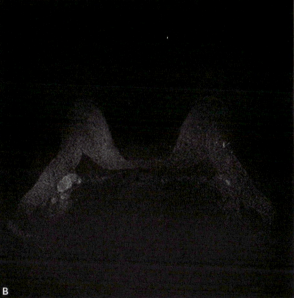

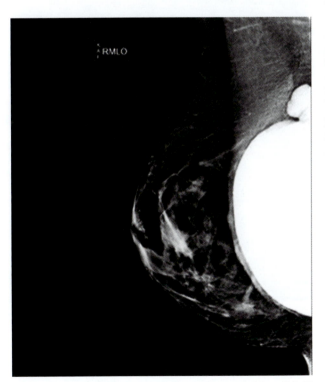

Figura 19   Mamografia de incidência médio-lateral oblíqua (MLO) evidenciando implante retropeitoral com herniação e extrusão de silicone no quadrante superior do implante à direita.

Figura 20   Linfonodomegalia secundária à infiltração de silicone na axila, caracterizada por hiperecogenicidade difusa e forte sombra acústica posterior ("tempestade de neve") na ultrassonografia (A) e apresentando na ressonância magnética hipersinal na sequência STIR axial com saturação de água associado a rotura intracapsular (B).

são consideradas um método seguro, independentemente da presença de implante ou não.

Algumas dificuldades podem ser encontradas no momento do exame, como posicionamento na biópsia estereotáxica ou para realização de biópsia de fragmentos a vácuo em lesões adjacentes ao elastômero, mas não há contraindicação para realização desses procedimentos, porém a experiência do operador é fundamental para o seu sucesso.

Mamoplastia redutora

Cirurgia utilizada para fins estéticos em mulheres com hipertrofia mamária ou para se obter a simetria da mama contralateral em mulheres tratadas por câncer de mama, com o objetivo de reduzir o volume mamário, corrigir a ptose da mama e reposicionar o complexo areolopapilar.

Em geral, é feita por meio de uma incisão periareolar e em T invertido nos quadrantes inferiores, determinando alterações pós-cirúrgicas características e facilmente reconhecidas nos diversos métodos de diagnóstico por imagem.

As alterações são mais proeminentes nos quadrantes inferiores, em especial nas regiões subareolar e posteriores da mama, onde a manipulação cirúrgica é maior, dando o aspecto de desarranjo arquitetural parenquimatoso bilateral em redemoinho e calcificações periféricas, cutâneas e ao redor do complexo areolopapilar, causado pelo deslocamento do tecido fibroglandular da região superior para a inferior da mama (Figura 22).

Para correção da ptose, algumas vezes coloca-se uma tela rendilhada, que em geral prejudica a mamografia.

Mamas operadas

Independentemente da técnica cirúrgica utilizada, a maioria das modificações causadas pelos procedimentos cirúrgicos pode ser identificada nos diversos métodos de diagnóstico por imagem, que incluem: alteração da pele, edema e alterações fibrocicatriciais do parênquima, coleções (seromas ou hematomas), necrose gordurosa, calcificações, cistos de inclusão e corpos estranhos.

Cirurgia conservadora

A cirurgia conservadora da mama é utilizada para o tratamento do câncer, em situações específicas, e tem como objetivo não apenas o controle local da doença, mas também um melhor resultado estético. Nessa situação, a depender das características do tumor, associam-se terapias complementares como radio e quimioterapia. Nesse contexto, o papel do radiologista é reconhecer as alterações pós-cirúrgicas e os tipos de cirurgias, a fim de evitar procedimentos desnecessários e também identificar precocemente as recidivas.

O conhecimento das características da lesão antes do tratamento pode ser importante na avaliação do exame pós-operatório, auxiliando para uma melhor orientação da conduta. A avaliação evolutiva dos exames pós-operatórios é também fundamental para identificar modificações no sítio cirúrgico, como o aumento da densidade de área cicatricial, que pode ser observado na mamografia.

Havendo a intenção de realizar uma cirurgia conservadora, um bom estadiamento pré-cirúrgico é funda-

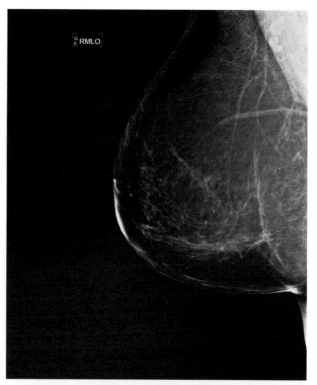

Figura 22 Alterações pós-mamoplastia na mamografia.

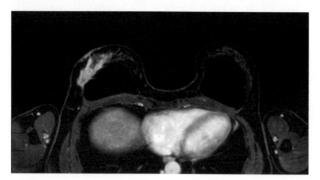

Figura 21 Paciente com alteração palpável na mama direita. Axial T1 dinâmico evidenciando realce segmentar extenso junto ao implante. Nesse caso, a biópsia percutânea por agulha grossa pode ser realizada por qualquer método de imagem que evidencie a lesão, preferencialmente ultrassonografia.

mental para diminuir o risco de recidiva local e a presença de tumor residual.

É recomendável a realização de mamografia antes do início da radioterapia, a fim de certificar a ausência de lesões residuais, em especial quando o tumor tratado era caracterizado por microcalcificações (Figura 23). Não raro, calcificações residuais pouco distantes do sítio cirúrgico podem ser identificadas após a cirurgia, mesmo naquelas com margem cirúrgica livre.

O controle por imagem recomendado pela American Cancer Society após uma cirurgia conservadora é mamografia 1 ano após a mamografia inicial e 6 meses após o término da radioterapia.

Nos exames de controle, recomenda-se que o exame mamográfico inclua, além das incidências usuais, incidências com compressão e magnificação localizada no local da ressecção cirúrgica, especialmente naquelas decorrentes de microcalcificações.

A RM não é rotineiramente recomendada no acompanhamento de mulheres submetidas à terapia conservadora da mama, assim como a ultrassonografia, embora sejam solicitadas por alguns médicos na prática clínica.

Alterações radiológicas no tratamento conservador

As modificações produzidas pela ressecção cirúrgica são restritas ao local da manipulação cirúrgica e incluem: cicatriz cutânea, edema parenquimatoso, modificações fibrocicatriciais parenquimatosas, coleções, necrose gordurosa, cistos de inclusão epidérmica e corpo estranho.

As alterações causadas pela radioterapia são difusas e incluem: edema parenquimatoso, edema cutâneo e necrose gordurosa em qualquer local da mama. A radioterapia pode, ainda, exacerbar as alterações causadas pela ressecção cirúrgica, sobretudo se for realizado o reforço radioterápico (*boost*) ou a radioterapia intraoperatória.

Os efeitos da radioterapia podem ser mais bem observados na RM e incluem edema e alterações funcionais, que não são identificados pelos métodos convencionais.

O edema é observado na RM como espessamento cutâneo difuso e dos ligamentos de Cooper, representado por aumento de sinal parenquimatoso nas sequências STIR ou T2, por exemplo. Pode ser observado também aumento da hidratação do músculo peitoral maior e aumento do volume mamário.

O espessamento cutâneo difuso é a manifestação mais comum e proeminente nos três primeiros meses após o fim da radioterapia e tende a regredir rapidamente.

Há também redução progressiva da intensidade do realce parenquimatoso ao longo do tempo.

As alterações causadas pela terapia conservadora nos métodos de diagnóstico por imagem evoluem de maneira previsível ao longo do tempo. Em geral, as modificações produzidas pela ressecção cirúrgica e pela radioterapia são mais frequentes e exuberantes nos primeiros 6 a 12 meses após o fim do tratamento e regridem gradualmente no decorrer do tempo.

Na mamografia, a estabilidade das alterações pós-cirúrgicas pode ocorrer somente 2 a 3 anos após o fim do tratamento, considerando-se a estabilização dos achados mamográficos pós-cirurgia, como a ausência de modificações entre dois exames sucessivos. Sendo assim, após esse período, qualquer achado novo deve ser considerado suspeito de recidiva tumoral, desde que não sejam tipicamente benignos. Esse conceito pode ser estendido para a ultrassonografia e para a RM. Por essa razão, a comparação com exames anteriores e a realização de incidências com compressão e magnificação no local da ressecção ci-

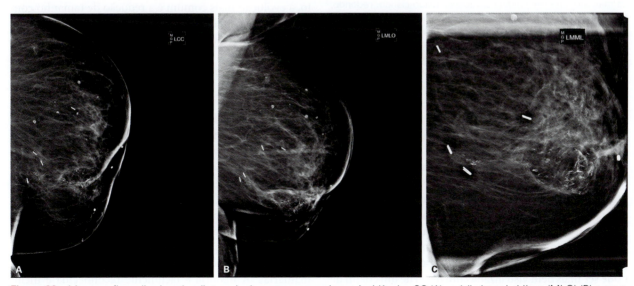

Figura 23 Mamografia realizada pré-radioterapia da mama esquerda nas incidências CC (A), médio-lateral oblíqua (MLO) (B) e magnificada em perfil (C) evidenciando alteração da arquitetura do parênquima, cistos oleosos difusos com calcificações benignas no leito cirúrgico. Clipes metálicos sinalizam sítio cirúrgico, também usados para orientar o campo radioterápico.

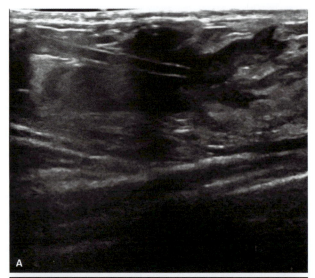
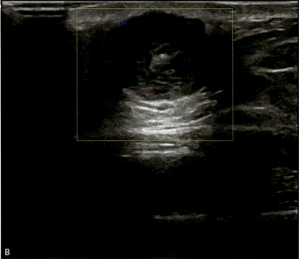

Figura 24 Ultrassonografia evidenciando drenagem de coleção pós-operatória com Jelco 14 na união dos quadrantes laterais da mama direita (A). Nódulo complexo sólido-cístico, redondo, orientação não paralela, com reforço acústico posterior, sem fluxo ao Doppler colorido, localizado no subcutâneo do quadrante inferomedial da mama esquerda (8H) em paciente com antecedente de mamoplastia redutora. Realizada biópsia percutânea por agulha grossa com diagnóstico de cisto de inclusão epidérmica (B).

rúrgica deve ser considerada uma rotina e não exceção na avaliação de mulheres submetidas à terapia conservadora do câncer de mama.

Na mamografia, a visualização e o aspecto da cicatriz dependem do ângulo de incidência dos raios X. Por essa razão, ela pode não ser visualizada em uma incidência de forma mais evidente do que em outra, ou o grau de espessamento/retração pode ser superestimado.

Na ultrassonografia, a cicatriz cutânea, em geral, é hipoecogênica, sobretudo na fase pós-operatória precoce, e pode ser mais bem visualizada com o uso de um coxim de gel entre ela e o transdutor.

Na RM, a cicatriz pode ou não apresentar realce pelo meio de contraste endovenoso e a presença de realce é mais comum na fase pós-operatória precoce. Cicatrizes hipertróficas também podem captar contraste.

Com o decorrer do tempo, há redução progressiva do espessamento cutâneo, com retorno ao normal ou a persistência de um discreto espessamento residual.

Na RM, a presença de realce no local da ressecção cirúrgica não é rara e ocorre em até 36% das mulheres. Ele é mais comum no período pós-operatório precoce e secundário ao processo inflamatório associado ao processo fibrocicatricial. A cicatriz cirúrgica tende a evoluir para uma lesão sem realces nos primeiros 18 meses após o tratamento, mas em 15% das mulheres algum grau de realce é observado no local após 5 anos.

Os realces na cicatriz cirúrgica são discretos, progressivos e não suspeitos, independentemente do tempo decorrido do tratamento, e tendem a permanecer estáveis ou reduzir. No entanto, algumas vezes, podem ter um aspecto focal ou nodular e causar falso-positivos, sendo necessária a correlação com o exame clínico. Eventualmente, quando for identificado um realce focal não suspeito no local da ressecção cirúrgica, e não houver alteração clínica que o justifique, pode ser considerado o controle em 6 meses.

Algumas vezes, retalhos de tecido autólogo são utilizados na cirurgia conservadora e modificam o aspecto usual do local de ressecção cirúrgica nos métodos de diagnóstico por imagem.

Na cirurgia conservadora para o tratamento do câncer de mama, a necrose gordurosa é relativamente comum no local da ressecção cirúrgica, embora possa ocorrer em outros locais da mama tratada por conta da radioterapia. Via de regra, apresenta redução de tamanho no decorrer do tempo e pode desaparecer completamente. No entanto, a evolução mais comum é a redução de tamanho com a persistência de sinais de necrose gordurosa, como cistos oleosos e calcificações distróficas.

Em geral, as manifestações da necrose gordurosa são típicas e de fácil reconhecimento na mamografia e na RM (Figuras 25 e 26). Na ultrassonografia, por outro lado, as apresentações da necrose gordurosa, em geral, são suspeitas pelos critérios ultrassonográficos, mas a correlação, especialmente com a mamografia, permite o diagnóstico na maioria das vezes.

Por esse motivo, a correlação entre a mamografia e a ultrassonografia em mamas operadas é importante para evitar falso-positivos. Algumas vezes, entretanto, a necrose gordurosa pode se manifestar como achados suspeitos nos métodos de diagnóstico por imagem e a biópsia ser necessária para estabelecer o diagnóstico.

As calcificações são muito comuns após cirurgias mamárias. A maioria é facilmente reconhecida e inclui calcificações cutâneas, em focos de necrose gordurosa, em fios de sutura e secundárias à radioterapia. Podem se desenvolver até 5 anos após o tratamento.

Os cistos subcutâneos são, em geral, subcicatriciais. Entretanto, podem ocorrer em regiões desipidermizadas de retalhos de tecido autólogo, utilizados para a reconstrução da mama e, portanto, ser visualizados em regiões profundas distantes da pele. Manifesta-se na mamografia, como nódulo oval ou redondo, circunscrito, hipo ou isodenso, sem calcificações. Na ultrassonografia, apresenta-se como cisto simples ou, mais frequentemente, com debris, sendo, algumas vezes, indiferenciável de nódulos sólidos. Na RM, pode ter alto sinal em T1 e apresentar fino realce parietal.

Reconstrução mamária pós-mastectomia

Pode ser realizada imediatamente no tempo cirúrgico de tratamento do câncer ou em um tempo tardio, com objetivo de restaurar a mama para que tenha um aspecto esteticamente normal e simétrico em relação à mama contralateral, sem comprometer o tratamento e o prognóstico da doença, assim como a detecção de recorrências tumorais, podendo incluir a reconstrução do complexo areolopapilar.

É comum a simetrização das mamas com a redução da mama contralateral ou colocação de implantes para aumentá-las.

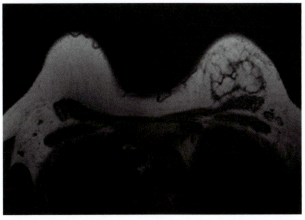

Figura 26 Ressonância magnética, corte transversal, T1, sem saturação da gordura. Observa-se, na mama esquerda, extensa área de esteatonecrose.

A reconstrução da mama após mastectomias pode ser realizada com implantes, retalhos de tecido autólogo ou com a combinação de ambos.

A reconstrução mamária com implante de silicone é a mais comum no Brasil, mas também podem ser utilizados implantes de solução salina (pouco comuns no país) ou com implante ajustável de duplo lúmen, via de regra, colocados em posição submuscular.

Expansores teciduais submusculares colocados logo após a mastectomia geralmente posicionados sob os músculos peitoral maior e serrátil anterior podem ser utilizados e depois de 6 a 8 semanas trocados por um implante de silicone, colocado em posição submuscular.

Outra técnica utilizada é a combinação de implante e retalho de tecido autólogo.

Reconstrução baseada em retalhos de tecido autólogo

É a reconstrução da mama por meio da transferência para o tórax de retalhos de tecido próprio da paciente constituído por pele e gordura e, dependendo do tipo, por músculo.

Como os retalhos de tecido autólogo são constituídos predominantemente por tecido adiposo, são facilmente identificados nos métodos de diagnóstico por imagem.

Reconhecer o aspecto normal e anormal das reconstruções mamárias baseadas em retalhos de tecido autólogo nos métodos de diagnóstico por imagem é importante para evitar falsos-positivos e falsos-negativos.

O retalho autólogo mais utilizado para reconstrução mamária é o TRAM (*transverse rectus abdominis myocutaneous flap*), que é o retalho pediculado constituído por pele e gordura da parede abdominal infraumbilical e pelo músculo reto abdominal.

Outros tipos de retalho são: músculo grande dorsal (Figura 27), que pode ser associado com implantes;

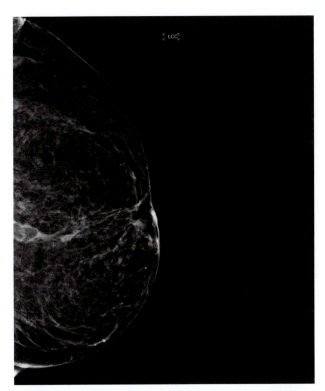

Figura 25 Mamografia de incidência médio-lateral oblíqua (MLO), área nodular radiolucente, correspondente a cisto oleoso/foco de esteatonecrose.

TRAM livre (*transverse rectus abdominis myocutaneous free flap*), que é o retalho livre constituído de pele e gordura da parede abdominal infraumbilical e por um pequeno segmento do músculo reto abdominal; retalho perfurante da artéria epigástrica inferior profunda (DIEA– *deep inferior epigastric artery flap*), que é um retalho livre constituído por pele e gordura da parede abdominal infraumbilical; retalho da artéria epigástrica superficial inferior (SIEA – *superficial inferior epigastric artery flap*), que é um retalho livre constituído por pele e gordura da parede abdominal infraumbilical cujo suprimento vascular é baseado nos vasos epigástricos inferiores superficiais; retalhos perfurantes baseados na artéria glútea (*gluteal artery perfurator flaps*), que é retalho livre constituído por pele e gordura da região glútea.

A RM é a técnica que permite a avaliação anatômica mais detalhada dos retalhos utilizados para reconstrução mamária, e também permite a identificação de pequenas quantidades de remanescente fibroglandular, nas mastectomias com preservação de pele.

Complicações gerais após cirurgias das mamas

As complicações comuns decorrentes de cirurgias mamárias oncológicas, reconstrução das mamas, mamoplastia e colocação de implantes incluem com mais frequência coleções, seromas, hematomas, infecções, particularmente em pacientes submetidas a mastectomia.

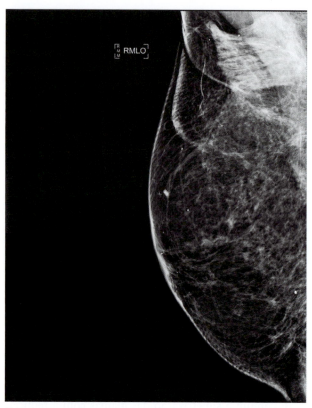

Figura 27 Mamografia evidenciando reconstrução com retalho da musculatura grande dorsal no aspecto superior da mama.

Coleções

Cerca de 50% das mulheres apresentam hematomas ou seromas no local da ressecção cirúrgica no pós-operatório precoce de mamas submetidas a cirurgia conservadora e mastectomias.

Nas pacientes com implantes, a causa do acúmulo de líquido é incerta, mas alguns autores sugerem que seja de origem reacional. Esse líquido pode se insinuar através das pregas radiais quando elas estiverem presentes. Quando a quantidade de líquido é volumosa ou assimétrica, causando desconforto, deve-se levar em consideração a possibilidade de coleção peri-implante (Figura 28).

As coleções podem ser seromas, hematomas ou decorrentes de infecções. Nesses casos, o melhor método para confirmação da suspeita diagnóstica é a ultrassonografia, que pode orientar a drenagem da coleção e coleta de exames a partir do líquido obtido.

Seromas

O seroma é uma coleção de líquido seroso no interior de espaços mortos que se formam após ressecções cirúrgicas. Ele é formado por exsudatos inflamatórios, produzidos em resposta ao trauma cirúrgico e/ou por fluido linfático que extravasa de vasos linfáticos seccionados na cirurgia e é a complicação precoce mais comum no local da ressecção cirúrgica ou na colocação dos implantes.

A maioria é assintomática, com mínimas consequências e detectada somente com o uso de métodos de diagnóstico por imagem. Eventualmente podem ser sintomáticos e retardar a cicatrização e o início de terapias adjuvantes, prolongar o tempo de recuperação e predispor infecções. Os seromas axilares podem causar linfedema no membro superior.

A etiologia do seroma nos implantes parece ser multifatorial. A destruição dos canais linfáticos e vasculares, a resposta inflamatória local e a metaplasia sinovial relacionadas à colocação dos implantes estão entre as possíveis causas.

A pequena quantidade de líquido ao redor dos implantes, comumente observada nos exames de ultrassonografia e RM, pode ser considerada normal, sem significado clínico algum, mas pode aumentar consideravelmente sem a identificação de uma razão específica.

Algumas vezes, seromas grandes podem ocorrer no pós-operatório imediato ou raramente no período pós-operatório tardio com taxas de 0,1%.

Hematoma

O hematoma é uma coleção localizada de sangue. A incidência de hematoma em pacientes com colocação de implantes é baixa (1,5%) e em geral ocorre logo após a colocação do implante. Assim como para os seromas, a

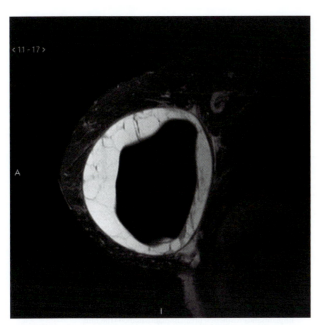

Figura 28 Ressonância magnética com sequência STIR, corte transversal, demonstrando a coleção líquida peri-implante com finos septos.

Corpos estranhos

São raros após cirurgias mamárias. Entre os mais comuns, estão fragmentos de fios de agulhamento e marcadores de localização pós-biópsia que não são removidos durante a cirurgia. Eles são inócuos, mas fragmentos de fio de agulhamento podem causar significativo artefato e distorção do sinal na RM e limitar o método.

Algumas vezes, marcadores metálicos são colocados no local da ressecção cirúrgica para localizá-la e facilitar a realização da radioterapia local de reforço (*boost*).

Mais rara ainda é a identificação de gazes, compressas e extremidades de drenos na mama após cirurgias mamárias. As gazes e compressas no leito cirúrgico podem causar coleções de repetição tardias.

ultrassonografia pode ser utilizada para confirmar sua presença e orientar a sua drenagem.

A mamografia é limitada para avaliação de infecções e hematomas e é bastante dolorosa em pacientes nessas condições, não sendo, via de regra, utilizada para esse fim.

A RM pode contribuir para essa avaliação, especialmente em coleções posteriores aos implantes (Figura 29).

Hematoma tardio é raro e provavelmente causado por rotura de uma artéria capsular erodida.

Infecções

A incidência de infecção dos implantes de mama é baixa. A maioria das infecções ocorre durante o primeiro mês após o implante. Infecções pós-cirúrgicas agudas foram encontradas em até 4% dos casos. As potenciais fontes de infecção são: implantes contaminados, contaminação do fluido salino, da cirurgia ou do ambiente cirúrgico, da pele do paciente ou de ductos mamários, ou semeadura do implante por uma infecção remota.

A ultrassonografia pode ser utilizada para confirmar a presença de coleção ao redor do implante e orientar a sua drenagem.

Na RM, as coleções infectadas em geral se apresentam com conteúdo heterogêneo, eventualmente são septadas e com impregnação periférica pelo meio de contraste.

Os agentes etiológicos comumente envolvidos nos processos infecciosos peri-implantes são o *Staphylococcus aureus* e a *Pseudomonas*.

O tratamento é feito por meio de antibioticoterapia e drenagem da coleção. Nos casos graves, pode ser necessária a retirada dos implantes.

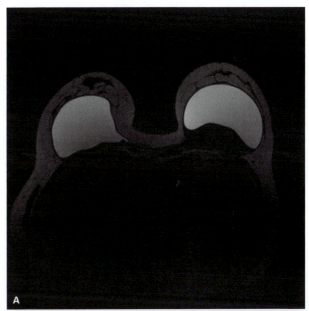

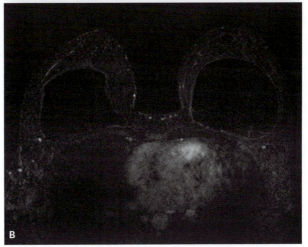

Figura 29 Imagens de ressonância magnética demonstrando hematoma em organização, posteriormente ao implante esquerdo.

Bibliografia sugerida

1. Bengtson B, Brody GS, Brown MH, Glicksman C, Hammond D, Kaplan H, et al.; Late Periprosthetic Fluid Collection after Breast Implant Working Group. Plast Reconstr Surg. 2011;128(1):1-7.
2. Chung KC. Managing late periprosthetic fluid collections (seroma) in patients with breast implants: a consensus panel recommendation and review of the literature. Plast Reconstr Surg. 2011;128(1):13-6.
3. Cunningham BL, Lokeh A, Gutowski KA. Saline-filled breast implant safety and efficacy: a multicenter retrospective review. Plast Reconstr Surg. 2000;105:2143-2149; discussion 2150-2141.
4. Elson EM, Jones A, King R, Chapman P, Stanek J, Irvine AT, et al. Magnetic resonance imaging of Trilucent TM breast implants. Clin Radiol. 2002;57:263-7.
5. Figueiredo VC, Silva PRP, Trindade RS, De Rose EH. Doping cosmético: a problemática das aplicações intramusculares de óleos. Rev Bras Med Esporte. 2011;17(1).
6. Grubstein A, Cohen M, Steinmetz A, Cohen D. Siliconomas mimicking cancer. Clin Imaging. 2011;35(3):228-31.
7. Handel N. The effect of silicone implants on the diagnosis, prognosis, and treatment of breast cancer.
8. Hardwicke J, Gaze NR, Laitung JK. A retrospective audit of Novagold "hydrogel" breast implants. J Plast Reconstr Aesthet Surg. 2007;60:1313-6.
9. Jewell M. Form-stable silicone gel breast implants. Clin Plast Surg. 2009;36(1):75-89, vi.
10. Miglioretti DL, Rutter CM, Geller BM, Cutter G, Barlow WE, Rosenberg R, et al. Effect of breast augmentation on the accuracy of mammography and cancer characteristics. JAMA. 2004;291;442-50.
11. Munhoz AM, Aldrighi C, Montag E, Arruda E, Aldrighi JM, Filassi JR, et al. Optimizing the nipple-areola sparing mastectomy with double concentric periareolar incision and biodimensional expander-implant reconstruction: aesthetic and technical refinements. Breast. 2009;18(6):356-67.
12. Munhoz AM, Aldrighi C, Montag E, Arruda EG, Aldrighi JM, Filassi JR, et al. Periareolar skin-sparing mastectomy and latissimus dorsi flap with biodimensional expander implant reconstruction: surgical planning, outcome, and complications. Plast Reconstr Surg. 2007;119(6):1637-49; discussion 1650-2.
13. Radovan C. Breast reconstruction after mastectomy using the temporary expander. Plast Reconstr Surg. 1982;69(2):195-208.
14. Brown SL, Middleton MS, Berg WA, Soo MS, Pennello G. Prevalence of rupture of silicone gel breast implants revealed on MR imaging in a population of women in Birmingham, Alabama. AJR Am J Roentgenol. 2000;175(4):1057-64.
15. Schultz I, Lindegren A, Wickman M. Improved shape and consistency after lipofilling of the breast: patients' evaluation of the outcome. J Plast Surg Hand Surg. 2012;46(2):85-90.
16. Scuderi N, Mazzocchi M, Alfano C, Onesti MG. Prospective study on Trilucent soybean oil-filled breast prosthesis. Plast Reconstr Surg. 2005;116:1130-6.
17. Sindali K, Davis M, Mughal M, Orkar KS. The natural history of Becker expandable breast implants: a single-center 10-year experience. Plast Reconstr Surg. 2013;132(3):345e-51e.
18. Spear SL, Parikh PM, Goldstein JA. History of breast implants and the food and drug administration. Clin Plast Surg. 2009;36(1):15-21.
19. U.S. Food and Drug Administration. Anaplastic large cell lymphoma (ALCL) in women with breast implants: preliminary FDA findings and analyses. 2011. Disponível em: www.fda.gov.
20. U. S. Food and Drug Administration. Risks of breast implants. Disponível em: http://www.fda.gov/MedicalDevices/ProductsandMedicalProcedures/ImplantsandProsthetics/BreastImplants/ucm064106.htm.
21. Venkataraman S, Hines N, Slanetz PJ. Challenges in mammography. Part 2: Multimodality review of breast augmentation – imaging findings and complications. AJR. 2011;197:W1031-W1045.
22. Berg WA, Caskey CI, Hamper UM, Anderson ND, Chang BW, Sheth S, et al. Diagnosing breast implant rupture with MR imaging, US, and mammography. Radiographics. 1993;13(6):1323-36.

10

Mama masculina

Su Jin Kim Hsieh
Tatiana Tucunduva
Marco Costenaro

Anatomia normal

As mamas masculina e feminina são idênticas ao nascimento, compostas por lobos mamários que drenam para ductos em direção à papila.

Nos meninos, os níveis de testosterona durante o período pré-puberal causam involução e atrofia dos ductos. A mama do homem adulto é composta por gordura subcutânea, elementos estromais, complexo areolopapilar pequeno e sistema ductal pouco desenvolvido que termina em fundo cego. Não há formação das unidades ductolobulares e dos ligamentos de Cooper. A mama masculina, como a feminina, localiza-se entre os 2º e 6º arcos costais anteriores. O esterno está medialmente à mama, e a linha axilar anterior, lateralmente.

Nas meninas, o estrogênio secretado pelos ovários estimula a proliferação e a ramificação ductal, e a progesterona promove o desenvolvimento das unidades ductolobulares terminais.

A mama masculina normal na mamografia é radiolucente com a musculatura peitoral posterior proeminente. A anatomia ultrassonográfica da mama masculina normal consiste em pele e gordura subcutânea.

Clínica e avaliação por imagem

As principais causas de procura por atendimento médico em homens são: nódulo palpável, crescimento mamário e mastalgia.

Os achados de imagem são importantes no diagnóstico diferencial de condições benignas e malignas da mama masculina. É necessária uma propedêutica imaginológica adequada, que inclui a realização de mamografia e ultrassonografia (USG) mamária. Ainda não há estabelecido nenhum protocolo bem definido de abordagem por imagem, necessitando de avaliação específica de cada caso para melhor adequação dos métodos de imagem.

Por conta da alta sensibilidade, a mamografia é o método de escolha na avaliação inicial de um exame clínico suspeito, devendo-se realizar as incidências mediolateral oblíqua e craniocaudal. A mamografia no homem possui elevado valor preditivo negativo (VPN), e um resultado benigno ou normal associado à ausência de clínica suspeita dispensa qualquer acompanhamento. Diante de uma alteração na mamografia, a USG deve ser realizada. Nesses casos, a avaliação deve ser estendida para a região axilar, pois 50% dos casos de câncer de mama masculina apresentam-se com linfonodopatia. A utilização da ressonância magnética (RM) na avaliação da mama masculina ainda não está bem estabelecida, destacando-se sua utilidade no estadiamento locorregional do câncer de mama e no acompanhamento de pacientes tratados.

Principais alterações benignas

Ginecomastia

É a condição benigna mais comum da mama masculina que se apresenta como nódulo palpável e a principal condição a afetar a mama masculina. Consiste no aumento benigno progressivo do tecido glandular mamário. Decorre da hiperplasia de elementos glandulares ou estromais secundária ao desequilíbrio nos níveis de estrogênio em relação ao andrógeno. Os níveis elevados de estrogênio nos homens podem ser decorrentes de inúmeras etiologias, incluindo a obesidade, o uso de hormônios exógenos ou drogas, doenças sistêmicas, insuficiência gonadal e neoplasias secretoras de estrogênio, entre outros.

É comum em recém-nascidos e é normalmente observado em meninos peripuberais e homens com mais de 50 anos de idade.

Outras causas de ginecomastia são secundárias e incluem anorquia congênita, síndrome de Klinefelter, feminilização testicular, hermafroditismo, neoplasias (carcinoma de adrenal, tumores testiculares), doença hepática, hipogonadismo primário e secundário, doença renal e desnutrição.

Em adultos após a adolescência, a causa mais comum é a medicamentosa (20% dos casos). Medicações associadas à ginecomastia incluem: cimetidina, omeprazol, espironolactona, drogas antipsicóticas, androstenediona, esteroides anabólicos, antiandrogênicos, análogos do hormônio liberador de gonadotropinas (GnRH), usados para o tratamento de câncer de próstata (Zoladex, flutamida, acetato de ciproterona), cetoconazol, metronidazol, isoniazida, metildopa, captopril, antidepressivos tricíclicos, diazepam e antirretrovirais.

A ginecomastia tipicamente se apresenta como massa subareolar que é macia, compressível e móvel. Alterações da pele e retração do mamilo não estão presentes com ginecomastia. Pode ser unilateral, simétrica bilateral ou assimétrica bilateral, algumas vezes associada à dor. Os homens geralmente se queixam de uma anormalidade palpável, de um espessamento focal ou de sensação de queimação. Os testículos devem ser examinados para avaliar sinais de tumor testicular.

A solicitação de exames de sangue é controversa. Contudo, muitos ainda os recomendam, principalmente para adolescentes, homens com suspeita de disfunção endócrina, alcoólatras e sob tratamento médico de longo prazo. O protocolo de rastreamento inclui: avaliação de função renal, função hepática, dosagem de eletrólitos, FSH, LH, betagonadotrofina coriônica humana, TSH, estradiol, testosterona, prolactina, alfafetoproteína, desidrogenase lática e globulina ligadora dos hormônios sexuais.

No estudo mamográfico, a maior parte dos pacientes apresenta aumento volumétrico do tecido mamário na região retroareolar. Pode apresentar-se como bilateral ou unilateral. Existem três padrões distintos de ginecomastia: nodular, dendrítica e difusa.

A ginecomastia nodular ocorre na fase inicial (florida) e relaciona-se com queixa com duração menor que 1 ano. Apresenta-se como uma densidade em forma de leque que se irradia a partir da papila ou como nódulo. Pode ser simétrica ou mais proeminente no quadrante superolateral. A densidade em geral se mistura gradualmente com a gordura ao redor, mas pode ser mais esférica (Figura 1). O ultrassom demonstra uma área de leque ou em forma de disco do tecido subareolar hipoecoico, que pode ser hipervascular por conta da proliferação do estroma.

A ginecomastia dendrítica (Figura 2) ocorre em uma fase mais tardia, com história de 1 ano ou mais. Normalmente, apresenta-se como uma densidade subareolar que se irradia para o tecido adiposo profundo na mamografia. Na USG, pode ter a aparência de uma área serpiginosa hipoecogênica, com projeções semelhantes a dedos, na região subareolar em razão da fibrose estromal. Esse subtipo é normalmente irreversível.

A ginecomastia difusa (Figura 3) tem aparência mamográfica similar à da mama feminina de tecido hete-

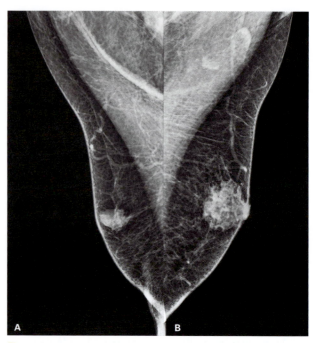

Figura 1 Ginecomastia forma nodular, mais exuberante à esquerda.

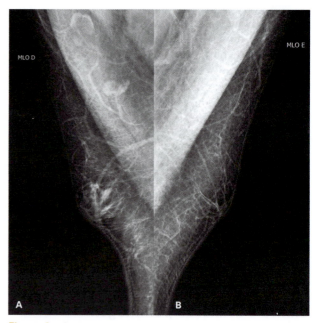

Figura 2 Ginecomastia forma dendrítica (A) e pseudoginecomastia (B).

rogeneamente denso. É geralmente vista no cenário da terapia com estrogênio de alta dose. Na USG existem aumento de volume e ecogenicidade do tecido mamário, idênticos às mamas femininas.

A mamografia é a modalidade de imagem preferida para o diagnóstico de ginecomastia. Quando características mamográficas clássicas da ginecomastia são demonstradas, não é necessário prosseguir a investigação. A USG

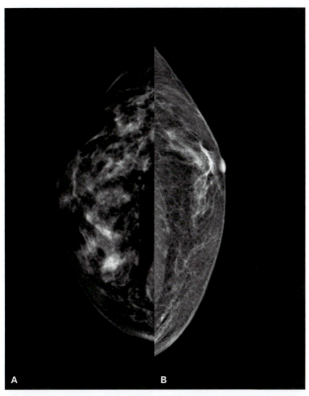

Figura 3   Ginecomastia forma difusa, mais exuberante à direita.

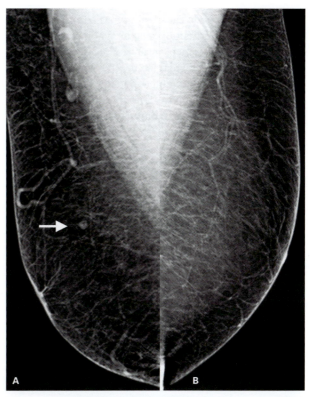

Figura 4   Pseudoginecomastia, com linfonodo intramamário à direita (seta).

pode ser usada como método complementar se houver suspeita de massa na mamografia.

Histologicamente, a ginecomastia é caracterizada pela proliferação epitelial e alterações do estroma. Com o passar do tempo, as mudanças epiteliais são menos evidentes e o que predomina é a fibrose do estroma.

O tratamento de ginecomastia geralmente envolve avaliação das causas fisiológicas, tais como um desequilíbrio hormonal durante a puberdade. Ginecomastia dessa natureza normalmente regride espontaneamente. Se existe uma causa identificável, como drogas/medicamentos, a remoção do agente vai resultar na regressão da ginecomastia, a menos que o uso tenha sido de longa duração e que tenha causado fibrose, que, normalmente, é irreversível. Mamoplastia de redução pode ser considerada em pacientes que são sintomáticos e refratários ao tratamento clínico, para melhor resultado estético.

Pseudoginecomastia

Pseudoginecomastia é caracterizada pelo aumento subareolar do tecido adiposo, sem componente fibroglandular. Na mamografia, há aumento volumétrico do tecido mamário na região retroareolar (Figura 4). Como a gordura é hipodensa, a pseudoginecomastia é facilmente confirmada pela mamografia. O ultrassom não é normalmente necessário, mas se realizado vai demonstrar a aparência do tecido adiposo subcutâneo.

Cistos mamários

São incomuns em homens, uma vez que ocorrem a partir de tecido lobular, o qual não está usualmente presente na mama masculina. Devem ser sempre muito bem avaliados quanto à presença de componente sólido intracístico pelo risco de neoplasia papilífera.

Lipomas

É o tumor benigno mais comum da mama masculina. Clinicamente, apresenta-se como um nódulo palpável, macio, subcutâneo, móvel e indolor. Pode ocorrer como lesão única ou múltipla. Na mamografia, pode ser difícil de distinguir do restante da mama adiposa masculina. Se for detectável na mamografia, será um nódulo radiolucente circunscrito. O ultrassom vai caracterizar um nódulo subcutâneo, oval, alongado, circunscrito, homogêneo, isoecogênico a ligeiramente hiperecogênico, geralmente sem detecção de fluxo no estudo Power Doppler.

Hematoma pós-traumático/esteatonecrose

Normalmente, ocorrem no cenário de trauma prévio, infecção, biópsia, intervenção cirúrgica ou radioterapia prévia e podem apresentar-se como uma massa palpável. Se um paciente faz uso de anticoagulantes, mesmo um pequeno trauma pode causar sintomas clínicos e alteração de imagem. Na mamografia, hematoma e esteatonecrose podem ter aparência variável. Podem se apresentar como uma massa irregular com espessamento da pele associado e, ao longo do tempo, podem evoluir para uma massa bem definida com nível no interior. Na USG, normalmente, apresentam-se como uma massa complexa, sem vascularização.

Cistos epidérmicos

Surgem de folículos pilosos obstruídos. São encontrados na derme ou no tecido subcutâneo, podendo raramente ser identificados no interior da glândula. Na mamografia e na USG, apresentam-se como um nódulo arredondado, circunscrito, localizado superficialmente, e na USG pode ser caracterizada uma comunicação com a pele.

Outras lesões benignas que podem acometer a mama masculina são papilomas, mastopatias diabéticas, mastites/abscessos, linfonodos intramamários (Figura 4) e hemangiomas (Figura 5).

Doenças malignas na mama masculina

O carcinoma da mama masculina é muito menos frequente que o de mama feminino. Corresponde a menos de 1% dos carcinomas em homem e a 0,7% dos carcinomas mamários. Ocorre em pacientes com idade mais avançada e pico unimodal em relação ao câncer de mama feminino. Fatores de risco incluem irradiação prévia no tórax, uso de estrógeno exógeno por conta do tratamento de câncer de próstata e procedimentos de troca de sexo. Também está relacionado com doenças hepáticas e outras doenças associadas a hiperestrogenismo, deficiência de androgênios em decorrência da disfunção testicular e certas condições cromossômicas, como mutações BRCA 2 e síndrome de Klinefelter (Quadro 1). História familiar de câncer de mama, em algum parente de primeiro grau, aumenta o risco de duas a quatro vezes. Não há relação comprovada de aumento de câncer de mama masculino com ginecomastia. Clinicamente, apresenta-se como uma massa palpável, indolor na região central/subareolar da mama, normalmente percebido pelo próprio pa-

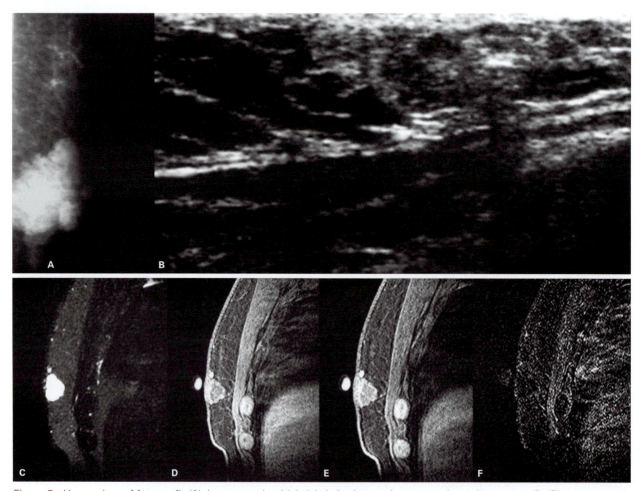

Figura 5 Hemangioma. Mamografia (A) demonstrando nódulo lobulado circunscrito retroareolar, e ultrassonografia (B) demonstrando nódulo complexo, com predominância de áreas císticas. Ressonância magnética apresentando imagens sagitais com supressão de gordura pesada em T2 (C), T1 pré-contraste (D), T1 pós-contraste (E) e subtração (F) demonstrando nódulo oval, circunscrito retroareolar sem realces significativos em razão do fluxo lento.

Quadro 1	Fatores de risco para câncer de mama masculino
Anormalidades testiculares:	Obesidade
▪ testículo alto	Condições hepáticas:
▪ hérnia inguinal congênita	▪ cirrose
▪ orquiectomia	▪ alcoolismo
▪ orqueíte	▪ esquistossomose
▪ trauma testicular	Drogas:
Infertilidade	▪ digoxina
Síndrome de Klinefelter	▪ thioridazine
História familiar	▪ cannabis
Condições mamárias benignas:	▪ estrógeno exógeno
▪ fluxo papilar	▪ anfetaminas
▪ cistos mamários	Fatores ambientais:
▪ trauma de mama	▪ exposição a calor
Exposição à radiação	Trauma cefálico
Ascendência judaica	Tabagismo
	Exposição ocupacional

ciente (75%), retração do mamilo (10-50%) ou dor local (4-20%). Virtualmente, todos os subtipos histológicos encontrados nas mulheres podem ser diagnosticados na mama masculina. O carcinoma mamário invasivo sem outras especificações (CMI-SOE) é o tipo mais comum (85%), e a morfologia é a mesma encontrada na mama feminina. A associação com carcinoma ductal *in situ* também é alta, chegando a 50% dos casos. Os carcinomas papilíferos, em geral, são intracísticos e não invasivos. O carcinoma lobular invasivo é bastante raro e seu diagnóstico está relacionado à ausência de imunoexpressão da E-caderina. O diagnóstico diferencial deve ser feito com lesões epiteliais proliferativas, lesões da derme, esteatonecrose e carcinoma *in situ*.

Os carcinomas da mama masculina expressam, na sua grande maioria, receptores de estrogênio, progesterona e androgênio (até 90%), em níveis superiores à contrapartida feminina. A superexpressão do oncogene HER-2 é significativamente menos frequente que a encontrada no câncer feminino.

O prognóstico depende do estadiamento, que por sua vez é determinado pelo tamanho do tumor e pelo comprometimento axilar. Quando comparado com mulheres, o prognóstico não parece ser diferente. As taxas de sobrevida livre de doença e sobrevida global em 5 anos é de 66-77%, respectivamente. Outras doenças malignas que podem acometer a mama masculina são raras e incluem doença de Paget, linfoma primário de mama e metástases, principalmente as provenientes de linfoma (Figura 6), melanoma, adenocarcinoma pulmonar e câncer de próstata.

Aspecto de imagem

A princípio, qualquer nódulo sólido ou complexo na mama masculina deve ser considerado suspeito. O aspecto do câncer de mama masculina na mamografia, na USG e na RM não difere do observado no câncer na mama feminina. No entanto, em homens, o envolvimento cutâneo ou do complexo areolopapilar tende a ser mais precoce por conta do menor volume da mama masculina. A presença de calcificações é rara (Figuras 7 e 8).

Transexuais

Os pacientes transgêneros considerados (homem para mulher: *male-to-female* – MTF) são aqueles que recebem hormonioterapia para aquisição e manutenção de características femininas, em que há necessidade de reduzir os níveis de androgênios que inibem o desenvolvimento da glândula mamária e promover um ambiente estrogênico. O estrogênio promove a proliferação, en-

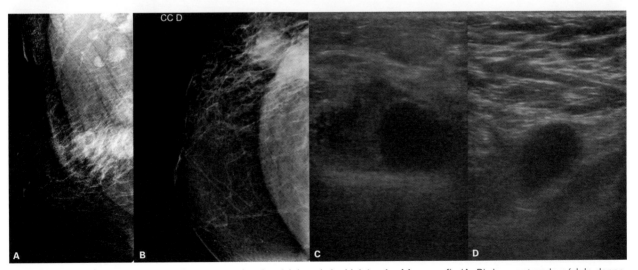

Figura 6 Linfoma. Paciente masculino com queixa de nódulo palpável há 1 mês. Mamografia (A, B) demonstrando nódulo denso, oval, indistinto na periferia da junção dos quadrantes laterais da mama direita, e ultrassonografia demonstrando nódulo sólido com ecogenicidade hipo e hiperecogênica (C) e linfonodo axilar ipsilateral hipoecogênico com perda do hilo (D).

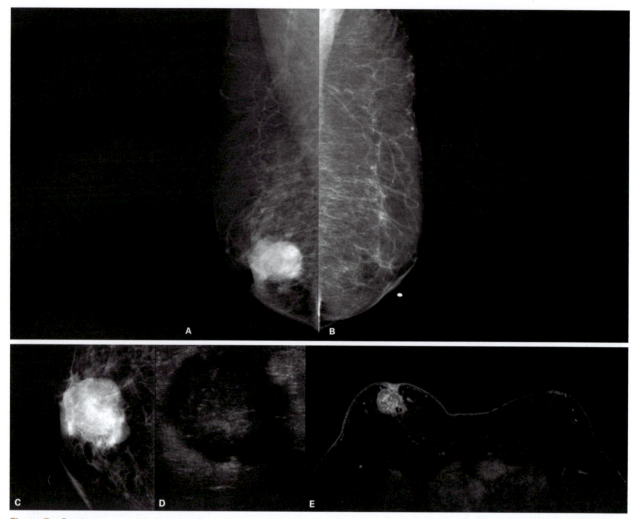

Figura 7 Carcinoma mamário invasivo. Paciente masculino com pseudoginecomastia e nódulo oval, indistinto, denso na região subareolar da mama direita com retração do complexo areolopapilar (A). Compressão localizada da região retroareolar (C), ultrassonografia (D) e ressonância magnética (E) demonstrando nódulo de contornos indistintos em contato com o complexo areolopapilar.

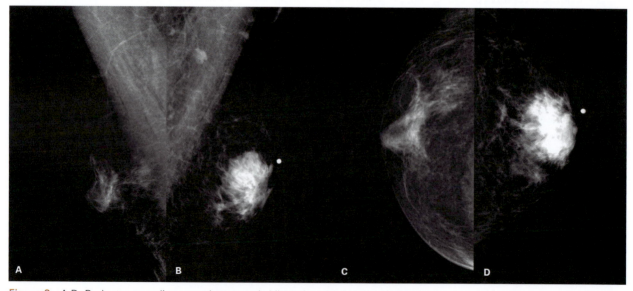

Figura 8 A-D: Paciente masculino com ginecomastia bilateral e nódulo irregular, indistinto, denso na região subareolar da mama esquerda, palpável (com reparo metálico).

(continua)

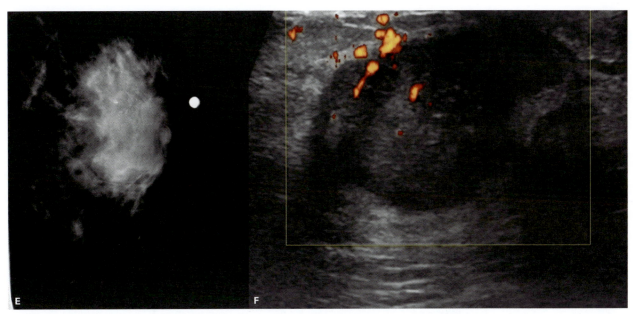

Figura 8 *(continuação)* Compressão localizada (E) e ultrassonografia (F) demonstrando nódulo irregular indistinto em contato com a papila. Carcinoma mamário invasivo sem outras especificações com papila mamária comprometida.

quanto a progesterona faz a diferenciação na mama feminina. Nos casos de administração contínua de estrogênio, há a preocupação de induzir a formação de carcinomas estrogênicos dependentes, como os de mama. Metaplasia apócrina pode ser relatada em pacientes com uso de tratamento com estrógeno após 54 meses, e há relatos de formações de fibroadenomas (Figura 9).

Em uma revisão da literatura, realizada por Gooren et al. em 2013, foram descritos oito casos de câncer de mama em pacientes MTF, aparentemente não sendo relacionados ao uso contínuo de estrógenos. Porém, não há consenso quanto à hipótese de que a exposição contínua de hormônios para modificação da aparência genética aumentaria o risco de desenvolver câncer de mama.

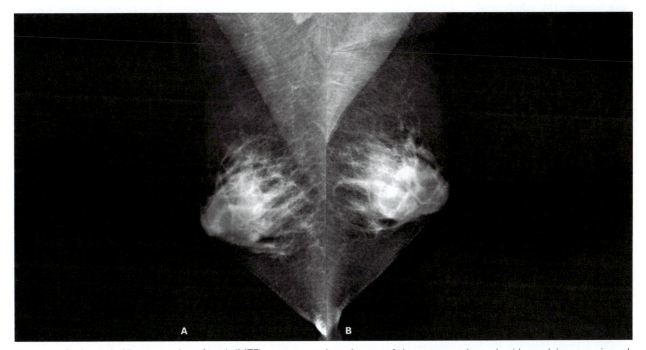

Figura 9 Paciente de 37 anos, *male-to-female* (MTF), em uso contínuo de estrogênio por tempo desconhecido, evolui com queixa palpável em mama esquerda. Na mamografia (A, B), observam-se mamas acentuadamente densas, reduzindo a sensibilidade do método.

(continua)

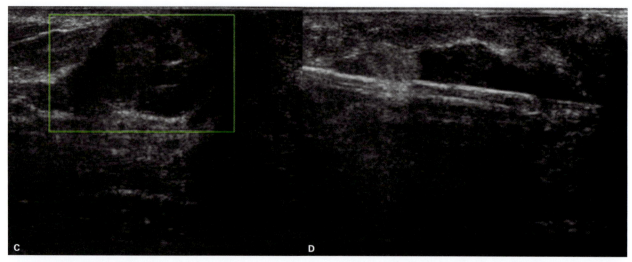

Figura 9 *(continuação)* No estudo complementar com ultrassonografia. (C) observa-se nódulo com características suspeitas para malignidade. Paciente submetido à biópsia percutânea de fragmentos (D) com resultado de fibroadenoma.

Nos pacientes MTF, existem estudos que preconizam o rastreamento anual a partir dos 50 anos se possuem pelo menos um fator de risco, como hormonioterapia com estrógeno e progesterona por mais de 5 anos, IMC menor que 35 ou antecedente familiar positivo para câncer de mama. Em razão da escassa literatura, não há definições claramente estabelecidas.

Os transgêneros podem receber hormonioterapia para aquisição e manutenção de características de fenótipo masculino, nesses casos denominados: mulher para homem (*female-to-male* – FTM). A terapia com testosterona leva a redução do tecido fibroglandular e aumento do tecido conectivo. Esses pacientes normalmente possuem a glândula mamária retirada cirurgicamente (mastectomias), porém nem sempre elas são realizadas. A testosterona pode sofrer conversão periférica em estradiol, com um nível sérico basal deste, constituindo um risco para os pacientes que não realizaram mastectomias. No entanto, mesmo as pacientes submetidas à mastectomias possuem risco de desenvolver câncer de mama.

Nesse grupo, quando há mastectomia bilateral, não é recomendado nenhum rastreamento por imagem, somente o exame físico. Quando as mamas forem preservadas, o paciente deve seguir o rastreamento para a população feminina normal, iniciando-se a partir dos 40 anos.

Bibliografia sugerida

1. Braunstein GD. Clinical practice: gynecomastia. N Engl J Med. 2007;357:1229-37.
2. Chau A, Jafarian N, Rosa M. Male breast: clinical and imaging evaluations of benign and malignant entities with histologic correlation. Am J Med. 2016;129(8):776-91.
3. Chen L, Chantra PK, Larsen LH, Barton P, Rohitopakarn M, Zhu EQ, et al. Imaging characteristics of malignant lesions of the male breast. Radiographics. 2006;26(4):993-1006.
4. Dialani V, Baum J, Mehta TS. Sonographic features of gynecomastia. J Ultrasound Med. 2010;29:539-47.
5. Gooren LJ. Care of transsexual persons. N Engl J Med. 2011;364:13.
6. Gooren LJ, van Trosenburg MAA, Giltay EM, van Dies PJ. Breast cancer development in transsexual subjects receiveing cross-sex hormone treatment. J Sex Med. 2013;10:3129-34.
7. Kopans DB. Breast imaging. Philadelphia: Lippincott Williams & Wilkins; 2007.
8. Lee PA. The relationship of concentrations of serum hormones to pubertal gynecomastia. J Pediatr. 1975;86(2):212-5.
9. Lattin GE Jr, Jesinger RA, Mattu R, Glassman LM. From the radiologic pathology archives: diseases of the male breast: radiologicpathologic correlation. Radiographics. 2013;33:461-89.
10. Lattin GE Jr, Jesinger RA, Mattu R, Glassman LM. From the radiologic pathology archives: diseases of the male breast: radiologicpathologic correlation. Radiographics. 2013;33:461-89.
11. Lemmo G, Garcea N, Corsello S, Tarquini E, Palladino T, Ardito G, et al. Breast fibroadenoma in a male-to-female transsexual patient after hormonal treatment. Eur J Surg Suppl. 2003;69-71.
12. Ng AM, Dissanayake D, Metcalf C, Wylie E. Clinical and imaging features of male breast disease, with pathological correlation: a pictorial essay. J Med Imaging Radiat Oncol. 2014;58:189-98.
13. Nguyen C, Kettler MD, Swirsky ME, Miller VI, Scott C, Krause R, et al. Male breast disease: pictorial review with radiologic-pathologic correlation. Radiographics. 2013;33:763-79.
14. Patterson SK, Helvie MA, Aziz K, Nees AV. Outcome of men presenting with clinical breast problems: the role of mammography and ultrasound. Breast J. 2006;12:418-23.
15. Phillips J, Frein-Zachary VJ, Mehta TS, Littlehale N, Venkataraman S, Slanetz PJ. Breast imaging in the trasngender patient. AJR. 2014;202.
16. Rosa M, Masood S. Cytomorphology of male breast lesions: diagnostic pitfalls and clinical implications. Diagn Cytopathol. 2012;40:179-84.
17. Rosen PP. Rosen's breast pathology. 3.ed. Philadelphia: Wolters Kluwer/Lippincott Williams & Wilkins; 2009. p. 787-801, 959 e 967.
18. Slatger MH, Gooren LJ, Scorilas A, Petraki CD, Diamandis EP. Effects of long-term andreogen administration on breast tissue of female-to-male transsexuals. J Histochen Cytochem. 2006;54:905-10.
19. Yitta S, Singer CI, Toth HB, Mercado CL. Image presentation. Sonographic appearances of benign and malignant male breast disease with mammographic and pathological correlation. J Ultrasound Med. 2010;29:931-47.

Musculoesquelético

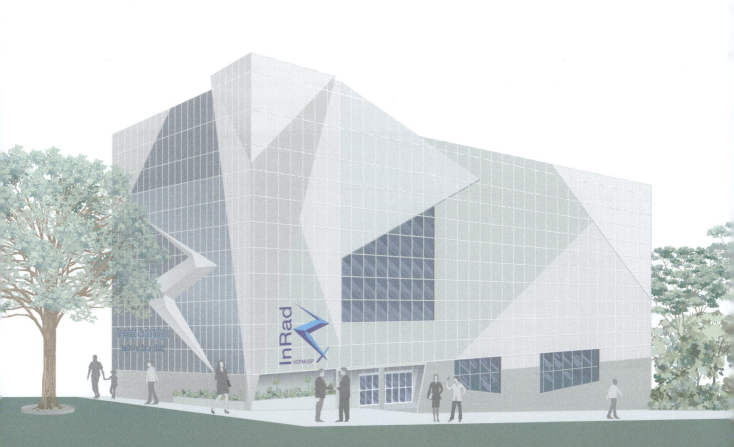

1

Doenças do membro superior – ombro, cotovelo e punho

Renata Vidal Leão
Luciana Carmen Zattar-Ramos
João Rafael Terneira Vicentini
Marcelo Bordalo Rodrigues

Ombro

Doenças do manguito rotador

O manguito rotador é composto pelos músculos e tendões do supraespinhal, infraespinhal, subescapular e redondo menor (Figura 1), que funcionam como estabilizadores dinâmicos da cápsula articular do ombro, associados aos estabilizadores estáticos, compostos pelo arcabouço ósseo, pelo lábio glenoidal e pelas estruturas ligamentares (Figura 2). As tendinopatias e roturas em um ou mais componentes desse grupo muscular estão entre as principais causas de dor e limitação envolvendo o membro superior.

Patogênese e epidemiologia

As doenças tendíneas do manguito rotador têm alta prevalência na população, acometendo de forma semelhante homens e mulheres, sendo mais comuns em pacientes de meia-idade e idosos. Pacientes sintomáticos acima de 60 anos apresentam roturas do manguito rotador em mais de 60% dos casos e a prevalência de roturas em pacientes assintomáticos com mais de 50 anos pode chegar a 40%. O principal mecanismo de lesão é a degeneração crônica, semelhante ao que ocorre em outras estruturas tendíneas do organismo. Com movimentos repetitivos e microtraumas constantes, há proliferação angiofibroblástica, degeneração das fibras tendíneas e eventualmente fibrose, caracterizando a tendinopatia. Tais alterações predispõem às roturas, que podem ocorrer espontaneamente ou relacionadas a eventos traumáticos agudos. Apesar de sinais clínicos de fraqueza e dor serem sugestivos do diagnóstico, os métodos de imagem têm papel fundamental para delimitar quais tendões estão acometidos e o grau de extensão das lesões. O tratamento depende da extensão das roturas e do grau de atividade que o paciente apresenta habitualmente, podendo ser conservador ou cirúrgico, com sutura ou reinserção dos tendões.

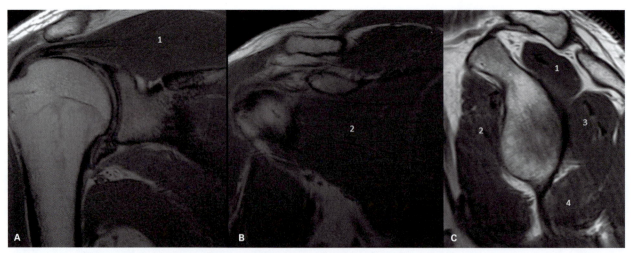

Figura 1 Anatomia normal dos ventres dos músculos do manguito rotador. Ressonância magnética do ombro COR T1 (A, B) e SAG T1 (C). (1) Músculo supraespinhal na fossa supraespinhal. (2) Músculo subescapular na fossa subescapular. (3) Músculo infraespinhal na fossa infraespinhal na face posterior da escápula. (4) Músculo redondo menor.

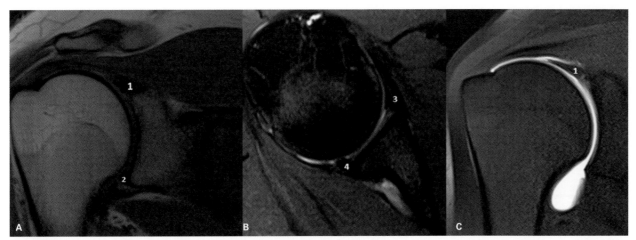

Figura 2   Porções do lábio glenoidal. Ressonância magnética do ombro COR T1 (A), AX T2 FS (B) e artrorressonância do ombro SAG T1 FS (C). (1) Porção superior do lábio, (2) porção inferior, (3) porção anterior e (4) porção posterior.

Radiografia

A radiografia simples não permite avaliar diretamente as estruturas tendíneas, mas alguns sinais indiretos foram descritos em quadros de roturas do manguito rotador, principalmente do tendão supraespinhal. A redução do espaço entre o úmero e o acrômio da escápula (menor que 7 mm) nas radiografias em incidência anteroposterior caracteriza migração cranial da cabeça umeral e está associada à rotura completa do tendão supraespinhal (Figura 3). Em alguns casos, mesmo sem redução evidente do espaço entre as estruturas ósseas, podem ser vistas irregularidades dos contornos da porção inferior do acrômio, por vezes com esporão subacromial, sugestivo de impacto. A morfologia do acrômio do tipo III (em gancho) (Figura 4) também se associa a maior prevalência de roturas do manguito rotador.

Ultrassonografia

A ultrassonografia (USG) é um método com ótimo custo-benefício para avaliar suspeitas de tendinopatia ou rotura do manguito rotador. A sensibilidade do ultrassom para a detecção de roturas tendíneas varia de cerca de 65% para roturas parciais a até cerca de 95% para as roturas completas, com especificidade em torno de 95%

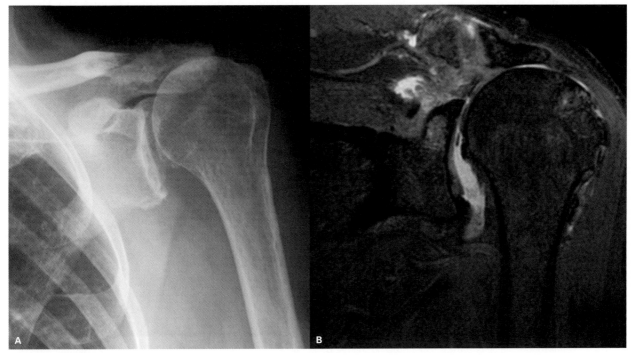

Figura 3   Radiografia do ombro anteroposterior (A) e ressonância magnética (RM) do ombro COR T2 FS (B) revelando subluxação superior da cabeça umeral, relacionada a uma lesão completa do tendão supraespinhal, caracterizada na RM (B).

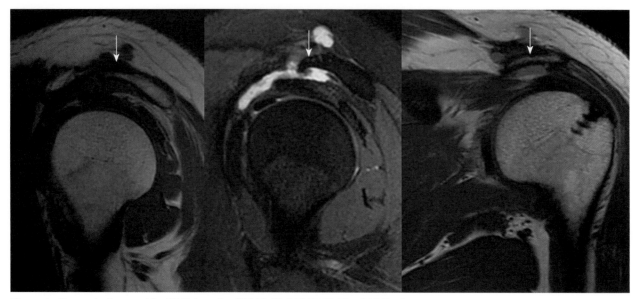

Figura 4   Ressonância magnética (RM) do ombro SAG T1 (A), SAG T2 FS (B) e COR T1 (C) revela acrômio do tipo III (morfologia em gancho).

para ambos os tipos de rotura. Metanálises mostram que não há diferença significativa na sensibilidade da USG e da ressonância magnética (RM) para detecção de roturas em geral (parciais ou completas). Na USG musculoesquelética, é importante examinar sempre toda a extensão dos tendões, nos eixos longitudinal e transverso. Para os tendões do manguito rotador, existem posições específicas para melhor avaliação de cada componente. Para avaliação do tendão supraespinhal, com o paciente de frente, pedimos que tente encostar o dorso da mão nas costas. Caso o paciente não consiga manter a posição, pode-se flexionar o cotovelo e projetá-lo para trás, de forma que a porção proximal do úmero fique anteriorizada. Então o transdutor é posicionado sobre o aspecto anterior do ombro, buscando identificar as fibras tendíneas em orientação longitudinal, buscando sua inserção no tubérculo maior do úmero, quando aparenta afilamento com morfologia em bico (Figura 5A). Ao girarmos o transdutor 90º, avaliamos as fibras no eixo transversal (Figura 5B), o que é útil para localização das roturas parciais. O subescapular pode ser examinado com a rotação externa do braço, isto é, mantendo o cotovelo flexionado e afastando o antebraço do corpo (Figura 5C). Deve-se procurar pelo tubérculo menor do úmero, medialmen-

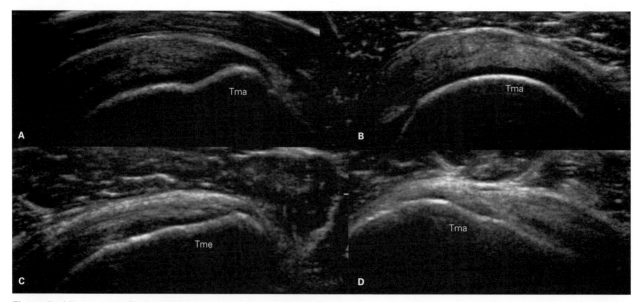

Figura 5   Ultrassonografia do ombro com anatomia normal. A, B: Tendão supraespinhal no eixo longitudinal e axial, respectivamente, em sua inserção no tubérculo maior do úmero (Tma). C: Tendão subescapular em sua inserção no tubérculo menor do úmero (Tme). D: Tendão infraespinhal no tubérculo maior do úmero (Tma).

te ao sulco do tendão do cabo longo do bíceps braquial. Para avaliação dos tendões infraespinhal (Figura 5D) e redondo menor, pode-se solicitar ao paciente que coloque a palma da mão sobre o ombro contralateral. Então, coloca-se o transdutor na região posterolateral do ombro, podendo-se utilizar o ventre muscular do infraespinhal como guia para encontrar a transição miotendínea e finalmente o tendão distal junto ao úmero. O tendão redondo menor é de difícil avaliação pelas pequenas dimensões, mas apresenta inserção um pouco mais inferior ao infraespinhal.

A tendinopatia é caracterizada por espessamento tendíneo, com hipoecogenicidade das fibras e ecotextura heterogênea, refletindo as alterações degenerativas microscópicas (Figura 6).

As roturas tendíneas são evidenciadas como áreas anecoicas, com interrupção da arquitetura fibrilar habitual, podendo ser divididas em parciais ou completas (Figura 7). As roturas completas ou transfixantes acometem toda a espessura do tendão. Já as roturas parciais podem ser classificadas em:

- Superficiais ou bursais, quando acometem as fibras tendíneas mais próximas do plano subcutâneo.
- Profundas ou articulares, quando envolvem as porções profundas do tendão.
- Intrassubstanciais, quando são evidenciadas delaminações entre as fibras tendíneas, sem necessariamente reduzir a espessura total do tendão.

As roturas parciais devem ser medidas em pelo menos dois planos. Existe um sistema de classificação das roturas parciais de acordo com sua espessura, sendo consideradas grau 1 as lesões menores que 3 mm, grau 2 as roturas de 3 a 6 mm e grau 3 quando medem acima de 6 mm. Os tendões do manguito rotador geralmente têm espessura em torno de 12 mm, portanto roturas parciais com acometimento de mais de 50% da espessura tendínea devem ser mencionadas no relatório, pois correspondem a lesões grau 3.

Nas roturas completas, é importante estimar a distância de retração das fibras em relação à inserção (*footprint*) original (Figura 8). Em alguns casos, isso não é possível com o ultrassom, pois o coto tendíneo retraído fica inacessível.

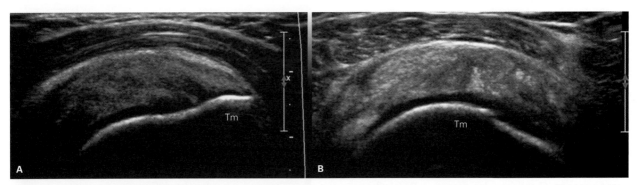

Figura 6 Ultrassonografia do ombro evidenciando tendinopatia do supraespinhal, que se apresenta espessado e difusamente heterogêneo.

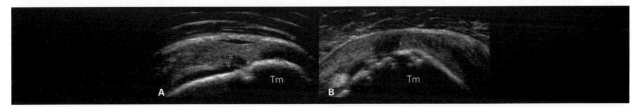

Figura 7 Ultrassonografia do ombro evidencia lesão parcial das fibras profundas do terço médio.

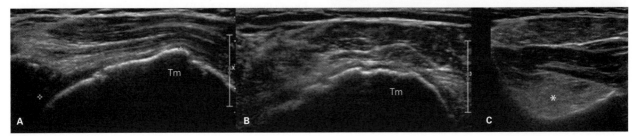

Figura 8 Ultrassonografia do ombro evidencia rotura transfixante do supraespinhal, com medida da retração medial do tendão (A), não caracterização de fibras tendíneas no tubérculo maior do úmero (B) e sinais de hipotrofia e lipossubstituição do seu ventre muscular (*) em C.

Na USG musculoesquelética, deve-se lembrar de mudar a posição do transdutor durante o exame, para evitar o artefato de anisotropia. Esse artefato ocorre quando inclinamos o ângulo de insonação sobre os tendões (que normalmente deve ficar a 90° em relação à estrutura estudada), o que gera áreas hipoecogênicas em meio às fibras tendíneas, podendo simular roturas.

Deve-se lembrar também do intervalo dos rotadores, entre a porção anterior do tendão supraespinhal e a porção superior do tendão subescapular, por onde passa o tendão do cabo longo do bíceps braquial. Essa região pode ser confundida com área de rotura dos referidos tendões do manguito rotador (Figura 9).

Ressonância magnética

Estudos mostram que a sensibilidade e a especificidade da RM para a detecção de roturas do manguito rotador é semelhante à USG. Entretanto, a RM com uso de meio de contraste paramagnético intra-articular (RM com artrografia ou artro-RM) tem performance melhor do que a USG e a RM convencional.

Na RM, a tendinopatia é caracterizada pelo espessamento das fibras e aumento do sinal nas sequências ponderadas em T2 ou densidade de prótons com saturação de gordura (Figura 10). As roturas são evidenciadas como áreas de perda do padrão fibrilar, com alto sinal nas sequências sensíveis a fluido, podendo ser classificadas em parciais ou completas, com medidas e graus semelhantes à USG (Figura 11).

As medidas das roturas podem ser feitas de forma mais fácil na RM, com uso conjunto dos planos sagital e coronal para o tendão supraespinhal ou planos sagital e axial para os tendões subescapular, infraespinhal e redondo menor. O aspecto das roturas à RM influencia o planejamento cirúrgico. Estudos associaram pior evolução pós-operatória em roturas completas (que acometem toda a espessura) com dimensões maiores que 1 cm^2 e dificuldade de reparo em roturas parciais medindo mais de 4 cm em cada eixo.

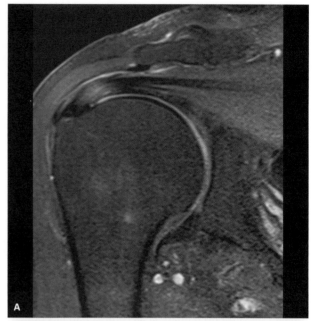

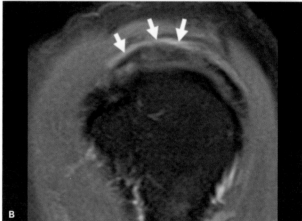

Figura 10 Ressonância magnética do ombro COR T2 FS (A) e SAG T2 FS (B) com tendinopatia do supraespinhal, caracterizada por espessamento e alteração do sinal tendíneo (setas). Há também pequena distensão líquida reacional da bursa subacromial-subdeltóidea.

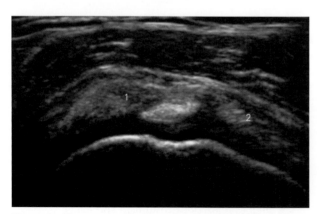

Figura 9 Ultrassonografia do ombro com imagem do intervalo rotador evidenciando-se os tendões supraespinhal (1), porção intra-articular do cabo longo do bíceps (*) e tendão subescapular (2).

A retração nas roturas completas também pode ser melhor avaliada, principalmente em casos de rotura crônica, com acentuada retração e degeneração do coto tendíneo (Figuras 12A e B).

Em alguns casos de rotura do tendão supraespinhal, podem haver microavulsões no tubérculo maior do úmero, mais comuns em pacientes idosos. Em pacientes jovens, esse tipo de rotura é denominada *rim-rent*, quando predominam alterações fibrocísticas e edema ósseo no tubérculo maior do úmero, ou PASTA (*partial articular supraspinatus tendon avulsion*) quando o tendão apresenta delaminações intrassubstanciais. A importância desse tipo de lesão é que o líquido articular interposto nas áreas de avulsão óssea pode prejudicar a cicatrização.

1 DOENÇAS DO MEMBRO SUPERIOR – OMBRO, COTOVELO E PUNHO   585

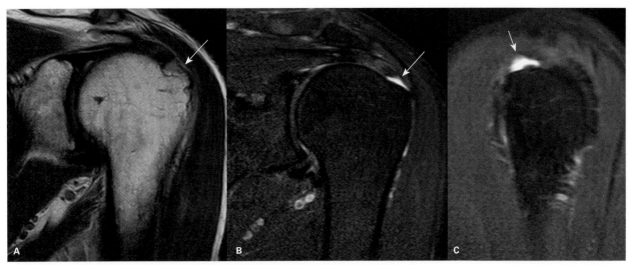

Figura 11   Ressonância magnética COR T1 e T2 FS (A, B) e SAG T2 FS (C) revelando lesão transfixante das fibras anteriores do supraespinhal no *footprint* (setas).

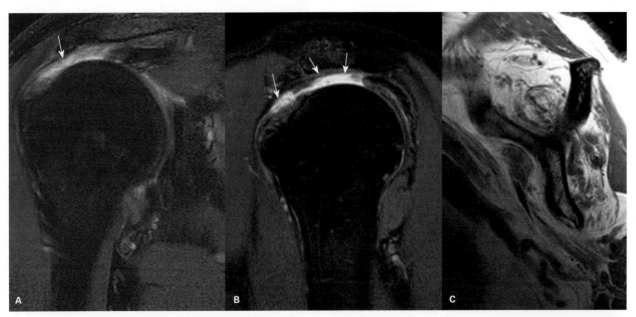

Figura 12   Ressonância magnética COR T2 FS (A), SAG T2 FS (B) e SAG T1 (C) revelando lesão transfixante de toda a espessura do supraespinhal, com retração do coto tendíneo (A) e hipotrofia dos ventres musculares do manguito rotador, sobretudo do supraespinhal (C). 1: Ventre muscular do supraespinhal; 2: ventre do subescapular; 3: ventre do infraespinhal.

Outra informação importante para os cirurgiões é o trofismo dos ventres musculares do manguito rotador, que pode ser avaliado nas sequências ponderadas em T1, principalmente no plano sagital. Músculos com hipotrofia ou atrofia apresentarão redução das dimensões com áreas de alto sinal de permeio, refletindo a lipossubstituição (Figura 12C). Um parâmetro útil é o sinal da tangente para avaliar o ventre muscular do supraespinhal. Em uma imagem no plano sagital, deve-se traçar uma linha horizontal ligando as porções superiores da espinha da escápula e do processo coracoide. O ventre muscular normal do supraespinhal geralmente atinge, e muitas vezes ultrapassa, tal linha, sendo considerado hipotrófico quando seu volume se concentra abaixo dela. Deve-se avaliar também o trofismo do ventre muscular do deltoide, pois sua atrofia está relacionada a pior prognóstico das cirurgias de reconstrução do manguito rotador. A avaliação pós-operatória geralmente é realizada com RM, que permite identificar a área de reinserção dos tendões lesados, muitas vezes com âncoras que determinam artefatos de suscetibilidade magnética de intensidade variável.

Os tendões reinseridos costumam apresentar alteração de sinal leve a moderada mesmo em pacientes assintomáticos. Apenas cerca de 10% dos casos de tendões operados apresentam sinal preservado. É importante descrever novas roturas, caracterizadas por áreas com descontinuidade das fibras tendíneas, substituídas por áreas de sinal com intensidade semelhante ao líquido (Figura 13). Outros achados pós-operatórios que não necessariamente apresentam significado patológico incluem distensão líquida da bursa subacromial-subdeltóidea e derrame articular glenoumeral.

Síndromes de impacto

Na radiologia musculoesquelética, quando partes moles encontram-se interpostas entre estruturas ósseas, elas podem sofrer compressão e microtraumatismo recorrente, gerando dor crônica e muitas vezes se manifestando com achados de imagem. Essas condições são denominadas síndromes de impacto e podem ser classificadas de diversas formas. No ombro, muitos autores denominam o impacto como extrínseco, quando a patogênese envolve compressão por estruturas extra-articulares, como o impacto subacromial e o subcoracoide. Os impactos intrínsecos têm origem em estruturas intra-articulares, como os impactos internos anterossuperior e posterossuperior.

Impacto subacromial

Patogênese e epidemiologia

É o tipo mais comum de impacto acometendo as estruturas do ombro e é mais prevalente em pacientes de meia idade ou idosos. Envolve a compressão das estruturas entre o tubérculo maior do úmero e o arco coracoacromial, formado pelo acrômio da escápula e o ligamento coracoacromial. As estruturas geralmente acometidas são o tendão supraespinhal, a bursa subacromial-subdeltóidea e a porção intra-articular do tendão do cabo longo do bíceps braquial. O mecanismo fisiopatológico é variável, podendo ser decorrente de degeneração progressiva dos tendões supraespinhal e infraespinhal, com eventuais roturas e redução progressiva do espaço subacromial. Em outros casos, o atrito crônico com estruturas ósseas em diferentes conformações anatômicas seria o responsável pela degeneração tendínea (Figuras 14 e 15).

Nesses casos, fatores predisponentes incluem a morfologia do acrômio, esporões subacromiais, espessamento

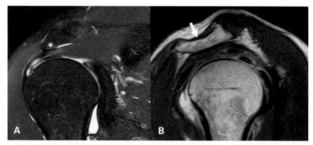

Figura 14   Ressonância magnética do ombro COR T2 FS (A) e SAG T1 (B) evidenciam acrômio com morfologia convexa determinando impressão na transição miotendínea do supraespinhal, que apresenta sinais de tendinopatia com delaminações longitudinais.

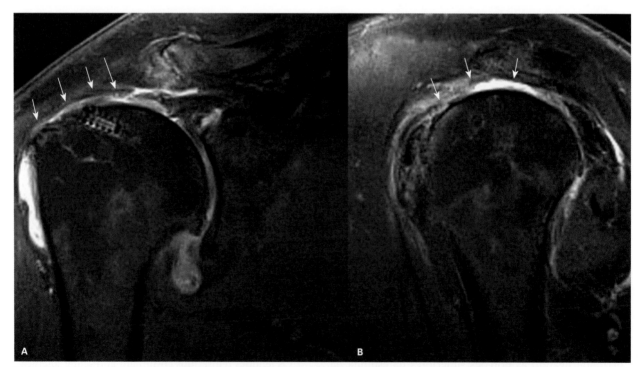

Figura 13   Ressonância magnética do ombro COR T2 FS (A) e SAG T2 FS (B) revelando sinais de manipulação cirúrgica prévia do manguito rotador com nova rotura tendínea (tendão supraespinhal não caracterizado na sua inserção tendínea e com coto retraído medialmente).

1 DOENÇAS DO MEMBRO SUPERIOR – OMBRO, COTOVELO E PUNHO   587

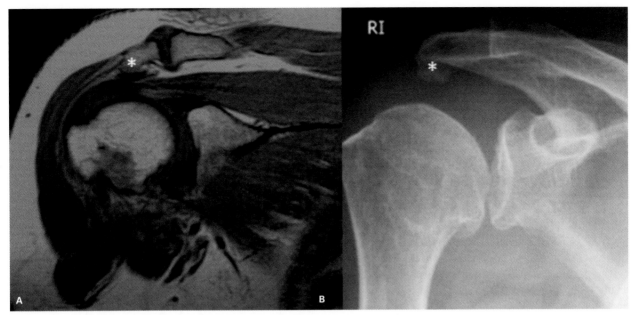

Figura 15 Ressonância magnética do ombro COR T1 (A) e radiografia AP com rotação interna (B) revelam esporão acromial inferior com impressão na transição miotendínea do supraespinhal, que apresenta sinais de tendinopatia.

do ligamento coracoacromial e alterações degenerativas hipertróficas na articulação acromioclavicular. A correção cirúrgica do impacto subacromial pode ser feita por acromioplastia aberta ou descompressão por via artroscópica. A última opção tem sido a mais frequente, com ressecção das porções anterior e posterior do acrômio, do ligamento coracoacromial, dos osteófitos da articulação acromioclavicular e, em alguns casos, ressecção da porção distal da clavícula.

Radiografia

Na radiografia simples, é possível avaliar alguns fatores predisponentes ao impacto subacromial. A morfologia do acrômio pode ser avaliada na incidência em perfil da escápula, sendo classificado em tipo I quando é reto, tipo II quando é levemente curvo, tipo III quando tem formato em gancho e tipo IV quando a porção inferior é convexa. O tipo III é o mais associado a impacto. Com a incidência de Rockwood, que coloca a ampola em inclinação caudal de 30º, é possível avaliar o espaço entre o acrômio e a cabeça umeral e a presença de esporão subacromial. Na incidência anteroposterior, é possível avaliar o ângulo entre os eixos longos do acrômio e da clavícula, que geralmente mede até 15º. Casos de impacto podem estar relacionados à maior inclinação do acrômio e, portanto, aumento desse ângulo.

Ultrassonografia

A ultrassonografia pode auxiliar na avaliação da bursa subacromial-subdeltóidea. Nos quadros de impacto subacromial, é comum haver algum grau de bursite, evidenciada pelo espessamento parietal e distensão líquida da bursa. Ao realizar abdução do braço, também pode haver aumento da espessura do líquido na bursa, porém esse achado não é específico, sendo o espessamento a alteração mais importante.

Ressonância magnética

Nos casos de impacto subacromial, a RM geralmente evidencia tendinopatia dos componentes do manguito rotador, principalmente do tendão supraespinhal e das fibras superiores do infraespinhal, com ou sem roturas. A articulação acromioclavicular geralmente apresenta sinais de degeneração, com osteófitos marginais. Pode haver ainda espessamento do ligamento coracoumeral e sinais de bursite subacromial-subdeltóidea, com espessamento parietal e distensão líquida. Em casos avançados, podem ocorrer fraturas da cabeça umeral, com comprometimento vascular e osteonecrose. Os achados pós-operatórios incluem a alteração morfológica do acrômio, com aspecto mais plano, que pode ser evidenciada nas imagens no plano sagital. Nem sempre tais alterações são imediatamente evidentes, devendo-se comparar com estudos anteriores. Na topografia do ligamento coracoacromial, pode ser visto tecido adiposo e fibrocicatricial e algumas vezes há alargamento da articulação acromioclavicular, quando é abordada na cirurgia.

Impacto subcoracoide

Patogênese e epidemiologia

O impacto subcoracoide é definido como a redução do espaço entre o processo coracoide e o tubérculo menor do úmero, associada a dor no aspecto anterior do ombro. As estruturas que podem sofrer compressão incluem o tendão subescapular, o tendão do cabo longo do bíceps braquial e o ligamento glenoumeral médio. A patogênese é multifatorial, podendo ser idiopático, relacionado a traumatismo ou ainda iatrogênico. Fatores predisponentes incluem processo coracoide proeminente ou a presença de calcificações em sua extremidade. Também foram descritos casos relacionados a instabilidade glenoumeral, com frouxidão do ligamento glenoumeral médio. Clinicamente, pode ser induzido ao se realizar adução, rotação interna e flexão anterior. É mais comuns em homens jovens e alguns relatos evidenciam alta prevalência entre militares. O diagnóstico é predominantemente clínico e os métodos de imagem têm papel auxiliar.

Ultrassonografia

A USG permite avaliar sinais indiretos de impacto subcoracoide, como a presença de tendinopatia do subescapular ou distensão líquida e espessamento parietal da bursa subcoracoide. É possível também tentar medir a distância entre o processo coracoide e o tubérculo menor do úmero, com a vantagem de permitir avaliação dinâmica ao se realizar rotação interna com o braço em adução.

Ressonância magnética

A RM pode ser realizada em posição supina, com o úmero em posição neutra ou rotação externa. Apesar de a rotação interna favorecer a avaliação de estreitamento do espaço subcoracoide, as doenças tendíneas são mais prevalentes na população em geral. Dessa forma, para exames de rotina as posições neutra ou em rotação externa são mais frequentemente indicadas. O espaço coracoumeral pode ser medido no plano axial entre o processo coracoide e o tubérculo menor do úmero, com limites normais controversos na literatura, sendo estimado em cerca de 7 a 11 mm. Casos com clínica sugestiva de impacto subcoracoide geralmente apresentam medida inferior a 6 mm, porém deve-se lembrar que o achado de imagem isolado não é suficiente para o diagnóstico. Em alguns casos, podem ser vistas alterações no tendão subescapular, como tendinopatia e roturas parciais. Também pode haver sinais de bursite subcoracoide, como distensão líquida e espessamento sinovial.

Impacto posterossuperior

Patogênese e epidemiologia

O impacto posterossuperior, também chamado de impacto interno, consiste em compressão dos tendões do manguito rotador na porção posterossuperior, entre a glenoide e o tubérculo maior do úmero. Acredita-se que os movimentos repetitivos possam lesionar a porção posterior da cápsula articular e causar frouxidão dos ligamentos na porção anteroinferior. Com isso, desenvolve-se a condição denominada GIRD (*glenohumeral internal rotation deficit*), com limitação à rotação interna e maior deslocamento posterossuperior da cabeça umeral ao realizar abdução e rotação externa, gerando o impacto. Afeta principalmente praticantes de esportes que envolvem arremesso ou elevação do braço acima da linha do ombro. Os principais achados do impacto posterossuperior são mais bem avaliados com o uso de RM.

Ressonância magnética

Os achados à RM incluem (Figura 16):

- Tendinopatia na porção profunda (articular) das fibras transicionais entre os tendões supra e infraespinhais, isto é, acometendo as fibras posteriores do supraespinhal e as fibras superiores do infraespinhal, com ou sem roturas.
- Lesão na porção posterossuperior do lábio glenoidal (também chamada de SLAP do tipo IIB).
- Alterações císticas subcorticais no aspecto posterior ou posterossuperior da cabeça umeral.
- Espessamento da porção posterior da cápsula articular.

Impacto anterossuperior

Patogênese e epidemiologia

O impacto anterossuperior é decorrente do contato entre a cabeça umeral e a porção anterossuperior da glenoide, que ocorre principalmente em movimentos com o braço aduzido em rotação externa e elevação anterior. Pode estar relacionado à atividade profissional ou esportiva com movimentos do braço em rotação interna junto ao corpo. A ultrassonografia permite identificar as lesões tendíneas e a ressonância magnética oferece a possibilidade de avaliar também as estruturas ligamentares da cápsula glenoumeral.

Ultrassonografia e ressonância magnética

Esse tipo de impacto geralmente se associa a lesões da polia bicipital e rotura parcial ou completa do tendão subescapular, que podem ter origem traumática ou degenerativa. Com isso, há subluxação ou luxação medial do tendão do cabo longo do bíceps braquial. Também pode haver rotura parcial da porção profunda de fibras anteriores do tendão supraespinhal. A polia bicipital é formada pelos ligamentos coracoumeral e glenoumeral superior e pode ser mais bem avaliada pela RM. As lesões tendíneas podem ser evidenciadas com USG ou RM.

Instabilidade glenoumeral

A articulação glenoumeral possui grande amplitude de movimento e, por ter tal característica, a incidência de luxações também aumenta. Os estabilizadores articulares estáticos incluem as estruturas ósseas, a cápsula articular, o lábio glenoidal e os ligamentos glenoumerais (superior, médio e inferior). Os estabilizadores dinâmicos são principalmente os tendões do manguito rotador e o tendão do

Figura 16 Ressonância magnética do ombro. AX T2 FS (A) e SAG T1 FS (B) revelam lesão do lábio posterossuperior da glenoide (seta na imagem A) associada a tendinopatia do supraespinhal com irregularidade das fibras articulares (seta na imagem B).

cabo longo do bíceps braquial, além do peitoral maior e latíssimo do dorso. Os tipos de instabilidade são divididos de acordo com a direção em que ocorre o deslocamento, podendo ser classificados em anterior, posterior ou multidirecional.

Instabilidade anterior

Patogênese e epidemiologia

Entre os tipos de instabilidade glenoumeral, o deslocamento anterior da cabeça umeral com etiologia traumática representa cerca de 90-95% dos casos. Algumas vezes, pode haver instabilidade crônica, com deslocamentos frequentes, mesmo sem história de trauma. A taxa de recorrência é maior entre os jovens e tende a diminuir ao longo dos anos. O mecanismo envolve o deslocamento da cabeça umeral anteriormente, sendo que a sua porção posterossuperior tem contato com a borda anterior da glenoide. Como o osso trabecular na cabeça umeral é menos compacto, geralmente há fratura com impactação, que é conhecida como lesão de Hill-Sachs, visível em 25-81% dos casos após o primeiro episódio e em até 100% dos casos crônicos. Com o traumatismo, é comum haver lesão da porção anteroinferior do lábio glenoidal, conhecida como lesão de Bankart. Quando há envolvimento da porção óssea da glenoide, é chamada de Bankart ósseo e tem valor prognóstico. Há ainda outros tipos de lesões labrais, que podem ser diferenciadas pelo aspecto na ressonância magnética.

Radiografia

Radiografias simples são geralmente o primeiro tipo de exame pedido em casos de traumatismo com suspeita de luxação do ombro (Figuras 17 e 18). As incidências úteis para avaliação da articulação incluem anteroposterior em rotação interna e externa, perfil da escápula (ampola no eixo da espinha da escápula e pequena inclinação caudal) e perfil axilar (filme sobre o ombro e ampola na direção da axila).

Outras incidências que auxiliam são a de Stryker (braço elevado, em rotação interna, com cotovelo apontando para a ampola), para avaliar a porção posterossuperior da cabeça umeral, e a incidência West Point (paciente em decúbito ventral, com braço abduzido, mão pendente e ampola direcionada para a axilar), para avaliar a borda anterior da glenoide. O perfil de Bernageau é uma técnica que apresenta boa correlação com a tomografia para calcular a porcentagem de perda óssea na glenoide, comparando o diâmetro anteroposterior da glenoide com o ombro contralateral. É realizado com o paciente de lado, com braço elevado e tórax encostado na mesa e ampola em angulação caudal, direcionada para a escápula.

Tomografia computadorizada

A tomografia computadorizada (TC) é um bom método para avaliar os casos de luxação aguda, pois permite uma análise completa das alterações ósseas, como a fratura-impactação de Hill-Sachs e Bankart ósseo (Figura 19). Para o diagnóstico da fratura-impactação de Hill-Sachs nos métodos de imagem axiais, deve-se observar a morfologia da cabeça umeral até o plano do processo coracoide, o que geralmente corresponde aos três primeiros cortes. A TC é classicamente o método mais usado para avaliar a perda óssea na cabeça umeral e na glenoide de forma quantitativa. Para a lesão de Hill-Sachs, pode-se usar a

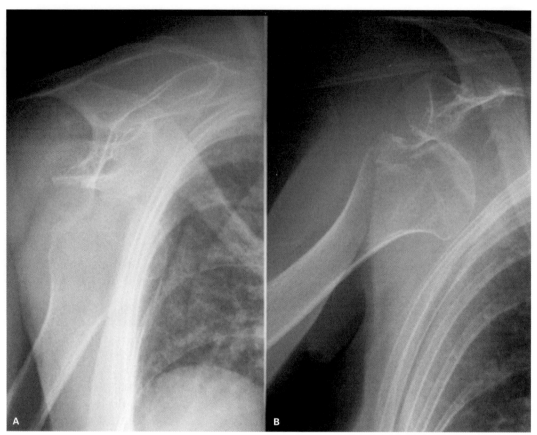

Figura 17 A, B: Radiografias do ombro em perfil escapular e AP revelando luxação glenoumeral anterior com impactação da porção posterossuperior da cabeça umeral.

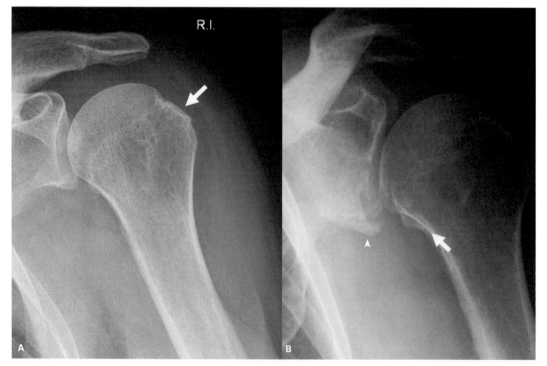

Figura 18 A: Radiografia do ombro anteroposterior (AP) com rotação interna revela impactação óssea da porção posterossuperior da cabeça umeral (seta). B: Radiografia AP com rotação interna de outro paciente com antecedente de luxação do ombro, notando-se fratura da margem inferior da glenoide (cabeça de seta) e impactação posterossuperior da cabeça umeral (seta).

medida de profundidade da área de impactação em relação ao diâmetro total da cabeça umeral e obter a porcentagem de perda óssea. A técnica para a glenoide envolve usar imagens da TC reformatadas no plano sagital, com a superfície articular da glenoide vista de frente (Figura 19C). A ferramenta de *region of interest* (ROI) pode ser usada para formar um círculo delineando a porção inferior da glenoide. A profundidade da área com perda óssea pode então ser medida e comparada ao diâmetro da glenoide. Quando há perda óssea significativa (20-25% para a glenoide), pode ser indicada cirurgia com enxertia óssea para preservar a superfície de contato com a cabeça umeral.

Ressonância magnética

A RM convencional permite avaliar com boa acurácia as alterações relacionadas à instabilidade anterior. Quando é usado meio de contraste paramagnético intra-articular (artro-RM), torna-se o método mais indicado para avaliação de suspeita de lesões labrais ou quadros crônicos. Com o posicionamento em abdução e rotação externa mantendo a mão atrás do pescoço, conhecido pela sigla em inglês ABER (*abduction and external rotation*), é possível avaliar melhor a porção anteroinferior do lábio glenoidal e a inserção do ligamento glenoumeral inferior.

Na instabilidade anterior, as alterações ósseas podem ser evidenciadas de forma semelhante aos métodos radiográficos. Nos quadros agudos, a RM mostrará edema da medula óssea nas áreas de impactação óssea, caracterizadas como áreas de alto sinal nas sequências sensíveis a fluido (T2 com saturação de gordura ou sequências de inversão, como o STIR) (Figura 20). A RM apresenta boa correlação com a TC para avaliação da perda óssea na glenoide, sendo realizada com técnica semelhante à descrita anteriormente, usando imagens no plano sagital.

O lábio glenoidal deve ser avaliado em vários planos, geralmente apresentando morfologia triangular nas imagens axiais e coronais, com baixo sinal em todas as sequências. Degeneração é evidenciada como alteração de sinal intrassubstancial, principalmente nas sequências ponderadas em T2 ou DP com saturação de gordura (Figura 21).

As lesões ou roturas aparecem como descontinuidades ou áreas lineares de sinal intenso. Quando é usado meio de contraste intra-articular, pode haver insinuação do contraste para o interior da lesão (Figura 23C).

Nas luxações anteriores, o achado típico é a lesão de Bankart (Figuras 22 e 23), que consiste na lesão da porção anteroinferior do lábio glenoidal. Ao se observar a superfície glenoidal de frente e imaginando os ponteiros de um relógio, a lesão corresponderia à posição entre 3 e 6 horas. Pode ser decorrente do traumatismo direto ou de tração do ligamento glenoumeral inferior. Há destacamento labral e rotura do periósteo da glenoide, o que pode levar a dificuldade de cicatrização, sendo muitas vezes indicado o reparo cirúrgico.

Com a luxação, em alguns casos o ligamento glenoumeral inferior pode sofrer avulsão de sua inserção no colo anatômico do úmero. Esse tipo de lesão é classificado pela sigla HAGL (*humeral avulsion of inferior glenohumeral ligament*).

Outros tipos de lesões labrais

O lábio glenoidal pode sofrer lesões em grandes traumatismos agudos ou com microtraumas recorrentes. No contexto de trauma agudo, em muitos casos há alterações regionais, como derrame articular reacional ou hemartrose, de forma que a ressonância magnética convencional permite uma adequada avaliação labral. Nos casos crônicos, geralmente é indicada a realização de artro-RM, com uso de meio de contraste à base de gadolínio administrado por meio de injeção intra-articular guiada por fluoroscopia. Para classificar os diferentes tipos de lesões labrais, deve-se avaliar a localização (anterior, posterior,

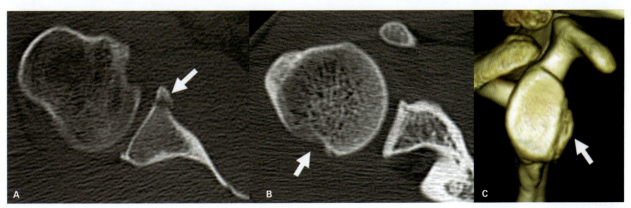

Figura 19 A, B: Tomografia computadorizada do ombro axial revela fratura com avulsão de fragmento ósseo da margem anteroinferior da cavidade glenoidal (Bankart ósseo) (seta em A) e impactação da porção posterolateral da cabeça umeral, compatível com lesão de Hill-Sachs (seta em B). C: Reconstrução 3D sagital com melhor caracterização da fratura glenoidal, com perda óssea estimada em cerca de 10% (seta em C).

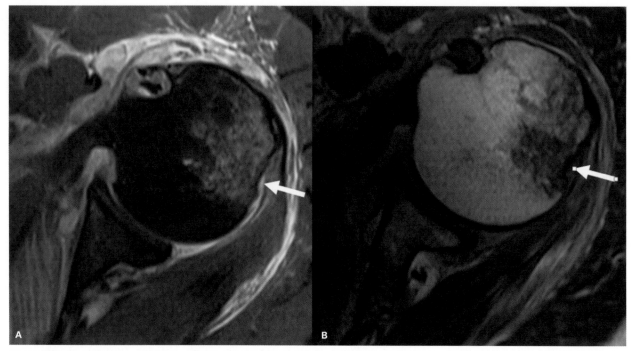

Figura 20 Ressonância magnética do ombro AX T2 FS (A) e AX T1 (B) revelam impactação da porção posterossuperior da cabeça umeral com edema ósseo circunjacente (lesão de Hill-Sachs aguda).

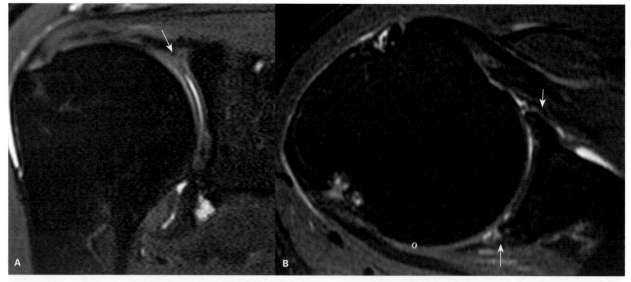

Figura 21 Ressonância magnética do ombro COR T2 FS (A) e AX T2 FS (B) revelam degeneração do lábio glenoidal superior, anterior e posterior, com alteração de sinal e irregularidades, mais evidentes no lábio superior (A).

superior, inferior ou usando a analogia com os ponteiros de um relógio) e o envolvimento de estruturas adjacentes, como o periósteo, cartilagem glenoidal e ligamentos glenoumerais.

SLAP

As lesões centradas na porção superior do lábio glenoidal junto à origem do tendão do cabo longo do bíceps braquial (TCLB) são chamadas de SLAP (Figura 24), podendo se estender para as porções anterior e posterior. Estão associadas à tração do TCLB, que pode ocorrer ao carregar peso ou em quedas sobre as mãos com os braços esticados. Outro fator de risco é a prática de atividade física com movimentos do braço acima da linha do ombro, como esportes de arremesso ou natação. As lesões SLAP possuem uma classificação com 10 tipos que vão desde apenas degeneração (SLAP tipo I)

1 DOENÇAS DO MEMBRO SUPERIOR – OMBRO, COTOVELO E PUNHO   **593**

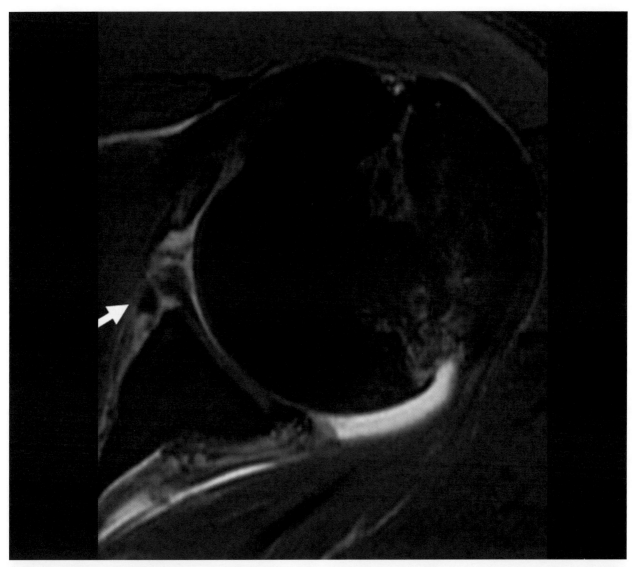

Figura 22 Ressonância magnética do ombro AX T2 FS de paciente com história de luxação anterior recente revela lesão com destacamento do lábio anteroinferior da glenoide (seta), compatível com lesão de Bankart. Há edema da porção posterossuperior da cabeça umeral, sugestivo de lesão de Hill-Sachs aguda.

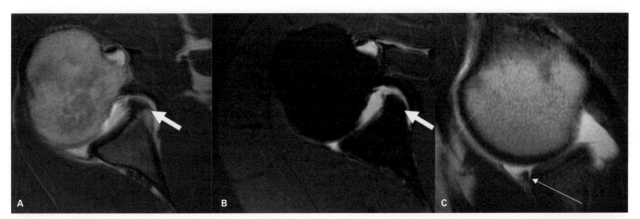

Figura 23 Ressonância magnética do ombro AX T1 (A) e AX T2FS (B) revelam irregularidade e alteração de sinal do lábio anteroinferior da glenoide, sem lesão labral evidente. C: Sequência em ABER realizada como complemento do exame revelou a lesão labral anteroinferior (Bankart).

até roturas labrais que se estendem para o TCLB, para o ligamento glenoumeral médio ou mesmo para componentes do manguito rotador. A mais comum é o SLAP tipo II, em que se observa uma fissura simples entre o lábio e a glenoide, com orientação anteroposterior, sem envolvimento de outras estruturas.

ALPSA

A sigla em inglês ALPSA corresponde a *anterior labroligamentous periosteal sleeve avulsion* e é usada para classificar a lesão labral quando há destacamento da porção anteroinferior do lábio glenoidal, porém sem rotura do periósteo (diferenciando-a da lesão de Bankart). A porção lesada do lábio fica aderida ao periósteo, que sofre uma avulsão ou levantamento, com aparecimento de um sulco entre ele e a glenoide, que pode estar preenchido por líquido articular ou contraste. Algumas vezes, há retração da porção avulsionada junto à margem anterior da glenoide, com formação de tecido fibrocicatricial de aspecto heterogêneo (ALPSA crônico). A lesão ALPSA é geralmente associada a microtraumatismo crônico.

Perthes

A lesão de Perthes é menos comum, acometendo até 8% dos pacientes com primeiro episódio de luxação. Nesses casos, há lesão do lábio glenoidal, mas não há rotura do periósteo (Figura 25). A diferença para as lesões do tipo ALPSA é que na lesão de Perthes geralmente não há levantamento ou destacamento significativo do complexo lábio-periósteo ou o destacamento é mínimo, muitas vezes dificultando o diagnóstico. A manobra de ABER pode aumentar a sensibilidade ao tracionar o ligamento glenoumeral inferior e forçar um levantamento do lábio glenoidal.

GLAD

Quando além da lesão labral observa-se também erosão da cartilagem glenoidal adjacente, utiliza-se a sigla GLAD (*glenolabral articular disruption*) (Figura 26). Geralmente há fissura labral com pequeno ou nenhum destacamento e erosão visível no revestimento condral. Na artro-RM, essas alterações são mais facilmente evidenciadas. As lesões do tipo GLAD são mais comuns em atletas com história de traumatismo agudo.

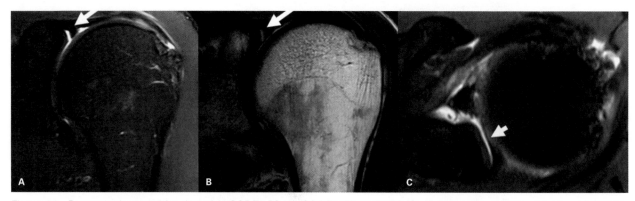

Figura 24 Ressonância magnética do ombro COR T2 FS (A), COR T1 (B), AX T2 FS (C) revelam rotura do lábio superior da glenoide (seta em A e B), com extensão de anterior a posterior (seta em C), compatível com lesão do tipo SLAP.

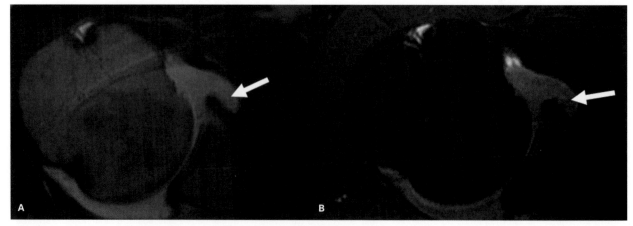

Figura 25 Ressonância magnética do ombro AX T1 (A) e AX T2 FS (B) revelando lesão labral do tipo Perthes com destacamento do lábio anteroinferior com desvio medial do periósteo, o qual se mantém intacto.

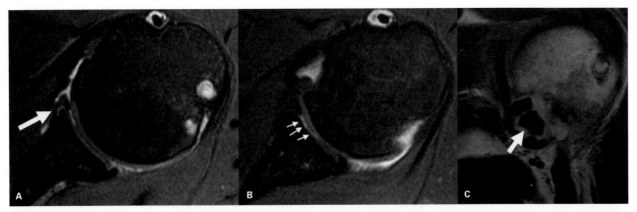

Figura 26 Ressonância magnética (RM) do ombro AX T2 FS (A, B) revela lesão do lábio anteroinferior da glenoide (seta em A) com erosão/afilamento condral na margem anterior (setas em B). RM do ombro SAG T1 (C) do mesmo paciente revela corpos livres intra-articulares (seta).

Instabilidade posterior

Patogênese e epidemiologia

Os quadros de instabilidade glenoumeral posterior apresentam menor prevalência, correspondendo a cerca de 5% dos casos de instabilidade. São classicamente associados a traumatismos de alta energia, como acidentes, convulsões ou choques elétricos. Também são descritos casos de lesão durante prática esportiva, com atividades de arremesso ou trauma direto.

Radiografia e tomografia computadorizada

Os métodos radiográficos evidenciam alterações ósseas de forma oposta à instabilidade anterior. Na cabeça umeral, é comum ocorrer impactação no aspecto anteromedial, chamada de Hill-Sachs reverso (Figura 27). O acometimento da porção posteroinferior da glenoide é conhecido como Bankart ósseo reverso. Alguns pacientes podem apresentar sinais de displasia da glenoide, que predispõe à instabilidade multidirecional.

Ressonância magnética

Além das alterações ósseas descritas, na instabilidade posterior é comum haver lesão do lábio glenoidal em forma oposta aos deslocamentos anteriores. A lesão da porção posteroinferior do lábio glenoidal com rotura do periósteo é chamada de Bankart reverso. Em alguns casos, o lábio glenoidal permanece aderido ao periósteo e ocorre uma avulsão de ambos, formando um recesso junto à margem da glenoide, que se comunica com o espaço articular. Esse tipo de lesão é chamado pela sigla POLPSA (*posterior labrocapsular periosteal sleeve avulsion*). Outro tipo de lesão posterior com descrição recente é a lesão de Kim, caracterizada por uma fissura incompleta no lábio glenoidal adjacente à junção condrolabral.

Outros tipos de lesões labrais podem ocorrer no aspecto posterior, em correspondência aos padrões observados anteriormente. São denominadas de acordo com as estruturas afetadas, podendo ser classificadas como Perthes reverso ou GLAD reversa.

Variantes anatômicas

Algumas variantes anatômicas podem simular lesões labrais. Uma das mais comuns é o recesso sublabral (Figura 28A), presente em até 73% dos estudos com cadáveres, evidenciado como uma imagem linear de alto sinal paralela à junção entre o lábio glenoidal e a cartilagem da glenoide. O recesso sublabral geralmente se encontra entre as posições de 11 horas e 1 hora (superior). O forame sublabral é outra variante um pouco menos comum (até 15% dos pacientes), que aparece como um pequeno destacamento na porção anterossuperior do lábio glenoidal, unindo-se às demais porções superior e inferiormente. A localização habitual é entre 12 e 3 horas.

As variantes anatômicas podem ser diferenciadas das lesões verdadeiras seguindo alguns critérios. Nas lesões, a porção do lábio glenoidal afetada geralmente apresenta alteração de sinal difusa, margens irregulares e distância maior que 2 a 2,5 mm da glenoide. O recesso e forame sublabrais possuem orientação paralela à margem óssea da glenoide, seguindo a base labral, enquanto as lesões possuem orientação perpendicular à glenoide, insinuando-se para o interior do lábio glenoidal. Cistos paralabrais geralmente indicam a presença de uma lesão.

Intervalo dos rotadores

Polia bicipital

O intervalo dos rotadores é a região entre a borda superior do subescapular e a borda anterior do supraespinhal, contendo a polia bicipital, que tem como limites os ligamentos coracoumeral e glenoumeral superior e contendo o tendão do cabo longo do bíceps braquial (Figura 29).

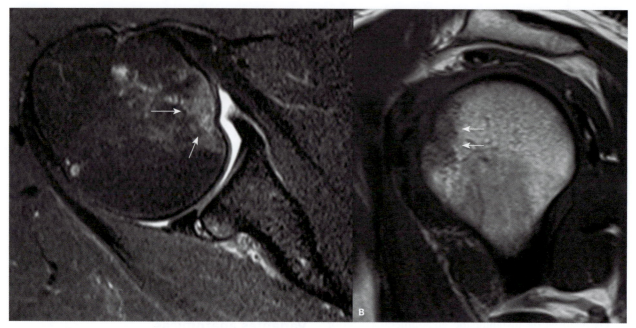

Figura 27 Ressonância magnética do ombro AX T2 FS (A) e SAG T1 (B) revelam fratura-impactação do aspecto anteromedial da cabeça umeral (setas), com edema da medula óssea adjacente, compatível com lesão de Hill-Sachs reversa. Há também edema ósseo da margem posterior da glenoide (*) e fissura intrassubstancial do *labrum* glenoidal posterior (cabeça de seta). B: SAG T1 revela a impactação óssea da margem anterossuperior da cabeça umeral (seta).

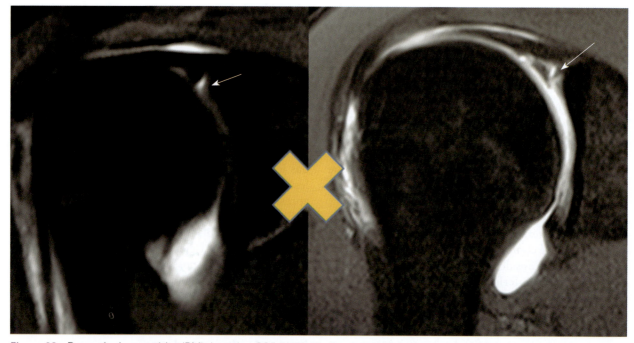

Figura 28 Ressonância magnética (RM) do ombro COR T2 FS (A). Recesso sublabral caracterizado pela linha de hipersinal regular com orientação que segue a base labral (seta). B: RM de ombro COR T2 FS de outro paciente revela lesão no lábio superior da glenoide (seta) caracterizada por fissura irregular e afilamento labral.

Patogênese e epidemiologia

As lesões da polia bicipital podem ser causadas por alterações degenerativas, trauma agudo ou ainda relacionadas a lesões do manguito rotador. O melhor método para avaliação dessas estruturas é a ressonância magnética, com demais métodos apresentando utilidade limitada.

A radiografia também pode ser útil após a redução da luxação, para avaliar o alinhamento.

Ressonância magnética

A artro-RM é a melhor técnica para avaliação do intervalo dos rotadores, porém a RM comum pode ser usa-

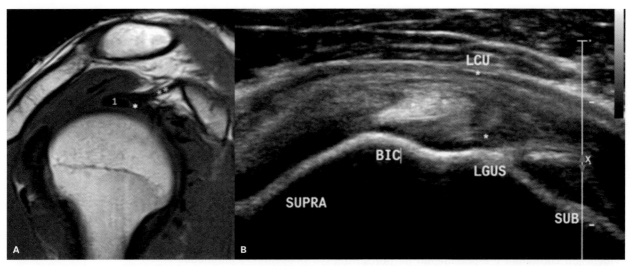

Figura 29 Ressonância magnética de ombro SAG T1 evidenciando a anatomia do intervalo rotador. **: Ligamento coracoumeral (LCU); *: ligamento glenoumeral superior (LGUS). 1: Porção intra-articular do cabo longo do bíceps (BIC). SUPRA: supraespinhal; SUB: subescapular.

da nos exames de rotina, e as imagens no plano sagital oblíquo paralelo à glenoide são as que melhor ilustram os componentes. A tendinopatia da porção intra-articular do tendão do cabo longo do bíceps braquial é uma condição relativamente comum, caracterizada por elevação de sinal nas sequências ponderadas em T2 ou densidade de prótons com saturação de gordura. O tendão pode estar subluxado ou luxado na transição com o segmento extra-articular (Figura 30). Geralmente tal achado está associado a roturas ligamentares ou do tendão subescapular, que podem caracterizar o impacto anterossuperior, descrito previamente.

Capsulite adesiva

A capsulite adesiva é uma condição que se apresenta com restrição à movimentação ativa ou passiva do ombro, de patogênese ainda pouco compreendida. Aparece na li-

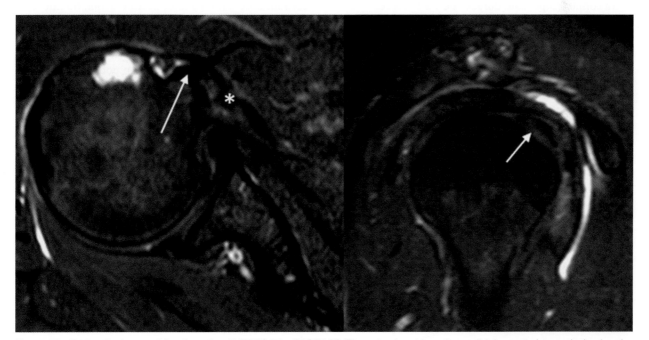

Figura 30 Ressonância magnética do ombro AX T2 FS (A) e SAG T2 FS (B) revelando subluxação medial da porção intra-articular do cabo longo do bíceps (seta em A) superficial ao tendão subescapular (*) e tendinopatia da porção intra-articular desse tendão (seta em B).

teratura com várias denominações, tendo sido descrita em 1934 com o termo clássico de "ombro congelado", que acabou sendo usado ao longo dos anos para denominar o quadro clínico de restrição de movimento, também comum a outras doenças.

Epidemiologia e patogênese

A prevalência da capsulite adesiva é de 3-5%, porém deve-se ressaltar que os estudos podem não descrever a real distribuição na população, visto que muitos pacientes apresentam sintomas insidiosos e o diagnóstico nem sempre é confirmado. Acomete mais frequentemente as mulheres e a faixa etária mais comum é de 40 a 60 anos. Acredita-se que sua patogênese envolva inflamação sinovial e fibrose da cápsula articular. Estudos anatômicos evidenciam contratura e espessamento da porção inferior da cápsula articular e do ligamento coracoumeral. Achados histopatológicos incluem neovascularização e proliferação de fibroblastos e miofibroblastos (Figura 31). Foi descrita maior prevalência em pacientes diabéticos, porém sem causas bem definidas. Outros fatores também foram estudados, como a associação com antígeno HLA-B27, com resultados controversos na literatura.

Sua história natural é classicamente dividida em três fases:

- Fase dolorosa ou inflamatória: há dor e restrição de movimento progressivamente, com tempos de aparecimento variáveis, podendo durar de 10 a 36 semanas.
- Fase adesiva ou congelada: a restrição de movimento passa a ser o principal achado e a dor pode ter melhora com o tempo, com duração de 4 a 12 meses.
- Fase de resolução: pode durar de 5 a 26 meses, com progressiva melhora da dor e recuperação do movimento. Após a resolução, é comum o acometimento do ombro contralateral em até 20% dos pacientes, com intervalo de 6 meses a vários anos.

Radiografia e tomografia computadorizada

A radiografia é útil para excluir diagnósticos diferenciais, como a tendinopatia calcárea e osteoartrite. Na artrografia, o volume de contraste que pode ser injetado no espaço articular está reduzido na capsulite adesiva, a não ser que haja rotura completa de algum tendão do manguito rotador.

Ultrassonografia

A USG pode ser útil nos casos de suspeita de capsulite adesiva porque permite avaliar o ligamento coracoumeral, que geralmente se encontra espessado nessa condição. Para o exame, deve-se usar o processo coracoide como referência, com análise do ligamento em orientação longitudinal e axial. Aparece como uma estrutura linear hipoecoica envolta por planos adiposos hiperecogênicos, sendo considerado espessado quando apresenta calibre acima de 3 mm.

Ressonância magnética

A ressonância magnética com ou sem uso de contraste intra-articular (artro-RM) fornece grande auxílio ao diagnóstico de capsulite adesiva. Há espessamento do ligamento coracoumeral e da cápsula articular no intervalo dos rotadores, mais bem avaliados no plano sagital, podendo também haver espessamento capsular no recesso axilar, visível no plano coronal (Figura 32). Na literatura, foram descritos os limites de até 7 mm para espessura de partes moles no intervalo dos rotadores, 4 mm para o ligamento coracoumeral e 5 mm para a cápsula articular no recesso axilar. É comum a obliteração dos planos adiposos no intervalo dos rotadores, entre o ligamento coracoumeral e o processo coracoide, evidenciada como baixo sinal nessas regiões nas sequências ponderadas em T1. Nas sequências pesadas em T2 com saturação de gordura, é comum observar edema no recesso axilar, no intervalo dos rotadores e em outras regiões pericapsulares.

O uso de meio de contraste endovenoso com gadolínio evidencia realce nas regiões pericapsulares, contribuindo para o diagnóstico. Também pode ser observado realce sinovial no espaço articular.

Alguns dos achados da ressonância magnética foram correlacionados com a apresentação clínica, com descrição de maior limitação à rotação externa do ombro quando há espessamento da cápsula articular no recesso axilar e maior intensidade de dor quando há realce pós-contraste.

Cotovelo

Bíceps braquial

O bíceps braquial é o ventre muscular em posição mais anterior no braço e apresenta dois componentes, que podem exibir aspecto confluente em graus variáveis. A cabeça longa tem origem no tubérculo superior da glenoide e a cabeça curta se origina no processo coracoide da escápula. O tendão distal também apresenta dois componentes que se inserem em pontos adjacentes na tube-

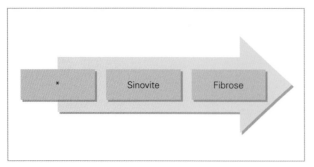

Figura 31 Evolução patológica da capsulite adesiva.

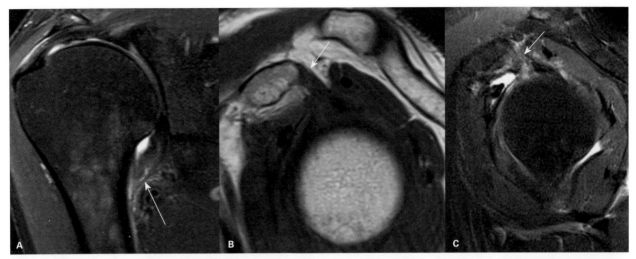

Figura 32 Ressonância magnética do ombro COR T2 FS (A), SAG T1 (B), SAG T2 FS (C) revelam achados compatíveis com capsulite adesiva, destacando-se espessamento e edema da cápsula articular no recesso axilar (seta em A), espessamento do ligamento coracoumeral (seta em B) e edema do intervalo rotador (seta em C).

rosidade do rádio (Figura 33). O tendão correspondente à cabeça longa tem trajeto um pouco mais lateral no cotovelo e passa para uma posição profunda, com inserção mais proximal. O tendão da cabeça curta tem trajeto um pouco mais medial e superficial, com porção distal em morfologia de leque, inserindo-se em posição mais distal na tuberosidade radial.

A aponeurose distal do bíceps braquial é chamada de *lacertus fibrosus* e continua com a fáscia antebraquial (Figura 34). Em sua porção distal o tendão é envolvido pela bursa bicipitorradial, que geralmente só é visível nos exames de imagem quando há lesão tendínea (Figura 35).

Patogênese e epidemiologia

A incidência de roturas da porção distal do bíceps braquial é de 1 a 2 casos em 100 mil pessoas por ano. Pacientes do sexo masculino com idades entre 30 e 60 anos representam a população mais acometida. O mecanismo de lesão geralmente envolve traumatismos agudos, principalmente nas roturas completas. É comumente descrita a relação com extensão forçada súbita do cotovelo inicialmente em flexão, que pode ocorrer durante prática esportiva ou atividade com levantamento de peso, por exemplo. As roturas parciais muitas vezes estão relacionadas a traumatismo repetitivo crônico (pela redução do espaço

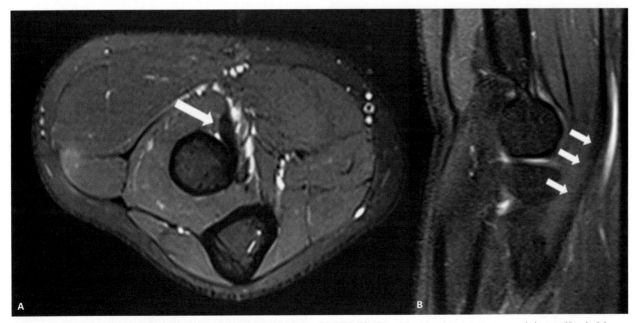

Figura 33 Ressonância magnética do cotovelo AX T2 FS (A) e SAG T2 FS (B) evidenciando aspecto normal do tendão do bíceps braquial em sua inserção na tuberosidade do rádio.

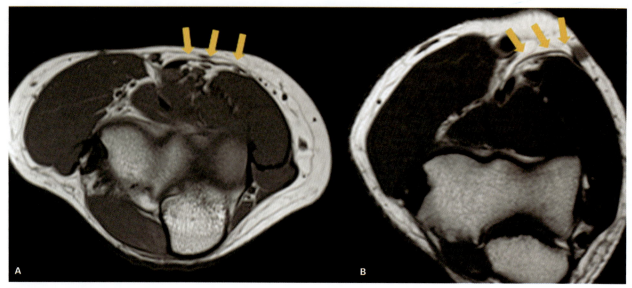

Figura 34 Ressonância magnética do cotovelo AX T1 de dois pacientes diferentes (A e B) evidenciando aspecto normal da aponeurose bicipital (setas).

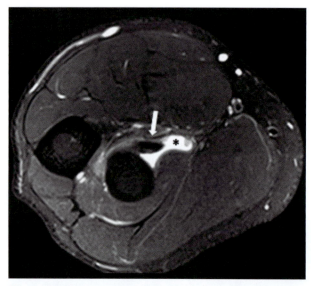

Figura 35 Ressonância magnética do cotovelo AX T2 FS evidencia tendinopatia insercional do bíceps braquial (seta) com distensão líquida da bursa bicipital (*).

entre a tuberosidade radial e a ulna durante a pronação) e degeneração, também podendo estar relacionadas a eventos agudos. Outros fatores que podem estar relacionados às roturas incluem a morfologia da tuberosidade radial, redução do suprimento vascular e inflamação crônica na bursa bicipitorradial. Ao exame físico, pode haver edema, equimoses e retração tendínea, com abaulamento visível na porção distal do braço.

Radiografia e tomografia computadorizada

As radiografias simples e a TC têm papel limitado na avaliação da porção distal do bíceps braquial, não sendo utilizadas de rotina, a não ser que haja suspeita clínica de outras alterações associadas, como fraturas.

Ultrassonografia

A USG é um método com acurácia variável para detecção das lesões do tendão distal do bíceps braquial, pois depende da experiência do examinador, sendo melhor para a detecção de roturas completas. A sensibilidade e especificidade para diferenciar roturas parciais de completas são respectivamente 95 e 71%. Por meio da USG, a tendinopatia pode ser evidenciada como hipoecogenicidade difusa das fibras. Roturas parciais também podem se manifestar como espessamento com ecotextura heterogênea, sendo muitas vezes um diagnóstico difícil. Nas roturas completas, o tendão não é identificado em sua topografia distal junto à tuberosidade radial, devendo-se inspecionar a porção distal do braço para tentar identificar o coto tendíneo retraído. Pode haver hematoma e edema de partes moles associados. Outro sinal relacionado à rotura completa é a presença de sombra acústica posterior, semelhante às roturas do tendão calcâneo. Deve-se avaliar o tendão em mais de um plano, para evitar o artefato de anisotropia, que pode simular rotura completa.

Ressonância magnética

A RM permite uma avaliação completa do bíceps braquial desde a transição miotendínea até o tendão distal e sua inserção, permitindo em muitos casos diferenciar as porções relacionadas às cabeças longa e curta. A sensibilidade e especificidade da RM para roturas completas são respectivamente 100 e 83%, sendo menos sensível para detectar as roturas parciais (59%), com especificidade de 100% (Figura 36).

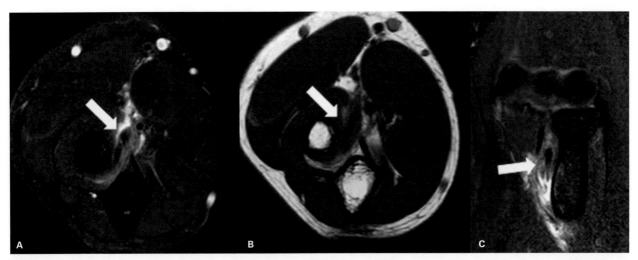

Figura 36 Ressonância magnética do cotovelo AX T2 FS (A), AX T1 (B) e COR T2 FS revelam acentuada tendinopatia insercional do bíceps braquial, com lesão parcial.

Para melhor avaliação do bíceps braquial, foi desenvolvida uma técnica com posicionamento do ombro em abdução, com o cotovelo fletido e o antebraço em supinação (*flexed abducted supinated view* – FABS). Com o antebraço supinado, a tuberosidade radial fica orientada medialmente e, devido à flexão do cotovelo, o tendão fica tenso e, sendo avaliado em toda a extensão longitudinal.

Nas tendinopatias e roturas parciais, há elevação de sinal nas sequências sensíveis a fluido e alteração do calibre tendíneo, geralmente com espessamento (Figura 36).

Nas roturas completas, é possível identificar o tendão retraído, geralmente com distensão líquida da bursa bicipitorradial, edema de partes moles junto à topografia da inserção distal e eventualmente hematomas, podendo-se observar-se a lesão concomitante da aponeurose bicipital (Figuras 37 e 38).

Tríceps braquial

O tríceps braquial é um músculo com trajeto na região posterior do braço, apresentando aspecto tripartido na porção proximal, com ventres musculares das cabeças longa, medial e lateral. A cabeça longa origina-se no aspecto inferior da glenoide. As cabeças medial e lateral originam-se na região posterior do úmero. Em sua porção distal, o tendão apresenta aspecto bipartido, com uma parte profunda mais muscular, que se correlaciona com a cabeça medial, e uma porção superficial, que representa a inserção das cabeças longa e lateral (Figura 39).

Patogênese e epidemiologia

As lesões do tríceps braquial são raras e geralmente envolvem a porção tendínea distal, com prevalência de roturas em torno de 3% na população em geral. O mecanismo mais comum envolvido na rotura do tendão do

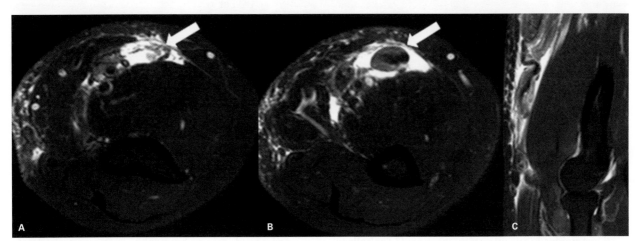

Figura 37 Ressonância magnética do cotovelo AX T2 FS e SAG T2 FS revelam rotura completa do tendão bíceps braquial observando-se não caracterização do tendão em imagem distal (seta em A) e o coto tendíneo retraído proximalmente.

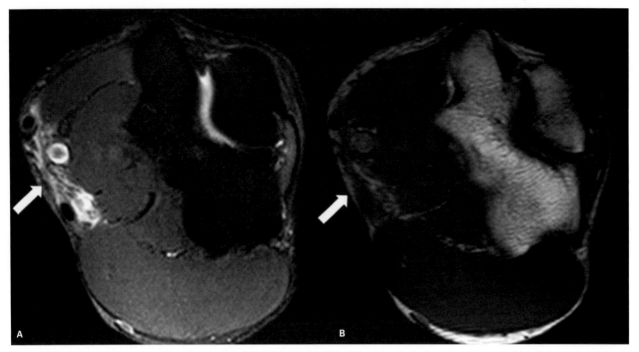

Figura 38 Ressonância magnética do cotovelo AX T2 FS (A) e AX T1 (B) revelando lesão da aponeurose bicipital, com acentuada irregularidade e edema na sua topografia (setas).

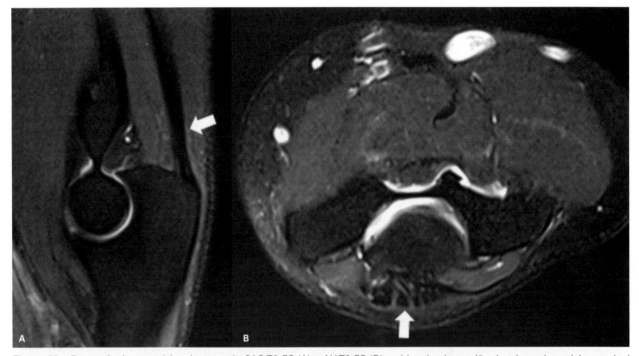

Figura 39 Ressonância magnética do cotovelo SAG T2 FS (A) e AX T2 FS (B) evidenciando tendão do tríceps braquial com sinal preservado na inserção no olécrano.

tríceps é a queda com o braço esticado e mãos espalmadas, também ocorrendo por traumatismo direto ou contração excêntrica em flexão. Alguns fatores de risco estão associados às roturas do tríceps braquial, como o uso de corticosteroides locais ou sistêmicos, uso de anabolizantes, insuficiência renal crônica, hiperparatireoidismo, síndrome de Marfan e presença de processo inflamatório ou infeccioso na bursa olecraniana.

Radiografia e tomografia computadorizada

As lesões do tríceps braquial não são caracterizadas na radiografia simples na maioria das vezes. Quando se associa à fratura avulsiva do olécrano da ulna, pode ser evidenciado fragmento ósseo projetando-se em partes moles próximas à extremidade olecraniana. A TC também pode evidenciar fraturas avulsivas, além de permitir melhor avaliação de partes moles do cotovelo. Apesar de não poder caracterizar com precisão o grau de lesão tendínea, a TC pode evidenciar hematomas ou densificação de partes moles na topografia da bursa olecraniana quando há processo inflamatório associado ou história de trauma.

Ultrassonografia

O tendão distal do tríceps braquial é facilmente acessível à USG. O tendão normal tem aspecto fibrilar isoecogênico, com inserção na extremidade do olécrano. A tendinopatia é definida quando há espessamento e/ou hipoecogenicidade das fibras tendíneas. As roturas são evidenciadas quando há áreas anecogênicas de permeio, podendo acometer o tendão de forma parcial ou completa. Nas roturas parciais, é importante delimitar as medidas da área de rotura e definir se acomete de forma predominante a porção superficial ou profunda. Algumas vezes podem ser evidenciadas roturas laminares no interior do tendão, caracterizando roturas intrassubstanciais. Nas roturas completas, há acometimento de toda a espessura tendínea, geralmente com retração das fibras. Deve-se medir o intervalo entre o tendão retraído e a extremidade do olécrano. Em alguns casos, o fragmento ósseo resultante de fratura avulsiva do olécrano pode ser evidente. Os achados incluem imagem com sombra acústica posterior e geralmente de morfologia linear em meio às partes moles do cotovelo. O ultrassom também pode identificar fatores associados às roturas do tendão tricipital, como sinais de bursite olecraniana. Quando é acometida por processo inflamatório ou infeccioso, há distensão líquida e espessamento parietal da bursa, podendo apresentar fluxo aumentado em suas paredes ao estudo complementar com Doppler colorido.

As roturas acometendo a transição miotendínea ou os ventres musculares também podem ser identificadas à USG como áreas hipo ou anecogênicas em meio às fibras musculares.

Ressonância magnética

A RM é o método de escolha para melhor caracterizar as lesões do tríceps braquial. Os planos para melhor avaliação são o sagital e o axial. A anatomia pode ser melhor evidenciada nas sequências ponderadas em T1, que permitem avaliar a porção distal do tríceps braquial, com a porção muscular mais profunda e a porção superficial predominantemente tendínea. Os casos de tendinopatia e rotura são mais bem avaliados em sequências ponderadas em T2 com saturação de gordura ou sequências de inversão (STIR). O tendão anormal apresenta espessamento, podendo ter elevação do sinal (Figura 40).

As roturas são vistas como áreas de alto sinal, caracterizando líquido que ocupa a topografia das fibras rotas. Essas roturas podem ser intrassubstanciais, parciais superficiais ou profundas e completas (Figura 41).

Nas roturas completas (Figura 42), a retração tendínea pode ser medida, com atenção para a posição do exame, devendo ser mencionado se a medida da retração foi feita em flexão ou extensão. Caso a retração seja muito acentuada, pode ser necessário complementar o exame com aquisição de imagens do braço no plano sagital.

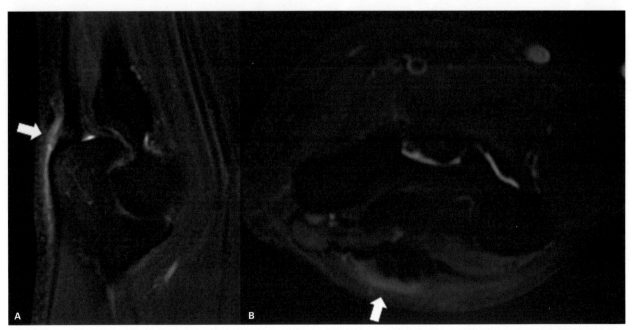

Figura 40 Ressonância magnética do cotovelo SAG T2 GS (A) e AX T2 FS (B) evidenciam tendinopatia e peritendinite insercional do tríceps braquial, que se apresenta espessado e com alteração de sinal, sem roturas evidentes.

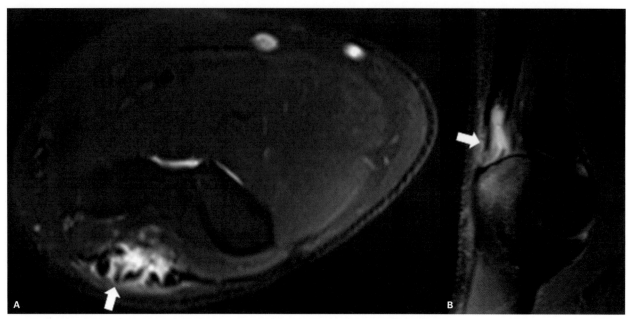

Figura 41 Ressonância magnética do cotovelo AX T2 FS (A) e SAG T2 FS (B) evidenciam tendinopatia insercional do tríceps com rotura parcial de alto grau, associada a edema ósseo difuso no olécrano subjacente.

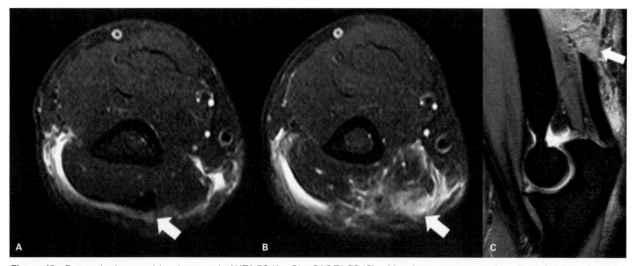

Figura 42 Ressonância magnética do cotovelo AX T2 FS (A e B) e SAG T2 FS (C) evidenciam a rotura completa distal do tríceps braquial, sendo observado seu coto tendíneo distal (seta em A) e não visibilização do tendão nas imagens mais proximais (setas em B e C).

A fratura avulsiva do olécrano também pode ser evidenciada como imagem linear de baixo sinal em todas as sequências em meio às fibras tendíneas distais, correspondendo ao fragmento ósseo. Condições associadas também podem ser caracterizadas à RM, como lesões ligamentares, fraturas decorrentes do mesmo evento traumático ou ainda condições predisponentes, como a bursite olecraniana. Nesse último caso, a bursa olecraniana apresenta distensão líquida, podendo apresentar espessamento parietal e edema de partes moles adjacentes. O uso de contraste paramagnético endovenoso não é necessário para o diagnóstico das roturas do tríceps braquial, porém em algumas situações é indicado para avaliar outras doenças associadas, como em suspeitas de bursite olecraniana.

Epicondilite lateral

Patogênese e epidemiologia

O tendão comum dos extensores tem origem no epicôndilo lateral do úmero e é formado pelo conjunto dos tendões extensor radial curto do carpo, extensor comum dos dedos e extensor ulnar do carpo (Figura 43).

A epicondilite lateral é resultante de tendinopatia na origem comum dos tendões extensores, com ou sem roturas, geralmente com acometimento predominante do

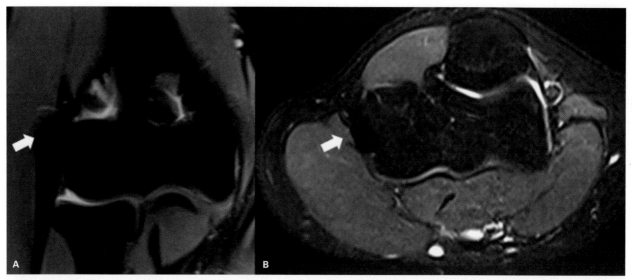

Figura 43   Ressonância magnética do cotovelo COR T2 FS (A) e AX T2 FS (B) revelando tendão comum dos extensores com sinal preservado em sua inserção no epicôndilo lateral.

extensor radial curto do carpo. Classicamente, é conhecida como "cotovelo do tenista", por estar associada a movimentos de extensão com estresse em varo comuns a este esporte. Com a ocorrência de microtraumas repetitivos, há degeneração mucoide e neovascularização, ocasionalmente com infiltração de células inflamatórias.

É a causa mais comum de dor na região lateral do cotovelo e atinge predominantemente pacientes na quarta ou quinta décadas de vida, com acometimento semelhante entre homens e mulheres. Classicamente, é conhecida como "cotovelo do tenista". Clinicamente, há dor na região lateral do cotovelo, com palpação dolorosa próxima ao epicôndilo lateral. Também pode ser referida dor à extensão do punho, o que pode ser pesquisado pelo sinal de Cozen (dor à extensão do punho contra resistência). Outras condições que podem gerar dor na região lateral do cotovelo incluem neuropatias compressivas, instabilidade rotatória posterolateral (por lesão dos ligamentos laterais), plicas sinoviais e osteocondrite dissecante.

Radiografia e tomografia computadorizada

Em radiografias simples e na TC, não é possível identificar alterações relacionadas à epicondilite lateral na maior parte dos casos. Estudos evidenciaram presença de calcificações distróficas em partes moles adjacentes ao epicôndilo lateral em 7-22% dos casos. Mesmo não sendo um exame de custo elevado, a baixa prevalência de alterações faz com que não seja um exame indicado rotineiramente para avaliação de suspeitas de epicondilite lateral.

Ultrassonografia

A USG é um método bastante eficaz para avaliação da epicondilite lateral e a técnica envolve o posicionamento do cotovelo em flexão com o antebraço em pronação. O transdutor é colocado sobre o epicôndilo lateral e deve-se tentar orientá-lo no sentido das fibras dos tendões extensores. Pode-se realizar a abordagem a partir da transição miotendínea em direção à porção mais proximal.

Na epicondilite lateral, o tendão comum dos extensores encontra-se espessado e com textura heterogênea, caracterizando tendinopatia. Quando há roturas, são evidenciadas como áreas anecoides lineares entre as fibras ou interrupções focais com perda do padrão fibrilar (Figura 44).

Ao Doppler colorido, pode ser evidenciado aumento da vascularização na região. O método apresenta acurácia variável, com estudos evidenciando alta taxas de falsos-positivos, que poderiam influenciar a indicação do exame apenas para avaliar extensão da doença em pacientes com alta suspeita clínica. Porém, outros autores consideram que estudo ultrassonográfico com modo B e Doppler sem alterações são capazes de afastar a suspeita clínica, sendo úteis no manejo do paciente com dor na região

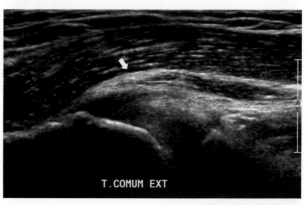

Figura 44   Ultrassonografia do cotovelo evidenciando tendinopatia da origem dos extensores no epicôndilo lateral do úmero, notando-se acentuado espessamento tendíneo, sem lesões evidentes. Fonte: Imagem gentilmente cedida pelo Dr. Renato Antônio Sernik.

lateral do cotovelo. Pacientes tratados com infiltração de corticosteroides guiada por imagem podem persistir com tendão de aspecto heterogêneo.

Ressonância magnética

Na RM, a tendinopatia da origem dos extensores apresenta-se com espessamento dos tendões e elevação de sinal nas sequências ponderadas em T2 ou densidade de prótons (DP), com sinal intermediário nas sequências ponderadas em T1 (Figura 45). As roturas aparecem como áreas de descontinuidade das fibras tendíneas e alto sinal nas sequências sensíveis a líquido (Figura 46).

A RM pode avaliar adicionalmente o ligamento colateral ulnar lateral, cuja rotura se associa a pior prognóstico. Por essa razão, a RM também pode ser usada para planejamento pré-operatório caso haja indicação.

Epicondilite medial

Patogênese e epidemiologia

A epicondilite medial é uma condição patológica relacionada à tendinopatia da origem do tendão comum dos flexores e do pronador redondo em suas origens no epicôndilo medial do úmero (Figura 47). O tendão comum

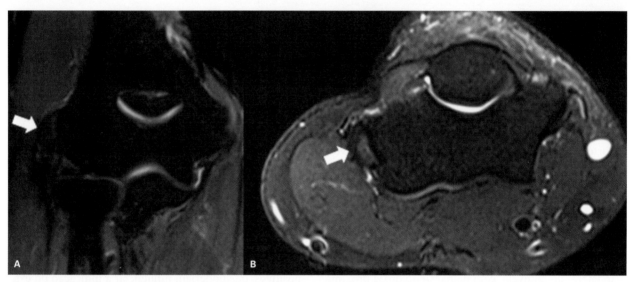

Figura 45   Ressonância magnética do cotovelo COR T2 FS (A) e AX T2 FS (B) evidenciam tendinopatia da origem comum dos extensores no epicôndilo lateral, com espessamento tendíneo e fissuras intrassubstanciais (setas).

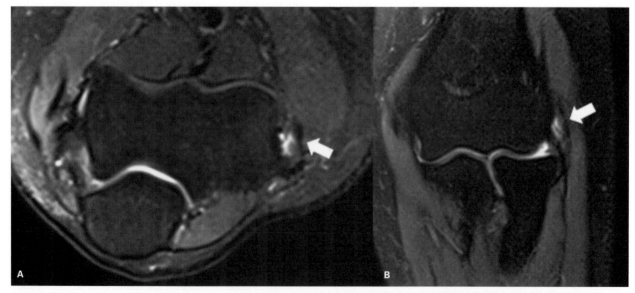

Figura 46   Ressonância magnética do cotovelo AX T2 FS (A) e COR T2 FS (B) evidenciam lesão parcial das fibras profundas do tendão comum dos extensores (setas).

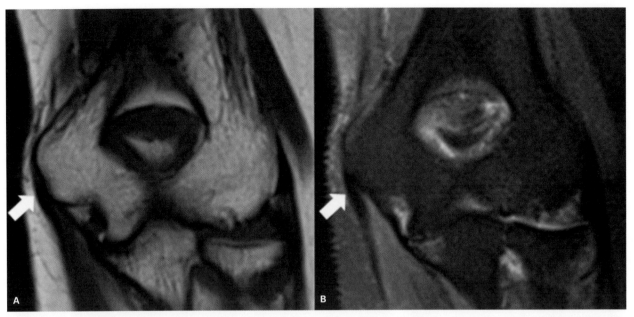

Figura 47 Ressonância magnética do cotovelo COR T1 (A) e COR T2 FS (B) evidenciam aspecto normal da origem comum dos flexores no epicôndilo medial.

dos flexores é formado pelos tendões flexores radial e ulnar do carpo, palmar longo e flexor superficial dos dedos. Os tendões do flexor radial do carpo e do pronador redondo são os mais comumente acometidos na epicondilite medial. Essa entidade está associada a atividades com excessiva flexão do punho e pronação do antebraço, com estresse em valgo no cotovelo, como a prática de golfe e esportes de arremesso, como o beisebol. Desenvolve-se após microtraumas repetitivos com degeneração na porção proximal dos referidos tendões, eventualmente com microavulsões na sua origem. Clinicamente, há dor à palpação de partes moles junto ao epicôndilo e à manobra de flexão contra resistência com o antebraço em pronação.

Radiografia e tomografia computadorizada

Os métodos radiográficos geralmente não demonstram alterações na epicondilite medial. Entretanto, em alguns casos podem ser vistas calcificações em partes moles junto ao epicôndilo medial.

Ultrassonografia

A técnica para avaliar os tendões flexores envolve o posicionamento do transdutor com orientação longitudinal no aspecto medial do cotovelo, com a porção superior junto ao epicôndilo medial, podendo-se realizar discreto desvio lateral da sua porção inferior. O tendão comum dos flexores encontra-se superficial às estruturas ligamentares, com origem na porção anterior do epicôndilo medial e transição miotendínea curta. Para avaliação do ligamento colateral medial (ulnar), pode-se realizar a flexão do cotovelo, aumentando a sua tensão, o que evita o artefato de anisotropia. Na epicondilite medial, os tendões podem estar espessados e com textura heterogênea (Figura 48). As roturas aparecem como áreas anecoides com perda do padrão fibrilar.

Ressonância magnética

Na epicondilite medial, o padrão de acometimento do tendão comum dos flexores na RM é semelhante ao descrito para a epicondilite lateral. Há aumento do sinal nas sequências ponderadas em T1 e T2, refletindo tendinopatia (Figura 49). As roturas aparecem como áreas de sinal bastante intenso nas sequências sensíveis a fluido, sendo visível a descontinuidade no padrão fibrilar. Em alguns casos, há peritendinite evidenciada como edema de partes moles adjacentes à porção proximal do tendão comum. Edema ósseo também foi descrito em associação à epicondilite medial e pode representar lesões microavulsivas. Na RM, é importante avaliar o ligamento colateral medial (ulnar), que pode apresentar roturas parciais ou

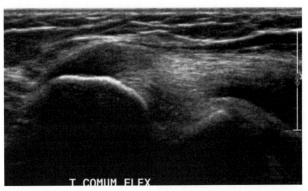

Figura 48 Ultrassonografia do cotovelo evidencia tendinopatia da origem comum dos flexores, que se apresenta com acentuado espessamento, sem lesões evidentes. Fonte: Imagem gentilmente cedida pelo Dr. Renato Antônio Sernik.

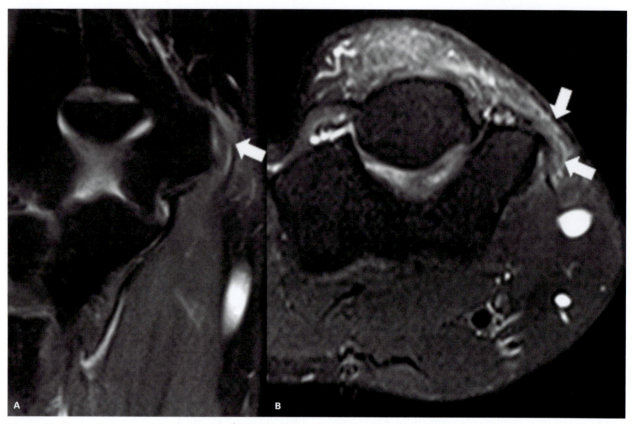

Figura 49 Ressonância magnética do cotovelo COR T2 FS (A) e AX T2 FS (B) evidenciam tendinopatia da origem comum dos flexores, com pequena fissura profunda.

completas quando há história de traumatismo agudo. As roturas podem levar a quadros de instabilidade, devendo ser mencionadas. Outro achado que pode estar associado à epicondilite medial é a neuropatia ulnar.

Ligamento colateral ulnar

O ligamento colateral ulnar (LCU) ou medial é o principal estabilizador do cotovelo durante os movimentos com estresse em valgo (quando a extremidade distal do antebraço se afasta da linha média), comuns em atletas de esportes de arremesso. O LCU é dividido em três bandas, anterior oblíqua, transversa e posterior oblíqua, sendo a anterior oblíqua a de maior importância.

Patogênese e epidemiologia

As roturas do LCU geralmente são precedidas por degeneração crônica decorrente de microtraumatismos recorrentes. A população mais acometida é composta de pacientes jovens, praticantes de atividades de arremesso, sendo classicamente descrita em arremessadores (*pitchers*) no beisebol. Quando há rotura ligamentar, ocorre instabilidade medial do cotovelo, que pode predispor a osteoartrose posteromedial e lesões osteocondrais capitelares.

A avaliação diagnóstica de dor na região medial do cotovelo tem outros diferenciais, como tendinopatia dos flexores ou neuropatia ulnar e os métodos mais utilizados para investigar suspeitas de lesões ligamentares são a USG e a RM, preferencialmente com injeção intra-articular de meio de contraste paramagnético. Os métodos considerados padrão-ouro para diagnóstico incluem artroscopia ou cirurgia aberta.

Radiografia

Apesar de não ser um método indicado para avaliação ligamentar, a radiografia simples pode sugerir rotura completa do LCU quando há desvio em valgo do antebraço em angulação acima de 5º na incidência anteroposterior em flexão parcial. Algumas vezes podem ser evidenciadas calcificações de partes moles na topografia do ligamento.

Ultrassonografia

A avaliação do LCU pode ser feita de forma eficiente com o ultrassom. O cotovelo é posicionado em leve flexão, com a palma da mão voltada para cima. O operador pode usar o epicôndilo medial como referência, devendo posicionar o transdutor anteriormente, em orientação longitudinal tentando avaliar o eixo longo do ligamento. Roturas parciais podem ser vistas como áreas hipoecoicas ou anecoicas em meio ao ligamento e as roturas completas podem aparecer como descontinuidades, com área anecoica na sua topografia.

Com USG convencional, a sensibilidade é de 81% e a especificidade é de 91%. Pode ser realizado em estresse, com abdução passiva do antebraço, provocando estresse em valgo no cotovelo. Ao realizar essa manobra, é possível avaliar a distância do espaço articular ulnotroclear, que encontra-se aumentado em casos de rotura ou insuficiência ligamentar. Foi descrito um limite normal de 1,0 mm para a distância entre as eminências ósseas, com base em estudos com correlação cirúrgica ou com uso de cadáveres. Afastamento superior a esse limite mostrou sensibilidade de 96% e especificidade de 81% para roturas do LCU.

Ressonância magnética

A RM com injeção intra-articular de contraste paramagnético (artro-RM) é considerada o melhor método de imagem para avaliação de roturas completas do LCU, com acurácia entre 97-100%. Para roturas parciais, a acurácia é menor, mas ainda satisfatória, entre 86-88%. A RM convencional tem sensibilidade de 100%, com especificidade de 89%.

O ligamento normal é visto como uma faixa de baixo sinal homogêneo, mais bem avaliado nas imagens nos planos coronal e axial (Figura 50).

As lesões têm aparência distinta dependendo da extensão. Estiramentos e pequenas roturas parciais podem aparecer como elevação de sinal periligamentar nas imagens ponderadas em DP ou T2 com saturação de gordura (Figura 51).

As lesões completas são evidenciadas por descontinuidade ligamentar (Figura 52).

Na avaliação das roturas parciais do ligamento colateral ulnar com artro-RM, o meio de contraste intra-articular apresenta continuidade com o recesso criado entre o osso e as fibras tendíneas remanescentes, aspecto conhecido como o sinal do "T" devido à morfologia.

Complexo ligamentar lateral

O complexo ligamentar lateral do cotovelo tem como componentes principais os LCR (Figura 53A), colateral ulnar lateral (LCUL) (Figura 53B) e ligamento anular (Figura 53C) e o ligamento colateral lateral acessório, menos importante. O ligamento anular se origina e se insere na porção proximal da ulna, formando uma banda fibrosa ao redor da cabeça do rádio, estabilizando-o junto à ulna durante os movimentos de supinação e pronação. O LCUL se origina no epicôndilo lateral do úmero e contorna o rádio, com inserção da crista do supinador na ulna, sendo o principal estabilizador do cotovelo quando ocorre estresse em varo (Figura 53C).

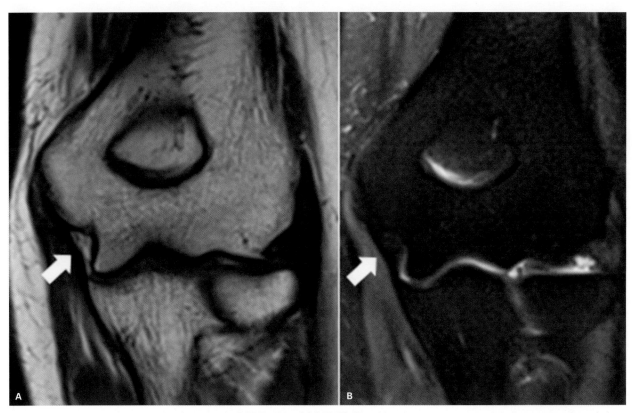

Figura 50 Ressonância magnética do cotovelo COR T1 (A) e COR T2 FS (B) evidenciam aspecto normal do ligamento colateral ulnar, que apresenta espessura e sinal normais.

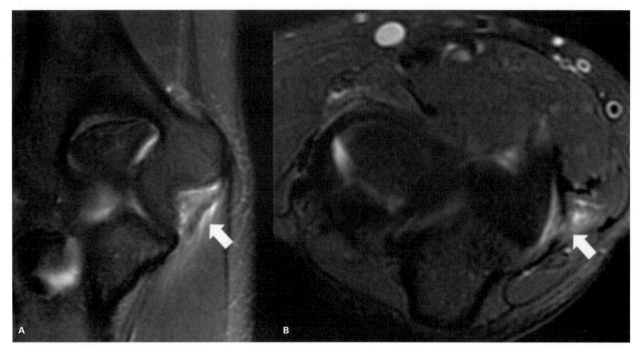

Figura 51 Ressonância magnética do cotovelo COR T2 FS (A) e AX T2 FS (B) evidenciam acentuada irregularidade e edema do ligamento colateral ulnar, sugestivo de estiramento.

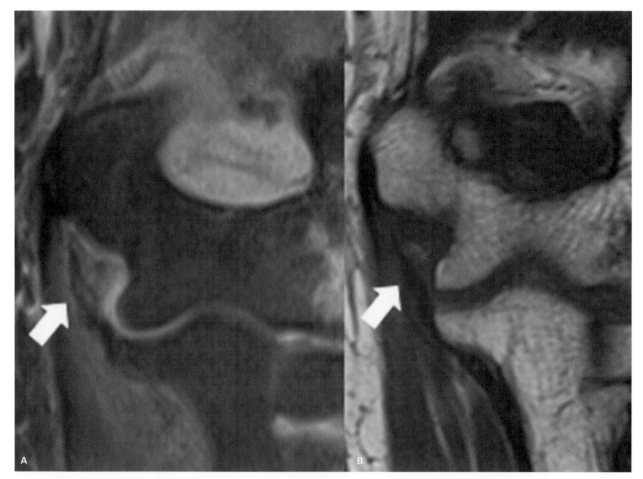

Figura 52 Ressonância magnética do cotovelo COR T2FS (A) e COR T1 (B) evidenciam rotura completa da origem do ligamento colateral ulnar, com pequena retração distal.

1 DOENÇAS DO MEMBRO SUPERIOR – OMBRO, COTOVELO E PUNHO   611

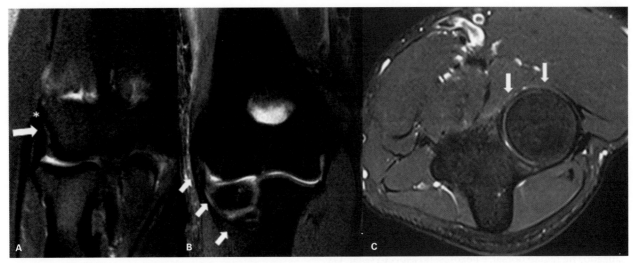

Figura 53   Ressonância magnética do cotovelo COR T2 FS (A e B) e AX T2 FS (C) evidenciam o ligamento colateral radial de aspecto normal (seta em A), e superficial a ele a origem comum dos extensores (*). Observa-se ainda aspecto normal do ligamento colateral ulnar lateral (setas em B) e sua inserção na crista supinadora. Na imagem C, observa-se o ligamento anular (setas).

Patogênese e epidemiologia

A lesão do complexo ligamentar lateral (principalmente do LCUL) associa-se à instabilidade posterolateral rotatória, quadro em que há subluxações da articulação radiocapitelar, sem perda da congruência da articulação radioulnar proximal (Figura 54). As lesões isoladas do ligamento anular são raras e geralmente estão relacionadas a traumas ou fraturas da cabeça radial, resultando em luxação das articulações radiocapitelar e radioulnar proximal. Alterações do complexo ligamentar lateral são comumente associadas às doenças dos tendão comum dos extensores, devido à sua proximidade anatômica.

Ultrassonografia e ressonância magnética

Os ligamentos do complexo lateral têm avaliação limitada à USG, principalmente devido aos trajetos curvos e posição profunda, adjacente aos tendões extensores. A RM é o método mais indicado para avaliação de roturas ligamentares, com sensibilidade de 79% e especificidade de 100% para as lesões do ligamento colateral radial. Os planos para

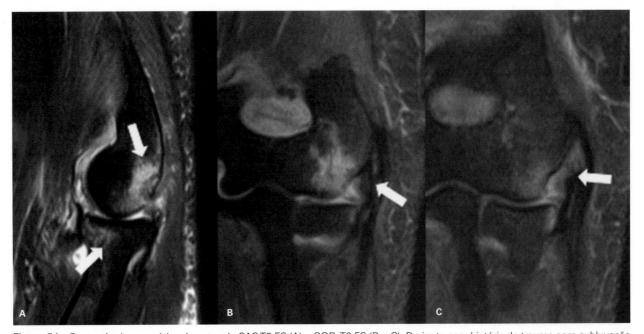

Figura 54   Ressonância magnética do cotovelo SAG T2 FS (A) e COR T2 FS (B e C). Paciente com história de trauma com subluxação recente do cotovelo apresentando fraturas impactadas com edema ósseo no capítulo e margem anterior do rádio (setas em A), lesão de alto grau da origem do ligamento colateral ulnar lateral (seta em B) e lesão da origem do ligamento colateral radial (seta em C).

melhor identificação dos ligamentos são o coronal e o axial. Os ligamentos apresentam baixo sinal difuso, sendo que as roturas são vistas como áreas de descontinuidade, eventualmente com edema de partes moles regionais em casos de traumatismo recente (Figura 55). A RM também permite avaliar a congruência da articulação radiocapitelar usando imagens no plano sagital. Mede-se a distância entre o centro da imagem do capítulo (que aparece circular na imagem sagital) e uma linha vertical traçada no eixo longo do rádio.

Punho

Tendinopatias

Os tendões do punho são divididos em extensores, localizados na região dorsal, e flexores, no aspecto volar. Os tendões extensores são divididos em seis compartimentos (I a VI, da região radial para a ulnar) (Figura 56), com bainhas sinoviais próprias:

- I: contém o abdutor longo do polegar e o extensor curto do polegar, com funções de abdução e extensão do polegar no plano da articulação metacarpofalangeana.
- II: contém os extensores longo e curto do carpo, com função de extensão e abdução da mão no plano do punho.
- III: extensor longo do polegar.
- IV: extensores dos dedos (segundo ao quarto).
- V: extensor do dedo mínimo.
- VI: extensor ulnar do carpo.

A maioria dos tendões flexores encontra-se agrupada na região volar do punho, limitados pelo retináculo dos

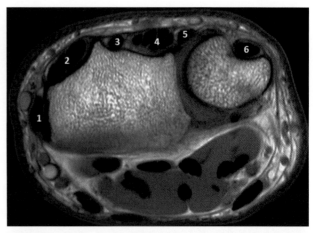

Figura 56 Ressonância magnética do punho AX T1 com anatomia normal dos compartimentos extensores do I ao VI compartimento.

flexores. Os tendões que não são limitados pelo retináculo são os flexores radial e ulnar do carpo e o tendão palmar longo, que pode estar ausente em algumas pessoas.

Patogênese e epidemiologia

Roturas tendíneas no punho não são muito comuns e geralmente se associam a traumas agudos ou decorrentes de fragilidade por condições patológicas pregressas, como artrite reumatoide. Material cirúrgico ortopédico no punho e infiltração com corticosteroides também são predisponentes para rotura tendínea.

Ultrassonografia

Os tendões do punho podem ser avaliados de forma bastante satisfatória com a USG, devido às suas posições

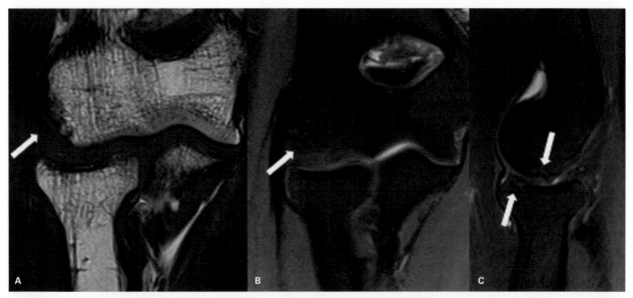

Figura 55 Ressonância magnética do cotovelo COR T1 (A), COR T2 FS (B) e SAG T2 FS (C) de paciente com história de instabilidade posterolateral do cotovelo evidenciando fragmento ósseo adjacente ao epicôndilo lateral (seta em A), assim como afilamento e indefinição do ligamento colateral lateral ulnar (seta em B), associado a afilamento condral com cistos e edema subcondrais nas superfícies articulares do capítulo e rádio (setas em C).

superficiais. Os tendões normais aparecem como estruturas de morfologia alongada, iso ou levemente hiperecogênicas, com padrão fibrilar homogêneo, devendo ser avaliados nos eixos longitudinal e transverso (Figura 57). Na avaliação dos tendões extensores, um ponto de referência útil para definir os compartimentos é o tubérculo de Lister, uma proeminência óssea na região dorsal do rádio (Figura 58). Ele separa o II e o III compartimentos, permitindo que os demais sejam individualizados na ordem habitual.

As tendinopatias se manifestam com tendões espessados e hipoecogênicos, por vezes com áreas anecoides de permeio (Figura 59), correspondendo a roturas intrassubstanciais. As roturas completas podem ser vistas como áreas de descontinuidade, geralmente com retração das extremidades tendíneas e tecido fibrocicatricial regional.

Alguns *pitfalls* da avaliação ultrassonográfica dos tendões do punho incluem:

- Eventual septação separando os tendões do primeiro compartimento extensor.
- O retináculo dos extensores, que pode simular espessamento da bainha sinovial na região dorsal do punho, especialmente junto ao IV compartimento.
- Fina septação hipoecoica no tendão extensor ulnar do carpo (VI compartimento), que é um achado sem significado clínico.

Ressonância magnética

Na RM, os tendões podem ser mais bem avaliados nas imagens axiais, ponderadas em T1 e T2 ou DP. São identificados como estruturas alongadas de baixo sinal, sendo possível delimitar os diferentes compartimentos extensores e o grupamento de tendões flexores (Figura 56). Nas sequências sensíveis a fluido, eventualmente é possível observar lâminas líquidas nas bainhas sinoviais, mesmo em tendões normais. As tendinopatias são caracterizadas pelo espessamento tendíneo, com elevação de sinal nas sequências ponderadas em T2 ou DP (Figura 60). Tenossinovites são evidenciadas pelo espessamento da bainha

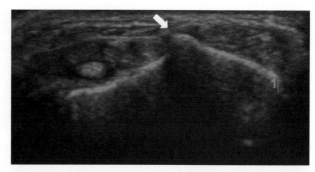

Figura 58 Ultrassonografia da região dorsal do punho no eixo curto evidenciando tubérculo de Lister (seta).

sinovial, com aumento da quantidade de líquido peritendíneo (Figura 61). Na avaliação do tendão extensor ulnar do carpo, é comum observar uma área central de alto sinal nas imagens ponderadas em T2, que representa um achado normal, relacionado a tecido fibrovascular.

Tenossinovite de De Quervain

Dentre as doenças que afetam os tendões do punho, existe uma condição clássica que é a tenossinovite do primeiro compartimento extensor, descrita por Fritz de Quervain em 1895. Pode ocorrer sem desencadeantes evidentes ou com história crônica de movimentos repetitivos. Clinicamente, pode ser avaliada pelo teste de Finkelstein, no qual o paciente flexiona o polegar junto à palma da mão, cobre-o com os demais dedos e em seguida realiza desvio ulnar do punho. O teste positivo é caracterizado por dor na topografia do primeiro compartimento extensor. Os tendões envolvidos são o abdutor longo do polegar e o extensor curto do polegar, que podem estar separados por um fino septo em alguns casos. Os achados são semelhantes a outras tenossinovites, com espessamento da bainha sinovial e graus variáveis de distensão líquida, geralmente associada a tendinopatia. Na RM, é comum haver edema de partes moles adjacentes e algumas vezes edema ósseo subcortical no rádio junto ao trajeto dos tendões (Figura 62).

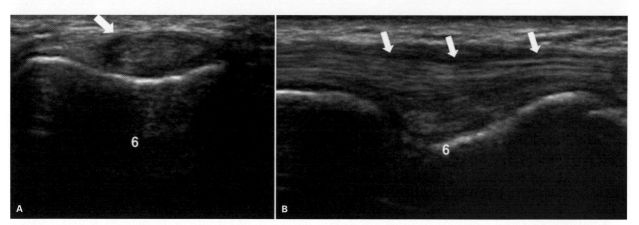

Figura 57 Ultrassonografia do punho evidenciando aspecto normal do tendão extensor ulnar do carpo nos eixos axial (A) e longitudinal (B), com aspecto levemente hiperecogênico e padrão fibrilar homogêneo.

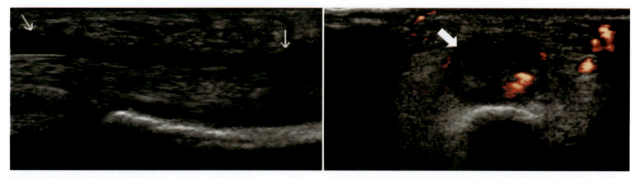

Figura 59 Ultrassonografia do punho evidenciando o tendão extensor ulnar do carpo nos eixos longo (A) e curto (B), revelando sinais de tendinopatia caracterizada por espessamento tendíneo difuso, com distensão líquida de sua bainha, além de aumento da vascularização ao estudo Doppler (B).

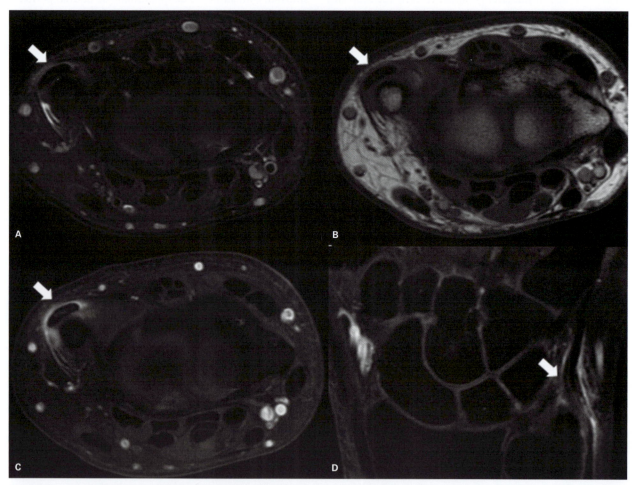

Figura 60 Ressonância magnética do punho AX T2 FS, AX T1 e AX T1 C+ (A, B, C) e COR T2 FS (D) evidenciando tendinopatia do extensor ulnar do carpo caracterizada por hipersinal e realce tendíneo e da sua bainha.

No ultrassom, em alguns casos é possível observar aumento do fluxo regional com o uso do Doppler colorido.

Instabilidade carpal

Patogênese e epidemiologia

A instabilidade carpal é definida como incapacidade dos ossos do carpo de suportarem cargas fisiológicas, geralmente com alteração do alinhamento das estruturas ósseas. A maioria dos casos está relacionada a traumatismo com lesões de ligamentos do punho, podendo estar associadas a fraturas. O mecanismo de trauma mais comum é a queda com apoio sobre as mãos com o punho em hiperextensão (dorsiflexão). Os ligamentos do punho são denominados intrínsecos ou extrínsecos dependendo de seus trajetos e posições em relação aos ossos do carpo. Os dois principais

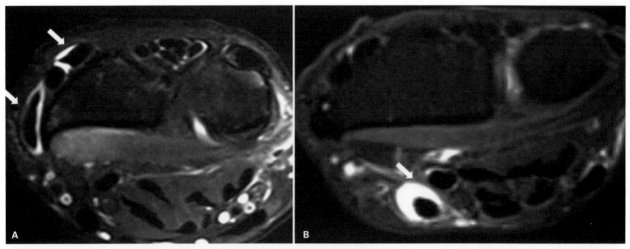

Figura 61 Ressonância magnética do punho AX T2 FS (A e B) evidencia tenossinovite do I e II compartimentos extensores (setas em A) e do flexor radial do carpo (seta em B), caracterizada por distensão líquida da bainha tendínea.

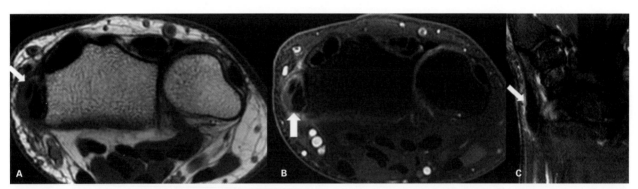

Figura 62 Ressonância magnética do punho AX T1, AX TS FS (A e B) e COR T2 FS (C) evidenciando tenossinovite do I compartimento extensor (De Quervain), caracterizada por espessamento e alteração de sinal tendíneo e de sua bainha.

ligamentos intrínsecos são o ligamento escafossemilunar e o ligamento lunopiramidal. O complexo ligamentar escafossemilunar intrínseco é dividido nas porções volar, interóssea e dorsal, sendo a porção dorsal a mais importante para estabilização (Figura 63). O ligamento lunopiramidal é menor e também tem bandas dorsal, central e volar, sendo que a porção volar é mais espessa e mais importante para a estabilização (Figura 64).

Os ligamentos extrínsecos são estabilizadores secundários e alguns deles estão primariamente envolvidos na estabilização dos ossos da primeira fileira do carpo. Entre os ligamentos extrínsecos, destacam-se:

- Na porção dorsal, os ligamentos intercarpal dorsal (que promove estabilização do semilunar em conjunto com o ligamento escafossemilunar) e o radiocarpal dorsal (que age em conjunto com o ligamento lunopiramidal) (Figura 65).
- Na porção palmar, os ligamentos radioescafocapitato, radioescafossemilunar, radiolunopiramidal (também chamado radiossemilunar longo) e o ligamento ra-

diossemilunar curto. O ligamento radioescafocapitato tem origem no aspecto volar do processo estiloide do rádio e trajeto até o capitato, com um aspecto de "cinto de segurança" ao redor do escafoide. O ligamento radioescafossemilunar é uma banda de espessamento sinovial, que apresenta continuidade com o ligamento intrínseco escafossemilunar. O ligamento radiolunopiramidal é o mais longo dos ligamentos extrínsecos, estendendo-se do processo estiloide do rádio até o piramidal e pode ser dividido em duas porções pelo osso semilunar e seu terço médio. O ligamento radiossemilunar curto tem origem no rádio e se insere no terço médio da base do semilunar.

Quando há lesão do ligamento intrínseco escafossemilunar (com ou sem rotura do ligamento extrínseco intercarpal dorsal), a biomecânica dos ligamentos remanescentes faz com que o escafoide tenha uma tendência à curvatura em direção ao aspecto volar do punho, enquanto o semilunar tende à dorsiflexão, com sua concavidade voltada para a região dorsal do punho.

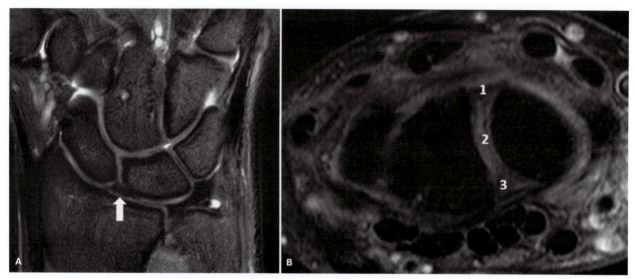

Figura 63 Ressonância magnética do punho COR T2 FS (A) e AX T2FS (B). Ligamento escafossemilunar normal (seta em A). (B) Porções ligamentares (1 e 2), porção interóssea e (3) porção volar.

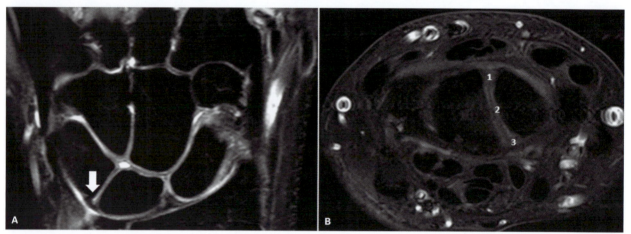

Figura 64 Ressonância magnética do punho COR T2 FS (A) e AX T2FS (B). Ligamento semilunopiramidal normal (A). No plano axial evidenciam-se as porções dorsal (1), porção central (2) e porção volar (3).

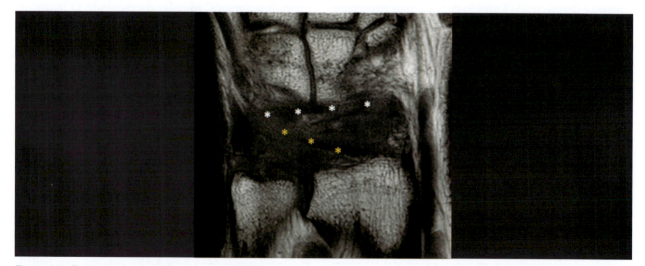

Figura 65 Ressonância magnética do punho COR T1. Anatomia normal dos ligamentos extrínsecos dorsais. Ligamento intercárpico dorsal (* brancos) e ligamento radiocarpal dorsal (* amarelos).

Em contrapartida, a rotura do ligamento lunopiramidal (com ou sem lesão do ligamento radiocarpal dorsal) faz com que as forças de tração remanescentes inclinem a concavidade do semilunar para o aspecto volar do punho.

Há quatro padrões de instabilidade carpal:

- Dissociativa: geralmente relacionada à lesão dos estabilizadores principais intrínsecos, como o ligamento escafossemilunar e lunopiramidal.
- Não dissociativa: geralmente associada à lesão dos ligamentos extrínsecos.
- Complexa: quando há lesão de ligamentos intrínsecos e extrínsecos.
- Adaptativa: quando há instabilidade em estruturas proximais ou distais ao punho, com alterações reacionais.

Outra classificação para as instabilidades carpais é feita com base nos achados clínicos e de imagem, sendo considerada:

- Pré-dinâmica: quando é feito diagnóstico clínico, porém sem manifestação nas radiografias simples ou fluoroscopia.
- Dinâmica: alteração no alinhamento das estruturas ósseas é visto em radiografias com estresse (punho fechado) ou fluoroscopia dinâmica.
- Estática: quando o desalinhamento é evidente em radiografias comuns, geralmente associada a roturas de ligamentos estabilizadores principais.

O exame padrão-ouro para avaliação dos ligamentos do punho é a artroscopia, pois permite a visualização direta dos ligamentos e roturas, mas os métodos de imagem também têm papel importante no manejo dos pacientes, com a vantagem de serem menos invasivos. Os exames com maior acurácia são TC ou RM com artrografia (artro-TC e artro-RM), realizadas com a injeção intra-articular de meio de contraste iodado ou paramagnético, respectivamente. As radiografias simples e dinâmicas são rápidas e baratas, sendo bastante utilizadas na prática diária. Outros métodos menos utilizados incluem a USG e artrografia simples.

Radiografia

O posicionamento padronizado na radiografia simples é muito importante para evitar medidas incorretas no alinhamento dos ossos do carpo. Para a incidência anteroposterior, o ombro é mantido em abdução a 90° com o tronco, o cotovelo flexionado e o antebraço em pronação, com a palma da mão apoiada na mesa. Para a incidência em perfil, a posição do ombro e do cotovelo são semelhantes, com o punho apoiado sobre a superfície ulnar e a palma da mão perpendicular à mesa.

Na incidência anteroposterior (AP), o espaço entre o escafoide e o semilunar em exames normais costuma medir até 2 mm (Figura 66A). Valores a partir de 3 mm podem estar associados a lesões ligamentares e distância acima de 4 mm é bastante sugestiva de rotura do ligamento escafossemilunar (sinal de Terry-Thomas) (Figura 67). Nas imagens em AP também é possível avaliar os arcos de Gilula, que correspondem ao alinhamento das fileiras cárpicas (Figura 66B). O primeiro arco corresponde à linha que tangencia a convexidade do escafoide, semilunar e piramidal. O segundo arco passa pela concavidade das mesmas estruturas, um pouco mais distal. E o terceiro arco segue a curvatura do hamato e capitato. A perda do alinhamento seguindo esses arcos também pode estar relacionada à instabilidade.

Na incidência em perfil, os principais ângulos avaliados são o ângulo escafossemilunar e o ângulo lunocapitato (Figura 68). A porção distal do rádio, o semilunar, o capitato e o terceiro dedo geralmente estão alinhados seguindo uma única linha vertical. O ângulo lunocapitato é formado entre o eixo longo do capitato e o eixo curto (perpendicular à concavidade) do semilunar e geralmente é inferior a 30°, refletindo esse alinhamento. Quando esse ângulo é maior que 30°, trata-se de um sinal de instabilidade, devendo-se proceder à análise do ângulo escafossemilunar. O alinhamento entre o rádio, semilunar e o capitato também é usado para determinar se há deslocamento do semilunar ou se o deslocamento é predominantemente dos ossos do carpo, chamado perissemilunar.

O ângulo escafossemilunar é formado pelo eixo longo do escafoide e o eixo curto do semilunar, com valor normal entre 30 e 60°. O ângulo é maior que 60° quando o semilunar está com sua concavidade voltada para a região dorsal, afastando-se do eixo longo do escafoide. Esses achados caracterizam a instabilidade segmentar intercalada dorsal (DISI), que está relacionada à rotura do ligamento escafossemilunar e eventualmente também do ligamento extrínseco intercarpal dorsal. Quando o ângulo é menor do que 30°, o semilunar apresenta concavidade voltada para a face volar, quadro denominado instabilidade segmentar intercalada volar (VISI). Esse tipo de instabilidade geralmente está associado à rotura do ligamento lunopiramidal com ou sem lesão do ligamento extrínseco radiocarpal dorsal.

Artrotomografia computadorizada

A técnica da artro-TC envolve a injeção intra-articular de meio de contraste iodado diluído de forma guiada por métodos de imagem como a fluoroscopia. A injeção pode ser feita nos compartimentos mediocárpico, radiocárpico e articulação radioulnar distal, seguida de obtenção de imagens tomográficas com cortes finos. A artro-TC apresenta alta sensibilidade e especificidade para roturas ligamentares completas, permitindo identificar as áreas de descontinuidade ou a passagem do meio de contraste entre os diferentes compartimentos.

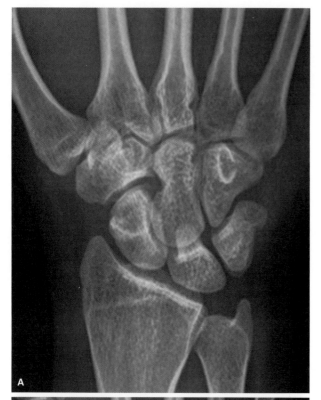
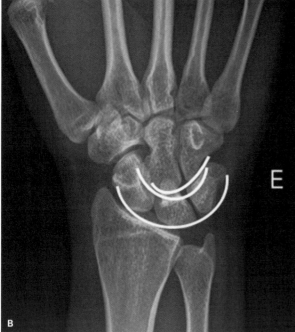

Figura 66 Radiografia do punho evidencia espaço escafossemilunar normal (A) e alinhamento preservado das fileiras cárpicas com delimitação dos arcos de Gilula (B).

Ressonância magnética

Apesar de ser uma excelente técnica para avaliar doenças musculoesqueléticas, a RM apresenta algumas limitações para avaliar os ligamentos do punho, uma vez que eles apresentam espessura milimétrica e trajetos variáveis. Os exames em aparelhos 3T permitem obter imagens com maior relação sinal-ruído e melhor nível de detalhes. O uso de contraste paramagnético intra-articular (artro-RM) também aumenta a sensibilidade para avaliação dos ligamentos.

Os ligamentos apresentam baixo sinal nas sequências *spin-echo* ponderadas em T1 e T2 e sinal variável nas sequências gradiente (GRE, *gradient-recalled echo*). Os componentes dorsal e volar do ligamento escafossemilunar podem ser avaliados no plano axial, como bandas lineares conectando as estruturas ósseas, sendo a banda dorsal mais espessa que a volar (Figura 63). A porção interóssea ou membranosa pode ser avaliada no plano coronal, com morfologia triangular ou trapezoidal junto à base do semilunar e do escafoide. O ligamento lunopiramidal tem aspecto semelhante ao escafossemilunar, com aparência triangular no plano coronal e bandas dorsal e volar mais bem avaliadas no plano axial. A sua banda volar pode ser fina e de difícil identificação (Figura 64). Os ligamentos extrínsecos podem ser avaliados em imagens obtidas no plano sagital ou com cortes finos no plano coronal. Os ligamentos radiocarpal dorsal e intercarpal dorsal formam um "V" no aspecto dorsal do punho no plano coronal, com ápice voltado para o osso piramidal. No plano sagital, o ligamento radiocarpal dorsal aparece como uma banda de baixo sinal ligando o aspecto dorsal do rádio e do semilunar (Figura 65).

O ligamento radioescafocapitato pode ser visto no plano sagital, com seu eixo transverso anterior à cintura do escafoide. O ligamento radiolunopiramidal (ou radiossemilunar longo) encontra-se imediatamente proximal, também visível no plano sagital. O ligamento radiossemilunar curto pode ser visto no plano sagital como uma fina banda de baixo sinal ligando o aspecto volar do rádio e a base do semilunar. O ligamento radioescafossemilunar é de difícil caracterização, pois funciona como um espessamento capsular, podendo ser algumas vezes evidenciado no plano coronal, abaixo do ligamento radiolunopiramidal.

Em casos de suspeita de instabilidade carpal, deve-se iniciar a análise pelos ligamentos intrínsecos escafossemilunar e lunopiramidal, com roturas evidenciadas por interrupção dos ligamentos com acúmulo líquido na sua topografia (Figura 67). Quando possível, deve-se caracterizar também as lesões de ligamentos extrínsecos associadas (Figura 69).

Fibrocartilagem triangular

A articulação radioulnar distal tem apenas 20% da sua estabilidade conferida pela relação entre as estruturas ósseas, de forma que as partes moles desempenham papel fundamental nessa função. O complexo da fibrocartilagem triangular (CFCT) é o principal estabilizador da articulação radioulnar distal, formado por um conjunto de

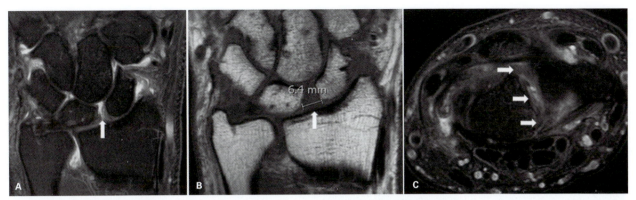

Figura 67 Ressonância magnética do punho COR T2 FS (A), COR T1 (B) e AX T2 FS (C). Paciente com história de trauma recente apresentando lesão completa do ligamento escafossemilunar com aumento do intervalo entre o escafoide e o semilunar.

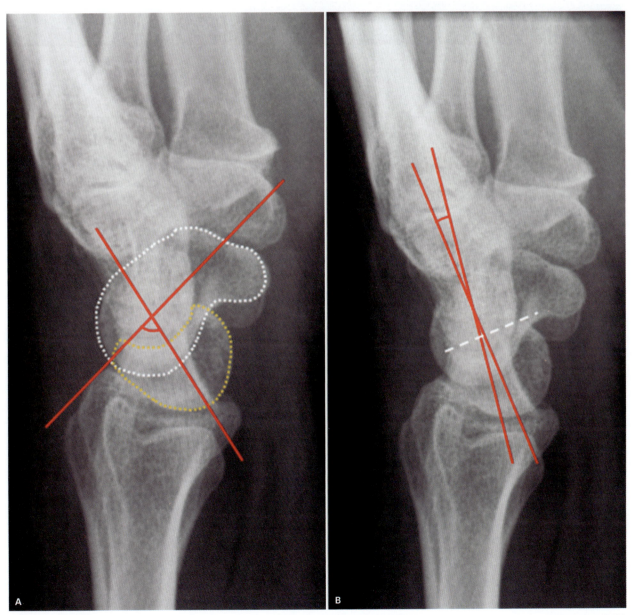

Figura 68 Radiografias do punho em perfil do mesmo paciente revelando sinais de instabilidade segmentar intercalada dorsal (DISI) com aumento dos ângulos escafossemilunar (> 60°) (A) e semilunocapitato (> 30°) (B).

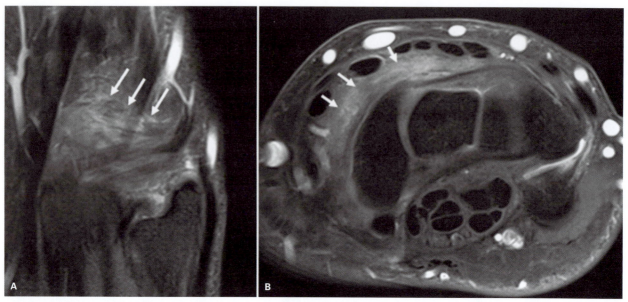

Figura 69　Ressonância magnética do punho COR T2 FS (A) e AX T2 FS (B). Paciente com história de queda recente apresentando lesão parcial da porção dorsal do complexo ligamentar extrínseco do carpo, mais evidente na topografia do ligamento intercárpico dorsal (setas).

estruturas fibrocartilaginosas e ligamentares (Figura 70). A fibrocartilagem triangular (FTC) propriamente dita corresponde ao disco central, que tem posição medial ao rádio e lateral ao processo estiloide da ulna, com suas inserções no rádio e na fóvea ulnar, auxiliando na transmissão de carga axial decorrente dos ossos do carpo. Os outros componentes são os ligamentos radioulnares dorsal e volar, ligamentos ulnocárpicos (ulno-semilunar e ulnopiramidal), ligamento colateral ulnar, a sub-bainha do tendão extensor ulnar do carpo (EUC) e o menisco homólogo, uma estrutura fibroligamentar adjacente ao EUC, separado do disco da FCT pelo recesso pré-estiloide. O método de imagem de escolha para avaliação da FTC é a RM, por permitir melhor resolução na avaliação de partes moles.

Patogênese e epidemiologia

As lesões da FTC podem ser decorrentes de traumatismo agudo ou de degeneração crônica. Os traumatismos acometem principalmente os pacientes mais jovens, com menos de 40 anos, enquanto as alterações degenerativas aumentam com a idade. O mecanismo de trauma mais comum é a queda sobre a mão com o braço estendido. Clinicamente há dor na região ulnar do punho e redução da força de preensão.

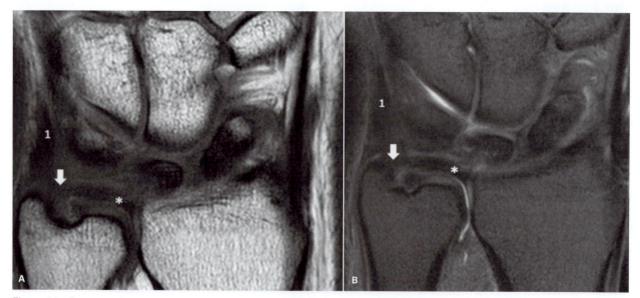

Figura 70　Ressonância magnética do punho COR T1 (A) e COR T2FS (B). Anatomia normal da fibrocartilagem triangular, evidenciando-se o menisco homólogo (1), porção central da fibrocartilagem (*) e a porção periférica (seta).

Radiografia

Nas radiografias simples, não é possível identificar de forma direta as lesões do complexo da FTC. A variância ulnar positiva foi relacionada à maior prevalência de degeneração e roturas da FTC, possivelmente por predispor a impacto ulnocarpal.

Ressonância magnética

Nos exames de RM, a FTC é mais bem avaliada no plano coronal. O disco central aparece como uma estrutura bicôncava de baixo sinal nas sequências ponderadas em T1 e T2, localizada entre a articulação radioulnar distal e os ossos do carpo. Suas porções periféricas têm morfologia mais afilada até as inserções no rádio e na fóvea ulnar (Figura 70).

Na inserção ulnar, apresenta uma estrutura ligamentar de permeio, o ligamento subcruento, que pode gerar alteração de sinal nas imagens ponderadas em T2, muitas vezes confundida com lesão (Figura 71).

Alterações degenerativas são caracterizadas por alto sinal nas sequências ponderadas em T1 e T2 com saturação de gordura, sem descontinuidade da fibrocartilagem. As roturas aparecem como áreas focais de descontinuidade com sinal intenso nas sequências ponderadas em T2 com saturação de gordura, comunicando-se com a superfície articular (Figuras 72 e 73).

As lesões da FCT podem ser avaliadas segundo a classificação de Palmer (Quadro 1). As lesões do tipo 1 são relacionadas a traumatismos, enquanto as lesões do tipo 2 são decorrentes de alterações degenerativas progressivas.

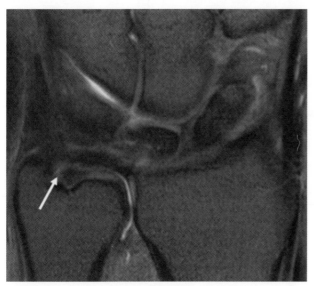

Figura 71 Ressonância magnética do punho COR T2 FS evidenciando o ligamento subcruento (seta).

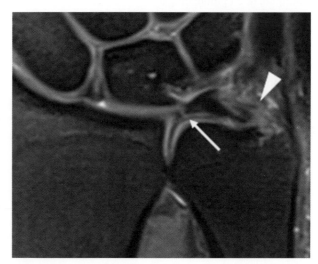

Figura 72 Ressonância magnética do punho COR T2 FS evidencia perfuração na porção central da fibrocartilagem triangular (seta), assim como alterações degenerativas na porção periférica (cabeça de seta).

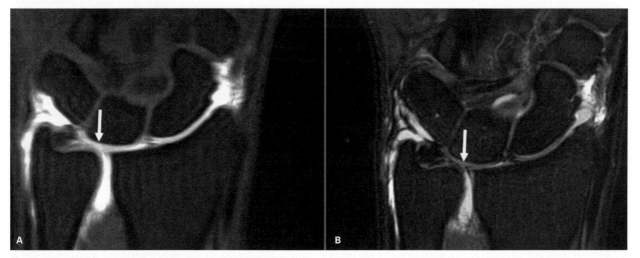

Figura 73 Artrorressonância magnética do punho COR T1 FS e COR T2 FS evidenciando extensa perfuração na porção central da fibrocartilagem triangular (setas em A e B).

Quadro 1	Classificação de Palmer para as lesões do complexo da fibrocartilagem triangular	
Classificação	1 (traumática)	2 (degenerativa)
A	Perfuração central	Degeneração do disco
B	Avulsão da inserção ulnar, com ou sem fratura do processo estiloide	Degeneração do disco e condromalácia do semilunar ou piramidal
C	Avulsão distal com rotura dos ligamentos ulnocárpicos	Perfuração do disco e condromalácia
D	Avulsão da inserção radial	Perfuração do disco, condromalácia e rotura do ligamento ulnopiramidal
E	–	Perfuração do disco, condromalácia, rotura do ligamento ulnopiramidal e artropatia ulnocárpica/radioulnar

Doença de Kienböck

Patogênese e epidemiologia

Doença de Kienböck é o nome dado à necrose avascular do osso semilunar e pode levar a artrose e alterações sequelares no carpo quando não é realizado tratamento. A vascularização do semilunar tem um componente extraósseo pelos polos dorsal e volar, com maior suprimento da região volar, e o componente intraósseo, formado por anastomoses de configuração variável. O mecanismo que leva à necrose avascular é multifatorial, com influência do padrão vascular e da posição das estruturas ósseas. Um fator presente em até 78% dos casos é a variância ulnar negativa. Acomete geralmente pacientes com idades entre 20 e 40 anos, sendo mais frequente em homens (2:1). O punho dominante costuma ser mais afetado, com ou sem desencadeante, que pode ser um trauma leve.

Radiografia, tomografia computadorizada e ressonância magnética

A evolução da doença de Kienböck apresenta achados semelhantes à osteonecrose em outras estruturas ósseas, com esclerose progressiva e eventualmente colapso ósseo (Figuras 74 e 75).

Existem escalas para classificar o estágio da osteonecrose, que levam em conta alterações morfológicas (Lichtman) e funcionais (Schmitt) e utilizam diferentes métodos de imagem. A classificação de Lichtman (Quadro 2) foi descrita inicialmente para radiografias e TC, com posterior inclusão de critérios para a RM, sendo facilmente reprodutível, com grande relevância clínica, pois ajuda a planejar o tratamento.

A classificação de Schmitt é baseada em achados de RM com o uso de meio de contraste paramagnético endovenoso e oferece informações funcionais ao correlacionar o tipo de contrastação com o grau de osteonecrose. No estágio inicial, o osso apresenta edema, sem sinais de necrose, e tem alto sinal nas sequências ponderadas em T2 e baixo sinal em T1, com realce homogêneo pelo meio de contraste (Figura 76). Quando há necrose parcial, o

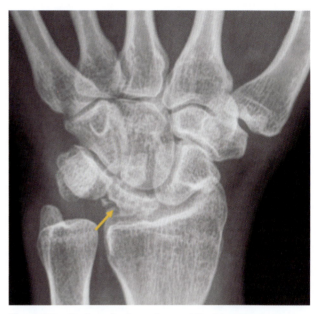

Figura 74 Radiografia do punho em AP evidencia colapso com fragmentação e esclerose difusa do osso semilunar (seta).

sinal em T1 continua baixo e o sinal em T2 pode ser variável, notando-se realce pós-contraste heterogêneo. Na osteonecrose consolidada, o padrão de sinal em T1 e T2 se mantém semelhante, porém não há realce pelo meio de contraste (Figura 77).

A avaliação inicial geralmente se principia com radiografia simples, sem necessidade de outros métodos quando a doença está avançada (IIIB a IV). Caso a radiografia seja normal, pode-se ainda solicitar TC, mas mais comumente é feita complementação com RM, que pode detectar a doença no estágio I. A RM também é útil quando há esclerose ou colapso sem desvios (estágios II e IIIA) (Figura 76), porque o grau de necrose (parcial ou completa) influencia a escolha do tratamento nesses estágios. Nos relatórios, a descrição dos achados mais importantes (sem necessariamente usar escalas de classificação) geralmente é suficiente para auxiliar as decisões clínicas.

1 DOENÇAS DO MEMBRO SUPERIOR – OMBRO, COTOVELO E PUNHO   **623**

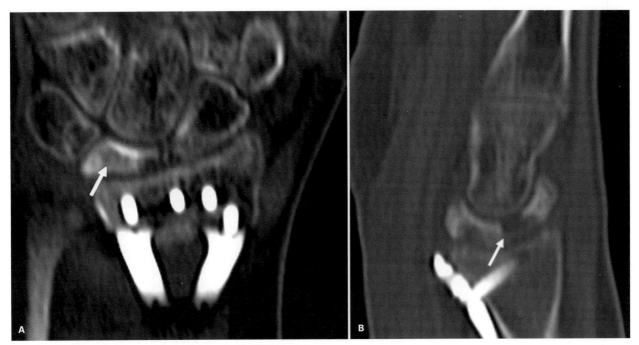

Figura 75   Tomografia computadorizada do punho. Cortes coronal (A) e sagital (B) evidenciam esclerose e redução volumétrica do osso semilunar, com fratura antiga no seu terço médio (seta em B).

Quadro 2   Classificação de Lichtman para a Doença de Kienböck

Estágio	Radiografia/tomografia computadorizada	Ressonância magnética
I	Sem alterações	Edema ósseo (alto sinal em T2), sem alteração morfológica
II	Esclerose óssea. Sem alterações morfológicas	Baixo sinal em T1 e sinal variável em T2
IIIA	Colapso do semilunar. Ângulo radioescafoide < 60°	Colapso do semilunar. Baixo sinal em T1 e sinal variável em T2
IIIB	Colapso do semilunar. Ângulo radioescafoide > 60°	
IIIC	Colapso do semilunar com fratura crônica coronal	Colapso do semilunar com fratura crônica coronal. Baixo sinal em T1 e sinal variável em T2
IV	Alterações degenerativas radiocárpicas ou mediocárpicas	Alterações degenerativas radiocárpicas ou mediocárpicas. Baixo sinal em T1 e sinal variável em T2

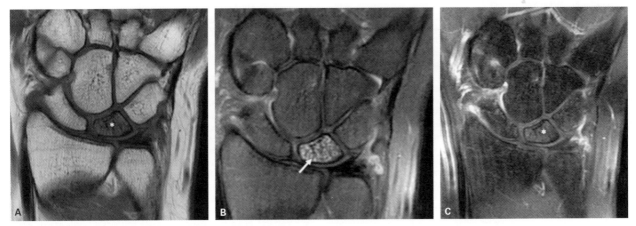

Figura 76   Ressonância magnética do punho COR T1 (A), COR T2FS (B) e COR T1 C+ (C) evidenciando osteonecrose incipiente do semilunar (*), com esclerose óssea, edema da medular e pequeno realce pós-contraste.

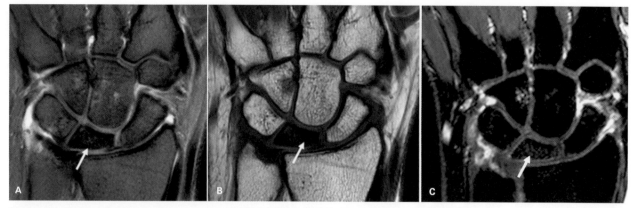

Figura 77 Ressonância magnética do punho COR T2FS (A), COR T1 (B) e COR T1 C+ (C) evidenciando esclerose difusa do osso semilunar, sem realce pelo meio de constraste, sugestiva de osteonecrose em fase consolidada.

Bibliografia sugerida

1. Ahn KS, Kang CH, Oh YW, Jeong WK. Correlation between magnetic resonance imaging and clinical impairment in patients with adhesive capsulitis. Skeletal Radiol. 2012;41(10):1301-8.
2. Bateni CP, Bartolotta RJ, Richardson ML, Mulcahy H, Allan CH. Imaging key wrist ligaments: what the surgeon needs the radiologist to know. AJR Am J Roentgenol. 2013;200(5):1089-95.
3. Belentani C, Pastore D, Wangwinyuvirat M, Dirim B, Trudell DJ, Haghighi P, et al. Triceps brachii tendon: anatomic-MR imaging study in cadavers with histologic correlation. Skeletal Radiol. 2009;38(2):171-5.
4. Beltran LS, Nikac V, Beltran J. Internal impingement syndromes. Magn Reson Imaging Clin N Am. 2012;(20):201-11.
5. Bencardino JT, Gyftopoulos S, Palmer WE. Imaging in anterior glenohumeral instability. Radiology. 2013;269(2):323-37.
6. Bhat AK, Kumar B, Acharya A. Radiographic imaging of the wrist. Indian J Plast Surg. 2011;44(2):186-96.
7. Bredella MA, Tirman PF, Fritz RC, Feller JF, Wischer TK, Genant HK. MR imaging findings of lateral ulnar collateral ligament abnormalities in patients with lateral epicondylitis. AJR Am J Roentgenol. 1999;173(5):1379-82.
8. de Coninck T, Ngai SS, Tafur M, Chung CB. Imaging the glenoid labrum and labral tears. Radiographics. 2016;36(6):1628-47.
9. de Jesus JO, Parker L, Frangos AJ, Nazarian LN. Accuracy of MRI, MR arthrography, and ultrasound in the diagnosis of rotator cuff tears: a meta-analysis. AJR Am J Roentgenol. 2009;192(6):1701-7.
10. Festa A, Mulieri PJ, Newman JS, Spitz DJ, Leslie BM, et al. Effectiveness of magnetic resonance imaging in detecting partial and complete distal biceps tendon rupture. J Hand Surg Am. 2010;35(1):77-83.
11. Giaroli EL, Major NM, Higgins LD. MRI of internal impingement of the shoulder. AJR Am J Roentgenol. 2005;185(4):925-9.
12. Giuffre BM, Moss MJ. Optimal positioning for MRI of the distal biceps brachii tendon: flexed abducted supinated view. AJR Am J Roentgenol. 2004;182(4):944-6.
13. Hackl M, Wegmann K, Ries C, Leschinger T, Burkhart KJ, Müller LP. Reliability of magnetic resonance imaging signs of posterolateral rotatory instability of the elbow. J Hand Surg Am. 2015;40(7):1428-33.
14. Homsi C, Bordalo-Rodrigues M, da Silva JJ, Stump XM. Ultrasound in adhesive capsulitis of the shoulder: is assessment of the coracohumeral ligament a valuable diagnostic tool? Skeletal Radiol. 2006;35(9):673-8.
15. Koplas MC, Schneider E, Sundaram M. Prevalence of triceps tendon tears on MRI of the elbow and clinical correlation. Skeletal Radiol. 2011;40(5):587-94.
16. Levin D, Nazarian LN, Miller TT, O'Kane PL, Feld RI, Parker L, et al. Lateral epicondylitis of the elbow: US findings. Radiology. 2005;237:230-4.
17. Lichtman DM, Lesley NE, Simmons SP. The classification and treatment of Kienböck disease: the state of the art and a look at the future. J Hand Surg Eur Vol. 2010;35:549-54.
18. Lobo Lda G, Fessell DP, Miller BS, Kelly A, Lee JY, Brandon C, et al. The role of sonography in differentiating full versus partial distal biceps tendon tears: correlation with surgical findings. AJR Am J Roentgenol. 2013;200(1):158-62.
19. Manton GL, Schweitzer ME, Weishaupt D, Karasick D. Utility of MR arthrography in the diagnosis of adhesive capsulitis. Skeletal Radiol. 2001;30(6):326-30.
20. Moosikasuwan JB, Miller TT, Burke BJ. Rotator cuff tears: clinical, radiographic, and US findings. Radiographics. 2005;25:1591-607.
21. Morag Y, Jacobson JA, Miller B, De Maeseneer M, Girish G, Jamadar D. MR imaging of rotator cuff injury: what the clinician needs to know. Radiographics. 2006;26(4):1045-65.
22. Nakata W, Katou S, Fujita A, Nakata M, Lefor AT, Sugimoto H. Biceps pulley: normal anatomy and associated lesions at MR arthrography. Radiographics. 2011;31(3):791-810.
23. Nazarian LN, McShane JM, Ciccotti MG, O'Kane PL, Harwood MI. Dynamic US of the anterior band of the ulnar collateral ligament of the elbow in asymptomatic major league baseball pitchers. Radiology. 2003;227(1):149-54.
24. Neer CS. Anterior acromioplasty for the chronic impingement syndrome in the shoulder: a preliminary report. J Bone Joint Surg Am. 1972;(1):41-50.
25. Palmer AK. Triangular fibrocartilage complex lesions: a classification. J Hand Surg. 1989;14(4):596.
26. Plotkin B, Sampath SC, Sampath SC, Motamedi K. MR Imaging and US of the wrist tendons. Radiographics. 2016;36(6):1688-700.
27. Potter HG, Hannifan JA, Morwessel RM, DiCarlo EF, O'Brien SJ, Altchek DW. Lateral epicondylitis: correlation of MR imaging, surgical and histopathological findings. Radiology. 1995;196:43-6.
28. Roedl JB, Gonzalez FM, Zoga AC, Morrison WB, Nevalainen MT, Ciccotti MG, et al. Potential utility of a combined approach with US and MR arthrography to image medial elbow pain in baseball players. Radiology. 2016;279(3):827-37.
29. Scalcione LR, Gimber LH, Ho AM, Johnston SS, Sheppard JE, Taljanovic MS. Spectrum of carpal dislocations and fracture-dislocations: imaging and management. AJR Am J Roentgenol. 2014;203(3):541-50.
30. Shah N, Tung GA. Imaging signs of posterior glenohumeral instability. AJR Am J Roentgenol. 2009;192(3):730-5.
31. Schmitt R, Heinze A, Fellner F, Obletter N, Struhn R, Bautz W. Imaging and staging of avascular osteonecroses at the wrist and hand. Eur J Radiol. 1997;25:92-103.
32. Smith TO, Drew BT, Toms AP. A meta-analysis of the diagnostic test accuracy of MRA and MRI for the detection of glenoid labral injury. Arch Orthop Trauma Surg. 2012;132:905-19.
33. Squires JH, England E, Mehta K, Wissman RD. The role of imaging in diagnosing diseases of the distal radioulnar joint, triangular fibrocartilage complex, and distal ulna. AJR Am J Roentgenol. 2014;203(1):146-53.
34. Timmerman LA, Schwartz ML, Andrews JR. Preoperative evaluation of the ulnar collateral ligament by magnetic resonance imaging and computed tomography arthrography. Am J Sports Med. 1994;22:26-31.
35. Timins ME, Jahnke JP, Krah SF, Erickson SJ, Carrera GF. MR imaging of the major carpal stabilizing ligaments: normal anatomy and clinical examples. Radiographics. 1995;15(3):575-87.
36. Walz DM, Newman JS, Konin GP, Ross G. Epicondylitis: pathogenesis, imaging, and treatment. Radiographics. 2010;30(1):167-84.

2

Diagnóstico por imagem dos membros inferiores: quadril, joelho, tornozelo e pé

Luciana Carmen Zattar-Ramos
Renata Vidal Leão
Paulo Victor Partezani Helito
Eliza Justo Ducati
Marcelo Bordalo Rodrigues

Quadril

Alterações musculotendíneas

As lesões musculotendíneas são estadiadas de acordo com a gravidade da lesão (parciais ou completas) e de acordo com o local acometido (origem tendínea, junção miotendínea ou ventre muscular). Nos adultos, as lesões por estiramento geralmente ocorrem na junção miotendínea, que é o ponto de maior fragilidade. Ocorrem, em geral, na contração excêntrica e são mais comuns nos músculos que cruzam duas articulações (isquiotibiais, reto femoral, sartório e grácil).

Achados de imagem nas tendinopatias e lesões musculares

A ressonância magnética (RM) demonstra:

- Espessamento e hipersinal do tendão, podendo progredir para delaminações/fissuras intratendíneas.
- Hiperssinal das fibras musculares (estiramento).
- Nas lesões completas, permite avaliar o grau de retração e o aspecto do coto tendíneo;
- Coleção/hematoma intra ou intermuscular.
- Sinais de atrofia ou lipossubstituição muscular, achados observados nas sequências ponderadas em T1.

A extensão da lesão se correlaciona com o tempo de recuperação. A lesão grau 1 é caracterizada por rupturas microscópicas que se manifestam com um padrão de edema ou hipersinal em T2. A lesão grau 2 se caracteriza por rotura parcial, podendo formar coleções hemorrágicas ou líquidas. A lesão grau 3 apresenta descontinuidade completa e a RM demonstra retração do tendão e separação do ventre muscular na transição miotendínea.

As lesões crônicas se manifestam como fibrose e espessamento na transição miotendínea, caracterizados como áreas de baixo sinal em todas as sequências na RM.

As lesões avulsivas são frequentes ao redor do quadril, e os locais mais comuns são: a tuberosidade isquiática (isquiotibiais), a espinha ilíaca anterossuperior (sartório), a espinha ilíaca anteroinferior (reto femoral), o trocanter menor (iliopsoas), o trocanter maior (glúteos e rotadores externos) e o púbis (adutores). São mais comuns em jovens atletas antes do fechamento das apófises, sendo importante a comparação com o lado contralateral.

Glúteos médio e mínimo

A dor na região do trocanter maior do fêmur é muito comum, referida como síndrome do trocanter maior, tipicamente ocorre em mulheres de meia-idade e idosos. O achado na RM na tendinopatia é caracterizado por espessamento e alteração de sinal tendíneo, podendo estar associado a edema ao redor do tendão (peritendinite) ou bursite subglútea média e mínima (Figura 1).

Roturas parciais são diagnosticadas quando há fissuras longitudinais ou coleção com sinal semelhante ao líquido interposta entre o tendão e o trocanter. Os sinais mais confiáveis de rotura completa são a descontinuidade e retração tendínea, observando-se coleção líquida (geralmente com dimensões acima de 1,0 cm de diâmetro) na topografia da inserção tendínea (Figura 2).

Achados indiretos da rotura são atrofia muscular e o aspecto alongado do tendão do glúteo médio. Atrofia muscular é observada com maior frequência associada a roturas completas do que parciais, porém não é um achado específico.

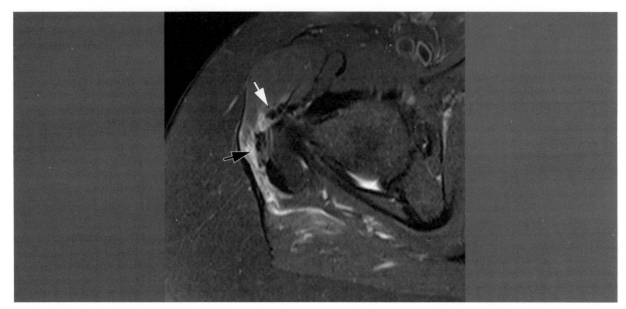

Figura 1 Tendinopatia dos glúteos. Ressonância magnética do quadril direito – imagem axial ponderada em T2 com saturação de gordura. Espessamento e elevação do sinal dos tendões glúteos mínimo (seta branca) e médio (seta preta), caracterizando tendinopatia. Também há edema ao redor dos tendões, indicando peritendinite. Há espessamento sinovial da bursa trocantérica (bursite).

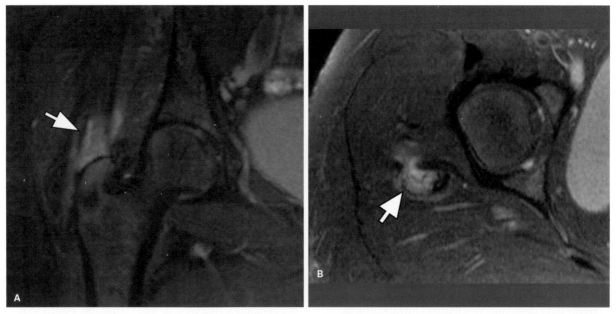

Figura 2 Rotura parcial do tendão glúteo médio. Ressonância magnética do quadril direito – imagens (A) coronal e (B) axial ponderadas em T2 com saturação de gordura. Estiramento parcial do tendão glúteo médio, estendendo-se para o seu ventre muscular (setas).

Os tendões dos glúteos médio e mínimo também podem ser foco de depósito de cristais de hidroxiapatita (tendinose calcificante), relacionados a dor, especialmente se houver migração da calcificação para a bursa ou osso. As calcificações se caracterizam por baixo sinal em todas as sequências, associadas a edema inflamatório circunjacente (Figura 3).

A bursite trocantérica é determinada pela tendinopatia dos glúteos, por causa do microtrauma repetitivo e apresenta hipersinal em T2 semelhante a edema, posterolateralmente ao trocanter maior do fêmur (Figura 4).

Bursite do iliopsoas

A bursa do iliopsoas está presente na maioria das pessoas, comunicando-se com a articulação femoroacetabular. As causas mais comuns de bursite são trauma e fricção repetitiva (sobrecarga), extensão de patologia intra-articular (artropatia inflamatória ou infecciosa e osteoartrite) e alterações pós-artroplastia do quadril. Na RM é observada como formação cística alongada, interpondo-se entre a transição musculotendínea do iliopsoas e a cápsula articular (Figura 5).

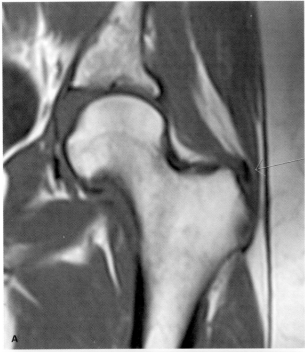

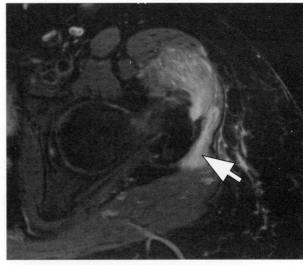

Figura 4 Bursite trocantérica. Ressonância magnética do quadril esquerdo – imagem axial ponderada em T2 com saturação de gordura. Acentuado espessamento sinovial e elevação do sinal da bursa trocantérica, caracterizando bursite (seta).

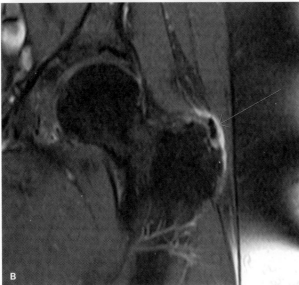

Figura 3 Tendinopatia calcária do glúteo médio. Ressonância magnética do quadril esquerdo – imagens coronais ponderadas em (A) T1 e (B) T2 com saturação de gordura. Calcificação alongada no interior do tendão do glúteo médio, caracterizada por baixo sinal em todas as sequências (setas). Observe o processo inflamatório tendíneo e de partes moles adjacentes, caracterizado pela área de elevação do sinal em T2.

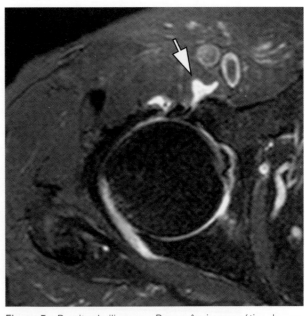

Figura 5 Bursite do iliopsoas. Ressonância magnética do quadril direito – imagem axial ponderada em T2 com saturação de gordura. Distensão líquida da bursa do iliopsoas (seta), que se comunica com a articulação femoroacetabular, interpondo-se entre a transição musculotendínea do iliopsoas e a cápsula articular.

Reto femoral

A lesão proximal geralmente acomete as cabeças direta, indireta ou o tendão conjunto. Distalmente, a junção miotendínea profunda (ou tendão intramuscular) é acometida, com aspecto em "pena" na fase aguda (Figura 7).

A avulsão tendínea ocorre com maior frequência na cabeça direta junto à espinha ilíaca anteroinferior (Figura 8), e menos comumente na cabeça indireta, na borda superior do acetábulo (Figura 9). Cronicamente, pode haver processo reparativo com fibrose e ossificação.

Isquiotibiais

Os isquiotibiais (cabeça longa do bíceps femoral, semitendíneo e semimembranoso) (Figura 10) são os ten-

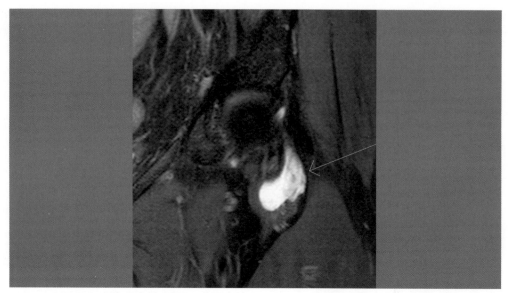

Figura 6 Bursite do iliopsoas. Ressonância magnética do quadril esquerdo – imagem coronal ponderada em T2 com saturação de gordura. Distensão líquida da bursa do iliopsoas (seta), que se comunica com a articulação femoroacetabular, interpondo-se entre a transição musculotendínea do iliopsoas e a cápsula articular.

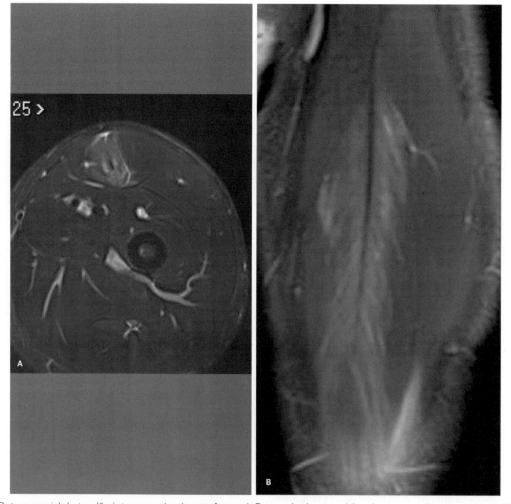

Figura 7 Rotura parcial do tendão intramuscular do reto femoral. Ressonância magnética da coxa proximal nos planos (A) axial e (B) coronal ponderados em T2 com saturação de gordura. Edema ao redor da transição miotendínea profunda (ou tendão intramuscular) do reto femoral, dando o aspecto em "pena" na imagem coronal.

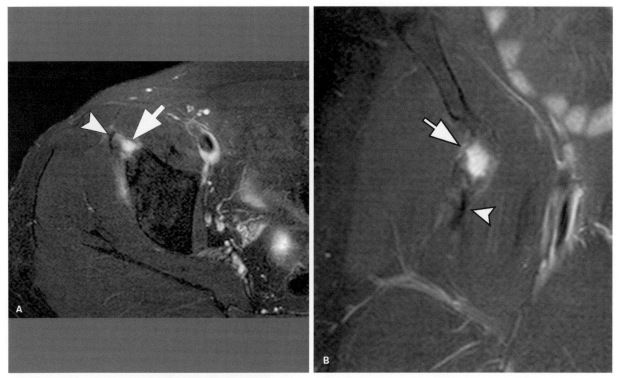

Figura 8 Rotura do tendão da cabeça direta do reto femoral. Ressonância magnética do quadril direito nos planos (A) axial e (B) coronal ponderados em T2 com saturação de gordura. Rotura completa da origem do tendão da cabeça direta do reto femoral, junto a crista ilíaca anteroinferior, com líquido e edema no local da rotura (setas). Nota-se retração distal do tendão conjunto (cabeças de setas).

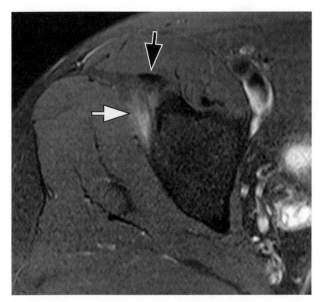

Figura 9 Rotura do tendão da cabeça indireta do reto femoral. Ressonância magnética do quadril direito no plano axial ponderado em T2 com saturação de gordura. Rotura completa da origem do tendão da cabeça indireta do reto femoral, junto a borda acetabular superior, com edema no local da rotura (seta branca). O tendão da cabeça direta apresenta aspecto normal (seta preta).

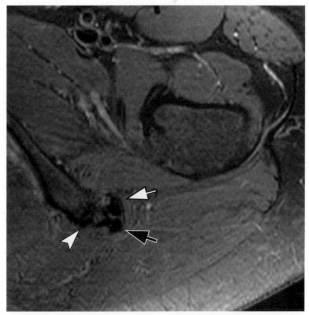

Figura 10 Anatomia normal dos tendões isquiotibiais. Ressonância magnética do quadril direito no plano axial ponderado em T2 com saturação de gordura. Observa-se a origem dos tendões isquiotibiais: semimembranoso (seta branca) e conjunto – semitendinoso e bíceps (seta preta) junto a tuberosidade isquiática. Observe também a origem de uma das porções do tendão adutor magno (cabeça de seta).

dões mais acometidos nos praticantes de corrida com arrancadas e em atletas de salto. O bíceps femoral é o componente mais acometido, e a maioria das lesões ocorre nos tendões proximais ou nas junções miotendíneas proximais (Figura 11).

Adutores/sínfise púbica

Os tendões adutores e o grácil originam-se na margem inferior do osso do púbis e ramo isquiopúbico inferior, apresentando fibras em continuidade com a aponeurose do reto abdominal (Figura 12). Esses músculos ajudam na estabilização anterior da sínfise púbica, junto aos ligamentos púbicos superior e inferior.

O tendão do adutor longo é o mais lesado. A lesão por avulsão na origem do adutor longo é mais bem avaliada nos planos coronal e sagital da RM, observando-se hipersinal em T2 junto a sua inserção. Pode haver edema da medular óssea do púbis (Figura 13).

A sinfisite púbica (osteíte púbica) é decorrente da consequente instabilidade vertical e de alterações degenerativas secundárias na sínfise. Na RM, observa-se edema da medular óssea, aumento do líquido na sínfise, esclerose e cistos subcondrais.

O sinal da fenda secundária é a continuidade do líquido da fenda primária (encontrada normalmente no interior da fibrocartilagem da sínfise púbica), estendendo-se inferiormente além da margem da articulação e lateralmente à linha média (Figura 13). Sua origem está relacionada a sobrecarga mecânica e disfunção dos adutores. Foi inicialmente descrita na artrografia, mas também pode ser identificada na RM, com alta sensibilidade/especificidade.

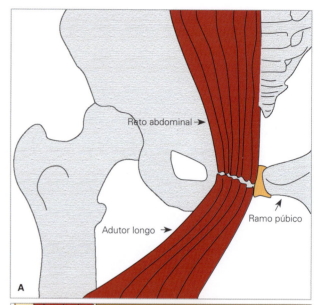

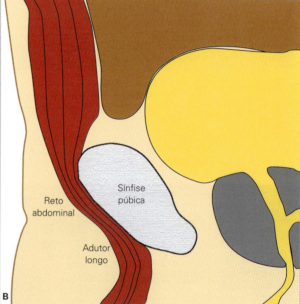

Figura 12 Anatomia da sínfise púbica. Esquema anatômico demonstrando a anatomia miotendínea relacionada à sínfise púbica. O tendão reto abdominal se insere no ramo púbico próximo à origem do tendão adutor longo, onde se forma a aponeurose do reto abdominal/adutor longo.

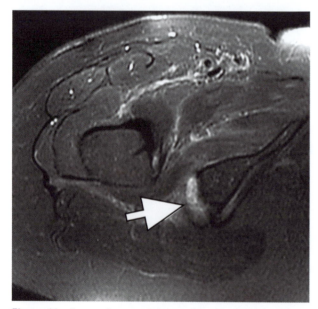

Figura 11 Anatomia normal dos tendões isquiotibiais. Ressonância magnética do quadril direito no plano axial ponderado em T2 com saturação de gordura. Lesão completa da origem do tendão semimebranoso junto à tuberosidade isquiática com acentuado edema em sua topografia (seta).

Impacto isquiofemoral

O músculo quadrado femoral está localizado entre o trocanter menor do fêmur e a tuberosidade isquiática. O edema muscular do quadrado femoral é observado em pacientes com dor na região posterior do quadril, região glútea e virilha.

Acredita-se que a lesão é decorrente da redução do espaço entre a tuberosidade isquiática e o trocanter menor do fêmur, sendo recentemente descrita como síndrome de impacto isquiofemoral.

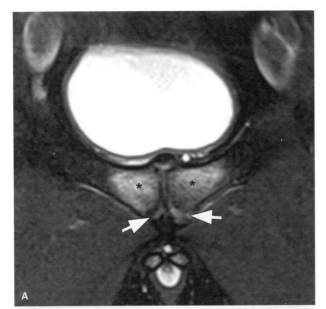

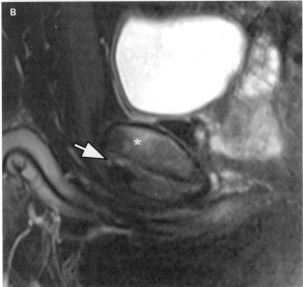

Figura 13   Sinfisite secundária a lesão dos adutores. Ressonância magnética da sínfise púbica nos planos (A) coronal e (B) sagital ponderados em T2 com saturação de gordura. Roturas parciais das origens dos tendões adutores longos nos ramos púbicos (setas), com formação das fendas secundárias (setas em A). Nota-se edema ósseo da sínfise púbica (asteriscos).

A distância entre a tuberosidade isquiática e a margem interna do trocanter menor na rotação interna menor que 18 mm associa-se a lesão do quadrado femoral. O melhor método para avaliação é a RM no plano axial T2, identificando-se edema na transição miotendínea do quadrado femoral (Figura 14).

Lesão de Morel-Lavallée

A lesão de Morel-Lavallée é considerada coleção fluida justa fascial, resultante de trauma do tipo cisalhamento com separação entre o tecido subcutâneo e a fáscia muscular, lesando vasos perfurantes e linfáticos, levando a extravasamento de sangue para os planos perifasciais. O processo inflamatório secundário leva a novos sangramentos, perpetuando o crescimento lento da lesão.

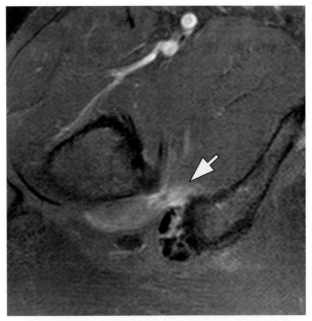

Figura 14   Impacto isquiofemoral. Ressonância magnética do quadril direito no plano axial ponderado em T2 com saturação de gordura. Edema do ventre muscular do quadrado femoral (seta) entre o trocanter menor do fêmur e a tuberosidade isquiática, onde também se observa redução deste espaço, caracterizando um impacto isquiofemoral.

É uma lesão frequente no quadril por conta da proeminência do trocanter maior e da rica vascularização local. O hematoma se interpõe entre os planos perifasciais adjacentes à fáscia lata na porção mais profunda do tecido subcutâneo, formando uma coleção hemática com cápsula de tecido fibroso.

A RM é o melhor método para caracterizar a lesão, que pode demonstrar cápsula fibrótica (baixo sinal em todas as sequências), septações e conteúdo homogêneo semelhante ao do líquido, hipersinal em T1 relacionado a hematoma subagudo/gordura aprisionada, e sinal heterogêneo em T2 (debris, tecido de granulação e hemossiderina) (Figura 15).

Síndrome do piriforme/dor glútea profunda

Em pacientes com dor persistente na região glútea, a síndrome piriforme pode ser causa da ciatalgia, sendo considerada um diagnóstico de exclusão. Clinicamente, o paciente se apresenta com dor radicular na nádega ou região posterior da coxa, que aumenta na posição sentada.

O nervo ciático é formado por ramos ventrais de L4 a S3 e apresenta um componente tibial, fibular comum e cutâneo femoral posterior. Seu trajeto é anterior ao músculo piriforme e na coxa junto ao adutor magno/glúteo máximo.

As variações do músculo piriforme podem ser encontradas em até 16% dos pacientes. Tendão piriforme bipar-

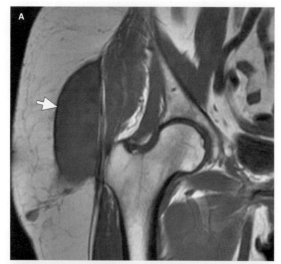
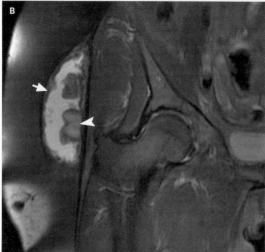
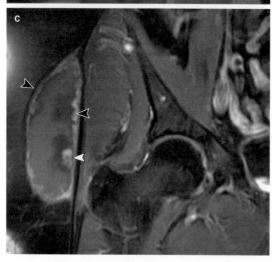

Figura 15 Morel-Lavallée. Ressonância magnética do quadril direito no plano coronal com sequências ponderadas em T1 (A), T2(B) com saturação de gordura e (C) T1 com saturação de gordura pós-contraste. Hematoma subfascial no plano subcutâneo profundo do quadril (seta), com cápsula espessa e com baixo sinal (fibrose), apresentando conteúdo líquido, alguns nódulos parietais que realçam (cabeças de seta brancas) e realce capsular periférico (cabeças de seta pretas).

tido, bandas musculares ou fibrosas podem se interpor entre as bandas tibial e fibular do nervo ciático, determinando compressão.

A neurografia por RM permite a avaliação direta do nervo e as repercussões da denervação muscular (atrofia e substituição gordurosa). É possível realizar a avaliação anatômica do músculo piriforme e suas variações, na relação do piriforme com o nervo ciático, nas alterações da morfologia ou do sinal do nervo ciático. No exame de RM, pode-se observar atrofia com consequente assimetria entre os piriformes. No entanto, não existe um critério para valorizar a atrofia do piriforme.

O sinal habitual do nervo periférico é de sinal intermediário em T1, semelhante ao músculo, iso ou discreto hipersinal em T2, com padrão fascicular (Figura 16). Na neuropatia, há importante aumento do sinal, semelhante ao dos vasos. Há perda do padrão fascicular e da gordura perineural, podendo haver realce pós-contraste pela quebra de barreira hematoneural.

É essencial a utilização de sequências volumétricas em T1 (melhor avaliação anatômica) e T2 com saturação de gordura ou STIR (alterações intrínsecas do nervo) com até 1 mm de espessura e isotrópicas (Figura 17).

Com a aquisição volumétrica, é possível realizar reconstruções longitudinais no maior eixo do nervo em MPR (reconstrução multiplanar) ou MIP (projeção de

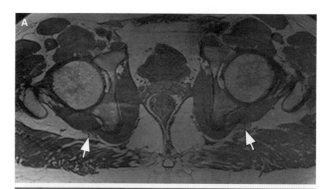
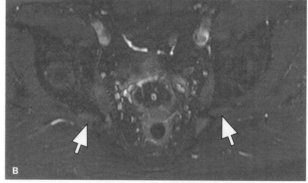

Figura 16 Nervo ciático normal. Ressonância magnética da bacia – aquisição volumétrica com imagens axiais de 1 mm de espessura ponderadas em T1 (A) e T2 (B) com saturação de gordura. Observe o padrão fascicular dos nervos ciáticos (setas), assim como o seu discreto hipersinal habitual em T2.

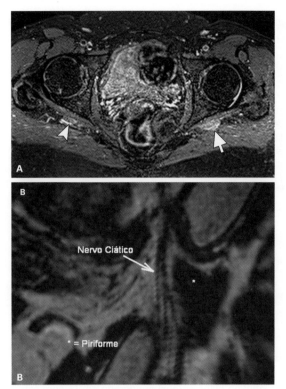

Figura 17 Neuropatia do ciático. Ressonância magnética da bacia com imagem axial volumétrica ponderada em T2 com saturação de gordura (A). Em B, observa-se uma reformatação do volume T1, mostrando a relação do nervo ciático com o músculo piriforme (asterisco). Existe um importante espessamento, elevação do sinal e borramento dos contornos do nervo ciático esquerdo (seta) e o aspecto normal do ciático direito (cabeça de seta). Não há bandas fibrosas ou variações anatômicas do músculo piriforme, devendo corresponder a uma compressão dinâmica.

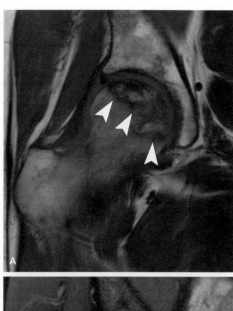
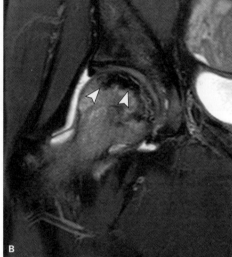
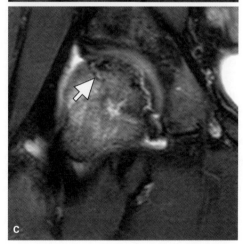

intensidade máxima). A denervação muscular determina hipersinal dos ventres musculares no território nervoso correspondente. A denervação pode ser aguda (< 1 mês) com hipersinal em T2; subaguda (1-3 meses) com hipersinal em T2 e infiltração gordurosa inicial; crônica (> 3 meses) com atrofia e redução volumétrica com infiltração gordurosa do músculo (hipersinal em T1).

Osteonecrose da cabeça femoral

A RM é o método de escolha por causa do seu alto contraste e possibilidade de diferenciação entre medula amarela normal e o tecido necrótico/edema medular. A área de necrose apresenta aspecto geográfico com alto sinal em T1, sinal variável em T2, podendo ser observado o sinal do duplo halo, caracterizado por hipersinal interno e hipossinal externo (Figura 18). O hipersinal representa a interface entre o tecido necrótico e o reparativo, enquanto o hipossinal é o osso reativo esclerótico. É importante definir se há fraturas subcondrais na área necrótica (Figura 19), pois é um fator prognóstico para colapso e artrose secundária. A administração do meio de contraste não é

Figura 18 Osteonecrose da cabeça femoral. Ressonância magnética do quadril esquerdo no plano coronal, com imagens ponderadas em T1 (A), T2 (B) com saturação de gordura e (C) T1 com saturação de gordura pós-contraste. Lesão geográfica na cabeça femoral com predominante alto sinal em T1, baixo sinal heterogêneo em T2 (cabeças de seta) e acentuado edema da medula óssea ao redor da lesão. Observe o "duplo halo" em C, com hipersinal interno e hipossinal externo (seta).

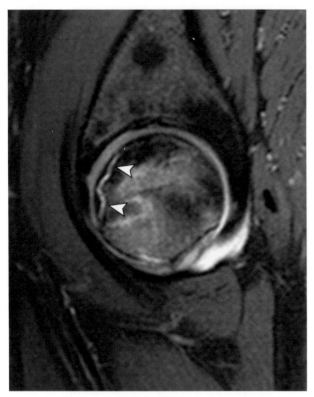

Figura 19 Fratura subcondral associado a osteonecrose da cabeça femoral. Ressonância magnética do quadril no plano sagital ponderado em T2 com saturação de gordura. Lesão geográfica epifisária na cabeça femoral (osteonecrose) com imagem linear de alto sinal paralela e junto à cortical óssea, correspondendo a fratura subcondral (cabeças de seta).

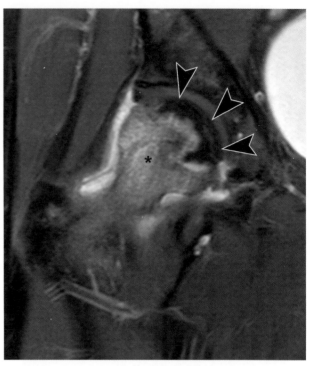

Figura 20 Vascularização da necrose. Ressonância magnética do quadril no plano coronal ponderado em T1 com saturação de gordura pós-contraste. Observe a ausência de realce na lesão geográfica, caracterizando a necrose (cabeças de seta). Há edema com relace da medula óssea ao redor da necrose (asterisco).

imprescindível para o diagnóstico de osteonecrose, mas pode definir melhor a interface de tecido reparativo circundando a área necrótica (Figura 20). Nas fases iniciais, há importante edema ósseo e realce ao redor da necrose (Figuras 18 e 20), mesmo sem complicações como fraturas ou colapsos articulares.

Quantificação e prognóstico

Há várias maneiras para se estimar a área da osteonecrose, mas com a possibilidade de análise multiplanar pela MR pode-se estimar a porcentagem de comprometimento da área de carga. O prognóstico é melhor se a osteonecrose comprometer < 30% e a chance de colapso aumenta se for >30%. A presença de fraturas subcondrais na área necrótica indica um prognóstico ruim. Apresenta-se como uma linha de hipersinal paralela a superfície articular. No estadiamento da osteonecrose, o radiologista deve observar a localização e o tamanho da lesão (estimando-se a porcentagem de comprometimento de área de carga), a presença ou não da fratura subcondral ou colapso e a presença de artrose secundária.

A diferenciação com a fratura de insuficiência subcondral e a osteoporose transitória é essencial, pois os tratamentos são diferentes.

Fratura subcondral por insuficiência

A fratura subcondral apresenta-se tipicamente como imagens lineares de hipossinal subcondral associadas a um edema difuso da medular óssea na cabeça femoral (Figura 21). Essas fraturas são paralelas a superfície articular e ocorrem na porção anterossuperior da cabeça femoral, local de maior carga. Em geral, a evolução é favorável se houver retirada da carga.

Osteoporose transitória do quadril

É uma entidade clínica caracterizada por início espontâneo e resolução da dor ao longo do tempo. Sua fisiopatologia é desconhecida, podendo estar relacionada a isquemia, microfraturas ou distrofia simpático-reflexa.

A radiografia inicial é normal, evoluindo com osteopenia da cabeça femoral. A reabsorção pode ser tão intensa que leva a indefinição do osso subcondral. À RM, observa-se intenso edema da medular óssea, acometendo toda a cabeça femoral, podendo se estender ao colo femoral. É importante frisar que não há áreas focais geográficas no osso subcondral. Na fase pós-contraste há um realce moderado e homogêneo (Figura 22). Pode apresentar caráter migratório, envolvendo o lado contralateral ou comprometendo outras articulações, como os joelhos e tornozelos.

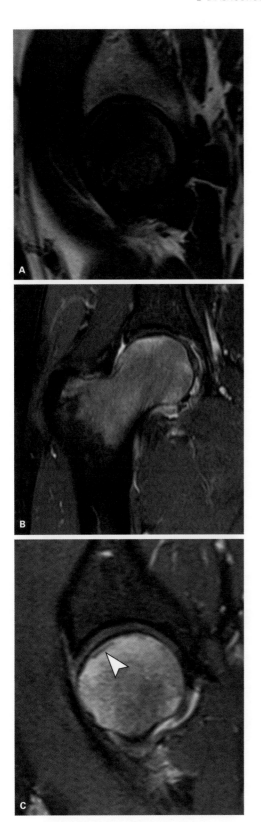

Figura 21 Fratura de insuficiência da cabeça femoral. Ressonância magnética do quadril direito nos planos (A) sagital T1, (B) coronal T1 pós-contraste e saturação de gordura e (C) sagital T1 pós-contraste e saturação de gordura. Acentuado edema da medula óssea da cabeça femoral, com realce pós-contraste, observando-se pequena fratura incompleta paralela à cortical da cabeça femoral na imagem (C) (cabeça de seta).

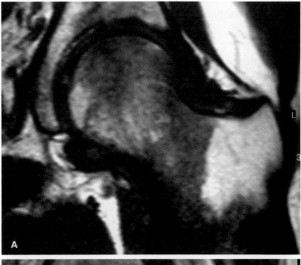

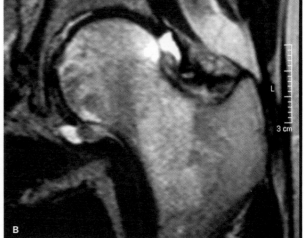

Figura 22 Osteoporose transitória da cabeça femoral. Ressonância magnética do quadril esquerdo no plano coronal ponderado em (A) T1 e (B) T2 com saturação da gordura. Acentuado edema da medula óssea da cabeça femoral, sem lesões focais associadas.

Impacto femoroacetabular

O impacto femoroacetabular (IFA) é a principal causa de osteoartrose no quadril em jovens e pacientes ativos. É causado por um contato/impacto entre o acetábulo e o fêmur, durante a movimentação, que limita a amplitude de movimento particularmente na rotação interna e flexão.

Há dois tipos de impacto:

- Relacionados a um excesso de cobertura acetabular (Pincer) ou
- Relacionados a uma perda da concavidade na junção cabeça/colo femoral (CAME). Essas alterações podem coexistir.

As alterações morfológicas podem levar a lesão do lábio acetabular e erosões condrais predominando na porção anterossuperior. Se não for tratado adequadamente, pode evoluir para artrose.

Achados de imagem

Excesso de cobertura acetabular (Pincer):

- No plano frontal (radiografia) ou nas imagens coronais (TC e RM), o ângulo centro-borda (formado entre a perpendicular partindo do centro da cabeça femoral e a linha tangente à borda acetabular) é maior que 40°, e o normal é de 25 a 40° (Figura 23).
- Retroversão acetabular: normalmente, a cavidade acetabular é antevertida. Se houver retroversão, ou seja, no terço superior do acetábulo a parede anterior projeta-se lateralmente à parede posterior. É possível definir retroversão acetabular nas imagens axias de TC ou RM, nas primeiras imagens em que aparece a cavidade acetabular (Figura 24).

CAME:

Observa-se perda da concavidade na transição cabeça/colo femoral, deformidade em "empunhadura de pis-

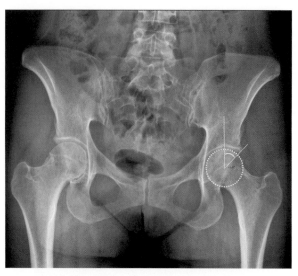

Figura 23 Cobertura acetabular. Radiografia simples da bacia. O ângulo centro-borda é maior que 40 graus, indicando hipercobertura acetabular.

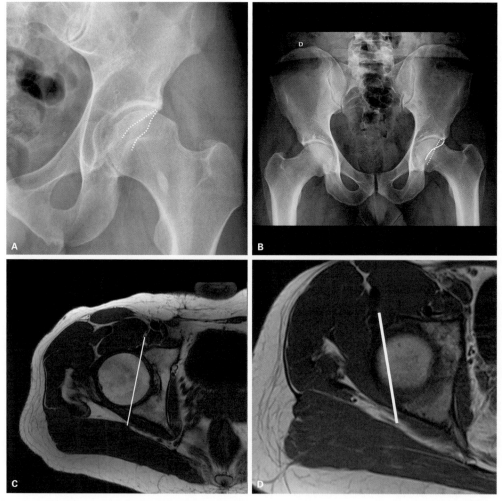

Figura 24 Retroversão acetabular. A: Radiografia simples anteroposterior do quadril esquerdo (A), simples anteroposterior da bacia (B), imagens de ressonância magnética no plano axial T1 de dois pacientes diferentes (C e D). Em A, não há cruzamento das paredes acetabulares (parede anterior é mais medial que a posterior), indicando uma anteversão do acetábulo. Em B, há cruzamento entre as linhas acetabulares anterior e posterior no terço mais superior da articulação (onde a linha da parede posterior está lateral à linha da parede anterior), indicando retroversão do terço superior do acetábulo. Em C, há anteversão do acetábulo e em D, retroversão.

tola", ângulo alfa maior que 60° e a presença de cistos subcorticais na transição cabeça/colo femoral (Figura 25).

A displasia acetabular (ângulo centro-borda < 20°) pode levar a artrose secundária (Figura 26), com hipertrofia e extensa degeneração labral, cistos perilabrais e erosões condrais associadas.

As alterações degenerativas ou lesões labrais podem calcificar (Figura 27) na sua base e até se destacarem do acetábulo. Esses sinais secundários devem ser valorizados no diagnóstico do impacto femoroacetabular.

Ressonância magnética (RM)

Os exames são realizados em equipamento de 1,5 ou 3,0 T, nas sequências *fast spin-echo* com os seguintes planos e sequências:

- Axial T1 e T2 com saturação de gordura.
- Coronal T1 e T2 com saturação de gordura.
- Sagital T2 reto com saturação de gordura.
- Sagital oblíquo DP com saturação de gordura, avalia com boa sensibilidade a presença de lesões labrais an-

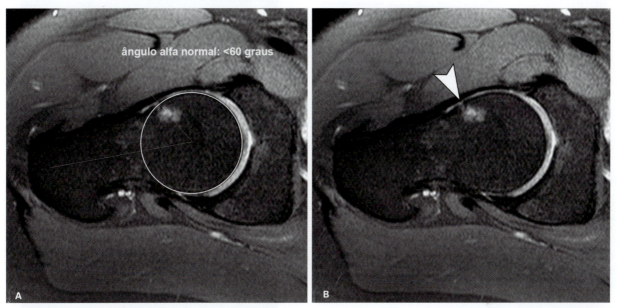

Figura 25 Perda da concavidade anterior do colo/cabeça femorais. Imagem axial oblíqua de ressonância magnética ponderada em T2 com saturação de gordura. Em A, observa-se perda da concavidade anterior da transição entre a cabeça e o colo femorais com consequente aumento do ângulo alfa (≥ 60 graus). Em B, observa-se alteração cística/edema nesta topografia. Esses achados de imagem podem estar relacionados a impacto femoroacetabular do tipo CAME.

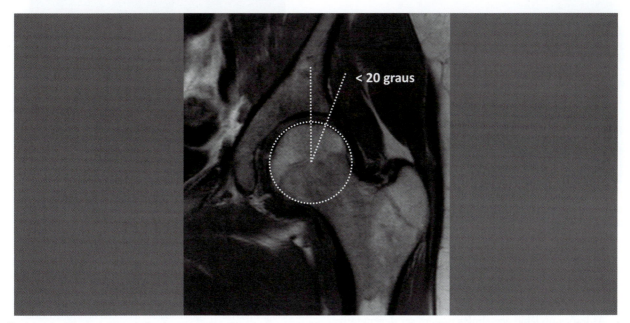

Figura 26 Displasia acetabular. Imagem de ressonância magnética coronal ponderada em T1, demonstra cobertura insuficiente da cabeça femoral pelo acetábulo, com ângulo centro-borda menor que 20 graus.

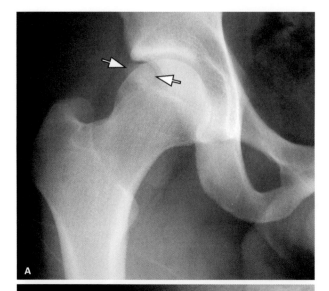

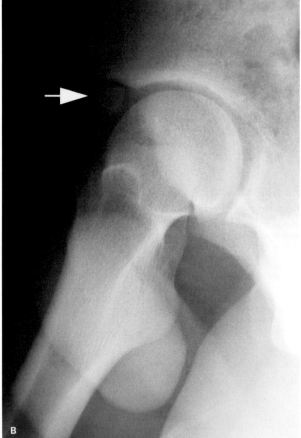

Figura 27 Ossificação acetabular. Radiografias simples do quadril direito nas incidências (A) anteroposterior e (B) perfil. Observa-se ossificação (setas) junto a borda superolateral do acetábulo.

rior ou anterossuperior (Figura 28). As lesões labrais ocorrem na junção condrolabral (base) e na substância (Figura 29). As alterações degenerativas (Figura 30) caracterizam-se por alteração do sinal e irregularidade dos contornos, porém sem destacamento ou rotura transfixante.

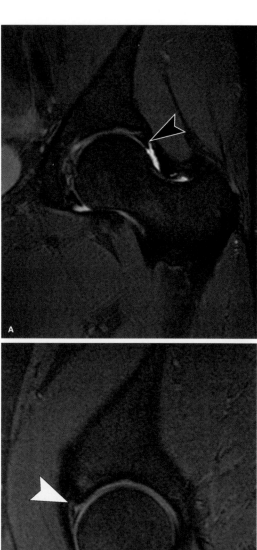

Figura 28 Lesão inicial do lábio acetabular. Ressonância magnética do quadril esquerdo, imagens ponderadas em T2 com saturação de gordura nos planos (A) coronal e (B) sagital. Na imagem coronal, visualiza-se o lábio superolateral, que está normal (cabeça de seta preta). Na imagem sagital, a porção anterossuperior do lábio é visualizada, notando-se uma lesão na sua substância (cabeça de seta branca).

terossuperiores e é essencial para avaliar a morfologia da cabeça/colo femorais e quantificação do ângulo alfa.

Lesões do lábio acetabular

As lesões no lábio acetabular podem ser degenerativas ou microtraumáticas, iniciam-se, em geral, na porção ante-

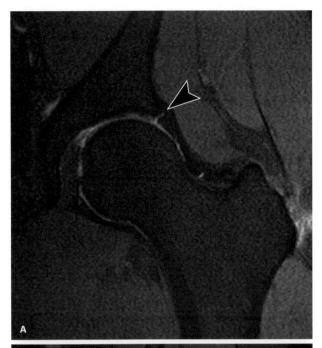
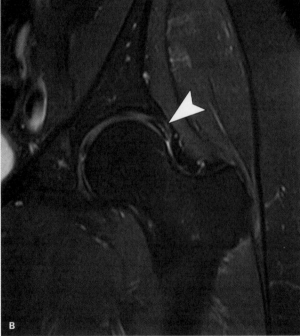

Figura 29 Tipos de lesão do lábio acetabular. Imagens de Ressonância magnética no plano coronal ponderadas em T2 com saturação de gordura de dois pacientes diferentes. Em A, observa-se uma lesão na base do lábio, em sua junção condrolabral (cabeça de seta preta). Em B, há lesão na substância do lábio (cabeça de seta branca).

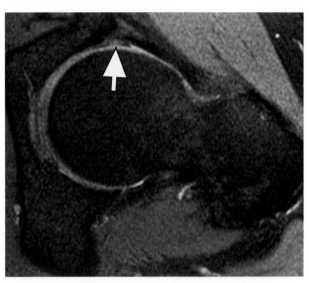

Figura 30 Lesão degenerativa do lábio acetabular. Imagem axial oblíqua de ressonância magnética do quadril ponderada em T2 com saturação de gordura. O lábio acetabular anterossuperior apresenta um alto sinal difuso, sem fissuras, caracterizando uma lesão degenerativa (seta).

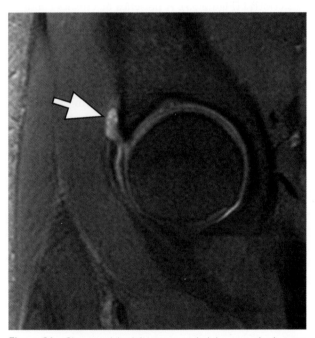

Figura 31 Cisto paralabral. Imagem sagital de ressonância magnética do quadril ponderada em T2 com saturação de gordura. Lesão na base do lábio acetabular anterossuperior com formação de um cisto paralabral (seta).

Os cistos perilabrais (Figura 31) habitualmente estão associados com a rotura labral e predominam na porção posterossuperior.

Os sulcos sublabrais (Figura 32) são observados nos quadrantes inferiores, próximos à junção com o ligamento transverso ou na porção posterossuperior. Caracterizam-se por fendas de hipersinal na interface condrolabral, com contornos regulares e bem definidos, sem transfixar a base do lábio.

Cartilagem hialina

O diagnóstico precoce das lesões condrais é importante para uma boa evolução. Na cabeça femoral, normalmente a cartilagem é mais espessa anterossuperior-

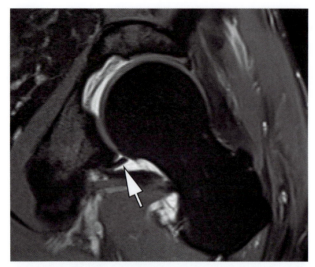

Figura 32 Sulco sublabral. Presença de um sulco sublabral na porção posteroinferior do lábio (seta). A sua localização, os seus contornos regulares e a ausência de processo inflamatório sugerem tratar-se de um sulco e não uma lesão.

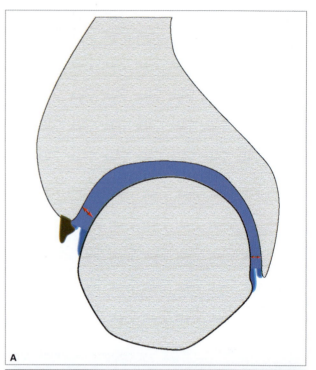
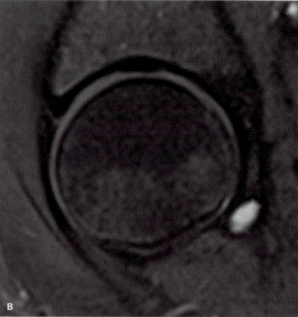

Figura 33 Espessura condral normal do quadril. Esquema anatômico da articulação femoroacetabular no plano sagital e a imagem de ressonância magnética correspondente. Observe que a espessura condral é mais espessa em sua porção anterior e afila à medida que se posterioriza.

mente (área de carga) e adelgaçando-se à medida que se posterioriza (Figura 33). A presença de erosões condrais pode estar associada às lesões labrais, particularmente no quadrante anterossuperior do acetábulo, próximo à junção condrolabral (Figura 34). As lesões condrais se apresentam como: afilamento difuso, delaminações profundas com hipersinal na interface entre a cartilagem e o osso subcondral, fissuras profundas com ou sem exposição e edema do osso subcondral.

No impacto tipo Pincer, pode ocorrer um mecanismo de contragolpe com lesão condral na porção posteroinferior da articulação. O grau de lesão condral é um importante fator prognóstico de sucesso cirúrgico e influenciará na escolha do tratamento.

A artrorressonância magnética do quadril é reservada aos casos em que haja dissociação entre os achados de imagem na RM convencional e os clínicos. A tomografia computadorizada permite a realização de reconstruções tridimensionais para um melhor planejamento terapêutico (Figura 35) ou mesmo para controle pós-osteoplastia.

Lesões ligamentares e capsulares

- Ligamento redondo: esse ligamento tem um papel biomecânico na estabilização do quadril, especialmente na adução, flexão e rotação externa e pode apresentar alterações degenerativas ou mesmo rotura transfixante, sem luxação do quadril (Figura 36).
- Cápsula articular: estiramentos capsuloligamentares ocorrem principalmente no componente iliofemoral, associado a edema pericapsular.

Fraturas ocultas da bacia e fêmur proximal

A RM é o exame de escolha e tem como principal característica a desproporcionalidade do edema medular ósseo subcortical em relação ao traço de fratura. O traço apresenta hipossinal em todas as sequências, enquanto o edema medular ósseo se caracteriza por hipersinal nas sequências ponderadas em T2 e hipossinal em T1 (Figura 37).

As fraturas da cortical inferior/medial, isto é, do calcar femoral, são submetidas às forças de compressão e representam a maioria das fraturas do colo em atletas e na

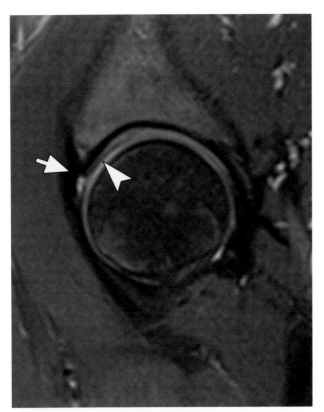

Figura 34 Afilamento condral. Imagem sagital de ressonância magnética do quadril ponderada em T2 com saturação de gordura. Afilamento condral na porção anterossuperior da articulação (cabeça de seta). Repare que a espessura condral nessa porção é igual à espessura na porção posterior da articulação, indicado haver um afilamento. Também há uma lesão no lábio anterossuperior (seta).

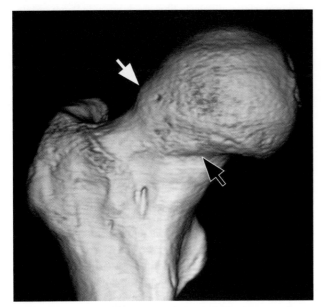

Figura 35 Tomografia computadorizada (TC) – impacto femoro acetabular. Reformatação tridimensional de TC do fêmur demonstra alteração morfológica do colo femoral, com protuberância óssea na porção anterior da transição cabeça – colo femorais e consequente perda da concavidade anterior (setas).

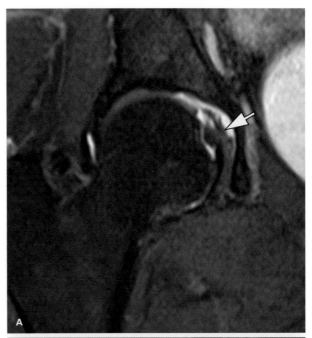

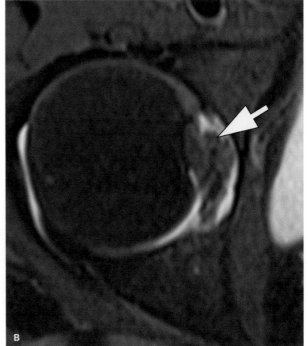

Figura 36 Lesão do ligamento redondo. Imagens (A) coronal e (B) axial de ressonância magnética do quadril direito ponderada em T2 com saturação de gordura. Espessamento e elevação do sinal da inserção do ligamento redondo na fóvea femoral, com áreas de descontinuidade (setas), indicando tratar-se de uma lesão parcial.

população jovem. Em geral, não progridem para desvios e apresentam boa resposta com o tratamento conservador.

Fraturas por estresse/insuficiência

As fraturas por estresse acometem pacientes sem história de trauma e são classificadas em fadiga, quando o

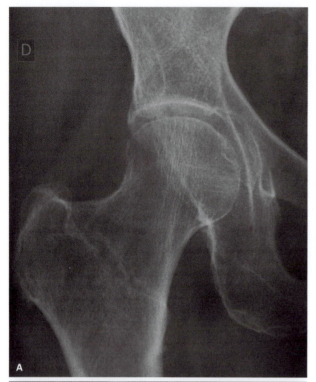
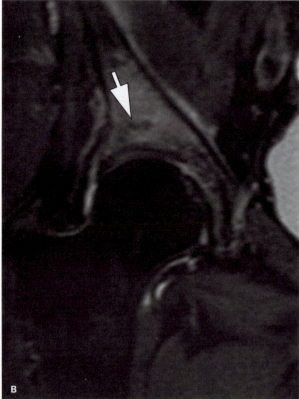

Figura 37 Fratura oculta. A: Radiografia simples anteroposterior do quadril direito demonstra rarefação óssea difusa, sem outras anormalidades evidentes. B: Imagem coronal de RM do quadril ponderada em T2 com saturação de gordura mostra acentuado edema do acetábulo com pequena linha de fratura incompleta (seta). Na análise retrospectiva da radiografia, a fratura também não era visível.

osso normal é submetido a esforço repetitivo, ou em insuficiência, quando o osso anormal (geralmente osteopênico) é submetido a uma força de baixa energia.

A fratura por insuficiência sacral é uma importante causa de dor pélvica em pacientes idosos, sobretudo do sexo feminino, que apresentam dificuldade na deambulação, dores pélvica e lombar. Muitas vezes acompanham-se de fraturas de todo anel pélvico ipsilateral, especialmente o ramo iliopúbico, o púbis e o ramo isquiopúbico inferior.

A RM é o exame de escolha e caracteriza-se por traços de hipossinal com orientação longitudinal, paralela as sacroilíacas nas sequências ponderadas em T1 e hipersinal em T2, associados a acentuado edema da medular óssea circunjacente (Figura 38). Em cerca de 70% dos casos são bilaterais, apresentando o formato em "H" (sinal do Honda). As fraturas de insuficiência do sacro muitas vezes são interpretadas como sendo lesões tumorais. Nesses casos normalmente se observam lesões infiltrativas sólidas multifocais, com componente de partes moles, aspecto distinto da fratura por insuficiência sacral.

Osteoporose pós-menopausa, história de radioterapia prévia e uso prolongado de corticoesteroides são importantes fatores de risco para essa condição.

Fraturas subtrocantéricas atípicas por uso crônico de bifosfonatos (alendronato)

O alendronato de sódio é um bisfosfonado análogo aos pirofosfatos endógenos que inibem a apoptose dos osteoclastos, reduzindo a reabsorção óssea e consequentemente aumentando a densidade mineral óssea. Essa droga é utilizada amplamente no tratamento da osteogênese imperfeita, displasia fibrosa, doença de Paget, mieloma múltiplo e sobretudo osteoporose.

Apesar de estudos prévios comprovarem que o uso de bifosfonatos reduz o risco de fraturas osteoporóticas e aumenta a densidade mineral óssea, recentemente relatou-se a prevalência aumentada de fraturas femorais subtrocantéricas atípicas em pacientes sem história de trauma ou submetidos a traumas de baixa energia. Essas fraturas normalmente ocorrem em pacientes idosos que fazem uso contínuo de alendronato por mais de 4 anos.

A fisiopatologia dessa controversa condição ainda não está bem definida, mas acredita-se que a inibição dos osteoclastos resulta na supressão da reabsorção e remodelamento ósseo, aumentando sua fragilidade e o risco de fraturas por microtraumas em alguns pacientes.

A prevalência ainda é incerta, mas está aumentando nos últimos anos. Clinicamente essa condição pode ser assintomática ou acompanhada por dor local. O acometimento bilateral é frequente. Por isso, recomenda-se a avaliação radiográfica do fêmur contralateral, mesmo que assintomático. As fraturas relacionadas ao alendronato distam cerca de 5 cm do trocanter menor e apresentam características de imagem bem definidas.

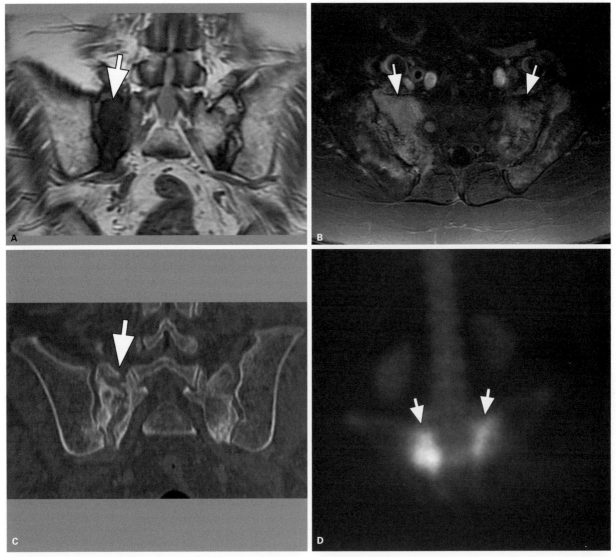

Figura 38 Fratura de insuficiência do sacro. A: Imagens coronais de ressonância magnética do sacro ponderadas em T1 (A) e T2 (B) com saturação de gordura. Existe um edema difuso em ambas as asas sacrais, maior a direita (setas). C: Reformatação coronal de tomografia computadorizada demonstra fraturas verticais de ambas as asas sacrais, mais evidente a direita (seta). D: Cintilografia óssea com tecnécio demonstra a hipercaptação das asas sacrais, com o aspecto em "H" ou sinal do Honda (setas).

Fraturas incompletas (Figura 39): tendem a progredir para fraturas completas. Há espessamento da cortical lateral, o que indica cronicidade. O traço de fratura perpendicular à cortical óssea lateral nem sempre é visualizado no estudo radiográfico. As completas apresentam orientação transversa ao maior eixo do fêmur, proeminência espiculada do córtex medial ("bico medial"), desvio cranial do fragmento distal, angulação em varo e espessamento cortical lateral no local da fratura.

Ainda não há consenso quanto ao tratamento para as fraturas subtrocantéricas atípicas. Normalmente utilizam-se hastes intramedulares, assim como nas fraturas típicas. As fraturas incompletas podem ser tratadas cirurgicamente para impedir a progressão para as completas. O uso do bisfosfonado deve ser interrompido temporária ou permanentemente.

Artroplastia total do quadril

A artroplastia total do quadril (ATQ) é o tratamento definitivo para o paciente com artrose avançada. O estudo radiográfico convencional é o principal instrumento para a avaliação inicial da ATQ. A tomografia computadorizada é mais sensível que a radiografia em demonstrar osteólise e lesões ósseas, e possibilita avaliação de partes moles. A RM vem ganhando cada vez mais espaço com a utilização de protocolos que reduzem os artefatos de suscetibilidade magnética, sendo de maior utilidade na avaliação das partes moles. A cintilografia é útil quando negativa para descartar infecção ou soltura, porém pouco específica quando positiva.

Os materiais mais utilizados na confecção das próteses são os de crômio-cobalto ou de titânio. A artroplastia

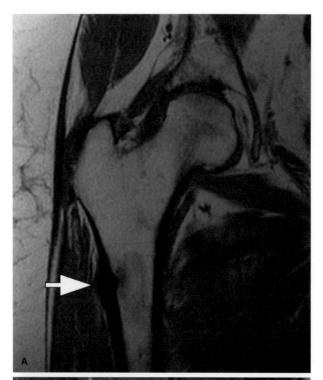
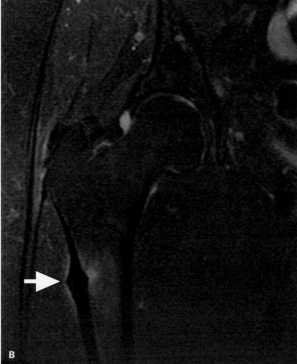

Figura 39 Fratura subtrocantérica associada ao uso de bisfosfonado. Imagens coronais de ressonância magnética do quadril direito ponderadas em (A) T1 e (B) T2 com saturação de gordura. Espessamento cortical focal na região subtrocantérica lateral do fêmur associada a pequeno edema ósseo e periosteal (setas), indicando tratar-se de uma fratura cortical. Este é o aspecto típico da fratura associada ao uso de bisfosfonados.

pode ser cimentada, não cimentada ou mista. O componente acetabular pode ser revestido por polietileno (metal-polietileno). Ainda, a articulação femoroacetabular pode ser do tipo metal-metal com design chamado *resurfacing*, preconizada em pacientes mais jovens pelo menor desgaste, maior tamanho da cabeça femoral, o que permite uma maior mobilidade (Figura 40). As próteses cimentadas são recomendadas em pacientes com osteoporose importante.

Nas técnicas de artroplastia parcial, em que somente a superfície articular femoral é substituída, há ressecção e substituição da cabeça e do colo. Podem ser dos tipos unipolar ou bipolar (Figura 41), bastante utilizadas em paciente com fratura do colo femoral de idade avançada.

As complicações mais frequentemente relacionadas à dor incluem a soltura mecânica, infecção, mal posicionamento da prótese, fratura, ossificação heterotópica e reação de corpo estranho em decorrência da doença de micropartículas. A RM vem ganhando cada vez mais espaço com a utilização de protocolos que reduzem os artefatos de suscetibilidade magnética, sendo de maior utilidade na avaliação das partes moles.

Inicialmente, a posição do acetábulo é analisada em relação aos ângulos de inclinação lateral ou abdução, o ângulo de anteversão e a relação com estruturas próximas. A cabeça femoral deve ocupar posição central em relação ao componente acetabular, e o componente femoral deve estar alinhado com a diáfise femoral.

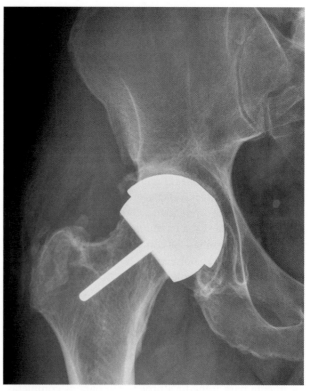

Figura 40 Prótese do tipo *resurfacing*. A: Radiografia simples anteroposterior do quadril direito demonstra prótese do tipo *resurfacing* de aspecto normal.

- Ângulo de anteversão acetabular: a medida da anteversão verdadeira é realizada na tomografia computadorizada no plano axial, na altura da porção central da cabeça femoral, sendo medido entre uma linha que tangencia as margens acetabulares, e outra linha perpendicular ao plano posterior das espinhas isquiáticas, e os valores normais se encontram entre 5 e 25° (Figura 42).
- Em relação ao componente femoral, deve-se avaliar a relação entre o eixo da haste femoral em relação à diáfise femoral, sendo a posição ideal neutra (Figura 43). Angulação em valgo em geral traz poucas conse-

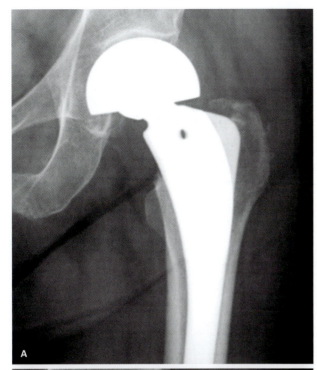
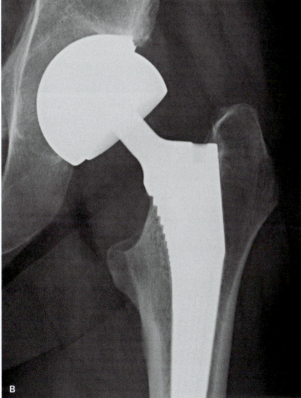

Figura 41 Hemiartroplastia. Radiografias simples de dois pacientes diferentes submetidos a artroplastias parciais, em que apenas o componente femoral é colocado. A: Prótese tipo unipolar, o componente femoral se articula diretamente no acetábulo. B: Prótese tipo Bipolar, o componente femoral se articula com uma taça inserida no acetábulo, sem fixação da mesma.

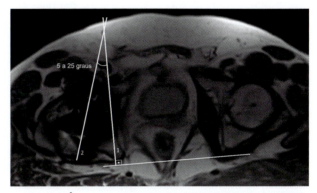

Figura 42 Ângulo de anteversão da taça acetabular. A: Imagem axial de ressonância magnética da bacia ponderada em T1. Medida da anteversão acetabular. O ângulo é medido entre a linha que conecta as margens acetabulares (2) e outra perpendicular a linha que tangencia as espinhas isquiáticas (1), sendo o valor normal de 5 a 25 graus.

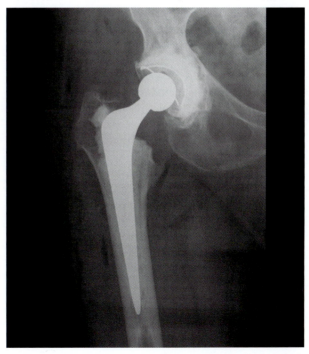

Figura 43 Artroplastia total. Radiografia simples do quadril direito mostra artroplastia total do quadril, cimentada, com cabeça femoral metálica e cavidade acetabular com polietileno, apresentando posicionamento normal.

quências, porém a angulação em varo aumenta o risco de soltura e de fraturas. O centro da cabeça femoral da prótese deve estar no mesmo nível que a cabeça femoral contralateral no ortostatismo.

- Anteversão do colo do componente femoral: a análise por tomografia computadorizada é a ideal, sendo medido o ângulo entre a linha que passa pelo eixo do colo com a linha que passa posteriormente aos côndilos femorais no plano axial (10°).

Complicações

As principais causas de revisão primária incluem soltura asséptica ou doença de micropartículas (70-90% dos casos), infecção (3-9%) e luxação recorrente (2-10%).

Soltura dos componentes

A soltura é a causa mais comum de indicação de revisão da artroplastia do quadril, sendo sintomática na maioria dos pacientes. A soltura mecânica (asséptica) é mais frequente do que a infectada, e ambas se manifestam com osteólise. Áreas radiolucentes com mais de 2 mm de espessura são consideradas anormais, e podem estar localizadas nas interfaces entre o metal/cimento ou cimento/osso (prótese cimentada) ou interface metal/osso (prótese não cimentada), sendo a manifestação mais comum de soltura (Figura 44).

Os sinais mais confiáveis de soltura são a movimentação de um dos componentes com o tempo, alteração na angulação ou no alinhamento dos componentes, ou a progressão de uma zona radiolucente.

Outros achados que estão relacionados à soltura são o recorte endosteal, a hipertrofia cortical e a hipertrofia endosteal, formando ponte junto à extremidade da haste femoral (formação de pedestal).

É essencial o estudo evolutivo e comparativo com exames anteriores. As áreas de osteólise são descritas de acordo com a localização pelo método de Gruen no componente femoral e de DeLee e Charnley no acetabular (Figura 45).

Granulomatose agressiva, reação histiocítica ou doença de micropartículas

Decorre da resposta ao organismo aos debris particulados da prótese, podendo ser ósseos, metálicos, de cimento ou de polímero (polietileno), ocorrendo tanto em próteses cimentadas quanto não cimentadas. Esses fragmentos microscópicos são fagocitados por macrófagos e iniciam uma reação em cascata de processo inflamatório, que resulta em reabsorção óssea e osteólise ao redor da prótese. Na TC, manifestam-se como zonas radiolucentes que costumam ser focais, mas que podem progredir rapidamente e levar a fratura, ou mesmo formação tecidual com aspecto expansivo (Figura 46).

Infecção

A infecção é uma complicação infrequente, que apresenta sinais radiológicos inespecíficos, muito semelhantes

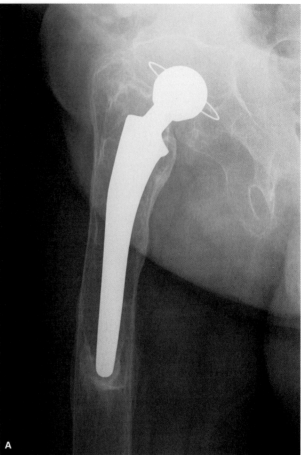

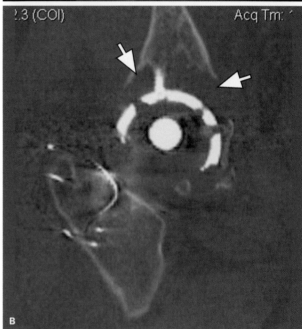

Figura 44 Soltura asséptica. A: Radiografia simples do quadril anteroposterior mostra ATQ não cimentada com área lítica maior que 2 mm na interface metal-osso do componente femoral, indicando soltura. B: Reformatação coronal de tomografia computadorizada em outro paciente com ATQ demonstra área lítica maior que 2 mm na intercade entre a taça acetabular e o osso, indicando soltura (setas).

2 DIAGNÓSTICO POR IMAGEM DOS MEMBROS INFERIORES: QUADRIL, JOELHO, TORNOZELO E PÉ   647

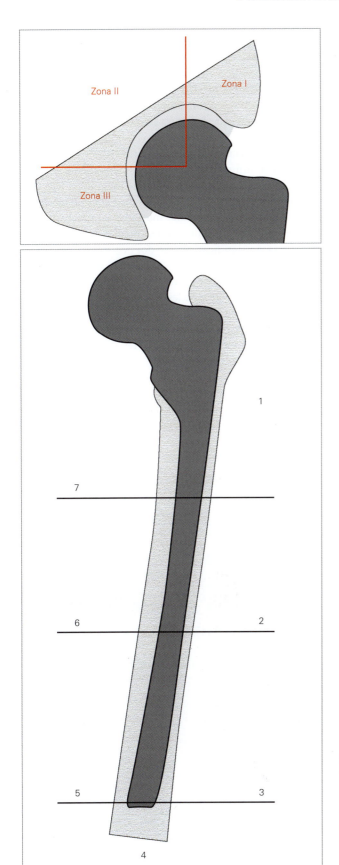

Figura 45 Zonas acetabulares e femorais. A: Desenho esquemático mostrando as zonas de Charnley e DeLee no acetábulo. B: Desenho esquemático mostrando as zonas de Gruen no fêmur.

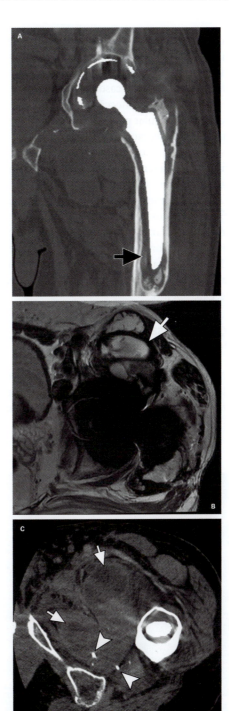

Figura 46 Doença de micropartículas. A: Reformatação de tomografia computadorizada (TC) no plano coronal de paciente com prótese total, não cimentada, metal-polietileno demonstrando extensa zona lítica (> 2 mm) ao redor de todo o componente femoral, indicando soltura (seta). B: Imagem axial de ressonância magnética ponderada em T2 demonstra grandes coleções heterogêneas de partes moles ao redor do quadril, com espessa cápsula fibrosa (aspecto não infeccioso) (seta). C: Imagem axial de TC demonstra a coleção heterogênea de partes moles (setas) e pequenas partículas metálicas de permeio (cabeças de seta). Este aspecto é compatível com uma reação granulomatosa à prótese e consequente soltura.

aos encontrados na granulomatose agressiva ou na soltura, e a diferenciação entre soltura mecânica (asséptica) e infecciosa pode não ser feita apenas pelos métodos de imagem. Em até 25% dos casos, a radiografia pode ser normal na presença de infecção indolente. A aspiração do líquido intra-articular para cultura é o melhor método para detecção de infecção.

O estudo por tomografia computadorizada ou RM pode ajudar na diferenciação, em especial na avaliação de alterações em partes moles. Trajetos fistulosos ou coleções localizadas na musculatura ou gordura adjacente são fortemente sugestivos de infecção (Figura 47).

Derrame articular pode ser um sinal de infecção, porém também é encontrado em outras condições, como reação de corpo estranho por conta do debris do polietileno. Na ausência de derrame articular, é improvável que haja infecção.

Avaliação por ressonância magnética da artroplastia total do quadril

A RM tem um papel promissor na avaliação da ATQ, sendo de maior utilidade da avaliação das partes moles periprotéticas quando o diagnóstico não é realizado por meio de métodos convencionais.

Para melhor qualidade das imagens e redução dos artefatos, podem ser realizadas algumas mudanças simples nas sequências, como a orientação da codificação de frequência paralela ao maior eixo da prótese femoral, a redução do tamanho do voxel com aumento da matriz, aumento da banda de frequência de leitura (*read-out bandwidth*) e sequências FSE. A sequência sensível a líquido que deve ser feita é sequência *inversion-recovery* (STIR).

A RM é útil na avaliação dos glúteos médio e mínimo, e os artefatos de suscetibilidade magnética não costumam afetar a topografia das suas inserções no trocânter maior. A presença de atrofia muscular com substituição gordurosa, em especial do glúteo médio, pode ocorrer, e há associação significativa com dor pós-operatória nesses pacientes.

A RM pode avaliar a presença de coleções, tendinite do iliopsoas, sinovite e de lesões neurovasculares (Figura 48). Relatos na literatura descrevem a RM como sendo até mais acuraz do que a radiografia para detecção de osteólise ao redor dos componentes da prótese. Novas sequências como SEMAC (*slice encoding metal artifact correction*), VAT (*view-angle tilting*) e MAVRIC (*multiacquisition variable-resonance image combination*) reduzem substancialmente os artefatos metálicos, em especial para o componente acetabular (Figura 49).

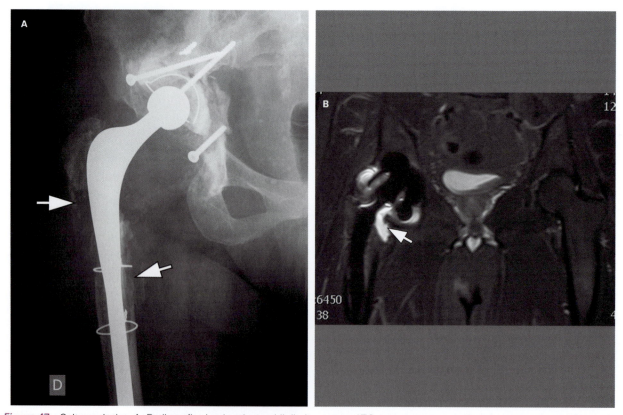

Figura 47 Soltura séptica. A: Radiografia simples do quadril direito mostra ATQ com extensa osteólise de aspecto irregular ao redor do componente femoral, compatível com processo infeccioso. B: Imagem coronal de ressonância magnética ponderada em T2 com saturação de gordura demonstra coleção líquida na zona 7 de Gruen (infecção).

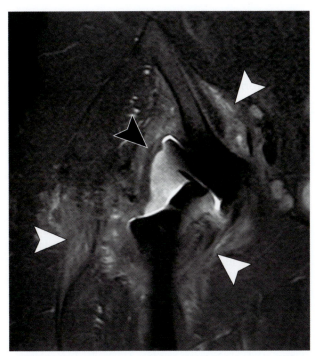

Figura 48 Técnica de redução de artefato metálico. Imagem coronal de ressonância magnética feita em STIR com a técnica SEMAC. Há grande redução do artefato metálico, sendo possível observar o processo inflamatório periprótese (cabeças de seta brancas) e a sinovite femoroacetabular (cabeça de seta preta).

Joelho

Lesões condrais

A cartilagem articular atua na transmissão de forças, reduzindo o atrito e fornecendo nutrientes por difusão para o tecido celular adjacente. É um tecido conectivo fino, organizado em cinco camadas e composto de uma complexa rede de fibras colagenosas, sobretudo colágeno tipo II, água e proteoglicanos.

As lesões condrais degenerativas em geral progridem lentamente e as manifestações clínicas ocorrem tardiamente no processo. A degeneração condral tem relação direta com a idade do indivíduo e leva à osteoartrose, esta acomete sobretudo indivíduos de maior idade, ocorrendo em 15% da população geral e 85% dos indivíduos com mais de 75 anos.

Na artropatia degenerativa do joelho, as principais funções dos métodos de imagem incluem não apenas diagnosticar e estadiar a lesão condral, mas também avaliar as alterações secundárias e diferenciar de outras afecções articulares.

A radiografia simples – sobretudo nas incidências anteroposterior com carga (com flexão de 30º), perfil e axial de patela – permite estudo indireto da cartilagem, por meio da avaliação dos espaços articulares, com pinçamento focalizado na região de maior carga mecânica, e outras alterações relacionadas à doença degenerativa, como irregularidades (cistos ósseos subcondrais/geodos) e esclerose óssea subcondral dos platôs femorotibiais e osteófitos (marginais, planos ou intercondilianos) (Figura 50).

O estudo direto da cartilagem hialina é feito preferencialmente por meio da RM, sobretudo com sequências ponderadas em T2/DP FSE, considerado o melhor mé-

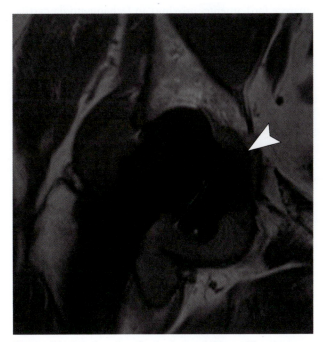

Figura 49 Técnica de redução de artefato metálico. Imagem coronal de ressonância magnética ponderada em T1 com a técnica SEMAC. O artefato metálico é praticamente inexistente, sendo possível observar o processo granulomatoso e soltura ao redor do componente acetabular (cabeça de seta).

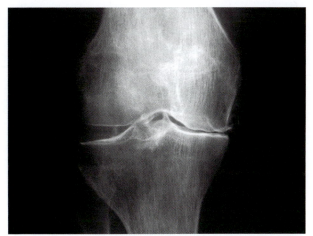

Figura 50 Incidência radiográfica anteroposterior com carga demonstrando redução do espaço articular no compartimento de carga femorotibial medial com esclerose óssea subcondral e osteófitos marginais e intercondilares.

todo não invasivo para avaliação da cartilagem articular por causa do seu alto contraste de partes moles. Permite o diagnóstico precoce de alterações condrais, com pouca ou nenhuma alteração à radiografia simples. A cartilagem hialina normal apresenta um padrão trilaminar nas sequências ponderadas em DP – hipossinal da lâmina superficial, hipersinal da lâmina intermediária e hipossinal da lâmina profunda (Figura 51). O espectro de achados na lesão condral à RM inclui alterações de intensidade de sinal do revestimento condral – como elevação de sinal em DP/T2, perda do padrão trilaminar, além de redução da espessura, com fibrilações, fissuras e erosões (Figura 52), assim como consequentes alterações do osso subcondral, com edema, irregularidades (cistos ósseos subcondrais/geodos), esclerose e osteófitos (Figura 53). Os locais mais frequentes de lesões condrais são o platô tibial lateral, em sua porção mais posterior, e o côndilo femoral medial, em seu aspecto mais interno (Figura 54).

Para classificar as lesões condrais e a osteoartrose existem diversas classificações, sendo as mais utilizadas as classificações de Kellgren-Lawrence (1957) (Quadro 1) e Ahlbäck (1968) (Quadro 2) e a classificação proposta pela ICRS (International Cartilage Repair Society) com base no dano dos componentes estruturais da cartilagem em achados artroscópicos (Quadro 3).

Outros achados relacionados à lesão condral crônica incluem alterações sinoviais, com sinovite crônica pelo destacamento de fragmentos cartilaginosos, e corpos livres articulares (Figura 55). Com o desenvolvimento de artrose, pode-se observar alterações secundárias no joelho, que incluem degeneração do menisco medial, até osteonecrose com colapso articular.

A artrotomografia computadorizada (artro-TC) é um método útil na avaliação das lesões cartilaginosas com extensão à superfície articular. Apesar de ser um método invasivo, possui boa resolução espacial e maior acurácia em relação à RM na detecção de lesões condrais que acometem mais da metade da espessura condral no joelho, uma vez que o contraste delineia a superfície condral e as possíveis lesões (Figura 56). Sua indicação pode ser reservada para casos de instrumentação ortopédica com importantes artefatos na RM ou em pacientes com contraindicação absoluta para realização de RM (marca-passo, implantes cocleares e clipes vasculares).

A artrorressonância magnética (artro-RM) também utiliza contraste intra-articular, realizando-se sequências ponderadas em T1 com saturação de gordura, porém acrescenta pouco em relação à RM convencional, tendo pouca utilidade prática na avaliação de lesões condrais (Figura 57).

As lesões condrais traumáticas agudas se apresentam como lesões em geral solitárias com acometimento de toda a espessura, associadas a edema ósseo e defeitos subcondrais (hipersinal em T2). São distintas das lesões degenerativas por terem margens regulares e agudas, não sendo raro a identificação de corpo livre intra-articular correspondendo ao fragmento condral destacado.

Quando um processo não infeccioso resulta em dissecção de um fragmento condral e ósseo da superfície articular, dá-se o nome de osteocondrite dissecante. É mais comum em homens, da segunda a quinta décadas de vida. Possui etiologia incerta, sendo a teoria do distúrbio vascular cursando com consequente isquemia uma das teorias mais aceitas. O local mais frequente é na porção mais interna do côndilo femoral medial (Figura 58). A RM é o exame de escolha para a avaliação precoce dessas lesões e para a avaliação da estabilidade do fragmento osteocondral. Uma lesão instável tem prognóstico evolutivo desfavorável, sendo citados como fatores de pior prognóstico: idade no momento do diagnóstico, sendo pior quando aparece tardiamente, próximo ao fechamento da cartilagem de crescimento; tamanho do fragmento dissecado; instabilidade do fragmento, configurada líquido articular ou meio de contraste (artro-TC ou artro-RM) interposto entre o fragmento e o osso nativo; irregularidades na placa óssea subcondral e alterações císticas subjacentes; e deslocamento do fragmento com leito da lesão vazio (sinal inequívoco de instabilidade).

Displasia e instabilidade patelofemoral

A patela é um osso sesamoide envolvido na biomecânica da articulação do joelho com função de incrementar o poder mecânico do aparelho extensor. As alterações nesse aparelho configuram um dos problemas mais frequentes na prática ortopédica, levando à instabilidade da articulação patelofemoral, representada pelas luxações e subluxações da patela.

A estabilidade patelofemoral é promovida por estruturas ósseas e partes moles, e incluem a musculatura extensora, ligamentos (patelofemoral, patelomeniscal e patelotibial mediais) e retináculos (medial e lateral). O restritor primário contra o deslocamento patelar lateral é considerado o ligamento patelofemoral medial (LPFM) (Figura 59), reconhecido como a estrutura mais impor-

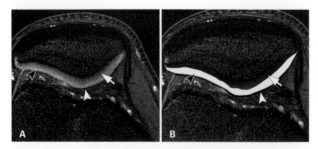

Figurra 51 Aspecto trilaminar da cartilagem hialina. Imagem axial da patela de ressonância magnética ponderada em T2 com saturação de gordura demonstra o aspecto trilaminar da cartilagem hialina. A camada mais profunda com hipossinal (seta), a camada intermediária com alto sinal (cabeça de seta preta) e a camada superficial com hipossinal (cabeça de seta branca).

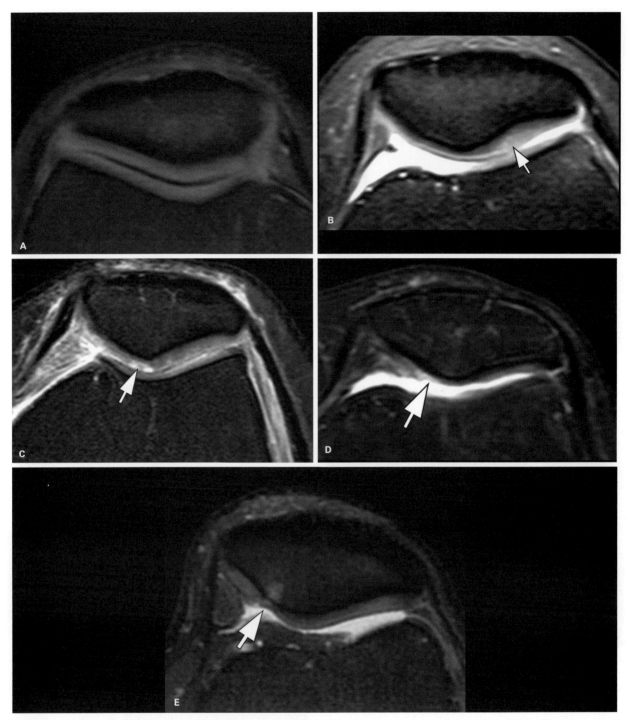

Figura 52 Imagens no plano axial de ressonância magnética T2 FAT SAT demonstrando a cartilagem normal (A) e diferentes graus de condropatia (setas) desde alteração de sinal do revestimento condral (B), fissuras superficiais (C) e fissuras profundas (D) até erosão com alteração óssea subcondral (E).

tante na restrição contra o deslocamento lateral. Sua lesão é considerada essencial no diagnóstico de deslocamento lateral da patela.

A instabilidade patelofemoral é então uma patologia prevalente, causada por alteração dos estabilizadores e geralmente ligada a fatores predisponentes. Entre esses, destacam-se variações anatômicas, como a patela alta, lateralização tibial, displasia patelofemoral (tróclea rasa e patela luxada lateralmente), displasias musculares (sobretudo do músculo vasto medial oblíquo) e displasias retinaculares.

A RM permite a investigação da instabilidade femoropatelar, possibilitando a detecção de lesões osteocondrais e a avaliação do LPFM, além de permitir a detecção dos

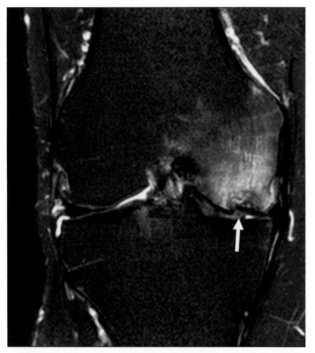

Figura 53 Imagem coronal de ressonância magnética T2 FAT SAT demonstrando lesão condral no côndilo femoral medial (seta) com irregularidades/cistos subcondrais e edema ósseo adjacente.

Quadro 2	Classificação de Ahlback
Grau 0	Sem sinais de artrose
Grau 1	Redução do espaço articular (< 3 mm ou menos da metade da espessura do mesmo compartimento no joelho contralateral)
Grau 2	Obliteração completa do espaço articular
Grau 3	Defeito ósseo de 0-5 mm
Grau 4	Defeito ósseo de 5-10 mm
Grau 5	Defeito ósseo maior que 10 mm

Quadro 3	Classificação da International Cartilage Repair Society (ICRS)
Grau 0	Cartilagem normal
Grau 1	Edema intrassubstancial, fissuras superficiais, fendas e edentações leves
Grau 2	Defeitos pouco profundos restritos à terceira camada superficial
Grau 3	Erosões atingem a camada profunda sem atingir o osso subcondral
Grau 4	Lesões atingem a camada profunda e afetam o osso subcondral

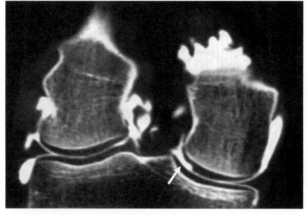

Figura 54 Imagem de artrotomografia computadorizada reformatada no plano coronal demonstrando erosão condral no aspecto mais interno do côndilo femoral medial (seta).

Quadro 1	Classificação de Kellgren-Lawrence
Grau 0	Sem sinais de artrose
Grau 1	Presença de diminutos osteófitos de duvidoso significado clínico
Grau 2	Presença de osteófitos sem redução do espaço articular
Grau 3	Presença de osteófitos com moderada redução do espaço articular
Grau 4	Presença de osteófitos sem redução grave do espaço articular e esclerose óssea subcondral

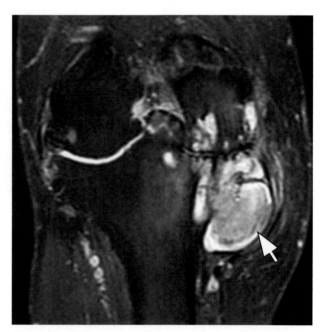

Figura 55 Imagem coronal de ressonância magnética T2 FAT SAT demonstrando erosões condrais difusas e completas nos compartimentos femorotibiais com imagem pseudotumoral resultante de intensa sinovite crônica (seta).

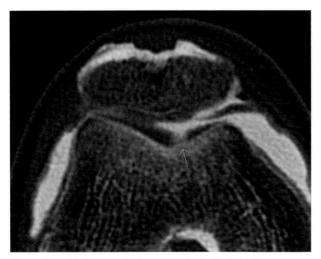

Figura 56 Artrotomografia computadorizada de joelho demonstrando erosão condral na faceta medial da tróclea (seta).

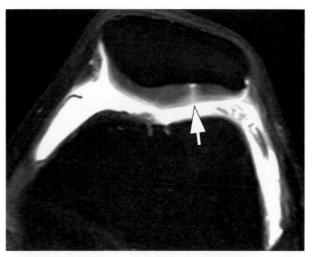

Figura 57 Artrorressonância magnética de joelho demonstrando erosão condral profunda na faceta lateral da patela.

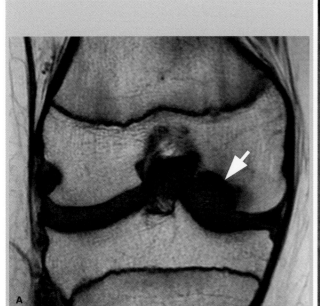
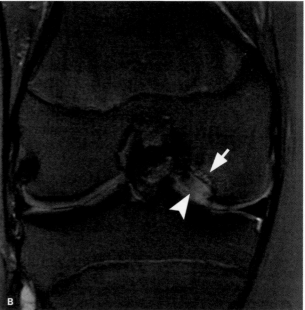

Figura 58 Imagens de ressonância do joelho no plano coronal e nas sequências ponderadas em T1 (A) e T2 com saturação de gordura (B) demonstrando sinais de osteocondrite dissecante na margem interna da área de carga do côndilo femoral medial (setas) com destacamento do fragmento osteocondral (cabeça de seta em B).

fatores predisponentes e a realização de diversas mensurações com a mesma acurácia da tomografia computadorizada (TC), tornando-se a modalidade de escolha.

Entre as medidas para avaliação da instabilidade destaca-se a presença de alterações morfológicas ou da geometria articular, que predispõe à instabilidade femoropatelar, com os seguintes critérios:

Displasia troclear:

- Assimetria das facetas trocleares: também contribui para diminuição da congruência patelar. A relação normal entre a faceta troclear medial para a lateral deve ser de no mínimo 40%, quando menor indica displasia (Figura 60).
- Alterações morfológicas baseadas na classificação de Dejour (Quadro 4) (Figura 61).
- Ângulo de abertura troclear: ângulo formado entre as facetas trocleares, normal quando menor que 140° (Figura 62).
- Profundidade troclear: traça-se uma linha paralela ao contorno posterior dos côndilos femorais e, perpendicularmente a essa linha, medem-se as maiores dis-

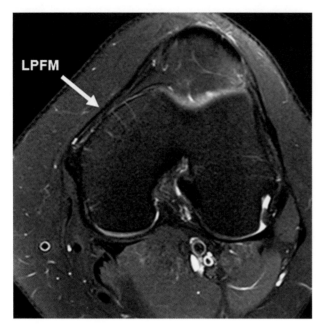

Figura 59　Imagem axial de ressonância magnética T2 FAT SAT demonstrando o ligamento patelofemoral medial (LPFM).

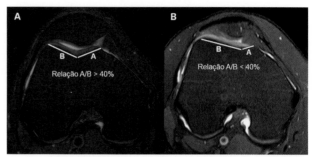

Figura 60　Imagens de ressonância magnética axial T2 FAT SAT para avaliação da assimetria das facetas trocleares, normal quando a relação medial/lateral é maior que 40% (A) e displasia quando menor que 40% (B).

Quadro 4	Classificação de Dejour
Tipos	Morfologia da tróclea
Tipo A	Tróclea com a morfologia preservada e sulco troclear raso (> 140°)
Tipo B	Tróclea retificada
Tipo C	Facetas trocleares assimétricas e hipoplasia da faceta medial e convexidade da lateral
Tipo D	Assimetria das facetas trocleares e proeminência ventral supratroclear ≥ 7 mm (clift pattern)

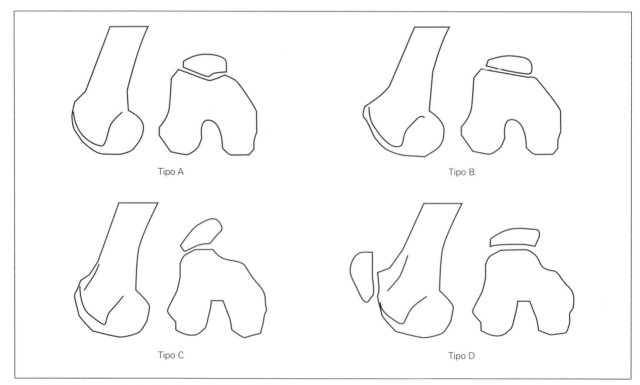

Figura 61　Esquema da classificação morfológica de Dejour.

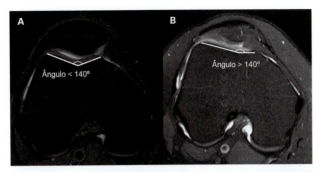

Figura 62 Imagens de ressonância magnética axial T2 FAT SAT para avaliação do ângulo de abertura troclear, normal quando menor que 140° (A) e displasia quando maior (B).

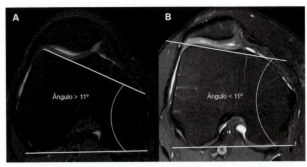

Figura 64 Imagens de ressonância magnética axial T2 FAT SAT para avaliação da inclinação da tróclea, normal quando maior que 11° (1A) e displasia quando menor (B).

tâncias anteroposteriores da faceta lateral (A), medial (B) e do sulco troclear (C). Calcula-se a profundidade troclear por meio do cálculo: (A + B)/2 − C; normal quando maior ou igual a 3 mm (Figura 63).

- Inclinação da tróclea: traça-se uma linha paralela ao contorno posterior dos côndilos femorais e outra tangenciando a porção subcondral da faceta lateral da tróclea, sendo considerado normal quando maior que 11° (Figura 64).

Alterações patelares:

- Morfologia da patela baseada na classificação de Wiberg (Quadro 5) (Figura 65).
- Assimetria das facetas patelares: contribui para uma diminuição da congruência patelar. A relação normal da faceta patelar lateral para a medial é de 3:2, ou seja, a faceta lateral é pouco maior e mais oblíqua (Figura 66).
- Patela alta: pode ser medida por dois índices:
  – O índice de Insal-Salvatti é medido dividindo-se o comprimento do tendão patelar pelo maior diâmetro superoinferior da patela, considerado normal quan-

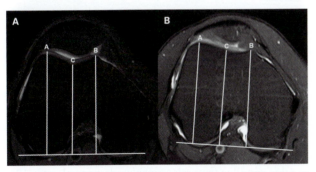

Figura 63 Imagens de ressonância magnética axial T2 FAT SAT para avaliação da profundidade troclear, normal quando maior ou igual a 3 mm (A) e displasia quando menor (B).

Quadro 5	
Tipos	Classificação de Wiberg
Tipo I	Facetas côncavas, simétricas e de tamanho igual
Tipo II	Faceta medial convexa, com faceta lateral pouco maior que a medial
Tipo III	Faceta medial maior que a medial
Tipo IV	Ausência da crista patelar e faceta medial ausente (Jagerhut)

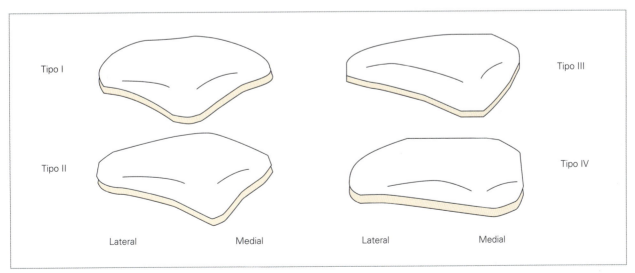

Figura 65 Morfologia da patela – classificação de Wiberg.

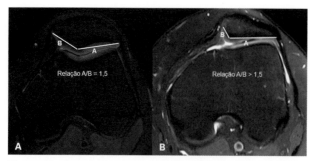

Figura 66 Imagens de ressonância magnética axial T2 FAT SAT para avaliação da assimetria das facetas patelares, normal quando a relação lateral/medial é igual a 1,5 (A) e alterada quando maior (B).

do menor ou igual a 1,3; define-se patela alta quando maior, predizendo alto risco para instabilidade patelofemoral (Figura 67). Idealmente deve ser medido em incidências de perfil (radiografia) ou imagens no plano sagital (RM/TC) com flexão de 30°.

- O índice de Caton-Dechamps é medido dividindo-se o comprimento da cartilagem patelar pelo comprimento da menor linha entre o platô tibial e a face articular da patela, considerado normal quando menor ou igual a 1 (± 0,2); define-se patela alta quando maior, também predizendo alto risco para instabilidade patelofemoral (Figura 68). Idealmente deve ser medido em imagens laterais em extensão.

- Inclinação lateral da patela: traça-se uma linha paralela ao contorno posterior dos côndilos femorais e outra tangenciando a porção subcondral da faceta lateral da patela, sendo considerado normal quando aberto lateralmente e maior que 8° em flexão. Nas imagens axiais em extensão consideram-se inclinadas as patelas com ângulo de inclinação aberto medialmente ou quando a faceta lateral da patela for paralela aos côndilos femorais (Figura 69). Outro método para medida da inclinação patelar é por meio da medida do ângulo formado por uma linha que passa as extremidades medial e la-

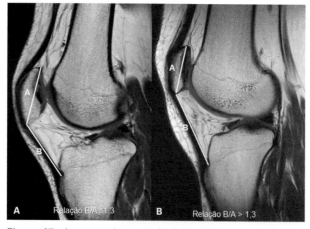

Figura 67 Imagens de ressonância magnética sagital T1 para avaliação do Índice de Insal-Salvatti, normal quando menor ou igual a 1,3 (A) e patela alta quando maior (B).

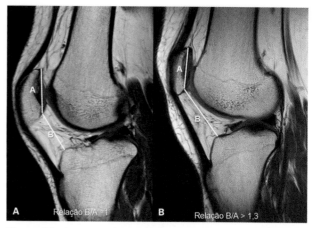

Figura 68 Imagens de ressonância magnética sagital T1 para avaliação do índice de Caton-Dechamps, normal quando igual a 1 (± 0,2) (A) e patela alta quando maior (B).

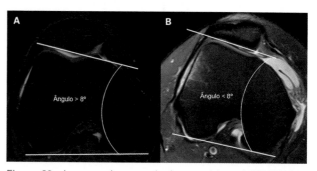

Figura 69 Imagens de ressonância magnética axial T2 FAT SAT para avaliação da inclinação patelar, normal quando maior que 8° (± 0,2) (A) e considerado alterada quando menor ou paralela à linha posterior aos côndilos (B).

teral da patela e a linha paralela ao contorno posterior dos côndilos femorais, considerada normal entre 10 e 20° com o joelho em extensão (Figura 70).

- Deslocamento lateral da patela: deve ser avaliado apenas em imagens em extensão, pois a lateralização em extensão pode ser fisiológica. É considerada deslocada a patela não encaixada à tróclea em flexão e com a margem medial lateralizada em relação a uma linha perpendicular à linha paralela ao contorno posterior dos côndilos femorais, no plano da eminência medial da tróclea femoral (Figura 71).

- Aumento da distância TA-GT: medida da distância entre duas linhas perpendiculares à linha traçada tangenciando os côndilos femorais posteriores, uma passando pelo centro do fundo da tróclea (linha GT), no plano em que a região intercondilar tem a forma de arco romano, e outra passando pelo centro do ligamento patelar (linha TA), no plano da sua inserção mais superior na tuberosidade da tíbia, no primeiro corte onde não é identificada gordura entre o ligamento patelar e a cortical da tíbia. A distância entre as linhas TA-GT é considerada normal quando menor ou igual a 15 mm (Figura 72).

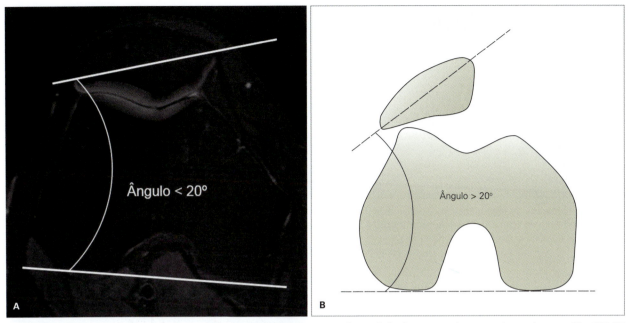

Figura 70 Imagem de ressonância magnética axial T2 FAT SAT para avaliação da inclinação patelar, normal quando entre 10 e 20° (A) e considerada inclinada quando maior (B).

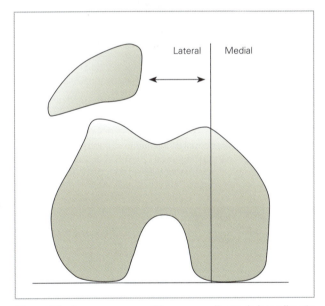

Figura 71 Imagem esquemática para avaliação da lateralização patelar, alterada quando a borda medial da patela está lateralizada em relação a uma linha perpendicular à borda posterior dos côndilos femorais.

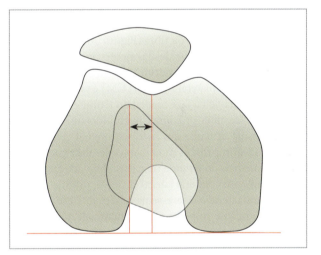

Figura 72 Imagem esquemática para medida do TAGT, considerada normal quando menor ou igual a 15 mm.

do em sua inserção patelar, e o edema ósseo com padrão típico acometendo a face medial da patela e anterolateral do côndilo femoral lateral (Figura 73).

Ligamentos

Anatomia

Os ligamentos são estabilizadores dos joelhos e incluem os ligamentos colaterais (lateral e medial) e cruzados (posterior e anterior), estes localizados no centro da articulação, intracapsulares e extrassinoviais.

O ligamento cruzado anterior (LCA) cursa da face posteromedial do côndilo lateral do fêmur e se insere anterior-

Como consequência da presença de alterações morfológicas ou da geometria articular que predispõe à instabilidade femoropatelar, observa-se condropatia patelofemoral e subluxações ou luxações da patela. Os achados de condropatia ocorrem mais comumente na faceta lateral da patela e tróclea e se caracterizam por alteração de sinal ou fissuras e erosões da superfície condral. Na luxação patelar os achados típicos são a rotura do LPFM, sobretu-

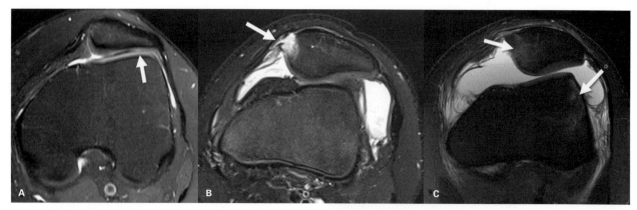

Figura 73   Imagens de ressonância magnética axial T2 FAT SAT demonstrando condropatia patelar (A: seta) e sinais de luxação patelar com rotura do ligamento patelofemoral medial (LPFM) (B: seta) e edema ósseo contusional típico na face medial da patela e anterolateral do côndilo femoral lateral (C: setas).

mente na eminência intercondilar da tíbia (Figura 74). Sua função principal é impedir o movimento de translação anterior da tíbia (movimento de gaveta anterior). É constituído pelas bandas anteromedial e posterolateral. A anteromedial é a mais forte e mais longa, sendo a mais comumente envolvida em lesões parciais, ou de banda única (Figura 75).

O ligamento cruzado posterior (LCP) é mais forte, cursa da face medial do côndilo femoral medial à fossa intercondilar posterior da tíbia (Figura 76). Sua função é impedir o movimento de deslizamento posterior da tíbia (movimento de gaveta posterior).

O ligamento colateral medial (LCM) é também extrassinovial, origina-se na face medial do fêmur e insere-se na face medial da tíbia proximal, possuindo íntima relação com a cápsula articular e o menisco medial (Figura 77). Sua função é impedir o movimento de afastamento dos côndilos mediais do fêmur e tíbia (instabilidade em valgo).

O ligamento colateral lateral (LCL) se origina no côndilo femoral lateral e insere-se na cabeça da fíbula (Figura 78). Sua função é impedir o movimento de afastamento dos côndilos laterais do fêmur e tíbia (instabilidade em varo). Junto a outras estruturas, o LCL compõe uma região complexa, que funciona como estabilizador estático e dinâmico do joelho, o canto posterolateral.

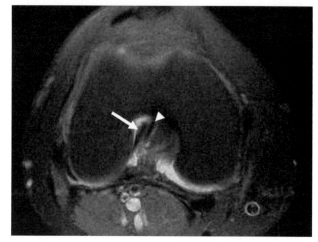

Figura 75   Anatomia normal do ligamento cruzado anterior em imagem axial de ressonância magnética T2 FAT SAT demonstrando suas duas bandas anteromedial (cabeça de seta) e posterolateral (seta).

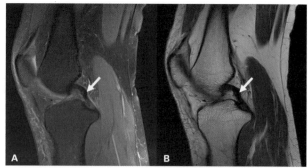

Figura 76   Anatomia normal do ligamento cruzado posterior (seta) em imagens sagitais de ressonância magnética T2 FAT SAT (A) e T1 (B).

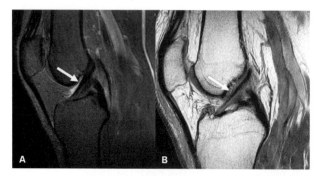

Figura 74   Anatomia normal do ligamento cruzado anterior (seta) em imagens sagitais de ressonância magnética T2 FAT SAT (A) e T1 (B).

O canto posterolateral é composto pelo LCL, tendão distal do bíceps femoral, músculo e tendão poplíteo, ligamentos arqueados, fabelofibular, fascículos poplíteo-meniscais e poplíteo-fibulares e a cabeça lateral do gastrocnêmio (Figura 79).

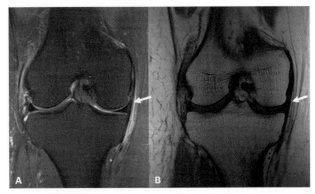

Figura 77 Anatomia normal do ligamento colateral medial (seta) em imagens sagitais de ressonância magnética T2 FAT SAT (A) e T1 (B).

Outros ligamentos incluem os ligamentos poplíteo oblíquo e coronários.

Lesão ligamentar

O mecanismo de lesão mais comumente envolvido do ligamento cruzado anterior é o estresse em valgo com rotação externa da tíbia, ocorrendo comumente lesão associada do ligamento colateral medial e menisco medial (tríade de O'Donoghue). Os achados por imagem da lesão do LCA incluem sinais indiretos e diretos. Na radiografia simples, é possível observar a translação anterior da tíbia, uma fratura avulsiva na borda externa do platô tibial (fratura de Segond) ou uma fratura impactada na superfície articular do côndilo lateral do fêmur (sinal do sulco intercondilar lateral profundo) (Figura 80).

A RM é o método de escolha para avaliação do LCA, sendo caracterizada rotura quando ocorre a não visualização de suas fibras, com horizontalização das fibras distais em casos de rotura proximal (Figura 81). Sinais indiretos incluem as contusões ou fraturas ósseas típicas

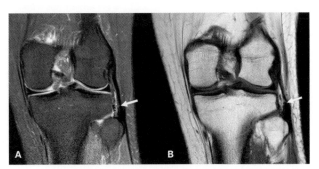

Figura 78 Anatomia normal do ligamento colateral lateral (seta) em imagens sagitais de ressonância magnética T2 FAT SAT (A) e T1 (B).

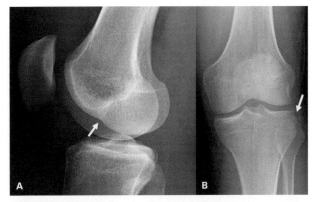

Figura 80 Radiografias simples em perfil (A) e posteroanterior (B) de joelho demonstrando, respectivamente, o sinal do sulco intercondilar lateral profundo e fratura de Segond.

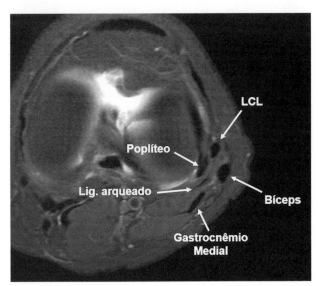

Figura 79 Imagem axial de ressonância magnética T2 FAT SAT demonstrando algumas das estruturas que compõem o canto posterolateral.

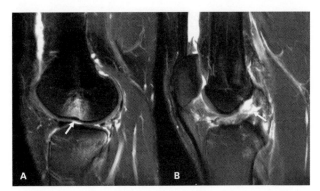

Figura 81 Imagens sagitais de ressonância magnética (T2 FAT SAT) demonstrando a impactação do sulco intercondilar lateral profundo com edema da medular óssea adjacente (A) e a não caracterização do ligamento cruzado anterior (LCA) no intercôndilo (B) (setas).

(Segond, sulco intercondilar lateral e face posterior dos platôs tibiais), verticalização do LCP e translação anterior da tíbia. Por sua anatomia particular, é possível a ocorrência de lesão de banda única, sendo a banda anteromedial a mais acometida (Figura 82).

O ligamento cruzado posterior é mais resistente e menos lesado que o LCA. O mecanismo de lesão é o trauma com joelho estendido ou a hiperextensão. Na RM, o LCP normal deve apresentar hipossinal em todas as suas fibras, devendo-se considerar como patológicas áreas de elevação de sinal intraligamentar. Outros sinais diretos de lesão são descontinuidades ou a não caracterização de suas fibras. Casos de roturas desse ligamento se associam com outras lesões como rotura do LCA e do menisco medial (Figura 83).

O ligamento colateral medial é em geral lesado com traumas em valgo, e sua rotura ocorre mais comumente em sua inserção proximal (Figura 84). Suas lesões podem ser divididas entre estiramentos, lesões parciais e lesões completas. Os estiramentos são caracterizados por alteração de sinal e espessura de fibras do ligamento ou edema periligamentar, sem descontinuidade de fibras. Quando se identi-

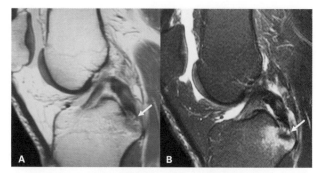

Figura 83 Imagens sagitais de ressonância magnética (A: T1) e (B: T2 FAT SAT) demonstrando rotura distal do ligamento cruzado posterior (setas) com edema da medular óssea adjacente no contorno posterior do platô tibial.

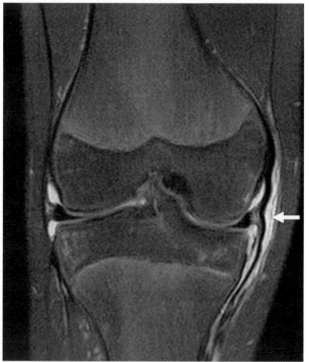

Figura 84 Imagem coronal ressonância magnética (T2 FAT SAT) demonstrando lesão do ligamento colateral medial (seta).

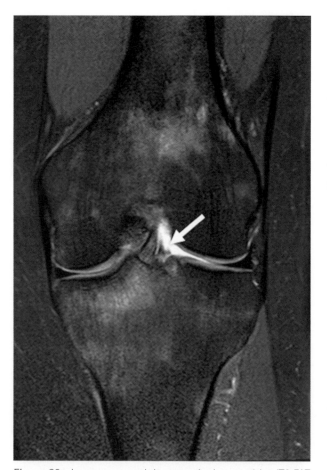

Figura 82 Imagem coronal de ressonância magnética (T2 FAT SAT) demonstrando lesão de banda única (seta) do ligamento cruzado anterior (LCA).

fica uma descontinuidade de fibras, deve-se diferenciar as roturas parciais das completas, avaliando se existem fibras ligamentares remanescentes em continuidade.

A avaliação das lesões do ligamento colateral lateral deve ser realizada em conjunto com as demais estruturas do canto posterolateral, sobretudo do tendão distal do bíceps femoral e o músculo e tendão poplíteo. As lesões do próprio ligamento podem ser divididas entre estiramentos e roturas parciais ou completas, seguindo os mesmos critérios das lesões do ligamento colateral medial (Figura 85). Em razão das suas pequenas dimensões, as demais estruturas do canto posterolateral têm avaliação limitada até mesmo pela RM, devendo-se atentar para edemas regionais que envolvem a suas topografias.

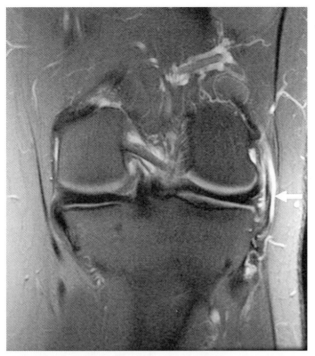

Figura 85 Imagem coronal ressonância magnética (T2 FAT SAT) demonstrando lesão do ligamento colateral lateral (LCL) (seta).

A avaliação ligamentar do joelho, especialmente em casos de lesão do LCA, deve incluir estruturas anterolaterais do joelho, entre as quais se destacam a banda iliotibial e o ligamento anterolateral. As lesões traumáticas da banda iliotibial seguem padrão de classificação semelhante ao das lesões dos ligamentos colaterais e em geral são não insercionais. O ligamento anterolateral tem origem no epicôndilo lateral e cursa anteroinferiormente, com uma inserção no corpo meniscal e outra na face lateral da tíbia. Embora o ligamento anterolateral não seja consistentemente caracterizado por completo em todas as RM, pode-se identificar em alguns casos edema periligamentar e descontinuidade de suas fibras, favorecendo lesão.

A ressonância magnética é também o método de escolha para avaliação pós-operatória dos ligamentos, sobretudo do LCA. O objetivo de exames de controle são a avaliação de causas de instabilidade ou restrição de movimento. Entre elas, estão a rerrotura do neoligamento, busca de sinais de impacto com o teto intercondilar ou artrofibrose. Além disso, a RM pode avaliar a área doadora do enxerto e lesões condrais e meniscais associadas.

O método de reconstrução mais utilizado é o enxerto com tendões da pata anserina, seguido de reconstrução com o tendão patelar. A radiografia simples é útil também na avaliação do posicionamento dos túneis femoral e tibial. O túnel femoral, quando avaliado na radiografia em AP ou em imagens coronais de RM, deve estar posicionado às 10-11 horas no joelho direito e 1-2 horas no esquerdo (Figura 86).

Já o túnel tibial, quando avaliado na radiografia em perfil ou em imagens sagitais de RM, deve ser paralelo e posterior à intersecção da linha de Blumensaat, com abertura no ponto médio do platô tibial; quando avaliado na radiografia em AP ou em imagens coronais de RM, a

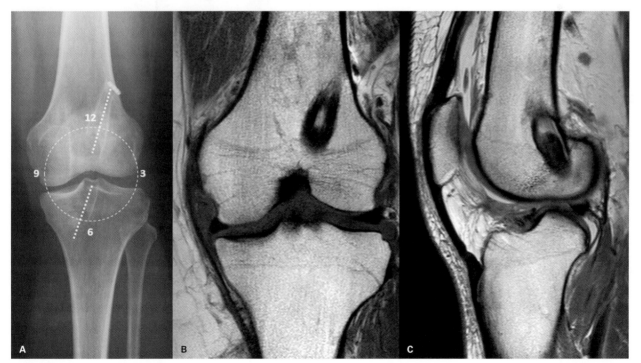

Figura 86 Imagens para avaliação do túnel femoral, com radiografia em anteroposterior (A) e ressonância magnética T2 FAT coronal (B) e sagital (C).

abertura do túnel deve estar na eminência intercondilar. Uma abertura do túnel tibial muito anteriorizada pode estar relacionada a impacto do enxerto contra o teto intercondilar; já quando muito posterior, potencializa-se o mau funcionamento do neoligamento com frouxidão ligamentar (Figura 87).

Entre as complicações relacionadas à manipulação cirúrgica do LCA destaca-se a rotura do enxerto, solturas e migração do material cirúrgico e artrofibrose. A artrofibrose é uma alteração pós-cirúrgica cicatricial nodular, com hipossinal em todas as sequências de RM, em geral localizada no espaço articular femorotibial anterior e mediano, anterior ao terço distal do ligamento, que pode levar à redução da amplitude de movimento (Figura 88). Pelo aspecto artroscópico, a artrofibrose é também denominada cíclope.

Meniscos

Os meniscos são estruturas fibrocatilaginosas cujas funções biomecânicas são absorção de choque e distribuição da carga axial. São estruturas semilunares, subdivididas em corno anterior, corpo e corno posterior, fixados nos platôs tibiais através das raízes anteriores e posteriores, próximo à inserção dos ligamentos cruzados (Figura 89). Possuem forma de cunha, com base capsular externa, mais vascularizada, e vértice voltado para o interior da articulação (borda livre). São mais bem avaliados em estudos de ressonância magnética (RM), e se apresentam como estruturas com baixo sinal em todas as sequências (Figura 90).

Classicamente, o menisco medial é maior, possui o corno posterior mais proeminente que o anterior e tem

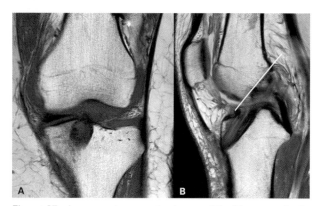

Figura 87   Imagens de ressonância magnética T1 para avaliação do túnel tibial, coronal (A) e sagital (B).

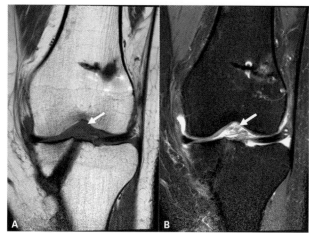

Figura 88   Imagens de ressonância magnética T1 (A) e T2 FAT SAT (B) demonstrando formação nodular com baixo sinal no intercôndilo (artrofibrose – setas).

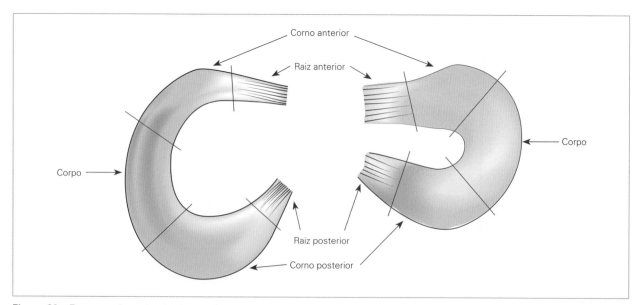

Figura 89   Esquema da anatomia dos meniscos.

2 DIAGNÓSTICO POR IMAGEM DOS MEMBROS INFERIORES: QUADRIL, JOELHO, TORNOZELO E PÉ   663

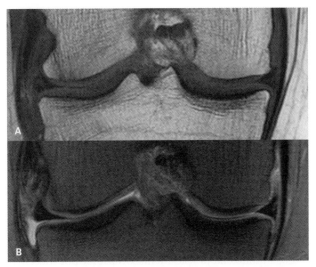

Figura 90   Imagem em coronal dos meniscos em T1 e T2 FAT SAT demonstrando seu baixo sinal em todas as sequências.

curvatura mais aberta. O menisco lateral possui cornos semelhantes e curvatura mais fechada (Figura 89).

Além das raízes, os meniscos possuem outras estruturas de fixação que incluem os ligamentos meniscocapsulares, os meniscofemorais anterior (Humphrey) e posterior (Wrisberg) e meniscotibial (coronário), e os ligamentos intermeniscais, transversos anterior e posterior e oblíquos medial e lateral (Figura 91).

Variantes da morfologia ou alterações congênitas meniscais acometem mais comumente o menisco lateral, e incluem menisco discoide, menisco anular, variante de Wrisberg, hipoplasia parcial ou completa, anomalias de inserção e ossículo meniscal.

O menisco discoide é uma alteração morfológica de maior prevalência, de provável de etiologia embriológica, caracterizada pelo menisco em forma de disco, em vez de crescente, e possui maior incidência no menisco lateral. Pode ser assintomático ou estar associado a sintomas como estalidos, dor e limitação de movimento, sobretudo em jovens. Sua importância e relevância se devem ao fato de estarem mais frequentemente relacionados a lesões. Por definição, o menisco discoide apresenta largura maior que 14 mm na porção média do corpo, no plano coronal da RM, demonstrando continuidade entre os cornos anterior e posterior (Figura 92).

Além da avaliação da morfologia meniscal, deve-se avaliar a presença de lesões, uma vez que estas predispõem a patologias condrais adjacentes que culminam na osteoartrose. As lesões meniscais podem ser agudas e traumáticas ou degenerativas, sendo essas últimas mais prevalentes e caracterizadas por aumento do

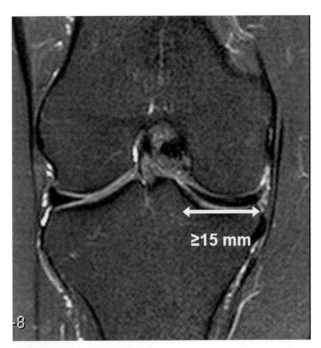

Figura 92   Menisco lateral discoide.

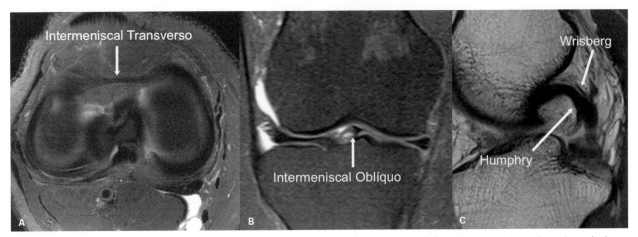

Figura 91   Imagens de ressonância magnética demonstrando algumas das estruturas de fixação dos meniscos (setas) que incluem o ligamento intermeniscal transverso (1: axial T2 FAT SAT), intermeniscal oblíquo (2: coronal T2 FAT SAT) e os meniscofemorais (3: Humphry e Wrisberg).

conteúdo líquido intrassubstancial levando a aumento do sinal na RM. As lesões meniscais são caracterizadas como roturas quando há elevação do sinal do menisco em comunicação com a cavidade articular e alteração em sua morfologia.

As roturas meniscais podem ser classificadas de acordo com sua localização, orientação e extensão. Quanto à localização, além do segmento meniscal acometido (cornos anterior ou posterior ou corpo), é importante descrever a lesão no eixo radial do menisco (externas/capsulares ou internas/borda livre), uma vez que lesões de borda livre que possuem pior prognóstico pela escassa vascularização, e são, em geral, cirúrgicas. Em relação à orientação, as lesões podem ser:

- Horizontais, oblíquas ou verticais.
- Radiais ou longitudinais (Figuras 93 e 94).
- Complexas, com mais de uma orientação.
- Especiais.

As lesões especiais destacam-se os *flaps* meniscais, que compreendem os fragmentos de meniscos deslocados de seu local habitual, cursando com sinais clássicos à RM entre os quais se destaca o sinal do duplo delta (Figura 95). A rotura em alça de balde pode ser considerada um tipo de lesão com *flap*, uma vez que se caracteriza por lesão longitudinal do menisco com fragmento central móvel deslocado medialmente (alça), mas conectado à porção periférica fixa remanescente pelos cornos anterior e posterior. Ocorre mais frequentemente por mecanismo traumático, no menisco medial e relacionada à rotura do ligamento cruzado anterior. Na RM os achados são característicos e de acordo com o local deslocamento do fragmento, cursando com o clássico sinal do duplo cruzado posterior (Figura 96).

Quanto à extensão da rotura sua importância se deve para definir as lesões instáveis, que acometem mais de 1,0 cm do menisco. Outros critérios de instabilidade incluem lesão com desinserção, fragmentos, extrusão (quando o menisco se estende além da borda tibial), roturas complexas e de espessura total.

Além da correta caracterização das roturas é importante a avaliação de lesões associadas como perimeniscites, conflitos meniscais, disjunções meniscocapsulares e os cistos perimeniscais, estes caracterizados como acúmulos líquidos na junção meniscocapsular por mecanismos valvulares relacionados às roturas (Figura 97).

Existem inúmeras situações que podem simular lesões meniscais como o aumento de sinal do corno posterior em jovens pela maior vascularização, presença dos ligamentos transverso ou meniscofemorais, interface com o tendão poplíteo (Figura 98), presença de corpo livre. As alterações pós-operatórias dos meniscos podem, também, simular lesões ou levar a interpretações erradas; desse modo, para correta interpretação, o conhecimento das diferentes técnicas empregadas (meniscectomia, ressecção parcial, reparo e transplante) e dos principais achados esperados (redução volumétrica, retificação ou irregularidade das margens livres) é imprescindível. A diferenciação com rerroturas pode ser feita com auxílio

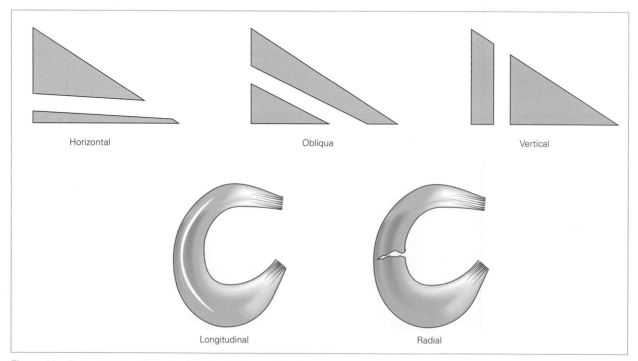

Figura 93   Esquema dos diferentes tipos de lesões meniscais.

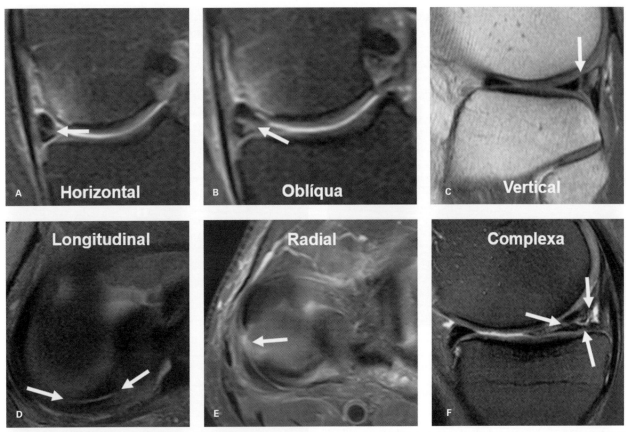

Figura 94 Imagens de ressonância magnética de diferentes tipos de lesões meniscais (setas): lesão horizontal (A: coronal T2 FAT SAT), lesão oblíqua (B: coronal T2 FAT SAT), lesão vertical (C: coronal T1), lesão longitudinal (D: axial T2 FAT SAT), lesão radial (E: axial T2 FAT SAT) e lesão complexa (F: sagital: T2 FAT SAT).

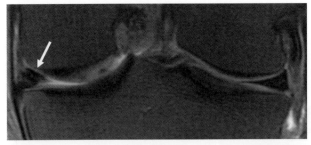

Figura 95 Imagem de ressonância magnética coronal T2 FAT SAT com sinal do duplo delta (seta).

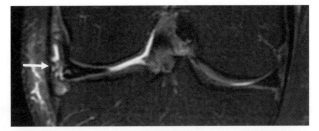

Figura 97 Imagem de ressonância magnética T2 FAT SAT coronal demonstrando cisto perimeniscal (seta).

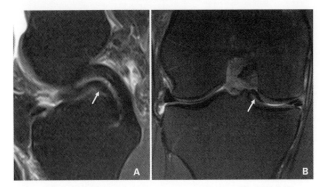

Figura 96 Imagens de ressonância magnética T2 FAT SAT nos planos sagital (1) e coronal (2) demonstrando lesão em alça de balde do menisco medial (setas).

de técnicas como a artro-RM ou artro-TC com contraste intra-aticular (Figuras 99).

Tornozelo

Revisão anatômica

A articulação do tornozelo é a mais frequentemente lesada entre as articulações de carga do corpo. Sua avaliação por imagem tem como principais elementos as estruturas ósseas, tendíneas e ligamentares, avaliadas sobretudo pelos métodos de ultrassonografia (USG), tomografia computadorizada (TC) e RM.

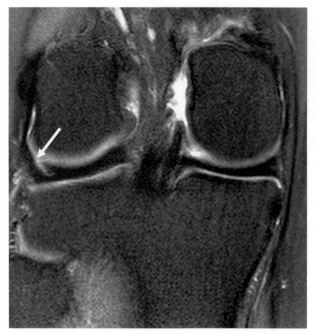

Figura 98 Imagem de ressonância magnética no plano coronal T2 FAT SAT demonstrando a interface entre o tendão poplíteo e o menisco medial, que pode simular lesão (seta).

Estruturas tendíneas

A avaliação da integridade dos tendões do tornozelo é sistematizada por meio da sua localização anatômica, que permite a divisão em quadrantes (Figura 100).

Compartimento anterior

- Tendão tibial anterior: Tem trajeto subjacente aos retináculos extensor superior e inferior e inserção na base do primeiro metatarso e no cuneiforme medial. Tem como principal função a flexão dorsal do pé.

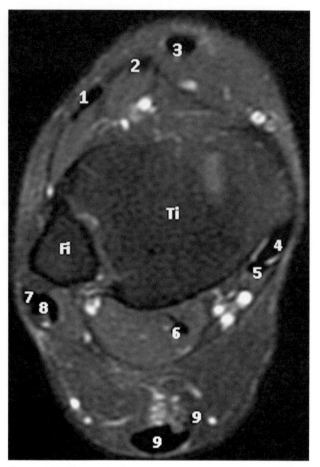

Figura 100 Ressonância magnética do tornozelo em sequência AX T2 FS evidenciando os compartimentos anatômicos do tornozelo. Compartimento anterior – 1: tendão extensor longo dos dedos; 2: tendão extensor longo do hálux; 3: tendão tibial anterior. Compartimento medial – 4: tendão tibial posterior; 5: tendão flexor longo dos dedos; 6: tendão flexor longo do hálux. Compartimento lateral – 7: tendão fibular curto; 8: tendão fibular longo. Compartimento posterior – 9: tendão do calcâneo; Fi: fíbula; Ti: tíbia.

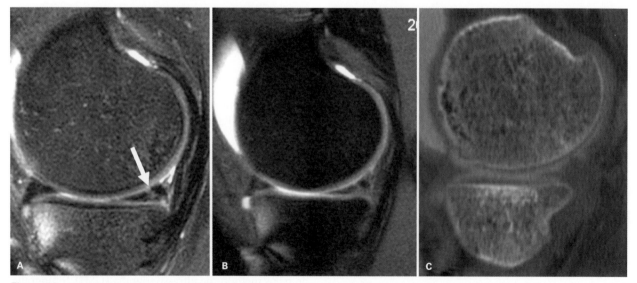

Figura 99 Imagem no plano coronal (A:T2 FAT SAT) demonstrando achados normais pós-operatórios (seta) do menisco medial, confirmados após artroressonância magnética (B:T2 FAT SAT) e artro tomografia computadorizada (C: janela óssea).

- Tendão extensor longo do hálux: Insere-se na face dorsal da falange distal do hálux. Tem como principal função a extensão do primeiro dedo, dorsoflexão do pé e do hálux.
- Tendão extensor longo dos dedos: Insinua-se anteriormente no tornozelo emitindo quatro prolongamentos tendíneos que inserem-se nas falanges médias e distais do segundo ao quinto dedos. Tem como principal função a dorsoflexão do tornozelo e extensão dos dedos.

Compartimento posterior
- Tendão do calcâneo: formado pela confluência dos tendões dos gastrocnêmios medial, lateral e sóleo. Insere-se da porção posterior do calcâneo e não possui bainha tendínea verdadeira. Tem como principal função a flexão plantar.
- Tendão plantar: insere-se na região medial do tendão ou osso calcâneo. É observado como um diminuto foco de hipossinal na borda medial do tendão calcâneo distal, podendo estar ausente em até 7% da população.

Compartimento medial
- Tendão tibial posterior: tem trajeto posterior ao maléolo medial e se insere no polo medial do navicular, emitindo projeções aos ossos cuneiformes e as bases do II ao IV metatarsos. Tem como principais funções a inversão e flexão plantar.
- Tendão flexor longo dos dedos: tem trajeto posterior ao TTP e emite projeções tendíneas que se inserem nas bases plantares da II à V falanges distais.
- Tendão flexor longo do hálux: cursa posterior ao tendão flexor longo dos dedos se estendendo distalmente sob o primeiro metatarso, entre os dois sesamoides do hálux, para se inserir na base da primeira falange distal do hálux. Tem a função de realizar a flexão plantar do hálux.

Compartimento lateral (Figura 101)
- Tendão fibular curto: tem trajeto retromaleolar anteromedial ao tendão fibular longo, estendendo-se ao longo da face lateral do pé e inserindo-se na base lateral do V metatarso. Tem como principal função a eversão do pé.
- Tendão fibular longo: tem trajeto retromaleolar posterolateral ao fibular curto, cursando através da superfície plantar do cuboide (no sulco cuboidal) e estendendo-se medialmente para se inserir na face plantar do cuneiforme medial e base do I metatarso. Tem como principal função a flexão plantar e eversão do pé.

Avaliação por imagem

Ressonância magnética
- Protocolo: o protocolo de realização da RM do tornozelo conta com seis sequências principais: sagitais T1

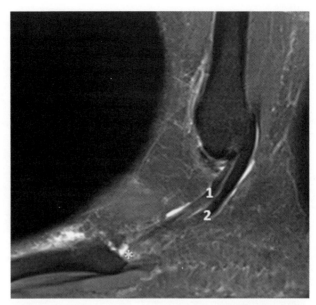

Figura 101 Ressonância magnética do tornozelo em sequência SAG T2 FS evidenciando os compartimentos anatômicos do tornozelo. Compartimento anterior – 1: tendão extensor longo dos dedos; 2: tendão extensor longo do hálux; 3: tendão tibial anterior. Compartimento medial – 4: tendão tibial posterior; 5: tendão flexor longo dos dedos; 6: tendão flexor longo do hálux. Compartimento lateral – 7: tendão fibular curto; 8: tendão fibular longo. Compartimento posterior – 9: tendão do calcâneo.

e T2 com supressão de gordura, axiais T1 e T2 com supressão de gordura, coronal T2 com supressão de gordura e oblíqua DP com angulação de 45° e 60° em relação à fáscia plantar, sequência que permite a avaliação da deflexão dos tendões flexores e fibulares em seu plano transversal verdadeiro.
- Aspecto normal dos tendões: na RM os tendões apresentam baixo sinal uniforme nas sequências T1, T2 e DP (Figura 102), e o aumento de sinal nas sequências ponderadas em T2 é indicativo de alteração (que variam de tendinopatias às rupturas tendíneas). Os tendões do tornozelo, exceto o calcâneo e o plantar, são providos de bainha sinovial, que podem apresentar mínima distensão líquida, sem significado patológico.

Ultrassonografia

Além da RM, a ultrassonografia é uma ferramenta muito utilizada no diagnóstico das lesões tendíneas e ligamentares do tornozelo, especialmente com o auxílio de transdutores de alta frequência. Esse método agrega ainda a possibilidade de realizar manobras dinâmicas, com avaliação de instabilidade ligamentar e luxações ou subluxações tendíneas.

Na ultrassonografia, os tendões apresentam-se como estruturas levemente hiperecogênicas e com padrão fibrilar (Figura 103). Avalia-se ainda a presença de coleções ou lesões de partes moles associadas, assim como presença de derrame articular, corpos estranhos e fasciíte plantar.

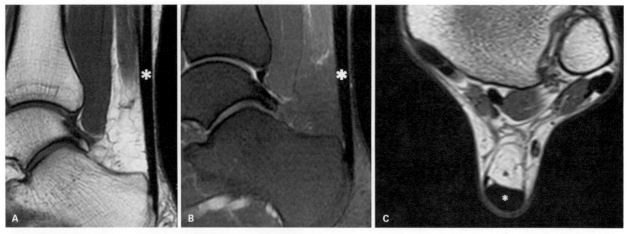

Figura 102   Ressonância magnética do tornozelo sequências em SAG T1 (A), SAG T2 FS (B) e AX T1 (C) evidenciando o aspecto normal dos tendões na ressonância magnética, com espessura preservada e hipossinal homogêneo nas sequências ponderadas em T1 e T2.

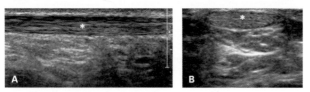

Figura 103   Aspecto normal dos tendões na ultrassonografia nos eixos longitudinal (A) e transverso (B) revelando tendão calcâneo de aspecto normal, com leve hiperecogenicidade e padrão fibrilar habitual.

Patologias tendíneas

- Tendinose ou tendinopatia: representa a degeneração intrassubstancial do tendão, que se apresenta como espessamento focal ou difuso e elevação de sinal (focos de sinal intermediário ou alto em T2 e DP, que representam degeneração mucoide) (Figura 104A). Na ultrassonografia observa-se espessamento e hipoecogenicidade difusa, podendo haver focos de calcificação de permeio (Figura 104C).
- Tenossinovite: distensão líquida com ou sem espessamento da bainha sinovial (Figura 104B).
- Paratenossinovite: processo inflamatório com edema dos tecidos que circundam a bainha tendínea;
- Paratendinite: processo inflamatório do paratendão – estrutura que circunda os tendões que não apresentam bainha sinovial, como os tendões calcâneos e o plantar.
- Roturas tendíneas: descontinuidade parcial ou total das fibras tendíneas. Nas roturas totais pode-se observar líquido preenchendo o *gap* entre os cotos tendíneos, podendo haver retração com afastamento entre as extremidades do tendão, com ou sem coleção ou hematoma adjacente. As roturas parciais são caracterizadas por sinal de líquido de permeio a algumas fibras tendíneas, sem descontinuidades completas (Figura 105).

Patologias tendíneas específicas

Compartimento posterior

Tendão calcâneo: representa o tendão mais lesado do tornozelo, sendo mais prevalente em corredores e praticantes de esporte. Insere-se na porção posterior do

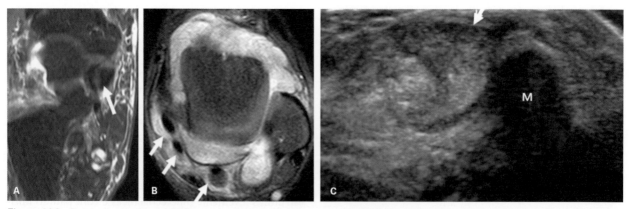

Figura 104   Patologias tendíneas. A: Ressonância magnética do tornozelo AX T2 FS revela sinais de tendinopatia insercional do tibial posterior no osso navicular, caracterizada por espessamento e alteração do sinal tendíneo (seta). B: Tenossinovite dos flexores, com espessamento e acentuada distensão líquida das bainhas tendíneas (setas). C: Aspecto da tendinopatia na ultrassonografia – espessamento e hipoecogenicidade do tendão fibular curto (seta) na região retromaleolar (M: maléolo fibular).

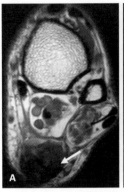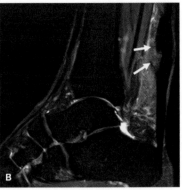

Figura 105 Ressonância magnética do tornozelo AX T1 (A) e SAG T2 FS (B) revelam rotura parcial do tendão do calcâneo em sua transição miotendínea distal envolvendo menos de 25% da sua área de secção transversa, sem retrações significativas.

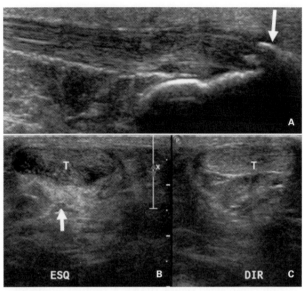

Figura 106 Ultrassonografia do tornozelo nos planos longitudinal (A) e transversal (B) evidenciando tendinopatia insercional do calcâneo (T) à esquerda (seta), que se apresenta espessado e hipoecoico, com hiperecogenicidade da gordura de Kager adjacente relacionado a edema (seta em B), em contraste com aspecto normal à direita (DIR). Associam-se entesófitos no aspecto posterior do calcâneo (seta em A).

calcâneo e pode apresentar lesões ou degenerações insercionais ou não insercionais. Seu segmento de maior vulnerabilidade às tendinopatias e roturas se encontra a cerca de 2 a 6 cm da inserção, onde há menor suprimento sanguíneo. Nas tendinopatias insercionais observa-se espessamento tendíneo, que pode estar associado a lesões parciais e entesófitos insercionais no aspecto posterior do calcâneo, com ou sem edema ósseo associado (Figura 106). Por não possuir uma bainha sinovial, o tendão de Aquiles é protegido contra doenças inflamatórias; no entanto, pode ser secundariamente afetado por processos inflamatórios envolvendo a bursa retrocalcaneana.

Roturas do tendão de Aquiles: são em geral associadas a traumas indiretos, sendo mais frequentes em indivíduos com tendinopatias degenerativas de base, embora possa ocorrer em pacientes sem alterações tendíneas prévias (Figura 107).

Alterações associadas

Achados comuns relacionados às lesões e tendinopatias do tendão calcâneo são o edema da gordura de Kager (coxim gorduroso anterior ao tendão) e distensão líquida da bursa retrocalcaneana e/ou da bursa retroaquileana (posterior ao tendão). Pode haver ainda entesófitos no aspecto posterior do osso calcâneo.

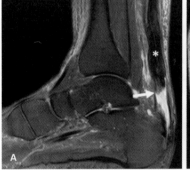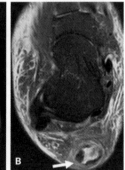

Figura 107 Ressonância magnética do tornozelo SAG T2 FS (A) e AX T2 FS (B) revelam rotura completa do tendão calcâneo, com retração do coto proximal (seta em A). O tendão remanescente apresenta sinais de tendinopatia, com espessamento e alteração de sinal (*).

- Síndrome de Haglund: entidade caracterizada pela tríade de tendinopatia insercional do calcâneo, distensão líquida da bursa retrocalcaneana e hipertrofia da porção posterossuperior do calcâneo (chamada de "deformidade de Haglund"), comumente relacionada a uma deformidade em varo do retropé. Pode haver edema ósseo associado na porção posterossuperior do calcâneo e entesófitos insercionais (Figura 108). Essa patologia é associada ao uso de calçados de salto alto, e a queixa principal dos pacientes é de dor na porção posterior do tornozelo.
- Degeneração xantomatosa: trata-se de uma entidade relacionada a um distúrbio do metabolismo lipídico em que ocorre deposição de colesterol no tendão, levando

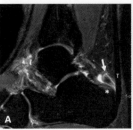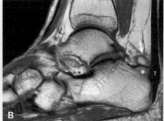

Figura 108 Ressonância magnética do tornozelo SAG T2 FS (A) e SAG T1 (B) revela tríade de Haglund caracterizada por hipertrofia da porção posterossuperior do calcâneo com leve edema ósseo (*), bursite retrocalcaneana (seta) e tendinopatia insercional do calcâneo (T).

a uma reação inflamatória com formação de massa de partes moles com conteúdo gorduroso. Na imagem o tendão assume aspecto "salpicado", com áreas de alto sinal em T1 e T2 (representando gordura), de permeio às fibras de colágeno (Figuras 109 e 110).

Compartimento medial

Tendão tibial posterior (TTP): trata-se de um dos principais estabilizadores do arco plantar, ao lado do ligamento *spring* e da fáscia plantar. Uma das principais consequências de sua lesão é a limitação na inversão do pé e a deformidade em pé plano/valgo, com desabamento do arco plantar (Figuras 111 e 112). Pode ainda haver associação com fasciíte plantar, lesões do ligamento *spring*, além de alterações no seio do tarso, túnel do tarso, maléolo medial e osso navicular.

As lesões ao TTP abrangem um espectro que envolve desde as tenossinovites às tendinopatias com roturas parciais ou completas (Figura 104A). A ruptura aguda total pode ocorrer em traumas importantes com dorsiflexão forçada. Outro mecanismo comum de lesão é nos pacientes com traumas menores, mas que apresentam tendão previamente lesado secundário a uma degeneração crônica ou distúrbios do tecido conjuntivo, nos quais a lesão costuma ocorrer adjacente e posterior ao maléolo medial, sítio onde o tendão está sujeito a maior fricção.

As tendinopatias do TTP ocorrem em dois sítios principais: adjacente à inserção no osso navicular (em especial quando existe osso navicular acessório tipo II) ou adjacente ao maléolo medial da tíbia, por atrito local.

Tendões flexores longos dos dedos e do hálux (TFLD e TFLH): as afecções degenerativas ou traumáticas desses tendões são menos comuns que as do TTP. As lesões do TFLH ocorrem em seu trajeto pelo túnel fibro-ósseo localizado entre os tubérculos medial e lateral do tálus, sítio onde há maior fricção repetida, favorecendo as degenerações ou roturas. O TFLH se comunica com a articulação do tornozelo

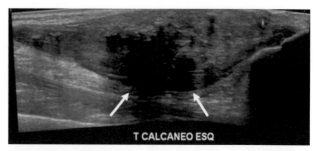

Figura 110 Ultrassonografia do tornozelo do mesmo paciente anterior revelando o espessamento fusiforme do tendão do calcâneo com focos ecogênicos de permeio.

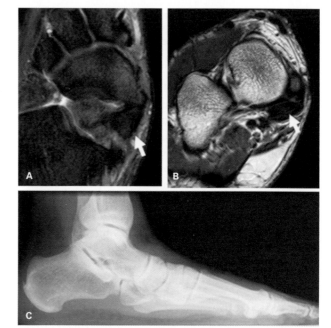

Figura 111 Ressonância magnética do tornozelo AX T2 FS (A) e oblíqua DP (B) revelam tendinopatia insercional do tibial posterior no osso navicular (setas) e (C) radiografia do pé com carga do mesmo paciente revela sinais de pé plano.

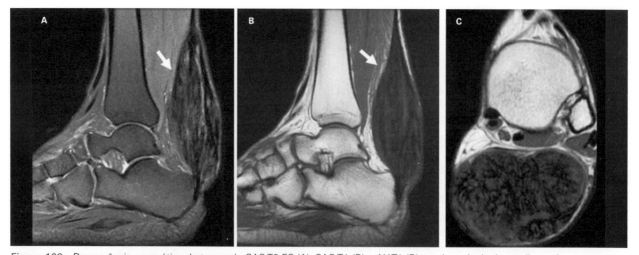

Figura 109 Ressonância magnética do tornozelo SAG T2 FS (A), SAG T1 (B) e AX T1 (B) revelam sinais de tendinopatia xantomatosa do calcâneo, com espessamento fusiforme em seu terço distal associado a delaminações intrínsecas e múltiplos focos de alto sinal em T1 no seu interior (inferindo componente de gordura).

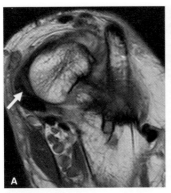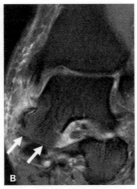

Figura 112 Ressonância magnética do tornozelo oblíqua DP e COR T2 FS do mesmo paciente anterior revela afilamento e irregularidade da porção superomedial do ligamento *spring*, relacionado ao pé plano.

em 20% dos pacientes, sendo, portanto, comum a presença de líquido em sua bainha quando há derrame articular.

Compartimento lateral

Tendão fibular curto e longo: as lesões do tendão fibular curto ocorrem por dois principais mecanismos, sendo por *overuse* em pacientes jovens e por desgaste degenerativo crônico em pacientes com maior idade. As roturas em geral ocorrem no sulco fibular, onde o tendão encontra-se interposto entre o fibular longo e o maléolo lateral. Nesses casos, pode haver a rotura longitudinal do tipo *Split*, na qual ocorre insinuação do tendão fibular longo no interior das fibras remanescentes do fibular curto, que assume o formato de "C" ou *boomerang*, envolvendo parcialmente o fibular longo (Figura 113).

Os pacientes apresentam como principais achados clínicos dor, dificuldade para eversão do pé e instabilidade. As tendinopatias do fibular longo ocorrem em geral associadas às do fibular curto, mas lesões isoladas podem correr no tubérculo fibular ou junto à sua deflexão no cuboide (Figura 114).

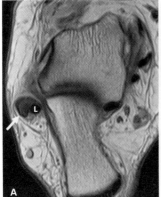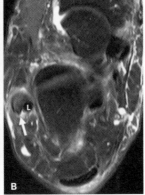

Figura 113 Ressonância magnética do tornozelo (A) oblíqua DP e (B) AX T2 FS revela tendinopatia inframaeolar do fibular curto (seta), com fissura intrínseca, observando-se insinuação do tendão fibular longo (L) em seu interior, compatível com lesão do tipo Split.

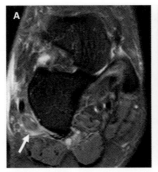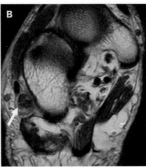

Figura 114 Ressonância magnética do tornozelo COR T2 FS (A) e oblíqua DP (B) revela sinais de tendinopatia do fibular longo em sua deflexão no cuboide, com edema das partes moles circunjacentes.

Outra alteração pertinente aos tendões fibulares são as luxações e subluxações tendíneas, mais frequentes em pacientes com sulco fibular raso ou convexo, mas também observadas em pacientes com história de trauma, nos quais se nota deslocamento tendíneo lateral ou inferior, com ou sem lesão associada do retináculo dos fibulares (Figura 115).

Compartimento anterior
- Tendão tibial anterior (TTA): as lesões do TTA são pouco comuns, sendo mais frequentes nos pacientes com alguma patologia de base, a exemplo de doenças inflamatórias reumatológicas que cursem com tenossinovite. Nas lesões completas, os pacientes podem apresentar limitação da flexão dorsal do pé. O sítio das roturas em geral se localiza entre o retináculo extensor e sua inserção distal (Figura 116).

Estruturas ligamentares

As estruturas ligamentares do tornozelo são divididas anatomicamente em: complexo ligamentar lateral, complexo ligamentar medial e ligamentos da sindesmose tibiofibular.

Ligamentos da sindesmose tibiofibular

São um dos principais responsáveis pela congruência tibiofibular, sendo compostos pelos ligamentos tibiofibular anterior, tibiofibular posterior e ligamentos interós-

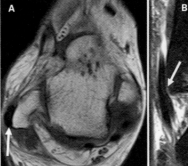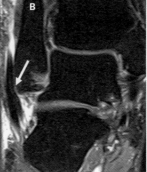

Figura 115 Ressonância magnética do tornozelo AX T1 (A) e COR T2 FS (B) revela subluxação anterolateral dos tendões fibulares.

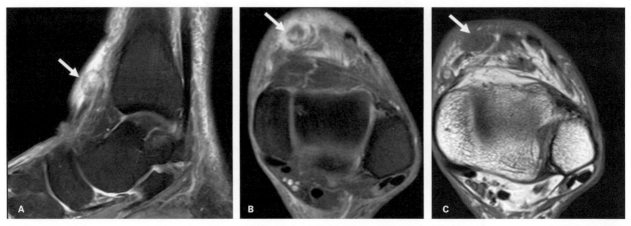

Figura 116 Ressonância magnética do tornozelo SAG T2 FS (A), AX T1C+ (B) e AX T1 revelam acentuada tendinopatia do tibial anterior, com rotura praticamente completa (setas).

seo e transverso (Figura 117). A membrana interossea se funde aos ligamentos tibiofibulares sobre o domus talar e continua superiormente conectando as superfícies ásperas adjacentes da tíbia e fíbula.

Complexo ligamentar deltoide (medial)

É constituído por fibras superficiais (tibionavicular, tibiospring, tibiocalcâneo e tibiotalar posterior) e profundas (tibiotalares anterior e posterior). Tem forma triangular, originando-se no maléolo medial da tíbia e com inserção na coluna medial do tálus (Figura 118).

Complexo ligamentar lateral

É composto por três ligamentos principais: ligamento fibulotalar anterior, ligamento fibulotalar posterior e o ligamento calcaneofibular (Figura 119).

- Ligamento fibulotalar anterior: tem orientação oblíqua da margem anterior do maléolo lateral até a porção lateral do colo do tálus. É tensionado durante a rotação interna e inversão do pé.
- Ligamento fibulotalar posterior: origem na fossa maleolar do maléolo lateral e inserção no tubérculo lateral do processo posterior do tálus.
- Ligamento calcaneofibular: origina-se na borda lateral do maléolo lateral e se estende até a superfície

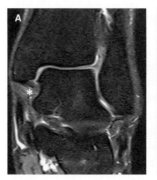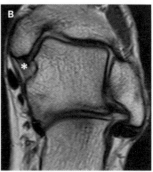

Figura 118 Ressonância magnética do tornozelo COR T2 FS (A) e oblíqua DP (B) evidencia aspecto normal da porção profunda do complexo ligamentar deltoide (*).

lateral do calcâneo, profundo aos tendões fibulares. É tensionado durante a inversão e dorsoflexão.

Outros ligamentos do tornozelo

- Ligamento calcaneonavicular plantar (mola). Tem importante papel na estabilidade do retropé, sendo constituído por três componentes principais: superomedial (o mais frequentemente lesado), medioplantar oblíquo e inferoplantar (Figura 120).
- Ligamento bifurcado: localizado na porção dorsal da articulação calcaneocuboide. Tem origem na margem anterior da porção dorsal do calcâneo de onde emerge uma porção lateral (calcaneocuboide) que se insere na porção dorsal do cuboide e uma porção medial (calcaneonavicular) que se insere na porção dorsolateral do navicular.

Lesões ligamentares

As lesões ligamentares do tornozelo representam de 16-21% de todas as lesões traumáticas relacionadas ao esporte e seu mecanismo principal está relacionado a uma flexão plantar e inversão.

O ligamento fibulotalar anterior é o mais frequentemente lesado, havendo um padrão previsível de lesão em

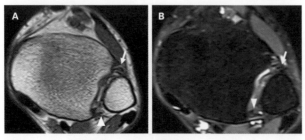

Figura 117 Ressonância magnética do tornozelo AX T1 (A) e AX T2 FS (B) evidencia aspecto normal dos ligamentos fibulotalar anterior (seta) e posterior (cabeça de seta).

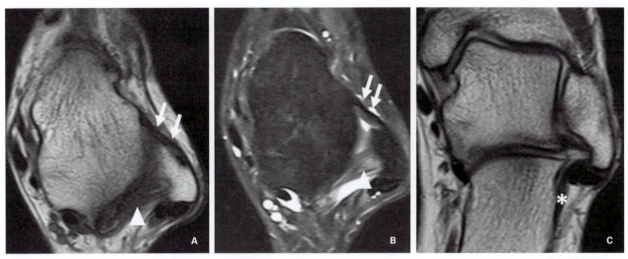

Figura 119 Ressonância magnética do tornozelo AX T1 (A), AX T2 FS (B) e oblíqua DP (C) evidencia os ligamentos fibulotalar anterior (setas), fibulotalar posterior (cabeça de seta) e fibulocalcâneo (*).

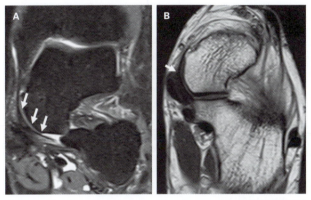

Figura 120 Ressonância magnética do tornozelo COR T2 FS (A) e oblíquo DP (B) revelam anatomia normal do ligamento *spring*, em sua porção superomedial (setas).

casos mais graves, em que há envolvimento progressivo dos ligamentos fibulocalcâneo e fibulotalar posterior. Pode haver o envolvimento da sindesmose tibiofibular em cerca de 10% e acometimento do complexo ligamentar medial em cerca de 5%.

Outras anormalidades associadas à entorse do tornozelo são a lesão osteocondral, rotura de tendões fibulares e fraturas, que devem ser adequadamente investigadas no exame inicial. As lesões ligamentares são graduadas com base na gravidade da injúria ligamentar:

- Lesão de I grau: ocorre discreto estiramento dos ligamentos, sem lesão completa ou instabilidade.
- Lesão de II grau: lesão ligamentar parcial, sem descontinuidades completas (Figura 121).

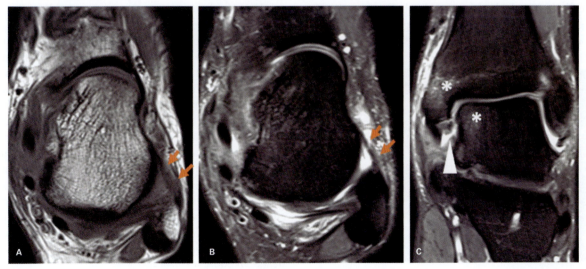

Figura 121 Ressonância magnética do tornozelo AX T1 (A), AX T2 FS (B) e COR T2 FS (C) de paciente com entorse recente revelam estiramento ligamento fibulotalar anterior (setas) (lesão grau II), associado a lesão completa da porção profunda do ligamento deltoide (cabeça de seta em C). Nota-se ainda edema ósseo contusional no maléolo tibial e domus talar (*).

- Lesão de III grau: lesões completas, mais graves e sintomáticas, podendo evoluir para instabilidade articular (Figura 122).

Existe ainda uma classificação anatômica das entorses de tornozelo, que se baseia no número de ligamentos afetados.

- Entorse de primeiro grau: caracterizada por ruptura parcial ou completa do ligamento fibulotalar anterior.
- Entorse de segundo grau: caracterizada por lesão tanto do ligamento fibulotalar anterior como do ligamento calcaneofibular, que podem apresentar uma lesão parcial ou completa.
- Entorse do terceiro grau: consiste em lesões dos ligamentos fibulotalar anterior, calcaneofibular e fibulotalar posterior.

Estruturas ósseas

Na avaliação das estruturas ósseas do tornozelo, os métodos de radiografia, TC e RM são mais utilizados. A TC deve ser realizada com aquisições volumétricas, de forma a permitir as reconstruções multiplanares que possibilitam uma melhor caracterização das alterações ósseas, sobretudo tumores, fraturas, lesões osteocondrais e possíveis fragmentos avulsivos além da melhor avaliação dos materiais cirúrgicos metálicos.

A avaliação radiográfica também permite a caracterização das principais alterações morfológicas e pós-traumáticas do tornozelo. As principais incidências adquiridas são:

- Anteroposterior ou de frente (AP): demonstra a articulação tibiotalar, o maléolo medial da tíbia e a sindesmose tibiofibular (Figura 123A).
- Lateral ou perfil: possibilita melhor avaliação da articulação tibiotalar em seu aspecto anteroposterior, assim como avalia as extremidades inferiores da tíbia e fíbula, o maléolo posterior e a subtalar posterior (Figura 123B). Na aquisição da imagem deve-se incluir base do V metatarso, sítio de possível avulsão óssea onde se insere o tendão fibular curto. Também se deve observar as alterações pertinentes às partes moles, como a gordura pré-calcânea e o recesso articular tibiotalar, que se encontra obliterado nos casos de derrame articular.
- Oblíqua: Faz-se rotação interna de 45°, permitindo melhor caracterização da fíbula distal e maléolo medial, sobretudo nos casos de trauma (Figura 124A).
- Mortise: Incidência anteroposterior com rotação interna do tornozelo de 15 a 20°, permitindo melhor avaliação do domus talar, sendo muito utilizada nos casos de trauma e suspeitas de lesão osteocondral (Figura 124B).

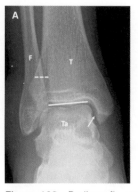
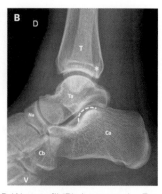

Figura 123 Radiografia em AP (A) e perfil (B) do tornozelo. Em A, observa-se a sindesmose tibiofibular (linha tracejada), articulação tibiotalar (linha sólida) e maléolo medial da tíbia (*seta*). Em B, observa-se o maléolo posterior da tíbia (*), a articulação subtalar posterior (linha curva tracejada) e a base do V metatarso (V).
Ca: calcâneo; Cb: cuboide; F: fíbula; Na: navicular; Ta: tálus; T: tíbia; V: base do V metatarso.

Lesão osteocondral

A lesão osteocondral do tálus representa uma lesão focal do revestimento condral e do osso subjacente, levando a um destacamento parcial ou completo do fragmento, com ou sem necrose associada.

O mecanismo está relacionado a uma lesão por inversão com dorsoflexão ou a uma carga axial com impactação do planalto tibial e domus talar, que podem ocorrer em um evento único de maior energia ou estar relacionados a múltiplos microtraumas repetidos. As lesões costumam associar-se a roturas ligamentares laterais e mediais ou mesmo a fraturas e lesões tendíneas.

O local mais acometido é o domus talar, nas suas porções posteromedial e anterolateral. Apesar disso, outros sítios de possível acometimento são a cabeça do tálus, a superfície articular da tíbia, o cuboide, o navicular, a articulação subtalar e as cabeças matatarsais. É possível graduar a lesão osteocondral, dividindo-a em estágios com gravidade progressivamente maior, sendo:

- Estágio I: compressão trabecular subcondral (radiograficamente oculta), preservando a integridade da

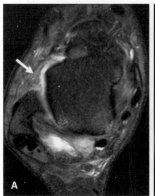
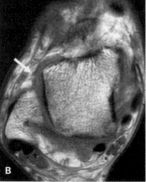

Figura 122 Ressonância magnética do tornozelo AX T2 FS (A) e AX T1 (B) revelam lesão completa (grau III) do ligamento fibulotalar anterior (setas).

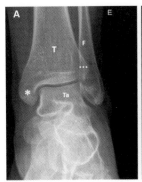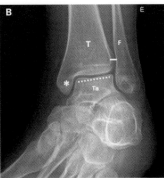

Figura 124 Radiografia em oblíquo (A) e mortise (B) do tornozelo. Em A, observa-se a sindesmose tibiofibular (linha tracejada), maléolo medial da tíbia (*). Em B, observa-se a sindesmose tibiotalar (linha sólida), maléolo medial (*) e o domus talar (linha tracejada).
Ca: calcâneo; F: fíbula; T: tíbia; Ta: tálus.

cartilagem subjacente. Esse estágio é caracterizado apenas por edema ósseo observado apenas na RM.
- Estágio II: ocorre separação incompleta do fragmento osteocondral.
- Estágio III: ocorre separação completa do fragmento sem seu deslocamento.
- Estágio IV: fragmento osteocondral deslocado ou presença de cisto subcondral.

As possíveis consequências da lesão osteocondral se relacionam à instabilidade articular e artrose precoce.

- Sinais de instabilidade: uma das principais informações concernentes às lesões osteocondrais é seu grau de estabilidade. Lesões osteocondrais instáveis apresentam interposição de líquido ou meio de contraste (no caso dos exames com contraste intra-articular) entre o fragmento osteocondral e o sítio doador. Outros fatores relacionados à instabilidade são a presença de cisto adjacente ao fragmento ou fragmento osteocondral deslocado (Figura 125).
- Viabilidade do fragmento: outro dado fundamental na avaliação das lesões osteocondrais é a caracterização da viabilidade do fragmento. A presença de hipossinal do fragmento nas sequência ponderadas em T1 e T2 indicam necrose óssea (Figura 125). A viabilidade pode ser ainda avaliada por meio da injeção endovenosa do meio de contraste, em que a ausência de realce do fragmento na fase pós-contraste indica tecido necrótico não viável, embora ainda haja controvérsia na literatura quando a acurácia desse dado.

Imagem:

- Radiografia: As lesões podem ser ocultas na radiografia de rotina, ou evidenciar a anormalidade do osso subcondral, que pode variar desde uma pequena irregularidade com halo de esclerose óssea a um defeito ósseo focal com concavidade na superfície articular do tálus. O método permite ainda identificar a presença de fragmento osteocondral, que pode estar tópico ou deslocado em relação ao sítio de origem.
- Tomografia computadorizada: Apresenta achados semelhantes aos descritos na radiografia, embora permita melhor caracterização das alterações ósseas e fragmentos osteocondrais, estejam eles tópicos ou destacados. A TC muitas vezes não permite classificar as lesões quanto ao grau de instabilidade, a menos que se realize a artrotomografia.
- Ressonância magnética: trata-se do método de escolha para a avaliação de lesões osteocondrais do tálus, permitindo melhor caracterização da lesão condral e a alteração do osso subcondral (Figuras 125 e 126). A

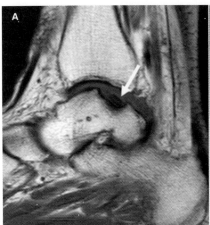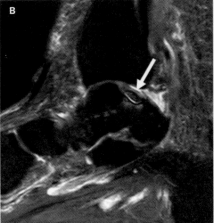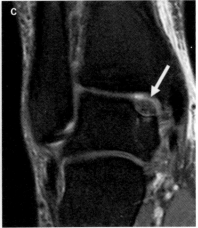

Figura 125 Ressonância magnética do tornozelo SAG T1 (A), SAG T2 FS (B) e COR T2 FS (C) revelam lesão osteocondral na porção central do domus talar medial, notando-se interposição líquida entre o fragmento e o sítio doador, denotando instabilidade. Nota-se, ainda, esclerose difusa do fragmento ósseo, com marcado hipossinal em ambas as sequências, sugerindo necrose.

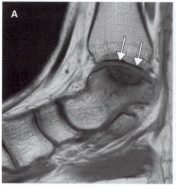
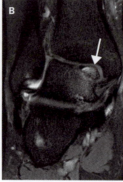

Figura 126 Ressonância magnética do tornozelo SAG T1 (A) e COR T2 FS (B) evidenciam lesão osteocondral na porção medial do terço médio/posterior do tálus com irregularidade da cartilagem e edema ósseo no tálus circunjacente, sem evidentes sinais de instabilidade.

RM permite o diagnóstico precoce desse tipo de lesão, quando há apenas edema ósseo (estágio I), sem claro destacamento osteocondral.

Um possível *pitfall* na avaliação da estabilidade das lesões osteocondrais é a presença de tecido de granulação com alto sinal em T2, circundando o fragmento osteocondral, que não deve ser interpretado como delaminação líquida do fragmento e, portanto, não representa instabilidade. Nesses casos, a artrorressonância ou artrotomografia são úteis ao demonstrar que não há interposição do meio de contraste entre o fragmento osteocondral e o sítio doado. Além disso, esses métodos permitem a distensão da cápsula articular, facilitando a caracterização de corpos livres.

Coalizão tarsal

As coalizões ósseas do tornozelo representam uma falha congênita na segmentação embriológica dos ossos do tarso, levando a uma fusão anômala entre dois ou mais ossos, que afeta principalmente adolescentes e adultos jovens do sexo masculino. A coalizão predispõe a uma alteração biomecânica do tornozelo que leva a restrição do movimento na articulação acometida, com consequente hipermobilidade nas articulações adjacentes, podendo contribuir para desenvolvimento de artropatias, pé plano adquirido e síndrome do túnel do tarso. A doença pode ser bilateral em até 50% dos casos.

A classificação do tipo de coalizão é feita de acordo com a natureza das interligações ósseas, que são caracterizadas por um *continuum* que abrange fusões cartilaginosas, fibrosas ou ósseas, sendo a ossificação o estágio final dessa afecção.

Nas coalizões cartilaginosas observa-se área de alto sinal T2 no espaço articular, enquanto nas fibrosas observa-se área de sinal intermediário/baixo nas articulações afetadas (Figuras 127 e 128). No tipo ósseo é visualizada continuidade cortical e trabecular entre os dois ossos acometidos.

Até 90% dos casos envolvem as articulações talocalcaneanas ou calcaneonaviculares. Coalizões talonaviculares são menos comuns e muitas vezes assintomáticas.

- Coalizão calcaneonavicular: representa a fusão anômala entre o processo anterior do calcâneo e a margem lateral do osso navicular. Pode ser mais bem avaliada na radiografia com rotação interna, em que se pode evidenciar:
- Alongamento da porção anterior do calcâneo, simulando um nariz de tamanduá (observado nas radiografias em perfil ou nos planos sagitais da TC e RM). No tipo cartilaginoso/fibroso, notam-se os dois ossos em posição aposta, com superfícies articulares irregulares e escleróticas, podendo haver edema associado (Figuras 28 e 29).
- Coalizão talocalcaneana: representa a fusão anômala na articulação subtalar, acometendo preferencialmente a articulação subtalar média, no nível do sustentáculo do tálus, em que se observam alterações fibrocís-

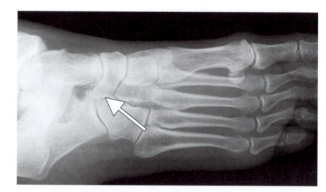

Figura 127 Radiografia do pé oblíqua evidencia sinais de coalizão calcaneonavicular fibrocartilaginosa (seta).

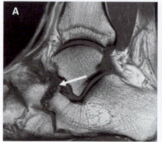
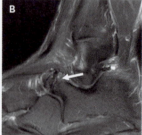

Figura 128 Ressonância magnética ponderadas em SAG T1 (A) e SAG T2 FS (B) evidenciando coalizão fibrocartilaginosa calcaneonavicular, com edema e cistos subcondrais subjacentes (seta). Nota-se a proeminência do processo anterior do calcâneo.

ticas subcorticais e reações hipertróficas. As coalizões talocalcaneanas que acometenm a faceta anterior ou posterior são raras.

Outros achados de imagem associados são:

- Bico talar: proeminência osteo-hipertrófica no dorso do tálus com morfologia triangular e que aponta para cima, adjacente à articulação com o navicular. Ocorre em decorrência do aumento da mobilidade da articulação, resultante da redução da mobilidade da talocalcaneana.
- Sinal do "C invertido": Visualizado na radiografia em perfil como um arco contínuo entre o córtex medial do tálus e o sustentáculo do tálus, consequente à esclerose óssea na articulação subtalar media (decorrente da coalizão talocalcaneana) (Figura 129).
- Orientação inferior e horizontal do sustentáculo do tálus, que normalmente apresenta inclinação superior e medial (Figura 130A).
- Má caracterização da faceta média e sustentáculo do tálus com morfologia dismórfica: relacionado às irregularidades e esclerose da subtalar, tornando difícil a individualização das facetas médias nas radiografias em perfil (Figura 131).

Alguns sinais indiretos nos exames de imagem devem ainda chamar atenção para a coexistência de coalizões ósseas, sendo estes a presença de pé plano e edema ósseo em sítios que passam a ter maior mobilidade, sobretudo na articulação talonavicular. Pode ainda haver alteração hipertrófica reacional com obliteração do seio do tarso.

Impactos

As síndromes de impacto são condições patológicas que resultam em restrição de movimento na articulação tibiotalar secundário a uma anormalidade óssea ou de partes moles, a qual é muitas vezes resultante de um evento traumático, tipicamente entorses.

São divididos de acordo com suas relações anatômicas com a articulação tibiotalar, sendo então classificadas em impacto anterolateral, anterior, anteromedial, posteromedial ou posterior.

Impacto anterolateral

Trata-se de uma causa comum de dor no tornozelo. Seu mecanismo está relacionado a entorses, com lesões por inversão (microtraumas repetidos), com consequente lesão dos ligamentos laterais e/ou da sindesmose e cápsula articular, que podem levar a instabilidade e hemorragia local, fatores que desencadeiam uma proliferação de tecido fibrocicatrial na goteira anterolateral, tipicamente observada em atletas jovens. Nos casos avançados com

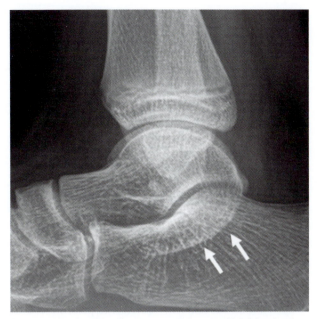

Figura 129 Radiografia do tornozelo em perfil evidenciando o sinal do C (setas), sugestivo de coalizão talocalcaneana.

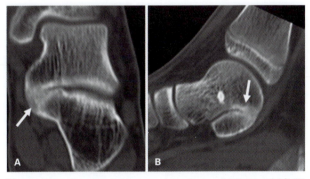

Figura 130 Tomografia do tornozelo. Cortes COR (A) e SAG (B) evidenciam coalizão talocalcaneana do tipo fibro-óssea.

maiores graus de sinovite o tecido proliferado assume forma triangular (chamado por alguns autores de lesão meniscoide).

Os pacientes apresentam-se com dor crônica e edema na região anterolateral dor tornozelo, com limitação da dorsoflexão.

Os exames de imagem, sobretudo a RM, permitem evidenciar a presença do tecido fibrocicatricial na goteira anterolateral do tornozelo, sendo possível caracterizar a lesão meniscoide, quando presente, como uma formação sólida com baixo sinal em todas as sequências. Além disso, a RM permite excluir as demais causas de dor persistente após entorse do tornozelo, como edemas ósseos contusionais, defeitos condrais, lesão osteocondral, corpos intra-articulares e síndrome do seio do tarso.

Impacto anterior

O mecanismo de lesão em geral está relacionado a uma dorsoflexão forçada com microtraumas tibiotalares, mais comuns em atletas como jogadores de futebol e bailarinas. A patogenia desse tipo de impacto tem como principal componente a hipertrofia óssea com irregularidades e osteófitos na articulação tibiotalar anterior. Além disso, a lesão de estruturas como os ligamentos fibulotalares, tibiofibulares e da cápsula articular pode levar a instabilidade articular, que proporciona microtraumas repetidos e uma consequente reação inflamatória sinovial com formação de um tecido sinovial hipertrófico anterior (Figura 131).

Na avaliação por imagem desse tipo de impacto a radiografia convencional, sobretudo com carga, é o exame mais apropriado, uma vez que o impacto anterior é tipicamente relacionado às anormalidades ósseas. No exame evidenciam-se as reações osteo-hipertróficas e proeminências ósseas no contorno anterior do platô tibial e na área correspondente no colo talar, junto da capsula articular anterior.

A RM permite melhor caracterização das lesões condrais, associadas a edema ósseo e sinovite, com proliferação sinovial ocupando o recesso articular anterior, relacionado às lesões ligamentares.

Impacto anteromedial

Representa uma causa incomum de impacto e de dor crônica anteromedial no tornozelo, exacerbada na dorsoflexão. Seu mecanismo está relacionado a lesões por inversão com lesão do complexo ligamentar deltoide, mais do que relacionado às lesões por eversão, como fora inicialmente suposto. Um mecanismo rotacional com microtraumas repetidos leva a um espessamento capsular e proliferação sinovial na topografia do complexo ligamentar deltoide. Além disso, diferentemente dos impactos anterolaterais, os osteófitos são importantes achados nos impactos anteromediais (Figura 132).

Impacto posteromedial

O impacto posteromedial é a síndrome de impacto de tornozelo menos reconhecida, sendo entendida como uma sequela de lesão por inversão grave, que ocasiona rotura da cápsula articular posteromedial e de fibras posteriores do complexo ligamentar deltoide. Nesses pacientes, um importante diferencial são as lesões do tendão tibial posterior.

Impacto posterior

Relaciona-se ao grupo de anormalidades que resultam de uma flexão plantar forçada aguda ou repetida do pé, mais prevalente em bailarinas clássicas e esportistas. O mecanismo da lesão pelo atrito de estruturas ósseas e de partes moles interpostos entre a porção posterior da tíbia e do calcâneo, sendo os achados mais comuns a proeminência do tubérculo posterolateral do tálus (Stieda), a presença do osso trígono acessório, proeminência

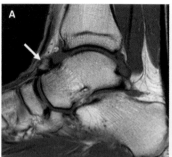
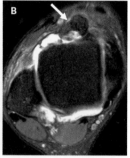

Figura 131 Ressonância magnética do tornozelo SAG T1 (A) e AX T2 FS (B) evidenciam hipertrofia óssea no colo do tálus, com osteofitose marginal, sugestivo de um impacto anterior/anteromedial.

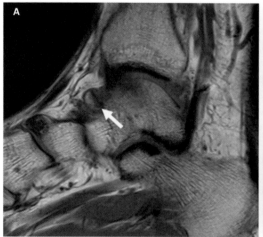
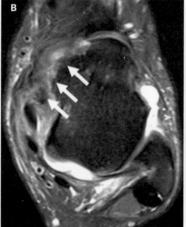
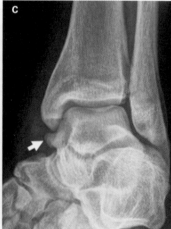

Figura 132 Ressonância magnética do tornozelo SAG T1 (A), AX T2 FS (B) e radiografia oblíqua do tornozelo (C) evidenciam hipertrofia óssea na margem anteromedial do colo do tálus, com osteofitose e presença de tecido fibrocicatricial circunjacente (setas em B), sugestivo de impacto anteromedial.

inferior da borda posterior da tíbia, a proeminência do processo posterior do calcâneo ou a presença de corpos osteocondrais no recesso articular posterior. A dor nesses casos é muitas vezes relacionada à lesão da sincondrose cartilaginosa entre o osso trígono e o tubérculo lateral do tálus.

Fatores relacionados às alterações em tecidos moles também compõem a etiopatogenia da doença, como a sinovite do flexor do hálux e sinovite do recesso sinovial posterior nas articulações tibiotalar e subtalar posterior. Os sintomas mais frequentes são de dor posterior com limitação da flexão plantar.

A radiografia permite visualizar as alterações ósseas descritas, sobretudo a presença do osso trígono acessório e a proeminência do tubérculo posterolateral do tálus, assim como alterações fibrocísticas e escleróticas entre essas estruturas ósseas e a margem posterior da tíbia, achados também observados na TC.

A RM demonstra edema ósseo nessas localizações, além da presença de líquido ou edema na sincondrose e alterações inflamatórias posteriores, com sinovite no recesso articular e tenossinovite do flexor longo do hálux adjacente (Figura 133).

Impacto extra-articular lateral

Trata-se de um impacto relacionado a pé plano grave ou deformidades em valgo do retropé, havendo deslocamento do eixo de força do domus talar para a porção lateral do tálus e para a fíbula, propiciando impactações talocalcaneanas (entre a porção lateral do tálus e do calcâneo) e subfibulares (entre a fíbula e calcâneo).

Nos exames de imagem, a radiografia com carga permite avaliar o arco plantar e deformidade em valgo do retropé. Nos impactos mais avançados ocorre contato direto entre o tálus e o calcâneo ou entre o calcâneo e a fíbula, com alterações císticas e escleróticas associadas, mais bem apreciadas na TC ou RM.

Na RM observa-se ainda o edema, esclerose e alteração císticas associadas, podendo-se observar ainda espessamento de partes moles entre fíbula e calcâneo e espessamento do ligamento calcaneofibular. Outros achados de imagens prevalentes são as alterações relacionadas aos pés planos, como disfunção do tendão tibial posterior, ligamento *spring* e alterações da fáscia plantar.

Fáscia plantar

A fáscia plantar constitui a estrutura mais importante para o suporte do arco plantar longitudinal do pé e é constituída por uma aponeurose que se origina na porção plantar do calcâneo e é constituída de três bandas: central, medial e lateral. A banda central é a mais importante a mais acometida por patologias, originando-se na porção medial do calcâneo e se estendendo para as cabeças dos metatarsos.

A ultrassonografia e a RM são os exames mais indicados para sua avaliação e seu aspecto normal é de uma faixa com baixo sinal homogêneo em T1 e T2 na RM e padrão fibrilar, ecogênico na ultrassonografia, na qual deve apresentar espessura de até 0,4 cm.

Fasciíte plantar

Representa a causa mais comum de dor na região do calcâneo, com mecanismo decorrente de trauma repetido e estresse mecânico, que afeta principalmente indivíduos da quarta e quinta décadas de vida, sobretudo aqueles com sobrepeso, praticantes de corrida e com uso frequente de saltos altos. A patogenia da doença está relacionada produção de microrroturas e inflamação da fáscia e dos planos perifasciais.

O quadro clínico típico é dor na região da origem da fáscia plantar, que é exacerbada à dorsoflexão do pé e é mais intensa no período da manhã. Associa-se dor à palpação do calcâneo no nível da sua inserção, mesmo na ausência de história de trauma.

Os achados de imagem são sobretudo observados na ultrassonografia e RM, em que se nota espessamento fusiforme da origem da fáscia plantar (> 0,4 cm na ultrassonografia), acometendo sobretudo a banda medial, com ou sem presença de esporão inferior no calcâneo, o qual se deve a uma proliferação óssea decorrente da inflamação na inserção osteofascial. Na ultrassonografia, observa-se o espessamento com aumento da ecogenicidade habitual da fáscia com perda do padrão fibrilar.

O achado de espessamento da origem da fáscia plantar isoladamente é mais comumente encontrado nos quadros de fasciíte crônica. Em outros casos pode haver alterações inflamatórias associadas, com alteração de sinal representando edema e fissuras junto à origem da fáscia, assim como edema dos planos adiposos perifasciais e/ou da medular óssea do calcâneo, representando os casos mais comumente sintomáticos (Figura 134). Apesar de não ser necessária, a injeção do meio de contraste pode revelar realce da fáscia e dos planos adiposos circunjacentes.

A radiografia traz pouca contribuição diagnóstica, mas pode evidenciar o esporão plantar inferior, achado comum mesmo em pacientes assintomáticos.

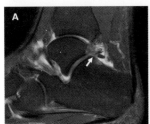
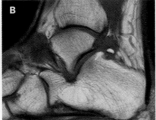

Figura 133 Ressonância magnética do tornozelo SAG T2 FS (A) e SAG T1 (B) evidencia sinais de impacto posterior do tornozelo, com presença de osso trígono acessório e acentuado edema e distensão líquida em sua interface com a margem posterior da tíbia.

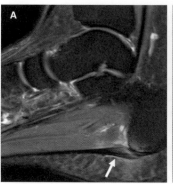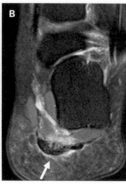

Figura 134   Ressonância magnética do tornozelo SAG T2 FS (A) e COR T2 FS (B) revela sinais de fasciíte plantar, caracterizada por espessamento e edema da origem da banda central da fáscia, com edema das partes moles circunjacentes.

Fibromatose plantar: doença de Ledderhose

É uma patologia benigna caracterizada por uma desordem proliferativa fibroblástica associada a substituição dos elementos da aponeurose plantar por tecido fibroso. Os pacientes em geral apresentam queixa de dor focal na região plantar, muitas vezes com alteração nodular palpável.

Seu aspecto de imagem é caracterizado por um ou múltiplos espessamentos nodulares focais bem definidos na fáscia plantar ao longo do aspecto medial da banda central da fáscia, com baixo sinal nas sequências em T1 e T2, muitas vezes apresentando edema associado, e nas lesões mais agressivas pode haver infiltração da musculatura plantar (Figura 135).

O padrão de realce pode ser muito variável, a depender do conteúdo celular dessas lesões e varia de realce intenso a ausência de realce pós-contraste.

Pode haver associação com outras fibromatoses superficiais, como a fibromatose palmar (Dupuytren), associada em 10-65% dos casos.

Na ultrassonografia apresentam aspecto de nódulos hipoecoicos ovalados ao longo da fáscia plantar, com ou sem fluxo ao estudo Doppler.

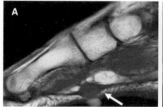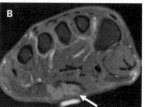

Figura 135   Ressonância magnética do tornozelo SAG T1 (A) e AX T2 FS (B) evidenciam espessamento nodular distal da fáscia plantar, com alto sinal em T2, sugestivo de fibromatose.

Síndrome do seio do tarso

O seio do tarso é o espaço lateral localizado entre o tálus e calcâneo, entre as articulações subtalar posterior e talocalcaneonavicular que contêm estruturas ligamentares como os ligamentos cervical e interósseo, além do retináculo extensor inferior, estruturas neurovasculares e gordura.

A síndrome do seio do tarso é caracterizada por dor e sensibilidade ao longo do aspecto lateral do pé e sua etiopatogenia está muitas vezes ligada a lesões por inversão associadas a lesões ligamentares laterais e desenvolvimento de inflamação e hemorragia do recesso sinovial do seio do tarso. A afecção pode ainda estar associada a desordens reumatológicas ou biomecânicas, como a deformidade em pé plano.

Os exames de imagem evidenciam obliteração do espaço do seio do tarso, que é preenchido por líquido ou tecido fibrocicatricial, assim como caracterização das lesões ligamentares do complexo lateral (Figura 136).

Pé

Divisão anatômica

O pé é dividido anatomicamente em três regiões: retropé, mediopé e antepé. O antepé corresponde à porção distal às articulações tarsometatarsais. Ele é formado pelos cinco metatarsos e pelas articulações

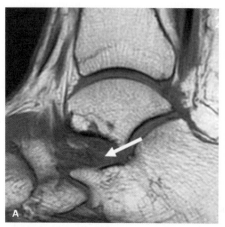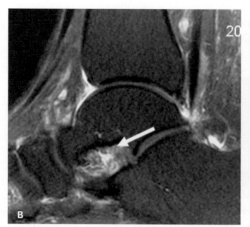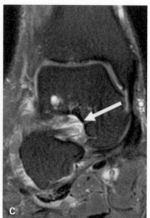

Figura 136   Ressonância magnética do tornozelo SAG T1 (A), SAG T2 FS (B) e COR T2 FS (C) evidenciam edema e obliteração da gordura do seio do tarso.

interfalângicas, com as falanges proximais, médias e distais. O retropé é formado pelo calcâneo e o tálus, com as articulações subtalares anterior, média e posterior. O mediopé envolve o navicular, o cuboide e os três cuneiformes (medial, intermédio e lateral). A interlinha articular que divide o retropé do mediopé é denominada articulação de Chopard.

As articulações entre as bases dos metatarsos e os ossos do tarso são denominadas articulações de Lisfranc (Figura 137).

Articulações metatarsofalângicas

O alinhamento das articulações metatarsofalângicas do segundo ao quinto dedo é mantido por estruturas como os tendões flexores e extensores, assim como a cápsula fibrosa, placa plantar e complexo ligamentar colateral (Figuras 138 e 139).

- Placa plantar: a placa plantar é o principal estabilizador estático da articulação metatarsofalângica, sendo uma estrutura fibrocartilaginosa pequena e espessa localizada no aspecto plantar dessas articulações, apoiando e amortecendo a cabeça metatarsal contra os impactos no solo durante caminhadas e corridas. Insere-se na superfície plantar do metatarso distal e, de maneira mais firme, na base plantar da falange proximal. Também é fixada pelas bandas distais da aponeurose plantar, pelos ligamentos intermetatarsais profundos transversos e pelos ligamentos colaterais acessórios (Figuras 138 e 139).
- Complexo ligamentar colateral: pode ser separado anatomicamente em dois componentes, ambos com origem no tubérculo dorsal da cabeça metatarsal. O componente dorsal estende-se até a base da falange, sendo denominado ligamento colateral principal. O componente plantar tem uma trajetória oblíqua, inserindo-se na placa plantar (Figura 138).

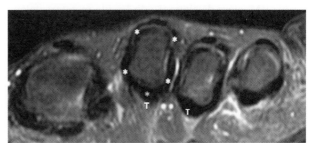

Figura 138 Ressonância magnética do pé eixo curto coronal T2 FS. Ligamento colateral principal (* amarelo). Ligamento colateral acessório (* branco). Placa plantar (* laranja). Tendão flexor do dedo (T).

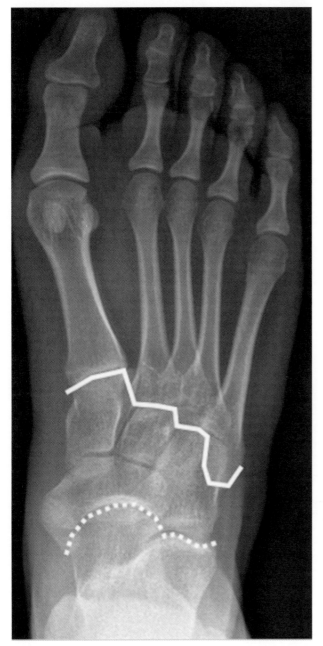

Figura 137 Anatomia do pé: A interlinha articular que divide o retropé do mediopé é denominada articulação de Chopart (linha tracejada). A interlinha articular que divide o mediopé do antepé é conhecida como articulação de Lisfranc (linha contínua).

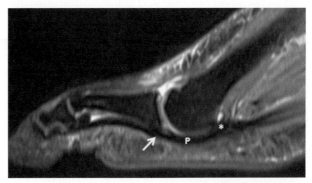

Figura 139 Ressonância magnética do pé sagital T2 FS. Anatomia da placa plantar. Inserção distal na base da falange proximal (seta). Placa plantar (P). Inserção proximal na porção plantar da cabeça metatarsal (*).

Hálux valgo

O hálux valgo é uma deformidade comum caracterizada por um desvio lateral da falange proximal em relação ao primeiro metatarso. É a patologia mais frequente do antepé, sendo significativamente mais prevalente no sexo feminino (15:1).

Em geral, essa alteração se deve à presença de um metatarso *primus varus*, que corresponde ao desvio medial do primeiro metatarso. Fatores hereditários são considerados uma das principais causas da deformidade, embora influências ambientais como o uso de calçados triangulares e de salto, restringindo o movimento do antepé, sejam consideradas fatores mais importantes. Outros fatores morfológicos têm papel importante na etiologia, como a presença de um hálux longo acompanhado de primeiro metatarso curto.

O diagnóstico é determinado pela medida do ângulo metatarsofalângico, que é formado pelas linhas traçadas nos eixos do primeiro metatarso e da falange proximal, tendo o valor normal < 15° na radiografia do pé com carga. Um aumento desse ângulo indica a presença de hálux valgo (ângulo metatarsofalângico > 15°) (Figura 140).

A medida do ângulo intermetatarsal também é útil no diagnóstico, em que o ângulo entre os eixos do primeiro e do segundo metatarsos deve ser < 9° na radiografia de pé com carga (Figura 140).

Na RM, além da alteração do ângulo metatarsofalângico, observa-se espessamento do ligamento colateral medial da primeira matatarsofalângica, podendo associar-se a luxação lateral dos sesamoides e dos tendões flexores e extensores do primeiro dedo, podendo favorecer sobrecarga mecânica local (Figura 141).

Articulação de Lisfranc

A articulação de Lisfranc tem um papel fundamental na biomecânica do antepé, pois permite a adaptação do apoio das cabeças metatarsais no solo. A estabilidade da articulação de Lisfranc ocorre por meio de uma rede de ligamentos dorsais, plantares e interósseos. O ligamento interósseo que se estende do cuneiforme medial à base do segundo metatarso é um elemento-chave na estabilidade do pé, sendo denominado ligamento de Lisfranc (Figura 142).

Metatarsalgias

Neuromas interdigitais

Os neuromas interdigitais representam uma lesão não neoplásica resultante de uma degeneração fibrosa perineural que se deve a microtraumas repetitivos entre o nervo interdigital (localizado entre as cabeças metatarsais) e os ligamentos intermetatársicos transversos profundos.

Existe associação dessa afecção com condições que afetem a biomecânica do pé, a exemplo do antepé valgo e do uso

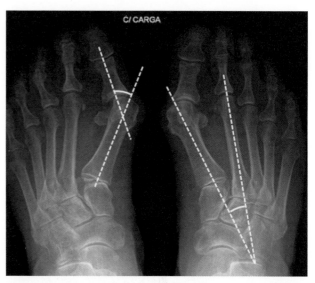

Figura 140 Radiografia anteroposterior dos pés com carga demonstrando hálux valgo por meio das medidas do ângulo metatarsofalângico (imagem da esquerda) e intermetatarsal (imagem à direita).

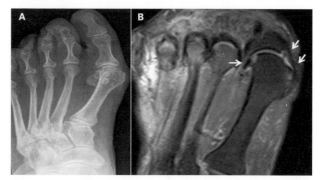

Figura 141 A: Radiografia anteroposterior do pé revela sinais de hálux valgo. B: Ressonância magnética do pé eixo longo T2 FS revela espessamento capsuloligamentar circunjacente à articulação metatarsofalângica.

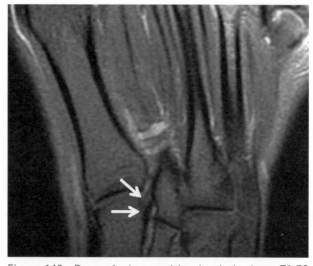

Figura 142 Ressonância magnética do pé eixo longo T2 FS evidencia o ligamento de Lisfranc, estende-se do cuneiforme medial à base do segundo metatarso e é um elemento-chave na estabilidade do pé.

repetido de calçados com salto, fatores que contribuem para a sobrecarga mecânica e microtraumas na topografia do nervo digital plantar, levando à degeneração fibrosa perineural. As bursites metatarsais também podem causar compressão neural e assim contribuir para a formação dos neuromas.

O sítio mais comum dos neuromas interdigitais é o terceiro espaço intermetatarsal (cerca de 80% dos casos) por causa do maior tamanho e da situação relativamente fixa do terceiro nervo interdigital plantar. Nessa topografia, o neuroma recebe a denominação neuroma de Morton. O segundo espaço intermetatarsal é o segundo mais acometido.

Os pacientes podem ser assintomáticos ou cursarem com dor na topografia da cabeça metatarsal, que irradia para os dedos adjacentes, além de dor durante o apoio plantar. Um sinal semiológico característico dos neuromas é o sinal de Mulder, que corresponde a um clique palpável e dor decorrente do movimento do nervo interdigital espessado através do ligamento transverso intermetatarsal, durante a compressão transversa do antepé.

Alguns estudos relatam que um diâmetro transverso mínimo de 5 mm do neuroma é necessário para que ele seja clinicamente significativo.

O aspecto de imagem dessa lesão na RM é de uma massa de configuração nodular na porção plantar dos espaços intemetatársicos distais, com iso ou hipossinal em T1 (relacionado ao tecido fibroso), leve alto sinal em T2 (que varia de acordo com a maturidade da fibrose) e pode ou não apresentar realce pós-contraste (Figura 143). Pode haver bursite intermetatarsal associada.

Na ultrassonografia (USG), a pesquisa de neuromas deve ser realizada através da face plantar do antepé, com compressões laterais das cabeças dos metatarsos, que provocam um deslocamento plantar do neuroma, facilitando sua visualização. Essa técnica também ajuda na diferenciação diagnóstica entre neuroma e a bursite intermetatársica, uma vez que o ligamento intermetatarsal transverso profundo impede o deslocamento plantar da bursa, diferentemente do neuroma, que tem deslocamento inferior à manobra de compressão. Na USG, os neuromas se apresentam como nódulos ovoide/fusiformes bem definidos, hipoecoicos ou anecoicos, podendo ter aumento da vascularização ao Doppler (Figura 144).

O principal diferencial dessa afecção é a bursite intermetatarsal, que representa uma coleção líquida entre as cabeças dos metatarsos.

Bursites

As bursites do antepé são caracterizadas pela distensão líquida das bursas intermetatársicas que se localizam dorsalmente aos ligamentos intermetatársicos transversos profundos. Sua patogenia está estão relacionadas à compressão mecânica entre as cabeças metatarsais, sobretudo em pacientes que utilizam sapatos apertados ou que têm episódios de microtraumas repetidos. Em razão da patogenia similar, as bursites frequentemente se associam aos neuromas interdigitais.

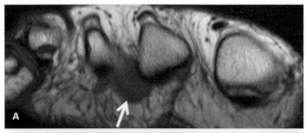

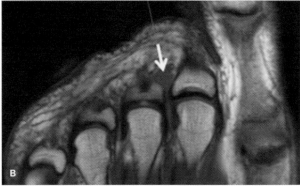

Figura 143 Ressonância magnética do pé eixo curto T1 (A) e eixo longo T1 (B) revela neuroma de morton (setas), caracterizado pelo espessamento nodular na porção plantar do segundo espaço intermetatarsal.

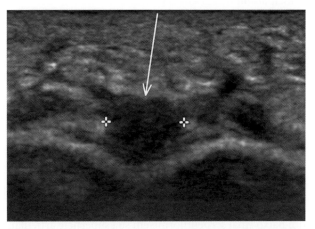

Figura 144 Ultrassonografia do pé do mesmo paciente anterior evidenciando o neuroma interdigital como formação nodular hipoecogênica na região intermetatarsal plantar.

Na RM apresentam-se como acúmulo de líquido no interior da bursa, podendo haver realce periférico após a injeção de meio de contraste endovenoso. Acúmulos de líquidos menores que 0,3 cm e sem realce pelo contraste podem ser fisiológicos (Figura 145). As bursites interdigitais podem ainda estar relacionadas a processos infecciosos ou inflamatórios, como a artrite reumatoide e a gota.

Bursite adventícia

As bursas adventícias não são bursas verdadeiras, mas representam acúmulos líquidos no tecido subcutâneo sob as cabeças metatarsais formados pela degeneração do te-

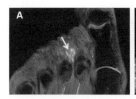
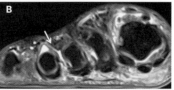

Figura 145 Ressonância magnética do pé eixo longo T2 FS (A) e eixo curto T2 FS de outro paciente (B) revelando distensão líquida das segunda e terceira bursas intermetatársicas, respectivamente.

cido conjuntivo local secundário ao atrito e à hiperpressão regional. Na RM observa-se acúmulo líquido, com edema dos planos de partes moles circunjacentes (Figura 146). NA USG, de forma semelhante, observa-se o acúmulo liquido anecoico com alterações inflamatórias e edema subjacente ao local de hiperpressão, que costuma ser as cabeças metatarsais.

Doença de Freiberg

A doença de Freiberg é uma afecção caracterizada por colapso do osso subcondral, osteonecrose e fissuras cartilaginosas da porção plantar das cabeças metatarsais. Sua etiopatogenia é incerta, sendo multifatorial, entretanto microtraumas repetidos ou insultos vasculares são as principais hipóteses associadas.

A doença acomete com maior frequência as mulheres durante a adolescência, sobretudo naquelas que fazem uso de calçados com saltos altos e nos pacientes praticantes de balé, que são submetidos a uma maior sobrecarga das cabeças metatarsais.

A doença acomete preferencialmente as cabeças dos segundo e terceiro metatarsos e nos métodos de imagem observa-se seu achatamento ou concavidade, associado a alterações escleróticas e colapsos ósseos, que podem ser identificados na radiografia do pé.

Na RM os achados dependem da fase evolutiva da patologia, podendo-se encontrar um espectro que varia desde um edema da medular óssea da cabeça metatarsal a um baixo sinal serpentiforme em sua superfície articular, com presença de irregularidades corticais, retificação, esclerose e alterações císticas na cabeça do metatarso.

São descritos cinco estágios da doença, que progridem desde uma fissura da epífise (estágio I) ao desenvolvimento de depressões ósseas centrais, fraturas com formação de corpos livres na porção central até o último estágio da doença, caracterizado por deformidade da cabeça metatarsal e perda do espaço articular (Figura 147).

Fraturas de estresse

As fraturas por estresse fazem parte de um *continuum* de alterações resultantes de um estresse anormal e repetitivo em um osso considerado normal, sendo classicamente descrito em militares recrutas ou corredores. O padrão de injúria vai desde uma resposta adaptativa ao estresse até o desenvolvimento franco de um traço de fratura.

As reações por estresse ocorrem quando há microfraturas ósseas com edema local, porém sem uma clara definição de um traço de fratura associado, enquanto na fratura por estresse propriamente dita observa-se o traço de fratura no exame de imagem. Os locais mais comumente acometidos são o terceiro e o quarto metatarsos, afetando a metáfise proximal do primeiro metatarso e os terços médio ou distal dos demais metatarsos. Outras estruturas sujeitas ao espectro de alterações por estresse no pé são os ossos sesamoides do hálux e a sincrondrose entre as porções de um sesamoide bipartido.

A radiografia pode ser completamente normal nas fases iniciais (primeiras duas semanas), mas com o tempo desenvolve-se reação periosteal, com espessamento cortical e do trabeculado.

A RM permite determinar de forma precoce as alterações por estresse, por ser altamente sensível ao edema de medular óssea. A fratura, quando presente, se manifesta como um traço de marcado hipossinal circundado pelo edema da medular óssea. Pode haver edema e espessamento periosteal, assim como pequena efusão na articulação adjacente (Figura 148).

Instabilidade do segundo raio

É caracterizada pela degeneração e rotura da inserção falângica da placa plantar que costuma associar-se a uma lesão tanto do complexo ligamentar colateral quanto do tendão interósseo dorsal lateral. O uso de calçados com salto alto e estreitos no nível do antepé é o fator mais as-

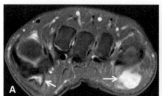
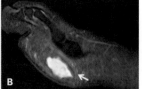

Figura 146 Ressonância magnética do pé eixo curto T2 FS (A) e sagital T2 FS (B) revelando bursite adventícia caracterizada por pequeno acúmulo líquido no tecido subcutâneo subjacente às cabeças metatarsais (setas).

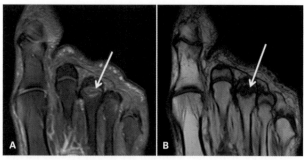

Figura 147 Ressonância magnética do pé eixo longo T2 FS (A) e T1 (B), destacando-se deformidade côncava na cabeça com colapso da cabeça do III metatarsal (afecção de Freiberg), com edema da medular óssea.

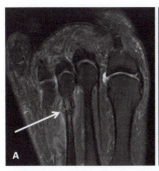
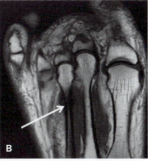

Figura 148 Ressonância magnética do pé eixo longo T2 FS (A) e T1 (B) demonstrando fratura por estresse da diáfise distal do III metatarso, com sinais de consolidação caracterizados por espessamento e edema periosteal, assim como edema da medular óssea e dos planos musculares adjacentes.

sociado a essa afecção, que acomete mais frequentemente a segunda articulação metatarsofalângica, a qual recebe maior sobrecarga mecânica e cujo envolvimento é denominado "síndrome do segundo raio".

Os exames de imagem revelam os sinais de lesão da placa plantar, que são a descontinuidade focal da placa (sobretudo na sua inserção distal na base da falange proximal) e líquido junto à sua fixação. Associado a isso se observam os sinais relacionados às lesões ligamentares, como derrame articular, edema de medula óssea na cabeça do metatarso e sinovite metatarsofalângica reacional, além do edema circunjacente às estruturas capsuloligamentares e sinais de tendinopatia do tendão interósseo dorsal lateral (Figura 149). A lesão dessas estruturas capsuloligamentares pode determinar uma subluxação medial cabeça do segundo metatarsal, configurando o aspecto de "*crossing toe*", que pode ainda estar acompanhado de migração dorsal da falange proximal, que pode ser identificado na radiografia.

Hálux rigidus

Caracteriza-se pela associação de osteoartrose da primeira articulação metatarsofalângica associada a uma limitação dolorosa do movimento dessa articulação. Sua fisiopatologia está relacionada a uma sobrecarga mecânica e microtraumatismos repetitivos da cabeça do primeiro metatarso e pode estar relacionada a alterações como o hálux valgo. O desenvolvimento de alterações degenerativas no complexo glenosesamóideo é também comum.

Os achados de imagem são caracterizados por afilamento condral, redução do espaço articular e reações osteofitárias na cabeça do primeiro metatarso, com edema e/ou cistos subcondrais ou esclerose associados. Em estágios avançados, as formações osteofitárias tornam-se proeminentes e o espaço articular torna-se acentuadamente reduzido, podendo ocorrer anquilose (Figura 150).

Nos estágios iniciais, a dor local é o sinal clínico mais importante, que pode evoluir para rigidez articular em estágios mais avançados, associada a uma atitude em flexão dessa articulação.

Patologia dos sesamoides do hálux

O complexo glenosesamóideo inclui a articulação entre o primeiro metatarso e a falange proximal e a articulação entre os sesamoides medial e lateral e a face plantar da cabeça do primeiro metatarso. Cada sesamoide do hálux é firmemente aderido à base da falange proximal por meio dos ligamentos sesamoidofalângicos, havendo ainda a fixação dos sesamoides à cabeça metatarsal pelos ligamentos sesamoidometatarsais, que são aderidos entre si através do ligamento intersesamóideo.

Profundo ao complexo localiza-se o músculo flexor longo do hálux. Os sesamoides se amoldam à cabeça do primeiro metatarso e dissipam o peso corporal na caminhada, protegendo os tendões plantares do pé.

A clínica nas afecções dos sesamoides costuma ser de dorsiflexão limitada e dolorosa da primeira articulação MTP. Distúrbios na ossificação dos sesamoides podem resultar em configurações bipartidas ou multipartidas, as quais devem ser diferenciadas das fraturas.

Sesamoidite e fratura dos ossos sesamoides

A sesamoidite é uma condição dolorosa produzida por sobrecargas repetidas no aspecto plantar do pé.

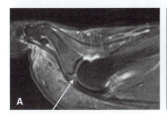
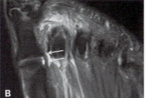

Figura 149 Ressonância magnética do pé T2 FS. A. Plano sagital evidencia a lesão na inserção distal da placa plantar da II metatarsofalângica (seta), com edema da medular óssea na base da falange distal. B. Eixo longo axial evidencia o edema capsuloligamentar circunjacente à segunda metatarsofalângica e a tendinopatia do interósseo dorsal lateral (setas).

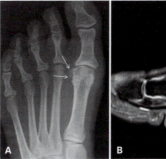
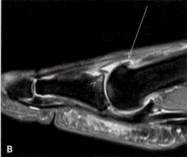

Figura 150 A: Radiografia do pé em anteroposterior revela sinais de osteoartrose da primeira articulação metatarsofalângica com redução do espaço articular, osteófitos marginais e discretas irregularidades das superfícies articulares. B: Ressonância magnética do pé em T2 FS no plano sagital revela o sinais de artropatia degenerativa com edema base da falange proximal e cabeça metatarsal e derrame articular.

Os achados de imagem por RM incluem edema da medular óssea dos ossos sesamoides, com focos de baixo sinal que representam esclerose óssea. As alterações ósseas são semelhantes às causadas por uma resposta ao estresse e pode haver alguma sobreposição entre essas condições. As anormalidades reativas nos tecidos moles circunjacentes, incluindo sinovite, bursite e edema com reação inflamatória no tecido subcutâneo e nas estruturas capsuloligamentares glenosesamóideas são achados característicos da sesamoidite.

A radiografia nesses casos pode ser normal ou apresentar sinais de esclerose óssea e reação periosteal. Na RM observa-se edema difuso da medular óssea do sesamoide, associado às alterações de partes moles adjacentes (Figura 151).

A sobrecarga mecânica crônica ou mesmo um trauma isolado de maior energia pode determinar o surgimento de fraturas dos sesamoides, que devem ser diferenciadas dos sesamoides bipartidos ou multipartidos (Figuras 152 e 153). O sesamoide bipartido em geral tem fragmentos arredondados com margens escleróticas lisas, além disso a soma dos dois componentes ósseos tem volume maior que o de um sesamoide não bipartido. Os fragmentos de fratura, por outro lado, apresentam margem irregular não esclerótica e com frequência com algum grau de separação entre os fragmentos.

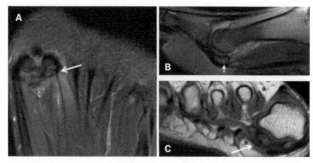

Figura 153 Ressonância magnética do pé plano eixo longo T2 FS (A), sagital T2 FS (B) e eixo curto T1(C) revelam fratura do sesamoide lateral, com traço mais evidente em B (seta), com edema da medular óssea associada.

Artropatia degenerativa glenosesamóidea

Afecção comum do complexo glenosesamóideo, caracterizado por afilamento dos revestimentos condrais, edema, cistos ou esclerose subcondral nos ossos sesamoides e na cabeça metatarsal, com osteófitos marginais e redução dos espaços articulares, podendo estar associado a derrame articular e sinovite reacional (Figura 154).

A RM é a modalidade mais sensível na avaliação das alterações dos sesamoides, podendo demonstrar precocemente edema difuso de medula óssea ou a linha de fratura (traço linear de baixa intensidade de sinal) (Figura 152), podendo ainda revelar os sinais de necrose avascular, com redução volumétrica, fragmentação e esclerose difusa dos sesamoides, além da perda do realce pós-contraste da medular óssea (Figura 155).

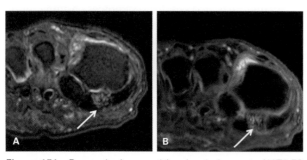

Figura 151 Ressonância magnética do pé eixo curto AX T2 FS (A, B) revela acentuado edema da medular óssea do sesamoide medial (A), com realce pós-contraste, inclusive dos planos de partes moles adjacentes (B), sugestivo de sesamoidite.

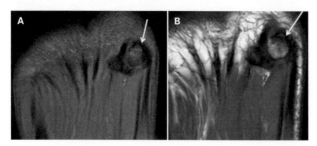

Figura 152 Ressonância magnética do pé eixo longo em T2 FS (A) e T1 (B) demonstrando sinais de sesamoide bipartido, com edema das medulares ósseas dos fragmentos, sugerindo sobrecarga mecânica.

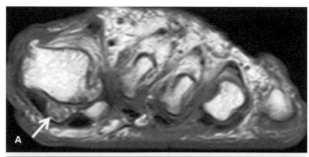
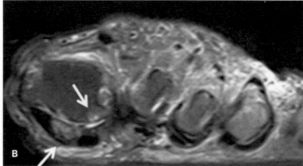

Figura 154 Ressonância magnética do pé eixo curto T1 (A) e T2 FS (B) revelam artrose glenosesamóidea, com osteófitos marginais, afilamento condral e focos de edema e cistos subcondrais nos sesamoides e na cabeça metatarsal (setas).

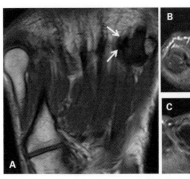
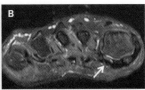
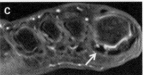

Figura 155 Ressonância magnética do pé no eixo longo axial (A) e eixos curtos coronais T2 FS (B) e pós-contraste (C) evidenciam sinais de necrose do sesamoide lateral, que apresenta redução volumétrica e esclerose óssea difusa, caracterizada pelo marcado hipossinal em todas as sequências e ausência de realce na sequencia pós-contaste (C).

Bibliografia sugerida

1. Ashman CJ, Klecker RJ, Yu JS. Forefoot pain involving the metatarsal region: differential diagnosis with MR imaging. Radiographics. 2001(6):1425-40.
2. Bencardino J, Rosenberg ZS, Delfaut E. MR imaging of sports injuries of the foot and ankle. Magn Reson Imaging Clin N Am. 1999;7:131-49.
3. Bordalo-Rodrigues M, Rosenberg ZS. MR imaging of the proximal rectus femoris musculotendinous unit. Magn Reson Imaging Clin N Am. 2005;13(4):717-25.
4. Brennan D, O'Connell MJ, Ryan M, Cunningham P, Taylor D, Cronin C, et al. Secondary cleft sign as a marker of injury in athletes with groin pain: MR image appearance and interpretation. Radiology. 2005;235(1):162-7.
5. Chan SS, Rosenberg ZS, Chan K, Capeci C. Subtrochanteric femoral fractures in patients receiving longterm alendronate therapy: Imaging features. AJR. 2010;194:1581-6.
6. Costa CR, Carrino JA. Medial meniscus extrusion on knee MRI: is extent associated with severity of degeneration or type of tear?. Am J Roentgenology. 2004;183(1):17-23.
7. Cross MB, Fabricant PD, Maak TG, Kelly BT. Impingement (acetabular side). Clin Sports Med. 2011;30:379-90.
8. De Smet, AA. How I diagnose meniscal tears on knee MRI. AJR Am J Roentgenol. 2012;199(3):481-99.
9. Donovan A, Rosenberg ZS. MRI of ankle and lateral hindfoot impingement syndromes. AJR. 2010;195.
10. Ejnisman L, Philippon MJ, Lertwanich P. Impingement: the femoral side. Clin Sports Med. 2011;30:369-377.
11. Fernandes RSC, Franciozi CES, Fernandes RSC, Oliveira MAS, Nascimento L, Ingham SJM, et al. Estudo radiográfico da reconstrução do ligamento cruzado anterior pela via transtibial. Rev Bras Med Esporte. 2014;20(4):294-8.
12. Hartmann LGC, Bordalo Rodrigues M; CBR. Musculoesquelético. Rio de Janeiro: Elsevier; 2014.
13. Hébert KJ, Laor T, Divine JG, Emery KH, Wall EJ. MRI appearance of chronic stress injury of the iliac crest apophysis in adolescent athletes. AJR Am J Roentgenol. 2008;190(6):1487-91.
14. Hottat N, Fumière E, Delcour C. Calcific tendinitis of the gluteus maximus tendon: CT findings. Eur Radiol. 1999;9(6):1104-6.
15. Kier R, Abrahamian H, Caminear D, Eterno R, Feldman A, Abrahamsen T, et-al. MR arthrography of the second and third metatarsophalangeal joints for the detection of tears of the plantar plate and joint capsule. AJR Am J Roentgenol. 2010;194(4):1079-81.
16. Kingzett-Taylor A, Tirman PF, Feller J, McGann W, Prieto V, Wischer T, et al. Tendinosis and tears of gluteus medius and minimus muscles as a cause of hip pain: MR imaging findings. AJR Am J Roentgenol. 1999;173(4):1123-6.
17. Klein MA. MR imaging of the ankle: normal and abnormal fi ndings in the medial collateral ligament. AJR Am J Roentgenol. 1994;162:377-83.
18. Koulouris G, Connell D. Evaluation of the hamstring muscle complex following acute injury. Skeletal Radiol. 2003;32(10):582-9.
19. Leunig M, Beaulé PE, Ganz R. The concept of femoroacetabular impingement. Current status and future perspectives. Clin Orhop Relat Res. 2009;467:616-22.
20. Malizos KN, Karantanas AH, Varitimidis SE, Dailiana ZH, Bargiotas K, Maris T. Osteonecrosis of the femoral head: etiology, imaging and treatment. Eur J Radiol. 2007;63:16-28.
21. Mellado JM, Bencardino JT. Morel-Lavallée lesion: review with emphasis on MR imaging. Magn Reson Imaging Clin N Am. 2005;13(4):775-82.
22. Mesgarzadeh M, Schneck CD, Tehranzadeh J, Chandnani VP, Bonakdarpour A. Magnetic resonance imaging of the ankle ligaments: emphasis on anatomy and injuries to lateral collateral ligaments. Magn Reson Imaging Clin N Am. 1994;2:39-58.
23. Miyanishi K, Yamamoto T, Shuto T, Jingushi S, Noguchi Y, Iwamoto Y. Subchondral changes in transient osteoporosis of the hip. Skeletal Radiol. 2001;30:255-61.
24. Nguyen JC, De Smet AA, Graf BK, Rosas HG. MR imaging-based diagnosis and classification of meniscal tears. Radiographics. 2014;34:981-99.
25. Omar IM, Zoga AC, Kavanagh EC, Koulouris G, Bergin D, Gopez AG, et al. Athletic pubalgia and "sports hernia": optimal MR imaging technique and findings. Radiographics. 2008;28(5):1415-38.
26. Pfirrmann CW, Chung CB, Th eumann NH, Trudell DJ, Resnick D. Greater trochanter of the hip: attachment of the abductor mechanism and a complex of three bursae – MR imaging and MR bursography in cadavers and MR imaging in asymptomatic volunteers. Radiology. 2001;221(2):469-77.
27. Polesello GC, Queiroz MC, Linhares JPT, Amaral DT, Ono NK. Variação anatômica do músculo piriforme como causa de dor glútea profunda: diagnóstico por neurografia RM e seu tratamento. Rev Bras Ortop. 2013;48(1):114-7.
28. Recondo JA, Salvador E, Villanúa JA, Barrera MC, Gervás C, Alústiza JM. Lateral stabilizing structures of the knee: functional anatomy and injuries assessed with MR imaging. Radiographics. 2000;20(suppl 1):S91-S102.
29. Remer EM, Fitzgerald SW, Friedman H, Rogers LF, Hendrix RW, Schafer, MF. Anterior cruciate ligament injury: MR imaging diagnosis and patterns of injury. Radiographics. 1992;12(5):901-15.
30. Ribeiro MM, Nogueira F, Sardinha J, Jones JH. Critérios imaginológicos da instabilidade femoro-patelar por ressonância magnética. Rev Port Ortop Traum. 2012, 20(4):425-35.
31. Rubin DA, Kettering JM, Towers JD, Britton CA. MR imaging of knees having isolated and combined ligament injuries. AJR. 1998;170:1207-13.
32. Rubin DA. Magnetic resonance imaging of chondral and osteochondral injuries. Top Magn Reson Imaging. 1998;9:348-59.
33. Schram A, Janigian J. Freiberg's infraction of the second metatarsal head with formation of multiple loose bodies. J Foot Surg. 1990;28(3):195-9.
34. Shabshin N, Rosenberg ZS, Cavalcanti CF. MR imaging of iliopsoas musculotendinous injuries. Magn Reson Imaging Clin N Am. 2005;13(4):705-16.
35. Simao MN, Nogueira-Barbosa MH. Ressonância magnética na avaliação das variações anatômicas meniscais e da anatomia ligamentar perimeniscal: potenciais causas de erro de interpretação. Radiol Bras. 2011;44(2):117-22.
36. Singh K, Helms CA, Jacobs MT, Higgins LD. MRI Appearance of Wrisberg variant of discoid lateral meniscus. Am J Roentgenol. 2006;187(2):384-7.
37. Smith TO, Hilton G, Toms AP, Donell ST, Hing CB. The diagnostic accuracy of acetabular labral tears using magnetic resonance imaging and magnetic resonance arthrography: a meta-analysis. Eur Radiol. 2011;21(4):863-74.
38. Souza PM, Gabetto MSS, Serrão MG, Vieira LAM, Oliveira DC. Instabilidade femoropatelar: avaliação por ressonância magnética. Rev Bras Ortop. [online]. 2013;48(2):159-64.
39. Theodorou DJ, Th eodorou SJ, Farooki S, Kakitsubata Y, Resnick D. Disorders of the plantar aponeurosis. AJR Am J Roentgenol. 2001;176(1):97-104.
40. Torriani M, Souto SC, Th omas BJ, Ouellette H, Bredella MA. Ischiofemoral impingement syndrome: an entity with hip pain and abnormalities of the quadratus femoris muscle. AJR Am J Roentgenol. 2009;193(1):186-90.
41. Vande Berg BC, Lecouvet FE, Koutaissoff S, Simoni P, Malghem J. Bone marrow edema of the femoral head and transient osteoporosis of the hip. Eur J Radiol. 2008;67:68-77.
42. Yamamoto T. Subchondral insuffi ciency fractures of the femoral head. Clin Orthop Surg. 2012;4(3):173-80.

3

Afecções musculares

Marcelo Bordalo Rodrigues
João Carlos Rodrigues

Introdução

A ressonância magnética (RM) é o melhor método para o diagnóstico das lesões musculares relacionadas ao esporte. Por sua alta sensibilidade na detecção de edema, líquido, hematoma, fibrose e atrofia gordurosa, a RM pode ser utilizada na fase aguda, na fase cicatricial e nas recidivas, permitindo estabelecer tempos mais precisos de afastamento e retorno à atividade esportiva.

As lesões musculares são divididas em três graus. No grau I nota-se apenas edema intersticial de fibras musculares, não se delimitando áreas de descontinuidade. No grau II, além do edema, ocorre rotura parcial de fibras. No grau III, observa-se rotura completa de fibras com retração miotendínea. A fenda entre os cotos pode ser preenchida por hematoma ou líquido (Figuras 1 a 3).

Músculos que cruzam duas articulações são mais vulneráveis. A maioria das lesões ocorre por mecanismo de estiramento muscular durante a fase de contração excêntrica. Os

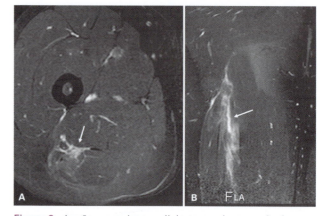

Figura 2 Lesão muscular grau II. Imagens de ressonância magnética da coxa ponderadas em T2 com saturação do sinal da gordura nos planos (A) axial e (B) coronal. Descontinuidade parcial das fibras do ventre muscular da cabeça longa do bíceps femoral com edema associado.

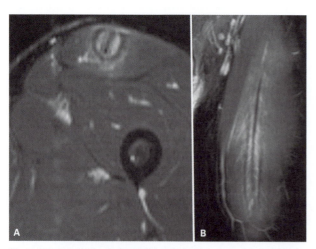

Figura 1 Lesão muscular grau I. Imagens de ressonância magnética da coxa ponderadas em T2 com saturação do sinal da gordura nos planos (A) axial e (B) coronal. Edema ao redor da transição miotendínea profunda do reto femoral, dando aspecto em "pena".

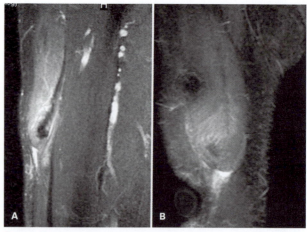

Figura 3 Lesão muscular grau III. Imagens de ressonância magnética da coxa ponderadas em T2 com saturação do sinal da gordura nos planos (A) sagital e (B) coronal. Descontinuidade completa do tendão quadricipital distal com retração muscular proximal, edema de fibras musculares e pequena coleção líquida no plano intermuscular.

isquiotibiais, o reto femoral e os gastrocnêmios encaixam-se nesta condição e são os mais frequentemente afetados.

No adulto, a transição miotendínea é o local mais frágil. No esqueleto imaturo com fise aberta, as avulsões apofisárias são mais frequentes e, quando não diagnosticadas na fase aguda, podem simular tumores ósseos agressivos ou osteocondromas em decorrência de exuberante resposta cicatricial.

Técnica e interpretação do exame

O exame de RM deve ser realizado com sequências ponderadas em T1 e T2 e as imagens obtidas nos planos coronal, sagital e axial. Um marcador cutâneo pode ser colocado no local clinicamente suspeito, permitindo melhor correlação com a imagem. A sequência T1 é importante na detecção de hematomas na fase aguda, mostrando o componente hemático perifascial ou intramuscular. Na fase cicatricial tardia, focos de atrofia gordurosa segmentar são bem demonstrados pela sequência T1. A sequência T2 com supressão de gordura define com bastante precisão os pontos de lesão muscular, caracterizados por sinal elevado traduzindo edema ou líquido. Os planos coronal e sagital definem a extensão craniocaudal da lesão em centímetros, bem como possíveis retrações miotendíneas. O plano axial define a área de secção transversa da lesão e deve ser registrado em porcentagem em relação à área transversa máxima do músculo acometido. As lesões de músculos localizados nas porções medial e lateral dos membros são mais bem demonstradas no plano coronal, ao passo que o plano sagital mostra melhor as lesões anteriores e posteriores. Não há necessidade do uso de contraste paramagnético intravenoso para detecção e estadiamento das roturas musculares, exceto em casos duvidosos, em que o diagnóstico diferencial com tumores e infecções se faz obrigatório. Contrações musculares raramente são usadas, pois o tempo de duração da sequência é uma limitação técnica importante, e o benefício seria para melhor detecção de retrações miotendíneas.

Atividade esportiva e alguns sítios específicos de lesão

Os isquiotibiais são os músculos mais comumente lesados durante atividades esportivas que envolvem aceleração, desaceleração, mudança brusca de direção e saltos (Figura 4). No futebol, é uma causa relativamente frequente de afastamento. Dos três músculos que compõem os isquiotibiais, o bíceps femoral é o mais suscetível, predominando as lesões parciais. A lesão é mais prevalente na transição miotendínea intramuscular que na transição miotendínea proximal ou distal. As tendinoses predispõem a lesões avulsivas na origem da tuberosidade isquiática. O tempo de afastamento do atleta dependerá da gravidade da lesão diagnosticada pela RM. O reto femoral e os adutores da coxa também são causa frequente de dor muscular aguda em atleta. As lesões parciais são mais prevalentes e acometem principalmente a transição miotendínea intramuscular, embora, em alguns casos, as avulsões tendíneas possam ocorrer especialmente em crianças e adolescentes (Figura 5).

A musculatura da panturrilha é um local habitual de lesão. É conhecida como *tennis leg*, dada a incidência maior em tenistas. Classicamente foi descrita como o sinal clínico da pedrada, em que o esportista ouve um estalo e automaticamente olha para trás, imaginado que alguém lhe jogou uma pedra na panturrilha. O achado típico é a desinserção fascial parcial do gastrocnêmio medial em relação ao sóleo, associado a líquido e/ou hematoma "dissecando" os planos perifasciais da panturrilha (Figura 6). As lesões completas são menos frequentes. A lesão isolada dos músculos sóleo ou plantar é bem menos comum que do gastrocnêmio me-

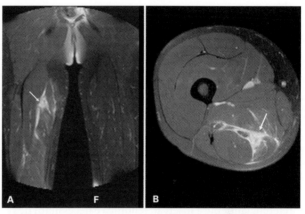

Figura 4 Lesão muscular do isquiotibial. Imagens de ressonância magnética da coxa ponderadas em T2 com saturação do sinal da gordura nos planos (A) coronal e (B) axial. Descontinuidade parcial das fibras do ventre muscular do semimembranoso (seta), com edema associado e pequena coleção líquida no plano intermuscular.

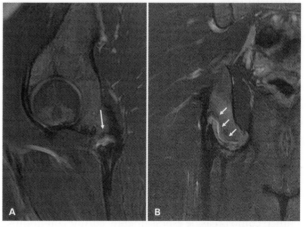

Figura 5 Avulsão óssea dos isquiotibiais. Imagens de ressonância magnética do quadril ponderadas em T2 com saturação do sinal da gordura nos planos (A) sagital e (B) coronal. Avulsão óssea na origem comum dos isquiotibiais na tuberosidade isquiática (setas), com edema associado.

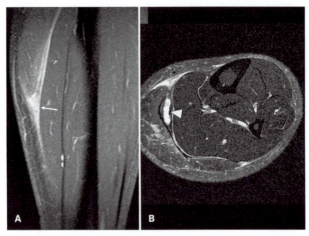

Figura 6 *Tennis leg*. Imagens de ressonância magnética da perna ponderadas em T2 com saturação do sinal da gordura nos planos (A) sagital e (B) axial. Lesão parcial da transição miotendínea distal do gastrocnêmio distal (seta) com edema muscular e coleção líquida dissecando o plano intermuscular com o sóleo (cabeça de seta).

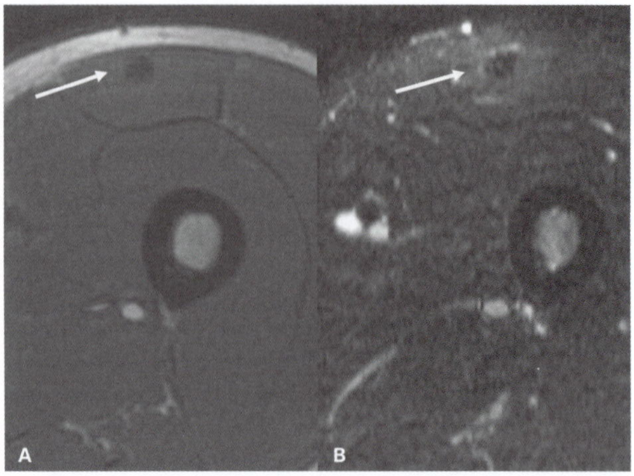

Figura 7 Fibrose muscular. Imagens axiais de RM da coxa ponderadas em (A) T1 e (B) T2 com saturação de gordura. Formação arredondada intramuscular envolvendo o tendão profundo do reto femoral, com baixo sinal em ambas as sequências (setas), correspondendo a uma lesão muscular crônica fibrosada.

dial. A lesão do músculo plantar clinicamente simula lesão do gastrocnêmio medial, pois se origina na face posterior do joelho com um pequeno corpo muscular e tem um longo tendão delgado que cruza a panturrilha no plano fascial entre o gastrocnêmio medial e o sóleo.

O músculo peitoral maior tem dois feixes, um com origem esternal e outro clavicular, que se unem em um tendão bilaminar, inserindo-se no úmero proximal. As lesões da transição miotendínea costumam ser parciais e o tratamento é conservador. As lesões completas acometem preferencialmente a inserção tendínea e necessitam de reparo cirúrgico. Os halterofilistas estão mais sujeitos a esta lesão, durante exercício de supino com grandes cargas.

Complicações, sequelas e diagnósticos diferenciais

A cicatrização das lesões musculares tem resposta variável dependendo da gravidade da lesão e de fatores biológicos individuais. Nas lesões menores, a reparação completa pode ocorrer e a RM ser normal no controle evolutivo. Em outros casos de maior gravidade, forma-se tecido fibroso, que progressivamente se reduz com o passar do tempo. Tecidos fibrocicatriciais estão associados à recidiva de lesão na fase de retorno ao esporte. Na RM, a fibrose tem aspecto característico com sinal intermediário ou baixo em relação à musculatura, tanto na sequência ponderada em T1 quanto no T2 (Figura 7). Fibroses superficiais podem ser palpáveis ao exame clínico como áreas de espessamento, cordões ou nodulações na musculatura.

Nas lesões musculares maiores, especialmente as de grau III, além da fibrose, atrofia gordurosa segmentar é uma das principais sequelas. Há substituição das fibras

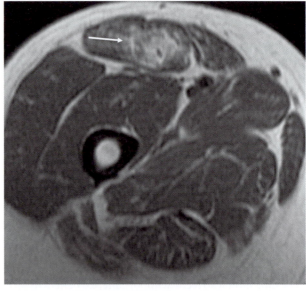

Figura 8 Atrofia muscular focal. Imagem axial de ressonância magnética da coxa ponderada em T1. Substituição gordurosa focal intramuscular do reto femoral (seta), secundária a uma lesão muscular crônica.

musculares por tecido adiposo, habitualmente associado a retração e redução do calibre muscular no local prévio de rotura. O conteúdo gorduroso da atrofia segue as mesmas características de sinal do plano subcutâneo, sendo alto em T1 e baixo no T2 com supressão de gordura (Figura 8). Depressões palpáveis em repouso ou durante contração muscular constituem-se na principal queixa do paciente.

Formação de hematomas intramusculares ou intermusculares pode ocorrer nas roturas, com tendência a reabsorver espontaneamente em 6 a 8 semanas. Alto sinal em T1 e T2 no interior de coleções faz o diagnóstico pela RM (Figura 9). Em alguns casos, o conteúdo hemático

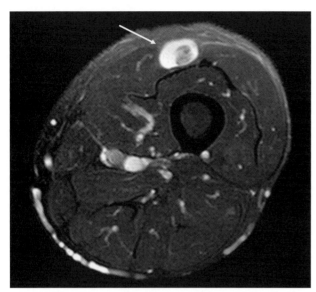

Figura 9   Hematoma intramuscular. Imagem axial de ressonância magnética da coxa ponderada em T2 com saturação do sinal da gordura. Formação cística intramuscular (seta) no quadríceps, correspondendo a um hematoma secundário a uma lesão muscular.

é reabsorvido, porém permanece um cisto seroso intramuscular que necessita de drenagem.

A miosite ossificante também é uma das complicações de lesões musculares e está mais relacionada a lesões traumáticas (contusões, queimaduras e cirurgias), lesões neurológicas (trauma craniencefálico e acidentes cerebrais) ou discrasias sanguíneas que a roturas musculares do esporte. Na fase aguda pseudoinflamatória, a miosite ossificante é inespecífica à RM. Notam-se áreas heterogêneas de elevação de sinal intramuscular no T2 e padrão de impregnação variável após o uso de contraste intravenoso. Tumores malignos de partes moles são facilmente confundidos com miosite ossificante na fase subaguda pseudotumoral. Ossificação que se inicia na periferia da lesão e progride para a região central é o aspecto clássico que permite fazer o diagnóstico. Esta ossificação zonal ocorre na fase madura da lesão, sendo mais bem demonstrada pela tomografia computadorizada (Figura 10).

Em praticantes de corrida, a síndrome compartimental crônica é uma das causas de dor anterior na perna, sendo o diagnóstico diferencial feito com outras condições do tipo estresse tibial, hérnias musculares e tendinopatias. A RM contribui para este diagnóstico, desde que o exame seja realizado em duas fases: a primeira em repouso e a segunda após esforço físico com duração e intensidade suficientes que desencadeiem o quadro doloroso. Exercícios com até 30 minutos resolvem a maior parte dos casos. Os achados de imagem referem-se ao aumento de calibre muscular e à elevação de sinal nas sequências T2 caracterizando edema intersticial (Figura 11). Hérnias musculares têm associação com síndrome compartimental crônica. Em decorrência do aumento de pressão, o tecido muscular pode herniar através de pequenas falhas na aponeurose e pode ser palpável na face anterior da perna. A ultrassonografia é o método mais sensível para o diagnóstico de hérnias porque permite fazer manobras dinâmicas de contração e relaxamento muscular, praticamente em tempo real, porém a RM também pode fazer este diagnóstico (Figura 12).

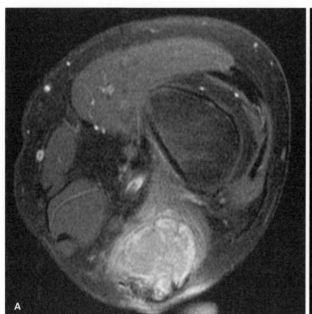
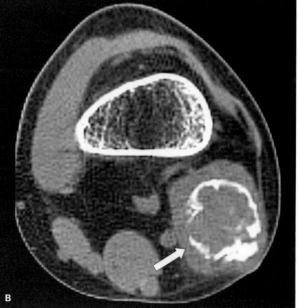

Figura 10   Miosite ossificante. A: imagem axial de ressonância magnética da coxa ponderada em T2 com saturação do sinal da gordura. Massa sólida intramuscular no compartimento posterior, bem hidratada, apresentando periferia com halo "bem circunscrito". B: Imagem axial de tomografia computadorizada no mesmo plano demonstra uma ossificação periférica desta lesão (seta), caracterizando uma miosite ossificante.

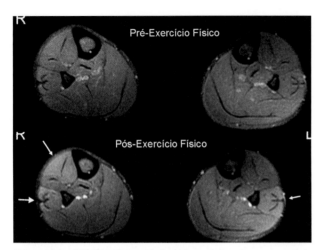

Figura 11 Síndrome compartimental crônica. Imagens axiais de ressonância magnética da perna ponderadas em T2 com saturação do sinal da gordura obtidas antes e após a realização de exercício físico. Observe que, após o exercício, existe um discreto aumento volumétrico e edema dos músculos tibial anterior à direita e fibulares bilateralmente (setas).

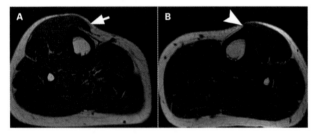

Figura 12 Hérnia muscular. Imagens axiais de ressonância magnética das pernas ponderadas em T1. Herniação do ventre muscular do tibial anterior através de um defeito na fáscia muscular, deslocando-se medialmente, junto à porção anterior e medial da tíbia (seta). Repare o aspecto normal da fáscia e do músculo do lado contralateral (cabeça de seta).

Miosites

Várias são as condições que alteram o padrão habitual da musculatura na RM. Polimiosite, dermatomiosite, miosite de corpos de inclusão, miosite infecciosa, miosite idiopática, rabdomiólise, fasciíte necrosante e mionecrose estão entre as principais causas. A RM contribui sobremaneira no estudo dessas doenças, pois permite localizar com precisão os músculos acometidos e orienta possíveis sítios de biópsia. Em algumas condições, o estadiamento das alterações de imagem correlaciona-se bem com a gravidade da doença. O quadro clínico associado aos achados de imagem na RM é uma importante ferramenta para estreitar os diagnósticos diferenciais e ajudar na condução terapêutica do caso.

Polimiosite e dermatomiosite

São doenças autoimunes que atacam inicialmente a musculatura estriada da coxa e cintura pélvica com sintomas de fraqueza muscular. Tipicamente evoluem com progressão dos sintomas para a musculatura dos membros superiores, flexores do pescoço e faringe. A polimiosite envolve somente a musculatura esquelética, enquanto a dermatomiosite acomete a pele e a musculatura. Do ponto de vista clínico e de imagem, as duas doenças podem se sobrepor, sendo difícil diferenciá-las em alguns casos.

Espessamento e edema das fáscias musculares é a manifestação típica à RM na fase precoce da polimiosite (Figura 13). Progressivamente, desenvolve-se edema simétrico e bilateral na musculatura de coxa e pelve (Figura 14). Especificamente os músculos vasto lateral e vasto intermédio são os mais acometidos nesta fase. A progressão para infiltração adiposa e atrofia tem tempo de evolução variável de meses a anos. A intensidade do edema muscular caracterizado à RM tem boa correlação com a gravidade clínica da doença. Indicar sítios de biópsia é uma das funções da RM, porque permite mostrar quais músculos estão mais acometidos, o que melhora os resultados do procedimento. A dermatomiosite tem uma tendência a poupar relativamente os músculos reto femoral e bíceps femoral no curso da doença, embora ocorram exceções. Calcificações cutâneas são mais frequentes na dermatomiosite e mais bem definidas nas radiografias com técnica para partes moles. Não são esperadas formação de coleções ou necrose muscular nessas condições. Nos pacientes acometidos por estas doenças, há aumento na prevalência de vários tipos de tumores malignos, como mama, próstata, pulmão, adrenais e trato gastrointestinal.

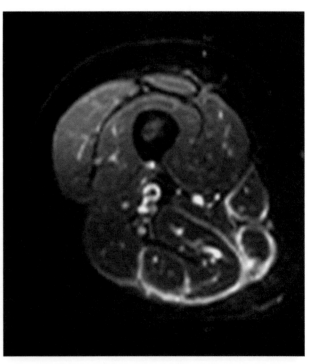

Figura 13 Polimiosite. Imagem axial de ressonância magnética ponderada em T1 com saturação do sinal da gordura e com contraste paramagnético. Espessamento e realce das fáscias musculares no compartimento posterior da coxa.

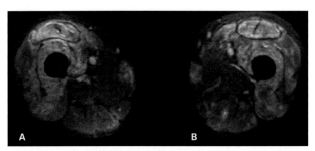

Figura 14 Polimiosite. Imagens de ressonância magnética das coxas, ponderadas em T2, com saturação do sinal da gordura. Edema simétrico dos ventres musculares dos quadríceps femorais e, em menor grau, dos isquiotibiais e adutores.

Miosite infecciosa

Embora uma série de agentes etiológicos como bactérias (incluindo micobactérias), vírus, fungos e parasitas possam ser causa de miosite infecciosa, o tipo mais comum é a bactéria *Staphylococcus aureus*, que corresponde a 77% dos casos. Na fase inicial das infecções bacterianas, a RM mostra apenas edema muscular e realce difuso inespecífico. Formação de abscessos é frequente no curso da doença. Estes abscessos são bem caracterizados à RM como coleções intramusculares que se impregnam perifericamente pelo meio de contraste (Figura 15). Focos de infecção em tecidos adjacentes devem ser pesquisados como porta de entrada. Osteomielite ou feridas infectadas no subcutâneo podem disseminar para os planos musculares. Disseminação hematogênica proveniente de sítios distantes é outra possibilidade de formação de abscessos em músculos. No passado essas piomiosites eram consideradas exclusivas de países tropicais, porém, hoje, sabe-se que também ocorrem nos países temperados, especialmente relacionadas com as complicações do HIV.

Fasciíte necrosante é um tipo particular de infecção bacteriana rapidamente progressiva, com alta taxa de mortalidade se não for diagnosticada e tratada rapidamente. Acomete as camadas fasciais superficial e profunda dos membros. O tipo mais comum da doença é causado por uma flora polimicrobiana de bactérias anaeróbicas e aeróbicas, constituída por *Clostridium*, *Escherichia coli*, *Proteus* e *Enterobacteriaceae*. Estas bactérias costumam ser provenientes de locais distantes de infecção, como no caso de diverticulite. A outra forma menos frequente (cerca de 10% dos casos) ocorre pela infecção por estreptococos do tipo A, a "bactéria comedora de carne". Síndrome do choque tóxico é uma complicação frequente desta última forma. Na RM, a sequência T2 com supressão de gordura mostra edema de padrão reticulado dos planos subcutâneo e intramuscular, associado a coleções de morfologia em crescente nos planos fascial, subfascial ou interfascial (Figura 16).

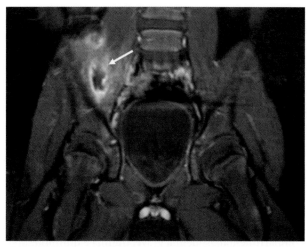

Figura 15 Miosite infecciosa. Imagem coronal de ressonância magnética da bacia ponderada em T1 com saturação do sinal da gordura e com contraste paramagnético. Coleção intramuscular no ilíaco direito com realce periférico ao contraste, sugerindo aspecto de abscesso.

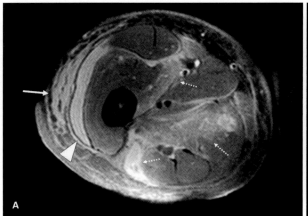
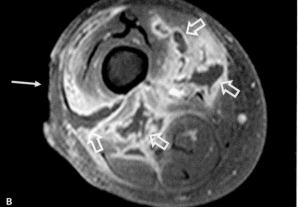

Figura 16 Fasciíte necrosante. Imagens axiais de ressonância magnética da coxa ponderadas em (A) T2 com saturação do sinal da gordura e (B) T1 com saturação do sinal da gordura e contraste paramagnético. Edema de subcutâneo importante (seta) associado a uma coleção líquida subfascial (cabeça de seta). Edema muscular esparso profundo (setas pontilhadas) com múltiplas coleções líquidas intramusculares associadas (setas abertas).

Miosite de corpos de inclusão

Corpos de inclusão no citoplasma e núcleo de células musculares acometidas são o achado histológico patognomônico causado por paramixovírus. Os achados de imagem e o quadro clínico são semelhantes aos da polimiosite. A biópsia é fundamental para o diagnóstico diferencial, uma vez que a miosite de corpos de inclusão é tratada diferentemente e não tem aumento na incidência de tumores malignos como na polimiosite.

Mionecrose

Diabetes, anemia falciforme, rabdomiólise, síndrome compartimental, isquemia grave, trauma e quimioterapia intra-arterial estão relacionados à mionecrose. A mionecrose pode simular abscesso no exame clínico e por imagem. História clínica detalhada e exames laboratoriais ajudam a evitar aspirações e drenagem desnecessárias quando se consegue estabelecer a correlação direta com as doenças anteriormente descritas.

A mionecrose por diabetes ocorre em casos descompensados com pouco controle clínico. Dor muscular intensa nas coxas, com exame clínico local pouco significativo associado a febre baixa constitui as características principais. À RM, verifica-se intenso edema com realce periférico de áreas irregulares de mionecrose (Figura 17).

Rabdomiólise

Exercício físico vigoroso, trauma, queimadura, isquemia, toxinas, heparina intravenosa e doença autoimune estão entre as causas de rabdomiólise. Perda de integridade da membrana celular com passagem de componentes intracelulares para o extracelular explica a fisiopatologia da doença. Os pacientes podem evoluir com tétano, síndrome compartimental e insuficiência renal por mioglobinemia.

A RM inicialmente revela edema difuso dos músculos acometidos que progride para áreas de mionecrose. O grau de edema à RM correlaciona-se bem com a gravidade da doença. Nos casos moderados e leves, a redução da intensidade do edema reflete a recuperação clínica concomitante apresentada pelo paciente.

Um diagnóstico diferencial é o DOMS (do inglês *delayed onset muscle soreness*), ou uma "dor muscular de início tardio". Não é uma lesão muscular propriamente dita, e sim um estado fisiológico que costuma ocorrer entre 24 e 72 horas após um exercício físico novo e com predomínio de contrações excêntricas. Nas imagens de RM ponderadas em T2 com supressão de gordura, observa-se um edema heterogêneo e difuso do ventre muscular, sem ruptura de fibras e sem alteração de sua arquitetura (Figura 18). A clínica é fundamental para fazer o diagnóstico diferencial. Os estiramentos grau I podem ter achados de imagem bastante semelhantes, mas aparecem logo após o trauma, e não tardiamente, como no DOMS.

Sarcoidose

O acometimento muscular na sarcoidose é raro. Os principais padrões de acometimento são o nodular e o difuso. O padrão nodular se apresenta pela presença de nódulos único ou múltiplos. Na RM, as lesões nodulares são bem delimitadas, arredondadas, com alto sinal nas sequências ponderadas em T2 e realce ao meio de contraste. Em fases mais crônicas, pode-se observar um baixo sinal central, que corresponde à fibrose com morfologia em "estrela" e um alto sinal nas sequências ponderadas em T1 e T2 periférico (granuloma inflamatório) (Figura 19). O padrão difuso, ou miopático, acomete a musculatura de forma difusa e simétrica. Na RM, este padrão cursa com áreas inespecíficas de edema. A biópsia se faz necessária para um diagnóstico correto.

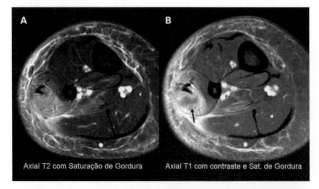

Figura 17 Necrose muscular. Imagens axiais de ressonância magnética da perna ponderadas em (A) T2 com saturação do sinal da gordura e (B) T1 com saturação do sinal da gordura e contraste paramagnético. Edema e aumento volumétrico do ventre muscular do fibular longo, com área focal de ausência de realce ao meio de contraste (seta preta), caracterizando uma mionecrose.

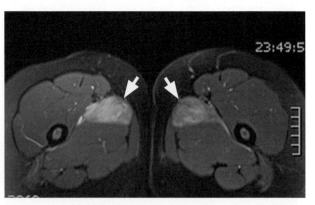

Figura 18 DOMS. Paciente com dor intensa nas faces internas de ambas as coxas 2 dias após aula de *spinning*. Imagem axial de ressonância magnética das coxas ponderada em T2 com saturação do sinal da gordura. Edema e aumento volumétrico dos ventres musculares dos adutores longos bilateralmente.

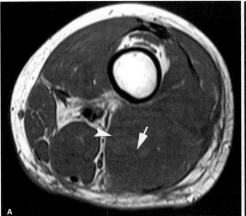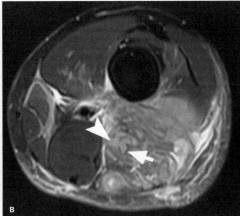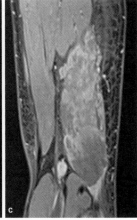

Figura 19 Miopatia por sarcoidose. Imagens axiais de ressonância magnética da coxa esquerda ponderadas em (A) T1 (B) T2 com saturação do sinal da gordura. A imagem (C) é no plano coronal ponderada em T1 com saturação de gordura pós-contraste. Observam-se múltiplas imagens nodulares com edema ao redor, algumas apresentando uma área central de baixo sinal (setas) indicando fibrose e áreas periféricas de alto sinal em T1 e T2, com realce ao contraste (cabeças de seta), correspondendo às áreas de tecido inflamatório granulomatoso. O padrão nodular é bem caracterizado em (C).

Pseudotumor inflamatório benigno

Também conhecido como miosite focal, pode simular neoplasia à RM. É um processo inflamatório focal de etiologia desconhecida, que se manifesta como pequena massa de alto sinal em T2 e intenso realce pós-contraste. O tratamento requer exérese cirúrgica.

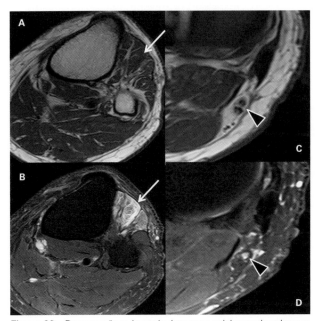

Figura 20 Denervação subaguda. Imagens axiais ponderadas em T1 (A) e T2 com supressão de gordura (B) demostram edema difuso dos ventres musculares do compartimento anterior da perna (setas), sem atrofia ou lipossubstituição. As imagens localizadas (C e D) demonstram espessamento e elevação do sinal de alguns fascículos do nervo fibular comum (cabeças de seta), indicando uma neuropatia.

Denervação muscular

Nos exames por imagem, lesões por denervação podem ser presumidas por meio de sinais secundários, encontrados nos músculos inervados pelos ramos motores do nervo em questão. A denervação do músculo estriado resulta em prolongamento dos tempos de relaxamento T1 e T2 em cerca de 15 dias após o evento causal, como resultado do aumento do conteúdo de água extracelular e redução do volume de fibras musculares, levando a um aumento do sinal do músculo nas sequências sensíveis a líquido (Figura 20).

Um ano ou mais após a lesão, atrofia muscular e lipossubstituição predominam no quadro de imagem, achados que categorizam a lesão como crônica e irreversível (Figura 21).

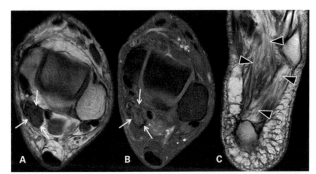

Figura 21 Denervação crônica. Imagens axiais do tornozelo ponderadas em T1 (A) e T1 pós-contraste com supressão de gordura (B) demostram uma formação expansiva com baixo sinal na topografia do nervo tibial posterior (setas). A imagem ponderada em T1 (C) mais distal mostra uma atrofia com lipossubstituição difusa dos ventres musculares da planta do pé (cabeças de seta).

Bibliografia sugerida

1. Bianchi S, Martinoli C, Abdelwahab IF, Derchi LE, Damiani S. Sonographic evaluation of tears of the gastrocnemius medial head ("tennis leg"). J Ultrasound Med. 1998;17:157-62.
2. Bordalo-Rodrigues M, Rosenberg ZS. MR imaging of the proximal rectus femoris musculotendinous unit. Magn Reson Imaging Clin N Am. 2005;13:717-25.
3. Boutin RD, Fritz RC, Steinbach LS. Imaging of sports-related muscle injuries. Radiol Clin North Am. 2002;40:333-62, vii.
4. Boutin RD. Muscle Imaging. In: Resnik D, ed. Diagnosis of bone and joint disorders. 4. ed. Philadelphia: WB Saunders; 2002.
5. Calabrese LH, Chou SM. Inclusion body myositis. Rheum Dis Clin North Am. 1994;20:955-72.
6. Callahan EF, Adal KA, Tomecki KJ. Cutaneous (non-HIV) infections. Dermatol Clin. 2000;18:497-508, x.
7. Cardinal E, Bureau NJ, Aubin B, Chhem RK. Role of ultrasound in musculoskeletal infections. Radiol Clin North Am. 2001;39:191-201.
8. Chason DP, Fleckenstein JL, Burns DK, Rojas G. Diabetic muscle infarction: radiologic evaluation. Skeletal Radiol. 1996;25:127-32.
9. Connell DA, Potter HG, Sherman MF, Wickiewicz TL. Injuries of the pectoralis major muscle: evaluation with MR imaging. Radiology. 1999;210:785-91.
10. Cross TM, Gibbs N, Houang MT, Cameron M. Acute quadriceps muscle strains: magnetic resonance imaging features and prognosis. Am J Sports Med. 2004;32:710-9.
11. Delgado GJ, Chung CB, Lektrakul N, Azocar P, Botte MJ, Coria D, et al. Tennis leg: clinical US study of 141 patients and anatomic investigation of four cadavers with MR imaging and US. Radiology. 2002;224:112-9.
12. De Smet AA, Best TM. MR imaging of the distribution and location of acute hamstring injuries in athletes. AJR Am J Roentgenol. 2000;174:393-9.
13. Feldman F, Zwass A, Staron RB, Haramati N. MRI of soft tissue abnormalities: a primary cause of sickle cell crisis. Skeletal Radiol. 1993;22:501-6.
14. Fleckenstein JL, Reimers CD. Inflammatory myopathies: radiologic evaluation. Radiol Clin North Am. 1996;34:427-39, xii.
15. Fraser DD, Frank JA, Dalakas M, Miller FW, Hicks JE, Plotz P. Magnetic resonance imaging in the idiopathic inflammatory myopathies. J Rheumatol. 1991;18:1693-700.
16. Fujino H, Kobayashi T, Goto I, Onitsuka H. Magnetic resonance imaging of the muscles in patients with polymyositis and dermatomyositis. Muscle Nerve. 1991;14:716-20.
17. Gyftopoulos S, Rosenberg ZS, Schweitzer ME, Bordalo-Rodrigues M. Normal anatomy and strains of the deep musculotendinous junction of the proximal rectus femoris: MRI features. AJR Am J Roentgenol. 2008;190:W182-6.
18. Hernandez RJ, Keim DR, Chenevert TL, Sullivan DB, Aisen AM. Fat-suppressed MR imaging of myositis. Radiology. 1992;182:217-9.
19. Hernandez RJ, Sullivan DB, Chenevert TL, Keim DR. MR imaging in children with dermatomyositis: musculoskeletal findings and correlation with clinical and laboratory findings. AJR Am J Roentgenol. 1993;161:359-66.
20. Kransdorf MJ, Meis JM, Jelinek JS. Myositis ossificans: MR appearance with radiologic-pathologic correlation. AJR Am J Roentgenol. 1991;157:1243-8.
21. Kujala UM, Orava S, Jarvinen M. Hamstring injuries. Current trends in treatment and prevention. Sports Med. 1997;23:397-404.
22. Lamminen AE. Magnetic resonance imaging of primary skeletal muscle diseases: patterns of distribution and severity of involvement. Br J Radiol. 1990;63:946-50.
23. Matsuo M, Ehara S, Tamakawa Y, Chida E, Nishida J, Sugai T. Muscular sarcoidosis. Skeletal Radiol. 1995;24:535-7.
24. Nunez-Hoyo M, Gardner CL, Motta AO, Ashmead JW. Skeletal muscle infarction in diabetes: MR findings. J Comput Assist Tomogr. 1993;17:986-8.
25. Park JH, Vansant JP, Kumar NG, Gibbs SJ, Curvin MS, Price RR, et al. Dermatomyositis: correlative MR imaging and P-31 MR spectroscopy for quantitative characterization of inflammatory disease. Radiology. 1990;177:473-9.
26. Reimers CD, Schedel H, Fleckenstein JL, Nägele M, Witt TN, Pongratz DE, Vogl TJ. Magnetic resonance imaging of skeletal muscles in idiopathic inflammatory myopathies of adults. J Neurol. 1994;241:306-14.
27. Resnick D. Dermatomyositis and polymyositis. In: Resnick D, ed. Diagnosis of bone and joint disorders. 3. ed. Philadelphia: Saunders; 1995. p.1218-31.
28. Resnick D. Osteomyelitis, septic arthritis, and soft tissue infection: mechanisms and situations. In: Resnick D, ed. Diagnosis of bone and joint disorders. 3. ed. Philadelphia: Saunders; 1995. p.2325-418.
29. Resnick D. Physical injury: concepts and terminology. In: Resnick D, ed. Diagnosis of bone and joint disorders. 3. ed. Philadelphia: Saunders; 1995. p.2561-92.
30. Sayers ME, Chou SM, Calabrese LH. Inclusion body myositis: analysis of 32 cases. J Rheumatol. 1992;19:1385-9.
31. Shintani S, Shiigai T. Repeat MRI in acute rhabdomyolysis: correlation with clinicopathological findings. J Comput Assist Tomogr. 1993;17:786-91.
32. Slavotinek JP, Verrall GM, Fon GT. Hamstring injury in athletes: using MR imaging measurements to compare extent of muscle injury with amount of time lost from competition. AJR Am J Roentgenol. 2002;179:1621-8.
33. Speer KP, Lohnes J, Garrett WE, Jr. Radiographic imaging of muscle strain injury. Am J Sports Med. 1993;21:89-95; discussion 96.
34. Steinbach LS, Tehranzadeh J, Fleckenstein JL, Vanarthos WJ, Pais MJ. Human immunodeficiency virus infection: musculoskeletal manifestations. Radiology. 1993;186:833-8.
35. Van Slyke MA, Ostrov BE. MRI evaluation of diabetic muscle infarction. Magn Reson Imaging. 1995;13:325-9.
36. Verleisdonk EJ, van Gils A, van der Werken C. The diagnostic value of MRI scans for the diagnosis of chronic exertional compartment syndrome of the lower leg. Skeletal Radiol. 2001;30:321-5.

4

Traumas dos membros superiores e inferiores

Marcelo Bordalo Rodrigues

Introdução

O trauma é a maior indicação de um estudo radiológico do esqueleto e é utilizado há cerca de 100 anos na medicina. Desde a descoberta do raio X pelo físico alemão Wilhelm Conrad Roentgen, sua aplicação na avaliação de fraturas e luxações recebeu imediata atenção.

Entretanto, a radiografia, ou qualquer outro método por imagem, não é o instrumento mais importante na avaliação do trauma. A avaliação inicial inclui um exame físico cuidadoso e a determinação do mecanismo do trauma, sempre que possível. Os métodos por imagem não devem ser considerados substitutos para a história e exame físico do paciente, pois diversas lesões ocorrem na ausência de achados radiológicos.

Após a avaliação inicial do trauma e introdução das medidas terapêuticas correspondentes, fraturas e possíveis sítios de fraturas devem ser avaliados e, nos casos de necessidade, a conduta inicial deve ser a imobilização do segmento com suspeita ou com diagnóstico de fratura. As imobilizações auxiliam no manuseio do paciente e reduzem a morbidade no caso de feridos graves. Em seguida, apenas após essas medidas iniciais, é realizado o exame radiográfico.

É essencial a avaliação direcionada da radiografia, em correlação com a clínica. Diversas lesões são facilmente identificadas em uma radiografia, com diagnóstico prontamente estabelecido. Porém, existem situações em que o achado radiológico é sutil, podendo não ser visibilizado inicialmente. Nesses casos, é muito mais produtivo fazer uma avaliação radiográfica direcionada de uma determinada região, levando em consideração o mecanismo de trauma e as circunstâncias em que ocorreu.

Terminologia das fraturas

As fraturas são descritas e classificadas de acordo com sua localização, extensão, direção, posição e número de linhas de fraturas e fragmentos ósseos resultantes. Cada região do esqueleto possui suas próprias características de fratura e, consequentemente, sistemas de classificação próprios.

A fratura é inicialmente classificada em completa ou incompleta. A fratura completa apresenta uma solução de continuidade em todo o diâmetro ósseo e a fratura incompleta apresenta um segmento da cortical intacto.

A fratura completa é classificada em simples ou cominutiva (Figura 1). A fratura simples apresenta 1 linha de fratura com dois fragmentos ósseos. A fratura cominuta (ou cominutiva) apresenta duas ou mais linhas de fratura, com pelo menos três fragmentos ósseos. O grau de cominução geralmente se relaciona diretamente com a magnitude da energia envolvida no trauma.

A fratura que apresenta a pele adjacente intacta é denominada fechada. A fratura que apresenta lesão da pele associada com ou sem exposição óssea é denominada aberta.

A fratura decorrente da presença de uma lesão óssea focal (benigna ou maligna) é denominada patológica.

Ossos longos

Um osso longo é aquele em que o comprimento é maior que sua largura. Tipicamente possuem uma articulação em pelo menos uma extremidade. De acordo com a localização, a fratura pode se localizar na epífise, metáfise ou diáfise. Quando localizada na diáfise, deve-se descrever se ocorre no terço proximal, médio ou distal.

A direção da linha de fratura depende de sua relação com o eixo longo do osso. São classificadas em transversa, longitudinal, oblíqua ou espiral. Em casos específicos, especialmente na patela e na vértebra, a fratura pode ser classificada como horizontal ou vertical.

A fratura transversa ocorre perpendicular ao eixo longo de um osso e geralmente é causada por uma força direta aplicada ao osso. A longitudinal ocorre paralela ao eixo longo. A fratura oblíqua é muito comum, sendo aquela que ocorre ao longo do eixo longo do osso, em uma angulação

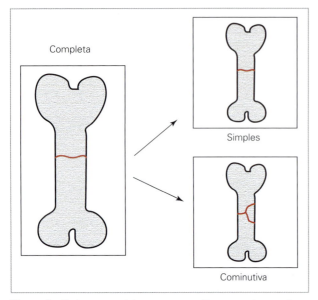

Figura 1 Fratura completa – esquema. Esquema demonstrando a fratura completa (linha vermelha) acometendo todo o diâmetro ósseo. Esta fratura pode ser simples, se tiver apenas um traço de fratura com dois fragmentos ósseos, ou cominutiva, se tiver pelo menos duas linhas de fraturas com, pelo menos, três fragmentos ósseos.

de cerca de 30 a 60° (Figura 2). O mecanismo de lesão geralmente é uma força compressiva no eixo longo, combinada com um arqueamento do osso. A fratura espiral circunda o osso, geralmente causada por forças torsionais. Suas extremidades em geral apresentam pontas afiadas (Figura 3).

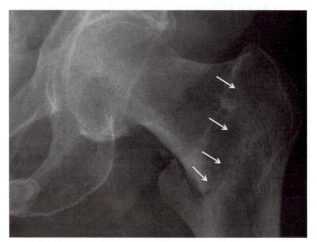

Figura 2 Fratura oblíqua – radiografia. Fratura linear oblíqua na linha intertrocantérica do fêmur proximal (setas). Esta fratura também é chamada de fratura transtrocanteriana.

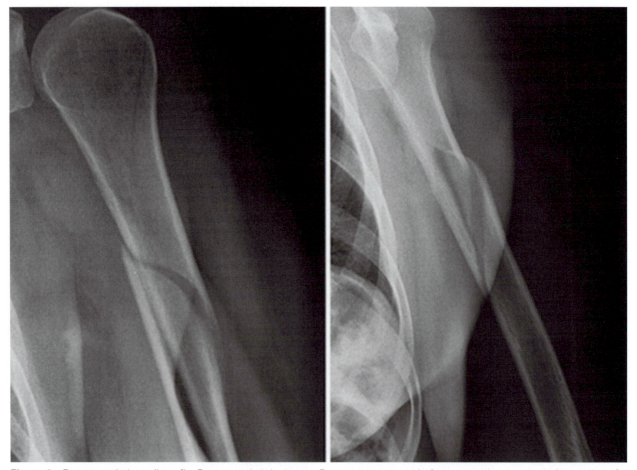

Figura 3 Fratura espiral – radiografia. Fratura espiral do úmero. Repare que o traço de fratura envolve o osso de forma circunferencial e as extremidades apresentam pontas afiadas.

A relação entre os fragmentos ósseos também deve ser avaliada, especialmente o alinhamento entre os fragmentos em relação ao deslocamento, angulação, rotação, encurtamento ou afastamento. Deslocamento, angulação e rotação são descritos em relação ao fragmento distal (Figura 4).

A fratura avulsiva é aquela em que um fragmento ósseo é arrancado de uma proeminência óssea por uma força tensora na inserção de um ligamento ou tendão (Figura 5).

A fratura de um osso longo também pode estar relacionada a um deslocamento entre as superfícies articulares, sendo chamada de subluxação quando há uma perda parcial do contato e luxação quando há perda completa do contato entre as superfícies articulares. Nesse caso, é chamada de fratura-luxação (Figura 6). Quando existe perda de contato entre uma sindesmose ou sínfise, o deslocamento é denominado diástase (Figura 7).

Outros ossos

As fraturas dos ossos curtos (ossos do carpo e tarso), chatos (ilíaco, costela e calota craniana), irregulares (vértebras, púbis e ísquio), sesamoides e acessórios podem ser classificadas com a mesma terminologia utilizada para os ossos longos, e em diversos casos uma nova terminologia é aplicada. Por exemplo, uma fratura compressiva é aquela em que uma porção do osso é dirigida em direção ao outro, como ocorre nas vértebras (Figura 8). A fratura-impactação é semelhante, porém descrita em ossos extravertebrais (Figura 9).

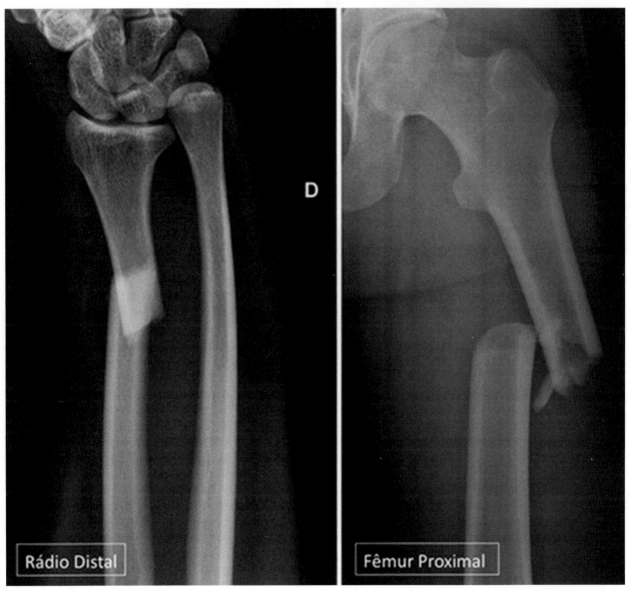

Figura 4   Desvios – radiografia. Fraturas lineares completas transversas do rádio distal e do fêmur proximal, determinando angulação medial e deslocamento medial, respectivamente. Esta terminologia é sempre em relação ao fragmento ósseo distal.

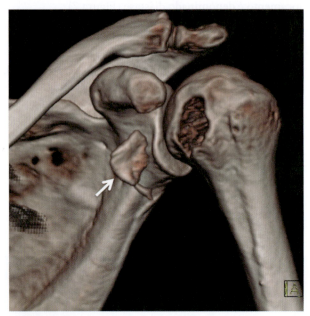

Figura 5 Fratura avulsiva – tomografia computadorizada. Reconstrução 3D de tomografia computadorizada do ombro demonstrando fratura avulsiva do tubérculo menor do úmero, com retração medial do fragmento ósseo avulsionado (seta).

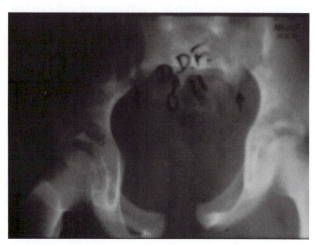

Figura 7 Diástase – radiografia. Diástase da sínfise púbica relacionada a trauma.

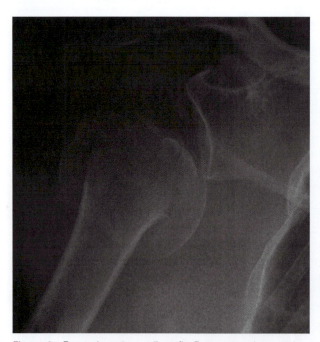

Figura 6 Fratura-luxação – radiografia. Fratura completa cominutiva do úmero proximal, associada a uma subluxação da cabeça umeral em relação à glenoide.

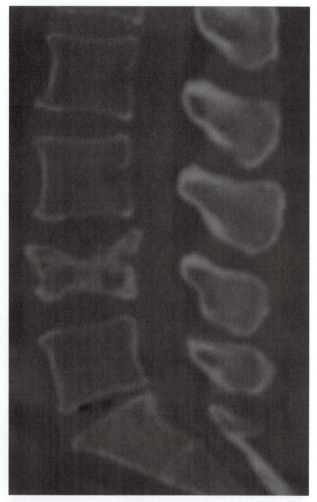

Figura 8 Fratura compressiva – tomografia computadorizada. Fratura compressiva do corpo vertebral de L4, pós-traumática.

Fraturas específicas de crianças

As diferenças nas propriedades biomecânicas do osso nas crianças em relação aos adultos propiciam a formação de vários tipos de fraturas incompletas, tais como as fraturas em galho verde e torus. A fratura em galho verde ocorre em razão de forças angulares, provocando tensão do lado convexo do osso e compressão no lado côncavo. Isso leva a uma fratura incompleta na cortical convexa, estendendo-se por até a metade da circunferência do osso, semelhante à quebra de um galho verde com arqueamento do mesmo (Figura 10). A fratura em torus é uma saliência na cortical óssea produzida por uma força compressiva, sendo frequentemente não diagnosticada (Figura 11).

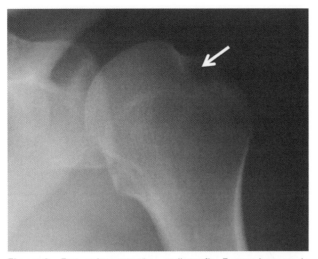

Figura 9 Fratura-impactação – radiografia. Fratura impactada da porção posterossuperior e lateral da cabeça umeral (seta), correspondendo a uma fratura de Hill-Sachs, após uma luxação glenoumeral anterior.

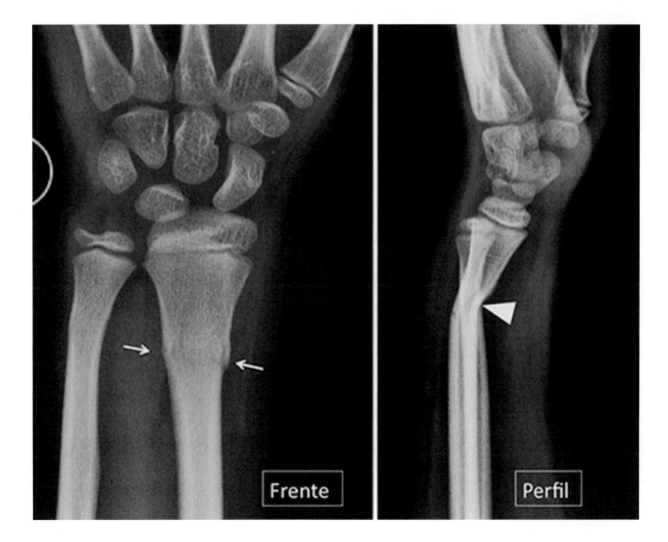

Figura 10 Fratura em galho verde – radiografia. Radiografias do punho (frente e perfil) em criança de 10 anos demonstrando uma fratura em galho verde do rádio distal (setas), determinando uma angulação volar (cabeça de seta).

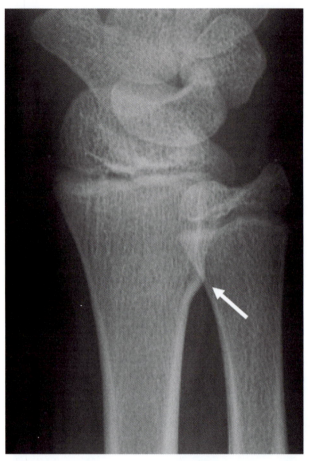

Figura 11 Fratura em torus – radiografia. Pequena fratura cortical medial do rádio distal, determinando uma saliência cortical (seta).

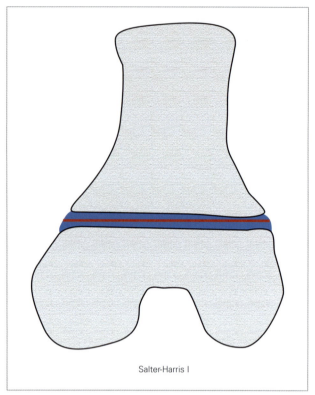

Figura 12 Salter-Harris I – esquema. Fratura linear na fise de crescimento (linha vermelha), sem impactação desta.

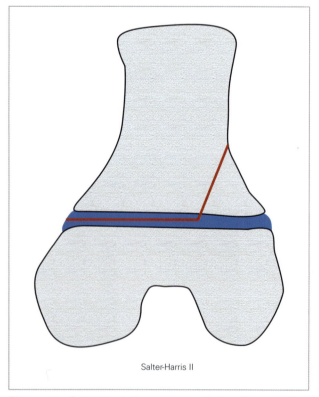

Figura 13 Salter-Harris II – esquema. Fratura linear na fise, estendendo-se para a metáfise.

As fraturas epifisárias são mais comuns em crianças. Essas fraturas são descritas de acordo com a classificação de Salter-Harris (Figuras 12 a 17). A fratura tipo I é definida como uma separação metaepifisária, com a linha de fratura localizada na fise de crescimento. Na radiografia, nota-se uma separação do centro de ossificação epifisário. A fratura tipo II é a mais comum, caracterizada por uma linha de fratura na fise de crescimento. estendendo-se para a metáfise óssea. A fratura tipo III é a fratura da fise estendendo-se para a epífise e superfície articular. A fratura tipo IV ocorre frequentemente no côndilo lateral do úmero em crianças menores que 10 anos, apresentando uma orientação vertical, acometendo a metáfise, cartilagem de crescimento e epífise. A fratura tipo V é rara, correspondendo a uma impactação da cartilagem de crescimento. Frequentemente, essa fratura não é vista na radiografia, manifestando-se tardiamente como encurtamento ósseo e deformidades articulares.

4 TRAUMAS DOS MEMBROS SUPERIORES E INFERIORES 703

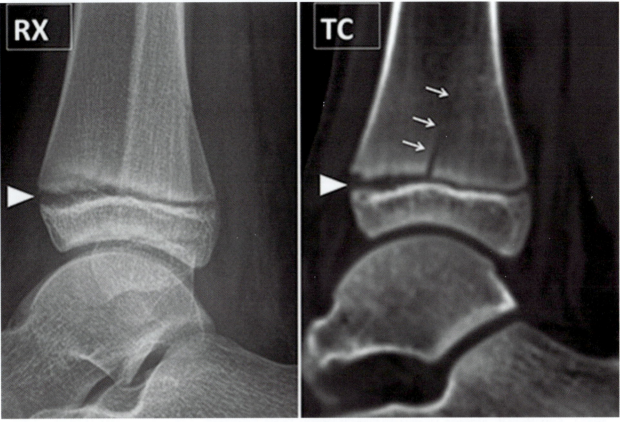

Figura 14 Salter-Harris II – radiografia e tomografia computadorizada (TC). Radiografia em perfil do tornozelo demonstrando alargamento anterior da fise de crescimento da tíbia (cabeça de seta), não se evidenciando traço de fratura óssea. A TC demonstrou que, além do acometimento fisário, existia uma linha de fratura oblíqua que se estendia para a metáfise tibial (setas).

Figura 15 Salter-Harris III – esquema. Fratura linear na fise, estendendo-se para a epífise e superfície articular.

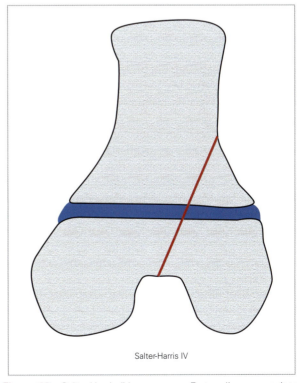

Figura 16 Salter-Harris IV – esquema. Fratura linear completa, estendendo-se desde a metáfise, passando pela fise de crescimento e estendendo-se até a epífise e a superfície articular.

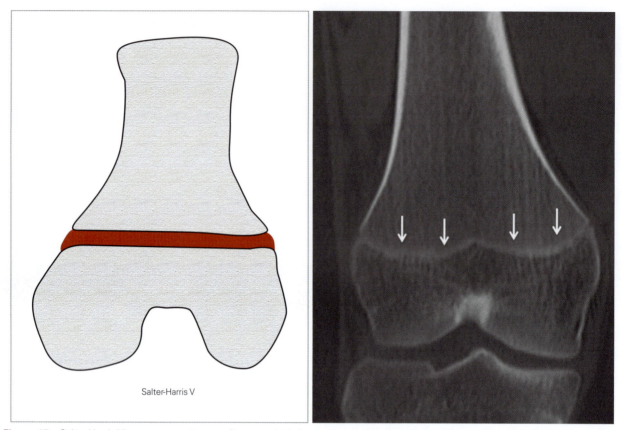

Figura 17   Salter-Harris V – esquema e tomografia computadorizada. Fratura linear apenas na fise, com impactação desta.

Radiologia convencional

É essencial a realização de radiografias de alta qualidade com o apropriado posicionamento do paciente. O estudo radiográfico inicial deve incluir pelo menos dois planos distintos, obtidos em projeções de 90° de um em relação ao outro (frente e perfil). Dependendo da localização e morfologia da fratura, incidências adicionais podem ser necessárias.

A fratura aparece, em geral, como uma linha radiotransparente, podendo se manifestar como uma linha esclerótica nas fraturas compressivas.

A presença de alterações de partes moles na radiografia pode sugerir a fratura nos casos mais sutis. Essas alterações incluem borramento e/ou deslocamento das linhas gordurosas, aumento de partes moles e derrame articular. No entanto, esses achados são inespecíficos, podendo estar presentes apenas relacionados ao trauma, sem fraturas.

Durante os últimos anos, houve o advento da imagem digital em radiologia. A aquisição ou conversão digital da imagem e sua distribuição eletrônica apresentam diversas vantagens sobre a radiografia em filme, tais como:

- Possibilidade de distribuição da imagem para diversos usuários em locais distintos e com rapidez.
- Fácil localização e armazenamento das imagens.
- Menor espaço físico necessário para armazenamento das imagens.
- Possibilidade de aplicar técnicas de processamento de imagens.

Para a avaliação das fraturas, as radiografias digitais necessitam de uma alta resolução espacial para avaliar pequenos detalhes ósseos e a capacidade de avaliar tecidos com valores de atenuação muito diferentes (osso e partes moles). Os novos aparelhos de conversão digital (CR) ou aquisição digital (DR) produzem imagens com uma resolução igual ou superior às obtidas de forma analógica, por meio de filmes radiográficos.

Tomografia computadorizada

A TC apresenta grandes vantagens em relação às radiografias convencionais, pois elimina a superposição de estruturas nas imagens, tendo utilidade na avaliação de órgãos com uma anatomia complexa, difíceis de serem avaliados pelas radiografias simples.

Com o desenvolvimento tecnológico e o aparecimento dos novos aparelhos com multidetectores, imagens multiplanares e tridimensionais de alta resolução passaram a ser obtidas (Figura 18). Além de permitir um diagnóstico mais preciso, tais imagens também podem ajudar o cirurgião ortopédico a planejar o tratamento.

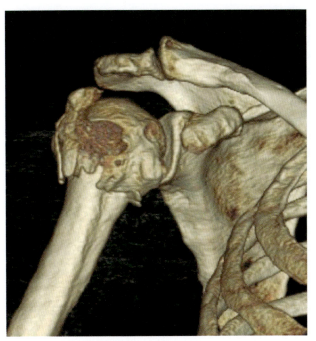

Figura 18 Fratura de úmero proximal – tomografia computadorizada (TC). TC com reconstrução 3D do ombro demonstrando fratura cominutiva do úmero com fragmentos deslocados.

A TC multidetectores é hoje o método de escolha para o estadiamento das fraturas do esqueleto axial. A capacidade de obtenção de imagens multiplanares permite a localização exata das fraturas, a pesquisa de fragmentos intra-articulares, luxações e uma mensuração precisa de desvios.

Ressonância magnética

A *ressonância magnética* (RM) é o método por imagem com melhor contraste entre osso, medula óssea, músculos, líquido, gordura e vasos. A RM é capaz de detectar a fratura, porém apresenta papel limitado em seu diagnóstico e estadiamento, pois existem métodos mais simples e com custo menor para esse fim. No caso do estadiamento das fraturas, radiografia e TC são, na maioria das vezes, superiores a RM.

O papel da RM é crucial no diagnóstico das fraturas ocultas. Essas fraturas não são visíveis na radiografia/TC. Diante disso, por conta do quadro clínico muito evidente para fratura ou suspeita de lesão em partes moles, uma RM é indicada e a fratura pode ser detectada, caracterizando a fratura oculta (Figura 19).

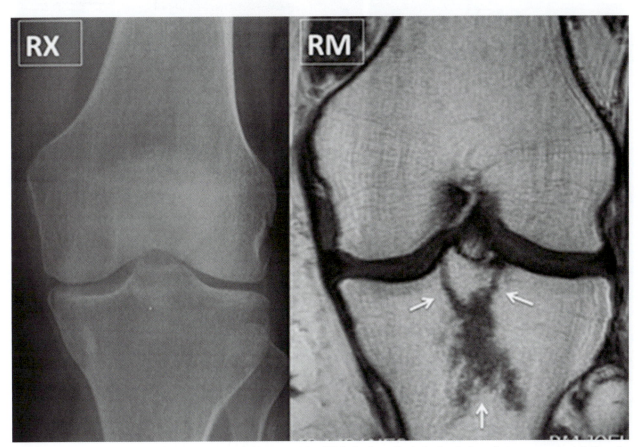

Figura 19 Fratura oculta – radiografia e ressonância magnética (RM). Radiografia do joelho 1 dia após trauma motociclístico não evidenciando fraturas. Em decorrência do quadro clínico muito suspeito para fratura, RM foi realizada no mesmo dia, evidenciando fratura cominutiva do platô tibial, sem desalinhamentos (setas).

A RM também pode ser indicada nos casos de suspeita de fraturas da fise de crescimento nas crianças e lesões osteocondrais nos adultos, pois é o melhor método para avaliação da cartilagem (Figura 20).

Análise crítica do diagnóstico por imagem das fraturas

Os métodos por imagem que podem ser utilizados na avaliação de um trauma agudo são radiografia, TC e RM.

A maioria das fraturas são identificadas nas radiografias simples, sendo necessário, por vezes, uma "segunda olhada" após o exame clínico do paciente. Quando a radiografia tecnicamente aceitável é normal, porém ainda existe a suspeita clínica de fratura, os métodos por imagem seccionais são indicados quando a decisão de conduta é crítica. Em algumas situações, uma radiografia evolutiva de seguimento pode ser mais apropriada que métodos por imagem adicionais, especialmente quando a conduta seria imobilização simples de qualquer maneira.

Após 1 ou 2 semanas, a presença de consolidação da fratura torna fraturas não deslocadas visíveis na radiografia, em razão de um aumento da reabsorção óssea junto ao sitio da fratura.

Em geral, a porcentagem de resultados positivos na radiografia simples de extremidades é de 20%. Um outro estudo demonstrou que cerca de 70% das radiografias ósseas obtidas no pronto-socorro após um trauma eram normais. Os exames com maior proporção de normalidade eram a coluna cervical (89% eram normais), coluna torácica (87%) e joelho (86%). A proporção de exames com achados alterados pode aumentar se o critério clínico para indicar uma radiografia for estreitado, reduzindo a porcentagem de pacientes indicados para realizar radiografia. Existem critérios diagnósticos que podem ser utilizados para indicar racionalmente uma radiografia, baseados nos achados clínicos e em critérios funcionais. Como exemplo, temos as regras de Ottawa para o pé, tornozelo e joelho e de Pittsburgh para o joelho. Também existem critérios diagnósticos para diversas situações clí-

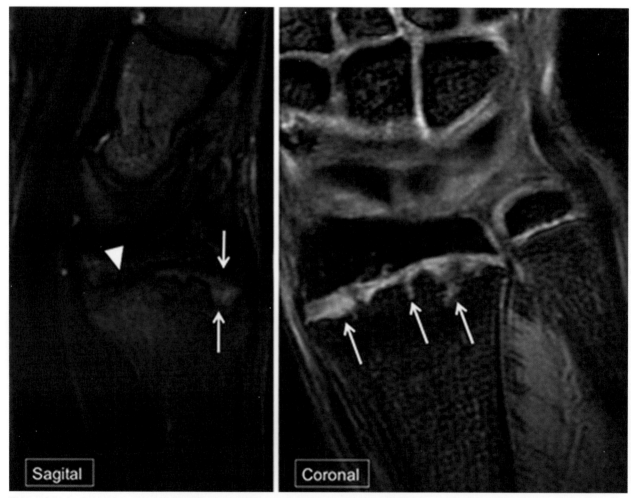

Figura 20   Lesão da fise de crescimento – ressonância magnética. Imagens sagital e coronal de ressonância magnética do punho demonstrando alargamento e hipersinal da fise de crescimento, indicando lesão (setas). Notar o aspecto normal da fise na imagem sagital (cabeça de seta).

nicas, desenvolvidos pelo Colégio Americano de Radiologia (acessar www.acr.org).

A TC tem maior importância na avaliação do trauma do esqueleto axial (crânio, face, coluna e bacia), tendo papel limitado na avaliação inicial do trauma no esqueleto apendicular. No esqueleto apendicular, uma fratura observada na TC geralmente é visível na radiografia, porém com maiores detalhes na TC, também podendo ser utilizada no planejamento pré-operatório, por conta de sua capacidade multiplanar. No paciente politraumatizado grave, a TC pode ser utilizada na avaliação do crânio, coluna total, tórax, abdome total e pelve em razão de sua rapidez e menor necessidade de manipulação do paciente, em relação à radiografia. Porém, essa indicação ainda está limitada aos serviços que possuem um aparelho de TC com multidetectores, por conta de sua rapidez e capacidade diagnóstica.

A RM é capaz de detectar uma fratura, porém tem papel limitado no diagnóstico e na conduta, pois existem métodos mais simples e com menor custo para esse fim. A RM pode ser indicada quando a radiografia for normal, porém exista uma suspeita clínica de fratura (fraturas ocultas). Outra indicação é na pesquisa de fraturas osteocondrais, sendo possível, inclusive, avaliar o deslocamento desse fragmento. Também é utilizada para avaliar a necrose pós-traumática de fragmentos ósseos, especialmente na cabeça femoral, domus talar e escafoide proximal, sendo o método mais sensível para detectar estágios mais precoces de osteonecrose (Figura 21). O comprometimento da cartilagem de crescimento (fise) também é bem avaliado pela RM. Outras indicações são: avaliação de uma fratura patológica, com o intuito de se verificar um tumor associado à fratura e também na avaliação de achados extraósseos associados ao trauma (partes moles – cartilagem, ligamentos, labruns, meniscos etc.).

Consolidação das fraturas

O mecanismo de consolidação da fratura se inicia imediatamente após o evento, com formação de um hematoma e coágulos que realizam a hemostasia no sitio da fratura. Em cerca de 1-2 semanas, há formação de fibroblastos e tecido de granulação, que removem o hematoma. Nessa fase, também se inicia a ação de osteoclastos, removendo osso morto das superfícies de aposição da fratura. Ao mesmo tempo, também se inicia a ação dos condroblastos e osteoblastos com produção das matrizes óssea e cartilaginosa. Esse processo se inicia na periferia da fratura, formando uma "ponte" óssea ou fratura e demora de 4 a 16 semanas para se formar.

O achado mais precoce do reparo ósseo aparece em 10 a 14 dias após o trauma, constituído pela radiolucência das superfícies ósseas junto ao foco de fratura, com borramento das margens de aposição. Em seguida, aparece o calo calcificado no foco de fratura, apresentando aspecto amorfo na periferia da fratura. O calo intramedular não é visibilizado nessa fase. Com o tempo, o calo vai aumentando sua densidade e à medida que há a fusão periférica, inicia-se a formação do calo central ou intramedular.

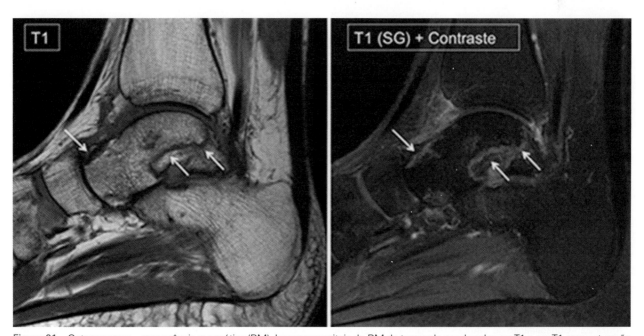

Figura 21 Osteonecrose – ressonância magnética (RM). Imagens sagitais de RM do tornozelo ponderadas em T1 e em T1 com saturação de gordura (SG) e contraste endovenoso. Este paciente sofreu uma luxação traumática do tálus e, 5 meses após a redução cruenta, nota-se o aparecimento de osteonecrose do tálus, caracterizado pela presença de uma lesão geográfica sem realce ao meio de contraste (setas).

A evidência radiográfica de consolidação da fratura constitui a presença de uma "ponte" óssea externa, unindo os fragmentos ósseos (Figura 22). Pode ser necessária a obtenção de uma incidência oblíqua em adição a outras duas para visibilizar a consolidação. Caso ainda haja dúvida, pode-se lançar mão de uma TC com reformatações multiplanares. Deve-se lembrar, no entanto, que a consolidação óssea é mais bem determinada pelos exames clínico e físico, sendo a radiografia um exame complementar.

O tempo de consolidação óssea depende da idade do paciente e do osso fraturado. Como exemplos, em um adulto, a consolidação de ossos curtos, como os metacarpos e a clavícula, ocorre em 3-4 semanas; a diáfise umeral em 6-8 semanas; a diáfise tibial em 10-12 semanas e a diáfise femoral em 12-14 semanas. Nas crianças jovens, a consolidação de uma fratura do fêmur ocorre em cerca de 4 semanas, e os outros ossos se unem em tempos menores.

Problemas na consolidação das fraturas

A consolidação viciosa é a união defeituosa entre os fragmentos ósseos, em geral associada a importantes deformidades angulares ou rotatórias (Figura 23). Em adolescentes e adultos, normalmente é necessária uma correção cirúrgica, enquanto em crianças existe a possibilidade de correção com o próprio crescimento do osso.

A falha na consolidação depende de fatores técnicos e/ou biológicos. Os fatores técnicos são responsáveis por cerca de 80% dos casos de não união e incluem uma aposição inadequada entre os fragmentos ósseos e excesso de movimentação entre os fragmentos. Os fatores biológicos são responsáveis por cerca de 20% dos casos. Essa falha na consolidação pode ser um retardo ou uma ausência de consolidação. O retardo na consolidação é caracterizado pela lentificação da união óssea, o que não significa que haverá a consolidação e, sim, que ela ocorrerá em um ritmo mais lento. A não união significa uma falha completa no processo de consolidação, sendo mais frequente em adultos. Existem dois tipos de não união: a hipertrófica e a atrófica. A hipertrófica ocorre quando existe esclerose nas extremidades dos fragmentos ósseos e a atrófica quando existe mínima esclerose (Figuras 24 e 25). Entre os fragmentos ósseos não fundidos, forma-se um tecido fibroso e uma saculação com líquido, dando o aspecto de uma articulação. Por esse motivo, a não união também é chamada de pseudoartrose (Figura 26).

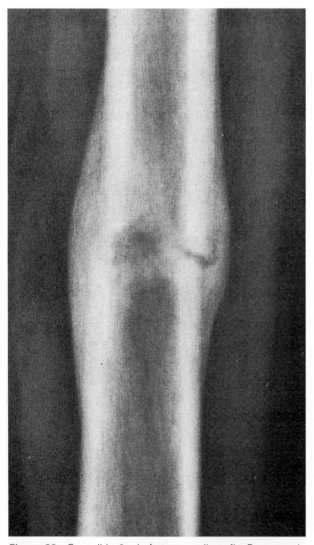

Figura 22 Consolidação de fratura – radiografia. Presença de calo ósseo formando uma "ponte" entre os fragmentos ósseos, caracterizando uma consolidação adequada.

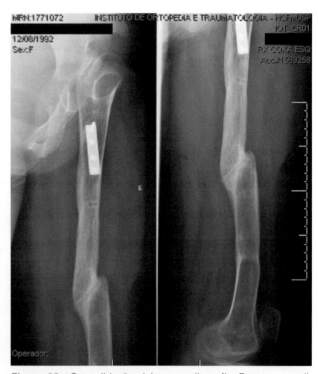

Figura 23 Consolidação viciosa – radiografia. Fratura consolidada do fêmur, porém com desalinhamento e angulação entre os fragmentos ósseos.

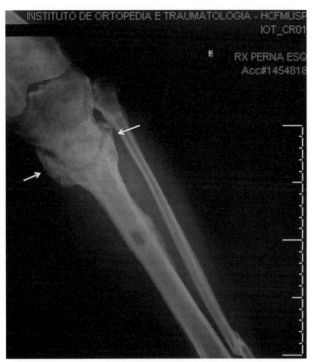

Figura 24 Ausência de consolidação hipertrófica – radiografia. Pseudoartrose na tíbia proximal, com fragmentos ósseos hipertróficos e com esclerose junto ao foco de fratura.

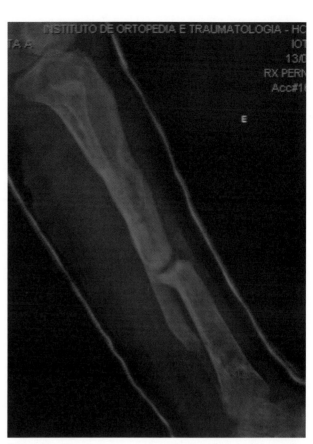

Figura 26 Pseudoartrose – radiografia. Pseudoartrose hipertrófica no terço médio da tíbia.

Considerações finais

Os métodos de imagem são essenciais no diagnóstico de uma fratura óssea. A radiografia simples geralmente inicia a avaliação radiológica, fornecendo informações essenciais em relação às estruturas ósseas. Os demais métodos por imagem possuem um papel secundário, geralmente complementar à radiografia, em especial a RM e a TC. Esses métodos são utilizados em casos de ausência de anormalidade na radiografia com exame clínico suspeito ou na necessidade de se fazer um estadiamento pré-cirúrgico mais detalhado, visando ao planejamento cirúrgico.

Bibliografia sugerida

1. Bauer SJ, Hollander JE, Fuchs SH, Thode HC Jr. A clinical decision rule in the evaluation of acute knee injuries. J Emerg Med. 1995;13:611-5.
2. Brand DA, Frazier WH, Kohlhepp WC, Shea KM, Hoefer AM, Ecker MD, et al. A protocol for selecting patients with injured extremities who need x-rays. N Engl J Med. 1982;306:333-9.
3. Cruess RL, Dumont J. Fracture healing. Can J Surg. 1975;18:403-13.
4. Frost HM. The biology of fracture healing: an overview for clinicians. Part I. Clin Orthop Relat Res. 1989;248:283-309.
5. Gilula LA, Murphy WA, Tailor CC, Patel RB. Computed tomography of the osseous pelvis. Radiology. 1979;132:107-14.
6. Lee SI, Chew FS; American Roentgen Ray Society. 1998 ARRS Executive Council Award. Radiology in the emergency department: technique

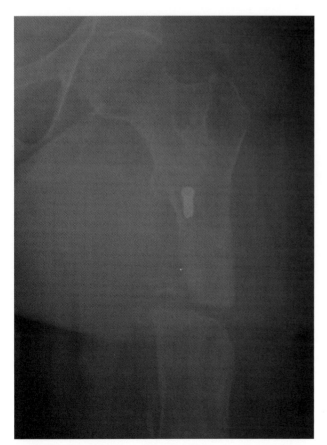

Figura 25 Ausência de consolidação atrófica – radiografia. Pseudoartrose no fêmur proximal com rarefação junto ao foco de fratura.

for quantitative description of use and results. AJR Am J Roentgenol. 1998;171:559-64.
7. O'Connor PJ, Davies AG, Fowler RC, Lintott DJ, Bury RF, Parkin GJ, et al. Reporting requirements for skeletal digital radiography: comparison of soft-copy and hard-copy presentation. Radiology. 1998;207:249-54.
8. Peltier LF. The impact of Rontgen's discovery upon the treatment of fractures. Surgery. 1953;33:579-86.
9. Richmond BJ, Powers C, Piraino DW, Freed H, Meziane MA, Hale JC, et al. Diagnostic efficacy of digitized images vs plain films: a study of the joints of the fingers. AJR Am J Roentgenol. 1992;158:437-41.
10. Rogers L. Radiology of skeletal trauma. 3. ed. New York: Churchill Livingstone; 2002.
11. Salter RB. Injuries of the epiphyseal plate. Instr Course Lect. 1992;41:351-9.
12. Stiell IG, Greenberg GH, McKnight RD, Nair RC, McDowell I, Worthington JR. A study to develop clinical decision rules for the use of radiography in acute ankle injuries. Ann Emerg Med. 1992;21:384-90.
13. Stiell IG, Greenberg GH, McKnight RD, Nair RC, McDowell I, Reardon M, et al. Decision rules for the use of radiography in acute ankle injuries. Refinement and prospective validation. JAMA. 1993;269:1127-32.

5
Doenças inflamatórias

Marcelo Bordalo Rodrigues

Introdução

As doenças inflamatórias articulares correspondem à inflamação de articulações, sinóvias e inserções tendíneas e ligamentares, podendo evoluir para anquilose, destruição óssea e deformidade articular. Essas doenças apresentam comprometimento sistêmico e estão relcionadas a fatores imunológicos. Nos últimos anos, observa-se o desenvolvimento de novas opções terapêuticas com ótimos resultados clínicos. Dessa forma, também houve um desenvolvimento no diagnóstico precoce por imagem. Esse capítulo abordará essas doenças, com enfoque nos achados de imagem.

Artrite reumatoide

A artrite reumatoide (AR) é uma doença inflamatória crônica que afeta especialmente as mulheres (3 mulheres *vs.* 1 homem) entre 35 e 50 anos. Observa-se o acometimento insidioso das articulações sinoviais do esqueleto apendicular e axial, podendo evoluir para deformidades graves.

A fisiopatologia se inicia com a inflamação da membrana sinovial das articulações diartrodiais. Observa-se uma proliferação inflamatória da membrana sinovial, chamada de *pannus*, que acomete por contiguidade a cartilagem articular e o osso subcondral, com consequente destruição articular, e evolui para deformidade articular.

A doença se inicia com dor articular e rigidez matinal, acometendo principalmente as pequenas articulações das mãos e dos punhos simetricamente, intercalando episódios de remissão e atividade. Com menor frequência, outras articulações podem ser acometidas, como joelho, articulações temporomandibulares, articulações cervicais superiores, ombros e cotovelos. Podem ocorrer manifestações extra-articulares como nódulos reumatoides subcutâneos, pericardite, derrame pleural e pneumopatias parenquimatosas.

Os critérios diagnósticos mais atuais são os descritos pelo American College of Rheumatology (ACR) e European League Against Rheumatism (EULAR) (Quadro 1).

O processo inflamatório da AR é mediado imunologicamente por autoanticorpos. O principal deles, o fator reumatoide, é encontrado na maioria dos pacientes (cerca de 80%), cujos altos títulos séricos estão diretamente relacionados com a gravidade da doença articular e das manifestações extra-articulares, especialmente os nódulos reumatoides, considerados elemento de mau prognóstico da doença.

Sinais na radiografia simples

- Rarefação óssea (Figura 1).
- Erosões marginais intra-articulares, em áreas sem cartilagem. Com o avançar da doença, podem acometer a cartilagem das superfícies articulares (Figura 2).
- Redução do espaço articular (Figura 3).
- Deformidades e subluxação articular (Figura 4).
- Destruição articular e anquilose (Figura 5).

As lesões da AR são tipicamente bilaterais e simétricas nas mãos, em especial nas articulações metacarpofalângicas e interfalângicas proximais. As articulações interfalângicas distais são muito raramente acometidas. Com a evolução, podem ocorrer deformidades em "botoeira" (hiperflexão da interfalângica proximal e hiperextensão da distal), em "pescoço de cisne" (hiperextensão da interfalângica proximal e hiperflexão da distal), do tipo "soprar do vento" (desvio ulnar, subluxação palmar e flexão das articulações metacarpofalângicas) e em "Z" (hiperflexão da articulação metacarpofalângica e hiperextensão da interfalângica) (Figuras 4 e 6).

No punho, as alterações iniciais mais importantes são as erosões do processo estiloide da ulna (Figura 7) e, nos pés, são as erosões na face lateral da cabeça do 2º metatarso (Figura 8).

Quadro 1 Critérios diagnósticos da artrite reumatoide segundo ACR e EULAR (2010)	
Pacientes com sinais clínicos de sinovite em pelo menos uma articulação sem causa previamente definida	
Escore maior ou igual a 6/10 é diagnóstico de artrite reumatoide	
A. Acometimento articular (confirmação por imagem recomendada)	**Escore**
1 grande articulação	0
2 a 10 articulações	1
1 a 3 pequenas articulações (com ou sem grandes articulações)	2
4 a 10 pequenas articulações (com ou sem grandes articulações)	3
Mais de 10 articulações (pelo menos 1 pequena articulação)	5
B. Sorologia (pelo menos um teste é necessário)	**Escore**
FR e anti-CCP negativos	0
FR ou anti-CCP baixos títulos	2
FR ou anti-CCP altos títulos	3
C. Reagentes da fase aguda (pelo menos um teste é necessário)	**Escore**
Proteína C-reativa e VHS normais	0
Proteína C-reativa ou VHS aumentados	1
D. Duração dos sintomas	**Escore**
Menos de 6 semanas	0
Igual ou mais de 6 semanas	1

ACR: American College of Radiology; EULAR: European League Against Rheumatism.

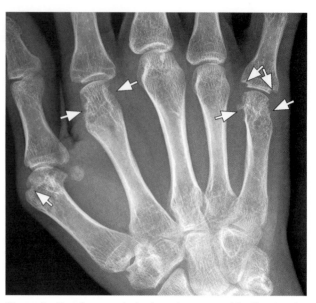

Figura 2   Erosões marginais da artrite reumatoide. Erosões ósseas marginais junto às articulações metacarpofalângicas (setas). Observe que os espaços articulares ainda estão conservados.

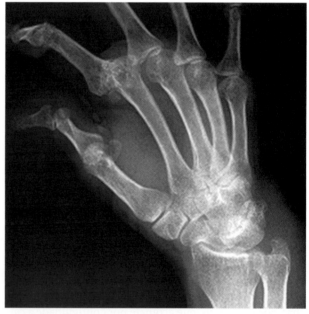

Figura 3   Artrite reumatoide – redução do espaço articular. Radiografia da mão demonstrando erosões ósseas marginais na cabeça do segundo metacarpo com redução do espaço articular metacarpofalângico adjacente.

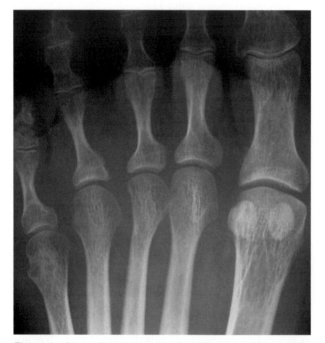

Figura 1   Acometimento precoce da artrite reumatoide – rarefação óssea. Radiografia do pé demonstra rarefação óssea periarticular nas cabeças metatársicas.

No esqueleto axial, a coluna cervical é preferencialmente acometida. Os achados mais importantes são a diástase atlantoaxial (≥ 3 mm em adultos e ≥ 5 mm em crianças) e erosões do processo odontoide (Figura 9).

Tardiamente, os pacientes podem apresentar acometimento de uma grande articulação, como ombro, cotovelo, quadril e joelho. A característica de acometimento das

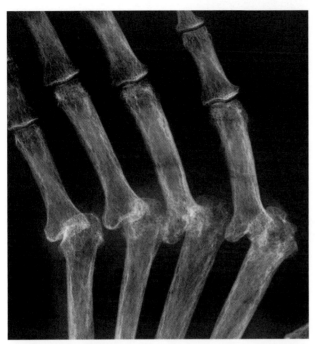

Figura 4 Deformidade crônica da artrite reumatoide. Radiografia da mão mostrando rarefação óssea, erosões marginais e destruição articular metacarpofalângica com subluxações e desvios ulnares do segundo ao quinto dedos (deformidade em "soprar do vento").

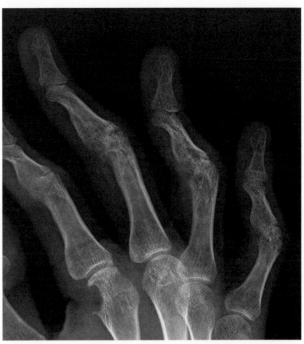

Figura 6 Deformidade em "Z" pela artrite reumatoide. Radiografia da mão. Hiperflexão das articulações interfalângicas proximais e hiperextensão das interfalângicas distais.

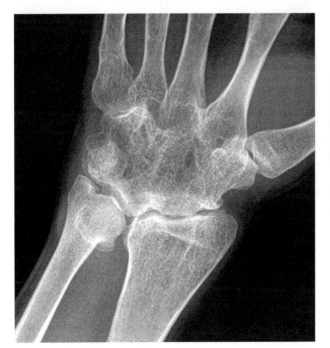

Figura 5 Acometimento crônico da artrite reumatoide. Radiografia do punho com fusão completa de todas as articulações do carpo e das articulações carpometacarpais do segundo e terceiro raios.

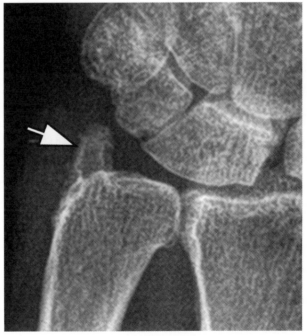

Figura 7 Acometimento precoce pela artrite reumatoide no punho – erosões no processo estiloide ulnar. Radiografia do punho com erosão no processo estiloide ulnar (seta).

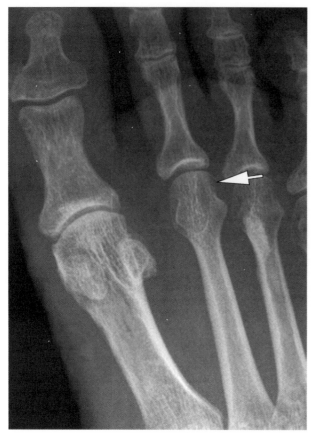

Figura 8 Acometimento precoce típico pela artrite reumatoide no pé. Radiografia do pé demonstrando erosões na face lateral da cabeça do segundo metatarso (seta).

lesões é de erosões marginais, rarefação óssea periarticular e destruição da articulação, sem formação de grandes osteófitos (Figura 10).

O papel da ultrassonografia

A utilização da ultrassonografia tem importância no acometimento de início precoce, ou seja, doença com menos de 2 anos de evolução.

Os achados ultrassonográficos são: tenossinovites, nódulos reumatoides e erosões ósseas. Ainda é possível diagnosticar a sinovite, com espessamento sinovial e caracterizado por um tecido hipoecogênico, intra-articular, não compressível pela pressão do transdutor (Figura 11). A sinovite pode apresentar hipervascularização na fase aguda, evidenciada no estudo com *power* Doppler.

O papel da ressonância magnética e da tomografia computadorizada

Com o enorme desenvolvimento de drogas bastante eficazes no tratamento da AR, seu diagnóstico precoce tornou-se essencial, antes do desenvolvimento das lesões articulares destrutivas. A ressonância magnética (RM)

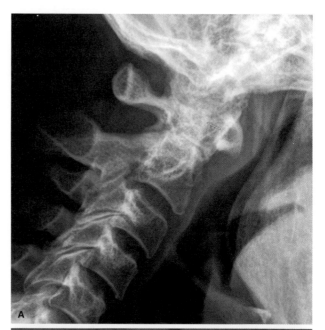

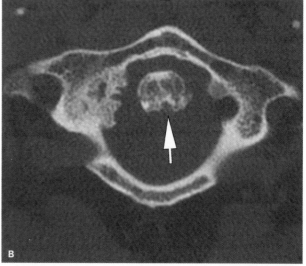

Figura 9 Acometimento atlantoaxial pela artrite reumatoide. A: Radiografia da coluna cervical em flexão. B: Imagem axial de tomografia computadorizada (TC) da coluna cervical no plano da articulação atlantoaxial. Subluxação entre o arco anterior de C1 e o odontoide (linha branca, 5 mm). Na TC, observam-se também erosões na margem posterior do odontoide (seta).

permite a detecção precoce da sinovite, identificada como espessamento sinovial e realce ao contraste paramagnético (Figura 12).

Com a evolução da doença, a identificação precoce das erosões ósseas por meio da RM também é possível. O edema da medular óssea nas regiões marginais das cabeças metacarpianas é considerado o estágio pré-erosivo e presente em cerca de 2 anos antes do aparecimento da erosão na radiografia simples (Figuras 27 a 29).

A tomografia computadorizada (TC) é mais sensível que a radiografia convencional em decorrência de sua

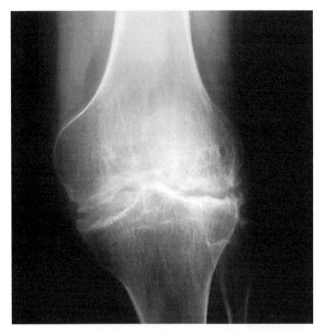

Figura 10   Acometimento do joelho pela artrite reumatoide. Radiografia do joelho demonstrando erosão condral difusa das articulações femorotibiais com irregularidades e esclerose óssea, sem osteófitos.

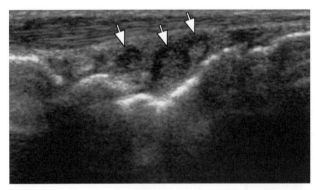

Figura 11   Artrite reumatoide. Ultrassonografia do punho. Espessamento sinovial na porção posterior da articulação entre os ossos do carpo (seta).

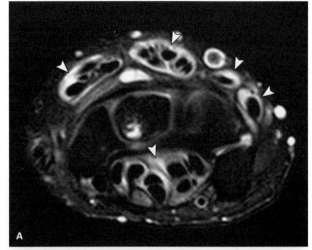

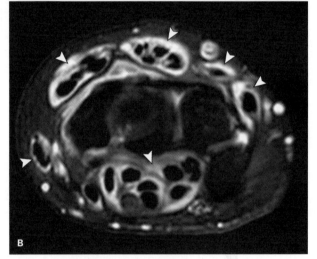

Figura 12   Acometimento precoce da artrite reumatoide. Ressonância magnética do punho – imagens axiais ponderadas em T2 com saturação de gordura (A) e T1 com saturação de gordura e injeção de contraste paramagnético (B). Importante espessamento da bainha sinovial dos tendões flexores e extensores com realce pós-contraste (cabeças de seta).

maior resolução espacial. No entanto, por causa dos altos índices de radiação ionizante, não é muito utilizada.

Espondiloartropatias soronegativas

As espondiloartropatias soronegativas são atualmente chamadas de espondiloartrites, segundo a nova classificação do Assessment of Spondyloarthritis International Society (ASAS) e possui associação com o alelo HLA-B27. As espondiloartrites são representadas pela espondilite anquilosante, artrite psoriásica, artrite reativa (antigamente chamada de síndrome de Reiter) e as associadas a enteropatias.

Inicialmente na doença, observa-se a entesopatia (inflamação das ênteses), que são os sítios de inserção óssea de tendões, cápsulas articulares e ligamentos. Em seguida, observa-se osteíte com edema ósseo, evoluindo com erosão e, mais tardiamente, reparação tecidual com neoformação óssea e anquilose (Figura 13). As articulações mais acometidas são as ligamentares, como as sacroilíacas, sendo também comum o acometimento da sínfise púbica e das articulações manubrioesternais.

A doença predomina em homens, sendo muito raro o início das alterações após os 45 anos. Além da frequência elevada do antígeno HLA-B27, essas doenças evoluem com acometimento inflamatório do esqueleto axial e periférico, bem como das articulações sacroilíacas e das ênteses. Clinicamente, o paciente apresenta dor lombar do tipo inflamatória (dor lombar persistente por mais de 3 meses, rigidez matinal que melhora com a atividade física e piora com o repouso). Podem ocorrer manifestações sistêmicas: oftalmológicas (uveíte anterior aguda), pul-

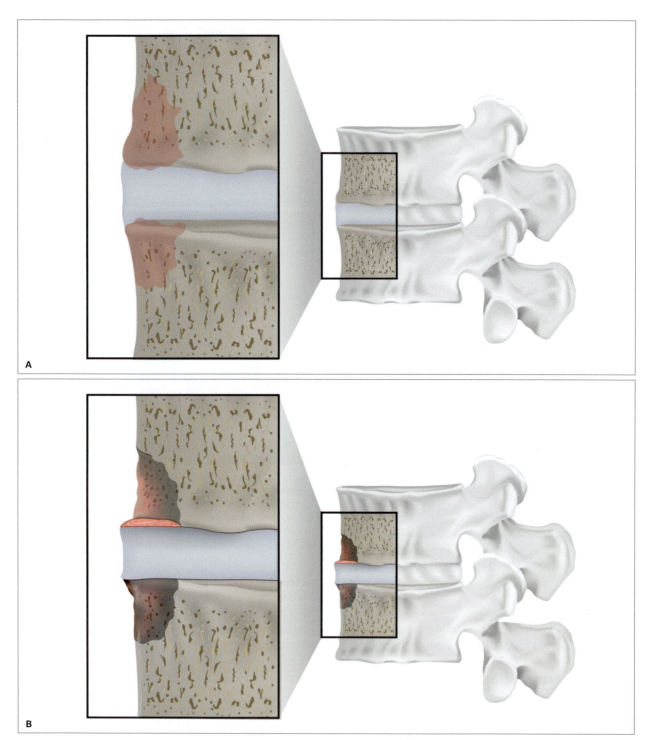

Figura 13 Acometimento pela espondiloartrite – esquemas anatômicos da coluna verterbal. A: Edema ósseo inflamatório no local de inserção dos ligamentos (osteíte reacional à entesite). B: Erosões ósseas no local das osteítes.

(continua)

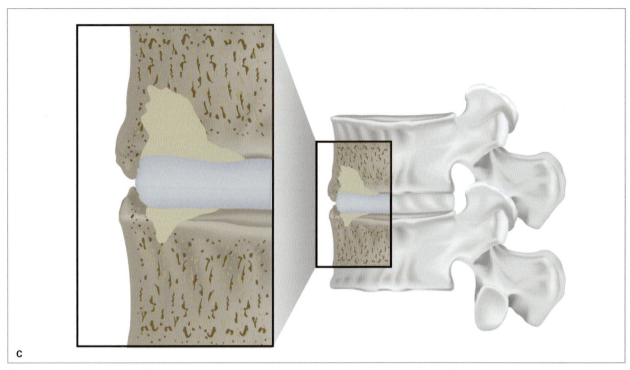

Figura 13 *(continuação)* C: Formação de tecido ósseo reparador, com formação de sindesmófitos.

monares (fibrose pulmonar, especialmente após 2 décadas de evolução), cardíacas (pericardite) e renais (amiloidose e nefropatia por IgA).

O diagnóstico precoce das espondiloartrites é importante, pois pode ser iniciado tratamento precoce mais efetivo em relação ao curso da doença. Os critérios diagnósticos das espondiloartrites são listados no Quadro 2.

Laboratorialmente, o fator reumatoide é geralmente negativo, justificando a denominação antiga de espondiloartropatias soronegativas. O antígeno HLA-B27 é positivo em cerca de 90% dos pacientes com espondilite anquilosante.

Sinais na radiografia simples

Os métodos de imagem identificam dois tipos de lesões: as inflamatórias, que indicam doença ativa, e as estruturais crônicas, que podem ser destrutivas, proliferativas ou anquilosantes.

A radiografia simples e a TC avaliam as alterações estruturais crônicas. A doença ativa é demonstrada pela RM.

Sinais da espondilite anquilosante na radiologia simples:

- Esclerose subcondral simétrica das articulações sacroilíacas, comumente nos terços inferiores e anteriores das articulações e a presença de erosões ósseas. Em seguida, pode se iniciar o acometimento ascendente da coluna vertebral. Na doença avançada, observa-se a fusão das articulações sacroilíacas (Figura 14).

Quadro 2 Critérios diagnósticos das espondiloartropatias segundo o grupo ASAS (2009)
Pacientes com menos de 45 anos apresentando dor lombar por mais de 3 meses
Diagnóstico imaginológico (ressonância magnética ou radiografia convencional) de sacroiliíte + pelo menos um achado clínico (dos abaixo listados) ou HLA-B27 positivo + pelo menos dois achados clínicos (dos abaixo listados)
Achados clínicos: ■ Dor lombar do tipo inflamatória ■ Artrite ■ Entesite (calcâneo) ■ Uveíte ■ Dactilite ■ Psoríase ■ Colite por doença de Crohn ■ História familiar de espondiloartropatia ■ HLA-B27 ■ Boa resposta a AINES ■ Aumento da proteína C-reativa

AINES: anti-inflamatórios não esteroides.

- Espondilite de Romanus: erosão óssea dos cantos vertebrais (Figura 15).
- "Enquadradamento" vertebral: perda da concavidade anterior dos corpos vertebrais na radiografia em perfil (Figura 15).
- Sindesmófitos (ossificação do ligamento longitudinal: ossificações verticais das fibras periféricas do anel fi-

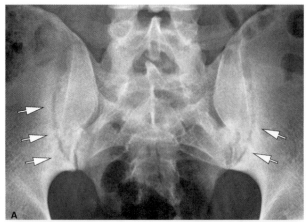

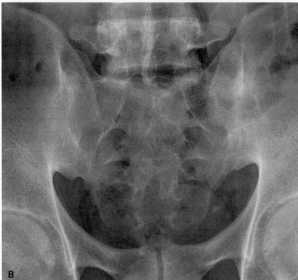

Figura 14 Sacroiliíte na espondilite anquilosante (EA). A: Radiografia da bacia em paciente com EA inicial. Ligeiro aumento dos espaços articulares sacroilíacos associado a irregularidades ósseas e leve esclerose predominando nas porções anteriores e inferiores das articulações (setas). B: Radiografia de sacroilíacas na incidência de Ferguson (anteroposterior angulado cranialmente) em paciente com EA avançada. Observa-se fusão das sacroilíacas.

broso, que, com a evolução da doença, determinam o aspecto típico de coluna em bambu (Figuras 16 e 17).
- Alterações erosivas ou anquilosantes das articulações interapofisárias, costovertebrais e costotransversas (Figura 18).
- Ossificação dos ligamentos longitudinais posteriores, ligamentos amarelos e interespinhosos (Figura 19).
- Ossificação e calcificação intradiscais nas formas tardias (Figura 20).

Os achados das outras espondiloartrites na radiografia simples são:

- Esclerose subcondral assimétrica das articulações sacroilíacas e acometimento não ascendente da coluna toracolombar (Figura 21).

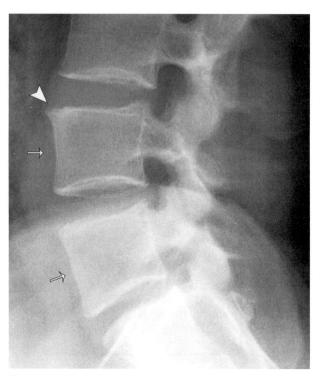

Figura 15 Espondilite de Romanuse – "enquadradamento" das vértebras. Radiografia da coluna lombar. Erosão óssea do canto vertebral anterior e superior de L4 (cabeça de seta). Observa-se também a perda da concavidade anterior dos corpos vertebrais de L4 e L5 (setas), dando o aspecto de vértebras "quadradas".

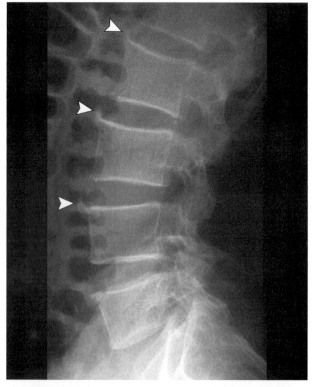

Figura 16 Formação precoce dos sindesmófitos na espondilite anquilosante. Radiografia da coluna lombar. Sindesmófitos rudimentares são observados nas porções anteriores e superiores de L2, L3 e L4 (cabeças de setas).

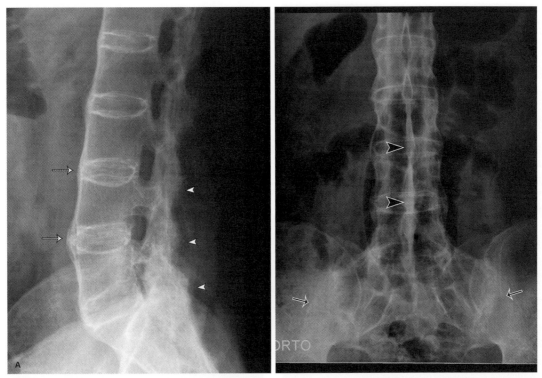

Figura 17 Coluna em "bambu". Radiografia da coluna lombossacra nas incidências perfil (A) e anteroposterior (B). Extensa sindesmofitose anterior (setas brancas) e posterior na coluna lombar. Também se observam fusões das articulações interapofisárias (cabeças de setas brancas), calcificação extensa do ligamento interespinhoso (cabeças de setas pretas) e anquilose das articulações sacroilíacas (setas pretas).

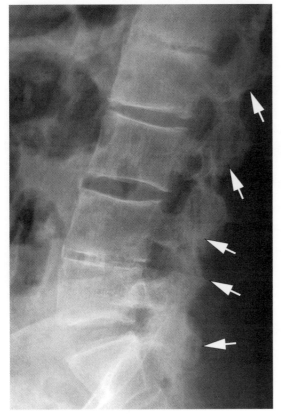

Figura 18 Calcificações discais da espondilite anquilosante. Radiografia da coluna torácica. Calcificações discais (setas) na coluna torácica.

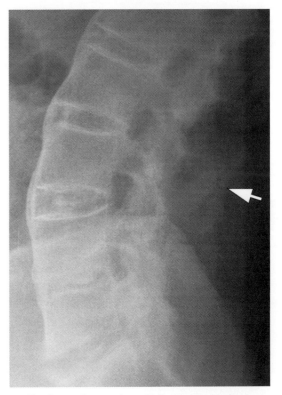

Figura 19 Acometimento das articulações interapofisárias na espondilite anquilosante. Radiografia da coluna lombar. Observam-se as reduções anquiloses das articulações interapofisárias (setas) esparsas pela coluna lombar. Também há "enquadradamento" das vértebras, erosões de Romanus, sindesmófitos e ossificações discais.

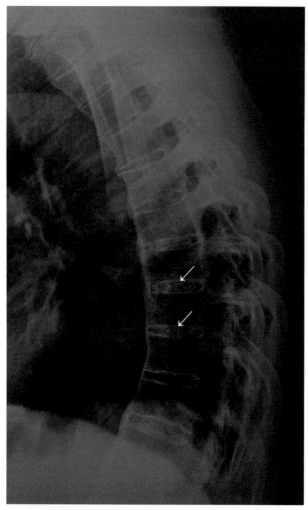

Figura 20 Anquilose de elementos posteriores na espondilite anquilosante – radiografia. Fusão óssea dos processos espinhosos (setas).

- Espondilite de Romanus e o acometimento das articulações interapofisárias são mais raros.
- Acometimento precoce da coluna cervical.

A espondilite anquilosante acomete principalmente o esqueleto axial, sendo o acometimento das articulações periféricas mais comum nas outras espondiloartrites. Como manifestações periféricas da artrite psoriásica, podemos encontrar:

- Redução do espaço articular e erosões ósseas nas mãos e pés de forma assimétrica e unilateral. Na artrite reativa, é incomum o acometimento das mãos.
- Acometimento das articulações metacarpofalângicas, interfalângicas proximais e distais de um mesmo dedo (Figura 22).
- Erosões ósseas hiperostosantes, ou seja, erosões associadas a microespículas ósseas com aspecto florido (Figura 23).

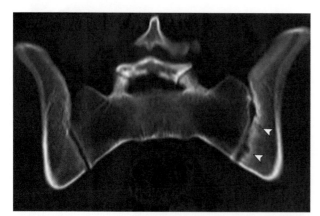

Figura 21 Sacroiliíte assimétrica na artrite reativa. Tomografia computadorizada das articulações sacroilíacas. Aumento do espaço articular com irregularidades e esclerose da sacroilíaca esquerda (cabeças de setas). A articulação direita está preservada.

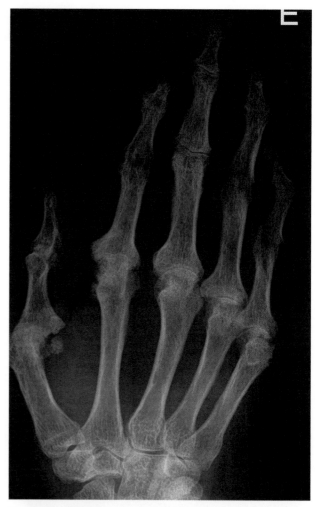

Figura 22 Padrão de distribuição da artrite psoriásica na mão – radiografia. Acometimento das articulações metacarpofalângicas e interfalângicas proximais e distais de toda a mão, mais acentuados no segundo e quarto raios, onde há anquilose destas articulações.

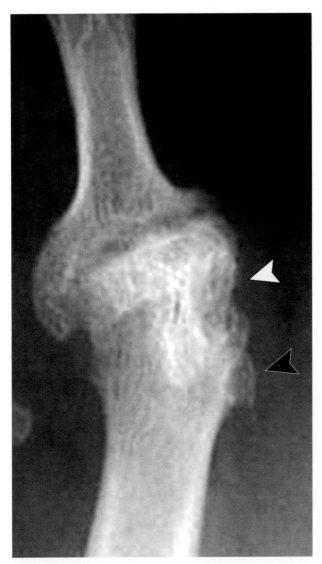

Figura 23 Erosão hiperostosante da artrite psoriásica – radiografia. Erosão óssea na inserção ligamentar da cabeça metatarsiana (cabeça de seta branca), com proliferação óssea adjacente (cabeça de seta preta), típica da artrite psoriásica.

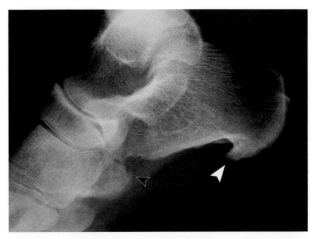

Figura 24 Proliferação óssea das enteses na artrite psoriásica. Radiografia do tornozelo. Proliferações ósseas grosseiras nas inserções ligamentares no calcâneo (cabeça de seta branca) e do cuboide (cabeça de seta preta).

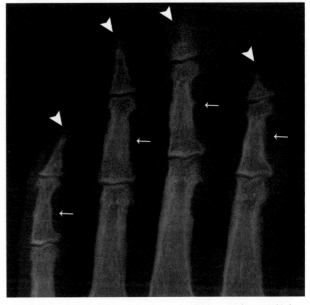

Figura 25 Acrosteólise e reação periosteal na artrite psoriásica. Radiografia da mão. Acrosteólises nos tufos falângicos distais do segundo ao quinto raios (cabeças de setas). Reações periosteais microespiculadas nas falanges médias (setas).

- Proliferação óssea nas ênteses, especialmente na origem da fáscia plantar e inserção do tendão calcâneo (Figura 24).
- Acometimento das articulações interfalângicas distais.
- Acrosteólise (Figura 25).
- Anquiloses metacarpo/metatarsofalângicas e interfalângicas são raras, porém específicas para artrite psoriásica (Figura 22).
- Reabsorção óssea das cabeças dos metacarpos, metatarsos e falanges com aspecto de "lápis dentro do copo" (Figura 26).

Ressonância magnética

A RM é o método de imagem mais sensível para detectar as alterações inflamatórias das articulações sacroilíacas e das colunas. De acordo com o ASAS, a RM das articulações sacroilíacas foi adicionada aos seus critérios diagnósticos, atualizados em 2009.

- As lesões axiais características nos pacientes que apresentam espondilite anquilosante são:
- Sacroiliíte: hipersinal nas sequências STIR ou T2 com saturação de gordura das superfícies ósseas sacroilíacas, mais comumente nos dos terços inferiores e anteriores das articulações. Os critérios ASAS de positividade de uma RM de sacroilíacas são: presença de

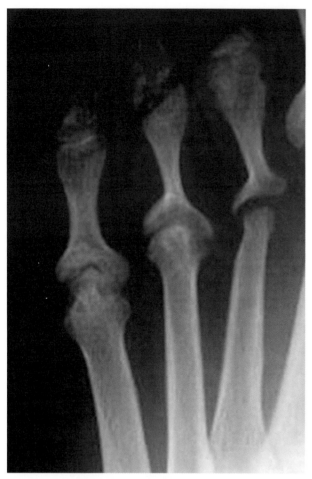

Figura 26 Aspecto de "lápis dentro do copo" na artrite psoriásica – radiografia. Reabsorções ósseas das cabeças metatarsianas (especialmente do terceiro metatarso) e das bases das falanges proximais, dando o característico aspecto de "lápis dentro do copo".

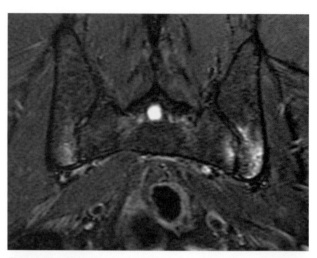

Figura 27 Sacroiliíte na espondiloartrite. Ressonância magnética das articulações sacroilíacas – imagem coronal STIR. Edemas ósseos nas porções anteriores e inferiores de ambas as sacroilíacas, maiores dos lados ilíacos. Também há redução dos espaços articulares com irregularidades.

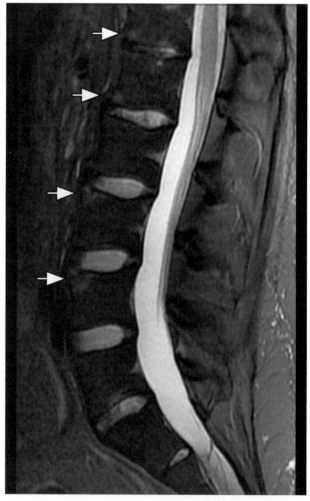

Figura 28 Edemas de cantos na espondiloartrite. Ressonância magnética da coluna lombar – imagem sagital ponderada em T2 com saturação de gordura. Edemas dos cantos vertebrais em toda coluna lombossacra (setas).

hipersinal subcondral em STIR ou T2 com saturação de gordura, observado em, pelo menos, dois focos na mesma imagem ou um foco em duas imagens consecutivas (Figura 27).

- Edemas de cantos vertebrais: hipersinal da medular óssea nas sequências ponderadas em T2 com supressão de gordura ou STIR dos cantos vertebrais anteriores ou posteriores, adjacentes à inserção do anel fibroso, sendo o análogo inflamatório da lesão de Romanus (Figura 28). Quando essas lesões são observadas em pacientes jovens (menos de 45 anos) sem alterações degenerativas discais associadas, a especificidade desse sinal é bastante alta. Entretanto, é importante salientar que as entesites vertebrais na RM não entram como critério diagnóstico pela classificação do ASAS de 2009.
- Lesão de Anderson: hipersinal do platô vertebral na junção entre a placa cartilaginosa e o disco intervertebral, correspondendo a uma espondilodiscite asséptica (Figura 29).

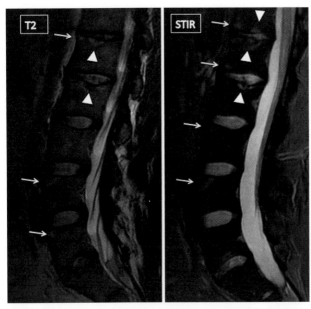

Figura 29 Lesão de Anderson na espondiloartrite. Ressonância magnética da coluna lombar – imagens sagitais ponderadas em T2 e STIR. Edemas nas porções centrais dos platôs vertebrais de T12, L1 e L2 (cabeças de setas), mais bem identificados em STIR e com os discos preservados, caracterizando a espondilodiscite inflamatória (lesão de Anderson). Também há múltiplos edemas de cantos vertebrais (setas) indicando osteíte secundária a entesite.

- Entesopatias: hipersinal nas inserções ligamentares interapofisárias, costovertebrais e costotransversais e nos processos espinhosos (Figura 30).
- As alterações crônicas também podem ser identificadas na RM. As sequências ponderadas em T1 são essenciais, sendo caracterizadas inicialmente por substituição gordurosa nos cantos vertebrais ou sacroilíacas (alto sinal nas sequências ponderadas em T1). Os sindesmófitos e a anquilose também são visualizados (Figuras 31 e 32). A ossificação precoce dos discos intervertebrais aparecem com hipersinal em T1, indicando a presença de medula gordurosa (Figura 33).

No acometimento periférico, as alterações da RM são caracterizados também por hipersinal nas sequências STIR ou T2 com saturação de gordura da medular óssea das articulações periféricas (Figura 34).

Podem ocorrer complicações associadas a espondilite anquilosante crônica:

- Fratura vertebral: acomete a coluna com anquilose especialmente no nível cervical baixo. O disco vertebral é acometido (raramente o corpo vertebral), estendendo-se para elementos posteriores. O diagnóstico é extremamente difícil nas radiografias simples, sendo necessário, na maioria das vezes, TC ou RM para se fazer o diagnóstico (Figura 35).
- Síndrome da cauda equina: uma aracnoidite crônica leva à formação de ectasias durais com formação de

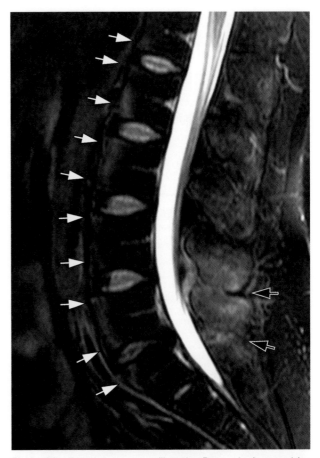

Figura 30 Entesites na espondiloartrite. Ressonância magnética da coluna lombar – imagem sagital STIR. Edemas dos processos espinhosos de L4 e L5, secundários as entesites dos ligamentos interespinhosos (setas pretas). Observam-se os edemas dos cantos vertebrais em toda coluna lombossacra (setas brancas).

divertículos que remodelam os elementos posteriores (Figura 36). Trata-se de uma complicação muito tardia da espondilite anquilosante.

É essencial se fazer o diagnóstico diferencial da espondilite anquilosante. Na fase aguda, pode ser:

- Alterações degenerativas na coluna: a discopatia degenerativa leva a alterações reacionais dos platôs vertebrais adjacentes. A alteração inicial é caracterizada por edema dos platôs vertebrais, sendo denominada de Modic I. Em seguida, há uma degeneração gordurosa (Modic II) e esclerose (Modic III). Essas alterações se diferenciam das encontradas nas espondiloartrites pela idade do paciente (geralmente acima de 45 anos) e das alterações do disco intervertebral adjacente, que se encontra reduzido de altura e/ou com perda de sua hidratação habitual (Figura 37).
- Espondilodiscite infecciosa: a diferenciação da espondilodiscite infecciosa da espondilodiscite asséptica de Anderson é difícil. A espondilodiscite infecciosa se ca-

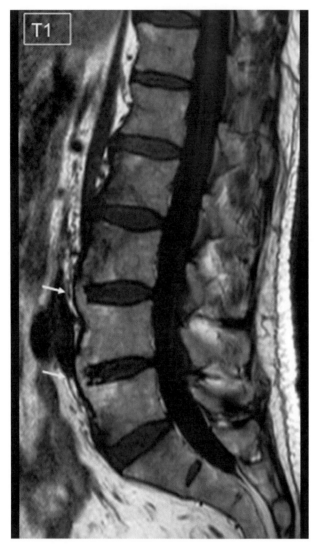

Figura 31 Alterações crônicas na espondiloartrite. Ressonância magnética da coluna lombar – imagem sagital ponderada em T1. Sindesmófitos (setas) em L3-L4 e L4-L5.

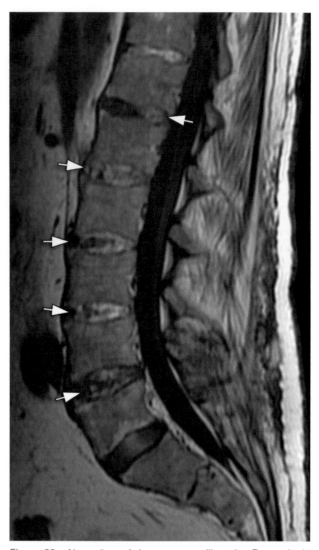

Figura 33 Alterações crônicas na espondiloartrite. Ressonância magnética da coluna lombar – imagem sagital ponderada em T1. Hipersinal de múltiplos discos interverterbais (setas), indicando ossificação dos mesmos.

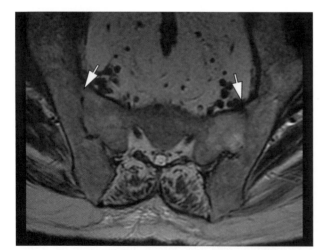

Figura 32 Alterações crônicas na espondiloartrite. Ressonância magnética das articulações sacroilíacas – imagem axial ponderada em T1. Fusão de ambas as sacroilíacas (setas).

racteriza por inflamação focal dos platôs vertebrais bem como acometimento paravertebral e epidural mais acentuado. Nota-se, ainda, captação pelo meio de contraste das partes moles peridiscais (Figura 38). A espondilite asséptica de Anderson geralmente se apresenta em associação com outros achados de espondiloartrite.

- Síndrome SAPHO: afecção autoimune caracterizada por alterações cutâneas e osteoarticulares. O acrônimo SAPHO significa sinovite, acne, pustulose palmoplantar, hiperostose e osteíte. Acomete em especial crianças e adultos jovens. Existe uma grande variedade de manifestações, porém o elemento básico é a presença da osteíte inflamatória asséptica.

Em relação às lesões osteoarticulares, o acometimento da articulação esternoclavicular é o mais comum, seguido por coluna, bacia e ossos longos.

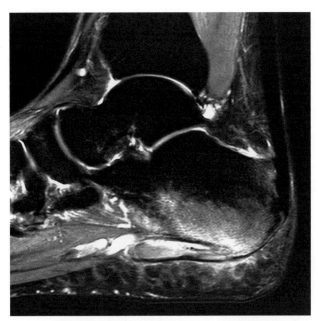

Figura 34 Acometimento periférico da espondiloartrite. Ressonância magnética do tornozelo – imagem sagital ponderada em T2 com saturação de gordura. Acentuado edema das tuberosidades calcaneanas plantar e dorsal, junto a origem da fáscia plantar e inserção do tendão calcâneo, respectivamente. Isso representa uma osteíte secundária a entesite.

As lesões se caracterizam por edema, erosões e, principalmente, uma osteíte de aspecto fibrilar. A coluna é acometida em cerca de um terço dos casos. Caracteristicamente, há ossificação paravertebral (sindesmófitos ou parassindesmófitos) com hiperostose fibrilar, esclerose focal ou difusa nos cantos anteriores do corpo vertebral e erosões dos platôs vertebrais com pinçamento discal. Caracteristicamente, vários corpos vertebrais são acometidos de forma contígua (Figura 39).

Artropatias por deposição de microcristais

As artropatias por deposição de microcristais são causadas pela deposição de microcristais intra ou periarticulares, incluindo três grupos de doenças básicas: gota, deposição de pirofosfato de cálcio (CPPD) e deposição de hidroxiapatita (HA).

Gota

A gota é causada pelos depósitos de cristais de monourato de sódio. É mais frequente em homens, iniciando-se na fase adulta.

A gota apresenta uma forma aguda e outra crônica. Na forma aguda, observa-se reação inflamatória intensa secundária à precipitação dos cristais de monourato de sódio e acomete classicamente a primeira articulação metatarsofalângica. Cronicamente, há formação de uma massa de partes moles periarticulares: o tofo gotoso.

Na fase aguda inicial, o único achado radiológico é o edema de partes moles periarticulares. Na fase crônica, os achados na radiografia simples são:

- Tofo gotoso: massas lobuladas de maior densidade que as partes moles adjacentes, podendo apresentar calcificações irregulares e periféricas; de localização articular, periarticular ou à distância da articulação (Figura 40).

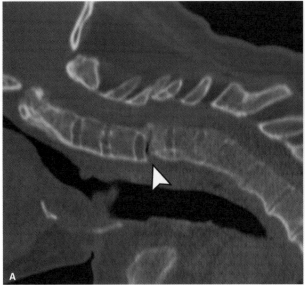
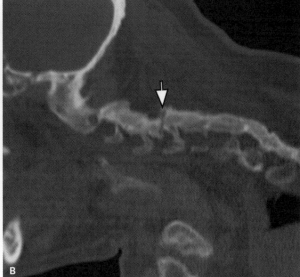

Figura 35 Fratura em esponsilite anquilosante. Tomografia computadorizada da coluna cervical – imagens sagitais mediana (A) e paramediana (B). Paciente com espondilite anquilosante sofreu fratura da coluna cervical após acidente. A fratura acomete o disco/platô vertebral (cabeça de seta) com extensão para elementos posteriores (para apófise) (setas).

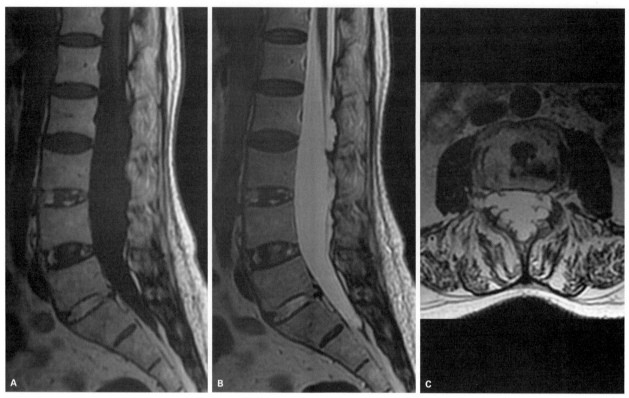

Figura 36 Síndrome da cauda equina como complicação da espondiloartrite. Ressonância magnética da coluna lombar – imagens sagitais ponderadas em T1 (A), T2 (B) e axial ponderada em T2 (C). Paciente com espondilite anquilosante de longa data com quadro clínico de síndrome da cauda equina. Observam-se os achados típicos da espondilite anquilosante: "quadratura" dos corpos vertebrais, sindesmófitos e ossificação dos discos intervertebrais. Observa-se também a ectasia do saco dural, com formação de pequenos divertículos que remodelam as estruturas ósseas circunjacentes. Existe também uma aracnoidite com aderência das raízes da cauda equina ao saco dural.

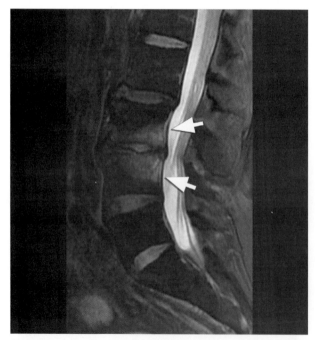

Figura 37 Discopatia degenerativa. Ressonância magnética da coluna lombar – imagem sagital ponderada em T2 com saturação de gordura. Redução da altura do disco L3-L4 com edemas ósseos nas porções posteriores dos platôs vertebrais adjacentes – alteração do tipo Modic I (setas).

- Erosões ósseas marginais, circunscritas, de localização justa ou periarticular e até mesmo à distância das articulações, apresentando aspecto de geodo e caráter moderadamente expansivo (Figura 41).
- Formações ósseas periarticulares, que não caracterizam osteófitos, localizadas adjacentes a um tofo gotoso que induzem neoformação periosteal focal, com aspecto similar ao descolamento da cortical.

Na RM, o tofo gotoso apresenta sinal intermediário similar à musculatura adjacente nas sequências pesadas em T1 e sinal variável em T2. As sequências pesadas em gradiente-*echo* (T2*) são muito úteis para demonstrar o hipossinal dos tofos gotosos.

Vale ressaltar que nódulos apresentando sinal intermediário e localizados profundamente aos ligamentos colaterais e superficialmente aos côndilos femorais são muito sugestivos de tofos gotosos (Figura 42).

A TC pode ser útil na caracterização e no diagnóstico definitivo do tofo gotoso. Demonstra uma massa de partes moles lobulada, mal definida, com densidade de 160-170 UH (Figura 43).

O advento da TC por dupla energia possibilitou um diagnóstico não invasivo com maior especificidade e sensibilidade. Por meio dela, é possível a identificação

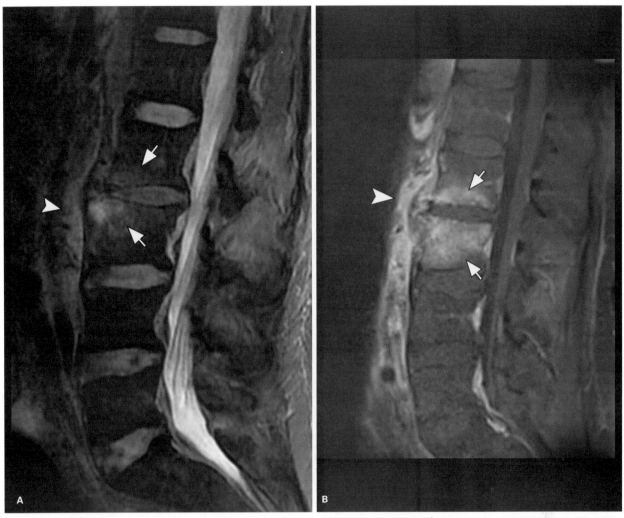

Figura 38 Espondilodiscite infecciosa. Ressonância magnética da coluna lombar – imagens sagitais ponderadas em T2 com saturação de gordura (A) e em T1 com saturação de gordura e com contraste endovenoso (B). Edemas das porções anteriores de L2 e, principalmente, L3 (setas), com edema paravertebral anterior junto ao disco intervertebral L2-L3 (cabeça de seta). Após a administração endovenosa do contraste paramagnético (B), nota-se intenso realce do platô vertebral inferior de L2 e de quase todo o corpo vertebral de L3 (setas), com intenso realce de partes moles paravertebral anterior a L2 e L3 (cabeça de seta).

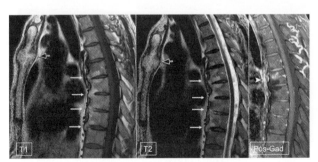

Figura 39 Síndrome SAPHO na coluna dorsal. Ressonância magnética da coluna torácica – imagens sagitais ponderadas em T1, T2 com saturação de gordura e em T1 com saturação de gordura e pós-contraste. Sindesmófitos anteriores fundidos em corpos vertebrais contíguos na coluna dorsal média (setas brancas), com degeneração gordurosa associada e edema paravertebral anterior com realce ao contraste endovenoso (cabeça de seta). Observa-se também a fusão manúbrio-esternal (seta preta).

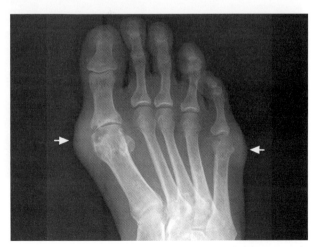

Figura 40 Gota. Radiografia simples do antepé demonstrando importante aumento de partes moles junto a articulação metatarsofalângica do hálux (seta), associada a tênues erosões marginais adjacentes na articulação, com redução desse espaço articular.

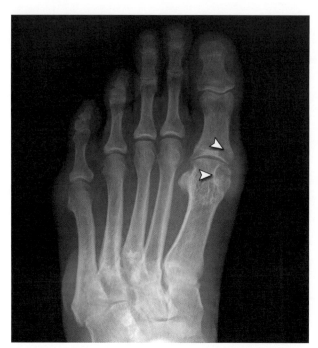

Figura 41 Gota – erosões marginais. Radiografia simples do antepé demonstrando erosões marginais de aspecto expansivo junto a porção medial da articulação metatarsofalângica (cabeças de setas), com redução desse espaço articular e tênue aumento de partes moles adjacentes.

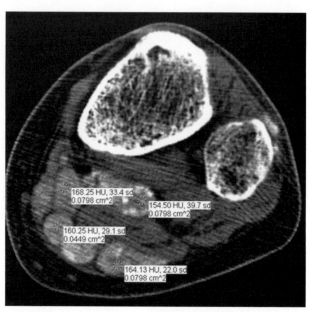

Figura 43 Gota – tomografia computadorizada (TC) com valores de atenuação típicos. TC do joelho esquerdo – imagem axial. Massas sólidas na região poplítea, com áreas focais de hiperatenuação no seu interior, apresentando valores de atenuação variando de 154 a 168 UH, sugerindo calcificações por depósitos de cristais de urato.

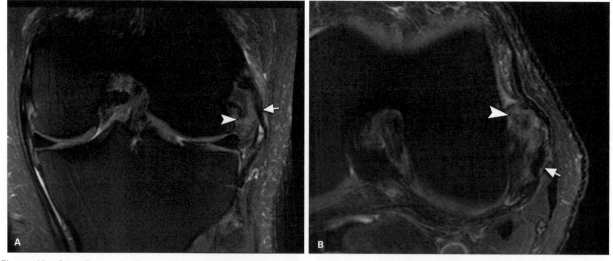

Figura 42 Gota. Ressonância magnética do joelho direito – imagens sagital ponderada em T1 (A) e axial ponderada em T2 com saturação de gordura (B). Aumento volumétrico de partes moles envolvendo o tendão poplíteo em sua origem no côndilo femoral lateral (pontas de setas) e deslocando o ligamento colateral lateral (setas).

de cristais de urato, diferenciando-os dos demais cristais (pirofosfato e HA) em decorrência de diferenças dos números atômicos entre eles. Esta TC permite a classificação da composição química do tecido avaliado, por meio do pós-processamento e um algoritmo de decomposição. Desta é possível identificar o cálcio dos cristais de urato por meio de uma escala de cores previamente definida (Figura 44).

As lesões expansivas e destrutivas decorrentes dos tofos periarticulares podem ser confundidas com uma lesão tumoral (Figura 45).

Deposição de pirofosfato de cálcio (CPPD)

Caracterizada pela deposição de cristais de pirofosfato de cálcio na cartilagem articular, nos meniscos, nos tendões, nos ligamentos, na sinóvia e no líquido sinovial. Essa deposição pode levar a quadros inflamatórios articulares ou periarticulares agudos ou crônicos. A condrocalcinose é a presença de calcificações na cartilagem hialina ou na fibrocartilagem.

Os depósitos de cristais de pirofosfato de cálcio podem acometer:

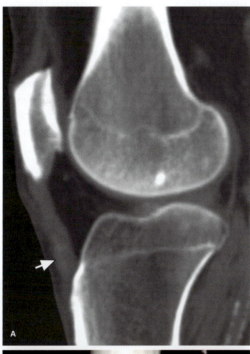

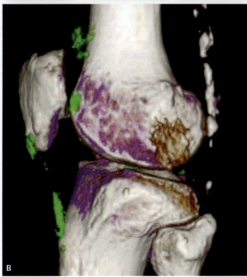

Figura 44 Gota. Tomografia computadorizada com dupla energia do joelho direito – reformatações sagital (A) e tridimensional com protocolo de dupla energia para caracterização de cristais de urato de cálcio (B). Tênue calcificação no terço distal do tendão patelar (seta), inespecífica. Com o protocolo de dupla energia, observa-se caracterização de cristais de urato de cálcio (áreas em verde) no terço distal do tendão patelar, mas também em seu terço proximal e intra-articulares.

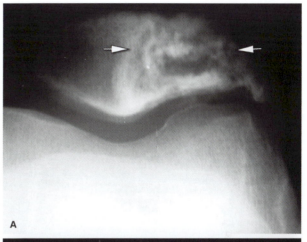

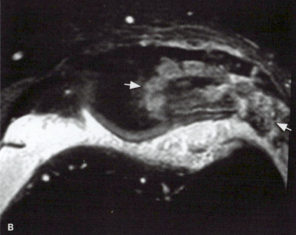

Figura 45 Gota – tofo gotoso de localização intraóssea simulando um tumor. A: Radiografia do joelho esquerdo – incidência axial da patela. B: Imagem axial de ressonância magnética (RM) do mesmo joelho ponderada em T2 com saturação de gordura. Observa-se lesão mista intraóssea na patela, com padrão de agressividade intermediária e áreas de destruição cortical (setas em A). A RM demonstra edema ao redor da lesão e componente sólido extraósseo estendendo-se para o recesso articular (setas em B). A cirurgia confirmou um tofo gotoso.

- Cartilagem hialina (condrocalcinose): depósitos cálcicos finos e lineares nas cartilagens hialinas, paralelos ao osso subcondral, relativamente simétricos, encontrados mais frequentemente em joelhos, punhos, quadris e cotovelos (Figura 46).
- Fibrocartilagem (condrocalcinose): depósitos cálcicos irregulares, espessos, acometendo mais comumente meniscos, fibrocartilagem triangular, sínfise púbica, lábios acetabular e glenoidal (Figura 47).
- Sinóvia: depósitos cálcicos extensos, mal definidos, acometendo principalmente as articulações radiocarpal, radioulnar distal, metacarpo e metatarsofalângicas.
- Tendões: depósitos cálcicos intratendíneos de aspecto fibrilar, linear e orientados no mesmo eixo do tendão.
- Ligamentos: depósitos cálcicos finos e lineares nos ligamentos.

A artropatia por CPPD ocorre, em geral, de forma simétrica em joelhos, punhos e articulações metacarpofalângicas. A artropatia apresenta as mesmas características da artrose degenerativa, como redução da interlinha articular, osteocondensação e geodo subcondral. Possui algumas características que a diferenciam, como: acometimento de articulações atípicas no punho e tornozelo, superfícies articulares de aspecto "denteado", geodos subcondrais de grandes dimensões e numerosos e ausência de osteófitos contrastando com a gravidade da artropatia (Figura 48).

Nos joelhos, achados de alterações isoladas da articulação femoropatelar são sugestivas desta doença.

Depósitos cálcicos nos discos intervertebrais são frequentes na periferia do anel fibroso, sendo que as calcificações difusas dos discos são muito raras e sugestivas das formas familiares de depósito de CPPD ou ainda da ocronose. Calcificações ligamentares e das estruturas cápsulo-sinoviais das articulações interapofisárias são também bem frequentes (Figura 49).

Deposição de hidroxiapatita

A HA pode se depositar nas articulações, na pele, em vasos sanguíneos, entre outros. Na articulação, pode ser encontrada em todos os tecidos.

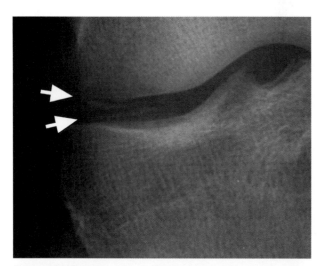

Figura 46 Condrocalcinose. Radiografia do joelho direito – incidência anteroposterior. Finas calcificações lineares na cartilagem hialina do côndilo femoral e platô tibial laterais (setas).

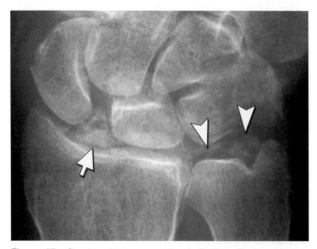

Figura 47 Condrocalcinose – punho. A: Radiografia do punho esquerdo. Calcificações heterogêneas na fibrocartilagem triangular (cabeças de setas) e na topografia do ligamento escafo-semilunar, com alargamento do espaço escafo-semilunar (seta).

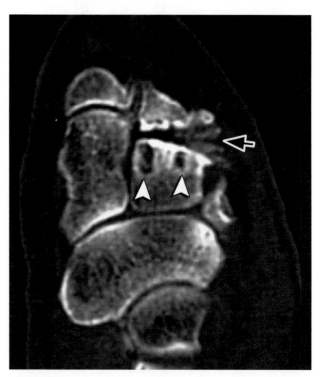

Figura 48 Artropatia por deposição de pirofosfato de cálcio (CPPD) no médio-pé. Reformatação axial de tomografia computadorizada do médio-pé. Redução do espaço articular com irregularidades ósseas dos cuneiformes com as bases do segundo e terceiro metatarsos, sem osteófitos associados. Também se observam grandes cistos subcondrais (cabeças de setas) e condrocalcinose no interior dessas articulações (seta preta).

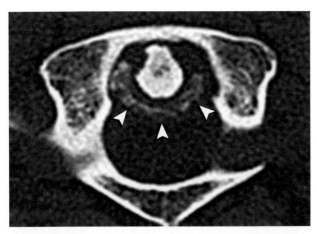

Figura 49 Artropatia por deposição de pirofosfato de cálcio (CPPD) na coluna cervical. Imagem axial de tomografia computadorizada da região atlantoaxial demonstrando calcificações heterogêneas no ligamento transverso posteriormente ao processo odontoide (cabeças de setas). Também se observam erosões com esclerose óssea do odontoide.

Aspecto na radiografia simples

Os depósitos cálcicos de HA são densos, amorfos, arredondados ou ovalares de 1 a 2 cm. Na fase aguda, apresentam contornos mal definidos, menos densos, de aspecto algodonoso (Figura 50). Podem migrar para o interior das bolsas, do osso e para articulações adjacentes.

A visualização de depósitos cálcicos em alguns locais específicos devem evocar o diagnóstico de depósitos cálcicos de HA.

No ombro, o sítio mais frequente é o tendão supraespinhal (Figura 50).

Na coluna cervical, a deposição de HA no músculo *longus colli* pode ser responsável por cervicalgia intensa simulando clinicamente um abscesso retrofaríngeo ou espondilodiscite (Figura 51).

As calcificações discais são densas, amorfas e geralmente centrais no núcleo pulposo. Podem migrar para uma hérnia discal ou em direção ao platô vertebral adjacente (Figura 52). Isto é relativamente frequente em crianças.

A artropatia crônica causada pelos depósitos intra-articulares de HA ocorre principalmente no ombro (ombro de

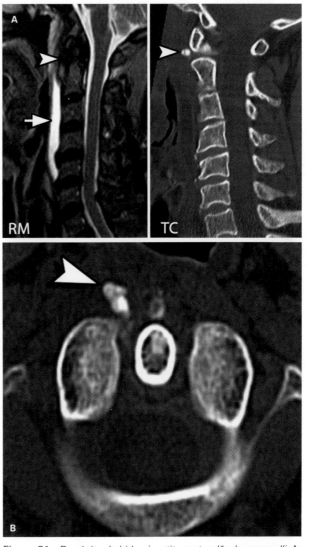

Figura 51 Depósito de hidroxiapatita no tendão *longus colli*. A: Imagens sagitais de ressonância magnética (STIR) e tomografia computadorizada (TC) da coluna cervical. B: Imagem axial de TC da coluna cervical. Coleção líquida retrofaríngea (seta), simulando um abscesso. No entanto, observa-se, ainda, espessamento e calcificação do tendão *longus colli* à direita, junto à sua origem no arco anterior de C1 (cabeças de setas), indicando tratar-se apenas de uma tendinopatia calcária com processo inflamatório e exsudação líquida associada.

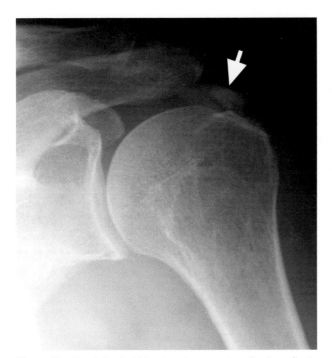

Figura 50 Depósito de hidroxiapatita no ombro. Radiografia do ombro – incidência anteroposterior (AP). Calcificação amorfa, pouco densa na topografia do tendão supraespinhal (seta).

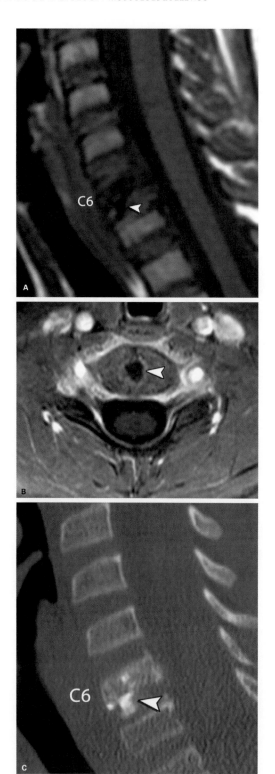

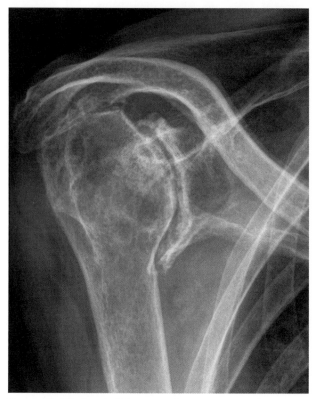

Milwaukee), que se manifesta na radiografia com esclerose óssea subcondral glenoumeral, redução assimétrica do espaço articular e ausência de osteofitose (Figura 53). Com a evolução da doença, podem ser observadas erosões ósseas grosseiras, destruição articular e fragmentação óssea.

Figura 53 Ombro de Milwaukee. Radiografia do ombro direito. Importante artropatia erosiva glenoumeral, com perda da morfologia normal da cabeça umeral e remodelação com irregularidades ósseas na glenoide. Também se observa uma elevação da cabeça umeral com redução do espaço acromioumeral, indicando uma rotura transfixante do manguito rotador

Figura 52 Depósito de hidroxiapatita no disco intervertebral, migrada para o corpo vertebral. A: Imagem sagital de ressonância magnética (RM) da coluna cervical ponderada em T1. B: Imagem axial de RM da coluna cervical (C6-C7) ponderada em T1 com saturação de gordura e pós-contraste. C: Reformatação sagital de tomografia computadorizada da coluna cervical. Alteração de sinal de todo o corpo vertebral de C6 e de partes moles ao seu redor, com calcificação discal C6-C7, migrada para o interior do corpo de C6 (cabeças de setas), indicando tratar-se de uma discopatia calcária migrada para o corpo vertebral e com processo inflamatório ao seu redor.

Bibliografia sugerida

1. Aletaha D, Landewe R, Karonitsch T, Bathon J, Boers M, Bombardier C, et al. Reporting disease activity in clinical trials of patients with rheumatoid arthritis: EULAR/ACR collaborative recommendations. Arthritis Rheum. 2008;59(10):1371-7.
2. Aletaha D, Neogi T, Silman AJ, Funovits J, Felson DT, Bingham CO 3rd, et al. 2010 Rheumatoid arthritis classification criteria: an American College of Rheumatology/European League Against Rheumatism collaborative initiative. Arthritis Rheum. 2010;62(9):2569-81.
3. Amor B, Dougados M, Mijiyawa M. Critères de classification des spondylarthropathies. Rev Mal Osteoartic. 1990;57:85-9.
4. Arnett FC, Edworthy SM, Bloch DA, McShane DJ, Fries JF, Cooper NS, et al. The American Rheumatism Association 1987 revised criteria for the classification of rheumatoid arthritis. Arthritis Rheum. 1988;31(3):315-24.
5. Baraliakos X, Braun J. Magnetic resonance imaging in spondyloarthropathies. Joint Bone Spine. 2006;73(1):1-3.
6. Baraliakos X, Hermann K, Landewe R, Listing J, Golder W, Brandt J, et al. Assessment of acute spinal inflammation in patients with ankylosing spondylitis by magnetic resonance imaging: a comparison between contrast enhanced T1 and short tau inversion recovery (STIR) sequences. Ann Rheum Dis. 2005;64(8):1141-4.

7. Bennett AN, Marzo-Ortega H, Emery P, McGonagle D; Leeds Spondyloarthropathy Group. Diagnosing axial spondyloarthropathy. The new Assessment in SpondyloArthritis international Society criteria: MRI entering centre stage. Ann Rheum Dis. 2009;68:765-7.
8. Bennett AN, Rehman A, Hensor EM, Marzo-Ortega H, Emery P, McGonagle D. Evaluation of the diagnostic utility of spinal magnetic resonance imaging in axial spondylarthritis. Arthritis Rheum. 2009;60(5):1331-41.
9. Bollow M, Enzweiler C, Taupitz M, Golder W, Hamm B, Sieper J. Use of contrast enhanced magnetic resonance imaging to detect spinal inflammation in patients with spondyloarthritides. Clin Exp Rheumatol. 2002;20(Suppl 28):S167-74.
10. Braun J, Sieper J. Ankylosing spondylitis. Lancet. 2007;369:1379-90.
11. Braun J, Bollow M, Eggens U, Konig H, Distler A, Sieper J. Use of dynamic magnetic resonance imaging with fast imaging in the detection of early and advanced sacroiliitis in spondylarthropathy patients. Arthritis Rheum. 1994;37:1039-45.
12. Colbert RA. Classification of juvenile spondyloarthritis: Enthesitis-related arthritis and beyond. Nat Rev Rheumatol. **2010**;6(8):477-85.
13. Cotten A. Affections microcristallines. In: Cotten A. Imagerie Musculosquelettique: pathologies générales. Paris: Masson; 2005.p. 69-109.
14. Cotten A. Rhumatismes inflamatoires chroniques. In: Cotten A. Imagerie musculosquelettique: pathologies générales. Paris: Masson; 2005. p.1-43.
15. Dougados M, Van der Linden S, Juhlin R, Huitfeldt B, Amor B, Calin A. European Spondylarthropathy Study Group. The European Spondylarthropathy Study Group preliminary criteria for the classification of spondylarthropathy. Arthritis Rheum. 1991;34:1218-27.
16. Duer-Jensen A, Vestergaard A, Dohn UM, Ejbjerg B, Hetland ML, Albrecht-Beste E, et al. Detection of rheumatoid arthritis bone erosions by two different dedicated extremity MRI units and conventional radiography. Ann Rheum Dis. 2008;67(7):998-1003.
17. Fam AG. What is new about crystals other than monosodium urate? Curr Opin Rheumatol. 2000;12(3):228-34.
18. Fink **CW**. Proposal for the development of classification criteria for idiopathic arthritides of childhood. J Rheumatol. 1995;22(8):1566-9.
19. Foeldvari I, Bidde M. Validation of the proposed ILAR classification criteria for juvenile idiopathic arthritis. International League of Associations for Rheumatology. J Rheumatol. 2000;27(4):1069-72.
20. Gaujoux-Viala C, Smolen JS, Landewé R, Dougados M, Kvien TK, Mola EM, et al. Current evidence for the management of rheumatoid arthritis with synthetic disease-modifying antirheumatic drugs: a systematic literature review informing the EULAR recommendations for the management of rheumatoid arthritis. Ann Rheum Dis. 2010;69(6):1004-9.
21. Gomariz EM, del M, Guijo VP, Contreras AE, Villanueva M, Estévez EC. The potential of ESSG spondyloarthropathy classification criteria as a diagnostic aid in rheumatological practic. J Rheumatol. 2002;29(2):326-30.
22. Goupille P, Pham T, Claudepierre P, Wendling D. A plea for reason in using magnetic resonance imaging for the diagnostic and therapeutic management of spondyloarthropathies. Joint Bone Spine. 2009;76(2):123-5.
23. Grassi W, Filipucci E, Farina A, Cervini C. Sonographic imaging of tendons. Arthritis Rheum. 2000;43(5):969-76.
24. Grassi W, Lamanna G, Farina A, Cervini C. Synovitis of small joints: sonographic guided diagnostic and therapeutic approach. Ann Rheum Dis. 1999;58:595-7.
25. Grassi W, Tittarelli E, Blasetti P, Pirani O, Cervini C. Finger tendon involvement in rheumatoid arthritis. Evaluation with high-frequency sonography. Arthritis Rheum. 1995;38(6):786-94.
26. Haavardsholm EA, Boyesen P, Ostergaard M, Schildvold A, Kvien TK. Magnetic resonance imaging findings in 84 patients with early rheumatoid arthritis: bone marrow oedema predicts erosive progression. Ann Rheum Dis. 2008;67(6):794-800.
27. Harrison TR, Braunwald E, Fauci AS, et al. Distúrbios do sistema imune, do tecido conjuntivo e das articulacoes. In: Harrison TR. Medicina interna – volume II. 15.ed; Philadelphia: Mc Graw Hill; 2002. p.1913-2139.
28. Healy PJ, Helliwell PS. Classification of the spondyloarthropathies. Curr Opin Rheumatol. 2005;17(4):395-9.
29. Hermann KG, Braun J, Fischer T, Reisshauer H, Bollow M. Magnetic resonance tomography of sacroiliitis: anatomy, histological pathology, MR-morphology, and grading. Radiologe. 2004;44:217-28.
30. Jensen PS. Chondrocalcinosis and other calcifications. Radiol Clin North Am. 1988;26(6):1315-25.
31. Khan MA. Thoughts concerning the early diagnosis of ankylosing spondylitis and related disease. Clin Exp Rheumatol. 2002;20(Suppl 28):S6-S20.
32. Knevel R, Schoels M, Huizinga TW, Aletaha D, Burmester GR, Combe B, et al. Current evidence for a strategic approach to the management of rheumatoid arthritis with disease-modifying antirheumatic drugs: a systematic literature review informing the EULAR recommendations for the management of rheumatoid arthritis. Ann Rheum Dis. 2010;69(6):987-94.
33. Kotob H, Kamel M. Identification and prevalence of rheumatoid nodules in the finger tendons using high frequency ultrasonography. J Rheumatol. 1999;26(6):1264-68.
34. Kraemer EJ, El-Khoury GY. Atypical calcific tendinitis with cortical erosions. Skeletal Radiol. 2000;29(12):690-6.
35. Landewé R, Hermann KG, van der Heijde D, Baraliakos X, Jurik A, Lambert R, et al. Scoring sacro-iliac joints by magnetic resonance imaging: a multiple-reader reliability experiment. J Rheumatol. 2005;32(10):2050-5.
36. Laredo JD, Morvan G, Webier M. Imagerie osteo-articulaire. Pathologie Generale. Paris: Flammarion; 1998, p. 687.
37. Lopez-Ben R, Bernreuter W, Moreland L, Alaouon G. USG detection of bone erosions in rheumatoid arthritis: a comparison to routine radiographic of the hands and feet. Skeletal Radiology. 2004;33(2):80-4.
38. Luisiri P, Blair J, Ellman MH. Calcium pyrophosphate dihydrate deposition disease presenting as tumoral calcinosis (periarticular pseudogout). J Rheumatol. 1996;23(9):1647-50.
39. Mansour M, Cheema GS, Naguwa SM, Greenspan A, Borchers AT, Keen CL. Ankylosing spondylitis: a contemporary perspective on diagnostic and treatment. Semin Arthritis Rheum. 2007;36:210-23.
40. Martinoli C, Bianchi S. Ultrasound of the musculoskeletal system, 2nd edition. Springer; 2007:533-6.
41. Mc Gonagle D, Conaghan PG, O'Connor P, Gibbon W, Green M, Wakefield R, Ridgway J, Emery P. The relationship between synovitis and bone changes in early untreated rheumatoid arthritis. Arthritis Rheum. 1999;42:1706-11.
42. Nam JL, Winthrop KL, van Vollenhoven RF, Pavelka K, Valesini G, Hensor EM, et al. Current evidence for the management of rheumatoid arthritis with biological disease-modifying antirheumatic drugs: a systematic literature review informing the EULAR recommendations for the management of RA. Ann Rheum Dis 2010;69(6):976-86.
43. Newman JS, Laing TJ, McCarthy CJ, Adler RS. Power doppler sonography of synovitis: assessment of therapeutic response - preliminary observations. Radiology. 1996;198:582-4.
44. Nguyen VD. Rapid destructive arthritis of the shoulder. Skeletal Radiol. 1996;25(2):107-12.
45. Ostergaard M, Hansen M, Stoltenberg M, Jensen KE, Szkudlarek M, Pedersen-Zbinden B, et al. New radiographic bone erosions in wrist of patient with rheumatoid arthritis is detectable with magnet resonance imaging a median of two years earlier. Arthritis and Rheumatism. 2003;48(8):2128-31.
46. Pereira ER, Brown RR, Resnick D. Prevalence and patterns of tendon calcification in patients with chondrocalcinosis of the knee: radiologic study of 156 patients. Clin Imaging. 1998;22(5):371-5.
47. Pertuiset E. Diagnosis of early spondyloarthritis. Rev Med Interne. 2008;29(7):596-605.
48. Puhakka KB, Melsen F, Jurik AG, Boel LW, Vesterby A, Egund N. MR imaging of the normal sacroiliac joint with correlation to histology. Skeletal Radiol. 2004;**33**:15-28.
49. Reginato AJ, Tamesis E, Netter P. Familial and clinical aspects of calcium pyrophosphate deposition disease. Curr Rheumatol Rep. 1999;1(2):112-20.
50. Resnick D, Niwayama G. Ankylosing spondylitis. In: Resnick D. Diagnosis of bone and joint disorders. 3rd ed. Philadelphia: WB Saunders; 1995. p.1008-74.
51. Resnick D, Niwayama G. Calcium pyrophosphate dyhidrate crystal deposition disease. In: Resnick D. Diagnosis of bone and joint Disorders. 3rd ed. Philadelphia: WB Saunders; 1995. p.1556-1614.
52. Resnick D, Niwayama G. Juvenile chronic arthritis. In: Resnick D. Diagnosis of bone and joint disorders. 3rd ed. Philadelphia: WB Saunders; 1995. p.971-1006.
53. Resnick D, Niwayama G. Psoriatic arthritis. In: Resnick D. Diagnosis of bone and joint disorders. 3rd ed. Philadelphia: WB Saunders; 1995. p.1008-74.
54. Resnick D, Niwayama G. Rheumatoid arthritis. In: Resnick D. Diagnosis of bone and joint disorders. 3rd ed. Philadelphia: WB Saunders; 1995. p.866-970.
55. Resnick D, Niwayama G. Gouty arthritis. In: Resnick D. Diagnosis of bone and joint disorders. 3rd ed. Philadelphia: WB Saunders; 1995. p.1511-55.
56. Rudwaleit M, Van der Heijde D, Khan MA, Braun J, Sieper J. How to diagnose axial spondyloarthritis early. Ann Rheum Dis. 2004;**63**:535-43.
57. Scheel AK, Hermann KG, Kahler E, Pasewaldt D, Fritz J, Hamm B, et al. A novel ultrasonographic synovitis scoring system suitable for analyzing finger joint inflammation in rheumatoid arthritis. Arthritis Rheum. 2005;52(3):733-43.
58. Schmidt WA, Völker L, Zacher J, Schläfke M, Ruhnke M, Gromnica-Ihle E. Colour Doppler ultrasonography to detect pannus in knee joint synovitis. Clin Exp Rheumatol. 2000;18:439-44.

59. Schueller-Weidekamm C, Krestan C, Schueller G, Kapral T, Aletaha D, Kainberger F. Power Doppler sonography and pulse-inversion harmonic imaging in evaluation of rheumatoid arthritis synovitis. AJR Am J Roentgenol. 2007;188(2):504-8.
60. Sieper J, Rudwaleit M, Baraliakos X, Brandt J, Braun J, Burgos-Vargas R, et al. The assessment of Spondyloarthritis International Society (ASAS) handbook: a guide to assess spondyloarthritis. Ann Rheum Dis. 2009; 68:1-44.
61. Sissons HA, Steiner GC, Bonar F, May M, Rosenberg ZS, Samuels H, Present D. Tumoral calcium pyrophosphate deposition disease. Skeletal Radiol. 1989;18(2):79-87.
62. Smolen JS, Landewé R, Breedveld FC, Dougados M, Emery P, Gaujoux-Viala C, et al. EULAR recommendations for the management of rheumatoid arthritis with synthetic and biological disease-modifying antirheumatic drugs. Ann Rheum Dis. 2010;69(6):964-75.
63. Sommer OJ, Kladosek A, Weiler V, Czembirek H, Boeck M, Stiskal M. Rheumatoid arthritis: a practical guide to state-of-the-art imaging, image interpretation, and clinical implications. Radiographics. 2005; 25(2):381-98.
64. Steinbach LS, Resnick D. Calcium pyrophosphate dihydrate crystal deposition disease revisited. Radiology. 1996;200(1):1-9.
65. Steinbach LS. Calcium pyrophosphate dihydrate and calcium hydroxyapatite crystal deposition diseases: imaging perspectives. Radiol Clin North Am. 2004;42(1):185-205.
66. Van der Linden S, Van der Heijde D, Braun J. Ankylosing spondylitis. 7.ed. In: Harris Jr. EDJ, Budd RC, Firestein GS, Genovese MC, Sergent JS, Ruddy S, et al., eds. Kelley's textbook of rheumatology. vol. II. Philadelphia: Elsevier Saunders; 2005. p.1125-41.
67. Vinje O, Flato B, Forre O. Classification of idiopathic juvenile arthritis Tidsskr Nor Laegeforen. 2000;10;120(4):459-65.
68. Weidekamm C, Köller M, Weber M, Kainberger F. Diagnostic value of high-resolution B-mode and doppler sonography for imaging of hand and finger joints in rheumatoid arthritis. Arthritis Rheum. 2003;48(2):325-33.
69. Wilkins E, Dieppe P, Maddison P, Evison G. Osteoarthritis and articular chondrocalcinosis in the elderly. Ann Rheum Dis. 1983;42(3):280-4.
70. Yu JS, Chung C, Recht M, Dailiana T, Jurdi R. MR imaging of tophaceous gout. AJR Am J Roentgenol. 1997;168(2):523-7.

6

Infecções ósseas e de partes moles

Marcelo Bordalo Rodrigues

Introdução

Os métodos por imagem exercem um papel-chave nas infecções do sistema musculoesquelético, tornando-se cada vez mais importantes na prática diária. Existem, no entanto, algumas questões envolvendo os métodos por imagem. A principal é se a imagem é realmente capaz de confirmar a suspeita clínica de infecção. Outras questões envolvidas são a capacidade dos métodos por imagem de avaliar a disseminação da infecção para partes moles, para o osso ou para a articulação e a capacidade de diferenciação entre a infecção e as doenças neuropáticas e tumores.

A resposta destas questões depende principalmente da adequada solicitação e interpretação dos exames por imagem. Em geral, a imagem consegue auxiliar no diagnóstico, estadiamento, diferencial e evolução do caso, sempre em conjunto com os dados clínico-laboratoriais.

Revisaremos os principais achados por imagem das diferentes fases das osteomielites bacterianas e o papel dos diversos métodos por imagem. Também abordaremos separadamente os aspectos específicos das infecções tuberculosas, artrites sépticas e infecções de partes moles.

Osteomielite bacteriana aguda

Radiografia simples

Na fase inicial, a radiografia simples não demonstra quaisquer alterações. Após cerca de 3-4 dias, pode haver um aumento de partes moles. As alterações ósseas só aparecem após 2 semanas, podendo se observar lesões líticas mal delimitadas, simulando uma lesão agressiva (Figura 1). Também pode se observar uma reação periosteal lamelar (Figura 2).

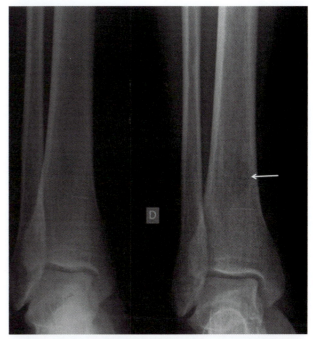

Figura 1 Osteomielite aguda – radiografia. Radiografia simples da perna distal demonstra lesão lítica de contornos mal definidos na diáfise distal da tíbia (seta), indicando uma osteomielite aguda (15 dias de história).

Ultrassonografia

O ultrassom possui utilidade na detecção de edema de partes moles justa-ósseo, espessamentos periosteais e coleções subperiosteais, tendo pouca utilidade na avaliação óssea (Figura 3).

Cintilografia óssea

A cintilografia óssea com tecnécio é um exame de alta sensibilidade para o diagnóstico da osteomielite, obser-

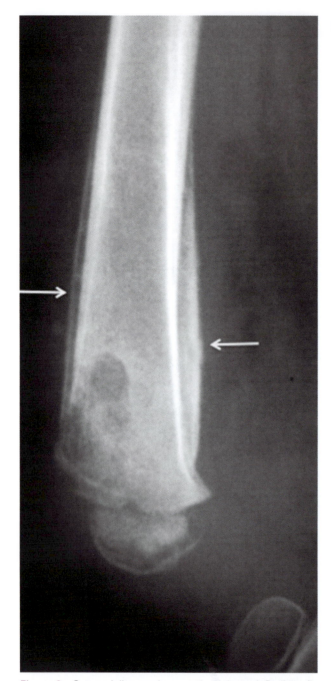

Figura 2 Osteomielite aguda – reação periosteal. Radiografia simples do joelho. Reação periosteal lamelar (setas), associada a uma lesão lítica metadiafisária distal do fêmur, indicando uma osteomielite aguda (30 dias de história).

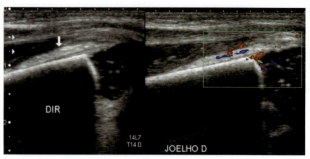

Figura 3 Osteomielite aguda – ultrassonografia. Ultrassonografia do joelho em recém-nascido de 1 mês de idade. Espessamento periosteal anterior, que apresenta aumento do fluxo vascular ao Doppler. Foi confirmada osteomielite aguda.

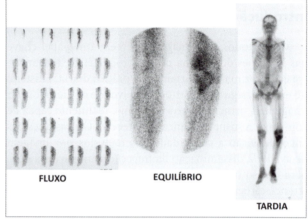

Figura 4 Osteomielite aguda – cintilografia óssea com tecnécio. Cintilografia óssea com tecnécio em paciente com 8 dias de história demonstra foco de hipercaptação na tíbia proximal.

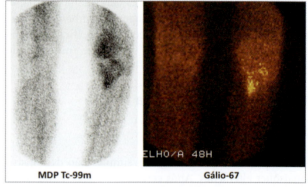

Figura 5 Osteomielite aguda – cintilografia óssea com marcador inflamatório. Cintilografia óssea com gálio-67 no mesmo paciente da Figura 4 demonstra foco de hipercaptação na tíbia proximal, coincidente com o tecnécio, indicando atividade inflamatória. O restante da investigação clínico-laboratorial indicou uma osteomielite aguda.

vando-se hipercaptação nas fases de fluxo, equilíbrio e tardia desde o 3-4º dia de doença. Trata-se, no entanto, de um exame pouco específico, sendo necessária a correlação com os dados clínico-laboratoriais para o diagnóstico (Figura 4). Para aumentar a especificidade do diagnóstico, pode-se realizar uma cintilografia óssea com um marcador inflamatório, podendo-se utilizar o gálio-67, leucócitos marcados ou anticorpos policlonais (Figura 5).

Ressonância magnética

A ressonância magnética (RM) é um exame com alta sensibilidade, observando-se alterações precoces desde os primeiros dias de doença. Nota-se um hipossinal da medula óssea nas sequências ponderadas em T1, hipersinal em T2, com realce pós-contraste (Figura 6). Com a progressão da doença, pode-se observar aparecimento de abscessos, com o típico realce periférico ao contraste. Caracteristicamente, a infecção atravessa a cartilagem de crescimento, ao contrário das alterações neoplásicas (Figura 7). Também podem ser observadas reações periosteais e edemas de partes moles.

A especificidade da RM é maior que a da cintilografia óssea para o diagnóstico de infecção, porém é de suma importância a correlação clínica e laboratorial com os achados de imagem.

Osteomielite bacteriana subaguda

A forma de acometimento clássica é o abscesso de Brodie, que constitui uma área central de supuração e necrose, com tecido de granulação formando a parede capsular. Sua localização é predominantemente metafisária e pode apresentar interdigitações em direção à cavidade medular diafisária ou epífise (Figura 8).

Outro achado característico é o sequestro ósseo, que corresponde à necrose óssea, porém é uma potencial fonte de reativação de infecção. Radiologicamente apresenta-se como um fragmento ósseo esclerótico com tecido de granulação ao seu redor. A tomografia computadorizada (TC) tem maior eficácia na pesquisa de sequestros ósseos (Figura 9).

Osteomielite bacteriana crônica

O osso encontra-se alargado e remodelado com osteocondensação secundária ao aumento da espessura e

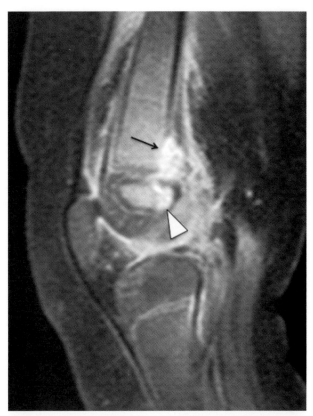

Figura 7 Osteomielite aguda – ressonância magnética (RM). RM em criança com 15 dias de história demonstra edema ósseo difuso no terço distal do fêmur, com espessamento periosteal e presença de uma coleção metafisária (seta) que se estende para a epífise (cabeça de seta), indicando uma osteomielite.

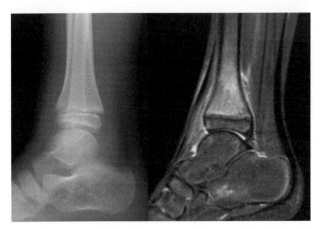

Figura 6 Osteomielite aguda – ressonância magnética (RM). RM em criança com 6 dias de história demonstra radiografia simples do tornozelo normal. A RM indica um edema ósseo difuso no terço distal da tíbia, com edema de partes moles, sugerindo uma osteomielite.

número das trabéculas ósseas, assim como do espessamento periosteal crônico e irregular (Figura 10). É importante a percepção pelos exames de imagem de quaisquer sinais de reativação de infecção: aparecimento de novas áreas de lise óssea, reação periosteal regular e mal delimitada, presença de sequestro ósseo. A TC e a RM têm o papel de investigar as alterações de partes moles, a pesquisa de coleções intra e extraósseas e também a de sequestros.

Tuberculose do sistema musculoesquelético

Tuberculose musculoesquelética corresponde a cerca de 2-3% dos casos totais de tuberculose, e a coluna está envolvida em cerca de 50% destes casos. No esqueleto apendicular, o joelho e o quadril são os principais locais de acometimento. Existem dificuldades no diagnóstico clínico, pois em cerca de metade dos casos não existe uma história de doença pulmonar ativa associada.

A osteomielite extraespinal representa cerca de 19% dos casos de tuberculose musculoesquelética. Qualquer osso pode ser acometido: as metáfises dos ossos longos,

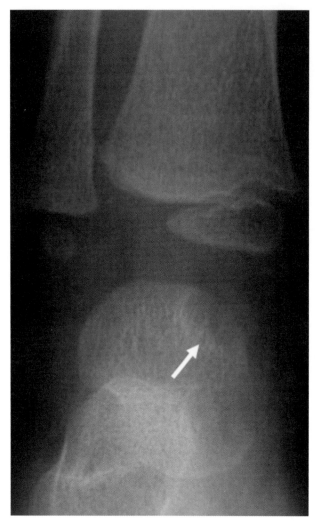

Figura 8 Osteomielite subaguda – abscesso de Brodie. Radiografia simples do tornozelo mostra lesão lítica de contornos bem definidos e levemente escleróticos no tálus, caracterizando um abscesso de Brodie.

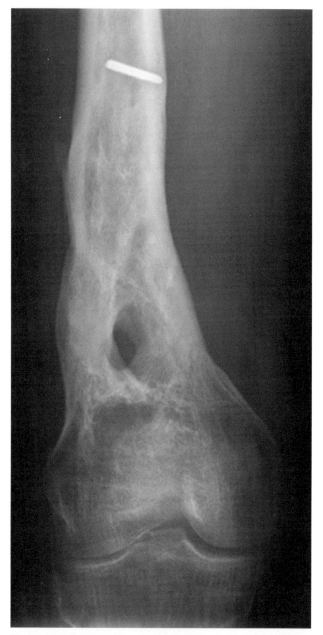

Figura 10 Osteomielite crônica. Radiografia simples do joelho mostra espessamento difuso do trabeculado ósseo cortical e esponjoso.

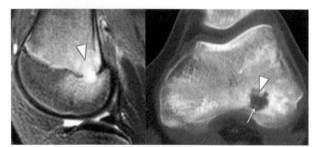

Figura 9 Osteomielite subaguda – sequestro ósseo. Ressonância magnética demonstra coleção na fise de crescimento do fêmur distal (cabeça de seta). A tomografia computadorizada mostra lesão lítica (cabeça de seta) com calcificação central (seta), caracterizando um sequestro ósseo.

pequenos ossos das mãos e pés e os ossos chatos. Radiologicamente, apresenta-se como uma lesão lítica excêntrica que rompe a cortical e se estende para partes moles ou, menos frequentemente, uma lesão central com esclerose periférica, sugerindo uma osteomielite crônica. A RM pode demonstrar o granuloma intraósseo, que apresenta hipossinal em T1, hipo ou isossinal em T2 com realce heterogêneo ao meio de contraste. O abscesso justacortical é bastante típico de tuberculose (Figura 11).

Uma forma bastante típica é a dactilite tuberculosa, que geralmente ocorre nas crianças menores que 5 anos.

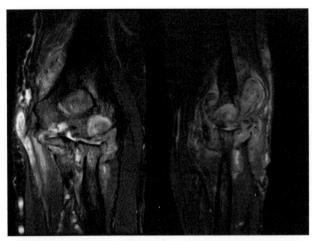

Figura 11 Tuberculose óssea. Ressonância magnética de cotovelo mostra múltiplas coleções ósseas, espessamento sinovial e edema de partes moles.

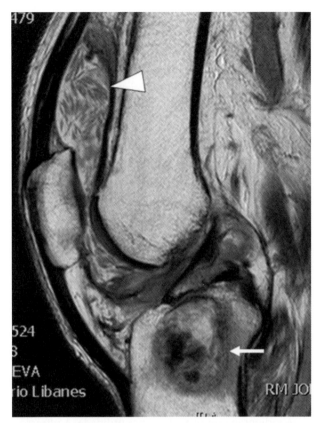

Figura 12 Tuberculose óssea – corpos riziformes. Ressonância magnética do joelho mostra múltiplas formações nodulares alongadas intra-articulares, caracterizando "corpos riziformes", sugestivos de tuberculose articular.

Tipicamente, as falanges e os metatarsos são acometidos: aumento de partes moles, osteólise cortical e central e reação periosteal.

A artrite tuberculosa geralmente é secundária a uma osteomielite subjacente. Radiologicamente se manifesta como uma rarefação óssea evoluindo para erosões marginais e pinçamento articular. O quadril, joelho e ombro são as articulações mais frequentemente acometidas. Alguns sinais na RM podem indicar o diagnóstico: proliferação sinovial importante com erosões ósseas secundárias, simulando doença inflamatória (*pseudopannus*), presença de corpos riziformes intra-articulares (debris sinoviais fibrinosos não calcificados) e pequenos abscessos de paredes finas e regulares (Figura 12). Raramente há edema de partes moles associado.

Artrite séptica

A artrite séptica é uma urgência funcional que deve ser diagnosticada clínica e laboratorialmente. Os métodos de imagem subsidiários são:

Radiografia simples

Existe uma tumefação sinovial com consequente aumento de partes moles periarticulares com deslocamento dos coxins gordurosos. Também pode-se observar uma rarefação óssea periarticular evoluindo para erosões marginais, destruição articular e, na falha do tratamento, subluxação. Numa fase tardia, há anquilose da articulação.

Ultrassonografia

O ultrassom permite a detecção do derrame articular, cujo aspecto não é específico de infecção. Também é possível observar espessamento sinovial e áreas de aumento do fluxo sanguíneo da sinóvia. O método também permite guiar a punção do líquido sinovial.

Ressonância magnética

A RM de uma artrite séptica pode demonstrar uma sinovite, edema subcondral, erosões condrais, edema importante de partes moles adjacentes e abscessos de partes moles (Figura 13).

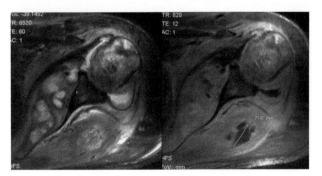

Figura 13 Artrite séptica. Ressonância magnética do ombro mostrando grande sinovite glenoumeral com abscessos de partes moles e ósseos associados.

Infecção de partes moles

Celulite infecciosa

A ultrassonografia é o principal exame, especialmente para eliminar a presença de um abscesso.

Miosite infecciosa

Inicialmente o músculo sofre um processo inflamatório e um aumento de volume. A ultrassonografia/RM podem demonstrar esta fase. Com a evolução do processo, pode-se formar um abscesso (Figura 14). Os principais diagnósticos diferenciais na imagem são as neoplasias de partes moles com necrose central e os hematomas intramusculares.

Fasciite necrotizante

Corresponde a um quadro grave de alta mortalidade de necrose do tecido subcutâneo e das fáscias superficiais e profundas evoluindo para um choque séptico de rápida evolução. A causa geralmente é polimicrobiana, sendo de crucial importância o diagnóstico precoce para direcionar a conduta cirúrgica o mais rápido possível.

A radiografia simples tem pouca utilidade. A ultrassonografia e a RM são os principais exames e demonstram processo inflamatório no subcutâneo e espessamento e edema das fáscias musculares superficiais e profundas, evoluindo para necrose muscular (Figura 15).

Diagnóstico diferencial

Diversas patologias simulam as infecções osteoarticulares. Osteoma osteoide é caracterizado por uma lesão lítica (nidus) na cortical óssea com acentuado edema na RM, podendo simular infecção. Histiocitose de células de Langerhans pode se apresentar como uma lesão lítica mal definida em ossos longos, com reação periosteal associada. Uma apresentação mais arrastada e a preferência do acometimento diafisário são observadas nesta doença. Tumores como sarcoma de Ewing e osteossarcoma também podem simular a infecção óssea.

A sinovite transitória é o principal diferencial da artrite séptica. Os métodos por imagem (US e RM) na maioria das vezes não permitem este diagnóstico diferencial, exceto quando há acometimento ósseo, favorecendo infecção (Figura 16). Os achados clínico-laboratoriais e a punção articular são mais precisas nesta diferenciação.

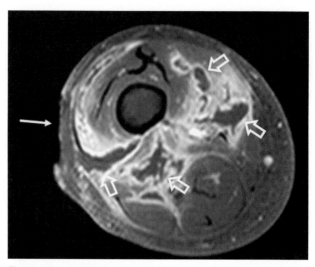

Figura 15 Fasciite necrotizante. Ressonância magnética da coxa. Importante edema de subcutâneo (seta), associado a uma coleção líquida subfascial. Edema muscular esparso profundo com múltiplas coleções líquidas intramusculares associadas (setas abertas).

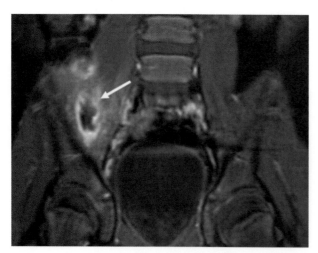

Figura 14 Miosite infecciosa. Ressonância magnética da bacia. Coleção intramuscular no ilíaco direito com realce periférico ao contraste, sugerindo aspecto de abscesso (seta).

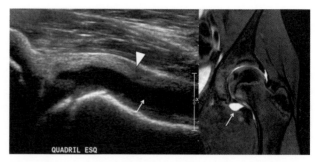

Figura 16 Sinovite transitória. Ultrassonografia e ressonância magnética do quadril de uma criança com 9 anos de idade. Espessamento sinovial coxofemoral (cabeça de seta), associado a importante derrame articular (setas). O quadril foi puncionado, não tendo sido demonstrado processo infeccioso e caracterizando uma sinovite transitória.

Conclusão

Os métodos por imagem exercem um papel importante no diagnóstico das infecções musculoesqueléticas. A radiografia deve ser utilizada como método de escolha na abordagem inicial, porém apresenta baixas especificidade e sensibilidade nos casos de infecção aguda. Nesses casos pode-se utilizar a cintilografia óssea com tecnécio, que apresenta alta sensibilidade, mas é pouco específica. A RM, por sua vez, é altamente sensível e possui uma especificidade melhor que a cintilografia óssea. A imagem também é importante no estadiamento da infecção e no seu diagnóstico diferencial.

Bibliografia sugerida

1. Andronikou S, Bindapersad M, Govender N, Waner JI, Segwe A, Palliam S, et al. Musculoskeletal tuberculosis – imaging using low-end and advanced modalities for developing and developed countries. Acta Radiol. 2011;52:430-41.
2. Chau CL, Griffith JF. Musculoskeletal infections: ultrasound appearances. Clin Radiol. 2005;60:149-59.
3. De Vuyst D, Vanhoenacker F, Gielen J, Bernaerts A, De Schepper AM. Imaging features of musculoskeletal tuberculosis. Eur Radiol. 2003;13:1809-19.
4. Jaramillo D. Infection: musculoskeletal. Pediatr Radiol. 2011;41(Suppl 1):S127-134.
5. Kan JH, Young RS, Yu C, Hernanz-Schulman M. Clinical impact of gadolinium in the MRI diagnosis of musculoskeletal infection in children. Pediatr Radiol. 2010;40:1197-205.
6. McGuinness B, Wilson N, Doyle AJ. The "penumbra sign" on T1-weighted MRI for differentiating musculoskeletal infection from tumour. Skeletal Radiol. 2007;36:417-21.
7. Ranson M. Imaging of pediatric musculoskeletal infection. Semin Musculoskelet Radiol. 2009;13:277-99.
8. Restrepo S, Vargas D, Riascos R, Cuellar H. Musculoskeletal infection imaging: past, present, and future. Curr Infect Dis Rep. 2005;7:365-72.
9. Saigal G, Azouz EM, Abdenour G. Imaging of osteomyelitis with special reference to children. Semin Musculoskelet Radiol. 2004;8:255-65.
10. Taljanovic MS, Hunter TB, Fitzpatrick KA, Krupinski EA, Pope TL. Musculoskeletal magnetic resonance imaging: importance of radiography. Skeletal Radiol. 2003;32:403-11.
11. Turecki MB, Taljanovic MS, Stubbs AY, Graham AR, Holden DA, Hunter TB, et al. Imaging of musculoskeletal soft tissue infections. Skeletal Radiol. 2010;39:957-71.
12. Vijayanathan S, Butt S, Gnanasegaran G, Groves AM. Advantages and limitations of imaging the musculoskeletal system by conventional radiological, radionuclide, and hybrid modalities. Semin Nucl Med. 2009;39:357-68.

7

Tumores ósseos e de partes moles

Maria Helena Teixeira Rodrigues
Marcelo Bordalo Rodrigues

Introdução

Na abordagem moderna multidisciplinar de um paciente com suspeita de neoplasia musculoesquelética, seja no que se refere ao diagnóstico seja em relação ao tratamento ou acompanhamento, a imagem ocupa, cada vez mais, um lugar crítico. Em alguns casos, em conjunto com os dados clínicos (p. ex., idade do paciente, sintomatologia e antecedentes mórbidos pessoais), a imagem poderá prover um diagnóstico mais específico, apontando para benignidade ou malignidade, bem como ser um instrumento imperativo tanto na indicação de biópsias e na realização de biópsias guiadas por imagem quanto no planejamento das demais opções terapêuticas – tratamento clínico, cirúrgico ou expectante.

No entanto, para esse fluxo funcionar corretamente, é essencial que o radiologista esteja familiarizado com a interpretação das neoplasias musculoesqueléticas nas diversas modalidades de imagens – essencialmente radiografia, ultrassonografia, tomografia computadorizada (TC) e ressonância magnética (RM) – e, assim, exerça um papel ativo no cuidado do paciente.

Este capítulo propõe um fluxograma prático na abordagem inicial dessas doenças, passando por entidades benignas e malignas dos tumores ósseos e de partes moles, fugindo de seu escopo detalhamentos mais específicos de cada condição. Ao final, esperamos que o leitor se sinta confiante e assuma o papel de definidor de condutas diante dessas doenças, em parceria com os demais membros da equipe multidisciplinar.

Modalidades de imagem

Diferentes modalidades de imagem podem ser utilizadas para a avaliação inicial na suspeita de neoplasias musculoesqueléticas, cada uma com suas vantagens e desvantagens, porém frequentemente provendo informações complementares. Neste contexto, nos referimos em especial à radiografia, à TC e à RM. A escolha de qual exame realizar depende principalmente da dúvida clínica que precisa ser respondida e, mais uma vez, o radiologista deve exercer o papel central nesta orientação, quando necessário.

Destacam-se ainda os métodos ligados à rotina da Medicina Nuclear, por exemplo, a cintilografia óssea com tecnécio (MDP 99m-Tc), amplamente utilizada na pesquisa de metástases ósseas ou de neoplasias ósseas primárias. E, finalmente, o exame de tomografia por emissão de pósitrons associada à tomografia computadorizada (PET/CT), com menos aplicações rotineiras nas neoplasias musculoesqueléticas.

Radiografia

Não é incomum a avaliação inicial se dar por meio de radiografias, diante da suspeita de massas ósseas ou de partes moles. No caso dos tumores ósseos, a análise da lesão de forma organizada, prestando atenção em vários aspectos radiográficos específicos – como localização tumoral, margens e zona de transição, reação periosteal, mineralização, tamanho e número de lesões e presença de componente de partes moles – acrescenta e orienta o diagnóstico em um grande número de casos. Adicionalmente, podem demonstrar a presença de fraturas patológicas ou um componente de partes moles extraósseo associado.

No caso de tumores de partes moles, as informações fornecidas pelas radiografias tendem a ser mais limitadas. Apesar disso, o estudo radiográfico pode ser bastante útil quando capaz de evidenciar remodelamento ósseo indolente ou agressivo ou ao demonstrar áreas de gordura (radiolucência relativa em relação à musculatura esquelética). Ajuda ainda identificando padrões típicos de mineralização e/ou calcificação encontrados em determinadas condições. Por exemplo, flebólitos comumente vistos em hemangiomas de partes moles; mineralização distrófica irregular relacionada a sarcoma sinovial, e o padrão típico de mineralização periférica da miosite ossificante.

Tomografia computadorizada

A abordagem para o diagnóstico radiográfico de tumores musculoesqueléticos pode ser extrapolada e aplicada à TC em relação a todos os aspectos descritos anteriormente, ainda com a possibilidade de fornecer informações adicionais, considerando sua capacidade de analisar múltiplos planos e o melhor contraste de partes moles em comparação com a radiografia.

A TC tem a vantagem de identificar melhor a matriz de mineralização tumoral e o envolvimento da cortical óssea, muitas vezes oculto na radiografia, incluindo as fraturas patológicas; além disso, demonstra com muito mais facilidade o *nidus* lucente de um osteoma osteoide no meio de uma área larga de esclerose.

Ressonância magnética

Com o objetivo de fornecer um diagnóstico pré-operatório mais específico, a RM é, cada vez mais, amplamente utilizada nos casos de tumores de partes moles e ósseos, mesmo após uma avaliação criteriosa por radiografia e/ou TC.

Pelo seu melhor contraste de partes moles, a RM pode fornecer informações quanto à composição tumoral interna de forma mais precisa, diferenciando elementos intrínsecos de partes moles, sejam eles componentes lipomatosos, mixomatosos ou fibrosos, hemorragia interna ou necrose vascular.

A RM se tornou o melhor método de imagem para estadiamento tumoral, detecção de envolvimento neurovascular, identificação de edema ósseo e lesões da medula óssea incluindo *skip lesions*, não incomuns em pacientes com tumores ósseos primários, como o osteossarcoma. Tem um papel fundamental na avaliação da resposta tumoral aos tratamentos neoadjuvantes e adjuvantes, notadamente a quimioterapia.

Por fim, ressalta-se apenas o cuidado que se deve ter ao extrapolar os aspectos avaliados e originalmente descritos nos estudos radiográficos para a RM, uma vez que a agressividade de algumas lesões benignas pode ser superestimada como resultado de edema ósseo e de partes moles, como eventuais dúvidas que aparecem diante de uma miosite ossificante ou displasia fibrosa.

O uso de técnicas avançadas, como espectroscopia e difusão, tem sido descrito para a avaliação de massas em partes moles e tumores ósseos, particularmente na avaliação da resposta terapêutica, mas ainda não está difundido na rotina clínica.

Tumores ósseos

A abordagem por imagem diante da suspeita de tumor ósseo tem como objetivo inicial a confirmação da presença da neoplasia, confrontando também explicações alternativas para as queixas e achados em questão (incluindo lesões traumáticas e infecções), bem como a predição de benignidade *versus* malignidade. Para tal, deve-se realizar uma análise esquematizada da lesão, com atenção a aspectos específicos quanto à localização tumoral, margem e zona de transição; reação periosteal; mineralização; tamanho e número de lesões; presença e caracterização de componente de partes moles.

Após estabelecer o risco de malignidade, uma avaliação posterior dos achados de imagens, combinada a informações clínicas (principalmente o grupo etário), deve ser realizada para um diagnóstico mais específico.

A proposta mostrada a seguir é uma abordagem prática de como proceder diante de um contexto clínico de neoplasia óssea. Seguiremos um *checklist* básico (Quadro 1), exemplificando casos de tumores ósseos mais comuns, para então transpor esses conhecimentos para a prática radiológica diária, capaz de estreitar os diagnósticos diferenciais e propor condutas apropriadas, seja ela expectante, seja biópsia ou cirurgia.

Localização

A maioria dos tumores ósseos, independentemente de serem benignos ou malignos, em geral se origina de uma localização característica no esqueleto. Em primeiro lugar, diferenciam-se as lesões quanto ao acometimento do esqueleto apendicular ou axial e entre ossos longos e chatos. Por exemplo, os cordomas têm predileção pelo esqueleto axial, justificada pela distribuição das áreas remanescentes da notocorda, enquanto outras neoplasias têm origem preferencialmente na medula óssea do esqueleto apendicular, como as metástases e o mieloma.

Adicionalmente, uma lesão deve ser caracterizada pela sua localização no eixo longitudinal e no plano transversal (Quadro 2).

Plano longitudinal

A localização no plano longitudinal é determinada em relação à fise de crescimento ósseo, dividindo o osso em três regiões – epifisária, metafisária e diafisária, apesar de ser possível a sobreposição em dois ou até nos três segmentos no caso de lesões muito extensas (Figura 1).

A apófise (um centro de crescimento que não contribui para o comprimento final do osso) é equivalente à epífise e, assim, os diagnósticos diferenciais de lesões localizadas em "extremidades ósseas" também podem ser utilizados nestes sítios, como o trocanter maior do fêmur e a tuberosidade tibial. Similarmente, outros centros de crescimento – como o da patela, dos pequenos ossos da mão, antepé e mediopé e as porções subarticulares de ossos chatos (como aqueles ao redor da articulação sacroilíaca e acetábulo na pelve ou a glenoide da escápula) – também são equivalentes de "extremidades ósseas".

Quadro 1	*Checklist* básico na abordagem por imagem de tumores ósseos
▪ Localização ✓	
▪ Idade ✓	
▪ Margem/zona de transição ✓	
▪ Reação periosteal ✓	
▪ Densidade/mineralização ✓	
▪ Tamanho e número de lesões ✓	
▪ Envolvimento cortical ✓	
▪ Componente de partes moles ✓	

Quadro 2	Critérios para localizar uma lesão óssea	
1. Distribuição no esqueleto	Axial
	Apendicular
2. Eixo longitudinal	Epífise/apófise
	Metáfise
	Diáfise
3. Eixo transversal	Central (intramedular)
	Excêntrica
	Cortical
	Subperiosteal
	Justacortical

Plano transversal

A determinação da localização da lesão no plano transversal também é um dos pontos de importância fundamental no raciocínio do diagnóstico diferencial. Neste caso é dividida, de dentro para fora, em: central ou intramedular; excêntrica (medular com íntimo contato com a região endosteal); cortical ou intracortical; subperiosteal (superficial à cortical e abaixo do periósteo); justacortical. As lesões justacorticais, também denominadas de lesões de superfície, são ainda divididas em parosteal e periosteal.

Correlação entre os critérios de localização

Correlacionando todos os critérios quanto à localização da lesão (esqueleto axial ou apendicular, planos longitudinal e transversal), já é possível começar a desenhar um raciocínio diagnóstico (Figuras 2 e 3).

Por exemplo, um cisto ósseo simples e um fibroma não ossificante são lesões metafisárias, mas um cisto ósseo é um processo medular, enquanto o fibroma não ossificante é um processo cortical. Além disso, um cisto ósseo simples em geral é localizado centralmente na cavidade medular, enquanto um cisto ósseo aneurismático é localizado excentricamente na cavidade medular.

O diagnóstico diferencial pode ser mais específico se considerarmos a idade do paciente (Figuras 2 e 3). Por exemplo, uma lesão lítica na epífise de um osso longo em um adolescente é mais provavelmente um condroblastoma, ao passo que uma lesão lítica na extremidade de um osso longo em um adulto jovem é mais provavelmente um tumor de células gigantes (Figura 4). Sarcoma de Ewing e histiocitose de células de Langerhans têm predileção pela diáfise de ossos longos em pacientes com menos de 20 anos de idade e por ossos chatos, como pelve e crânio, em pessoas com mais de 20 anos, refletindo as mudanças normais na distribuição da medula vermelha ao longo da vida.

Finalmente, ajuda lembrarmos que alguns processos têm predileção por um osso e localização em particular (Quadro 3), como adamantinoma para a cortical anterior da tíbia, tumor glômico para o tufo terminal das falanges, lipoma intraósseo no calcâneo e hemangioma para o corpo vertebral, entre outros casos (Figura 5).

Idade do paciente

Muitos tumores ósseos têm predileção por um grupo etário específico. Por esse motivo, a informação clínica mais importante é a idade do paciente. Por exemplo, condroblastomas ocorrem em pessoas com esqueleto imaturo, ou seja, fise de crescimento aberta, enquanto tumores de células gigantes ocorrem em pessoas com esqueleto maduro. Sarcoma de Ewing ocorre tipicamen-

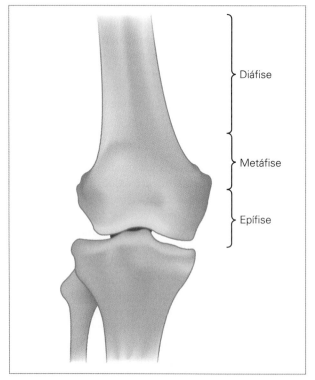

Figura 1 Diagrama demonstrando a localização das neoplasias ósseas no plano longitudinal.

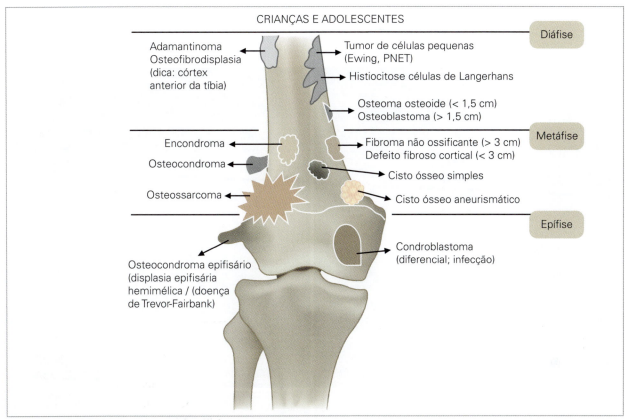

Figura 2   Diagrama demonstrando a localização das neoplasias mais frequentes em crianças e adolescentes de acordo com a distribuição nos planos longitudinal e transversal.

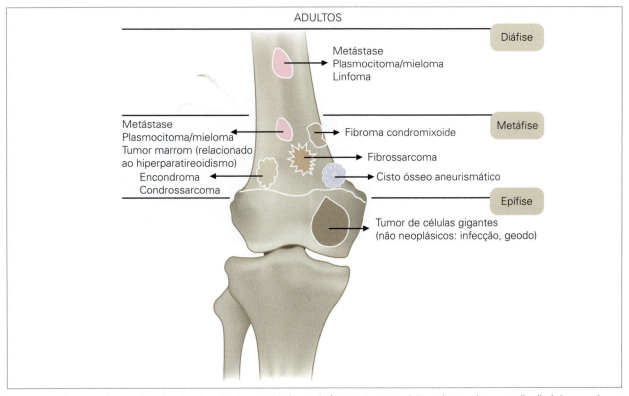

Figura 3   Diagrama demonstrando a localização das neoplasias mais frequentes em adultos, de acordo com a distribuição nos planos longitudinal e transversal.

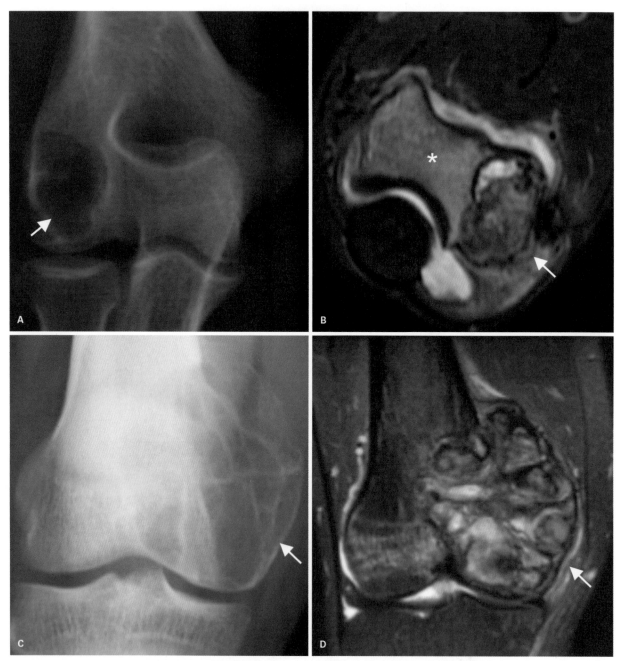

Figura 4 Tumores epifisários de acordo com o grau de maturação esquelética: condroblastoma *vs.* tumor de células gigantes (TCG). A e B: Radiografia do cotovelo de paciente do sexo masculino de 15 anos de idade mostrando lesão lítica com halo esclerótico na região da epífise distal do úmero (A). Foi realizado exame de ressonância magnética, cuja sequência T2 com saturação de gordura (B) revela ainda importante edema da medular óssea (*) adjacente à lesão, derrame articular e sinovite. Os achados no esqueleto imaturo favorecem o diagnóstico de condroblastoma, confirmado neste caso pelo estudo histopatológico. C e D: Radiografia do joelho em paciente do sexo masculino de 23 anos de idade evidenciando lesão lítica de contornos definidos e aspecto insuflativo, localizada na epífise distal do fêmur. O estudo de ressonância magnética (D) caracterizou focos internos de baixo sinal em T2 (hemossiderina). Os achados no esqueleto maduro favorecem o diagnóstico de TCG, confirmado pelo estudo histopatológico.

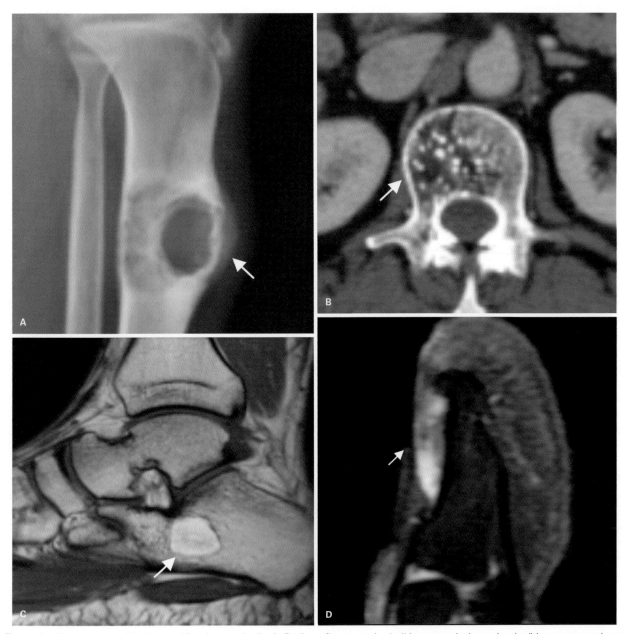

Figura 5 Tumores e predileção por sítios de ocorrência. A: Radiografia mostra lesão lítica na cortical anterior da tíbia, em um paciente de 16 anos, localização típica de adamantinoma (seta), nesta faixa etária. B: Exame de tomografia computadorizada revelando hemangioma típico no corpo vertebral (seta) e o seu clássico sinal do "*polka dot*". C: Ressonância magnética (RM) com aquisição sagital ponderada em T1 sem saturação de gordura mostra a lesão mais comum no calcâneo: lipoma (seta). D: RM com aquisição sagital ponderada em T1 com saturação de gordura após a administração de contraste paramagnético revela tumor glômico no polegar (seta), uma lesão hipervascularizada tipicamente centrada no leito subungueal das falanges distais.

Quadro 3 Tumores e sítios ósseos específicos de ocorrência

Tumor	Localização
Adamantinoma	Córtex anterior da tíbia
Displasia osteofibrosa	Córtex anterior da tíbia
Cisto de inclusão epidérmica	Tufo terminal das falanges
Tumor glômico	Tufo terminal das falanges
Desmoide periosteal	Córtex posterior do fêmur distal
Osteossarcoma parosteal	Córtex posterior do fêmur distal
Cordoma	Sacro, *clivus*, corpo vertebral
Hemangioma	Corpo vertebral
Cisto ósseo simples	Calcâneo
Lipoma intraósseo	Calcâneo
Osteoblastoma	Elementos posteriores da coluna
Cisto ósseo aneurismático	Elementos posteriores da coluna

te dos 10 aos 20 anos de idade, enquanto osteossarcomas convencionais têm dois picos: o primeiro em adolescentes e o segundo surgindo em ossos afetados pela doença de Paget ou previamente irradiados, em adultos com mais de 50 anos de idade.

Uma lesão óssea maligna em adultos com mais de 40 anos é mais comumente relacionada a doença metastática, mieloma múltiplo ou linfoma não Hodgkin metastático que um tumor ósseo primário. Mais uma vez, frisamos a importância de cruzar esta informação clínica com a topografia do tumor para aventar alguns diagnósticos mais específicos.

Margem e zona de transição

Lesões ósseas podem variar desde anormalidades com margens bem definidas até processos infiltrativos mal definidos. A margem da lesão e a zona de transição entre a lesão e o osso adjacente são fatores-chave para o entendimento do aspecto radiológico. São aspectos estabelecidos que predizem se a anormalidade é mais inócua ou agressiva, correlacionando-se bem com a taxa de crescimento tumoral na maioria dos casos.

Este importante aspecto de imagem forma a base para o sistema de graduação de lesões ósseas líticas. Lesões líticas são descritas como geográficas (grau I) ou não geográficas (grau II ou III).

Lesão geográfica

Lesões grau I ou geográficas demonstram uma clara delineação entre o osso envolvido e o não envolvido, indicando processos com menor agressividade. Podem ser ainda categorizadas como tipo IA (margens bem definidas com halo esclerótico), tipo IB (margens bem definidas, mas sem halo esclerótico) e tipo IC (lesão lítica focal com margens mal definidas).

Lesão não geográfica

Uma lesão infiltrativa tem margens mal definidas e uma zona de transição larga, ou seja, não há uma transição bem distinta entre o osso normal e o alterado. Neste contexto, o padrão de destruição óssea pode ser "roído de traça" ou "moteado" (tipo II) e permeativo (tipo III).

O padrão moteado é caracterizado como áreas de pequenas lesões arredondadas mal definidas de distribuição medular e cortical, associadas a lesões malignas como mieloma e metástases.

O padrão de destruição óssea permeativa sugere uma agressividade local, decorrente do crescimento rápido do tumor, que destrói a cortical e a medula óssea, com má definição destas áreas. Como exemplo típico desse padrão, encontramos o tumor de pequenas células, incluindo sarcoma de Ewing e o linfoma nos diferenciais.

No entanto, enquanto uma aparência não agressiva sugere um processo benigno e uma aparência agressiva sugere malignidade, isto nem sempre é verdade: osteomielite e histiocitose de células de Langerhans localizada são processos benignos que podem ter uma aparência permeativa agressiva, e um tumor de células gigantes pode se mostrar bem definido, mas ser localmente agressivo e raramente metastático.

Reação periosteal

A reação periosteal é uma resposta reparativa a qualquer dano da cortical óssea, quando o periósteo é irritado por tumor maligno ou benigno, infecção ou trauma. A análise de sua presença e aparência é um aspecto radiográfico importante, que ajuda a caracterizar uma lesão óssea, sendo dividida em benigna ou agressiva (Figura 6).

Reação periosteal benigna

A reação periosteal benigna é vista em tumores benignos ou após episódios traumáticos. A detecção é bastante útil, uma vez que lesões malignas nunca cursam com reações periosteais benignas.

Reação periosteal sólida ou unilamelar é descrita como estrias lineares densas e espessas em camada única ou múltiplas, comumente associadas a processos de evolução crônica com baixa agressividade, ou seja, a lesão subjacente teve um crescimento lento, dando ao periósteo uma chance de se regenerar, remodelando a cortical com uma aparência quase normal. Isto ocorre, por exemplo, nos casos de calo ósseo, osteoma osteoide e osteomielite crônica, dentre outros.

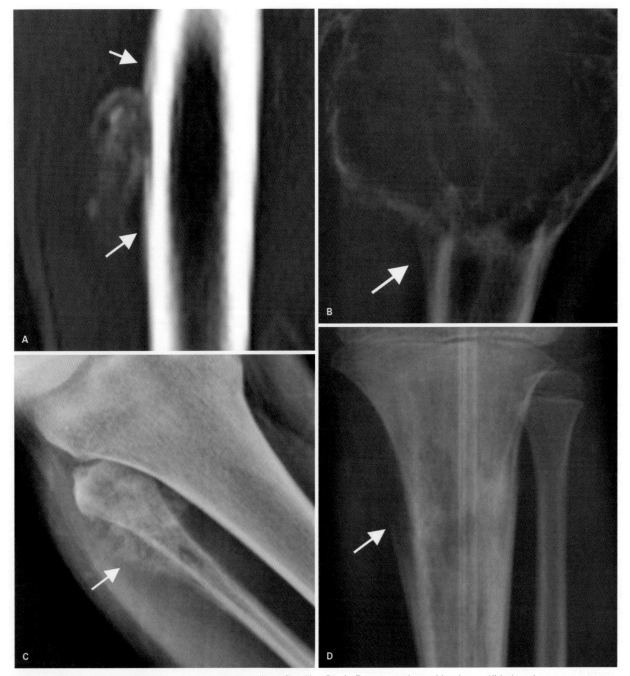

Figura 6   Tipos de reação periosteal. Imagens de radiografias (A a D). A: Reação periosteal benigna sólida (seta) em resposta a um quadro crônico de miosite ossificante. B: Reação periosteal agressiva tipo multilamelar ou em "casca de cebola" (seta) em um paciente com diagnóstico de osteossarcoma telangiectásico. C: Reação periosteal agressiva tipo "raio de sol" em uma paciente de 19 anos de idade diagnosticada com osteossarcoma osteoblástico (predominante) e condroblástico. D: Reação periosteal agressiva com formação do "triângulo de Codman" em uma paciente de 7 anos de idade diagnosticada com osteossarcoma convencional.

Reação periosteal agressiva

Os tipos de reações do periósteo agressivas são vistos em tumores malignos, mas também em lesões benignas com comportamento agressivo, como infecções e granuloma eosinofílico.

A aparência lamelar é representada por estrias lineares densas e finas, geralmente relacionadas com lesão de crescimento rápido, sugerindo agressividade local. Comumente, é associada a neoplasias malignas, como no caso dos sarcomas ósseos. Na presença de múltiplas camadas envolvendo a cortical óssea, assume aspecto "em casca de cebola". Descontinuidade da reação periosteal uni ou multilamelada sugere um processo agressivo que rompeu o periósteo.

O aspecto espiculado, subdividido em "*hair-on-head*" (perpendicular ao córtex) e "em raios de sol", é a aparência mais agressiva e altamente sugestiva de malignidade. O primeiro tipo apresenta estrias lineares densas perpendiculares à cortical, típica do sarcoma de Ewing. Nas reações periosteais do tipo "raios de sol", as estrias lineares densas apresentam padrão divergente, comumente encontrado nos osteossarcomas convencionais.

O triângulo de Codman refere-se à elevação do periósteo do córtex e à consequente formação de um triângulo cujos lados são representados pela cortical óssea, o periósteo elevado e o tumor em sua base. Apesar de o triângulo de Codman ser geralmente associado a osteossarcoma convencional, qualquer processo agressivo que levante o periósteo pode produzir esta aparência, mesmo entidades benignas como infecção e hematoma subperiosteal (Figura 7).

Densidade e mineralização

Densidade

Tumores ósseos podem ser líticos, escleróticos ou mistos. Por exemplo, cistos ósseos e tumores de células gigantes são líticos, ilhotas ósseas são escleróticas e adamantinomas são geralmente lesões mistas.

Lucência e esclerose associadas a neoplasia estão relacionadas à estimulação osteoclástica e osteoblástica, respectivamente, pelo tumor. Algumas vezes, o processo destrutivo pode causar fragmentação óssea com sequestro na lesão lítica; desta forma, o sequestro pode ser visto em processos tanto benignos (osteomielite crônica) como malignos.

Ocasionalmente, o aspecto do trabeculado da lesão é a pista para o diagnóstico. Por exemplo, a doença de Paget pode ter um trabeculado grosseiro; o hemangioma na coluna vertebral, a aparência de favo de mel, dada pelas trabéculas ósseas escleróticas intralesionais com cavidades esparsas preenchidas por sangue, o clássico sinal do "*polka dot*" na TC; os plasmocitomas nas vértebras, o sinal do "*mini brain*" que surge com a hipertrofia compensatória das trabéculas ósseas remanescentes (Figura 8).

Mineralização

A opacidade radiográfica da lesão pode ser afetada pela mineralização da matriz. O termo matriz refere-se ao tipo de tecido do tumor – como osteoide, condroide, fibroso ou adiposo –, e a mineralização refere-se à calcificação da matriz. O conceito de mineralização da matriz é importante porque indica o tipo de matriz tumoral e, portanto, auxilia no diagnóstico (Quadro 4).

A calcificação do tecido condral geralmente produz mineralização com aspecto em "vírgula", puntiforme, floculento, "em arco" ou "em anel", indicando que a lesão é cartilaginosa, como encondroma, condrossarcoma ou

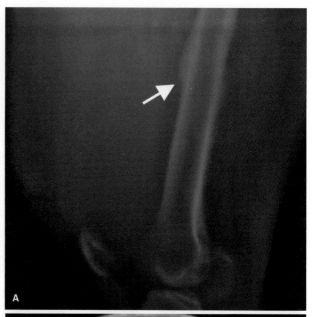
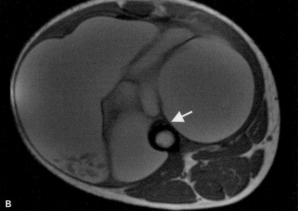
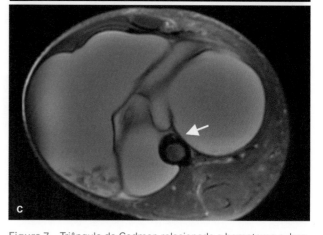

Figura 7 Triângulo de Codman relacionado a hematoma subperiosteal. Imagens de radiografia (A); imagens de ressonância magnética ponderadas em T1 axial (B), T2 com saturação de gordura-axial (C). Nota-se aparecimento de reação periosteal agressiva, com aspecto de triângulo de Codman (setas) em decorrência de hematoma subperiosteal em paciente do sexo masculino de 30 anos com diagnóstico prévio de hemofilia. Há ainda volumoso aumento de partes moles compatível com pseudotumor hemofílico, caracterizado por alto sinal central em T1 e T2 e baixo sinal periférico, que corresponde a sangramento e halo de hemossiderina.

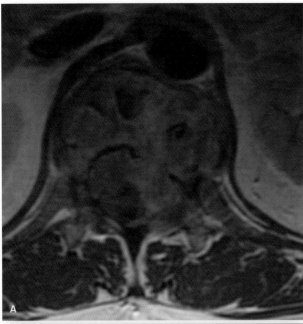

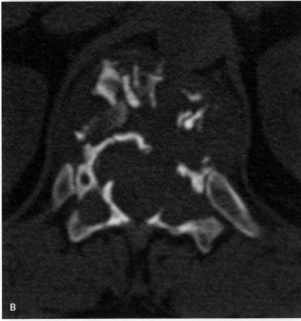

Figura 8 Plasmocitoma. Imagem axial de ressonância magnética (RM) em T1 sem saturação de gordura (A) e tomografia computadorizada (TC) sem contraste (B). Plasmocitoma acometendo uma vértebra torácica de paciente de 51 anos de idade, com aspecto clássico de "*mini brain*", criado pela hipertrofia compensatória das trabéculas ósseas remanescentes do osso infiltrado pelas células plasmocitárias neoplásicas. Este aspecto é bem demonstrado tanto na RM (A) quanto na TC (B).

Quadro 4 Características de imagem dos tumores ósseos com base na matriz de mineralização

Composição tecidual – tumores ósseos	Radiografia ou TC	RM
Matriz osteoide	Mineralização densa, esclerótica, amorfa, em forma de nuvem	Hipossinal em sequências ponderadas em T1 e T2
Matriz condroide	Mineralização puntiforme, estriada, linear ou anelar/ arciforme; lesões radiolucentes com padrão de crescimento lobular e *scalloping* endosteal	Hipersinal em sequências ponderadas em T2 com realce periférico ou com septos internos
Matriz fibro-histiocítica	Aparência "em vidro fosco", sem calcificações	Variável, com aparência espiralada, frequentemente com áreas de baixo sinal em T2

RM: ressonância magnética; TC: tomografia computadorizada.

as lesões com matriz osteoide têm predominantemente hipossinal nas sequências ponderadas em T1 e T2 (Figura 10).

Vale ressaltar que todas essas lesões variam na intensidade da distribuição da mineralização. Alguns tumores são completamente não mineralizados, dificultando a caracterização do tecido de origem, o que muitas vezes é mais bem caracterizado pela TC, mais sensível que radiografia para diferenciar as atenuações.

Outros tumores também podem apresentar aumento da densidade radiográfica, como a displasia fibrosa que apresenta aspecto "em vidro fosco" (Figura 11).

Tamanho e número de lesões

Tamanho

O tamanho da lesão óssea pode dar uma pista para o diagnóstico, uma vez que algumas entidades têm critérios relacionados ao tamanho. Por exemplo, osteoma osteoide e osteoblastoma são lesões histologicamente similares, mas que diferem pelo tamanho: o *nidus* do osteoma osteoide tem diâmetro menor que 1,5 cm, ao passo que o do osteoblastoma é maior que 1,5 cm (Figura 12). No entanto, o osteoblastoma tende a produzir imagens mais agressivas, com massas expansivas radiolucentes e sem o halo esclerótico característico do osteoma osteoide. Tradicionalmente, uma lesão lítica bem definida no córtex de um osso longo com halo esclerótico é denominada defeito fibroso cortical (se menor que 3,0 cm em comprimento), e fibroma não ossificante (se maior que 3,0 cm). Uma lesão condral de 1,0 cm a 2,0 cm em um osso longo é mais provavelmente

condroblastoma. Na RM, as lesões condrais apresentam hipersinal na sequência ponderada em T2 com realce periférico ou septos internos (Figura 9).

Tumores com formação óssea têm mineralização com aparência amorfa, em formato de "nuvem", "peludo", causando uma aparência opaca na radiografia. Na RM,

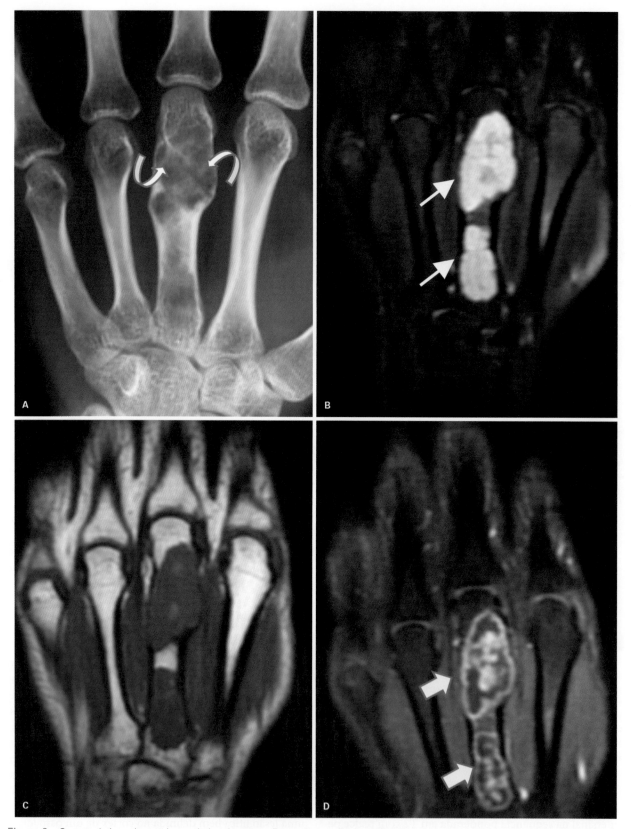

Figura 9 Características da matriz condral na imagem. Encondroma. Radiografia (A); imagens coronais de ressonância magnética (RM) ponderadas em T2 com saturação de gordura (B), T1 sem saturação de gordura (C) e T1 com saturação de gordura após a administração de gadolínio (D). O encondroma é uma típica lesão benigna de matriz condral, a qual é caracterizada por mineralização com aspecto em "vírgula", puntiforme, floculento ou em "arco" na radiografia (setas curvas). Na RM, o típico é o hipersinal em sequências ponderadas em T2 (setas) com realce periférico ou com septos internos (setas grossas).

7 TUMORES ÓSSEOS E DE PARTES MOLES   753

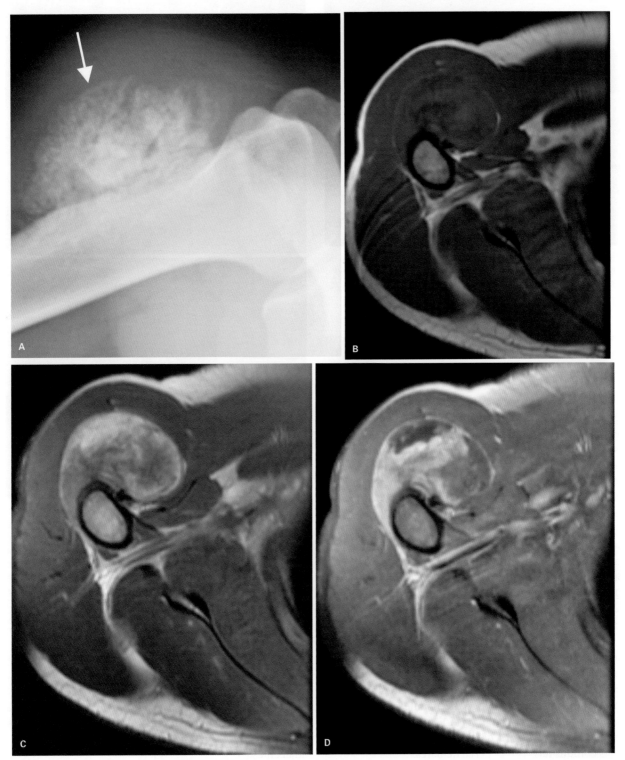

Figura 10   Características da matriz osteoide na imagem. Osteossarcoma de superfície (periosteal). Radiografia (A); imagens coronais de ressonância magnética (RM) ponderadas em T1 sem saturação de gordura (B), T2 com saturação de gordura (C) e sagital T1 após a administração do contraste paramagnético (D). Tumores com formação óssea têm mineralização com aparência amorfa, em formato de "nuvem" (setas), causando uma aparência opaca na radiografia. Na RM, as lesões com matriz osteoide têm predominantemente hipossinal nas sequências ponderadas em T1 e T2 (B e C, respectivamente).

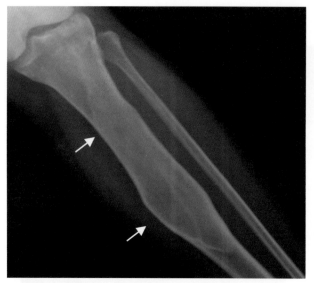

Figura 11 Displasia fibrosa. Radiografia. Paciente de 43 anos, do sexo feminino, com lesão na tíbia com aspecto clássico de "vidro fosco" (setas) da displasia fibrosa.

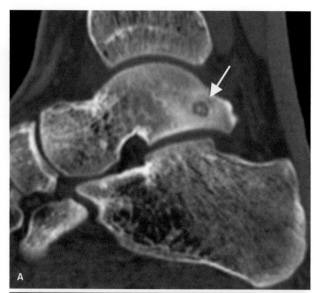

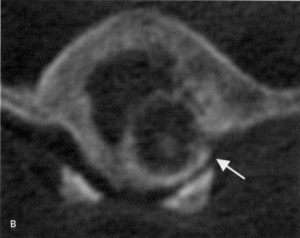

Figura 12 Tamanho da lesão: osteoma osteoide *vs.* osteoblastoma. Imagens de tomografia computadorizada sem contraste (A e B). Os estudos de tomografia computadorizada revelaram lesões com aspecto de osteoma osteoide no aspecto posterior do tálus (seta em A) e osteoblastoma em peça sacral (seta em B). Essas são lesões histologicamente similares, mas que podem ser diferenciadas pelo tamanho: o *nidus* do osteoma osteoide tem diâmetro < 1,5 cm, enquanto o do osteoblastoma é > 1,5 cm. O osteoblastoma costuma produzir imagens mais agressivas, com massas expansivas radiolucentes e sem o halo esclerótico característico do osteoma osteoide.

um encondroma, e o risco de condrossarcoma de baixo grau aumenta se a lesão for maior que 4,0 cm (Figura 13).

Número de lesões

Tumores ósseos primários são, em geral, de ocorrência solitária, enquanto outras anormalidades podem ser múltiplas. Múltiplos encondromas distribuídos pelo esqueleto, com focos de deposição intramedular e subperiosteal, referem-se à doença de Ollier. Já síndrome de Maffucci, uma doença congênita rara não hereditária, é manifestada pela presença de múltiplos encondromas e lesões vasculares (angiomas) de partes moles.

A osteocondromatose múltipla é uma desordem familiar rara, de transmissão autossômica dominante, caracterizada pelo desenvolvimento de múltiplas exostoses, principalmente de distribuição nas regiões metafisárias. Quando essas alterações são encontradas nas epífises, deve-se pensar em displasia epifisária hemimélica ou doença de Trevor-Fairbank (Figura 14).

Múltiplas lesões escleróticas podem representar doença metastática ou osteopoiquilose (múltiplas ilhotas ósseas, de tamanhos semelhantes e centradas ao redor das articulações). A osteopoiquilose é uma alteração óssea rara, de herança autossômica dominante, caracterizada radiologicamente por múltiplas imagens radiopacas, arredondadas ou ovaladas, de dimensões variadas e que são mais comuns nas regiões periarticulares.

As causas mais comuns de múltiplas lesões ósseas em paciente com idade superior a 40 anos são lesões metastáticas (Figura 15), mieloma múltiplo e linfoma não Hodgkin metastático, mas outras entidades benignas, como tumores marrons no contexto de hiperparatireoidismo, podem se assemelhar.

Envolvimento cortical

Além das lesões que especificamente se originam na cortical, o córtex também pode ser afetado por processos com origem no canal medular, periósteo ou partes moles adjacentes.

A cortical óssea pode representar uma barreira natural ao crescimento dos tumores e, quando a lesão medular é tão agressiva que erode a camada interna do córtex sem dar a chance de o periósteo depositar novo osso, o córtex eventualmente será destruído por completo e violado pela lesão. Embora esses achados possam estar relaciona-

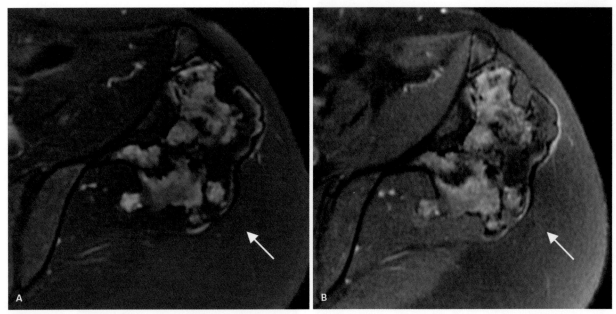

Figura 13   Condrossarcoma. Imagens axiais de ressonância magnética ponderadas em T2 com saturação de gordura (A) e T1 com saturação de gordura após a administração do contraste paramagnético (B) revelando uma lesão condral de grandes dimensões (setas), em continuidade com a medular do osso ilíaco esquerdo, em paciente de 40 anos e antecedente de osteocondroma. A lesão foi ressecada e o resultado anatomopatológico foi condrossarcoma grau I decorrente da metade de uma epífise, que acomete uma ou várias epífises ou centros de ossificação.

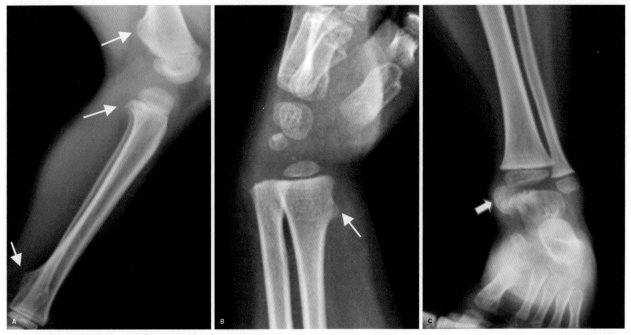

Figura 14   Osteocondromatose múltipla vs. osteocondroma/exostose epifisário. A e B: Radiografias de uma criança de 4 anos revelando vários osteocondromas (setas), achado da osteocondromatose múltipla, uma desordem familiar rara, de transmissão autossômica dominante, caracterizada pelo desenvolvimento de múltiplas exostoses, principalmente de distribuição nas regiões metafisárias. C: Radiografia de criança com osteocondroma epifisário posteromedial do tálus (seta grossa). Deve-se considerar o diagnóstico de displasia epifisária hemimélica ou doença de Trevor-Fairbank, definida como crescimento osteocondral localizado, decorrente da metade de uma epífise, que acomete uma ou várias epífises ou centros de ossificação.

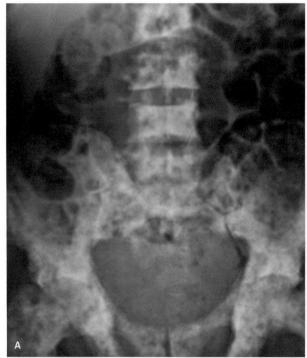

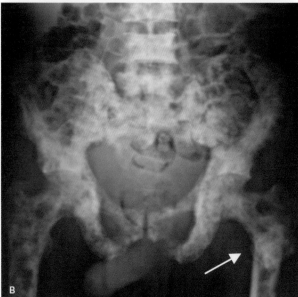

Figura 15 Metástase. Radiografias de paciente com adenocarcinoma de próstata demonstrando múltiplas lesões escleróticas acometendo todo o arcabouço ósseo. A causa mais comum de múltiplas lesões ósseas em paciente com idade superior a 40 anos são as lesões metastáticas. As imagens obtidas mostram ainda uma fratura patológica no fêmur proximal direito (seta em B).

terna é erodida, pode adquirir um aspecto insuflativo, categorizado como lesão lítica expansiva e "em bolha de sabão".

Componente de partes moles

A presença de componente de partes moles em lesão óssea sugere fortemente um processo maligno, apesar de não ser patognomônico, uma vez que pode ocorrer em casos de osteomielite. O tumor pode francamente destruir a cortical enquanto se expande, a exemplo do que o ocorre nos osteossarcomas e no sarcoma de Ewing. Pode ainda ter um aspecto permeativo através dos canais haversianos do córtex e atingir os tecidos adjacentes, o que é classicamente visto nos linfomas (Figura 16).

Tumores de partes moles

Tumores de partes moles têm origem no tecido mesenquimal e são histologicamente classificados baseando-

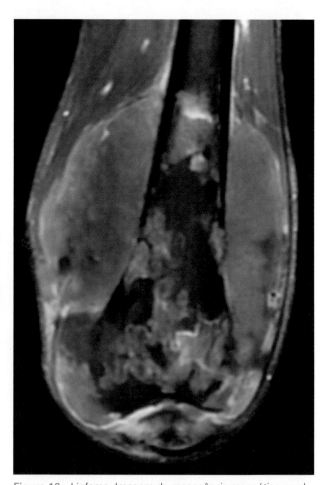

Figura 16 Linfoma. Imagem de ressonância magnética no plano coronal T1 com saturação de gordura, após a administração do contraste paramagnético, revelando tumor ósseo com grande componente de partes moles, porém sem importante destruição da cortical óssea. Esse aspecto é classicamente visto nos linfomas que se disseminam através dos canais haversianos do córtex e conseguem atingir assim os tecidos adjacentes.

dos com tumores malignos e agressivos, exemplo clássico observado no sarcoma de Ewing, também podem ser encontrados em condições benignas, como o cisto ósseo aneurismático com crescimento rápido, que causa afilamento e erosão da cortical óssea.

Por outro lado, se o osso tem tempo de formar um novo periósteo na superfície externa da cortical enquanto a in-

-se no componente de partes moles encontrado – gordura, músculo, tecido neural, vasos sanguíneos e tecido fibroso.

Apesar dos avanços de imagem e da sua relativamente alta frequência na prática clínica diária, a habilidade dessa modalidade diagnóstica para distinguir confiavelmente entre lesões de partes moles benignas e malignas continua desafiadora. Contudo, o radiologista pode estreitar os diagnósticos diferenciais, adotando uma postura ativa na condução do paciente, usando sistematicamente a história clínica e as informações das imagens.

As características de imagem incluem localização da lesão, mineralização na radiografia e características de intensidade de sinal nas sequências de RM (Quadro 5). Assim, ao excluir um diagnóstico benigno (p. ex., lipoma ou cisto ganglônico), pode-se auxiliar na decisão da conduta clínica. Se uma lesão não pode ser caracterizada como uma entidade benigna, deve ser reportada como indeterminada e a lesão deve ser avaliada por um estudo histopatológico, seja por meio de biópsia ou de conduta cirúrgica. No que tange à realização da biópsia, devem-se levar em consideração fatores como o acesso à lesão e as comorbidades do paciente.

Quadro 5 Características de imagem da composição de alguns tumores de partes moles

Composição tecidual – tumores de partes moles	Radiografia ou TC	RM
Tecido lipomatoso	Radiolucente; hipoatenuante na TC com escala de Hounsfield negativa; similar à gordura do subcutâneo	Hipersinal em sequências ponderadas em T1 e T2; queda do sinal nas sequências com saturação de gordura
Tecido mixomatoso	Hipoatenuante na TC, com atenuação semelhante a líquidos	Marcado hipersinal em sequências ponderadas em T2 (semelhante a líquidos), mas com realce após a injeção do contraste
Tecido fibroso	Atenuação semelhante à do músculo esquelético na TC	Hipossinal em sequências ponderadas em T1 e T2 com realce variável ao contraste; padrão de crescimento normalmente infiltrativo

RM: ressonância magnética; TC: tomografia computadorizada.

A proposta mostrada a seguir é uma abordagem sistemática, com base sobretudo na RM, para abordar uma massa de partes moles suspeita, chegar a um diagnóstico em lesões que tem aspectos característicos ou estreitar os diagnósticos diferenciais para lesões com características indeterminadas. Seguiremos também um *checklist* básico (Quadro 6), exemplificando casos dos tumores de partes moles mais comuns.

Quadro 6 *Checklist* básico na abordagem por imagem de tumores de partes moles

1. História clínica ✓
2. Localização e tamanho ✓
3. Radiografia/tomografia computadorizada ✓
4. Ressonância magnética ✓
Lesão com isossinal/hipossinal em T1
Lesão com hipersinal em T1
Lesões com hipossinal em T2
Lesões com hipersinal em T2

História clínica

O acesso a informações clínicas relevantes, incluindo idade do paciente, trauma recente, variação do tamanho da lesão, antecedentes oncológicos e síndromes familiares, pode contribuir para a caracterização de uma massa de partes moles. Por exemplo, o lipossarcoma é um tumor de partes moles maligno em adultos, sendo raro em crianças. Já uma história de trauma pode fortalecer um diagnóstico de hematoma ou miosite ossificante.

A variação do tamanho da massa pode ajudar no diagnóstico. Um crescimento rápido certamente aumenta a suspeição de malignidade, porém também pode ser visto em entidades benignas. Exemplos são os cistos ganglônicos ou hemangiomas, na medida em que podem ser ingurgitados por fluido ou sangue, respectivamente. Por outro lado, a redução do tamanho da lesão é improvável em uma malignidade não tratada, a não ser que exista um hematoma associado que esteja em processo de resolução.

Outros dados da história clínica do paciente, como história pessoal de oncologia, podem ajudar no raciocínio diagnóstico, levantando a possibilidade de metástase em partes moles e sarcomas radioinduzidos, destacando-se o fibro-histiocitoma maligno, o sarcoma de partes moles mais comum no adulto e o mais comumente induzido por radioterapia.

Se múltiplas lesões são evidenciadas, devem ser consideradas metástases e certas síndromes, incluindo neurofibromatose tipo 1 e lipomas hereditários múltiplos.

Localização e tamanho

Algumas neoplasias de partes moles ocorrem com maior frequência em localizações específicas do corpo, e o acesso a esta informação pode ser uma grande dica do diagnóstico. Destacam-se, neste contexto, os tumores fibromatosos. Por exemplo, o elastofibroma ocorre frequentemente no tecido conjuntivo situado entre a parede torácica posterior e a borda inferomedial da escápula, em consequência de um processo fibroso reativo à irritação mecânica crônica (Figura 17). A fasciíte nodular, o tumor mesenquimal benigno mais confundido com sarcoma em virtude de sua característica de crescer rapidamente, acomete principalmente adultos jovens e quase 50% dos casos no aspecto volar do antebraço. Outro exemplo é a fibromatose superficial, denominada doença de Dupuytren quando acomete a aponeurose volar da mão, e a doença de Ledderhose, típica no aspecto medial da fáscia plantar (Figura 18).

De forma semelhante, o reconhecimento de que uma lesão se origina de uma determinada estrutura pode ajudar a caracterizá-la (p. ex., schwannoma e neurofibroma de nervos; hemangioma, linfangioma e angiossarcoma relacionado aos sistemas vascular e linfático; tumor de células gigantes da bainha tendínea).

Lesões benignas tendem a ser pequenas, homogêneas e superficiais à fáscia, quando crescem nas extremidades, ao passo que massas de partes moles que são grandes (> 4,0 cm), heterogêneas e mais profundas tendem a ser mais suspeitas para malignidade.

Radiografia

Apesar de a utilidade da radiografia ser limitada para a avaliação de lesão de partes moles, algumas informações importantes podem ser obtidas nas imagens, como áreas radiolucentes de gordura, remodelamento ósseo indolente ou agressivo, calcificação ou ossificação de partes moles.

Tumores de linhagem lipomatosa, como lipomas, tumores lipomatosos atípicos e lipossarcomas, demonstram radiolucência relativa em relação à musculatura esquelética, ao passo que a maioria das outras massas de partes moles demonstra densidade similar ao músculo e não é bem definida pela radiografia.

Alguns tumores ou lesões não neoplásicas demonstram padrão de mineralização específico para o diagnós-

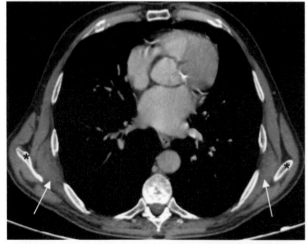

Figura 17 Elastofibroma. Tomografia computadorizada de tórax com contraste (A) revelando elastofibromas bilateralmente (setas), um tumor fibroelástico benigno que ocorre quase exclusivamente ao longo da borda inferomedial da escápula (*), profundamente aos músculos latíssimo do dorso e serrátil anterior.

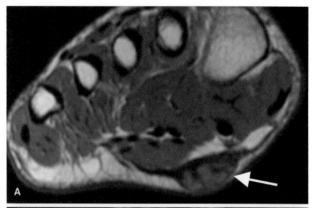
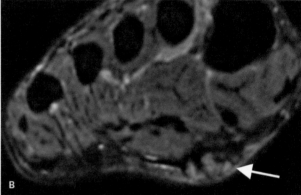
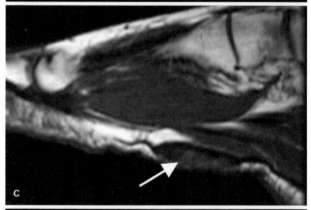
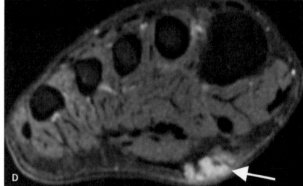

Figura 18 Fibromatose plantar ou doença de Ledderhose. Imagens de ressonância magnética ponderadas em T1 axial (A), T2 com saturação de gordura axial (B), T1 sagital (C), T1 pós-gadolínio axial (D). Destaca-se nódulo fibroso no aspecto medial da fáscia plantar (setas), caracterizado por hipossinal em T1 e focos de baixo sinal em T2 (componente fibroso).

tico. Por exemplo, tumores lipomatosos com evolução arrastada podem demonstrar metaplasia com formação de tecido ósseo maduro. Hemangiomas de partes moles comumente apresentam-se com numerosos flebólitos redondos ou lamelados (Figura 19). Outro achado comum em resposta a alterações do fluxo vascular local nestes casos é o remodelamento ósseo.

Se houver calcificação ou foco de ossificação justa-articular, sem ou com erosão óssea, deve ser considerada a possibilidade de sarcoma sinovial ou osteocondromatose sinovial. Ossificação madura em partes moles sugere a presença de ossificação heterotópica ou miosite ossificante, entidades que podem facilmente mimetizar sarcomas agressivos quando avaliadas pela imagem da RM isolada.

Na verdade, a aparência da miosite ossificante pode variar na imagem, dependendo do estágio do desenvolvimento em que se encontra. Calcificação é raramente vista na radiografia nas primeiras semanas, mas se torna aparente entre 3-8 semanas. Em geral, inicia-se pela periferia e progride centripetamente em um aspecto zonal, caracterizando desde uma tênue densidade irregular e flocular até uma calcificação densa e, finalmente, um osso maduro lamelar periférico com matriz osteoide central.

Ressonância magnética

A RM é indubitavelmente o exame que mais contribui para um diagnóstico mais específico no caso da maioria das lesões de partes moles, uma vez que fornece melhor contraste. Esta característica pode definir a composição tumoral interna (como componentes mixomatosos ou fibrosos), revelar necrose interna ou hemorragia e demonstrar achados associados comuns em sarcomas de partes moles, como pseudocápsula e edema peritumoral, além de outros elementos intrínsecos. A avaliação pela RM permite ainda estadiamento tumoral, detecção de envolvimento neurovascular e planejamento cirúrgico.

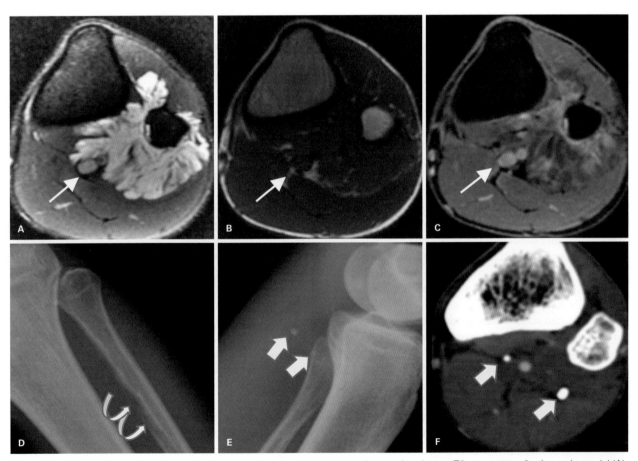

Figura 19 Hemangioma de partes moles. Imagens de ressonância magnética ponderadas em T2 com saturação de gordura axial (A), T1 axial (B), T1 sem saturação de gordura pós-gadolínio axial (C); radiografias (D e E); tomografia computadorizada com contraste (F). Nota-se lesão expansiva de partes moles no terço proximal da perna, com extensão da lesão para a cortical óssea da fíbula (cabeça de seta) e mantendo contato com o feixe vasculonervoso (setas). A lesão caracteriza-se por alto sinal em T2 (A), com tênues áreas de sinal semelhante a gordura perifericamente, discreto realce tardio pelo meio de contraste (C). A radiografia (D e E) e a tomografia computadorizada (F) revelam a presença de flebólitos no seu interior (setas grossas), fortalecendo o diagnóstico de hemangioma. Determina ainda remodelamento ósseo na fíbula (setas curvas em D).

O que se segue para o leitor é a alternativa que acreditamos ser uma das mais didáticas e práticas ao examinar lesões de partes moles, abrindo o leque de diagnósticos diferenciais baseado na interpretação do sinal na RM. Não é do escopo deste material a descrição detalhada de cada uma dessas lesões.

Protocolo de estudo

As sequências básicas de RM para estudar uma lesão de partes moles incluem ponderações em T1, T2 e sequências com saturação de gordura, bem como o uso do contraste paramagnético intravenoso, quando possível. Sequências adicionais gradiente-eco T2* podem ser usadas para melhor caracterizar a presença de hemossiderina, principalmente nos casos de sinovite vilonodular pigmentada, hemangioma e estágios tardios de hematomas. Imagens no plano axial são importantes para demonstrar as relações anatômicas e determinar se uma lesão está confinada a um único compartimento ou envolve/invade estruturas adjacentes. Imagens obtidas no plano longitudinal – coronal, sagital ou oblíqua – ajudam a demonstrar a extensão da massa e sua relação com referências anatômicas.

O contraste intravenoso ajuda a distinguir estruturas sólidas e císticas, a demonstrar a vascularização de massas e a acessar o grau de invasão da massa. Tumores malignos em geral demonstram realce pelo meio de contraste com áreas internas de necrose e hemorragias, contribuindo para heterogeneidade tumoral, enquanto lesões benignas tendem a ter realce homogêneo. Podem ainda exercer um papel crucial marcando áreas sólidas em meio a massas císticas ou hemorrágicas guiando a biópsia.

Abordagem inicial pela RM

Quando se avalia uma massa de partes moles nos estudos axiais, primeiro deve-se determinar se a massa contém qualquer gordura intrínseca, dada a grande incidência de neoplasias de linhagem lipomatosa entre a população. O tecido lipomatoso apresenta-se hipoatenuante na TC e isointenso ao tecido subcutâneo em todas as sequências da RM.

Quando não se identifica gordura em uma massa de partes moles de aspecto agressivo, devem ser considerados sarcomas de partes moles não adiposos, como um sarcoma pleomórfico de alto grau indiferenciado e leiomiossarcoma, entre outros sarcomas, dependendo de fatores adicionais (idade do paciente e sítio tumoral).

Sarcoma pleomórfico de alto grau indiferenciado, denominado fibro-histiocitoma maligno, tipicamente se apresenta como uma grande massa, com realce heterogêneo, áreas internas de necrose e hemorragia, pseudocápsula e edema peritumoral, sendo o sarcoma de partes moles mais comum em adultos acima de 50 anos.

Leiomiossarcomas tendem a ser massas de partes moles sólidas com intenso realce pelo meio de contraste e menos áreas de necrose que os sarcomas pleomórficos, comumente crescendo de um grande vaso, como a veia cava, artéria pulmonar ou vasos periféricos, como a veia femoral. Podem também crescer a partir de células de músculo liso do retroperitônio, trato genitourinário ou gastrointestinal.

Lesão com isossinal/hipossinal em T1

A maioria das lesões de partes moles, benignas ou malignas (por exemplo, cistos gangliônicos, fibrossarcomas ou sarcoma pleomórfico) tem isossinal ou hipossinal em relação à musculatura nas imagens em T1 e, por isso, deve também ser avaliada com base no sinal em T2 e realce pós-contraste.

Lesão com hipersinal em T1

Substâncias associadas com o encurtamento do tempo de relaxação de T1, traduzido por hipersinal nesta sequência, incluem gordura, meta-hemoglobina, fluido hiperproteico e melanina. Desta forma, o diagnóstico diferencial deve incluir massas contendo gordura, massas hemorrágicas com meta-hemoglobina, coleções com conteúdo hiperproteico e melanoma ou metástase de melanoma (Figura 20).

Se a massa tem áreas de hipersinal em T1, a pergunta que deve ser imediatamente respondida é se há supressão do sinal nas imagens T1 com supressão de gordura; se a resposta for positiva, então a lesão contém gordura, e os diagnósticos mais prováveis incluem lipoma e suas variantes, lipossarcoma bem diferenciado, hemangioma e ossificação madura (estas vistas com miosite ossificante ou ossificação heterotópica relacionada à presença de gordura amarela).

Lipomas, as lesões de partes moles mais comuns, têm o conteúdo todo de gordura, sem nenhuma nodularidade interna ou septação espessa, apesar de ser possível se evidenciarem septos lisos e finos menores que 2,0 mm (Figura 21). A presença de traves internas ou nodularidades com realce apreciável pelo meio de contraste pode indicar tumor lipomatoso atípico ou lipossarcoma bem diferenciado.

Continuando o espectro das neoplasias de linhagem lipomatosa, a presença de elementos não adipócitos sugere o diagnóstico de lipossarcoma. Isso pode incluir tecido mixomatoso visto como marcado alto sinal em T2 (aspecto cístico – inclusive em sequências com saturação de gordura) e áreas de realce na RM nos casos de lipossarcomas mixoides. Lipossarcomas pleomórficos tipicamente se apresentam como uma massa heterogênea indeterminada, que pode demonstrar nenhuma ou pouca evidência de gordura macroscópica na imagem. Dessa forma, os lipossarcomas costumam ser categorizados em cinco subtipos principais:

- Bem diferenciado (mais comum; > 60 anos): massa predominantemente adiposa (até 70% do tumor) e realce pelo meio de contraste (Figura 22).
- Indiferenciado: área sólida não lipomatosa menor que 1 cm com realce pelo meio de contraste.

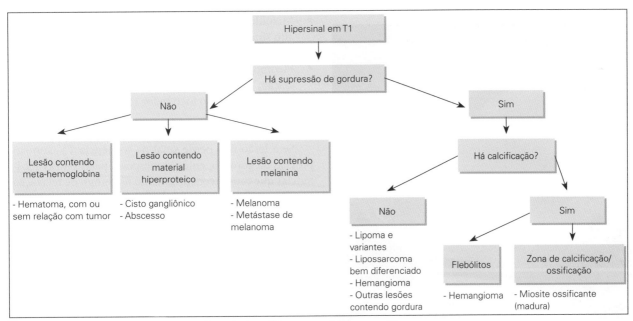

Figura 20   Fluxograma para lesões com hipersinal em T1 na ressonância magnética.
Fonte: adaptada de Wu e Hochman, 2009.

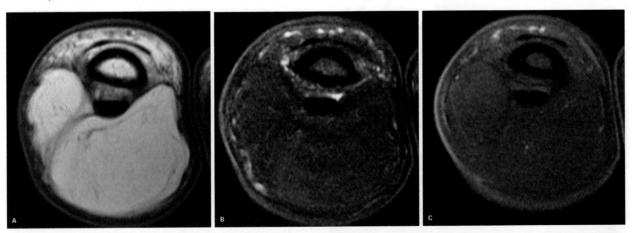

Figura 21   Lipoma. Exame de ressonância magnética do segundo pododáctilo nos planos axiais. Diante de uma lesão pequena caracterizada por hipersinal homogêneo na sequência T1 sem saturação de gordura (A), com supressão do sinal nas sequências com supressão de gordura (neste caso demonstrando em B uma imagem T2 com saturação de gordura) e sem realce apreciável ao meio de contraste paramagnético, o diagnóstico de lipoma pode ser feito com confiança.

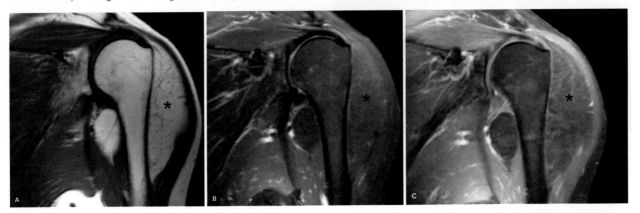

Figura 22   Lesões com alto sinal em T1. Lipossarcoma bem diferenciado. Imagens coronais de ressonância magnética em T1 sem saturação de gordura (A), T2 com saturação de gordura (B) e T1 com saturação de gordura após a administração do contraste paramagnético (C) revelando massa de partes moles predominantemente adiposa e realce dos septos internos. A análise histopatológica teve como resultado um lipossarcoma bem diferenciado.

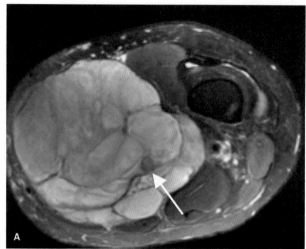
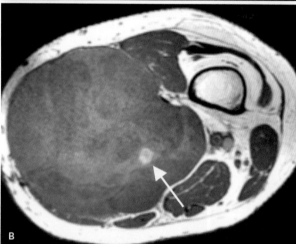
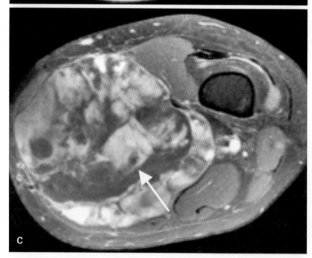

Figura 23 Lipossarcoma mixoide. Imagens coronais de ressonância magnética em T2 com saturação de gordura (A), T1 sem saturação de gordura (B) e T1 com saturação de gordura após a administração do contraste paramagnético (C) revelando massa de partes moles com componente de alto/intermediário sinal em T2 com saturação de gordura, focos esparsos de gordura (seta) e realce nodular pelo meio de contraste. A análise histopatológica teve como resultado um lipossarcoma mixoide de alto grau.

- Mixoide: massas volumosas e intermusculares, com alto sinal em T2 e componente adiposo linear ou nodular < 10% (Figura 23).
- Pleomórfico: intramuscular e alto grau de indiferenciação; heterogêneo, focos esparsos de gordura (os quais devem ser o foco se for realizada biópsia).
- Misto.

Se a lesão não perde sinal na sequência T1 com supressão de gordura, então é composta pelas outras substâncias que causam encurtamento no tempo de relaxação de T1, como meta-hemoglobina, fluido hiperproteico (incluindo cisto gangliônico, abscesso e cisto de inclusão epidérmica) ou melanina (Figura 24).

Lesões com hipossinal em T2

Alterações que aparecem com hipossinal nas sequências ponderadas em T2 incluem fibrose, hemossiderina e calcificação (diferente da ossificação). Lesões com componente fibrótico tendem a ter baixo sinal em T2 em virtude da matriz de coloide densa. Hemossiderina tem hipossinal em T2 relacionado a seu efeito de suscetibilidade magnética e pode parecer mais proeminente nas imagens T2*.

Na avaliação de lesões com baixo sinal em T2, o primeiro passo é revisar as radiografias para verificar a presença de calcificação, o que geralmente é difícil de identificar nas imagens de RM. Se não há calcificação na radiografia, a massa com baixo sinal em T2 é mais provavelmente uma fibrose focal ou tumor com substancial conteúdo hemorrágico. Nestes casos, a localização pode ajudar para melhor caracterização (Figura 25).

Massas únicas ou múltiplas em uma articulação podem refletir a presença de hemossiderina relacionada à sinovite vilonodular pigmentada (denominada tumor de células gigantes quando acomete a bainha tendínea).

Massas compostas de material fibrótico representam um amplo espectro de lesões benignas e malignas, variando desde cicatrizes fibróticas até fibromas e alguns fibrossarcomas (Figura 26).

No entanto, nem todas as massas fibrosas têm baixo sinal em T2; massas fibrosas hipercelulares, como alguns tumores desmoides com predomínio de material mixoide e leiomioma, podem demonstrar alto sinal em T2.

Uma massa nodular adjacente à fáscia plantar é mais provavelmente um fibroma plantar e, na fáscia superficial palmar, sugere doença de Dupuytren.

Lesões com hipersinal em T2

Muitas lesões que têm hipersinal homogêneo em T2 estão relacionadas a seu conteúdo líquido, que prolonga o tempo de relaxamento T2. No entanto, é importante perceber que algumas lesões sólidas também podem ter hipersinal. Assim, o diagnóstico diferencial inclui não apenas lesões císticas (p. ex., cistos gangliônicos, cistos

7 TUMORES ÓSSEOS E DE PARTES MOLES   763

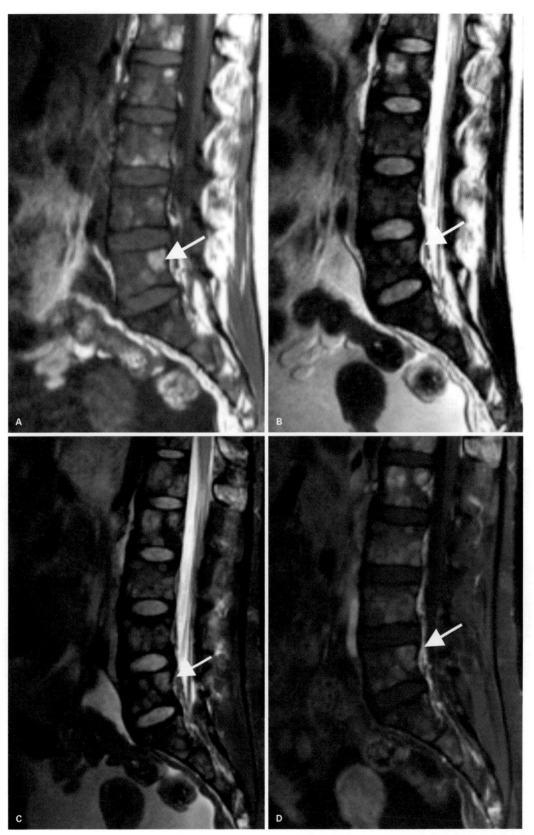

Figura 24　Lesões com alto sinal em T1. Metástase de melanoma. Imagens sagitais de ressonância magnética revelando múltiplas lesões na coluna vertebral caracterizadas por alto sinal em T1 e T2 sem saturação de gordura (A e B, respectivamente) e que não perdem o sinal na sequência T2 com saturação de gordura (C), excluindo a natureza lipomatosa das lesões e deixando as possibilidades de melanina, meta-hemoglobina e fluido hiperproteico. Neste caso, a paciente tinha histórico de melanoma, sendo as lesões caracterizadas como metástases ósseas de melanoma.

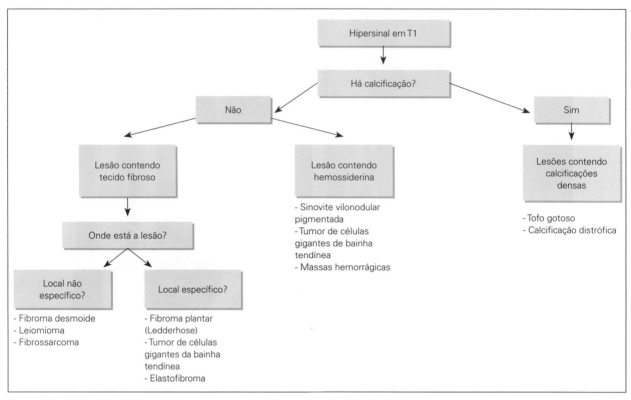

Figura 25 Fluxograma para lesões com hipossinal em T2 na ressonância magnética.
Fonte: adaptada de Wu e Hochman, 2009.

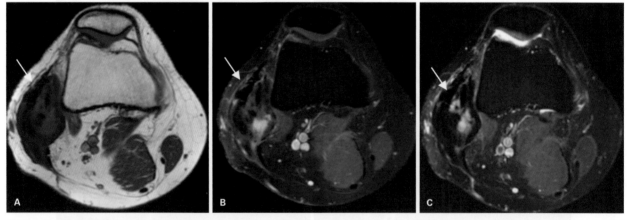

Figura 26 Característica de sinal na ressonância magnética (RM) de tumores fibrosos. Tumor desmoide. Imagens axiais de RM ponderadas em T1 sem saturação de gordura (A), T1 com saturação de gordura após a administração do contraste paramagnético (B) e T2 com saturação de gordura (C) revelando massa de partes moles, localizada nos planos intermusculares laterais da coxa, ao longo do trato iliotibial. Caracteriza-se por marcado baixo sinal em todas as sequências, inferindo-se componente fibroso. Tratava-se de um tumor desmoide.

sinoviais e seromas), mas também lesões sólidas (mixomas, sarcoma mixoide, alguns tumores de bainha neural e sarcomas sinoviais pequenos).

A administração do contraste se torna um passo essencial para distinguir verdadeiros cistos de lesões sólidas, sendo observado realce interno apenas nas últimas (Figura 27).

Se uma massa com hipersinal em T2 demonstra realce interno, tanto homogêneo quanto heterogêneo, uma lesão sólida deve ser considerada – mixoma intramuscular, sarcoma mixoide, tumor de células de bainha tendínea e sarcoma sinovial.

Material mixoide compreende um estroma de matriz gelatinosa que tem altos níveis de ácido hialurônico e fi-

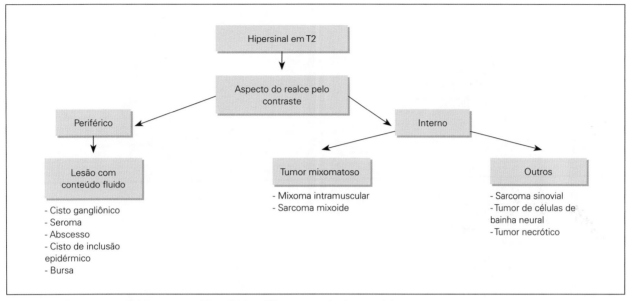

Figura 27   Fluxograma para lesões com hipersinal em T2 na ressonância magnética.
Fonte: adaptada de Wu e Hochman, 2009.

bras de colágeno imaturo, podendo ocorrer em uma variedade de lesões benignas e malignas. Por seu alto conteúdo hídrico, o material mixoide aparece como alto sinal em T2.

Estadiamento tumoral

Estadiamento dos tumores ósseos

O estadiamento local dos tumores ósseos malignos é de fundamental importância no planejamento terapêutico, tendo a capacidade de mudar totalmente a conduta, como a decisão de amputação ou cirurgia de salvação do membro. Neste contexto, a RM assume o papel do exame centralizador no estadiamento local, cujo objetivo é determinar a correta extensão da neoplasia e a relação com as estruturas adjacentes.

A melhor sequência de RM para a avaliação da extensão medular é a sequência ponderada em T1, sinalizando áreas acometidas, principalmente, pela presença de baixo sinal da lesão, substituindo o sinal normal da medula óssea. Outra informação importante que deve ser dada no relatório oncológico se refere ao envolvimento da fise de crescimento e da epífise, principalmente no esqueleto imaturo, pois a possibilidade de preservação dessas estruturas impacta na continuidade do crescimento da criança.

Deve-se atentar à necessidade de incluir todo o membro afetado no exame de RM, tornando possível a busca ativa pelas *skip metastases* (Figura 28), um foco secundário de osteossarcoma, simultâneo e separado anatomicamente da lesão primária, no mesmo osso. Já se o foco secundário está no osso da articulação adjacente, o termo *skip* transarticular é empregado.

O relatório deve contemplar ainda a informação da extensão articular ou não da lesão, bem como a relação com o feixe neurovascular. A RM deve informar se o feixe está livre, quando o tumor oblitera o plano adiposo perivascular sem envolver o feixe, ou quando o tumor envolve o feixe completamente.

Estadiamento de tumores de partes moles

O estadiamento tumoral no contexto de neoplasias de partes moles inclui estabelecer a extensão local e a avaliação da doença metastática a distância. A extensão local direciona o plano terapêutico e deve se atentar para identificar o envolvimento neurovascular e ósseo por contiguidade.

Linfonodos metastáticos são incomuns em sarcomas de partes moles. Alguns tipos se disseminam mais comumente por linfonodos locorregionais, incluindo sarcoma sinovial, sarcoma de células claras e angiossarcomas.

O pulmão é o sítio metastático a distância mais frequentemente acometido e, por esta razão, recomenda-se tomografia de tórax.

Avaliação de tratamento neoadjuvante e seguimento

Quimioterapia neoadjuvante e/ou radioterapia geralmente é feita em pacientes com tumores grandes e risco aumentado de recorrência local ou com o objetivo de aumentar a chance de margens livres na ressecção cirúrgica. Uma redução geral no volume tumoral indica uma resposta positiva e é também uma informação prognóstica nos casos de osteossarcoma. Alternativamente, um tumor pode aumentar de tamanho, enquanto o tecido neoplásico viável com realce o reduz. Em alguns casos de contato ou envolvimento neurovascular, o tumor pode retrair do feixe neurovascular fornecendo um plano de clivagem cirúrgico.

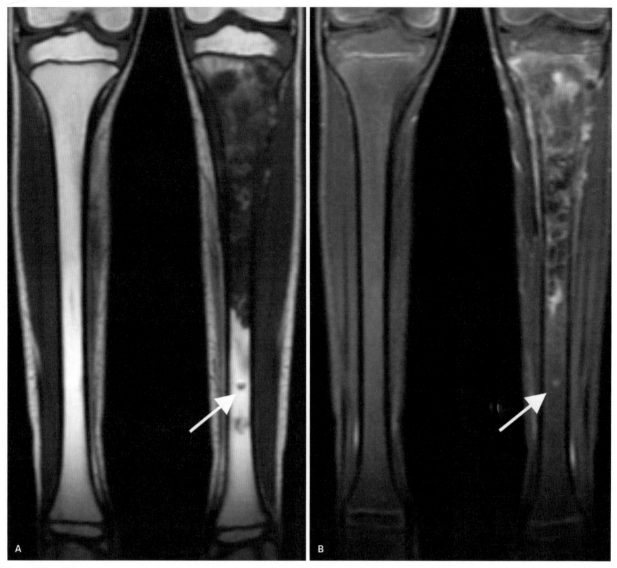

Figura 28 *Skip metastases* de osteossarcoma. Imagens axiais de ressonância magnética ponderadas em T1 sem saturação de gordura (A), T1 com saturação de gordura após a administração do contraste paramagnético (B) revelando tumor ósseo agressivo com foco de baixo sinal e realce pelo contraste (setas) no mesmo osso, porém sem continuidade com o tumor primário, compatível com *skip metastases*.

Atualmente, a sequência de difusão com o coeficiente de difusão aparente (mapa de ADC) também pode ser usada para avaliação da resposta à terapia, uma vez que maiores valores de ADC se correlacionam com a presença de necrose celular, esperada dentro de um tratamento com resposta favorável.

Bibliografia sugerida

1. Caracciolo JT, Letson GD. Radiologic approach to bone and soft tissue sarcomas. Surg Clin N Am. 2016;96(5):963-76.
2. Crago AM, Lee AY. Multimodality management of soft tissue tumors in the extremity. Surg Clin N Am. 2016;96:977-92.
3. Andrade Neto F, Teixeira MJD, Araújo LHC, Ponte CEB. Knee bone tumors: findings on conventional radiology. Radiol Bras. 2016;49(3):182-9.
4. Hartmann LGCR, Bordalo M, orgs. Musculoesquelético. Rio de Janeiro: Elsevier; 2014.
5. Patnaik S, Jyotsnarani Y, Uppin SG, Susarla R. Imaging features of primary tumors of the spine: A pictorial essay. Disponível em: http://www.ijri.org. Acesso em: 01 nov. 2016.
6. Walker EA, Fenton ME, Salesky JS, Murphey MD. Magnetic resonance imaging of benign soft tissue neoplasms in adults. Radiol Clin N Am. 2011;49:1197-217.
7. Rodallec MH, Feydy A, Larousserie F, Anract P, Campagna R, Babinet A, et al. Diagnostic imaging of solitary tumors of the spine: what to do and say. Radiographics. 2008;28:1019-41.
8. Beaman FD, Kransdorf MJ, Andrews TR, Murphey MD, Arcara LK, Keeling JH. Superficial soft-tissue masses: analysis, diagnosis, and differential considerations. RadioGraphics. 2007;27:509-23.
9. Dinauer PA, Brixey CJ, Moncur JT, Fanburg-Smith JC, Murphey MD. Pathologic and MR imaging features of benign fibrous soft-tissue tumors in adults. RadioGraphics. 2007;27:173-87.
10. Major NM, Helms CA, Richardson WJ. The "mini brain": plasmacytoma in a vertebral body on MR imaging. AJR Am J Roentgenol. 2000;175(1):261-3.
11. Wu JS, Hochman MG. Soft-tissue tumors and tumorlike lesions: a systematic imaging approach. Radiology. 2009;253(2):297-316.

8

Doenças osteometabólicas e hematológicas

Francisco Júlio Muniz Neto
Marcelo Bordalo Rodrigues

Doença de Gaucher

A doença de Gaucher é um transtorno hereditário familiar de causa desconhecida, transmitido como um traço autossômico recessivo levando a um defeito na síntese de enzimas (glicocerebrosidase – glicosilceramidase cerebrosídeo 1-glicosidase) que atuam no catabolismo de glicolipídios. Dessa forma, há acúmulo do glicolipídio cerebrosídio dentro dos macrófagos do sistema reticuloendotelial do baço, medula óssea, fígado, pulmão e sistema nervoso. Esses macrófagos alterados, denominados células de Gaucher, são o marco histopatológico dessa doença.

Existem três tipos dessa doença, em função da presença e do grau de comprometimento do sistema nervoso:

- Tipo I: é a forma não neuropática do adulto. Corresponde a forma mais frequente, com início na primeira ou segunda década de vida. Anormalidades ósseas e hepatoesplenomegalia e distúrbios hematológicos caracterizam essa forma da doença.
- Tipo II: é a forma neuropática aguda. Ocorre mais no lactente com surgimento aos 6 meses de idade e com deterioração neurológica progressiva, sendo letal no primeiro ano de vida.
- Tipo III: é a forma neuropática juvenil subaguda. Os pacientes apresentam retardo mental e convulsões, e geralmente morrem no final de sua segunda década de vida.

A dor óssea recorrente é um sinal de envolvimento esquelético, sendo que o episódio álgico agudo intenso associado a edema e febre pode mimetizar osteomielite aguda.

O diagnóstico é feito pela demonstração de células de Gaucher características no aspirado de medula óssea ou em biópsia hepática ou esplênica, além da comprovação da redução da atividade da betaglicosidase nos leucócitos.

Vale ressaltar o tratamento de substituição enzimática na criança para prevenir e minimizar as manifestações clínicas. Os métodos de imagem podem monitorar e determinar a efetividade dessa terapêutica enzimática detectando a reconversão medular patologicamente infiltrada por glicolipídios.

Achados de imagem

Radiografia simples

- Osteoporose difusa – em virtude da expansão da medular por glicolipídios (Figura 1).
- Extremidade dos ossos longos com deformidade em "frasco de Erlenmeyer" (Figura 2).
- Infartos ósseos e necrose avascular, principalmente da cabeça do fêmur e ocasionalmente dos côndilos femorais (Figura 3).
- Aparência de "osso dentro de osso" – decorrente do infarto ósseo medular e reação periosteal, devendo-se fazer o diferencial com osteomielite.
- Lesões ósseas líticas com aspecto de faveolamento – geralmente limitado às diáfises dos ossos longos em decorrência dos depósitos de glicolipídios (Figura 4).
- Lesões ósseas escleróticas – ocorrem secundariamente em virtude do reparo ou infartos ósseos (Figura 5).
- Fraturas patológicas.

Tomografia computadorizada

- Além de melhor caracterizar os achados radiográficos possibilita a avaliação concomitante da hepatoesplenomegalia.

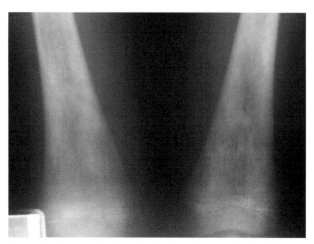

Figura 1 Doença de Gaucher. Radiografia simples dos fêmures distais demonstra intensa rarefação óssea heterogênea.

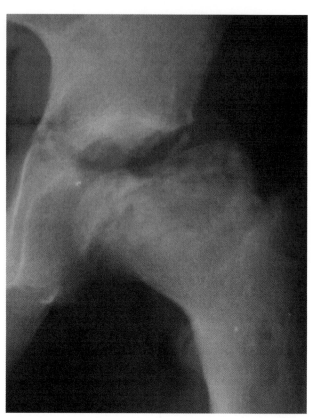

Figura 3 Doença de Gaucher. Radiografia simples do quadril esquerdo. Osteonecrose da cabeça femoral, com colapso.

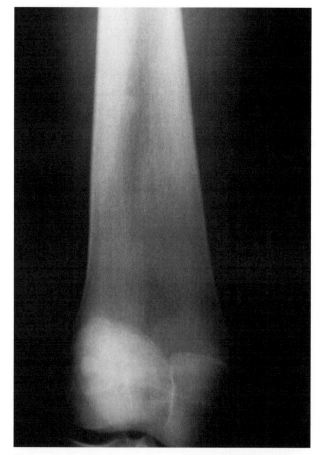

Figura 2 Doença de Gaucher. Radiografia simples do fêmur distal mostra alargamento metadiafisário, caracterizando a deformidade em "frasco de Erlenmeyer".

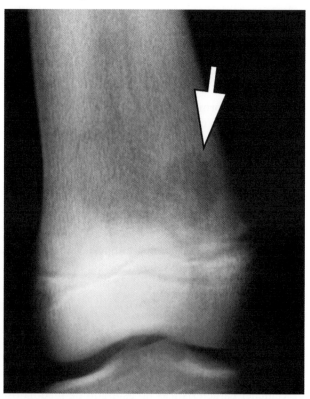

Figura 4 Doença de Gaucher. Radiografia simples do fêmur distal. Lesão lítica focal (seta), relacionada ao depósito focal de glicolipídios.

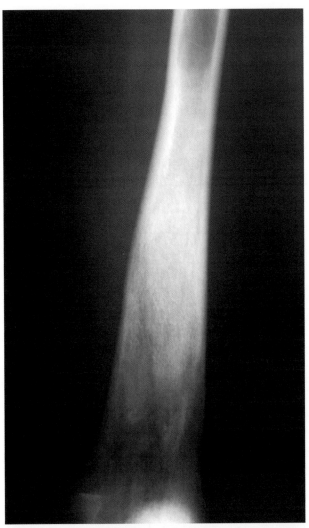

Figura 5 Doença de Gaucher. Radiografia simples do fêmur distal. Deformidade em "frasco de Erlenmeyer" associada a osteoesclerose da diáfise média.

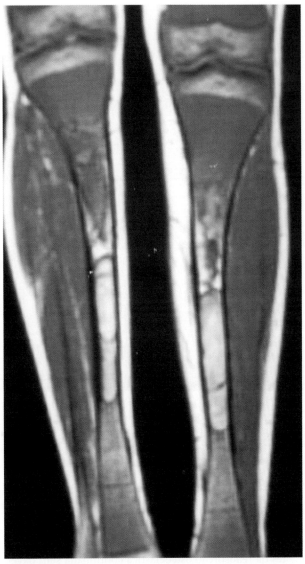

Figura 6 Doença de Gaucher. Ressonância magnética das pernas – imagem coronal ponderada em T1. Intensa substituição da medula óssea metadiafisária proximal e distal, que apresentam baixo sinal em T1, relacionada à deposição de glicolipídios.

Ressonância magnética

- Alteração difusa da medula óssea com baixo sinal em T1 e T2, tendo início no esqueleto apendicular e depois no axial. As epífises persistem com predomínio de gordura, ou seja, não são afetadas pela infiltração de glicolipídios (Figura 6).
- Necrose avascular e infartos ósseos apresentam diagnóstico mais precoce, possibilitando o estadiamento e a diferenciação com casos de infecção (Figura 7).
- Serve para o monitoramento do tratamento enzimático efetivo, pois ocorre o reaparecimento da medula amarela.

Escorbuto

Conhecida como doença de Barlow, o escorbuto é resultado da deficiência crônica da ingestão de ácido ascórbico (vitamina C). A função da vitamina C influencia a síntese de colágeno e estimula a atividade da fosfatase alcalina, um marcador de formação osteoblástica.

Nos lactentes, a deficiência primária é causada mais comumente por erro de suplementação da dieta, enquanto em adultos geralmente é causada por idiossincrasias alimentares, síndromes disabsortivas ou por dieta insuficiente.

A deficiência de vitamina C cursa com tendência hemorrágica, levando a hemorragia subperiosteal e ao funcionamento anormal de osteoblastos e condroblastos que resulta em osteogênese defeituosa.

As lesões são mais observadas em crianças em fase de crescimento acelerado, principalmente na zona de crescimento ósseo em torno das linhas da fixe e da junção periosteocortical.

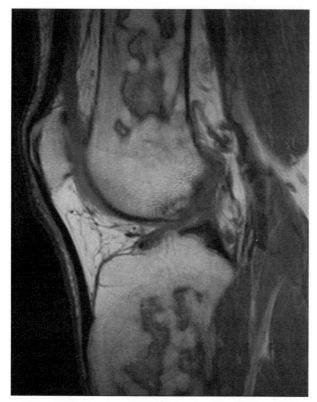

Figura 7 Doença de Gaucher. Ressonância magnética do joelho – imagem sagital ponderada em T2. Infartos ósseos no fêmur e tíbia – lesões geográficas bem definidas.

Achados de imagem

Radiografia simples

- Osteopenia e adelgaçamento das corticais – decorrentes da reabsorção osteoclástica continuada sem haver formação adequada de novo osso.
- Linhas brancas do escorbuto (linhas metafisárias densas de Frankel) – correspondem à deposição de fosfato de cálcio determinando área de densidade aumentada adjacente a placa de crescimento (Figuras 8 e 9).
- Anel de Wimberger – é um anel de densidade aumentada ao redor dos centros secundários de ossificação (Figuras 8 e 9).
- Bico de Pelkan – decorrente da fratura na metáfise produzindo um sinal de "ângulo" (Figuras 8 e 9).
- Reação periosteal – decorrente da hemorragia subperiosteal por fragilidade capilar (Figuras 8 e 9).
- Fraturas patológicas.

Raquitismo

O raquitismo corresponde a osteomalácia do esqueleto imaturo (infância). É caracterizado por quantidades excessivas de matriz óssea inadequadamente mineralizada recobrindo as superfícies das trabéculas no osso esponjoso e revestindo os canais haversianos da cortical.

Atualmente o raquitismo nutricional é incomum, devendo-se buscar causas secundárias como atresia de vias biliares, síndromes disabsortivas, insuficiência renal crônica, uso de anticonvulsivantes, prematuridade e alterações genéticas, como raquitismo resistente a vitamina D e raquitismo hipofosfatêmico.

A apresentação clínica mais comum desse transtorno é a dor óssea e a fraqueza muscular.

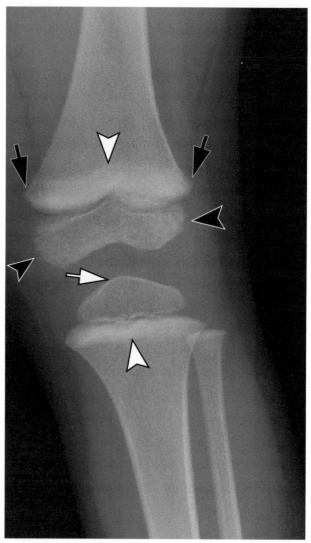

Figura 8 Escorbuto. Radiografia simples do joelho esquerdo. Imagens lineares escleróticas metafisárias (linhas de Frankel) (cabeças de setas brancas), imagem linear esclerótica envolvendo a epífise (sinal de Wimberger) (seta branca), fraturas prévias na metáfise, com consequente angulação na borda metafisária (setas pretas), espessamento periosteal calcificado com consequente borramento da cortical óssea na epífise femoral (cabeças de setas pretas).

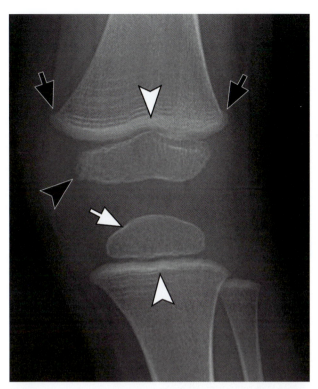

Figura 9 Escorbuto. Radiografia simples do joelho esquerdo. Imagens lineares escleróticas metafisárias (linhas de Frankel) (cabeças de setas brancas), imagem linear esclerótica envolvendo as epífises (sinal de Wimberger) (seta branca), fraturas prévias na metáfise, com consequente angulação na borda metafisária (setas pretas), espessamento periosteal calcificado com consequente borramento da cortical óssea na epífise femoral (cabeça de seta preta).

Achados de imagem

Radiografia simples

- Osteopenia generalizada – aumento da transparência com perda da definição entre a cortical e a esponjosa.
- Alargamento das placas fisárias (Figura 10).
- Deformidade em taça das metáfises – côncavas e em forma de taça associado a desaparecimento da zona de calcificação provisória da metáfise que assume forma irregular e desfiada (Figura 10).
- Pseudofraturas ou zonas de Looser – linhas radiotransparentes múltiplas bilaterais e frequentemente simetrias na cortical em posição perpendicular ao eixo longo do osso. São menos frequentes do que a osteomalácia do adulto.
- Rosário raquítico torácico – aumento palpável das junções condrocostais.
- Nanismo raquítico – em decorrência do arqueamento dos ossos amolecidos (Figura 11).
- Escoliose.
- Faixas transversais densas nas metáfises após o tratamento – ocorre recalcificação da zona de calcificação provisória nas radiografias de controle.

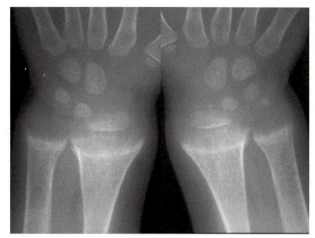

Figura 10 Raquitismo. Radiografia simples anteroposterior do punho. Alargamento da metáfise distal do rádio com esclerose e irregularidades ósseas (aspecto "frangeado"), com espessamento da cartilagem de crescimento.

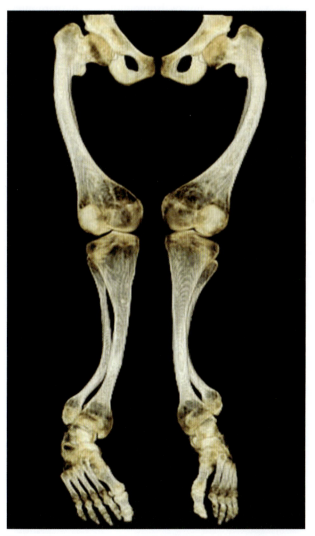

Figura 11 Raquitismo. Reconstrução tridimensional de tomografia computadorizada dos membros inferiores. Deformidade com arqueamento crônico dos fêmures, tíbias e fíbulas.

Osteomalácia

Defeito na mineralização óssea após a maturação esquelética com consequente acúmulo de matriz óssea não mineralizada. O diagnóstico etiológico é complexo, de origem carencial (déficit de vitamina D), secundário a uma má absorção intestinal de vitamina D (doenças intestinais, hepatopatias), secundário a um defeito na reabsorção tubular renal de fosfato (adquirido ou congênito).

Os sinais radiológicos são:
- Rarefação óssea.
- Pseudofraturas de Looser: muito frequentes, correspondem ao acúmulo de matriz óssea não mineralizada no local de microfraturas. Radiologicamente são linhas radiotransparentes perpendiculares ao eixo longo do osso, sem calo ósseo. São tipicamente bilaterais e simétricos, considerados uma forma de fratura de insuficiência. Acometem preferencialmente as margens inferiores das escápulas, costelas, ramos íleo-púbicos, isquiopúbicos e margem interna do colo femoral (Figuras 12 a 14).
- Deformidade bicôncava dos corpos vertebrais.
- Impactações ósseas epifisárias, com perda da esfericidade, sem fratura da lâmina óssea subcondral, diferenciando-as das necroses.

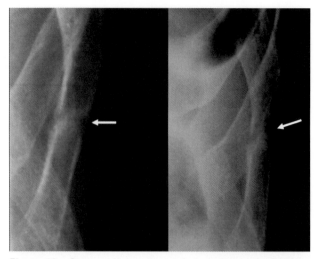

Figura 13 Osteomalácia – pseudofratura de Looser. Pseudofraturas em arco costal. Notar ausência de reação periosteal ou calo ósseo.

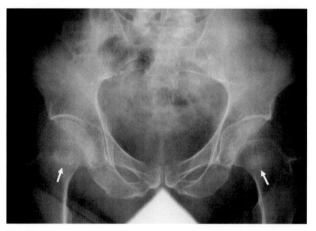

Figura 14 Osteomalácia – pseudofraturas de Looser. A: Radiografia simples de bacia evidencia imagens lineares radiodensas nas bordas internas de ambos os colos femorais (setas). B: Imagem coronal de ressonância magnética ponderada em T1 confirma a presença das pseudofraturas.

Osteomalácia oncogênica

Caracterizada por uma síndrome paraneoplásica na qual tumores ósseos ou de partes moles induzem alterações no metabolismo da vitamina D e do fosfato, levando a osteomalácia ou raquitismo resistentes a vitamina D. Tipicamente são pacientes em torno dos 30 anos apresentando hipofosfatemia e níveis normais de cálcio. Os principais tumores envolvidos são de origem mesenquimal, especialmente o tumor mesenquimal fosfatúrico. Também podem induzir osteomalácia os tumores de células gigantes, tumores vasculares (em especial o hemangiopericitoma), sinovite vilonodular, tumores fibrosos e até alguns sarcomas. Na suspeita de uma osteomalácia oncogênica, pode-se realizar o mapeamento ósseo com tecnécio (para os tumores ósseos) ou ín-

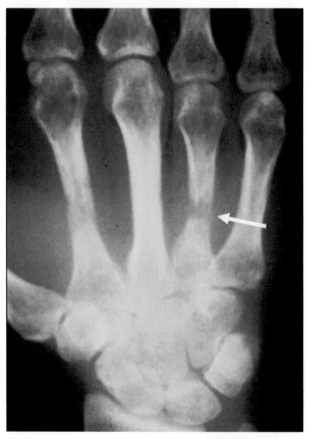

Figura 12 Osteomalácia – pseudofratura de Looser. Imagem linear radiotransparente perpendicular ao maior eixo do 4º metacarpo.

dio-111 marcado com octreotide, que detectará os tumores mesenquimais. Na literatura, existe uma variação de 5 meses a 14 anos do tempo de apresentação da doença ao tempo do diagnóstico do tumor. Após a identificação pela medicina nuclear, pode-se complementar com tomografia computadorizada (TC) ou ressonância magnética (RM) (Figura 15). O tratamento consiste na ressecção cirúrgica do tumor, com normalização das alterações clínico-laboratoriais.

Osteoporose

A osteopenia é um achado radiológico não específico que indica uma radiotransparência aumentada do osso. A densidade óssea pode ser difícil de ser avaliada em virtude de fatores técnicos (kV, mA) que influenciam o aspecto radiológico do osso.

A osteoporose é um distúrbio osteometabólico caracterizado por formação insuficiente ou aumento da reabsorção da matriz óssea que resulta em diminuição da densidade mineral óssea (DMO). Embora haja redução na quantidade de tecido ósseo, o tecido presente ainda está totalmente mineralizado, dessa forma, o osso apresenta uma deficiência quantitativa, porém é normal em termos qualitativos.

Os critérios de normatização diagnóstica sugeridos pela Organização Mundial da Saúde (OMS) baseiam-se no emprego da densitometria. Utiliza-se o Z-escore (número de desvios-padrão da média de uma população do mesmo sexo e raça do indivíduo) para mulheres na menacne e homens com menos de 50 anos. O Z-escore igual ou inferior a −2,0 desvios-padrão é definido como "abaixo da faixa esperada para a idade" e o Z-escore acima de −2,0 desvios-padrão classificado como "dentro dos limites esperados para a idade".

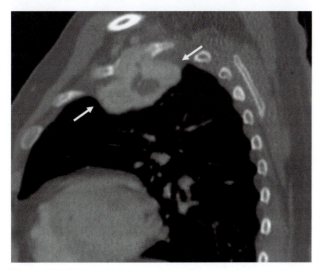

Figura 15 Osteomalácia oncogênica. Presença de tumor mesenquimal fosfatúrico infiltrando o 1º arco costal e invadindo o tórax. Paciente apresentava quadro de osteomalácia há 5 anos e após a ressecção cirúrgica do tumor, houve melhora significativa dos parâmetros clínico-laboratoriais.

Utiliza-se o T-score (número de desvios-padrão da média de adultos jovens) para mulheres com mais de 40 anos na transição menopausal e homens acima de 50 anos de idade com fatores de risco. Classificam-se em quatro grupos distintos segundo o número de desvios-padrão (T-score), para coluna lombar em AP (ou PA), fêmur proximal (colo, total ou trocânter) e radiodistal, segmento 33% (ou 1/3), assim descritos:

- Até −1 SD: entende-se o resultado densitométrico como normal.
- Abaixo de −1 SD até −2,5 SD: classifica-se como osteopenia.
- Abaixo de − 2,5 SD: o termo osteoporose é aplicável.
- Abaixo de − 2,5 SD associado à fratura óssea: atribui-se o termo osteoporose grave.

A osteoporose primária (idiopática) pode ser dividida em:

- Osteoporose tipo I: pós-menopausa – ocorre em mulheres com 50 a 65 anos de idade. Observa-se perda desproporcional de osso esponjoso em relação ao osso cortical, afetando principalmente áreas ricas em osso esponjoso, como vértebra e extremidades dos ossos longos.
- Osteoporose tipo II: senil – ocorre em idosos de ambos os sexos com perda proporcional do osso cortical e esponjoso principalmente dos ossos longos.
- Osteoporose juvenil idiopática.

A osteoporose secundária ocorre em decorrência de distúrbios endócrinos (hipogonadismo, hiperparatireoidismo, doença de Cushing, acromegalia), distúrbios nutricionais (síndromes disabsortivas, alcoolismo, escorbuto), distúrbio metabólico hereditário ou do colágeno (osteogênese imperfeita, doença de Wilson, acetonúria) e medicações (heparina e corticoides exógenos).

Achados de imagem

Radiografia simples

- Redução da densidade óssea – osteopenia que para ser detectável na radiografia simples tem que ter 30-50% do osso perdido.
- Redução da espessura da cortical – utiliza-se a largura de ambos os córtices dos metacarpos, sendo considerado anormal quando a soma dos dois for menor que o diâmetro da diáfise.
- Redução do número e da espessura das trabéculas.
- Reabsorção das trabéculas horizontais do corpo vertebral – achado mais precoce.

- Vértebras com o aspecto de caixa vazia – decorrente da densidade aparentemente aumentada dos platôs decorrente da reabsorção do osso esponjoso.
- Fraturas compressivas do corpo vertebral – em cunha, corpos vertebrais bicôncavos (Figura 16).

Tomografia computadorizada

- As reformatações sagitais, coronais e em 3D em aparelhos de multidetectores permitem uma boa avaliação da extensão das fraturas vertebrais e da localização de eventuais desvios de fragmentos para o interior do canal, facilitando a indicação cirúrgica.
- A indentação "em degrau" da parede posterior da vértebra sugere fratura osteoporótica, enquanto o abaulamento, com um aspecto convexo do muro posterior, caracteriza etiologia metastática (Figura 17).

Ressonância magnética

- A RM é útil para avaliação de fraturas de insuficiência/ocultas, para o estadiamento cronológico de fraturas e para a diferenciação entre fratura osteoporótica e patológica.
- A fratura em fase aguda apresenta substituição do sinal de gordura da medula óssea por sinal de líquido adjacente ao local de fratura. Na fase crônica, ocorre restabelecimento do sinal de gordura podendo persistir a deformidade.
- Na fratura neoplásica observa-se o aspecto focal ou geográfico da lesão associado a abaulamento do muro posterior, presença de massa epidural, comprometimento difuso do corpo e envolvimento de pedículos/arco posterior.
- A RM também é importante para a avaliação do canal vertebral e compressão da medula espinhal nas áreas de fraturas osteoporóticas, que podem determinar edema medular, traduzido por áreas de hipersinal nas sequências ponderadas em T2.
- As fraturas por insuficiência ocorrem nos pacientes com osteoporose grave. São fraturas determinadas por estresse fisiológico em ossos enfraquecidos pela osteoporose, muitas vezes com estudo radiográfico negativo. Os principais locais de acometimento desse tipo de fratura são o sacro, a bacia e as extremidades. No sacro, observa-se o "sinal do Honda" ou o "sinal do H", traduzindo as fraturas longitudinais e transversais que se cruzam perpendicularmente ao osso, caracterizadas por áreas de baixo sinal em sequências ponderadas em T1 e alto sinal nas sequências ponderadas em T2. Sendo que as fraturas de insuficiência do sacro são confundidas frequentemente com malignidade.

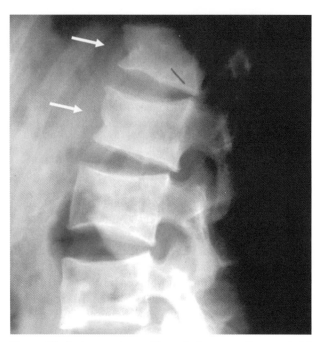

Figura 16 Fraturas osteoporóticas. Fraturas cuneiformes de L1 e L2 (setas).

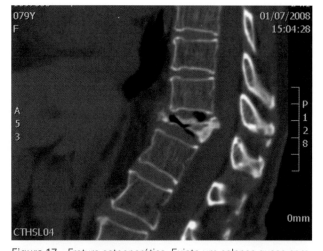

Figura 17 Fratura osteoporótica. Existe um colapso quase completo do corpo vertebral de T11, com recuo agudo do muro posterior e presença de gás intravertebral, achados muito sugestivos de fratura benigna (osteoporótica).

Acromegalia

O aumento da secreção do hormônio do crescimento (GH) pela adeno-hipófise pode ocorrer em decorrência da hiperplasia da glândula ou de um tumor produtor de somatotrofina que pode causar crescimento ósseo acelerado.

Quando ocorre no momento em que as placas de crescimento ainda estão abertas (antes da maturidade óssea) denomina-se gigantismo e no paciente adulto é denominada acromegalia. No gigantismo esse crescimento ósseo exagerado é proporcional, porém no esqueleto maduro a ação hormonal determina aumento da espessura da cartilagem, proliferação óssea com aumento dos diâmetros ósseos e calcificação nas inserções capsuloligamentares e enteses. Ressalta-se que em função da maior espessura cartilaginosa, a sua nutrição, que ocorre por difusão, é insatisfatória, e a doença degenerativa articular se manifesta precocemente.

Achados de imagem

A incidência lateral do crânio mostra espessamento dos ossos do crânio e aumento da densidade, sendo que a díploe pode estar obliterada. Os seios paranasais aumentam de tamanho e as células mastóideas tornam-se hiperpneumatizadas, associado ao prognatismo da mandíbula (vista na incidência lateral dos ossos da face).

No pé, a incidência lateral permite medir a espessura do coxim do calcanhar que é o índice determinado pela distância da superfície posteroinferior do osso calcâneo até a superfície cutânea mais próxima. A literatura ressalta que em um indivíduo normal de 70 kg, a espessura do coxim do calcanhar não deve ultrapassar 22 mm, assim para cada 11 kg adicionais de peso corporal, deve ser acrescentado 1 mm ao valor básico; portanto, 24 mm deve ser o valor máximo (Figura 18).

Nas mãos, as cabeças dos metacarpos tornam-se aumentadas, bem como há espessamento ósseo irregular ao longo das margens que simulam osteófitos. Observam-se hipertrofias dos tufos falangianos (aspecto em "âncora"), espessamento cortical e desenvolvimento de osteófitos e entesófitos (Figura 19). Nota-se aumento do tamanho do sesamoide na articulação metacarpofalangiana do polegar. Estabelece-se valores como o índice sesamoide (determinados pela altura e largura desse ossículo, medidas em milímetros), sendo sugestivo de acromegalia, valores maiores que 30 em mulheres e maiores que 40 em homens. Os espaços articulares se alargam em virtude da hipertrofia da cartilagem articular e dos tecidos de partes moles, determinando a aparência de dedos quadrados em forma de pá (Figura 19).

A incidência lateral da coluna vertebral pode revelar o aumento no diâmetro anteroposterior de um corpo vertebral, bem como indentação ou aumento da concavidade da margem vertebral posterior. Além disso, a cifose torácica frequentemente está aumentada, e a lordose lombar, acentuada. O espaço do disco intervertebral pode ser mais largo que o normal em decorrência do crescimento exagerado da porção cartilaginosa do disco.

As alterações degenerativas que são o resultado do crescimento exagerado da cartilagem articular e subsequente nutrição inadequada da cartilagem espessa.

Os estudos por RM e USG são úteis para avaliação da síndrome do túnel do carpo, que ocorre em mais da metade dos pacientes com acromegalia. O aumento de tamanho do nervo mediano parece decorrer da ação direta do GH.

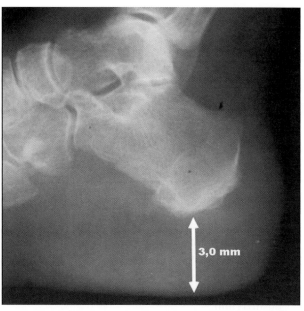

Figura 18   Acromegalia. Radiografia simples em perfil do calcâneo demonstra aumento do diâmetro do coxim gorduroso plantar.

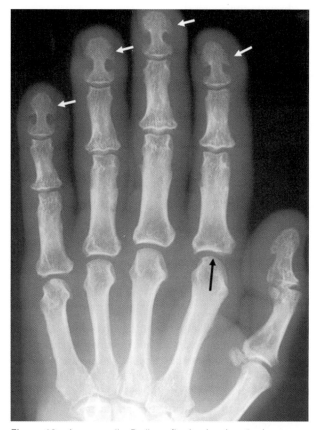

Figura 19   Acromegalia. Radiografia simples da mão demonstra hipertrofia óssea dos tufos falangeanos distais, com aspecto em "âncora de navio" (setas brancas). Também se observa um aumento do espaço articular metacarpo-falangeano do segundo raio (seta preta), secundário a uma hipertrofia da cartilagem. Existem leves aumentos das espessuras das demais articulações metacarpo-falangeanas, porém em menor grau. Também é possível observar um aumento de partes moles no primeiro e segundo dedos.

Osteopetrose

É um defeito genético dos osteoclastos que resulta em uma falha na reabsorção e remodelagem de ossos formados por ossificação endocondral. O desequilíbrio entre formação e reabsorção óssea associada a persistência de osso primário imaturo promove o aumento da densidade óssea e obliteração do canal medular.

Existem três formas clínicas:

- Autossômica recessiva "maligna" infantil: reconhecida ao nascimento ou no início da infância, e se não for tratada por transplante de medula óssea é frequentemente fatal em virtude da anemia grave secundária a quantidades substanciais de cartilagem e osso imaturo preenchendo a cavidade medular. Há distúrbios visuais, surdez, alteração da dentição e hidrocefalia associados.
- Autossômica recessiva intermediária juvenil: prognóstico ruim.
- Autossômica dominante "benigna" do adulto (doença de Albers-Schönberg – ossos marmóreos): caracterizada por esclerose do esqueleto. Apresenta uma sobrevida considerável.

Achados de imagem

Radiografia simples

O padrão radiográfico vai depender do tipo da doença:
- Forma infantil
  - Densidade óssea aumentada.
  - Ausência da diferenciação entre cortical e cavidade medular – o padrão trabecular está obliterado pelo acúmulo de osso imaturo.
  - Faixas metafisárias de menor densidade.
  - Deformidade dos ossos tubulares longos e curtos com alargamento em leque de suas extremidades – mais bem evidenciado nos fêmures distais e das tíbias proximais como resultado de falha de remodelagem, lembrando o aspecto de "frasco de Erlenmeyer".

- Forma infantil não letal
  - Aparência de osso dentro de osso – representa sinais de atividade e estabilização da doença.
  - Vértebras em sanduíche – representa sinais de atividade e estabilização da doença com faixas de maior e menor densidade.
  - Espessamento ósseo difuso do crânio.
  - Alteração da pneumatização da mastoide e dos seios paranasais.

- Forma intermediária
  - Aparência de osso dentro de osso – representa sinais de atividade e estabilização da doença associada a alto índice de fratura.

- Forma adulta
  - Esclerose da calota craniana.
  - Esclerose difusa da coluna vertebral, bacia e base do crânio (Figura 20).

Complicações

- Maior incidência de osteomielite – em virtude das alterações associadas no sistema imunológico.
- Anemias – decorrente da substituição da medula óssea.
- Paralisia dos nervos cranianos – devido ao espessamento da calota craniana determinando estenose dos forames da base do crânio.
- Hidrocefalia – decorrente do espessamento da calota craniana.

Melorreostose

Doença rara de causa desconhecida, a melorreostose (doença de Leri) não mostra evidências de características hereditárias.

A condição, especialmente na infância, é assintomática, sendo diagnosticada como um achado incidental em radiografias obtidas por outra finalidade. Quando a melorreostose se manifesta clinicamente, a apresentação mais comum é a de contratura articular ou dor com limitação do movimento e rigidez, em decorrência de fibrose e formação de osso periarticular nos tecidos moles, sendo mais comuns em adultos.

Melorreostose pode ser monostótica ou poliostótica, e tende a ser monomélica. Acomete principalmente ossos longos, embora possa ser visto em praticamente qualquer lugar. Mãos, pés e esqueleto axial raramente são envolvidos. A doença tem uma tendência de distribuição respeitando o esclerótomo.

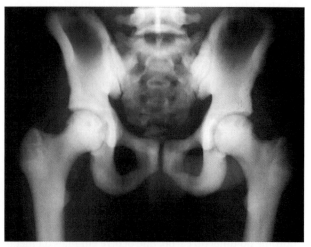

Figura 20 Osteopetrose. Radiografia simples da bacia. Intensa esclerose óssea da bacia, coluna lombar baixa e fêmures proximais.

Achados de imagem

Radiografia simples

Foram descritos cinco padrões:
- Clássico: hiperostose localizada e ondulada da cortical óssea "aspecto de cera derretida escorrendo pelo lado de uma vela" – envolve apenas uma cortical óssea, na maioria das vezes nos membros inferiores (Figuras 21 e 22).
- Semelhante a miosite ossificante: ossificação nodular, sem estrutura lamelar, em partes moles adjacentes às articulações – com ou sem hiperostose intraóssea. Frequentes ao redor do quadril e do joelho, em pacientes sem história de trauma.
- Semelhante a osteoma: hiperostose com aspecto de osteoma em localização excêntrica e com orientação cortical – associado a alterações de partes moles.
- Semelhante a osteopatia estriada: estriações densas adjacentes à cortical interna do osso – ocorre em um ou mais ossos de um só dimídio. O diferencial seria com osteopatia estriada em que há comprometimento bilateral.
- Misto – pode haver associação com osteopoiquilose e osteopatia estriada.

Hiperparatireoidismo

O hormônio paratireóideo (PTH) estimula a reabsorção osteoclástica do osso. O hiperparatireoidismo geralmente é detectado pelo elevado cálcio sérico durante a triagem bioquímica de rotina. O PTH ativa os osteoclastos com substituição do tecido ósseo por tecido fibroso.

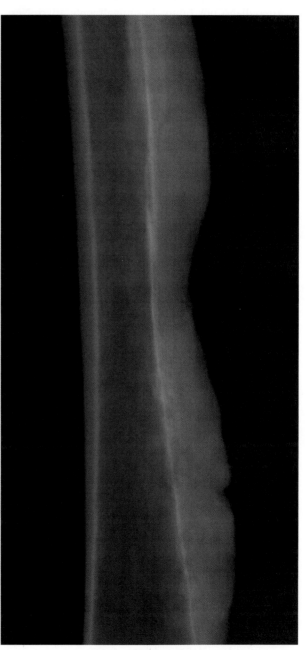

Figura 22 Melorreostose. Radiografia simples do fêmur. Espessamento e esclerose cortical lateral, de contornos lobulados, caracterizando o aspecto de "cera de vela derretida".

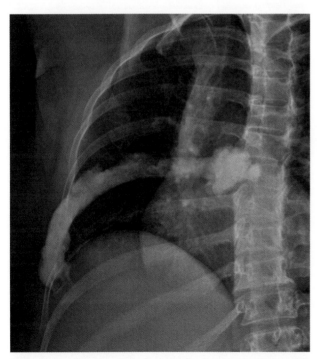

Figura 21 Melorreostose. Radiografia simples do tórax – oblíqua. Intensa esclerose lobulada do 7º arco costal em toda a sua extensão, com aspecto em "cera de vela derretida".

O hiperparatireoidismo pode ser de três tipos:

- Primário: alteração anatômica primária da glândula por um adenoma (único, 90%; múltiplo, 10%), por hiperplasia glandular única ou múltipla (12%) e raramente por carcinoma da paratireoide (1-3%).
- Secundário: mais frequentemente secundário à falência renal crônica (IRC), mas raramente pode ser observado na produção ectópica de hormônio paratireoidiano por tumor hormonalmente ativo. Nesse caso ocorre retenção de fosfatos com baixo nível sérico de cálcio de vitamina D determinando elevação secundária do PTH.
- Ternário: resulta da hiperfunção glandular autônoma subsequente à insuficiência renal de longa duração, mesmo com níveis normais de cálcio sanguíneo.

Achados de imagem

Radiografia simples

1. Hiperparatireoidismo primário
   - Osteopenia generalizada.
   - Reabsorção óssea subperiosteal – nas faces radiais da falange média dos dedos médio e indicador das mãos, nos tufos das falanges, na lâmina dura e na cortical medial do fêmur e da tíbia (Figuras 23 e 24).
   - Reabsorção subligamentar – inserções e origens tendíneas e ligamentares, especialmente no fêmur e no úmero (Figura 24).
   - Reabsorção endosteal/cortical – representada por estriações longitudinais conhecidas como "em formação de túnel" na cortical dos ossos longos (Figuras 23 e 24).
   - Reabsorção trabecular – aspecto mosqueado em sal e pimenta do crânio em virtude da reabsorção trabecular (Figura 25).
   - Reabsorção subcondral – alargando da articulação sacrilíaca, sínfise púbica e acromioclavicular (Figura 24).
   - Reabsorção das extremidades distais da clavícula (Figura 26).
   - Tumores marrons – pseudotumores constituídos de tecido fibrovascular e depósitos de hemossiderina. Acometem preferencialmente o esqueleto axial, especialmente o crânio, a mandíbula, as costelas e a bacia, mas também podem acometer o esqueleto apendicular, em especial o fêmur. Radiologicamente, apresentam-se como uma lesão lítica bem delimitada e excêntrica e, por meio de RM, podem exibir aspecto expansivo e cístico. Com a ressecção do adenoma da paratireoide, os tumores marrons podem demonstrar regressão com esclerose (Figura 27).

- Condrocalcinose – calcificação da fibrocartilagem do joelho, punhos e sínfise púbica.

Na osteodistrofia renal, ou seja, na osteopatia secundária a uma insuficiência renal crônica, o hiperparatireoidismo secundário possui algumas características particulares, comparadas com a disfunção primária da glândula paratireoide. Abaixo também estão descritos os outros sinais imagenológicos da osteodistrofia renal:

2. Hiperparatireoidismo secundário
   - Reabsorção óssea: semelhante à observada no hiperparatireoidismo primário.

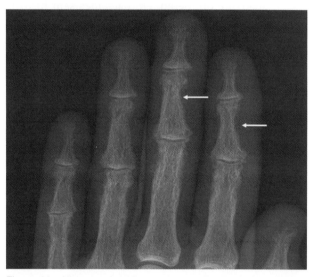

Figura 23 Hiperparatireoidismo primário. Reabsorção subperiosteal (setas) predominando nas bordas radiais das falanges médias do segundo e terceiro quirodáctilos. Também se observam reabsorções ósseas intracorticais e endosteais nas falanges proximais e acrosteólise nos tufos falangianos distais.

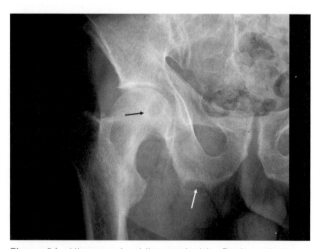

Figura 24 Hiperparatireoidismo primário. Reabsorção óssea subcondral no aspecto interno da cabeça femoral (seta preta). Também se observa reabsorção óssea na tuberosidade isquiática (seta branca), correspondendo a origem dos isquiotibiais (entese).

- Osteoesclerose: mais frequente que no hiperparatireoidismo primário, observado comumente no esqueleto axial, onde se observam bandas escleróticas nos platôs vertebrais superior e inferior (Figura 28).
- Tumor marrom: mais raro que no hiperparatireoidismo primário.

3. Osteomalácia: aparecimento de pseudofraturas de Looser.
4. Fraturas por insuficiência: também podem ocorrer após o transplante renal. São comuns no anel pélvico, especialmente, nas asas sacrais, nos ramos, iliopúbicos, isquiopúbicos e junto à sínfise púbica (Figura 29).
5. Calcificações de partes moles
   - Calcinose tumoral: depósitos cálcicos em partes moles periarticulares, especialmente ao redor dos joelhos, quadris, punhos e ombros. Mais comuns nos pacientes em tratamento, especialmente nos pacientes em hemodiálise ou transplantados. São grandes

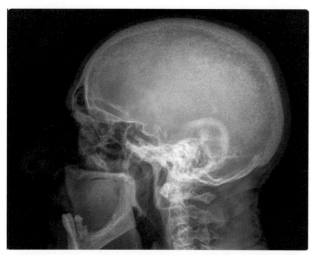

Figura 25 Hiperparatireoidismo primário. Radiografia em perfil do crânio mostra alteração textural do trabeculado ósseo esponjoso, caracterizando o clássico aspecto em "sal e pimenta", indicando uma reabsorção do trabeculado ósseo esponjoso.

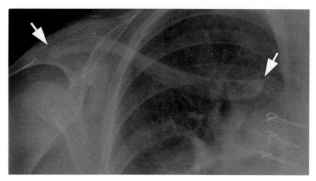

Figura 26 Hiperparatireoidismo primário. Radiografia do tórax demonstra reabsorção das extremidades proximal e distal da clavícula (setas).

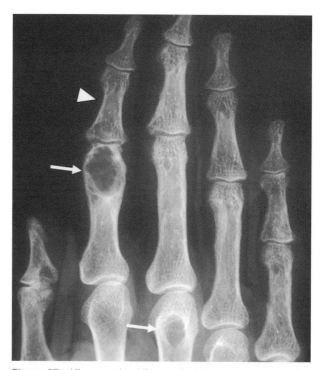

Figura 27 Hiperparatireoidismo primário – tumor marrom. Lesões líticas insuflativas, bem delimitadas, localizadas nos terços distais da falange proximal do 2º dedo e do 3º metacarpo (setas). Também se observa uma reabsorção subperiosteal da borda radial da falange medial do 2º dedo, típica do hiperparatireoidismo.

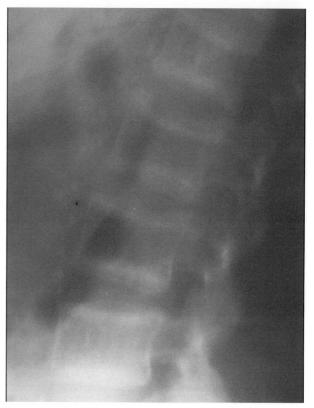

Figura 28 Osteodistrofia renal – esclerose vertebral. Bandas escleróticas paralelas aos platôs vertebrais superior e inferior, dando o clássico aspecto de "camisa de jogador de rúgbi".

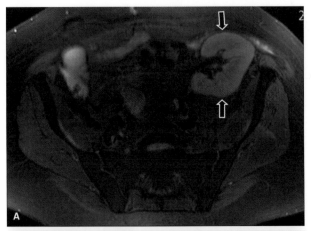
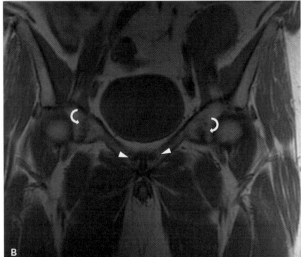
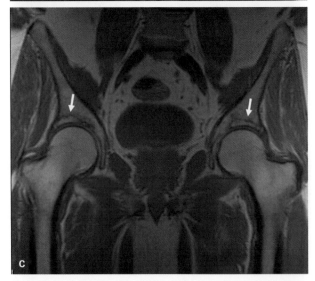

Figura 29 Osteodistrofia renal – fraturas por insuficiência. Ressonância magnética da bacia, imagens axial ponderada em T2 (A) e coronais ponderadas em T1, sendo um corte mais anterior, no nível da sínfise púbica (B) e o outro mais posterior, na altura dos acetábulos (C). Observa-se a presença de um rim transplantado na fossa ilíaca esquerda (setas pretas). Notam-se, ainda, traços lineares de fratura nos ramos iliopúbicos (setas curvas), junto à sínfise púbica (cabeças de seta) e nos tetos acetabulares (setas brancas), bilaterais e simétricos.

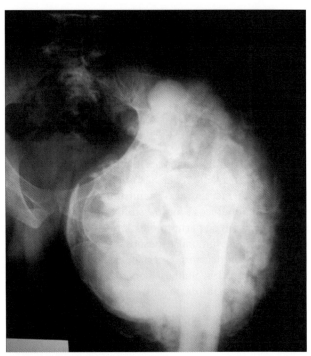

Figura 30 Calcinose tumoral. Radiografia simples do quadril esquerdo mostra grande massa radiodensa, multiloculada na projeção do quadril esquerdo.

massas multiloculadas, com conteúdo pastoso de cristais de hidroxiapatita e de cálcio. Na radiografia aparecem como grandes massas radiodensas, amorfas, lobuladas e, pela TC, podem ser visibilizados os níveis líquido-líquido, que sugerem o diagnóstico. A RM demonstra uma massa bem delimitada com múltiplas lojas com hiposinal em T1 (Figuras 30 e 31).

6. Amiloidose: após o tratamento crônico com diálise peritoneal ou hemodiálise, existe o acúmulo plasmático de amiloide, que podem se depositar na sinóvia, cartilagem, ossos e tendões. Dessa forma, pode ocorrer síndrome do túnel do carpo pelo acúmulo de amiloide nos tendões flexores dos dedos (Figura 32). Também são possíveis as massas periarticulares, caracterizadas por espessamentos cápsulo-sinoviais e/ou ligamentares podendo estar associados às erosões ósseas (Figura 33).

Doença de Paget

A doença de Paget, também chamada de osteíte deformante, é um distúrbio progressivo crônico comum do metabolismo ósseo que afeta principalmente pessoas idosas. É discretamente mais comum em homens que em mulheres (3/2), com média de idade de início entre 45 e 55 anos de idade, embora a doença seja observada em adultos jovens. Corresponde à segunda doença mais comum do adulto, perdendo apenas para a osteoporose.

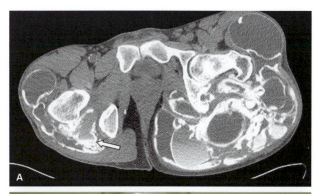

Figura 31 Calcinose tumoral. A: Tomografia computadorizada da bacia – imagem axial. Massa multiloculada de partes moles periarticular ao redor da bacia, densa, com níveis líquido-líquido (seta), sugerindo o diagnóstico de calcinose tumoral. B: Na punção de alívio foi aspirado material pastoso amarelado.

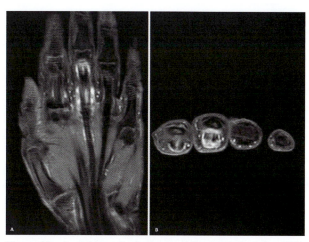

Figura 32 Amiloidose. Paciente com falência renal crônica (IRC), dialítico há 5 anos. Imagens coronal (A) e axial (B) de ressonância magnética da mão, ponderadas em T1 com contraste demonstram espessamento e realce sinovial da bainha sinovial do 3º tendão flexor com hipersinal e realce do tendão propriamente dito, indicando deposição de amiloide.

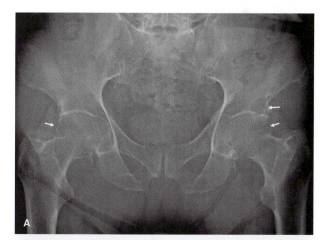

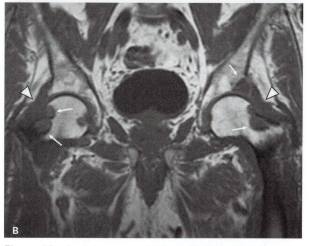

Figura 33 Amiloidose. (A) Radiografia da bacia demonstra erosões ósseas em ambas as cabeças femorais e no acetábulo esquerdo (setas). (B) Imagem coronal de ressonância magnética ponderada em T1 confirma as erosões (setas) e demonstra a proliferação sinovial coxofemoral bilateral (cabeças de seta), em decorrência do depósito de amiloide.

O processo patológico básico tem a ver com o equilíbrio entre a reabsorção óssea e a neo-osteogênese. Há remodelagem óssea desordenada e extremamente ativa secundária tanto à reabsorção osteoclástica quanto à formação óssea osteoblástica em um padrão característico de mosaico, é o marco fundamental desse transtorno. O osso formado apesar de aumentado de volume tem resistência diminuída, contribuindo para o encurvamento e para as fraturas.

A maior parte dos casos é assintomática e apresenta etiologia desconhecida, com influência de fatores genéticos e virais.

As anormalidades ósseas observadas são com frequência assintomáticas e podem ser um achado incidental no exame radiológico ou na autópsia. Quando sintomáticas, as manifestações clínicas estão frequentemente relacionadas com complicações da doença, como a deformidade dos ossos longos, dor à palpação periosteal e dor óssea, fraturas, artrose secundária, compressão neural e degeneração sarcomatosa.

A distribuição de uma lesão varia de envolvimento monostótico até doença disseminada, sendo o acometimento predominantemente poliostótico na coluna lombar, bacia, sacro e fêmur. A fíbula é envolvida apenas em casos excepcionais.

Achados de imagem

A tríade clássica (Figura 34) para o diagnóstico de doença de Paget em qualquer osso é:
- Aumento volumétrico ósseo com deformidades.
- Espessamento da cortical.
- Perda da diferenciação corticomedular.

É importante lembrar que a doença de Paget nos ossos longos começa em uma extremidade articular e avança até a outra, assim todas as três fases do transtorno podem coexistir no mesmo osso.

Radiografia simples
Locais acometidos

1. Ossos longos
   - Espessamento do córtex com aumento do osso (Figura 35).
   - Arqueamento da tíbia e do fêmur.
   - A lise óssea tem início na região subarticular.
   - Sinal da "Chama de vela": lesão lítica em formato de V avançando para a diáfise (Figura 36).

2. Pelve (Figura 34)
   - Espessamento das linhas iliopúbica, ilioisquiática (primeiros sinais).
   - Espessamento das trabéculas ósseas.
   - Protrusão acetabular.

3. Crânio
   - Osteoporose circunscrita da calota craniana – na fase lítica, comumente observada no osso frontal.
   - Aspecto algodonoso – na fase mista, com lesões líticas e escleróticas.
   - Alargamento da díploe comprometendo a tábua interna e externa.
   - Invaginação basilar com estreitamento do forame magno – pode causar compressão medular.
   - Estreitamento dos forames neurais na base do crânio – podendo haver perda auditiva, paralisia facial e déficits visuais.

4. Coluna (Figura 37)
   - É o sítio mais comum de envolvimento ósseo da doença de Paget.

- Caracteristicamente acomete tanto o corpo como os elementos posteriores podendo ocasionar estenose de canal e de forames neurais.
- Sinal da moldura: corpo vertebral quadrado e aumentado apresentando trabéculas periféricas espessadas e radiotransparência interna.
- Vértebra em marfim.

Fases da doença
Fase ativa (fase quente ou lítica)

- Ocorre reabsorção óssea agressiva com lesões líticas com bordas nítidas ("folha de grama/chama de vela")

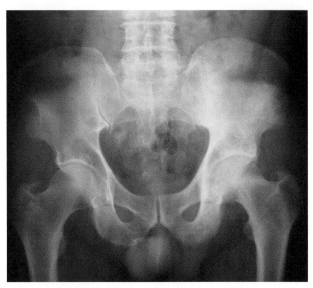

Figura 34 Doença de Paget. Radiografia simples da bacia evidencia aumento volumétrico ósseo da hemibacia esquerda e espessamento do trabeculado ósseo esponjoso e cortical com perda da diferenciação corticomedular, além de espessamento das linhas iliopúbicas e ilioisquiáticas.

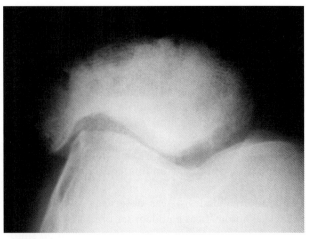

Figura 35 Doença de Paget. Radiografia simples da patela demonstra espessamento ósseo cortical e esponjoso com desdiferenciação corticomedular e aumento volumétrico do osso.

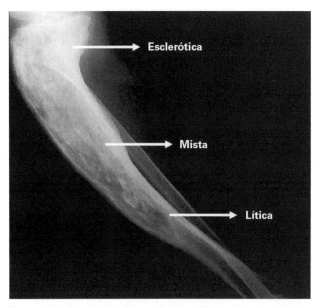

em ossos longos com destruição tanto do osso cortical quanto do esponjoso à medida que avançam ao longo da diáfise. As lesões têm início em uma extremidade óssea e se estendem lentamente ao longo da diáfise.
- Nos ossos planos (calvária) há áreas de osteoporose circunscrita – áreas líticas que afetam mais os ossos frontal e occipital, envolvendo tanto a tábua interna quanto a externa, predominando na tábua interna.

Fase intermediária (fase mista ou lítica e esclerótica)

- Espessamento da cortical e trabeculação grosseira do osso esponjoso.
- Esclerose das linhas iliopectinas e isquiopúbicas – espessamento da cortical da pelve podendo acarretar aumento dos ramos do púbis e dos ísquios.
- Aspecto em moldura do corpo vertebral – decorrente do espessamento grosseiro e largo da cortical.
- Crânio com aspecto de bolas de algodão – densidades focais em placas.

Figura 36 Doença de Paget. Radiografia simples da tíbia demonstra as duas fases iniciais da doença de Paget. No terço médio/distal da tíbia, é possível distinguira fonte de reabsorção óssea, com aspecto em "V", indicando a fase precoce (ou lítica). A fase intermediária está representada pelas lesões mista e esclerótica nos terços proximal/médio.

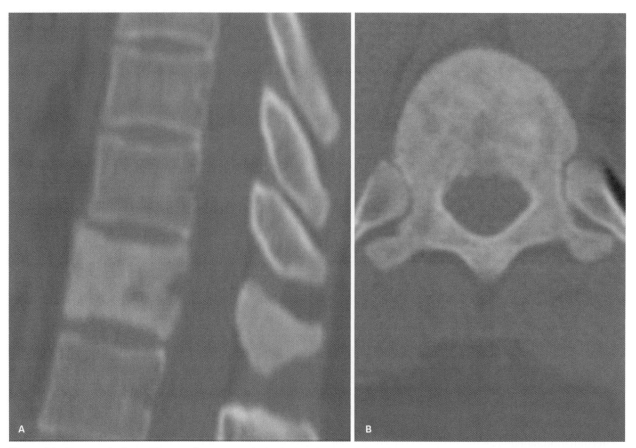

Figura 37 Doença de Paget. Tomografia computadorizada da coluna torácica. Nota-se espessamento do trabeculado esponjoso e cortical do corpo vertebral e dos elementos posteriores, incluindo o processo espinhoso, observando-se discreto aumento do volume da vértebra e perda na diferenciação entre o córtex e o trabeculado esponjoso.

Fase inativa (fase fria ou quiescente)

- Aumento difuso da densidade óssea que ocorre juntamente com o aumento e alargamento do osso e com espessamento acentuado da cortical com perda da demarcação entre a cortical e osso esponjoso.
- Arqueamento dos ossos longos.
- Obliteração do espaço diploico.

Ressonância magnética (Figuras 38 e 39)

- A fase fria da doença de Paget é caracterizada por baixo sinal nas sequências, podendo representar diferencial com metástases ósseas secundárias de mama e próstata.
- Sequência T1: em todas as fases da doença deve-se encontrar a preservação do componente gorduroso da medula óssea que é observado pelo hipersinal em T1. Quando ocorre perda do componente gorduroso da medula, deve-se considerar que houve infiltração neoplásica.
- Sequência T2: na fase ativa deve-se encontrar o hipersinal T2 heterogêneo decorrente do componente fibrovascular da medula óssea. Nas fases inativas, ocorre esclerose residual com hipossinal em T2.

Complicações

Fraturas patológicas e deformidades

- São as complicações mais frequentes, ocorrendo frequentemente na fase quente da doença. Classicamente são fraturas de insuficiência compressivas em vértebras ou fraturas de estresse em ossos longos, surgindo como múltiplas linhas transparentes horizontais curtas em geral ao longo da borda convexa da cortical. Podem ocorrer fraturas completas chamadas de "tipo banana" por haver um traço horizontal no osso afetado.

Degeneração maligna

- Pode haver associação com linfoma, mieloma e tumor de células gigantes único ou múltiplos no osso previamente acometido pela doença de Paget, principalmente na calvária e no ilíaco.
- A degeneração para sarcoma ósseo é rara, ocorrendo em cerca de 0,7-6% dos casos, obedecendo a seguinte ordem de frequência: osteossarcoma > fibrossarcoma > condrossarcoma. Os locais de maior risco são pelve, fêmur e úmero. Deve-se suspeitar quando ocorrer o surgimento de uma lesão lítica no osso pagético determinando indefinição da cortical e com componente de partes moles (Figura 40). É raro haver reação periosteal. Pela ressonância magnética vamos encontrar a perda do hipersinal em T1 da medula óssea gordurosa e o surgimento de áreas líticas com rotura da cortical e com componente de partes moles.

Complicações neurológicas compressivas

- Aumento volumétrico dos corpos vertebrais pode determinar estenose do canal vertebral e estenoses foraminais. Além disso, o colapso do corpo vertebral pode causar compressão dural.
- Pode haver invaginação basilar.

Doença degenerativa/osteoartrose

- O osso subcondral é pouco resistente sobrecarregando e desgastando a cartilagem, principalmente no joelho e no quadril com redução do espaço articular e osteofitose marginal.
- No quadril, pode ocorrer protrusão acetabular.

Manifestações musculares das hemoglobinopatias

Anemia falciforme

A anemia falciforme é a doença hereditária monogênica mais comum do Brasil. A causa da doença é uma mutação de ponto (GAG->GTG) no gene da globina beta da hemoglobina, originando uma hemoglobina anormal, denominada hemoglobina S (HbS), em vez da hemoglobina normal denominada hemoglobina A (HbA). Essa mutação leva à substituição de um ácido glutâmico por uma valina na posição 6 da cadeia beta, com consequente modificação físico-química na molécula da hemoglobina. Em determinadas situações, essas moléculas podem sofrer polimerização, com calcinação das hemácias, ocasionando encurtamento da vida média dos glóbulos vermelhos, fenômenos de vaso-oclusão e episódios de dor e lesão de órgãos.

Em geral, os pais são portadores assintomáticos de um único gene afetado (heterozigotos), produzindo HbA e HbS (AS), transmitindo cada um deles o gene alterado para a criança, que assim recebe o gene anormal em dose dupla (homozigoto SS).

A denominação "anemia falciforme" é reservada para a forma da doença que ocorre nesses homozigotos SS. Além disso, o gene da HbS pode combinar-se com outras anormalidades hereditárias das hemoglobinas, como hemoglobina C (HbC), hemoglobina D (HbD), beta-talassemia, entre outros, gerando combinações que também são sintomáticas, denominadas, respectivamente, hemoglobinopatia SC, hemoglobinopatia SD, S/beta-talassemia. No conjunto, todas essas formas sintomáticas do gene da HbS, em homozigose ou em combinação, são conhecidas como doenças falciformes.

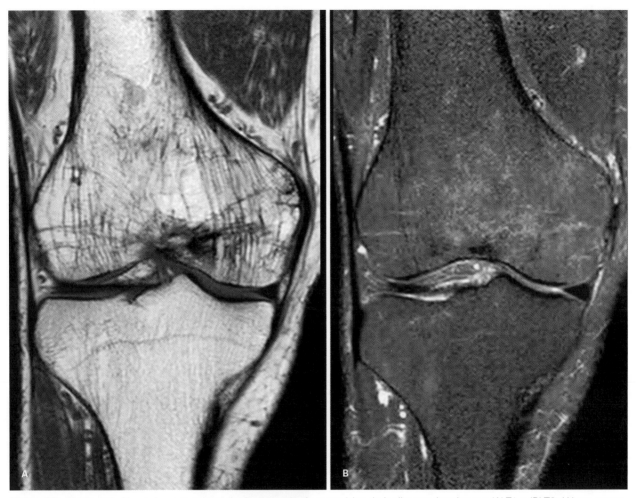

Figura 38 Doença de Paget. Imagens coronais de ressonância magnética do joelho ponderadas em (A) T1 e (B) T2. Há um espessamento cortical e esponjoso com ligeiro hipersinal da medula óssea na sequência T2, indicando proliferação fibrovascular. Notar o sinal gorduroso conservado na sequência T1.

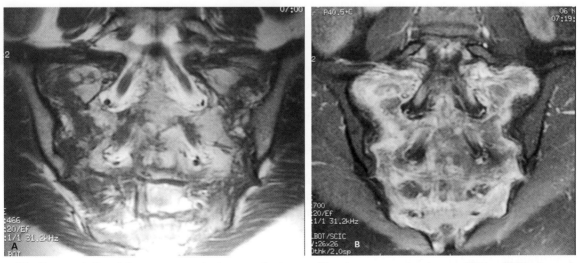

Figura 39 Doença de Paget. Imagens coronais de ressonância magnética do sacro ponderadas em (A) T1 e (B) T1 pós-contraste. Notar o espessamento trabecular ósseo, o sinal de gordura preservado na medula óssea e o intenso realce pós-contraste da medula óssea, demonstrando a sua hipervascularização, típica da fase intermediária.

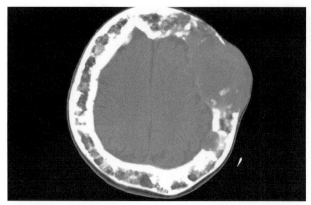

Figura 40 Doença de Paget – degeneração sarcomatosa. Tomografia computadorizada axial do crânio demonstra o espessamento ósseo das tábuas interna e externa, assim como da díploe, indicativo de doença de Paget. Existe, ainda, uma grande lesão lítica óssea destrutiva no osso parietal à esquerda, altamente sugestiva de uma degeneração maligna.

Achados de imagem
Radiografia simples

Hiperplasia da medula vermelha secundária a anemia crônica determina:

- Alargamento do diâmetro transversos dos ossos tubulares com afilamento da cortical (Figura 41).
- Alargamento da díploe com afilamento da tábua interna (Figura 42).
- Osteopenia – em virtude da expansão da medula vermelha que determina afilamento da cortical e reabsorção do trabeculado do osso esponjoso.
- Fraturas patológicas – com colapso vertebral.
- Vértebra bicôncava (aspecto de boca-de-peixe) (Figura 43).

Oclusão vascular:
- A osteonecrose ocorre primariamente em espaços medulares dos ossos longos, mãos, epífises em crescimento.
- Reação periosteal nos ossos longos – pode ser um sinal indireto de osteonecrose.
- Esclerose óssea e aspecto de osso dentro de osso – decorrente da fase reparativa dos infartos.
- Os infartos vertebrais nas vértebras podem resultar em deformidades dos corpos vertebrais, como corpos vertebrais em formato de H, vértebra em torre, colapso e vértebra plana.
- Distúrbios do crescimento – em virtude do envolvimento de epífises em crescimento.
- Infartos ósseos das diáfises dos ossos das mãos e dos pés (dactilite da síndrome mão-pé).

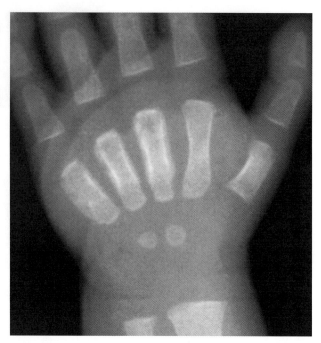

Figura 41 Anemia falciforme. Radiografia simples da mão. Alargamento diafisário dos metacarpos.

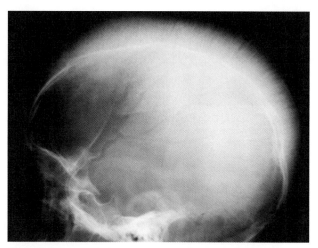

Figura 42 Anemia falciforme. Radiografia simples do crânio. Espessamento da díploe, com aspecto de "cabelos eriçados".

Tomografia computadorizada

- Permite melhor caracterizar os abscessos, sinais de osteomielite com cloaca e sequestro, contribuindo para diferenciação das áreas de infarto ósseo.

Ressonância magnética

- Permite avaliar a conversão da medula óssea amarela em medula vermelha decorrente de anemia crônica. A medula óssea normal apresenta-se com predomínio

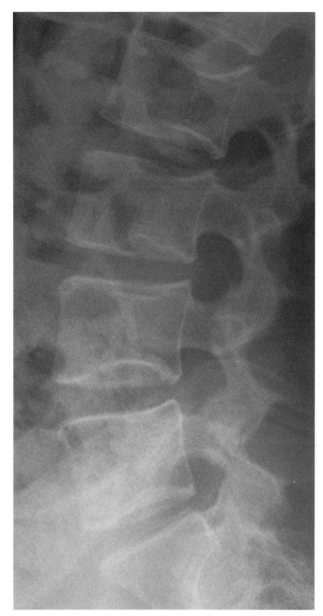

Figura 43 Anemia falciforme. Radiografia simples em perfil da coluna lombar. Depressões ósseas regulares nos platôs vertebrais da coluna lombar, com aspecto bicôncavo.

persinal em T1 e T2 nas sequências com saturação de gordura e realce ao meio de contraste. Na fase crônica, persiste a lesão óssea sem realce ao meio de contraste, porém a área periférica vai apresentar muito baixo sinal em T1 e hipersinal em T2 (Figura 44).

- O uso de contraste em fases mais avançadas da doença possibilita caracterizar os infartos ósseos antigos que já iniciaram o processo reparativo, pois nesses casos haverá focos de impregnação pelo meio de contraste nas áreas reparadas.
- O processo de isquemia pode afetar também grupos musculares (com edema, mionecrose, coleções líquidas, hematomas) e planos gordurosos (com esteatonecrose).
- Ajuda nos casos agudos álgicos na diferenciação de infartos ósseos e de osteomielite, já que neste último espera-se encontrar um baixo sinal em T1 e alto em T2, não havendo áreas sem impregnação ao meio de contraste.
- A hematopoese extramedular vai se manifestar como massa de partes moles em geral em topografia paravertebral que apresenta sinal intermediário em T1 e T2.

Talassemias

Conhecidas como anemia do Mediterrâneo, a maioria dos casos inicialmente identificados ocorreu em famílias residentes próximo do Mar Mediterrâneo, em países como Itália, Grécia, Turquia e Líbano. Talassemia deriva da combinação das palavras gregas *thálassa*, para "mar", e *haema* para "sangue".

Talassemias são hemoglobinopatias quantitativas, hereditárias, genéticas, decorrentes de mutações nos

de medula óssea amarela e, portanto, um hipersinal na sequência T1, com o instalar da doença ocorre substituição por medula óssea vermelha apresentando-se como um baixo sinal nas sequências T1.
- A hemólise crônica determina depósitos de hemossiderina que podem ser vistos como focos de baixo sinal em todas as sequências, inclusive em sequências gradiente-*echo* (SWI) que melhor caracterizam esses focos de suscetibilidade magnética.
- Os infartos ósseos agudos são bem caracterizados nas sequências com a utilização de contraste endovenoso, já que não vai haver realce associado dessas áreas, bem como a área periférica a lesão vai apresentar hi-

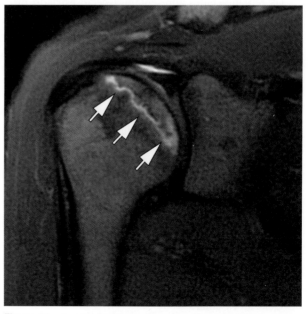

Figura 44 Anemia falciforme. Ressonância magnética do ombro direito – imagem coronal ponderada em T2 com saturação de gordura. Lesão geográfica na cabeça umeral, com halo de hipersinal, caracterizando osteonecrose (setas).

genes das globinas (alfa ou beta na maioria dos casos), que promovem redução ou ausência de síntese de uma ou mais das cadeias de globina, formadoras da hemoglobina. O resultado dessas alterações moleculares ocasiona desequilíbrio na produção das cadeias tendo como maior consequência a eritropoese ineficaz.

Apresentam uma enorme variedade de manifestações clínicas e laboratoriais, de acordo com a cadeia afetada e com o grau de desequilíbrio na produção quantitativa. São classificadas, de acordo com a cadeia polipeptídica afetada; as mais frequentes são as talassemias do tipo alfa e do tipo beta. Também são descritas as do tipo delta-beta, delta e gama-delta-beta, porém essas talassemias são muito raras.

A anemia crônica dos doentes talassêmicos é multifatorial, pois inclui a eritropoese ineficaz, a hemólise intensa de glóbulos vermelhos e, em decorrência das frequentes transfusões sanguíneas que acaba predispondo ao acúmulo de produtos da degradação da hemoglobina (ferro e bilirrubina), contribuindo para formação de cálculos na vesícula biliar, esplenomegalia e hemossiderose.

Achados de imagem
Radiografia simples

Hiperplasia da medula vermelha secundária à anemia crônica, ocorre:

- Expansão do espaço medular com afilamento da cortical óssea.
- Redução difusa da densidade.
- Alargamento da díploe da calota craniana com afilamento e deslocamento da tábua externa. As trabéculas remanescentes apresentam aspecto estriado produzindo o aspecto de cabelo arrepiado (*hair on end*) (Figura 42).
- Preenchimento dos seios maxilares por tecido hematopoiético com deslocamento dos incisivos centrais e das órbitas (aspecto de fácies de roedor).
- Expansão da medula óssea das costelas, principalmente das junções costovertebrais.
- Aparência de "costela dentro de costela" mais evidente no terço médio e anterior das costelas.
- Deformidades da modelagem do osso: deformidade em frasco de Erlenmeyer.
- Fechamento prematuro das placas de crescimento.
- Aumento do diâmetro dos forames nutridores dos ossos longos.
- Massas paravertebrais em virtude de hematopoiese extramedular, bem mais frequentes que na anemia falciforme.

Oclusão vascular:
- Esclerose óssea difusa.
- Corpos vertebrais em formato de H.

- A osteonecrose e os infartos ósseos são menos comuns que na anemia falciforme.

Tomografia computadorizada

Permite melhor caracterizar a avaliação da hematopoese extramedular e as alterações ósseas anteriormente descritas, principalmente na coluna vertebral.

Ressonância magnética

- Avalia o grau de acometimento da medular óssea da coluna vertebral com extensão para o canal vertebral e consequente possível compressão do saco dural e medula espinhal.
- Útil para localizar e estadiar os focos de hematopoese extramedular.

Bibliografia sugerida

1. Avioli L. Bone metabolism and disease. In: Bondy P, ed. Metabolic control and disease. 8th ed. Philadelphia: WB Saunders; 1980.
2. Boutin RD, Spitz DJ, Newman JS, Lenchik L, Steinbach LS. Complications in Paget disease at MR imaging. Radiology. 1998;209:641-51.
3. Brown TW, Genant HK, Hattner RS, Orloff S, Potter DE. Multiple brown tumors in a patient with chronic renal failure and secondary hyperparathyroidism. AJR Am J Roentgenol. 1977;128:131-4.
4. Cauley JA, Thompson DE, Ensrud KC, Scott JC, Black D. Risk of mortality following clinical fractures. Osteoporos Int. 2000;11:556-61.
5. Chan KK, Sartoris DJ, Haghighi P, Sledge P, Barrett-Connor E, Trudell DT, et al. Cupid's bow contour of the vertebral body: evaluation of pathogenesis with bone densitometry and imaging-histopathologic correlation. Radiology. 1997;202:253-6.
6. Cofan F, Garcia S, Combalia A, Campistol JM, Oppenheimer F, Ramon R. Uremic tumoral calcinosis in patients receiving longterm hemodialysis therapy. J Rheumatol. 1999;26:379-85.
7. Corbetta S, Rossi D, D'Orto O, Vicentini L, Beck-Peccoz P, Spada A. Brown jaw tumors: today's unusual presentation of primary hyperparathyroidism. J Endocrinol Invest. 2003;26:675-8.
8. Cotten A, ed. Imagerie musculosquelettique : pathologies générales. Paris: Masson; 2005.
9. Debnam JW, Bates ML, Kopelman RC, Teitelbaum SL. Radiological/pathological correlations in uremic bone disease. Radiology. 1977;125:653-8.
10. Escobedo EM, Hunter JC, Zink-Brody GC, Andress DL. Magnetic resonance imaging of dialysis-related amyloidosis of the shoulder and hip. Skeletal Radiol. 1996;25:41-8.
11. Eugenidis N, Olah AJ, Haas HG. Osteosclerosis in hyperparathyroidism. Radiology. 1972;105:265-75.
12. Frame B, Marel GM. Paget disease: a review of current knowledge. Radiology. 1981;141:21-4.
13. Genant HK, Wu CY, van Kuijk C, Nevitt MC. Vertebral fracture assessment using a semiquantitative technique. J Bone Miner Res. 1993;8:1137-48.
14. Gleason DC, Potchen EJ. The diagnosis of hyperparathyroidism. Radiol Clin North Am. 1967;5:277-87.
15. Kho KM, Wright AD, Doyle FH. Heel pad thickness in acromegaly. Br J Radiol. 1970;43:119-25.
16. Kanis JA. Assessment of fracture risk and its application to screening for postmenopausal osteoporosis: synopsis of a WHO report. WHO Study Group. Osteoporos Int. 1994;4:368-81.
17. Lang EK, Bessler WT. The roentgenologic features of acromegaly. Am J Roentgenol Radium Ther Nucl Med. 1961;86:321-8.
18. Laredo JD, Lakhdari K, Bellaiche L, Hamze B, Janklewicz P, Tubiana JM. Acute vertebral collapse: CT findings in benign and malignant nontraumatic cases. Radiology. 1995;194:41-8.
19. Lieberman SA, Bjorkengren AG, Hoffman AR. Rheumatologic and skeletal changes in acromegaly. Endocrinol Metab Clin North Am. 1992;21:615-31.

20. Linovitz RJ, Resnick D, Keissling P, Kondon JJ, Sehler B, Nejdl RJ, et al. Tumor-induced osteomalacia and rickets: a surgically curable syndrome. Report of two cases. J Bone Joint Surg Am. 1976;58:419-23.
21. MacSweeney JE, Baxter MA, Joplin GF. Heel pad thickness is an insensitive index of biochemical remission in acromegaly. Clin Radiol. 1990;42:348-50.
22. Maldague B, Malghem J. Dynamic radiologic patterns of Paget's disease of bone. Clin Orthop Relat Res. 1987:126-51.
23. Mankin HJ. Rickets, osteomalacia and renal osteodystrophy. Part II. J Bone Joint Surg Am. 1974;56:352-86.
24. Marcos Garcia M, Pino Rivero V, Keituqwa Yanez T, Alcaraz Fuentes M, Trinidad Ruiz G, Blasco Huelva A. Brown bone tumor as the first manifestation of primary hyperparathyroidism. Acta Otorrinolaringol Esp. 2003;54:470-3.
25. Martinez S. Tumoral calcinosis: 12 years later. Semin Musculoskelet Radiol. 2002;6:331-9.
26. Martinez S, Vogler JB, 3rd, Harrelson JM, Lyles KW. Imaging of tumoral calcinosis: new observations. Radiology. 1990;174:215-22.
27. Morano S, Cipriani R, Gabriele A, Medici F, Pantellini F. Recurrent brown tumors as initial manifestation of primary hyperparathyroidism. An unusual presentation. Minerva Med. 2000;91:117-22.
28. NIH Consensus Development Panel on Osteoporosis Prevention, Diagnosis, and Therapy, March 7-29, 2000: highlights of the conference. South Med J. 2001;94:569-73.
29. Olsen KM, Chew FS. Tumoral calcinosis: pearls, polemics, and alternative possibilities. Radiographics. 2006;26:871-85.
30. Otake S, Tsuruta Y, Yamana D, Mizutani H, Ohba S. Amyloid arthropathy of the hip joint: MR demonstration of presumed amyloid lesions in 152 patients with long-term hemodialysis. Eur Radiol. 1998;8:1352-6.
31. Paget J. On a form of chronic inflammation of bones (osteitis deformans). Med Chir Tr. 1877;60:37.
32. Paisey R, Jeans WD, Hartog M. Is soft tissue radiology useful in acromegaly? Br J Radiol. 1984;57:561-4.
33. Parfitt AM. Renal osteodystrophy. Orthop Clin North Am. 1972;3:681-98.
34. Pitt MJ. Rickets and osteomalacia are still around. Radiol Clin North Am. 1991;29:97-118.
35. Pugh DG. Subperiosteal resorption of bone; a roentgenologic manifestation of primary hyperparathyroidism and renal osteodystrophy. Am J Roentgenol Radium Ther Nucl Med. 1951;66:577-86.
36. Resnick D, ed. Diagnosis of bone and joint disorders. Philadelphia: WB Saunders; 2002.
37. Richardson ML, Genant HK, Cann CE, Ettinger B, Gordan GS, Kolb FO, et al. Assessment of metabolic bone diseases by quantitative computed tomography. Clin Orthop Relat Res. 1985:224-38.
38. Roberts MC, Kressel HY, Fallon MD, Zlatkin MB, Dalinka MK. Paget disease: MR imaging findings. Radiology. 1989;173:341-5.
39. Smith J, Botet JF, Yeh SD. Bone sarcomas in Paget disease: a study of 85 patients. Radiology. 1984;152:583-90.
40. Steinbach HL, Feldman R, Goldberg MB. Acromegaly. Radiology. 1959;72:535-49.
41. Steinbach HL, Noetzli M. Roentgen appearance of the skeleton in osteomalacia and rickets. Am J Roentgenol Radium Ther Nucl Med. 1964;91:955-72.
42. Steinbach HL, Russell W. Measurement of the heel-pad as an aid to diagnosis of acromegaly. Radiology. 1964;82:418-23.
43. Sundaram M, McCarthy EF. Oncogenic osteomalacia. Skeletal Radiol. 2000;29:117-24.
44. Teplick JG, Eftekhari F, Haskin ME. Erosion of the sternal ends of the clavicles. A new sign of primary and secondary hyperparathyroidism. Radiology. 1974;113:323-6.
45. Vande Berg BC, Malghem J, Lecouvet FE, Maldague B. Magnetic resonance appearance of uncomplicated Paget's disease of bone. Semin Musculoskelet Radiol. 2001;5:69-77.
46. Vande Berg B, Malghem J, Lecouvet F, Maldague B. Spontaneous vertebral fracture: benign or malignant? JBR-BTR. 2003;86:11-14.
47. Zlatkin MB, Lander PH, Hadjipavlou AG, Levine JS. Paget disease of the spine: CT with clinical correlation. Radiology. 1986; 160:155-9.

9

Doença degenerativa da coluna vertebral

Renata Fernandes Batista Pereira
Jailson Lopes
Alberto Peters Bambirra
Marcelo Bordalo Rodrigues

Caracterização e conceitos

A doença degenerativa da coluna vertebral é uma causa de dorsalgia bem estabelecida, apresentando grande morbidade e repercussões socioeconômicas. Estima-se que pelo menos 40% da população brasileira adulta economicamente ativa, apresenta ou já apresentou dor lombar. Mais alarmante ainda, é o fato de que a dor nas costas de natureza idiopática (M-54), definida pelos critérios da Classificação Internacional de Doenças (CID-10), foi a primeira causa de aposentadoria previdenciária por invalidez em 2007. Todavia, essa estatística ainda é subestimada, haja vista que o código M-54 contempla apenas dorsalgia, radiculopatia, cervicalgia, ciática, lumbago com ciática e dor lombar baixa, ficando excluídos, por exemplo, o M-51 (outros transtornos dos discos intervertebrais), que é a terceira principal causa de aposentadoria, M-47 (espondilose), M-48 (estenose da coluna vertebral), M-50 (transtornos dos discos cervicais), entre outros, já excluídos os transtornos de natureza inflamatória e infecciosa.

Os critérios da CID-10 permitem formar grupos de pacientes com características em comum, mas é imprecisa quanto à origem anatômica dos sintomas, pois há transtornos, entre os citados anteriormente, que podem ser causas e ao mesmo tempo consequências do processo degenerativo da coluna vertebral. Os métodos de imagem, com pronunciado destaque para a ressonância magnética (RM), permitem com boa sensibilidade e precisão evidenciar pontos anatômicos patológicos e direcionar a terapêutica apropriada.

O disco normal

O disco intervertebral normal leva em consideração aspectos como forma, hidratação e altura. É constituído de um núcleo pulposo mais interno, do anel fibroso mais externo e cercado pela cartilagem dos platôs. A distinção entre esses componentes macroscópicos discais é possível através dos estudos de RM (Figura 1).

Em pacientes jovens, o núcleo apresenta-se com alto sinal homogêneo nas sequências ponderadas em T2 e baixo em T1, devido ao conteúdo rico em moléculas hidrofílicas, como os glicosaminoglicanos que permeiam fibras colágenas. O anel fibroso externo é disposto em lâminas concêntricas ricas em colágeno, mostrando-se com baixo sinal em T1 e T2.

As herniações dos discos intervertebrais constituem-se numa das alterações morfológicas mais significativas e serão mostradas em detalhes a seguir. A altura dos discos é variável com o nível espinhal, o que influi na configuração das diferentes curvaturas. É mais espesso na porção anterior da cervical e lombar (Figuras 2A e B),

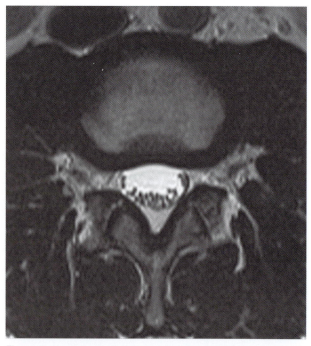

Figura 1 Imagem axial de ressonância magnética ponderada em T2 do disco intervertebral no nível exibindo baixo sinal periférico no anulo fibroso e alto sinal central em seu núcleo pulposo. Os contornos discais são regulares e bem definidos.

contribuindo para a lordose, e mais homogêneo na torácica (Figura 2C). O conjunto dos discos intervertebrais contribui com cerca de 25% da altura da coluna, o que explica em parte, a redução da estatura nas idades mais avançadas, decorrente da degeneração discal.

A nomenclatura da herniação de natureza degenerativa

Atualmente há uma concordância de que a hérnia de natureza degenerativa dos discos intervertebrais deva seguir uma padronização de nomenclatura e classificação. Por muitas vezes, é um desafio para o radiologista traduzir um achado de imagem para o seu respectivo significado no entendimento de pacientes, peritos previdenciários, ortopedistas, neurocirurgiões, entre outros. São muitos os artigos e consensos que tentam solucionar esse questionamento. As diretrizes que obtiveram mais sucesso datam de 2001 e foram endossadas por importantes entidades, como Sociedade de Coluna Vertebral Norte-Americana, Sociedade Americana de Radiologia da Coluna vertebral, Sociedade Americana de Neurorradiologia, e servem de base para os relatórios do Serviço de Radiologia Musculoesquelética. Essa classificação foi originalmente descrita para a coluna lombar, mas é aceita a extrapolação para a cervical e a torácica, não se levando em consideração a severidade, nem se recomendando intervenção, como hoje, por exemplo, é visto para as doenças mamárias, torácicas etc. Embora as lesões discais possam ter origem congênita, inflamatória, infecciosa, neoplásica, é a doença degenerativa o principal foco dessa normatização, haja vista a importância epidemiológica e o impacto socioeconômico dessa entidade.

Hérnia discal

Esse diagnóstico tem sido visto de uma maneira muito simplista, carecendo de maior precisão técnica. Reflexo desse fenômeno é o contingente macroscópico de pacientes que se autointitulam portadores de herniação; alguns, rotulados até por médicos com base apenas no exame físico. A hérnia é caracterizada como um deslocamento localizado de núcleo, cartilagem, fragmento anelar ou apofisário ósseo, além das margens do espaço discal intervertebral, podendo, inclusive, haver mais de uma herniação em um mesmo nível.

O espaço discal é definido pelas margens superior e inferior dos platôs em aposição, com os seus limites

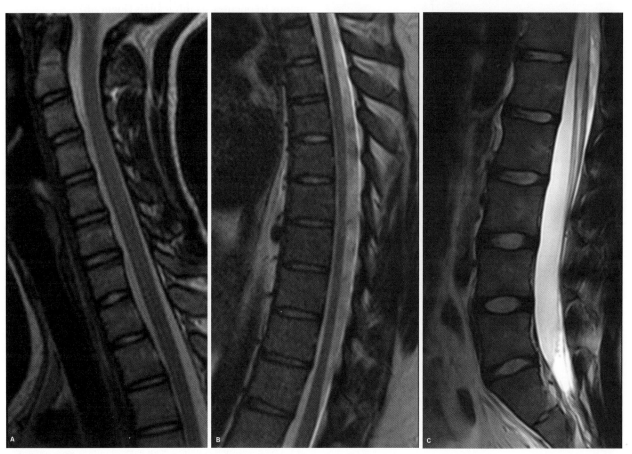

Figura 2 Imagens sagitais de ressonância magnética ponderadas em T2 da coluna cervical (A), torácica (B) e lombar (C), evidenciando um espessamento anterior discreto dos discos cervicais e lombares, bem como a homogeneidade dos discos torácicos.

externos na projeção do anel apofisário dos corpos vertebrais (Figura 3).

A localização das hérnias

O disco repousa circunferencialmente sobre o platô vertebral e poderá se deslocar para qualquer direção. Quando a hérnia avança para a zona central, recesso lateral, forame de conjugação ou lateralmente ao forame de conjugação será categorizada respectivamente, como mediana ou intracanal (1), paracentral ou paramediana (2), foraminal (3) ou extraforaminal (4), e poderá comprometer a raiz nervosa que se aloja dorsalmente (Figura 4). Em um nível vertebral lombar, a raiz que se localiza no forame de conjugação é a mais superior do nível e a do recesso lateral ou intracanal é a mais inferior. Observa-se que no nível L4-L5 (Figura 5), a protrusão para o recesso lateral comprime a raiz L5 e, caso localize-se no forame de conjugação, comprimirá L4. A analogia é válida para os demais níveis lombares.

O acometimento de diferentes raízes em um mesmo nível lombar é explicado pela obliquidade de emergência dessas raízes (Figura 6). Além disso, a hérnia de grandes dimensões no plano axial poderá trazer dano em dois níveis neurológicos distintos, pois, ao mesmo tempo em que avança para o forame, poderá também estender-se ao recesso lateral e canal vertebral (Figura 6).

Tipos de hérnias discais

Protrusão

Caracteriza-se protrusão quando o disco herniado tem uma maior dimensão no plano laterolateral do que no anteroposterior. Se a extensão for de até 25% da borda do corpo vertebral, chama-se protrusão de base estreita ou focal, caso estenda-se de 25 a 50%, protrusão de base larga ou difusa (Figura 7).

Constitui o tipo mais comum de hérnia e, em torno de 90% das vezes, localiza-se nos níveis L4-L5 e L5-S1. Geralmente, o material discal está contido pelas fibras circulares colágenas e apresenta baixo sinal nas sequências ponderadas em T1 e T2. Não possui componente significativo ascendente ou descendente ao longo do corpo vertebral e, devido à raiz repousar no teto foraminal, a hérnia pode estender-se ao forame sem necessariamente tocar ou comprimir estruturas neurais (Figura 7B). A maioria das protrusões é paramedianas ou foraminais, e, menos frequentes, as intracanais (Figura 8)

Extrusão

Extrusão é definida quando a maior extensão do disco herniado está no plano anteroposterior. Pode-se acompanhar de rotura das fibras concêntricas periféricas do anel fibroso, com extravasamento do conteúdo interno do núcleo pulposo, e consequente alto sinal em T2.

A migração da extrusão discal ocorre quando o material discal ultrapassa os limites do espaço discal (Figura 10).

A perda de continuidade entre o material discal herniado e o disco intervertebral é chamada de sequestro (Figura 11), que pode se localizar entre o corpo vertebral e o ligamento longitudinal posterior ou se estender para o espaço epidural. Geralmente, as extrusões e os sequestros são maiores que as protrusões, porém, apresentam melhor resposta ao conservador. Embora esse mecanismo não seja totalmente esclarecido, acredita-se que a desidratação e retração discal estejam intimamente implicadas nesse recuo devido a fenômenos vasculares e inflamatórios. Acredita-se que a herniação induz uma reação inflamatória local e neovascularização, com subsequentes reações enzimáticas que levam à regressão do material discal herniado.

A RM pode documentar com precisão a regressão herniária, e o gadolínio torna mais evidente o tecido de granulação que se forma ao redor de tecidos sequestrados. Os componentes herniários que mostram realce periférico podem involuir total ou parcialmente em 75-100% dos pacientes.

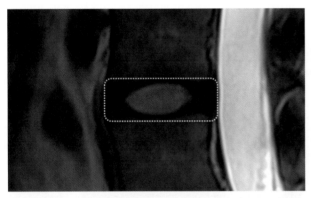

Figura 3   Imagem sagital de ressonância magnética ponderada em T2. A fina linha marginal define os limites do espaço intervertebral.

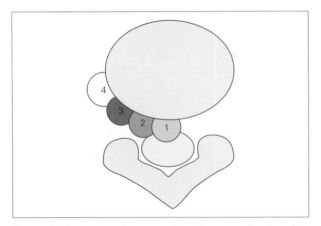

Figura 4   Representação esquemática das zonas discais ao longo das margens do corpo vertebral

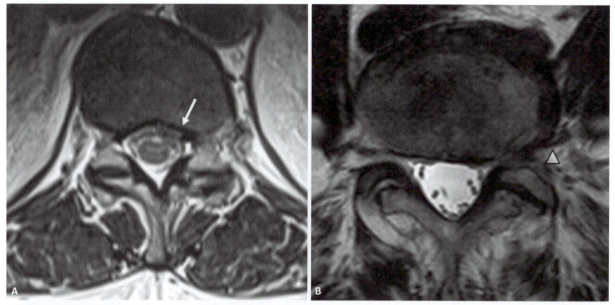

Figura 5 Imagens axiais de ressonância magnética ponderadas em T2 no nível L4-L5 em diferentes pacientes. Em A, a protrusão paramediana esquerda (seta) associada a fissura do ânulo fibroso. Em B, protrusão extraforaminal esquerda (ponta de seta) toca a raiz L5, que se encontra deslocada posteriormente.

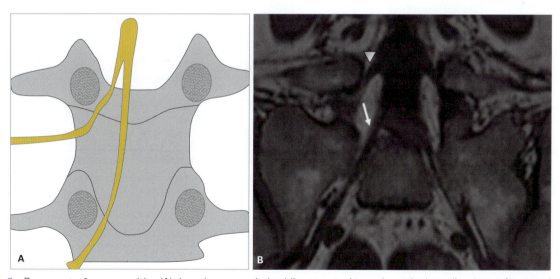

Figura 6 Representação esquemática (A) das raízes emergindo obliquamente do canal vertebral em direção aos forames de conjugação. Corte reformatado coronal de ressonância magnética em T1 (B). Raiz S1 (seta) é vista em um trajeto mais central em relação à raiz L5 (cabeça de seta).

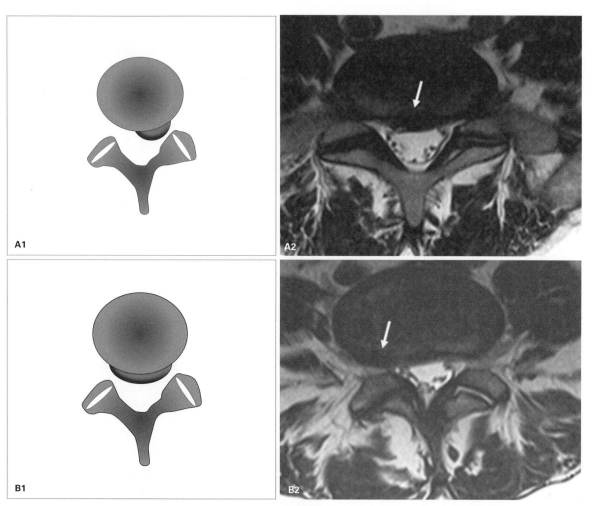

Figura 7 Representação esquemática da protrusão focal e difusa (A1 e B1) e em imagens correlatas nos cortes axiais de ressonância magnética em T2 (A2 e B2).

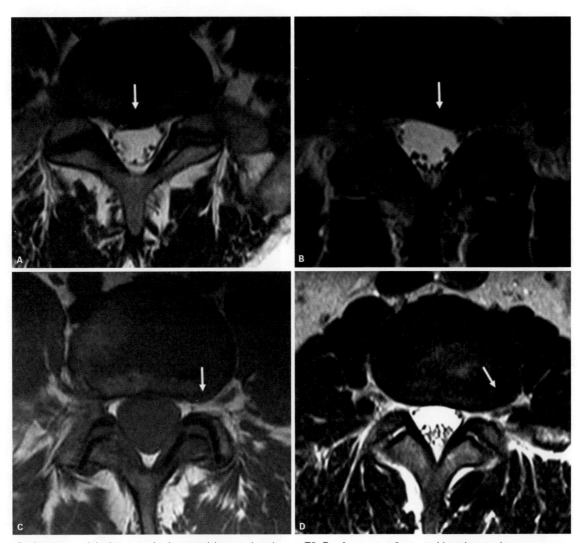

Figura 8 Imagens axiais de ressonância magnética ponderadas em T2. Em A, a protrusão central (seta) comprime a margem ventral do saco dural e reduz a amplitude do canal vertebral. Em B, a protrusão paramediana esquerda (seta) imprime o saco dural, tocando as raízes dentro do canal vertebral. Em C, a protrusão foraminal (seta) esquerda imprime a gordura perirradicular sem comprimir a raiz no seu forame de conjugação. Em D, a protrusão extraforaminal (seta) comprime parcialmente e desloca a raiz para a lateral direita. Compare com a raiz contralateral sem contato discal.

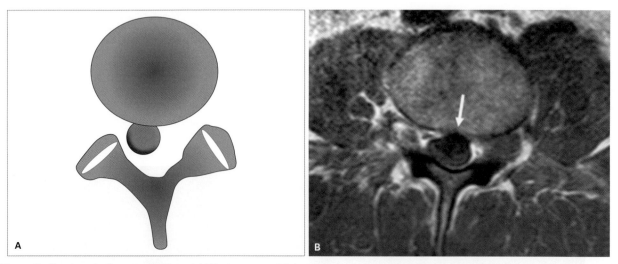

Figura 9   Representação esquemática axial (A) e imagem axial de ressonância magnética ponderada em T2 (B) de grande componente herniado extruso posterior mediano (seta).

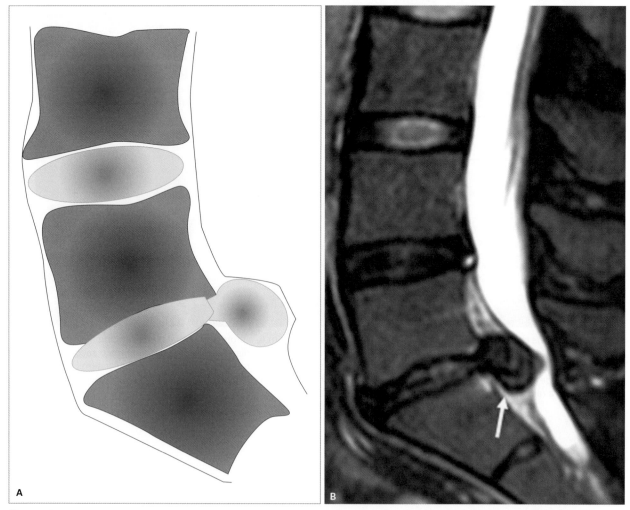

Figura 10   Representação esquemática sagital (A) e imagem sagital de ressonância magnética ponderada em T2 (B): extrusão discal (seta) com um componente migrado inferiormente junto ao muro posterior de S1, que reduz a amplitude do canal vertebral.

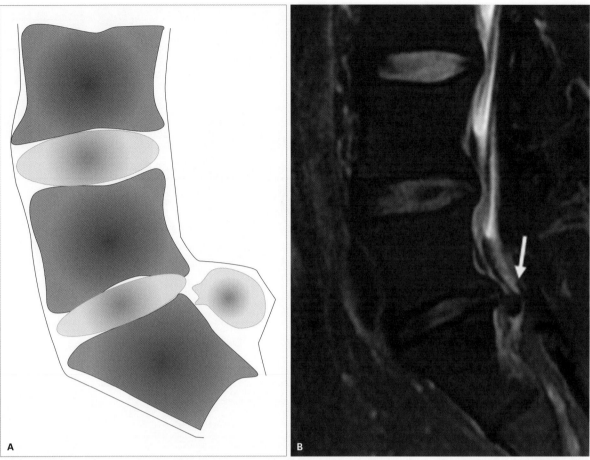

Figura 11 Representação esquemática sagital (A) e imagem sagital (B) de ressonância magnética ponderada em T2. Em A e B, há um fragmento discal (seta) sem fixação ao disco intervertebral superior ou inferior localizado posteriormente ao corpo vertebral de S1.

Hérnia intravertebral

A hérnia intravertebral, também chamada de nódulo de Schmorl (Figura 12), se desenvolve quando material discal se insinua para dentro dos platôs vertebrais. São deixadas em segundo plano no contexto da doença degenerativa, pois geralmente não apresentam comprometimento radicular direto. É a mais comum alteração em pacientes assintomáticos, excetuando-se as herniações intervertebrais.

Abaulamento discal

Abaulamento é um deslocamento difuso e posicional do disco, sem alterar a sua forma, estendendo-se ao longo de 50-100% da margem do corpo vertebral, para alguns autores, não caracterizando hérnia. Pode ser simétrico, quando apresenta certa semelhança de forma em relação aos quadrantes vizinhos, ou assimétrico, observado principalmente nas escolioses (Figura 13).

O abaulamento pode se acompanhar de uma proeminência focal descrita como um abaulamento apresentando um componente protruso ou extruso (Figura 14).

A prevalência e o número de abaulamentos aumentam com a idade e são mais comuns do que as protrusões e as extrusões.

Implicações clínicas do diagnóstico de hérnias

É muito comum a ausência de história clínica acompanhando as solicitações de exames. Em geral, inúmeros achados diagnósticos são descritos sem conhecimento do nível doloroso. Jensen et al., demonstrou que pacientes assintomáticos submetidos a estudo de RM da coluna lombar apresentavam 64% de prevalência de algum tipo de distúrbio discal em um nível intervertebral e 38% em mais de um nível. Todavia, esses mesmos achados podem ser clinicamente significativos em outros pacientes. Boss et al., levando em consideração o aspecto morfológico discal, mostraram que a dicotomização entre assintomáticos e sintomáticos é baseada no acometimento neural. Nesse contexto, Pfirrmann et al. propuseram uma classificação que categoriza o comprometimento da raiz lombar pelas herniações em quatro tipos (Figura 15):

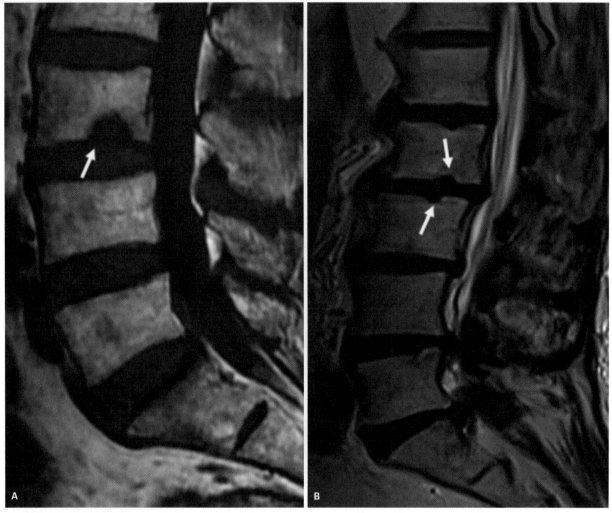

Figura 12   Imagens sagitais de ressonância magnética ponderadas em T1 (A) e T2 (B). Pequenas depressões (setas) nos platôs vertebrais são observadas, típicas dos nódulos de Schmorl.

- Grau 0: não há contato disco – raiz e a gordura epidural entre eles não está obliterada.
- Grau I: possui contato disco-raiz. A gordura entre eles está obliterada. Não há deslocamento radicular dorsal.
- Grau II: possui contato disco-raiz. A gordura entre eles está obliterada. Há deslocamento dorsal radicular.
- Grau III: há compressão neural e o nervo e o disco são indistinguíveis.

As radiculopatias são causadas pela compressão discal direta ou pela reação inflamatória secundária. Dessa forma, as categorias de I a III de Pfirrmann seriam as mais importantes em termos de repercussão clínica.

O nível da radiculopatia depende do acometimento anatômico das raízes que compõem o plexo lombossacro, manifestando-se como dor lombar, nas nádegas ou nos membros inferiores, isoladamente ou acompanhada de parestesias, fraqueza e alterações dos reflexos nervosos em correspondência direta com os dermátomos acometidos (Figura 16).

O mecanismo pelo qual a ciática é induzida não é completamente compreendido, mas a compressão neural direta e a irritação química induzida pelo tecido "ectópico" do núcleo pulposo herniário estão implicados. A compressão nervosa se correlaciona com dor e disfunção no seu dermátomo específico. Radículas comprimidas têm o transporte de nutrientes prejudicados e apresentam metade do limiar para a dor do que as raízes não comprimidas.

Fissura anular

O ânulo fibroso é constituído de camadas, também chamadas de lamelas que, pela sua distribuição espacial,

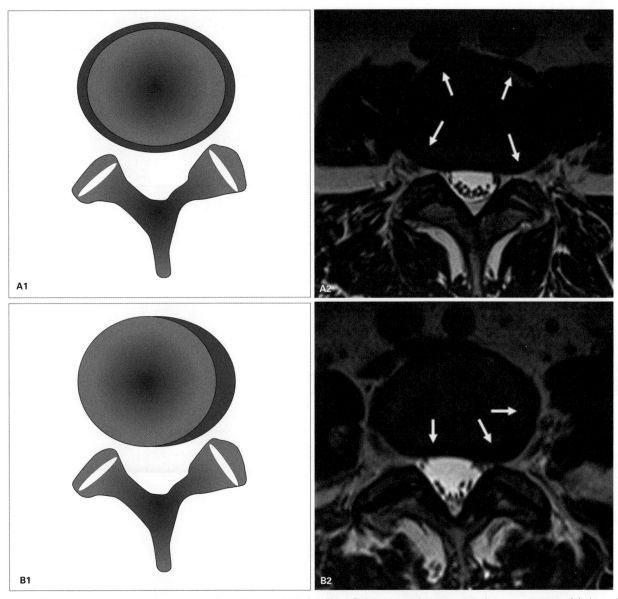

Figura 13 Representação do abaulamento simétrico e assimétrico (A1 e B1) e as suas imagens correlatas em cortes axiais (setas) de ressonância magnética em T2 (A2 e B2).

tornam o disco resistente às forças pressóricas pelas quais o núcleo é submetido. Trauma de repetição, envelhecimento e alterações bioquímicas degenerativas tornam essas camadas mais susceptíveis à lesão. Yu et al. descreveram três tipos de rotura das fibras do ânulo fibroso:

- Tipo I ou concêntrica: lesão de pontes que conectam lamelas entre si, não visibilizadas em estudos de RM.
- Tipo II ou radial: lesão de fibras longitudinais do núcleo ao terço mais externo do ânulo, vistas em RM como formações ovaladas ou lineares de alto sinal em T2 nos cortes sagitais.
- Tipo III ou transversa: lesão de fibras de Sharpey na periferia do anel, junto aos platôs dos corpos vertebrais, também vistas como um foco de alto sinal em T2.

Embora sejam bem caracterizadas em T2, as sequências T1 pós-gadolínio apresentam maior sensibilidade na detecção das fissuras (Figura 17).

A fissura anular radial apresenta maior significado clínico, correlacionando-se sua presença com dor lombar. Também foi observada resposta positiva em estudos de discografia provocativa, com correspondência entre o nível discal e o sintoma induzido. Slipman et al., em estudos com pacientes com fissura anular e submetidos à TC-discografia, mostraram que não há correspondência entre o lado da lesão no disco e o lado da dor induzida

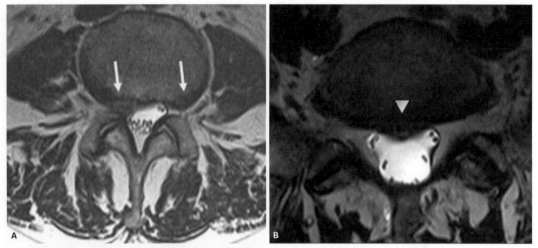

Figura 14   Imagens axiais de ressonância magnética ponderadas em T2. Em A, abaulamento com protrusões focais foraminais (setas). Em B, protrusão focal intracanal (ponta de seta), determinando redução da amplitude do canal vertebral.

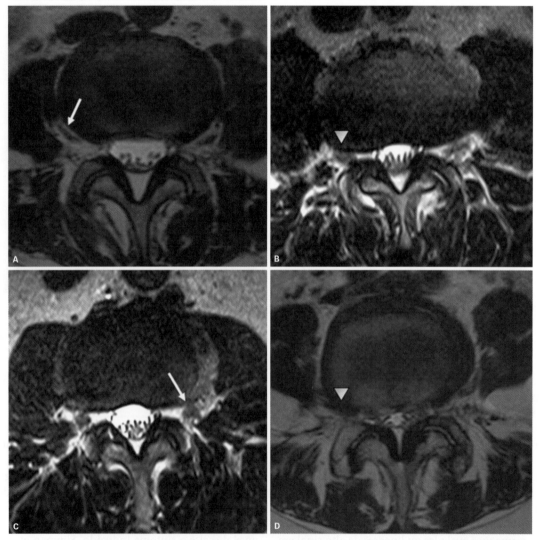

Figura 15   Imagens axiais de ressonância magnética ponderadas em T2 (A, B, C e D) representativos da classificação de Pfirrmann. Grau 0 (A): a herniação não desloca nem oblitera a gordura perirradicular (seta). Grau I (B): não há deslocamento radicular, mas a gordura perirradicular está obliterada (ponta de seta). Grau II (C): o deslocamento dorsal radicular (seta) é evidente. Grau III (D): compressão radicular (ponta de seta) e indistinguibilidade disco-raiz.

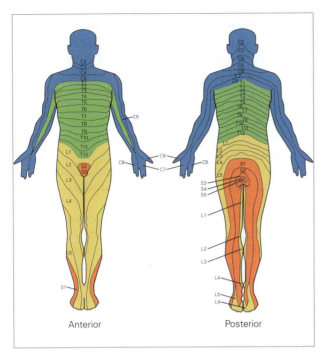

Figura 16 Representação esquemática dos dermátomos corporais anterior e posterior.

nos pacientes. A hipótese postulada foi de que as fibras terminais nervosas que inervam o terço externo do ânulo fibroso possam enviar sinalizações nervosas dolorosas para lados opostos cruzados. Essas fibras seriam ramos distais do ramo recorrente da raiz ventral espinhal, que pertence ao sistema nervoso simpático. Embora a fissura anular possa levar a lombalgia, ela é encontrada em até 25% de pacientes assintomáticos.

Calcificação discal

As calcificações discais são constituídas de sais de cálcio. Mais comumente visibilizadas no núcleo pulposo da coluna lombar, apesar de também vistas no ânulo fibroso. Em adultos apresentam um caráter persistente, mas em crianças tendem a ser transitórias. Sua etiologia é ainda incerta, mas, há causas bem reconhecidas, como hiperparatireoidismo, hemocromatose, ocronecrose, gota, pseudogota, hipercalcemias e, a mais comum delas, a doença degenerativa discal. Geralmente, as calcificações têm baixo sinal nas imagens ponderadas em T1 devido à imobilidade dos prótons dos átomos de cálcio, mas em outras situações, podem ter alto sinal em T1 em virtude da presença de prótons relativamente móveis em um tecido ligeiramente liquefeito intradiscal, como uma espécie de leite de cálcio.

As calcificações intradiscais são marcadores bem estabelecidos de doença degenerativa, mas crescem as evidências de que também seriam promotoras desse espectro patológico. Reflexo dessa condição é estarem asso-

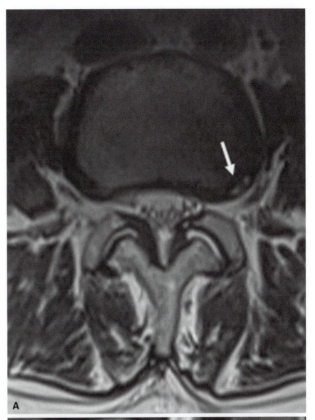

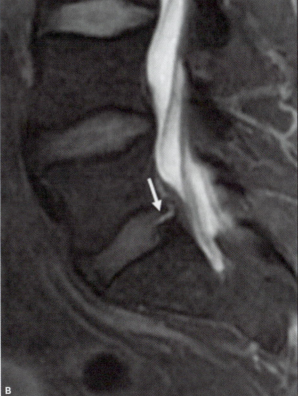

Figura 17 Imagens axial (A) e sagital (B) de ressonância magnética ponderadas em T2 evidenciando abaulamentos discais com fissuras do ânulo fibroso, caracterizadas por linhas de alto sinal, que correspondem ao componente do núcleo pulposo deslocado para a periferia discal.

ciadas à ruptura da matriz discal extracelular, acelerarem a degeneração preexistente e induzirem angiogênese.

Coleções gasosas intradiscais

As coleções gasosas intradiscais são radiograficamente descritas como uma zona radiolucente e linear no interior do disco intervertebral. Na RM, apresentam-se como focos de baixo sinal em T1 e T2 decorrentes de artefatos de suscetibilidade magnética (Figura 18). Gás intestinal, bolhas gasosas na pele e ar pulmonar são possíveis *pitfalls* em estudos radiográficos.

Essas coleções são observadas em cerca de 3% de todas as radiografias e em quase 50% das TC em pacientes com mais de 40 anos. A sensibilidade da TC é superior à radiografia convencional e à RM. Sofrem variações, conforme as manobras dinâmicas da coluna, acentuando-se na extensão e podendo até desaparecer com a flexão. Foi primeiro descrito em 1910 por Fick, e não lhe foi atribuída nenhum significado patológico. Na década de 1940, surgiu como um marcador da doença degenerativa da coluna vertebral. Embora mais comuns no disco intervertebral, podem ainda ser vistas no corpo vertebral, facetas articulares, canal vertebral e até dentro de cistos sinoviais. São constituídas principalmente de gás nitrogênio (92%), com pequenas quantidades de oxigênio e dióxido de carbono. A etiologia não é totalmente esclarecida, mas acredita-se que a perda da altura discal induzida pela doença degenerativa seja um dos gatilhos do fenômeno. Gás ou líquido dos tecidos adjacentes poderiam se insinuar em lacunas no espaço intervertebral após a distração discal que ocorre na extensão. A degeneração provoca fissuras nas superfícies discais, comunicando-se com câmaras internas de baixa pressão. Com a flexão da coluna, aumenta-se a pressão no espaço intervertebral e o conteúdo interno pode ser eliminado do disco ou se aprisionar no disco em um movimento valvular. Malghem et al. propuseram que o gás discal pode ser trocado por líquido após mudanças posturais demoradas, como ao realizar um estudo de RM, formando coleções intradiscais com alto sinal em T2 que podem mimetizar uma discite infecciosa ou um disco aparentemente normal (Figura 19).

O gás intradiscal torna a possibilidade de discite infecciosa mais remota, pois, nesse contexto clínico, é formado um ambiente de alta pressão, desfavorecendo o acúmulo gasoso.

A estratificação da degeneração discal

Pfirrman et al. elaboraram um sistema de graduação das alterações degenerativas discais, baseadas em RM, tendo-se em vista, a necessidade de se padronizar uma nomenclatura que permitisse comparar dados de diferentes estudos. É baseado em um algoritmo de fácil consulta, dividindo-se os achados em 5 classes, que varia de grau 1 a 5 e leva em consideração aspectos como a intensidade do sinal de RM, a estrutura (homogênea ou heterogênea), a altura e a distinção entre núcleo pulposo e anel fibroso, visto em sequências sagitais ponderadas em T2 sem saturação de gordura.

Dessa forma, pode ser assim resumida:

- Grau I: estrutura discal homogênea, com sinal e altura normais.
- Grau II: estrutura discal heterogênea, com alto sinal, com ou sem faixas cinza horizontais, clara distinção núcleo-anular e altura normal.
- Grau III: estrutura discal heterogênea, com sinal intermediário e faixas cinza. Há distinção núcleo – anular e a altura discal é normal ou levemente reduzida.
- Grau IV: estrutura discal heterogênea, com sinal bastante reduzido. A distinção núcleo-anular foi perdida, e a altura discal é normal ou moderadamente reduzida.
- Grau V: estrutura discal heterogênea, com perda do sinal. Não há distinção núcleo-anular. O espaço discal está colapsado.

Embora a altura discal já possa estar reduzida nos graus III e IV, o colapso discal caracteriza o grau V. A altura discal não é fator definitivo para a caracterização em grau III ou IV.

O corpo vertebral

A década de 1980 foi crucial para o início do entendimento das repercussões degenerativas que o corpo vertebral sofre induzidas pela doença discal. Em 1987, Roos et al. mostraram que há relação entre a doença degenerativa discal e alterações na medula óssea e no osso subcondral dos corpos vertebrais vistas em RM. No ano seguinte, o radiologista norte-americano Michael Modic mostrou a mesma relação e popularizou um sistema de classificação, que foi batizado com sua alcunha, e hoje são referidas como alterações do tipo Modic. Caracterizam-se por faixas ligeiramente irregulares paralelas ao platô vertebral de sinal anormal, focais ou difusas, na medular óssea e nos platôs dos corpos vertebrais. São mais comuns nos níveis L4-L5 e L5-S1 e tem prevalência aumentada para a idade e para o sexo masculino. Originalmente composta pelos tipos I e II, foi acrescida em seguida do tipo III para que abrigasse uma alteração que era sequencial às anteriores:

- Modic I: baixo sinal em T1 e alto sinal em T2; em decorrência de edema e formação de tecido de granulação fibrovascular.
- Modic II: alto sinal em T1 e baixo sinal em T2; decorrente da conversão de medula vermelha em amarela, atribuível a isquemia medular.

9 DOENÇA DEGENERATIVA DA COLUNA VERTEBRAL   803

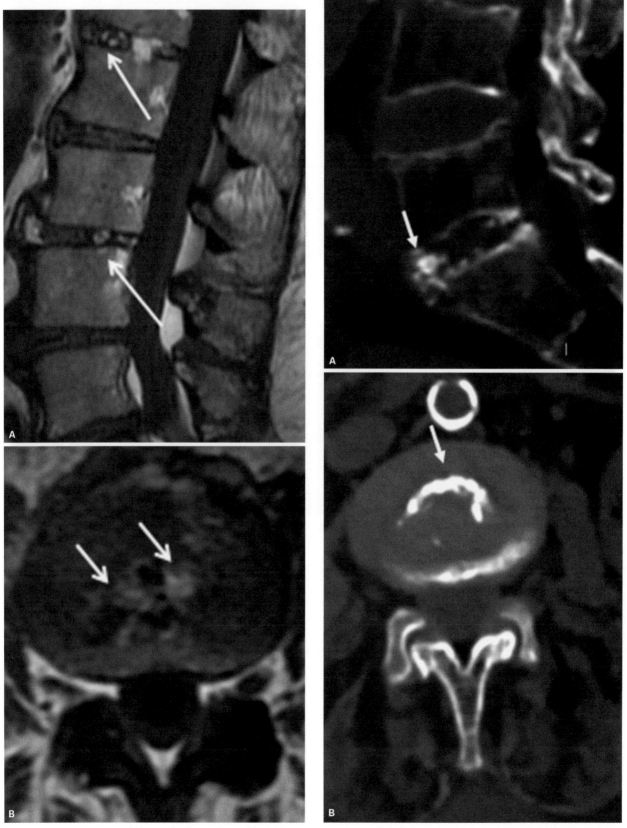

Figura 18   Imagens sagital (A) e axial (B) de ressonância magnética ponderadas em T1 evidenciam ossificações. Focos intradiscais (setas) com alto sinal em T1 são típicos de ossificação.

Figura 19   Imagens sagital (A) e axial (B) de tomografia computadorizada, em que são vistas calcificações (setas) discais distribuídas em um padrão periférico e central.

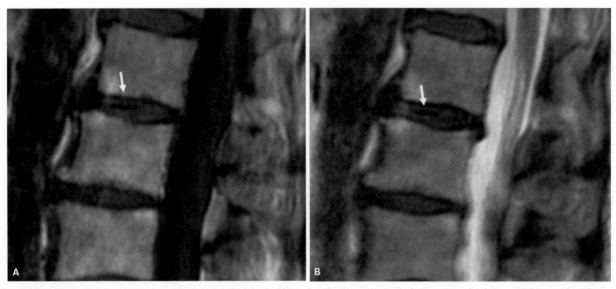

Figura 20 Focos lineares (setas) persistentes de baixo sinal intradiscal em cortes sagitais de ressonância magnética ponderados em T1 (A) e T2 (B), típico das coleções gasosas.

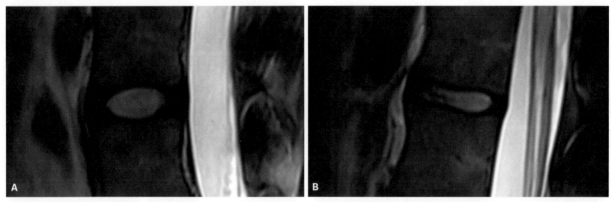

Figura 21 Imagens sagitais de ressonância magnética ponderadas em T2. Em A, homogeneidade discal com sinal e altura normal. Em B, o sinal discal é alto, há uma clara distinção entre o núcleo e o ânulo. A altura é normal, mas já se observa uma heterogeneidade discal.

- Modic III: baixo sinal em T1 e T2; decorrente de esclerose óssea.

Mais comumente, são observadas em um mesmo corpo vertebral os tipos mistos Modic I/II e Modic II/III, corroborando para a teoria da conversão do tipo I em II e II em III, como uma sequência de um espectro patológico. Embora, mais infrequente, a conversão de tipo II para I também tem sido vista.

Segundo Modic, essas alterações vistas à RM não constituem o processo patológico em si. Acredita-se que sejam secundárias ao estresse biomecânico ou à instabilidade. O trauma discal repetitivo resulta em produção de mediadores inflamatórios no núcleo pulposo, que atingem a medula óssea dos corpos vertebrais através de fendas nos platôs induzindo hipervascularização, aumento da permeabilidade capilar e aumento do número de fibras sensitivas nervosas. Estudos anatomopatológicos comprovam uma maior quantidade de mediadores inflamatórios em discos com Modic I em relação aos discos sem alteração degenerativa. Dentro desse contexto, as alterações Modic I estão fortemente associadas à dor lombar. Foi observado que cerca de 73% dos pacientes com Modic I apresentam dor lombar em oposição a somente 11% com Modic II.

As alterações do tipo Modic I são semelhantes às encontradas nas discites infecciosas. O alto sinal em T2 e o baixo em T1 nos corpos vertebrais são comuns a ambas as situações, bem como o realce pelo gadolínio. Algumas características podem ajudar no diagnóstico diferencial, e os achados devem ser sempre correlacionados com o quadro clínico-laboratorial. A presença de um sinal baixo intradiscal em T2, devido à desidratação degenerativa e a multiplicidade dos achados nos demais segmentos sugere Modic I. Extensos processos inflamatórios de partes moles, coleções espinhais/paraespinhais, erosões dos platôs vertebrais, presença de sintomas dolorosos e infecciosos, PCR e leucócitos elevados sugerem uma etiologia infecciosa.

Correlação Modic I e a instabilidade segmentar lombar

Pacientes com lombalgia e alterações do tipo Modic I apresentam mais frequentemente instabilidade segmentar, definida como uma translação vertebral maior ou igual a 0,3 cm em radiografias dinâmicas de extensão-flexão, do que os do tipo II. Após um acompanhamento de seis meses em pacientes portadores de dor lombar e Modic I submetidos à artrodese posterolateral, observou-se a conversão para Modic II em 76,5% e a normalização do sinal no corpo vertebral em 23,5%. Concluiu-se que a fusão acelerava as mudanças nos pacientes Modic I por corrigir a instabilidade mecânica associada e, assim, sugere-se que a artrodese é mais benéfica a esses doentes do que aos Modic II.

As facetas interarticulares

A doença degenerativa facetária é multifatorial e pode ser bem avaliada por estudos de RM ou TC, sem um consenso de qual método realmente seja melhor. São constituídas por cartilagem hialina, que reveste o osso subcondral, por uma membrana sinovial interposta e protegida por uma cápsula articular. As suas porções anteriores juntamente com as anteriores das lâminas são revestidas pelo ligamento amarelo (Figura 22). Macroscopicamente, são constituídas pelo processo articular inferior (PAI) e pelo processo articular superior (PAS) das respectivas vértebras superior e inferior do nível em estudo.

As facetas possuem inervação oriunda dos ramos mediais do ramo dorsal primário de um nível neural acima do nível facetário. Se o conjunto articular é L4-L5, serão inervados por ramos de L4-L3. A cápsula articular também é ricamente inervada por fibras nociceptivas.

Alterações facetárias podem desencadear dor lombar em até 15% dos casos. Uma das principais causas é a doença degenerativa discal, pois a perda de altura e a instabilidade segmentar geram aumento da carga, subluxação e dano cartilaginoso às facetas. Há predileção pelos segmentos lombares mais baixos, destacando-se o nível L4-L5. A espondilolistese degenerativa também está associada. Outras causas deverão ser excluídas devido à inespecificidade de sua apresentação. Simula a doença radicular e se expressa por dor lombar, com irradiação uni ou bilateral para nádegas, virilha, quadril e coxas, tipicamente sem déficits neurológicos. O aspecto patológico é o mesmo das outras articulações diartrodiais. Derrame articular, esclerose do osso subcondral, colapso, cistos subcondrais e erosões da cartilagem são típicos. A hiper-

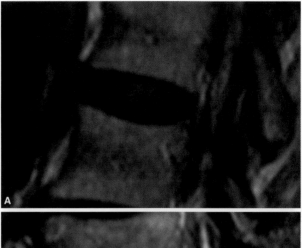

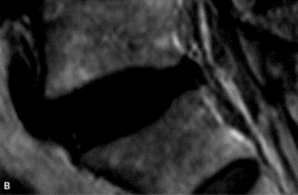

Figura 22 Imagens sagitais de ressonância magnética ponderadas em T2. Em A, observa-se leve redução da altura do disco, associado a sinal discal intermediário. Em B, a altura discal ainda está preservada, mas o sinal é marcadamente baixo.

trofia facetária, o espessamento dos ligamentos amarelos e a osteofitose pode levar a estenoses do forame de conjugação e do canal vertebral (Figura 23).

Os cortes sagitais em T1 sem saturação de gordura mostram o forame neural como uma estrutura que lembra uma pera invertida, com boa visualização do gânglio dorsal na porção superomedial foraminal. A hipertrofia da porção anterior das facetas pode comprimir diretamente o gânglio dorsal (Figura 24)

Outra consequência da degeneração facetária é a formação de cistos sinoviais, apresentando relação direta com a gravidade da doença interfacetária. Representam saculações de membrana sinovial nas proximidades articulares, embora a comunicação possa não ser visível à RM. Calcificações parietais estão presentes em até 30% dos casos. O fenômeno do vácuo também tem sido relatado. O aspecto típico é de uma formação arredondada de baixo sinal em T1 e alto em T2. Pode apresentar alto sinal em T1 devido a um conteúdo abundantemente proteico ou hemorrágico. Também apresenta realce parietal pelo gadolínio. A lombalgia associada é decorrente de compressão radicular ou de distensão da cápsula, que possui inervação sensitiva. A terapia minimamente invasiva (Fi-

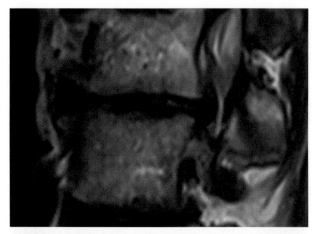

Figura 23 Imagem sagital de ressonância magnética ponderada em T2 evidenciando grau V de Pfirrmann, caracterizado pelo colapso discal.

gura 25) com injeção intra-articular de corticoide é eficaz em reduzir a dor.

Espondilolistese degenerativa

A espondilolistese sem um defeito da *pars interarticularis* foi descrita a partir de 1930. Cerca de 20 anos depois, foi batizada de pseudoespondilolistese. O conceito atual é que a espondilolistese degenerativa seja um deslocamento anterior de uma vértebra sobre outra subjacente, associada a alterações degenerativas, sem rompimento ou defeito do anel vertebral. A etiologia é multifatorial. Idade maior que 50 anos, sexo feminino, orientação sagital das facetas articulares, aumento do ângulo pedículo-faceta, dentre outros, estão implicados. O nível mais afetado é L4-L5, e o exame diagnóstico é a radiografia convencional em perfil. A RM é o melhor teste não invasivo para avaliação de complicações, como a estenose do canal vertebral. Embora dividido em cinco classes (cada 25% de escorregamento corresponde a um grau), a listese degenerativa raramente escorrega mais do que 30% da extensão da vértebra inferior. O tipo V (espondiloptose) não apresenta nenhum contato entre os corpos vertebrais. A mensuração é realizada tomando-se por referência uma linha horizontal que é perpendicular às linhas verticais traçadas nos muros posteriores dos corpos vertebrais em estudo.

O defeito na *pars interarticularis* pode não ser muito evidente nas radiografias convencionais, ao contrário da TC com suas reconstruções multiplanares. O sinal do processo espinhoso (Figura 27) introduzido por Bryk e Rosenkranz pode auxiliar na diferenciação da espondilolistese com lise da pseudoespondilolistese (degenerativa). Nos dois casos, formar-se-ia um degrau decorrente do escorregamento vertebral com as duas componentes verticais formadas pela superfície mais posterior dos processos espinhosos. Quando o degrau é formado acima do nível do deslocamento, a gênese é ístmica, se abaixo, é degenerativa.

A história clínica e o exame físico são importantes na formulação da hipótese da espondilolistese degenerativa. Em pacientes idosos, com radiculopatia ou claudicação neurogênica intermitente, esse diagnóstico sempre deverá ser aventado, independentemente de apresentarem ou não dor lombar. Degeneração discal parece ser um dos eventos deflagradores, devido à redução da altura do disco e à consequente perda da estabilidade do nível vertebral. É seguida por uma hipertrofia do ligamento amarelo, que também contribui para essa instabilidade. É acompanhada da formação de osteófitos, esclerose subcondral, hipertrofia e ossificação ligamentar, associada à doença degenerativa facetária. A dor desencadeada pela espondilolistese degenerativa pode ter pelo menos três causas, destacando-se a claudicação neurogênica, a radiculopatia compressiva e a dor lombar mecânica.

A claudicação neurogênica geralmente é multifatorial. O conjunto de escorregamento, hipertrofia dos ligamentos amarelos, discopatia e osteofitose facetária determina uma estenose do canal vertebral (Figura 28). Expressa-se como dor nas nádegas e/ou nas pernas, que se acentua à posição supina ou à marcha. Também pode apresentar formigamento e fraqueza. Acredita-se que a claudicação seja causada pela redução na oxigenação das raízes da cauda equina, pois a estenose do canal vertebral provoca um aumento na pressão epidural, reduzindo a perfusão neural.

A dor radicular é acompanhada de formigamento, parestesias, déficit sensitivo e motor, por compressão direta ou pela reação inflamatória adjacente. A espondilolistese em um nível vertebral poderá acometer raízes de dois níveis neurológicos distintos (Figura 29), pois poderá comprimi-las no recesso lateral e, pelo deslocamento anterior vertebral, nos forames de conjugação, nesse caso uma raiz de nível superior àquela.

A maior parte dos pacientes com espondilolistese degenerativa sem déficits neurológicos evolui bem com o tratamento conservador. Por outro lado, os pacientes com alterações sensitivas, fraqueza muscular e síndrome da cauda equina quando não são submetidos à cirurgia desenvolvem progressivo declínio funcional. Paradoxalmente, a mesma doença degenerativa que desencadeia a espondilolistese ajuda a freiá-la em um estágio mais avançado. Reflexo dessa condição é que a osteofitose e uma perda de altura discal maior que 80% tornam menos provável a progressão de um escorregamento.

Sinais de instabilidade associados à listese também reforçam a necessidade de tratamento cirúrgico. Embora controversa, a definição da Academia Americana de Cirurgiões Ortopédicos é uma das mais aceitas. A instabilidade é um deslocamento do segmento vertebral além dos limites impostos pelos seus contendedores espinhais,

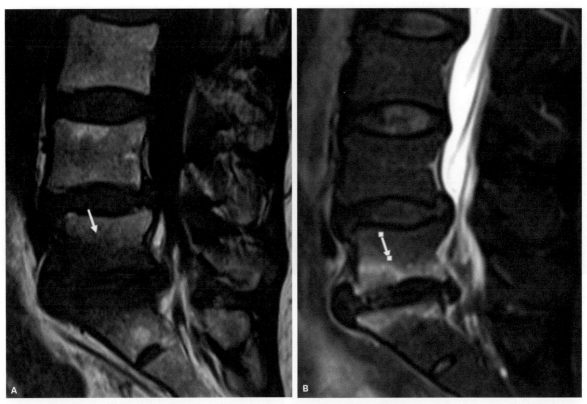

Figura 24 Imagens sagitais de ressonância magnética ponderadas em T1 (A) e T2 (B). O baixo sinal visto em T1 nos platôs de L5-S1 (seta) é bem caracterizado como faixa de alto sinal na sequência T2 típico de Modic I (seta).

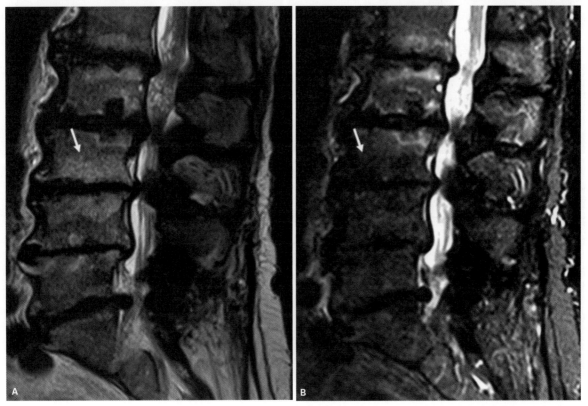

Figura 25 Imagens sagitais de ressonância magnética ponderadas em T2 (A) e T2 (B) com saturação de gordura. O alto sinal visto em T2 nos platôs de L2-L3 (setas) é bem caracterizado como uma faixa de baixo sinal na sequência T2 representando a gordura saturada, típico de Modic II.

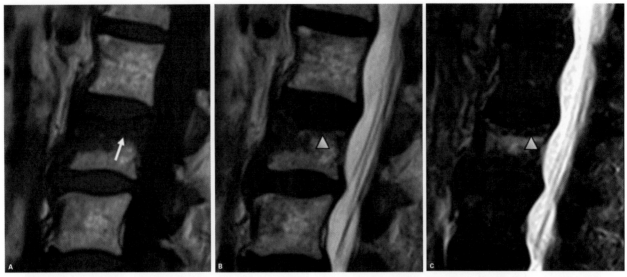

Figura 26 Imagens sagitais de ressonância magnética ponderadas em T1 (A), T2 (B) e T2 com saturação de gordura (C). O baixo sinal visto em T1 nos platôs de L3 (seta) persiste como uma faixa de baixo sinal nas sequências T2 (pontas de seta) representando zona de esclerose no corpo vertebral, típico de Modic III (ponta de setas).

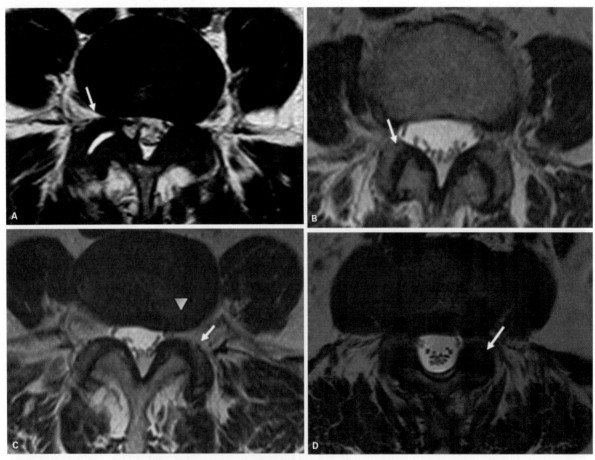

Figura 27 Imagens axiais de ressonância magnética ponderadas em T2, evidenciando diferentes espectros da doença interfacetária. Em A, pequena quantidade de líquido intra-articular (seta). Em B, discreta esclerose subcondral (seta) e irregularidade das facetas. Em C, há hipertrofia e deslocamento facetário à esquerda (seta), que juntamente com o abaulamento discal (ponta de seta), causa estenose do canal vertebral. Em D, uma artropatia interfacetária avançada é caracterizada por colapso articular total (seta) e intensa esclerose.

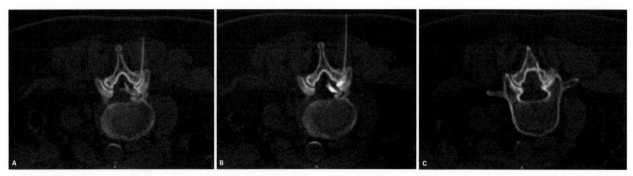

Figura 28 Imagens axiais de tomografia computadorizada da coluna lombar em paciente com artropatia facetária dolorosa. Em A, uma trefina alcança a articulação. Em B, a injeção de contraste iodado delineia o espaço articular. Em C, observa-se o controle pós-procedimento, que se faz necessário pela diminuta janela de intervenção disponível.

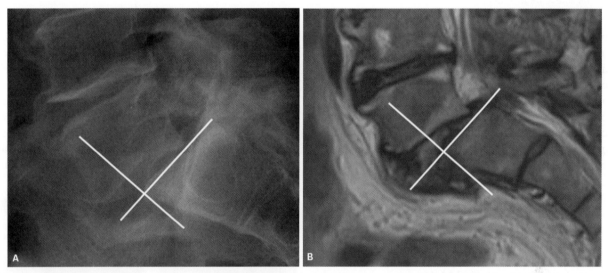

Figura 29 Em A, radiografia de perfil evidencia que a linha vertical de Ullmann, paralela à margem anterior de S1, intersecciona a margem anterior do corpo vertebral de L5, caracterizando uma listese. Em B, o mesmo padrão é visto no corte sagital T2 de ressonância magnética.

como os ligamentos e músculos, em resposta a um estresse suprafisiológico. Devido à carência de sinais e sintomas clínicos específicos, a instabilidade é baseada em achados radiográficos diretos de movimentação anormal dos corpos vertebrais e em indiretos como a osteoesclerose, degeneração discal leve, fenômeno do vácuo e presença de vértebra de transição.

As radiografias funcionais podem diagnosticar uma instabilidade. Pode-se aferir o quanto uma vértebra escorrega em relação a subjacente (translação) e a angulação entre os platôs vertebrais à flexão-extensão da coluna.

São adquiridas radiografias laterais em repouso, flexão e extensão máxima, preferencialmente na posição ortostática. Na posição supina, uma pseudonormalização da translação pode ocorrer (Figura 30).

Na translação maior que 3 mm, a prevalência de listese é de quase 30% em idosos com degeneração e, se o ponto de corte for de mais de 5 mm, a prevalência é re-

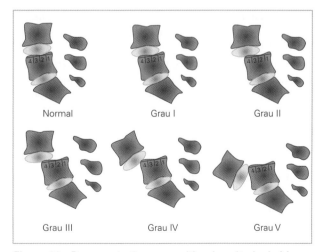

Figura 30 Representação esquemática do método de Meyerding. Os graus de I a IV são classificados tomando-se por referência escorregamentos de 25% da vértebra superior sobre a inferior. O tipo V é caracterizado por nenhum contato do platô superior com o inferior.

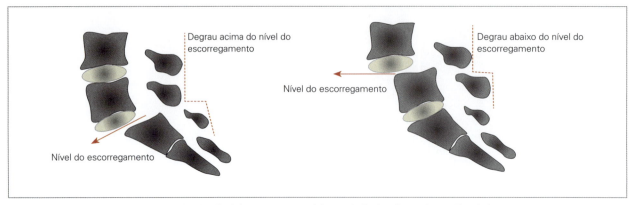

Figura 31 Representação esquemática do sinal do processo espinhoso de Bryk e Rosenkranz. Em A, forma-se um degrau acima do nível do escorregamento, típico da listese por lise ístmica. Em B, um degrau é formado abaixo do nível do escorregamento, o qual é visto na listese degenerativa.

duzida pela metade. Se as radiografias não estiverem em escala real, a mensuração da translação pode ser falseada para mais ou para menos. O método de Dupuis e Posner pode eliminar esse viés, pois estima o escorregamento como uma porcentagem da dimensão da largura do corpo vertebral superior (W). A translação é obtida tomando-se por referência uma distância que seria perpendicular a uma linha traçada paralelamente ao muro posterior do corpo vertebral superior (S) e inferior (I) (Figura 31).

A instabilidade pelos critérios de Posner é confirmada quando se observa:

- Translação anterior maior que 8% da largura do corpo vertebral superior nos níveis L1-L2 a L4-L5.
- Translação anterior maior que 6% da largura do corpo vertebral superior no nível L5-S1.
- Translação posterior maior que 9% da largura do corpo vertebral superior no nível de L1-S1.
- Rotação no plano sagital na radiografia em flexão maior que 9° no nível de L1 a L5.
- Rotação no plano sagital na radiografia em flexão maior que 1° no nível de L5-S1.

A rotação no plano sagital é estimada pela angulação à flexo-extensão da coluna. Traça-se uma linha paralela aos platôs vertebrais adjacentes ao disco intervertebral. Angulações maiores que 9° são consideradas positivas.

Estenose do canal vertebral

A estenose do canal vertebral é secundária às alterações degenerativas dos elementos subjacentes. É definida como uma síndrome clínica de dor nas nádegas ou membros inferiores, independentemente da presença de dor lombar, associada à diminuição do espaço disponível para os elementos neurais ou vasculares na coluna. Apresenta características próprias de desencadeamento e de melhora. Pode ser provocada por exercício ou por determinada posição postural. Há uma melhora paliativa com a flexão do tronco, posição sentada ou de recumbência. Testes diagnósticos podem ser somados à propedêutica da estenose degenerativa. Os exames de imagem contribuem no diagnóstico e no acompanhamento. Bolender et al. mostraram que a medida da área do saco dural em um corte seccional axial era mais confiável do que as medidas lineares do canal vertebral para o diagnóstico de estenose do canal. Foi visto que a menor área do saco dural capaz de acomodar a cauda equina sem prejuízos para a fun-

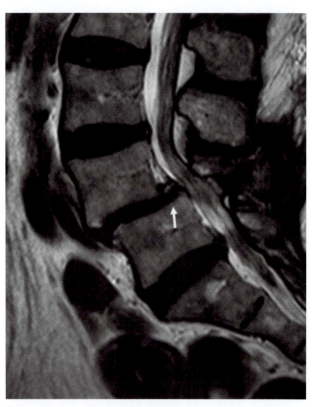

Figura 32 Imagem sagital de ressonância magnética ponderada em T2 de um paciente que se apresentou com claudicação neurogênica. A espondilolistese L4-L5 (seta) determina estenose do canal vertebral. Os discos intervertebrais apresentam sinais de acentuada degeneração.

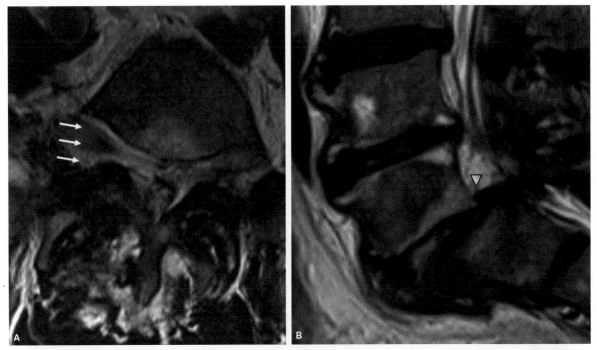

Figura 33 Imagens axial e sagital de ressonância magnética ponderadas em T2 de paciente com dor do tipo radicular. Em A, observa-se o distanciamento (setas) do corpo vertebral em relação aos elementos posteriores. Em B, a listese grau I é bem caracterizada (ponta de seta).

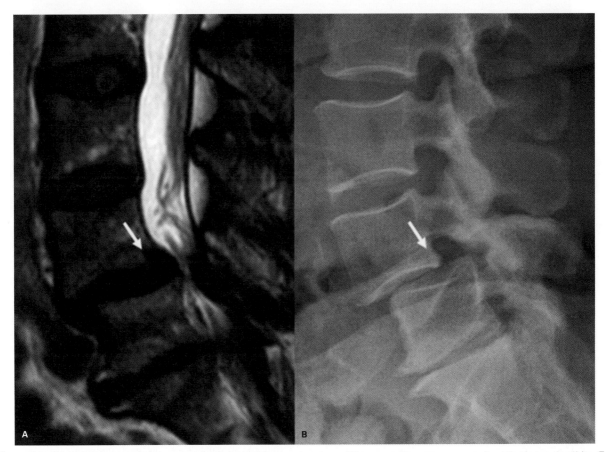

Figura 34 Em A, imagem sagital de ressonância magnética ponderada em T2 em um plano mesocorporal, realizada em decúbito. Em B, radiografia de perfil de paciente em pé. Há uma potencialização em B do escorregamento visto em A (setas).

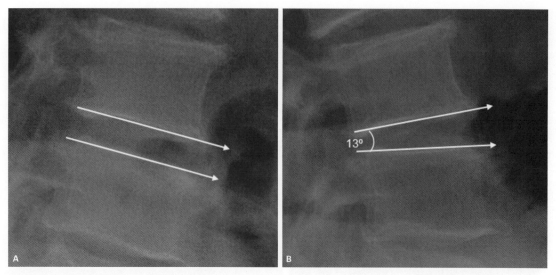

Figura 35 Radiografias dinâmicas em flexão (A) e extensão (B), evidenciando uma rotação no plano sagital de 13°.

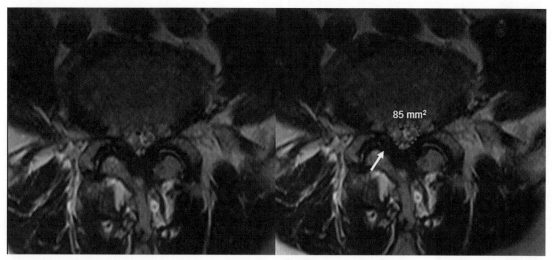

Figura 36 Imagem axial de ressonância magnética ponderada em T2. Redução relativa da área do canal intervertebral estimada em cerca de 85 mm².

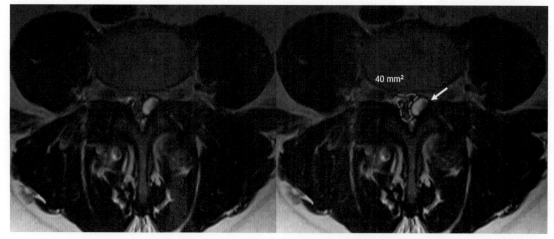

Figura 37 Imagem axial de ressonância magnética ponderada em T2. Redução absoluta da área do canal intervertebral estimada em cerca de 40 mm². Caracteriza-se um cisto sinovial da articulação interfacetária adjacente insinuando-se ao canal vertebral determinando sua estenose.

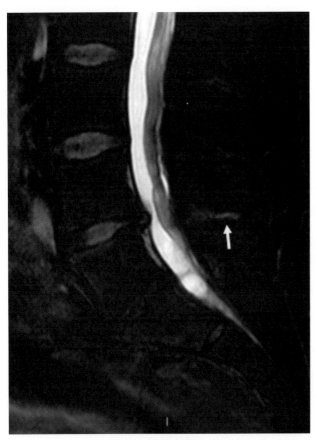

Figura 38 Imagem axial de ressonância magnética ponderada em T2. Nota-se acentuado edema entre os processos espinhosos de L3-L4.

ção neural das raízes nervosas era de 75 mm² para o nível L3-L4. Áreas seccionais do saco dural menores do que 75 mm² são chamadas de estenoses absolutas e as situadas entre 75 e 100 mm² estenoses relativas (Figura 30). A RM é o exame de escolha para avaliação da estenose de canal. A TC está indicada nos casos de contraindicação à RM e quando há uma pobre correlação entre os sintomas e os achados da RM.

Os processos espinhosos

Os processos espinhosos possuem dois ligamentos relacionados à estabilidade entre os elementos posteriores. O ligamento supraespinhoso comunica o ápice dos processos espinhosos entre si. O ligamento interespinhoso repousa entre os processos espinhosos, conectando as margens adjacentes. A degeneração dos processos espinhosos caracteriza a doença de Baastrup.

Uma maior proximidade dos processos espinhosos desencadeia uma frouxidão dos ligamentos supraespinhosos e lesão dos interespinhosos. A instabilidade provocada pela frouxidão ligamentar, estimula a produção de um exsudato fibrinoso e de uma metaplasia sinovial, podendo ocasionar a formação de uma bursa interespinhosa.

Radiograficamente, observa-se esclerose reacional, osteofitose, erosões, aumento volumétrico e achatamento das superfícies de aposição (Figura 31). Nas sequências sensíveis ao líquido é possível fluido permeando a bursa

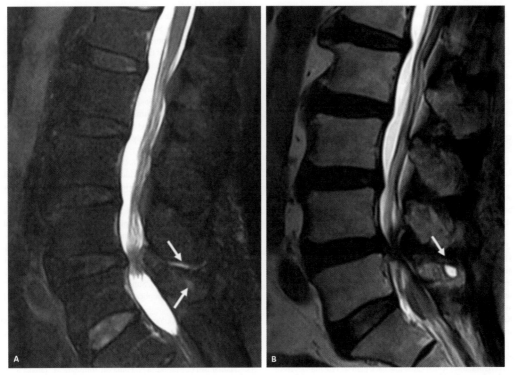

Figura 39 Imagens sagitais de ressonância magnética ponderadas em T2 com saturação de gordura (A), destacando-se acentuado edema interespinhoso e edema ósseo (setas). Imagem sagital ponderada em T2 (B), demonstrando formação de cisto ósseo no processo espinhoso de L4 (seta).

adventícia, podendo também haver realce pelo gadolínio (Figura 32).

Bibliografia sugerida

1. American Academy of Orthopaedic Surgeons. A glossary on spinal terminology. Chicago: American Academy of Orthopaedic Surgeons; 1985.
2. Aprill C, Bogduk N. High intensity zone: a diagnostic sign of painful lumbar disc on magnetic resonance imaging. Br J Radiol. 1992;65:361-9.
3. Baastrup Cl. On the spinous processes of the lumbar vertebrae and the soft tissues between them, and on pathological changes in that region. Acta Radio! (Stockh). 1983;14:52-54.
4. Baastrup CL. Proc. Spin. vert. lumb und einige zwischen diesen liegenden Gelenkbildungen mit pathologischen Prozessen in dieser Region. Ro¨ Fo¨. 1933;48:430-35.
5. Baker WM. On the formation of synovial cysts in the leg in connection with disease of the knee-joint. Clin Orthop Relat Res. 1994;(299):2-10.
6. Bangert BA, Modic MT, Ross JS, Obuchowski NA, Perl J, Ruggieri PM, et al. Hyperintense disks on T1-weighted MR images: correlation with calcification. Radiology. 1995;195(2):437-43.
7. Bonneville JF. Plaidoyer pour une classification par l'image des hernies discales lombaires: la carte-image. Rev Im Med. 1990;2:557-60.
8. Boos N, Dreier D, Hilfiker E, Schade V, Kreis R, Hora J, et al. Tissue characterization of symptomatic and asymptomatic disk herniations by quantitative magnetic resonance imaging. J Orthop Res. 1997;15:141-9.
9. Benneker L, Heini P, Anderson S, Alini M, Ito K, et al. Correlation of radiographic and MRI parameters to morphological and biochemical assessment of intervertebral disc degeneration. Eur Spine J. 2005;14:27-35.
10. Berns DH, Ross JS, Kormos D, Modic MT. The spinal vacuum phenomenon: evaluation by gradient echo imaging. J Comput Assist Tomogr. 1991;15:233-36.
11. Bielecki DK, Sartoris D, Resnick D, Van Lom K, Fierer J, Haghighi P. Intraosseous and intradiscal gas in association with spinal infection: report of three cases. AJR. 1986;147:83-6.
12. Bird HA, Eastmond CJ, Hudson A, Wright V. Is generalized joint laxity a factor in spondylolisthesis? Scand J Rheumatol. 1980;9:203-5.
13. Bogduk N. Innervation of the lumbar spine. Spine. 1983;8:286-93.
14. Bogduk N, Wilson AS, Tynan W. The human lumbar dorsal rami. J Anat. 1982;134:383-97.
15. Bolender N-F, Schönström NSR, Spengler DM. Role of computed tomography and myelography in the diagnosis of central spinal stenosis. J Bone Joint Surg [Am]. 1985;67:240-45.
16. Braithwaite I, White J, Saifuddin A, Renton P, Taylor BA, et al. Vertebral endplate (Modic) changes on lumbar spine MRI: correlation with pain reproduction at lumbar discography. Eur Spine J. 1998;7:363-8.
17. Brant-Zawadzki MN, Jensen MC. Imaging corner: spinal nomenclature. Inter- and intra-observer variability in interpretation of lumbar disc abnormalities: a comparison of two nomenclatures. Spine. 1995;20:388-90.
18. Brant-Zawadzki MN, Jensen MC, Obuchowski N, Ross JS, Modic MT, et al. Interobserver and intraobserver variability in interpretation of lumbar disc abnormalities: a comparison of two nomenclatures. Spine. 1995;20:1257-63.
19. Breton G. Is that a bulging disc, a small herniation, or a moderate protrusion? Can Assoc Radiol J. 1991;42(5):319-25.
20. Brisby H. Nerve root injuries in patients with chronic low back pain. Orthop Clin North Am. 2003;34:221-30.
21. Brock M, Patt S, Mayer HM. The form and structure of the extruded disc. Spine. 1992;17:1457-61.
22. Brown MD, Lockwood JM. Degenerative spondylolisthesis. Instr Course Lect. 1983;32:162-9.
23. Brown MF, Hukkanen MV, McCarthy ID, Redfern DR, Batten JJ, Crock HVet al. Sensory and sympathetic innervation of the vertebral endplate in patients with degenerative disc disease. J Bone Joint Surg Br. 1997;79:147-53.
24. Bryk D, Rosenkranz W. True spondylolisthesis and pseudospondylolisthesis – the spinous process sign. J Can Assoc Radiol. 1969;20(1):53-6.
25. Bureau NJ, Kaplan PA, Dussault RG. Lumbar facet joint synovial cyst: percutaneous treatment with steroid injections and distention – clinical and imaging follow-up in 12 patients. Radiology. 2001;221:179-85.
26. Burke JG, Watson RW, McCormack D, Dowling FE, Walsh MG, Fitzpatrick JM, et al. Intervertebral discs which cause low back pain secrete high levels of proinflammatory mediators. J Bone Joint Surg Br. 2002;84:196-201.
27. Buttermann GR. Lumbar disc herniation regression after successful epidural steroid injection. J Spinal Disord Tech. 2002;15(6):469-76.
28. Bywaters EGL. Lesions of bursae, tendons, and tendon sheaths. Clin Rheum Dis. 1979;5:883-925
29. Carragee EJ, Paragioudakis SJ, Khurana S. 2000 Volvo Award winner in clinical studies: lumbar high-intensity zone and discography in subjects without low back problems. Spine. 2000;25(23):2987-92.
30. Chevalier X, Larget-Piet B. Vacuum sign in spondylodiscitis due to H aphrophilus (letter). Ann Rheum Dis. 1993;52:84.
31. Classificação Internacional de Doenças (CID-10). Capítulo XIII Doenças do sistema osteomuscular e do tecido conjuntivo (M00-M99).
32. Costello RF, Beall DP. Nomenclature and standard reporting terminology of intervertebral disk herniation. Magn Reson Imaging Clin N Am. 2007;15(2):167-74.
33. Crock HV. Internal disc disruption: a challenge to disc prolapse fifty years on. Spine. 1986;11:650-3.
34. Crock HV. Normal and pathological anatomy of the lumbar spinal nerve root canals. J Bone Joint Surg Br. 1981;63B(4):487-90.
35. Davis R, Iliya A, Roque C, Pampati M. The advantage of magnetic resonance imaging in diagnosis of a lumbar synovial cyst. Spine. 1990;15:244-6.
36. Deeb Z, Frayha RA. Multiple vacuum discs, an early sign of ochronosis: radiologic findings in two brothers. J Rheumato. 1976;3:82-7.
37. de Roos A, Kressel H, Spritzer C, Dalinka M. MR imaging of marrow changes adjacent to end plates in degenerative lumbar disk disease. AJR Am J Roentgenol. 1987;149:531-34.
38. Dunlop RB, Adams MA, Hutton WC. Disc space narrowing and the lumbar facet joints. J Bone Joint Surg Br. 1984;66:706-10.
39. Dupuis PR, Yong-Hing K, Cassidy JD, Kirkaldy-Willis WH. Radiological diagnosis of degenerative lumbar spinal instability. Spine. 1985;10:262-6.
40. Eisenstein SM, Parry CR. The lumbar facet arthrosis syndrome. Clinical presentation and articular surface changes. J Bone Joint Surg Br. 1987;69:3-7.
41. Elster AD, Jensen KM. Vacuum phenomenon within the cervical spinal canal: CT demonstration of a herniated disc. J Comput Assist Tomogr. 1984;8:533-5.
42. Esposito P, Pinheiro-Franco JL, Froelich S, Maitrot D. Predictive value of MRI vertebral end-plate signal changes (Modic) on outcome of surgically treated degenerative disc disease: results of a cohort study including 60 patients. Neurochirurgie. 2006;52:315-22.
43. Eyre D, Benya P, Buckwalter J, et al. The intervertebral disk: part B. Basic science perspectives. In: Frymoyer JW, Gordon SL, eds. New perspectives on low back pain. Rosemont: American Academy of Orthopaedic Surgeons; 1989. p.147-207.
44. Fardon DF, Milette PC. Combined task forces of the North American Spine society, American Society of Spine Radiology, and American Society of Neuroradiology. Nomenclature and classification of lumbar disc pathology. Recommendations of the combined task forces of the North American Spine Society, American Society of Spine Radiology and American Society of Neuroradiology. Spine. 2001;26:E93-113.
45. Ford LT, Gilula LA, Murphy WA, Gado M. Analysis of gas in vacuum lumbar disc. AJR. 1977;128:1056-7.
46. Fujiwara A, Tamai K, Yamato M, An HS, Yoshida H, Saotome K, et al. The relationship between facet joint osteoarthritis and disc degeneration of the lumbar spine: an MRI study. Eur Spine J. 1999;8:396-401.
47. Giles LGF, Taylor JR. Innervation of the lumbar zygapophysial joint folds. Acta Orthop Scand. 1987;58:43-6.
48. Grenier N, Kressel HY, Schiebler ML, Grossman RI, Dalinka MK. Normal and degenerative posterior spinal structures: MR imaging. Radiology. 1987;165:517-25.
49. Goobar JE, Sartoris DJ, Hajek PC, Baker LL, Haghighi P, Hesselink J, et al. MRI-imaging of the lumbar spinous processes and adjacent soft-tissues; normal and pathological appearances. J Rheumatol. 1987;14:788-97.
50. Grenier N, Grossman RI, Schibeler ML, Yeager BA, Goldberg HI, Kressel HY. Degenerative lumbar disc disease: pitfalls and usefulness of MR imaging in detection of vacuum phenomenon. Radiology. 1987;64:861-65.
51. Gruber HE, Norton HJ, Sun Y, Hanley EN Jr. Crystal deposits in the human intervertebral disc: implications for disc degeneration. Spine J. 2007;7:444-50.
52. Haig AJ, Tong HC, Yamakawa KS, Quint DJ, Hoff JT, Chiodo A, et al. Spinal stenosis, back pain, or no symptoms at all? a masked study comparing radiologic and electrodiagnostic diagnoses to the clinical impression. Arch Phys Med Rehabil. 2006;87(7):897-903.
53. Hamanishi C, Matukura N, Fujita M, Tomihara M, Tanaka S. Cross-sectional area of the stenotic lumbar dural tube measured from the transverse views of magnetic resonance imaging. J Spinal Disord. 1994;7:388-93.
54. Helbig T, Lee CK. The lumbar facet syndrome. Spine. 1988;13:61-4.

55. Hemminghytt S, Daniels DL, Williams AL, Haughton VM. Intraspinal synovial cysts: natural history and diagnosis by CT. Radiology. 1982;145:375-6.
56. Herkowitz HN. Spine update: degenerative lumbar spondylolisthesis. Spine. 1995;20:1084-90.
57. Jacobson HG, Tausend ME, Shapiro JH, Poppel MH. The "swayback" syndrome. AJR. 1958;79:677-83.
58. James SL, Davies AM. Imaging of infectious spinal disorders in children and adults. Eur J Radiol. 2006;58:27-40.
59. Jarvik JG, Haynor DR, Koepsell TD, Bronstein A, Ashley D, Deyo RA. Inter-reader reliability for a new classification of lumbar disc abnormalities. Acad Radiol. 1996;(3):537-44.
60. Jensen MC, Brant-Zawadzki MN, Obuchowski N, Modic MT, Malkasian D, Ross JS. Magnetic resonance imaging of the lumbar spine in people without back pain. N Engl J Med. 1994;331:69-73.
61. Jinkins JR. Acquired degenerative changes of the intervertebral segments at and suprajacent to the lumbosacral junction. A radioanatomic analysis of the nondiscal structures of the spinal column and perispinal soft tissues. Eur J Radiol. 2004;50:134-58.
62. Junghanns H. Spondylolisthesen ohne Spaltim Zwischergelenkstulcz (Pseudospondylisthen). Arch Orthop Unfallchir. 1931;29:118-27.
63. Ly JQ. Systematic approach to interpretation of the lumbar spine MR imaging examination. Magn Reson Imaging Clin N Am. 2007;155-66.
64. Kalichman L, Hunter DJ. Lumbar facet joint osteoarthritis: a review. Semin Arthritis Rheum. 2007;37(2):69-80.
65. Kanayama M, Hashimoto T, Shigenobu K, Oha F, Ishida T, Yamane S. Intra-operative-biomechanical assessment of lumbar spinal instability: validation of radiographic parameters indicating anterior column support in lumbar spinal fusion. Spine. 2003;28:2368-72.
66. Karamouzian S, Eskandary H, Faramarzee M, Saba M, Safizade H, Ghadipasha M, et al. Frequency of lumbar intervertebral disc calcification and angiogenesis, and their correlation with clinical, surgical, and magnetic resonance imaging findings. Spine. 2010;35(8):881-6.
67. Karchevsky M, Schweitzer ME, Carrino JA, Zoga A, Montgomery D, Parker L. Reactive endplate marrow changes: a systematic morphologic and epidemiologic evaluation. Skeletal Radiol. 2005;34(3):125-29.
68. Kirkaldy-Willis WH. Symposium on instability of the lumbar spine: Introduction. Spine. 1985;10:254.
69. Kohler A. Contrast examination of the lumbar interspinous ligaments. Acta Radiol (Stockh). 1959;52:21-7.
70. Kokkonen SM, Kurunlahti M, Tervonen O, Ilkko E, Vanharanta H. Endplate degeneration observed on magnetic resonance imaging of the lumbar spine: correlation with pain provocation and disc changes observed on computed tomography diskography. Spine. 2002;27:2274-8.
71. Komori H, Shinomiya K, Nakai O, Yamaura I, Takeda S, Furuya K. The natural history of herniated nucleus pulposus with radiculopathy. Spine. 1996;15;21(2):225-29.
72. Kumar A. Thoracic disc prolapse in calcified discs. Orthopedics. 1991;14:98-9.
73. Kumar R, West CGH, Gillespie JE. Gas in spinal extradural cyst: case report. J Neurosurg. 1989;70:486-88.
74. Ledermann HP, Schweitzer ME, Morrison WB, Carrino JA. MR imaging findings in spinal infections: rules or myths? Radiology. 2003;228:506-14.
75. Lewinnek GE, Warfield CA. Facet joint degeneration as a cause of low back pain. Clin Orthop. 1986;213:216-22.
76. Lippitt AB. The facet joint and its role in spine pain. Management with facet joint injections. Spine. 1984;9:746-50.
77. Louis R. Spinal stability as defined by the three-column spine concept. Anat Clin. 1985;7:33-42.
78. Macnab I. Spondylolisthesis with an intact neural arch: the so-called pseudospondylolisthesis. J Bone Joint Surg Br. 1950;32:325-33.
79. Maes R, Morrison WB, Parker L, Schweitzer ME, Carrino JA. Lumbar interspinous bursitis (Baastrup Disease) in a symptomatic population prevalence on magnetic resonance imaging. Spine. 2008;33(7):E211-5:140.
80. Major NM, Helms CA, Genant HK. Calcification demonstrated as high signal intensity on T1-weighted MR images of the disks of the lumbar spine. Radiology. 1993;189:494-6.
81. Malghem J, Maldague B, Labaisse AM, Dooms G, Duprez T, Devogelaer JP, et al. Intravertebral vacuum cleft: changes in content after supine positioning. Radiology. 1993;187:483-7.
82. Malinsky J. The ontogenetic development of nerve terminations in the intervertebral discs of man. Acta Anat. 1959;38:96-113.
83. Marshman LA, Trewhella M, Friesem T, Bhatia CK, Krishna M. Reverse transformation of Modic type 2 changes to Modic type 1 changes during sustained chronic low-back pain severity: report of two cases and review of the literature. J Neurosurg Spine. 2007;6:152-5.
84. Mathieu D, Frija J, Caston A, Vasile N. Spinal vacuum phenomenon: CT diagnosis and significance. J Comput Assist Tomogr. 1982;6:671-76.
85. Matsunaga S, Sakou T, Morizono Y, Masuda A, Demirtas AM. Natural history of degenerative spondylolisthesis: pathogenesis and natural course of the slippage. Spine. 1990;15:1204-10.
86. Mellion B, Laurent J, Watters W. Childhood intervertebral disc calcification. Childs Nerv Syst. 1993;9:233-8.
87. Metellus P, Fuentes S, Adetchessi T, Levrier O, Flores-Parra I, Talianu D, et al. Retrospective study of 77 patients harbouring lumbar synovial cysts: functional and neurological outcome. Acta Neurochir (Wien). 2006;148:47-54.
88. Mitra D, Cassar-Pullicino VN, McCall IW. Longitudinal study of vertebral type-1 end-plate changes on MR of the lumbar spine. Eur Radiol. 2004;14:1574-81.
89. Modic MT. Modic type 1 and type 2 changes. J Neurosurg Spine. 2007;6:150-51.
90. Modic MT, Masaryk TJ, Ross JS, Carter JR. Imaging of degenerative disk disease. Radiology. 1988;168:177-86.
91. Modic MT, Steinberg PM, Ross JS, Masaryk TJ, Carter JR. Degenerative disk disease: assessment of changes in vertebral body marrow with MR imaging. Radiology. 1988;166:193-9.
92. Molitor H. Somato-sensory evoked potentials in root lesions and stenosis of the spinal canal (their diagnostic significance in clinical decision making). Neurosurg Rev. 1993;16:39-44.
93. Nelemans PJ, de Bie RA, de Vet HC, Sturmans F. Injection therapy for subacute and chronic benign low back pain. Spine. 2001;26:501-15.
94. Nizard RS, Wybler M, Laredo JD. Radiologic assessment of lumbar intervertebral instability and degenerative spondylolisthesis. Radiol Clin North Am. 2001;39:55-71.
95. North RB, Kidd DH, Zahurak M, Piantadosi. Specificity of diagnostic nerve blocks: a prospective, randomized study of sciatica due to lumbosacral spine disease. Pain. 1996;65(1):77-85.
96. Olmarker K, Blomquist J, Stromberg J, Nannmark U, Thomsen P, Rydevik B. Inflammatogenic properties of nucleus pulposus. Spine. 1995;20:665-69.
97. Olmarker K, Rydevik B. Pathophysiology of sciatica. Orthop Clin North Am. 1991;22:223-34.
98. Pfirrmann CW, Dora C, Schmid MR, Zanetti M, Hodler J, Boos N. MR image-based grading of lumbar nerve root compromise due to disk herniation: reliability study with surgical correlation. Radiology. 2004;230:583-8.
99. Pfirrmann CW, Metzdorf A, Zanetti M, Hodler J, Boos N. Magnetic resonance classification of lumbar intervertebral disc degeneration. Spine. 2001;26(17):1873-8.
100. Pick TP, Howden A. Gray's anatomy. 15th ed. New York: Bounty, 1977. p.34-54, 225-226.
101. Pierpaolo L, Luciano M, Fabrizio P, Paolo M. Gas-containing lumbar disc herniation. Spine. 1993;18:2533-6.
102. Pope M, Panjabi M: Biomechanical definitions of spinal instability. Spine, 1985; 10(3):255-56.
103. Posner I, White AA 3rd, Edwards WT, Hayes WC. A biomechanical analysis of the clinical stability of the lumbar and lumbosacral spine. Spine. 1982;7:374-389.
104. Previdência Social. Brasil: Ministério da Previdência Social Estatísticas da Previdência Social, Anuário Estatístico da Previdência Social - AEPS 2007.
105. Rabischong P, Louis R, Vignaud J, Massare C. The intervertebral disc. Anat Clin. 1978;1:55-64.
106. Resnick D, Niwayama G. Diagnosis of bone and joint disorders with emphasis on articular abnormalities. Philadelphia: Saunders; 1981. p.988, 1066-69, 1386-87, 1424-28.
107. Resnick D, Niwayama G, Guerra J, Vint V, Usselman J. Spinal vacuum phenomenon: anatomical study and review. Radiology. 1981;139:341-8.
108. Reyentovich A, Abdu WA. Multiple independent, sequential, and spontaneously resolving lumbar intervertebral disc herniations: a case report. Spine. 2002;27(5):549-53.
109. Rissanen PM. Kissing-spine syndrome in the light of autopsy findings. Acta Orthop Scand. 1962;32:132-9.
110. Rosenberg NJ. Degenerative spondylolisthesis: predisposing factors. J Bone Joint Surg Am. 1975;57:467-74.
111. Ross JS, Modic MT. Current assessment of spinal degenerative disease with magnetic resonance imaging. Clin Orthop Relat Res. 1992;279:68-81.
112. Rothman SL, Glenn WV Jr, Kerber CW. Multiplanar CT in the evaluation of degenerative spondylolisthesis: a review of 150 cases. Comput Radiol. 1985;9:223-32.

113. Sakai T, Tsuji T, Asazuma T, Yato Y, Matsubara O, Nemoto K. Spontaneous resorption in recurrent intradural lumbar disc herniation: case report. J Neurosurg Spine. 2007;6(6):574-78.
114. Schellhas KP, Pollei SR, Gundry CR, Heithoff KB. Lumber disc high-intensity zone: correlation of magnetic resonance imaging and discography. Spine. 1996;21:79-86.
115. Schönström N, Hansson T. Pressure changes following constriction of the cauda equina. An experimental study in situ. Spine. 1988;4:385-58.
116. Schwarzer AC, Aprill C, Derby R, Fortin J, Kine G, Bogduk N. Clinical features of patients with pain stemming from the lumbar zygapophyseal joints. Is the lumbar facet syndrome a clinical entity? Spine. 1994;10:1132-7.
117. Sengupta DK, Fischgrund J. Lumbar stenosis. In: Bono CM, Garfin SR, eds. Essentials in orthopaedics: spine. Philadelphia: Lippincott William & Wilkins; 2004.
118. Sengupta DK, Herkowitz HN. Degenerative spondylolisthesis: review of current trends and controversies. Spine. 2005;15;30(6 Suppl):S71-81.
119. Shapiro R. Myelography. 2nd ed. Chicago: Year Book; 1978. p.195-8.
120. Slipman CW, Patel RK, Zhang L, Vresilovic E, Lenrow D, Shin C, et al. Side of symptomatic annular tear and site of low back pain is there a correlation? Spine. 2001;26(8):E165-9.
121. Slavin KV, Raja A, Thornton J, Wagner FC Jr. Spontaneous regression of a large lumbar disc herniation: report of an illustrative case. Surg Neurol. 2001;56(5):333-6.
122. Stabler A, Schneider P, Link TM, Schöps P, Springer OS, Dürr HR, et al. Intravertebral vacuum phenomenon following fractures. CT study on frequency and aetiology. J Comput Assist Tomogr. 1999;23:976-80.
123. Stadnik TW, Lee RR, Coen HL, Neirynck EC, Buisseret TS, Osteaux MC. Annular tears and disk herniation: prevalence and contrast enhancement on MR images in the absence of low back pain or sciatica. Radiology. 1998;206:49-55.
124. Takahashi K, Kagechika K, Takino T, Matsui T, Miyazaki T, Shima I. Changes in epidural pressure during walking in patients with lumbar spinal stenosis. Spine. 1995;20:2746-9.
125. Takahashi K, Miyazaki T, Takino T, Matsui T, Tomita K. Epidural pressure measurements: relationship between epidural pressure and posture in patients with lumbar spinal stenosis. Spine. 1995;20:650-3.
126. Tash RR, Weitzner J. Acute intervertebral gas following vertebral fracture: CT demonstration. J Comput Assist Tomogr. 1986;10:707-08.
127. Toyone T, Takahashi K, Kitahara H, Yamagata M, Murakami M, Moriya H. Vertebral bone-marrow changes in degenerative lumbar disc disease: an MRI study of 74 patients with low back pain. J Bone Joint Surg Br. 1994;76:757-64.
128. Van Goethem JW, Parizel PM, van den Hauwe L, Van de Kelft E, Verlooy J, De Schepper AM. The value of MRI in the diagnosis of postoperative spondylodiskitis. Neuroradiology. 2000;42:580-5.
129. Varlotta GP, Lefkowitz TR, Schweitzer M, Errico TJ, Spivak J, Bendo JA, et al. The lumbar facet joint: a review of current knowledge: part 1: anatomy, biomechanics, and grading. Skeletal Radiol. 2001;13:81.
130. Ventura N, Huguet R, Salvador A, Terricabras L, Cabrera AM, et al. Intervertebral disc calcification in childhood. Int Orthop. 1995;19:291-4.
131. Vital JM, Gille O, Pointillart V, Pedram M, Bacon P, Razanabola F, et al. Course of Modic 1 six months after lumbar posterior osteosynthesis. Spine, 2003; 28:715-21.
132. Vogt MT, Rubin DA, Palermo L, Christianson L, Kang JD, Nevitt MC, et al. Lumbar spine listhesis in older african american women. Spine J. 2003;3:25561.
133. Vogt MT, Rubin D, Valentin RS, Palermo L, Donaldson WF, Nevitt M, et al. Lumbar olisthesis and lower back symptoms in elderly white women: the study of osteoporotic fractures. Spine. 1998;23(23):2640-7.
134. Wang AM, Haykal HA, Lin JCT, Lee JH. Synovial cysts of the lumbar spine: CT evaluation. Comput Radiol. 1987;11:253-7.
135. Watters WC, Baisden J, Gilbert TJ, Kreiner S, Resnick DK, Bono CM, et al. Degenerative lumbar spinal stenosis: an evidence-based clinical guideline for the diagnosis and treatment of degenerative lumbar spinal stenosis. The Spine J. 2008;8(2):305-10.
136. Watters WC, Bono CM, Gilbert TJ, Kreiner DS, Mazanec DJ, Shaffer WO, et al. An evidence-based clinical guideline for the diagnosis and treatment of degenerative lumbar spondylolisthesis. Spine J. 2009;9(7):609-14.
137. Wiltse LL, Berger PE, McCulloch JA. A system for reporting the size and location of lesions of the spine. Spine, 1997; 22:1534-7.
138. Yamashita K, Hiroshima K, Kurata A. Gadolinium-DTPA--enhanced magnetic resonance imaging of a sequestered lumbar intervertebral disc and its correlation with pathologic findings. Spine, 1994; 15;19(4):479-82.
139. Yong-Hing K, Kirkaldy-Willis WH. The pathophysiology of degenerative disease of the lumbar spine. Orthop Clin North Am. 1983;14:491.
140. Yoshizawa H, O'Brien JP, Thomas-Smith W, Trumper M. The neuropathology of intervertebral discs removed for low back pain. J Path. 1980;132:95-104.
141. Yu S, Haughton VM, Sether LA, Ho KC, Wagner M. Criteria for classifying normal and degenerated intervertebral disks. Radiology. 1989;170(2):523.

10

Trauma de coluna

João Carlos Rodrigues

Introdução

O diagnóstico das lesões da coluna vertebral tem papel fundamental na fase aguda do trauma, uma vez que a avaliação, conduta terapêutica e o prognóstico do paciente dependem da escolha correta do método de imagem. Lesões não diagnosticadas ou incompletamente diagnosticadas podem evoluir para incapacidades e sequelas irreversíveis. Para os pacientes de alto risco, atendidos nos centros avançados de trauma, já se utiliza a tomografia computadorizada (TC) *multislice* como primeiro exame radiológico, estudando-se a coluna vertebral simultaneamente ao crânio, tórax, abdome e bacia. Consideram-se de alto risco os pacientes vítimas de politraumatismos, alcoolizados, com nível de consciência reduzido e mecanismo de trauma apropriado. Traumas de menor energia também podem causar lesões da coluna vertebral, especialmente na população idosa, em que a associação de espondilodiscopatia degenerativa e estenose do canal vertebral é um fator predisponente para lesão medular. Em decorrência do elevado custo operacional da TC, esse método não está disseminado em todas as regiões, e a radiografia simples continua sendo o primeiro método de imagem utilizado na maior parte do nosso país, apesar de sua inferior capacidade diagnóstica. A ressonância magnética (RM), por sua elevada resolução e diferenciação dos tecidos moles, fica reservada para o estudo das lesões da medula espinal, ligamentos, discos intervertebrais e vasos, nem sempre possível de ser realizada na fase aguda do politraumatizado grave em decorrência da incompatibilidade dos aparelhos de suporte a vida com o campo magnético e condições clínicas do paciente. As vértebras mais frequentemente envolvidas nas lesões traumáticas são C4, C5, C6 e T11, T12, L1, ou seja, o segmento cervical inferior e a transição dorsolombar. As lesões da medula espinal estão associadas às fraturas e luxações vertebrais em 10-14% de todos os casos, e os déficits neurológicos ocorrem preferencialmente no segmento cervical, contabilizando 40% dos casos.

Anatomia e biomecânica

As peças vertebrais se mantêm alinhadas em decorrência de uma série de ligamentos estabilizadores que impedem o deslocamento entre elas. Os ligamentos longitudinais anterior, posterior e amarelo, cápsula fibrosa das articulações facetárias, interespinhosos e supraespinhosos são os principais responsáveis pela estabilidade biomecânica da coluna vertebral (Figura 1). De particular importância são os quatro últimos ligamentos que podem ser considerados como estrutura única do ponto de vista funcional e formam o complexo ligamentar posterior. A transição craniocervical, por permitir amplo movimento de rotação entre a cabeça e a coluna, possui anatomia óssea e articular diferenciada quando se observam os côndilos occipitais, atlas e áxis. A anatomia ligamentar dessa região também é especializada, sendo a membrana tectorial, o ligamento transverso do atlas e o ligamento alar os principais componentes estabilizadores (Figura 2).

A coluna tem capacidade limitada de absorção de carga e tração, bem como movimentos naturais de flexão, extensão e rotação que são harmonicamente equilibrados pelas estruturas ósseas, ligamentares e musculares (Figura 3). Forças maiores que as fisiologicamente suportadas pela coluna durante o trauma resultam nas hiperflexões, hiperextensões, hiper-rotações, sobrecarga axial e distrações. Tais forças, agindo isoladamente ou em conjunto, produzem padrões de lesões que se repetem de acordo com o mecanismo de trauma apropriado.

Em 1984, Denis desenvolveu o conceito de "três colunas" que permite compreender adequadamente os critérios de estabilidade e dos movimentos recíprocos normais e patológicos da coluna durante flexão e extensão. Da coluna anterior fazem parte o ligamento longitudinal

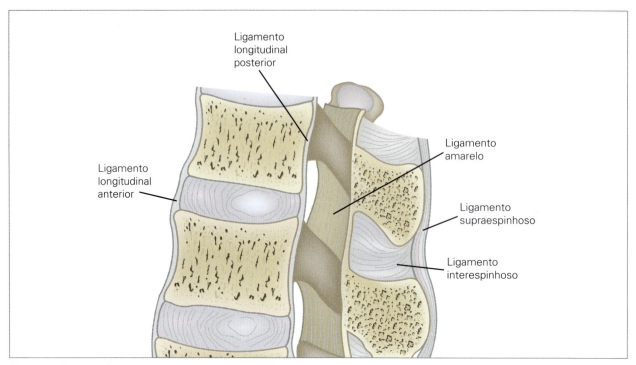

Figura 1 Anatomia ligamentar.

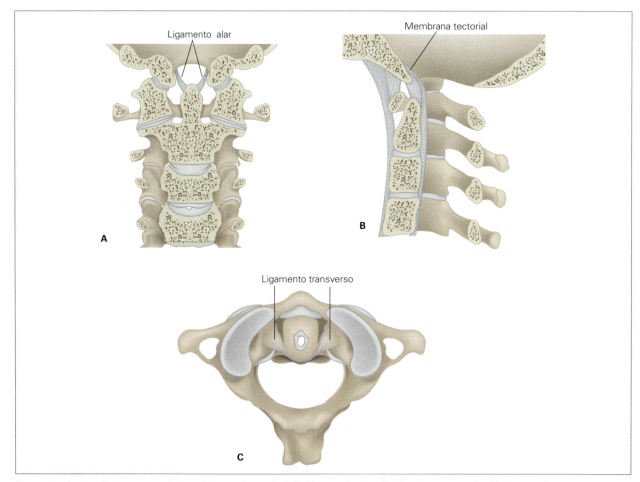

Figura 2 Anatomia ligamentar da transição craniocervical. A: Ligamento alar. B: Membrana tectorial. C: Ligamento transverso.

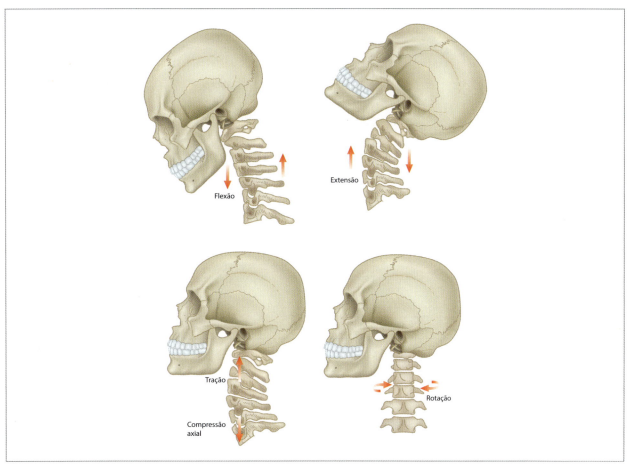

Figura 3   Mecanismo de trauma.

anterior, o ânulo fibroso e os dois terços anteriores dos corpos vertebrais e discos. Na coluna média estão localizados o ânulo fibroso, o ligamento longitudinal posterior e o terço posterior dos corpos vertebrais e disco. A coluna posterior é constituída pelos arcos posteriores, processos espinhosos, apófises articulares e ligamentos posteriores (Figura 4). As lesões que acometem duas ou três colunas ou apenas a coluna média são consideradas instáveis.

Durante o trauma em flexão, quando o fulcro de movimento ocorre sobre a coluna média, a coluna anterior sofre uma força de compressão e a coluna posterior uma força de tração. Quando o fulcro de movimento ocorre sobre a coluna anterior, uma força de distração ocorre sobre as outras duas colunas. O inverso ocorre durante o trauma em extensão com força de tração atuando sobre a coluna anterior e força de compressão sobre a coluna posterior, nos casos de fulcro sobre a coluna média. Se o fulcro de movimento ocorrer sobre a coluna posterior, uma força de distração atingirá as colunas anterior e média (Figura 5).

Variáveis como intensidade e tipo de força aplicada, bem como posicionamento em neutro, flexão ou extensão da coluna no exato momento do trauma, serão fatores determinantes na caracterização dos padrões de lesões. Mais de um tipo de mecanismo de trauma pode ocorrer no mesmo paciente, especialmente aqueles vítimas de politrauma, não sendo infrequente observar dois padrões de lesões concomitantes.

Aspectos de imagem

Na suspeita de trauma de coluna, as radiografias devem ser obtidas com a menor mobilização possível do paciente. As incidências em perfil e anteroposterior são obrigatórias, sendo realizadas sem mudança de posicionamento. As incidências em boca aberta, oblíquas e dinâmicas são desnecessárias na fase aguda do trauma, pois contribuem com pouca informação adicional e aumentam a chance de agravar lesões incompletas da medula espinal ainda não diagnosticadas, principalmente nos pacientes inconscientes de alto risco. A radiografia simples é suficiente nos pacientes de baixo risco, sem a necessidade de investigação adicional por imagem. Os pacientes conscientes, orientados e sem dor cervical ou déficit neurológico são considerados de baixo risco. TC e/ou RM estão indicadas em todos os pacientes de alto risco nos quais as radiografias simples tenham sido inconclusivas ou apresentem déficit neurológico, não permitindo o correto diagnóstico e conduta.

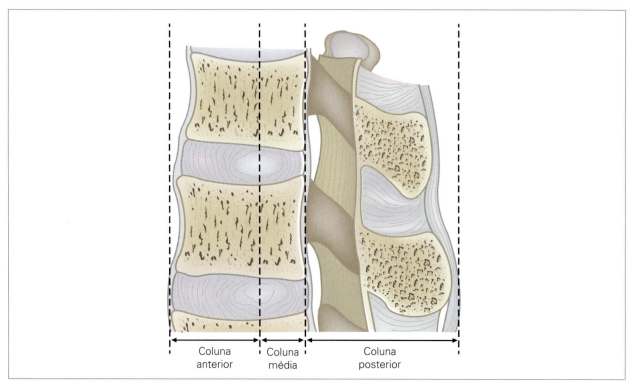

Figura 4 Conceito de "três colunas".

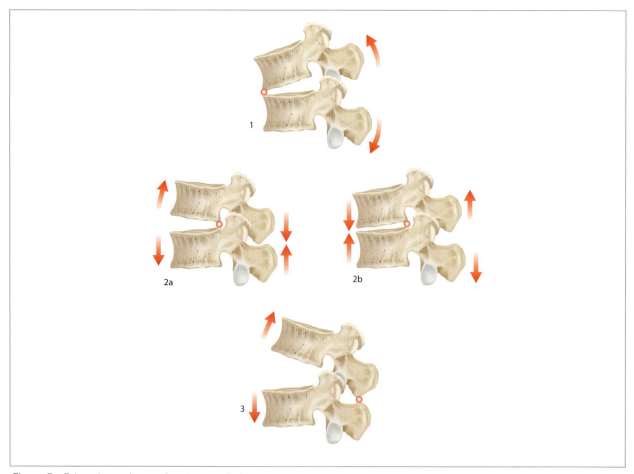

Figura 5 Fulcro do movimento (ponto vermelho).

A avaliação do alinhamento vertebral da coluna se faz por meio da radiografia em perfil. No estudo específico da coluna cervical, a radiografia deve incluir desde a base do crânio até a primeira vértebra torácica. As quatro linhas principais a seguir devem ser observadas:

- Linha anterior topograficamente correspondendo ao ligamento longitudinal anterior.
- Linha posterior correspondendo ao ligamento longitudinal posterior.
- Linha espinolaminar na junção das lâminas com os processos espinhosos.
- Linha que une a ponta dos processos espinhosos.

Na radiografia com incidência anteroposterior observam-se os processos espinhosos que devem estar alinhados e sem desvios rotacionais.

Os dois pontos mais críticos na análise radiográfica cervical são a transição craniocervical e transição cervicotorácica em decorrência de sobreposição de estruturas como a mastoide, base do crânio e mandíbula na primeira e ombros sobre a segunda. As lesões traumáticas da transição craniocervical, embora infrequentes, são potencialmente fatais no local do acidente, dada a associação com lesão alta da medula espinal ou bulbo evoluindo com grave instabilidade cardiorrespiratória. Os casos que chegam ao hospital frequentemente não são diagnosticados na radiografia, na fase aguda do trauma, em virtude da sobreposição de estruturas já descritas. A maioria das lesões traumáticas da transição cervicodorsal são estáveis, não necessitando de tratamento cirúrgico específico, sendo difícil diagnosticá-las na radiografia simples também pela sobreposição de estruturas. A TC é o método superior à radiografia simples no diagnóstico de fraturas desses dois segmentos, devendo ser realizada o mais breve possível, assim que as condições clínicas do paciente de alto risco permitirem.

O protocolo tomográfico ideal é realizado com aquisições volumétricas isotrópicas com cortes axiais de até 0,8 mm de espessura desde a base do crânio até a primeira vertebra torácica. Reformatações nos planos sagitais e coronais são obrigatórias para o adequado entendimento da coluna traumatizada. Os radiologistas não devem aceitar para análise exames tomográficos com artefatos de movimentação do paciente, pois pequenas fraturas ou desalinhamentos sutis e potencialmente graves podem passar despercebidos, sendo necessário repetir o exame sob sedação ou em condições clínicas melhores.

A RM, quando realizada na fase aguda do politraumatizado, deve incluir um protocolo reduzido com duas sequências sagitais, sendo uma pesada em T1 e a outra em T2, esta última preferencialmente com supressão de gordura. Com essas duas sequências já é possível analisar com bastante precisão a medula espinal, excluindo ou confirmando a presença de lesão. A RM permite classificar as lesões da medula espinhal em transecções parciais, completas ou apenas contusão de acordo com o aspecto morfológico e intensidade de sinal nas diferentes sequências. Outros achados, como hematomas pré-vertebrais ou epidurais, derrame articular facetário, hérnias discais traumáticas, lesões dos ligamentos longitudinais e do complexo ligamentar posterior também são diagnosticados pela RM. Além disso, caso as condições clínicas do paciente permitam, recomenda-se realizar mais duas sequências, uma orientada no plano coronal e a outra no axial, ambas ponderadas em T2. O diagnóstico de fratura não é o objetivo principal da RM no politraumatizado grave, muito embora sua alta sensibilidade para edemas chame a atenção do radiologista para os locais de fratura, sendo fundamental a correlação com a TC para a correta interpretação dos achados. Na fase crônica, a RM é um importante aliado para os diagnósticos de degenerações císticas, atrofias e mielomalácias da lesão medular. Diferentemente do politraumatizado, a RM tem papel fundamental na fratura por insuficiência do idoso, em que, além do colapso vertebral, a presença ou ausência de edema ósseo define a natureza aguda ou crônica da fratura correlacionando-se ao quadro de dor, com implicações diretas na conduta terapêutica do paciente.

Lesões traumáticas da coluna vertebral

Uma das maneiras de se avaliar a coluna vertebral traumatizada é separá-la por regiões anatômicas, levando-se em conta que os segmentos cervical, torácico e lombar apresentam características anatômicas e funcionais específicas. O mecanismo de trauma e a faixa etária do paciente também ajudam no diagnóstico. Embora qualquer tipo de lesão possa ocorrer em todas as faixas etárias, algumas características são mais peculiares aos diferentes grupos. Os pacientes idosos são mais suscetíveis aos traumas em hiperextensão em decorrência de quedas caseiras da própria altura, sem o reflexo de proteção das mãos, com impacto da cabeça ou face diretamente ao solo, paredes ou mobiliário a sua volta. As crianças, pelo tamanho proporcionalmente grande da cabeça em relação ao corpo, estão mais suscetíveis às lesões da transição craniocervical. Nos adultos jovens predominam os traumas em hiperflexão ou a combinação de mais um tipo de mecanismo, dada a grande associação com acidentes automotivos de alta energia.

Cervical

A sistematização na interpretação dos exames de imagem é o que permite avaliar a coluna em toda a sua extensão, diminuindo o risco de lesões não diagnósticas. Por esse motivo, a subdivisão do segmento cervical em superior e inferior facilita a vida do radiologista muito além do caráter biomecânico ou puramente didático. Os côndilos occipitais, o áxis e o atlas fazem parte da coluna cervical superior, em que está incluída a transição craniocervical. A coluna cervical inferior compreende desde a terceira vértebra cervical até a primeira torácica, o que inclui a transição cervicotorácica. Iniciando-se a análise sistemática de "cima para baixo", tem-se a certeza de que nenhuma parte será esquecida, abrangendo desde a transição craniocervical até a cervicotorácica.

Coluna cervical superior

Luxações e subluxações da transição craniocervical

As lesões da transição craniocervical têm alto índice de mortalidade no local do acidente por associação com lesão do segmento superior da medula espinal ou bulbo, comprometendo os centros de ativação respiratório e cardíaco. Os que sobrevivem têm alto índice de morbidade e mortalidade, mesmo no ambiente intra-hospitalar, dada a gravidade das lesões. Traumas de alta energia, como os acidentes automotivos, particularmente aqueles envolvendo pedestres e motociclistas, são os mais comuns. As rupturas dos ligamentos alar, transverso do atlas e membrana tectorial ocorrem por forças de tração e rotação, sendo os principais responsáveis pelas instabilidades mecânicas da transição craniocervical, sempre com importante déficit neurológico ou vascular.

As luxações e subluxações craniocervicais podem ocorrer entre a base do crânio (côndilos occipitais) e a primeira vértebra cervical (atlas), entre o atlas e a segunda vertebra cervical (áxis) ou ainda simultaneamente em ambos (Figura 6). Roturas da membrana tectorial e do ligamento alar permitem deslocamentos verticais da cabeça em relação à coluna, caracterizando as luxações atlanto-occipitais (Figura 7). Nas luxações atlantoaxiais, além dos dois ligamentos supracitados, ocorrem lesões da cápsula articular e do ligamento transverso, permitindo deslocamento superior e anterior da cabeça em relação à coluna, associado ocasionalmente a fratura do ápice do processo odontoide. O diagnóstico das luxações craniocervicais é relativamente fácil de ser corretamente caracterizado na radiografia em virtude dos grandes deslocamentos do crânio em relação à coluna. As subluxações, por sua vez, têm achados de imagem mais sutis, sendo frequentemente não diagnosticadas na radiografia no atendimento inicial, somente na TC (Figura 8).

Uma dica importante é observar a interface da coluna na área com os tecidos moles da nasorretrofaringe, que tende a "seguir" o contorno ósseo, assumindo morfologia sinuosa. O aspecto normal dessa interface é discretamente convexo na topografia do arco anterior de C1 e ligeiramente côncavo ou relativamente plano logo acima e logo abaixo (Figura 9). Distorções e abaulamentos dessa interface no paciente traumatizado, mesmo sem a caracterização de fraturas, sugerem que

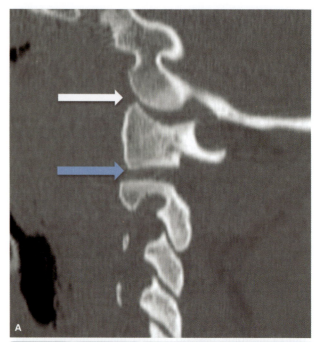

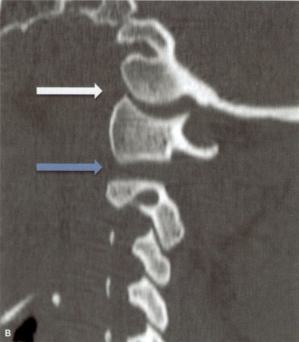

Figura 6 Subluxação da transição craniocervical com alargamento e incongruência parcial dos espaços das articulações atlanto-occipitais (setas brancas) e atlantoaxiais (seta azuis) bilateralmente. A: Tomografia computadorizada (TC) no plano sagital das massas laterais à direita. B: TC no plano sagital das massas laterais à esquerda.

há um hematoma da retrofaringe secundário à lesão da transição craniocervical, sendo necessário avançar nos métodos diagnósticos, além da radiografia simples. Cuidados devem ser tomados na análise de radiografias de pacientes com cânula de intubação ou exames realizados em expiração, porque podem simular abau-

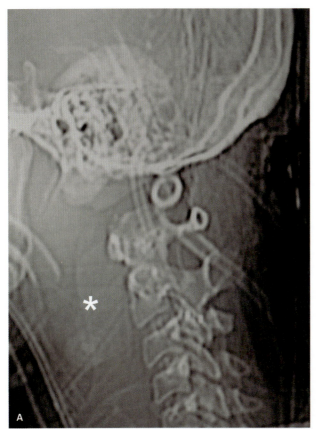
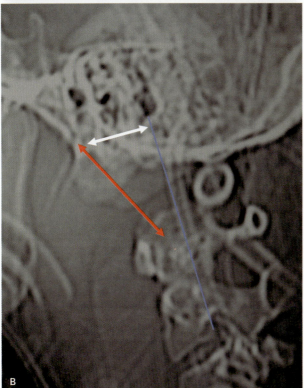

Figura 7 Luxação craniocervical com deslocamento superior e anterior da cabeça em relação à coluna. Aumento das distâncias clivus-odontoide (seta vermelha), clivus-linha axial posterior de C2 (seta branca) e hematoma retrofaríngeo (asterisco). A e B: Radiografia digital em perfil.

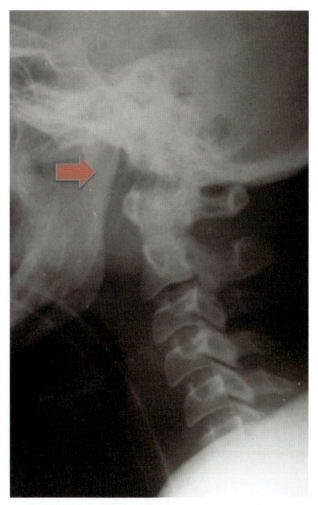

Figura 8 Subluxação atlanto-occipital com deslocamento superior da cabeça em relação à coluna. Aumento na distância clivus-odontoide (seta vermelha) na radiografia em perfil.

lamentos da parede posterior da faringe, sendo causa de falso-positivo. Pode-se também lançar mão de medidas específicas entre estruturas ósseas dessa região, que mostram se houve deslocamento da cabeça em relação à coluna nos eixos vertical e horizontal e ajudam nos casos sutis de subluxação.

No plano vertical deve-se observar a distância entre o ápice do odontoide e o ápice do clivus, que tem valor normal de no máximo 12 mm. No plano horizontal deve-se observar o posicionamento do clivus em relação à linha axial posterior de C2. O clivus pode normalmente estar localizado até 12 mm anteriormente ou 4 mm posteriomente a linha axial de C2. O intervalo atlantodental anterior mede até 3 mm nos adultos e deve apresentar superfícies corticais paralelas (Figura 10). A faixa etária pediátrica, embora incomum, tem um risco aumentado de lesões da transição craniocervical, sobretudo as luxações atlanto-occipitais, em decorrência de côndilos occipitais ainda não totalmente desenvolvidos e tamanho relativamente grande da cabeça em relação ao corpo. Em virtude

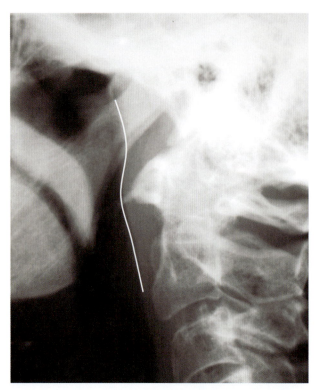

Figura 9 Radiografia em perfil mostrando a interface normal entre a retrofaringe e a coluna aérea (linha branca).

de frouxidão ligamentar fisiológica, as crianças com até 8 anos de idade podem apresentar imagens radiológicas extremamente intrigantes e que comumente são confundidas com lesões traumáticas.

O intervalo atlantodental anterior, por exemplo, pode não ter superfícies corticais paralelas assumindo configuração em "V" e com distância máxima de 5 mm. A pseudossubluxação C2-C3 é outra armadilha radiológica que não deve ser confundida com lesão traumática, sendo a análise do posicionamento do arco posterior de C2 em relação a C1 e C3 (linha espinolaminar) a chave para o correto diagnóstico (Figura 11).

Côndilos occipitais

As luxações ou subluxações craniocervicais podem ser acompanhadas de fraturas, em especial as dos côndilos occipitais, que são classificadas em fraturas impactadas, extensão de fraturas do occipício ou fraturas avulsivas nas inserções dos ligamentos alares, estas últimas potencialmente instáveis quando há fragmentos ósseos deslocados (Figura 12). É extremamente difícil diagnosticar fraturas dos côndilos occipitais na radiografia e muitas vezes nos surpreendemos na TC com fraturas uni ou bilaterais que se estendem ao redor do forame magno (Figura 13). Na faixa etária adulta, variantes da normalidade, como sin-

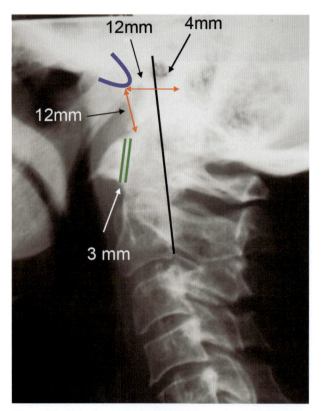

Figura 10 Relações normais da transição craniocervical na radiografia em perfil. Linha axial posterior de C2 (linha preta). Distância clivus-odontoide e clivus-linha axial de C2 (setas vermelhas). Intervalo atlantodental anterior (linhas verdes).

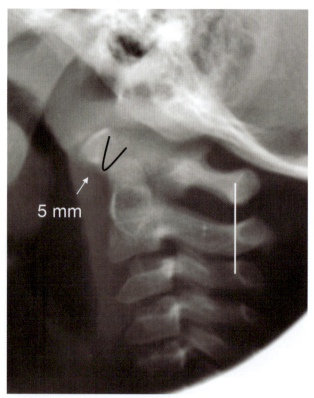

Figura 11 Frouxidão ligamentar fisiológica em criança menor que 8 anos de idade na radiografia em perfil. Intervalo atlantodental anterior em "V" (preto) e pseudossubluxação C2-C3 com aspecto normal da linha espinolaminar C1-C2-C3 (linha branca).

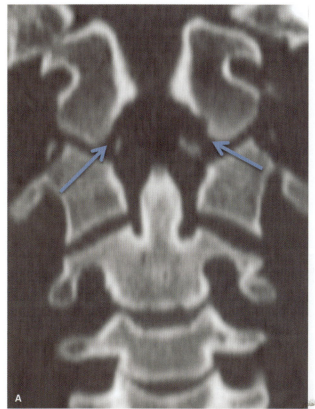

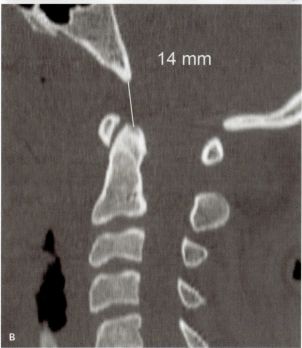

Figura 12 A: Tomografia computadorizada (TC) no plano coronal com fraturas avulsivas dos côndilos occipitais nas inserções dos ligamentos alares (setas azuis). B: TC no plano sagital com aumento da distância clivus-ápice do odontoide (linha branca).

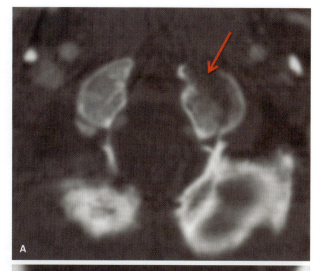

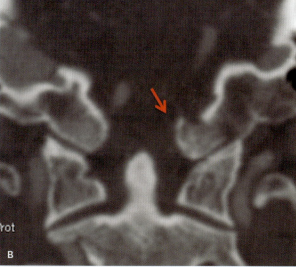

Figura 13 Fratura unilateral do côndilo occipital esquerdo com fragmento ósseo deslocado medialmente (setas vermelhas). A: Tomografia computadorizada (TC) no plano axial. B: TC no plano coronal.

condrose dos côndilos occipitais, podem ser confundidas com fratura quando se analisam apenas imagens axiais de TC, contudo nos planos sagitais e coronais. O correto diagnóstico é feito observando-se uma incisura na face articular inferior dos côndilos, habitualmente bilateral, simétrica e com cortical bem definida (Figura 14).

Atlas

Em 1920, Jefferson descreveu um tipo particular de fratura dos arcos anterior e posterior de C1 que ocorre por uma força vertical sobre o vértice da cabeça no exato momento em que a coluna cervical está em posição neutra. Essa força vertical passa pelos côndilos occipitais, e em decorrência da disposição geométrica das superfícies articulares dessa região, tem como resultante uma força que se dissipa lateralmente deslocando as massas laterais de C1 e rompendo o ligamento transverso do atlas (Figura 15).

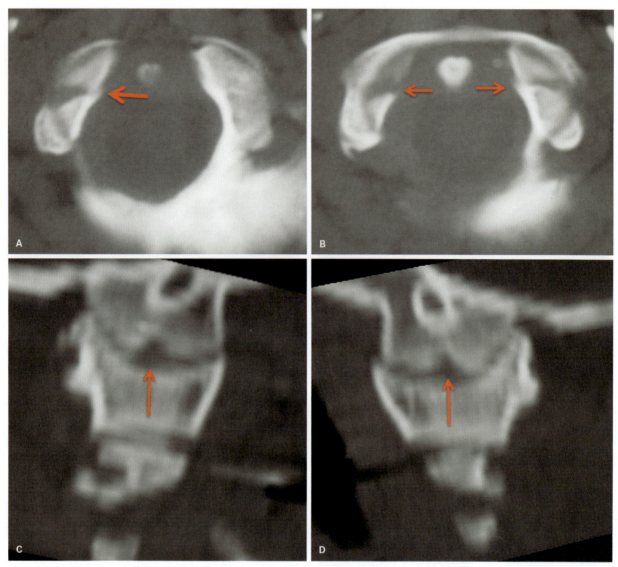

Figura 14 Sincondrose occipital bilateral (setas vermelhas). A e B: Tomografia computadorizada (TC) no plano axial. C e D: TC no plano sagital das massas laterais à direita e à esquerda.

Classicamente, observa-se fratura instável bilateral dos arcos anterior e posterior do atlas (Figura 16). Variações do tipo fratura unilateral de ambos os arcos também ocorrem secundárias a pequenas rotações ou flexões laterais da cabeça no momento exato do trauma (Figura 17). A tração do ligamento longitudinal anterior é o segundo tipo de mecanismo de trauma sobre o atlas com fratura avulsiva do polo inferior do arco anterior, que deve ser diferenciada do centro de ossificação secundário não fundido. Hematoma pré-vertebral, contornos irregulares e não corticalizados do fragmento ósseo são típicos da fratura avulsiva. A fratura do arco posterior do atlas, por compressão do occipício contra o arco posterior de C2 durante hiperextensões forçadas da coluna, é a terceira possibilidade de mecanismo de trauma sobre o atlas. As duas últimas fraturas descritas são consideradas estáveis mecânica e neurologicamente.

Subluxação rotatória C1-C2

Desvios rotacionais atlas-áxis são frequentemente observados na TC da coluna cervical, sendo na maioria das vezes secundários a torcicolos ou posicionamento inadequado do paciente, com movimentos naturais fisiológicos de rotação e inclinação lateral da cabeça durante a realização do exame (Figura 18). Nos pacientes com trauma, o diagnóstico diferencial se faz com subluxação rotatória C1-C2 que sempre envolve algum grau de lesão ligamentar ou capsular com deslocamento incompleto das articulações, o que gera dor local importante. Os achados de imagem na radiografia e na TC são muito semelhantes nas duas condições, sendo que derrame e aumento do espaço articular entre as massas laterais de C1-C2 e edema de partes moles periarticular nem sempre são fáceis de serem caracterizados à TC e favorecem o diagnóstico de subluxação rotatória traumática. A investigação complementar

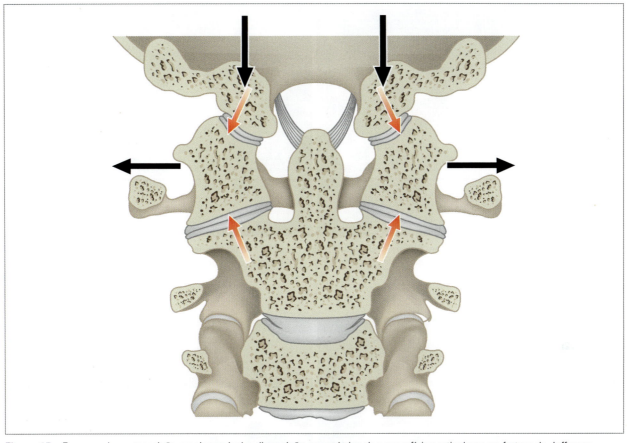

Figura 15 Forças sobre a transição craniocervical e disposição geométrica das superfícies articulares na fratura de Jefferson.

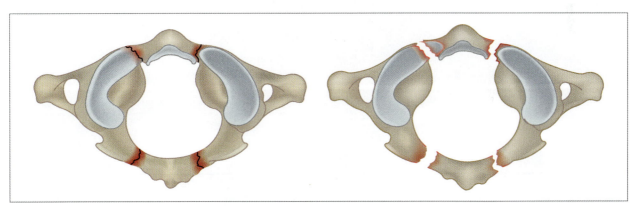

Figura 16 Fratura clássica de Jefferson em desenho esquemático.

com RM estará sempre indicada nos pacientes conscientes com dor persistente ou nos inconscientes, ambos pós-trauma com achados de radiografia ou TC inconclusivos.

Áxis

A espondilólise traumática típica, mais conhecida como fratura do enforcado, ocorre por hiperextensão abrupta e forçada da cabeça com impacto violento do occipício contra o processo espinhoso e arco posterior de C2, fraturando os istmos vertebrais (*pars interarticularis*) (Figura 19). O termo fratura do enforcado não é o mais correto porque esse tipo de lesão também ocorre nas quedas de altura e acidentes automotivos quando, sem o uso do cinto de segurança, há impacto craniofacial sobre o volante ou para-brisa do veículo. Existe também a espondilólise traumática atípica, que é caracterizada por um traço de fratura que se estende pela borda posterior do corpo vertebral de C2 e massas laterais (Figura 20).

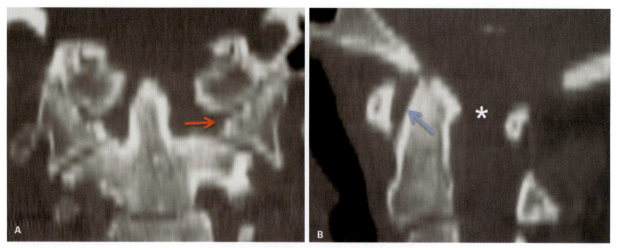

Figura 17 Fratura unilateral de Jefferson. A: Tomografia computadorizada (TC) no plano coronal com deslocamento da massa lateral esquerda (seta vermelha). B: TC no plano sagital com subluxação C1-C2 (seta azul) secundária a lesão do ligamento transverso e redução do canal vertebral (asterisco).

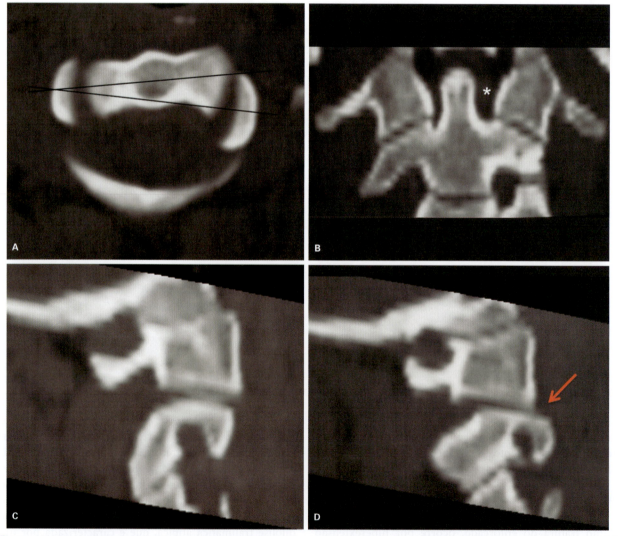

Figura 18 Desvio rotacional C1-C2 por posicionamento inadequado do paciente. A: Tomografia computadorizada (TC) no plano axial com linhas de referência nos eixos de C1 e C2. B: TC no plano coronal com assimetria do intervalo atlantodental lateral (asterisco). C e D: TC no plano sagital das massas laterais direitas e esquerdas com "translação" unilateral (seta vermelha).

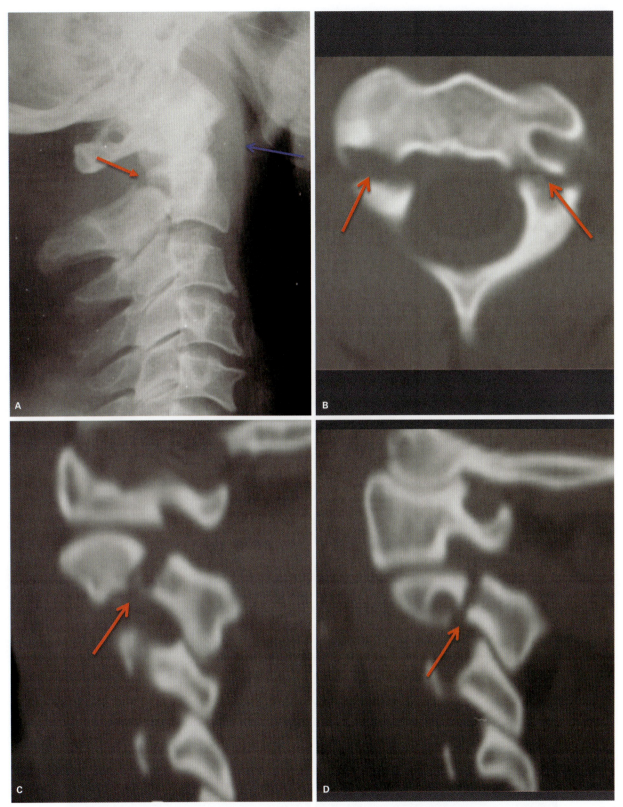

Figura 19 Lise traumática de C2 com fratura dos istmos vertebrais (setas vermelhas) e hematoma retrofaríngeo (seta azul). A: Radiografia em perfil. B: Tomografia computadorizada (TC) no plano axial. C: TC no plano sagital do istmo vertebral direito. D: TC no plano sagital do istmo vertebral esquerdo.

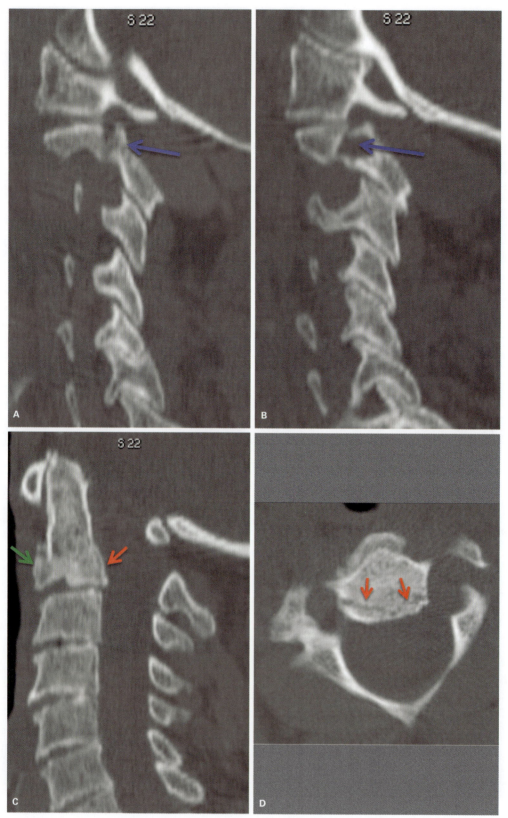

Figura 20 Espondilólise traumática atípica em fase de consolidação com fratura dos istmos (setas azuis) que cruza a borda posterior do corpo vertebral (setas vermelhas) associado a fratura da borda anterior (seta verde). A e B: Tomografia computadorizada (TC) no plano sagital dos istmos vertebrais direito e esquerdo. C: TC no plano sagital mediano. D: TC no plano axial.

Utiliza-se a classificação de Efendi para os desvios e deslocamentos dos fragmentos. O processo odontoide é o outro local de C2 em que podem ocorrer fraturas classificadas em três tipos. O tipo I ocorre no ápice do odontoide no local de inserção do ligamento alar (Figura 21). O tipo II ocorre na base do odontoide, sendo o mais frequente dos três, evolui com 30-40% de pseudoartrose nos tratamentos conservadores e é mecanicamente instável (Figura 22). O tipo III ocorre na porção superior do corpo do áxis e tem menor incidência de pseudoartrose quando comparado ao tipo II (Figura 23).

Coluna cervical inferior

O mecanismo de lesão mais frequente na coluna cervical inferior, que compreende desde C3 até T1, é a hiperflexão. Adolescentes e adultos jovens são os que apresentam maior risco para esse tipo de lesão, pois estão mais expostos aos politraumatismos causados por acidentes automotivos. Lesões exclusivamente ligamentares, exclusivamente ósseas ou uma combinação entre as duas é o que se encontra nos exames de imagem, portanto não se deve procurar apenas por fraturas, mas também desalinhamentos e deslocamentos dos corpos vertebrais, facetas articulares e processos espinhosos. A menor força em flexão sobre a coluna cervical é capaz de causar a fratura em cunha simples, na qual nota-se fratura impactada do platô anterossuperior com o corpo vertebral, assumindo morfologia em "cunha" (Figura 24). Como normalmente não há lesão ligamentar associada, em 6 a 8 semanas espera-se que haja consolidação da fratura no tratamento conservador.

Quando há lesão do complexo ligamentar posterior, uma vértebra pode escorregar e rodar anteriormente no eixo sagital em relação à vértebra vizinha, sendo conhecida como subluxação anterior com ou sem fratura dos elementos ósseos. Translação anterior de uma vértebra sobre a outra e incongruência das superfícies articulares das facetas são os achados principais (Figura 25). Instabilidade tardia é uma possibilidade de complicação quando se opta pelo tratamento conservador, pois mesmo sendo uma lesão de tecidos moles, sabe-se que em 20-50% dos casos não ocorre a cicatrização ligamentar. Muitos têm preferido a fusão posterior cirúrgica como tratamento de escolha inicial. É preciso estar atento aos casos de subluxação anterior leve com achados de imagem sutis e que podem passar despercebidos no atendimento inicial, evoluindo para acentuada translação vertebral e possível dano medular, antes inexistente. As lesões ligamentares isoladas do complexo posterior podem não ser acompanhadas de subluxação dos corpos vertebrais ou fraturas na radiografia e a persistência de dor, mesmo após o uso de analgésicos, é um indicativo de que será necessário continuar a investigação diagnóstica (Figura 26A). Na RM, o edema de partes moles na topografia dos ligamen-

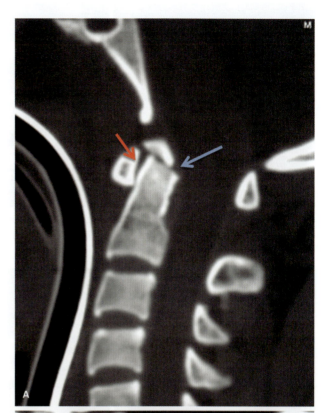

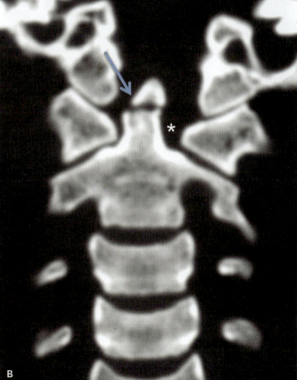

Figura 21 Fratura do odontoide tipo I no "ápice" (seta azul) e subluxação atlantoaxial com assimetria dos intervalos atlantodentais anterior (seta vermelha) e lateral (asterisco) indicando lesão ligamentar associada. A: Tomografia computadorizada (TC) no plano sagital. B: TC no plano coronal.

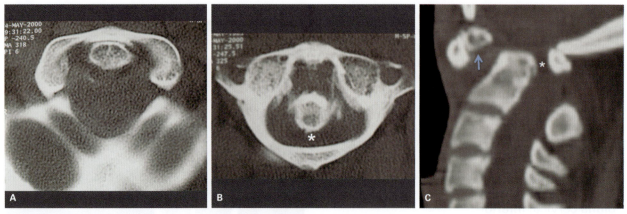

Figura 22 Fratura do odontoide tipo II com pseudoartrose (seta azul), luxação anterior C1-C2 e estenose do canal vertebral (asterisco). A e B: Tomografia computadorizada (TC) no plano axial. C: TC no plano sagital.

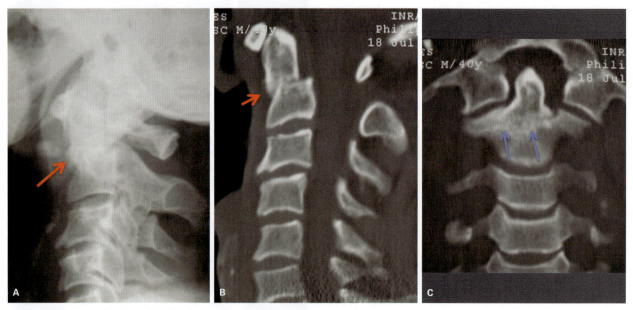

Figura 23 Fratura do odontoide tipo III na parte superior do corpo do áxis com desvio (seta vermelha) e esclerose (seta azul). A: Radiografia em perfil. B: Tomografia computadorizada (TC) no plano sagital. C: TC no plano coronal.

tos inter e supraespinhosos, bem como pequeno derrame articular facetário, faz o diagnóstico de lesão do complexo posterior (Figura 26B). A cicatrização ligamentar e a regressão do edema podem ser acompanhadas evolutivamente por RM (Figura 26C).

A luxação facetária bilateral ocorre por ação de forças em flexão de maior intensidade aplicadas à coluna com maior dano ligamentar e, consequentemente, maior translação vertebral. Também é conhecida como faceta presa bilateral, altamente instável, reduzindo o calibre do canal vertebral e com alto índice de lesão medular em 75% dos casos (Figura 27A e B). As facetas articulares não mais estão justapostas, sendo descritas como descobertas associadas a deslocamento de 50% do corpo vertebral envolvido em relação à largura anterior do corpo vertebral subjacente (Figura 27C). Durante o trauma, se além da flexão houver movimento de rotação associado, pode ocorrer a luxação facetária unilateral, menos grave que a bilateral, com translação anterior do corpo vertebral menor que 50% e lesão do complexo ligamentar posterior, porém raramente com déficit neurológico (Figura 28).

Trabalhadores braçais de enxadas, pás e outros objetos são suscetíveis a um tipo particular de mecanismo de trauma que acontece por hiperflexão brusca, forçada e voluntária da coluna com fratura do processo espinhoso de C7 ou de seus vizinhos (Figura 29). Tal fratura é estável e não requer tratamento cirúrgico, apenas imobilização temporária.

A fratura em gota de lágrima é secundária à combinação de duas forças no momento do trauma, sendo frequente nos mergulhos em água rasa. Carga axial e hiperflexão ocorrem simultaneamente por impacto da cabeça ao solo com o pescoço em posição flexionada. Há

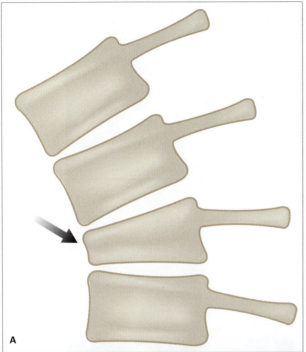
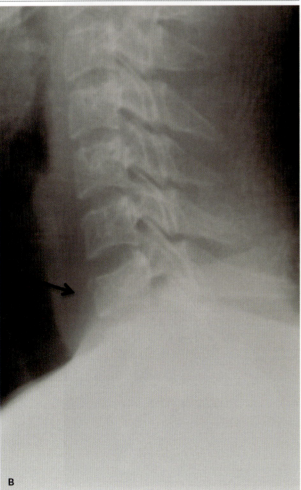

Figura 24 Fratura em cunha simples de C7 (seta preta). A: Desenho esquemático. B: Radiografia em perfil com redução da altura da parede anterior e pequena fratura do platô anterossuperior.

lesão completa de todos os ligamentos, rotura do disco intervertebral, fratura da borda anteroinferior do corpo vertebral, subluxação ou luxação facetária associada a instabilidade e lesão medular grave (Figura 30).

Uma carga axial sobre a coluna no exato momento que está em posição neutra causa a fratura explosiva do corpo vertebral. Essa força pode ser transmitida ao disco intervertebral implodindo o platô vertebral e aumentando a pressão no interior do corpo vertebral, a qual é dissipada explodindo em todas as direções. Os principais achados são fratura cominutiva do corpo vertebral com redução da altura, fratura do arco posterior, retropulsão de fragmento ósseo para o interior do canal vertebral e lesão medular em 50% dos casos (Figuras 31 e 32).

Na transição cervicotorácica sabe-se que a maioria das fraturas ocorrem nos processos tranversos, espinhosos e arcos costais sem a necessidade de fixação, e tem pouca importância clínica, porém sendo de difícil caracterização na radiografia por sobreposição dos ombros na radiografia em perfil (Figura 33). Não se recomenda tração dos ombros na tentativa de melhorar as imagens, pois pode agravar possíveis lesões ainda não diagnosticadas. Em substituição, recomenda-se a incidência radiográfica do nadador ou TC nos casos suspeitos.

Os traumas em hiperextensão da coluna cervical são menos frequentes que as hiperflexões, e o achado principal é a rotação e/ou translação posterior de uma vértebra sobre a outra no plano sagital. Há impacto craniofacial sem a proteção das mãos. Escoriações e fraturas faciais dão a dica para o mecanismo de hiperextensão e usualmente são acompanhadas da síndrome medular central com hematoma dos tecidos moles pré-vertebrais. A lesão do ligamento longitudinal anterior associa-se a ruptura do disco intervertebral. A causa mais frequente é acidente automotivo em que o motorista ou passageiro não usa o cinto de segurança. Idosos, por sua vez, estão mais propensos ao mecanismo de hiperextensão cervical em quedas da própria altura, escadas e outros acidentes domésticos de menor energia com impacto craniofacial no chão ou paredes. A característica principal na lesão da coluna cervical do idoso é a ausência de achados radiográficos de trauma. Alterações sutis como discreto aumento assimétrico do espaço discal e pequeno hematoma pré-vertebral podem ser os únicos sinais identificáveis na radiografia. A osteoartrose cervical, presente na grande maioria da população idosa, é um fator complicador de trauma tanto para o diagnóstico radiológico quanto para a gravidade das lesões. Alterações ósseas degenerativas são facilmente confundidas com fraturas. O enrijecimento da coluna cervical associado à estenose degenerativa do canal vertebral aumenta a chance de lesão medular no idoso, mesmo sem a evidência radiográfica de fratura (Figura 34). Embora menos frequentes, as hiperflexões também ocorrem no idoso e as lesões são agravadas pelas alterações degenerativas.

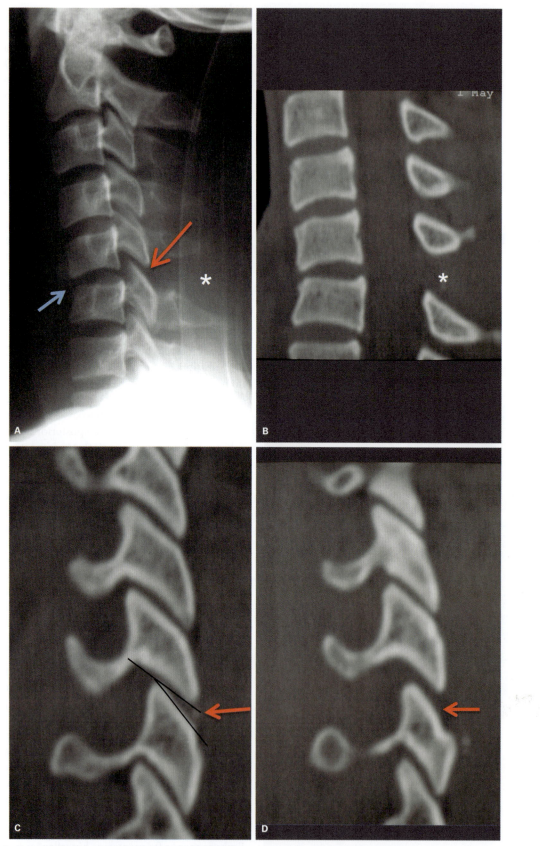

Figura 25 Subluxação anterior C5-C6 (seta azul). Incongruência parcial (setas vermelhas) e perda do paralelismo das articulações facetárias (linhas pretas) com aumento do espaço interespinhoso (asterisco). A: Radiografia em perfil. B: Tomografia computadorizada (TC) no plano sagital mediano. C e D: TC no plano sagital das facetas articulares direitas e esquerdas.

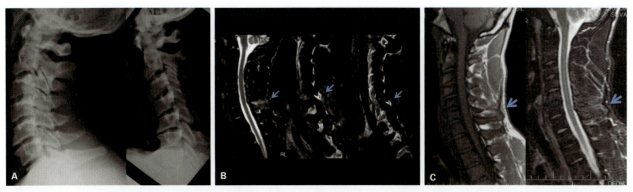

Figura 26 A: Lesão do complexo ligamentar posterior. Radiografia dinâmica com alinhamento vertebral mantido e espondilose em C5-C6. B: Lesão do complexo ligamentar posterior em C6-C7 com edema nos ligamentos supra e interespinhosos e derrame facetário (setas). C: Alterações cicatriciais do complexo ligamentar posterior e regressão do edema (setas).

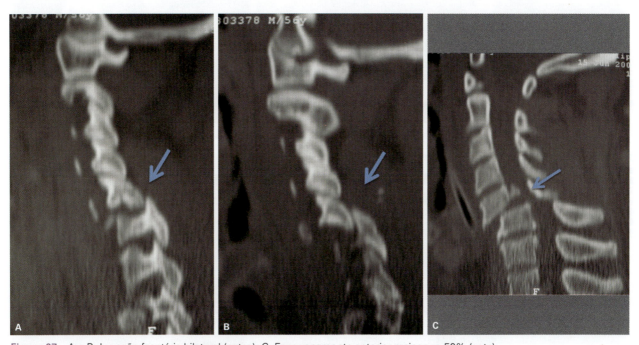

Figura 27 A e B: Luxação facetária bilateral (setas). C: Escorregamento anterior maior que 50% (seta).

Colunas torácica, toracolombar e lombar

Muitos conceitos estabelecidos para a coluna cervical também se aplicam aos demais segmentos. O predomínio de mecanismo de trauma como flexão, rotação e tração associado a particularidades anatômicas do esqueleto ósseo de cada região produz menos tipos de lesão quando comparado ao segmento cervical. Três segmentos distintos devem ser considerados: torácico de T2 a T11 (T1 faz parte do segmento cervical), toracolombar de T12 a L1 e lombar de L2 à articulação lombossacral.

Coluna torácica

A atitude cifótica relativamente fixa da coluna torácica é uma característica importante a ser considerada no mecanismo de trauma, pois forças de compressão vertical (carga axial) automaticamente resultam em fratura em cunha semelhantes às que ocorrem nas hiperflexões. Quando associado a forças de tração e/ou rotação, o resultado é fratura-luxação vertebral. Essas fraturas podem ser simples, apenas com redução da altura anterior do corpo vertebral, ou mais graves, com maior achatamento,

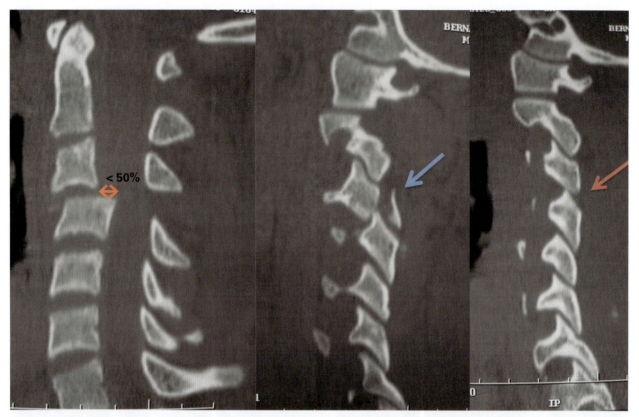

Figura 28 Fratura-luxação facetária unilateral em C4-C5 (seta azul) com escorregamento menor que 50% e subluxação facetária contralateral (seta vermelha).

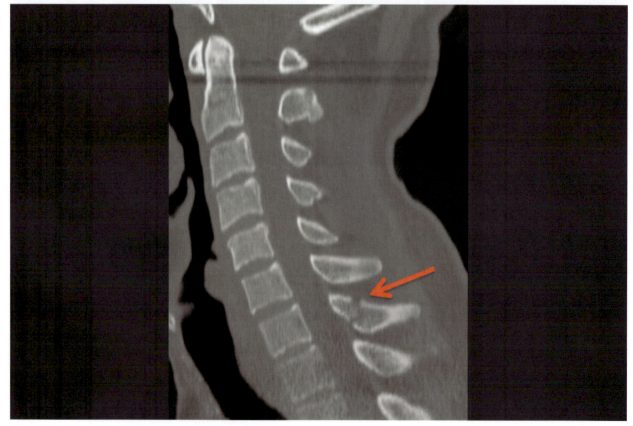

Figura 29 Fratura dos "trabalhadores de enxada" (seta).

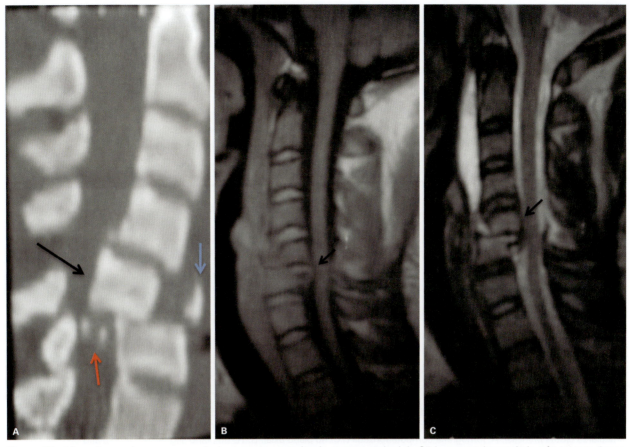

Figura 30 Mergulho em água rasa com deslocamento posterior do corpo vertebral de C5 (seta preta) associado a fragmento ósseo na sua borda anteroinferior (seta azul) e fragmentos ósseos no canal vertebral (seta vermelha). A: Tomografia computadorizada com reconstrução sagital. B: Ressonância magnética (RM) de baixo campo no plano sagital T1. C: RM de baixo campo no plano sagital T2.

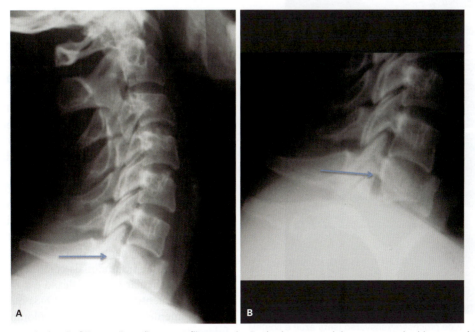

Figura 31 Fratura explosiva de C7 na radiografia em perfil com redução da altura central do corpo vertebral (setas azuis). A: Radiografia em perfil da coluna cevical. B: Radiografia em perfil localizada da transição cervicotorácica.

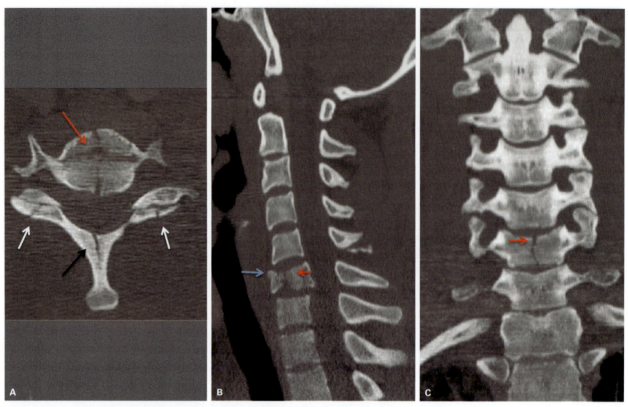

Figura 32 Fratura explosiva de C6 com redução da altura predominando na porção central (seta azul), fratura do corpo vertebral com traços orientados nos planos sagitais e coronais (setas vermelhas), fratura da junção espinolaminar (seta preta) e fraturas das apófises articulares (setas brancas). A: Tomografia computadorizada (TC) no plano axial. B: TC no plano sagital. C: TC no plano coronal.

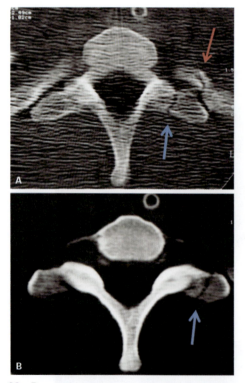

Figura 33 Fratura de processo transverso (seta azul) e costela (seta vermelha) na transição cervicotorácica à tomografia computadorizada. A: Janela intermediária. B: Janela óssea.

retropulsão de fragmentos ósseos para o canal vertebral e luxação das articulações facetárias. As fraturas explosivas, portanto, não ocorrem na coluna torácica. Hematomas paravertebrais focais ou difusos, uni ou bilaterais são marcadores importantes de tênues fraturas de difícil caracterização até fraturas-luxações maiores (Figura 35).

Colunas toracolombar e lombar

A transição toracolombar de T12 a L1 marca a transição de um segmento torácico relativamente rígido para o segmento lombar mais flexível, sendo o local mais frequentemente acometido de todas as vértebras torácicas e lombares. Forças isoladas de hiperflexão, hiperextensão, compressão vertical, tração ou combinações de hiperflexão com tração e hiperextensão com tração atuam em ambos os segmentos toracolombar e lombar de maneira semelhante (Figura 36). Hiperflexão resultando em fratura em cunha semelhante à descrita no segmento dorsal é o mecanismo de trauma mais comum (Figuras 37 e 38). Um tipo particular de hiperflexão é a fratura de Chance, classicamente descrita em 1948, que ocorre quase exclusivamente na transição toracolombar, porém com fulcro de rotação sobre a parede abdominal fixa ao cinto de segurança de dois pontos dos automóveis (Figura 39).

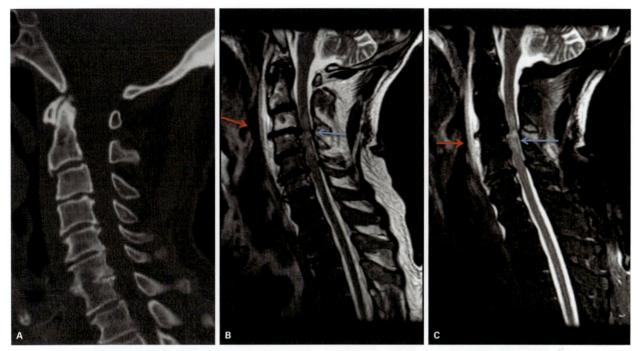

Figura 34 Trauma cervical em extensão no paciente idoso com artrose e estenose degenerativa do canal vertebral, hematoma pré-vertebral (seta vermelha) e contusão medular (seta azul). A: Tomografia computadorizada no plano sagital sem evidência de "fratura". B: Ressonância magnética (RM) no plano sagital T2. C: RM no plano sagital T2 com supressão de gordura.

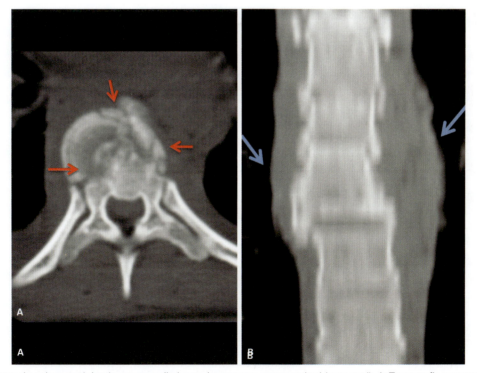

Figura 35 Fratura de coluna torácica (seta vermelha) com hematoma paravertebral (seta azul). A: Tomografia computadorizada (TC) plano axial. B: TC plano coronal.

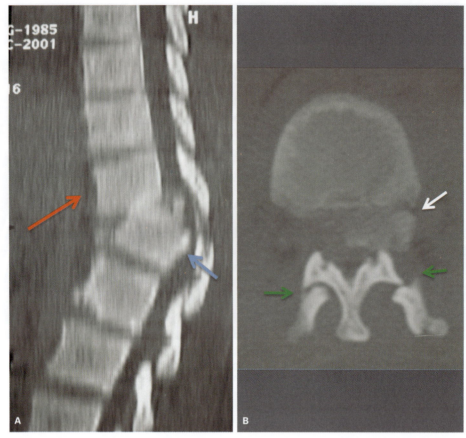

Figura 36 Fratura-luxação na transição toracolombar com translação anterior de T12 sobre L1 (seta vermelha), redução do canal vertebral (seta azul), luxação facetária bilateral (setas verdes) e fragmento ósseo no canal vertebral (seta branca). A: Tomografia computadorizada no plano sagital. B: TC no plano axial.

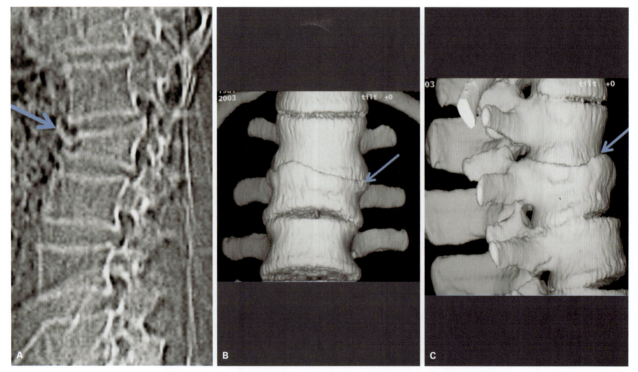

Figura 37 Fratura do corpo vertebral de L2 com redução da altura anterior (setas azuis). A: Radiografia digital em perfil. B e C: Tomografia computadorizada com reconstruções tridimensionais.

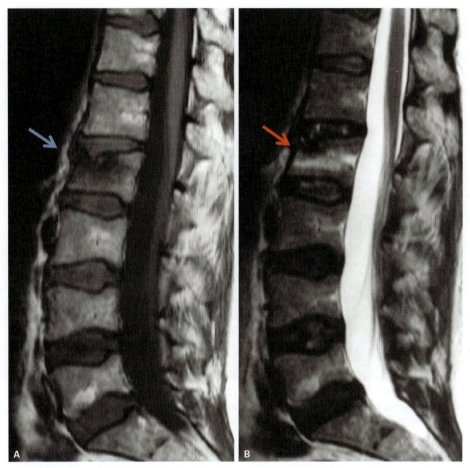

Figura 38 Fratura em cunha recente do corpo vertebral de L2 (seta azul) com edema ósseo (seta vermelha). A: Ressonância magnética (RM) no plano sagital T1. B: RM no plano sagital T2.

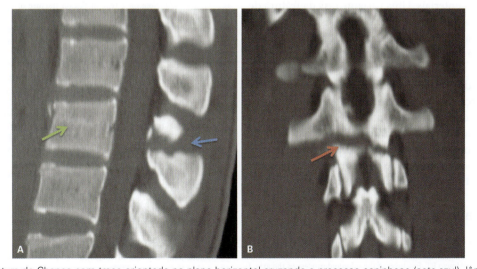

Figura 39 Fratura de Chance com traço orientado no plano horizontal cruzando o processo espinhoso (seta azul), lâminas (seta vermelha) e corpo vertebral com redução da sua altura (seta verde). A: Tomografia computadorizada (TC) plano sagital. B: TC plano coronal.

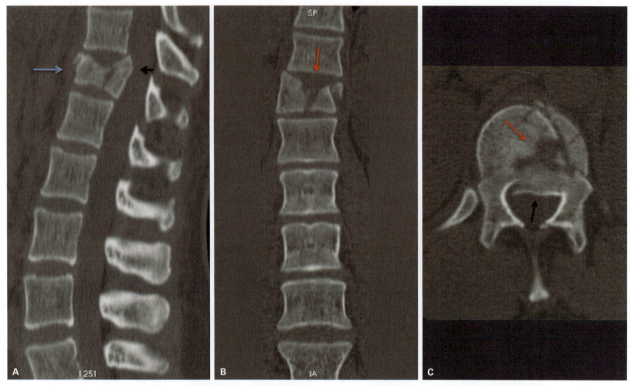

Figura 40 Fratura explosiva do corpo vertebral de T12 com redução da altura predominado na porção central (seta azul), fratura do corpo vertebral com traços orientados nos planos sagitais e coronais (setas vermelhas) e retropulsão do muro posterior (seta preta). A: Tomografia computadorizada (TC) plano sagital. B: TC no plano coronal. C: TC no plano axial.

Com o advento do cinto de segurança de três pontos, que fixa o tronco, a incidência desse tipo de lesão diminuiu bastante, ocorrendo atualmente em mecanismo de hiperflexão grave por queda de altura. Fraturas horizontais do processo espinhoso, lâminas, pedículos e corpo vertebral são achados típicos. Diferentemente de outros tipos de lesão em flexão, a fratura de Chance tem alta associação com lesões intra ou retroperitoneais, como pancreáticas, duodenais e mesenteriais. Uma variante rara da fratura de Chance clássica é a Chance de partes moles, com extensa lesão ligamentar da coluna determinando translação anterior do corpo vertebral e luxação facetária uni ou bilateral. As colunas toracolombar e lombar, por apresentarem maior flexibilidade e permitirem a posição neutra, podem sofrer força de compressão axial, resultando na fratura explosiva clássica semelhante àquela da coluna cervical. Os achados de perda de altura bicôncava dos platôs vertebrais, aumento da distância interpedicular, fratura do arco posterior e retropulsão de fragmentos ósseos são características típicas dessa lesão (Figura 40).

Bibliografia sugerida

1. Adams VI. Neck injuries. II. Atlantoaxial dislocation – a pathologic study of 14 traffic fatalities. J Forensic Sci. 1992;37(2):565-73.
2. Anderson LD, D'Alonzo RT. Fractures of the odontoid process of the axis. J Bone Joint Surg Am. 1974;56(8):1663-74.
3. Anderson PA, Montesano PX. Morphology and treatment of occipital condyle fractures. Spine. 1988;13(7):731-6.
4. Babcock JL, Cervical spine injuries: diagnosis and classification. Arch Surg. 1976;111(6):646-51.
5. Berquist TH, Cabanela ME. The spine imaging of orthopaedic trauma and surgery. Philadelphia: Raven Press; 1992.
6. Cancelmo JJ Jr. Clay shoveler's fracture: a helpful diagnostic sign. Am J Roentgenol Radium Ther Nucl Med. 1972;115(3):540-3.
7. Castellano V, Bocconi FL. Injuries of the cervical spine with spinal cord involvement (myelic fractures): statistical considerations. Bull Hosp Joint Dis. 1970;31(2):188-94.
8. Chance GQ. Note on a type of flexion fracture of the spine. Br J Radiol. 1948;21(249):452.
9. Cheshire DJ. The stability of the cervical spine following the conservative treatment of fractures and fracture-dislocations. Paraplegia. 1969;7(3):193-203.
10. Cintron E, Gilula LA, Murphy WA, Gehweiler JA. The widened disk space: a sign of cervical hyperextension injury. Radiology. 1981;141(3):639-44.
11. Cornish BL. Traumatic spondylolisthesis of the axis. J Bone Joint Surg Br. 1968;50(1):31-43.
12. Denis F. Spinal instability as defined by the three-column spine concept in acute spinal trauma. Clin Orthop Relat Res. 1984;189:65-76.
13. Effendi B, Roy D, Cornish B, Dussault RG, Laurin CA. Fractures of the ring of the axis. A classification based on the analysis of 131 cases. J Bone Joint Surg Br. 1981;63-B(3):319-27.
14. Ehara S, Shimamura T. Cervical spine injury in the elderly: imaging features. Skeletal Radiol. 2001;30(1):1-7.
15. Harris JH Jr, Harris WH. The radiology of emergency medicine. Philadelphia: Lippincott Williams & Wilkins; 2000.
16. Harris JH Jr, Mirvis SE. The radiology of acute cervical. Baltmore: Williams & Wilkins; 1996.
17. Holdsworth F. Fractures, dislocations, and fracture-dislocations of the spine. J Bone Joint Surg Am. 1970;52(8):1534-51.
18. Imhof H, Fuchsjager M. Traumatic injuries: imaging of spinal injuries. Eur Radiol. 2002;12(6):1262-72.

19. Jelly LM, Evans DR, Easty MJ, Coats TJ, Chan O. Radiography versus spiral CT in the evaluation of cervicothoracic junction injuries in polytrauma patients who have undergone intubation. Radiographics. 2000;20:S251-9; discussion S260-2.
20. Kahn EA, Schneider RC. Chronic neurological sequelae of acute trauma to the spine and spinal cord. I. The significance of the acute-flexion or tear-drop fracture-dislocation of the cervical spine. J Bone Joint Surg Am. 1956;38-A(5):985-97.
21. Maeda H, Higuchi T, Imura M, Noguchi K, Yokota M. Ring fracture of the base of the skull and atlanto-occipital avulsion due to anteroflexion on motorcycle riders in a head-on collision accident. Med Sci Law. 1993;33(3):266-9.
22. Nicoll EA. Fractures of the dorso-lumbar spine. J Bone Joint Surg Br. 1949;31B(3):376-94.
23. Riggins RS, Kraus JF. The risk of neurologic damage with fractures of the vertebrae. J Trauma. 1977;17(2):126-33.
24. Roaf R. A study of the mechanics of spinal injuries. J Bone Joint Surg Br. 1960;42:810-23.
25. Shamoun JM, Riddick L, Powell RW. Atlanto-occipital subluxation/dislocation: a "survivable" injury in children. Am Surg. 1999;65(4):317-20.
26. Stewart GC Jr., Gehweiler JA Jr, Laib RH, Martinez S. Horizontal fracture of the anterior arch of the atlas. Radiology. 1977;122(2):349-52.
27. Tepper SL, Fligner CL, Reay DT. Atlanto-occipital disarticulation. Accident characteristics. Am J Forensic Med Pathol. 1990;11(3):193-7.
28. Tuli S, Tator CH, Fehlings MG, Mackay M. Occipital condyle fractures. Neurosurgery. 1997;41(2):368-76; discussion 376-7.
29. Werne J, Shanmuganagthan K, Mirvis SE. Magnetic resonance imaging of ligamentous injury of the cervical spine. Emerg Radiol. 1996;3:9-15.

11

Avaliação pós-operatória da coluna vertebral

Daniel Alvarenga
Rafael Burgomeister Lourenço
Marcelo Bordalo Rodrigues

Introdução

A avaliação por imagem no pós-operatório da coluna é um constante desafio para o radiologista. Apesar do enorme avanço técnico na cirurgia da coluna nas últimas décadas, não é incomum os pacientes terem dores residuais ou recorrentes, bem como outros sintomas após a cirurgia. Sabe-se que a história clínica e o exame físico têm utilidade limitada para avaliar as complicações pós-operatórias, cabendo aos radiologistas desempenharem um importante papel diagnóstico nesse momento, ajudando o colega ortopedista ou neurocirurgião de forma mais precisa em relação à tomada de decisão quanto aos cuidados pós-operatórios.

Todavia, para que consiga atuar de forma eficaz, o radiologista deve estar familiarizado com as características de imagem pós-operatória nos diversos métodos, especialmente radiografia, tomografia computadorizada (TC) e ressonância magnética (RM). A adequada avaliação das infecções pós-operatórias, bem como dos processos de instrumentação e soltura, constitui alguns dos constantes desafios. Dessa forma, um conhecimento básico da biomecânica da coluna vertebral e técnicas comuns de instrumentação cirúrgica podem ajudar os radiologistas a antecipar e identificar as complicações.

Métodos de imagem no pós-operatório

Radiografia

A radiografia é a modalidade não invasiva mais comumente utilizada para a avaliação da fusão, embora a TC seja mais precisa. A radiografia também é útil para a investigação de instrumentação quando há suspeita de fratura (Figura 1) ou colocação inadequada. No entanto, a radiografia não pode ser usada com segurança para excluir a presença de metástases para o osso ou compressão da cauda equina, e ambas são indicações comuns de ressonância magnética pós-operatória.

Na avaliação dos pacientes após instrumentação da coluna vertebral, é particularmente importante comparar a radiografia atual não só com as imagens mais recentes anteriores, mas também com vários estudos prévios, a fim de identificar sutis mudanças progressivas (p. ex., no alinhamento da coluna e na posição dos dispositivos de *hardware*) que podem significar o fracasso iminente de um dispositivo ou outras complicações. Imagens adicionais em flexão e extensão também têm sido preconizadas para a avaliação de rotina da fusão.

Tomografia computadorizada

A tomografia computadorizada é a modalidade de escolha para a avaliação de detalhes ósseos da coluna, posicionamento do material de instrumentação (Figura 2) e para uma avaliação precisa do grau de fusão óssea. A qualidade das imagens da TC pode ser gravemente degradada por artefatos por conta dos implantes metálicos, que causam acentuada atenuação dos raios X. Algumas técnicas podem auxiliar na redução desses artefatos, devendo-se ser criterioso para não prejudicar demasiadamente a interpretação do estudo: redução do kV e aumento do mAs; colimação (aquisição) mais fina; usar filtros mais "moles" e aumentar a espessura de corte.

Ressonância magnética

A RM é útil na avaliação sequencial de alterações pós-operatórias da coluna vertebral e demonstra melhor o conteúdo intraespinhal do que outros modalidades de imagem. É particularmente útil para a detecção de infecção (Figura 3) e o acompanhamento pós-operatório de coleções, bem como para a diferenciação entre fibrose e re-herniação discal. No entanto, os artefatos de suscetibi-

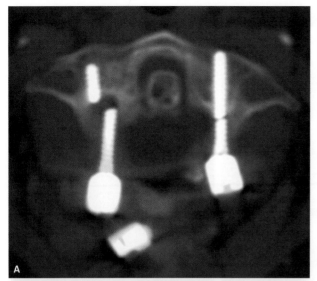

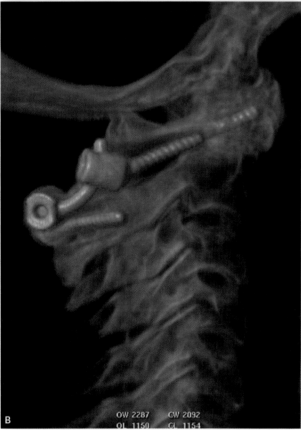

Figura 1 Imagens de tomografia computadorizada evidenciando descontinuidade dos parafusos, compatível com fraturas.

lidade magnética (Figuras 4 e 5) podem ser um problema, particularmente na presença de dispositivos de aço inoxidável. Os implantes modernos feitos de ligas de titânio são menos ferromagnéticos, produzindo assim menos artefatos, mas continuam a ser um obstáculo significativo para a visualização de áreas nas proximidades de dispositivos metálicos. Novas sequências têm sido desenvolvidas para reduzir os artefatos, mas seu uso pode implicar aumento do tempo de aquisição de imagem e eventual distorção dessa imagem. Algumas técnicas podem ajudar: evitar sequências gradiente-*echo*, usando-se sequências *fast spin-echo* (aumento do *echo-train*); reduzir o tamanho do voxel; reduzir a espessura e o FOV, bem como aumentar a matriz.

Ultrassonografia

A utilidade da ultrassonografia para avaliação da coluna lombar é muito restrita para a identificação de coleções líquidas pós-operatórias.

Medicina nuclear

A cintilografia óssea pode ser realizada para avaliar a fusão (o segmento fundido deve ser "frio" após 6-12 meses). Também é útil para detectar infecção, quando artefatos ou eventual contraindicação à RM impossibilitam a avaliação por esse método.

Mielografia

Se a RM é contraindicada ou imagens por ressonância magnética são de difícil interpretação por causa de artefatos, a mielografia é uma opção a ser realizada. No entanto, após a instrumentação da coluna lombar, a punção do saco tecal lombar pode ser complicada por distorção da anatomia (p. ex., cicatrizes, remoção de elementos posteriores, além de material de enxertia óssea) ou pela presença de implantes metálicos. Ocasionalmente, nessa situação, uma punção cervical é necessária. Após a injeção de contraste dentro do saco tecal, as radiografias podem ser adquiridas em um ângulo para evitar o obscurecimento das raízes nervosas pelos dispositivos implantados. A mielografia convencional é geralmente complementada com mielotomografia.

Biomecânica das três colunas

A coluna vertebral serve como estrutura primária de apoio do corpo humano. Cada um dos diversos tipos de movimento (flexão, extensão, rotação e inclinação lateral) coloca um determinado padrão de estresse sobre as vértebras, discos e ligamentos que formam a coluna vertebral. A biomecânica da coluna vertebral pode ser entendida de forma simples separando-a em três divisões anatômicas: colunas anterior, média e posterior (Figura 6).

A coluna anterior consiste no ligamento longitudinal anterior, dois terços anteriores do corpo vertebral e ânulo fibroso, com as funções de suportar a carga axial e resistir à extensão. A coluna média é composta do terço posterior do corpo vertebral, ligamento longitudinal posterior, ânulo fibroso e núcleo pulposo, com a função de resistir a flexão e também um pouco da carga axial. A coluna

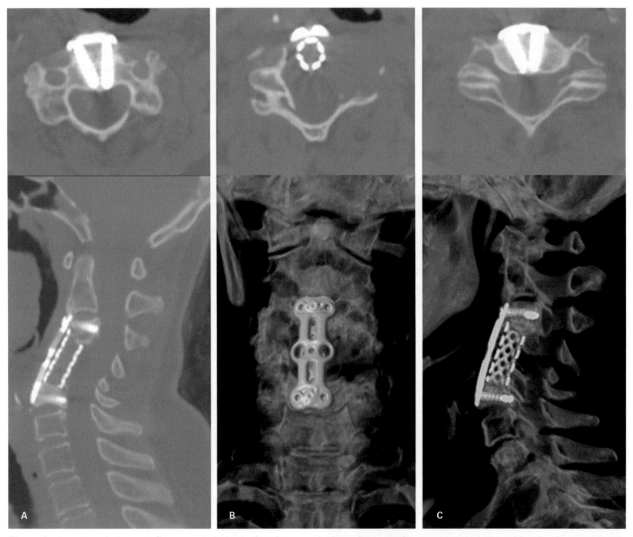

Figura 2 Imagens de tomografia computadorizada da coluna cervical em diversos planos e reconstrução evidenciando corpectomia e artrodese com *cage*, parafusos e placa (via anterior).

posterior é composta pelos pedículos, facetas, ligamentos amarelos, interespinhosos e supraespinhais, com as funções de resistência à flexão e estabilidade durante os movimentos de rotação e inclinação lateral.

Princípios básicos de estabilização e fixação da coluna vertebral

As cirurgias de fusão (artrodese) da coluna aumentaram acentuadamente em frequência nas últimas décadas, com isso também a compreensão da biomecânica da coluna vertebral e um arsenal crescente de dispositivos de fixação cirúrgica, propiciando grandes avanços nessa área.

Embora um conhecimento profundo das técnicas de instrumentação cirúrgica seja uma realidade distante da maioria dos radiologistas, um conhecimento básico sobre os procedimentos mais realizados e os tipos de instrumentação leva a uma melhoria da comunicação entre o radiologista e o cirurgião, bem como facilita o entendimento de possíveis complicações.

Indicações, objetivos e conceitos

Fusões cirúrgicas são realizadas para um amplo espectro de indicações, incluindo a correção de doenças degenerativas, deformidades, trauma, infecção, tumor e anomalias congênitas (especialmente a escoliose) (Figura 7). O objetivo da fusão espinhal é restaurar o alinhamento anatômico, biomecânico e funcional o mais perto da normalidade quanto possível.

Geralmente, duas das três colunas (anterior, média e posterior, conforme descritas anteriormente) devem estar anatomicamente intactas para a estabilidade funcional. A instrumentação é, portanto, muitas vezes necessária se mais de uma coluna é afetada.

Os dispositivos de fixação oferecem estabilidade a curto prazo, mas podem não ser fortes o suficiente para su-

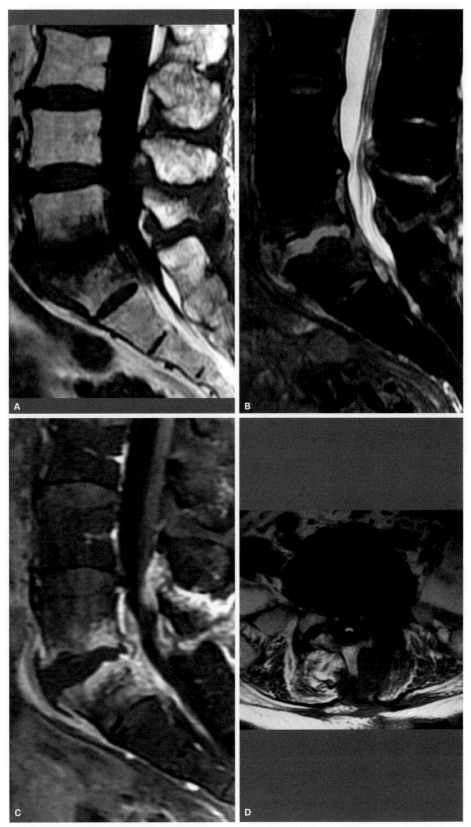

Figura 3 Imagens de ressonância magnética no plano sagital ponderadas em T1 (A), T2FS (B), T1FS pós-contraste (C) e axial T1 (D) evidenciando sinais de manipulação cirúrgica com ressecção parcial das facetas da interapofisária esquerda. Há preenchimento do espaço discal com líquido, associado a irregularidades e edema/realce dos platôs vertebrais adjacentes, com extensão do processo inflamatório/flegmão ao espaço epidural e partes moles paravertebrais, achados compatíveis com espondilodiscite.

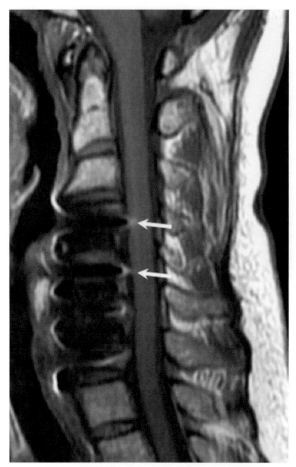

Figura 4 Imagem de ressonância magnética ponderada em T1 no plano sagital evidenciando artrodese anterior com placa, parafusos e *cage* gerando artefatos de suscetibilidade magnética (setas) que prejudicam a adequada avaliação de seu posicionamento.

portar o estresse prolongado e, eventualmente, costumam falhar com maior frequência se a fusão óssea não ocorre.

O desenvolvimento de uma fusão óssea integrada é essencial para o sucesso a longo prazo do procedimento cirúrgico, sendo de importância primordial a avaliação da integridade do osso. Fixação inadequada aliada a movimentação pode fazer que o enxerto ósseo seja reabsorvido em vez de ser incorporado, colocando o instrumental em risco de fratura.

Ray definiu seis critérios para avaliar radiograficamente uma adequada evolução das fusões:

- Menos de 3° de deslocamento intersegmentar nas imagens obtidas em flexão e extensão laterais.
- Ausência de áreas lucentes ao redor do implante.
- Mínima perda da altura discal.
- Ausência de fratura do dispositivo, enxerto ou vértebra.
- Ausência de alterações escleróticas nas vértebras adjacentes.
- Visível formação óssea junto ao material de enxertia (Quadro 1).

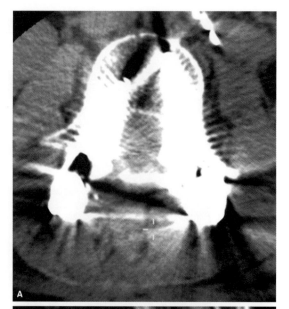

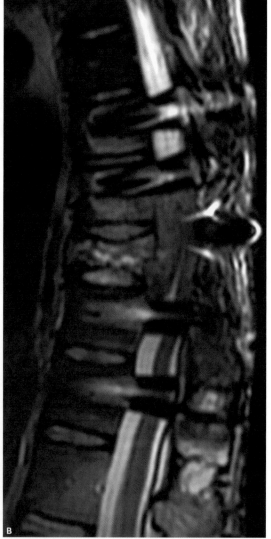

Figura 5 Artefatos degradando as imagens obtidas. Tomografia computadorizada axial (A) e ressonância magnética sagital T2 (B).

11 AVALIAÇÃO PÓS-OPERATÓRIA DA COLUNA VERTEBRAL **849**

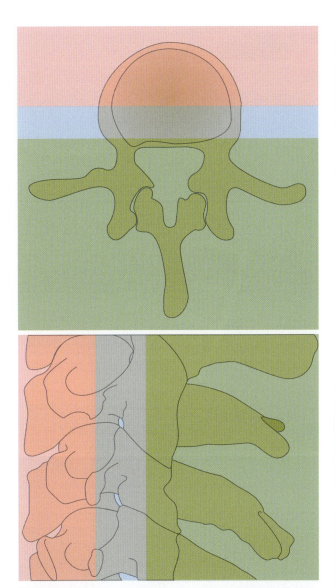

Figura 6   Ilustração esquemática das três divisões anatômicas da coluna vertebral.

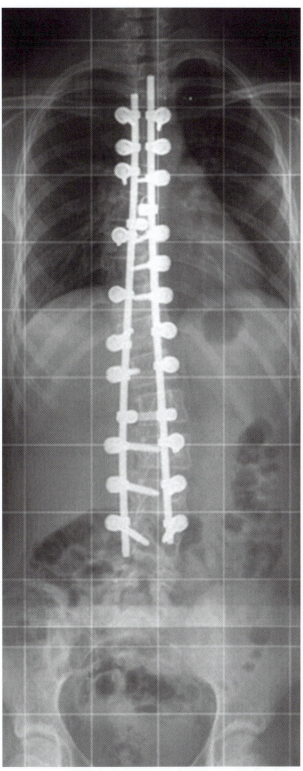

Figura 7   Escoliose sigmóidea e extensa artrodese posterior instrumentada evidenciadas em radiografia panorâmica da coluna vertebral.

São necessários de 6 a 9 meses para que o desenvolvimento de uma fusão sólida seja visto radiograficamente. A fusão da coluna lombar pode envolver a inserção de material de enxerto ósseo com ou sem um ou mais espaçadores intervertebrais e outros dispositivos para fornecer suporte adicional e estabilidade.

Estabilidade na coluna refere-se à capacidade de resistir à deformação sob forças fisiológicas, valendo ressaltar que os *hardwares* poderão falhar por fadiga e são incapazes de resistir às tensões por suporte de carga, flexão, extensão e flexão lateral por períodos prolongados e, finalmente, podem soltar ou quebrar se a fusão óssea não ocorrer.

A instrumentação não é mais necessária após a fusão, mas é geralmente deixada no local por tempo indeterminado por causa dos riscos associados com a cirurgia repe-

Quadro 1	Critérios de Ray para avaliar radiograficamente uma adequada evolução das fusões
1.	Menos de 3° de deslocamento inter-segmentar nas imagens obtidas em flexão e extensão laterais
2.	Ausência de áreas radiolucentes ao redor do implante
3.	Mínima perda da altura discal
4.	Ausência de fratura do dispositivo, enxerto ou vértebra
5.	Ausência de alterações escleróticas nas vértebras adjacentes
6.	Visível formação óssea junto ao material de enxertia

tida. Porém, se houver fratura, deslocamento ou infecção, os dispositivos de fixação são removidos.

Técnicas cirúrgicas

A abordagem cirúrgica e a instrumentação variam amplamente e são ditadas pelo tipo de doença e preferência do cirurgião.

Desde a década de 1940, a fixação da coluna vertebral sofreu mudança substancial com o desenvolvimento de material biocompatível, que pode ser deixado no local por toda a vida e pode suportar repetidas forças de rolamento, flexão e extensão até que a artrodese ocorra.

As colunas anterior e média podem ser reconstruídas a partir de uma abordagem anterior ou posterior. A abordagem anterior é geralmente preferida na coluna cervical em razão do risco de manipulação da medula na abordagem posterior nesse nível. Por causa da biomecânica única das articulações occipitocervical e atlantoaxial, existem diferenças entre as técnicas de fixação e fusão empregadas nos segmentos superior e inferior da coluna cervical.

A abordagem posterior é a mais utilizada nas colunas torácica e lombar (Figura 8). A reconstrução das colunas anterior e média é muitas vezes preferida por essa abordagem na coluna lombar por duas razões principais: a morbidade associada a uma abordagem anterior é maior e atrasa a recuperação; os parafusos do pedículo e hastes ou placas podem ser inseridos antes da abertura da dura-máter e dissecção do disco intervertebral, permitindo uma maior amplitude do espaço discal e descompressão dos forames neurais. O espaço discal então é manipulado e a instrumentação posterior é então bloqueada no lugar para restaurar a lordose lombar normal e prevenir a herniação posterior do material de enxerto.

A incisão mediana posterior é a abordagem mais comum para a cirurgia da coluna vertebral. Ela permite acesso a elementos posteriores, canal medular e disco. A laminotomia envolve a remoção apenas da margem inferior da lâmina e é frequentemente realizada para melhorar o acesso de uma microdiscectomia. A laminectomia unilateral refere-se à remoção da lâmina de um lado da

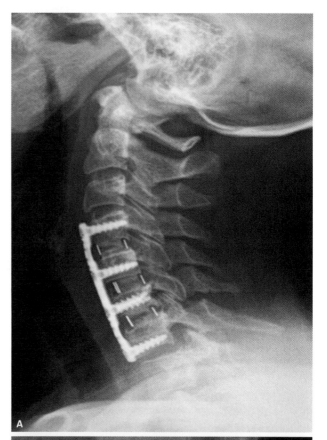

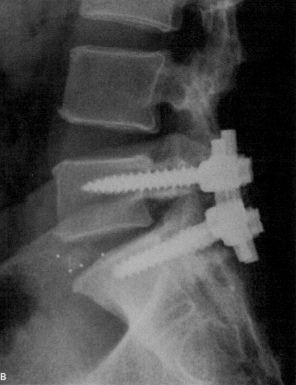

Figura 8 Artrodeses instrumentadas por vias anterior (A – radiografia da coluna cervical) e posterior (B – coluna lombar). Presença de *cages*.

coluna vertebral. A laminectomia total ou bilateral envolve a remoção de ambas as lâminas e do processo espinhoso (Figura 9). A laminotomia ou a laminectomia podem ser realizadas para proporcionar acesso para discectomia, descompressão em trauma ou tratamento dos sintomas da estenose lombar. A laminectomia reduz a estabilidade da coluna vertebral, e uma laminectomia multissegmentar com a instabilidade resultante é uma indicação para a fixação e fusão posterior. Esses defeitos cirúrgicos nos elementos posteriores podem ser vistos isoladamente ou em associação com dispositivos de fixação. A maioria dos dispositivos de fixação utilizados nas colunas torácica e lombossacra é colocada posteriormente.

Os parafusos precisam ser ligados a apenas um corpo da vértebra acima e outra abaixo do local de lesão, o que reduz o número de níveis envolvidos e permite a manutenção da lordose. A força dos parafusos pediculares diminui quando são inseridos superficialmente ou quando eles são usados em pacientes osteoporóticos.

Instrumentos utilizados na fusão
Cages

Uma variedade de *cages* (também conhecidos como dispositivos intersomáticos ou espaçadores intervertebrais) está comercialmente disponível, partilhando a função comum de atuar como um espaçador para restaurar a altura do disco e facilitar a fusão biológica entre dois corpos vertebrais adjacentes (Figuras 10 e 11).

Eles podem ser sólidos ou estruturas ocas a serem preenchidas com material de enxerto ósseo, podendo ser utilizados isoladamente ou combinados (posicionados lado a lado). Geralmente são fabricados de titânio ou polieteretercetona (PEEK).

A maioria dos espaçadores contém dois marcadores radiopacos para permitir a avaliação radiográfica de sua posição. É favorável que o marcador posterior esteja situado a pelo menos 2 mm anteiormente à margem posterior do corpo vertebral e que não se insinue no canal vertebral.

Cages também têm sido desenvolvidos para substituir um ou vários corpos vertebrais após corpectomia (Figuras 12 e 13), geralmente por tumor, infecção ou trauma. Esse dispositivo pode ser um cilindro oco expansível metálico embalado com material de enxerto ósseo, cimento ou malha. A substituição do corpo vertebral pode envolver um ou mais segmentos. Parafusos com placas ou hastes em topografia lateral, anterior ou posterior são inseridos para proporcionar estabilidade adicional.

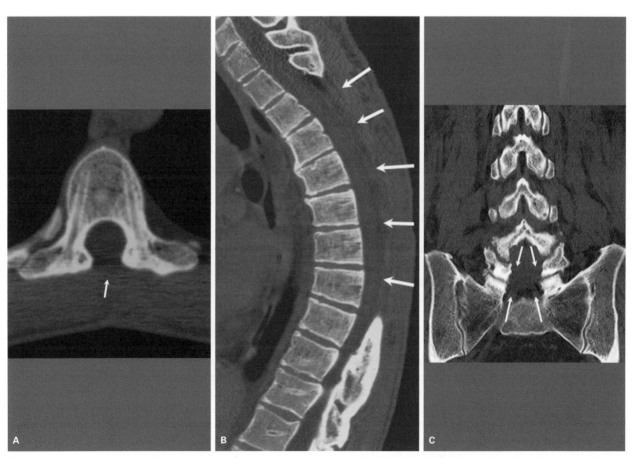

Figura 9 Imagens de tomografia computadorizada evidenciando amplas laminectomias (setas).

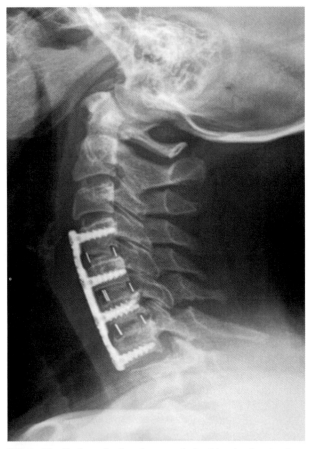

Figura 10 Radiografia da coluna cervical evidenciando artrodese anterior multissegmentar com placa, parafusos e *cages*.

Ganchos, fios e amarrias

Geralmente utilizados como dispositivos complementares, especialmente nas cirurgias de fusão cervical (Figura 14).

Placas ou hastes com parafusos pediculares

Parafusos pediculares e uma haste ou placa tornaram-se o método preferido de instrumentação quando a reconstrução de várias colunas é necessária. Eles são conectados por meio de placas ou hastes que abrangem um único ou múltiplos segmentos vertebrais. Para a fusão de vários níveis, hastes são geralmente preferíveis às placas, pois podem ser cortadas individualmente e moldadas conforme a necessidade, para facilitar a manutenção do alinhamento sagital (Figura 15).

Substituição (prótese) discal total

A substituição total do disco pode ser realizada em pacientes cuja dor é creditada primariamente degeneração do disco, sem o envolvimento da raiz nervosa, estenose do canal vertebral ou espondilolistese significativa. O dispositivo mais utilizado é o Charité (Figura 16) e tem o benefício de experiência clínica de longa data, sendo suas indicações e contraindicações descritas no Quadro 2.

Estabilização dinâmica

A estabilização dinâmica pode ser uma alternativa para a fusão em alguns pacientes com dor por degeneração crônica da coluna lombar. Ao alterar a sustentação de carga e controlar o movimento anormal, a estabilização ajuda a limitar o estresse no segmento adjacente no nível da fusão e, portanto, ajuda a prevenir a degeneração progressiva. Uma grande variedade de dispositivos de estabilização dinâmica está em vários estágios de desenvolvimento clínico. Esses dispositivos podem ser usados isoladamente para a estabilização ou usados em combinação com dispositivos de fusão. Os dispositivos de estabilização dinâmica podem ser agrupados segundo sua concepção nas seguintes categorias:

- Parafusos pediculares e ligamentos artificiais.
- Dispositivos de descompressão entre os processos espinhosos (Figura 17).
- Dispositivos de substituição dos elementos posteriores.

Cimento de metilmetacrilato

É utilizado como principal método para preencher falhas ósseas e como um suplemento para reforçar os sítios de parafusos ou de outros tipos de fixação da coluna vertebral.

Enxerto ósseo

Enxerto ósseo autólogo é comumente usado para promover a fusão (Figura 18). O enxerto é mais comumente colhido da crista ilíaca (Figura 19). As eventuais complicações associadas a coleta do enxerto ósseo incluem fratura pélvica, infecção, hematoma, lesões neurais, da artéria glútea superior, do ureter e da articulação sacroilíaca. A dor pode persistir no sítio doador meses após a coleta e, ocasionalmente, implicar a perturbação da marcha. Essas complicações podem ser evitadas com o uso de enxerto cadavérico.

Aloenxertos estruturais

São geralmente segmentos de fíbula de um cadáver e usados para recuperar ou manter a altura do corpo vertebral após sua remoção ou para o tratamento de fraturas por compressão.

Complicações pós-operatórias

Diversas complicações pós-operatórias podem se desenvolver nas cirurgias de fixação da coluna vertebral, entre elas a não integração do enxerto (pseudoartrose); soltura ou fratura do material de síntese; deslocamento do enxerto/material de síntese; infecção; lesões viscerais na via de acesso (Quadro 3).

11 AVALIAÇÃO PÓS-OPERATÓRIA DA COLUNA VERTEBRAL 853

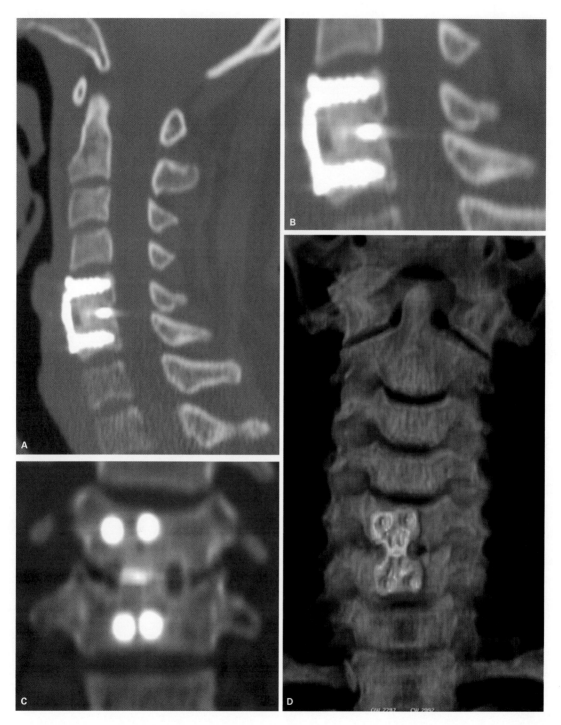

Figura 11 Imagens de tomografia computadorizada nos planos sagital (A, B) e coronal (C) evidenciando artrodese anterior com placa, parafusos, *cage* e enxerto (integrado). Reconstrução tridimensional (D) mostra a placa metálica anterior.

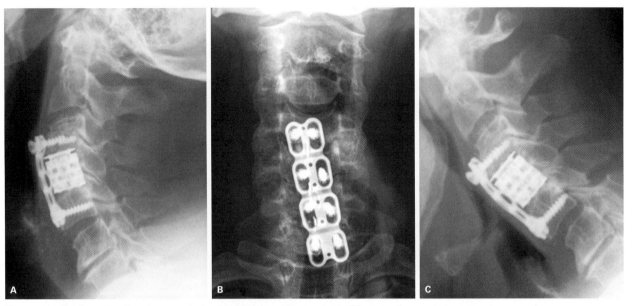

Figura 12 Radiografias da coluna cervical evidenciando corpectomia de C4 e artrodese anterior com placa, parafusos e *cage*.

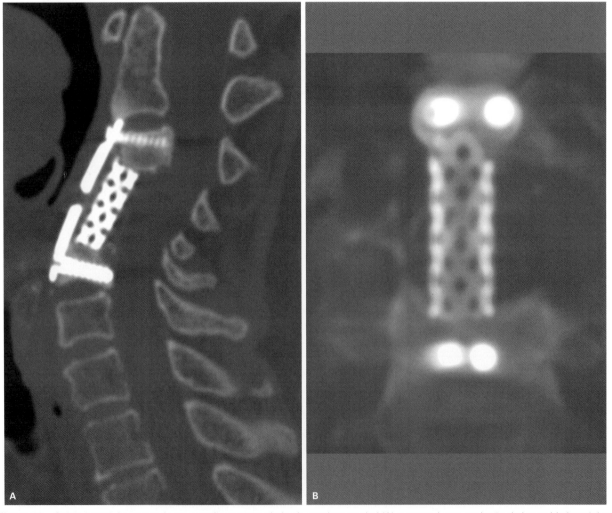

Figura 13 Gaiola (*cage*). Imagens de tomografia computadorizada no plano sagital (A) e coronal com projeção de intensidade máxima (MIP) (B) evidenciando corpectomias com colocação de gaiola, placa e parafusos por abordagem anterior.

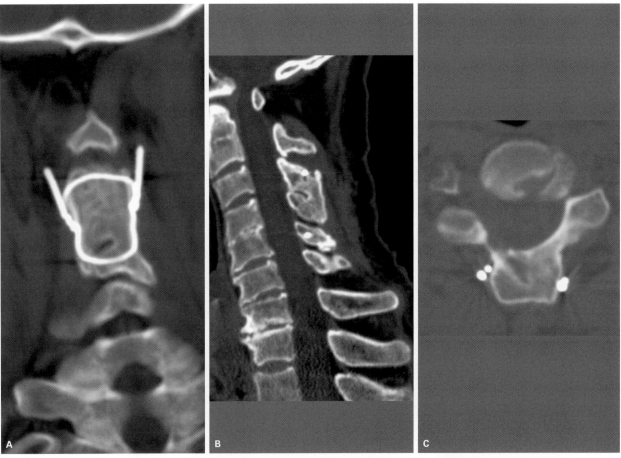

Figura 14 Imagens de tomografia computadorizada demonstrando amarria posterior com fusão entre os processos espinhosos de C3 e C4.

Pseudoartrose

Na presença de instabilidade crônica de baixo grau e movimento, pode não ocorrer fusão ou haver um complexo de fusão fibrosa e não óssea, chamada por alguns autores de pseudoartrose, podendo predispor a soltura e fratura do material de instrumentação, bem como a dor. O aspecto de imagem da pseudoartrose é normalmente visto como uma lucência linear entre o material de enxerto na radiografia e na TC (Figura 20) e como aumento de sinal em T2 na RM, havendo captação local na cintilografia com tecnécio.

Costuma ser difícil diferenciar pela radiografia a não união da união fibrosa, embora ambas sejam consideradas falhas de fusão.

Soltura e fratura do material de síntese

Sinais de soltura/afrouxamento podem ser caracterizados por um halo lucente (reabsorção óssea) ao redor dos parafusos e implantes que estão em contato direto com o osso (Figuras 21 e 22). Isso geralmente é associado com o movimento do *hardware* e pode levar à fratura do osso enfraquecido com uma resultante perda da fixação. Um dispositivo solto repetidamente se move e produz maior reabsorção óssea e erosões. Já a fratura é vista como uma descontinuidade do material de instrumentação, geralmente um parafuso (Figuras 23 a 25). Pode haver também fraturas ósseas junto ao material cirúrgico (Figura 26).

Deslocamento e colocação inadequada dos dispositivos cirúrgicos

Pode haver inúmeras dificuldades técnicas na colocação da instrumentação na coluna, sendo inevitável que surjam complicações decorrentes de mau posicionamento do instrumental (Figuras 27 a 29).

A colocação ideal do parafuso é tipicamente ao longo da face medial do pedículo, sem romper a cortical. A extremidade anterior do parafuso deve se aproximar, mas não transpassar a cortical anterior do corpo vertebral (Figura 30).

Complicações podem surgir de desvio medial ou lateral de um parafuso ou de sua penetração na cortical anterior do corpo vertebral. Alguns autores referem que a invasão de até 2 mm do canal vertebral é aceitável. A

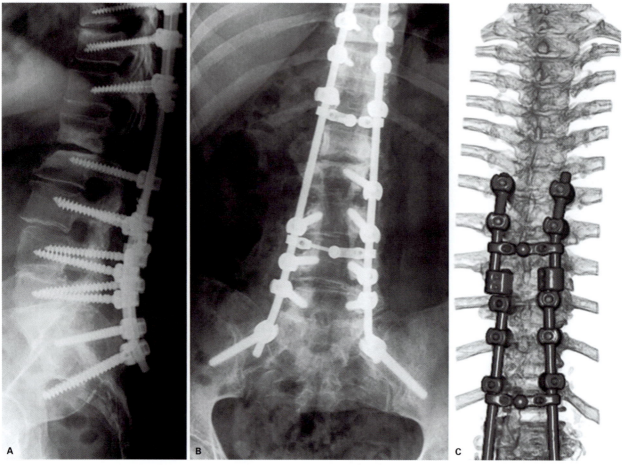

Figura 15 Radiografia (A e B) e tomografia computadorizada com reconstrução tridimensional (C) demonstrando artrodese posterior com hastes e parafusos metálicos.

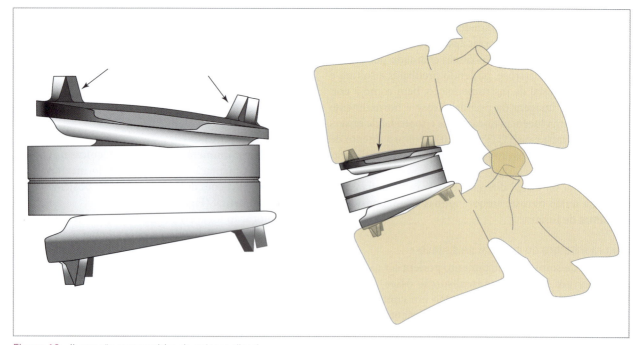

Figura 16 Ilustração esquemática de prótese discal.

Quadro 2	Indicações e contraindicações para o uso de prótese discal Charité
Indicações	
Maturidade esquelética	
Doença degenerativa do disco nos níveis de L4 a S1	
Espondilolistese de 3 mm ou menos	
No alívio da dor após 6 meses ou mais de tratamento não cirúrgico	
Contraindicações	
Infecção sistêmica ativa ou infecção localizada no local da doença degenerativa	
Osteoporose	
Osteopenia	
Estenose vertebral lombar	
Alergia ou sensibilidade aos materiais utilizados na fabricação da prótese	
Síndrome de compressão radicular isolada, especialmente quando causada por hérnia de disco	
Defeito da *pars*	

complicação mais comum é a irritação da raiz nervosa por conta da angulação medial do parafuso com consequente insinuação pela cortical do pedículo (Figura 31). Os dispositivos cirúrgicos podem também migrar, inclusive para o canal vertebral, causando sintomas compressivos radiculares (Figuras 32 e 33).

Parafusos pediculares merecem especial atenção por causa de seu uso frequente e proximidade com estruturas neurais e vasculares. Os pedículos da coluna torácica são menores do que na coluna lombar, havendo um aumento relativo no risco teórico de danos às estruturas neurológicas e vasculares. Os parafusos colocados nas colunas torácica (Figura 34) e lombossacra ocasionalmente entram em contato com importantes estruturas vasculares. Quando isso ocorre em um paciente assintomático, o cirurgião deve decidir se a conduta mais adequada é reabordar cirurgicamente ou apenas acompanhar. Um estudo observou que não houve lesões dos vasos ou óbitos em 182 operações consecutivas, e 33 dos 680 parafusos foram inseridos em contato com um grande vaso conforme observado na imagem de rotina pós-operatória. Os vasos em contato eram a aorta (quatro casos), as artérias ilíacas (sete casos) e as veias ilíacas (22 casos). Nenhum dos pacientes teve sintomas ou sequelas durante o período de acompanhamento (até 50 meses).

Vale ressaltar que o julgamento clínico é o mais importante na decisão de rever cirurgicamente um parafuso pedicular mal posicionado.

Enxertos e próteses também podem herniar anterior ou posteriormente (dependendo da abordagem utilizada para a colocação) e causar sintomas neurológicos.

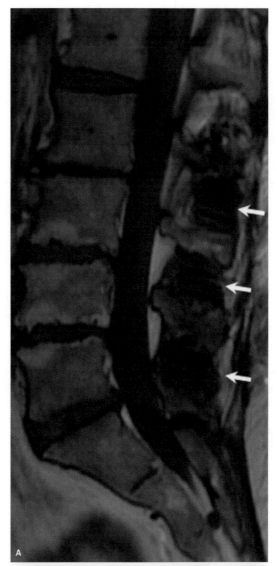
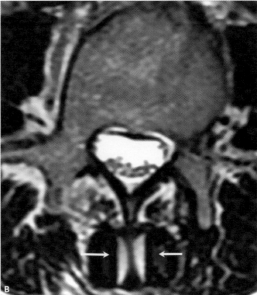

Figura 17 Espaçadores interespinhosos de L2-L3 a L4-L5 (setas).

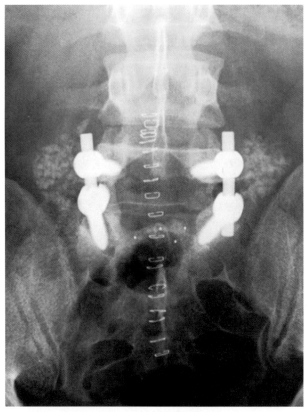

Figura 18 Artrodese posterior instrumentada com enxertia óssea evidenciada em imagem radiográfica.

Quadro 3 Complicações pós-operatórias após cirurgias de fixação da coluna vertebral

A. Soltura e fratura do material de síntese
B. Deslocamento dos dispositivos cirúrgicos
C. Pseudoartrose
D. Infecção
E. Lesões viscerais na via de acesso

pressão sobre a medula espinal e raízes nervosas. Ocasionalmente, fragmentos ósseos podem migrar para o forame neural.

Complicações dos aloenxertos estruturais incluem a migração ou deslocamento quando não estão bem fixados. Por essa razão, são muitas vezes ligados a placas ou presos em sulcos cortados no osso adjacente.

A prevalência de extrusão do enxerto ósseo é inferior a 5%, ocorrendo mais anteriormente.

Infecção

A infecção é uma complicação que pode não se manifestar até muito tardiamente no pós-operatório, inclusive mais de 2 anos após a cirurgia. A infecção pode envolver qualquer tecido no leito pós-operatório. Geralmente, as infecções superficiais manifestam-se mais cedo do que as de tecidos profundos e relacionados ao material de fixação. O processo inflamatório/infeccioso superficial em geral é de fácil diagnóstico clínico, mas a RM pode identificar coleções e determinar a extensão da infecção (Figura 36). Vale lembrar que coleções no sítio de manipulação cirúrgica em partes moles paravertebrais posteriores são

O cimento pode se tornar um problema em casos de extravasamento (Figura 35). Infecção ou soltura podem levar a uma área de lucência na interface cimento-óssea.

Estenose espinhal pode ser uma complicação do crescimento excessivo do enxerto ósseo, bem como da com-

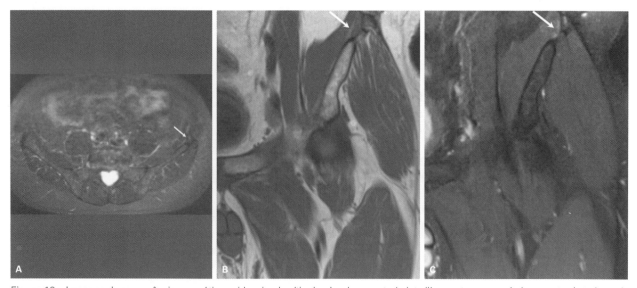

Figura 19 Imagens de ressonância magnética evidenciando sítio doador de enxerto (crista ilíaca anterossuperior) para artrodese (setas).

11 AVALIAÇÃO PÓS-OPERATÓRIA DA COLUNA VERTEBRAL 859

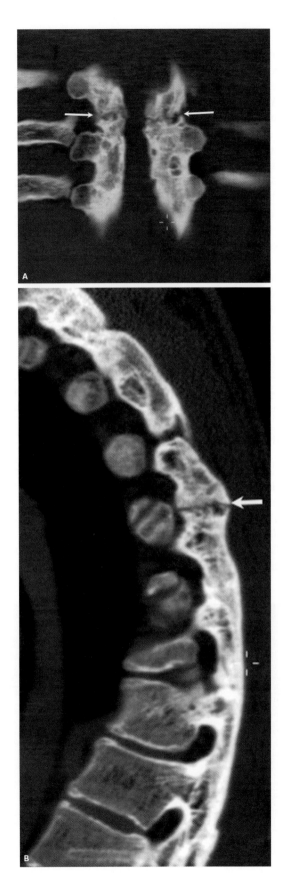

Figura 20 Imagens de tomografia computadorizada nos planos coronal (A) e sagital (B) demonstrando sinais de pseudoartrose (setas).

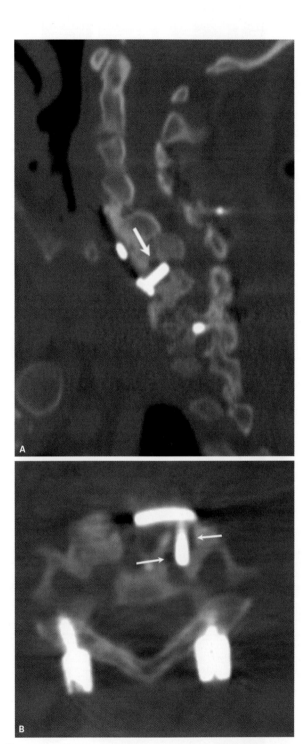

Figura 21 Soltura de parafuso. Imagens de tomografia computadorizada nos planos sagital e axial evidenciando halo de reabsorção óssea ao redor do parafuso, indicando soltura (setas).

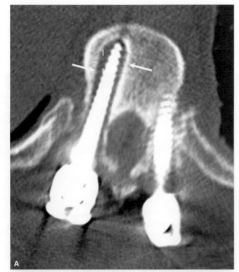

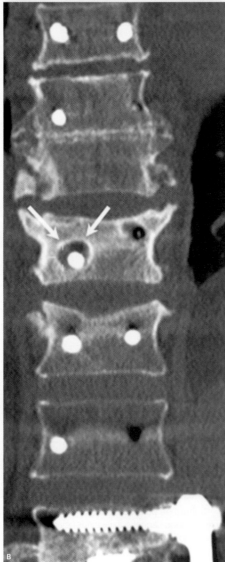

comuns (Figura 37) e muitas vezes os meios de imagem disponíveis, inclusive a RM, não conseguem determinar se há ou não infecção desse conteúdo, sendo necessárias a correlação clínica e eventual coleta do material.

As infecções mais profundas, incluindo espondilodiscite, podem ser difíceis de diagnosticar clinicamente, sendo a RM um excelente método para avaliação dessa hipótese diagnóstica (Figura 38).

A infecção também pode induzir destruição e reabsorção óssea ao redor do implante, cabendo como diagnóstico diferencial da soltura. Às vezes, o padrão de reabsorção óssea vai ajudar a indicar uma causa mecânica da área lucente (p. ex., "o movimento do limpador do para-brisa" de um parafuso sobre um ponto do pivô).

Lesões viscerais na via de acesso

No controle pós-operatório, o radiologista deve avaliar sistematicamente a integridade das estruturas neurais e vasculares ao longo da coluna vertebral, incluindo os forames neurais e das artérias vertebrais, saco dural, medula espinal e raízes da cauda equina, bem como estruturas adjacentes, como os vasos de grande porte, musculatura psoica, mediastino posterior e tecidos moles pré-vertebrais.

Outras causas de dor pós-operatória

Embora a cirurgia no nível errado seja uma rara ocorrência, deve ser uma causa lembrada para explicar a persistência dos sintomas clínicos.

Corpos estranhos não são raros de serem encontrados no sítio cirúrgico (Figura 39).

Já o início agudo de sintomas neurológicos no pós-operatório imediato deve despertar a possibilidade de

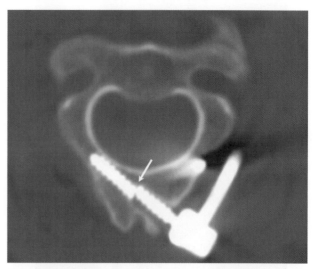

Figura 22 Soltura de parafuso na tomografia computadorizada. Halo de reabsorção óssea ao redor de parafuso pedicular direito, inferindo soltura (setas).

Figura 23 Fratura de parafuso cirúrgico. Imagem de tomografia computadorizada no plano axial evidenciando fratura de parafuso no arco posterior de corpo vertebral cervical (seta).

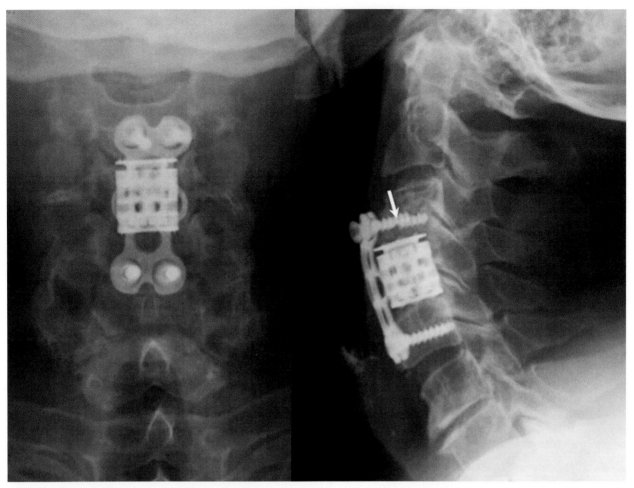

Figura 24   Radiografias da coluna cervical evidenciando corpectomia e artrodese anterior com placa, parafusos e *cage*. Há fratura do parafuso superior do corpo vertebral de C3 (seta).

formação de um hematoma (Figura 40), o qual pode requisitar descompressão cirúrgica de urgência.

Sequelas de fusões em longo prazo

O problema essencial na fusão, apesar de seu sucesso clínico frequente, é que a mobilidade reduzida dos segmentos fundidos acarreta tensões adicionais sobre os níveis adjacentes da coluna vertebral (Figura 41). A consequência é uma maior probabilidade de alterações degenerativas, instabilidade ligamentar e até mesmo fraturas.

A laminectomia descompressiva sem instrumentação ou fusão também pode ter a longo prazo sérias consequências funcionais. Esses processos geralmente danificam apenas a parte posterior da coluna e costumam ter excelentes resultados iniciais. No entanto, se alterações degenerativas acometerem posteriormente a coluna anterior, a instabilidade de duas colunas pode se desenvolver, exigindo nova cirurgia.

Avaliação da coluna vertebral por ressonância magnética nas cirurgias de hérnia de disco

Laminectomias e discectomias são procedimentos comuns no manejo de pacientes com hérnias discais sintomáticas. As complicações incluem herniação discal recorrente/residual, formação de tecido cicatricial, discite, aracnoidite e pseudomeningocele. RM com gadolínio é a técnica de escolha para investigação de sintomas recorrentes após a discetomia. As imagens adquiridas pós-gadolínio em T1 com supressão de gordura aumentam a sensibilidade para detecção de doenças da coluna e ajudam na detecção de realces súbitos, pelo fato de reduzirem-se os artefatos *chemical shift* e o alto sinal proveniente da gordura epidural adjacente.

A literatura inglesa denomina de *failed back surgery syndrome* (FBSS) a situação em que o paciente foi submetido a uma cirurgia da coluna lombar para dor lombar

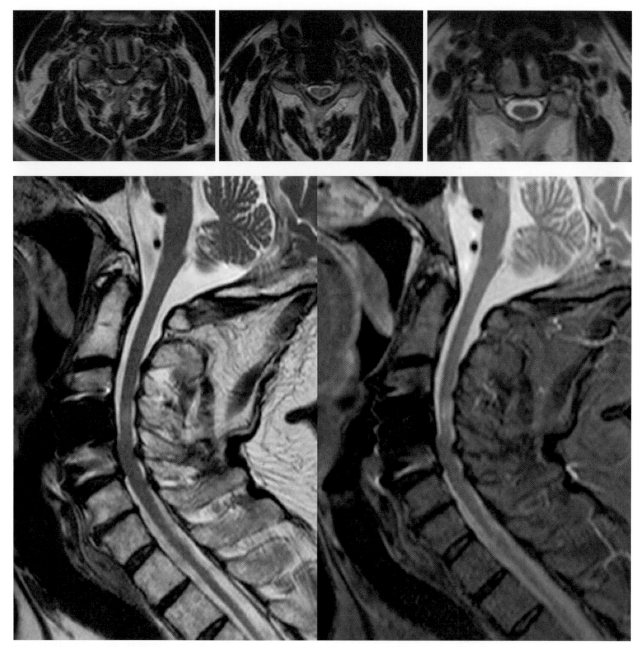

Figura 25 Os artefatos gerados no estudo de ressonância magnética impossibilitam a visualização e o diagnóstico da fratura do parafuso demonstrada na Figura 24.

ou radiculopatia do membro inferior e o resultado é nova ou persistente dor lombar e/ou radiculopatia. Discectomia lombar é uma das operações mais comuns realizadas na coluna e consequentemente a principal causa de FBSS.

Vale ressaltar que o momento ideal e a real necessidade de realizar a cirurgia em caso de ciatalgias por hérnia discal despertam grande interesse na literatura e não existe um consenso exato que permita um *guideline* único entre diferentes grupos no mundo.

Técnicas de discectomias

Existem várias técnicas para o manejo da herniação discal. Elas dependerão do tamanho e localização do fragmento herniado. Uma pequena hérnia paracentral pode ser facilmente acessada pela remoção de uma diminuta porção do ligamento amarelo sem a necessidade de uma laminectomia, um procedimento chamado fenestração. Já um grande disco central ou paracentral pode

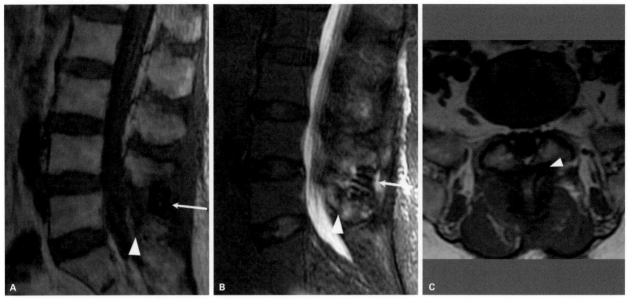

Figura 26 Imagens de ressonância magnética evidenciando espaçador interespinhoso em L4-L5 (setas) e fratura na base do processo espinhoso de L5 (cabeças de setas).

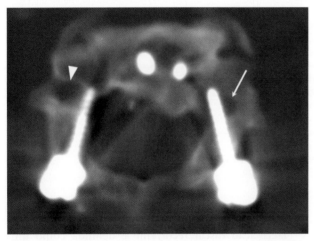

Figura 27 Imagem axial de tomografia computadorizada demonstrando artrodese posterior com parafuso insinuando-se no forame transverso esquerdo (seta). Notar o forame transverso direito normal (cabeça de seta).

requisitar um grau variável de ressecção da lâmina, unilateral ou bilateral, junto ao ligamento amarelo. Por sua vez, uma herniação foraminal ou extremolateral pode impor a necessidade de remoção adicional de parte da faceta articular.

As técnicas de discectomia clássica, microscópica e endoscópica posterior são consideradas eficazes para o tratamento de um único nível de hérnia de disco lombar em pacientes sem deformidades vertebrais degenerativas.

Não foram encontradas diferenças estatisticamente significativas entre essas técnicas quanto à melhora da dor, déficits sensoriais, força motora, reflexos e satisfação do paciente. Os dados atuais sugerem que a microcirurgia e endoscopia são técnicas superiores à clássica para o tratamento de um único nível de hérnia discal lombar em relação ao volume da perda de sangue, repercussões sistêmicas e a duração de internação. Nenhuma conclusão pode ser dada em relação à segurança das três técnicas estudadas, em razão da insuficiência de dados das complicações pós-operatórias.

Pós-discectomia

Evolução normal

O período pós-operatório pode ser dividido em recente e tardio, e a divisão ocorre em cerca de 6 meses. Para melhor entendimento da avaliação pós-operatória das discectomias nos casos de evolução normal e naqueles complicados, os achados podem ser divididos por localização: espaço discal e platôs vertebrais; espaço epidural anterior e saco dural; estruturas posteriores.

Os achados referentes ao pós-operatório normal recente e tardio de discectomias são resumidos no Quadro 4, considerando-se que eles são baseados no artigo de Babar et al. e, embora alguns sejam discutíveis e passíveis de estudos com um maior número de casos, valem como interessantes pontos de partida a serem analisados em associação aos dados clínicos.

Quadro 4	Pós-discectomia normal: achados por ressonância magnética	
	Pós-operatório recente	**Pós-operatório tardio**
Espaço discal e platôs vertebrais	Banda de alto sinal em T2 do núcleo pulposo que se estende ao foco de rompimento do ânulo fibroso, o qual pode apresentar realce, achado observado até cerca de 2 meses Pode haver edema inflamatório dos platôs vertebrais semelhante às alterações observadas em Modic tipo I (baixo sinal em T1 e alto sinal em T2 com supressão de gordura) numa minoria dos casos	Defeito anular com alto sinal em T2 é gradualmente substituído por baixo sinal
Espaço epidural anterior e saco tecal	Aumento de partes moles no espaço epidural anterior com indistinção da margem anular é observado em cerca de 80% dos pacientes, reduzindo para cerca de 50% após 2 meses. É considerado um edema epidural, apresentando sinal intermediário em T1 e discreto alto sinal em T2 Realce da raiz neural pode ser observada em até cerca de 20-62% de pacientes assintomáticos de 3-6 semanas após a cirurgia Realce da raiz neural após 6 meses é considerado patológico Redução do saco dural pode ser observada, mas normalmente retorna ao normal em cerca de 3 semanas	Estudos variam sobre a normalidade da presença de tecido fibrótico no espaço epidural, relatando entre raro e até 50% dos casos, notando-se que o grau de realce dependerá do tempo pós-cirúrgico (é mais comum nos primeiros 9 meses).
Estruturas posteriores	Dependerão em certo grau da natureza da intervenção cirúrgica A região das lâminas pode estar relativamente normal, com uma ausência parcial do ligamento amarelo sendo o único sinal cirúrgico. Em caso de laminectomias mais amplas, será notado tecido com sinal intermediário Para reduzir a formação de fibrose, enxerto de gordura pode ser inserido no espaço epidural. É importante diferenciá-la de hemorragia, a qual também apresentará alto sinal em T1, cabendo à sequência com supressão de gordura papel importante nesse diferencial Realce da articulação facetária é relatado em 63-68% dos pacientes em até 6 semanas Há edema e descontinuidade dos planos músculo-adiposos paravertebrais, achados observados em praticamente todos os pacientes até 3 semanas e que normalmente regridem até 3 meses. Pequenas coleções líquidas podem se associar, especialmente se foram realizadas laminectomias É importante ressaltar que não é possível apenas pelas características de sinal diferenciar coleções serosas habituais de coleções infectadas	A maturação do tecido fibrótico na loja da laminectomia apresenta sinal intermediário em T1 e baixo sinal em T2, podendo haver tênue realce periférico (tecido de granulação vascularizado) Realce das partes moles paravertebrais cai de 100% no pós-operatório imediato para cerca de 18% após 6 meses Realce da articulação facetária em até 53% dos casos

Complicações pós-operatórias

Diversas são as complicações que podem ocorrer no pós-operatório (Quadro 5), destacando-se protrusão discal recorrente (5-11%), fibrose epidural (8-14%), discite pós-operatória (3,7%), aracnoidite (3%), peseudomeningocele, fraturas facetárias e hematoma epidural (raras).

Quadro 5	Complicações pós-operatórias nas discectomias: achados por ressonância magnética
1. Fibrose epidural (8-14%)	
2. Protrusão discal recorrente (5-11%)	
3. Discite pós-operatória (3,7%)	
4. Aracnoidite (3%)	
5. Pseudomeningocele, fraturas facetárias e hematoma epidural (raras)	

Herniação discal recorrente é definida como uma hérnia no mesmo nível, ispilateral ou contralateral, com um intervalo sem dor de ao menos 6 meses.

Espaço discal e platôs vertebrais

Discite: classificada como séptica ou asséptica. Na discite séptica, o quadro típico é de febre e lombalgia nas primeiras 8 semanas do pós-operatório. As alterações na RM incluem redução da altura discal, alto sinal do disco em T2, bem como irregularidades, erosões e edema dos platôs vertebrais, podendo haver coleções e flegmão associado.

Espaço epidural anterior e saco tecal

A diferenciação entre uma hérnia residual/recorrente e a fibrose epidural é de grande importância (Figuras 42

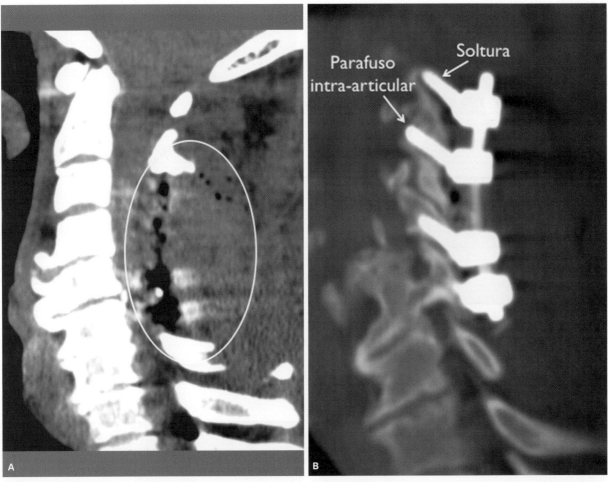

Figura 28 Imagens de tomografia computadorizada demonstrando artrodese posterior e ampla laminectomia (círculo). Há sinais de soltura do parafuso superior e trajeto articular interfacetário do parafuso imediatamente abaixo.

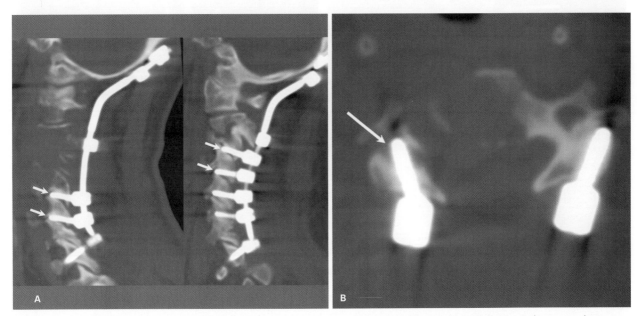

Figura 29 Imagens de tomografia computadorizada demonstrando artrodese occípito-cervicotorácica posterior em paciente com múltiplas metástases por tumor renal. Há diversos parafusos com trajeto articular interfacetário (setas).

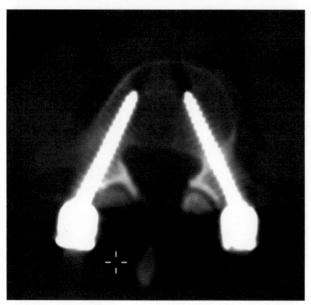

Figura 30 Parafusos pediculares bem posicionados em imagem axial de tomografia computadorizada.

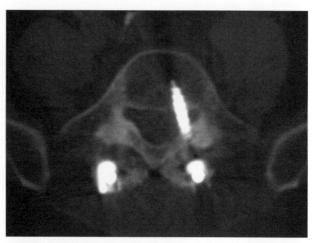

Figura 31 Parafuso no recesso lateral. Imagem de tomografia computadorizada no plano axial demonstrando parafuso pedicular mal posicionado, insinuado no recesso lateral esquerdo, trajeto da raiz descendente.

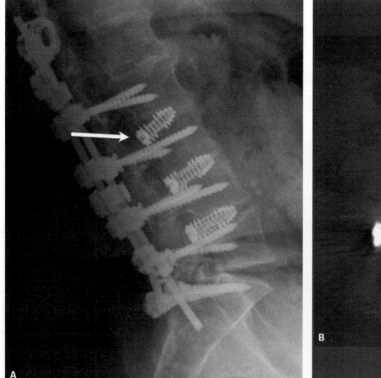

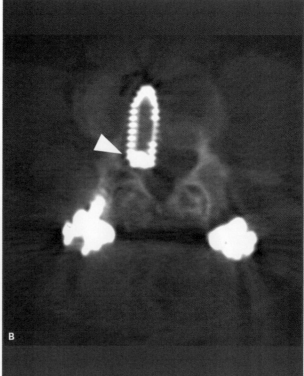

Figura 32 Posicionamento inadequado de espaçador intervertebral (*cage*). Radiografia simples (A) evidenciando espaçador insinuado no canal vertebral no plano de L4-L5 (seta), achado melhor evidenciado em exame de tomografia computadorizada (B), que demonstra com maior precisão o posicionamento do dispositivo cirúrgico comprimindo a raiz L5 direita no recesso lateral (cabeça de seta).

11 AVALIAÇÃO PÓS-OPERATÓRIA DA COLUNA VERTEBRAL 867

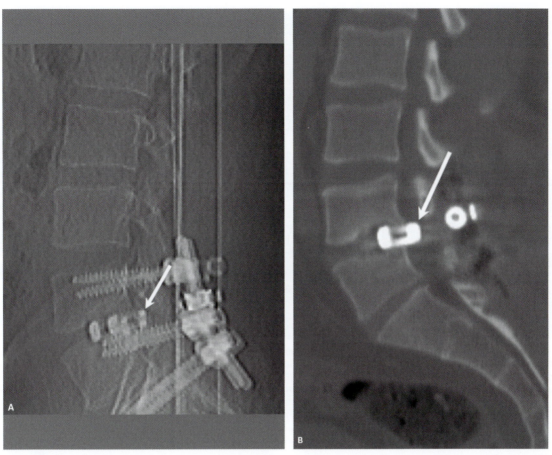

Figura 33   Imagens de tomografia computadorizada evidenciando migração do *cage* para o canal vertebral (setas). Scout (A) e plano sagital (B).

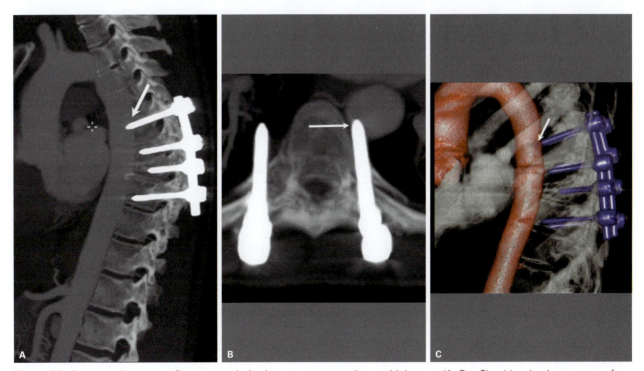

Figura 34   Imagens de tomografia computadorizada com reconstruções multiplanares (A, B e C) evidenciando que o parafuso transpedicular esquerdo de T6 tem trajeto paravertebral, com extremidade comprimindo a parede posteromedial da aorta torácica e pequena insinuação para a luz (setas). Não há dissecções ou dilatações associadas. Houve boa contrastação da luz da aorta, não se observando extravasamento do meio de contraste.

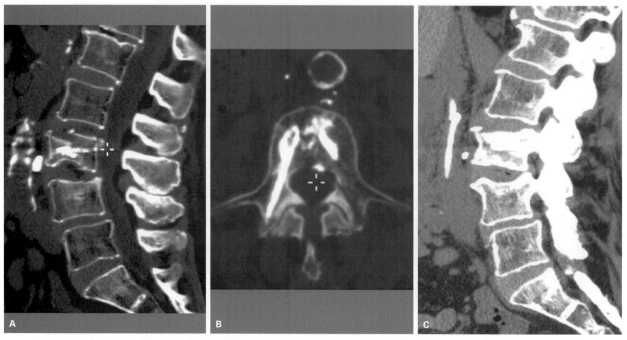

Figura 35 Imagens de tomografia computadorizada evidenciando controle de vertebroplastia de L3 (A), com material hiperdenso (cimento) com trajetos cirúrgicos pelos pedículos e extravasamento do material para as partes moles paravertebrais anteriores e posteriores, assim como mínimo para a região epidural anterior paramediana esquerda (B). Na região paravertebral anterior, observa-se ainda extensão do cimento para o plexo venoso adjacente, atingindo a veia cava inferior (C).

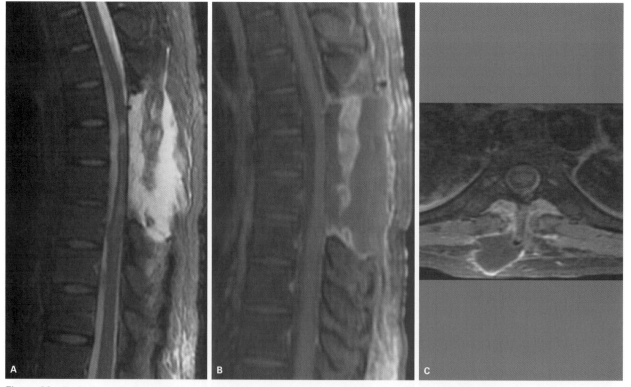

Figura 36 Paciente com provas clínicas e laboratoriais sugestivas de meningite. Imagem de ressonância magnética no plano sagital ponderada em T2 com saturação de gordura (A) evidenciando amplas laminectomias dorsais médias, afilamento e alteração de sinal da medula espinhal (mielopatia) e coleção de partes moles posteriores. Sequências T1 pós-contraste com saturação de gordura sagital (B) e axial (C) demonstrando espessamento e realce dural.

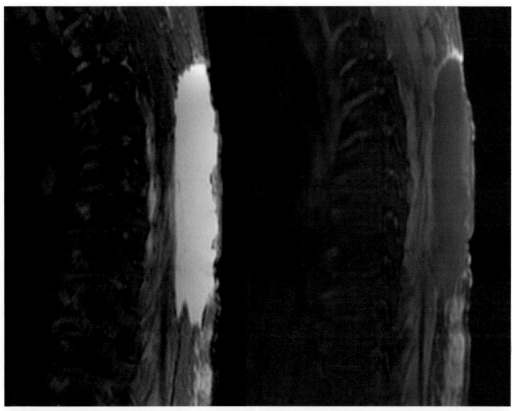

Figura 37 Coleção. Imagens de ressonância magnética no plano sagital ponderadas em T2 (A) e T1 pós-contraste (B), ambas com saturação de gordura, demonstrando coleção em plano de partes moles paravertebrais posteriores.

a 44), já que o paciente pode se beneficiar de novas cirurgias para alívio dos sintomas no caso de re-herniações, mas há contraindicação na maioria dos casos quando trata-se de fibrose. Fibrose epidural é a substituição da gordura epidural normal por tecido fibrótico, que ao envolver o saco tecal ou raízes neurais pode acarretar sintomas.

Fibras neurais que estão incorporadas no tecido cicatricial estão sujeitas a aumento da tensão, transporte axoplasmático prejudicado, bem como retorno limitado do suprimento arterial e venoso. Raízes nervosas espinhais e gânglios da raiz dorsal são sensíveis a deformação mecânica e compressão do tecido neural, podendo causar sintomas como dor, fraqueza muscular e dormência.

Alguns parâmetros podem auxiliar o radiologista a diferenciar essas entidades (Quadro 6): a herniação discal costuma ser uma imagem polipoide de baixo sinal em T1 e T2 com margens regulares, na face epidural anterior ou anterolateral, em contiguidade com o disco (exceto se sequestrado, o qual também pode ter alto sinal em T2); já a fibrose epidural tem sinal intermediário (mas após 2 anos pode ter baixo sinal), margens irregulares e retrações no saco dural. Nesse contexto, a utilização do gadolínio endovenoso pode ser de grande valia. O disco habitualmente não apresenta realce, enquanto a fibrose tem realce heterogêneo. É importante obter imagens precocemente após a injeção do contraste, já que a maior contrastação

Quadro 6 Diferenças entre hérnia discal residual/recorrente e fibrose epidural: características na RM

	Hérnia discal residual/recorrente	Fibrose epidural
T1	Baixo sinal/intermediário	Intermediário
T2	Normalmente baixo sinal, mas pode ser alto, especialmente quando recente	Intermediário/alto
T1 GD	Sem realce, mas pode ter realce periférico tardiamente após a injeção	Realce moderado a intenso
Efeito de massa	Variável, pode ser grave	Normalmente mínimo
Morfologia	Margens suaves	Irregular
Localização	Qualquer lugar	Sítio cirúrgico

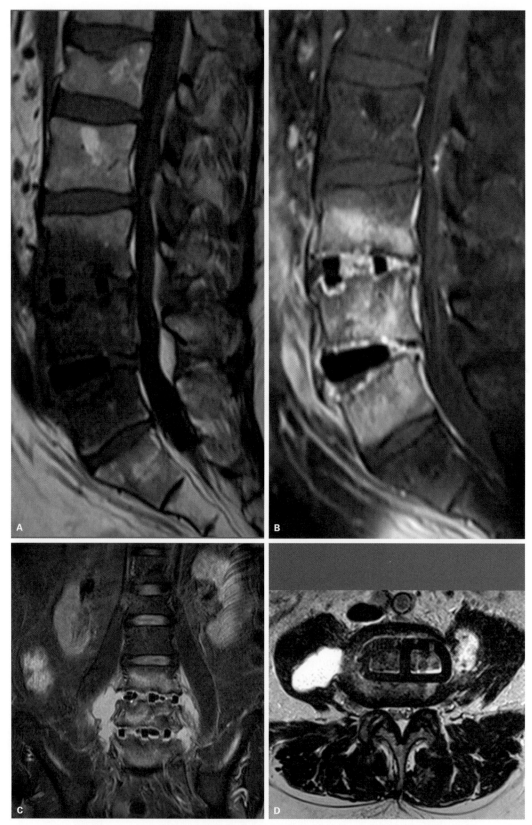

Figura 38 Imagens de ressonância magnética no plano sagital ponderadas em T1 (A) e T1FS pós-contraste (B), coronal T2FS e axial T2 (C e D) evidenciando próteses nos espaços discais L3-L4 e L4-L5, com líquido ao redor delas, associadas a processo inflamatório de partes moles adjacentes e nos corpos vertebrais L3 a L5. Há irregularidade dos platôs vertebrais correspondentes, destacando-se intenso hipossinal em T1 da medular óssea de tais corpos vertebrais. Coleções com realce periférico nos ventres musculares do psoas, comunicando-se lateralmente com esses espaços discais. Os achados são compatíveis com processo inflamatório/infeccioso (espondilodiscite).

11 AVALIAÇÃO PÓS-OPERATÓRIA DA COLUNA VERTEBRAL 871

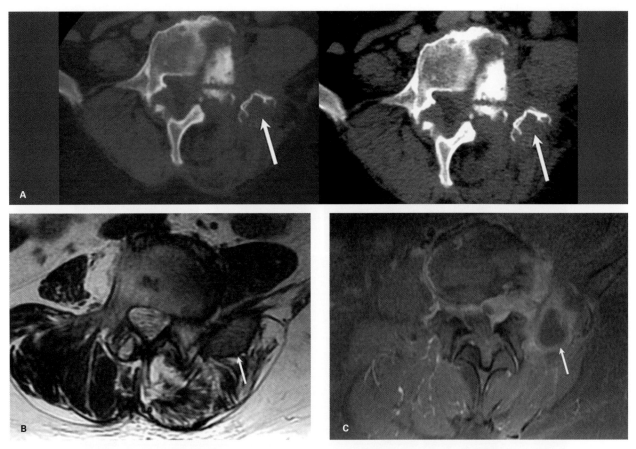

Figura 39 Imagens de tomografia computadorizada axiais, janelas ósseas e de partes moles e ressonâncias magnéticas axiais T2 e T1 pós-contraste com saturação de gordura evidenciando corpo estranho (gaze) pós-laminectomia (setas).

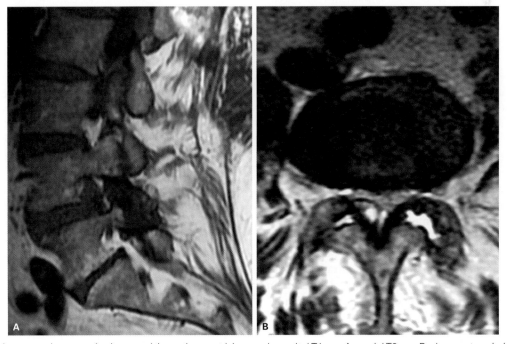

Figura 40 Imagens de ressonância magnética pré-operatória, sendo sagital T1 em A e axial T2 em B, demonstrando hérnia discal foraminal esquerda, cisto artrossinovial da interapofisária direita, hipertrofia dos ligamentos amarelos e facetária condicionando estenose do canal vertebral em L4-L5.

(continua)

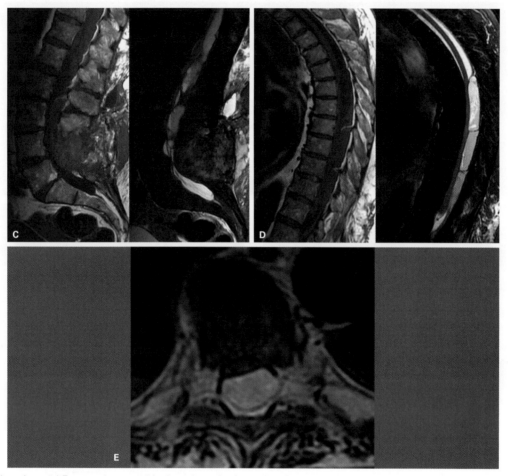

Figura 40 (*continuação*) Exame pós-operatório das colunas lombar e dorsal com sequências ponderadas em T1 (C, E), T2 com saturação de gordura (D, F) e T2 (G) evidenciando laminectomia extensa de L4 e L5 associada a coleções hemáticas, com níveis líquido-líquido, na região epidural posterior do canal vertebral, estendendo-se do nível de L4 superiormente até D5, comprimindo acentuadamente as raízes da cauda equina, medula espinhal e a face posterior do saco dural, bem como reduzindo acentuadamente as dimensões do canal vertebral.

da fibrose ocorre após 3-5 minutos. Discos residuais/recorrentes podem apresentar contrastação periférica precoce em fragmentos sequestrados ou mais generalizada se são obtidas imagens tardias.

Em relação às raízes neurais, acredita-se que o espessamento neural isolado não tem valor diagnóstico, enquanto o realce da raiz após 6 meses está associado a um desfecho clínico ruim, particularmente quando associado a herniação discal recorrente.

A morfologia anormal das raízes no saco dural pode estar associada a aracnoidite estéril, que pode ocorrer após discectomia, infecção, hemorragia intradural, trauma e injeções intratecais. As aracnoidites são mais bem evidenciadas nas imagens ponderadas em T2 e têm alguns padrões descritos na RM, a saber:

- Tipo I: as raízes estão conglomeradas no centro do saco dural em uma ou mais cordas, representando doença leve.
- Tipo II: as raízes estão localizadas perifericamente no saco dural, configurando aparência de saco dural vazio, representando doença moderada.
- Tipo III: tecido com sinal intermediário obliterando o espaço subaracnóideo abaixo do cone medular, representando doença grave.

O uso do gadolínio não auxilia na detecção da aracnoidite, já que pode haver diferentes tipos de contrastação, mas ajuda na diferenciação com lesões tumorais intradurais. A conduta cirúrgica está contraindicada na presença de aracnoidite.

Estruturas posteriores

Pseudomeningocele (Figura 45) infere uma lesão dural com acúmulo de liquor posterior ao saco tecal, podendo apresentar níveis líquidos pela deposição de debris/produtos hemáticos. É um potencial fator causal de FBSS.

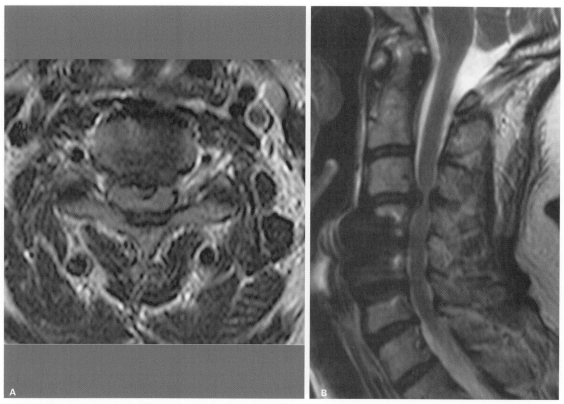

Figura 41 Imagens de ressonância magnética evidenciando degeneração discal com protrusão e espessamento dos ligamentos amarelos no nível acima da artrodese.

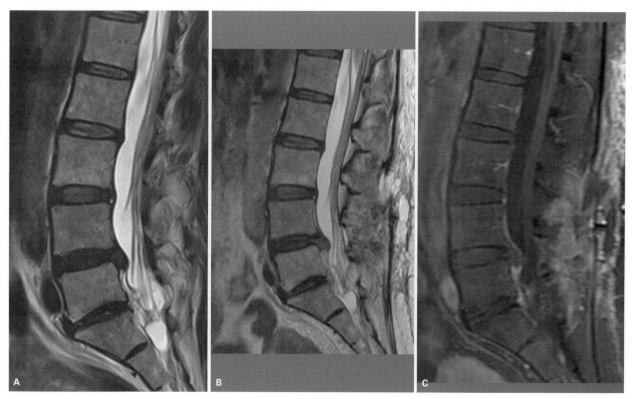

Figura 42 Re-herniação discal. A: Ressonância magnética (RM) pré-operatória evidenciando hérnia discal em L4-L5. Imagens de RM no plano sagital ponderadas em T2 (B) e T1 pós-contraste com saturação de gordura (C), demonstrando sinais de manipulação cirúrgica e nova hérnia discal no nível L4-L5, a qual apresenta contornos regulares e ausência de realce no interior.

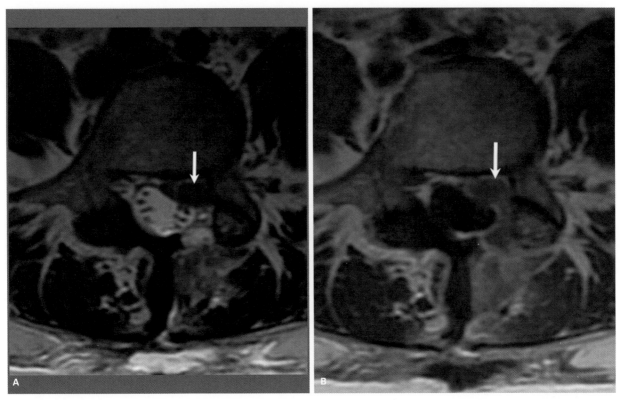

Figura 43 Re-herniação discal. Imagens de ressonância magnética no plano axial ponderadas em T2 (A) e T1 pós-contraste com saturação de gordura (B), demonstrando laminectomia esquerda e hérnia discal, a qual apresenta contornos regulares e ausência de realce no interior (setas).

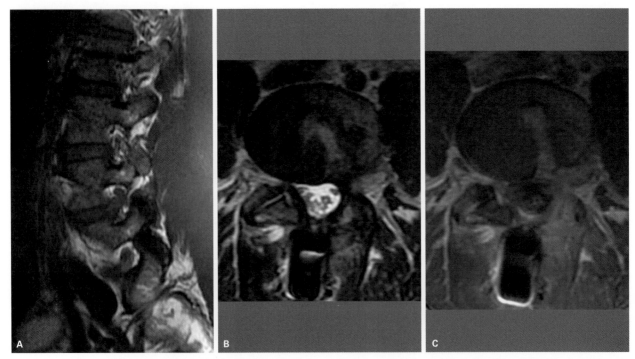

Figura 44 Fibrose epidural. Imagens de ressonância magnética no plano sagital ponderadas em T1 (A), axial T2 (B) e axial T1 pós--contraste (C) demonstrando laminectomia e facetectomia esquerdas com área nodular irregular paramediana/foraminal esquerda que apresenta realce ao gadolínio, indicando fibrose.

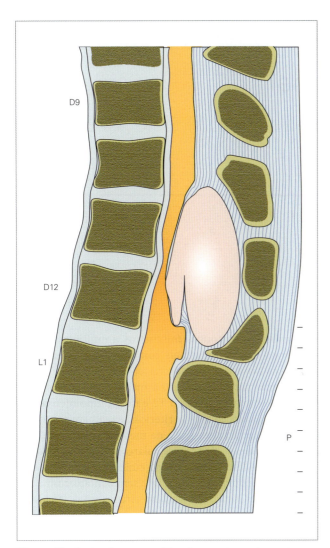

Figura 45   Ilustração esquemática de pseudomeningocele.

Considerações finais

A avaliação da coluna operada pode ser difícil para emitir um preciso diagnóstico, especialmente quando baseada apenas em dados clínicos ou radiológicos isoladamente, sendo essencial a sua correlação. Uma avaliação por qualquer modalidade de imagem é facilitada por uma compreensão da biomecânica da coluna vertebral, técnicas e materiais cirúrgicos. Ao identificar corretamente complicações pós-cirúrgicas da coluna vertebral, o radiologista desempenhará um papel importante no cuidado de pacientes com dor pós-operatória.

Bibliografia sugerida

1. Babar S, Saifuddin A. MRI of the post-discectomy lumbar spine. Clin Radiol. 2002;57(11):969-81.
2. Denis F. The three column spine and its significance in the classification of acute thoracolumbar spinal injuries. Spine. 1983;8:817-831.
3. Douglas-Akinwande AC, Buckwalter KA, Rydberg J, Rankin JL, Choplin RH. Multichannel CT: evaluating the spine in postoperative patients with orthopedic hardware. Radiographics. 2006;26(Suppl 1):S97-110.
4. Foxx KC, Kwak RC, Latzman JM, Samadani U. A retrospective analysis of pedicle screws in contact with the great vessels. J Neurosurg Spine. 2010;13(3):403-6.
5. Gotfryd A, Avanzi O. A systematic review of randomised clinical trials using posterior discectomy to treat lumbar disc herniations. Int Orthop. 2009;33(1):11-7.
6. Hicks JM, Singla A, Shen FH, Arlet V. Complications of pedicle screw fixation in scoliosis surgery: a systematic review. Spine. 2010;35(11):E465-70.
7. Lee CS, Hwang CJ, Lee SW, Ahn YJ, Kim YT, Lee DH, et al. Risk factors for adjacent segment disease after lumbar fusion. Eur Spine J. 2009;18(11):1637-43.
8. Lee MJ, Kim S, Lee SA, Song HT, Huh YM, Kim DH, et al. Overcoming artifacts from metallic orthopedic implants at high-field-strength MR imaging and multi-detector CT. Radiographics. 2007;27(3):791-803.
9. Murtagh RD, Quencer RM, Castellvi AE, Yue JJ. New techniques in lumbar spinal instrumentation: what the radiologist needs to know. Radiology. 2011;260(2):317-30.
10. Murtagh RD, Quencer RM, Cohen DS, Yue JJ, Sklar EL. Normal and abnormal imaging findings in lumbar total disk replacement: devices and complications. Radiographics. 2009;29(1):105-18.
11. Peul WC, van Houwelingen HC, van den Hout WB, Brand R, Eekhof JA, Tans JT, et al. Surgery versus prolonged conservative treatment for sciatica. N Engl J Med. 2007;356(22):2245-56.
12. Ray CD. Threaded fusion cages for lumbar interbody fusions: an economic comparison with 360 degrees fusions. Spine. 1997;22:681-685.
13. Rutherford EE, Tarplett LJ, Davies EM, Harley JM, King LJ. Lumbar spine fusion and stabilization: hardware, techniques, and imaging appearances. Radiographics. 2007;27(6):1737-49.
14. Slone RM, MacMillan M, Montgomery WJ, Heare M. Spinal fixation. Part 2. Fixation techniques and hardware for the thoracic and lumbosacral spine. Radiographics. 1993;13(3):521-43. Review.
15. Slone RM, MacMillan M, Montgomery WJ. Spinal fixation. Part 3. Complications of spinal instrumentation. Radiographics. 1993;13(4):797-816.
16. Slone RM, MacMillan M, Montgomery WJ. Spinal fixation. Part 1. Principles, basic hardware, and fixation techniques for the cervical spine. Radiographics. 1993;13(2):341-56.
17. Weinstein JN, Lurie JD, Tosteson TD, Skinner JS, Hanscom B, Tosteson AN, et al. Surgical vs nonoperative treatment for lumbar disk herniation: the Spine Patient Outcomes Research Trial (SPORT) observational cohort. JAMA. 2006;296(20):2451-9.
18. Young PM, Berquist TH, Bancroft LW, Peterson JJ. Complications of spinal instrumentation. Radiographics. 2007;27(3):775-89.

12 Afecções da medula espinal

Fabrício Stewan Feltrin
Fabio de Vilhena Diniz
Paula da Cunha Pinho Kraichete
Franklin Tertulino de Freitas
Lucas Zoppi Campane

Doenças inflamatórias e desmielinizantes da medula espinal

Esclerose múltipla

A esclerose múltipla (EM) é uma doença desmielinizante crônica recorrente, mais comum em mulheres jovens (média de 29 anos, 2 mulheres:1 homem). Para seu diagnóstico é necessário demonstrar disseminação no tempo e disseminação no espaço, segundo critérios bem estabelecidos (Quadro 1). Possui três formas clínicas principais, a remitente-recorrente (EM-RR), a forma secundariamente progressiva (EM-SP) e a forma primariamente progressiva (EM-PP). Estas duas últimas formas podem ainda ser divididas em formas com surtos ou sem surtos. As crises podem evoluir com desmielinização parcial seguida de processos reparativos ou perda tissular irreversível com degeneração axonal. Atualmente acredita-se que a perda axonal, muitas vezes uma consequência mais tardia, seja a maior responsável pelas sequelas oriundas da doença e não apenas o processo de desmielinização em si. Há achados positivos na medula espinal em cerca de 70-80% dos pacientes com EM.

O achado radiológico mais característico da EM medular são lesões focais alongadas longitudinalmente, com dimensões entre poucos milímetros a múltiplos corpos vertebrais de extensão, mais comumente se estendendo por menos que dois corpos vertebrais. Mais comumente as placas são observadas na medula cervical, e apresentam-se hiperintensas em T2 e iso ou hipointensas em T1, sendo assimétricas e periféricas, e ocupam menos da metade da secção transversa da medula. Acometem preferencialmente os cordões medulares posteriores e posterolaterais, podem ter morfologia cuneiforme com base na superfície medular ou ovaladas e sem contato com a superfície pial. Costumam ser bem circunscritas. As lesões agudas podem ter quebra da barreira hematoencefálica com realce pelo meio de contraste. O achado radiológico tem correlação com a fase da desmielinização: na fase aguda as lesões são mais bem evidenciadas na sequências STIR e T2, podem apresentar discreta tumefação da medula, embora isso seja pouco frequente. O realce pelo gadolínio é marcador de lesão aguda. Já na fase crônica, a sequência que mais bem demonstra as lesões medulares é a de densidade de prótons (DP), sendo então bastante comum a atrofia medular. Nessa fase comumente as lesões se apresentam confluentes. Entre os achados laboratoriais que podem corroborar a hipótese de EM, a pesquisa de bandas oligoclonais no liquor é importante, pois está presente em cerca de 80% dos casos. Destaca-se que ponto

---

Quadro 1 Critérios de McDonald (2010) para diagnóstico de esclerose múltipla com ressonância magnética

Disseminação no espaço	Disseminação no tempo
Pelo menos uma lesão hiperintensa em T2 em pelo menos duas destas localizações: • Periventricular • Justacortical • Infratentorial • Medular	Nova lesão ou nova lesão com realce pelo gadolínio em qualquer tempo de acompanhamento Presença simultânea de lesão assintomática com realce e lesão sem impregnação pelo gadolínio em qualquer tempo

* Se houver síndrome medular ou de tronco encefálico, as lesões sintomáticas devem ser excluídas da contagem.

importante quando se suspeita de EM como etiologia de uma lesão medular é a avaliação do sistema nervoso central. Embora sejam detectadas lesões medulares em cerca de 70% dos pacientes com EM, o acometimento isolado da medula espinal é pouco frequente, ocorrendo apenas em cerca de 20% dos casos.

Quando ocorre o surgimento de uma única lesão sintomática cujo aspecto favorece substrato desmielinizante, estamos diante de uma síndrome clínica isolada (SCI). O termo SCI não é exclusivo do acometimento medular, mas pode ser usado para descrever qualquer caso em que exista um novo sintoma focal neurológico com um achado de imagem compatível com o déficit apresentado e cujo aspecto favoreça natureza desmielinizante. Na SCI em geral a lesão é única, mas pode, menos frequentemente, ser múltipla. São casos de alto risco para evoluir para esclerose múltipla. Os estudos acerca das SCI ainda são conflitantes, com evolução para EM clinicamente definida entre 30 e 80% dos casos, a depender do estudo. Estima-se que cerca de 80% dos casos de esclerose múltipla remitente-recorrente (a forma mais comum) se iniciem como uma síndrome clínica isolada, seja ela relacionada ao acometimento encefálico, medular ou como uma neurite óptica.

Um achado menos frequente na medula espinal na EM é o acometimento difuso e longitudinalmente extenso da medula espinal. É verificado com mais frequência nas formas primariamente progressiva e secundariamente progressiva. Sendo assim, a sua distinção com outras formas de mielopatia, como a mielite transversa idiopática ou a neuromielite óptica, torna-se bastante difícil (Figura 1).

Neuromielite óptica (NMO) ou doença de Devic

Doença desmielinizante classicamente caracterizada por neurite óptica e mielopatia transversa, poupando relativamente o tecido cerebral. Muitas vezes é recorrente, mas pode ser monofásica. A epidemiologia da NMO parece ser diversa da EM. Acomete pessoas mais velhas que a EM (média de 39 anos), maior predomínio em mulheres e é muito mais frequente em não caucasianos. As crises são mais graves e mais debilitantes, com mais que 50% dos pacientes necessitando de auxílio em razão de déficit de acuidade visual após 5 anos do início. A avaliação do liquor revela bandas oligoclonais em 15-30% dos casos (*versus* 80% na EM), e pode-se notar pleocitose com predomínio de neutrófilos. Parece cada vez mais claro que a NMO é uma entidade distinta da EM, o que é reforçado pela presença do anticorpo IgG anti-NMO, que tem sensibilidade de 91% e especificidade de 100%. Os critérios diagnósticos incluem achados clínicos e laboratoriais (Quadro 2).

Cerca de 10-40% dos pacientes com diagnóstico de NMO têm outra doença autoimune concomitante, como

Quadro 2 Critérios diagnósticos para neuromielite óptica

Neurite óptica definida:
- Neurite óptica
- Mielite aguda

Pelo menos dois de três critérios de suporte:
- Mielite transversa estendendo-se mais que três segmentos
- RM de encéfalo que não preenche critérios de esclerose múltipla
- Positividade do anticorpo IgG anti-NMO

lúpus eritematoso sistêmico, Sjogren ou ainda miastenia gravis. Ainda não há consenso na literatura sobre NMO ser uma consequência da colagenose ou uma outra doença concomitante.

Nos estudos de RM as lesões são hiperintensas em T2, na maioria das vezes localizam-se centralmente na medula, estendem-se por mais que três corpos vertebrais, e comumente há tumefação associada. Realce é variável, mas é comum realce intenso e central. Pode haver extensão cranial da mielite com acometimento do bulbo, o que se traduz clinicamente por soluços, náusea e insuficiência respiratória. Pode haver lesões encefálicas, e 10% dos pacientes desenvolvem lesões similares à da esclerose múltipla e cerca de 10% desenvolvem lesões periaquedutais e periventriculares, em uma morfologia que pode sugerir o diagnóstico de NMO. Acredita-se que as lesões sigam esse padrão periependimário por conta da distribuição dos canais de aquaporina IV (Figuras 2 e 3).

Mielite transversa

O termo mielite transversa (MT) é utilizado para descrever uma síndrome clínica medular que pode estar relacionada a várias etiologias. Pode haver acometimento de um curto segmento da medula espinal, mais comumente no contexto de esclerose múltipla, ou acometimento de longos segmentos da medula espinal, como no caso da mielite transversa idiopática ou daquela determinada pela neuromielite óptica. O diagnóstico diferencial da mielite transversa é bastante extenso, sendo fundamental a correlação com os dados clínicos e laboratoriais para estreitar as possibilidades.

O quadro clínico da mielite transversa, por definição, se instala em horas ou dias, com gravidade máxima dentro dos 10 primeiros dias. Os sintomas costumam ser bilaterais, não necessariamente simétricos, e podem incluir paresias, parestesias ou disfunção autonômica. Disfunção vesical em algum grau ocorre na quase totalidade dos pacientes. São muito comuns as disestesias ou parestesias em banda e paraparesia.

Em razão do prognóstico reservado e da ampla variedade de etiologias envolvidas na MT, foram estabelecidos critérios padronizados para a caracterização dessa síndrome clínica, sendo eles resumidos no Quadro 3. Desta-

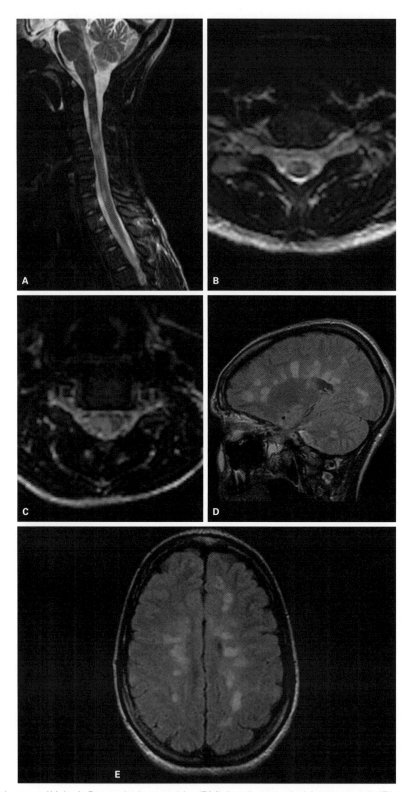

Figura 1 Caso de esclerose múltipla. A: Ressonância magnética (RM) de coluna cervical, imagem sagital T2 com saturação de gordura demonstra múltiplas pequenas lesões alongadas e de sinal hiperintenso em T2, com extensão menor que dois corpos vertebrais, em uma forma clássica de acometimento pela esclerose múltipla. B: RM de coluna cervical do mesmo paciente, imagem axial T2 com saturação de gordura demonstra lesão hiperintensa em T2 acometendo predominantemente a porção lateral da medula. Nota-se que a lesão acomete menos que 50% da secção transversa da medula. C: Outro nível dos cortes axiais demonstra outro foco de desmielinização, aqui acometendo uma maior secção transversa da medula. D-E: Imagem FLAIR sagital e axial do crânio do mesmo paciente com múltiplas lesões hiperintensas em T2 e FLAIR alongadas e perpendiculares à linha ependimária.

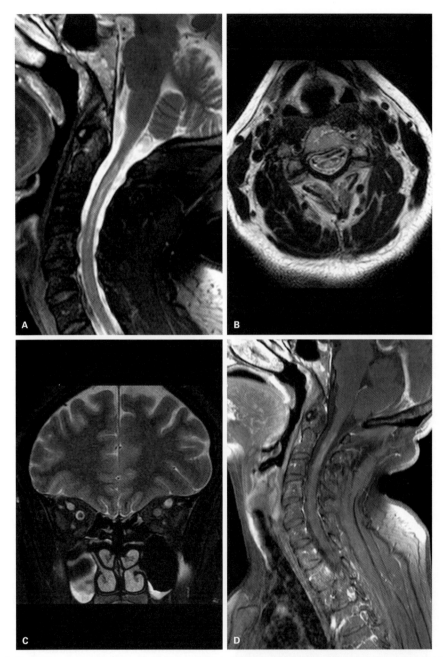

Figura 2   Neuromielite óptica. A: Imagem sagital T2 com saturação de gordura evidencia extensa lesão hiperintensa em T2 com extensão maior que três corpos vertebrais. B: Imagem axial T2 demonstra lesão que acomete mais que 50% da secção transversa da medula, predomina em sua porção central. C: Imagem de ressonância magnética de órbita coronal T2 demonstra hipersinal e aumento de volume no nervo óptico esquerdo. D: Imagem sagital T1 pós-gadolínio demonstra realce pelo meio de contraste na porção mais cranial da lesão medular.

ca-se que a mielite transversa é dividida em dois grupos, a primária (ou idiopática) e a secundária (ou associada a outra doença de base).

Percebe-se por essas recomendações que fazem parte da investigação da mielite transversa estudo por imagem de todo o neuroeixo, avaliação de citologia e proteínas no liquor e pesquisa de doenças autoimunes e infecciosas.

Em estudo que aplicou esses critérios na população norte-americana com clínica sugestiva de MT encontrou-se 15% como MT idiopáticas, 20% como MT relacionadas a doenças sistêmicas, 17% como MT de causa infecciosa, 11% MT relacionada a esclerose múltipla, 17% como MT relacionada a neuromielite óptica. Cerca de 18% dos casos eram relacionadas a infarto medular e não fecharam critérios para MT.

As revisões mais recentes têm tentado dividir os pacientes com mielite transversa em dois subgrupos diferentes: aqueles com mielite transversa aguda parcial (MT)

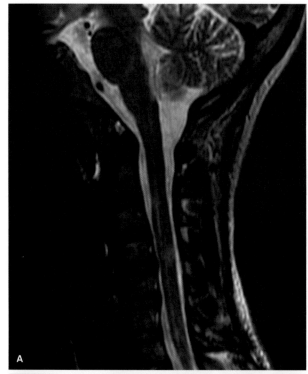
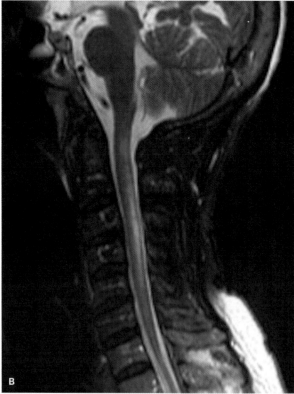

Figura 3 Comparação entre o acometimento medular pela esclerose múltipla e pela neuromielite óptica. A: Esclerose múltipla – lesões de menor extensão e que acometem menos que três corpos vertebrais. B: Lesão extensa e confluente, que acomete um segmento maior que três corpos vertebrais.

Quadro 3 Critérios diagnósticos da mielite transversa

Critérios de inclusão para os diagnósticos de mielite transversa (idiopática ou secundária):
- Apresentação de sintomas sensitivos, motores ou autonômicos atribuíveis à medula espinal.
- Sintomas bilaterais.
- Nível sensitivo claramente definido.
- Exclusão de mielopatia compressiva por tomografia ou ressonância magnética.
- Demonstração de processo inflamatório no liquor por meio de pleocitose, elevação de IgG ou realce pelo gadolínio.
- Progressão para um nadir clínico entre 4 horas e 21 dias desde o início dos sintomas.

Critérios de exclusão para o diagnóstico de mielite transversa (idiopática ou secundária):
- Histórico de radioterapia sobre a medula dentro dos 10 últimos anos.
- Distribuição nitidamente arterial, indícios de oclusão da artéria espinal anterior.
- Indícios de malformação arteriovenosa sobre a superfície da medula espinal.

Critérios de exclusão para o diagnóstico de mielite transversa idiopática:
- Evidência clínica ou sorológica de doenças de tecido conjuntivo (sarcoidose, Behcet, Sjögren, lúpus eritematoso sistêmico, doença mista do tecido conjuntivo)
- Manifestações no sistema nervoso central de doenças infecciosas como sífilis, Lyme, HTLV-1, micoplasma, esquistossomose ou outras infecções.
- Achados sugestivos de esclerose múltipla.
- História de neurite óptica.

Fonte: Transverse Myelitis Consortium Working Group, 2002.

e aqueles com mielite transversa longitudinalmente extensa (MTLE). Pacientes cuja lesão se estende por mais que três corpos vertebrais e acomete a porção central da medula (MTLE) têm prognóstico mais reservado que aqueles com lesão acometendo até dois corpos vertebrais e com lesão predominantemente periférica (MT). As patologias que tipicamente são verificadas em cada um desses subgrupos são também diferentes. No primeiro grupo é mais comum a EM e no segundo grupo é mais frequente a NMO e a MT idiopática (Figura 4).

Mielite transversa idiopática (MTI)

Não existem achados clínicos ou laboratoriais positivos específicos para esse quadro, seu diagnóstico depende da exclusão das demais etiologias após extensa avaliação clínica e laboratorial. Os pacientes agrupados na MTI são bastante heterogêneos em termos de faixa etária, quadro clínico e prognóstico. O desfecho pode ser de recuperação total a graves sequelas. Os estudos relatam boa recuperação entre 20 a 64% dos casos.

São comuns as lesões hiperintensas em T2, predominantemente centrais, acometendo mais que dois terços da área transversa da medula e com extensão longitu-

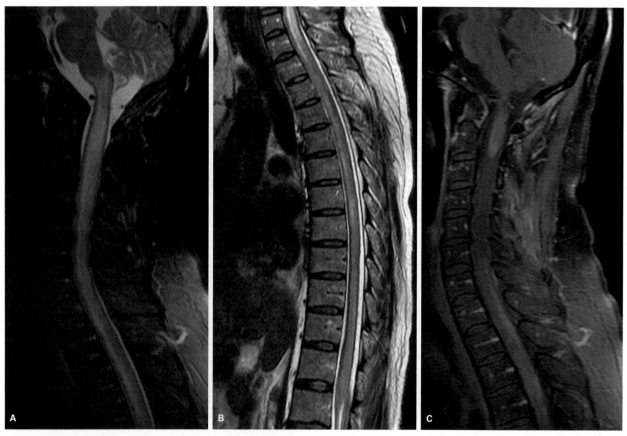

Figura 4 Mielite transversa secundária a lúpus. A: Imagem sagital T2 com saturação de gordura da coluna cervical demonstra lesão acometendo toda a extensão da medula incluída nos cortes. B: Imagem sagital T2 sem saturação de gordura da coluna dorsal demonstra lesão acometendo toda a extensão da medula (mielite transversa longitudinalmente extensa). Nota-se que as lesões são mais evidentes na sequência com saturação de gordura. C: Sequência T1 sagital pós-contraste que evidencia realce em parte da lesão.

dinal maior que dois segmentos da coluna. Há acometimento preferencial da medula torácica, alguns raros estudos relatam acometimento preferencial da cervical. Cerca de 50% dos casos têm tumefação da medula. Realce é relatado entre 37 e 74% dos casos. Uma informação bastante importante é que o realce é mais comumente observado na fase subaguda que na fase aguda. O padrão do realce é realmente bastante variado, e pode ser discreto e difuso, mal definido ou quase nodular e em alguns casos apenas periférico.

A avaliação por tensor de difusão ainda não faz parte da prática clínica, mas estudos têm apontado que ele pode demonstrar lesões por meio da redução da fração de anisotropia medular, e que este é um achado inclusive mais sensível que a avaliação por sequência T2 e com valor prognóstico. Entretanto, apesar de os estudos encontrarem diferenças estatisticamente significativas entre dois grandes grupos, não foram ainda estabelecidos critérios para classificar um indivíduo testado isoladamente entre as diversas etiologias de MT, sendo ainda necessários mais estudos para o uso clínico do tensor de difusão para esse fim.

Com o progresso na caracterização das variantes clínicas e com novos métodos sorológicos de detecção de autoanticorpos, a mielite transversa idiopática tem sido cada vez menos frequente.

Doenças desmielinizantes pós-infecciosas

Encefalomielite disseminada aguda (EDA)

A encefalomielite disseminada aguda (EDA) é talvez mais conhecida pelo seu nome em inglês (*acute disseminated encephalomyelitis* [ou ADEM]). Mais comum em crianças, mas também bastante frequente em adultos, caracteriza-se por ser uma patologia monofásica, autolimitada, desmielinizante, caracterizada por uma resposta autoimune do organismo a um antígeno do sistema nervoso central desencadeada por um agente infeccioso, mais frequentemente viral; também pode ocorrer após imunização vacinal. É descrita sua associação com vários agentes, como infecções respiratórias não específicas. Alguns agentes virais específicos (como rubéola, caxumba) ou ainda após imunização (mais comumente a DPT) podem também ocorrer espontaneamente.

O quadro costuma ter início entre 3 a 31 dias após o episódio infeccioso/vacinal, com sintomas sistêmicos bastante pronunciados, e pode incluir febre, cefaleia, sinais meníngeos, déficits neurológicos focais. Costuma evoluir com redução do estado geral até redução de nível de consciência. A resposta à corticoterapia costuma ser dramática.

O acometimento neurológico na ADEM predomina no segmento encefálico, estando aí os achados mais clássicos. Em geral são detectadas múltiplas placas de desmielinização bilaterais e assimétricas na substância branca, que costumam ter sinal hiperintenso em T2 e FLAIR. Podem ter sinal hipointenso em T1. Durante o episódio agudo é comum restrição difusional e realce pelo gadolínio. Comparativamente à esclerose múltipla, as lesões da ADEM tendem a ser menos numerosas, maiores, mais frequentemente acometem os gânglios da base e tálamos. São mais comumente subcorticais que periventriculares, e ao contrário da esclerose múltipla não são tão comuns as lesões centradas no corpo caloso e interface calososseptal. Cerca de 28% dos casos acometem a medula espinal, e as lesões não são específicas, podendo ser pequenas e múltiplas ou acometer de forma difusa grandes segmentos da medula espinal. Destaca-se que a mielopatia por ADEM em criança costuma acometer grandes segmentos contínuos da medula, sendo por vezes enquadradas no diagnóstico diferencial da mielite transversa extensa. Outro ponto importante é que a NMO pode ser desencadeada por um processo infeccioso. Portanto, no caso de mielopatia extensa pós-infecciosa, é importante testar a positividade da IgG-NMO, pois muitos casos de NMO simulam a ADEM em seu início. Isso é muito mais frequente em adultos que em crianças. Em resumo, o quadro medular da ADEM não é por si só específico. O diagnóstico depende da correlação com os achados do SNC, em geral mais exuberantes, e da correlação com a clínica do paciente, que em geral é exuberante (Figura 5).

Síndrome de Guillain-Barré

A síndrome de Guillain-Barré (SGB) é uma das principais causas de paralisia neuromuscular, com uma incidência mundial estimada em cerca de 1,3-2 casos por 100 mil habitantes. Seu substrato patológico pode ser polirradiculopatia inflamatória desmielinizante aguda ou neuropatia axonal motora ou motora e sensorial. Os mecanismos imunopatogênicos ainda estão em estudo, mas atualmente suspeita-se que anticorpos antigangliosídeos podem ser os responsáveis pelas formas axonais da SGB e que desmielinização envolvendo macrófagos ativados por células T estão envolvidos nos mecanismos desmielinizantes. Cerca de dois terços dos pacientes com SGB relatam antecedente de infecção nas semanas precedentes ao quadro, sendo *Campylobacter jejuni* o agente mais citado na literatura como desencadeante da SGB, mas infecções respiratórias e outras infecções gastrointestinais podem

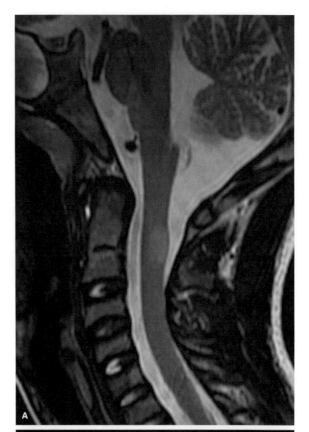

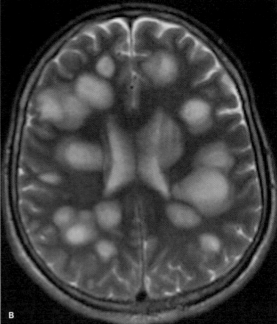

Figura 5 Encefalomielite disseminada aguda (ADEM). A: Imagem sagital T2 com saturação de gordura demonstra lesão hiperintensa focal na medula cervical, discretamente tumefativa. O aspecto da lesão por si só não é específico. A hipótese de ADEM surge da correlação com dados clínicos e com a ressonância magnética de encéfalo. B: Imagem axial FLAIR do crânio demonstra múltiplas placas de desmielinização hiperintensas subcorticais disseminadas pelos centros semiovais. Note que as lesões têm características bastante similares entre si. Na esclerose múltipla, mais comumente há lesões em múltiplas fases de evolução.

também causar o quadro. Acomete preferencialmente adultos jovens e crianças.

O quadro clínico da SGB costuma ser agudo, pode ter pico dos sintomas em poucas horas, sendo o mais comum a progressão gradual dos sintomas ao longo de poucos dias. É dominado por fraqueza rizomélica ("paralisia ascendente"), que pode progredir para fraqueza de extremidades e de tronco, parestesias distais, podendo haver disautonomia e hipo ou arreflexia. A evolução dos sintomas é bastante importante na avaliação dos pacientes com SGB. Em média, o pico dos sintomas ocorre em cerca de 12 dias, com 98% dos pacientes atingindo o pico em 4 semanas. Segue-se uma fase de manutenção dos sintomas, seguida por uma fase de melhora gradual, geralmente após 2 a 4 semanas depois do início do quadro. Recrudescência de sintomas após essa fase deve levantar dúvidas acerca do diagnóstico. Cerca de 40% dos pacientes têm dificuldades respiratórias por conta da fraqueza da musculatura respiratória ou alterações orofaríngeas. O tempo médio para a recuperação plena é de 200 dias. Cerca de 8% evoluem para óbito, e cerca de 10% dos pacientes continuam com sequelas permanentes. Laboratorialmente, hiperproteinorraquia sem pleocitose (dissociação proteíno-citológica) é o achado mais comum. O tratamento é realizado por plasmaférese ou administração de imunoglobulinas.

O diagnóstico da SGB é clínico e laboratorial, e os exames de imagem são usados para avaliar possíveis diagnósticos diferenciais. Na avaliação por ressonância magnética pode-se detectar discreto aumento do calibre das raízes da cauda equina. Após administração do meio de contraste pode-se observar tênue realce do cone medular e das raízes da cauda equina, de aspecto pial, mais comumente simétrico e acometendo as raízes ventrais.

Entretanto, realce do cone medular e das raízes da cauda equina são achados pouco específicos, que podem ser encontrados em lesões de natureza neoplásica como carcinomatose meníngea ou linfoma. Infecções também podem produzir esse aspecto, como infecção pelo citomegalovírus ou mesmo meningite bacteriana. Outras doenças inflamatórias, como sarcoidose, aracnoidite pós-operatória e polirradiculopatia desmielinizante crônica (PIDC), podem também produzir esse aspecto.

Síndrome de Miller-Fisher é uma variante da SGB que acomete pares de nervos cranianos. Seu diagnóstico é baseado na tríade oftalmoplegia, ataxia e arreflexia. Na SMF, os exames de imagem são mais frequentemente normais (Figura 6).

Polirradiculopatia inflamatória desmielinizante crônica (PIDC)

A PIDC é similar à síndrome de Guillain-Barré em vários aspectos, é também uma alteração desmielinizante, porém crônica, de cunho inflamatório e imunomediada. Seu mecanismo patogenético, entretanto, guarda mais similaridades com a esclerose múltipla que com a SGB. Embora ainda não completamente explicado, envolve anticorpos e ativação de linfócitos T, com consequente desmielinização crônica. Pode ser idiopática ou secundária, podendo estar associada a Sjögren, hepatite C, linfoma, HIV. O achado clássico da PIDC é o de raízes bastante aumentadas de tamanho, com aspecto bulboso, sendo evidente aos cortes histológicos o aspecto de casca de cebola, decorrente de intensas desmielinizações e remielinizações, com consequente hipertrofia das células de Schwann. Há infiltrados perivasculares de linfócitos e macrófagos ativados. Alguns autores consideram a PIDC a forma periférica da esclerose múltipla. Inclusive alguns pacientes possuem lesões no encéfalo bastante similares àquelas da EM.

O quadro clínico é dominado por uma polineuropatia mista, sensitiva e motora, bilateral e simétrica. Casos menos típicos podem ter quadro puramente motor ou puramente sensitivo. Também pode haver sintomas ligados à estenose do canal vertebral em razão do massivo aumento das raízes. O quadro pode ser primariamente progressivo ou evoluir em surtos. A regra é a progressão, sendo a cura ou longos períodos de remissão a exceção.

O aspecto radiológico é de raízes, plexo e nervos periféricos massivamente aumentados de tamanho e com sinal hiperintenso nas sequências de ponderação T2, pode ou não haver realce. Acomete preferencialmente os nervos em suas posições extraforaminais. Acomete com maior frequência os segmentos lombares, seguidos dos cervicais e dorsais.

O diagnóstico diferencial é feito com neurofibromatose tipo I, síndrome de Guillain-Barré e doença de Charcot-Marie-Toot.

Degeneração subaguda combinada (DSC)

Consiste na degeneração das colunas posterior e/ou laterais e mais raramente das colunas anteriores da medula espinal. Entre as suas causas mais frequentes estão a deficiência de B12, deficiência de cobre, intoxicação por óxino nitroso (agente anestésico), excesso de zinco.

A vitamina B12 (cobalamina), principal causa da DSC, é uma vitamina encontrada sobretudo na carne, sendo pouco abundante na maioria dos vegetais. É armazenada no fígado e os sintomas de sua carência são notados apenas após depleção dos estoques hepáticos, o que pode levar anos nos casos de doenças disabsortivas ou décadas, no caso de vegetarianos exclusivos. Doentes com anemia perniciosa, síndrome do intestino curto ou síndrome da alça cega, doença celíaca, doença de Crohn, insuficiência pancreática crônica e vegetarianos estritos são os principais grupos de risco. O mecanismo da neurotoxicidade relacionada à deficiência de B12 não está ainda bem explicado, com algumas teorias na literatura, a mais aceita relaciona o acúmulo de ácido metilmalônico. A deficiência de B12 se apresenta classicamente com anemia megaloblástica e manifestações neuropsiquiátricas, po-

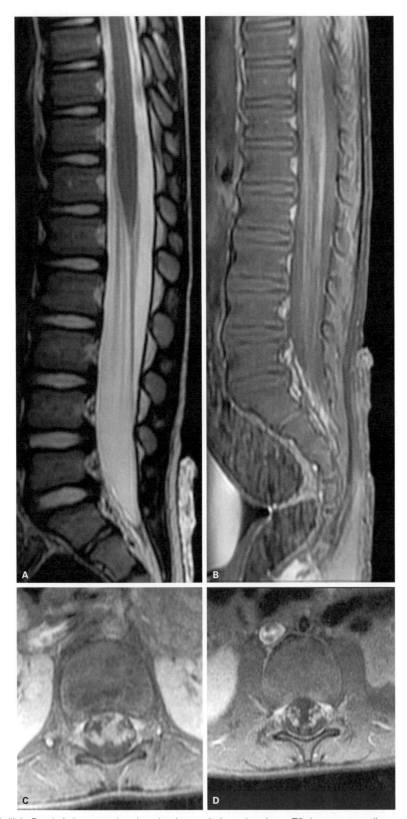

Figura 6 Síndrome Guillain-Barré. A: Imagem da coluna lombar sagital ponderada em T2 demonstra sutil aumento do calibre das raízes da cauda equina. B: Imagem sagital T1 pós-contraste demonstra realce difuso pelo meio de contraste das raízes da cauda equina. C e D: Imagens axiais T1 pós-contraste no nível do cone medular (C) e no nível da cauda equina (D) espessamento e realce difuso das raízes da cauda equina.

dendo cursar com sintomas psicóticos, neuropatia periférica, oftalmopatia com atrofia de nervo óptico, podendo ainda ter sintomas cerebelares.

Clinicamente a degeneração subaguda combinada caracteriza-se por disestesias simétricas, paraparesia espástica, ou tetraparesia, de curso insidioso e subagudo, podendo se estender por semanas ou meses até levar à investigação. O achado patológico mais clássico é o de perda de padrão neuroaxonal ou desmielinizante multifocal, com padrão espongiforme. Mais comumente, a doença afeta a periferia das colunas posteriores, seguida pelos setores anterolateral e anterior da medula, com degeneração de tratos de substância branca de forma não seletiva. Daí o nome degeneração subaguda combinada da medula. Casos crônicos evoluem com degeneração walleriana e atrofia.

Os estudos de imagem por RM demonstram achados bilaterais, com áreas hipointensas em T1 e hiperintensas em T2 nas colunas posteriores da medula, sem ou com discreta captação de meio de contraste. Anormalidades de sinal são comuns, mas podem não estar presentes em todos os pacientes. Pode ser detectado o sinal do "V" invertido, relacionado à captação do meio de contraste nas colunas posteriores da medula. O diagnóstico precoce é essencial para prevenir os danos definitivos da medula. Após a suplementação de vitamina B12, os pacientes podem apresentar melhora clínica e radiológica, mas os casos já bem estabelecidos e crônicos podem evoluir com degeneração walleriana.

Diante de um quadro radiológico de degeneração subaguda combinada, deve-se prontamente investigar as causas ou intoxicações já mencionadas, mas podem ser ainda incluídas nos diferenciais as doenças inflamatórias como ADEM, EM, as demais causas de mielite transversa, infecção, sobretudo a mielopatia associada ao HIV, além de infarto medular e neoplasias gliais (Figuras 7 e 8).

Infecções da medula espinal

Infecções são uma causa incomum, porém importante de mielite/mielopatia, pois podem ser devastadores se o diagnóstico não for precoce. Pode ter instalação aguda ou subaguda, e sua etiologia pode ser difícil de se estabelecer, incluindo vírus, fungos, bactérias ou parasitas (Quadro 4). O papel da ressonância magnética na maioria das vezes não é definir o agente, mas ajudar a guiar os exames auxiliares secundários, pois alguns agentes etiológicos podem produzir padrões um pouco mais característicos.

Agentes virais

A mielite viral pode ser causada por diferentes tipos de DNA ou RNA vírus (Quadro 4), a maioria se manifestando de forma aguda, com exceção dos retrovírus (HIV e HTLV-1), que podem ter uma apresentação crônica. Manifesta-se sobretudo em adultos jovens

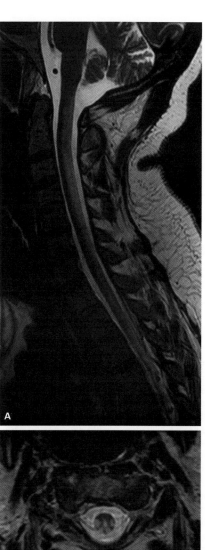
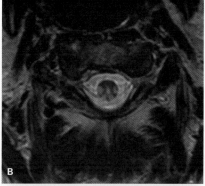
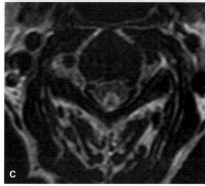

Figura 7 Degeneração subaguda combinada da medula por conta da deficiência de B12. A: Imagem sagital T2 com saturação de gordura evidencia sinal hiperintenso nas porções posteriores da medula. B: Imagem axial T2 do mesmo caso evidencia sinal hiperintenso em T2 nos cordões medulares laterais e posteriores. C: Outro paciente com deficiência de vitamina B12, nesse caso a alteração de sinal é restrita às colunas posteriores do cordão medular.

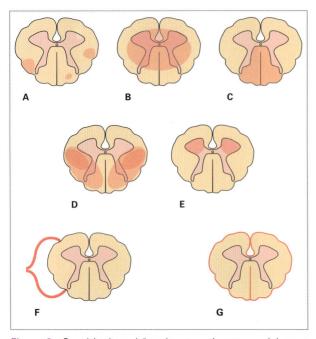

Figura 8 Sumário de padrões de acometimento medular que favorecem hipótese de algumas etiologias específicas de mielopatia. A: Lesões periféricas, acometimento menor que dois segmentos; esclerose múltipla – pesquisar lesões intracranianas que corroborem a hipótese. B: Lesão central, maior que três segmentos; mielite transversa idiopática – diagnóstico requer exclusão das demais possibilidades; mielite infecciosa ou parainfecciosa – história recente de doença febril, vacinação, pesquisa de agentes no liquor; mielite transversa secundária a doenças autoimunes – rever história clínica; isquemia medular – avaliar sequências de difusão e história de início abrupto; neuromielite óptica – avaliar positividade de IgG-NMO e neurite óptica; mielopatia secundária a malformações vasculares – pesquisar *flow-voids*. C: Lesão das colunas posteriores – deficiência de B12; deficiência de cobre – história clínica e avaliação laboratorial; intoxicação por óxido nitroso pode produzir esse padrão, embora incomum no Brasil. D: Lesão das colunas laterais ou dorsolaterais; mielopatia pelo HIV – avaliação sorológica; infecção pelo HTLV1 – avaliação sorológica; as mesmas entidades descritas no item C podem também se apresentar dessa forma. E: Acometimento do corno medular anterior. *Picornavírus* – poliovírus, enterovírus, vírus Coxsackie; *Flavivírus* – vírus Western Nile, vírus da encefalite japonesa. F: Realce radicular; síndrome de Guillain-Barré – sem mielopatia associada; etiologias virais – citomegalovírus; Epstein-Barr; varicela zóster. G: Realce leptomeníngeo; tuberculose, sarcoidose, sífilis, citomegalovírus, herpes simplex, Epstein-Barr, cisticercose.

Quadro 4	Principais agentes etiológicos
Etiologias	
Viral	Herpes simples tipo 1 e 2 (HSV1 e HSV2) Varicela zóster (VZ) Citomegalovírus (CMV) Epstein-Barr (EBV) Flavivírus Influenza A Paramixovírus Coxsackie vírus Enterovírus Poliovírus Hepatite A e C Vírus da imunodeficiência adquirida (HIV) Vírus T linfotrópico humano do tipo 1 (HTLV-1)
Bacteriana	*Micobacterium tuberculosis* *Treponema pallidum* *Listeria monocytogenes* *Streptococcus pneumoniae* *Staphylococcus aureus* *Chlamydia pneumoniae*
Fúngica	*Cryptococcus neoformans* *Histoplasma capsulatum* *Aspergillus* sp. *Candida* sp.
Parasitária	*Schistossoma* sp. *Echinococcus* sp. *Toxocara canis* *Taenia solium* *Plasmodium* sp.

(1/100.000 por ano). Pode acometer a substância cinzenta da medula espinal, sobretudo os cornos anteriores, em algumas doenças como na enterovirose ou na poliomielite, causando uma paralisia flácida aguda. A substância branca também pode ser acometida, mais comumente relacionada às infecções pelos vírus herpes simples, varicela zóster, citomegalovírus, Epstein-Barr e Influenza. O quadro clínico pode ser dividido em duas síndromes principais, a paralisia flácida aguda (paralisia flácida assimétrica sem perda sensorial ou disfunção autonômica) ou a mielite tranversa (fraqueza bilateral assimétrica com nível sensorial e disfunção autonômica) (Figura 9). O diagnóstico depende também da análise quimiocitológica compatível do liquor, representada por uma pleocitose linfocítica e glicose normal, e leucócitos polimorfonucleares podem ser vistos nas primeiras 24-48 horas em casos graves (Figura 9).

Picornavírus/enterovírus

A poliomielite é a infecção classicamente associada à paralisia flácida aguda, mas que, após o surgimento da vacinação, teve uma redução significativa (em torno de 99%) de sua incidência. Outros vírus que cursam com a mesma sintomatologia são o coxsackie A e B, echovirus, enterovirus, vírus da hepatite A e C. A paralisia flácida aguda assimétrica com hiporreflexia é normalmente precedida por um pródromo (febrícula, sintomas respiratórios e gastrointestinais), tendo início após 3-7 dias de infecção, podendo progredir para outras extremidades ou envolver o tronco cerebral. A fraqueza normalmente afeta mais os músculos proximais que os distais. O achado mais comum na ressonância magnética é o aumento do sinal na sequência ponderada em T2 nos cornos anteriores da substância cinzenta da medula espinal (Figura 10). O principal diagnóstico

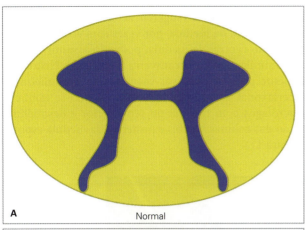
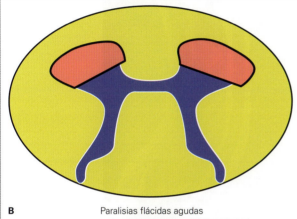
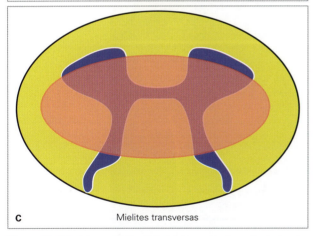

Figura 9 Medula espinal normal e aspecto das principais síndromes medulares virais

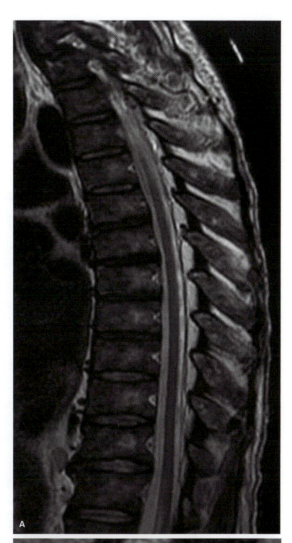
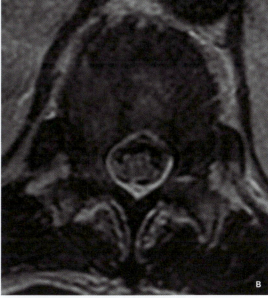

Figura 10 Poliomielite, em fase crônica. Imagens sagital (A) e axial (B) ponderadas em T2 da coluna toracolombar demonstram hipersinal nos cornos anteriores da medula espinal e atrofia difusa dela.

diferencial é a síndrome de Guillain-Barré, que é a causa mais comum desse quadro em países desenvolvidos (Figura 10).

HIV

O HIV afeta o sistema nervoso de duas formas principais, por invasão direta causando mielite e mielopatia vacuolar ou permite o surgimento de infecções oportunistas. Mielopatia vacuolar é o achado patológico mais comum na necrópsia de pacientes portadores de HIV (55%). Há início insidioso de paraparesia espástica progressiva, parestesia, ataxia e distúrbio urinário, achados já encontrados na fase avançada da doença (CD4 baixo). A ressonância magnética evidencia hipersinal na sequência ponderada em T2, com realce variável ao meio de contraste, com posterior evolução para atrofia. Embora estudos iniciais tenham sugerido predomínio de alterações nas colunas posterior e lateral da substância branca, outros estudos sugerem acometimento de forma não específica da medula, por vezes com acometimento da porção central da medula, podendo assumir um aspecto similar à mielite transversa (Figura 11). Histologicamente pode-se observar vacuolização intramielínica e periaxonal da substância branca. Notam-se também macrófagos com mielina no seu interior e desmielinização das colunas laterais e posterior da medula espinal (Figura 11).

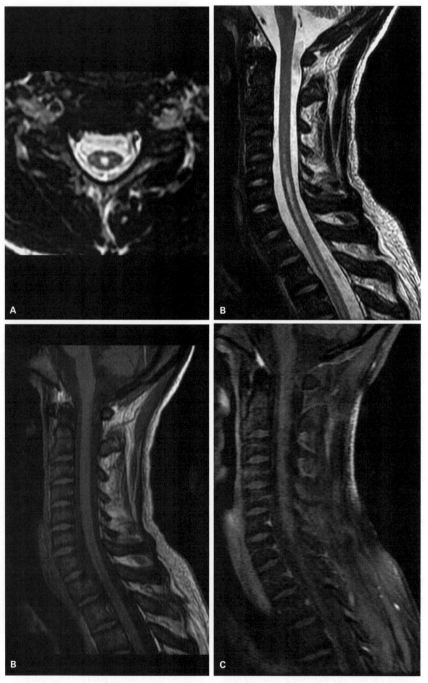

Figura 11 Mielopatia pelo vírus da imunodeficiência humana (HIV). Ressonância magnética da coluna cervical. Imagens axial e sagital ponderadas em T2 (A e B) evidenciando hipersinal central na medula espinal; sagital em T1 pré e pós-contraste (B e C) demonstra tênue realce ao meio de contraste.

Herpes vírus

Os herpes vírus são provavelmente a causa mais comum de mielite transversa viral, por invasão viral direta ou na forma imunomediada. Tanto os vírus HSV1 e HSV2 quanto o varicela zóster (VZ) assumem uma forma latente nos gânglios trigeminal e da raiz dorsal, respectivamente, e podem reativar, causando encefalite, meningite ou até mesmo acometer a medula espinal, por meio de uma invasão viral direta ou de uma mielite transversa infecciosa.

Os HSV1 e HSV2 podem causar todas as formas de mielite, desde uma forma leve com boa recuperação, até as formas recorrente, ascendente e necrotizante com sequelas. O HSV1 mais comumente causa mielite em crianças, enquanto o HSV2 é mais comum em adultos, e o quadro clínico pode se apresentar com febre e sintomas respiratórios leves precedendo o início da mielite (em geral em crianças), bem como com surgimento de lesões genitais em menos da metade dos adultos. Já a infecção pelo VZ mais raramente cursa com mielite, e a maioria dos casos é encontrada em imunocomprometidos, resultando de invasão viral direta. A maioria dos pacientes apresentam lesões na pele na topografia do dermátomo acometido, antecedendo a mielite (em 1 a 3 semanas), que em geral tem início subagudo e assimétrico, com perda da força muscular no membro ipsilateral.

A ressonância magnética geralmente demonstra áreas de hipersinal na sequência ponderada em T2 e hipossinal em T1 na medula espinal desde o cone medular até a transição bulbomedular, com edema no parênquima medular adjacente, podendo ter realce ao meio de contraste (Figura 12). O diagnóstico depende da pesquisa do vírus no líquido cefalorraquidiano por meio do PCR, embora a sorologia (IgM anti-HSV e anti-VZ) também pode ser diagnóstica (Figura 12).

Outros DNA vírus, menos comumente, podem acometer a medula espinal, entre eles o CMV e o EBV. O CMV pode causar mielite transversa em pacientes imunocompetentes e imunocomprometidos, nestes últimos pode ainda estar relacionada a polirradiculopatia, sendo mais raro atualmente em razão da melhora da terapia antirretroviral. A ressonância magnética também demonstra aumento de sinal em T2 na medula espinal (Figura 13). A mielite transversa causada por EBV ocorre em pacientes imunocompetentes, em geral 1 a 2 semanas após a mononucleose, sendo uma complicação neurológica rara. O aspecto na ressonância magnética é semelhante aos demais, podendo ter realce ao meio de contraste da lesão e das meninges (Figura 13).

HTLV-1

O acometimento da medula espinal pelo vírus HTLV-1 determina o aparecimento de síndrome clínica grave motora e autonômica, também conhecida como paraparesia espástica tropical. É uma doença desmielinizante crônica progressiva que afeta menos de 5% dos portadores crônicos do HTLV-1, principalmente na quarta década da vida e relação mulher/homem de 2:1. O quadro clínico é representado por uma paraparesia espástica lentamente progressiva, hiperreflexia e distúrbios urinários, sexuais e intestinais. Na ressonância magnética pode-se observar atrofia da medula espinal em 74% dos pacientes, apresentando aspecto triangular por conta da redução das fibras motoras nos tratos corticoespinais laterais e preservação da coluna posterior, com predomínio no segmento torácico (Figura 14). O diagnóstico definitivo pode ser realizado em associação com as dosagens dos anticorpos e antígeno do HTLV-1, tanto no sangue quanto no liquor (Figura 14).

Flavivírus

Os flavivírus fazem parte do grupo dos RNA vírus e são transmitidos por um vetor (inseto). O quadro clínico pode se apresentar com uma paralisia flácida aguda (encefalite japonesa e doença neuroinvasiva do Nilo Ocidental) ou mielite transversa (dengue, febre amarela e hepatite C). A ressonância magnética é relatada como anormal em 20-27% dos casos. Quando há acometimento medular, a alteração ocorre sobretudo na substância cinzenta da medula espinal. Alguns pacientes podem apresentar realce dos cornos anteriores da substância cinzenta da medula espinal, bem como das raízes da cauda equina.

Mielite bacteriana

A mielite bacteriana é uma ocorrência bastante rara, pode ser decorrente de disseminação hematogênica de processos sistêmicos ou disseminação por contiguidade a partir de meningite ou infecções nos tecidos adjacentes. Bactérias como *Staphylococcus* e *Streptococcus* são os agentes mais comumente responsáveis. Quando oriunda de disseminação hematogênica, os sítios mais comuns de infecção primária são pulmonar, cardíaca, esquelética, genitourinária e gastrointestinal.

Por meio de exames de imagem é bastante difícil diferenciar a mielite bacteriana de outros agentes infecciosos. Existem lesões de alto sinal em T2 e baixo sinal em T1 com realce pelo meio de contraste, que pode ser amorfo ou anelar, quando começa a se definir um abscesso intramedular. Tipicamente a lesão é tumefativa durante a fase aguda, com marcado edema (que se apresenta com hiperintensidade de sinal em T2 e hipo em T1) circunjacente, desproporcionalmente extenso em relação ao foco de realce. É uma lesão que costuma ser extensa e acomete grande parte da secção transversa da medula. O quadro clínico e o exame do liquor devem guiar o diagnóstico. Em geral, o paciente se apresenta com quadro febril agudo ou subagudo, e o exame de liquor pode demonstrar o agente, além de hipercelularide às custas de elementos polimorfonucleares. Hemocultu-

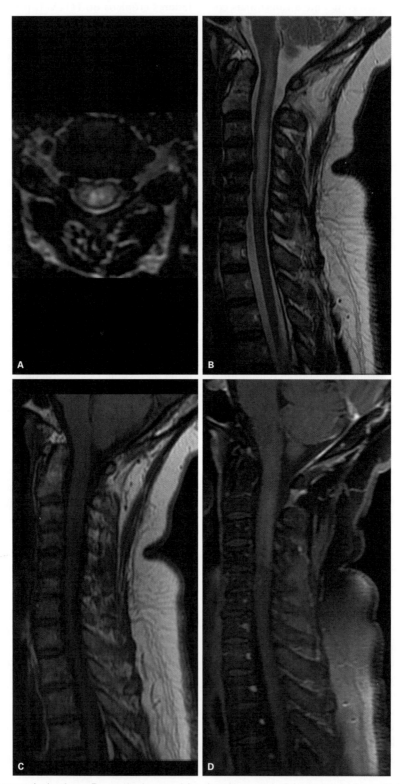

Figura 12 Mielopatia por varicela zóster. Ressonância magnética da coluna cervical. Imagens axial e sagital ponderadas em T2 (A e B) demonstrando mielopatia com hipersinal em T2 e pequeno efeito expansivo, que se estende da região lateral esquerda do bulbo à transição C6-C7. Imagens sagitais ponderadas em T1 pré e pós-contraste (C e D) mostrando tênue realce ao meio de contraste.

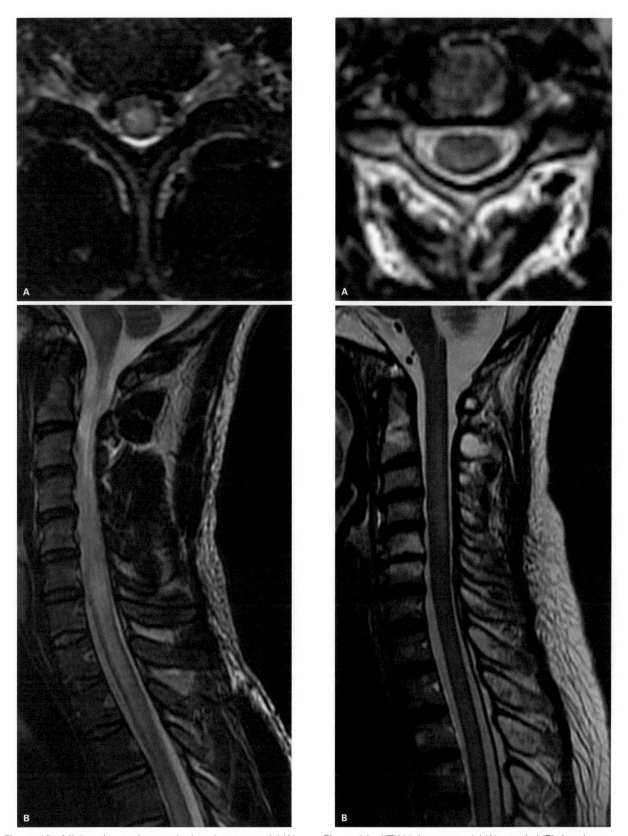

Figura 13 Mielopatia por citomegalovírus. Imagens axial (A) e sagital (B) da coluna cervical ponderadas em T2 apresentando áreas de hipersinal em T2 difusamente distribuídas.

Figura 14 HTLV-1. Imagens axial (A) e sagital (B) da coluna cervical apresentando hipersinal em T2 na medula espinal predominando nas colunas laterais.

ra ou cultura do liquor também são positivas em grande parte dos casos antes da instituição de antibioticoterapia. Apenas em 25% dos casos de abscessos intramedulares não se encontra o foco primário da disseminação hematogênica. Normalmente um primeiro controle por imagem em 7 dias após o início do tratamento já demonstra redução do edema e do realce pelo meio de contraste. O realce pode persistir por meses antes de desaparecer completamente.

Outras bactérias podem causar mielite por conta da compressão ou isquemia causadas por acúmulo de exsudato purulento no espaço subaracnóideo (*Streptococcus pneumoniae, Staphylococcus aureus*) ou por mecanismo imunomediado (*Rickettsiae, Chlamydia pneumoniae, Bartonella henselae.*

Infecções granulomatosas

A mielite tuberculosa é uma complicação rara, mas potencialmente grave, da infecção pelo *mycobacterium tuberculosis*. Pode ser secundária a extensão da meningite ou osteíte tuberculosa, com envolvimento adicional dos espaços dural ou epidural, bem como do parênquima encefálico, podendo existir evidência de infecção primária dos pulmões. Foram descritos raros casos de mielorradiculopatia na literatura. A ressonância magnética da medula espinal evidencia lesões nodulares com realce periférico ao meio de contraste (*ring-enhancing*), podendo ser única ou múltiplas, compatíveis com tuberculomas (Figura 15). A análise de rotina do liquor é inespecífica, geralmente demonstra hipercelularidade, hipoglicorraquia e hiperproteinorraquia, sendo necessária a pesquisa de BAAR e o PCR.

Neurobrucelose pode ser causada após ingestão de carne, leite e derivados infectados, sendo descritos relatos de mielite transversa. O quadro clínico pode ser de picos de febre vespertinos e o diagnóstico realizado pela identificação do antígeno no liquor.

A doença de Lyme (borreliose) é causada pela *Borrelia burgdorferi*, com acometimento multissistêmico. A forma inicial da patologia é caracterizada por eritema migratório e sintomas respiratórios (*flu-like*). Posteriormente 10% dos pacientes desenvolvem complicações neurológicas, como a meningorradiculoneurite linfocítica, neurite craniana (II, III, IV, V e VI), encefalite e mielite. O diagnóstico é feito por meio da detecção de anticorpos no sangue ou no liquor pelo teste de *Western Blot* (Figura 15).

A mielite sifilítica é uma manifestação rara da sífilis, podendo ocorrer na forma gomatosa com síndromes compressivas, a qualquer tempo após a infecção primária. A ressonância magnética demonstra realce nodular com edema adjacente na medula espinal. Neurossífilis parenquimatosa (*tabes dorsalis*) ocorre normalmente 10 a 20 anos após a infecção primária, afetando sobretudo as raízes dorsais da medula espinal, determinando degeneração neuronal irreversível. O quadro clínico pode ser representado por dor e parestesias nos membros inferiores, evoluindo com incontinência urinária e ataxia sensitiva. Os exames laboratoriais incluem testes de triagem (RPR e VDRL), confirmados pelo FTA-ABS ou o TP-EIA.

Infecções fúngicas

A infecção fúngica do sistema nervoso central é uma importante causa de morbidade, principalmente em pacientes imunocomprometidos. Em geral, existem dois grandes grupos de fungos que podem causar infecção no sistema nervoso central, ocasionando mielite/mielopatia (Quadro 5).

Os fungos podem formar abscessos intramedulares (*Actinomyces, Nocardia, Aspergillus, Cryptococcus*) ou granulomas (*Coccidioides, Nocardia, Paracoccidioides*). A disseminação hematogênica a partir de um foco de infecção distante, bem como a invasão vascular causando trombose e infarto do parênquima medular, podem ocorrer. A análise quimiocitológica do liquor demonstra uma pleocitose, com presença de polimorfonucleares, e por vezes eosinofilia, podendo ser normal em pacientes imunocomprometidos.

Candidíase e aspergilose são as infecções micóticas mais comuns, podendo causar meningite, osteomielite e discite. O diagnóstico é realizado pelo isolamento do fungo e/ou achados da ressonância magnética.

A coccidioidomicose é endêmica no sudoeste dos Estados Unidos e nas Américas Central e do Sul. Pelo menos um terço dos pacientes se tornam sintomáticos, apresentando doença pulmonar leve. A infecção pode disseminar e acometer outros órgãos, como a pele, os ossos e as meninges, sobretudo em pacientes imunocomprometidos, e uma das manifestações mais comuns é a osteomielite vertebral, podendo afetar um ou mais corpos vertebrais, bem como as costelas adjacentes, preservando relativamente os discos intervertebrais. A meningite pode ser encontrada comumente, no entanto abscessos intraparenquimatosos são raros. Já na paracoccidioidomicose, o acometimento do sistema nervoso central tem sido raramente descrito na literatura (9,9-27,3%), manifestando-se sob duas formas clínicas principais: meníngea e pseudotumoral (abscessos, granulomas ou cistos). Em ambas as infecções (coccidioidomicose e paracoccidioidomicose), a ressonância magnética não é específica, sendo o diagnóstico feito pela sorologia ou pela biópsia.

A maioria dos casos de criptococose acomete pacientes imunocomprometidos, sendo a meningite a síndrome neurológica mais comum, no entanto alguns pacientes raramente podem apresentar mielite transversa incompleta. Os achados de imagem não são específicos e são semelhantes aos da tuberculose da medula espinal, com

12 AFECÇÕES DA MEDULA ESPINAL   893

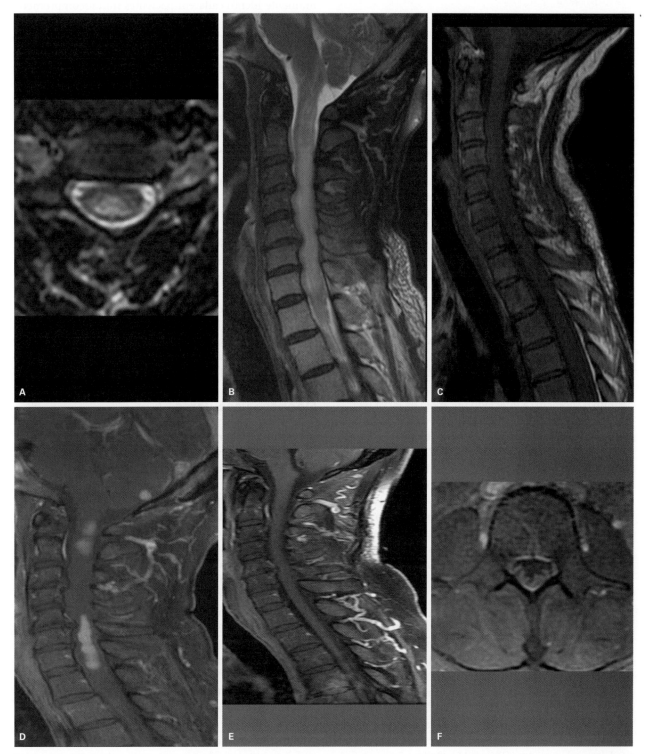

Figura 15 Mielotuberculose. Ressonância magnética da coluna cervical. Imagens axial (A) e sagital (B) em T2 mostrando hipersinal na medula espinal acometendo grande extensão e grande parte da secção tranversa da medula. Imagens sagitais em T1 pré e pós--contraste (C) demonstrando áreas nodulares expansivas alongadas com realce ao meio de contraste intramedulares. Imagem axial T1 pós-contraste após 1 ano e 5 meses (D) não mais se demonstra os realces anômalos. Imagem da coluna lombar: axial T1 pós-contraste (F) mostrando realce difuso das raízes da cauda equina em outro caso de tuberculose, este com padrão de acometimento radicular.

Quadro 5 Grupos sujeitos a ocasionar infecção no sistema nervoso central

Agentes primários	Agentes secundários (oportunistas)
Cryptococcus neoformans	Candida sp.
Histoplasma capsulatum	Aspergillus sp.
Blastomyces dermatides	Zygomycetes
Coccideioides immitis	
Paracoccidioides brasiliensis	

envolvimento do corpo vertebral e dos tecidos moles ao longo dos elementos posteriores e paravertebrais, com preservação relativa do disco intervertebral. Meningorradiculite e granulomas no parênquima da medula espinal são raros. Esses achados em correlação com a detecção de *Cryptococcus* no liquor podem ser diagnósticos.

Infecções parasitárias

As infecções parasitárias têm sido causadas pelos seguintes agentes: *Schistosoma* sp., *Toxocara canis*, *Echinococcus* sp. e *Plasmodium* sp.

Algumas espécies de *Schistosoma* são endêmicas na Ásia, África, Caribe e América do Sul, onde o hospedeiro definitivo (homem) é infectado por meio da larva (cercária) que penetra na pele quando se tem contato com água contaminada, sobretudo em lagoas contendo o hospedeiro intermediário (*Biomphalaria glabrata*). O parasita entra nos sistemas venoso e linfático, e migra para o fígado e o pulmão. Alguns atingem a medula espinal através de veias perimedulares (plexo de Batson). A prevalência de deposição do ovo do parasita no sistema nervoso central varia de 0,3-30% dos pacientes acometidos, destacando-se a medula espinal como o local mais acometido, tanto por disseminação via hematogênica, quanto pela deposição local. As áreas mais afetadas da medula espinal são a medula torácica baixa, a cauda equina, e principalmente o cone medular. O quadro clínico pode ser resultante da resposta inflamatória à ovoposição do parasita no sistema nervoso central e efeito expansivo dos granulomas formados, podendo incluir mielorradiculopatia, mielite transversa e epidural. A ressonância magnética pode evidenciar alargamento da medula espinal com hipossinal em T1 e hipersinal heterogêneo em T2, apresentando congestão epidural, realce ao meio de contraste linear central e noduliforme ao redor. As raízes da cauda equina também podem realçar (Figura 16). O diagnóstico definitivo é realizado pela identificação do ovo no tecido, bem como pela identificação de anticorpos no sangue e liquor. Ocasionalmente, o paciente tem sequelas neurológicas que requerem reabilitação (Figura 16).

O *Toxoplasma gondii* infecta os pacientes pelo contato com fezes de gatos infectados, ou de forma transplacentária. A infecção do sistema nervoso central é mais comumente identificada em pacientes imunocomprometidos, sendo o acometimento da medula espinal (mielite) incomum. O diagnóstico é realizado pelo PCR positiva no sangue ou no liquor.

Alguns casos de toxoplasmose como causa de mielopatia foram descritos em pacientes com aids, que após a introdução da terapia antirretroviral tiveram piora dos sintomas, sugerindo síndrome da reconstituição da resposta inflamatória.

A neurocisticercose, causada pela *Taenia solium*, é a infecção parasitária mais comum do sistema nervoso central, afetando cerca de 3-6% da população em áreas endêmicas. A maioria dos casos se apresenta com convulsões ou encefalopatias. A infecção da medula espinal é rara, mas tem sido relatada, com cistos leptomeníngeos sendo mais comuns que os intramedulares. A ressonância magnética demonstra o cisto com sinal semelhante ao liquor, realce periférico ao meio de contraste e efeito de massa, bem como distúrbio do fluxo liquórico associado.

Outras etiologias mais raras de mielite foram descritas com *Toxocara canis*, *Strongyloides stercorallis*, *Plasmodium falciparum*, *Equinococcus granulosum* e *Trypanosoma cruzi* (Figura 17).

Doenças vasculares

Antes de abordarmos as várias doenças vasculares que acometem a medula espinal, torna-se necessária uma breve revisão da anatomia vascular normal.

O suprimento sanguíneo para a medula é fornecido por uma artéria espinal anterior (originada das duas artérias vertebrais) e duas artérias espinais posteriores (originadas do segmento pré-atlantal da artéria vertebral ou da artéria cerebelar posteroinferior) (Figura 18).

As três artérias se estendem da região cervical ao cone medular, entretanto não são capazes de irrigar toda a medula espinal, sendo reforçadas em múltiplos segmentos por artérias radiculomedulares anteriores e posteriores, a mais importante delas denominada artéria radiculomedular magna de Adamkiewicz (Figura 19).

A artéria espinal anterior é responsável por cerca de 70% da irrigação sanguínea medular, através de ramos centrífugos das artérias penetrantes profundas, suprindo toda substância cinzenta (à exceção dos cornos posteriores) e dos tratos corticoespinais (Figura 20).

Por intermédio das artérias perfurantes, que se comunicam através de canais anastomóticos, as artérias espinais posteriores irrigam de forma centrípeta os 30% restantes da medula, incluindo os cornos posteriores da substância cinzenta, as colunas posteriores e um halo periférico de substância branca.

Na periferia da substância cinzenta central se estabelece uma "zona divisória de águas", limítrofe entre as irri-

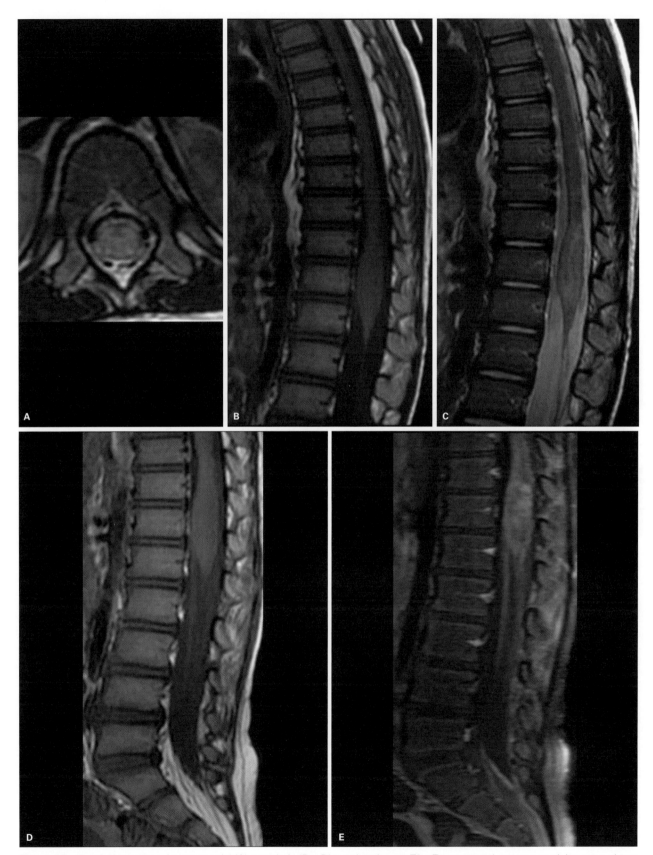

Figura 16 Esquistossomose. Imagens axial (A) e sagitais (B a D) ponderadas em T2 e T1, mostrando o cone medular com volume aumentado, sinal heterogêneo com predomínio de hipersinal em T2 e sinal intermediário em T1. Imagem sagital (E) em T1 pós-contraste, apresentando áreas de realce heterogêneo e com focos noduliformes se estendendo de D9-D10 ao cone medular. Nota-se também realce regular das raízes da cauda equina.

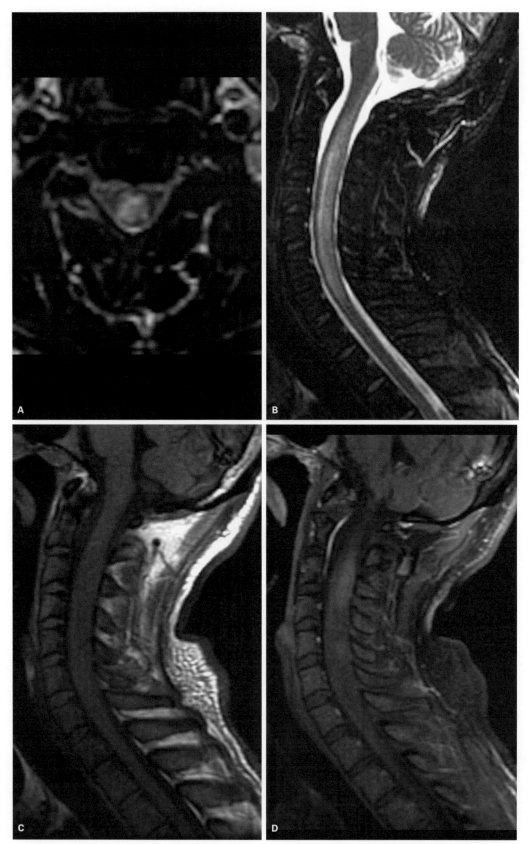

Figura 17 Mielite chagásica. Imagens da coluna cervical: axial (A) e sagital (B) em T2 mostrando hipersinal difuso na medula espinal. Imagem sagital em T1 pré (C) e pós-contraste (D) demonstrando áreas nodulares expansivas alongadas com realce ao meio de contraste intramedulares.

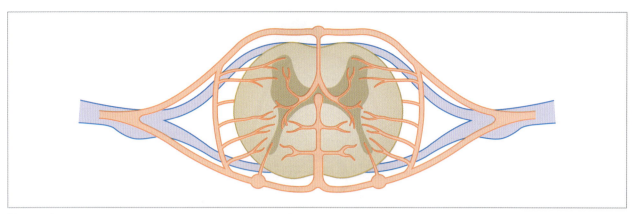

Figura 18 Esquema demonstrando o suprimento arterial de um único nível medular.

Figura 19 Irrigação da medula espinhal com ramos oriundos de ramos das artérias vertebrais, aorta, subclávias e ilíacas.

gações arteriais anterior (centrífuga) e posterior (centrípeta) (Figura 21).

A drenagem venosa medular ocorre por intermédio de sistemas intrínsecos e extrínsecos. Veias axiais e sulcais se interconectam com canais anastomóticos verticais e transmedulares formando o sistema venoso intrínseco. Já o sistema venoso extrínseco é composto por uma rede venosa pial que reúne as perfurantes intrínsecas, as veias coletoras longitudinais e as veias radiculares.

Introdução às malformações vasculares e classificação

As malformações vasculares espinais são entidades raras e muitas vezes subdiagnosticadas. A depender do tipo de malformação vascular, os sintomas podem se instalar de forma súbita (hemorragias subaracnóideas ou intramedulares) ou insidiosa (congestão venosa e mielopatia progressiva), conduzindo a quadros neurológicos inespecíficos e, portanto, atraso no diagnóstico.

De maneira análoga às malformações vasculares encefálicas, as malformações da coluna e medula espinal podem ser divididas em lesões congênitas, incluindo as malformações arteriovenosas (MAV) e os cavernomas, e as lesões adquiridas, estas últimas representadas pelas fístulas arteriovenosas (FAV).

As malformações arteriovenosas espinais são (em analogia as MAV encefálicas) *shunts* supridos por artérias que irrigam o tecido neural (as artérias intrínsecas da medula), enquanto as fístulas durais arteriovenosas espinais (como as fístulas durais encefálicas) são alimentadas por artérias radiculomeníngeas (de fato similares às artérias meníngeas).

Malformações arteriovenosas

As MAV têm um nidus verdadeiro de vasos patológicos, interposto entre as artérias nutridoras e as veias de drenagem. São irrigadas por artérias radiculomedulares e sua drenagem é realizada através de veias intramedulares

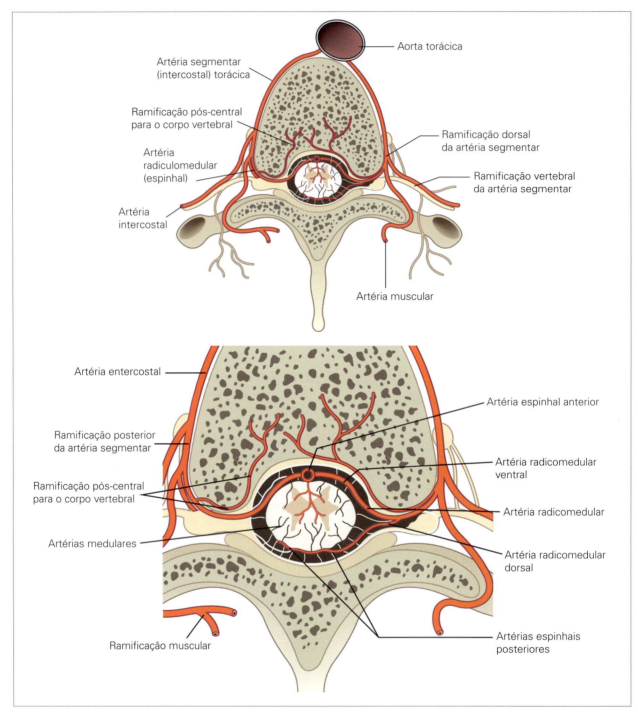

Figura 20 Irrigação arterial de corpo vertebral, saco dural, medula espinhal e suas raízes em um único nível.

e superficiais espinais, que confluem em direção ao plexo venoso epidural.

Esses *shunts* de alto fluxo podem ter localização intra ou perimedular, e são diferenciados de acordo com o tipo de nidus e o padrão hemodinâmico do fluxo em: fistulosas, glomerulares ou juvenis.

As MAV glomerulares (também chamadas de plexiformes) são as mais frequentes, classicamente de localização intramedular. São supridas por múltiplas nutridoras originadas das artérias espinais anterior ou posterior, drenando para um plexo venoso tortuoso e arterializado que circunda a medula espinal. Geralmente são de localização dorsal na região cervicobulbar. Manifestam-se muitas vezes em pacientes jovens, com início agudo de sintomas secundário à hemorragia intramedular (Figura 22).

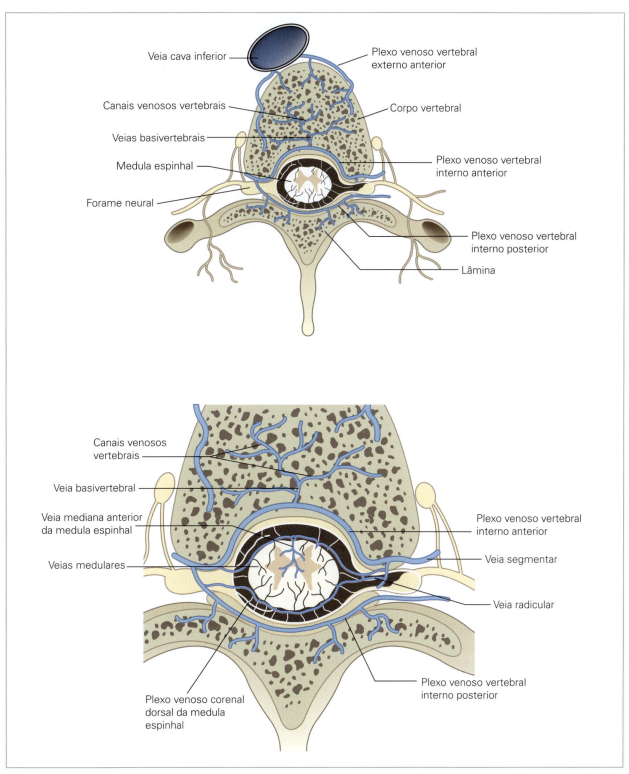

Figura 21 Drenagem venosa de corpo vertebral, saco dural, medula espinhal e suas raízes em um nível.

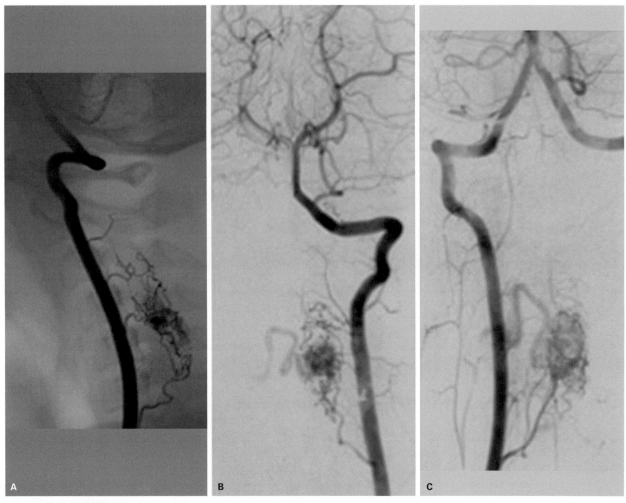

Figura 22 A-C: Malformação arteriovenosa do tipo glômica. Angiografia medular cervical demonstra enovelado de vasos tortuosos e dilatados, com opacificação venosa precoce, na medula cervical, segmento C4-C5. Irrigação pela artéria espinal anterior nutrida por um dos ramos radiculomedulares das artérias vertebrais, originando-se em C5, com recrutamento de fluxo de artérias radiculomedulares da vertebral esquerda em C3 e C4. A drenagem se efetua por uma veia radicular no mesmo nível.

As MAV fistulosas (conhecidas como fístulas perimedulares) são *shunts* arteriovenosos localizados superficialmente na medula (intradurais e extramedulares), apenas excepcionalmente podem apresentar componente intramedular. Os vasos nutridores podem ser tanto artérias espinais anteriores ou posterolaterais e são drenadas por veias perimedulares superficiais. Em geral, manifestam-se com déficits neurológicos progressivos em pacientes entre a terceira e sexta décadas de vida (Figura 23).

As MAV juvenis são as mais raras. São grandes massas vasculares com compartimentos fistulosos e glomerulares que envolvem não apenas a medula espinal, como também os tecidos vizinhos, como a dura-máter, vértebras, musculatura paravertebral e a pele. A síndrome de Cobb ou angiomatose metamérica é caracterizada pela associação de hemangioma vertebral, lesão cutânea e MAV espinal no trajeto de distribuição de um mesmo metâmero.

Não é possível distinguir o tipo de MAV por meio da ressonância magnética. A aparência característica de uma MAV espinal é de um conglomerado de vasos dilatados, peri e intramedulares, demonstrados nas sequências ponderadas em T2 como *flow-voids*, em razão da alta velocidade intravascular. Edema por congestão venosa pode estar presente, manifesto por expansão medular com sinal hiperintenso em T2, assim como resíduos hemorrágicos. A impregnação pelo contraste é variável.

O aspecto por imagem poderá tornar-se mais complexo na presença de hemorragia intramedular, caracterizando-se por sinal heterogêneo de intensidade variável nas sequências ponderadas em T1 e T2, a depender do intervalo de tempo entre a hemorragia e a obtenção das imagens. Hemorragia subaracnóidea também poderá estar presente.

Os eventuais *pitfalls* ou "simulações" das MAV são causados por artefatos da defasagem por conta do turbilhonamento de fluxo liquórico ou pelo fluxo de liquor com velocidades diferentes em compartimentos funcionalmente separados, criados pelos ligamentos denteados

12 AFECÇÕES DA MEDULA ESPINAL   901

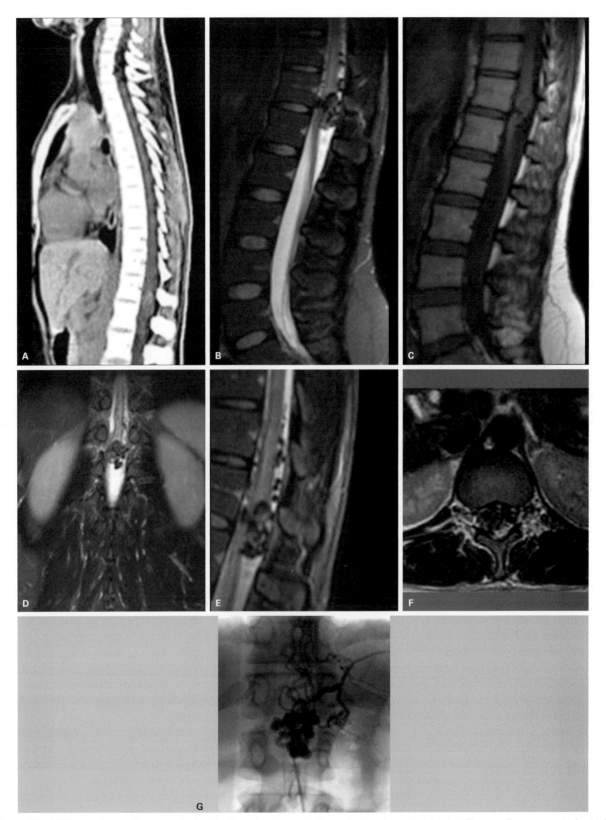

Figura 23   Malformação arteriovenosa do tipo fistulosa do eixo espinal anterior (fístula perimedular). A: Tomografia computadorizada da coluna dorsal evidencia formação hiperatenuante de limites imprecisos, localizado no interior do canal vertebral nível D12-L1. B-F: Ressonância magnética da coluna lombar demonstra malformação arteriovenosa intradural extramedular no nível de D11 a L1, que desloca o cone medular anteriormente. De maneira associada evidencia-se hipersinal em T2 na medula de D9 a D12, compatível com mielopatia. G: Angiografia medular revela opacificação precoce de uma veia perimedular anterior (bastante dilatada e tortuosa) pela artéria espinal anterior. Esta última é opacificada pela artéria de Adamkiewicz, que se origina da intercostal T12 esquerda. A mesma intercostal dá origem ao ramo radiculomedular posterior e ele irriga a artéria espinal posterior, de calibre aumentado, também dirigindo-se à fístula.

e pelo septo óptico em torno da medula torácica, o que pode produzir um aspecto similar aos *flow-voids* relacionados às MAV.

A angiografia espinal seletiva é o procedimento diagnóstico definitivo para avaliação e distinção dos tipos de MAV medulares, permitindo o planejamento terapêutico. A injeção inicial global (intra-aórtica) é seguida por cateterização seletiva dos vasos apropriados. Avaliam-se os pedículos nutridores, o padrão de fluxo, a drenagem venosa e os efeitos hemodinâmicos, como o roubo vascular.

As fístulas perimedulares (MAV fistulosas) são indistinguíveis das fístulas arteriovenosas (FAV) à ressonância magnética (em especial naquelas em que o volume do *shunt* é pequeno), uma vez que ambas podem cursar com edema medular congestivo e vasos epidurais dilatados, sendo diferenciadas apenas por meio do estudo angiográfico digital.

Pequenas MAV do tipo glomerular podem se apresentar com hemorragia intramedular e, assim, não ser adequadamente caracterizadas, tornando difícil a diferenciação com cavernoma. Portanto, a angiografia espinal está indicada para pacientes que se apresentam com hemorragias medulares, com o intuito de descartar MAV de pequenas dimensões.

Outro possível diagnóstico diferencial das malformações arteriovenosas espinais é o hemangioblastoma, que por ser densamente vascularizado pode ser acompanhado por veias dilatadas e de enchimento precoce. No entanto, tal lesão em geral apresenta realce acentuado e homogêneo pelo meio de contraste, enquanto as MAV têm contrastação heterogênea.

Angiomas cavernosos (cavernomas)

São malformações vasculares incomuns, além de causa rara, porém tratável, de mielopatia aguda, recorrente e progressiva. O manejo cirúrgico dessas lesões tem sido sugerido, uma vez que a porcentagem de hemorragia alcança até 58% dos casos. Microscopicamente são constituídos de vasos dilatados e de paredes finas, sem tecido neural interposto. É circundado por graus variáveis de edema e fibrose. Podem se manifestar por instalação de dor, sendo sucedido por déficits sensitivos e motores no intervalo de algumas horas. O curso clínico é variável, desde sintomas lentamente progressivos à quadriplegia aguda.

Os cavernomas têm aparência característica à ressonância magnética, muito similar aos cavernomas encefálicos. São lesões bem definidas, circunscritas, com intensidade de sinal heterogênea central nas sequências ponderadas em T1 (representando hemorragias em diferentes estágios de evolução) e com deposição periférica de hemossiderina, manifesta por halo de hipossinal em T1, ainda mais pronunciado nas sequências pesadas em T2 e T2*.

Entretanto, esse halo de hipossinal não se correlaciona necessariamente com o tamanho do cavernoma, mas tende a superestimar as suas dimensões assim como a extensão superficial da lesão. A localização adequada é mandatória na definição da estratégia operatória, em especial o sítio da mielotomia.

O estudo inicial com tomografia computadorizada poderá ser de auxílio diagnóstico, caracterizando-se a presença de calcificações. Os cavernomas são angiograficamente silentes; no entanto, nos cavernomas que sangraram agudamente, o estudo por angiografia deverá ser realizado para descartar a possibilidade de pequena MAV glomerular. O halo hipointenso visto nos cavernomas também poderá ser observado em ependimomas, contudo estes últimos têm realce mais pronunciado pelo meio de contraste.

Fístulas arteriovenosas

São as malformações vasculares da coluna e medula espinal mais frequentes. São presumivelmente adquiridas, mas sua etiologia exata é incerta. Acometem classicamente indivíduos de meia-idade do sexo masculino, sendo a maior parte das FAV solitárias e localizadas na região toracolombar.

O *shunt* arteriovenoso está localizado no interior da dura-máter próximo a uma raiz espinal, onde o sangue de uma artéria radiculomeníngea (que supre raízes e meninge, não necessariamente a medula) atinge uma veia radicular. Essa transição está localizada abaixo do pedículo do corpo vertebral, suprido por uma artéria segmentar.

Apesar de etiologia duvidosa, seu mecanismo patogênico é bem estabelecido. O aumento da pressão venosa espinal por conta da arterialização reduz o gradiente pressórico arteriovenoso, dificultando a drenagem e resultando em congestão, edema medular, hipóxia crônica e mielopatia.

Os sintomas iniciais de congestão são inespecíficos, progressivos e muitas vezes ascendentes. Hemorragias espinais não são descritas e apontam para a existência de fístula perimedular, em detrimento de uma FAV verdadeira.

Em razão da inespecificidade dos sintomas, o radiologista é em geral o primeiro a levantar essa possibilidade diagnóstica, primordialmente por meio dos achados de ressonância magnética. A tríade de edema medular, vasos perimedulares dilatados e impregnação pelo meio de contraste é característica.

Nas sequências ponderadas em T2, o edema medular é caracterizado por hipersinal centromedular, mal definido, envolvendo vários segmentos e geralmente acompanhado por um halo de hipointensidade.

Os vasos perimedulares estão dilatados e podem ser observados *flow-voids*, mais pronunciados na superfície dorsal da medula. Essas estruturas vasculares serpiginosas podem ser mais bem caracterizadas nas sequências fortemente ponderadas em T2 (FIESTA, CISS, 3D-TSE) que nas sequências T2 turbo *spin-echo* tradicionais. Essas sequências são também mais úteis para diferenciar os artefatos de pulsação liquórica de estruturas vasculares verdadeiras.

Após a administração do meio de contraste, pode ser observado realce difuso, sinalizando transformação necrótica da medula espinal. Na evolução da doença, a medula poderá tornar-se atrófica.

As FAV podem ocorrer em qualquer topografia desde o nível do forame magno ao sacro, e a localização dessas lesões pode ser difícil, em especial quando o edema medular está distante do sítio do *shunt*.

O estudo da medula espinal por angiorressonância tem contribuído para a localização dessas lesões, especialmente por meio da técnica da primeira passagem do gadolínio, que poderá demonstrar o enchimento venoso precoce, confirmando a presença do *shunt*. Além disso, muitas vezes é possível determinar seu provável nível e a artéria nutridora, orientando dessa forma a injeção seletiva no estudo angiográfico convencional.

A angiografia espinal é necessária para confirmar o nível exato da fístula e também para descartar uma fístula perimedular, que pode se apresentar de forma similar na ressonância magnética.

O aspecto por imagem das FAV é característico ao estudo de ressonância magnética, permitindo afastar diagnósticos diferenciais como gliomas (em especial quando o realce está presente e é acentuado), a siringo-hidromielia, as lesões inflamatórias ou mesmo a isquemia.

O diagnóstico da FAV reside, portanto, nos achados de ressonância magnética, sendo guiados pelo estudo de angiorressonância e confirmados por meio de arteriografia (Figura 24).

Infarto medular

Infarto medular corresponde ao dano tecidual medular permanente por conta da diminuição de suprimento sanguíneo local. Em geral ocorre como consequência da oclusão de ramos radiculares, seja das artérias vertebrais (medula cervical), seja da artéria aorta (medula torácica e lombar), podendo também ser consequência de acometimento venoso. Acomete mais comumente zonas de irrigação terminal ou de fronteira, por isso ocorre em especial na porção torácica da medula.

É um evento raro, que acomete indivíduos sobretudo a partir da sexta década de vida, sem clara predileção por sexo. Apesar de considerado o principal fator de risco a aterosclerose, incluindo-se tabagismo, hipertensão e diabete melito, 33-74% dos casos são idiopáticos. Também podem estar associadas: aortopatias (aterosclerose, aneurisma, dissecção, cirurgias), hipotensão arterial malformações arteriovenosas, coagulopatias, procedimento anestésico epidural trauma, vasculites, embolias, entre outras. Muitos ainda são subdiagnosticados e inclusos dentro da estatística de "mielopatia aguda de etiologia desconhecida". A taxa de mortalidade é de cerca de 20-25% dos pacientes internados em hospitais.

Histopatologia

Microscopicamente, notam-se: na fase aguda, edema citotóxico e vasogênico neuronal, além de acometimento de células endoteliais e astrocitárias; na fase subaguda, aumento de edema vasogênico e o infiltrado de células fagocíticas; e, na fase crônica, progressão da reação astrocitária e de macrófagos associada a atrofia medular sequelar.

Quadro clínico

O quadro clínico é variável e depende do território vascular acometido. Cerca da metade dos casos segue-se a movimentos corporais, muitas vezes bruscos e repentinos (como a extensão dorsal brusca) e em pacientes com espondilopatia (como protrusão discal e outras).

Evolui agudamente na quase totalidade dos casos, geralmente em minutos, podendo evoluir em poucas horas. Evolução subaguda em poucos dias já foi descrita para infarto venoso relacionado a compressão local, assim como mielopatia progressiva, que pode ser resultado de isquemia crônica por conta da malformação arteriovenosa.

Há correlação entre a síndrome clínica e o achado de imagem. O infarto do território bilateral da artéria espinal anterior está relacionado com quadro motor e sensitivo espinotalâmico bilateral; do território unilateral da artéria cerebral anterior, com hemiparesia ipsilateral e disestesia espinotalâmica contralateral; do território das artérias espinais posteriores, com quadro motor e sensitivo funicular bilateral; acometimento exclusivamente central, com quadro sensitivo espinotalâmico bilateral sem quadro motor.

O prognóstico é favorável na maioria dos casos, com recuperação completa ou incompleta em cerca de 70% destes.

Estudo por ressonância magnética é o padrão-ouro na suspeita diagnóstica. Apresenta-se caracteristicamente como lesão hiperintensa em T2 e hipointensa em T1 medular central, em geral anterior, acometendo preferencialmente o H medular por ser zona vascular terminal (disposição centrípeta dos ramos: da periferia para o centro medular) e por possuir substância cinzenta (porção nuclear celular metabolicamente mais ativa. Em casos mais extensos, pode acometer parte ou toda a substância branca da área transversa da medula.

Um estudo recente que analisou 36 pacientes com quadro agudo vascular evidenciou os seguintes padrões de acometimento de territórios, em ordem decrescente de frequência: artéria espinal anterior bilateral (33%), artéria espinal anterior unilateral (22%), artéria espinal posterior unilateral (17%) e artéria espinal posterior unilateral (14%), sendo o envolvimento exclusivamente central e a

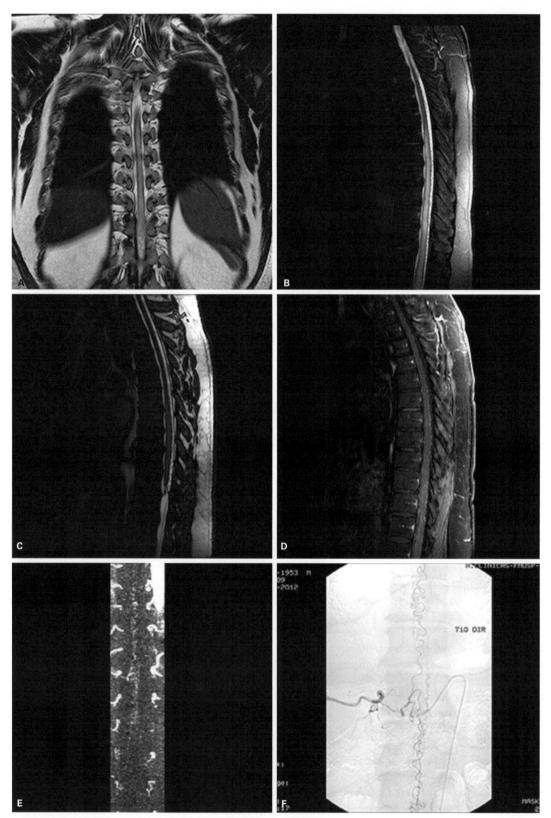

Figura 24 A: Imagem coronal T2 demonstra medula difusamente tumefeita e hiperintensa em T2, nesse caso por conta da mielopatia congestiva. B: Imagem sagital T2 demonstra inúmeros *flow-voids* na superfície da medula. C: Imagem sagital T2 demonstra o mesmo aspecto. D: Imagem sagital FIESTA permite ver de forma mais nítida e indubitável os pequenos vasos recobrindo difusamente a medula. E: Imagem sagital T1 pós-contraste evidencia múltiplos pequenos focos de realce na topografia dos *flow-voids*. F. Sequência TRICKS permite ver dinamicamente a passagem do meio de contraste através das estruturas vasculares. Nesse ponto observa-se o início da contrastação das veias ectasiadas no espaço intradural extramedular. Arteriografia confirma fístula arteriovenosa dural, de forma ainda mais clara que a ressonância magnética.

síndrome transversa responsáveis por 8 e 5%, respectivamente. Em razão da grande variação anatômica vascular vertebral, formas unilaterais são explicadas por conta da anastomose incompleta do sistema posterior e por duplicação do sistema anterior. O acometimento dos cornos anteriores já foi descrito como aspecto em "olhos de cobra" (ou de "coruja") nos cortes axiais e aspecto em "lápis" nos cortes sagitais.

Na sequência ponderada em T2, tem-se hipersinal e, em T1, iso a hipossinal, podendo estar associado discretamente efeito expansivo, sendo esses achados mais frequentes tanto em pacientes com fraqueza muscular mais acentuada (em comparação com aqueles com fraqueza sutil) quanto nos pacientes que realizaram o exame após horas ou alguns dias do início dos sintomas (em comparação com aqueles que realizaram o exame na primeira ou segunda hora). Na fase subaguda, a sequência de T1 pós-contraste paramagnético revela realce heterogêneo e de limites mal definidos, o que em geral se inicia após 5 dias e dura semanas. Nessa fase subaguda, pode surgir dúvida diagnóstica com processos inflamatórios/infecciosos ou mesmo tumorais. A atrofia medular é característica da fase crônica.

Nas fases aguda e subaguda precoce, há hipersinal na sequência de difusão estreitando o diagnóstico diferencial e revelando a importância de acrescentar essa sequência aos protocolos de ressonância nos quadros de mielopatias de início súbito. Em recente trabalho foi medido o coeficiente aparente de difusão (ADC) em 19 casos de isquemia medular, obtiveram-se valores absolutos de ADC entre 395,4 e 575,8 × 10^{-6} mm^2/s. São apenas números, mas que podem servir como um guia de parâmetro para se falar em restrição difusional em tecido medular espinal.

O hipersinal em T2 no corpo da(s) vértebra(s) correspondente(s), em razão do infarto ósseo medular irrigado pelos mesmos ramos, é um achado também característico e que, apesar de raro, pode ser confirmatório. Essa alteração de sinal no corpo vertebral pode também ser o único achado de imagem.

A angiografia digital, ao contrário da angiorressonância ou angiotomografia, pode revelar o local da lesão vascular por conta da maior resolução para pequenos vasos (radiculares).

O estudo com 79 pacientes com quadro de mielopatia aguda verificou as principais causas: esclerose múltipla (43% dos casos), doença sistêmica (16,5%), infarto medular (14%), mielopatia infecciosa (6%), mielopatia actínica (4%). Na esclerose múltipla, a lesão medular em geral foi posterior ou lateral e com extensão de menos de dois corpos vertebrais. Havia lesões encefálicas concomitantes em 68% e liquor com bandas oligoclonais. Já no infarto medular, não houve caso de liquor positivo para bandas oligoclonais, raros casos de lesões encefálicas concomitantes e a mielopatia geralmente foi mais extensa e mais central. Esta última característica também foi encontrada nas mielites transversas associadas a doenças sistêmicas, em que também foram encontradas significativamente menos bandas oligoclonais e havia lesões encefálicas concomitantes em 31%.

Além da esclerose múltipla e mielopatias transversas em geral, outros diagnósticos diferenciais incluem neoplasias medulares (procurar por alterações císticas, diferentes padrões de realce, edema peritumoral extenso, além de quadro clínico mais arrastado) e fístula dural tipo I (procurar por vasos piais dilatados e tortuosos).

Lesões neoplásicas medulares

As lesões neoplásicas intramedulares da coluna vertebral são raras, constituindo cerca de 4-10% de todos os casos de neoplasias do sistema nervoso central (SNC) e cerca de 2-4% dos tumores gliais do SNC. Constituem aproximadamente 20% de todos os tumores intramedulares da coluna vertebral no adulto e cerca de 35% na população pediátrica. Os tumores na medula espinal, em sua grande maioria, são malignos, e os de linhagem glial correspondem a cerca de 90-95% das lesões nessa topografia.

A medula espinal é essencialmente composta de neurônios, astrócitos, oligodendrócitos, células ependimárias, vasos sanguíneos (com endotélio, pericitos e musculatura lisa). Sendo assim, as neoplasias primárias intramedulares da coluna espinal, apesar de raras, são formadas por tumores de diferentes linhagens celulares, entre eles astrocitoma, oligodendroglioma, ependimoma, hemangioblastoma e tumores mistos neurogliais. Os tumores primitivos neuroectodérmicos (PNET) são tumores primários ainda mais raros. O acometimento medular secundário é encontrado nas metástases e no linfoma.

Miller realizou revisão anatomopatológica de 294 espécimes cirúrgicas de tumores intramedulares da coluna espinal (117 de pacientes menores que 21 anos e 177 de pacientes maiores que 21 anos). Entre o grupo dos pacientes mais jovens, o mais frequente foi astrocitoma fibrilar (39%), seguido por gangliogioma (26%) e o ependimoma (16%). Entre o grupo dos pacientes com mais de 21 anos, a lesão mais comum foi o ependimoma (53%), seguido por astrocitoma (24%) e ganglioglioma (6%).

A ressonância magnética é método de imagem fundamental na avaliação de tumores medulares, pois permite avaliar as características intrínsecas do tumor, sua extensão e relação com estruturas adjacentes e achados associados, como presença de hemorragias ou cavidades seringomiélicas. A tomografia computadorizada tem papel bastante limitado, embora com frequência permita a detecção da lesão e possibilite avaliar eventual extensão ou invasão das partes ósseas adjacentes. A radiografia simples é habitualmente normal nos tumores intramedulares, podendo evidenciar alterações inespecíficas (como escoliose, escoliose, alargamento do canal vertebral ósseo, remodelamento do aspecto posterior dos corpos vertebrais, erosão dos pedículos e afilamento das lâminas) em tumores de crescimento lento, como astrocitoma, ependimoma e ganglioglioma.

Abordaremos as lesões neoplásicas intramedulares primárias (ependimomas, astrocitomas, gangliogliomas e hemangioblastomas), e as principais lesões secundárias que possam afetar a medula, como linfomas intramedulares e as metástases intramedulares.

Tumores gliais primários da medula espinal

Ependimoma

São neoplasias malignas primárias derivadas das células ependimárias do canal central da medula. Mais frequentemente intramedular, também pode ter localização intradural e extramedular, sendo esses em geral derivados de células ependimárias ectópicas. Representa cerca de 60% dos tumores da medula espinal em adultos. Entretanto, representa apenas 34% dos ependimomas se considerado todo o neuroeixo. Na população pediátrica é o segundo tumor intramedular da coluna vertebral mais frequente, atrás apenas dos astrocitomas.

São reconhecidos seis subtipos histológicos: celular (o subtipo mais comum), papilar, de células claras, tanatocítico, mixopapilar e melanocítico (o mais raro). Quase todos os ependimomas são classificados como grau II da Organização Mundial da Saúde (OMS). O subtipo anaplásico (grau III) é raro. O subependimoma e o ependimoma mixopapilar são subtipos do ependimoma com comportamento biológico menos agressivo (grau I).

Existe reconhecida associação entre os ependimomas e a neurofibromatose do tipo II (NF2), podendo coexistir com outras lesões neoplásicas comuns à NF2, como os meningiomas e os schwanomas.

Acomete mais frequentemente adultos, com a idade média de apresentação de 38 anos, mas pode ser encontrado desde a infância até a senilidade. Homens e mulheres são igualmente afetados.

Como são tumores de crescimento lento, os sintomas são lentamente progressivos, com tempo médio de 3 a 4 anos entre o início dos sintomas até o diagnóstico. A hemorragia intratumoral, porém, pode desencadear uma progressão mais rápida dos sintomas. Os sintomas sensitivos, em especial a disestesia, são os primeiros a aparecer em mais de 70% dos pacientes. Uma possível explicação para esse dado é que esses tumores, por apresentarem localização central, podem comprimir as fibras de decussação do trato espinotalâmico. Sintomas motores são comumente associados a ependimomas de grandes dimensões.

Os ependimomas apresentam como principais diagnósticos diferenciais o astrocitoma, hemangioblastoma, lesão desmielinizante tumefativa, infarto medular e mielite transversa idiopática.

Características gerais da lesão

Os ependimomas são lesões expansivas da medula espinal, habitualmente circunscritas e menos infiltrativas do que os astrocitomas, o que confere aos primeiros melhor prognóstico em relação aos últimos. Em geral, deslocam os tratos longos da medula espinal, e muitas vezes existe um plano de clivagem cirúrgico entre a lesão neoplásica e a medula adjacente. Originam-se centralmente na medula espinal e determinam expansão simétrica dela. Costumam ser densamente vascularizados, o que predispõe a eventos hemorrágicos, tanto intratumorais quanto subaracnóideos.

Os ependimomas localizam-se mais frequentemente no segmento cervical da medula espinal, em cerca de 44% dos casos, podendo ser observado acometimento simultâneo dos segmentos medulares cervical e torácico superior. De forma menos frequente, observa-se o acometimento isolado do segmento torácico da medula espinal.

Características de imagem

A radiografia simples é em geral normal, mas pode evidenciar alterações inespecíficas como escoliose, alargamento do canal vertebral ósseo, remodelamento do aspecto posterior dos corpos vertebrais, erosão dos pedículos e afilamento das lâminas.

Nas imagens de tomografia computadorizada, os ependimomas apresentam-se como lesões iso ou discretamente hiperatenuantes em relação à medula espinal e tendem a apresentar realce mais intenso pelo meio de contraste se comparado com o padrão apresentado pelos astrocitomas.

Nas imagens de ressonância magnética (Figuras 25 e 26), os ependimomas são lesões sólidas, com localização central (em cerca de 62,5-76% dos casos) na medula espinal. Apresentam-se com iso ou hipossinal em relação à medula espinal nas sequências ponderadas em T1. Em casos raros podem se mostrar como uma massa hiperintensa em T1, achado normalmente decorrente de hemorragia. Nas sequências ponderadas em T2, os ependimomas são tipicamente hiperintensos em relação à medula espinal, e mais raramente isointensos.

Cerca de 20-33% dos ependimomas apresentam o sinal do capuz (*cap sign*), que se caracteriza como uma borda com marcado hipossinal nas diferentes ponderações (representando hemossiderina) nas extremidades do tumor. Tal achado possivelmente é secundário à hemorragia, complicação comum entre os ependimomas e outros tumores altamente vascularizados, como os hemangioblastomas e os paragangliomas.

Em cerca de 60% dos ependimomas, observa-se hipersinal em T2, caracterizando edema, em segmentos de medula espinal circunjacentes à lesão expansiva. O número médio de segmentos vertebrais envolvidos com essa anormalidade de sinal em T2 é de cerca de 3,6; no entanto, em alguns casos podem envolver até 15 segmentos.

Cistos são comuns, a maioria dos quais é de localização polar (variante não tumoral), sendo caracterizados

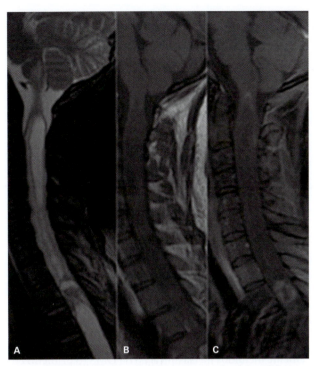

Figura 25 Ependimoma. Paciente do sexo feminino, 32 anos. Imagens de ressonância magnética no plano sagital da transição cervicotorácica ponderadas em T2 com saturação de gordura (A), T1 pré-contraste (B) e T1 pós-contraste (C). Em A, lesão expansiva sólido-cística, intramedular, localizada no segmento T2 da coluna torácica, associada à dilatação hidrossiringomiélica. Observa-se marcado hipossinal em T2 nas margens da lesão e da cavidade hidrossiringomiélica, representando resíduos hemáticos. Em C, nota-se o realce heterogêneo pelo meio de contraste.

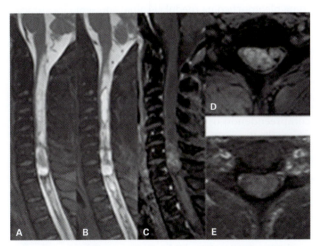

Figura 26 Ependimoma. Paciente do sexo masculino, 44 anos. Imagens de ressonância magnética no plano sagital da coluna cervical ponderadas em T2 com saturação de gordura (A e B), T1 pós-contraste (C) e no plano axial ponderadas em T2 com saturação de gordura (D) e T1 pós-contraste (E). Em A, lesão expansiva sólido-cística, intramedular, localizada nos segmentos C6 e C7, que apresenta realce heterogêneo pelo meio de contraste (C), necrose/degeneração cística em seu interior (D) e determina expansão simétrica da medula espinal (E). De forma associada, há dilatação hidrossiringomiélica em suas extremidades (B), destacando-se marcado hipossinal em T2 em suas margens, o que representa hemossiderina. Observa-se o sinal do capuz em A.

nas extremidades da lesão. Os cistos intratumorais também podem ocorrer, mas menos frequentemente. A dilatação hidrossiringomiélica, que ocorre em 9-50% dos casos, pode apresentar sinal distinto do liquor, uma vez que é formada por um líquido com alto teor proteico, achado que sugere natureza exsudativa, o que apoia a hipótese de que tal cavidade resulte de uma ruptura da barreira hematomiélica.

Cerca de 84% dos ependimomas da medula espinal apresentam pelo menos algum grau de realce pelo meio de contraste, e o padrão heterogêneo é o mais frequente, destacando-se que as margens reais da lesão são bem demarcadas por tal realce.

O estudo por DTI demonstra que na maioria dos casos a lesão expansiva desloca os trajetos presumidos dos tratos medulares e não os interrompe, sendo este último um achado habitualmente visto nos astrocitomas (Figuras 25 e 26).

Ependimoma mixopapilar

Ependimomas mixopapilares são uma variante dos ependimomas intramedulares; foram descritos pela primeira vez em 1932 por Kernohan e provavelmente derivam de células ependimárias remanescentes no filo terminal. São tumores que parecem ter baixa incidência, correspondem a cerca de 30% de todos os casos de ependimomas intramedulares e aproximadamente 35% dos tumores localizadas na cauda equina.

São classificados como grau I pela OMS e, portanto, apresentam bom prognóstico. Caracterizam-se histologicamente por arranjo papilar de células tumorais, marcada alteração mucinosa do estroma e baixa atipia nuclear. São envolvidos por uma fina e lisa cápsula de tecido conectivo, que se apresenta com frouxa aderência às raízes dos nervos espinais circunjacentes. Apesar das características histológicas benignas, alguns pacientes com ependimoma mixopapilar evoluem com disseminação de células neoplásicas pelo líquido cefalorraquidiano após ruptura da cápsula e, consequentemente, apresentam pior prognóstico.

São mais comuns no sexo masculino, com média de idade de 35 anos (pouco mais precoce que os demais ependimomas). Clinicamente, manifestam-se em geral com dor na porção inferior das costas, fraqueza nas pernas e disfunção esfincteriana.

Os ependimomas mixopapilares apresentam como principais diagnósticos diferenciais os tumores da bainha nervosa, metástases intradurais, cisto epidermoide, meningioma e paraganglioma.

Características gerais da lesão

O ependimoma mixopapilar apresenta-se, caracteristicamente, como uma lesão lobulada, encapsulada, em forma de "salsicha" e vascularizada.

São as lesões neoplásicas que mais acometem o cone medular, filo terminal e raízes da cauda equina. Ocasionalmente localizam-se no espaço extradural e raramente fora do sistema nervoso central (p. ex., região sacrococcígea), e a ocorrência desse tumor em localizações atípicas pode estar associada à espinha bífida oculta. Múltiplas lesões foram relatadas em cerca de 14-43% dos casos.

Aspectos de imagem

Nas imagens por ressonância magnética (Figura 27), o ependimoma mixopapilar com a cápsula íntegra é tipicamente observado como uma massa isointensa em relação à medula espinal nas imagens ponderadas em T1 e hiperintensa nas ponderadas em T2. Focos de hipersinal tanto em T1 quanto em T2 podem ser ocasionalmente observados, refletindo conteúdo de mucina ou hemorragia. Siderose superficial pode ser vista, mas não é um achado específico, uma vez que também pode ser observada em tumores altamente vascularizados.

Realce pelo meio de contraste é muitas vezes observado, podendo ter padrão homogêneo ou heterogêneo. Sakai et al., em um estudo envolvendo 20 pacientes com ependimoma mixopapilar, sugeriram que o padrão heterogêneo do realce pelo meio de contraste está mais associado a tumores não encapsulados, conferindo um pior prognóstico, uma vez que tais tumores estão relacionados a maiores taxas de disseminação liquórica e infiltração de tecidos circunjacentes.

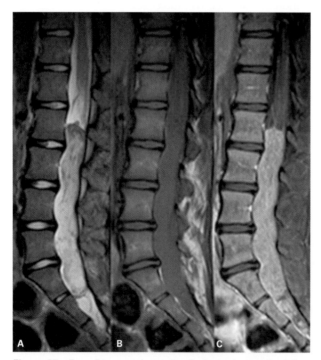

Figura 27 Ependimoma mixopapilar. Paciente do sexo feminino, 14 anos. Imagens de ressonância magnética no plano sagital da coluna lombar ponderadas em T2 (A), T1 pré-contraste (B) e em T1 pós-contraste. Presença de grande massa ovalar intradural que se estende desde de L2 até extremidade sacral do saco tecal. Apresenta-se com sinal heterogêneo em T2 (A), com sinal intermediário/leve hipersinal em T1 (B) e intenso realce pelo meio de contraste.

Astrocitoma

Astrocitomas são neoplasias malignas de origem astrocitária. São o segundo tipo mais frequente de tumores intramedulares nos adultos, responsáveis por 20% do total. Nas crianças, representam o tipo mais comum de tumores intramedulares, responsáveis por cerca de 30-35% nessa população. Na classificação da Organização Mundial da Saúde (OMS), quatro tipos de astrocitomas são reconhecidos. As lesões grau I da OMS correspondem aos astrocitomas pilocíticos e têm comportamento biológico mais benigno. As lesões grau II correspondem aos astrocitomas fibrilares, subtipo histológico mais comum na medula espinal em adultos jovens. Os astrocitomas anaplásicos são considerados tumores grau III e apresentam hipercelularidade mais pronunciada, maior pleomorfismo e menor diferenciação celular. Por sua vez, o glioblastoma é o subtipo com comportamento biológico mais agressivo (grau IV), sendo o menos frequente na medula espinal, representando cerca de 0,2-1,5% dos astrocitomas nessa topografia. O astrocitoma pilomixoide e o xantoastrocitoma pleomórfico são os dois subtipos menos comuns, que foram recentemente incluídos na classificação da OMS (o primeiro em 2007 e o último em 1993) e que raramente se desenvolvem na medula espinal, normalmente em crianças e adultos jovens. O astrocitoma pilomixoide (grau II) na medula espinal apresenta características morfológicas semelhantes às do astrocitoma pilocítico, mas mostra comportamento biológico mais agressivo, com maiores taxas de recorrência local e disseminação liquórica, com possibilidade de transformação em glioblastoma. Por outro lado, o xantoastrocitoma pleomórfico na medula espinal apresenta localização subpial, com infiltração parcial das leptomeninges. Mostra um comportamento biológico menos agressivo, porém são descritos recorrência local após ressecção cirúrgica em alguns casos, e 15-20% deles apresentam transformação anaplásica progressiva.

A maioria dos astrocitomas (80-90%) é de baixo grau, compreendendo os astrocitomas pilocíticos e os astrocitomas fibrilares. Por outro lado, 10-20% são de alto grau, fazendo parte desse grupo os astrocitomas anaplásicos e glioblastoma.

Existe associação entre os astrocitomas da medula espinal e a neurofibromatose do tipo 1, sendo eles também descritos em pacientes com neurofibromatose do tipo 2.

A idade média de apresentação entre pacientes adultos é 29 anos. Santi et al. identificaram a idade média dos pacientes com astrocitomas de alto grau: 32 anos. Na população pediátrica, prevalece nas crianças com menos de 10 anos, e na casuística de Scheinemann foi encontrada idade média de 5,8 anos. Existe um discreto predomínio no sexo masculino, sendo os homens acometidos em cerca de 58% dos casos.

A apresentação clínica dos astrocitomas da medula espinal é variável e tipicamente progride ao longo de um período de meses a anos antes do diagnóstico ser estabelecido. Nos tumores de alto grau, os sintomas têm duração mais curta e progressão mais rápida, com evolução média de 3 a 5 meses. A dor costuma ser o primeiro sintoma. Em geral, é localizada, mas pode ter distribuição radicular. Alterações sensitivas são comuns e podem se caracterizar por disestesias ou parestesias, uni ou bilateral. As alterações motoras também podem ocorrer e quando a lesão localiza-se no segmento cervical da medula espinal, a fraqueza nos membros superiores precede a que ocorre nos membros inferiores. A perda do controle esfincteriano é incomum. A apresentação clínica na população pediátrica tende a ser ligeiramente diferente da apresentação em adultos. Nas crianças, a dor e a regressão no desenvolvimento motor são comuns, sendo também observados anormalidades da marcha, torcicolo e escoliose.

Astrocitomas da medula espinal raramente apresentam-se com um plano de clivagem clara entre a lesão tumoral e o tecido normal da medula espinal adjacente em razão de suas características infiltrativas, o que confere aos astrocitomas pior prognóstico que o apresentado pelos ependimomas intramedulares.

Apresentam como principais diagnósticos diferenciais o ependimoma, linfoma intramedular, metástase intramedular e ganglioglioma.

Características gerais da lesão

Os astrocitomas são lesões expansivas e infiltrativas da medula espinal que podem ser estruturalmente sólidas ou apresentar áreas de necrose ou degeneração cística. São lesões que se originam em uma área excêntrica dentro da medula, cujo crescimento determina sua expansão assimétrica. Embora essas características representem diferenças notáveis em relação aos ependimomas, esses aspectos não são observados habitualmente no momento do diagnóstico, uma vez que nesse momento as lesões de ambos os tumores já envolvem quase toda a extensão axial da medula. Localizam-se com maior frequência nos segmentos cervical e torácico da medula espinal, e eles podem estar acometidos de modo simultâneo. O envolvimento do cone medular e do filo terminal é raro. Costuma se estender por mais do que quatro segmentos, sendo ocasionalmente multissegmentar e raramente acomete toda a extensão da medula espinal.

Características de imagem

A radiografia simples é em geral normal, mas pode evidenciar as mesmas alterações inespecíficas descritas para os ependimomas.

As imagens de tomografia computadorizada podem evidenciar o entumecimento da medula espinal com realce heterogêneo pelo meio de contraste. Podem demonstrar a expansão e o remodelamento do canal vertebral ósseo, bem como as alterações nos pedículos e lâminas.

Na ressonância magnética (Figuras 28 e 29) o componente sólido da lesão, na maioria dos casos, apre-

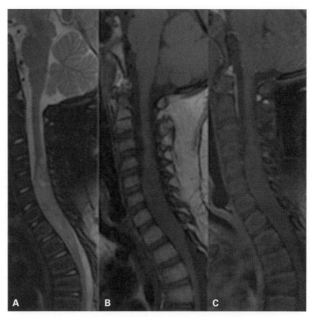

Figura 28 Astrocitoma fibrilar. Paciente do sexo masculino, 10 anos. Imagens de ressonância magnética no plano sagital da coluna cervical ponderadas em T2 com saturação de gordura (A), T1 pré-contraste (B) e em T1 pós-contraste. Lesão expansiva/infiltrativa intramedular, predominantemente sólida, que se estende desde de C3-C4 até T2-T3 e determina expansão da medula espinal (A-C). Em A observa-se que a lesão se mostra heterogênea, com hipersinal predominante em T2 e algumas áreas de necrose/degeneração cística. Apresenta isossinal em T1 (B), com tênue realce pelo meio de contraste, não sendo possível determinar limites nítidos da lesão.

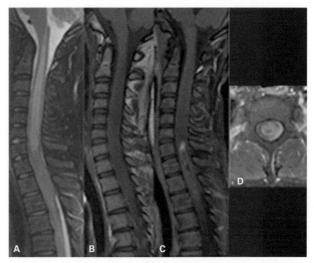

Figura 29 Glioblastoma. Paciente do sexo masculino, 15 anos. Imagens de ressonância magnética no plano sagital da transição cervicotorácica ponderadas em T2 com saturação de gordura (A), T1 pré-contraste (B), em T1 pós-contraste (C) e no plano axial ponderada em T1 pós-contraste (D). Lesão expansiva/infiltrativa intramedular, heterogênea, predominantemente sólida, que se estende de C6 a T4 e determina expansão da medula espinal (A-D). Observa-se em A aspecto heterogêneo da lesão, com hipersinal predominante em T2. Nota-se também dilatação hidrossiringomiélica com extensões cranial (até a região do bulbo) e caudal. Apresenta isossinal em T1 (B), com realce heterogêneo pelo meio de contraste. Destaca-se em D que a lesão é excêntrica, com maior componente à esquerda.

senta iso ou hipossinal em T1 e hipersinal em T2. De forma independente do grau histológico, os astrocitomas tendem a apresentar realce pelo meio de contraste, sendo as áreas que realçam os locais adequados para as biópsias. O realce é habitualmente heterogêneo, sem definir de forma conspícua as margens da lesão. Uma característica notável do astrocitoma é que, mesmo nos casos nos quais as aparentes margens da lesão são bem demarcadas pelo realce do meio de contraste, elas não representam as margens cirúrgicas reais do tumor, achado decorrente do seu padrão infiltrativo, que confere ausência de plano nítido de clivagem cirúrgica entre o tumor e o tecido medular adjacente. Há componente cístico em cerca de 50% dos casos, que podem se localizar no interior do componente sólido ou nas extremidades da lesão, cujo conteúdo pode ter sinal similar ao liquor ou ter conteúdo hiperproteico (sinal hiperintenso em T1 e variável em T2). Tais cistos podem tanto representar cistos por conta da degeneração cística/necrose do tumor ou siringomielia, que pode se formar tanto cranial quanto caudalmente à lesão tumoral. Essa diferenciação é importante, pois as alterações císticas não neoplásicas, causadas comumente por alteração na dinâmica circulatória do liquor, habitualmente desaparecem após a excisão da lesão sólida. A diferenciação entre essas duas condições é baseada no comportamento após a administração do meio de contraste, e apenas as paredes dos cistos neoplásicos ou as margens da degeneração cística associada à necrose do tumor vão apresentar realce.

Hemorragia intratumoral ocorre na minoria dos casos, sendo menos frequente nos astrocitomas em relação aos ependimomas. Os resíduos hemáticos aparecem como focos de hipersinal em T1 e, por vezes, com marcado hipossinal nas sequências sensíveis à suscetibilidade magnética.

Pode ser observada redução nos valores de anisotropia fracionada no local do tumor em razão do edema extracelular local ou da redução do número de fibras, com consequente aumento do espaço extracelular. Dessa forma, no estudo de tratografia pode-se observar interrupção das fibras dos tratos longos da medula espinal, um achado divergente do habitualmente encontrado nos ependimomas, em que se observa deslocamento das fibras desses tratos.

Tumores não gliais primários da medula espinal

Ganglioglioma

Os tumores intramedulares com componentes neuronais são extremamente raros. Quando são formados somente por células neuronais maduras, sem componente glial associado, recebem a designação de gangliocitomas ou ganglioneuromas. Por outro lado, quando são compostos por células neuronais maduras associadas a astrócitos chamam-se gangliogliomas. Os tumores de linhagem neuronal mais imaturos, formados por células ganglionares maduras associadas a neuroblastos, são ainda mais raros e designados como ganglioneuroblastomas.

Gangliogliomas são os tumores com componente neuronal mais comuns, correspondendo a 0,40-6,25% de todos os tumores primários do sistema nervoso central e por volta de 1,1% de todas as neoplasias da coluna vertebral. São formados por células neuronais maduras (neurônios ou células ganglionares) e elementos celulares da glia (sobretudo astrócitos neoplásicos). São neoplasias de crescimento lento, sendo classificadas como graus I ou II da OMS.

No estudo retrospectivo com 56 pacientes de Jallo, a idade mediana no momento do diagnóstico foi de 6 anos, e 75% dos pacientes eram mais jovens que 16 anos. Foi observado também um tempo médio de 12 meses entre o relato dos primeiros sintomas e o diagnóstico, inferindo crescimento relativamente lento do tumor.

A apresentação clínica varia de acordo com o segmento acometido da medula espinal. No mesmo estudo de Jallo et al., o sintoma mais comum foi parestesia, relatada por 50% dos pacientes.

Os gangliogliomas intramedulares apresentam bom prognóstico, embora mostrem uma taxa de recorrência de 27%, o que é cerca de três a quatro vezes maior do que a apresentada pelos gangliogliomas encefálicos.

Os principais diagnósticos diferenciais dos gangliogliomas são os astrocitomas e os ependimomas.

Características gerais da lesão

Eles se originam em uma região excêntrica da medula e acomete mais frequentemente o segmento cervical seguido pelo torácico. Raramente acometem o cone medular ou toda a medula espinal. Na revisão de Jatto et al., a lesão neoplásica se estende por 4 a 8 segmentos vertebrais em 53% dos casos.

Cistos intratumorais são comuns (em 46% dos casos), prevalência maior que a encontrada nos ependimomas e astrocitomas intramedulares da coluna vertebral. Calcificação e pequenos cistos são relativamente comuns.

Características de imagem

A radiografia simples pode evidenciar escoliose e remodelação óssea, e tais achados são muito mais comuns nos gangliogliomas intramedulares do que em outros tipos de tumores de mesma localização.

Nas imagens de ressonância magnética, a maioria dos gangliogliomas se apresenta com sinal heterogêneo em T1, sendo tal característica decorrente da população celular dupla da qual esses tumores são formados.

Nas imagens ponderadas em T2, eles apresentam-se homogeneamente hiperintensos. O edema circunjacente não é um achado comum, sendo menos frequente que o encontrado nos ependimomas e astrocitomas.

Após a administração do meio de contraste paramagnético, a maioria dos gangliogliomas apresenta algum grau de realce, sendo o padrão rendilhado o mais frequente.

Hemangioblastoma

Hemangioblastomas intramedulares são tumores raros, representando 5-10% de todas as lesões neoplásicas da medula espinal, configurando o terceiro tumor intramedular mais frequente. Histologicamente, caracterizam-se por agrupamentos de grandes células estromais espumosas (pelo alto conteúdo lipídico) intercalados por canais vasculares de paredes finas e preenchidos por células sanguíneas. Podem ocorrer como casos esporádicos ou como parte da síndrome de Von Hippel-Lindau (VHL). Cerca de 10-30% dos pacientes com hemangioblastoma intramedular estão associados à síndrome de VHL. Em geral, esses pacientes têm hemangioblastomas múltiplos no sistema nervoso central associados ou não às demais anormalidades comuns dessa condição clínica, como angiomas da retina, cistos renais e pancreáticos, carcinoma de células renais e feocromocitoma. São tumores histologicamente benignos, altamente vascularizados e que podem ser curados completamente por ressecção cirúrgica. Apesar de suas características histológicas benignas, esses tumores podem determinar comprometimento neurológico significativo em decorrência de suas dimensões, localização ou ainda pela presença de edema ou dilatação hidrossiringomiélica associados.

Hemangioblastomas intramedulares são mais comuns em homens, com a idade média de início dos sintomas entre 30 e 40 anos, sendo raros os casos na população pediátrica.

Clinicamente destacam-se sintomas proprioceptivos insidiosos, que são relativamente comuns por conta da localização das lesões dentro ou nas proximidades das colunas medulares dorsais. Hemorragia aguda é rara. Hemorragia subaracnóidea com ou sem sinais de doença neurológica também pode ocorrer. A mais rara e devastadora apresentação do hemangioblastoma intramedular espinal é uma hemorragia intramedular.

Os principais diagnósticos diferenciais do hemangioblastoma são as malformações arteriovenosas, os cavernomas e os tumores intramedulares hipervascularizados, como os ependimomas.

Características gerais da lesão

São tumores em geral pequenos, centrados muitas vezes na linha mediana posterior da medula. Mais comumente têm componentes intra e extramedulares, mas podem também ser exclusivamente intramedulares ou extramedulares. Aqueles com localização extradural são raros.

Ocorrem preferencialmente nos segmentos cervical (em 40-60%) e torácico (50%) da medula espinal. São lesões extremamente vascularizadas, associadas, em um grande número de casos, a cistos intratumorais ou dilatação hidrossiringomiélica. Os cistos podem estar localizados cranial ou caudalmente à lesão, sendo descritos casos em que eles ocorrem em ambas as topografias. Portanto, a maioria dos hemangioblastomas se apresenta como lesões sólido-císticas, com nódulo mural dentro de um cisto ou da dilatação siringomiélica. Pode também ser observado alargamento da medula espinal, achado provavelmente associado à estase venosa, congestão e edema.

Características de imagem

A radiografia simples pode evidenciar alargamento do canal vertebral e erosão dos pedículos. A angiografia digital demonstra uma massa vascular com artérias irrigadoras e vasos de drenagem, bem como *shuntings* arteriovenosos intratumorais.

A ressonância magnética (Figura 30) pode demonstrar espessamento da medula espinal com intensidade de sinal finamente heterogênea em razão do edema venoso congestivo. O tumor é habitualmente isointenso nas sequências ponderadas em T1, sendo frequente uma cavidade cística com hipersinal nas sequências ponderadas em T2. O alto teor de proteína ou produtos de degradação da hemoglobina no interior do fluido cístico pode obscurecer a diferenciação entre o componente sólido do tumor e o cisto ou a dilatação hidrossiringomiélica. Nas sequências ponderadas em T2 podem ser observados focos de *flow-void* representativos de estruturas vasculares, que

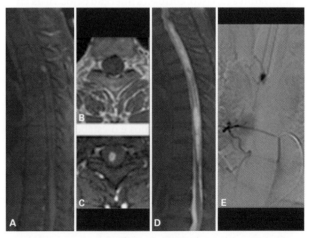

Figura 30 Hemangioblastoma. Paciente do sexo masculino, 60 anos. Imagens de ressonância magnética no plano sagital da coluna torácica ponderadas em T1 pós-contraste (A), T2 com saturação de gordura (D) e no plano axial na ponderadas em T1 pré-contraste (B) e pós-contraste (C). Pequena lesão expansiva intramedular no segmento T4, que apresenta intenso realce pelo meio de contraste (A, C), sugerindo sua natureza hipervascular. Nota-se em D extensa dilatação hidrossiringomiélica associada, em que se observam margens com marcado hipossinal, representando hemossiderina. Em E observa-se, por meio de estudo por arteriografia digital, opacificação da lesão com intenso *blush* capilar, bem delimitado e com sua irrigação a partir da artéria espinal torácica alta (originada da artéria intercostal T6 direita) e drenagem venosa discretamente precoce.

se encontram de permeio a um fundo de hipersinal (edema associado a estruturas císticas) da lesão. A presença de vasos superficiais proeminentes é um achado frequente e que pode ocorrer em associação com outros tumores, não sendo, portanto, patognomônico do hemangioblastoma. O componente sólido da lesão tumoral apresenta intenso realce pelo meio de contraste.

Os hemangioblastomas não são infiltrativos e apresentam margens cirúrgicas bem definidas, tornando a ressecção um tratamento curativo. A embolização pré-operatória pode ser realizada em alguns casos.

Linfoma primário intramedular

O linfoma primário intramedular é raro, sendo estimado que cerca de 3,3% dos casos de linfoma no sistema nervoso central acometam a medula espinal. Na maioria dos casos de linfoma na coluna vertebral é observado o acometimento paquimeníngeo, bem como dos corpos vertebrais, sendo raro o comprometimento intramedular isolado. O linfoma intramedular espinal pode ser primário, mas também pode ocorrer de forma concomitante a outras lesões em outras porções do sistema nervoso central, bem como também pode ser observado no contexto de linfoma sistêmico.

O linfoma primário intramedular ocorre normalmente em pacientes adultos de meia-idade e idosos. Em uma revisão de 14 casos, a idade média da apresentação clínica foi de 62,5 anos (variando de 41 a 82 anos). São descritos alguns fatores de risco, entre eles infecção pelos vírus HIV e Epstein-Barr, bem como tratamento com medicamentos imunossupressores.

A apresentação clínica mais habitual do linfoma primário intramedular inclui parestesia, fraqueza e dificuldade progressiva para deambular. Na revisão de O'Neill et al., os sintomas, na maioria dos casos, eram insidiosos (com evolução superior a 8 semanas), sendo o tempo médio entre o início dos mesmos e o estabelecimento do diagnóstico de 8 meses. Com base em uma série de casos, tais autores sugerem que se deva suspeitar de linfoma intramedular naqueles pacientes que apresentem sintomas constitucionais (febre, mal-estar, perda ponderal, sudorese noturna, entre outros), dores nas costas e sinais de mielopatia progressiva.

O prognóstico do linfoma primário intramedular é ruim, e a maioria dos pacientes evolui para incapacidade de deambular e óbito.

Os principais diagnósticos diferenciais do linfoma intramedular primário são os ependimomas, astrocitomas, metástases intramedulares e esclerose múltipla.

Características de imagem

Existem apenas poucos trabalhos que descrevem achados de imagem em ressonância magnética do linfoma intramedular. Na revisão de O'Neill, a maioria dos linfomas intramedulares apresentaram-se como lesões multicêntricas e que determinavam espessamento da medula. O envolvimento do cone medular ou da cauda equina ocorreu em 57% dos casos estudados.

A grande maioria das lesões apresentou-se com hipersinal nas imagens ponderadas em T2, e somente três casos mostraram hipossinal nessa ponderação, achado comum nos linfomas encefálicos.

Em todos os quatorze casos dessa série foi visualizado realce pelo meio de contraste paramagnético, e ele perdurou por mais 8 semanas, achado que ajuda na diferenciação com a esclerose múltipla.

Metástases intramedulares
Generalidades

Metástases intramedulares são raras, ocorrendo em apenas 0,5-6% dos casos de metástases para a coluna vertebral. Os tumores primários fora do sistema nervoso central que mais comumente são fontes de metástases para a medula espinal são: carcinoma pulmonar (mais comum, 40-85% dos casos), adenocarcinoma de mama, melanoma, carcinoma de células renais, adenocarcinoma colorretal e linfoma. Nesses casos, a via de disseminação bem documentada é a hematogênica (através das artérias), sendo possíveis, ao menos teoricamente, outras vias, como através do canal central da medula e do plexo venoso de Batson. Existe também a extensão direta a partir das leptomeninges, que podem estar comprometidas por meio da disseminação liquórica de neoplasias primárias encefálicas, como o meduloblastoma.

Os sintomas mais comuns apresentados por pacientes com lesões metastáticas para a medula espinal são dor e déficit motor, que evoluem de forma mais rápida do que em pacientes com neoplasia primária na medula espinal. O cenário clínico mais típico é de um paciente idoso com sintomas medulares que apresentam evolução rápida e progressiva.

Os principais diagnósticos diferenciais das metástases intramedulares são astrocitoma, ependimoma, hemangioblastoma, malformação arteriovenosa, linfoma intramedular, infecções granulomatosas, sarcoidose, mielite transversa, esclerose múltipla e ADEM.

Características de imagem

A ressonância magnética (Figura 31) é o melhor método para detectar lesões metastáticas na medula espinal. Tais lesões são normalmente solitárias, bem delimitadas, redondas ou ovais, tipicamente pequenas (menores do que 1,5 cm, podendo estender-se por cerca de dois a três segmentos vertebrais) e que determinam espessamento da medula espinal. Raramente apresentam dilatação hidrossiringomiélica ou mesmo componentes císticos associados. Localizam-se mais comumente no segmento cervical da medula espinal (45%), com o segmento torácico acometido em 35% e o lombar em 8%.

Nas sequências ponderadas em T1, tais lesões podem apresentar focos com hipersinal nos casos de metástase

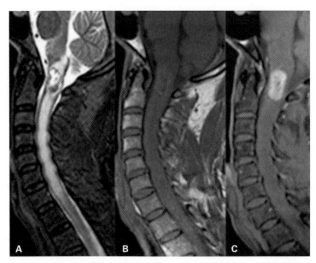

Figura 31 Metástase intramedular de carcinoma de células renais. Paciente do sexo masculino, 67 anos. Imagens de ressonância magnética no plano sagital da coluna cervical ponderadas em T2 com saturação de gordura (A), T1 pré-contraste (B) e T1 pós-contraste (C). Lesão expansiva intramedular na transição bulbomedular, com sinal heterogêneo em T2 a custa de áreas císticas/necróticas (A), isossinal predominante em T1 (B) e com realce intenso e irregular pelo meio de contraste. Observe as margens da lesão com hipossinal em T2 (A) e o hipersinal em T1 (B), representando resíduos hemáticos. Destaca-se em A proeminente e desproporcional edema circunjacente à lesão, caracterizado por hipersinal em T2 que se estende, cranialmente, para o bulbo e ponte e, caudalmente, atingindo segmentos da medula cervical e torácica.

de melanoma ou mesmo quando há hemorragia intralesional. Nas sequências ponderadas em T2, normalmente é observada área circunjacente com hipersinal, representando acentuado edema vasogênico, o qual é habitualmente desproporcionalmente maior do que as dimensões da lesão. Após a administração do meio de contraste, observa-se realce significativo e homogêneo por ele.

Hidrossiringomielia

Definições e termos

Hidrossiringomielia representa um achado de imagem cística com acúmulo de líquido intramedular quase sempre com o maior eixo longitudinal à medula. Esse termo foi inicialmente proposto por Ollivier d'Angers, em 1827, por meio da união dos termos gregos *syrinx*, significando canal ou cavidade tubuliforme, e *myelos*, significando medula – no caso, a medula vertebral. Quando a referida dilatação é exclusiva do canal central medular, temos a hidromielia; enquanto siringomielia se refere à cavidade miélica sem continuidade com o canal central. O termo hidrossiringomielia é normalmente usado quando os achados de imagem não permitem diferenciar com segurança a hidromielia da siringomielia. Alguns ainda usam o termo siringe no lugar de hidrossiringomielia, qualificando imagem cística tubuliforme.

Para os casos em que a cavidade siringomiélica se estende para o tronco encefálico, reserva-se o termo sirin-

gobulbia, havendo ainda raros casos de extensão para os pedúnculos cerebrais e tecido diencefálico e telencefálico, usando-se o termo siringocefalia. Fala-se ainda em: estado pré-siringomiélico quando há achados compatíveis com evolução para hidrossiringomielia, normalmente relacionada a edema medular por alterações da dinâmica liquórica. Alguns ainda usam "pseudosiringomielia" quando o cisto é associado a neoplasias

Etiopatogenia

Há algumas teorias etiopatogênicas, sendo a mais comumente aceita aquela relacionada a alterações do fluxo liquórico regional. No entanto, em discordância com a teoria de alteração liquórica, tem-se que, mesmo nos casos de Chiari I, por exemplo, a hidrocefalia está normalmente ausente e os graus de bloqueio liquórico subaracnóideo e a herniação das amígdalas cerebelares no forame magno não estão associados com a presença ou ausência de siringomielia.

Recentes estudos sugerem que pode haver papel importante na sua etiopatogenia o acúmulo de líquido extracelular secundário a menor absorção pelos canais venosos intramedulares por conta da menor complacência tanto do sistema venoso espinal posterior quanto do espaço subaracnoide.

Etiologia

Os fatores etiológicos são vários, podendo ser divididos em congênitos (90%) e adquiridos (Quadro 6) ou comunicante e não comunicante. A causa mais comum certamente é a malformação de Chiari tipo I, podendo representar cerca de 50% dos casos. No Chiari tipo I, a siringomielia é o achado associado mais comum, variando de 30-70% dos casos, sendo a localização mais comum cervical, seguida de cervicotorácica. São também relacionadas como causas frequentes as aderências aracnóideas (pós-infecciosas, pós-cirúrgicas, idiopáticas etc.), além de trauma vertebral, invaginação basilar e hidrocefalia. Muitas vezes não possuem causa definida, alguns sendo achados de exame em pacientes assintomáticos.

Por isso, outras alterações devem ser buscadas ativamente, incluindo ectopia tonsilar, malformações ósseas

Quadro 6 Fatores etiológicos

Congênitos	Adquiridos
Mielomeningocele	Pós-traumática
Malformação de Chiari I	Pós-inflamatória ou infecciosa
Malformação de Chiari II	Secundária à neoplasia da medula espinal
Dandy-Walker	Secundária à hemorragia
Síndrome de Klippel-Feil Invaginação basilar Hidrocefalia	Insuficiência vascular Idiopática Hidrocefalia

vertebrobasilares, lesões expansivas, aderências aracnóideas, fraturas, hematomas, além de outras alterações vertebrais congênitas.

Epidemiologia

A prevalência é de cerca de nove casos por 100 mil pessoas, sendo a idade de início de sintomas em geral na adolescência ou adulto jovem.

Quadro clínico

Classicamente o quadro clínico está relacionado à lesão das fibras neurais (inicialmente aquelas mais próximas ao canal central da medula no caso de hidromielia), incluindo hiperreflexia, incontinência urinária, perda de massa muscular, dor disestésica, dormência ou formigamento (geralmente dos membros superiores), paresia espástica, perda de propriocepção, entre outros. A escoliose pode também ser o primeiro achado da doença e dados clínicos diretamente relacionados à doença de base também podem ser encontrados, como cefaleia e quadros cerebelares e de tronco no caso da malformação de Chiari I.

Imagem

A ressonância magnética (Quadro 7) é o melhor método de imagem para a avaliação do diagnóstico diferencial, avaliação pré-operatória e acompanhamento pós-operatório. O achado consiste em dilatação cística intramedular com sinal semelhante ao do liquor, facilmente vistas em sequências ponderadas em T2. Pode ainda dar informações adicionais como locais de obstrução e de comunicação entre a hidrossiringomielia e o espaço subaracnóideo (por meio de sequências dinâmicas como o *phase-contrast* e de sequências volumétricas fortemente ponderadas em T2 como *FIESTA e 3D-CISS*).

As opções terapêuticas, indicadas para os casos sintomáticos e progressivos, incluem neurocirurgias descompressivas locais (descompressão craniocervical, laminectomia, lise de aderências) e até mesmo comunicação siringossubaracnóidea. A taxa de falha da primeira cirurgia de descompressão craniocervical na siringomielia no Chiari tipo I varia de 10-40%, em grande parte explicada pela persistência de alterações do fluxo liquórico regional.

Com base nos achados patológicos e de ressonância magnética, as siringes podem ser classificadas em:

- Siringe do canal central da medula tipo comunicante. São dilatações do canal central em continuidade com o quarto ventrículo e são muitas vezes associados com hidrocefalia. São frequentemente associadas a Chiari II e Dandy-Walker.
- Siringe do canal central da medula tipo não comunicante. É associada com malformações de Chiari I, aracnoidite espinal e impressão basilar.
- Siringe extracanalicular não comunicante. É associada a lesão tecidual medular com consequente substituição líquida, como visto em trauma espinal, infarto, hemorragia ou mielite transversa. Por isso, tende a ter bordas irregulares, com depósitos de hemossiderina e gliose, podendo haver comunicação direta com o espaço subaracnóideo. No caso da siringe pós-traumática, em geral está no nível semelhante do local do trauma (deve-se procurar por traço de fratura ou consolidações), estendendo-se quase sempre superiormente e por grandes extensões, chegando a dez níveis vertebrais.
- Cavitações atróficas. Associadas a processos atróficos sequelares locais.
- Cavidades neoplásicas. Associadas a neoplasias (Figuras 32 a 34).

Quadro 7 Utilidade da ressonância magnética na hidrossiringomielia

- Demonstra a formação cística hidrossiringomielica no interior da medula espinal, que pode estar com dimensões normais ou reduzidas.
- Determina os limites superiores e inferiores da formação.
- Detecta septações de permeio.
- Detecta desordens associadas.
- Estudo do fluxo no espaço subaracnóideo e na formação (*phase-contrast*).

12 AFECÇÕES DA MEDULA ESPINAL **915**

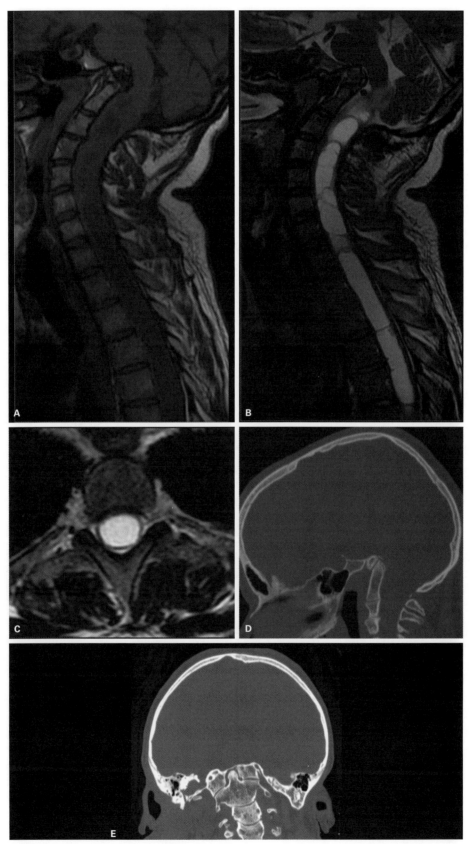

Figura 32 Hidrossiringomielia extensa cervical em paciente com Chiari tipo I. Ressonância magnética (RM) sagital T1 (A) e T2 (B) evidenciam cavidade hidrossiringomiélica central macrolobulada. RM axial T2 (C) evidencia afilamento extremo do tecido medular (seta). Cortes tomográficos evidenciam alterações da base de crânio típicas de Chiari tipo I: em D, corte sagital, notam-se platibasia, invaginação vertebrobasilar, hipoplasia extrema da porção basioccipital do clivus; e em E, corte coronal oblíquo, nota-se assimilação atlanto-occipital.

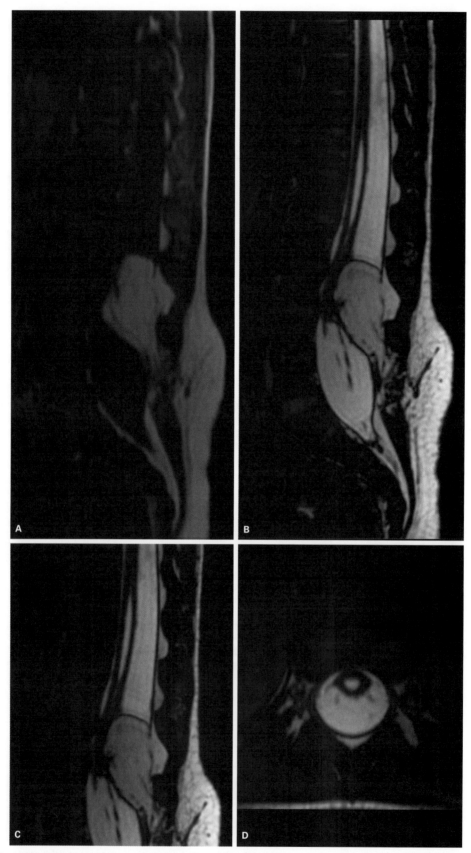

Figura 33 Hidromielia toracolombar em paciente com lipomielocele. Ressonância magnética (RM) sagital T1 (A) evidencia massa lipomatosa com hipersinal. RM sagital (B e C) e axial (D) FIESTA evidenciam melhor os limites da cavidade hidromiélica. "C" evidencia o nível (linha vermelha) da imagem D.

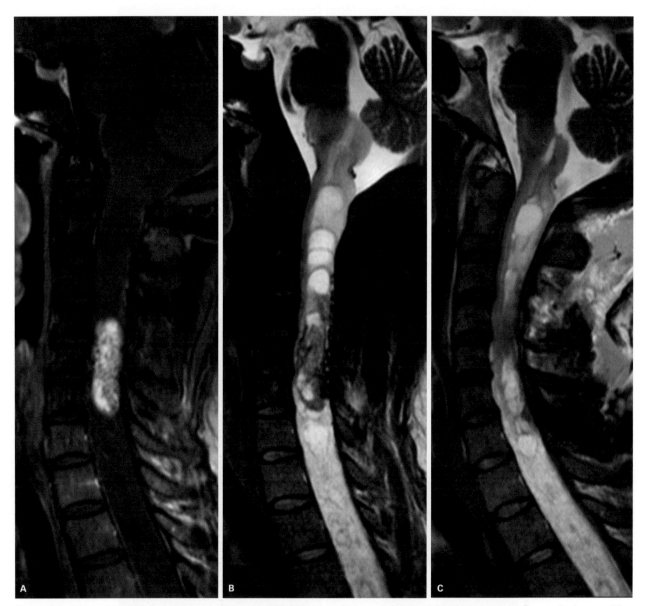

Figura 34 Hidrossiringomielia extensa cervical e siringobulbia em paciente com hemangioblastoma medular. Ressonância magnética (RM) sagital T1 pós-contraste (A) evidencia o hemangioblastoma com intenso realce pós-contraste no nível de C4 a C6. RM T2 sagital cervical (B-D)

(continua)

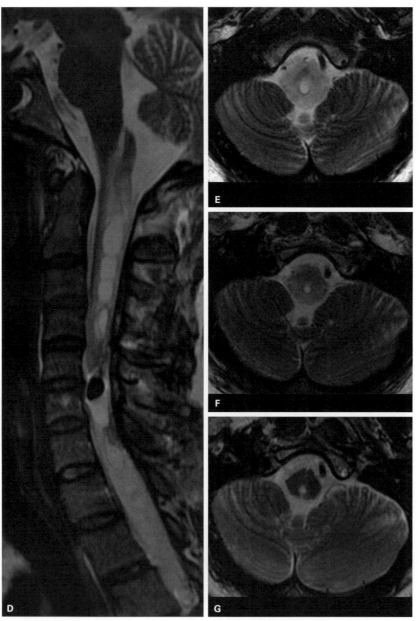

Figura 34 *(continuação)* E axial (E-G) ao nível do bulbo evidenciam cavidade hidrossiringomiélica cervical e siringobulbia: no pré-operatório (B e E), no 3º pós-operatório (C e F) e no 10º pós-operatório (D e G). Houve tendência a regressão do "estado pré-siringobulbomiélico" após a retirada do fator obstrutivo tumoral. Alterações medulares e estado pré-siringomiélico permanente na região cervicotorácica (setas em E, F e G). Alterações pós-cirúrgicas são marcadas com *.

Bibliografia sugerida

1. Anson JA, Spetzler RF. Surgical resection of intramedullary spinal cord cavernous malformations. J Neurosurg. 1993;78:446-51.
2. Baylor P, Garoufi A, Karpathios T, Lutz J, Mogelof J, Moseley D. Transverse myelitis in 2 patients with Bartonella henselae infection (cat scratch disease). Clin Infect Dis. 2007;45:e42-5.
3. Bazan C, Rinaldi MG, Rauch RR, Jinkins R. Fungal infections of the brain. Neuroimanging Clin N Am. 1991;1:57-67.
4. Belis AC. Epstein-Barr virus and the nervous system. In: Nath A, Berger JR, ed. Clinical virology. New York: Marcel Dekker; 2003. p.155-76.
5. Bhangoo R, Sgouros S. Scoliosis in children with Chiari irelated syringomyelia. Childs Nerv Syst. 2006;22:1154-7.
6. Börnke C, Schmid G, Szymanski S, Schöls L. Vertebral body infarction indicating midthoracic spinal stroke. Spinal Cord. 2002;40(5):244-7.
7. Bostroem A, Thron A, Hans FJ, et al. Spinal vascular malformations: typical and atypical findings. Zentralbl Neurochir. 2007;68:205-13.
8. Bowen BC, Fraser K, Kochan JP, et al. Spinal dural arteriovenous fistulas: evaluation with MR angiography. AJNR Am J Neuroradiol 1995;16:2029-4353.
9. Brodbelt AR, Stoodley MA. Post-traumatic syringomyelia: a review. Journal of Clinical Neuroscience. 2003;10(4):401-8.
10. Bucher B, Poupard JA, Vernant JC, DeFreitas EC. Tropical neuromyelopathies and retroviruses: a review. Reviews of Infectious Diseases. 1990;12:890-9.
11. Carod-Artal FJ. Neurological complications of schistosoma infection (Review). Trans R Soc Trop Med Hyg. 2008;102:107-16.
12. Ceran N, Turkoglu R, Erdem I, Inan A, Engin D, Tireli H, et al. Neurobrucellosis – clinical, diagnostic, therapeutic features and outcome. Unusual clinical presentations in an endemic region. Braz J Infect Dis. 2011;15:52-9.
13. Davis LE, DeBiasi R, Goade DE, et al. West Nile virus neuroinvasive disease. Ann Neurol. 2006;60:286-300.
14. de Seze J, Lanctin C, Lebrun C, et al. Idiopathic acute transverse myelitis: application of the recent diagnostic criteria. Neurology. 2005;65:1950-3.
15. de Seze J, Stojkovic T, Breteau G, Lucas C, Michon-Pasturel U, Gauvrit JY, et al. Acute myelopathies: Clinical, laboratory and outcome profiles in 79 cases. Brain. 2001 Aug;124(Pt 8):1509-21.
16. DeSanto J, Ross JS. Spine infection/inflammation. Radiol Clin North Am. 2011 Jan;49(1):105-27.
17. Di Lorenzo N, Cacciola F. Adult syringomielia. Classification, pathogenesis and therapeutic approaches. J Neurosurg Sci. 2005;49(3):65-72.
18. Drummond JC, Lee RR, Owens EL. Spinal cord ischemia occurring in association with induced hypotension for colonic surgery. Anesth Analg. 2012;114(6):1297-300.
19. Edgar R, Quail P. Progressive post-traumatic cystic and non-cystic myelopathy. Br J Neurosurg. 1994;8:7-22.
20. Eidelberg D, Sotrel A, Vogel H, et al. Progressive polyradiculopathy in acquired immunodeficiency syndrome. Neurology.1986;36:912-16.
21. Eigenbrod S, Thon N, Janssen H, et al. Intramedullary pilomyxoid astrocytoma with intracerebral metastasis exhibiting oligoden-droglioma-like features. Rare Tumors. 2012;4(2):e30. Epub 2012 May 31.
22. El Mhandi L, Calmels P, Camdessanché JP, Gautheron V, Féasson L. Muscle strength recovery in treated Guillain-Barré syndrome: a prospective study for the first 18 months after onset. Am J Phys Med Rehabil. Sep 2007;86(9):716-24.
23. Faig J, Busse O, Salbeck R. Vertebral body infarction as a confirmatory sign of spinal cord ischemic stroke: report of three cases and review of the literature. Stroke. 1998 Jan;29(1):239-43.
24. Farb RI, Kim JK, Willinsky RA, et al. Spinal dural arteriovenous fistula localization with a technique of first-pass gadolinium-enhancedMRangiography: initial experience. Radiology. 2002;222:843-50.
25. Flanagan EP, O'Neill BP, Porter AB, et al. Primary intramedullary spinal cord lymphoma. Neurology. 2011;77(8):784-91.
26. Friedman DP, Flanders AE. Enhancement of gray matter in anterior spinal infarction. AJNR Am J Neuroradiol. 1992;13:983-985.
27. Gardner WJ. Hydrodynamic mechanism of syringomyelia: its relationship to myelocele. J Neurol Neurosurg Psychiatry. 1965;28:247-259.
28. Gass A, Filippi M, Rodegher ME, et al. Characteristics of chronic MS lesions in the cerebrum, brainstem, spinal cord, and optic nerve on T1-weighted MRI. Neurology. 1998;50:548-50.
29. Gobbi C, Tosi C, Stadler C, Merenda C, Bernasconi E. Recurrent myelitis associated with herpes simplex virus type 2. Eur Neurol. 2001;46:215-18.
30. Goh C, et al. Neuroimaging in Acute Transverse Myelitis. Neuroimag Clin N Am. 2011;21:951-973.
31. Gomori JM, Grossman RI, Yu-Ip C, Asakura T. NMR relaxation times of blood: dependence on field strength, oxidation state, and cell integrity. J Comput Assist Tomogr. 1987;11:684-690.
32. Goodman JC, Kass JS. Toxoplasmosis myelopathy in an AIDS patient: a case of immune reconstitution inflammatory syndrome? Neurologist. 2011;17:49-51.
33. Griffin JW, Li CY, Ho TW, Xue P, Macho C, Gao CY, et al. Guillain-Barré syndrome in northern China. The spectrum of neuropathological changes in clinically defined cases. Brain. 1995;118:577-95.
34. Hamada Y, Watanabe K, Aoki T, Arai N, Honda M, Kikuchi Y, Oka S. Primary HIV infection with acute transverse myelitis. Intern Med. 2011;50(15):1615-7.
35. Heiss JD, Suffredini G, Smith R, DeVroom HL, Patronas NJ, Butman JA, Thomas F, Oldfield EH. Pathophysiology of persistent syringomyelia after decompressive craniocervical surgery. Clinical article. J Neurosurg Spine. 2010 Dec;13(6):729-42.
36. Hemmer B, Glocker FX, Schumacher M, et al. Subacute combined degeneration: clinical, electrophysiological, and magnetic resonance imaging findings. J Neurol Neurosurg Psychiatry. 1998;65:822-7.
37. Heros RC, Debrun GM, Ojemann RG, Lasjaunias PL, Naessens PJ. Direct spinal arteriovenous fistula: a new type of spinal AVM. Case report. J Neurosurg. 1986;64:134-139.
38. Houten JK, Cooper PR. Spinal cord astrocytomas: presentation, management and outcome. J Neurooncol. 2000;47(3):219-24.
39. Houten JK, Weiner HL. Pediatric intramedullary spinal cord tumors: special considerations. J Neurooncol. 2000;47(3):225-30.
40. Hughes RA, Rees JH. Clinical and epidemiologic features of Guillain-Barré syndrome. J Infect Dis. Dec 1997;176 Suppl 2:S92-8.
41. Huisman TA. Pediatric tumors of the spine. Cancer Imaging. 2009;Spec No A:S45-8.
42. Hurst RW, Kenyon LC, Lavi E, et al. Spinal dural arteriovenous fistula: the pathology of venous hypertensive myelopathy. Neurology. 1995;45:1309-13.
43. Mihai C, Jubelt B. Infectious Myelitis. Curr Neurol Neurosci Rep. Jan 1, 2012.
44. Iwata F, Utsumi Y. MR imaging in Guillain-Barré syndrome. Pediatr Radiol. 1997 Jan;27(1):36-8.
45. Koyanagi I, Houkin K. Pathogenesis of syringomyelia associated with Chiari type 1 malformation: review of evidences and proposal of a new hypothesis. Neurosurg Rev. 2010;33:271-285.
46. Jacobs BC, Rothbarth PH, van der Meché FG, Herbrink P, Schmitz PI, de Klerk MA, et al. The spectrum of antecedent infections in Guillain-Barré syndrome: a case-control study. Neurology. Oct 1998;51(4):1110-5.
47. Jallo GI, Freed D, Epstein FJ. Spinal cord gangliogliomas: a review of 56 patients. J Neurooncol. 2004;68(1):71-7.
48. Novy J, Carruzzo A, Maeder P. Bogousslavsky J. Spinal Cord Ischemia: Clinical and Imaging Patterns, Pathogenesis, and Outcomes in 27 Patients. Arch Neurol. 2006;63(8):1113-1120.
49. Jellema K, Tijssen CC, van Gijn J. Spinal dural arteriovenous fistulas: a congestive myelopathy that initially mimics a peripheral nerve disorder. Brain. 2006;129:3150-64.
50. Johnson RT, Cornblath DR. Poliomyelitis and flaviviruses. Ann Neurol. 2003;53:691-2.
51. Joshi TN, Yamazaki MK, Zhao H, Becker D. Spinal schistosomiasis: differential diagnosis for acute paraparesis in a US resident. J Spinal Cord Med. 2010;33:256-60.
52. Jubelt B. Enterovirus infections. In: Jackson AC, ed. Viral infections of the human nervous system. Basel: Springer; 2012. p. 117-39.
53. Chong J, Di Rocco A, Tagliati M, Danisi F, Simpson DM, Atlas SW. MR Findings in AIDS-Associated Myelopathy. AJNR Am J Neuroradiol. 1999;20:1412-1416.
54. Kappos L, Kuhle J, Gass A, et al. Alternatives to current disease-modifying treatment in MS: what do we need and what can we expect in the future? J Neurol. 2004;251:57-64.
55. Kataoka H, Miyamoto S, Nagata I, et al. Venous congestion is a major cause of neurological deterioration in spinal arteriovenous malformations. Neurosurgery 2001;48:1224-29, discussion 1229-30.
56. Kerr DA, Ayetey H. Immunopathogenesis of acute transverse myelitis. Curr Opin Neurol. 2002;15: 339-47.
57. Murphy KJ, Brunberg JA, Quint DJ, Kazanjian PH. Spinal Cord Infection: Myelitis and Abscess Formation. AJNR Am J Neuroradiol. Feb 1998;19:341-348.
58. Kitley JL, Leite MI, George JS, Palace JA. The differential diagnosis of longitudinally extensive transverse myelitis. Mult Sclerosis J. 2012;18(3) 271-285.
59. Klekamp J, Samii M. Syringomyelia: Diagnosis and Management, 1. ed. Berlin: Springer; 2002. p. 195.
60. Klekamp J. The pathophysiology of syringomyelia – historical overview and current concept. Acta Neurochir (Wien). 2002;144:649-664.

61. Koeller KK, Rosenblum RS, Morrison AL. Neoplasms of the spinal cord and filum terminale: radiologic-pathologic correlation. Radiographics. 2000;20(6):1721-49.
62. Krings T, Geibprasert S. Spinal dural arteriovenous fistulas. AJNR Am J Neuroradiol. 2009;30:639-48.
63. Krings T, Lasjaunias PL, Hans FJ, Mull M, Nijenhuis RJ, Alvarez H, Backes WH, Reinges MH, Rodesch G, Gilsbach JM, Thron AK. Imaging in Spinal Vascular Disease. Neuroimaging Clin N Am. 2007;17(1):57-72.
64. Krings T, Mull M, Gilsbach JM, et al. Spinal vascular malformations. Eur Radiol. 2005;15:267-78.
65. Kulkarni GB, Pal PK, Veena Kumari HB, Goyal M, Kavoor JM, Nadig S, et al. Community-acquired methicilin-resistant Staphylococcus aureus pyomyositis with myelitis: a rare occurrence with diverse presentation. Neurol India. 2009;57:653-6.
66. Kumral E, Polat F, Güllüoglu H, Uzunköprü C, Tuncel R, Alpaydin S. Spinal ischaemic stroke: clinical and radiological findings and short-term outcome. European Journal of Neurology. 2011;18(2):232-239.
67. Li Y, Remmel K. A case of monomelic amyotrophy of the upper limb: MRI findings and the implication on its pathogenesis. J Clin Neuromuscul Dis. 2012 Jun;13(4):234-9.
68. Lonser RR, Oldfield EH. Spinal cord hemangioblastomas. Neurosurg Clin N Am. 2006;17(1):37-44.
69. Lycklama G, Thompson A, Filippi M, et al. Spinal cord MRI in multiple sclerosis. Lancet Neurol. 2003;2:555-62.
70. Márquez JC, Granados AM, Castillo M. MRI of cervical spinal cord infarction in a patient with sickle cell disease. Clin Imaging. 2012 Sep;36(5):595-8.
71. Martinelli V, Comi G, Rovaris M, Filippi M, Colombo B, Locatelli T, et al. Acute myelopathy of unknown aetiology: a clinical, neurophysiological and MRI study of short- and long-term prognostic factors. J Neurol. 1995;242:497-503.
72. Mascalchi M, Cosottini M, Ferrito G, Salvi F, Nencini P, Quillici N. Posterior spinal artery infarct. Am J Neuroradiol. 1998;19:361-363.
73. Menick BJ. Phase-contrast magnetic resonance imaging of cerebrospinal fluid flow in the evaluation of patients with chiari I malformation. Neurosurg Focus. 2001;11:1-4.
74. Meurs L, Labeye D, Declercq I, et al. Acute transverse myelitis as a main manifestation of early stage II neuroborreliosis in two patients. Eur Neurol. 2004;52:186.
75. Milhorat TH, Chou MW, Trinidad EM, et al. Chiari I malformation redefined: clinical and radiographic findings for 364 symptomatic patients. Neurosurgery. 1999;44:1005-1017.
76. Milhorat TH, Johnson RW, Milhorat RH, Capocelli Jr AL, Pevsner PH. Clinicopathological correlations in syringomyelia using axial magnetic resonance imaging. Neurosurgery. 1995;37:206-213.
77. Milhorat TH. Classification of syringomyelia. Neurosurg Focus. 2000;8:1-6.
78. Miller DC.Surgical pathology of intramedullary spinal cord neoplasms.J Neurooncol. 2000; 47(3):189-94.
79. Miller DJ, McCutcheon IE. Hemangioblastomas and other uncommon intramedullary tumors. J Neurooncol. 2000;47:253-270.
80. Miyazawa N, Iwasaki Y, Koyanagi I, et al. MRI at 1.5 T of intramedullary ependymoma and classification of pattern of contrast enhancement. Neuroradiology. 2000;42(11):828-32.
81. Moura LP, Silvestre MTA, Araújo FRN, Burgarelli MKN, Borges AS, Vinhal FA, et al. Transverse myelitis as initial symptom of disseminated non-Hodgkin lymphoma and HIV-associated vacuolar myelopathy: case report. Arq Neuro-Psiquiatr. June 1996;54(2).
82. Ravina B, Loevner LA, Bank W. MR findings in subacute combined degeneration of the spinal cord: a case of reversible cervical myelopathy. AJR. March 2000;174:863-865.
83. Mull M, Nijenhuis RJ, Backes WH, et al. Value and limitations of contrastenhanced. MR angiography in spinal arteriovenous malformations and dural arteriovenous fistulas. AJNR Am J Neuroradiol. 2007;28:1249-58.
84. Nabatame H, Nakamura K, Matuda M. MRI of syphilitic myelitis. Neuroradiology. 1992;34:105-6.
85. Nakamura M, Chiba K, Matsumoto M, et al. Pleomorphic xanthoastrocytoma of the spinal cord. Case report. J Neurosurg Spine. 2006;5(1):72-5.
86. Nakamura M, Ishii K, Watanabe K, et al. Long-term surgical outcomes for myxopapillary ependymomas of the cauda equina. Spine (Phila Pa 1976). 2009;34(21):E756-60.
87. Nogueira RG, Ferreira R, Grant PE, Maier SE, Koroshetz WJ, Gonzalez RG, et al. Restricted diffusion in spinal cord infarction demonstrated by magnetic resonance line scan diffusion imaging. Stroke. 2012 Feb;43(2):532-5.
88. Nohria V, Oakes WJ. Chiari I malformation: a review of 43 patients. Pediatr Neurosurg. 1990;16:222-227.
89. Paraskevopoulos D, Patsalas I, Karkavelas G, et al. Pilomyxoid astrocytoma of the cervical spinal cord in a child with rapid progression into glioblastoma: case report and literature review. Childs Nerv Syst. 2011;27(2):313-21.
90. Patel U, Pinto RS, Miller DC, et al. MR of spinal cord ganglioglioma. AJNR Am J Neuroradiol. 1998;19(5):879-87.
91. Patronas NJ, Courcoutsakis N, Bromley CM, et al.ntramedullary and spinal canal tumors in patients with neurofibromatosis 2: MR imaging findings and correlation with genotype. Radiology. 2001; 218(2):434-42.
92. Phillippe C, et al. Classifications des cavities pathologiques intramdedullaires. Rev Neurol. 1900;8:171-175.
93. Pittock SJ, Lennon VA, de Seze J, et al. Neuromyelitis optica and non organ-specific autoimmunity. Arch Neurol. 2008;65:78-83.
94. Pittock SJ, Lucchinetti CF. Inflammatory transverse myelitis: evolving concepts. Curr Opin Neurol. 2006;19:362-8.
95. Pittock SJ, Weinshenker BG, Lucchinetti CF, et al. Neuromyelitis optica brain lesions localized at sites of high aquaporin 4 expression. Arch Neurol. 2006;63:964-8.
96. Pomeroy C, Ribes JA. Cytomegalovirus. In: Nath A, Berger JR, eds. Clinical virology. New York: Marcel Dekker Inc.; 2003. p. 177-205.
97. Tubbs RS, Lyerly MJ, Loukas M, Shoja MM, Oakes J. The pediatric Chiari I malformation: a review. Childs Nerv Syst. 2007;23:1239-1250.
98. Rao DG, Bareman DE. Hyperintensities of the anterior horn cellson MRI due to poliomyelitis. J Neurol Neurosurg Psych. 1997;63:720.
99. Renoux J, Facon D, Fillard P, et al. MR diffusion tensor imaging and fiber tracking in inflammatory diseases of the spinal cord. AJNR Am J Neuroradiol. 2006;27:1947-51.
100. Rocha AJ, Junior ACM, Ferreira NPDF, Amaral LF. Granulomatous disease of the central nervous system. Top Magn Reson Imaging. 2005;2:183-194.
101. Rodesch G, Lasjaunias P, Berenstein A. Embolization of spinal cord arteriovenous malformations. Riv di Neuroradiol. 1992;5:67-92.
102. Rodesch G, Lasjaunias P, Berenstein A. Functional vascular anatomy of the spine and cord. Riv di Neuroradiol. 1992;(suppl 2):6366.
103. Romanes GJ. The arterial blood supply of the human spinal cord. Paraplegia. 1965;59:199-207.
104. Rosenblum B, Oldfield EH, Doppman JL, Di Chiro G. Spinal arteriovenous malformations: a comparison of dural arteriovenous fistulas and intradural AVM's in 81 patients. J Neurosurg. 1987;67:795-802.
105. Roy AK, Slimack NP, Ganju A. Idiopathic syringomyelia: retrospective case series, comprehensive review, and update on management. Neurosurg Focus. 2011;31(6):E15.
106. Ruet A, Deloire MS, Ouallet JC, Molinier S, Brochet B. Predictive factors for multiple sclerosis in patients with clinically isolated spinal cord syndrome. Mult Scler. 2011 Mar;17(3):312-8.
107. Sakai Y, Katayama Y, et al. Spinal myxopapillary ependymoma: neurological deterioration in patients treated with surgery. Spine (Phila Pa 1976). 2009;34(15):1619-24.
108. Salvador de la Barrera S, Barca-Buyo A, Montoto-Marques A. Spinal cord infarction: prognosis and recovery in a series of 36 patients. Spinal Cord. Oct 2001;39(10):520-5.
109. Sanchez Pernaute RS, Berciano J, Rebollo M, et al. Intramedullary tuberculoma of the spinal cord with syringomyelia. Neuroradiology. 1996;38:105-6.
110. Sanelli PC, Lev MH, Gonzalez RG, Schaefer PW. Unique linear and nodular MR enhancement pattern in schistosomiasis of the central nervous system: report of three patients. AJR. 2001;177:1471-74.
111. Scheinemann K, Bartels U, Huang A, et al. Survival and functional outcome of childhood spinal cord low-grade gliomas. J Neurosurg Pediatrics. 2009;4(3):254-261.
112. Schwartz TH, McCormick PC. Intramedullary ependymomas: clinical presentation, surgical treatment strategies and prognosis. J Neurooncol. 2000;47(3):211-8.
113. Scott TF. Nosology of idiopathic transverse myelitis syndromes. Acta Neurol Scand. 2007;115:371-6.
114. Shakudo M, Yuichi Inoue Y, Tsutada T. HTLV-I-Associated myelopathy: acute progression and atypical MR findings. AJNR. 1999;20:1417-21.
115. Shinoyama M, Takahashi T, Shimizu H, Tominaga T, Suzuki M. Spinal cord infarction demonstrated by diffusion-weighted magnetic resonance imaging. J Clin Neurosci. 2005 May;12(4):466-8.
116. Snyder LA, Rismondo V, Miller NR. The Fisher variant of Guillain-Barre syndrome (Fisher syndrome). J Neuroophthalmol. 2009;29:312-24.
117. Terae S, Hida K, Sasaki H. Diagnosis of syringomyelia and its classification on the basis of symptoms, radiological appearance, and causative disorders. Brain Nerve. 2011 Sep;63(9):969-77.
118. Thron A. Vascular anatomy of the spinal cord: neuroradiological investigations and clinical syndromes. Berlin, Germany: Springer-Verlag; 1988.

119. Tihan T, Chi JH, McCormick PC, et al. Pathologic and epidemiologic findings of intramedullary spinal cord tumors. Neurosurg Clin N Am. 2006;17(1):7-11.
120. Tortori-Donati P, Rossi A, Biancheri R, Garrè, ML, Cama A. In: Tortori-Donati P, Rossi A, Biancheri R: Pediatric neuroradiology brain-head and neck-spine. Germany: Springer Berlin Heidelberg New York; 2005. cap.40, p. 1609-51.
121. Transverse Myelitis Consortium Working Group. Proposed diagnostic criteria and nosology of acute transverse myelitis. Neurology. 2002;59:499-505.
122. Tubbs RS, Lyerly MJ, Loukas M, Shoja MM, Oakes J. The pediatric Chiari I malformation: a review. Childs Nerv Syst. 2007;23:1239-50.
123. Tyler KL. Acute viral myelitis. In: Scheld WM, Whitley RJ, Marra CM, eds. Infections of the central nervous system. 3. ed. Philadelphia: Williams & Wilkins; 2004. p. 305-22.
124. van Koningsveld R, van Doorn PA, Schmitz PI, Ang CW, Van der Meché FG. Mild forms of Guillain-Barré syndrome in an epidemiologic survey in The Netherlands. Neurology. 2000;54:620-5.
125. Weidauer S, Nichtweiss M, Lanfermann H, Zanella FE. Spinal cord infarction: MR imaging and clinical features in 16 cases. Neuroradiology. 2002;44(10):851-7.
126. Weinzierl MR, Krings T, Korinth MC, Reinges MTH, Gilsbach JM. MRI and intraoperative findings in cavernous haemangiomas of the spinal cord. Neurorradiology. 2004;46:65-71.
127. White AC. Neurocysticercosis update on epidemiology, pathogenesis, diagnosis and management. Annu Rev Med. 2000;51:187-206.
128. Williams RL, Fukui MB, Meltzer CC, et al. Fungal spinal osteomyelitis in immunocompromised patients. MRI findings in 3 cases. Am J Neuroradiol. 1999;20:381-5.
129. Wingerchuk DM, Lennon VA, Pittock SJ, Lucchinetti CF, Weinshenker BG. Revised diagnostic criteria for neuromyelitis optica. Neurology. May 23 2006;66:1485-1489.
130. Wingerchuk DM, Lennon VA, Lucchinetti CF, et al. The spectrum of neuromyelitis optica. Lancet Neurol. 2007;6:805-15.
131. World Health Organization. Performance of acute flaccid paralysis (AFP) surveillance and incidence of poliomyelitis 2005-2006. Wkly Epidemiol Rec. 2007;82:89-92.
132. Yagi K, Kano G, Shibata M, Sakamoto I, Matsui H, Imashuku S. Chlamydia pneumoniae infection-related hemophagocytic lym-phohistiocytosis and acute encephalitis and poliomyelitis-like flaccid paralysis. Pediatr Blood Cancer. 2011;56:853-5.
133. Yamada K, Shier DA, Tanaka H, et al. A case of subacute combined degeneration: MRI findings. Neuroradiology. 1998;40:398-400.
134. Yasui K, Hashizume Y, Yoshida M, Kameyama T, Sobue G. Age-related morphologic changes of the central canal of the human spinal cord. Acta Neuropathol. 1999;97:253-9.

13

Displasias esqueléticas

Chong Ae Kim
Débora Romeo Bertola
Lilian Maria José Albano

Introdução

As displasias esqueléticas ou osteocondrodisplasias constituem um grupo genética e radiologicamente heterogêneo de doenças, que se caracterizam por uma anormalidade do crescimento, desenvolvimento, diferenciação e preservação do osso e da cartilagem. Embora individualmente sejam raras, elas são relativamente comuns ao nascimento, incidindo em cerca de 1:5.000 nascidos vivos. Afetam sobretudo os ossos e a cartilagem, mas podem ter efeitos significativos em estruturas musculotendíneas e ligamentares. Algumas são letais. Nas disostoses, as anormalidades ocorrem em apenas um ou em um grupamento de ossos. Contudo, com o advento das novas técnicas moleculares, observou-se uma superposição entre esses distúrbios, tornando sua distinção nebulosa. Mais de 450 tipos já foram determinados.

A primeira reunião de especialistas, em 1970, classificou as doenças constitucionais do osso e padronizou sua nomenclatura no International Nomenclature of Constitutional Diseases of Bone, classificação nosológica que é periodicamente atualizada. A última revisão, ocorrida em 2015, reuniu essas doenças em 42 grupos, de acordo com critérios clínicos, moleculares, bioquímicos e/ou radiográficos, incluiu 436 doenças e abarcou tanto as doenças com genes já identificados e mecanismos de herança conhecidos como as de etiologia e genes ainda desconhecidos. Nessa nona edição, houve decréscimo do número de doenças (de 456 para 436), aumento do número de grupos (de 40 para 42), e aumento do número de genes (de 226 para 364).

É interessante notar, nesse processo histórico resultante dos avanços tecnológicos, que a identificação de novos genes não foi capaz de simplificar a classificação desse grupo de doenças, pelo fato de que duas ou mais doenças podem estar associadas a um único gene e, por outro lado, múltiplos genes podem estar associados a uma única doença.

Para a elucidação diagnóstica das displasias esqueléticas, a partir do surgimento das técnicas de sequenciamento de nova geração (*next generation sequencing*), a análise dos achados clinicolaboratoriais e do estudo radiológico é importante, mas o estudo molecular tornou-se uma ferramenta valiosa para esclarecer fenótipos raros, mecanismos de herança desconhecidos, casos com grande heterogeneidade de loco e genes muito grandes.

O conhecimento da etiopatogenia das displasias esqueléticas é de suma importância não apenas pela possibilidade de se estabelecer um diagnóstico definitivo mais precoce e preciso, mas também por vislumbrar possibilidades terapêuticas mais apropriadas e o manejo e o aconselhamento genético mais adequados.

Assim, graças às novas descobertas, verificou-se que doenças tão distintas quanto a atelosteogenese tipo II letal e a displasia epifisária múltipla forma recessiva eram causadas por uma mutação alélica em um mesmo gene e que a osteogênese imperfeita tipo III era causada não apenas por mutações dominantes no *COL1A1* e *COL1A2*, mas também por um *cluster* de genes autossômicos recessivos, incluindo *CYPB*, *FKBD10*, *LEPE*, *CRTAP*, entre outros.

Enquanto nas décadas de 1960 e 1970 as doenças eram delineadas e separadas com base em seus achados bioquímicos sob o dogma de um gene-uma doença, o conceito de "famílias" de displasias esqueléticas foi introduzido, na década de 1980, para descrever a existência de doenças morfologicamente relacionadas e originadas de um mesmo gene ou de genes atuando na mesma via patogênica.

A previsão de que os distúrbios com padrão semelhante decorriam de diferentes mutações alélicas no mesmo gene ou de mutações não alélicas em diferentes genes atuando na mesma via patogênica foi confirmada pelo reconhecimento da existência de "famílias" de displasias esqueléticas. Assim, há a família do colágeno 2, a do *FGFR3*, a do transportador de sulfato e a do *TRPV4*, entre outras.

A despeito de toda essa evolução e de ferramentas diagnósticas revolucionárias, muitas displasias esqueléticas ainda permanecem sem diagnóstico definido, já que mutações alélicas em genes conhecidos podem estar associadas a displasias esqueléticas com fenótipos diferentes ou inesperados e muitos genes ainda têm um papel desconhecido nas displasias esqueléticas.

Passos para o diagnóstico das displasias esqueléticas

História

A história prévia, incluindo as curvas de crescimento, o peso de nascimento, bem como os antecedentes familiares e gestacional, é extremamente importante para estabelecer o diagnóstico. Dessa forma, deve-se verificar a presença, no histórico e nos antecedentes obstétricos e ultrassonográficos, de: baixa estatura, poli-hidrâmnio, restrição de crescimento intrauterino, diminuição da atividade fetal com ou sem contraturas articulares, luxações, fraturas e uso de drogas. O uso do varfarina, por exemplo, no período gestacional, pode causar alterações ósseas fetais indistinguíveis das da condrodisplasia *punctata*. Os dados que devem ser averiguados para estabelecer o diagnóstico de uma displasia esquelética podem ser vistos no Quadro 1.

Exame clinicogenético

O exame físico deve incluir a observação das proporções corpóreas, identificando-se as partes mais curtas e sua relação com as demais. Na displasia condroectodérmica, por exemplo, quanto mais distal estiver a estrutura óssea considerada, maior é o encurtamento. Ou seja, o rádio apresenta um encurtamento proporcionalmente maior do que o úmero, as falanges distais são mais curtas que as proximais, e assim por diante (Figura 1).

Alguns achados associados podem constituir verdadeiras pistas para o diagnóstico definitivo. Assim, a presença de polidactilia e de tórax estreito (displasia de Ellis van Creveld) (Figura 1), cistos nas orelhas (displasia diastrófica) (Figura 2), polegares abduzidos (displasia diastrófica) (Figura 2), miopia elevada e descolamento da retina (síndrome de Stickler) e mão em "tridente" (acondroplasia) (Figura 3) constituem alguns dos achados que podem auxiliar na elucidação diagnóstica.

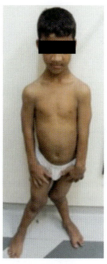

Figura 1   Tórax estreito e polidactilia.

Quadro 1	Dados relevantes da história clínica para estabelecer o diagnóstico de displasia esquelética
Letalidade	Osteogênese imperfeita, displasias tanatofórica, campomélica, acondrogênese
Idade de reconhecimento da baixa estatura	Pré ou pós-natal (lactente, infância precoce ou tardia)
História antenatal	Comprimento do fêmur ou úmero < 5º percentil ou < 2SD no II trimestre da gravidez
História familiar	Heredograma fornece pistas sobre o modo de herança (autossômico recessivo, dominante ou ligada ao X)
Dados antropométricos ao nascimento e seriados e velocidade de crescimento	Peso, estatura, perímetro craniano, comprimento dos membros superiores, dos inferiores, dos dígitos e da distância palmar, envergadura, altura sentado, relação segmento superior/inferior
Fragilidade óssea	História prévia de fraturas (osteogênese imperfeita, hipofosfatasia) ou de cirurgias ortopédicas
Achados associados extraesqueléticos	Suscetibilidade a infecções (displasia de Shimke), distúrbios hematopoiéticos (anemia de Fanconi), renais síndrome unha-patela, cardiológicos (síndrome de Holt-Oram), pulmonares (displasia torácia asfixiante, síndrome de Melnick-Needles), de pele, tecido celular subcutâneo (doença de Ollier), de cabelos (displasia condrometafisária tipo McKusick)
Craniossinostoses	Identificar as suturas acometidas e associação ou não principalmente com crânio em trevo, proptose ocular, anomalias de dígitos e da genitália, entre outras alterações
Dor, frouxidão ou limitação e contraturas articulares	

Modificado de Cho e Jin, 2015.

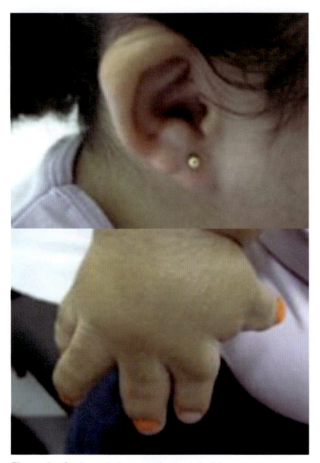

Figura 2 Orelhas císticas e polegar abduzido.

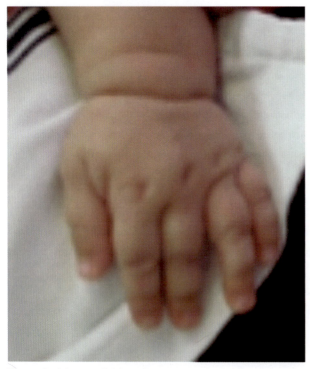

Figura 3 Mão em "tridente".

O exame clínico é capaz de prever alguns dados que serão observados com maior clareza nos exames de imagem. Desse modo, a hipoplasia ungueal pode significar uma hipoplasia da falange distal; o alargamento da extremidade distal do polegar pode expressar uma duplicação da falange distal desse dígito; a dificuldade em supinar o antebraço com encurvamento da porção distal do antebraço pode representar a deformidade de Madelung, observada na discondrosteose de Leri-Weill; e as alterações no padrão de direcionamento dos cabelos no couro cabeludo e a localização e o número de verticilos podem indicar anomalias do sistema nervoso central (SNC); a não detecção das clavículas ou a constatação de seu tamanho reduzido na ocasião de sua palpação indicam displasia cleidocraniana. Os dados mais importantes a serem considerados no exame físico podem ser vistos no Quadro 2.

Exame radiológico

Para a avaliação radiológica, é interessante utilizar um processo mnemônico útil: as letras A, B, C e D, que representam, na língua inglesa, os seguintes aspectos:

- A – *anatomical localization*.
- B – *bones*.
- C – *complications*.
- D – *dead/alive*.

As radiografias periódicas muitas vezes são necessárias, pois alguns achados tornam-se evidentes com o tempo. As imagens do período pré-puberal em um paciente adulto devem ser recuperadas, a fim de avaliar as epífises e as metáfises antes do fechamento das epífises.

Muitas doenças são nomeadas de acordo com a localização anatômica das lesões e/ou dos encurtamentos. Assim, para as alterações do esqueleto axial, têm-se os prefixos crânio ou cranial, fácio ou facial, mandíbulo, cleido (clavículas), costo (costelas), espôndilo ou vertebral e ísquio ou íleo púbico. Para o esqueleto apendicular, além da região metafisária, epifisária ou diafisária, deve-se considerar se o encurtamento é rizomélico, como na acondroplasia (proximal – fêmur ou úmero); mesomélico (medial – rádio, ulna, tíbia e fíbula), como na síndrome de Ellis-van-Creveld; ou acromélico, (distal – mãos e pés), como nas braquidactilias (Figuras 4, 5 e 6).

Quanto às alterações ósseas propriamente ditas, cinco aspectos devem ser considerados: a estrutura, a forma, o tamanho, a quantidade de osso e o envolvimento do tecido celular subcutâneo.

A densidade óssea faz parte da estrutura do osso, devendo-se avaliar se todos os ossos são acometidos ou não. A presença de lesões tumorais, de encondromas ou de exostoses também deve ser verificada (Figura 7). A osteoporose generalizada é a principal alteração estrutural na osteogênese imperfeita (Figura 8). Pode haver uma es-

Quadro 2	Alterações relevantes no exame físico e alguns exemplos de displasias esqueléticas
Alterações dos dados antropométricos e/ou desproporções corporais	Acondroplasia, displasia tanatofórica, displasia diastrófica
Hiperextensibilidade/frouxidão articular	Displasia condroectodérmica, síndrome de Larsen
Dismorfismos faciais	Mucopolissacaridose, acondroplasia, picnodisostose, síndromes de Stickler, Marshall, Shwartz-Jampel, Crouzon/Apert
Escleras azuladas	Osteogênese imperfeita
Dentinogênese imperfeita	Osteogênese imperfeita
Clavículas ausentes ou de tamanho reduzido	Displasia cleidocraniana
Pectus excavatum, tórax curto e estreito	Displasia torácica asfixiante
Lordose, escoliose	Acondroplasia, disostose espondilocostal, displasia metatrópica
Genu valgo/varo	Síndrome de Morquio
Braquidactilia/polidactilia/*habitus* marfanoide/ectrodactilia	Acrodisostose, síndromes EEC, das costelas curtas e polidactilia e de Marfan
Acro/meso/rizomelia	Displasias acro e mesomélicas, acondroplasia
Hepatoesplenomegalia/distúrbios hematopoiéticos e imunológicos	Mucopolissacaridose, osteopetrose infantil, anemia de Fanconi, síndromes TAR e OLEDAID
Limitação de movimento	Síndromes de Schwartz-Jampel e de Escobar
Alterações de unhas, cabelos, pele e subcutâneas	Displasias condrometafisária tipo McKusick e condroectodérmica, doença de Ollier, síndrome de Mafucci
Perda da audição e anomalias auriculares (cistos auriculares, fístulas e cistos branquiais)	Síndromes oculoauriculovertebral e de Keutel, displasia diastrófica
Alterações visuais e anomalias oculares	Síndromes oculoauriculovertebral, Stickler e Marfan
Déficits cognitivos	Mucopolissacaridoses

Síndromes EEC: síndrome de ectrodactilia, displasia ectodérmica e fenda labiopalatina. Modificado de Cho e Jin, 2015.

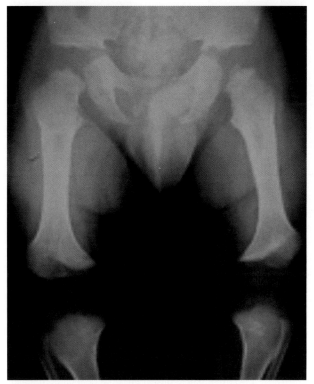

Figura 4   Rizomelia.

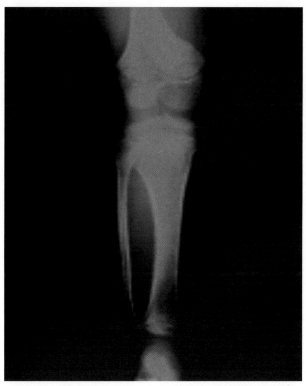

Figura 5   Mesomelia.

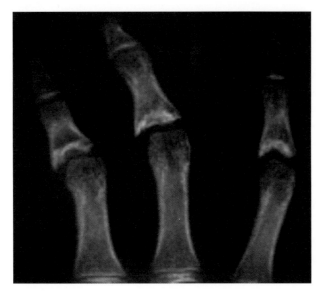

Figura 6   Acromelia.

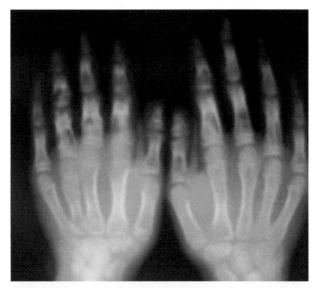

Figura 7   Osteocondromas em falanges.

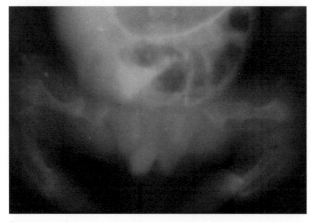

Figura 8   Osteoporose difusa em uma criança com osteogênese.

clerose difusa, como na picnodisostose e na esclerosteose (Figura 9); de apenas alguns ossos ou de verdadeiras ilhas, como na osteopoiquilose. Na osteopetrose, o espessamento ósseo pode ser de tal monta a ponto de obliterar os foramens e o canal medular.

A presença de epífises ossificadas, pequenas ou irregulares para a idade, indica uma displasia do tipo epifisária, como as epífises em cone, observadas na síndrome tricorrinofalangeana (Figura 10). Se as metáfises forem irregulares, alargadas ou franjadas, pode-se tratar de uma displasia metafisária, como a acondroplasia (Figura 11);

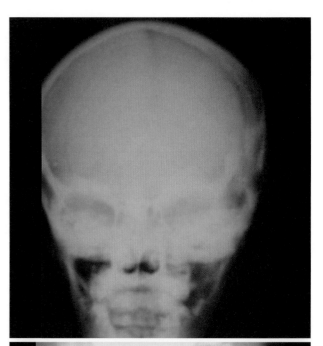

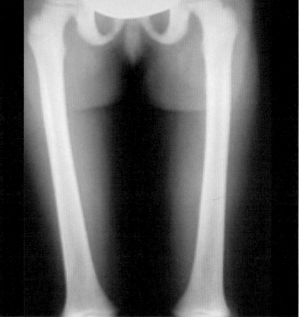

Figura 9   Esclerose óssea difusa em uma criança com esclerosteose..

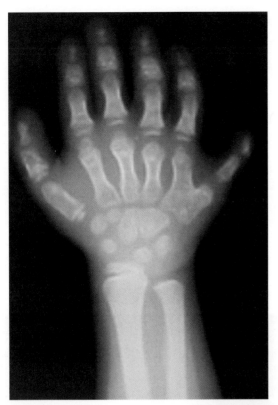

Figura 10   Displasia epifisária: Epífises cônica, densas e irregulares em uma criança com síndrome tricorrinofalangena. Há polidactilia com fusão parcial dos quinto e sexto metacarpos.

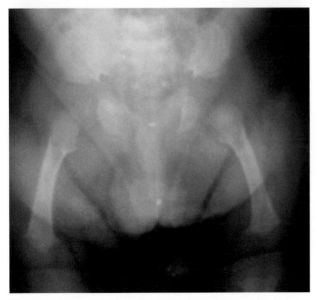

Figura 11   Displasia metafisária: Metáfises alargadas em uma criança com acondoplasia.

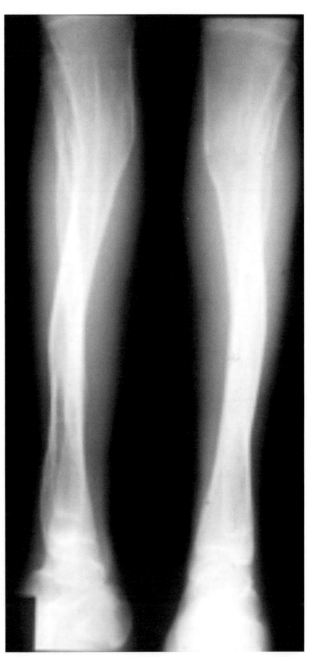

Figura 12   Osteodisplasia: tíbia em "S" em uma criança com Síndrome de Melnick-Needles.

enquanto as alterações diafisárias (espessamento cortical, alargamento da medula) sugerem uma osteodisplasia, como a tíbia em forma de "S" na síndrome de Melnick-Needles (Figura 12).

Se houver achatamento dos corpos vertebrais (Figura 13) ou irregularidades vertebrais associadas aos achados descritos, pode-se tratar de uma displasia espondilometafisária ou espondiloepifisária. Algumas condroplasias apresentam grande variedade de combinações de alterações, como a displasia acromesomélica, na qual os antebraços e as mãos são ambos encurtados, ou na síndrome de Morquio, em que o comprimento do tronco é curto, enquanto o dos membros é relativamente normal.

A observação da forma, do tamanho e da quantidade de ossos envolvidos, ou não, pode auxiliar extremamente na elucidação do diagnóstico, como as epífises cônicas na síndrome tricorrinofaríngea (Figura 10), as costelas

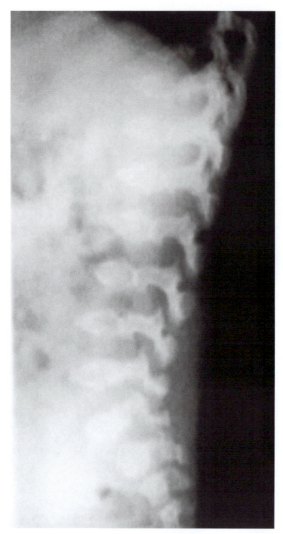

Figura 13   Platispondilia.

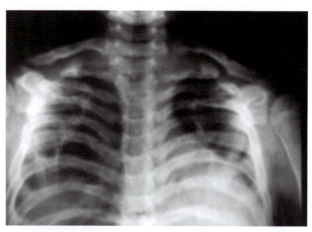

Figura 14   Costelas e clavículas "em fita".

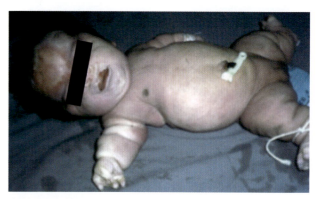

Figura 15   Encurtamento grave dos membros.

em fita e tíbia em "S" da síndrome de Melnick-Needles (Figuras 12 e 14), a fíbula em serpentina da síndrome SFPKS (*serpentine fibula-polycystic kidney syndrome*), os esporões ou cornos nos ilíacos que se projetam para fora, na síndrome unha-patela, e o alongamento maior da fíbula em relação à tíbia, na acondro e nas hipocondroplasias (Figura 15).

O envolvimento do tecido celular subcutâneo também deve ser observado, como a presença de encondromas na síndrome de Maffucci ou as contraturas articulares associadas a um quadro de osteogênese imperfeita na síndrome de Bruck ou ainda a presença de múltiplos encondromas na doença de Ollier (Figura 7).

A evolução da doença e suas complicações fornecem uma pista a mais, corroborando ou não o diagnóstico formulado. É o caso, por exemplo, das fraturas recorrentes (osteogênese imperfeita, osteopetrose e hipofosfatasia), da escoliose progressiva (neurofibromatose), da imunodeficiência (displasia imuno-óssea de Shinke, da anemia de Fanconi), da luxação atlantoaxial (mucopolissacaridose tipo IV), da subluxação do cristalino e do aneurisma dissecante da aorta (síndrome de Marfan).

A letalidade é um dado extremamente importante, podendo, de um lado, excluir uma hipótese já formulada ou, por outro, definir o subtipo de uma síndrome sugerida. Assim, a hipótese diagnóstica de ostegênese imperfeita, excluídas as outras displasias letais, em um recém-nascido com um quadro extremamente grave e êxito letal, conduz o clínico a considerar o tipo II (letal) e não o III da osteogênese imperfeita.

Por fim, a comparação de todos os achados de um caso concreto com os da literatura e de estudos multicêntricos ou de consenso nacional e internacional, bem como a consulta a bancos de dados frequentemente alimentados (OMIM, POSSUM, LDDB), auxiliam sobremaneira a tarefa de se realizar um diagnóstico definitivo. Os achados radiológicos também devem ser questionados se constituem, de fato, uma alteração óssea ou variações anatômicas, sendo importante, na semiologia óssea geral, a consulta comparativa nos atlas de normalidade para o respectivo grupo etário e sexo. Ainda assim, convém ressaltar que todos os passos aqui descritos podem ser insuficientes para esse grande desafio de estabelecer um diagnóstico definitivo, de modo que o surgimento de um grande número de displasias esqueléticas ao lado de todas essas novas ferramentas de diagnóstico vem suscitando, cada vez mais, a necessidade da formação de grupos de discussão multidisciplinares, não apenas para formular um diagnóstico ou realizar o manejo e o aconselhamento genético adequados, mas também para se delinear um tratamento mais adequado e personalizado para os pacientes.

A última classificação agrupou as displasias esqueléticas em "famílias", considerando seus aspectos moleculares, contudo, no presente capítulo, serão detalhadas aquelas mais observadas na prática clínica, de acordo com seus aspectos mais chamativos, uma vez que o propósito é facilitar o reconhecimento pelo clínico de que se trata de uma displasia esquelética.

Considerações sobre osteodisplasias, condrodisplasias e disostoses

As displasias esqueléticas ou osteocondrodisplasias, que são anormalidades no padrão, crescimento linear, diferenciação e conservação ou preservação do esqueleto humano, são classificadas em três grupos: osteodisplasias, condrodisplasias e disostoses.

As osteodisplasias consistem em alterações primárias do osso, levando a distúrbios de mineralização e densidade óssea, como a osteopenia e a osteosclerose. As condrodisplasias resultam de alterações genéticas que afetam a ossificação endocondral e/ou membranosa, acometendo, geralmente, todo o esqueleto apendicular. As anormalidades levam progressivamente a mudanças no comprimento e na forma dos membros, tronco e/ou crânio, resultando, muitas vezes, em baixa estatura desproporcionada. Já as disostoses afetam a morfogênese de ossos individuais ou um grupo de ossos e são mais relacionadas às síndromes malformativas. Clinicamente, as lesões disostóticas são assimetricamente distribuídas e a histologia condro-óssea é normal, não se manifestando, em geral, com nanismo, a menos que afetem o eixo axial ou os ossos dos membros sejam defeituosos ou não existam. As displasias ósseas secundárias, por sua vez, são causadas por alterações em fatores extraósseos com efeitos secundários no sistema esquelético. Alguns exemplos são os erros metabólicos como o raquitismo hipofosfatêmico e as doenças hormonais, por exemplo, hipotireoidismo.

A distinção entre as displasias e as disostoses possui implicações práticas. Primeiro, a investigação de fatores ambientais deve conduzir à procura de uma disostose, em vez de uma displasia esquelética. Segundo, diante de uma hipótese de um erro inato do metabolismo de depósito, deve-se procurar por uma displasia, não por uma disostose, apesar de se empregar tradicionalmente o termo *dysostosis multiplex*. Uma terceira consideração diz respeito à possibilidade de malignização. Considerando que as disostoses são doenças limitadas no tempo, causadas por um evento passado, não há risco de transformação maligna. Assim, um dedo extranumerário não sofre nenhuma degeneração maligna. Já nas displasias, algumas mutações envolvem genes que controlam a proliferação celular e a apoptose, podendo assim predispor à malignidade. Exemplos são as exostoses múltiplas, a encondromatose com hemangioma (síndrome de Maffucci) e a displasia fibrosa. Tal distinção, no entanto, pode ser difícil, uma vez que mutações podem alterar tanto o osso como a cartilagem ou podem afetar, preferencialmente, apenas alguns segmentos esqueléticos.

Em última análise, o diagnóstico diferencial entre as osteocondrodisplasias é importante, pois têm implicações tanto no prognóstico como no tratamento e no aconselhamento genético.

Displasias esqueléticas letais

Displasia tanatofórica

Considerada a displasia letal mais frequente no recém-nascido, a displasia tanatofórica apresenta uma incidência que varia de 1:20.000 a 50.000 nascimentos. É causada por mutações de herança autossômica dominante no gene *FGFR3* (receptor de fator de crescimento de fibroblastos) mapeado na região 4p16.3. Caracteriza-se por encurtamento importante dos membros, levando a formação de várias pregas redundantes na pele, macrocefalia desproporcional, fronte proeminente, olhos protrusos, ponte nasal baixa e tronco de comprimento relativamente normal apresentando um tórax estreito (Figura 15). Divide-se em dois tipos, de acordo com a forma do crânio e do fêmur. Aproximadamente 80% dos casos são do tipo 1, cujos fêmures exibem uma conformação similar ao do receptor de telefone e o crânio não é em trevo, como observado no tipo 2. A morte prematura se deve a um quadro de insuficiência respiratória secundária ao estreitamento importante da cavidade torácica e hipoplasia pulmonar e compressão do tronco pelo estreitamento do forame magno. Em geral, a displasia tanatofórica é incompatível com a vida, entretanto, alguns pacientes podem apresentar uma sobrevida prolongada, já tendo sido relatada sobrevida superior a 9 anos de idade.

Principais achados radiológicos:

- Tórax estreito nas incidências anteroposterior e lateral por conta das costelas curtas.
- Corpos vertebrais com achatamento dos centros de ossificação, assumindo uma forma em H ou U invertido (mais grave no tipo 1).
- Ossos ilíacos e isquiopúbicos pequenos e largos.
- Ossos longos com encurtamento importante e relativamente alargados; encurvados no tipo 1 (fêmur em "receptor de telefone") (Figura 16) e retificados no tipo 2.
- Ossos da face pequenos, calvária larga com sinais de cranioestenose; crânio em trevo (tipo 2).

Acondrogêneses e hipocondrogênese

As mutações no colágeno tipo II constituem um espectro de doenças autossômicas dominantes caracterizadas por displasia esquelética, como: acondrogênese tipo II, hipocondrogênese, displasia platispondílica do tipo Torrance. As displasias espondiloepifisária congênita, espondiloepimetafisária tipo Strudwick, de Kniest, espondiloperiférica e a displasia Czech apresentam menor gravidade. As formas mais leves englobam as osteoartrites de início precoce e a síndrome de Stickler do tipo I, que é a colagenopatia tipo II mais frequente (1/10.000).

A incidência da acondrogênese é estimada em 1:40.000 nascimentos. Divide-se em pelo menos três tipos: tipos 1A, 1B e 2. A acondrogênese tipo 1A é de herança recessiva, e sua etiologia ainda não foi definida. O tipo 1B é autossômico recessivo, causado por mutações no gene *SLC26A2* (antigo *DTDST*), que codifica um transportador de sulfato. O tipo 2 e a hipocondrogênese (tipo 2 leve) são espectros fenotípicos causados por mutações no gene do colágeno tipo 2 (*COL2A1*). A acondrogênese é incompatível com a vida, a maioria dos bebês é natimorta ou morre nas primeiras horas de vida. O desenho esquemático apresentado na Figura 17 ilustra as principais características radiológicas.

Principais achados radiológicos:

- Crânio: pouco ossificado (tipo 1A), com distúrbio leve de ossificação (tipo 1B) ou normalmente ossificado com defeito occipital (tipo 2 e hipocondrogênese).
- Retardo de ossificação dos corpos vertebrais grave (tipo 1) e menos grave (tipo 2).

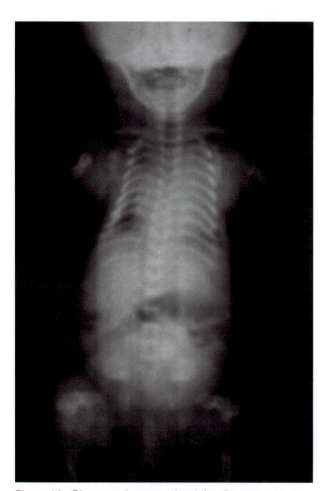

Figura 16 Fêmur em "receptor de telefone".

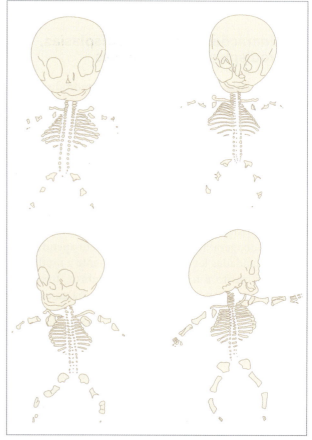

Figura 17 Acondrogênese tipo 1A (superior esquerda); tipo 1B (superior direita); tipo 2 (inferior esquerda); hipocondrogênese (inferior direita). Adaptada de Spranger et al., 2002.

- Tórax em barril com costelas curtas horizontalizadas alargadas distalmente com fraturas (tipo 1A), sem fraturas (tipo 1B); clavículas curtas e alargadas (tipo 1A); levemente alongadas (tipo 1B) e normal (tipo 2 e hipocondrogênese).
- Ossos do ilíaco pequenos com contornos irregulares e retardo de ossificação dos ossos da pube e do ísquio.
- Ossos longos muito encurtados com franjeamento metafisário (tipos 1 e 2) e arredondados distalmente (hipocondrogênese).
- Mãos e pés não ossificados no tipo 1 e encurtados no tipo 2 e na hipocondrogênese.

Displasia campomélica

A displasia campomélica é uma doença autossômica dominante causada por mutações no gene *SOX9*, mapeado no cromossomo 17(17q24.3-q25.1), que se expressa durante a condrogênese e o desenvolvimento gonadal. Por isso, a maioria dos casos apresenta, além das malformações ósseas, reversão sexual com genitália feminina e sexo cromossômico XY. A prevalência é estimada em 1:100.000 nascimentos, e poucos sobrevivem além do período neonatal em razão da insuficiência respiratória.

Principais achados radiológicos (Figura 18):

- Fêmures e tíbias encurvados.
- Escápulas hipoplásicas.
- Bacia com asas ilíacas estreitas, ísquios espaçados, ossos da pube hipoplásicos.
- Vértebras hipoplásicas.
- Mandíbula hipoplásica.
- Tórax pequeno em forma de "sino" com onze pares de costelas.
- Luxação da cabeça do rádio.

Acondroplasia

A acondroplasia é a displasia óssea não letal mais comum, afetando 1 em cada 16 mil a 35 mil nascidos vivos.

Mais de 80% dos casos são esporádicos e apresentam mutações novas não herdadas no gene *FGFR3* (receptor 3 de fator de crescimento de fibroblastos), associadas à idade paterna avançada durante a concepção. Nos casos familiais, a herança é autossômica dominante com risco de recorrência de 50%. Os afetados são heterozigotos em sua grande maioria, havendo relatos da forma homozigota quando os pais são acondroplásicos. Nesta última eventualidade, ela é letal durante a infância e se assemelha à displasia tanatofórica, sendo os achados clínicos e radiológicos mais graves do que na forma heterozigota e mais leves do que os observados na displasia tanatofórica.

As principais características fenotípicas são (Figuras 19 a 23): nanismo de membros curtos do tipo rizomélico;

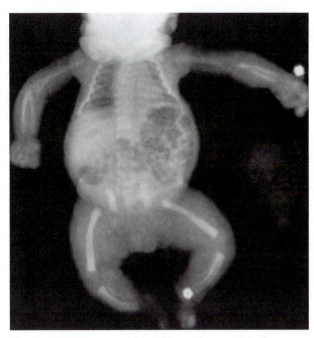

Figura 18 Encurvamento das tíbias e tórax em "sino".

cabeça desproporcionalmente maior; ponte nasal deprimida, fronte proeminente, hipoplasia da região medial da face; cifose toracolombar e acentuação da lordose lombar; limitação da extensão dos cotovelos; mãos em "tridente" com dedos encurtados.

Principais achados radiológicos:

- Crânio aumentado com base e forame magno pequenos.
- Estreitamento superoinferior da distância interpedicular das vértebras lombares.
- Asas ilíacas quadrangulares e pequenas.
- Acetábulos horizontalizados.
- Espinhas sacroilíacas pequenas.
- Radioluscências ovais ou quadrangulares nos fêmures e nos úmeros proximais na infância.
- Encurtamento dos ossos longos e metáfises alargadas.

Hipocondroplasia

A hipocondroplasia é uma forma comum de baixa estatura desproporcionada com poucas manifestações clínicas, cujos achados radiológicos são semelhantes aos da acondroplasia, porém, mais leves. O diagnóstico na

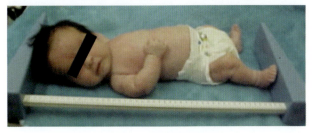

Figura 19 Recém-nascido com acondroplasia.

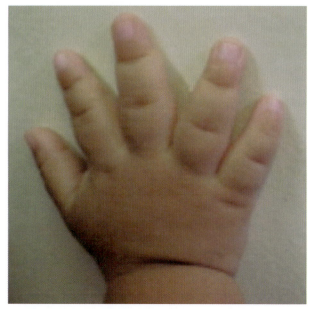

Figura 20 Mão em "tridente".

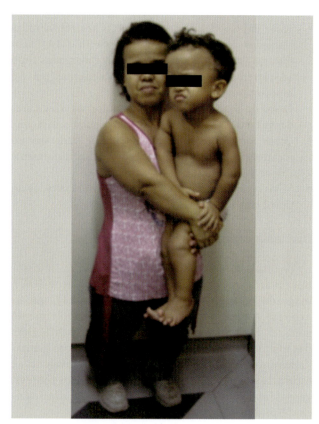

Figura 22 Mãe e filho afetados.

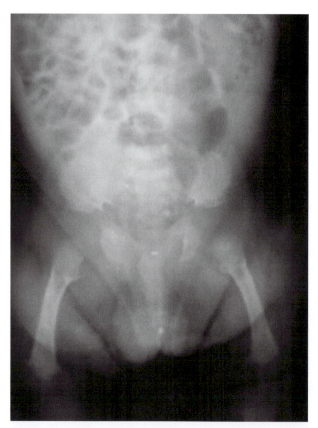

Figura 21 Radioluscências em cabeças femorais, diminuição da distância interpedicular, espinhas sacroilíacas pequenas.

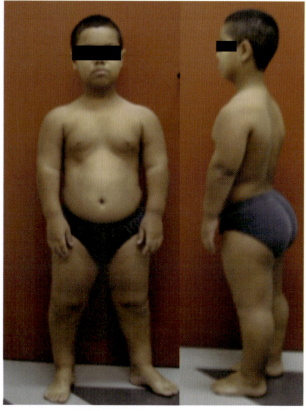

Figura 23 Encurtamento rizomélico e hiperlordose lombar.

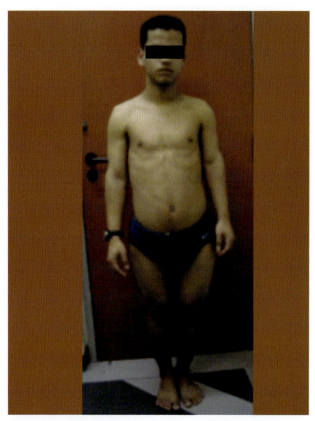

Figura 24 Encurtamento rizomélico e leve desproporção crânio-face.

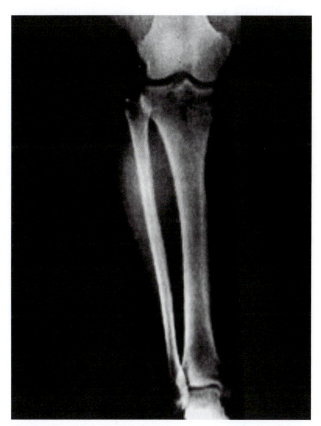

Figura 25 Fíbula desproporcionalmente longa.

infância é difícil e, geralmente, feito por exclusão. O comprimento ao nascimento costuma ser um pouco abaixo do normal, mas, ainda assim, até os 22 meses de vida a baixa estatura costuma não ser reconhecida. A altura final média é de 146 cm nos homens e de 137 cm em mulheres. Da mesma forma que na acondroplasia, ela se deve a mutações no gene *FGFR3*. Os principais achados clínicos e radiológicos estão representados na Tabela 1.

Osteogênese imperfeita

A osteogênese imperfeita constitui um grupo clínica, radiográfica e geneticamente heterogêneo de doenças, decorrentes, na maioria dos casos, de uma deficiência estrutural ou quantitativa no colágeno tipo I, responsável por um aumento da fragilidade óssea. O início das fraturas, as deformidades ósseas secundárias e o prognóstico foram classificados basicamente em quatro tipos (I, II, III e IV), causados principalmente pelas alterações dos genes *COL1A1* e *COLA2* e correspondem a cerca de 90% dos casos. No entanto, já foram descritos mais de dezesete outros genes (Quadro 3), ressaltando a grande variabilidade clínica da osteogênese imperfeita (Figuras 26 a 29).

Os principais achados radiológicos são:

- Osteoporose generalizada.
- Ossificação atrasada do crânio com ossos wormianos.
- Vértebras colapsadas nos casos graves.

Tabela 1 Características clínicas e radiológicas da hipocondroplasia

Características principais	Frequência
Clínicas	
Macrocefalia	57%
Membros curtos	100%
Extensão limitada dos cotovelos	100%
Braquidactilia	97%
Lordose lombar	34%
Radiológicas	
Colo femoral curto e largo	92%
Ossos longos curtos com metáfises irregulares	100%
Fíbula alongada distalmente	92%
Ulna alongada distalmente	73%
Distância interpedicular da coluna lombar estreitada ou estável	80%
Pedículos lombares encurtados (perfil)	89%
Concavidade dorsal (perfil)	81%
Vértebras altas (perfil)	33%
Platispondilia (perfil)	37%
Ílio quadrangular e pequeno	100%

Adaptada de Maroteaux e Falzon, 1988.

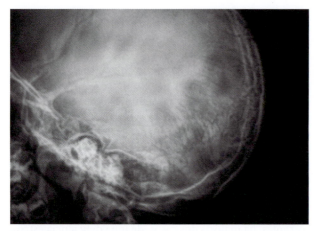

Figura 26   Ossos wormianos.

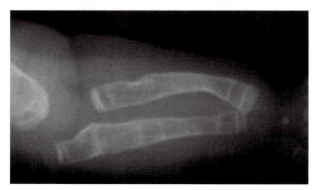

Figura 27   Osteopenia acentuada.

Figura 28   Escleras azuladas.

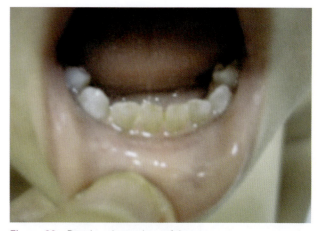

Figura 29   Dentinogênese imperfeita.

- Costelas com fraturas nos casos graves.
- Acetábulos protrusos nos casos graves.
- Ossos longos com afilamento do córtex, fraturas, deformidades encurvadas nos casos graves; diáfises largas por fraturas compactadas nos casos letais.

Outras displasias associadas a distúrbios do colágeno

Displasia de Kniest

A displasia de Kniest é uma forma de displasia espondiloepimetafisária generalizada com nanismo desproporcionado que pertence ao grupo de colagenopatias do tipo 2, causadas por mutações no gene *COL2A1*, herdadas de forma autossômica dominante. O colágeno tipo II é essencial para o desenvolvimento normal dos ossos e outros tecidos conjuntivos que formam a estrutura de suporte do corpo. As características clínicas marcantes são face peculiar achatada com ponte nasal deprimida; tronco curto com cifose dorsal e lordose lombar acentuada, tórax curto e amplo com protrusão esternal; extremidades curtas com articulações proeminentes e restrição da mobilidade; fenda palatina em 50% dos casos; miopia e perda auditiva frequentes (Figuras 30 a 32).

Principais achados radiológicos:

- Platispondilia com deformidade em cunha anterior dos corpos vertebrais e fendas coronais nos corpos lombares durante a infância.
- Ílio largo com hipoplasia basilar (pelve em forma de "taça de sobremesa").
- Colos femorais muito largos e curtos; retardo de ossificação das epífises femorais (fêmur em forma de "pêndulo de sino").
- Ossos tubulares curtos com metáfises largas e epífises deformadas em crianças e adultos.

Quadro 3	Variabilidade da osteogênese imperfeita			
Tipo	Gravidade clínica	Características	Gene	Herança
I	Leve com melhora espontânea	Escleras azuladas, ossos wormianos estatura normal, com ou sem DI, surdez	COL1A1, COL1A2	AD
II (A, B, C)	Letal	Fratura de costelas, ossos tubulares curtos	COL1A1, COL1A2, CRTAP	AD, AR (2-3%)
III	Grave	Escleras brancas/cinzas face triangular, baixa estatura, escoliose, surdez, DI	COL1A1, COL1A2	AD, AR (rara)
IV	Moderada	Escleras brancas, baixa estatura moderada, DI	COL1A1, COL1A2	AD
V	Leve a moderada	Escleras brancas, calos hiperplásicos, membrana interóssea calcificada, baixa estatura, sem DI	IFITM5	AD
VI	Moderada a grave	Escleras brancas, baixa estatura, sem DI	SERPINF1	AD? AR?
VII-XI	Moderada a grave	Escleras brancas, úmero e fêmur encurtados, coxa vara, baixa estatura, sem DI	CRTAP LEPRE1 PPIB SERPINH1 FKBP10	AR

AD: autossômica dominante; AR: autossômica recessiva; DI: dentinogênese imperfeita.

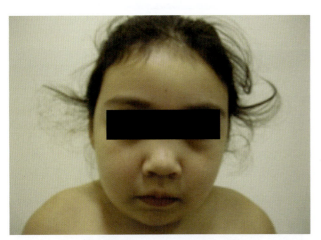

Figura 30 Face achatada.

Displasia espondiloepifisária congênita

A displasia espondilo eipifisária congênita também é causada por mutações no gene do colágeno tipo 2 e caracteriza-se por nanismo desproporcionado com tronco curto, face achatada, pescoço curto, tórax em barril, *pectus carinatum* e geno valgo; mãos e pés de tamanho normal, miopia em metade dos casos e ocasionalmente fenda palatina e/ou pés tortos.

Principais achados radiológicos (Figuras 35 e 36):

- Lactentes: ausência dos centros de ossificação dos ossos da pube, epífises dos joelhos, corpos vertebrais da coluna cervical superior; vértebras com cunha dorsal na coluna torácica e lombar; retardo de ossificação do sacro.

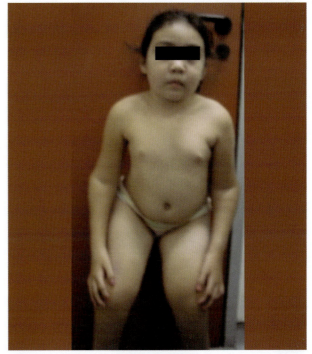

Figura 31 Restrição articular.

- Crianças: hipoplasia e atraso de ossificação do processo odontoide de C2; achatamento e defeito de ossificação anterior dos corpos vertebrais; ossificação ausente ou atrasada da cabeça, colos femorais e pelve com teto acetabular horizontalizado; anormalidades de graus variáveis das metáfises e epífises dos ossos longos; atraso dos centros de ossificação do carpo e do tarso.

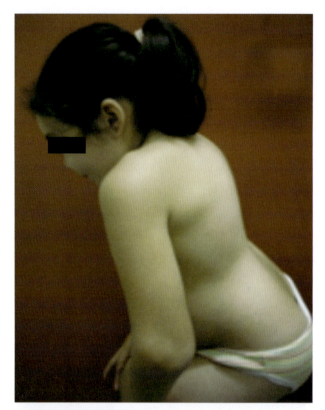

Figura 32 Hiperlordose lombar.

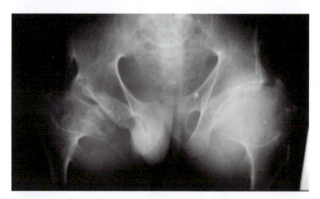

Figura 33 Colos femorais largos e curtos.

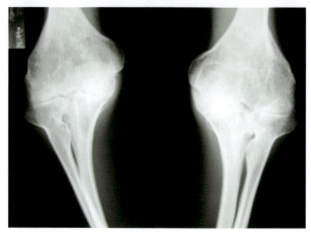

Figura 34 Alargamento metafisário.

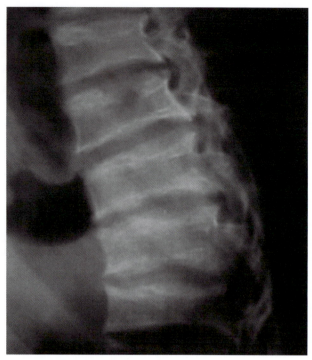

Figura 35 Platispondilia.

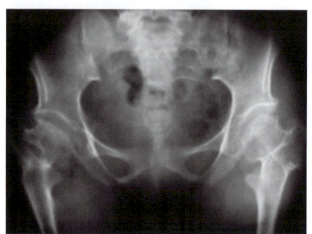

Figura 36 Achatamento epifisário.

- Adultos: cifoescoliose moderada, lordose lombar acentuada; hipoplasia do odontoide de C2; coxa vara em muitos pacientes com cabeças femorais pequenas e deformadas; ossos longos encurtados com graus variáveis de deformidade e achatamento epifisário.

Síndrome de Stickler

A forma clássica (tipo 1) está presente em 75% dos casos e caracteriza-se por: face média achatada, fenda palatina, alta miopia com descolamento da retina, catarata, surdez, artropatia com displasia espondiloepifisária leve com baixa estatura ou hábito marfanoide. O tipo 2, presente em 25% dos casos, é caracterizado por hipoplasia da face média, narinas antevertidas, mandíbula pequena, surdez neurossensorial ou mista, dor articular e miopia leve (Figura 37). A herança em ambos os tipos é autossômica dominante com grande variabilidade de expressão dentro de uma mesma família. Mutações no gene *COL2A1* causam o tipo 1 e no gene *COL11A1*, o tipo 2. Já foram descritas em associação com síndrome de Stickler variantes patogênicas em um desses seis genes: *COL2A1, COL11A1, COL11A2, COL9A1, COL9A2, COL9A3*.

Principais achados radiológicos (Figuras 38 e 39):

- Lactentes: fendas coronais nos corpos vertebrais; extremidades alargadas do fêmur e da tíbia.
- Crianças: achatamento leve a moderado dos corpos vertebrais; ossos longos com metáfises e epífises amplas, principalmente do fêmur e da tíbia.
- Adultos: superfícies articulares irregulares dos ossos longos; artropatia degenerativa.

Condrodisplasia metafisária tipo Schmid

Doença autossômica dominante causada por mutações no gene do colágeno tipo 10 (*COL10A1*). Os pri-

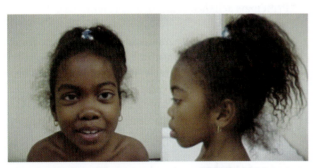

Figura 37   Olhos proeminentes e face achatada.

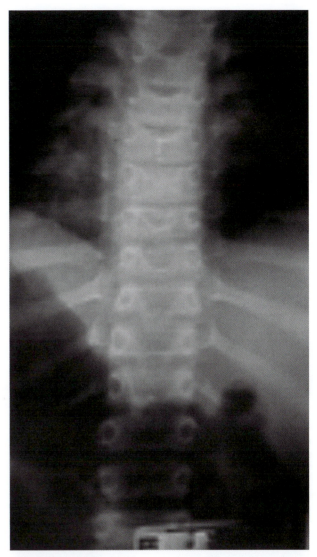

Figura 39   Platispondilia.

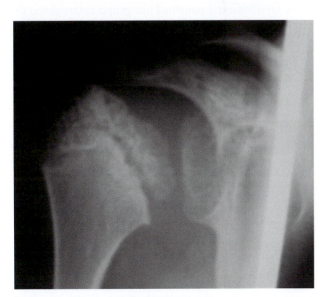

Figura 38   Artropatia degenerativa.

meiros sinais geralmente são baixa estatura com pernas encurvadas, caracterizando uma marcha gingada (Figura 40). A deformidade persiste na vida adulta, mas não costuma afetar as articulações, pois as epífises desenvolvem-se normalmente. A altura final varia de 135 a 160 cm.

Principais achados radiológicos (Figura 41):

- Encurtamento dos ossos longos.
- Metáfises alargadas, achatadas, côncavas com franjamento.
- Coxa vara, colo femoral curto, geno varo.

Displasia epifisária múltipla

Doença com grande heterogeneidade genética e variabilidade clínica de herança autossômica dominante e recessiva, por conta de mutações em pelo menos sete genes: *COMP, COL9A1, COL9A2, COL9A3* (colágeno tipo

Figura 40   Coxa vara.

9), *MATN3* (matrilina-3), *DTDST* (transportador de sulfato) e *SLC26A2* (transportador de soluto). As principais características clínicas são dores articulares com restrição progressiva da mobilidade, podendo parar de andar ou levantar-se em torno dos 50 anos por causa das osteoatroses degenerativas.

Principais achados radiológicos (Figura 42):

- Irregularidade das epífises e, posteriormente, das superfícies articulares dos ossos longos, sobretudo em quadris, joelhos, tornozelos, mãos e punhos.
- Achatamento variável dos corpos vertebrais, particularmente da coluna torácica.
- Metáfises normais com leve encurtamento dos ossos longos.

Pseudoacondroplasia

A pseudoacondroplasia é causada por mutações dominantes no gene *COMP*, que codifica uma proteína de matriz oligomérica da cartilagem. Caracterizada por nanismo de membros curtos e tórax desproporcionadamente longo com lordose lombar acentuada, geno valgo ou varo e hipermobilidade articular, exceto de cotovelos (Figura 43).

Principais achados radiológicos (Figura 44):

- Infância: achatamento moderado dos corpos vertebrais com deformidade biconvexa e protrusão anterior tipo "língua" da porção central; epífises femorais irregulares e pequenas; acetábulos, pube e ísquio irregulares.
- Adultos: displasia marcante da cabeça femoral.
- Ossos longos encurtados com metáfises alargadas e irregulares.

Hipofosfatasia

A hipofosfatasia constitui um grupo heterogêneo de displasias desmineralizantes que apresentam grande variabilidade clínica, podendo se manifestar desde uma forma letal ao nascimento até tardiamente, provocando dores nos pés em razão de fraturas metafisárias. Causada

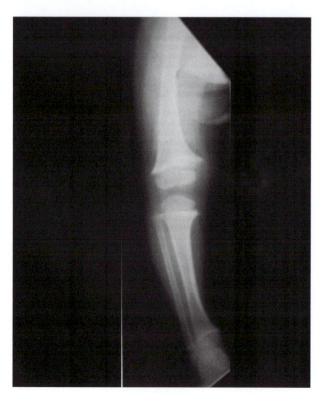

Figura 41   Alargamento metafisário.

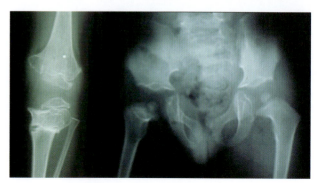

Figura 42   Epífises irregulares de joelhos e quadris.

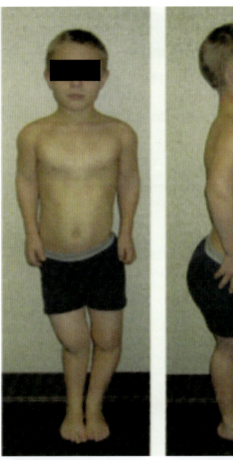

Figura 43 Encurtamento rizomélico e hiperlordose lombar.

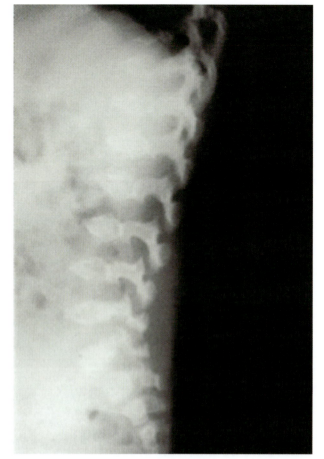

Figura 44 Corpos vertebrais "em língua".

por mutações no gene da fosfatase alcalina tecido-não específica (*TNSALP*), o que prejudica a formação óssea e a dentição ao afetar o transporte de fosfato, a captação celular de cálcio e o crescimento de cristais de hidroxiapatita. Os exames bioquímicos revelam uma fosfatase alcalina sérica baixa ou ausente, aumento do fosfato 5'-piridoxal no plasma, hipercalcemia e hipercalciúria nos casos graves, fosfato sérico elevado em 50% dos pacientes.

Principais achados radiológicos (Figuras 45 e 46):

- Forma letal: ausência de ossificação dos ossos do crânio e da face; costelas curtas e finas; ossos tubulares encurtados sem ossificação; metáfises irregulares e pouco ossificadas; vértebras pouco ossificadas; escápulas e bacia pequenas.
- Forma infantil: atraso de ossificação da abóboda e base cranianas com cranioestenose *a posteriori*; defeito de ossificação das metáfises dos ossos longos e das costelas; encurvamento dos ossos tubulares com pouca densidade óssea.
- Forma tardia: cranioestenose; metáfises irregulares e franjadas com defeitos radioluscentes ("saca-bocado") projetando nas diáfises; trabeculado ósseo distorcido com afilamento do córtex; encurvamento e pseudo-

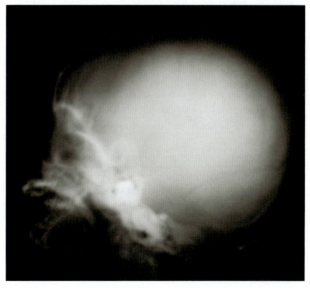

Figura 45 Retardo de ossificação do crânio.

fraturas dos ossos longos; calcificações ectópicas nos ligamentos espinhais e cartilagens articulares.
- Condrodisplasias metafisárias: estrutura normal sem lesões "saca-bocado".

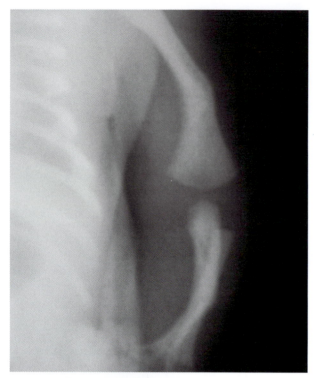

Figura 46 Encurvamento dos ossos longos.

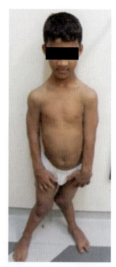

Figura 47 Tórax estreito.

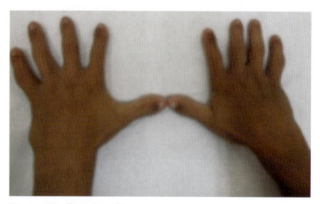

Figura 48 Braquidactilia.

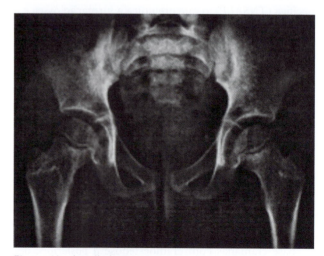

Figura 49 Acetábulos com esporões.

Displasia condroectodérmica ou síndrome de Ellis-van-Creveld

Doença autossômica recessiva rara causada por mutações nos genes *EVC* ou *EVC2*, mais comumente encontradas na população Amish nos Estados Unidos. Caracteriza-se principalmente por um nanismo acromesomélico, polidactilia pós-axial bilateral das mãos, displasia ectodérmica afetando unhas e dentes, múltiplos frênulos labiogengivais e anomalias cardíacas em 60% dos casos (Figuras 47 e 48). O encurtamento dos ossos tubulares é mais acentuado nos segmentos distais do que nos proximais.

Principais achados radiológicos (Figura 49):

- Caixa torácica estreita e longa.
- Asas ilíacas hipoplásicas. Esporões ósseos acetabulares, conferindo aspecto de gancho.
- Rarefação óssea na porção lateral da metáfise proximal da tíbia.
- Falanges curtas e largas com epífises em cone e falanges distais hipoplásicas.
- Fusões ósseas, especialmente entre o hamato e o capitato.

Displasia espondiloepifisária tarda ligada ao X

Doença ligada ao X recessiva causada por mutações no gene *SEDL*, que codifica uma proteína envolvida no transporte proteico intracelular. Caracteriza-se, inicialmente, por baixa estatura e dor lombar evidentes por volta dos 6 aos 12 anos. Na vida adulta, ocorre osteoartrose prematura mais comumente de quadris, ombros e joelhos. A altura final varia de 125 cm a 157 cm.

Principais achados radiológicos (Figura 50):

- Infância: configuração ovoide dos corpos vertebrais.
- Adolescência e vida adulta: platispondilia com proeminência em forma de "corcova" nas porções central e dorsal das placas superior e inferior das vértebras lombares; ossos ilíacos pequenos; ossos púbicos e isquiáticos longos; colos femorais curtos; osteoartrose prematura das superfícies articulares mais notáveis em quadris e ombros.

Condrodisplasia miotônica ou síndrome de Schwartz-Jampel

Doença autossômica recessiva causada por mutações no gene *HSPG2*, que codifica a proteína perlecan, principal proteoglicano das membranas basais. Existem duas formas clínicas: leve, presente na maioria dos casos e manifesta-se entre 1 e 3 anos; e grave, no período neonatal. Caracteriza-se por uma aparência facial peculiar por conta de contrações musculares tônicas progressivas, com os lábios evertidos, boca pequena, micrognatia, fendas palpebrais estreitas com ptose (Figura 51); membros curtos, pernas encurvadas e contraturas articulares progressivas. Na adolescência, as contraturas podem confinar os pacientes à cama e a uma cadeira de rodas. A eletromiografia mostra descargas contínuas no repouso. Entre as alterações oculares, observam-se miopia, em 50% dos casos, catarata e luxação do cristalino. O desenvolvimento intelectual é normal.

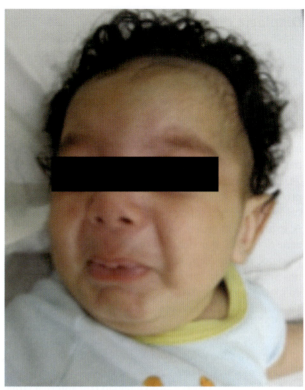

Figura 51 Face miotônica.

Principais achados radiológicos (Figura 52):

- Platispondilia leve com fendas coronais na infância precoce.
- Cifose cervical e cifoescoliose toracolombar.
- Tórax superior estreito.
- Asas ilíacas franjadas com entalhes laterais supra-acetabulares e ossos isquiáticos largos.
- Fêmures e tíbias encurvados.
- Ossos longos encurtados com extremidades largas.
- Epífises capitais femorais largas e arredondadas na infância precoce; depois, epífises proximais do fêmur fragmentadas e deformadas.

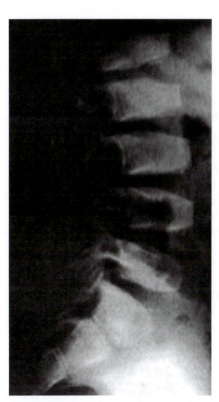

Figura 50 Platispondilia com "corcova" em vértebras.

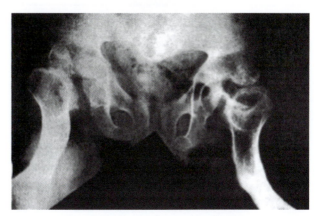

Figura 52 Encurvamento importante dos fêmures.

Displasia diastrófica

A displasia diastrófica é uma forma de nanismo micromélico autossômico recessivo caracterizado por múltiplas contraturas articulares, principalmente de ombros, cotovelos, interfalangeanas e quadris; polegares abduzidos e hipermóveis (em "caroneiro"); pés tortos com espaço aumentado entre os primeiros dois pododáctilos; massas císticas na orelha externa ("couve-flor"); fenda palatina (50%) e cifoescoliose progressiva (Figuras 53 e 54). A cifose cervical pode levar à compressão medular e provocar quadriplegia e até morte. Porém, na maioria dos casos, resolve-se espontaneamente em torno dos 7 anos. A expressão clínica é altamente variável. Mutações no gene *SLC26A2* impedem a incorporação celular do sulfato, o que resulta na produção insuficiente de proteoglicanos sulfatados na cartilagem, levando à desestruturação da matriz cartilaginosa.

Principais achados radiológicos (Figuras 55 e 56):

- Epífises achatadas com atraso das epífises capitais femorais e subossificação das porções laterais das epífises femorais distais.
- Colo femoral curto e largo e região trocantérica larga; fêmur distal em forma de delta.
- Ossos longos encurtados com alargamento metafisário.
- Metacarpos, metatarsos e falanges curtos e irregulares.
- Cifoescoliose toracolombar progressiva; cifose cervical; corpos vertebrais irregulares e estreitamento moderado das distâncias interpediculares da região lombar.

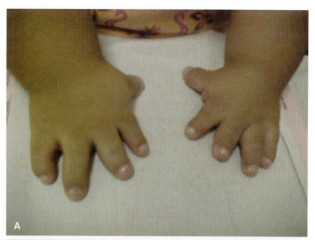
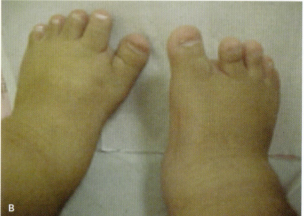

Figura 54 Braquidactilia com polegares abduzidos e espaço aumentado entre hálux e 2º pododáctilos.

Figura 53 Nanismo de membros curtos.

Displasia espondilometafisária tipo Kozlowski

A displasia espondilometafisária tipo Kozlowski é uma forma de nanismo de tronco curto autossômico dominante causado por mutações no gene *TRPV4*, que codifica uma proteína de canal iônico. Outras displasias apresentam o envolvimento do mesmo gene *TRPV4* e incluem a displasia metatrópica, a braquiolmia autossômica dominante e a artropatia digital familial com braquidactilia. O primeiro sinal é o retardo de crescimento e a marcha basculante na infância. Já na adolescência e na vida adulta, pode haver cifoescoliose progressiva.

Principais achados radiológicos:

- Platispondilia generalizada exibindo cunha anterior, cifose e escoliose variáveis.
- Ossos ilíacos largos e curtos com teto acetabular horizontalizado e largo.
- Ossificação metafisária irregular dos ossos tubulares, mais nítida no fêmur proximal com coxa vara.
- Encurtamento moderado dos ossos longos.
- Atraso importante dos ossos do carpo.

Síndrome de Melnick-Needles

A síndrome de Melnick-Needles é uma doença ligada ao X dominante letal no sexo masculino, caracterizada por displasia óssea generalizada e fácies característica (pequena com olhos proeminentes, micrognatia, fronte proeminente, bochechas cheias) (Figura 57). No sexo feminino, há encurvamento dos membros e marcha atípica. O desenvolvimento psicomotor é normal, e a estatura final é levemente baixa. É causada por mutações no gene *FLNA* responsáveis por um espectro de doenças clinicamente semelhantes, como a síndrome otopalatodigital e a displasia frontometafisária.

Principais achados radiológicos (sexo feminino) (Figuras 12 e 14):

- Esclerose da base do crânio; fontanela anterior aberta.
- Costelas e clavículas irregulares ("em fita").
- Concavidade anterior dos corpos vertebrais; cifose e/ou escoliose.
- Ossos longos encurvados com contornos diafisários distorcidos e corticais irregulares.
- Coxa valga; displasia grave dos quadris.

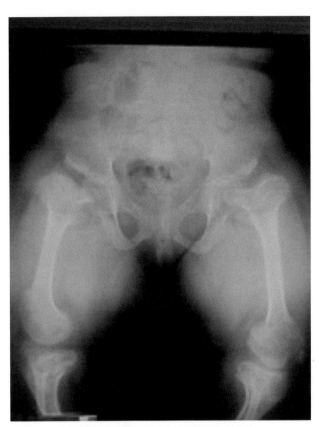

Figura 55   Fêmures encurtados com epífises achatadas.

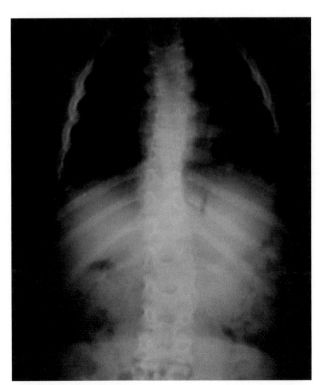

Figura 56   Cifoescoliose.

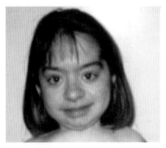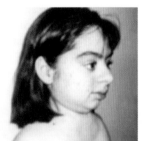

Figura 57   Olhos proeminentes, micrognatia.

Displasias mesomélicas, acromesomélicas e acromélicas

Existe uma infinidade de displasias esqueléticas que envolvem os segmentos mesiais dos membros. As displasias acromélicas são caracterizadas por braquidactilia em razão da anomalia de desenvolvimento dos metacarpos ou falanges. As braquidactilias podem fazer parte de uma síndrome ou serem isoladas. As isoladas são disostoses que se classificam entre os tipos A, B, C, D e E, conforme a origem anatômica e genética. O Quadro 4 apresenta apenas algumas das principais doenças, e a Figura 58 ilustra a classificação das braquidiactilias.

"Disostose múltipla"

O acúmulo de substratos parcialmente degradados pelos lisossomos pode resultar em várias doenças de depósito que, dependendo do tipo de substância acumulada, classificam-se em mucopolissacaridoses, oligossacaridoses e glicoproteinoses. As alterações esqueléticas da maioria dessas doenças são relativamente uniformes e são chamadas de "disostosis multiplex". Entretanto, as diferenças na gravidade podem auxiliar no diagnóstico diferencial das doenças, mas também podem evidenciar a variabilidade de expressão de uma mesma doença. O diagnóstico definitivo requer ensaios enzimáticos e/ou genéticos. Os achados radiológicos são específicos ao sugerir um distúrbio de degradação de carboidratos complexos ou de transporte lisossômico, porém, não são específicos, pois se encontram em várias outras doenças. Os principais achados são (Figuras 59 e 60):

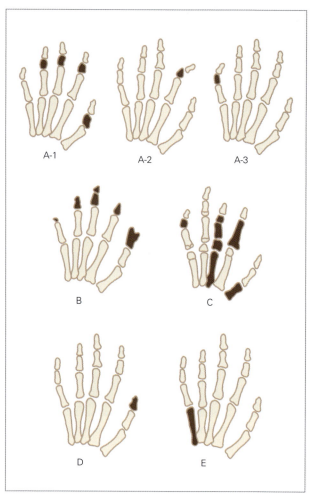

Figura 58 Classificação de Bell das braquidactilias. Adaptada de Spranger et al., 2002.

Quadro 4	Características de algumas displasias mesomélicas e acromélicas	
Displasias	Características principais	Herança/etiologia
Discondrosteose (síndrome de Leri-Weil)	Deformidade de Madelung	AD/gene SHOX
Displasia mesomélica tipo Langer	Antebraços curtos	AR/gene SHOX
Displasia mesomélica tipo Koslowski	Rádio e ulna curtos; fêmur largo e angulado	Isolada
Síndrome de Robinow	Falanges distais curtas, face fetal	AR/gene ROR2
Displasia acromesomélica, tipo Verloes	Ulna curta, metacarpos e metatarsos curtos, sinostose carpo-metacarpo, agenesia de palato mole	AD
Displasia acromesomélica tipo Grebe	Apêndices digitais, rádio curto, fusão de carpo, fêmur e tíbia curtos	AR/gene CDMP1
Braquidactilia A	Falanges médias curtas com hálux encurtado	AD/gene IHH (indian hedgehog)
Braquidactilia B	Falanges distais curtas ou ausentes com fenda no polegar e hálux	AD/gene ROR2
Braquidactilia C	Hipersegmentação das falanges proximais, falange média do 5° curta, dedo indicador com desvio ulnar	AD/gene CDMP1
Braquidactlilia D	Falanges distais curtas e largas do háluces e polegares	AD
Braquidactilia E	Metacarpos encurtados	AD/gene glypican

AD: autossômica dominante; AR: autossômica recessiva.

- Crânio: macrocefalia, sela túrcica em "J", calvária espessa.
- Tórax: costelas em forma de "remo", clavículas amplas, escápulas arredondadas.
- Coluna: vértebras ovaladas e em forma de "gancho" na incidência em perfil.
- Pelve: constrição dos ossos ilíacos inferiores; asas ilíacas amplas, displasia das epífises capitais femorais; coxa valga.
- Ossos longos: encurtamento; modelamento diafisário irregular; constrição submetafisária.
- Ossos das mãos e pés: encurtamento; alargamento metafisário; displasia epifisária; afilamento proximal do 2º ao 5º metacarpos.
- Estrutura óssea: osteoporose com trabeculado grosseiramente rendilhado.

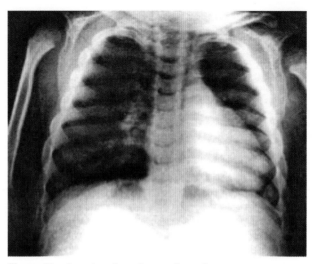

Figura 60   Costelas alargadas em "remo".

Osteopetroses

A radiodensidade acentuada dos ossos pode resultar tanto de um aumento da mineralização (esclerose) quanto de um aumento da massa óssea (hiperostose). O termo osteopetrose aplica-se a um grupo de doenças causadas por um defeito na reabsorção óssea por conta da disfunção dos osteoclastos. Nessas doenças, a esclerose geralmente é acompanhada pelo remodelamento ósseo alterado, o que fica evidente pelas metáfises alargadas ("em frasco de Erlenmeyer") dos ossos longos. Além disso, pode haver fraturas patológicas, osteomielite e anormalidades dentárias. Exemplos são a picnodisostose e a esclerosteose.

Considerações finais

Parece evidente que nos momentos atuais nenhuma classificação em particular das displasias esqueléticas será adequada, tornando necessárias, portanto, ferramentas eletrônicas que incorporem todos os dados, sejam clínicos, radiológicos, morfológicos, moleculares e bioquímicos, a exemplo do que faz a Sociedade Internacional de Displasias Esqueléticas (http://www.isds.ch).

Por fim, é importante ressaltar que a avaliação dos pacientes com condrodisplasias deve ser feita por meio de uma abordagem multidisciplinar que envolva geneticistas clínicos, radiologistas, biologistas e bioquímicos moleculares e possibilite um diagnóstico mais preciso e um aconselhamento genético mais adequado, assim como é necessária uma equipe cirúrgica capaz de promover o manejo e o tratamento das complicações das displasias esqueléticas.

Bibliografia sugerida

1. Baker KM, Olson DS, Harding CO, Pauli RM. Long-term survival in typical thanatophoric dysplasia type 1. Am J Med Genet. 1997;70(4):427-36.
2. Baraitser M, Winter RM. London dysmorphology database: London neurogenetics database & dysmorphology photo library on CD-ROM. 3rd ed. Oxford University Press; 2001.
3. Barat-Houari M, Sarrabay G, Gatinois V, Fabre A, Dumont B, Genevieve D, et al. Mutation update for COL2A1 gene variants associated with type II collagenopathies. Hum Mutat. 2016;37(1):7-15.
4. Bonafe L, Cormier-Daire V, Hall C, Lachman R, Mortier G, Mundlos S, et al. Nosology and classification of genetic skeletal disorders: 2015 revision. Am J Med Genet A. 2015;167A(12):2869-92.
5. Cameron FJ, Hageman RM, Cooke-Yarborough C, Kwok C, Goodwin LL, Sillence DO, et al. A novel germ line mutation in SOX9 causes familial campomelic dysplasia and sex reversal. Hum Mol Genet. 1996;5(10):1625-30.

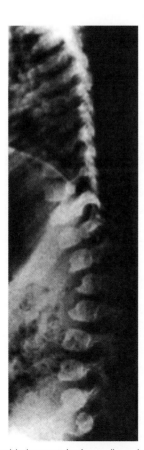

Figura 59   Deformidades vertebrais em "gancho".

6. Cho SY, Jin DK. Guidelines for genetic skeletal dysplasias for pediatricians. Ann Pediatr Endocrinol Metab. 2015;20(4):187-91.
7. Geister KA, Camper SA. Advances in skeletal dysplasia genetics. Annu Rev Genomics Hum Genet. 2015;16:199-227.
8. Glorieux FH. Osteogenesis imperfecta. Best Pract Res Clin Rheumatol. 2008;22(1):85-100.
9. Ishimura G, Haga N, Kitoh H, Tanaka Y, Sonoda T, Kitamura M, et al. 2005. The phenotypic spectrum of COL2A1 mutations. Hum Mutat. 26:36-43.
10. Krakow D. Skeletal dysplasias. Clin Perinatol. 2015;42(2):301-19.
11. Langer LO Jr, Yang SS, Hall JG, Sommer A, Kottamasu SR, Golabi M, et al. Thanatophoric dysplasia and cloverleaf skull. A report of nine new cases and review of the literature. Am J Med Genet Suppl. 1987;3:167-79.
12. Mahoney MJ, Hobbins JC. Prenatal diagnosis of chondroectodermal dysplasia (Ellis-van Creveld syndrome) with fetoscopy and ultrasound. N Engl J Med. 1977;297:258-60.
13. Maroteaux P, Falzon P. Hypochondroplasie. Revue de 80 cas. Arch Fr Pediatr. 1988;45:105-9.
14. Martins MM, Macedo CV, Carvalho RM, Pinto A, Alves MAM, Graça LM. Prenatal diagnosis of skeletal dysplasias – a ten-year case review. Diagnóstico pré-natal de displasias esqueléticas: revisão de casos da última década. Acta Obstet Ginecol Port. 2014;8(3):232-9.
15. Nicole S, Davoine CS, Topaloglu H, Cattolico L, Barral D, Beighton P, et al. Perlecan, the major proteoglycan of basement membranes, is altered in patients with Schwartz-Jampel syndrome (chondrodystrophic myotonia). Nat Genet. 2000;26(4):480-3.
16. Nishimura G, Haga N, Kitoh H, Tanaka Y, Sonoda T, Kitamura M, et al. The phenotypic spectrum of COL2A1 mutations. Hum Mutat. 2005;26:36-43.
17. Nishimura G, Nakashima E, Mabuchi A, Shimamoto K, Shimamoto T, Shimao Y, et al. Identification of COL2A1 mutations in platyspondylic skeletal dysplasia, Torrance type. J Med Genet. 2004;41:75-9.
18. Offiah AC, Hall CM. Radiological diagnosis of the constitutional disorders of bone. As easy as A, B, C? Pediatr Radiol. 2003;33(3):153-61.
19. Online Mendelian Inheritance in Man, OMIM®. Johns Hopkins University, Baltimore, MD. Online Mendelian Inheritance in Man (OMIM), 1996-2016. Disponível em: http://omim.org/.
20. Orioli IM, Castilla EE, Barbosa-Neto JG. The birth prevalence rates for skeletal dysplasias. J Med Genet. 1986;23(4):328-32.
21. Pauli RM, Conroy MM, Langer LO Jr, McLone DG, Naidich T, Franciosi R, et al. Homozygous achondroplasia with survival beyond infancy. Am J Med Genet. 1983;16:459-74.
22. Pictures of Standard Syndromes and Undiagnosed Malformations (POSSUM). POSSUM (Pictures of Standard Syndromes and Undiagnosed Malformations). Melbourne: Murdoch Institute; 1990. Disponível em: www.possum.org.
23. Rimoin DL, Cohn D, Krakow D, Wilcox W, Lachman R, Alanay Y. The skeletal dysplasias clinical-molecular correlations. Ann NY Acad Sci. 2007;1117:302-9.
24. Jyoti SM, Devendra JR. Thanatophoric dysplasia: a case report. J Clin Diagn Res. 2015;9(11):QD01-3.
25. Spranger JW, Brill PW, Nishimura G, Superti-Furga A, Unger S. Bone dysplasias. 3.ed. New York: Oxford; 2012. 802p.
26. Spranger JW, Brill PW, Poznanski A. Bone dysplasias: an atlas of genetic disorders of skeletal development. 2.ed. New York: Oxford University Press; 2002.
27. Stoll C, Dott B, Roth MP, Alembik Y. Birth prevalence rates of skeletal dysplasias. Clin Genet. 1989;35:88-92.
28. The International Society of Skeletal Dysplasias. Disponível em: http://www.isds.ch.
29. Verloes A, Lesenfants S, Barr M, Grange DK, Journel H, Lombet J, et al. Fronto-otopalatodigital osteodysplasia: clinical evidence for a single entity encompassing Melnick-Needles syndrome, otopalatodigital syndrome types 1 and 2, and frontometaphyseal dysplasia. Am J Med Genet. 2000;90:407-22.
30. Waller DK, Correa A, Vo TM, Wang Y, Hobbs C, Langlois PH, et al. The population-based prevalence of achondroplasia and thanatophoric dysplasia in selected regions of the US. Am J Med Genet A. 2008;146A(18):2385-9.
31. Watson SG, Calder AD, Offiah AC, Negus S. A review of imaging protocols for suspected skeletal dysplasia and a proposal for standardisation. Pediatr Radiol. 2015;45(12):1733-7.
32. Whitley CB, Gorlin RJ. Achondrogenesis: new nosology with evidence of genetic heterogeneity. Radiology. 1983;148:693-8.
33. Wilcox WR, Tavormina PL, Krakow D, Lachman RS, Wasmuth JJ, Thompson LM, et al. Molecular radiologic and histopathologic correlations in thanatophoric dysplasia. Am J Med Genet. 1998;78:274-81.

14

Trauma não acidental

Alexandre Fligelman Kanas
Mauro Mitsuru Hanaoka
Ariel Levy

Introdução

O trauma não acidental, também conhecido por abuso físico infantil ou síndrome da criança espancada, é, por definição, uma dor ou sofrimento gerado intencionalmente em uma criança pelos pais, cuidador ou responsável.

Sua história data de 1946, quando John Caffey, um radiologista pediátrico norte-americano, descreveu uma série de casos em que múltiplas fraturas de ossos longos, associadas a hematomas subdurais, foram identificadas em lactentes cujos pais não conseguiam explicar, de forma convincente, como tais lesões surgiram. Alguns anos depois, em 1962, Henry Kempe, um pediatra norte-americano, a descreveu como uma entidade isolada, sistematizando o que chamaram de *"battered child syndrome"*.

Costuma-se dividir os casos de abuso infantil em quatro principais categorias: físico, emocional, sexual e negligente. Dentro dessas categorias, existem outros subtipos de violência, destacando-se:

- Síndrome do bebê sacudido (*shaken-baby syndrome*), na qual a criança, geralmente um lactente, é violentamente sacudida, acarretando em sérias consequências como lesões oftalmológicas e lesões cerebrais que serão discutidas com mais detalhes no decorrer deste capítulo.
- Síndrome de Münchhausen por procuração, a qual, apesar de rara, é de diagnóstico extremamente difícil, e se caracteriza pela simulação intencional de sinais e sintomas em uma criança ou adolescente pelo seu cuidador, levando a procedimentos diagnósticos e terapêuticos desnecessários e potencialmente danosos.

Nos países com baixo índice de desenvolvimento humano (IDH), geralmente o abuso físico se destaca como a principal categoria. Já nos países com alto IDH, tendem a prevalecer os casos de negligência.

No Brasil, em 2009 e 2010, segundo o Ministério da Saúde, predominaram:

- De 0 a 9 anos:
  - Negligência (35,6%).
  - Violência sexual (35,6%).
  - Violência física (32,8%).
- De 10 a 19 anos:
  - Agressão física (61%).
  - Violência sexual (30,4%).
  - Violência psicológica/moral (24,3%).

Já nos Estados Unidos, em 2014, segundo o U.S. Department of Health & Human Services, tiveram destaque:

- De 0 a 17 anos:
  - Negligência (75%).
  - Violência física (17%).
  - Violência sexual (8,3%).

Não se sabe ao certo a prevalência mundial do abuso infantil, uma vez que varia bastante entre os países, e alguns não apresentam estatísticas oficiais muito confiáveis, além de que muitas vezes são utilizados critérios distintos nas diferentes localidades. Contudo, a Organização Mundial da Saúde (OMS) afirma que um quarto dos adultos referem ter sido abusados fisicamente quando crianças. Nos Estados Unidos, em 2014, estima-se que 702 mil crianças foram abusadas, o que resulta em uma taxa de 9,4 vítimas a cada mil crianças. Desses casos, 1.580 morreram, o que implica em uma taxa de 2,13 mortes a cada cem mil crianças. Monetariamente, estima-se que o custo por cada vida perdida (incluindo custos médicos e perda de produtividade/anos de trabalho) seja de US$ 1.272.900,00, totalizando nos Estados Unidos, somando-se os casos fatais e não fatais, uma perda de aproximadamente 124 bilhões de dólares em decorrência de maus-tratos.

Em relação às vítimas, pode-se afirmar:

- Três em cada quatro vítimas fatais são crianças com menos de 3 anos de idade, com destaque para as crianças menores de um ano.
- Quanto mais nova a criança, maior sua suscetibilidade de morrer pelo abuso, com quase metade das mortes ocorrendo em menores de 1 ano.
- Meninos tiveram uma taxa de fatalidade maior que meninas.

Em relação aos agressores, pode-se afirmar:

- Quatro em cada cinco vítimas fatais envolvem ao menos um dos pais da criança (mães: 27,7%; pais: 12,4%; mães + pais: 24,6%).
- Quatro em cada cinco agressores têm entre 18 e 44 anos.
- A maior parte dos agressores são mulheres (54,1%).

Existem algumas características que foram apontadas como relativamente comuns no contexto do trauma não acidental. Pode-se tentar usar tais características para facilitar o entendimento do que gera tal conduta ou, ao menos, para tentar predizer quando esta tem maior probabilidade de ocorrer. Assim, destacam-se como os principais fatores de risco:

- Na criança (lembrando que esta é a vítima e nunca deve ser culpabilizada por se enquadrar nos referidos fatores de risco):
  - Ter menos de 4 anos de idade.
  - Ter, de algum modo, desapontado ou não ter satisfeito alguma expectativa dos pais.
  - Ter necessidades especiais ou anormalidades físicas.
  - Choro persistente.
- Nos pais, cuidadores ou família:
  - Dificuldade de criar laços afetivos com um recém-nascido.
  - Não alimentar a criança.
  - Ter sofrido abuso quando criança.
  - Não entender o desenvolvimento da criança ou ter expectativas irreais.
  - Alcoolismo ou uso de drogas, principalmente se uso durante a gestação.
  - Ter ficha criminal.
  - Ter dificuldades financeiras.
  - Ter alguém com problemas físicos ou mentais.
  - Violência entre membros da família.
  - Família isolada da comunidade.
  - Colapso no apoio ao desenvolvimento da criança pela família.
- Comunidade na qual a família está inserida:
  - Desigualdade de gênero.
  - Desigualdade socioeconômica.
  - Falta de moradias adequadas.
  - Altos índices de desemprego e pobreza.
  - Disponibilidade de álcool e drogas.
  - Políticas e programas inadequados para prevenir o abuso infantil, pornografia infantil, prostituição infantil e trabalho infantil.
  - Cultura de promover a violência e apoio à punição corporal.

Diagnóstico

O diagnóstico de trauma não acidental é bastante complexo, envolvendo não só questões técnicas, mas também familiares e éticas. Desse modo, geralmente, o diagnóstico não é feito nos momentos iniciais de atendimento ao paciente. É somente na condução do caso e nas diversas entrevistas com a criança e os familiares que a hipótese diagnóstica costuma ganhar robustez.

Alguns achados clínicos (anamnese e exame físico) podem sugerir que um evento agudo está associado a um quadro de abuso ou, ao menos, podem levantar essa suspeita:

- História inconsistente com lesão apresentada (p. ex., história de queda da cama em criança apresentando múltiplas fraturas).
- História vaga e sem detalhes; amplo intervalo entre o trauma e a procura do atendimento.
- Diferentes histórias contadas por diferentes cuidadores.
- Mudanças na história contadas por um mesmo cuidador.
- Lesões atribuídas a irmãos.
- Criança desidratada ou desnutrida, com aparente negligência.
- Achados radiológicos sugestivos.
- Achados radiológicos mais graves do que o esperado.

Tão importante quanto a suspeita clínica é o reconhecimento dos aspectos de imagem dessa enfermidade, em suas diferentes apresentações, pois, muitas vezes, o diagnóstico só é confirmado pela radiologia. Contudo, para uma adequada avaliação radiológica, é essencial que o médico pediatra tenha feito essa suspeita antes e solicite os exames radiológicos adequados.

No caso de vítimas de abuso com menos de 2 anos de idade, a Academia Americana de Pediatria recomenda que seja feita de maneira mandatória a seguinte avaliação radiológica:

- Anteroposterior e perfil de crânio.
- Anteroposterior e perfil de tórax.
- Perfil de coluna.
- Anteroposterior de pelve.
- Anteroposterior de ossos longos.

- Anteroposterior de pés.
- Oblíquas de mãos.

Obs.: não aceitar babygrama.

Já a Academia Inglesa de Pediatria acrescenta incidências oblíquas de costelas para melhor sensibilidade na detecção de fraturas de costela. Uma vez constatada alteração em alguma dessas radiografias, o local envolvido deve ser prontamente investigado com incidências ortogonais.

Se não forem encontradas alterações conclusivas e ainda existir uma forte suspeita clínica, deve-se repetir as radiografias após 2 semanas para a busca de fraturas não aparentes nas primeiras radiografias, além de melhor determinação da idade das fraturas. Ultrassonografia do abdome pode ser utilizada para suspeita de lesões abdominais. Em casos excepcionais, a cintilografia esquelética pode colaborar. A contribuição da ressonância de corpo inteiro ainda está indefinida. A imagem *post mortem* pode se tornar importante no futuro, no contexto litigioso. Em crianças com mais de 5 anos de idade, as radiografias devem ser solicitadas de acordo com as queixas e o exame físico, à exceção de crianças com dificuldade de comunicação. Em crianças entre 2 e 5 anos, a conduta deve ser individualizada.

Os principais achados radiológicos se dividem em dois grandes grupos:

- Achados do sistema musculoesquelético.
- Achados do sistema nervoso central.

Achados do sistema musculoesquelético

As alterações do sistema musculoesquelético são, de longe, as mais comumente encontradas nos casos de abuso. Entre elas, destacam-se as lesões de partes moles, que ocorrem em cerca de 92% dos casos, mas são bastante inespecíficas, e as fraturas, que ocorrem em aproximadamente 55% dos casos. Dentro do grupo de fraturas associadas aos maus-tratos, algumas são mais comumente observadas, enquanto outras são mais raras, mas apresentam uma especificidade maior, embora deva-se lembrar que não existem fraturas patognomônicas. São elas:

Alta especificidade
- Fratura metafisária em "alça de balde" (*bucket handle*) e de "canto" (*corner*). Frequentemente envolve a região do joelho (Figuras 1A, B e 2).
- Fratura de arcos posteriores de costelas. Lembre-se de que a fratura que ocorra durante a ressuscitação cardiopulmonar ocorre na linha axilar anterior. Como regra, a fratura de costela é detectada com calo ósseo (Figuras 3 A, B e 4)
- Fratura de esterno.
- Fratura de escápula.
- Fratura de processos espinhosos.

Moderada especificidade
- Múltiplas fraturas em diferentes estágios de consolidação.
- Fraturas de crânio complexas (não lineares) (Figura 5A).
- Fraturas bilaterais de ossos longos (Figura 5B-D).
- Descolamento epifisário.
- Fraturas dos dedos/falanges. Sugestivas de abuso grave.
- Fraturas/luxações de corpos vertebrais.

Baixa especificidade
- Nova formação óssea subperiosteal (calo ósseo).
- Fraturas de clavícula (Figura 4).
- Fratura de diáfise de ossos longos. Apesar da baixa especificidade, a fratura diafisária acidental é extremamente rara em menores de 2 anos, sendo a fratura espiral sugestiva de abuso em menores de 1 ano.
- Fraturas de crânio lineares.

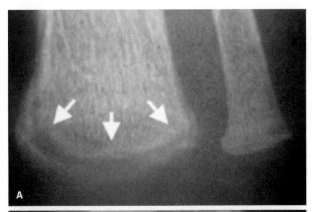

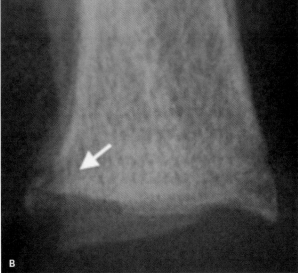

Figura 1 Radiografia do tornozelo esquerdo em incidência anteroposterior do tornozelo (A) de um paciente de 5 meses demonstrando fratura metafisária tibial em "alça de balde"; e em incidência lateral (B), demonstrando o padrão de canto ("*corner*").

Outra característica típica de suspeita de abuso são fraturas em diversos estágios evolutivos. Fraturas metafisárias, fraturas completas e descolamento epifisário podem ser detectados imediatamente após o trauma. Já outras lesões só podem ser identificadas em estágios subsequentes associados a regeneração e formação de calos. Em alguns casos, a cintilografia esquelética pode colaborar, evidenciando áreas suspeitas de fraturas.

Os diagnósticos diferenciais devem ser considerados. Entre os mais importantes estão trauma acidental, osteogênese imperfeita, variantes anatômicos da normalidade que mimetizam fraturas, doença metabólica óssea (como raquitismo, deficiência de cobre e escorbuto), infecções (como osteomielite e sífilis congênita), hiperostose cortical infantil, toxicidade por drogas que causam osteopenia (como uso de corticosteroide ou metotrexato), osteoporose juvenil idiopática ou ainda causando reação periosteal (como na intoxicação por vitamina A) e, por fim, a insensibilidade à dor.

Achados do sistema nervoso central

Embora a grande maioria dos achados radiológicos relacionados ao abuso infantil esteja relacionada ao sistema musculoesquelético, muitas das mortes (por volta de 40%) têm associação com lesões do sistema nervoso central. Essas lesões podem ser causadas por trauma direto no crânio ou por movimentos repetidos de aceleração e desaceleração da cabeça da criança. Este último mecanismo, antigamente conhecido por *shaken-baby syndrome*, atualmente é chamado de neurotrauma abusivo. Contudo, muitas vezes a lesão neurológica é de difícil diagnóstico, pois pode não haver história de trauma craniano relatada, além de os achados do exame físico neurológico costumarem ser inespecíficos ou ausentes. Nesses casos, o diagnóstico é, normalmente, retrospectivo, sendo feito somente após outros achados levarem a um alto grau de suspeição de abuso. Em uma série de casos, 37% das crianças vítimas de violência, neurologicamente assintomáticas, tinham algum achado na tomografia computadorizada (TC) ou ressonância magnética (RM) de crânio. Portanto, a avaliação radiológica neurológica é de vital importância para o diagnóstico. Deve ser realizada em qualquer criança com suspeita de lesão cerebral e em menores de 6 meses com suspeita de abuso físico, mesmo sem evidências de neurotrauma.

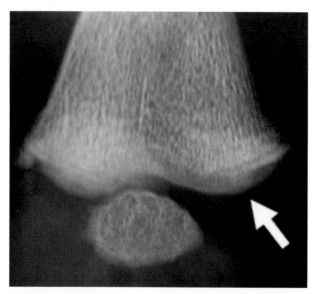

Figura 2 Radiografia do joelho esquerdo em incidência anteroposterior do fêmur direito de um paciente de 7 meses com abuso fatal. Padrão de fratura metafisária demonstrando o aspecto de fragmento ósseo marginal (tipo "*corner*"). Observa-se a extensão da fise, caracterizada por radiolucência na metáfise (*seta branca*).

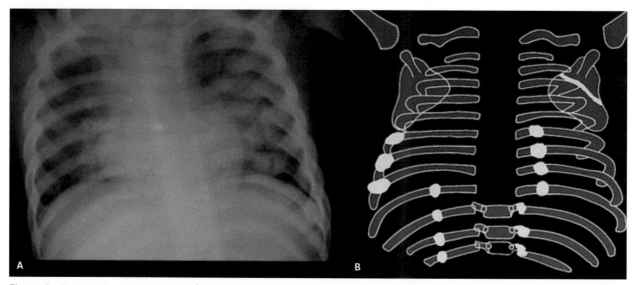

Figura 3 Radiografia do tórax em incidência anteroposterior (A) e respectivo esquema (B) demonstram fraturas de arcos costais posteriores com calos ósseos.

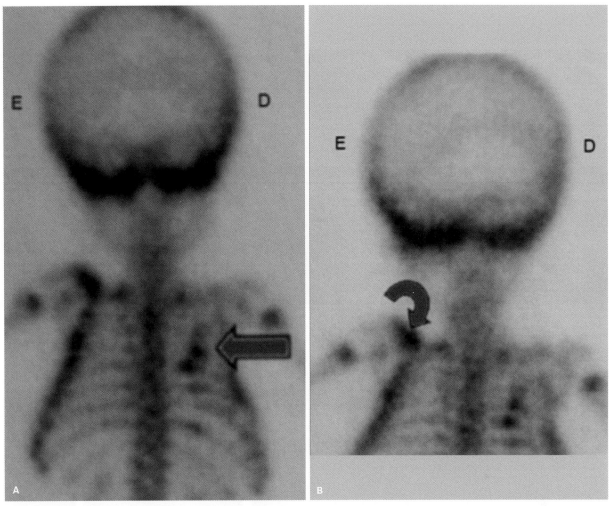

Figura 4 Cintilografia óssea do tórax em vista posteroanterior (A) demonstra pelo menos três fraturas costais posteriores contíguas. Destaca-se ainda uma intensa captação em fratura da clavícula, com calo ósseo (B).

A TC de crânio é o método de escolha para avaliação inicial, pois, além de ser mais acessível que a RM, é um método rápido e capaz de fazer os diagnósticos que necessitam de intervenção imediata, como hemorragia subaracnóidea, hemorragia subdural e sangramento com efeito de massa. No entanto, sua limitação principal se dá na avaliação de lesões isquêmicas agudas, que são subdiagnosticadas por esse método.

Já a RM de crânio consegue avaliar melhor a natureza e a idade das lesões, e tem papel fundamental no diagnóstico dos quadros de isquemia aguda. Porém, também apresenta algumas limitações, destacando-se a identificação de fraturas. Além disso, é menos acessível e mais demorada que a TC, sendo normalmente reservada para casos em que sejam observadas alterações na TC de crânio prévia, e apenas quando a criança já estiver clinicamente estável. Os principais achados tomográficos sugestivos de abuso são:

- Hemorragia subdural de densidade mista.
- Anormalidades subcorticais:
  - Edema.
  - Alterações hipóxico-isquêmicas (Figura 6A e B);
  - Herniações de parênquima.
- Hemorragia extradural.
- Hemorragia parenquimatosa (Figura 6A).
- Lesão axonal difusa.
- Hemorragia retiniana.

Condutas e considerações finais

Uma vez feita a suspeita radiológica, é função do médico radiologista, principalmente se julgar impróprio deixar descritas as alterações no relatório do exame, entrar em contato com o médico solicitante e informá-lo sobre sua suspeita. Já o pediatra responsável pelo caso deve convocar o serviço social e notificar as autoridades competentes, além de decidir pela internação hospitalar, baseando-se na segurança da criança.

O trauma não acidental é um evento sério que traz graves consequências à saúde física e psicológica da criança. A sua suspeita diagnóstica e sua notificação po-

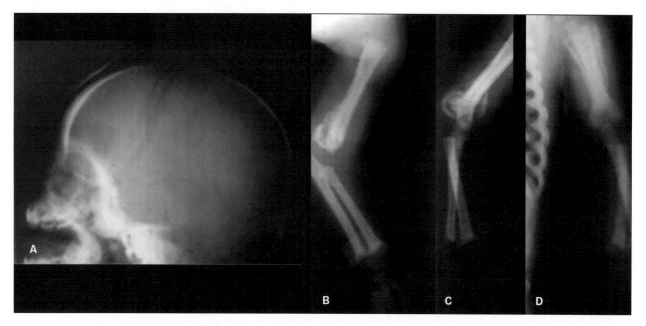

Figura 5 Radiografia simples em incidência lateral do crânio (A) demonstra fratura complexa com várias linhas parietais. Radiografias dos membros superiores: várias fraturas exuberantes predominantemente metafisárias com calo ósseo. Descolamento periosteal na diáfise umeral à esquerda (B-D).

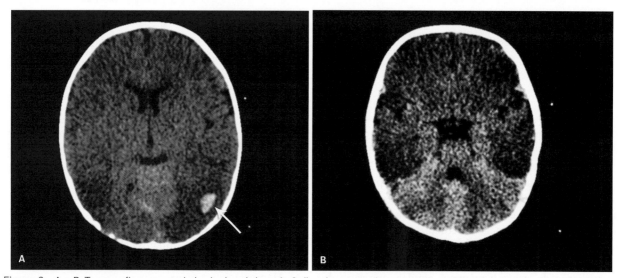

Figura 6 A e B: Tomografia computadorizada de crânio após 3 dias do evento de trauma não acidental em um lactente de 8 meses evidencia hipoatenuação difusa dos lobos frontais, temporais e occipitais e relativa hiperdensidade do cerebelo, compatíveis com isquemia do parênquima encefálico supratentorial. Nota-se um foco de transformação hemorrágica na região occipital esquerda (seta em A).

dem evitar recorrências que colocariam em risco a vida da criança.

A suspeita diagnóstica recai sobre eventos agudos associados à história inconsistente ou vaga, alteração da história durante a internação, lesão atribuída a irmãos ou parentes ou com imagem radiológica sugestiva.

As lesões de partes moles são as mais comuns, seguidas das fraturas. Alguns achados radiológicos sugestivos devem levantar suspeita diagnóstica, uma vez afastados os diagnósticos diferenciais.

As lesões cerebrais, muitas vezes subdiagnosticadas, são a causa mais comum de morte por abuso físico. A TC de crânio é o método de escolha no evento agudo, pois, além de rápida, diagnostica as lesões passíveis de intervenção cirúrgica.

Tão grave como mórbido, o trauma não acidental deve ser constantemente lembrado pelo pediatra geral, pois, além da importância do tratamento do evento agudo, sua notificação tem valor prognóstico para a criança.

Tabela 1	Estimativas cronológicas de fraturas
Reação periosteal	10-21 dias
Linha de fratura indistinta (esclerose)	10-14 dias
Calo não calcificado	14-21 dias
Calo calcificado	21-90 dias
Remodelamento	3 meses – vários anos

Bibliografia sugerida

1. American Academy of Pediatrics Committee on Child Abuse and Neglect. Shaken baby syndrome: inflicted cerebral trauma. Pediatrics. 1993;92:872-5.
2. Caffey J. Multiple fractures in the long bones of infants suffering from chronic subdural hematoma. Am J Roentgenol Radium Ther. 1946;56:163-73.
3. Child Abuse and Neglect Fatalities 2013: Statistics and Interventions. Child Welfare Information Gateway. Disponível em: https://www.childwelfare.gov/pubPDFs/fatality.pdf. Acesso em: 29 abr. 2016.
4. Child maltreatment. World Health Organization. Fact sheet n.150 Updated December 2014. Disponível em: www.who.int/mediacentre/factsheets/fs150/en/. Acesso em: 18 maio 2016.
5. Fang X, Brown DS, Florence CS, Mercy JA. The economic burden of child maltreatment in the United States and implications for prevention. Child Abuse Negl. 2012;156-65.
6. Foerster BR, Petrou M, Lin D, Thurnher MM, Carlson MD, Strouse PJ, et al. Neuroimaging evaluation of non-accidental head trauma with correlation to clinical outcomes: a review of 57 cases. J Pediatr. 2009;154:573-7.
7. Green FC. Child abuse and neglect: a priority problem for the private physician. Pediatr Clin North Am. 1975;22:329-39.
8. Hoermann M. Imaging of pediatric trauma. In: Riccabona M. Pediatric imaging essentials. New York: Georg Thieme Verlag; 2014. p. 223-6.
9. Hymel KP, Stoiko MA, Herman BE, Combs A, Harper NS, Lowen D, et al. Head injury depth as an indicator of causes and mechanisms. Pediatrics. 2010;125:712-20.
10. Kemp AM, Dunstan F, Harrison S, Morris S, Mann M, Rolfe K, et al. Patterns of skeletal fractures in child abuse: systematic review. BMJ. 2008;337:a1518.
11. Kempe CH, Silverman FN, Steele BF, Droegemueller W, Silver HK. The battered-child syndrome. JAMA. 1962;181:17-24.
12. Laskey AL, Holsti M, Runyan DK, Socolar RRS. Occult head trauma in young suspected victims of physical abuse. J Pediatr. 2004;144:719-22.
13. Lonergan GJ, Baker AM, Morey MK, Boos SC. From the Archives of the AFIP. Radiographics. 2003;23:811-45.
14. Rubin DM, Christian CW, Bilaniuk LT, Zazyczny KA, Durbin DR. Occult head injury in high-risk abused children. Pediatrics. 2003;111:1382-6.
15. Santana JSS, Camargo CL. Violência contra crianças e adolescentes: Um ponto de vista da saúde. Rev Soc Bras Enferm Ped. 2005;5(1).
16. Sato Y, Yuh WT, Smith WL, Alexander RC, Kao SC, Ellerbroek CJ. Head injury in child abuse: evaluation with MR imaging. Radiology. 1989;173:653-7.
17. Sistema de Vigilância de Violências e Acidentes (Viva): 2009, 2010 e 2011 [recurso eletrônico]/Ministério da Saúde, Secretaria de Vigilância em Saúde, Departamento de Vigilância de Doenças e Agravos não Transmissíveis e Promoção da Saúde. Brasília: Ministério da Saúde; 2013.
18. The Royal College of Paediatrics and Child Health. Standards for radiological investigations of aspected non-accidental injury. Disponível em: http://www.rcr.ac.uk/docs/radiology/pdf/RCPCH_Rcr_final.pdf. 2008. Acesso em: 5 jul. 2016.
19. Tung GA, Kumar M, Richardson RC, Jenny C, Brown WD. Comparison of accidental and nonaccidental traumatic head injury in children on noncontrast computed tomography. Pediatrics. 2006;118:626-33.
20. U.S. Department of Health & Human Services, Administration for Children and Families, Administration on Children, Youth and Families, Children's Bureau. (2016). Child maltreatment 2014. Disponível em: http://www.acf.hhs.gov/programs/cb/research-data-technology/statistics-research/child-maltreatment. Acesso em: 26 abr. 2016.
21. World Health Organization. Child maltreatment. 2016.

Índice remissivo

A

Abaulamento discal 797
Abdome fetal 37
Abordagem da face fetal 126
   avaliação das órbitas 127
   osso nasal 127
Abortamento 8
Abuso físico infantil 947
Ácido fólico 107
Acidose fetal 61
Acondrogênese 271, 930
Acondroplasia 264, 272, 931
ACR BI-RADS® 433
   léxico 473
   para mamografia 433
   para ressonância magnética 486
Acretismo placentário 82
Acromegalia 774
Acromelia 266
Adactilia 267
Adenopatia axilar 455
   por silicone 562
Adenose 336
   esclerosante 337
   microglandular 339
Afecções
   da medula espinal 876
   musculares 688
Afilamento condral 641
Agenesia
   de corpo caloso 117
   renal
      bilateral 221
      unilateral 224
Agentes teratogênicos 213
Alças intestinais 176

Alendronato de sódio 642
Aloenxertos estruturais 852
ALPSA 594
Alteração(ões)
   dos dígitos e displasia esquelética 268
   fibroadenomatoide 335
   fibroepiteliais 333
   musculotendíneas 625
Análise crítica do diagnóstico por imagem das fraturas 706
Anemia
   de Fanconi 283
   falciforme 784
Anencefalia 100
Aneuploidias 15, 64
Angiomas cavernosos 902
Angiossarcomas 387
Anoftalmia 135
Anomalias
   anorretais 187
   congênitas 43
   craniofaciais 283
   cromossômicas 15
   da calota craniana 260
   do trato digestivo 172
   esqueléticas 259
   faciais e displasias esqueléticas 261
   fetais 289
Ânulo fibroso 798
Ânus imperfurado 187
Aorta descendente 47
Artéria(s)
   cerebrais fetais 47
   renal 47
   uterinas 45, 53
   umbilical 46, 54

      única 71, 90
Articulação(ões)
   de Lisfranc 682
   metatarsofalângicas 681
Artrite
   reumatoide 711
   séptica 739
Artrogripose 284
Artropatia(s)
   degenerativa glenossesamóidea 686
   por deposição de microcristais 725
Artroplastia total do quadril 643, 648
Ascite fetal 215
Aspergilose 892
Assimetrias mamárias 449
Associação de VATER 283
Astrocitoma 908
Atelosteogênese 269, 270
Atipia epitelial plana 536
Atividade esportiva 689
Atlas 825
Atresia
   anorretal 187
   congênita da via aérea superior 169
   de cólon 186
   de esôfago 172
   de piloro 174
   de vias biliares 193
   duodenal 176
   jejunoileal 178
Aumento
   da espessura nucal 143
   da translucência nucal 143
   do volume hepático 192
Avaliação
   da artéria uterina no primeiro trimestre 53

da artéria uterina no segundo trimestre 53
da coluna fetal 112, 261
da face fetal 125
da função renal fetal 235
das extremidades 266
do crânio e da face fetal 260
do líquido amniótico 290
do sistema nervoso central do feto 110
dos movimentos fetais 267
dos ossos longos 263
do tórax 261
neurossonográfica 113
pós-operatória da coluna vertebral 844
complicações pós-operatórias 852
métodos de imagem 844
ultrassonográfica
da placenta 79
do primeiro trimestre da gestação 5
Áxis 827

B

β-hCG 70
Baço 194
Bem-estar fetal 59
Bíceps braquial 598
Biomecânica das três colunas 845
Biópsia percutânea 503
de fragmentos 504
com dispositivo a vácuo 505
com dispositivo de disparo 504
estereotaxia 508
interpretação do resultado 522
localização com semente radioativa 528
marcação
por radiofármaco – ROLL e SNOLL 526
pré-operatória 522
métodos de orientação 507
tipos 503
BI-RADS® 433
critérios de avaliação e definição dos achados 434
para ressonância magnética 486
para ultrassonografia 469
sistema de laudos 456, 480
Blastema nefrogênico 215
Bochdaleck 167
Bolha gástrica 173
Borreliose 892

Botão ureteral 215
Braquidactilias 268, 924
BRCA 1 319
BRCA 2 319
Breast Imaging Report and Data System® 433
Bursite 683
adventícia 683
do iliopsoas 626

C

Cages 851
Calcificação(ões) 437, 475
discal 801
hepáticas 192
Câncer de mama 302, 312, 351
história pessoal 324
overdiagnosis 314
rastreamento 312
tipos 351
Candidíase 892
Cápsula fibrosa 553
Capsulite adesiva 597
Carcinoma(s)
adenoide cístico 380
apócrino 379
ductal *in situ* 395
em mama masculina 394
escamoso 375
inflamatório 382, 408
invasivos 351
lobular
in situ 539
invasivo 364
mamário invasivo sem outras especificações (CMI-SOE) 351
medular 370
metaplásico 375
micropapilar invasivo 371
mucinoso 378
papilífero 370
triplo-negativos 359
tubular 364
Cardiopatias congênitas
rastreamento 150
Cariótipo 180
Cartilagem hialina 639
Catarata 137
Cavernomas 902
Cavidade amniótica 95
Cebocefalia 135
Celulite infecciosa 740
Cicatriz radiada 540

Ciclopia 135
Cimento de metilmetacrilato 852
Circunferência
abdominal (CA) 42, 45
cefálica (CC) 42, 45
Cirurgia(s)
de *bypass* gástrico disabsortivas 43
fetal "a céu aberto" para correção da espinha bífida aberta 106
Cisto(s)
abdominais 196
broncogênico 166
complexo 333
complicado 331
de aracnoide 119
de colédoco 192
de cordão umbilical 197
de mesentério 197
de plexo coroide 71, 119
de úraco 197
dermoide 138
do canal onfalomesentérico 197
epidérmicos 574
esplênico 195
mamários 573
neuroentérico 166
placentário 92
Citomegalovirose 75
Classificação de Salter-Harris 702
Coalizão tarsal 676
Coccidioidomicose 892
Colagenoses 429
Coleções gasosas intradiscais 802
Coluna(s)
cervical inferior 831
fetal 112
toracolombar e lombar 838
torácica 835
vertebral 817
anatomia e biomecânica 817
lesões traumáticas 821
vertebral pós-operatória 844
Complexo
aplasia-fíbula braquidactilia 280
ligamentar
colateral 681
lateral 609
Complicações na gestação do primeiro trimestre 7
Comprimento
crânio-nádega 64
do fêmur (F) 45
Concepção 5
Côndilos occipitais 824
Condrocalcinose 730

Condrodisplasia
    metafisária tipo Schmid 937
    miotônica 941
Condrodisplasias 929
Consolidação das fraturas 707
Contratura capsular 559
Controle da curva de crescimento fetal 290
Coração fetal 36
Cordão umbilical 44, 90
Corioangiomas 88
Corionicidade 287
Córion liso 84
Corpo(s)
    estranhos 569
    vertebral 802
Cotovelo 598
Crânio em trevo de quatro folhas 270
Crescimento
    discordante 290
    fetal 289
    intrauterino restrito 42
Criptococose 892

D

Dacriocistoceles 137
Defeitos do fechamento do tubo neural 100
Deficiência
    de membros ou amputação congênita 279
    focal do fêmur proximal ou fêmur curto congênito 281
Deformidade
    congênita do membro reduzido 280
    das mãos 282
Degeneração
    discal 802
    subaguda combinada 883
Denervação muscular 695
Deposição de
    hidroxiapatita 730
    pirofosfato de cálcio 729
Dermatofibrossarcoma 394
Desempenho cardíaco fetal 49
Diagnóstico
    das displasias esqueléticas 923
    pré-natal da atresia de piloro 175
Diástase 700
Discectomias 861
    técnicas 862
Discite 864
Disco intervertebral normal 790

Disostose 929
    mandíbulo-facial 282
    múltipla 944
Displasia(s)
    acromélicas 944
    acromesomélicas 944
    campomélica 279, 931
    condroectodérmica ou síndrome de Ellis-van-Creveld 278, 940
    de Kniest 934
    diastrófica 279, 942
    epifisária múltipla 937
    espondiloepifisária
        congênita 935
        tardia ligada ao X 940
    espondilometafisária tipo Kozlowski 942
    esqueléticas 259, 922
        classificação 259
        diagnóstico 259
        diagnóstico complementar 268
        diagnóstico neonatal 269
        diagnóstico ultrassonográfico 260
        letais 929
    mesomélicas 944
    renal 235
    tanatofórica 269, 271, 929
    torácica asfixiante 277
    troclear 653
Disrafismo 103
Distopia hepática 178
Distorção arquitetural 448
Divertículo de Meckel 178, 183
Divisão placentária não igualitária interfetal 293
Doença(s)
    de Caroli 192
    de Devic 877
    de Freiberg 684
    de Gaucher 767
    de Hirschsprung 188, 189
    de Kienböck 622
    de Ledderhose 680
    de Lyme 892
    de micropartículas 646
    de Paget 381, 780
    degenerativa da coluna vertebral 790
    desmielinizantes pós-infecciosas 881
    do manguito rotador 580
    inflamatórias
        articulares 711
        e desmielinizantes da medula espinal 876
    mamárias 302, 330

    osteometabólicas e hematológicas 767
    renal
        cística 227
        multicística 232
    trofoblástica gestacional 10
Doppler
    colorido direcional 52
    das artérias cerebrais médias 55
    das artérias umbilicais 46, 54
    das artérias uterinas 53
    do ducto venoso 55
    espectral 52
Dopplervelocimetria 45
    da aorta fetal 47
    da artéria umbilical 46
    da circulação cerebral fetal 47
    das artérias renais 47
    das artérias uterinas 45
    em Obstetrícia 51
Dor glútea profunda 631
Dorsalgia 790
Ducto
    dilatado solitário 448
    venoso 22, 47, 69
Dupla bolha 178
Duplicação digestiva 190

E

Ectasia ductal 411
    mamária 416
Edema
    placentário 92
    de cantos vertebrais 722
Elastômero 553
Embrião 6
Embriologia 215
    da face e do pescoço 125
    do sistema urinário 215
Embriopatia de varfarina 280
Encefalocele 102, 138
Encefalomielite disseminada aguda 881
Enterite regional 43
Enterovírus 886
Entesopatias 723
Envolvimento cortical 754
Enxerto ósseo 852
Ependimoma 906
    mixopapilar 907
Epicondilite
    lateral 604
    medial 606
Epidermólise bolhosa 174, 176
Esclerose múltipla 876

Escoliose
   congênita 283
   sigmóidea 849
Escorbuto 769
Esôfago 172, 173
Espaço
   discal 864
   epidural anterior 864
Espinha bífida 102
Esplenomegalia 195
Espondilite anquilosante 723
Espondiloartropatias soronegativas 715
Espondilolistese degenerativa 806
Estadiamento tumoral 765
Esteatonecrose 341
Estenose
   de piloro 174
   do canal vertebral 810
   duodenal 176
Etmocefalia 135
Exame morfológico fetal 40
Expansores 550
Exposição à radiação ionizante 63
Extrofia vesical e cloacal 209
Extrusão 792

F

Face fetal 126
Facetas interarticulares 805
Fáscia plantar 679
Fasciite
   necrotizante 740
   plantar 679
Fenda
   labial 140
   palatina 140
Feocromocitomas 189
Feto
   com fluxo diastólico reduzido 49
   constitucionalmente pequeno 48
   doador 292
   papiráceo 290
Fibroadenoma 333, 345
Fibrocartilagem triangular 618
Fibrocondrogênese 269, 270
Fibromatose plantar 680
Fibrose epidural 864
Fígado 191
Fissura anular 798
Fístulas arteriovenosas 902
Flavivírus 889
Fluxo
   da veia umbilical 48
   papilar hemorrágico 345

Foco ecogênico cardíaco 71
Focomelia 281
Fratura(s)
   avulsiva 700
   completa 698
   compressiva 700
   de úmero proximal 705
   dos ossos sesamoides 685
   em galho verde 701
   em torus 702
   específicas de crianças 701
   espiral 698
   impactação 701
   luxação 700
   oblíqua 698
   ocultas 705
      da bacia e fêmur proximal 640
   por estresse 641, 684
   subcondral por insuficiência 634
   subtrocantéricas atípicas por uso crônico de bifosfonatos 642
   vertebral 723
Frequência cardíaca fetal 22, 67

G

Galactocele 346
Ganglioglioma 910
Gastrosquise 202
Gêmeo(s)
   acárdico 295
   unidos 293, 294
   univitelínicos 287
Gestação(ões)
   combinadas (heterotópicas) 291
   de alto risco 212
      dosagens maternas 213
      sinais maternos 213
      ultrassonografia de rotina 213
   ectópica 9
   gemelares 24, 287, 288
      avaliação na sala de parto 296
      complicações 290
   intrauterina de viabilidade incerta 7
   molar 295
      avaliação do colo uterino 295
   monoamniótica 293
   monocoriônica 293
   múltipla 44
   na RCF 49
Gigantomastia inflamatória 430
Ginecomastia 472, 571
GLAD 594

Glúteos médio e mínimo 625
Gota 725
Granulomatose
   agressiva 646
   de Wegener 420

H

Hálux
   rigidus 685
   valgo 682
Hamartoma mesenquimatoso 191
HASTE 164
Hemangioblastoma 911
Hemangioendotelioma 191
Hemangioma 138, 169
   cavernoso 191
Hematoma 568
   pós-traumático/esteatonecrose 573
Hemodinâmica fetal 292
Hemorragia intracraniana 124
Hérnia
   de disco 861
   diafragmática 35, 71, 199
      congênita 166
   discal 791
   intravertebral 797
   posterior esquerda 167
   umbilical 205
Herpes 77
   vírus 889
Hidrogel de poliacrilamida 551
Hidrometrocolpos 188
Hidropsia fetal 164
Hidrossiringomielia 913
Hidrotórax 166
Higroma cístico 143
Hiperparatireoidismo 777
Hiperplasia
   ductal atípica 323
   lobular atípica 539
   pseudoangiomatosa do estroma 336
Hipertelorismo 135
Hipertensão arterial 43
Hipocondrogênese 271, 930
Hipocondroplasia 931
Hipofosfatasia 268, 274, 938
Hipoplasia 139
   do tórax 277
   pulmonar 168, 261
Hipotelorismo 134
HIV 887
Holoprosencefalia 71, 116
HTLV-1 889

I

Idade gestacional 288
Íleo meconial 181, 183
Impacto
    anterossuperior 588
    femoroacetabular 635
    isquiofemoral 630
    subacromial 586
    subcoracoide 587
Implantes mamários 499, 547
    associação com outras doenças 562
    avaliação da integridade pelos diferentes métodos de imagem 555
    complicações 559
    de hidrogel 550
    de silicone 548
    de solução salina 550
    herniações 562
    localização 553
    rotação 560
    roturas 560
Incidências mamográficas 533, 535
Índice
    de pulsatilidade na artéria cerebral média fetal 49
    do líquido amniótico 97
Infarto(s)
    medular 903
    placentários 44
Infecções 569
    congênitas 44, 74
    da medula espinal 885
    de partes moles 740
    fúngicas 892
    granulomatosas 892
    intrauterinas 74
    ósseas e de partes moles 735
    parasitárias 894
Iniencefalia 101
Injeção
    de complexo polivitamínico 553
    de gordura autóloga 551
    de hidrogel de poliacrilamida 551
Inserção anômala de cordão umbilical 86
Instabilidade
    carpal 614
    do segundo raio 684
    glenoumeral 588
    patelofemoral 650
    segmentar lombar 805
Insuficiência placentária 48
Intestino 176
    grosso 186
Irradiação torácica 322
Isquiotibiais 627

J

Joelho 649
John Haydon Langdon Down 12

L

Laminectomias 851, 861
Laminotomia 851
Lesão(ões)
    ALPSA 594
    benignas do ciclo gravídico--lactacional 342
    com componente gorduroso 340
    condrais 649
    de Anderson 722
    de Morel-Lavallée 631
    de pele 493
    de Perthes 594
    do lábio acetabular 638
    esclerosante complexa 540
    fibroepitelial hipercelular 542
    labrais 591
    ligamentares 659, 672
    musculares 688
    musculotendíneas 625
    neoplásicas medulares 905
    osteocondral 674
    SLAP 592
    tipo mucocele 545
    torácicas 164
    traumáticas da coluna vertebral 821
        cervical 821
        coluna cervical inferior 831
        coluna cervical superior 822
Ligamento(s)
    colateral ulnar 608
    da sindesmose tibiofibular 671
Limitações da ultrassonografia no uso geral e obstétrico 2
Linfangiectasia pulmonar congênita 166
Linfoma primário intramedular 912
Linfonodo
    axilar 478
    intramamário 340, 449, 478, 492
Lipomas 340, 573
Líquido amniótico 39, 96, 214
    análise do volume e ecogenicidade e homogeneidade ecográfica do líquido 39
Litíase biliar 193, 194
Luxações e subluxações da transição craniocervical 822

M

Macroglossia 142
Malformação(ões)
    adenomatoide cística 164
    arteriovenosas 897
        pulmonares 166
    cardíacas 169
    císticas do sistema nervoso central 119
    congênitas 164
        das vias aéreas e do pulmão 164
    corticais 122
    da fossa posterior 118
    do sistema nervoso central 115
        durante o período pré-natal 110
    fetais 63
        fatores de risco 63
    torácicas congênitas 163
Mama(s) 330
    densas 325
    masculina 571
    operadas 547
Mamografia 302, 312, 404, 433, 524
Mamoplastia redutora 564
Manifestações musculares das hemoglobinopatias 784
Marcos ultrassonográficos esperados no primeiro trimestre da gestação 5
Má rotação intestinal 178
Massas orbitais e periorbitais 137
Mastectomia 463
Mastite
    granulomatosa 348
        idiopática 419
    infecciosa aguda 404
    lobular granulomatosa 419
    periductal 411
    plasmocitária 411, 412
    puerperal 408
    relacionadas a silicone e parafina 422
    tuberculosa 421
Mastopatia diabética 429, 534
Mecônio 181
Medula espinal 876

Megabexiga 71
Megacólon 189
Megaureter 243
Meios de contraste
   e gestantes 3
   iodados 3
Melorreostose 776
Meningocele 138
Menisco 662
   lateral discoide 663
Mesomelia 266
Mesonefro 215
Metanefro 215
Metástases
   intramedulares 912
   mamárias de tumores não mamários 393
Metatarsalgias 682
Microcistos agrupados 332
Microftalmia 135
Micrognatia 140
Micromelia 266
Mielite
   bacteriana 889
   sifilítica 892
   transversa 877
      idiopática 880
   tuberculosa 892
Mionecrose 694
Miosite 692
   de corpos de inclusão 694
   infecciosa 693, 740
Monossomias 63
Morfologia cerebral 110
Mortalidade perinatal 61
Mucoviscidose 182

N

Nefroma mesoblástico congênito 252
Negligência 947
Neoplasia(s)
   lobular 323
   mesenquimais 384
   trofoblástica gestacional 295
Neuroblastoma(s) 189
   congênito de adrenal 254
Neurobrucelose 892
Neurocisticercose 894
Neuromas interdigitais 682
Neuromielite óptica 877

O

Óbito fetal espontâneo 15

Obstrução da junção
   ureteropélvica 239
   ureterovesical 243
Oligoidrâmnio 98
Ombro 580
   variantes anatômicas 595
Onfalocele 71, 204
Osso(s)
   longos 697
   nasal 22, 67
      ausência 68
Osteocondrodisplasias 269, 922
Osteodisplasias 929
Osteogênese imperfeita 44, 274, 277, 933
Osteomalácia 772
Osteomielite bacteriana
   aguda 735
   crônica 737
   subaguda 737
Osteonecrose 707
   da cabeça femoral 633
Osteopetrose 776, 945
Osteoporose 773
   transitória do quadril 634
Osteossarcoma 392

P

Pacientes gestantes e lactantes 2
Pancitopenia 283
Pâncreas 196
   anular 178
Pancreatite 43
Papiloma 539
PAPP-A 70
Parafusos pediculares 852
Parede abdominal 199
Parênquima renal
   formação e desenvolvimento 221
Patologia(s)
   da face e pescoço 134
      alterações orbitárias 134
   do trato urinário fetal 221
   dos sesamoides do hálux 685
Pé 680
Pele 493
Pentalogia de Cantrell 208
Perfil fetal 58, 128
   anormalidades 139
   espessura e translucência nucal 131
   lábio superior e palato 130
   língua 130
   orelhas 128
   pescoço 134

Períneo fetal 38
Peritonite meconial 183
Peso fetal estimado 44
Pé torto 268
Picornavírus 886
Pielectasia 71
Placa plantar 681
Placenta 44, 79
   alterações da ecotextura 84
   circunvalada 88
   descolamentos 84
   hematomas 84
   monocoriônica 292
   observação ultrassonográfica 79
   prévia 81
   succenturiada 85
Plano
   dos três vasos e traqueia (3VT) 160
   quatro câmaras 151
   transcerebelar 111
   transtalâmico 111
   transventricular 111
Platôs vertebrais 864
Polegar "de carona" 268
Polia bicipital 595
Polidactilia 267, 278, 283
   pós-axial 268
   pré-axial 268
Polidrâmnio 98, 173, 180
Poliesplenia 196
Poliomielite 886
Polirradiculopatia inflamatória desmielinizante crônica 883
Pontos ou focos hiperecogênicos (opacidade radiológica) 184
Porencefalia 119
Pós-biópsia 520
   cuidados e recomendações 520
   possíveis complicações 521
Pós-discectomia normal 863
Pré-natal 12
   histórico e evolução 12
Primeiro trimestre de 11 a 14 semanas de gestação 5, 12
   rotina de avaliação anatômica por USG 28
   ultrassonografia 12
Principais infecções congênitas 75
Princípios básicos de estabilização e fixação da coluna vertebral 846
Procedimentos percutâneos em mama orientados por métodos de imagem 503
Processos espinhosos 813

Pronefro 215
Protrusão 792
Pseudoacondroplasia 938
Pseudoartrose 709, 855
Pseudoginecomastia 573
Pseudomeningocele 875
Pseudotumor inflamatório 427
   benigno 695
Ptose palpebral 280
Punção aspirativa com agulha fina 503
Punho 612

Q

Quadril 625

R

Rabdomiólise 694
Radiação ionizante 315
   exposição 315
Radiografias e gestantes 3
Raquitismo 770
Reabsorção fetal espontânea 290
Reação histiocítica 646
Realce
   de fundo do parênquima 487
   não nodular 490
Reconstrução mamária pós-
     -mastectomia 567
Refluxo vesicoureteral 246
Regurgitação tricúspide 24, 69
Relação sístole/diástole da artéria
     uterina 46
Resistência
   no leito placentário 49
   placentária 49
Ressonância magnética
   e gestantes 3
   na avaliação do tórax fetal 164
Restrição de crescimento fetal 42
   assimétrica 42
   causas 43
     fatores fetais 43
     fatores maternos 43
     fatores placentários 44
   complicações 49
   diagnóstico 44
     curvas de crescimento
       customizadas 44
     diâmetro cerebelar transverso 45
     dopplervelocimetria 45
     estimativa do peso fetal 44
     medidas de partes moles 45
     relação CC/CA 45

     relação F/CA 45
     volume de líquido amniótico 45
   fatores associados 43
   simétrica 42
Restrição de crescimento intrauterino
     42, 74, 289
   precoce 215
   seletivo 293
Retinoblastomas 138
Retocolite 43
Reto femoral 627
Retração papilar 456
Retrognatia 140
Rim(ns)
   ectópico 225
   em ferradura 226
   policísticos 228
Risco de alterações cromossômicas
     específico 14
Rizomelia 266
Rubéola 76

S

Saco
   gestacional 5
   tecal 864
Semente radioativa 528
Sequência anemia-policitemia em
     gemelares monocoriônicos
     292
Sequestro pulmonar 165
Seromas 568
Sesamoidite 685
Sífilis 76
Silicone líquido 550
Sinal
   de luta 182
   do "lambda" 287
Sindactilia 268
Síndrome
   Aase 283
   acrorrenal 282
   camptomélica 270
   da asplenia-polisplenia 195
   da cauda equina 723
   da costela curta 278
   da criança espancada 947
   da fusão esplenogonadal 280
   da perfusão gemelar reversa 295
   da transfusão feto-fetal 288, 291
   de Adams-Oliver 281
   de Beckwith-Wiedemann 207
   de Body-Stalk 206
   de Child 280

   de Down 43
   de Du Pan 280
   de Edwards 43
   de Ellis-Van Creveld 278, 924
   de Fontaine 282
   de Goldenhar 283
   de Grebe 281
   de Guillain-Barré 882
   de Hanhart 280
   de Holt-Oram 283
   de impacto 586
   de Karsch-Neugebauer 282
   de Klippel-Feil 283
   de mão e pé "fendidos" 282
   de Melnick-Needles 943
   de Moebius 280
   de Münchhausen por procuração
     947
   de Prune-Belly 250
   de Roberts 281
   de Schwartz-Jampel 941
   de Stewart-Treves 387
   de Stickler 936
   de Turner 44, 64
   de Zellweger 280
   displásica ectrodactilia-ectodérmica
     com fenda palatina ou labial
     282
   do piriforme 631
   do seio do tarso 680
   do *vanishing twin* 290
   SAPHO 724
   TAR 281, 283
Sínfise púbica 630
Sistema urinário 212
   fetal 217
Situs inversus 196
Soltura
   e fratura do material de síntese 855
   mecânica 646
Subluxação rotatória C1-C2 826
Substituição (prótese) discal total 852

T

Tabagismo 43
Talassemias 787
Tecido fibroglandular 486
Técnica da medida do maior bolsão
     vertical 97
Tendinopatias 612, 625
Tendões adutores 630
Tenossinovite de De Quervain 613
Teratomas 138
Terminologia das fraturas 697

Tireoide aumentada 146
Tofo gotoso 725
Tomografia computadorizada e gestantes 3
Tomossíntese 302
Tórax
   curto 264
   fetal 36
   hipoplásico 264
   longo e estreitado 264
TORCH 74
Tornozelo 665
Toxoplasmose 75, 894
Transexuais 575
Translucência nucal 13, 64, 288
   fisiopatologia do aumento 14
   imagens inadequadas para medida 15
   nas gestações gemelares 24, 67
   técnica de medida 15
Trato urinário fetal 212
Trauma
   de coluna 817
   dos membros superiores e inferiores 697
   não acidental 947
Tríceps braquial 601
Triploidias 64
Trissomia 21 15
   do cromossomo 21 64, 70
Tropismo 80
True-FISP 164
Tuberculose 421
   do sistema musculoesquelético 737
   mamária 421
Tumorações 157
Tumor(es)
   de Wilms 253
   de partes moles 756
   do sistema nervoso central 123
   gliais primários da medula espinal 906
   hepáticos 191
   linfoides e hematopoiéticos 393
   não gliais primários da medula espinal 910

ósseos 743
   densidade 750
   idade do paciente 744
   localização 743
   margem e zona de transição 748
   mineralização 750
   reação periosteal 748
ósseos e de partes moles 742
   radiografia 742
   ressonância magnética 743
   tomografia computadorizada 743
placentários 88
Phyllodes 335, 384, 542
Twin peak sign 288

U

Ultrassonografia
   do primeiro trimestre de 11 a 14 semanas de gestação 12
   e gestantes 2
   fetal 30
      análise estrutural do feto 32
      avaliação da biometria 30
      avaliação da morfologia fetal 31
      avaliação das pernas e dos pés 38
      avaliação dos braços e das mãos 38
      biometria básica para avaliar idade gestacional e estimar o peso 32
      corte coronal da face 34
      corte sagital mediano 35
      corte sagital mediano da face 34
      corte sagital mediano do polo cefálico 33
      cortes longitudinais dos rins 37
      corte transversal do cordão umbilical 39
      corte transversal do polo cefálico 33
      corte transversal na base do cérebro 33
      corte transversal obliquado lateralmente 33
      estimativa do peso fetal 30
      estudo do tórax fetal 35
      marcadores fetais para doenças cromossômicas 32
      marcadores ultrassonográficos de aneuploidia fetal 32
      polígono de Willis 33
      rastreamento de anomalias cromossômicas fetais no segundo trimestre 32
      ultrassom morfológico 32
      ultrassonografia no segundo trimestre 31
      ultrassonografia no terceiro trimestre 40
      ultrassonografia morfológica 31
      variação da normalidade 32
   mamária 302
   morfológica 289
   normal da gestação no primeiro trimestre 5
Ureterocele 245
Uropatias obstrutivas 235

V

Válvula de uretra posterior 246
Ventriculomegalia 115
Vesícula
   biliar 194
   vitelínica 5
Violência
   física 947
   sexual 947
Volume
   do líquido amniótico 95, 96, 290
   pulmonar fetal efetivo 168
Volumetria pulmonar 169
Volvo
   de intestino delgado 185
   intrauterino 185

Z

Zigosidade 287
Zika 77